JN310291

改訂6版

労災保険法便覧

一般社団法人　日本労務研究会

序

労働災害の予防については、労働基準行政の最重点課題として取り組んでいるところであり、その発生件数は、長期的にみて年々減少していますが、今なお年間約十一万人以上の被災者が発生しているところです。不幸にして災害を被った労働者やその遺族の方々に対しては、適切な補償を迅速に行うことが必要であり、労働者災害補償保険法はその中心的役割を果たしております。

昭和二十二年に労働基準法による使用者の災害補償責任を果たす機能として発足した労働者災害補償保険制度は、その後、年金制度の導入、国際水準を目指した給付水準の引上げ、特別加入制度や通勤災害保護制度の改善、社会復帰促進等事業、介護（補償）給付、二次健康診断等給付の創設等度重なる法改正を経て、その面目を一新するに至っております。

本書は、労働者災害補償保険法が適正に解釈・運用されるよう発出された多数の通達を関係条文ごとに整理するとともに、各条文に解説や参照条文を付することにより労災保険制度の理解・実務の便に資するものとして平成元年に発行されたものですが、このたび、その後の法律改正等に基づき改訂版を発行することとなりました。

最新版の発行により、本書が関係者の方々にますます活用され、労災保険に関する様々な問題の解決に役立つならば幸いです。

平成二十四年七月

編　者

凡　例

【本書の特徴】

労働者災害補償保険法を正確に理解し、労働災害に関する具体的なケースを解決し処理するためには、法律と政省令、告示の関係を把握するのみならず、解釈例規、裁判例を援用することが必要不可欠である。

ところが、労働者災害補償保険法は昭和二二年の制定以来数次の改正を経て、年金制度の導入、特別加入制度、通勤災害保護制度の創設、社会復帰促進等事業の拡充などが行われてきた。これに伴い関係政省令や関係告示の改正も行われ、労働者災害補償保険法体系は一層複雑多岐になってきている。

本書は、複雑多岐を極める労働者災害補償保険法の全体的構成と細部までが即座に分かるよう、一冊で法令集にして解釈例規集、判例集の機能を併せもっている。その特徴をまとめると、次のような点である。

◇法条文ごとに、関係する政省令、告示、解釈例規を対比させ、他の類書をひもとく煩雑さを排するとともに、その条項に対し体系的な理解が得られるようにした。また、リーディングケースとなる裁判例を簡潔にまとめて付記し、その理解が一層容易になるようにした。

◇昭和二二年の法制定以降発出されてきた解釈例規のうち、平成二四年四月末現在で再整理された解釈例規を完璧な形で収録した。

◇リーディングケースとなる重要な裁判例や必須な各種届出様式を記載例つきで巻末に収録し実務の便をこころがけた。

◇労働者災害補償保険法、労働者災害補償保険法施行令、労働者災害補償保険法施行規則、労働者災害補償保険特別支給金支給規則のそれぞれを成文の形で再掲した。

◇このため、労働者災害補償保険法の法令集にして、解釈例規、裁判例による逐条解説書としての面ももち、多面的な活用に資するようにした。

このような特徴点から、本書は、司法関係者はもとより、関係各官庁の担当官、労使双方の実務担当者など各界各層の方々の実務必携として幅広い活用を可能にしている。

なお、本書に収録した関係諸法律、政省令、告示、解釈例規などは、すべて平成二四年四月三〇日現在のものである。

【本書の構成】

本書の構成は、内容から五部門に分かれる。

本書の本編となる第一部門は、労働者災害補償保険法・同関係政省令・同関係告示と解釈例規編で、労働者災害補償保険法の各条文ごとに、関係する政省令、関係する告示、他の法律などの参照条文、解釈例規、裁判例を掲載した。なお、理解を容易にする観点から、〈参考〉として他の法律条項を付記した箇所もある。

第二部門はコンパクト判例集とでもいえる部門で、労働者災害補償保険法に関し争われた事例のうちから、リーディングケースと目される裁判例の四三事件の要旨を正確かつコンパクトな形でまとめた。

第三部門は、各種届出様式のうちから実務に不可欠な二八様式について、記載例を付して収録した。

法令集としての意味合いをもつ第四部門は、第一部門で条文ごとに分割される労働者災害補償保険法、労働者災害補償保険法施行令、労働者災害補償保険法施行規則、労働者災害補償保険特別支給金支給規則の四つの法令を成文の形で一括して収録し、最後に解釈例規の総索引を掲載した。

【編集要領】

本書の第一部門では、はじめに労働者災害補償保険法の条文を掲げ、次にその条文の解説、関係政省令、関係告示、参照条文を配し、そのあとに解釈例規を並べ、最後に判例を付した。

「**条文解説**」……各条文ごとに、その趣旨や要旨、他の法令や条文との関わりを簡潔に記して、条文のもっている意義を明確にした。

「**関係政省令**」……労働者災害補償保険法の条文の委任による労働者災害補償保険法施行令、労働者災害補償保険法施行規則およびその他の関係政省令を法条文ごとに掲げ、それぞれの関係が明らかとなるよう配した。

「**関係告示**」……労働者災害補償保険法および同法関係政省令の条文の委任により公示されている告示を法条文ごとに掲げ、それぞれの関係が明らかとなるよう配した。

「**解釈例規**」……解釈例規は、労働者災害補償保険法の条文ごとに番号や標題を付して項目別に整理した上で、法令の基本的な考え方を示したいわゆる基本通達をはじめに置き、そのあとは通達の発せられた年次順の配列とし、それぞれの末尾に通達の出された年月日、発翰番号を付した。この場合、発基または基発第〇号とあるのは、通達の発局と整理番号を示すものであり、それぞれ次のとおりである。

発労徴―次官または官房長が発する労働保険徴収課関係の通達

発　基―大臣または次官名で発するもので、労働基準局関係の通達

基　発―労働基準局長名で発する通達

基　収―労働基準局長が疑義に答えて発する通達

基災発―労働基準局労災補償部長名で発した通達

基災収―労働基準局労災補償部長が疑義に答えて発した通達

職　発―職業安定局長名で発する通達

婦　発―婦人局長名で発した通達

「**判例**」……条文ごとにその事項の理解をたすけ、リーディングケースとなる裁判例の要約を厳選して掲げるとともに、末尾に裁判例としての掲載頁を記し、詳細な検索を可能にした。この場合、「昭六〇・九・三〇福岡地判」とは、昭和六〇年九月三〇日に福岡地方裁判所で判決の言い渡しが行われたことを示している。

「**裁判例**」……条文ごとに、労働者災害補償保

険法上の要締となる事項につき、その理解を容易にし、リーディングケースとなる裁判例の大要を、争点を標題にし要約を再掲する形で収録した。

「**労災保険関係様式のモデル記載例**」……数多い労働者災害補償保険法関係様式で、実務に必要不可欠な様式を、そのモデル記載例付きで掲載した。

「**労災保険関係法令**」……労働者災害補償保険法を中心に、同施行令、同施行規則、労働者災害補償保険特別支給金支給規則の四法令を成文の形で一括して掲載した。

「**解釈例規総索引**」……巻末に、検索の利便をはかるため、発翰日付順に解釈例規総索引を付した。

「**参照条文**」……参照条文については条文は一、二、三の数字を、項は①、②、③を、号は㈠、㈡、㈢、数字を用いた。

本書九四頁の労働者災害補償保険法第一条（目的）の参照条文により例示すると、次のとおりである。

〔保険給付　七～二八〕〔労働者の福祉の増進　二九〕〔労働者　労基九〕

「保険給付」については、労働者災害補償保険法第七条から第二八条までを、「労働者の福祉の増進」については、労働者災害補償保険法第二九条を、「労働者」については、労働基準法第九条を、それぞれ参照すべきことを示したものである。

なお、参照条文、関係政省令には、便宜的に次頁別掲の要領で法令略称を用いた。

【法令略称】

〈法律関係〉

あ**安衛**　労働安全衛生法
い**印税**　印紙税法
け**刑**　刑法
こ**戸**　戸籍法
厚労設　厚生労働省設置法
し**所税**　所得税法
せ**整備**　失業保険法及び労働者災害補償保険法の一部を改正する法律及び労働保険の保険料の徴収等に関する法律の施行に伴う関係法律の整備等に関する法律
船保　船員保険法
そ**相続税**　相続税法
ち**地自**　地方自治法
徴収　労働保険の保険料の徴収等に関する法律
賃確　賃金の支払の確保等に関する法律
ほ**法**　労働者災害補償保険法
み**民**　民法
民執　民事執行法
ろ**労基**　労働基準法
労契　労働契約法
労保審　労働保険審査官及び労働保険審査会法

〈政省令関係〉

あ**安衛則**　労働安全衛生規則
し**審議会令**　労働政策審議会令
せ**整備令**　失業保険法及び労働者災害補償保険法の一部を改正する法律及び労働保険の保険料の徴収等に関する法律の施行に伴う関係政令の整備等に関する政令
そ**則**　労働者災害補償保険法施行規則
ち**駐離省令**　駐留軍関係離職者等臨時措置法に基づく就職指導に関する省令
徴収則　労働保険の保険料の徴収等に関する法律施行規則

れ令　労働者災害補償保険法施行令

ろ**労基則**　労働基準法施行規則

労災特支則　労働者災害補償保険特別支給金支給規則

労保審令　労働保険審査官及び労働保険審査会法施行令

労災保険法便覧総目次

労災保険法・関係政省令等と解釈例規

A　通勤途上の負傷

(1)　「通勤による」

(2)　「就業に関し」

2 社会復帰促進等事業実施要綱

3 義肢等の支給

（第五章　不服申立て及び訴訟）

裁判例（要旨）

第三条関係（適用事業及び適用除外）

【労働者】
株式会社の取締役の労働者適格（昭二七・一・三〇　奈良地判）……一七一三
労災保険法における労働者（昭四九・一二・二〇　札幌地判）……一七一四
有限会社の取締役の労働者適格（昭六〇・九・三〇　福島地判）……一七一五
車持ち込み運転手の労働者性（平六・一一・二四　東京高判）……一七一六
製材販売業を営んでいた父親の下で仕事に従事する息子の労働者適格（昭五〇・五・二八　札幌高判）……一七一八

第七条関係（保険給付の種類）

一　業務災害
(一)　業務上の負傷
【運動競技会、宴会、その他の行事に出席中】
会社主催の忘年会後の負傷（昭五八・九・二一　名古屋高判）……一七一九
【療養中】
療養中の者の川への転落によるショック死（昭五六・四・二七　札幌地判）……一七二一
【他人の暴行による災害】
女性事務員が勤務中に、同女を恋慕していた男に刺殺された災害（昭四六・一二・二一　広島地判）……一七二二

(二) 業務上の疾病

【その他業務に起因することの明らかな疾病】

椎間板ヘルニアによる腰痛の業務上疾病（昭五一・四・二　大阪高判）……一七二四

電気工事会社工事課長のくも膜下出血による死亡（平二・八・八　東京高判）……一七二五

ロッカー室の管理人の橋脳出血による死亡（平三・五・二七　東京高判）……一七二七

運送会社の経理及び総務担当の部長待遇管理職の脳出血による死亡（平三・一〇・八　神戸地判）……一七二八

長距離運転手に発症した心筋梗塞の業務上外（平七・三・二七　大阪地判）……一七三四

特別養護老人ホームの次長兼看護婦に発症したくも膜下出血の業務上外（平七・九・一二　仙台高判）……一七三五

電柱上で作業中の電気工に発症した脳出血（平九・四・二五　最三小判）……一七三六

労働者の自殺と相当因果関係（平一一・三・一二　長野地判）……一七三九

支店長専属の自動車運転者に発症したくも膜下出血（平一二・七・一七　最一小判）……一七三八

大型バス運転手の運転中に発症した高血圧性脳出血（平一二・七・一七　最一小判）……一七四〇

国内国外の出張中に十二指腸潰瘍を発症（平一六・九・七　最三小判）……一七四一

二　再発

頭部挫創等治ゆ後の再発（昭五一・一・一六　神戸地判）……一七四二

三　通勤災害

経路の逸脱（平元・五・八　札幌高判）……一七四三

通勤起因性（昭六三・四・一八　名古屋高判）……一七四四

本社役員主催の夕食会参加後の負傷（平六・一一・九　福岡地判）……一七四五

自宅から単身赴任先の寮に向かう途中の交通事故死（平一二・一一・一〇　秋田地判）……一七四六
日常生活上必要な行為（平一八・四・一二　大阪地判）……一七四八
第八条関係（給付基礎日額）
複数の事業場と雇用関係のあった者の給付基礎日額（昭六〇・一二・二六　東京高判）……一七四九
第一二条の四関係（第三者の行為による事故）
損害賠償請求権の放棄と国の第三者に対する求償（昭三八・六・四　最判）……一七五一
第一三条関係（療養補償給付）
【療養の範囲】
療養の費用の範囲（昭五八・一一・二九　横浜地判）……一七五三
治療効果の期待できない治療（昭六〇・九・二七　熊本地判）……一七五四
【治ゆ】
腰部捻挫の治ゆの時期（昭五七・三・一八　東京地判）……一七五五
第一四条関係（休業補償給付）
休業補償給付の支給事由（昭五八・一〇・一三　最判）……一七五六
第一五条関係（障害補償給付）
【障害等級の認定】
器質又は機能障害と、それに随伴する疼痛等の神経症状（昭五三・八・六　福岡高判）……一七五七
同一手の手指の障害程度の加重（昭四五・五・一八　神戸地判）……一七五九
疼痛の障害等級（昭五三・八・三〇　神戸地判）……一七六一

障害等級表の差別的取扱い（平二二・五・二七
京都地判）……………………………………一七六二

第一六条の二関係（遺族補償年金の受給者の範囲）

重婚的内縁関係にあった者の遺族補償年金の受
給権（昭五五・一一・二〇　広島地判）…………一七六五

第一六条の四関係（遺族補償年金の受給権の消滅）

養子縁組届出と遺族補償年金の失権（昭五一・
一二・二〇　福岡高判）…………………………一七六六

第三七条関係（厚生労働省令への委任）

特別加入者の業務災害の認定（昭五八・四・二
〇　浦和地判）……………………………………一七六八

特別加入者（平七・一一・九　東京地判）…………一七六九

第四〇条関係（不服申立ての前置）

行政事件訴訟法第八条第二項第一号の「審査請
求」の意義（平三・一〇・一　那覇地判）………一七七一

審査請求三カ月経過後の原処分取消訴訟の提訴
の可否（平七・七・六　最一小判）……………一七七二

第四二条関係（時効）

休業補償給付請求権の消滅時効（昭五八・一・
二八　福井地判）…………………………………一七七三

騒音性難聴に係る障害補償給付請求権の消滅時
効の起算点（平四・二・二六　名古屋高判）……一七七四

労災保険関係様式の記載例

労災保険関係法令

解釈例規総索引

労災保険法・関係政省令等条文別小目次

労災保険法・関係政省令等と解釈例規

労働者災害補償保険法

昭和二二・四・七法律第五〇号
改正　昭和二三・六・三〇　〃　七一号
〃　昭和二四・五・一九　〃　八二号
〃　昭和二四・五・三一　〃　一六六号
〃　昭和二五・五・一　〃　一二五号
〃　昭和二五・一二・二〇　〃　二九〇号
〃　昭和二六・三・二九　〃　四六号
〃　昭和二六・三・三一　〃　七八号
〃　昭和二七・七・三一　〃　二八七号
〃　昭和三〇・六・三〇　〃　三九号
〃　昭和三〇・八・五　〃　一三一号
〃　昭和三一・六・四　〃　一二六号
〃　昭和三二・五・二〇　〃　一二六号
〃　昭和三四・四・二〇　〃　一四八号
〃　昭和三五・三・三一　〃　二九号
〃　昭和三七・四・二　〃　六七号
〃　昭和三七・五・一六　〃　一四〇号
〃　昭和三七・九・八　〃　一五二号
〃　昭和三七・九・一五　〃　一六一号
〃　昭和三九・六・二三　〃　一一二号
〃　昭和三九・六・二九　〃　一一八号

改正　〃　昭和三九・七・六　〃　一五二号
〃　昭和四〇・六・一　〃　一〇五号
〃　昭和四〇・六・一一　〃　一三〇号
〃　昭和四二・七・二九　〃　九五号
〃　昭和四四・一二・九　〃　八三号
〃　昭和四四・一二・九　〃　八五号
〃　昭和四四・一二・一〇　〃　八六号
〃　昭和四五・四・一　〃　一三号
〃　昭和四五・五・二二　〃　八八号
〃　昭和四六・三・三〇　〃　一三号
〃　昭和四八・九・二一　〃　八五号
〃　昭和四八・九・二六　〃　九三号
〃　昭和四九・一二・二八　〃　一一五号
〃　昭和四九・一二・二八　〃　一一七号
〃　昭和五一・五・二七　〃　三二号
〃　昭和五三・五・二三　〃　五四号
〃　昭和五五・一二・五　〃　一〇四号
〃　昭和五七・七・一六　〃　六六号
〃　昭和五八・一二・一〇　〃　八三号
〃　昭和五九・一二・二五　〃　八七号
〃　昭和六〇・五・一　〃　三四号
〃　昭和六〇・六・七　〃　四八号
〃　昭和六〇・一二・二七　〃　一〇五号
〃　昭和六〇・一二・二七　〃　一〇六号
〃　昭和六〇・一二・二七　〃　一〇七号
〃　昭和六〇・一二・二七　〃　一〇八号
〃　昭和六一・五・二三　〃　五九号

〃　昭和六一・一二・四　〃　九三号
改正　平成二・六・二二　〃　四〇号
〃　平成六・六・二九　〃　五六号
〃　平成六・一一・九　〃　九五号
〃　平成七・三・二三　〃　三五号
〃　平成八・五・二二　〃　四二号
〃　平成八・六・一四　〃　八二号
〃　平成九・五・九　〃　四八号
〃　平成一〇・九・三〇　〃　一一二号
〃　平成一一・七・一六　〃　八七号
〃　平成一一・七・一六　〃　一〇二号
〃　平成一一・一二・二二　〃　一六〇号
〃　平成一二・一一・二二　〃　一二四号
〃　平成一三・七・四　〃　一〇一号
〃　平成一三・一二・一二　〃　一五三号
〃　平成一四・一二・一三　〃　一七一号
〃　平成一七・五・二五　〃　五〇号
〃　平成一七・一一・二　〃　一〇八号
〃　平成一七・一一・七　〃　一二三号
〃　平成一九・四・二三　〃　三〇号
〃　平成一九・七・六　〃　一〇九号
〃　平成一九・七・六　〃　一一一号
〃　平成二二・三・三一　〃　一五号
〃　平成二二・三・三一　〃　一九号
〃　平成二二・一二・一〇　〃　七一号
〃　平成二四・四・六　〃　二七号

目次

第一章　総　則

第一章 総則

（目的）

第一条 労働者災害補償保険は、業務上の事由又は通勤による労働者の負傷、疾病、障害、死亡等に対して迅速かつ公正な保護をするため、必要な保険給付を行い、あわせて、業務上の事由又は通勤により負傷し、又は疾病にかかつた労働者の社会復帰の促進、当該労働者及びその遺族の援護、労働者の安全及び衛生の確保等を図り、もつて労働者の福祉の増進に寄与することを目的とする。

条文解説

本条は、労働者災害補償保険（以下「労災保険」という。）の目的を規定しているが、その目的を次のとおりとしている。

第一の目的は、労働者の業務災害（業務上の事由による負傷、疾病、障害又は死亡をいう。以下同じ。）又は通勤災害（通勤による負傷、疾病、障害又は死亡をいう。以下同じ。）という保険事故に対する迅速かつ公正な保護をするために、必要な保険給付を行うことである。この場合、「迅速かつ公正な保護」は、政府管掌の保険制度と簡易迅速な不服審査制度によって担保されるものである。

なお、平成一二年の法改正（法律第一二四号）により、新たに業務上の事由による脳血管疾患又は心臓疾患の発生の予防に資するために必要な保険給付を行う「二次健康診断等給付」が創設されたのに伴い、保険給付を行うべき保険事故の内容が改正された。

第二の目的は、第一の目的に付帯しつつ、これと並立される目的であるが、業務災害又は通勤災害による被災労働者の社会復帰の促進、被災労働者及びその遺族の援護、適正な労働条件の確保等を図ることである。

そして、この二つの直接的な目的を果たすことにより、労働者の福祉の増進に寄与することが労災保険の究極の目的とされている。

参照条文

〔保険給付　七～二八〕〔労働者の福祉の増進　二九〕〔労働者　労基九、労契二〕

解釈例規

〈制度の目的の改正〉

労災保険は、業務災害及び通勤災害に係る保険給付の事業を行うとともに、被災労働者の社会復帰、被災労働者等の援護、労働安全衛生及び適正な労働条件の確保の事業（労働福祉事業）を行うものであることを明確にした。

（昭五一・六・二九　発基第九六号）

（保険者）
第二条　労働者災害補償保険は、政府が、これを管掌する。

条文解説

本条は、労災保険は政府がこれを管掌することを規定したものである。政府が直接管掌する理由としては、①第一条の目的達成のために、強制適用、強制徴収を内容とするいわゆる「強制保険」の制度を採用することが必要であること、②保険給付を迅速かつ公正に行うために、例えば、業務災害や通勤災害の認定、障害等級の認定等について、労使の立場を超えた公平な第三者が直接行うことが適切であること、③重大災害等に備えて、できる限り危険分散を図る必要があること、④制度の運営費用が低廉になること等があげられる。

関係政省令等

（事務の所轄）
則第一条　労働者災害補償保険法（昭和二十二年法律第五十号。以下「法」という。）第三十四条第一項第三号（法第三十六条第一項第二号において準用する場合を含む。）及び第三十五条第一項第六号に規定する厚生労働大臣の権限は、都道府県労働局長に委任する。

2　労働者災害補償保険（以下「労災保険」という。）に関する事務（労働保険の保険料の徴収等に関する法律（昭和四十四年法律第八十四号。以下「徴収法」という。）、失業保険法及び労働者災害補償保険法の一部を改正する法律及び労働保険の保険料の徴収等に関する法律の施行に伴う関係法律の整備等に関する法律（昭和四十四年法律第八十五号。以下「整備法」という。）及び賃金の支払の確保等に関する法律（昭和五十一年法律第三十四号）に基づく事務並びに厚生労働大臣が定める事務を除く。）は、厚生労働省労働基準局長の指揮監督を受けて、事業場の所在地を管轄する都道府県労働局長（事業場が二以上の都道府県労働局の管轄区域にまたがる場合には、その事業の主たる事務所の所在地を管轄する都道府県労働局長）（以下「所轄都道府県労働局長」という。）が行う。

3　前項の事務のうち、保険給付（二次健康診断等給付を除く。）並びに社会復帰促進等事業のうち労災就学等援護費及び特別支給金の支給並びに厚生労働省労働基準局長が定める給付に関する事務は、都道府県労働局長の指揮監督を受けて、事業場の所在地を管轄する労働基準監督署長（事業場が二以上の労働基準監督署の管轄区域にまたがる場合には、その事業の主たる事務所の所在地を管轄する労働基準監督署長）（以下「所轄労働基準監督署長」という。）が行う。

（一括有期事業に係る事務の所轄）

則第二条　徴収法第七条の規定により一の事業とみなされる事業に係る労災保険に関する事務（徴収法及び整備法に基づく事務を除く。）については、労働保険の保険料の徴収等に関する法律施行規則（昭和四十七年労働省令第八号）第六条第二項第三号の事務所の所在地を管轄する都道府県労働局長及び労働基準監督署長を、それぞれ所轄都道府県労働局長及び所轄労働基準監督署長とする。

解釈例規

〈労働者災害補償保険法施行規則の一部を改正する省令の施行について〉

今般、別紙のとおり、労働者災害補償保険法施行規則の一部を改正する省令（昭和五七年労働省令第一九号）が昭和五七年五月二六日に公布され、同日から施行されることになったが、その内容は下記のとおりであるので了知されたい。

記

一　労働者災害補償保険に関する事務の処理に関し、労働基準監督署長が行うべき事務として、労働福祉事業のうち労災就学等援護費及び特別支給金の支給に関する事務のほか、新たに「労働省労働基準局長が定める給付」に関する事務が追加されたこと（改正後の労働者災害補償保険法施行規則第一条第三項）。

二　この省令による改正後の労働者災害補償保険法施行規則第一条第三項

の規定により労働省労働基準局長が定める労働基準監督署長が行うべき事務としては、当面、昭和五七年五月一九日基発第三四二号通達において休業補償特別援護金の支給に関する事務が指定されているところであること。

（昭五七・五・二六　基発第三六一号）

（労働者災害補償保険）

第二条の二　労働者災害補償保険は、第一条の目的を達成するため、業務上の事由又は通勤による労働者の負傷、疾病、障害、死亡等に関して保険給付を行うほか、社会復帰促進等事業を行うことができる。

条文解説

本条は、第一条の目的を受けて、労災保険の事業として、保険給付の事業を主たる事業とするほか、これに付帯しつつ、これに並立する事業として社会復帰促進等事業を行うことができることを規定したものである。

参照条文

〔保険給付　七〜二八〕〔社会復帰促進等事業　二九〕

（適用事業の範囲）

第三条　この法律においては、労働者を使用する事業を適用事業とする。

2　前項の規定にかかわらず、国の直営事業及び官公署の事業（労働基準法（昭和二十二年法律第四十九号）別表第一に掲げる事業を除く。）については、この法律は、適用しない。

参考

（定義）

労基法第九条　この法律で「労働者」とは、職業の種類を問わず、事業又は事務所（以下「事業」という。）に使用される者で、賃金を支払われる者をいう。

（労働者災害補償保険の適用事業に関する暫定措置）

昭和四四年改正法附則第一二条　次に掲げる事業以外の事業であつて、政令で定めるものは、当分の間、第三条の規定による改正後の労働者災害補償保険法第三条第一項の適用事業としない。

一　第二条の規定による改正前の労働者災害補償保険法第三条第一項に規定する事業

二　労働者災害補償保険法第二十九条第一項第三号の規定の適用を受ける者のうち同法第二十七条第三号又は第五号に掲げる者が行う当該事業又は当該作業に係る事業（その者が同法第二十九条第一項第三号の規定の適用を受けなくなつた後引き続き労働者を使用して行う事業を含む。）であつて、農業（畜産及び養蚕の事業を含む。）に該当するもの

2　前項の政令で定める事業は、任意適用事業とする。

（労災保険暫定任意適用事業）

整備令第一七条　失業保険法及び労働者災害補償保険法の一部を改正する法律附則第十二条第一項の政令で定める事業は、次の各号に掲げる事業（都道府県、市町村その他これらに準ずるものの事業、法人である事業主の事業、船員法（昭和二十二年法律第百号）第一条に規定する船員を使用して行う船舶所有者（船員保険

法（昭和十四年法律第七十三号）第三条に規定する場合にあつては、同条の規定により船舶所有者とされる者）の事業及び労働者災害補償保険法（昭和二十二年法律第五十号）第七条第一項第一号に規定する業務災害の発生のおそれが多いものとして厚生労働大臣が定める事業を除く。）のうち、常時五人以上の労働者を使用する事業以外の事業とする。

一　土地の耕作若しくは開墾又は植物の栽植、栽培、採取若しくは伐採の事業その他農林の事業

二　動物の飼育又は水産動植物の採補若しくは養殖の事業その他畜産、養蚕又は水産の事業

労働省告示第三五号（昭五〇・四・一、改正　平一二・一二・二五告示第一二〇号）

（失業保険法及び労働者災害補償保険法の一部を改正する法律及び労働保険の保険料の徴収等に関する法律の施行に伴う関係政令の整備等に関する政令第一七条の規定に基づき、厚生労働大臣が定める事業を定める告示）

失業保険法及び労働者災害補償保険法の一部を改正する法律及び労働保険の保険料の徴収等に関する法律の施行に伴う関係政令の整備等に関する政令（昭和四十七年政令第四十七号）第十七条の規定に基づき、厚生労働大臣が定める事業を次のように定める。

昭和四十七年労働省告示第十九号（失業保険法及び労働者災害補償保険法の一部を改正する法律及び労働保険の保険料の徴収等に関する法律の施行に伴う関係政令の整備等に関する政令第十七条第二号への規定に基づき、労働大臣が定める危険又は有害な作業を定める告示）及び昭和四十七年労働省告示第二十号（失業保険法及び労働者災害補償保険法の一部を改正する法律及び労働保険の保険料の徴収等に関する法律の施行に伴う関係政令の整備等に関する政令第十七条第四号の規定に基づき、労働大臣が指定する水面を定める告示）は、昭和五十年三月三十一日限り廃止する。

一　立木の伐採、造林、木炭又は薪を生産する事業その他の林業の事業であつて、常時労働者を使用するもの又は一年以内の期間において使用労働者延人員三百人以上のもの

二　別表第一に掲げる危険又は有害な作業を主として行う事業であつて、常時労働者を使用するもの（前号及び次号に掲げる事業を除く。）

三　総トン数五トン以上の漁船による水産動植物の採捕の事業（河川、湖沼又は別表第二に掲げる水面において主として操業する事業を除く。）

別表第一

一　毒劇薬、毒劇物又はこれらに準ずる毒劇性料品の取扱い

二　危険又は有害なガスの取扱い

三　重量物の取扱い等の重激な作業

四　病原体によつて汚染されるおそれが著しい作業
五　機械の使用によつて、身体に著しい振動を与える作業
六　危険又は有害なガス、蒸気又は粉じんの発散を伴う作業
七　獣毛等のじんあい又は粉末を著しく飛散する場所における作業
八　強烈な騒音を発する場所における作業
九　著しく暑熱な場所における作業
十　著しく寒冷な場所における作業
十一　異常気圧下における作業

別表第二

項	水面名	水面の範囲
一	陸奥湾	青森県高野崎から同県焼山崎に至る直線及び陸岸によって囲まれた水面
二	富山湾	富山県生地鼻から石川県大泊鼻に至る直線及び陸岸によって囲まれた水面
三	若狭湾	京都府経ケ崎から同府毛島北端に至る直線、京都府毛島北端から福井県鋸崎に至る直線、福井県鋸崎から同県特牛崎に至る直線及び福井県特牛崎から同県越前岬に至る直線並びに陸岸によって囲まれた水面
四	東京湾	千葉県洲崎から神奈川県剣崎に至る直線及び陸岸によって囲まれた水面
五	伊勢湾	愛知県伊良湖岬から三重県相生山に至る直線及び陸岸によって囲まれた水面
六	大阪湾	和歌山県田倉崎から兵庫県生石鼻に至る直線及び兵庫県松帆崎から同県唐崎鼻に至る直線並びに陸岸によって囲まれた水面
七	有明海及び八代海	長崎県瀬詰崎から熊本県天神山に至る直線、熊本県台場ノ鼻から鹿児島県長島町大崎に至る直線及び鹿児島県神崎から同県鵜瀬鼻に至る直線並びに陸岸によって囲まれた水面
八	大村湾	長崎県高後崎から同県寄船崎に至る直線及び陸岸によって囲まれた水面
九	鹿児島湾	鹿児島県立目崎から同県開聞岬に至る直線及び陸岸によって囲まれた水面

条文解説

労災保険の保険給付の水準や社会復帰促進等事業の内容が充実したものとなるにしたがい、全産業の労働者が労災保険の対象とされることが望ましい。そこで、労働者を使用する事業は、すべて強制的に、この法律の適用事業（以下「強制適用事業」という。）とされる。もっとも、このように中小零細規模の事業をも強制適用とするためには、行政体制の整備が伴わなければならないが、これを一挙に行うことは困難である。そこで、昭和四四年法律第八三号附則において、当分の間、暫定的に政令により一定の事業を強制適用事業から除外して、任意適用事業として指定することができることとされている。現在、使用労働者数が五人未満の農林水産業の一部の事業が、任意適用事業（以下「暫定任意適用事業」という。）とされている。

ただし、以上の原則に対して、国家公務員、地方公務員（現業の非常勤職員を除く。）は、それぞれ、特別の災害補償制度を有しているので、本法の適用の対象外とされている。

参照条文

〔暫定任意適用事業　四四年改正法附則一二、整備令一七〕〔労働基準法適用除外　労基一一六〕

解釈例規

1　労働者

〈新聞配達人〉

問　多くの新聞配給所は配達部数に応じ、配達人に報酬を与えているのであって、この配給所と配達人との関係は単なる請負関係であって、労働関係はなく従って労働者でないと見るを適当と考えるが如何。

答　配達部数に応じて報酬を与えているのは、単に賃金の支払形態が請負制となっているだけであって、一般に配給所と配達人との間には、使用従属関係が存在し、配達人も労働者である場合が通例である。

（昭二二・一一・二七　基発第四〇〇号）

〈生命保険の外務員〉

問　左記一の問題が発生しましたので調査致しましたところ左記二の実態が判明致しましたが、種々疑問もありかつ、全国的な関連もありますので下記三について御教示戴き度くお願い致します。

記

一　問題点及び発生の端緒

(1)　○○生命保険相互会社和歌山支社G支部職員補○○○○（大正六年七月二七日生）は昭和四〇年五月七日午後七時三〇分頃保険契約見込客を訪問すべくバイクで走行中運転を誤り道路より転落入院治療中のところ七月一日死亡した。

(2)　○○○○の遺族は業務上の災害であるから遺族補償を支払うよう会社に要請したところ東京本社より、「同氏は外務嘱託であり、労働基準法でいう労働者となっていない。そのため同法第八章の災害補償の適用はない」との回答があり、なんらの補償も行われなかった。

(3)及び(4)　〈略〉

二　調査結果

(1)　問題の発生した事業場

会社名　○○生命保険相互会社
本　社　東京都中央区K三丁目
支　社　和歌山市H町一の二三
支　部　和歌山県G市N町三

なお、G支部長は遺族の代理として申告者側であり、支社は重要事項についてはすべて本社へ照会している。

(2)　組織の状況

- 内　野
- 外　野
  - 外務職員
    - 支部長
    - 出張所長
    - 特別職員
    - 職　員
  - 外務嘱託
    - 職員補
    - 嘱　託

本表について会社は外務職員は会社と雇傭関係があり、外務嘱託は委任関係であると称している。

なお、G支部の構成は、

支部長　一

外務職員　二
外務嘱託　七

であるが、上記以外に正式にはやめていないが、二〜三年間全く成績をあげていない嘱託が一〇名程いるとのことである。

(3) 諸規程上からの身分関係に対する考察

イ　昭和四〇年四月一日改訂「外野組織ならびに諸給与に関する規定」総則第六条に「外勤嘱託（職員補嘱託）を委嘱する」とあり、又採用時の契約裏面の「外務嘱託契約条項」第一条に「会社は、本人に会社の保険契約の募集事務を委託し……」とあって委任であることが概ね明らかである。

ロ　又、本人が受領した辞令にも「外務事務を嘱託す」とあり、一応身分関係は規定上は明確にされているものと思われる。

(4) 実際上からの身分関係に対する考察

イ　外野の職員のみが雇傭関係にあり職員補及び嘱託は委任関係であることを従業員は知らない。会社側は前記の契約書に本人が印を押し、更にその旨記載した辞令を渡しているのであるから、知らないでは困るとの言分であるが、問題が残るものと思われる。

ロ　会社側は採用時「職員になると保険も手当もつくようになるからしっかり頑張って早く職員になるように」と云っているので、それが身分の変更を意味して伝達している如くに理解しているようであるが、聞く側は単に条件がよくなることと受取っており、身分条件の明示とは思われない。

ハ　職員補となって三ケ月間の募集成績が一定額以上であれば、職員となるが、逆に職員も三ケ月間毎に査定があり、その間の成績が一定額以下であれば職員補に降格される。なおその場合には解雇とならないことになっており（正式には解雇であるが、規定上は「職員を免ずる」とあり、又実際上は身分変更があるのみである。）、また、前記契約書の変更も行われない。即ち、三ケ月毎に嘱託が職員補になり、職員補が職員に、或は職員が職員補に、職員補が嘱託になったりした場合でも契約書は変更されないこと等により、職員だけが雇傭関係であるとは通常考え難い。但し、最初職員補から職員になるときは健康診断書、保証人届、印鑑証明書を提出させることとなっており、又、職員に支給される退職手当の期間計算に当っては、職員であった期間のみ通算することとなっているので、規定上は一線を引いていることは事実である。（但し、嘱託職員補にも成績による退職慰労金が支給されることとなっており、職員の退職手当と混同されることが考えられる。）

ニ　出勤については全く義務づけられ

ていないが、しかし職員も同様であるので、そのためにそれを理由に嘱託、職員補の会社との関係は委任であるといわれるのは困るというような申告者の発言をさせる結果になっている。

ホ　職員には固定給はあるが嘱託、職員補には支給されておらずすべて出来高給である。

へ　制裁規定については嘱託、職員補には特に認められないが、職員については前記「外野組織ならびに諸給与に関する規定」中職員規定第七条に「職員にして次の各号に該当したときは解雇することがある」とあり、職務に忠実でない場合、故意又は重大な過失により会社に損害を与えた場合、精神身体に異常があり、職務に堪えられない場合、就業規則その他会社の定めた諸規則に違反した場合等に列挙されている。

しかし、この規定は、問題発生時支部は勿論支社にもなく、監督署よりの要請によって本社より、直接送付されたもので当然誰も知らず、教えられたこともなく、又実際にそれらが適用されたこともない状況である。

ト　募集地域、相手については会社側から指定されることは殆んどない模様である。

チ　他官庁の処理状況については税務署は外野全員に対し、勤労所得とみず、雑所得として課税している。健康保険、厚生年金は職員のみ加入している。失業保険は外野全員加入していない。

三　照会事項

(1)　前記二調査結果の状態においては、昭和二三・一・九基発第一三号通ちょうにより、職員補、嘱託については、雇傭関係なしと思われますが、前記のとおり三ケ月毎の査定により、職員が職員補となり又職員補が職員となるようなこともあり、いささか疑義がありますので御教示をお願い致します。

(2)　本問題処理の参考として他社についても調査いたしましたところ、別紙一〈略〉及び二〈略〉のとおりの状況でありますが、規定上は何れも嘱託、試補等については明確に委任と定められていますが、実際は雇傭と考えられるものもあるようであります。又同じ会社においても支部と郡部の扱いが異り、又同支部においても支部により相違することもあるようであります。

従って、交通事故等の多発する現在、今後この種の問題が発生した場合、会社が異る場合は勿論、同じ会社でも或る支部は雇傭、ある支部は委任というような決定をなさざるを得ないと思いますが、そのように取扱ってよろしいか御教示をお願い致します。

答　一　照会(1)については、労働基準法第九条に規定する労働者でないと解する。

二　照会⑵については、その契約形式にとらわれず、実質的に労働関係があるか否かについて個別的に判断すべきである。

（昭四二・一・五　四〇基収第六五七三号）

〈法人、団体、組合等の執行機関である者及び下請負人〉

問　労災保険法においては使用者並びに労働者の意義に関しこれを定めたる明文又は労働基準法（第九条、第一〇条）を準用する規定等はなく本保険法の趣旨に則りこれを解釈すべきものとは考えられるが、これの取扱いにつき左記の通り疑義があるので稟伺いたします。

一　労災保険法において保険加入者となるべき使用者とは事業主のみを意味するものと解してよろしいか。

二　法人、団体又は組合等の場合において、その代表者又は執行機関である者がその法人、団体又は組合等により労働の対償として労働基準法第一一条の規定による賃金を受ける者であるときは、法人、団体又は組合等の機関という立場においては他の労働者に対し使用者の地位に立つ者であるが、賃金の支払を受ける立場においては労働基準法第九条の規定により労働者とも解せられるがどうか。

三　自然人である下請負人は自ら使用者の立場にあるものであるから、たとえ労務に従事することがあっても「賃金を支払われる者」とは見られないから、これを労働者とは解することができないと解してよろしいか。もしこれと反対に下請負人を元請負人に使用される労働者と解することができるとするならば、補償原因発生の場合における平均賃金の算出は如何にしたらよろしいか。

答一　貴見の通りである。

二　労働基準法にいう労働者とは、事業又は事務所に使用される者で賃金を支払われる者であるから、法人、団体、組合等の代表者又は執行機関たる者の如く、事業主体との関係において使用従属の関係に立たない者は労働者ではない。

三　貴見前段の通りである。

（昭二三・一・九　基発第一四号、昭六三・三・一四　基発第一五〇号、平一一・三・三一　基発第一六八号）

〈労働組合の役員等〉

標記については、昭和四四年度より、下記のとおり取り扱うこととしたから、関係労働組合に対し周知指導のうえ、これが事務処理に遺憾のないようされたい。

記

一　労働組合の執行機関及び監査機関を構成する者（労働組合の代表者を除く。以下「組合役員」という。）であって、当該労働組合の業務に専ら従事するもの（以下「専従役員」という。）については、当該労働組合が労働者を使用しない場合にあっては、当該専従役員の職務内容、報酬の在り方等にかんがみ、実質的に労働者と考えて差し支えない場合が通常であるため、原則として、当該専従役員を労働者として取り扱うこと。また、当該労働組合が労働者を使用する場合は、当該専従役員は、原則として、中小事業主に係る特別加入の対象となるが、当該専従役員が実質的に労働者と判断できるときも少なからずあり、そのときは、当該専従役員を労働者として取り扱うこと。

なお、概算保険料報告書の提出の際には、あわせて、この取扱いによって労働者として取り扱われる専従役員全員の氏名及び役職名を記載した名簿を届け出させ、当該名簿によって保険加入の事実を明確にしておくこと。また報告された名簿の記載事項に変更があった場合には、その都度速やかに届出を行わせること。

二　労働組合の代表者及び組合役員であって当該労働組合の業務に専ら従事する者以外のもの（以下「組合代表者等」という。）については、労働者災害補償保険法第二七条の第一号及び第二号に掲げる者として当該労働組合の使用する労働者（一によって労働者とみなされる者を含む。）に係る保険関係に基づき、同法第二八条の規定により特別加入することができるものとして取り扱うこと。

したがって、組合代表者等が特別加入するためには、労災保険事務の処理を労災保険事務組合に委託することが前提となるが、この委託にあたっては当該労働組合の所在地が、原則として労災保険事務組合の所在地を中心として労働保険の保険料の徴収等に関する法律施行規則第六条第一項第四号に定める区域内にあることを要する。

三　この通達の適用を受ける者のうちには、代議員、中央委員等名称の如何を問わず労働組合の意思決定機関を構成する者は含まないものであること。

四　労働組合に支部等の下部組織がある場合には、当該下部組織ごとに一事業単位として取り扱うこと。

なお、組織的にみて独立性のない下部組織については、当該労働組合上部組織の保険関係に包括して取り扱うことになるが、このような独立性のない下部組織がある場合には、保険料報告書とは別個に、当該労働組合の下部組織の名称、所在地及び労働者数を記載した文書を届け出させること。また、この届出後に内容の変更、追加が生じた場合には、その都度速やかにその旨届け出させるよう指導すること。

五　一によって労働者と取り扱われる者については、その報酬、手当等を賃金として取り扱うこと。

六　この通達の実施に伴い、昭和三三年七月一二日付け基発第四五二号通達は廃止するものとするが、すでに労働組合の代表者及び組合役員について保険関係の成立しているものについては、昭和四四年度末まで従来どおり取り扱って差しつかえないものとする。

なお、この場合においても、関係労働組合に対し労災保険事務組合の認可申請手続、事務委託等について指導のうえ、昭和四五年度よりこの通達による取扱いに切り替えること。

（昭四四・三・七　基発第一一二号、平三・四・一二　基発第二五九号）

〈組合専従職員の労働関係〉

問　会社からは給料を受けず、その所属する組合より給料を受ける組合専従職員の労働関係は会社との間にはなくて組合との間にあり、労働組合員の専従職員を有する労働組合は、法（編注：労基法）別表第一に掲げる事業のいずれにも該当しない事務所に該当し、法の適用を受けると思われるが如何。

答㈠　組合専従職員と使用者との基本的な法律関係は、労働協約その他により労使の自由に定めるところによるが、使用者が専従職員に対し在籍のまま労働提供の義務を免除し、組合事務に専従することを認める場合には、労働基準法上当該会社との労働関係は存続するものと解される。

㈡　専従職員が労働組合の労働者に該当する場合又は労働組合が他に労働者を使用する場合は、労働組合の事務所は法別表第一に掲げる事業に該当せず、かつ、官公署の事業に該当しない事務所と認められる。なお、専従職員が組合の労働者であるか否かについては昭和二三年一月九日付基発第一四号を参照されたい。

（昭二四・六・一三　基収第一〇七三号、昭三三・二・一三　基発第九〇号、昭六三・三・一四　基発第一五〇号、平一一・三・三一　基発第一六八号）

〈授産施設の作業員〉

左記の条件をすべて充たす授産施設の作業員（施設に使用される職員、指導員等を除く。）は労働者とは認められない。

記

一　授産施設の作業員の資格は原則として市町村長、社会福祉事務所長、民生委員等が保護を要する者と認める証明に基いて当該授産施設を利用せしめることによって生業を扶助されるものに限っているものであること。

二　授産施設においては、その作業員の出欠、作業時間、作業量等が作業員の自由であり、施設において指揮監督をすることがないものであること。特に各作業員の作業量が予約された日に完成されなかった場合にも、工賃の減額、作業品割当の停止、資格の剝奪等の制裁が課せられないものであること。なお作業に対する技術的指導及び製品に対する規格検査はここにいう指揮監督には含まれないものであること。

三　作業によって加工すべき品目については、作業員の技能を考慮して授産施設において割当てるものであっても差支えないが、同一品目の工賃は、作業員の技能により差別を設けず同額であること(但し、受註契約において製品の仕上り状況によって工賃に差別が設けられている場合は除く)。又、授産施設の場内で作業する場合と場外で作業する場合とによって工賃に差別を設けないものであること。

四　作業収入は、その全額を作業員に支払うものであること。但し、授産施設において補助材料等(ボタン、糸等)を負担した時は、材料購入に要した実費を控除した額を下るものでないこと。

五　授産施設の運転資金、人件費、備品費、営繕費その他の事務費、事業費又は固定資産の償却等の経費は、当該授産施設の負担においてなされるものであること。

(昭二六・一〇・二五　基収第三八二一号)

〈実習学生〉

問　N船渠工業株式会社においてS商船学校実習学生が業務上死亡したが、右実習学生は実質的に労働者と何ら変るところなきものと認め労災保険法を適用すべきものと認めらるも疑義の点あり何分の御指示を願います。

一　契約条件

1　実習期間　昭和二二年九月一五日より二三年三月三一日まで

2　手　当　一一月二〇日以前は日給三五円、二一日以後は日給五〇円

3　宿泊及び食事　会社従業員の寄宿舎に宿泊、三食付(労務加配米受給)

4　労働時間その他　大学、専門学校等学生、生徒の実習志願者に関する取扱規程により会社従業員規則を準用する。

(参考)

イ　学生、生徒の実習志願者に関する取扱規程(抄)

第四条　実習生の就業については当社従業員就業規則を準用する。

第六条　実習生の遅刻早退並に欠勤に関しては従業員就業規則第二一条、二二、二三、二四条及び賃金規則第八条、九条、一〇条を準用する。

第七条　実習生が作業実習中負傷し又は之が原因にて疾病に罹った時には

従業員の業務上の負傷又は疾病の場合に準じ之を取扱うものとする。

ロ　全国商船学校工場実習に関する規程（抄）

第二条　工場実習の期間は学校規則の定める処による。但し学校規則に依り難き時は学校長が之を定める。

第五条　実習生はその工場の規程を守り工場の指導主任の指導の下に作業に従事し技能を習得しなければならない。

二　実習学生と会社の関係

実習生と会社の関係は、学校を媒介として対等の立場にたち、一定期間を会社従業員に準じ従属的労働関係を締結するものにして、名目的実習はこの関係の内に於て実習生の自発的意欲に基づかしめ、作業内容については全く会社の自主性に委託され、会社には実習生の労務をして一定の目的に向け効果を発生せしめ得る機能が与えられているものにして広義に労務供給契約と解し得る準雇用関係にあるものである。

答　実習学生の就業に関する当事者間の契約、並びにその取扱規則の内容によれば、学生もまた事業主との関係において使用従属の関係に立つ労働者と認められるから、労災保険法の適用ある労働者として取り扱われたい。

（昭二三・一・一五　基発第四九号）

〈同居の親族〉

同居の親族は、事業主と居住及び生計を一にするものであり、原則として労働基準法上の労働者には該当しないが、同居の親族であっても、常時同居の親族以外の労働者を使用する事業において一般事務又は現場作業等に従事し、かつ、次の⑴及び⑵の条件を満たすものについては、一般に私生活面での相互協力関係とは別に独立した労働関係が成立しているとみられるので、労働基準法上の労働者として取り扱うものとする。

⑴　業務を行うにつき、事業主の指揮命令に従っていることが明確であること。

⑵　就労の実態が当該事業場における他の労働者と同様であり、賃金もこれに応じて支払われていること。特に、①始業及び終業の時刻、休憩時間、休日、休暇等及び②賃金の決定、計算及び支払の方法、賃金の締切り及び支払の時期等について、就業規則その他これに準ずるものに定めるところにより、その管理が他の労働者と同様になされていること。

（昭五四・四・二　基発第一五三号）

〈家庭における賃加工〉

問　原材料の提供を受け、これを家庭に持帰り賃加工して納品する場合、原材料の提供者は使用者、賃加工する者は労働者として本法が適用されるか。

答　家庭において行う賃加工については、一般的には注文者と加工者との間には、所謂家内労働としての関係が存在するが、労働基準法の適用はない。しかし通常の労働関係にある労働者がその労働の一部を自宅で行う如き場合は当然労働基準法が適用される。

（昭二三・七・五　基収第二二〇四号）

〈労災保険法における法人の重役の取扱いについて〉

労災保険法における株式会社の取締役及び監査役の取扱いについては昭和二九年三月一日付基発第一〇四号通ちょうにより、株式会社以外の法人の取締役、理事、監査役、監事等の取扱いについては昭和三一年四月一日付基発第一八六号通ちょうによりそれぞれ指示したところであるが、今般、株式会社をも含めた法人の所謂重役の取扱いを左記のとおり改め、昭和三四年四月一日以降この通ちょうの定めるところにより取り扱うこととしたから了知されたい。

おって、法人の重役の取扱いに関する従前の通ちょうは本通ちょうの実施と同時に廃止することとするから、その取扱いに留意されたい。

記

一　法人の取締役、理事、無限責任社員等の地位にある者であっても、法令、定款等の規定に基づいて業務執行権を有すると認められる者以外の者で、事実上、業務執行権を有する取締役、理事、代表社員等の指揮、監督を受けて労働に従事し、その対償として賃金を得ている者は、原則として労働者として取り扱うこと。

二　法令又は定款の規定によっては業務執行権を有しないと認められる取締役等であっても、取締役会規則その他内部規定によって業務執行権を有する者がある場合には、保険加入者からの申請により、調査を行い事実を確認したうえでこれを除外すること。この場合の申請は文書を提出させるものとする。

三　監査役及び監事は、法令上使用人を兼ねることを得ないものとされているが、事実上一般の労働者と同様に賃金を得て労働に従事している場合には、労働者として取り扱うこと。

四　徴収法第一一条第二項の賃金総額には、取締役、理事、無限責任社員、監査役、監事等（以下「重役」という。）に支払われる給与のうち、法人の機関としての職務に対する報酬を除き、一般の労働者と同一の条件のもとに支払われる賃金のみを加えること。

五　労働者として取り扱われる重役であっても、法人の機関構成員としての職務遂行中に生じた災害は保険給付の対象としないこと。

（昭三四・一・二六　基発第四八号）

〈労災保険法における有限会社の取締役の取扱いについて〉

労災保険法における法人の重役の取扱いについては、昭和三四年一月二六日付け基発第四八号により取り扱ってきたところであるが、法人の重役のうち有限会社の取締役の労働者性については、近年における判例等の動向等にかんがみ、下記により取扱うこととしたので、了知されたい。

記

一　代表取締役が選任されていない場合

有限会社の取締役は、有限会社法第二七条第二項の規定により各自会社を代表することとされていることから、同条第三項の規定に基づく代表取締役が選任されていない場合には、代表権とともに業務執行権を有していると解されるので、労働者とは認められないこと。

二　代表取締役が選任されている場合

有限会社において代表取締役が選任されている場合であっても、代表取締役以外の取締役は、当然には業務執行権を失うものではないが、定款、社員総会の決議若しくは取締役の過半数の決定により業務執行権がはく奪されている場合、又は、実態として代表取締役若しくは一部の取締役に業務執行権が集約されている場合にあっては、業務執行権を有していないと認められることから、事実上、業務執行権を有する取締役の指揮、監督を受けて労働に従事し、その対償として労働基準法第一一条の賃金を得ている取締役は、その限りにおいて労働者と認められること。

三　適用

本通達は、昭和六一年四月一日以後に発生した事故に係る保険給付について適用することとする。

（昭六一・三・一四　基発第一四一号）

〈理事に対する労災保険法の取扱い〉

標記のことについては、日本貨物検数協会会長Bより、別紙甲のとおりの照会があり、別紙乙のとおり回答したから了知のうえ、当該協会の各種役員についての労働関係の有無により具体的に措置することとされたい。

別紙　甲（照会）

当協会理事の労災保険の適用可否に関する御伺いの件

上記に関し今般当協会九州支部長より添付写書の通り理事に対する労災保険の適用につき伺出ありましたので、御手数でも下記事項並びに添付定款〈省略〉御参照の上御回答され度御願い申し上げます。

記

一　理事の業態下記の通り

(1)　会長の地位にある理事（業務）定款第二三条により会長は本会を代表一切の業務を統理する。

(2)　支部（事務所）に駐在している理

事
（業務）理事の先任者として指導的任務を以て現地に駐在する。
(3)　支部長を兼任している理事
（業務）理事であると共に事業所の責任者として業務並びに従業員を指揮監督する。
以　上

別紙　乙（回答）
理事に対する労災保険法の取扱いについて

昭和三八年二月二二日付けをもって照会のありました標記のことにつきましては、貴協会定款第二三条の規定に基づき、会長が貴協会を代表し、一切の業務を統理することとされており、さらに業務執行権に関する特別な内部規定等もないので、その限りにおいて、会長以外の理事は、内部事務の執行につき権限を有しないものと思われます。したがいまして、会長以外の理事が、会長の指揮監督のもとに労働に従事し、その対償として賃金を得ている場合には、労働者として取り扱われることになります。

なお、法人の重役等に関する労災保険の取扱いについては、昭和三四年一月二六日付け基発第四八号をもって労働省労働基準局長より各都道府県労働基準局長に対し、別紙〈略〉のとおり示されていますので、これにより御承知下さい。

（昭三八・五・一八　基災収第四四号の二）

〈調教師、馬手間の労働関係〉

問　日本中央競馬会に所属する調教師（競争馬の調教、飼養管理にあたる者）と馬手（競争馬の飼養管理の補助にあたる者）との間に、雇用関係があるか否かについては、競馬法に何等規定もなく、法律上この雇用関係については種々疑義があるものと思料されるので、別紙参考資料御検討の上何分の回答をお願いする。

（参考）調教師と馬手の関係について

夫々の機構と給与の関係について

日本中央競馬会の主催する競馬サークルには、競馬を主催するものと、競馬を実施するものとがあり、調教師及び馬手は競馬を実施するものに属する。

実施するものには

馬主（競走馬の所有者）＝調教師（競走馬の飼養管理調教にあたる者）＝騎手（競走馬に騎乗し競走に出場する者）＝馬手（飼養管理を補助する者）があって、相互に関連性がある。

競馬法の定めるところによって馬主、調教師、騎手、馬手は一定の手続と試験を経て承認又は免許せられる。

馬主は（別冊日本中央競馬会施行規程第一二条「馬主の代理人」〈略〉）調教師を競馬に関し自己の代理人とし一切の事項を委任する。

　このことに依り馬主は調教師との間に馬を預託するため実費計算に基く一ヵ月分の預託料の支払契約がなされる。調教師は預託馬の調教を行うため、馬の飼養管理を補助させるため馬手を置く（別冊日本中央競馬会施行規程第四二条〈略〉）。馬手を雇用する場合は馬主に相談し、馬主の了解を受けることが先決で、時には馬主と馬手が直接雇用契約をする場合もある。

　等々いずれの場合にも馬主の意思にもとづくものが多い。

　この間の給与関係については、馬主から支払われる預託料実費を調教師が受領し夫々の者に支払われるのである。又、競走に出場した馬には主催者である競馬会より勝馬の賞金又は入着賞及び着外賞が馬主に支払われ、この支払われた賞金の中より進上金（歩合金）として、調教師に対し一〇〇分の一〇、（騎手に対し一〇〇分の五）、馬手に対し一〇〇分の五と夫々が支払われる。賞金の進上金（歩合金）についても馬主から調教師も馬手も率は異なるが同様に支払われる立場にある。

　又着外馬には（五着以下の馬に対し）一回出走毎に一〇、〇〇〇円（サラ系）又は七、〇〇〇円（アラ系）が着外賞として支払われる。そのうち五〇〇円が馬手に支払われる。調教師には支払われない。その他一競走毎に主催者の日本中央競馬会より調教師には調教師賞（騎手には騎手賞、騎乗料）、馬手には馬手賞が夫々の技術に対する奨励金として支払われる制度となっている。

　なお調教師（騎手）、馬手の福祉については日本中央競馬会基金に依り、その外郭団体たる競馬共助会が規定に依り、医療の給付又は家族給付、勤続給付を行っているので健康保険に加入はしていない。

　以上調教師と馬手との関係又は給与関係、共済関係について参考として申上げる。

答　調教師と馬手の間には、特殊の例外的な場合を除き、つぎの事由により、一般に労働関係が存し、調教師は労働基準法上の使用者と認められる。

一　調教師は、馬主と締結した競走馬の預託契約に基き、馬の調教及び飼養管理を行い、一定の報酬を受けていること。

　すなわち、調教師は平均一〇頭程度の競争馬をそれぞれの馬主から受託し、馬主の具体的指揮監督を受けることなく、自己の技術、能力の範囲内で自由に調教及び飼養管理を行い、その費用及び報酬として一定の預託料を受け、また、調教の成果として調教師賞及び進上金等の収入を得ているものであること。

二　馬手は、調教師の指揮監督のもとに馬の飼養管理に従事する労働者であること。すなわち、

(一)　作業指揮関係

(1)　午前午後二回の運動、飼料の与え方、馬の手入、寝藁乾燥、草刈り、及び厩舎清掃等の馬手の作業は、調教師の指揮監督に従っていること。

(2)　遅刻、出欠については、調教師の監視を受け、私用のため作業ができないときは、調教師の承認を得ていること。

(3)　持馬の異状を発見したときは、常に調教師に連絡し、指示された措置をとっていること。

(4)　勤務成績不良その他馬手の責に帰すべき行為があった場合は、懲戒されることがあること。

(二)　雇入、解雇関係

(1)　馬手の雇入については、調教師が個人的に知っている者を自己の名において直接雇い入れていること。例外的には馬手と相談し、または馬主の指定する者を雇い入れているが、これは、預託契約の発注者たる優位的地位に基くものであって、馬主が直接雇い入れているものではないこと。また、日本中央競馬会施行規程第四二条により調教師が馬手を置こうとするときは、競馬場長の承認を受けなければならないが、これは競馬場その他の競馬関係施設の管理権に基く規制であるに過ぎないこと。

(2)　馬主が所有馬を売却した場合、または他の調教師に預託替した場合も調教師が解雇の意思表示をしない限り、馬手の使用関係はその儘継続していること。

(3)　勤務成績が不良な馬手に対しては、調教師が独断で解雇しており、馬主その他の関与を受けていないこと。

(三)　賃金その他の労働条件の決定関係

(1)　馬手の労働時間、始業、終業の時刻は調教師が決定していること。

(2)　馬手の賃金は、預託契約において定められ、事実上これに拘束されているが、これは預託料の算出根拠として調教師、馬主間で決定したものであり、労働契約上の賃金は、これと別個に決定し得るものであって、現実にもそのような場合がみられること。

三　馬手と日本中央競馬会、競馬共助会若しくは馬主との間には労働関係の存在が認められないこと。すなわち、

(1)　馬主の持馬が競争に出場した場合は、進上金又は着外賞として一定の金銭が馬主から直接馬手に支払われているが、この外に馬手に対して直接にも間接にも指揮監督を行っていると認むべき事情がないので馬主、馬手間の労働関係の存在を肯定することはできないこと。

(2)　日本中央競馬会より優秀な馬手に対し馬手賞として一定の金銭が支払われる場合があるが、これは、競馬主催者の立場からする馬手の技術奨励制度であって、労働関係に基く対価とは認められないこと。

(3)　馬手に対しては、家族手当、勤続手当、休養手当及び災害補償費的性

質の金銭が競馬共助会より給付されているが、競馬共助会は、任意加入の共済組織であり、また、馬手に対して直接にも間接にも指揮監督を行っていないので馬手との間に労働関係を認めることはできないこと。

(4)　競馬共助会の資金の大部分は、日本中央競馬会で負担しており、実質的には日本中央競馬会が前記家族手当等を馬手に支給していると認められるふしもあるが、日本中央競馬会は直接にも間接にも馬手を指揮監督していると認めるべき事情がないので、馬手との間に労働関係を認めることはできないこと。

（昭三二・一〇・一八　基収第六八一九号）

〈競輪選手〉

問　市営競輪及び県営競輪へ出場した出走選手が競走中転倒して選手二二名が何れも全治一カ月程度の負傷により見舞金規定により治療を受け、これがため法第八章の災害補償の問題が発生したが右出走選手は法第九条の労働者と解されるか。

答　自転車競走に参加しようとする者は、一定の手数料を添えて競走参加を申込み自転車競走施行者はその資格健康状態を検査の上所定の方式によって出場を許すものであって、自転車競走施行者は参加者に競走の場を提供するものである。又参加者に支給される日当及び宿泊料は実費弁償として支給されるものであり、賞金は競走参加の目的物であるから、共に労働の対象として支給されるものではなく、従って自転車競走参加者は法第九条の労働者ではない。

（昭二五・四・二四　基収第四〇八〇号）

〈看護婦見習〉

問　個人開業の医院で、家事使用人として雇用し看護婦の業務を手伝わせる場合があるが、これは本法の適用はないものと考えてよいか。また二、三名を雇用して看護婦見習の業務に従事させ、かたわら家事その他の業務に従事させる者は、労働基準法の適用があると解されるが如何。

答　設問前段の如き場合は、見解の通り。後段については看護婦見習が本来の業務であり、通常これに従事する場合は労働基準法の適用がある。

（昭二四・四・一三　基収第八八六号）

〈看護婦養成所の生徒〉

保健婦助産婦看護婦法（昭和二三年法律第二〇三号）に基づく看護婦養成所の生徒は、生来看護婦となるべき素養を取得するために教育を受けているものであり、その教習課程中の実習も教育の目的でのみなされるべきものであるから、その生徒は原則として労働者とみなすべきではない。なお、従来の慣習により生徒を一般看護婦と同様に勤務させている場合があり、たとえ形式的にいわゆる生徒と称して実習に従事していても、その実態においては、労働基準法第九条にいう労働者とみなされる場合があるが、次のいずれにも該当する場合を除き、当該事業経営者と生徒との間には実質的な使用従属関係が存在するものと認められ法を適用すべきものであるから、その労働の実態を調査し法の適用について十分留意されたい。

　本件は養成中の男性たる看護人についても同様に取り扱われたい。

㈠　実習時間外はもとより、実習中といえども、教習及び教習の場所に関係のない作業、事務、その他雑用に使用されないこと。

㈡　生徒の管理については、責任者が定められ、生徒の実習と一般看護婦の労働が明確に区別されていること。

（昭二四・六・二四　基発第六四八号、昭二五・一一・一　婦発第二九一号、平九・九・二五　基発第六四八号）

〈大工〉

問　次の場合労働基準法の適用は如何になるか。

㈠　農家が家屋修理の為大工を雇う場合。

㈡　工場が建物修理の為大工を雇う場合。

㈢　官吏が家屋修理の為大工を雇う場合。

右の場合次の二つの回答が考えられるが、何れが正しいか。

(1)　農業も工業も何れも事業である。大工はいずれの場合においても使用されて賃金を支払われるから労働者である。従って㈠㈡何れの場合においても本法の適用がある。

　官吏の場合は何等事業を営んでいないから適用はない。

(2)　㈠㈡の場合、家屋修理のため、大工を使うことは事業本来の目的の為使用するのではないから本法は適用されない。

答　農家又は工場がその事業経営上必要な建物その他の施設を大工に修理させる場合は、一般に請負契約によることが多いが、請負契約によらず雇用契約によりその事業主と大工との間に使用従属関係が認められる場合は、法第九条の労働者であるから、基準法の適用を受ける。なお、基準法の適用は該事業固有の業務に従事する労働者であるか附随的業務に従事する労働者であるかによって差異はない。

　設問㈢については見解の通り。

（昭二三・一二・二五　基収第四二八一号、昭六三・三・一四　基発第一五〇号、平一一・三・三一　基発第一六八号）

〈共同経営の事業〉

問　共同経営の事業にして合作社の如く出資しながら、賃金を受け働いている者は労働者として本法の適用を受けるか。

答　共同経営事業の出資者であっても当該組合又は法人との間に使用従属関係があり賃金を受けて働いている場合には、法第九条の労働者である。

（昭二三・三・二四　基発第四九八号）

〈消防団員〉

問　消防団員は、その任免、給与、服務その他の事項については、市町村条例で定められることになっているが、本団員の特質として、多くのものは、日常自己の業務に従事して火災等の場合のみ出勤し、従ってその給与も区々であって、これが消防業務中その為に傷害等を受けた場合、これに労働基準法を適用しうるや否やにつき左記疑問があるので御回示願いたい。

記

市町村長又は市町村長の委任をうけた機関が、団員の任免権を持っている場合で且つ非常勤務者の場合。

㈠　出勤（動）の都度、手当（例えば一回一〇〇円）を受けるもの。

㈡　年手当（例えば月割支給等でなく年手当五〇〇円、又は絆纏一着等の現物のみ）を受けるもの。

㈢　何等の支給も受けないもの。

答　質疑事例㈠、㈡及び㈢の如く、非常勤の消防団員であって火災、提防の決壊等限られた場合にのみ出勤するものについては、労働基準法は適用されない。なお、これ等労働基準法の適用なき者が、公務によって傷害等を受けた場合には、消防組織法（昭和二二年法律第二二六号）第一五条の四の規定により、市町村から補償を受けることになっている。

（昭二四・二・一〇　基収第三三〇六号、昭三三・二・一三　基発第九〇号）

〈失対事業の副監督員〉

問　当局管内K市教育委員会においては、緊急失業対策事業費により校地整備作業を行うこととし、人夫若干名を補助監督員として、同委員会施設課の賃金科目予算より支弁し、使用することにしたが、地方公務員法第三条第三項第六号及び単純な労務に雇用される一般職に属する地方公務員の範囲を定める政令に規定する監督者の範囲との関連において次のような疑義が生じたので、何分の回答をお願いする。

㈠　昭和二九年二月四日付職発第九六号「失業対策事業の労務管理について」の通牒によれば「副監督員は、地方公務員法第三条第三項第六号の規定により一般職の地方公務員となるものである。」となっているが、労働基準法の適用に当っても右の通り解してよいか。

㈡　単純な労務に雇用される一般職に属する地方公務員の範囲を定める政令中の「監督者」の解釈として、昭和二六年二月一三日付地自身乙発第五三号の地方自治庁次長通牒によれば「監督者とは担当する業務の遂行に関し管理的、監督的及び指導的責任を有する者をいう。」となっているが、一方、前記㈠の職業安定局長の通牒によれば、「副監督員の責任及び能力は、監督員に比し、低位なものである。」とされているので、この両者の関係如何。

㈢　地方公務員法第三条第三項第六号及び前記㈡の政令に規定する監督者の範囲に属する副監督員か否かの判定はその職務の名称のみで判断することは適当でないと考えるが、如何。

答㈠　緊急失業対策法（昭和二四年法律第八九号）第二章の失業対策事業のために事業主体が雇い入れる副監督員は、地方公務員法第三条第三項第六号の監督者に該当し、一般職の地方公務員であると解される。

㈡　地方公務員法第五七条に規定する単純な労務に雇用される者の範囲は、昭和二七年一〇月七日付基発第七〇七号通牒で明らかなとおり地方公営企業労働関係法施行後も「単純な労務に雇用される一般職の地方公務員の範囲を定める政令」（昭和二五年政令第二五号）に規定されていたものの範囲と一致するものと解される。しこうして、同政令の、「監督者」には、監督員と共に副監督員も含まれるものであり、従って、副監督員については、地方公務員法第五八条が適用される。

㈢　右㈠及び㈡に該当する副監督員とは、職業安定行政手引一二、二五二「監督者」の2に示されているとおりであって、失業対策事業において、「監督員又は技術者の指揮監督の下に、就労者の作業を指揮監督し、就労者の引率、人員及び器具等の点検、作業開始の準備、稼働時間の記録、作業の指導、受持現場における災害発生の予防、終業時における現場の整備」に当らせるため事業主体が副監督員として選任した失業対策事業就労者をいう。

（昭三〇・七・一八　基収第二五八五号）

〈県の鳥獣保護員〉

問　福島県鳥獣保護員の実態は、左記のとおりであるので、この鳥獣保護員は労働基準法第九条の労働者であると思料されるが如何。

記

一　制度

鳥獣保護員は、鳥獣保護及び狩猟に関する法律（大正七年法律第三二号）に基づき置かれるものであり、その取扱いについては、昭和三八年一一月に農林省で調整し、全国統一

本庁機関
出先機関

福島県鳥獣保護員規程を次のように定める。

福島県鳥獣保護員規程

（設置）

第一条　鳥獣保護及狩猟ニ関スル法律（大正七年法律第三十二号）第二十条ノ十の規程に基づき鳥獣保護事業の実施に関する事務を補助させるため、福島県鳥獣保護員（以下「保護員」という。）を置く。

2　保護員は、その住所地を管轄する福島県林業事務所に所属させるものとする。

（委嘱等）

第二条　保護員は、鳥獣の保護蕃殖及び狩猟に関する知識及び経験を有する者のうちから知事が委嘱する。

2　知事は、保護員が、心身の故障のため職務の遂行に支障があり、又はこれに堪えない場合その他保護員として適当でないと認める場合は、こ

を図っている。

福島県においては、昭和三八年一一月二二日別添のとおり、福島県鳥獣保護員規程（以下「規程」という。）を制定し、地方公務員法第三条第三項第三号の特別職の地方公務員として鳥獣保護員を置いてきている。

二　任用

鳥獣保護員は、各林業事務所長の推薦によって、福島県農地林務部長名で委嘱されている。

三　勤務

鳥獣保護員は、次のような勤務態様の下で、規程第三条に規定されている業務を行っている。

(1)　林業事務所に配置され、担当地域は二ないし四市町村である。

(2)　県の指示により、林業事務所長が年間又は月間の業務計画及び各月の重点実施事項を定め、毎月一回鳥獣保護員を林業事務所に集合させて、それを鳥獣保護員に指示している。

(3)　勤務日数が指定されている（猟期中は週二回、休猟期には月二回）が、期日、時間は指定されていない。ただし、鳥獣保護員手帳の所要欄に業務に従事した日、時間等を記録する。

(4)　勤務時間は、毎月鳥獣保護員が提出する巡視状況報告書及び前記鳥獣保護員手帳の記録の検印により把握している。

(5)　緊急連絡の義務がある。

四　報酬

指定された勤務日については報酬（一日八〇〇円）が支払われる。ただし、県より指定日以外にも業務を行うように要請されていること等もあって、実際には指定された勤務日数を超えて業務を行っており、報酬と労働日数とが一致していない。

（参考）

福島県鳥獣保護員規程

昭和三八年一一月二二日

福島県　訓令第三二号

れを解嘱するものとする。
3　保護員の任期は、二年以内で知事が定める期間とする。
（職務の内容）
第三条　保護員は、所属の福島県林業事務所の長（以下「林業事務所長」という。）の指揮監督を受け、一又は二以上の市町村の区域をその担当区域として次の各号に掲げる業務に従事する。
一　鳥獣保護区及び休猟区の維持管理に関する業務
二　鳥獣の棲息状況等の調査に関する業務
三　狩猟者に対する指導に関する業務
四　鳥獣保護及狩猟ニ関スル法律第十九条ノ二第一項の規定による立入検査に関する業務並びに狩猟免状、鳥獣捕獲許可証及び鳥獣飼養許可証の検査に関する業務
五　鳥獣保護事業に関する啓蒙宣伝に関する業務
六　その他鳥獣の保護蕃殖及び狩猟の適正化のために必要と認められる業務
（業務内容の記録及び報告等）

第四条　保護員は、その業務に従事したときは、巡視状況報告（第一号様式）に当日の業務内容を記録するとともに、すみやかにこれを所属の林業事務所長に提出し、その指示を受けなければならない。

（証票の携帯等）

第五条　保護員は、その業務に従事するときは、福島県鳥獣保護員の証（第二号様式）を携帯し、関係者の請求があるときは、これを呈示しなければならない。

附則
この訓令は、公布の日から施行する。

答　照会のあった件について、左記のとおり回答する。

なお、本件については、自治省行政局（公務員課）とも打合せ済みであるので、念のため申し添える。

記
御照会のあった鳥獣保護員は、福島県鳥獣保護員規程（昭和三八年一一月二二日福島県訓令第三二号）によれば、林業事務所長の指揮監督を受けて鳥獣保護及び狩猟に関する業務に従事する者であって、地方公務員法第三条第三項第三号の特別職に該当し、その業務に従事したことに対して委嘱通知書に示された報酬を支払われるものであるから、労働基準法第九条の労働者であると解される。

（昭四〇・一〇・一三　基収第五九二三号）

<市町村の固定資産評価員>
問　市町村の固定資産評価員の性格は、その選任は地方税法（昭和二五年法律第二二六号）第四〇四条により市町村長が当該市町村議会の同意を得て行うものであり、地方公務員

法第三条第三項第一号の特別職に該当するものであるが、市町村長の指揮を受けて市町村の事務の一部を補助する立場にあり市町村長に対し使用従属の関係を有するものと認められるので、労働基準法上の労働者とも解されるが、いささか疑義があるので、何分の御指示を願いたい。

答　固定資産評価員は、地方税法第四〇四条によれば市町村長の指揮を受けて固定資産を適正に評価しかつ、市町村長が行う価格の決定を補助するものであって、地方公務員法第三条第三項第一号の特別職に該当し、給料又は報酬の支給を受ける職員であるから市町村長と使用従属関係にある労働基準法第九条の労働者と解される。

追って、本件は自治庁〔現行＝総務省〕と打合せ済みのものであるから念のため。

（昭二八・七・六　基収第二六八三号）

〈**あんま、はり灸師**〉

問　当局管内において、特定のあんま、はり灸治療院に所属している、あんま、はり灸師の労働組合が昨年一〇月結成されましたが、先般当局に対し、治療院経営者（いわゆる席主）と所属あんま、はり灸師との間に労働関係ありやとの質疑がなされたので、当局においては、全国的な関連のあることも考慮し、慎重に実態を調査したところ、次のとおり疑義を生じましたので何分の御教示をいただきたく稟伺します。

記

1　当局管内におけるあんま業の概要

(1)　業界の規模

(イ)　〇〇市内において、あんま、はり灸にたずさわっている者約八〇〇名と推定される。

(ロ)　以上のうち独立営業者は約四〇〇名、一定の席主に属している者約四〇〇名と推定される。

(ハ)　あんま、はり灸師をかかえている者約四〇件、うち三〇名以上かかえているもの四件である。

(2)　あんまの男女別等内訳について

あんまの年齢層、経験年数、男女別、障害者、晴眼者別、通勤住込別等の人数は不明であるが、大要次の如き傾向がみられる。

(イ)　目下のところ晴眼、障害者の比は概ね半々であるが、

(ロ)　需要者の好みもあって、若い晴眼者の女性がふえつつある。

(ハ)　無資格者が約一〇％程度いるものと推定される。

(3)　就業時刻等について

(イ)　通勤者は午前一一時ないし、午後五時に出勤し、翌午前一時前後まで勤務する者が多い。

(ロ)　住込者は午前一〇時ないし一二時頃より待機し、午前一時前後まで勤務する者が多い。

(ハ)　あんまは「あんま、はり灸師、柔道整復師法」に基き、文部省又は厚

生省の認可を得た学校で最低二年の修業を要するが、席主のもとに住込み通学中の者もあり、これ等は就学時間以外に見習と称して施療に当っている。

(ニ)　休日は月二日ないし四日あるものが多いが日を特定することはない。

(ホ)　就労は客の指名による場合と、指名のないときは順番制による場合とがある。

(4)　料金等について

(イ)　あんまの就労は出仕事と内仕事に分けられるが前者は一時間二五〇円、後者は一時間二〇〇円である。あんまと同時にはり灸を施した場合は更に加算される。

(ロ)　料金はあんまが直接客からもらう場合が多いが、まれにひいきの旅館等から一カ月毎に治療院へ一括支払われることもある。

また、内仕事の場合は客がチケットを受付で買い治療に当ったあんまが受取り席主に差出して一定の歩合をもらう。

(ハ)　あんまの収入は〇〇市内中心部、周辺部により或は規模の大小、席主の性格等により異なるが、概ね通勤者の場合は料金の五〇―七〇％が取分になり、五〇―三〇％が名儀料、営業費の名のもとに席主の取分となる。

また、住込者にあっては光熱費を席主、席主の家族分も含め頭割りで支払い、炊事代は住込者が共同で経理するもの、或は食事代、名儀料を含め稼ぎ高の七〇％を席主に支払うもの等がある。

(ニ)　市内中心部で午前一一時―翌午前三時頃まで就労して一カ月最高手取り四五、〇〇〇円程度と推定される。

2　疑義

概要以上のとおりであるが、あんまの実態については前述のとおり地域、規模等によって、例えば休日や外出を自由に取扱っているものもある等かなりの差異が認められるので、あんま、はり灸師をかかえ営業している者は、たとえ共同経営等と称しても、次の各号のすべてに該当する場合を除き席主とあんま、はり灸師との間に実質的な使用従属関係があるものと認めてよいか。

(1)　席主の取分は治療院の看板料等と称しているが、名儀の如何を問わず、あんまの稼ぎ高の一部を稼ぎ高に応じて席主に支払っていないこと。

(2)　食費額があんまの稼ぎ高に関係なく一定していること。

(3)　部屋代、光熱費等があんまの稼ぎ高に関係なく一定しており、席主やその家族が負担すべきものまで負担していないこと。

(4)　料金は全額を直接あんまが客より受取ること。

(5)　あんまの外出、外泊、欠勤は、事前又は事後に席主に届出若しくは承認を要することなく自由であること。

(6) 出勤、退勤の時刻が拘束されず、完全に自由であり、遅刻、早退の場合席主に届出や承認を要しないこと。

(7) 客より施療依頼に対して、指名による場合を除き、席主が所属あんまのうちから特定の者を選択する余地がないこと。

(8) あんまの就労に当っては、席主に示された場所に制限されることなく、自由に就労出来ること。

答　あんま、はり灸治療院において、あんま師、はり師、灸師等を院内に待機させ、それらの者に営業をさせている場合は、たとえ共同経営等と称していても、次の各号のすべてに該当する場合を除き、院主とあんま師等との間に実質的な使用従属関係があるものと認められる。

(1) 看板料の名目で、あんま師等の稼ぎ高の一部を稼ぎ高に応じて院主に支払っていないこと。

(2) 食費の額があんま師等の稼ぎ高に関係なく一定していること。

(3) 部屋代、光熱費等があんま師等の稼ぎ高に関係なく、一定していること。

(4) あんま、はり灸の施療料金は、客又はその代理人から施療をしたあんま師等が直接全額受け取ること。

(5) あんま師等の外出、外泊の自由は、院主によって制限されないこと。

(6) あんま師等の営業の自由、休業の自由は、院主によって制限されていないこと。

(7) 施療の実施については、順番制等によることとし、院主が所属あんま師等のうちから特定の者を自由に選択、指示することがないこと。

(8) 施療に当っては、院主に示された場所に制限されることなく、自由であること。

（昭三六・四・一九　基収第八〇〇号）

2　適用事業

〈事業の意義〉

労災保険法において事業とは、一定の場所において或る組織のもとに相関連して行われる作業の一体をいい、強制適用事業であるか否かは、その作業体即ち事業場の実態によって決定すべきものである。

即ち、一の事業場における主たる作業が強制適用事業に該当する場合には、その事業場の中の任意適用に該当する部分（事務所等）をも含めて強制適用の事業場とするのである。

（昭二三・九・一一　基発第三六号）

〈事業の単位〉

一　事業の概念

労災保険法において事業とは、労働者を使用して行われる活動をいい、工場、建設現場、商店等のように利潤を目的とする経済活動のみならず社会奉仕、宗教伝道等のごとく利潤を目的としない活動も含まれる。

二　適用単位としての事業

一定の場所において、一定の組織の下に相関連して行われる作業の一体は、原則として一の事業として取り扱う。

(1)　継続事業

工場、鉱山、事務所等のごとく、事業の性質上事業の期間が一般的には予定し得ない事業を継続事業という。

継続事業については、同一場所にあるものは分割することなく一の事業とし、場所的に分離されているものは別個の事業として取り扱う。

ただし、同一場所にあっても、その活動の場を明確に区分することができ、経理、人事、経営等業務上の指揮監督を異にする部門があって、活動組織上独立したものと認められる場合には、独立した事業として取り扱う。

また、場所的に独立しているものであっても、出張所、支所、事務所等で労働者が少なく、組織的に直近の事業に対し独立性があるとは言い難いものについては、直近の事業に包括して全体を一の事業として取り扱う。

(2)　有期事業

木材の伐採の事業、建物の建築の事業等事業の性質上一定の目的を達するまでの間に限り活動を行う事業を有期事業という。

有期事業については、当該一定の目的を達するために行われる作業の一体を一の事業として取り扱う。

（昭六二・二・一三　発労徴第六号、基発第五九号）

〈法第三条第一項第二号にいう「延三〇〇人以上」の解釈〉

問　法第三条第一項第二号（昭和四四法律第八三号附則第一二条参照）にいう「一年以内の期間において延人員三〇〇人以上」という意は、事業施行のつど労働者を使用する事業主が一年以内の期間において、一事業に限らず使用労働者数三〇〇人未満の数事業を施行する場合これらを合して三〇〇人以上となる場合、数事業全部が右に該当するものとして取り扱うべきものと思うが如何。

答　土木建築を業としていないものがたまたま事業を開始したときは、一事業において一年以内の期間に延三〇〇人以上の労働者を使用する場合が強制適用事業となり、常時それを業としているものの場合は、一年以内の期間に使用する労働者の数が延三〇〇人以上となるか否かに関係なく強制適用事業となり保険料の納付その他の報告は各工事毎に徴するよう取り扱われたい。

（昭二四・七・二一　基災収第三八八五号）

〈土木建築事業における事業単位〉

問一　請負による事業において同一の注文者よりその事業の全部につき同一の請負者が請負った場合において当該事業が二種以上の種類の工事を包含し、各工事毎に請負金額又は使用労働者が区分される場合に於ては各工事を夫々一の事業とみなしその各々につき則第二条又は則第二二条の二〔現行＝徴収法第一一条第二項、徴収則第一二条、第一三条〕により賃金総額を求め、保険料率も又各工事に相当するものを適用してよいか。

　即ち道路建設事業において道路建設区間中に併せて橋梁工事を行う場合とか、学校建設の事業において運動場を含む敷地の造成、鉄筋コンクリート造本館、木造校舎の建設工事が行われる等の場合に各工事が相当独立性を有するときは各工事を一事業とみなし工事毎に保険料報告書を徴すべきか、全体を一事業としこれを構成する各工事については賃金総額、保険料を夫々区分して適用してよろしいか。

二　前項において各工事に附帯する作業、例えば工事廃棄物の運搬であるとか土木工事において使用する土砂の採取運搬作業の如き従属作業は当然主たる工事に包括して扱うべきものと思うが、同一注文者が木造建築を行うに際し簡易なる地均しと、木造建築と家屋附帯設備工事が夫々分割請負に附され、たまたまこれを同一業者が請負った場合、請負契約は当然各工事毎に行われるが、その規模、従事労働者の数等により建築工事が主工事とみなされる場合においても各工事を夫々一の事業とみなしてよいか。

三　又総合土木事業において工事毎に分割請負がなされた場合においては注文主が同一であり工事毎の請負者が異っている場合、例えば家屋建築事業において、基礎工事、軸組立工事、屋根工事、左官工事が夫々請負に附される場合、各工事について請負人相互に工事施工上密接な連絡のある場合における各工事の事業の種類は主たる事業の種類により、従って各工事の料率も、又主たる工事の料率を各工事に適用すべきものと考えられるが、各請負工事の関係が相互に連絡なく無関係に施工される場合は各工事は夫々独立したものとみなし、事業の種類、保険料率も工事毎に決定すべきものと思うが如何。

答一　請負による土木建築事業において二種以上の事業を包含し各事業毎に請負金額又は使用労働者が区分されることのみをもって直ちに夫々独立した事業とは認め難く夫々の規模、或は関連性をも勘案し認定することが肝要である。

　設問の学校建設事業における運動場を含む敷地の造成が、校舎と従属性を有する小規模のものであり、社会通念上校舎の附属物の建設と認められる場合において、たとえ請負金額、使用労働者が区分され、また夫々が異なる業者の手で行われても建築事業として取り扱うべきである。

但し、一請負事業における各種事業で夫々独立性を認められる場合は貴見後段のとおり取り扱われたい。

二　建築事業が主たる事業とみなされる場合において、たとい他の業者が請負っても施工時期が殆ど同時である限りすべてを建築事業として取り扱うべきである。

三　完成されるべき工作物についての保険料率によるべきである。

（昭二五・八・二六　基収第一一六一号）

〈商店、旅館等が直営で行う店舗等の増改築又は修理工事〉

問　任意適用事業（主として物品の販売及び旅館、料理店等の事業がその大部分であるが）において、事業主が、直営で自已の店舗又は旅館、料理店等の建物の増築、改築又は修理を行う場合の労災保険法上の取扱いについて、左記の通り疑義があるので何分の御指示をお願いしたい。

記

任意適用事業（主として物品の販売又は旅館、料理店等の事業）の事業主が、直営で、大工、左官等の労働者を雇入れ、自已の店舗又は旅館、料理店等の建物の増築又は修理を行う場合、当然労災保険法の適用を受けるものと思料するが、これが取扱いについて、左の何れによるべきか。

(1)　当該建物の増築、改築又は復旧修理を独立の事業とし、一年以内の期間において使用労働者延人員三〇〇人以上のものについては、強制適用事業（有期事業）として、物品の販売又は旅館、料理店等の事業とは別個に、保険関係を成立せしめることとし、使用労働者延人員三〇〇人未満のものについては、任意適用事業として取り扱う。

(2)　略

(3)　当該建築工事を独立の事業とみることなく、物品の販売又は旅館、料理店等の事業に附随した臨時的なものとして、増加保険料申告書で修理することとし、適用区分も事業主本来の事業を物品販売又は旅館、料理店等の事業とする。

答　本件については、貴見(1)によって取り扱うべきである。

（昭二八・八・六　基収第三一七三号）

〈貸ビル工事の適用単位〉

問　当局管内土木建築事業の適用単位については、当該各工事を構成する工事契約毎に保険関係を成立せしむべきであるとして指導しておりますが、左記について些か疑義がありますのでこれが取り扱いについて何分の指示を願いたく稟伺致します。

記

一　工事の概要

1　M電工共同住宅建設工事（以下Ⓐ工事と称す）

ⓐ　日本住宅公団F支所発注にかかる鉄筋コンクリート造二階建アパート二棟建設工事で、

請負金額

一四、九五〇、〇〇〇円

工　期

昭和三五年一二月二三日

～昭和三六年六月一五日

ⓑ　入居者M電工㈱F営業所発注にかかる右記アパート附属木造物置二棟及び道路の鉄柵建設、その他の追加工事で、

請負金額

一、三七九、〇〇〇円

工　期

昭和三六年五月二六日

～昭和三六年六月一五日

以上のようにⒶ工事は発注者を異にするⓐ及びⓑ工事によって構成されている。

2　F第一ビルディング新築工事（以下Ⓑ工事と称す）

ⓐ　S興業㈱発注にかかる鉄筋コンクリート造地下二階、地上七階建塔屋付一棟新築工事で、

請負金額

五六〇、六二〇、六九〇円

工　期

昭和三四年一一月一日

～昭和三六年二月二八日

ⓑ　同ビル入居者であるD銀行他一一社発注にかかる間仕切その他附帯工事で、各社との契約金額の合計三九、七七九、三五六円、工期は各契約により始期は相違するが概ね

昭和三五年一一月一日

～

昭和三六年二月一日

～昭和三六年二月一日

以上のようにⒷ工事は本体工事のⓐと多数の附帯工事であるⓑ工事を発注者を異にして施工する。

二　当局の取り扱い

(1)　有期事業に於ては、当該工事を構成する工事契約毎に保険関係を成立させることを原則としているが、本件ビルディング等の建築工事の如く、ビルの本体は所有者、室内工事は入居者とそれぞれ自己負担で行う場合ビル所有者及び各入居者が同一人に工事を請負せた場合には、場所は勿論、期間、労働者、作業内容等が同一であっても、契約毎に別個に取り扱うことを原則としている。

(2)　入居者が発注する内装工事が小規模の場合には、内装工事を便宜一括して保険関係を成立させることも認めているが、この場合保険料が二〇万円以上となってもメリット制は適用しないこととしている。

三　疑義の存する点

有期事業の適用単位は、一定期間内の一定作業現場における作業の全

体を捉えて一適用単位とすることが根本原則であり、普通一請負契約に一工事で実施されるというのが一般的な形態であるので、一契約をもって一適用単位とすることは当然であります。しかし一請負業者が期間的、場所的、作業内容的に関連性を有する工事で、発注者を異にする工事を施工する場合、請負業者としては工事を効果的に完成させるため契約工事毎に労働者を区分して使用せず、同時に工事を施工するのが常態であります。

よって労働者に支払う賃金も区分して正確に把握することは不可能でありますので、請負契約毎に保険関係を成立させると、法第二五条〔徴収法第一五条第二項参照〕による保険料の算出もできず、各保険関係については則第二五条〔徴収則第一二条参照〕により保険料を算出しなければならないことになり、原則的な保険料と相違することにもなる。また契約毎に保険関係を成立させた場合同一時期、同一場所で工事を施工する関係上、業務上災害が発生した時、発生場所についての判定も不明確な場合も考えられる。以上により本件のような場合の適用単位について、

(1)　如何なる請負契約方法であっても請負契約毎に一適用単位として取り扱う。

(2)　本件の如く本ビルの所有者及び入居者が同一人に工事を請負せた場合でも一適用単位として取り扱う。

右記二点のいずれで取り扱うか、また(2)のように一括して一適用単位として取り扱う場合、保険料が二〇万円以上になったものにもメリット制の適用をすべきであるか。

答　一　照会の1及び2の工事のごとく、一の建設物を建設するにあたって、附帯工事発注者が本体工事発注者と異なる場合であっても、当該建設工事が場所的、時期的に同じに同一業者によって施工されるときは、本体工事終了時までの各工事をまとめ、貴見(2)のとおり一の事業単位として取り扱って差し支えない。

二　労災保険法第三〇条の二〔徴収法第二〇条参照〕の適用については、前記事業単位ごとに行うこと。

（昭三七・六・一　基収第三七二一号）

〈坑道掘進等の坑内作業を請負により行う事業〉

標記については、新年度より左記により取り扱うこととしたので事務処理に遺憾なきを期せられたい。

記

一　適用の対象　石炭鉱業の下請事業であって、坑道掘進等の坑内作業を行っているもの。

二　適用の単位　下請事業主毎に保険関係を成立させるが、同一事業主であっても発注者である石炭事業場の保険関係が異なる場合はその成立単

位に即して取り扱うこと。

三　適用の方法　同一の石炭事業場に所属して常態として継続的に行われている事業については、原則として継続取扱とし、法第二七条〔徴収法第一五条参照〕の規定を適用する。

発注者である石炭事業場または工事場所が一定せず有期事業として取り扱うことが適当であると認めた場合は有期取扱としても差し支えない。ただし、この場合については法第二七条〔徴収法第一五条参照〕および法第三〇条の二〔徴収法第二〇条参照〕の規定はいずれも適用されない。

四　保険料率　「石炭鉱業」の保険料率を適用する。

五　その他　下請業者が、坑道掘進の事業とは別に坑外の各種土木建築事業を行っている場合には、その事業の実情に応じ土木建築事業の小工事扱とするか、またはそれぞれ別個の事業として有期扱とすること。

（昭三四・四・四　基発第二三二号）

〈しゅんせつ船の取扱い〉

しゅんせつ船又はしゅんせつ作業に使用するその他の作業船に乗り組んでいる労働者は、その所属している事業場（本店、支店又は修理工場等）の保険関係により取り扱うこと。

ただし、埋立工事等の建設工事に従事している期間中は、当該工事につき成立している保険関係により取り扱うこと。

（昭三九・四・二八　基発第五五四号）

〈サルベージ事業〉

問一　沈没船の引揚を行うサルベージ事業は強制適用事業であることは勿論でありますが、右の条文より考察するに有期事業と認められるが御見解如何。

二　もし一の通りであるとした場合、引揚事業現場の管轄は、事業場が海上である関係上如何なる根拠によって区分するか。

三　サルベージの引揚現場は、船員法の適用を受ける船員は別として、技術関係者と作業員のみであって、労務関係の事務はすべて会社所在地の事務所において処理しているので、事務所でなくては事態把握が困難である。

又現場員は一定せず、作業の進度、技術関係、気象等によって人員を交流せしめている実状から、当局としては、継続事業とし、主たる事務所を管轄する監督署において各引揚現場を一本とし加入せしめたいが、強制適用事業となる法的根拠が曖昧となるので、如何に取り扱ってよろしいか。

なお、有期とした場合は、(1)海上管轄につき問題があること。(2)基礎調査のため事務所の所在地まで赴かなければならないこと。(3)事業終了後の保険料の確定について事務所でなくては分からないこと等の煩瑣がある。

答一　沈没船の引揚事業は有期事業である。

二　当該事業が労災保険法施行規則第三条第六号〔昭和四四年法律第八三号附則第一二条参照〕に該当する限り、強制適用事業として、個々の事業ごとに保険関係は成立する。

三　右の事業に関する労災保険の事務については労働者の所属する事務所を管轄する都道府県労働基準局（給付事務については所轄監督署）において取り扱われたい。

（昭二六・九・六　基災収第二一五四号）

〈建設機械等の賃貸とその運転業務を併せ行う事業に係る労災保険率の適用について〉

近年における建設機械の進歩・発展及び企業における合理化の進展等に伴い賃貸する機械類が多様化し、賃貸を受ける事業（以下「賃貸先事業」という。）も多岐にわたってきていること等にかんがみ、建設機械等の賃貸とその運転業務を併せ行う事業（以下「運転員付建設機械等賃貸事業」という。）の労災保険率の適用について、昭和六一年四月一日以降下記のとおり取り扱うこととしたので、事務処理に遺漏のないよう配慮されたい。

記

一　改正内容等

(1)　改正理由

イ　近年における建設機械の進歩・発展及び企業の合理化の進展等により、建設機械に限らず、荷役運搬機械も含め多種多様な機械が運転員を付して賃貸されていること。

ロ　賃貸先事業も、建設事業のみならず、港湾でのクレーン等による貨物の積卸しを行う事業、造船所での船舶の組立てを行う事業等にまで拡大されたこと。

ハ　このようなことから、運転員付建設機械等賃貸事業のすべてに現行の運転員付建設機械等賃貸事業に係る適用基準を準用する等の方法により対応することは困難になったこと。

(2)　改正内容

イ　建設事業以外の事業に対して、運転員付建設機械等賃貸事業を行う場合は、当該賃貸先事業に係る労災保険率を適用すること。

ロ　複数の事業に対して運転員付建設機械等賃貸事業を行っており、当該賃貸先事業に係る事業の種類が異なる場合は、運転員として就労するものの延人数又は賃金総額により判断して労災保険率を適用すること。

ただし、建設事業に対して運転員付建設機械等賃貸事業を行う場合は(2)のニによることとする。

ハ　建設等を行う事業が、運転員付建設機械等賃貸事業を併わせて行っている場合であって、当該賃貸の部門が一の独立した事業として把握できる場合には、当該建設事業等とは別に保険関係を成立させ、前記イ及びロにより取り扱うこと。

ニ　賃貸先事業が建設事業である場合における労災保険率の適用については、従来どおり昭和三五年一月一二日付け労働省基収第三二〇三号及び昭和三八年六月二〇日付け労働省基発第六九八号により、取り扱うこと。すなわち、当該事業は継続事業として取り扱い、「三七その他の建設事業」の労災保険率を適用する。

二　事務処理上の留意事項

(1)　本通達により事業の種類の分類が変更される事業であっても、昭和六〇年度においてメリット制が適用されている事業については、昭和六一年度においても労働保険の保険料の徴収等に関する法律第一二条第三項第一号又は第二号の要件を満たしている場合には、メリット制の適用は継続されること（昭和五六年八月一八日付け労働省発労徴第五六号、基発第五二八号通達参照）。

(2)　継続事業の一括により一括されている事業で、本通達により事業の種類の分類が変更される事業については、継続事業の一括の要件である「それぞれの事業が事業の種類を同じくすること」を満たさなくなるので、従来どおりの継続事業の一括の取扱いはできなくなる。したがって、この場合には事業主に対し「継続事業の一括認可の取消し、変更等申請書」により認可内容の変更等を申請させるものとする。

(3)　改正内容については関係事業主及び労働保険事務組合等に対し周知徹底を図ること。

（昭六一・三・二五　発労徴第一三号、基発第一六三号）

〈建設機械の賃貸業と建設事業とを併せ行う者の取扱い〉

ブルドーザー、トラクタショベル等の建設機械を保有し、これを他の建設業者に運転員を付して貸与したり、自らもそれらの機械を使用して建設工事を施工するなど、建設機械の賃貸業と建設業とを併せ営業している業者で運転員の賃金額を個々の工事ごとに正確に算定することが困難な事情等にある業者について、別途通達の昭和三八年六月二〇日付基発第六九八号「日本国土開発株式会社の行う事業に対する労災保険の取扱いについて」に準じて取り扱うことを相当と認める場合には、本取扱いに準じて取り扱って差し支えない。

（昭三八・六・二〇　基発第六九八号の三）

（参　考）

日本国土開発株式会社の行う事業

一　モータープールの取扱い

この場合におけるモータープールとは、名称のいかんを問わず、建設機械の貸与及び建設事業を併せ営むため、建設機械の整備、修理及び保管等を行うほか、それらの機械の運転員、技術員又は修理員等（以下運転員等という。）を所属させている事業場をいう。

(1)　モータープールにおける建設機械の設備、修理及び保管等が、独立した事業として取り扱うことを相当と認める状態で行われている場合には、整備、修理及び保管等の事業を「継続事業」として取り扱い、「56 機械器具製造業」の保険料率を適用すること。

(2)　モータープールにおける建設機械の整備、修理及び保管と運転員等の業務が一事業として行われている場合、ならびに、上記(1)により建設機械の設備、修理及び保管等の事業が除かれたため、運転員等の事業のみとなった場合においては、当該事業を便宜「継続事業」とし、運転員が機械貸与契約に基づき又は請負工事施工のため派遣された場合を含めて

別紙一　保険料計算例

(1)　事　例

昭和三八年四月一日より昭和三九年三月三一日に至る間に、次の工事を施工（工事未完成の場合における出来高を含む。）し、建設機械の賃貸を行った。

道路新設工事……三〇〇,〇〇〇,〇〇〇円
鉄道新設工事……二〇〇,〇〇〇,〇〇〇円
道路改良工事…一〇〇,〇〇〇,〇〇〇円
敷地造成工事…三〇〇,〇〇〇,〇〇〇円
河川工事…八〇,〇〇〇,〇〇〇円
農業土木工事…一〇,〇〇〇,〇〇〇円
（道路改良工事～農業土木工事）計　四九〇,〇〇〇,〇〇〇円
機械賃貸額……一〇,〇〇〇,〇〇〇円
（上記計と機械賃貸額）計　五〇〇,〇〇〇,〇〇〇円
総合計　一,〇〇〇,〇〇〇,〇〇〇円

(2)　保険料の計算

上記事例に基づく保険料の計算は、次表のとおりで、⑥欄の合計額を保険料の額として取り扱う。

事業の種類	請負工事施工額＋機械賃貸額①	同上の百分比②	賃金総額③	事業の種類ごとに賃金額配分③×②＝④	保険料率⑤	保険料 $④\times\frac{⑤}{1000}=⑥$
道路新設事業	三〇〇,〇〇〇,〇〇〇円	三〇％	円	一二,〇〇〇,〇〇〇円	四五厘	五四〇,〇〇〇
鉄道又は軌道新設事業	二〇〇,〇〇〇,〇〇〇	二〇	四〇,〇〇〇,〇〇〇	八,〇〇〇,〇〇〇	三〇	二四〇,〇〇〇
その他の建設事業	五〇〇,〇〇〇,〇〇〇	五〇		二〇,〇〇〇,〇〇〇	二〇	四〇〇,〇〇〇
合計	一,〇〇〇,〇〇〇,〇〇〇	一〇〇	四〇,〇〇〇,〇〇〇	四〇,〇〇〇,〇〇〇	—	一,一八〇,〇〇〇

取り扱い、保険料の算定は、次のイにより行うこと。
イ　保険料は次の方法により算定すること。
このため、保険料申告書には、次の各項目の金額、百分比及び保険料率等（概算保険料申告の際には見込み金額等を、確定保険料申告の際には確定した金額等）を記載した内訳書を添付させること。
(イ)　毎年四月一日より翌年三月三一日に至る間における同会社の請負工事の施工額を、個々の工事内容に基づき保険料率適用事業細目表の事業の種類ごとに分類し、さらに機械貸与契約に基づく賃貸額を「その他の建設事業」として上記分類の該当額に加えたうえ、それらの総合計額に対する各事業の種類ごとの金額の百分比を算出すること。
(ロ)　年間賃金総額に、上記(イ)の百分比をそれぞれ乗じて、各事業の種類ごとの賃金額とし、その額に各事業の種類に応ずる保険料率を乗じて算出された額の合計額を保険料の額とすること。
(ハ)　保険料の計算例は別紙一〔編注＝前頁〕のとおり。
二　建設事業の取扱い
(1)　同会社が請負った建設工事の施工のため、前記一のモータープールより派遣された運転員等は、次の(2)又は(3)の保険にかかわりなく、前記一の(2)の保険により取り扱うこと。
(2)　注文主より建設工事を直接請負い施工する場合並びに下請負いした建設工事について労災保険法第八条第二項〔現行＝徴収法第八条第二項〕の規定による保険加入の承認を受けた場合については、その工事場所ごとに個々に「有期事業」として取り扱うこと。ただし、工事が前記モータープールより派遣された運転員等のみによって施工される場合には、この限りでない。
(3)　建設工事を下請負いし、労災保険法第八条第二項〔現行＝徴収法第八条第二項〕の規定による保険加入の承認を受けない場合には、当該工事施工のため、前記モータープールより派遣された運転員等を除き、すべて元請負人による保険により取り扱うこと。

別紙　二（照会）
日本国土開発株式会社の行う事業に対する労災保険法の適用について
標記会社の行う事業に対する労災保険法の適用については、昭和二八年三月三一日付基収第七〇八号をもって指示されているところであるが、当局における該会社の施工している東海道新幹線工事（請負額五九、八〇〇万円、工事期間三五・一〇・一六～三八・四・一五）について調査した結果に拠れば、左記のとおり該会社の事業内容が通ちょうに示された当時より年月の経過と共に相当変更されており、この適用方法も当を得ないと思料されるので、これが取り扱いについて検討方お願い致したく御照会します。

記

一　日本国土開発（株）の事業内容について

同社は前記通ちょうが出た昭和二八年三月頃は、専ら建設業者に建設工事用機械を賃貸して、工事現場に運転員付で出動するを業としていたものと思料されるが、最近は別添営業経歴書にあるとおり工事注文者より直接工事を請負施工する場合が多く、現在においては相当数の請負工事を自ら施工して、他の建設業者への機械の貸与はほとんどなく、反対に自社保有機械不足のために他の建設業者等より借り入れ或いは、下請負業者に施工させたりしている状況である。

従って、現在では一般の建設業者と何ら変わりがないものと認められる。

二　適用料率について

前記通ちょうによればモータープール所属労働者については「その他の建設事業」の料率を適用し、それぞれ一の強制適用事業として、継続事業をもって保険関係が成立しているが、前記工事を調査した結果、別紙一〈略〉のとおりモータープール所属労働者も昭和三五年一一月現在に至るまで引続き該工事現場の作業にのみ従事している者が大部分で異動しているものがほとんどない状況にあるので、この労働者のみを別途に保険関係を成立させ、その従事する事業の種類と異る保険料率を適用する特別な理由が認められないものである。

当局の意見

以上の状況であるので、同社が注文主より直接工事を請負い施工する事業については、モータープール所属労働者に対する別途適用を廃止し、各工事毎に含め保険関係を成立させることが妥当と思料する。

（昭三八・六・二〇　基発第六九八号）

〈手直工事〉

問一　手直工事（本工事終了後発見された瑕疵について契約の本旨に従い、施工者の責任において行われるもので、当初の設計、請負金額に変更を伴わないもの）については、あくまでこれを本工事とは別個の工事とみなし、労災保険については、別個に加入させるべきであるか。

二　手直工事を別個に扱うとすれば、その保険料算定基礎はどうするか（本工事について請負金額を算定基礎として加入していることが多いが、請負金額はその場合手直工事のみについては存しない。もし手直工事についてはその賃金総額を基礎として別個に保険料を算定すべきものとすれば、保険料重複負担の感がある）。この場合、通年雑工事として保険に加入させ、手直工事はこれに入るものとして扱うべきか。

三　かりに手直工事は本工事に包含されるものとして扱うべきであれば、加入者に如何なる手続をとらせるのが適当であるか。工事期間延長届を励行させ、これをもって厳格に期間を区切るべきか。

　事務整理上、契約の内容または私法上の瑕疵担保期間について、一定の制限を設けるべきか。

　いわゆる社会通念、慣習等により、工事の規模に応じ手直期間の解釈に幅をもたすべきか。

答　請負による土木建築工事の本工事終了後において行ういわゆる手直工事は、たとえ本工事についての確定保険料申告書を提出した後であっても、本工事の一部であるから、別個に保険関係を成立させるべきではない。

　この場合、本工事につき請負金額をもって保険料の算定をした場合においては、請負金額に変更のない限り、手直工事のみについての保険料を増加徴収すべきではない。

　なお、手直工事開始のときは、手直工事である旨を記載した工事期間延長届を規則第二八条により遅滞なく提出することを要する。

（昭二六・一一・二七　基災収第三三一〇号）

〈保証工事〉

問　当局管内における左記のいわゆる保証工事は、昭和二六年一一月二七日付基災収第三三一〇号通ちょうの趣旨からすれば、本工事の一部とも解されるが、もし本工事の一部とみなして期間延長の取扱いをした場合は、当然諸統計の補正の問題も生じ、特にメリット制による取扱いに関連してくることとなるので、当該工事の適用についてご指示を賜わりたくお伺いします。

記

一　本工事について

㈠　名　称
T製紙（株）N工場五五〇〇KWタービン発電装置及び五二T／H高圧ボイラー工事

㈡　工事注文者
T製紙株式会社

㈢　工事施行者
M造船（株）H造船所

㈣　工事期間及び引渡使用年月日

1　着　工
昭和三二年五月一五日

2　完　成
昭和三二年一〇月一〇日

3　工事引渡
昭和三二年一〇月三日
（工事完成前に引渡したのは、附帯工事の一部に残工事があったが、本体工事が完成したためである。）

4　仮使用
昭和三二年一〇月三日

5　本使用
昭和三二年一二月二日

㈤　事業の種類

(六)　機械器具の組立又は据付事業
　請負金額
　二億千壱百万円

二　保証工事について

(一)　工事施行者　本工事と同じ

(二)　工事期間
　昭和三四年一〇月一日から
　昭和三四年一一月一〇日まで

(三)　工事費　見込額五百万円

(四)　本工事との関係
　本工事の請負契約書の規定にもとづき、本工事施行上のかしをM造船（株）H造船所が無償で補修するための工事

三　保証工事着工までの経緯
　本工事については、すでに確定保険料額を決定し、かつ、メリット制による精算の事務も了しているが、最近本工事施行者であるM造船（株）H造船所長より、前記二の保証工事の着手報告がなされたので、実状を調査した結果、発注者であるT製紙（株）は、昭和三二年一〇月三日に、工事施行者より工事の引渡しを受け、昭和三二年一二月二日から本格的な使用を開始した。その後五カ月を経過した昭和三三年五月に定期検査を実施した際ボイラーの下部にきれつが生じていることを発見し、その原因が請負者のかしによるものとして、直ちに施行者に対し、別紙(一)の請負契約書（抜すい）第五条の規定にもとづき無償で補修することを請求した。これに応じたM造船側は、すみやかに保証規定による補修工事の着手を予定したが、たまたまT製紙側の操業の都合上延期されることとなり、今般工期を四〇日間と定め、昭和三四年一〇月一日から当該保証工事に着手したものである。

　この補修工事は、一応請負契約書の保証期間を経過しているが、契約の当事者間の相互了解のうえで延期されたものであるから、請負契約書第五条の保証期間の変更と解し、保証期間内の補修工事とみなして取り扱うのが妥当と認められる。

四　適用上の疑義
　当該補修工事のように、本工事引渡後一年以上も経過したものまで、いわゆる保証工事とみなされるものはすべて昭和二六年一一月二七日付基災収第三三一〇号でいう手直工事の概念にはいるものと解して取り扱った場合は、当然統計の補正の問題が起り、また保証工事において災害の発生した場合は、メリット制による精算額にも影響し、特に本工事を無災害として処理した場合は、多くの矛盾が生じてくる。

　しかしながら本工事と、別個の工事であると断定するには、請負契約の本旨からみて疑義が残る。

　なお、別個の工事として取り扱う場合に、賃金総額のは握が困難なときは、いかにして保険料を算定するか、この点もあわせてご指示願います。

おって、保証期間は通常一ないし二年間と定めているので、その参考例としてA県建設工事執行規則（昭和二七年六月一日A県規則第四一号）の抜すいを別紙(二)に添付しました。

（別紙）(一)

T製紙株式会社N工場五五〇〇KW背圧タービン発電装置及び五二T／H高圧ボイラー工事請負契約書

T製紙株式会社（以下製紙と称す）とM造船株式会社（以下造船と称す）及び造船の代理人たるK商事株式会社（以下商事と称す）との間に五五〇〇KW背圧タービン発電装置及び五二T／H高圧ボイラーに関し左の通り請負契約を締結する。

第一条　造船は製紙より左の装置を金参億五千四百万円也を以て請負うものとする。

(イ)　五五〇〇KW背圧タービン発電装置　　壱式

(ロ)　五二T／H高圧ボイラー　壱式

前記各項目に関しては別添仕様書に依り製作されるものとする。

第五条　第一条記載の装置に対する保証期間は引渡後一ケ年として万一その間に於て造船の責に帰属する故障生じたる場合は造船はその責に任ずるものとする。

（別　添）　契約仕訳書（抜すい）

第五節　保証

本装置は現地試運転後満一二カ月以内に生じた弊方の責に帰すべき、設計工作及び材料の欠陥による故障に対しては、無償にて修理又は新品との変更の責を負います。

（別　紙）(二)

A県建設工事執行規則（抜すい）

（竣功検査）

第五〇条　工事が完成したときは、請負者は、工事竣功届を知事に提出して、竣功検査を受けなければならない。

2　請負者が前項の竣功検査に合格した日をもって工事の引渡を完了したものとみなす。

3　検査に合格しないときは、請負者は、知事の指定する期間内にこれを補修又は改造して再び検査を受けなければならない。

4　検査のため必要があるときは請負者に工事の一部を取りこわさせることができる。この場合において、取りこわし及び修理の費用は、請負者の負担とする。

（かし担保）

第五五条　請負者は、工事目的物引渡の日から一年間工事目的物のかしを補修し又はそのかしによって生じた損害及び第三者に及ぼした損害の補償について、その責を負わなければならない。但し、この期間は、石造、土造、煉瓦造、コンクリート造及びこれらに類するものによる建物その他土地の工業物若しくは地盤のかし又はこれによる損害については二年とする。

答一　設問の保証工事のように、本工事の終了後二年近く経過している等の事情からみて、事業として本工事と一体をなすとは認められない手直工事については、昭和二六年一一月二七日付基災収第三三一〇号通ちょうにいう手直工事には含まれないから、本工事とは別個の事業として取り扱われたい。

二　本工事と別個の事業として適用した保証工事について、その工事だけの請負金額がある場合（たとえば、設問の場合において、M造船株式会社が保証工事を他の業者に請け負わしめた場合）のほかは、保証工事に係る賃金総額が正確に算定できないからといって、労災保険法施行規則第二五条〔徴収則第一二条参照〕の規定によることは適当でないから、関係者をして賃金台帳等を整備せしめ、実際に支払われる賃金総額を把握するようにされたい。

（昭三五・五・二四　三四基収第八九六二号）

<建設工事における廃土等の輸送の事業>

一　建設工事を行っている事業の事業主が、廃土等の輸送も併せ行っている場合には、建設工事の保険関係に含めて取り扱うこと。

なお、下請人が土砂等の掘さく作業と、廃土等の輸送とを一括して下請している場合についても、上記により取り扱うこと。

二　貨物取扱事業として、保険関係の成立している事業が、建設工事における廃土等の輸送を行っている場合には、当該保険関係に含めて取り扱うこととし、当該輸送を業として常時行う事業で保険関係の手続がされていないものについては、新たに貨物取扱事業として保険関係を成立させること。

（昭四〇・二・一七　基発第一七二号）

<共同企業体によって行われる建設事業>

建設業において、二以上の建設業者が共同企業体を結成して、建設工事を施工している場合における適用事務は、昭和四一年度から下記によって処理されたい。

なお、この取扱いは、従来から建設省において推進されてきた共同企業体方式のうち、標準的なものを対象としたものであるので、この方式に準じて施工する共同請負工事についても同様に取り扱われたい。

記

一　甲型（全構成員が各々資金、人員、機械等を拠出して、共同計算により工事を施工する共同施工方式をいう。以下「共同施工方式」という。）について

(1)　保険関係の成立について

イ　共同企業体が行う事業の全体を一

の事業とし、その代表者を事業主として保険関係を成立させること。

ロ　概算保険料の報告の際には、共同企業体の施工する建設工事の内容、組織、構成員等を明らかにした共同企業体協定書（各構成員の出資の割合を定めた協定書を含む。）の写し、共同企業体の運営方法等に関する運営委員会規程などを提出させること。

(2)　督促状の送付及び滞納処分の執行等について

法第三一条〔徴収法第二六条参照〕の規定に基づく督促及び滞納処分の執行は、保険加入者（(1)のイの代表者）に対して行うべきことは、いうまでもないが、共同企業体の解散、消滅等により、滞納保険料等を保険加入者から徴収することが困難なときは、共同企業体協定書に定められている各構成員の出資割合に応じ、当該滞納保険料を区分して取り扱うこと。

なお、共同企業体の解散、消滅後におけるメリット精算事務等のための通知についても、同様であること。

二　乙型（各構成員が工事をあらかじめ分割し、各々分担工事について責任をもって施工し、共通経費は拠出するが、損益については共同計算を行わない分担施工方式をいう。以下「分担施工方式」という。）について

保険関係の成立について

イ　共同企業体協定書に基づいてあらかじめ分担されている工事部分をそれぞれ独立の事業とし、共同企業体の各構成員をそれぞれ事業主として、保険関係を成立させること。

ロ　共同企業体の二以上の構成員をそれぞれ元請負人として、各別の請負契約により同一の下請人が工事を請け負っている場合であっても、当該下請人の施工する工事内容及び作業の実態において、時期的かつ場所的にそれらの元請負人に共通する下請負工事とみられる作業部分があって、その下請負工事を各下請負契約ごとに明確に区分できないときは、当該請負契約の内容にかかわらず、共同企業体の代表者を元請負人とし、当該下請負人の施工する工事を一括して、下請負契約したものとして取り扱い、当該下請負人の施工する工事については、共同企業体の代表者をして別個に保険関係を成立させること。

ハ　概算保険料の申告の際には、共同企業体協定書（各構成員の工事の分担を定めた協定書を含む。）の写し及び各分担工事額の決定に関する書類（上記ロの場合には各下請負契約書写しを含む。）を提出させること。

三　匿名施工方式について

発注者との関係において一業者の単独請負の形態を有する建設工事については、実際上二以上の業者が共同施工する匿名施工方式（いわゆる裏ベンチャー）をとっていても、建

設工事を発注者から直接請負った業者を元請負人とし、共同施工にあたる他の業者を下請負人として保険関係を処理すること。

（昭四一・二・一五　基災発第八号）

〈機械装置製造業者が行う組立て又はすえ付け事業〉

機械装置製造業者が各種機械装置の組立て又はすえ付け事業を行うにあたり、下請を使用する場合であっても、製造業者の工場等既に継続事業として保険関係の成立している事業場から派遣する労働者及び機械製造業者が現場で臨時に雇い入れた労働者は、次の場合を除き、当該継続事業の出張として取り扱うこと。

製造業者が工事を直営で施工する場合で、現地で臨時に相当数（延三〇〇人以上）の労働者を雇い入れる場合は、臨時労働者につき、有期事業とし、別個に保険関係を成立させること。

なお、下請部分については、法第八条第二項〔徴収法第八条第二項参照〕の規定による保険加入の承認を受けた場合を除き、元請負人において別個に有期事業として保険関係を成立させることになるから念のため申し添える。

（昭三八・二・一六　基発第一四一号）

〈木材伐出業の取扱い〉

一　木材伐出業の範囲について
　木材伐出業に包含される運材の事業とは、伐採地より集材場（いわゆる山源土場または山土場）までの搬出作業及びこれに付帯する作業をいうこと。

二　木材の輸送について
　集材場（いわゆる山源土場または山土場）から貯木場または製材所等まで木材を輸送する場合において、貨物取扱事業として保険関係の成立している事業がこれを行う場合には、当該保険関係に含めて取り扱うこととし、当該輸送を業として常時行う事業で、保険関係の手続きがされていないものについては新たに貨物取扱事業として保険関係を成立させること。
　また、製材所等に所属する貨物自動車等が、木材の輸送を行う場合には、当該事業の保険関係により取り扱うこと。

（昭四〇・二・一七　基発第一七三号）

〈三〇トン未満の揚操網漁船の乗組員〉

問　従来三〇トン未満の漁船船員については労働基準法による保護を受けているのであるが、揚操網漁船は親船と子船からなり、両者協力して同漁業に従事しており、この場合親船が三〇トン以上、子船三〇トン未満とすると、親船は船員法の適用を受け、子船は船員法の適用を受けぬため、同一漁業に従事しながら種々問題となることがあり又親船子船の船員に欠員を生じたる場合には、親船子船の船員が屢々交替する事が予想され、その都度船員法、労働基準法と法的取扱が種々煩雑となるので当局としては親船が三〇トン以上の場合には（本県には二一トン以上のものはないが以後新造されたり他県より購入された場合）その子船の乗組員も親船の乗組員と見做して船員法を適用し、親船子船が共に三〇トン未満の場合は従前通り労働基準法を適用することが適当であると思われるが如何。

答　船員法第一条第二項により、船員法の適用を受けない船舶に乗り組む労働者には労働基準法及び労働者災害補償保険法が適用されるのであって、便宜上の取扱いは認められない。

（昭二五・六・一九　基収第六〇五号）

〈「船員保険法と労働者災害補償保険法の適用に関する調整についての覚書」の交換に伴う事務処理について〉

船舶に乗り組む船員又は労働者に対する標記両法律の適用については、一部船舶の操業の実態等からみて、種々の問題を生じている向きもあり、早急に解決を要する問題点も少なくないので、今般、それらの問題について、厚生省保険局長、水産庁長官、運輸省船員局長及び労働省労働基準局長の四者の間において協議した結果、別添のとおり覚書を交換し、船員保険法及び労働者災害補償保険法（以下「労災保険法」という。）の適用に関する調整を行うことになった。よって、自今、貴職においても、特に左記事項に留意のうえ、覚書の実施にあたって、遺漏のないよう努められたい。

なお、覚書の趣旨の周知、徹底については、覚書を交換した各省庁においても、それぞれ下部機関又は関連事業団体に対し行うよう取り決めをしているが、貴職においても、船舶所有者又は事業主、船員又は労働者及び漁業協同組合等の業者団体等に対し、本覚書の趣旨の周知、徹底を図るとともに、船員保険法及び労災保険法の完全適用を期せられたい。

記

一　覚書の一の㈡について

1　船員保険と労災保険との間に生ずる問題は、多くの場合、旋網漁業等のごとく船員保険法の適用を受ける船舶と労災保険法の適用を受ける船舶とが協同して操業を行う場合における船員又は労働者の相互移乗から生じ、各船舶に所属する船員又は労働者が明確になっていないことに原因があると思われるので、この場合における前記両法律の適用については、覚書の一の㈡のとおり取り扱うこととなった。これがため、出港時において各船舶に所属する船員又は労働者を明確にし、さらに、両保険の未適用を一掃することを目的として、両保険の地方主管部局は、それぞれ、すみやかに、次の措置を講ずること。

(イ)　船員保険

常に、船員保険の適用船舶につき、船員法第一八条に規定する海員名簿の閲覧を求め、海員名簿に記載されていない船員又は海員名簿に記載されているが、まだ海員保険に加入する手続きをとっていない船員が乗り組んでいる場合は、すみやかに、これらの者を船員保険に加入させるよう指導すること。

(ロ)　労災保険〈削除〉

(ハ)　海員名簿に記載がない者の取扱い

海員名簿に記載すべきでありながら記載されていない者及び労働者名簿を提出すべきでありながら提出されていない者より、船員保険又は労災保険に対し、保険給付の請求があったときは、当該保険の地方主管部局においてそれぞれ、他の一方の保険との関連の有無を検討し、関連があると認めるときには、他の一方の保険の地方主管部局に対し、その事実及び労災保険法又は船員保険法の適用の有無を照会し、要すれば協議したのち、船員保険又は労災保険の給付を行うか否かを決定することとし、船舶所有者又は保険加入者に対し、自今、必ず、船員保険又は労災保険に加入する手続きをとるよう指導すること。

2　覚書の一、(ニ)にいう「同一の組に属する」とは、複数以上の船舶が協同して、同時に、同一の目的のもとに作業を行う場合のことであって、船舶所有者又は使用者を異にする場合を含むことに留意すること。

3　覚書の一、(ニ)にいう「出港時に所属する船舶」とは、船舶が運航、操業のために出港するときに、当該労働者が当該船舶の所属労働者であったか否かのことであって、たとえば、労災保険法の適用を受ける船舶の所属労働者に事故があって船舶所有者又は事業主の特命により、同一船舶所有者又は同一事業主に属する船員保険法の適用を受ける船舶に所属する船員が、所属船舶を変更されることなく、短期間、臨時に労災保険法の適用を受ける船舶に乗り移って、出港する場合を含まない。すなわち、この場合には、当該船員に対し、船員保険法が継続して適用されるように取り扱われる。

二　覚書の二について

船舶が改造、修理等を行い総トン数が変化した場合であっても、当該総トン数の変化が、監督官庁により確認され、船舶国籍証書、船籍票又は漁船登録票の記載が改められるまでは、改造又は修理前の船舶国籍証書、船籍票若しくは漁船登録票に記載された総トン数によって、船員保険法又は労災保険法のいずれを適用すべきかを決定すること。

船舶が沈没又は滅失した場合であって、当該船舶の設計図等により総トン数を算定する必要があるときは、船員保険及び労災保険の地方主管部局において協議したうえ、いずれか一方において、設計図等の資料を添え、管轄の地方海運局に勤務する船舶測度管等の船舶の積量、測度に関する専門的知識を有する者に対し、当該船舶の総トン数の算定を依頼すること。

三　覚書の四について

覚書の四にいう「漁業活動」とは、漁撈に関連する一体の作業のみでなく臨時に、魚礁造成（船舶、コンクリート塊又は石等を海中に沈設若しくは投入して、水産動植物を対象とする工作物等を人工的に造成するものをいうが、この場合には岩礁爆破作業をも含む。）等のため運搬作業に従事する場合等も含むものと解して取り扱うこと。

四　覚書の五について

漁船が臨時に一定期間、漁業活動以外の作業に従事した場合、あるいは当該船員又は労働者に対し、船員保険法又は労災保険法のいずれが適用されるべきかについて疑義がある等の場合には、両保険の地方主管部局は、事実関係を確認し、必要に応じて、地方海運局及び都道府県水産課の意見をきいたうえ、すみやかに、その調整に関して協議を行うこと。

なお、協議するも、意見の一致をみない場合には、両部局連名により、事件の調書、両者の意見の相違点、その他参考資料を添え、厚生省保険局長及び労働省労働基準局長あて稟伺すること。

五　従前の取扱について

従前の取扱であって、本覚書及び通ちょうの取扱に反するものは、本覚書及び通ちょうにより、改められたものと了知されたい。

注（本件は、保発第一五号厚生省保険局長発各都道府県知事あて通ちょうと連名である。）

（別　添）

船員保険法と労働者災害補償保険法の適用に関する調整についての覚書

船舶に乗り組む労働者に対する標記法律の適用について、関係部局が合議した結果、その取扱の調整を次のとおり協定し、覚書を作成する。

おって、次の取扱は、被災労働者に対する保険給付を、船員保険法又は労働者災害補償保険法（以下「労災保険法」という。）のいずれを適用して行うべきかを目的として取りきめたものである。

一　(一)　労働契約に基づき船舶内において労働に従事する者は、原則として当該船舶に乗り組む者として取り扱うが、たとえば、左に掲げる場合等には、船舶に乗り組んでいる者として取り扱われないこと。

1　試運転を行う新造船において勤務

する造船所の技師、ぎ装完成前に他の造船所に回航される新造船において勤務する造船所の技師のように、労働基準法の適用を受けている労働者が船員法の適用を受ける船舶内で短期間勤務する場合

2　観光会社の事務員が通訳又はガイドとして連日観光船に乗船するが、一日の乗船時間が短く、一日の労働時間の大部分を陸上の事務員として過している場合のように、労働基準法の適用を受けている労働者が長期間にわたって船員法の適用を受ける船舶内で勤務するが、主たる勤務場所は陸上にあると認められる場合

(二)　船員保険法の適用を受ける船舶に乗り組む労働者及び労災保険法の適用を受ける船舶に乗り組む労働者が、作業中、同一の使用者又は同一の組に属する他の船舶に乗り移ったときには、その作業中の災害は、その発生場所の如何を問わず、被災労働者の出港時に所属する船舶に適用される法律によって保険給付を行うこと。これがため、使用者は出港時において各船舶に所属する労働者を明確に区分しておくよう指導すること。

なお、右の場合において、他の船舶の乗組員に事故があり、その補充として以後継続、かつ、恒常的に乗り移った場合のように、当該労働者の所属する船舶が変更された場合には、新たに所属した船舶に適用される法律の適用を受けるものとして取り扱うこと。

二　船舶の総トン数は、船舶国籍証書、船籍票又は漁船登録票に記載された総トン数によることとする。

なお、当該船舶が船舶国籍証書、船舶票及び漁船登録票のいずれも受有していない場合は、これを受けさせることとするが、この場合において、当該船舶が沈没又は滅失等の事由により船舶国籍証書、船籍票及び漁船登録票のいずれも受けることができないときは当該船舶の設計図等により、船舶積量測度法、船舶積量測度規程及び簡易船舶積量測度規程に定める方法によって総トン数を算定するものとする。

三　船舶が港のみを航行する船舶に該当するか否かは、運輸省海運総局船員局長発昭和二三年七月一六日付海員基第一〇七号通ちょう（労働省労働基準局長発昭和二三年八月一三日付基発第一一八一号通ちょうと同旨）により、管轄海運局長が当該船舶につきなした認定によるものとし管轄海運局長が認定を行っていない場合には、災害発生時において当該船舶が港のみを航行する船舶であるか否かの認定を管轄海運局長に依頼し、その認定によるものとする。

四　漁船であるか否かは、次の各号の場合を除き、原則として当該船舶が漁船登録を有するか否かによって判断すること。

1　漁船登録を有する船舶であって

も、漁業活動以外の業務に常時使用されていると認められる場合には、漁船として取り扱わない。

2　漁船登録を有しない船舶であっても、漁業活動に常時使用されていると認められる場合には、漁船として取り扱う。

五　船舶が漁船であるか否かにつき問題が生じた場合等、前記一乃至四による取扱に関し問題が生じた場合には、個々の事案について、都道府県労働基準局と都道府県の船員保険事務主管部局において、意見の調整を図ること。なお、その際意見の一致をみない場合には、運輸省船員局及び水産庁の意見を聴き、厚生省保険局と労働省労働基準局とが協議したうえで、いずれにおいて給付を行うかを決定するものとする。

右覚書の実施につき、各関係部局は協力するとともに、それぞれの下部機関に対し、本取扱の周知徹底を図ること。

昭和三四年一二月二一日

厚生省保険局長　㊞
水　産　庁　長　官　㊞
運輸省船員局長　㊞
労働省労働基準局長　㊞

（昭三五・二・一六　基発第一〇二号）

〈船員法第一条第一項の船舶に含まれる総トン数三〇トン未満の漁船の範囲を定める政令について〉

標記政令は、本日公布（政令第五四号：三月二五日付官報登載）され、その施行についての「覚書」も別添のとおり結ばれたので、事務処理の都合もあると思われるので、取り敢えず連絡する。

その施行の細部について、おって通達される予定であるが、それまでの間の事務は、別添覚書の内容に基づき処理することとされたい。

なお、事務処理にあたっては、次の事項に留意されたい。

一　政令本文の第一項の各号（もっぱら定置、区画、共同漁業に従事する漁船）に該当する漁船については、海運局で名簿を作成したうえで都道府県労働基準局に協議に来ることになっており、（覚書の一(2)のイ）協議の結果によって、該当船であるか否かを海運局長が認定することになっていること（覚書同）。

二　上記一の認定後における二〇トン以上三〇トン未満の漁船の適用区分は

無動力船
認定のある漁船 }……労働基準法 労災保険法

認定のない漁船……船員法手船員保険法

となること（覚書一の(2)のハ）。

従って、もし認定がなされない場合には、一応無動力船を除き、そのほかは、船員法、船員保険法の適用となること。

三　事業主等から上記一の各号船に該当する旨の申し出を受け、当該船につき認定がなされていない場合には、海運局に連絡し、協議のうえ措置すること。

四　政令本文第二項の「二〇トン以上のまき網漁船の附属漁船」であるか否かの判定は、原則として都道府県の水産主管部局の「まき網漁船の附属漁船台帳」の記載の有無により行うこと（覚書二の(2)）。

　その台帳の名簿は、上記部局が都道府県労働基準局に送ってくることになっていること（覚書二の(4)）。

　なお、実態において上記の附属漁船でありながら、名簿に記載洩れとなっている漁船を発見した場合には、都道府県の水産部局にその旨連絡し、台帳への登載を求めること。

五　その他、政令後の覚書の運用について疑義ある場合には、本省あて至急照会されたい。

（別添）覚書（写）

　昭和三八年三月二五日

　社会保険庁長官　水産庁長官

　運輸省船員局長　労働省労働基準局長

船員法第一条第一項の船舶に含まれる総トン数三〇トン未満の漁船の範囲を定める政令の施行についての覚書

　標記政令の施行に伴う船員法、船員保険法、労働基準法及び労働者災害補償保険法の適用の取扱について次のとおり協定する。

記

一　船員法第一条第一項の船舶に含まれる総トン数三〇トン未満の漁船の範囲を定める政令（以下「政令」という。）第一項の「もっぱら次に掲げる漁業に従事するもの」の取扱いについて

(1)　「もっぱら次に掲げる漁業に従事するもの」とは、予期できない事由により、臨時の短期間各号以外の漁業に従事する場合又は行事等により漁業以外の業務に従事する場合を除き、各号に掲げる漁業に従事することを目的とし、かつ、その実態においても各号に掲げる漁業以外の漁業又は他の業務に従事していないものとする。

(2)　もっぱら各号に掲げる漁業に従事する漁船の認定について

イ　海運局長は、都道府県労働基準局長と協議して政令施行前にもっぱら各号に掲げる漁業に従事する漁船を調査し、これを認定の上、船舶所有者及び都道府県の船員保険事務主管部局に通知するものとする。

ロ　海運局長は、政令施行後において異動が生じたと認められるときは、イに準じて取扱うこととする。

ハ　認定のある船舶については、労働基準法及び労働者災害補償保険法（以下「労働基準法等」という。）の適用があるものとし、認定のない船舶については船員法及び船員保険法（以下「船員法等」という。）の適用があるものとする。

ニ　保険給付にあたり、漁船の操業の

実態等が変化し、上記イ又はロによる認定の取扱いによることが著しく不適当であると認められるため、法規の適用について問題が生じた場合においては、海運局、都道府県労働基準局及び都道府県の船員保険事務主管部局との間において協議し、意見の調整を図り、いずれにおいて給付を行うかを決定するものとする。

ホ　イ及びロによる認定及びその取消にあたっては、あらかじめ都道府県の水産主管部局及び船員保険事務主管部局と連絡し、ニによる協議にあたっては、あらかじめ都道府県の水産主管部局と連絡し、法の適用の適正化及び実態の把握に遺憾のないように努めるものとする。

二　政令第二項の「まき網漁業に従事する漁船の附属漁船」の取扱いについて

(1)イ　附属漁船とは、灯船、探索船、運搬船等通常単独には漁撈に従事しない漁船をいうが、一カ統に属する漁船のうち総トン数二〇トン以上のものが、一隻以上ある場合には、当該漁船（二隻以上ある場合には、総トン数の大きいもの）以外の漁船を附属漁船として取扱う。

ロ　一カ統に属する漁船のすべてが毎年常態として一月以上の期間、まき網漁業に従事せず、他の漁業に従事するときは、その期間は附属漁船として取扱わない。

(2)　(1)のイの附属漁船か否かについては(4)により都道府県の水産主管部局が作成した附属漁船台帳への記載の有無によって判定するものとする。

(3)　一括公認を受けている漁船に乗り組むため雇用されている船員その他船員法等の適用を受ける漁船に乗り組むため雇用されている船員については、総トン数五トン未満の附属漁船に乗り組んでいる場合及び臨時に用船された附属漁船に乗り組んでいる場合においても、船員法等を適用するものとする。

(4)　水産庁は、都道府県の水産主管部局が、政令施行前に総トン数二〇トン以上のまき網漁業許可船及びその附属漁船について台帳を作成して海運局、都道府県労働基準局及び都道府県の船員保険事務主管部局に送付し、また爾後異動のあった都度許可を受けた漁業者から報告を徴収してこれを関係部局に連絡するよう必要な措置をとるものとする。

(5)　保険給付にあたり、台帳に記載された船舶が常態としてまき網漁業に従事しておらず、台帳に記載されていない船舶が常態としてまき網漁業に従事していると認められる等のため法規の適用について問題が生じた場合においては前記一の(2)のニに準じて決定するものとする。

三　上記一及び二に定める事項の実態に関し、「船員保険法と労働者災害補償保険法の適用に関する調整についての覚書」(三四・一二・二一　厚生省保険局長、水産庁長官、運輸省船員局長、労働省労働基準局長）に定める事項とてい触する場合は、本覚書に定めるところにより実施するものとする。

（昭三八・三・二五　事務連絡　本省労働基準局監督課長・同労災補償部補償課長より都道府県労働基準局監督課長・同労災課長あて）

〈定置漁業における総トン数五トン未満の無動力漁船による水産動植物の採捕の事業〉

定置漁業における総トン数五トン未満の無動力漁船（以下「無動力漁船」という。）であって、曳船一ケ統を編成し、その編成単位で漁業を行っているものは、今後、曳船（総トン数五トン未満のものを除く。）とともに一括して、労災法の強制適用として適用する。

記

一　本通達にいう定置漁業とは、漁業法第六条第三項に規定する定置網漁業及び同規定以外の定置漁業、すなわち身網の設置される場所の最深部が最高潮時において水深二七米未満のもの等をも含むものである。

二　無動力漁船に乗り組む労働者は、曳船に乗り組む労働者と一括して強制適用事業として取り扱うものとする。

なお、この場合当該事業に二以上の曳船があるときは、そのいずれか主たる曳船の一部として、前述の取り扱いをすることとする。

三　定置漁業を行う無動力漁船及び曳船がともに総トン数五トン以上である場合でも、前記二の取り扱いによることとする。

（昭四〇・一二・二三　基発第一六六八号）

〈船員法の一部を改正する法律の施行について〉

船員法の一部を改正する法律（昭和四五年法律第五八号）が、昭和四五年五月一五日に公布され（別添一の新旧対照表〈略〉参照）、これに伴い、船員法第一条第一項の船舶に含まれる総トン数三〇トン未満の漁船の範囲を定める政令の一部を改正する政令（昭和四五年政令第三四六号）が同年一二月二五日に公布され（別添二の新旧対照表〈略〉参照）、いずれも昭和四六年一月一日から施行された。

今回の船員法の適用の改正は、従来一部を除き船員法の適用がなかった二〇トン未満の漁船について、原則として五トン以上まで適用を拡大しようとしているものであるが、船員法と船員保険法とは一体として運用されるべきであることにかんがみ、中小零細な規模の漁業の経営実態、行政事務処理体制等からこれを一挙に行うことは困難であるので、政令で段階的に適用を拡大していくこととされ（船員法の一部改正に関する船員中央労働委員会の答申（別添三〈略〉参照）、その第一段階の適用範囲を定めるため、前記政令が制定されたものである。

船員法及び船員保険法（以下「船員法等」という。）が適用されることとなる船員については、労働基準法（第一章を除く。）、労働者災害補償保険法及び労働災害防止団体等に関する法律等（以下「労働基準法等」という。）の適用がはずされることとなり、今回の改正により、これらの法律の適用範囲が変更され、また最低賃金法の適用に関しては所管が変更されることとなるので、下記に留意してその取扱いに遺憾のないようにされたい。

記

一　船員法等の適用範囲

(1)　改正後の政令（以下「新政令」という。）は、総トン数三〇トン未満の漁船で船員法の適用を受けないものの範囲を定めたものであるが、これにより新たに船員法等が適用されることとなる漁船（以下「新適用船」という。）は、次のとおりであること。

イ　次の漁業に従事する総トン数一〇トン以上二〇トン未満の漁船（新政令第二号イ）

(イ)　漁業法第五二条第一項の指定漁業

(ロ)　漁業法第六六条第二項の小型さけ・ます流し網漁業

(ハ)　漁業法第六六条第二項の中型まき網漁業又は小型機船底びき網漁業であって、新政令別表の海面以外の海面において営むもの

ロ　前記イの(イ)（大中型まき網漁業に従事する漁業に限る。）及び(ハ)（中型まき網漁業に従事する漁船であって、同海面以外の海面において営むものに限る。）の附属漁船

なお、労働基準法等の適用範囲と船員法等の適用範囲の関係を新旧対照して図示すれば、別図（別添四〈略〉）のとおりであること。

(2)　新政令第一号及び第二号の「もっぱら〇〇漁業に従事する漁船」とは、従来と同様の解釈であって、予期できない事由により、臨時に短時間当該漁業に従事しなくなる場合のほかは、当該漁業に従事することを目的とし、かつ、その実態において、当該漁業以外の漁業又は他の業務に従事していないものをいうこと（昭和四五年一二月二一日付け社会保険庁長官、水産庁長官、運輸省船員局長及び労働省労働基準局長の覚書（以下「新覚書」という。）別添(5)の二(1)参照）。

なお、新政令第二号イの「もっぱら」については、同項の(1)から(3)までに掲げる漁業以外の漁業にもっぱら従事するものの意であり、同項はそれを船員法等の適用除外とする趣旨であるから、たとえば、小型さけ・ます流し網漁業のごとく、通常その漁期が二～三箇月程度であっても、それに従事する漁船は、当該漁業に従事していない期間を含めて船員法等の適用を受けるものであり、

また、漁業法に基づく指定等を受けていない違反漁船であっても、同号に掲げる漁業に数日（四～五日程度）以上従事する場合には、船員法等の適用となるものであること。

(3)　新政令第二号及び第三号の「附属漁船」の取扱いについては、次のとおりであること（その考え方は従来と同様である。）（新覚書の三参照）。

イ　附属漁船とは、燈船、探索船、運搬船等通常単独には漁撈に従事しない漁船をいうが、一カ統に属する漁船のうち総トン数一〇トン以上のものが一隻以上ある場合には、当該漁船（二隻以上ある場合には、総トン数の大きいもの）以外の漁船を附属漁船として取り扱うものとすること。

ロ　一カ統に属する漁船のすべてが毎年常態として二カ月以上の期間、まき網漁業に従事せず、他の漁業に従事するときは、その期間は附属漁船として取り扱わないものとすること。

ハ　まき網漁業に従事する一カ統の親船及び附属漁船に乗り組むため雇用されている船員その他船員法等の適用を受ける漁船に乗り組むために雇用されている船員については、総トン数五トン未満の附属漁船に乗り組んでいる場合及び臨時に用船された附属漁船に乗り組んでいる場合においても、船員法等の適用があるものとして取り扱うものとすること。

二　新適用船の確認等

(1)　昭和四六年一一月一日から新適用船となり、管轄が変更される漁船の具体的な認定については、海運局長が都道府県船員保険事務主管部局の長及び都道府県労働基準局長との協議のうえ行うこととされている（新覚書の二(2)イ）が、実際の事務については、都道府県水産主管部局の長がその保管に係る漁船原簿に基づき新適用漁船名簿を作成し、これを海運局長に提示し、昭和四六年一〇月三一日までの間に海運局長から都道府県労働基準局長あて送付があること。したがって、この具体的な新適用漁船名簿の作成にあたっては、都道府県労働基準局長は積極的に協議に参与する必要はないものであるが、新適用漁船名簿の受理後であってもそれに誤りがある場合には、海運局長に対し意見を述べること。なお、特に海運局長から認定のため協力の要請があった場合には、これに応じて協力を行うこと。

(2)　上記(1)による新適用漁船名簿の送付があった場合は、適用事業報告（労働者災害補償保険法（以下「労災保険法」という。）による保険加入済のものの場合は保険料報告書等）による漁船とこの名簿と突合して新適用船の確認を行うこと。

(3)　新適用船の把握については、当面上記(1)によって行われるが、新造船又は登録済漁船の変更・消滅などの事由により漁船原簿の記載に変更が生じた場合には、変更の都度、都道府県労働基準局長に対して海運局長から通知されることとされているので、(1)に準じて取り扱うこと。

ただし、新適用漁船名簿に記載もれがある場合には、昭和三八年の改正の際の四省庁の覚書とは異なり、一律に船員保険法の適用となるのではなく、海運局長及び都道府県船員保険事務主管部局の長と協議を行い、法の適用関係について決定することとされているので記載もれを発見したときは、直ちに、海運局長あて連絡すること。

(4) 労災保険の保険給付の際等において、漁船の操業実態等が変化して当初の認定どおり取り扱うことが著しく不適当であると認められる場合等法の適用関係について問題が生じたときは、都道府県労働基準局、海運局及び都道府県船員保険事務主管部局で協議し、いずれの法規を適用するかを決定するものとする。

(5) 上記(1)及び(3)による認定及びその取消し並びに(4)の決定にあたっては、あらかじめ都道府県水産主管部局と十分連絡し、法の適用の適正化及び実態の把握に遺憾のないように努めるものとすること。

三　経過措置等

(1) 一般の経過措置

イ　新政令の施行に伴い、労働基準法等の適用を受けなくなる新適用船及びこれに係る船員に関する労働基準法及び労災保険法の適用についての経過措置については、改正前の船員法第一条第二項の船舶に含まれる総トン数三〇トン未満の漁船の範囲を定める政令（以下「旧政令」という。）附則第二条（第九項を除く。）及び第四条の規定が準用されているので（新政令附則第二項）、昭和三八年の改正の際の取り扱いと同じであること。

ロ　新適用船に使用される労働者に関して、昭和四五年一二月三一日以前に生じた事故に対する労災保険の保険給付については、昭和四六年一月一日以降に当該給付請求又は支給事由の発生した場合であっても、なお従前どおり労災保険法が適用され、受給権者として取り扱われるものであること。したがって、昭和四五年一二月三一日以前に発生した事故に対する保険給付について、労災保険法第三四条の四に該当する場合には、昭和四六年一月一日以降であっても当該事業場に対する特別保険料の徴収を行うことができ、またこの保険給付に関する審査請求もなしうるものであること。

(2) 新適用船に係る保険料の精算

イ　新適用船については、昭和四六年一月一日をもって労災保険の保険関係が消滅することとなるので、その確定精算手続を行うこと。なお、労災保険事務組合の委託事業場については、後記(3)ロの中小事業主等の特別加入者に係る事業を除き、昭和四三年三月九日付け基発第一一四号「労働者災害補償保険業務の効率的運営について」の記の第一の三(1)による事務処理要領に準じて行うものとすること。

ロ　新適用船であって、中小事業主等が昭和四五年一二月三一日現在において、既に労災保険法第三四条の一二の承認を受けている場合にあっては、その事業に使用される労働者は労災保険法の適用がなくなるが、その中小事業主等については後記(3)イのとおり、特別加入の承認が存続している以上、その事業は、なお保険関係が存続している事業であるので、当該事業の労働者に係る保険料についても、年度更新の際に精算の手続を行うものとすること。

(3)　特別加入者についての暫定措置

イ　新適用船については、新政令の施行に伴い、労働基準法による適用事業でなくなるため、その漁船の中小事業主等及び一人親方等は、労災保険法第三四条の一一の特別加入者に該当しないこととなるが、船員保険法においてはかかる地位にある者に対する適用規定がないため、既に労災保険法によって受けていた保護がなくなることとなるので、新政令附則第五項において暫定措置を設け、同法第三四条の一一の特別加入者とみなすことにより、当分の間（昭和四八年四月一日までの間にこれらの者に対する措置が船員保険法に設けられる予定である。）なお従前どおり特別加入者として取り扱われることとなったこと。

ロ　この暫定措置の適用を受ける者は、昭和四五年一二月三一日現在において、同法第三四条の一二第一項の承認を受けている中小事業主等と第三四条の一三第一項の承認を受けている一人親方等であり、したがって昭和四六年一月一日以降において同条の承認の申請が行われた場合には適用されず、また当該承認も行えないものであること。

ハ　中小事業主等及び一人親方等で、昭和四五年一二月三〇日（三一日の受理では適用について逆選択の生ずるおそれがあるため三一日の受理分は除く。）までに同法第三四条の一二第一項又は第三四条の一三第一項の承認の申請が行われ受理したものについては、その承認の要件を具備している限り、事実上、当該承認が昭和四六年一月一日以降に行われたものであっても、その受理の日の翌日において承認がなされたものとして取り扱うこと。

ニ　新適用船に係る特別加入者については、船員保険法の適用がない。しかし、船員保険法では、法人等が船舶所有者となり、これらの者が船員としてその法人等に使用される形となるときは、これらの者であっても船員保険法の適用を受けることとなるため、今後厚生省社会保険庁船員保険課及び都道府県船員保険事務主管部局において、これらの者について法人化の指導を行い、船員保険法の適用促進に努めることとされているので、その結果船員保険法の適用を受けることとなった特別加入者については、労災保険法の特別加入の規定の適用はないこととなること。したがって、都道府県の船員保険事務主管部局から連絡のあったときは、中小事業主等にあっては労災保険法第一一条第一項、一人親方等にあっては労災保険法第三四条の一三第一項第四号の規定に準じて、必要な措置を講ずること。

四　新覚書による改定部分等

新適用船の範囲及びその認定方法等以外で、新覚書によって従来の昭和三四年度及び昭和三八年度の改正の際における四省庁覚書の協定内容の変更された部分及びその変更の趣旨は、次のとおりであるので留意されたい。

(1)　新覚書一については、船員中央労働委員会の答申において、船員法を原則として五トンまでの適用を拡大すべきであるが、地先漁業及び地先漁業に準ずる漁業に従事する漁船は、今後も船員法等の適用の対象とせず、従来どおり労働基準法等を適用することとされているので、この「地先漁業に準ずる漁業」の具体的な範囲の設定については、その実態を十分に考慮するとともに、第二次段階以降の適用拡大にあたって、一たん船員法等の適用となった漁船が再び労働基準法等の適用となる事態が生じないこととする趣旨であり、また第二次段階以降の適用拡大の検討を早期に行い、船主及び関係省庁における事務処理の混乱を避けることとする確認を行ったものである。なお、第二次以降の適用拡大の実施時期については、一応第二次段階は昭和四八年四月一日、第三次段階（最終段階）は昭和五〇年四月一日を目途とされていること。

(2)　新覚書四については、新政令によって採用された水面については、今後この水面の範囲を改正する必要がある場合であっても、上記四(1)と同様の趣旨を確認したものである。

五　本省への報告

(1)　今回の改正に伴い、従来労災保険に加入していた新適用船数及び当該漁船に係る特別加入者数について、別紙様式〈略〉により、昭和四六年二月末日までに労働省労働基準局長あて報告すること。

(2)　新適用船に含まれるか否か等法の適用について、不服申立て又は訴訟の提起が行われた場合には、遅滞なく、労働省労働基準局長あて連絡すること。

（昭四六・一・二四　基発第二二号）

〈地方自治体の消防機関〉

問　自治体消防機関の消防団の消防夫（消防吏員）は現業公署として本法

の強制適用対象事業とも思われるが如何。

なお、右の予備消防員のように出勤の都度一回五〇円程度の報酬を受けるのみの場合は、労災保険及び基準法における補償の基準は該手当をもって基礎とすべきであるか。

答　地方自治体の消防機関の消防団の消防夫（消防吏員）については、法第三条第二項の規定により本法は適用されない。

なお、予備消防員は、市町村の労働者と認められないので、労災保険法は適用されない。

（昭二四・七・二一　基災収第三八八五号）

〈市町村直営事業〉

市町村の直営による事業についても民営事業と同様労災保険法の適用がある。但し公署即ち事業部門を除く一般行政事務を取扱う事務所（市役所、町村役場等）そのものについては適用がない。

（昭二二・九・一二　基発第三九号）

〈地方自治体の行う建設事業〉

問　本県土木、建築に関する各種事業に従事する職員（道路工事助手等の傭人を含む。）については、労災保険法第三条第一項第二号(イ)〔昭四四法第八三条附則第一二条参照〕の強制適用事業として所管N労働基準局長より保険加入方督促がありましたが、職員（傭人を含む。）の災害補償に関しては、昭和二二年法律第一六七号（労働基準法等の施行に伴う政府職員に係る給与の応急措置に関する法律）による給与支給準則に基いて、本県規則（昭和二二年法律第一六七号に基く県職員に対する給与支給規則）を制定し、同規則により公務災害補償をなすべく規定しているところであり、期するところは災害補償の趣旨に伴うものであります。

全国各府県においても土木建築に関する各種事業は共通した点あるものと思料致しますのでこれら事業に直接従事する職員の労災保険法の適用及び加入について何分の御回示を煩したく照会します。

答　昭和二二年法律第一六七号による給与支給準則に基いて、貴県において職員に対する給与支給規則が定めてあっても土木、建築に関する各種事業は国の直営でない限り、公署の行うものも労災保険法第三条〔昭四四法第八三条附則第一二条参照〕の強制適用事業として規定されているから、上記各種事業に直接従事する現場職員（道路工事助手等傭人を含む。）の分については、たとえ貴県規則が災害補償の趣旨に沿うものであっても、労災保険に加入しなければならない。

（昭二三・一二・一七　基収第三八三六

号)

〈市の経営する水道等の事業〉

問一　市が経営する水道事業に関し労災保険法強制適用の有無について

二　市の経営する一事業場における事務、現場職員は、その区分に拘らず同一に強制適用であるか、また一様に適用されるとすれば保険料率は同一であるか。

答一　一については、労災保険法第三条第一項第一号(イ)に該当する強制適用事業である。

二　二については、一事業場において独立した二以上の事業が行われていると認められない限り、事務職員、現場職員の区別なくその事業につき定められた同一の保険料率が適用される。

(昭二七・八・九　基収第三六七〇号)

〈土地改良法第八九条の規定に基づいて都道府県が行う開墾開拓の事業〉

問　土地改良事業中開墾及び干拓建設工事代行事業は、土地改良法第八九条の規定に基づく国営土地改良事業の工事の一部を都道府県に代行させるもので、労災保険法第三条第二項による国の直営事業と看做し、同法の適用なきものと解し取り扱い居りたるところ、過般K労働基準局よりK県へ当局所管代行事業に対する労災保険料の支払方申し越しありたる旨連絡あり、当局としては、この種事業は全国的に実施致し居る関係上取扱いを統一する要があるので、本件に関する貴省の御意見をお伺い致したい。

一　都道府県に対する委任の根拠

土地改良法

第八十九条　農林大臣は、政令の定めるところにより、国営土地改良事業の工事の一部を都道府県知事に行わせることができる。

二　委任する工事

土地改良法施行令

第五十一条　法第八十九条の規定により都道府県知事に行わせる工事は、自作農創設特別措置法(昭和二十一年法律第四十三号)第四十一条第一項に掲げる土地についての開田若しくは開畑又は埋立若しくは干拓のため必要なかんがい排水施設、農業用道路その他の施設の新設、廃止又は変更(これらの事業に附帯する土地改良事業を含む。)であって、その事業の施行に係る土地の地積が開田にあってはおおむね五百町歩、開畑にあってはおおむね一千町歩、埋立又は干拓にあってはおおむね三百町歩をこえないものとする。但し、都道府県知事に行わせることを不適当と認めるものについては、農林大臣が自ら行うことを妨げない。

三　工事の委任通知

土地改良法施行規則

第六十三条　農林大臣は、法第八十九

条の規定により都道府県知事の行うべき国営土地改良事業の工事（以下「委任工事」という。）があるときは、法第八十七条の規定により定められた当該土地改良事業計画をその都道府県知事に通知する。

第六十四条　都道府県知事は、前条の通知を受けたときは、その日から九日以内に左に掲げる書類を農林大臣に提出してその承認を受けなければならない。

一　設計書

二　収支予算書

2　農林大臣は、前項の書類の外、必要と認める書類の提出を命ずることがある。

3　農林大臣は、必要があると認めるときは、前二項の書類に記載した事項の変更を命ずることがある。

4　都道府県知事は、第一項又は第二項の書類に記載した事項を変更するには、農林大臣の承認を受けなければならない。

第六十五条　都道府県知事は、委任工事に着工したときは、遅滞なくその旨を農林大臣に届け出なければならない。

2　都道府県知事は、委任工事を完了したときは、遅滞なく農林大臣に報告しなければならない。

第六十六条　都道府県知事は、委任工事の施行上便宜な場所に事業所を設け、工事の状況、費用の収支その他その工事に関する事項を明らかにすべき書類及び帳簿を備えておかなければならない。

第六十七条　都道府県知事は、委任工事の費用を請求しようとするときは、科目別支出調書及び証拠書類を添附して、請求書を農林大臣に提出しなければならない。

第六十八条　都道府県知事は、毎年五月三十一日までに委任工事につき前年度の成績書及び収支決算書を農林大臣に提出しなければならない。

土地改良法第八十七条第七項

　農林大臣又は都道府県知事は、前条の規定による進達又は決定がない場合においても、農地法第六十一条に掲げる土地についての第二条第二項第三号に掲げる事業又は同項第四号に掲げる事業を行うため、国営土地改良事業又は都道府県営土地改良事業の計画を定めることができる。この場合には、第三項から前項までの規定は適用しない。

答　国営の土地改良事業であっても、土地改良法第八九条の規定に基いて、同法施行令第五一条に規定する事業が都道府県知事において代行される場合は、この事業は国の直営事業と認められないから、適用事業となる。

（昭二五・九・二〇　基収第二五六六号）

〈地元請負工事〉

問　市町村等地方公共団体より、地元部落区民或いは受益代表者等に工事を請負施行せしめる所謂地元請負工事については、夫役現品その他との関連もあり、労災保険法の適用につき、左記の通り、聊か疑義がありますので、御指示を得たく稟伺致します。

記

一　所謂地元請負工事とは、地元部落区民、或いは工事完成後の受益農民等が、責任ある請負者の立場に立って、発注者たる市町村等より共同請負して工事施行することをいい、工事請負金は当然共同請負者たる地元部落区民又は受益農民等工事参加者個々の実績（出来高等）により分配支払われるものであって、この形において施行される限り、地元請負工事は認められるものであり、この場合市町村と共同請負者たる部落区民或いは受益農民との間に使傭従属関係は成立しないので、当然労災保険法の適用はないものと思料される。

（請負工事の規模についてはその工事請負金額の面より建設業法の製肘を受けることは勿論である。）

しかし乍ら、従来当局に於て、調査した処によると、所謂地元請負と称せられて施行されている工事の実体は様々で次の如き態様で行われている。

a　市町村等工事発注者が民間請負業者に工事を発注せず、技術経験共に皆無に等しい地元部落区民又は受益農民に工事施行を請負わしめる理由としては、

イ　工事予算額の関係上、民間業者では企業採算が合わず、落札しなかったもの又は請負工事のできざることが予め見込まれたもの。

ロ　予算年度の関係上、工事を短期間に完成する必要のある場合等があげられ、特に前者（イ）の工事については、そのほとんどが所謂地元請負に附されている。（この場合、地元請負の形式としては、地元部落区民又は受益農民の代表者一名を、請負業者と看做して、工事契約する単独請負形式と、地元部落区民又は受益農民全員を請負者とする共同請負形式との二つの方法がある。）

かかる事情の下に発注される場合、当然共同請負者たる地元部落区民又は受益農民に対する請負金の分配も過少であることを免れないので、共同請負は半ば強制的にその方法は均頭割式或いは田畠町歩割等により工事参加させられ、請負金の分割も出役一日当り幾何と支払われているのが通例である。

また、単独請負業者（地元代表者）と地元部落区民或いは受益農民との関係も共同請負の場合と同一で、この場合請負金の分配が賃金の支払という形で行われるのみの相違である。

b　災害復旧工事等国庫補助或いは県費補助工事に於ては、市町村等工事施行主体が、補助金を除く総工事費

(地元負担金又は地元分担金という。)を市町村自身が賄うこととなり、予算措置が講ぜられるが、実際には税負担を軽減するため及び予算が過少なため、或いは農業土木に於ては、工事による受益者が限られた一部の者であるため、徴税が困難である等の理由で、工事予算額の内労務費のみを納税又は賃金に代え、部落区民又は受益農民の無料出役により賄う。又実際に予算が調達されても、他の必要な経費に流用する等の実状で、現実には賃金が支払われていないことが多い。しかし乍ら、災害復旧工事、河川工事、道路工事等で、上級官庁の補助金が交付される或る種の工事(河川法、道路法等に規定され地元請負又は請負施行が禁止されている工事)は市町村の直営で施行することが原則であり、請負に出すことが禁止されているため、予算上は賃金が支払われた形式が採られて賃金台帳等関係書類も一応整備されている。

c　用悪水等水利工事で、工事施行の必要に追いこまれ乍らも、予算的措置が講ぜられず、又は国庫或いは県費補助金の交付が遅れる等の事由で、一応交付申請額の予算を計上して地元部落区民又は受益農民の出役により工事を施行する。

しかして現実に補助金の交付があった年度に工事が施行された如く関係書類を整える場合又はその間工事費を借り入れた如く装う等の方法がとられる(所謂引越工事という。)。

d　また一部の市町村で、地元民のみに於て自発的に工事施行をなし(部落工事)、市町村は工事施行を指導するのみで、工事施行主体は、あくまで地元部落区民又は受益農民であり、工事予算その他について市町村は関知しない、との形で行われるもの。勿論この場合の労働は所謂勤労奉仕により賄われる。

二　右の通りその実体は様々であり

(イ)　工事施行主体の判定

(ロ)　市町村の直営工事とみる場合、地方自治法又は土地改良法に規定する夫役と看做すべきか

(ハ)　地元民による単独請負とみるべき場合、勤労奉仕を如何に考えるか

等に疑義が生ずるが、当局に於ては次の如き観点より一応(三)の通り解釈して法を適用しているが、之が取扱いの可否について御指示願いたい。

(イ)　所謂地元請負でも、単独請負は契約形態も民間請負工事であるためには、発注者たる市町村又は土地改良区と共同請負業者との間に、必ず請負契約書が交わされ、市町村の予算処理も請負とされている。しかし前述aの例の如く、請負を禁止されている工事及び予算的に市町村の直営工事として処理されている限り、たとえ地元請負工事と称せられて、請負契約が形式的に完備していても、適法なものでないので、地元請負工

事と看做されない。

また請負金の分配が、工事請負出来高により支払われている限り、共同請負工事と認められるも、その分配が事例の如く、出役一日当り単価で定められている等、共同請負の本旨に反し、賃金態様で支払われている場合には、地元請負とは認め難いものと思料される。

(ロ) 所謂勤労奉仕については、地方自治法第二一八条に該当し、且つ又同法第九六条による地方市町村議会に於て、これら夫役の賦課徴収が議決予算化されたものに限り、所謂勤労奉仕としての夫役は認められるが、違法なる夫役はこれを認めない(土地改良法においても、同じく同法第三六条の夫役であることを要する。)。

(ハ) 地元民の単独請負における夫役は、適法なものではなく、夫役とは認め難いので、従って、その実情に応じ、市町村又は単独請負人と夫役提供者との間に使傭従属関係が存在するものと看做す。

三 当局の取扱い並びに意見

1 適法な単独請負契約による工事(地元民による。)は単独請負人を事業主と看做して法を適用する。この場合、たとえ夫役により労力が賄われていても、工事設計予算その他により保険料算出基礎である賃金総額を認定する(請負工事における夫役を認められない。)。

2 事例(ａ)の如く地元民による共同請負工事に於て、たとえそれが適法な請負契約であっても、請負金の分配が共同請負の本旨に反し、出役一日当り単価で支払われているときは、共同請負の代表者との間に、変形された労働関係が存在するものとして、代表者を事業主と看做して法を適用する。

3 関係法規又は上級官庁等より請負に出すことを禁止されている工事(従って市町村における予算処理も直営とされている工事)については、たとえ実質的に共同請負の態様で施行されていても、市町村長の直営工事として法を適用する。この場合、違法なる夫役は認め難く、また現実に賃金が支払われていると否とを問わず、保険料の算出基礎賃金は工事設計予算により算定する。但し、かかる請負に出すことを禁止されている工事でも、民間請負業者に請負施行せしめた場合は、その請負業者に法を適用することは勿論である。

4 (ｃ)の如き予算年度と実際に工事が施行される年度又は時期と相違する場合は、現実に賃金が支払われると否とを問わず(賃金が支払われていないときは、予算年度に於て当然支払われるべきものとして)現実に工事を施行した年度時期を以て、工事計画、工事施行実施予算等を基礎として法を適用する。

又予算化されている場合は前掲3

により処理することは勿論である。

5 （b）の事例に於ては、土地改良法第九五条第一項の規定により、同法第三条に規定する有資格組合員による「共同施行」に限り、共同請負と同様な解釈より法の適用はない。

しかし乍ら右の如き適法であるもの以外については、各々の実体により前掲1～4により法を適用することとしたい。

答一　貴見1について

適法な単独請負契約により、地元民の行う工事については、貴見のとおり。但し、地方自治法第二一八号又は土地改良法第三六条の規定に基き、夫役を賦課された者がその工事に参加している場合においては、その者は労働者ではないから適用から除外される。

二　貴見2について

地元部落区民又は受益農民の全員が、共同で請負った工事については、個々の部落区民又は受益農民は、たとえその工事に従事したとしても、その工事に使用される労働者とは認められないから、法を適用すべきではない。

三　貴見3について

共同請負工事の施行につき、労働者が使用されている場合は、共同請負人中から代表者を選定せしめ、この者を以て、便宜本法適用上の事業主とする。但し、個々の共同請負人は労働者ではないから本法は適用されない。又適法な夫役については、適用から除外される。

なお、民間請負業者に請負施行せしめた場合は貴見のとおり。

四　貴見4前段について

貴見のとおり取り扱うもやむを得ない。

五　貴見5について

右一乃至四により了知されたい。

（昭二八・六・三　基収第二二五一号）

〈ガス事業者等が行う導管の工事に関する労災保険法の適用について〉

ガス事業法（昭和二九年法律第五一号）第三条の許可を受けた者（以下「ガス事業者」という。）又はその者の工事請負人が行う導管の工事（導管の附属設備に関する工事を含む。以下同じ。）に係る労災保険法の適用は、今後行われる事業については下記によることとしたので了知されたい。

記

一　ガス事業者が直接行う導管の工事については、需要者の工事負担金等の有無にかかわらず、ガス事業者の直営の建設の事業として保険関係を成立させること。

二　ガス事業者が、導管の工事を工事請負人に行わせる場合には、需要者の工事負担金等の有無にかかわらず、工事請負人を事業主として保険関係を成立させること。

（昭四三・一・一二　基発第一一号）

〈地方公務員に対する労災保険法の適用関係の変更について〉

第五五回特別国会で成立した地方公務員災害補償法（昭和四二年法律第一二一号（以下「地公災法」という。））は、地方公務員について統一的な災害補償制度を設けることとしたものであるが、同法が昭和四二年一二月一日から施行されることに伴い、地方公務員に対する労働者災害補償保険法（以下「労災保険法」という。）の適用関係が同日以降一部変更されることとなるので、下記に留意のうえ、事務処理に遺憾のないようにされたい。

記

一　地方公務員であって現業部門の非常勤職員でないものについては、昭和四二年一二月一日から、労災保険法の適用がなくなること（地公災法第六七条第二項、労災保険法第三条第三項）。

ここに非常勤職員とは、次の者以外の者をいうものであること（地公災法第二条第一項、同法施行令第一条）。

(1)　常時勤務に服することを要する地方公務員

(2)　常時勤務に服することを要しない地方公務員のうち、自治大臣の定めるところにより、常時勤務に服することを要する地方公務員について定められている勤務時間以上勤務した日（法令の規定により勤務を要しないこととされ、又は休暇を与えられた日を含む。）が引き続いて一二月をこえるに至った者で、そのこえるに至った日以後引き続き当該勤務期間により勤務することを要することとされているもの

二　地公災法の施行の日（昭和四二年一二月一日）の前日において、地方公共団体が行う事業について成立している労働者災害補償保険（以下「労災保険」という。）の保険関係は、同日に消滅するので（地公災法附則第一〇条）、当該保険関係が消滅した事業については、労災保険法に定めるところにより、確定保険料の報告、納付等を行う必要があること。ただし、失業対策事業主等として非常勤職員を使用して行う事業については、事務処理の便を図るため、当該事業の廃止又は終了の日の翌日に労災保険の保険関係が消滅するものとして取り扱うこと。

三　地公災法附則第一〇条の規定により労災保険の保険関係が消滅した事業であって、同法の施行の日（昭和四二年一二月一日）において、労災保険法第三条第一項各号に掲げる事業（昭四四年法第八三号附則第一二条参照、徴収令第一七条参照）に該当する事業については、同日に労災保険の保険関係が新たに成立することになるが、この場合には、届出をさせる必要がないこと。なお、同日において労災保険法第三条第二項の

事業に該当する事業については、労災保険に加入するには、あらためて手続が必要であることはいうまでもないこと。

四　地公災法附則第一〇条の規定により労災保険の保険関係が消滅した事業であって、同法の施行の日（昭和四二年一二月一日）以降に労災保険の保険関係が成立したものについてはその保険番号の振出し、メリットの適用等は、すべて新たに行うこと。

五　地公災法附則第一〇条の規定により労災保険の保険関係が消滅した事業に使用される労働者であって、同法の施行の日（昭和四二年一二月一日）以降労災保険の適用を受けなくなったものの同日前に生じた業務災害に係る補償については、労災保険において行うものであること（地公災法附則第四条）。

（昭四二・一〇・二七　基発第一〇〇〇号）

〈在日外国公館〉

標記については、昭和四四年五月一日より、下記のとおり取り扱うこととしたから了知の上、その円滑な処理に留意されたい。

なお、これが取扱いについては、別途外務省大臣官房儀典長より各在日外国公館あて連絡されるので念のため申し添える。

記

一　在日外国公館に勤務する事務職員、技術職員及び役務職員であって、日本国籍を有するもの又は出入国管理令（昭和二六年政令第三一九号）第二二条第一項の永住許可を受けている外国人若しくは当該永住許可を受けている外国人と同様に永住的に我国に居住している外国人であるもの（以下「日本国籍を有する事務職員等」という。）が常時五人以上の場合には、当該外国公館を強制適用事業とし、当該外国公館の代表者を事業主とすること。

二　在日外国公館に勤務する事務職員、技術職及び役務職員であって、日本国籍を有する事務職員等以外のもの（以下「日本国籍を有しない事務職員等」という。）については、本国の災害補償制度の保護を受けないこと等のため当該外国公館の代表者が、特に希望する場合に限り保険加入を認めることとするが、その承認基準、加入手続等は、次のとおりとすること。

(1)　日本国籍を有しない事務職員等の保険加入は、当該外国公館の代表者の申請に対する都道府県労働基準局長の承認によって行うものとするが、この場合の承認は、次の要件を満している場合に行うこと。

イ　日本国籍を有する事務職員等について保険関係が成立していること。

したがって、任意適用事業の在日外国公館にあっては、日本国籍を有する事務職員等について任意加入の申込みをしないままに日本国籍を有しない事務職員等のみを加入させることのないよう指導すること。

なお、日本国籍を有する事務職員等を使用しない在日外国公館の代表者が、日本国籍を有しない事務職員等について保険加入を希望したときは、承認して差しつかえないこと。

ロ　当該外国公館の代表者と次の事項を内容とする覚書を取りかわすこと。

(イ)　当該外国公館の代表者は、保険料の報告、納付等労働者災害補償保険法（以下「労災保険法」という。）及びこれに基づく命令に規定する事業主としての義務を遵守すること。

(ロ)　日本国籍を有しない事務職員等の保険加入の有無は、都道府県労働基準局長が、当該外国公館の代表者に対して送付する(3)の「保険加入承認通知書」に記載する氏名によって確定されるものとすること。

(2)　当該保険加入の申請は、保険加入希望者の氏名、職名、賃金の支払見込額（年額）その他の事項を記載した「保険加入申請書」（別紙様式(一)）二通を、当該外国公館の所在地を管轄する労働基準監督署長（以下「所轄署長」という。）を経由して当該所在地を管轄する都道府県労働基準局長（以下「所轄局長」という。）あて提出することによって行わせること。

(3)　(2)の申請を受理したときは、所轄局長は、(1)のイ及びロの要件に照らし、承認するか否かを決定し、承認することとした場合には、「保険加入承認通知書」（別紙様式(二)）を、承認しないこととした場合には、その旨及びその理由を記載した文書を、遅滞なく、当該外国公館の代表者に送付すること。

なお、保険加入希望者のうち、加入要件の欠如等のため一部の者について不承認とする場合には、「保険加入承認通知書」に別紙を付して、その旨及びその理由を記載すること。

(4)　保険加入の承認のあった後、新たに保険加入を希望する者が生じた場合には、(2)及び(3)に準じて処理すること。

(5)　(3)及び(4)により送付した保険加入承認通知書に掲げる事項に変更が生じた場合には、当該外国公館の代表者に、その旨を、遅滞なく、所轄署長を経由して所轄局長あて届け出させること。

(6)　保険加入をしている日本国籍を有しない事務職員等が脱退しようとするときは、保険番号、外国公館の代表者氏名、外国公館の所在地その他の事項を記載した、「保険加入脱退申請書」（別紙様式(三)）二通を、所轄署長を経由して所轄局長あて提出させること。

所轄局長は、当該脱退申請書を受理したときは、遅滞なく、その外国公館の代表者に「保険加入脱退承認通知書」（別紙様式(二)）を送付すること。

(7)　保険加入をしている日本国籍を有しない事務職員等が、他の在日外国公館に転勤になった場合には、当該日本国籍を有しない事務職員等は労災保険から脱退することになり、(6)の脱退申請書の提出を要するが、これらの者が転勤先の在日外国公館において労災保険に再加入するためには、(2)又は(4)の手続を必要とすること。

三　在日外国公館についての保険料の額は、日本国籍を有する事務職員等の賃金総額（日本国籍を有しない事務職員等について保険加入の承認のあった在日外国公館にあっては、この額に当該日本国籍を有しない事務職員等の賃金総額を加えた額）に一〇〇〇分の二の保険料率を乗じて得た額とする。

なお、日本国籍を有しない事務職員等が日本に居住することに伴い支給されることとなった手当等のうちには、労災保険法上の賃金として取り扱われない実費弁償的な性格を有するものが含まれているものと考えられるので、保険加入の承認にあたっては、あらかじめ労災保険法上の賃金に該当するかどうかを明確にしておくこと。

四　労災保険法第三一条（徴収法第二六条参照）の規定に基づく督促を在日外国公館に対して行うことは差しつかえないが、外国公館については、滞納処分等はできないので、督促しても保険料その他の徴収金の納付に応じないような場合には、当該事案を本省に報告すること。

別紙様式〈略〉

（昭四四・四・一一　基発第二三八号）

〈出向労働者に対する労災保険法の適用について〉

ある事業（以下「出向元事業」という。）に雇用される労働者（以下「出向労働者」という。）が、その雇用関係を存続したまま、事業主の命により、他の事業（以下「出向先事業」という。）の業務に従事する場合における労災保険法（以下「労災保険法」という。）の適用は、左記のとおりとするので、関係事業主に対し、この旨指導されたい。

記

一　出向労働者に係る保険関係について

出向労働者に係る保険関係が、出向元事業と出向先事業とのいずれにあるかは、出向の目的及び出向元事業主と出向先事業主とが当該出向労働者の出向につき行った契約ならびに出向先事業における出向労働者の労働の実態等に基づき、当該労働者の労働関係の所在を判断して、決定すること。

その場合において、出向労働者

が、出向先事業の組織に組み入れられ、出向先事業場の他の労働者と同様の立場（ただし、身分関係及び賃金関係を除く。）で、出向先事業主の指揮監督を受けて労働に従事している場合には、たとえ、当該出向労働者が、出向元事業主と出向先事業主と行った契約等により、出向元事業主から賃金名目の金銭給付を受けている場合であっても、出向先事業主が、当該金銭給付を出向先事業の支払う賃金として、徴収法第一一条第二項に規定する事業の賃金総額に含め、保険料を納付する旨を申し出た場合には当該金銭給付を出向先事業から受ける賃金とみなし、当該出向労働者を出向先事業に係る保険関係によるものとして取り扱うこと。

二　上記一の後段に係る事務取扱

(1)　保険料の納付について

出向元事業主が、出向先事業主との契約等により、出向労働者に対して支払う賃金名目の金銭給付を、出向先事業に関する徴収法第一一条第二項に規定する賃金総額に含めたうえ、保険料を算定し、納付させること。

(2)　平均賃金の算定について

出向労働者につき事業上災害が発生し、保険給付のため平均賃金を算定する必要が生じたときは、出向元事業主が、出向先事業主との契約等により、出向労働者に対して支払う賃金名目の金銭給付を、出向先事業が支払った賃金とみなし、出向先事業が出向労働者に対し支払った賃金と合算したうえ、保険給付の基礎となる平均賃金を算定すること。

この場合には、出向元事業主の上記金銭支払明細書（ただし、上記平均賃金を算定するための所要期間内に支払われたものに限る。）について出向先事業主の承認をうけ、これを補償費請求書に添付して提出するよう受給権者を指導すること。

なお、上記平均賃金の算定が、労働基準法第一二条第二項の規定によるべき場合で、出向元事業の賃金締切日と出向先事業の賃金締切日とが相違するときは、それぞれに係る部分について各別に計算し、両者の合算額を、保険給付の基礎となる平均賃金とすること。

(3)　休業補償費のスライドについて

労災保険法第一二条〔現行＝第一四条〕第四項の規定による労働基準法第七六条第二項の規定の適用については「出向先事業場における同種の労働者」を「同一の事業場における同種の労働者」として取り扱うこと。従ってたとえ、出向労働者が災害後出向元事業に復帰している場合であっても、同様であること。

(4)　保険料率のメリットについて

労災保険法第二七条〔徴収法一二条第三項参照〕の規定の適用については、出向労働者に対する保険給付を、出向先事業に対する保険給付として取り扱うこと。

三　稟伺

上記一の出向労働者の労働関係の所在の判断等について、疑義ある場合には、その具体的事情を具し、本省労働基準局長あて稟伺すること。

（昭三五・一一・二　基発第九三二号）

〈日本電信電話株式会社及び日本たばこ産業株式会社に対する労働保険の適用について〉

日本電信電話公社及び日本専売公社については、民営化により、本年四月一日からそれぞれ日本電信電話株式会社及び日本たばこ産業株式会社として発足することとなり、これに伴い労働者災害補償保険法（昭和二二年法律第五〇号。以下「労災保険法」という。）、雇用保険法（昭和四九年法律第一一六号）及び労働保険の保険料の徴収等に関する法律（昭和四四年法律第八四号。以下「徴収法」という。）の適用を受けることとなる。

両会社に対する労災保険法、雇用保険法及び徴収法の適用に当たっては、今般、下記により取り扱うこととしたので、留意のうえ事務処理に遺漏のないよう配慮されたい。

記

一　保険料率について〈略〉

二　労働保険の適用について

(1)　事業の適用単位

イ　電電会社に係る事業の適用範囲については、組織の実態を勘案し、本社、総支社、支社、搬送支社、無線支社、海底線施設事務所、海底線工事事務所、工事事務所、病院、電気通信研究所及び電報電話局等をそれぞれ一の事業として適用することとし、分局、分室等は、直近上位の組織に包括して適用することとする（別表第１参照）。

ロ　たばこ会社に係る事業の適用単位は、組織の実態等を勘案し、本社、支社、営業所及び原料事務所等をそれぞれ一の事業として適用することとし、営業所支所、原料事務所支所及びサービスセンター等は、直近上位の組織に包括して適用することとする（別表第２参照）。

ハ　なお、電電会社及びたばこ会社に係る事業のうち別表第１及び別表第２に掲げた以外の部門で独立の事業としての態様を備えるものについては、一の事業として適用することとする。

(2)　労働保険の保険関係の成立に係る事務処理

イ　電電会社に係る労働保険の保険関係（以下「保険関係」という。）については、上記(1)のイの適用単位ごとに成立させることになるが、本社以外のすべての適用事業については、本社を徴収法第九条の指定事業とし、これによって保険関係を一括して処理することとしている。

したがって、本社以外の適用事業に係る保険関係成立届の受理に当たっては、労働保険番号を付与しないものとする。

ロ　たばこ会社に係る保険関係については、前記(1)のロの適用単位ごとに成立させることになるが、営業所及び原料事務所はその上部組織の支社を、また研修所（宇都宮市所在）については試験場（同所在）をそれぞれ徴収法第九条の指定事業とし、これによって保険関係を一括して処理することとしている。

したがって、当該営業所、原料事務所及び研修所に係る保険関係成立届の受理に当たっては、労働保険番号を付与しないものとする。

三　その他の留意事項

(1)　昭和六〇年四月一日前（昭和六〇年三月三一日以前）に生じた事故に基づく業務上の災害又は通勤による災害については、たばこ会社又は電電会社が、それぞれ補償することとされている（日本たばこ産業株式会社法（昭和五九年法律第六九号）附則第二九条及び日本電信電話株式会社法（昭和五九年法律第八五号）附則第一二条第七項（別紙1）参照）。

したがって、昭和六〇年四月一日以後に発生した業務上の事由又は通勤による傷病等のうち因果関係からみて昭和六〇年三月三一日以前における業務が原因で発生したと認められるものは、労災保険法が適用されず、両会社が従前どおり補償することになる。

(2)　なお、電電会社の海底線工事事務所（横浜、尾道、長崎）における船員たる職員については、船員保険法（昭和一四年法律第七三号）が適用されず、他の職員と同様に労災保険法、雇用保険法及び徴収法が適用されることとなる（日本電信電話株式会社及び電気通信事業法の施行に伴う関係法律の整備等に関する法律（昭和五九年法律第八七号）第五六条、第五九条及び第六二条（別紙2）参照）ので、念のため申し添える。

別表第1・別表第2〈略〉

（昭六〇・三・一九　基発第一四五号）

〈労働者派遣事業に対する労働保険の適用及び派遣労働者に係る労働者災害補償保険の給付に関する留意事項等について〉

労働者派遣事業に対する労働保険の適用及び派遣労働者に係る労働者災害補償保険の給付について、下記により取り扱うこととしたので、留意の上事務処理に遺漏のないよう配慮されたい。

記

第一　労働者派遣の概念について

労働者派遣とは、「自己の雇用する労働者を、当該雇用関係の下に、かつ、他人の指揮命令を受けて、当該他人のために労働に従事させることをいい、当該他人に対し当該労働者を当該他人に雇用させることを約

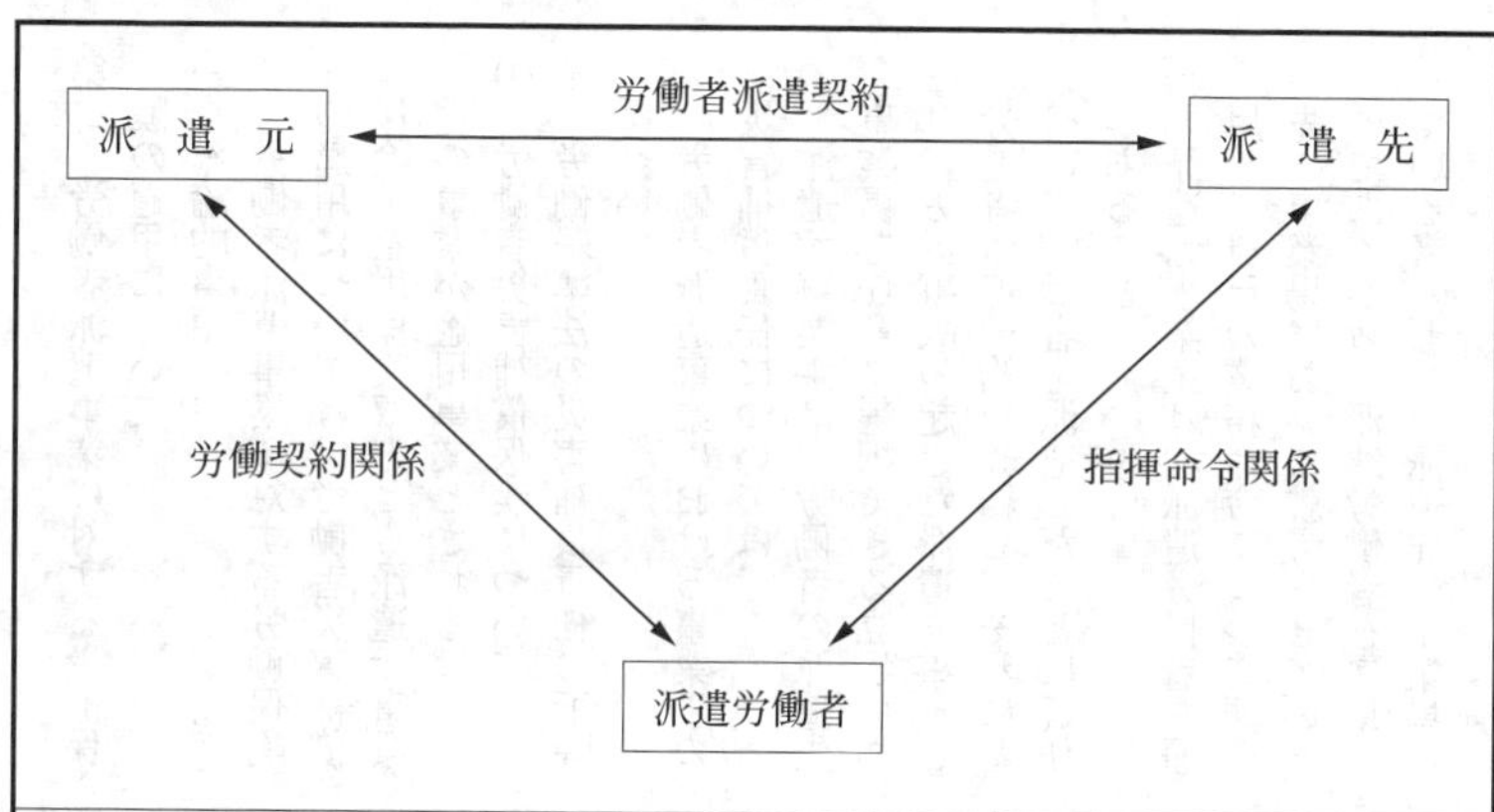

してするものを含まない」ものである（労働者派遣事業の適正な運営の確保及び派遣労働者の就業条件の整備等に関する法律（以下「労働者派遣法」という。）第二条第一号）。この場合の「雇用関係」とは、労働基準法第九条の使用する関係（以下「労働契約関係」という。）と同義である。

したがって、労働者派遣における派遣元、派遣先及び派遣労働者の三者間の関係は、①派遣元と派遣労働者との間に労働契約関係があり、②派遣元と派遣先との間に労働者派遣契約が締結され、この契約に基づき③派遣元が派遣先に労働者を派遣し、③派遣先は、派遣元から委ねられた指揮命令権により派遣労働者を指揮命令するというものである。

なお、請負、出向、派遣店員及び労働者供給との関係等については、別添１「労働者派遣と請負、出向、派遣店員及び労働者供給との関係等」（昭和六一年六月六日付け基発第三三三号の別添）によるが、出向と労働者派遣との差異は、①移籍出向の場合、出向元の事業主との間の雇用関係は終了していることから、労働者派遣とは異なる形態であることは明らかであり、②在籍出向の場合、出向元の事業主との間に雇用関係がある点では労働者派遣と同様であるが、出向先の事業主との間にも雇用関係があり、かつ、出向元の事業主と出向先の事業主との間の出向契約により、出向労働者を出向先の事業主に雇用させることを約しているものと解され、したがって、この点において派遣先事業主と派遣労働者との間に雇用関係が存在せず、事実上の指揮命令関係にとどまる労働者派遣とは異なるものである。

出向労働者に対する労働者災害補償保険の適用については、従前の取扱い（昭和三五年一一月二日付け基発第九三二号）どおりである。

第二　労働者派遣事業に対する労働保険の適用について

一　総論的事項

労働者派遣事業に対する労働保険の適用については、労働者災害補償保険・雇用保険双方とも派遣元事業主の事業が適用事業とされる。

(1)　労働者災害補償保険について

イ　労働基準法の災害補償責任の所在について

労働者派遣事業における事業主の災害補償責任については、

(イ)　派遣元事業主は、労働者の派遣先事業場を任意に選択できる立場にあり、労災事故の起きた派遣先事業と労働者派遣契約を締結し、それに基づいて労働者を派遣したことに責任があること、

(ロ)　派遣元事業主は、派遣労働者を雇用し、自己の業務命令によって派遣先の事業場において就労させているのであるから、派遣労働者を雇用している者として、派遣先の事業場において派遣労働者の安全衛生が確保されるよう十分配慮する責任があること（この責務については、労働者派遣法第三一条に明記されている。）、

(ハ)　業務上の負傷・疾病に係る解雇制限の規定（労働基準法第一九条第一項）あるいは、補償を受ける権利の退職による不変更の規定（労働基準法第八三条第一項）は、労働契約関係の当事者である派遣元事業主に災害補償責任のあることを前提としていると考えられること、

等を考慮し、労働者派遣法においては、特例を設けず、派遣元事業主に災害補償責任を負わせることとされている。

ロ　労働者災害補償保険法の適用について

労働者災害補償保険法（昭和二二年法律第五〇号。以下「労災保険法」という。）に関しては、同法第三条第一項は「労働者を使用する事業を適用事業とする」と規定しており、この「使用する」は労働基準法等における「使用する」と同様労働契約関係にあるという意味に解されており、また、上記イのような事情から労働基準法上の災害補償責任が派遣元事業主に課される以上、労災保険法と労働基準法との関係を考慮すれば、労災保険法の適用についても同様に取り扱い、派遣元事業主を労災保険の適用事業とすることが適当である。このため、労働者派遣法においても労災保険法の適用について定める特段の規定は設けられていない。

(2)　雇用保険について〈略〉

二　各論的事項

(1)　適用単位について

労働者派遣法に基づく労働者派遣を行う事業（以下「労働者派遣事業」という。）については、労働者派遣法第二条第二号に規定する派遣労働者を含めた派遣元事業場を一の

事業として取り扱う。ただし、労働者派遣事業と他の事業とを併せ行う事業については、それぞれの事業が活動組織として独立したものか否かを総合的に判断して適用単位を決定すること。

(2) 保険料率について

イ 労災保険率の適用について

(イ) 労働者派遣事業に係る労災保険率の適用は、派遣労働者の派遣先での作業実態に基づき「労災保険率適用事業細目表（昭和四七年労働省告示第一六号）」により事業の種類を決定し、労災保険率表（労働保険の保険料の徴収等に関する法律施行規則別表第一）による労災保険率を適用すること。

派遣労働者の派遣先での作業実態が数種にわたる場合には、主たる作業実態に基づき事業の種類を決定することとし、この場合の主たる作業実態は、それぞれの作業に従事する派遣労働者の数、当該派遣労働者に係る賃金総額等により判断するものとする。

なお、労働者派遣事業と他の事業を一の事業として併せて行う事業であって適用上一の事業として扱われるものについては、その主たる業態に基づき事業の種類を決定すること。

(ロ) 派遣労働者を含め適用上一の事業として扱われる派遣元事業場がメリット制の適用要件を満たしている場合には、当然、メリット制を適用すること。

また、派遣労働者の派遣先での作業実態のうち主たるものの変更に伴い、事業の種類を変更した事業であっても、事業が実質的に継続していると認められる場合には、メリット制の適用は継続されること。

ロ 雇用保険率の適用について〈略〉

(3) 保険料の徴収について〈略〉

第三 派遣労働者に係る労働者災害補償保険の給付について

一 業務災害及び通勤災害の認定について

(1) 業務災害の認定

派遣労働者に係る業務災害の認定に当たっては、派遣労働者が派遣元事業主との間の労働契約に基づき派遣元事業主の支配下にある場合及び派遣元事業と派遣先事業との間の労働者派遣契約に基づき派遣先事業主の支配下にある場合には、一般に業務遂行性があるものとして取り扱うこと。

なお、派遣元事業場と派遣先事業場との間の往復の行為については、それが派遣元事業主又は派遣先事業主の業務命令によるものであれば一般に業務遂行性が認められるものであること。

(2) 通勤災害の認定

派遣労働者に係る通勤災害の認定に当たっては、派遣元事業主又は派遣先事業主の指揮命令により業務を開始し、又は終了する場所が「就業の場所」となること。したがって、派遣労働者の住居と派遣元事業場又は派遣先事業場との間の往復の行為は、一般に「通勤」となること。

二　費用徴収について

(1)　労災保険法第一二条の三関係

派遣労働者が偽りその他不正の手段により保険給付を受けた場合において、労災保険法第一二条の三第二項の規定は、派遣元事業主が不当に保険給付を受けさせることを意図して、事実と異なる報告又は証明を行ったものであるときに、派遣元事業主に対して適用すること。

なお、派遣先事業主に対しては、労災保険法第一二条の三第二項の規定は適用されない。

(2)　労災保険法第二五条〔現行＝第三一条〕関係

派遣労働者の被った業務災害が派遣事業主の故意又は重大な過失により生じたものであるときは、当該派遣元事業主に対し労災保険法第二五条〔現行＝第三一条〕第一項第二号の規定による費用徴収を行うこと。

なお、派遣先事業主に対しては、労災保険法第二五条〔現行＝第三一条〕第一項第二号の規定は適用されない。

三　第三者行為災害の求償について

(1)　派遣労働者と派遣先事業場所属の労働者相互の加害行為による業務災害及び通勤災害については、加害者の事業主が、民法第七一五条の規定による使用者責任を、又は自動車損害賠償法の規定による運行供用者責任を負う場合には労災保険法第一二条の四の規定に基づく求償権の行使を差し控えること。

(2)　派遣労働者の被った業務災害が派遣先事業主の故意又は重大な過失により生じたものであるときは、保険給付の価額の三〇パーセント相当額を限度として求償権を行使すること。

四　その他事務処理上の留意点について

(1)　派遣労働者については、その就労形態の特異性に鑑み、保険給付の請求に当り特に次により取り扱うこととするので、請求人ほか関係者の指導に努めること。

イ　保険給付請求書の事業主の証明は派遣元事業主が行うが、当該証明の根拠を明らかにさせるため、死傷病報告書の写等災害の発生年月日、災害の原因及び災害の発生状況に関して派遣先事業主が作成した文書を療養（補償）給付以外の保険給付の最初の請求を行う際に添付させること。

なお、療養（補償）給付のみの請求がなされる場合にあっては、派遣先事業主に、当該請求書の記載事項のうち、事業主が証明する事項の記載内容が事実と相違ない旨、当該請求書の余白又は裏面に記載させること。

ロ　当該派遣労働者に係る労働者派遣

契約の内容等を把握するため、当該派遣労働者に係る「派遣元管理台帳」の写を当該保険給付請求書に添付させること。

(2) 上記(1)において添付することとした文書が添付されないときは、別途提出するよう指導し、必要に応じ実地調査等により確認すること。

(3) なお、安全衛生関係法令の規定は原則として派遣先事業に適用され、死傷病報告は派遣先事業主から当該派遣先事業の所在地を管轄する労働基準監督署に提出されることとなり、また、災害調査等も当該労働基準監督署において実施されるので、実地調査等に際しては、まず、派遣先事業を管轄する労働基準監督署へ照会すること。

別添1

労働者派遣と請負、出向、派遣店員及び労働者供給との関係等

一　請負との関係

　請負とは、仕事の完成を目的とする契約関係であり、請負人が請負った仕事を自己の雇用する労働者に行わせる場合についても、請負人が自らの責任において当該労働者を指揮命令するのであって、本来労働者派遣には該当しないものであること。

　しかしながら、請負という形式で行われている場合であっても、実質的には注文主が請負人の雇用する労働者を指揮命令している場合には、労働者派遣に該当する場合もあり、労働者派遣ではなく、請負により事業を行っていると判断されるためには、

　第一に、その雇用する労働者の労働力を当該事業主（請負人）が自ら直接利用すること、すなわち、当該労働者の作業の遂行について、当該事業主（請負人）が直接指揮監督のすべてを行うとともに、

　第二に、当該業務を自己の業務として相手方（注文主）から独立して処理すること、すなわち、当該業務が当該事業主（請負人）の業務として、その有する能力に基づき自己の責任の下に処理されることが必要であるが、具体的には、昭和六一年労働省告示第三七号により示された次の基準に基づき判断を行うこと。

労働者派遣事業と請負により行われる事業との区分に関する基準

　請負契約の形式に基づき、その雇用する労働者を業として業務に従事させる事業主であっても、次のⅠ及びⅡのいずれをも満たす場合を除き、労働者派遣業を行う者に該当する。

Ⅰ　労働力を自ら直接利用すること。

　当該労働者の労働力を当該事業主が自ら直接利用するとは次の1、2及び3のいずれをも満たす場合である。

1　業務の遂行に関する指示、管

理を自ら行うこと。

業務の遂行に関する指示、管理を自ら行うとは次の①及び②のいずれをも満たす場合である。

① 当該労働者に対する業務の遂行方法に関する指示、管理を当該事業主が行うものであること。

当該要件の判断は、当該労働者に対する仕事の割振り、順序、緩急の調整等につき、当該事業主が自ら行うものであるか否かを総合的に勘案して行う。

② 当該労働者の業務の遂行に関する評価等に係る指示、管理を当該事業主が行うものであること。

当該要件の判断は、当該労働者の業務の遂行に関する技術的な指導、勤惰点検、出来高査定等につき、当該事業主が自ら行うものであるか否かを総合的に勘案して行う。

2 労働時間の管理を自ら行うこと。

労働時間の管理を自ら行うとは次の①及び②のいずれをも満たす場合である。

① 当該労働者の出退勤、休憩時間等の管理（単なる時間の把握は除く。）及び休暇、休日等の管理は、当該事業主が行うものであること。

② 当該労働者に対する時間外・休日労働の命令は、当該事業主が行うものであること。

3 企業秩序の維持確保等のための指揮監督を自ら行うこと。

企業秩序の維持確保等のための指揮監督を自ら行うとは次の①及び②のいずれをも満たす場合である。

① 当該業務に従事する労働者に係る服務規律については、当該事業主が決定し、管理するものであること。

当該用件の判断は、当該労働者に係る事業所への入退場に関する規律、服装、職場秩序の保持、風紀維持のための規律等の決定、管理につき、当該事業主が自ら行うものであるか否かを総合的に勘案して行う。

② 当該業務に従事する労働者の配置等の決定及び変更は、当該事業主が行うものであること。

当該要件の判断は、当該労働者に係る勤務場所、直接指揮命令する者等の決定及び変更につき、当該事業主が自ら行うものであるか否かを総合的に勘案して行う。

Ⅱ 当該業務を自己の業務として相手方から独立して処理すること。

当該事業主が当該業務を自己の業務として相手方から独立して処理するとは次の①、②及び

③のいずれをも満たす場合である。

① 当該業務を処理するために必要な資金については、当該事業主がすべて自己の責任で調達し支弁するものであること。

当該要件の判断に当たり、資金についての調達、支弁の方法は特に問わない。

② 当該業務の処理について、当該事業主が民法、商法その他の法律に規定された事業主として負うべきすべての責任を負うものであること。

③ 当該業務の処理について当該事業主が次のイ又はロのいずれかに該当する場合であって、単に肉体的な労働力を提供するものでないこと。

イ 当該事業主が自己の責任と負担で準備し、調達する機械、設備若しくは器材（業務上必要な簡易な工具を除く。）又は材料若しくは資材により、当該業務を処理すること。

当該要件は、機械、設備、資材等の所有関係、購入経路等の如何を問うものではないが、機械等が相手方から借り入れ又は購入されたものについては、別個の双務契約による正当なものであることが必要である。

ロ 当該事業主が行う企画又は当該事業主が有する専門的技術若しくは専門的経験に基づいて、当該業務を処理すること。

当該要件は、業務を処理する個々の労働者が有する技術、技能等に関するものでない。

(注) 上記基準のすべてに該当する場合であっても、それが法の規定に違反することを免れるため故意に偽装されたものであって、その事業の真の目的が労働者派遣にあるときは、労働者派遣であることを免れることができない。

二 出向との関係

出向とは、出向元と何らかの労働関係を保ちながら、出向先との間において新たな労働契約関係に基づき相当期間継続的に勤務する形態であり、出向元との関係から在籍型出向と移籍型出向とに分類される。

(1) 在籍型出向

在籍型出向は、出向先と出向労働者との間に出向元から委ねられた指揮命令関係ではなく、労働契約関係及びこれに基づく指揮命令関係がある形態であり、労働者派遣には該当しない。

出向先と出向労働者との間に労働契約関係が存するか否かは、出向・派遣という名称によることなく出向先と労働者との間の労働関係の実態により、出向先が出向労働者に対する指揮命令権を有していることに加え、出向先が賃金の全部又は一部の支払いをすること、出向先の就業規則の適用があること、出向先が独自に出向労働者の労働条件を変更することがあること、出向先において社会・労働保険へ加入していること等総合的に勘案して判断すること。

なお、在籍型出向の出向労働者については、出向元及び出向先の双方とそれぞれ労働契約関係があるので、出向元及び出向先に対しては、それぞれ労働契約関係が存する限度で労働基準法等の適用がある。すなわち、出向元、出向先及び出向労働者三者間の取決めによって定められた権限と責任に応じて出向元の使用者又は出向先の使用者が出向労働者について労働基準法等における使用者としての責任を負うものである。

この点については、昭和五九年一〇月一八日付け労働基準法研究会報告「派遣、出向等複雑な労働関係に対する労働基準法等の適用について」中「三　いわゆる出向型に対する労働基準法等の適用関係」を参照のこと。

(2)　移籍型出向

移籍型出向は、出向先との間にのみ労働契約関係がある形態であり、出向元と出向労働者との労働契約関係は終了しており、労働者派遣には該当しない。

なお、移籍型出向の出向労働者については、出向先とのみ労働契約関係があるので、出向先についてのみ労働基準法等の適用がある。

三　派遣店員との関係

デパート、スーパーマーケット等におけるいわゆる派遣店員については、種々の形態があるが、派遣元（メーカー、卸売店等）との労働契約関係に基づき、派遣元の業務命令を受けて、派遣元の商品の販売促進等派遣元の業務に従事する者であって、派遣先（デパート、スーパーマーケット等）の指揮命令を受けないものの派遣は、労働者派遣に該当しないものであるが、派遣先が当該派遣店員を現実に指揮命令して、派遣先の業務に従事させる場合は労働者派遣に該当することとなる。

この場合の派遣店員が、派遣先の指揮命令を受けているか否かは、(1)請負との関係「労働者派遣事業と請負により行われる事業との区別に関する基準」中「I　労働力を自ら直接利用すること」に準じて判断すること。

なお、派遣店員のうち、派遣先の指揮命令を受けない者については、派遣元についてのみ労働基準法等の適用があるが、派遣先の指揮命令を受けるものについては、労働者派遣法第三章第四節労働基準法等の適用に関する特例等の適用があり、同節に定めるところにより、派遣元及び派遣先に対して、労働基準法等の適用があることとなる。

四　労働者供給との関係

イ　労働者供給とは、「供給契約に基

づいて労働者を他人の指揮命令を受けて労働に従事させることをいい、労働者派遣法第二条第一号に規定する労働者派遣に該当するものを含まないもの」である（職業安定法第五条第六項）。

したがって、供給先と労働者との間に労働契約関係がない場合には供給先と労働者との間の労働契約関係の有無を問わず供給契約に基づいて労働者を供給先の指揮命令を受けて労働に従事させるものが労働者供給に該当するものであること。

ロ　供給元と労働者との間に労働契約関係がある場合であっても、供給先に労働者を雇用させることを約しているものは労働者派遣に該当せず、労働者供給に該当するものであること。

この場合における「供給先に労働者を雇用させることを約しているもの」の判断については、供給元、供給先間において労働者を供給先に契約書等において雇用させる旨の意思の合致が客観的に認められる場合はその旨判断するが、それ以外の場合は、次のような基準に従い判断されるものであること。

①　労働者の派遣が労働者派遣法の定める枠組みに従って行われる場合は、原則として、派遣先（供給先）に労働者を雇用させることを約して行われるものとは判断しないこと。

②　派遣元が企業としての人的物的な実体（独立性）を有しない個人又はグループであり、派遣元自体も当該派遣元の労働者とともに派遣先の組織に組み込まれてその一部と化している場合、派遣元は企業としての人的物的な実体を有するが、当該労働者の派遣の実体は、派遣先の労働者募集、賃金支払の代行となっている場合その他これに準ずるような場合については、例外的に派遣先（供給先）に労働者を雇用させることを約して行われるものと判断することがあること。

（昭六一・六・三〇　基発第三八三号）

〈日本国有鉄道の分割民営化に伴う労働保険の適用等について〉

日本国有鉄道（以下「国鉄」という。）が分割民営化され、昭和六二年四月一日から、北海道旅客鉄道株式会社、東日本旅客鉄道株式会社、東海旅客鉄道株式会社、西日本旅客鉄道株式会社、四国旅客鉄道株式会社、九州旅客鉄道株式会社及び日本貨物鉄道株式会社（以下「旅客会社等」という。）並びに日本国有鉄道清算事業団、鉄道情報システム株式会社、鉄道通信株式会社、新幹線鉄道保有機構及び財団法人鉄道総合技術研究所（以下「清算事業団等」という。）が発足することとなり、労働者災害補償保険法（昭和二二年法律第五〇号。以下「労災保険法」という。）、雇用保険法（昭和四九年法律第一一六号）及び労働保険の保険料の徴収等に関する法律（昭和四四年法律第八四号。以下「徴収法」という。）の適用を受けることとなる。

旅客会社等及び清算事業団等に対する労災保険法、雇用保険法及び徴収法の適用に当たっては、下記により取り扱うこととしたので、留意のうえ事務処理に遺漏のないよう配意されたい。

記

第一　労働保険の適用について

一　事業の適用単位について

(1)　旅客会社等に係る事業の適用単位は、組織の実態等を勘案し、別表1に掲げる非現業部門に係る機関（以下「非現業機関」という。）及び現業部門に係る機関（以下「現業機関」という。）をそれぞれ一の事業として適用することとする。

(2)　清算事業団に係る事業の適用単位は、別表9に掲げる組織をそれぞれ一の事業として適用することとする。

二　労災保険率について

旅客会社等及び清算事業団等の労災保険率の適用は次によることとする。

(1)　旅客会社等

イ　別表に掲げる非現業機関は、「その他の各種事業」の労災保険率（一、〇〇〇分の五）を適用する。

なお、事業の種類の細目（以下「事業細目」という。）は、同表の①の本社等については「九四一六　前各項に該当しない事業」に、②の病院等については「九四一四　医療保険、法務、教育、宗教、研究又は調査の事業」にそれぞれ分類する。

ロ　別表1に掲げる現業機関のうち③〜㉝の駅等は、「交通運輸事業」の労災保険率（一、〇〇〇分の七）を適用するが、㉞〜㉟の工場等は「輸送用機械器具」の労災保険率（一、〇〇〇分の八）を適用する。

なお、事業細目は、同表の③〜㉙の駅等については「七一〇一　鉄道、軌道又は索道による旅客又は貨物の運送事業」に、㉚の自動車営業所については「七一〇二　自動車又は軽量車による旅客の運送事業」に、㉛〜㉝の船員区等については「七一〇五　船舶による旅客の運送事業」に、㉞〜㉟の工場等については「五八〇二　鉄道車両製造業」にそれぞれ分類する。

(2)　清算事業団等

すべて「その他の各種事業」の労災保険率（一、〇〇〇分の五）を適用する。

なお、事業細目は、日本国有鉄道清算事業団、鉄道情報システム株式会社及び新幹線保有機構については「九四一六　前各項に該当しない事業」に、鉄道通信株式会社については「九四〇八　通信業」に、財団法人鉄道総合技術研究所については「九四一四　医療保険、法務、教育、宗教、研究又は調査の事業」にそれぞれ分類する。

(3)　労災保険率に係るメリット制につ

いて徴収法第一二条第三項の規定（メリット制）については、旅客会社等及び清算事業団等は昭和六二年四月一日に労災保険に係る保険関係が成立するところから、昭和六六年四月一日から始まる保険年度に係る労災保険率について適用されることになる。

三　雇用保険について〈略〉

四　徴収法第九条に基づく継続事業の一括について

(1)　旅客会社等の労働保険の保険関係（以下「保険関係」という。）については、上記一の(1)の適用単位ごとに成立させることになるが、旅客会社等の組織が複雑かつ膨大なところから、事務の簡素化を図るため、徴収法第九条に基づく継続事業の一括を行うこととし、具体的には別表2～8に指定事業として示す本社、現業機関（駅）等によって保険関係を一括して処理することとする。

ただし、別表1の非現業機関のうち②の病院及び保険管理所並びに同表の現業機関のうち北海道旅客鉄道株式会社を除いた㉞～㉟の工場等は原則として保険関係の一括処理は行わないものとする。

(2)　清算事業団等に係る保険関係については、前記一のロの適用単位ごとに成立させることになるが、別表9に示す本社の組織を徴収法第九条指定事業として一括して処理することとする。

(3)　以上の取扱いについては、国鉄等とも打合せ済であるので念のため申し添える。

なお、雇用保険に基づく適用事業所設置届及び被保険者資格取得等の事務処理に付いては別途通知することとしている。

五　その他の留意事項について

(1)　日本国有鉄道清算事業団は、国鉄の資産の処分等の業務の他、再就職を希望する職員の再就職の促進を図る業務を行うこととしているが、再就職を希望する同事業団の職員であって、民間会社へ在籍出向の形をとって実務研修を受けるものに係る労災保険の保険関係については、昭和三五年一一月二日付け基発第九三二号により取り扱うこととする。

なお、国又は地方公共団体に採用が予定されている同事業団の職員であって、国又は地方公共団体の非常勤職員としての身分をも併せ有して実務研修を受けるため国又は地方公共団体に派遣されるものに係る労災保険の保険関係については、派遣元の同事業団についての労災保険の保険関係により取り扱うこととし、派遣先である国又は地方公共団体における実務研修業務に起因する災害又は派遣先への通勤による災害であっても国家公務員災害補償法（昭和二六年法律第一九一号）及び地方公務員災害補償法（昭和四二年法律第一二一号）は適用されない。

(2) 船員区等における船員たる職員については、船員保険法（昭和一四年法律第七三号）が適用されず、他の職員と同様、労災保険法、雇用保険法及び徴収法が適用されることになる。（労災保険法第五五条の二、雇用保険法附則第三条の二及び徴収法附則第七条の二）

(3) 昭和六二年四月一日以降の実際の事務処理に当たり、本通達によりがたいような場合が生じたときには、その都度本省と協議のうえ処理することとされたい。

第二　労働者災害補償保険の保険給付について

　昭和六二年四月一日前に生じた事故に基づく国鉄の職員の業務上の災害又は通勤による災害に対する補償については、なお従前の例により日本国有鉄道清算事業団が行うこととされている。（日本国有鉄道改革法等施行法（昭和六一年法律第九三号）第二九条第九項参照）

　したがって、旅客会社等及び清算事業団等の職員については、昭和六二年四月一日以後に生じた事故に起因する業務災害又は通勤災害に関し労災保険の保険給付が行われる。

　同日以後に発生した業務災害及び通勤災害であっても、因果関係からみて同日前における業務又は原因で発生したと認められるものについては、労災保険の保険給付は行われない。

別表〈略〉

（昭六二・三・二六　発労徴第一九号、基発第一六八号、職発第一五三号）

〈日本郵政公社の民営化による労働保険の適用等について〉

　郵政民営化法（平成一七年法律九七号）等が本年一〇月一日に全面施行されることに伴い、日本郵政株式会社（本社（宿泊事業部を除く。）を除く。）、郵便事業株式会社、郵便局株式会社、郵便貯金銀行、郵便保険会社及び郵便貯金・簡易生命保険管理機構（以下「郵便事業会社等」という。）が、労働者災害補償保険法（昭和二二年法律第五〇号。以下「労災保険法」という。）、雇用保険法（昭和四九年法律第一一六号。）及び労働保険の保険料の徴収等に関する法律（昭和四四年法律第八四号。以下「徴収法」という。）の適用を受けることとなる。

　郵便事業会社等に対する労災保険法及び徴収法の適用に当たっては、今般、下記により取り扱うこととしたので、留意の上、事務処理に遺漏なきよう配慮されたい。

　なお、雇用保険法に基づく「雇用保険適用事業所設置届」、「雇用保険被保険者資格取得届」等の事務処理については、別途厚生労働省職業安定局から通知される予定である。

記

第一　労働保険の適用について

一　事業の適用単位について

(1)　郵便事業会社等の適用単位については、別表一に掲げる本社、支社、支店、各種センター等の組織体をそれぞれ一の事業として適用すること。

(2)　ある事業において、他の事業に雇用される労働者が混在して業務に従事している場合は、それぞれの会社ごとに一の適用事業とし、保険関係の成立手続を行わせること。

(3)　現在雇用保険のみ適用されている事業については、労働保険番号を付与し直すため、事業の廃止手続を行い、新規の適用事業として保険関係の成立手続を行わせること。

二　労災保険率について

(1)　事業の種類及び事業の種類の細目については、別表一により適用すること。

(2)　徴収法第一二条第三項の規定（メリット制）は、平成一八年一月二三日に労働者災害補償保険（以下「労災保険」という。）に係る保険関係が成立した日本郵政株式会社本社（宿泊事業部を除く。）については平成二二年四月一日から始まる保険年度、平成一九年一〇月一日に労災保険に係る保険関係が成立する郵便事業会社等については平成二四年四月一日から始まる保険年度以後の保険年度に係る労災保険率について適用すること。

三　雇用保険率について

雇用保険率は郵政事業会社等に係るすべての事業において「一、〇〇〇分の一五」を適用すること。

四　徴収法第九条に基づく継続事業の一括について

郵便事業会社等に係る労働保険の保険関係については、第一の一の(1)の適用単位ごとに成立させることとするが、郵便事業会社等の本社等一一事業については、当該事業が労働保険事務を円滑に処理する事務能力を有すると考えられること等から、徴収法第九条の継続事業の一括の申請があれば指定事業とすることが適当と考えられる（別表二参照）。

第二　労災保険の保険給付について

平成一九年九月三〇日以前に生じた事故に起因する業務災害又は通勤災害については、国家公務員災害補償保険法（昭和二六年法律第一九一号）に基づいて補償されること（郵政民営化法等の施行に伴う関係法律の整備等に関する法律（平成一七年法律第一〇二号）第四五条参照）。

また、同日以後に発生した業務災害又は通勤災害であっても、因果関係からみて同日前における業務又は通勤が原因で発生したと認められるものについては、国家公務員災害補償保険法に基づいて補償されること。

したがって、郵便事業会社等の職員については、平成一九年一〇月一日以後の業務又は通勤が原因で生じた事故に起因する業務災害又は通勤災害に関し労災保険の給付を行う。

別表一

会社等名称	組織体	主たる業務内容	事業の種類等	
			事業の種類	事業の種類の細目
日本郵政株式会社	本社（一箇所）	グループ各社の経営戦略・経営管理	九四　その他の各種事業	九四一六　前各号に該当しない事業
	人事・経理集約センター（一箇所）	グループ各社の給与支給額計算等の事務	九四　その他の各種事業	九四一六　前各号に該当しない事業
	災害補償事務センター（一箇所）	グループ各社の災害補償事務（民営化以前の災害に対する補償）	九四　その他の各種事業	九四一六　前各号に該当しない事業
	ファシリティセンター（七箇所）	グループ各社の不動産の管理、施設の整備計画、運営維持等の事務	九四　その他の各種事業	九四一六　前各号に該当しない事業
	健康管理事務センター（一箇所）	健康管理施設の管理・運営事務	九四　その他の各種事業	九四一六　前各号に該当しない事業
	健康管理施設（四八箇所）	グループ各社社員に対する健康診断や産業医活動の実施	九四　その他の各種事業	九四二四　医療保健業
	逓信病院（一四箇所）	病院事業の実施	九四　その他の各種事業	九四二四　医療保健業
	本社宿泊事業部（一箇所）	宿泊事業の経営管理、経営支援	九四　その他の各種事業	九四一六　前各号に該当しない事業

郵便事業株式会社	宿泊施設（六四箇所）	宿泊事業の実施	九八　卸売業・小売業、飲食店又は宿泊業	九八〇三　宿泊業
	サポートセンター（七箇所）	宿泊事業の業務推進等に関連した事務	九四　その他の各種事業	九四一六　前各号に該当しない事業
	本社（一箇所）	会社の経営計画の策定及び経営管理等事務	九四　その他の各種事業	九四一六　前各号に該当しない事業
	支社（一三箇所）	受持区域における経営計画の推進及び支店の管理・指導等事務	九四　その他の各種事業	九四一六　前各号に該当しない事業
	国際郵便決済センター（一箇所）	国際郵便に係る運送料、到着料等の決済に関する事務	九四　その他の各種事業	九四一六　前各号に該当しない事業
	郵便輸送センター（二箇所）	航空輸送及び地域間輸送に関する企画及び実施に関する事務	九四　その他の各種事業	九四一六　前各号に該当しない事業
	物流センター（四箇所）	物品の管理及び支店等への配給	九六　倉庫業、警備業、消毒又は害虫駆除の事業又はゴルフ場の事業	九六〇一　倉庫業
	お客様サービス相談センター（一箇所）	電話による顧客からの相談の受付及びその処理に関する事務	九四　その他の各種事業	九四一六　前各号に該当しない事業
	成田国際空港、東京国	郵便物等の管理及び配送手配	九六　倉庫業、警備業、消毒又は害虫駆除の事業	九六〇一　倉庫業

事業主体	事業所		業務内容	分類	細分類
	支店（一、〇九三箇所）	際、新越谷、名古屋神宮、中部国際、大阪空港、新大阪、新東京、東京多摩（九箇所）		又はゴルフ場の事業	
		上記を除く支店（一、〇八四箇所）	郵便物等の区分作業及び配達作業等	七二　貨物取扱事業	七二〇三　自動車又は軽車両による貨物の運送事業
郵便局株式会社	監査室（一三箇所）		受持区域内の支店及び郵便局の監査事務	九四　その他の各種事業	九四一六　前各号に該当しない事業
	本社（一箇所）		会社の経営戦略・経営管理	九四　その他の各種事業	九四一六　前各号に該当しない事業
	支社（一三箇所）		郵便局に対する支援・監督	九四　その他の各種事業	九四一六　前各号に該当しない事業
	地方監査室（五一箇所）		郵便局に対する監査	九四　その他の各種事業	九四一六　前各号に該当しない事業
	研修センター（一〇箇所）		社員研修	九四　その他の各種事業	九四二五　教育業
	郵便局（二〇、二〇〇箇所）		郵便窓口業務、銀行業及び生命保険業の代理業務	九四　その他の各種事業	九四一六　前各号に該当しない事業

		等		
郵便貯金銀行（株式会社ゆうちょ銀行）	本社（一箇所）	会社の経営戦略・経営管理	九四　その他の各種事業	九四一六　前各号に該当しない事業
	本店（統括店）（一箇所）	銀行法上の本店：エリア内推進管理、銀行窓口事務、渉外事務	九九　金融業、保険業又は不動産業	九九〇一　金融業
	直営店（統括店）（一二箇所）	銀行法上の支店：エリア内推進管理、銀行窓口事務、渉外事務	九九　金融業、保険業又は不動産業	九九〇一　金融業
	直営店（一般店）（二二〇箇所）	銀行窓口事務、渉外事務	九九　金融業、保険業又は不動産業	九九〇一　金融業
	地域センター（四九箇所）	顧客からの照会対応、直営店及び郵便局（銀行代理店）の業務指導、モニタリング	九九　金融業、保険業又は不動産業	九九〇一　金融業
	貯金事務センター（一一箇所）	口座の管理、経理等の事務	九九　金融業、保険業又は不動産業	九九〇一　金融業
	貯金事務計算センター（二箇所）	原簿の記録や利子計算	九四　その他の各種事業	九四一六　前各号に該当しない事業
郵便保険会社（株式会社かんぽ生命保険）	本社（一箇所）	会社の経営戦略・経営管理	九四　その他の各種事業	九四一六　前各号に該当しない事業
	支店（統括支店）（一三箇所）	エリア内営業戦略、職域営業、団体契約管理、代	九九　金融業、保険業又は不動産業	九九〇二　保険業

		理店営業推進、業務監査		
	支店（六八箇所）	職域営業、団体契約管理、代理店営業推進、業務監査	九九　金融業、保険業又は不動産業	九九〇二　保険業
	情報管理センター（二箇所）	簡易保険情報システムの運用、契約データの管理等	九四　その他の各種事業	九四一六　前各号に該当しない事業
	団体管理センター（二箇所）	団体原簿の管理・団体設置の承認及び追加加入の審査・払込団体の管理	九九　金融業、保険業又は不動産業	九九〇二　保険業
	サービスセンター（五箇所）	保険の引受け・支払審査事務、代理店事務のサポート、顧客相談事務	九九　金融業、保険業又は不動産業	九九〇二　保険業
郵便貯金・簡易生命保険管理機構	（一箇所）	郵便貯金管理業務、簡易生命保険管理業務	九四　その他の各種事業	九四一六　前各号に該当しない事業

別表二
継続事業一括における指定事業及び被一括事業

会社	指定番号	指定事業（所轄労基署）	保険料納付グループ（指定事業を含む。）	事業所数（予定）	事業の種類（労災保険率）
	一	本社（中央）	本社（宿泊事業部を除く。）、人事・経理集約センター、災害補償事務センター、ファシリティーセンター、健康管理事務センター、健康管理	七三	その他の各種事業（四・五／一、〇〇〇）

日本郵政株式会社		※一括せず各々で納付	施設、逓信病院		
			本社宿泊事業部、サポートセンター	八	その他の各種事業（四・五／一、〇〇〇）
			宿泊施設	六四	卸売業・小売業、飲食店又は宿泊業（五／一、〇〇〇）
	二	本社（中央）	郵便輸送センター、国際郵便決済センター、お客様サービス相談センター、監査室、支社、本社	三一	その他の各種事業（四五／一、〇〇〇）
郵便事業株式会社	三	丸の内支店（中央）	各支店（倉庫業のものを除く。）	一、〇八四	貨物取扱業（一三／一、〇〇〇）
	四	東京多摩支店（立川）	成田国際空港、東京国際、新越谷、名古屋神宮、中部国際、大阪空港、新大阪、新東京、東京多摩、北海道物流センター、東日本物流センター、西日本物流センター、九州物流センター	一三	倉庫業（七／一、〇〇〇）
郵便局株式会社	五	本社（中央）	北海道、東北、関東、東京、南関東、信越、北陸支社及び当該エリア内の郵便局・監査室・研修センター、本社	九、六八五	その他の各種事業（四・五／一、〇〇〇）
	六	名古屋中央郵便局（名古屋西）	東海、近畿、中国支社及び当該エリア内の郵便局・監査室・研修センター	六、九三三	その他の各種事業（四・五／一、〇〇〇）
	七	熊本中央郵便局（熊本）	四国、九州、沖縄支社及び当該エリア内の郵便局・監査室・研修センター	三、六五七	その他の各種事業（四・五／一、〇〇〇）

					〇〇）
株式会社ゆうちょ銀行	八	本社（中央）	本社、貯金事務計算センター	三	その他の各種事業（四・五／一、〇〇〇）
	九	本店（中央）	本店、直営店、地域センター、貯金事務センター	二九三	金融業（四・五／一、〇〇〇）
株式会社かんぽ生命保険	一〇	本社（中央）	本社、情報管理センター	三	その他の各種事業（四・五／一、〇〇〇）
	一一	麻布支店（三田）	サービスセンター、団体管理センター、支店	八八	保険業（四・五／一、〇〇〇）

（平一九・九・二七　基発第〇九二七〇〇五号）

〈大規模造成工事と各種建築工事等が相関連して行われる事業が分割発注で施工される場合に係る労災保険率の適用について〉

建設事業における労災保険率の適用に当たっては、当該建設事業における事業の目的を達するために行われる作業の一体を一の事業として取り扱い、労災保険率適用事業細目表に照らし最終的に完成されるべき工作物により、これにより難い場合には主たる工事、作業の内容により決定しているところである。

近年、スキー場やゴルフ場の建設の事業をはじめとして大規模造成工事と各種建築工事等が相関連して行われる事業がみられるが、これらの場合には当該大規模造成工事あるいは各種建築工事等がそれぞれ別個の目的を有して行われていると認められるものがあり、事業全体として最終的に完成されるべき工作物を判断することが困難な場合が多い。この場合において、分割発注で施工される場合においては事業全体の主たる工事、作業の内容を判断することも困難な場合が多い。

したがって、これら大規模造成工事に関連して一定の目的を有すると認められる各種建築工事等を行うことが一般的であると考えられるスキー場、ゴルフ場及びこれらをはじめとする施設の集合体と認められる総合リゾート施設の建設の事業並びに飛行場の建設の事業については、当該事業における各種建築工事等が分割発注で施工され、かつ、分割された各工事における完成されるべき工作物が下記一の(1)の各号に掲げる工作物に該当する場合には、下記により、事業全体を労災保険率決定上の適用単位とすることなく、当該工作物に係る工事ごとに労災保険率決定上の適用単位とし、当該完成されるべき工作物により労災保険率を適用することとする。

なお、この通達の施行に伴い、平成元年三月一日付け労働省発労徴第一三号、基発第九六号通達は廃止する。

記

一　労災保険率の適用基準の改正

(1)　労災保険率決定上の適用単位について

スキー場、ゴルフ場及びこれらをはじめとする施設の集合体と認められる総合リゾート施設の建設の事業並びに飛行場の建設の事業は、土地の造成を主たる目的とする事業として「(37)その他の建設事業」の労災保険率を適用するが、これらの事業が分割発注で施工される場合にあっては、次に掲げる建設の事業につき、各々に定める工作物ごとに労災保険率決定上の適用単位とし、当該完成されるべき工作物により労災保険率を適用する。

イ　スキー場の建設の事業

ホテル、マンション、ロッジ及びこれらに準じた建築物並びに索道

ロ　ゴルフ場の建設の事業

クラブハウス、ホテル及びこれらに準じた建築物並びに施設管理用等の機械装置

ハ　総合リゾート施設の建設の事業

スキー場（この範囲においてイを適用）、ゴルフ場（この範囲においてロを適用）並びにホテル、マンション、ロッジ及びこれらに準じた建築物

ニ　飛行場の建設の事業

管制塔、ターミナルビル、格納庫及びこれらに準じた建築物

(2)　分割されたそれぞれの請負事業の具体的適用の判断について

分割されたそれぞれの請負事業が、前記(1)の各号に掲げる工作物に係る事業である場合には、当該工作物を当該事業における完成されるべき工作物として労災保険率を適用する。また、造成工事であってもっぱら当該工作物のためだけに行われるものは当該工作物の工事の一環として取り扱う。

なお、それ以外の事業はすべて「(37)その他の建設事業」の労災保険

率を適用する。

2　事務処理上の留意点

(1)　本通達は、平成二年四月一日以後に保険関係が成立する事業に適用するものとする。

(2)　本通達でいうゴルフ場の建設の事業とは大規模な造成を伴うものをいい、ホテル等に付随したような小規模なもの（いわゆるショートコース、パターゴルフ場等）の建設の事業をいうものではない。

また、総合リゾート施設の建設の事業とは、大規模造成を主たる目的とする施設の建設をはじめ、余暇等を利用して滞在しつつ行うスポーツ、レクリエーション、教育文化活動、休養、集会等の多様な活動に資するための総合的な機能を有した施設を建設する事業をいう。

(3)　前記一の(1)に定める場合のほかは、従来どおり事業の全体を捉え完成されるべき工作物により労災保険率を適用する。

（平二・三・九　発労徴第八号、基発第一二四号）

〈製造と併せて小売を行う事業等の労災保険率の適用について〉

標記については、昭和五七年二月一九日付け労働省発労徴第一八号、基発第一一七号により取り扱ってきたところであるが、近年の著しい流通形態の多様化にかんがみ、上記通達を廃止し、平成二年四月一日から下記により取り扱うこととしたので、事務処理に遺漏なきを期されたい。

記

一　製造部門と同一の場所において卸売又は小売を行う事業の取扱い

(1)　製造小売業として適用する事業

個人若しくは家庭用消費者又は業務用に少額のものを少量使用する者（以下「最終消費者」という。）に直接販売するためにのみ物の製造加工を行う事業（以下「製造小売業」という。）については、「(94)その他の各種事業」の労災保険率を適用するものであり、労災保険率適用事業細目の事業の種類の細目は、「九四〇五卸売業又は小売業」に分類される。

(2)　製造卸売業として適用する事業

最終消費者以外の者に販売又は同一企業に属する支店、出張所等の他の事業に引き渡すために物の製造加工を行う事業（最終消費者への直接販売を併せ行う場合を含む。以下「製造卸売業」という。）は、「製造業」に係る労災保険率を適用する。

2　製造部門と別の場所に独立性のない小売部門を有する事業の取扱い

製造部門と別の場所で小売を行う支店、出張所等のそれぞれが一の事業とされる程度の独立性を有しない場合には、当該支店、出張所等は直近上位の事業に包括し、全体を一の事業として取り扱われるものであるが、この場合、製造小売業として「(94)その他の各種事業」の労災保険率を適用するのは、当該事業全体の規模が一－(1)の事業と同程度のものと認められる場合のみとする。

3　製造し配送等により小売を行う事業の取扱い

(1)　直接配達を行う事業の場合

最終消費者に直接販売するためにのみ物の製造加工を行い、自らが直接配達を行う事業は、製造小売業として「(94)その他の各種事業」の労災保険率を適用する。ただし、会社、学校、病院等を通じ大量又は多額に製品を販売する事業については、その形態が業務用に大量又は多額に製品を販売する事業の形態に準じていることから、「製造業」に係る労災保険率を適用する。

(2)　郵送又は委託配送を行う事業の場合

最終消費者に直接販売するためにのみ物の製造加工を行い、郵送又は委託配送にて販売する事業は、「製造業」に係る労災保険率を適用する。

（参考）　製造小売業及び製造卸売業の取扱いについて

以下の説明において、「小売」とは最終消費者に物を直接販売することをいい、「卸売」とは最終消費者以外の者に物を販売又は引き渡すことをいう。

一　製造部門と別の場所で小売を行わない場合の取扱い

(1)　製造して同一場所で小売のみを行う場合

「(94)その他の各種事業」

「(94)その他の各種事業」に係る労災保険率を適用する。

(2)　製造して同一場所で卸売を行う場合（小売を併せ行う場合を含む。）

イ　製造｜小売　「製造業」

ロ　製造｜卸売・小売　「製造業」

（注）　卸売には、同一企業に属する他の事業に製品を引き渡すことを含む。

「製造業」に係る労災保険率を適用する。なお、卸売と小売を併せ行う場合は、大部分が小売であっても一部でも卸売があれば製造卸売業として取り扱い、「製造業」に係る労災保険率を適用する。

二　製造部門と別の場所で小売を行う場合の取扱い

(1)　製造部門と別の場所の小売に独立性がある場合

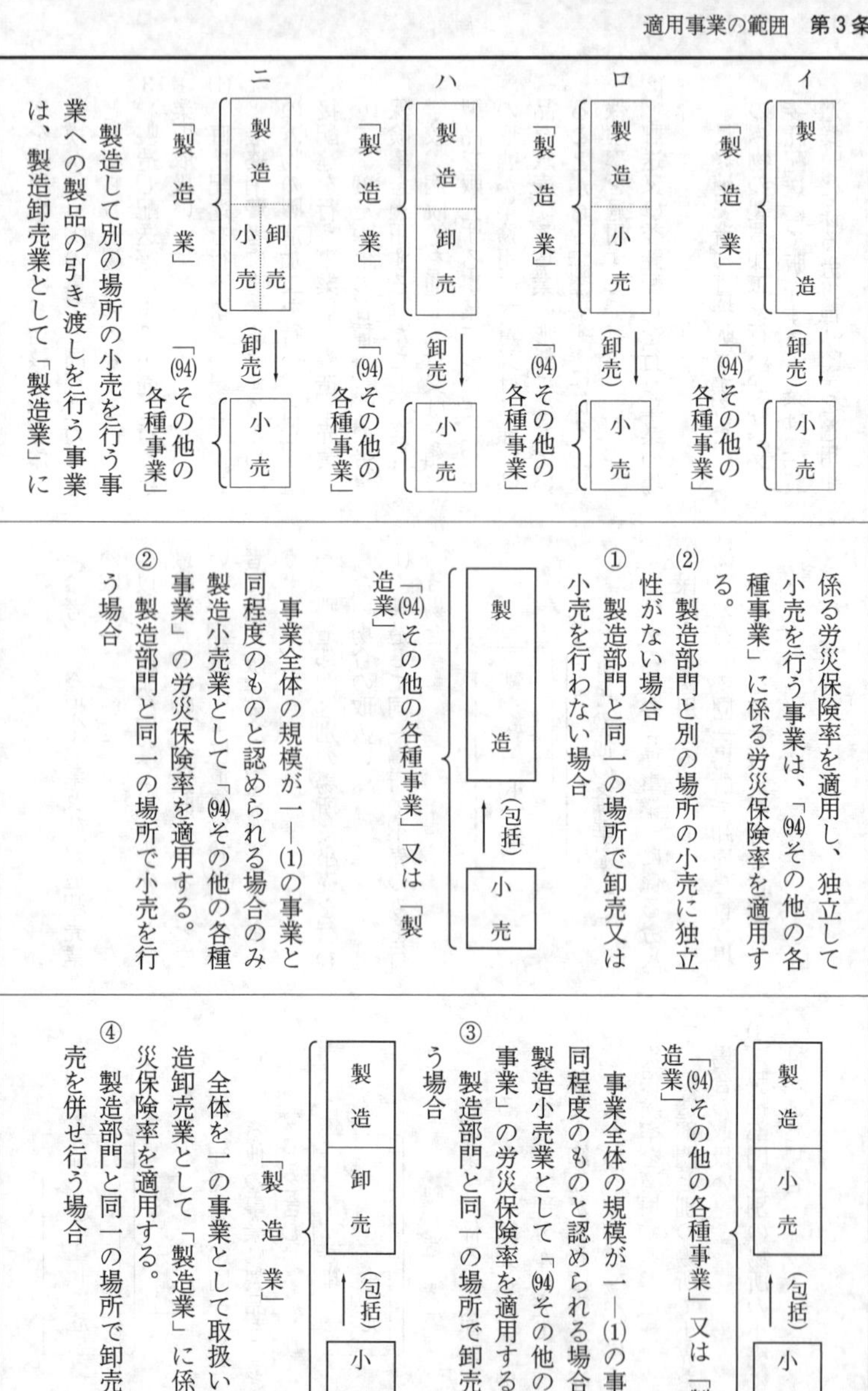

イ　製造 →(卸売) 小売
「製造業」　「(94)その他の各種事業」

ロ　製造｜小売 →(卸売) 小売
「製造業」　「(94)その他の各種事業」

ハ　製造｜卸売 →(卸売) 小売
「製造業」　「(94)その他の各種事業」

ニ　製造｜卸売・小売 →(卸売) 小売
「製造業」　「(94)その他の各種事業」

製造して別の場所の小売を行う事業への製品の引き渡しを行う事業は、製造卸売業として「製造業」に係る労災保険率を適用し、独立して小売を行う事業は、「(94)その他の各種事業」に係る労災保険率を適用する。

(2)　製造部門と別の場所の小売に独立性がない場合

①　製造部門と同一の場所で卸売又は小売を行わない場合

製造 ←(包括) 小売
「(94)その他の各種事業」又は「製造業」

事業全体の規模が一―(1)の事業と同程度のものと認められる場合のみ製造小売業として「(94)その他の各種事業」の労災保険率を適用する。

②　製造部門と同一の場所で小売を行う場合

製造｜小売 ←(包括) 小売
「(94)その他の各種事業」又は「製造業」

事業全体の規模が一―(1)の事業と同程度のものと認められる場合のみ製造小売業として「(94)その他の各種事業」の労災保険率を適用する。

③　製造部門と同一の場所で卸売を行う場合

製造｜卸売 ←(包括) 小売
「製造業」

全体を一の事業として取扱い、製造卸売業として「製造業」に係る労災保険率を適用する。

④　製造部門と同一の場所で卸売と小売を併せ行う場合

製造｜卸売・小売　←（包括）—　小売

「製造業」

全体を一の事業として取扱い、製造卸売業として「製造業」に係る労災保険率を適用する。

三　製造し配送等により販売を行う事業の取扱い

(1)　自らが直接配達を行う事業の場合

製造｜配達

「(94)その他の各種事業」又は「製造業」

製造小売業として「(94)その他の各種事業」の労災保険率を適用するが、会社、学校、病院等を通じ大量又は多額に製品を販売する事業は、「製造業」に係る労災保険率を適用する。

(2)　郵送又は委託配送を行う事業の場合

「製造業」

「製造業」に係る労災保険率を適用する。

（平二・三・九　発労徴第九号、基発第一二五号）

判例

●株式会社の取締役の労働者適格

「株式会社の取締役であっても、業務執行以外の業務に従事し、その対価として賃金を支払われる場合には、労働者として取り扱われるべきであるとした例」

昭二七・一・三〇　奈良地判（一七一三頁参照）

●労災保険法における労働者

「労災保険法上の労働者とは、労働基準法上の労働者と同義であるとした例」

昭四九・一二・二〇　札幌地判（一七一四頁参照）

●有限会社の取締役の労働者適格

「法律上、会社の対内的な業務執行権を有する取締役の地位を有し、報酬等の点について他の従業員と全く異なる取扱いを受けており、仕事の面でも他の従業員の指導的な立場であるので、労働者とは認められないとした例」

昭六〇・九・三〇　福島地判

（一七一五頁参照）

●製材販売業を営んでいた父親の下で仕事に従事する息子の労働者適格

「将来の後継者として見習い期間中に金銭の支給を受けていたとしても、労働基準法上の労働者に当たらないとされた例」

昭五〇・五・二八　札幌高判

（一七一八頁参照）

●車持ち込み運転手の労働者性

「車持ち込み運転手は、労働者としての側面を有するといえるが、他面、いわゆる専属的下請業者とみられる側面があることも否定できないのであって、労働基準法上の労働者の就業形態とみることは困難であるので、労働基準法上の労働者とはいえない、とした例」

平六・一一・二四　東京高判

（一七一六頁参照）

第四条　削除

条文解説

本条は、労災保険事業を民主的に運営するために公労使代表の意見を広く聴く機関として労働者災害補償保険審議会を置くことを定めていたが、平成一一年の中央省庁等改革関係法施行法（法律第一六〇号）により削除された（平成一三年一月六日施行）。

これに代わる機関として、厚生労働省設置法第九条により労働政策審議会が設置されている。

（命令の制定）

第五条　この法律に基づく政令及び厚生労働省令並びに労働保険の保険料の徴収等に関する法律（昭和四十四年法律第八十四号。以下「徴収法」という。）に基づく政令及び厚生労働省令（労働者災害補償保険事業に係るものに限る。）は、その草案について、労働政策審議会の意見を聞いて、これを制定する。

条文解説

本条は、本法及び徴収法に基づく政令及び厚生労働省令の制定については、その立案の公正・的確性の確保と施行の円滑を期する必要があることから、労働政策審議会の意見を聴くべきことを特に規定したものである。

参照条文

〔労働政策審議会　厚労設九〕〔労働条件分科会　審議会令六〕

第二章　保険関係の成立及び消滅

第二章　保険関係の成立及び消滅

（保険関係の成立及び消滅）
第六条　保険関係の成立及び消滅については、徴収法の定めるところによる。

条文解説

労災保険の保険関係が、どのような形で、いつ成立し、いかなる場合に、どの時点で消滅するかについては、雇用保険に係る保険関係と一元化して、労働保険の保険関係として徴収法の定めるところに委ねられている。

参照条文

〔保険関係の成立　徴収三、整備五〕〔保険関係の消滅　徴収五、整備八〕〔保険関係の一括　徴収七、八、九〕〔保険関係の成立届等　徴収四の二、徴収則四・五〕

第三章　保険給付

第三章　保険給付

第一節　通則

(保険給付)

第七条　この法律による保険給付は、次に掲げる保険給付とする。

一　労働者の業務上の負傷、疾病、障害又は死亡(以下「業務災害」という。)に関する保険給付

二　労働者の通勤による負傷、疾病、障害又は死亡(以下「通勤災害」という。)に関する保険給付

三　二次健康診断等給付

2　前項第二号の通勤とは、労働者が、就業に関し、次に掲げる移動を、合理的な経路及び方法により行うことをいい、業務の性質を有するものを除くものとする。

一　住居と就業の場所との間の往復

二　厚生労働省令で定める就業の場所から他の就業の場所への移動

三　第一号に掲げる往復に先行し、又は後続する住居間の移動(厚生労働省令で定める要件に該当するものに限る。)」

3　労働者が、前項各号に掲げる移動の経路を逸脱し、又は同項各号に掲げる移動を中断した場合においては、当該逸脱又は中断の間及びその後の同項各号に掲げる移動は、第一項第二号の通勤としない。ただし、当該逸脱又は中断が、日常生活上必要な行為であつて厚生労働省令で定めるものをやむを得ない事由により行うための最小限度のものである場合は、当該逸脱又は中断の間を除き、この限りでない。

条文解説

本条は、第一項において、本法による保険給付には業務災害に関する保険給付、通勤災害に関する保険給付及び二次健康診断等給付がある旨を規定するとともに、第二項及び第三項において、通勤災害に関する保険給付の対象となる通勤の範囲について定義したものである。

関係政省令等

（法第七条第二項第二号の厚生労働省令で定める就業の場所）

則第六条　法第七条第二項第二号の厚生労働省令で定める就業の場所は、次のとおりとする。

一　法第三条第一項の適用事業及び整備法第五条第一項の規定により労災保険に係る保険関係が成立している同項の労災保険暫定任意適用事業に係る就業の場所

二　法第三十四条第一項第一号、第三十五条第一項第三号又は第三十六条第一項第一号の規定により労働者とみなされる者（第四十六条の二十二の二に規定する者を除く。）に係る就業の場所

三　その他前二号に類する就業の場所

（法第七条第二項第三号の厚生労働省令で定める要件）

則第七条　法第七条第二項第三号の厚生労働省令で定める要件は、同号に規定する移動が、次の各号のいずれかに該当する労働者により行われるものであることとする。

一　転任に伴い、当該転任の直前の住居と就業の場所との間を日々往復することが当該往復の距離等を考慮して困難となつたため住居を移転した労働者であつて、次のいずれかに掲げるやむを得ない事情により、当該転任の直前の住居に居住している配偶者（婚姻の届出をしていないが、事実上婚姻関係と同様の事情にある者を含む。以下同じ。）と別居することとなつたもの

イ　配偶者が、要介護状態（負傷、疾病又は身体上若しくは精神上の障害により、二週間以上の期間にわたり常時介護を必要とする状態をいう。以下この条及び次条において同じ。）にあ

る労働者又は配偶者の父母又は同居の親族を介護すること。

ロ　配偶者が、学校教育法（昭和二十二年法律第二十六号）第一条に規定する学校、同法第百二十四条に規定する専修学校若しくは同法第百三十四条第一項に規定する各種学校（以下この条において「学校等」という。）に在学し、又は職業能力開発促進法（昭和四十四年法律第六十四号）第十五条の六第三項に規定する公共職業能力開発施設の行う職業訓練（職業能力開発総合大学校において行われるものを含む。以下この条及び次条において「職業訓練」という。）を受けている同居の子（十八歳に達する日以後の最初の三月三十一日までの間にある子に限る。）を養育すること。

ハ　配偶者が、引き続き就業すること。

ニ　配偶者が、労働者又は配偶者の所有に係る住宅を管理するため、引き続き当該住宅に居住すること。

ホ　その他配偶者が労働者と同居できないと認められるイからニまでに類する事情

二　転任に伴い、当該転任の直前の住居と就業の場所との間を日々往復することが当該往復の距離等を考慮して困難となつたため住居を移転した労働者であつて、次のいずれかに掲げるやむを得ない事情により、当該転任の直前の住居に居住している子と別居することとなつたもの（配偶者がないものに限る。）

イ　当該子が要介護状態にあり、引き続き当該転任の直前まで日常生活を営んでいた地域において介護を受けなければならないこと。

ロ　当該子（十八歳に達する日以後の最初の三月三十一日までの間にある子に限る。）が学校等に在学し、又は職業訓練を受けていること。

ハ　その他当該子が労働者と同居できないと認められるイ又はロに類する事情

三　転任に伴い、当該転任の直前の住居と就業の場所との間を日々往復することが当該往復の距離等を考慮して困難となつたため住居を移転した労働者であつて、次のいずれかに掲げるやむを得ない事情により、当該転任の直前の住居に居住している当該労働者の父母又は親族（要介護状態にあり、かつ、当該労働者が介護していた父母又は親族に限る。）と別居することとなつたもの（配偶者及び子がないものに限る。）

イ　当該父母又は親族が、引き続き当該転任の直前まで日常生活を営んでいた地域において介護を受けなければならないこと。
ロ　当該父母又は親族が労働者と同居できないと認められるイに類する事情
四　その他前三号に類する労働者

（日常生活上必要な行為）
則第八条　法第七条第三項の厚生労働省令で定める行為は、次のとおりとする。
一　日用品の購入その他これに準ずる行為
二　職業訓練、学校教育法第一条に規定する学校において行われる教育その他これらに準ずる教育訓練であつて職業能力の開発向上に資するものを受ける行為
三　選挙権の行使その他これに準ずる行為
四　病院又は診療所において診察又は治療を受けることその他これに準ずる行為
五　要介護状態にある配偶者、子、父母、配偶者の父母並びに同居し、かつ、扶養している孫、祖父母及び兄弟姉妹の介護（継続的に又は反復して行われるものに限る。）

（業務上の疾病の範囲）
労基則第三十五条　法第七十五条第二項の規定による業務上の疾病は、別表第一の二に掲げる疾病とする。

労基則別表第一の二（第三十五条関係）
一　業務上の負傷に起因する疾病
二　物理的因子による次に掲げる疾病
1　紫外線にさらされる業務による前眼部疾患又は皮膚疾患
2　赤外線にさらされる業務による網膜火傷、白内障等の眼疾患又は皮膚疾患
3　レーザー光線にさらされる業務による網膜火傷等の眼疾患又は皮膚疾患
4　マイクロ波にさらされる業務による白内障等の眼疾患
5　電離放射線にさらされる業務による急性放射線症、皮膚潰瘍（かいよう）等の放射線皮膚障害、白内障等の放射線眼疾患、放射線肺炎、再生不良性貧血等の造血器障害、骨壊（え）死その他の放射線障害
6　高圧室内作業又は潜水作業に係る業務による潜函（かん）病又は潜水病
7　気圧の低い場所における業務による高山病又は航空減圧症
8　暑熱な場所における業務による熱中症
9　高熱物体を取り扱う業務による熱傷
10　寒冷な場所における業務又は低温物体を取り扱う業務による凍傷
11　著しい騒音を発する場所における業務による難聴等の耳の疾患
12　超音波にさらされる業務による手指等の組織壊（え）死

13　1から12までに掲げるもののほか、これらの疾病に付随する疾病その他物理的因子にさらされる業務に起因することの明らかな疾病

三　身体に過度の負担のかかる作業態様に起因する次に掲げる疾病

1　重激な業務による筋肉、腱、骨若しくは関節の疾患又は内臓脱

2　重量物を取り扱う業務、腰部に過度の負担を与える不自然な作業姿勢により行う業務その他腰部に過度の負担のかかる業務による腰痛

3　さく岩機、鋲打ち機、チエーンソー等の機械器具の使用により身体に振動を与える業務による手指、前腕等の末梢循環障害、末梢神経障害又は運動器障害

4　電子計算機への入力を反復して行う業務その他上肢に過度の負担のかかる業務による後頭部、頸部、肩甲帯、上腕、前腕又は手指の運動器障害

5　1から4までに掲げるもののほか、これらの疾病に付随する疾病その他身体に過度の負担のかかる作業態様の業務に起因することの明らかな疾病

四　化学物質等による次に掲げる疾病

1　厚生労働大臣の指定する単体たる化学物質及び化合物（合金を含む。）にさらされる業務による疾病であつて、厚生労働大臣が定めるもの

2　弗素樹脂、塩化ビニル樹脂、アクリル樹脂等の合成樹脂の熱分解生成物にさらされる業務による眼粘膜の炎症又は気道粘膜の炎症等の呼吸器疾患

3　すす、鉱物油、うるし、タール、セメント、アミン系の樹脂硬化剤等にさらされる業務による皮膚疾患

4　蛋白分解酵素にさらされる業務による皮膚炎、結膜炎又は鼻炎、気管支喘息等の呼吸器疾患

5　木材の粉じん、獣毛のじんあい等を飛散する場所における業務又は抗生物質等にさらされる業務によるアレルギー性の鼻炎、気管支喘息等の呼吸器疾患

6　落綿等の粉じんを飛散する場所における業務による呼吸器疾患

7　石綿にさらされる業務による良性石綿胸水又はびまん性胸膜肥厚

8　空気中の酸素濃度の低い場所における業務による酸素欠乏症

9　1から8までに掲げるもののほか、これらの疾病に付随する疾病その他化学物質等にさらされる業務に起因することの明らかな疾病

五　粉じんを飛散する場所における業務によるじん肺症又はじん肺法（昭和三十五年法律第三十号）に規定するじん肺と合併したじん肺法施行規則（昭和三十五年労働省令第六号）第一条各号に掲げる疾病

六　細菌、ウイルス等の病原体による次に掲げる疾病

1　患者の診療若しくは看護の業務、介護の業務又は研究その他の目的で病原体を取り扱う業務による伝染性疾患
2　動物若しくはその死体、獣毛、革その他動物性の物又はぼろ等の古物を取り扱う業務によるブルセラ症、炭疽病等の伝染性疾患
3　湿潤地における業務によるワイル病等のレプトスピラ症
4　屋外における業務による恙虫病
5　1から4までに掲げるもののほか、これらの疾病に付随する疾病その他細菌、ウイルス等の病原体にさらされる業務に起因することの明らかな疾病

七　がん原性物質若しくはがん原性因子又はがん原性工程における業務による次に掲げる疾病
1　ベンジジンにさらされる業務による尿路系腫瘍
2　ベーターナフチルアミンにさらされる業務による尿路系腫瘍
3　四―アミノジフェニルにさらされる業務による尿路系腫瘍
4　四―ニトロジフェニルにさらされる業務による尿路系腫瘍
5　ビス（クロロメチル）エーテルにさらされる業務による肺がん
6　ベンゾトリクロライドにさらされる業務による肺がん
7　石綿にさらされる業務による肺がん又は中皮腫
8　ベンゼンにさらされる業務による白血病
9　塩化ビニルにさらされる業務による肝血管肉腫又は肝細胞がん
10　電離放射線にさらされる業務による白血病、肺がん、皮膚がん、骨肉腫、甲状腺がん、多発性骨髄腫又は非ホジキンリンパ腫
11　オーラミンを製造する工程における業務による尿路系腫瘍
12　マゼンタを製造する工程における業務による尿路系腫瘍
13　コークス又は発生炉ガスを製造する工程における業務による肺がん
14　クロム酸塩又は重クロム酸塩を製造する工程における業務による肺がん又は上気道のがん
15　ニッケルの製錬又は精錬を行う工程における業務による肺がん又は上気道のがん
16　砒素を含有する鉱石を原料として金属の製錬若しくは精錬を行う工程又は無機砒素化合物を製造する工程における業務による肺がん又は皮膚がん
17　すす、鉱物油、タール、ピッチ、アスファルト又はパラフィンにさらされる業務による皮膚がん
18　1から17までに掲げるもののほか、これらの疾病に付随する疾病その他がん原性物質若しくはがん原性因子にさらされる業務又はがん原性工程における業務に起因することの明らかな疾病

八　長期間にわたる長時間の業務その

他血管病変等を著しく増悪させる業務による脳出血、くも膜下出血、脳梗塞、高血圧性脳症、心筋梗塞、狭心症、心停止（心臓性突然死を含む。）若しくは解離性大動脈瘤（りゅう）又はこれらの疾病に付随する疾病
九　人の生命にかかわる事故への遭遇その他心理的に過度の負担を与える事象を伴う業務による精神及び行動の障害又はこれに付随する疾病
十　前各号に掲げるもののほか、厚生労働大臣の指定する疾病
十一　その他業務に起因することの明らかな疾病

関係告示

労働省告示第三三号（平八・三・二九、改正　平一二・一二・二五告示第一二〇号）

労働基準法施行規則別表第一の二第四号１の厚生労働大臣が指定する単体たる化学物質及び化合物（合金を含む。）は、次の表の上欄に掲げる化学物質とし、同号１の厚生労働大臣が定める疾病は、同欄に掲げる化学物質に応じ、それぞれ同表の下欄に定める症状又は障害を主たる症状又は障害とする疾病とする。

化学物質		症状又は障害
無機の酸及びアルカリ	アンモニア	皮膚障害、前眼部障害又は気道・肺障害
	塩酸（塩化水素を含む。）	皮膚障害、前眼部障害、気道・肺障害又は歯牙酸蝕
	硝酸	皮膚障害、前眼部障害、気道・肺障害又は歯牙酸蝕
	水酸化カリウム	皮膚障害、前眼部障害又は気道・肺障害
	水酸化ナトリウム	皮膚障害、前眼部障害又は気道・肺障害
	水酸化リチウム	皮膚障害、前眼部障害又は気道・肺障害
	弗化水素酸（弗化水素を含む。以下同じ。）	皮膚障害、前眼部障害又は気道・肺障害
	硫酸	皮膚障害、前眼部障害、気道・肺障害又は歯牙酸蝕
金属（セレン及び砒素を含む。）及びその化合物	亜鉛等の金属ヒューム	金属熱
	アルキル水銀化合物（アルキル基がメチル基又はエチル基である物に限る。以下同じ。）	四肢末端若しくは口囲の知覚障害、視覚障害、運動失調、平衡障害、構語障害又は聴力障害
	アンチモン及びその化合物	頭痛、めまい、嘔吐等の自覚症状、皮膚障害、前眼部障害、心筋障害又は胃腸障害
	塩化亜鉛	皮膚障害、前眼部障害又は気道・肺障害
	塩化白金酸及びその化合物	皮膚障害、前眼部障害又は気道障害
	カドミウム及びその化合物	気道・肺障害、腎障害又は骨軟化
	クロム及びその化合物	皮膚障害、気道・肺障害、鼻中隔穿孔又は嗅覚障害
	コバルト及びその化合物	皮膚障害又は気道・肺障害
	四アルキル鉛化合物	頭痛、めまい、嘔吐等の自覚症状又はせん妄、幻覚等の精神障害
	水銀及びその化合物（アルキル水銀化合物を除く。）	頭痛、めまい、嘔吐等の自覚症状、振せん、歩行障害等の神経障害、焦燥感、記憶減退、不眠等の精神障害、口腔粘膜障害又は腎障害

	セレン及びその化合物（セレン化水素を除く。）	皮膚障害（爪床炎を含む。）、前眼部障害、気道・肺障害又は肝障害
	セレン化水素	頭痛、めまい、嘔吐等の自覚症状、前眼部障害又は気道・肺障害
	鉛及びその化合物（四アルキル鉛化合物を除く。）	頭痛、めまい、嘔吐等の自覚症状、造血器障害、末梢神経障害又は疝痛、便秘等の胃腸障害
	ニッケルカルボニル	頭痛、めまい、嘔吐等の自覚症状又は気道・肺障害
	バナジウム及びその化合物	皮膚障害、前眼部障害又は気道・肺障害
	砒化水素	血色素尿、黄疸又は溶血性貧血
	砒素及びその化合物（砒化水素を除く。）	皮膚障害、気道障害、鼻中隔穿孔、末梢神経障害又は肝障害
	ブチル錫	皮膚障害又は肝障害
	ベリリウム及びその化合物	皮膚障害、前眼部障害又は気道・肺障害
	マンガン及びその化合物	頭痛、めまい、嘔吐等の自覚症状又は言語障害、歩行障害、振せん等の神経障害
ハロゲン及びその無機化合物	塩素	皮膚障害、前眼部障害、気道・肺障害又は歯牙酸蝕
	臭素	皮膚障害、前眼部障害又は気道・肺障害
	弗素及びその無機化合物（弗化水素酸を除く。）	皮膚障害、前眼部障害、気道・肺障害又は骨硬化
	沃素	皮膚障害、前眼部障害又は気道・肺障害
りん、硫黄、酸素、窒素及び炭素並びにこれらの無機化合物	一酸化炭素	頭痛、めまい、嘔吐等の自覚症状、昏睡等の意識障害、記憶減退、性格変化、失見当識、幻覚、せん妄等の精神障害又は運動失調、視覚障害、色視野障害、前庭機能障害等の神経障害
	黄りん	歯痛、皮膚障害、肝障害又は顎骨壊死
	カルシウムシアナミド	皮膚障害、前眼部障害、気道障害又は血管運動神経障害
	シアン化水素、シアン化ナトリウム等のシアン化合	頭痛、めまい、嘔吐等の自覚症状、呼吸困難、呼吸停止、意識喪失又は痙攣

物			
		二酸化硫黄	前眼部障害又は気道・肺障害
		二酸化窒素	前眼部障害又は気道・肺障害
		二硫化炭素	せん妄、躁うつ等の精神障害、意識障害、末梢神経障害又は網膜変化を伴う脳血管障害若しくは腎障害
		ヒドラジン	頭痛、めまい、嘔吐等の自覚症状、皮膚障害、前眼部障害又は気道障害
		ホスゲン	頭痛、めまい、嘔吐等の自覚症状、皮膚障害、前眼部障害又は気道・肺障害
		ホスフィン	頭痛、めまい、嘔吐等の自覚症状又は気道・肺障害
		硫化水素	頭痛、めまい、嘔吐等の自覚症状、前眼部障害、気道・肺障害又は呼吸中枢機能停止
脂肪族化合物	脂肪族炭化水素及びそのハロゲン化合物	塩化ビニル	頭痛、めまい、嘔吐等の自覚症状、皮膚障害、中枢神経系抑制、レイノー現象、指端骨溶解又は門脈圧亢進
		塩化メチル	頭痛、めまい、嘔吐等の自覚症状

			状、中枢神経系抑制、視覚障害、言語障害、協調運動障害等の神経障害又は肝障害
		クロロプレン	中枢神経系抑制、前眼部障害、気道・肺障害又は肝障害
		クロロホルム	頭痛、めまい、嘔吐等の自覚症状、中枢神経系抑制又は肝障害
		四塩化炭素	頭痛、めまい、嘔吐等の自覚症状、中枢神経系抑制又は肝障害
		一・二―ジクロルエタン（別名二塩化エチレン）	頭痛、めまい、嘔吐等の自覚症状、中枢神経系抑制、前眼部障害、気道・肺障害又は肝障害
		一・二―ジクロルエチレン（別名二塩化アセチレン）	頭痛、めまい、嘔吐等の自覚症状又は中枢神経系抑制
		ジクロルメタン	頭痛、めまい、嘔吐等の自覚症状、中枢神経系抑制、前眼部障害又は気道・肺障害
		臭化エチル	中枢神経系抑制又は気道・肺障害
		臭化メチル	頭痛、めまい、嘔吐等の自覚症状、皮膚障害、気道・肺障害、視覚障害、言語障害、協調運動障

	害、振せん等の神経障害、性格変化、せん妄、幻覚等の精神障害又は意識障害
一・一・二・二－テトラクロルエタン（別名四塩化アセチレン）	頭痛、めまい、嘔吐等の自覚症状、中枢神経系抑制又は肝障害
テトラクロルエチレン（別名パークロルエチレン）	頭痛、めまい、嘔吐等の自覚症状、中枢神経系抑制、前眼部障害、気道障害又は肝障害
一・一・一－トリクロルエタン	頭痛、めまい、嘔吐等の自覚症状、中枢神経系抑制又は協調運動障害
一・一・二－トリクロルエタン	頭痛、めまい、嘔吐等の自覚症状、前眼部障害又は気道障害
トリクロルエチレン	頭痛、めまい、嘔吐等の自覚症状、中枢神経系抑制、前眼部障害、気道・肺障害、視神経障害、三叉神経障害、末梢神経障害又は肝障害
ノルマルヘキサン	末梢神経障害

	沃化メチル	頭痛、めまい、嘔吐等の自覚症状、視覚障害、言語障害、協調運動障害等の神経障害、せん妄、躁状態等の精神障害又は意識障害
アルコール、エーテル、アルデヒド、ケトン及びエステル	アクリル酸エチル	頭痛、めまい、嘔吐等の自覚症状、皮膚障害又は粘膜刺激
	アクリル酸ブチル	皮膚障害
	アクロレイン	皮膚障害、前眼部障害又は気道・肺障害
	アセトン	頭痛、めまい、嘔吐等の自覚症状又は中枢神経系抑制
	イソアミルアルコール（別名イソペンチルアルコール）	中枢神経系抑制、前眼部障害又は気道障害
	エチルエーテル	頭痛、めまい、嘔吐等の自覚症状又は中枢神経系抑制
	エチレンクロルヒドリン	頭痛、めまい、嘔吐等の自覚症状、前眼部障害、気道・肺障害、肝障害又は腎障害
	エチレングリ	頭痛、めまい、嘔吐等の自覚症状

	コールモノメチルエーテル（別名メチルセロソルブ）	状、造血器障害、振せん、協調運動障害、肝障害又は腎障害
	酢酸アミル	中枢神経系抑制、前眼部障害又は気道障害
	酢酸エチル	前眼部障害又は気道障害
	酢酸ブチル	前眼部障害又は気道障害
	酢酸プロピル	中枢神経系抑制、前眼部障害又は気道障害
	酢酸メチル	中枢神経系抑制、視神経障害又は気道障害
	二ーシアノアクリル酸メチル	皮膚障害、気道障害又は粘膜刺激
	ニトログリコール	頭痛、めまい、嘔吐等の自覚症状、狭心症様発作又は血管運動神経障害
	ニトログリセリン	頭痛、めまい、嘔吐等の自覚症状又は血管運動神経障害
	二ーヒドロキシエチルメタクリレート	皮膚障害
	ホルムアルデヒド	皮膚障害、前眼部障害又は気道・肺障害
	メタクリル酸メチル	皮膚障害、気道障害又は末梢神経障害
	メチルアルコール	頭痛、めまい、嘔吐等の自覚症状、中枢神経系抑制、視神経障害、前眼部障害又は気道・肺障害
	メチルブチルケトン	頭痛、めまい、嘔吐等の自覚症状又は末梢神経障害
	硫酸ジメチル	皮膚障害、前眼部障害又は気道・肺障害
その他の脂肪族化合物	アクリルアミド	頭痛、めまい、嘔吐等の自覚症状、皮膚障害、協調運動障害又は末梢神経障害
	アクリロニトリル	頭痛、めまい、嘔吐等の自覚症状、皮膚障害、前眼部障害又は気道障害
	エチレンイミン	皮膚障害、前眼部障害、気道・肺障害又は腎障害
	エチレンジアミン	皮膚障害、前眼部障害又は気道障害
	エピクロルヒドリン	皮膚障害、前眼部障害、気道障害又は肝障害

		酸化エチレン	頭痛、めまい、嘔吐等の自覚症状、皮膚障害、中枢神経系抑制、前眼部障害、気道・肺障害、造血器障害又は末梢神経障害
		ジアゾメタン	気道・肺障害
		ジメチルアセトアミド	肝障害又は消化器障害
		ジメチルホルムアミド	頭痛、めまい、嘔吐等の自覚症状、皮膚障害、前眼部障害、気道障害、肝障害又は胃腸障害
		ヘキサメチレンジイソシアネート	皮膚障害、前眼部障害又は気道・肺障害
		無水マレイン酸	皮膚障害、前眼部障害又は気道障害
脂環式化合物		イソホロンジイソシアネート	皮膚障害又は気道障害
		シクロヘキサノール	前眼部障害又は気道障害
		シクロヘキサノン	前眼部障害又は気道障害
		ジシクロヘキシルメタン－四・四′－ジイソシアネート	皮膚障害
芳香族化合物	ベンゼン及びその同族体	キシレン	頭痛、めまい、嘔吐等の自覚症状又は中枢神経系抑制
		スチレン	頭痛、めまい、嘔吐等の自覚症状、皮膚障害、前眼部障害、視覚障害、気道障害又は末梢神経障害
		トルエン	頭痛、めまい、嘔吐等の自覚症状又は中枢神経系抑制
		パラ－tert－ブチルフェノール	皮膚障害
		ベンゼン	頭痛、めまい、嘔吐等の自覚症状、中枢神経系抑制又は再生不良性貧血等の造血器障害
	芳香族炭化水素のハロゲン化物	塩素化ナフタリン	皮膚障害又は肝障害
		塩素化ビフェニル（別名ＰＣＢ）	皮膚障害又は肝障害
		ベンゼンの塩化物	前眼部障害、気道障害又は肝障害

芳香族化合物のニトロ又はアミノ誘導体	アニシジン	頭痛、めまい、嘔吐等の自覚症状、皮膚障害、溶血性貧血又はメトヘモグロビン血
	アニリン	頭痛、めまい、嘔吐等の自覚症状、溶血性貧血又はメトヘモグロビン血
	クロルジニトロベンゼン	皮膚障害、溶血性貧血又はメトヘモグロビン血
	四・四′―ジアミノジフェニルメタン	皮膚障害又は肝障害
	ジニトロフェノール	頭痛、めまい、嘔吐等の自覚症状、皮膚障害、代謝亢進、肝障害又は腎障害
	ジニトロベンゼン	溶血性貧血、メトヘモグロビン血又は肝障害
	ジメチルアニリン	中枢神経系抑制、溶血性貧血又はメトヘモグロビン血
	トリニトロトルエン（別名TNT）	皮膚障害、溶血性貧血、再生不良性貧血等の造血器障害又は肝障害
	二・四・六―トリニトロフェニルメチルニトロアミン（別名テトリル）	皮膚障害、前眼部障害又は気道障害
	トルイジン	溶血性貧血又はメトヘモグロビン血
	パラ―ニトロアニリン	頭痛、めまい、嘔吐等の自覚症状、溶血性貧血、メトヘモグロビン血又は肝障害
	パラ―ニトロクロルベンゼン	溶血性貧血又はメトヘモグロビン血
	ニトロベンゼン	頭痛、めまい、嘔吐等の自覚症状、溶血性貧血又はメトヘモグロビン血
	パラ―フェニレンジアミン	皮膚障害、前眼部障害又は気道障害
	フェネチジン	皮膚障害、溶血性貧血又はメトヘモグロビン血
その他の芳香族化合物	クレゾール	皮膚障害、前眼部障害又は気道・肺障害
	クロルヘキシジン	皮膚障害、気道障害又はアナフィラキシー反応

	トリレンジイソシアネート（別名TDI）	皮膚障害、前眼部障害又は気道・肺障害
	一・五―ナフチレンジイソシアネート	前眼部障害又は気道障害
	ビスフェノールA型及びF型エポキシ樹脂	皮膚障害
	フェニルフェノール	皮膚障害
	フェノール（別名石炭酸）	頭痛、めまい、嘔吐等の自覚症状、皮膚障害、前眼部障害又は気道・肺障害
	オルト―フタロジニトリル	頭痛、めまい、嘔吐等の自覚症状又は意識喪失を伴う痙攣
	ベンゾトリクロライド	皮膚障害又は気道障害
	無水トリメリット酸	気道・肺障害又は溶血性貧血
	無水フタル酸	皮膚障害、前眼部障害又は気道・肺障害
	メチレンビスフェニルイソシアネート（別名MDI）	皮膚障害、前眼部障害又は気道障害
	四―メトキシフェノール	皮膚障害
	りん酸トリ―オルト―クレジル	末梢神経障害
	レゾルシン	皮膚障害、前眼部障害又は気道障害
複素環式化合物	一・四―ジオキサン	頭痛、めまい、嘔吐等の自覚症状、前眼部障害又は気道・肺障害
	テトラヒドロフラン	頭痛、めまい、嘔吐等の自覚症状又は皮膚障害
	ピリジン	頭痛、めまい、嘔吐等の自覚症状、皮膚障害、前眼部障害又は気道障害
農薬その他の薬剤の有効成分	有機りん化合物（ジチオリン酸O―エチル＝S・S―ジフェニル（別名EDDP）、ジチオリン酸O・O―ジエチ	頭痛、めまい、嘔吐等の自覚症状、意識混濁等の意識障害、言語障害等の神経障害、錯乱等の精神障害、筋の線維束攣縮、痙攣等の運動神経障害又は縮瞳、流涎、発汗等の自律神経障害

ル＝Ｓ－（二－エチルチオエチル）（別名エチルチオメトン）、チオリン酸Ｏ・Ｏ－ジエチル＝Ｏ－二－イソプロピル－四－メチル－六－ピリミジニル（別名ダイアジノン）、チオリン酸Ｏ・Ｏ－ジメチル＝Ｏ－四－ニトロ－メタ－トリル（別名ＭＥＰ）、チオリン酸Ｓ－ベンジル＝Ｏ・Ｏ－ジイソプロピル（別名ＩＢＰ）、フェニルホスホノチオン酸Ｏ－エチル＝Ｏ－パラ－ニトロフェニル（別名ＥＰＮ）、りん酸二・二－ジクロルビニル＝ジメチル（別名ＤＤＶＰ）及びりん酸パラ－メチルチオフェニル＝ジプロピル（別名プロ

パホス））	
カーバメート系化合物（メチルカルバミド酸オルト－セコンダリ－ブチルフェニル（別名ＢＰＭＣ）、メチルカルバミド酸メタ－トリル（別名ＭＴＭＣ）及びＮ－（メチルカルバモイルオキシ）チオアセトイミド酸Ｓ－メチル（別名メソミル））	頭痛、めまい、嘔吐等の自覚症状、意識混濁等の意識障害、言語障害等の神経障害、錯乱等の精神障害、筋の線維束攣縮、痙攣等の運動神経障害又は縮瞳、流涎、発汗等の自律神経障害
二・四－ジクロルフェニル＝パラ－ニトロフェニル＝エーテル（別名ＮＩＰ）	前眼部障害
ジチオカーバメート系化合物（エチレンビス（ジチオカルバミド酸）亜鉛（別名ジネブ）及びエチレンビス（ジチオカルバミド酸）マ	皮膚障害

ンガン(別名マンネブ))	
N-(一・一・二・二-テトラクロルエチルチオ)-四-シクロヘキセン-一・二-ジカルボキシミド(別名ダイホルタン)	皮膚障害又は前眼部障害
トリクロルニトロメタン(別名クロルピクリン)	皮膚障害、前眼部障害又は気道・肺障害
二塩化一・一'-ジメチル-四・四'-ビピリジニウム(別名パラコート)	皮膚障害又は前眼部障害
パラ-ニトロフェニル=二・四・六-トリクロルフェニル=エーテル(別名CNP)	前眼部障害
ブラストサイジンS	前眼部障害、気道・肺障害又は嘔吐、下痢等の消化器障害
六・七・八・九・一〇・一〇-ヘキサクロル-一・五・五a・六・九・九a-ヘキサヒドロ-六・九-メタノ-二・四・三-ベンゾジオキサチエピン三-オキシド(別名ベンゾエピン)	頭痛、めまい、嘔吐等の自覚症状、意識喪失等の意識障害、失見当識等の精神障害又は痙攣等の神経障害
ペンタクロルフェノール(別名PCP)	皮膚障害、前眼部障害、気道・肺障害又は代謝亢進
モノフルオル酢酸ナトリウム	頭痛、めまい、嘔吐等の自覚症状、不整脈、血圧降下等の循環障害、意識混濁等の意識障害、言語障害等の神経障害又は痙攣
硫酸ニコチン	頭痛、めまい、嘔吐等の自覚症状、流涎、呼吸困難、意識混濁、筋の線維束攣縮、痙攣

備　考　金属及びその化合物には、合金を含む。

労働省告示第七号（昭五六・二・二、改正 昭五九・一一・一二告示第八五号、昭六三・一二・三告示第九号、平一二・一二・二五告示第一二〇号）

労働基準法施行規則（昭和二十二年厚生省令第二十三号）別表第一の二第八号の規定に基づき、厚生労働大臣の指定する疾病を次のように定める。

一 超硬合金の粉じんを飛散する場所における業務による気管支肺疾患

二 亜鉛黄又は黄鉛を製造する工程における業務による肺がん

三 ジアニシジンにさらされる業務による尿路系腫瘍（しゅよう）

参照条文

〔業務上の疾病 労基則三五〕〔業務災害に関する保険給付 一二の八〜二〇〕〔通勤による疾病 則一八の四〕〔通勤災害に関する保険給付 二一〜二五〕〔日常生活上必要な行為 則八〕

解釈例規

1 業務災害

A 業務上の負傷

(1) 作業中

〈泥酔中トラックから転落した助手の死亡〉

問 S農業協同組合T支部事務所落成式に、トラックで荷物運搬のためにきていた同車の助手は、午後四時から落成式の祝賀宴に列席して相当の焼酎を飲み、前後不覚の状態にあったが、翌日の作業の都合もあるので、同僚が七時すぎトラックの積荷の上に誘い、乗せて帰途についた。途中車上で暴れるので同乗した他の五名が極力制止したが、A坂で徐行中のトラックから遮二無二降りようとして荷台の枠にぶら下った際胸部を打ち、転落したので、ただちに車を止め、本人を車上に抱き上げて再び帰途についた。その途中顔色が悪かったが別に苦痛も訴えなかったので自宅まで送り届けた。ところがその夜一一時頃から苦痛を訴え、吐血し、翌朝八時頃死亡した。

なお、落成式列席は事業主の命によるものでない。積荷台に乗せたのは、最初助手台に乗せたが、あまり乱暴したためである。A坂で本人が降りようとした理由は不明である。死因は肋骨骨折と肺損傷である。

答　業務外である。

（昭二四・七・一三　基災収第三八四五号）

〈土砂切取り作業中蜂に刺されショック死した場合〉

問　労働者Fは、同僚とともにS川右岸護岸築堤工事現場で築堤用土砂をモッコに入れ運搬中、土蜂に左大腿部を刺され、そのショックで死亡した。

蜂の巣は、労働者も使用者も事故が発生するまではどこにあるのか全然知らなかったが、当該土砂の切取り鍬先約三〇センチメートル程度の土砂中にあり、巣のある箇所も切り取ることになっていた。当日は数匹の蜂が作業場附近を飛び廻っており、労働者も使用者もどこかに巣があるのだろうと思っていた。

答　業務上の死亡である。

（昭二五・一〇・二七　基収第二六九三号）

〈顔見知りの他人に自動車を運転させて生じた事故〉

問　D貨物（株）O支店の運転手Mは、N川から道路補修工事場に砂利を運搬するよう命ぜられ、約一キロメートルのところを運搬していた。

一カ所の砂利を敷き終り、Mが道路上で立話をしていたところ、顔見知りのUがきてちょっと運転をやらせてくれと頼んで運転台にのり、運転をつづけたが、Mは黙認していた。

Uが運転をしている際、Mは車のステップ台に乗っていたが、不安定な運行状態で、若干スロープがついている関係とUの不熟練のため電柱に衝突しそうになったので、とっさにMは飛び降りようとしたが、速度が早かったため電柱と積荷台の端角とに下腹部を挟撃され、そのまま道路の外側にはねとばされて負傷したものである。

答　業務外である。

（昭二六・四・一三　基収第一四九七号）

〈建築作業中の建物倒壊による負傷〉

問　大工Aは、同僚四名とともにK省分室を建築のため地上から約七メートルの屋根板打ち作業に従事中、突然強風が吹き、建築中の建物もろとも地上に吹き倒され、右鎖骨及び肋骨を骨折した。

建築物は、延七二坪（建坪四八坪）で、土台をコンクリート基礎とし、ボルトも締めてあり、全部新しい木材を使用、柱もタルキを打ち、家の形は大体できており、通常の風ぐらいで倒れるような状態ではなかった。

当日の天候は曇りでやや風強く、午前九時頃屋根上に屋根板（厚さ三分、幅五寸、長さ一間）を置いておくと吹き飛ばされる状況であったが、契約期日切迫のため作業を継続していた。

強風は瞬間的なもので、K新聞社の報道では風速一五メートルというも、トラック運転手が「通常の速度（時速二〇～三〇キロ）で走らせていたらその風にぶつかった瞬間車がとまってしまった」といっている点からすれば、風速はもっと強かったものと推測される。この強風による被害は、本建築物のみで、一五間ぐらい離れた所にある平家は何ら被害はなかった。

答　業務上の負傷である。

（昭二六・九・二七　基災収第一七九八号）

〈事業主の私用である枝下ろし作業に従事した雑役夫の感電死〉

問　被災者Nは、M工業所の雑役夫であるが、災害前日事業主宅附近の区会の申合せにより、同地区内の台風被害対策のため、樹木の「枝下ろし作業」を各戸一人ずつ奉仕労働にあたることとなった。事業主は、事業経営上の都合と家庭に代りの者もいない等の理由から、Nに代人として作業に出てくれるよう依頼し、Nはこれに従事した。

翌日、当地区代表から前日に引き続き作業を行なう旨事業主に連絡があったので、事業主は前日と同様Nに右作業に従事するよう依頼した。同日九時から「枝下ろし作業」に総勢六人で当り、うち一名が木の上に登り、枝の「つるし切り」をすべくロープを掛け、これをNほか三名で引張っていたところ、ロープが木の下を通っていた電線四本を切断してしまったので、うち一名がT電力（株）O営業所に電話連絡に出かけ、この間、Nは切り枝の整理をしようとして切れた電線に触れ、感電ショックを受け、傍の小川の中に転落死したものである。

答　本件死亡は業務上と解される。

（昭三三・一・二五　基収第九六四一号）

〈踏切監視中列車にはねられて死亡した踏切監視員の場合〉

問　被災者Mは、昭和四二年六月四日よりD建設工業㈱N支店K出張所の施行するN駅構内石油基地新設工事に雇われ、踏切監視員として就労していた。

昭和四二年六月一八日、被災者は平常どおり午前七時三五分にT駅に下車し、T線路班の詰所へ立寄って当日の臨時及び不定期列車の運行状況を確めたうえ、同駅より約一粁ほどの踏切にきて午前八時ごろから踏切監視の勤務についた。

午前一〇時四八分頃、工事現場に使用する土砂を積んだ大型ダンプカーが同踏切に差しかかったとき、K発午前一〇時二分特急が進行してくるのが見えたので被災者は手旗をもって大型ダンプカーを踏切の手前に停止させた（停車したときは警報器はまだ鳴っていなかった）。列車が近づいたとき、被災者は列車に対し右手を挙げて安全を知らせた。

列車が踏切の手前五〇米ほどの距離にきたとき、踏切のすぐそばの列車時刻を掲示してある電柱の下においてあった石（角材の石）に腰かけていた中年の婦人が突然とび出し、線路にはいあがるのを被災者がみつけて婦人にとび寄り抱き戻そうとしたが間に合わず列車にはねられ死亡したものである。

答　業務上の死亡である。

（昭四三・一・一一　基収第四八〇九号）

(2)　作業の中断中

〈作業時間中水を飲むため立入禁止区域に入ろうとしてドック内に転落した労働者の死亡〉

問　本件災害は、目撃者もないので、その詳細は不明であるが、転落の場所及び周囲の状況からして、被災者Aは水を飲みに行こうとして転落したものと推定される。

Aに水汲みを命じた者もなく、現場に水汲み器具もないのであるが、当日の気温は三二度でAの作業場所である鉄船内部は室温三五度ないし三七度であった。作業場所には、給水設備として湯沸し器及びバケツが備え付けてあるが、通常、午前中数時間の需要を満たすのみで、災害発生当時、右給水設備には水がなかった。

Aの作業場所と死亡場所の間隔は約二〇メートルで、死亡場所の真上のドック内側壁に消火水栓があり、立入禁止となっているが、禁止標札、柵壁等は設置してない。なお、死亡場所附近で作業中の労働者が物の落下音を聴いてAの転落を発見したものである。

これらの事情によって、Aは、作業中に一時作業場を離れ、水を飲みにいき、その消火水栓の水を飲もうとして、ドック内に転落したものと推定される。

答　業務上の死亡である。

（昭二三・九・二八　基収第二九九七号）

〈作業時間中用便に行く途中の事故〉

問　K駅構内における鉄道合宿所の工

事に使用される労働者Aは、作業中、便意を催し、附近にある作業所附設の便所を利用しえたにもかかわらず、作業地点から鉄道線路を越え一五メートル先にあるO駅換車場内の便所に赴き、用済み後、作業場に戻る途中、線路を横断しようとして転倒し、進行してきた突き放し車に右下腿を轢断された。

なお、作業員が作業中O駅換車場内の便所を利用することは、事業所から黙認されていた。

答　業務上である。

（昭二四・一一・二二　基収第五七五九号）

〈風にとばされた帽子を拾おうとして自動車にはねられたトラック助手の死亡〉

問　トラック助手Tは、運転手Mと引越し荷物を積載して疾走中、国道上で故障修理中の他のトラックの乗務員が、Tの車の荷覆シートがめくれている旨手真似で知らせたので、ただちに停車し、Mとともにシートをかけなおした。その時Y川堤防上から強風が吹き、Tの防寒帽が国道中央に吹き飛ばされたので、とっさにその帽子を追って走り出た際前方より疾走してきた乗用車に跳ね飛ばされ、死亡した。

答　業務上である。

（昭二五・五・八　基収第一〇〇六号）

〈定期貨物便の運転手が運送途上食事のため停車し道路横断の途中で生じた死亡事故〉

問　T貨物自動車㈱は、設立時からA―T間の路線定期貨物便の取扱いを主として営業しており、T定期便の作業内容は、都内行き貨物を方面別に積み、午前一〇時頃会社を出発し、指定路線を経由、都内に入ると貨物を荷受人に個別配達し、夕刻O営業所に至り、同所に集荷されているT行の荷物を積み、帰路につき、会社に帰ることになっていた。帰社するのは、おおむね午後一一〜一二時である。そのため、会社では、午後七時以後にO営業所を出発する者に夕食券を渡し、翌日、本社でその夕食券引換えに一回五〇円の食費を支給している。運転手Kと助手Nは、配車計画により貨物自動車を運転し、午後六時三〇分頃O営業所に至り、貨物を積み、午後七時頃T市に向け出発した。午後七時四〇分頃、A―T間定期便運転に従事する際、常に利用しているK食堂前に至ったので、夕食のため、停車し、道路を横断して、K食堂に行こうとしたとき、運転手Kは、折から進行してきた自動車と衝突転倒し、死亡した。

答　業務上である。

（昭三二・七・一九　基収第四三九〇号）

(3) 作業に伴う必要行為又は合理的行為中

〈自動車修理工の無免許運転による事故〉

問 自動車修理工である被災労働者Aは、日直勤務にあたっていたため、事業所の定休日にもかかわらず定時出勤し、先月来修理せずにあった車の修理に着手した。故障個所（変速機及びラジエーター）の修理を完了したが、定休日のため運転手が不在で試運転ができないため、日直職員の許可を得て無免許にかかわらず車を運転し、途中道路下に転落死亡した。

答 業務上である。

（昭二三・一・一五　基発第五一号）

〈電気修理工が他事業の顔見知りの労働者の作業を手伝って死亡した場合〉

問 K社M支店電気修理工であるAが用務でH発電所に行ったところ、たまたま、N発電所用T発電機の固定子（重量四トン）の運搬設置を請負ったS組の顔見知りの労働者が固定子を起重機で巻き上げ、トラックに積み込み中であるのを見て、A及びその同僚がいつもS組の自動車に便乗させてもらっていることから、これを見過すわけにはいかないと考え、自発的に積み込み作業に加勢した。そして固定子をつり上げた際、索のボルト接着点が切れたため、固定子が約二メートルの高さからトラックボデーに落下した。Aはこれを避けようとして跳び退き、トラックの木枠に背部を強打、昏倒死亡した。

答 業務外である。

（昭二三・六・二四　基収第二〇〇八号）

〈製材工の電柱のトランス修理中に生じた感電墜落死〉

問 当日午前八時、本人は製材作業を開始しようとして電動機の「スイッチ」を入れたところ、モーターが回転しないうえトランスから音がしているので、修理しようとして工場敷地内にある電柱に登ったところ、前日からの雨のため、三つ目の「ダルマスイッチ」を抜こうとしたとき感電してコウ（材木の切端）の上に転落し一時間後に死亡したものである。なお、本人は元U木工に働いていたときにも電気設備の修理に当たっていた経験がある。

答 業務上の死亡と認められる。

（昭二三・一二・一七　基災発第二四三号）

〈発電所長の私宅へ人夫確保について報告に赴く途上の負傷事故〉

問 S配電㈱K第一発電所では、発電所内部の機械器具の点検、水路土砂流作業について一月一日、二日の作業日程を予定した。第一日目において、土砂流作業の予定人夫四名のうち一人が出なかったために作業計画に支障が生じたので、発電所長は水路の直接責任者Aにその点を追求したところ、Aもその責任を痛感し、その日の作業終了をまち、いったん社宅に帰ってから、人夫を確保するためY村Sの某を訪ね、出勤するとの確認を得たので、その旨を発電所長へ報告する途上（所長宅はAの社宅の近所であるから帰宅の順路上である。）、午後六時三〇分頃S附近の県道と社用通路との分岐点に至った際、暗夜で無燈火のため誤って崖下に転落負傷した。Aはその職務の性質上一般勤務時間に拘束されず、深夜早朝を問わず必要に応じて勤務をしていた。なお当人は負傷後、他人を通じて所長に結果報告をしている。

答　業務上である。

（昭二四・四・八　基収第八九一号）

〈自動車運転手助手が積荷のために切断された電線を修理する際の感電死亡〉

問　K町農業協同組合運転手Tと助手Sは、貨物自動車を運転してS村H部落共同精米所村道を通過しようとしたとき、道路上を横切る二〇〇ボルトの動力用電線が積荷にふれて切断された。たまたま、当日、S村の部落民が総出でその道路の炭殻敷き作業を行なっており、自動車が通るごとに「電線を切らないでもらいたい。切ったら継いでいってくれ」等の注意を両名にあたえていたので、運転手は責任を感じ、その電線を継ごうとしてたぐったところ、容易に引張ることができたので、助手にペンチを渡し電線を継いでくるようにいつけた。Sが水田のあぜを歩いて電柱の下に行き、どこが切れているか確かめようとして電線をたぐった途端、この電線は動力線で二〇〇ボルトの電流が通じており、Sは水田に立っていたため感電して倒れた。この状況を目撃したTは、驚いて道端に落ちていた木片を持って助手のかたわらに行き、その木片で助手の握っている電線をはたこうとした際、電線が自分の胸部に跳ね返り避ける間もなく感電し両名とも死亡した。

答　業務上の死亡である。

（昭二六・一二・一三　基収第五二二四号）

〈撒水用の水を運搬中転倒し頭部を打撲した労働者の死亡〉

問　食料品製造工場のYは、磨砕場で鉄パイプを切断するため、「バイス台」で締め用具を整えていたが、その日は南風が強く工場内に塵が立ちこめていたので、撒水しようとして約七メートル離れた摺込みタンクからバケツに水を汲み運搬中、磨砕場入口附近のコンクリート床に倒れた。うめき声をきいて同僚が発見、直ちに医師の来診を求め応急手当をしたが死亡した。倒れた直後の状況は身体硬直、かすかに痙攣し、目は一点を凝視して、口から少量の泡をふいていた。医師の意見は、転倒による打撲のため脳震盪をおこし、そのショックのため心臓麻痺を誘発死亡したものとしているが、被害者の後頭部に卵大の腫瘤を認め、一点を凝視するがごとき顔貌等の症状は頭蓋内出血による脳挫傷と認められる。

答　業務上である。

（昭三〇・一・二六　基収第六〇〇二号）

〈仕事を終えたのち同僚の食糧運搬を応援し途中で崖下に転落した飯場労働者の死亡〉

問　S組労働者Mらは、道路側壁コンクリート打ち作業を終了し、夕食前焼酎一・八リットルをM、I、O、Nの四人で飲み夕食を終了したが、飯場の責任者代理であるNは、飯場の米、麦、野菜等が品切れとなり明朝の炊事に困ることを思い出し、約五・七キロメートル下流のS組事務所へ取りに行こうとしたところ、M、I、Oの三名も加わり、四名が飯場を出発した。Nは事務所で事業主Kから伝票をうけ、店で米、麦、野菜、魚、地下足袋をもらい四名交替で手わけして持ち飯場への帰途についたが、災害地点前で擁壁がなくなり急に暗くなった上、凹凸道になった。しかもMは二カ月ほど前に業務上右足第二中足骨開放性骨折をし、治療したが後遺症のためやや歩きにくく、凹地でつまずき深さ一〇メートルの川に転落し、死亡したものである。

答　業務上と解される。

（昭三〇・一一・四　基収第五一八七号）

〈電柱のクレオソート塗布をしていた電力会社従業員が需要家の要請により動力線の修理中感電墜落して負傷した場合〉

問　C電力㈱I営業所の臨時雇Tは、同僚HとともにI営業所M出張所内M幹線の電柱のクレオソート塗布作業に従業していたが、正午頃クレオソート液補給のため出張所へ行き、戻る途中たまたま自家の動力故障のため前記M出張所へ修理を依頼に行った帰りのKに会ったところ、動力線の故障修理を依頼された。そこでやむなくK宅から約二〇メートル離れたC電力N町支線コンクリート六号柱（高さ一四メートル）に登り、修理作業中誤って動力低圧引込み線（二〇〇ボルト）に右耳外側を触れ、感電ショックにより墜落し負傷したものである。

答　業務上の負傷と解せられる。

（昭三一・三・三一　三〇基収第四七〇八号）

〈急病の運転手と交替した無免許の助手の運転未熟による事故〉

問　Ｓ建設の国道災害復旧工事に従事していたトラック運転手Ａは、コンクリート混合用の砂が残り少なくなったので、砂を運搬するため助手Ｂ及び土工五名と約一・三キロ離れた河原へ出かけようとした。Ａはこの日下痢のため昼食もとらず、現場でも焚火にあたりながら身体を休めていたような状態だったので、助手のＢに、自分に代って運転してくれるよう依頼、Ｂは時々練習したこともあるのでやむをえず引き受けた。Ａは助手席に乗ろうとしたが、他の土工が乗っていたため、残った土工とともに荷台に乗り出発した。

　河原の二〇〇メートルぐらい手前の道幅のせまいＳ状になったところで、Ｂはハンドルを切りそこねて四五メートルの崖下に転落、四名が死亡し、三名が重軽傷を負った。

　助手Ｂは無免許であり、運転練習も学校の庭で行なった程度である。事業主は、トラックの運転については正規の運転手を雇い入れ、常置しており、助手に対しては口ぐせのように運転禁止をいっていた。

答　業務上と解すべきである。

（昭三二・二・二二　基収第五七六号）

〈作業上必要な私物眼鏡を工場の門まで受け取りに行く途中の事故〉

問　ＡガラスＭ工場の疵見見廻工であるＩは、眼鏡を家に忘れてきた。作業前半の見廻方の場合は眼鏡はなくてもよいが、後半に従事する疵見方の仕事は眼鏡がないとできないので、係員にその旨をいい、早退させて欲しいと申し出たところ、ちょうど妻が眼鏡を門まで持参してきているとの連絡があり、本人は早速係員の許可を得て自転車（会社所有の連絡用）に乗り製板工場を出たが、工事中のバラスに乗り上げてハンドルが狂い、傍の深さ三メートルの原料置場に自転車もろとも転落負傷したものである。

答　業務上である。

（昭三二・七・二〇　基収第三六一五号）

〈トラックの車体検査受検のため検査場に行き同所のストーブ煙突取外し作業を手伝って転落死亡した場合〉

問　Ｎ通運㈱Ｏ支店車輌整備事務員Ｋは、当日、貨物自動車の車体検査受検のためみずから同車を運転して車体検査場に赴いたところ、車体検査場では、ちょうど昼の休憩時を利用して、新築されたＧ市Ｎの新車体検査場に移転準備のため、ストーブの煙突取外し作業を車体検査官三名で行なっていたが、作業に難渋している様子が見受けられたので、Ｋは事務所の南側約二メートルの箇所にあるプラタナスの木に登り、煙突を固定している部分をゆるめる作業を手伝った。取外しを終わり、Kは木から降りようとしたところ、枝が折れたため転落、負傷し死亡したものである。

答　業務外である。

（昭三二・九・一七　基収第四七二二号）

(4)　作業に伴う準備行為又は後始末行為中

〈事業場施設内における退勤行為中の災害の業務上外〉

問　1　事案の概要

被災労働者は、午後四時二〇分作業終了後更衣をすませ着到（出勤時作業場の入口で名札を裏返しにし、退勤時それを元に戻し、これを班長又は職長がチェックすることをいう。）したあと職場を出て（第一加工場）階段（一〇段）を降り、更に振り分け階段を一段降りた瞬間、階段のすべり止めに靴の踵が引っかかり前のめりになり転落負傷した。

（現場の状況）

正門より約二〇〇メートルにて四階建の第三工場に至る。被災者の職場は二階の第一加工係であった。通常労働者は正門を経て第三工場に至り二階の作業場の入口において着到するが、所定労働時間外の早出残業にあたっては正門において、守衛がこの時間を記録することになっている。

傷病の部位及び状態

右側頭部打撲、右下腿打撲、右膝部挫創

2　疑義の点

(1)　疑義

業務終了直後、帰宅のために事業場施設内の階段を降りる行動は、たとえ、就業時間終了後であっても、業務に附随する最小限度の必要行為であるから、業務災害と認めてよろしいか。

(2)　理由

事業場施設内における就業時間外の災害については、当該事業場施設の状況によって生じたことが認められない限り、業務外とされているが、事業場施設内における、本件の如き行為は、業務遂行上必要不可欠であり、たとえ、事業場施設の状況によったことが認められない場合であっても、何らかの救済がなされるべきであると思料する。

答　本件については、業務災害として取り扱われたい。

（理由）

1　事業場施設内における業務に就くための出勤又は業務を終えた後の退勤で「業務」と接続しているものは、業務行為そのものではないが、業務に通常附随する準備後始末行為と認められる。

2　本件災害に係る退勤は、終業直後の行為であって、業務と接続する行為と認められること、当該災害が労働者の積極的な私的行為又は恣意行為によるものとは認められないこと及び当該災害は、通常発生しうるような災害であることからみて事業主の支配下に伴う危険が現実化した災害であると認められる。

したがって、本件については、業務災害として取り扱うこととする。

（昭五〇・一二・二五　基収第一七二四号）

〈日雇労働者が作業を終えて現場から事務所へ帰る途中の転落溺死事故〉

問　日雇労働者Aは、道路整理工事に雇われ、土砂運搬等の仕事に従事していたが、一日の作業が終了したので、器具の返還及び賃金受領のため現場責任者から帰所を命ぜられ、人員点呼、器具の点検を受けた後、誰を指揮者と定めることなく、Aを含めた男女労働者一七名が一団となって事業場事務所に向かって歩きだしたが、当日は酷暑であり、村道を歩くより山蔭になった鉄道線路上を歩いた方が涼しくもあり、距離的にも近いので、全員が線路上を歩いていたが、途中鉄橋にさしかかった際、最後部を歩行中のAは誤って川に転落溺死した。順路としては、現場から村道を経て国道を行くのが通常であるが、作業の現場自体が線路の一部をはさんでおり、また附近の住民も常時線路上を通行していた。

答　業務上である。

（昭二八・一一・一四　基収第五〇八八号）

〈タイムカード記入後の工場構内の市道における災害〉

問　N樹脂㈱の労働者Mは、オートバイで出勤し、工場の中門守衛所でタイムカードに記入のうえ、再びオートバイにて自転車置場に向う途中、同工場構内の市道において、同工場の製品を積載した台車をけん引中のフォークリフトと側面衝突をし、左前額部挫創等の災害をうけたものである。市道は、同工場が既設の工場施設を順次拡張していった結果、工場構内を市道が通ずることとなったもので、市道の管理（一般市民の通行の用には供しているが、自転車・オートバイ等の通行については、守衛が制限している）は、N事業場が行っている。

答　業務上である。

（昭三七・八・三　基収第四〇七〇号）

〈折り返し列車の待ち時間中に起こった災害〉

問　国鉄の乗客掛であるSは、T駅発N駅行の列車に乗車し、折り返しのT駅行の列車に乗車することとなっていた。

Sは、N駅にて帰着点呼をうけたのち、指定の宿泊所に赴き、同僚数名とともに飲酒、雑談ののち、就寝した。

起床後、Sは宿泊所に食事の設備がないので、食事をとるため同所から道路に通ずる石段を降りていったところ、転倒し頭部を受傷し、翌日夜くも膜下出血により死亡した。

医証によれば、被災者は、先天又は既往の脳疾患ないし心臓疾患はなかった。

答　業務上である。

（昭四一・六・八　基災収第三八号）

(5)　緊急業務中

〈自衛消防隊員に係る災害等の取扱いについて〉

事業施設の火災に対する自衛を目的として編成された自衛消防組織（以下「自衛消防隊」という。）の構成員である労働者（以下「隊員」という。）が、火災の発生に伴い出動して、消防作業に従事中被災したときの災害補償の取扱いについては、昭和三〇年八月一〇日付二九基収第五五五九号、昭和三二年一月二九日付基発第六九号通達等によって取り扱ってきたところであるが、近年、特に石油化学工業の発展に伴う消防関係法令の改正等と相まって、自衛消防隊の設置のみならず事業場間において相互応援に関する協定の締結を行なって、事業施設の火災等による被害の防止等をはかっている事業場がみうけられるので、これら消防作業に従事中被災した隊員に係る災害等の取扱いについては、今後下記によることとしたから了知されたい。したがって、前記二九基収第五五五九号、基発第六九号、その他従前の通達においてこれに反するものは、その限りにおいてこれを変更することとする。

記

一　自衛消防隊の隊員で次に掲げる消防作業等に従事中、当該作業等に通常附帯する危険によってこうむった災害は、業務上の災害であること。

(1)　自衛消防隊の所属する事業（以下「所属事業」という。）の事業施設に対して行なう消防作業、及び所属事業施設以外の施設であって所属事業施設に隣接するものに対して行なう延焼防止のための消防作業

(2)　所属事業が他の事業との間に火災等の災について相互応援に関する協定を締結している場合において、当該協定に基づいて行なう消防作業

(3)　使用者の命令に基づき行なう次の消防作業及び消防訓練

イ　消防組織法による公設消防組織の要請に応じて行なう消防作業

ロ　所属事業の事業運営に重大な支障を及ぼすと認められる取引先事業場の火災等に対して行なう消防作業

ハ　所属事業の労働者が居住する住宅に対して行なう消防作業

ニ　自衛消防隊の資質向上のために行なう消防訓練及びこれに直接附帯する行為

二　隊員が勤務時間外に上記消防作業に従事して災害をこうむった場合には、自衛消防隊の服務規程又は慣例に従い消防作業に従事したものであるとき、及び服務規程又は慣例はないが、消防作業に従事した行為が合理的行為と認められるときは、業務上の災害として取り扱うこと。

三　上記一及び二の自衛消防隊、事業施設、消防作業は次のものをいうものであること。

(1)　自衛消防隊　事業運営のために設置されたもので当該事業の管理下にある消防組織をいい、消防法第一四条の三の規定に基づいて設置された自衛消防組織に限らない。また、隊員は常勤たると非常勤たるとを問わない。

(2)　事業施設　作業施設、社宅等の福利厚生施設等当該事業運営のために管理する施設をいう。

(3)　消防作業　事業施設の消火作業、延焼防止作業その他事業場における危害を防除軽減するために行なう作業、及びこれに直接附帯する行為をいう。

四　上記一、及び二の消防作業に従事中受けた隊員の災害に対し、消防組織法第一五条の七又は消防法第三六条の二の規定による市町村の損害補償が行なわれるときは、労働者災害補償保険法による保険給付の額が当該市町村が行う損害補償の額を上回る場合にその上回る額について給付すること。

（昭四一・二・一六　基発第一〇九号）

〈鉱山救護隊又は共同鉱山救護隊の隊員等に対する災害補償について〉

労働者が鉱山救護隊又は共同鉱山救護隊の隊員等として、その所属する鉱山の事業主の命令に基づき他の鉱山に対して行う救護活動に係る災害補償の取扱いについては、昭和三六年四月三日付け基発第二八五号の記三及び四ならびに昭和四四年一〇月二一日付け基収第四六七五号により取扱ってきたものであるが、今般下記のとおりに改めたので自今これによられたい。

記

一　共同鉱山救護隊を設けている鉱山相互間の災害に係る救護活動

二　相互に災害時の救護協定を締結している鉱山相互間の災害に係る救護活動

三　近接する鉱山で独自に鉱山救護隊を有しない鉱山又は有していても災害の規模に比して当該救護隊の編成が十分でない鉱山の災害につき、管轄する鉱山保安監督局（部）長の救護要請に基づく救護活動

（昭五〇・七・二九　基発第四三三号）

〈自衛消防隊員が海上保安官署から協力要請に応じて消火作業に従事中に被った災害の取扱い〉

問　海上における消火活動について

は、海上保安庁法（昭和二三年法律第二八号）第二条の規定により当庁の所管事項となっております。また、最近における石油化学工業の発展に伴い一旦海上においてタンカー等の火災が発生した場合、その被害が沿岸一帯に及ぶことから当庁はその業務遂行に当り、関係企業等の自衛消防組織に協力を求める必要がある場合も生じております。

ところで、自衛消防組織の隊員が火災発生に伴い出動して消防作業に従事中被災したときの災害補償の取扱いについては、昭和四一年二月一六日基発第一〇九号をもって通達がなされており、その中で消防組織法による公設消防組織の要請に応じて行なった場合については業務上の災害として取扱う旨が定められていますが、海上保安官署が消防活動のため自衛消防組織に対し協力を要請した場合も同様に取扱われるものと解して差し支えないかにつき、いささか疑義がありますので取扱いに関し何分のご回答をお願いします。

答　昭和四五年五月二日付け保総秘第三〇五号により照会のあった標記について、下記のとおり回答します。

記

事業施設の火災に対する自衛を目的として編成された自衛消防組織の構成員である労働者が、海上保安官署の協力要請に応じて消防作業に従事中被った災害の業務上外の認定は、昭和四一年二月一六日付け基発第一〇九号にいう「消防組織法による公設消防組織の要請に応じて行なう消防作業」中に被った災害に準じて取り扱って差し支えない。

なお、前記労働者が被った災害に対し、「海上保安官に協力援助した者等の災害給付に関する法律」（昭和二八年四月一日、法律第三三号）により災害給付が行なわれるときは、労働者災害補償保険法による保険給付の額が当該災害給付の額を上回る場合にその上回る額について給付することになるから念のため。

（昭四五・一一・二五　基収第二二七八号）

〈高圧ガスの移動にかかる防災事業所の労働者が防災活動に従事中被災した場合の災害補償について〉

問　一般高圧ガス保安を図るため、各地で高圧ガス地域防災組織（以下「組織」という。）の設立が別添の要綱によって推進されていますが、下記の条件を満たせば、組織の規約に基づく防災活動に従事した防災事業所の従業員の負傷等に対し、労働者災害補償保険法による労働者災害補償保険が適用されるか否か照会します。

記

(1)　組織の規約に次に示す事項を規定する。

①　組織は、防災事業所を指定する。

②　防災事業所は、組織の管轄地域内

の輸送中の事故等に対して防災活動を実施する。
③　防災事業所の事業主は、防災活動への出動要請をうけた場合当該事業所の防災要員に、当該事業所の業務として防災活動を行なわせる。
(2)　防災事業所の事業主は、防災事業所となるにあたって、次に示す事項を実施する。
①　あらかじめ指定した防災要員を防災活動に従事させることおよびその内容、出動範囲等を労働協約、就業規則等に規定する。
②　防災活動への出動命令等に関する事業所内の命令系統と命令方法を明確にする。
別添要綱〈略〉

答　昭和四七年二月一日付け四七保局第五一号により照会のあった標記について下記のとおり回答する。

記
高圧ガスの移動にかかる地域防災組織の規約に基づき、防災事業所の指定を受けた事業所の労働者が防災活動に従事中被った場合の災害については、労働者災害補償保険法上、労働者に対する災害補償が個別事業主の責任であるとされていることにかんがみ、防災活動が防災要員を派遣した事業の業務の一環であり、かつ、当該防災要員の業務として、事業主の命令により出動したことが客観的にみて明らかであり、さらに、その災害が防災活動に従事したことに起因して生じたものであるときは、業務上のものとして取り扱われる。

したがって防災要員の死傷病が貴職の申し出た条件を備えた防災活動中にその活動に従事することに起因して生じたものであれば業務上災害として保険給付の対象となる。

なお、前記防災要員の災害に対し、消防法第三六条の二の規定による市町村等の損害補償が行なわれるときは、労働者災害補償保険法による保険給付の額が当該市町村等が行なう損害賠償の額を上回る場合にその上回る額について給付することとなるから念のため申し添える。

(理由)

労働者災害補償保険法上、労働者に対する災害補償は、個別事業主の責任であるとされているから、労働者が被災したとき従事していた「業務」は、その労働者を雇用する事業にとって、事業の運営に係る「業務」の範疇に属するものでなければならないし、また、当該労働者にとっての「業務」でなければならない。

さて、本件の場合、防災活動が労働者を派遣した事業の業務であったか否かについて検討してみるに、防災事業所は、組織の管轄地域内の輸送中の事故に対して防災活動を実施し、また、防災活動の出動要請を受けたときは当該事業所の防災要員に当該事業所の業務として防災活動を行なわせることを了解のうえ、地域防災組織に加入する建前となっているので、その防災活動が当該事業所の業務であることについては肯定できるものである。

次に、防災活動に従事する労働者の業務であるか否かについて検討してみると、一たん防災事業所となった場合には、当該事業所の事業主は、防災活動を行わせることにつきあらかじめ防災要員を指定し、その活動の内容、出動範囲等を労働協約、就業規則等に規定し、また、防災活動に従事させるに当っては、事業主の業務命令によることを明らかにさせるため、事業所内の命令系統と命令方法を明確にすることとされているので、その点も肯定できるところである。

以上により、通商産業省の申し出た条件を備えた場合において、その防災活動に従事することに起因して発生した災害については、業務上として取り扱うことが妥当である。

（昭四七・三・一六　基収第四一六号）

〈社宅類焼防止作業中の感電死〉

問　A鉱業所坑内夫であるBは、折からの台風のため社宅近くの大木が折れ、附近の高圧電線上に落下し、電線を切断し、電柱を倒し、落下枯木と高圧電線とがショートして火を発しているのを発見したので、直ちに近くの電工を呼びにいったところ不在のため、やむなく現場が社宅壁にわずか五メートルの距離であることから、近くに散乱している木片を取除き社宅への延焼を防止しようとして現場に挺身したとき、地上の高圧電線が強風にあおられ、これに接触して感電死した。

答　業務外である。

（昭二四・一二・一五　基収第四〇二八号）

〈異常出水時において事業場施設、器材等の防護活動を行ったため待避の時機を失した労働者の死傷〉

問　①　T製材㈱の労働者T及びYは、午前五時三〇分頃社宅において、事業主から会社K分工場の浸水により工場屋外に集積してある製材の流失防止及び緊急防護作業にあたるよう指示を受けたので、他の社宅居住労働者七名とともに出動、作業に従事した。しかし工場内は浸水甚だしく作業不能となり退避行動に移ったが、その際逃げ遅れてTは行方不明となり、Yは全身打撲の負傷をした。

②　N木材工業㈱では、午前六時半作業開始後まもなく豪雨のため工場内に浸水し作業不能となったので、女子従業員を帰宅せしめるとともに、男子従業員を浸水に対する防護作業に従事せしめたが、さらに浸水が増大したため約二〇名の従業員を残して全員帰宅させ、残った人員でモーターその他の重要器材の防水作業に従事していた。その後、水がますま

す増えてきたので待避しようとしたが、全員建物もろとも濁流に押し流され、このためT、Y、Kは行方不明となり、N及びIは負傷した。

③K電力㈱H発電所では、豪雨のため河水が発電所地下室に浸水し始めたので、所長以下五名の従業員で地下室内重要施設の撤去運搬を行なっていたが、浸水がますますはげしくなったので、発電所うしろの山腹に避難しようとした。そのとき頭上から山崩れがあり、発電所建物、施設とともに押し流されてNは行方不明となり、Hは負傷した。

答　業務上である。

（昭二八・一一・二　基収第四二三〇号）

〈豪雨下で木材の監視をしていた山林労働者の事故〉

問　㈱N商店の伐採作業現場主任であるYは、当日豪雨のため作業ができないので、途中で作業を中止し、山小屋に帰り休養していたが、その間、ますます豪雨が激しく山小屋前のS川、N川が約一メートル増水していたため、責任者として木材の流失をおそれ、作業場巡視のため山小屋を出発して再び作業場におもむき、作業中行方不明となった。

作業場は、S川に沿い、災害現場は約四五度の傾斜で附近に雑草が茂り伐採造材や木材が散在していた。当日の降雨量は五三三ミリであり十数年来の大雨であった。山小屋は約一メートル浸水し、作業場約一、四〇〇石の山林で約一五〇石を流失した。

答　業務上である。

（昭二九・三・一六　基収第一二〇号）

〈豪雨に際し資材搬出に従事していた山林労働者の事故〉

問　M林業㈱の伐採出材夫Yは、会社伐採作業場山小屋の監視当番であったが、前日からの豪雨のため山小屋が危険となったので、同山小屋の近くに居住する同僚に山小屋の必要用具を搬出すべく協力を依頼し、再び山小屋に帰ったところ、山小屋とともにA川に流され行方不明となった。

本件被災者の居た山小屋は、事業主が建設し、労働者を交替に宿泊せしめ、盗難防止及び山林用具資材の監視に当らせていたものであって、当日は被災者の当番に当っていた。山小屋に格納していたものは、四分のワイヤー三巻、二分ワイヤー二巻、針金約二〇貫、滑車五個、トビ約七本、鋸三個、斧、ツル等である。当日の降雨状況は十数年にない程の豪雨で、約五〇〇ミリの降雨量があり、強風も伴い歩行も困難であって、A川は約二メートル五〇センチの増水であった。

答　業務上である。

（昭二九・三・一六　基収第一二〇号）

〈砂防えん堤の決壊による死亡〉

問　K建設㈱S出張所H班の労働者Nは、台風による河川増水により砂防えん堤の防護作業を班長から命ぜられ、班員の作業用具を取り揃えるため倉庫内で作業中えん堤が決壊し、流出した土砂にのまれて死亡した。また同じく労働者Yは、宿舎内において班長の指示を受けるため二階の班長室に行く途中逃げ遅れて土砂にのまれ、さらに労働者Mは、宿舎室内で待機中同様逃げ遅れて土砂にのまれ死亡した。

H班宿舎はH班全員が寄宿しており、それは、決壊したB砂防えん堤から約二〇メートル、沢の中心線から約八ないし九メートル離れており、右岸は傾斜約五〇度、左岸は傾斜約四〇度の法面（のりめん）であった。雨は災害発生前日から降りはじめ、当日夕刻までに総雨量数千ミリを超え、当日は班員全員で台風被害防止の措置を行ない、事務所からの命令により突発事故に備え宿舎内で待機していたが、さらに事務所からの連絡により班長が指揮してB砂防えん堤防護作業を開始したときの事故であり、宿舎内の労働者は被災者等の班員を除き無事脱出したという事情がある。

答　業務上の災害である。

（昭三〇・五・一二　基収第五七八〇号）

〈廃鉱内の炭酸ガスにより倒れた者を救助にいった労働者の中毒死〉

問　T合同炭礦㈱の労働者であるYは、休日、社宅にいたところ、たまたま近くのI町に居住するHがYの親戚の者三名とともにT合同炭礦㈱の廃坑に入り、滞留ガスのため倒れたとの連絡をうけ、直ちに近所のS炭礦労働者Aとともに入坑救助におもむいたが、坑内で滞留ガスにより死亡した。当日は会社所定の休日であり、加うるに期末手当の交渉の決裂による組合のストライキ実施中であって、保安要員以外は一般に就業は停止されていた。また被災者Yは保安要員ではなかったという事情があった。

答　本件死亡は業務外である。

（昭三二・一一・二八　基収第六八〇六号）

〈同一作業場において人命救助をしようとした労働者の死亡〉

問　O鉱油㈱の従業員であるD、Bは、O港岸壁において、会社が請負ったT丸積荷の重油を船から地上一〇〇メートルに常設してある送油パイプを通してタンクローリー車に送り込む陸揚げ作業をしていたところ、共同して陸揚げ作業中のT丸船主（機関長兼務）が重油タンク内のタラップを降りて重油のサンプルを汲み取ろうとしてそのまま重油内に転落した。これを知ったDは、船主を救助するためタンク内のタラップを降りていったが途中から突然転落し、さらにこれを見ていた同僚Bも、Dを救出すべく直ちにタンク内に入ったが、これも急に横倒しになって重油内に転落、いずれも死亡した。

作業方法は、O鉱油㈱の従業員が岸壁から一〇〇メートル手前の陸上で、タンクローリー車と送油パイプの端とをホースで連結し、船の者は、船と岸壁にある送油パイプの端をホースで連結し、これが終れば船とタンクローリー車との合図をしつつ、船の者が船内エンジンを運転して油をタンクローリー車へ送り込む予定であった。O鉱油㈱の従業員は、通常は、岸壁又は船内で作業する用件はないが、積荷の都合では岸壁又は船内で作業することもあるという事情があった。

答　業務上の死亡である。

（昭三四・一二・二六　基収第九三三五号）

〈工場敷地内社宅において台風によるガラス戸の破壊を防護中に負傷した場合〉

問　G瓦斯㈱S営業所においては、災害発生当日、台風上陸の予想のもとに出勤者三六名を工場設備の防護にあたらせ、各職場ごとに整備区域を取り決めて警戒にあたっていた。被災者Nは、発生窯の風水害防護にあたっていた。午後四時すぎ社宅（本人の居住社宅）で夕食をすませたうえ、再び工場の防護作業に従事していたところ、風雨がますます強くなったので全員事務所に退避したが、同八時半頃工場南側のA川が氾濫して、事務所及び工場全般に浸水したため、工場の一番高所の施設である水平有底式ガス発生窯室に全員が避難した。同九時すぎ頃約八〇メートル北方の大ガスタンクの側にある社宅の家族から懐中電燈の点滅により合図があったので、所長は工場敷地よりも低い社宅が浸水する危険を察し、同社宅居住者である、W、M及び被災者Nと他に応援としてB、Tの五名にすすめて社宅の防護に当たらせた。N等社宅居住者は午後九時半頃各自社宅にようやく戻ったが、その時社宅は既に床上六〇センチの浸水があり、被災者も同宿者の炊事婦Kとともに自己の社宅の防護に当たっていた。そのとき、突風により表側四畳半の雨戸が割れ飛び、ガラス戸がはずれかかったので、それを被災者は両手で押えたところ、ガラス戸のガラスが破損して右足膝部裏側動静脈を切断し、出血多量のため市内の病院に収容途中で死亡した。

答　業務外である。

（昭三五・三・二三　基収第三四号）

〈石油連盟海水油濁処理協力機構が行う流出油防除活動に従事する労働者に対する災害補償について〉

今般、標記について、石油連盟海水油濁処理協力機構（以下「機構」という。）本部長から別紙2のとおり要請があり、別紙1のとおり回答したので了知されたい。

したがって、機構に加盟する事業場の労働者が、その所属する事業の事業主の命令に基づき従事する流出油防除作業及び防除訓練に係る労災補償については、下記のとおりであるので事務処理に遺漏なきを期されたい。

なお、これにより、昭和五一年一月一四日付け基収第二四〇六号の二は廃止する。

記

一　機構に加盟する事業場の労働者が、その所属する事業の事業主の命令に基づき従事する流出油防除作業及び防除訓練については、次の場合にその所属する事業場についての業務として取り扱う。

(1)　流出油防除要員の所属する事業の事業主が、自己の責任として防除義務を負う場合（海洋汚染及び海上災害の防止に関する法律第三九条第二項）の防除作業

(2)　流出油防除要員の所属する事業の事業主が上記一の防除義務を有する他の事業主に対して援助し、又は協力義務を負う場合（海洋汚染及び海上災害の防止に関する法律第三九条第四項）の防除作業

(3)　流出油防除要員の所属する事業が、他の事業との間に流出油防除について締結している相互援助に関する協定に基づき又は自主的な団体である防火組織の構成員として行う防除作業

(4)　流出油防除要員の所属する事業が、機構本部長の援助発令に基づき行う防除作業

(5)　前記(1)から(4)まで以外で海上保安官署からの要請に基づき行う防除作業

(6)　流出油防除要員の資質向上のために行う防除訓練

二　したがって、流出油防除要員の死傷病が、上記一の業務に従事していることに起因して生じたものであると認められるときは、業務災害として取り扱うこととする。

（別紙1）

拝啓　時下ますますご清栄のこととお慶び申し上げます。

平素より、労働安全衛生に関し格別のご指導を賜り、厚く御礼申し上げます。

さて、石油連盟海水油濁処理協力機構（以下「機構」という。）は、石油連盟の附置機構として設置され、海上で油流出事故が発生した場合に、機構の加盟会社の要請などに基づいて流出油防除活動を迅速に行っております。

ところで、こうした活動のうち、加盟会社が関係する事故の防除活動及び海上保安庁の要請に基づく防除活動に従事した場合には、貴省文書「昭和五一年一月一四日付基収第二四〇六号」により、労災保険が適用されますが、

加盟会社が関係しない事故の防除活動に従事した場合には、労災保険は適用されません。

しかし、機構は、これまで、加盟会社が関係しない事故においても、防除に専門知識・技術を必要とする大規模な油流出事故が発生した場合には、社会的影響の深刻さに鑑み、運用上の措置として、加盟会社の職員等の労働者を防除活動に従事させて参りました。

今般、こうした実態を踏まえ、規程を改正し、加盟会社が関係しない事故においても、機構本部長が援助を決定（援助発令）した場合には流出油防除活動を行うことを正規の事業として位置づけました。

つきましては、機構の加盟会社が関係しない事故において、機構本部長の援助発令に基づき加盟会社の職員等の労働者が流出油防除活動に従事した場合には、労働者災害補償保険法の適用の実現方について、よろしくお願い申し上げます。

（別紙2）

平成一五年九月二二日付け一五協力機構発第九号により要請のあった標記について、下記のとおり回答する。

記

石油連盟海水油濁処理協力機構（以下「機構」という。）に加盟する事業場の労働者が、機構本部長の援助発令に基づき行う流出油防除作業に従事する場合は、その所属する事業場についての業務として取り扱うこととする。

（平一五・一二・二五　基発第一二二五〇〇二号）

〈液化石油ガス漏れ時等の防災措置に従事する防災要員に対する労働者災害補償保険法の適用について〉

問　液化石油ガスの一般消費先における保安の確保を図るため、当省は、昭和五六年二月二日付け五六立局第五五号（別添一参照）をもって各都道府県知事に対し液化石油ガス販売事業者による地域防災体制の確立を要請するとともに、関係団体に対しその協力方を依頼しましたが、現在関係団体の一つで、液化石油ガス販売事業者をもって組織する各都道府県エルピーガス協会を構成員とする社団法人日本エルピーガス連合会において別添二の要綱による防災組織の設立が進められております。この防災組織は、一定地域の液化石油ガス販売事業者等が事前の協定等を締結することにより、自らは不在等のため液化石油ガスの一般消費者等からの緊急時における防災措置の要請に応じられない場合に、他の液化石油ガス販売事業者等が当該一般消費者等のもとに出動し、液化石油ガスによる事故を未然に防止しようとする相互援助のための組織であります。

このため、液化石油ガス販売事業者等は、自己の従業員をあらかじめ社団法人日本エルピーガス連合会の会員である各都道府県エルピーガス協会に登録しておき、この登録された者（以下「防災要員」という。）に緊急出動させることとしております。

つきましては、上記に基づき緊急出動した防災要員が、その緊急出動中に負った災害に対し、労働者災害補償保険法（昭和二二年法律第五〇号）が適用されるか否か照会いたしたく、よろしく御回答のほどお願いします。

なお、同法が適用される場合には、各都道府県知事に対し各都道府県労働基準局長と連絡を密にし、地域防災体制の確立を推進するよう指示しますので、貴職におかれましても各都道府県労働基準局長に対しその旨連絡されるとともに、よろしく御指導くださるよう併せてお願いいたします。

別添〈略〉

答１　社団法人日本エルピーガス連合会の会員である都道府県エルピーガス協会に防災要員として登録されている者が、一般消費者等から液化石油ガス漏れ時等の通報又は緊急出動の要請を受けて行う事故現場での防災措置については、当該防災要員が労働者災害補償保険法（昭和二二年四月七日法律第五〇号）（以下「労災保険法」という。）の適用事業に使用される労働者の場合にあっては、当該労働者の所属する事業場における当該労働者の業務として、また、当該防災要員が労災保険法第二七条〔現行＝第三三条〕第一項第一号及び第二号に定める特別加入者の場合にあっては、当該特別加入者が特別加入の申請に係る事業のためにする行為に直接付帯する行為としてそれぞれ取り扱うこととする。

なお、特別加入者に係る業務災害及び通勤災害の認定は、労働者災害補償保険法施行規則第四六条の二六の規定に基づく基準による。

２　防災要員の被った死傷病等に対し、消防法（昭和二三年七月二四日法律第一八六号）第三六条の三の規定により市町村等の損害賠償が行われるときは労災保険法による保険給付の額が当該市町村等が行う損害賠償の額を上回る場合に、その上回る額について給付することとなるから念のため申し添える。

（昭五七・一一・二五　基収第二六〇号）

〈「簡易ガス事業の防災に係る通報・応援措置基本要綱」に基づき出動する応援派遣要員に対する労働者災害補償保険法の適用について〉

問　さて、簡易ガス事業は、地域住民の日常生活に不可欠なガスを導管で供給する公益事業であり、ガス事業法は、簡易ガス事業者に対し、ガスの供給義務をはじめ業務面、保安面等各般にわたって諸種の規制を課しております。

特に保安体制等につきましては、同法第三七条の七で準用する第三〇条の規定で簡易ガス事業者は「保安規程」を定めて所轄の通商産業局長に届け出なければならないとされ、同規程のモデル及び同規程（第二九条）に基づく「ガス漏えい及び導管事故等処理要領」（以下「要領」と略称します。）のモデルが昭和五八年二月二四日付け五八資公部第六二号資源エネルギー庁公益事業部長通達で発せられております。

上記のモデルに基づき各簡易ガス事業者は別添一〈略〉のとおり保安規程及び要領を定めておりますが、保安規程は第三〇条で災害防止のための体制の確立を、また要領は第一〇条等で特別出動時の体制として他のガス事業者の事業所を含む関係事業所間の連携など応援連絡体制を整備すべき旨定めております。

このため、当協会におきましては、地震、洪水等の災害又は大規模事故の発生により広範囲にわたってガスの供給に支障を生じた場合に対処し、簡易ガス事業者相互の通報及び応援体制の整備を図ることとし、今般、別添二〈略〉のとおり「簡易ガス事業の防災に係る通報・応援措置基本要綱」を制定し、これを推進することになりました。

つきましては、上記基本要綱（同基本要綱7-(1)の規定により定める要綱等を含む。）に基づき応援出動した防災要員がその出動中に負った災害に対して労働者災害補償保険法を適用して頂きたく、ご厚配方をお願い申し上げます。

なお、同法が適用される場合は、当協会の地方支部に対し関係労働基準局長殿と連絡を密にし、地域防災体制の確立を推進するよう指示する所存でございますので貴省におかれましても各労働基準局長殿に対しその旨お手配下さいますよう併せてお願い申し上げます。

答1　社団法人日本簡易ガス協会が定めた「簡易ガス事業の防災に係る通報・応援措置基本要綱」に基づき防災組織から応援出動の要請を受けた応援派遣要員が行う応援活動及び応援活動に係る訓練については、次のとおり取り扱うものとする。

(1) 応援派遣要員が労働者災害補償保険法（昭和二二年四月七日法律第五〇号、以下「労災保険法」という。）の適用事業に使用される労働者の場合にあっては、当該労働者の所属する事業場における当該労働者の業務とする。

(2) 応援派遣要員が労災保険法第二七条〔現行＝第三三条〕第一号及び第二号に定める者であって、同法第二八条〔同第三四条〕に定める特別加入の承認を受けている者（以下「特別加入者」という。）の場合にあっては、当該特別加入者が特別加入の申請に係る事業のためにする行為に直接附帯する行為とする。

なお、特別加入者に係る業務災害及び通勤災害の認定は、労働者災害補償保険法施行規則第四六条の二六の規定に基づく基準による。

2　応援派遣要員の被った死傷病に対し、消防法（昭和二三年七月二四日法律第一八六号）第三六条の三の規定により市町村等の損害補償が行われるときは、労災保険法による保険給付の額が当該市町村等が行う損害賠償の額を上回る場合に、その上回る額について給付することとなる。

（昭五九・七・九　五八基収第五七一号）

〈「製油所等災害相互応援規程」に基づき出動する応援防災要員に対する労働者災害補償保険法の適用について〉

今般、標記のことについて石油連盟から別紙一のとおり照会があり、別紙二のとおり回答したので了知されたい。

なお、応援防災要員の被った死傷病に対し、消防法（昭和二三年法律第一八六号）第三六条の三の規定により、市町村等の損害補償が行われることとなった場合における労働者災害補償保険法による保険給付との調整については、別途本省と協議すること。

別紙一

拝啓　時下ますますご清祥のこととお慶び申し上げます。

石油業界における労働安全衛生問題に関しましては、平素から格別の御配慮を賜り深く感謝申し上げます。

さて、御高承の通り、弊石油連盟は関係当局の御指導と業界の自覚に基づき、今般、加盟会社を主体として製油所等災害相互応援規程（別添一）〈略〉を整備し、製油所等において大規模な災害が発生し、石油コンビナート等災害防止法に基づく特別防災区域を超える応援を必要とする場合に、中央関係省庁または本規程加盟会社からの要請に基づいて迅速適確かつ組織的な措置をとることにより、被害を最小限にとどめることを目的にしております。

しかしながら、本規程に基づく応援防災活動中に災害を受けた場合、「労働者災害補償保険法（労災法）」の適用ができないということでありますと、本規程の機能が十分に発揮できないばかりか、本規程の存立も危なくなる虞れがあります。

つきましては、本規程に基づく応援防災活動に伴う人的災害に対し、労災法適用の実現方お取り計らい下さいますようよろしくお願い申し上げる次第であります。

（参考）

応援防災要員の選出及び労働報酬については次のとおりであります。

一　応援防災要員の選出

応援防災要員は、応援会社の事業所においてあらかじめ登録された防災要員の中から石災法（第一七条）による防災管理者によって選出されます。

二　労働報酬

応援防災要員には、応援会社の定める賃金規定額及び旅費等の経費が支給されます。

別紙二

平成二年一一月三〇日付け二石連発第一二九号により照会のあった標記について下記のとおり回答する。

記

石油連盟に加盟する事業場所属のあらかじめ登録された応援防災要員が、「製石油所等災害相互応援規程」に基づいて行う災害現場での応援活動については、当該応援防災要員が労働者災害補償保険法（昭和二二年法律第五〇号）の適用事業に使用される労働者の場合にあっては、当該労働者の所属する事業場における当該労働者の業務として取り扱うこととする。

（平三・二・四　二基収第九三六号の二）

〈**緊急行為の取扱いについて**〉

標記の行為については、事業主の命令によるもののほか、事業主の命令がない場合においても、当該業務に従事している労働者として行うべきものについては、私的行為ではなく、業務として取り扱ってきたところであるが、平成二〇年九月一六日名古屋地方裁判所において別紙（略）の判決があったこと等を踏まえ、下記のとおり取り扱うこととしたので、遺漏なきを期されたい。

記

一　業務に従事している場合に緊急行為を行ったとき

(1)　事業主の命令がある場合

緊急行為は、同僚労働者等の救護、事業場施設の防護等当該業務に従事している労働者として行うべきものか否かにかかわらず、私的行為ではなく、業務として取り扱う。

(2)　事業主の命令がない場合

同僚労働者等の救護、事業場施設の防護等当該業務に従事している労働者として行うべきものについては、私的行為ではなく、業務として取り扱う。

また、次の①～③の三つの要件を全て満たす場合には、同僚労働者等の救護、事業場施設の防護等当該業務に従事している労働者として行うべきものか否かにかかわらず、私的行為ではなく、業務として取り扱う。

①　労働者が緊急行為を行った（行おうとした）際に発生した災害が、労働者が使用されている事業の業務に従事している際に被災する蓋然性が高い災害、例えば運送事業の場合の交通事故等に当たること。

②　当該災害に係る救出行為等の緊急行為を行うことが、業界団体等の行う講習の内容等から、職務上要請されていることが明らかであること。

③　緊急行為を行う者が付近に存在していないこと、災害が重篤であり、人の命に関わりかねない一刻を争うものであったこと、被災者から救助を求められたこと等緊急行為が必要とされると認められる状況であった

こと。

なお、上記①〜③の要件を明確には満たさないものの、業務と同視し得る根拠がある場合には、本省に協議すること。

二　業務に従事していない場合に緊急行為を行ったとき

(1)　事業主の命令がある場合

緊急行為は、同僚労働者等の救護、事業場施設の防護等当該業務に従事している労働者として行うべきものか否かにかかわらず、私的行為ではなく、業務として取り扱う。

(2)　事業主の命令がない場合

業務に従事していない労働者が、使用されている事業の事業場又は作業場等において災害が生じている際に、業務に従事している同僚労働者等とともに、労働契約の本旨に当たる作業を開始した場合には、特段の命令がないときであっても、当該作業は業務に当たると推定することとする。

（平二一・七・二三　基発〇七二三第一四号）

(6)　休憩時間中

〈休憩時間中水汲みに行って転落した日雇労働者の死亡〉

問　被災者Nは、石切り場の職人の手伝いとして働いていた。石切場は断崖絶壁で、作業場は海面から約二五メートルの高さのところにある。Nは同僚中で一番若かったので、夏の暑い時は朝ヤカン一杯の飲料水を持って現場に上り、昼食時には下りて休憩し、仕事にかかるときは再び飲料水をヤカンで持って上っていた。暑い時などは途中で汲みに下りることもあった。当日（九月一九日）は、曇っていたので昼まで飲料水は不用であろうと思って発破用の塩水だけを持って上っていたが、九時一〇分か二〇分頃休憩になったとき、誰かが「咽喉が渇いたな」といいだしたので、Nはヤカンを持って下へ降りて行き、山の方へ帰りかけた瞬間転落し、後頭部を粉砕して死亡した。

答　業務上である。

（昭二四・一二・二八　基災収第四一七三号）

〈道路の傍らで休憩していた道路清掃日雇労働者の自動車事故〉

問　道路清掃工事の日雇労働者である被災者は、同僚一六名と作業に従事し、正午から全員休憩した。各作業員は、道路に面した柵にもたれ、あるいは座して昼食休憩していたが、一二時三〇分の作業開始時間になっても、作業監督者が現場に到着して作業開始を命ずるのは午後一時近くになるのが常態であった。当日も、所定の休憩時間をすぎており、責任者がくればすぐ作業にかかる態勢にあったところ、曲り角を疾走してきた乗用車が運転を誤って労働者の休憩していた場所に突入して柵に激突、被災者は逃げおくれて柵と自動車にはさまれ胸骨骨折の負傷を受けた。

答　業務上である。

（昭二五・六・八　基災収第一二五二号）

〈昼食中の岩石落下による死亡〉

問　被災者は、海岸道路の開設工事において、海岸に接した山を切り崩し海岸側に胴込石積を行なう作業に従事していたが、一二時に監督のIから昼食休憩の指示があったので、作業場のすぐ近くの崖下の少し平らになっているところで昼食の弁当を食べ始めた。そのとき、崖の上部にあった重量約五〇貫の岩石が落下し、岩石とともに約一メートル下の積石上に下向きに転落死亡したものである。

作業場には休憩所及び事務所の設備があるが、事務所は約一八〇メートルはなれており、また休憩所は小高くなっているところにあるため、被災者たちは休憩所まで行くのに歩きにくい坂道（道らしいものはない）を登って行かねばならないため、たいてい現場の日蔭になっている崖下等を利用して休憩昼食を行なっていたものである。

答　業務上である。

（昭二七・一〇・一三　基災収第三五五二号）

〈休憩中喫煙しようとしたところガソリンのついている作業衣に引火火傷した場合〉

問　被災者は、山から原木をトラックに積んで午後三時すぎに帰社し、トラックの整備に取りかかった。ガソリンの出が悪いのでトラックの下にもぐり、ガソリンタンクのコックを開いて石油罐にガソリンを出して夕ンクの掃除をしたが、午後四時すぎ作業が終わったので煙草を吸うため、事務所の前の休憩所でマッチに点火した瞬間、ガソリンのしみこんでいる被服に引火し、火傷を負ったものである。

答　業務上である。

（昭三〇・五・一二　基発第二九八号）

(7)　事業場施設の利用中

〈電気風呂で入浴中の感電死〉

問　K紡績㈱H工場女子寄宿浴場（蒸気式で一部電気式）に労働者Mが同僚三〇名とともに入浴中、湯の温度を高めるため会社電気係員が電気スイッチを入れたところ、入浴中の一部の者が電気を感じ急に上ったため、他の大部分の者も雷同して上ったが、Mは浴槽中に倒れていたので、直ちに介護し社医並びに看護婦が応急措置を講じたが死亡したものである。なお、医師の解剖の結果、死因は感電によるショック死とされた。

答　業務上の死亡である。

（昭二三・一・七　基災発第二九号）

〈**作業開始前の焚火による火傷**〉

問　負傷労働者は、当日午前六時四五分出勤、作業が午前七時に開始するので、作業開始までの間、休憩室に使用者が冬期とくに設けてある暖房装置（ドラム罐を高さ約一尺に切り周囲下部に穴をあけ上部から薪を投ずる）をかこんで、他の労働者とともにいつものように暖をとっていた。あまり薪が燃えないので、機械掃除用として作業場においてあった石油を他の労働者が持ってきて薪に撒きかけて燃やしたが、モンペに燃え移って火傷したものである。

答　業務上である。

（昭二三・六・一　基発第一四八五号）

〈**船中の給食による食中毒**〉

問　乗組員六名の漁船T丸は、作業を終え帰港に就いたが、船内で夕食をとる用意をし、副食物としてフグ汁を出した。乗組員のうち一名は船酔いで食べなかったが、他の五名の者が食後四〇分位で中毒症状を呈した。海上のため手当することができず、そのまま帰港、直ちに医師の手当を受けたが重症の者二名が死亡した。船中での食事は、労働契約で明示されているものではないが、会社の給食として慣習的に行なわれている。なお、フグの給食は、すべて乗組員の合意で決定したものであり、当地方においては、フグの給食が慣習になっている。

答　業務上である。

（昭二六・二・一六　基災発第一一一号）

〈**造材事業場附属寄宿舎の火事による死傷**〉

問　当日午後八時頃、H興業㈱O出張所造材事業現場附属寄宿舎に寄宿中の同社所属労働者（馬夫）Aは、馬小屋のランプが暗くなっていたので、石油入り一升ビンを持って馬小屋へ行くため炊事場を通り抜けようとしたところ、土間の薪につまずき、よろめいた瞬間手に持っていた石油ビンが傍で盛んに燃えている角ストーブに激突し、それに点火して宿舎内に火がまわり、労働者数名が死傷した。この寄宿舎は中二階があるため天井が低く（土間より六尺）内部が乾燥していて火のまわりが意外に速く、しかも出火場所が炊事場入口に近く、窓は雪に覆われていたため避難がきわめて困難であった。本寄宿舎の設置場所は、S町市街地から約六里はなれた僻地であって附近には全く人家がなく、造材事業に従事するため本寄宿舎を利用せざるをえない状況にあった。

答　業務上である。

（昭三三・九・八　基収第三二六四号）

〈楽屋に宿泊中の出演者が劇場火災のため死傷した事故〉

問　H市のC演劇㈱は、H歌舞伎座を賃借し、Y興業社のOショーによるショーを行なっていた。Oショーは C演劇側からH歌舞伎座内の楽屋、二部屋に宿泊するよう指定されていた。災害発生当日、ショーの終演後O座員はそれぞれの部屋で就寝したが、C演劇従業員も終演後劇場内の後片付けを行ない、その後通勤のT等四名は酒を呑み、Tはそのまま寝てしまった。その直後、舞台の下手の袖から出火したが、火の回り方が早く、C演劇のTおよびOショー一座中、踊子一名を含む五名は、逃げ遅れ死亡した。

答　Y興業社所属労働者（Oショー）については業務上とし、C演劇所属労働者については業務外である。

（昭三六・六・二七　基収第四二〇五号）

〈事業場の火災により住込み労働者が死亡した災害〉

問　Fタクシー会社において、当直運転手が、石油ストーブを事務所から仮眠室へ運ぶ途中、ストーブの下部が外れたため、こぼれた油に引火し同営業所は全焼し、その際二階に住み込んでいた同所の管理責任者Aと雑役夫の妻Bが焼死した。

発生現場附近にボール箱及び自動車専用モービルオイルが置いてあったこと並びに居合わせた労働者が消火器の操作方法を知らなかったことが大事にいたらせたものである。

答　業務上である。

（昭四一・五・二三　基収第三五二〇号）

(8)　事業場施設内で行動中

〈通路の不完全による墜落死〉

問　三交替制をとっているK配電火力発電所で三番方出勤（始業午後四時終業午後一二時）の汽罐係勤務の労働者が、午後一二時次回勤務者に事務引継ぎを終え、工事内裏手の細道を帰途に就いたが、同夜は霧模様の天候で視界が狭く、そのために歩道横側沈砂池に墜落溺死したものである。なお、被災者は、当日責任者欠勤のため、その代理として工場内裏手の巡視を兼ねて帰途につく予定であったもので、夜間のことであり、しかも沈砂池が面積四〇八平方メートル深さ六メートルの相当大きな池にもかかわらず、使用者は柵を設けるなど危害予防の設備を怠っていたものである。

答　業務上である。

（昭二三・四・二　基収第一二五九号）

〈工場構内歩行中にマムシに咬まれた場合〉

問　被災者Sの勤務している工場は、火薬類を製造しているため、C半島中央部丘陵の民家部落を離れた位置にあるところ、Sは、二直勤務中の作業を中止し、夕食のため、同僚とともに作業室を出て更衣室へ向ってトロッコレール内を歩行中、マムシに咬まれた。

なお、負傷した場所の附近には雑草の叢があり、この場所でしばしばマムシを見かけると従業員が言っており、工場内の草刈中にも時々マムシを発見している。

二直勤務者の休憩時間は夕食時間を兼ね、通常午後七時から八時までとなっている。Sがその時間に更衣室に向ったのは、夕食の弁当を取りに立ち寄ろうとしたものである。なお、食事は、食堂で会社支給の副食物をもらったうえ、そこで食事するよう指示されている。

答　業務上である。

（昭二七・一二・一　基収第五六〇三号）

⑼　出張中

〈出張途上でトラックに便乗した発電所職員の転落事故〉

問　労働者Aは、K発電所取水口の水路番として勤務していたが、当日、流材及び取水調節門扉開閉用クラッチ故障の件について、発電所長に電話連絡したところ、通話不良のため発電所まで下るように命ぜられた。そこで、Aはクラッチの部分をリュックサックで背負い、午後三時半頃P土木のトラックに便乗して取水口を出発した。途中、積荷と悪路のためトラックが容易に進まないので、下車してトラックを押した。トラックがようやく動けるようになり、押していた者がトラックに乗り始めたので、Aもトラックの左側から乗ろうとして転落、後車輪で轢かれ死亡した。なお、取水口から発電所までは約五キロメートルあり、また、かかるトラックの利用は事業主も黙認していた。

答　業務上である。

（昭二三・八・二八　基収第三〇九七号）

〈自宅から直接用務地へ向かう途中の事故〉

問　被災者Fは、所属課長の命により同課従業員中の無届欠勤者の事情を調査するため、通常より約三〇分早く自宅を出発、自転車で欠勤者宅に向かう途中電車にはねられ死亡した。従来の慣習として、各課長は課内の従業員の欠勤状況を同僚従業員に調査させており、特に同工場の人員整理を行なうため、本社名義で調査を指導した。なお、自宅から用務地に行くことは「自宅公用外出」と称して、所定始業時刻後一時間以内のものは定時出勤扱いされている。

答　業務上である。

（昭二四・一二・一五　基収第三〇〇一号）

〈いったん停車を怠ったため発生した踏切事故〉

問　N運送㈱のオート三輪車運転手Aは、中央市場で鮮魚を積み、K町、T町の各魚店に配達を終り、帰社途中、荷札二束を購入するためK町のO荷札㈱へ立寄り、用事を済ませて再び三輪車を運転して帰ろうとしたところ、車の脇に八名の女子生徒がおり、途中まで便乗させてほしいと依頼された。Aは事情をきいたところ、遠足で落伍した中学生だというので同情し、規則制限外乗車で法令違反とは知りながら便乗させた。O荷札㈱前から、約三〇〇メートルの鉄道踏切にさしかかったところ、Aは、踏切の右側に線路工手が立っていて、左側を指さしているのを発見した。工手は左側から列車の進行して来たことをAに知らせるために合図したのであるが、Aは、それを自分の車のどこかの故障を教えてくれたのかと感違いし、車の調子に気をつけてみたが、別段異常もないのでそのまま踏切を横断しようとしたところ、進行して来た列車にはねられ、運転手Aは重傷、荷台の女子生徒八名は即死した。なお災害発生地点は、K町より事業場までの順路上にあった。

答　業務上であるが、踏切における停車義務違反によって生じたものであるから重大な過失によるものとみられる。

（昭二六・九・一四　基収第三八五〇号）

〈出張地外で催し物を見物しその帰途において生じた自動車事故〉

問　被災労働者Tは、工場長から「K町Fの金いかだ店から修理を依頼してあったいかだを受取り、同地のF織物工場の管巻機の使用方法と原糸の使用工程を見学するため、K農協のオート三輪車に便乗し出張するよう」命令された。当日は電休日で工場は休みであったが、当日K農協の運転手Pから「N市へオート三輪を出すが用事はないか。」と電話があったので工場長がTの便乗をPに依頼したものである。正午頃金いかだ店に着いたが品物がまだ出来上っていないので、Tは店主に「N市に行って帰り途に寄る」旨告げてN市に向った。TとPは午後一時頃N市に着き、Pは農協の仕事をすませた。TとPは、附近に車を置いて、N市恒例の曳山及びサーカスを見物、夕食をして、午後九時半頃N市を出発、一〇時頃再び金いかだ店に寄った。しかし、「いかだの損傷が大きく、でき上るのは明日になるから、明日工場へ持参する。」と店主はいい、さらに二人に休息するようにすすめた。店の者を交えた五人で一升の酒をのみ、午前一時頃Tは荷台に積んである肥料の上にムシロを敷いて仰臥し出発した。途中、Pは運転を誤り水田に転落、Tは積荷の下敷きとなり死亡した。

答　業務上とは認められない。

（昭二七・一二・一　基収第四七七二号）

〈出張地で風土病にかかった場合〉

問　T国に出張したAは、出張中食事には気を付けていたのであるが、帰国後、アミーバ性肝膿瘍にかかった。Aの勤務場所及び住居附近においては同種患者がなく、同病の潜伏期からみて、AがT国出張中に病原体の附着しているえびを食べたことによるものと医学的に推定されている。なお、この病原体は、東南アジア諸地域から中国大陸方面の川えびによく付着しているものである。

答　業務上である。

（昭二九・八・一八　基収第二六九一号）

〈無免許運転のジープに同乗して転落溺死した事故〉

問　S建設Fキャンプ内の経理係Oは、出納事務終了後、新任の経理課長Iと事務打合わせをし、そのあと二人でA運転のジープに同乗して現場に行き、現場の経理主任Nと経理事務について討議し、帰途上、Iの指示により、一行はH港に寄り、資材引取り状況を調査中、突然豪雨となったので、引き揚げるためジープに乗り発車したが、視野が悪く、対岸の灯を標識灯と誤認して、岸壁の柵を飛び越え海中に転落、I及びAは泳ぎついたが、Oは翌朝溺死体となって発見された。運転手Aは無免許であったが、そのことはIもOも知らず、Aは主任にも無断で車庫からジープを出して運転したものである。

答　業務上の死亡である。

（昭二九・一一・一八　基収第五一二三号）

〈女子従業員募集係が出張地から直接自宅に帰る途中の事故〉

問　被災者Fは、T紡績㈱S出張所の女子従業員募集係である。Fは、L市及びT郡に家庭訪問及び女子従業員募集のため出張するよう命令を受け、自宅から直接用務地に赴き、用務終了後、午後八時二〇分頃会社に立ち寄り、当日の状況を所長に報告したところ、所長から「今日、本社から電話があり、I工場に採用決定されているN外数名の者をT工場に変更する旨連絡があったので、なるべく早く各家庭に連絡するように」との指示を受け、午後八時三〇分頃、会社備付のオートバイを借用し、連絡をすませて自宅に帰る途中運転を誤り、転倒負傷した。被災者の職務は、家庭連絡及び募集業務であり、一カ月のうち三分の二は各地区に出張し、三分の一は出張所に出勤していた。出張のときは、慣例として、自宅から直接用務地に赴き、用務終了後は、出張所に寄るも直接自宅に帰るも自由にまかせられていた。被災場所は用務地から自宅への順路上であり、オートバイは、募集業務の能率化を図るため会社で購入し、F外三名が免許を持ち、必要に応じて乗っていたものである。

答　業務上である。

（昭三二・一〇・一　基収第五二六八号）

〈出張地で鉄道線路を歩行中の列車事故〉

問　労務者を三〇名位集めてくるようとの特命を受けた建設会社の世話役A（副班長）は、自宅附近に出張し、近隣のいわゆる兄貴分Iに労務者のあっせん方を依頼しようとして、自転車でZ町のIを自宅に訪ねたが、留守だったので、その工事現場に行きIと話したのち、午後二時四分T駅発の列車で帰るといって別れた。その後、午後六時頃T駅から約三キロ離れた鉄道線路上でAの轢死体が発見された。

列車は、カーブを通過した直後に約三〇メートル前方に人影を発見し、非常制動をかけたが間に合わないで轢いたもので、AはT・H間の乗車券を所持しており、諸般の事情により、列車に乗車中振り落されて転落したものとは認められず、線路を歩行していたことが推定された。なお、事故現場は、朝自転車を預けたIの家に近いので、AはT駅でH市に帰るべく乗車券を買ったが、思いなおしてIの家に赴くため近道をして線路を歩行していたものとしか考えられない。飲酒の事実はなく自殺又は他殺の疑いもない。

答　業務上である。

（昭三三・九・八　基収第三二六四号）

〈自宅から出張先に赴く途中の列車事故〉

問　F電力㈱T営業所の計画係長Tは、明日午前八時から午後一時までの間に、下請業者の実施するH町高圧耐塩用CF遮断器取換え作業を指導・監督するため部下一名とともに出張するようにとの命令を受けたので、明日は部下と直接用務地に赴くことを打ち合わせた。翌日、午前七時すぎ、自転車で自宅を出発し、列車に乗車すべく進行中踏切りで列車に衝突し死亡した。なお、同係長は通常の通勤の場合にも、その列車を利用しているものである。

答　業務上である。

（昭三四・七・一五　基収第二九八〇号）

⑽　赴任途上

〈赴任途上における業務災害等の取扱いについて〉

赴任途上における災害に関する業務上災害又は通勤災害の認定については、従来、特段の基準がなく、一般原則に従って個別に判断されてきたところであるが、先の労働者災害補償保険審議会の建議等を踏まえて、今般、当該取扱いの基準を下記のとおり定めたので、事務処理に遺漏なきを期されたい。

記

一　赴任途上における業務上の事由による災害（以下「赴任途上災害」という。）の範囲

赴任途上における災害のうち次の(1)～(4)の要件をすべて満たす場合に赴任途上災害とすること。

(1)　新たに採用された労働者が、採用日以後の日において、その採用に伴う移転のため住所若しくは居所（以下「住居地」という。）から採用事業場等に赴く（以下「新規赴任」という。）途上又は転勤を命ぜられた労働者が、その転勤に伴う移転のため転勤前の住居地等から赴任先事業場等に赴く（以下「転勤」という。）途上に発生した災害であること。

イ　新規赴任とは、住居地から、採用事業場への通勤が可能な地域への転居を前提とした移転をいう。

具体的には、移転のため住居地から採用事業場所属の社宅等へ赴く場合のほか、移転先住居等の都合によりホテル等へ赴く場合又は直接採用事業場へ赴く場合が該当すること。

ロ　転勤とは、住居地等から、赴任先事業場への通勤が可能な地域への転居を前提とした移転をいう。

具体的には、移転のため、住居地又は赴任元事業場から赴任先事業場所属の社宅等へ赴く場合のほか、移転先住居等の都合によりホテル等へ赴く場合又は直接赴任先事業場へ赴く場合が該当すること。

(2)　赴任先事業主の命令に基づき行われる赴任であって社会通念上合理的な経路及び方法による赴任であること。

イ　「赴任先事業主の命令に基づき行われる赴任」とは、次の要件に該当する場合をいう。

(イ)　「命令」の内容が具体的かつ一定の拘束性を持ったものであること。

具体的かつ一定の拘束性を持ったものであるためには、赴任の日時及び方法等が一定程度具体的に示されたものであり、かつ、当該命令に従うことが当該命令を行った事業場において一般的であると認められる場合をいうこと。

(ロ)　転勤の場合において、赴任先事業主から当該労働者に対し命令がなされた場合を「命令」があったものとするものであるが、赴任元事業主より命令がなされた場合であっても、事前に赴任先事業主との合意に基づきなされたものと認められる場合には、赴任先事業主の命令によるもの

として取り扱って差し支えないこと。
ロ「社会通念上合理的と認められる経路及び方法」とは、当該赴任を行う場合に一般に労働者が用いると認められる経路及び手段をいうものであること。
(3) 赴任のために直接必要でない行為あるいは恣意的行為に起因して発生した災害でないこと。
(4) 当該赴任に対し赴任先事業主より旅費が支給される場合であること。
「赴任先事業主より旅費が支給される場合」には、例えば、企業内転勤の場合のように赴任元事業主又は本社等より旅費が支給されるとしても、当該事業場における過去の取扱い等から判断して赴任先事業主の了解のもとに支給されたものと一般的に認められる場合を含むものであること。
二 保険関係の処理
赴任途上災害については、赴任先の事業場の保険関係を適用する。
三 海外派遣者にかかる赴任途上災害についての認定
海外派遣者として特別加入している者にかかる赴任途上災害についても上記一と同様の扱いをするものである。
〈以下略〉
（平三・二・一　基発第七五号）

(11) 通勤途上

〈突発事故のため休日出勤する途上の事故〉

問 休日に、鉄道の保線工夫が、自己の担当する鉄道沿線に突然事故があったため、自宅等から使用者の呼出しを受けて現場にかけつける途上は、業務遂行中と解すべきか。

答 業務遂行中である。
（昭二四・一・一九　基収第三三七五号）

〈発電所員が豪雨のため社宅で待機すべく出張先から戻る途上の転落事故〉

問 N発送電㈱A発電所労働者Oは、当日所長からB小学校で催される映写会の準備係を命ぜられ、午後一〇時映画終了後ただちに後片づけを行なった。同一〇時三〇分頃終了したので、妻、母等とともに妻の実家に泊るべく帰路についたが、K橋にさしかかった際、豪雨のため、はなはだしく増水しているのに気づき、不文律の社則「増水の際は必ず社宅にあって待機せよ」により、妻の実家に立ち寄ることなく単独で社宅に戻る途中、転落して災害をうけたものである。なお、本人が社宅に戻ろうとした道路はB小学校からA発電所社宅までの通常の道路である。

答 業務上である。
（昭二五・四・一二　基収第六二〇号）

〈事業場専用バスに乗車する際の事故〉

問　S運輸会社の運転手三人は、いつものようにKレイヨンS工場の従業員を輸送するため大型バスを運転してS運輸の車庫を出発し、輸送出発地点である神社前に到着、方向転換しようとしたとき、たまたまエンジンが止まったので運転手はクランクしていたところ、待合わせ中の通勤者が乗車を始め、被災者Kが続いて乗車しようとした。そのとき、ブレーキをふんでいた運転手の足がゆるみ、神社前の幟石にのっかっていたバスの前輪が後方に落ち、前輪のフェンダーが幟石がKに倒れかかってKは挫傷を受けた。

本件バスは、S運輸所有のものであるが、契約により通勤専用のバスとして、神社前と工場との間（二二・五キロメートル）を朝夕往復している。

答　業務上である。

（昭二五・五・九　基収第三二号）

〈宿舎から工事現場に行く途中の渡舟転覆事故〉

問　被災者は、僻地の土木建築工事に従事する労働者で、毎日、次のコースを通って就業している。

朝　第二宿舎→渡舟→第一宿舎で朝食→現場

昼　現場→第一宿舎で昼食→現場

夕　現場→第一宿舎で夕食→渡舟→第二宿舎

第一・第二宿舎とも事業主が設置したもので、渡舟は民家（第二宿舎の所有者）の舟を、その時により民家の主人が漕いだり、労働者が漕いだりしているものである。

当日、作業も終わり、T組二三名がいっしょに第二宿舎に帰るため、そのうち六名が渡舟に乗船して川を横断しているとき、川の中で漕竿を水にとられて転覆し、労働者二名が溺死した。なお、当日は前日来の降雨のため、一メートル以上水深が増し、流れも速くなっていた。

労働者の夕食後の行動は、原則としては各人の自由であるが、一般村民に対する会社としての秩序維持と労働力の保全との必要から、事業主は、宿舎へいっしょに帰るよう指示していた。

答　業務上である。

（昭二六・一〇・一九　基収第三七八二号）

〈家庭科担任教諭が謝恩会用の材料を購入して登校する途上の事故〉

問　小学校の家庭科担任教諭である被災者は、当日学校で催される卒業生の謝恩会で使用する予定の料理材料を持って登校する途上、前方からきた自転車に接触して転倒し、負傷した。謝恩会は毎年行なわれる学校行事であり、卒業生と担任教諭とが協議のうえ、自主的に開催することとしており、校長もその実施に許可を与えている。被災者は家庭科担任であるため、この種の行事が行なわれるたびに調理を依頼されていた。被災者は、前日に学生主任から「すし」用の油揚の購入と調理を依頼され、当日早朝注文した油揚をいったん自宅に持ち帰り、それを持参して登校したのであるが、その途中で某店に立ち寄り油揚を追加注文した後、前記災害地点にさしかかったものである。

従来学校における催物に必要な材料は、学校の方針として学校区域内の商店から輪番で購入することとされており、油揚は、区域内に加工店が四軒あるから、そこで購入することは容易である。その点、被災者が学校区域外の自宅附近の商店で購入したことは異例であり、学校には給食設備が整っているので、「すし」を作るには三時間をみれば充分である。また、本件謝恩会については校長から承認を与えられているが、時間外勤務として業務命令は出されていない。

答　業務外である。

（昭二八・四・二三　基収第一一六二号）

〈通常の出勤時刻に突発事故のため出勤督励を受けて現場へ向う途中の事故〉

問　当日は早朝から風雪極めて激しく悪天候であったため、労働者の出勤状況も悪く休業同様の状態であったが、K港運㈱業務課副班長は、当日通常どおり午前七時に出勤していたところ、O営業所現場事務所に近接する岸壁につないであった足舟が浸水沈没しつつあるのを発見、業務課長に報告した。業務課長は、足舟が沈んでは当日の作業に支障が生ずると考え、これを浮上せしめるよう指示するとともに、被災者Nを含め未出勤者の出勤督励を副班長に指示した。副班長は直ちに当地在住の班員にその旨連絡に向ったが、N以外の班員は作業不可能と判断してNのみに連絡した。Nは、足舟係でもあり、一応出勤態勢にあったので、連絡を受けると直ちに自宅裏から臨港線（O駅までの引込高架線）に登り、約一〇〇メートルほど線路を歩行（通常の通勤順路の三分の一の近道）、O駅手前の鉄橋上を足舟沈没現場へ向う途中、後方から進行してきた貨物列車に轢かれて重傷を負い、翌日死亡した。

労働者の就業時間は午前七時三〇分から午後三時三〇分までと定められているが、作業開始は午前八時であり、それまでに出勤すれば出勤扱いされるのが慣例であった。作業は、港湾荷役の性質上船舶入港の如何によって繁閑があり、予定外の入港があった場合等には、業務課長の指示又は班長（又は副班長）の自己判断により出勤督励がなされる慣例があった。班長（又は副班長）は、業務課長の指示により、その日の作業の段取りをするほか、人員不足等の場合には欠勤中の班員を出勤督励する等の責任をもっていた。

答　業務上である。

（昭三〇・一一・二二　基災収第九一七号）

〈通勤労働者が人員輸送用トラックにとび乗ろうとした際の死亡事故〉

問　米軍基地内の土木工事に従事する労働者Aは、事業主と米軍との契約により米軍が出退勤用に提供した人員輸送用トラックに乗車していた。当日の勤務を終了したAが、右のトラックに乗車するため駐車場に待機していたところ、たまたま現場測量班専用のトラックが宿舎に向って発車するのを見て、これに便乗しようとして走り、トラックの左サイドにとびつき、しばらくぶら下っていたが、乗車を断念して降りようとしてトラックの車輪にまき込まれ、死亡した。

答　業務外である。

（昭三一・九・三　基収第五〇六一号）

〈失対労働者が安定所で紹介をうけて作業現場へ行く途中の事故〉

問　災害当日、日雇労働者Sは、平常どおり午前七時三〇分頃、安定所窓口においてK市失業対策事業に紹介を受けたのち、事業主体であるK市より安定所に派遣されていた同市失対労働者監督員Fから安定所構内で、賃金格付け、作業割当て（清掃、土木等就労現場区分）をうけ、工事現場であるK市A町（安定所から約五キロ）に行くよう指示された。そこで午前八時頃同僚労働者八名とともに自転車で国道（二号線）を工事現場に向って出発し、安定所から約二キロの地点にさしかかった際、前方から進行してきたトラックを避けようとして、乗っていた自転車のハンドルの操作を誤り、道路上に転倒して負傷したものである。

答　業務外である。

（昭三四・五・一九　基収第三〇三四号）

〈自動車セールスマンの外勤帰途における死亡事故〉

問　K自動車販売会社のセールスマンであるNは、顧客に自動車を納入した上、いったん同社のHサービスステーションに帰ったが、たまたま同サービスステーションに他の顧客から下取りした軽三輪車があったので、自動車納入に際して同行したT自動車㈱Y営業所K職員を、同人宅まで送り届けたうえで、帰宅しようと思い、同サービスステーションを午後八時頃出発した。ところが、下取りしたままの軽三輪車であったため、途中で二回故障して同人宅に着いたのは、午後九時三〇分頃になった。そこで、同人宅で夕食をとり、会社に帰る途中の午後一一時三〇分頃、軽三輪車が道路の左側端の非舗装部分に左後輪をとられ稲田に転落した事故により死亡するに至ったもの。

答　業務外である。

（昭三七・八・三　基収第四六四三号）

〈自宅より作業現場に赴く途中の事故〉

問　被災者SはF県K土木出張所道路補修課に所属し、A詰所に勤務する土木工員であるが前日に引続き、自己担当路線外の道路補修のための集団作業に従事するため自宅を出て、国道上を当該現場に向って自転車で東進中、自宅より約一・三キロメートルの地点において同方向に進行してきたO運転の乗用車に追突され負傷死亡した。Sの所属するA詰所においては、各土木工員ごとに一応担当路線の定めはあるが、同所管内における多人数を要する作業については、同所土木工員全員が、その現場において就業することになっており、その場合は、出張の扱いはされていなかった。

答　業務外である。

（昭三九・三・六　基収第一〇二九号）

〈工事現場員の列車による死亡事故に係る業務上外について〉

問　当局管内において、下記のとおり死亡災害が発生し、通勤途上による業務外の災害と判断されるも、いささか疑義がありますので何分のご指示を賜わりますようお伺いいたします。

記

①　災害発生事実

被災労働者Kは昭和四三年一〇月二五日より㈲S建設に雇い入れられ、同社の施工する国鉄T駅宿舎新築その一工事の現場員として昭和四三年一〇月二五日より毎日同人の居住地よりT市の工事現場まで国鉄列車を利用して毎日赴いていたが、昭和四四年一月二〇日T駅のホームを出て同駅構内にある無人ふみきりにおいて折から同駅に進入してきた下り列車にはねられ、午前九時一五分即死したものである。

②　調査の状況

被災者が国鉄T駅構内の無人ふみきりにおいて下り列車によりれき死した事実はT警察署、T駅、吉田医師等が認めており、その事実は明らかであるが、事故当時の午前七時三〇分頃、被災者はM市D町の㈲S建設事務所に出社して社長Sと面接し、工事の打合せや報告を行った後午前九時一五分頃上記ふみきりにおいてれき死体となって発見されたものである。その間の被災者の通常の行動は明らかでないが、被災者の通常の現場に至る状況等よりして、被災者が現場における用務以外の所用を行ったと推定することは困難である。

従って被災者は平常通りの時間、方法でT駅に下車、直ちに工事現場に行くべく徒歩で同ふみきりにさしかかった際下り列車にはねられたと推定するを相当と思料せられる。

被災者の事故が自殺によるものか、過失によるものか明らかでないが関係者等の聴取等よりして何等自殺の動機は認められず又、国鉄側の過失については、警察においてもこれを認めていない。被災者が下車するT駅において午前九時八分頃毎日同人の乗車する上り列車と下り列車はすれ違うこととなっているので、同人が無人ふみきりを渡る午前九時一五分頃は下り列車は既に同ふみきりを通過してT駅ホームに進入している実情であったが、たまたまこの下り列車が九分おくれてT駅に進入してきたため、当該事故が発生したと推定する外はなく、全く被災者の誤認による不注意の事故と判断される。

答　業務上である。

（昭四四・一二・二三　基収第五〇九三号）

⑿　運動競技会、宴会、その他の行事に出席中

〈運動競技に伴う災害の業務上外の認定について〉

標記については、昭和三二年六月三日付け基発第四六五号「運動競技会に出場中の労働者の被った災害に係る業務上外の認定について」（以下「旧通達」という。）により取扱いを指示してきたところであるが、近年、企業に所属して運動競技会出場又は運動競技の練習（以下「運動競技」という。）を行う者の中には、運動競技を行うことを業務とする労働者が増加する等その態様が著しく変化している状況が見られるところである。

このため、企業に所属して運動競技を行う者に関して本省において実施した実態調査の結果等を踏まえ、運動競技に伴う災害の業務上外の認定に当たっての判断要件を下記のとおり定めたので、事務処理に遺憾のないようにされたい。

なお、旧通達は、本通達をもって廃止するものとする。

記

1　運動競技に伴う災害の業務上外の認定に当たっての判断要件

運動競技に伴う災害の業務上外の認定については、他の災害と同様に、運動競技が労働者の業務行為又はそれに伴う行為として行われ、かつ、労働者の被った災害が運動競技に起因するものである場合に業務上と認められるものであり、運動競技に伴い発生した災害であっても、それが恣意的な行為や業務を逸脱した行為等に起因する場合には業務上とは認められないものであ

る。

ここでいう「業務行為又はそれに伴う行為」とは、運動競技会において競技を行う等それ自体が労働契約の内容をなす業務行為はもとより、業務行為に付随して行われる準備行為等及びその他出張に通常伴う行為等労働契約の本旨に則ったと認められる行為を含むものであること。

また、ここでいう「業務行為」とは、以下の要件を満たすものであること。

(1)　運動競技会出場に伴う災害について

労働者の運動競技会出場については、以下に掲げる「対外的な運動競技会」又は「事業場内の運動競技会」の区分毎に、次に掲げる要件のいずれをも満たすこと。

イ　対外的な運動競技会

(イ)　運動競技会出場が、出張又は出勤として取り扱われるものであること。

(ロ)　運動競技会出場に関して、必要な旅行費用等の負担が事業主により行われ（競技団体等が全部又は一部を負担する場合を含む。）、労働者が負担するものではないこと。

なお、労働者が個人として運動競技会に出場する場合において、上記(イ)及び(ロ)の要件を形式上満たすにすぎない場合には、事業主の便宜供与があったものと解されることから「業務行為」とは認められないものであること。

ロ　事業場内の運動競技会

(イ)　運動競技会は、同一事業場又は同一企業に所属する労働者全員の出場を意図して行われるものであること。

(ロ)　運動競技会当日は、勤務を要する日とされ、出場しない場合には欠勤したものとして取り扱われること。

(2)　運動競技の練習に伴う災害について

労働者が行う練習については、上記(1)のイに掲げる要件に加え、事業主が予め定めた練習計画に従って行われるものであること。

なお、ここでいう「練習計画」は、

①　練習に係る時間、場所及び内容が定められていることが必要であること。

②　事業主が予め認めた範囲内において、労働者に当該練習計画の変更についての裁量が与えられているものであっても、これに該当するものであること。

したがって、練習計画とは別に、労働者が自らの意思で行う運動は、ここでいう「運動競技の練習」には該当しないものであること。

2　運動競技を行う者の労働者性の判断について

(1)　運動競技に伴う災害についての業務上外及び通勤災害の認定に際して、労働者性の判断を行う場合は、従来からの労働者性判断の考え方に基づき、形式的な契約形式にとらわれることなく、労務提供の実態や報酬の労務対償性及びこれらに関連する諸要素を総合的に勘案して実質的な使用従属関係の有無を判断するものであること。

⑵　企業に所属して運動競技を行う者（いわゆる企業スポーツ選手）の中には、労働契約に基づき労働者として運動競技を行う者や労働契約によらないでいわゆるプロ契約選手として運動競技を行うものが混在する状況にあることにも留意すること。

3　本通達の運用に当たっての留意事項について

⑴　上記１の⑴の「対外的な運動競技会」とは、例えば、労働者が、所属する事業場の代表選手として出場する事業場間の対抗競技大会や所属する企業の代表選手として出場する実業団競技大会等の企業間対抗競技大会のほか、日本代表選手として出場するオリンピック競技大会等の国際的競技大会や各都道府県代表選手として出場する国民体育大会等の全国的競技大会が該当するものであること。

また、「事業場内の運動競技会」とは、同一事業場や同一企業に所属する労働者等が出場する運動競技会をいい、いわゆる「社内運動会」が該当するものであること。

⑵　運動競技に伴って宿泊を要する場合の宿泊施設等における災害や住居から競技会場までの往復等に伴う災害については、出張中の災害や通勤途上の災害に関する従来からの取扱いによること。

（平一二・五・一八　基発第三六六号）

〈事業場主催の慰安旅行中船の沈没による溺死〉

問　Ｈ製粉㈱では、毎年恒例の従業員慰安旅行を一泊の予定で行ない、会社常務取締役が引率していたが、たまたまＮ港においてＫ丸より艀に乗り換える際、定員を超えていたため艀が沈没し、従業員は溺死した。

答　業務外である。

（昭二二・一二・二九　基発第五一六号）

〈事業場内の体育会出場中の負傷〉

問　Ｆ製鉄㈱Ｋ製鉄所における、従業員の親睦的団体である真道会と健康保険組合との共催で実施された総合体育会に出場中の柔道選手が試合中負傷した。

①　真道会は全従業員によって組織された団体で、会員の福祉増進をはかり事業の健全な発展に資することを目的として、その会長はＫ製鉄所の所長、副会長は副所長、理事長は労働部長、常務理事は厚生課長をもってあてられている。

②　体育会は昭和二一年以来毎年春秋二回開催されている。開催に当たっては、健康保険組合常務理事及び真

道会常務理事の連名で所長あて文書を提出し、所長は会長の資格において決裁している。

③出場者は公用外出の取扱いをうけて競技に出場しているが、他は平常通り就業している。

答　業務外である。

（昭三二・一一・二　基収第六七八七号）

〈対抗野球大会出場中の死亡〉

問　S市商工会議所主催野球大会に出場したT製鉄所チーム所属Aは、試合中ベースの留金に頭部を強打して死亡した。

①右の野球大会は毎年春秋二回定例的に市内一流会社がほとんど全部参加して開催され、同市の年中行事の一つである。

②出場選手の選定は、一定の選考基準のもとに野球監督と野球部長である工場次長が協議したうえで選出し、工場長、労務課長を通じて社長の承認を得る方法で行なわれている。

③T製鉄所チームは大会第一日（土）と第二日（日）に出場しているが、第一日は、通常の労働時間中に一試合を行ない、賃金は一日分が支払われている。

④大会第二日（災害発生当日）は公休日であり、出場選手に賃金は支払われていないが、日当に相当する額の食事、菓子等が支給され、使用者は口頭で代休を与える旨を選手に申しわたしている。

答　業務上である。

（昭三三・三・一八　基収第六八号）

〈技能検定実施中の雇用労働者に対する災害補償について〉

職業訓練法に基づく技能検定の受検に関し、労災保険法の適用を受ける事業場の労働者が災害をうけた場合は、次の要件のすべてをみたす場合に限り、当該被災労働者の所属する事業場にかかる業務上の災害として取り扱うこととする。

一　当該技能検定を受ける職種が、被災労働者の職務に関するものであること。

二　当該技能検定を受けることが、事業主の特命によるものであること。

なお、事業主の特命があったと認められるためには、当該技能検定の受検につき出張命令がだされ、または受検当日は通常の出勤として取り扱われていることを要するものとする。

（昭三四・一〇・九　基発第七〇〇号）

〈一級技能士全国技能競技大会参加中の雇用労働者に対する災害補償について〉

一級技能士全国技能競技大会開催要綱に基づいて行われる一級技能士全国技能競技大会に参加した雇用労働者が、競技に関し災害を受けた場合には、昭和三四年一〇月九日付け基発第七〇〇号（技能検定実施中の雇用労働者に対する災害補償について）に準じて取り扱うこととする。

なお、同大会へ派遣する選手選抜のための地区予選大会についても、上記取扱いと同様とする。

（昭五七・一・七　五六基収第五〇二号の二）

⒀　療養中

〈業務災害による精神異常者の療養中における自殺〉

問　業務上の災害により負傷又は疾病を蒙り療養中精神障害によって自殺をした場合は、業務上の死亡として取り扱ってよいか。

答　自殺が業務上の負傷又は疾病により発した精神異常のためかつ心神喪失の状態において行なわれ、しかもその状態が該負傷又は疾病に原因しているときのみを業務上の死亡として取り扱われたい。

（昭二三・五・一一　基収第一三九一号）

〈通院途上の自転車事故〉

問　被災者は、Ｙ製紙㈱工場内倉庫においてドラム罐入り苛性ソーダ（固形）を粉砕の際、その粉末が両眼に散入したので応急手当を施し、翌日附近の眼科医の診療を受けたが、経過不良のため転医し、以後毎日通院していた。ある日通院のため駅に向う途中鉄道踏切にさしかかった直前、たまたま踏切遮断機がおり、自転車に乗ったまま遮断機に激突して左上眼瞼裂創を受けた。本人の陳述によれば、右眼に眼帯をかけていて太陽の直射光線を受け、視界が不明瞭であったため激突したものである。

答　本件は業務外である。

（昭二四・二・七　基災発第三四号）

〈業務上左脛骨横骨折をした者が通院途上転倒して再骨折した場合〉

問　被災者は、ミキサープラントでコンクリート練作業に従事中、ウインチマンが誤ってウインチを逆に巻いたため、枕木とトロ台との間に左下腿をはさまれて左脛骨横骨折をした。直ちに入院して加療を受け、五カ月後に退院したが主治医の指示により通院加療を続けていたところ、通院の帰途道路上ですべって転び、左脛骨を再骨折した。病院までは片道二・五キロメートルあり、しかも積雪六〇センチメートルに及んでいたが、当人はギブスなしで歩行していたものである。医師の意見では再骨折の骨折線は当初のそれと同一であること、当初の骨折はまだ治ゆしておらず、ゆ合不完全の状態にあったこと、このような状態においてギブスもつけず長距離を歩行すれば一寸した拍子で再骨折しかねないことを認めている。

答　業務上である。

（昭三四・五・一二　基収第二二一三号）

〈業務上右大腿骨を骨折した者が入浴に行く途中で転倒して再骨折した場合〉

問　被災者は、坑内で採炭作業中に炭壁が崩れ落ち、右大腿骨を骨折した。その後いったん治ゆしたのであるが、転位ゆ合があって変形治ゆしたものであるため、K病院に転医して入院し手術を受けた。退院後、再び転医して通院加療を続けていたが、会社施設の浴場へ行く途中で実弟Bの社宅に立ち寄り雑談したのち、浴場へ行くため玄関から土間へ降りようとして右足を下駄に乗せたところ、下駄がひっくりかえったため転倒し再び右大腿骨を骨折した。再骨折部は前回の骨折部のやや上部に当るが、すでに手術後は右下肢の短縮と右膝関節の硬直を残していたため、通常の者より転倒しやすく、また骨が幾分細くなっているため骨折しやすい状態にあった。

答　業務外である。

（昭二七・六・五　基災収第一二四一号）

〈大腿骨骨折ゆ合後の療養中モーターバイクに乗車し同一部位を再骨折した場合〉

問　O炭鉱K工業所の坑内掘進夫であるSは、坑内で発破後積込み作業中落盤により右大腿骨骨折等の負傷を受け入院治療を続けて骨折部のゆ合はほぼ完全となったが、なおマッサージを行なっていた。たまたま見舞に来た友人のモーターバイクに乗って運転中、車とともに転倒、右大腿部を再度骨折した。なお再骨折した部位は、当初の骨折部位と骨折線に多少のズレはあるが同一部位である。

答　本件右大腿骨骨折により入院治療中の患者が友人のモーターバイクに乗車した行為は、骨折入院中の患者として全くの恣意的行為であるから、本件再骨折は、当初の業務上の負傷と相当因果関係を認める余地がなく、業務外である。

（昭三二・一二・二五　基収第六六三六号）

〈業務上右腓骨を骨折した者が用便後転倒して再骨折した場合〉

問　被災労働者は、土木工事現場で作業中、岩が倒れてきて右腓骨を不完全骨折し、病院で温布処置を受けたが、副木固定は必要がないとして、していなかった。その後、被災労働者は、自宅において用便のため松葉杖を使用して土間をへだてた便所へ行き、用便後便所内から石台の上に降り、さらにコンクリート土間へ降りる際、松葉杖が滑ったため転倒し、コンクリート舗装の角で前回の受傷と同一部の右下腿を強打したため、当初の骨折を完全骨折したものである。

答　当初の不完全骨折がなければ転倒打撲を受けて再骨折することもなかったはずであり、かつ、療養中に生じうべき転倒事故によって当初の不完全骨折部を打撲したため再骨折したものであって、本件再骨折は、当初の負傷と相当因果関係があるものと認められるもので、業務上である。

（昭三四・一〇・一五　基収第五〇四〇号）

〈右下腿骨等を業務上骨折したため療養中転倒により左下腿骨を骨折した事故〉

問　業務上の右下腿骨骨折災害により入院療養中の労働者が、骨移植後の仮骨の形成は不充分ながら愛護的圧抵力を加えるため、下腿にゴム製踵付のギブスを固定のまま、松葉杖による不自由な姿勢にて医者の指示による歩行練習のため病棟より戸外にでようとして、廊下はずれのコンクリート製階段で松葉杖が滑り、左下肢を伸展位で左側に捻じる状態にて転倒して、脛骨骨折及び腓骨骨折の負傷をしたものである。

答　業務上である。

（昭三八・九・三〇　基収第六七一四号）

〈労災病院に療養中の患者が機能回復訓練中第三者の行為により被った災害〉

問　被災者Ｎは業務上の災害を被り、Ｔ労災病院に入院療養中の脊髄損傷患者であるが同病院の機能回復訓練計画に基づき脊髄損傷患者一〇名と共に手動式自転車に乗車して野外集団回復訓練に参加し、道路右側を一列縦隊の隊伍を組み、先頭に訓練士後尾に看護婦が附添い時速約一〇粁にて進行し、事故発生場所に差しかかったところ、普通貨物自動車を運転していた第三者Ⓐが、訓練隊伍の先頭部左側附近を第三者Ⓑが低速度で運転していた軽四輪貨物自動車を追い起そうとしてこれに衝突し、その反動によりⒷは隊列に突っこみ被災者及び他の一名の乗車していた手動式自転車をひっかけ転倒せしめたが、被災者のみ負傷を被ったものである。

答　本件は、入院療養中の労働者が、医師の指示にもとづき療養の一環としての機能回復訓練中に発生したもので、当初の業務上の負傷との間に相当因果関係が認められるので、業務上の災害として取り扱うのが相当である。

（昭四二・一・二四　基収第七八〇八号）

⒁　天災地変による災害

〈大雨後の坑内浸水による溺死事故〉

問　被災労働者Aは、当日午前八時に入坑、採炭に従事、他の労働者Bとともに、午前九時頃炭車を押し浸水口個所に運搬したが、多量の浸水を発見し、ただちに坑外に逃れようとして坑口に向ったところ、坑口から約二〇〇メートルのところでAは溺死し、Bは脱出生還した。

右浸水は、当日一五〇ミリの大雨のため坑口から四〇メートルの所を流れる川の堤防約一〇メートルが決壊して河川が氾濫、坑口へ浸水したもので、使用者はすでに、以前から降雨の際氾濫の危険あることを知り、堤防の補強をするよう指示していたが、係員の怠慢で放置してあった。

被災当日は、朝から近年稀有の大雨で、しかも数日来測候所より大雨及び河水氾濫の警報があったにもかかわらず、見張人等を置かなかったものである。

答　事業主の重大な過失による業務上の災害である。

（昭二三・九・二八　基収第二五六五号）

〈台風による漁船乗組員の遭難〉

問　二四トン、馬力六〇・一七、時速五マイルの漁船T丸は、五月三一日K港を出発し、六月二〇日午前六時Y島南南東一一〇マイルの海上で網を下したところ、ラジオで台風が来ることを知り、直ちに網を引き揚げ、最短距離にあるY島に避難しようとしたが、Y島南南東九五マイルの海上で遭難し、乗組員一三名が行方不明となった。なお、台風警報は六月二〇日午前九時から気象観測所から発せられ、同日午前九時一二分、午後零時一〇分、同六時三〇分とK放送局からラジオ放送されていた。

答　本件は業務上である。

（昭二四・九・五　基発第七八五号、昭二四・九・九　基災収第五〇八四号）

〈雪泡、雪崩による鉱山労働者の死傷〉

問　海抜六〇〇メートルの山峡に位し、冬期降雪時には積雪のため交通機関が杜絶し、もっぱら外部との連絡及び事業場内における連絡は徒歩によらざるを得ない状況下にあるN鉱業所において、

①　出張のため往復途中で雪泡、雪崩が発生し労働者が死傷した場合

②　作業上事業場内往復の途中で雪泡、雪崩により死傷した場合

③　事業場附属社宅及び寄宿舎から作業におもむく途中で雪泡、雪崩により死傷した場合

答　①、②の出張の往復順路及び事業場間の往復途上において雪泡、雪崩によって発生した災害は、業務遂行中の災害であって業務起因性が認められるから業務上の災害である。③は、特定交通施設の利用に起因する

ものでないかぎり業務外の災害である。
（昭二四・九・一四　基収第二九一五号）

〈暴風雨下の倒木による山林労働者の死亡〉

問　K市水道課の伐採事業に従事していた労働者Yは、飯場で宿泊中午前三時二〇分頃台風の影響による強風のため、飯場附近の倒木によってその下敷きとなり死亡した。飯場は粗末な丸太小屋で、村から六里はなれた山間に位置し、その飯場の周囲には大木が疎生しており、深雪のため時々倒木していた。

答　業務上である。
（昭二五・四・一二　基収第四六九号）

〈台風による宿舎倒壊による死傷〉

問　T建設工業所S出張所では、ケーブルクレーンテールタワー建設中のI重工業㈱の下請としてクレーン製作に当たっていたが、昭和二九年九月一八日台風一四号接近のため風雨甚だしく、リベット作業ができないため作業を中断した。暴風雨のおさまるのを待ってコンプレッサーの手当とノックピンを打っておかないと倒壊するおそれがあるので、棒心（監督者の意）の命令により宿舎に待機していたところ、風で宿舎が倒壊して労働者一六名が死傷した。宿舎はN川左岸の標高約三〇〇メートルの山腹谷合の峡地に雛段式に三段に建築され、地理的、地勢等の環境から、立地条件の悪い場所である。当日の気象条件は、風速・気圧とも最悪の状態であった。

答　業務上である。
（昭二九・一一・二四　基収第五五六四号）

〈落雷によって誘発されたダイナマイト爆発による負傷〉

問　N組の採石人夫であるTは、坑内作業中、坑内石塊整理のため装填した二二本のダイナマイトのうち七本が突然爆発し、顔面その他を負傷した。このダイナマイト爆発の原因は、坑外採石場に配線されている三、三〇〇ボルト変圧器のヒューズが切れる程度の落雷があり、坑口から災害発生現場まで敷設されているトロッコ・レールがダイナマイト脚線と発破母線の結束部で交叉しているため落雷の電気がトロッコ・レールに瞬間的に流れ、これを回路として落雷電流が雷管を刺激してダイナマイトを爆発させたものである。

答　業務上である。
（昭三〇・三・二八　基収第一二二五号）

〈雪泡による飯場の倒壊による負傷〉

問　えん堤エプロン水叩部補強工事を施工したK建設㈱では、労働者を収容するため宿舎を川沿いの台地に建築したが、昭和三一年二月一〇日、前日から降り続いた雪のため作業が困難となり、吹雪となり宿舎内の労働者に待機を命じていたところ、宿舎の対岸峡谷上層部に「ホー」が発生して宿舎に襲来し、一瞬にして宿舎は崩壊埋没し、労働者三四名はその下敷となり負傷した。宿舎の立地条件は、K川右岸の標高約三五〇メートルの川沿いの狭隘な台地にあり、冬期間は積雪量多く、過去において昭和二三年、同二八年に「ホー」の発生をみている。当日は約二メートルの旧雪の上に約一メートルの新雪があり、旧雪表面がアイスバーン状となっているところへ、猛吹雪があったもので、新雪層を滑らせる可能性をもち、「ホー」の発生が考えられる気象条件であった。

答　業務上である。

（昭三一・二・二九　基収第一一八〇号）

〈風雨下の舟上作業中の落雷による死亡〉

問　H建設工業㈱A地区開墾建設第三期工事に就労していた労働者M及びYは、現場作業頭Eの命令によりN川右岸から野芝を箱舟で運ぶため、ゴム引雨合羽に特長靴をはき、佐渡笠をかぶって作業をはじめたが、第二回目の運搬のためN川中流にさしかかった際、突然落雷があり感電し、水中に転落死亡した。なお、当地方は、夏期間月一、二回の落雷がある程度であるが、当日は夜明け前より、ときおり雷鳴、雷光、驟雨があったという状況であった。

答　業務上である。

（昭三一・五・二八　基収第三三九九号）

〈暴風雨下の宿舎流失による死亡〉

問　S線開設工事を施工したK組では、工事を継続するに当たって労働者の宿舎を工事現場附近の民家及び小屋・納屋を借り上げ使用していた。ところが昭和三三年六月二七日朝から降り続いた雨で川水が増加し、午後九時三〇分頃宿舎の一部である納屋が流失したため、宿泊していた労働者Sは溺死した。流失した納屋はS川の河原に土砂・土石が堆積してできた場所にあり、地盤は脆弱で増水による流失の危険を包蔵していた。

答　業務上である。

（昭三三・一二・一四　基収第六九七四号）

〈火山爆発による死亡〉

問　K産業㈱が設置しているA山上ロープウェイ（Y駅からK駅まで約一キロメートル）の補強工事を、K産業㈱従業員と部品製作を請負ったY索道㈱T製作所の従業員と共同で行なっていたところ、突如A山第一火口が爆発し、噴石落下によりロープウェイ作業中の労働者一〇名が死亡した。さらにこの噴火により、Y駅近くのMタクシーY営業所運転手一名も死亡した。なお、A山は活火山であって大正一二年ごろから約一五〇回の爆発があり、昭和八年、同二八年には溶岩の流出、飛来により附近の民家、旅行者に被災を及ぼしたことがあり、今回もY駅周辺のA町料金徴収所、H茶屋等が被害を受けている。またMタクシーY営業所運転手は、同営業所に一名で常駐し一〇日交替で勤務していたという事情があった。

答　業務上である。

（昭三三・八・四　基収第四六三三号）

〈落雷による電撃死事故〉

問　山頂一〇〇米下方において植生盤の植付作業の指揮監督をしていたH工業㈱の現場監督員Oは、夕立のような異様な天候になったので、作業を中止させ、山頂の休憩小屋に退避しようとして同小屋より約一五米近くまで来たとき、落雷の直撃をうけ、電撃死した。当山岳地区は、A測候所の調査によると、地理的条件よりみても山岳地帯であって天候の変化もはげしく、雷の発生頻度が高い。さらに、A銅山の煙害により草木としては、イタドリ（高さ六〇糎位の草）位しか生茂しておらず、ほとんど禿山ばかりであって、今回の事故も、このため退避するに適当な場所がなかったことから直撃をうけたものとみられる。

答　業務上である。

（昭三六・三・一三　基収第一八四四号）

〈土砂崩壊による災害〉

問　H県R郡の隧道手前のコンクリート擁壁に細い亀裂が生じ、百米位倒れかけていることを知った土木出張所は、所長以下数名の工手を派遣し調査したが、落石等があったので警戒していたところ、Hバスが同所を通りかかり、同時にバス後方の山が崩れて、バス、人ともども土砂にのみこまれ海中に没した。

答　業務上とする。

（昭三八・五・一五　基収第二〇三四号）

〈地震に際して発生した災害の業務上外について〉

問　地震に際し、当局管下S労働基準監督署管内のI半島南部に多数の被害が生じ、被災者総数七一四名のうち就業中の労働者一八名が死傷しましたが、これが業務上外の取扱いについていささか疑義がありますので、下記により何分のご指示を願いたく稟伺いたします。

記

一　事務所が土砂崩壊により埋没したための災害

被災者は、事務所内において就業中地震が発生し、事務所西側にある標高八五米のＨ山の山腹が崩れ落ち、一瞬のうちに、事務所の建物がＷ部落の一部とともに崩壊した土砂に埋没しその下敷きとなり死亡した。

なお、崩壊したＨ山は急傾斜の山で、岩盤上の表土は粘土の風化したもろい地層で、岩盤と表土の間に地下水が浸透し、粘着力が弱く不安定な状況であったところへ、地震によるキ裂が生じたため表土が崩壊したものである。

二　作業現場でブロック塀が倒れたための災害

被災者は他の三名の労働者と共にＭ町Ｏ地先の道路上で仮設橋ならびに道路上の盛土をならす作業を行っていたところ地震が発生し、道路際の民家のブロック塀が倒壊し、たまたまその附近で作業中の被災者が下敷きとなり死亡した。

なお、倒壊したブロック塀は築造後九年目であるが、石積とコンクリート土台間の鉄筋による補強がなかったため、他の塀は倒壊しなかったのに、当該塀のみが倒壊したものである。

三　選別作業場が倒壊したための災害

被災者達は、柱とトタン屋根のみの囲いのない作業場において天草の選別作業をしていたが、地震に際し作業場が倒壊したため下敷きとなり負傷した。

四　岩石が落下し、売店が倒壊したための災害

被災者は売店内において土産品の陳列棚を整理中に地震があり、売店の裏山の岩石や土砂が売店の上に落下したため建物が倒壊し、その下敷きとなり負傷した。

五　山腹に建設中の建物が土砂崩壊により倒壊したための災害

被災者達は、保健所新築工事現場において作業中地震があり裏山が崩壊したため、建築中の建物が土砂に押されて倒壊し負傷した。

六　バス運転手の落石による災害

被災者は、Ｚ発Ｄ行定期路線バスを運転中、崖を切崩して拡幅した地点にさしかかったとき地震があり、右側の崖の上約八〇米から落下した約五〇〇瓩の岩石が運転台後部の屋上部に衝突したため、車輌は大破し、その際窓ガラスの破片を顔面にうけ負傷した。

七　建築現場の足場から転落した災害

被災者は、民家の増築工事現場において二階の丸太足場の上でスジカイを入れる作業中に地震があり、丸太足場が激しく震動したため、足を滑らせ、約二米下の地面に転落、負傷した。

八　工場から屋外へ避難する際の災害

被災者達は工場において旋盤作業中地震があり、建物全体が大きく揺れ、モルタルの壁土が落下し身体に当ったため危険を感じ、避難しようとして、Ｆは窓から飛び降り、Ｔは中二階から階下に飛び降りた際それぞれ負傷した。

九　避難の途中車庫内のバイクに衝突した災害

被災者は温泉管工事に出掛けるべく準備中に地震があり、激しい揺れに危険を感じ、屋外に避難しようとして車庫においてあったバイクに衝突し、負傷した。

十　倉庫から屋外へ避難する際の災害

被災者は、M町Aの倉庫で貨物の積込作業中に地震があり、驚いて避難しようと倉庫外へ出るとき足を踏み外し負傷した。

答　本件については、いずれも貴見のとおり業務災害として取扱われたい。

（理　由）

一　労災保険における業務災害とは、労働者が事業主の支配下にあることに伴う危険が現実化したものと経験法則上認められる場合をいい、いわゆる天災地変による災害の場合にはたとえ業務遂行中に発生したものであっても、一般的に業務起因性は認められない。けだし、天災地変については不可抗力的に発生するものであって、その危険性については事業主の支配、管理化にあるか否かに関係なく等しくその危険があるといえ、個々の事業主に災害発生の責任を帰することは困難だからである。

しかしながら、当該被災労働者の業務の性質や内容、作業条件や作業環境あるいは事業場施設の状況などからみて、かかる天災地変に際して災害を被りやすい事情にある場合には天災地変による災害の危険は同時に業務に伴う危険（又は事業主の支配下にあることに伴う危険）としての性質をも帯びていることとなる。

したがって、天災地変に際して発生した災害も同時に災害を被りやすい業務上の事情（業務に伴う危険）があり、それが天災地変を契機として現実化したものと認められる場合に限り、かかる災害について業務起因性を認めることができるものである。前述の業務起因性の反証事由としての「天災地変による」の取扱いを、単に天災地変に際して発生したということのみをもって解し取扱うべきでないことはいうまでもない。

一般に、天災地変に際しての災害については、家屋の倒壊や落石・土砂崩壊を直接原因として発生するものであり、この場合もともと家屋あるいは山等の四囲の状況が災害（倒壊・落石崩壊）を惹起せしめる危険な要因を有していたという場合において、たまたま生じた天災地変が契機となって家屋の倒壊あるいは山の崩壊を生ぜしめた場合は、前述の業務起因性の反証事由としての「天災地変による」というべきでなく、天災地変を契機として当該家屋等に内在した危険が現実化したとみるのが妥当である。

したがって、かかる要因が存しないにもかかわらず災害が生じたという場合はもちろん、更にその天災地変が非常な強度を有していたためかかる要因の有無に関係なく、一般に災害を被ったという場合（たとえば関東大震災等による災害）には業務起因性が認められない。

けだし、かかる大規模な天災地変の場合は事業主の支配・管理下の有無を問わず、一般的に災害を受ける危険性があり、業務上の事情が無かったとしても同じように天災地変によって被災したであろうと認められるからで、かかる場合の災害はその発生状況の如何を問わず全て業務起因性が認められないこととなる。

二　また、天災地変その他業務と関連する突発事情によって臨機応変に行われる避難行為については、当該行為の合理性ないし必要性の有無を考慮し、その是非を判断する必要があり、一般的に業務行為中に事業場施設に危険な事態が生じた場合において当該労働者が業務行為の継続が困難と判断しその危険を避けるために、当該施設より避難するという行為は、合理的行為として認められるものである。

したがって、かかる合理的行為（業務行為）を行うに際して被った災害は、一般的に業務起因性が認められるものであるが、当該災害の原因がもっぱら天災地変による場合、私的行為、恣意行為による場合には業務起因性が認められないことはいうまでもない。

三　ところで、本件の場合地震に際して発生した災害の業務起因性を検討すると、次の通りである。

(1)　事務所が土砂崩壊により埋没したための災害

本件土砂崩壊には、地震だけでなく、当該N部落の特有な事情に基づき発生したもの、すなわち崩壊したH山は急傾斜の山で岩盤上の表土は粘土の風化によってもろく、且つ長い間における岩盤と表土の間への地下水の浸透による粘着力の弱化による不安定な状況にあり、常に崩壊の危険を有していたため、かかる状況下にある当該事業場には崩壊による埋没という危険が内在していたものといえるので、それが地震とあいまって、現実化したものと認められる。

(2)　作業現場でブロック塀が倒れたための災害

屋外労働者にとっては自己の作業現場を取りまく四囲の状況が事業施設の状況といえるので、本件の場合は、当該施設（塀）の特有な事情（補強のための鉄筋が入ってなかった）が地震とあいまって災害を発生せしめたものと認められる。

(3)　選別作業場が倒壊したための災害

柱とトタン屋根のみで囲いもないという当該選別作業場の構造の脆弱性による危険が地震とあいまって現実化したものと認められる。

(4)　岩石が落下し、売店が倒壊したための災害

急傾斜の崖下にある事業場に勤務

する労働者には、常に落石等による災害を被る危険を有しており地震を契機としてその危険が現実化したものと認められる。

(5) 山腹に建設中の建物が土砂崩壊により倒壊したための災害

本件については、山の中腹に建築するという現場の立地条件の劣悪さと未完成建築物の構造上の脆弱性による危険が、地震を契機として現実化したものと認められる。

(6) バス運転手の落石による災害

崖下を通過する交通機関は常に落石等による災害を被る危険を有しており、地震を契機としてその危険が現実化したもの認められる。

(7) 建築現場の足場から転落した災害

本件については、丸太足場上での作業そのものに伴う危険が地震を契機として現実化したものと認められる。

(8)、(9)及び(10) 避難中の災害

業務行為中に事業場施設に危険な事態が生じたため、業務行為の継続が困難と判断し、危険を避けるために当該施設外へ避難するという被災労働者らの行為は、単なる私的行為又は恣意行為と異なり合理的な行為、すなわち業務附随行為であり当該避難行為が私的行為、恣意行為と認められない限り、かかる避難行為中の災害については業務起因性が認められる。

(昭四九・一〇・二五　基収第二九五〇号)

(15) 他人の暴行による災害

〈建設部長が大工に殴打されて負傷した場合〉

問　K炭鉱鉱業所の建設部長Bは、鉱員住宅建築作業の指揮監督の責任者で、建築現場の巡回中に、大工Aが作業に手抜きをしていることを発見したので、これを指摘し、Aにやり直しを要求した。この工事の手抜きについては、すでに以前にも一度注意を促したことがあり、今回が二度目であったので、厳重に戒告した。しかるに、Aはその非を改めようとしないで反抗的態度で抗弁したので口論となり、Aは不意に手近の建築用の角材を手にしてBに打ってかかった。Bはこれに対し、何ら抵抗しないでその場を逃げたが、あまりひどく打たれたので遂に昏倒した。

答　業務上である。

(昭二三・九・二八　基災発第一六七号)

〈勤労係長が労働者に殴打されて負傷した場合〉

問　石炭鉱山の採鉱課長が、坑内において作業員を検身したところ、A外二名の者が、ひそかに煙草を所持していたので、坑内においては喫煙が厳禁されている旨の注意を与え、この旨を勤労課に連絡した。勤労課では、作業終了後いったん帰宅した右

三名を事務所に呼び出し、その事実を確かめたところ、右三名はその事実を認めたが、Aは「課長が他人のポケットに無断で手を入れて検身したのはけしからぬ」と抗弁した。そこで、勤労課長の左側にいたS勤労係長が勤労係員の立場から、本人の、不心得を注意したところ、Aは自分の下駄で不意にS係長を殴打して負傷させた。

答　業務上である。

（昭二三・九・二八　基災発第一七六号）

〈警備員が暴漢におそわれて死亡した場合〉

問　一カ月ほど前からN寮に存在している素行不良者Yが当鉱直営寮にきて暴行、詐欺、恐喝等を行なったので、当鉱の外勤係は、二、三名で警戒巡視をしていたが、手不足であったので、事業主は、外勤係を緊急増員するため寮生中から三名の外勤補助員を極秘のうちに選任して警戒に当たらせた。ところが、Yにこのことを内報した者があり、これを知ったYは、当日未明不意に直営寮にやってきて外勤補助員のAを呼び出し、短刀で刺して重傷を負わせたため、Aは二日後に死亡したものである。なお、本件災害発生以前においてAとYとの間に個人的怨恨関係はなかった。

答　業務上である。

（昭二四・九・一二　基災収第五一一九号）

〈寮炊事夫が寮員におそわれて負傷した場合〉

問　炊事夫B外六名は平常通り寮長及び炊事係の指示に従い、炊事に従事していたが、寮員Kが酩酊してやってきて、Bに「おれが若いから貴様たちはなめているのだろう」といい、弁当の菜を切るからといって、Bから庖丁を借り、米倉庫をBに開かせて「お前もはいれ」といって扉を閉め、「俺が若いからなめている。また寮員に対してお前の態度が悪い」というので「どこが悪い、悪いところがあればなおす」とBが答えると「三番方（被災者外六名を指す）の男全部の態度が悪い」といって殴り庖丁で切りつけてBを負傷させた。

日頃、寮員から食事に対する規定外の要求や炊事夫に対する単純な感情問題を訴えられていたKは、その事実を寮長に伝達すれば足りるのに、直接炊事夫に指示したことがしばしばあった。そのつど炊事夫は「寮長又は係からの指示以外のことには従えない」という本人としては正当な答弁をしていたことから、Kは、若い自分の指示を聞いてくれない不満を抱き、これが爆発して、暴力行為となったものである。事件発生までは、BとKとの間に摩擦はなかった。

答　業務上である。

（昭二四・九・一二　基災収第五一一九号）

〈寮長が寮生から暴行を受けた場合〉

問　事業附属寄宿舎の寮生Bが自室で飲酒泥酔し、午後一〇時頃附近の八百屋に行って乱暴を働いた上、帰寮するや同室のIを突然殴ったので、寮自治委員長のSが、Bを室外に追い出したところ、炊事場から庖丁を持ち出し、八百屋に向かったので、Sはこれを連れ帰り就寝せしめた。間もなく夜業から寮生Aが帰寮したところ、いったん就寝したBが起きてきてAを殴った。Aは直ちに寮自治委員長のSの許に訴えたので、Bは果物用ナイフでAを脅かした。Sはナイフを取り上げて取り鎮めようとしたとき、その場に転倒し、Bから取り上げて持っていたナイフで右手小指を負傷した。

答　業務外である。

（昭二五・三・二九　基収第一一五号）

〈電気料集金人が集金先で第三者から暴行を受けた場合〉

問　O電力㈱の電気料集金人Kが、M製作所に集金に行ったところ、午後七時三〇分頃来てもらいたいとのことであったので、再度、同時刻頃集金のためM製作所に赴いた。M製作所では、生産会議終了後慰労会を催しているところであったため、集金人Kも、すすめられるままに二、三杯盃を受けた。そこへ、別の所で飲酒し泥酔状態となった同製作所の労働者Hが来て、「電気屋が何しに来た」と集金人Kに口論を吹きかけ、掴み合いとなったが、別の労働者によって取り鎮められた。その際、社長が表の事務所へ行ったので、集金人Kは社長のところに行き電気料をもらおうとして、その室を出たところ、待ち伏せていたHが下駄で集金人Kの後頭部を殴り負傷させた。

答　業務外である。

（昭三〇・一二・二四　基災発第一六九号）

〈警防係員が酔漢の暴力沙汰を制止しようとして負傷した場合〉

問　M鉱業所の山内には、鉱山事務所のほか、社宅、寄宿舎、寮、学校、病院、映画館、購買所その他の福利施設等が、鉱山の負担で建設・維持されている。そこで、M鉱業所では警防課をおき、警防手をして、事業場施設の盗難、火災の予防のほか、山内一般の治安維持、盗難防止、交通取締、風紀取締等に従事せしめている。当日は、鉱業所山神社の祭礼日で、保安要員と警防手とを除き全山休業とされ、山内には祭典のため演芸等の催し物があって、相当の人出であった。会場整理、酔漢取締及び山内の治安維持等のための特別警戒を命ぜられた警防手Kは、警戒のため巡回中、映画館前で五名の酔漢が暴れているのを発見し、これを制止しようとしたところ、突然サンダル様履物で後頭部を殴打され負傷した。なお、当日の警戒については、警察からは何らの要請も受けていなかった。

答　業務上である。

（昭三一・四・二一　基収第六一三二号）

〈事業附属施設内で就寝後の工場長が元従業員に殺害された場合〉

問　被災者Kは、Y㈱のN市営業所で、所長の指揮監督のもとに工場長として工場関係の統轄責任者となっていたが、赴任以来同営業所の附属設備となっている二階の居間（四畳半）に、セールスマンTと同居し、寝泊りしていた。当日午後一一時頃、同居していたTの外出中、Kが独りで寝ていたところへ、かつて同営業所の従業員であったSが来て、Kを起こし宿泊を依頼したが、それが素気なく断わられるや日頃からの反感がつのり、にわかに殺意を生じ、Kの頭部を電気アイロンで強打し、出刃包丁でKを刺殺した。

工場長Kが事業場内に住み込むことについて、関係者から調査した事実等によれば、会社から当直勤務として特に指示されたものでなく、盗難防止等のため交替で留守番をするという程度のものである。また断続的勤務に関する労働基準法の規定による許可を受けていない。なお、加害者Sは、工場長であるKの指揮監督を受けていたものであるが、上長の命令に服従しないことがあること及び作業に怠慢であることを理由として、退職勧告を受け退職したものである。在職中両者は仲がよくなかったこと、及び退職の原因が工場長Kの事業主に対する勤務成績の申告によるものと推察し、平素より怨みに思っていたことは、本人及び関係者の調査によりうかがい知ることができる。

答　業務外である。

（昭二四・五・一九　基収第二九六〇号）

〈他人の故意に基づく暴行による負傷の取扱いについて〉

標記については、従来、個別の事案ごとに業務（通勤）と災害との間に相当因果関係が認められるか否かを判断し、その業務（通勤）起因性の有無を判断してきたところであるが、今般、近時の判例の動向や認定事例の蓄積等を踏まえ、以下のとおり取り扱うこととしたので、了知の上、遺漏なきを期されたい。

記

業務に従事している場合又は通勤途上である場合において被った負傷であって、他人の故意に基づく暴行によるものについては、当該故意が私的怨恨に基づくもの、自招行為によるものその他明らかに業務に起因しないものを除き、業務に起因する又は通勤によるものと推定することとする。

（平二二・七・二三　基発〇七二三第一二号）

⒃　その他の事由による災害

〈**休憩時間中キャッチボールをしているとき弾にあたって受けた負傷**〉

問　H酪農協同㈱皮革工場従業員Uは、昼食時の休憩時間に構内で同僚労働者とキャッチボールをしているとき、突然左上膊外側面に疼痛を感じたので、直ちに被服を脱いでしらべたところ、左上膊面に穴があき出血して銃丸の盲貫しているのを知った。

答　業務外である。

（昭二四・五・三一　基収第一四一〇号）

〈**児童がバットで打った小石により自動車運転中の運転手が負傷した場合**〉

問　B運送㈱の運転手であるHは、貨物を自動車に積載してG市内S小学校前を進行中、S小学校校庭で児童がバットで打った小石が自動車の前面ガラスを破って飛来し、左眼を負傷した。

答　業務外である。

（昭三一・三・二六　基収第八二二号）

〈**十字路四つ角の事務所内で就業中の労働者がダンプカーの飛込みにより受けた負傷**〉

問　県道十字路四つ角に事務所を有するW組㈱の事務員O、雑婦Hが事務所内で就業中、たまたま県道上を進行中のT運送㈱のダンプカーが運転を誤り、事務所内に飛び込んだため、O、Hは、それぞれ負傷した。なお、県道は制限速度の指定はなく、交通量は一分間四台という割合であった。

答　業務上である。

（昭三五・一二・二二　基収第五八二八号）

〈**自動車運転中対向自動車よりビールビンを投げられて受傷した災害**〉

問　①　災害発生日時　昭和三五年一〇月二九日午前九時頃

②　災害発生場所　大津市追分地先国道一号線道路上

③　災害発生状況　被害者M（二六才）は、自動三輪車（滋六す六四五四）を運転し、木材を積んで京都へ向って進行中、大津市追分地先で対向する車（車種ナンバー等不明）からビールビンを投げつけられ、それがフロントガラスに当りガラスの破片で顔面切傷した。

④　参考事項　警察署において加害者を捜査したが全くわからないので、

ビールビンを投げたのも、それが故意か過失によるものかも見当がつかない。

答　業務上である。

（昭三六・六・二六　三五基収第九七三四号）

〈工事現場を通過する列車より投げた氷が同僚労働者にあたって死亡した事故〉

問　死亡労働者Yは、国鉄複線工事に土工として働いていたものであるが、事故のあった日（七月一六日）より四日程前の夜、被災者と同僚の土工Tが加害者Uの家に遊びにきて、炎天下毎日線路脇の仕事が暑いという話になり、被害者が、加害者Uに「お前はいつもK病院に通院しているのであるから列車が現場を通る際氷を列車から投げてくれ、氷水を作ったらうまいから」と言ったので、加害者Uは、何日の何時に現場を通る列車から投げてやる約束はなかったが、何日か、そのうちに投げてやるといっていた。

　事故発生日（七月一六日）は、日曜日でK病院は休診であったが、加害者Uは、私用でT市に行く用事があったので、自宅の近くで氷を二貫目（七・五キログラム）を買ってビニールに包んでK駅発九時四一分の列車に乗車した。

　加害者Uは、被害者らが作業している国鉄複線工事現場の手前約一〇〇メートルに列車が近づいたときデッキに出て氷を投げようとしていたが、自己と被害者との距離が二〇メートル程に近づいたとき、「オーイ氷投げるぞ」と声をかけたら、それまで列車進行方行を向いて立っていた被害者が加害者Uの方向に振り向いたと同時に氷が被害者Yの腹にあたって倒れ、すぐトラックでK病院に収容したが、内臓破裂で死亡したものである。

答　本件被災者の死亡は、鉄道沿線にて作業中列車より投下された氷によりひき起こされたものであり、かかる危険は、当該作業に従事しているものにとって、当然内在していることが明らかなので業務上として取扱われたい。

（昭四三・一・一〇　基収第四八六六号）

⒄　原因不明の災害

〈溺死体となって発見された土工の死亡〉

問　水害により欠壊したS川堤防復旧工事に従事していたAは、終業時間後も帰舎しないので、警察署に捜索願を出す一方、全員徹夜で捜索したが発見されず、翌日下流で水死体となって発見された。当日Aは、現場監督から仕事がないなら薪拾いか幕舎用丸太でも引き揚げるよう指示されていたが、作業に従事していたことを確認した者がなく、この作業は、水の中に引き込まれるような危険性はない。死亡時刻は午後六時半ないし八時半頃と推定され、監督の指示があったにしても就業中の災害とは考えられない。死因は水を飲んでいないところから心臓マヒによる水死と推定される。

答　業務外である。

（昭二四・五・九　基収第一二二一号）

〈焼死体となって発見された水路監視人の死亡〉

問　被災者Aは、H製紙㈱の動力線給水係（水路番監視人）として勤務していたが、当日午後七時半頃、守衛が建物の巡視に就かんとした時、沈澱池傍の水路番詰所から発火しているのを認め、他の応援を得て、たまたま居合わせた工場長代理の指揮で消火したが、Aは焼跡から焼死体となって発見された。災害発生状況は推論の域を出ないが、Aの左手傍に弁当箱があったこと、日頃から高血圧であったことからすれば、午後七時頃食事をしようとした際脳溢血の発作を起こし、五〇〇ワットの電気コンロの上に頭部を当てて倒れ、人事不省に陥り、火災を誘発し、死亡にいたったものと思われるし、またこの日は寒く、かつ、作業の性質上濡れた服装で詰所に戻り、電気コンロで暖をとろうとして感電し、そのショックにより人事不省となり、コンロ上に倒れ、死亡したとも考えられる。

答　業務上である。

（昭二五・七・三　基収第八六五号）

〈漁業従事者の原因不明の水死〉

問　被災者Mは、当日定置漁業起船（胴船一二人乗組）に乗って仕事をしていたが、午前中の仕事を終えたので、昼食のため船を岸壁につけ、Mを残して全員船車した。Mは副船頭であったためか一人残って後始末をしていた。上陸した者が宿舎に帰り昼食となったが、Mが戻らず、午後の仕事が終わってからも所在不明のため、全員で捜査したがわからず、翌日水死体となって発見された。検死の結果、海水を多量に飲んでおり、溺死と認められ、心臓マヒによるものでないことは判明した。警察では、打撲箇所もないので単なる溺死として処理された。

下船の際いつもM一人でロープの整理、船内の清掃等をするのが常であるが、その作業内容は一〇分程度で済む軽度のものである。目撃者もなく全く原因不明であるが、自殺の動機は見当らず、他殺の疑いもない。

答　業務上である。

（昭二六・九・一四　基収第四三二一号）

〈変電所メーター監視員の電熱器によ

る火傷死〉

問　O鉱業所の坑外電工員Kは、平常勤務を終え、午後八時から、かねて代番要員となっている選鉱変電所のメーター監視の代番として勤務した。変電所中央部に監視用の詰所があり、翌日午前六時四〇分頃詰所へ来た同僚Yが、詰所に備え付けの電熱器の上に両足をのせて倒れているKを発見、応急手当をしたが、下半身第四度火傷を受けており、四日後に死亡した。Kの勤務中の行動は、Kの記録した日誌に記録されてあり、一時間ごとのメーター監視も異常なく実施し、午前五時三〇分の変圧器の異常も点検している。実地調査及び手当をした医師の意見から推察するに、Kは半年前右足を負傷（障害等級一二級）し、ときどき足が麻痺することがあり、この日も麻痺のため、詰所へ入ろうとして高さ五センチメートルの敷居につまずき、頭部を打ち、脳震盪をおこしたものと思われる。

答　業務上である。

（昭三四・一二・一〇　基収第五三八五号）

〈乗組員が漁船とともに行方不明となった事件〉

問　第二K丸は、鮮魚運搬船として船長以下五名の乗組員をもって漁場から陸揚予定港までの鮮魚の運搬に従事していた。たまたまこの日魚場からイワシ約一〇トンを積んでS港に向かったが、翌日入港予定時刻になるも入港せず、船主は遭難したものと推定し、以後海上保安部、警察、漁船等をもって大規模な捜索を行なったが発見できず、漂流物すら発見できないまま四日目に一応捜索を打ち切った。第二K丸は二、三年前に進水した一九・七八トンの船で、消息を絶った時の気象状況は風速一五メートル程度で浪は三～四メートルだった。同船の乗組員中には密売常習者がおり密航等も考えられ、関係当局により反復捜索が行なわれたが、二年近くになる今日なお消息不明である。

答　業務上である。

（昭三六・二・二　基収第二二二一号）

〈坑内の立入禁止柵内における坑夫のガス中毒死〉

問　被災者は、坑内における作業を終り、昇坑のため人車乗場に向う間に立入禁止坑道に立寄りメタンガス中毒死したが、この間の目撃者がなく、立入禁止坑道内へ入ったのは、用便行為又は作業道具を隠匿するためであったのではないかと推定される。

答　業務上である。

（昭三六・一〇・一〇　基収第五〇三七号）

〈出張先において、用務を終えての帰途行方不明になった場合〉

問　N牧場の労働者Oは、輸出種牛三頭をY駅まで輸送するため出張を命ぜられた。

　Oは、Y駅にて畜牛を引渡し、同目的のためY市にきていた他の牧場のSとともに、帰路につくためU駅にむかった。

　U駅にて、Sは、A駅行急行に乗るため、ホームにならんだが、Oは、「子供の土産を買っていくから」といって、U駅の構内の階段を降りたまま行方不明となり、その後同人について、失踪宣言がされた。

答　業務外である。

（昭三六・一二・二六　基収第三二六二号）

〈始業時刻前の採暖用焚火による焼死〉

問　当局管内において下記のとおり焼死事故が発生しましたがいささか疑義がありますので何分のご教示を賜りたく、お伺いいたします。

1　発生状況

イ　被害者Aは、昭和三四年一一月一日入社し事故発生日まで遊具製作工として、鉄製ブランコ、ジャングルジム、すべり台等の遊具製作に従事していた。同社の始業時間は午前八時であるが高齢のため交通が混雑しないうちに常時午前七時一〇分から三〇分ころまでには出勤し、被災当日は、午前七時二五分に出勤した（タイムレコーダーによる）。

ロ　被害者以外の労働者は休憩所で通勤用衣服を着替していたが、被害者だけは今年になってから自分の作業場（熔接場）で着替したり休憩したりしていたため、いつも出勤後作業場に設置されている石油一斗罐ストーブ（石油罐を立形にし上部を開放して中央より下部四面に穴をあけたもの）にサッパ薪（製材用端材）で採暖用焚火をすることを常としており、当日も出勤後まもなく焚火をしたものと判断される（M測候所の記録によれば、当日の気象状況は午前六時マイナス八・一度快晴、午前九時マイナス二・七度薄曇であった。）。

ハ　被害者と親しかった、同社労働者（配管工）Bが熔接場から一五メートル離れた休憩室で作業服に着替た後、いつもであれば熔接場で被害者が焚火している時刻なのにその気配がなかったので不審に思い午前八時五分頃熔接場に行ってみたところ、被害者が熔接場の真中辺に倒れており着衣が燃えているのを発見し、直ちに会社及び同僚に連絡をした。

ニ　連絡をうけて現場にかけつけた社長の申立、並びにM警察署の検視調書（別添）によれば、被害者は熔接場の金敷台に顔面をあて作業用のゴム長靴を抱き、うつ伏せに体をのばして倒れており、上着と抱いていたゴム長靴が燃えていた。被害者のそばには焚火用の一斗罐ストーブがあり燃え切った火粉が残っていた。また、被害者はもがいた様子もなかった。

ホ　被害者は通勤用の服装で、黒の鳥打帽、合成繊維黒色ジャンパー、黒ラシャズボン、新品同様のゴム半長靴を着用しており作業服には着替ていなかった。

2　その他参考事項

イ　被害者は高血圧症で、二、三年前から治療をうけていた。

答　業務上として取り扱われたい。

（昭四二・一二・二三　基収第二九六二号）

B　業務上の疾病

〈労働基準法施行規則の一部を改正する省令等の施行について〉

労働基準法施行規則の一部を改正する省令（昭和五三年労働省令第一一号。以下「改正省令」という。）及び昭和五三年労働省告示第三六号（労働基準法施行規則（昭和二二年厚生省令第二三号）別表第一の二第四号の規定に基づき、労働大臣が指定する単体たる化学物質及び化合物（合金を含む。）並びに労働大臣が定める疾病を定める告示。以下「告示」という。〔現行＝平成八年労働省告示第三三号〕）が昭和五三年三月三〇日に公布され、同年四月一日から施行されることとなったので、下記事項に留意のうえ、事務処理に遺憾なきを期されたい。

第一　改正の趣旨

一　改正の目的

労働基準法第八章の災害補償事由の一であり、かつ、労災保険の保険事故の一である業務上疾病の範囲は、労働基準法施行規則（以下「労基則」という。）第三五条において定められているが、同条の規定は昭和二二年の労働基準法の施行時に定められて以来今般の改正に至るまで実質的な改正は全く行われたことはなかった。この間に、急速な産業技術の進歩、産業構造、就業構造の変化等社会経済及び労働環境の変化に伴い、業務上疾病についてもその病像が変貌し、新しい要因による疾病が発生してきている。すなわち今日みられる中毒や職業がん、特殊な作業態様に起因する神経系の疾患等の疾病には、昭和二二年労基則制定当時その発生が予測されなかった疾病が少なからず含まれている。これらの業務上疾病の災害補償ないし労災保険給付を行う上では改正前の労基則第三五条（以下「旧規定」という。）第三八号その他の規定により対処してきたところであるが、規定の明確性を欠く憾みもなしとしないので、旧規定の例示規定を業務上疾病の現状に即さないまま放置することが適切でない点も生じてきた。そこで労働者の災害補償又は労災保険給付の請求権の適切な行使や労災保険における業務上疾病の認定等の迅速公正な事務処理の推進を図るとともに、業務上疾病の予防や治療に役立つ適切な疾病統計の作成に資するため、同条の見直しを行い、その規定を全面的に改正することとしたものである。

なお、改正省令の施行に関連して、今後においても産業・労働の実態の変化、医学の進歩等に伴って生ずる新しい要因による業務上疾病や業務上疾病の病像、病態の変化に対処しうるよう定期的に労基則別表第一の二（第三五条関係）の規定及びこれに基づく告示の内容の検討を行い、その結果によって所要の規定の改正を行う予定であるので、念のため申し添える。

二　新規定及びこれに基づく告示の基本的考え方

(1)　改正後の労基則第三五条及び別表第一の二並びに告示（以下「新規定」という。）においても、旧規定と同様に、一定の疾病を例示列挙するとともに包括的な救済規定を補足的に設けいわゆる「例示列挙主義」を堅持している。したがって、業務上疾病の範囲を具体的に掲げられた疾病に限定するものではなく、列挙疾病以外の疾病であっても業務との相当因果関係が認められるものは、上記の包括的救済規定によって災害補償又は労災保険給付の対象となることは当然である。

(2)　新規定においては従来の疾病の一律列挙方式を廃して、労働省や行政庁等関係者による業務上疾病の検索、業務上疾病統計の作成及び例示疾病への新しい疾病の追加を容易にすることを目的として、疾病発生源因となる因子（以下「有害因子」という。）の種類の別を主体とし、これに、疾病の性質、疾病の発生する集団ないし労務の特異性等も加味して疾病をそれぞれの群（労基則別表第一の二（以下「別表」という。）の各号）に大分類として分類して規定された。

すなわち、業務上の負傷との関連性の深い業務上の負傷に起因する疾病を第一号とし、次いで主として有害因子の種類等に応じて、別表第二号から第七号までが大分類として分類された。

この場合において、じん肺症及びじん肺との合併症については、じん肺症が、粉じんの肺への沈着及びそれに対する肺組織の反応であること、その病態が不可逆性であること等の点で化学物質等による他の呼吸器疾患とは異なること等の理由により独立の大分類（別表第五号）とされた。

また、いわゆる「職業がん」については、これが発がんの原因として化学物質のほか物理的因子である電離放射線によるものがあり、さらには特定作業工程従事労働者のがんについては、現在のところその原因を特定の化学物質に帰し難い場合が少なくないこと等の理由により、独立の大分類（別表第七号）とされた。

さらに、例示列挙主義を明確にするために、別表の第二号、第三号、第四号、第六号及び第七号の末尾に「その他」の規定（いわゆる包括的救済規定）が設けられ、さらに別表第八号として旧規定第三七号と同趣旨の規定が、別表第九号として第一号から第八号までに該当する疾病以外の業務上疾病をとらえるための「その他」の規定（包括的救済規定）がそれぞれ設けられた。

なお、単体たる化学物質及び化合物（合金を含む。）による疾病は、これを告示によって定めることとしたが、これは化学物質の数が多いこと、症状・障害が複雑多様であり、それらをできるだけ詳細かつ具体的に規定する必要があるが、別表中に掲げることは技術的に困難であること、科学技術の進歩に応じて労働の場における取扱い物質の種類やは握される疾病の内容が急速に変化することも予想され、この変化に機動的に対処する必要があること等の理由によるものである。

(3)　次に別表第二号、第三号、第四号、第六号及び第七号については、最近の医学的知見により業務上疾病として定型化、一般化して捉えられるものをできるだけ具体的に規定することとし、これを有害因子の種類、疾病の性質、疾病の発生する集団ないし業務の特異性等を考慮して、分類列挙するとともに、できるだけ具体的に、有害因子、疾病の内容を規定することにより、業務上疾病の範囲の明確化が図られた。

すなわち、新規定の各号に列挙されている疾病は、可能な限り最近に至るまでの国の内外を通じての労働の場において発生した症例の医学的調査研究報告、専門機関の評価が加えられた出版物を収集し、検討した結果業務との因果関係が確立していると考えられる疾病を可能な限り具体的に例示疾病として分類列挙したものである。

上記の場合、疾病の内容、特に告示に掲げられた主な症状・障害については、労働の場で起こったもののうち、収集された文献に現われている共通的なものを中心に列挙したものであり、動物実験等により人体に対する有害作用が推測されるにとどまっているような疾病ないし症状・障害については、例示の対象から除外されている。

また、化学物質への高濃度ばく露を受けて急性中毒死したような事例については、例示された部位以外の部位の症状・障害や二次的な症状・障害がみられるのが通例であるが、原則としてこれらについても例示の対象から除外されている。

なお、突発的な原因による疾病や産業・労働の場における総取扱量が極めて少ない物質等による疾病のように、個々のケースにおいては業務との因果関係が明確であっても一般的に業務上疾病として発生することの極めて少ないものは、例示の対象から除外されている。

(4)　以上のように、現在までに業務との因果関係の確立したものをできる限り定型化して、例示疾病として掲げているので、例示疾病（別表第八号により指定される疾病を含む。）については、一般的に業務と疾病との因果関係が推定されるものである。これらに対する労災保険における取扱いとしては、従来と同様、一定のばく露条件や症状等を満たす場合には、特段の反証のない限りその疾病は業務に起因するものとして取扱われるものである。

これに対して、例示疾病として掲げられていない疾病については、上記のような意味における一般的な形で業務との因果関係が推定されるものではない。したがって、労働基準法の災害補償の場合においては、請求人が使用者に対しこれらの疾病と業務との相当因果関係を立証しない場合には、災害補償は行われない。労災保険の場合にも基本的には請求人の側に立証責任があることはいうまでもないが、請求人の一定の疎明資料に基づいて行政庁が必要な補足的調査を行うことにより、業務との相当因果関係の有無を慎重に判断する必要がある。この場合、上記一のなお書、二(1)等の趣旨を体して、別表第二号13、第三号5、第四号8、第六号5、第七号18及び第九号の運用について遺憾のないようにされたい。

第二　新規定の内容

一　大分類（別表各号）の概要

(1)　第一号の「業務上の負傷に起因する疾病」は、旧規定の第一号と同趣旨である。

(2)　第二号の「物理的因子による疾病」は、電離放射線以外の有害光線（マイクロ波を含む。）、電離放射線、異常気圧、異常温度条件、騒音、超音波その他の物理的因子による疾病を掲げたものである。このうち、有害光線による疾病については、旧規定第三号及び第四号に規定する疾病はほぼ対応するものであるが、第二号１から５までとして有害光線の種類ごとに疾病内容が明確に規定された。また、異常気圧による疾病については、旧規定第九号に対応するものであるが、第二号６及び７として気圧条件の差異に対応して該当業務及び疾病の内容が明確に規定された。異常温度条件による疾病については、旧規定第五号及び第六号に対応するものであるが、第二号８から

10までとして疾病の種類ごとに明確に規定された。第二号4及び12については、旧規定にはこれに対応する具体的な規定はなかった。なお、第一号の業務上の負傷に起因する疾病、第三号の身体に過度の負担のかかる作業態様に起因する疾病及び第七号の「職業がん」のうち物理的因子によるものは、この号から除かれる。

(3)　第三号の「身体に過度の負担のかかる作業態様に起因する疾病」は使用する機械器具又は取り扱う物とこれに関連した作業密度、作業姿勢、身体局所に加わる負荷等いわゆる「人間‐機械（物）系」から生ずる有害因子による疾病を掲げたものである。このうち、第三号2、4の一部等については、旧規定にはこれに対応する具体的な規定はなかった。

(4)　第四号の「化学物質等による疾病」は、主として化学物質（単体、化合物（合金を含む。）及び混合物をいう。）の化学的性質に基づく有害作用に起因する疾病を掲げたものである。なお、「化学物質等」の「等」には酸素欠乏が含まれる趣旨である。

このうち、第四号2及び4から7までについては、旧規定にはこれに対応する具体的な規定はなかった。また、化学物質等による疲疾であっても第七号に掲げる「職業がん」については、同号に別掲してあるので、第四号の疾病からは除かれる。

(5)　第五号の「粉じんを飛散する場所における業務によるじん肺症又はじん肺法（昭和三五年法律第三〇号）に規定するじん肺と合併したじん肺法施行規則（昭和三五年労働省令第六号）第一条各号に掲げる疾病」は、粉じんの吸入に起因するじん肺症及びじん肺との合併症をいうものである。

(6)　第六号の「細菌、ウイルス等の病原体による疾病」は、病原体すなわち細菌、ウイルス、リケッチア、原虫及び寄生虫に起因する伝染性疾患等の疾病を掲げたものである。

(7)　第七号の「がん原性物質若しくはがん原性因子又はがん原性工程における業務による疾病」は、発がん性を有する化学物質若しくは電離放射線又は発がんの危険のある工程に起因するいわゆる「がん」と総称される疾病、すなわち、いわゆる「職業がん」が規定されたものである。

(8)　第八号の「前各号に掲げるもののほか、中央労働基準審議会の議を経て労働大臣の指定する疾病」は、旧規定第三五条第三七号と同趣旨の規定である。

(9)　第九号の「その他業務に起因することの明らかな疾病」は以上に掲げられている疾病以外に業務に起因したものと認められる疾病が発生した場合にはこれに該当するものであり、旧規定第三五条第三八号と同趣旨の規定である。

二　別表各号の規定の内容

（各号の箇所に掲載）

第三　新規定の運用上の留意点

一　改正省令及び告示の施行に伴う現行認定基準中の新規定に係る条項の読替え等については、別途指示する予定であり、また、列挙疾病のうち、認定基準の定められていないものについては、今後、順次、「認定要件」として整備していく予定である。したがって、当面は、従来どおり、認定基準の定められている疾病については当該認定基準に基づき、その他の疾病については個別に業務起因性の判断を行うこととする。この場合、現行の認定基準の通達等により本省にりん伺することとなっている事案については当分の間従来どおりの取扱いとし、その他特に指示がなされていない事案についても当面各局において業務起因性の判断が困難であるものは本省にりん伺すること。

二　新規定においては、前記のように、今後における産業・労働の変化等に伴って新しく発生した業務上疾病については、別表第二号、第三号、第四号、第六号及び第七号の末尾の「その他」の規定並びに第九号の規定によって対処することとされているが、さらに、今後はこれらの規定によって、業務上疾病として認定される頻度が高くなった疾病又は今後医学的に業務との因果関係が明らかにされた疾病については、別表及びこれに基づく告示の内容についての定規的な検討を行ってこれらの疾病を新たな例示疾病として別表の各号又はこれに基づく告示に掲げることを予定している。したがって、新しい業務上疾病の発生状況等のは握に十分配意されたい。

三　今回の改正は、労働者の災害補償請求権行使の容易化等を図るため業務上疾病の範囲を明確化したものであって、業務上疾病の範囲を狭めるものではない。したがって、労災保険給付に係る業務上疾病の認定について、改正前よりも厳しくなることのないよう次の点に留意されたいこと。

(1)　今回の改正前において認定基準が作成されている疾病については、認定基準に該当するものは認定基準により、これに該当しないものについては個別判断により認定を行うものとする。これらの疾病については、改正前の取扱いと全く変わることなく、改正後も現行の認定基準又は個々の判断で行うこととなるものであるので、これらの疾病の認定に当たっては、現行認定基準又は現行認定基準に基づく個別判断による認定事例と同一条件のものについては、これらの認定事例を尊重して取り扱うべきことは当然である。また、認定基準が作成されていない疾病については、現在までに行われた同一条件の認定事例を尊重して業務上疾病の認定を行うべきことはいうまでもない。

(2) 別表第二号11、第三号1、第三号の「柱書」の部分、第三号2及び第三号4において、「著しい」、「重激な」及び「過度の」という文言が使われているが、その理由は、ここに掲げられたような業務上疾病は、通常の労働環境とは異なる一定レベル以上の有害因子のある労働環境において生じるものであり、この趣旨を示すためのものである。このような文言は、旧規定においても用いられたものであり（例…「重激なる」（旧第二号）、「著しい」（旧第一一号）、「強烈な」（旧第一二号））、今回、業務上疾病の限定的な認定を意図して導入した概念ではないことはいうまでもない。したがって、これらの疾病については、従来同様認定基準等による客観的、かつ、具体的な基準で認定すべきものである。特に、別表第三号関係の疾病については、「過度の」という文言が付されているからといって、業務起因性の判断についての従前の取扱いを変更するものではない。

四 新規定に掲げられた疾病は、現在の医学的知見により業務との因果関係が確立しているとされる疾病を例示的に列挙したものであり、業務上疾病を制限的に列挙したものではない。したがって、別表各号末尾（第一号、第五号及び第八号を除く。）及び第九号に規定された包括的救済規定たる「その他」の規定には、新規定には例示されないが業務との相当因果関係が個別に認められる疾病が該当する。労災保険給付の請求のあった疾病が、新規定に具体的に例示されていないからといって直ちに業務外と判断することのないよう、前記第一の一なお書、二(1)等の趣旨を体して業務との相当因果関係について慎重に検討を行ったうえ、適切な認定が行われるように留意すること。

五(1) 前記第一の二(1)において記したように、業務上疾病として災害補償又は労災保険給付の対象となる疾病は、業務と疾病との間に相当因果関係の認められるものであるという点については、新規定に具体的に列挙された疾病と新規定に列挙されていないが業務に起因することの明らかな疾病との間には、本質的な差異はない。しかしながら、新規定に例示された疾病については一般的に業務との相当因果関係が推定されるのに対し、例示されていない疾病については業務との相当因果関係が確立していないものもあり、一般的な形での業務との相当因果関係を推定することができない。このため、災害補償の場合においては、請求人による相当因果関係の十分な立証を要する。また、労災保険給付についても、請求人がその従事していた業務の内容、り患している疾病の状態等の疎明を行うべき点は例示疾病と同様であるが、そのほか、労働基準監督署が行う相当因果関係の究明等の調査に対する協力等の負担が課せられることとなる。しかし、労災保険給付に係る業務上疾病の認定に当たっては、要すれば担当職員の調査、局医、専門医の意見聴取等行政庁が必要な補足的調査を行うことにより、請求人に上記のような最小限度の疎明を求めるほか、特に過重な負担を課さないよう十分配慮されたい。

第四　その他〈略〉

（昭五三・三・三〇　基発第一八六号）

(1)　業務上の負傷に起因する疾病

（第一号）

〈**要旨と解説**〉

（要旨）

本規定は、業務上の負傷に起因する疾病が業務上の疾病に該当することを明らかにしたものである。

（解説）

旧第一号の規定と同趣旨の規定であるが、疾病原因が業務上の負傷である趣旨を明らかにするために「業務上の」の文字を冠したものである（なお、労働者災害補償保険法施行規則（昭和三〇年労働省令第二三号）第一八条の四中に「通勤による負傷に起因する疾病」とあるのを参照）。

業務上の負傷に起因する疾病とは、業務上の負傷が原因となって第一次的に発生した疾病（以下「原疾患」という。）のほか、原疾患に引き続いて発生した続発性の疾病その他原疾患との間に相当因果関係の認められる疾病をいう。

本規定に該当する疾病には、以下のものが含まれる。

(イ)　業務上の頭部又は顔面部の負傷による慢性硬膜下血腫、外傷性遅発性脳卒中、外傷性てんかん等の頭蓋内疾患

(ロ)　業務上の脳、脊髄及び末梢神経系の負傷による皮膚、筋肉、骨及び胸腹部臓器等の疾患

(ハ)　業務上の胸部又は腹部の負傷による胸膜炎、心膜炎、ヘルニア（横隔膜ヘルニア、腹壁瘢痕ヘルニア等）の胸腹部臓器の疾患

(ニ)　業務上の脊柱又は四肢の負傷による関節症、腰痛（いわゆる「災害性腰痛」）等の非感染性疾患

(ホ)　業務上の皮膚等の負傷による破傷風等の細菌感染症（蜂窩織炎（旧第一〇号）もこれに該当する。）

(ヘ)　業務上の負傷又は異物の侵入・残留による眼疾患（旧第三号参照）その他の臓器、組織の疾患

(ト)　その他業務上の負傷に起因することの明らかな疾病。ハチやマムシ等による刺傷又は咬傷から体内に侵入した毒素による疾病もこれに該当する。

（昭五三・三・三〇　基発第一八六号）

イ　頭部、顔面部の負傷に起因する疾病

(イ)　脳出血（脳卒中）、くも膜下出血、脳膜炎等

〈脳血管疾患及び虚血性心疾患等の認定基準について〉

中枢神経及び循環器系疾患（脳卒中、急性心臓死等）の業務上外認定基準については、昭和三六年二月一三日付け基発第一一六号通達により示してきたところであるが、その後の医学的知見等について「脳血管疾患及び虚血性心疾患等に関する専門家会議」において検討が行われた。今般、その結論が得られたことに伴い、これに基づき認定基準を下記のとおり改めたので、今後の取扱いに遺漏のないよう万全を期されたい。

また、具体的な認定に当たっての参考として「脳血管疾患及び虚血性心疾患等の認定マニュアル」を別添のとおり作成したので、これを活用し、適正迅速な調査、認定を図られるよう配慮されたい。

なお、本通達の施行に伴い、昭和三六年二月一三日付け基発第一一六号通達は、これを廃止する。

記

1　業務上の負傷に起因する脳血管疾患及び虚血性心疾患等

業務上負傷の後に発症したと認められる脳血管疾患及び虚血性心疾患等であって、次の(1)から(3)のすべての要件を満たすものは、労働基準法施行規則別表第一の二第一号に該当する疾病として取り扱うこと。

(1)　負傷による損傷又は症状と発症した疾病との間に、部位的又は機能的な関連が、医学上認められること。

(2)　負傷の性質及び程度が疾病の発症原因となり得ることが、医学上認められること。

(3)　負傷から症状の出現までの時間的経過が、医学上妥当なものであること。

2　（削除）

（解説）

1　脳血管疾患及び虚血性心疾患等の認定について

脳血管疾患及び虚血性心疾患等の認定については、一般的に、業務上の負傷が原因となって発症したこと又は業務上の諸種の要因によって発症したことが、それぞれ医学上認められることが必要である。

この認定基準においては、現在の医学的知見に照らし、業務上の負傷が原因となって発症又は業務上の諸種の要因によって発症したか否かの判断基準として、妥当と認められるものを認定要件とした。

2　取り扱う疾病について

この認定基準は、中枢神経及び循環器系疾患のうち次に掲げる疾患について定めたものである。

(1)　脳血管疾患

イ　脳出血

ロ　くも膜下出血

ハ　硬膜上出血

ニ　硬膜下出血
ホ　脳梗塞
ヘ　高血圧性脳症
　「脳血管疾患」とは、広義には脳血管の疾患すべてを意味するが、この認定基準では、そのうち脳血管発作により何らかの脳障害を起こしたものをいう。従来、脳卒中と呼ばれていた疾患がこれに該当する。
(2)　虚血性心疾患等
イ　一次性心停止
ロ　狭心症
ハ　心筋梗塞症
ニ　解離性大動脈瘤
ホ　二次性循環不全
　「虚血性心疾患」とは、冠循環不全により、心機能異常又は心筋の変性壊死を生じる疾患をいい、イからハに掲げる疾患である。また、虚血性心疾患以外の解離性大動脈瘤及び二次性循環不全を含め「虚血性心疾患等」とした。
3　業務上の負傷に起因する脳血管疾患及び虚血性心疾患等について
　解説２で掲げた疾患のうち本文記の１により判断する脳血管疾患及び虚血性心疾患等は、次の疾患である。

　なお、脳血管疾患については、次の(1)から(3)により判断することとするが、二次性循環不全については、強度の機械的外力等により急激に循環不全が引き起こされる病態であることから、負傷直後に発症したか否かを確認し判断して差し支えない。
イ　脳血管疾患
(イ)　脳出血
(ロ)　くも膜下出血
(ハ)　硬膜上出血
(ニ)　硬膜下出血
(ホ)　脳梗塞
ロ　虚血性心疾患等
(イ)　二次性循環不全
(1)　本文記の１の(1)について
イ　「負傷による損傷又は症状」の損傷には、切創、挫創等の開放性損傷のほかに、打撲による内部損傷等の非開放性損傷を含む。また、症状とは、損傷が確認されない場合であっても、激しい頭痛、急激な血圧上昇等の症状が認められることをいう。
ロ「部位的又は機能的な関連」の部位的な関連とは、負傷部位が頭部、頸部、顔面である場合をいい、機能的な関連とは、神経系や血管系等の身体機能を介して発症する場合をいう。
(2)　本文記の１の(2)について
　負傷に起因する脳血管疾患は、多くの場合、頭部等への急激な外力の作用、つまり強度の打撲による負傷が発症要因となるが、神経系や血管系等の身体機能を介して発症する場合には、必ずしも打撲によらないことがある。例えば、頸部の刺創等により動脈閉塞を起こし、その結果、脳梗塞を発症する場合がある。
(3)　本文記の１の(3)について
　「症状の出現」とは、自他覚症状が明らかに認められることをいい、通常、負傷後二四時間以内に症状が出現する。

しかしながら、脳出血は症状の出現までに数日を経過する場合がある。また、慢性硬膜下出血や外傷性頸部動脈閉塞による脳梗塞は、数週から数カ月に及ぶものまであり、負傷との関連については、より慎重な判断が必要である。

4 （削除）

5 認定に当たってのその他の留意事項

(1) 脳卒中について

脳卒中については、解説2の(1)に述べたように、脳血管疾患の総称として用いられているので、可能な限り詳細な疾患名を臨床所見、解剖所見等により確認すること。

(2) 急性心不全について

急性心不全（急性心臓死、心臓麻痺等）は、疾患名ではないので、その原因となった疾患名を臨床所見、解剖所見等により確認すること。なお、急性心不全は、脳血管疾患及び虚血性心疾患等に限らず他の疾病による場合もあるので留意すること。

(3) 本省りん伺について

次の事案については、本省にりん伺すること。

イ 原因となった疾患名が明らかにならない急性心不全

ロ この認定基準により判断し難い事案

（別添）

脳血管疾患及び虚血性心疾患等の認定マニュアル〈略〉

（昭六二・一〇・二六　基発第六二〇号）

〈頭部挫創に基づく電炉修理班長の遅発性脳出血〉

問 O製鋼㈱電炉修理班長A（三八才）は、当日夜勤で午後四時一〇分就業し、電炉修理作業中午後九時半頃炉内に墜落、炉内煉瓦に頭部を強打し挫創（出血中等量）を受け人事不省に陥った。入院加療の結果二〇日後に退院したが、なお頭痛、めまい、膝蓋反射亢進がのこっていた。その後就労していたが、頭痛、めまいが軽減しないままに経過していたところ、受傷後約八カ月半後に就業中突然めまい、頭痛がはなはだしくなり、遂には顔ぼうそう白、著しい苦悶状を呈して、間もなく死亡した。死因は脳出血とされた。同僚から聴取したところでは、Aは平常非常に健康であったが、受傷後は全く別人のように絶えず頭痛、めまいを訴えていた由で、記憶力も著しく減退していたとのことである。

答 業務上である。

（昭二四・六・一　基収第一二三三号）

〈頭部打撲後に発した製罐工の急性化膿性脳膜炎〉

問 ㈱N商会製罐工K（六二才）は、災害発生当日U窒素工場の「パイプ配管工事」のため、現場にてパイプを運搬中足を踏み外して、四メートル下の地上に転落した。なお転落途中、サポートにつかまり地面に直接落下していないが、胸腰臀部に打撲症を受け、かつ硝子屑により頭部も打撲した（この際後頭部に血腫が認められた。）。翌日より三日間受診し治療を受けた（その間その血腫に化膿の徴候がみられた。）後出勤したが、受傷一〇日後に意識混濁、頂部、右上下肢強直、視力発語障害等が現われ直ちに入院加療したが翌々日死亡した。死因は解剖により化膿性脳膜炎と診断された。Kは日雇労働者として雇用されていたため発病前の健康状態の把握も明確にされないが、別段の異常はなかった。

　医師意見　左後頭部に鳩卵大の血腫を皮膚と頭蓋の間に認め、これが化膿しせき髄液は透明黄色となっていた等の所見より外傷により頭部を打撲しこれが脳膜炎の誘因となったと思う。

答　業務上である。

（昭三二・三・八　基収第一五五二号）

〈発病原因不明のトロール船船長のくも（蜘蛛）膜下出血〉

問　トロール船H丸船長Tは当日午前二時出港し漁場に向かい、午前四時過ぎから頭痛、嘔吐、めまいを訴えたので、午前七時半頃帰港、医師の手当を受けさせたが、翌朝六時に死亡、くも（蜘蛛）膜下出血と診断された。Tは、二カ月前に、就労中甲板で転んで頭部を打撲し、その他には何ら外傷は受けていない。

　局医員の意見では、一般にくも（蜘蛛）膜下出血の原因として考えられるもののうち、頭部外傷が最も多く、その他の原因である高血圧、動脈硬化、梅毒等はTの場合は考えられないので、二カ月前の頭部打撲傷による外傷性遅発性出血と考えるのが妥当である。

答　業務外である。

（昭三一・四・一六　基収第二五八号）

〈頭部挫創治ゆの翌日に発した仕上工の心臓麻痺〉

問　M工務店労働者S（四八才）は、六月二〇日同僚とともにアンダークーラ解体組立作業中「スパナ」（重さ五・五キログラム）が約一メートルの高所よりSの頭頂部に当り頭蓋骨に達する裂創を受けた。直ちに医師は三針縫合の処置をなし爾後通院の結果一週間後抜糸し、更に一週間目に負傷治ゆを認め勤務を指示した。しかるに翌朝、Sは再び頭痛を訴えて来診し、その後現場におもむいたが頭痛のため直ちに帰途につき、途中私用で二、三カ所を訪ずれ午後一〇時帰宅して後発作を起こし頭痛を訴えつつ死亡した。死因は心臓麻痺と診断された。Sは抜糸後に頭痛、眩暈感等をときどき訴えていた。

　主治医の意見は、初診時頭蓋内損

傷を認めていないが、頭部異常の経過からみて、挫創が死因の一要素を構成しているものと思われる。との意見であり、B医師は脳塞栓又は動脈栓塞に基づく心臓麻痺ではないかとの意見を述べている。

答 業務外である。

(昭二七・二・二五 基収第二七号)

(ロ) てんかん(外傷性)

〈頭蓋骨骨折に基づく晩発性てんかん〉

問 M石材工場石工T(二三才)は昭和二八年七月一四日、石材を手巻ウインチで引倒し作業中ハンドルが折損し頭部に当たり頭蓋骨を骨折した。負傷時二時間ほど意識不明の重傷であったが入院加療により回復、同年一二月末日をもって外貌の醜状を残し治ゆとなった。その後異常なく経過したが、翌年四月頃より倦怠気味となり五月中旬、てんかん発作を起こした。その後一〇月中旬再発作があったので、一一月九日入院し開頭手術の結果外傷性てんかんと診断された。T及びその家族に真正てんかんの素因は認められない。

医師の意見 左前額部に皮膚瘢痕を有しており、脳波検査により前記瘢痕部に相当しててんかん焦点を発見、更に手術所見でも頭蓋骨欠損部存在し、附近は硬膜と強固にゆ着、更に脳実質とのゆ着はなはだしく該部にてんかん焦点のあることを考えしめた。

答 業務上である。

(昭三〇・七・二六 基災収第六八八号)

(ハ) 頭部外傷による精神神経障害

〈業務災害による後頭部打撲症の治ゆ後六カ月で発した精神異常〉

問 精米所の精米工であるG(六一才)は、工場荷受口において荷受後の清掃を行なうため俵を積載するときに用いるあゆみ(木製にして重量約六〇キログラム)を動かそうとして、あゆみの下敷になってコンクリート床上に転倒し、後頭部を強打した。その後約八カ月間治療を継続して治ゆし職場に復帰し、健康状態も勤務状態も平常どおりで完全に回復したものと認められていた。ところがそれから六カ月後のある日出勤途上行方不明となり、間もなく発見されて静養を続けたが精神状態に異常をきたし、脳外傷性精神障害と診断された。

医師の意見 ①現症は脳器質的脱落状態の存在を考えるべきである。②患者の兄弟や子には精神・神経病者はなく、患者にはかかる疾病の遺伝負荷は少なくとも濃厚ではない。③外傷をうけるまで、現症に類する精神障害の徴はなかった。④頭部外傷に直続して十数日にわたり、運動不安を伴う意識混濁状態を呈し、その後病状は漸次改善されたが、なお現症を後遺している。⑤梅毒その他の疾病は各種の検査の結果存在しない。以上を総合すると、現症はもし主として体質に基づくものとすれば、脳動脈硬化症あるいは老年性脳萎縮に伴う現象との疑もあるが、外傷直後にこれを主原因とする重篤な過程が脳に存したことは明らかであり、外傷を重要な原因とすることが妥当である。

答　業務上である。

（昭二五・九・一二　基収第二五八六号）

〈高所より転落した鳶職の外傷性精神障害〉

問　㈱T工務店鳶工U（三四才）は、昭和二六年三月五日現場においてコンクリート打作業中足場から転落六メートル下のコンクリート床に身体を強打し、左右上肢骨骨折、顔面及び背部打撲、頭蓋底骨折の重傷を負い、直ちに入院した。当初頭蓋骨骨折による脳せき髄液が始終鼻孔より流出していたが、三月二九日本人の都合により退院したところ、四月九日に至り頭痛を訴え容態悪化し脳せき髄液検査の結果双球菌が発見されたので「脳膜炎」と診断された。化学療法の結果良好となり七月二八日障害（八級の七、一〇級の七）を遺して治ゆとなった。二七年二月突然精神異常を呈したため三月精神病院に入院せしめた結果「外傷性精神障害」と診断された。

　医師の意見　本精神症状は精神医学上いわゆる「痴呆」に該当し、既往外傷歴及び身体的神経症状を考慮した結果、外傷性精神障害と認む。なお、血縁関係に精神病者はみられない。Uの性情は気持ちにむらがあり、素行は粗暴で機敏でなく、目が血走っている感のあるほか既往歴はない。

答　本件は、既往の打撲によって疾病の素因が促進され発病したものと認められるが本疾病は医療効果が認められないから再発として取り扱わず治ゆとして障害補償費を支給することとされたい。

（昭二七・一二・二五　基収第五一六七号）

〈屋根から転落して受傷した大工の精神分裂症〉

問　㈱A工務店の大工G（五三才）は現場において作業中に約二・五メートルの高さの屋根から転落して、左肋骨骨折胸部打撲傷及び脳底骨折と診断され、九日間入院して一応治ゆ退院した。Gはその後四、五カ月経過して精神異常の徴候が現われ、各医師から精神分裂症と診断された。なお、Gには精神症の遺伝因子は認められず、ワッセルマン氏反応は陰性である。

医師の意見では、精神分裂症発病には必ず患者に素因があり、必ずしも脳底骨折が発病の原因と考えられないが、発病の誘因になっていないと断言できないとのことである。

答　業務外である。

（昭二五・五・八　基収第一〇〇五号）

㈡　眼疾患

〈感電による電撃傷兼頭部挫創後の白内障〉

問　Ｓ電気工業（株）の労働者Ａ（二八才）は、一一月一五日休業中に高圧線（三、三〇〇ボルト）にふれて、地上一メートルより転落し、その際右顔面右手掌に電撃傷を、右側頭部に挫創を生ず治療を受けたが、更に右眼視力が減退せることに気づき、診察を受けたところ右側視力〇・〇一五であった。専門医により精密検査の結果、電撃性白内障と決定された。Ａは感電受傷時まで、眼疾患に罹ったことなく、視力障害についても異常を認めない。その他にも白内障を誘発せしめる原因は見当たらない。

答　業務上である。

（昭二六・一〇・二六　基災収第二九二五号）

〈口部打撲後に発した両眼角膜翳左眼虹彩炎〉

問　Ｍ水道工業所の工員Ｅ（四四才）は、ボーリング工事において発動機始動中右手でクランクハンドルを廻していた際、ハンドルが外れボックスの手前の角が回転して、Ｅの口部に当り前歯三本脱落、他の三本破損、二本動揺する災害を負った。その後約一カ月して、作業中急に眼がかすみ受診の結果、両眼角膜翳、左眼虹彩炎と診断された。Ｅは、幼少の頃「ソコヒ」にかかり両眼に「ほし」があって、日常の作業もそのためか鈍重であった。また、受傷時、眼部を打撲したことについては誰にも訴えておらず、眼疾患を生じて後初めて申出たものであるが、目撃者がいないので、真偽は不明である。

主治医の診断書は、初診時は「直接左眼部の外傷によって誘発されたものの如く」としているが、その後「口部打撲による歯齦炎よりの転移によるもの」としており、不明確である。

専門医によれば、一般に虹彩毛様体炎の原因としてはかかる転移性発病も存在するが、本件は、原発病巣である歯齦炎については、カルテの記載不充分で検索の所見も見出されず、処置も行なわれていない。単に抜歯後の歯齦部の発赤腫脹の存在をもって移転性虹彩毛様体炎と判断するのは医学通念上首肯できない。かつ、打撲から虹彩炎になる場合は、普通一週間後には症状が現われるものであり、本件のように、治ゆ後、後遺症の存する程度の外傷を一カ月も放置しておくことは考えられない、とのことである。

答　業務外である。

（昭三〇・八・四　基収第三八六八号）

ロ　胸部の負傷に起因する疾病

(イ)　肺炎、胸膜炎、肺えそ、肺結核等

〈積材中の胸部打撲により誘発された自動車助手の胸膜炎〉

問　B精機㈱の自動車助手N（二一才）は、木材の積込作業中誤って太さ三寸長さ一三尺位の丸太が右胸部にあたり打撲傷を受けたが、しばらく休憩した後作業を続行した。翌日以降は気分がすぐれなかったが出勤していた。一カ月後医者の診断を受けたところ、右胸膜炎と判明した。

Nは受傷前は胸膜炎又はこれに類する疾病にかかったことなく、健康であったが、受傷後は三八～三九度の発熱、盗汗、胸痛等がありときどき欠勤した。

医師の意見では、①事故発生後受診までの期間が長いのは症状が徐々に進行し、かつNが疾病に対し無理解であったためであり、②急性胸膜炎は結核性のものが多いので一概に胸部打撲によるものと確定できない由であった。

答　業務上である。

（昭二四・三・一　基収第六八八号）

〈胸部負傷後に併発した肺炎〉

問　礦山坑内に採礦中落盤のために約四米下に転落し左第七肋骨骨折第二胸肋関節及び背部打撲に因る負傷で病院へ移送途中当日（一月一四日）は降雪吹雪があって厳寒のために肺炎を併発して入院約一週間で死亡したが本死亡について業務上外の認定に疑義がありますから至急御教示を賜りたい。

答　業務上である。

（昭二三・九・一九　基災発第一五九号）

〈業務上負傷のため療養中全身衰弱し肺炎を併発した者の死亡について〉

問　A組労働者I（六四才）は、昭和三三年四月一四日、家屋解体作業中三・五メートルの屋上より墜落し、右大腿骨頸部骨折のほか、顔面、右上肢等に打撲傷を受け直ちに入院した。入院後四月二〇日に大腿骨骨折の髄内固定術を行ない、腰部から右足先までギブス固定を行なったため、殆んど身体を動かすことができず褥創を発生し、さらに義歯破損及び口内粘膜挫創のため食欲不振となった。入院当時は胸部に理学的著変がなかったにもかかわらず、四月二七日頃より発熱し、五月一〇日頃には背部に疼痛が起こり、咳嗽喀痰及び褥創よりの排膿等が多量となり肺炎を併発し次第に全身衰弱をきたし五月一六日死亡したものである。

医師の意見によれば、当該死亡の原因は老人に発生した大腿頸部骨折による長期臥床のために起った全身衰弱にあり、肺炎はそのために派生した併発症と考えるのが妥当であるとのことである。

答　業務上である。

（昭三三・一二・二三　基収第七三三五号）

〈胸部打撲後併発した日雇労働者の肺炎及び肺浸潤〉

問　下水管埋設工事現場で溝内に入り排水作業中であった日雇労働者O（三三才）は、土砂の崩壊により全身土砂中に埋没し約一〇分後救助された。意識不明のまま担送入院、翌日意識回復し頭痛胸痛を訴えた。入院五日目にX線写真をとったが、結核性浸潤は認めなかった。それから約二週間後夕方より発熱頭痛咳嗽増強し、再度X線写真をとった結果左胸部下部に陰影があり、胸痛のため呼吸運動不充分による急性肺炎と診断された。その後X線写真により左肺下野に肺浸潤が認められた。

医師の意見では、受傷直後のX線写真に胸部結核性浸潤なく、受傷前は健康で数年間病臥していないので、受傷後肺炎型肺結核を起こしたものと考えられるとのことである。

答　業務上である。

（昭二七・七・三　基災収第一七六三号）

〈右胸部打撲後発した土建労働者の胸膜炎〉

問　㈱O組の労働者X（二三才）は、捲揚ウインチ用の三〇馬力モーターを運搬するため、モーターにロープをかけ担い棒で肩かけをし、同僚と二人で進行中つまずいて転倒し、モーターのプーリーで右胸部を強打し、三日後診療を受けた。X線写真上肋骨骨折、肺臓の損傷は認められず二日通院後就業していたところ、一カ月以上経過して胸痛を感じ、X線写真により右胸部に陰影を発見され外傷性胸膜炎と診断された。X線写真以外には、医学的理学的検査は行なっていない。

答　業務外である。

（昭三〇・六・二四　基災収第一七六三号）

〈胸部打撲後発した造船工の胸膜炎〉

問　Y造船所の造船工M（二九才）は、当日造船所内の木材加工所で切削作業中鼻取りが投げ送った四寸角の素材の角が右前胸部に当たり、激痛を覚え数分間呼吸困難であった。直ちにO医院で受診の結果胸部打撲傷とされ、休養せずに通院治療を受けた。しかし症状好転せず、食欲進まず倦怠感あり微熱を帯びてきたのでH病院に転医したところ、両側胸膜炎、右胸部打撲症と診断され、入院加療することとなった。Mは八年前に自転車で前胸部打撲傷を受け、胸膜炎に罹り一カ月間休養して全治したが、その後は引続き健康であった。

　主治医の意見では、負傷以前の過労等から、ある程度活動していたと思われる胸膜炎が、打撲によりまた打撲後の過労により急速に悪化進行したもので、胸部打撲が胸膜炎発病の唯一直接の原因とは断定できないが、有力な誘因であることは間違いない由である。

答　業務上である。

（昭二四・一〇・一九　基収第二五五三号）

〈バス転覆により受けた胸部打撲により誘発された運転監視員の肺浸潤〉

問　T配電㈱営業所の運転監視員H（二七才）は、社用で出張の途中、乗合バスが顚覆し、頭部、胸部及び四肢を打撲したが約一カ月後肺浸潤を併発した。

　医師の意見では、①患者は従来身体各部に異常がなく健康であったが、このような状態の下では僅か一カ月位の間にX線写真上に変化の現われることは極めてまれであり、②バス顚覆の際身体各部に打撲傷を受け、その結果、身体衰弱し諸疾患に対する身体の抵抗力を減弱せしめられ、遂に肺病巣の活動を招来したものと認められるとのことである。

答　業務上である。

（昭二四・六・一〇　基収第一八三四号）

〈転落に基づく胸部打撲後の乾性胸膜炎〉

問　T工業㈱の工夫N（三六才）は、隧道工事現場においてセントル組立作業中、足許がすべって約三メートルの高所から転落し集積してあったセントル型枠材に胸部を打撲した。直後は大したことはないと思い治療を受けず湿布等をしたのみであったが、約二カ月後咳が出はじめ、約四カ月後初めてT医師の診断を受けたところ、脳震盪後神経症兼気管支炎とされた。その後O医師により乾性胸膜炎と診断され引続き加療中で、途中さらにN医師により肺壊疽と診断されたが医療は受けなかった。Nは約一年半前に鉄橋上から墜落し、頭部胸部打撲傷を受け八〇日間医療を受けたことがあるが、その他既往症は認められず、健康状態は良好であった。

　医師の意見は次のとおりである。

①T医師　気管支炎としたのはX線写真もないので断定できず無難な気管支炎としたが、打撲によって発し

たか否かは負傷時と初診時が開きすぎていて確言できない。②O医師　打撲が原因とは断定できないが、遠因であることは考えられる。③N医師　肺壊疽はまれに外傷により滲出した液と腐敗菌とにより起こるが、確言できない。

以上を総合すると、各医師の意見は区々であり業務上と断定するものもないので、業務外と決定して差し支えないと考えるが、転落による打撲が原因して疾病を発現せしめたとも考えられる。

答　業務外である。

（昭二五・一〇・二七　基収第二九一九号）

〈胸部打撲後に発した既往症ある製鉄工の肺浸潤〉

問　N製鉄㈱の工員K（三四才）はストッパー移転作業において、ストッパーを担ごうとした際に右肩下部に軽度の打撲症を負い、圧痛を訴えたので、医療を加えた結果、約一カ月たって圧痛は漸次軽快したが、咳嗽を訴えるようになった。よって内科医に受診したところ肺浸潤の症状を認められ、次第に病状悪化してその後約二カ月たって胸膜炎及び肺浸潤のため遂に死亡した。Kは九年前に左胸膜炎に罹患し、また受傷時より五カ月前に行なわれた定期健診の際両側肺門の陰影の増強しているのを認められていた。

医師の意見では、軽度の胸部打撲傷患者は本来健康体ならば約一カ月の治療により治ゆするもので、本例のように受傷時より胸膜炎、肺浸潤で死亡に至るまでかくも短期間の経過をたどった事態を考えると、受傷以前に胸部に進行性病変があり、たまたま胸部打撲当時より漸次増悪したものと考えるのが妥当とのことである。

答　業務外である。

（昭二三・八・二〇　基災発第一三一号）

(ロ)　心臓疾患

〈胸部打撲により僧帽弁不全症に基づく肺水腫及び肺結核による死亡〉

問　土木現場の人夫I（四二才）は材料運搬のためオート三輪の助手台に同乗中、畑中において運転手が運転を誤ったため車外に転倒し右足関節及び左前胸部を打撲した。直ちに医師に受診の途上胸痛呼吸困難となり咳、血痰を出し聴診では左前胸部皮下溢血及び腫脹と僧帽弁不全症状がみられ、かつX線により陳旧性肺浸潤像と心肥大が認められた。その後、咳痰減少したが全身浮腫著明となり二カ月後に死亡した。死亡時医師の所見は脳栓塞であったが、解剖医は心臓機能不全に基づく肺水腫及びこれを助長した肺結核を死因としている。

既往に肺結核の自覚症状はなかったが、心臓疾患については、戦時中軍隊でマラリア罹患し、その際心臓弁膜症の存在を指摘されたことがあった。しかしながら特に日常自覚症状はなく健康であった。

主治医の意見　胸部打撲により既往疾患を悪化せしめたと考える。

解剖医の意見　剖検所見による心筋の瘢痕形成及び左胸膜の瘢痕性ゆ着は外傷性の障害によると考えられ、心内膜炎及び上肺葉の陳旧性変化は受傷以前のものと考えられる。

答　業務上である。

（昭二八・三・二三　基収第二五一号）

〈胸部打撲後の運材夫の心臓弁膜症による死亡〉

問　運材夫N（二〇才）は、昭年三〇年四月五日松丸太を木馬で運搬中転倒し木馬の下敷きになり受傷、前胸部及び右大腿部痛を訴え受診したところ「胸部及び右大腿部打撲症、心臓弁膜症」と診断され、ことに打聴診及びX線所見で心肥大及び心雑音あり、心臓弁膜障害の存在が明らかに認められた。四月二一日に至り右股淋巴腺腫脹し発熱、脈搏不整著明となったが好転した。しかし心臓所見の改善をみず、五月二日転医の結果「心臓弁膜症及び肝腫脹腎炎」と診断され加療したが好転せず、五月六日入院し同八日心臓弁膜症で死亡した。

受傷時の医師の意見　X線により胸部骨折を認めず、心臓弁膜症は外傷以前の存在である。また、右股淋巴腺腫脹は大腿部打撲による骨髄炎によるものと考えられ心臓弁膜症との関連はない。

入院時の医師所見　患者は従来重労働に従事していたが心臓に高度の変化はなかったと思われる。しかし負傷時の診断で心臓の肥大及び心雑音脈搏不整等を発見しているので、先天性心臓弁膜症があったものと考えられこれが胸部打撲という衝撃で急に悪化したと思われ因果関係ありと考える。

答　業務上である。

（昭三三・三・二五　三三基収第二七一〇号）

(ハ)　その他の疾患

〈胸部打撲後に発した肝膿瘍、滲出性胸膜炎〉

問　O測量建設㈱の雑役土工（四八才）は水道配水池工事中、三・五メートルの高所よりコンクリート上に転落、右胸部挫傷として約一カ月間治療したが、全治せず、転医したところ、右第九・第一〇肋骨骨折と診断され、以来約三カ月にして治ゆ退院した。その後右上腹部疼痛及び不定期な発熱等があり自宅で静養していたが、一年位経過した頃から悪感発熱が続き入院加療したところ、四カ月半後肝膿瘍、右滲出性胸膜炎による全身衰弱のため死亡するに至った。

医師の意見では、肋骨骨折時に右胸部に相当の内部障害あり、胸膜炎とともに肝臓の病変をきたしたものと推察される由である。

答　業務上である。

（昭三〇・五・二五　基収第一五八〇号）

〈胸部打撲後に発した現場監督の胆のう炎及び肝硬変症〉

問　N土木㈱の現場監督M（四二才）は作業中高さ約三間の所から足を踏み外して転落し、下にあったトロッコで右胸部を打撲した。相当の苦痛はあったがそのまま勤務に服していたところ、二、三日後異常を感じ医師の診断を受けた結果、胆のう炎及び肝硬変症とされ開腹手術をしたが病状悪化の一路をたどり約二カ月後死亡した。

専門医の意見では、打撲と胆のう炎及び肝硬変症との間に直接の因果関係は認められないとのことである。

答　業務外である。

（昭二五・一一・二〇　基収第三四一四号）

〈背部打撲後に発した再生不良性貧血による死亡〉

問　T橋梁架換工事の土木主任Oは、杭打作業中（組立てた櫓設備により石材製槌を動力で上下し杭を打つ作業）モンケン（通常は鉄製槌であるが石材製槌）の支柱を接着している硫黄が剥がれ斜めに落下してきたので、回避しようとして後退したとき岩壁に背部全身を激突打撲傷害を受けた。腰部に痛みを感じ仕事をせず家でぶらぶらしていたが痛みが止まらないので、一週間後A医院に受診した。X線写真によると第八肋骨に不完全骨折が認められた。通院治療を行なっていたが腰部背中全体に疼痛が甚だしくなり、さらに身体全体が痛み貧血症を認めたので二カ月後にM国立病院に入院したが、貧血症状が甚だしくなり、入院後五〇日にして再生不能性貧血症により死亡した。しかし、主治医は背部打撲（第八肋骨骨折）と再生不良性貧血症とは医学上因果関係は認めがたいとの意見である。

答　業務外である。

（昭二八・一一・一〇　基収第四八四五号）

ハ　腹部の負傷に起因する疾病

〈転落に基づく腹部打撲後に発した黄疸〉

問　O食糧工業㈱澱粉係工員は、澱粉仕上槽で澱粉切取作業中同槽の縁から足を滑らして転落し、右側腹部を打撲した。しかし外傷はなく一時間休養後就労した。翌々日身体がだるいので受診したところ、打撲による黄疸とされた。その後二二日間休業療養し、その後二カ月間は異常がなかったが、次第に外貌に黄疸の症状を呈し、前回同様黄疸と診断されて一カ月半休業療養をした後、病状急変して死亡した。

Kは負傷発病前は健康であったが、同人の姉は三年前に黄疸で死亡しており、また二回目に黄疸になった際隣家に黄疸患者があった。主治医は、最初の黄疸の際に止めたにもかかわらず無理に出勤したのと、経済的理由によるのか療養を怠っていたのが、病状悪化の主因と申し立てている。いずれにしても、当初の打撲傷が外傷もなく苦痛の様子も見られなかったのに、二日目に全身に黄疸症状を呈した点、また死亡原因となった黄疸と最初の黄疸とは、一応別個のものではないかという点とに疑義がある。

答　業務外である。

（昭二六・四・一三　基収第二三一一号）

〈外傷性胃潰瘍の業務上外認定について〉

問　当局管内において下記疾病が発生しましたが、業務上外認定について疑義がありますので何分のご教示を賜りたくお伺いします。

記

一　傷病名

受傷時左側胸部、上腹部、右腰部、左上膊挫創

転医後外傷性胃潰瘍

二　災害発生日時

昭和四〇年七月二〇日

三　被災者の氏名等

M（五一才）　運搬工

四・五　〈略〉

六　災害発生状況

調査書のとおり

七　症状及び療養の経過

自昭和四〇年七月二〇日
至　　　八月三一日

K鉱病院に入院治療したが、腹部膨満感等の症状が消失せず、担当医師から胃腸透視その他の精密検査をすすめられる。

昭和四〇年八月三一日

転医のため同上病院退院

九月二日

N大学付属病院第二外科受診

九月六日

入院後諸検査の結果、胃潰瘍と診断され、手術施行。本症は外傷による胃潰瘍穿孔とする方が妥当であろうとの意見が示された。

昭和四〇年一〇月一六日

同上病院退院

自昭和四〇年一〇月一七日
至昭和四一年二月二八日

同上病院通院　治療後治ゆ

昭和四一年三月一日

旧職に復し出勤　現在に至る。

八　被災者の既往症
　歯科疾患のほかはなく、健康体であった。
災害発生状況（調査書）
　昭和四〇年七月二〇日一三時四〇分頃、坑口硬捨チップラーに於て空函（鉄炭車で硬を捨てた空の状態で、自重八二〇kg）を引き出すときに本人の体がエヤーバルブに触れ（本人は触れていないと申立て）チップラーが回転し、引出中の炭車が脱線し、本人に倒れかかり本人は背後にあったコンベヤーベルトの保護鉄柵（フレーム）と炭車の間に躯を圧され、負傷（本人は失神し、病院へ担送後治療中に意識回復）。

答　本件は、災害発生時に腹部、腰部に強度の外力が加わったこと、災害発生時から発症までに橋架症状とみられる所見があったこと、手術所見によれば慢性潰瘍とみられる所見がなかったこと等の事実から、外傷に起因して潰瘍が生じたものと認められ業務上である。
（昭四二・三・三　四一基収第四四四三号）

二　せき柱及びせき髄の負傷に起因する疾病

〈業務上腰痛の認定基準等について〉

一　災害性の原因による腰痛
　業務上の負傷（急激な力の作用による内部組織の損傷を含む。以下同じ。）に起因して労働者に腰痛が発症した場合で、次の二つの要件のいずれをも満たし、かつ、医学上療養を必要とするときは、当該腰痛は労働基準法施行規則（以下「労基則」という。）別表第一の二第一号に該当する疾病として取り扱う。
(1)　腰部の負傷又は腰部の負傷を生ぜしめたと考えられる通常の動作と異なる動作による腰部に対する急激な力の作用が業務遂行中に突発的なできごととして生じたと明らかに認められるものであること。
(2)　腰部に作用した力が腰痛を発症させ、又は腰痛の既往症若しくは基礎疾患を著しく増悪させたと医学的に認めるに足りるものであること。

二　災害性の原因によらない腰痛
　重量物を取り扱う業務等腰部に過度の負担のかかる業務に従事する労働者に腰痛が発症した場合で当該労働者の作業態様、従事期間及び身体的条件からみて、当該腰痛が業務に起因して発症したものと認められ、かつ、医学上療養を必要とするものについては、労基則別表第一の二第三号二に該当する疾病として取り扱う。

〔解　説〕
一　災害性の原因による腰痛
(1)　ここでいう災害性の原因とは、通常一般にいう負傷のほか、突発的なできごとで急激な力の作用により内部組織（特に筋、筋膜、靱帯等の軟部組織）の損傷を引き起こすに足りる程度のものが認められることをいう。

(2)　災害性の原因による腰痛を発症する場合の例としては、次のような事例があげられる。

イ　重量物の運搬作業中に転倒したり、重量物を二人がかりで運搬する最中にそのうちの一人の者が滑って肩から荷をはずしたりしたような事故的な事由により瞬時に重量が腰部に負荷された場合

ロ　事故的な事由はないが重量物の取扱いに当たってその取扱い物が予想に反して著しく重かったり、軽かったりするときや、重量物の取扱いに不適当な姿勢をとったときに脊柱を支持するための力が腰部に異常に作用した場合

(3)　本文記の一の(1)で「腰部の負傷を生ぜしめたと考えられる通常の動作と異なる動作による腰部に対する急激な力の作用が業務遂行中に突発的なできごととして生じたと明らかに認められるものであること」を認定の要件としたのは、腰部は常に体重の負荷を受けながら屈曲、伸展、回旋等の運動を行っているが、労働に際して何らかの原因で腰部にこれらの通常の運動と異なる内的な力が作用していわゆる「ぎっくり腰」等の腰痛が発症する場合があるので、前記(2)に該当するような災害性の原因が認められた場合に発症した腰痛を業務上の疾病として取り扱うこととしたことによるものである。

　ぎっくり腰等の腰痛は、一般的には漸時軽快するものであるが、ときには発症直後に椎間板ヘルニアを発症したり、あるいは症状の動揺を伴いながら後になって椎間板ヘルニアの症状が顕在化することもあるので椎間板ヘルニアを伴う腰痛についても災害性の原因による腰痛として補償の対象となる場合のあることに留意すること。

(4)　本文記の一の(2)で「腰部に作用した力が腰痛を発症させ、又は腰痛の既往症若しくは基礎疾患を著しく増悪させたと医学的に認めるに足りるものであること」を認定要件としたのは、腰痛の既往症又は基礎疾患（例えば椎間板ヘルニア、変形性脊椎症、腰椎分離症、すべり症等）のある労働者であって腰痛そのものは消退又は軽快している状態にあるとき、業務遂行中に生じた前記の災害性の原因により再び発症又は増悪し、療養を要すると認められることもあるので、これらの腰痛についても業務上の疾病として取り扱うこととしたことによるものである。

(5)　本文記の一の(1)及び(2)に該当しない腰痛については、たとえ業務遂行中に発症したものであっても労基則別表第一の二の第一号に掲げる疾病には該当しない。

　なお、この場合同別表第三号の2に該当するか否かは別途検討を要するので留意すること。

二　災害性の原因によらない腰痛

災害性の原因によらない腰痛は、次の⑴及び⑵に類別することができる。

⑴　腰部に過度の負担のかかる業務に比較的短期間（おおむね三カ月から数年以内をいう。）従事する労働者に発症した腰痛

イ　ここにいう腰部に負担のかかる業務とは、次のような業務をいう。

(イ)　おおむね二〇キログラム程度以上の重量物又は軽重不同の物を繰り返し中腰で取り扱う業務

(ロ)　腰部にとって極めて不自然ないしは非生理的な姿勢で毎日数時間程度行う業務

(ハ)　長時間にわたって腰部の伸展を行うことのできない同一作業姿勢を持続して行う業務

(ニ)　腰部に著しく粗大な振動を受ける作業を継続して行う業務

ロ　腰部に過度に負担のかかる業務に比較的短期間従事する労働者に発症した腰痛の発症の機序は、主として筋、筋膜、靱帯等の軟部組織の労作の不均衡による疲労現象から起こるものと考えられる。

したがって疲労の段階で早期に適切な処置（体操、スポーツ、休養等）を行えば容易に回復するが、労作の不均衡の改善が妨げられる要因があれば療養を必要とする状態となることもあるので、これらの腰痛を業務上の疾病として取り扱うこととしたものである。

なお、このような腰痛は、腰部に負担のかかる業務に数年以上従事した後に発症することもある。

⑵　重量物を取り扱う業務又は腰部に過度の負担のかかる作業態様の業務に相当長期間（おおむね一〇年以上をいう。）にわたって継続して従事する労働者に発症した慢性的な腰痛

イ　ここにいう「重量物を取り扱う業務」とは、おおむね三〇キログラム以上の重量物を労働時間の三分の一程度以上取り扱う業務及びおおむね二〇キログラム以上の重量物を労働時間の半分程度以上取り扱う業務をいう。

ロ　ここにいう「腰部に過度の負担のかかる作業態様の業務」とは、前記イに示した業務と同程度以上腰部に負担のかかる業務をいう。

ハ　前記イ又はロに該当する業務に長年にわたって従事した労働者に発症した腰痛については、胸腰椎に著しく病的な変性（高度の椎間板変性や椎体の辺縁隆起等）が認められ、かつ、その程度が通常の加齢による骨変化の程度を明らかに超えるものについて業務上の疾病として取り扱うこととしたものである。

エックス線上の骨変化が認められるものとしては、変形性脊椎症、骨粗鬆（しょう）症、腰椎分離症、すべり症等がある。この場合、変形性脊椎症は一般的な加齢による退行性変性としてみられるものが多く、骨粗鬆症は骨の代謝障害によるものであるので腰痛の業務上外の認定に当

たってはその腰椎の変化と年齢との関連を特に考慮する必要がある。腰椎分離症、すべり症及び椎間板ヘルニアについては労働の積み重ねによって発症する可能性は極めて少ない。

三　業務上外の認定に当たっての一般的な留意事項

腰痛を起こす負傷又は疾病は、多種多様であるので腰痛の業務上外の認定に当たっては傷病名にとらわれることなく、症状の内容及び経過、負傷又は作用した力の程度、作業状態（取扱い重量物の形状、重量、作業姿勢、持続時間、回数等）、当該労働者の身体的条件（性別、年齢、体格等）、素因又は基礎疾患、作業従事歴、従事期間等認定上の客観的な条件のは握に努めるとともに必要な場合は専門医の意見を聴く等の方法により認定の適正を図ること。

四　治療

(1) 治療法

通常、腰痛に対する治療は、保存的療法（外科的な手術によらない治療方法）を基本とすべきである。しかし、適切な保存的療法によっても症状の改善が見られないもののうちには、手術的療法が有効な場合もある。この場合の手術方式は腰痛の原因となっている腰部の病変の種類によってそれぞれ違うものであり、手術によって腰部の病変を改善することができるか否かについては医学上慎重に考慮しなければならない。

(2) 治療の範囲

腰痛の既往症又は基礎疾患のある労働者に本文記の一又は二の事由により腰痛が発症し増悪した場合の治療の範囲は、原則としてその発症又は増悪前の状態に回復させるためのものに限る。ただし、その状態に回復させるための治療の必要上既往症又は基礎疾患の治療を要すると認められるものについては、治療の範囲に含めて差し支えない。

(3) 治療期間

業務上の腰痛は、適切な療養によればほぼ三、四カ月以内にその症状が軽快するのが普通である。特に症状の回復が遅延する場合でも一年程度の療養で消退又は固定するものと考えられる。

しかし、前記二の(2)に該当する腰痛のうち、胸腰椎に著しい病変が認められるものについては、必ずしも上記のような経過をとるとは限らない。

五　再発

業務上の腰痛がいったん治ゆした後、他に明らかな原因がなく再び症状が発現し療養を要すると認められるものについては、業務上の腰痛の再発として取り扱う。

ただし、業務上の腰痛が治ゆ後一年以上の症状安定期を経た後に他に原因がなく再発することは非常に稀であると考える。

（昭五一・一〇・一六　基発第七五〇号、昭五三・三・三〇　基発第一八七号）

〈せき髄損傷に併発した疾病の取扱いについて〉

せき髄損傷者については、せき髄の損傷という重篤な障害が長期間にわたって継続することから、種々の疾病を併発することが少なくない現状にある。

また、最近における臨床医学の進歩により、せき髄損傷者の死亡率は低下するとともに、慢性期に移行したせき髄損傷者の増加、高齢化をみている。

療養中のせき髄損傷者のなかには、様々の疾病が発生しているが、これらの疾病が、原疾患であるせき髄損傷と因果関係があるか否かについての判断に苦慮する事案が増加している状況にある。

このため、せき髄損傷で長期にわたり療養を継続している者に発生した疾病等と原疾患であるせき髄損傷との因果関係を明確にする必要がある。

そこで、この因果関係を明確にするため「労災医療専門家会議」に別途小委員会を設置し、医学専門的な検討を行ってきたが、今般、その結論（別添報告書〈略〉）が得られたことから、これに基づき、せき髄損傷に併発した疾病（本通達では症状を含む。以下「併発疾病」という。）の取扱いについて下記のとおり整理したので、今後の事務処理の参考とされたい。

記

1　併発疾病の分類について

せき髄損傷受傷後の慢性期及び急性期において発症した併発疾病等については、最近における医学的知見等に基づき、次のように分類することができる。

なお、本通達でいう「慢性期」とは急性期以降を指し、せき髄ショックを脱し、全身状態が比較的安定した状態をいい、また、「急性期」とは、受傷からせき髄ショックを脱するまでの期間をいい、症例により相違はあるが、受傷からおおむね二カ月ないし三カ月までの期間を示すものである。

(1)　慢性期の併発疾病の場合

せき髄損傷により長期にわたり療養を継続している者に発症した併発疾病については、せき髄損傷との因果関係に基づき、次のように分類する。

イ　せき髄損傷と併発疾病との間に因果関係が認められるもの

ロ　せき髄損傷と併発疾病との間に因果関係が不明確なもの

ハ　せき髄損傷と併発疾病との間に因果関係が認められないもの

(2)　急性期の併発疾病等の場合

せき髄損傷の急性期に発症した併発疾病等については、次のように分類する。

イ　急性期に発症した併発疾病又は急性期から症状が引き続いている併発疾病

ロ　せき髄損傷で療養中に新たに負傷等が原因となり発症したもの

2　慢性期に発症した併発疾病の取扱いについて

慢性期に発症した併発疾病については、前記１の(1)の分類にしたがって、以下により取り扱うこととする。

なお、本分類に掲げられていない併発疾病については、個々の事案ごとに検討し、因果関係を判断すべきものである。

(1)　せき髄損傷と併発疾病との間に因果関係が認められるもの

せき髄損傷の慢性期に発症した併発疾病のうち、次に掲げる併発疾病は、一般に医学経験則上因果関係が認められるが、個々の事案の判断に当たっては、別表に掲げる損傷部位、損傷程度、症状経過、病像等を確認した上、原疾患であるせき髄損傷に起因するものとして、労働基準法施行規則別表第一の二第一号又は労働者災害補償保険法施行規則第一八条の四に該当する疾病として取り扱うこととする。

①　褥瘡
②　皮膚がん（褥瘡がん）
③　起立性低血圧
④　運動障害域の神経病性関節症
⑤　運動障害域の痙縮亢進
⑥　麻痺域疼痛（感覚脱失性疼痛）
⑦　自律神経過反射
⑧　体温調節障害
⑨　肩手症候群
⑩　関節周囲異所性骨化（麻痺域）
⑪　関節拘縮（麻痺域）
⑫　せき柱の変形
⑬　外傷後せき髄空洞症
⑭　人工呼吸中の気管内チューブによる気管粘膜の潰瘍又は声門、気管狭窄
⑮　肺感染症（含肺炎）
⑯　無気肺
⑰　尿路、性器感染症（膀胱炎、尿道炎、尿管炎、前立腺炎、副睾丸炎）
⑱　尿路結石症
⑲　腎盂腎炎、菌血症
⑳　膿腎症
㉑　水腎症、水尿管症
㉒　腎不全
㉓　膀胱がん
㉔　感染症（骨髄炎、化膿性関節炎、敗血症）
㉕　血栓性静脈炎

(2)　せき髄損傷と併発疾病との間に因果関係が不明確なもの

せき髄損傷の慢性期に発症した併発疾病のうち、次に掲げる併発疾病は、一般的には医学経験則上因果関係が明らかでないため、個々の事案ごとに検討し、因果関係を判断すべきものである。

①　睡眠時無呼吸
②　胃・十二指腸潰瘍
③　上部消化管出血

(3)　せき髄損傷と併発疾病との間に因果関係が認められないもの

せき髄損傷の慢性期に発症した併発疾病のうち、次に掲げる併発疾病は、一般的には医学経験則上因果関係が認められないが、個々の事案ごとに検討し、因果関係を判断すべきものである。

①　頑癬、白癬

② 高血圧、動脈硬化症
③ 糖代謝異常、糖尿病
④ 抗利尿ホルモン分泌異常症候群
⑤ 気管支喘息
⑥ 胃がん等上部消化管悪性新生物
⑦ 膵炎
⑧ 尿崩症

3 急性期に発症した併発疾病等の取扱いについて

　せき髄損傷の急性期に発症した併発疾病等については、前記1の⑵の分類にしたがって、以下により取り扱うこととする。

⑴ 急性期に発症した併発疾病又は急性期から症状が引き続いている併発疾病

　次に掲げる併発疾病が、せき髄損傷の受傷時に発症した併発疾病又はせき髄損傷の受傷時に発症し慢性期にも継続している併発疾病である場合には、原疾患であるせき髄損傷に起因するものとして労働基準法施行規則別表第一の二第一号又は労働者災害補償保険法施行規則第一八条の四に該当する疾病として取り扱うこととする。

　なお、本分類に掲げられていない併発疾病については、個々の事案ごとに検討し、因果関係を判断すべきものである。

イ 急性期に発症した併発疾病
① 迷走神経反射による徐脈、心停止
② 起立性低血圧
③ 体温調節障害
④ 無気肺
⑤ 肺感染症（含肺炎）
⑥ 気管支痙攣
⑦ 成人型呼吸窮迫症候群（ARDS）
⑧ 肺水腫
⑨ 肺塞栓
⑩ 肋骨骨折等による血気胸
⑪ くも膜下胸膜瘻
⑫ 横隔膜破裂
⑬ 急性胃拡張
⑭ 胃・十二指腸潰瘍
⑮ 上部消化管出血
⑯ 麻痺性イレウス
⑰ 血栓性静脈炎

ロ 急性期から症状が引き続いている併発疾病
① 横隔膜神経麻痺による呼吸停止
② 性機能不全
③ 排便障害

⑵ せき髄損傷で療養中に新たに負傷等が原因となり発症したもの

　せき髄損傷で療養中に新たに負傷等が原因となり発症したものについては、せき髄損傷とは異なる原因により引き起こされることから、個々の事案ごとに検討し、因果関係を判断すべきものである。なお、例としては、次に掲げるものが考えられる。

① 感覚障害域の熱傷
② 運動障害域の骨萎縮による病的骨折

4 その他

⑴ 薬剤による副作用等について

　せき髄損傷の治療の際の薬剤による副作用等が疑われる場合の併発疾病については、せき髄損傷者に薬剤が及ぼす影響を考慮することが必要であるので、個々の事案ごとに主治医又は専門医の医証等から薬剤の投与時期、投与量等を調査の上、因果関係を判断すべきものである。

(2) 別表について

イ　別表には、前記2の(1)に掲げた併発疾病ごとの損傷部位並びに発生機序及び特徴を示しているので、当該疾病について、損傷部位、損傷程度、症状経過、病像等を意見書（エックス線所見、臨床所見、病理組織所見等）、診療費請求書（レセプト）等により確認されたい。

　なお、当該疾病を確認するに当たり、せき髄損傷との因果関係の判断が困難な場合には、地方労災医員に相談すること等により判断されたい。

ロ　せき髄損傷においては、損傷の部位によって臨床症状は異なるものであり、例えば、四肢麻痺あるいは対麻痺（下半身麻痺）となるが、損傷の程度によっても臨床症状の違いが明らかな場合があり、「完全麻痺」と「不全麻痺」に区分して記載しているものである。

　なお、「不全麻痺」とは、完全麻痺まで至らないが部分的な神経及び筋機能の低下を示している状態をいう。

別表

疾病名	損傷部位	発生機序及び特徴
①褥瘡	不特定	感覚脱失等の障害と運動麻痺が併発しているため、体位変換等が十分に行われない場合に発症する。
②皮膚がん（褥瘡がん）	不特定	褥瘡が長期に至った場合にがんが発症することがある。この場合、褥瘡が存することが前提となる。
③起立性低血圧	上部胸髄損傷以上（特に頸髄損傷）	急性期に発症するが、慢性期にも高率に発症する。
④運動障害域の神経病性関節症	不特定	不全麻痺に発症する例が多い。
⑤運動障害域の痙縮亢進	不特定	麻痺域に限る。不全麻痺、上位部位のせき髄損傷者ほど発症例は多い。
⑥麻痺域疼痛（感覚脱失性疼痛）	不特定	せき柱損傷部位周辺又は麻痺した下肢部分に疼痛があり、慢性化するほど強くなる。
⑦自律神経過反射	上部胸髄損傷以上	完全麻痺に多発し、不全麻痺での症例は減少する。急性期より慢性期に多くみる。発作性高血圧、顔面紅潮、結膜充血、発汗等が特徴である。
⑧体温調節障害	上部胸髄損傷以上	急性期及び慢性期に発症する。完全麻痺に多い。
⑨肩手症候群	頸髄損傷	麻痺域の肩及び上肢に痛みがある。
⑩関節周囲異所性骨化（麻痺域）	不特定	麻痺域に限る。主に股関節、膝関節に発症する。骨代謝異常により骨内のカルシウムが脱出することによるが、関節周囲では逆にカルシウムが集着、骨化することによる。
⑪関節拘	不特定	麻痺域に限る。

縮（麻痺域）		
⑫せき柱の変形	不特定	せき柱の損傷により生ずる場合（後彎）及び左右の神経麻痺の差により生ずる場合（側彎）がある。
⑬外傷後せき髄空洞症	不特定	せき髄損傷部位から発症し、上位部位へ空洞化が進行することが多い。これは空洞部分に脳せき髄液が溜まり、これにより麻痺域が上位部位に進行するものである。
⑭人工呼吸中の気管内チューブによる気管粘膜の潰瘍又は声門、気管狭窄	頸髄損傷	人工呼吸のため気管を切開し、チューブを通し強制呼吸をすることによる。
⑮肺感染症（含肺炎）	頸髄損傷	自己能力により肺内異物（痰等）の体外排出が不能であることにより、肺感染症へと発展する。
⑯無気肺	頸髄損傷	自己能力による肺内異物（痰等）の体外排出が不能であることにより、肺炎、無気肺へと発展する。
⑰尿路、性器感染症（膀胱炎、尿道炎、尿管炎、前立腺炎、副睾丸炎）	不特定	療養中高率に発症する。
⑱尿路結石症	不特定	尿路感染から尿路結石症へ発展する。
⑲腎盂腎炎、菌血症	不特定	尿路感染が有力な前提である。尿路感染が膀胱にとどまっている限り、腎盂腎炎に発展することはないが、膀胱・尿管逆流が加わった場合に発症しやすい。
⑳膿腎症	不特定	水腎症、水尿管症に尿路感染が加わったものをいう。尿路結石症があれば悪化しやすいが、結石がなくても発症する。
㉑水腎症、水尿管症	不特定	大部分が尿流停滞と腎盂腎炎の繰り返しにより生ずる。
㉒腎不全	不特定	両側の膿腎症、慢性腎盂腎炎から腎不全へと発展するが、尿路結石症があれば発症しやすい。
㉓膀胱がん	不特定	尿路感染症や物理的刺激（炎症やカテーテルによる。）により、多くは膀胱粘膜表面が扁平上皮に変化し、膀胱がんとなることがある。
㉔感染症（骨髄炎、化膿性関節炎、敗血症）	不特定	褥瘡部にふん便、接触衣類等からの細菌が感染し、十分な治療が行われない場合に、これらの細菌が骨髄、関節部、全身に回り発症する。
㉕血栓性静脈炎	不特定	静脈の血流能力の低下により静脈内の血液うっ滞、静脈血栓の形成へと発展する。

（平五・一〇・二八　基発第六一六号）

〈腰部打撲より発した腰椎炎〉

問　木工所雑役Sは桶板約三〇枚をオート三輪車で運搬し、道路端の畠の石垣の上に約三分の二くらい積み重ねて、次の板に手をかけようとした。そのとき積重ねて置いた桶板七、八枚がずれ落ちそのうち五枚（約四貫くらい）が高さ約五尺くらいのところより、後向かつ中腰となっていたSの腰部に落ちかかった。Sは相当の痛みを感じたが一応残品の荷卸しを終えて帰所した。その後痛みはあったが事業主に対する気兼ね（本人は事業主の宿舎に住込み）で受診せず売薬湿布等の処置もしなかった。たまたま、八月一〇日郷里に帰省したおり打撲部位が痛むので土地の医師の診断を受けたところ、腰椎カリエスと診断された。本人の健康状況は一見頑健であり、最近二年半医師にかかったこともなくかつ兄弟二人とも健康である。主治医はカリエスと診断しているのに対し、他のM病院の所見によればX線写真の結果等から腰椎炎と診断し、カリエスとするには他の条件が揃っていない。打撲部位が抵抗が弱くなっているので炎症を起こし、カリエスに移行することはありうる。打撲とこの症状とは因果関係があり、打撲によりかかる状態になったと診るのが妥当であるとのことである。

答　業務上である。

（昭二六・四・二七　基収第四七四号）

〈転倒に基づく腰部打撲後に発した機関助手の化膿性脳せき髄膜炎〉

問　第一一A丸の機関助手Mは昭和二三年一〇月一二日就労中機関部の一部で腰部を打撲し、打撲後発熱疼痛があったため直ちにN病院に入院した。入院後悪寒高熱を発し右下肢に放散痛を訴え歩行不能となり同時に頸部強直し頭痛が激しかったが、一〇月二〇日にいったん退院した。しかるに一カ月後悪化したので再び入院し打撲に起因する化膿性脳せき髄膜炎と診断され、治療を継続したが一二月二日死亡した。Mの受傷前の健康状態は良好であった。

医師の意見　検査の結果「ブドー状球菌」による化膿性脳せき髄膜炎で腰部打撲に起因するものと考えられる。

答　業務上である。

（昭二五・八・三一　基収第八〇二号）

〈右足部及び腰部受傷後に発した血管腫〉

問　Y鉱山㈱の掘進夫Y（三三才）は、昭和三一年六月一九日坑内にて作業中、大きさ0.2m×1.0m×0.5mの土扉用の岩石（軟化された粘板岩）が倒れ、右足部及び腰部に打撲傷を負った（またこの時天盤から数個の落石があったが、身体のどの部位にあたったかは不明である。）。その後三日目頃から右背部に腫れが見え、同八月には主治医より腫瘤発生の診断を受けながら作業に従事していたが、徐々に疼痛を伴なって昭和三四年三月に切開手術した。しかし、二～三カ月後、再び腫れて苦痛が発生、そのまま持続していたが（この間同事業場退職）、昭和三七年三月T大の診察等を受けた後、M外科医院で手術を施行、その後物理療法等を受け同年九月まで治療を続けていたものである。

医師意見　業務上災害と腫瘍発生あるいは増悪との間に相当因果関係はないと考える方が医学上は無理のない、より妥当な推定である。

答　業務外である。

（昭三九・二・三　基収第六九〇八号）

〈横断性脊髄炎の業務上外について〉

問　被災者は、スタンド第一段（最下段）に中腰で立ち、その土間にそって後ずさりしながら「コテ」で第二段をならしていたところ、足場となっている第一段に放置したままの使用済み「パネル」に足があたり、尻もちをついた。その時のパネルの後方にあった、水の入ったバケツに背中を打って転倒した。

その後、約二〇分位、そのまま作業を続けていたところ、午前一一時三〇分頃、「胃の裏側」あたりから「みぞおち」附近へ痛みが急激にきて「コテ」を持てないほど痛んだ。

被災者はスタンドにうつ伏せになり、同僚より背中、腰を指圧してもらったところ、痛みもやわらいだので、一人で詰所に戻った。午後〇時二〇分頃、背中、腰、胸腹部にかけて痛みが再び起ったので、M区O町のN外科に移送入院し、翌一〇月四日K労災病院へ転院したものであり、本件疾病に関し医師は、「横断性脊髄炎」と診断している。

主治医たるK労災病院のM、H両医師は、本件疾病の原因は不詳であるが、長時間の中腰作業とパネルに足がふれて尻もちをついたことが発症の誘因と述べており、又、局医員A医師は本件疾病は脊髄外傷又は脊髄血管障害に起因していると認められるが、その何れか断定できないこと、その何れかの基礎疾患を有していたものが、軽微な外傷（尻もちをつき、脊柱に外力が加わったこと。）で誘発したとの意見であるから、これを採用すれば業務起因性を有し、業務上の疾病と認定せざるを得ない。

しかるに、従来、労働基準法施行規則第三五条第三八号（現行別表第一の二第九号）に該当する業務上疾病としては、当該基礎疾患を急激に増悪せしめるに足るだけの強度を有する業務災害があった場合に認定していたものである。

したがって、本件程度の中腰作業

及び作業中に尻もちをついたことを強度の業務災害と認め、本件疾病を業務として取扱うことに疑義がある。

答　業務上である。

（理　由）

(1)　本件被災者には、既往症はなく、健康診断の結果についても何ら異常は、認められず、自覚症状もなかった。

(2)　本件発症の経過をみるに、一〇月三日午前一一時一〇分頃転倒、二〇分後腰腹部に激痛を発し、「コテ」を支持出来ず、スタンドにうつ伏せになり、同僚より背中、腰を指圧してもらっている。医師の診察を受けたのが転倒一時間三〇分後であるが、すでに両下肢の運動障害があり、その三〇分後には両下肢は全く運動不能となり、第一二胸椎以下の触覚、痛覚の脱失、膝蓋腱反射の消失が認められ、「横断性脊髄炎」症状を呈している。

(3)　本件疾病の治療に当ったK労災病院での腰椎穿刺検査（一〇月七日）所見では赤血球が無数に見られ、これは打撲による脊髄からの出血と考えられている（Y医師の意見）。また、椎弓切除術（一二月一日）における手術所見では、腫瘍による圧迫、閉塞などの所見は認められていない。このような災害発生状況、その後の症状及び治療の経過等を考察すると、転倒事実と本疾病との間に相当な因果関係があると見ることが妥当である。

したがって、本件については、労働基準法施行規則第三五条第一号の負傷に起因する疾病に該当する業務上の疾病として取り扱うべきものと思料する。

（昭四六・一・七　四五基収第三八九八号）

ホ　四肢の負傷に起因する疾病

〈右肩胛部打撲により発した右上膊神経麻痺〉

問　K毛織㈱労働者Kは一月一四日右肩胛部を打撲し、治療の結果七月二四日に治ゆしたが、翌年になって再び肩胛部の疼痛を訴え、右上肢の挙上運動及び旋回運動が疼痛のため不可能となって受診した結果、右上膊神経麻痺と診断された。受傷時にX線撮影を受け異常がなかったが、翌年に県立医大において電気変性反応検査その他を実施させたところ、右上膊神経叢損傷の事実は認められるとの所見であり、主治医は、現症は上肢は肩胛、肘、腕指（五指とも）関節ともに運動性麻痺におちいり、殆んど右上肢より右側頸部にわたり知覚異常を訴えており、精査の結果Kはこれらの症状発生の原因となるような疾病及び既往の障害がないことが判明したので、一月一四日右肩胛部に受けた外傷が唯一の原因である、との意見である。

答　業務上である。

（昭二七・三・六　基災収第一七八号）

〈下腿骨折に基づく腎臓結石〉

問　搬出夫N（二一才）は松材約四石を積み木馬曳作業中、急なカーブの箇所で木馬が横向きとなった際、木馬の手本と傍の山際に挟まれ転倒し右下腿を骨折した。直ちに入院の上骨折部固定手術を行なった後加療中のところ、七五日目に血尿を訴え腹部X線撮影の結果右腎盂に五箇の結石が認められた。

　主治医は、骨折による長期臥床者に尿路結石症を伴うことが多く、本例もその一例であるとの意見であるが、嘱託医は、結石の形成原因は未だ不明で、その一部の誘因として長期横臥中に発産を認められるが、多くは五乃至六カ月の長期にわたるもので本例は時期尚早に失し、反対に結石が災害前に形成され単にその病状が現われなかったことも考えられるので、断定は不可能と主張している。

答　業務外である。

（昭三〇・六・一一　基収第八二九号）

〈打撲一年半後に生じた骨膜炎〉

問　製材工Aが昭和二三年三月製材中、荷置場にあった木材の転落により右下肢足背に打撲傷を受けた。事業主が医師の治療を勧めたが、本人は不要とし、二、三日軽作業に従事し約一週間くらいで治ゆしたように見えた。その後再び苦痛が生じたが自然に忘れる程度になっていた。ところが昭和二四年九月、次第に苦痛を増し、患部が腫れて容易ならぬように見受けられたので、同月二四日医師の診断を受けたがすでに骨膜炎を発していた。医師の意見は、打撲又は捻挫による右下肢挫傷、距骨、舟状骨、楔状骨の骨膜炎であり、向う一カ月の静養を要し、その間労働不能との由である。

答　業務外である。

（昭二五・三・二五　基収第三五三六号）

〈負傷後に発した筋萎縮性側索硬化症〉

問　T建設㈱出張所の労働者O（四八才）は、電源開発工事現場の試掘コンプレッサー運転手として勤務中、昭和三三年一〇月八日スイッチを操作した際（二、二〇〇ボルト）スパークして、その火花によって感電、右手背前膊に電撃傷（第三度）をうけた。負傷当日より同年一一月一三日まではK診療所に受診し五日間休業したのみでその後は勤務後通院治療を受けており、同年一二月二〇日まで通常の作業を行なっていた。ところが被災者は昭和三三年一二月二一日より右上下肢の神経痛様疼痛と脱力を主訴としてG病院に入院したが、漸次両上下肢の脱力、筋萎縮を伴う機能障害（茶碗、箸を持てず、歩行困難）が著しくなり、昭和三三年四月一九日にN大学附属病院整形外科に被災者の症状診断を依頼した結果「筋萎縮性側索硬化症（せき髄疾患）」と診断された。

なお、当該疾病と被災当時の電撃傷とは因果関係はないとの意見である。

答　業務外である。

（昭三四・一二・二三　基収第七八八三号）

〈上腕骨骨折後に発した骨髄炎及び急性心臓麻痺〉

問　第三N丸機関員H（三五才）は昭和三六年二月一二日操業を終えて帰港中、同日午後六時三〇分頃機関室にて機関操作中にインデラッパを落し、拾おうとした際船の動揺のため回転軸の接合取付ナットに巻かれ、左上腕骨を骨折した。帰港後医師の治療をうけていたが、観血手術創の化膿により骨髄炎を併発したので四月二七日Y病院に転医し、三回に亘り手術をうけ、翌三七年ギブスを除去した。その後骨ゆ合状況も良好なので自動運動を開始したが、同年三月二日就寝中、午後一時頃異声を発して起き、再び就寝し、翌日午前六時頃（推定時間）急性心臓麻痺で死亡した。

医師の意見　外傷化膿手術は、脂肪栓塞、細菌性毒素或いは全身衰弱などによって種々の程度に心筋障害を起こしうるものであるが、本件は中間の時期での体重減少も著しくなく、ギブス除去時及び最終手術時の麻酔記録でも心障害はうかがわれない。したがって臨床的にみれば本件は死亡直前に心筋障害は認められなかったものと考えられ、いわゆる「ポックリ病」による死亡と考えられる。

答　業務外である。

（昭三八・四・二六　三七基収第八四五八号）

ヘ　その他の疾患

(イ)　破傷風、丹毒、敗血症等

〈自動車事故による受傷後四カ月で発した破傷風〉

問　M土木事務所の労働者Fは、K建設㈱が施行中の工事の検査を行なうため、同社の自動三輪車に乗り国道上を二七キロくらいの時速で工事現場に向かう途中、運転者が誤って三輪車左前側フードカバーをパラペットに激突せしめたので、瞬間的に飛び降りたが、左下腹部に複雑骨折並びに頭部に割創を受けた。その後治療の結果症状軽快し、左下腿骨移植術並びに傷関節成形手術ギブス固定を受け平静に経過していたところ、受傷後約四カ月経過した頃突然破傷風の痙攣を発し三日後死亡、死因は破傷風と診断された。

医師の意見では、左下腿の複雑骨折の際、破傷風菌の感染を受けていたが、血清ペニシリン等により発症せず潜在性に経過していたものが、その後の観血的手術により刺激を受け、約一カ月後破傷風の症状を発したものであり、かつ受傷時以外に破傷風菌の侵入の機会は認められない。

答 業務上である。

（昭三二・九・二四　基収第二九六四号）

〈右足複雑骨折後に発した仲仕の破傷風〉

問 N運送㈱所属の陸仲仕T（三六才）は、当日リヤカーに水あめ一五罐（二五キログラム入）を同僚と二人で運搬中、下り坂にさしかかった際、リヤカーの前方に位置していたTは荷重と道路の砂利により身体の平均を失って転倒し、リヤカーの右車輪（ゴムタイヤ附）によって右足踵部を複雑骨折した。早速治療を加えたが、八日目に至り破傷風を併発して死亡した。本件の場合、負傷後の経過からみて他に破傷風菌の侵入経路が認められない。なお、主治医の報告によれば、初診時の創面の状態は、露出せる組織はことごとく挫滅汚染され、創面全般に留針頭大乃至粟粒大の礫砂を混じており、外傷によって惹起された破傷風であることは間違なしと結論している。

答 業務上である。

（昭三〇・四・一三　基収第一二三九号）

〈せき髄炎療養中に発した褥創による敗血症〉

問 N染料㈱の労働者A（六九才）は、暴風雨の後片附作業に従事中、工場のひさしの上に残っていた煙突用土管が突風のため落下してAの背部に当たり、第六頸椎、腰椎、右第八・九・一〇肋骨折と診断されて入院治療した結果、二カ月後いったん退院した。その後もなお局部に疼痛を訴えていたところ、約七カ月後症状悪化し、圧迫による不全せき髄損傷及びゆ着性せき髄炎と診断され、絶対安静となり、一カ月後に腰部に褥創を発した。約二週間後さらに高熱を発し、褥創による敗血症及び沈下性肺炎を併発し、その後一週間にして遂に死亡した。

しかしながら、何分老令のことであり、またいったん退院後再び症状悪化するまでの間は医師の診療を受けておらないためその経過が明瞭でないので、医学常識上は負傷―せき髄炎―褥創―敗血症及び沈下性肺炎―死亡の間に相当因果関係を認められるも、若干の疑義がある。

答 業務上である。

（昭二七・五・二九　基災収第一三二七号）

〈漁夫の尿路損傷加療中に発した急性心臓死〉

問　H漁業㈱の縫切網漁業の網船（約四トン）の漁夫T（四一才）は、昭和三三年九月一一日、午後五時頃から出漁したが、第二回目の網を張る際（一二日午前五時頃）僚船から投げられたロープを避けようとしてデッキ上より足を踏みはずし木の角で会陰部打撲等の傷を受け入院加療中のところ同年一〇月二四日死亡、急性心臓死と診断された。

　主治医は会陰部打撲により周囲組織が壊死性となり尿浸潤、組織抵抗減弱のため感染を起こし、その結果直腸濃瘍を形成し、かかる局所の状態のため全身の淋巴織が過敏となり軽い心の刺激により心臓死をきたしたものであり、本外傷が間接的死因として作用したものと考えられるとの意見である。

答　業務上である。

（昭三四・三・一七　基収第三五九号）

〈右大腿骨、骨髄骨膜炎発症後の敗血症〉

問　O繭会社の汽罐助手S（二七才）は、七月二七、八日工場乾燥室の屋根にコールタール塗装を行なったが、作業に使用した刷毛のため右手背母指及び示指の中間に血腫を生じ化膿したので八月六日に切開手術を受けた。Sはまた、八月一二日工場裏の材料置場で作業中足場が崩れ転倒した事実があるが、打撲の部位等については現認がない。なお、その前日一一日に私用で隣村に向かう途中転倒し翌朝より右足の疼痛を訴え跛行していた事実がある。八月六日の手術後は経過順調で五日間で治ゆした。

　一一、一二日の前述の打撲後、一二日午後から右大腿に発熱発痛し、その後ますます疼痛激しく右大腿は浮腫状に腫脹し、機能障害を伴い、一七日に至り死亡、右大腿骨、骨髄骨膜炎による敗血症と診断された。

　本件について、T、F両医師は、当初の化膿創は治ゆの状態にあったが、細菌学的に全治とは断定できず、化膿創が菌の侵入口であると推定し、また、八月一二日の災害以外に他の災害の発生がないものと判断して、当該化膿創と大腿打撲との間に因果関係があるとしている。一方K医師は化膿創はその症状経過より推察し敗血症の直接原因であると推定することは困難との意見である。

　また、A労災病院では、急性骨髄膜炎から敗血症が起こることはきわめてまれである。右手背膿瘍と敗血症の因果関係については医学的裏付がないが、一連の関係ありとの、両氏に同意するとのT、F意見である。

答　業務外である。

（昭二九・六・一六　基収第二三一三号）

〈木片による刺傷の後に発した現場監督補助員のビュルガー氏病〉

問　H木材㈱K出張所現場監督補助員Nは、立木伐採現場で木材検知の際左中指に木片を刺し自分で取り除いたが腕がしびれるため、K病院で治療を受けたところ瘭疽と診断された。その後同じ手の第三・四・五指の腫脹をきたし、さらに左腕全体に腫脹をきたした。F病院におもむいたところ壊疽という診断で切開手術を受けたが好転せず、さらにC医院を経てT大学医学部の診断を求めた結果、ビュルガー氏病と診断された。

医師の意見では、ビュルガー氏病は特発性で原因は明白ではないが、本人の体質に関連性があるかも知れないとのことで、ビュルガー氏病と瘭疽との関連については明瞭な回答がえられなかった。

答　業務外である。

（昭二七・九・二四　基収第六八一号）

〈中指挫創後に発した運搬夫の化膿性脳膜炎〉

問　T繊維㈱T工場屑鉄部の労働者A（四九才）は、災害発生当日同僚数名とともに工場屑鉄整理作業中、午後一時三〇分頃同僚二名に協力して、古鉄タンク（二〇貫）をトラックに積み込んだ際、古鉄と車体に左手を挟まれ中指挫滅創を受けた。受傷後直ちに処置を受け爾後出勤しつつ加療した。その間創面の痛みが去らず手甲腫が膨脹したが、腋窩淋巴腺に異常は発しない程度であった。しかるに受傷後二四日目の朝に至り倦怠あり、翌日発熱頭痛悪感を訴え、更に翌朝言語不明瞭となり午後二時死亡した。Aは三年前雇用せられて以来、健康で欠勤ほとんどなく、また結核既往症もない。

医師の意見左中指の挫創で単純なものであるからこれが原因で化膿性脳膜炎を発病したものとは考えられない。

答　業務外である。

（昭二三・一二・九　基収第三九七二号）

〈外傷療養中に発症した再生不良性貧血による死亡事故の業務上外について〉

問　業務上災害による左下腿部の外傷で入院加療中に再生不良性貧血を発現し、この疾病が原因で死亡するという事案が左記の通り発生し、直接死因となって疾病と当初の外傷との因果関係について些か疑義がありますので、負傷に起因する疾病か否かの判断について関係資料を添え稟伺いたします。

記

1〜4〈略〉

5　災害発生状況

受傷労働者は、上記の道路工事作業現場において、人夫として就労中、側溝の土砂をテミイ（竹編製の土砂などを入れる大型笊様のもの。）で揚げていた時、左側方面より約一立方メートルの石まじり土砂が崩れ落ちて来て、側溝と土砂に左下腿を挟まれ、同部位を負傷した。

6　療養経過

受傷後直ちに、市内の病院、整形外科に受診し、「左下腿挫滅創及び左腓腹筋・ヒラメ筋・長母趾屈筋・短腓骨筋・断裂、左下腿骨開放粉骨折」の診断名にて即日入院した。

入院時の外傷程度は、左下腿外側部に約三〇センチメートルに及ぶ弓状の創を認め、筋肉は広範に露出し、筋断裂あり、又下腿骨は腓骨、脛骨にわたり粉砕骨折があって、休業見込約六カ月を要する重傷であった。

入院後直ちに一月二六日創郭清術（異物剔出）、筋縫合術（四筋）、創縫合術等の所要の手術を行い、翌二七日下腿骨折部のギプス副子装着を行って、以後引続き入院加療に努めた結果、その後の経過は良好で受傷後約三カ月後の五月頃には、創面はほぼ治ゆに近く五月末よりリハビリ療法を開始、機能訓練や車椅子及び松葉杖による歩行練習の域に達し、六月末頃迄は極めて順調な経過を辿っていた。

7　外傷から発病並びに死亡転帰に至る迄の経緯

(1)　昭和四七年一月二六日受傷、左下腿部位の外傷でA病院整形外科に入院、爾後五カ月余り引続き加療中（その間の経過は前記のとおり。）のところ、七月五日頃より著明な貧血が発現したので、血液関係諸検査の結果、

(2)　同年七月七日以降同院内科に転じ、以後「再生不良性貧血」の病名で加療するも次第に病状重篤となり、七月一六日死亡す。

8　医師の意見要旨

(1)　B医師（主治医）

「再生不良性貧血」は、原因不明の自然発生的疾患であるので、外創疾患と直接的に関係はありとは言えない。然し、「再生不良性貧血」は原因不明であるが故に、全く無関係とは言えない。

(2)　D医師

「再生不良性貧血」を発症させるとみられている抗生物質の大量投与がなされており、これに反してその他の原因と思われるものはこの場合たやすく検証されがたいところからみて、本件は薬剤投与から惹起されたものと認めざるをえないであろう。

(3)　F医師

本症例が、「再生不良性貧血」で死亡したとすれば、その発症の原因について①特発性のもの、②感染によるもの、③化学薬品によるものが考えられるが、中でも③化学薬品、殊にクロラムフェニコールによる発症が疑われるようであるが、その何れの原因によって発症したかを決定することは極めて困難である。

9　当局の意見及び疑義事項

(1)　本件業務上外についての当局意見としては、業務上災害による外傷の療養過程で投与された多量な抗生物質薬剤が原因で、再生不良性貧血を発症し、この疾病が直接死因をなしたものと考えられるので、負傷に起因して発症し、死亡に至ったものであるから業務上災害に基づく死亡として取扱うべきと判断するが。

(2)　疑義

医証にある如く、この種の化学薬品に因り惹起される再生不良性貧血の発症例の頻度は、統計的にみて一〇万～二〇万分の一、或いは六万分の一（以上諸外国の数値）、我が国では、一八二万分の一で、その確率は〇・〇〇〇〇五五％と極めて稀であることに些か疑義がある。

答　本件は、労働基準法施行規則第三五条第一号（現行別表第一の二第一号）に該当する疾病による死亡として取り扱われたい。

〔判　断〕

以上医師等の資料から見ると、

第一に、昭和四七年一月二六日に「被災者」が左下腿挫滅創等の負傷をしたことは、業務に起因した負傷であったことが認められること。

第二に、「被災者」の死亡原因である「再生不良性貧血」の診断名については、各医師とも、臨床経過、検査成績等から相違ないとしていること。

第三に、「再生不良性貧血」については、

1　原因としては、①特発性のもの（本態性のもの）、②感染によるもの、③化学薬品によるものがあると言われているが、本件の場合は、発症までに幾多の抗生物質が投与されており、また併用されている他剤中にも血液障害を起しうるものが含まれていたこと。

2　抗生的物質中、血液障害を最も起し易く、且致命的な「再生不良性貧血」を招来するものは、クロラムフェニコールであり、「再生不良性貧血」を来たすまでの投与量は文献的には一二・五グラム（本件の場合は三二グラム）というのも見られ、専門医の経験例では二五グラム、三二グラムの例もあったと言われていること。

3　クロラムフェニコールの使用症例からすると、致命的「再生不良性貧血」の発生頻度は極めて低いが、本例のような急性発症と劇症経過は薬剤起因性を除いては考えられないこと。

4　本件については、クロラムフェニコールが「再生不良性貧血」を発症させた可能性が大であるが、リンコマイシンあるいは他の併用剤についても血液障害を発症させた例が認められること。

より、本件は、業務上の負傷の治療中に使用された、抗生物質等の薬剤のため惹起された「再生不良性貧血」と判断する。

（昭四八・一一・三〇　基収第六〇七号）

(ロ)　肉腫その他の悪性腫瘍

〈打撲後に発した電工の繊維性肉腫〉

問　K電気㈱N支店の内線工S（二四才）は、O変電所の新設工事に従事中、高さ約一〇メートルの鉄塔に設備されているタラップ（長さ一五糎五分丸鉄棒）を登っていて左足がすべり、その際タラップで左膝関節の内側の少し上部を強打した。当日は疼痛激しく、また内出血腫脹のため休養し、翌日から地上勤務をしていたが一〇日後大体治ゆした。その後左足に力をいれると疼痛を感じたが放置していたところ、受傷後二年三カ月経過した頃疼痛が激しく、I病院で診断を受けた結果左膝関節ロイマチスとのことで治療をしたが症状好転を見なかった。約半年後N病院において外傷性繊維性肉腫と診断され、左大腿の切断手術を受けた（なお、受傷直後のX線写真では肉腫は認められなかった。）。

N病院では労働者の前記の外傷を受けたとの申立とO血清微生物研究所の臨床材料検査報告書により、右の診断を下したものであるが、他の医師の意見では、外傷性肉腫なるものの発生原因は医学的に未だ解明されておらず、疑義ありとしている。

答　業務上である。

（昭三一・一〇・二〇　基収第五五四五号）

〈胸部打撲後に発した胸膜炎及び肺癌〉

問　I鉱業所の採炭係員O（五〇才）は、坑内作業中落盤により左肩胛部打撲擦過傷兼右側胸部挫傷を受け、一八日間休業治ゆし、約四年半後、飛石により右側胸部打撲し約一〇日間休業治療し一応治ゆしたが、胸痛は消退せず次第にその程度を増し約一年後に至り打撲部位の胸痛激しきため、軽作業に転換されたが症状は好転しなかった。その後約二年経過して急に咳嗽・喀痰が出はじめ、X線所見上結核とやや異なる陰影の増強があり、更に胸部の激痛あり、外傷性胸膜炎兼肺癌という診断を受けた。

以上の経過にかんがみると、本疾病は、二度目の打撲傷そのものが発生させたものでないにしても、外傷に伴う胸膜炎が癌を増悪せしめたものとも認められる。

答　業務上である。

（昭三〇・一一・八　基災収第八〇六号）

〈打撲後に発した土木会社書記の骨肉腫〉

問　T土木㈱M出張所書記（現場帳付）M（三三才）は、現場から出張所へ連絡にいくため営林署軌道によりトロに便乗して下山する途中トロが脱線し、その反動で転落し腰部大腿部等を打撲した。痛みがあったが大したことはなく、毎日現場から出張所まで片道約四里をほとんど歩いて連絡にいった。その後疼痛が続くので約一カ月後国立K病院に入院、間もなく大腿骨及び左前額部腫脹、一カ月後左頸部淋巴腺腫脹が認められ、組織標本検鏡により骨肉腫と診断確定した。このころには大腿部の激痛があり、加えて言語障害が顕著となり、受傷後四カ月半にして骨肉腫により死亡した。

国立K病院医師の意見は、打撲後骨肉腫発病までの期間、症状の経過等からみて骨肉腫発生の素因が外傷によって誘発され、増悪されたものと思うが、確定は困難とのことであり、これに対し、局医員は、外傷性骨肉腫診断の条件として、①外傷による傷害部位と肉腫発生部位とが一致すること。②外傷は相当の強度を有すること。③外傷後肉腫発生までいわゆる他覚的あるいは自覚的症候が引続き存在すること。④外傷後肉腫発生まで時間的間隔が三週間乃至二年なること。以上の四点を満足する条件を見出すことができないので、本件肉腫が外傷に起因するものでないと結論している。

答　業務外である。

（昭三二・二・六　基収第五四号）

㈥　その他の続発症等

〈外傷及び昆虫刺創後発した土工の急性腎炎及び尿毒症〉

問　S工業㈱の土工F（二〇才）は、N川沿岸排水幹線改良事業の作業場において、軌道車で土砂運搬作業中、軌道中に埋れていた針金に両足を引掛け、軽度の擦過傷を負ったがそのまま作業に従事していた。現場附近は海岸辺の松原に棲息する蟆子（ブト）が朝夕群をなして作業中の労働者を刺しまわる状況であるが、Fも作業中前膊並びに下腿の露出面に刺創を受けた。その後二、三日してこれらの部位が化膿しはじめたが、台風襲来のため堤防監視の任につき高波に足をさらわれて流される等のこともあって次第に悪化したので、一週間後医師の診断を受けたところ、両下腿部、両足化膿創（昆虫刺創部化膿）並びに右下腿蜂窩織炎とされた。その後約一週間治療した頃急性腎炎を併発し更に全身に浮腫を生じ一〇日目に死亡、死因は急性腎炎による尿毒症並びに両下腿化膿創とされた。同僚の供述によれば、他の労働者でもブトにくわれ化膿したものはあるが、医師の診断を受ける程度になったものはない。また、医師の意見では、創面が化膿し特に蜂窩織炎を併発した場合には急性腎炎を誘発しやすいので、最初の擦過傷に起因して該疾病が発生したとするものと、Fは腎炎の既往症があり化膿部位が治ゆしなかったのもその故で、虫類刺創により腎炎を発現したとは認められないとするものとが対立している。

答　業務上である。

（昭二九・一・二五　基収第六八九三号）

〈手術によるショック死〉

問　D製紙出張所山林部の搬出夫S（四〇才）は、昭和三一年八月一日伐採集材したパルプ材を木馬で架線土場まで搬出中、木馬道が濡れていたため足を滑らし横転したはずみに木馬の間に挟まれ、両大腿完全骨折した。直ちにO診療所に入院加療したが、一一月一二日にK労災病院に転医し同月二一日手術を施行した。手術中出血多量のため強心剤等の注射をなし、手術後血圧七六－六〇のため輸血を行ない安静をえたが、翌々日急性腎炎を発病し、一二月一日死亡した。死亡診断名は急性腎炎、尿毒症であった。

医師（鑑定医）の意見　死亡原因としては(イ)腰髄麻酔あるいは手術浸襲の大なるため起こったショック死、(ロ)骨髄内操作による脂肪栓塞の発生、(ハ)輸血による副作用（最も考えられる）等が考えられるが、いずれにしても手術に関連したショックにより死亡したもので業務上と考える。

答　業務上である。

（昭三二・三・三〇　基収第一二四九号）

〈墜落衝撃による搬出夫の胃潰瘍及び腎臓結石〉

問　(有)T製材所の搬出夫W（二〇才）は当日午前中の搬出作業を終り、A駅附近に落ちている木材を集めて搬出するため、同僚二名と共に滑車に乗りワイヤー線で駅へ向かった。途中Wは誤って約二二メートルの高所から墜落し、左大腿骨を骨折した。国立K病院に入院の上、大腿骨骨折について合計三回の手術を行なった。第二回目の手術の際化膿を思わせる発熱があったため、多量のサルファ剤を服用させた。ところが次第に胃障害を起こし胃潰瘍の所見を呈したが、その内に症状軽快した。その後第三回目の手術の際、手術創部の腫脹、膿汁分泌が起こりはじめたので、ペニシリン及びサルファ剤を使用したところ、再び胃障害を起こし遂に胃切除術を行なった。その後一カ月間は自覚症状がなかったが、次に臍の近くに疼痛を覚えはじめ、X線写真において小豆大の左輸尿管結石を証明、この結石の摘出術を行なったがその後小豆大の結石を排泄した。

国立K病院の医師は、この結石形成の原因は受傷時、左腎臓部の打撲によって約二週間の血尿排泄があったことによるものか、あるいはサルファ剤の大量使用に起因するか不明との意見である。なお、この摘出結石はその後紛失し現存しない。

答　業務上である。

（昭二八・一〇・一六　基収第四二二八号）

〈火傷に基づく療養中に併発した肝炎〉

問　㈱I製作所労働者N（二四才）は、鋳造工場でトーチランプを使用中、火焔の出様が悪くなったので調節コックを調節していたところ、コックのネジのところより油が噴出し、顔面、両耳、両手、胸部にかかると同時に引火し火傷（全身の三分の一、第二度）した。約一カ月入院加療の後、通院していたところ受傷後約二カ月半経過した際肝炎を併発した。

答　業務外である。

（昭三〇・七・一四　基災収第八四七号）

〈圧延工の右足踵骨骨折、右下大腿部、右前膊の火傷後に発現した腸潰瘍及び腸閉塞〉

問　F製鉄所の圧延工（二一才）は昭和三六年一〇月二三日切断した軟鋼を圧延ロールと、フートローラとの間に入れようとした際に箸の片方が破損したため、その勢いによって姿勢が崩れ、右足を機械にかまれ、右踵骨を複雑骨折し、右下腿及び右大腿部及び右前膊を火傷した。直ちに医師に受診し療養していたが翌年二月に回盲部に鈍痛を発生、以後腸潰瘍及び腸閉塞を起し、前後五回にわたる手術後、出血多量、全身衰弱によって死亡した。医師の意見では、本疾病の組織像は一般にいわれる潰瘍性大腸炎であることが認められるが、これだけならば外傷との関係を裏付けることは困難であるけれども、ただ、病理解剖上よりみると、病変の部位が「びまん性」でなく回盲部とか下行結腸など数カ所に散在している点及び全身の臓器の壊死性動脈炎の存在が証明され、これが結腸病変部にも認められていることから外傷及びその後の身体的変調によって壊死性動脈炎（ストレス、全身衰弱等もその原因となるといわれている。）を発生し、その病変のために結腸壁に潰瘍性大腸炎の病像を呈したものと考えられ外傷が原因となったと認めるべきである。

答　業務上である。

（昭三九・四・二一　三八基収第八二六一号）

〈額部、頂部、頸部打撲症等の負傷後に発した急性肝炎〉

問　K倉庫㈱Oは昭和三八年三月六日午前一〇時頃S市の埠頭岸壁において船内作業中、八トン捲ウインチにより本船船側上部まで吊り上げられた約一・五トンの硫安入麻袋が突然ウインチの捲揚ブレーキがスリップし、荷がそのまま降下、下敷きとなり、額部、頂部、頸部等を打撲負傷した。

直ちに医師に受診し、入院加療を行なったが、受傷時の顔面挫創による口腔内炎症が頑固な状態で四月九日頃より突発的に全身に汎発性の赤色発疹と更に黄疸症状が現われ症状増悪が認められたので四月一五日F病院の対診、軽度のビールス性肝炎と診断された。以来肝炎に対する治療を行なったが四月二五日胸内苦悶感を訴え午後九時一四分痙れん発作と共に死亡したものである。

医師の意見では、本件の直接の死因となった急性肝炎は業務上の負傷に対する治療として投薬されたホモスルファミンが原因で死亡したものと考えられる。

答　業務上である。

（昭三九・五・二　三八基収第八二八二号）

〈頭部外傷による髄液のう腫〉

問　N鉱業株式会社K鉱業所に勤務する労働者Hは、同鉱業所の電工として昭和二五年一〇月会社構内の高さ六～七米の電柱上で作業中三、三〇〇ボルトの活線にふれ感電墜落した。その際前頭部、頭頂部、墜落挫傷で治療を受け、昭和二六年一月治ゆして以来通常の労務に服していた。ところが昭和三九年一月、突然頭痛、吐気を催したため、同鉱業所の診療所で内科及び外科医の診療をうけたところ「髄液のう腫」と診断された。

しかるに、本人は、昭和三九年一月、職場巡視中に消化栓の器具箱の角で右前頭部を打撲したのが原因であると申し立てている。

医師意見　手術時の所見より被膜が薄いこと内容液が殆んど黄色調なく髄液様であったことからみて昭和二五年の頭部外傷とは因果関係なきものと断定し、昭和三九年一月の疾病の原因は頭部外傷であり、同年一月二九日にH大学病院で手術を受けた一カ月以内の時期に起ったものであると考えられる。

答　業務上である。

（昭四一・三・一七　四〇基収第七五七一号）

⑵　物理的因子による次に掲げる疾病（第二号）

イ　紫外線にさらされる業務による前眼部疾患又は皮膚疾患（第二号1）

〈要旨と解説〉

（要旨）

本規定は、紫外線にさらされる作業環境下において業務に従事することにより発生する前眼部疾患又は皮膚疾患を業務上の疾病として定めたものである。

（解説）

(イ)　「紫外線」とは、可視光線より波長が短い電磁波をいう。紫外線は、物理的には若干の電離作用を有し、おおむね三〇〇ミリミクロン（mμ）よりも短波長では人体に有害となる。

(ロ)　該当業務としては、例えば、アーク溶接・溶断、ガス溶接・溶断、殺菌、検査等の業務がある。

(ハ)　「前眼部疾患」とは、主として結膜又は角膜に起こる疾病をいい、これには結膜炎、角膜表層炎等の疾患がある。眼に紫外線が照射されると、大部分が角膜で吸収され紫外線眼炎を起こす。この紫外線眼炎のうち、電気溶接あるいは水銀灯などの特殊電球などによるものは電気性眼炎と呼ばれる。

(ニ)　「皮膚疾患」については、アーク溶接及びガス溶接で発生する紫外線は、ばく露の程度により、ばく露皮膚の皮膚火傷をきたすことがあるとされている。

（昭五三・三・三〇　基発第一八六号）

ロ　赤外線にさらされる業務による網膜火傷、白内障等の眼疾患又は皮膚疾患（第二号2）

〈要旨と解説〉

（要旨）

本規定は、赤外線にさらされる作業環境下において業務に従事することにより発生する網膜火傷、白内障等の眼疾患又は皮膚疾患を業務上の疾病として定めたものである。なお、旧第三号の「高熱に因る眼の疾患」はこの規定に吸収された。

（解説）

(イ)　「赤外線」とは、可視光線より波長が長い電磁波をいう。おおむね七六〇ミリミクロン（mμ）よりも長波長の強烈な赤外線照射による障害は、永久的であり蓄積的であって、紫外線の眼に対する障害が一時的であるのと対照的である。

(ロ)　該当業務としては、例えば、製鉄、製鋼、ガラス等の炉前作業、造塊などの高熱物体取扱作業、赤外線乾燥作業等に係る業務がある。

(ハ)　「網膜火傷、白内障等の眼疾患」について

a　「等」には、眼瞼縁炎、角膜炎、調節障害、早期老眼、虹彩萎縮、黄斑変性等がある。

b　赤外線による白内障は、急性疾患である電気性眼炎と異なり、比較的長期間就労している者に発生する慢性疾患である。

(ニ)　「皮膚疾患」については、赤外線による皮膚障害が発生した場合には本規定が適用される。なお、第二号9に掲げる疾病に該当する皮膚疾患は除かれる。

（昭五三・三・三〇　基発第一八六号）

ハ　レーザー光線にさらされる業務による網膜火傷等の眼疾患又は皮膚疾患（第二号3）

〈要旨と解説〉

（要旨）

本規定は、レーザー光線にさらされる作業環境下において業務に従事することにより発生する網膜火傷等の眼疾患又は皮膚疾患を業務上の疾病として定めたものである。

（解説）

(イ)　「レーザー光線」とは、特殊な装置を用いて人工的につくる電磁波をいい、赤外線や可視光線の一種であるが、一般の光線と異なり単一波長で位相のそろった指向性の強い光線である。

(ロ)　該当業務としては、例えば、通信、測定、分光分析等の業務がある。

(ハ)　「網膜火傷等の眼疾患」について

a　「等」には出血、壊死、網膜剥離等がある。

b　レーザー光線による網膜損傷は、軽いものでは一過性の発赤、重症のものでは網膜の浮腫、壊死、出血、炭化、気泡発生、網膜剥離、失明までおこる。

(ニ)　「皮膚疾患」については、高出力のレーザー光線をうけておこる皮膚障害として火傷があり、熱凝固、壊死、炭化などがおこるとされている。

（昭五三・三・三〇　基発第一八六号）

ニ　マイクロ波にさらされる業務による白内障等の眼疾患（第二号4）

〈要旨と解説〉

（要旨）

本規定はマイクロ波にさらされる作業環境下において業務に従事することにより発生する白内障等の眼疾患を業務上の疾病として定めたものである。

（解説）

(イ)　「マイクロ波」とは、周波数がほぼ通常の無線通信用波と赤外線との間にある電磁波をいい、極超短波とも呼ばれる。

(ロ)　該当業務としては、例えば、木材、ゴム、プラスチック等の加工、通信、医療等の業務がある。

(ハ)　「白内障等の眼疾患」について

a　「等」には水晶体の不透明がある。

b　眼に対しては、一〇〇～一〇、〇〇〇メガヘルツのマイクロ波は眼球の温度上昇を起こし、白内障を起こすことがあり、このような白内障や水晶体の変化は、治療が不可能で永久的な障害とされている。

c　なお、マイクロ波にさらされる業務により皮膚の紅斑等の障害が発生した場合には、第二号13の規定が適用される。

（昭五三・三・三〇　基発第一八六号）

ホ　電離放射線にさらされる業

務による急性放射線症、皮膚潰瘍等の放射線皮膚障害、白内障等の放射線眼疾患、放射線肺炎、再生不良性貧血等の造血器障害、骨壊死その他の放射線障害（第二号５）

〈要旨と解説〉

（要旨）

本規定は、電離放射線にさらされる作業環境下において業務に従事することにより発生する急性放射線症、皮膚潰瘍等の放射線皮膚障害、白内障等の放射線眼疾患、放射線肺炎、再生不良性貧血等の造血器障害、骨壊死その他の放射線障害を業務上の疾病として定めたものである。

これは、旧第四号に含まれていた電離放射線による疾病について疾病内容が明確化されたものである。

（解説）

(イ)　「電離放射線」とは、放射線のうち生物に電離作用を起こして生物学的影響を与えるものをいい、その種類については、電離放射線障害防止規則（昭和四七年労働省令第四一号）第二条第一項を参照されたい。

(ロ)　該当業務としては、例えば、核燃料・ラジオアイソトープ取扱業務又はその近接業務、工業用又は医療用検査業務等がある。

(ハ)　「急性放射線症」については、昭和五一年一一月八日基発第八一〇号（以下「五一年基発第八一〇号」という）。記第二の一を参照されたい。

(ニ)　「皮膚潰瘍等の放射線皮膚障害」について

a　「等」には、皮膚の紅斑、水疱、脱毛、爪の異常又は皮膚の乾燥、萎縮等の病的変化がある。

b　「放射線皮膚障害」は、被ばくの形態により急性放射線皮膚障害と慢性放射線皮膚障害に分類される。

これらについては、五一年基発第八一〇号記第二の二及び三を参照されたい。

(ホ)　「白内障等の放射線眼疾患」について

a　「等」には、結膜炎、水晶体の混濁等がある。

b　電離放射線による白内障については、五一年基発第八一〇号記第二の六を参照されたい。

(ヘ)　「放射線肺炎」とは、電離放射線に被ばくしたことにより起こる主として肺胞上皮及び血管内皮の障害をいう。

(ト)　「再生不良性貧血等の造血器障害」について

a　「等」には、白血球減少等の血液変化がある。

b　「造血器障害」については、五一年基発第八一〇号記第二の四の「放射線造血器障害」を参照されたい。

c　「電離放射線を被ばくしたことによって起こった白血病は第七号一〇（「職業がん」）の規定が適用される。

(チ)　「骨壊死」とは、電離放射線に被ばくしたことにより骨の組織・細胞が死んだ状態をいい、電離放射線による退行性疾患の一つである。

(り)　「その他の放射線障害」としては、電離放射線に被ばくしたことにより起こる骨粗鬆症、身体局所の線維症等がある。

（昭五三・三・三〇　基発第一八六号）

〈電離放射線に係る疾病の業務上外の認定基準〉

標記疾病の認定については、今後、下記によることとし、これに関する従来の通達（昭和三八年三月一二日付け基発第二三九号（昭和三九年九月八日付け基発第一〇四九号により一部改正））は廃止することとしたので、了知されるとともに事務処理に遺憾のないようにされたい。

なお、この取扱いの改正は、「電離放射線障害の業務上外の認定基準の検討に関する専門家会議」において先般取りまとめられた結論に基づいて行ったものである。

また、この通達の解説部分は、電離放射線障害の類型、電離放射線障害の認定基準及び被ばく線量の評価について解説したものであり、通達本文と一体のものとして取り扱われるべきものである。

記

第一　電離放射線障害の類型について

電離放射線障害防止規則（昭和四七年労働省令第四一号）第二条第一項に規定する電離放射線（以下「電離放射線」という。）に被ばくする業務に従事し、又は従事していた労働者が電離放射線に起因して発生すると考えられる疾病は、次のとおりである。

一　急性放射線障害

比較的短い期間に大量の電離放射線に被ばくしたことにより生じた障害をいい、これに該当するものは、次のとおりである。

(1)　急性放射線症（急性放射線死を含む。）

(2)　急性放射線皮膚障害

(3)　その他の急性局所放射線障害（上記(1)及び(2)に該当するものを除く。）

二　慢性的被ばくによる電離放射線障害

長期間にわたり連続的又は断続的に電離放射線に被ばくしたことにより生じた障害をいい、これに該当するものは、次のとおりである。

(1)　慢性放射線皮膚障害

(2)　放射線造血器障害（白血病及び再生不良性貧血を除く。）

三　電離放射線による悪性新生物

電離放射線に被ばくした後、比較的長い潜伏期間を経て現われる悪性新生物をいい、これに該当するものは、次のとおりである。

(1)　白血病

(2)　電離放射線の外部被ばくによって生じた次に掲げる原発性の悪性新生物

イ　皮膚がん

ロ　甲状腺がん

ハ　骨の悪性新生物
(3)　電離放射線の内部被ばくによって生じた次に掲げる特定臓器の悪性新生物
イ　肺がん
ロ　骨の悪性新生物
ハ　肝及び胆道系の悪性新生物
ニ　甲状腺がん
四　電離放射線による退行性疾患等
上記一から三までに掲げる疾病以外の疾病で、相当量の電離放射線に被ばくしたことにより起こり得るものは、次のとおりである。
(1)　白内障
(2)　再生不良性貧血
(3)　骨壊疽、骨粗鬆症
(4)　その他身体局所に生じた線維症等
第二　電離放射線に係る疾病の認定について
電離放射線に被ばくする業務に従事し、又は従事していた労働者に上記第一の「電離放射線障害の類型」のうち、急性放射線症、急性放射線皮膚障害、慢性放射線皮膚障害、放射線造血器障害（白血病及び再生不良性貧血を除く。）、白血病又は白内障が発生した場合で、これらの疾病ごとに以下に掲げる要件に該当し、医学上療養が必要であると認められるときは、白血病以外の疾病については労働基準法施行規則別表第一の二第二号5、白血病については同別表第七号10に該当する業務上の疾病として取り扱う。
なお、以下に認定基準を定めていない電離放射線障害、認定基準を定めている疾病のうち白血病及び認定基準により判断し難い電離放射線障害に係る事案の業務上外の認定については、別添「電離放射線に係る疾病の業務起因性判断のための調査実施要領」により調査して得た関係資料を添えて本省にりん伺されたい。
一　急性放射線症
次に掲げる要件のいずれにも該当すること。
(1)　比較的短い期間に相当量の電離放射線を全身又は身体の広範囲に被ばくした事実があること。
(2)　被ばく後数週間以内に発生した疾病であること。
(3)　次のイからニまでに掲げる症状のうちいずれかの症状が認められる疾病であること。
イ　はき気、嘔吐等の症状
ロ　不安感、無力感、易疲労感等の精神症状
ハ　白血球減少等の血液変化
ニ　出血、発熱、下痢等の症状
二　急性放射線皮膚障害
次に掲げる要件のいずれにも該当すること。ただし、①労働者が大量の電離放射線に被ばくしたことにより発生した疾病で、被ばく後おおむね一日以内の間に発症する一過性の初期紅斑を伴うもの、②大量の電離放射線に被ばくしたことにより発生した疾病で、水泡、び爛のような強度火傷と同様の症状が認められるも

の及び③比較的短い期間に相当量の電離放射線に被ばくすることにより発生した急性放射線皮膚障害が治ゆしないうちに引き続いて生じた難治性の慢性皮膚潰瘍又は治ゆした後に再発した難治性の慢性皮膚潰瘍が認められる疾病については、下記(1)から(3)までに掲げる要件にかかわらず業務との関連があるものとして取り扱う。

(1) 比較的短い期間に相当量の電離放射線を皮膚に被ばくした事実があること。

(2) 被ばく後おおむね数時間又はこれを超える期間を経た後に発生した疾病であること。

(3) 充血、紅斑、腫脹、脱毛等の症状が認められる疾病であること。

三　慢性放射線皮膚障害

次に掲げる要件のいずれにも該当すること。

(1) 相当量の電離放射線を皮膚に慢性的に被ばくした事実があること。

(2) 被ばく開始後おおむね数年又はこれを超える期間を経た後に発生した疾病であること。

(3) 乾性落屑等の症状を経過した後に生じた慢性潰瘍又は機能障害を伴う萎縮性瘢痕が認められる疾病であること。

四　放射線造血器障害

次に掲げる要件のいずれにも該当すること。

(1) 相当量の電離放射線に慢性的に被ばくした事実があること。

(2) 被ばく開始後おおむね数週間又はこれを超える期間を経た後に発生した疾病であること。

(3) 白血球減少等の血液変化が認められる疾病であること。

五　白血病

次に掲げる要件のいずれにも該当すること。

(1) 相当量の電離放射線に被ばくした事実があること。

(2) 被ばく開始後少なくとも一年を超える期間を経た後に発生した疾病であること。

(3) 骨髄性白血病又はリンパ性白血病であること。

六　白内障

次に掲げる要件のいずれにも該当すること。

(1) 相当量の電離放射線を眼に被ばくした事実があること。

(2) 被ばく開始後少なくとも一年を超える期間を経た後に発生した疾病であること。

(3) 水晶体混濁による視力障害を伴う白内障であること。

（解　説）

第一　電離放射線障害の類型について

一　疾病分類の趣旨

本文記の第一は、電離放射線障害の業務起因性の判断上の便宜を考慮して分類したものである。

なお、電離放射線被ばくには、外部被ばくと内部被ばく（吸入、経口摂取又は無傷な若しくは傷のある皮膚を通じて体内に入った放射性物質により受ける被ばくをいう。）があり、被ばくの態様により障害の発生のし方が異なる場合があるので分類の際は特にこれを考慮した。

二　疾病の説明

(1)　本文記の第一の一の(3)の「その他の急性局所放射線障害」には、エックス線回折ビーム等による眼結膜炎、部分的な大量の電離放射線被ばく又は放射性物質の摂取により生じた臓器・組織の急性疾患（例えば、放射線腎炎、放射線肝炎、放射線肺炎）等がある。なお、ここにいう「局所」とは、白血斑減少のような全身症状を伴わないことをいう。

(2)　本文記の第二の四の(4)の「その他身体局所に生じた線維症等」には、電離放射線被ばくにより生じた肺の線維症があるほか慢性化した放射線皮膚障害の場合には皮膚の線維化がみられることがある。

なお、ここにいう「身体局所」とは臓器・組織をいう。

第二　電離放射線に係る疾病の認定について

電離放射線障害は、その現われる症状や性質は極めて複雑多岐であり、かつ、特異性がなく、個々の例においては他の原因により生ずる疾病との識別が困難なものが多い。

したがって、電離放射線障害に関する業務起因性の判断に当たっては、その医学的診断、症状のみならず、被災労働者の職歴（特に業務の種類、内容及び期間）、疾病の発生原因となるべき身体への電離放射線被ばくの有無及びその量等について別添「電離放射線障害に係る疾病の業務起因性判断のための調査実施要領」により調査し、検討する必要がある。

一　急性放射線症について

(1)　本文記の第二の一の(1)の「比較的短い期間」とは数日以内をいい、「相当量」とはおおむね二五レム（rem）又はこれを超える線量をいう。

(2)　本文記の第二の一の(2)は、急性放射線症は一般に被ばく後数時間以内に発生することが多く、数週間以上経過した後には起こり難いとの医学的知見に基づいて定めたものである。

(3)　線量と症状発現の関係については、一般に次のようにいわれている。

イ　おおむね二五レムに満たない場合
一時的に血液変化を認める場合もあるが急性放射線症の症状は呈さない。

ロ　おおむね二五レムから五〇レムである場合　血液変化を認める場合が多いが明らかな急性放射線症の全身症状は来たさない。

ハ　おおむね五〇レムを超える場合
線量の増加に伴って急性放射線症の症状が現われる。

二　急性放射線皮膚障害について

(1)　本文記の第二の二の(1)のただし書及び第二の二の(1)の「比較的短い期間」とは十数時間以内をいい、「相当量」とは次の線量をいう。

イ　一回の被ばくによる場合　おおむね五〇〇レム又はこれを超える線量
ロ　間歇的被ばく又は放射性物質の付着による場合　おおむね一〇〇〇レム又はこれを超える線量
(2)　本文記の第二の二の(2)について は、急性放射線皮膚障害は二週間程度の期間を経た後に発生することが多いことに留意する必要がある。
三　慢性放射線皮膚障害について
(1)　本文記の第二の三の(1)の「相当量の電離放射線を皮膚に慢性的に被ばくした事実があること。」とは、三カ月以上の期間におおむね二五〇〇レム又はこれを超える線量の電離放射線を皮膚に慢性的に被ばくした事実があることをいう。
(2)　慢性的に電離放射線に被ばくしやすい部位は手指であるが、手指の被ばく線量が測定されていない場合が多いので、このような場合には現場調査、モデル実験等を行って線量を推定する必要がある。
四　放射線造血器障害について
(1)　本文記の第二の四の(1)の「相当量の電離放射線に慢性的に被ばくした事実があること。」とは、おおむね一年間に五レム又は三カ月間に三レムを超える線量の電離放射線を慢性的に被ばくした事実があることをいう。
(2)　本文記の第二の四の(2)については、放射線造血器障害は被ばく開始後数年間を経た後に発生することが多いことに留意する必要がある。
(3)　本文記の第二の四の(3)の「白血球減少等の血液変化」については、過去の血液検査所見の経過を観察のうえ判断する。
　十分な検査成績が得られない場合等当該症状の有無の判断が困難な場合には、当分の間、次の表（下段）に示す各項目のいずれかの下限値を下廻り（すなわち、末梢血液一立方ミリメートル中の白血球数が男女ともそれぞれ四〇〇〇個未満である

項目＼性別	男　子	女　子
末梢血液１立方ミリメートル中の白血球数	4000～9000個	4000～9000個
末梢血液１立方ミリメートル中の赤血球数	400～600万個	350～550万個
血液１デシリットル中の血色素量	12.0～17.0グラム	10.5～16.0グラム

（注）　この表は、正常成人の大部分が示す範囲の数値を表示したものである。

か、末梢血液一立方ミリメートル中の赤血球数が男子においては四〇〇万個未満、女子においては三五〇万個未満であるか、又は血液一デシリットル中の血色素量が男子においては一二・〇グラム未満、女子においては一〇・五グラム未満であるかのいずれかであること。)、かつ、それがウイルス感染症による白血球減少、慢性の出血による貧血のような他の疾患によるものでないと認められるものについては、血液変化が認められたものとして取り扱う。

五　白血病について

(1) 本文記の第二の五の(1)の「相当量」とは、業務により被ばくした線量の集積線量が次式で算出される値以上の線量をいう。

〇・五レム×(電離放射線被ばくを受ける業務に従事した年数)

(2) 白血病を起こす誘因としては、電離放射線被ばくが唯一のものではない。また、白血病の発生が電離放射線被ばくと関連があると考えられる症例においても、業務による電離放射線被ばく線量に医療上の電離放射線被ばく線量等の業務以外の被ばく線量が加わって発生することが多い。このような場合には、業務による電離放射線被ばく線量が上記(1)の式で示される値に比較的近いものでこれを下廻るときは、医療上の被ばく線量を加えて上記(1)で示される値に該当するか否かを考慮する必要がある。この場合、労働安全衛生法等の法令により事業者に対し義務づけられた労働者の健康診断を実施したために被ばくしたエックス線のような電離放射線の被ばく線量は、業務起因性の判断を行うに際しては業務上の被ばく線量として取り扱う。

六　白内障について

(1) 本文記の第二の六の(1)の「相当量」とは、次の線量をいう。

イ　三カ月以内の期間における被ばくの場合　おおむね二〇〇レム又はこれを超える線量

ロ　三カ月を超える期間における被ばくの場合　おおむね五〇〇レム又はこれを超える線量

(2) 電離放射線による白内障は、被ばく後長期間を経た後に発生するので、「老人性白内障」との鑑別が困難な場合が多い。したがって、被ばく線量を十分には握のうえ業務起因性を判断することが必要である。

(3) 慢性的に電離放射線に被ばくしている場合には、眼の被ばく線量が測定されていることは稀である。

全身にほぼ均等に被ばくしていると判断される場合には、下記第三の一の(1)の個人モニタリングによる測定値に基づいて算出された集積線量をもって眼の被ばく線量として差し支えない。全身に均等に被ばくしていない場合で眼の被ばく線量が個人モニタリングによる測定値に基づいて算出された集積線量より多いと判断されるときは、その集積線量、作業状況、作業環境、安全防護の状況等（以下「作業状況等」という。）を総合的に検討して被ばく線量を推定する必要がある。

第三　被ばく線量の評価等について

一　個人モニタリング

(1)　個人モニタリングとは、体幹部の着衣上にフィルムバッジ、ポケット線量計その他の個人モニター（個人被ばく線量計）を装着してその部分に受ける被ばく線量を測定することをいう。この方法による測定は、外部被ばく線量の測定を目的としている。

(2)　電離放射線障害の発現に関与したと考えられる被ばく線量を推定するためには、個人モニタリングによる測定値を使用することを原則とするが、障害の発現に関与した被ばく線量と個人モニタリングによる測定値とは必ずしも一致しないので、環境モニタリングによる測定値、被災労働者と共に作業に従事した労働者の個人モニタリングによる測定値等を参考として被災労働者の個人モニタリングの測定値を検討する必要がある。

(3)　被ばく線量の値については、障害発生部位と個人モニターの装着部位との関連を考慮する必要があり、測定された値を障害の発現に関与した被ばく線量としてそのまま用いることが適当でない場合があるので記録された値の妥当性、信頼性を検討することが必要である。

(4)　個人モニターの着用中断期間がある場合、当該期間の被ばく線量は、個人モニターの着用期間中の個人モニタリングによる測定値及び作業状況等から推定し、個人モニター着用開始前の被ばく線量は、作業状況等に関し入手できた情報から推定する必要がある。

(5)　内部被ばくの線量評価は、ホールボディカウンター、肺モニター等による直接計測、屎尿等の検査による間接計測又は環境モニタリングの結果からの推定によって行われるが、技術的に困難性があるので、その測定の実施と評価については、特に留意する必要がある。

二　線質による被ばく線量の評価等

(1)　電離放射線には、次に掲げる粒子線及び電磁波がある。

イ　粒子線　アルファ線、重陽子線、陽子線、ベータ線、電子線及び中性子線

ロ　電磁波　ガンマ線及びエックス線

(2)　線質により生物学的な影響の受け方が異なり、したがって線量評価の方法が異なるので、被ばくした電離放射線の線質をは握する必要がある。なお、放射線物質による電離放射線被ばくを受けた場合には、核種（ストロンチウム九〇、コバルト六〇のような放射性物質の種類）を確認することにより被ばくした電離放射線の線質が分かる。

(3)　電離放射線の線量の単位としてラ

ド（rad）が使用されている場合に、これをレム（rem）に換算する必要のあるときは、およその値として次の式によりその値を算定してよい。

線量当量（レム）＝吸収線量（ラド）×線質係数

（ここにいう「線量当量」とは、計量単位である吸収線量に線質係数を乗じて得られる放射線防護上の量をいう。）

なお、線質係数は次の表の値を用いること。

電離放射線の種類	線質係数
エックス線	一
ガンマ線	一
ベータ線	三（注）
電子線	一
中性子線	一〇
陽子線	一〇
重陽子線	一〇
アルファ線	二〇

（注）皮膚に対する線量当量を計算する場合は線質係数は三を用い、皮膚以外については線質係数は一を用いる。

（別　添）

電離放射線に係る疾病の業務起因性判断のための調査実施要領

この調査実施要領は、原子力発電所における業務、核燃料物質の製造又は加工の業務、非破壊検査業務及び医療機関における放射線業務についてそれぞれ「電離放射線に係る疾病の実地調査票」を定めたものである（別紙一～四）。この調査票は、電離放射線に係る疾病の業務起因性の判断を行う場合に必要な事項と調査の手順を前記の業務ごとに掲げたものであるので、本調査票により当該事項のは握に努めることとする。

なお、これらの業務以外に、研究機関における放射線業務、密封線源による計器の製造、使用、補修等の業務、滅菌、皮膜加工、発芽抑制等を行うための放射線照射の業務等の電離放射線被ばくを受けるおそれのある業務があるが、これらの業務における電離放射線に係る疾病の実施調査に際しては、別紙一～四の調査票のうち適当なものを選択のうえ、その調査実施要領に準じて調査を実施すること。

別紙　〈略〉

（昭三二・一二・一六　基発第六七号、
昭五一・一一・八　基発第八一〇号、
昭五三・三・三〇　基発第一八七号）

ヘ　高圧室内作業又は潜水作業に係る業務による潜函病又は潜水病（第二号6）

〈要旨と解説〉

（要旨）

本規定は、気圧の高い作業環境下において業務に従事することにより発生する潜函病又は潜水病を業務上の疾病として定めたものである。

（解説）

(イ)　「高圧室内作業又は潜水作業」について

a　「高圧室内作業」とは、潜函工法その他の圧気工法により大気圧を超える気圧下の作業室、シャフトの内部等において行う作業をいう。ここにいう高圧室内作業は、労働安全衛生法施行令（昭和四七年政令第三一八号。以下「安衛令」という。）第六条第一号の高圧室内作業より広義である。

b　「潜水作業」とは、潜水器を用いて、あるいはこれを用いないで水中において行う作業をいう。ここにいう潜水作業に係る業務は、安衛令第二〇条第九号の潜水業務より広義である。

(ロ)　該当業務としては、例えば、潜函工法、圧気シールド工法等による潜函作業及び沈没船の引上げ、海産物採取等のための潜水作業に係る業務がある。

(ハ)　「潜函病又は潜水病」とは、高圧室内作業又は潜水作業に係る業務に従事した際に、高圧下の作業を終えて常圧に戻る時に体内で過剰に溶解した窒素の排せつが間に合わず過飽和状態になって気泡を形成し、この気泡が血液の循環を阻害したり組織を圧迫しておこる疾病をいい、これには次の症状又は障害がみられる。

a　皮膚障害（減圧後に生ずる痛がゆい感じ、丘疹、大理石斑等）

b　ベンズ（bends）と呼ばれる主として四肢の関節又はその周辺部の疼痛及びそれに基づく運動機能障害

c　前胸痛、頻呼吸、息ぎれ等のいわゆるチョークス（chokes）並びに血圧低下、チアノーゼ等のショックを呈する呼吸器及び循環器の障害

d　麻痺、知覚障害、直腸膀胱障害、めまい、頭痛、腹痛、意識障害等の中枢神経系の障害

e　内耳前庭機能障害によるめまい又は平衡機能障害

なお、潜函病又は潜水病に付随する疾病としては、肺の過伸展による肺組織の損傷及びその続発性、圧不良性骨壊死、聴器、副鼻腔、歯、肺の締めつけによる障害、潜水器具による締めつけ障害、酸素中毒、窒素酔いによる精神神経障害、二酸化炭素生毒等がある。締めつけ障害には、潜水器具装置によって生じるもの、例えば、ヘルメット潜水器により潜水墜落をした時に起こる頭部の締めつけ障害などがある。これらの疾病は、第二号13に該当するものであるが、上記(ハ)のaからeまでに掲げる症状又は障害とともに現われた場合には、本規定に該当する疾病として取り扱われる。

（昭五三・三・三〇　基発第一八六号）

〈高気圧作業による疾病（潜函病、潜水病等）の認定について〉

標記について、潜函、潜水その他高気圧作業に従事する労働者が、当該作業により、下記に掲げる潜函病、又は潜水病にかかった場合には労働基準法

施行規則別表第一の二第二号6に、聴器及び副鼻腔の障害並びに歯牙疾患、過膨張による肺破裂、潜水墜落病等にかかった場合には、同別表第二号13号にそれぞれ該当する疾病として取り扱われたい。

なお、これら疾患のうちには、業務との関係及び診療取扱い等に関し、更に検討を要する点があるので、個々の事案について業務上外の認定その他補償取扱いに関し疑義のある場合には、具体的資料を添えて本省へ稟伺されたい。

記

1　潜函病、潜水病について

(1)　潜函、潜水その他高気圧作業に従事している労働者（以下単に高気圧作業者という。）が、概ね1.0kg／cm²（ゲージ圧）又は水深一〇メートル以上の高気圧下における作業により、圧中又は減圧後において次の各号のいずれかの症状を呈し医学上療養が必要であると認められる場合

イ　関節痛又は筋肉痛等いわゆるベンド（運動器障害）

ロ　知覚障害、運動障害、膀胱直腸障害、メニエール氏症候群、失語症又は症候性精神病等（中枢神経系の障害）

ハ　胸骨下疼痛、呼吸困難、又は失神等いわゆるチョーク又はショック症状（呼吸循環系の障害）

(2)　ただし、本症と診断するに当っては類似の症状を呈する他の原因に基づく疾病と鑑別するため、次の諸点に留意すること。

イ　上記の各症状以外に大理石様斑点、掻痒感又は皮下若しくは粘膜の出血等の随伴症状が認められる場合が多いこと。

ロ　初発症状の発現は、減圧中又は減圧後主として二時間（おそくも八時間）以内に発生するものであること。

ハ　類似の症状を呈する他の原因による関節痛（例えば、リウマチ様関節炎、変形性関節症）、せき髄性麻痺（例えば前せき髄動脈症候群）等との鑑別に留意すること。

ニ　潜函病又は潜水病の判定については、再圧治療タンク等において適正な加圧を行なった場合通常その症状は軽快するものであるから他の疾病との鑑別診断上の参考とすること。

2　聴器及び副鼻腔の障害について

高気圧作業者が、おおむね0.3kg／cm²（ゲージ圧）又は水深三メートル以上の高気圧下における作業により主として加圧時において聴器、副鼻腔等に疼痛を生じ、かつ、減圧後において次のいずれかの症状を呈し医学上療養が必要であると認められる場合

(1)　耳閉塞感、耳痛、聴力障害、耳鳴り、眩暈、又は悪心等が訴えられ、更に他覚的には鼓膜の高度の陥凹、若しくは穿孔又は耳出血等が認められるもの（聴器の障害）

(2)　前頭部痛が訴えられ、更に他覚的

には鼻腔粘膜の腫大充血又は漿液性分泌物が認められるもの（副鼻腔の障害）

ただし、かかる疾病については、基礎疾病（例えば、慢性耳管狭窄、急性上気道感染等）又は既存疾病（例えば、慢性中耳炎、慢性副鼻腔炎等）がある場合が多いので、当該作業による加圧又は減圧が原因となって異常に早期に発症又は急激に増悪したことが専門医の各種検査により医学的に認められる必要があること。

なお、この場合には、当該急性症状消退後における基礎疾病又は既存疾病に対する根本的治療は補償の対象とならないこと。

3　歯牙疾患について

高気圧作業者が、おおむね0.3kg／cm²（ゲージ圧）又は水深三メートル以上の高気圧下における作業により、加圧又は減圧時において歯牙又は歯周組織に疼痛を生じ、かつ、減圧後において歯髄炎、歯周組織炎又は歯肉（齦）炎等の急性症状が残存したものであって、医学上療養が必要であると認められる場合。

ただし、これらの疾患は通常処置歯又は既存疾病のある場合にこれが発症又は増悪することが多いので、当該作業による加圧又は減圧が原因となって急激に発症又は増悪したことが専門医の各種検査により医学的に認められる必要があること。なお、この場合には、急性症状消退後における既存疾病に対する根本的治療は補償の対象とならないこと。

4　過膨張による肺破裂について

高気圧作業者が、おおむね0.3kg／cm²（ゲージ圧）又は水深三メートル以上の高圧より急速な減圧又は浮上中及びその直後に発生した肺破裂とこれに伴う空気栓塞症又は気胸の場合

5　潜水墜落病等（いわゆるスクイーズ）について

潜水作業中に、体表に不平均に圧が加わったことにより発生した高度の頭部、顔面部のうっ血、浮腫、皮下粘膜の出血又は眼球突出若しくは呼吸困難等の症状を呈した場合

（昭三六・五・八　基発第四一五号、昭五三・三・三〇　基発第一八七号）

ト　気圧の低い場所における業務による高山病又は航空減圧症（第二号7）

〈要旨と解説〉

（要旨）

本規定は、気圧の低い作業環境下において業務に従事することにより発生する高山病又は航空減圧症を業務上の疾病として定めたものである。

（解説）

(イ)　「気圧の低い場所」とは、大気圧よりも低い気圧の場所をいう。

(ロ)　該当業務としては、例えば、高山

における気象観測、植樹等の労働、航空機乗務等の業務がある。

(ハ)「高山病又は航空減圧症」とは、高山労働、航空機乗務等の業務に従事した際に、主として急激に高度が上がって減圧されることによりベンズ、チョークス又は精神神経障害を主たる症状又は障害とする疾病をいう。

(昭五三・三・三〇　基発第一八六号)

チ　暑熱な場所における業務による熱中症（第二号8）

〈要旨と解説〉

(要旨)

本規定は、温度の高い作業環境下において業務に従事することにより発生する熱中症を業務上の疾病として定めたものであり、旧第五号に対応するものである。

(解説)

(イ)「暑熱な場所」とは、体温調節機能が阻害されるような温度の高い場所をいう（安衛令第二一条第二号参照）。

(ロ)該当業務としては、例えば、夏季の屋外労働、炉前作業等に係る業務がある。

(ハ)「熱中症」とは、夏季の屋外労働、炉前作業に従事した際に、高温のほか湿度などの要因も加わって体温の熱放射が困難となって体温調節機能が阻害されて起こる熱虚脱、熱疲はい又は熱けいれん及び重症の場合には、中枢神経系の障害、発汗停止、体温異常上昇等の症状を主たる症状とする疾病をいい、熱中症には、日射病と熱射病が含まれる。

(昭五三・三・三〇　基発第一八六号)

リ　高熱物体を取り扱う業務による熱傷（第二号9）

〈要旨と解説〉

(要旨)

本規定は、高熱物体を取り扱う業務においてこれに接触又は接近することにより発生する熱傷を業務上の疾病として定めたものである。

(解説)

(イ)「高熱物体」とは、鉱石等の溶融物、火焔、熱湯、高温の蒸気等の高温の物体をいう。

(ロ)該当業務としては、例えば、製鉄、製鋼等における溶融、鋳込み又はガラス製造における成型等の業務がある。

(ハ)「熱傷」とは、火傷又はやけどとも呼ばれ次のaからdまでに区分されている。一般に第二度以上の熱傷は、療養を要することが多い。

a　第一度　紅斑性熱傷（発赤と軽度腫脹をきたし、灼熱感を伴う最も軽度の熱傷で、組織壊死はみられない。）

b　第二度　水疱性熱傷（水疱性熱傷

（水疱が形成される。）

c　第三度、壊死性熱傷（皮膚、皮下組織あるいは深部組織が熱のため壊死に陥り焼痂を形成し、ケロイド状瘢痕を残す。）

d　第四度　組織が炭化するもの

(ニ)　高熱物体を取り扱う業務以外の業務に従事する者が偶然の事故的な事由により高熱物体に接触したことによる「火傷」は、負傷として取り扱うこととする。

（昭五三・三・三〇　基発第一八六号）

ヌ　寒冷な場所における業務又は低温物体を取り扱う業務による凍傷（第二号10）

〈要旨と解説〉

（要旨）

本規定は、温度の低い作業環境下における業務に従事することにより、又は低温物体を取り扱う業務においてこれに接触又は接近することにより、それぞれ発生する凍傷を業務上の疾病として定めたものである。

（解説）

(イ)　「寒冷な場所」とは、末梢循環や脳の血行が阻害されるような温度の低い場所をいう（安衛令第二一条第二号参照）。

(ロ)　「寒冷な場所における業務」としては、例えば、冷凍庫・冷蔵庫内における作業、寒冷地における屋外作業等の作業に係る業務がある。

(ハ)　「低温物体」とは、氷、冷凍品、多量の液体空気、ドライアイス等の低温の物体をいう。

(ニ)　「低温物体を取り扱う業務」としては、例えば、製氷、冷凍品製造、ドライアイス製造等の業務がある。

(ホ)　「凍傷」とは、寒冷のため末梢血管その他の組織の損傷をいい、これには凍死が含まれる。凍傷も熱傷と同様にその局所変化により、第一度（紅斑性凍傷）、第二度（水疱性凍傷）、第三度（壊死性凍傷）に分類されるが、実際には混合してくるので区分は困難である。一般に第二度以上の凍傷は療養を要することが多い。

なお、凍傷以外の末梢循環障害、腎障害、神経痛、関節炎等の疾病のうち寒冷下における業務と因果関係が認められる疾病については、第二号13の規定が適用される。

(ヘ)　低温物体を取り扱う業務以外の業務に従事する者が偶然の事故的事由により低温物体に接触したことによる「凍傷」は、負傷として取り扱うこととする。

（昭五三・三・三〇　基発第一八六号）

ル　著しい騒音を発する場所における業務による難聴等の耳の疾患（第二号11）

〈要旨と解説〉

（要旨）

本規定は、著しい騒音にさらされる作業環境下において業務に従事することにより発生する難聴等の耳の疾患を業務上の疾病として定めたものであり、旧第一二号に対応するものである。

（解説）

(イ)「著しい騒音」とは、長期間ばく露されているうちに聴力低下が徐々に進行し、又は突発的に若しくは数十時間のうちに急速に聴力低下が起こるような騒音をいう（安衛令第二一条第三号参照）。

(ロ) 該当業務としては、例えば、製缶、鍛冶、金属研磨等の業務がある。

(ハ)「難聴等の耳の疾患」の「等」には、耳なり、内耳前庭機能障害によるめまい等がある。

なお、爆発など強大な音響や気圧によって、あるいは頭頸部の外傷などによって瞬時に聴力が低下するいわゆる災害性難聴は、第一号の規定（業務上の負傷に起因する疾病）が適用される。

（昭五三・三・三〇　基発第一八六号）

〈**騒音性難聴の認定基準について**〉

騒音性難聴（職業性難聴）の業務上外の認定基準については、昭和二八年一二月一一日付け基発第七四八号通達により示してきたところであるが、その後の医学的知見等について「難聴に関する専門家会議」において検討が行われた。今般、その結論が得られたので、これに基づき標記の認定基準を下記のとおり定めたので、今後の事務処理に遺憾のないよう万全を期されたい。

なお、本通達の解説部分は、認定基準の細目を示したものであるから、本文と一体のものとして取り扱われるべきものである。

また、本通達の施行に伴い、昭和二八年一二月一一日付け基発第七四八号通達はこれを廃止する。

記

金属研磨、鋲打、圧延等著しい騒音を発する場所における業務に従事していた労働者に発生した難聴であって、次に掲げるいずれの要件も満たすものは、労働基準法施行規則別表第一の二第二号11に該当する疾病として取り扱うこと。

一　著しい騒音にばく露される業務に長期間引続き従事した後に発生したものであること。

二　次の(1)及び(2)のいずれにも該当する難聴であること。

(1) 鼓膜又は中耳に著変がないこと。

(2) 純音聴力検査の結果が次のとおりであること。

イ　オージオグラムにおいて気導値及び骨導値が障害され、気導値と骨導値に明らかな差がないこと。すなわち、感音難聴の特徴を示すこと。

ロ　オージオグラムにおいて聴力障害

が低音域より三、〇〇〇Hz以上の高音域において大であること。

三　内耳炎等による難聴でないと判断されるものであること。

（解説）

著しい騒音に起因した難聴には、騒音性難聴の他に爆発音などの強大音ばく露によって急激に起こる音響外傷と騒音下に長期間ばく露されていて、ある日突然に高度の難聴が起こる騒音性突発難聴とがある。これらの難聴のうち、本認定基準によって取り扱われるものは騒音性難聴のみである。

一　騒音性難聴の病態

聴力はある一定限度以上の騒音に繰り返しばく露されると次第に障害される。聴力障害は高音域から始まり、一般に初期の段階ではオクターブオージオメトリーにおいてはオージオグラムがC^5dipの型（四、〇〇〇Hz付近に限局した聴力障害）を示す。

その高音域の聴力障害の進行は騒音ばく露の比較的早い時期において著明で、次第にその障害進行の速度は緩慢となる。さらに聴力障害は、ばく露期間に応じて、より高音域へ、次いで中音域、低音域へと拡がる。

騒音ばく露によって障害される部位は内耳である。内耳に起こる病的変化の発生機序に関しては必ずしも明らかになってはいないが、蝸牛基底回転におけるラセン器の変性であると考えられている。

騒音性難聴は、一般に両側性であり、騒音下の作業を離れるとほとんど増悪しない性質を有している。

なお、認定の対象となる如き騒音性難聴の治療については、現在までのところ、有効な治療法が確立されていないため、その治療は必要な療養とは認められない。

二　騒音ばく露

(1)　本文記の一の「著しい騒音にばく露される業務」とは、作業者の耳の位置における騒音がおおむね八五db(A)以上である業務をいう。

(2)　本文記の一の「長期間」とはおおむね五年又はこれを超える期間をいう。

三　聴力検査

(1)　本文記の二の(2)の「純音聴力検査」は日本聴覚医学会制定の「聴覚検査法（一九九〇）一、標準型オージオメータによる純音聴力（閾値）レベル測定法」による。

(2)　聴力検査は騒音下作業直後を避け、作業前又は作業後一時間程度の安静の後に測定すること。

四　聴力検査結果の評価

(1)　騒音性難聴のオージオグラムは聴力障害の現れ方が両耳ほぼ同じである。しかし、作業態様等によっては両耳のオージオグラムに差が認められるものもある。

(2)　騒音性難聴以外に伝音難聴を合併していると思われる混合難聴で、気導値と骨導値に差があり、骨導値に明らかな障害が認められる場合は、耳鏡検査、側頭骨エックス線撮影による検査、チンパノメトリーを行い、また、必要に応じて各種の中耳機能検査を行い、それらの結果を認定の際の参考とすること。

(3)　騒音性難聴以外の感音難聴を合併していると思われる場合又は機能性難聴が疑われる場合には、必要に応じて、語音聴力検査（日本オージオロジー学会制定の検査法による。）、会話聴取検査（了解度）、内耳機能検査、後迷路機能検査、他覚的聴力検査又はステンゲル法等を行い、認定の際の参考とすること。

五　本文記の三の「等」には次のようなものがある。

(1)　メニエール病

(2)　薬物中毒

(3)　爆（発）音、頭・頸部外傷等による内耳障害

(4)　遺伝性・家族性難聴

(5)　老人性難聴

(6)　機能性難聴

(7)　その他騒音性難聴以外の感音難聴

六　その他認定に当たっての参考事項

(1)　前記二の(1)の八五db(A)の基準は通常それ以下の騒音に一日八時間ばく露されても難聴が起こりにくいレベルである。しかし、聴力障害は音の強さ、周波数成分のみならず個人差等種々の条件が関与するので、この基準以下でも発生することがあるので留意すること。

なお、衝撃音については、一日にばく露される回数及びその性質についても留意すること。

(2)　雇入れ時、配置換え時、定期の健康診断の際に測定された検査結果又は離職時に測定された検査結果が有る場合には、これを参考とすること。

また、既往歴（特に聴力障害を生ずる可能性のある疾患について）、兵歴等の有無にも十分留意すること。

（昭六一・三・一八　基発第一四九号）

ヲ　超音波にさらされる業務による手指等の組織壊死（第二号12）

〈要旨と解説〉

（要旨）

本規定は、超音波にさらされる作業環境下において業務に従事することにより発生する手指等の組織壊死を業務上の疾病として定めたものである。

（解説）

(イ)　「超音波」とは、可聴閾を超えた高い周波数をもつ音波をいう。

(ロ)　該当業務としては、例えば、超音波溶着機（プラスチック溶着等に使用）、超音波洗浄装置、超音波診断装置等を取り扱う業務、超音波を用いて行う通信、計測等の業務がある。

(ハ)　「手指等の組織壊死」について「等」には、超音波にさらされるおそれのある身体局所がある。

なお、手指等の組織壊死に付随し

て耳なり、頭痛、耳内痛等の症状が発生し、療養を要する場合には、第二号13の規定が適用される。

（昭五三・三・三〇　基発第一八六号）

ワ　1から12までに掲げるもののほか、これらの疾病に付随する疾病その他物理的因子にさらされる業務に起因することの明らかな疾病（第二号13）

〈要旨と解説〉

（要旨）

本規定は、第二号1から12までに掲げる疾病以外に、①これらの疾病に付随する疾病（原疾患たる各規定に例示された疾病に引き続いて発生した続発性の疾病その他原疾患との間に相当因果関係の認められる疾病をいう。以下第五号、第八号及び第九号を除く各号の末尾に設けられた規定において同じ。）、②第二号1から12までに掲げる疾病の発生原因因子によるこれらの例示疾病以外の疾病又は③第二号1から12までに掲げる疾病の発生の原因因子以外の物理的因子にさらされる作業環境下において業務に従事した結果発生したものと認められる疾病に対して適用される趣旨で設けられたものである。

（解説）

本規定に定める疾病のうち上記③に該当するものとして、地下作業による眼球震盪症（旧第八号）等の疾病がある。

なお、本規定において用いられている「明らかな」の文言に関しては、第二号1から12までにおいて業務との因果関係が確立したものとして列挙されている例示疾病以外の疾病であっても業務との相当因果関係が認められるものは、災害補償又は労災保険給付の対象になることは当然である。

すなわち、「業務に起因することの明らかな疾病」の「明らか」とは、有害因子への事故的ばく露による急性疾患のように業務起因性の明白な疾病のほか、列挙疾病とは異なり一般的な形での業務起因性の推定は困難であるが、有害因子へのばく露条件や身体的素因等を検討した結果個別に業務と当該疾病との間に相当因果関係が客観的に認められる疾病は、業務上疾病として取り扱うということの意である（以下第三号、第四号、第六号及び第七号末尾の規定において同じ。）。特に、労災保険給付については、上記のような検討を経た行政庁による業務起因性の認定の結果として業務と疾病との相当因果関係が客観的に明確であれば足りるので、念のため申し添える。

（昭五三・三・三〇　基発第一八六号）

(3)　身体に過度の負担のかかる作業態様に起因する次に掲げる疾病（第三号）

イ　重激な業務による筋肉、腱、骨若しくは関節の疾患又は内臓脱（第三号1）

〈要旨と解説〉

（要旨）

本規定は、重激な業務に従事することにより発生する筋肉、腱、骨若しくは関節の疾患又は内臓脱を業務上の疾病として定めたものであり、旧第二号とほぼ同一のものであるが、「骨の疾患」が例示疾病として加えられた。

（解説）

(イ)　「重激な業務」とは、重量物を間断なく取り扱う港湾荷役作業等の重筋作業に係る業務又はこれに匹敵する程度の身体局所に過度の負担が急激にあるいは持続的に加わる業務をいう。

(ロ)　該当業務としては、例えば、港湾荷役作業、採石作業、貨物取扱作業等に係る業務がある。

(ハ)　「筋肉の疾患」としては、筋の過度伸長により起こる筋断裂がある。

(ニ)　「腱の疾患」としては、腱断裂、腱鞘炎等がある。

(ホ)　「骨の疾患」としては、疲労骨折、骨棘形成、踵骨棘等がある。

(ヘ)　「関節の疾患」としては、関節炎、膝関節部の慢性滑液包炎（粘液嚢炎）及びキーンベック病（月状骨軟化症）がある。

(ト)　「内臓脱」としては、腹部ヘルニア及び子宮脱がある。

（昭五三・三・三〇　基発第一八六号）

ロ　重量物を取り扱う業務、腰部に過度の負担を与える不自然な作業姿勢により行う業務その他腰部に過度の負担のかかる業務による腰痛（第三号2）

〈要旨と解説〉

（要旨）

本規定は、例示されたような腰部に過度の負担のかかる業務に従事することにより発生するいわゆる「非災害性腰痛」を業務上疾病として定めたものである。

（解説）

(イ)　「重量物を取り扱う業務」については、昭和五一年一〇月一六日付基発第七五〇号（以下「五一年基発第七五〇号」という。）（解説）二(2)イの「おおむね三〇kg以上の重量物を労働時間の三分の一程度以上取り扱う業務及びおおむね二〇kg以上の重量物を労働時間の半分程度以上取り扱う業務」をいう。

(ロ)　「腰部に過度の負担を与える不自然な作業姿勢により行う業務」については、五一年基発第七五〇号（解説）二(1)イ(ロ)及び(ハ)の「極めて不自然ないしは非生理的な姿勢で毎日数時間程度行う業務又は長時間にわたって腰部の伸展を行うことのできない同一作業姿勢を持続して行う業務」をいう。

(ハ)　「その他腰部に過度の負担のかかる業務」とは、五一年基発第七五〇号（解説）二(1)イ(イ)の「おおむね二〇kg程度以上の重量物又は軽重不同の物を繰り返し中腰で取り扱う業務、腰部に著しく粗大な振動を受ける作業を継続して行う業務」又は同二(2)のロの「腰部に過度の負担のかかる作業態様の業務」をいう。

(ニ)　該当業務としては、例えば、港湾荷役作業、配電工の行う柱上作業に係る業務、重度身障者施設の保母等の行う介護の業務、大工、左官、長距離トラックの運転、車両系建設用機械の運転等の業務がある。

(ホ)　ここにいう「腰痛」は、災害性の原因によらない腰痛をいう。

なお、災害性の原因による腰痛は、第一号（業務上の負傷に起因する疾病）の規定が適用される。

（昭五三・三・三〇　基発第一八六号）

〈業務上腰痛等の認定基準等について〉

B　業務上の疾病　(1)ニ（三〇四頁参照）

ハ　さく岩機、鋲打ち機、チェーンソー等の機械器具の使用により身体に振動を与える業務による手指、前腕等の末梢循環障害、末梢神経障害又は運動器障害（第三号3）

〈要旨と解説〉

（要旨）

本規定は、例示されたような振動工具を使用することによって身体に振動を与える業務により発生するいわゆる「振動障害」を業務上の疾病として定めたものである。この規定は、旧第一一号に対応するものであるが、例示する振動工具の種類にチェーンソーが加えられ、また、疾病内容が具体化された。

（解説）

(イ)　「さく岩機、鋲打ち機、チェーンソー等の機械器具」については、昭和五二年五月二五日付基発第三〇七号（以下「五二年基発第三〇七号」という。）（解説）二の振動工具をいう。

(ロ)　該当業務としては、例えば、採石作業における岩石の破砕作業、土木建築などにおける鋲締め作業、林業における伐採又は刈払い作業、金属部品のはつり作業等に係る業務がある。

(ハ)　「手指、前腕等の末梢循環障害」の「等」には上腕がある（以下(ニ)及び(ホ)において同じ。）。

ここにいう「末梢循環障害」は、振動ばく露により手指等の末梢の血管運動神経が障害されて起こる血行障害をいい、レイノー現象（蒼白発作、いわゆる白ろう現象）、手指の冷感ないし皮膚温の低下、爪圧迫による退色回復時間の遅延などがみられる。

(ニ)　「手指、前腕等の末梢神経障害」における「末梢神経障害」には、末梢神経線維に振動刺激を与えることにより起こる手指のしびれ感等の感覚異常、痛覚消失等の知覚鈍麻等がある。

(ホ)　「手指、前腕等の運動器障害」における「運動器障害」とは、振動ばく露によって起こる主として上肢の筋肉、骨、関節等の障害をいい、これには筋肉痛、筋萎縮、月状骨、舟状骨等の手根骨の変化又は肘関節、肩関節等の関節の障害等がある。

(ヘ)　振動障害では、通常、握力、つまみ力若しくは手指の運動としてのタッピング数の低下等の運動機能障害や手掌発汗、不眠等の症状がみられるが、これらの症状又は障害は上記(ハ)から(ホ)までに掲げる症状又は障害とともに現われるので、いずれも本規定が適用される。

（昭五三・三・三〇　基発第一八六号）

〈振動障害の認定基準〉

チェンソー（ブッシュクリーナーを含む。）を取り扱う業務による振動障害の業務上外の認定基準については、昭和五〇年九月二〇日付け基発第五〇一号通達により示してきたところであるが、その後の医学的知見を基礎として振動工具を取り扱う業務による振動障害の全般について「振動障害の認定基準の検討に関する専門家会議」において検討を続けてきたところ、今般その結論が得られたので、これに基づき振動障害の認定基準を下記のとおり定めることとしたから、今後の事務処理に遺憾のないよう万全を期されたい。

なお、本通達の解説部分は、認定基準の細目を示したものであるから、本文と一体のものとして取り扱われるべきものである。

上記に伴い、昭和五〇年九月二〇日付け基発第五〇一号通達は、これを廃止する。

記

さく岩機、鋲打機、チェンソー等の振動工具を取り扱うことにより身体局所に振動ばく露を受ける業務（以下「振動業務」という。）に従事する労働者に発生した疾病であって、次の一及び二の要件を満たし、療養を要すると認められるものは、労働基準法施行規則別表第一の二第三号三に該当する業務上の疾病として取り扱うこと。

なお、次の「二」の要件は満たしているが「一」の要件を満たさない事案については、必要事項を調査のうえ、個別に業務起因性の判断を行うこと。

また、本認定基準により判断し難い事案については、関係資料を添えて本省にりん伺すること。

一　振動業務に相当期間従事した後に発生した疾病であること。

二　次に掲げる要件のいずれかに該当する疾病であること。

(1)　手指、前腕等にしびれ、痛み、冷

え、こわばり等の自覚症状が持続的又は間けつ的に現われ、かつ、次のイからハまでに掲げる障害のすべてが認められるか、又はそのいずれかが著明に認められる疾病であること。

イ　手指、前腕等の末梢循環障害
ロ　手指、前腕等の末梢神経障害
ハ　手指、前腕等の骨、関節、筋肉、腱等の異常による運動機能障害

(2)　レイノー現象の発現が認められた疾病であること。

(解説)

一　認定基準設定の趣旨

振動業務に従事し、身体局所に振動ばく露を受けたことによって発生する疾病は、まず振動ばく露を直接受けた部位に症状ないし障害が現われるのが一般的である。振動ばく露の影響が他の部位に及ぶことがあっても、前記の局所の症状ないし障害が、発病初期段階においても症状が進行した段階においてもほぼ共通的に認められ、また、これらの症状ないし障害は検査・診断によって客観的には握しやすいことから本認定基準においては、振動障害の特徴的な症状としてのレイノー現象あるいは手指、前腕等の末梢循環障害、末梢神経障害及び運動機能障害に着目して当該疾病の業務起因性の判断要件を設定したものである。

なお、振動工具から発する騒音による難聴、振動工具取扱い時の作業態様による腰痛、頸肩腕症候群等振動以外の有害因子による疾病については、別途労働基準法施行規則別表第一の二に掲げる業務上の疾病に該当するか否かの判断を行う必要がある。

二　振動業務の範囲について

本認定基準の適用の対象となる「振動業務」とは、次に掲げる振動工具（圧搾空気を動力源とし、又は内燃機関、電動モーター等の動力により駆動される工具で身体局所に著しい振動を与えるものに限る。）を取り扱う業務をいう。

(1)　さく岩機
(2)　チッピングハンマー
(3)　鋲打機
(4)　コーキングハンマー
(5)　ハンドハンマー
(6)　ベビーハンマー
(7)　コンクリートブレーカー
(8)　スケーリングハンマー
(9)　サンドランマー
(10)　チェンソー
(11)　ブッシュクリーナー
(12)　エンジンカッター
(13)　携帯用木材皮はぎ機
(14)　携帯用タイタンパー
(15)　携帯用研削盤
(16)　スイング研削盤
(17)　卓上用研削盤
(18)　床上用研削盤
(19)　(1)から(18)までに掲げる振動工具と類似の振動を身体局所に与えると認められる工具

三 振動業務の従事歴等について
(1) 本文一の「相当期間」とは、おおむね一年又はこれを超える期間をいう。
(2) 振動業務の従事歴が前記(1)の「相当期間」に満たない場合であっても、振動工具の使用期間が長い場合、休憩時間又は休止時間が少ない場合、未整備の振動工具を使用している場合、未熟練のため振動工具を過度の握力により保持している等の場合には振動障害が起こり得ると考えられるので、次の事項に留意し、個別に業務起因性の判断を行うこと。
イ 振動工具の一日当たり使用時間数、一カ月当たり使用日数、使用月数、一連続使用時間数、延使用時間数、寒冷期における使用頻度並びに休憩時間又は休止時間及びその配分
ロ 振動工具の種類、その振動の加速度、振動数及び振幅並びに振動工具の重量及び整備状況
ハ 作業環境(温度条件等)、作業姿勢、作業熟練度及び保護具(手袋、耳栓等)の使用状況
ニ イからハまでに掲げる事項のほか個々の事案に応じて必要と認められる事項
四 症状及び障害について
(1) 自覚症状について
本文記の二の(1)に掲げるもののほか、振動障害の自覚症状としては、本文記の二の(1)に掲げるもののほか、不快感、手掌発汗、筋肉痛、肩こり、頭重感、頭痛、不安感、睡眠障害等がみられることがある。
(2) 末梢循環障害、末梢神経障害及び運動機能障害について
本文二の(1)の末梢循環障害、末梢神経障害及び運動機能障害のは握は、原則として別添1に掲げる検査によることとし、検査結果の評価は、別添2によること。

なお、サーモグラフィー、血管撮影、筋電図、神経伝導速度検査等個々の事案に応じて医師が有効であると判断する方法により前記障害の検査を行っているときは、その結果を参考とすること。
(3) レイノー現象について
イ レイノー現象(いわゆる白ろう現象)は、振動障害に最も特徴的な症状であるので、その発現が確認されたものについてはこのことのみで本文記の二の要件を満たすものとした。
ロ レイノー現象は、全身が寒冷にさらされ、冷感を覚えたとき等に、手指血管の攣(れん)縮発作により、手指が発作的に蒼白となる現象をいい、通常、手指のうち示指、中指、環指又は小指の末節から中節さらには基節にかけて、明瞭かつ画然と発現する。その多くは一〇分ないし二〇分程度で発作前の状態に回復するが、その過程で痛みやしびれを伴うのが通例である。
ハ レイノー現象の確認は、医師が視野又は客観的な資料によってその発現の有無について判断したところによる。

五　健康診断結果の取扱いについて
　振動工具の取扱い業務に係る特殊健康診断（注1）により健康管理の区分が「管理C」（注2）に該当するとされた者に係る疾病は、その決定の根拠となった症状等に関する健康診断結果を確認のうえ、本文二の⑴又は⑵に該当するものとして取り扱って差し支えない。

（注1）　昭和五〇年一〇月二〇日付け基発第六〇九号「振動工具の取扱い業務に係る特殊健康診断の実施手技について」による健康診断をいう。

（注2）　昭和五〇年一〇月二〇日付け基発第六一〇号「チェンソー取扱い業務に係る健康管理の推進について」又は同日付け基発第六〇八号「チェンソー以外の振動工具の取扱い業務に係る振動障害の予防について」によって示した健康管理の区分における「管理C」をいう。

六　類似疾病の取扱いについて
　振動障害と類似の症状を呈することのある疾病の主なものとしては、次に掲げるものがある。
　これらの疾病は、一般に振動業務以外の原因によるものであるが、振動業務の負荷によって当該疾病の程度が著しく増悪されたと認められる場合には、その範囲について労災保険給付の対象となることに留意すること。

⑴　既往の外傷に起因するもの（火傷及び凍傷を含む。）
⑵　振動業務以外の原因に基づくレイノー症候群（レイノー病、血清蛋白異常及び血糖異常）
⑶　胸郭出口症候群（前斜角筋症候群、過外転症候群、肋鎖症候群及び頸肋症候群）
⑷　中毒等による末梢神経及び血管の障害（麦角、鉛、砒素、塩化ビニルモノマー等）
⑸　脈なし病、閉塞性血栓性血管炎（バージャー病）、糖尿病等による血管の障害
⑹　関節リウマチ、強皮症等の膠原病
⑺　痛風
⑻　結核性等の慢性関節炎
⑼　頸椎の退行性変化に基づく神経炎及び血管の障害
⑽　その他特殊な筋神経系の疾病（筋萎縮性側索硬化症、脊髄性進行性筋萎縮症、進行性神経性筋萎縮症等）

別添　〈略〉

（昭五二・五・二八　基発第三〇七号、
昭五三・三・三〇　基発第一八九号）

二　せん孔、印書、電話交換又は速記の業務、金銭登録機を使用する業務、引金付き工具を使用する業務その他上肢に過度の負担のかかる業務による手指の痙攣、手指、前腕等の腱、腱鞘若しくは腱周囲の炎症又は頸肩腕症候群（第三号4）

〈要旨と解説〉

（要旨）

本規定は、例示されたような上肢に過度の負担のかかる業務に従事したことにより発生する手指の痙攣、手指、前腕等の腱、腱鞘若しくは腱周囲の炎症又は頸肩腕症候群を業務上の疾病として定めたものである。この規定の一部は、旧第一三号に対応するものであるが、業務の種類及び疾病の種類が追加された。

（解説）

(イ)　「せん孔の業務」とは、「キーパンチャーがせん孔機を用いて指先でキーをたたく作業をくり返し行う業務をいう。

(ロ)　「印書の業務」とは、タイピストが和文タイプ、英文タイプ又はカナタイプの機械を用いてタイプをくり返し行う業務をいう。

(ハ)　「電話交換の業務」とは、電話交換手がプラグさしこみによる接続方式により又はハンドタッチ式の交換機械を用いて電話交換をくり返し行う業務をいう。

(ニ)　「速記の業務」とは、速記者の業務をいう。

(ホ)　「金銭登録機を使用する業務」とは、チェッカーが金銭登録機を用いて打鍵作業をくり返し行う業務をいう。

(ヘ)　「引金付き工具を使用する業務」とは、引金付き工具を手で保持し手指で引金を操作する作業をくり返し行う業務をいう。

(ト)　「その他上肢に過度の負担のかかる業務」とは、打鍵作業をくり返し行う業務等上記(イ)から(ヘ)までに掲げる業務と同程度以上に上肢（上腕、前腕、手、指及び肩甲帯をいう。以下このニの項(ル)まで同じ。）に過度の負担のかかる業務をいい、昭和五〇年二月五日付基発第五九号（以下「五〇年基発第五九号」という。）記(3)の「上肢の動的筋労作または上肢の静的筋労作を主とする業務」がこれに該当する。

(チ)　「手指の痙攣」とは、手指筋肉の発作性収縮をいう。書字に際して手の強直が起こるのが特徴である。書字が不可能となる書痙（旧第一三号参照）（書字痙攣ともいう。）は、これに含まれる。

(リ)　「手指、前腕等の腱、腱鞘若しくは腱周囲の炎症」について

a　「手指、前腕等」の「等」には上腕がある。

b　ここにいう「腱、腱鞘若しくは腱周囲の炎症」とは、これらの軟部組織に機械的刺激が反復して加えられることにより起こる炎症性の腱炎、腱鞘若しくは腱周囲炎をいう。引金付き工具を使用する業務により起こるばね指（弾撥指ともいう。）は、これに含まれる。

(ヌ)　「頸肩腕症候群」については、五〇年基発第五九号（解説）三参照。

(ル)　なお、上記(イ)から(ヘ)までに例記された業務以外の事務職及びその他の職種の業務であっても、上記(ト)にい

う上肢の動的筋労作を主とする業務又は上肢の静的筋労作を主とする業務に従事したことにより上記(チ)から(ヌ)に掲げる疾病が発生した場合には本規定が適用されるが、これらの業務以外の業務のうち身体に過度の負担のかかる作業態様の業務に起因する疾病が発生した場合は第三号五の規定が適用される。

（昭五三・三・三〇　基発第一八六号）

〈上肢作業に基づく疾病の業務上外の認定基準〉

標記については、昭和五〇年二月五日付け基発第五九号「キーパンチャー等上肢作業にもとづく疾病の業務上外の認定基準について」をもって指示したところであるが、今般、下記のとおり改正することとしたので、今後の取扱いに遺漏のないよう万全を期されたい。

なお、本通達の施行に伴い、昭和五〇年二月五日付け基発第五九号通達は廃止する。

記

第一　認定基準

1　対象とする疾病

本認定基準が対象とする疾病は、上肢等に過度の負担のかかる業務によって、後頭部、頸部、肩甲帯、上腕、前腕、手及び指に発生した運動器の障害（以下「上肢障害」という。）である。

上肢障害の診断名は多様なものとなることが考えられるが、代表的なものを例示すれば、上腕骨外（内）上顆炎、肘部管症候群、回外（内）筋症候群、手関節炎、腱炎、腱鞘炎、手根管症候群、書痙、書痙様症状、頸肩腕症候群などがある。

2　認定要件

次のいずれの要件も満たし、医学上療養が必要であると認められる上肢障害は、労働基準法施行規則別表第一の二第三号四又は五に該当する疾病として取り扱うこと。

(1)　上肢等に負担のかかる作業を主とする業務に相当期間従事した後に発症したものであること。

(2)　発症前に過重な業務に就労したこと。

(3)　過重な業務への就労と発症までの経過が、医学上妥当なものと認められること。

第二　認定要件の運用基準

1　「上肢等に負担のかかる作業」とは、次のいずれかに該当する上肢等を過度に使用する必要のある作業をいう。

(1)　上肢の反復動作の多い作業

(2)　上肢を上げた状態で行う作業

(3)　頸部、肩の動きが少なく、姿勢が拘束される作業

(4)　上肢等の特定の部位に負担のかかる状態で行う作業

2　「相当期間」とは、一週間とか一〇日間という極めて短期的なものではなく、原則として六か月程度以上をいう。

3　「過重な業務」とは、上肢等に負担のかかる作業を主とする業務において、医学経験則上、上肢障害の発症の有力な原因と認められる業務量を有するものであって、原則として次の(1)又は(2)に該当するものをいう。

(1)　同一事業場における同種の労働者と比較して、おおむね一〇%以上業務量が増加し、その状態が発症直前三か月程度にわたる場合

(2)　業務量が一定せず、例えば次のイ又はロに該当するような状態が発症直前三か月程度継続している場合

イ　業務量が一か月の平均では通常の範囲内であっても、一日の業務量が通常の業務量のおおむね二〇%以上増加し、その状態が一か月のうち一〇日程度認められるもの

ロ　業務量が一日の平均では通常の範囲内であっても、一日の労働時間の三分の一程度にわたって業務量が通常の業務量のおおむね二〇%以上増加し、その状態が一か月のうち一〇日程度認められるもの

第三　認定に当たっての留意事項

1　認定に当たっての基本的な考え方について

上肢作業に伴う上肢等の運動器の障害は、加齢や日常生活とも密接に関連しており、その発症には、業務以外の個体要因（例えば年齢、素因、体力等）や日常生活要因（例えば家事労働、育児、スポーツ等）が関与している。

また、上肢等に負担のかかる作業と同様な動作は、日常生活の中にも多数存在している。

したがって、これらの要因をも検討した上で、上肢作業者が、業務により上肢を過度に使用した結果発症したと考えられる場合には、業務に起因することが明らかな疾病として取り扱うものである。

2　診断名について

上肢障害の診断名は、多様なものとなることが考えられることから、記の第一の1に例示した以外の疾病についても、上肢障害に該当するものがあることに留意すること。

なお「頸肩腕症候群」は、出現する症状が様々で障害部位が特定できず、それに対応した診断名を下すことができない不定愁訴等を特徴とする疾病として狭義の意味で使用しているものである。

また、頸部から肩、上肢にかけて何らかの症状を示す疾患群の総称としての「頸肩腕症候群」については、診断法の進歩により病像をより正確にとらえることができるようになったことから、できる限り症状と障害部位を特定し、それに対応した診断名となることが望ましいが、障害部位を特定できない「頸肩腕症候群」を否定するものではないこと。

3　過重な業務の判断について

(1)　「過重な業務」の判断に当たっては、発症前の業務量に着目して記の第二の3の要件を示したが、業務量

の面から過重な業務とは直ちに判断できない場合であっても、通常業務による負荷を超える一定の負荷が認められ、次のイからホに掲げた要因が顕著に認められる場合には、それらの要因も総合して評価すること。

イ　長時間作業、連続作業

ロ　他律的かつ過度な作業ペース

ハ　過大な重量負荷、力の発揮

ニ　過度の緊張

ホ　不適切な作業環境

(2)　記の第二の3の(1)の「同種の労働者」とは、同様の作業に従事する同性で年齢が同程度の労働者をいうものであること。

4　上肢障害の発症までの作業従事期間について

上肢障害の発症までの作業従事期間については、原則として六か月程度以上としたが、腱鞘炎等については、作業従事期間が六か月程度に満たない場合でも、短期間のうちに集中的に過度の負担がかかった場合には、発症することがあるので留意すること。

5　類似疾病との鑑別について

上肢障害には、加齢による骨・関節系の退行性変性や関節リウマチ等の類似疾病が関与することが多いことから、これが疑われる場合には、専門医からの意見聴取や鑑別診断等を実施すること。

なお、上肢障害と類似の症状を呈する疾病としては、次のものを原因とする場合が考えられるが、これらは上肢障害には該当しない。しかしながら、これらに該当する疾病の中には、上肢障害以外の疾病として、別途業務起因性の判断を要するものもあることに留意すること。

(1)　頸・背部の脊椎、脊髄あるいは周辺軟部の腫瘍

(2)　内臓疾病に起因する諸関連痛

(3)　類似の症状を呈し得る精神医学的疾病

(4)　頭蓋内疾患

6　その他

一般に上肢障害は、業務から離れ、あるいは業務から離れないまでも適切な作業の指導・改善等を行い就業すれば、症状は軽快する。

また、適切な療養を行うことによっておおむね三か月程度で症状が軽快すると考えられ、手術が施行された場合でも一般的におおむね六か月程度の療養が行われれば治ゆするものと考えられるので留意すること。

（平九・二・三　基発第六五号）

ホ　1から4までに掲げるもののほか、これらの疾病に付随する疾病その他身体に過度の負担のかかる作業態様の業務に起因することの明らかな疾病（第三号5）

〈要旨と解説〉

(要旨)

本規定は、第三号1から4までに掲げる疾病以外に、①これらの疾病に付随する疾病、②第三号1から4までに掲げる疾病発生の原因因子となる業務によるその他の疾病又は③第三号1から4までに掲げる疾病発生の原因因子となる業務以外の身体に過度の負担のかかる作業態様の業務に従事した結果発生したものと認められる疾病に対して適用される趣旨で設けられたものである。

なお、「明らか」の意義については、(2)のワ（解説）参照。

（昭五三・三・三〇　基発第一八六号）

(4)　化学物質等による次に掲げる疾病（第四号）

イ　厚生労働大臣の指定する単体たる化学物質及び化合物（合金を含む。）にさらされる業務による疾病であって、厚生労働大臣が定めるもの（第四号1）

〈要旨と解説〉

（要旨）

本規定は、単体たる化学物質及び化合物（合金を含む。）（以下このイにおいては、単に「化学物質」という。）のうち一定の化学物質にさらされる作業環境下において業務に従事することにより発生する疾病を総括的に労働大臣が業務上疾病として定めることとしたものである。（すなわち、旧第一四号から第二九号及び第三二号に掲げられていたものに対応するものを総括的に告示において定めることとしたものであるが、その理由については、第一の二(2)参照。また、旧規定との対応については下記（解説）ハ参照。）

（解説）

(イ)　列挙疾病の選定、分類等について

告示に掲げられている化学物質による疾病（がんを除く。以下この(イ)の項において同じ。）の選定、表記等に関する基本的な考え方は、以下に掲げるとおりである。

a　列挙疾病の選定

原則として、次の(a)及び(b)に該当する疾病のうち、通常労働の場において発生しうると医学経験則上評価できるものを列挙疾病として規定した。

したがって、症例の報告があるものでも、それが事故的な原因による疾病や総取扱量が極めて少ない化学物質による疾病のように、一般的には業務上疾病として発生することが極めて少ないものは除かれている。

(a)　わが国において症例があったもの

(b)　わが国において症例がなくとも、諸外国において症例が報告されているもの

b　疾病の分類

各化学物質の化学構造式の類似性、人体への有害作用等の差異に配慮しつつ、有害因子たる化学物質の

種類ごとに分類（必要に応じ細分類）されている。このうち、「農薬その他の薬剤の有効成分」については、おおむね以下に掲げる点で主として工業原料に用いられて一般の化学物質と異なるため、告示の表中で独立の分類項目とするとともに、略称等を付してわかりやすく表記した。

(a)　農薬の有効成分である化学物質の多くは、化学構造式及び化学名が複雑であるうえ、一般には略称ないし通俗名が用いられており、化学名によって一般の化学物質の中に配列すると関係者の検索が容易でないこと。

(b)　これらの物質による業務上疾病は、製造過程の労働者となり、科学的情報を十分持たない使用過程の労働者において発生する可能性が高いので、その検索の便宜を図る必要があること。

(c)　生物に対する毒性が強いほか、利用目的が特定されていること。

なお、砒素及びその化合物、臭化メチル等の物質は一般工業原料と農薬の両方に使用されているが、これらの物質は一般工業原料としての化学物質の中で分類記載し、農薬その他の薬剤の有効成分には再掲していないので、留意すること。

c　化学物質の配列

化学物質は上記bに掲げる疾病の分類に対応して分類配列されているが、各分類項目中の個々の物質については化学物質の名称の五十音順により配列されている。

d　疾病内容の記載等について

(a)　症状又は障害の例示

疾病の内容ないし病像については、労働の場で起こった症例のうち、文献において共通的に現われた症状又は障害を「主たる症状又は障害」として掲げたものである。したがって、動物実験等により人体に対する有害作用が推測されるにとどまっているような症状・障害あるいは化学物質への高濃度ばく露を受けて急性中毒死した場合等の際にみられる一般的でない障害や二次的な障害が原則として記載されていないのは、前記第一の二(3)に述べたとおりである。

次に、告示の表中下欄に掲げられている症状又は障害が「主たる症状又は障害」である旨記載されているのは、これらの症状又は障害以外の症状又は障害の現われた疾病であっても業務との因果関係の認められるものについては本規定が適用される場合のある趣旨を明らかにしたものである。

なお、告示の表中上欄に掲げる化学物質にさらされる業務に従事した労働者に発生したことのある症状又は障害例を別添一に掲げる。これらの症状又は障害はいずれも症例報告の中にみられるものであるが、これらの中には特異的なばく露条件でのみしか起こりにくいと思われるもの、同時にばく露を受けた他の化学物質による影響が否定できないものなど医学的には必ずしも一般的な形における当該物質との関連性が明らかにされていないと考えられるものが含まれるので留意する必要がある（これらの認定については、第三の一参照。）。

別添一に記載した症状又は障害の現われた疾病であって療養を要する疾病のうち、同別添の表の左欄に掲げる化学物質に起因したと認められる疾病に対しては、原則として本規定が適用される。しかし、これらの疾病に続発して、ないしは後遺症として生じた疾病又は同表左欄に掲げる化学物質以外の化学物質によって発生したとみとめられる疾病については、第四号8の規定が適用される。

(b)　症状又は障害の記載の順序

主として急性症状として疾病の初期に現われる自覚症状たる「中枢神経性急性刺激症状」を最初に掲げ、次いで、他覚所見について、原則としてそれぞれの因子に特徴的なものから順次掲げている。このうち、特に皮膚障害は、直接皮膚に受けたばく露の影響によるものが多いので、他覚所見の中では第一番目に掲げられている。

(ロ)　告示中の用語について

a　告示の本文中の用語について

(a)　「単体」とは、化学上は単一の元素から成り、化学変化によって二種又はそれ以上の物質に分けることのできない物質をいう。告示の表中上欄に掲げる化学物質のうちこれに該当するものには、金属（セレン及び砒素を含む。）の元素、ハロゲン（弗素、塩素、臭素、沃素）及び黄りんがある。

(b)　「化合物（合金を含む。）」とは、化学物質のうち単体以外の物質をいう。このうち、化学変化によって二種又はそれ以上の物質に分けることのできる物質を化合物といい、二種以上の金属をそれぞれの融点以上の温度で混合したものを冷却して凝固させたものを合金という。

b　告示の表中上欄に掲げる化学物質の分類項目等について

(a)　「無機の酸及びアルカリ」とは、水に溶けて酸性を示す物質及びアルカリ性を示す物質のうち無機化合物をいう。

これらの物質の人体に対する主な有害作用には、刺激作用と腐食作用がある。

(b)　「金属（セレン及び砒素を含む。）及びその化合物」とは、金属元素又は金属と非金属の中間的性質を有するセレン及び砒素（これらの物質を亜金属又はメタロイドと呼ぶことがある。）とこれらの無機若しくは有機化合物であるが、上記(a)に掲げる物質は除かれる。なお、告示備考一において「金属及びその化合物」には、「合金を含む。」とされている。

これらの物質による疾病の多くは、いわゆる金属中毒と呼ばれるものである。

(c)　「ハロゲン及びその無機化合物」とは、周期律表第Ⅶ族のうち弗素、塩素、臭素、沃素等の特に金属元素と塩を作りやすい物質（ハロゲン）とその無機化合物であるが、上記(a)及び(b)に掲げる物質は除かれる。

これらの物質の人体に対する主な有害作用には、刺激作用がある。

(d)　「りん、硫黄、酸素、窒素及び炭素並びにこれらの無機化合物」とは、例示された元素を含有する無機化合物であって中毒を起こすことが知られている物質であるが、上記(a)から(c)までに掲げる物質は除かれる。

なお、「シアン化水素、シアン化ナトリウム等」の「等」には、シアン化カリウム及びシアン化カルシウムがある。

(e)　「脂肪族化合物」とは、炭素と水素を基本元素とする鎖式化合物の総称であり、後述する芳香族化合物と並んで有機化合物の代表的物質である。

(f)　「脂肪族炭化水素及びそのハロゲン化合物」とは、炭素と水素のみからなる脂肪族炭化水素とそのハロゲン化合物をいう。

これらの物質はいずれも、有機溶剤であるか、又は有機溶剤によく溶ける物質で、中枢に対する作用その他の中毒作用を有する。

(g)　「アルコール、エーテル、アルデヒド、ケトン及びエステル」とは、アルキル基（脂肪族炭化水素から水素一原子を除いた残りの原子団をいい、以下「R」と記す。また、二つのアルキル基を有する化合物の場合は、他方のアルキル基を「R′」と記す。）を基本にして、それぞれR-OH（アルコール）、R-O-R′（エーテル）、R-CHO（アルデヒド）、R-CO-R′（ケトン）及びR-COO-R′（エステル）の化学構造を有する化合物をいう。

これらの物質は、上記(f)に掲げる物質と同様に、いずれも、有機溶剤であるか、又は有機溶剤によく溶ける物質で中枢に対する作用その他の中毒作用を有する。

(h)　「その他の脂肪族化合物」とは、上記(f)及び(g)に掲げる物質以外の脂肪族化合物であって中毒を起こすことが知られている物質をいう。

(i)　「脂環式化合物」とは、炭素環式化合物のうち、後述する芳香族化合物の性質を有さない物質の総称であり、その性質が脂肪族化合物に似ているところからこの名称が付されている。

(j)　「芳香族化合物」とは、後述するベンゼン環を有する炭素環式化合物をいう。一般に芳香を呈する物質が多いことからこの名称が付されている。

(k)　「ベンゼン及びその同族体」とは、炭素六原子・水素六原子からなる六員環をなし交互に二重結合を有するベンゼン（ベンゼン環とも呼ばれる。）とベンゼン環一つにアルキル基（-R）が結合した物質をいう。

これらの物質はいずれも、有機溶剤であって、中枢に対する作用その他の中毒作用を有する。

(l)　「芳香族炭化水素のハロゲン化物」とは、ベンゼン環を一つ又はそれ以上有する芳香族化合物にハロゲンのみが置換された化合物をいう。

これらの物質はいずれも、ハロゲンの活性に基づく作用特性を有する。

(m)　「芳香族化合物のニトロ又はアミノ誘導体」とは、芳香族化合物にニトロ基（$-NO_2$）又はアミノ基（$-NH_2$）をそれぞれ一つ又はそれ以上有する化合物をいう。

これらの物質は、血液への作用としてのメトヘモグロビン形成を特徴とするほか、その他の中毒作用を有する。

(n)　「その他の芳香族化合物」とは、上記(k)から(m)までに掲げる物質以外の芳香族化合物であって中毒を起こすことが知られている物質をいう。

(o)　「複素環式化合物」とは、二種又はそれ以上の元素の原子（炭素のほか、窒素、酸素、硫黄等）から環が構成されている環式化合物をいい、ヘテロ環式化合物とも呼ばれる。

(p)　「農薬その他の薬剤の有効成分」とは、農薬取締法第一条の二第一項に定める農薬及び農薬の目的以外の目的で製造、輸入、販売及び使用がなされる薬剤の中に含まれる殺菌、殺虫その他の薬理作用を有する成分たる物質をいう。

これらの薬剤は製剤（粉剤、粒剤、水和剤、乳剤）に有効成分となる原体が含有されたものであるが、製造工程におけるこれら原体も「農薬その他の薬剤の有効成分」に含まれることは当然である。

なお、参考のため別添二として「農薬その他の薬剤の有効成分たる化学物質一覧」を掲げる。

(q)　「有機りん化合物」とは、りん原子Pを含むエステル系の化合物をいう。

これらの物質はいずれも、共通してコリンエステラーゼ活性阻害作用による中毒症状を呈するので、告示の表中上欄には「有機りん化合物」を一括して掲げ、これに対する症状又は障害を同表下欄に掲げている。

なお、告示の表中上欄に掲げる有機りん化合物の一物質たる各物質にばく露すると同表下欄に掲げる症状又は障害のすべてが必発するという趣旨ではなく、下欄に掲げる症状又は障害のうち一つ又はそれ以上のものの現われた疾病が発生した場合、上欄に掲げる有機りん化合物のうちいずれかの物質にばく露しておれば業務以外の原因による疾病でない限り業務上の疾病として取り扱われる趣旨である。この趣旨は、下記のカーバメート系化合物又はジチオカーバメート系化合物においても同じである。

(r)　「カーバメート系化合物」とは、化合物の構成元素として塩素やりんを含まずとも、殺虫及び除草の薬理作用を有するカルバミン酸エステル類をいい、そのうち多くの化合物が置換フェニルカーバメート類である。

これらの物質は、上記(q)に掲げる有機りん化合物よりも、コリンエステラーゼとの結合が弱く、生体内での離脱が早く行われるが、有機りん化合物と同様にコリンテステラーゼ阻害作用を有するため、これと同じ症状又は障害を起こすものである。

(s)　「ジチオカーバメート系化合物」とは、ジチオカルバミド酸の金属塩類をいう。

(t)　「二・四－ジクロルフェニル＝パラ－ニトロフェニル＝エーテル（別名ＮＩＰ）」から「硫酸ニコチン」までの物質は、上記(q)から(s)までに掲げる物質と異なり必ずしも類型化になじまないが、それぞれ疾病発生との因果関係の存在は認められているものである。

c　告示の表中下欄に掲げる症状又は障害について

告示の表中下欄に掲げる症状又は障害のうち、特殊な用語及び各化学物質に対応する症状又は障害が相互に関連性を有するものの意義は、次に掲げるとおりである（その他のものの意義については、当面適当な医学辞典等を参照されたい。）。

(a)　「皮膚障害」とは、刺激作用（感作性及び光過敏性を含む。）及び蝕食作用によって生ずる皮膚（爪を含む。）の障害をいい、これには皮膚の発赤、腫脹、発疹、潰瘍、色素異常（沈着又は脱失）等がある。

(b)　「前眼部障害」とは、粘膜の刺激作用によって生ずる主として結膜又は角膜の障害をいい、これには結膜炎、角膜炎等がある。

なお、酸又はアルカリが眼内に異物として侵入し、これらの物質の腐蝕作用によって起こる眼障害（第一号の規定が適用される。）及び化学物質の経気道吸収又は経皮吸収によって起こる視神経炎、視力障害、視野障害等の神経系の眼障害はこれに含まれない。

(c)　「気道障害」とは、気道の上皮組織に対する刺激作用によって生ずる障害をいい、これには鼻炎、咽頭炎、喉頭炎、気管炎、気管支炎、細気管支炎、肺胞炎、肺炎及び肺水腫がある。

(d)　「中枢神経性急性刺激症状」とは、主として急性症状として疾病の初期に現われる頭重、頭痛、悪心、嘔吐、倦怠感、めまい等の自覚症状をいう（告示備考二参照）。

(e)　「口腔粘膜障害」とは、口腔の上皮組織に対する刺激作用によって起こる障害をいい、水銀及びその化合物（アルキル水銀化合物を除く。）によるものとしては歯肉炎（歯ぎん炎）、口内炎及び口内の粘膜潰瘍がある。

(f)　「肺肉芽腫」とは、肺内の肉芽組織（線維芽細胞等の細胞からなる増殖性に富んだ若い結合組織をいう。）でできた炎症性の結節をいい、ベリリウム及びその化合物による肺肉芽腫は、慢性障害の一つであって特徴的な病変である。

なお、ベリリウム及びその化合物が皮下に侵入すると皮下肉芽腫を起こすが、この疾病に対しても本規定が適用される。

(g)　「言語障害、歩行障害、振せん等中枢性神経症候群」とは、錐体外路症候を主徴とする運動減少筋硬直症候群の一種で、パーキンソン症候群又はパーキンソニスムスとも呼ばれる。マンガン及びその化合物による中枢性神経症候群は慢性障害の一つであって、言語障害、歩行障害及び振せんのほかに仮面状顔貌、小字障害、突進症状（前方、側方又は後方）等がみられる。

(h)　「精神神経障害」とは、中枢神経が侵されて精神障害と神経障害が共に現われる障害をいう。例えば、一酸化炭素中毒では、急性期から慢性期のものについてみると、昏睡、記憶減退、性格変化、失見当識、幻覚、意識障害、せん妄等の精神障害と運動失調、視力障害、色視野障害、前庭機能障害等の神経障害がみられるとされている。ただし、診断の時期により、あるいは個々の症例により、これらの症状・障害のうちいくつかのもののみが認められるのが通常である。

(i)　「顎骨壊死」とは、顎骨に生じた壊死（骨の組織、細胞が死んだ状態をいう。）をいい、黄りんによる顎骨壊死は、慢性中毒の特異な障害であって、下顎骨に現われやすいが、口蓋上顎等にもみられる。

(j)　「上気道障害」とは、上気道の上皮組織に対する刺激作用によって生じる障害をいい、これには鼻炎、咽頭炎及び喉頭炎がある。

(k)　「呼吸困難」とは、呼吸に際して感ずる息苦しさをいい、その症状は軽いものから重度なものにわたる。

シアン化水素、シアン化ナトリウム等のシアン化合物による呼吸困難は、シアンイオンの作用によって大脳の酸素欠乏をきたす結果起こるとされている。血中のシアン値が増加すると呼吸が不整となり、さらに進むと呼吸停止に至り、この間に意識喪失、全身痙攣（下記⑴参照）を伴う。

また、硫化水素による急性中毒では呼吸中枢の麻痺による呼吸停止がみられる。硫化水素への高濃度ばく露では、突然に虚脱（急性循環不全）が起こり、全身の痙攣次いで呼吸麻痺によって急速に死に至るとされている。

(l)　「全身痙攣」とは、全身の筋又は筋群の発作性収縮をいう。シアン化水素、シアン化ナトリウム等のシアン化合物による全身痙攣は、シアンイオンの作用によって起こる大脳の酸素欠乏による末期の窒息性痙攣であって、重症の場合は意識喪失、痙攣・呼吸停止を経て死に至ることがある。

オルト－フタロジニトリルによる全身痙攣は、特に前駆症状がなく突然起こる激しいてんかん様発作であって、発作中は間代性痙攣（後記(r)参照）と徐脈が現われる。一般にシアン化合物による中毒よりも軽症の場合が多く、発作がおさまれば外見上後遺症が残らず回復する。

なお、農薬その他の薬剤の有効成分による痙攣については後記(q)及び(r)を参照されたい。

(m)　「多発性末梢神経障害」とは、多発性神経炎とも呼ばれ、局所の限られた神経組織でなく、末梢神経系全般におよぶ末梢優位の知覚鈍麻を主徴とする神経障害をいい、これには四肢末端のしびれ感、筋力低下、筋萎縮等がある。

(n)　「中枢神経系抑制」とは、中枢神経の機能が初期亢進から減弱・制止にいたる過程の状態をいう。塩化メチル等の化学物質の吸入によって起こる場合には、興奮・抑制・麻痺へと進行するとされているが、興奮の段階を経ずに抑制から麻痺に至ることがある。

また、クロロホルム等の物質による急性中毒では、麻酔（中枢神経系の機能が抑制されて意識が消失し、全身の知覚が鈍麻又は消失した状態をいう。）が現われる。

(o)　「メトヘモグロビン血」とは、血球のヘモグロビンがメトヘモグロビン（二価の鉄をもつヘモグロビンが酸化されて三価となったものをいう。）になったために起こる血液変化をいう。

芳香族化合物のニトロ又はアミノ誘導体や亜硝酸塩による中毒の特徴であり、脱力、チアノーゼ、呼吸困難等が現われる。慢性ばく露の場合には、ハインツ小体を伴うメトヘモグロビン血症がみられ、さらに貧血が加わるとされている。

なお、トリニトロトルエンによる中毒では、高濃度ばく露の場合、ハインツ小体を伴うメトヘモグロビン血症や造血器障害に伴う血液変化のほか、溶血性貧血（赤血球の破壊亢進による貧血をいう。）がみられる。また、血球中の酸素の一種であるＧ六ＰＤの欠損のある者は、これらの酸化剤に対して極めて敏感であり、血液の障害が起こりやすい。

(p)　「代謝異常亢進」とは、外因性の毒物によって基礎代謝（生命保持に必要な最低のエネルギーを産生するための代謝をいう。）が異常に亢進するために諸症状の現われる病的変化をいう。

ジニトロフェノール及びその誘導体による中毒では、代謝異常亢進が起こって発熱、異常発汗、脱力等が現われる。さらに進むと、チアノーゼを伴う無酸素症、アシドーシス、振せんなどがみられ、昏睡を経て死亡に至ることがある。

ペンタクロルフェノール（ＰＣＰ）による中毒では、上記ジニトロフェノールによる作用と類似の作用により代謝異常亢進が起こり、発熱、異常発汗、脱力等が現われる。重症の場合は、全身痙攣・虚脱をきたし、さらに死亡に至る。

(q)「筋の線維性攣縮」とは、筋線維束の不随意的収縮をいい、四肢、顔面、舌、体幹等に起こる。これは比較的早期に現われる徴候であって、筋のあちこちがピクピク動く状態が観察される。

有機りん化合物、カーバメート系化合物及び硫酸ニコチンによる中毒でこのような筋の線維性攣縮がみられる。

(r)「強直性若しくは間代性筋痙攣」の「強直性筋痙攣」とは、筋肉の収縮が持続して起こる痙攣をいい、「間代性筋痙攣」とは、筋肉の収縮と弛緩が交互に起こる痙攣をいう。通常強直性痙攣が先行し、間代性痙攣がこれに代わり、次いで消失する。

強直性痙攣では、筋強直のために一定の姿勢に固定され、不動のままであるのが特徴である。

一方、間代性痙攣では、四肢の交互運動、頭の屈伸運動等がみられる。

モノフルオル酢酸ナトリウムによる中毒では、てんかん発作に似た痙攣が起こる過程でこのような強直性若しくは間代性筋痙攣がみられる。

なお、有機りん化合物、カーバメート系化合物、六・七・八・九・一〇・一〇－ヘキサクロル－一・五・五a・六・九・九a－ヘキサヒドロ－六・九－メタノ－二・四・三－ベンゾジオキサチエピン三－オキシド（別名ベンゾエピン）及び硫酸ニコチンによる中毒でみられる痙攣は、重症の場合、全身性の痙攣であり、このうちベンゾエピンによる痙攣は、てんかん発作に似た痙攣であるとされている。

(ハ)　告示において指定された化学物質が該当する旧規定及び認定基準は、別添三のとおりである。

別添　〈略〉

（昭五三・三・三〇　基発第一八六号）

〈歯牙酸蝕症の業務上疾病としての認定基準〉

標記の件については、さきに基収第一二九七号（昭二五・七・六）をもって通ちょうしたが(注)そのうち「診断により治療を要すると認められたもの」の程度については、左記の通り定めることとしたから、これに該当する場合は労働基準法施行規則別表第一の二（以下本通達において「別表」という。）第四号の規定に基づく労働省告示第三六号（以下通達において「告示」という。）表中に掲げる化学物質によるものについては、別表第四号1、告示により指定された化学物質以外の化学物質によるものについては、別表第四号8に該当する疾病として取り扱われたい。

記

歯牙の磨滅消耗により象牙質が露出するに至ったもの。

（昭二七・九・九　基発第六四六号、昭五三・三・三〇　基発第一八七号）

〈ニトログリコール中毒症の認定〉

最近、膠質又は粉状ダイナマイトの製造を行なう事業場において、ニトログリコール中毒と考えられる労働者が多発しているが、当該中毒症及びこれによる死亡の業務上外の認定については下記により取り扱われたい。

なお、本件については、当該中毒の発生原因、他の疾病との鑑別診断等に関し更に検討を要する点があるので、個々の事案について本通ちょうの基準により難いか又は判断が著しく困難な場合には具体的資料を添えて本省へ稟伺されたい。

記

一　ニトログリコールを取り扱い、あるいはそれらのガス蒸気若しくは粉じんに曝される業務（以下単に業務という）に従事しているか又は当該業務を離れて後概ね数日以内の労働者（以下ニトログリコール作業者という）が、次の各号のいずれかに該当する症状を呈し、医学上療養が必要であると認められる場合には、労働基準法施行規則別表第一の二第四号の規定に基づく労働省告示第三六号表中に掲げるニトログリコールによる疾病として取り扱うことにする。

(1)　狭心症様発作を起こし、次の自覚症状の全部又は一部及び他覚所見の全部又は一部の症状が認められ、かつ、ニトログリコール以外の原因による器質的心臓疾患（心弁膜症、冠疾患、心筋障害、心衷疾患）により発病したものでないこと。

イ　自覚症状

胸部圧迫感、胸内苦悶、四肢の脱力感又は冷感、頭痛、悪心、嘔吐等

ロ　他覚所見

脈搏及び血圧の異常、顔面蒼白又は紅潮、チアノーゼ、四肢末端の冷却、失神等

(2)　次のイ、ロ又はハのいずれか他覚所見が認められるものであって、現在又は作業に従事して以後の既往の期間において、心臓症状、又は四肢の末端（特に手指）のしびれ等の症状を呈したものであること。

イ　血液一立方ミリメートル中赤血球数が常時男子四〇〇万個、女子三五〇万個未満であるか、又は全血比重が男子一・〇五二、女子一・〇四九未満であるか、若しくは血色素量が血液一デシリットル中男子一二・〇グラム、女子一〇・五グラム未満であって、これらの貧血徴候が血液疾患、寄生虫症（十二指腸虫等）若しくは出血（たとえば、消化管潰瘍、痔核等による）その他ニトログリコ

ール以外の原因によるものでないこと。

ロ　ニトログリコール作業従事期間の経過中に低血圧（最大血圧一〇〇ミリメートル水銀柱以下のものをいう）を呈したものであること。

ハ　肝臓機能（色素排泄、蛋白代謝、胆汁色素代謝のうち二項目以上）に明らかに障害が認められるものであって、この徴候の原因が流行性肝炎、胆石症、その他ニトログリコール以外の原因によるものでないこと。

二　ニトログリコール作業者が死亡した場合、次のいずれかに該当することが医学的に認められるものについては業務上として取り扱うことにする。

(1)　前項(1)の事由によって死亡したものであること。

(2)　死体解剖所見によりニトログリコール中毒によるものと認められるものであること。

三　前各項の認定に当っては次の諸点に留意すること。

(1)　第一項の(1)の狭心症様発作は、休日明けの日（主として作業前）又は休日に起こすことが多いこと。

(2)　第一項の(2)の心臓症状とは、胸部緊迫感、胸部圧迫感、胸部異和感、心悸亢進等の自覚症状をいうこと。

(3)　ニトログリコール中毒による死亡の場合には、通常既往（当該業務に従事後）に類似の発作を経験していることが多いこと。

(4)　ニトログリコール作業者が狭心症様発作を起こし死亡した場合においても、必ずしも業務との因果関係が判明しないものがあるから、できるだけ死体解剖を行なわせ、これによって判定するよう配慮すること。

なお、死体解剖を行なうに当ってはニトログリコール中毒では次の所見がみられることが多いので、少くともこれらの所見の有無に留意すること。

イ　心筋における乏酸素性変化（心筋空泡変性、横バンド形成、うっ血、浮腫、出血、間質結合組織の増殖）

ロ　肝細胞における空泡形成、脂肪化、うっ血、出血

ハ　造血臓器（脾、骨ずい）における血鉄症

(5)　第一項の(2)、イにいう「常時」とは、日を改めて数日以内に二回以上測定した値に大きな差を認めないものをいう。

ただし、赤血球については、同時に貧血に関する他の数項目を測定した場合それらに一定の傾向があったときはこの限りではない。

なお、採血は空腹時に行なうものとする。

（昭三六・五・二九　基発第四八九号、昭三九・九・八　基発第一〇四九号、昭五三・三・三〇　基発第一八七号）

〈マンガン又はその化合物（合金を含む。）による疾病の認定基準〉

マンガン等にばく露する業務に従事し、又は従事していた労働者に発生した次の一又は二のいずれかに該当する疾病であって、医学上療養を必要とすると認められているものは、労働基準法施行規則別表第一の二第四号１の規定に基づく昭和五三年労働省告示第三六号の表に掲げる「マンガン及びその化合物」による疾病として取り扱うこと。

一　精神・神経症状を示す疾病であって、次の⑴、⑵及び⑶のいずれの要件をも満たすもの

⑴　相当の濃度のマンガン等を含む粉じん、ヒューム等にばく露する業務に一定期間にわたり従事し、又は従事したことのある労働者に発生したものであること。

⑵　初期には神経衰弱様の症状などが現われ、その後錐体外路症候（パーキンソン症候群様症状）を中核とした多彩な神経症状が、進行性に出現してくるものであること。

⑶　上記の症状及び症候がマンガン等以外の外の原因によって発症したものでないと判断されるものであること。

二　肺炎であって、次の⑴及び⑵のいずれの要件をも満たすもの

⑴　高濃度のマンガン等を含む粉じん、ヒューム等にばく露する業務に従事中又は当該業務を離れた後、比較的短期的に発症した急性肺炎であること。

⑵　上記の肺炎がマンガン等以外の原因によって発症したものでないと判断されるものであること。

（解説）

1　マンガン等にばく露する主な業務

マンガン等にばく露する主な業務としては、マンガン鉱の採掘、マンガンの製錬、フエロマンガンの製造、乾電池の製造、溶接棒の製造、マンガン化合物の製造等がある。

2　作業環境におけるマンガンの濃度

⑴　本文記の１の⑴の「相当の濃度」とは、マンガン（Mn）としておおむね５ミリグラム／立方メートル以上の濃度をいう。ただし、ヒュームについては、これ以下の濃度でも発症することを示唆する報告がある。

⑵　本文記の２の⑴の「高濃度」とは、前記⑴の「相当の濃度」を著しく上回る濃度（おおむね数倍以上）をいう。

3　ばく露期間と発症の時期

マンガン等による精神・神経症状を示す疾病は、一カ月程度から一〇数年以上のばく露期間で発症する例があるが、一～二年での発症が多い。また、発症の時期については、ばく露中又はばく露離脱後間もなく発症する例がほとんどであるが、まれにはばく露離脱後一〇年以上経過して症状が顕在化したという事例もある。

4　精神・神経症状

⑴　初期の症状

神経衰弱様症状としては、全身倦怠感、易疲労感と意欲の乏しさを主徴とし、若年者にも性欲の低下を訴える者がいる。また、ねむけ、記銘・記憶障害、時には頑固な不眠、さらには食思不振や動作緩慢、つまずき易さを来たすこともある。

時には精神病的症状として、精神興奮状態がみられ高揚気分、多弁等そう的状態が出現し、時に攻撃的となり、暴力行為もみられ、衝動行為や目的の不明な行動も現われる。まれに幻覚や妄想が出現する。また、うつ状態や無気力、無為となる例もみられる。

しかしながら、これら初期の精神・神経症状の軽度のものは時に看過されることがある。

(2) 中間期及び確立期の症状

イ　精神症状

中間期には、初期の症状の増強に加え、客観的精神状況が明らかになる。最も多いのは、強迫笑又は強迫泣であり、一般に、誘因がなくて唐突に起こる。

記銘・記憶障害は、中間期の初めに出現することがあるが、重症化することはない。また、確立期の精神症状としては、精神病的症状は消退し、残遺症状として無気力、多幸、軽度の知能低下、強迫笑、強迫泣のほか、無関心、意欲減退などが残る。

ロ　神経症状

中間期及び確立期では、神経症状が次第に明確になる。この神経症状は、錐体外路症候、錐体路症候、小脳症候、末梢神経症候、自律神経症候等に分けられ、その現われ方は複雑であるが、錐体外路症候、錐体路症候及び小脳症候が重要である。これらの組合わせにより、(イ)錐体外路症候が主体のもの、(ロ)錐体外路症候に錐体路症候を伴うもの、並びに(ハ)錐体外路症候、錐体路症候及び小脳症候の三つの症候を伴うものに分けられ、その発現頻度は(イ)が最も高く、次いで(ロ)、(ハ)の順である。

主な神経症状を症候別に区分するとおおむね次のとおりである。

錐体外路症候：

寡動、筋緊張亢進、仮面様顔貌、振戦、歩行障害、後方突進、側方突進（前方突進はあまりみられない。）、言語障害、書字拙劣、小書症等のパーキンソン症候群様症状、痙性斜頸

錐体路症候：

腱反射亢進、バビンスキー反射陽性、歩行障害、言語障害

小脳症候：

変換運動障害、運動失調

末梢神経症候：

複視、筋萎縮、遠位部知覚障害

自律神経症候：

発汗亢進、流涎、膏顔

(3) 症状出現の特徴

マンガン等による精神・神経症状を示す疾病は、上記(1)及び(2)のとお

り多岐にわたっており、その症状の組合わせは症例によって種々であるので、十分留意すること。

⑷　認定にあたっての留意事項

イ　初期症状のみが認められるものについては、直ちにこれを業務上として認定することは困難である。

その理由は、当該症状とマンガン等以外の原因による神経症様症状等との鑑別は難しく、この段階で確定診断を下すことは困難であるからである。しかしながら、臨床症状が明らかなものであって血液、尿、糞便、頭髪、胸毛又は髄液中のマンガン量の明らかな増加が認められる場合及びCa-EDTAの点滴静注によって尿中のマンガン排泄量の異常な増加が認められる場合には本文記の1の⑵及び⑶に該当するものとして取り扱って差し支えない。この場合、原子吸光分析法を用いる等医学的に適正と認められる検査方法によって行われることが必要である。

ロ　初期の精神・神経症状は、上記⑴のごとく時に看過されることがあるが、その後の症状の進行によって錐体外路症候（パーキンソン症候群様症状）を中核とした多彩な神経症状の出現が認められる場合には、本文記の1の⑵に該当するものとして取り扱って差し支えない。

ハ　マンガン中毒の初期には、マンガン等にばく露する業務から離れると症状が軽快することが多くみられるが、これは鑑別に当たって重要な所見となる。

⑸　類似の症状を示す疾病

上記の⑴及び⑵の疾病と類似の症状を呈することがあるため、鑑別に留意すべきである疾病としては、おおむね次のようなものがある。

イ　脳血管障害
ロ　パーキンソン病
ハ　一酸化炭素中毒後遺症
ニ　脳炎及び脳炎後遺症
ホ　多発性硬化症
ヘ　ウイルソン病
ト　脊髄小脳変性症
チ　脳梅毒
リ　ギラン・バレー症候群及び明らかな末梢神経炎

5　その他

マンガン等を含む粉じんにばく露するマンガン鉱の採鉱、粉砕等の作業に従事する労働者に発症したじん肺症等については、労働基準法施行規則別表第一の二第五号に該当するものとして処理すること。

（昭五八・一・五　基発第二号）

〈有機燐系の農薬による中毒症の認定基準〉

標記について、下記に該当する場合は労働基準法施行規則別表第一の二第四号の規定に基づく労働省告示第三六号表中に掲げる有機リン化合物による疾病として取り扱われたい。

なお、個々の事案について本通ちょ

うの基準により難いかもしくは判断が著しく困難な場合には、関係資料を添え本省へ稟伺されたい。

記

有機燐系農薬を取扱い、あるいはそれらのガス、蒸気もしくは粉じん等にさらされる業務（以下単に「業務」という。）に従事しているか又はその業務を離れて後おおむね二四時間以内の労働者が、次の各号のいずれかに該当する症状を呈し、医学上療養が必要であると認められるものであって、それらの徴候の原因が業務以外の他の事由によるものでないと判断されるものであること。

一　強度の発汗と流涎、縮瞳、筋の繊維性れん縮、肺水腫症状、全身痙れん等の特異症状が認められること。

二　発汗、悪心、嘔吐、腹痛下痢、流涎、全身倦怠感、四肢脱力感、手足のしびれ感等があって、血漿（又は血清）コリンエステラーゼ活性値が当該労働者の健康時の値のおおむね五〇％程度以下に低下していると認められること。

なお、血漿（又は血清）コリンエステラーゼの健康時の値については、発病前の測定記録がないかもしくは不明の場合は、症状回復後に測定した値によってもよい。

（昭三九・一〇・五　基発第一一五八号、昭五三・三・三〇　基発第一八七号）

〈都市ガス配管工にかかる一酸化炭素中毒の認定基準〉

標記については、かねて東京労働基準局をして関係専門家に委嘱し慎重に審議検討をさせてきたところであるが、今般その検討結果に基づき業務上外、治ゆ及び障害等級について、下記のとおり定めたので、本通達により取り扱われたい。

なお、個々の事例について本通達の基準により難いかまたは著しく困難な場合には、それぞれ関係資料を添えて稟伺されたい。

記

第一　業務上外の認定について

都市ガス配管業務に従事している労働者がその業務の遂行中、相当量の一酸化炭素に繰り返しばく露された後に次の一に該当する症状を呈し、かつ、その症状が他の疾病に起因するものでないことが認められる場合には、二に留意の上、労働基準法施行規則別表第一の二第四号の規定に基づく労働省告示第三六号表中に掲げる一酸化炭素による疾病に該当するものとして取扱うこと。

一　精神症状として人格水準の低下（気楽、不関、芯がない、あき易い等の人格変化）、記銘力障害、記憶力障害等が認められ、かつ、次の各号のいずれかに該当する症状が認められるものであること。

(1)　気脳写により脳室拡大が認められるもの。

(2)　病的な平坦脳波、又は徐波が認め

られるもの。

(3) 視野障害（狭窄又は中心暗点）が認められるもの。

ただし、ヒステリー性視野狭窄を除く。

(4) 前庭機能障害が認められるもの。

(5) 次に掲げるイからリまでの症状のうちいくつかが認められるもの。

ただし、これらの諸症状については一酸化炭素吸入との直接関連性を慎重に考慮し、総合的に判断すること。

イ　著しい頭痛、めまい、疲労感等の自覚症状でいずれもがん固なもの。ただし、単なる心因性故意の誇張でないことが医学的に推定されるものであること。

ロ　自律神経障害

ハ　腱反射減弱

ニ　筋の易疲労性

ホ　平衡障害

ヘ　共同運動障害

ト　聴力障害、耳鳴

チ　マリオット暗点の拡大

リ　前記(2)以外の脳波異常

二　認定にあたっては次の点に留意すること。

(1) 労働者の年令、職歴、症状発生の時期と経過、とくに都市ガスの吸入に因る意識混濁乃至消失症の有無を参考にすること。

(2) 類似の症状を呈する他の原因に基づく疾病とくに、神経症との鑑別又は合併について十分に考慮すること。

(3) 前記一に掲げる各症状に対する診断病名は多種多様にわたることが考えられるので、単に診断病名のみをもって認定することなく、医師の各種検査により詳細に把握された症状及び所見を基にして行ない、とくに、精神症状については精神科医の意見を求め慎重に検討すること。

第二　治ゆ及び障害等級の認定について

一　治ゆの時期について

一酸化炭素中毒に因る症状が医学上一般に承認された治療によってもその効果が期待できなくなり、その症状が固定したと認められる時期をもって治ゆとすること。なお、治ゆについては次の点に留意すること。

(1) 一酸化炭素に因る中毒症状は、ばく露から離れて後概ね二年以内に固定するものと推定されること。

(2) 従来の都市ガスに因る一酸化炭素中毒の症状により勘案するに、臨床症状に多少の動揺が認められても全般として平衡状態に達したと認められる時をもって症状固定の時期とするのが妥当であること。

二　障害等級について

一酸化炭素中毒に因る後遺症の多数は精神及び神経の障害であるので、その障害等級の認定については、昭和四二年一一月一六日付け基発第一〇三六号通達「精神及び神経の障害に関する障害等級認定基準について」により行なうこと。

（昭四三・二・二六　基発第五八号、昭

五三・三・三〇　基発第一八七号）

〈鉛、その合金又は化合物（四アルキル鉛を除く。）による疾病の認定基準〉

標記の認定基準について、自今、下記のとおり改めることとしたので、その取扱いに遺憾のないようせられたい。

なお、本通達の施行に伴い、従来の標記認定基準に関する通達はこれを廃止する。

おって、個々の事案について、本通達の基準により難いか、もしくは判断が著しく困難な場合には、具体的資料を添えて本省にりん伺されたい。

記

鉛、その合金または化合物（四アルキル鉛を除く。）を取り扱い、あるいはそれらのガス、蒸気もしくは粉じんにさらされる業務に従事しているかまたはその業務に従事していた労働者が、次の各号の何れかに該当する場合には、労働基準法施行規則別表第一の二第四号の規定に基づく労働省告示第三六号表中に掲げる鉛及びその化合物による疾病として取り扱うこと。

一　次の各号に該当するものであること。ただし、(2)または(3)の何れかが基準値に満たない場合には、当分の間本省にりん伺すること。

(1)　鉛中毒を疑わしめる末梢神経障害、関節痛、筋肉痛、腹部の疝痛、便秘、腹部不快感、食欲不振、易労感、倦怠感、睡眠障害、焦燥感、蒼白等の症状が二種以上認められること。

(2)　尿一リットル中に、コプロポルフィリンが一五〇マイクログラム以上検出されるかまたは尿一リットル中にデルタアミノレブリン酸が六ミリグラム以上検出されるものであること。

(3)　血液一デシリットル中に、鉛が六〇マイクログラム以上検出されるかまたは尿一リットル中に、鉛が一五〇マイクログラム以上検出されるものであること。

二　次の各号に該当するものであること。

(1)　血色素量が、血液一デシリットルについて常時男子一二・五グラム、女子一一・〇グラム未満であるかもしくは全血比重が男子一・〇五三、女子一・〇五〇未満であるか、または赤血球数が血液一立方ミリメートル中、常時男子四二〇万個、女子三七〇万個未満であって、これらの貧血徴候の原因が、消化管潰瘍、痔核等の事由によるものでないこと。

なお、常時とは、日を改めて数日以内に二回以上測定した値に大きな差を認めないものをいう。ただし、赤血球については、同時に貧血に関する他の数項目を測定した場合、それらに一定の傾向があった時はこの限りでない。

また、採血は空腹時に行なうものとする。

(2)　一週間の前と後にわたり尿一リットル中にコプロポルフィリンが一五

○マイクログラム以上検出されるかまたは、尿一リットル中にデルタアミノレブリン酸が六ミリグラム以上検出されるものであること。

三　鉛の作用によることの明らかな伸筋麻ひが認められるものであること。

（解説）

一　本通達（以下「新通達」という。）は、従来の通達（昭和二五年六月二七日付基発第六〇五号、昭和三四年一〇月八日付基発第六九三号、昭和三九年九月八日付基発第一〇四九号）による鉛中毒に関する認定基準を改めたものである。すなわち、旧通達を策定した当時においては、いわゆる鉛中毒症等に関する診断方法、検査方法等が未だ開発途上にあったために、自他覚症状等当時まで慣用されてきた臨床手法にもとづいて認定基準を定めたものであるが、現在はこれらに関する診断並びに検査方法等が著しく進歩してきたので、それらの新しい検査方法等を加え、具体的事案の認定事務を公正、かつ、容易に行なえるよう配慮し、改正したものである。

二イ　新通達では、記の一の⑵及び二の⑵に、尿中のコプロポルフィリンの量を示してあるが、これは、判断基準を明確にするため、定量法によることを明らかにしたものである。

ロ　尿中のコプロポルフィリンの測定法については、原則として別紙⑴の検査方法によることとし、これにより検出された数値により判断すること。

三イ　新通達では、記の一の⑵及び二の⑵に、尿中のデルタアミノレブリン酸の量を示してあるが、これは現在鉛中毒の診断上有効な検査方法であると認められることから、新しく採用したものである。

ロ　尿中のデルタアミノレブリン酸の測定法については、原則として別紙⑴の検査方法によることとし、これにより検出された数値により判断することと。

四　新通達記の一の⑶の血中または尿中の鉛量の測定については、原則として別紙⑶の検査方法によることとし、これにより検出された数値により判断すること。

五　新通達の記の一及び二に示した検査の結果による数値は、いわゆる誘発法（Provocation test または Mobilization test）を行った後の測定値ではない。

なお、鉛中毒の診断に当り、症例によってはいわゆる誘発法が行われる場合があるが、これが取扱いについては、当面別紙⑷によること。

六　新通達に示した尿中コプロポルフィリン、尿中デルタアミノレブリン酸、血中鉛、尿中鉛に関する数値は、一般的には、これらの数値を超えた場合に、鉛中毒を疑わしめるものとして例示した症状のうちの軽微なものが発現することもあると考えられているものであるが、鉛中毒症の早期発見、早期治療を期する上から今回、これらの数値を採用したものである。

しかしながら、貧血、尿中コプロポルフィリン、尿中デルタアミノレブリン酸は、他の原因によっても、新通達の数値を超える場合もあるので、とくに、新通達の記の二の適用に当っては、他の疾病との鑑別診断の結果を検討の上、認定するよう留意すること。

（昭四六・七・二八　基発第五五〇号、
昭五三・三・三〇　基発第一八七号）

〈脂肪族化合物、脂環式化合物、芳香族化合物（芳香族化合物のニトロ又はアミノ誘導体を除く。）又は複素環式化合物のうち有機溶剤として用いられる物質による疾病の認定基準〉

脂肪族化合物、脂環式化合物、芳香族化合物（芳香族化合物のニトロ又はアミノ誘導体を除く。）又は複素環式化合物のうち有機溶剤として用いられる物質を取り扱う労働者に発生した疾病の業務上外の認定は今後下記によることとしたので遺憾のないようその事務処理に万全を期されたい。

なお、この通達の基準を満たすものであって、労働基準法施行規則別表第一の二（以下本通達において「別表」という。）第四号の規定に基づく労働省告示第三六号（以下本通達において「告示」という。）表中に掲げる化学物質による疾病（がんにかかるものを除く。）については、別表第四号一、告示で指定された化学物質以外の化学物質による疾病については、別表第四号八、ベンゼンによる白血病については、別表第七号八に、それぞれ該当する疾病として取り扱い、この通達の基準により判断し難い事案については関係資料を添えて本省にりん伺されたい。

おって、この通達の解説部分は認定基準の細目を定めたものであり、本文と一体化して取り扱われたい。

記

一　相当量のベンゼン又はその同族体、アセトン又はその他の溶剤に相当期間にわたり、くり返しさらされる業務（以下「業務」という。）に従事しているか、又は、その業務から離れた後おおむね六カ月未満の者であって、次の(1)の自覚症状に加えて(2)〜(7)のいずれかに該当する症状を呈し、医学上療養が必要であると認められ、かつ、ベンゼン又はその同族体、アセトン又はその他の溶剤以外の原因により発病したものでないと判断されるものであること。

なお、症状が他の原因による症状と鑑別困難な場合には、症状が当該労働者の溶剤取扱職場への就労後に発症したか否か、作業の経過とともにあるいは環境ばく露条件の変化に伴って症状が変化したか否か、作業からの離脱により症状の改善がみられたか否か、同一職場で同一作業を行う労働者に同様の症状の発生をみたか否か等を参考にして業務起因性を判断することとする。この場合、尿中代謝物質濃度は溶剤に対するばく露の有無及びその程度を知るうえで有力な指標と考えられる。

(1)　次の自覚症状のいずれかが常時又は持続的に訴えられるものであること。

　頭重、頭痛、めまい、焦燥感、不眠、もの忘れ、不安感、しびれ感、倦怠感、心悸こう進、食欲不振、悪心、嘔吐、胃痛、腹痛、皮膚又は粘膜の局所症状

(2)　次の皮膚又は粘膜の症状のいずれかが認められるものであること。

イ　急性又は慢性皮膚炎（乾燥性、落屑性、亀裂性など）

ロ　爪炎、爪囲炎

ハ　結膜炎、角膜炎

ニ　鼻炎等の上気道の炎症

(3)　次の神経、筋、感覚器症状のいずれかが認められるものであること。

イ　四肢の知覚障害、運動障害又は筋萎縮

ロ　視力減退、視野・色視野の狭窄などの視神経障害又はその他の脳神経障害

ハ　中枢神経障害（例えば、脳波の明らかな異常）

(4)　健忘、幻覚、意欲減退、痴呆などの精神障害が認められるものであること。

(5)　次の血液所見のいずれかが認められるものであること。

イ　常時貧血があること

ロ　常時白血球減少があること

ハ　鼻出血、歯肉出血などの粘膜又は皮膚における出血傾向があるかあるいは著しく血小板が減少していること

　なお、イ及びロにいう「常時」とは、日を改めて数日以内に二回以上測定した値に大きな差を認めないものをいう。ただし、貧血に関しては、同時に数項目を測定し、それらに一定の傾向があったときは、この限りではない。採血は空腹時に行うものとする

(6)　肝機能検査で明らかな異常が認められるものであること。

(7)　腎機能検査で明らかな異常が認められるものであること。

二　業務により大量もしくは濃厚なベンゼン又はその同族体、アセトン又はその他の溶剤にさらされて意識障害、歩行障害等の中枢神経障害、呼吸器障害その他の急性中毒症状もしくはその続発症を起したもの。

（解説）

一(1)　この認定基準は、ベンゼン及び有機溶剤中毒予防規則に掲げられている有機溶剤（二硫化炭素を除く。）について一括作成したものである。

(2)　有機溶剤は、数種のものが混合されて使用されることが多いが、その場合には使用された有機溶剤の構成成分の種類と構成比を明らかにし、それぞれの有機溶剤の毒性を勘案し

て当該労働者の自覚症状並びに臨床検査の項目を選択し、判断する必要がある。

(3) 有機溶剤中毒予防規則に定められていない有機溶剤（三に掲げたものを除く。）による疾病、及び本文一の(1)に掲げた自覚症状だけで(2)以下の症状が認められないものについては、本省りん伺により個別に判断することとする。

二　有機溶剤中毒の場合、中枢神経系、末梢神経系、自律神経系、内分泌系の障害の徴候として自覚症状は握は重要であり、自覚症状以外の明らかな所見を認め難い場合もある。したがって、自覚症状と業務との関連性を十分に考慮することが必要であり、専門医によって詳細には握された症状及び記の一の後段（なお書部分）に示すところにしたがって、注意深く判断しなければならない。

三　次に掲げる溶剤にさらされる業務に従事しているか又はしていた者が慢性もしくは亜急性の症状を呈する場合（記の一のばく露条件を満たしている場合に限る）のうち、次に掲げる所見（二以上の検査項目を掲げたものはその一）が認められた事例については、業務起因性があるものとして取り扱ってさしつかえない。

溶剤名	検査項目	所見
ベンゼン	イ　貧血に関する検査	赤血球数　男子四〇〇万／㎣未満　女子三五〇万／㎣未満 血色素量　男子一二・〇g／dℓ未満　女子一〇・五g／dℓ未満 全血比重　男子一・〇五二未満　女子一・〇四九未満
	ロ　出血傾向に関する検査	○皮膚粘膜の出血傾向、血小板の著減
	ハ　白血球数計測	○四〇〇〇／㎣未満
	ニ　白血病に関する検査	○骨髄性白血病と診断される所見
	ホ　精神医学的検査	○中毒性精神異常と診断される所見
キシレン テトラクロルエチレン トリクロルエチレン トルエン	精神医学的検査	中毒性精神異常と診断される所見
一・一・二―トリクロルエタン 一・一・二・二―テトラクロルエタン クロロホルム 四塩化炭素 ジメチルホルムアミド	イ　肝機能検査	○肝機能障害を示す所見、例えば、GPT一〇〇カルメン単位以上の場合など
	ロ　腎機能検査	○腎機能障害を示す所見、例えば尿蛋白、尿沈渣、PSP試験、濃縮試験などで明らかな異常を示す所見
トリクロルエチレン トルエン ノルマルヘキサン メチルブチルケトン	末梢神経機能検査	○対称性の四肢末端優位の知覚低下、運動障害、筋萎縮・運動神経伝導速度の有意な低下

メタノール 酢酸メチル	眼科学的検査	○視神経障害に基づく明らかな視機能低下を示す所見

（注）　白血病については記の一の六カ月未満の制限が妥当でない場合がある。

（昭五一・一・三〇　基発第一二二号、昭五三・三・三〇　基発第一八七号）

〈二硫化炭素による疾病の認定基準〉

標記については、昭和三八年七月二四日付け基発第八五三号（昭和三九年九月八日付け基発第一〇四九号により一部改正）をもって指示したところであるが、今般、前記通達を下記のとおり改め、前記通達を廃止することとしたので、今後はこの通達に示すところにより取り扱うこととされたい。

なお、この通達の基準を満たす事案については、労働基準法施行規則別表第一の二第四号の規定に基づく労働省告示第三六号表中に掲げる二硫化炭素による疾病として取扱うこととし、この通達の基準により判断し難い事案については、関係資料を添えて本省にりん伺されたい。

おって、この通達の解説部分は、認定基準の細目を定めたものであり、本文と一体化して取り扱われるものである。

記

一　相当量の二硫化炭素（以下「CS_2」という。）を取り扱い、または、その蒸気に相当期間に亘って繰り返しさらされる業務（以下、単に「業務」という。）に従事しているかまたは従事した経歴を持つ労働者が、次の各号のいずれかに該当する症状を呈し、医学上療養が必要であると認められ、かつ、CS_2以外の原因により発病したものでないと判断されるものであること。

なお、その症状が他の原因による症状と鑑別が困難な場合には、当該労働者がCS_2にさらされる職場への就労後に発症したか否か、作業の経過とともに或いは環境ばく露条件の変化に伴って症状が変化したか否かは、作業からの離脱により症状の改善が見られたか否か、同一職場で同一作業を行う労働者に同様の症状の発生をみたか否か等を参考にして業務起因性を判断すること。

(1)　相当の濃度のCS_2蒸気にさらされる業務に長期間従事した労働者に、CS_2によると考えられる腎障害およびCS_2性網膜症を認めた場合、またはCS_2によると考えられる脳血管障害およびCS_2性網膜症を認めた場合。

(2)　比較的高濃度のCS_2蒸気にさらされる業務に数カ月ないし数年従事しているか、またはその業務を離れた後、おおむね六カ月未満の労働者が次の症状のいずれかを呈した場合。

イ　多発神経炎

ロ　視神経炎

ハ　貧血および肝機能障害

(3)　高濃度のCS_2蒸気にさらされる危険のある業務に、数週ないし数カ月従事している労働者が、突然あるいは若干の初発症状をともない、意識混濁、せん妄、精神分裂病様症状、躁うつ病様症状等の精神異常を呈した場合。

二　業務により大量もしくは濃厚なCS_2蒸気にさらされて意識障害等の急性中毒症状を呈した場合。

（解説）

一　記の一の(1)について

(1)　ここでいう相当の濃度とは、通常十数ｐｐｍ以上のレベルをさす。

また、長期間とは、一般に二〇年〜三〇年程度のCS_2現場歴をさすが、この間比較的高濃度のばく露の機会がしばしばあったものでは、より短期間で発症することもある。

(2)　CS_2性血管障害は、細血管障害を基礎にして進展するものと考えられる。

臨床的には、腎障害による症状が前面におし出されるものと、脳血管障害による神経症状あるいは主として脳血管障害に関連しておこる精神症状が前面におし出されるものとに大別出来る。

一般に、脳血管障害には、高血圧、腎不全、蛋白尿を伴うことが多い。

精神症状は脳血管障害によるものと同時に、その背後にCS_2による神経衰弱様状態があると考えられる。

脳血管障害による神経・精神障害の際にみられる重要な他覚的所見は、CS_2性網膜症である。

本網膜症の特徴は、微細動脈瘤あるいは点状出血がみられることであって、糖尿病性網膜症に酷似しているが、通常、糖尿病におけるⅢａ（スコット）以上に進行・悪化しない。すなわち、硝子体出血や網膜の増殖性変化をおこさない。

腎症の臨床症状はおおむね慢性糸球体腎炎に類似している。本症は、糖尿病性腎硬化症に酷似した腎病変によるものであるが、糖尿病性のあきらかな糖代謝異常を伴わないことが特徴である。

(3)　腎症、脳血管障害に伴う神経・精神障害のいずれかの場合に於てもその症状は非特異的であるから、現症と職歴、家族歴、病歴、過去の特健成績などを総合的に配慮・分析して診断しなければならない。

腎症、脳血管障害いずれの場合にも、CS_2性網膜症合併の有無は鑑別診断上の要点となろう。

脳血管障害については、卒中様発作の多くが深い意識障害を伴わず反覆する傾向がみられること、またそれが左右交互にくり返されること、推定される病変が広範囲に及ぶことなどが特徴といえよう。

また、脳波所見にCS_2にやや特異な異常がみられるという。

二　記の二の(2)について

(1)　ここでいう比較的高濃度とは通常数十ｐｐｍ以上をさす。

(2)　CS_2性多発神経炎の好発部位は、下肢（脛骨および腓骨神経）である。

神経幹に沿った疼痛、圧痛、知覚異常、筋の脱力感、不全麻痺などがおこる。

軽症では圧痛はなく、冷却感、しびれなどいわゆる脚気様症状を訴える。

神経伝導速度、筋電図、クロナキシーなどに異常が認められることがある。

視神経炎によると考えられる眼症状としては、軸性視神経炎あるいは周辺視野の縮小、中心暗点などによる視力障害、角膜知覚の減退、瞳孔反射異常、瞳孔左右不同がある。また、眼底血圧の変化、網膜血圧の上昇を伴う血管痙れん性網膜炎などがみられる場合がある。

貧血については、赤血球減少、血色素量減少、網状赤血球増加など肝機能異常については、血清全コレステロール増加およびコレステロールエステル比の低下、血清アルブミン・グロブリン比の低下などが、CS_2ばく露歴との関連において注目されている。

(3)　CS_2による症状は多様であるから、臨床所見だけからCS_2性と診断することは難しい。

臨床所見・検査所見とばく露歴および療養や配転による効果などを総合的・経時的に観察・分析して診断しなければならない。

三　記の一の(3)について

(1)　ここでいう高濃度とは、一般に10^2ppmを超える濃度をさす。

(2)　ここでいうCS_2性精神異常は、突如として、あるいは頭痛、不眠、不機嫌などの初発症状をもって発症し、意識混濁、せん妄、精神分裂病様あるいは躁うつ病様症状をあらわす。

これらの精神症状は、現にCS_2蒸気にさらされている労働者に発症するのが通例である。

(3)　CS_2性精神異常の中核となるものは、意識障害であるが、CS_2に特異的なものはなく、一般に多種多様である。

CS_2環境離脱後比較的短期間に治癒するのが特徴である。従って、ばく露歴と職場離脱後の症状経過の観察とが、診断・鑑別の必須条件となる。

本人の病歴、家族歴が参考となることは当然である。

四　記の二について

(1)　ここでいう濃厚なCS_2ばく露とは、10^3ppm程度のCS_2蒸気に数分ないし数時間のばく露をさす。

(2)　重症では、突然あるいは興奮性の初発症状に続いて意識喪失、昏睡状態におちいり、死亡することもある。

中等度の場合、酩酊状態、頭痛、

むかつき、嘔吐、歩行失調、めまい、多弁、すすりなき、ときには精神的に無反応になる。覚醒後いわゆる二日酔症状を示す。

軽症では、上機嫌、活発に興奮するが、CS_2環境離脱後多少の頭痛を残してすみやかに回復する。

(3) 急性中毒は、事故あるいは作業ミスなど異常な作業下で起るのであるから、その診断は通常困難ではない。すなわち、濃厚なCS_2蒸気にばく露されたことが明らかであるか、またはその可能性が充分考えられ、さらに類似の中毒症状をおこす他の有機溶剤などにばく露された可能性が考えられない場合、急性CS_2中毒と診断できる。

（昭三一・一一・三〇　基発第一一二三号、昭五三・三・三〇　基発第一八七号）

〈塩化ビニルばく露作業従事労働者に生じた疾病の業務上外の認定〉

標記については、さきに昭和五〇年九月一一日付け基発第五三四号「塩化ビニルによる障害の防止及び労災補償の取扱いについて」をもって指示したところであるが、その後本省において「塩化ビニル障害に関する専門家会議」を設け、塩化ビニルモノマーによる健康障害全般について検討を行ってきたところである。

今般、同専門家会議からその検討結果をとりまとめ別添の報告書が提出されたので、これに基づき塩化ビニルによる疾病にかかる労災認定については、今後、下記により取り扱うこととしたので事務処理に遺漏のないようにされたい。

なお、この通達により業務起因性が認められる疾病のうち肝血管肉腫については、労働基準法施行規則別表第一の二第七号9、肝血管肉腫以外の疾病については同別表第四号の規定に基づく労働省告示第三六号表中に掲げる塩化ビニルによる疾病に該当するものとして取り扱い、この通達により判断することが困難な事案については関係資料を添えて本省にりん伺されたい。

記

第一　塩化ビニルによる健康障害について

塩化ビニルモノマー（以下単に「塩化ビニル」という。）重合工程等において塩化ビニルにばく露する作業に従事した労働者に発生した疾病の主なものは以下のとおりである。

一　急性ばく露による障害

めまい、羞明、吐気、見当識障害等の自他覚症状を伴う中毒症状のほか、急性の高濃度ばく露による中毒症状としては重症の不整脈、虚脱、意識喪失、あるいは死亡に至った例がある。

二　慢性ばく露による障害

長期反覆ばく露による障害としては、以下に掲げるものが知られている。

(1) 肝血管肉腫

(2) 次のものを伴う肝脾症候群（上記

(1)を除く。)
イ　肝脾腫
ロ　食道及び胃の静脈瘤
ハ　門脈圧亢進
ニ　血小板減少等
(3)　指端骨溶解（レイノー様現象を伴うことがある。）
(4)　強皮症様皮膚病変（レイノー様現象を伴うことがある。）

第二　塩化ビニルばく露作業従事労働者に発生した疾病の業務上外の認定について

一　悪性腫瘍の取扱い
(1)　肝血管肉腫
塩化ビニルばく露作業従事労働者に発生した肝血管肉腫であって、次のイおよびロのいずれの要件をも満たすものについては、労働基準法施行規則別表第一の二第七号9に掲げる疾病に該当するものとして取り扱うこと。
イ　塩化ビニル重合工程における塩化ビニルばく露作業従事歴が四年以上の者に発生したものであること。
ロ　原発性のものであること。
ただし、肝血管肉腫についてはその発生と塩化ビニルへのばく露との関連について専門的検討を加える必要があるので、当分の間、作業内容、従事期間、ばく露した化合物の種類、ばく露の程度、症状（病理組織学的検査、剖検等の所見を含む。）等を調査のうえ本省にりん伺すること。
(2)　上記(1)以外の悪性腫瘍
塩化ビニルばく露作業従事労働者に発生した悪性腫瘍のうち、肝血管肉腫以外の腫瘍については、現時点ではその発生と塩化ビニルへのばく露との関連が必ずしも明らかでなく、個々の事案について慎重な検討を要するので、作業内容、従事期間、ばく露した化合物の種類、ばく露の程度、症状（病理組織学的検査、剖検等の所見を含む。）等を調査のうえ本省にりん伺すること。

二　肝脾症候群（上記一の悪性腫瘍を除く。）の取扱い
塩化ビニルばく露作業従事労働者に発生した肝脾症候群については、前記第一－二－(2)に掲げる症状を伴うことがあるほかは慢性ウイルス性肝炎、アルコール性肝炎又は肝硬変に伴う肝脾症候群との鑑別が困難であり、その発生と塩化ビニルへのばく露との関連について専門的検討を加える必要があるので、作業内容、従事期間、ばく露した化合物の種類、症状（肝機能検査、血液検査等の臨床検査、病理組織学的検査、剖検等の所見を含む。）等を調査のうえ本省にりん伺すること。

なお、専門家会議中間報告書では、肝脾症候群にかかる臨床診断については、検査設備の整った基幹病院で肝機能検査・末梢血液検査、上部消化管レントゲン検査・肝脾シンチグラム等及び必要な場合には本人の希望により又は同意を得たうえで

腹腔鏡検査・肝生検・選択的動脈撮影等を段階的に実施することが望ましいとされているが、労災保険の給付請求にかかる事案の処理についてとくに留意すること。

三　上記一及び二以外の疾病の取扱い

塩化ビニルばく露作業従事労働者に発生した疾病のうち、次の(1)から(3)までに該当するものであって、医学上療養を必要とするものについては、当該業務以外の原因によるものと判断される場合を除き、労働基準法施行規則別表第一の二第四号の規定に基づく労働省告示第三六号表中に掲げる塩化ビニルによる疾病として取り扱うこと（ここでいう「塩化ビニルばく露作業」とは、作業環境が大幅に改善されるよりも以前のばく露条件下における作業と同程度のものをいい、作業環境が昭和五〇年六月二日付け基発第三四八号通達で示されている管理濃度以下に改善された後においては一般に下記のような疾病は発生しにくいものである。）。

(1) 指端骨溶解

(2) 強皮症様皮膚病変

(3) 急性ばく露による障害（前記第一の一）

なお、指端骨溶解については、症状が固定している場合は「障害等級認定基準」（昭和五〇年九月三〇日付け基発第五六五号）により取り扱うこととなる。

（昭五一・七・二九　基発第五五六号、
昭五三・三・三〇　基発第一八七号）

〈塩化ビニルによる障害の防止及び労災補償の取扱い〉

塩化ビニルによる障害の防止については、作業環境の改善、健康診断の実施等につき、所要の措置を講ずるよう指示してきたところであるが、今般、下記により、その一層の徹底を図るとともに、これが障害にかかる労災補償の十全を期することとしたので、遺憾のないよう配慮願いたい。

記

労災補償の取扱いについて

(1) 塩化ビニルによる障害としては、次の疾病が知られている。

イ　肝血管肉腫

ロ　次のものを伴う肝脾疾患（イを除く）

① 肝脾腫

② 食道および胃の静脈瘤

③ 門脈圧亢進

④ 血小板減少等

ハ　指端骨溶解症

(2) 上記(1)のイおよびロについては、ばく露条件との関連、他の発症要因との鑑別等の検討が必要である。したがって、これらの疾病の業務上外の判断にあたっては、当分の間、指端骨溶解症の場合を除き本省にりん伺すること。

(3) 塩化ビニルばく露作業に従事した労働者に発生した上記(1)のイ～ハの

疾病については、上記⑵の取扱いを考慮のうえ、関係労使に対し労災保険給付に関する請求を速やかに行うよう指導すること。

なお、離退職した労働者についてもその徹底が図れるよう留意されたい。

（昭五〇・九・一一　基発第五三四号）

〈芳香族化合物のニトロ又はアミノ誘導体による疾病の認定基準〉

芳香族化合物のニトロ又はアミノ誘導体を取扱う労働者に発生した疾病の業務上外の認定は、今後下記によることとしたので、今後の認定に当っては、この通達の基準を満たすものであって労働基準法施行規則別表第一の二（以下本通達において「別表」という。）第四号の規定に基づく労働省告示第三六号（以下本通達において「告示」という。）表中に掲げる化学物質による疾病（がんを除く。）については別表第四号1、告示により指定された化学物質以外の化学物質による疾病については別表第四号8、がんについては別表第七号に掲げるがん原性物質による疾病に該当するものとしてそれぞれ取り扱い、この通達の基準により判断し難い事案については関係資料を添えて本省にりん伺されたい。

なお、この通達の解説部分は、認定基準の細目を定めたものであり、本文と一体化して取り扱われたい。

おって、「労働基準法施行規則第三五条第二七号に掲げる疾病のうち『ニトロベンゼン』、『クロールニトロベンゼン』及び『アニリン』に因る中毒の認定について（昭和三四年八月二〇日付け基発第五七六号（昭和三九年九月八日付け基発第一〇四九号により一部改正））」は廃止する。

記

一　芳香族化合物のニトロ又はアミノ誘導体にばく露する業務に現に従事し、又は従事していた労働者に発生した疾病であって、次の⑴及び⑵に掲げる要件のいずれにも該当するものであること。

⑴　上記の業務に相当期間従事した後おおむね六カ月以内の間に発生した疾病であること。

⑵　次の①の自覚症状に加えて②から⑦までに掲げる症状のいずれかに該当する症状が認められる疾病であること。

①　常時又は持続的に訴えられる次に掲げる自覚症状のうちいずれかのもの

頭重、頭痛、めまい、心悸亢進、倦怠感、悪心、胸痛、尿の異常着色（茶褐色）、頻尿、排尿痛、皮膚の掻痒感、皮膚の発疹

②　明らかなチアノーゼ、メトヘモグロビン血症又は赤血球にハインツ小体が認められるもの

③　常時存在する貧血

なお、「常時存在する」とは、日を改めて数日以内に二回以上測定した値に大きな差を認めない場合をいう。ただし、同時に貧血に関し、数

項目について検査を行いその結果に一定の傾向があったときはこの限りでない。
④　肝機能検査における明らかな異常
⑤　明らかな精神神経障害
⑥　接触皮膚炎
⑦　非細菌性の出血性膀胱炎

なお、上記⑴の要件を満たさない場合又は⑵の症状の発生に関し、芳香族化合物のニトロ又はアミノ誘導体以外の原因による疑いがあって鑑別困難な場合には、症状が当該物質にばく露する業務に従事した後に発症したか否か、作業の経過とともに又は当該物質へのばく露程度（気中濃度、ばく露時間、皮膚接触程度等）の増大により症状が増悪したか否か、作業からの離脱により症状の改善がみられたか否か、同一職場で同一作業を行う労働者に同様の症状の発生をみたか否か等を調査のうえ業務起因性を判断すること。

二　業務により一時的に大量又は濃厚な芳香族化合物のニトロ又はアミノ誘導体にばく露して急性中毒又はその続発症を起こしたものであること。

三　芳香族化合物のニトロ又はアミノ誘導体のうち「ベンジジン及びその塩」又は「ベータ－ナフチルアミン及びその塩」にばく露する業務に従事していた者に発生した疾病で次の⑴及び⑵に掲げる要件のいずれにも該当するものであること。

⑴　上記の業務への従事歴が三カ月以上の者に発生した疾病であること。

⑵　尿路（腎臓、腎盂、尿管、膀胱及び尿道をいう。以下同じ。）に原発した腫瘍であること。

なお、上記の業務に従事していた労働者で当該業務への従事歴が三カ月未満のものに係る尿路腫瘍及び上に掲げる物質以外の芳香族化合物のニトロ又はアミノ誘導体にばく露する業務に従事しているか又は従事していた労働者に係る尿路の腫瘍については、当分の間、作業内容、従事期間、ばく露した物質の名称、ばく露の程度、症状（臨床検査、病理組織学的検査、剖検等の所見を含む。）等を調査のうえ本省にりん伺すること。

（解説）

一　芳香族化合物のニトロ又はアミノ誘導体の範囲

本認定基準は、芳香族化合物のニトロ又はアミノ誘導体（ベンゼン核にニトロ基又はアミノ基を一つ以上有する化合物をいう。以下同じ。）について一括作成したものである。

芳香族化合物のニトロ又はアミノ誘導体のうち有害性のわかっている主なものを表一に示す。表中(A)ニトロ誘導体及び(B)アミノ誘導体の物質の名称欄に掲げる物質は、本文記の一の芳香族化合物のニトロ又はアミノ誘導体による慢性中毒又は記の二の芳香族化合物のニトロ又はアミノ誘導体による急性中毒発症の起因物質となることのあるものである。(C)がん原性物質の物質の名称欄に掲げる物質については、下記六（尿路の腫瘍）を参照すること。

二　吸収経路

芳香族化合物のニトロ又はアミノ誘導体は、常温では液体又は固体であるが、産業現場では通常その蒸気、粉じんのばく露を受けることが多い。中毒は経気道吸収又は経皮吸収によって発生する。また、芳香族化合物のニトロ又はアミノ誘導体の大部分の種類は、容易に経皮吸収されることにとくに留意すべきである。

三　慢性中毒

本文記の一は、芳香族化合物のニトロ又はアミノ誘導体による慢性中毒について業務起因性の判断要件を示したものである（一般に亜急性と呼ばれる中毒についても、本項によって業務起因性の判断を行ってよい場合が多い。）。

芳香族化合物のニトロ又はアミノ誘導体へのばく露程度が大である場合には早いものでは一週間程度従事した後に亜急性の中毒症状が現われることがあり、ばく露程度が余り大きくない場合には一般に数カ月以上の期間従事した後に慢性的症状が現われる。

したがって、本文一の(1)の「相当期間」とは、上記のようなばく露の程度、症状の現われ方との関連で、おおむね数週間以上ないし数カ月以上と考えるべきものである。なお、芳香族化合物のニトロ又はアミノ誘導体により発生する慢性中毒は、ばく露から離れた後おおむね六カ月を超えた場合には発生しにくいといわれている。

慢性中毒としては、貧血、精神神経障害、肝障害が知られているが、メトヘモグロビンやハインツ小体は検出されないことが多い。しかしこのような場合でも、網状赤血球の増加、血清鉄の増加、シデロサイト（Siderocyte）の末梢血への出現が診断の助けとなる場合がある。

精神神経障害の症状としては、手足のふるえ、深部腱反射亢進、情緒不安定、歩行失調等を呈し、ときには発汗異常、血管運動神経の異常をみることがあり、また、視神経炎、末梢神経炎を起こす場合もある。

尿中代謝物質濃度は、当該物質に対するばく露の有無及びその程度を知るうえで有力な指標となる場合がある。

四　皮膚障害

芳香族化合物のニトロ又はアミノ誘導体には、一次刺激性又は感作性接触皮膚炎の原因となるものが少なく、とくに強い感作性物質にばく露するとき、感受性者には激しい炎症症状をみる。また、光過敏性を示す物質のあることにも注意を要する。芳香族化合物のニトロ又はアミノ誘導体を使用して二次的反応を行う工程に従事する者に感作性接触皮膚炎の発生をみ、これが湿疹化し、治ゆの遷延することも多く、また、集族性の痤瘡様皮疹をみることもあるが、芳香族化合物のニトロ又はアミノ誘導体については、多価感作や交叉感作も考慮すべきであり、また、皮疹が工程中の副生物に起因することもあるので、起因物質の判断には慎重を要する。

五　急性中毒

本文記の二は芳香族化合物のニトロ又はアミノ誘導体に対する事故的ばく露等の際の芳香族化合物のニトロ又はアミノ誘導体による急性中毒について業務起因性の判断要件を示したものである。

芳香族化合物のニトロ又はアミノ誘導体による急性中毒では、その直接作用又はメトヘモグロビン形成を介しての症状として次のような所見が見出される。すなわち、悪心、嘔吐、頭痛、チアノーゼ等にはじまり、呼吸困難、興奮、意識混濁、痙攣、意識喪失、失禁等が現われる。

メトヘモグロビンは、ヘモグロビン（血色素）の二価の鉄が三価となった一種の不活性ヘモグロビンで、メトヘモグロビンが増加すると生体は酸素欠乏状態に陥る。メトヘモグロビン量と症状との関係は、表二の如くいわれている。なお、血中メトヘモグロビンの濃度測定法を別紙一に掲げる。

メトヘモグロビンが多量にできる場合は、赤血球にハインツ小体が出現し、続いて赤血球の破壊亢進、すなわち、溶血性貧血が起こり、網状赤血球の増加、血清鉄の上昇がみられることが多い。溶血が高度の場合には、さらに、黄疸、肝腫又は脾腫を伴う場合がある。尿は茶褐色で、ウロビリノーゲン、ウロビリン、還元性物質（ことに芳香族化合物のニトロ又はアミノ誘導体代謝物質のグルクロン酸抱合体）が異常に増加し、また、血色素が陽性となる。

六　尿路の腫瘍

本文記の三は、芳香族化合物のニトロ又はアミノ誘導体による尿路の腫瘍について業務起因性の判断要件を示したものである。

表一の(C)がん原性物質の物質名称欄に掲げる物質は、芳香族化合物のニトロ又はアミノ誘導体のうち「ひと」に腫瘍が発生することが確認されているか又はそのおそれが強く疑われているものである。業務起因性の判断に当たって留意すべき事項は下記のとおりである。

(1)　ベンジジン及びベーターナフチルアミンについてはわが国でも尿路腫瘍の発生例が多い。これらの腫瘍は、ばく露条件によってはばく露期間が比較的短かくても発生することがあり、また、ばく露開始から発症までの期間（いわゆる潜伏期間）については、長短さまざまで退職後に発生することも少なくない（わが国の発症例では潜伏期間が五年未満のものも知られており、三〇年を超えたものもある。)。

(2)　表一の(C)がん原性物質の物質名称欄に掲げる四物質は労働安全衛生法(昭和四七年法律第五七号)第五五条により製造等が禁止されているので、一般にこれらの物質による腫瘍の発生は、これらの物質にばく露する業務に従事していた者にしかみられないものである。ただし、試験研究の業務については、同条ただし書により製造等が認められていることに留意する必要がある。

七　その他　〈略〉

(昭五一・八・四　基発第五六五号、昭五三・三・三〇　基発第一八七号)

〈アルキル水銀化合物による疾病の認定基準〉

標記の「アルキル水銀化合物」に因る中毒の業務上外の認定については、下記の一又は二に掲げる要件を満たし、医学上療養が必要であると認められる疾病は労働基準法施行規則別表第一の二第四号の規定に基づく労働省告示第三六号表中に掲げるアルキル水銀化合物(アルキル基がメチル基又はエチル基であるものに限る。)による疾病に該当するものとして取り扱うこととされたい。

なお、この通達の基準により難い事案については、関係資料を添えて本省にりん伺されたい。

おって、この通達の解説部分は、認定基準の細目を定めたものであり本文と一体化して取り扱われるものである。

記

一　アルキル水銀化合物にさらされる業務に従事しているか、又は従事した労働者に発生した疾病であって、次の(1)及び(2)のいずれにも該当するものであること。

(1)　アルキル水銀化合物のガス、蒸気又は粉じんに繰り返しさらされる業務に数週間以上従事しているか、又はその業務から離れた後おおむね六カ月未満の間に発生した疾病であること。

(2)　次のイの(イ)又は(ロ)の自覚症状に加えてロからへまでのいずれかに該当する症状が認められるものであること。

イ　常時または繰り返し訴えられる次の自覚症状

(イ)　四肢末端優位のしびれ感又は口囲のしびれ感(両方同時に存在することもある)

(ロ)　上記(イ)に伴う「歩きにくい」「言葉がもつれる」「目が見えにくい」「耳が聞こえにくい」のうちのいずれかの症状(まれには(イ)を伴わずに(ロ)のみがみられることがある。)

ロ　求心性視野狭窄

ハ　四肢末端、口囲に著明な表在又は深部感覚低下

ニ　次に掲げる運動失調ないし平衡障害

歩行失調　指-指試験、指-鼻試

験もしくは膝−踵試験における異常アディアドコキネシス（拮抗運動反復不能症）ロンベルグ症候

ホ　構語障害（断綴性言語など）

ヘ　聴力障害

なお、上記(1)の要件を満たさない場合又は(2)の症状の発生に関し、アルキル水銀化合物以外の原因による疑いがあって鑑別困難な場合には、症状が当該物質にばく露する業務に従事した後に発症したか否か、作業の経過とともに、又は当該物質へのばく露の程度（気中濃度、ばく露時間、ばく露時の作業態様等）により症状が増悪したか否か、同一職場で同一作業を行う労働者に同様の症状の発生をみたか否か等を検討のうえ業務起因性を判断すること。

二　業務により高濃度のアルキル水銀化合物のガス、蒸気又は粉じんにばく露して犯躁状態、痙攣のような精神神経症状を呈したものもしくは局所的に高濃度ばく露をうけて皮膚又は粘膜の局所刺激症状を呈したもの。

（解説）

一　慢性中毒について

本文記の一は、アルキル水銀化合物への長期低濃度ばく露による中毒について業務起因性の判断要件を示したものである。

(1)　アルキル水銀化合物のガス、蒸気又は粉じんに繰り返しさらされる業務に数週間以上従事した者にかかる中毒（以下「慢性中毒」という。）の発症時の測定では、血液及び頭髪中の水銀量は通常次の値を超えるものである。

血液中の水銀量　〇・二μg／mℓ

頭髪中の水銀量　五・〇μg／g

なお、頭髪中の水銀量については、測定時に水銀化合物の外部付着のあることがあるのでその評価には注意を要する。

(2)　自覚症状としては、記の一−(2)−イに掲げるものに伴って、頭重、頭痛、めまい、不眠、もの忘れ、不安感等を訴えることがある。

(3)　記の一−(2)−イ−(イ)の四肢末端優位のしびれ感とは、しびれ感が四肢末端部により著明なものをいう。

四肢又は口囲のしびれ感は、アルキル水銀化合物による場合は左右の上下肢、又は口囲の左右両側に症状を呈するものであり、片側のみに症状を呈することはない（ただし、左右両側のしびれ感の強さに差が生じることがある。）。片側のみに症状が現われる場合は、脳血管障害、脳腫瘍等アルキル水銀化合物以外の原因による疾病が疑われる。

(4)　記の一−(2)−ロの求心性視野狭窄については、原則として眼科の専門医がゴールドマン視野計を用いて測定し評価することが望ましい。

(5)　記の一−(2)−ホの構語障害（断綴性言語など）は、小脳性の言語障害である。

(6)　記の一−(2)−への聴力障害は、原則として中枢神経障害に属するものである。

二　急性中毒について

本文記の二は、アルキル水銀化合物への短期間高濃度ばく露による中毒について業務起因性の判断要件を示したものである。

しかし、急性中毒でも経過の遷延する場合は、記の一－(2)のイからへまでの慢性中毒の症状が認められることがある。

三　その他

末梢神経障害の他覚的所見を得るためには、末梢神経最大伝導速度、筋電図等が、中枢神経障害の他覚的所見を得るためには、脳波検査等が参考となる。

（昭五一・八・二三　基発第六〇二号、昭五三・三・三〇　基発第一八七号）

〈金属水銀、そのアマルガム及び水銀化合物（アルキル基がメチル基又はエチル基であるアルキル水銀化合物を除く。）による疾病の認定基準〉

「水銀、そのアマルガム又は化合物（有機水銀を除く。）に因る中毒」の業務上外の認定基準については、昭和三七年五月一四日付け基発第五一二号をもって指示したところであるが、今般、標記について下記のとおり定めるので、事務処理に遺憾のないようにされたい。これに伴い、前記通達は廃止する。

なお、下記の基準により判断することが困難と思われる事案については関係資料を添えて本省にりん伺されたい。

また、この通達中の（解説）の部分は、認定基準の細目を示したものであり、本文と一体のものである。

記

金属水銀、そのアマルガム及び水銀化合物（アルキル基がメチル基又はエチル基であるアルキル水銀化合物を除く。以下同じ。）を取り扱う作業場所における業務に従事した労働者に発生した疾病で、次の一又は二のいずれかに該当する疾病であって、療養が必要であると認められるものは、労働基準法施行規則別表第一の二第四号の規定に基づく労働省告示第三六号表中に掲げる水銀及びその化合物（アルキル水銀化合物を除く。）による疾病として取り扱うこと。

一　次の(1)及び(2)に掲げる要件のすべてに該当すること。

(1)　相当量の金属水銀の蒸気又は水銀化合物の粉じんにばく露する業務に従事している期間がおおむね数週間以上の者について発生した疾病であること（その者がその業務を離れた場合には、その離れた後おおむね六カ月以内に発生したものであること）。

(2)　次のイからホまでに掲げる症状のうちいずれかに該当する疾病であること。

イ　振せん、運動失調等の神経症状が常時又は繰り返し認められるもの

ロ　歯肉炎（歯ぎん炎）、口内炎、咽頭炎、唾液分泌亢進等が常時又は繰り返し認められるもの

ハ　情緒不安定（焦燥感、不機嫌、怒り易い、気おくれ等）、記憶力減退、不眠、抑うつ、性的無関心、幻覚等の精神症状が認められるもの

ニ　蛋白尿又は血尿が常時又は繰り返し認められるもの

ホ　発赤、皮疹、浮腫、潰瘍等の皮膚又は粘膜の刺激症状が認められるもの

　ただし、上記⑴の要件を満たさない場合には、症状が上記⑴の業務に従事した後に発症したか否か、作業の経過とともに又は当該物質へのばく露程度（水銀の気中濃度、ばく露期間、ばく露時の作業態様等）に応じて症状又は尿中若しくは血中の水銀量が変化したか否か、作業ばく露条件の改善又は作業からの離脱により症状の軽快又は尿中若しくは血中の水銀量の減少がみられたか否か、同一職場で同一作業を行う労働者に同様の症状の発生をみたか否か等を検討のうえ業務起因性を判断すること。

二　業務により高濃度の金属水銀の蒸気又は水銀化合物の粉じんにばく露し、急性中毒症状として、咽喉頭の灼熱感、咳、胸痛、呼吸困難等の呼吸器症状又は発赤、皮疹、浮腫、潰瘍等の皮膚若しくは粘膜の刺激症状を呈した疾病であること。

（解説）

一　慢性中毒について

　本文記の一は、低濃度の金属水銀の蒸気又は水銀化合物の粉じんに長期間にわたってばく露したことにより生じる中毒についてその業務起因性の判断要件を示したものである。

⑴　記の一の⑴の「相当量」とは、水銀の濃度が〇・〇五㎎／㎥程度以上であることをいう。

⑵　記の一の⑵のイの振せん、運動失調等の神経症状については、一般に次のようにあらわれる。

イ　水銀中毒の振せんは、通常微細で、手指に顕著にみられるが、閉眼時の上眼瞼、舌を出させた時の舌端等にもみられる。手の振せんは、動作時に増強する。たとえば、ボタンをはめたり、コップを持ったり、字を書いたりした場合等に著明となる。振せんは、水銀へのばく露が続くと粗大となり、その振せんの生じる部位は、四肢から体幹に広がる。

ロ　動作時に筋脱力や筋硬直が生じ、反抗運動がみられる。また、脱力、運動失調、振せん等のため歩行が困難になる。腱反射は亢進する例も低下する例もある。さらに、バビンスキー反射のような病的反射もみられることがある。

⑶　記の一の⑵のロの「歯肉炎（歯ぎん炎）」は、歯肉の発赤腫脹、疼痛、出血等の症状があり、歯肉炎のため歯牙が脱落することがある。また、記の一の⑵のロの「唾液分泌亢進」は水銀中毒の場合に認められることが多いが必ず発現するものではない。

なお、歯肉炎における暗青紫色の色素沈着の出現又は唾液中水銀の検出は、水銀中毒の診断の参考となる。

(4) 記の一の(2)のハの症状は、本人が自覚するよりも周囲の家族や同僚によって気づかれることが多い。また、これらの症状は一般に単発するものでなくいくつかの症状が併発することが多い。

(5) 記の一の(2)の二の「血尿」には、肉眼的血尿のほか顕微鏡的血尿も含まれる。

(6) 記の一の(2)のホの皮膚又は粘膜の刺激症状は、水銀化合物の粉じんが皮膚又は粘膜に付着して起こるものである。また、人により水銀化合物へのばく露によってアレルギー性皮膚炎を起こすことがある。

(7) 金属水銀の蒸気又は水銀化合物の粉じんへのばく露により記の一の(2)のイからホまでに掲げる症状以外に、多汗、皮膚描画症（みみずばれ）、赤面（すぐ顔が赤くなる）等の血管運動神経症状もしばしばみられる。

(8) 記の一の(2)のイからホまでに掲げる症状が金属水銀の蒸気又は水銀化合物の粉じんへのばく露によって生じたものである場合は、尿中水銀が異常高値を示すので尿中水銀量の測定値の記録を収集する必要がある。この場合、水銀の尿中への排泄量は変動が大きいので、相異なる日に測定して得た値のうち高い数値を参考とすることとし、また、業務を離れた後の測定値しか得られない場合は、その測定値のほか業務を離れたときから測定したときまでの経過期間をは握する必要がある。

一般に、業務に従事中の者についての上記の測定値は、振せん又は蛋白尿が認められる者についてはおおむね一〇〇μg／ℓ以上、歯肉炎又は精神症状が認められる者についてはおおむね三〇〇μg／ℓ以上であるとされている。

なお、この値は薬物投与による誘発テストを行った後の値ではない。

(9) 細隙灯顕微鏡検査でアトキンソン反射すなわち水晶体前嚢の瞳孔領域に赤褐色にみえる色素沈着があれば金属水銀の蒸気に長期間ばく露された可能性が強い。

二　急性中毒について

本文記の二は、高濃度の金属水銀の蒸気又は水銀化合物の粉じんへ短期間にばく露したことにより生じる中毒についてその業務起因性の判断要件を示したものである。

(1) 高濃度の金属水銀の蒸気又は水銀化合物の粉じんにばく露されて化学性肺臓炎を起こした場合には、咳、胸痛及び呼吸困難のほか、ぜいめい、チアノーゼ、発熱（三七℃～四〇℃）及び白血球増多がみられる。

(2) 本文記の二の呼吸器症状以外に金属味、歯肉炎（歯ぎん炎）、頭痛、悪心、腹痛、嘔吐、下痢を示すことが多い。また、経過とともに本文記の一の⑵のイからホまでに掲げる慢性中毒の症状が認められることがある。

⑶　本文記の二の皮膚又は粘膜の刺激症状は、水銀化合物の粉じんが皮膚又は粘膜に付着したことにより起こるものである。また、人により水銀化合物へのばく露によってアレルギー性皮膚炎を起こすことがある。（前記二の⑹参照。）

三　その他

金属水銀の蒸気にばく露した場合は、本通達において示された症状が比較的著明に現われるが、一般に水銀化合物の粉じんにばく露した場合には著明に現われないこともあるので、水銀化合物の粉じんにばく露したことにより現われた症状であるか否かの判断に当たっては、別紙「水銀化合物（金属水銀、そのアマルガム及びアルキル基がメチル基又はエチル基であるアルキル水銀化合物を除く。）の人体に対する毒性について」を参考とすること。

（別紙）

水銀化合物（金属水銀、そのアマルガム及びアルキル基がメチル基又はエチル基であるアルキル水銀化合物を除く。以下同じ。）の人体に対する毒性について

一　水銀化合物は、主として結合基に由来する特性、溶解度、イオン解離度等により毒性に大きな差がある。たとえば、塩化第二水銀（しょうこう）やフェニル水銀塩は皮膚又は粘膜の刺激性が強く、皮膚又は粘膜に付着して発赤、皮疹、浮腫、潰瘍等を起こす。また、体内に吸収されれば腎障害を起こしやすい。一方、塩化第一水銀（かんこう）、硫化水銀のように溶解度の低いものは中毒を起こしにくい。多くの水銀化合物の毒性はこの中間にある。したがって、水銀化合物にばく露することによって人体に生ずる症状を統一的に述べることは困難である。

二　一般に水銀化合物による中毒では中枢神経障害を起こしにくいとされているが、獣毛の硝酸水銀加工を行うフェルト帽子製造作業に従事した労働者に振せんが多発したという報告がある。また、メトキシエチル水銀へのばく露を受ける作業に従事した労働者に振せんが発生したとの症例報告もある（本例では多発性神経炎も発生している。）。その原因は、作業工程で加熱、還元、有機物の存在等により、水銀化合物から金属水銀の蒸気が遊離するためと考えられている。

三　無機水銀あるいは体内で分解しやすい有機水銀（フェニル水銀等）が人体でメチルコバラミン（ビタミンB12の活性体）によりメチル水銀に転換して中毒を起こす可能性は、哺乳動物による実験成績では否定的であり、労働者に関する中毒の症例報告もない。

（昭五二・一・一〇　基発第一三号、昭五三・三・三〇　基発第一八七号）

〈クロム又はその化合物（合金を含む。）による疾病の認定基準について〉

クロム又はその化合物（合金を含む。以下「クロム化合物等」という。）による疾病の認定基準については、昭和五一年一月三一日付け基発第一二四号通達により示したところであるが、その後「クロム障害に関する専門家会議」において医学的検討が行われ、今般、その検討結果報告書が提出されたことに伴い、これを参考として標記の認定基準を下記のとおり改めたので、今後の事務処理に遺憾のないよう万全を期されたい。

なお、本通達の解説部分は認定基準の細目を示したものであるから、本文と一体のものとして取り扱われるべきものである。

また、本通達の施行に伴い、昭和五一年一月三一日付け基発第一二四号通達は、これを廃止する。

記

一　がんについて

(1)　クロム酸塩又は重クロム酸塩を製造する工程における業務に従事した労働者に発生した肺がん又は上気道のがん

クロム酸塩又は重クロム酸塩を製造する工程における業務に従事した労働者に発生した肺又は上気道のがんであって、次のイ及びロのいずれにも該当するものは、労働基準法施行規則（昭和二二年厚生省令第二三号）別表第一の二第七号14に該当する疾病として取り扱うこと。

イ　クロム酸塩又は重クロム酸塩を製造する工程における業務への従事歴が四年以上である者に発生した疾病であること。

ロ　原発性の肺又は上気道のがんであること。

(2)　亜鉛黄（あえんき）又は黄鉛を製造する工程における業務に従事した労働者に発生した肺がん

亜鉛黄又は黄鉛を製造する工程における業務に従事した労働者に発生した肺がんであって、次のイ及びロのいずれにも該当するものは、労働基準法施行規則別表第一の二第八号に基づき労働大臣の指定する疾病を定める告示（昭和五六年労働省告示第七号）第二号に該当する疾病として取り扱うこととするが、当該肺がんについては、クロム化合物等のばく露を受ける業務との関連について専門的検討を加える必要があるので、当分の間、次のイ及びロに該当するか否かを問わず、関係資料を添えて本省にりん伺すること。

イ　亜鉛黄又は黄鉛を製造する工程における業務に従事することにより、相当程度のクロム化合物等のばく露を受けた労働者に発生した疾病であること。

ロ　原発性の肺がんであること。

二　がん以外の疾病について

クロム化合物等のばく露を受ける業務に従事した労働者に発生した次に掲げる疾病であって、医学上療養を必要とし、かつ、それらが当該業務以外の原因によるものではないと判断されるものについては、労働基準法施行規則別表第一の二第四号の規定に基づき労働大臣が指定する単体たる化学物質及び化合物（合金を含む。）並びに労働大臣が定める疾病を定める告示（昭和五三年労働省告示第三六号）表中に掲げるクロム及びその化合物による疾病として取り扱うこと。

(1)　皮膚障害

イ　一次刺激性接触皮膚炎

ロ　感作性（アレルギー性）接触皮膚炎

(2)　気道障害

イ　急性の呼吸器疾患

ロ　鼻炎、鼻粘膜の潰瘍、副鼻腔炎その他の鼻の疾患

ハ　慢性咽頭炎、慢性喉頭炎、慢性気管支炎等の呼吸器疾患

ニ　アレルギー性喘息

(3)　前眼部障害

(4)　口腔粘膜障害

(5)　腎障害等の急性中毒

（解説）

一　がんについて

(1)　クロム酸塩又は重クロム酸塩を製造する工程における業務に従事した労働者に発生した肺がん又は上気道のがん

イ　「クロム酸塩又は重クロム酸塩を製造する工程」とは、作業環境の著しい改善（良好な作業環境における新規の操業を含む。以下同じ。）がなされるよりも以前のばく露条件下にある工程と同程度のばく露条件下にある工程を指すものである。従って、作業環境の著しい改善がなされた後の工程における業務に初めて従事し始めた労働者の肺がん又は上気道のがんについては、クロム化合物等のばく露を受ける業務との関連について専門的検討を加える必要があるので、関係資料を添えて本省にりん伺すること。

ロ　原発性の肺がんとは肺、気管又は気管支に原発したがんをいい（記の一の(2)において同じ。）、原発性の上気道のがんとは、鼻腔、副鼻腔、鼻咽腔又は喉頭に原発したがんをいうものである。

(2)　亜鉛黄又は黄鉛を製造する工程における業務に従事した労働者の肺がん亜鉛黄又は黄鉛を製造する工程における業務に従事した労働者の肺がんの認定に当たっては、昭和五九年一一月一三日付け基発第六一〇号「労働基準法施行規則の規定に基づき労働大臣の指定する疾病を定める告示の一部改正について」を参考とすること。

(3)　その他

クロム化合物等のばく露を受ける業務に従事した労働者に発生したがんのうち、記の一の(1)に該当し、業

務起因性があると判断されたがん以外のがんについては、当分の間、クロム化合物等のばく露を受ける業務との関連について専門的検討を加える必要があるので、関係資料を添えて本省にりん伺すること。

二　がん以外の疾病について

(1)　一般的留意事項

イ　がん以外の疾病の業務起因性の判断に当たっては、作業の内容及び方法、クロム化合物等へのばく露濃度及びばく露期間等を把握の上、当該疾病の発症との関連について検討することが必要である。

ロ　がん以外の疾病のうち業務起因性の判断が困難である事案については、関係資料を添えて本省にりん伺すること。

(2)　皮膚障害

イ　クロム化合物等による皮膚障害は、クロム酸塩又は重クロム酸塩の製造作業、建設業におけるクロム化合物等を含有するセメントの取扱い作業、クロムメッキ作業、クロム化合物等を用いて行う革なめし作業、クロム化合物等を含有するインクを用いて行う印刷作業等に従事する労働者にその発生がみられる。

ロ　クロム化合物等のうち、水溶性で強い酸化剤であるクロム酸、クロム酸塩又は重クロム酸塩は、強い刺激性があり、一次刺激性接触皮膚炎を生ずることがある。

　一次刺激性接触皮膚炎は、手指、前腕等に好発し、下肢等にもみられることがある。発赤、丘疹等の炎症症状を呈し、掻痒感が強く、しばしば湿疹化する。

　微細な掻痕、擦過傷等のある皮膚にクロム化合物等が作用すると皮膚潰瘍を生じやすい。これは、直径数ミリメートルの辺縁が隆起し、中心部が窪んだ小円形潰瘍（クロムホール）で、手指背等に好発する。

ハ　感作性（アレルギー性）接触皮膚炎については、クロム化合物等の職業的ばく露のほかに、一般社会生活における皮革製品、顔料、洗剤等に含まれるクロム化合物等又はニッケルその他の金属若しくはその化合物（合金を含む。）による感作の機会が多いことに留意する必要がある。また、皮膚パッチテストにより鑑別を行う場合には、試験薬品の適用条件及び検査結果の評価に慎重を要する。

(3)　気道障害

イ　急性の呼吸器疾患は、クロム酸のミストの一時的な大量吸入によって生ずることがあり、鼻粘膜の充血から下部気道まで広汎な障害を起こし得ることが知られている。

ロ　クロム化合物等の鼻粘膜に対する影響には、刺激作用と腐蝕作用とがあり、クロム化合物等のばく露を受ける業務に従事し始めた初期においては、くしゃみ発作、鼻閉及び水様鼻漏を生ずることが多い。次いで鼻出血、痂皮等がみられ、しばしば鼻中隔穿孔を生ずる。また、慢性副鼻腔炎の併発をみることもある。

ハ　慢性咽頭炎、慢性喉頭炎、慢性気管支炎等の呼吸器疾患は、クロム酸塩又は重クロム酸塩の製造作業、クロムメッキ作業等のクロム化合物等のばく露を受ける作業に長期間従事する労働者にその発生がみられることがある。

これらの呼吸器疾患はクロム化合物等以外の原因によって起こることが多いので、同種の作業に従事する労働者に同様の呼吸器疾患の発生がみられているか否かについても参考とすること。

ニ　アレルギー性喘息は、クロム化合物等を含有するインクを用いて行う印刷作業、クロムメッキ作業、クロムメッキ製品の研磨作業、クロム色素スプレー塗装作業、クロム化合物等を含有するセメントのばく露を受ける作業等に従事する労働者にその発生がみられることがある。

クロム化合物等によるアレルギー性喘息は、一般的にはクロム化合物等へのばく露を中止した後に症状が軽快するので、このような経過にあるかどうかを確認すること。更に必要な場合には、次の方法により鑑別を行うこと。

(イ)　患者の同意を得て吸入誘発試験を行うこと。ただし、この試験には危険が伴うので、必ず専門医によって行われる必要があること。

(ロ)　パッチテスト等皮膚試験を行うこと。

(4)　前眼部障害

前眼部障害としては、一次刺激性のものがほとんどで、結膜又は角膜の炎症又は潰瘍である。クロム化合物等の長期間ばく露により慢性結膜炎を生ずることがある。

(5)　口腔粘膜障害

口腔粘膜障害としては、歯根炎、歯根膜周囲炎等がある。

これらの障害は、相当程度のクロム化合物等のばく露を受けることによって生ずることがある。

(6)　腎障害等の急性中毒

クロム化合物等の経口摂取又は高温のクロム化合物溶液への接触によって生ずる熱傷等に伴う経皮吸収によって急性中毒を生ずることがある。これらのばく露形態による急性中毒は、腎障害（尿細管障害）を主たる障害とする重症中毒の病像を呈し、消化管症状、肝障害等を伴うことがあり、死亡することもある。

(7)　その他の疾病

記の二に掲げる疾病以外の疾病のうち、肝障害（記の二の(5)に掲げる急性中毒において生じた肝障害を除く。以下同じ。）肺気腫、肺線維症及び胃腸障害については、クロム化合物等のばく露を受ける業務との関連が必ずしも明らかではない。

なお、肝障害については、クロムメッキ作業においてクロム化合物等以外の化学物質、例えば、ある種の有機溶剤のばく露を受けることによっても生じ得るものであり、また肺気腫については、クロム酸塩製造作業等における長期間高濃度の粉じん吸入によって生ずる可能性がある。

また、肺線維症に関しては、粉じんのばく露によるじん肺症であるか否かについても留意すること。

（昭五九・一二・四　基発第六四六号）

ロ　弗素樹脂、塩化ビニル樹脂、アクリル樹脂等の合成樹脂の熱分解生成物にさらされる業務による眼粘膜の炎症又は気道粘膜の炎症等の呼吸器疾患（第四号2）

〈要旨と解説〉

（要旨）

本規定は、弗素、塩素、窒素などの元素を含有する合成樹脂が熱分解により不完全燃焼したときに生ずる粘膜刺激作用のある物質等の混合物質にさらされる作業環境下における業務に従事することにより発生する眼粘膜の炎症又は気道粘膜の炎症等の呼吸器疾患を業務上の疾病として定めたものである。

（解説）

(イ)　「弗素樹脂、塩化ビニル樹脂、アクリル樹脂等」の「等」には、次表（下段）上欄に掲げるポリウレタン以下の合成樹脂があり、これらの合成樹脂の「熱分解生成物」のうち主なものには、それぞれ同表下欄に掲げる物質がある。

(ロ)　該当業務としては、例えば、合成樹脂の製造、成型加工、コーティング、合成樹脂被覆電線の溶接の業務等がある。

(ハ)　ここにいう「眼粘膜の炎症」とは、熱分解生成物のうち、塩化水素、アンモニア等の物質の眼粘膜に対する刺激作用によって生ずる炎症症状をいう。

(ニ)　「気道粘膜の炎症等」について

a　「気道」とは、鼻腔、副鼻腔、鼻咽腔、咽頭、喉頭、気管、気管支又は肺をいい、気道粘膜の炎症性疾患の原因物質及び発生状況は、上記(ハ)の「眼粘膜の炎症」の場合に類似して

合成樹脂の名称	合成樹脂の主な熱分解生成物
弗素樹脂（ポリテトラフルオルエチレン等）	テトラフルオルエチレン、ヘキサフルオルプロピレン、オクタフルオルシクロブタン、カルボニルフルオリド、一酸化炭素、オクタフルオルイソブチレン、四弗化炭素、ヘキサフルオルエタン、オクタフルオルプロパン、トリフルオルアセチルフルオリド
塩化ビニル樹脂	塩化水素、二酸化炭素、一酸化炭素、ベンゼン
アクリル樹脂	二酸化炭素、一酸化炭素、メタン、アンモニア、シアン化物
ポリウレタン	シアン化物、二酸化炭素、一酸化炭素、メチルアルコール、アセトアルデヒド、アセトン
ポリイミド	二酸化炭素、一酸化炭素、アンモニア、シアン化物
ポリスチレン	ベンゼン、トルエン、スチレン、メチルスチレン、二酸化炭素、一酸化炭素
ポリエステル	二酸化炭素、一酸化炭素、メチルアルコール、アセト

	アルデヒド
フェノールホルムアルデヒド	二酸化炭素、一酸化炭素、メタン、アンモニア
ポリエチレン	二酸化炭素、一酸化炭素、メタン

いる。

b　「等」には、喘息等がある。

なお、弗素樹脂の熱分解生成物では、亜鉛等の金属ヒュームによる金属熱に類似した悪寒、発熱等の症状がみられるが、これらの症状は、一般に喉頭の炎症等の気道粘膜の炎症とともに現われるので、本規定に該当する疾病として取り扱われるべきものである。

（昭五三・三・三〇　基発第一八六号）

ハ　すす、鉱物油、うるし、タール、セメント、アミン系の樹脂硬化剤等にさらされる業務による皮膚疾患（第四号3）

〈要旨と解説〉

（要旨）

本規定は、職業性皮膚疾患の原因物質として従来から知られているすす、鉱物油、うるし、タール及びセメントに加えて近年多数の障害発生をみたアミン系の樹脂硬化剤等の混合物質にさらされる作業環境下において業務に従事することにより発生する皮膚疾患を業務上の疾病として定めたものである。

（解説）

イ　例示された有害物質の意義は、以下に述べるとおりである。

a　「すす」とは、石炭等が不完全燃焼して発生した無定形炭素で、工業製品としてはカーボンブラック等がある。

b　「鉱物油」とは、植物性油に対する鉱物性油を総称するもので、石油、ケツ岩油、石炭系油等がある。

c　「うるし」とは、主成分としてウルシオールを含有するウルシ科の植物から得られる天然樹脂である。

d　「タール」とは、芳香族高分子炭化水素等の化合物を多種類含有する石炭等を乾留して得られる黒色ないし黒褐色の粘稠性物質をいう。

e　「セメント」とは、気硬性、水硬性その他の特殊な工業用途に供するため各種の物理化学的性質を有し、水で練ったとき硬化性を示す粉末状の無機物質である。

f　「アミン系の樹脂硬化剤」とは、接着剤、表面被覆剤、塗料等としてエポキシ樹脂に混入して用いられるアミノ基を有する樹脂硬化剤で、ジエチレントリアミン、トリエチレンテトラミン等の脂肪族ポリアミン類及びフェニレンジアミン等の芳香族ポリアミン類がある。

g　「すす、鉱物油、うるし、タール、セメント、アミン系の樹脂硬化剤等」の「等」には、ガラス繊維、ゴム添加剤等がある。

ロ　該当業務としては、例えば、次に掲げるものがある。

a　すす：カーボンブラックの製造又は加工（黒色印刷インキの原料、ゴム配合剤等）、黒鉛の製造、煉炭の製造等の業務

b　鉱物油：切削油等の潤滑油、電気絶縁油又は熱処理油の製造又は取扱い業務等

c　うるし：うるしの栽培、うるし液の採取、漆器用又は塗料用のうるし製造の業務等

d　タール：タールの分留又は加工（エナメル、電極等の製造）の業務、コークス炉作業に係る業務等

e　セメント：混合セメントの製造、セメント製品の製造の業務等

f　アミン系の樹脂硬化剤：エポキシ樹脂接着剤、表面被覆剤（コンデンサー、トランス等）、塗料等の製造、加工及び取扱い業務等

ハ　「皮膚疾患」について

a　すすによる皮膚疾患には、皮膚の角化等の病変がある。

b　鉱物油による皮膚疾患には、急性皮膚炎（かぶれ）、油疹（毛包炎又は毛嚢炎ともいう。）等がある。色素沈着とゆうぜい（イボ）の形成がみられることがある。

c　うるしによる皮膚疾患には、うるしかぶれと呼ばれる感作性皮膚炎がある。

d　タールによる皮膚疾患には、湿疹、皮膚角化等の病変及びタール痤瘡がある。色素沈着とゆうぜい（イボ）の形成がみられることがある。

e　セメントによる皮膚疾患には、いわゆるセメント皮膚炎がある。

f　アミン系の樹脂硬化剤による皮膚疾患には、主として脂肪族ポリアミン類によるじん麻疹及び主として芳香族アミン類による接触性皮膚炎がある。

（昭五三・三・三〇　基発第一八六号）

〈タール様物質による疾病の認定基準〉

第一　がんについて

一　肺がん

(1)　製鉄用コークス又は製鉄用発生炉ガスを製造する工程における業務のうち、コークス炉上若しくはコークス炉側又はガス発生炉上において行う業務に従事した労働者に発症した肺がんであって、次のイ及びロのいずれの要件をも満たすものは、労働基準法施行規則別表第一の二（以下「別表第一の二」という。）第七号13に該当する疾病として取り扱うこと。

イ　上記の業務に五年以上従事した労働者に発症したものであること。

ロ　原発性のものであること。

(2)　上記(1)の業務の従事歴が五年未満の労働者又は上記(1)の業務以外の業務であって、その作業条件（炉の型式、炉温、タール様物質の気中濃度、作業従事歴等）からみて、上記

(1)の業務に匹敵するようなタール様物質へのばく露が認められるものに従事した労働者に発症した原発性の肺がんについては、当分の間、関係資料を添えて本省にりん伺すること。

二　皮膚がん

タール様物質にばく露する業務に従事した労働者に発症した皮膚がんであって、次のイ及びロのいずれの要件をも満たすものは、別表第一の二第七号17に該当する疾病として取り扱うこと。ただし、皮膚がんについては、その発症とタール様物質へのばく露との関連について専門的検討を加える必要があるので、当分の間、作業内容、従事期間、ばく露した物質の種類、タール様物質へのばく露の程度、日光へのばく露の程度、症状（病理組織学的検査等による皮膚の所見を含む。）等を調査のうえ本省にりん伺すること。

イ　タール様物質にばく露する業務に相当期間従事した労働者に発症したものであること。

ロ　皮膚に原発した上皮性のものであること。

第二　皮膚がん以外の皮膚障害について

タール様物質にばく露する業務に相当期間従事した労働者に発症した次の皮膚障害で、医学上療養を必要とすると認められ、かつ、それが当該業務以外の原因によるものでないと判断されるものについては、別表第一の二第四号3に該当する疾病として取り扱うこと。

イ　接触皮膚炎

ロ　光過敏性皮膚炎

ハ　皮膚色素異常

ニ　痤瘡様皮疹

ホ　限局性毛細血管拡張症

ヘ　腫瘍性病変（悪性腫瘍を除く。）

（解説）

一　タール様物質について

「タール」とは、本来、石炭、木材等の固状有機物質を乾留する際に生ずる褐色ないし黒色の粘稠性液体をいうが、この認定基準においては、コールタール、木タール、石油タール様物質（石油又はその留分である軽油、ナフサ等を熱分解し、これを蒸留したときに残油として得られる黄褐色ないし黒色の粘稠性液体）、コールタールピッチ、アスファルト等を「タール様物質」と総称する。このタール様物質は、多環式芳香族炭化水素を多種類含有する混合物である。

二　タール様物質にばく露する作業場について

(1)　労働者がタール様物質にばく露する作業場は、タール様物質の発生を伴う作業場、タール様物質を製造し若しくは加工する作業場又はタール様物質若しくはその加工品を使用する作業場に大別することができる。

タール様物質の発生を伴う主な作業場としては、コークス炉及びガス発生炉（ただし、現在、我が国においてはガス発生炉は使われていない。）があり、タール様物質を製造し又は加工する作業場としては、タール蒸留所、タール加工工場等がある。また、タール様物質又はその加工品を使用する作業場には、種々のものがあり、その主なものとして、ピッチコークス製造工場、アルミニウム精錬工場、電極製造工場、カーボンブラック製造工場、鋳物物砂を配合する鋳物工場、鋼管等の防蝕塗装、木材防腐、屋根等の防水・防蝕塗装、船舶塗装、道路舗装等を行う作業場、耐火煉瓦製造工場、煉炭製造工場、コークス原料炭製工場等がある。このうち、高濃度のタール様物質にばく露する作業場としては、コークス炉、ガス発生炉、ピッチコークス炉、アルミニウム精錬工場等がある。

(2)　コークス炉作業であっても炉上作業とそれ以外の作業とでは、タール様物質にばく露する程度が異なるように、同一作業場でも職種により、また、作業環境の改善等により、そのばく露量が異なることから、作業内容、作業従事期等の詳細な検討が必要である。

三　がんについて

(1)　がんの量‐反応関係

イ　タール様物質による肺がん発症の超過危険度（excess risk）は、製鉄用コークスは製鉄用発生炉ガスを製造する業務のうち、①コークス炉上作業又はガス発生炉上作業、②コークス炉上及び同炉側の両方で行う作業、③コークス炉側作業の順で高く、また、作業従事年数についてみると、五年以上の者に危険度が高いことが認められている。

このことから、タール様物質へのばく露と肺がん発症との間には量‐反応関係の存在が推定されている。

ロ　皮膚がんの発症について、その量‐反応関係を示すことは現段階では困難である。

(2)　肺がん

イ　肺がんについては、原発性のものであることが必要であるので、原発性のものであるか、転移性のものであるかの鑑別に留意しなければならない。

ロ　タール様物質による肺がんについては、その臨床像及び組織所見に関して、非職業性の肺がんとの間に差異を見い出せない。ただし、ガス斑が存在する皮膚の所見は、タール様物質へのばく露を裏付けるよい指標となるものである。

(3)　皮膚がん

イ　皮膚がんが発症するおそれのある主な作業場としては、タール蒸留所、煉炭製造工場、コークスガス製造工場等がある。

ロ　皮膚がんは、病理組織学的には、棘細胞がんが多いが、ボーエン病の組織型もあり、また、まれには基底細胞がんもみられることがある。その発症部位は、作業工程、取扱い物質の性状、作業衣の汚染の状態、労働者の生活習慣等にも関係するが、一般に顔面、頸部、上肢（特に前腕）及び陰のうに好発し、当該部位にはタール様物質による多様な皮膚病変が共存することが多い。

ハ　皮膚がんの発症に影響を与える要因としては、気中のタール様物質の濃度、ばく露期間、皮膚露出の状態、作業衣の汚染の状態、タール様物質の直接取扱い量、日光へのばく露の程度等が挙げられる。

ニ　性、年齢、人種等の生理的素因、遺伝的素因等も皮膚がんの発症に影響を与えるほか、熱傷瘢痕等の先行性病変上に皮膚がんが発症することも多い。

四　皮膚がん以外の皮膚障害について

タール様物質にばく露した労働者の皮膚病変には、接触皮膚炎、光過敏性皮膚炎等の急性又は慢性の炎症性病変、黒皮症等の皮膚色素異常、毛包炎、痤瘡等の毛包脂腺系の病変、皮膚毛細血管の病変等のほか、腫瘍性病変がある。タール様物質への長期間にわたる反覆ばく露によって、これらの皮膚病変が共存し又は消長しつつ、皮膚萎縮、網状色素沈着又は色素脱失、毛細血管拡張、角化等を伴い、多彩な特徴ある皮膚症状を呈するようになる。また長期間のばく露によっては、疣贅（ゆうぜい）の発症をみることがある。

(1)　接触皮膚炎

イ　タール様物質は、一次刺激性の接触皮膚炎を、また、まれにはアレルギー性の接触皮膚炎を起こすことがある。

ロ　接触皮膚炎の臨床所見は、紅斑、腫脹及び水疱を主とする。病理組織学的所見としては、表皮、特に表皮有棘層の細胞浮腫又は細胞内浮腫がみられ、時に水疱形成をみるに至り、真皮上層又は乳頭下の血管の拡張が認められる。真皮層には好中球又はリンパ球の浸潤がみられる。

ハ　慢性の接触皮膚炎では、表皮が肥厚し、表皮突起が肥大延長したアカントーシスの所見がみられる。また、若干の微小な水疱の形成が亜急性期にみられることがあるが、慢性の病変ではこれを欠くことが多い。真皮上部には、リンパ球が多く、組織球、好酸球等が認められることがあるが、これらの浸潤は、一般に血管周囲に著明である。さらに、毛細血管の数が増加し、小動脈壁はしばしば肥厚している。

(2)　光過敏性皮膚炎

イ　アントラセン、アクリジン等光化学的活性物質を組成分に持つタール様物質にばく露した労働者の皮膚は、日光の照射により光過敏性皮膚炎を来たす。その発生機序は、主として光毒性反応と考えられる。

ロ　光過敏性皮膚炎の症状としては、日光の照射部位の灼熱感、紅斑又は腫脹がみられ、はなはだしい場合には、水疱の形成等がみられる。日光の照射から離脱すれば、症状は数日で消退し、表皮剝脱、落屑等を経て治ゆする。しかし、外は同様の症状を反覆し、次第に皮膚メラニンの増生を伴い、炎症の消退後にも色素沈着が残る。

ハ　病理組織学的所見は、接触皮膚炎のそれと同様であり、所見上両者の鑑別は困難である。ただ、光過敏性皮膚炎の発症部位は、顔面、手、頸部、背部等の日光の照射を受ける程度が高い露出部位に著明である。また、皮膚のみならず、眼の結膜・角膜に色素沈着や炎症をみることがある。

(3)　皮膚色素異常

イ　日光による皮膚の紅斑は、タール様物質の光力学的物質によって皮膚が増感されて著明となるものであるが、タール様物質による皮膚色素沈着は、顔面、頸部、上腕等露出部位の日焼け様の急性色素沈着と皮膚の斑状の毛細血管拡張、角化、痤瘡様皮疹、多形皮膚異常症等に伴う慢性色素沈着とに大別される。

ロ　日光が角質層、メラニン顆粒を持つ有棘層及び基底層を透過して真皮に達すると、日光による皮膚障害が発生するが、タール様物質による黒皮症、日光の反覆作用を受けることにより、表皮の角質は更に肥厚し、メラニン増生が著明となり、びまん性の色素沈着をきたした特徴ある病像を呈するものをいい、ばく露開始後五～六年で発症する例が多い。

　更に皮膚障害が強いときは、メラノサイトがメラニン生合成を中止し又は細胞が破壊されて、点状白斑（色素脱失）をみることがある。

(4)　痤瘡様皮疹

イ　タール様物質は、毛孔を閉塞し、その結果、毛包角化、毛包炎又は面皰を形成し、一部は皮脂に溶けて脂腺を刺激し、痤瘡を形成するが、時には、毛包のう腫又は粉瘤がみられることがある。

　これら痤瘡様皮疹は、ばく露開始後一カ月以上経って発症するが、その発症部位は、ばく露条件及び皮膚の脂腺の分布と関連し、顔面、頸部、胸部、背部等に多く、また、陰のうにもしばしば認められる。

ロ　病理組織学的には、毛孔の角栓、角質の増殖肥厚又は毛包脂腺の腫大拡張若しくは萎縮がみられるが、毛包囲周又は真皮の円形細胞浸潤等炎症性反応の所見は比較的少ない。

(5)　限局性毛細血管拡張症

イ　タール様物質の高温分留物の蒸気に反覆ばく露した労働者の上肘、頸部、胸部、背部等に撒布性に発症するバラ疹様の皮疹がみられることがある。これが、通称「ガス斑」といわれる限局性毛細血管拡張症で、ばく露開始後おおむね五年で発症する例が多い。

ロ　この限局性毛細血管拡張症は、豌豆大まれに雀卵大の大小不同、不整形の境界明瞭なバラ疹様の皮疹であり、一般に皮膚面から隆起せず、硝子圧によって退色し、自覚的苦痛を認めない。拡大鏡によって周辺の密な毛細血管拡張像が観察されることが多いが、肝硬変等にしばしばみられるクモ状血管腫とは異なり、その配列は放射状ではなく、中心の紅点もみられない。また、高熱作業によって起こる顔面（特に頬部及び眉間）、頸部、前胸部等における肝斑様のび慢性毛細血管拡張が併存することもある。

ハ　病理組織学的には、表皮乳頭層、特に毛包脂腺の周囲に毛細血管の著明な拡張及び新生並びに軽度の細胞浸潤が認められるが、その程度は、初期には血管拡張を主変化とし、晩期には毛包脂腺の萎縮が著明になる等症期によって異なる。

(6)　腫瘍性病変（悪性腫瘍を除く。）

イ　ばく露開始後約一年以上を経て、乳頭腫を手背、前腕、顔面、頸部、陰のう等にみることがあるが、これには尋常性疣贅と同様な形状のものから、鼻周辺に好発する円錐形ないし半円形に隆起してやや硬い典型的なピッチ疣贅と称せられる疣贅、顔、特に眼瞼等に好発する軟らかい乳頭腫等種々の形態のものがある。

ロ　タール様物質へのばく露によるピッチ疣贅とは、病理学的にはケラトアカントーマである。これは、顔面、特に眼、鼻周囲、耳、手背等に小丘疹として発し、急速に大きくなるが、大きさはほぼ二センチメートル以下で中央が陥凹し、表面が角化した腫瘍である。組織学的には異常角化もあって棘細胞がんと鑑別を要することも多い。しばしば自然退縮し、予後がよいので、一般的には良性腫瘍に入れられる。

（昭五七・九・二七　基発第六四〇号）

ニ　蛋白分解酵素にさらされる業務による皮膚炎、結膜炎又は鼻炎、気管支喘息等の呼吸器疾患（第四号４）

〈要旨と解説〉

（要旨）

本規定は、蛋白質を人工的に分解させることを目的として開発された蛋白分解酵素にさらされる作業環境下において業務に従事することにより発生する皮膚炎、結膜炎又は鼻炎、気管支喘息等の呼吸器疾患を業務上の疾病として定めたものである。

（解説）

(イ)　「蛋白分解酵素」とは、タンパク質やペプチドなどのペプチド結合（-NH-CH(R)-CO-NH-）を加水分解する酵素の総称で、プロテアーゼとも呼ばれる。合成洗剤等に含有される。

(ロ)　該当業務としては、例えば、タンパク分解酵素の製造、合成洗剤の製造又は合成洗剤を使用して行う洗滌の業務等がある。

(ハ)　「皮膚炎」としては、湿疹がある。

(ニ)　「結膜炎」としては、酵素の溶液に接したときに起こる結膜の炎症がある。

(ホ)　「鼻炎」としては、酵素の粉じんを吸入したときに起こる急性鼻炎（鼻カタルとも呼ばれる。）がある。

(ヘ)　「気管支喘息」としては、酵素の粉じんを吸入したときに起こる気管支喘息がある。

(ト)　「鼻炎、気管支喘息等の呼吸器疾患」の「等」には、息切れ、胸痛、気管支攣縮、気管支炎及び流行性感冒に似た症状がある。

（昭五三・三・三〇　基発第一八六号）

ホ　木材の粉じん、獣毛のじんあい等を飛散する場所における業務又は抗生物質等にさらされる業務によるアレルギー性の鼻炎、気管支喘息等の呼吸器疾患（第四号5）

〈要旨と解説〉

（要旨）

本規定は、職業性のアレルギー性呼吸器疾患を起こす場合に抗原となる物質にさらされる作業環境下において業務に従事することにより発生するアレルギー性の鼻炎、気管支喘息等の呼吸器疾患を業務上の疾病として定めたものである。

（解説）

(イ)　「木材の粉じん」とは、米杉、ラワン、リョウブ、クワ等アレルギー性呼吸器疾患の抗原物質を含有する木材の粉じんをいう。

(ロ)　「獣毛のじんあい」とは、ヒツジ、ネコ、ヤギ、ウマ、ブタ等の動物の微細な毛をいうが、実際には、フケ、ダニ、カビ等が混在した状態でばく露することがある。

(ハ)　「木材の粉じん、獣毛のじんあい等」の「等」には、カキ殻に着生したホヤ、マブシ（蚕がマユを作りやすいようにワラまたはボール紙で作った養蚕用の器具）等を取り扱う際に飛散する粉じんがある。

(ニ)　「抗生物質」とは、主として微生物が産出する化学物質であって、他の微生物の発育又は代謝機能を抑制する物質をいい、これにはペニシリン、ストレプトマイシン等がある。

(ホ)　「抗生物質等」の「等」には、アスピリン、サルファ剤等の薬剤がある。

(ヘ)　該当業務としては、例えば、次に掲げるものがある。

a　木材の粉じん：米杉、ラワン、リョウブ、クワ等の製材、木材加工の業務等がある。

b　獣毛のじんあい：毛筆の製造、獣医、農夫、実験動物取扱の業務等がある。

c　抗生物質：薬品製造の業務、医療業務、薬局における調剤の業務等

(ト)「アレルギー」とは、上記(イ)から(ホ)までに掲げる感作性物質を体内にとり込んだために起こる抗原抗体反応が生体に及ぼす作用のうち病的な過程をいう。

(チ)「アレルギー性の鼻炎」とは、鼻粘膜におけるアレルギー反応の結果、鼻を支配する副交感神経の興奮が誘発され、このために生ずる鼻疾患をいい、主な症状には、水様性鼻汁、くしゃみ、鼻内瘙痒感、鼻づまりがある。

なお、アレルギー性の皮膚炎に対しては第四号3の規定が、アレルギー性の結膜炎に対しては第四号8の規定が、それぞれ適用される。

(リ)「アレルギー性の気管支喘息」とは、上記(チ)のアレルギー性鼻炎と同様にアレルギー反応の結果起こる気管支喘息をいう。

(ヌ)「アレルギー性の鼻炎、気管支喘息等」の「等」には、アレルギー性の喉頭炎等がある。

（昭五三・三・三〇　基発第一八六号）

へ　落綿等の粉じんを飛散する場所における業務による呼吸器疾患（第四号6）

〈要旨と解説〉

（要旨）

本規定は、原綿夾雑物を比較的多く含有する落綿等の粉じんにさらされる作業環境下において業務に従事することにより発生する呼吸器疾患を業務上の疾病として定めたものである。

（解説）

(イ)「落綿」とは、主として綿糸紡績の前工程においてできる屑綿をいう。主として原綿を原材料として行う混打綿、梳綿、コーマー（繊維の長さを均一にすること）等の過程で排除されたものとして得られるため、原綿夾雑物（綿の種子、苞、茎がく等）を含有する。

(ロ)「落綿等」の「等」には原綿、亜麻及び大麻がある。

(ハ)該当業務としては、例えば、混打綿、亜麻紡績、大麻製糸等の工程における植物屑等の夾雑物にさらされる業務がある。

(ニ)ここにいう「呼吸器疾患」としては、ビシノーシス等がある。

なお、綿じん熱（cotton dust fever、原綿夾雑物を含有する粉じんにばく露開始後二〜三日のうちに発熱のみ現われ、気道の発赤等はみられない病変）が発生した場合には、第四号8の規定が適用される。

（昭五三・三・三〇　基発第一八六号）

〈サイザル麻の粉じんによる気管支肺疾患について〉

サイザル麻はシザル麻とも呼ばれ、東アフリカやブラジル等で生産されており、我が国には漁網用ロープ、ワイヤー類の芯、じゅうたんの基布等の製造用として輸入されているものである。

サイザル麻の粉じんによる気管支肺疾患については、落綿等の粉じんによる呼吸器疾患と同様のものと考えられるので、昭和五三年三月三〇日付け基発第一八六号による労働基準法施行規則別表第一の二第四号6の解説中「落綿等」の「等」の中には、サイザル麻が含まれることとして取り扱うこと。

（昭五六・二・二　基発第六六号）

ト　空気中の酸素濃度の低い場所における業務による酸素欠乏症（第四号7）

〈要旨と解説〉

（要旨）

本規定は、酸素欠乏の状態に至った作業環境下において業務に従事することにより発生する酸素欠乏症を業務上の疾病として定めたものである。

（解説）

(イ)「空気中の酸素濃度の低い場所」とは、酸素欠乏症の症状があらわれる程度に空気中の酸素濃度の低い場所をいう。

(ロ)「酸素欠乏症」とは、体組織、とりわけ脳神経細胞に酸素不足をきたした結果起こる疾病をいう。軽度のときは、頻脈、精神障害、呼吸促迫、血圧上昇、チアノーゼ等の症状があらわれるが、高度になると意識不明、痙攣、血圧下降等がみられ放置しておくと死亡する。

（昭五三・三・三〇　基発第一八六号）

チ　1から7までに掲げるもののほか、これらの疾病に付随する疾病その他化学物質等にさらされる業務に起因することの明らかな疾病（第四号8）

〈要旨と解説〉

（要旨）

本規定は、第四号1から7までに掲げる疾病以外に、①これらの疾病に付随する疾病、②第四号1から7までに掲げる疾病発生の原因因子によるその他の疾病又は③第四号1から7までに掲げる疾病発生の原因因子以外で化学物質等にさらされる作業環境下において業務に従事した結果発生したものと認められる疾病に対して適用される趣旨で設けられたものである。

この規定に該当するものとしては、例えば、「刺激性のガス又は蒸気による眼の疾患」（旧第三号）（第四号及び第四号二に該当するものを除く。）及び「製糸紡績等の業務による手指の皮膚炎」（旧第一〇号）がある。

なお、「明らか」の意義については、(2)のワ（解説）参照。

（昭五三・三・三〇　基発第一八六号）

(5)　粉じんを飛散する場所における業務によるじん肺症又はじん肺法（昭和三五年法律第三〇号）に規定するじん肺と合併したじん肺法施行規則（昭和三五年労働省令第六号）第一条各号に掲げる疾病（第五号）

〈要旨と解説〉

（要旨）

本規定は、じん肺起因粉じんにさらされる作業環境下において、業務に従事することにより発生するじん肺症又はじん肺法（昭和三五年法律第三〇号）に規定するじん肺と合併したじん肺法施行規則（昭和三五年労働省令第六号）第一条各号に掲げる疾病を業務上の疾病として定めたものであり、旧第七号とほぼ同一である。

（解説）

(イ)　「粉じんを飛散する場所」とは、じん肺病変が現われる程度の粉じん（有機粉じんを含む。）が飛散する場所をいう（なお、じん肺法施行規則（昭和三五年労働省令第六号、以下「じん肺則」という。）別表第一の粉じん作業参照。）。

(ロ)　「じん肺症」とは、じん肺（粉じんを吸入することによって肺に生じた線維増殖性変化を主体とする疾病をいう。）のうち療養を要するものをいう。なお、じん肺法第二三条においては、じん肺法第二条第一項第一号に規定するじん肺のうち、じん肺管理区分が管理四のものについて療養を要するものとして規定している。

(ハ)　「じん肺法に規定するじん肺と合併したじん肺則第一条各号に掲げる疾病」とは、じん肺法第二条第一項に規定する合併症（じん肺管理区分が管理二又は管理三と決定された者に係るじん肺と合併した次に掲げる疾病）のほか、じん肺管理区分が管理四と決定された者に係るじん肺と合併した次に掲げる疾病を含む趣旨である。

①　肺結核
②　結核性胸膜炎
③　続発性気管支炎
④　続発性気管支拡張症
⑤　続発性気胸

（昭五三・三・三〇　基発第一八六号）

〈改正じん肺法の施行について（抄）〉

労働安全衛生法及びじん肺法の一部を改正する法律（昭和五二年法律第七六号）のじん肺法関係の施行については、昭和五三年四月二八日付け労働省発基第四七号により労働事務次官から通達されたところであるが、その細部の取扱いについて下記のとおり定めたので、これが円滑な実施を図るよう配慮されたい。

記

第一～第三　〈略〉

第四　災害補償関係

一　業務上疾病の範囲

(1)　新法第四条第二項によるじん肺管理区分が管理四と決定された者に係るじん肺及び新法第二条第一項第二号のじん肺の合併症（以下「合併症」という。）は、労働基準法施行規則（昭和二二年厚生省令第二三号）別表第一の二第五号（昭和五三年四月一日前においては同規則第三五条第七号）に掲げる業務上の疾病として取り扱うこと。

(2)　じん肺管理区分が管理四と決定された者及び合併症にかかっていると認められる者が、じん肺若しくは合併症に係る療養中にじん肺若しくは合併症が原因となって合併症に該当する疾病を併発し、若しくは付加した場合又は当該合併症に該当する疾病が原因となって死亡した場合には、前記(1)により取り扱うこととするが、じん肺又は合併症が原因となって、合併症に該当しない他の疾病を併発した場合であっても当該疾病がじん肺又は合併症との相当因果関係が認められるものについては、従前の通り、業務上の疾病として取り扱うこと。

二　じん肺及び合併症の認定の手続き

(1)　新法第一二条若しくは新法第一五条第二に基づく提出又は第一六条の第一項若しくは第一六条第一項に基づく申請の結果、じん肺管理区分が管理四と決定された者又はじん肺管理区分が管理二若しくは管理三と決定された者で合併症にかかっていると認められたものから労災保険給付の請求があった場合は、じん肺管理区分決定通知書（様式第四号）又はその写し、粉じん職歴、管理区分、決定の根拠となったじん肺、健康診断結果等を確認のうえ、その健康診断を行った日（当該決定の根拠となった資料がエックス線写真であるときはその撮影の日、肺機能検査の結果であるときはその検査実施日若しくは両方で確認できるものについてはそのうちいずれか前の日又は結核精密検査若しくは肺結核以外の合併症に関する検査の結果であるときはその検査実施日）に発病したものとみなして所定の事務処理を行うこと。

(2)　既にじん肺管理区分が管理二又は管理三と決定された者から合併症に係る労災保険給付の請求があった場合は当該じん肺管理区分の決定に係るじん肺管理区分決定通知書（様式第四号）又はその写し、粉じん職歴、その最終の管理区分決定の根拠となったじん肺健康診断結果等を確認のうえ、合併症に係る審査を行い、合併症にかかっていると認められる場合は、当該合併症の症状確認（医師による診断確認）の日に発病したものとして所定の事務処理を行うこと。

(3)　じん肺管理区分が管理四以外の者からじん肺に係る労災保険給付の請求があった場合又はじん肺管理区分が管理一の者若しくはじん肺管理区分の決定を受けていない者から合併

症に係る労災保険給付の請求があった場合は、新法第一五条第一項によるじん肺管理区分決定の申請を行うべきことを指導し、当該申請によるじん肺管理区分の決定をまって、前記⑴又は⑵による所定の事務処理を行うこと。なお、この場合において、当該労働者が死亡し、又は重篤な疾病にかかっている等随時申請を行うことが不可能又は著しく困難な事情があると認められるときは、収集可能な範囲でじん肺の進行程度の判断に必要な資料等の収集を図り、地方じん肺診査医の意見に基づき、じん肺管理区分に相当するじん肺の進行度の判断を行って差し支えない。

三　経過措置

⑴　施行日前に旧法第一二条第一項の規定により行った健康診断の結果を証明する書面等の提出及び旧法第一五条第一項又は第一六条第一項の規定により行った申請であって旧法第一三条第二項（旧法第一五条第三項及び第一六条第二項において準用する場合を含む。以下同じ。）の規定による決定がなかったものは、施行日以後新法によるじん肺管理区分が決定されることになるが、これにより、じん肺管理区分が管理四と決定された者から労災保険給付の請求があった場合は、当該じん肺管理区分決定の根拠となったじん肺健康診断を行った日（当該決定の根拠となった資料がエックス線写真であるときはその撮影の日、肺機能検査の結果であるときはその検査実施日若しくは両方で確認できるものについてはそのうちいずれか前の日又は結核精密検査若しくは肺結核以外の合併症に関する検査の結果であるときはその検査実施日）から施行日の前日までの間は、旧法による健康管理の区分が管理四であった者とみなし、施行日以後は新法によるじん肺管理区分が管理四である者として、所定の事務処理を行うこと。

⑵　旧法第四条第二項の規定による健康管理の区分が管理一（じん肺にかかっていない者を除く。）、管理二又は管理三であった者が施行日の前日までに活動性の肺結核にかかった場合であって旧法第一二条第二項、第一五条第一項若しくは第一六条第一項の規定による手続き又はこれらによる健康管理の区分の変更の決定がなかった者から施行日前の期間に係る労災保険給付の請求があった場合は、当該肺結核の診断のあった日から施行日の前日までの間は、前記⑴と同様に旧法による健康管理の区分が管理四であった者とみなすこととし、施行日以後の期間に係るものは新法第二条第一項第二号の規定による合併症として取り扱うこと。

⑶　施行日前に旧法第一三条第二項の規定により行った健康管理の区分の決定は、新法第一三条第二項の規定によるじん肺管理区分の決定とみな

されるので、施行日の前日において旧法による健康管理の区分が管理四である者は、新法によるじん肺管理区分の管理四として、引き続き所定の労災保険給付を行うこと。

なお、活動性の肺結核があると認められたことにより、施行日の前日において旧法による健康管理の区分が管理四である者が、施行日以後医師により当該肺結核についての療養を要しなくなったと診断され、かつ、肺結核以外の合併症がないと認められる場合は、労働者災害補償保険法の規定による療養補償給付及び休業補償給付の支給要件を満たさないこととなる。この場合、健康管理上の取扱いとしては、政令第二条の規定によってみなされたじん肺管理区分の管理四の決定が当然には変更されないので、当該労働者若しくは労働者であった者又は事業者に対して可能な限り新法第一五条第一項又は第一六条第一項の規定による申請を行うよう指導することが望ましい。なお、これに該当し、随時申請を行うために受けたじん肺健康診断は、治療のために必要な検査とみなして差し支えないこと。

（昭五三・四・二八　基発第二五〇号）

〈じん肺に対する労働基準法及び健康保険法又は日雇労働者健康保険法の適用〉

じん肺に対する労働基準法及び健康保険法又は日雇労働者健康保険法の適用については、昭和三七年一〇月一五日付基発第一〇八三号をもって労働省労働基準局長、厚生省保険局長及び社会保険庁医療保険部長の共同通達をしたところであるが、じん肺法の改正（本年三月三一日施行）により、今般これが取扱いを下記のとおり改めたので了知されたい。

記

一　じん肺の症状がじん肺法第四条第二項に掲げるじん肺管理区分（以下「じん肺管理区分」という。）の管理四に該当すると認められるもの及びじん肺管理区分の管理二、管理三又は管理四と決定された者に係るじん肺と合併したじん肺施行規則第一条各号に掲げる疾病（以下「合併症」という。）と認められるものについては、業務上の疾病として労働基準法による災害補償の対象とすること。

二　上記一以外のもので療養又は休業を必要とする場合においては、業務上の疾病による療養又は休業として取扱うことなく、健康保険又は日雇労働者健康保険法による保険給付の対象とすること。

三　医師によりじん肺にかかっていると診断され療養を開始した後に、じん肺管理区分の管理四又は合併症に該当すると認められた場合は、じん肺管理区分の管理四又は合併症と認められた日（当該管理区分決定の根拠となったじん肺健診を受けた日又は合併症の症状の確認日）の前日までに行った療養又は休業に対しては健康保険又は日雇労働者健康保険法による保険給付を行い、当該日以降の療養又は休業に対しては労働基準法による災害補償を行うこと。

（昭五三・五・二三　基発第二九〇号）

〈粉じんばく露歴に労働者性の認められない期間を含む者に発生したじん肺症等の取扱いについて〉

じん肺症及びじん肺法（昭和三五年法律第三〇号）に規定するじん肺と合併するじん肺法施行規則（昭和三五年労働省令第六号）第一条各号に掲げる疾病（以下本通達において「合併症」という。）に係る災害補償に関する取扱いについては、昭和五三年四月二八日付け基発第二五〇号通達その他の通達により指示したところであるが、最近における就業形態の多様化等に鑑み、標記について下記のとおりとすることとしたので事務処理に遺憾のないようされたい。

記

一　対象者

本通達による取扱いの対象者は、じん肺症又は合併症にり患したと認められる者であって次の⑴及び⑵の期間をいずれも有するものとする。

⑴　労働基準法（昭和二二年法律第四九号）第九条に規定する労働者又は労働者災害補償保険法（昭和二二年法律第五〇号）第二七条〔現行＝第三三条〕に規定する特別加入者（以下「労働者等」という。）として粉じん作業に従事した期間

⑵　上記⑴の労働者等以外の者（以下「事業主等」という。）として粉じん作業に従事した期間

二　業務起因性の判断

⑴　労働者等として従事した粉じん作業と事業主等として従事した粉じん作業とを比較検討し、次のイからハまでに掲げる事項のいずれにも該当する場合には、業務起因性があるものとして取り扱う。

イ　粉じんの種類に明らかな差異が認められないこと。

ロ　粉じんの濃度に明らかな差異が認められないこと。

ハ　労働者等としての粉じん作業従事期間が事業主等としての粉じん作業従事期間より明らかに長いと認められること。

⑵　上記⑴に該当しない場合には、従事した粉じん作業の内容、粉じんの種類、気中粉じん濃度、作業の方法、粉じん作業従事期間、一日の粉じん作業時間等の調査及びじん肺の経過等に関する地方じん肺診査医等の意見聴取を行ったうえで、総合的に業務起因性の判断を行うこと。

（昭六一・二・三　基発第五一号）

〈じん肺法施行規則及び労働安全衛生

規則の一部を改正する省令の施行について〉

じん肺法施行規則及び労働安全衛生規則の一部を改正する省令（平成一五年厚生労働省令第二号）が平成一五年一月二〇日に公布され、じん肺法施行規則の一部改正関係については平成一五年四月一日から施行、労働安全衛生規則の一部改正関係については公布日から施行されることとなったところである。

ついては、下記の事項に留意の上、その運用に遺漏のないよう期されたい。

記

第一〈略〉

第二〈略〉

第三　労災補償関係

一　業務上疾病の範囲

じん肺管理区分が管理二、管理三又は管理四と決定された者（石綿肺の所見がある者を除く。以下同じ。）に発生した原発性肺がんは、平成一五年四月一日以降、労働基準法施行規則別表第一の二第五号に掲げる業務上の疾病として取り扱うこと。

二　認定の手続

(1)　じん肺管理区分が管理二又は管理三と決定された者から原発性肺がんに係る労災保険給付の請求があった場合には、昭和五三年四月二八日付け基発第二五〇号の記の第四の二の(2)と同様に、じん肺管理区分決定通知書又はその写し、粉じん職歴、じん肺管理区分決定の根拠となったじん肺健康診断結果等を確認の上、合併症に係る審査を行い、じん肺に合併した疾病が原発性肺がんと認められる場合は、その症状確認日（医師による診断確認日）に発症したものとして所定の事務処理を行うこと。

(2)　じん肺管理区分が管理一と決定された者又はじん肺管理区分の決定を受けていない者から原発性肺がんに係る労災保険給付の請求があった場合は、原発性肺がんの症状確認日以前のエックス線写真を用いて、じん肺法第一五条第一項の規定によるじん肺管理区分決定申請（以下「随時申請」という。）を行うよう指導し、当該随時申請による管理区分の決定を待って事務処理を行うこと。

なお、この場合において、労働者が死亡し、又は重篤な疾病にかかっている等のため、随時申請を行うことが不可能又は困難であると認められるときは、可能な範囲で資料等の収集を図り、地方じん肺診査医に対し、当該労働者のじん肺の進展度等に関する総合的な判断を求め、その結果に基づき原発性肺がんの症状確認日以前のじん肺管理区分が管理二、管理三又は管理四に相当すると認められる者については上記二の(1)と同様に取り扱って差し支えないこと。

三　その他

平成一四年一一月一一日付け基発第一一一一〇〇一号は、平成一五年三月三一日をもって廃止する。
（平一五・一〇・二〇　基発第〇一二〇〇〇三号）

⑹　細菌、ウイルス等の病原体による次に掲げる疾病（第六号）

イ　患者の診療若しくは看護の業務又は研究その他の目的で病原体を取り扱う業務による伝染性疾患（第六号1）

〈要旨と解説〉

（要旨）

本規定は、例示されたような病原体にさらされる作業環境下において業務に従事することにより発生する伝染性疾患を業務上の疾病として定めたものであり、旧第三三号とほぼ同一である。

（解説）

(イ)「患者の診療若しくは看護の業務」とは、病院又は診療所において医師の行う患者の診断、検査若しくは治療又は看護婦等の行う看護の業務をいう。

(ロ)「研究その他の目的で病原体を取り扱う業務」とは、病院又は診療所において診療放射線技師、診療X線技師、臨床検査技師、衛生検査技師等の行う前記(イ)に掲げる業務以外の業務であって、細菌、ウイルス等の病原体によって汚染のおそれのある業務並びに病院又は診療所以外の衛生試験所、医学研究所、保健所等において医師、研究者又はこれらの助手等の行う研究、検査及びこれらの業務に付随する業務であって、病原体によって汚染のおそれのある業務をいう。

(ハ)「伝染性疾患」としては、コレラ、赤痢、腸チフス、発疹チフス等の法定伝染病のほか、結核、らい、ウイルス性肝炎等がある。

(ニ)なお、病院又は診療所において患者の分泌物又は排泄物等を介して感染したウイルス性肝炎等の伝染性疾患あるいは伝染性疾患でなくても病原菌にさらされる業務（炊事婦、介助人等）に従事したことにより起きた細菌性中毒等の疾病に対しては、第六号5の規定が適用される。
（昭五三・三・三〇　基発第一八六号）

〈非A非B型ウイルス性肝炎の取扱いについて〉

ウイルス性肝炎は、昭和五三年三月三〇日付け基発第一八六号「労働基準法施行規則の一部を改正する省令等の施行について」記の第二の二の⑹のイの(ハ)及び(ニ)により、労働基準法施行規則（昭和二二年厚生省令第二三号。以下「労基則」という。）別表第一の二第六号1又は5に定める業務上の疾病に該当することとしており、従来においては、一般にみられるウイルス性肝炎はA型ウイルス性肝炎とB型ウイルス性肝炎とに区分されるとされていたが、最近、これらのいずれにも該当しないウイルス性肝炎が存在することが医学的に解明され、「非A非B型ウイルス性肝炎」と一般に呼称されているところである。これに伴い、非A非B型ウイルス性肝炎は、前記通達に示すウイルス性肝炎に含まれるものとする。

（昭五七・一一・一八　基収第一二一号の二）

〈C型肝炎、エイズ及びMRSA感染症に係る労災保険における取扱いについて〉

近年、医療従事者等のC型肝炎や我が国において感染者が増加している後天性免疫不全症候群（以下「エイズ」という。）、さらにはメチシリン耐性黄色ブドウ球菌（以下「MRSA」という。）感染症など、細菌、ウイルス等の病原体による感染症について社会的関心が高まっていることから、これらの感染症に係る労災請求事案を処理するため、今般、標記について下記のとおり取りまとめたので、今後の取扱いに遺漏のないよう万全を期されたい。

記

1　C型肝炎について

(1)　法令上の取扱い

ウイルス性肝炎は、昭和五三年三月三〇日付け基発第一八六号「労働基準法施行規則の一部を改正する省令等の施行について」（以下「一八六号通達」という。）の記の第二の二の(6)のイの(ハ)及び(ニ)により、労働基準法施行規則（以下「労基則」という。）別表第一の二第六号一又は五に定める業務上の疾病に該当することとしているところであるが、その原因となるウイルスが確認されている「C型肝炎」についても、A型肝炎及びB型肝炎と同様一八六号通達に示すウイルス性肝炎として取り扱われるものである。

なお、ウイルス性肝炎は、現在、「ウイルス肝炎」と呼称されていることから、一八六号通達における「ウイルス性肝炎」を「ウイルス肝炎」と改める。

(2)　C型肝炎に係る医学的事項

イ　感染源、感染経路

C型肝炎ウイルス（以下「HCV」という。）は、HCV感染者及びC型肝炎患者（以下「HCV保有者」という。）の血液等の体液（以下「血液等」という。）に含まれているとされているが、感染源として重要なものは血液である。

したがって、HCVの感染経路は、HCVに汚染された血液を媒介した感染（輸血、注射針等による）が主であるが、母子感染（母親から子への子宮内あるいは出産時における感染）又はHCV保有者との性的接触等による感染の可能性もあるといわれている。

ロ　潜伏期間

C型肝炎のうち、C型急性肝炎の潜伏期間は、HCV感染後おおむね二週間から一六週間である場合が多いが、これは感染ウイルスの量によって左右されるといわれている。

ハ　症状等

(イ)　C型急性肝炎の症状は、全身倦怠感、発熱、食欲不振、嘔吐等があるが、A型肝炎やB型急性肝炎に比べ軽症例が多く、また、黄疸の出現する頻度は低いとされている。

なお、臨床症状及び肝機能検査成績からは、A型肝炎及びB型急性肝炎と鑑別することは困難であるといわれている。

(ロ)　C型急性肝炎の自然治ゆ率は約四〇%で、残りの約六〇%が慢性化に移行するといわれている。

(ハ)　一方、C型慢性肝炎は、一般に自覚症状に乏しいが、自然治ゆ率は二%に満たないといわれ、無治療のまま放置すれば徐々に進展して、一〇年以上にわたる長期間の経過で肝硬変、さらには肝がんに移行する場合があるとされている。

ニ　診断

C型肝炎の診断は、臨床症状、肝機能検査等に加え、血液中のHCV抗体を検出する検査により行われる。

HCV抗体が陽性となるのは、C型急性肝炎の発症後おおむね一か月から三か月であるとされているが、検査方法や症例によって差がみられるといわれている。

また、最近では、HCVの有無の確認方法として、HCV－RNA（HCV遺伝子）を検出する検査が開発されている。

(3)　労災保険上の取扱い

医療機関、試験研究機関、衛生検査所等の労働者又は医療機関等が排出する感染性廃棄物を取り扱う労働者（以下「医療従事者等」という。）が、HCVの感染源であるHCV保有者の血液等に業務上接触したことに起因してHCVに感染し、C型肝炎を発症した場合には、業務上疾病として取り扱われるとともに、医学上必要な治療は保険給付の対象となる。

なお、感染性廃棄物とは、「感染性病原体（人が感染し、又は感染するおそれのある病原体）が含まれ、若しくは付着している廃棄物又はこれらのおそれのある廃棄物」（廃棄物の処理及び清掃に関する法律施行令別表第一）をいう。

イ　血液等に接触した場合の取扱い

(イ)　血液等への接触の機会

医療従事者等が、HCVに汚染された血液等に業務上接触する機会としては、次のような場合が考えられ、これらは業務上の負傷として取り扱われる。

a　HCVに汚染された血液等を含む注射針等（感染性廃棄物を含む。）により手指等を受傷したとき。

b　既存の負傷部位（業務外の事由に

よるものを含む。)、眼球等にHCVに汚染された血液等が付着したとき。

(ロ) 療養の範囲

a 前記(イ)に掲げる血液等への接触(以下、記の1において「受傷等」という。)の後、当該受傷等の部位に洗浄、消毒等の処置が行われた場合には、当該処置は、業務上の負傷に対する治療として取り扱われるものであり、当然、療養の範囲に含まれるものである。

b 受傷等の後、HCV抗体検査等の検査(受傷等の直後に行われる検査を含む。)が行われた場合には、当該検査結果が、業務上外の認定に当たっての基礎資料として必要な場合もあることから、当該検査は、業務上の負傷に対する治療上必要な検査として保険給付の対象に含めるものとして取り扱うこととするが、当該検査は、医師がその必要性を認めた場合に限られるものである。

なお、受傷等以前から既にHCVに感染していたことが判明している場合のほか、受傷等の直後に行われた検査により、当該受傷等以前からHCVに感染していたことが明らかとなった場合には、その後の検査は療養の範囲には含まれないものである。

ロ C型肝炎の発症が確認された場合の取扱い

(イ) 業務起因性の判断

a C型急性肝炎

原則として、次に掲げる要件をすべて満たすものについては、業務に起因するものと判断される。

(a) C型急性肝炎の症状を呈していること(前記(2)のハ参照)。

(b) HCVに汚染された血液等を取り扱う業務に従事し、かつ、当該血液等に接触した事実が認められること(前記イの(イ)参照)。

(c) HCVに感染したと推定される時期からC型急性肝炎の発症までの時間的間隔がC型急性肝炎の潜伏期間と一致すること(前記(2)のロ参照)。

(d) C型急性肝炎の発症以後においてHCV抗体又はHCV―RNAが陽性と診断されていること(前記(2)のニ参照)。

(e) 業務以外の原因によるものでないこと。

b C型慢性肝炎

前記aのすべての要件を満たす業務に起因するC型急性肝炎の既往の事実があると認められる場合のC型慢性肝炎については、業務に起因するものと判断される。

なお、C型急性肝炎の既往の事実が確認できないC型慢性肝炎については、受傷等の事実が認められており、当該受傷等の後においてHCV抗体が陽性化するなど、当該受傷等以前からのHCV感染が明らかに否定される場合であって、かつ、業務以外の原因によるものでない場合に限って、業務に起因するものとして取り扱う。

(ロ) 療養の範囲

前記(イ)の業務起因性が認められる場合であって、C型肝炎の発症が確認された以後の検査及び治療については、業務上疾病に対する療養の範囲に含まれるものである。

2 エイズについて

(1) 法令上の取扱い

エイズは、その原因となる病原体がウイルスであり、また、後記(2)のロに示すとおり伝染性疾患である。

したがって、業務に起因する医療従事者等のエイズについては、一八六号通達の記の第二の二の(6)のイの(ハ)及び(ニ)に示す「ウイルス性肝炎等」に含まれ、労基則別表第一の二第六号一又は五に定める業務上の疾病に該当するものである。

(2) エイズに係る医学的事項

イ エイズの病像等

エイズとは、ヒト免疫不全ウイルス(以下「HIV」という。)によって体の免疫機構が破壊され、日和見感染症(健康な状態では通常はり患しないが、免疫力が低下したときにしばしばり患する感染症)、悪性腫瘍、神経症状等を伴うに至った病態をいうものである。

また、HIVの感染によって引き起こされる初期症状から、これに続く無症状の状態(以下「無症候性キャリア」という。)、その後の発熱、下痢、倦怠感等の持続状態(「エイズ関連症候群」)、さらに病期が進行してエイズと診断される病態までの全経過をまとめてHIV感染症という。

ロ 感染源、感染経路

HIVは、エイズ患者及びHIV感染者(以下「HIV保有者」という。)の血液等に含まれているとされているが、感染源として重要なのは、血液、精液及び膣分泌液である。

したがって、HIVの感染経路は、HIV保有者との性的接触による感染、HIVに汚染された血液を媒介した感染(輸血、注射針等による)及び母子感染がある。

しかし、唾液感染や昆虫媒介による感染はなく、また、HIVに汚染された血液に健常な皮膚が触れただけでは感染しないとされている。

ハ 潜伏期間

HIV感染後、エイズ発症までの潜伏期間については、三年以内が約一〇%、五年以内が約三〇%、八年以内が約五〇%であるといわれ、一五年以内に感染者のほとんどがエイズを発症すると推定されている。

ニ 症状等

(イ) 初期症状

HIVに感染しても一般的には無症状であるが、一部の感染者は、感染の二週間から八週間後に発熱、下痢、食欲不振、筋・関節痛等の感冒に似た急性症状を呈することがあるといわれている。

この急性症状は、二週間から三週間続いた後、自然に消退して無症候性キャリアになるとされている。

(ロ)　エイズ関連症候群

無症候性キャリアの時期を数年経て、その後、全身性のリンパ節腫脹、一か月以上続く発熱や下痢、一〇%以上の体重減少、倦怠感等の症状が現れるとされており、この持続状態を「エイズ関連症候群」と呼んでいる。

なお、このエイズ関連症候群には、軽度の症状からエイズに近い病態まで含まれるものである。

(ハ)　エイズ

エイズ関連症候群がさらに進行して、免疫機能が極端に低下すると、カリニ肺炎などの日和見感染症、カポジ肉腫などの悪性腫瘍、あるいはＨＩＶ脳症による神経症状などを発症するとされている。この時期が「エイズ」と呼ばれる病態で、複数の日和見感染症を併発することが多いとされている。

なお、エイズの予後は不良であり、日和見感染症に対する治療により一時的に好転しても再発を繰り返しやすく、あるいは他の日和見感染症を合併して次第に増悪し、エイズの発症から三年以内に大部分の患者が死亡するといわれている。

ホ　診断

ＨＩＶ感染症の診断は、血液中のＨＩＶ抗体を検出する検査により行われるが、ゼラチン粒子凝集法（ＰＡ法）等のスクリーニング検査によりＨＩＶ抗体が陽性と判定された血液については、さらに精度の高いウエスタンブロット法等による確認検査が行われ、これが陽性であれば、ＨＩＶ感染症と診断される。

なお、ＨＩＶ抗体が陽性となるのは、一般にＨＩＶ感染の六週間から八週間後であるといわれている。

(3)　労災保険上の取扱い

エイズについては、現在、ＨＩＶ感染が判明した段階で専門医の管理下に置かれ、定期的な検査とともに、免疫機能の状態をみてＨＩＶの増殖を遅らせる薬剤の投与が行われることから、ＨＩＶ感染をもって療養を要する状態とみるものである。

したがって、医療従事者等が、ＨＩＶの感染源であるＨＩＶ保有者の血液等に業務上接触したことに起因してＨＩＶに感染した場合には、業務上疾病として取り扱われるとともに、医学上必要な治療は保険給付の対象となる。

イ　血液等に接触した場合の取扱い

(イ)　血液等への接触の機会

医療従事者等が、ＨＩＶに汚染された血液等に業務上接触する機会としては、次のような場合が考えられ、これらは業務上の負傷として取り扱われる。

ａ　ＨＩＶに汚染された血液等を含む注射針等（感染性廃棄物を含む。）により手指等を受傷したとき。

b　既存の負傷部位（業務外の事由によるものを含む。）、眼球等にＨＩＶに汚染された血液等が付着したとき。

(ロ)　療養の範囲

a　前記(イ)に掲げる血液等への接触（以下、記の2において「受傷等」という。）の後、当該受傷等の部位に洗浄、消毒等の処置が行われた場合には、当該処置は、業務上の負傷に対する治療として取り扱われるものであり、当然、療養の範囲に含まれるものである。

b　受傷等の後に行われたＨＩＶ抗体検査等の検査（受傷等の直後に行われる検査を含む。）については、前記1の(3)のイの(ロ)のbと同様に取り扱う。

c　受傷等の後ＨＩＶ感染の有無が確認されるまでの間に行われた抗ＨＩＶ薬の投与は、受傷等に起因して体内に侵入したＨＩＶの増殖を抑制し、感染を防ぐ効果があることから、感染の危険に対し有効であると認められる場合には、療養の範囲として取り扱う。

ロ　ＨＩＶ感染が確認された場合の取扱い

(イ)　業務起因性の判断

原則として、次に掲げる要件をすべて満たすものについては、業務に起因するものと判断される。

a　ＨＩＶに汚染された血液等を取り扱う業務に従事し、かつ、当該血液等に接触した事実が認められること（前記イの(イ)参照）。

b　ＨＩＶに感染したと推定される時期から六週間ないし八週間を経てＨＩＶ抗体が陽性と診断されていること（前記(2)のホ参照）。

c　業務以外の原因によるものでないこと。

(ロ)　療養の範囲

前記(イ)の業務起因性が認められる場合であって、ＨＩＶ抗体検査等の検査によりＨＩＶに感染したことが明らかとなった以後に行われる検査及びＨＩＶ感染症に対する治療については、業務上疾病に対する療養の範囲に含まれるものである。

3　ＭＲＳＡ感染症について

(1)　法令上の取扱い

ＭＲＳＡ感染症は、その原因となる病原体がメチシリン耐性黄色ブドウ球菌であり、また、後記(2)のロに示すとおり伝染性をもつものである。

したがって、業務に起因する医療従事者等のＭＲＳＡ感染症については、一八六号通達の記の第二の二の(6)のイの(ハ)及び(ニ)に示す「ウイルス性肝炎等」に含むこととし、労基則別表第一の二第六号一又は五に定める業務上の疾病に該当するものとする。

また、業務上の負傷（皮膚の創傷等）部位からＭＲＳＡが侵入し、又は業務上の負傷の治療過程においてＭＲＳＡに感染することによるＭＲ

ＳＡ感染症は、労基則別表第一の二第一号に該当するものである。

さらに、労基則別表第一の二第二号から第九号に定める業務上の疾病の治療過程においてＭＲＳＡに感染することによるＭＲＳＡ感染症は、当該業務上の疾病に付随する疾病としてそれぞれ取り扱われる。

なお、通勤災害による傷病の治療過程においてＭＲＳＡに感染することによるＭＲＳＡ感染症は、労働者災害補償保険法施行規則第一八条の四に定める通勤による負傷に起因する疾病その他通勤に起因することの明らかな疾病（以下「通勤による疾病」という。）として取り扱われる。

(2)　ＭＲＳＡ感染症に係る医学的事項

イ　ＭＲＳＡの病像等

ＭＲＳＡは、ペニシリン系はもとより、セフェム系抗生物質やアミノ配糖体系抗生物質にも広く耐性を持つ多剤耐性の黄色ブドウ球菌である。

黄色ブドウ球菌は、ヒトの鼻腔、咽頭、口腔、皮膚及び腸管内に常在する細菌であるが、化膿性疾患の主要な原因ともなる細菌である。

黄色ブドウ球菌による感染症の治療には一九四〇年代以降、ペニシリンＧ、テトラサイクリン等が使用されたが、その都度、これらの抗生物質に耐性を持つ黄色ブドウ球菌が出現した。そのため、これらの耐性黄色ブドウ球菌に優れた抗菌力を示すメチシリン、オキサシリン等の抗生物質が開発されたが、さらに、これらの抗生物質にも耐性を持つＭＲＳＡの出現をみるに至った。

その後、第一・第二世代セフェム系抗生物質の使用を経て、第三世代セフェム系抗生物質が広く使用されることとなったが、第三世代セフェム系抗生物質は、黄色ブドウ球菌に対しては第一・第二世代セフェム系抗生物質より抗菌力が劣っていたため、ＭＲＳＡの出現頻度が増大し、近年、ＭＲＳＡによる感染症が多発している状況にある。

ＭＲＳＡは、通常の黄色ブドウ球菌と比べて、特に毒性が強いわけではなく、健康人には無害であるとされているが、免疫不全患者や高齢患者（特に寝たきりの高齢患者）などの易感染性患者（ＭＲＳＡによって重篤な感染症を惹起しやすい患者）が感染すると、重篤な症状を呈するといわれている。

ロ　感染源、感染経路

(イ)　ＭＲＳＡは、主に医療機関内で発生することから、感染の機会も主に医療機関内であり、その主な感染源には次のものがあるとされている。

a　ＭＲＳＡに感染した入院患者

(a)　不適切な抗生物質の使用により入院患者がもともと持っている黄色ブドウ球菌がＭＲＳＡに変異する場合

(b)　他の医療機関でＭＲＳＡに感染した患者が入院した場合

b　医療従事者等の健康保菌者

MRSAに感染した入院患者等に接触することにより、MRSAの保菌状態（MRSA感染による症状を呈していない状態）にある場合

(ロ)　MRSAは、感染者又は健康保菌者の鼻腔、咽頭、感染病巣等からの接触・飛沫感染により、ヒトからヒトへ直接伝播する場合とMRSAに汚染された医療器具、シーツ、寝具等を介して間接伝播する場合があるとされている。

ハ　症状等

MRSA感染症は、その特有な多剤耐性という以外は、通常の黄色ブドウ球菌による感染症と同様の臨床像を呈すると考えられている。

MRSA感染症としては、表層感染と深部感染の二つに大別でき、それぞれの概要は次のとおりである。

(イ)　表層感染

表層感染によるMRSA感染症としては、皮膚の化膿巣、中耳炎等があるが、一般には良好な経過をたどるものが多いとされている。

しかし、易感染性患者においては、感染症状は遷延化し、時として深部感染に移行する場合がある。

(ロ)　深部感染

深部感染によるMRSA感染症としては、髄膜炎、肺炎、腹膜炎、腸炎等があるが、適切な治療が行われないと敗血症に至り、死亡する場合がある。

(3)　労災保険上の取扱い

労災保険におけるMRSA感染症の取扱いは、他の細菌による感染症と同様であるが、その感染の機会は医療機関内である場合が多いことから、労災補償の対象となるのは、業務災害又は通勤災害により療養を行っている者（以下「労災患者」という。）及び医療従事者等が考えられる。

したがって、労災患者がその療養中にMRSAに感染した場合あるいは医療従事者等がMRSAに業務上感染した場合であって、前記(2)のハに示す症状を呈するに至ったときは、当該MRSA感染症は、前記(1)の区分に従って業務上疾病又は通勤による疾病として取り扱われるとともに、医学上必要な治療（検査を含む。）は保険給付の対象となる。

イ　業務起因性の判断

(イ)　労災患者の場合

労災患者のMRSA感染症で、次に掲げる要件をすべて満たすものについては、原則として、業務に起因するもの（通勤災害により療養を行っている者のMRSA感染症にあっては、通勤に起因するもの。）と判断される。

a　当該労災患者が療養を行っている医療機関において、MRSAに感染していることが確認された入院患者等（当該労災患者を含む。）がみられること（前記(2)のロの(イ)参照）。

b　感染症状が認められる部位（当該労災患者が療養を行う原因となった

傷病の部位以外の部位を含む。）からＭＲＳＡが検出されていること。

c　当該労災患者が療養を行っている医療機関以外において感染したものでないこと。

(ロ)　医療従事者等の場合

医療従事者等のＭＲＳＡ感染症は、易感染性患者と異なり、一般的には深部感染は考えにくいものである。

したがって、表層感染に限り、原則として、次に掲げる要件をすべて満たすものについては、業務に起因するものと判断される。

a　当該医療従事者等の勤務する医療機関においてＭＲＳＡに感染していることが確認された入院患者等がみられること（前記⑵のロの(イ)参照）。

b　感染症状が認められる部位からＭＲＳＡが検出されていること。

c　業務以外の原因によるものでないこと。

ロ　療養の範囲

前記イの業務起因性が認められる場合のＭＲＳＡ感染症について、医学上必要な治療（検査を含む。）が行われた場合には、当該治療は、業務上疾病又は通勤による疾病に対する療養の範囲に含まれるものである。

なお、労災患者については、前記イの業務起因性が認められない場合であっても、当該労災患者が療養を行う原因となった傷病の部位からＭＲＳＡが侵入し、感染症状を呈するに至ったものと医学的に認められ、かつ、当該傷病に対する治療の必要上、ＭＲＳＡ感染症に対する治療も併せて行わなければ治療効果が期待できないと認められる場合には、当該ＭＲＳＡ感染症に対する治療は、当該傷病に対する療養の範囲に含めるものとする。

4　報告等

⑴　エイズについて労災保険給付の請求が行われた場合には、「補五〇四労災保険の情報の速報」の1の⑴のロの㈡に該当する疾病として速やかに本省あて報告すること。

⑵　Ｃ型肝炎（他のウイルス肝炎を含む。）、エイズ及びＭＲＳＡ感染症に係る事案に関し、その業務起因性について疑義がある場合には、関係資料を添えて本省あて協議すること。

（平五・一〇・二九　基発第六一九号、平二二・九・九　基発〇九〇九第一号）

〈労災保険におけるＨＩＶ感染症の取扱いに係る留意点について〉

標記について、平成二二年九月九日付け基発〇九〇九第一号「労災保険におけるＨＩＶ感染症の取扱いについて」（以下「局長通達」という。）をもって指示されたところであるが、その留意点は下記のとおりであるので、この取扱いに留意の上、円滑な事務処理をお願いする。

記

一　局長通達の背景

医療従事者に発生した針刺し事故後のＨＩＶ感染防止に関しては、平成一一年八月三〇日付け健医疾発第九〇号、医薬安第一〇五号「針刺し後のＨＩＶ感染防止体制の整備について」で示されている「医療事故後のＨＩＶ感染防止のための予防服用マニュアル」（二〇〇七年七月改訂版。国立国際医療センター病院エイズ治療・研究開発センター。以下「マニュアル」という。）及び「抗ＨＩＶ治療ガイドライン」（二〇一〇年三月。平成二一年度厚生労働科学研究費補助事業ＨＩＶ感染症及びその合併症の課題を克服する研究班。以下「ガイドライン」という。）において、ＨＩＶに汚染された血液へのばく露後、可及的速やか（可能であれば二時間以内）に抗ＨＩＶ薬の投与を開始し、以後四週間程度投与を継続することとされている。

当該投与が針刺し事故に際してＨＩＶ感染のリスク軽減を図るための必要な対応として記載されていることにかんがみ、ＨＩＶ感染の有無が確認されるまでの期間に行われた抗ＨＩＶ薬の投与を療養の範囲に含めて取り扱うこととしたものである。

二　局長通達の記の「感染の危険に対し有効であると認められる場合」について

⑴　抗ＨＩＶ薬の投与が認められる期間

マニュアル及びガイドラインによれば、針刺し事故等の受傷後、可及的速やか（可能であれば二時間以内）に投与することを推奨し、四週間程度の服用が有効とされていることから、原則として、受傷後四週間まで投与を認めるものである。

なお、受傷後四週間を超える期間の抗ＨＩＶ薬の請求がなされた場合には、医学的必要性を確認の上判断すること。

⑵　抗ＨＩＶ薬の範囲

療養の範囲に含めるのは、原則として、マニュアル及びガイドラインに記載されている抗ＨＩＶ薬の投与に限るものとする。

なお、具体的な薬剤選択及び投薬量については、マニュアル及びガイドラインの例示を参考に受傷等の程度を踏まえた上で判断すること。

三　その他について

⑴　医療従事者以外の針刺し事故等

マニュアル及びガイドラインは、医療現場における医療従事者に限定したものであるが、ＨＩＶに汚染された血液にばく露する可能性のある労働者は医療従事者に限定されるものではないことから、局長通達においては、「医療従事者等」としているものである。

したがって、感染性廃棄物を取り扱う労働者がＨＩＶに汚染された血液等により受傷した場合においても、局長通達は適用されるものである。

(2) 医療機関への積極的な周知
局長通達による取扱いは、(社)日本医師会にも周知しているところであるが、都道府県労働局においても、都道府県医師会、郡市区医師会、その他医療関係者等へ積極的に周知すること。

(平二二・九・九　基労補発〇九〇九第一号)

〈C型肝炎を発症した場合等の療養の範囲について〉

医療従事者等に対するC型肝炎に係る労災保険の取扱いについては、平成五年一〇月二九日付け基発第六一九号により実施しているところであり、また、業務上の事由又は通勤災害(以下「業務災害等」という。)による傷病の療養中にC型肝炎ウイルス(以下「HCV」という。)に汚染された血液の輸血及び血液製剤の投与等(以下「血液の輸血等」という。)を受け、HCVに感染し、C型肝炎を発症した場合については、従前より、業務上疾病又は通勤による疾病として取り扱ってきたところである。

今般、C型肝炎に対する治療の進展を踏まえ、療養の範囲を明確化するとともに、業務災害等による傷病の療養中にHCVに汚染された血液の輸血等を受けた場合の療養の範囲を下記のとおり示すので、その取扱いに留意されたい。

記

一　C型慢性肝炎を発症した場合の検査及び治療については、「B型及びC型肝炎ウイルスの感染者に対する治療の標準化に関する臨床的研究」(別添)において「血清ALT正常C型肝炎症例への抗ウイルス治療ガイドライン」が示されており、当該ガイドラインに則した治療についても療養の範囲内に含まれること。

なお、C型肝炎については、ウイルスが陰性化した場合の他、ウイルスの持続感染が認められ、かつ、AST値及びALT値が持続的に低値であるものを治ゆとしているが、これはHCVの陰性化を原則としているものであり、当該ガイドラインによる取扱いと矛盾しないことは言うまでもないこと。

二　業務災害等による傷病の療養中にHCVに汚染された血液を輸血等された場合のHCV抗体検査等の検査並びに発症したC型肝炎が業務又は通勤に起因するものと認められる場合の発症以後の検査及び治療については、業務上疾病又は通勤による疾病に対する療養の範囲に含まれるものであること。

なお、HCVに汚染された血液を輸血等された場合とは、HCVに汚染された蓋然性が高い血液を輸血等されたことを含むものであり、例えば、平成四年以前に輸血を受けた場合、輸入非加熱血液凝固因子製剤を投与された場合及び平成六年以前にフィブリノゲン製剤（フィブリン糊としての使用を含む。）を投与された場合も、これに該当すること。

〈別添〉

B型及びC型肝炎ウイルスの感染者に対する治療の標準化に関する臨床的研究（抜粋）

〔厚生労働科学研究費補助金肝炎等克服緊急対策研究事業（肝炎分野）〕

○ 平成一八年度C型慢性肝炎の治療ガイドライン

初回投与

初回投与	Genotype1	Genotype2
高ウイルス量 一Meq/mL 一〇〇KIU/mL 三〇〇fmol/L以上	Peg-IFNα2b: Peg-Intron＋Ribavirin（四八週間） Peg-IFNα2a: Pegasys＋Ribavirin（四八週間）	Peg-IFNα2b: Peg-Intron＋Ribavirin（二四週間）
低ウイルス量 一Meq/mL 一〇〇KIU/mL 三〇〇fmol/L未満	IFN（二四週間） Peg-IFNα2a: Pegasys（二四－四八週間）	IFN（八－二四週間） Peg-IFNα2a: Pegasys（二四－四八週間）

Genotype1、高ウイルス量以外の代償性肝硬変にはIFN－βの投与を原則とする

○ 平成一八年度C型慢性肝炎の治療（ガイドラインの補足）

一 初回投与の高ウイルス量症例、再投与例ではインターフェロンとリバビリンの併用療法が、治療の基本である。

二 高ウイルス量症例、再投与症例でリバビリンの非適応例ではインターフェロンの長期投与が必要である。

三 インターフェロン治療中にHCV RNAの陰性化が得られない症例では、肝機能正常化または発癌予防を目指した治療も検討する。

○ 平成一八年度のgenotype1、高ウイルス量症例に対するPeg－IFN＋リバビリン併用療法のガイドライン

（補足）

一 一二週以内にRNA陰性化例

四八週併用療法でSVRを期待

二 一三週から二四週までにRNA陰性化例

七二週の併用療法長期継続でSVRを目指す

三 高齢、合併症併存、Hb・WBC低値例など通常量での治療では副作用中止が予測される症例

減量開始、あるいは、早期に減量して（四八－七二週）完遂を目指す

四 二四週目でRNA陽性かつALT正常化例

四八週の治療継続により長期ALT正常化維持を目指す

○ C型慢性肝炎に対する再治療ガイドライン

インターフェロン再治療の原則：

C型慢性肝炎に対してインターフェロンの再治療は初回治療の無効の要因を検討し、治療目的の治療か、進展予防（発癌予防）の少量長期療法

を選択すべきである。

○　血清ALT正常C型肝炎症例への抗ウイルス治療ガイドライン

	血小板数≧一五万	血小板数＜一五万
ALT≦三〇IU/L	二―四カ月毎に血清ALT値フォロー。ALT異常を呈した時点で完治の可能性、発癌リスクを評価し、抗ウイルス療法を考慮。	繊維化進展例がかなり存在する。可能なら肝生検を施行しF2A2以上の例に抗ウイルス療法を考慮。
ALT三一―四〇IU/L	抗ウイルス療法の適応	慢性肝炎治療に準じる

遺伝子型、ウイルス量、年齢などを考慮し、通常のC型慢性肝炎治療に準じて、治療法を選択する

○　1b型、高ウイルス量のPeg-IFN＋Ribavirin非適応症例に対するIFN単独長期療法のガイドライン〔編注＝下図参照〕

○　C型慢性肝炎の血清トランスアミナーゼの目標値

一　C型慢性肝炎grade1（F1）では、持続的に正常値の一・五倍以下にcontrolする。

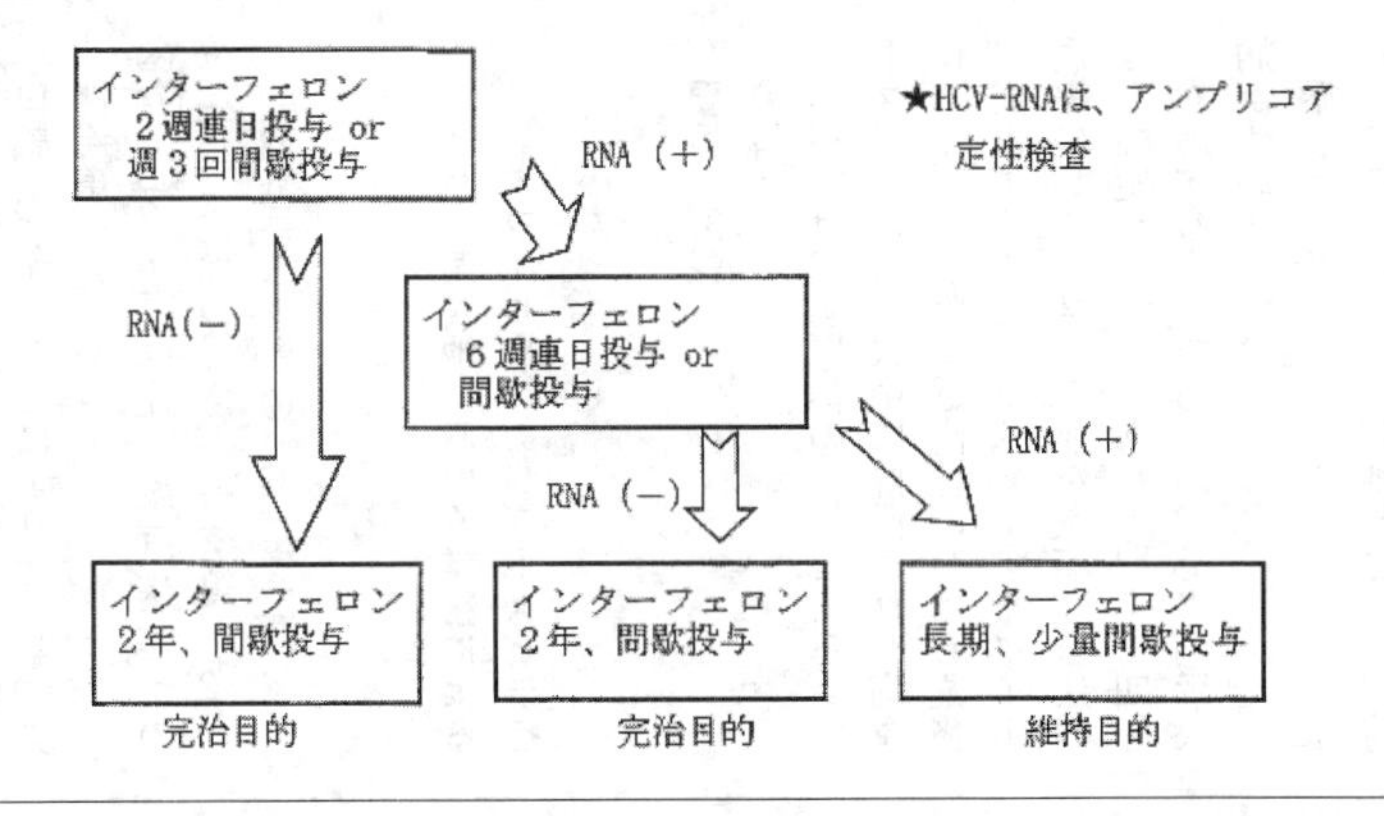

二　C型慢性肝炎grade2-3（F2～F3）では、極力正常値にcontrolする。

（平一九・一二・一三　基労補発第一二一三〇〇一号）

ロ　動物若しくはその死体、獣毛、革その他動物性の物又はぼろ等の古物を取り扱う業務によるブルセラ症、炭疽病等の伝染性疾患（第六号2）

〈**要旨と解説**〉

（要旨）

本規定は、例示されたような獣類の人畜共通伝染病病原体にさらされる作業環境下において業務に従事することにより発生する人畜共通伝染病であるブルセラ症、炭疽病等の伝染性疾患を業務上の疾病として定めたものであり、旧第三六号に対応するものである

が、例示疾病が改められた。

（解説）

(イ)　「その他動物性の物」には、動物の骨、内臓等加工していない動物の身体の部分がある。

(ロ)　「ぼろ等の古物」の「等」には、使い古した家具調度品がある。

(ハ)　該当業務としては、例えば、家畜の飼育、獣医の業務、屠殺、皮革製品の製造、刷毛又は筆の製造の業務、廃品回収の業務等がある。

(ニ)　「ブルセラ症」とは、ブルセラ菌に感染して起こる伝染性疾患をいい、これに感染する動物は通常ヤギ、ウシ、ブタ等の家畜であって、これらの病獣等を介してブルセラ菌に感染することにより起こる場合が多い。

(ホ)　「炭疽病」とは、元来はウシ及びヒツジまれにウマ、ブタ、ネコ等が自然感染する疾患であるが、死獣又は病獣からの排泄物等を介して炭疽病に感染（通常経皮感染、ときに経口感染）することにより起こる伝染性疾患をいう。

(ヘ)　「ブルセラ症、炭疽病等」の「等」には、ペスト、痘瘡等がある。

（昭五三・三・三〇　基発第一八六号）

ハ　湿潤地における業務によるワイル病等のレプトスピラ症（第六号3）

〈要旨と解説〉

（要旨）

本規定は、病原体の一種であるレプトスピラ（鼠の尿中に排泄された病原体）で汚染された湿潤地における業務に従事することにより発生するワイル病等のレプトスピラ症を業務上の疾病として定めたものであり、旧第三四号に対応するものであるが、その例示疾病が改められた。

（解説）

(イ)　ここにいう「湿潤地」とは、常時湿潤な状態を保有する土地を意味し、水田地帯や地下水の浸出する炭鉱地帯をいう。

(ロ)　該当業務としては、例えば、炭坑夫及び土木工事従事者の業務、街路清掃、じんあい処理の業務等がある。

(ハ)　「ワイル病」とは、鼠の尿で汚染された水、土壌、食物等を介してレプトスピラに経皮的又は経口的に感染することにより起こる伝染性疾患をいい、黄疸出血性レプトスピラ病とも呼ばれる。

(ニ)　「ワイル病等のレプトスピラ症」の「等」には、黄疸出血性レプトスピラ症以外のレプトスピラ症が含まれ、これには無菌性随膜炎等がある。

（昭五三・三・三〇　基発第一八六号）

ニ　屋外における業務による恙虫病（第六号4）

〈要旨と解説〉

（要旨）

本規定は恙虫病のリッケチアに感染する恐れのある地域の屋外における業務に従事することにより発生する恙虫病を業務上の疾病として定めたものであり、旧第三五号と同一である。

（解説）

(イ)　ここにいう「屋外における業務」とは、恙虫の幼虫に刺されるおそれのある地域の屋外における業務をいう。

(ロ)　該当業務としては、上記(イ)に掲げた関係地域の屋外における土木工事、護岸作業、農業に係る業務等がある。

(ハ)　「恙虫病」とは、野鼠により運搬された恙虫の幼虫（ダニの一種で赤虫とも呼ばれる。）に刺された傷口から、その幼虫の体内に保育されていたリッケチアに感染することにより起こる急性発疹性熱性疾患をいう。

（昭五三・三・三〇　基発第一八六号）

ホ　1から4までに掲げるもののほか、これらの疾病に付随する疾病その他細菌、ウイルス等の病原体にさらされる業務に起因することの明らかな疾病（第六号5）

〈要旨と解説〉

（要旨）

本規定は、第六号1から4までに掲げる疾病以外に、①これらの疾病に付随する疾病②第六号1から4までに掲げる疾病発生の原因因子によるその他の疾病又は③第六号1から4までに掲げる疾病発生の原因因子以外で細菌、ウイルス等の病原体にさらされる作業環境下において業務に従事した結果、発生したものと認められる疾病に対して適用される趣旨で設けられたものである。

（解説）

第六号1及び2に掲げる疾病のうち、急性伝染性疾患は二次感染を起こすことがあるが、このような二次感染により起こる疾病に対しては本規定が適用される。

なお、「明らか」の意義については、(2)のワ（解説）参照。

（昭五三・三・三〇　基発第一八六号）

〈海外における業務による感染症の取扱いについて〉

近年の日本企業の海外進出に伴い、海外における業務に従事する労働者が増加しているが、これらの労働者が日本国内においては感染リスクが無いか、又は著しく低い感染症に、海外でり患する事例がみられるところである。これらの海外においてり患した感染症については、業務起因性が認められる場合に、労働基準法施行規則別表第一の二（以下「別表」という。）第六号5に該当する疾病として認定してきたところである。しかしながら、従来、海外における業務と感染症との因果関係について必ずしも明確ではなかったことから、「労働基準法施行規則第三五条定期検討のための専門委員会」（以下「専門委員会」という。）においてこれらの因果関係について検討が行われ、今般、その検討結果が得られた。そこで、これに基づき海外における業務による感染症の取扱いについて下記のとおり取りまとめたので、その事務処理に遺漏のないように配意されたい。

また、認定に当たっての参考として「感染症に関する医学的事項」を別添のとおり作成したので、これを活用し、迅速・適正な認定に努めるとともに、労使等の関係者に対して周知徹底を図られたい。

記

一　海外においてり患した感染症の法令上の取扱い

労働者（労働者災害補償保険法第二七条第六号及び第七号に掲げる者を含む。）が海外においてり患した感染症については、専門委員会の検討結果に基づき、今後においても、個々の事例について感染経路、潜伏期間、臨床症状、診断、業務との関連等を十分調査・検討し、業務起因性が認められる場合には、別表第六号5に該当する疾病として取り扱うこと。

二　感染症と業務との関連及び認定に当たっての留意事項

海外においてり患のおそれのある主な感染症（別表第六号4に掲げた恙虫病を除く。）と業務との関連について、感染リスクの観点から次のように分類されるので、業務起因性の判断に当たっては、別添「感染症に関する医学的事項」を参考にして、慎重に判断すること。

(1)　媒介動物と接触の多い業務において感染リスクの高い感染症

媒介ネズミ、媒介昆虫等の媒介動物感染により間接伝播する感染症であって、媒介動物と接触の機会の多い次の業務は、感染リスクが高いと考えられるが、これらの感染症については、媒介動物と接触の機会の多い業務が他の業務に比較して感染リスクが高いと指摘されるものであって、他の業務及び一般生活においても感染リスクは存在するものであるので、業務起因性の判断に当たっては、感染経路、潜伏期間、臨床症状、診断等を十分調査・検討すること。ただし、媒介動物の存在しない地域での業務については、たとえ、ここに掲げる業務であっても、当然、感染リスクが認められないものである。

イ　ペスト　媒介動物の多い山林地域や船舶内での業務

ロ　黄熱（森林型）　媒介動物の多い山林地域での業務

ハ　住血吸虫症　媒介貝の棲息する河川内での業務

(2)　業務遂行中及び一般生活に同様の

感染の機会がある感染症

汚染飲食物等の媒介物感染により間接伝播する感染症、媒介動物感染により間接伝播する次の感染症（(1)及び(3)のロの感染症を除く。）及び気道感染する真菌感染症は、侵淫（しんいん）地域（当該感染症への感染リスクが高い地域）において、業種や業務内容とは無関係に業務遂行中に感染の機会があるが、感染リスクは、一般生活においても同様に存在するので、ただちに業務上疾病と認めることはできない。

イ　媒介物感染

コレラ、細菌性赤痢、腸チフス、パラチフス、A型肝炎、非A非B型肝炎（水系感染）、アメーバ症、ジアルジア症

ロ　媒介動物感染

デング熱、日本脳炎、狂犬病、ラッサ熱、黄熱（都市型）、発疹チフス、発疹熱、マラリア、トリパノソーマ症、リーシュマニア症、フィラリア症、オンコセルカ症

ハ　気道感染

コクシジオイデス症、ヒストプラスマ症、ブラストミセス症、パラコクシジオイデス症

(3)　医療・研究業務を除いて感染リスクの高い業務が存在しない感染症

次の感染症については、既に別表第六号1に掲げられている「患者の診療若しくは看護の業務又は研究その他の目的で病原体を取り扱う業務」を除いて特に感染リスクの高い業務はないので、通常、これらの業務以外については、業務上疾病と認められない。

なお、腎症候性出血熱は、ごく最近の報告例で実験動物を取り扱う研究機関以外における発症例がみられることから、今後の発症例の報告に留意する必要があるので、研究機関以外における発症事例については、本省に協議すること。

イ　血液、体液等の接触感染

B型肝炎、デルタ肝炎、非A非B型肝炎（血液感染）、後天性免疫不全症候群（ＡＩＤＳ）

ロ　媒介動物感染

腎症候性出血熱

(4)　その他

アフリカ出血熱（マールブルグ病）については、ウイルスの生態が未だよく解明されておらず、業務との関連も不明であるので、発症事例については、本省に協議すること。

（別添）　感染症に関する医学的事項

〈略〉

（昭六三・二・一　基発第五七号）

(7)　がん原性物質若しくはがん原性因子又はがん原性工程における業務による次に掲げる疾病（第七号）

イ　ベンジジンにさらされる業務による尿路系腫瘍（第七号１）

〈要旨と解説〉

（要旨）

本規定は、がん原性物質であるベンジジンにさらされる作業環境下において業務に従事することにより発生する尿路系腫瘍を業務上の疾病として定めたものである。

（解説）

(イ)「ベンジジン」とは、H_2N−⬡−⬡−NH_3 の化学構造式を有する白色ないし黄味又は赤味を帯びた灰色の結晶性粉末の物質である。

なお、現在は労働安全衛生法（昭和四七年法律第五七号）（以下「安衛法」という。）第五五条により製造等が禁止されている（ただし、試験研究の業務については、一定の要件を付して製造等が認められている。以下「禁止物質」という。）。

(ロ) 該当業務としては、安衛法による禁止前においては、たとえば、染料及び試薬の製造・取扱いの業務があった。なお、これらの業務は、ベンジジンの含有量が重量で一パーセント以下の物である場合を除き、安衛法第六七条による健康管理手帳交付の対象業務（以下、「健康管理手帳交付対象業務」という。）となっている。

(ハ) ここにいう「尿路系腫瘍」とは、尿路（腎臓、腎盂、尿管、膀胱及び尿道をいう。以下同じ。）に原発した腫瘍（良性腫瘍を含む。以下同じ。）をいう。

（昭五三・三・三〇　基発第一八六号）

〈芳香族化合物のニトロ又はアミノ誘導体による疾病の認定基準〉

B　業務上の疾病　⑷イ（三八五頁参照）

ロ　ベーターナフチルアミンにさらされる業務による尿路系腫瘍（第七号２）

〈要旨と解説〉

（要旨）

本規定は、がん原性物質であるベーターナフチルアミンにさらされる作業環境下において業務に従事することにより発生する尿路系腫瘍を業務上の疾病として定めたものである。

（解説）

(イ)「ベーターナフチルアミン（別名二ーナフチルアミン）」とは、⬡⬡−NH_2 の化学構造式を有する無色又は薄桃色の葉状結晶で微かな芳香がある物質である。なお、これは禁止物質とされている。

(ロ) 該当業務としては、安衛法による禁止前において、例えば、染料及び酸化防止剤の中間体の製造の業務（ベーターナフチルアミンの含有量が重量で一パーセント以下の物である場合を除き、健康管理手帳交付対象業務）があった。

(ハ)　「尿路系腫瘍」については、(7)イ（解説）(ハ)参照。

（昭五三・三・三〇　基発第一八六号）

ハ　四－アミノジフェニルにさらされる業務による尿路系腫瘍（第七号３）

〈要旨と解説〉

（要旨）

本規定は、がん原性物質である四－アミノジフェニルにさらされる作業環境下について業務に従事することにより発生する尿路系腫瘍を業務上の疾病として定めたものである。

（解説）

(イ)　「四－アミノジフェニル」とは、$-NH_2$の化学構造式を有する無色の葉片状結晶の物質である。なお、これは禁止物質とされている。

(ロ)　該当業務としては、例えば、安衛法による禁止前において染料及び試薬の製造、取扱いの業務があった。

(ハ)　「尿路系腫瘍」については、(7)イ（解説）(ハ)参照。

（昭五三・三・三〇　基発第一八六号）

ニ　四－ニトロジフェニルにさらされる業務による尿路系腫瘍（第七号４）

〈要旨と解説〉

（要旨）

本規定は、がん原性物質である四－ニトロジフェニルにさらされる作業環境下における業務に従事することにより発生する尿路系腫瘍を業務上の疾病として定めたものである。

（解説）

(イ)　「四－ニトロジフェニル」とは、$-NO_2$　の化学構造式を有する常温・常圧で黄色針状結晶の物質である。なお、これは禁止物質とされている。

(ロ)　該当業務としては、例えば、安衛法による禁止前において染料製造・取扱いの業務があった。

(ハ)　「尿路系腫瘍」については、(7)イ（解説）(ハ)参照。

（昭五三・三・三〇　基発第一八六号）

ホ　ビス（クロロメチル）エーテルにさらされる業務による肺がん（第七号５）

〈要旨と解説〉

（要旨）

本規定は、がん原性物質であるビス（クロロメチル）エーテルにさらされる作業環境下における業務に従事することにより発生する肺がんを業務上の疾病として定めたものである。

（解説）

(イ)「ビス（クロロメチル）エーテル」とは、$(ClCH_2)_2O$の化学構造式を有する催涙性の揮発性の液体の物質である。なお、これは禁止物質とされている。

(ロ) 該当業務としては、例えば、安衛法による禁止前において染料及び陰イオン交換樹脂の製造・取扱いの業務（ビス（クロロメチル）エーテルは、クロロメチル化剤として使用）（ビス（クロロメチル）エーテルの含有量が重量で一パーセント以下の物である場合を除き健康管理手帳交付対象業務）があった。

(ハ)「肺がん」とは、肺に原発した悪性新生物をいう。

（昭五三・三・三〇　基発第一八六号）

ヘ　ベンゾトリクロライドにさらされる業務による肺がん（第七号6）

〈要旨と解説〉

（要旨）

本規定は、がん原性物質であるベンゾトリクロライドにさらされる作業環境下において業務に従事することにより発生する肺がんを業務上の疾病として定めたものである。

（解説）

(イ)「ベンゾトリクロライド（別名ベンゾトリクロリド）」とは、$CCl_3-C_6H_5$の化学構造式を有し、無色又は淡黄色で催涙性と刺激臭のある液体の物質である。

なお、ベンゾトリクロライドは、特定化学物質等障害予防規則（昭和四七年労働省令第三九号）（以下「特化則」という。）の適用を受ける第一類物質である。

(ロ) 該当業務としては、例えば、医薬、紫外線吸収剤、農薬、染料、顔料、有機過酸化物原料等の製造・取扱いの業務がある。トルエンの塩素化に際し、太陽光線により塩素化反応をさせることによりベンゾトリクロライドを製造する事業場における業務は、健康管理手帳交付対象業務とされている。

(ハ)「肺がん」については、(7)(ホ)（解説）(ハ)参照。

（昭五三・三・三〇　基発第一八六号）

ト　石綿にさらされる業務による肺がん又は中皮腫（第七号7）

〈要旨と解説〉

（要旨）

本規定は、がん原性物質である石綿にさらされる作業環境下において業務に従事することにより発生する肺がん又は中皮腫を業務上の疾病として定めたものである。

（解説）

(イ)「石綿（アスベスト）」とは、繊維状の耐熱性、耐摩耗性等の性質にすぐれた鉱物性物質であり、これにはクリソタイル、クロシドライト、アモサイト、トレモライド、アクチノライト及びアンソフイライトがある。

なお、石綿は、特化則の適用を受ける第二類物質とされている。

(ロ)　該当業務としては、例えば、織物、セメント、摩擦材料、ガスケット、ブレーキライニング等の製造・取扱い等の業務（このうち粉じん作業に係る業務については、健康管理手帳交付対象業務）がある。

(ハ)　「肺がん」については、(7)ホ（解説）(ハ)参照。

(ニ)　「中皮腫」とは、胸膜又は腹膜の中皮に原発した腫瘍をいう。

（昭五三・三・三〇　基発第一八六号）

〈石綿による疾病の認定基準について〉

標記については、平成一五年九月一九日付け基発第〇九一九〇〇一号（以下「一五年通達」という。）により指示してきたところであるが、今般、「石綿による健康被害に係る医学的判断に関する検討会」の検討結果を踏まえ、下記のとおり認定基準を改正したので、今後の取扱いに遺漏のないよう万全を期されたい。

なお、本通達の施行に伴い、一五年通達は廃止する。

記

第一　石綿による疾病と石綿ばく露作業

一　石綿による疾病

石綿との関連が明らかな疾病としては、次のものがある。

(1)　石綿肺
(2)　肺がん
(3)　中皮腫
(4)　良性石綿胸水
(5)　びまん性胸膜肥厚

二　石綿ばく露作業

石綿ばく露作業とは、次に掲げる作業をいう。

(1)　石綿鉱山又はその附属施設において行う石綿を含有する鉱石又は岩石の採掘、搬出又は粉砕その他石綿の精製に関連する作業

(2)　倉庫内等における石綿原料等の袋詰め又は運搬作業

(3)　次のアからオまでに掲げる石綿製品の製造工程における作業

ア　石綿糸、石綿布等の石綿紡織製品

イ　石綿セメント又はこれを原料として製造される石綿スレート、石綿高圧管、石綿円筒等のセメント製品

ウ　ボイラーの被覆、船舶用隔壁のライニング、内燃機関のジョイントシーリング、ガスケット（パッキング）等に用いられる耐熱性石綿製品

エ　自動車、捲揚機等のブレーキライニング等の耐摩耗性石綿製品

オ　電気絶縁性、保温性、耐酸性等の性質を有する石綿紙、石綿フェルト等の石綿製品（電線絶縁紙、保温材、耐酸建材等に用いられている。）

又は電解隔膜、タイル、プラスター等の充填剤、塗料等の石綿を含有する製品

(4) 石綿の吹付け作業

(5) 耐熱性の石綿製品を用いて行う断熱若しくは保温のための被覆又はその補修作業

(6) 石綿製品の切断等の加工作業

(7) 石綿製品が被覆材又は建材として用いられている建物、その附属施設等の補修又は解体作業

(8) 石綿製品が用いられている船舶又は車両の補修又は解体作業

(9) 石綿を不純物として含有する鉱物（タルク（滑石）等）等の取扱い作業

(10) 上記(1)から(9)までに掲げるもののほか、これらの作業と同程度以上に石綿粉じんのばく露を受ける作業

(11) 上記(1)から(10)の作業の周辺等において、間接的なばく露を受ける作業

第二　石綿による疾病の取扱い

一　石綿肺（石綿肺合併症を含む。）

石綿ばく露作業（前記第一の二の(1)から(11)までに掲げる作業をいう。以下同じ。）に従事しているか又は従事したことのある労働者（以下「石綿ばく露労働者」という。）に発生した疾病であって、じん肺法（昭和三五年法律第三〇号）第四条第二項に規定するじん肺管理区分が管理四に該当する石綿肺又は石綿肺に合併したじん肺法施行規則（昭和三五年労働省令第六号）第一条第一号から第五号までに掲げる疾病（じん肺管理区分が管理四の者に合併した場合を含む。）は、労働基準法施行規則（昭和二二年厚生省令第二三号）別表第一の二（以下「別表第一の二」という。）第五号に該当する業務上の疾病として取り扱うこと。

二　肺がん

(1) 石綿ばく露労働者に発症した原発性肺がんであって、次のア又はイに該当する場合には、別表第一の二第七号七に該当する業務上の疾病として取り扱うこと。

ア　じん肺法に定める胸部エックス線写真の像が第一型以上である石綿肺の所見が得られていること。

イ　次の(ア)又は(イ)の医学的所見が得られ、かつ、石綿ばく露作業への従事期間が一〇年以上あること。ただし、次の(イ)に掲げる医学的所見が得られたもののうち、肺内の石綿小体又は石綿繊維が一定量以上（乾燥肺重量一g当たり五〇〇〇本以上の石綿小体若しくは二〇〇万本以上（五μm超。一μm超の場合は五〇〇万本以上）の石綿繊維又は気管支肺胞洗浄液一mℓ中五本以上の石綿小体）認められたものは、石綿ばく露作業への従事期間が一〇年に満たなくとも、本要件を満たすものとして取り扱うこと。

(ア) 胸部エックス線検査、胸部CT検査等により、胸膜プラーク（胸膜肥厚斑）が認められること。

(イ) 肺内に石綿小体又は石綿繊維が認

められること。

(2) 石綿ばく露作業への従事期間が一〇年に満たない事案であっても、上記(1)のイの(ア)又は(イ)に掲げる医学的所見が得られているものについては、本省に協議すること。

三　中皮腫

(1) 石綿ばく露労働者に発症した胸膜、腹膜、心膜又は精巣鞘膜の中皮腫であって、次のア又はイに該当する場合には、別表第一の二第七号七に該当する業務上の疾病として取り扱うこと。

ア　じん肺法に定める胸部エックス線写真の像が第一型以上である石綿肺の所見が得られていること。

イ　石綿ばく露作業への従事期間が一年以上あること。

(2) 上記(1)に該当しない中皮腫の事案については、本省に協議すること。

四　良性石綿胸水

石綿ばく露労働者に発症した良性石綿胸水については、石綿ばく露作業の内容及び従事歴、医学的所見、療養の内容等を調査の上、本省に協議すること。

五　びまん性胸膜肥厚

(1) 石綿ばく露労働者に発症したびまん性胸膜肥厚であって、次のア及びイのいずれの要件にも該当する場合には、別表第一の二第四号八に該当する業務上の疾病として取り扱うこと。

ア　胸部エックス線写真で、肥厚の厚さについては、最も厚いところが五㎜以上あり、広がりについては、片側にのみ肥厚がある場合は側胸壁の1／2以上、両側にある場合は側胸壁の1／4以上あるものであって、著しい呼吸機能障害を伴うこと。

この著しい呼吸機能障害とは、次の(ア)又は(イ)に該当する場合をいうものであること。

(ア) パーセント肺活量（%VC）が六〇%未満である場合

(イ) パーセント肺活量（%VC）が六〇%以上八〇%未満であって、次の①又は②に該当する場合

① 一秒率が七〇%未満であり、かつ、パーセント一秒量が五〇%未満である場合

② 動脈血酸素分圧（PaO_2）が六〇Torr以下である場合又は肺胞気動脈血酸素分圧較差（$AaDO_2$）が別表の限界値を超える場合

イ　石綿ばく露作業への従事期間が三年以上あること。

(2) 上記(1)のアの要件に該当するものであって、かつ、イの要件に該当しないびまん性胸膜肥厚の事案については、本省に協議すること。

第三　認定に当たっての留意事項

一　中皮腫について

中皮腫は診断が困難な疾病であるため、臨床所見、臨床検査結果だけでなく、病理組織検査に基づく確定診断がなされることが重要である。

また、確定診断に当たっては、肺がん、その他のがん、結核性胸膜炎、

その他の炎症性胸水、などとの鑑別も必要となる。

このため、中皮腫の業務上外の判断に当たっては、病理組織検査記録等を収集し、確定診断がなされているか確認すること。

なお、病理組織検査が行われていない事案については、臨床所見、臨床経過、臨床検査結果、他疾患との鑑別の根拠等を確認すること。

二　びまん性胸膜肥厚について

ア　びまん性胸膜肥厚は石綿ばく露に起因するものの他、関節リウマチ等の膠原病に合併したもの、薬剤によるもの、感染によるもの等石綿ばく露と無関係なものもある。

このため、びまん性胸膜肥厚の業務上外の判断に当たっては、その診断根拠となった臨床所見、臨床経過、臨床検査結果等の資料を収集し、石綿によるとの診断が適正になされていることを確認すること。

イ　びまん性胸膜肥厚について、著しい呼吸機能障害を伴うものであるか否かを判定する際に、「パーセント肺活量（%VC）」並びに「一秒率」、「パーセント一秒量」、「動脈血酸素分圧（PaO_2）」及び「肺胞気動脈血酸素分圧較差（$AaDO_2$）」（以下「一秒率等」という。）の各指標を用いる意義は、それぞれ次のとおりであること。

(ア)　パーセント肺活量（%VC）

「パーセント肺活量（%VC）」は、肺活量の正常予測値に対する実測値の割合（%）で示される指標である。

びまん性胸膜肥厚による呼吸機能障害が、通常、拘束性換気障害を呈するものであることから、拘束性換気障害の程度を評価する指標としてこれを用いる。

なお、肺活量の正常予測値は、二〇〇一年に日本呼吸器学会が提案した次の予測式により算出する。

［予測式］

男性：〇・〇四五×身長（㎝）－〇・〇二三×年齢－二・二五八（L）

女性：〇・〇三二×身長（㎝）－〇・〇一八×年齢－一・一七八（L）

(イ)　一秒率等

「一秒率」は、努力肺活量に対する一秒間の呼出量（一秒量）の割合（%）で示される指標であり、また、「パーセント一秒量」は、一秒量の正常予測値に対する実測値の割合（%）で示される指標である。

現段階では、びまん性胸膜肥厚による呼吸機能障害について、拘束性換気障害に閉塞性換気障害が合併することがあり得ることも否定できないことから、閉塞性換気障害の程度を評価する指標としてこれらを用いる。

なお、一秒量の正常予測値は、二〇〇一年に日本呼吸器学会が提案した次の予測式により算出する。

［予測式］

男性：〇・〇三六×身長（㎝）－〇・〇二八×年齢－一・一七八（L）

女性：〇・〇二二×身長（㎝）－〇・〇二二×年齢－〇・〇〇五（L）

さらに、「動脈血酸素分圧（PaO_2）」は、低酸素血症の程度を示す指標であり、「肺胞気動脈血酸素分圧較差（$AaDO_2$）」は、ガス交換障害の程度を示す指標であり、びまん性胸膜肥厚による呼吸機能障害の程度を判定するための補完的な指標として用いる。

（平一八・二・九　基発第〇二〇九〇〇一号、平二二・七・一　基発〇七〇一第一〇号、平二二・一二・一〇　基発一二一〇第六号）

〈石綿による疾病の認定基準の一部改正に係る運用に関し留意すべき事項等について〉

石綿による疾病の認定基準（以下「認定基準」という。）については、本日付け基発〇七〇一第一〇号「石綿による疾病の認定基準の一部改正について」をもって改正されたところであるが、その具体的運用に当たっては、下記の事項に留意されたい。

記

一　改正の趣旨・背景

びまん性胸膜肥厚の著しい呼吸機能障害（従来の肺機能障害と同義）の判定方法について、改正に至る背景は、「石綿による疾病の認定基準に関する検討会」第一次報告書の「1・はじめに」に記述されているとおりであるが、改正の趣旨は、次のとおりである。

すなわち、従来、石綿によるびまん性胸膜肥厚による著しい呼吸機能障害の判定方法については、じん肺法（昭和三五年法律第三〇号）によるじん肺の管理区分を決定する際に用いる判定方法を準用していたところであるが、石綿によるびまん性胸膜肥厚による呼吸機能障害については、通常、拘束性換気障害を呈することが特徴であることから、その特徴に適合した判定方法を採用することとし、具体的にはパーセント肺活量（%VC）が六〇%未満である場合に著しい呼吸機能障害があると判定することとした。ただし、現時点では、拘束性換気障害に閉塞性換気障害が合併することがあり得ることを否定できないことから、パーセント肺活量（%VC）が六〇%未満に低下していない場合であっても、一定の要件を満たす場合には著しい呼吸機能障害があると判定することとしたものである。

二　運用上の留意点

(1)　認定基準の第二の五の(1)のアの(イ)の①又は②の基準をわずかに満たさない場合は、その他の呼吸機能検査の結果（運動負荷時の呼吸機能を評価する指標、自覚的呼吸困難を評価する指標等）の有無を確認し、それらの結果も総合した地方労災医員又は地方じん肺診査医の意見に基づき、著しい呼吸機能障害の有無を判断すること。

(2) 石綿によるびまん性胸膜肥厚により著しい呼吸機能障害があると認められる場合であっても、じん肺法に定める胸部エックス線写真の像が第一型以上であるじん肺の所見が認められる場合には、労働基準法施行規則（昭和二二年厚生省令第二三号）別表第一の二第五号に規定するじん肺症として取り扱うこと。

(3) 改正前の認定基準により既に業務上の疾病として取り扱っていたびまん性胸膜肥厚による著しい肺機能障害については、改正後の認定基準に基づく著しい呼吸機能障害があるものとみなして取り扱うこと。

（平二二・七・一　基労補発〇七〇一第一号）

チ　ベンゼンにさらされる業務による白血病（第七号8）

〈要旨と解説〉

（要旨）

本規定は、がん原性物質であるベンゼンにさらされる作業環境下における業務に従事することにより発生する白血病を業務上の疾病として定めたものである。

（解説）

(イ)「ベンゼン（別名ベンゾール）」とは、⌬の化学構造式を有する無色引火性の液状の物質である。

なお、これは、特化則の適用を受ける第二類物質であり、安衛法第五五条によりベンゼンの容量が溶剤（希釈剤を含む。）の五パーセントを超えて含有されるゴムのりは禁止物質とされている。

(ロ) 該当業務としては、例えば、化学合成、洗浄剤、染料、塗料、火薬、燻蒸剤、殺虫剤、皮革、ゴム等の製造・取扱いの業務等がある。

(ハ)「白血病」とは、造血組織の原発性の悪性新生物をいい、リンパ性又は骨髄性の白血病がある。

（昭五三・三・三〇　基発第一八六号）

〈脂肪族化合物、脂環式化合物、芳香族化合物（芳香族化合物のニトロ又はアミノ誘導体を除く。）又は複素環式化合物のうち有機溶剤として用いられる物質による疾病の認定基準〉

B　業務上の疾病　(4)イ（三七六頁参照）

リ　塩化ビニルにさらされる業務による肝血管肉腫（第七号9）

〈要旨と解説〉

（要旨）

本規定は、がん原性物質である塩化ビニルにさらされる作業環境下において業務に従事することにより発生する肝血管肉腫を業務上の疾病として定めたものである。

（解説）

(イ)　「塩化ビニル（塩化ビニルモノマー）」とは、$CH_2=CHCl$の化学構造式を有する無色の気体でエーテル臭を呈する物質である。

なお、これは、特化則の適用を受ける第二類物質である。

(ロ)　該当業務としては、例えば、塩化ビニルの重合及びポリ塩化ビニルの乾燥の業務（塩化ビニルの重合及び密閉されていない遠心分離機を用いてポリ塩化ビニル（塩化ビニルの共重合体を含む。）の懸濁液から水を分離する業務は、健康管理手帳交付対象業務である。）がある。

(ハ)　「肝血管肉腫」とは、肝原発の血管内皮細胞原性の悪性腫瘍をいう。

（昭五三・三・三〇　基発第一八六号）

〈塩化ビニルばく露作業従事労働者に生じた疾病の業務上外の認定〉

B　業務上の疾病　(4)イ（三八二頁参照）

ヌ　電離放射線にさらされる業務による白血病、肺がん、皮膚がん、骨肉腫又は甲状腺がん（第七号10）

〈要旨と解説〉

（要旨）

本規定は、がん原性因子である電離放射線にさらされる作業環境下において業務に従事することにより発生する白血病、肺がん、皮膚がん、骨肉腫又は甲状腺がんを業務上の疾病として定めたものである。

（解説）

(イ)　「電離放射線」については、(2)ホ（解説）(イ)参照。

(ロ)　該当業務については、(2)ホ（解説）(ロ)参照。

(ハ)　「白血病」については、(7)チ（解説）(ハ)参照。

(ニ)　「肺がん」については、(7)ホ（解説）(ハ)参照。

(ホ)　「皮膚がん」とは、皮膚に原発した上皮性の悪性腫瘍をいう。

(ヘ)　「骨肉腫」とは、骨芽細胞に由来する原発性の悪性腫瘍をいう。

(ト)　「甲状腺がん」とは、甲状腺に原発した悪性腫瘍をいう。

（昭五三・三・三〇　基発第一八六号）

〈電離放射線に係る疾病の業務上外の認定基準〉

B　業務上の疾病　(2)ホ（三三一頁参照）

ル　オーラミンを製造する工程における業務による尿路系腫瘍（第七号11）

〈要旨と解説〉

（要旨）

本規定は、がん原性工程（当該工程において取り扱われる個々の化学物質のがん原性は確認されていないが、当該工程全体としては発がんの危険が高いことが疫学的に認められている工程をいう。以下同じ。）であるオーラミンを製造する工程における業務に従事することにより発生する尿路系腫瘍を業務上の疾病として定めたものである。

（解説）

(イ)　「オーラミン」とは、

$$[(CH_3)_2N-\langle\bigcirc\rangle-C(NH_2)=\langle\bigcirc\rangle=N(CH_3)_2]^{+}Cl^{-}$$

の化学構造式を有する一分子の結晶水をもつ黄色の粉末の物質である。

なお、これは、特化則の適用を受ける第二類物質である。

(ロ)　該当業務としては、例えば、防腐剤及び染料の製造業務がある。

(ハ)　「尿路系腫瘍」については、(7)イ（解説）(ハ)参照。

（昭五三・三・三〇　基発第一八六号）

ヲ　マゼンタを製造する工程における業務による尿路系腫瘍（第七号12）

〈要旨と解説〉

（要旨）

本規定は、がん原性工程であるマゼンタを製造する工程における業務に従事することにより発生する尿路系腫瘍を業務上の疾病として定めたものである。

（解説）

(イ)　「マゼンタ（別名フクシン、ロザニリン、ローズアニリン）」とは、

$$[H_2N-\langle\bigcirc\rangle-C(-\langle\bigcirc\rangle(CH_3)-NH_2)=\langle\bigcirc\rangle=N^{+}H_2]Cl^{-}$$

の化学構造式を有し、緑色の金属光沢のある結晶（正方晶系）性の物質である。なお、これは、特化則の適用を受ける第二類物質である。

(ロ)　該当業務としては、例えば、染料及び分析試薬の製造工程における業務がある。

(ハ)　「尿路系腫瘍」については、(7)イ（解説）(ハ)参照。

（昭五三・三・三〇　基発第一八六号）

ワ　コークス又は発生炉ガスを製造する工程における業務による肺がん（第七号13）

〈要旨と解説〉

（要旨）

本規定は、がん原性工程であるコー

クス又は発生炉ガスを製造する工程における業務に従事することにより発生する肺がんを業務上の疾病として定めたものである。

（解説）

(イ)　「コークス」とは、石炭の高温乾留によって得られる多孔質の炭素質燃料である。

(ロ)　「発生炉ガス」とは、コークス、石炭等の燃料に空気又は空気と水蒸気の混合気を送入し、ガス化反応を行わせて得られる低発熱量の燃料用ガスをいう。

(ハ)　該当業務としては、例えば、コークス炉作業、ガス発生炉作業等に係る業務（製鉄用コークス又は製鉄用発生炉ガスを製造する業務のうち炉上において行う業務及び製鉄用コークス炉に接して行う業務は、健康管理手帳交付対象業務である。）がある。

(ニ)　「肺がん」については、(7)ホ（解説）(ハ)参照。

(ホ)　なお、従来から製鉄用コークス又は製鉄用ガス発生炉ガスを製造する業務のうち炉上作業（製鉄用コークス炉作業の場合は、炉側作業を含む。）に係る業務に従事した労働者では肺がん発生危険の高いことが認められているが、製鉄用以外のコークス炉においても揮発物へのばく露条件がこれに類似した業務については本規定が適用されるので、慎重に取り扱う必要がある。

（昭五三・三・三〇　基発第一八六号）

（注）　本規定の疾病の認定については「タール様物質による疾病の認定基準」（四〇一頁）参照。

カ　クロム酸塩又は重クロム酸塩を製造する工程における業務による肺がん又は上気道のがん（第七号14）

〈要旨と解説〉

（要旨）

本規定は、がん原性工程であるクロム酸塩又は重クロム酸塩を製造する工程における業務に従事することにより発生する肺がん又は上気道のがんを業務上の疾病として定めたものである。

（解説）

(イ)　「クロム酸塩」とは、クロム酸ナトリウム、クロム酸鉛、クロム酸亜鉛、クロム酸カリウム等のクロム酸とアルカリの塩からなる化合物である。なお、クロム酸及びその塩は、特化則の適用を受ける第二類物質である。

(ロ)　「重クロム酸塩」とは、重クロム酸アンモニウム、重クロム酸カリウム、重クロム酸ナトリウム等の重クロム酸とアルカリの塩からなる化合物をいう。

なお、重クロム酸及びその塩は、特化則の適用を受ける第二類物質である。

(ハ)　該当業務としては、例えば、クロム鉱石処理工程（クロム鉱石からクロム酸塩又は重クロム酸塩を製造する全工程をいう。）における業務（クロム酸及び重クロム酸並びにこれらの塩の含有量が重量で一パーセント以下の物である場合を除き、健康管理手帳交付対象業務である。）がある。

(ニ)「肺がん」については、(7)ホ（解説）(ハ)参照

(ホ)「上気道のがん」とは、鼻腔、副鼻腔、鼻咽腔、咽頭又は喉頭に原発した悪性新生物をいう。なお、上気道のポリープについては、これに炎症性のものが含まれること及び一般のがんに比して重篤な疾患でないことから、第四号1の規定を適用すること。

（昭五三・三・三〇　基発第一八六号）

〈クロム又はその化合物（合金を含む。）による疾病の認定基準について〉

B　業務上の疾病　(4)イ（三九五頁参照）

ヨ　ニッケルの製錬又は精錬を行う工程における業務による肺がん又は上気道のがん（第七号15）

〈要旨と解説〉

（要旨）

本規定は、がん原性工程であるニッケルの製錬又は精錬を行う工程における業務に従事することにより発生する肺がん又は上気道のがんを業務上の疾病として定めたものである。

（解説）

(イ)「ニッケル」とは、銀白色で、空気中で発火する金属元素である。

(ロ)「製錬」とは、鉱石から金属を抽出する工程のうち不純物を含んだ金属を分離する操作をいう。

(ハ)「精錬」とは製錬後の金属から不純物を分離することにより金属を精製する操作をいう。

(ニ)該当業務としては、ニッケル鉱石の製錬又は精錬に係る全工程における業務がある。

(ホ)「肺がん」については、(7)ホ（解説）(ハ)参照。

(ヘ)「上気道のがん」については、(7)カ（解説）(ホ)参照。

（昭五三・三・三〇　基発第一八六号）

タ　砒素を含む鉱石を原料として金属の製錬若しくは精錬を行う工程又は無機砒素化合物を製造する工程における業務による肺がん又は皮膚がん

（第七号16）

〈要旨と解説〉

（要旨）

本規定は、がん原性工程である砒素を含む鉱石を原料として金属の製錬若しくは精錬を行う工程又は無機砒素化

合物を製造する工程における業務に従事することにより発生する肺がん又は皮膚がんを業務上の疾病として定めたものである。

（解説）

(イ)　ここにいう「砒素を含有する鉱石」とは、砒素を比較的多量に含んでおり、銅などの金属の製錬若しくは精錬を行う工程において肺がん又は皮膚がんの発生危険が高い鉱石（金爪石等）をいう。

(ロ)　「無機砒素化合物」とは、三酸化砒素又は砒酸鉛、砒酸カルシウム等の砒酸とアルカリの塩からなる化合物をいう。

なお、三酸化砒素は、特化則の適用を受ける第二類物質である。

(ハ)　該当業務としては、例えば、三酸化砒素の製造、砒素を含む鉱石を原料として行う銅の製錬又は精錬に係る全工程における業務、砒酸鉛、砒酸カルシウム等の無機砒素化合物（主として農薬として使用）の製造の業務等（三酸化砒素の焙焼若しくは精錬又は砒素の含有量が重量で三パーセントを超える鉱石を一定の方式で製錬する業務は、健康管理手帳交付対象業務である。）がある。

(ニ)　「肺がん」については、(7)ホ（解説）(ハ)参照。

(ホ)　「皮膚がん」については、(7)ヌ（解説）(ホ)参照。

（昭五三・三・三〇　基発第一八六号）

レ　すす、鉱物油、タール、ピッチ、アスファルト又はパラフィンにさらされる業務による皮膚がん（第七号17）

〈要旨と解説〉

（要旨）

本規定は、例示されたような物質に一定のばく露条件のもとでさらされる作業環境下において業務に従事することにより発生する皮膚がんを業務上の疾病として定めたものであり、旧第三〇号に対応するものである。

（解説）

(イ)　例示された有害物質の概要は、次に掲げるとおりである。

a　「すす、鉱物油及びタール」については、(4)ハ（解説）(イ)d参照。

b　「ピッチ」とは、石炭、木材等の乾留によって得られる黒色の炭素質固形残留物である。

c　「アスファルト」とは、固体又は半固体の瀝青質混合物であり、天然アスファルトと石油アスファルトがある。

d　「パラフィン」とは、石炭又は石油から得られる高級の鎖式炭化水素化合物を成分とする白色半透明のろう状物質である。

(ロ)　該当業務としては、例えば、次に掲げるものがある。

a　すす、鉱物油及びタール：(4)ハ（解説）(ロ)a、b及びd参照。

b　ピッチ：コールタールピッチの製

造・取扱いの業務等。

c　アスファルト：アスファルト又はこれを用いた電気絶縁材の製造・取扱いの業務等。

d　パラフィン：パラフィン又はその加工品の製造・取扱いの業務等。

(ハ)　「皮膚がん」については、(7)ヌ（解説）(ホ)参照。

（昭五三・三・三〇　基発第一八六号）

〈タール様物質による疾病の認定基準〉

B　業務上の疾病　(4)ハ（四〇一頁参照）

ソ　1～17までに掲げるもののほか、これらの疾病に付随する疾病その他がん原性物質若しくはがん原性因子にさらされる業務又はがん原性工程における業務に起因することの明らかな疾病（第七号18）

〈要旨と解説〉

（要旨）

本規定は、第七号1から17までに掲げるがん以外に、①これらの疾病に付随する疾病（原疾患たる各規定に例示されたがんの転移がんその他原発性のがんとの間に因果関係のあるがん性悪液質等の疾病を含む。）、②第七号1から17までに掲げる疾病発生の原因因子によるその他の部位のがん又は第七号1から17までに掲げる疾病発生の原因因子以外でがん原性物質若しくはがん原性因子にさらされる作業環境下における業務又はがん原性工程における業務に従事した結果発生したものと認められるがんに対して適用される趣旨で設けられたものである。

なお、「明らか」の意義については、(2)のワ（解説）参照。

（昭五三・三・三〇　基発第一八六号）

(8)　前各号に掲げるもののほか、厚生労働大臣の指定する疾病（第八号）

〈要旨と解説〉

（要旨及び解説）

本規定は、将来第一号から第七号までに掲げた例示疾病のほかに、有害因子にさらされる業務によって起こる疾病を業務上疾病として認めるべき必要がある場合、特に、告示による化学物質による疾病を追加する必要がある場合を考慮して規定されたものであり、旧第三七号に対応するものである。

（昭五三・三・三〇　基発第一八六号）

〈超硬合金の粉じんを飛散する場所における業務による気管支肺疾患（昭五六・二・二労働省告示第七号第一号）〉

（要旨）

超硬合金の粉じんにさらされる環境下において業務に従事することにより発生する気管支肺疾患を業務上の疾病として定めたものである。

（解説）

(1)「超硬合金」とは、炭化タングステン等とコバルトを混合し、焼結して得られる合金をいい、切削工具の刃先、ダイス等に使用される。

(2)「超硬合金の粉じん」とは、超硬合金を製造する工程において発生する粉じんで、その成分は炭化タングステン等の金属炭化物（炭化タングステンの他に、その用途により、炭化チタン、炭化タンタル等が添加されることがある。）とコバルトとが混合したものである。なお、超硬合金を研磨する工程において発生する粉じんも、同成分である限り、これに該当する。

(3)「飛散する場所における業務」としては、炭化タングステン等の金属炭化物とコバルトを混合する業務、超硬合金組成粒を加圧し半焼結したものを成型加工する業務、焼結後の超硬合金を研磨する業務等がある。

なお、超硬合金工具等を用いて金属等の切削、加工等を行う業務では、超硬合金の粉じんが飛散するおそれはまずないものと考えられる。

(4)「気管支肺疾患」には、次の二つの型が認められている。

イ　間質性肺疾患

初期の段階での特徴は、咳、労作時の呼吸困難及び心悸亢進で、進行した症例では肺基底部にラ音（注1）が聴取され、又バチ指（注2）が見られる。この進行した段階では、間質性肺線維症へと進展することがあり、胸部エックス線像及び肺機能検査からは、「じん肺」に似た臨床像が見られる。

ロ　外因性の喘息様気管支炎

感作型（主にアレルギー性）の喘息を伴う咳の発作が偶発的に発生するもので、作業から離脱すると軽快し、作業に復帰すると再発する。

（注1）ラ音：気管、気管支、肺胞又は肺空洞内に分泌物や血液等が停滞し、空気と混じって気泡を作りあるいは潰れるとき等に発する音で、吸気時に聴こえることが多い。

（注2）バチ指：心臓疾患、胸部臓器疾患等においてみられる手指末端の肥大

（昭五六・二・二　基発第六六号）

〈亜鉛黄又は黄鉛を製造する工程における業務による肺がん（昭五六・二・二労働省告示第七号第二号）〔労働省告示第八五号により追加〕〉

1　規定の趣旨

今般、「クロム障害に関する専門家会議」から「クロム化合物による健康障害に関する検討結果報告書」が提出されたことに伴い、「労働基準法施行規則第三五条定期検討のための専門委員会」において定期的検

討の一環として業務上の疾病の範囲に関する検討を行った結果、亜鉛黄又は黄鉛を製造する工程における業務に従事することにより発生する原発性の肺がんを業務上の疾病として規定することとしたものである。

2　亜鉛黄又は黄鉛これらを製造する工程について

(1)　「亜鉛黄」（あえんき）は、ジンクロメートとも呼ばれ、サビ止めを目的とする色素（顔料）である。

亜鉛黄には、塩基性クロム酸亜鉛カリウム（$4ZnO \cdot K_2O \cdot 4CrO_3H_2O$）を主成分とするものと、四塩基性クロム酸亜鉛（$ZnCrO_4 \cdot 4Zn(OH)_2$）を主成分とし、アルカリ金属を含まないものの二種類がある。

「黄鉛」は、塗料、印刷インキ、合成樹脂等に用いられる色素であり、クロム酸鉛（$PbCrO_4$）等が主成分である。

(2)　亜鉛黄又は黄鉛を製造する工程の例としては、次のものがある。

酸化亜鉛 → 溶解
重クロム酸カリウム溶液
無水クロム酸溶液
→ 反応 → ろ過 → 乾燥 → 粉砕 → 亜鉛黄

鉛系原料
硝酸
→ 反応 → 硝酸鉛 → 反応 → 沈澱 → 水洗 → ろ過 → 乾燥 → 粉砕 → 黄鉛
重クロム酸ナトリウム
ソーダ灰等(注)

(注)　無水炭酸ナトリウム（ソーダ灰）、ミョウバン、水酸化ナトリウム（か性ソーダ）等を加えて、色相を調整する。

イ　亜鉛黄

　重クロム酸カリウム溶液と無水クロム酸溶液を混合し、これに酸化亜鉛（亜鉛華）を加えて、反応槽で加熱かくはんすると、沈澱（亜鉛黄）が得られる。この沈澱をろ過し、乾燥後、粉砕、袋詰めする。

ロ　黄鉛

　酸化鉛（リサージ）を反応槽中で硝酸に溶解し、これに重クロム酸ナトリウムの溶液を加えてかくはんすると、沈澱（黄鉛）が得られ、これを水洗、ろ過、乾燥、粉砕し、袋詰めする。

3　認定基準について

　亜鉛黄又は黄鉛を製造する工程における業務に従事した者に発生した肺がんの業務上外の認定基準については、昭和五九年一二月四日付け基発第六四六号通達による。

（昭五九・一二・一三　基発第六一〇号）

〈ジアニシジンにさらされる業務による尿路系腫瘍（昭五六・二・二労働省告示第七号第三号）〉〔昭六三・一二・三労働省告示第九九号により追加〕

（要旨）

1　ジアニシジンにさらされる業務による尿路系腫瘍を業務上の疾病として規定することとしたものである。

2　ジアニシジンの物理・化学的性質、用途等

　ジアニシジンは、自然界には存在せず、工業的に合成される。通常はオルトジアニシジンを指し、化学名は4,4′-diamino-3,3′-dimethoxy-biphenylで構造式は次の通りである。

H_3CO　OCH_3
H_2N　NH_2

(1)　別名

　ピアニシジン、ジアミノパラジメントキシジフェニル、ジメトキシベンジジン、オルトジアニシジン等

(2)　物理・化学的性質

　白色葉状結晶で空気にさらすと酸化され紫色となる。

　化学式　$NH_2(OCH_3)C_6H_3C_6H_3(OCH_3)NH_2$

　分子量　244.30

　融　点　137～138℃

　溶解性　熱水に可溶。アルコール、エーテル、アセトン、クロロホルム、ベンゼンに易溶

(3)　致死量・中毒量

　経口投与―ラット　LD_{50}:1,920mg/kg

　経口投与―ラット　TDL_0(toxic dose Lowest 最小中毒量):13g/kg.52週

　経口投与―イヌ　LDL_0(lowest published lethal doses最小致死量):300

mg／kg

経口投与―ハムスター　$TLDL_0$:

560g／kg.70週

(4)　中毒症状

接触性皮膚炎を起こす。粉じん吸入によりくしゃみを起こす。

(5)　用　途

染料（ファストブルーBベース）中間体として使用される。その他亜鉛、チオシアネート、亜硝酸の検出試薬として用いられる。

イソシアネート系接着剤やポリウレタン弾性体の成分としても使われる。

(6)　労働安全衛生法（昭和四七年法律第五七号）上の措置

①　製造の許可（法第五六条）

②　特定化学物質等障害予防規則（昭和四七年労働省令第三九号）：特別管理物質

3　認定基準について

ジアニシジンにさらされる業務による尿路系腫瘍（しゅよう）の認定に当たっては、昭和五一年八月四日付け基発第五六五号「芳香族化合物のニトロ又はアミノ誘導体による疾病の認定基準について」の本文記の3によって本省にりん伺することにしているので、留意されたい。

（昭六三・一二・三　基発第七三五号）

(9)　その他業務に起因することの明らかな疾病（第九号）

〈要旨と解説〉

（要旨）

本規定は、第一号から第八号までに掲げる疾病以外の疾病であっても、業務との相当因果関係の認められる疾病については、災害補償（ないし労災保険給付）の対象となる旨明らかにしたものであり、旧第三八号に対応するものである。

（解説）

イ　本規定に該当する疾病としては、第一号から第八号までに掲げる疾病の原因因子以外の業務上の有害因子によって起こる疾病又は有害因子が特定し得ないが業務起因性の認められる疾病（これに該当するものとしては、中枢神経及び循環器疾患（脳卒中、急性心臓死等）等の疾病）がある。

ロ　なお、「明らか」の意義については、(2)の(ア)（解説）参照。

ハ　おって、第二号、第三号、第四号、第六号及び第七号の末尾に設けられた「その他」の規定に該当する疾病は、前記のように、①これらの号に例示的に掲げられた具体的疾病に付随して生じる疾病で、業務との相当因果関係が認められるもの、②今後の労働環境の変化、医学の発達等により業務との相当因果関係が認められ、かつ、これらの号の大分類の中に属すると考えられる疾病（(イ)これらの号に例示された有害因子による例示疾病以外の疾病及び(ロ)これらの号に例示された有害因子以外の有害因子であって、これらの号の大分類に属するものによる疾病）であるのに対し、第九号に該当する疾病は、第一号から第七号までのいずれの号の大分類にも属さない疾病であって、業務との因果関係が認められるもの及びこれらの号の大分類のうちいずれのものに該当するかについて疑義があるが、業務との相当因果関係の認められる疾病（第八号に該当する疾病を除く。）であるという相違がある。

（昭五三・三・三〇　基発第一八六号）

〈脳血管疾患及び虚血性心疾患等（負傷に起因するものを除く。）の認定基準について〉

第一　基本的な考え方

脳血管疾患及び虚血性心疾患等（負傷に起因するものを除く。以下「脳・心臓疾患」という。）は、その発症の基礎となる動脈硬化等による血管病変又は動脈瘤、心筋変性等の基礎的病態（以下「血管病変等」という。）が長い年月の生活の営みの中で形成され、それが徐々に進行し、増悪するといった自然経過をたどり発症に至るものとされている。

しかしながら、業務による明らかな過重負荷が加わることによって、血管病変等がその自然経過を超えて著しく増悪し、脳・心臓疾患が発症する場合があり、そのような経過をたどり発症した脳・心臓疾患は、その発症に当たって、業務が相対的に有力な原因であると判断し、業務に起因することの明らかな疾病として取り扱うものである。

このような脳・心臓疾患の発症に影響を及ぼす業務による明らかな過重負荷として、発症に近接した時期における負荷のほか、長期間にわたる疲労の蓄積も考慮することとした。

また、業務の過重性の評価に当たっては、労働時間、勤務形態、作業環境、精神的緊張の状態等を具体的かつ客観的に把握、検討し、総合的に判断する必要がある。

第二　対象疾病

本認定基準は、次に掲げる脳・心臓疾患を対象疾病として取り扱う。

1　脳血管疾患
(1)　脳内出血（脳出血）
(2)　くも膜下出血
(3)　脳梗塞
(4)　高血圧性脳症

2　虚血性心疾患等
(1)　心筋梗塞
(2)　狭心症
(3)　心停止（心臓性突然死を含む。）
(4)　解離性大動脈瘤

第三　認定要件

次の(1)、(2)又は(3)の業務による明らかな過重負荷を受けたことにより発症した脳・心臓疾患は、労働基準法施行規則別表第一の二第九号に該当する疾病として取り扱う。

(1) 発症直前から前日までの間において、発生状態を時間的及び場所的に明確にし得る異常な出来事（以下「異常な出来事」という。）に遭遇したこと。

(2) 発症に近接した時期において、特に過重な業務（以下「短期間の過重業務」という。）に就労したこと。

(3) 発症前の長期間にわたって、著しい疲労の蓄積をもたらす特に過重な業務（以下「長期間の過重業務」という。）に就労したこと。

第四　認定要件の運用

1 脳・心臓疾患の疾患名及び発症時期の特定について

(1) 疾患名の特定について

脳・心臓疾患の発症と業務との関連性を判断する上で、発症した疾患名は重要であるので、臨床所見、解剖所見、発症前後の身体の状況等から疾患名を特定し、対象疾病に該当することを確認すること。

なお、前記第二の対象疾病に掲げられていない脳卒中等については、後記第五によること。

(2) 発症時期の特定について

脳・心臓疾患の発症時期については、業務と発症との関連性を検討する際の起点となるものである。

通常、脳・心臓疾患は、発症（血管病変等の破綻（出血）又は閉塞した状態をいう。）の直後に症状が出現（自覚症状又は他覚所見が明らかに認められることをいう。）するとされているので、臨床所見、症状の経過等から症状が出現した日を特定し、その日をもって発症日とすること。

なお、前駆症状（脳・心臓疾患発症の警告の症状をいう。）が認められる場合であって、当該前駆症状と発症した脳・心臓疾患との関連性が医学的に明らかとされたときは、当該前駆症状が確認された日をもって発症日とすること。

2 過重負荷について

過重負荷とは、医学経験則に照らして、脳・心臓疾患の発症の基礎となる血管病変等をその自然経過を超えて著しく増悪させ得ることが客観的に認められる負荷をいい、業務による明らかな過重負荷と認められるものとして、「異常な出来事」、「短期間の過重業務」及び「長期間の過重業務」に区分し、認定要件としたものである。

ここでいう自然経過とは、加齢、一般生活等において生体が受ける通常の要因による血管病変等の形成、進行及び増悪の経過をいう。

(1) 異常な出来事について

ア 異常な出来事

異常な出来事とは、具体的には次に掲げる出来事である。

(ｱ) 極度の緊張、興奮、恐怖、驚がく等の強度の精神的負荷を引き起こす突発的又は予測困難な異常な事態

(ｲ) 緊急に強度の身体的負荷を強いら

れる突発的又は予測困難な異常な事態

(ウ)　急激で著しい作業環境の変化

イ　評価期間

異常な出来事と発症との関連性については、通常、負荷を受けてから二四時間以内に症状が出現するとされているので、発症直前から前日までの間を評価期間とする。

ウ　過重負荷の有無の判断

異常な出来事と認められるか否かについては、①通常の業務遂行過程においては遭遇することがまれな事故又は災害等で、その程度が甚大であったか、②気温の上昇又は低下等の作業環境の変化が急激で著しいものであったか等について検討し、これらの出来事による身体的、精神的負荷が著しいと認められるか否かという観点から、客観的かつ総合的に判断すること。

(2)　短期間の過重業務について

ア　特に過重な業務

特に過重な業務とは、日常業務に比較して特に過重な身体的、精神的負荷を生じさせたと客観的に認められる業務をいうものであり、日常業務に就労する上で受ける負荷の影響は、血管病変等の自然経過の範囲にとどまるものである。

ここでいう日常業務とは、通常の所定労働時間内の所定業務内容をいう。

イ　評価期間

発症に近接した時期とは、発症前おおむね一週間をいう。

ウ　過重負荷の有無の判断

(ア)　特に過重な業務に就労したと認められるか否かについては、業務量、業務内容、作業環境等を考慮し、同僚労働者又は同種労働者（以下「同僚等」という。）にとっても、特に過重な身体的、精神的負荷と認められるか否かという観点から、客観的かつ総合的に判断すること。

ここでいう同僚等とは、当該労働者と同程度の年齢、経験等を有する健康な状態にある者のほか、基礎疾患を有していたとしても日常業務を支障なく遂行できる者をいう。

(イ)　短期間の過重業務と発症との関連性を時間的にみた場合、医学的には、発症に近いほど影響が強く、発症から遡るほど関連性は希薄となるとされているので、次に示す業務と発症との時間的関連を考慮して、特に過重な業務と認められるか否かを判断すること。

①　発症に最も密接な関連性を有する業務は、発症直前から前日までの間の業務であるので、まず、この間の業務が特に過重であるか否かを判断すること。

②　発症直前から前日までの間の業務が特に過重であると認められない場合であっても、発症前おおむね一週間以内に過重な業務が継続している場合には、業務と発症との関連性があると考えられるので、この間の業

務が特に過重であるか否かを判断すること。

なお、発症前おおむね一週間以内に過重な業務が継続している場合の継続とは、この期間中に過重な業務に就労した日が連続しているという趣旨であり、必ずしもこの期間を通じて過重な業務に就労した日が間断なく続いている場合のみをいうものではない。したがって、発症前おおむね一週間以内に就労しなかった日があったとしても、このことをもって、直ちに業務起因性を否定するものではない。

(ウ)　業務の過重性の具体的な評価に当たっては、以下に掲げる負荷要因について十分検討すること。

a　労働時間

労働時間の長さは、業務量の大きさを示す指標であり、また、過重性の評価の最も重要な要因であるので、評価期間における労働時間については、十分に考慮すること。

例えば、発症直前から前日までの間に特に過度の長時間労働が認められるか、発症前おおむね一週間以内に継続した長時間労働が認められるか、休日が確保されているか等の観点から検討し、評価すること。

b　不規則な勤務

不規則な勤務については、予定された業務スケジュールの変更の頻度・程度、事前の通知状況、予測の度合、業務内容の変更の程度等の観点から検討し、評価すること。

c　拘束時間の長い勤務

拘束時間の長い勤務については、拘束時間数、実労働時間数、労働密度（実作業時間と手待時間との割合等）、業務内容、休憩・仮眠時間数、休憩・仮眠施設の状況（広さ、空調、騒音等）等の観点から検討し、評価すること。

d　出張の多い業務

出張については、出張中の業務内容、出張（特に時差のある海外出張）の頻度、交通手段、移動時間及び移動時間中の状況、宿泊の有無、宿泊施設の状況、出張中における睡眠を含む休憩・休息の状況、出張による疲労の回復状況等の観点から検討し、評価すること。

e　交替制勤務・深夜勤務

交替制勤務・深夜勤務については、勤務シフトの変更の度合、勤務と次の勤務までの時間、交替制勤務における深夜時間帯の頻度等の観点から検討し、評価すること。

f　作業環境

作業環境については、脳・心臓疾患の発症との関連性が必ずしも強くないとされていることから、過重性の評価に当たっては付加的に考慮すること。

(a)　温度環境

温度環境については、寒冷の程度、防寒衣類の着用の状況、一連続作業時間中の採暖の状況、暑熱と寒冷との交互のばく露の状況、激しい温度差がある場所への出入りの頻度等の観点から検討し、評価すること。

なお、温度環境のうち高温環境については、脳・心臓疾患の発症との関連性が明らかでないとされていることから、一般的に発症への影響は考え難いが、著しい高温環境下で業務に就労している状況が認められる場合には、過重性の評価に当たって配慮すること。

(b)　騒音

騒音については、おおむね八〇dBを超える騒音の程度、そのばく露時間・期間、防音保護具の着用の状況等の観点から検討し、評価すること。

(c)　時差

飛行による時差については、五時間を超える時差の程度、時差を伴う移動の頻度等の観点から検討し、評価すること。

g　精神的緊張を伴う業務

精神的緊張を伴う業務については、別紙の「精神的緊張を伴う業務」に掲げられている具体的業務又は出来事に該当するものがある場合には、負荷の程度を評価する視点により検討し、評価すること。

また、精神的緊張と脳・心臓疾患の発症との関連性については、医学的に十分な解明がなされていないこと、精神的緊張は業務以外にも多く存在すること等から、精神的緊張の程度が特に著しいと認められるものについて評価すること。

(3)　長期間の過重業務について

ア　疲労の蓄積の考え方

恒常的な長時間労働等の負荷が長期間にわたって作用した場合には、「疲労の蓄積」が生じ、これが血管病変等をその自然経過を超えて著しく増悪させ、その結果、脳・心臓疾患を発症させることがある。

このことから、発症との関連性において、業務の過重性を評価するに当たっては、発症前の一定期間の就労実態等を考察し、発症時における疲労の蓄積がどの程度であったかという観点から判断することとする。

イ　特に過重な業務

特に過重な業務の考え方は、前記(2)のアの「特に過重な業務」の場合と同様である。

ウ　評価期間

発症前の長期間とは、発症前おおむね六か月をいう。

なお、発症前おおむね六か月より前の業務については、疲労の蓄積に係る業務の過重性を評価するに当たり、付加的要因として考慮すること。

エ　過重負荷の有無の判断

(ア)　著しい疲労の蓄積をもたらす特に過重な業務に就労したと認められるか否かについては、業務量、業務内容、作業環境等を考慮し、同僚等にとっても、特に過重な身体的、精神的負荷と認められるか否かという観

（別　紙）

精神的緊張を伴う業務

	具体的業務	負荷の程度を評価する視点	
日常的に精神的緊張を伴う業務	常に自分あるいは他人の生命、財産が脅かされる危険性を有する業務	危険性の度合、業務量（労働時間、労働密度）、就労期間、経験、適応能力、会社の支援、予想される被害の程度等	
	危険回避責任がある業務		
	人命や人の一生を左右しかねない重大な判断や処置が求められる業務		
	極めて危険な物質を取り扱う業務		
	会社に多大な損失をもたらし得るような重大な責任のある業務		
	過大なノルマがある業務	ノルマの内容、困難性・強制性、ペナルティの有無等	業務量（労働時間、労働密度）、就労期間、経験、適応能力、会社の支援等
	決められた時間(納期等)どおりに遂行しなければならないような困難な業務	阻害要因の大きさ、達成の困難性、ペナルティの有無、納期等の変更の可能性等	
	顧客との大きなトラブルや複雑な労使紛争の処理等を担当する業務	顧客の位置付け、損害の程度、労使紛争の解決の困難性等	
	周囲の理解や支援のない状況下での困難な業務	業務の困難度、社内での立場等	
	複雑困難な新規事業、会社の建て直しを担当する業務	プロジェクト内での立場、実行の困難性等	

	出来事	負荷の程度を評価する視点
発症に近接した時期における精神的緊張を伴う業務に関連する出来事	労働災害で大きな怪我や病気をした。	被災の程度、後遺障害の有無、社会復帰の困難性等
	重大な事故や災害の発生に直接関与した。	事故の大きさ、加害の程度等
	悲惨な事故や災害の体験（目撃）をした。	事故や被害の程度、恐怖感、異常性の程度等
	重大な事故（事件）について責任を問われた。	事故（事件）の内容、責任の度合、社会的反響の程度、ペナルティの有無等
	仕事上の大きなミスをした。	失敗の程度・重大性、損害等の程度、ペナルティの有無等
	ノルマが達成できなかった。	ノルマの内容、達成の困難性、強制性、達成率の程度、ペナルティの有無等
	異動（転勤、配置転換、出向等）があった。	業務内容・身分等の変化、異動理由、不利益の程度等
	上司、顧客等との大きなトラブルがあった。	トラブル発生時の状況、程度等

点から、客観的かつ総合的に判断すること。

(イ)　業務の過重性の具体的な評価に当たっては、疲労の蓄積の観点から、労働時間のほか前記(2)のウの(ウ)のbからgまでに示した負荷要因について十分検討すること。

その際、疲労の蓄積をもたらす最も重要な要因と考えられる労働時間に着目すると、その時間が長いほど、業務の過重性が増すところであり、具体的には、発症日を起点とした一か月単位の連続した期間をみて、

①　発症前一か月ないし六か月にわたって、一か月当たりおおむね四五時間を超える時間外労働が認められない場合は、業務と発症との関連性が弱いが、おおむね四五時間を超えて時間外労働時間が長くなるほど、業務と発症との関連性が徐々に強まると評価できること

②　発症前一か月間におおむね一〇〇時間又は発症前二か月間ないし六か月間にわたって、一か月当たりおおむね八〇時間を超える時間外労働が認められる場合は、業務と発症との関連性が強いと評価できること

を踏まえて判断すること。

ここでいう時間外労働時間数は、一週間当たり四〇時間を超えて労働した時間数である。

また、休日のない連続勤務が長く続くほど業務と発症との関連性をより強めるものであり、逆に、休日が十分確保されている場合は、疲労は回復ないし回復傾向を示すものである。

第五　その他

1　脳卒中について

脳卒中は、脳血管発作により何らかの脳障害を起こしたものをいい、従来、脳血管疾患の総称として用いられているが、現在では、一般的に前記第二の１に掲げた疾患に分類されている。

脳卒中として請求された事案については、前記第四の１の(1)の考え方に基づき、可能な限り疾患名を確認すること。

その結果、対象疾病以外の疾病であることが確認された場合を除き、本認定基準によって判断して差し支えない。

2　急性心不全について

急性心不全（急性心臓死、心臓麻痺等という場合もある。）は、疾患名ではないことから、前記第四の１の(1)の考え方に基づき、可能な限り疾患名を確認すること。

その結果、急性心不全の原因となった疾病が、対象疾病以外の疾病であることが確認された場合を除き、本認定基準によって判断して差し支えない。

3　不整脈について

平成八年一月二二日付け基発第三〇号で対象疾病としていた「不整脈による突然死等」は、不整脈が一義

的な原因となって心停止又は心不全症状等を発症したものであることから、「不整脈による突然死等」は、前記第二の2の(3)の「心停止（心臓性突然死を含む。）」に含めて取り扱うこと。

（平一三・一二・一二　基発第一〇六三号）

〈反応性うつ病の業務上外について〉

問　当局管内〇〇労働基準監督署長より下記事案に係る標記についてりん伺があり、検討の結果、当局としては、標記疾病は労働基準法施行規則別表第一の二第九号に該当する業務上の疾病であり、自殺未遂による負傷も業務上の事由により災害であると判断しますが、なお疑義があるのでこれらの業務上外についてりん伺します（要旨。以下同じ）。

記

請求人（男、発病時三一歳）は、昭和四五年四月、〇〇株式会社に入社、設計部第一課に配属され、以後設計技術者として高架橋、駅舎等の地上構造物設計を主たる業務としてきた。昭和五三年九月に受注した〇〇線〇〇地下駅詳細設計の業務に技術面における事実上の立案者として従事したが、当該業務には大都市ターミナル駅における大規模地下駅としての特殊性、新技術の導入等に伴う技術の困難性、相次ぐ設計条件の変更等による納期確保の困難性が認められ、また、社内の協調体制の十分なものではなかった。

請求人は、昭和五三年一一月頃より不眠等を訴え、翌年一月、〇〇病院（精神科）に受診、神経症と診断され、その後同年七月までの間に〇〇大学附属病院等でうつ病又は心因反応と診断されて通院又は入院による治療を受けていたが、同月一九日、〇〇線〇〇駅ホームより投身し、両下肢切断の重傷を負ったものである。

なお、請求人は、医学的にみて誠実、責任感が強い、几帳面等の性格特性を有しているが、精神障害に係る既往歴、家族歴は認められていない。

請求人は、本件精神障害及び負傷は前記設計業務における種々の困難性等から生じた著しい精神的負担を受けたことによるものであるとして労災保険給付の請求を行ったものである。

答　貴見のとおり取り扱われたい。

（昭五九・二・一四　基収第三三〇号）

〈心理的負荷による精神障害の認定基準について〉

心理的負荷による精神障害の労災請求事案については、平成一一年九月一四日付け基発第五四四号「心理的負荷による精神障害の業務上外に係る判断指針」（以下「判断指針」という。）に基づき業務上外の判断を行ってきたところであるが、今般、「精神障害等の労災認定の基準に関する専門検討会報告書（平成二三年一一月）」の内容を踏まえ、別添の認定基準を新たに定めたので、今後は本認定基準に基づき業務上外を判断されたい。

なお、本通達の施行に伴い、判断指針は廃止する。

別添

心理的負荷による精神障害の認定基準

第一　対象疾病

本認定基準で対象とする疾病（以下「対象疾病」という。）は、国際疾病分類第一〇回修正版（以下「ＩＣＤ―10」という。）第Ｖ章「精神および行動の障害」に分類される精神障害であって、器質性のもの及び有害物質に起因するものを除く。

対象疾病のうち業務に関連して発病する可能性のある精神障害は、主としてＩＣＤ―10のＦ２からＦ４に分類される精神障害である。

なお、器質性の精神障害及び有害物質に起因する精神障害（ＩＣＤ―10のＦ０及びＦ１に分類されるもの）については、頭部外傷、脳血管障害、中枢神経変性疾患等の器質性脳疾患に付随する疾病や化学物質による疾病等として認められるか否かを個別に判断する。

また、いわゆる心身症は、本認定基準における精神障害には含まれない。

第二　認定要件

次の一、二及び三のいずれの要件も満たす対象疾病は、労働基準法施行規則別表第一の二第九号に該当する業務上の疾病として取り扱う。

一　対象疾病を発病していること。

二　対象疾病の発病前おおむね六か月の間に、業務による強い心理的負荷が認められること。

三　業務以外の心理的負荷及び個体側要因により対象疾病を発病したとは認められないこと。

また、要件を満たす対象疾病に併発した疾病については、対象疾病に付随する疾病として認められるか否かを個別に判断し、これが認められる場合には当該対象疾病と一体のものとして、労働基準法施行規則別表第一の二第九号に該当する業務上の疾病として取り扱う。

第三　認定要件に関する基本的な考え方

対象疾病の発病に至る原因の考え方は、環境由来の心理的負荷（ストレス）と、個体側の反応性、脆弱性との関係で精神的破綻が生じるかどうかが決まり、心理的負荷が非常に強ければ、個体側の脆弱性が小さくても精神的破綻が起こるし、逆に脆弱性が大きければ、心理的負荷が小さくても破綻が生ずるとする「ストレス―脆弱性理論」に依拠している。

このため、心理的負荷による精神障害の業務起因性を判断する要件としては、対象疾病の発病の有無、発病の時期及び疾患名について明確な医学的判断があることに加え、当該対象疾病の発病の前おおむね六か月の間に業務による強い心理的負荷が認められることを掲げている。

この場合の強い心理的負荷とは、精神障害を発病した労働者がその出来事及び出来事後の持続する程度を主観的にどう受け止めたかではなく、同種の労働者が一般的にどう受け止めるかという観点から評価されるものであり、「同種の労働者」とは職種、職場における立場や職責、年齢、経験等が類似する者をいう。

さらに、これらの要件が認められた場合であっても、明らかに業務以外の心理的負荷や個体側要因によって発病したと認められる場合には、業務起因性が否定されるため、認定要件を上記第二のとおり定めた。

第四　認定要件の具体的判断

一　発病の有無等の判断

対象疾病の発病の有無、発病時期及び疾患名は、「ＩＣＤ―10　精神および行動の障害　臨床記述と診断ガイドライン」（以下「診断ガイドライン」という。）に基づき、主治医の意見書や診療録等の関係資料、請求人や関係者からの聴取内容、その他の情報から得られた認定事実により、医学的に判断される。特に発病時期については特定が難しい場合があるが、そのような場合にもできる限り時期の範囲を絞り込んだ医学意見を求め判断する。

なお、強い心理的負荷と認められる出来事の前と後の両方に発病の兆候と理解し得る言動があるものの、どの段階で診断基準を満たしたのかの特定が困難な場合には、出来事の後に発病したものと取り扱う。

精神障害の治療歴のない事案については、主治医意見や診療録等が得られず発病の有無の判断も困難となるが、この場合にはうつ病エピソードのように症状に周囲が気づきにくい精神障害もあることに留意しつつ関係者からの聴取内容等を医学的に慎重に検討し、診断ガイドラインに示されている診断基準を満たす事実が認められる場合又は種々の状況から診断基準を満たすと医学的に推定される場合には、当該疾患名の精神障害が発病したものとして取り扱う。

二　業務による心理的負荷の強度の判断

上記第二の認定要件のうち、二の「対象疾病の発病前おおむね六か月の間に、業務による強い心理的負荷が認められること」とは、対象疾病の発病前おおむね六か月の間に業務による出来事があり、当該出来事及びその後の状況による心理的負荷が、客観的に対象疾病を発病させるおそれのある強い心理的負荷であると認められることをいう。

このため、業務による心理的負荷の強度の判断に当たっては、精神障害発病前おおむね六か月の間に、対象疾病の発病に関与したと考えられる業務によるどのような出来事があり、また、その後の状況がどのようなものであったのかを具体的に把握し、それらによる心理的負荷の強度はどの程度であるかについて、別表一「業務による心理的負荷評価表」（以下「別表一」という。）を指標として「強」、「中」、「弱」の三段階に区分する。

なお、別表一においては、業務による強い心理的負荷が認められるものを心理的負荷の総合評価が「強」と表記し、業務による強い心理的負荷が認められないものを「中」又は「弱」と表記している。「弱」は日常的に経験するものであって一般的に弱い心理的負荷しか認められないもの、「中」は経験の頻度は様々であって「弱」よりは心理的負荷があるものの強い心理的負荷とは認められないものをいう。

具体的には次のとおり判断し、総合評価が「強」と判断される場合には、上記第二の二の認定要件を満たすものとする。

(1)　「特別な出来事」に該当する出来事がある場合

発病前おおむね六か月の間に、別表一の「特別な出来事」に該当する業務による出来事が認められた場合には、心理的負荷の総合評価を「強」と判断する。

(2)　「特別な出来事」に該当する出来事がない場合

「特別な出来事」に該当する出来事がない場合は、以下の手順により心理的負荷の総合評価を行い、「強」、「中」又は「弱」に評価する。

ア　「具体的出来事」への当てはめ

発病前おおむね六か月の間に認められた業務による出来事が、別表一の「具体的出来事」のどれに該当するかを判断する。ただし、実際の出来事が別表一の「具体的出来事」に合致しない場合には、どの「具体的出来事」に近いかを類推して評価する。

なお、別表一では、「具体的出来事」ごとにその平均的な心理的負荷の強度を、強い方から「Ⅲ」、「Ⅱ」、「Ⅰ」として示している。

イ　出来事ごとの心理的負荷の総合評価

(ア)　該当する「具体的出来事」に示された具体例の内容に、認定した「出来事」や「出来事後の状況」についての事実関係が合致する場合には、その強度で評価する。

(イ)　事実関係が具体例に合致しない場合には、「具体的出来事」ごとに示している「心理的負荷の総合評価の視点」及び「総合評価における共通事項」に基づき、具体例も参考としつつ個々の事案ごとに評価する。

なお、「心理的負荷の総合評価の視点」及び具体例は、次の考え方に基づいて示しており、この考え方は個々の事案の判断においても適用すべきものである。また、具体例はあくまでも例示であるので、具体例の「強」の欄で示したもの以外は「強」と判断しないというものではない。

a　類型①「事故や災害の体験」は、出来事自体の心理的負荷の強弱を特に重視した評価としている。

b　類型①以外の出来事については、「出来事」と「出来事後の状況」の両者を軽重の別なく評価しており、総合評価を「強」と判断するのは次のような場合である。

(a)　出来事自体の心理的負荷が強く、その後に当該出来事に関する本人の対応を伴っている場合

(b)　出来事自体の心理的負荷としては中程度であっても、その後に当該出来事に関する本人の特に困難な対応を伴っている場合

c　上記bのほか、いじめやセクシュアルハラスメントのように出来事が繰り返されるものについては、繰り返される出来事を一体のものとして評価し、また、「その継続する状況」は、心理的負荷が強まるものとしている。

(3)　出来事が複数ある場合の全体評価

対象疾病の発病に関与する業務による出来事が複数ある場合の心理的負荷の程度は、次のように全体的に評価する。

ア　上記(1)及び(2)によりそれぞれの出来事について総合評価を行い、いずれかの出来事が「強」の評価となる場合は、業務による心理的負荷を「強」と判断する。

イ　いずれの出来事でも単独では「強」の評価とならない場合には、それらの複数の出来事について、関連して生じているのか、関連なく生じているのかを判断した上で、

①　出来事が関連して生じている場合には、その全体を一つの出来事として評価することとし、原則として最初の出来事を具体的出来事として別表一に当てはめ、関連して生じた各出来事は出来事後の状況とみなす方法により、その全体評価を行う。

具体的には、「中」である出来事があり、それに関連する別の出来事（それ単独では「中」の評価）が生じた場合には、後発の出来事は先発の出来事の出来事後の状況とみなし、当該後発の出来事の内容、程度により「強」又は「中」として全体を評価する。

②　一つの出来事のほかに、それとは関連しない他の出来事が生じている場合には、主としてそれらの出来事の数、各出来事の内容（心理的負荷の強弱）、各出来事の時間的な近接の程度を元に、その全体的な心理的負荷を評価する。

具体的には、単独の出来事の心理的負荷が「中」である出来事が複数生じている場合には、全体評価は「中」又は「強」となる。また、「中」の出来事が一つあるほかには

「弱」の出来事しかない場合には原則として全体評価も「中」であり、「弱」の出来事が複数生じている場合には原則として全体評価も「弱」となる。

(4)　時間外労働時間数の評価

別表一には、時間外労働時間数（週四〇時間を超える労働時間数をいう。以下同じ。）を指標とする基準を次のとおり示しているので、長時間労働が認められる場合にはこれにより判断する。

なお、業務による強い心理的負荷は、長時間労働だけでなく、仕事の失敗、役割・地位の変化や対人関係等、様々な出来事及びその後の状況によっても生じることから、この時間外労働時間数の基準に至らない場合にも、時間数のみにとらわれることなく、上記(1)から(3)により心理的負荷の強度を適切に判断する。

ア　極度の長時間労働による評価

極度の長時間労働は、心身の極度の疲弊、消耗を来し、うつ病等の原因となることから、発病日から起算した直前の一か月間におおむね一六〇時間を超える時間外労働を行った場合等には、当該極度の長時間労働に従事したことのみで心理的負荷の総合評価を「強」とする。

イ　長時間労働の「出来事」としての評価

長時間労働以外に特段の出来事が存在しない場合には、長時間労働それ自体を「出来事」とし、新たに設けた「一か月に八〇時間以上の時間外労働を行った（項目16）」という具体的出来事に当てはめて心理的負荷を評価する。

項目16の平均的な心理的負荷の強度は「Ⅱ」であるが、発病日から起算した直前の二か月間に一月当たりおおむね一二〇時間以上の長時間労働を行い、その業務内容が通常その程度の労働時間を要するものであった場合等には、心理的負荷の総合評価を「強」とする。項目16では、「仕事内容・仕事量の（大きな）変化を生じさせる出来事があった（項目15）」と異なり、労働時間数がそれ以前と比べて増加していることは必要な条件ではない。

なお、他の出来事がある場合には、時間外労働の状況は下記ウによる総合評価において評価されることから、原則として項目16では評価しない。ただし、項目16で「強」と判断できる場合には、他に出来事が存在しても、この項目でも評価し、全体評価を「強」とする。

ウ　恒常的長時間労働が認められる場合の総合評価

出来事に対処するために生じた長時間労働は、心身の疲労を増加させ、ストレス対応能力を低下させる要因となることや、長時間労働が続く中で発生した出来事の心理的負荷はより強くなることから、出来事自体の心理的負荷と恒常的な長時間労働（月一〇〇時間程度となる時間外労働）を関連させて総合評価を行う。

具体的には、「中」程度と判断される「出来事」の後に恒常的な時間外労働が認められる場合等には、心理的負荷の総合評価を「強」とする。

なお、「出来事」の前の恒常的な長時間労働の評価期間は、発病前おおむね六か月の間とする。

(5) 出来事の評価の留意事項

業務による心理的負荷の評価に当たっては、次の点に留意する。

① 業務上の傷病により六か月を超えて療養中の者が、その傷病によって生じた強い苦痛や社会復帰が困難な状況を原因として対象疾病を発病したと判断される場合には、当該苦痛等の原因となった傷病が生じた時期は発病の六か月よりも前であったとしても、発病前おおむね六か月の間に生じた苦痛等が、ときに強い心理的負荷となることにかんがみ、特に当該苦痛等を出来事（「重度の病気やケガをした（項目1）」）とみなすこと。

② いじめやセクシュアルハラスメントのように、出来事が繰り返されるものについては、発病の六か月よりも前にそれが開始されている場合でも、発病前六か月以内の期間にも継続しているときは、開始時からのすべての行為を評価の対象とすること。

③ 生死にかかわる業務上のケガをした、強姦に遭った等の特に強い心理的負荷となる出来事を体験した者は、その直後に無感覚等の心的まひや解離等の心理的反応が生じる場合があり、このため、医療機関への受診時期が当該出来事から六か月よりも後になることもある。その場合には、当該解離性の反応が生じた時期が発病時期となるため、当該発病時期の前おおむね六か月の間の出来事を評価すること。

④ 本人が主張する出来事の発生時期は発病の六か月より前である場合であっても、発病前おおむね六か月の間における出来事の有無等についても調査し、例えば当該期間における業務内容の変化や新たな業務指示等が認められるときは、これを出来事として発病前おおむね六か月の間の心理的負荷を評価すること。

三 業務以外の心理的負荷及び個体側要因の判断

上記第二の認定要件のうち、三の「業務以外の心理的負荷及び個体側要因により対象疾病を発病したとは認められないこと」とは、次の①又は②の場合をいう。

① 業務以外の心理的負荷及び個体側要因が認められない場合

② 業務以外の心理的負荷又は個体側要因は認められるものの、業務以外の心理的負荷又は個体側要因によって発病したことが医学的に明らかで

あると判断できない場合

(1) 業務以外の心理的負荷の判断

ア　業務以外の心理的負荷の強度については、対象疾病の発病前おおむね六か月の間に、対象疾病の発病に関与したと考えられる業務以外の出来事の有無を確認し、出来事が一つ以上確認できた場合は、それらの出来事の心理的負荷の強度について、別表二「業務以外の心理的負荷評価表」を指標として、心理的負荷の強度を「Ⅲ」、「Ⅱ」又は「Ⅰ」に区分する。

イ　出来事が確認できなかった場合には、上記①に該当するものと取り扱う。

ウ　強度が「Ⅱ」又は「Ⅰ」の出来事しか認められない場合は、原則として上記②に該当するものと取り扱う。

エ　「Ⅲ」に該当する業務以外の出来事のうち心理的負荷が特に強いものがある場合や、「Ⅲ」に該当する業務以外の出来事が複数ある場合等については、それらの内容等を詳細に調査の上、それが発病の原因であると判断することの医学的な妥当性を慎重に検討して、上記②に該当するか否かを判断する。

(2) 個体側要因の評価

本人の個体側要因については、その有無とその内容について確認し、個体側要因の存在が確認できた場合には、それが発病の原因であると判断することの医学的な妥当性を慎重に検討して、上記②に該当するか否かを判断する。業務による強い心理的負荷が認められる事案であって個体側要因によって発病したことが医学的に見て明らかな場合としては、例えば、就業年齢前の若年期から精神障害の発病と寛解を繰り返しており、請求に係る精神障害がその一連の病態である場合や、重度のアルコール依存状況がある場合等がある。

第五　精神障害の悪化の業務起因性

業務以外の原因や業務による弱い（「強」と評価できない）心理的負荷により発病して治療が必要な状態にある精神障害が悪化した場合、悪化の前に強い心理的負荷となる業務による出来事が認められることをもって直ちにそれが当該悪化の原因であるとまで判断することはできず、原則としてその悪化について業務起因性は認められない。

ただし、別表一の「特別な出来事」に該当する出来事があり、その後おおむね六か月以内に対象疾病が自然経過を超えて著しく悪化したと医学的に認められる場合については、その「特別な出来事」による心理的負荷が悪化の原因であると推認し、悪化した部分について、労働基準法施行規則別表一の二第九号に該当する業務上の疾病として取り扱う。

上記の「治療が必要な状態」とは、実際に治療が行われているものに限らず、医学的にその状態にあると判断されるものを含む。

第六　専門家意見と認定要件の判断

認定要件を満たすか否かを判断するに当たっては、医師の意見と認定した事実に基づき次のとおり行う。

一　主治医意見による判断

すべての事案（対象疾病の治療歴がない自殺に係る事案を除く。）について、主治医から、疾患名、発病時期、主治医の考える発病原因及びそれらの判断の根拠についての意見を求める。

その結果、労働基準監督署長（以下「署長」という。）が認定した事実と主治医の診断の前提となっている事実が対象疾病の発病時期やその原因に関して矛盾なく合致し、その事実を別表一に当てはめた場合に「強」に該当することが明らかで、下記二又は三に該当しない場合には、認定要件を満たすものと判断する。

二　専門医意見による判断

次の事案については、主治医の意見に加え、地方労災医員等の専門医に対して意見を求め、その意見に基づき認定要件を満たすか否かを判断する。

①　主治医が発病時期やその原因を特定できない又はその根拠等があいまいな事案等、主治医の医学的判断の補足が必要な事案

②　疾患名が、ＩＣＤ－10のＦ３（気分（感情）障害）及びＦ４（神経症性障害、ストレス関連障害および身体表現性障害）以外に該当する事案

③　署長が認定した事実関係を別表一に当てはめた場合に、「強」に該当しない（「中」又は「弱」である）ことが明らかな事案

④　署長が認定した事実関係を別表一に当てはめた場合に、明確に「強」に該当するが、業務以外の心理的負荷又は個体側要因が認められる事案（下記三③に該当する事案を除く。）

三　専門部会意見による判断

次の事案については、主治医の意見に加え、地方労災医員協議会精神障害等専門部会に協議して合議による意見を求め、その意見に基づき認定要件を満たすか否かを判断する。

①　自殺に係る事案

②　署長が認定した事実関係を別表一に当てはめた場合に、心理的負荷強度が「強」に該当するかどうかも含め判断しがたい事案

③　署長が認定した事実関係を別表一に当てはめた場合に、明確に「強」に該当するが、顕著な業務以外の心理的負荷又は個体側要因が認められる事案

④　その他、専門医又は署長が、発病の有無、疾患名、発病時期、心理的負荷の強度の判断について高度な医学的検討が必要と判断した事案

四　法律専門家の助言

関係者が相反する主張をする場合の事実認定の方法や関係する法律の内容等について、法律専門家の助言

が必要な場合には、医学専門家の意見とは別に、法務専門員等の法律専門家の意見を求める。

第七　療養及び治ゆ

心理的負荷による精神障害は、その原因を取り除き、適切な療養を行えば全治し、再度の就労が可能となる場合が多いが、就労が可能な状態でなくとも治ゆ（症状固定）の状態にある場合もある。

例えば、医学的なリハビリテーション療法が実施された場合には、それが行われている間は療養期間となるが、それが終了した時点が通常は治ゆ（症状固定）となる。また、通常の就労が可能な状態で、精神障害の症状が現れなくなった又は安定した状態を示す「寛解」との診断がなされている場合には、投薬等を継続している場合であっても、通常は治ゆ（症状固定）の状態にあると考えられる。

療養期間の目安を一概に示すことは困難であるが、例えば薬物が奏功するうつ病について、九割近くが治療開始から六か月以内にリハビリ勤務を含めた職場復帰が可能となり、また、八割近くが治療開始から一年以内、九割以上が治療開始から二年以内に治ゆ（症状固定）となるとする報告がある。

なお、対象疾病がいったん治ゆ（症状固定）した後において再びその治療が必要な状態が生じた場合は、新たな発病と取り扱い、改めて上記第二の認定要件に基づき業務上外を判断する。

治ゆ後、症状の動揺防止のため長期間にわたり投薬等が必要とされる場合にはアフターケア（平成一九年四月二三日付け基発第〇四二三〇〇二号）を、一定の障害を残した場合には障害補償給付（労働者災害補償保険法第一五条）を、それぞれ適切に実施する。

第八　その他

一　自殺について

業務によりＩＣＤ―10のＦ０からＦ４に分類される精神障害を発病したと認められる者が自殺を図った場合には、精神障害によって正常の認識、行為選択能力が著しく阻害され、あるいは自殺行為を思いとどまる精神的抑制力が著しく阻害されている状態に陥ったものと推定し、業務起因性を認める。

その他、精神障害による自殺の取扱いについては、従前の例（平成一一年九月一四日付け基発第五四五号）による。

二　セクシュアルハラスメント事案の留意事項

セクシュアルハラスメントが原因で対象疾病を発病したとして労災請求がなされた事案の心理的負荷の評価に際しては、特に次の事項に留意する。

①　セクシュアルハラスメントを受けた者（以下「被害者」という。）は、勤務を継続したいとか、セクシュアルハラスメントを行った者（以下「行為者」という。）からのセクシュアルハラスメントの被害をできるだ

け軽くしたいとの心理などから、やむを得ず行為者に迎合するようなメール等を送ることや、行為者の誘いを受け入れることがあるが、これらの事実がセクシュアルハラスメントを受けたことを単純に否定する理由にはならないこと。

② 被害者は、被害を受けてからすぐに相談行動をとらないことがあるが、この事実が心理的負荷が弱いと単純に判断する理由にはならないこと。

③ 被害者は、医療機関でもセクシュアルハラスメントを受けたということをすぐに話せないこともあるが、初診時にセクシュアルハラスメントの事実を申し立てていないことが心理的負荷が弱いと単純に判断する理由にはならないこと。

④ 行為者が上司であり被害者が部下である場合、行為者が正規職員であり被害者が非正規労働者である場合等、行為者が雇用関係上被害者に対して優越的な立場にある事実は心理的負荷を強める要素となり得ること。

三　本省協議

ＩＣＤ―10のＦ５からＦ９に分類される対象疾病に係る事案及び本認定基準により判断することが適当ではない事案については、本省に協議すること。

〔編注＝別表一以下は次頁参照〕

〈労働基準法施行規則の規定に基づき労働大臣の指定する疾病を定める告示の一部改正について〉

一　改正の趣旨

今般、「労働基準法施行規則第三五条定期検討のための専門委員会」において定期的検討の一環として業務上の疾病の範囲に関する検討を行った結果、ジアニシジンにさらされる業務による尿路系腫瘍を業務上の疾病として規定することとしたものである。

二　ジアニシジンの物理・化学的性質、用途等

ジアニシジンは、自然界には存在せず、工業的に合成される。通常はオルトジアニシジンを指し、化学名は4·4′-diamino-3·3′-dimethoxybiphenylで構造式は次のとおりである。

H_3CO　　OCH_3
H_2N―⟨ ⟩―⟨ ⟩―NH_2

(1)　別名

ビアニシジン、ジアミノパラジメトキシジフェニル、ジメトキシベンジジン、オルトジアニシジン等

(2)　物理・化学的性質

白色葉状結晶で空気にさらすと酸化され紫色となる。

化学式　$NH_2(OCH_3)C_6H_3C_6H_3(OCH_3)NH_2$

分子量　二四四・三〇

融　点　一三七～一三八℃

溶解性　熱水に可溶。アルコール、

別表一

業務による心理的負荷評価表

特別な出来事

特別な出来事の類型	心理的負荷の総合評価を「強」とするもの
心理的負荷が極度のもの	・　生死にかかわる、極度の苦痛を伴う、又は永久労働不能となる後遺障害を残す業務上の病気やケガをした（業務上の傷病により六か月を超えて療養中に症状が急変し極度の苦痛を伴った場合を含む）　…項目一関連 ・　業務に関連し、他人を死亡させ、又は生死にかかわる重大なケガを負わせた（故意によるものを除く）　…項目三関連 ・　強姦や、本人の意思を抑圧して行われたわいせつ行為などのセクシュアルハラスメントを受けた　…項目三六関連 ・　その他、上記に準ずる程度の心理的負荷が極度と認められるもの
極度の長時間労働	・　発病直前の一か月におおむね一六〇時間を超えるような、又はこれに満たない期間にこれと同程度の（例えば三週間におおむね一二〇時間以上の）時間外労働を行った（休憩時間は少ないが手待ち時間が多い場合等、労働密度が特に低い場合を除く）　…項目一六関連

※「特別な出来事」に該当しない場合には、それぞれの関連項目により評価する。

特別な出来事以外

（総合評価における共通事項）

一　出来事後の状況の評価に共通の視点

出来事後の状況として、表に示す「心理的負荷の総合評価の視点」のほか、以下に該当する状況のうち、著しいものは総合評価を強める要素として考慮する。

①　仕事の裁量性の欠如（他律性、強制性の存在）。具体的には、仕事が孤独で単調となった、自分で仕事の順番・やり方を決めることができなくなった、自分の技能や知識を仕事で使うことが要求されなくなった等。

②　職場環境の悪化。具体的には、騒音、照明、温度（暑熱・寒冷）、湿度（多湿）、換気、臭気の悪化等。

③　職場の支援・協力等（問題への対処等を含む）の欠如。具体的には、仕事のやり方の見直し改善、応援体制の確立、責任の分散等、支援・協力がなされていない等。

④　上記以外の状況であって、出来事に伴って発生したと認められるもの（他の出来事と評価できるものを除く。）

二　恒常的長時間労働が認められる場合の総合評価

①　具体的出来事の心理的負荷の強度が労働時間を加味せずに「中」程度と評価される場合であって、出来事の後に恒常的な長時間労働（月一〇〇時間程度となる時間外労働）が認められる場合には、総合評価は「強」とする。

②　具体的出来事の心理的負荷の強度が労働時間を加味せずに「中」程度と評価される場合であって、出来事の前に恒常的な長時間労働（月一〇〇時間程度となる時間外労働）が認められ、出来事後すぐに（出来事後おおむね一〇日以内に）発病に至っている場合、又は、出来事後すぐに発病には至っていないが事後対応に多大な労力を費しその後発病した場合、総合評価は「強」とする。

③　具体的出来事の心理的負荷の強度が、労働時間を加味せずに「弱」程度と評価される場合であって、出来事の前及び後にそれぞれ恒常的な長時間労働（月一〇〇時間程度となる時間外労働）が認められる場合には、総合評価は「強」とする。

（具体的出来事）

	出来事の類型	平均的な心理的負荷の強度				心理的負荷の総合評価の視点	心理的負荷の強度を「弱」「中」「強」と判断する具体例		
		具体的出来事	心理的負荷の強度						
			Ⅰ	Ⅱ	Ⅲ		弱	中	強
1	①事故や災害の体験	（重度の）病気やケガをした			☆	・　病気やケガの程度 ・　後遺障害の程度、社会復帰の困難性等	【解説】 右の程度に至らない病気やケガについて、その程度等から「弱」又は「中」と評価。		○　重度の病気やケガをした 【「強」である例】 ・　長期間（おおむね二か月以上）の入院を要する、又は労災の障害年金に該当する若しくは原職への復帰ができなくなる後遺障害を残すような業務上の病気やケガをした ・　業務上の傷病により六か月を超えて療養中の者について、当該傷病により社会復帰が困難な状況にあった、死の恐怖や強い苦痛が生じた
2		悲惨な事故や災害の体験、目撃をした		☆		・　本人が体験した場合、予感させる被害の程度 ・　他人の事故を目撃した場合、被害の程度や被害者との関係等	【「弱」になる例】 ・　業務に関連し、本人の負傷は軽症・無傷で、悲惨とまではいえない事件・事故の体験、目撃をした	○　悲惨な事故や災害の体験、目撃をした 【「中」である例】 ・　業務に関連し、本人の負傷は軽症・無傷で、右の程度に至らない悲惨な事件・事故の体験、目撃をした	【「強」になる例】 ・　業務に関連し、本人の負傷は軽度・無傷であったが、自らの死を予感させる程度の事件、事故を体験した ・　業務に関連し、被害者が死亡する事故、多量の出血を伴うような事故等特に悲惨な事故であって、本人が巻き込まれる可能性がある状況や、本人が被災者を救助することができたかもしれない状況を伴う事故を目撃した（傍観者的な立場での目撃は、「強」になることはまれ）
3	②仕事の失敗、過重な責任の発生等	業務に関連し、重大な人身事故、重大事故を起こした			☆	・　事故の大きさ、内容及び加害の程度 ・　ペナルティ・責任追及の有無及び程度、事後対応の困難性等	【解説】 負わせたケガの程度、事後対応の内容等から「弱」又は「中」と評価。		○　業務に関連し、重大な人身事故、重大事故を起こした 【「強」である例】 ・　業務に関連し、他人に重度の病気やケガ（長期間（おおむね二か月以上）の入院を要する、又は労災の障害年金に該当する若しくは原職への復帰ができなくなる後遺障害を残すような病気やケガ）を負わせ、事後対応にも当たった ・　他人に負わせたケガの程度は重度ではないが、事後対応に多大な労力を費した（減給、降格等の重いペナルティを課された、職場の人間関係が著しく悪化した等を含む）

	出来事の類型	平均的な心理的負荷の強度 具体的出来事	心理的負荷の強度 Ⅰ	Ⅱ	Ⅲ	心理的負荷の総合評価の視点	心理的負荷の強度を「弱」「中」「強」と判断する具体例 弱	中	強
4	②仕事の失敗、過重な責任の発生等（続き）	会社の経営に影響するなどの重大な仕事上のミスをした			☆	・　失敗の大きさ・重大性、社会的反響の大きさ、損害等の程度 ・　ペナルティ・責任追及の有無及び程度、事後対応の困難性等	【解説】 ミスの程度、事後対応の内容等から「弱」又は「中」と評価		○　会社の経営に影響するなどの重大な仕事上のミスをし、事後対応にも当たった 【「強」である例】 ・　会社の経営に影響するなどの重大な仕事上のミス（倒産を招きかねないミス、大幅な業績悪化に繋がるミス、会社の信用を著しく傷つけるミス等）をし、事後対応にも当たった ・　「会社の経営に影響するなどの重大な仕事上のミス」とまでは言えないが、その事後対応に多大な労力を費した（懲戒処分、降格、月給額を超える賠償責任の追及等重いペナルティを課された、職場の人間関係が著しく悪化した等を含む）
5		会社で起きた事故、事件について、責任を問われた		☆		・　事故の内容、関与・責任の程度、社会的反響の大きさ等 ・　ペナルティの有無及び程度、責任追及の程度、事後対応の困難性等 （注）　この項目は、部下が起こした事故等、本人が直接引き起こしたものではない事故、事件について、監督責任等を問われた場合の心理的負荷を評価する。本人が直接引き起こした事故等については、項目4で評価する。	【「弱」になる例】 ・　軽微な事故、事件（損害等の生じない事態、その後の業務で容易に損害等を回復できる事態、社内でたびたび生じる事態等）の責任（監督責任等）を一応問われたが、特段の事後対応はなかった	○　会社で起きた事故、事件について、責任を問われた 【「中」である例】 ・　立場や職責に応じて事故、事件の責任（監督責任等）を問われ、何らかの事後対応を行った	【「強」になる例】 ・　重大な事故、事件（倒産を招きかねない事態や大幅な業績悪化に繋がる事態、会社の信用を著しく傷つける事態、他人を死亡させ、又は生死に関わるケガを負わせる事態等）の責任（監督責任等）を問われ、事後対応に多大な労力を費した ・　重大とまではいえない事故、事件ではあるが、その責任（監督責任等）を問われ、立場や職責を大きく上回る事後対応を行った（減給、降格等の重いペナルティが課された等を含む）
6		自分の関係する仕事で多額の損失等が生じた		☆		・損失等の程度、社会的反響の大きさ等 ・　事後対応の困難性等 （注）　この項目は、取引先の倒産など、多額の損失等が生じた原因に本人が関与していないものの、それに伴う対応等による心理的負荷を評価する。本人のミスによる多額の損失等については、項目4で評価する。	【「弱」になる例】 ・　多額とはいえない損失（その後の業務で容易に回復できる損失、社内でたびたび生じる損失等）等が生じ、何らかの事後対応を行った	○　自分の関係する仕事で多額の損失等が生じた 【「中」である例】 ・　多額の損失等が生じ、何らかの事後対応を行った	【「強」になる例】 ・　会社の経営に影響するなどの特に多額の損失（倒産を招きかねない損失、大幅な業績悪化に繋がる損失等）が生じ、倒産を回避するための金融機関や取引先への対応等の事後対応に多大な労力を費した

	出来事の類型	平均的な心理的負荷の強度				心理的負荷の総合評価の視点	心理的負荷の強度を「弱」「中」「強」と判断する具体例		
		具体的出来事	心理的負荷の強度				弱	中	強
			Ⅰ	Ⅱ	Ⅲ				
7		業務に関連し、違法行為を強要された		☆		・　違法性の程度、強要の程度(頻度、方法)等 ・　事後のペナルティの程度、事後対応の困難性等	【「弱」になる例】 ・　業務に関連し、商慣習としてはまれに行われるような違法行為を求められたが、拒むことにより終了した	○　業務に関連し、違法行為を強要された 【「中」である例】 ・　業務に関連し、商慣習としてはまれに行われるような違法行為を命じられ、これに従った	【「強」になる例】 ・　業務に関連し、重大な違法行為(人の生命に関わる違法行為、発覚した場合に会社の信用を著しく傷つける違法行為)を命じられた ・　業務に関連し、反対したにもかかわらず、違法行為を執拗に命じられ、やむなくそれに従った ・　業務に関連し、重大な違法行為を命じられ、何度もそれに従った ・　業務に関連し、強要された違法行為が発覚し、事後対応に多大な労力を費した(重いペナルティを課された等を含む)
8		達成困難なノルマが課された		☆		・　ノルマの内容、困難性、強制の程度、達成できなかった場合の影響、ペナルティの有無等 ・　その後の業務内容・業務量の程度、職場の人間関係等	【「弱」になる例】 ・　同種の経験等を有する労働者であれば達成可能なノルマを課された ・　ノルマではない業績目標が示された(当該目標が、達成を強く求められるものではなかった)	○　達成困難なノルマが課された 【「中」である例】 ・　達成は容易ではないものの、客観的にみて、努力すれば達成も可能であるノルマが課され、この達成に向けた業務を行った	【「強」になる例】 ・　客観的に、相当な努力があっても達成困難なノルマが課され、達成できない場合には重いペナルティがあると予告された
9		ノルマが達成できなかった		☆		・　達成できなかったことによる経営上の影響度、ペナルティの程度等 ・　事後対応の困難性等 (注) 期限に至っていない場合でも、達成できない状況が明らかになった場合にはこの項目で評価する。	【「弱」になる例】 ・　ノルマが達成できなかったが、何ら事後対応は必要なく、会社から責任を問われること等もなかった ・　業績目標が達成できなかったものの、当該目標の達成は、強く求められていたものではなかった	○　ノルマが達成できなかった 【「中」である例】 ・　ノルマが達成できなかったことによりペナルティ(昇進の遅れ等を含む。)があった	【「強」になる例】 ・　経営に影響するようなノルマ(達成できなかったことにより倒産を招きかねないもの、大幅な業績悪化につながるもの、会社の信用を著しく傷つけるもの等)が達成できず、そのため、事後対応に多大な労力を費した(懲戒処分、降格、左遷、賠償責任の追及等重いペナルティを課された等を含む)
10		新規事業の担当になった、会社の建て直しの担当になった		☆		・　新規業務の内容、本人の職責、困難性の程度、能力と業務内容のギャップの程度等 ・　その後の業務内容、業務量の程度、職場の人間関係等	【「弱」になる例】 ・　軽微な新規事業等(新規事業であるが、責任が大きいとはいえないもの)の担当になった	○　新規事業の担当になった、会社の建て直しの担当になった 【「中」である例】 ・　新規事業等(新規プロジェクト、新規の研究開発、会社全体や採算部門の建て直し等、成功に対する高い評価が期待されやりがいも大きいが責任も大きい業務)の担当になった	【「強」になる例】 ・　経営に重大な影響のある新規事業等(失敗した場合に倒産を招きかねないもの、大幅な業績悪化につながるもの、会社の信用を著しく傷つけるもの、成功した場合に会社の新たな主要事業になるもの等)の担当であって、事業の成否に重大な責任のある立場に就き、当該業務に当たった

	出来事の類型	平均的な心理的負荷の強度 具体的出来事	心理的負荷の強度 Ⅰ	Ⅱ	Ⅲ	心理的負荷の総合評価の視点	心理的負荷の強度を「弱」「中」「強」と判断する具体例 弱	中	強
11		顧客や取引先から無理な注文を受けた		☆		・　顧客・取引先の重要性、要求の内容等 ・　事後対応の困難性等	【「弱」になる例】 ・　同種の経験等を有する労働者であれば達成可能な注文を出され、業務内容・業務量に一定の変化があった ・　要望が示されたが、達成を強く求められるものではなく、業務内容・業務量に大きな変化もなかった	○　顧客や取引先から無理な注文を受けた 【「中」である例】 ・　業務に関連して、顧客や取引先から無理な注文（大幅な値下げや納期の繰上げ、度重なる設計変更等）を受け、何らかの事後対応を行った	【「強」になる例】 ・　通常なら拒むことが明らかな注文（業績の著しい悪化が予想される注文、違法行為を内包する注文等）ではあるが、重要な顧客や取引先からのものであるためこれを受け、他部門や別の取引先と困難な調整に当たった
12		顧客や取引先からクレームを受けた		☆		・　顧客・取引先の重要性、会社に与えた損害の内容、程度等 ・　事後対応の困難性等 （注）この項目は、本人に過失のないクレームについて評価する。本人のミスによるものは、項目4で評価する。	【「弱」になる例】 ・　顧客等からクレームを受けたが、特に対応を求められるものではなく、取引関係や、業務内容・業務量に大きな変化もなかった	○　顧客や取引先からクレームを受けた 【「中」である例】 ・　業務に関連して、顧客等からクレーム（納品物の不適合の指摘等その内容が妥当なもの）を受けた	【「強」になる例】 ・　顧客や取引先から重大なクレーム（大口の顧客等の喪失を招きかねないもの、会社の信用を著しく傷つけるもの等）を受け、その解消のために他部門や別の取引先と困難な調整に当たった
13		大きな説明会や公式の場での発表を強いられた	☆			・　説明会等の規模、業務内容と発表内容のギャップ、強要・責任、事前準備の程度等	○　大きな説明会や公式の場での発表を強いられた	【解説】 説明会等の内容や事前準備の程度、本人の経験等から評価するが、「強」になることはまれ	
14		上司が不在になることにより、その代行を任された	☆			・　代行した業務の内容、責任の程度、本来業務との関係、能力・経験とのギャップ、職場の人間関係等 ・　代行期間等	○　上司が不在になることにより、その代行を任された	【解説】 代行により課せられた責任の程度、その期間や代行した業務内容、本人の過去の経験等とのギャップ等から評価するが、「強」になることはまれ	

	出来事の類型	具体的出来事	心理的負荷の強度 I	II	III	心理的負荷の総合評価の視点	弱	中	強
15	③仕事の量・質	仕事内容・仕事量の（大きな）変化を生じさせる出来事があった		☆		・　業務の困難性、能力・経験と業務内容のギャップ等 ・　時間外労働、休日労働、業務の密度の変化の程度、仕事内容、責任の変化の程度等 （注）発病前おおむね六か月において、時間外労働時間数に変化がみられる場合には、他の項目で評価される場合でも、この項目でも評価する。	【「弱」になる例】 ・　仕事内容の変化が容易に対応できるもの（※）であり、変化後の業務の負荷が大きくなかった ※　会議・研修等の参加の強制、職場のOA化の進展、部下の増加、同一事業場内の所属部署の統廃合、担当外業務としての非正規職員の教育等 ・　仕事量（時間外労働時間数等）に、「中」に至らない程度の変化があった	○仕事内容・仕事量の大きな変化を生じさせる出来事があった 【「中」である例】 ・　担当業務内容の変更、取引量の急増等により、仕事内容、仕事量の大きな変化（時間外労働時間数としてはおおむね二〇時間以上増加し一月当たりおおむね四五時間以上となるなど）が生じた	【「強」になる例】 ・　仕事量が著しく増加して時間外労働も大幅に増える（倍以上に増加し、一月当たりおおむね一〇〇時間以上となる）などの状況になり、その後の業務に多大な労力を費した（休憩・休日を確保するのが困難なほどの状態となった等を含む） ・　過去に経験したことがない仕事内容に変更となり、常時緊張を強いられる状態となった
16		一か月に八〇時間以上の時間外労働を行った		☆		・　業務の困難性 ・　長時間労働の継続期間 （注）この項目の「時間外労働」は、すべて休日労働時間を含む。	【「弱」になる例】 ・　一か月に八〇時間未満の時間外労働を行った （注）他の項目で評価されない場合のみ評価する。	○　一か月に八〇時間以上の時間外労働を行った （注）他の項目で評価されない場合のみ評価する。	【「強」になる例】 ・　発病直前の連続した二か月間に、一月当たりおおむね一二〇時間以上の時間外労働を行い、その業務内容が通常その程度の労働時間を要するものであった ・　発病直前の連続した三か月間に、一月当たりおおむね一〇〇時間以上の時間外労働を行い、その業務内容が通常その程度の労働時間を要するものであった
17		二週間以上にわたって連続勤務を行った		☆		・　業務の困難性、能力・経験と業務内容のギャップ等 ・　時間外労働、休日労働、業務密度の変化の程度、業務の内容、責任の変化の程度等	【「弱」になる例】 ・　休日労働を行った	○　二週間（一二日）以上にわたって連続勤務を行った 【「中」である例】 ・　平日の時間外労働だけではこなせない業務量がある、休日に対応しなければならない業務が生じた等の事情により、二週間（一二日）以上にわたって連続勤務を行った（一日あたりの労働時間が特に短い場合、手待時間が多い等の労働密度が特に低い場合を除く）	【「強」になる例】 ・　一か月以上にわたって連続勤務を行った ・　二週間（一二日）以上にわたって連続勤務を行い、その間、連日、深夜時間帯に及ぶ時間外労働を行った （いずれも、一日あたりの労働時間が特に短い場合、手待ち時間が多い等の労働密度が特に低い場合を除く）
18		勤務形態に変化があった	☆			・　交替制勤務、深夜勤務等変化の程度、変化後の状況等	○　勤務形態に変化があった	【解説】 変更後の勤務形態の内容、一般的な日常生活とのギャップ等から評価するが、「強」になることはまれ	
19		仕事のペース、活動の変化があった	☆			・　変化の程度、強制性、変化後の状況等	○　仕事のペース、活動の変化があった	【解説】 仕事のペースの変化の程度、労働者の過去の経験等とのギャップ等から評価するが、「強」になることはまれ	

注：表の見出しは原本では二段組み。「平均的な心理的負荷の強度」が「具体的出来事」と「心理的負荷の強度（I・II・III）」にかかり、「心理的負荷の強度を「弱」「中」「強」と判断する具体例」が「弱」「中」「強」の三列にかかる。行18・19の【解説】は「中」「強」の二列にまたがる。

	出来事の類型	平均的な心理的負荷の強度				心理的負荷の総合評価の視点	心理的負荷の強度を「弱」「中」「強」と判断する具体例		
		具体的出来事	心理的負荷の強度						
			Ⅰ	Ⅱ	Ⅲ		弱	中	強
20	④役割・地位の変化等	退職を強要された			☆	・　解雇又は退職強要の経過、強要の程度、職場の人間関係等 （注）ここでいう「解雇又は退職強要」には、労働契約の形式上期間を定めて雇用されている者であっても、当該契約が期間の定めのない契約と実質的に異ならない状態となっている場合の雇止めの通知を含む。	【解説】 退職勧奨が行われたが、その方法、頻度等からして強要とはいえない場合には、その方法等から「弱」又は「中」と評価		○退職を強要された 【「強」である例】 ・　退職の意思のないことを表明しているにもかかわらず、執拗に退職を求められた ・　恐怖感を抱かせる方法を用いて退職勧奨された ・　突然解雇の通告を受け、何ら理由が説明されることなく、説明を求めても応じられず、撤回されることもなかった
21		配置転換があった		☆		・　職種、職務の変化の程度、配置転換の理由・経過等 ・　業務の困難度、能力・経験と業務内容のギャップ等 ・　その後の業務内容、業務量の程度、職場の人間関係等 （注）出向を含む。	【「弱」になる例】 ・　以前に経験した業務等、配置転換後の業務が容易に対応できるものであり、変化後の業務の負荷が軽微であった	○　配置転換があった （注）　ここでの「配置転換」は、所属部署（担当係等）、勤務場所の変更を指し、転居を伴うものを除く。	【「強」になる例】 ・　過去に経験した業務と全く異なる質の業務に従事することとなったため、配置転換後の業務に対応するのに多大な労力を費した ・　配置転換後の地位が、過去の経験からみて異例なほど重い責任が課されるものであった ・　左遷された（明らかな降格であって配置転換としては異例なものであり、職場内で孤立した状況になった）
22		転勤をした		☆		・　職種、職務の変化の程度、転勤の理由・経過、単身赴任の有無、海外の治安の状況等 ・　業務の困難度、能力・経験と業務内容のギャップ等 ・　その後の業務内容、業務量の程度、職場の人間関係等	【「弱」になる例】 ・　以前に経験した場所である等、転勤後の業務が容易に対応できるものであり、変化後の業務の負荷が軽微であった	○転勤をした （注）　ここでの「転勤」は、勤務場所の変更であって転居を伴うものを指す。 なお、業務内容の変化についての評価は、項目21に準じて判断する。	【「強」になる例】 ・　転勤先は初めて赴任する外国であって現地の職員との会話が不能、治安状況が不安といったような事情から、転勤後の業務遂行に著しい困難を伴った
23		複数名で担当していた業務を一人で担当するようになった		☆		・　業務の変化の程度等 ・　その後の業務内容、業務量の程度、職場の人間関係等	【「弱」になる例】 ・　複数名で担当していた業務を一人で担当するようになったが、業務内容・業務量はほとんど変化がなかった	○　複数名で担当していた業務を一人で担当するようになった 【「中」である例】 ・　複数名で担当していた業務を一人で担当するようになり、業務内容・業務量に何らかの変化があった。	【「強」になる例】 ・　業務を一人で担当するようになったため、業務量が著しく増加し時間外労働が大幅に増えるなどの状況になり、かつ、必要な休憩・休日も取れない等常時緊張を強いられるような状態となった

	出来事の類型	平均的な心理的負荷の強度				心理的負荷の総合評価の視点	心理的負荷の強度を「弱」「中」「強」と判断する具体例		
		具体的出来事	心理的負荷の強度				弱	中	強
			Ⅰ	Ⅱ	Ⅲ				
24		非正規社員であるとの理由等により、仕事上の差別、不利益取扱いを受けた		☆		・　差別・不利益取扱いの理由・経過、内容、程度、職場の人間関係等 ・　その継続する状況	【「弱」になる例】 ・　社員間に処遇の差異があるが、その差は小さいものであった	○　非正規社員であるとの理由等により、仕事上の差別、不利益取扱いを受けた 【「中」である例】 ・　非正規社員であるとの理由、又はその他の理由により、仕事上の差別、不利益取扱いを受けた ・　業務の遂行から疎外・排除される取扱いを受けた	【「強」になる例】 ・　仕事上の差別、不利益取扱いの程度が著しく大きく、人格を否定するようなものであって、かつこれが継続した
25		自分の昇格・昇進があった	☆			・　職務・責任の変化の程度等 ・　その後の業務内容、職場の人間関係等	○　自分の昇格・昇進があった	【解説】 本人の経験等と著しく乖離した責任が課せられる等の場合に、昇進後の職責、業務内容等から評価するが、「強」になることはまれ	
26		部下が減った	☆			・　職場における役割・位置付けの変化、業務の変化の内容・程度等 ・　その後の業務内容、職場の人間関係等	○　部下が減った	【解説】 部下の減少がペナルティの意味を持つものである等の場合に、減少の程度（人数等）等から評価するが、「強」になることはまれ	
27		早期退職制度の対象となった	☆			・　対象者選定の合理性、代償措置の内容、制度の事前周知の状況、その後の状況、職場の人間関係等	○　早期退職制度の対象となった	【解説】 制度の創設が突然であり退職までの期間が短い等の場合に、対象者選定の基準等から評価するが、「強」になることはまれ	
28		非正規社員である自分の契約満了が迫った	☆			・　契約締結時、期間満了前の説明の有無、その内容、その後の状況、職場の人間関係等	○　非正規社員である自分の契約満了が迫った	【解説】 事前の説明に反した突然の契約終了（雇止め）通告であり契約終了までの期間が短かった等の場合に、その経過等から評価するが、「強」になることはまれ	

	出来事の類型	平均的な心理的負荷の強度				心理的負荷の総合評価の視点	心理的負荷の強度を「弱」「中」「強」と判断する具体例		
		具体的出来事	心理的負荷の強度				弱	中	強
			Ⅰ	Ⅱ	Ⅲ				
29	⑤対人関係	(ひどい)嫌がらせ、いじめ、又は暴行を受けた			☆	・　嫌がらせ、いじめ、暴行の内容、程度等 ・　その継続する状況 (注) 上司から業務指導の範囲内の叱責等を受けた場合、上司と業務をめぐる方針等において対立が生じた場合等は、項目30等で評価する。	【解説】 部下に対する上司の言動が業務指導の範囲を逸脱し、又は同僚等による多人数が結託しての言動が、それぞれ右の程度に至らない場合について、その内容、程度、経過と業務指導からの逸脱の程度により「弱」又は「中」と評価 【「弱」になる例】 ・　複数の同僚等の発言により不快感を覚えた（客観的には嫌がらせ、いじめとはいえないものも含む）	【「中」になる例】 ・　上司の叱責の過程で業務指導の範囲を逸脱した発言があったが、これが継続していない ・　同僚等が結託して嫌がらせを行ったが、これが継続していない	○　ひどい嫌がらせ、いじめ、又は暴行を受けた 【「強」である例】 ・　部下に対する上司の言動が、業務指導の範囲を逸脱しており、その中に人格や人間性を否定するような言動が含まれ、かつ、これが執拗に行われた ・　同僚等による多人数が結託しての人格や人間性を否定するような言動が執拗に行われた ・　治療を要する程度の暴行を受けた
30		上司とのトラブルがあった		☆		・　トラブルの内容、程度等 ・　その後の業務への支障等	【「弱」になる例】 ・　上司から、業務指導の範囲内である指導・叱責を受けた ・　業務をめぐる方針等において、上司との考え方の相違が生じた（客観的にはトラブルとはいえないものも含む）	○　上司とのトラブルがあった 【「中」である例】 ・　上司から、業務指導の範囲内である強い指導・叱責を受けた ・　業務をめぐる方針等において、周囲からも客観的に認識されるような対立が上司との間に生じた	【「強」になる例】 ・　業務をめぐる方針等において、周囲からも客観的に認識されるような大きな対立が上司との間に生じ、その後の業務に大きな支障を来した
31		同僚とのトラブルがあった		☆		・　トラブルの内容、程度、同僚との職務上の関係等 ・　その後の業務への支障等	【「弱」になる例】 ・　業務をめぐる方針等において、同僚との考え方の相違が生じた（客観的にはトラブルとはいえないものも含む）	○　同僚とのトラブルがあった 【「中」である例】 ・　業務をめぐる方針等において、周囲からも客観的に認識されるような対立が同僚との間に生じた	【「強」になる例】 ・　業務をめぐる方針等において、周囲からも客観的に認識されるような大きな対立が多数の同僚との間に生じ、その後の業務に大きな支障を来した
32		部下とのトラブルがあった		☆		・　トラブルの内容、程度等 ・　その後の業務への支障等	【「弱」になる例】 ・　業務をめぐる方針等において、部下との考え方の相違が生じた（客観的にはトラブルとはいえないものも含む）	○　部下とのトラブルがあった 【「中」である例】 ・　業務をめぐる方針等において、周囲からも客観的に認識されるような対立が部下との間に生じた	【「強」になる例】 ・　業務をめぐる方針等において、周囲からも客観的に認識されるような大きな対立が多数の部下との間に生じ、その後の業務に大きな支障を来した

	出来事の類型	平均的な心理的負荷の強度				心理的負荷の総合評価の視点	心理的負荷の強度を「弱」「中」「強」と判断する具体例		
		具体的出来事	心理的負荷の強度						
			Ⅰ	Ⅱ	Ⅲ		弱	中	強
33		理解してくれていた人の異動があった	☆				○　理解してくれていた人の異動があった		
34		上司が替わった	☆			(注) 上司が替わったことにより、当該上司との関係に問題が生じた場合には、項目30で評価する。	○　上司が替わった		
35		同僚等の昇進・昇格があり、昇進で先を越された	☆				○　同僚等の昇進・昇格があり、昇進で先を越された		
36	⑥セクシュアルハラスメント	セクシュアルハラスメントを受けた		☆		・　セクシュアルハラスメントの内容、程度等 ・　その継続する状況 ・　会社の対応の有無及び内容、改善の状況、職場の人間関係等	【「弱」になる例】 ・　「○○ちゃん」等のセクシュアルハラスメントに当たる発言をされた場合 ・　職場内に水着姿の女性のポスター等を掲示された場合	○　セクシュアルハラスメントを受けた 【「中」である例】 ・　胸や腰等への身体接触を含むセクシュアルハラスメントであっても、行為が継続しておらず、会社が適切かつ迅速に対応し発病前に解決した場合 ・　身体接触のない性的な発言のみのセクシュアルハラスメントであって、発言が継続していない場合 ・　身体接触のない性的な発言のみのセクシュアルハラスメントであって、複数回行われたものの、会社が適切かつ迅速に対応し発病前にそれが終了した場合	【「強」になる例】 ・　胸や腰等への身体接触を含むセクシュアルハラスメントであって、継続して行われた場合 ・　胸や腰等への身体接触を含むセクシュアルハラスメントであって、行為は継続していないが、会社に相談しても適切な対応がなく、改善されなかった又は会社への相談等の後に職場の人間関係が悪化した場合 ・　身体接触のない性的な発言のみのセクシュアルハラスメントであって、発言の中に人格を否定するようなものを含み、かつ継続してなされた場合 ・　身体接触のない性的な発言のみのセクシュアルハラスメントであって、性的な発言が継続してなされ、かつ会社がセクシュアルハラスメントがあると把握していても適切な対応がなく、改善がなされなかった場合

別表二

業務以外の心理的負荷評価表

出来事の類型	具体的出来事	心理的負荷の強度		
		Ⅰ	Ⅱ	Ⅲ
① 自分の出来事	離婚又は夫婦が別居した			☆
	自分が重い病気やケガをした又は流産した			☆
	自分が病気やケガをした		☆	
	夫婦のトラブル、不和があった	☆		
	自分が妊娠した	☆		
	定年退職した	☆		
② 自分以外の家族・親族の出来事	配偶者や子供、親又は兄弟が死亡した			☆
	配偶者や子供が重い病気やケガをした			☆
	親類の誰かで世間的にまずいことをした人が出た			☆
	親族とのつきあいで困ったり、辛い思いをしたことがあった		☆	
	親が重い病気やケガをした		☆	
	家族が婚約した又はその話が具体化した	☆		
	子供の入試・進学があった又は子供が受験勉強を始めた	☆		
	親子の不和、子供の問題行動、非行があった	☆		
	家族が増えた（子供が産まれた）又は減った（子供が独立して家を離れた）	☆		
	配偶者が仕事を始めた又は辞めた	☆		
③ 金銭関係	多額の財産を損失した又は突然大きな支出があった			☆
	収入が減少した		☆	
	借金返済の遅れ、困難があった		☆	
	住宅ローン又は消費者ローンを借りた	☆		
④ 事件、事故、災害の体験	天災や火災などにあった又は犯罪に巻き込まれた			☆
	自宅に泥棒が入った		☆	
	交通事故を起こした		☆	
	軽度の法律違反をした	☆		
⑤ 住環境の変化	騒音等、家の周囲の環境（人間環境を含む）が悪化した		☆	
	引越した		☆	
	家屋や土地を売買した又はその具体的な計画が持ち上がった	☆		
	家族以外の人（知人、下宿人など）が一緒に住むようになった	☆		
⑥ 他人との人間関係	友人、先輩に裏切られショックを受けた		☆	
	親しい友人、先輩が死亡した		☆	
	失恋、異性関係のもつれがあった		☆	
	隣近所とのトラブルがあった		☆	

（注）心理的負荷の強度ⅠからⅢは、別表一と同程度である。

（平二三・一二・二六　基発一二二六第一号）

エーテル、アセトン、クロロホルム、ベンゼンに易溶

(3) 致死量・中毒量

経口投与―ラット

LD_{50}：1,920mg/kg

経口投与―ラット

TDL_0(toxic dose lowest 最小中毒量)：13g/kg・52週

経口投与―イヌ

LDL_0(lowest published lethal doses 最小致死量)：300mg/kg

経口投与―ハムスター

TDL_0：560g/kg・70週

(4) 中毒症状

接触性皮膚炎を起こす。粉じん吸入によりくしゃみを起こす。

(5) 用途

染料（ファストブル―Bベース）中間体として使用される。その他亜鉛、チオシアネート、亜硝酸の検出試薬として用いられる。

イソシアネート系接着剤やポリウレタン弾性体の成分としても使われる。

(6) 労働安全衛生法（昭和四七年法律第五七号）上の措置

① 製造の許可（法第五六条）

② 特定化学物質等障害予防規則（昭和四七年労働省令第三九号）：特別管理物質

三　認定基準について

ジアニシジンにさらされる業務による尿路系腫瘍の認定に当たっては、昭和五一年八月四日付け基発第五六五号「芳香族化合物のニトロ又はアミノ誘導体による疾病の認定基準について」の本文記の三によって本省にりん伺することにしているので、留意されたい。

別添　〈略〉

（昭六三・一二・三　基発第七三五号）

2　再　発

〈業務上の負傷又は疾病が再発した場合〉

問　業務上の負傷又は疾病が解雇後において再発した場合は、従来の工場法の規定では扶助をなさないことができたが、基準法では再発に対する規定がないので、再発は従来通り取り扱ってよいか、或いはまた基準法第八三条によって解雇後再発した場合でも補償すべきか、何分の御指示を仰ぎたい。

答　業務上の負傷又は疾病が再発した場合の取扱いについては左の通りである。

(一)　再発は、原因である業務上の負傷又は疾病の連続であって、独立した別個の負傷又は疾病ではないから引続き災害補償は行われるべきである。

(二)　解雇後といえども再発と認定される限り災害補償は行われるべきである。

(三)　解雇後における再発の場合の休業補償費はその原因たる業務上の負傷又は疾病を事由として労働基準法第一二条により算定した平均賃金をもって算定する。

（昭二三・一・九　基災発第一三号）

〈他の事業場に就職し、前の事業場における業務上疾病が再発した場合の平均賃金〉

問　或る労働者がA事業場に勤務中、業務上の疾病に罹り、療養後一応治癒し同事業場を退職した。数カ月後B事業場に勤務中前回の疾病が再発し、労働に従事することが不可能となった。この場合休業補償を行うため、平均賃金算定の必要を生ずるが、これが算定にはA事業場において使用者より支払われた賃金によるか、或いはB事業場において支払われた賃金によるか、なおA事業場退職後何れへも就職せず、失業保険を受けている場合、何によって算定するか。何分の御回答煩わしたく稟伺致します。

答　設問の場合その疾病がA事業場における業務上の疾病の再発と認定される限り、平均賃金の算定はA事業場で支払われた賃金によってA事業主が補償すべきものである。但し再発の場合は、前の疾病との因果関係を特に慎重に調査して真に再発と認むべきかどうかを決しなければならない。

（昭二五・五・一三　基収第八四三号）

〈腹部打撲後の腎結石に対する再発認定〉

問　当局I労働基準監督署管内T運輸株式会社従業員、Tから別紙(一)　診断、別紙(二)　所見に基づき、再発認定の申出があったので、主治医及びT労災病院外科部長Uの意見を求め総合検討するに左記の点より現症は昭和二八年一〇月五日発生した業務上の負傷による「右側腹部挫傷兼右腎盂、輸尿管及下裂傷」の再発とは認められないが、いささか疑義がありますので何分のご回示をお願い致します。

記

一　現症所見として昭和三〇年二月二〇日T労災病院外科部長Uは、右腎下梗腎盞中に結石を認めておるが、これと外傷との関係については、四月二九日の意見書から見て立証できず（腎結石の形成が尿路感染によるとすれば、尿検査の結果赤血球に白血球の混入があるといわれる）、一応現症は昭和二八年一〇月五日の業務上負傷の再発とは認め難い。

二　腎結石の時期については災害時検査が行われておらず、血尿に対する診療のみ行っているので不明であるが、負傷後の腎結石の場合を考えても、一、により業務外と思料するが業務上と決定された例もありますのでいささか疑義がある。

別紙㈠

診断書（主治医）

住所　Ｉ市Ｍ町

氏名　Ｔ　大正一一年九月一日生

病名　血尿-右腎並にその周囲損傷症状の再発

摘要　昭和二九年一一月七日右腎部の著しき疼痛とともに血尿排出す。以後該部の疼痛と血尿をみる。昨年一〇月該部に外傷を受けた当時と同様の症状となる。

別紙㈡

所見（Ｔ労災病院）

昭和二九年一一月二六日施行せる逆行性腎盂撮影所見より右腎盂腎盞及び尿管に軽度の拡張及び屈曲が認められ、かかる変化より右腎盂、尿管の周囲の軽度の癒着を推測せしめられたり。

結石は右腎下極腎盞中に認められたり。

同年一二月一日右腎手術施行ベルグマン、イスラエル氏右腰部斜切法により右腎に達するに同腎被膜は全般に軽度に肥厚し同腎実質との癒着あり同尿管は軽度に拡張、同周囲との軽度の癒着あり。

以上の所見より腎周囲炎を推測せしめられたり。

別紙㈢

Ｔの現症と災害との因果関係についての意見（主治医）

昭和二八年一〇月五日右側腹部に打撲を受く。その後血尿腎盂部の疼痛あり、種々の検査により打撲による右腎部の広範なる損傷の確診を得。

二九年二月末一応症状固定せるかの感ありしが、同年一一月八日労働後肉眼的血尿あり。右腎部の疼痛を生ず。

前年の症状と同様なる臨床結果を得。

前年の腎並にその周囲損傷の続発乃至再発疾病と認めらる。

別紙㈣

外傷と腎結石発生に対する意見

（Ｔ労災病院）

一般に腎結石と外傷との間には関係ないというのが常識である。強いて二者を関連せしめるべく、本例を解釈せんとすれば、二者の間に尿路感染ということを挿入すれば関係づけられないことはない。

現在尿路結石形成の問題は世界の泌尿器科医により着々研究が進められつつあるが、尿が膠質化学的変化を起して結石が形成せられるということになっている。尿が膠質化学的変化を起す最も日常経験せられるものは尿路の感染である。

従って本例に見られた尿路感染を外傷に結びつけるならば尿路感染による結石形成を関連せしめることは容易である。

答　本件疾病は、さきの業務上の事由による負傷の再発として取り扱われたい。

（昭三〇・一一・八　基災収第一一五〇号）

〈**外科後処置診療の受療によって身体障害の状態が増悪した場合の取扱いについて**〉

問一　事業場の名称及び労働者名

　　Y市N区K三ノ九

　　S組合倉庫株式会社　M・S

　　（四九才）

二　事案の概要

　同人は昭和三〇年一二月二三日業務上負傷し爾後Y中央病院、I病院において治療を受けたが、受傷部位（右下腿複雑粉砕骨折）に骨髄炎（骨折部位は銀線縫合の結果発生せるもの）を併発したため治療が遷延し、昭和三二年一一月三日に至り漸く腐骨が除去され、瘻孔が閉塞したので、この時期をもって症状安定せるものと認め「治ゆ」とし、身体障害の状態は右足関節の用癈と右下腿に偽関節を残しているので準用第六級と認定したものである。

　同人は翌一一月四日より外科後処置診療を受け現在厚生年金U整形外科病院に入院中であるが、その後症状が増悪し、下腿切断もやむをえなきものと診断されるに至った。このことについて同人より身体障害が加重する場合の救済を求めているものである。

三　疑義とする点

1　傷病が一たん治ゆした後に法第二三条による保険施設（現行・労働福祉事業）（外科後処置診療）を受けたものであり、その結果として身体障害の状態に変更を来たしてもこのことは法第一二条による災害補償の範囲とは解されないが、保険施設はそれ自体特別の手術や手当を受けることによって身体障害者の労働能力の回復をはかり就業条件の向上を意図するものであって、その適応と効果について労働基準局長の承認を得て実施するもので、本件の如く、その結果既存の障害状態が加重された場合は、保険施設の趣旨にも反するので、被災労働者の救済については法第一二条による災害補償の範囲を準用することはできないか。

2　本件の場合は、主治医T医師の経過概要報告にみられるとおり、外科後処置診療受療中、骨髄炎を再発し予後不良の場合、治ゆ以前からその症状が認められ、治ゆとなった昭和三二年一一月三日現在においては感染菌が静止状態にあったもので、何らかの動機が与えられれば当然再発する可能性があったと考えられ、今回の外科後処置診療中昭和三三年三月四日にこれが再発したものとみなされる。

答　本件は再発として取り扱われたい。

（昭三四・二・二八　三三基収第八七三四号）

〈**髄内釘（キュンチャー）等抜去術の取扱いについて**〉

　標記については、自今、左記のとおりその取り扱いを改めることとしたから、了知のうえ、事務処理に遺憾のないよう期されたい。

記

一　髄内釘・三翼釘等抜去の取扱いについて

(1)　髄内釘・三翼釘等を装着したものについては、当該装着金属が運動障害とならない場合には、症状が安定し、装着金属を抜去することのほか、治療の必要がなくなったときをもって、治ゆとすること。

(2)　治ゆ後、装着金属を抜去する場合の取扱いは、再発して取り扱うこと。

二　銀線等除去の取扱いについて

(1)　銀線等を装着したものについては、症状が安定し、治療の必要がなくなったときをもって、治ゆとすること。

(2)　治ゆ後、当該装着部位に炎症又は疼痛を惹起し、装着した銀線の除去を要する場合に限り、再発として取り扱うこと。

（昭三四・七・一五　基発第五〇二号）

〈せき髄損傷患者の症状固定後における胼胝形成障害の対症療養（再発）について〉

問　今般、当局管内において、左記一による標記障害事案が発生したが、これが取扱いについて左記二のとおり疑義がありますので、何分のご指示を賜りたくりん伺する。

記

一　事案の概要

(1)　傷病労働者名
M・T　昭和一一年一二月五日生

(2)　傷病名
第四、五胸椎脱臼骨折脊髄不全損傷硬腹下出血後胎症両膝関節化骨性筋炎

(3)　傷病発生年月日
昭和三六年一〇月一三日

(4)　長期給付移行年月日
昭和三九年一〇月一二日（改正法長期傷病補償給付適用）

(5)　傷病の症状固定年月日
昭和四二年四月二四日
（第二回の胼胝形成の治ゆ日）

(6)　受療診療機関名
労災病院

(7)　症状の経過状況
当該患者の上記疾患は、別添障害診断書（四二年四月二四日）の「療養の内容及び経過」のとおり軽快し、四〇年六月三〇日より通院療養を行ない、症状の一般臨床所見（四二年二月一一日の診断書）も経過良好であって、ほとんど症状は固定したものであるが、この通院療養の間下肢の尖足痙直による歩行障害のため足底に胼胝形成が生じ、これが切除治療上昭和四一年三月三一日より同年六月一九日の間及び四二年二月一四日より同年四月二四日の間二回の入院加療して、一応主症状に対する療養の継続は要しなくなったので、四二年三月二四日症状固定とし

て治ゆの転帰をとったものである。

しかし、下肢の不全麻痺障害による二次的障害の胼胝形成は、だじ後右述のとおり概ね九カ月を経て周期的に続発し、二カ月の入院加療が半永久的に繰返されるものであって、この発生の間は全く療養を要せず、軽易な労働に服することができるものである。

二　当該障害治療に対する取扱上の疑義及び問題について本件障害の繰返し対症治療に対する療養の補償給付は、次のいずれにより取扱うべきや。

(1)　当該患者のせき髄損傷等の主症状は症状固定し、別段療養を要しないので、長期傷病補償給付は、障害診断書のとおり打切り、その後に発する当該胼胝形成の対症治療はその都度再発扱いとする。この場合、再発による連続の長期化及びこの間の年金給付等に問題がある。

(2)　せき髄損傷患者の特殊性より当該障害の対症治療を要する限り、治ゆとせず、長期傷病補償給付を行なう。

この場合、療養を要しない期間就労して賃金をうけている場合、年金給付の取扱いに問題がある。

(3)　(1)と同様長期傷病補償給付を打切り、その後の当該障害治療は、その都度保険施設〔現行＝労働福祉事業〕の外科後処置診療により取扱う。

この場合も、再発扱いとし同様当該診療が長期に亘り、繰返される問題がある。

答　貴見(1)により扱われたい。

なお、再発扱いをした場合には、療養補償給付（必要がある場合は休業補償給付を含む。）を行なうこととされたい。

（昭四二・八・一六　基収第三五九六号）

3　通勤災害

〈通勤災害保護制度の創設について〉

労働者災害補償保険法の一部を改正する法律（昭和四八年法律第八五号。以下「改正法」という。）は、去る九月二一日公布され、労働者災害補償保険法の一部を改正する法律の施行期日を定める政令（昭和四八年政令第三二一号）により、本年一二月一日から施行されることとなり、同日から、労働者災害補償保険（以下「労災保険」という。）により、労働者の通勤災害についても、業務災害の場合に準じた保険給付等が行われることとなった。

ついては、下記事項について了知のうえ、制度創設の趣旨を十分理解され、業務運営に遺憾なきを期されるよう、命により通達する。

記

一　通勤災害保護制度の創設の経緯と趣旨

近年のわが国における通勤事情を考慮し、労働者の通勤災害の保護について、労働者災害補償保険審議会を中心にして、早くから審議が行われてきたが、昭和四五年二月以来、労働大臣の諮問機関として設けられた通勤途上災害調査会において、専門的な調査研究が行われ、昨年八月「通勤途上災害調査会報告書」がまとめられた。同報告書においては、通勤災害は、業務災害としてとらえることは困難であるとしながらも、通勤災害の発生状況及び通勤と業務との密接な関係等にかんがみ、業務災害の場合に準じた保護を与えることが適切であるとしていた。同報告については、労働者災害補償保険審議会においても検討され、全会一致で了承されたので、その内容どおり制度化するための法案を作成し先の第七一回特別国会に提出した。同国会においては、両院の社会労働委員会で慎重な審議が重ねられた後、全会一致で本年九月一四日成立したものである。

二　通勤災害保護制度の概要

(1)　労災保険の目的の改正

労働者災害補償保険法（昭和二二年法律第五〇号）第一条の規定が改正され、労災保険は、業務災害と並んで、労働者の通勤災害についても保険給付等を行うものとされた。

(2)　適用範囲

通勤災害保護制度は、労働者の通勤災害について保護を行うものであり、特別加入者については、適用されない（今次改正後の、労働者災害補償保険法（以下「新法」という。）第二八条及び第二九条〔現行＝第三四条及び第三五条〕）。

(3)　通勤災害の範囲

通勤災害とは、労働者の通勤による負傷、疾病、障害又は死亡をいう（新法第七条）。ここでいう通勤とは、労働者が就業に関し、住居と就業の場所との間を、合理的な経路及び方法により往復することをいうものであるが、労働者が通勤の途中で往復の経路を逸脱したり、往復を中断した場合には、それ以後は通勤災害保護制度でいう通勤とはされない。ただし、その逸脱、中断が日用品の購入など日常生活上必要な行為をやむを得ない事由により行うための最小限度のものである場合には、その間を除き、その後の往復は、通勤とされる。

(4)　保険給付の種類等

通勤災害に関する保険給付の種類は、次のとおりであり、その支給事由、請求権者、他の社会保険給付との調整等については、それぞれに相当する業務災害に関する保険給付の場合と同様である（新法第三章第一節及び第三節）。

療養給付（業務災害に関する療養補償給付に相当する。）

休業給付（休業補償給付に相当する。）

障害給付（障害補償給付に相当する。）
遺族給付（遺族補償給付に相当する。）
葬祭給付（葬祭料に相当する。）
傷病年金（傷病補償年金に相当する。）

なお、保険給付の額の改定（スライド）、遺族に対する前払一時金の支給及び五五才以上六〇才未満の遺族に係る年金に関する特例は、いずれも、通勤災害についても、業務災害の場合と同様に実施される（改正法附則第三条から第五条まで）。

(5)　保険施設

労災保険の保険施設は、業務災害の場合と同様に通勤災害に関しても行われる（新法第二三条〔現行＝第二九条〕）。ただし、災害の予防に関する保険施設〔現行＝労働福祉事業〕は、通勤災害については、行われない（新法第二三条の二〔現行＝削除〕）。

(6)　費用負担

通勤災害に関する保険給付等に要する費用にあてるための保険料は、全額事業主が負担し、労働保険料として徴収される。この場合において、保険料率のうち通勤災害に係る率は、全事業につき一律であり、これに見合うものとして、本年一二月一日から現行の労災保険率が一〇〇〇分の一ずつ引き上げられる。

また、労働者は療養給付を受ける場合には、二〇〇円（日雇労働者健康保険の被保険者については五〇円）の一部負担金を支払う（新法第二五条第二項）。ただし、通勤災害の原因である事故が第三者の行為により発生したものである場合等は、一部負担金を支払う必要はないものとされている。

(7)　保険給付の特例

通勤災害に関しても、業務災害の場合と同様の保険給付の特例の措置が講じられており、労災保険の任意適用事業であって未加入のものの労働者にも、事後的に通勤災害保護制度適用のみちが開かれている（今次改正後の失業保険法及び労働者災害補償保険法の一部を改正する法律及び労働保険の保険料の徴収等に関する法律の施行に伴う関係法律の整備等に関する法律第一八条の二）。この場合には、業務災害の場合と同様に、事業主は、労働保険料のほか、特別保険料を納付しなければならない（同法第一九条）。

(8)　新制度の適用

通勤災害保護制度は、昭和四八年一二月一日以後に生じた事故に起因する通勤災害について適用される（改正法附則第二条）。

（昭四八・一一・二二　発基第一〇五号）

〈労災保険法の一部を改正する法律等の施行について〉

新法第七条第一項の規定は、労災保

険から業務災害及び通勤災害に関して保険給付が行われるものであること並びに業務災害及び通勤災害の定義を定めたものである。業務災害の認定に関する取扱いは従来のとおりであるが、通勤災害の認定については、新たに発足した労働者の通勤災害保護制度の運営上の重要な問題であるので、別紙「通勤災害の範囲について」により慎重に行うこととされたい。

なお、通勤災害の認定についても、全国を通じて統一的に行う必要があるので、各都道府県労働局〈現行・都道府県労働基準局〉において、別紙「通勤災害の範囲について」によっては、通勤災害に該当するか否かの認定の困難な事案については、当分の間、事案毎に本省あてりん伺することとされたい。

（別紙）

「通勤災害の範囲について」

通勤災害については、労災保険法第七条第一項第二号において「労働者の通勤による負傷、疾病、障害又は死亡」をいうものと定義されている。

また、通勤については、同条第二項及び第三項において次のとおり定義されている。

「前項第二号の通勤とは、労働者が、就業に関し、次に掲げる移動を、合理的な経路及び方法により行うことをいい、業務の性質を有するものを除くものとする。

一　住居と就業の場所との間の往復

二　厚生労働省令で定める就業の場所から他の就業の場所への移動

三　第一号に掲げる往復に先行し、又は後続する住居間の移動（厚生労働省令で定める要件に該当するものに限る。）」

「労働者が、前項各号に掲げる移動の経路を逸脱し、又は同項各号に掲げる移動を中断した場合においては、当該逸脱又は中断の間及びその後の同項各号に掲げる移動は、第一項第二号の通勤としない。ただし、当該逸脱又は中断が、日常生活上必要な行為であって厚生労働省令で定めるものをやむを得ない事由により行うための最小限度のものである場合は、当該逸脱又は中断の間を除き、この限りでない。」

併せて、労災保険法第七条第二項第二号の厚生労働省令で定める就業の場所は、労災保険法施行規則第六条において次のように定められている。

「一　法第三条第一項の適用事業及び整備法第五条第一項の規定により労災保険に係る保険関係が成立している同項の労災保険暫定任意適用事業に係る就業の場所

二　法第三四条第一項第一号、第三五条第一項第三号又は第三六条第一項第一号の規定により労働者とみなされる者（第四六条の二二の二に規定する者を除く。）に係る就業の場所

三　その他前二号に類する就業の場所」

また、労災保険法第七条第二項第三号の厚生労働省令で定める要件

は、労災保険法施行規則第七条において次のように定められている。

「法第七条第二項第三号の厚生労働省令で定める要件は、同号に規定する移動が、次の各号のいずれかに該当する労働者により行われるものであることとする。

一　転任に伴い、当該転任の直前の住居と就業の場所との間を日々往復することが当該往復の距離等を考慮して困難となったため住居を移転した労働者であって、次のいずれかに掲げるやむを得ない事情により、当該転任の直前の住居に居住している配偶者（婚姻の届出をしていないが、事実上婚姻関係と同様の事情にある者を含む。以下同じ。）と別居することとなったもの

イ　配偶者が、要介護状態（負傷、疾病又は身体上若しくは精神上の障害により、二週間以上の期間にわたり常時介護を必要とする状態をいう。以下同じ。）にある労働者又は配偶者の父母又は同居の親族を介護すること。

ロ　配偶者が、学校教育法（昭和二二年法律第二六号）第一条に規定する学校、同法第八二条の二に規定する専修学校若しくは同法第八三条第一項に規定する各種学校（以下「学校等」という。）に在学し、又は職業能力開発促進法（昭和四四年法律第六四号）第一五条の六第三項に規定する公共職業能力開発施設の行う職業訓練（職業能力開発総合大学校において行われるものを含む。以下「職業訓練」という。）を受けている同居の子（一八歳に達する日以後の最初の三月三一日までの間にある子に限る。）を養育すること。

ハ　配偶者が、引き続き就業すること。

ニ　配偶者が、労働者又は配偶者の所有に係る住宅を管理するため、引き続き当該住宅に居住すること。

ホ　その他配偶者が労働者と同居できないと認められるイからニまでに類する事情

二　転任に伴い、当該転任の直前の住居と就業の場所との間を日々往復することが当該往復の距離等を考慮して困難となったため住居を移転した労働者であって、次のいずれかに掲げるやむを得ない事情により、当該転任の直前の住居に居住している子と別居することとなったもの（配偶者がないものに限る。）

イ　当該子が要介護状態にあり、引き続き当該転任の直前まで日常生活を営んでいた地域において介護を受けなければならないこと。

ロ　当該子（一八歳に達する日以後の最初の三月三一日までの間にある子に限る。）が学校等に在学し、又は職業訓練を受けていること。

ハ　その他当該子が労働者と同居できないと認められるイ又はロに類する事情

三　転任に伴い、当該転任の直前の住

居から就業の場所との間を日々往復することが当該往復の距離等を考慮して困難となったため住居を移転した労働者であって、次のいずれかに掲げるやむを得ない事情により、当該転任の直前の住居に居住している当該労働者の父母又は親族（要介護状態にあり、かつ、当該労働者が介護していた父母又は親族に限る。）と別居することとなったもの（配偶者及び子がないものに限る。）

イ　当該父母又は親族が、引き続き当該転任の直前まで日常生活を営んでいた地域において介護を受けなければならないこと。

ロ　当該父母又は親族が労働者と同居できないと認められるイに類する事情

四　その他前三号に類する労働者

さらに、日常生活上必要な行為であって厚生労働省令で定めるものは、労災保険法施行規則第八条において、次のように定められている。

「法第七条第三項の厚生労働省令で定める行為は、次のとおりとする。

一　日用品の購入その他これに準ずる行為

二　職業訓練、学校教育法第一条に規定する学校において行われる教育その他これらに準ずる教育訓練であって職業能力の開発向上に資するものを受ける行為

三　選挙権の行使その他これに準ずる行為

四　病院又は診療所において診察又は治療を受けることその他これに準ずる行為

五　要介護状態にある配偶者、子、父母、配偶者の父母並びに同居し、かつ、扶養している孫、祖父母及び兄弟姉妹の介護（継続的に又は反復して行われるものに限る。）」

上に述べた定義について、具体的に説明すると次のとおりである。

一　「通勤による」の意義

「通勤による」とは通勤と相当因果関係のあること、つまり、通勤に通常伴う危険が具体化したことをいう。

①　具体的には、通勤の途中において、自動車にひかれた場合、電車が急停車したため転倒して受傷した場合、駅の階段から転落した場合、歩行中にビルの建設現場から落下してきた物体により負傷した場合、転倒したタンクローリーから流れ出す有害物質により急性中毒にかかった場合等、一般に通勤中に発生した災害は通勤によるものと認められる。

②　しかし、自殺の場合、その他被災者の故意によって生じた災害、通勤の途中で怨恨をもってけんかをしかけて負傷した場合などは、通勤をしていることが原因となって災害が発生したものではないので、通勤災害とは認められない。

二　「就業に関し」の意義

「就業に関し」とは、移動行為が

業務に就くため又は業務を終えたことにより行われるものであることを必要とする趣旨を示すものである。つまり、通勤と認められるには、移動行為が業務と密接な関連をもって行われることを要することを示すものである。

① まず、労働者が、業務に従事することになっていたか否か、又は現実に業務に従事したか否かが、問題となる。

　この場合に所定の就業日に所定の就業場所で所定の作業を行うことが業務であることはいうまでもない。また、事業主の命によって物品を届けに行く場合にも、これが業務となる。また、このような本来の業務でなくとも、全職員について参加が命じられ、これに参加すると出勤扱いとされるような会社主催の行事に参加する場合等は業務と認められる。さらに、事業主の命をうけて得意先を接待し、あるいは、得意先との打合せに出席するような場合も、業務となる。逆に、このような事情のない場合、例えば、休日に会社の運動施設を利用しに行く場合はもとより会社主催ではあるが参加するか否かが労働者の任意とされているような行事に参加するような場合には、業務とならない。ただし、そのような会社のレクリエーション行事であっても、厚生課員が仕事としてその行事の運営にあたる場合には当然業務となる。また、事業主の命によって労働者が拘束されないような同僚との懇親会、同僚の送別会への参加等も、業務とはならない。

　さらに、労働者が労働組合大会に出席するような場合は、労働組合に雇用されていると認められる専従役職員については就業との関連性が認められるのは当然であるが、一般の組合員については就業との関連性は認められない。

② ㈠　出勤（労災保険法第七条第二項第一号の住居から就業の場所への移動をいい、同項第二号の場合の第二の就業の場所への移動を含む。以下同じ。）の就業との関連性についてであるが、所定の就業日に所定の就業開始時刻を目途に住居を出て就業の場所へ向う場合は、寝すごしによる遅刻、あるいはラッシュを避けるための早出等、時刻的に若干の前後があっても就業との関連性があることはもちろんである。他方、運動部の練習に参加する等の目的で、例えば、

i)　午後の遅番の出勤者であるにもかかわらず、朝から住居を出る等、所定の就業開始時刻とかけ離れた時刻に会社に行く場合や

ii)　第二の就業場所にその所定の就業開始時刻と著しくかけ離れた時刻に出勤する場合には、当該行為は、むしろ当該業務以外の目的のために行われるものと考えられるので、就業との関連性はないと認められる。

なお、日々雇用される労働者については、継続して同一の事業に就業しているような場合は、就業することが確実であり、その際の出勤は、就業との関連性が認められるし、また公共職業安定所等でその日の紹介を受けた後に、紹介先へ向う場合で、その事業で就業することが見込まれるときも、就業との関連性を認めることができる。しかし、公共職業安定所等でその日の紹介を受けるために住居から公共職業安定所等まで行く行為は、未だ就職できるかどうか確実でない段階であり、職業紹介を受けるための行為であって、就業のための出勤行為であるとはいえない。

(ロ) 退勤（労災保険法第七条第二項第一号の就業の場所から住居への移動をいう。）の場合であるが、この場合にも、終業後ただちに住居へ向う場合は就業に関するものであることについては、問題がない。このことは、日々雇用される労働者の場合でも同様である。

また、所定の就業時間終了前に早退をするような場合であっても、その日の業務を終了して帰るものと考えられるので、就業との関連性を認められる。

なお、通勤は一日について一回のみしか認められないものではないので、昼休み等就業の時間の間に相当の間隔があって帰宅するような場合には、昼休みについていえば、午前中の業務を終了して帰り、午後の業務に就くために出勤するものと考えられるので、その往復行為は就業との関連性を認められる。

また、業務の終了後、事業場施設内で、囲碁、麻雀、サークル活動、労働組合の会合に出席をした後に帰宅するような場合には、社会通念上就業と帰宅との直接的関連を失わせると認められるほど長時間となるような場合を除き、就業との関連性を認めても差し支えない。

(ハ) 労災保険法第七条第二項第三号の通勤における帰省先住居から赴任先住居への移動の場合であるが、実態等を踏まえ、業務に就く当日又は前日に行われた場合は、就業との関連性を認めて差し支えない。ただし、前々日以前に行われた場合は、交通機関の状況等の合理的理由があるときに限り、就業との関連性が認められる。

(ニ) 労災保険法第七条第二項第三号の住居間移動における赴任先住居から帰省先住居への移動の場合であるが、実態等を踏まえて、業務に従事した当日又はその翌日に行われた場合は、就業との関連性を認めて差し支えない。ただし、翌々日以後に行われた場合は、交通機関の状況等の合理的理由があるときに限り、就業との関連性が認められる。

三 「合理的な経路及び方法」の意義

「合理的な経路及び方法」とは、

当該移動の場合に、一般に労働者が用いるものと認められる経路及び手段等をいうものである。

①　経路については、乗車定期券に表示され、あるいは、会社に届け出ているような、鉄道、バス等の通常利用する経路及び通常これに代替することが考えられる経路等が合理的な経路となることはいうまでもない。また、タクシー等を利用する場合に、通常利用することが考えられる経路が二、三あるような場合には、その経路は、いずれも合理的な経路となる。また、経路の道路工事、デモ行進等当日の交通事情により迂回してとる経路、マイカー通勤者が貸切の車庫を経由して通る経路等通勤のためにやむを得ずとることとなる経路は合理的な経路となる。さらに、他に子供を監護する者がいない共稼労働者が託児所、親せき等にあずけるためにとる経路などは、そのような立場にある労働者であれば、当然、就業のためにとらざるを得ない経路であるので、合理的な経路となるものと認められる。

逆に、上に述べたところから明らかなように、特段の合理的な理由もなく著しく遠まわりとなるような経路をとる場合には、これは合理的な経路とは認められないことはいうまでもない。また、経路は、手段とあわせて合理的なものであることを要し、鉄道線路、鉄橋、トンネル等を歩行して通る場合は、合理的な経路とはならない。

②　次に方法については、鉄道、バス等の公共交通機関を利用し、自動車、自転車等を本来の用法に従って使用する場合、徒歩の場合等、通常用いられる交通方法は、当該労働者が平常用いているか否かにかかわらず一般に合理的な方法と認められる。しかし、例えば、免許を一度も取得したことのないような者が自動車を運転する場合、自動車、自転車等を泥酔して運転するような場合には、合理的な方法と認められない。なお、飲酒運転の場合、単なる免許証不携帯、免許証更新忘れによる無免許運転の場合等は、必ずしも、合理性を欠くものとして取り扱う必要はないが、この場合において、諸般の事情を勘案し、給付の支給制限が行われることがあることは当然である。

四　「業務の性質を有するもの」の意義

「業務の性質を有するもの」とは、当該移動による災害が業務災害と解されるものをいう。

具体例としては、事業主の提供する専用交通機関を利用してする通勤、突発的事故等による緊急用務のため、休日又は休暇中に呼出しを受け予定外に緊急出勤する場合がこれにあたる。

五　「住居」の意義

①　労災保険法第七条第二項第一号の

「住居」とは、労働者が居住して日常生活の用に供している家屋等の場所で、本人の就業のための拠点となるところを指すものである。

したがって、就業の必要性があって、労働者が家族の住む場所とは別に就業の場所の近くに単身でアパートを借りたり、下宿をしてそこから通勤しているような場合は、そこが住居である。さらに通常は家族のいる所から出勤するが、別のアパート等を借りていて、早出や長時間の残業の場合には当該アパートに泊り、そこから通勤するような場合には、当該家族の住居とアパートの双方が住居と認められる。また、長時間の残業や、早出出勤及び平成一三年二月一日付け基発第七五号通達における新規赴任、転勤のため等の勤務上の事情や、交通ストライキ等交通事情、台風などの自然現象等の不可抗力的な事情により、一時的に通常の住居以外の場所に宿泊するような場合には、やむを得ない事情で就業のために一時的に居住の場所を移していると認められるので、当該場所を住居と認めて差し支えない。

逆に、友人宅で麻雀をし、翌朝そこから直接出勤する場合等は、就業の拠点となっているものではないので、住居とは認められない。

なお、転任等のやむを得ない事情のために同居していた配偶者と別居して単身で生活する者や家庭生活の維持という観点から自宅を本人の生活の本拠地とみなし得る合理的な理由のある独身者にとっての家族の住む家屋については、当該家屋と就業の場所との間を往復する行為に反復・継続性が認められるときは住居と認めて差し支えない。

② 労災保険法第七条第二項第三号の通勤における赴任先住居とは、①の住居の考え方と同様に、労働者が日常生活の用に供している家族等の場所で本人の就業のための拠点となるところを指すものである。また、同号の通勤における帰省先住居についても、当該帰省先住居への移動に反復・継続性が認められることが必要である。さらに、労災保険法施行規則第七条第一号イにおける労働者又は配偶者の父母の居住している場所についても、反復・継続性が認められる場合は「住居」と認められる。

六 「就業の場所」の意義「就業の場所」とは、業務を開始し、又は終了する場所をいう。

業務の意義については二の①について述べたところであるが、具体的な就業の場所には、本来の業務を行う場所のほか、物品を得意先に届けてその届け先から直接帰宅する場合の物品の届け先、全員参加で出勤扱いとなる会社主催の運動会の会場等がこれにあたることとなる。

なお、外勤業務に従事する労働者で、特定区域を担当し、区域内にある数カ所の用務先を受け持って自宅との間を往復している場合には、自宅を出てから最初の用務先が業務開始の場所であり、最後の用務先が、業務終了の場所と認められる。

また、労災保険法第七条第二項第二号の通勤における第一の就業の場所についても、労災保険法の適用事業、通勤災害保護制度の対象となっている特別加入者に係る就業の場所及びこれらに類する就業の場所とする。「類する就業の場所」とは、具体的には、地方公務員災害補償法、国家公務員災害補償法又は船員保険法による通勤災害保護対象となる勤務場所又は就業の場所とする。

七　「逸脱」、「中断」及び「日用品の購入その他これに準ずる日常生活上必要な行為であって厚生労働省令で定めるものをやむを得ない事由により行うための最小限度のもの」の意義

①　「逸脱」とは、通勤の途中において就業又は通勤とは関係のない目的で合理的な経路をそれることをいい、「中断」とは、通勤の経路上において通勤とは関係のない行為を行うことをいう。具体的には、途中で麻雀を行う場合、映画館に入る場合、バー、キャバレー等で飲酒する場合、デートのため長時間にわたってベンチで話しこんだり、経路からはずれる場合がこれに該当する。

しかし、経路の近くにある公衆便所を使用する場合、帰途に経路の近くにある公園で短時間休息する場合や、経路上の店でタバコ、雑誌等を購入する場合、駅構内でジュースの立飲みをする場合、経路上の店で渇をいやすため極く短時間、お茶、ビール等を飲む場合、経路上で商売している大道の手相見、人相見に立寄って極く短時間手相や人相をみてもらう場合等のように通常経路の途中で行うようなささいな行為を行う場合には、逸脱、中断に該当しない。ただし、飲み屋やビヤホール等において、長時間にわたって腰をおちつけるに至った場合や、経路からはずれ又は門戸を構えた観相家のところで、長時間にわたり、手相、人相等をみてもらう場合等は、逸脱、中断に該当する。

②　逸脱、中断の間及びその後の移動は原則として通勤とは認められないが、当該逸脱・中断が日用品の購入その他これに準ずる行為等をやむを得ない事由により最小限度の範囲で行う場合には、当該逸脱、中断の後、合理的な経路に復した後は通勤と認められることとされている。

なお、「やむを得ない事由により」とは、日常生活の必要のあることをいい、「最小限度のもの」とは、当該逸脱又は中断の原因となった行為の目的達成のために必要とする最小限度の時間、距離等をいう。

(イ)　「日用品の購入その他これに準ずる行為」とは、具体的には、帰途で惣菜等を購入する場合、独身者が食

堂に食事に立ち寄る場合、クリーニング店に立ち寄る場合等がこれに該当する。

　また、労災保険法第七条第二項第二号の通勤では、これらに加え、次の就業場所の始業時間との関係から食事に立ち寄る場合、図書館等における業務に必要な情報収集等を行う場合等も含み、同項第三号の通勤では、長距離を移動するために食事に立ち寄る場合やマイカー通勤のための仮眠を取る場合等も該当するものとする。

(ロ)　「これらに準ずる教育訓練であつて職業能力の開発向上に資するものを受ける行為」とは、職業能力開発総合大学校における職業訓練及び専修学校における教育がこれに該当する。各種学校における教育については、就業期間が一年以上であって、課程の内容が一般的に職業に必要な技術、例えば、工業、医療、栄養士、調理師、理容師、美容師、保母教員、商業経理、和洋裁等に必要な技術を教授するもの（茶道、華道等の課程又は自動車教習所若しくはいわゆる予備校の課程はこれに該当しないものとして取り扱う。）は、これに該当するものとして取り扱うこととする。

(ハ)　「選挙権の行使その他これに準ずる行為」とは、具体的には、選挙権の行使、最高裁判所裁判官の国民審査権の行使、住民の直接請求権の行使等がこれに該当する。

(ニ)　「病院又は診療所において診察又は治療を受けることその他これに準ずる行為」とは、病院又は診療所において通常の医療を受ける行為に限らず、人工透析など比較的長時間を要する医療を受けることも含んでいる。また、施術所において、柔道整復師、あん摩マッサージ指圧師、はり師、きゅう師等の施術を受ける行為もこれに該当する。

(ホ)　「要介護状態にある配偶者、子、父母、配偶者の父母並びに同居し、かつ、扶養している孫、祖父母及び兄弟姉妹の介護（継続的に又は反復して行われるものに限る。）」とは、例えば、定期的に、帰宅途中に一定時間父の介護を行うために父と同居している兄宅に立ち寄る場合等が該当する。

　「介護」とは、歩行、排泄、食事等の日常生活に必要な便宜を供与するという意である。同居している者の介護を行う場合としては、介護保険法（平成九年法律第一二三号）第八条第二三項に規定する施設サービスが提供されない施設（養護老人ホーム、軽費老人ホーム等）に一時的に入所している者を介護する場合等が想定される。また、「扶養」とは、主として当該労働者が経済的援助をすることにより生計を維持させることをいい、所得税法（昭和四〇年法律第三三号）第二条第一項第三四号の「扶養親族」の「扶養」と同義である。「継続的に又は反復して」とは、例えば毎日あるいは一週間に数回など労働者が日常的に介護を行う場合をいい、初めて介護を行った場合は、客観的にみてその後も継続的に又は反復して介護を行うことが予定されていればこれに該当する。

八　「転任」の意義
「転任」とは、企業の命を受け、就業する場所が変わることをいう。また、就業していた場所、つまり事業場自体の場所が移転した場合も該当することとする。

九　「距離等を考慮して困難」の意義
転任直前の住居と就業の場所との間の距離について、最も経済的かつ合理的と認められる通常の経路で判断するものとする。
具体的には、その経路について、徒歩による測定距離や鉄道事業法（昭和六二年法律第九二号）第一三条に規定する鉄道運送事業者の調べに係る鉄道旅客貨物運賃算出表に掲げる距離等を組み合わせた距離が六〇キロメートル以上の場合又は、六〇キロメートル未満であっても、移動方法、移動時間、交通機関の状況等から判断して六〇キロメートル以上の場合に相当する程度に通勤が困難である場合とする。

一〇　「要介護状態」の意義
「常時介護を要する状態」とは、別表により判断する。

一一　「類する事情」の例示
(イ)　労災保険法施行規則第七条第一号ホの事情とは、例えば以下のような事情とする。
・　配偶者が、引き続き特定の医療機関において治療を受けざるを得ない子を養育すること。
・　配偶者が、引き続き特定の医療機関において治療を受けざるを得ないこと。
・　配偶者が、要介護状態にあり、引き続き当該転任の直前まで日常生活を営んでいた地域において介護を受けざるを得ないこと。
・　配偶者が、学校等に在学し、又は職業訓練を受けていること。
(ロ)　労災保険法施行規則第七条第二号ハの事情とは、例えば以下のような事情とする。
・　子が、引き続き特定の医療機関において治療を受けざるを得ないこと。
(ハ)　労災保険法施行規則第七条第三号ロの事情とは、例えば以下のような事情とする。
・　労働者が同居介護していた要介護状態にある父母又は親族が、当該転任の直前まで日常生活を営んでいた地域の特定の医療機関において引き続き治療を受けざるを得ないこと。
(ニ)　労災保険法施行規則第七条第四号の労働者は、例えば以下のような労働者とする。
・　第一号から第三号までのいずれかの転任後、さらに転任をし、最初の転任の直前の住居から直近の転任の直後の就業の場所に通勤することが困難な労働者。

・同条第一号から第三号までのいずれかの転任後、配偶者等が転任直前の住居から引っ越した場合において、同条第一号から第三号までのいずれかのやむを得ない事情が引き続いており、引っ越し後の住居と転任直後の就業の場所との間を日々往復することが困難な労働者。

・当該転任の直前の住居から当該転任の直後の就業の場所へ通勤することが困難ではないが、職務の性質上、就業の場所に近接した場所に居住することが必要なため、住居を移転し、同条第一号から第三号までに掲げる者と別居することとなった労働者。

・労働者が配偶者等を一旦帯同して赴任したが、学校に入学する子を養育する等のやむを得ない事情により、配偶者等が再び転任直前の住居に居住することとなり別居するに至った労働者。

別表

常時介護を必要とする状態に関する判断基準

「常時介護を必要とする状態」とは、次のいずれかに該当するものとする。

一　日常生活動作事項（第一表の事項欄の歩行、排泄、食事、入浴及び着脱衣の五項目をいう。）のうち、全部介助が一項目以上及び一部介助が二項目以上あり、かつその状態が継続すると認められること。

二　問題行動（第二表の行動欄の攻撃行為、自傷行為、火の扱い、徘徊、不穏興奮、不潔行為及び失禁の七項目をいう。）のうちいずれか一項目以上が重度又は中度に該当し、かつ、その状態が継続すると認められること。

〈第一表〉

事項	態様 一 自分で可	二 一部介助	三 全部介助
イ 歩行	杖等を使用し、かつ、時間がかかっても自分で歩ける	付添いが手や肩を貸せば歩ける	歩行不可能
ロ 排泄	・自分で昼夜とも便所でできる ・自分で昼は便所、夜は簡易便器を使ってできる	・介助があれば簡易便器でできる ・夜間はおむつを使用している	常時おむつを使用している
ハ 食事	スプーン等を使用すれば自分で食事ができる	スプーン等を使用し、一部介助すれば食事ができる	臥床のままで食べさせなければ食事ができない
ニ 入浴	自分で入浴でき、洗える	・自分で入浴できるが、洗うときだけ介助を要する ・浴槽の出入りに介助を要する	・自分でできないので、全て介助しなければならない ・特殊浴槽を使っている ・清拭を行っている

ホ　着脱衣	自分で着脱できる	手を貸せば、着脱できる	自分でできないので全て介助しなければならない
ト　失禁	常に失禁する	時々失禁する	誘導すれば自分でトイレに行く

〈第二表〉

行動	程度		
	重度	中度	軽度
イ　攻撃的行為	人に暴力をふるう	乱暴なふるまいを行う	攻撃的な言動を吐く
ロ　自傷行為	自殺を図る	自分の体を傷つける	自分の衣服を裂く、破く
ハ　火の扱い	火を常にもてあそぶ	火の不始末が時々ある	火の不始末をすることがある
ニ　徘徊	屋外をあてもなく歩きまわる	家中をあてもなく歩きまわる	時々部屋内でうろうろする
ホ　不穏興奮	いつも興奮している	しばしば興奮し騒ぎたてる	ときには興奮し騒ぎたてる
ヘ　不潔行為	糞尿をもてあそぶ	場所を構わず放尿、排便をする	衣服等を汚す

(昭四八・一一・二二　基発第六四四号、平三・二・一　基発第七五号、平一八・三・三一　基発第〇三三一〇四二号、平二〇・四・一　基発第〇四〇一〇四二号)

〈労働者災害補償保険法の一部改正の施行及び労働者災害補償保険法施行規則及び労働者災害補償保険特別支給金支給規則の一部を改正する省令の施行について〉

標記のうち、労働者災害補償保険法の一部改正の施行については、「労働安全衛生法等の一部を改正する法律について」(平成一七年一一月二日付け基発第一一〇二〇〇二号)により既に通達しているところであるが、去る三月二七日に、労働者災害補償保険法施行規則及び労働者災害補償保険特別支給金支給規則の一部を改正する省令(平成一八年厚生労働省令第五二号。以下「改正省令」という。)及び労働者災害補償保険法の施行に関する事務に使用する文書の様式を定める件(平成一八年厚生労働省告示第一五五号。以下「新告示」という。)が公布され、本年四月一日から施行されることとなったので、下記に留意の上、事務処理に遺漏なきを期されたい。

記

第一　改正の趣旨

労働安全衛生法等の一部を改正する法律(平成一七年法律第一〇八号)が昨年一一月二日に公布された。これにより、労働者災害補償保険法(昭和二二年法律第五〇号)の改正が行われ、通勤災害保護制度における通勤の範囲を見直すことについては、既に通達しているところであるが、これに伴い、今般、労働者災害補償保険法施行規則及び労働者災害補償保険特別支給金支給規則の一部を改正することとし、新たに通勤災害保護制度の対象となる事業場間移動の起点たる就業の場所、同じく新たに通勤災害保護制度の対象となる住居と就業の場所との間の往復に先行し、又は後続する住居間の移動の要件、請求手続等を定めるとともに、「労働者災害補償保険法の一部を改正する法律等の施行について」(昭和四八年一一月二二日付け基発第六四四号)の別紙「通勤災害の範囲について」(第二の四において「別紙」という。)を改正することとする。

第二　改正の内容

一　労働者災害補償保険法施行規則の一部改正

(1)　通勤災害保護制度の対象となる労災保険法第七条第二項第二号の移動(以下「事業場間移動」という。)の起点たる就業の場所(改正省令による改正後の労働者災害補償保険法施行規則(以下「新施行規則」という。)第六条関係)

労働者災害補償保険は、事業主の互いに起こりうる保険事故のリスク軽減を図るための制度であることから、今回保護の対象とする事業場間移動は、いずれの事業主も当該移動の起点又は終点となる就業の場所の事業主となり得ることを要するものである。具体的には、次の就業の場所を定めることとする。

①　新労災保険法第三条第一項の適用事業及び失業保険法及び労働者災害補償保険法の一部を改正する法律及び労働保険の保険料の徴収等に関する法律の施行に伴う関係法律の整備等に関する法律第五条第一項の規定により労災保険に係る保険関係が成立している同項の労災保険暫定任意適用事業に係る就業の場所

②　新労災保険法第三四条第一項第一号、第三五条第一項第三号又は第三六条第一項第一号の規定により労働者とみなされる者(第四六条の二二の二に規定する者を除く。)に係る就業の場所

③　その他①又は②に類する就業の場所

③は、具体的には、地方公務員災害補償法、国家公務員災害補償法又は船員保険法による通勤災害保護制度の対象となる勤務場所又は就業の場所とする。これらは、労災保険法の保護対象とはなっていないものの、それぞれの制度において、労災保険法と同様に、複数就業者に係る事業場間移動を通勤災害保護制度の対象とすることとされたことから、相互主義により対象とすることとするものである。

(2)　通勤災害保護制度の対象となる労災保険法第七条第二項第三号の移動(以下「住居間移動」という。)の要件(新施行規則第七条関係)

通勤災害保護制度の保護となる住居間移動は、やむを得ない事情により、i)配偶者と別居した場合、ii)配偶者がない労働者が子と別居した場合、iii)配偶者も子もない労働者が同

居介護していた要介護状態にある父母又は親族と別居することになった場合等に分けて次の①から④までのいずれかに該当する労働者により行われるものであることとする。

①　転任に伴い、当該転任の直前の住居と就業の場所との間を日々往復することが当該往復の距離等を考慮して困難となったため住居を移転した労働者であって、次のいずれかに掲げるやむを得ない事情により、当該転任の直前の住居に居住している配偶者（婚姻の届出をしていないが、事実上婚姻関係と同様の事情にある者を含む。以下同じ。）と別居することとなったもの

イ　配偶者が、要介護状態（負傷、疾病又は身体上若しくは精神上の障害により、二週間以上の期間にわたり常時介護を必要とする状態をいう。以下同じ。）にある労働者又は配偶者の父母又は同居の親族を介護すること。

ロ　配偶者が、学校教育法（昭和二二年法律第二六号）第一条に規定する学校、同法第八二条の二に規定する専修学校若しくは同法第八三条第一項に規定する各種学校（以下「学校等」という。）に在学し、又は職業能力開発促進法（昭和四四年法律第六四号）第一五条の六第三項に規定する公共職業能力開発施設の行う職業訓練（職業能力開発総合大学校において行われるものを含む。以下「職業訓練」という。）を受けている同居の子（一八歳に達する日以後の最初の三月三一日までの間にある子に限る。）を養育すること。

ハ　配偶者が、引き続き就業すること。

ニ　配偶者が、労働者又は配偶者の所有に係る住宅を管理するため、引き続き当該住宅に居住すること。

ホ　その他配偶者が労働者と同居できないと認められるイからニまでに類する事情

②　転任に伴い、当該転任の直前の住居と就業の場所との間を日々往復することが当該往復の距離等を考慮して困難となったため住居を移転した労働者であって、次のいずれかに掲げるやむを得ない事情により、当該転任の直前の住居に居住している子と別居することとなったもの（配偶者がないものに限る。）

イ　当該子が要介護状態にあり、引き続き当該転任の直前まで日常生活を営んでいた地域において介護を受けなければならないこと。

ロ　当該子（一八歳に達する日以後の最初の三月三一日までの間にある子に限る。）が学校等に在学し、又は職業訓練を受けていること。

ハ　その他当該子が労働者と同居できないと認められるイ又はロに類する事情

③　転任に伴い、当該転任の直前の住居と就業の場所との間を日々往復することが当該往復の距離等を考慮し

て困難となったため住居を移転した労働者であって、次のいずれかに掲げるやむを得ない事情により、当該転任の直前の住居に居住している当該労働者の父母又は親族（要介護状態にあり、かつ、当該労働者が介護していた父母又は親族に限る。）と別居することとなったもの（配偶者及び子がないものに限る。）

イ　当該父母又は親族が、引き続き当該転任の直前まで日常生活を営んでいた地域において介護を受けなければならないこと。

ロ　当該父母又は親族が労働者と同居できないと認めるイに類する事情

④　その他①から③までに類する労働者

(3)　療養給付等の請求等（改正省令第一八条の五から第一八条の一〇まで及び第一八条の一二関係）

①　通勤災害に関する保険給付を請求する際に請求書に記載する事項は、業務災害に関する保険給付を請求する際に請求書に記載する事項に加え、次のイからホまでに掲げる災害が発生した場合の区分に応じて、それぞれイからホまでに掲げる事項

イ　災害が新労災保険法第七条第二項第一号の往復の往路において発生した場合

就業の場所並びに就業開始の予定の年月日時及び住居を離れた年月日時

ロ　災害が新労災保険法第七条第二項第一号の往復の復路において発生した場合

就業の場所並びに就業終了の年月日時及び当該就業の場所を離れた年月日時

ハ　災害が新労災保険法第七条第二項第二号の移動の際に発生した場合

当該移動の起点たる就業の場所における就業終了の年月日時及び当該就業の場所を離れた年月日時並びに当該移動の終点たる就業の場所及び当該就業の場所における就業開始の予定の年月日時

ニ　災害が新労災保険法第七条第二項第三号の移動のうち、同項第一号の往復に先行する移動の際に発生した場合

転任の有無、当該先行する移動を行うに当たり住居を離れた年月日時並びに当該往復に係る就業の場所及び当該就業の場所における就業開始の予定の年月日時

ホ　災害が新労災保険法第七条第二項第三号の移動のうち、同項第一号の往復に後続する移動の際に発生した場合

転任の有無、当該後続する移動を行うに当たり住居を離れた年月日時並びに当該往復に係る就業の場所及び当該就業の場所における就業終了の年月日時

②　①に掲げる事項（イ、ニ及びホ中住居を離れた年月日時並びにハ中当該移動の起点たる就業の場所におけ

る就業終了の年月日時及び当該就業の場所を離れた年月日時を除く。）については、事業主（①のイからホまでに掲げる場合の区分に応じ、それぞれ①のイからホまでに掲げる就業の場所に係る事業主をいう。）の証明を受けなければならないこととする。

　このように、事業主の証明を受けなければならない事項から①のハ中当該移動の起点たる就業の場所における就業終了の年月日時及び当該就業の場所を離れた年月日時を除くこととしているが、これは、事業場間移動は当該移動の終点たる事業場において労務の提供を行うために行われる通勤であると考えられ、当該移動の間に起こった災害に関する保険関係の処理については、終点たる事業場の保険関係で行うものとしていることによるものである。

二　労働者災害補償保険特別支給金支給規則の一部改正

　一の労働者災害補償保険法施行規則の一部改正に伴い、新たに通勤災害保護制度の対象となった通勤災害について給付される特別支給金を申請する際の申請書の記載事項（改正省令による改正後の労働者災害補償保険特別支給金支給規則第三条、第四条、第五条、第七条、第九条及び第一〇条関係）

①　休業特別支給金、障害特別支給金、遺族特別支給金、障害特別年金、遺族特別年金及び遺族特別一時金の申請に当たっては、一(3)①のイからホまでに掲げる事項を記載した申請書を提出しなければならない。

②　①に掲げる事項の証明については、一(3)②と同様とする。

三　労働者災害補償保険法の施行に関する事務に使用する文書の様式を定める件の一部改正

　一(3)及び二①に伴い、療養給付たる療養の費用請求書、休業給付支給請求書等の請求様式を変更することとする。

四　基発第六四四号別紙「通勤災害の範囲について」の改正等

　別紙を別添のように改正し、これに伴い、「単身赴任者等の通勤災害の取扱いについて」（平成七年二月一日付け基発第三九号）は廃止する。

第三　施行期日等

　これらの改正は、平成一八年四月一日より施行し、同日以後に発生した事故に起因する新労災保険法第七条第一項第二号の通勤災害に関する保険給付について適用する。

別添　略

（平一八・三・三一　基発第〇三三一〇四二号）

〈「労働者災害補償保険法の一部を改正する法律等の施行について」別紙「通勤災害の範囲について」の改正に係る留意事項について〉

標記「労働者災害補償保険法の一部を改正する法律等の施行について」（昭和四八年一一月二二日付け基発第六四四号）別紙「通勤災害の範囲について」については、「労働者災害補償保険法の一部改正の施行及び労働者災害補償保険法施行規則及び労働者災害補償保険特別支給金支給規則の一部を改正する省令の施行について」（平成一八年三月三一日付け基発第〇三三一〇四二号）により改正されたところであるが、「二「就業に関し」の意義」における就業開始時刻との関係等は下記のとおりであるので、事務処理に遺漏のないようお願いする。

記

一　「二「就業に関し」の意義」における就業開始時刻との関係

「二「就業に関し」の意義」②(イ)i)における「所定の就業開始時刻とかけ離れた時刻」とは、従来どおりのおおむね二時間を超えたものとするが、ii)における「所定の就業開始時刻と著しくかけ離れた時刻」とは、事業場間における移動の場合にあっては、第一の事業場における就業終了時刻等により止むを得ない事情によることがあることから、i)よりも長時間であっても差し支えないものとするものであること。

なお、第一の事業場における就業終了時刻後の業務以外の行為による時間の経過は、第二の事業場への移動に係る就業との関連性を失わせるものではないこと。

二　「五「住居」の意義」における反復・継続性

(1)　「反復・継続性」とは、おおむね毎月一回以上の往復行為又は移動がある場合に認められるものであること。

また、②（労災保険法第七条第二項第三号の場合）における「反復・継続性」の判断に当たっては、赴任先住居・帰省先住居間の移動とともに、赴任先住居・就業の場所間の移動を総合して判断するものであること。

(2)　「おおむね毎月一回以上」とは、原則として、被災日を含む月（一日から月末日までの暦月をいう。以下同じ。）以前三か月間について、毎月一回以上の往復行為又は移動を行っている場合をいうものとするが、特定の月について往復行為又は移動が行われなかった場合であっても、就労上の理由、交通事情、自然現象等の事情等が認められる場合には、当該特定の月を一回以上の往復行為又は移動が行われたものとして取り扱うこと。

また、赴任日を含む月から三か月に満たない期間内において家族の住む家屋と就業の場所又は赴任先住居と帰省先住居との間の移動の途上で被災した場合には、家庭環境その他の事情により、おおむね毎月一回以上の移動が行われると推測し得るか否かにより判断すること。

三　その他

出張の機会を利用して当該出張期間内において、出張先に赴く前後に自宅に立ち寄る行為（自宅から次の目的地に赴く行為を含む。）については、従来どおり、当該立ち寄る行為が、出張経路を著しく逸脱していないと認められる限り、原則として、通常の出張の場合と同様、業務として取り扱うこと。

（平一八・三・三一　基労管発第〇三三一〇〇一号、　基労補発第〇三三一〇〇三号）

〈**通勤災害に関する改正**〉

一　改正の趣旨及び内容

通勤災害については、労災法第七条第一項第二号において「労働者の通勤による負傷、疾病、障害又は死亡」をいうものと定義されており、また、通勤については同条第二項及び第三項において定義をおいているが、今般、労働者が往復の経路を逸脱し、又は往復を中断した場合の取扱いについて改正を行った（新労災法第七条第三項関係）。すなわち、逸脱又は中断があった場合は、当該逸脱又は中断の間及びその後の往復が労災法第七条第一項第二号の通勤とされないことについては従前と同様であるが、当該逸脱又は中断が「日常生活上必要な行為であって労働省令で定めるもの（新労災法第七条第三項）」（従前は、「日用品の購入その他これに準ずる日常生活上必要な行為（旧労災法第七条第三項）」）をやむを得ない事由により行うための最小限度のものである場合は、当該逸脱又は中断の間を除き通勤として取り扱うこととされ、逸脱・中断に関し特例的に取り扱われる労働者の日常生活上必要な行為の内容については、日用品の購入に準ずるものに限定せず、その範囲を省令で規定することとしたものである。この新労災法第七条第三項に基づき「日常生活上必要な行為」として、次の行為が定められた（新労災則第八条関係）。

①　日用品の購入その他これに準ずる行為

③及び④に特記したものを除き、旧労災法第七条第三項の「日用品の購入その他これに準ずる日常生活上必要な行為」の範囲と同じである。

②　職業能力開発促進法第一五条の六第三項に規定する公共職業能力開発施設において行われる職業訓練（職業能力開発総合大学校において行われるものを含む。）、学校教育法第一条に規定する学校において行われる教育その他これらに準ずる教育訓練であって職業能力の開発向上に資するものを受ける行為

イ　職業能力開発促進法第一五条の六第三項に規定する公共職業能力開発施設としては、国、都道府県及び市町村並びに雇用促進事業団が設置す

る職業能力開発校、職業能力開発短期大学校、技能開発センター及び身体障害者職業能力開発校並びに高等職業能力開発校がある。

ロ　学校教育法第一条に規定する学校としては、小学校、中学校、高等学校、大学、高等専門学校等がある。

ハ「これらに準ずる教育訓練であって職業能力の開発向上に資するもの」としては、職業能力開発大学校（職業能力開発促進法第二七条参照）における職業訓練及び専修学校（学校教育法第八二条の二ほか参照）における教育がこれに該当する。各種学校（学校教育法第八三条ほか参照）における教育については、修業期間が一年以上であって、課程の内容が一般的に職業に必要な技術、例えば、工業、医療、栄養士、調理師、理容師、美容師、保母教員、商業経理、和洋裁等に必要な技術を教授するもの（茶道、華道等の課程又は自動車教習所若しくはいわゆる予備校の課程はこれに該当しないものとして取り扱う。）は、これに該当するものとして取り扱うこととする。なお、生涯能力開発給付金（雇用保険法施行規則第一二五条参照）の自己啓発助成給付金の対象として労働大臣により指定されているものについても、同様に取り扱うこととする。

③　選挙権の行使その他これに準ずる行為

通勤の途中で選挙の投票に寄る行為については、従来は「日用品の購入に準ずる日常生活上必要な行為」として取り扱われてきているところであるが、今回の法改正を契機に①の「日用品の購入その他これに準ずる行為」とは別の日常生活上必要な行為として省令上位置付けたものである。具体的には、選挙権の行使のほか、最高裁判所裁判官の国民審査権の行使、住民の直接請求権の行使等がこれに該当する。

④　病院又は診療所において診察又は治療を受けることその他これに準ずる行為

通勤の途上で病院又は診療所で治療を受ける行為については、従前から「日用品の購入に準ずる日常生活上必要な行為」として取り扱われてきているところであるが、③と同様に、今回の法改正を契機に、①の「日用品の購入その他これに準ずる行為」とは別個の日常生活上必要な行為として省令上位置付けたものである。病院又は診療所において通常の医療を受ける行為に限らず、人工透析など比較的長時間を要する医療を受けることもこれに含まれる。また「これに準ずる行為」の例としては、施術所において、柔道整復師、あん摩マッサージ指圧師、はり師、きゅう師等の施術を受ける行為がある。

二　施行期日等

この改正は、昭和六二年四月一日から施行され、同日以後に発生した事故に起因する労災法第七条第一項第二号の通勤災害に関する保険給付について適用することとされた（改正前附則第二条関係）。

（昭六二・三・三〇　発労徴第二三号、基発第一七四号）

〔平五・三・二九基発第一八九号及び平一一・三・二二基発第一〇八号に基づく文語整理〕

〈労働者災害補償保険法施行規則の一部を改正する省令の施行について〉

労働者災害補償保険法施行規則の一部を改正する省令（平成二〇年厚生労働省令第三六号。以下「改正省令」という。）が平成二〇年三月一八日に公布され、本日から施行されることとなったので、下記の事項に留意の上、事務処理に遺漏なきを期されたい。

記

一　通勤災害保護制度の見直し

(1)　改正の趣旨

高齢化の進展とともに、家族の介護が労働者の生活に深く関わってきていること、また、平成一九年四月一八日の大阪高裁判決（義父の介護のため通勤経路を逸脱した労働者に対する休業給付不支給決定を取り消すものとする判決）を踏まえ、通勤災害保護制度について見直しを行うこととしたものである。

(2)　改正の内容

労働者災害補償保険法施行規則（昭和三〇年労働省令第二二号。以下「労災則」という。）第八条に定める日常生活上必要な行為として、新たに「要介護状態にある配偶者、子、父母、配偶者の父母並びに同居し、かつ、扶養している孫、祖父母及び兄弟姉妹の介護（継続的に又は反復して行われるものに限る。）」を加えるものである。（改正省令による改正後の労働者災害補償保険法施行規則（以下「新施行規則」という。）第八条関係）

要介護状態とは、負傷、疾病又は身体上若しくは精神上の障害により、二週間以上の期間にわたり常時介護を必要とする状態をいい、常時介護を必要とする状態に関する判断は、昭和四八年一一月二二日付け基発第六四四号（以下「六四四号通達」という。）の別紙「通勤災害の範囲について」別表「常時介護を必要とする状態に関する判断基準」によるものとする。

(3)　経過措置

この改正は、改正省令の施行の日（以下「施行日」という。）以後に発生した負傷、疾病、障害又は死亡に起因する労働者災害補償保険法（昭和二二年法律第五〇号。以下「労災保険法」という。）第七条第一項第二号の通勤災害に関する保険給付について適用するものとし、施行日前に発生した負傷、疾病、障害又は死亡に起因する同号の通勤災害に関する保険給付については、なお従前の例によるものとする。

(4)　関係通達の改正

（略）

(5)　その他

通勤と子の養育との関係について は、六四四号通達において、「他に子供を監護する者がいない共稼労働者が託児所、親せき等にあずけるためにとる経路などは、（中略）、合理的な経路となるものと認められる」とされているところである。また、労働者が通勤の途中において、入院している子供の世話を行うために病院に立ち寄る場合については、当該行為が家族の衣、食、保健、衛生、教養のための行為であれば、労災則第八条第一号に定める「日用品の購入その他これに準ずる行為」に該当するものである。

（平二〇・四・一　基発第〇四〇一〇四二号）

二以下（略）

〈職業能力開発促進法の一部を改正する法律等の施行に伴う労災保険関係法令等の一部改正について〉

職業能力開発促進法の一部を改正する法律（平成四年法律第六七号）及び職業能力開発促進法施行規則等の一部を改正する省令（平成五年労働省令第一号）による労働基準局関係法令の一部改正の概要については、先に平成五年三月三日付け基発第一二七号により通知したところであるが、今般、職業能力開発促進法の一部を改正する法律の施行に伴う関係労働省告示の整備に関する告示（平成五年労働省告示第二三号。以下「整備告示」という。）が公布され、平成五年四月一日から施行されることとなった。

今回の改正により、労災保険関係法令等についても所要の整備が行われたところであるが、その取扱いについては、下記の一及び二のとおりであるので、これが事務処理に遺憾なきを期されたい。

また、これら関係法令の改正に伴い、労災就学等援護費支給要綱の一部を別紙のとおり改正し、平成五年四月一日から適用することとしたので、併せて下記の三に留意の上、事務処理に遺憾なきを期されたい。

記

一　労働者災害補償保険法施行規則第八条第二号の一部改正について

本号の改正は、従来、職業能力開発促進法（昭和四四年法律第六四号）第一六条第四項において規定されていた公共職業訓練施設の定義規定が、同法の改正により職業能力開発促進法第一五条の六第三項に規定されることとなったこと、また、「公共職業訓練施設」の字句が「公共職業能力開発施設」に改められることとなったことに伴い、形式的な整備がなされたものである。

したがって、当該施設に係る通勤災害の取扱いに変更を及ぼすものではなく、改正後の当該施設についても、従前のとおり取り扱って差し支えない。

なお、今回の改正による改正後の職業能力開発促進法（以下「新能開法」という。）及び改正後の職業能力開発促進法施行規則（昭和四四年労働省令第二四号。以下「新能開則」という。）において、国及び都道府県は、主として知識を習得するために行われる短期過程の普通職業訓練に準ずる職業訓練であって、その教科のすべての科目について簡易な設備を利用して行うことができるものを公共職業能力開発施設以外の施設でも行うことができることとされた（新能開法第一五条の六第一項ただし書及び新能開則第三条参照）が、当該公共職業能力開発施設以外の施設に係る通勤災害の取扱いについては、労働者災害補償保険法施行規則（昭和三〇年労働省令第二二号）第八条第二号の「その他これらに準ずる教育訓練であつて職業能力の開発向上に資するもの」に該当するものとして、平成五年四月一日から取り扱うこととするので、通勤災害の認定に際して留意すること。

二・三　〈略〉

（平五・三・二九　基発第一八六号）

A　通勤途上の負傷

(1)　「通勤による」

〈ひったくりに起因する災害〉

問　被災労働者は、当日午後六時五分頃業務を終え、午後六時十分頃勤務先を退社し、地下鉄・私鉄を乗継ぎ、自宅最寄りの駅で下車して徒歩で帰宅する途中、駅から四〇〇メートル程の道路上にさしかかったところ、後方から進行してきた自動車（道路の左側に停車していて、被災労働者が通り過ぎた直後に発進したもの）により、ハンドバックと革袋をひったくられ、その際、当該自動車に接触、転倒して負傷したものである。

被災現場は、駅から徒歩で約五分の地点の道路上で、五メートル位手前に水銀灯が一本立っているが、周りはホーレン草畑であり、左側の奥に農家が一軒あるだけで夜は非常に寂しい場所であった。

答 通勤災害と認められる。

（理由）

本件の如く、当該被災労働者が女性であって、大都市周辺の寂しいところに住居を有し、かつ、午後八時三〇分頃という時間に退勤するような場合に、その途上において「ひったくり」に出会うということは、一般に発生し得る危険であること。

また、そのような「ひったくり」の場合、本件の如く、自動車による接触事故、その他により転倒負傷することも一般にあり得ることで異例な事象とはいえないことなどから、通勤に通常伴う危険が具体化したものと認められる。

（昭四九・三・四　基収第六九号）

〈帰宅途中、暴漢におそわれた災害〉

問 キャバレーに勤務する被災労働者は、午後一一時四〇分頃、業務を終えて帰宅する途中、地下街入口の階段付近の暗い所で、突然暴漢におそわれ、後頭部を棒のようなもので殴打され負傷し、その際ポケットからサイフを抜き取られたものである。

おそわれた場所は、大阪市にある地下商店街で商店が閉店した後は人通りもほとんどなく、わずかに地下鉄駅へ向かう人が通るだけのところであった。また、この付近は、同じような粗暴犯罪が多発しているため、警察の街頭活動強化地区として指定されていた。

なお、被災労働者は就業の場所（キャバレー）を出てから災害発生場所までの間は、逸脱・中断もなく通常の通勤経路上を歩行中に災害にあったものである。

答 通勤災害と認められる。

（理由）

本件については、いわゆる粗暴犯の発生が多いため、警察の街頭活動強化地区として指定されている場所で災害が発生しており、かかる地域を深夜退勤する途上において「強盗」や「恐喝」等に出合い、その結果負傷することも通常考え得ることである。

しかも、当該災害が被災労働者の挑発行為等、恣意的行為により生じたものではなく、また、当事者間に怨恨関係があるとする特別の事情なども見いだせないことから、通勤に通常伴う危険が具体化したものと認められる。

（昭四九・六・一九　基収第一二七六号）

〈帰宅途中、暴漢におそわれた災害〉

問 中華料理店に勤務する被災労働者は、午後九時に勤務を終了して帰宅するため最寄りの私鉄駅で下車し、自宅に向かって人通りのない暗い道を歩行中、突然背後から何者かに抱きつかれたので、逃げようとして転倒したところを鋭利な刃物で背部を刺され負傷したものである。
なお、災害の発生時刻の午後一〇時一五分頃は、この近辺で同じような犯罪が多発している時間帯であった。

答　通勤災害と認められる。

（理由）
本件のように、女子労働者が午後一〇時一五分頃に、暗く人通りの少ない大都市周辺の住宅散在地域を通勤する途上において、変質者等からおそわれ、その結果負傷することは通常考え得ることであり、しかも、被災労働者の退勤時刻は、当該地域における粗暴犯発生の集中している時間帯であって、この種の類似犯も発生しており、また、当事者間に私的関係等があるとする特別の事情なども見いだせないことから、通勤に通常伴う危険が具体化したものと認められる。

（昭四九・六・一九　基収第一二七六号）

〈帰宅途中、姉を迎えに立ち寄った姉の経営する美容院内でのがけ崩れによる災害〉

問　被災当日、K地方は集中豪雨があり、被災労働者は、道路が崩壊の恐れがあることと、姉Sが経営するK美容室の裏のがけ崩れの危険もあるので、いっしょに早く帰ろうと思い、上司の許可を得て、午後四時三〇分頃早退し、自家用自動車を運転し帰途についた。
被災労働者の勤務先の乗馬クラブから一・四キロメートル離れた通勤経路上（国道X号線）にあるK美容室前に午後四時三五分頃到着、美容室前の通路が駐車禁止となっているため、前の空地に停車、そこから歩いて美容室に入って間もなく（約四〜五分）裏の地山が高さ一二メートル、幅二三メートルにわたり約三〇〇立方メートル崩壊し、美容室の建物は全壊し、その際姉とともに建物の下敷となって即死したものである。

答　通勤災害として取扱われたい。

（理由）
(1)　本件のマイカー通勤労働者が、通常、退勤途中において通勤経路上にある姉の経営する美容院に立ち寄り、姉を同乗させ帰宅するため待つ行為は、通勤行為の中断に該当する。
従って、その後は労災保険法第七条第二項の「通勤」とは認められない。しかし、被災当日については、次の事実から姉といっしょに直ちに帰宅しようとしていたものと推定され、一般に労働者が通勤の途中で行う「ささいな行為」として取扱うのが相当と認められる。
①　当該地方を襲った集中豪雨のため、通勤経路である道路が崩壊するおそれがあったので帰宅できなくなると考えたこと、また、姉が経営する美容院の裏にあるがけが崩れ美容院が倒壊する危険性があると考えられたこと等から早く姉を同乗させ帰

宅しようと会社を早退していること。

② 災害が美容院に入った直後（入ってから四分位と推定されること。）に発生していること。

③ 美容院には、客がいなかったことから待たずにすぐ帰ることができたものと考えられること。

(2) 次に通勤中に生じた本件災害が「通勤による」かどうかであるが、当該被災労働者の通勤経路及び当該美容院は、通称「シラス」と呼ばれる、雨に対しては極めて軟弱な土質の上に盛土をしたがけ下にあり、一般にこのような場所を通勤する労働者にとっては、雨が降れば常に土砂崩壊による災害を被る危険が内在しているものといえ、本件災害もかかる危険が、被災当日当該地方を襲った局地的な集中豪雨によって具体化したものと認められる。

(3) 従って、本件災害は、通勤に伴う危険が具体化したものと認められるので、労災保険法第七条第一項第二号の通勤災害に該当するものである。

（昭五〇・一一・一七　基収第三六八〇号）

〈大雨により浸水している経路を帰宅する途中の災害〉

問　被災労働者は三勤（三交替勤務）を終え、午前七時一〇分頃発の会社専用バスに乗車し、K鉄道S駅で下車（職場同僚現認）、七時二五分頃S駅からH町行きK鉄道電車に乗車し、I駅で下車（職場同僚現認）、I駅から七時四〇分頃のM町行き電車に乗り換えB駅で下車する。

B駅前の自転車預かり所に立ち寄り、そこで近くの自転車預かり所にいた職場の同僚のT、G両名と一緒になったが、集中豪雨のため近くの河川がはん濫したことにより道路が浸水し、自転車通勤が不可能と判断したのか、預かり所でズボンを脱いで手に持ち傘をさして両名より先に雨の中を帰路についた。

Tはカッパを着用していた関係で時間をとったため、被災労働者より距離で約七〇メートル程遅れて同じ帰路を進んだ。

前を見ると被災労働者が床屋の角を右に曲ったのを目撃したのが最後であって、当日事故現場附近は集中豪雨による浸水で膝ぐらいまでの水深があり、他人の行動について注意を配る余裕すらなく、自分の足元を見るのが精一杯で事故の原因の詳細は不明である。

被災労働者が溺死体で発見された地点は別添図（省略）のとおりであり、水深約五〇センチメートルの舗装道路を通るのに周辺は田んぼばかりで建物がないので、道路の右側寄りに立つ電柱を頼りに進み、（舗装道路右端と電柱の間隔は一メートル二〇センチメートルぐらいで、災害現場は約五メートルぐらいにわたり路肩が崩れている。）路肩のくぼみに足をとられ転落し溺死したものと推定される。

答　通勤災害として取り扱われたい。

（理由）

1　労災保険法にいう通勤災害とは、通勤に通常伴う危険が具体化したものと経験法則上認められる場合をいい、いわゆる天災地変による災害の場合には、たとえ通勤途上に発生したものであっても、一般的に「通勤による」ものとは認められない。

しかしながら、かかる天災地変に際して、通勤途上に災害を被りやすい特段の事情がある場合には、天災地変による災害の危険性も、同時に、通勤に伴う危険と解することができる。

従って、天災地変に際して発生した災害も同時に災害を被りやすい通勤途上の特段の事情があり、かつ、その事情とあいまって発生したものと認められる場合には、通勤に通常伴う危険が具体化したもの、すなわち「通勤による」ものと認めることが相当である。

なお、天災地変の規模が特に大きい場合（例えば、関東大震災等による災害）には、通勤途上の有無を問わず、広範囲にわたって災害を被る危険性があり、たとえ通勤途上という事情がなかったとしても誰でもが同じように天災地変によって被災したであろうと解されるので、かかる場合の災害は、その発生状況の如何を問わず「通勤による」ものとは認められないこととなる。

2　ところで、本件の事実関係について検討すると次のとおりである。

(1)　被災労働者は、当日、業務終了後（午前七時）直ちに退社し、通常の通勤経路を経て帰宅する途中に被災したものであること。また、被災した経路は、前日来からの大雨のため、附近の川がはん濫したことにより浸水していたが、次の事実から、当該被災労働者がその経路を通行したことに合理性があると認められること。

イ　被災した経路上の浸水は、五〇センチメートル位で水の流れは西から東へとゆっくり流れており、歩けないといった状態ではなかったこと。

ロ　被災労働者が他の経路を利用しなかったのは、それが当該経路より地盤が低いため浸水の度合いが大きかったと推定できること。

ハ　当該経路の利用にあたり、経路添いの電柱が通行のための大きな目標としたものと推定できること。

ニ　被災労働者は、当該経路を常に利用しており、この附近の地理には詳しかったこと。

ホ　当該経路に通行禁止等の措置がとられていなかったこと。

ヘ　同僚労働者も、被災労働者から少し遅れて浸水した当該経路を通行していること。

(2)　次に、本件災害が「通勤による」かどうかであるが、

イ　被災労働者は、かさをさしながら

経路添いの電柱を目標に進んだが、方向を誤って、五メートルにわたり崩れている路肩（かさ及び死体の発見場所からの推定による。）から足を踏みはずし、転落し溺死したものと同僚労働者の聴き取りから推定できること。

ロ　当該経路は、以前に農道を改良したもので、舗装している部分と未舗装の傾斜している路肩からできており、また、経路と田んぼの側溝との高低の差が約一メートル五〇センチメートル位あるうえ、被災の原因となったと推定される路肩は、浸水する以前から約五メートルにわたり崩れており、特に危険標識等もなかったところから（事故発生直後は危険標識を施し、現在は、コンクリートにより補強されている。）この経路を通る者にとっては、その崩れた路肩から足をすべらせ災害を被る危険があったと考えられること、また、被災当日の当該経路は、前日からの大雨により、附近の河川がはん濫したため、五〇センチメートル位の浸水があり、しかも、濁水のため、その経路の状況がはっきり分らなかったものであること。

などから考えると、通勤に通常伴う危険が、たまたま発生した大雨を契機として具体化したものと認めることが相当である。

3　従って、本件災害は、通勤に通常伴う危険が具体化したものとして、労災保険法第七条第一項第二号の通勤災害として取り扱うのが妥当である。

（昭五〇・四・七　基収第三〇八六号）

〈通勤の途中で、他人の暴行によって被った災害〉

問　当局管内において左記の災害が発生し、被災労働者から通勤災害に係る保険給付の請求がありましたが、その認定についていささか疑義があ

（災害発生場所略図）

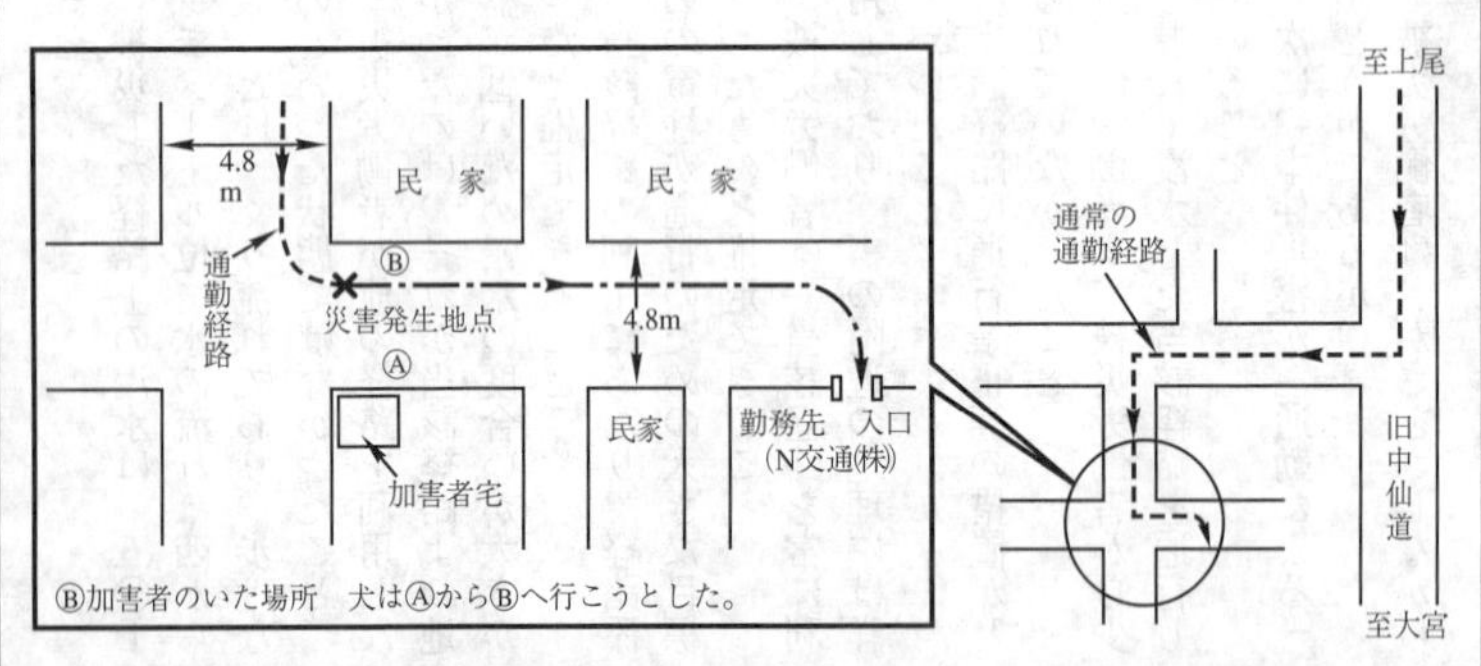

りますので、何分の御教示をいただきたくお伺い致します。

記

1　災害発生状況

被災労働者Y・Sは、当日午前一〇時が出勤時刻であるので、午前九時一〇分頃北本市の自宅を乗用車で出発し、通常の通勤経路を進行していたところ、勤務先近くの十字路に差しかかり、そこで一たん停車して約五キロメートル／時の速度で左折しようしたとき、突然女性の「アッ」という驚きの声が聞こえたので、停車してドアを開けたところ、図Ⓑ地点にいた加害者T・Kにいきなり一方的に殴るけるなどされ負傷（顔面打撲擦過傷）したものである。

なお、女性が驚きの声をあげたのは、加害者の飼犬が図Ⓐ地点（加害者宅前）からⒷ地点（加害者のいた場所）に行こうとして、突然路上に飛び出し、被災労働者の乗用車の下に入ったためと思われるが、結果的には当該飼犬は負傷しなかった（加害者は負傷したと主張している）。

〔参考事項〕

災害発生場所附近の状況

災害発生場所はアスファルト舗装された幅四・八メートルの道路であるが、被災労働者の勤務先方向には通り抜けできないので、当該道路を通行する自動車はそのほとんどがN交通㈱と附近の居住者のもので、通行量は極く少ない。

2　当局の意見

被災労働者は、確かに通勤途上で被災したものではあるが、当該地域で粗暴犯罪が多発している等の特段の事情が認められないので、本件災害は、通勤途上において偶発的に発生した機会原因的なものであり、通勤の通常伴う危険が具体化したものではなく、単なる暴行事件であると思料されるがいささか疑義がある。

答　通勤災害と認められる。

（理由）

自動車で通勤する労働者が、通勤の途中で犬をひきそうになることは通常発生し得る出来事であり、また、このような出来事に遭遇した場合において、当該犬の飼主が反射的に当該労働者に対して暴行に及ぶこともあり得ることである。このような場合、他に暴力を引き起こす通勤と関係のない事由が認められない限り、通勤と暴行との間に相当因果関係が認められる。

本件の場合、被災労働者と加害者とは全く見ず知らずであり、私的な怨恨関係が認められず、また、被災労働者は一方的に暴行を受けており、加害者の暴行を誘発するような言動を一切行っていないものである。このことから、本件における暴行は、通勤を原因として発生したものであり、通勤との相当因果関係が認められるものである。

従って、本件災害は、労災保険法第七条第一項第二号の通勤災害に該当する。

（昭五二・七・二〇　基収第五三八号）

〈通勤の途中で、野犬にかまれて負傷した災害〉

問　被災労働者は、災害発生当日、午前の勤務を終了し、平常どおり会社から約三〇〇メートルの距離にある自宅で昼食をすませたのち一二時五〇分頃、午後の勤務に就くため自宅を出て徒歩で会社に向ったが、自宅横の路地から県道へ出たとき、突然県道脇に駐車中のトラックの陰から跳び出した野犬に右下腿部を咬みつかれ、負傷したものである。

答　通勤災害と認められる。

（理由）

通勤による災害とは、通勤との相当因果関係が認められる災害、すなわち経験則上通勤に内在すると認められる危険の具体化をいうが、ここで、通勤に内在する危険とは、単に具体的な通勤行為（歩行、自動車の運転等）それ自体に内在する危険だけをいうものではなく、住居と就業の場所との間、つまり通勤経路に内在し、通勤行為に伴って具体化する危険も含まれる。

本件災害は、その発生原因に関し、被災労働者の積極的な恣意行為が認められず、また、その原因が機会原因であるとはいえないことから、経験則上通勤経路に内在すると認められる危険（野犬にかまれる危険）が具体化したものであり、通勤との間に相当因果関係が認められる。

したがって、本件災害は、労災保険法第七条第一項第二号の通勤災害に該当する。

（昭五三・五・三〇　基収第一一七二号）

〈退勤途中の電車内で第三者の一方的加害行為により被った災害〉

問　被災労働者は昭和五三年三月二六日（日）午後七時三〇分頃業務を終了したが、電車の発車時間まではまだ時間があるので事業場で待機し、午後八時一〇分頃退社、Y駅発午後八時一四分の下り普通電車に乗車し車輛後部のベンチシートに座り読書していたところ、向い側のベンチシートに座っていた加害者が、被災労働者の席に来て話しかけていたが、途中自分の席にもどり袋の中に入れていた包丁を持出し、被災労働者の胸部外三ケ所を刺したため、出血多量で死亡したものである。

被災労働者の通勤の方法、経路については合理的なものと判断される。被災労働者と加害者とは互いに面識はなく、私的怨恨があったとは考えられない。

また、被災労働者は若い女性であり、加害者の暴行を誘発するような言動があったとも考えられず、被災労働者は一方的に暴行を受けたものである。

変質者や精神異常者と思われる者の犯罪が多発し、若い女性が犠牲となることが多い昨今の社会情勢からすれば、唯単に機会原因的な災害とはいい難く、通勤経路に内在する危険が具体化したものと解される面もあり、とくに進行中の列車内という密閉状態下で、そのような者と乗り合わせた場合、回避することは事実上困難と思われるので、通勤災害として取り扱うべきと思料するが、いささか疑義がある。

答　貴見のとおり、通勤災害として取り扱われたい。

（昭五三・六・二一　基収第三四一号）

(2)　「就業に関し」

〈業務終了後、事業場施設内で労働組合の用務を行った後、帰宅する途中の災害〉

問　被災労働者は、所定労働時間終了後、残業を二時間した後、引き続き労働組合の会計の仕事（一二月一八日に開催される組合大会に提出する決算報告書の原紙書き）を一人で会社内の自分の机で午後八時一〇分頃まで約一時間二五分行った後、自分の通勤用バイクで帰宅する途中、道路上に飛び出してきた野犬と接触し、転倒して負傷したものである。

なお、帰宅の際にとった経路は通常通勤に利用している経路であった。また、被災労働者は運転免許所持者であり、飲酒の事実はなかった。

（参考）

①　所定労働時間　午前八時三〇分〜午後四時四五分

②　当日の業務終了時刻　午後六時四五分

③　組合の用務時間　午後六時四五分〜午後八時一〇分（一時間二五分）

④　退社時刻　午後八時一〇分

答　通勤災害と認められる。

（理由）

本件の組合用務に要した時間は、就業との関連性を失わせると認められるほど長時間とはいえない。

（昭四九・三・四　基収第三一七号）

〈失対就労者が面着所に向かう途中の災害〉

問　公共職業安定所から一カ月間の長期紹介を受けて、公園の清掃作業（失業対策事業）に就労している労働者が、当日就労予定日であったことから、自宅を午前七時二六分に出て、徒歩で面着所に向かう途中、前夜から降り積もった路面の雪のため、滑って転倒し、負傷したものである。

答　通勤災害と認められる。

（理由）

当日は、就労予定日であり、就労可能かどうかについては面着所に出頭して初めて知り得るものである。

また、面着所は、失対就労者が現場

間の監督者から出頭の確認等を受けるための場所で、公共職業安定所とは機能を異にしている。

（昭四九・三・二五　基収第四三三号）

〈昼休みに帰宅する途中の災害〉

問　マイカー通勤をしている被災労働者が、昼休み時間（五〇分間）を利用して勤務先で食事をとった後、近くの歯科医院へ治療にきていた妻子を自宅まで送ろうとして、勤務先の駐車場から妻子の待っている場所に赴く途中、国鉄の踏切上にて急行電車と衝突し、即死したものである。

なお、被災労働者が、妻子を迎えに行くためにとった経路は、いつも利用している通勤経路であり、また、通勤所要時間は約一五分程度である。

答　通勤災害とは認められない。

（理由）

本件の被災労働者が自宅へ向かった行為は、その目的からみて、就業との関連性のないまったく個人的な行為であって、これを通勤災害と認めることはできない。

（昭四九・五・二七　基収第一三七一号）

〈マイカーのライト消し忘れに気づき駐車場へ引き返す途中の災害〉

問　被災労働者は、出勤のためマイカーで自宅を出発し、会社の北側にある駐車場に車を置き、徒歩で一〇〇メートル先にある会社に出勤し、所属職場で備え付けのカードラックにより出勤の表示をした後で、出勤してきた同僚から、車のフォグライト（前照灯）が点灯したままになっているのを知らされたので、直ちに同僚の自転車を借り駐車場に引き返す途中、市道を横断する際、左側から走行して来た軽自動車にはねられ負傷したものである。

答　通勤災害と認められる。

（理由）

通勤は、一般には労働者が事業主の支配管理下にあると認められる事業場構内（会社の門など）に到着した時点で終了するものであるが、本件のようにマイカー通勤者が車のライトの消し忘れなどに気づき駐車場に引き返すことは一般にあり得ることであって、通勤とかけ離れた行為でなく、この場合、いったん事業場構内に入った後であっても、まだ、時間の経過もほとんどないことなどから通勤による災害として取扱うことが妥当である。

（昭四九・六・一九　基収第一七三九号）

〈業務終了後、事業場施設内で慰安会を行った後、帰宅する途中の災害〉

問　被災労働者達（Eは除く。）は夜勤で、夜勤明けの当日、職場のレクリエーション行事（出勤扱いとされない。）でK海岸へ汐干狩に行くことになっていたが、雨のため中止となり、当該行事のために用意した弁当等の処分会を会社の食堂で行うことになった。

被災労働者達は、午前六時終業後、入浴・着替えを済ませ、午前六時五〇分から開催された処分会に参加したが、処分会は開始後五五分（午前七時四五分）で閉会となった。

K駅方面を経由して帰宅する被災労働者達は、Eのマイカーに同乗し、市道を進行中対向車と衝突し、負傷したものである。

なお、Eは当日、休暇でレクリエーション行事に参加するために出社したもので就労の事実はない。また、被災労働者達が帰宅のためにとった経路は、通常の通勤経路である。

（参考）

① 所定労働時間　午後九時〜午前六時

② 当日の業務終了時刻　午前六時

③ 後始末時間　午前六時〜午前六時五〇分（当会社では、通常、就業後、入浴・着替えをしてから帰宅しており、また、入浴は、風呂の広さに制限があり、順番制となっているので全員が終了するのは約一時間後である。）

④ 交替制の作業であるので、終業後職場内でのスポーツ、囲碁等は禁じられている。

答① 被災労働者A、B、CおよびDの四名については、通勤災害と認められる。

（理由）

イ K海岸に行くレクリエーション行事は、取り止めになっていたこと。

ロ 当該帰宅行為は、業務を終えたことにより行われたものであること。

ハ 業務終了後、事業場施設内で行われた慰安会（処分会）に参加した時間も約一時間程度であり、就業と帰宅との直接的関連を失わせると認められるほど、長時間とはいえないこと。

ニ 帰宅のためにとった経路は、通常通勤に利用している経路であり、合理的な経路と認められること。

② 被災労働者Eについては、通勤災害とは認められない。

（理由）

本件については、会社主催ではあるが、参加することが労働者の任意とされているために、業務とはいえないところのレクリエーション行事に参加するため出社したものであり、休暇で就業の事実もなく、当該往復行為に就業との関連性は認められないので、労災保険法第七条第二項の通勤には該当しない。

（昭四九・八・二八　基収第二五三三号）

〈業務終了後、事業場施設内でサークル活動を行った後、帰宅する途中の災害〉

問 被災労働者は、当日午後五時一〇分に業務を終えてから会社内の茶道室において茶のけいこに参加した。

茶のけいこは午後七時三〇分頃に終了したので、更衣室で着替えをした後、午後八時頃退社し、通常の通勤経路を徒歩で帰宅する途中、会社から四〇〇メートルほどのところで暴漢に襲われて付近のブドウ畑に引きずり込まれたうえ、暴行殺害（死亡推定時刻午後八時頃）されたと推測され、翌々日午前一一時四〇分頃死体となって発見されたものである。

被災労働者は、通常、バスで通勤しているが、帰りが遅れバスの終車時刻に間に合わず徒歩（約三キロメートル、所要時間約三五分）で帰ったものである。

なお、犯人は、現在逮捕されておらず、殺意等は不明であるが、警察では当該殺人事件以前に発生している連続ひったくり強盗事件と同一犯人と断定している。

（参考）

イ　所定労働時間　午前九時～午後五時

ロ　当日の業務終了時刻　午後五時一〇分

ハ　茶道のけいこ時間　午後五時三〇分～午後七時三〇分（二時間）

ニ　退社時刻　午後八時頃

答　通勤災害とは認められない。

（理由）

本件の業務終了後事業場施設内においてサークル活動等に要した時間は、社会通念上就業と帰宅との直接関連を失わせると認められるほど長時間であって、その後の帰宅については労災保険法第七条第二項にいう通勤に該当しない。

（昭四九・九・二六　基収第二〇二三号）

〈業務終了後、事業場施設内で長時間過した後の帰宅途上の災害〉

問　被災労働者は、被災当日の所定勤務が終了した後、引き続き自分の机上で労働組合の用務（被災労働者は、T労働組合A分会青年婦人部の会計担当で、翌日に開催される青年婦人部の年度総会に提出する決算報告書資料の作成を行った。）を青年婦人部長とともに、午後五時五分から午後七時一〇分までの二時間五分行った後、会社を出て通常の通勤経路を自宅に向かって歩行中、対向車に接触され負傷したものである。

なお、被災労働者の通常の通勤方法は自転車を利用していたが、当日は、朝からみぞれ模様であったので、家族の者の自家用車で会社まで送ってもらい、徒歩で帰る途中に負傷したものである。

（参考）

①　所定労働時間　午前八時三〇分～午後五時五分

②　当日の業務終了時刻　午後五時五分

③　組合の用務時間　午後五時五分～午後七時一〇分（二時間五分）

④　退社時刻　午後七時一〇分

答　通勤災害と認められる。

（理由）

本件の被災労働者が業務終了後、当該事業場施設内に滞留した時間（二時間五分）から判断した場合、一般的には、その後の帰宅行為には就業関連性が失われたものといえるのであるが、本件のように就業との関連性が失われたといえる時間を超えている時間が極めてわずかであり、かつ、滞留事由に拘束性・緊急性及び必要性があり、また、事業主が事業場施設内において組合用務を行うことを許可している等の要件を充足していれば、当該被災労働者の帰宅行為に就業関連性を認めるのが妥当である。

したがって、本件は通勤災害として取扱うのが妥当である。

（昭四九・一一・一五　基収第一八八一号）

〈ストライキ中の会社から帰宅する途中の災害〉

問　被災労働者は、昭和四九年四月一五日、会社から自宅へ向けて通常の通勤経路をオートバイにて進行中、前方を走行していた小型トラックに追突し、負傷したものである。

なお、災害発生当日、被災労働者は勤務先の労働組合が賃上げ等の要求をかかげストライキ中であったため、通常の業務に従事はしていなかった。

しかし、災害当日である四月一五日は、労使双方の話し合いがついて、ストライキが解除される気配があり、ストライキが解除された場合、仕事に従事できるよう職場に待機するようにとの労働組合役員の指示を受けて、出勤したものであり、労使の交渉が決裂し、就業のための待機が解除となるまでの間（午前九時から午前一一時頃まで）は、午前九時から行われた全員集会に参加した後、被災労働者は所属職場で待機し、その間作業台の上のくずれそうになつていた電極盤の積み直し作業を行ったり、同僚と雑談をしながらストライキ解除の報告を待っていた。しかし、正午すこし前に、組合役員から「会社から満足な回答が得られない」との報告を受けたので、直ちに退社し帰途についたものである。

（参考）

ストライキの状況

四月三～四日　全日ストライキ
四月八～一三日　全日ストライキ
四月一五日　ストライキ（被災した日）

答　通勤災害と認められる。

（理由）

労働者がストライキ中に、「住居」と「就業の場所」との間を往復する行為は、一般には、業務に就くため又は業務を終えたことにより行われたものとはいえないため、就業との関連性がないのであるが、本件につ

いては、

イ　当日の就業の場所へ向かう行為は、労使の交渉が大詰めの段階を迎え、ストライキが解除され業務に従事することとなっていたことが、労使双方の調査結果により客観的に判断できることから、業務に就くための出勤行為であったといえること。

ロ　当日は会社に着いた後、労働者は各所属職場で就業のため待機し、労働者の中には作業服に着替えた者もいたこと。

ハ　被災労働者は、所属職場において自己の作業台に積み上げられていた電極盤がくずれそうになっているのを積み直す等の業務行為を実際に行いながら待機していたこと。

などの諸条件を総合的に勘案すると、当該被災労働者の退勤行為について就業関連性を認めることが妥当である。

したがって、本件は労災保険法第七条第一項第二号の通勤災害に該当する。

（昭四九・一一・一五　基収第三三八一号）

〈帰路、再び就業の場所へもどる方向で発生した交通事故による死亡災害〉

問　被災労働者は、昭和四九年三月一〇日よりK無線局舎新築工事の左官工事に従事していたが、同工事の最終作業日であった三月二九日、同僚と二人で最後の仕上げ作業に従事していたところが、午後四時五五分頃現場に来た事業主にダメ作業（手直し作業）を指示され、午後五時二五分頃に同作業を終了した。仕事を終えて、各自、自分の車に荷物を積んで、午後五時三〇分頃帰途についたが、午後五時五〇分頃、次図×地点の十字路で、トラックと被災労働者の乗用車が衝突し、死亡したものである。

通勤経路略図

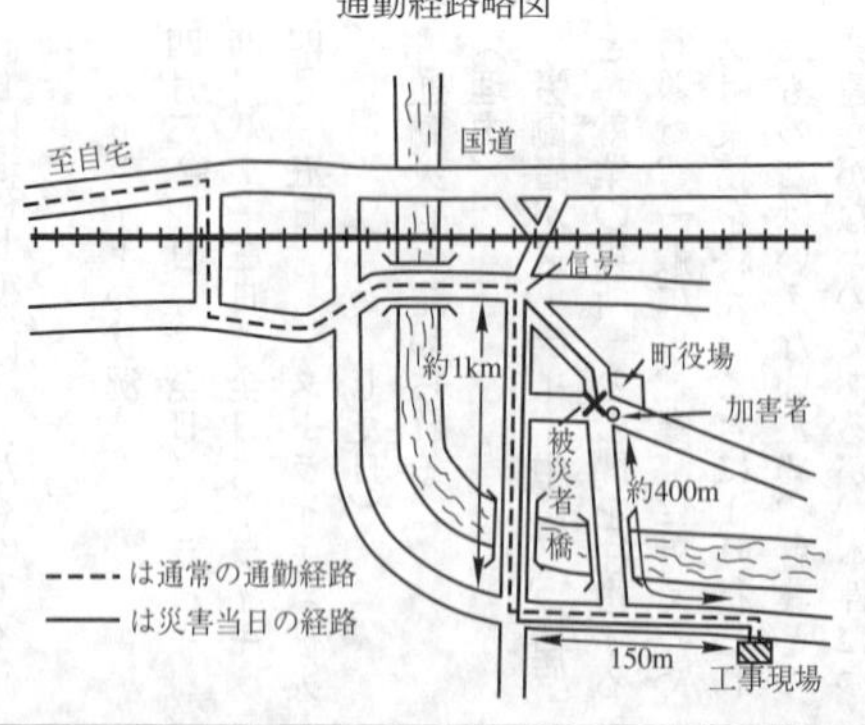

災害発生当時、被災労働者の乗用車の進行方向は、自宅へ向かう方向ではなく、逆方向の工事現場へ引き返す方向であった。

また、経路については、工事現場を出発後、途中で引き返したものと考えられ、被災労働者の自宅と工事現場との間の合理的な通勤経路であった。

なお、被災労働者が死亡しているため、工事現場を出た後に、どういう目的で被害発生地点まで至ったのかは確証が得られなかった。

答　通勤災害と認められる。

（理由）

本件の場合

①　災害当日は、当該工事現場の最終作業日であり、時間的に無理な工程による作業を行ったので、被災労働者は当該工事現場の責任者であることから、仕上りが気にかかっていたと推測できること。

②　被災労働者には、工事現場付近に知人や友人がいなかったこと。

③　被災労働者は、せっかちな性格で、従前にもよく道具類を置き忘れていたこと。

④　被災労働者は、工事現場に向かう近道を進行中であって、工事現場の手前約四〇〇メートルの地点において被災していること。

⑤　就業の場所を出てから災害発生までの時間が二〇分しか経過していないこと。

などの諸事情を勘案した結果、被災労働者が退勤の途中から再び工事現場の方向に進行した行為については、当該行為が通勤行為の逸脱・中断であるとする積極的な事由が見い出せず、むしろ、工事のダメ作業の再手直しのため、もしくは、結果的には忘れ物は見当らなかったのであるが、被災労働者の性格がそそっかしく、よく工事道具等の忘れ物をしていたという事実から、就業又は通勤に必要な忘れ物を取りに、工事現場へ引き返したものと推測することが相当である。

したがって、本件災害は、労災保険法第七条第一項第二号の通勤災害として取扱うのが妥当である。

（昭四九・一一・二七　基収第二三一六号）

〈業務終了後、労使協議会に出席したのち帰宅する途上の災害〉

問　当局管内に下記事故が発生しましたが、これが通勤災害の認定上いささか疑義がありますので、何分のご指示を仰ぎたくりん伺いたします。

記

1　災害発生状況

被災労働者S・Kは当日午後五時二〇分に所定の勤務を終え、午後六時より事業場内において開催された労使協議会に出席し、同協議会終了（午後一一時二〇分ごろ）後、通勤に使用している五〇CC原動機付自転車により通常の経路を帰宅途上、道路の「くぼみ」に前輪を落し、転倒し右膝挫滅創、膝蓋靱帯損傷（全治四週間）等の負傷をしたものである。

2　労使協議会の性格

(1)　労使協議会は、事業場と当該事業場の労働組合との間に締結されている労働協約にもとづいて、昭和四七年八月以降設置されてきているものであり、定例的に月一回程度開催されているものである。その構成は事業場側より、常務取締役、総務部長、人事部長、人事部員が出席し、労働組合よりは、執行委員以上の役員が通常出席している。

(2)　協議会の開始時刻は午後六時より行われているが、これは本社より約一〇キロメートル程の距離にある穂積工場に勤務する者の出席を考慮したものである。

(3)　協議会の議案は、労働条件を含め、経営全般について労使の間において協議することが慣行として行われてきている。

(4)　労使協議会の運営規則等は設けられてはいないが、労働条件については団体交渉前の事前手続あるいは予備的なものとして運営されており、生産、経営に関する事項については、労使の協議機関として予定されているものと理解される。

(5)　災害発生当日の協議事項は、別添の議事録〈略〉のとおりであり、賃金引上げを含め、経営の全般に関することが協議されたので、相当の長時間を要したものであることが認められる。

3　通勤災害として認定上の疑義

当日の労使協議会は賃金の引上げを含め、生産、経営上の問題を含めた労使の話し合いが行われているので、その内容は事業の附随、延長行為ないしは、これに準ずるものであると認められる事項も多分にあるので、単に労働組合の役員としての行為のみであると認めることは、いささか狭きに失するのではないかと考えられる。したがって通勤災害として認定したいが疑義がある。

答　通勤災害とは認められない。

（理由）

本件被災労働者が労働組合の執行委員として労使協議会に出席したことは、使用者との雇用契約の本旨に基づいて行う行為、すなわち、「業務」であるとはいえず、むしろ労働組合の役員としての職務で出席したものと解される。

また、業務終了後、当該労使協議会等のために事業場施設内に滞留した時間（約六時間）も、社会通念上就業と帰宅との直接的関連を失わせると認められるほど長時間であったことから、当該帰宅行為が労災保険法第七条第二項の通勤とは認められない。

したがって、本件災害は、労災保険法第七条第一項第二号の通勤災害には該当しない。

（昭五〇・一一・四　基収第二〇四三号）

〈事業場の所有地内にある組合会館で行われた「旗びらき」に参加したのちの帰宅途上の災害〉

問1　被災労働者の通勤経路

別添略図(1)のとおり自宅からK駅

まで徒歩、同駅から汽車（国鉄）に乗りT駅で下車、徒歩で事業場まで往復する経路である。

2　災害発生の状況

被災労働者は、当日午前八時〇〇分～午後四時三〇分までの就業を終え、別添略図(1)のとおり事業場の向側に建設された労働組合会館において午後五時二〇分より開催された（予定時間午後五時～午後六時）労働組合主催の旗開きにN工場第一支部委員として他支部委員八九名とともに参加し（当該労働者は午後四時五〇分頃に到着）、談合、飲食した後、午後六時一〇分頃中座し、T駅発六時三九分、K駅着六時五二分の汽車を利用し、下車後通常経路により帰宅途中、対向車に接触負傷したものである。

3　参考事項

イ　労働組合会館について

①　当会館は、産業道路（幅一二メートル）開通により事業場と分離された向側にある事業場の所有地（別添(1)）二三九・二〇平方メートルに同事業場、労働組合員の拠金により建設され、労働組合が管理している。

②　当該事業場では労務管理上、産業道路向側にある関連事業場へ行く場合、社用外出簿に用件を記載して外出するが、労働組合執行委員等の労働組合会館への用件の場合は自由としている。

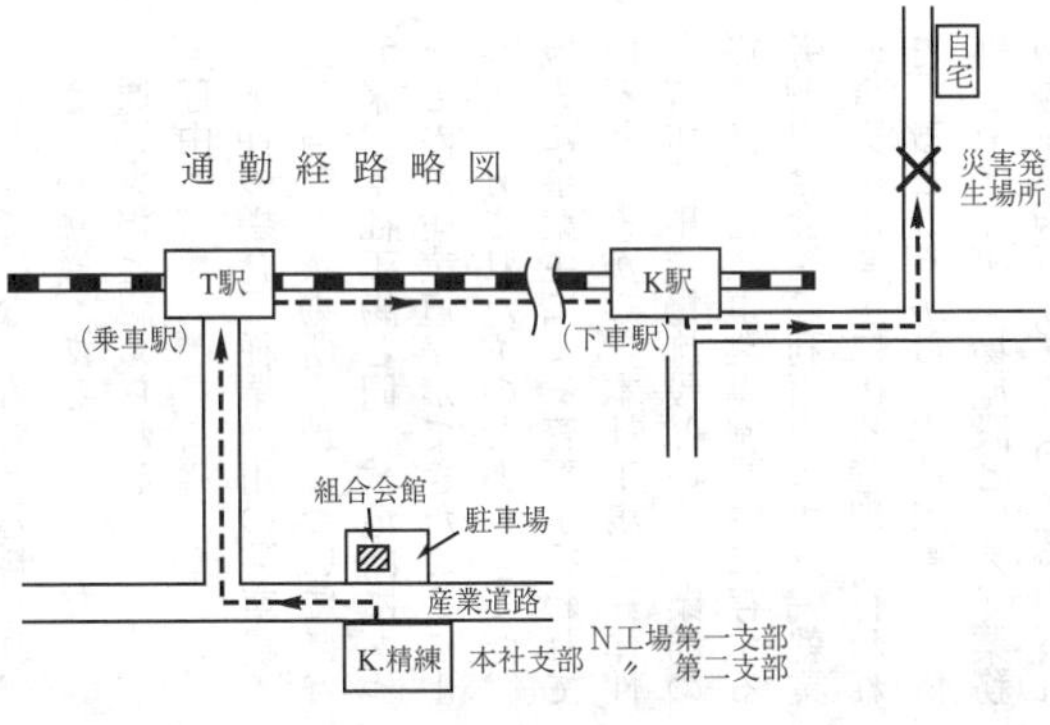

通勤経路略図

自宅
災害発生場所
T駅
（乗車駅）
K駅
（下車駅）
組合会館
駐車場
産業道路
K.精練
本社支部
N工場第一支部
〃　第二支部

③　当会館と事業場は前記①のとおり、事業場所有地に分離して建設されているが、別添(2)〈略〉のとおり横断歩道で結ばれており、会館への用件は、横断歩道の通行を厳守している。

④　当該事業場の警備については、事業場が委託した警備会社が行っているが、労働組合会館についても隣接して職員駐車場があり、あわせて警備している。

4　当局の意見

本災害は当日の業務終了後、労働組合主催の旗びらき等のため午後四時三〇分～六時一〇分まで約一時間四〇分参加し、合理的な経路を経由して帰宅途中受傷したものであるが、労働組合会館は事業場の所有地に建設されてはいるが、産業道路をへだてて向側にあり労働組合員の拠金により建設され、かつ、管理されているもので、事業場内の施設とは解せられなく、組合会館は合理的な経路上にあるが、旗びらきの目的で他支部（丸の内支部）の組合員も参加しており、通勤の経路上において通勤とは関係のない行為を行なった、いわゆる「中断」後の災害であり通勤災害と認められないのが妥当と思料される。

5　疑義の点

労働組合会館は産業道路の開通により事業場と分離された、向側に建設されたものであるが、事業場の所有地であり、広く事業場の一角に建設された施設内と解すれば、被災労働者についてはN工場の労働者であり、業務終了後職場で労働組合の会合に出席し、約一時間四〇分の時間でもあり、就業と帰宅との直接的関連を失わせると認められる程長時間にわたっていないものと思料され、いささか疑義がある。

答　通勤災害と認められる。

（理由）

1　本件の場合、従業員用の駐車場のある当該事業場所有地については、元来、本社工場と同一敷地内にあったものが産業道路ができたことによって二分されたものであり、また、現実に事業主による管理が行われているところから、本社工場と一体性を有する事業場施設といえ、業務の終了後、当該事業場施設内に存する労働組合会館の利用中はまだ「就業の現実に事業主による管理が行われているところから、本社工場と一体性を有する事業場施設といえ、業務の場所」内にあるものと認められる。

2　次に、当該被災労働者が業務を終了した後、帰途につくため、就業の場所を出るまでの間、当該就業の場所内で費した時間（一時間四〇分）も社会通念上就業と帰宅との直接的関連を失うと認められるほど長時間であるとも認められない。

3　したがって、本件は、就業との関連性に基づく退勤行為中に被災したことから、労災保険法第七条第一項第二号にいう通勤災害と認められる。

（昭五〇・三・三〇　基収第二六〇六号）

〈就業開始前に労働組合の集会に参加するため、通常の出勤時刻より早く会社へ向かう途中の災害〉

問　当局管内において下記事故が発生しましたが、通勤災害の認定上疑義が生じましたので、何分のご教示をお願い致します。

記

1　事案の概要

(1)　所定労働時間　別添1　勤務割表による。

(2)　災害発生の日の就業開始の予定時

刻又は就業終了の時刻
午後四時四〇分（五月一五日）～午前一時三〇分（五月一六日）
(3) 災害発生の日に住居又は就業の場所を離れた時刻
午後二時二五分頃（自宅出発）
(4) 通勤経路
別添２　通勤経路略図
(5) 災害発生状況
従業員で組織する労働組合は、賃上げ要求に対する会社側の回答は不満であるとして、昭和五二年五月一四日午後四時三〇分より翌日の五月一五日午後四時三〇分まで二四時間ストを決行していたが、スト終了前の五月一五日午後三時から午後四時三〇分まで、営業所を含む全組合員参加による決起集会を本社構内駐車場で開くことになっていた。

被災労働者Tは、本社勤務であるが、スト終了直後、即ち五月一五日午後四時三〇分からの勤務となっていたため、決起集会終了後直ちに勤務に就く心づもりをして、決起集会に出席するため、いつもより一時間三〇分位早い午後二時二五分頃バイクを運転して自宅を出発し、通常の通勤経路を会社へ向って時速一五キロメートル位で走行中、市内K町Aコープ前路上において横風を受け身体のバランスを失ない、バイク諸共転倒し負傷したものである。

なお当日は、朝から曇天で風速約一二メートルの風が吹いており、前記場所にさしかかったとき、家並みの間からの強風を受けたものである。

2　問題点
被災者が五月一五日、通常の出勤時間より約一時間三〇分程早く自宅を出た行為は、労働組合の決起集会に参加するためのものであると考えるとき、その行為は業務以外の目的のためであるところから、就業との関連性はないものと解されるも、反面、当該集会の終了予定時刻が、被災者の当日の就業開始時刻と接続しているところから、就業との関連性を全く否定出来ない点を考慮するとき、被災者の当該行為を就業との関連性なしとする事にはいささか疑義がある。

3　当局の見解
被災者が通常の出勤時間よりも一時間三〇分程早く自宅を出発した行為が、決起集会に接続した被災者の勤務ダイヤに就業する予定を含んでいたとしても、第一義的には労働組合の決起集会に参加する目的であったと認められ、加えてスト中であったことなどから検討するとき、当該行為は就業との関連性はなかったものと解さざるを得ず、従って、本件は労災保険法第七条第一項第二号にいう通勤災害には該当しないものと考えられる。


（別添１）

Ｋ観光タクシーの勤務割等

1　勤務割
①　七：〇〇分〜一六：〇〇分
②　七：三〇分〜一六：三〇分
③　八：〇〇分〜一七：〇〇分
④　九：〇〇分〜二一：三〇分
⑤　八：三〇分〜一八：〇〇分
⑥　休　日
⑦　一二：〇〇分〜二三：三〇分
⑧　一六：三〇分〜一：三〇分
⑨　一七：〇〇分〜二：〇〇分
⑩　一七：三〇分〜二：三〇分
⑪　一八：三〇分〜八：〇〇分当直
⑫　当直明（非番）
⑬　公　休

2　就業の態様及びその人員
(1)　勤務は、上記１のダイヤを一日交替で順次繰り下げて就業する。
(2)　一ダイヤの勤務人員は一〇〜一一人である。

3　被災労働者の勤務ダイヤ
被災労働者の当日のダイヤは上記１の⑧である。
（別添２）

通勤経路略図

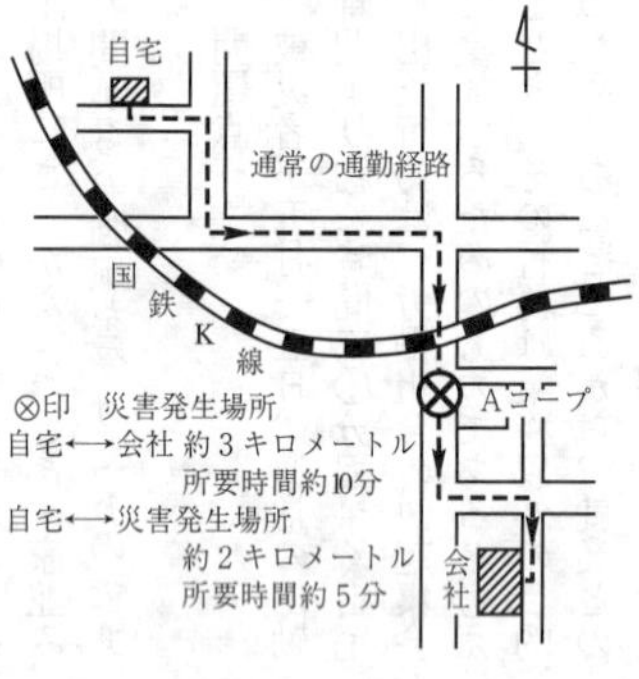

答　通勤災害と認められる。

（理由）

労働者が住居から就業の場所へ向かう行為が通勤と認められるためには、当該行為が業務と密接な関連をもって行われたものであることを要する。

本件の場合、被災労働者が当日業務に従事することになっていたことは客観的に明らかであり、しかも被災労働者が、労働組合の集会に参加する目的で、通常の出勤時刻より約一時間三〇分早く住居を出た行為は、社会通念上就業との関連性を失わせると認められるほど所定の就業開始時刻とかけ離れた時刻に行われたものとはいえないので、当該行為は通勤と認められる。

したがって、本件災害は、労災保険法第七条第一項第二号の通勤災害に該当する。

（昭五二・九・一　基収第七九三号）

(3)　「住　居」

〈アパートの階段における転倒災害〉

問　被災労働者は、出社するため、アパートの二階の自室（住居）を出て階段を降りるとき、下から二段目のところで、靴のかかとが階段にひっかかったため前のめりに転落し、負傷したものである。

〔アパートの構造及び様式〕

・木造モルタル二階建

・階段は鉄骨造りの一三段（一段の高さ二三センチメートル、角度四五度）

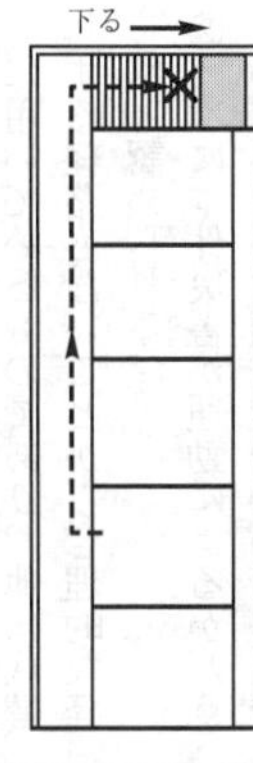

答　通勤災害と認められる。

（理由）

本件については、労働者が居住するアパートの外戸が住居と通勤経路との境界であるので、当該アパートの階段は、通勤の経路と認められる。

（昭四九・四・九　基収第三一四号）

〈伐採作業員が作業中止命令を受け帰宅する途中の雪崩による災害〉

問　被災労働者は、通常、木材伐採現場から約一〇〇メートルの地点に設置された飯場に居住して伐採作業に従事していたものであるが、積雪量が多く作業の続行が不可能となり、雪消えまで作業を中止することになったため、一月二四日午前八時頃、同僚二名とともに飯場から約一五キロメートル離れた岩手県Y町の自宅に徒歩で向かう途中、飯場から五〇〇メートルの地点で山腹斜面上部からの表層雪崩により死亡したものである。

当該労働者達は、会社から積雪・天候の状態により一月二五日に下山用トラックを出すとの連絡を受けていたが、食料が不足していたこと、携帯用ラジオの天気予報で一月二五日は風雪雪崩警報が出ていることを知り、迎えのトラックは来ないものと心配し、たまたま当日の天候が特に悪くなかったこともあって、徒歩で下山しようとしたものである。

なお、自宅には食料品の購入等のため四日に一度帰り、翌日自宅から伐採現場まで同僚のジープに同乗し、約一時間を要して通勤していた。

答　通勤災害と認められる。

（理由）

①　本件については、次の事実から、通勤途上に発生した災害と認められる。

イ　当該被災労働者は、木材伐採作業に従事するため、伐採現場にある飯場に宿泊し、四日毎に自宅との間を往復していたが、これは就労上の必要と積雪等の交通事情によるものであって、このことは事業主も了解し雇用条件となっていたものであり、また、自宅との往復行為に継続性、反復性があることなどから自宅は就業のための拠点と認めることができる。また、飯場は、就労及び交通事情等やむを得ない事情のもとに設けられたもので、一時的な住居の性格を有するものであるが、本件の場合、当該飯場は、伐採現場から僅か一〇〇メートルの至近距離にあり、作業用具等の保管場所でもあって作業の拠点であることなどから就業場所と一体性を有するものと認められるので、当該飯場と自宅の往復行為についても就業場所からの往復行為として取扱うのが妥当である。

ロ　なお、会社から作業中止命令を受け、飯場に待機していた行為は、積雪等のためやむを得ない行為であって、就業との関連性を認めることができる。

ハ　災害当日、帰宅のためにとった経路は、通常自宅と就業場所との往復に用いているものであり、他に代替する経路もないことから合理的な経路と認められる。

②　次に本件災害が通勤によるかどうかであるが、積雪量の多い山岳地帯において就労する労働者にとっては、その作業現場のみならず、通勤経路においても雪崩による災害が発生する危険が考えられ、特に本件の場合は、その経路において雪崩の危険性が高かったことから通勤に伴う危険が具体化したものと認められる。

（昭四九・四・二三　基収第四八九号）

〈一戸建ての屋敷構えの住居の玄関先における転倒災害〉

問　被災労働者は、当日、通常どおり出勤し勤務についたが、身体の具合が悪くなり、午後三時頃に早退し、自宅の玄関先の石段を上るとき、石段が凍っていたため、足をすべらせ転倒し、その際負傷したものである。

（住居見取図）

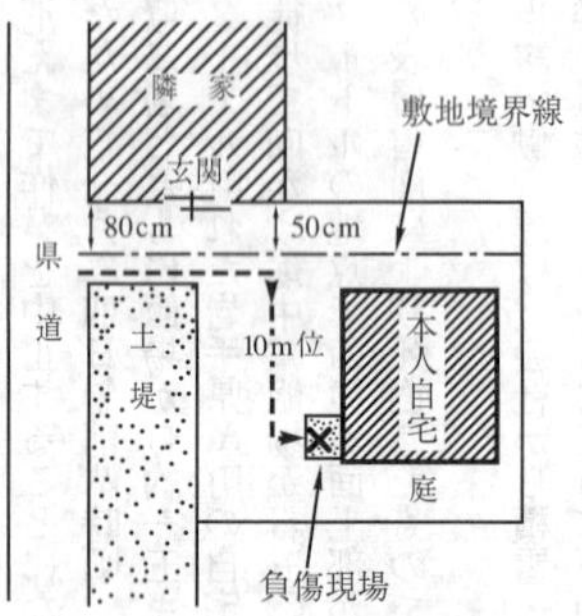

隣家
玄関
敷地境界線
80cm
50cm
県道
土堤
10m位
本人自宅
庭
負傷現場

答　通勤災害とは認められない。

（理由）

住居内において発生した災害であるので、「住居」と「就業の場所」との間の災害には該当しない。

（昭四九・七・一五　基収第二一一〇号）

〈夫の看護のため、姑と交替で一日おきに寝泊りしている病院から出勤する途中の災害〉

問　被災労働者は、夫の入院先である病院に宿泊し、翌朝、当該病院より勤務先への出勤途中、路面が凍結しアイスバーン状になっているところを歩行中に転倒し、尾骨部を地面に打ち負傷したものである。

なお、被災労働者は、昭和五一年一一月一九日当該病院で夫が頸椎の手術を行ったため、手術当日より同一二月七日までの九日間は勤務を休み、付添看護にあたり、その後被災当日である一二月一六日までは勤務のかたわら母親と一日交替で看護にあたっていた。交替で看護にあたっていた間は通勤経路は自宅から勤務先に出勤し、業務終了後、当該病院へ行き看護にあたり、翌日は当該病院から直接勤務先へ出勤し、業務終了後自宅に戻るという態様を繰り返していた。

答　通勤災害と認められる。

（理由）

入院中の夫の看護のため妻が病院に寝泊りすることは社会慣習上通常行われることであり、かつ、手術当日から長期間継続して寝泊りしていた事実があることからして、被災当日の当該病院は、被災労働者にとって就業のための拠点としての性格を有する「住居」と認められる。

したがって、本件災害は労災保険法第七条第一項第二号の通勤災害に該当する。

（昭五二・一二・二三　基収第九八一号）

〈長女の出産に際し、その家族の世話をするために泊り込んだ長女宅から勤務先に向う途中の災害〉

問　被災労働者Hは、看護婦として医療法人T病院に勤務し、通常は自宅より通勤していたものであるが、同一市内に住む長女が出産するに際し、いわゆる核家族（夫婦と子供二人＝長女四才、次女三才）である長女宅の家事、産褥等の世話をするため、昭和五二年一月四日より被災当日である一月一九日まで一五日間長女宅に泊り込み、そこから通勤していたものである。

被災労働者は、当日（一月一八日）午前八時三〇分から勤務のため、午前七時四〇分頃長女の夫が運転する自家用車に長女の子供二人とともに同乗し長女宅を出発した。そして、午前七時四五分頃子供の託児先に到着し、子供を託児先にあずけてすぐ車に引き返し、勤務先に送ってもらうため再び車に乗ろうとしたとき、道路が消雪パイプの水で凍結していたため、足をすべらせて転倒したものである。

答　通勤災害と認められる。

（理由）

本件の場合、被災労働者が長女宅に居住し、そこから通勤する行為には、客観的に一定の持続性が認められるので、当該長女宅は被災労働者にとっての就業のための拠点、つまり住居と認められる。

また、被災労働者は、長女に代ってその子供を世話する立場にあったと認められるので、被災労働者が出勤の途中で当該子供を託児先にあずけるためにとる経路は、本人の就業のためにとらざるを得ない経路であり、合理的な経路と認められる。

したがって、当該出勤行為は通勤と認められるので、本件災害は、労災保険法第七条第一項第二号の通勤災害に該当する。

（昭五二・一二・二三　基収第一〇二七号）

〈通常は勤務の都合で寄宿舎に寝泊りしている労働者が家族の居住する自宅から出勤する途中の災害〉

問　被災労働者は、通常は会社の事務所と同一構内にある寄宿舎に入居し、そこから現場へ出勤していたものであり、休日前夜には自宅に帰り、休み明けの早朝に自宅から会社へ出勤するのを通例としていた。

たまたま八月一五日、一六日が会社の盆休みであったため一四日の夕食後自宅に帰り、引き続き二一日まで休暇をとり、翌二二日午前四時四五分頃マイカーで自宅（自宅より会社までの距離約二五キロメートル、所要時間三〇分～四〇分）を出発し、いつものとおり会社に向う途中、ガードレールに衝突し死亡したものである。

答　通勤災害と認められる。

（理由）

家族の居住する自宅は、被災労働者が、毎週末継続的に帰るほか、週末以外にも月に数回帰るなど、日常生活の用に供し、そこから通勤していた場所であり、寄宿舎は、就業に関する特殊事情等により寝泊りしていた場所であるので、双方が「住居」と認められる。

また、被災労働者が被災当日早朝の午前四時四五分頃に自宅を出発し、会社に向った行為は、就業に就くためのものであり、社会通念上就業関連性を失わせるほど勤務時間とかけ離れた時刻に行われたものともいえないので、通勤行為と認められる。

したがって、本件災害は、住居と就業の場所との間の通勤の途中に発生したものであるので通勤災害と認められる。

（昭五三・六・二二　基収第二七二号）

(4)　「就業の場所」

〈帰宅する途中、雑居ビルの玄関口で被った災害〉

問　1　事案の概要

(1)　災害の発生状況

イ　被災労働者は、昭和四八年一二月二六日、時間外勤務を終え、帰宅するためS工業㈱が入居しているビルを出ようとした際に、玄関のドア（全面透明ガラス）が開いているものと錯覚し、当該ドアに前額部をぶつけ、その際破損したガラスにより、同部を負傷したものである。

ロ　玄関等の照明は、入居事業場の従業員が必要に応じて自由に点滅できるようになっており、災害発生時には消灯してあった。
ハ　玄関口の面積は、約二平方メートルでやや狭い感じであり、床はコンクリート敷である。また、当該場所には四〇ワットの蛍光灯がついている。
ニ　被災労働者は特に走ってきて、その勢いでドアに衝突したものではなく、通常の歩行で階段を降りてきたが、玄関の蛍光灯が消えて暗くなっているので外の明りを目安にしてきて、ドアが開いているものと錯覚を起こしてドアに衝突したものである。
(2)　当該共用ビルの一般的状況
イ　ビルの名称　Hビル
ロ　室数　一二室
ハ　建物の構造
鉄筋コンクリート三階建
ニ　各室の状況
各室には洗面所、湯沸所、便所などの各施設が設置されている。
ホ　共用施設の状況
建物の施設のうち、本件に直接関係のある共用施設としては、各室に至るまでの玄関、階段等の通路の部分及び当該部分に付設する電灯などの施設である。
ヘ　その他
(イ)　共用施設（玄関、階段等）を使用する場合は、汚さず、騒音を出さず、かつ破損しないようにとの定め（慣習）があること。
(ロ)　不特定の者の出入りは少ないこと。
(ハ)　所有者は当該ビルには入居していないが、朝の開扉と夜の閉扉を行っていること。
(ニ)　当該事業場は、物品等の搬入のため共用施設を使用していること。
2　問題点
(1)　S工業（株）が入居しているビルには、数事業場がビル所有者から賃借し入居している、いわゆる雑居ビルで、S工業（株）は三階に入居している。
なお、共用費（共用電灯の料金等）はビル入居事業場が均等負担している。
(2)　災害の発生場所は、入居事業場の従業員等が一般に通行する玄関口であり、当該場所はS工業㈱の事業主の占有的施設管理権のない場所である。
3　当局の見解
本件災害については、通勤災害として認めるのを相当と考える。
すなわち、
(1)　本件災害は、S工業㈱の事業主の占有的施設管理権のない場所における被災労働者の退勤行為中に生じたものであること。
(2)　被災労働者の行為は、就業に関し、住居と就業の場所との間を、通常の経路及び方法によって行われたものと認められ、かつ、当該行為には、業務の性質を有するもの（帰宅する途中における業務行為）がないと認められること。

等の理由により通勤災害と認めるのが相当と考える。

答　通勤災害とは認められない。

（理由）

1　本件ビルの共用部分（玄関、廊下、階段等）は、不特定多数の者の通行を予定しているものではなく、又、その維持管理費用が当該共用ビル入居事業場の均等負担であること及びその使用にあたっての了解事項等から判断すると、当該共用ビル所有者と入居事業場の各事業主等が、当該共用部分を共同管理しているものと解することが妥当である。

2　従って、本件玄関のドアは当該事業主の施設管理下にあるもの（就業の場所）と認めることが妥当である。

3　以上のことから、本件災害は事業主の支配下における災害であって、労災保険法第七条第二項の住居と就業の場所との間の災害には該当しない。

（昭五一・二・一七　基収第二一五二号の二）

(5)　「合理的な経路及び方法」

〈夜勤労働者が「私鉄バスのストライキ」のため、通勤経路の逆方向に歩行中の災害〉

問　プラスチック製造会社に勤務する被災労働者は、当該会社が三交替制のため、事故当日の二直勤務の就労（午後四時四五分から翌日の午前一時まで）を通常どおり終え、会社を出て近くの国道上を歩行中、酩酊運転の乗用車にはねられて死亡したものである。

被災労働者の通常の通勤経路は、自宅からTバスセンター停留所までは徒歩で、同停留所から私鉄バスに乗り、会社近くのバス停で降り、その後は徒歩という経路であるが、二直勤務の帰路の場合は、勤務終了時刻が午前一時のため会社の仮眠室で宿泊の後、早朝の一番バスに乗って帰宅していた。

ところが、被災当日はバスがストライキのため動かないので、汽車で帰るつもりでT駅へ向かう途中（推測）に事故にあったものである。

なお、被災労働者は聾唖者であり、同僚に手まねで、会社から最も近いF駅は無人駅で寒いし、道順もよく知らないから、少々早く会社を出てT駅へ行くと話していた。

答　通勤災害と認められる。

（理由）

本件の場合は、

①　被災当日、通常利用している私鉄バスがストライキのため国鉄を利用しようとしていたこと。

②　被災労働者は、以前にも、私鉄バスのストライキの時に、国鉄T駅を経由して帰宅していたこと。

③　被災労働者は、聾唖者であるため、暗い所、人通りのない道路等の一人歩きをしないように教育を受け

（通勤経路略図）

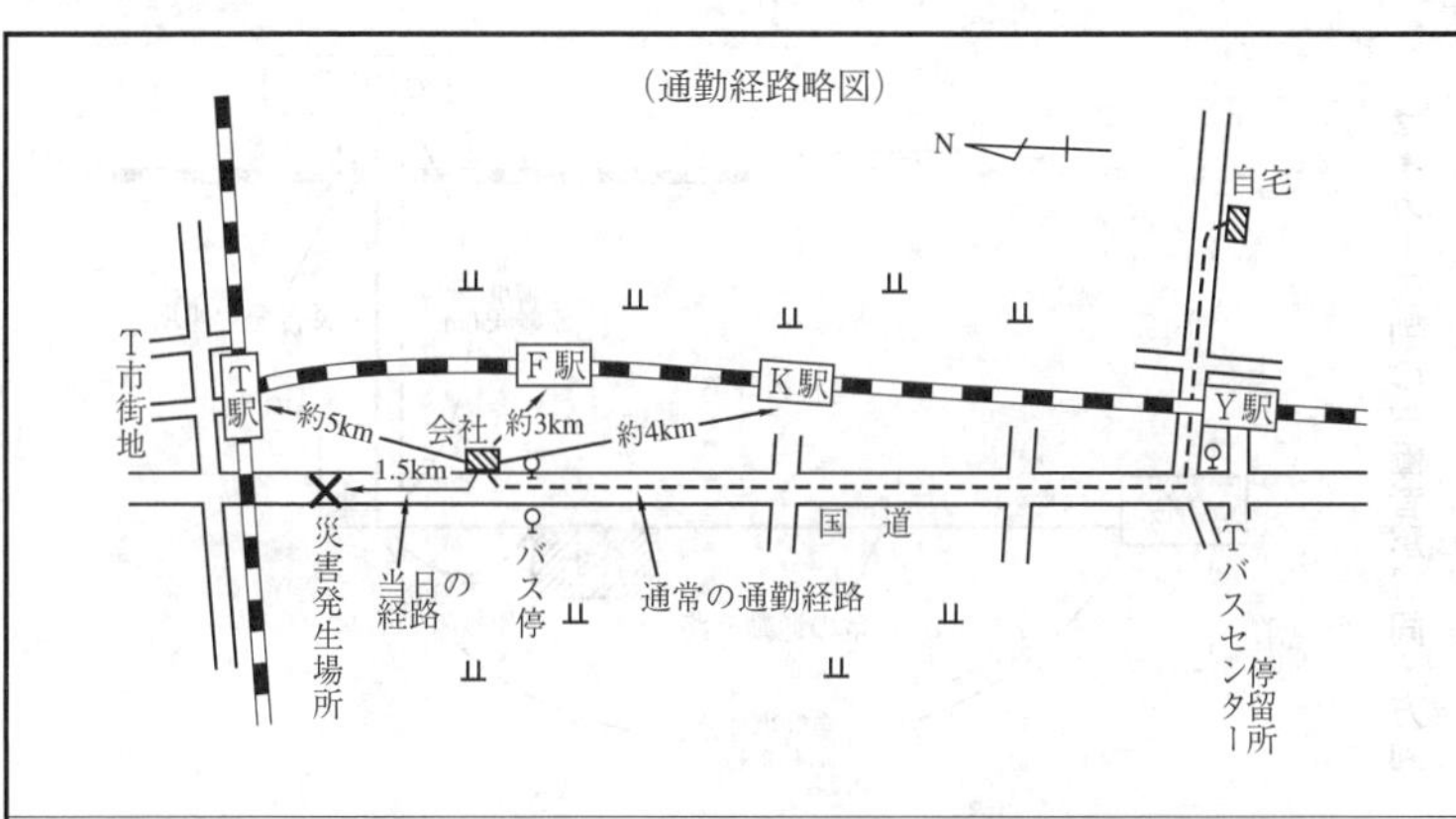

ていたこと。

④会社より最短距離にある国鉄F駅までの道順は付近住民以外の人はほとんど知っていないこと。

⑤国鉄F駅は無人駅であり、暖房設備がないこと。

などの諸事情を勘案した結果、当該労働者のような立場にある労働者であれば、当然通勤のためにとらざるを得ない経路であるので、合理的な経路と認められる。

（昭四九・三・一　基収第二六〇号）

〈マイカー通勤の労働者が、同一方向にある妻の勤務先を経由する経路上における災害①〉

問　被災労働者は、妻と共稼ぎであるため、午前七時四〇分頃マイカーに妻を乗せて出勤する途中、自分の勤務場所を通り越し、約四五〇メートル程走行し、妻の勤務場所で妻を下車させ、再び自分の勤務先に向かって走行中、国鉄線の踏切で、ディーゼル機関車と衝突し、負傷したものである。

なお、被災労働者は、通常、マイカーに妻を乗せて、妻の勤務先を経由して通勤しており、また、会社の構内は駐車禁止となっているため、妻の勤務先と被災労働者の事業場との中間地点に路上駐車をしているものである。

答　合理的な経路と認められる。

（理由）

マイカー通勤の共稼ぎの労働者で、妻の勤務先が同一方向にあって、しかも夫の通勤経路から、さほど離れていなければ、二人の通勤をマイカーの相乗りで行い、妻の勤務先を経由することは、通常行われることであり、このような場合は、合理的な経路として取扱うのが妥当である。

（昭四九・三・四　基収第二八九号）

〈マイカー通勤の労働者が、同一方向にある妻の勤務先を経由する経路上における災害②〉

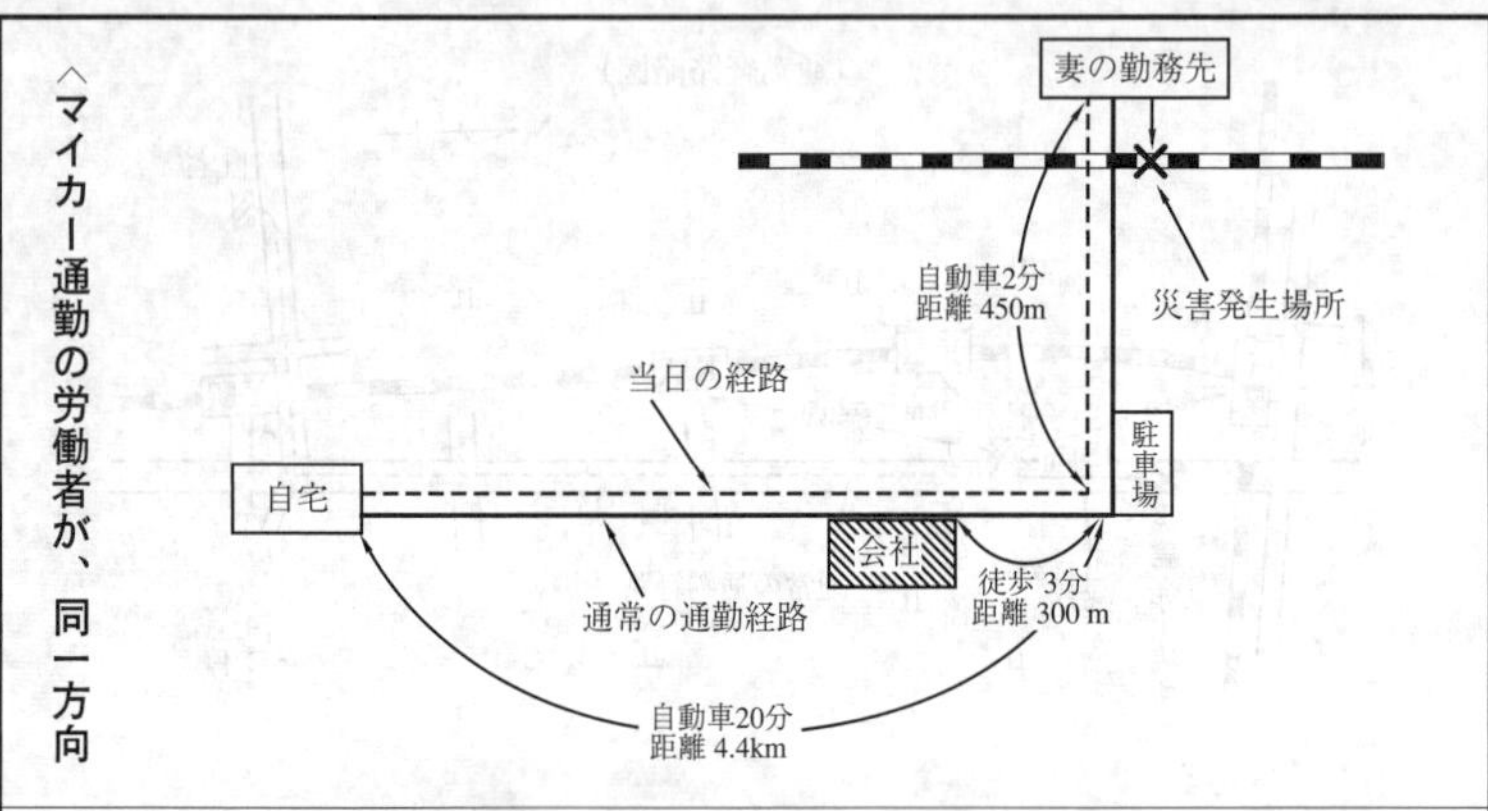

問　マイカー通勤をしている被災労働者は、当日、午後五時に業務終了後、事業場施設内にある風呂に入り、午後五時二五分頃共稼ぎをしている妻を迎えに行くため、会社からマイカーで一・五キロメートル（所要時間五分位）先にある妻の勤務先に向かう途中、後続車に追突され負傷したものである。

なお、出勤時、マイカーに妻が同乗するのは、被災労働者の会社の近くまでであり、そこから妻は、徒歩で勤務先へ通勤している。退勤時は、妻の勤務先まで迎えに行き、妻を同乗させ帰宅しているのが常態である。また、被災労働者の所定労働時間は午前八時から午後四時までであり、妻の終業時刻より一時間早いので会社内の風呂に入り、妻の退社時刻を見計らって退社していた。

答　合理的な経路とは認められない。

（通勤経路略図）

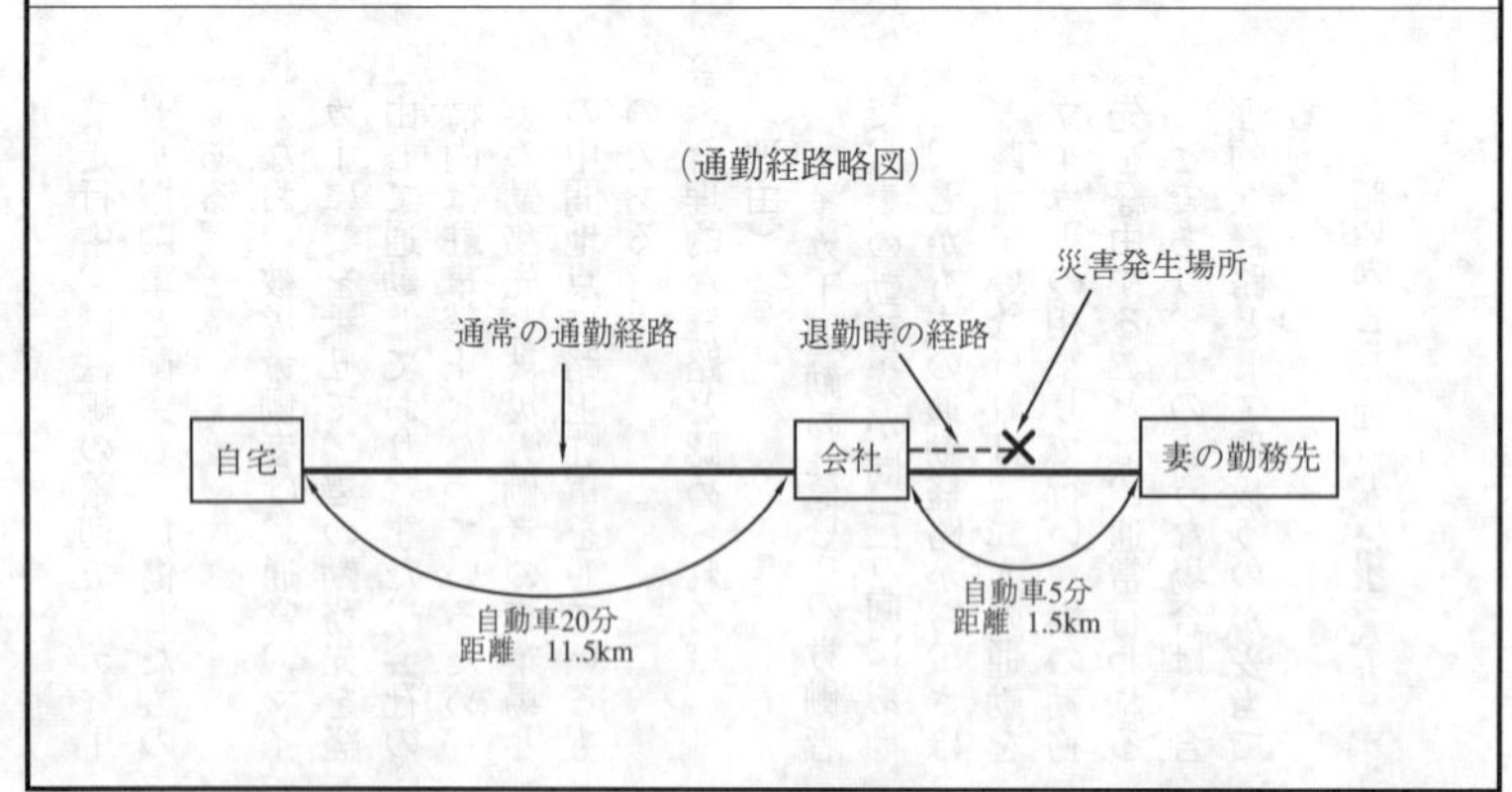

（理由）
本件の場合は、マイカー通勤の共稼ぎ労働者で、妻の勤務先が同一方向にあるが、迂回する距離が三キロメートルと離れており、著しく遠まわりと認められ、これを合理的な経路として取扱うことは困難であり、逸脱中の災害に該当する。
（昭四九・八・二八　基収第二一六九号）

〈マイカー通勤の労働者が、同一方向にある妻の勤務先を経由したのち、忘れ物に気づき自宅に引き返す途中の交通事故〉

問　当局管内において、下記事故が発生しましたが、通勤災害の認定上疑義が生じましたので何分のご指示をお願いいたします。

記

1　事案の概要
(1)　所属事業場
㈱T製作所
T県M郡I町　仏壇製造業
(2)　被災労働者
A・N　男　三四才
T県M郡N町O町営住宅四八-二
販売部員（商品の配送、在庫管理）
(3)　災害発生年月日
昭和四九年八月二三日　午前八時一五分頃（昭和四九年八月二三日午前八時三五分死亡）
(4)　災害発生場所
T県M郡M町K一八五四-五国道一九二号線上
(5)　傷病の部位及び傷病名
頸椎骨折、頸髄損傷（死亡）
(6)　災害発生の日の就業場所
T県M郡I町
(7)　所定労働時間
午前八時～午後五時
(8)　災害発生の日の就業開始の予定時刻
午前八時
(9)　災害発生の日に住宅を離れた時刻
午前七時一五分
(10)　通常の通勤経路（別添資料のとおり）
マイカーにて
自宅→国道一九二号線→T県立M病院正門（妻の勤務先）→国道一九二号線（引返す）→M大橋→国道三二号線→県道→勤務先
(11)　災害発生状況
昭和四九年八月二三日被災労働者は、共稼ぎの妻が運転する軽四輪乗用車の助手席に同乗し、午前七時一五分頃自宅を出発し、国道一九二号線を西方に向け約二三・五キロメートル走行し、午前七時五〇分頃妻の勤務先であるM病院正門に到着、妻が出勤のため下車したので、被災労働者が、軽四輪乗用車を運転し、会社に向かうべく国道一九二号線を引き返したが、通常勤務先へはM大橋南詰交差点を左折し北進しなければならないのに、左折せずにそのまま直進し約一五キロメートル東進した

(通勤経路略図)

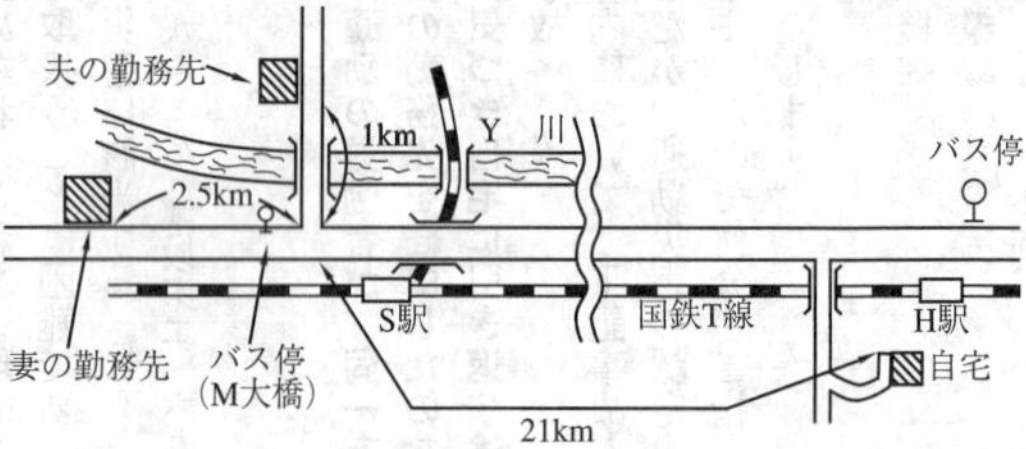

M郡M町K一八五四-五交差点で信号待ちのため停車中の軽四輪トラックに追突し、頸椎骨折、頸髄損傷のため、午前八時三五分死亡した。

2　問題点

妻が、M病院で下車したあと、勤務先へ向かわず、自宅の方向へ直進した理由については、会社の就業に必要な書類を取りに帰るための行為と認めることができるが、自分の勤務先より約二・五キロメートル離れた妻の勤務先に迂回した後、更に二一キロメートル離れた自宅まで引き返す途中の事故が通勤災害と認められるか否か疑義がある。

3　当局の見解

マイカー通勤の共稼ぎ労働者が、妻の勤務先まで往復五キロメートルの距離を迂回する行為及び自分の勤務先方向へ左折せず自宅方向へ直進する行為が会社の就業に必要な書類を取りに帰るための行為であるとしても、明らかに通勤行為を逸脱したものと認められる。

答　通勤災害として取り扱うのが妥当である。

(理由)

1　本件の場合には、次の事由から、被災労働者と同一方向にある事業場に勤務する妻とがマイカーに相乗りして通勤することに合理性があると判断できることから、当該労働者が出退勤時に経由する経路を労災保険法第七条第二項の「合理的な経路」と認めるのが妥当である。

(1)　夫婦共稼ぎ労働者であり、両者とも就業のため自宅(住居)を出たものであること。

(2)　被災労働者の居住する地域は、山間部のいわゆる郡部であって、公共交通機関(鉄道、バス)を用いて通勤したとしても所定始業時刻に間に合わなくなる等、極めて不便であることが認められるので、マイカーを利用して通勤することが最も合理的な方法であると解されること。

したがって、夫婦どちらかの運転するマイカーに同乗して通勤することに合理的理由があると認められること。

2　次に出勤の途中引き返したこと

は、会社の就業に必要な書類を忘れたことに気づき、自宅に取りに帰るための行為であると推断できることから、当該引き返す行為に「就業関連性」があると認めるのが相当である。

3　以上のことから、本件の被災労働者の災害は、就業との関連性に基づく通勤行為中に被災したものであって、労災保険法第七条第一項第二号の通勤災害として取り扱うのが妥当である。

（昭五〇・一一・四　基収第二〇四二号）

〈長男宅に向かう途中の合理的経路上における災害〉

問　当該労働者は、平常T郡M町Kの自宅から定期バスを利用して通勤しているが、当日一六時四〇分勤務を終え一六時四五分ごろ事業場を出発し、退勤時のバス乗車場所であるA町一丁目の停留所へ向かうため国道X号線を横断中、軽四輪車にはねられ被災したものである。

当該労働者は、通常前記停留所から一六時五〇分又は一七時二〇分発のM温泉行きのバスに乗車し、M温泉で乗り換え、同町Kの自宅に帰っていたが、当日はR市F町の長男宅に通勤の途次立ち寄る意思をもって事業場を出発し、前記停留所から西R線バスに乗車する予定であった。同時間帯の西R線バスは五分ごとに運行されているため特に時間を確認しないまま事業場を出発したのである（以上のことは災害発生後の調査に際して本人が申し立てたものである）。

答　通勤災害と認められる。

（理由）

通勤とは、被災労働者の行為を外形的、かつ、客観的にとらえて判断するものであり、本件については、たとえ長男宅に立ち寄るつもりで就業の場所を出たものであっても、い

（通勤経路略図）

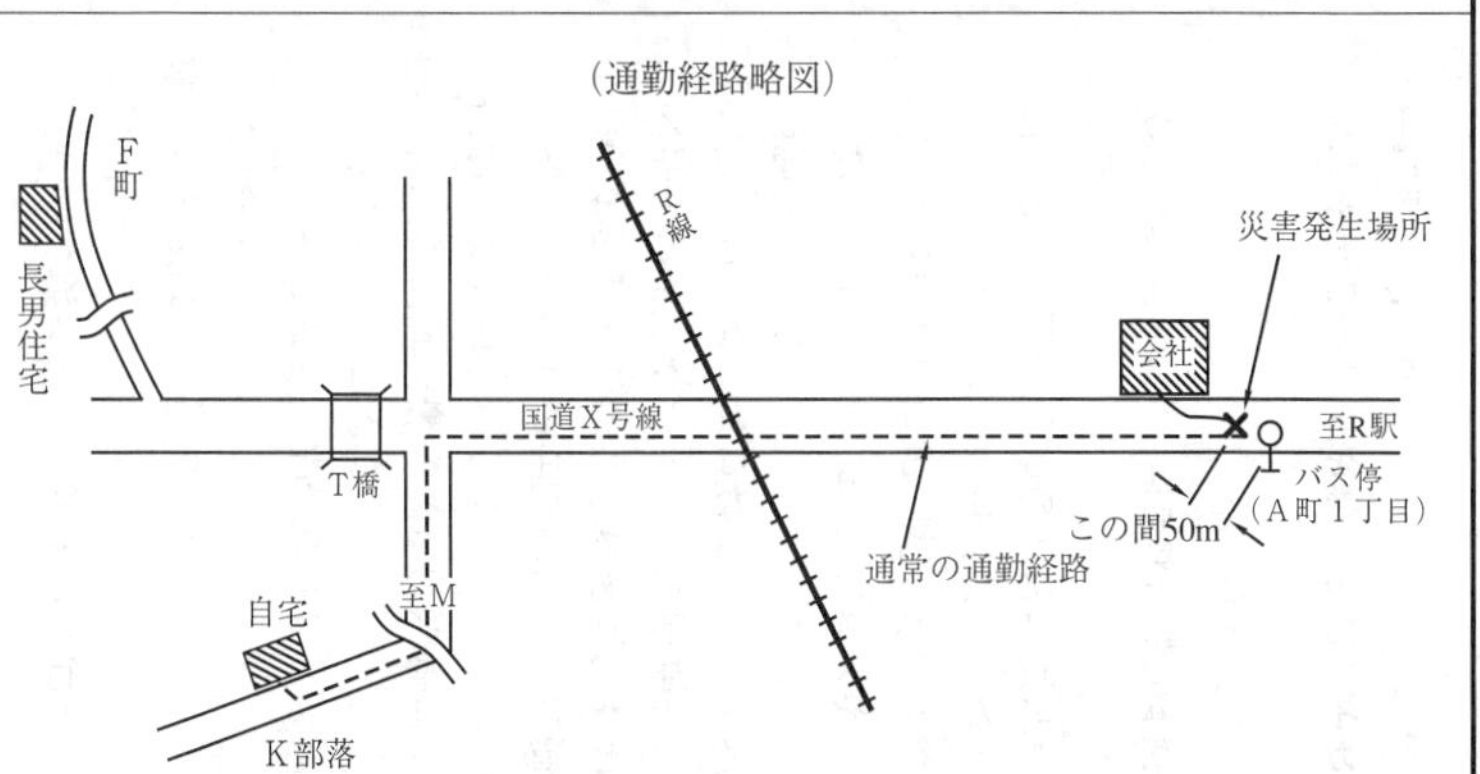

まだ通常の合理的な通勤経路上にある限りにおいては、当該被災労働者の行為は労災保険法第七条第一項の通勤と認めるのが妥当である。

したがって、本件は、通勤災害として取り扱うのが相当である。

（昭五〇・一・一七　基収第二六五三号）

(6)　「逸脱」及び「中断」

〈帰宅途中、食事をとり再び通常の通勤経路に復した後の災害〉

問　被災労働者は、午後五時に勤務を終えて帰宅しようとしたが、その日は会社のマイクロバスや大型バスの洗車を行ったために空腹を覚えたので、会社の門から二〇〇メートルほど離れたところにあるB飯店で食事をし、約二〇分ほどで同店を出て再び会社正門前までもどり、通常の通勤経路を徒歩で駅へ向かう途中、横断歩道を渡りかけていたところ、センターラインを越えて走行してきた乗用車にはねられ負傷したものである。

なお、被災労働者は妻帯者で、通常は自宅で夕食をとっており、また、会社から自宅までの通勤所要時間はおおむね二〇分であり、通常利用する私鉄も二〇分間隔で運行していた。

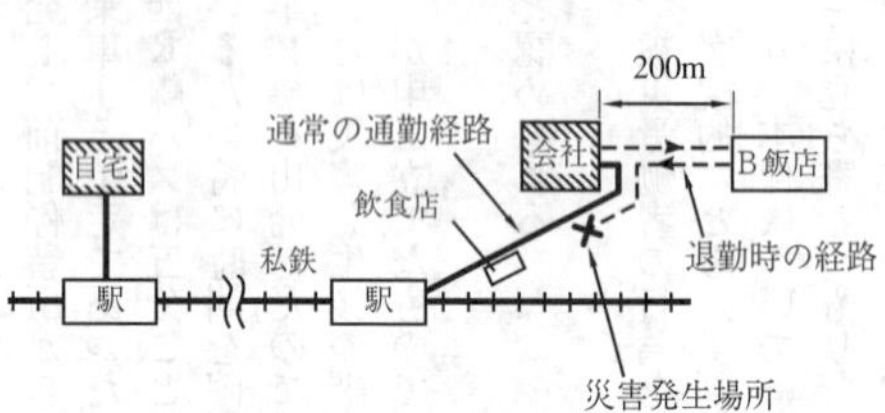

答　通勤災害とは認められない。

（理由）

被災労働者が、退勤途中において食事をとった行為は、

①　被災労働者は妻帯者で、通常は自宅で夕食をとっていたこと。

②　就業の場所から住居までは、片道二〇分程度の所要時間であり、たとえ空腹であったとしても帰宅途中に食事をとらなければならない合理的な理由がないこと。

などにより、「日用品の購入その他これに準ずる日常生活上必要な行為をやむを得ない事由により行なうための最小限度のもの」には該当しない。

（昭四九・四・二八　基収第二一〇五号）

〈運行不能の自動車を救助中のマイカー通勤者の災害〉

問　マイカー通勤をしている被災労働者は、通常の通勤経路を出勤する途中、前方の乗用車が道路の中央で、後部車輪が雪に埋まって動けなくなっているので、追越して進行することができず、また、代替する道もないので車から降りて、前車を救助することとなった。そこで、前車に乗っていた男二人とともに、その車の後部バンパーに手をかけて持ち上げたところ、右下腿のアキレス腱を痛めたものである。

なお、道路の幅員は四メートル位であるが、両側に除雪した雪が積まれていて、車の通れる道幅は二メートル位であった。

答　通勤災害と認められる。

（理由）

本件の場合、当該労働者は、就業のため自宅を出発し、合理的な経路及び方法による出勤の途中であったことは明らかであり、また、除雪により狭くなっている道を運行不能車がさえぎっているため、通行が不可能となっていたこと及び他に代替する経路もないという状況において、通勤をするためには、当然進行の妨げとなっている運行不能車を救助しなければならないことから、当該労働者の行為を単に善意に基づく行為と解すべきではなく、むしろ通勤に通常伴う合理的な行為と解するのが妥当である。

（昭四九・九・二六　基収第二八八一号）

〈**退勤途中、経路上の喫茶店でコーヒーを飲んだ後の災害**〉

問　被災労働者は、当日午後五時までの所定の勤務を終えて、バスで帰宅するため、午後五時一〇分頃退社する際、親しい同僚といっしょになったので、お互いによく利用している会社の隣りの喫茶店に寄ってコーヒーを飲みながら雑談し、四〇分程度過ごした後、同僚の乗用車で合理的な経路を自宅まで送られ、車を降りようとした際に、乗用車に追突され負傷したものである。

答　通勤災害とは認められない。

（理由）

被災労働者が喫茶店に立ち寄って過ごした行為は、通常通勤の途中で行うような「ささいな行為」には該当せず、また、「日用品の購入その他これに準ずる日常生活上必要な行為をやむを得ない事由により行うための最小限度のもの」とも認められないので、中断後の災害に該当する。

（昭四九・一一・一五　基収第一八六七号）

〈**帰宅途中、書店及び交通事故写真展示会場に立ち寄り、再び通勤経路に復した後の災害**〉

問　被災労働者は、業務終了後、自動二輪車で帰宅する途中、通常の通勤経路より約五〇メートル離れたN書店に書籍購入のため立ち寄り（約三分）その後、同書店より約五〇メートルのＴ信用組合のロビーで開催されている交通事故写真展を見学（約二〇分）した後、再び通常の通勤経路に復し、自宅に向かって走行中、前方の自動車を追い越そうとした際対向車と衝突し、負傷したものである。

なお、会社と自宅との間の通常の通勤経路上には、他に書店はなかった。

答　通勤災害とは認められない。

（理由）

本件の場合、被災労働者が退勤途中において書籍の購入のため書店に立ち寄った行為は、労災保険法第七条第三項のただし書にいう「日用品の購入その他これに準ずる日常生活上必要な行為をやむを得ない事由により行なうための最小限度のもの」に該当するが、その後の交通事故写真展の見学行為については、当該労働者の興味によるものであって、ここにいう日常生活上必要な行為には該当しない。

したがって、本件災害は、通勤経路の逸脱後に生じたものであり、通勤災害とは認められない。

（昭四九・一一・二七　基収第三〇五一号）

〈出退勤の途中、理・美容のため理髪店又は美容院に立ち寄る行為〉

出退勤の途中において、理・美容のため理髪店又は美容院に立ち寄る行為については、昭和五〇年四月七日付け基収第三三〇九号の二通達により労働者災害補償保険法（以下「労災保険法」という。）第七条第三項ただし書きに規定する「日用品の購入その他これに準ずる日常生活上必要な行為」には該当しないとして取り扱ってきたところであるが、今般、その取扱いを下記により改めることとしたので、了知されたい。

記

出退勤の途中、理・美容のため理髪店又は美容院に立ち寄る行為は、特段の事情が認められる場合を除き労災保険法第七条第三項ただし書きに規定する「日用品の購入その他これに準ずる日常生活上必要な行為」に該当するものとする。

（理由）

労災保険法第七条第三項ただし書きに規定する「日用品の購入その他これに準ずる日常生活上必要な行為」とは、社会通念上、日常の生活を営むうえで必要な行為であり、かつ、その態様が日用品の購入と同程度と評価できるものをいい、本人又は家族の衣、食、保健、衛生、教養のための行為及び公民権の行使に伴う行為等がこれに該当するものである。

理・美容をする行為については、職場で清潔に気持よく生活し勤務する保健衛生などの見地からみても、また、日常生活上においても必要な行為であると認められる。また、理・美容のため理髪店又は美容院に立ち寄る行為は、通常、通勤の途中で行われている実態がある。

したがって、それらを総合勘案すると、理・美容のため理髪店又は美容院に立ち寄る行為は、労災保険法第七条第三項ただし書きに規定する「日用品の購入その他これに準ずる日常生活上必要な行為」に該当すると認められるのが妥当である。

（昭五八・八・二　基発第四二〇号）

B　通勤途上の疾病

(1)　「通勤による」

〈出勤途上における急性心不全による死亡事故〉

問　被災労働者は、事故当日いつもの起床時刻より遅れたため、朝食もとらずに通常より五分おくれて住居を出て、急いで自転車で約五〇〇メートル先の国鉄H駅へ向った。

その後、被災労働者がH駅構内の下りホームと通ずる階段で倒れているのを発見され、医師により手当を受けたが、そのかいもなく急性心不全により死亡した。

答　通勤災害とは認められない。

（理由）

「通勤による疾病」とは、通勤による負傷又は通勤に関連ある諸種の状態（突発的又は異常なできごと等）が原因となって発病したことが医学的に明らかに認められるものをいうが、本件労働者の通勤途中に発生した急性心不全による死亡については、特に発病の原因となるような通勤による負傷又は通勤に関連する突発的なできごと等が認められないことから「通勤に通常伴う危険が具体化したもの」とは認められない。

従って、本件は、労災保険法第七条第一項第二号の通勤災害には該当しない。

（昭五〇・六・九　基収第四〇三九号）

4　石綿による疾病に係る労災保険給付等

〈労災保険率の算定における石綿による疾病に係る労災保険給付等の取扱いについて〉

石綿による疾病については、近年、労災保険給付等が増加傾向にあり、さらに、石綿による健康被害の救済に関する法律（平成一八年法律第四号）により、特別遺族給付金が設けられ、平成一八年三月二七日から施行されているところである。

石綿による疾病は、発症の原因となる石綿のばく露から発症までの期間が長期に及ぶことが多いことから、これらの給付等に係る事業場の事業の種類が、石綿ばく露当時と現在とで異なることがあり得る。

そこで、各事業の種類の労働災害リスクを的確に評価する観点から、労災保険率の算定における石綿による疾病に係る労災保険給付等及び特別遺族給付金の取扱いを下記のとおりとし、今後、支給決定決議を行うものから適用するので、事務処理に遺漏なきを期されたい。

記

労災保険率の算定に当たっては、石綿による疾病に係る保険給付、特別支給金及び特別遺族給付金（以下「保険給付等」という。）については、保険給付等に係る事業場の属する事業の種類が、石綿ばく露当時と現在とで異なる場合には、石綿ばく露当時の事業の種類の保険給付等として取り扱うものとする。

なお、メリット収支率の算定に当たっては、保険給付等の原因となった石綿ばく露自体は、当該事業場のリスクと評価されることから、保険給付等（労働保険の保険料の徴収等に関する法律施行規則（昭和四七年労働省令第八号）第一七条の二及び厚生労働省関係石綿による健康被害の救済に関する法律施行規則（平成一八年厚生労働省令第三九号）第四条に規定する「特定疾病」に係る保険給付等を除く。）を当該事業場のメリット収支率の算定基礎に含めるものであることに留意されたい。

（平一八・四・三　基発第〇四〇三〇〇九号）

判例

一　業務災害

(一)　業務上の負傷

●会社主催の忘年会後の負傷

「会社主催の忘年会への参加が業務行為とは認められないとされた例」

昭五八・九・二一　名古屋高判（一七一九頁参照）

●療養中の者の川への転落によるショック死

「療養中の労働者が業務外の災害により死亡した場合には、当初の業務上の疾病と業務外の災害による死亡との間に相当因果関係が認められる限り、業務上の事由による死亡に該当するとした例」

昭五六・四・二七　札幌地判（一七二一頁参照）

●女性事務員が勤務中に、同女を恋慕していた男に刺殺された災害

「第三者の暴行による災害は、一般的には業務に起因するものとはいい難く、明らかに業務と相当因果関係にあると認められる格別の場合に限り業務上と認められるとした例」

昭四六・一二・二　広島地判　（一七二二頁参照）

㈡　業務上の疾病

●椎間板ヘルニアによる腰痛の業務上疾病

「モーターグレーダー運転業務に従事したことが腰部疾患をさらに増悪させる原因になったとして、右業務と椎間板ヘルニアの発症との因果関係の存在を弾力的に認めて、労規則三五条三八号の職業性疾病にあたると判断した例」

昭五一・四・二　大阪高判　（一七二四頁参照）

●電気工事会社工事課長のくも膜下出血による死亡

「業務と疾病との間に相当因果関係があるというためには、日常業務に比較して『特に過重な業務』に就労したことを要し、また、業務と死亡との間に相当因果関係が存在するというためには、業務が相対的に有力な原因であることが必要であるとされた例」

平二・八・八　東京高判　（一七二五頁参照）

●ロッカー室の管理人の橋脳出血による死亡

「休日のない二四時間隔日交替制勤務の継続による肉体的、精神的疲労の蓄積、過労状態の進行に、会社自体に対する爆破予告電話事件による精神的不安、夜間の見回り等の際にさらされた厳しい寒気の影響とが加わり、これらが相対的に有力な共働原因になったとして、死亡の業務起因性を認めた例」

平三・五・二七　東京高判　（一七二七頁参照）

●運送会社の経理及び総務担当の部長待遇管理職の脳出血による死亡

「本件脳出血発症前の約三年間ほどはかなり多忙であったと認められるものの、自然経過を超えて著しく血管病変を増悪させる過重負荷が、発症の直前少なくとも一週間程度の近接した時期に存し、それによって脳出血が発症したものとは認められないとされた例」

平三・一〇・八　神戸地判　（一七二八頁参照）

●長距離運転手に発症した心筋梗塞の業務上外

「被災者が荷積み作業中の転倒事故の際に受けた外力は心筋梗塞の原因となる程度であったとは認められず、発症前二週間の業務についても過重であったとは認められないため、疾病の発症と業務との間に相当因果関係を認めることはできない、とした例」

平七・三・二七　大阪地判（一七三四頁参照）

●特別養護老人ホームの次長兼看護婦に発症したくも膜下出血の業務上外

「特別養護老人ホームの次長としての負担は、日常の負担であり、特に重い負担となったものとはいえず、入所者の誕生会は恒例行事であり、その準備が特別の負担となったであろうことを認めることはできないため、本件においては、業務による負担があったとは認められず、業務と本件死亡との間の相当因果関係を認めることはできないとした例」

平七・九・一二　仙台高判（一七三五頁参照）

●電柱上で作業中の電気工に発症した脳出血

「作業中に外傷を負った電気工が事故後二日目に脳血管疾患をひきおこして死亡した件につき、業務との相当因果関係を認めた例」

平九・四・二五　最三小判（一七三六頁参照）

●労働者の自殺と相当因果関係

「プレス加工業務に従事していた労働者の自殺と、当該労働者の業務との間に、相当因果関係が存すると判断された例」

平一一・三・一二　長野地判（一七三九頁参照）

●支店長専属の自動車運転者に発症したくも膜下出血

「支店長専属の自動車運転者が走行中に発症させたくも膜下出血は、過重な業務が精神的・肉体的負荷となり、基礎疾病を自然的経過を超えて著しく増悪させたもの、と認められた例」

平一二・七・一七　最一小判（一七三八頁参照）

●大型バス運転手の運転中に発症した高血圧性脳出血

「バス運転手がバスを運転中、高血圧性脳出血を発症し、左半身まひの後遺症を残した件につき、療養補償給付の支給が認められた例」

平一二・七・一七　最一小判（一七四〇頁参照）

●国内国外の出張中に十二指腸潰瘍を発症

「十二指腸潰瘍は、国内国外の出張により自然の経過を超えて急激に悪化・発症したとみるのが相当であり、業務の遂行と本件疾病発症との間に相当因果関係があるとされた例」

平一六・九・七　最三小判
（一七四一頁参照）

二　再　発

●頭部挫創等治ゆ後の再発

「再発について、現傷病と旧傷病との間に医学上の相当因果関係が認められ、治ゆ時の症状に比して増悪し、かつ治療効果が期待できるものでなければならないとした例」

昭五一・一・一六　神戸地判
（一七四二頁参照）

三　通勤災害

●経路の逸脱

「徒歩による退勤途中に夕食の材料等を購入するため、往復の経路上の交差点から、自宅とは反対方向に約百数十メートル離れた商店に向け、約四十数メートル歩いたところで遭った交通事故を通勤災害ではないとした例」

平元・五・八　札幌高判
（一七四三頁参照）

●通勤起因性

「通勤用自家用車の運転中に脳内出血で死亡した事案について、それが交通事故によって発症したものとは認め難いものである以上、通勤起因性は認められないとされた例」

昭六三・四・一八　名古屋高判
（一七四四頁参照）

●本社役員主催の夕食会参加後の負傷

「本社役員主催の夕食会からの帰宅途上の災害が通勤災害ではないとされた例」

平六・一一・九　福岡地判
（一七四五頁参照）

●自宅から単身赴任先の寮に向かう途中の交通事故死

「遠隔地の工事のため単身赴任していた作業員が休日に自宅に帰り、就労日の前日に社員寮に戻る途中で交通事故死した件につき、労災保険法上の通勤上のできごとであると認められた例」

平一二・一一・一〇　秋田地判
（一七四六頁参照）

●日常生活上必要な行為

「勤務終了後、身体障害者の義父の

介護のために、自宅と勤務先間の合理的な通勤経路を外れて義父宅に立ち寄り、介護を終えて帰宅する途中に、頭蓋骨骨折等の傷害を被った災害が、労災保険法七条一項二号の通勤災害に該当されるとされた例」

平一八・四・一二　大阪地判

（第七四八頁参照）

（給付基礎日額）

第八条　給付基礎日額は、労働基準法第十二条の平均賃金に相当する額とする。この場合において、同条第一項の平均賃金を算定すべき事由の発生した日は、前条第一項第一号及び第二号に規定する負傷若しくは死亡の原因である事故が発生した日又は診断によつて同項第一号及び第二号に規定する疾病の発生が確定した日（以下「算定事由発生日」という。）とする。

2　労働基準法第十二条の平均賃金に相当する額を給付基礎日額とすることが適当でないと認められるときは、前項の規定にかかわらず、厚生労働省令で定めるところによつて政府が算定する額を給付基礎日額とする。

条文解説

本条は、現金給付（療養補償給付及び療養給付を除く。以下同じ。）の額の算定の基礎となる給付基礎日額を原則として労基法第一二条の規定による平均賃金に相当する額とし、平均賃金に相当する額を給付基礎日額とすることが適当でないと認められるときは、厚生労働省令で定めるところによって政府が算定する額を給付基礎日額とすることを規定したものである。

関係政省令等

（給付基礎日額の特例）
則第九条　法第八条第二項の規定による給付基礎日額の算定は、所轄労働基準監督署長が、次の各号に定めるところによつて行う。
一　労働基準法（昭和二十二年法律第四十九号）第十二条第一項及び第二項に規定する期間中に業務外の事由による負傷又は疾病の療養のために休業した労働者の同条の平均賃金（以下「平均賃金」という。）に相当する額が、当該休業した期間を同条第三項第一号に規定する期間とみなして算定することとした場合における平均賃金に相当する額に満たない場合には、その算定することとした場合における平均賃金に相当する額とする。
二　じん肺にかかつたことにより保険給付を受けることとなつた労働者の平均賃金に相当する額が、じん肺にかかつたため粉じん作業以外の作業に常時従事することとなつた日を平均賃金を算定すべき事由の発生した日とみなして算定することとした場合における平均賃金に相当する額に満たない場合には、その算定することとした場合における平均賃金に相当する額とする。
三　一年を通じて船員法（昭和二十二年法律第百号）第一条に規定する船員として船舶所有者（船員保険法（昭和十四年法律第七十三号）第三条に規定する場合にあつては、同条の規定により船舶所有者とされる者）に使用される者の賃金について、基本となるべき固定給のほか、船舶に乗り組むこと、船舶の就航区域、船積貨物の種類等により変動がある賃金が定められる場合には、基本となるべき固定給に係る平均賃金に相当する額と変動がある賃金に係る平均賃金に相当する額とを基準とし、厚生労働省労働基準局長が定める基準に従つて算定する額とする。
四　前三号に定めるほか、平均賃金に相当する額を給付基礎日額とすることが適当でないと認められる場合には、厚生労働省労働基準局長が定める基準に従つて算定する額とする。
五　平均賃金に相当する額又は前各号に定めるところによつて算定された額（以下この号において「平均賃金相当額」という。）が四千百八十円（当該額が次項及び第三項の規定により変更されたときは、当該変更された額。以下「自動変更対象額」という。）に満たない場合には、自動変更対象額とする。ただし、次のイからニまでに掲げる場合においては、それぞれイからニまでに定める額とする。
イ　平均賃金相当額を法第八条の規定により給付基礎日額として

算定した額とみなして法第八条の二第一項の規定を適用したときに同項第二号の規定により算定した額を同項の休業給付基礎日額とすることとされる場合において、当該算定した額が自動変更対象額以上であるとき。　平均賃金相当額

ロ　イの当該算定した額が自動変更対象額に満たないとき。　自動変更対象額を、当該算定した額を平均賃金相当額で除して得た率で除して得た額（その額に一円未満の端数があるときは、これを切り捨てるものとし、当該端数を切り捨てた額が平均賃金相当額に満たないときは、平均賃金相当額）

ハ　平均賃金相当額を法第八条の規定により給付基礎日額として算定した額とみなして法第八条の三第一項（法第八条の四において準用する場合を含む。）の規定を適用したときに同項第二号（法第八条の四において準用する場合を含む。ニにおいて同じ。）の規定により算定した額を当該保険給付の額の算定の基礎として用いる給付基礎日額とすることとされる場合において、当該算定した額が自動変更対象額以上であるとき。　平均賃金相当額

ニ　ハの当該算定した額が自動変更対象額に満たないとき。　自動変更対象額を当該算定に用いた法第八条の三第一項第二号の厚生労働大臣が定める率で除して得た額（その額に一円未満の端数があるときは、これを切り捨てるものとし、当該端数を切り捨てた額が平均賃金相当額に満たないときは、平均賃金相当額）

2　厚生労働大臣は、年度（四月一日から翌年三月三十一日までをいう。以下同じ。）の平均給与額（厚生労働省において作成する毎月勤労統計（次条及び第九条の五において「毎月勤労統計」という。）における労働者一人当たりの毎月きまつて支給する給与の額（第九条の五において「平均定期給与額」という。）の四月分から翌年三月分までの各月分の合計額を十二で除して得た額をいう。以下この項において同じ。）が平成六年四月一日から始まる年度（この項及び次項の規定により自動変更対象額が変更されたときは、直近の当該変更がされた年度の前年度）の平均給与額を超え、又は下るに至つた場合においては、その上昇し、又は低下した比率に応じて、その翌年度の八月一日以後の自動変更対象額を変更しなければならない。

3　自動変更対象額に五円未満の端数があるときは、これを切り捨て、五円以上十円未満の端数があるときは、これを十円に切り上げるものと

する。

4　厚生労働大臣は、前二項の規定により自動変更対象額を変更するときは、当該変更する年度の七月三十一日までに当該変更された自動変更対象額を告示するものとする。

関係告示

厚生労働省告示第二四七号（平二三・七・二五）

労働者災害補償保険法施行規則（昭和三十年労働省令第二十二号）第九条第二項及び第三項の規定に基づき、平成二十三年八月一日（以下「適用日」という。）以後の同条第一項第五号に規定する自動変更対象額（以下「自動変更対象額」という。）を三千九百六十円に変更する。ただし、適用日前の期間に係る労働者災害補償保険法（昭和二十二年法律第五十号。以下「法」という。）の規定による年金たる保険給付並びに適用日前に支給すべき事由の生じた法の規定による休業補償給付、障害補償一時金、障害補償年金差額一時金、障害補償年金前払一時金、遺族補償一時金、遺族補償年金前払一時金及び葬祭料並びに休業給付、障害一時金、障害年金差額一時金、障害年金前払一時金、遺族一時金、遺族年金前払一時金及び葬祭給付に係る自動変更対象額については、なお従前の例による。適用日前に死亡した労働者に関し法第十六条の六第一項第二号（法第二十二条の四第三項において準用する場合を含む。）の場合に支給される遺族補償一時金又は遺族一時金であって、適用日以後に支給すべき事由の生じたもの及び適用日前に障害補償年金を受ける権利を有することとなった労働者の当該障害補償年金に係る障害補償年金差額一時金又は適用日前に障害年金を受ける権利を有することとなった労働者の当該障害年金に係る障害年金差額一時金であって、適用日以後に支給すべき事由の生じたものに係る自動変更対象額についても、同様とする。

参照条文

〔平均賃金　労基則二～四〕〔給付基礎日額の特例　則九〕〔自動変更対象額の変更　平二三告示二四七〕

解釈例規

1　給付基礎日額

〈給付基礎日額について〉

一　法改正の趣旨

保険給付額の算定の基礎としては、従来、労働基準法第一二条の平均賃金を用いていたが、今後は、これに代えて給付基礎日額を用いることとした。給付基礎日額は、原則として、平均賃金に相当する額とするが、その額を給付基礎日額とすることが著しく不適当であるときは、労働省令で定めるところによって政府が算定する額を給付基礎額とすることとした。

なお、「著しく不適当」とは、労働基準法の関係事項全般に共通して用いられる平均賃金がそれ自体として著しく不適当であるということではなく、もっぱら保険給付算定の基礎という見地からのみ著しく不適当であるということであるから、平均賃金の算定方法の適否を論ずるものでないことに留意されたい。

二　給付基礎日額の特例

平均賃金に相当する額を給付基礎日額として用いることが著しく不適当である場合の取扱いは、次のとおりである。

イ　平均賃金に相当する額が三八〇〇円に満たない場合には、給付基礎日額は三八〇〇円とする（規則第一二条の二第一号）。ただし、法第一二条第四項又は昭和三五年改正法附則第一六条の規定によりスライドされた保険給付（スライドされることとなる保険給付を含む。）を受ける者については、その者の平均賃金相当額にそのスライド率を乗じて得た額が三八〇〇円をこえるときは、その者の給付基礎日額は原則どおり平均賃金相当額とする（規則第一二条の二第一号ただし書）。

たとえば、平均賃金相当額が三五

○円であったとすれば、給付基礎日額は三八○円とされるが、保険給付の額が二○%スライドされた場合には、平均賃金相当額にスライド率を乗ずると

$$350円 \times \frac{120}{100} = 420円$$

となり、三八○円をこえるので、この場合にはその者の給付基礎日額は三五○円となる。

この点は、過去に保険給付がスライドされた者はもちろんのこと、給付基礎日額を三八○円に引き上げられた後に保険給付がスライドされる者についても同様であり、後者については、給付基礎日額が元の平均賃金相当額（三五○円）に変更される場合が生ずる。なお、平均賃金相当額にスライド率を乗じた額が、三八○円に達しないときは、三八○円を給付基礎日額とすることは、いうまでもない。

もとより、保険給付のスライドがあるため給付基礎日額を三八○円とすることを要しない者についても、スライドしない一時金給付を受けることとなった場合において、平均賃金相当額が三八○円未満であるときは、給付基礎日額は三八○円となる。

このような給付基礎日額の特例は、労働者又はその遺族が受ける保険給付の額が、災害補償の実効を期するに足る合理的なものであるように保険給付の額について最低保障を行うためである。したがって平均賃金相当額が低いとき、労働者又はその遺族が受ける保険給付の額がスライドにより保険給付の最低保障額を上回ることとなる場合には、スライドの事由が生じたからといって、給付基礎日額の最低額をもって算定した保険給付の額をスライドさせることなく、その者の給付基礎日額を平均賃金相当額にもどすこととしたのである。

以上のごとく、給付基礎日額の最低額は、保険給付の額との関連で決まるものであるから、実際の事務処理は、各受給者について原則どおりの平均賃金相当額をもって保険給付の額を算定し、それが三八○円の給付基礎日額による保険給付の最低額に満たない場合には、その最低額の保険給付を支給すれば足りる。

なお、昭和三八年六月一四日付け基発第六七四号通達は廃止する。

ロ　じん肺にかかったことにより保険給付を受けることとなった労働者の平均賃金に相当する額が、じん肺にかかったため粉じん作業以外の作業に常時従事することとなった日を平均賃金を算定すべき事由の発生した日とみなして算定して平均賃金に満たない場合には、この額を給付基礎日額とする（規則第一二条の二第二号）。この取扱いは、従来の昭和三九年一一月二五日付け基発第一三○五号通達によるものと同一である。

三　給付基礎日額の端数処理

給付基礎日額に一円未満の端数があるときは、これを一円に切り上げることになった（法第一二条の二第三項）。これに伴い、従来の一円未満の端数のついた平均賃金による保険給付のついた平均賃金による保険給付の額は、給付基礎日額を用いて計算した保険給付の額と異なる場合があるので、従来から継続して支給する休業補償費及び長期傷病補償給付のうち必要なものについては本年八月一日以後に支給事由の発生するものについて改定し支給すること。

（昭四〇・七・三一　基発第九〇一号）

〈給付基礎日額の最低額の引上げ〉

一　給付基礎日額の最低保障額の引上げ（労働者災害補償保険法施行規則（昭和三〇年労働省令第二二号）第九条第一号の改正）

給付基礎日額の最低保障額の引上げについては、従来より雇用保険制度等との均衡を考慮して実施してきたところであるが、今般、雇用保険法等の一部を改正する法律（昭和五九年法律第五四号）が成立し、基本手当の日額の算定基礎となる賃金日額の最低額が八月一日から三、二一〇円に引き上げられることとなったので、給付基礎日額の最低保障額を二、六七〇円から三、二一〇円に引き上げるものとした。

二　経過措置（改正省令附則第二条関係）

(1)　年金たる保険給付の額の算定については、改正省令の施行日（昭和五九年八月一日。以下「施行日」という。）の前日までの期間に係る分は従前の給付基礎日額によるものとし、施行日以後の分は平均賃金が三、二一〇円にみたない場合（保険給付の額がスライドされている場合において、当該労働者の平均賃金にスライド率を乗じて得た額が三、二一〇円を超える場合を除く。以下同じ。）には、給付基礎日額を三、二一〇円として年金額を算定する。

(2)　施行日前に支給事由の生じた休業補償給付、障害補償一時金、障害補償年金差額一時金、障害補償年金前払一時金、遺族補償一時金、遺族補償年金前払一時金、葬祭料、休業給付、障害一時金、障害年金差額一時金、障害年金前払一時金、遺族一時金、遺族年金前払一時金及び葬祭給付の額の算定については、従前の給付基礎日額を用いるものとし、施行日以後に支給事由の生じたものは、平均賃金が三、二一〇円にみたない場合には、給付基礎日額を三、二一〇円として算定する。

(3)　施行日前に障害補償年金又は障害年金の受給権者であった労働者が施行日以後に死亡した場合に、その遺族に支給する障害補償年金差額一時金又は障害年金差額一時金の算定に用いる給付基礎日額については、従前の給付基礎日額を用いる。

　また、施行日前に死亡した労働者の遺族に支給する労働者災害補償保険法（昭和二二年法律第五〇号。以下「法」という。）第一六条の六第二号（法第二二条の四第三項において準用する場合を含む。）の場合の遺族補償一時金又は遺族一時金の額の算定に用いる給付基礎日額についても同様である。

三(1)　改正省令の施行日前に支給の事由の生じた休業特別支給金については、従前の給付基礎日額を用いてその額を算定する。

(2)　算定基礎年額の算定に用いられる特別給与額については、給付基礎日額を三六五倍した額の二〇％に相当する額又は一五〇万円のうちいずれか低い額（昭和五二年四月一日前に発生した事故に係る特別支給金の額の算定に用いる算定基礎年額については、給付基礎日額を三六五倍した額の一六・九％に相当する額又は一五〇万円のうちいずれか低い額）をその限度とし、当該算定基礎年額を三六五で除して得た額を算定基礎日額とすることとされているが、施行日前の分の年金たる特別支給金、施行日前に支給の事由の生じた障害特別一時金、遺族特別一時金及び障害特別年金差額一時金の額の算定に用いる算定基礎日額については、従前の給付基礎日額を用いてこれを算定する。

　また、施行日前に障害補償年金又は障害年金の受給権者であった労働者が施行日以後に死亡した場合に、その遺族に支給する障害特別年金差額一時金及び施行日前に死亡した労働者の遺族であって、施行日以後に法第一六条の六第二号（法第二二条の四第三項において準用する場合を含む。）の場合の遺族補償一時金又は遺族一時金を支給すべき事由の生じた者に支給する遺族特別一時金の額の算定に用いる算定基礎日額の算定についても同様である（改正省令附則第三条による改正後の労働者災害補償保険特別支給金支給規則（昭和四九年労働省令第三〇号）附則第五項関係）。

(3)　なお、施行日前の分の傷病差額特別支給金（労働者災害補償保険特別支給金支給規則の一部を改正する省令（昭和五二年労働省令第七号）附則第六条の規定による特別支給金）の額については、従前の給付基礎日額を用いてその額を算定する。

（昭五九・七・三一　基発第三八四号）

〈給付基礎日額の特例〉

(1)　従来、平均賃金相当額を給付基礎日額とすることが「著しく不適当である場合」には、労働省令で定めるところにより政府が算定する額を給付基礎日額とするものとされていたが、今回の法改正により平均賃金相当額を給付基礎日額とすることが「適当でないと認められる」ときは、労働省令で定めるところにより政府が算定する額を給付基礎日額とすることができることとなり、平均賃金相当額を給付基礎日額とする原則に対する特例措置を講ずる範囲を拡大することとした（新法第八条第二項関係。）

　これに伴い、労働省令においては、

イ　従来の特例措置（①平均賃金相当額が一、八〇〇円に満たない場合には、一、八〇〇円を給付基礎日額とする、②じん肺患者については、平均賃金相当額が、じん肺にかかったため粉じん作業以外の作業に常時従事することとなった日を算定事由発生日とみなして算定した平均賃金相当額を下回る場合には、後者の額を給付基礎日額とする。）に加えて、平均賃金の算定基礎期間（労働基準法第一二条第一項及び第二項の期間。原則として災害発生前の三箇月間。）中に通勤災害その他の業務外の事由による傷病「私傷病」の療養のために休業した期間がある場合に、平均賃金に相当する額が、その休業した期間及びその期間中に受けた賃金の額を平均賃金の算定基礎期間及びその期間中の賃金の額から控除して算定した平均賃金に相当する額に満たない場合には、後者の額を給付基礎日額とするという内容の特例措置を新たに定め、健康時の賃金水準により給付基礎日額を算定することができることとした（新労災則第九条第二号関係。）

〈参考〉

　一月一二万円の賃金を受けている労働者が平均賃金算定基礎期間中に交通事故による傷病の療養のため一〇日間会社を欠勤し、その間の賃金（四万円）を受けなかった場合

　従来の計算方法では

$$\frac{12\text{万円}\times 2+(12\text{万円}-4\text{万円})}{90\text{日（3カ月間の暦日数）}}=3{,}556\text{円}$$

改正後の計算方法では

$$\frac{12\text{万円}\times 2+(12\text{万円}-4\text{万円})}{90\text{日}-10\text{日（欠勤日数）}}=4{,}000\text{円}$$

ロ　これらの労働省令で定めるもののほか、労働省労働基準局長の定める基準により講じる特例措置の範囲が、法律の表現と同様に、「平均賃金相当額によることが適当でないと認められるとき」と改められたことにより、拡大された（新労災則第九条第四号関係）。

(2)　上記(1)イの特例措置について

イ　平均賃金の算定基礎期間中の賃金から控除する賃金の額は、いわゆる月給制の賃金を受ける労働者については、当該賃金の額をその私傷病の療養のために休業した期間を含む月の暦日数で除して得た額に当該私傷病の療養のため休業した期間の日数を乗じて得た額（平均賃金の算定基礎期間中の複数の月に私傷病の療養のため休業した日が含まれているときは、各月ごとに以上により算出した額の合計額）とする。

〈参考〉

上記(1)の（参考）例で、月給制の賃金を受けている労働者が、八月三〇日に業務災害を被った場合、平均賃金の算定基礎から控除する賃金額

① 当該労働者の私傷病による休業期間が、六月一〇日から六月一九日までの場合

$$\frac{12万円\times 10日}{30日}=4{,}000円$$

② また、私傷病による休業期間が六月二七日から七月六日までの二月にまたがる場合

$$\frac{12万円\times 4日}{30日}+\frac{12万円\times 6日}{31日}=39{,}225.^{80}円$$

ロ 平均賃金算定基礎期間中に私傷病の療養のため休業した期間の日数及びその期間中の賃金の額については、休業補償給付請求書等の各種保険給付の請求書の様式改正を行ったので、これら請求書記載の事業主の証明事項により確認すること。事業場の閉鎖等の理由により事業主の証明が得られない場合には、適宜の方法によりその確認を図ること。

ハ 日雇労働者については、その平均賃金の算定方法からみて、上記の新特例措置の適用の余地はない。

(3) 上記(1)ロの特例措置についての留意事項

平均賃金の算定基礎期間中に、親族の疾病又は負傷等の看護のため休業した期間については、(1)ロの場合に該当するものとして、上記(1)イの場合に準じて取り扱うこと。

なお、これらに準ずべき事由が生じた場合には、本省にりん伺されたい。

(4) 経過措置

給付基礎日額の算定に関する以上の特例措置は、改正法の施行の日（昭和五二年四月一日。以下「施行日」という。）以後に発生した災害（疾病については、施行日以後に診断によってその発生が確定したことをいう。）に関してのみ適用される（整備省令第二条第二項）。

（昭五二・三・三〇　基発第一九二号）

〈給付基礎日額の特例に関する規定の整備〉

(1) 改正の内容

労災保険の給付基礎日額は労働基準法の平均賃金に相当する額とされているが（法第八条第一項）、この平均賃金に相当する額を給付基礎日額とすることが適当でないと認められるときは労働省令で定めるところによって政府が算定することとされている（法第八条第二項）。これを受けて労災則第九条では給付基礎日額の特例を規定しているところ、今回、①旧労災則第九条第一号から第四号までの相互関係を明らかにするため、旧第一号を新第四号とし、同号の規定を、労働基準法の平均賃金に相当する額又は新第一号から新第

三号までの規定により算定された額（以下「平均賃金相当額」という。）がいわゆる給付日額の最低保障額（現行三、二一〇円）に満たない場合の特例として位置づけることとした。また、②新労災則第九条第四号においては、スライド制を適用すべき場合の給付基礎日額の最低保障額について所要の整備を行うこととした。すなわち、旧労災則第九条第一号ただし書においては、保険給付の額がスライド制により改定されるべき場合であって平均賃金相当額にスライド率を乗じて得た額が三、二一〇円に満たないときについては特に規定しておらず、このようなときの給付基礎日額は同号本文に規定するとおり三、二一〇円とされてきた。今回の改正により、年金たる保険給付の額をスライド制により改定して支給すべき場合には、第一の一の(3)に述べたとおり法第八条の給付基礎日額に当該スライド率を乗じて得た額と最低限度額又は最高限度額とを大小比較し、新法第八条の二第一項に規定する年金給付基礎日額を決定し、その結果、最低限度額又は最高限度額が年金給付基礎日額とされる場合には当該年金たる保険給付の額の計算に当たってはスライド率を乗じないものとすることが法律上明らかにされた（新法第六四条第二項）。これを踏まえ、平均賃金相当額にスライド率を乗じて得た額が三、二一〇円に満たないときにおける法第八条の給付基礎日額は、三、二一〇円を当該スライド率で除して得た額（円未満の端数があるときはこれを切り捨てるものとし、端数を切り捨てた額が平均賃金相当額を下回るときは平均賃金相当額とする。）とすることとしたものである（新労災則第九条関係）。

(2)　経過措置

①　昭和六二年二月前の月分の年金たる保険給付の額並びに昭和六二年二

最低補償額の適用に関する試算例

（平均賃金＝2,000円、スライド率＝140％、最低補償額＝3,210円）

（2,000円×140％＝2,800＜3,210円）

（改正前）　給付基礎日額＝3,210円（ただし、給付の額に当たってはスライド率を乗じない。）

（改正後）　給付基礎日額＝3,210円÷140％＝2,292.85……

（端数切捨）2,292円

（給付の額の計算に当たっては、スライド率を乗じる。）

月一日前に支給事由の生じた休業補償給付、障害補償一時金、障害補償年金差額一時金、障害補償年金前払一時金、遺族補償一時金、遺族補償年金前払一時金、葬祭料、休業給付、障害一時金、障害年金差額一時金、障害年金前払一時金、遺族年金前払一時金及び葬祭給付の額の算定に係る給付基礎日額については、旧労災則第九条の例による（改正省令附則第二条第一項前段関係）。

② 昭和六二年二月一日前に障害補償年金又は障害年金の受給者であった労働者が同日以後に死亡した場合に、その遺族に支給する障害補償年金差額一時金又は障害年金差額一時金の額の算定に係る給付基礎日額については、旧労災則第九条の例による。また、同日前に死亡した労働者の遺族に支給する法第一六条の六第二号（法第二二条の四第三項において準用する場合を含む。）の場合の遺族補償一時金又は遺族一時金であって、同日以後に支給事由の生じたものについても、同様とする（改正省令附則第二条第一項後段関係）。

（昭六二・一・三一　基発第四二号）

〈労働者が東日本大震災に伴い被災した場合の給付基礎日額の算定の特例について〉

業務上又は通勤による労働者の疾病に関して、労働者災害補償保険法（昭和二二年法律第五〇号。以下「法」という。）に基づく保険給付を行う場合の給付基礎日額の算定については、法第八条において、診断によって疾病の発生が確定した日を平均賃金の算定事由発生日とすることとされている。

平成二三年三月一一日に発生した東日本大震災（以下「震災」という。）に伴う業務上又は通勤による労働者の疾病が、震災から一定期間経過後に生じることがあると考えられるが、震災に伴う事業規模の縮小等により当該労働者の賃金が低下した後に当該疾病の発生が確定した場合は、低下後の賃金に基づき給付基礎日額を算定することとなる。

このような疾病について保険給付を行う場合、法に基づく保険給付が業務災害又は通勤災害による労働者の稼得能力の損失等を補塡することを目的としていることを踏まえれば、低下前の賃金に基づき、給付基礎日額を算定することが適切であると考えられることから、労働者災害補償保険法施行規則（昭和三〇年労働省令第二二号）第九条第一項第四号の規定に基づき、下記のとおり給付基礎日額の算定の特例を設け、震災の発生日である平成二三年三月一一日以降に診断により疾病の発生が確定したものから適用することとしたので、遺漏なきを期されたい。

なお、平均賃金の算定期間中に、激甚災害に対処するための特別の財政援助等に関する法律（昭和三七年法律第一五〇号）第二五条第一項の規定により失業しているものとみなされている期間（雇用保険法（昭和四九年法律第一一六号）の適用を受けない事業場に使用されている労働者については、これに相当する期間）がある場合においては、労働基準法第一二条第八項の規定に基づき同条等の規定によつて算定し得ない場合の平均賃金を定める告示（昭和二四年労働省告示第五号）第二条の規定に基づき、その日数及びその期間中の賃金は、平均賃金の算定において、基礎となる期間及び賃金の総額から控除する従来の取扱いに変更はない。

記

一　震災に伴い業務上又は通勤により被災し、疾病にかかったことにより保険給付を受けることとなった労働者（以下「被災労働者」という。）の平均賃金に相当する額が、震災の発生日である平成二三年三月一一日を平均賃金を算定すべき事由の発生した日とみなして算定することとした場合における平均賃金に相当する額に満たない場合には、その算定することとした場合における平均賃金に相当する額を給付基礎日額とすること。

二　本特例は、適用事業（平成二三年三月一一日に特定被災区域（東日本大震災に対処するための特別の財政援助及び助成に関する法律（平成二三年法律第四〇号）第二条第三項の特定被災区域をいう。）に所在していたもの（有期事業にあっては、事業主の事務所が同日において特定被災地域に所在していたもの）に限る。）が、震災による被害（福島第一原子力発電所の事故により、原子力災害対策特別措置法（平成一一年法律第一五六号。以下「原災法」という。）に基づく警戒区域、計画的避難区域若しくは緊急時避難準備区域の設定されたことに伴う被害又は原災法に基づく食品の出荷制限若しくは摂取制限が行われたことによる被害を含む。）を受け、これにより被災労働者の賃金が低下したと判断される場合に適用するものとすること。

なお、特定被災区域の具体的範囲については、東日本大震災に対処するための特別の財政援助及び助成に関する法律等の施行について（労働基準局関係）（平成二三年五月二日付基発〇五〇二第二号）の別紙を参照すること。

（平二三・五・二七　基発〇五二七第一〇号）

〈労働者災害補償保険法施行規則の一部を改正する省令等の施行について〉

第一　給付基礎日額の最低保障額の引上げ（省令の改正）

一　改正の趣旨

給付基礎日額の最低保障額の引上げについては、従来より雇用保険制度等との均衡を考慮して実施してきたところであるが、今般、平成三年労働省告示第六〇号（雇用保険法の規定に基づき基本手当日額表を定める件）が告示され、基本手当の日額の算定基礎となる賃金日額のうち、短時間労働被保険者であった受給資格者以外の者に係る最低額が、平成三年一〇月一日から三、九六〇円に引き上げられることとなったことに伴い、給付基礎日額の最低保障額を三、二一〇円から三、九六〇円に引き上げることとしたものである。

二　改正の内容

今回の改正により、改正省令の施行日（平成三年一〇月一日。以下「施行日」という。）以後の期間に係る年金たる保険給付並びに施行日以後に支給すべき事由の生じた休業補償給付、障害補償一時金、障害補償年金差額一時金、障害補償年金前払一時金、遺族補償一時金、遺族補償年金前払一時金、葬祭料、休業給付、障害一時金、障害年金差額一時金、障害年金前払一時金、遺族一時金、遺族年金前払一時金及び葬祭給付の額の算定については、平均賃金相当額が三、九六〇円に満たない場合（給付基礎日額がスライドされている場合において、当該労働者の平均賃金相当額にスライド率を乗じて得た額が三、九六〇円を越える場合を除く。）には、給付基礎日額を三、九六〇円としてその額を算定することとなる（改正後の労働者災害補償保険法施行規則（昭和三〇年労働省令第二二号）第九条第四号関係）。

三　経過措置（改正省令附則第二項関係）

(1)　施行日の前日までの期間に係る年金たる保険給付並びに施行日の前日までに支給事由の生じた休業補償給付、障害補償一時金、障害補償年金差額一時金、障害補償年金前払一時金、遺族補償一時金、遺族補償年金前払一時金、葬祭料、休業給付、障害一時金、障害年金差額一時金、障害年金前払一時金、遺族一時金、遺族年金前払一時金及び葬祭給付の額については、施行日以後に支払われる場合であっても、従前の給付基礎日額（最低保障額を三、二一〇円とした場合の給付基礎日額。以下同じ。）を用いてその額を算定することとなる。

(2)　施行日前に障害補償年金又は障害年金の受給権者であった労働者が施行日以後に死亡した場合に、その遺族に支給する障害補償年金差額一時金又は障害年金差額一時金の額の算定に用いる給付基礎日額については、従前の給付基礎日額を用いる。

また、施行日前に遺族補償年金又は遺族年金の受給権者であった者が施行日以後に失権した場合に支給する労働者災害補償保険法（昭和二二年法律第五〇号。以下「法」という。）第一六条第一項第二号（法第二二条の四第三項において準用する場合を含む。以下同じ。）の規定による遺族補償一時金又は遺族一時金の額の算定に用いる給付基礎日額についても同様である。

四　その他

(1)　施行日前に支給事由の生じた休業特別支給金については、従前の給付基礎日額を用いてその額を算定する。

(2)　算定基礎年額の算定に用いられる特別給付額については、給付基礎日額を三六五倍した額の二〇%に相当する額又は一五〇万円のうちいずれか低い額をその限度とし、当該算定基礎年金を三六五で除して得た額を算定基礎日額とすることとされているが、施行日前の期間に係る年金たる特別支給金、施行日前に支給すべき事由の生じた障害特別一時金、遺族特別一時金及び障害特別年金差額一時金の額の算定に用いる算定基礎日額については、従前の給付基礎日額を用いてその額を算定する。

また、施行日前に障害補償年金又は障害年金の受給権者であった労働者が施行日以後に死亡した場合にその遺族に支給する障害特別年金差額一時金、及び施行日前に遺族補償年金又は遺族年金の受給権者であった者が施行日以後に失権した場合に法第一六条第一項第二号の規定による遺族補償一時金又は遺族一時金を支給すべき事由の生じた者に支給する遺族特別一時金の額の算定に用いる算定基礎日額についても同様である（労働者災害補償保険特別支給金支給規則（昭和四九年労働省令第三〇号）附則第五項関係）。

(3)　なお、施行日前の期間に係る傷病差額特別支給金（労働者災害補償保険特別支給金支給規則の一部を改正する省令（昭和五二年労働省令第七号）附則第六条の規定による特別支給金）の額については、従前の給付基礎日額を用いてその額を算定する。〈以下略〉

（平三・九・二五　基発第五六六号）

〈労働者災害補償保険法等の一部を改正する法律の施行等について〉

第一　保険給付関係

1　〈略〉

2　給付基礎日額の最低保障額の引上げ

(1)　改正の趣旨及び概要

イ　改正の趣旨

給付基礎日額の最低保障額は、被災時における給付基礎日額が極端に低い場合にこれを是正し、社会的公正を期するために設けられているものであり、この制度の趣旨にかんがみると、給付基礎日額の最低保障額については、賃金変動の状況に応じ、できる限り速やかに改定していくことが望ましいものと考えられる。

このため、給付基礎日額の最低保障額を引き上げるとともに、今後、毎月勤労統計における労働者の平均給与額が変動した場合には、当該変動した比率に応じて改定することとした。

ロ　改正の概要

(イ)　施行日後の期間に係る年金たる保険給付並びに施行日後に支給事由の生じた休業補償給付、障害補償一時金、障害補償年金差額一時金、障害補償年金前払一時金、遺族補償一時金、遺族補償年金前払一時金、葬祭料、休業給付、障害一時金、障害年金差額一時金、障害年金前払一時金、遺族一時金、遺族年金前払一時金及び葬祭給付の額の算定については、給付基礎日額が四、一八〇円に満たない場合（給付基礎日額がスライドされている場合において、当該労働者の平均賃金相当額にスライド率を乗じて得た額が四、一八〇円を超える場合を除く。）には、給付基礎日額を四、一八〇円としてその額を算定する（新労災則第九条第一項第四号関係）。

(ロ)　労働大臣は、各年度において毎月勤労統計の当該年度における労働者の平均給与額が、当該年度の前年度の平均給与額と比較して変動した場合には、当該変動した比率に応じて、当該年度の翌年度の八月一日から給付基礎日額の最低保障額を改定し、同年度の七月三一日までに改定された額を告示する（新労災則第九条第二項から第四項まで）。

(2)　施行期日及び経過措置

イ　施行期日

この改正は、平成七年八月一日から施行される（改正省令附則第一項関係）。

ロ　施行日前の期間に係る年金たる保険給付及び施行日前に支給事由の生じた休業補償給付等の額

施行日前の期間に係る年金たる保険給付並びに施行日前に支給事由の生じた休業補償給付、障害補償一時金、障害補償年金差額一時金、障害補償年金前払一時金、遺族補償一時金、遺族補償年金前払一時金、葬祭料、休業給付、障害一時金、障害年金差額一時金、障害年金前払一時金、遺族一時金、遺族年金前払一時金及び葬祭給付の額については、施行日後に支払われる場合であっても、従前の給付基礎日額（最低保障額を三、九六〇円とした場合の給付基礎日額。以下同じ。）を用いてその額を算定する（改正省令附則第二項前段関係）。

ハ　失権差額一時金に係る経過措置

施行日前に障害補償年金又は障害年金の受給権者であった労働者が施行日後に死亡した場合に、その遺族に支給する障害補償年金差額一時金又は障害年金差額一時金の額の算定に用いる給付基礎日額については、従前の給付基礎日額を用いる。

また、施行日前に遺族補償年金又は遺族年金の受給権者であった者が施行日後に失権した場合に支給する法第一六条の六第一項第二号（法第二二条の四第三項において準用する場合を含む。以下同じ。）の規定による遺族補償一時金又は遺族一時金の額の算定に用いる給付基礎日額についても同様である（改正省令附則第二項後段関係）。

二　特別支給に係る経過措置

(イ)　施行日前に支給事由の生じた休業特別支給金については、従前の給付基礎日額を用いてその額を算定する。

(ロ)　算定基礎年金の算定に用いられる特別給与額については、給付基礎日額を三六五倍した額の二〇％に相当する額又は一五〇万円のうちいずれか低い額をその限度とし、当該算定基礎年額を三六五で除して得た額を算定基礎日額とすることとされているが、施行日前の期間に係る年金たる特別支給金、施行日前に支給事由の生じた障害特別一時金、遺族特別一時金及び障害特別年金差額一時金の額の算定に用いる算定基礎日額については、従前の給付基礎日額を用いてその額を算定する。

また、施行日前に障害補償年金又は障害年金の受給権者であった労働者が施行日後に死亡した場合にその遺族に支給する障害特別年金差額一時金、及び施行日前に遺族補償年金又は遺族年金の受給権者であった者が施行日後に失権した場合に法第一六条の六第一項第二号の規定による遺族補償一時金又は遺族一時金を支給すべき事由の生じた者に支給する遺族特別一時金の額の算定に用いる算定基礎日額についても同様である（改正省令附則第四項関係）。

(ハ)　施行日前の期間に係る傷病差額特別支給金（労働者災害補償保険特別支給金支給規則の一部を改正する省令（昭和五二年労働省令第七号）附則第六条の規定による特別支給金）の額については、従前の給付基礎日額を用いてその額を算定する（改正省令附則第四項関係）。

（平七・七・三一　基発第四九二号）

〈振動障害にかかった者に係る給付基礎日額の算定の特例について〉

振動障害にかかった者に係る給付基礎日額については、他の疾病における場合と同様、診断によってその発生が確定した日（以下、「診断確定日」という。）を平均賃金を算定すべき事由が発生した日として算定することとしているところであるが、振動業務以外の業務に常時従事することとなった後に振動障害の発生が確定した者にあっては、振動業務に従事していた当時と比べてその後の賃金が低下して平均賃金に相当する額も低額なものとなる場合があるので、振動業務に従事していた当時の賃金を基礎として給付基礎日額を算定する必要があることに鑑み、労働者災害補償保険法施行規則（昭和三〇年労働省令第二二号。以下、「労災則」という。）第九条第四号の規定に基づき、下記第一のとおり給付基礎日額の算定の特例を設け、昭和五七年四月一日以降に診断により振動障害の発生が確定したものから適用することとしたので、下記第二に留意のうえ、これが事務処理に遺漏なきを期されたい。

記

第一　特例の内容

振動障害にかかったことにより保険給付を受けることとなった労働者の平均賃金に相当する額が、振動業務以外の業務に常時従事することとなった日を平均賃金を算定すべき事由の発生した日とみなして算定することとした場合における平均賃金に相当する額に満たない場合には、その算定することとした場合における平均賃金に相当する額を給付基礎日額とする。

第二　運用上の留意事項

一　上記第一の取扱いは、労災則第九条第三号に規定するじん肺に係る取扱いの例にならったものであること。

二　作業転換の契機は、特に限定しないものであること。

三　作業転換とは、例えば掘進夫から事務職に転換した場合、伐採夫から製材工に転換した場合等、振動業務に従事しなくなったことが明確に判別できるものに限ること。したがって、仮りに診断確定日の直前に振動業務に従事しなかった期間があったとしても、なお振動業務に従事することが予定されている間は、作業転換があったとは認められない。

（昭五七・四・一　基発第二一九号）

〈船員法第一条に規定する船員として船舶所有者に使用される者に係る給付基礎日額の算定の特例について〉

雇用保険法等の一部を改正する法律の一部の施行に伴う厚生労働省関係省令の整備に関する省令（平成二一年厚生労働省令第一六八号）による改正後の労働者災害補償保険法施行規則（昭和三〇年労働省令第二二号。以下「労災則」という。）第九条第一項第三号及び第四号の規定に基づき下記一のとおり、給付基礎日額の算定の特例を設け、平成二二年一月一日から適用することとしたので、下記二に留意の上、事務処理に遺漏なきを期されたい。

記

一　特例の内容

次のいずれかに該当する場合には、労働基準法（昭和二二年法律第四九号）第一二条第一項から第六項までの規定に定める方式により、平均賃金を算定すべき事由の発生した日以前一年間について算定することとした場合における平均賃金に相当する額を給付基礎日額とする。

①　一年を通じて船員法第一条に規定する船員として船舶所有者（船員保険法（昭和一四年法律第七三号）第三条に規定する場合にあっては、同条の規定により船舶所有者とされる者。以下同じ。）に使用される者について、基本となるべき固定給の額が乗船中において乗船本給として増加する等により変動がある賃金が定

められる場合（労災則第九条第一項第三号）

②　一年を通じて船員法第一条に規定する船員として船舶所有者に使用される者について、基本となるべき固定給が下船することによりてい減する賃金を受ける場合及び基本となるべき固定給が乗下船にかかわらず一定であり、乗船することにより変動する諸手当を受ける場合（労災則第九条第一項第四号）

二　運用上の留意点等

(1)　上記一の特例は、船員の賃金が乗船中と下船時で大きく変動する実態にあることを踏まえ、定めるものであること。

(2)　上記一の取扱いは、契約上一年を通じて船員法第一条に規定する船員として船舶所有者に使用される者に限られるため、一年未満の期間を定める契約に基づいて使用される者の給付基礎日額の算定方法は、通常の労働者の場合と同様であること。

(3)　上記一に該当する者については、平均賃金を算定すべき事由の発生した日以前一年間について算定することとしているが、雇入れ後一年に満たない者については、雇入れ後の期間について算定するものであること。

(4)　船員法第一条に規定する船員として船舶所有者に使用される者のうち、上記一の①又は②のいずれにも該当しない者の給付基礎日額の算定方法は、通常の労働者の場合と同様であること。

なお、船員法第一条に規定する船員であって漁船に乗り組む者のうち、請負給制（定額給制のものでも相当額の歩合給が併給されているものを含む。）によって使用される者については、「請負給制によって使用される漁業及び林業労働者の平均賃金」（昭和三九年四月二〇日基発第五一九号）の記の一及び二を準用することとなるので、特に留意されたいこと。

（平二二・一二・二八　基発一二二八第二号）

2　平均賃金

(1)　算定すべき事由の発生した日

〈算定すべき事由の発生した日〉

問　災害補償額算出の基礎である平均賃金の算定日は、法第一二条の規定による「これを算定すべき事由の発生した日」即ち「現実に補償すべき事由の発生した日」と解して差支えないか。特に打切補償の場合について御教示を願いたい。

記

一　「現実に補償をなすべき事由の発生した日」即ち「負傷又は疾病確認の日」でなく、療養開始後三年を経過して治らない場合、その事実を「補償打切り事由の発生」と解してよいか。事故発生は昭和二二年九月。（事故発生当時の平均賃金は五〇円四四銭、打切補償をなすべき三年後の平均賃金は二六四円〇〇銭となり、賃金水準変動のため前者と後者では相当の差異があるので被災者保護のため重大な問題である。）

二　一の解釈が不当の場合は昭和二二年九月一三日労働省発基第一七号労働次官通牒による第一二条㈣を準用し、平均賃金を算出してよいか。

答　一　災害補償を行う場合の平均賃金は労働基準法施行規則第四八条の規定に明示されているとおり、「死傷の原因たる事故発生の日又は診断によって疾病の発生が確定した日」をもって平均賃金を算定すべき事由の発生した日とするのであるから、同一人の同一事故についての平均賃金を個々の補償事由によって左右すべきものではない。従って貴見の如く「現実に補償をなすべき事由の発生した日」と解することは誤りである。

二　事故発生後長期休養中にたとえ賃金水準の変動があってもその平均賃金は改訂すべきではないから、昭和二二年九月一三日労働省発基第一七号通牒法第一二条関係の㈣に準じて取扱うことは出来ない。

おって右通牒法第一二条関係㈣の第三項は、法第一二条第三項第一号乃至第三号の期間が平均賃金を算定すべき事由の発生した日以前三カ月以上に亘る場合であって而かもその期間中に賃金水準の変動が行われた場合における平均賃金の算定方法を示したものであり、一旦算定した平均賃金をその後における賃金水準の変動により改訂する趣旨のものではないから念のため申し添える。

（昭二五・一〇・一九　基収第二九〇八号）

〈けい肺症発生日の取扱い〉

けい肺症発生日の取扱いについては、けい肺症発生のおそれがある事業場において当該有害作業に従事した労働者がそのおそれがない場所に転じた後医師によってけい肺措置要綱要領三に該当するものと確認された場合、従来その有害作業場を離れた日に疾病が発生したものとみなして取り扱ってきたのであるが、自今次のとおりその取扱いを改めることとしたから通ちょうする。

(イ)　労働者が診断確定の日にけい肺発生のおそれがある作業場を離れていても、その事業場に引続き在職している場合は、診断確定の日に疾病が発生したものとして取り扱い、その日を平均賃金算定の起算日とする。

(ロ)〈削除〉

（昭二七・八・一九　基発第六〇四号、昭五〇・九・二三　基発第五五六号）

〈請負給制によって使用される漁業及び林業労働者の平均賃金〉

請負給制（定額給制のものでも相当額の歩合給が併給されているものを含む。以下同じ。）によって使用される漁業及び林業労働者の平均賃金については、その賃金の特殊性及び労働基準法（以下「法」という。）の施行の実情にかんがみ、昭和二四年労働省告示第五号第二条の規定に基づき、従来、昭和三一年六月七日付け基発第三六九号通達により、都道府県労働基準局長の承認した平均賃金に関する協定があるときは、その協定による金額とすることとして、協定制度を推進してきたところであるが、最近における賃金水準の変動の実情等にかんがみ、自今下記のとおり定めることとしたから、その運用に遺憾なきを期されたい。

なお、平均賃金を法第一二条第一項から第六項までの規定により、算定することをできるだけすみやかに可能容易ならしめるためにも、法の要請する賃金その他の労働条件の明確化、賃金台帳の整備、記入の適正化等についての監督指導には、格段と努力されたい。

昭和三一年六月七日付け基発第三六九号通達及び昭和三一年七月三一日付け基収第二七三七号通達は、廃止する。

記

1　請負給制によって使用される漁業及び林業労働者の平均賃金は、原則として、法第一二条第一項から第六項までの規定に定める方式により、平均賃金を算定すべき事由の発生した日以前一箇年間について算定する。

2　前号の規定により算定しえない場合（著しく不適当な場合を含む。以下同じ。）には、都道府県労働基準局長が当該事業場において当該労働者と同種の業務に従事した労働者（平均賃金算定資料の明らかなものに限る。）について、前号の規定に準じて算定した金額の一人あたり平均額をもって、その平均賃金とする。

3　前二号の規定により算定しえない場合（算定することが著しく困難なため災害補償の遅延等により当該労働者に不利益となるような場合を含む。以下同じ。）であって、当該労働者の平均賃金に関し、次の要件をみたし、都道府県労働基準局長が承認した協定があるときは、当分の間、その協定による金額をもって、その平均賃金とする。また、この協定の締結については、できるかぎり協同組合等使用者団体ごとに一括して締結するよう指導するものとする。

(1)　協定の当事者

協定は、使用者とその事業場における労働者の過半数を代表する者との間で締結されたものであること。

(2)　協定の様式

協定は、書面に作成し、両当事者が記名押印したものであること。協同組合等使用者団体ごとに一括して協定を締結する場合には、協定に参加する使用者及びその事業場における労働者の過半数を代表する者が記名押印したもの又は記名押印した書面による委任に基づき双方の代表者が記名押印したものであること。

(3)　協定の金額

協定は、(イ)各職種ごとの平均賃金とする金額が明記され、かつ、その金額がそれぞれ次の基準以上であること。

(イ) 漁業にあっては、都道府県労働基準局長が別紙「漁業労働者賃金調査要綱」によって行う過去一箇年間（一定の季節を限って使用される労働者については、前年におけるその期間。以下同じ。）についての調査の結果における当該都道府県の漁業労働者の職種別及び都道府県労働基準局長が定める区分別、一実労働日あたり平均賃金額に当該区分別平均稼働率（その率が一〇〇分の六〇に満たないときは、一〇〇分の六〇とする。）を乗じて得た金額。

(ロ) 林業にあっては、労働大臣官房労働統計情報部の行う「林業労働者職種別賃金調査」の前年の調査の結果における当該都道府県の出来高払の林業労働者の通勤・山泊地区別、職種別一日平均現金給与額に、当該職種の平均稼働率（その率が一〇〇分の六〇に満たないときは、一〇〇分の六〇とする。）を乗じて得た金額

(4) 協定の有効期間

協定は、有効期間が一年以内であること。

(5) 協定の更新又は再締結

更新又は再締結された協定については、その協定の金額は、漁業にあっては過去一箇年間についての調査、林業にあっては前年の調査の結果に基づく承認基準の金額以上のものであることとし、調査を行なわないまま従前の金額による更新を承認し、又はそれ以前の調査の結果に基づき協定を承認することは絶対にしないこと。

4　第一号、第二号、第三号のいずれの規定によっても算定しえない場合（漁業労働者については、当該都道府県において当該労働者の属する区分及び職種に係る平均賃金協定の承認基準の金額が明らかにされているときに限る。）は、当分の間、都道府県労働基準局長が、前号(3)の基準の算定方法に準じて算定した金額をもって、その平均賃金とする。

漁業労働者賃金調査要綱　〈略〉

（昭三九・四・二〇　基発第五一九号、昭五七・四・一　基発第二一八号）

〈所定労働時間が二暦日にわたる勤務を行う労働者に係る平均賃金の算定及び業務上疾病にかかった労働者に係る平均賃金の算定事由発生日の取扱い〉

一　労働基準法（以下「法」という。）第一二条において、所定労働時間が二暦日にわたる勤務を行う労働者については、次のとおり取り扱うこと。

ただし、一昼夜交替勤務のごとく一勤務が明らかに二日の労働と解することが適当な場合には原則どおり、当該一勤務を二日の労働として計算すること（昭和二三年七月三日

付け基収第二一七六号はこの場合の一事例である。)。

(1)　第一項の「算定すべき事由の発生した日」については、当該勤務の二暦日目に算定事由が発生した場合においては、当該勤務の始業時刻の属する日に事由が発生したものとして取り扱うこと。

なお、この場合でも、同項における「総日数」の計算において、「算定すべき事由の発生した日」は含まれないから念のため。

(2)　第一項ただし書第一号の「労働した日数」の計算においては、当該勤務を始業時刻の属する日における一日の労働として取り扱うこと。

なお、(1)及び(2)に述べたことを具体的に例示して説明すれば、次のとおりである。

イ　(イ)図は、所定労働時間が常に二暦日にわたる勤務を行う労働者について(平均賃金の算定期間は原則どおり三カ月間であり、かつ、賃金締切

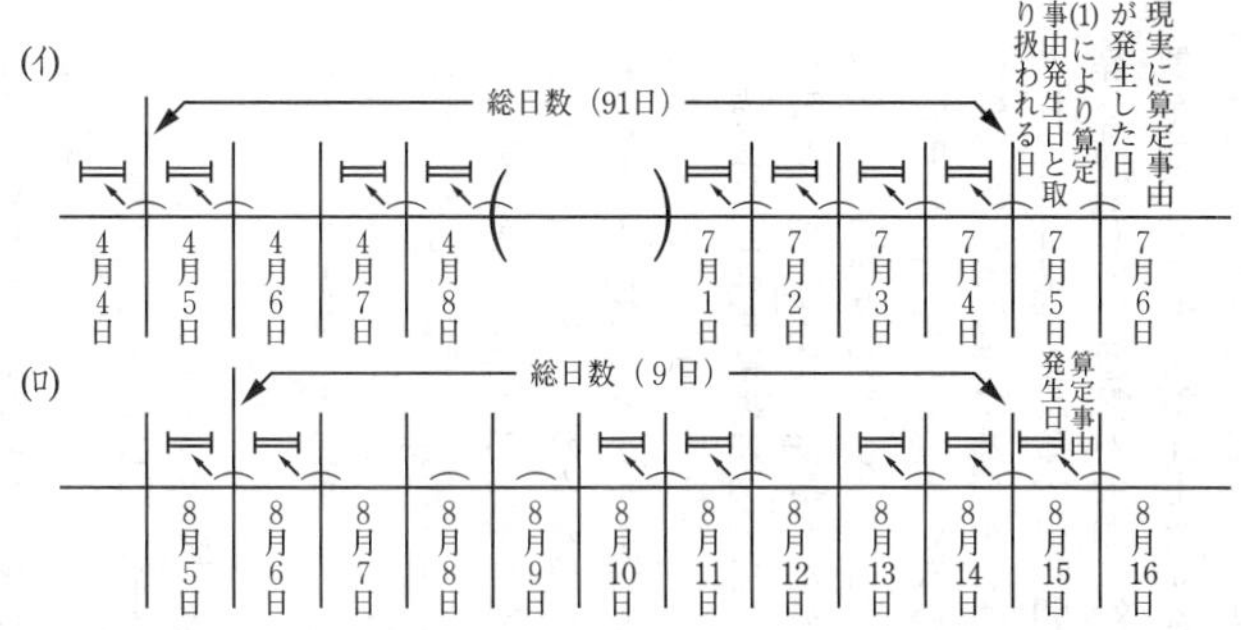

(注)　①⌒現実に労働した時間を示す。
②⊢⊣　(2)によって労働したものとして取り扱われる時間を示す。

日のない場合とする。)、算定事由が当該勤務の二暦日目に発生した場合であるが、この場合の「算定すべき事由の発生した日」は、(1)により七月五日となり、「労働した日数」は、(　)内の期間における労働した日数に七日を加えたものとなる。

ロ　(ロ)図は、一部の所定労働日において所定労働時間が二暦日にわたる労働者について(平均賃金の算定期間は九日あるものとする。)、算定事由が当該勤務の始業時刻の属する日に発生した場合であるが、この場合の「算定すべき事由の発生した日」は原則どおり八月一五日となり、「労働した日数」は七日となる。

二　〈削除〉

(昭四五・五・一四　基発第三七四号、
昭五〇・九・二三　基発第五五六号)

〈算定期間が二週間未満で満稼働の場合等に関するもの〉

左記事案における平均賃金については、従来、労働基準法（以下「法」という。）第一二条第八項の規定に基づく昭和二四年労働省告示第五号第二条により労働省労働基準局長が個々の事案ごとに決定を行ってきたところであるが、これらの事案についての個別決定例が多いので、平均賃金決定の迅速化及び事務の合理化を図るため、同告示同条の規定に基づき、今後、都道府県労働基準局長が左記に定める算定方法により算定した金額をその平均賃金とすることとしたので了知されたい。

記

一　平均賃金の算定期間が二週間未満の労働者（法第一二条第三項の控除期間及び同条第八項に基づく通達により控除される期間を除いた期間が二週間未満の労働者を含む。以下同じ。）で次の⑴又は⑵に掲げるものの平均賃金は、それぞれ次に定める算定方法によって算定した金額とすること。

⑴　平均賃金の算定期間中のすべての日に稼働している者（⑵に該当する者を除く。）

当該算定期間中に当該労働者に対して支払われた賃金の総額をその期間の総暦日数で除した金額に七分の六を乗じて算定した金額

⑵　平均賃金の基礎となるべき賃金が短時間就労、長時間残業その他通常の労働と著しく異なる労働に対する賃金であるため、これを基礎に算定した額を平均賃金とすると著しく不適当なものとなる者

過去に当該事業場において当該労働者と同種の業務に従事した労働者（以下「同種労働者」という。）の労働時間数（同種労働者がいない場合には、当該労働者にあらかじめ予定され、又は推定される労働時間数）等を勘案して、通常の労働に対する賃金額に修正して算定した金額

二　賃金の全部又は一部が月によって定められ、かつ、その期間中の欠勤日数に応じて減額されない場合において、平均賃金の算定期間が一賃金算定期間に満たないときは、前記一に該当する場合であっても、次の⑴又は⑵により算定した金額をその平均賃金とすること。

⑴　賃金の全部が月によって定められている場合には、その賃金を三〇で除した金額

⑵　賃金の一部が月によって定められている場合には、その賃金を三〇で除した金額とその他の賃金について法第一二条により算定した金額を合算した金額

三　じん肺法第四条第二項に規定する健康管理の区分が管理四に該当するに至った労働者に対する災害補償に係る平均賃金については、その平均賃金の算定期間中に明らかにじん肺に関連するとみられる休業期間（以下「休業期間」という。）がある場合には、その休業期間中の日数及びその賃金を、平均賃金の算定期間及

び賃金の総額から控除すること。

ただし、休業期間中に平均賃金の算定事由が発生した場合には、その休業を開始した日を平均賃金を算定すべき事由の発生した日とみなすこと。

（昭四五・五・一四　基発第三七五号）

〈業務上疾病にかかった労働者に係る平均賃金の算定について〉

労働者が業務上疾病の診断確定日に既にその疾病の発生のおそれのある作業に従事した事業場を離職している場合の災害補償に係る平均賃金の算定については、従来、昭和二七年八月一九日付け基発第六〇四号及び昭和四五年五月一四日付け基発第三七四号により取り扱ってきたところであるが、自今その取扱いを左記のとおり改め、これらの通達の該当部分を廃止するので、これが事務処理に万全を期されたい。

なお、粉じん職場を離職後発病したじん肺患者に対する休業補償及び年金の額の改定の取り扱いに係る昭和四三年一二月二三日付け基収第四四八二号記の設問(3)の部分及び昭和四五年三月三日付け基発第一四〇号通達は廃止する。ただし、現にこれらにより取り扱われているものについては、この限りではない。

記

一　労働者がその疾病の発生のおそれのある作業に従事した最後の事業場を離職した日（賃金の締切日がある場合は直前の賃金締切日をいう。以下同じ。）以前三カ月間に支払われた賃金により算定した金額を基礎とし、算定事由発生日（診断によって疾病発生が確定した日をいう。以下同じ。）までの賃金水準の上昇を考慮して当該労働者の平均賃金を算定する。

二　前記一において、算定事由発生日までの賃金水準の上昇を考慮するときの算定方法は、離職した日以前三カ月間に支払われた賃金により算定した金額に次の各号の率を乗ずるものとする。

(1)　常時一〇〇人以上の労働者を使用する事業場の場合

(イ)　離職の日以前三カ月間に同一事業場の同種労働者に対して所定労働時間労働した場合に支払われた通常の賃金（以下「所定内賃金」という。）の一カ月一人当たり平均額と算定事由発生日（当該事業場に賃金の締切日がある場合は診断によって疾病発生が確定した日の直前の賃金締切日とする。(ロ)において同じ。）以前三カ月の一カ月一人当たり平均額と変動率

(ロ)　同種労働者がいない場合は、離職の日以前三カ月間における当該事業場の全労働者に対して支払われた所定内賃金の一カ月一人当たり平均額と算定事由発生日以前三カ月間の一カ月一人当たり平均額との変動率

(ハ)　事業場が既に廃止されている場合

は、労働省毎月勤労統計調査（以下「毎勤調査」という。）による産業ごとの離職の日が属する四半期の一カ月平均定期給与月額と算定事由発生日が属する月の前々月の定期給与月額との変動率

なお、当該事業場の属する産業が毎勤調査に掲げる産業分類にない場合は、調査産業計によること。

(2) 常時一〇〇人未満の労働者を使用する事業場の場合

毎勤調査による産業ごとの離職の日が属する四半期の一カ月平均定期給与月額と算定事由発生日が属する月の前々月の定期給与月額との変動率

なお、当該事業場の属する産業が毎勤調査に掲げる産業分類にない場合は、調査産業計によること。

（昭五〇・九・二三　基発第五五六号、昭五三・二・二　基発第五七号）

〈業務上疾病にかかった労働者の離職時の賃金額が不明な場合の平均賃金の算定〉

労働者が業務上疾病の診断確定日に、既にその疾病の発生のおそれのある作業に従事した事業場を離職しており、その疾病の発生のおそれのある作業に従事した最後の事業場を離職している場合の平均賃金の算定については、昭和五〇年九月二三日付け基発第五五六号により指示したところであるが、その離職した日（賃金の締切日がある場合は直前の賃金締切日をいう。以下同じ。）以前三箇月間に支払われた賃金の総額が不明な場合は、自今、算定事由発生日（診断によって疾病発生が確定した日をいう。ただし、下記一又は二の事業場に賃金締切日がある場合においては、診断によって疾病発生が確定した日の直前の賃金締切日とする。）を起算日とし、下記により推算した金額を基礎として平均賃金を算定されたい。なお、記の一以下五までの推算方法は適当なものまで順次繰り下げて適用し、記の三以下五までの推算方法により推算した金額を基礎として平均賃金を算定する場合には、これらの推算方法により推算した金額を三〇・四で除して算定されたい。

記

一　平均賃金算定事由発生日に当該事業場で業務に従事した同種労働者の一人平均の賃金額より推算すること。

二　平均賃金算定事由発生日に当該事業場所在の地域又はその地域と生活水準若しくは物価事情を同じくすると認められる他の地域における同種、同規模の事業場（事業場が多数ある場合は、適宜選定し、五以下の事業場に限定することができる。）において業務に従事した同種労働者一人平均の賃金額により推算すること。

三　当該労働者の職種が屋外労働者職種別賃金調査（以下「屋外職賃」という。）の建設業、港湾運送関係事業、陸上運送関係事業における調査

対象職種に該当する場合には、建設業にあっては、最新の当該調査結果（全国計）における職種、企業規模及び年齢階級別きまって支給する現金給与額（一人一日平均現金給与額に一人一月平均実労働日数を乗じて算出する。）に、当該事業場所在の都道府県別の賃金格差を考慮して得た金額、港湾運送関係事業及び陸上運送関係事業にあっては、最新の当該調査結果（全国計）において職種及び企業規模別きまって支給する現金給与額（一人一日平均現金給与額に一人一月平均実労働日数を乗じて算出する。）に当該事業場所在の都道府県別（港湾運送関係事業においては港湾別）及び年齢階級別の賃金格差を考慮して得た金額を基礎とし、これに労働省毎月勤労統計調査（以下「毎勤調査」という。）における当該屋外職賃の調査対象年月が属する四半期と算定事由発生日が属する月の前々月間の賃金水準の変動を考慮して推算すること。

四　当該労働者の職種が賃金構造基本統計調査（以下「賃金構造調査」という。）の調査対象職種に該当する場合においては、最新の当該調査結果（全国計）における職種、企業規模及び年齢階級別きまって支給する現金給与額に当該事業場所在の都道府県別賃金格差を考慮して得た金額を基礎とし、これに毎勤調査における当該賃金構造調査の調査対象年月が属する四半期と算定事由発生日が属する月の前々月間の賃金水準の変動を考慮して推算すること。

五　賃金構造調査（全国計）における産業、企業規模、年齢階級及び生産と事務・管理・技術別きまって支給する現金給与額に当該事業場所在の都道府県別賃金格差を考慮して得た金額を基礎とし、これに毎勤調査における当該賃金構造調査の調査対象年月が属する四半期と算定事由発生日が属する月の前々月間の賃金水準の変動を考慮して推算すること。

（昭五一・二・一四　基発第一九三号、昭五三・二・二　基発第五七号）

〈業務上疾病にかかった林業労働者の離職時の賃金額が不明である場合の平均賃金の算定〉

業務上疾病の診断確定日において既に当該業務上疾病の発生のおそれのある作業に従事した事業場を離職しており、かつ、当該離職した日（賃金の締切日がある場合は、直前の締切日）以前三カ月間に支払われた賃金の総額が不明である労働者の災害補償に係る平均賃金の算定については、昭和五一年二月一四日付け基発第一九三号（以下「一九三号通達」という。）により通達したところであるが、林業労働者の災害補償に係る平均賃金が一九三号通達の記の一又は二に示す方法によって算定し得ない場合の取扱いについては、自今、下記一及び二によることとしたので、これが事務処理に万全を期されたい。

記

一　当該林業労働者の職種が林業労働者職種別賃金調査報告（以下「林業職賃」という。）の調査対象職種に該当する場合は、最新の林業職賃における職種、地域及び通勤・山泊地区（当該労働者の就労形態（通勤又は山泊の別をいう。以下同じ。）が通勤である場合は当該労働者が通勤地区で就労していたものと、当該労働者の就労形態が山泊である場合は当該労働者が山泊地区で就労していたものと、それぞれみなす。）別一日平均きまって支給する現金給与額に就労形態及び賃金形態（定額又は出来高の別をいう。以下同じ。）に応じた平均稼働率（その率が一〇〇分の六〇に満たないときは、一〇〇分の六〇とする。）を乗じ、かつ、賃金形態別の賃金格差及び年齢階級別の賃金格差を考慮して得た金額を基礎とし、これに労働省毎月勤労統計調査報告における当該林業職賃の調査対象年月に該当する四半期の一カ月平均定期給与月額と当該林業労働者に係る平均賃金の算定事由発生日（診断によって業務上疾病の発生が確定した日をいう。）が属する月の前々月の定期給与月額との変動率を考慮して推算すること。

二　当該林業労働者の職種が最新の林業職賃の調査対象職種（以下「調査対象職種」という。）に該当しない場合は、当該地方における当該林業労働者の職種の賃金水準と当該地方における調査対象職種の賃金水準とを比較して、当該林業労働者の賃金水準に最も近いと認められる当該地方における調査対象職種を当該林業労働者の職種とみなし、また、当該林業労働者の職種の賃金水準に最も近いと認められる当該地方における適当な調査対象職種がない場合は、林業職賃の職種計(2)を当該林業労働者の職種に該当するものとみなして、上記一に準じて推算すること。

（昭五三・二・二　基発第二三二号）

(2)　平均賃金に算入すべき賃金

〈臨時に支払われた賃金〉

臨時に支払われた賃金とは、臨時的、突発的事由にもとづいて支払われたもの、及び結婚手当等支給条件は予め確定されているが、支給事由の発生が不確定であり、且つ非常に稀に発生するものを云うこと。

名称の如何にかかわらず、右に該当しないものは、臨時に支払われた賃金とみなさないこと。

（昭二二・九・一三　発基第一七号）

〈通勤手当〉

問　平均賃金又はその一〇〇分の六〇を支給されるのは概ね通勤を必要と

しない場合であるから、平均賃金算定の場合通勤手当は賃金の総額より除くことが正当ではないか。

答　通勤手当を平均賃金算定の基礎から除外することは違法である。

（昭二二・一二・二六　基発第五七三号）

〈年次有給休暇の賃金〉

問　法〔編注＝労働基準法（以下同じ。）〕第一二条の平均賃金を算定すべき事由の発生した日以前三ヵ月間に、法第三九条による年次有給休暇を含む場合に於て、この期間及びこれに対し支払われる平均賃金を法第一二条第一項の「総日数」及び「賃金の総額」に算入するときは、平均賃金を含む賃金につき更に平均賃金を算定する結果となるが、この取扱いは如何にすべきか。

答　年次有給休暇の日数及びこれに対し支払われる賃金は法第一二条の平均賃金の計算においては、これを算入しなければならない。

（昭二二・一一・五　基発第二三一号）

〈休電日の休業手当〉

問　電力事情の逼迫による休電日の休業は、事業主の責に帰すべき事由と認むべきではないがこの場合に支給する休業手当は平均賃金の計算に算入することとなり現在四日に一日の電力供給があるに過ぎない実情より妥当でないと思われるが、法〔編注＝労働基準法〕第一二条第七項より何等か措置するか。

答　休電日の休業手当は、平均賃金計算に算入する。

（昭二三・三・一七　基発第四六一号）

〈積立金〉

問　共同請負の運材者が、就業後五日目に災害のため死亡した。この間、一、〇五七円六九銭の賃金支払を受けたのであるが、石当り四〇円三〇銭の請負賃金中より、トロッコ修理費と、お互いが合宿所にて共同で飲食する場合の費用として（毎日の食費とは別に）石当り、一五円三〇銭宛を積立てるよう約束していた。この場合の平均賃金は何れを基礎として算定すべきであるか。

答　積立金は、平均賃金算定の基礎に入れて計算すべきである。

（昭二三・一一・九　基収第三七〇四号）

〈褒賞金〉

問　褒賞金を平均賃金算定の基礎に算入すべきか否かについて

(1)　賃金規則により支給条件は確定し、且つ支給事由の発生は通常の業務に基く通常の事例であるから臨時の賃金として基礎から除外されるべきではない。但し、一〇月に支払われた特別褒賞金は賃金規則の規定とは別個に一回のみ特別に支払われた

（賞与的）ものであるから臨時の賃金とみなす。

(2)　三カ月を超える期間毎に支払われた賃金であるかどうかについて（工事対象毎の褒賞金はその計算期間も区区であるが、支払いは一個又は数個の褒賞金が支払日の属する月に纏めて支払われるのが通例である。）

(一)　三カ月を超える期間毎に支払われた賃金とは、三カ月を超える期間毎に支払われる定期的賃金のみの意であって、前述の如き不定期的（個別的には三カ月を超えるものと、然らざるものとがある。）褒賞金は含まず、従って、平均賃金算定の基礎から除外すべきでないと解す。

(二)　三カ月を超える期間毎に支払われる賃金とは、支払いのあった月の間隔と解する場合

(イ)　数個の事由による数個の褒賞金をその月における単一の褒賞金と解すれば、本件の場合は凡ての褒賞金は算定の基礎とすべきこととなる。

(ロ)　個個の事由に基く個個の褒賞金を個個独立に扱うべきものと解すれば、各々の褒賞金の間には「三カ月を超える期間毎に……」の観念を原則として生じない。

(三)　三カ月を超える期間毎に支払われる賃金とは賃金計算期間（締切期間）の間隔と解する場合（計算期間は起工→進水、進水→引渡の例により、出勤日数の調査期間は単なる計算上の便宜と解す。）

(イ)　数個の事由による数個の褒賞金をその月における単一の褒賞金と解すれば夫夫の計算期間は長短区区であり、計算期間そのものの測定ができない。従って、三カ月を超えるかどうかの測定ができない。

(ロ)　個個の事由に基く個個の褒賞金を個個独立に扱うべきものと解すれば個個の褒賞金の計算期間は判然としているが、起算日が一定しないで「事由の発生した日以前三カ月間」の枠の内外の関係が判然としない。

(四)　以上の諸点より三カ月を超える期間毎に支払われる賃金であるかどうかを区別し適用することは困難且つ適当でないので、

(イ)　凡ての褒賞金を基礎から除外する。制度自体が基準法の規定に即応していない賃金であり、臨時の賃金に準ずるものである。

(ロ)　凡ての褒賞金を基礎に算入する。日日の通常の労働に対する報償であり本来平均賃金の基礎に算入すべきものであるが賃金規則の規定が明確を欠いているに過ぎない。

答　設問の褒賞金は、一人の労働者についてみた場合に、殆ど毎月出ているが、平均賃金の算定に当っては、個個の褒賞金についてその支給期間の長短によって算入すべきか否かを決定すべきであり、その計算期間が三カ月を超える期間に亘っている場合については、平均賃金の算定に当ってはその基礎に含めなくても差支えない。

（昭二六・一二・一　基収第一六九号）

〈私傷病手当〉

問　N株式会社就業規則第六〇条に規定されている負傷疾病のため引続いて欠勤した際に支給する通称私傷病手当と云われている賃金は、平均賃金算定の際、その額及び日数を算入すべきであると思うが、聯か疑義がありますので御教示願いたい。

（附　記）

N株式会社就業規則第六〇条

社員が負傷又は疾病のため引続いて欠勤した場合は左の区別により日割計算で給料及び手当を支給する。

但し半固定給者及び出来高給者の場合には平均賃金の七割に左の区別による日数を乗じた額を支給する。

勤続年数	日数
一年未満	六〇日
三年未満	九〇日
五年未満	一二〇日
一〇年未満	一五〇日
一五年未満	二一〇日
一五年以上	二七〇日

前項の規定は五日以内の欠勤には適用しない。

答　設問の私傷病手当は、臨時の賃金であるから平均賃金の算定には含まれない。

（昭二六・一二・二七　基収第三八五七号）

〈チェンソーの損料〉

賃金額は損料と区別して定められなければならないこと及び損料を含むものを定める場合には労働契約でなく請負契約とみなすことを適当とする場合が多いことについては、昭和二二年一二月二四日付け基発第五四九号において示しているところであり、チェンソー自己所有労働者についても、労働契約関係にある限り、賃金と損料とは区別して定められるべきものである。

（昭五五・一二・一〇　基発第六八三号）

(3)　労基法第一二条第一項但書

〈休日手当〉

問　休日手当について割増賃金算出の場合の取扱は施行規則第一九条第二項に規定されているが、法第一二条の平均賃金算出の場合の休日手当の取扱について規定されていないが、施行規則第一九条第二項を準用して月によって定められた賃金とみなすべきものと思われるが如何。

答　法第一二条第一項但書の規定によって平均賃金を算出する場合において、休日手当は月によって定められた賃金とみなす。

（昭二三・三・一六　基発第四五八号）

〈二日に亘る深夜業の場合の労働日数〉

の取扱い〉

問　二日に亘る深夜業の場合（左の事例）法第一二条第一項第一号による労働日数の算定如何により平均賃金に大差を生ずるが、これを如何に計算すべきや。

㈠　一回の労働時間が二四時間（一昼夜）勤務で、就業後二日休む者（この場合一カ月の就業回数は一〇回となる）の労働日数は二日と算定し差支えなきや。

㈡　一二時間交替の勤務を三班で組み、左の如く勤務する場合に於ては、第二班の一九時から翌朝七時までの労働は他の班との関係もあるから、一日として算定し差支えなきや。

一班　自A日　七時　至一九時
二班　自A日一九時　至B日七時
三班　自B日　七時　至一九時
一班　自B日一九時　至C日七時

前一号の算定は四週間の総労働時間数を所定労働時間数で除した商を労働日数とする算定方法も一応考慮せられるが、この場合に於ても時間外労働によって労働時間が延長された場合は、一時間に七日以上も労働したような矛盾も生じるのであるが何れを可とすべきや。

答　法第一二条第一項但書第一号の「労働した日数」の計算において、一日とは午前零時より午後一二時までをいう。この間においてたとえ一分でも労働すればその日は一労働日となる。従って説例㈠の二四時間勤務及び設例㈡の第二班の勤務は二日として計算すべきである。但し同一日に於て午前五時迄働き、次に午後九時より働く等の場合でもその日は一労働日である。

（昭二三・七・三　基収第二一七六号）

〈いわゆる月給日給制の場合の平均賃金の算定〉

賃金の一部もしくは全部が、月、週その他一定の期間によって定められ、且つ、その一定の期間中の欠勤日数もしくは欠勤時間数に応じて減額された場合の平均賃金（算定期間が四週間に満たないものを除く。）が、左の各号の一によってそれぞれ計算した金額の合計額に満たない場合には、これを昭和二四年労働省告示第五号第二条に該当するものとし、自今、かかる場合については、同条の規定に基き都道府県労働基準局長が左の各号の一によってそれぞれ計算した金額の合計を以ってその平均賃金とする。

一　賃金の一部が、労働した日もしくは時間によって算定され、又は出来高払制によって定められた場合においては、その部分の総額をその期間中に労働した日数で除した金額の一〇〇分の六〇

二　賃金の一部もしくは全部が、月、週その他一定の期間によって定められ、且つ、その一定の期間中の欠勤日数もしくは欠勤時間数に応じて減額された場合においては、欠勤しな

かった場合に受けるべき賃金の総額をその期間中の所定労働日数で除した金額の一〇〇分の六〇

三　賃金の一部が月、週その他一定の期間によって定められ、且つ、その一定の期間中の欠勤日数もしくは欠勤時間数に応じて減額されなかった場合においては、その部分の総額をその期間の総日数で除した金額

（昭三〇・五・二四　基収第一六一九号）

(4)　賃金締切日

〈三カ月未満の者〉

問　雇入後三カ月に満たない者の平均賃金の算定にあたり賃金締切日があるときはこの場合に於ても、なおその直前の賃金締切日から起算するか。

答　見解の通り。

（昭二三・四・二二　基収第一〇六五号）

〈雇入後三カ月に満たない者の平均賃金の算定〉

問　雇入後三カ月に満たない者の平均賃金の算定については、労働基準法第一二条第六項の規定があり、この場合においても同条第二項の適用が排除されるものでないと解されているが（昭和二三年四月二二日基収第一〇六五号）、総てこのように一律に取扱うときは極めて妥当をかく場合があるのでその際は当然昭和二四年労働省告示第五号第二条により個個のケースにつき本省に稟伺し、その決定を待つものと思料されるが、その煩を避けるため左記の通り取扱ってよいか。

記

雇入後三カ月に満たない者について平均賃金を算定すべき事由の発生した場合は法第一二条第二項は適用しないこととする。

但し直前の賃金締切日から遡って起算してもなお、完全に一賃金締切期間（一カ月を下らない期間）が存している場合はこの限りでない。

答　雇入後三カ月に満たない者について平均賃金を算定する場合は法第一二条第一項乃至第六項による。但し直前の賃金締切日より計算すると未だ一賃金算定期間（一カ月を下らない期間）に満たなくなる場合には、昭和二四年労働省告示第五号第二条に基き事由の発生の日から計算を行なうこととする。

（昭二七・四・二二　基収第一三七一号）

〈月二回払いの場合の賃金締切日〉

問　法第一二条にいう平均賃金について、次のように解してよいか。

(一)　S鉄道の俸給の支給は、毎月八日にその月分の俸給の半額以内を、二三日にその残額を支給することになっているが、この場合本条第二項の賃金締切日とは前月の月の末日を指す。

(二)　従って法第一二条第一項本文の三

カ月とは、この算定すべき事由の発生した日の属する月の前月末日以前三カ月と解する。

答　(一)、(二)とも見解の通り。

（昭二四・七・七　基収第二一五〇号）

〈賃金締切日の変更と平均賃金の算定〉

問　平均賃金算定に当りその期間中に賃金締切日の変更があった為左図の如くその期間のとり方に二種の方法が考えられるが、いずれによるべきか。

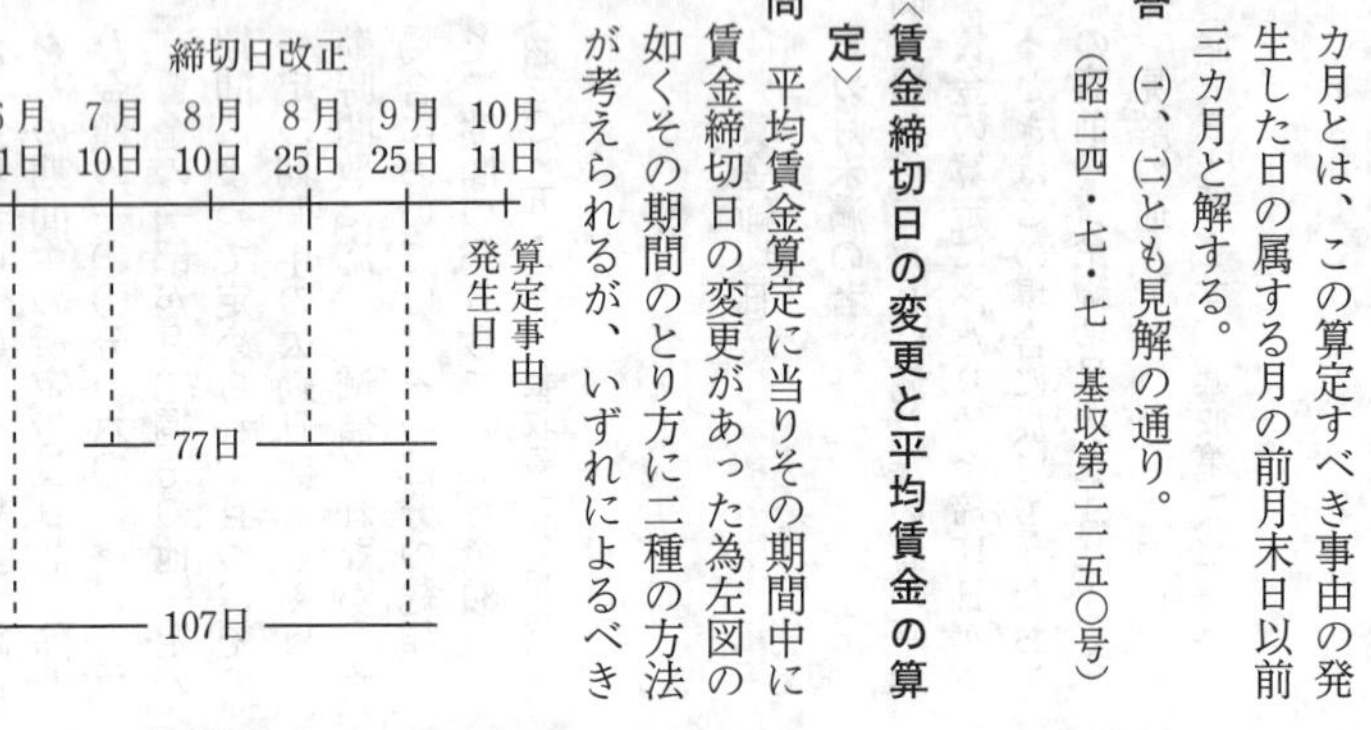

（旧締切日は毎月一〇日、改正後の締切日は、毎月二五日）

答　設問の場合の平均賃金は、七七日を期間として算定されたい。

（昭二五・一二・二八　基収第三八〇二号）

〈賃金毎に異なる賃金締切日〉

問　賃金毎に賃金締切日が異なる場合、例えば団体業績給を除いた他の賃金は毎月一五日及び月末の二回が賃金締切日で、団体業績給のみは毎月月末一回のみの場合、平均賃金算定の事由が或る月の二〇日に発生したとき、何れを直前の賃金締切日とするか。

答　設問の場合、直前の賃金締切日は、それぞれ各賃金ごとの賃金締切日である。

（昭二六・一二・二七　基収第五九二六号）

(5)　賃金ベースの変更

〈賃金ベースが遡って変更された場合の差額の取扱い〉

問　労働組合が賃金増額の要求をなし使用者との協定により新賃金を決定し、且つその新賃金を遡って適用する協定をなした場合、新旧賃金の差額の取扱いについては左の例により差支えないか。

(一)　労働組合が本年四月に賃金の増額を要求し使用者は増額の必要を認め具体的交渉に入り、八月に増額賃金の協定が成立し要求を提出した月に遡って支給することを約定した場合、四、五、六、七各月の賃金支払日に支給した旧賃金との差額を八月において一括支払した場合においても、その追加額は当然各月毎に分割し賃金台帳に夫夫計上して平均賃金計算の基礎とするを適当と考えるが如何。

(二)　労働組合が本年八月に賃金増額の要求をなし、その要求が認められた場合その条件として、本年四月に遡って新賃金を支払うこととしたとき、四、五、六、七月分の加給は臨時に支払われた賃金とみて差支えないと思うが如何。

答(一)　本事案の如く、八月の追加額が協約によって過去四、五、六、七月の四カ月間の賃金として支払われた場合には、平均賃金の計算においては、追加額は各月に支払われたものとして行うべきである。

賃金台帳の記載に当っては、過去四カ月分の賃金なることを明記して、八月分の台帳の賃金の種類による該当欄に記入すること。

(二)　前号と同様、各月の追加額の賃金が八月において確定したものとみなすべきであるから、八月の追加額は臨時に支払われた賃金ではない。

(昭二二・一一・五　基発第二三三号)

〈算定事由発生後賃金ベースが遡って変更された場合の差額〉

問　標記の件に関し疑義を生じたので至急何分の御指示を賜りたい。

一　八月の追加額が協約によって過去の四、五、六、七の四カ月間の賃金として支払われた場合であっても保険給付決定後においては、追加給付しなくてもよいか。

二　右により追加給付しないときは、組合において現在賃金要求中であり遡って適用する協定見込ある場合は請求者は新賃金決定受給後において補償費を請求することとなるが差支えなきや。

答一　災害補償においては、死傷の原因たる事故発生の日又は診断によって疾病の発生が確定した日を基準として労働者が蒙った損失を補償するものであり、且つその額はあくまで事由発生時において労働者が現実に受けることが確定した賃金の範囲内で補償を行うべきであるから本件の場合差額追給は行わない。

二　前項の趣旨により現在賃金増額要求中であり、しかも協定が成立する見込がある場合と雖ども、補償費の算出基礎となるべき平均賃金の計算は事由発生時において確定している賃金について行うものであるから請求が新賃金決定後においてなされると否とは何ら問題とするところではない。

(昭二三・八・一一　基収第二九三四号)

(6)　控除期間

〈労働争議により労働しなかった期間〉

問　平均賃金の算定に当っては労働争議により罷業した期間並びにその期間中に支払われた賃金は、法第一二条第三項に準じ、これを平均賃金の期間及び賃金の総額より、控除するように取扱って差支えないか。

答　設問の場合は、自今当分の間昭和

二三年六月二八日附基収第一四四六号にかかわらず、昭和二四年労働省告示第五号第二条の規定に基き、労働争議により正当に罷業若しくは怠業し又は正当な作業所閉鎖のため休業した期間並びにその期間の賃金は、平均賃金の算定期間並びに賃金の総額から控除するものとして取扱われたい。

（昭二九・三・三一　二八基収第四二四〇号）

〈教習中の期間〉

問　教習中の車掌の平均賃金算定方について、N市交通局においては、別表の如き賃金が支給されているが、これによれば教習中の手当は教習後のものに比し、著しく低額なるものと思慮されるので、教習中の期間は法第一二条第三項第四号に定める「試の使用期間」として除外すべきものと考えられるが如何。

年令	教習中の手当日額（税込）	教習後一ヵ月の手取（自動車）（税込）	同上（電車）（税込）
十六才	五〇円 一五〇〇・〇〇	——	三五二八・一九
十七才	五五円 一六五〇・〇〇	二二〇八・八〇	三七五八・四六
十八才	六〇円 一八〇〇・〇〇	三六〇四・五六	三五四七・一九
十九才	六五円 一九五〇・〇〇	三〇七五・六〇	三六二五・六四
二〇才	七〇円 二一〇〇・〇〇	三七七一・五一	三六九八・二一

（備考）

教習期間約三五日間（内休日五日を含む。）、所定時間午前八時より午後四時、休憩一時間、学課及び実習に折半されている。（教習目的電車及び車掌養成）

答　教習中の車掌の受ける手当が教習後に比較して低額であるのみならず、試験により不適格となれば、車掌の本務につき得ないものであるから、見解の通り教習中の期間を法第一二条の「試の使用期間」として差支えない。

（昭二三・一一・二五　基収第二五七七号）

〈使用者の責に帰すべき一部休業〉

問　平均賃金を算定すべき事由が生じた場合その算定期間中に一部休業即ち数時間労働して後使用者の責に帰すべき休業をした日があった場合平均賃金の算定に当ってはこの日を労働日として取扱うべきか否かによって算定が異なるも次の何れによるべきものか。

㈠　労働日であると解する場合

イ、その日を労働日として算入しその日に支払われた賃金を算入し休業手当に該当する部分を除く。

ロ、その日を労働日として算入しその日に支払われる賃金及び休業手当の合算額を算入する。

㈡　その日に支払われた賃金が平均賃金の一〇〇分の六〇即ち休業手当額を基準とし、これを超える場合は労働日とし、下る場合は休業日として計算する。

㈢　休業日であると解する場合　その日の労働に対して支払われた賃金が平均賃金の一〇〇分の六〇を超えると否とに拘わらず一部休業があった場合はその日を休業日とみなしその日及びその日の賃金を全額控除する。（この方法が適当と認められる。）

答　貴見㈢の通り。

（昭二五・八・二八　基収第二三九七号）

〈平均賃金の算定期間中に激甚法第二五条の規定による失業保険金の受給期間がある場合の取扱い〉

問　六月一六日の新潟地震のため、平均賃金を算定すべき事由の発生した日以前三カ月間の期間中に昭和三七年法律第一五〇号「激甚災害に対処するための特別の財政援助等に関する法律」第二五条（失業保険法による失業保険金の支給に関する特例）の規定により失業保険金の支給を受けた期間がある場合には、平均賃金の算定に当って、当該失業保険金受給期間を除外して算定してよろしいか。

答　平均賃金の算定期間中に、激甚災害に対処するための特別の財政援助等に関する法律第二五条第一項の規定により失業しているものとみなされている期間（失業保険法の適用を受けない事業所に使用されている労働者については、これに相当する期間）がある場合においては、昭和二四年労働省告示第五号第二条の規定に基づき、その日数及びその期間中の賃金は、平均賃金の算定において、基礎となる期間及び賃金の総額から控除するものとする。

（昭三九・一二・二四　基収第八八八一号）

〈平均賃金の算定期間中に勤労婦人福祉法第一一条に規定する育児休業の期間がある場合の取扱い〉

平均賃金の算定期間中に、勤労婦人福祉法第一一条に規定する育児休業の期間がある場合においては、昭和二四年労働省告示第五号第二条の規定に基づき、その日数およびその期間中の賃金は、平均賃金の算定において、基礎となる期間および賃金の総額から控除するものとする。

（昭四八・二・二八　基発第九二号）

(7)　平均賃金を算定し得ない場合

イ　労基則第四条

〈労基則第四条の基準〉

労基則第四条に規定する場合における平均賃金決定基準は次によること。

労基則第四条前段の場合は、法第一二条第三項第一号乃至第三号の期間の最初の日を以て、平均賃金を算定すべき事由の発生した日とみなすこと。

前項各号の期間が長期にわたったため、その期間中に当該事業場において、賃金水準の変動が行われた場合には、平均賃金を算定すべき事由の発生した日に当該事業場において同一業務に従事した労働者の一人平均の賃金額によりこれを推算すること。

雇い入れの日に平均賃金を算定すべき事由が発生した場合には、当該労働者に対し一定額の賃金が予め定められている場合にはその額により推算し、しからざる場合にはその日に、当該事業場において同一の業務に従事した労働者の一人平均賃金額により推算すること。

（昭二二・九・一三　発基第一七号）

〈労基則第四条の取扱い〉

労基則第四条は必要の生じた場合に、都道府県労働基準局長が個個に決定する趣旨である。

（昭二三・三・二七　基発第四六一号）

〈昭和二二年九月一三日発基第一七号、労基法第一二条関係㈣の第二項平均賃金の基準〉

昭和二二年九月一三日発基第一七号、法第一二条関係㈣の第二項により平均賃金を算定する場合（昭和二四年四月一一日基発第四二一号㈡の⑴により準用する場合を含む。）にはつぎの基準により取扱われたい。

㈠「賃金水準の変動が行われた場合」とは原則として平均賃金算定事由発生日（賃金締切日がある場合においては直前の賃金締切日。）以前三カ月間における当該事業場（例えば工員職員別にする等適当な範囲を定めることができる。）の実際支払賃金の総額を労働者の延人員数で除した額と発基第一七号労基法第一二条関係㈣の第二項により平均賃金を算定すべき事由の発生したとみなされる日（賃金締切日がある場合においては直前の賃金締切日。以下同じ。）以前三カ月間におけるそれと比較してその差が概ね一〇%以上ある場合をいうこと。

㈡「一人平均の賃金額によりこれを推算する」とは、平均賃金算定事由発生日以前三カ月間に同一業務に従事した労働者に対して、当該三カ月間に支払われた賃金の総額（臨時に支払われた賃金三カ月を超える期間ごとに支払われる賃金および法令もしくは労働協約の別段の定によらずに支払われた通貨以外のものを除く。）をその労働者数と当該三カ月の暦日数との積で除して得た額をいうこと。

なお、右によって算定した金額が平均賃金として妥当を欠く場合には、右によって算定した金額と平均賃金を算定すべき事由の発生したとみなされる日以前三カ月間に同一業務に従事した労働者について右に準じて算定した金額との比率を求め平均賃金を算定すべき事由の発生したとみなされる日を起算日とする当該労働者の平均賃金の額に当該比率を乗じて得た金額をもってその平均賃金とすることができること。

(三)　「同一業務に従事した労働者」とは原則として職務上の最小単位の業務に属する労働者でその業務に従事した者をいうこと。

（昭二六・三・二六　基発第一八四号、
昭三三・二・一三　基発第九〇号）

〈雇入後の期間の著しく短い者の場合〉

問　雇入後の期間が著しく短い場合、例えば、雇入後二日目又は、三日目に事故発生の場合に雇入の日に事故発生した場合（その算定額が後者に対して均衡を失する場合が考えられるから）と同じく推定すべきか、若し然りとすればその日数の限界如何。

答　設例の如き場合においては、労基則第四条ではなく法第一二条第六項の規定による。

（昭二三・四・二二　基収第一〇六五号）

ロ　告示第五号

〈告示第五号施行通達〉

(1)　第一条に規定する場合における平均賃金決定基準は昭和二二年九月一三日附労働省発基第一七号法第一二条関係の「施行規則第四条の基準」を準用すること。

(2)　第二条に該当し、平均賃金を算定する必要の生じた場合には、都道府県労働基準局長が適当と認める金額に理由書を添え労働省労働基準局長宛申請すること。

前項の理由書は、少なくとも次の事項を明らかにするものでなければならないこと。

(イ)　適当と認められる平均賃金額及びその計算方法

(ロ)　平均賃金を算定すべき事由の発生した経緯

(ハ)　事業の名称、内容、所在地及び労働者数

(ニ)　当該労働者の氏名、生年月日、就職年月日、職歴及び各職歴における勤続年数、事由発生当時の労働態様、過去三カ月間において労働した日数

(ホ)　当該労働者に対し支払われている実物給与については、その支給条件、種類毎にその名称、数量、公定価格（又はこれに準ずる統制額）及び当該地方における市場価格の平均、最高、最低額（但し価格の著しい変動があった場合は、過去三カ月毎に明らかにすること。）並びに賃金が通貨で支払われたことがある場合には、その期間、支給条件及びその金額

(ヘ)　当該労働者の利用又は享受しうるその他の施設又は利益

(ト)　当該地方（同一事業内を含む。）において、同種労働者に対して異る形態で賃金が支払われている場合には、その種類毎にその平均額

(チ)　当該労働者の平均賃金算定に関係

ある一般協定がある場合には必要な協定事項

(リ) 当該職業について一般職種別賃金が定められている場合にはその額

(ヌ) その他の参考となる事項

(3) 第二条の「算定し得ない」と認める場合とは労働協約によらないで通貨以外のものが賃金の一部として支払われ、且つ過去三カ月間に支払われた貨幣賃金の総額をその期間の総日数で除して得た金額が、過去三カ月間に支払われた実物給与の総評価額との合計額をその期間の所定労働日数で除して得た金額の一〇〇分の六〇を著しく下る場合をいうこと。

右の評価額は公定小売価格又はこれに準ずる統制額がある場合はその額、公定小売価格又はこれに準ずる統制額がないが、市場価格のある場合はその平均額とすること。但し公定小売価格又はこれに準ずる統制額及び市場価格がない場合には労働省労働基準局長へ稟伺すること。

この場合には当該貨幣賃金を(2)の事項の外に附記すること。

（昭二四・四・一一　基発第四二一号）

〈平均賃金算定期間の中途で日給制より月給制に変った場合〉

問　平均賃金を算定すべき事由の発生した日以前三カ月間に日給より月給に修正された月が含まれる場合（その賃金締切日がそれぞれ異る場合）の期間の取り方について左記の通り疑義があるので回示願いたい。

記

管下某事業場においては入社後満四年に達した日給者は毎年一月一日及び七月一日の両度に月給に引直すように就業規則で規定し、日給より月給になった者は月給になった月一カ月分とその前月の一一日以降月末迄の日給とを含めて一カ月分として支給される。なお該事業場の賃金締切日は日給者は毎月一〇日、月給者は毎月月末である。

例　一月一日に日給より月給になった者が二月四日に平均賃金を算定すべき事由が発生した場合、次の通り、

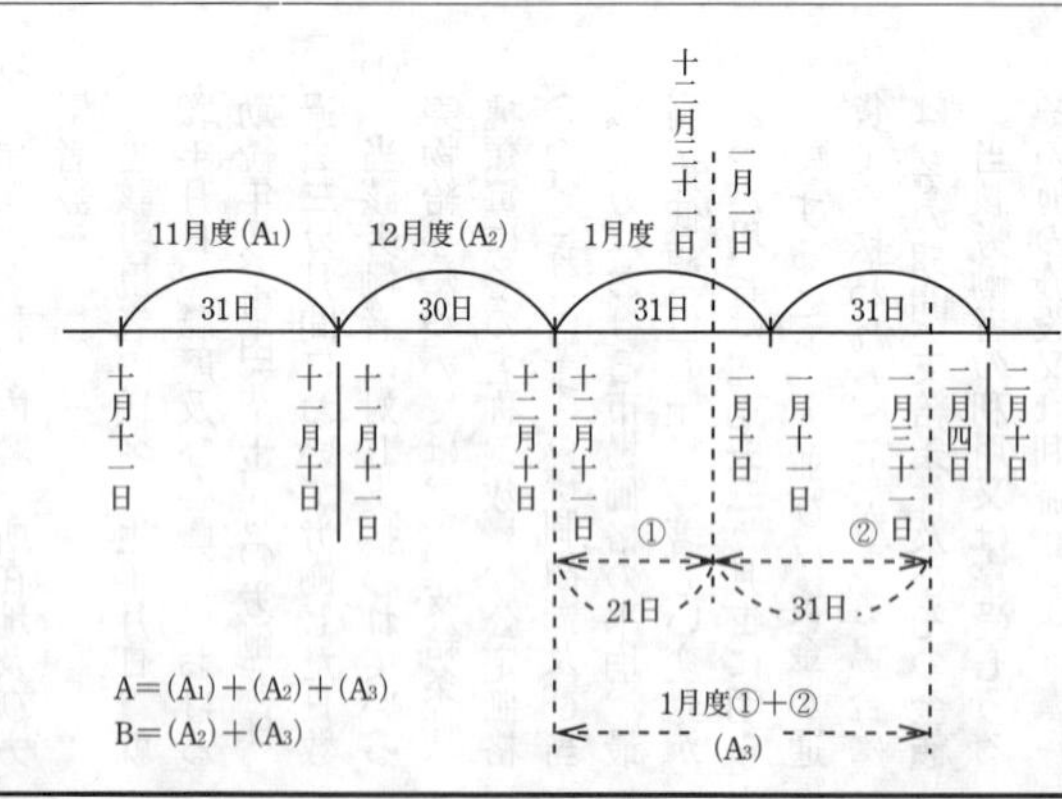

A、B及び直前の賃金締切日である一一月三一日より起算し、正三カ月所謂一一月一日の間をとるCの三方法が考えられるが、Bは法定の三カ月に満たず、又Cは一一月の賃金締切期間の中途より日割計算する等その算出に相当手数を要するので当局としては貴局より何分の指示があれば改めてその方法により算出させることとし、取り敢えずAの算定方法によるように指導している。

A　月給者の賃金締切日は月末であるから二月四日以前三カ月間は賃金締切日を基準にすれば一月、一二月、一一月（自一〇月一一日、至一一月一〇日）となる。

	期　間		賃　金
11月度	自10月11日 至11月10日	31日	¥ 6,412.38
12月度	自11月11日 至12月10日	30日	¥ 6,174.78
1月度	自12月11日 至12月31日	21日	¥11,213.93
	自1月1日 至1月31日	31日	

¥23,801.09÷118＝210.62（平均賃金）

B　三カ月に近い期間をとれば次の通りとなる。

	期　間		賃　金
12月度	自11月11日 至12月10日	30日	¥ 6,174.78
1月度	自12月11日 至12月31日	21日	¥11,213.93
	自1月1日 至1月31日	31日	

¥17,388.71÷82＝212.05（平均賃金）

答　設問の場合法第一二条第八項に基く昭和二四年告示第五号第二条によるがその算定の方法は左に掲げる額を下らない限り同法第一項本文が規定する方法に従って差支えない。

t_1（日給期間）
t_1（日給期間の実労働日数）
t_2（月給期間）
w_1（日給総額）
w_2（月給総額）
但し、t_1、t_2とは異なる時期の期間である。

とすれば
求める額は

$$\frac{\left(\frac{w_1}{t_1}\times\frac{60}{100}\times t_1\right)\times\left(\frac{w_2}{t_2}\times t_2\right)}{t_1+t_2}$$

となる。

二　期間については貴見Bの通りに取り扱われたい。

（昭二五・七・二四　基収第五六三号）

〈三カ月間私病欠勤の場合の平均賃金の算定〉

問　別紙の事例について左の通り算定の方法が考えられるが何れを取るべきか。

記

一　法第一二条第一項によれば五月一六日より遡り三カ月を取って計算することとなるが、同条第二項により直前の賃金締切日より計算するとせば、四月二〇日となりその日より遡った三カ月は私病休業中で計算が出来ないから告示第五号第一条の「平均賃金を算定すべき事由の発生した日」を直前の賃金締切日即ち四月二〇日と解し、昭和二四年四月一一日付基発第四二一号通ちょうにより労働省発基第一七号第一二条関係の㈣を準用すべきか。

二　告示第五号第一条の「平均賃金を算定すべき事由の発生した日」の意義を平均賃金算定の基礎となる賃金の全くない休業より出勤した第一日を指し本例の如く出勤してより数日を経過したものは指さないと解すれば法第一二条第一項によって計算すべきか。

三　告示第五号第二条によるべきか。

（事例）

平均賃金算定の不可なる理由

前述表示の通り被害者は昭和二四年一〇月二一日から昭和二五年四月二〇日まで私病の神経衰弱症の為休

イ　（入社）昭19.6.26
- 昭24.10.21―昭25.4.20…私病の神経衰弱のための休業
- 昭25.4.21―昭25.4.23…本人都合で欠勤
  （以上　賃金支給されない期間）
- 昭25.4.24―昭25.5.16…出勤20日
  （賃金支給された期間）
- 事故発生25.5.17

ロ　賃金締切日　20日
　　出勤20日間の賃金支払額
　　賃金総額　　4,840円40銭

本　　　給	2,764.00	1日138円20銭
勤　続　給	144.00	1日につき7円20銭
家　族　給	1,560.00	2人家族（日割計算）
地　域　給	268.08	勤続給・本給・家族給の6％
時間外勤務手当	104.32	
合　　　計	4,840.40	

業し、更に四月二一日から同二三日まで本人都合の為欠勤しており、賃金締切日が毎月二〇日のため法第一二条第二項「直前の賃金締切日から起算」も不可であります。

答　設問の場合は、昭和二四年告示第五号第二条によるがその算定方法としては出勤以降の賃金及び日数について法第一二条第一項の方法を用いられたい。

（昭二五・一二・二八　基収第四一九七号）

〈じん肺にかかった労働者の平均賃金の算定〉

じん肺法第四条第二項の健康管理の区分が管理四に該当するに至った労働者に対する災害補償等に係る平均賃金については、昭和二四年労働省告示第五号第二条の規定に基づき、昭和二七年八月一九日付基発第六〇四号により算定した金額が、当該労働者がじん肺にかかったため作業の転換をした日を算定理由の発生日として算定した金額に満たない場合には、都道府県労働基準局長が作業の転換の日を算定理由の発生日として算定した金額をその平均賃金とする。

（昭三九・一一・二五　基発第一三〇五号）

〈組合専従者の平均賃金算定方法〉

問㈠　組合専従者を解雇しようとする場合、該専従者が専従となって三カ月以上を経過しているときの平均賃金の算定は㈠組合より支給を受けている賃金の総額によるべきか。㈡専従者となる直前において、会社より支給を受けていた賃金の総額によるべきか。㈢専従者となるまで従事していた同種の労働者の賃金によるべきか。以上何れにもよらないものとすれば如何なる基準により計算すべきものか。又組合専従者となって一カ月或いは二カ月経過している場合は如何にすべきか。

答　設問の場合の平均賃金の算定は、法第一二条第八項の規定に基く昭和二四年四月労働省告示第五号の規定によって取扱われたい。なお、この場合の平均賃金の算定については、同年四月一一日附基発第四二一号通牒㈡の⑴を参照されたい。

（昭二四・八・一九　基収第一三五一号）

〈組合専従期間中の平均賃金の算定〉

問　平均賃金算定期間が全部組合専従期間であった場合及び算定期間中の当初に一部専従期間があって、その満了後原職に復帰した場合については、昭和二四年八月一九日附基収第一三五一号によるが、左記⑶の場合は、法第一二条第三項を準用し、専従期間中の賃金及び日数を控除したものより算定してよいか。

答　設問の場合の平均賃金の算定は昭和二四年告示第五号第二条によるが、見解の如き方式をとることは差支えない。

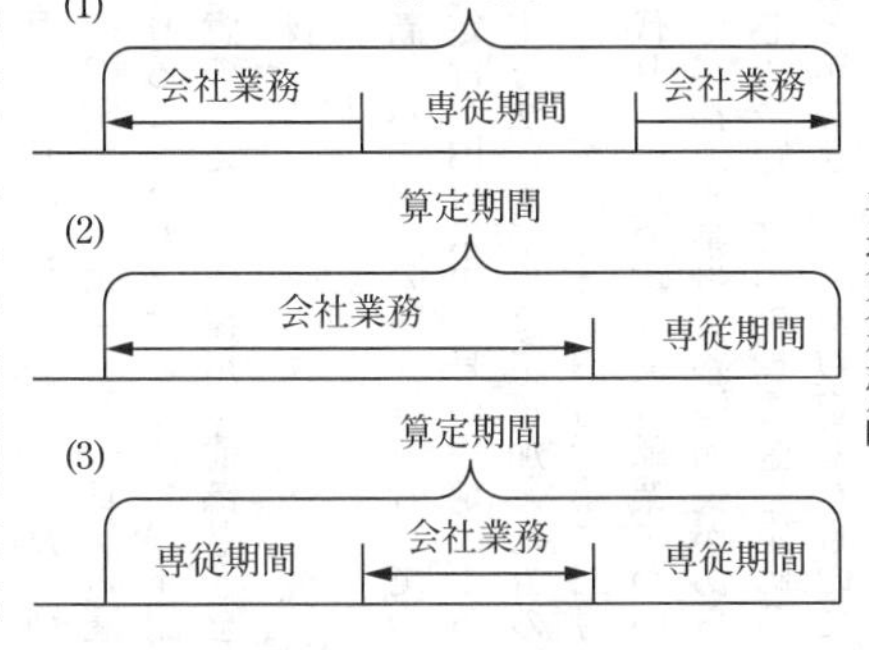

（昭二五・五・一九　基収第六二一号）

〈組合専従者が会社に復帰して一カ月未満の場合〉

問　九月一五日に組合事務専従より会社に復帰した者について、一〇月一三日に平均賃金を算定すべき事由が発生した場合には、直前の賃金締切日（九月三〇日）より遡って計算すべきか。

答　設問の平均賃金の算定に当っては、昭和二四年労働省告示第五号第二条によるが、その算定方法としては、復帰以降の賃金及び日数については法第一二条第一項の方法を用いられたい。

（昭二五・一二・二八　基収第三四五〇号、昭三三・二・一三　基発第九〇号）

〈非専従組合員が臨時に組合用務に就いた期間中の平均賃金の算定〉

問　組合専従者にあらざる組合員が、次の如き労働協約の規定、即ち

Y炭鉱労働協約（抜萃）

第〇条　組合は組合専従者以外の組合員を組合活動の為出張又は組合用務に従事させる場合は事前に鉱業所の了解をもとめる。

前項の組合員の取扱いは組合専従者に準ずる。

に従って臨時に組合用務に就いた期間中の平均賃金算定上の取扱いは、組合専従者に準ずるものとして昭和二五年五月一九日基収第六二一号と同様に取り扱われるものと考えて差支えないか。

答　設例の場合の如く、労働協約の明文に基づいて組合事務に専従する場合の平均賃金算定については貴見のとおり取り扱って差支えない。

（昭二六・八・一八　基収第三七八三号）

〈告示第五二号の運用に関するもの〉

日日雇い入れられる者（以下「日雇労働者」という。）の平均賃金は、労働基準法第一二条第七項の規定に基づく昭和二二年労働省告示第一号（以下「旧告示第一号」という。）及び昭和三七年労働省告示第二三号（以下「旧告示第二三号」という。）によることとされてきたが、今般昭和三八年労働省告示第五二号（以下「新告示」という。）が別添〈略〉のとおり定められ、一〇月一一日の官報で公布された。新告示は、昭和三八年一一月一日から適用されることとなっているので、下記に留意のうえ、その運用に遺憾なきを期されたい。

記

一　新告示の第一号から第三号までの規定は、旧告示第一号の規定による算定方法に若干の修正を加えたものであり、第四号は、旧告示第二三号に代り、一定の事業又は職業については、都道府県労働基準局長があらかじめ一定金額の平均賃金を定めることができることを規定したものであること。

二　新告示の第一号から第三号までの規定による算定方法について

(1)　第一号及び第二号の規定による算

定方法は、それぞれ当該日雇労働者又は同種日雇労働者の当該事業場における実労働日当り賃金額を算定し、その一〇〇分七三を平均賃金とするものであるから、算定理由発生日以前一箇月間における当該日雇労働者又は同種日雇労働者の当該事業場における実労働日数の多少は問わないものであり、また、これらの者の実際の稼働率は考慮せず一率に一〇〇分の七三を乗ずるものであること。

(2)　第三号の「前二号の規定により算定し得ない場合」に該当する場合には、次によること。

(イ)　当該日雇労働者の算定理由発生日の賃金があらかじめ一定の日額で定められている場合には、その金額の一〇〇分の七三として、その他の場合には、当該日雇労働者の算定理由発生日の実績から通常の労働日の賃金額を推算し、その一〇〇分の七三とすること。

(ロ)　(イ)により算定し得ない場合には、算定理由発生日に当該事業場において同一業務に従事した日雇労働者の一人平均の賃金額の一〇〇分の七三とすること。

(ハ)　(イ)及び(ロ)により算定し得ない場合には当該地域における同種の日雇労働者の賃金額から新告示第二号の規定又は上記(ロ)の算定方法に準じて推算した実労働日当り賃金額の一〇〇分の七三とすること。

(3)　新告示第一号又は第二号の規定により算定した場合において、実労働日当り賃金額が短時間就労、長時間残業その他通常の労働と著しく異なる労働に対する賃金額であるため、その金額の一〇〇分の七三を平均賃金とすると著しく不適当なものとなるときは、これを第三号の「前二号の規定により算定し得ない場合」に該当するものとして第三号の規定に基づき、実労働日当り賃金額を過去の当該事業場の労働時間数等を勘案して通常の労働に対する賃金額に修正して算定すること。なお、上記(2)の(イ)及び(ロ)の算定方法についても同様に取り扱うこと。

(4)　第三号の「当該日雇労働者若しくは当該使用者が前二号の規定により算定することを不適当と認め申請した場合」には、次によること。

(イ)　算定理由発生日以前一箇月以上三箇月以下の期間について当該日雇労働者に支払われた賃金（当該事業場以外の事業場において同一又は類似の業務に従事した場合に支払われた賃金を含む。）の額が申請者の提出した資料等によって明らかであるときは、その賃金の総額をその期間の総日数で除した金額とすること。

(ロ)　(イ)以外の場合には、新告示第一号又は第二号に規定する算定方法により算定するが、上記(3)に該当すると認められる場合は、その算定方法によること。

三　新告示第四号の規定について

(1)　第四号は、旧告示第二三号に代わ

り、一定の事業又は職業について一定額の平均賃金を定めることができることを規定したものであるが、旧告示第二三号は、一般職種別賃金制度と同様実情に即さない面があるために廃止されるものであるから、新告示第四号によって平均賃金を定める事業又は職業は、一定額の平均賃金を定めることが特に必要であって、かつ、実情に即した平均賃金を定めることができるものに限ること。

(2)　都道府県労働基準局長は、一定の事業又は職業について一定額の平均賃金を定める必要があると認めるときは、あらかじめ労働省労働基準局長の承認を受けること。

(3)　(2)の事業又は職業に係る平均賃金の金額については、各局において金額を算定し、労働省労働基準局長の承認を受けること。

(4)　都道府県労働基準局長は、一定の事業又は職業について平均賃金を定めた場合には、その金額を都道府県労働基準局長及び管内労働基準監督署の掲示場に掲示すること。

また、この場合、すみやかに労働省労働基準局に報告すること。

四　新告示の適用の始期について

(1)　新告示は、昭和三八年一一月一日以後に算定理由が発生した事案に適用されるものであること。

(2)　昭和三八年一〇月三一日以前に算定理由が発生した事案については、旧告示第一号又は旧告示第二三号によること。

五　行政不服審査法との関係について

(1)　新告示第三号の規定に基づく平均賃金の決定の行政不服審査法との関係については、昭和三七年九月二九日基発第一〇二一号「行政不服審査法、行政事件訴訟法等の施行に関する事務処理について」通達を参照されたいこと。

(2)　(1)に掲げる通達の（参考）イの表（労働基準法関係）イ②中「昭和二二年労働省告示第一号第三号」とあるのは、新告示の施行後は「昭和三八年労働省告示第五二号第三号」に改めること。

（昭三八・一〇・二五　基発第一二八二号）

(8)　その他

〈**銭位未満の端数**〉

問　一日平均賃金算定に当り、銭位未満の端数を生じたる時は之を切捨て、各種補償等に於ては右に所定日数を乗じてその総額を算出するものなりや。

答　見解の通り。

（昭二二・一一・五　基発第二三二号）

〈**二重の雇用契約の場合の平均賃金**〉

問　当局管下Hバター株式会社K工場に於て労働者が業務上死亡し平均賃金を算定すべきところ当該労働者は

K市役所にも雇用され賃金を支払われているため、法第一二条第一項乃至第六項の方法により算定し得ないので、左記資料添付の上平均賃金決定法について申請します。

記

一　適当と認められる平均賃金額及びその計算方法

⑴ 平均賃金額　八〇二円九〇銭

⑵ 計算方法

当該労働者がHバター株式会社K工場に雇い入れられ（昭和二七年一一月一六日）直前の賃金締切日（昭和二八年一月一五日）迄に支払われた賃金総額五、〇〇〇円を右の期間の総日数（六一日）で除した金額八一円九六銭と、K市役所に於て直前の賃金締切日（一月三一日）以前三カ月間に支払われた賃金総額を、右の期間の総日数（九二日）で除した金額七二〇円九四銭の合算額を平均賃金とする。

二　平均賃金を算定すべき事由の発生時の労働態様

当該労働者はK市役所水道部に勤務する職員であるが、自己公宅附近にあるHバター株式会社K工場において揚水場見廻人を求めていたので、その職務内容が類似し、本務の時間外にして充分間に合うことにより同工場に昭和二七年一一月一六日から就業した。従って同工場における労働は朝夕二回市役所勤務時間外にポンプの運転開始及び停止の作業に従事、作業時間は一日三〇分程度である。

三　過去三カ月間に於て労働した日数

Hバター株式会社K工場

一一月一六日～一二月一五日
二六日
一二月一六日～一月一五日
二六日
一月一六日～二月一三日
二七日

K市役所水道部

一一月一日～一一月三〇日
三〇日
一二月一日～一二月三一日
三〇日
一月一日～一月三一日
三〇日

四　当該労働者に対し支払われた賃金

1　Hバター株式会社K工場

月給制　各月二、五〇〇円

賃金締切日　毎月一五日

賃金締切期間	27.11.16～27.12.15	27.12.16～28.2.15	計
金額	2,500.00	2,500.00	5,000.00

2　K市役所水道部

月給制　基本給　一五、二〇〇円

賃金締切日　毎月末日

賃金締切期間	27.11.1～27.11.30	27.12.1～27.12.31	28.1.1～28.1.30	計
基本賃金	15,200	15,200	15,200	45,600
扶養手当	1,600	1,600	1,600	4,800
諸手当	5,309	5,309	5,309	15,927
計	22,109	22,109	22,109	66,327

答　設問の平均賃金は、Ｈバター株式会社Ｋ工場に於ける雇入れ後の期間並びにその間の賃金総額を基礎とし、法第一二条第一項の規定によって算定されたい。

従って本件労働者の平均賃金は八一円九六銭であるから念のため。

（昭二八・一〇・二　基収第三〇四八号）

〈年俸制適用労働者に係る割増賃金及び平均賃金の算定について〉

問　今般、年間賃金額を予め定めるいわゆる年俸制の適用を受ける労働者に係る割増賃金及び平均賃金の算定についての疑義が生じたところであり、当該各事案に対し、別添のとおり解してよろしいか、御教示いただきたくお伺いします。

なお、対象労働者は、労働基準法第四一条第二号に該当する監督若しくは管理の地位にある者又は機密の事務を取り扱う者に該当しない者です。

別添

1　支給額が予め確定している賞与について

(1)　事案

次に掲げる就業規則により賃金を支払っている。

支給額が予め確定している賞与を割増賃金の算定の基礎となる賃金から除外しているが、この取扱い如何。また、平均賃金の算定について如何。

（年俸制）

第○条　給与は年俸により定める。

（給与の支払方法）

第○条　決定された年俸の一七分の一二を、月例給与として支給する。

2　決定された年俸の一七分の五を二分して、六月と一二月に賞与として支給する。

（給与の区分）

第○条　社員の給与の区分は次のとおりとする。

(1)　基本給（年俸の一七分の一）

(2)　通勤手当

(3)　割増賃金

(4)　賞与（年俸の一七分の二・五×年二回）

（割増賃金）

第○条　業務の都合により所定の就業時間外又は休日に勤務した場合に、時間外手当、休日出勤手当を次のとおり支給する。

(1)　基礎額

一時間当たりの基礎額は、次の方法により算定する。

基本給÷一五〇時間／月（円未満切り上げ）

(2)　通常時間外手当

始業時間前の勤務並びに始業時間より実働八時間以降の勤務に対し、一時間当たり基礎額の二割五分増を支給する。

(3)　深夜・早朝時間外勤務手当

（以下略）

（賞与）
第○条　賞与は年二回、六月（支給対象期間：前年一一月一日より当年四月末日まで）及び一二月（支給対象期間：当年五月一日より当年一〇月末日まで）に支給する。
2　賞与は支給対象期間の在籍者に支給する。
3　賞与は支給対象期間内に入社又は退職した社員に対しては、対象期間の出勤日数に応じ按分して支給する。

(2)　当局見解

①　割増賃金の算定について（労働基準法第三七条）

割増賃金の基礎となる賃金に算入しない賃金の一つである「賞与」とは支給額が予め確定されていないものをいい、支給額が確定しているものは「賞与」とみなされない（昭二二・九・一三発基一七号）としているので、年俸制で毎月払い部分と賞与部分を合計して予め年俸制が確定している場合の賞与部分は上記「賞与」に該当しない。したがって、賞与部分を含めて当該確定した年俸額を算定の基礎として割増賃金を支払う必要がある。

よって、事案の場合、決定された年俸額の一二分の一を月における所定労働時間数（月によって異なる場合には、一年間における一カ月平均所定労働時間数）で除した金額を基礎額とした割増賃金の支払いを要し、就業規則で定めた計算方法による支払額では不足するときは、労働基準法第三七条違反として取り扱うこととする。

②　平均賃金の算定について（労働基準法一二条）

予め年俸額が確定している年俸制における平均賃金の算定については、上気①と同様に解し、事案の場合、賞与部分を含めた年俸額の一二分の一を一カ月の賃金として平均賃金を算定するものであると解する。

2　割増賃金を含めた年棒について

(1)　事案

次に掲げる労働契約により賃金を支払っている。

年俸には割増賃金を含むものとしている場合の取扱い如何。

（労働契約書の内容）
第○条　年俸○○○円とする。
第○条　業務は○○○とする。
（口頭による労働契約の内容）
所定労働時間の範囲内で業務完遂することは予定しておらず、具体的な見込み時間数は定めないが、前年度実績程度の時間外・休日労働（例えば年間時間外労働一〇〇時間、休日労働月一回）は発生することを前提とする。年俸○○○円には、時間外・休日労働の割増賃金を含むものとする。

その他の事情

1　年俸制適用、業務内容・年俸額決定の際には労使当事者間で交渉を積み重ねており、上気の内容は労使双方認識している。

2　年俸額は九〇〇〜一、〇〇〇万円程度で、社内では管理職扱いされている。

(2)　当局見解

割増賃金の算定について（労働基準法第三七条）

一般的には、年俸に時間外労働等の割増賃金が含まれていることが労働契約の内容であることが明らかであって、割増賃金相当部分と通常の労働時間に対応する賃金部分とに区別することができ、かつ、割増賃金相当部分が法定の割増賃金額以上支払われている場合は労働基準法第三七条に違反しないと解される。

事案の場合、割増賃金相当部分と通常の労働時間に対応する賃金部分とを明確に区別していないが、当該労働者の前年度実績からみて一定の時間外労働等が存在することが想定され、その分の割増賃金を含めて年俸額が決められていることは労使双方認識しているところである。

よって、事案の場合、労働基準法第三七条違反とは取り扱わないこととするが、労働契約の締結に際し賃金の決定・計算の方法及び所定労働時間を超える労働の有無について書面の交付により明示していないことについて労働基準法第一五条第一項違反として取り扱うこととする。

なお、年俸に割増賃金を含むとしていても、割増賃金相当額がどれほどになるのかが不明であるような場合及び労使双方の認識が一致しているとは言い難い場合については、労働基準法第三七条違反として取り扱うこととする。

答　1　事案1について、割増賃金及び平均賃金の算定とも、貴局見解のとおり。

なお、事案1で賞与として支払われている賃金は、労働基準法施行規則第二一条第四号の「臨時に支払われた賃金」及び同条第五号の「一箇月を超える期間ごとに支払われる賃金」のいずれにも該当しないものであるから、割増賃金の算定基礎から除外できないものであることを申し添える。

2　事案2について、基本的に貴局見解のとおりであるが、年間の割増賃金相当額に対応する時間数を超えて時間外労働等を行わせ、かつ、当該時間数に対応する割増賃金が支払われていない場合は、労働基準法第三七条違反となることに留意されたい。また、あらかじめ、年間の割増賃金相当額を各月均等に支払うこととしている場合において、各月ごとに支払われている割増賃金相当額が、各月の時間外労働等の時間数に基づいて計算した割増賃金額に満たない場合も、同条違反となることに留意されたい。

（平一二・三・八　基収第七八号）

判例

●複数の事業場と雇用関係のあった者の給付基礎日額

「複数の事業場と雇用関係にあった者の給付基礎日額は、各給付の支給事由の発生した事業場で支払われた賃金に基づいて算出されれば足りるとした例」

昭六〇・一二・二六　東京高判（一七四九頁参照）

〔編注＝右高裁判決に対し、最高裁は「所論の点に関する原審の判断は、正当として是認することができる」（最高裁第三小法廷　昭和六一年（行ツ）第七二号・昭和六一年一二月一六日判決）と判示した〕

（休業補償給付等の給付基礎日額）

第八条の二　休業補償給付又は休業給付（以下この条において「休業補償給付等」という。）の額の算定の基礎として用いる給付基礎日額（以下この条において「休業給付基礎日額」という。）については、次に定めるところによる。

一　次号に規定する休業補償給付等以外の休業補償給付等については、前条の規定により給付基礎日額として算定した額を休業給付基礎日額とする。

二　一月から三月まで、四月から六月まで、七月から九月まで及び十月から十二月までの各区分による期間（以下この条において「四半期」という。）ごとの平均給与額（厚生労働省において作成する毎月勤労統計における毎月きまつて支給する給与の額を基礎として厚生労働省令で定めるところにより算定した労働者一人当たりの給与の一箇月平均額をいう。以下この号において同じ。）が、算定事由発生日の属する四半期（この号の規定により算定した額（以下この号において「改定日額」という。）を休業給付基礎日額とすることとされている場合にあつては、当該改定日額を休業補償給付等の額の算定の基礎として用いるべき最初の四半期の前々四半期）の平均給与額の百分の百十を超え、又は百分の九十を下るに至つた場合において、その上昇し、又は低下するに至つた四半期の翌々四半期に属する最初の日以後に支給すべき事由が生じた休業補償給付等については、その上昇し、又は低下した比率を基準として厚生労働大臣が定める率を前条の規定により給付基礎日額として算定した額（改定日額を休業給付基礎日額とすることとされている場合にあつては、当該改定日額）に乗じて得た額を休業給付基礎日額とする。

2　休業補償給付等を支給すべき事由が生じた日が当該休業補償給付等に係る療養を開始した日から起算して一年六箇月を経過した日以後の日である場合において、次の各号に掲げる場合に該当するときは、前項の規定にかかわらず、当該各号に定める額を休業給付基礎日額とする。

一　前項の規定により休業給付基礎日額として算定した額が、厚生労働省令で定める年齢階層（以下この条において単に「年齢階層」という。）ごとに休業給付基礎日額の最低限度額として厚生労働大臣が定める額のうち、当該休業補償給付等を受けるべき労働者の当該休業補償給付等を支給すべき事由が生じた日の属する四半期の初日（次号において「基準日」という。）における年齢の属する年齢階層に係る額に満たない場合　当該年齢階層に係る額

二　前項の規定により休業給付基礎日額として算定した額が、年齢階層ごとに休業給付基礎日額の最高限度額として厚生労働大臣が定める額のうち、当該休業補償給付等を受けるべき労働者の基準日における年齢の属する年齢階層に係る額を超える場合　当該年齢階層に係る額

3　前項第一号の厚生労働大臣が定める額は、毎年、年齢階層ごとに、厚生労働省令で定めるところにより、当該年齢階層に属するすべての労働者を、その受けている一月当たりの賃金の額（以下この項において「賃金月額」という。）の高低に従い、二十の階層に区分し、その区分された階層のうち最も低い賃金月額に係る階層に属する労働者の受けている賃金月額のうち最

も高いものを基礎とし、労働者の年齢階層別の就業状態その他の事情を考慮して定めるものとする。

4　前項の規定は、第二項第二号の厚生労働大臣が定める額について準用する。この場合において、前項中「最も低い賃金月額に係る」とあるのは、「最も高い賃金月額に係る階層の直近下位の」と読み替えるものとする。

条文解説

本条は、休業補償給付及び休業給付（以下「休業補償給付等」という。）について、賃金水準の変動に応じて改定（スライド）されること、また、療養開始後一年六カ月を経過した者については、労働者の年齢階層別の賃金の実態を基礎として、労働者の年齢階層ごとに最低限度額及び最高限度額を定めることを規定したものである。

第一項は、休業給付基礎日額のスライドについて規定したものであり、第二項から第四項までは、療養開始後一年六カ月経過した者に支給する休業補償給付等に係る休業給付基礎日額に適用する年齢階層別の最低限度額及び最高限度額について規定している。

関係政省令等

（休業補償給付等に係る平均給与額の算定）

則第九条の二　法第八条の二第一項第二号の平均給与額は、毎月勤労統計における労働者一人当たりの毎月きまって支給する給与の同号の四半期の一箇月平均額によるものとする。

（年齢階層）

則第九条の三　法第八条の二第二項第一号（法第八条の三第二項において準用する場合を含む。次条第一項において同じ。）の厚生労働省令で定める年齢階層は、二十歳未満、二十歳以上二十五歳未満、二十五歳以上三十歳未満、三十歳以上三十五歳未満、三十五歳以上四十歳未満、四十歳以上四十五歳未満、四十五歳以上五十歳未満、五十歳以上五十五歳未満、五十五歳以上六十歳未満、六十歳以上六十五歳未満、六十五歳以上七十歳未満及び七十歳以上の年齢階層とする。

（最低限度額及び最高限度額の算定方法等）

則第九条の四　法第八条の二第二項第一号の厚生労働大臣が定める額（以下この条において「最低限度額」という。）は、厚生労働省において作成する賃金構造基本統計（以下この項及び第七項において「賃金構造基本統計」という。）の常用労働者（賃金構造基本統計調査規則（昭和三十九年労働省令第八号）第四条第一項に規定する事業所（国又は地方公共団体の事業所以外の事業所に限る。）に雇用される常用労働者をいう。以下この項及び第四項において「常用労働者」という。）について、前条に規定する年齢階層（以下この条において「年齢階層」という。）ごとに求めた次の各号に掲げる額の合算額を、賃金構造基本統計を作成するための調査の行われた月の属する年度における被災労働者（年金たる保険給付（遺族補償年金又は遺族年金を除く。）を受けるべき労働者及び遺族補償年金又は遺族年金を支給すべき事由に係る労働者をいう。（以下この項において同じ。）の数で除して得た額（その額に一円未満の端数があるときは、これを一円に切り上げる。）とする。

一　当該年齢階層に属する常用労働者であつて男性である者（以下この号において「男性労働者」という。）を、その受けている賃金構造基本統計の調査の結果による一月当たりのきまつて支給する現金給与額（以下この条において「賃金月額」という。）の高低に従い、二十の階層に区別し、その区分された階層のうち最も低い賃金月額に係る階層に属する男性労働者の受けている賃金月額のうち最も高いものを三十で除して得た額に、被災労働者であつて男性である者の数を乗じて得た額

二　前号中「男性である者」とあるのは「女性である者」と、「男性労働者」とあるのは「女性労働者」として、同号の規定の例により算定して得た額

2　前項の規定により算定して得た額が、自動変更対象額に満たない場合は、自動変動対象額を当該年齢階層に係る最低限度額とする。

3　第一項の規定は、法第八条の三第二項において準用する場合を含む。）の厚生労働大臣が定める額について準用する。この場合において、第一項中「「最低限度額」」とあるのは「「最高限度額」」と、「最も低い賃金月額に係る」とあるのは「最も高い賃金月額に係る階層の直近下位の」と読み替えるものとする。

4　前項において準用する第一項の規定により算定して得た額が、常用労働者を、その受けている賃金月額の高低に従い、四の階層に区分し、その区分された階層のうち最も高い賃金月額に係る階層の直近下位の階層に属する常用労働者の受けている賃金月額のうち最も高いものを三十で除して得た額（その額に一円未満の端数があるときは、これを一円に切り上げる。）に満たない場合は、当該三十で除して得た額を当該年齢階層に係る最高限度額とする。

5　六十五歳以上七十歳未満の年齢階層に係る最低限度額及び最高限度額についての第一項（第三項において準用する場合を含む。）の規定の適用については、第一項中「厚生労働省において作成する賃金構造基本統計（以下この項及び第七項において「賃金構造基本統計」という。）の常用労働者」とあるのは「常用労働者等」と、「常用労働者をいう」とあるのは「常用労働者（以下この項及び第四項において「常用労働者」という。）及び常用労働者以外の者であつて、六十五歳以上のものをいう」と、「この項及び第四項において「常用労働者」という」とあるのは「この項において同じ」と、「賃金構造基本統計を」とあるのは「厚生労働省において作成する賃金構造基本統計（以下この項及び第七項において「賃金構造基本統計」という。）を」と、「常用労働者であつて男性である者（」とあるのは「常用労働者等であつて男性である者（常用労働者以外の者については、当該年齢階層に属するものの数の四分の三に相当する数のものに限る。」と、「現金給与額（」とあるのは「現金給与額（常用労働者以外の者については、当該年齢階層に属する常用労働者の受けている賃金構造基本統計の調査の結果による一月当たりのきまつて支給する現金給与額のうち最も低いものとする。」とする。

6　前項の規定は七十歳以上の年齢階層に係る最低限度額及び最高限度額について準用する。この場合において、同項中「「常用労働者であつて男性である者（」とあるのは「常用労働者等であつて男性である者（常用労働者以外の者については、当該年齢階層に属するものの数の四分の三に相当する数のものに限る。」」とあるのは「「常用労働者であつて」とあるのは「常用労働者等であつて」」とする。

7　厚生労働大臣は、毎年、その年の八月一日から翌年の七月三十一日までの間に支給すべき事由が生じた休業補償給付若しくは休業給付又はその年の八月から翌年の七月までの月分の年金たる保険給付の額の算定の基礎として用いる給付基礎日額に係る最低限度額及び最高限度額を、当該八月の属する年の前年の賃金構造基本統計の調査の結果に基づき、前各項の規定により定め、当該八月の属する年の七月三十一日までに告示するものとする。

関係告示

労働省告示第一〇七号（平九・九・二九、改正　平一二・一二・二五告示第一二〇号）

労働者災害補償保険法（昭和二十二年法律第五十号）第八条の二第一項第二号の規定に基づき、平成二年労働省告示第七十五号（労働者災害補償保険法第八条の二第一項第二号の労働大臣が定める率を定める件）の一部を次のように改め、平成九年十月一日以後に支給すべき事由が生じた同法の規定による休業補償給付又は休業給付に係る給付基礎日額の算定について適用する。

労働者災害補償保険法第八条第一項の算定事由発生日の属する期間	給付基礎日額の算定に用いる率（単位％）
昭和六三年七月一日から同年九月三〇日まで	一一〇
昭和六三年一〇月一日から同年一二月三一日まで	一一一
昭和六四年一月一日から平成元年三月三一日まで	一一一
平成元年四月一日から同年六月三〇日まで	一一〇
平成元年七月一日から同年九月三〇日まで	一一〇
平成元年一〇月一日から同年一二月三一日まで	一一一
平成二年一月一日から同年三月三一日まで	一一〇
平成二年四月一日から同年六月三〇日まで	一一一
平成二年七月一日から同年九月三〇日まで	一一〇
平成二年一〇月一日から同年一二月三一日まで	一一〇
平成三年一月一日から同年三月三一日まで	一一〇
平成三年四月一日から同年六月三〇日まで	一一一
平成三年七月一日から同年九月三〇日まで	一一〇
平成三年一〇月一日から同年一二月三一日まで	一〇〇
平成四年一月一日から同年三月三一日まで	一一〇

備考

1　労働者災害補償保険法（以下「法」という。）第八条の二第一項第二号に規定する改定日額（以下「改定日額」という。）を同項の休業給付基礎日額とすることとされていた場合は、当該改定日額を休業補償給付又は休業給付（以下「休業補償給付等」という。）の額の算定の基礎として用いるべき最初の四半期（同号の四半期をいう。以下同じ。）の前々四半期の初日を法第八条第一項の算定事由発生日とみなしてこの表を適用する。

2　休業補償給付等の額が、労働者災害補償保険法等の一部を改正する法律（平成二年法律第四〇号）第二条の規定による改正前の労働者災害補償保険法（以下「旧法」という。）第一四条第二項又は第二二条の二第三項において準用する労働基準法（昭和二二年法律第四九号）第七六条第二項及び第三項の規定により改定された場合（備考3に該当する場合を除く。）は、当該改定後の額により休業補償給付等を支給すべき最初の四半期の前々四半期（労働者災害補償保険法施行規則等の一部を改正する省令（平成二年労働省令第二四号。以下「改正省令」という。）附則第二条に規定するときにあっては、同条の期間）の初日を法第八条第一項の算定事由発生日とみなしてこの表を適用したときに得られる率に改正省令第一条による改正前の労働者災害補償保険法施行規則（昭和三〇年労働省令第二二号）第一二条の四第二項又は第一八条の六の二第二項の規定により読み替えられた労働基準法施行規則（昭和二二年厚生省令第二三号）第三八条の七又は第三八条の八に規定する給付基礎日額の一〇〇分の六〇に乗ずべき率（以下「旧スライド率」という。）を乗じて得た率（一〇〇分の一に満たない端数がある場合は、これを一〇〇分の一に切り上げる。）を当該旧スライド率で除して得た率とする。

3　休業補償給付等の額が、旧法第一四条第二項又は第二二条の二第三項において準用する労働基準法第七六条第二項及び第三項により改定され、かつ、当該休業補償給付等の額に係る法第八条の二第一項の休業給付基礎日額が、同項第二号の規定により改定された場合は、備考1にかかわらず、備考1を適用したとしたときに得られる改定日額に乗ずべき率に当該改定日額を法第八条の平均賃金に相当する額で除して得た率（以下「通算スライド率」という。）を乗じて得た率（一〇〇分の一に満たない端数がある場合は、これを一〇〇分の一に切り上げる。）を当該通算スライド率で除して得た率とする。

厚生労働省告示第二四八号（平二三・七・二五）

労働者災害補償保険法施行規則（昭和三十年労働省令第二十二号）第九条の四第七項の規定に基づき、平成二十三年八月一日から平成二十四年七月三十一日までの間に支給すべき事由が生じた労働者災害補償保険法（昭和二十二年法律第五十号）の規定による休業補償給付若しくは休業給付又は平成二十三年八月から平成二十四年七月までの月分の同法の規定による年金たる保険給付の額の算定の基礎として用いる給付基礎日額に係る同法第八条の二第二項各号（同法第八条の三第二項において準用する場合を含む。）の厚生労働大臣が定める額は、次の表の上欄に掲げる年齢階層の区分に応じ、それぞれ同表の中欄及び下欄に定める額とする。

年齢階層の区分	労働者災害補償保険法第八条の二第二項第一号（同法第八条の三第二項において準用する場合を含む。）の厚生労働大臣が定める額	労働者災害補償保険法第八条の二第二項第二号（同法第八条の三第二項において準用する場合を含む。）の厚生労働大臣が定める額
二十歳未満	四、六二四円	一二、九八四円
二十歳以上二十五歳未満	五、〇四〇円	一二、九八四円
二十五歳以上三十歳未満	五、六六一円	一三、一二〇円
三十歳以上三十五歳未満	六、二二二円	一五、九八一円
三十五歳以上四十歳未満	六、六六二円	一八、五四一円
四十歳以上四十五歳未満	六、九四一円	二一、七三五円
四十五歳以上五十歳未満	六、九一九円	二三、五七八円
五十歳以上五十五歳未満	六、五六六円	二四、六〇八円
五十五歳以上六十歳未満	五、七七〇円	二三、一〇五円
六十歳以上六十五歳未満	四、六一三円	一九、一三四円
六十五歳以上七十歳未満	三、九六〇円	一五、二八二円
七十歳以上	三、九六〇円	一二、九八四円

参照条文

〔平均給与額の算定　則

九の二〕〔厚生労働大臣が定める率　平九告示一〇七〕〔年齢階層　則九の三〕〔厚生労働大臣が定める額　則九の四、平二三告示二四八〕

解釈例規

〈年金給付基礎日額の年齢階層別の最低限度額及び最高限度額の新設〉

(1)　改正の趣旨及び概要

イ　改正の趣旨

給付基礎日額は、原則として労働基準法の平均賃金相当額（被災前三カ月間に支払われた賃金から算出される。）とされ、その最低保障額は、現在、年齢の如何にかかわらず一律に三、二一〇円とされている。このように算出された給付基礎日額を労災保険制度の中核を占める年金たる保険給付の基礎として用いた場合、被災労働者の稼得能力の適正な評価及びこれに基づいた補償の実施という制度の趣旨に照らして、以下のような問題が生じていたところである。

①　若年時に被災した労働者の年金額が生涯にわたって低額のまま据え置かれることとなること——賃金水準が一般的に低い若年時に被災した者の年金額と壮年時に被災した者の年金額との間に大きな格差が生じ、生涯にわたり解消されないこと。

②　現役の高齢（労働）者の所得との不均衡——高齢時における労働者の稼得能力は一般的に低下するにもかかわらず、年金額は低下する仕組みになっていないこと。

③　偶然的要素の介在——失業中のアルバイト等何等かの偶然的な事情により低賃金で就労中に被災した場合、長時間に及ぶ残業等何らかの偶然的な事情により平均賃金算定期間に著しく多額の賃金を得た場合等の給付基礎日額は、偶然的要素に左右され、年金のように給付期間が長期に及ぶものの基礎としては適当ではないこと。

以上のような問題点に鑑み、労働災害により失われた労働者の稼得能力の補てんを行う労災保険制度の本来の趣旨・目的に照らし被災労働者の稼得能力の評価を適正化し、労災保険の年金たる保険給付（以下「労災年金」という。）について生じている上記の不均衡を是正するとともに、年金額に年功賃金体系の要素を加味するため、我が国における一般的労働者の年齢階層別の賃金構造の実態等に基づき、年金たる保険給付の額の算定の基礎として用いる給付基礎日額（以下「年金給付基礎日額」という。）に年齢階層別の最低限度額及び最高限度額を新設したものである。

なお、特別加入者については、一般の労働者とは給付基礎日額の決定方式が異なっており、その給付基礎日額に上限、下限が設定されていること、また、労働者災害補償保険審議会の建議（昭和六〇年一二月）において、特別加入制度のあり方等の問題について引き続き検討を行ったうえで所要の措置を講ずべきことが指摘されていること等を考慮し、今回の制度改正においては、特別加入者については、年金給付基礎日額の年齢階層別の最低限度額及び最高限度額は適用しないこととした。

ロ　改正の概要

年金給付基礎日額の年齢階層別の最低限度額及び最高限度額の新設により、年金受給者（特別加入者である者及びその遺族を除く。）の年金額は以下のように算定されることとなった。

①　昭和六二年二月一日以後に新規に年金を受けることとなる者については、法第八条の給付基礎日額（スライド制を適用すべき場合にはスライド率を乗じて得た額）が、最低限度額を下回る場合にはその最低限度額が、また、最高限度額を上回るときはその最高限度額が年金給付基礎日額とされることとなる。なお、法第八条の給付基礎日額（スライド制を適用すべき場合にはスライド率を乗じて得た額）が最低限度額と最高限度額の間にあるときは従来の場合と同様に法第八条の給付基礎日額（スライド率は乗じない。）が年金の額の算定の基礎とされる。

②　昭和六二年一月三一日において既に年金を受けている者については同日における給付基礎日額（同日においてスライド制を適用すべき場合には同日におけるスライド率を乗じて得た額）を保障することとしている。ただし、この場合であっても新規に年金を受ける者との均衡を考慮し、その保障された給付基礎日額が最高限度額を超えている間はスライドを停止することとしている。なお、最低限度額については、既に年金を受けている者についても新規に年金を受ける者と同様に適用することとしている。

(2)　算定方法等

イ　年齢階層

年金給付基礎日額の最低限度額及び最高限度額に係る年齢階層（新法

第八条の二第二項第一号の労働省令で定める年齢階層）は、賃金構造基本統計（指定統計第九四号）の年齢階層等を考慮して、二〇歳未満、二〇歳以上二五歳未満、二五歳以上三〇歳未満、三〇歳以上三五歳未満、三五歳以上四〇歳未満、四〇歳以上四五歳未満、四五歳以上五〇歳未満、五〇歳以上五五歳未満、五五歳以上六〇歳未満、六〇歳以上六五歳未満及び六五歳以上の一一の年齢階層とすることとされた（新労災則第九条の二関係）。

ロ　算定方法

年金給付基礎日額の最低限度額（新法第八条の二第二項第一号の労働大臣が定める額）は、イの年齢階層ごとに、当該年齢階層に属する労働者の受けている一月当たりの賃金の額の第1・二〇分位数㊟を、年金給付基礎日額の最高限度額（同項第二号の労働大臣が定める額）は、イの年齢階層ごとに、当該年齢階層に属する労働者の受けている一月当たりの賃金の額の第19・二〇分位数㊟を、それぞれ基礎とし、労働者の年齢階層別の就業状態その他の事情を考慮して定めるものとされており、その詳細は労働省令に委任されている（新法第八条の二第二項及び第三項関係）。

㊟　第1・二〇分位数とは、労働者を賃金の低い者から高い者へ並べ、低い方から五％目の労働者が受けている賃金額であり、第19・二〇分位数とは、高い方から五％目の労働者の受けている賃金額をいう。

労働省令で定められた年金給付基礎日額の最低限度額及び最高限度額の算定方法は次の①から⑤までのとおりである（新労災則第九条の三第一項から第五項まで関係）。

①　前年の賃金構造基本統計を作成するための調査の調査票より、五人以上の民営事業所に雇用される常用労働者（パートタイム労働者を除く。）の「きまって支給する現金給与額」（月額）のイの年齢階層別の第1・二〇分位数（月額）及び第19・二〇分位数（月額）を男女別に求める。

なお、六五歳以上の年齢階層については、当該年齢階層に属する者の就労実態を考慮して、労働力調査（指定統計第三〇号）による当該年齢階層の労働力率を基礎として、非労働力人口（そのきまって支給する現金給与額は、当該年齢階層に属する常用労働者の受けている「きまって支給する現金給与額」のうち最も低いものとする。）を含めたものの第1・二〇分位数（月額）及び第19・二〇分位数（月額）を男女別に求める（新労災則第九条の三及び第五項関係）。

②　①で求めた第1・二〇分位数（月額）及び第19・二〇分位数（月額）をそれぞれ三〇で除して日額に換算する。

③　労災年金に係る被災労働者の男女割合等を考慮して、②で求めた男女別・年齢階層別の第1・二〇分位数（日額）及び第19・二〇分位数（日額）を、それぞれ、労災年金に係る被災労働者の男女割合で加重平均する。

④　③で求めた第1・二〇分位数（日額）を加重平均した額をそれぞれの年齢階層の最低限度額、第19・二〇分位数（日額）を加重平均した額をそれぞれの年齢階層の最高限度額とする。

⑤　最高限度額については、ＩＬＯ第一二一号条約（業務災害の場合における給付に関する条約（昭和四九年六月七日批准登録））第一九条の規定によれば、給付額の計算の基礎となる賃金に最高限度額を設けるときは、すべての保護対象者の七五％の者の賃金と比較しこれに等しいか又はこれを超えることとなる賃金（すなわち、すべての労働者の賃金の第3・四分位数）以上であればよいこととされているところから、①から④までにより算定された額が全労働者（男女計・年齢計）の賃金（月額）の第三・四分位数を三〇で除して日額に換算した値に満たない場合には、当該第3・四分位数を日額に換算した値を当該年齢階層の最高限度額とする（新労災則第九条の三第四項関係）。

また、最低限度額については、給付基礎日額の最低保障額（新労災則第九条第四号本文＝現在三、二一〇円）に満たない場合には、その額を当該年齢階層の最低限度額とする（新労災則第九条の三第二項関係）。

ハ　公示方法

最低限度額及び最高限度額の公示については、毎年、その年の八月から翌年の七月までの月分の年金たる保険給付の額の算定の基礎として用いる給付基礎日額についての最低限度額及び最高限度額を、ロの方法により定め、その年の七月三一日までに官報に告示することによって行うこととされた（新労災則第九条の三第六項関係）。

なお、昭和六二年二月から同年七月までの月分の年金たる保険給付の額の算定の基礎として用いる最低限度額及び最高限度額は、改正省令附則第二条第二項の規定により、昭和六二年一月三一日に昭和六二年労働省告示第六号（労働者災害補償保険法第八条の二第二項第一号及び第二号の労働大臣が定める額を定める告示）として告示された（内容については参考一〈略〉参照）。

(3)　具体的適用

イ　被災労働者の年齢の計算

年齢の計算については、傷病（補償）年金及び障害（補償）年金にあっては、当該年金たる保険給付を受けるべき労働者（被災労働者）の八月一日における年齢をもって同日から一年間の当該被災労働者の年齢とし、遺族（補償）年金にあっては、当該年金たる保険給付の受給権者（遺族）の年齢ではなく、支給事由である死亡に係る労働者（被災労働者）が生存していると仮定したときの八月一日における当該被災労働者の年齢をもって同日から一年間の当該被災労働者の年齢とすることとした（新法第八条の二第三項関係）。

ロ　年金給付基礎日額の算定

法第八条の給付基礎日額（平均賃金に相当する額又は新労災則第九条に定めるところによって算定した額）（スライド制を適用すべき場合は年金スライド率を乗じて得た額）と、イにより計算された被災労働者の年齢の属する年齢階層の最低限度額及び最高限度額とを大小比較する（新法第八条の二及び第六五条の二の関係）。

今後は、年齢階層別の最低限度額及び最高限度額の改定、スライド率の改定又は被災労働者の年齢の上昇

最低限度額≦法第８条の給付基礎日額（×スライド率）
≦最高限度額のとき：法第８条の給付基礎日額
最低限度額＞法第８条の給付基礎日額（×スライド率）のとき：最低限度額
最高限度額＜法第８条の給付基礎日額（×スライド率）のとき：最高限度額
を新法第８条の２の年金給付基礎日額とする。

により、年金給付基礎日額が変更されうることとなるが、当該変更は毎年八月一日に行われることとなり、その内容については現行のスライド率の改定の場合と同様の方法で年金受給者に通知することとする（詳細については、別に通達する。）。

ハ　スライド制との関係

最低限度額及び最高限度額については、労働者の賃金の実態に基づき毎年改定されるものとされていることから、いわば、その額自体に既にスライド率の要素が加味されているといえるところから、年金たる保険給付の額をスライド制により改定すべき場合であっても、最低限度額又は最高限度額を年金給付基礎日額としてその額が算定されるものであるときには、年金給付基礎日額（すなわち最低限度額又は最高限度額）に所定給付日数を乗じて得た額を当該年金たる保険給付の額とし、これに重ねてスライド率を乗じないことと

新法第65条の２の規定により読み替えて適用する新法第８条の２により最低限度額又は最高限度額を新法第８条の２の年金給付基礎日額とするとき

…………年金額＝年金給付基礎日額×所定給付日数（スライド率は乗じない。）

法第８条の給付基礎日額を新法第８条の２の年金給付日額とするとき

…………年金額＝年金給付基礎日額×所定給付日数×スライド率

した（新法第六四条第二項関係）。

二　経過措置

①　昭和六二年一月三一日において年金たる保険給付を受ける権利を有していた者であって、同一の業務上の事由又は通勤による障害又は死亡に関し、同年二月一日以後においても年金たる保険給付を受ける権利を有するもの（以下「経過措置対象者」という。）については、当該同日以後において受ける権利を有する年金たる保険給付の同日以後の期間に係る額の算定に当たっては、同年一月三一日における法第八条の給付基礎日額（同日においてスライド制を適用すべき場合には、同日におけるスライド率を乗じて得た額。以下「施行前給付基礎日額」という。）が、被災労働者の年齢の属する年齢階層の最高限度額を超える場合であっても、施行前給付基礎日額を新法第八条の二の年金給付基礎日額とすることとした（改正法附則第四条第一項関係）。

②　①の昭和六二年一月三一日において受ける権利を有していた年金たる保険給付が遺族（補償）年金である場合は、同年二月一日以後に転給（法第一六条の四第一項後段（法第二二条の四第三項において準用する場合を含む。）又は法第一六条の五第一項後段（法第二二条の四第三項において準用する場合を含む。）により受給権者となった遺族（補償）年金の受給資格者は同年一月三一日において当該遺族（補償）年金を受ける権利を有していたものとみなすこととされ、①の経過措置が適用されることとなった（改正法附則第四条第二項関係）。

③　昭和六二年二月一日以後において新たに年金たる保険給付を受ける権利を有することとなった者との均衡を図る観点等から、施行前給付基礎日額を年金給付基礎日額とする場合であって、経過措置対象者の年金額

についてスライド制を適用すべきときであっても、年金給付基礎日額（施行前給付基礎日額）に所定給付日数を乗じて得た額を年金額とし、これに重ねてスライド率を乗じないこととした（改正法附則第四条第三項関係）。

④　昭和六二年一月三一日において受ける権利を有していた年金たる保険給付と同年二月一日以後において受ける権利を有する年金たる保険給付は、同一の業務上の事由又は通勤による障害（負傷又は疾病により障害の状態にあることを含む。）又は死亡に関して支給されるものであれば足り、同一の年金たる保険給付である必要はない。したがって、例えば同年一月三一日において傷病（補償）年金を受ける権利を有していた者が同年二月一日以後において傷病が治ゆし、障害（補償）年金を受ける権利を有するに至った場合には、経過措置対象者となり、また、業務上の事由又は通勤による障害（負傷又は疾病による障害の状態にあることを含む。）又は死亡の原因である事故が同一であっても、障害（補償）年金と遺族（補償）年金とは、同一の業務上の事由又は通勤による障害（負傷又は疾病による障害の状態にあることを含む。）又は死亡に関して支給されるものではないことから、当該遺族（補償）年金を受ける権利を有する者は経過措置対象者とならない等経過措置対象者になるケース及び経過措置対象者にならないケースは種々考えられるが、その範囲を例示すると概ね参考二〈略〉のとおりとなる。

(4)　関係規定の整備

イ　障害（補償）年金差額一時金及び遺族（補償）年金の失権差額一時金の支給要件及び額の算定に関する規定の整備

障害（補償）年金差額一時金及び遺族（補償）年金の失権差額一時金の支給要件及び額の算定に関しては、所定額（給付基礎日額の一、三四〇日分（障害等級第一級）から給付基礎日額の五六〇日分（障害等級第七級）まで又は給付基礎日額の一、〇〇〇日分（遺族））から既支給の障害（補償）年金又は遺族（補償）年金の額を差し引くに当たり、当該年金の額が最低限度額若しくは最高限度額又は施行前給付基礎日額を基礎として算定されたため、スライド制を適用すべき場合であってもスライド率を乗じなかったものであるときには、当該年金の額を当該乗じなかったスライド率で除して得た額を用いることとした（新法第五八条第一項、第六一条第一項及び第六六条並びに改正法附則第四条第四項関係）。

なお、障害（補償）年金差額一時金及び遺族（補償）年金の失権差額一時金の額並びに障害（補償）年金前払一時金及び遺族（補償）年金前払一時金の額の算定に当たって用いる給付基礎日額は、新法第八条の二の年金給付基礎日額ではなく、法第八条の給付基礎日額であるので念の為。

ロ　加重障害の場合の取扱い

①　既存障害（業務外の障害を含む。）が業務上の事由又は通勤による傷病（再発した傷病を含む。）により同一部位について加重した場合であって、既存障害の該当する障害等級に応ずる障害（補償）給付が障害（補償）一時金であり、加重後の障害の該当する障害等級に応ずる障害（補償）給付が障害（補償）年金であるときには、その年金額は、受給者の平均受給期間を考慮して、前者の額の二五分の一相当額を後者の額から減ずることとすることは、従来と同様であるが、この加重障害の取扱いの趣旨は、八級以下相当の既存障害の稼得能力喪失度を年金によって評価するものであり、今回の年金給付基礎日額の年齢階層別の最低限度額及び最高限度額の新設の趣旨が年金たる保険給付に係る被災労働者の稼得能力の評価の適正化を図るものであるところから、既存障害の稼得能力喪失度を年金によって評価するに当たっては、年金給付基礎日額を用いることとした。すなわち、加重後の障害等級に応ずる障害（補償）年金の額が最低限度額若しくは最高限度額又は施行前給付基礎日額を基礎として算定される場合には、当該最低限度額若しくは最高限度額又は施行前給付基礎日額として算定した既存障害の該当する障害等級に応ずる障害（補償）一時金の額の二五分の一相当額を当該加重後の障害等級に応ずる障害（補償）年金の額から減ずることとした（新労災則第一四条第五項、第一八条の八第一項及び改正省令附則第二条第三項関係）。

この場合における減額の計算は、従来から行われているとおり（昭和四一年一月三一日基発第七三号記の第三の三の㈢の二参照）、（年金）給付基礎日額に乗ずべき法別表第一下欄及び第二下欄の日数（給付日数）によって行うこととする。

②　加重障害の場合の障害（補償）年金差額一時金及び障害（補償）年金前払一時金の額の算定についても、①と同様に取り扱うこととした（新労災則附則第一七項、第二二項、第三二項及び第三三項関係）。

ハ　厚生年金等との調整における調整限度額に関する規定の整備

労災年金と厚生年金保険の年金たる保険給付等（以下「厚生年金等」という。）とが同一の事由により併給される場合には、厚生年金等はその全額を支給し、労災年金に所定の調整率を乗じて減額することにより調整を行っているが、併給調整の結果かえって併給がない場合の労災年金の額に比較して調整後の労災年金と厚生年金等との合計額が低くなる事態を避けるため、労災年金の額から厚生年金等の額を減じて得た額を労災年金の額の調整限度額としており、その際、労災年金に年金スライドが適用される場合の労災年金の額の調整限度額は、スライド前の労災年金の額（給付基礎日額×給付日数）から、厚生年金等の額（スライド後の額）を労災年金のスライド率で除して得た額を控除した残りの額とされている。

今回の法改正により、労災年金の額が最低限度額若しくは最高限度額又は施行前給付基礎日額を基礎として算定されるものであるときには、これに重ねてスライド率を乗じないこととされた（(3)の八参照）ものの、最低限度額若しくは最高限度額又は施行前給付基礎日額についてはその額自体にスライドの要素が加味されており、これに基づいて計算された労災年金の額にもスライドの要素が反映されている。このため、このような場合の労災年金の額の調整限度額を計算するに当たっては、厚生年金等の額を労災年金のスライド率で除さないまま労災年金の額から控除することとした（新労災令第三条第二項及び第三項、第五条第二項及び第三項並びに第六条第二項及び第三項並びに附則第八項、第九項、第一二項、第一三項、第一九項、第二〇項、第二三項、第二四項、第二七項、第二八項及び第二九項関係）。

(5) 施行期日等

以上の改正は、昭和六二年二月一日から施行され、同年二月以降の月分の年金の額の算定について適用することとされた。したがって、同月前の月分の年金の額の算定については、従前のとおりとなる（改正法附則第三条関係）。

（昭六二・一・三一　基発第四二号）

〈労働者災害補償保険法等の一部を改正する法律の施行（第二次分）について〉

第一　保険給付関係

一　休業補償給付等のスライド制の改善

(1) 改正の趣旨及び概要

イ　改正の趣旨

近年における賃金上昇率の鈍化、年金・一時金のスライドをいわゆる完全自動賃金スライド制としたこと等にかんがみ、休業補償給付及び休業給付（以下「休業補償給付等」という。）のスライド発動要件を緩和するとともに、年金・一時金のスライド方式と同様、給付額をスライドさせる方式から給付基礎日額をスライドさせる方式に改め、また、スライド率の算定につき事業場の規模又は産業の別を問わず一律とすることとしたものである。

ロ　改正の概要

(イ) 従来は、休業補償給付等のスライ

ドについては、被災労働者と同一の事業場における同種の労働者の平均給与額（従業員一〇〇〇人未満規模の事業場においては、毎月勤労統計における当該事業場の属する産業に係る毎月きまって支給する給与の労働者一人当たり一箇月平均額。以下同じ。）が事故発生日の属する四半期の平均給与額の一〇〇分の一二〇を超え、又は一〇〇分の八〇を下るに至った場合に、その四半期の翌々四半期に、その比率に応じて休業補償給付等の額を改定して支給することとなっていた（旧法第一四条第二項及び第二二条の二第三項並びに労働基準法第七六条第二項及び第三項）。

(ロ)　今回の改正により、休業補償給付等の額の算定に用いる給付基礎日額（以下「休業給付基礎日額」という。）のスライドとして、算定事由発生日（新法第八条第一項の算定事由発生日をいう。以下同じ。）の属する四半期（スライドされた場合にあっては、スライド改定時の前々四半期）の平均給与額（毎月勤労統計における調査産業の毎月きまって支給する給与の労働者一人当たり一箇月平均額をいう。）の一〇〇分の一一〇を超え、又は一〇〇分の九〇を下るに至った場合に、その比率を基準として労働大臣が定める率を法第八条の給付基礎日額（スライドされた場合にあっては、スライド後の額）に乗じて得た額を、当該四半期の翌々四半期の初日以後に支給事由が生じた休業補償給付等に係る休業給付基礎日額とすることとした（新法第八条の二第一項第二号）。

(ハ)　休業補償給付等の額をスライドさせる方式から休業給付基礎日額をスライドさせる方式に改めた理由は、年金たる保険給付の場合と同様である（平成二年七月三一日付け労働省発労徴第五五号・基発第四八四号通達の記の第一の一(1)ロ(ハ)参照）。

(ニ)　スライドの発動要件たる賃金変動率を一〇%とした理由は、

①　年金・一時金のスライドの改善についても、二〇%→一〇%という経過をたどったこと、

②　スライドが導入された昭和二七年直後の状況をみると三年に一回程度はスライドされていたところであり、最近の三%程度の賃金上昇の動向からみて変動幅を一〇%程度に引き下げることで、一応制度発足時の機能を回復できると考えられること

等である。

(ホ)　スライド率の算定につき事業場規模又は産業の別を問わず一律とすることとした理由は、

事業場別スライドに関し平均給与額につき事業主の証明が必要とされていたり（旧労災則第一三条第四項及び第一八条の七第二項）、産業ごとに適用するスライド率が異なるため、スライド発動要件の緩和に伴

い、労使双方への負担や休業補償給付等の額の計算の煩雑さが更に増すためである。

(2) スライド率の算出方法

スライド率の算出に当たっては、各四半期における平均給与額を計算しなければならないが、この平均給与額は、法第八条の二第二項第二号の原則に特に修正を加えることなく、毎月勤労統計における四半期ごとの労働者一人当たりの毎月きまって支給する給与の一箇月平均額によることとした（新労災則第九条の二）。

(3) 関係規定の整備

イ　厚生年金等との併給調整の場合における最低保障額に関する規定の整備

(イ) 同一の事由により障害厚生年金等の社会保険年金法（国民年金法（昭和三四年法律第一四一号）第三〇条の四の障害基礎年金を除く。）と休業補償給付等とが併給される場合には、休業補償給付等に一定の率を乗じて休業補償給付等を減額することとしている（新法第一四条第二項（旧法第一四条第四項）及び第二二条の二第二項並びに国民年金法等の一部を改正する法律（昭和六〇年法律第三四号）附則第一一六条第七項及び第八項）。

この際、休業補償給付等の減額分が大き過ぎると、社会保険年金を受ける権利を有している者の休業補償給付等と社会保険年金の受給額の合計額が減額前の休業補償給付等の額に満たなくなりかえって不利になるので、これを避けるため、併給調整後であっても少なくとも労災保険の給付額は保障されるよう、休業補償給付等の額の最低保障額を定めている（旧労災令第一条並びに附則第一五項及び附則第一六項）。

この最低保障額を数式で表すと、

$$\text{最低保障額} = \text{休業補償給付等の額} - \text{社会保険年金額} / 365$$

となる。

(ロ) 休業補償給付等にスライドが働く場合は、従来は、休業補償給付等の額がスライド改定後の額であることを明記していたが、今回の改正により、休業補償給付等の額はスライド後の給付基礎日額を基礎として算定されるため当然にスライド後の額となり、このような明記は不要となったので、この規定を削除した（新労災令第一条並びに附則第一二項及び附則第一三項）。

ロ　給付基礎日額の最低保障額のスライド率による割戻し規定の整備

従来は、休業補償給付等がスライドされた場合であって、平均賃金相当額にスライド率（平均賃金相当額の一〇〇分の六〇に乗ずべき率。以下「通算スライド率」という。）を乗じて得た額が最低保障額に満たない場合は、最低保障額を当該スライド率で割り戻した額を法第八条の給付基礎日額とすることとしていた

(旧労災則第九条第四号ただし書ニ)。

今回は、スライド後の休業給付基礎日額を平均賃金相当額で除して得た率が通算スライド率となるので、その率により最低保障額を割り戻すこととするなど、規定の整備を行った(新労災則第九条第四号ただし書ロ)。

ハ　個別事業主による平均給与額の証明の廃止

個別事業場単位でのスライド制の廃止に伴い、個別事業主による平均給与額の証明に関する規定(旧労災則第一三条第四項及び第一八条の六の二第二項)を削除した。

ニ　その他の規定の整備

法、労災令、労災則及び労働者災害補償保険法施行規則等の一部を改正する省令(昭和六二年労働省令第二号)につき、法令の条文移動等に伴う所要の規定の整備を行った。

(4)　経過措置

イ　施行日前にスライドされた休業補償給付等のスライドに係る経過措置

改正法第二条の施行日(平成二年一〇月一日)前に旧法の規定によりスライドされた休業補償給付等を新法の規定によりスライドさせる場合には、当該旧法の規定による最後のスライド改定時の四半期の前々四半期(日日雇い入れられる者にあっては、スライド改定時の四半期の属する年の前年の七月から九月までの期間)の平均給与額を基礎としてスライド率を算定し、当該旧法の規定によるスライド改定時の休業補償給付等の額の六〇分の一〇〇に当該算定したスライド率を乗じることによりスライドさせることとした(改正法附則第四条及び改正省令附則第二条)。

ロ　施行日前に支給事由が生じた休業補償給付等の額

改正法第二条の施行日(平成二年一〇月一日)前に支給事由が生じた休業補償給付等の額については、同日以後に支払われる場合であっても、旧法の規定により算定した額によることとした(改正法附則第三条)。

ハ　個別事業主の証明に関する経過措置

改正省令の施行日(平成二年一〇月一日)前に支給事由が生じた休業補償給付等に係る個別事業主の平均給与額の証明書の添付については、上記(3)ハで説明した廃止の措置にかかわらず、なお従前の例によることとした(改正省令附則第三条第三項)。

ニ　長期療養者の休業給付基礎日額への年齢階層別最低・最高限度額の設定

(1)　改正の趣旨及び概要

イ　改正の趣旨

昭和六二年二月一日に、年金たる保険給付については、若年時被災者の年金額が生涯にわたって低額のまま据え置かれるなど被災時の年齢による不均衡の是正を図ること等のため、当該保険給付に係る給付基礎日額について年齢階層別最低・最高限度額制度が導入された（労働者災害補償保険法及び労働保険の保険料の徴収等に関する法律の一部を改正する法律（昭和六一年法律第五九号）による改正。昭和六二年一月三一日付け基発第四二号通達の記の第一の一(1)参照。）。

その後、休業補償給付等についても、支給が長期化する例が増え、年金と同様な年齢間の不均衡の問題に加えて、傷病補償年金や傷病年金（療養開始後一年六箇月を経過して症状の重い者に支給）には最高限度額が適用されるのに、かえって症状の軽い者の方が最高限度額が適用されないという不均衡が顕在化してきたことから、療養開始後一年六箇月を経過した者に支給する休業補償給付等に係る休業給付基礎日額に、年金たる保険給付と同様の年齢階層別最低・最高限度額制度を導入することとした（新法第八条の二第二項）。

ロ　改正の概要

改正の内容は、下記(2)に規定する内容を除き、年金たる保険給付に係る給付基礎日額の年齢階層別最低・最高限度額制度と同様の内容とした（新法第八条の二第二項並びに新労災則第九条の三及び第九条の四。昭和六二年一月三一日付け基発第四二号通達の記の第一の一(2)イ及びロ参照。）。

(2)　具体的適用

イ　「一年六箇月を経過した日」の特定

「療養を開始した日から起算して（注一）一年六箇月を経過した日（注二）」（新法第八条の二第二項）とは、療養の開始の日の属する月の翌月から起算して一八箇月目の月において当該療養の開始の日に応当する日（応当する日がない場合は、当該一八箇月目の月の末日の翌日）である（法第四三条及び民法第一四三条第二項）。

例えば、平成二年一〇月三日に療養を開始した場合には、平成二年一一月から起算して一八箇月目の月である平成四年四月の三日が「一年六箇月を経過した日」となり、平成二年一〇月三一日に療養を開始した場合には、一八箇月目の月である平成四年四月には三一日に応当する日がないので、平成四年五月一日が「一年六箇月を経過した日」となる。

（注一）　法第四三条及び民法第一四〇条によると、期間の初日は算入しないこととされているが、新法第八条の二第二項はこの特例である。

（注二）　一般に、「（一定の期間を）経過した日」とは、一定の期間の満了日の翌日と解されている。

ロ　被災労働者の年齢の計算

被災労働者の年齢の計算に関しては、休業補償給付等の額は一日単位で計算されるものであるので、年金たる保険給付のように被災労働者の年齢を一年単位でみる（最低・最高限度額の適用を一年間固定する）合理性はないが、一方、日ごとに被災労働者の年齢をみて最低・最高限度額の適用を変更するのは事務処理上煩雑であるので、四半期の初日ごとに被災労働者の年齢をみることとした（新法第八条の二第二項）。

ハ　公示方法

統計上、年齢階層別最低・最高限度額が判明する時期（六月頃）との関係等を考慮し、休業補償給付等についても、年金たる保険給付と同様、毎年八月から翌年七月までの期間ごとに年齢階層別最低・最高限度額を設定することとし、その年の七月三一日までに告示することとした（新労災則第九条の四第六項）。

(3)　関係規定の整備

イ　一部休業の場合の考え方

休業給付基礎日額が最高限度額の適用を受けて減額される場合であって、一日の所定労働時間のうち一部につき就労した場合については、最高限度額を適用しないこととした場合の休業給付基礎日額から一部を受けた賃金を控除し、その残額につき最高限度額を適用することとした（新法第一四条第一項ただし書）。

これは、先に最高限度額を適用して給付基礎日額を減額した後、一部受けた賃金を控除する場合、一部受けた賃金の額が最高限度額以上であれば、休業補償給付等の額が〇円となるが、労働基準法の休業補償には最高限度額の適用がないため休業補償の義務は残る（労働基準法施行規則第三八条）場合もあるなど不都合が生じるからである。

ロ　その他の規定の整備

年金たる保険給付に係る給付基礎日額の年齢階層別最低・最高限度額に関する規定は、休業給付基礎日額の年齢階層別最低・最高限度額に関する規定を準用する形式とした（新法第八条の三第二項）が、内容は従来と変わらないものである。

(4)　経過措置

イ　施行日前に支給事由が生じた休業補償給付等の額

上記一(4)ロと同様である。

ロ　継続休業者に係る経過措置

改正法第二条の施行日（平成二年一〇月一日）前に療養を開始した者（以下「継続休業者」という。）については、受給者に急激な変化を生じさせることを防止する観点から、同日以後に療養を開始した者との均衡を考慮して、同日に療養を開始したものとみなすことにした（改正法附則第五条）。

この結果、継続休業者に対し、実際に休業給付基礎日額に係る年齢階層別最低・最高限度額が適用されるのは、平成二年一〇月一日から起算して二年六箇月を経過した日である平成四年四月一日以後である。

なお、施行日以後に療養を開始した者の最も早い療養開始日は、平成二年一〇月一日であるから、継続休業者も新規休業者も平成四年四月一日までは年齢階層別最低・最高限度額の適用がないことになる。

ハ　公示に係る経過措置

上記ロとの関係で、年齢階層別最低・最高限度額の公示に関する規定（新労災則第九条の四第六項）は、平成四年四月一日前に支給事由が生じた休業補償給付等については適用しないこととするなど、所要の経過措置を設けた（改正省令附則第三条第一項及び第二項）。

第二　特別支給金関係

一　休業特別支給金

休業特別支給金の額の算定の基礎として用いる給付基礎日額を新法第八条の二第一項又は第二項の休業給付基礎日額（スライドの規定や年齢階層別最低・最高限度額の規定を適用した後の給付基礎日額）とすることとするとともに、一部休業の場合に関する所要の整備（上記第一の二(2)イ参照）を行った（新特支則第三条第一項）。

また、これに伴い、休業特別支給金の額をスライドさせる規定（旧特支則第三条第三項及び第四項）を削除した。

二　その他の規定の整備

休業特別支給金のスライドにつき、個別事業場ごとのスライド方式を廃止したことに伴い、事業主の平均給与額の証明に関する規定（旧特支則第三条第七項）を削除したほか、特支則及び昭和五二年改正省令につき、法令の条文移動等に伴う所要の規定の整備を行った。

三　経過措置

(1)　施行日前に支給事由が生じた休業特別支給金の額

改正省令の施行日（平成二年一〇月一日）前に支給事由が生じた休業特別支給金の額については、同日以後に支払われる場合であっても、旧特支則の規定により算定した額によることとした（改正省令附則第四条第一項）。

(2)　その他の経過措置

改正省令の施行日（平成二年一〇月一日）前に支給事由が生じた休業特別支給金に係る個別事業主の平均給与額の証明の廃止（上記二参照）につき、上記第一の一(4)ハと同様の経過措置を規定した（改正省令附則第四条第二項）。

第三　労災就学等援護費に関する通達の一部改正関係

年金給付基礎日額に関する法律の規定が、旧法第八条の二から新法第八条の三に移動したことに伴い、別紙のとおり労災就学等援護費支給要綱（昭和四五年一〇月二七日付け基発第七七四号）第三項第一号ただし書の文言の整理を行うこととし、あわせてこの際従来の度重なる同要綱の改正と整合性がとれるように昭和四五年一〇月二七日付け基発第七七四号通達本文及び昭和五四年四月四日付け基発第一六〇号通達本文を一部改正することとした（形式整備にとどまり、内容は変更はない。）。

なお、同要綱第三項第一号ただし書は、労災就学等援護費を申請する者が受ける年金たる保険給付に係る年金給付基礎日額が一定額（平成二年九月二八日現在では一四、〇〇〇円）を超える場合（いったん労災就学等援護費が支給されることとなった場合を除く。）には、労災就学等援護費が支給されない旨を定めるものである。

（平二・九・二八　基発第五八八号）

〈労働者災害補償保険法の一部を改正する法律の施行（第一次分）等について〉

第一　保険給付関係

１及び２　〈略〉

３　長期療養者の休業給付基礎日額及び年金給付基礎日額に係る年齢階層別最低・最高限度額の改善

(1)　改正の趣旨及び概要

イ　改正の趣旨

年齢階層別最低・最高限度額は、被災労働者の稼得能力の適正な評価及びこれに基づいた補償の実施という労災保険制度の趣旨に照らして設けられているものであり、具体的には、六五歳未満の年齢階層については、各年齢階層ごとに常用労働者を賃金の低い者から高い者へ並べて、賃金の低い方から五％目の労働者が受けている賃金額と高い方から五％目の労働者が受けている賃金額を求めた上で、最低保障額及びＩＬＯ第一二一号条約の規定を考慮して年齢階層別最低・最高限度額を算定し、また、六五歳以上の年齢階層については、就労している者の割合が著しく低下していることもあり、これらの者の就労の実態を考慮してより適正に稼得能力を給付に反映させるため、常用労働者に常用労働者以外の者の全数を算入して、年齢階層別最低・最高限度額を算定してきたところである。

ところで、最近の高齢者の就業状況をみると、人口の高齢化に伴って六五歳以上の年齢階層の労働力人口は急激に増加してきているとともに、六五歳以上の年齢階層の労働力率を六五歳以上七〇歳未満の年齢階層と七〇歳以上の年齢階層に区分すると、前者は四〇・一％、後者は一六・四％（平成六年）と大きく異なっており、六五歳から七〇歳にかけては比較的緩やかな引退過程にあるとみることができる。

このため、このような高齢者の就労実態を適正に給付基礎日額に反映させることとし、現行では六五歳以上について一括りとなっている年齢階層を、六五歳以上七〇歳未満の年齢階層と七〇歳以上の年齢階層に分けることとした。さらに、年齢階層別最低・最高限度額の算定に当たっては、現行では六五歳以上の年齢階層について一律に常用労働者以外の者の全数を算入しているが、今後は、これらの年齢階層の就労実態に合わせて段階的に算入することとした。

ロ　改正の概要

(イ)　現行の六五歳以上の年齢階層を六五歳以上七〇歳未満の年齢階層と七〇歳以上の年齢階層に分ける（新労災則第九条の三関係）。

(ロ)　年齢階層別最低・最高限度額の算定に当たり、六五歳以上七〇歳未満の年齢階層においては、最も労働力率が高い四五歳以上五〇歳未満の年齢階層と同程度の人口をカバーした上で稼得能力の実態を評価する観点から、常用労働者に常用労働者以外の者の四分の三を算入し、七〇歳以上の年齢階層においては全数を算入する（新労災則第九条の四関係）。

(2)　施行期日及び経過措置

この改正は、平成七年八月一日から施行され、施行日前の期間に係る年金たる保険給付並びに施行日前に支給事由の生じた休業補償給付及び休業給付に係る年齢階層別最低・最高限度額については、なお従前の例による（改正省令附則第一項及び第二項関係）。

（平七・七・三一　基発第四九二号）

（年金給付基礎日額）
第八条の三　年金たる保険給付の額の算定の基礎として用いる給付基礎日額（以下この条において「年金給付基礎日額」という。）については、次に定めるところによる。
一　算定事由発生日の属する年度（四月一日から翌年三月三十一日までをいう。以下同じ。）の翌々年度の七月以前の分として支給する年金たる保険給付については、第八条の規定により給付基礎日額として算定した額を年金給付基礎日額とする。
二　算定事由発生日の属する年度の翌々年度の八月以後の分として支給する年金たる保険給付については、第八条の規定により算定した額に当該年金たる保険給付を支給すべき月の属する年度の前年度（当該月が四月から七月までの月に該当する場合にあつては、前々年度）の平均給与額（厚生労働省において作成する毎月勤労統計における毎月きまつて支給する給与の額を基礎として厚生労働省令で定めるところにより算定した労働者一人当たりの給与の平均額をいう。以下この号及び第十六条の六第二項において同じ。）を算定事由発生日の属する年度の平均給与額で除して得た率を基準として厚生労働大臣が定める率を乗じて得た額を年金給付基礎日額とする。
2　前条第二項から第四項までの規定は、年金給付基礎日額について準用する。この場合において、同条第二項中「前項」とあるのは「次条第一項」と、同項第一号中「休業補償給付等」とあるのは「年金たる保険給付」と、「支給すべき事由が生じた日」とあるのは「支給すべき月」と、「四半期の初日（次号」とあるのは「年度の八月一日（当該月が四月から七月までの月に該当する場合にあつては、当該年度の前年度の八月一日。以下この項」と、「年齢の」とあるのは「年齢（遺族補償年金又は遺族年金を支給すべき場合にあつては、当該支給をすべき事由に係る労働者の死亡がなかつたものとして計算した場合に得られる当該労働者の基準日における年齢。次号において同じ。）の」と、同項第二号中「休業補償給付等」とあるのは「年金たる保険給付」と読み替えるものとする。

条文解説

本条は、年金たる保険給付の額の算定の基礎として用いる給付基礎日額（以下「年金給付基礎日額」という。）について、賃金水準の変動に応じて改定（スライド）させること、また、第八条の二第二項の規定を準用することにより、休業補償給付等と同様に、労働者の年齢階層ごとに最低限度額及び最高限度額を定めることを規定したものである。

第一項は、年金たる保険給付のスライド制について規定している。

第二項は、第八条の二に定める休業給付基礎日額に係る年齢階層別の最低限度額及び最高限度額に関する規定を年金給付基礎日額にも準用して適用する旨規定している。

関係政省令等

（年金たる保険給付等に係る平均給与額の算定）

則第九条の五　法第八条の三第一項第二号（法第八条の四において準用する場合を含む。次項において同じ。）の平均給与額は、平均定期給与額の四月分から翌年三月分までの各月分の合計額によるものとする。ただし、毎月勤労統計の標本の抽出替えが行われたことにより当該各月分の合計額によることが適当でないと認められる場合には、当該各月について、常用労働者（毎月勤労統計における常用労働者をいう。以下この項において同じ。）を常時五人以上雇用する事業所（毎月勤労統計における事業所をいう。）に雇用される常用労働者に係る当該抽出替えが行われた月の当該抽出替えが行われた後の平均定期給与額に当該抽出替えが行われた後の賃金指数（毎月勤労統計における毎月きまつて支給する給与の賃金指数をいう。以下この項において同じ。）を当該抽出替えが行われた月の当該抽出替えが行われた後の賃金指数で除して得た数を乗じて得た額の合計額によるものとする。

2　毎月勤労統計の調査の範囲、対象等の変更が行われたことにより前項の規定により算定した平均給与額によることが適当でないと認められる場合においては、同項の規定にかかわらず、当該変更が行われた月の属する年度の法第八条の三第一項第二号の平均給与額は当該変更が行われた月以後の十二月分の平均定期給与額の合計額（当該合計額により難い場合には、十二を下回る厚生労働大臣が定める数の月分の平均定期給与額の合計額。以下この項において同じ。）を当該変更が行われなかつたものとした場合に得られる当該十二月分の平均定期給与額の合計額で除して得た率（以下この項において「補正率」という。）を当該変更が行われた月より前の各月の月分の平均定期給与額に乗じて得た額を当該変更が行われた月より前の各月の月分の平均定期給与額とみなして前項本文の規定を適用したときに得られる同項本文の合計額によるものとし、当該変更が行われた月の属する年度より前の年度の同号の平均給与額は同項の規定により算定した平均給与額（同号の平均給与額がこの項の規定により算定した額によるものとされた場合にあつては、当該算定した額）に補正率を乗じて得た額によるものとする。

関係告示

厚生労働省告示第二四九号（平二三・七・二五）

労働者災害補償保険法（昭和二十二年法律第五十号）第八条の三第一項第二号（同法第八条の四において準用する場合を含む。）の規定に基づき、平成二十三年八月から平成二十四年七月までの月分の同法の規定による年金たる保険給付又は平成二十三年八月一日から平成二十四年七月三十一日までの間に支給すべき事由が生じた同法の規定による障害補償一時金若しくは遺族補償一時金若しくは障害一時金若しくは遺族一時金に係る給付基礎日額の算定に用いる厚生労働大臣が定める率を次のとおり定める。

労働者災害補償保険法第八条第一項の算定事由発生日の属する期間	給付基礎日額の算定に用いる率（単位％）
昭和二二年九月一日から昭和二三年三月三一日まで	二〇、一七〇
昭和二三年四月一日から昭和二四年三月三一日まで	七、三三五
昭和二四年四月一日から昭和二五年三月三一日まで	四、〇六七
昭和二五年四月一日から昭和二六年三月三一日まで	三、五一〇
昭和二六年四月一日から昭和二七年三月三一日まで	二、八七〇
昭和二七年四月一日から昭和二八年三月三一日まで	二、四七六
昭和二八年四月一日から昭和二九年三月三一日まで	二、一八〇
昭和二九年四月一日から昭和三〇年三月三一日まで	二、〇五八
昭和三〇年四月一日から昭和三一年三月三一日まで	一、九六八
昭和三一年四月一日から昭和三二年三月三一日まで	一、八五七
昭和三二年四月一日から昭和三三年三月三一日まで	一、七九二
昭和三三年四月一日から昭和三四年三月三一日まで	一、七六六
昭和三四年四月一日から昭和三五年三月三一日まで	一、六五九
昭和三五年四月一日から昭和三六年三月三一日まで	一、五六一
昭和三六年四月一日から昭和三七年三月三一日まで	一、三九六
昭和三七年四月一日から昭和三八年三月三一日まで	一、二五六
昭和三八年四月一日から昭和三九年三月三一日まで	一、一三二
昭和三九年四月一日から昭和四〇年三月三一日まで	一、〇二二
昭和四〇年四月一日から昭和四一年三月三一日まで	九三五
昭和四一年四月一日から昭和四二年三月三一日まで	八四九
昭和四二年四月一日から昭和四三年三月三一日まで	七六四
昭和四三年四月一日から昭和四四年三月三一日まで	六七七
昭和四四年四月一日から昭和四五年三月三一日まで	五九二
昭和四五年四月一日から昭和四六年三月三一日まで	五〇九
昭和四六年四月一日から昭和四七年三月三一日まで	四四六
昭和四七年四月一日から昭和四八年三月三一日まで	三八六
昭和四八年四月一日から昭和四九年三月三一日まで	三二五
昭和四九年四月一日から昭和五〇年三月三一日まで	二六一
昭和五〇年四月一日から昭和五一年三月三一日まで	二二二
昭和五一年四月一日から昭和五二年三月三一日まで	二〇〇
昭和五二年四月一日から昭和五三年三月三一日まで	一八三
昭和五三年四月一日から昭和五四年三月三一日まで	一七三
昭和五四年四月一日から昭和五五年三月三一日まで	一六三
昭和五五年四月一日から昭和五六年三月三一日まで	一五四
昭和五六年四月一日から昭和五七年三月三一日まで	一四七
昭和五七年四月一日から昭和五八年三月三一日まで	一四〇
昭和五八年四月一日から昭和五九年三月三一日まで	一三七
昭和五九年四月一日から昭和六〇年三月三一日まで	一三二
昭和六〇年四月一日から昭和六一年三月三一日まで	一二八
昭和六一年四月一日から昭和六二年三月三一日まで	一二五
昭和六二年四月一日から昭和六三年三月三一日まで	一二二
昭和六三年四月一日から平成元年三月三一日まで	一一八

平成元年四月一日から平成二年三月三一日まで	一一五
平成二年四月一日から平成三年三月三一日まで	一一一
平成三年四月一日から平成四年三月三一日まで	一〇七
平成四年四月一日から平成五年三月三一日まで	一〇五
平成五年四月一日から平成六年三月三一日まで	一〇三
平成六年四月一日から平成七年三月三一日まで	一〇一
平成七年四月一日から平成八年三月三一日まで	一〇〇
平成八年四月一日から平成九年三月三一日まで	九八
平成九年四月一日から平成一〇年三月三一日まで	九七
平成一〇年四月一日から平成一一年三月三一日まで	九八
平成一一年四月一日から平成一二年三月三一日まで	九七
平成一二年四月一日から平成一三年三月三一日まで	九七
平成一三年四月一日から平成一四年三月三一日まで	九八
平成一四年四月一日から平成一五年三月三一日まで	九九
平成一五年四月一日から平成一六年三月三一日まで	九九
平成一六年四月一日から平成一七年三月三一日まで	九九
平成一七年四月一日から平成一八年三月三一日まで	九九
平成一八年四月一日から平成一九年三月三一日まで	九九
平成一九年四月一日から平成二〇年三月三一日まで	九九
平成二〇年四月一日から平成二一年三月三一日まで	九九
平成二一年四月一日から平成二二年三月三一日まで	一〇〇

労働省告示第七六号（平一一・七・二八、改正　平一二・一二・二五告示第一二〇号）

労働者災害補償保険法施行規則（昭和三十年労働省令第二十二号）第九条の五第二項の規定に基づき、厚生労働大臣が定める数を次のように定め、平成十一年八月から平成十二年七月までの月分の労働者災害補償保険法（昭和二十二年法律第五十号）の規定による年金たる保険給付又は平成十一年八月一日から平成十二年七月三十一日までの間に支給すべき事由が生じた同法の規定による障害補償一時金、遺族補償一時金、障害一時金若しくは遺族一時金に係る給付基礎日額の算定に用いる同法第八条の三第一項第二号（同法第八条の四において準用する場合を含む。）の厚生労働大臣が定める率の算定から適用する。

労働者災害補償保険法施行規則第九条の五第二項の厚生労働大臣が定める数は、一とする。

解釈例規

〈労働者災害補償保険法等の一部を改正する法律の施行（第一次分）等について(1)〉

第一　保険給付関係

一　年金・一時金のスライド制の改善

(1) 改正の趣旨及び概要

イ　改正の趣旨

近年における賃金上昇率の鈍化、他の公的年金の動向等（厚生年金保険の年金たる保険給付や国民年金の年金給付のスライドの根拠規定が昭和六〇年に本則化され、平成二年には、いわゆる完全自動物価スライド制となったこと等）にかんがみ、年金・一時金のスライドをいわゆる完全自動賃金スライド制とするとともに、暫定措置となっていたものを恒久措置化し、給付額をスライドさせる方式から給付基礎日額をスライドさせる方式に改めたものである。

ロ　改正の概要

(イ) 年金たる保険給付のスライドについて、従来は、旧法附則第六四条の規定に基づき、当分の間の措置として、年金たる保険給付に係る労働者の当該負傷し、又は疾病にかかった日（以下「算定事由発生日」という。）の属する年度における平均給与額の一〇〇分の一〇六を超え、又は一〇〇分の九四を下るに至った場合において、その状態が継続すると認めるときに、その上昇し、又は低下した比率を基準として、その翌年度の八月以降の当該年金たる保険給付の額を改定することとなっていた。

(ロ) 今回の改正により、新法第八条の二第一項の規定に基づき、算定事由発生日の属する年度の翌々年度以後は、その年度の八月から翌年度の七月までの月分の年金たる保険給付に関し、当該年金たる保険給付の額の算定の基礎となる給付基礎日額（以下「年金給付基礎日額」という。）に、算定事由発生日の属する年度の平均給与額と当該その年度の前年度の平均給与額との比率を基準として労働大臣が定める率（以下「スライド率」という。）を乗じて得た額を年金給付基礎日額とすることとして、毎年、年金給付基礎日額を算定することとした（新法第八条の二第一項）。

(ハ) 年金たる保険給付の額をスライドさせる方式から年金給付基礎日額をスライドさせる方式に改めた理由は、

① 労災保険給付の基本的性格が稼得能力の塡補にあるという考え方からすれば、スライドは、原則として労働基準法第一二条の平均賃金相当額である年金給付基礎日額が、賃金水準の変動に伴い評価替えされるものとして構成する方が理解しやすいこと、

② 年金給付基礎日額の年齢階層別最低・最高限度額を適用する場合

において、当該最低・最高限度額（現在の賃金水準に基づき算定）との比較を行うには、年金給付基礎日額をスライドさせておく（現在の賃金水準に応じて評価替えする）必要があるが、給付額をスライドさせる旧法下では、複雑な操作（注）を行っており、スライド規定を本則化するに当たり、この関係を簡易なものとする必要があったこと

である。

（注）旧法附則第六五条の二は、年金給付基礎日額と最低・最高限度額との大小比較をする際、年金給付基礎日額にスライド改定に用いる率を仮に乗ずることとしており、また、旧法附則第六四条第二項は、このように大小比較した結果、最低・最高限度額を年金給付基礎日額とすることとされた場合にあっては、年金額のスライドを行わないこととしている。

(ニ)　障害補償一時金、遺族補償一時金、障害一時金及び遺族一時金の算定の基礎となる給付基礎日額についても、年金給付基礎日額に準じることとした（新法第八条の三）。

なお、新法第一六条の六第一項第二号（旧法第一六条の六第二号。第二二条の四第三項において準用する場合を含む。）の遺族補償一時金又は遺族一時金は、給付基礎日額の一〇〇〇日分から支給された遺族補償年金等の額の合計額を控除した額を支給するもの（いわゆる失権差額一時金の一種）であるが、この支給された遺族補償年金等の額の合計額の計算については、下記(3)イで後述する。

(ホ)　他の保険給付については、下記のとおりとした。

①　葬祭料及び葬祭給付

葬祭料及び葬祭給付の額は、二五万円に給付基礎日額の三〇日分を加えた額か給付基礎日額の六〇日分のいずれか高い額とし（旧労災則第一七条及び第一八条の一一）、当分の間、この給付基礎日額の三〇日分又は給付基礎日額の六〇日分については、葬祭料又は葬祭給付の支給事由につき遺族補償年金又は遺族年金が支給されるものとみなしてこれらの年金の額の改定に用いられることとなる率と同一の率を乗じることによりスライドさせることとしていた（旧労災則附則第四一項及び附則第四二項）。

今回、年金たる保険給付等のスライドを恒久措置化したことに伴い、葬祭料又は葬祭給付のスライド規定を本則に置くこととし、規定の整備を行った（新労災則第一七条及び第一八条の一一）。

②　障害補償年金差額一時金及び障害年金差額一時金

従来は、これらの一時金の額は、給付基礎日額の所定日数分と

支給された障害補償年金等の額の合計額との差額とすることとし、スライドについては、当該差額にスライド率（当該支給すべき事由につき障害補償年金等が支給されるものとみなしてこれらの年金の額の改定に用いられることとなる率と同一の率）を乗じることとしてきた（旧法附則第五八条第一項、附則第六一条第一項及び附則第六五条）。

今回は、年金たる保険給付等のスライド方式の変更に合わせて、これらの一時金に係る給付基礎日額を障害補償一時金に係る給付基礎日額とみなすなどしてスライド規定を適用することにより、これらの一時金に係る給付基礎日額をスライドさせることとした（新法附則第五八条第一項及び附則第六一条第一項並びに新労災則附則第一九項及び附則第三六項）。

なお、支給された障害補償年金等の額の合計額の計算については、下記⑶イで後述する。

③　障害補償年金前払一時金、遺族補償年金前払一時金、障害年金前払一時金及び遺族年金前払一時金

従来は、これらの一時金は、他の一時金と同様、旧法附則第六五条により、これらの一時金の額にスライド率（上記②と同様にして求められるスライド率）を乗じることによりスライドすることとしてきた（旧法附則第六五条）。

今回は、これらの一時金の額は労働省令で定めることとされている（法附則第五九条第二項、附則第六〇条第二項、附則第六二条第二項及び附則第六三条第二項）ことにかんがみ、スライドの根拠規定を労働省令で定めることとし、労働省令で定めたこれらの一時金の額について、当該一時金を障害補償一時金とみなしてスライド規定を適用することによりスライドさせることとした（新労災則附則第二四項、附則第三一項、附則第三七項及び附則第四〇項）。

(ヘ)　特別加入者に係る年金・一時金たる保険給付の額の算定の基礎として用いる給付基礎日額については、下記のとおりとした。

従来の特別加入者に係る年金・一時金たる保険給付については、旧法附則第六四条又は附則第六五条の規定の適用があり、労働者に係る年金・一時金たる保険給付と同様にスライドされていた。

今回の改正により、年金・一時金たる保険給付の額の算定の基礎として用いる給付基礎日額がスライドされることとされたが、特別加入者に係る給付基礎日額については労働省令で定めることとされており、労働者に係るスライドに関する規定等（新法第八条の二第一項、第八条の三及び第八条の四）が特別加入者に適用されないため（法第二八条（現

行＝第三四条〕第一項第三号、第二九条〔同第三五条〕第一項第六号及び第三〇条〔同第三六条〕第一項第二号）、スライド等に関する根拠規定がないこととなるので、労働省令で給付基礎日額を定めることに加えて、スライド等に関しては法の規定の例によることとした（新労災則第四六条の二〇第二項、第四六条の二四及び第四六条の二五の三）。

なお、特別加入者に係る葬祭料又は葬祭給付のスライドに係る新労災則第一七条（第一八条の一一において準用する場合を含む。）の適用につき必要な読替えを行った（新労災則第四六条の二〇第三項、第四六条の二四及び第四六条の二五の三）。

(2) スライド率の算出方法

スライド率は、支払い対象月の属する年度の前年度（四月から七月までの月分については、前々年度）の平均給与額を算定事由発生日の属する年度の平均給与額で除して得た率を基準として労働大臣が定めることとした（新法第八条の二第一項第二号）。

この平均給与額の算出方法は、新労災則第九条の二に定めるところによるが、その内容は、以下のとおりである。

イ　第一項（毎月勤労統計の標本の抽出替えに対する補正）

平均給与額は、従来から、原則として毎月勤労統計の労働者一人当たりの毎月きまって支給する給与額（以下「平均定期給与額」という。）の四月分から翌年三月分までの各月分の合計額によるものとされ、毎月勤労統計の標本の抽出替えが行われた場合には所要の補正を行うこととされていた（旧労災則附則第三七項）が、この規定を本則に置くこととした（新労災則第九条の二第一項）。

（参考一）〈略〉昭和五五年一二月五日付け基発第六七三号通達の記第一の二の(1)のロの(イ)

ロ　第二項（毎月勤労統計の調査対象等の変更に対する補正）

毎月勤労統計の調査の範囲、対象等の大規模な変更が行われた場合、当該変更の前後で統計数値に連続性が保てなくなることがあり、当該数値をそのまま使用することが適当でないと認められる場合があるため、その場合には必要な補正を行うこととした。

補正の方法は、調査の範囲等の変更が行われた時点での当該変更に係る補正率（変更後の数値を調査の範囲等の変更がなかったものとしたときに得られる数値で除して得た率）を当該変更前の数値に乗じることにより行うものである（新労災則第九条の二第二項）。

具体的には、当該変更が行われた年度の平均給与額は、変更前の各月分の平均定期給与額に補正率を乗じて得た額の合計額と変更後の各月分の平均定期給与額の合計額との合算額であり、当該変更が行われた年度より前の年度は、上記イにより得た平均給与額に補正率を乗じて得た額となる。

一度この補正が行われた後に再度補正を行う場合は、当該補正後の平均給与額に新しい補正率を乗じて得た額を新しい平均給与額とする。

(3) 関係規定の整備

イ　法第一六条の六第一項第二号の遺族補償一時金その他の失権差額一時金の支給要件及び額に関する規定の整備

(イ) 旧法第一六条の六第二号の遺族補償一時金の算定

従来は、遺族補償一時金（旧法第一六条の六第二号の遺族補償一時金をいう。以下「差額一時金」という。）の額を計算するに当たり、給付基礎日額の一〇〇〇日分から控除される支給済みの遺族補償年金及び遺族補償年金前払一時金の額については、スライド率（最低・最高限度額が適用され、スライド率が乗じられない場合には、最低・最高限度額の適用がないものとしたときに得られるスライド率）で割り戻すこととされていた。

これを数式で表すと、以下のようになる。

$$\alpha \times \left[K \times 1000 - \frac{(X_1/\beta_1 + X_2/\beta_2 + \cdot\cdot)}{既支給年金合計額} - \frac{(Y_1/\gamma_1 + Y_2/\gamma_2 + \cdot\cdot)}{既支給前払一時金合計額}\right] \cdots ①$$

α：差額一時金スライド率、
β_1、β_2・・：支給年金スライド率、
γ_1、γ_2・・：既支給前払一時金スライド率、
K：給付基礎日額、
X_1、X_2・・：既支給年金額、
Y_1、Y_2・・：既支給前払一時金額

すなわち、差額一時金を計算する段階ではスライドがないものとして（既支給の年金等の額を算定事由発生日における価値に評価替えして）、最後に旧法附則第六五条で差額一時金そのものをスライドさせることとされていた。

(ロ) 新法第一六条の六第一項第二号の遺族補償一時金の算定

今回、「K×1000」が当然に「α×K×1000」となり、差額一時金の額そのものはスライドされなくなることから、「α×K×1000」の額から控除される既支給年金等の額について操作する必要が生じた。

そこで上記①の式を変形すると、

$$\alpha \times K \times 1000 - (X_1 \times \alpha/\beta_1 + \cdots) - (Y_1 \times \alpha/\gamma_1 + \cdots)$$

となり、既支給年金等の額（X_1等）について、「差額一時金のスライド率／既支給年金スライド率等（α/β_1等）」を乗じれば①の式と同じ結果が導き出されることとなる。

ここで、「差額一時金のスライド率／既支給年金スライド率等」は、すなわち「差額一時金の支給事由発生日の属する年度の前年度又は前々年度の平均給与額／既支給年金の支

給対象月の属する年度の前年度又は前々年度の平均給与額（注一）」（以下「換算率」という。）と同様である（注二）ので、新法第一六条の六第二項では、差額一時金の額を計算する際の支給された遺族補償年金の額の合計額を計算する場合には、現に支給された遺族補償年金の額（厚生年金等との併合調整がある場合には、その調整後の額）に換算率を乗じることとした。

遺族補償年金前払一時金が支給されている場合には、年金が支給されている場合と同様に、遺族補償年金前払一時金の額に換算率を乗じることとした（新法附則第六〇条第四項及び新労災則附則第三三項）。

なお、この換算率は毎年八月から翌年七月までに支給事由が生じる差額一時金に関して当該年の七月中に告示されることとなるので、実際の計算は、支給された年金・一時金の支給対象月又は支給事由発生月の属する期間（各年八月から翌年七月までの期間）に応じて告示される率を当該支給された年金・一時金の額に乗じて算定することとなる。

以上のことを図示すると、〔別図一〕〈略〉のとおりとなる。

ただし、本年七月に告示される換算率は、下記(4)ロ及び〔別図二〕〈略〉で後述するとおり、すべて経過措置の対象となるものであるので、下記(4)ロ及び〔別図二〕〈略〉の記述等に留意すること。

（注一）支給事由発生日の属する月又は支給対象月が四～七月の場合に、「前々年度の平均給与額」を使用する。

（注二）$\alpha = A/C$、$\beta_1 = B_1/C$なので、

$\alpha/\beta_1 = A/C \div B_1/C = A/B_1$

となり、上記式が導かれる。

〔A：差額一時金の支給事由発生日の属する年度の前年度又は前々年度の平均給与額、B_1：既支給年金の支給対象月の属する年度の前年度又は前々年度の平均給与額、C：算定事由発生日の属する年度の平均給与額〕

(ハ)　他の失権差額一時金の額の算定

他の失権差額一時金の額の算定についても、上記の遺族補償一時金と同様に扱うこととした（遺族一時金について、新法第二二条の四及び新労災則附則第四三項。障害補償年金差額一時金について、新法附則第五八条並びに新労災則附則第一七項及び附則第一八項。障害年金差額一時金について、新法附則第六一条及び新労災則附則第三六項）。

ロ　加重障害の場合の取扱い

同一部位の加重障害（労災による障害の前に既に同一部位について障害がある場合）に係る障害補償給付又は障害給付（以下「障害補償給付等」という。）の額は、加重後の障害の程度に応じる障害補償給付等の額から加重前の障害の程度に応じる障害補償給付等の額を減じることと

なっており、加重後の障害の程度に応じる障害補償給付等が年金であって、加重前の障害の程度に応じる障害補償給付等が一時金である場合には、一時金の額を二五で除すことになっている。この場合、年金に係る給付基礎日額に最低・最高限度額の適用があるときは、当該最低・最高限度額を給付基礎日額として一時金の額を算定することとしており、一時金にスライドがかかる場合でも、スライド率を乗じないこととしていた（旧労災則第一四条第五項及び第一八条の八）。

今回の改正では、一時金のスライド方式の変更（給付基礎日額を平均給与額の上昇率に応じて算定する方式への移行）に対応して、上記当該最低・最高限度額をスライド後の一時金に係る給与基礎日額とみなして上記一時金の額を算定することとした（新労災則第一四条第五項及び第一八条の八）。

ハ　厚生年金等との併給調整の場合における最低保障額に関する規定の整備

(イ)　同一の事由により障害厚生年金等の社会保険年金と労災年金とが併給される場合には、労災年金に一定の率を乗じて労災年金を減額することとしている（法別表第一第一号から第三号まで及び国民年金法等の一部を改正する法律（昭和六〇年法律第三四号）第一一六条第二項から第五項まで）。

この際、労災年金の減額分が大き過ぎると、社会保険年金を受ける権利を有している者の方が、有していない者より労災年金と社会保険年金の受給額の合計額が小さくなる場合があり、これを避けるため、併給調整後の労災年金の最低保障額を定めている（旧労災令第三条第一項及び第三項、第五条第一項及び第三項、附則第七条第一項及び第三項、附則第七項及び附則第九項並びに附則第一一項及び附則第一三項）。

上記趣旨から明らかなように、最低保障額は労災年金にスライドが働かない場合には、

最低保障額＝労災年金額－社会保険年金額…①となる。

(ロ)　労災年金にスライドが働く場合は、従来は、労災年金額から減じる社会保険年金の額を当該労災年金に係るスライド率で除すこととされていた（旧労災令第三条第二項及び第三項、第五条第二項及び第三項、附則第七条第二項及び第三項、附則第八項及び附則第九項並びに附則第一二項及び附則第一三項）。これは、労災年金の額が、最低保障額が求められた後にスライド率が乗じられることとなっているため、最低保障額を求める際には、労災年金の額（スライド改定される前の額）から減じる社会保険年金の額を当該スライド率で除しておく必要があるからである。

これを数式で表すと、下記のとお

りとなる。

最低保障額＝労災年金額－社会保険年金額／α…②

最低保障額が適用される給付額＝α×（労災年金額－社会保険年金額／α）

〔α：労災年金に係るスライド率〕…③

(ハ)　今後は、労災年金額には既にスライドが加味されていることとなるため、スライドが働く場合の最低保障額の算定式は、

最低保障額＝労災年金額（スライド後）－社会保険年金額

となるが、これは結果としては③、更には①の式と同様である。

したがって、スライドが働く場合もスライドが働かない場合も、①の式で対応可能ということになり、旧労災令第三条第二項のような規定は削除することとした。

二　その他の規定の整備

法、労働保険の保険料の徴収等に関する法律（昭和四四年法律第八四号）、労災令、労災則、徴収則その他の関係法令につき、所要の規定の整備を行った。

このうち、徴収則については、法の条文移動に伴う形式整備のほか、特別加入者に係る労災保険料の算定の基礎となる給付基礎日額につき、スライド前の給付基礎日額とするよう規定の整備を図った（新徴収則第二一条、第二二条及び第二三条の二）。これは、旧徴収則第二一条、第二二条及び第二三条の二の規定では、特別加入者に係る労災保険料の算定の基礎となる給付基礎日額は、労災則で定める給付基礎日額とすることとなっていたが、特別加入者に係る年金・一時金についても給付基礎日額自体をスライドさせる方式に変更されたことに伴い、給付基礎日額が一つに定まらなくなったためである。

(4)　経過措置

イ　施行日前の期間に係る年金たる保険給付の額等

改正法第一条の施行日（平成二年八月一日）前の期間に係る年金たる保険給付の額又は同日前に支給事由が生じた一時金の額については、同日以後に支払われる場合であっても、旧法の規定により算定した額によることとした（改正法附則第二条第一項）。

労働省令で定めることとなっている葬祭料及び葬祭給付並びに障害補償年金前払一時金、遺族補償年金前払一時金、障害年金前払一時金及び遺族年金前払一時金の額についても、同様とした（改正省令附則第三条第一項）。

ロ　換算率に係る経過措置

上記(3)イに関し、施行日前に支給された年金・一時金については、毎年必ずスライドされたものとはなっていないので、差額一時金の額を算出するための支給された遺族補償年金等の額の合計額を計算するに当たり、当該支給された遺族補償年金等

の額に乗ずべき換算率の算定のための算定式「差額一時金の支給事由発生日の属する年度の前年度又は前々年度の平均給与額／既支給年金の支給対象月の属する年度の前年度又は前々年度の平均給与額」の分母を「算定事由発生日の属する年度（当該年金・一時金がスライド改定された場合には、直近のスライド改定のあった年度）の平均給与額」に読み替える必要がある。

これを図示すると、〔別図二〕〈略〉のとおりとなる。

これにより算出された換算率は、毎年八月から翌年七月までに支給事由が生じる差額一時金に関して当該年の七月中に告示されることとなるので、実際の計算は、算定事由発生日の属する年度又は直近のスライド改定月の属する年度の前年度（各年四月から翌年三月までの期間）に応じて告示される率を当該支給された年金・一時金の額に乗じて算定することとなる。

二　遺族補償給付又は遺族給付の受給資格決定に係る生計維持の認定

遺族補償給付又は遺族給付の受給資格に係る生計維持の認定については、従来から、昭和四一年一〇月二二日付け基発第一一〇八号通達により行ってきたところであるが、平成元年一二月二五日の労働者災害補償保険審議会の建議（参考二）〈略〉を踏まえ、一部その内容を改めるとともに、当該生計維持の認定基準を労働省労働基準局長が定めることにつき省令に根拠を持たせることとした。なお、その基準は、遺族と当該労働者との同居の事実の有無、当該労働者以外の扶養義務者の有無その他の事項を基礎として定めることとした（新労災則第一四条の四）。

おって、当該生計維持の認定基準の改正内容については、別途通達する。

第二　特別支給金関係

一　特別給与を基礎とする特別支給金のスライド方式の変更

保険給付のスライドを恒久措置化し、給付基礎日額をスライドさせる方式に改めたこととの均衡から、特別支給金のスライドについても、従来暫定措置として行われていた（旧特支則附則第一〇項及び附則第一一項）ものを恒久措置化し、算定基礎日額をスライドさせる方式に改めた（新特支則第六条第五項）。

(1)　算定基礎年額

イ　原則

特別支給金（休業特別支給金を除く。）のうちスライドが行われるものは、ボーナス等の特別給与（労働基準法第一二条第四項の三箇月を超える期間ごとに支払われる賃金をいう。以下同じ。）を算定の基礎とする障害特別年金、障害特別一時金、遺族特別年金、遺族特別一時金及び傷病特別年金並びに障害特別年金差額一時金である。

これらの特別支給金（以下「ボーナス特支金」という。）の算定の基礎となる算定基礎年額は、原則として算定事由発生日以前一年間（雇入後一年に満たない場合は、雇入後の期間）に当該労働者に支払われた特別給与の総額とし（特支則第六条第一項本文）、これによることが適当でないと認められるときは、労働省労働基準局長が定める基準に従って算定する額を算定基礎年額とすることとされている（特支則第六条第一項ただし書）。

ロ　最高限度額その一

(イ)　従来は、上記イにより算定された算定基礎年額が、当該労働者の法第八条の給付基礎日額（年金たる保険給付については、旧法第八条の二第一項の年金給付基礎日額）に三六五を乗じて得た額の一〇〇分の二〇に相当する額を超えるときは、当該一〇〇分の二〇に相当する額を算定基礎年額とすることとされ（旧特支則第六条第二項）、ボーナス特支金がスライド改定される場合であって、給付基礎日額が旧法八条の二第二項第一号又は第二号の最低・最高限度額となる場合においては、上記イにより算定された算定基礎年額に当該スライド改定に用いる率を乗じて得た額と当該一〇〇分の二〇に相当する額（最低・最高限度額×365×20／100）とを比較し、後者が小さいときには、当該一〇〇分の二〇に相当する額を当該スライド改定に用いる率で除して得た額を算定基礎年額とすることとされていた（旧特支則附則第一二項）。

(ロ)　今回は、給付基礎日額そのものがスライド改定されるので、そのスライド改定後の給付基礎日額（年金たる保険給付にあっては、新法第八条の二第二項の年金給付基礎日額を含む。）に三六五を乗じて得た額の一〇〇分の二〇に相当する額を算出し、上記イにより算定された算定基礎年額にも当該スライド改定に用いる率（年金たる保険給付にあっては、法第八条の二第二項の最低・最高限度額の適用がないものとしたときの新法第八条の二第一項第二号のスライド改定に用いる率を含む。）を乗じて両者を大小比較することとし、当該一〇〇分の二〇に相当する額の方が小さい場合には、当該一〇〇分の二〇に相当する額を当該スライド改定に用いる率で除して得た額を算定基礎年額とすることとした（新特支則第六条第三項）。

ハ　最高限度額その二

(イ)　従来は、上記イ及びロ(イ)により算定された算定基礎年額が一五〇万円を超えるときは、一五〇万円を算定基礎年額とすることとされ（旧特支則第六条第四項）、ボーナス特支金がスライド改定される場合においては、上記イ及びロ(イ)により算定された算定基礎年額に当該スライド改定に用いる率を乗じて得た額と一五〇万円とを比較し、後者が小さいときには、当該一五〇万円を当該スライド改定に用いる率で除して得た額を算定基礎年額とすることとされていた（旧特支則附則第一三項）。

(ロ)今回は、上記イ及びロ(ロ)により算定された算定基礎年額と、一五〇万円を給付基礎日額のスライド改定に用いる率で除して得た額とを比較し、後者が小さいときには、当該一五〇万円を当該スライド改定に用いる率で除して得た額を算定基礎年額とすることとした（新特支則第六条第四項）。

(2)　算定基礎日額

イ　従来の取扱い

算定基礎年額を三六五で除して得た額を算定基礎日額とすることとされていた（旧特支則第六条第五項）。

これに所定日数を乗じて得た額（特支則別表第三遺族特別一時金の項第二号の遺族特別一時金（以下「第二号の遺族特別一時金」という。）又は障害特別年金差額一時金にあっては、算定基礎日額に所定日数を乗じて得た額から、支給されたボーナス特支金の額の合計額を控除して得た額）がボーナス特支金の額であって、当該ボーナス特支金の額は、暫定措置として、旧法第六四条第一項の規定の例により、その額をスライドさせることとなっていた（旧特支則附則第一〇項）。

第二号の遺族特別一時金及び障害特別年金差額一時金については、下記(3)で後述する。

ロ　今回の改正後の取扱い

今回の改正では、ボーナス特支金のスライドを恒久措置化するとともに、給付額をスライドさせる方式から、いわゆる算定基礎日額をスライドさせる方式に改めることとした。

具体的には、算定基礎年額を三六五で除して得た額を当該特別支給金に係る保険給付（当該特別支給金を支給される根拠となる保険給付をいう。例えば、障害特別年金については、障害補償年金又は障害年金をいう。）の額の算定に用いる給付基礎日額とみなして、スライドに係る規定を適用して得た額を、算定基礎日額とすることとした（新特支則第六条第五項）。

(3)　第二号の遺族特別一時金及び障害特別年金差額一時金

第二号の遺族特別一時金及び障害特別年金差額一時金の額を算定するに当たり、一定額から控除すべき支給されたボーナス特支金の額の計算については、新法第一六条の六第二項及び新労災則附則第一七項から第一九項までの規定に準じることとした（新特支則別表第三遺族特別一時金の項第二号、新特支則附則第七項）。

(4)　その他の規定の整備

同一部位における加重障害の場合の障害特別年金差額一時金の額については、従来は、旧労災則附則第一七項（新労災則附則第二〇項に該当する。）を準用していた（旧特支則附則第九項）が、読替えが複雑になるので、新労災則附則第二〇項に準じて書き下ろすこととした（新特支則附則第八項）。

その他条文移動に伴う形式整備等所要の規定の整備を行った。

(5)　経過措置

イ　施行日前の期間に係る年金たる特別支給金の額等

改正省令の施行日（平成二年八月一日）前の期間に係る年金たる特別支給金の額並びに同日前に支給事由が生じた障害特別一時金及び遺族特別一時金の額については、同日以後に支払われる場合であっても、旧特支則の規定により算定した額によることとした（改正省令附則第四条第一項）。

ロ　換算率に係る経過措置

上記(3)により、第二号の遺族特別一時金及び障害特別年金差額一時金の額を算定するに当たり、一定額から控除すべき支給されたボーナス特支金の額の計算については、新法第一六条の六第二項及び新労災則附則第一七項からは第一九項までの規定に準じることとしたが、経過措置についても、これらの規定に関する経過措置に準じて規定することとした（改正省令附則第四条第二項及び第三項）。

二　特別支給金として支給される差額支給金に関する規定の改正

(1)　給付基礎日額スライド方式への移行に伴う規定の整備

イ　特別支給金として支給される差額支給金は、昭和五二年四月一日から施行された労働者災害補償保険法等の一部を改正する法律（昭和五一年法律第三二号）第一条の規定により、長期傷病補償給付及び長期傷病給付が廃止され、傷病補償年金及び傷病年金が新設されたことに伴い、長期傷病特別支給金が廃止されたが、これに対する経過措置及び暫定措置として、昭和五二年改正省令附則第六条により設けられたものである（昭和五二年三月三〇日付け労働省発労徴第二一号・基発第一九二号通達の記一二の(2)のイ参照）。

ロ　上記差額支給金は、傷病補償年金又は傷病年金の受給権者が、その受ける傷病補償年金又は傷病年金の額と傷病特別年金の額との合計額が、その者の給付基礎日額の二九二日分相当額（当該傷病補償年金又は傷病年金の額がスライドされるときは、そのスライド率を乗じて得た額）に満たないときは、その差額を特別支給金としてその受給権者に支給するものであった（旧昭和五二年改正省令附則第六条第一項）が、傷病補償年金又は傷病年金の額をスライドさせる方式から、傷病補償年金又は傷病年金に係る給付基礎日額をスライドさせる方式に移行したことから、「給付基礎日額の二九二日分相当額」

にさらにスライド率を乗じることはしないこととした（新昭和五二年改正省令附則第六条第一項）。

(2) 厚生年金等との併給調整の場合における規定の整備

イ 旧昭和五二年改正省令附則第六条第一項は、給付基礎日額の二九二日分相当額との差額を求める「傷病補償年金又は傷病年金の額と傷病特別年金の額との合計額」のうち「傷病補償年金又は傷病年金の額」が法別表第一第一号から第三号まで等に規定する同一事由による厚生年金等と併給される場合について明確に規定していなかったことから、このような場合には、厚生年金等との併給調整が行われる前の「傷病補償年金又は傷病年金の額」を用いることを明記することとした（新昭和五二年改正省令附則第六条第一項中最初の括弧書き）。

ロ また、厚生年金等との併給調整の場合の傷病等級第二級に該当する者の差額支給金については、傷病補償年金又は傷病年金の額、傷病特別年金の額及び差額支給金の合計額が傷病等級第三級に該当する者より少なくならないよう修正を行った（新昭和五二年改正省令附則第六条第一項中最後から二番目の括弧書き）。

(イ) 従来は、厚生年金等との併給調整がある場合でも、傷病等級第二級に該当する者の差額支給金は給付基礎日額の一五日分から傷病特別年金の額を減じた額、傷病等級第三級に該当する者の差額支給金は給付基礎日額の四七日分から傷病特別年金の額を減じた額に相当することになっていた。

したがって、厚生年金等との併給調整がある場合の保険給付及び特別支給金の支給総額（以下「支給総額」という。）は、傷病等級第二級に該当する者は給付基礎日額の二一七・二一日分、傷病等級第三級に該当する者は給付基礎日額の二二五・八五日分（いずれも、調整率を〇・七三として計算）となり、厚生年金等の支給額を考慮に入れなければ、症状の重い傷病等級第二級に該当する者の方が症状の軽い傷病等級第三級に該当する者より支給総額が少なくなっていた。

(ロ) そこで、厚生年金等との併給調整の場合における傷病等級第二級に該当する者の差額支給金を、支給総額の上で傷病等級第三級に該当する者と同額となるように修正した。

(ハ) 上記改正に合わせて、新昭和五二年改正省令附則第六条第二項の所要の規定の整備を行った。

(3) 経過措置

改正省令の施行日（平成二年八月一日）前の期間に係る差額支給金の額については、同日以後に支払われる場合であっても、旧昭和五二年改正省令附則第六条の規定により算定した額によることとした（改正省令附則第五条）。

（平二・七・三一　発労徴第五五号、基発第四八四号）

〈労働者災害補償保険法等の一部を改正する法律の施行（第一次分）等について②〉

第一　保険給付関係

１及び２　〈略〉

３　長期療養者の休業給付基礎日額及び年金給付基礎日額に係る年齢階層別最低・最高限度額の改善

(1)　改正の趣旨及び概要

イ　改正の趣旨

年齢階層別最低・最高限度額は、被災労働者の稼得能力の適正な評価及びこれに基づいた補償の実施という労災保険制度の趣旨に照らして設けられているものであり、具体的には、六五歳未満の年齢階層については、各年齢階層ごとに常用労働者を賃金の低い者から高い者へ並べて、賃金の低い方から五％目の労働者が受けている賃金額と高い方から五％目の労働者が受けている賃金額を求めた上で、最低保障額及びＩＬＯ第一二一号条約の規定を考慮して年齢階層別最低・最高限度額を算定し、また、六五歳以上の年齢階層については、就労している者の割合が著しく低下していることもあり、これらの者の就労の実態を考慮してより適正に稼得能力を給付に反映させるため、常用労働者に常用労働者以外の者の全数を算入して、年齢階層別最低・最高限度額を算定してきたところである。

ところで、最近の高齢者の就業状況をみると、人口の高齢化に伴って六五歳以上の年齢階層の労働力人口は急激に増加してきているとともに、六五歳以上の年齢階層の労働力率を六五歳以上七〇歳未満の年齢階層と七〇歳以上の年齢階層に区分すると、前者は四〇・一％、後者は一六・四％（平成六年）と大きく異なっており、六五歳から七〇歳にかけては比較的緩やかな引退過程にあるとみることができる。

このため、このような高齢者の就労実態を適正に給付基礎日額に反映させることとし、現行では六五歳以上について一括りとなっている年齢階層を、六五歳以上七〇歳未満の年齢階層と七〇歳以上の年齢階層に分けることとした。さらに、年齢階層別最低・最高限度額の算定に当たっては、現行では六五歳以上の年齢階層について一律に常用労働者以外の者の全数を算入しているが、今後は、これらの年齢階層の就労実態に合わせて段階的に算入することとした。

ロ　改正の概要

(イ)　現行の六五歳以上の年齢階層を六五歳以上七〇歳未満の年齢階層と七〇歳以上の年齢階層に分ける（新労災則第九条の三関係）。

(ロ)　年齢階層別最低・最高限度額の算

定に当たり、六五歳以上七〇歳未満の年齢階層においては、最も労働力率が高い四五歳以上五〇歳未満の年齢階層と同程度の人口をカバーした上で稼得能力の実態を評価する観点から、常用労働者に常用労働者以外の者の四分の三を算入し、七〇歳以上の年齢階層においては全数を算入する（新労災則第九条の四関係）。

(2)　施行期日及び経過措置

この改正は、平成七年八月一日から施行され、施行日前の期間に係る年金たる保険給付並びに施行日前に支給事由の生じた休業補償給付及び休業給付に係る年齢階層別最低・最高限度額については、なお従前の例による（改正省令附則第一項及び第二項関係）。

（平七・七・三一　基発第四九二号）

（一時金の給付基礎日額）

第八条の四　前条第一項の規定は、障害補償一時金若しくは遺族補償一時金又は障害一時金若しくは遺族一時金の額の算定の基礎として用いる給付基礎日額について準用する。この場合において、同項中「の分として支給する」とあるのは「に支給すべき事由が生じた」と、「支給すべき月」とあるのは「支給すべき事由が生じた月」と読み替えるものとする。

条文解説

本条は、労災保険の障害補償一時金、遺族補償一時金、障害一時金及び遺族一時金の額の算定の基礎として用いる給付基礎日額について、第八条の三第一項の年金給付基礎日額に係るスライド制を準用して改定することを規定したものである。

（給付基礎日額の端数処理）

第八条の五　給付基礎日額に一円未満の端数があるときは、これを一円に切り上げるものとする。

条文解説

本条は、第八条から第八条の四までの規定により算定した給付基礎日額に一円未満の端数が生じたときは、事務処理の便のため、端数切上げをすることとしたものである。

（年金の支給期間等）

第九条　年金たる保険給付の支給は、支給すべき事由が生じた月の翌月から始め、支給を受ける権利が消滅した月で終わるものとする。

2　年金たる保険給付は、その支給を停止すべき事由が生じたときは、その事由が生じた月の翌月からその事由が消滅した月までの間は、支給しない。

3　年金たる保険給付は、毎年二月、四月、六月、八月、十月及び十二月の六期に、それぞれその前月分までを支払う。ただし、支給を受ける権利が消滅した場合におけるその期の年金たる保険給付は、支払期月でない月であっても、支払うものとする。

条文解説

本条は、年金形態の保険給付の支給対象期間が暦月単位であることを定めるとともに（第一項及び第二項）、その支払いは、二カ月分ずつ年六回に分けて行うことを原則とすること（第三項）を規定している。

参照条文

〔年金たる保険給付の内払　一二〕〔年金たる保険給付　一五・一六・一八・二二の三・二二の四・二三〕〔支給を停止すべき事由　一六の五、二二の四・五九・六〇・六二・六三、四〇年改正法附則四三、四八年改正法附則五〕〔支給を受ける権利の消滅　一五の二・一六の四、二二の三・二二の四〕

解釈例規

〈年金たる保険給付を受ける権利の構成〉

旧規則においては、年金たる保険給付を受ける権利について、給付決定により基本権を確定し、支給決定により支分権を確定すべきものと構成されていたが、今次法改正に伴いこれが整備され、基本権（支給を受ける権利）は支給又は給付決定によって確定し、支分権（支払を受ける権利）は特別の決定処分をまたずに支払期月ごとに法律上当然に生ずるものとされている。したがって、支払期月が到来したときは、政府（所轄署長）は、当然に生ずる支払義務の履行のため支払通知を発することとし、受給権者の請求を要しないこととなった。これは、年金受給権の実体的変更が図られたものではなく、手続的構成を改めて簡素化が図られたものである。

なお、障害の程度の変更、遺族補償年金の額の算定の基礎となる遺族の増減、支給額のスライドによる変更、給付基礎日額の変更等がある場合には、年金額の改定（支給決定の変更処分）を行って基本権の内容を変更し、その旨を受給権者に通知しなければならない（則第一九条）。

（昭四一・一・三一　基発第七三号）

〈労働者災害補償保険法等の一部を改正する法律の施行（第三次分）について〉

1　改正の趣旨

平成八年一〇月一日から、改正法第一条中労働者災害補償保険法（以下「法」という。）第九条第三項の改正規定が施行され、年金たる保険給付の支払期月については、二月、四月、六月、八月、一〇月及び一二月の年六回（従前二月、五月、八月及び一一月の年四回）となることとされている。

これに伴い、障害（補償）年金前払一時金及び遺族（補償）年金前払一時金の支払期月を一月、三月、五月、七月、九月又は一一月に、年金たる特別支給金の支給期月を二月、四月、六月、八月、一〇月及び一二月の年六回に改めることとされたものである。

2　改正の内容

(1)　障害（補償）年金前払一時金等にかかる支払期月（改正省令第一条）

障害（補償）年金前払一時金等については、障害（補償）年金の支給決定の通知のあった日の翌日から起算して一年を経過する日までの間に請求することができることとされ、この場合、一月、四月、七月又は一〇月のうち、当該障害（補償）年金前払一時金の請求が行われた月後の最初の月に支給されることとなっている（労働者災害補償保険法施行規則附則第二九項）。

平成八年一〇月一日から、障害（補償）年金の支払期月が、二月、四月、八月、一〇月及び一二月の年六回となることに伴い、障害（補償）年金前払一時金の支払期月を一月、三月、五月、七月、九月又は一一月に変更することとする。

また、遺族（補償）年金前払一時金についても同様とする。

(2)　年金たる特別支給金等にかかる支払期月（改正省令第二条）

年金たる特別支給金は、年金たる保険給付と同様に、毎年二月、五月、八月及び一一月の四期に支払われることとなっているが（労働者災害補償保険特別支給金支給規則第一三条第三項）、年金たる保険給付の支払期月が、二月、四月、六月、八月、一〇月及び一二月の年六回となることに伴い、年金たる特別支給金の支払期月もこれに合わせることとする。

（平八・七・二六　基発第四八三号）

（死亡の推定）
第十条　船舶が沈没し、転覆し、滅失し、若しくは行方不明となつた際現にその船舶に乗つていた労働者若しくは船舶に乗つていてその船舶の航行中に行方不明となつた労働者の生死が三箇月間わからない場合又はこれらの労働者の死亡が三箇月以内に明らかとなり、かつ、その死亡の時期がわからない場合には、遺族補償給付、葬祭料、遺族給付及び葬祭給付の支給に関する規定の適用については、その船舶が沈没し、転覆し、滅失し、若しくは行方不明となつた日又は労働者が行方不明となつた日に、当該労働者は、死亡したものと推定する。航空機が墜落し、滅失し、若しくは行方不明となつた際現にその航空機に乗つていた労働者若しくは航空機に乗つていてその航空機の航行中行方不明となつた労働者の生死が三箇月間わからない場合又はこれらの労働者の死亡が三箇月以内に明らかとなり、かつ、その死亡の時期がわからない場合にも、同様とする。

条文解説

本条は、労働者の遺族に対して迅速に保険給付を行うため、船舶若しくは航空機に事故が起こった際現にそれらに乗っていた労働者又は船舶若しくは航空機の航行中行方不明となった労働者の死亡の推定について規定したものである。

参照条文

〔失踪宣告　民三〇～三二〕〔期間の計算　四三〕〔船員について　船保四二〕

（未支給の保険給付の請求等）

第十一条　この法律に基づく保険給付を受ける権利を有する者が死亡した場合において、その死亡した者に支給すべき保険給付でまだその者に支給しなかつたものがあるときは、その者の配偶者（婚姻の届出をしていないが、事実上婚姻関係と同様の事情にあつた者を含む。以下同じ。）、子、父母、孫、祖父母又は兄弟姉妹であつて、その者の死亡の当時その者と生計を同じくしていたもの（遺族補償年金については当該遺族補償年金を受けることができる他の遺族、遺族年金については当該遺族年金を受けることができる他の遺族）は、自己の名で、その未支給の保険給付の支給を請求することができる。

2　前項の場合において、死亡した者が死亡前にその保険給付を請求していなかつたときは、同項に規定する者は、自己の名で、その保険給付を請求することができる。

3　未支給の保険給付を受けるべき者の順位は、第一項に規定する順序（遺族補償年金については第十六条の二第三項に、遺族年金については第二十二条の四第三項において準用する第十六条の二第三項に規定する順序）による。

4　未支給の保険給付を受けるべき同順位者が二人以上あるときは、その一人がした請求は、全員のためその全額につきしたものとみなし、その一人に対してした支給は、全員に対してしたものとみなす。

条文解説

本条は、本法の保険給付が行われるべき事由が生じた者であって、その支給を請求し支給決定があったもの、その支給を請求したが未だ支給決定がないもの及びその支給を請求していないものが死亡した場合について、その未支給となった保険給付の請求権の所在について規定するとともに、その請求権者が二人以上ある場合の支給方法についても規定したものである。

関係政省令等

（未支給の保険給付）

則第十条　労働者災害補償保険法の一部を改正する法律（昭和四十年法律第百三十号。以下「昭和四十年改正法」という。）附則第四十三条第一項又は労働者災害補償保険法の一部を改正する法律（昭和四十八年法律第八十五号。以下「昭和四十八年改正法」という。）附則第五条第一項に規定する遺族が、法第十一条の規定により未支給の遺族補償年金又は遺族年金を受けるべき場合において、当該遺族補償年金又は遺族年金を受けるべき順位は、昭和四十年改正法附則第四十三条第二項（昭和四十八年改正法附則第五条第二項において準用する場合を含む。）の規定による順序による。

2　法第十一条第一項又は第二項の規定により未支給の保険給付の支給を請求しようとする者は、次に掲げる事項を記載した請求書を、所轄労働基準監督署長に提出しなければならない。

一　死亡した受給権者の氏名及び死亡の年月日

二　請求人の氏名、住所及び死亡した受給権者（未支給の保険給付が遺族補償年金又は遺族年金であるときは、死亡した労働者）との関係

三　未支給の保険給付の種類

3　前項の請求書には、次に掲げる書類その他の資料を添えなければならない。

一　受給権者の死亡に関して市町村長に提出した死亡診断書、死体検案書若しくは検視調書に記載してある事項についての市長村長の証明書又はこれに代わるべき書類

二　未支給の保険給付が遺族補償年金及び遺族年金以外の保険給付であるときは、次に掲げる書類

イ　請求人と死亡した受給権者と

の身分関係を証明することができる戸籍の謄本又は抄本

ロ　請求人が死亡した受給権者と婚姻の届出をしていないが事実上婚姻関係と同様の事情にあつた者であるときは、その事実を証明することができる書類

ハ　請求人が死亡した受給権者と生計を同じくしていたことを証明することができる書類

三　未支給の保険給付が遺族補償年金又は遺族年金であるときは、次に掲げる書類その他の資料

イ　請求人と死亡した労働者との身分関係を証明することができる戸籍の謄本又は抄本

ロ　請求人が障害の状態にあることにより遺族補償年金又は遺族年金を受けることができる遺族であるときは、その者が労働者の死亡の時から引き続き障害の状態にあることを証明することができる医師又は歯科医師の診断書その他の資料

4　法第十一条第二項の規定により未支給の保険給付の支給を請求しようとする者は、前項の規定によるほか、当該保険給付の種類の別に応じて、死亡した受給権者が当該保険給付の支給を請求することとした場合に提出すべき書類その他の資料を、第二項の請求書に添えなければならない。

5　請求人は、法第十一条第一項又は第二項の規定による請求とあわせて、その者に係る遺族補償給付、葬祭料、遺族給付又は葬祭給付の支給を請求する場合において、前二項の規定により提出すべき書類その他の資料の全部又は一部に相当する書類その他の資料を当該遺族補償給付、葬祭料、遺族給付又は葬祭給付の支給を請求するために提出したときは、その限度において、前二項の規定により提出すべき書類その他の資料を提出しないことができる。

参照条文

〔保険給付の種類　七〕〔親族　民七二五〕〔相続人　民八八六～八九〇〕〔遺族補償年金の受給資格等　一六の二・四〇年改正法附則四三〕〔遺族年金の受給資格等　二二の四・四八年改正法附則五〕

解釈例規

〈未支給の保険給付〉

(1)　保険給付の受給権者が死亡した場合において、その者に支給すべき保険給付でまだ支給しなかったものがあるときは、従来は、遺族補償費及び遺族給付について特則（旧規則第一六条第七項）があるほか、すべて受給権者の相続人に支給することとしていたが、年金たる保険給付については、受給権者が死亡した場合に必ず未支給分が生ずるので、保険給付の大幅年金化を機会に、未支給の保険給付（以下「未支給給付」という。）については、その受給権を承継するにふさわしい者として、受給権者と生計を同じくしていた遺族（未支給分の遺族補償年金については、同順位の受給権者があるときは同順位の受給権者、同順位の受給権者がないときは次順位の受給権者）を請求権者としたものである（法第一一条）。

(2)　未支給給付に関する規定は、その限りで相続に関する民法の規定を排除するものであるが、未支給給付の請求権者がない場合には、保険給付の本来の死亡した受給権者の相続人がその未支給給付の請求権者となる。また、未支給給付の請求権者が、その未支給給付を受けないうちに死亡した場合には、その死亡した未支給給付の請求権者の相続人が請求権者となる。

(3)　「未支給の保険給付」とは、支給事由（法第一一条第二項及び第三項）が生じた保険給付であって、請求されていないもの（法第一一条第二項）並びに請求があったがまだ支給決定がないもの及び支給決定はあったがまだ支払われていないもの（法第一一条第一項）をいう。

(4)　未支給給付の請求権者の範囲は、死亡した受給権者の配偶者（婚姻の届出はしていないが、事実上婚姻関係と同様の事情にあった者を含む。以下同じ。）、子、父母、孫、祖父母及び兄弟姉妹であって、受給権者の死亡の当時その者と生計を同じくしていたものであるが、未支給の遺族補償年金については、死亡した労働者の遺族たる配偶者、子、父母、孫、祖父母及び兄弟姉妹であって次順位の受給権者となるもの（法第一六条の二第一項及び第二項、改正法附則第四三条第一項）であり、死亡した受給権者の配偶者、子、父母、孫、祖父母及び兄弟姉妹ではない。

(5)　「生計を同じくする」とは、一個の生計単位の構成員であるということであるから、生計を維持されていることを要せず、また、必ずしも同居していることを要しないが、生計を維持されている場合には、生計を同じくしているものと推定して差し支えない。

(6)　未支給給付の請求権者の順位は、死亡した受給権者の配偶者、子、父母、孫、祖父母及び兄弟姉妹の順序による。ただし、遺族補償年金の未支給給付にあっては、遺族補償年金を受けるべき順序による（法第一一条第三項、改正法第四三条第二項、則第一〇条第一項。）

(7) 未支給給付については、手続を簡素化するため、同順位者が二人以上ある場合について、特別の規定（法第一一条第四項）が設けられているので、請求人の一人に全額を支給すればよいことになる。ただし、二人以上が同時に請求した場合に、請求人の人数で等分して各人に支給することを排除する趣旨のものではない。

（昭四一・一・三一　基発第七三号）

（年金たる保険給付の内払とみなす場合等）

第十二条　年金たる保険給付の支給を停止すべき事由が生じたにもかかわらず、その停止すべき期間の分として年金たる保険給付が支払われたときは、その支払われた年金たる保険給付は、その後に支払うべき年金たる保険給付の内払とみなすことができる。年金たる保険給付を減額して改定すべき事由が生じたにもかかわらず、その事由が生じた月の翌月以後の分として減額しない額の年金たる保険給付が支払われた場合における当該年金たる保険給付の当該減額すべきであつた部分についても、同様とする。

2　同一の業務上の事由又は通勤による負傷又は疾病（以下この条において「同一の傷病」という。）に関し、年金たる保険給付（遺族補償年金及び遺族年金を除く。以下この項において「乙年金」という。）を受ける権利を有する労働者が他の年金たる保険給付（遺族補償年金及び遺族年金を除く。以下この項において「甲年金」という。）を受ける権利を有することとなり、かつ、乙年金を受ける権利が消滅した場合において、その消滅した月の翌月以後の分として乙年金が支払われたときは、その支払われた乙年金は、甲年金の内払とみなす。同一の傷病に関し、年金たる保険給付（遺族補償年金及び遺族年金を除く。）を受ける権利を有する労働者が休業補償給付若しくは休業給付又は障害補償一時金若しくは障害一時金を受ける権利を有することとなり、かつ、当該年金たる保険給付を受ける権利が消滅した場合において、その消滅した月の翌月以後の分として当該年金たる保険給付が支払われたときも、同様とする。

3　同一の傷病に関し、休業補償給付又は休業給付を受けている労働者が障害補償給付若しくは傷病補償年金又は障害給付若しくは傷病年金を受ける権利を有することとなり、かつ、休業補償給付又は休業給付を行わないこととなつた場合において、その後も休業補償給付又は休業給付が支払われたときは、その支払われた休業補償給付又は休業給付は、当該障害補償給付若しくは傷病補償年金又は障害給付若しくは傷病年金の内払とみなす。

条文解説

本条は、年金たる保険給付を中心として多岐にわたる保険給付の支給事務の円滑と受給者の利便を考慮して、一定範囲の保険給付の過払分については、不当利得返還請求の手続きによらず、その後に正当に支払われるべき保険給付について、過払分の内払があったとみなして処理することができることとしたものである。

参照条文

〔年金たる保険給付　一五・一六・一八・二二の三・二二の四・二三〕〔支給停止　一六の五、二二の四・五九・六〇・六二・六三、四〇年改正法附則四三、四八年改正法附則五〕〔期間の計算　四三〕〔年金たる保険給付の始期、終期　九〕

解釈例規

〈**年金たる保険給付の内払**〉

年金たる保険給付については、支給停止又は減額改定の事由が生じた場合における支給事務の円滑を図るため、支給停止すべき分又は減額すべき分の金額が支払われた場合には、支給の取消しを行うことなく、その後に支払われるべき金額が内払されたものとみなすことができることとなった（法第一二条）。したがって後に支払われるべき金額については、内払相当額をこえるときは、その超過額のみを支払い、内払相当額に満たないときは、内払相当額に達するまで支払わないこととする。

なお、内払とみなされる金額は、支給停止（受給権者の所在不明の場合、昭和四〇年改正法附則第四二条の遺族補償一時金が支給された場合）及び減額改定（障害の程度の減退、遺族補償年金又は遺族年金の算定の基礎となる遺族の数の減少、厚生年金保険等の年金給付が支給される場合の減額等の場合）に係るものに限られ、単なる計算違い等による過払分は含まれない。

（昭四一・一・三一　基発第七三号）

〈**内払処理の範囲の拡大について**〉

一　保険給付に関する内払処理の範囲の拡大

次の表の上欄に掲げる給付を受ける権利が消滅し、同時に次の表の下欄に掲げる給付を受けることができることとなった場合に、従来支給されていた給付が引き続いて行われたときは、その給付は、新たに支給されることとなった給付の内払とみなして処理することができることになった。

これにより、かかる場合に従来行っていた過払額の徴収に伴う受給者及び行政庁の事務手続が簡素化されることとなった（法第一二条第二項及び第三項）。

支給を受ける権利を失った給付	新たに支給されることとなった給付
障害補償年金	傷病補償年金、障害補償一時金、休業補償給付
傷病補償年金	障害補償給付、休業補償給付
休業補償給付	傷病補償年金、障害補償給付
障害年金	傷病年金、障害一時金、休業給付
傷病年金	障害給付、休業給付
休業給付	傷病年金、障害給付

（参　考）　新たに内払処理を行う事例を例示すれば次のとおり〔次頁上段〕である。

二　内払処理に伴う決算上の処理

内払処理を行う場合の決算上の処理については、内払とみなす前のも

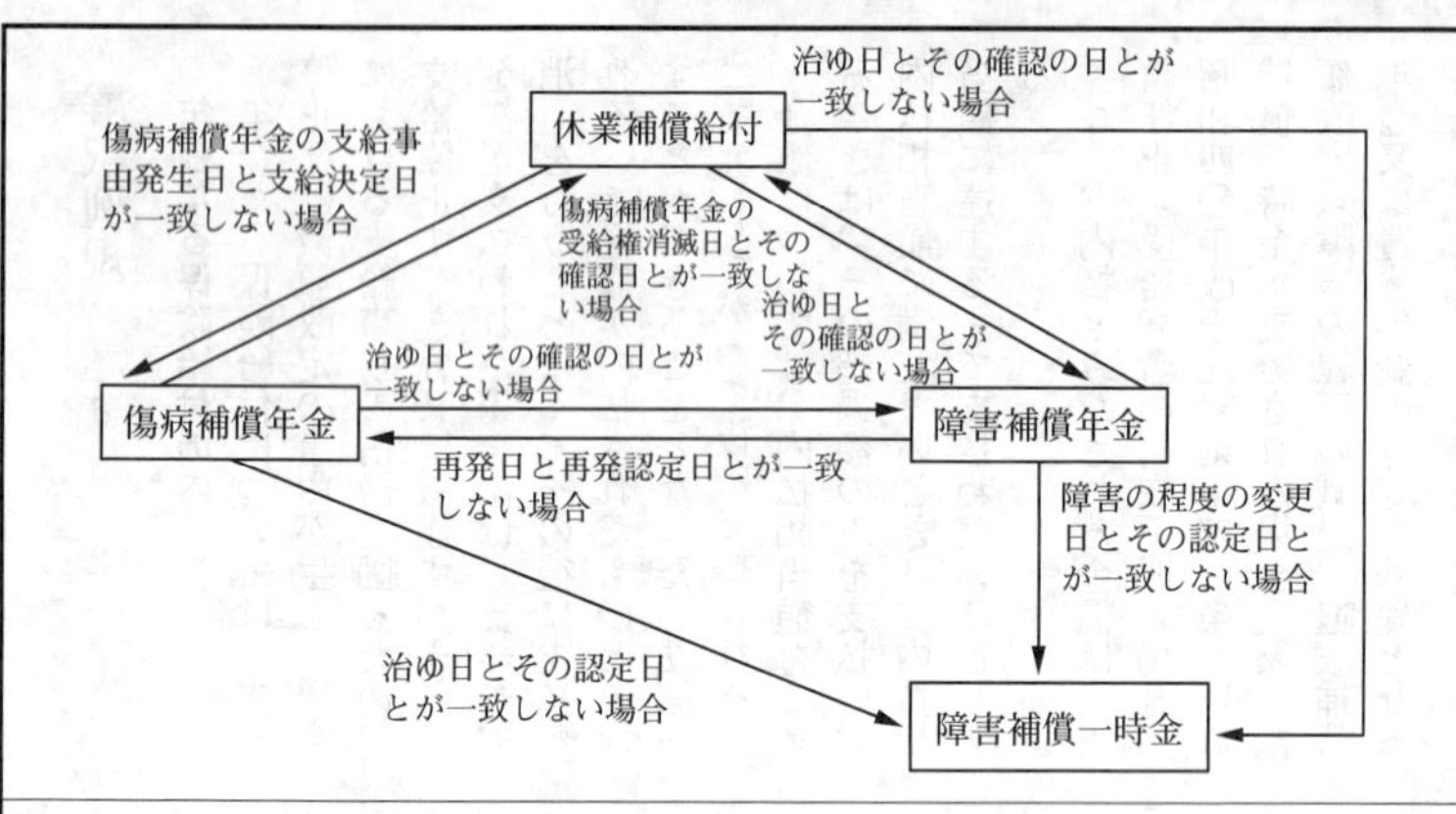

のをその後において修正する必要はない。

三　休業補償給付又は休業給付と年金たる保険給付との間における内払処理に関する留意事項

休業補償給付又は休業給付を受けていた労働者が年金たる保険給付の受給権を取得した場合に、休業補償給付又は休業給付の過払分があるときは、年金基本報告書により、本省あて報告すること。

この場合、その過払となった休業補償給付等の内払処理が完了する前に、当該労働者が年金たる保険給付の受給権を失ったときは、残余の額については本省において債権管理する。

また、逆に、年金たる保険給付の受給権を有する労働者が、その受給権を失った場合に、年金の過払分があるときは、本省から所轄都道府県労働基準局に連絡する。連絡を受けた基準局では、当該労働者から休業補償給付又は休業給付の支給の請求又は申請があった場合に、過払の年金たる保険給付との間で内払処理を行うこと。

この場合、その過払となった年金の内払処理が完了する前に、当該労働者が休業補償給付又は休業給付を受けることができなくなった場合には、その残余については、当該各基準局において債権管理をすること。

なお、上記の事務については、国の債権の管理等に関する法律の規定に依拠して処理すべきものであることは当然である。

（昭五二・三・三〇　基発第一九二号）

（過誤払による返還金債権への充当）

第十二条の二　年金たる保険給付を受ける権利を有する者が死亡したためその支給を受ける権利が消滅したにもかかわらず、その死亡の日の属する月の翌月以後の分として当該年金たる保険給付の過誤払が行われた場合において、当該過誤払による返還金に係る債権（以下この条において「返還金債権」という。）に係る債務の弁済をすべき者に支払うべき保険給付があるときは、厚生労働省令で定めるところにより、当該保険給付の支払金の金額を当該過誤払による返還金債権の金額に充当することができる。

条文解説

本条は、年金たる保険給付の受給権者が死亡したためその受給権が消滅したにもかかわらず、引き続きその年金たる保険給付が誤って支払われた場合に、当該過誤払による返還金債権の管理の簡素化を図るとともに、その過誤払分を返還する債務を負う者の便宜のため、厚生年金の例にならい、その者に支払うべき保険給付があるときは、その者に対する保険給付として支払うべき金額を直接当該過誤払による返還金債権の金額に充当して、その返還があったものとして処理することができることとしたものである。

関係政省令等

（過誤払による返還金債権への充当）

則第十条の二　法第十二条の二の規定による年金たる保険給付の支払金の金額の過誤払による返還金債権への充当は、次の各号に掲げる場合に行うことができる。

一　年金たる保険給付の受給権者の死亡に係る遺族補償年金、遺族補償一時金、葬祭料若しくは障害補償年金差額一時金又は遺族年金、遺族一時金、葬祭給付若しくは障害年金差額一時金の受給権者が、当該年金たる保険給付の受給権者の死亡に伴う当該年金たる保険給付の支払金の金額の過誤払による返還金債権に係る債務の弁済をすべき者であるとき。

二　遺族補償年金又は遺族年金の受給権者が、同一の事由による同順位の遺族補償年金又は遺族年金の受給権者の死亡に伴う当該遺族補償年金又は遺族年金の支払金の金額の過誤払による返還金債権に係る債務の弁済をすべき者であるとき。

参照条文

〔年金たる保険給付　一五・一六・一八・二二の三・二二の四・二三〕〔則一〇の二〕

解釈例規

〈過誤払に係る返還金債権への充当〉

一　年金たる保険給付の受給権者が死亡したためその受給権が消滅したにもかかわらず、その死亡の日の属する月の翌月以後の分として当該年金たる保険給付が誤って支払われた場合において、当該過誤払による返還金に係る債権（返還金債権）の管理の簡素化を図るため当該返還金に係る債務の弁済をなすべき者に支払うべき一定の保険給付があるときは、当該保険給付の支払金の金額を当該過誤払による返還金債権の金額に充当することができることとされた（法第一二条の二関係）。

二　この返還金債権への充当方法は、次のとおりである（新労災則第一〇条の二関係）。

(1)　年金たる保険給付の受給権者が死亡し、当該死亡に関して新たに保険給付の受給権者となる者が生じる場合であって、当該新たに受給権者となる者が当該死亡に伴う過誤払に係る返還金債権に係る債務の弁済をなすべき者であるときは、次の表の左欄に掲げる過誤払された年金たる保険給付の種類に応じ、同表の右欄に掲げる保険給付の支払金の金額を当該過誤払に係る返還金債権の金額に充当することができる。

	過誤払された年金たる保険給付	当該死亡に関して新たに保険給付の受給権者となった者に支給すべき保険給付
①	障害補償年金 障害年金	遺族補償年金　遺族年金 遺族補償一時金　遺族一時金 葬祭料　葬祭給付
②	遺族補償年金 遺族年金	遺族補償年金　遺族年金 遺族補償一時金　遺族一時金 葬祭料　葬祭給付
③	傷病補償年金 傷病年金	遺族補償年金　遺族年金 遺族補償一時金　遺族一時金 葬祭料　葬祭給付

（注）①の例—障害等級第七級の年金受給権者が就労中業務上の事由又は通勤により死亡した場合

②の例—遺族補償年金受給権者が死亡し、次順位者に転給した場合、遺族補償年金受給権者が就労中業務上の事由又は通勤により死亡した場合

③の例—傷病補償年金受給権者の傷病が悪化し、業務上死亡した場合

なお、この場合においては、年金たる保険給付の受給権者の死亡に関し支給される保険給付が二種類あるときは、葬祭料及び葬祭給付以外の保険給付を優先して返還金債権に充当することとする。

(2)　年金たる保険給付の受給権者が死亡したが、当該年金たる保険給付に

ついて他に同順位の受給権者がいる場合であって、当該同順位の受給権者が当該死亡に伴う過誤払に係る返還金債権に係る債務の弁済をなすべき者であるときは、次の表の左欄に掲げる過誤払された年金たる保険給付の種類に応じ、同表の右欄に掲げる保険給付の支払金の金額を当該過誤払に係る返還金債権の金額に充当することができる。

	過誤払された年金たる保険給付	当該死亡受給権者の受給した年金たる保険給付と同一の事由により同順位の受給権者に支給される年金たる保険給付
①	遺族補償年金	遺族補償年金
②	遺族年金	遺族年金

三　この充当は、政府のみが充当権を有し、受給権者の側には充当権が認められない点及び履行期の到来していない債権に対しても充当できる点に相殺と異なる特色を有するが、充当の効果は相殺と同様であり、充当が行われた場合には、その相殺額において当該保険給付の支払債務及び当該過誤払による返還金債権の双方が消滅することとなるものである。

四　充当を行う場合の決算上の処理については、内払処理の場合と同様に過誤払された年金たる保険給付を、その後において修正する必要はない。

五　年金たる保険給付の受給権者が死亡した場合であって、当該年金たる保険給付の過誤払に係る返還金債権があるときは、本省から所轄都道府県労働基準局に連絡する。連絡を受けた所轄都道府県労働基準局では、当該過誤払に係る返還金債権に係る債務を弁済すべき者から上記二の(1)及び(2)の表の右欄に掲げる保険給付の請求があった場合に、当該保険給付を返還金債権に充当すること。

六　施行期日及び経過措置

　昭和五六年二月一日から施行されるが、同日前の期間に係る年金たる保険給付の額の端数処理及び同日前に発生した年金たる保険給付の過誤払に係る返還金債権については、なお従前の例によることとされた（改正法附則第一条第一項第二号、第二条第三項関係）。

（昭五五・一二・五　基発第六七三号）

〈障害補償年金差額一時金に関する過誤払充当の処理〉

障害補償年金の受給権者である労働者が死亡した場合において当該労働者の死亡に係る障害補償年金差額一時金の受給権者が当該労働者の死亡に伴っ

て過誤払された障害補償年金の返還金債権についての債務の弁済をなすべき者であるときは、障害補償年金差額一時金の支払金を過誤払された障害補償年金の返還金債権の金額に充当することができることとされた。

（昭五六・一〇・三〇　基発第六九六号）

（支給制限）

第十二条の二の二　労働者が、故意に負傷、疾病、障害若しくは死亡又はその直接の原因となつた事故を生じさせたときは、政府は、保険給付を行わない。

2　労働者が故意の犯罪行為若しくは重大な過失により、又は正当な理由がなくて療養に関する指示に従わないことにより、負傷、疾病、障害若しくは死亡若しくはこれらの原因となつた事故を生じさせ、又は負傷、疾病若しくは障害の程度を増進させ、若しくはその回復を妨げたときは、政府は、保険給付の全部又は一部を行わないことができる。

条文解説

本条第一項は、労働者が故意に負傷、疾病、障害若しくは死亡又はその直接の原因となった事故を生じさせた場合の支給制限について、第二項は、労働者が故意の犯罪行為若しくは重大な過失により、負傷し、疾病にかかるなどし、又はその原因となった事故を発生させた場合及び労働者が故意の犯罪行為又は重大な過失により、あるいは正当な理由がなくて療養に関する指示に従わないことにより、負傷、疾病若しくは障害の程度を増進させ、又はその回復を妨げた場合の支給制限について、それぞれ規定したものである。

参照条文

〔保険給付の種類　七・一二の八・二一〕〔労基法による災害補償の場合　労基七八〕〔故意過失　刑三八〕

解釈例規

１　支給制限

〈法第一二条の二の二（支給制限）の規定の意義〉

法第一二条の二の二第一項の規定は、業務上とならない事故について確認的に定めたものであって、労働基準法第七八条の規定で、結果の発生を意図した故意によって事故を発生させたときは当然業務外とし、重大な過失による事故のみについて定めていることと対応するものである。したがって、被災労働者が結果の発生を認容していても業務との因果関係が認められる事故については、同項の適用がないのはいうまでもない。また、同条第二項の「故意の犯罪行為」とは、事故の発生を意図した故意はないがその原因となる犯罪行為が故意によるものであることをいう。この場合には必ずしも業務外になるとは限らないから、同条第一項の「故意」による事故発生と混同すべきではない。

（昭四〇・七・三一　基発第九〇一号）

〈法第一二条の二の二の規定による支給制限について〉

この取り扱いは、昭和四〇年八月一日以降に発生した事故に係るもの（第一項及び第二項前段）又は事案（第二項後段）について適用されたい。

1　第一項関係

本項は、被災労働者に負傷、疾病、障害若しくは死亡又はその直接の原因となった事故（以下本条関係において「事故」という。）の発生について、意図した故意がある場合について適用すること。

2　第二項前段関係

一　第二項前段の規定は、事故発生の直接の原因となった行為が、法令（労働基準法、鉱山保安法、道路交通法等）上の危害防止に関する規定で罰則の附されているものに違反すると認められる場合について適用すること。

二　第二項前段の規定による支給制限は、次により行うこと。

イ　支給制限の対象となる保険給付

当該労働者の傷病に係る休業補償給付又は、休業給付、障害補償給付又は障害給付（再発に係るものを除く。）

ロ　支給制限の期間

支給事由の存する間（障害補償年金又は障害年金については、当該障害の原因となった傷病について療養を開始した日の翌日から起算して、三年以内の期間において支給事由の存する期間）

ハ　支給制限の率

補償給付のつど所定給付額の三〇パーセント

3　第二項後段関係

一　第二項後段の規定は、労働者に適正な診療を受けさせることを目的と

法第12条の２の２　支給制限取扱基準一覧表

支給制限の要件 ＼ 支給制限の方法	第２項前段	第２項後段
	事故発生の直接の原因となった行為が、法令（労働基準法、鉱山保安法、道路交通法等）上の危害防止に関する規定で罰則の附されているものに違反するものと認められる場合	イ　療養中の労働者が、診療を受けている医療機関又は所轄監督署長の療養に関する指示に従わない場合 ロ　療養の指示に従わないことにつき、正当な理由がない場合 ハ　療養の指示に従わないため当該傷病の程度を増進させ又は回復を妨げたことが、医学上明らかに認められた場合
支給制限の対象となる保険給付	当該傷病に係る休業補償給付又は休業給付及び障害補償給付及び障害給付（再発の部分を除く。）	当該傷病に係る休業補償給付又は休業給付及び傷病補償年金又は傷病年金
支給制限の期間	支給事由の存する期間（障害補償年金又は障害年金については当該障害の原因となった傷病について療養を開始した日の翌日から３年以内の期間において支給事由の存する間）	当該傷病の程度を増進させ、又は回復を妨げた事案１件につき休業補償給付又は休業給付の10日分又は傷病補償年金又は傷病年金の10/365相当額 ○　所轄署長が当該傷病の程度を増進させ、又は回復を妨げたと認めた日以後10日未満で支給事由が消滅するものについては、支給事由が消滅するまでの日数分 ○　当該労働者が、休業補償給付又は休業給付について、すでに第２項前段の規定による支給制限を受けている場合は支給制限により減額された休業補償給付又は休業給付の10日分
支給制限の率	保険給付のつど所定給付額の30パーセント	

するものであるから、その適用にあたっては、労働者の療養指導に重点をおき、徒らにその権利を害することのないよう特に慎重を期することとし、次の各号に該当する場合に適用すること。

イ　療養中の労働者が、診療を受けている医療機関又は所轄労働基準監督署長（以下「所轄署長」という。）の療養に関する指示に従わないこと。

a　「医療機関の療養に関する指示」は、療養担当者が、当該労働者に対し療養に関する具体的指示を行なったことが療養記録等から認められる場合をいうものである。

b　「所轄署長の療養に関する指示」は、所轄署長が当該労働者に対し、文書で具体的に指示を行った場合をいうものであること。

ロ　療養の指示に従わないことにつき、正当な理由がないこと。

「正当な理由」とは、そのような事情があれば誰しもが療養の指示に従うことができなかったであろうと認められる場合をいい、労働者の単なる主観的事情は含まないものであること。

ハ　療養の指示に従わないため、当該傷病の程度を増進させ又は回復を妨げたことが、医学上明らかに認められること。

二　第二項後段の規定による支給制限は、次により行なうこと。

イ　支給制限の対象となる保険給付
当該傷病に係る休業補償給付又は休業給付及び傷病補償年金又は傷病年金

ロ　支給制限の率
当該傷病の程度を増進させ、又は回復を妨げた事案一件につき休業補償給付又は休業給付の一〇日分又は傷病補償年金又は傷病年金の三六五分の一〇（所轄署長が当該傷病の程度を増進させ、又は回復を妨げたと認めた日以後一〇日未満で支給事由が消滅するものについては、支給事由が消滅するまでの日数分。当該労働者が、休業補償給付又は休業給付についてすでに第二項前段の規定による支給制限をうけている場合は、支給制限により減額された休業補償給付又は休業給付の一〇日分）相当額。

なお、支給制限は、所轄署長が当該傷病の程度を増進させ、又は回復を妨げたと認めた日以後において支給事由の発生した休業補償給付又は休業給付又は傷病補償年金又は傷病年金について行なうこと。

（昭四〇・七・三一　基発第九〇六号、昭五二・三・三〇　基発第一九二号）

〈傷病補償年金に係る支給制限の取扱い〉

労働者災害補償保険法第一二条の二の二第二項前段の規定の適用に関する昭和四〇年七月三一日付基発第九〇六号通達の運用については、傷病補償年金又は傷病年金のうち療養の開始後三年を経過する日の属する月までの分は、休業補償給付又は休業給付とみなして取り扱うものとする。

（昭五二・三・三〇　基発第一九二号）

〈精神障害による自殺の取扱いについて〉

労働者災害補償保険法第一二条の二の二第一項の「故意」については、昭和四〇年七月三一日付基発第九〇一号「労働者災害補償保険法の一部を改正する法律の施行について」により、結果の発生を意図した故意であると解釈してきたところであるが、このことに関し、精神障害を有するものが自殺した場合の取扱いについては下記のとおりとするので、今後遺漏のないようされたい。

記

業務上の精神障害によって、正常の認識、行為選択能力が著しく阻害され、又は自殺行為を思いとどまる精神的な抑制力が著しく阻害されている状態で自殺が行われたと認められる場合には、結果の発生を意図した故意には該当しない。

（平一一・九・一四　基発第五四五号）

〈二次健康診断等給付に係る支給制限〉

二次健康診断等給付については、労災法第一二条の二の二に基づく支給制限の問題は生じないものであること。

（平一三・三・三〇　基発第二三三号）

2　労働者の故意の犯罪行為若しくは重大過失

〈無免許運転による事故〉

問　左記事案につき、労働者の重大過失を認むべきか。

記

事故発生当日は当該事業場の定休日なるも、本人（無免許）は偶々日直勤務に当たり居りたるため定例出勤をなし、先月来の未完成修理に着手し、故障箇所たる「変速機」及び「ラジエター」の修理完了、定休日の関係上運転手不在のため日直職員の許可を受け自ら試運転を試み、当該事業場を出発約三里半離れた場所に於て墜落災害を生じたるものなり。

尚現場を検証するに当り通路幅広く通常事故発生すべき場所とは思料せられざるもこれが原因としては運転無免許のためその心得なきため発生せしものか又は故障箇所たる変速機の打音不調なるに気を取られ運転を過りたるものなりや的確なる原因は把握困難なり。

答　業務上の死亡であるが、重大過失に因る災害である。

（昭二三・一一・一五　基発第五一一号）

〈免許のある運転手と詐称していた労働者の交通事故〉

問　昭和二二年一二月二日S市H町七五番地N株式会社S支店の貨物自動車運転手S・Kなる者、ドラム罐三本、溶接器具その他荷物を満載し、M県M郡O村S線O駅より西方約五〇米を距る約一三〇度位の曲角部を有する県道に於て、同僚Kの運転するトラックに追付かんとして急スピードにて現場に差しかかりたるが、急カーブに気付いて周章してハンドルを切りたる際、相当量の荷物の為とスピードの為ハズミを食っててん覆、車輌に強打圧迫され死に至りたる事故なるも、検死の際始めて実兄S・Kの自動車運転免許証を盗み、詐名のままN株式会社に入り、詐りて運転手となり居たることが判明し、その後調査するに本人は昨年九月頃自動車交通事故を起し警察の取調を受けたることあり、その際も兄S・

Kになりすまし事故の解決をすませた事実あり。始めから運転手に非ざる者が故意に運転手になり事故当日に至りたる者で、事故に対しては故意は認められないが、重大過失によるものと認めるが至当と考えられる。

答　本件労働者の受けた災害は業務上の災害である。但し、無免許運転手の運転が危険であることを知りながら資格を詐称し、運転して受けた災害であるから重大過失による災害である。

（昭二三・三・五　基発第四〇五号）

〈運転手の注意欠如によるもの①〉

問　左記事案について、労働者に重大な過失があるものとして取り扱ってよろしいか。

記

K旅館自動車運転手Fは、主人Kを自宅へ送る途中、T電車踏切において電車と衝突し、重傷を負ったが、本件事故は、嵐模様の風雨で視界が悪く、二〇米先の見とおしも困難の状況にあり、かつ、踏み切り右側には林があって踏切レール上でなければ左右の確認が困難な場所であるにもかかわらず、Fが一旦停車、通過電車有無の確認を怠ったために発生したものである。

なお、同人は、道路交通法第三三条違反の責任を問われ、刑事処分を受けている。

答　本件については、貴見のとおり取り扱われたい。

（昭二六・六・九　基収第二二五一号）

〈停車義務違反によるもの〉

問　左記事案について、労働者の重大過失を認めてよろしいか。

記

被災者Sは、用務地からオート三輪車を運転し帰社する途中、Y川第二踏切で鉄道工手が列車進行の注意を与えるため左手をあげているのをオート三輪車の故障を指摘しているものと誤信し、車体・エンジンを見廻したが異常がなかったので、そのまま踏切を横断しようとした瞬間、通過列車に触れ、車体もろとも約一六〇米引きずられて重症を負ったものである。

なお、現場は左右とも見とおしがよく、通過列車有無の確認は容易にできる地点にあり、列車は踏切前約一〇〇米のところで警笛を吹鳴しているので、本件事故は、Sが一旦停止を怠ったために発生したものと思われる。

答　本件は、労働者の重大過失により発生したものと認められる。

（昭二六・九・一四　基収第三八五〇号）

〈運転手の注意欠如によるもの②〉

問　左記災害については、運転手Sについてのみ重大過失の成立を認め、運転助手Fについては労災保険法上の責任を追及できないものと思料するが如何。

記

運転手Sは、踏切手前で徐行しつつ、見とおしのきく右側を一応みて通過電車のないことを確認した。一方運転席左側に同乗していた助手Fが左側をみた上でオーライの声をかけたので助手の合図と同時に車を進めたところ、車が線路の真上に乗り上げた瞬間、左側から進行して来た電車が激突し、S、Fともに重傷を負ったものである。

答　本件災害は、助手Fが助手として著しく善管注意義務を欠いた重大過失と運転手SがFの言をそのまま信じて道路交通法第三三条に違反した重大過失とが競合して発生したものである。

（昭二六・一二・二一　基収第五七九一号）

〈列車速度の誤認によるもの〉

問　左記事案について、労働者の重大過失を認めてよろしいか。

記

被災者Aは、定期貨物自動車を運転し、国鉄Y本線B踏切にさしかかった際、踏切前約一〇米の地点で列車の来るのを認めたが、元来極めて速度の遅い列車のことと列車よりも先に通過し得る自信をもってそのまま車を進めたところ、機関車前部に衝突、車体もろとも引きずられて頭部及び左足を負傷したものである。

答　貴見のとおり取り扱われたい。

（昭二七・二・七　基収第二二一号）

〈軌道に近接停車して発生したもの〉

問　左記事案は、労働者の重大過失による災害と認めてよろしいか。

記

M通運㈱H支店小型自動車運転手Sは、国鉄T線無人踏切附近で左側に煙を発見、列車の進行してくるのを認めたので踏切手前で一旦停車したが、通行人が居たため列車の近接していることが、確認できず、まだ安全と思ってレールの手前約三〇糎まで車を進めたとき、列車の近接を直感して急停車し、直ちにバックギヤーに切換えて後退しようとして誤ってエンジンを停止させたため、後退不能となり、その瞬間進行して来た列車の機関車に前輪が触れ、約八米引きずられて左下肢を複雑骨折したものである。

なお、本件事故について国鉄C機関手の過失は認められなかった。

答　貴見のとおり取扱われたい。

（昭二七・三・五　基収第五五九号）

〈飲酒運転により発生した事故〉

問　左記事案について、労働者の重大過失を認めてよろしいか。また、保険給付した場合、支給金額について法第一二条の四による求償権を行使すべきかお伺いする。

記

被災者Yは、勤務先N印刷㈱T職長の命により、自動三輪車で同社H営業所へ出向いての帰路、S県A町B商会主人Cの運転する小型自動車と衝突し、右上腕を切断した。

なお、Yは、焼酎二合を飲んで運転しており、自動三輪車の荷台には知人二名を同乗させていたものである。

答　一　本件は、Yが道路交通法第六五条に違反したため発生したものであり、明らかに労働者の重大過失と認められる。

二　労働者の重大過失により保険給付の制限を行った場合であっても、当該事故が第三者の行為に因るものであり、その第三者に故意又は過失が認められる限り、法第一二条の四の適用はある。ただし、求償権の行使にあたっては当事者の過失割合、相手方の損害の程度を十分に調査されたい。

（昭二六・九・二七　基収第三九二〇号）

〈**居眠り運転による衝突事故**〉

問　左記災害は、労働者の重大過失によるものと認めてよろしいか。

記

A貨物運送㈱の運転手Yは、昭和二六年五月一一日未明、大型貨物自動車に野菜類を満載し東京都K市場へ向う途中、東京都C区H町交差点において、安全地域標識灯が点灯されているにもかかわらず、居眠りしていたためこれを看過し、約三二粁の速度で安全地帯に乗り上げ、安全標識灯に衝突、右第四肋骨を骨折したものである。

答　本件は、運転手Yが居眠り運転をし、道路交通法第四条に規定する信号機の標示に従わなかったために惹起されたものであるから、Yの重大過失と認められる。

（昭二六・二・八　基収第四五三六号）

〈**ブレーキもかけず、手動始動を行って発生した事故**〉

問　左記事案については、労働者に重大過失ありとみとめてよろしいか、伺います。

記

N交通㈱運転手Tは、同社K営業所M車庫において、ニッサン型乗合バスの始動をかけようとしたがセルモーターが故障していたので、クランクハンドルを使用したところ、手動ブレーキをかけず、変速機把手も低速の位置においたままであったため、始動がかかると同時にバスが動きだし、Tはバスと車庫の壁にはさまれ、右大腿骨を骨折したものである。

なお、クランクハンドル使用の際

は助手を用いない慣例となっており、車掌はバスの外側に立っていた。

答　設問の場合、手動ブレーキをかけるか、または変速機把手を零の位置において後、クランクハンドルを使用するのが、運転手として当然に採るべき措置であるにもかかわらず、右のいずれをも怠り、そのため事故を発生させたものであるから、貴見のとおり、労働者の重大過失として取り扱われたい（道路交通法第七一条第六号違反）。

（昭二六・一一・八　基収第四五三六号）

3　特別加入者に係る支給制限の取扱い

〈特別加入者に係る支給制限の取扱い〉

第二　支給制限について

一　法第一二条の二の二の規定による支給制限

法第三三条各号に該当する者についての支給制限は、法第一二条の二の二の規定により行うものとする。

(1)　第一項関係

本項の規定は、特別加入者の負傷、疾病、障害若しくは死亡又はその直接の原因となった事故の発生について、特別加入者に意図した故意がある場合に適用すること。

(2)　第二項関係

本項の規定は、事故発生の直接の原因となった行為が、法令（労働基準法、鉱山保安法、道路交通法等）上の危害防止に関する規定で罰則の附されているものに違反し又は違反する行為に相当すると認められる場合に適用し、支給制限の方法は、昭和四〇年七月三一日付け基発第九〇六号通達記の第一のⅡ及びⅢに準ずるものとする。

この場合において、法令上の危害防止に関する規定の罰則の附されているものについての違反の有無を判断するに際しては、労働基準法及び鉱山保安法関係については、特別加入者を労働者とみなして判断するものとすること。また、建設業の一人親方及びその事業に従事する者については、たとえば、労働安全衛生規則第一一二条のように、使用者の遵守義務の履行が先行する条項については、使用者の遵守義務の履行はあったものとして判断すること。

二　法第一二条の二の二と法第一二条の四第一項が同時に適用される場合

法第一二条の二の二と法第一二条の四第一項が同時に適用される場合は、まず、法第一二条の二の二の規定を適用し、その結果、減額支給された保険給付について法第一二条の四の規定を適用すること。

三　法第三四条第一項第四号及び第三五条第一項第七号の規定による支給制限

これらの規定の適用要件及び支給制限の方法については、上記二及び昭和四七年九月三〇日付け基発第六四三号通達（記の四を除く。）に準じる。

四　支給制限に関する規定が重複して適用される場合

(1)　法第一二条の二の二と法第三四条第一項第四号前段又は第三五条第一項第七号とが同時に適用される場合には、まず法第一二条の二の二を適用し、その残余の部分について法第三四条第一項第四号前段又は第三五条第一項第七号を適用すること。

(2)　法第一二条の二の二と法第三四条第一項第四号後段とが同時に適用される場合には、同号後段のみを適用すること。

(3)　法第三四条第一項第四号の前段と後段とが同時に適用される場合には、いずれか支給制限率の高い方の規定のみを適用すること。

（昭四〇・一二・六　基発第一五九一号、昭五〇・一一・一四　基発第六七一号、昭五二・三・二八　基発第一七〇号、平三・四・一二　発労徴第三八号、基発第二五九号、平一四・三・二九　基発第〇三二九〇〇八号）

（不正受給者からの費用徴収）

第十二条の三　偽りその他不正の手段により保険給付を受けた者があるときは、政府は、その保険給付に要した費用に相当する金額の全部又は一部をその者から徴収することができる。

2　前項の場合において、事業主（徴収法第八条第一項又は第二項の規定により元請負人が事業主とされる場合にあつては、当該元請負人。以下同じ。）が虚偽の報告又は証明をしたためその保険給付が行なわれたものであるときは、政府は、その事業主に対し、保険給付を受けた者と連帯して前項の徴収金を納付すべきことを命ずることができる。

3　徴収法第二十七条、第二十九条、第三十条及び第四十一条の規定は、前二項の規定による徴収金について準用する。

条文解説

本条第一項は、偽りその他不正の手段によって保険給付を受けた者がある場合には、不正受給者からその保険給付に要した費用の全部又は一部を回収し、労災保険財政に対する不当な損害を回復しようとする趣旨である。

第二項は事業主がこれに加担している場合には、事業主に対し不正受給者と連帯して保険給付に要した費用に相当する金額の全部又は一部を納付するよう命ずることができることとして、事業主に対し経済的制裁を加え、事業主にもその責任を負わせようとする趣旨である。

第三項はこの費用徴収の命令により納付を命ぜられた金額の納付を怠った場合には、労働保険料の場合と同様に、督促、国税滞納処分の例による滞納処分（以上、徴収法第二十七条）、先取特権の順位（同法第二十九条）、その他国税徴収の例による徴収手続（同法第三十条）、徴収権の時効（同法第四十一条）に関する取扱いが行い得るよう、関係規定を準用することを規定したものである。

関係政省令等

（費用の納付）
則第四十五条　法第十二条の三第三項又は法第三十一条の規定による徴収金は、日本銀行（本店、支店、代理店及び歳入代理店をいう。）、郵便局又は都道府県労働局若しくは労働基準監督署に納付しなければならない。

（公示送達の方法）
則第四十六条　法第十二条の三第三項又は法第三十一条第四項において準用する徴収法第三十条の規定により国税徴収の例によることとされる徴収金に関する公示送達は、都道府県労働局長が送達すべき書類を保管し、いつでも送達を受けるべき者に交付する旨をその都道府県労働局の掲示場に掲示して行う。

参照条文

〔保険給付の種類　七・一二の八・二一〕〔事業主の報告、証明　四六、則二三〕〔徴収金の納付　則四五〕〔徴収金に関する公示送達　則四六〕

解釈例規

〈費用の徴収〉

この取扱いは昭和四〇年八月一日以降に発生した事案について適用すること。

Ⅰ　第一項関係

一　本項の規定は、偽りその他不正の手段によって保険給付を受けた者がある場合に適用すること。

イ　「偽りその他不正の手段」は、保険給付を受ける手段として不正が行なわれた場合のすべてをいい、その不正行為は、保険給付を受けた者の行為に限らないものであること。

ロ　「保険給付を受けた者」は、偽りその他不正の手段により、現実に、かつ、直接に保険給付を受けた者をいい、受給権を有する者に限らないものであること。

二　本項の規定により徴収する徴収金の価額は、保険給付を受けたものが受けた保険給付のうち、偽りその他不正の手段により給付を受けた部分に相当する価額とすること。

Ⅱ　第二項関係

一　本項の規定は、事業主の虚偽の報告又は証明によって保険給付を受けた者がある場合に適用すること。

「事業主の虚偽の報告又は証明」とは、保険給付の基礎となる重要な事項（たとえば、災害発生状況、死傷病の年月日、平均賃金等）について、事業主が不正に保険給付を受けさせることを意図して、事実と異なる報告又は証明を行なった場合をいうものであること。

二　本項の規定による徴収金の価額は、Ⅰの二に定める徴収金の価額と同額とすること。

（昭四〇・七・三一　基発第九〇一号）

〈二次健康診断等給付における不正受給者からの費用徴収〉

二次健康診断等給付における不正受給者からの費用徴収において徴収する徴収金の価額は、保険給付を受けた者が受けた保険給付のうち、偽りその他不正の手段により給付を受けた部分に相当する価額とすること。

（平一三・三・三〇　基発第二三三号）

（第三者の行為による事故）

第十二条の四　政府は、保険給付の原因である事故が第三者の行為によつて生じた場合において、保険給付をしたときは、その給付の価額の限度で、保険給付を受けた者が第三者に対して有する損害賠償の請求権を取得する。

２　前項の場合において、保険給付を受けるべき者が当該第三者から同一の事由について損害賠償を受けたときは、政府は、その価額の限度で保険給付をしないことができる。

条文解説

本条第一項は、業務災害又は通勤災害が保険関係の外にある者、すなわち保険者である政府、保険加入者である事業主並びに当該受給権者である労働者及び遺族以外の者（第三者）の加害行為（通常加害者に過失があることを要するが、例えば、建造物の設置・保存に瑕疵があることによる災害などの場合には、その所有者に過失があることを要しない。民法第七〇九条以下）によって生じた事故について政府が保険給付をした場合に取得する損害賠償請求権（俗にこれを求償権といっている。）について規定。

第二項は、その場合において、受給権者（労働者又はその遺族等）が、第三者から損害賠償を受けたときの政府の保険給付義務の免除について、規定したものである。

関係政省令等

（第三者の行為による災害についての届出）

則第二十二条　保険給付の原因である事故が第三者の行為によつて生じたときは、保険給付を受けるべき者は、その事実、第三者の氏名及び住所（第三者の氏名及び住所がわからないときは、その旨）並びに被害の状況を、遅滞なく、所轄労働基準監督署長に届け出なければならない。

参照条文

〔保険給付の種類　七・一二の八・二一〕〔第三者の行為による災害についての届出　則二二〕〔賠償責任　民七〇九以下〕〔損害賠償者の代位　民四二二〕

解釈例規

〈宿直中強盗に殺傷された事故〉

問　昨年一二月末日K市N製作所において従業員二名宿直勤務中（就寝中）強盗に因り一名は殺害、一名が重傷を受けた事件が発生しましたが、本件は第三者の行為として適用除外すべきものと考えられるも宿直中であり如何に取扱うべきが妥当なるか御指示願います。（犯人は検挙せられた。）

答　N製作所の労働者二人が、宿直勤務中（就寝中）強盗に襲われ、一人は殺害され一人は重傷を受けた事故は、その労働者が事業場の規定又は使用者の特命により宿直勤務をしていた時に発生した事故であれば、たとえ就寝中の被害であっても業務上の災害である。なお、宿直勤務中睡眠しないことがその事業場における通例であり、睡眠していなかったならば災害は生じなかったと推測される場合においても、第三者が強盗であるから、被害労働者の重大な過失に因るものと思われない。現在の社会状態では宿直員又は警備員等は特に本件のような危険に曝されているものとみられるからこの点からも業務上となる。

若し被害労働者が通常いうところの宿直勤務でなく任意に宿泊したのであれば、他に特別の事情のない限り業務外の災害である。

本件事故について保険給付をしたときは、法第二〇条〔現行＝第一二条の四〕の規定により政府は損害賠償請求権を取得するのであるから、保険給付を受けるべき者又は使用者から規則第二九条〔現行＝第二二条〕の規定による届出をさせ、都道府県労働基準局長は第三者（加害者）に対し損害賠償請求の手続を執ることを要する。

（昭二三・二・二三　基発第三五二号）

〈医師の過失による下肢の再切断〉

問　左記事案について、若し民事上の損害賠償が成立するものとすれば、法第二〇条〔現行＝第一二条の四〕の主旨よりして、当然悪化させた部分に対しては、損害賠償の請求権を政府が取得するものと思料されるが如何。

若し法第二〇条〔現行＝第一二条の四〕によるものとすれば実際の手続として、如何にして、主治医より賠償させるべきか、また賠償額の算出方法につき、具体的に承知致したい。

記

受傷より治癒までの経過の概要

昭和二四年六月三日、負傷後直ちにM市民病院（労災保険指定病院）に入院、同日右下腿より切断手術を受けたが、経過良好ならず、加えて手術後の処置につき、病院側の不親切なる取扱いを不満とし、且つもはや病院を信頼する事が出来ないと、国立M病院へ転院したき旨申出、病院側の止めるのも聞かず、六月八日午前二時無理に国立M病院に転院を決行診察を受けたる結果右下腿瓦斯壊疽の為再切断の要を認められ同日午後三時右大腿上部より切断手術を受け七月二七日治癒退院後九月二日迄自宅療養を為す。

答　本件の場合は指定病院の医師が治療に際しその故意又は過失によって補償の原因である事故を発生させた場合であると認められる。従って、労災保険法第二〇条〔現行＝第一二条の四〕第一項の適用があるから、速やかに当該事案につき、求償権を行使すべきものである。

但し、この場合の手続については、貴局管轄の地方法務局と連絡されたい。

（昭二五・七・二二　基災収第五四六号）

〈国に対する求償権の行使〉

問　当局管内で発生した保安隊普通科学校配電室勤務の保安隊員甲が加害者となり、K電力株式会社配電線工乙に対して、業務上過失により電撃症を与えた第三者行為に基く災害について、被害者乙に対する保険給付をしたのであるが、労災法第二〇条〔現行＝第一二条の四〕に規定された求償権の行使について、加害者の所属する保安隊が国家機関であるため、昭和二七年五月三〇日附基収第二六四六号通牒により、保安隊宛の求償権の行使はできないものと思料しますが、本保険が、保険加入者の全額負担にかかる保険料収入のみに依り運用されている特別会計であり、その会計により支出された、換言すれば、保険加入者が補償した金額である補償費といえども、第三者が国家機関である時は、損害賠償の請求がなし得ないか否か、これが取扱いについて聯か疑義がありますので、何分の御指示を賜りたくお願いします。

答　被災労働者が、国に対して損害賠償請求権を有する場合においても、労災保険法第二〇条〔現行＝第一二条の四〕第一項により、政府は保険給付をした価額の限度で、被災労働者の有する請求権を承継取得する。但し、被災労働者の有する請求権を承継取得した結果、政府に認められる求償権の行使については、裁判上これを争うことは出来ない。もっとも、貴見の通り、労災保険の実体は、一種の事業主団体の責任保険ともみられないこともないが、法第二〇条〔同第一二条の四〕第一項の求償権は、労災保険を管掌する政府の管理権に基いて、法上認められたものであるから、右の求償権の行使に関する民事訴訟も、国の利害に関係ある訴訟として、昭和二二年法律第一九四号「国の利害に関係のある訴訟についての法務総裁の権限に関する法律」の適用を免れるものでない。

従って、本件については、加害者である公務員が所属する機関と接渉のうえ、妥当な解決を計ることとされたい。

おって、爾今第三者が国である場合の災害については、できる限り保険給付を行う前に、被災労働者（又は遺族）をして国に損害賠償を請求するよう指導し、その解決をまって、法第二〇条〔現行＝第一二条の四〕第二項により処理するよう取り扱われたい。

なお、加害者である公務員に対しては、使用者たる国とは別個に求償権を行使し得るのであるから、念のため申添える。

（昭二八・一〇・九　基収第四二二五号）

〈労災保険法第二〇条〔現行＝第一二条の四〕にいう「第三者」の意義〉

問　労災保険法第二〇条〔現行＝第一二条の四〕第一項につき同保険加入者たる甲会社の自動車運転手乙が、右甲会社の業務のため、甲会社の自動車を運転中、同じく同保険加入者たる丙会社の雇入丁を過失により負傷させた事実に於て

前記第二〇条〔現行＝第一二条の四〕第一項の規定する「第三者」は右運転手乙のみと解せられるか。

又は民法第七一五条により甲会社も丁に対し民法上の損害賠償責任を負うことになるか、右「第三者」には乙の外に甲会社をも含まれると解せられるか。

右第二〇条〔現行＝第一二条の四〕第一項の文言は「事故が第三者の行為に因って生じた」としていて、直接の行為たる乙のみを指し甲会社は含まぬものの如く解せられる上、甲会社は丙会社と同様に保険加入者として本件の如き場合の保険給付のために保険料を政府に徴収せら

れているものでその外に前記第二〇条〔同第一二条の四〕第一項により、同条項の「第三者」として、政府に対する損害賠償の義務があるとせられるのは、右労災保険法の精神に反すると信ぜられるが如何。

答　労災保険法第二〇条〔現行＝第一二条の四〕第一項にいう第三者とは、保険者（政府）及び被害労働者以外の者であって、当該災害につき損害賠償の責を負担する者をいう。

　従って、ある事業のために他人を使用する者は、被用者がその事業の執行につき第三者に損害を加えた場合には、民法第七一五条の規定に基き、当該使用者もまだ労災保険法第二〇条〔現行＝第一二条の四〕第一項の第三者のうちに含まれると解される。

（昭三〇・一一・二二　基災発第三〇一号）

〈労災保険法第一二条の四の規定の解釈について〉

　標記については、従来個々の事例について具体的に指示されてきたところであるが、今般その取扱いの基準を定めたから、八月一日以降左記によって処理することとされたい。

　なお、従前の通ちょうであって本通ちょうに矛盾するものは、これによって改められたものと了知されたい。

記

一　労災保険法第一二条の四第一項について

　第三者の行為による災害に対し保険給付をした場合において、法第一二条の四第一項の規定により政府が取得する損害賠償請求権の範囲は、当該災害によって権利を侵害された労働者、遺族等の受給権者（以下「受給権者」という。）が第三者に対して請求し得る損害賠償額（慰謝料の額及び物的損害に対する損害賠償額を除く。）のうち、保険給付をした価額の限度に限られるものである。

　右の場合において、受給権者が第三者に対して有する損害賠償額の算定方法は、学説、判例等で多少の差異はあるが、本条に関する事例については、左の方法により算定すること。

(1)　〈削除〉

(2)　災害の発生について労働者に過失のある場合

　災害の発生について、労働者に過失がある場合でも、第三者は損害賠償の義務を当然免れるものではなく、ただ裁判上損害賠償の額を定めるにあたってしんしゃく（斟酌）されるにすぎないものであるから、この種の事例について保険給付した場合でも、なお、政府は前述一の方法によって算定した損害賠償額を保険給付の価額の限度で求償することを得るのであるが、災害発生について明らかに労働者の過失があると認められる場合には、当該災害の取調を行った警察署長、地方法務局長等関係官庁の意見を徴して労働者及び第三者の過失の割合を決定し、その割合によって前述(1)の方法で算定した損害賠償額を減額したうえ、その額を保険給付の価額の減度で求償すること。なお過失相殺を行う場合の損害賠償額の算定方法は左によること。

(イ) 当該災害において、労働者のみが負傷（死亡）し、第三者には被害のなかった場合には、前述(1)の方法により算出した損害賠償額に、第三者の過失の割合を乗じて得た額とすること。

(ロ) 労働者及び第三者の双方が当該災害によって負傷（死亡）した場合には、前述(1)の方法により、それぞれ労働者及び第三者の取得すべき損害賠償額を計算し、その額に他の当事者の過失の割合を乗じて得た額をもって労働者及び第三者の当該災害により取得した損害賠償額とし、両者を相殺したうえ、なお受給権者が第三者に対し損害賠償を請求し得べき額が生ずる場合には、その額を保険給付の価額の限度で求償すること。

二　労災保険法第一二条の四第二項について

(1) 法第一二条の四第二項にいう「同一の事由につき損害賠償を受けた」場合とは、保険給付のなさるべき事由と同一の事由に基づく受給権者が損害賠償額の全部又は一部を得た場合をいう。したがって、受給権者が第三者より慰謝料、見舞金、香典等積極的苦痛に対する損害賠償又は贈与と認められる金額を得た場合は、原則としてここにいう「同一の事由について損害賠償を受けた」場合に該当しない。

(2) 〈削除〉

別表
(注)　現行条文を引用〈略〉

（昭三二・七・二　基発第五五一号、昭五七・三・一二　基発第一七四号、平八・三・五　基発第九九号）

〈労災保険法第一二条の四関係事務の取扱いについて〉

労災保険法（以下「法」という。）第一二条の四関係事務の取扱いについては、従来、そのつど指示してきたところであるが、今般事務処理の円滑適正を図るため、昭和三五年一一月一日以降に発生した災害に係るものから、下記のとおりその取扱いを改めることとしたので、事務処理に遺憾のないようにせられたい。

おって、従前の通達による取扱いであって、本通達による取扱いと相違するものは、本通達によって改められたものと了知されたい。

記

一　法第一二条の四第二項の規定により保険給付額から控除すべき損害賠償額について受給権者が、保険給付と同一の事由で第三者より損害賠償として受領し又は受領したとみなされる（注）金品の額を控除して、なお、保険給付すべき額がある場合には、保険給付を行なうこと。従って、受給権者が、いわゆる示談等（以下「示談」という。）を行なっている場合であっても、保険給付上控除する損害賠償額の範囲は、当該災害によって発生した損害額ではなく、上記金品の額に限定されることに留意すること。

なお、受給権者がいまだ受領していない示談金品等は、損害賠償を得ていないものとして取り扱うこと。ただし、損害が二重にてん補されることのないよう事務取扱上留意すること。

受給権者が、見舞金、香典、慰謝料等の名目で、第三者より金品を受領している場合には、当該金品の支払内容等を調査し、当該金品の全部または一部が、労災保険の給付と同一の事由による損害賠償と認められる場合には、その額を保険給付の額から控除するよう取り扱うこと。

（注）当該災害に関する損害賠償請求権者らが共同してその中の一人又は他人を代理人とし、代理人名義で第三者より損害賠償を受領しており、各種損害賠償請求権者の受領部分が客観的に不明である場合に、相続分の規定あるいは各自の損害賠償請求権の額の割合等によって、受給権者の損害賠償受領額を推定する場合等をいう。

二　法第一二条の四第一項の規定により、政府が取得する損害賠償請求権について

(1)　〈削除〉

(2)　損害賠償請求権取得の範囲

法第一二条の四第一項の規定により、政府が取得する損害賠償請求権の範囲は、原則として、昭和三二年七月二日付基発第五五一号通達の記の一（以下「基発第五五一号通達」という。別紙注１）のとおりであるが、次の場合について、その取扱いを改めることとする。

イ・ロ　〈削除〉

ハ　基発第五五一号通達の一の(2)関係について災害の発生について労働者に明らかに過失があると認められる場合には、当該災害の取調を行った警察署長、地方法務局長等関係官庁の意見を徴して、労働者及び第三者の過失の割合を決定することになっているのであるが、その後の各都道府県労働基準局における事務処理の状況にかんがみ、今後は原則として、都道府県労働基準局長が自己の調査に基づいて決定することとし、当該事案の内容等により、取調を行った警察署長又は地方法務局長等関係官庁の意見を徴することが適当と認めた場合にのみ、それらの関係官庁の意見を徴したうえ決定すること。

三　被災労働者及び第三者の名称につ

いて

従来、第三者行為災害の調査等を実施する場合においては、被災労働者を「被害者」、第三者を「加害者」又は「加害者側」等の名称で呼んだ場合が多いと思われるが、最近における災害の発生状況からすれば、必ずしも当を得たものではない場合もあり、かつ、調査等において、相手方の心証を損なうこともあると考えられるので、自今、被害者、加害者の名称は成るべく使用しないこととし、「第一当事者」及び「第二当事者」等の名称を用いていること。

従って、昭和三四年八月二六日付基発第五九二号通達の様式四の「被害者」及び「加害者」の文言は、「第一当事者」及び「第二当事者」に変更し、「加害自動車」は、「原因自動車」と変更する。

四　稟伺

上記の各取扱いにつき、具体的事案の個個において疑義ある場合には、事案の要旨を具し、本省労働基準局長あて稟伺すること。

(別紙　注1)　昭和三二年七月二日付基発第五五一号通達の記の一

記

一　労災保険法第一二条の四第一項について

第三者の行為による災害に対し保険給付をした場合において、法第一二条の四第一項の規定により政府が取得する損害賠償請求権の範囲は、当該災害によって権利を侵害された労働者、遺族等受給権者(以下「受給権者」という。)が第三者に対して請求し得る損害賠償額(慰謝料額及び物的損害に対する損害賠償額を除く。)のうち保険給付をした価額の限度に限られるものである。

上記の場合において、受給権者が第三者に対して有する損害賠償額の算定方法は、学説、判例等で多少の差異はあるが、本条に関する事例については、下記の方法により算定すること。

1　〈削除〉

2　災害の発生について労働者に過失のある場合

災害の発生について、労働者に過失がある場合でも、第三者は損害賠償の義務を当然免れるものではなく、ただ裁判上損害賠償の額を定めるにあたって斟酌されるに過ぎないものであるから、この種の事例について保険給付した場合でも、なお、政府は前述1の方法によって算定した損害賠償額を保険給付の価額の限度で求償することを得るのであるが、災害の発生について明らかに労働者に過失があると認められる場合には、当該災害の取調を行った警察署長、地方法務局長等関係官庁の意見を徴して労働者及び第三者の過失の割合を決定し、その割合によって前述の1の方法で算定した損害賠償額を減額したうえ、その額を保険給付の価額の限度で求償すること。なお、過失相殺を行なう場合の損害賠償額の算定方法は左記によること。

(イ)　当該災害において、労働者のみが負傷（死亡）し、第三者には被害のなかった場合には、前述1の方法により算出した損害賠償額に、第三者の過失の割合を乗じて得た額とすること。

(ロ)　労働者及び第三者の双方が当該災害によって負傷（死亡）した場合には、前述1の方法により、それぞれ労働者及び第三者の取得すべき損害賠償額を計算し、その額に他の当事者の過失の割合を乗じて得た額をもって労働者及び第三者が当該災害により取得した損害賠償額とし、両者を相殺したうえ、なお受給権者が第三者に対し損害賠償を請求し得べき額が生ずる場合には、その額を保険給付の価額の限度で求償すること。

別表　〈略〉

(注)　現行条文を引用

（昭三五・一一・二　基発第九三四号、
昭五七・三・一二　基発第一七四号、
平八・三・五　基発第九九号）

〈労働者災害補償保険法第一二条の四関係事務の取扱いの一部変更について〉

労働者災害補償保険法（以下「法」という。）第一二条の四第一項の規定により、政府が取得する損害賠償請求権の範囲の取扱いについては、昭和三二年七月二日付け基発第五五一号通達（以下「三二年五五一通達」という。）及び昭和三五年一一月二日付け基発第九三四号通達（以下「三五年九三四通達」という。）により指示してきたところであるが、最近における損害賠償額の算定方式は新ホフマン方式によることが一般化している実情にかんがみ、今般これが取扱いの一部を下記のとおり改め、昭和五七年四月一日以降最初に求償権を取得したものから実施することとしたので事務処理に遺憾のないよう取り計られたい。

なお、三二年五五一通達記一(1)並びに三五年九三四通達記二(2)イ及びロは廃止する。

記

第三者の行為による災害に対し保険給付を行った場合において、法第一二条の四第一項の規定により政府が取得する損害賠償請求権の範囲は、当該災害によって権利を侵害された労働者、遺族等の保険給付受給権者（以下「受給権者」という。）が第三者に対して請求し得る損害賠償額（慰謝料額及び物的損害に対する損害賠償額を除く。）のうち、保険給付を行った価額の限度に限られるものである。

この場合、受給権者が第三者に対して有する損害賠償額の算定方法は、次によること。

(1)　療養及び休業による損害の場合

労働者が第三者の行為により負傷した場合には、当該負傷により労働者が受けた損害、すなわち治療費及びその療養中喪失した得べかりし利益について損害賠償を請求することができる。

① 治療費については、法に定める療養補償給付又は療養給付の範囲と同一の基準により算定すること。

② 療養中喪失した得べかりし利益については、給付基礎日額に休業期間の日数を乗じて算定すること。

なお、特別加入者の療養中喪失した得べかりし利益については、所轄都道府県労働基準局長が定めた給付基礎日額に休業期間の日数を乗じて算定すること。

(2) 後遺障害による損害の場合

負傷が治ゆした後身体に障害が残ったため、従前の労働能力を喪失し、又は減少した場合には、これによって喪失し、又は減少した得べかりし利益について損害賠償を請求することができるが、その額は、その障害の程度に応ずる別表第一による労働能力の喪失率及び別表第二による当該労働者の治ゆ認定時の年齢に応ずる就労可能年数に対応する新ホフマン係数を用いて次の算式で算定すること。

請求額＝給付基礎日額×365×労働能力喪失率×就労可能年数に対応する新ホフマン係数

ただし、当該労働者が、障害補償給付又は障害給付を受けた後、従前の労務に引き続き服し得る等の理由によって、治ゆ後、当該身体障害に基づく労働能力の喪失又は減退による損害が、具体的に生じないと認められる場合には当該身体障害による喪失又は減少した得べかりし利益は、生じないものとして取り扱うこと。

なお、労働者がその受けた傷病が治ゆしていないため一定の廃疾の状態にあり、その結果労働能力を喪失したことによる損害の算定方法は次によること。

請求額＝給付基礎日額×365×就労可能年数に対応する新ホフマン係数

(注) 就労可能年数に対応する新ホフマン係数は、後遺障害による損害の場合に準ずる。

(3) 死亡による損害の場合

労働者が第三者の行為により死亡した場合に受給権者が取得する損害賠償請求権は、労働者が死亡したために将来に向かって、収入を得られなくなったことによる損害のうち受給権者が相続により承継した分及び労働者が死亡したために将来に向かってその者から受給権者が扶養を受けられなくなったことによる損害に係るもの並びに埋葬に要した費用に係るものである。

① 喪失した得べかりし利益及び喪失した被扶養利益の算定は次によること。

請求額＝（給付基礎日額×365－死亡労働者本人の生活費）×就労可能年数

に対応する新ホフマン係数×遺族たる受給権者の相続割合

（注イ）　死亡労働者本人の生活費は、給付基礎日額×三六五の三五％とする。

（注ロ）　相続割合は、民法の規定による法定相続割合によるものとする。

②　埋葬に要した費用については、現実に支出した額とする。

別表第一　労働能力喪失率表

障害等級	労働能力喪失率
第一級	百分の百
第二級	百分の百
第三級	百分の百
第四級	百分の九二
第五級	百分の七九
第六級	百分の六七
第七級	百分の五六
第八級	百分の四五
第九級	百分の三五
第一〇級	百分の二七
第一一級	百分の二〇
第一二級	百分の一四
第一三級	百分の九
第一四級	百分の五

（注）本表の障害等級は労働基準法施行規則別表第二身体障害等級に定める区分による。

別表第二　就労可能年数と新ホフマン係数

年齢	就労可能年数	係数
〇歳	六七年	二九・〇二二
一	六六	二八・七九三
二	六五	二八・五六〇
三	六四	二八・三二五
四	六三	二八・〇八七
五	六二	二七・八四六
六	六一	二七・六〇二
七	六〇	二七・三五五
八	五九	二七・一〇五
九	五八	二六・八五二
一〇	五七	二六・五九五
一一	五六	二六・三三五
一二	五五	二六・〇七二
一三	五四	二五・八〇六
一四	五三	二五・五三五
一五	五二	二五・二六一
一六	五一	二四・九八四
一七	五〇	二四・七〇二
一八	四九	二四・四一六
一九	四八	二四・一二六
二〇	四七	二三・八三二
二一	四六	二三・五三四
二二	四五	二三・二三一
二三	四四	二二・九二三
二四	四三	二二・六一一
二五	四二	二二・二九三
二六	四一	二一・九七〇
二七	四〇	二一・六四三
二八	三九	二一・三〇九
二九	三八	二〇・九七〇
三〇	三七	二〇・六二五

三一	三六	二〇・二七五
三二	三五	一九・九一七
三三	三四	一九・五五四
三四	三三	一九・一八三
三五	三二	一八・八〇六
三六	三一	一八・四二一
三七	三〇	一八・〇二九
三八	二九	一七・六二九
三九	二八	一七・二二一
四〇	二七	一六・八〇四
四一	二六	一六・三七九
四二	二五	一五・九四四
四三	二四	一五・五〇〇
四四	二三	一五・〇四五
四五	二二	一四・五八〇
四六	二一	一四・一〇四
四七	二〇	一三・六一六
四八	一九	一三・一一六
四九	一八	一二・六〇三
五〇	一七	一二・〇七七
五一	一六	一一・五三六
五二	一五	一〇・九八一
五三	一四	一〇・四〇九
五四	一三	九・八二一
五五	一二	九・二一五
五六	一二	九・二一五
五七	一一	八・五九〇
五八	一一	八・五九〇
五九	一一	八・五九〇
六〇	一〇	七・九四五
六一	一〇	七・九四五
六二	九	七・二七八
六三	九	七・二七八
六四	九	七・二七八
六五	八	六・五八九
六六	八	六・五八九
六七	八	六・五八九
六八	七	五・八七四
六九	七	五・八七四
七〇	六	五・一三四
七一	六	五・一三四
七二	六	五・一三四
七三	六	五・一三四
七四	五	四・三六四
七五	五	四・三六四
七六	五	四・三六四
七七	四	三・五六四
七八	四	三・五六四
七九	四	三・五六四
八〇	四	三・五六四
八一	四	三・五六四
八二	三	二・七二三
八三	三	二・七二三
八四	三	二・七二三
八五	三	二・七二三
八六	三	二・七二三
八七	三	二・七二三
八八	二	一・八六一
八九	二	一・八六一
九〇	二	一・八六一
九一	二	一・八六一
九二	二	一・八六一
九三	二	一・八六一
九四	二	一・八六一
九五	二	一・八六一
九六	二	一・八六一

九七　一　一〇・九五二

（昭五七・三・一二　基発第一七四号、平五・三・二六　基発第一八五号）

〈二次健康診断等給付〉

二次健康診断等給付については、労災法第一二条の四に基づく第三者に対する損害賠償請求権の取得の問題は生じないものであること。

（平一三・三・三〇　基発第二三三号）

〈自動車損害賠償責任保険と労災保険との支払事務の調整について〉

標記については、昭和三四年八月二六日付基発第五九二号通達及び昭和三五年一一月二日付基発第九三三号により取り扱ってきたところであるが、今般、自動車損害賠償保障法、同法施行令並びに労働者災害補償保険法が改正されたことを機会に、調整事務の円滑化をはかるため、関係機関と協議の上、従来の取扱いを下記のとおり改めることとしたので、事務処理に遺憾のないよう期せられたい。なお、右記通達による取扱いで左記取扱にてい触しないものは、従来の通りであること。

記

一　給付事務の先後の調整について

労災保険の給付と自賠保険の損害賠償額の支払との先後の調整については、原則として給付事務の円滑化をはかるため、労災保険の給付に先行させるよう取り扱うこと。

二　〈削除〉

三　自賠保険よりの照会について

自賠保険に対する求償に関して、自賠保険の調査事務所より災害発生状況等応償事務上必要なものについて照会をうけた場合には、自賠保険に協力して応償上の便宜をはかること。

四　〈削除〉

五　自賠保険との協議について

自賠保険と労災保険について、管轄店又は調査事務所の間に問題が生じた場合には、具体的事情を具し、本省労働基準局長あて連絡すること。

六　自賠保険の査定基準

別添〈略〉

七　〈削除〉

（昭四一・一二・一六　基発第一三〇五号、平八・三・五　基発第九九号）

〈自動車損害賠償責任共済の支払いと労災保険の支給との調整について〉

自動車損害賠償保障法の一部を改正する法律（昭和四一年法律第九〇号）及び自動車損害賠償保障法施行令の一部を改正する政令（昭和四一年政令第二〇三号）が昭和四一年六月二九日から施行され、責任共済の事業を行う農業協同組合及び農業協同組合連合会と自動車損害賠償責任共済（以下「自賠責共済」という。）の契約を締結した自賠法施行令第一六条の二に定める自動車については、自賠法第五条の規定にかかわらず運行の用に供することができることとなった（同法第五四条の二）。

これに伴い労災保険の給付と自賠責共済の支払との調整について全国共済農業協同組合連合会の協議の上次のように定めたので遺憾のないように取り扱われたい。

記

一　労災保険の給付と自賠責共済の支払との先後の調整について

労災保険の給付と自賠責共済の支払との先後の調整については、給付事務の円滑化をはかるため、原則として自賠責共済の支払を労災保険の給付に先行させるよう取り扱うこと。

二　〈削除〉

三　自賠責共済よりの照会について

自賠責共済に対する求償に関して、共済連より基準局長あて災害発生状況、発生原因、障害部位その他応償事務上必要なものについて照会をうけた場合には、共済連に協力し応償上の便宜をはかること。

四　〈削除〉

五　自賠責共済との協議について

自賠責共済と労災保険について、共済連との間に問題が生じた場合には具体的事情を具し本省労働基準局あて連絡すること。

六　〈削除〉

（昭四二・八・三〇　基発第九三六号、平八・三・五　基発第九九号）

〈自動車損害賠償保障法施行令の一部改正に伴う労働者災害補償保険法第一二条の四の規定に関する取扱いの一部改正について〉

標記については、昭和五八年六月一四日付け基発第三一二号通達により指示してきたところであるが、今般、自動車損害賠償保障法施行令の一部を改正する政令（昭和六〇年政令第四号）の施行に伴い、自動車損害賠償責任保険（以下「自賠責保険」という。）及び自動車損害賠償責任共済（以下「自賠責共済」という。）の死亡及び後遺障害に係る保険金額等（以下「自賠責保険金額等」という。）の限度額が改正され、昭和六〇年四月一五日から実施されることとなった。

この改正に伴い、労働者災害補償保険法第一二条の四の規定に係る自賠責保険金額等と労働者災害補償保険（以下「労災保険」という。）の保険給付との調整に用いる自賠責保険金額等の内訳に関する従来の取扱いの一部を下記のとおり改め、昭和六〇年四月一五日以降に発生した災害から適用することとしたので事務処理に遺憾のないよう留意されたい。

記

一　死亡による損害の場合

死亡による損害に係る自賠責保険金額等の限度額は二、五〇〇万円であるが、全損害が当該限度額を超えたために当該限度額が支払われるべき場合の労災保険給付との調整に用いられる内容については、一律に次によることとする。

死亡による本人の財産損　一、七五〇万円

内訳
- 葬祭の費用　四五万円
- 慰謝料　七〇五万円

したがって、労災保険と自賠責保険又は自賠責共済との調整に当たって、死亡による全損害が限度額を超えた場合は、遺族補償給付又は遺族給付については一、七五〇万円（自賠責保険金額等の七〇％以内）を限度とし、葬祭料又は葬祭給付については四五万円を限度として行うこととなる。

二　後遺障害による損害の場合

後遺障害による損害については、該当する等級に応じてそれぞれ別表のとおりの自賠責保険金額等の限度額及びその内訳によることとする。

したがって、労災保険と自賠責保険又は自賠責共済との調整に当たっては、別表に掲げる各等級に応ずる逸失利益相当額を限度として行うこととなる。

（別表）　（単位：万円）

等級＼金額	保険金額の限度額	内訳：慰謝料額	内訳：逸失利益相当額
第一級（被扶養者のあるとき）	二、五〇〇	八五〇（九五〇）	一、六五〇（一、五五〇）
第二級（被扶養者のあるとき）	二、一八六	七五五（八四四）	一、四三一（一、三四二）
第三級（被扶養者のあるとき）	一、八九八	六六六（七四五）	一、二三二（一、一五三）
第四級	一、六三七	五八四	一、〇五三
第五級	一、三八三	五〇一	八八二
第六級	一、一五四	四二五	七二九
第七級	九四九	三五六	五九三
第八級	七五〇	二八六	四六四
第九級	五七二	二二二	三五〇
第一〇級	四三四	一七二	二六二
第一一級	三一六	一二七	一八九
第一二級	二一七	八九	一二八
第一三級	一三七	五七	八〇
第一四級	七五	三二	四三

（昭六〇・三・一二　基発第一三〇号）

〈自動車損害賠償責任保険（共済）査定基準の一部改正に伴う労働者災害補償保険法第一二条の四の規定に関する取扱いの一部改正について〉

標記については、昭和五八年六月一四日付け基発第三一二号及び昭和六〇年三月一二日付け基発第一三〇号通達により指示してきたところであるが、今般、自動車損害賠償責任保険及び自動車損害賠償責任共済（以下「自賠責保険等」という。）の査定基準の一部が改正され、昭和六一年八月一日から適用されることとなったので労働者災害補償保険法第一二条の四の規定に関する従来の取扱いを一部改め本年八月一日以降発生した災害から実施することとした。

ついては、この改正の内容とこれに伴う事務処理上の留意点は下記のとおりであるから遺憾のないよう取扱われたい。

記

一　傷害による損害及び死亡に至るまでの傷害による損害

傷害による損害及び死亡に至るまでの傷害による損害については、従来どおり自賠責保険等の保険金額及び共済金額（以下「保険金額等」という。）の限度額は一二〇万円であるが、このうち休業損害については一日につき三、七〇〇円から四、〇〇〇円に引き上げられたこと。

なお、休業損害の一日当たりの限度額は従来どおり一三、〇〇〇円であること。

二　後遺傷害による損害

後遺傷害による損害については、各等級の保険金額等の限度額は従来どおりであるが、この内訳については

（別表）後遺障害による損害（単位：万円）

等級＼金額	保険金額の限度額	内訳 逸失利益相当額	内訳 慰謝料額
第一級（被扶養者のあるとき）	二、五〇〇	一、六〇〇（一、四五〇）	一、九〇〇（一、〇五〇）
第二級（被扶養者のあるとき）	二、一八六	一、三九〇（一、二六〇）	七九六（九二六）
第三級（被扶養者のあるとき）	一、八九八	一、一九九（一、〇八七）	六九九（八一一）
第四級	一、六三七	一、〇二七	六一〇
第五級	一、三八三	八六二	五二一
第六級	一、一五四	七一四	四四〇
第七級	九四九	五八二	三六七
第八級	七五〇	四五六	二九四
第九級	五七二	三四五	二二七
第一〇級	四三四	二五九	一七五
第一一級	三一六	一八七	一二九
第一二級	二一七	一二七	九〇
第一三級	一三七	八〇	五七
第一四級	七五	四三	三二

は別表のとおり慰謝料額の引き上げが行われたので、これに伴い逸失利益相当額がそれぞれ引き上げられたこと。

したがって、労働者災害補償保険（以下「労災保険」という。）の保険給付の調整に当たっては、別表に掲げる各等級に応ずる逸失利益相当額を限度として行うこと。

三　死亡による損害

死亡による損害については、従来どおり保険金額等の限度額は二、五〇〇万円であるが、このうち葬儀費の額が四五万円から五〇万円に引き上げられたこと。

したがって、被災労働者の死亡による全損害が保険金額等の限度額を超えるために当該限度額が遺族に対して支払われるべき場合の労災保険の保険給付との調整に用いられる内訳については、一律次によること。

内訳
- 死亡による逸失利益分　一、七五〇万円
- 葬祭の費用　五〇万円
- 慰謝料　七〇〇万円

（昭六一・八・二二　基発第四九六号）

〈自賠保険等支払先行後の労災保険法第二〇条（現行＝第一二条の四）第二項の取り扱いについて〉

一　自動車損害賠償責任保険又は自動車損害賠償責任共済（以下「自賠保険等」という。）の限度額が被災者に支払われており（被害者の委任を受けた医療機関に当該限度額が支払われている場合も含む。）、なお未治ゆのため労働者災害補償保険に移行する場合であって、その支払金額の内訳が不明の場合における労働者災害補償保険法第二〇条（現行＝第一二条の四）第二項規定による調整は、当該限度額を損害調査額の各項目ごとに比例按分する方法により行なうこととされたい。

なお、損害調査額の各損害項目が不明である場合には、便宜被害者の損害請求内訳により上記の方法によって算定することとされたい。

二　被害者の委任を受けた医療機関が自賠保険等の限度額の一部として診療費を受領している場合には、限度額から当該受領額を控除した額について、一の方法により調整することとされたい。

（昭四四・七・二一　基収第一八一五号）

〈第三者行為災害に係る示談の取扱い〉

標記については、従来昭和三五年一一月二日付け基発第九三四号により取扱って来たのであるが、今般、最高裁判所において別添のような判決が出されたことに伴い当分の間、その取扱いの一部を次のように改めることとしたから了知されたい。

記

受給権者と第三者との間に示談が行なわれている場合は、当該示談が次に掲げる事項の全部を充たしているときに限り、保険給付を行なわないこと。

イ　当該示談が真正に成立していること。

次のような場合には、真正に成立した示談とは認められないこと。

a　当該示談が錯誤又は心理留保（相手方がその真意を知り、又は知り得べかりし場合に限る。）に基づく場合

b　当該示談が、詐欺又は強迫に基づく場合

ロ　当該示談の内容が、受給権者の第三者に対して有する損害賠償請求権（保険給付と同一の事由に基づくものに限る。）の全部の塡補を目的としていること。

次のような場合には、損害の全部を塡補を目的としているものとは認められないものとして取り扱うこと。

a　損害の一部について保険給付を受

けることとしている場合
　b　示談書の文面上、全損害の塡補を目的とすることが明確でない場合
　c　示談書の文面上、全損害の塡補を目的とする旨の記述がある場合であっても、示談の内容、当事者の供述等から、全損害の塡補を目的としているとは認められない場合
（別添）
　昭和三七年（オ）第七一一号
　判決
　上告人　国
　被上告人　O
　右当事者間の損害賠償請求事件について、S高等裁判所が昭和三七年三月一三日に言い渡した判決に対し、上告人から全部破棄を求める旨の上告申立があった。よって当裁判所は次のとおり判決する。
　主文
　本件上告を棄却する。
　上告費用は上告人の負担とする。
　理由

　上告代理人M、同Kの上告理由について
　労働者が第三者の行為により災害をこうむった場合に、その第三者に対して取得する損害賠償請求権は、通常の私法行為上の債権であり、その災害につき労働者災害補償保険法による保険が付せられているからといって、その性質を異にするものとは解されない。したがって、他に別段の規定がないかぎり被災労働者らは、私法自治の原則上、第三者が自己に対し負担する損害賠償債務の全部、又は一部を免除する自由を有するものといわなければならない。
　ところで、労働者災害補償保険法二〇条〔現行＝第一二条の四〕は、その一項において、政府は、保険給付の原因である事故が、第三者の行為によって生じた場合に保険給付をしたときは、その給付の価額の限度で、保険給付を受けた者が第三者に対して有する損害賠償請求権を取得する旨を規定するとともに、その二項において、前項の場合において、補償を受けるべきものが当該第三者より同一の事由につき損害賠償を受けたときは、政府は、その価額の限度で災害補償の義務を免れる旨を規定しており、右二項は、単に、被災労働者らが第三者から現実に損害賠償を受けた場合には、政府もまた、その限度において保険給付をする義務を免れる旨を明らかにしているに止まるが、労災保険制度は、もともと、被災労働者らのこうむった損害を補償することを目的とするものであることにかんがみれば、被災労働者ら自らが、第三者の自己に対する損害賠償債務の全部又は一部を免除し、その限度において損害賠償請求権を喪失した場合においても、政府は、その限度において保険給付をする義務を免れるべきことは、規定をまつまでもない当然のことであって、右二項の規定は、右の場合にお

ける政府の免責を否定する趣旨のものとは解されないのである。そして、補償を受けるべき者が、第三者から損害賠償を受け又は第三者の負担する損害賠償債務を免除したときは、その限度において損害賠償請求権は消滅するのであるから、政府がその後保険給付をしても、その請求権がなお存することを前提とする前示法条二項による法定代位権の発生する余地のないことは明らかである。補償を受けるべき者が、現実に損害賠償を受けないかぎり、政府は保険給付をする義務を免れず、したがって政府が保険給付をした場合に発生すべき右法定代位権を保全するため、補償を受けるべき者が第三者に対する損害賠償請求権をあらかじめ放棄しても、これをもって政府に対抗しえないと論ずるがごときは、損害賠償請求権ならびに労災保険の性質を誤解したことに基づく本末顚倒というほかはない。

もっとも、以上のごとく解するときは、被災労働者らの不用意な、又は必ずしも真意にそわない示談等により、これらの者が保険給付を受ける権利を失い、労働者の災害に対し迅速かつ公正な保護を与えようとする労災保険制度の目的にもとるがごとき結果を招来するおそれもないとはいえないが、そのような結果は、労災保険制度に対する労働者らの認識を深めること、保険給付が労災保険法の所期するように迅速に行われること、ならびに損害賠償債務の免除が被災労働者らの真意に出たものかどうかに関する認定を厳格に行なうこと（錯誤又は詐欺等も問題とされるべきである。）によって、よくこれを防止しうるものと考えられる。

本件につき、原審が確定したところによれば、被災労働者Nの代理人Sと加害運転者Kの使用者たる被上告人の間においては、本件保険給付がなされるより以前の昭和三二年一〇月二一日に、Nは自動車損害保険金のほか、慰謝料及び治療費等として二万円の支払を受けることで満足し、その余の賠償請求権一切を放棄する旨の示談が成立し、代理人SからNその旨の報告を受けたN本人もこれを了承したというのであって、右によれば、右賠償額はいささか過少の感を免れないとしても、その余の請求権の放棄はその真意に出たものと認めることができるので、他に右示談を無効とすべき事由が現われない本件においては、右示談によりNの被上告人に対する損害賠償請求権はすでに消滅し、政府は、その限度において、保険給付をする責を免れたものといわなければならない。

されば、上告人が、その後に本件保険給付をしても、被上告人に対し求償権を取得する由がないとして上告人の本訴請求を排斥した原判決は正当であり、所論は、右の異なる独自の見解の下に原判決に法律の解釈、適用を誤った違法があるとするものであり、採用することをえない。

よって、民訴四〇一条、九五条、九八条に従い、裁判官全員の一致で、主文のとおり判決する。

最高裁判所第三小法廷
裁判長裁判官　横田正俊
裁判官　河村又介
裁判官　垂水克己
裁判官　石坂修一
裁判官　五鬼上堅磐

（昭三八・六・一七　基発第六八七号）

〈第三者行為災害の場合における法第一二条の二、第一二条の三及び第二五条〔現行＝第三一条〕の規定の適用〉

第三者行為災害の場合における支給制限又は費用の徴収については、次により行なうこと。

I　法第一二条の四第一項の規定と法第一二条の二、第一二条の三又は第二五条〔現行＝第三一条〕の規定とが同時に適用される場合

一　法第一二条の二の規定が適用される場合には、まず同条の規定により支給制限を行ない、その結果、減額支給された保険給付について法第一二条の四第一項を適用すること。

二　法第一二条の三の規定が適用される場合には、すでに支給した保険給付のうち、偽りその他不正の手段に係る部分については同条の規定により費用の徴収を行ない、残余の部分について法第一二条の四第一項を適用すること。

三　法第二五条〔現行＝第三一条〕第一号及び第二号の規定の適用がある場合で、法第一二条の四第一項の適用があるときは、すでに支給した保険給付の価額から政府が求償し得べき価額を差し引いて得た残額の三〇パーセント相当額を、法第二五条〔同第三一条〕の規定による徴収金として徴収すること。

四　法第二五条〔現行＝第三一条〕第三号の規定が適用された場合で、当該保険加入者のほかに共同不法行為者たる第三者があるときは、すでに支給した保険給付の価額から当該第三者に求償し得る額（当該保険加入者と第三者との責任の割合に応じて当該第三者が最終的に負担すべき賠償額）を差し引いて得た残額の三〇パーセント相当額を、法第二五条〔同第三一条〕の規定による徴収金として徴収すること。

（昭四〇・七・三一　基発第九〇六号）

〈年金給付にかかる労災保険法第一二条の四関係事務の取扱い〉

労災保険法（以下「法」という。）第一二条の四関係事務の取扱いについては、従来昭和三二年七月二日付基発第五五一号、昭和三五年一一月二日付

基発第九三四号及び昭和三八年六月一七日付基発第六八七号通達により指示してきたところであるが、労災保険法の一部を改正する法律（昭和四〇年法律第一三〇号。以下「改正法」という。）の施行にともないこれが事務処理の円滑化を図るため、左記のとおりその取扱いを一部改めることとしたから、遺憾のないようにされたい。

おって、本通達による取扱いは、昭和四一年二月一日以後に生じた保険給付の事由について適用するものであるので了知されたい。

記

一　法第一二条の四第一項の規定による求償について

法第一二条の四第一項の規定により政府が取得する損害賠償請求権の行使（以下「求償」という。）は、受給権者が保険給付の事由と同一の事由につき第三者に対して請求し得る損害賠償の額（以下「請求し得る損害額」という。）の範囲内において、災害発生後三年以内に支給すべき年金についてその支払の都度行なうこと。

なお、求償を行なうにあたっては、「請求し得る損害額」について次の点に留意するほか別表一～六〈略〉を参照すること。

(1)　遺族補償給付の転給について

法第一六条の四の規定による受給権者（以下「転給による受給権者」という。）に対し年金の給付を行なった場合においては、当該転給による受給権者が第三者に対して「請求し得る損害額」の範囲内において求償を行なうものであること。

(2)　未支給の年金について

年金の受給権者が死亡したことにより法第一一条の規定による受給権者又は民法の規定による相続人に未支給の年金を支給した場合においては、死亡した受給権者が損害賠償を受けなかったため承継された損害賠償請求権により「請求し得る損害額」の範囲内において求償を行なうものであること。

二　法第一二条の四第二項の取扱いについて

受給権者が第三者から保険給付の事由と同一の事由に基づき損害賠償（示談の場合を含む。以下同じ。）を受けた場合には、損害賠償の行なわれた日又は示談成立の日に属する月の翌月以後に受給権者に支給されるべき年金について、当該損害賠償又は示談により政府が免責される保険給付の額（以下「第三者から受けた損害賠償の額」という。）に相当する額に達するまでの間、その支給を停止すること、ただし、支給を停止する期間は災害発生後三年とすること。

なお、年金及び年金の支給事由消滅の後引き続き支給する一時金（前払一時金を含む。）の支給停止については、次の点に留意するほか別表一～六〈略〉を参照すること。

(1)　障害補償給付について
イ　災害発生後三年以内に、障害の程度の変更により障害補償一時金を受けることとなった者については、年金の停止期間に支給されるべきであった年金の合計額が、その者が第三者から受けた損害賠償の額に相当する額に達しないときは、その差額を障害補償一時金から控除して支給すること。
ロ　災害発生後三年を経過した後に支給されるべき障害補償一時金（障害の程度の変更によるもの）については、損害賠償との調整を行なわないこと。
(2)　遺族補償給付について
イ　転給
　転給による受給権者については、その者が第三者から受けた損害賠償の額に相当する額を限度として年金の支給を調整するものであること。
ロ　前払一時金
　受給権者が四〇年改正法附則第四二条の規定による一時金（以下「前払一時金」という。）の支給を選択した場合には、その者が第三者から受けた損害賠償の額に相当する額を前払一時金から控除して支給すること。
ハ　遺族補償一時金
(イ)　災害発生後三年以内に、遺族補償年金の受給権者であった者が法第一六条の六第二号の規定による遺族補償一時金を受ける場合については、支給されるべきであった年金の合計額が、その者が第三者から受けた損害賠償の額に相当する額に達しないときは、その差額を遺族補償一時金から控除して支給すること。
(ロ)　災害発生後三年を経過した後に支給されるべき法第一六条の六第二号の規定による遺族補償一時金については、損害賠償との調整を行なわないこと。
(3)　未支給の年金について
　年金の受給権者が死亡したことにより法第一一条の規定による受給権者又は民法の規定による相続人に未支給の年金が支給される場合において、死亡した受給権者が損害賠償を受けなかったため、その者が承継した損害賠償請求権により第三者から損害賠償を受けたときは、その額に相当する額を未支給の年金の額から控除して支給すること。
(注)　現行条文を引用
（昭四一・六・一七　基発第六一〇号、平八・三・五　基発第九九号）


〈傷病補償年金又は傷病年金と損害賠償との関係について〉

　第三者の行為により発生した災害に関して傷病補償年金又は傷病年金が支給されることとなった場合には、災害発生後三年以内に支給すべき分について、損害賠償との調整を行うこと。

（昭五二・三・三〇　基発第一九二号）

〈自動車事故による業務上死亡労働者に係る葬祭料に対する労災法と自賠保険法との調整について〉

問　本死亡事故は自動車事故であるため、遺児Aは伯父であるBを後見人として自動車損害賠償保険法による損害を請求して保険会社より一〇〇万円を受領したのであるが、葬祭執行者であるBは労災法第一二条〔現行＝第一七条〕により葬祭料の請求に及んだものである。

上述のとおり、遺族にはすでに自賠法により一〇〇万円支給されており、この金額中には昭和三九年一一月二八日付基発第一三一九号による と葬祭の費用として五％、即ち五万円が含まれていることになっているが、この五万円はあくまでも遺児であるAに賠償として支給されたもので、事実上の葬祭執行者であるBに対し支給されたものではないから労災法上による葬祭料は自賠法で支給された金額とは別に全額をBに給付するのが妥当と考えられる。

しかしながらBは遺児Aの後見人として、自賠法により支給された賠償額を受領し、かつ管理していることからして実質的な金銭負担は既に補償されているので、労災法により葬祭料を給付することは同一事由に対する重複補償とも考えられ、自賠法で支給された五万円と調整して差額のみを給付すべきではないかとも思考される。

答　葬祭の執行者であるBに対し、葬祭料を全額支給されたい。

（昭四一・一〇・八　基災収第一〇〇号）

〈原子力損害の賠償に関する法律の一部改正に伴う労災保険の取扱いについて〉

原子力損害の賠償については原子力損害の賠償に関する法律（昭和三六年法律第一四七号）（以下「原賠法」という。）に規定するところであるが、このたび原子力損害の賠償に関する法律の一部を改正する法律（昭和五四年法律第四四号）（以下「原賠法改正」という。）により原賠法の一部が別紙のとおり改正され、昭和五五年一月一日から施行されることとなった。この改正により、従来、原子力損害の範囲から除かれていた原子力事業者の従業員の業務上受けた損害が、新たに原子力損害の範囲に加えられることとなったので、下記に留意のうえ事務処理に遺憾のないようにされたい。

記

一　原子力事業者の従業員が業務上受けた損害を原子力損害に含めたこと

原子力損害の賠償については原賠法の規定するところによるものとされているが、原子力事業者の従業員が業務上受けた損害（以下「従業員損害」という。）については従来原子力損害に含まれておらず民法の規定するところによっていたが今回の改正により従業員損害についても原子力損害の範囲に含まれることとなった（原賠法第二条第二項改正関係）。

なお、原賠法にいう原子力損害とは、核燃料物質の原子核分裂の過程の作用又は核燃料物質若しくは核燃料物質により汚染された物の放射線の作用若しくは毒性的作用（これらを摂取し、又は吸入することにより人体に中毒及びその続発症を及ぼすものをいう。）により生じた損害をいう（同法第二条第二項参照）。

二　従業員損害の原賠法による賠償と労災保険法の規定による給付との調整について

この改正により、従業員損害については、労働者災害補償保険法（以下「労災保険法」という。）及び原賠法の双方より補償が行われることとなったことに伴い、その間の調整が必要とされることとなった。このため原子力事業者の従業員が原子力損害を受け、当該従業員又はその遺族がその損害のてん補に相当する労災保険法の規定による給付（以下「労災保険給付」という。）を受けるべきときは、その原子力損害の賠償については、暫定措置として、以下の方法による調整が行われることとなっている（原賠法改正法附則第四条第一項）。

(1)　原子力事業者は、原子力事業者の従業員又はその遺族の労災保険給付を受ける権利が存続する間は、原子力損害賠償額のうち将来の労災保険給付相当額の部分については履行が猶予され、全損害から当該相当額を控除した額を賠償すれば足り、保険給付を受ける権利が受給権者の死亡、再婚等により消滅した時点において履行が猶予されていた部分について履行期が到来することとなる。

(2)　(1)において、現実に労災保険給付が支給される都度、履行が猶予されている額がその分だけ減少し、原子力事業者はその分について最終的に賠償の責めを免れることとなる。

以上のように、従業員損害を原子力損害に含めるに当たっては、原則として労災保険給付でてん補されない損害のみを原賠法の対象とするということが両者間の調整の基本的な考え方であって、これによって被害者が労災保険法と原賠法により二重にてん補されること及び原子力事業者の賠償と労災保険の保険料の二重負担という不合理を避けることができるものである。したがって、原賠法の側で両者間の調整がなされることとされているので、労働者災害補償保険（以下「労災保険」という。）の側では調整のため何らの取扱いを行う必要はないので念のために申し添える。

三　労災保険からの第三者に対する求償について

(1)　労災保険では、給付の対象となる損害が第三者の行為によって生じた場合には、給付をした者（政府）は、その給付した価額の限度で被害者が第三者に対して有する損害賠償請求権を代位行使しうることとなっている（労災保険法第一二条の四）。

これに対して、原賠法では第三者の行為により原子力損害が生じた場合でも原子力事業者に賠償責任が集中されており、賠償を行った原子力事業者は原則として第三者に対する求償権を有しないが、公序良俗の観点から故意ある第三者に対してのみ求償権を有することとなっている（原賠法第五条第一項）。

したがって、第三者の行為によって生じた損害については、労災保険が給付を行っても、被害者は、原子力損害賠償制度における責任集中の原則により加害第三者に対する請求権を有しないので、労災保険は、被害者に対して給付した分について被害者の加害第三者に対する請求権を代位取得して第三者に求償することはできない。

しかしながら、原子力損害が第三者の故意によって生じた場合までも、当該第三者に求償せず放置しておくことは、原子力事業者が賠償を行った場合に故意ある第三者に求償できることとの均衡上問題があるので、第三者に故意のある場合について労災保険から求償することができることとされた（原賠法改正法附則第四条第二項）。

(2)　なお、この求償は、改正法附則第四条第二項に基づいて行われるものであり、労災保険法第一二条の四に基づいて行われる求償権の行使とは損害賠償請求権の代位取得という構成をとらない点において異なるものであるが、実際の取扱いについては、労災保険法第一二条の四に基づく求償事務の例（昭和四一年六月一七日付け基発第六一〇号）に準じて加害第三者に対して求償事務を行うこととする。ただし、本事務を取り扱うこととなる可能性は、現在のところ余り多いとは考えられないこと、原子力損害には特殊性・専門性があること、原子力事業者の求償との均衡を考慮する必要があること等にかんがみ、万一本事務を取り扱う必要が生じた場合には本省に協議することとされたい。

別紙　〈略〉

（昭五四・一二・二七　基発第六五四号）

〈労災保険と自動車保険（任意）との調整事務について〉

第三者行為災害事務については、昭和五七年三月一九日付け基発第一八九号通達で示した「第三者行為災害事務取扱手引」により取り扱ってきたところであるが、保険給付の請求があった場合で、第三者が自動車保険（任意）（以下「任意保険」という。）に加入している場合の調整事務について、今般、関係団体と協議のうえ、下記のとおり定めたので事務処理に遺憾のないように配慮されたい。

なお、本取扱い以外の調整事務については上記通達による。

記

1　調整事務について

(1)　損害賠償額等の照会について

イ　労働基準監督署長（以下「監督署長」という。）は、第三者行為災害届及び第三者行為災害報告書等により、当該災害に係る任意保険の事故処理管轄店（以下「保険会社」という。）を把握すること。

ロ〜ホ〈削除〉

(2)〈削除〉

2　保険会社等との協力体制について

任意保険との調整事務が円滑に行えるよう保険会社等との協力体制を整えること。

3　その他

保険会社等との間において問題点が生じた場合には、具体的な内容を労働省労働基準局長（担当補償課）あて連絡すること。

4　実施期日について

本通達による取扱いは、昭和六三年四月一日から実施するものとする。

様式〈略〉

（昭六三・三・一六　基発第一六二号、平八・三・五　基発第九九号）

〈労災保険と自動車共済との調整事務について〉

第三者行為災害事務について、第三者が自動車保険（任意）（以下「任意保険」という。）に加入している場合の調整事務については昭和六三年三月一六日付け基発第一六二号通達（以下「一六二号通達」という。）によりその取扱いを示したところであるが、第三者が農業協同組合の自動車共済に加入している場合の調整事務についても、今般、全国共済農業協同組合連合会と協議のうえ下記のとおり定めたので事務処理に遺憾のないように配慮されたい。

記

1　調整事務等について

労災保険と自動車共済との調整事務及びその実施期日等については一六二号通達に準じて取り扱うこと。

なお、この場合、一六二号通達の記における次の上欄の字句は下欄の字句にそれぞれ読替えを行うこと。

（任意保険）　（自動車共済）

○任意保険→自動車共済

○事故処理管轄店→取扱都道府県共済農業協同組合連合会

○保険会社→共済連

○保険金→共済金

2〈削除〉

3　その他

本通達における取扱いは都道府県共済農業協同組合連合会を相手として行うこととするので、照会等に当たっては、別紙「都道府県共済農業協同組合連合会一覧表」を参考とされたい。

様式　〈略〉

（昭六三・三・二八　基発第一九〇号、平八・三・五　基発第九九号）

〈自動車損害賠償責任保険（共済）支払基準の一部改正に伴う労働者災害補償保険法第一二条の四の規定に基づく調整の限度額について〉

標記については、平成三年三月三〇日付け基発第二〇四号及び平成四年八月二〇日付け基発第四七六号により指示してきたところであるが、今般、自動車損害賠償責任保険及び自動車損害賠償責任共済（以下「自賠責保険等」という。）の自動車損害賠償責任保険（共済）支払基準（以下「査定基準」という。）が一部改正され、平成六年六月一日以降発生した事故に対して適用されることとなった。

ついては、労働者災害補償保険法第一二条の四の規定に基づく自賠責保険等との調整の際の限度額を下記のとおり改め、本年六月一日以降に発生した災害から適用することとしたので、事務処理に遺漏なきを期されたい。

記

1　傷害による損害及び死亡に至るまでの傷害による損害の場合

傷害による損害（後遺障害に係るものを除く。）及び死亡に至るまでの傷害による損害に係る自賠責保険等の保険金額及び共済金額（以下「保険金額等」という。）の限度額は従前どおり一二〇万円であるが、治療関係費としての看護料については、①近親者又はその他の者が入院看護をした場合の看護料は一日につき三、七〇〇円から四、〇〇〇円に、②自宅介護等をした場合の看護料は一日につき一、八五〇円から二、〇〇〇円に、また、治療関係費としての入院中の諸雑費については八〇〇円から一、〇〇〇円にそれぞれ引き上げられたこと。また、休業損害については一日につき最低額が四、九〇〇円から五、二〇〇円に引き上げられたこと。さらに、慰謝料については一日につき四、〇〇〇円から四、一〇〇円に引き上げられたこと。

したがって、労働者災害補償保険（以下「労災保険」という。）と自賠責保険等との調整に当たっては、この点に留意の上、所要の調整を行うこと。

2　後遺障害による損害の場合

後遺障害による損害に係る自賠責保険等の保険金額等の限度額は従前どおりであるが、慰謝料の額及び逸失利益相当額は別表1のとおりである。

したがって、労災保険と自賠責保険等との調整に当たっては、別表1の第四欄に掲げる各等級に応ずる逸失利益相当額を限度として行うこと。

別表1　後遺障害による損害

（単位：万円）

等級＼事項	保険金額等の限度額	内訳	
		慰謝料の額	逸失利益相当額
第1級	三、〇〇〇	一、〇五〇	一、九五〇
（被扶養者のあるとき）		（一、二五〇）	（一、七五〇）
第2級	二、五九〇	九一八	一、六七二
（被扶養者のあるとき）		（一、〇八八）	（一、五〇二）
第3級	二、二一九	七九七	一、四二二
（被扶養者のあるとき）		（九四二）	（一、二七八）
第4級	一、八八九	六八七	一、二〇二
第5級	一、五七四	五八〇	九九四
第6級	一、二九六	四八四	八一二
第7級	一、〇五一	三九九	六五二
第8級	八一九	三一七	五〇二
第9級	六一六	二四一	三七五
第10級	四六一	一八四	二七七
第11級	三三一	一三四	一九七
第12級	二二四	九二	一三二
第13級	一三九	五七	八二
第14級	七五	三二	四三

別表2　死亡による損害

（単位：万円）

保険金額等の限度額	内訳			
	葬祭費の額	慰謝料の額		逸失利益相当額
		死亡本人の慰謝料の額	遺族の慰謝料の額	
三、〇〇〇	五五	三五〇	請求権者一名の場合　五〇〇〔死亡労働者に被扶養者があるとき　七〇〇〕	同上　二、〇九五〔同上　一、八九五〕
			請求権者二名の場合　六〇〇〔死亡労働者に被扶養者があるとき　八〇〇〕	同上　一、九九五〔同上　一、七九五〕
			請求権者三名以上の場合六〇〇〔死亡労働者に被扶養者があるとき　九〇〇〕	同上　一、八九五〔同上　一、六九五〕

(注)　請求権者とは、死亡労働者の父母（養父母を含む。）配偶者及び子（養子、認知した子及び胎児を含む。）であって、自賠責保険等の慰謝料の請求権者となる者をいう。

３　死亡による損害の場合

死亡による損害に係る自賠責保険等の保険金額等の限度額及び葬祭費の額は従前どおりであるが、慰謝料の額及び逸失利益相当額は別表２のとおりである。

したがって、労災保険と自賠責保険等との調整に当たっては、別表２の第五欄に掲げる逸失利益相当額を限度として行うこと。

（平六・五・三〇　基発第三二八号）

〈第三者行為災害の事務処理における人身傷害補償保険の取扱いについて〉

第三者行為災害における支給調整事務については、平成八年一〇月二八日付け基発第六四三号「第三者行為災害事務取扱手引の改正について」（以下「第三者行為手引」という。）等により取り扱っているところであるが、自動車事故による第三者行為災害であって、被災労働者又はその遺族（以下「第一当事者等」という。）が労働者災害補償保険法（昭和二二年法律第五〇号。以下「法」という。）に基づく保険給付のほか、人身傷害補償保険（以下「人傷保険」という。）からも保険金を受けることができる事案（以下「人傷保険該当事案」という。）については、本年四月一日以降、下記により取り扱うこととしたので、事務処理に遺漏なきを期されたい。

なお、人身傷害補償保険取扱保険会社（以下「人傷保険取扱保険会社」という。）との連携に係る事務処理については、全ての人傷保険取扱保険会社（別紙参照〈略〉）と協議済みであるので、念のため申し添える。

記

１　人傷保険の概要

人傷保険とは、損害保険会社が運営する任意の自動車保険の一つであるが、対人賠償保険の保険金が被保険者の事故の相手方に生じた損害を賠償するために支払われるのとは異なり、被保険者が自動車の運行に起因する事故により自らの身体に傷害を被った場合に、被保険者自身の損害に対して保険金が支払われることを契約した保険である。

しかしながら、人傷保険の保険金は、対人賠償保険と同様、傷害、後遺障害及び死亡による損害をてん補する性格のものであることから、人傷保険の保険約款上、第一当事者等が同一の事由について重複して損害のてん補を受けられないものとなっており、同一の損害について労災保険給付が受けられる場合には、その給付される額（労働福祉事業の特別支給金を除く。）を差し引いて支払うものとされている。

また、被保険者が法律上の損害賠償責任を負う加害者（使用者又は運行供用者等加害者以外の者で損害賠償責任を負う者を含む。以下「第二当事者等」という。）に損害賠償の請求をすることができる場合には、商法（明治三二年法律第四八号）第六六二条の規定により、人傷保険取扱保険会社は、支払った保険金の額の限度で、被保険者が当該第二当事者等に対して有する損害賠償の請求権を代位取得するものとされている。

2　第三者行為災害の事務処理における人傷保険該当事案の取扱い

(1)　同一の損害に係る人傷保険の保険金と労災保険給付の調整

人傷保険の保険金と労災保険給付の支給調整については、人傷保険の保険約款に基づき、同一の損害について支給される労災保険給付の額を人傷保険の保険金から控除する方法により人傷保険取扱保険会社において行われることとなる。

(2)　人傷保険該当事案における求償と控除

人傷保険は第一当事者等が自ら加入する保険であり、人傷保険取扱保険会社は業務災害又は通勤災害の原因となった事故について法律上の損害賠償責任を負う者ではなく、かつ、人傷保険の保険金の支払によって第二当事者等の第一当事者等に対する損害賠償の義務が免除されることもないことから、人傷保険取扱保険会社は法第一二条の四の「第三者」には該当しないため、第三者行為災害の事務処理における人傷保険該当事案の取扱いは次のとおりとなる。

ア　法第一二条の四第一項の求償について

人傷保険該当事案について、第一当事者等から労災保険給付の請求があった場合には、通常の事案と同様、必要な調査を行った上、支給事由に該当するものは第一当事者等が人傷保険の保険金を受領しているか否かにかかわらず保険給付を行うとともに、法第一二条の四第一項の規定に基づき、保険給付の価額の限度で自動車損害賠償責任保険取扱保険会社及び任意の対人賠償保険取扱保険会社（以下「自賠責保険等取扱保険会社」という。）並びに第二当事者等に対して求償を行うこと。

イ　法第一二条の四第二項の控除について

人傷保険該当事案について労災保険給付を行う際、第一当事者等が労災保険給付と同一事由について既に人傷保険の保険金を受領済みであったとしても、当該人傷保険の保険金額を労災保険給付額から控除しないこと。

なお、誤って人傷保険取扱保険会社が労災保険給付相当額を控除しないで保険金を支払ったために労災保険給付相当額を含めた金額を自賠責保険等取扱保険会社及び第二当事者等に求償し、自賠責保険等取扱保険会社及び第二当事者等がこれに応じて人傷保険取扱保険会社に対して労災保険給付相当額を含めた損害賠償額を支払済みの場合であっても、人傷保険取扱保険会社は法第一二条の四第二項の「保険給付を受けるべき者」に当たらないため、自賠責保険等取扱保険会社及び第二当事者等が人傷保険取扱保険会社に対して支払済みの損害賠償額についても労災保険給付額から控除しないこと。

(3)　人傷保険取扱保険会社との連携

　上記(1)のとおり、人傷保険取扱保険会社において、人傷保険の保険金と労災保険給付との支給調整が行われることを前提として、労災保険においては上記(2)のとおり取り扱うものであるが、誤って人傷保険の保険金から労災保険給付相当額が控除されずに支払われてしまった場合には、労災保険が上記(2)の事務処理を行うと、損害の二重てん補が生じるとともに、自賠責保険等取扱保険会社及び第二当事者等に対し人傷保険と労災保険の双方から二重に求償が行われることとなる。

　このため、労災保険としても損害の二重てん補を未然に防止し円滑な事務処理を行う目的から、人傷保険該当事案について労災保険給付請求があった場合には下記3のとおり、人傷保険取扱保険会社との間で連携を図ること。

　なお、人傷保険取扱保険会社に対して労災保険の請求、支給決定及び給付状況について情報提供を行うのは、あくまで第三者行為災害の事務処理を適正かつ円滑に行うためであるので、第三者が存在しない自損事故については情報提供は行わないこと。

3　連携に関する事務処理

(1)　人傷保険該当事案の把握等

　第三者行為災害が発生した場合において、それが人傷保険該当事案であるか否かを把握するため、第三者行為手引に定める「第三者行為災害届」を一部改正し、第一二項目に人傷保険に関する事項を記載する欄を追加したので、この欄に人傷保険に加入している旨の記載がある場合には人傷保険該当事案として取り扱うこと。

　また、「第三者行為災害届」に添付される「念書」（様式第一号）を一部改正し、人傷保険取扱保険会社に対して労災保険の請求、支給決定及び給付状況を通知されることに異議はない旨を記載したので、これにより人傷保険取扱保険会社への情報提供について第一当事者等の同意を得ること（下記4参照）。

(2)　人傷保険取扱保険会社に対する通知

　人傷保険該当事案について、第一当事者等から労災保険給付の請求があった場合には、第一当事者等の事業場の所在地を管轄する労働基準監督署長（以下「所轄署長」という。）は、速やかに人傷保険取扱保険会社に対して、第三者行為手引の様式第一三号として新たに定める「労働者災害補償保険の請求についてのお知らせ」により労災保険給付の請求があった旨を通知すること（下記４参照）。

(3) 自賠責保険等取扱保険会社及び第二当事者等に対する求償等

人傷保険該当事案について労災保険給付をしたときは、通常の事案と同様、自賠責保険等取扱保険会社に対し「労働者災害補償保険の保険給付についての通知及び損害賠償等についての照会」（様式第五号）により照会を行うが、次の点に留意すること。

ア　保険金等の受領者の確認について

人傷保険該当事案については、自賠責保険等取扱保険会社から回答された「損害賠償等につき回答」（様式第六号）裏面の「受領者」の欄に保険会社名が記載されている場合には、「第三者行為災害届」等と照合することにより当該保険会社が人傷保険取扱保険会社であるかどうかを確認する必要があること。

なお、人傷保険取扱保険会社を受領者とする損害賠償額については、上記２(2)イのとおり労災保険給付からの控除の対象とならないこと。

イ　人傷保険取扱保険会社から自賠責保険等取扱保険会社及び第二当事者等に対する求償について

人傷保険該当事案については、人傷保険取扱保険会社においても人傷保険の保険金のうちの労災保険給付と重複しない保険金について、その支払に伴い、商法第六六二条及び保険約款の規定に基づき自賠責保険等取扱保険会社及び第二当事者等に対して求償するものであること。

なお、自賠責保険取扱保険会社に対して労災保険と人傷保険の求償が同時に行われた場合、双方の請求額の合計が自賠責保険の限度額を超えるときは、自賠責保険取扱保険会社は自賠責保険金額を労災保険と人傷保険の双方に対して按分比例して支払うものであること。

ウ　求償額の算出方法について

人傷保険該当事案について自賠責保険等取扱保険会社及び第二当事者等に対して求償する際、自賠責保険等取扱保険会社及び第二当事者等から、労災保険給付と重複しない人傷保険の保険金の額について人傷保険取扱保険会社に対して既に支払済みの損害賠償額がある場合には、当該損害賠償額の限度で第一当事者等が有していた損害賠償の請求権は消滅することから、求償額の算出に当たっては、当該損害賠償額を控除した額を第一当事者等の損害賠償請求可能額とすること。

すなわち、「債権確認調査決定（変更）決議書」（様式第二号(3)）においては、自賠責保険等取扱保険会社及び第二当事者等が人傷保険取扱保険会社に対して支払った損害賠償額を算定基礎内訳②（D）の「被災者の労災保険給付以外の損害賠償受領済額」及び算定基礎内訳③（L）の「示談額又は既払額」として取り扱うこと。

⑷　労災保険給付額等の照会に対する回答

上記⑵により人傷保険取扱保険会社に対して「労働者災害補償保険の請求についてのお知らせ」を通知した事案については、人傷保険取扱保険会社から所轄署長に対し、第三者行為手引の様式第一四号として新たに定める「労働者災害補償保険の給付状況等についての照会」により支給決定及び給付状況について照会される場合があるので、人傷保険取扱保険会社から照会があった場合には、第三者行為手引の様式第一五号として新たに定める「労働者災害補償保険の給付状況等についての回答」により人傷保険取扱保険会社に対し回答すること（下記４参照）。

なお、回答期限については二週間を目安とするので、二週間以内に回答するよう努めること。

４　第三者行為手引の一部改正

〈略〉

（平一六・三・一七　基発第〇三一七〇〇一号）

判例

●損害賠償請求権の放棄と国の第三者に対する求償

「補償を受けるべき者が第三者の負担する損害賠償債務を免除したときは、政府がその後保険給付をしても第三者に対する損害賠償請求権を代位取得し得ないとした例」

昭三八・六・四　最判

（一七五一頁参照）

（受給権の保護）

第十二条の五　保険給付を受ける権利は、労働者の退職によつて変更されることはない。

2　保険給付を受ける権利は、譲り渡し、担保に供し、又は差し押さえることができない。ただし、年金たる保険給付を受ける権利を独立行政法人福祉医療機構法（平成十四年法律第百六十六号）の定めるところにより独立行政法人福祉医療機構に担保に供する場合は、この限りでない。

条文解説

第一項は、労災保険の保険給付を受ける権利は労働関係の存在を前提とするものであるために、労働者の退職によって労働関係が消滅した後はこの権利もまた消滅するのではないかという疑問もあり得るので、これに対し、既に発生した事故に係る保険給付を受ける権利は、当然のことながら、労働者の退職によって変更されないことを明確にしたものである。本項と同様の規定は労基法第八三条第一項にもおかれている。

第二項は、保険給付が、労働者又はその遺族の保護を目的とするものであることから、保険給付を受けるべき者自身によって、その目的のために使用されることを確保するため、この権利は、一般債権と異なり、これを譲渡し、担保に供し、又は差し押さえることができないものであることを明確にしたものである。

参照条文

〔保険給付の種類　七・一二の八・二一〕〔退職　民五四〇・五四一・六二七・六二八〕〔差押禁止債権の相殺　民五一〇〕〔債権の譲渡　民四六六〕〔労基法の場合　労基八三〕〔差押の禁止　民執一五二〕〔独立行政法人福祉医療機構法の定め　独立行政法人福祉医療機構法一二①〕

解釈例規

〈保険給付の受任者払いの禁止〉

補償費の受任者払いは、爾今これを行わないことにし、補償費は総て労働者に直接支払うよう取扱うこと。但し、日傭労働者に対する療養補償については、指定病院による現物給付ができるようになるまで、当分の間従前の例によること。

（昭二三・九・八　基発第一三二六号）

〈メリット制適用事業場の保険給付受任者払い〉

補償費の受任者払いについては、昭和二三年九月八日付基発第一三二六号通ちょうをもって禁じて来たところであるが、大事業場の多くは労働者の要望に応え保険給付に先だち補償費の立替払いを行っている実情にあり、且つ労使双方より受任者払いの復活につき再三要望の次第もあるので、今回特に労使の利便を図り、併せて本保険の一層円満な運営を期するために左記により取扱いを緩和しメリット制適用事業場に限り受任者払いを認めることとしたから、その取扱いに遺憾のないように配慮されたい。

記

メリット制適用事業場の業務上被災労働者が、労災保険給付を受けるべき補償費につき当該事業主より補償費の立替払いを受けたときは、当該労働者がその補償費の受領方を事業主に委任した場合に限り、その委任を受けた事業主にその補償費を支払って差支えない。

追って、受任者払いの実施に伴い、これに関する労使双方の紛争を監督署に持ち込まれることのないよう、補償費の立替払いを受けた者であるかどうか及び補償費の受領方を事業主に委任したものであるかどうかについて予め確認する等その取扱いに留意されたい。

（昭二七・八・二〇　基発第六一一号）

〈休業補償給付の受任者払い〉

(1)　保険給付の受任者払いについては、従来その対象事業場の範囲を限定してきたが（昭和二三年九月八日付基発第一三二六号、昭和二七年八月二〇日付基発第六一一号）、今後、休業補償給付に限って、次の場合には、事業場の規模を限定せず受任者払いを行なって差し支えないこと。

イ　当該労働者が事業主に対し休業補償給付の受領方を委任した場合

ロ　労働者から委任を受けた事業主がさらに口座を有する銀行等金融機関に再委任した場合

ハ　当該労働者がその事業主の所属する事務組合に受領を委任した場合

ニ　労働者から委任を受けた事業主がさらに自己の所属する事務組合に再委任した場合

ホ　労働者又は事業主からハにより委任を受けた事務組合が、さらに口座を有する銀行等の金融機関に再委任した場合

(2)　(1)により受任者払いを行なう場合にも、委任関係についてあらかじめ審査し、さらに不正受給防止のために随時点検を行なう等、問題のないよう慎重を期すること。

（昭四三・三・九　基発第一一四号）

〈年金たる保険給付の受給権を担保とする小口の資金の貸付〉

一　被災労働者及びその遺族の援護に資するため、政府は、労働福祉事業として、これらの者が必要とする小口の貸付けによる援護事業を行うことができることとされ、この資金の貸付けの事業については、労働福祉事業団が労災保険の年金受給権を担保として小口の資金の貸付けを行うこととし、その業務の一部について金融機関に対して委託することができることとされたが、その細目については、労働福祉事業団業務方法書等において概略別添のとおり定められた（労災法第二三条〔現行＝第二九条〕第一項第一号並びに労働福祉事業団法第一九条及び第一九条の二並びに改正法第三条）。

二　この資金の貸付けは、労災保険の年金受給権を担保として行われるので、労働福祉事業団に年金受給権を担保に供する場合には年金受給権に対する担保禁止等の規定の適用が排除されることとされた（労災法第一二条の五ただし書）。

三　なお、年金受給権を担保として貸付けを受けた場合には、年金の支払金による返済が完了するまで年金受給権者に対する年金の支払が停止されることとなるので、その点について十分説明し、安易に貸付けを受けることのないよう年金受給権者に対し指導することとする。

（昭五六・一〇・三〇　基発第六九六号）

（租税その他公課の免除）

第十二条の六　租税その他の公課は、保険給付として支給を受けた金品を標準として課することはできない。

条文解説

本条は保険給付として支給を受けた金品（現金給付ならびに現物給付）は、労働災害により、労働者、遺族等の被った損失をてん補し、その保護を図るために必要なものであるから、税法上にいう、いわゆる所得とはその性質を異にしており、国税たると地方税たるとを問わず、これを標準としては、租税は課せられないこととしたものである。

参照条文

〔保険給付の種類　七・一二の八・二二〕〔非課税所得　所税九、相続税三①〕

（受給権者の届出等）

第十二条の七　保険給付を受ける権利を有する者は、厚生労働省令で定めるところにより、政府に対して、保険給付に関し必要な厚生労働省令で定める事項を届け出、又は保険給付に関し必要な厚生労働省令で定める書類その他の物件を提出しなければならない。

条文解説

本条は、労災保険事業の適正な運営を確保するため、保険給付の受給権者である被災労働者又は遺族は、必要な報告、届出、文書その他の物件の提出をしなければならない旨定めたものである。

関係政省令等

（休業補償給付又は休業給付の受給者の傷病の状態等に関する報告）

則第十九条の二　毎年一月一日から同月末日までの間に業務上の事由又は通勤による負傷又は疾病に係る療養のため労働することができないために賃金を受けなかつた日がある労働者が、その日について休業補償給付又は休業給付の支給を請求しようとする場合に、同月一日において当該負傷又は疾病に係る療養の開始後一年六箇月を経過しているときは、当該労働者は、当該賃金を受けなかつた日に係る第十三条第一項又は第十八条の七第一項の請求書に添えて次の事項を記載した報告書を所轄労働基準監督署長に提出しなければならない。

一　労働者の氏名、生年月日及び住所

二　傷病の名称、部位及び状態

2　前項の報告書には、同項第二号に掲げる事項に関する医師又は歯科医師の診断書を添えなければならない。

（年金たる保険給付の受給権者の定期報告）

則第二十一条　年金たる保険給付の受給権者は、毎年、厚生労働大臣が指定する日（次項において「指定日」という。）までに、次に掲げる事項を記載した報告書を、所轄労働基準監督署長に提出しなければならない。ただし、所轄労働基準監督署長があらかじめその必要がないと認めて通知したときは、この限りでない。

一　受給権者の氏名及び住所

二　年金たる保険給付の種類

三　同一の事由により厚生年金保険の障害厚生年金等又は厚生年金保険の遺族厚生年金等が支給される場合にあつては、その年金の種類及び支給額

四　遺族補償年金又は遺族年金の受給権者にあつては、その者と生計を同じくしている遺族補償年金又は遺族年金を受けることができる遺族の氏名

五　遺族補償年金又は遺族年金の受給権者にあつては、受給権者及び前号の遺族のうち第十五条（第十八条の九第一項において準用する場合を含む。）に規定する障害の状態にあることにより遺族補償年金又は遺族年金を受けることができる遺族である者のその障害の状態の有無

六　遺族補償年金又は遺族年金の受給権者である妻にあつては、第十五条（第十八条の九第一項において準用する場合を含む。）に規定する障害の状態の有無

七　傷病補償年金又は傷病年金の受給権者にあつては、その負傷又は疾病による障害の状態

2　前項の報告書には、指定日前一月以内に作成された次に掲げる書類を添えなければならない。

一　障害補償年金又は障害年金の受給権者にあつては、その住民票の写し又は戸籍の抄本

二　遺族補償年金又は遺族年金の受給権者にあつては、次に掲げる書類

イ　受給権者及び前項第四号の遺族の戸籍の謄本又は抄本

ロ　前項第四号の遺族については、その者が受給権者と生計を同じくしていることを証明することができる書類

ハ　前項第五号の遺族及び同項第六号の妻については、その障害の状態に関する医師又は歯科医師の診断書

三　傷病補償年金又は傷病年金の受給権者にあつては、その負傷又は疾病による障害の状態に関する医

師又は歯科医師の診断書

3　第一項第三号に規定する場合に該当するときは、同項の報告書には、前項の書類のほか、当該厚生年金保険の障害厚生年金等又は厚生年金保険の遺族厚生年金等の支給額を証明することができる書類を添えなければならない。

4　年金たる保険給付の受給権者が、その受ける権利を有する年金たる保険給付の支給事由となる障害に関し、介護補償給付又は介護給付を受けている場合における第二項第三号の規定の適用については、同号中「状態」とあるのは、「状態及び当該障害を有することに伴う日常生活の状態」とする。

5　第二項第一号の規定にかかわらず、厚生労働大臣が住民基本台帳法（昭和四十二年法律第八十一号）第三十条の七第三項の規定により都道府県知事（同法第三十条の十第一項の規定により指定情報処理機関に行わせることとした場合にあつては、指定情報処理機関）から当該障害補償年金又は障害年金の受給権者に係る本人確認情報の提供を受けるときは、第一項の報告書には、第二項第一号に掲げる書類を添えることを要しない。

（年金たる保険給付の受給権者の届出）

則第二十一条の二　年金たる保険給付の受給権者は、次に掲げる場合には、遅滞なく、文書で、その旨を所轄労働基準監督署長に届け出なければならない。

一　受給権者の氏名及び住所に変更があつた場合

二　同一の事由により厚生年金保険の障害厚生年金等又は厚生年金保険の遺族厚生年金等が支給されることとなつた場合

三　同一の事由により支給されていた厚生年金保険の障害厚生年金等又は厚生年金保険の遺族厚生年金等の支給額に変更があつた場合

四　同一の事由により支給されていた厚生年金保険の障害厚生年金等又は厚生年金保険の遺族厚生年金等が支給されなくなつた場合

五　障害補償年金又は障害年金の受給権者にあつては、その障害の程度に変更があつた場合

六　遺族補償年金又は遺族年金の受給権者にあつては、次に掲げる場合

イ　法第十六条の四第一項（第一号及び第五号を除くものとし、法第二十二条の四第三項において準用する場合を含む。）の規定により遺族補償年金又は遺族年金を受ける権利が消滅した場合

ロ　遺族補償年金の受給権者（昭和四十年改正法附則第四十三条第一項に規定する遺族であつて

同条第三項の規定により遺族補償年金の支給が停止されているものを除く。）又は遺族年金の受給権者（昭和四十八年改正法附則第五条第一項に規定する遺族であつて同条第二項において準用する昭和四十年改正法附則第四十三条第三項の規定により遺族年金の支給が停止されているものを除く。）と生計を同じくしている遺族補償年金又は遺族年金を受けることができる遺族（法第十六条の四第一項第五号（法第二十二条の四第三項において準用する場合を含む。）に該当する遺族を除く。）の数に増減を生じた場合

八　法第十六条の三第四項（第一号を除くものとし、法第二十二条の四第三項において準用する場合を含む。）の規定に該当するに至つた場合

七　傷病補償年金又は傷病年金の受給権者にあつては、次に掲げる場合

イ　負傷又は疾病が治つた場合

ロ　負傷又は疾病による障害の程度に変更があつた場合

2　前項第一号に規定する場合に該当するときは、同項の届出は、年金たる保険給付の受給権者の住所を管轄する労働基準監督署長を経由して行うことができる。

3　年金たる保険給付の受給権者が死亡した場合には、その者の遺族は、遅滞なく、文書で、その旨を所轄労働基準監督署長に届け出なければならない。

4　第一項又は前項の届出をする場合には、当該文書に、その事実を証明することができる書類その他の資料を添えなければならない。

5　所轄労働基準監督署長は、前項の規定により提出された書類その他の資料のうち返還を要する書類その他の物件があるときは、遅滞なく、これを返還するものとする。

（年金たる保険給付の払渡希望金融機関等の変更の届出）

則第二十一条の三　年金たる保険給付の受給権者は、その払渡しを受ける金融機関又は郵便貯金銀行を所属銀行とする銀行代理業を営む郵便局を変更しようとするときは、次に掲げる事項を記載した届書を所轄労働基準監督署長に提出しなければならない。

一　年金証書の番号

二　受給権者の氏名及び住所

三　新たに年金たる保険給付の払渡しを受けることを希望する金融機関の名称及び当該払渡しに係る預金通帳の記号番号又は新たに年金たる保険給付の払渡しを受けることを希望する郵便貯金銀行の営業所若しくは郵便貯金銀行を所属銀行とする銀行代理業を営む郵便局

の名称

2　前条第二項の規定は、前項の届出について準用する。

（第三者の行為による災害についての届出）

則第二十二条　保険給付の原因である事故が第三者の行為によつて生じたときは、保険給付を受けるべき者は、その事実、第三者の氏名及び住所（第三者の氏名及び住所がわからないときは、その旨）並びに被害の状況を、遅滞なく、所轄労働基準監督署長に届け出なければならない。

解釈例規

〈労災保険法施行規則の一部を改正する省令等の施行について〉

労働者災害補償保険法施行規則の一部を改正する省令（昭和四四年三月二七日労働省令第五号）が昭和四四年三月二七日に公布、四月一日から施行されることとなり、あわせて関係告示の改正（昭和四四年労働省告示第一号）が行なわれたので、下記事項に留意のうえ、その施行事務に万全を期するとともに、改正内容について受給権者等関係者に対し周知徹底を図られたい。

記

一　改正省令等の趣旨

障害補償年金、遺族補償年金又は長期傷病補償給付（以下「年金等」という。）の受給権者の氏名若しくは住所又は払渡金融機関等の変更に関する届出は、従来労働基準監督署長あて又は労働基準監督署長を経由して労働大臣あてに行なわなければならないこととされており、本省支払に係るこれらの届出事項については、労働基準監督署（以下「署」という。）において所定の報告書を作成し、都道府県労働基準局（以下「局」という。）経由で本省に送付して、事務処理を行なうこととされていたが、今般これらの届出のうち本省支払に係るものについては、労働大臣あて直接に行なわなければならないこととして、年金たる保険給付の迅速な支払と支払事務の合理化を図ることとしたものである。

二　改正省令等の内容

年金等の受給権者が氏名若しくは住所を変更した場合又は年金たる保険給付の払渡金融機関若しくは郵便局を変更しようとする場合における届出は、直接労働大臣あて行なうこととするとともに、関係告示様式に所要の改正を加えた（新規則第二一条の二第一項、第二一条の三、新告示様式第一九号、第二〇号）。ただし次に掲げる者については、当該届出事項を労働基準監督署においては握する必要があるので、所轄労働基準監督署長に届け出るものとした（新規則第二一条の四、改正省令附則第二項）。

(1)　労働者災害補償保険法施行規則（以下「規則」という。）第一五条の五第一項の規定により遺族補償年金の請求及び受領についての代表者が選任されている場合における当該代表者以外の受給権者

(2)　労働者災害補償保険法の一部を改正する法律（昭和四〇年法律第一三〇号。以下「昭和四〇年改正法」という。）附則第四二条第三項又は第四三条第三項の規定により支給が停止された遺族補償年金の受給権者。ただし、当該遺族補償年金の支給の停止が解除される月後最初の遺族補償年金の支払期月（二月、五月、八月、一一月）前に届出を行なう場合に限る。

(3)　昭和四〇年改正法附則第一五条第一項の規定により障害補償年金又は長期傷病補償給付を受けることとなった者

なお、(3)の者については、改正省令附則で当分の間所轄労働基準監督署長に届け出ることとする旨規定しているが、これは、これらの者の年金に関しても将来において本省支払を実施することを予定しているためである。

おって、昭和四二年九月一一日付け基発第八九三号通達（労働者災害補償保険における年金たる保険給付の支払事務の改正について）記の第一のIの五号から七号までに掲げる年金の受給権者が当該各号の支払期日前に氏名若しくは住所又は払渡金融機関等の変更に関する届出を行なう場合には、経過的措置として、所轄労働基準監督署長あて行なわなければならないこととする必要があるので、その旨指導すること。

（昭四四・三・二七　基発第一八四号）

〈則第二一条の規定による年金等の受給権者の定期報告にかかる事務処理について〉

労災年金の受給権者の受給条件の変動状況等を適確に把握し、年金給付の適正をはかるため実施している労働者災害補償保険法（以下「法」という。）第二一条の二及び同法施行規則（以下「規則」という。）第二一条の規定に基づく年金等の受給権者の定期報告の事務処理については、遺族補償年金の受給資格者及び前払一時金受給者の本省管理等に伴い、その内容を下記のとおり改めることにしたので、これが取扱いに遺憾なきを期されたい。

なお、本件にかかる従来の通達は、廃止する。

記

一　定期報告を必要としない者の範囲等について

(1) 定期報告を必要としない者の範囲

年金等の受給権者のうち規則第二一条第一項ただし書の規定により報告を要しない者は、次のとおりとする。

イ 定期報告時（毎年二月）の前年の一一月一日以降定期報告時までに支給（又は給付）決定の行なわれた者

ロ 定期報告時の前年の一一月一日以降定期報告時までに「年金の受給権者の定期報告書」（以下「定期報告書」という。）と同一の内容について、職権による調査が行なわれた者

(2) 診断書の添付を要しない者の範囲

年金等の受給権者又は遺族補償年金の受給資格者のうち、次に掲げる者については、規則第二一条第二項の規定による診断書の添付を要しないこととする。

イ 障害補償年金の受給権者となっている者

ロ 器質的障害又はじん肺（ただし、じん肺のエックス線写真像が、じん肺法第四条の規定による第四型で大陰影の大きさが一側の肺野の二分の一を超える大きさのものに限る。）のみにより、障害者として遺族補償年金の受給権者又は受給資格者となっているもの（法第一六条の二第一項第四号及び別表第一の労働省令で定める障害の状態にある妻）。

二 診断書の様式について

規則第二一条第二項の規定による診断書の様式は、次によることとする。

(1) 障害にかかる遺族補償年金の受給権者又は受給資格者について

「障害の状態に関する診断書」（別紙一）

(2) 長期傷病補償給付の受給権者について

イ じん肺により療養中の者（別紙二）

ロ 外傷性せき髄損傷により療養中の者（別紙三）

ハ イ及びロ以外の傷病により療養中の者（別紙四）

なお、診断書の様式の内容は、従前のとおりである。

三 添付書類の作成日付について

規則第二一条第二項の規定により定期報告書に添付する書類は、毎年一月以降に作成されたものに限ることとする。

四 受給権者に対する通知について

定期報告書の提出を促進するため、報告の対象者については、提出期限、注意事項等を記載した通知書（別紙五及び六）に、定期報告書（告示様式第一八号）及び診断書の用紙を添え、遅くとも一月末日まで受給権者に到達するよう送付すること。

五 定期報告書の処理について

定期報告書を受け付けたときは、本省（労災保険業務室）から送付される「受給者一覧表」の「定期報告書提出年月日」欄に受付年月日を記入するとともに、その内容を審査

し、不審のものについては、局医員等の意見聴取、実地調査等を行なったうえ、次の事務処理を行なうこと。

なお、定期報告書に添付すべき書類が提出されていない場合には、文書（別紙七）により提出方を督促すること。

(1) 給付内容を変更する必要のないもの

「受給者一覧表」の「決議」欄の「継続」欄に不変更を確認した日付を記入し、決議にかえること。

(2) 給付内容を変更する必要のあるもの

規則第一四条の三第二項の規定による請求書（告示様式第一一号）又は規則第二一条の二の規定による届書「告示様式第二〇号、第二一号、第二二号等）を提出させ、当該請求書等により変更決議を行なうこと（ただし届出等の提出のない場合には、職権により変更決議を行なうこと。）。

また、変更決議を行なった場合は、「受給者一覧表」の「決議」欄の「変更」欄に変更の内容と変更決議をした日付を記入し、受給権者に通知すること。

(3) 「受給者一覧表」に掲載されてないもの

本省から送付される未印書の「受給者一覧表」用紙により(1)又は(2)の処理を行なうこと。

六　定期報告書未提出者に対する措置について

定期報告書等の未提出者については、次の事務処理を行なうこと。

(1) 二月二五日までに定期報告書を提出しないものに対しては、文書（別紙七）により注意を喚起すること。

(2) 六の(1)の文書による注意を喚起しても、三月一五日までに定期報告書を提出しないもの又は、定期報告書が宛先不明等の理由により返送され、事業場、診療先等に照会を行なっても所在が判明しないものについては、法第四七条の三の規定により支払差止めの決議を行なうこと。

(3) 六の(2)の支払差止めの決議を行なった場合には、ただちに年金関係報告書（新規）のカード種一四（備考欄又は欄外に「定期報告書未提出」と記入すること。）を作成のうえ、四月六日まで本省に到達するよう送付すること。

なお、支払差止めに関する年金関係報告書（新規）を送付後、定期報告書が提出され又は所在が判明した場合には、支払差止めの解除に関する決議を行なったうえ、ただちに年金関係報告書（変更）のカード種一四（備考欄に「新規報告書〇月〇日提出済」と記入すること。）を本省に送付すること。

(4) 支払差止めの解除に関する報告書が四月六日までに本省に到達することの不可能なものについては、電話により本省（労災保険業務室年金審査係）に連絡すること。

七　受給者一覧表と給付原簿との関係について

給付原簿は、受給権者の現状に関する基本的な事項が記載されているものであるから、「受給者一覧表」等により変更決定を行なったものについては給付原簿をただちに補正しておくこと。

別紙・様式〈略〉

（昭四六・一二・二一　基発第八二〇号、平一三・一・二三　基発第三一号、平一五・三・二五　基発第〇三二五〇〇九号）

〈傷病補償年金又は傷病年金の受給権者の定期報告等について〉

傷病補償年金又は傷病年金の受給権者となった者は、他の年金たる保険給付の受給権者と同様に定期報告書を提出しなければならないものであること（新労災則第二一条）。

また、所轄労働基準監督署長は、傷病補償年金又は傷病年金の受給権者の障害の程度に変更があると推定できるに至った場合、又は、その傷病が治ったと推定できるに至った場合には、他の年金の場合と同様、その者から遅滞なく、障害の状態の変更に関する届又は治ゆ届（年金申請様式第四号）を提出させること。

（昭五二・三・三〇　基発第一九二号、昭五二・九・五　基発第五一九号）

第二節　業務災害に関する保険給付

（業務災害の保険給付の種類）
第十二条の八　第七条第一項第一号の業務災害に関する保険給付は、次に掲げる保険給付とする。
一　療養補償給付
二　休業補償給付
三　障害補償給付
四　遺族補償給付
五　葬祭料
六　傷病補償年金
七　介護補償給付

2　前項の保険給付（傷病補償年金及び介護補償給付を除く。）は、労働基準法第七十五条から第七十七条まで、第七十九条及び第八十条に規定する災害補償の事由又は船員法（昭和二十二年法律第百号）第八十九条第一項、第九十一条第一項、第九十二条本文、第九十三条及び第九十四条に規定する災害補償の事由（同法第九十一条第一項にあつては、労働基準法第七十六条第一項に規定する災害補償の事由に相当する部分に限る。）が生じた場合に、補償を受けるべき労働者若しくは遺族又は葬祭を行う者に対し、その請求に基づいて行う。

3　傷病補償年金は、業務上負傷し、又は疾病にかかつた労働者が、当該負傷又は疾病に係る療養の開始後一年六箇月を経過した日において次の各号のいずれにも該当するとき、又は同日後次の各号のいずれにも該当することとなつたときに、その状態が継続している間、当該労働者に対して支給する。
一　当該負傷又は疾病が治つていないこと。
二　当該負傷又は疾病による障害の程度が厚生労働省令で定める傷病等級に該当すること。

4　介護補償給付は、障害補償年金又は傷病補償年金を受ける権利を有する労働者が、その受ける権利を有する障害補償年金又は傷病補償年金の支給事由となる障害であつて厚生労働省令で定める程度のものにより、常時又は随時介護を要する状態にあり、かつ、常時又は随時介護を受けているときに、当該介護を受けている間（次に掲げる間を除く。）、当該労働者に対し、その請求に基づいて行う。

一　障害者自立支援法（平成十七年法律第百二十三号）第五条第十二項に規定する障害者支援施設（以下「障害者支援施設」という。）に入所している間（同条第七項に規定する生活介護（以下「生活介護」という。）を受けている場合に限る。）

二　障害者支援施設（生活介護を行うものに限る。）に準ずる施設として厚生労働大臣が定めるものに入所している間

三　病院又は診療所に入院している間

条文解説

労災保険の保険給付は、業務災害に関するものと通勤災害に関するものに大別されるが、本条は、そのうちの業務災害に関する保険給付の種類、支給事由について規定したものである。

すなわち、第一項は業務災害に関する保険給付は療養補償給付以下七種類あること、第二項は、傷病補償年金及び介護補償給付を除く療養補償給付から葬祭料までの保険給付は労基法又は船員法に規定する災害補償の事由が生じた場合に、その補償を受けるべき被災労働者、その遺族又は葬祭を行う者に対してその請求に基づいて行われるものであること、第三項は、傷病補償年金は療養の開始後一年六カ月を経過しても傷病が治らず、しかもその障害の程度が所定の程度である労働者に対して保

険者である政府の決定により行われるものであること、第四項は、介護補償給付の支給要件等をそれぞれ規定している。

関係政省令等

（傷病等級）

則第十八条　法第十二条の八第三項第二号の厚生労働省令で定める傷病等級は、別表第二のとおりとする。

2　法第十二条の八第三項第二号及び第十八条の二の障害の程度は、六箇月以上の期間にわたつて存する障害の状態により認定するものとする。

（介護補償給付に係る障害の程度）

則第十八条の三の二　法第十二条の八第四項の厚生労働省令で定める障害の程度は、別表第三のとおりとする。

（法第十二条の八第四項第二号の厚生労働大臣が定める施設）

則第十八条の三の三　法第十二条の八第四項第二号の厚生労働大臣が定める施設は、次の各号のとおりとする。

一　老人福祉法（昭和三十八年法律第百三十三号）の規定による特別養護老人ホーム

二　原子爆弾被爆者に対する援護に関する法律（平成六年法律第百十七号）第三十九条に規定する施設であつて、身体上又は精神上著しい障害があるために常時の介護を必要とし、かつ、居宅においてこれを受けることが困難な原子爆弾被爆者を入所させ、養護することを目的とするもの

三　前二号に定めるほか、親族又はこれに準ずる者による介護を必要としない施設であつて当該施設において提供される介護に要した費用に相当する金額を支出する必要のない施設として厚生労働大臣が定めるもの

則別表第二　傷病等級表（第十八条関係）

傷病等級	給付の内容	障害の状態
第一級	当該障害の状態が継続している期間一年につき給付基礎日額の　三一三日分	一　神経系統の機能又は精神に著しい障害を有し、常に介護を要するもの 二　胸腹部臓器の機能に著しい障害を有し、常に介護を有するもの 三　両眼が失明しているもの 四　そしやく及び言語の機能を廃しているもの 五　両上肢をひじ関節以上で失つたもの 六　両上肢の用を全廃しているもの 七　両下肢をひざ関節以上で失つたもの 八　両下肢の用を全廃しているもの 九　前各号に定めるものと同程度以上の障害の状態にあるもの
第二級	同　二七七日分	一　神経系統の機能又は精神に著しい障害を残し、随時介護を要するもの 二　胸腹部臓器の機能に著しい障害を残し、随時介護を要するもの 三　両眼の視力が〇・〇二以下になつているもの 四　両上肢を腕関節以上で失つたもの 五　両下肢を足関節以上で失つたもの 六　前各号に定めるものと同程度以上の障害の状態にあるもの
第三級	同　二四五日分	一　神経系統の機能又は精神に著しい障害を残し、常に労務に服することができないもの 二　胸腹部臓器の機能に著しい障害を残し、常に労務に服することができないもの 三　一眼が失明し、他眼の視力が〇・〇六以下になつているもの 四　そしやく又は言語の機能を廃しているもの 五　両手の手指の全部を失つたもの 六　第一号及び第二号に定めるもののほか常に労務に服することができないものその他前各号に定めるものと同程度以上の障害の状態にあるもの

備考

一　視力の測定は万国式試視力表による。屈折異常のあるものについては矯正視力について測定する。

二　手指を失つたものとは、親指は指関節、その他の手指は第一関節以上を失つたものをいう。

則別表第三　要介護障害程度区分表（第十八条の三の二関係）

当該程度の障害により労働者がある介護を要する状態	障害の程度
常時介護を要する状態	一　神経系統の機能若しくは精神に著しい障害を残し、常に介護を要するもの（別表第一第一級の項身体障害の欄第三号に規定する身体障害をいう。）又は神経系統の機能若しくは精神に著しい障害を有し、常に介護を要するもの（別表第二第一級の項障害の状態の欄第一号に規定する障害の状態をいう。） 二　胸腹部臓器の機能に著しい障害を残し、常に介護を要するもの（別表第一第一級の項身体障害の欄第四号に規定する身体障害をいう。）又は胸腹部臓器の機能に著しい障害を有し、常に介護を要するもの（別表第二第一級の項障害の状態の欄第二号に規定する障害の状態をいう。） 三　別表第一に掲げる身体障害が二以上ある場合その他の場合であつて障害等級が第一級であるときにおける当該身体障害又は別表第二第一級の項障害の状態の欄第三号から第九号までのいずれかに該当する障害の状態（前二号に定めるものと同程度の介護を要する状態にあるものに限る。）
随時介護を要する状態	一　神経系統の機能若しくは精神に著しい障害を残し、随時介護を要するもの（別表第一第二級の項身体障害の欄第二号の二に規定する身体障害をいう。）又は神経系統の機能若しくは精神に著しい障害を有し、随時介護を要するもの（別表第二第二級の項障害の状態の欄第一号に規定する障害の状態をいう。） 二　胸腹部臓器の機能に著しい障害を残し、随時介護を要するもの（別表第一第二級の項身体障害の欄第二号の三に規定する身体障害をいう。）又は胸腹部臓器の機能に著しい障害を有し、随時介護を要するもの（別表第二第二級の項障害の状態の欄第二号に規定する障害の状態をいう。） 三　障害等級が第一級である場合における身体障害又は別表第二第一級の項障害の状態の欄第三号から第九号までのいずれかに該当する障害の状態（前二号に定めるものと同程度の介護を要する状態にあるものに限る。）

参照条文

〔療養補償給付　一三、則一一～一二の三〕〔休業補償給付　一四、則一二の四・一三〕〔障害補償給付　一五・一五の二、則一四～一四の三〕〔遺族補償給付　一六～一六の九、則一四の四～一六〕〔葬祭料　一七、則一七・一七の二〕〔傷病補償年金　一八、則一八の二・一八の三〕〔介護補償給付　一九の二、則一八の三の四・一八の三の五〕〔処分の通知　則一九〕

解釈例規

〈傷病補償年金及び傷病年金について〉

業務上の事由又は通勤による傷病により長期の療養を要することとなった労働者については、従来、療養開始後三年を経過した日以後において政府が必要と認めたときから、療養補償給付又は療養給付と休業補償給付又は休業給付とに代えて長期傷病補償給付又は長期傷病給付を行うこととしていた。

しかしながら、長期療養者の症状は各療養者ごとに極めて区区であるにもかかわらず、これらの労働者に支給する長期傷病補償給付（長期傷病給付）の年金の額が一律とされていることは、後遺障害により労働不能となった者に対し支給される障害補償年金（障害年金）の額が、その障害の程度に応じて定められているのに比して、不均衡である。また、従来の長期療養者の実情からみると、療養開始後一年六箇月を経過しても治らない者は、その後引き続き長期にわたり療養を要することとなるのが通例であり、年金たる保険給付を行うべきか否かの判定について療養開始後三年の経過をまつまでもない。更には、第七七回国会における法改正により、厚生年金保険制度においても、療養開始後一年六箇月を経過した後は、その傷病の治ゆの有無にかかわらず、その障害について障害年金が支給されるように改められた。

これらの事情を考慮して、今回の法改正においては、従来の長期傷病補償給付及び長期傷病給付が廃止され、長期傷病補償給付たる年金に代えて傷病補償年金が、長期傷病給付たる年金に代えて傷病年金が新たに設けられ、また、傷病補償年金又は傷病年金の受給権者には、療養補償給付又は療養給付が継続して行われることになった。

このように、本制度は、長期療養者の症状に応じた適切な給付を行うために新設されたものである。

傷病補償年金の支給要件

傷病補償年金は、業務上負傷し、又は疾病にかかった労働者が療養の開始後一年六箇月を経過した日又はその日後において、次の要件に該当する場合に、その要件に該当するに至った月の翌月からその要件に該当する状態が継続している間、支給される（新法第一二条の八第三項）。

(1) その負傷又は疾病が治っていないこと。

(2) その負傷又は疾病による障害の程度が労働省令で定める傷病等級に該当すること。

なお、療養開始後一年六箇月を経過した日とは、療養の開始の日の属する月の翌月から起算して一八箇月目の月において当該療養の開始の日に応当する日をいう。

例えば、昭和五二年三月五日に療養を開始した場合には、昭和五二年三月の翌月から起算して一八箇月目の月である昭和五三年九月の五日が療養開始後一年六箇月を経過した日となる。

（昭五二・三・三〇　基発第一九二号）

〈受給権者が未成年の場合における請求権の行使〉

問　受給権者が未成年の場合には、親権を行う者との連名でなければ請求権がないものと考えるべきかどうか。即ち親権を行う者の連名なしに請求した者に対しては、支払不可能であるかどうか。

答　補償費の受給権者が未成年者であって、法定代理人の同意を得ずに単独に請求した場合は、その請求行為は民法第四条第二項の規定により取消し得べき行為になるから法定代理人の同意書を添付して、請求書を提出せしめることとされたい。

（昭二七・三・二九　基収第八四八号）

〈労働者災害補償保険法施行規則の一部を改正する省令の施行について〉

労働者災害補償保険法施行規則の一部を改正する省令（平成一八年厚生労働省令第六七号。以下「改正省令」という。）が本日公布され、平成一八年四月一日から施行されることとなったので、下記の事項に留意の上、事務処理に遺漏なきを期されたい。

記

一　改正の趣旨及び内容

(1) 入居した場合に介護補償給付及び介護給付の支給対象外となる施設の見直し

介護保険施設に係る食事等の費用を利用者負担とする昨今の見直しを踏まえ、労災特別介護施設の入居に係る費用についても、費用負担の公平性の観点から、受益に応じ、費目ごとの負担を明確にして徴収することとした。

今般の見直しにより、介護に要した費用が明確となることから、当該費用について、労働者災害補償保険法（昭和二二年法律第五〇号。以下

「労災保険法」という。）に基づき介護補償給付及び介護給付を支給することとし、これに伴い、労働者災害補償保険法施行規則（昭和三〇年労働省令第二二号。以下「労災則」という。）第一八条の三の三に規定する介護補償給付及び介護給付の支給対象外となる施設から、労災特別介護施設を除外するものである。

（平一八・三・三一　基発第〇三三一〇四〇号）

（療養補償給付）
第十三条　療養補償給付は、療養の給付とする。
2　前項の療養の給付の範囲は、次の各号（政府が必要と認めるものに限る。）による。
一　診察
二　薬剤又は治療材料の支給
三　処置、手術その他の治療
四　居宅における療養上の管理及びその療養に伴う世話その他の看護
五　病院又は診療所への入院及びその療養に伴う世話その他の看護
六　移送
3　政府は、第一項の療養の給付をすることが困難な場合その他厚生労働省令で定める場合には、療養の給付に代えて療養の費用を支給することができる。

条文解説

労働者が業務上負傷し、又は疾病にかかって療養を必要とする場合には、療養補償給付が行われる。

本条は、療養補償給付の内容と、その範囲について規定したものである。

療養補償給付の内容については、療養の給付を原則とし、例外的に療養の費用の支給を行うこととしているが、療養の給付を原則としたのは、これにより制度の目的に即応して補償の実効の適正を期そうとしたものである。

療養の給付の範囲については、すべての傷病について具体的に定めることは立法技術上困難であるので、療養上必要な事項を、①診察、②薬剤又は治療材料の支給、③処置、手術その他の治療、④居宅における療養上の管理及びその療養に伴う世話その他の看護、⑤病院又は診療所への入院及びその療養に伴う世話その他の看護、⑥移送、の六種に分類し、その具体的内容については、「政府が必要と認めるものに限る」という一般的な基準を設けたものである。

なお、この範囲については、療養の給付に代わる療養の費用の支給の場合も同様である。

関係政省令等

（療養の費用を支給する場合）
則第十一条の二　法の規定により療養の費用を支給する場合は、療養の給付をすることが困難な場合のほか、療養の給付を受けないことについて労働者に相当の理由がある場合とする。

参照条文

〔療養の給付の方法　則一一〕〔療養補償給付たる療養の給付の請求　則一二〕〔療養補償給付たる療養の費用の請求　則一二の二〕〔療養の費用を支給する場合　則一一の二〕〔労基法の場合　労基七五、労基則三六・三九〕

解釈例規

1　療養補償給付の取扱い

〈療養の給付の取扱い〉

療養の給付を行なうことが困難な場合とは、当該地区に指定病院等（則第一一条の二〔現行＝第一一条〕の「指定病院等」をいう。以下同じ。）がない場合とか、特殊な医療技術又は診療施設を必要とする傷病の場合に最寄りの指定病院等にこれらの技術又は施設の整備がなされていない場合等政府側の事情において療養の給付を行なうことが困難な場合をいう。これに対し、療養の給付を受けないことにつき相当の理由がある場合とは、労働者側に療養の費用によることを便宜とする事情がある場合、すなわち、当該傷病が指定病院等以外の病院、診療所等で緊急な療養を必要とする場合とか、最寄りの病院、診療所等が指定病院等でない等の事情がある場合をいう。

（昭四一・一・三一　基発第七三号）

〈療養補償給付の請求手続に関する特例について〉

傷病補償年金の受給権者にも、引き続き療養補償給付が行われるが、傷病補償年金の受給権者が療養補償給付を受ける手続については、次の特例が定められた（新労災則第一二条の三）。

一　療養の給付を受けている労働者が傷病補償年金の支給を受けることになった場合には、

① 年金証書の番号

② 労働者の氏名、生年月日及び住所

③ 療養の給付を受けている指定病院等の名称及び所在地

を記載した「療養補償給付たる療養の給付を受ける指定病院等届（告示様式第六号）」をその療養の給付を受けている指定病院等を経由して所轄労働基準監督署長に提出しなければならない（新労災則第一二条の三第一項）。

二　傷病補償年金の受給権者が療養の給付を受ける指定病院等を変更しようとする場合に提出する「療養の給付を受ける指定病院等の変更届（告示様式第六号）」には、一の①、②に掲げる事項及び従来療養の給付を受けていた指定病院等並びに新たに療養の給付を受けようとする指定病院等の名称及び所在地を記載するだけで足り、負傷・発病の年月日、災害の原因及び発生状況等は記載する必要がない（新労災則第一二条の三第二項）。

三　「療養の費用の請求書（告示様式第七号）」についても、負傷・発病の年月日、災害の原因及び発生状況等は記載する必要がない（新労災則第一二条の三第四項）。

四　なお、長期傷病補償給付の受給権者が、施行日から傷病補償年金の受給権者となった場合に、施行日前に療養の給付を受けていた指定病院等で施行日以後も引き続き療養の給付を受けるときは、一の届出を行わせる必要がない。

（昭五二・三・三〇　基発第一九二号）

〈罹災労災指定医療機関の労災診療費の請求及び支払方法等の取扱いについて〉

問　今般、当局管内の労災指定医療機関が、長崎大水害のため冠水し、診療記録表を流失及び破損したため、流失等にかかる労災診療費の請求について、如何にすべきか疑義があるので、ご教示を願いたい。

答1　労災診療費の請求について

⑴　長崎地方集中豪雨災害をうけた地域において、罹災により診療録を滅失し、又はき損したため労災診療費を請求できない労災指定医療機関における診療録を滅失し、又はき損した日（以下「災害発生日」という。）の属する月の初日から災害発生日までの診療に係る労災診療費の算定は、次によることとする。

①　労災診療費は、災害発生日の属する月前三カ月の期間（都道府県労働基準局長が特別の事情ありと認めたときは、四〜六カ月の期間）における当該労災指定医療機関の月平均労災診療費支払額に災害発生日の属する月の初日から災害発生日までの日数を、その月の総日数で除して得た数を乗じた額とすること。ただし、災害発生日までの診療について、その内容が確認できるものの労災診療費の合計額が上記の額を超えるときは、その額とすること。

②　労災診療費の請求に当たっては、診療録のうち現存するものがあればその分の診療費請求内訳書及び市区町村の発行する罹災証明書を提出させること。

⑵　当該診療費の請求に当たっては、前記⑴により算出した金額を記載した診療費請求書及び診療費請求内訳書（同内訳書「合計額」欄のみ記載させること。）を提出させること。

2　労災診療費の支払方法について当該労災指定医療機関から提出のあった診療費請求書及び診療費請求内訳書については、機械処理により本省において支払うこととなるが、この場合の機械処理は次によること。

⑴　診療費請求書の「請求金額」欄及び診療費請求内訳書の「合計額」欄は、前記1の⑴により算出した金額であるか確認すること。

⑵　診療費請求内訳書については、機械処理のための必要項目をメリット計算等他のデータに影響のない方法により記載し機械処理を行うこと。

なお、機械処理に当たっての詳細については、本省労災保険業務室と連絡をとること。

（昭五七・一二・一四　基収第三七五号）

（注）　参考例規である。

〈労災診療費算定基準の一部改定について〉

標記については、昭和五一年一月一三日付け基発第七二号（最終改正平成二〇年三月三一日）により取扱ってきたところであるが、今般、下記のとおり改め平成二二年四月一日以降の診療に係るものから適用するので、了知のうえ取扱いに遺漏なきを期されたい。

記

一　労働者災害補償保険法（以下「法」という。）の規定による療養の給付に要する診療費の算定は、診療報酬の算定方法（平成二〇年三月五日厚生労働省告示第五九号（最終改正：平成二四年三月五日））の別表第一医科診療報酬点数表及び第二歯科診療報酬点数表（以下「健保点数表」という。）の診療報酬点数（以下「健保点数」という。）に労災診療単価を乗じて行うものとする。

ただし、初診料、再診料、処置、手術、リハビリテーション料の一部及び入院基本料等の額又は点数は、次に定めるところによるものとする。

(1) 初診料　三、六四〇円

イ　労災保険の初診料は、支給事由となる災害の発生につき算定できるものとする。したがって、既に傷病の診療を継続（当日を含む。以下同じ。）している期間中に、当該診療を継続している医療機関において、当該診療に係る事由以外の業務上の事由又は通勤による負傷又は疾病により、初診を行った場合は、初診料を算定できるものとする。

ロ　健保点数表（医科に限る。）の初診料の注3のただし書に該当する場合（上記イに規定する場合を除く。）については、一、八二〇円を算定できる。

(2) 削除

(3) 初診時ブラッシング料　九一点

創面が異物の混入、附着等により汚染している創傷の治療に際し、生理食塩水、蒸留水等を使用して創面のブラッシングを行った場合に算定できる。

ただし、この算定は同一傷病につき一回限り（初診時）とする。

(4) 再診料　一、三六〇円

ア　一般病床の病床数二〇〇床未満の医療機関及び一般病床の病床数二〇〇床以上の医療機関の歯科、歯科口腔外科において再診を行った場合に算定できるものとする。

イ　健保点数表（医科に限る。）の再診料の注2に該当する場合については、六七〇円を算定できる。

(5) 再診時療養指導管理料　九二〇円

外来患者に対する再診の際に、療養上の食事、日常生活動作、機能回復訓練及びメンタルヘルスに関する指導を行った場合にその都度算定できる。

(6) 入院基本料

入院の日から起算して二週間以内

の期間　健保点数の一・三〇倍

上記以降の期間　健保点数の一・〇一倍

入院基本料の点数を、入院の日から起算して二週間以内の期間については、健保点数（入院患者の入院期間に応じ、加算する点数は含まない。）の一・三〇倍、それ以降の期間については、一律、健保点数の一・〇一倍（いずれも一点未満の端数は四捨五入する。）とする。

(7)　四肢（鎖骨、肩甲骨及び股関節を含む。）の傷病に係る処置等の加算

四肢（鎖骨、肩甲骨及び股関節を含む。）の傷病に係る次の処置等の点数は、健保点数の一・五倍として算定できる（一点未満の端数は一点に切り上げる。）。

なお、手（手関節以下）、手の指に係る次のイ、ロの処置及びニの手術については、健保点数の二倍として算定できる。

また、次のニの手の指に係る創傷処理（筋肉に達しないもの。）については、指一本の場合は健保点数表における創傷処理の筋肉、臓器に達しないもの（長径五センチメートル未満）の点数（以下この項において「基本点数」という。）の二倍とし、指二本の場合は指一本の場合の点数に基本点数を加算した点数、指三本の場合は指二本の場合の点数に基本点数を加算した点数、指四本の場合は指三本の場合の点数に基本点数を加算した点数、指五本の場合は基本点数を五倍した点数とする。

イ　創傷処置、爪甲除去（麻酔を要しないもの）、穿刺排膿後薬液注入、熱傷処置、重度褥瘡処置、ドレーン法及び皮膚科軟膏処置

ロ　関節穿刺、粘（滑）液嚢穿刺注入、ガングリオン穿刺術、ガングリオン圧砕法及び消炎鎮痛等処置のうち「湿布処置」

ハ　絆創膏固定術、鎖骨又は肋骨骨折固定術、皮膚科光線療法、鋼線等による直達牽引（二日目以降）、介達牽引、矯正固定、変形機械矯正術、消炎鎮痛等処置のうち「マッサージ等の手技による療法」及び「器具等による療法」、低出力レーザー照射

ニ　皮膚切開術、創傷処理、デブリードマン、筋骨格系・四肢・体幹手術及び神経・血管の手術

ホ　リハビリテーション

(8)　手指の創傷に係る機能回復指導加算　一九〇点

手（手関節以下）及び手の指の初期治療における機能回復指導加算として、当該部位について、健保点数表における「皮膚切開術」、「創傷処理」、「デブリードマン」及び「筋骨格系・四肢・体幹」の手術を行った場合に一回に限り所定点数にさらに一九〇点を加算できる。

(9)　削除

(10)　再就労療養指導管理料　精神疾患を主たる傷病とする場合　月一回五六〇点　その他の疾患の場合　月

一回　四二〇点
　入院治療後通院療養を継続しながら就労が可能と医師が認める者又は入院治療を伴わず通院療養を三カ月以上継続している者で就労が可能と医師が認める者に対し、就労に当たっての療養上必要な指導事項及び就労上必要な指導事項を記載した「指導管理箋（別紙様式一～四）」を傷病労働者に交付し、指導を行った場合に算定できるものとする。
　また、傷病労働者の主治医が、当該労働者の同意を得て所属事業場の産業医（主治医が当該労働者の所属事業場の産業医を兼ねている場合を除く。）に対して文書をもって情報提供をした場合についても算定できる。
　ただし、同一傷病者につき各々三回を限度（慢性的な疾病を主病とする者で現に就労しているものについては、医師が必要と認める期間）とする。

⑾　入院室料加算
　入院室料加算は、次の①及び②の要件に該当する場合に③に定める金額を算定できるものとする。
　ただし、健保点数表において特定入院料として定められている点数（救命救急入院料、特定集中治療室管理料及び広範囲熱傷特定集中治療室管理料等）の算定の対象となっている傷病労働者については、入院室料加算は算定できないものであること及び②のエの要件に該当する場合は、初回入院日から七日を限度とする。
①　保険外併用療養費における特別の療養環境の提供に関する基準を満たした病室で、傷病労働者の容体が常時監視できるような設備又は構造上の配慮がなされている個室、二人部屋、三人部屋及び四人部屋に収容した場合。
②　傷病労働者が次の各号のいずれかに該当するものであること。

ア　症状が重篤であって、絶対安静を必要とし、医師又は看護師が常時監視し、随時適切な措置を講ずる必要があると認められるもの。
イ　症状は必ずしも重篤ではないが、手術のため比較的長期にわたり医師又は看護師が常時監視を要し、随時適切な措置を講ずる必要があると認められるもの。
ウ　医師が、医学上他の患者から隔離しなければ適切な診療ができないと認めたもの。
エ　傷病労働者が赴いた病院又は診療所の普通室が満床で、かつ、緊急に入院療養を必要とするもの。
③　医療機関が当該病室に係る料金として表示している金額を算定することができる。
　ただし、当該表示金額が次に示す額を超える場合には次に示す額とする。
一日につき　個室　　甲地一〇、〇〇〇円、乙地九、〇〇〇円

二人部屋　甲地五、〇〇〇円、
　　　　　乙地四、五〇〇円
三人部屋　甲地五、〇〇〇円、
　　　　　乙地四、五〇〇円
四人部屋　甲地四、〇〇〇円、
　　　　　乙地三、六〇〇円

(12) 削除

(13) 削除

(14)
① 消炎鎮痛等処置（「湿布処置」を除く。）、腰部又は胸部固定帯固定、低出力レーザー照射、介達牽引、矯正固定及び変形機械矯正術（以下「消炎鎮痛等処置等」という。）に係る点数は、負傷にあっては受傷部位ごとに、疾病にあっては一局所（上肢の左右、下肢の左右及び頭より尾頭までの躯幹をそれぞれ一局所とする。）ごとに、一日につきそれぞれ健保点数を算定できる。

ただし、三部位以上又は三局所以上にわたり当該処置を施した場合は、一日につき三部位又は三局所を限度とする。

なお、消炎鎮痛等処置等と疾患別リハビリテーションを同時に行った場合は、疾患別リハビリテーションの点数と、消炎鎮痛等処置等の一部位（局所）に係る点数をそれぞれ算定できる。

② 削除

(15) 病衣貸与料　一日につき七点

入院患者に対し、医療機関が病衣を貸与した場合に算定できる。

(16) 削除

(17) 削除

(18) 療養の給付請求書取扱料　二、〇〇〇円

労災保険指定医療機関等において、「療養（補償）給付たる療養の給付請求書（告示様式第五号又は第一六号の三）」を取り扱った場合（再発を除く。）に算定できる。

(19) 固定用伸縮性包帯

固定用伸縮性包帯を特定保険医療材料とする。

算定額は、実際に医療機関が購入した価格を一〇円で除し、労災診療単価を乗じた額とする。

(20) 救急医療管理加算

初診の傷病労働者について救急医療を行った場合に、次の金額を算定できる。

入院　六、〇〇〇円
入院外　一、二〇〇円

ただし、この算定は同一傷病につき一回限り（初診時）とする。

なお、入院については初診に引き続き入院している場合は七日間を限度に算定できるものとする。

また、健保点数表における「救急医療管理加算」と重複算定することはできない。

(21) 削除

(22) リハビリテーション

イ 疾患別リハビリテーションについては、健保点数表のリハビリテーションの通則1にかかわらず、次の点数で算定できることとし、健保点数

表の疾患別リハビリテーション料の各規定の注4（運動器リハビリテーション料においては注5）については、適用しないものとする。

(イ)　心大血管疾患リハビリテーション料（Ⅰ）（一単位）二五〇点

(ロ)　心大血管疾患リハビリテーション料（Ⅱ）（一単位）一〇〇点

(ハ)　脳血管疾患等リハビリテーション料（Ⅰ）（一単位）二五〇点

(ニ)　脳血管疾患等リハビリテーション料（Ⅱ）（一単位）二〇〇点

(ホ)　脳血管疾患等リハビリテーション料（Ⅲ）（一単位）一〇〇点

(ヘ)　運動器リハビリテーション料（Ⅰ）（一単位）一八〇点

(ト)　運動器リハビリテーション料（Ⅱ）（一単位）一八〇点

(チ)　運動器リハビリテーション料（Ⅲ）（一単位）八〇点

(リ)　呼吸器リハビリテーション料（Ⅰ）（一単位）一八〇点

(ヌ)　呼吸器リハビリテーション料（Ⅱ）（一単位）八〇点

ロ　疾患別リハビリテーションについては、リハビリテーションの必要性及び効果が認められるものについては、疾患別リハビリテーション料の各規定の注1のただし書にかかわらず、健保点数表に定める標準的算定日数を超えて算定できるものとする。

ハ　入院中の傷病労働者に対し、訓練室以外の病棟等において早期歩行、ADLの自立等を目的とした疾患別リハビリテーション料（Ⅰ）を算定すべきリハビリテーションを行った場合は、ADL加算として一単位につき三〇点を所定点数に加算して算定できるものとする。

ニ　健保点数表の疾患別リハビリテーション料の各規定における早期リハビリテーション加算及び初期加算については、健保点数表に準じるものとする。

(23)　削除

(24)　職業復帰訪問指導料

精神疾患を主たる傷病とする場合一日につき七六〇点

その他の疾患の場合　一日につき五七〇点

イ　入院期間が一月を超えると見込まれる傷病労働者が職業復帰を予定している事業場に対し、医師又は医師の指示を受けた看護職員（看護師及び准看護師。以下同じ。）、理学療法士若しくは作業療法士（以下「医師等」という。）が傷病労働者の職場を訪問し、当該職場の事業主に対して、職業復帰のために必要な指導を行い、診療録に当該指導内容の要点を記載した場合に、当該入院中及び退院後の通院中に合わせて三回（入院期間が六月を超えると見込まれる傷病労働者にあっては、当該入院中及び退院後の通院中に合わせて六回）に限り算定できるものとする。

ロ　医師等のうち異なる職種の者二人以上が共同して又は医師等がソーシ

ャルワーカー（社会福祉士又は精神保健福祉士に限る。）と一緒に訪問指導を行った場合は、三八〇点を所定点数に加算して算定できるものとする。

ハ　精神疾患を主たる傷病とする場合にあっては、医師等に精神保健福祉士を含むものとする。

(25)　精神科職場復帰支援加算　二〇〇点

精神科を受診中の者に、精神科ショート・ケア、精神科デイ・ケア、精神科ナイト・ケア、精神科デイ・ナイト・ケア、精神科作業療法、通院集団精神療法を実施した場合であって、当該患者のプログラムに職場復帰支援のプログラムが含まれている場合に、週に一回算定できるものとする。

(26)　石綿疾患療養管理料　二二五点

石綿関連疾患（肺がん、中皮腫、良性石綿胸水、びまん性胸膜肥厚に限る。）について、診療計画に基づく受診、検査の指示又は服薬、運動、栄養、疼痛等の療養上の管理を行った場合に月二回に限り算定できるものとする。

(27)　石綿疾患労災請求指導料　四五〇点

石綿関連疾患（肺がん、中皮腫、良性石綿胸水、びまん性胸膜肥厚に限る。）の診断を行った上で、傷病労働者に対する石綿ばく露に関する職歴の問診を実施し、業務による石綿ばく露が疑われる場合に労災請求の勧奨を行い、現に療養補償給付たる療養の給付請求書（告示様式第五号）又は療養補償給付たる療養の費用請求書（告示様式第七号(1)）が提出された場合に、一回に限り算定できるものとする。

(28)　リハビリテーション情報提供加算　二〇〇点

健保点数表の診療情報提供料が算定される場合であって、医師又は医師の指揮管理のもと理学療法士若しくは作業療法士が作成した職場復帰に向けた労災リハビリテーション実施計画書（転院までの実施結果を付記したもの又は添付したものに限る。別紙様式五）を、傷病労働者の同意を得て添付した場合に算定できるものとする。

(29)　術中透視装置使用加算　二二〇点

「大腿骨」、「下腿骨」、「踵骨」、「上腕骨」及び「前腕骨」の骨折観血的手術において、術中透視装置を使用した場合に算定できるものとする。

(30)　頸椎固定用シーネ、鎖骨固定帯及び膝・足関節の創部固定帯

医師の診察に基づき、頸椎固定用シーネ、鎖骨固定帯及び膝・足関節の創部固定帯の使用が必要と認める場合に、実際に医療機関が購入した価格を一〇円で除し、労災診療単価を乗じた額を算定できるものとする。

二　前記一の労災診療単価は、一二円とする。ただし、以下に係るものに

ついては、一一円五〇銭とする。
⑴　国及び法人税法（昭和四〇年三月三一日法律第三四号）第二条第五号に規定する公共法人
⑵　法人税法第二条第六号に規定する公益法人等であって、法人税法施行令（昭和四〇年三月三一日政令第九七号）第五条第二九号に掲げる医療保健業を行うもの

三　指定薬局に係る療養の給付に要する費用の算定は、前記一の厚生労働省告示別表第三調剤報酬点数表に基づき行うものとする。

四　入院時の食事に係る療養の給付に要する費用については、平成一八年三月六日厚生労働省告示第九九号別表食事療養及び生活療養の費用額算定表の第一食事療養に定める金額の一・二倍により算定するものとする。

なお、一〇円未満の端数については四捨五入すること。

五　指定訪問看護事業者に係る療養の給付に要する費用については、平成二〇年三月五日厚生労働省告示第六七号（最終改定：平成二四年三月五日）別表訪問看護療養費に係る指定訪問看護の費用の額の算定方法により算定するものとする。

六　法の規定による療養の費用を支給する場合の支給限度額の算定は、以上の取扱いに準じて行うものとする。

七　健保点数に労災診療単価を乗じて算定している項目については、改正後の健保点数により算定するものとする。

なお、薬価基準による算定についても、改正後の薬価基準によるので留意すること。

八　入院室料加算の地域区分の甲地とは、一般職の職員の給与に関する法律（昭和二五年法律第九五号）第一一条の三に基づく人事院規則九―四九（地域手当）により支給区分が一級地から五級地とされる地域及び当該地域に準じる地域（平成二四年三月五日付け保医発〇三〇五第二号「基本診療料の施設基準等及びその届出に関する手続きの取扱いについて」の別添三第八の別紙の人事院規則で定める地域に準じる地域のうち四級地及び五級地）をいい、入院室料加算の地域区分の乙地とは、甲地以外の地域をいう。

別紙様式一～五　〈略〉

（平二二・三・三一　基発〇三三一第七号、平二四・三・三〇　基発〇三三〇第二〇号）

2　療養の範囲

A　診　療

〈労災保険におけるリハビリテーション医療〉

標記については、昭和四三年一〇月

二九日付基発第六八六号及び昭和四九年五月二四日付基発第二七三号通達により実施してきたところであるが、今般、労災病院等におけるリハビリテーション医療（以下「リハ医療」という。）の実情を勘案してその取扱いを下記のように改め、昭和五一年二月一日から実施することとしたので、了知のうえその取扱いに遺漏なきを期せられたい。

なお、前記基発第六八六号及び基発第二七三号通達は廃止する。

記

第一　リハ医療の範囲について

1　労災保険におけるリハ医療とは、業務上の事由又は通勤による傷病労働者に対して当該傷病に係る本来の治療に加え、心大血管疾患リハビリテーション料、脳血管疾患等リハビリテーション料、運動器リハビリテーション料及び呼吸器リハビリテーション料に掲げるリハビリテーション（以下、「疾患別リハビリテーション」という。）等を個々の症例に応じて総合的に実施して、労働能力の回復をはかり職場復帰への医学的指針を与えるまでの一連の行為をいい療養（補償）給付の一環として行うものである。

2　リハ医療の効果をあげるために補装具（「常用義肢及び装飾義肢を除く。」以下同じ。）の装着が必要なものについては、リハ医療担当医師が処方、検定し、装着訓練を指導する場合に限りその製作、装着及び装着のための断端部、骨部、均縮部位等の手術に要する費用を療養（補償）給付の対象とする。

第二　対象者について

リハ医療の対象は、業務上の事由又は通勤による傷病により療養中の者であって、リハ医療を行うことによって、労働能力の回復及び障害の軽減が見込まれる者とする。

第三　実施機関及び効果確認について

1　リハ医療は労働省労働基準局長が別添1「リハビリテーション医療指定施設の指定要綱」〈略〉に基づき指定した医療機関において実施するものとする。

2　リハ医療指定施設の所在地を管轄する都道府県労働基準局長は、リハ医療の対象者について必要の都度、効果確認を行うものとする。

なお、効果確認の結果、リハ医療を受療させることが不適当と認めた場合には、その旨を当該医療施設の長に通知するものとする。

第四　リハ医療費について

リハビリテーション医療費は、別添2「労災保険診療費算定基準」〈略〉に掲げる点数に労災診療単価を乗じて算出するものとする。

なお、その請求手続きは労災診療費一般の請求と同様に昭和四七年四月二一日付基発第二四九号通達及び昭和五五年一二月一一日付基発第六八五号通達に基づき行うものとする。

第五　様式について

リハ医療の取扱いに関する様式は次のとおりとする。

様式第1号　リハビリテーション医療施設の指定申請書

様式第2号―1　リハビリテーション医療指定施設の状況

様式第2号―2　リハビリテーション医療担当者の状況

様式第2号―3　リハビリテーション医療に関する器械設備等の状況

様式第3号　リハビリテーション医療実施施設指定書

様式第4号　日常生活動作検査表

様式第5号　復職に関する身体能力検査表（復職検査）

様式第6号　一般就労に関する身体能力検査表（一般就労検査）

第六　経過措置

昭和五一年二月一二日付け基発第一七一号通達に基づき労働省労働基準局長が「リハビリテーション医療指定施設」として指定済の施設については、当該施設に係る指定の日から本通達に基づき指定があったものとして取り扱うものとする。

別添及び様式　〈略〉

（昭五一・二・一二　基発第一七一号、平六・五・一二　基発第二七九号、平一九・一・三〇　基発第〇一三〇〇〇五号、平二〇・三・三一　基発第〇三三一〇三一号）

〈労災保険法と伝染病予防法との関係〉

問　事業場寄宿舎において昨年一〇月赤痢患者が集団発生し、当該罹患者はすべて業務上によるものと認められ、この程各患者に要した療養費用について保険給付の請求があったが、伝染病予防法との関係においていささか疑義があるので左記事項につき何分のご指示を賜りたい。

一　発生状況

Y県所在N紡績株式会社H工場（労働者数一、三五六名）において、昭和二六年一〇月一八日より赤痢が発生、同年一二月一二日終熄したが、その間の患者数四五一名にのぼった（内健康保菌者一八七名を含む。）。

二　疑義事項

(一)　伝染病予防法第七条の規定に基づいて当該市町村長又は保健所長が伝染病院その他適当な施設へ患者を隔離収容した場合、業務上の事由によって発生した患者といえども、患者の治療費は伝染病予防法第二一条第四号によって当該市町村が支弁すべきものであるから原則として労災保険給付の対象とすべきでないと解してよいか。

但し、伝染病予防法施行規則第三〇条の規定によって市町村より食費及び薬価が徴収される場合には労働者が負担すべき額の範囲内においてのみ労災保険法による療養の給付又は療養費の支給を行うべきものと考えるが如何。

㈡　診療所を有する工場寄宿舎において伝染病患者が集団発生し、伝染病院等に収容能力がないため、保健所長が許可し患者を当該寄宿舎の一部へ収容した場合、労災保険法上の補償問題処理にあたっても、伝染病予防法第七条の規定に基づいたところの伝染病院等へ収容されたものと解してよいか。

㈢　事業主はH町当事者及び保健所長外関係当局吏員の指示を受け、或は協議の上伝染病予防法に準処する防疫救治について取り敢えず工場の責任において万全を期したものであり、経費の負担に関しては当初においては何等町当事者と協議されていないまま患者施療の費用を含めて一切の経費を工場において負担している（費用の負担に関して後日、町及び県当局と協議を行った模様であるが、現在のところ未だ公費負担は決定されていない。）。右のような工場側の措置はすべて伝染病予防法に基づき市町村が為すべきことを事業主がこれを代行したに過ぎないものと認められるものである。従って予防法施行規則第三〇条の規定により薬価及び食費の実費を患者より徴収すべき町条例の制定もなく、又当初に徴収すべき意向も示されず、現実に患者に負担せしめていない場合においては（但し、食費については一人一日四五円の計算で現実に事業主において本人より徴収している。）、患者救治等に要した一切の費用の負担処置については町及び事業主相互間の問題であるから、予防法第二一条に照して労災保険法の給付対象となすべきでないとする考えも一応成立する。しかしながら元来工場診療所で労働者に要した施療費については、社会保険、労災保険等の給付対象となるべきもの以外は、会社厚生施設として取り扱い、すべての場合現実には本人より施療費用を徴収しないのが通例であり、本件の患者集団発生に伴う診療所における診療費についても事業主においては当初より労災保険法上の療養の範囲に属するものであるかぎり当然労働者の給付手続を代行する意思を有していたものであるから、即ち当初より一部を労働者の負担に帰せしめるべき意思があったものと見做されるので、施療費について現実には本人より何等費用を徴収していないと雖も、予防法施行規則第三〇条の規定によって市町村が患者より徴収し得る額の限度において労災保険における給付を行うことが妥当であると思料する。

答㈠　貴見の通り。

㈡　市町村施設の伝染病隔離病舎に収容能力がないため、寄宿舎の一部を適当な隔離収容施設として保健所長が許可し、患者を収容した場合に於ても、当然伝染病予防法第二一条第四号に掲げる費用は、市町村が支弁すべきものであるから、たとえ本件のごとくさしあたって工場の負担で患者の施療をなした場合であっても保険給付をなすべきでない。

なお、右の費用の負担につき市町村と工場との間に協議が整わない場合に於ては、その結果をまって患者負担に帰すべき分についてのみ請求せしめるよう取扱われたい。

（昭二七・一二・九　基収第五四九四号）

〈業務上疾病の治療上必要と認められる私病の治療費について〉

問1　被災者S（女）は日傭人夫として職安から供給されてU市都市計画課施行に係る失対事業（市内道路工事）に従事していたが、作業中、Sの一米位先で同僚が割っていたぐり石の破片がSの右眼に当り受傷した。

2　受傷後二、三日位は流涙し多少の疼痛もあったが、元来Sは涙嚢炎とトラホームの既往症があり、受傷前から常に流涙していた事実からさして気にもとめず、就労していたところ、数日後に至り疼痛が甚だしいので受診した。

3　主治医M医師の意見　初診時「匐行性角膜潰瘍と重症トラホーム涙嚢」と診断したが匐行性角膜潰瘍は角膜外傷により眼内雑菌が作用して発病するもので、匐行性角膜潰瘍は業務上疾病である。又、同疾病は涙嚢炎に拘らず外傷により発病するものであるも涙嚢炎罹病のものは特に発病の可能性が多いばかりか、悪化せしめる要素を多分にもっている、又涙嚢炎に匐行性角膜潰瘍を併発した場合に匐行性角膜潰瘍のみの対症療法を行うときは、涙嚢炎が禍いしてその効果度と治ゆをいちじるしく遅延せしめるばかりでなく、最悪の場合は失明の結果ともなる。従って医師の立場から匐行性角膜潰瘍を治療する場合、その治療の障害となる涙嚢の摘出が必要となるものである。因って潰瘍治療上の必要から行った対症療法については災害補償の対象とすべきものと認める。

4　当局の意見　私病である涙嚢炎の治療が業務上疾病である匐行性角膜潰瘍の治療上明らかに必要と認められるので、涙嚢炎の治療に要した診療費についても保険給付すべきものと思われる。

答　本件については貴見のとおり取扱って差支えない。

（昭二八・一一・一四　基収第五二九四号）

〈労災医療における切断手指の機能再建化手術の取扱い等について〉

標記については、昭和四一年九月二八日付基収第五五六五号等により取扱ってきたところであるが、最近の整形外科領域における医療技術の著しい進歩、特にマイクロサージャリー（顕微鏡下手術）技術の普及に伴い、手指の切断等の場合における標記手術の適応例の増加が認められるとともに、術後の効果についても一定の評価が得られている。

以上のような事情を勘案し、切断手指の機能再建を図るための一連の整形外科的手術及びこれに伴う治ゆ、障害評価時期等の取扱いについて整理し、自今、下記により取扱うこととしたので、了知のうえ適正な運用が図られるよう配慮されたい。

なお、前記通達は廃止する。

記

一　療養補償給付又は療養給付の範囲

次の⑴から⑸のいずれかに該当する医療行為は、労働者災害補償保険法第一三条に規定する療養の給付の範囲として取扱うこととする。

⑴　切断指の再接着手術

⑵　指間の形成による母指の相対的延長手術

⑶　母指延長術（血管、神経付遊離植皮を伴う造母指術を含む。）

⑷　手指又は足指の移植による母指化手術

⑸　その他上記⑴から⑷に準じて行われる手指の機能再建を図るための手術であって、医学的な評価がすでに確定していると認められるもの

二　実施医療機関

本通達による手術の実施医療機関については、制限を行わないこととするが、当該医療行為については、マイクロサージャリー等高度の医療設備と専門的熟練度を要求される手術であり、かつ常時医学的なトレーニングを重ねている専門医でなければ容易に施術可能なものではないところから、所定の指定医療機関等のうち上記からみて当該医療行為を適正に実施することが可能な医療機関を常に把握しておき、傷病労働者等関係者からの相談等に随時対応できるよう配慮すること。

三　治ゆの時期

⑴　切断指の創面の症状が固定した場合であっても、機能再建化手術（切断指の再接合手術を除く。）の必要性が認められる場合にはただちに治ゆとせずに、さらに当該手術が実施され、施術部位に係る療養が終了した時をまって治ゆの取扱いを行うこと。

⑵　上記⑴によらない場合（施術について診療担当医等から不適の判断が行われた場合、又は傷病労働者が当該施術に同意しない場合）には、従前どおり切断指の創面の症状が固定した時をもって治ゆとすること。

⑶　治ゆ後に、切断指に対する機能再建化手術の必要が生じた場合は、再発に準じて取扱うこと。

四　後遺障害の認定時期

⑴　機能再建化手術を行った傷病労働者の後遺障害の評価は、上記三の⑴の治ゆをまって行うこと。

⑵　機能再建化手術を行わなかった傷病労働者の後遺障害の評価は、上記三の⑵の治ゆをまって行うこと。

五　障害評価の方法

(1)　母指延長術（血管、神経付遊離植皮を伴う造母指術を含む。）を行った場合にあっては、術後の母指は切断時に比べ延長されることとなるが、後遺障害の評価については、原則として欠損障害（障害等級第九級の八（一手の母指を失ったもの））として取扱うこと。ただし、術後の母指の延長の程度が、健側母指と比べて明らかに指節間関節をこえていると認められる場合には当該母指について機能障害（障害等級第一〇級の六（一手の母指の用を廃したもの））としての評価を行うこと。

(2)　手指又は足指の移植により母指の機能再建化手術を行った場合にあっては、術後の母指に残存する機能障害と当該手術により失うこととなった手又は足の指の欠損障害について、準用又は併合の方法により障害等級の格付けを行うこと。（昭和五〇年九月三〇日付基発第五六五号別冊「障害等級認定基準」第二の九の(3)のニの(ハ)参照）

(3)　上記三の(3)に該当する場合において、再発扱いによる手術後の障害の程度（等級）と既に支給済の障害補償給付又は障害給付の算定の基礎となった障害の程度（等級）とが異なることとなる場合の障害補償給付又は障害給付の調整はすべて再発により障害の程度が変更した場合の取扱いに準じて行うこと。

六　本取扱いは昭和五五年三月一日から実施する。

（昭五五・三・一　基発第九七号）

〈労働者災害補償保険法と結核予防法との調整及び労働者災害補償保険法における療養補償と精神保健法による医療費の公費負担との調整について〉

標記については、昭和二六年一一月二六日付け基発第七七四号及び昭和四〇年基発第一四五五号をもってその取扱について指示していたところであるが、第一三二回通常国会において「結核予防法の一部を改正する法律」（法律第九三号）及び「精神保健法の一部を改正する法律」（法律第九四号）が成立、公布されたことに伴い、業務上の結核の者又は精神障害のため精神保健法による医療を受けた者であって、労働者災害補償保険法による療養に関する補償を受けることができる者に対する従前の公費負担の取扱いが、上記の二法律の施行日である平成七年七月一日をもって全額労災保険において負担することとなったため、上記通達は平成七年六月三〇日をもって廃止することとしたので、その取扱いに遺漏なきを期されたい。

（平七・七・三　基発第四三四号）

B　治療用材料等

〈業務上の事由によって眼鏡又は義肢を破損した場合の修理、購入〉

問　災害補償について御聞き致したいのですが、業務上の災害により、例えば、三米離れて〇・一の如き強度の近視の人が眼鏡を破損した様な場合には、作業は勿論日常起居動作にも非常な不便を感じ普通並の仕事が出来ぬことは自明の理と思いますが、この際に基準法第七五条第一項、労災保険法第一二条第一号〔現行＝第一三条の八第一項〕の規定により治癒に至るまで（即ちこの際は眼鏡を調製するまで）の費用は補償さるべきであると思いますが（この他義歯義足等）当局として如何にあつかいになりますか、この点御指示下さい。

答　(イ)　眼鏡又は義肢を着用している労働者が、業務上の災害によってその眼鏡又は義肢を破損した場合にこれを購入し又は修理することは療養の範囲に属しないから、療養補償の対象とはならない。

(ロ)　業務災害により義歯を破損した場合は、その補綴又は修理は療養補償の対象となる。

(ハ)　健全肢を有していた労働者が業務災害により四肢を離断又は切断して義肢を必要とする場合は、本人の申請により労災保険においては保険施設〔現行＝労働福祉事業〕として義肢を支給することになっている。

(ニ)　健全な視力をもつ労働者が業務災害のため視力が〇・六以下に低下し（屈折異状のあるものについては矯正視力が〇・六以下）眼鏡を必要とする場合は労災保険においては保険施設〔現行＝労働福祉事業〕として眼鏡を支給することになっている。

（昭二四・一一・一一　基災発第三一三号）

〈スポンジ円座及びベッドは療養補償の対象となるか〉

問　第十二胸椎圧迫骨折兼脊髄完全離断のため労災保険により療養を受け、先般打切補償費を支給され現在はけい肺等特別保護法により療養を継続中の労働者から、労災保険による療養中に購入した左記の器具について療養補償費として支給方請求がありましたが、本器具は恒久的に使用するもので、必ずしも療養のためにのみ使用するものでないので、之を支給することについて疑義がありますので至急何分の御回示を得たく稟伺致します。

記

一　スポンジ円座
二　スポンジ・ベッド

答　本件は、療養補償の範囲とは認め難い。

（昭三一・一二・三　基収第七五八〇号）

〈眼科診療における特定治療材料の取扱いについて〉

標記について、今般、ソフトコンタクトレンズ及び人工水晶体を特定治療材料として下記により療養補償給付の範囲に含めて取扱うこととしたので了知されたい。

記

一　給付（支給）対象

(1)　ソフトコンタクトレンズ

外傷性角膜損傷（潰瘍、乾燥症、水泡性角膜症等）、外傷性緑内障及び眼部の熱傷又は薬傷の治療において、薬液を含ませて使用する度を有しないソフトコンタクトレンズとし、視力の屈折矯正のために使用するソフトコンタクトレンズは含まないものとする。

(2)　人工水晶体

外傷性白内障手術に際して移植する人工水晶体とする。

二　給付（支給）額

都道府県における購入価格を一〇円で除して得た額を点数とし、これに診療単価を乗じた額とする。

（昭五一・二・二三　補償課長事務連絡第七二号）

〈労災診療における特定治療材料（装着式収尿器）の取扱いについて〉

標記については、従来、脊髄損傷者であって尿失禁を伴う者に限り、労働福祉事業として支給してきたところであるが、労災患者の中には脊髄損傷者以外にも尿路傷害を伴うものが少なくないので、これらの者の症状の特殊性にかんがみ、今後、下記によりこれを療養（補償）給付の範囲に含めて取り扱うこととしたので、これが事務処理に遺漏のないよう配意されたい。

記

一　給付の対象

業務災害及び通勤災害による負傷、疾病により尿路障害を伴うこととなった者であって現に療養中のものに診療担当医の指示、指導のもとに支給する装着式収尿器とする。

二　給付の価格

都道府県における購入価格を一〇円で除して得た額を点数とし、これに診療単価を乗じた額とする。

なお、自費購入者については、療養の費用請求書により請求させ、本人が購入した実費を支払うものとする。

三　実施時期

本通達は、昭和五二年四月一日から実施する。

（昭五二・四・二〇　補償課長事務連絡第一七号）

〈フローテーションパッドの取扱いについて〉

長期間病床で療養を強いられる重度の傷病労働者のなかには、床と接する負体の一部が圧迫を受けることによる血液循環の悪化等に伴い褥瘡を併発するものが多く認められる。この褥瘡予防については、体位の変換、体の清拭等適切な看護が行われることが肝要であることはいうまでもないが、最近、液泡ゲルや高分子人工脂肪を主材とした医療器具で病床に敷くことによって患者の体圧を分散させ圧迫をできるだけ少なくさせるもの（以下「フローテーションパッド」という。）が開発され、褥瘡の予防と治療に効果が認められている。

そこで、労災保険では、これらの重度の傷病労働者の症状の特殊性にかんがみ、これらの者が療養上必要とするフローテーションパッドを自今、下記により「療養の給付」の対象とし、その費用を支給することとしたので、了知されたい。

記

一　支給対象者は、次の要件を満たす者とする。

イ　自力による体位変換が不可能もしくは困難な状態が長期間（少なくとも三カ月以上）にわたると見込まれる傷病労働者（たとえば、せき髄損傷、脳損傷、じん肺による高度の呼吸機能障害者等）であって、現に褥瘡の発生をみ、又は褥瘡の発生のおそれがあると認められるもの

ロ　上記イに該当する者のうち、診療担当医が療養上フローテーションパッドの必要を認めたものであること。

二　支給するフローテーションパッドは一人につき一枚とし、最高価格は表に定める範囲内のものを限度とする。ただし、既に支給されたフローテーションパッドが使用不能の状態に至ったと診療担当医が認めた場合に限り、再支給することができることとする。

基本構造	価格
不水溶性泡水プラスチックゲルを主とする多層構造のもの	一九、〇〇〇円
ポリマーゲル（高分子人工脂肪）又は液泡ゲル	四九、五〇〇円

三　請求手続きは、療養の費用払いとし、傷病労働者から「療養（補償）給付たる療養の費用請求書」（様式第七号(1)又は様式第一六号の五(1)）に領収書を添付して請求させることとする。

四　本取扱いは、昭和五五年三月一日以降の購入分について実施することとする。

（昭五五・三・一　基発第九八号）

〈通院療養中の傷病労働者の皮膚瘻等に係る滅菌ガーゼの取扱いについて〉

せき髄損傷等による重度の障害者については、入院療養から通院療養に移行した後でも、尿路変更による皮膚瘻の形成、尿路へのカテーテルの留置等

その傷病の特異性から長期にわたり、かつ頻繁にその創部等に対する滅菌ガーゼ（絆創膏を含む。以下単に「ガーゼ」という。）の交換を必要とするものが多くみられる。

このような衛生材料については、健康保険における取扱いにおいて患者に数日分まとめて処方・投与することが認められていないため、労災保険における取扱いもこれに準じてきたところであるが、このような重度の傷病労働者がたんにガーゼ交換のために通院することには種々の困難が伴うこと。また、会社復帰という面からも、これらの創部等に対する簡単な処置については、傷病労働者自身による自己管理がある程度必要とされること等の事情が認められるところから、今、自宅療養用のガーゼを下記により、「療養の給付」の対象として取扱うこととしたので、了知されたい。

なお、傷病労働者の創部等の症状の程度によっては、医師による適切な処置が必要とする場合も少なくないので、医療機関に対しては本取扱いの趣旨の徹底を図り、濫給に流れることのないよう配慮されたい。

記

一　投与対象者は、通院療養者であって、次の要件を満たすものであること。

(1)　せき髄損傷等による重度の障害者のうち、尿路変更による皮膚瘻を形成しているもの、又は、尿路へカテーテルを留置しているもの若しくはこれらに類する創部を有するものであること（なお、褥瘡については、ごく小さな範囲のものに限る。）。

(2)　自宅等で頻繁にガーゼの交換を必要とするため、診療担当医が投与の必要を認めたものであること。

二　投与方法

(1)　診療担当医から直接処方・投与を受けたガーゼに限るものであること。したがって、たとえ診療担当医の指示によるものであっても、薬局等から市販のガーゼを傷病労働者が自ら購入するものは、支給の対象としないこと。

(2)　一回当たりの対象投与期間は、概ね七日間とすること。

三　請求手続等

(1)　請求手続は、労災病院又は労災指定医療機関である場合には診療費請求書により直接請求させることとし、非指定医療機関については、傷病労働者から療養の費用請求書（様式第七号(1)又は様式第一六号の五(1)）により請求させること。

(2)　算定方法は、医療機関の購入価格を一〇円で除して得た点数に労災診療単価を乗じた額とすること。

(3)　診療費請求内訳書及び療養の費用請求書裏面の内訳欄の記載要領については、㊵「処置料（甲表において は「処置及び手術・麻酔」）」の欄に記入させることとし表記方法は

滅菌ガーゼ　cm × cm × 枚　点(@　円)
絆創膏名　cm × cm × 巻　点(@　円)
(尿路へカテーテル留置（例）対象投与期間　日間)

とすること。

四　本取扱いは、昭和五五年三月一日以降の診療分について実施することとする。

（昭五五・三・一　基発第九九号）

C　付添看護

〈労災保険における看護料算定基準について〉

労災保険における看護料については、昭和四九年四月二六日付け基発第二二三号により算定してきたところであるが、昭和六二年三月一二日付け基発第一三一号により労災保険における看護の給付の取扱いを改めたこと、健康保険における看護の給付の取扱い及び看護料の算定基準が改正されたこと、関係団体等が示す看護料と労災保険における看護料にかい離が生じ、当該団体等との看護料に関する協定の締結が困難となっていること等に鑑み、今般、労災保険における看護料の算定基準を下記のとおり改め、昭和六二年四月一日以降の看護に係るものから適用することとしたので、これが趣旨を十分理解のうえ、関係看護団体等との看護料に関する協定の締結に努めるとともに、その運用に遺漏のないよう配慮されたい。

記

一　支給基準について

(1)　各都道府県労働局における看護料の支給にあたっては、別表に定める「算定基準」に基づいて各都道府県労働局長と管内関係者看護団体等と協定を締結のうえ支給するものとする。なお、親族又は友人による看護に対する看護料は、別表の(4)によること。

(2)　看護料の地域区分については、看護が行われた医療機関の所在地が該当する地域区分によるものとする。また、地域区分の地域は、一般職の職員の給与に関する法律（昭和二五年法律第九五号）第一一条の三に基づき人事院規則九—四九（地域手当）に定める支給地域及び当該地域に準じる地域（平成二四年三月五日付け保医発〇三〇五第二号「基本診療料の施設基準等及びその届出に関する手続きの取扱いについて」の別添三第八の別紙の人事院規則で定める地域に準じる地域）の区分とする。

二　割増加算について

看護料の加算については、特別労災付添看護について認めるものとし、その取扱いは次によるものとする。

(1)　泊り込み看護の場合は、看護料の四七％とすること。

(2)　せき髄損傷、じん肺症及び頭部外

傷の患者に対する看護の場合は、看護料の一〇％増とすること。

(3)　親族又は友人による看護については、看護料の加算は認められないこと。

別表

労災保険における看護料算定基準（平成一八年四月一日）

特別労災付添看護

(1)　看護師による看護料（傷病労働者一日一人当たりの看護料）

地域区分	一人付看護	二人付看護	三人付看護
一級地から五級地	二、五四〇円	五、七七〇円	四、六五〇円
六級地	一〇、九一〇円	五、四六〇円	四、四三〇円
その他の地域	一〇、六〇〇円	五、三〇〇円	四、三〇〇円

(2)　准看護師による看護料（傷病労働者一日一人当たりの看護料）

地域区分	一人付看護	二人付看護	三人付看護
一級地から五級地	九、八二〇円	五、四三〇円	四、六五〇円
六級地	九、二七〇円	五、一七〇円	四、四三〇円
その他の地域	九、〇〇〇円	五、〇一〇円	四、三〇〇円

(3)　看護補助者による看護料（傷病労働者一日一人当たりの看護料）

地域区分	一人付看護	二人付看護	三人付看護
一級地から五級地	八、六五〇円	五、四三〇円	四、六五〇円
六級地	八、一八〇円	五、一七〇円	四、四三〇円
その他の地域	七、九五〇円	五、〇一〇円	四、三〇〇円

(注)　上記(1)、(2)及び(3)において、看護担当者が傷病労働者四人以上を看護した場合の看護担当者一日一人当たりの看護料は、三人付添看護に係る傷病労働者一日一人当たりの看護料に三を乗じた額を限度とする。

(4)　親族又は友人による看護

地域区分	看護料
一級地から五級地	三、九三〇円
六級地	三、七三〇円
その他の地域	三、六二〇円

（昭六二・三・一二　基発第一三二号、昭六三・五・一二　基発第三一六号、平元・四・二八　基発第二一八号、平三・五・一〇　基発第三二〇号、平四・五・二二　基発第三〇八号、平五・八・五　基発第五〇三号、平六・一二・九　基発第七三二号、平一八・一二・二一　基発第一二二一〇〇六号、平二〇・三・三一　基発第〇三三一〇三四号、平二二・三・三一　基発〇三三一第一一号、平二四・三・三〇　基発〇三三〇第二一号）

〈労災保険における看護の給付の取扱いについて〉

標記については、昭和四九年四月二六日付け基発第二二三号等により実施してきたところであるが、先般、健康保険において看護の給付の取扱いが改正されたこと、また、医療機関における看護の実態等から、労災保険における看護の給付の取扱いを下記のとおり改め、昭和六二年四月一日以降の看護に係るものから適用することとしたので、その運用に遺憾のないよう配意し、併せて傷病労働者及び関係看護団体等への周知徹底を期されたい。

なお、別表に掲げる通達等は、昭和六二年三月三一日をもって廃止する。

記

第一　看護の保険給付

本通達でいう「看護」とは、傷病労働者が医療機関において入院療養を受ける際に、当該医療機関の看護を担当する者（以下「院内看護担当者」という。）による看護以外に、その病状等から判断して医師が治療上必要と認め、看護を担当する者（以下「看護担当者」という。）を外部から求める場合の看護をいう。

なお、看護の保険給付の対象となるのは、傷病労働者の病状等から判断し、療養上必要とされる期間中に行われるものに限られているのであり、また、単に傷病労働者の不自由又は不便等を補うために行われるものは保険給付の対象とはならない。

第二　看護の保険給付の基準等

一　看護の保険給付の基準について

保険給付の対象となる特別労災付添看護は、次の(1)及び(4)の要件を満たす医療機関において入院療養中の傷病労働者が、(2)の支給要件に該当し、かつ、(3)の看護形態等による看護を受けた場合の看護とする。

(1)　対象医療機関

対象となる医療機関（以下「特別労災付添看護病院等」という。）は、入院基本料の届出をした医療機関とする。

(2)　支給要件

特別労災付添看護は、次のイ〜ニのいずれかに該当するものであって、神経系統、精神又は胸腹部臓器の傷病により療養しており、その症状の程度が傷病等級第一級の一又は二に相当する者に支給する。

イ　傷病労働者の病状が重篤であって、絶対安静を必要とし、医師又は看護師が常時監視を要し、随時適切な処置を講ずる必要がある場合

ロ　傷病労働者の病状は必ずしも重篤ではないが、手術等により比較的長期間にわたり医師又は看護師が常時監視を要し、随時適切な処置を講ずる必要がある場合

ハ　傷病労働者の病状から判断し、常態として体位変換又は床上起座が禁止されているか、又は不可能な場合

ニ　傷病労働者の病状から判断し、食事・用便とも弁じ得ないため常態として介助が必要である場合

(3)　看護形態

イ　看護担当者数については、上記(2)の支給要件に該当する傷病労働者（以下「対象傷病労働者」という。）

二人につき看護担当者一人の割合（傷病労働者数を二で除した場合に生じた端数については切り上げるものとする。ただし、健康保険における入院基本料の看護配置が七対一、一〇対一又は一三対一の病院においてはこれを切り捨てるものとする。）で認めることができるものとする。

なお、対象傷病労働者が親族、友人による看護を受ける場合は、当該傷病労働者を除いた対象傷病労働者二人につき看護担当者一人の割合（対象傷病労働者数を二で除した数に端数が生じた場合はこれを切り上げるものとする。）で認めるものとする。

ロ　看護形態については、傷病労働者の症状に応じ医師の判断によるものとする。

(4)　入院患者数

特別労災付添看護病院等は、対象傷病労働者を常時二人以上収容していること。

この場合において、「常時二人以上収容する」とは、当該医療機関において対象傷病労働者を月間の実数で二人以上収容していることを常態とするものであること。したがって、対象傷病労働者が月間の実数で二人未満となった場合には、当該月以降は当該特別労災付添看護病院等に入院療養する対象傷病労働者には特別労災付添看護は認められない。

ただし、従来から特別労災付添看護を認めていた対象傷病労働者については、当該月以降一年間に限り、引き続き特別労災付添看護を認めて差し支えないものとするが、二人未満となって一年を経過したときは、当該対象傷病労働者についても特別労災付添看護は認められなくなるものであり、この旨を対象傷病労働者、特別労災付添看護病院等に十分説明し、その周知を図ること。

二　看護担当者について

(1)　看護担当者は、保健師助産師看護師法（昭和二三年法律第二〇三号）に基づく保健師、助産師、看護師又は准看護師のいずれかの免許を有する者（以下「看護資格者」という。）とする。

ただし、看護資格者を求めることができないと認められる場合において、看護資格者以外の者（以下「看護補助者」という。）が当該医療機関の主治医又は看護師の指揮を受けて看護の補助を行うときには、当該看護補助者を看護資格者に準じて取り扱うものとする。

(2)　傷病労働者と親族又は友人関係にある者によって当該傷病労働者が受けた看護は、保険給付の対象として認められないが、緊急その他やむを得ない事由により前記(1)の一般の看護担当者を求めることができない場合に限り、これらの者による看護についても保険給付の対象とする。ただし、この看護は看護担当者一人が傷病労働者一人を担当する看護（一人付看護）の場合についてのみ認めるものとする。

三　看護費用の範囲について

(1)　看護に係る費用のうち保険給付の対象となるのは、看護料、受付手数料、紹介手数料、第二種特別加入保険料に充てるべき手数料及び次の(4)で定める看護担当者の往復旅費とする。

(2)　看護料には、看護担当者の食事料、寝具料等看護に必要な一切の費用を含むものとする。

(3)　受付手数料、紹介手数料及び第二種特別加入保険料に充てるべき手数料は、傷病労働者が有料職業紹介機関を通じて看護担当者を求めるために当該手数料を負担した場合に限り支給するものとし、その額は職業安定法施行規則第二〇条の別表に定める額の範囲内において実際に負担した額とする。

(4)　看護担当者は、傷病労働者が入院している医療機関に近い地域において求めるのが原則であるが、やむを得ない事由により当該医療機関より片道、鉄道一〇〇キロメートル、水路五〇キロメートル又は陸路二五キロメートルを超える地域において看護担当者を求めた場合で、かつ、看護担当者の旅費を傷病労働者が負担した場合に限り、看護担当者の旅費としてその雇入れ期間を通じ一往復の実費（最も経済的な通常の経路及び方法によること。）を支給するものとする。

ただし、看護担当者が傷病労働者の親族又は友人であるときは、旅費は支給しない。

四　看護料の支給について

看護料は、昭和六二年三月一二日付け基発第一三二号の「労災保険における看護料算定基準」（以下「看護料算定基準」という。）に基づいて支給するものとする。

五　看護料の請求手続きについて

(1)　請求手続は、傷病労働者の所属する事業場の所在地を管轄する労働基準監督署長に「療養（補償）給付たる療養の費用請求書」（様式第七号(1)又は第一六号の五(1)）により請求させること。

なお、当該請求書には「看護費用の額の証明書」（別紙様式一）を添付させること。

また、「看護費用の額の証明書」の右上余白には「特別」と表示させること。

(2)　特別労災付添看護病院等が労働者災害補償保険法施行規則第一一条第一項の医療機関であって、対象傷病労働者に代わって当該病院の長がその看護料を立替払いした場合には、特に診療費と合わせ「診療費請求内訳書」により請求することができるものとし、その記入方法は、当該内訳書右片の「(80)その他」欄に「特別労災付添看護料」と表示し、その金額を記載させること。

なお、この場合、当該内訳書には

「特別労災付添看護費用明細書」（別紙様式二）を添付させること。

六　誓約書について

入院療養する傷病労働者の看護に当たることとなる外部からの看護担当者であっても、当該医療機関の主治医又は看護師の指揮の下に看護を行うものであるため、当該医療機関の長は当該看護担当者から主治医又は看護師の指揮に服する旨の誓約書（別紙参考）を徴しておくよう関係者を指導すること。

第三　経過措置

平成一八年三月三一日において、この通達による改正前の昭和六二年三月一二日付け基発第一三一号（以下「旧通達」という。）の記の第二の労災付添看護を受けており、引き続き看護が必要な傷病労働者については、この通達の支給基準等にかかわらず、旧通達の記の第二の基準により保険給付を支給することとする。

また、この場合、看護料については、平成一八年三月三一日における看護料算定基準の労災付添看護に基づいて支給するものとする。

第四　その他

本通達の取扱いにより難い事案については、本省に協議されたいこと。

（昭六二・三・一二　基発第一三一号、平六・一一・三〇　基発第七一五号、平一三・一二・二六　基発第九九八号、平一八・一二・二一　基発第一二二一〇〇三号）

D　訪問看護

〈健康保険法等の一部を改正する法律の施行に伴う療養補償給付に関する規定等の整備について〉

第一二九回通常国会において成立した健康保険法等の一部を改正する法律（平成六年法律第五六号。以下「改正法」という。）が六月二九日に公布され、一〇月一日から施行されることとなったところである。この改正により、健康保険法（大正一一年法律第七〇号）の療養の給付に関する規定の見直しが行われ、在宅医療の位置付けの明確化が図られたことに伴い、医療給付関係各法についても同様の改正が行われることとなり、その一つとして位置付けられる労働者災害補償保険法（昭和二二年法律第五〇号。以下「労災保険法」という。）については、改正法附則において労災保険法第一三条第二項の療養の給付の範囲に関する規定の一部改正が行われたところである（改正法附則第四二条）。

また、これと併せて、①労働基準法（昭和二二年法律第四九号）第七五条に規定する療養補償に係る療養の範囲についても労災保険法と同様の改正を行うこととすること、②改正法により健康保険法その他の医療給付関係各法において訪問看護事業が制度化されたことに伴い、労災保険法による療養の給付においても訪問看護事業を制度化することとすること等を内容とする労働基準法施行規則及び労働者災害補償保険法施行規則の一部を改正する省令（平成六年労働省令第四一号。以下「改正省令」という。）並びに訪問看護事業が制度化されることに伴う労働者災害補償保険法の施行に関する事務に使用する文書の様式を定める告示の一部を改正する告示（平成六年労働省告示第九五号。以下「改正告示」という。）が平成六年九月二八日に公布され、一〇月一日から施行されることとなったところである。

ついては、これらの改正に伴う訪問看護の具体的取扱いについて定める平成六年九月三〇日付け基発第六一〇号「労災保険における訪問看護の取扱いについて」と併せて下記の事項に留意の上、事務処理に遺漏なきを期されたい。

記

1　労災保険法の一部改正

労災保険法第一三条の改正により、健康保険法の改正に準じて字句修正が行われたところであるが、法令上の療養（補償）給付の範囲についての変更はないものである。

すなわち、従来、在宅医療については、労災保険法第一三条第二項第一号乃至第三号及び第五号として療養の給付に含まれるものと解されてきており、今般の改正は、これを給付する根拠を積極的に明示するための規定の整備が行われたに過ぎないものである。

改正法による改正後の労災保険法（以下「新労災保険法」という。）第一三条第二項第四号における「居宅における療養上の管理」とは、在宅患者に対する医師の医学的管理を意味し、「入院」の解釈に含まれる入院患者に対する医学的管理と対比されるものである。また、「居宅における療養に伴う世話その他の看護」とは、在宅患者に係る訪問看護を意味するものである。さらに、同項第五号における「入院の療養に伴う世話その他の看護」とは、入院患者に対する看護を意味し、医療機関の看護婦等が看護を行う場合のほか、患者に医療機関の従事者以外の看護人を付き添わせて行う看護も含まれるものである。

以上により、今後の法令上の整理としては、外来医療は新労災保険法第一三条第二項第一号乃至第三号（診察、治療等）として、また、在宅医療は同項第一号乃至第三号（診察、治療等）及び「居宅における療養上の管理及びその療養に伴う世話その他の看護」として、さらに、入院医療は第一号乃至第三号（診療、治療等）及び「入院及びその療養の世話その他の看護」として、それぞれ療養（補償）給付が行われることとなる。

2　労働基準法施行規則の一部改正

〈略〉

3　労働者災害補償保険法施行規則の一部改正

労働者災害補償保険法施行規則第一一条第一項の改正により、従来の都道府県労働基準局長の指定する病院等に加え、訪問看護事業者においても療養（補償）給付たる療養の給付を行うこととされたところである。

すなわち、改正法による改正後の健康保険法第四四条ノ四等において、居宅において継続して療養を受ける状態にある者のうち一定のものが指定訪問看護事業者による訪問看護を受けたときは、訪問看護療養費が支給される（保険者が訪問看護療養費を指定訪問看護事業者に支払うことによって当該訪問看護を受けた者に支給したものとして取り扱われる。）こととされたことに伴い、労災保険制度においても被災労働者の経済的な負担等の軽減を図る必要があるとの観点から、改正省令による改正後の労働者災害補償保険法施行規則（以下「新労災則」という。）第一一条第一項の規定により、都道府県労働基準局長が指定する訪問看護事業者（以下「労災保険指定訪問看護事業者」という。）による訪問看護を療養の給付として現物で給付できることとされたものである。

また、新労災則第一一条第二項の規定に基づき、都道府県労働基準局長は、訪問看護事業者の指定をし、又はその指定を取り消すときは、訪問看護事業者の名称及び所在地を公告しなければならないこととされたところである。さらに、労災保険指定訪問看護事業者は、同条第三項の規定に基づき、改正省令により新たに規定された様式第四号の標札を見易い場所に掲げなければならないこととされたところである。

なお、労災保険指定訪問看護事業者以外の訪問看護事業者（以下「非指定訪問看護事業者」という。）に係る療養（補償）給付たる療養の費用の請求については、新労災則第一二条の二第二項（第一八条の六第二項で準用する場合を含む。）の規定に基づき、訪問看護の内容等について訪問看護を担当した者の証明を受けなければならないこととされたところである。

4　労働者災害補償保険法の施行に関する事務に使用する文書の様式を定める告示の一部改正

労災保険指定訪問看護事業者において療養（補償）給付たる療養の給付を行うこととされたことに伴い、療養（補償）給付たる療養の給付請求書の様式を定める上記告示様式第五号及び第一六号の三において、当該請求書の経由機関の欄に訪問看護事業者が追加されたところである。これに合わせて、療養（補償）給付たる療養の給付を受ける指定病院等（変更）届の様式を定める上記告示様式第六号及び第一六号の四についても同様の改正が行われたところである。

また、非指定訪問看護事業者に係る療養（補償）給付たる療養の費用の請求書の様式として、改正告示により新たに様式第七号(5)及び第一六号の五(5)が追加されたところである。

（平六・九・三〇　基発第六〇九号）

〈労災保険における訪問看護の取扱いについて〉

労災保険における訪問看護事業の制度化については、平成六年九月三〇日付け基発第六〇九号「健康保険法等の一部を改正をする法律の施行に伴う療養補償給付に関する規定等の整備について」により通知したところであるが、具体的には、平成六年一〇月一日より下記のとおり実施することとしたので、遺漏なきを期されたい。

記

第一　訪問看護事業者の指定等について

労災保険における訪問看護事業者の指定に当たっては、健康保険法又は老人保健法の規定により指定訪問看護事業者に指定されている者（以下「健保指定訪問看護事業者」という。）を対象とし、以下により訪問看護を行う事業所の所在地を管轄する都道府県労働基準局長（以下「所轄労働基準局長」という。）がこれを行う。

1　労災保険において指定を受けようとする健保指定訪問看護事業者は、訪様式第一号「労災保険指定訪問看護事業者指定申請書」に、健康保険法又は老人保健法に係る指定通知書の写しを添えて、所轄労働基準局長に提出する。

2　申請書を受理した所轄労働基準局長は、別添「労災保険指定訪問看護事業者療養担当契約事項」（以下「契約事項」という。）に基づき指定の適否を審査し、指定することを決定したときは訪様式第二号「労災保険指定訪問看護事業者指定通知書」を、指定しないことに決定したときは訪様式第三号「労災保険訪問看護非指定通知書」を、それぞれ交付する。

3　所轄労働基準局長が、契約事項に基づき労災保険における指定訪問看護事業者（以下「労災指定訪問看護事業者」という。）の指定を取り消そうとするときは、訪様式第四号「労災保険指定訪問看護事業者取消通知書」を交付する。

4　労災指定訪問看護事業者の指定後において、指定内容と異なった事情が生じた場合には、労災指定訪問看護事業者は遅滞なく、訪様式第五号「労災保険指定訪問看護事業者変更届」を所轄労働基準局長に提出する。

5　労災指定訪問看護事業者が事業を

廃止若しくは休止した場合には、訪様式第六号「労災保険指定訪問看護事業者廃止・休止届」を所轄労働基準局長に提出する。

6　労災保険訪問看護事業者が事業を再開しようとするときは、訪様式第七号「労災保険指定訪問看護事業者再開届」を所轄労働基準局長に提出する。

7　所轄労働基準局長は、労災指定訪問看護事業者を指定し又はその指定を取り消すときは、その訪問看護事業者の名称及び所在地を公告する。

第二　訪問看護の対象者について

訪問看護の対象となる者は、業務上の事由又は通勤による傷病により療養中のものであって、重度のせき髄・頸髄損傷患者及びじん肺患者等、病状が安定又はこれに準ずる状態にあり、かつ、居宅において保健婦、保健士、看護婦、看護士、准看護婦、准看護士、理学療法士及び作業療法士（以下「看護婦等」という。）が行う療養上の世話及び必要な診療の補助を要する者であること。

第三　訪問看護費用の算定について

訪問看護に要した費用については、健康保険における訪問看護療養費に係る指定訪問看護の費用の額の算定方法の別表「指定訪問看護の費用額算定表」〈略〉により算定した額とする。

また、その他の費用の取扱いについては、健康保険の定めるところによることとする。

第四　訪問看護費用の支払等について

労災指定訪問看護事業者に対する訪問看護費用については、労災指定訪問看護事業者が指定した口座に支払うこと。

また、健保指定訪問看護事業者で、労災保険の指定を受けていない訪問看護事業者により訪問看護を受けた場合には告示様式第七号⑸又は告示様式第一六号の五⑸「療養（補償）給付たる療養の費用請求書」により傷病労働者から請求させ、これを支払うこと。

なお、費用の支払については、傷病労働者の所属事業場を管轄する労働基準監督署長が行うこと。

第五　その他

本通達により、特に様式を定めているもの以外は、健康保険に定める様式を使用すること（訪問看護の情報提供書、訪問看護計画書、訪問看護報告書等）。

（平六・九・三〇　基発第六一〇号）

E　移　送

〈**移送の取扱いについて**〉

労災保険法第一三条第一項第六号に掲げる標記については、従来その取扱いが各局まちまちになっているものが少くない実情にかんがみ、今般、従前の通達等を総合的に検討して左記のとおり取扱うこととしたので、自今この通達によって運用されたい。

なお、柔道整復師等にかかわる移送の取扱いについても、これに準ずるものであるから念のために申し添える。

おって、従前の通達のうち、別表に掲げる通達以外の通達は廃止する。

記

一　移送の範囲

(1)　災害現場等から医療機関への移送

災害現場から医療機関への傷病労働者の移送及び療養中の傷病労働者に入院の必要が生じ、自宅等から医療機関に収容するための移送

(2)　転医等に伴う移送

イ　労働基準監督署長の勧告による転医（転地療養又は帰郷療養を含む。以下同じ。）又は、傷病労働者の診療を行っている医師の指示による転医又は対診のための移送

ロ　傷病労働者の診療を行っている医師の指示による退院に必要な移送

(3)　通院

イ　傷病労働者の住居地又は勤務地と同一の市町村（特別区を含む。以下同じ。）内に存在する当該傷病の診療に適した労災病院又は労災指定医療機関（以下「労災指定医療機関等」という。）への通院（傷病労働者の住居地又は勤務地から片道二キロメートル以上の通院に限る。）。

ロ　傷病労働者の住居地若しくは勤務地と同一の市町村内に当該傷病の診療に適した労災指定医療機関等が存在しない場合、又は交通事情等の状況から傷病労働者の住居地若しくは勤務地と同一の市町村に隣接する市町村内の当該傷病の診療に適した労災指定医療機関等への通院の方が利便性が高いと認められる場合における傷病労働者の住居地若しくは勤務地と同一の市町村に隣接する市町村内にある当該傷病の診療に適した労災指定医療機関等への通院（傷病労働者の住居地又は勤務地から片道二キロメートル以上の通院に限る。）。

ハ　傷病労働者の住居地又は勤務地と同一の市町村内及び傷病労働者の住居地又は勤務地と同一の市町村に隣接する市町村内に当該傷病の診療に適した労災指定医療機関等が存在しない場合における最寄りの当該傷病の診療に適した労災指定医療機関等への通院（傷病労働者の住居地又は勤務地から片道二キロメートル以上の通院に限る。）。

ニ　傷病労働者の住居地又は勤務地から片道二キロメートル未満の通院であっても、傷病労働者の傷病の症状の状態からみて、交通機関を利用しなければ通院することが著しく困難であると認められる場合における当該傷病の診療に適した労災指定医療機関等への通院。

ホ　労働基準監督署長が診療を受けることを勧告した労災指定医療機関等への通院。

二　費用の範囲

移送費として支給する費用は、当

該労働者の傷病の状況等からみて、一般に必要と認められるもので、傷病労働者が現実に支出する費用とすること。

なお、傷病労働者の移送に従事する者の日当は次により算定すること。

(1) 附添看護人の日当は、当該地域において一般に看護人の日当として支払われている料金を基準として計算した額を限度とすること。

(2) 傷病労働者と同一事業所に勤務する労働者が移送に従事した場合の日当は、当該労働者の通常の労働日の賃金を基準として計算した額を限度とすること。

(3) 傷病労働者の配偶者及び二親等内の血族が移送に従事する場合には、当該親族にかかわる費用のうち、日当は支給しないこと。

三　費用の請求

(1) 労災保険法施行規則第九条〔現行＝第一二条の二〕第三項の移送に要した費用の額を証明する書類は、原則として領収書によること。

なお、国鉄又はバス運賃等で療養補償費請求書「⑪療養の内容」欄の診療実日数によって、その費用を算定できるものについては、前記の書類の添付を必要としないこと。

(2) 傷病労働者の診療を行っている医師の指示による転医又は対診の場合には療養補償費請求書「⑩傷病の経過の概要」欄にその指示を行った旨の記載を受けるように指導すること。

別表

年月日	番号	要旨
二四・七・二三	基収第三三〇三号	火葬料及び遺骨移送に要する費用は療養補償費の範囲に属しない。死体移送費は、療養の範囲である移送費としては認められない。
二七・一〇・二八	基発第七四七号	診療を目的とした搬送の途中死亡した場合の搬送費は死亡に至るまでに要した費用を移送費として支給する。
三〇・七・一三	基災収第八四一号	労災病院の患者輸送車（救急車）による移送のための費用は支給する。
三一・四・二七	基収第一〇五八号	病院の自家用車を使用した場合は労災病院の取扱いにする。
三一・九・三	基収第一〇五八号	

（昭三七・九・一八　基発第九五一号、昭四八・二・一　基発第四八号、平二〇・一〇・三〇　基発第一〇三〇〇〇一号）

〈移送費の取扱い〉

移送費の取扱いについては、昭和三七年九月一八日付け基発第九五一号（以下「基準通達」という。）及び昭和四八年二月一日付け基発第四八号により実施してきたところであるが、近年、一般日常生活における交通手段として自家用自動車がとみに普及してきている実態等にかんがみ、今般、自家用自動車の使用による傷病労働者の移送について、下記のとおり取扱うこととしたので、その運用については遺憾のないよう配慮されたい。

記

労災保険における傷病労働者の移送（通院を含む。以下同じ。）が、自家用自動車を使用して行われた場合に要した費用については、次に定めるところにより支給することとする。

一　支給対象

基準通達の記の1の各号に掲げる移送が、自家用自動車を使用して行われた場合であって当該移送に要した費用を負担する傷病労働者とする。

ただし、傷病労働者の所属する事業場の所有する車輛を使用して行われた移送であることが明らかな場合は、本取扱いによる支給対象から除外することとする。

二　支給額

移送費として支給する費用は、当該傷病労働者の移送に要したと認められる距離（その距離に一キロメートル未満の端数が生じた場合には、切り上げること。）に応じて、走行一キロメートルにつき円で算定した額とする。

三　路程

路程の算定は、当該地域の地理的条件にてらしてみても最も合理的と認められる経路及びキロ数による。

四　費用の請求

費用の請求は、「療養（補償）給付たる療養の費用請求書（様式第七号又は第一六号の五）」により、所轄労働基準監督署へ請求させることとする。

（昭五三・七・六　基発第三八六号）

〈死体移送費〉

死体移送費は、療養の範囲である移送費としては認められない。

（昭二七・一〇・二八　基発第七四七号）

〈診療を目的とした搬送の途中被災者が死亡した場合の搬送の費用〉

問　標記については、昭和二三年一〇月二五日付基発第一三八号その他の解説書により承知致しておりますが、災害現場において医師の診察を受けず、被災者を医療機関への搬送の途中該被災者が死亡した場合の、該被災者が死亡に至る迄に要した搬送の費用を「移送」に要した費用として支給して宜しいか、聯か疑義がありますのでお伺い致します。追って、工場法、労働者災害扶助法時代においては、被災現場において医師の診察を受けず、被災者を医師の下に搬送するものの如きは法の所謂医療の範囲に含まず、事業主として当然なすべき道義上の責任であるとして、同責任保険においてもこれを支給せず、被災現場で一旦医師の診察を受けたる後、治療上の必要によりこれを医療機関に搬送した場合に限りこれが費用を移送費として支給しておりましたので聯か疑義がある。

答　本件のごとく、被災労働者が死亡に至る迄に要した搬送の費用は、療養のためのものと認められるので、移送費として支給すべきである。

（昭三〇・七・一三　基収第八四一号）

〈遠隔地における火葬及び遺骨移送に要する費用〉

問　労働者が遠隔地において業務災害により死亡した場合火葬に附し自宅に移送することとなるが、この場合火葬に要したる費用及び移送に必要な費用（附添人に対する汽車賃、宿泊料等）は医療費の範囲の移送費として認むべきか又は葬祭料に包含せらるべきか。

（昭二二・一二・二六附基発第五七号の取扱いは承知済）

答　労働者が遠隔地において死亡した場合の火葬料及び遺骨を移送するに必要な費用は療養補償費の範囲には属さない。

（昭二四・七・二三　基収第二三〇三号）

〈労災病院に対する移送費の支給について〉

問　標記のことについて、当局管内T労災病院より別添写のとおり「患者輸送車の使用料金（移送費）について」照会がありましたので、左記により取扱うことと致したいのでありますが何分のご指示を賜りたくりん伺します。

一　移送費の支給対象

次の条件に該当する場合に、支給の対象とするものとする。

㈠　業務上の災害発生直後、重症患者を災害現場から労災病院に労災病院備付の患者救急車（以下救急車という。）をもって収容する場合。

㈡　監督署長の承認の下に特に労災病院に転医のため救急車をもって収容する場合。

二　移送距離の範囲

㈠　原則として愛知、静岡、岐阜及び三重の各労働基準局管内で宿泊を要しない範囲内の距離に限るものとする。但し、名古屋市内にはこれを支給しないものとする。

三　移送費支給の範囲

㈠　移送費用の支給範囲は当該患者を労災病院に移送する間に要したガソリン代の実費額によるものとする。

㈡　ガソリン代の実費額の算定基準は山間僻地を問わず陸路（国家公務員等の旅費支給規程（昭和二五・五・一大蔵省令第四五号）第五条第三項による陸路計算方法による。）一粁につき〇・三立を消費したものとして換算し支給するものとする。

㈢　ガソリン代は時価により計算するものとする。但し当分の間は一立四〇円の割合で算出するものとする。

四　請求の方法

別途定める様式を診療費請求書（内訳書）に添付請求するものとする。

答一　移送費を支給する移送の範囲は、次による。

(一)　業務災害の発生直後、救急患者を災害現場から労災病院に移送する場合。

(二)　所轄労働基準監督署長の承認を受けて、転医する労災患者を労災病院に移送する場合。

二　移送費の算出方法は次による。

(一)　移送費の額は、患者の乗車地から労災病院までの粁数に一粁当たり三五円を乗じて得た額とする。

(二)　粁数の算定は、郵政省の調に係る郵便路線図による。

（昭三一・四・二七　基収第一〇五八号）

〈病院、医院の自家用車を患者移送に使用した場合の移送費の支給について〉

問　移送費の支払いについては、昭和三一年四月二七日付基収第一〇五八号通ちょうによる労災病院に対しての支払方法を準用し、支払をなしても差し支えないとも考えられますが、聯か疑義があります。

答一　移送の範囲については、準用して差し支えない。

二　移送費については、請求額が社会通念上妥当と認められる場合は、全額を支払って差し支えない。

（昭三一・九・二二　基収第一〇五八号）

F　柔道整復師等

〈柔道整復師の施術について〉

標記については、応急手当の場合以外は医師の同意を得たものに限り労災保険における療養補償の対象として認めていたところであるが、この医師の同意に関しては、今後別紙厚生省医務局長、同保険局長連名通ちょう（昭和三一年七月一一日付医発第六二七号）に準じて取り扱うこととしたから了知されたい。

（別紙）

医発第六二七号

昭和三一年七月一一日

厚生省医務局長

厚生省保険局長

各都道府県知事殿

柔道整復師の施術について

標記の件に関しては、あん摩師、はり師、きゅう師及び柔道整復師法の運用並びに社会保険関係療養費請求の取扱いの面から従来から屡々通知しているところであるが、今後特に左記の点につき御配意相成りたい。

記

一　地方医師会等の申し合わせ等により、医師が柔道整復師から、脱臼又は骨折の患部に施術するにつき同意を求められた場合、故なくこれを拒否することのないよう指導すること。

二　社会保険関係療養費の請求の場合

には、実際に医師から施術につき同意を得たむねが施術録に記載してあることが認められれば必ずしも医師の同意書の添付を要しないものであること。

三　応急手当の場合は、医師の同意は必要としないものであること。

四　柔道整復師が、施術につき同意を求める医師は、必ずしも、整形外科、外科等を標榜する医師に限らないものであること。

五　以上の諸点について留意するとともに従前から柔道整復師団体と都道府県知事、健康保険組合等との未金協定等を行っている都道府県については諸般の行政運営について特に円滑に行われるよう指導すること。

保険発第一四〇号
昭和三一年八月一日
厚生省保険局健康保険課長
都道府県民生部（局）保険課（部）長
社会保険出張所長殿

柔道整復師の施術について

標記の件に関しては、七月一一日医発第六二七号医務局長、保険局長連名通達により指示されたが、同通達中左記の二に「施術録に記載してあることが認められれば」とあるのは、給付支給事務取扱上は一々保険者において施術録を調査した後でなければ支給を行ってはならないという意味ではなく、疑わしいものについて調査を行う場合を予想し、この場合の根拠を本通ちょうにおくためであるから念のため通知する。

（昭三一・一一・六　基発第七五四号）

〈労災保険における「はり・きゅう及びマッサージ」の施術に係る保険給付の取扱いについて〉

一　支給対象

(1)　はり・きゅうの場合

①　業務上の事由又は通勤による負傷又は疾病（以下「原疾患」という。）の治療効果がもはや期待できないと医学的に認められるものであって、その原疾患の後遺症状としての疼痛、シビレ及び麻痺等の改善が期待し得るものとして、医師（当該原疾患に対する治療に当たっていた主治医をいう。以下同じ。）が、はり・きゅうの施術を行うことを必要と認め診断書を交付したものについて、保険給付の対象に含めるものとする。

②　原疾患の個々の症例によっては、一般医療（主として理学療法をいう。以下同じ。）とはり・きゅうの施術を併せて行うことにより運動機能等の回復が期待しうるものとして、医師が、はり・きゅうの施術を行うことを必要と認め治療目的を明記した診断書によって指示を与えた場合は、保険給付の対象に含めるものとする。

(2)　マッサージの場合

医師が、医療上マッサージの施術を行うことを必要と認め、診断書を交付したものについて、保険給付の対象に含めるものとする。

二　施術期間

(1)　はり・きゅうの場合

①　はり・きゅう単独施術

イ　施術期間は、初療の日から九カ月以内を限度とする。

ただし、初療の日から六カ月を経過したものについては、改めて診断書を必要とする。

ロ　初療の日から九カ月を経過した時点において、はり師又はきゅう師に意見書及び症状経過表の提出を求め、更に医師に対しはり・きゅうの施術効果について診断・意見を求め、その結果、施術効果がなお期待し得ると認めたときは、更に三カ月（初療の日から一二カ月）を限度に延長することができる。

②　一般医療とはり・きゅう施術の併用

イ　医師が施術効果が認められると判断した場合に行われた施術については、保険給付の対象とする。

ただし、初療の日から六カ月を経過したものについては、改めて診断書を必要とする。

ロ　初療の日から九カ月を経過した時点において、はり師又はきゅう師に意見書及び症状経過表の提出を求め、更に医師に対しはり・きゅうの施術効果について診断・意見を求めその結果、施術効果がなお期待し得ると認めたときは、更に三カ月延長することができる。

ハ　初療の日から一二カ月以降の施術については、一二カ月経過時及びそれ以降三カ月ごとに医師に対し診断書の提出を求め、その結果、施術効果がなお期待し得ると認めたときは、施術期間を更に三カ月延長することができる。

なお、初療及び一二カ月以降の施術に係る診断書を作成する際には、様式第一号別添の「施術効果の評価表」若しくは「治療成績判定基準」（日本整形外科学会制定）又は「関節可動域表示ならびに測定法」（日本整形外科学会」及び「日本リハビリテーション学会」制定）による評価を行い、その結果については診断書に添付するものとする。

(2)　マッサージの場合

施術期間は、医療上マッサージを必要とする期間とする。

ただし、この場合は、六カ月を超えるときは、改めて三カ月ごとに診断書を必要とする。

三　診断書

(1)　別添様式第一号による診断書は、傷病名及び傷病の部位、症状（主訴を含む。）並びに負傷又は発病年月日を明記し医師が記名押印（又は署名）したもので、はり・きゅうの施術の適否を判断できるものとする。

なお、記の一の(1)の②の支給対象の場合（一般医療とはり・きゅうの場合）には、当該診断書に前記事項のほか、一般医療とはり・きゅうの施術を併せて行う治療目的を明記するものとする。

(2)　別添様式二号による診断書は、傷病名及び傷病の部位、症状（主訴を含む。）並びに負傷又は発病年月日を明記し医師が記名押印（又は署名）したもので、マッサージの施術の適否を判断できるものとする。

四　施術効果の評価等

(1)　様式第一号別添「施術効果の評価表」は、一般医療とはり・きゅう施術併用の場合のみに使用する。併用施術を開始するに当たって、診断書の作成を行う医師は、「施術効果の評価表」により、傷病部位における日常生活動作の評価を行った上、診断書を作成する。

なお、診断を行う医師が「施術効果の評価表」では評価できない場合には、「治療成績判定基準」又は「関節可動域表示ならびに測定法」を用いて評価することとする。

(2)　初療の日から一二カ月以降の施術に係る診断書の作成についても、開始時と同様に「施術効果の評価表」を一二カ月経過時に作成し、以降三カ月ごとに作成する。

施術の必要性の判断に当たっては、診断書及び「施術効果の評価表」をもとに判断を行うこととする。

五　担当方針

施術所の開設者又は施術師は、次に掲げる方針により施術を担当するものとする。

①　施術は、あん摩マッサージ指圧師、はり師、きゅう師等に関する法律（昭和二二年法律第二一七号）第一条の規定による免許を受けた者が行うものであること。

②　施術は、療養上妥当適切なものでなければならないこと。

③　施術に当たっては、常に傷病労働者の心身の状態を観察し、心理的効果を挙げることができるよう適切な指導をしなければならないこと。

様式　〈略〉

（昭五七・五・三一　基発第三七五号、平八・二・二三　基発第七九号）

〈柔道整復師の施術にかかるレントゲン診断の療養補償上の取扱い〉

柔道整復師の施術の療養補償上の取扱いについては、昭和三三年一二月一二日基発第七八四号及び昭和四〇年三月二九日基発第三四五号通達により実施しているところであるが、今般、柔道整復師の施術の実情にかんがみ、柔道整復師が傷病労働者の施術を行うにあたり、レントゲン診断が行われた場合の料金について、昭和四一年四月一日以降、療養補償の対象として認めることとし、下記により取扱うこととしたから遺憾のないよう処理されたい。

記

一　取扱いの対象

取扱いの対象は、柔道整復師の施術に関する適法に行われたレントゲン診断であって、照射（撮影を含む。）が、診療エックス線技師の資格を有する柔道整復師によって行われたものとする。

二　費用の算出

補償費の額は、健康保険における診療報酬点数表（乙表）（昭和三三年厚生省告示一七七号）の点数に、単価一一円五〇銭を乗じて算出するものとする。

三　請求手続

補償費の請求手続は、柔道整復師の施術についての他の費用の請求手続によるほか、その請求書には、当該レントゲン診断が適法に行なわれたものであることの証明を付するものとする。

（昭四一・三・二二　基発第二四五号）

G　その他

〈死体処置料の取扱い〉

死後の診断又は医師の立場より死体に施した適宜の処置（例えば手術面の仮縫合、内臓露出物の還納等）は特に療養の範囲に属する診察料又は処置料として取扱うべきである。但し本来葬儀屋において行うべき処置を医師が代行したと認められる場合、例えば湯灌に代えて屍体をアルコール等で払拭し、分泌物漏洩の虞ある部位（口腔、耳鼻、陰部等）を脱脂綿で充填する場合の費用の如きは葬祭料の範囲に属するものと看るべきである。

（昭二三・七・一〇　基災発第九七号）

〈治ゆ後の温泉療養〉

問　骨折、捻挫の部位が治癒したが、後遺症（神経症状）を残している場合の取扱いは、障害補償を行うことになっているが、その対象にならないもので、医師の診断によって温泉療養の必要ある場合、療養、休業両補償費を支給してよいか。

例…治癒した傷が寒くなると痛み出し労務不能となり療養する場合

答　障害補償は、傷病のなおったときにおいて身体の障害の存する場合に支給するものであるから、なおった時には何等の障害もなく、その後寒冷時において治療した障害の部位に痛を訴え温泉療法の必要ある場合は保険施設〔現行＝労働福祉事業〕により取り扱うべきである。

なお、その際には休業補償費は支給すべきでないから念のため申し添える。

（昭二三・一二・一七　基災発第二四四号）

〈死体捜査費〉

従来標記費用の一部については、これを保険給付の対象として取扱ってきたのであるが、爾今この取扱いを廃止し保険給付しないこととしたから了知されたい。

なお本通牒によって昭和二三年八月一二日附基収第二七七六号通牒は変更されたものと承知されたい。

㊟　昭和二三・八・一二基収第二七七六号通牒の要旨

労働者が就業中又は事業場若しくは事業の付属建築物内で負傷し、疾病にかかり又は死亡した場合は労働基準法施行規則第三七条によって、遅滞なく医師に診断させなければならない義務を負うものであり、本件死体の捜査はこの義務履行のための前提行為であり、それは療養の範囲である診察を受けしめようとするための行為であるから、診断の一部に属するものとして取り扱われたい。但しその費用は政府において必要と認めるものに限り支給すべきである。

（昭二五・八・三一　基発第七九三号）

〈温泉療養〉

医師が直接の指導を行わない温泉療養については、療養補償費を支給しないこと。但し、病院等の附属施設で医師が直接指導のもとに行うものについては、この限りでない。

（昭二五・一〇・六　基発第九一六号）

〈死体検案料について〉

問　当局管内において左記労働者が業務上死亡し、診療した医師より診療費請求書（注・初診料五五円、往診料二八〇円、死体検案料五〇〇〇円）が提出されたが、その請求額のうち死体検案料については療養補償の範囲に含めるべきか、その取扱に疑義がありますのでお伺いします。

記

一　事業場名称等

T市所在T炭鉱株式会社

二　被害者氏名等

支柱夫　K・N（明四三年生）

三　疑義のある点

死体検案は死亡後行われるもので治療を目的とするものでなく、葬祭料をもって賄うべき性質のものと思料される。

（追加報告）

一　医師のとった措置

災害発生と同時に医師が呼ばれたが、現場に到着した時は既に死亡していた。直ちに、どう孔反応、心音の聴取、脈はくなどをみて死亡を確認したが、現場は暗いし、ぬかるみであるので、よくみようということで外へ出した。死体は山の上にあるK診療所に運び、ここで警察、労務係、K診療所の医師らの立会の下で死体検索した。これに要した時間は約四乃至五時間であった。

二　死体検案料の内容

右のように長時間にわたりその処置をしたので、処置料として五〇〇〇円を請求したものであり、文書料ではない。

答　死後において初めて死体に接する

医師が死亡の事実を医学的に確認することについての費用である死体検案料は、療養補償の対象とならない。ただし、診療のため医師に受診したが、医師が患者に接したときはすでに死亡していて結果的に検案することとなった場合における往診及び初診の費用については、この限りではない。

（昭三四・四・八　基発第一四六二号）

〈死体解剖費について〉

労災保険法の適用をうける事業に使用される労働者の死亡につき、業務上外認定の資料を得るため、死体解剖を行った場合の費用の支給については、自今左記により取り扱われたい。

なお、死体解剖費に関する昭和二三年七月二六日付基災発第一一二号通達は廃止する。

記

一　費用の支給対象

(1)　労働基準監督署長が業務上外認定のため死体解剖を必要と認め、医師に依頼して行った解剖

(2)　遺族（遺族補償費又は葬祭料の受給権者）又は事業主の依頼により医師が死体を解剖し、その資料により当該死亡が業務上と認定された場合の解剖

二　費用の支給範囲

(1)　解剖料

解剖及びこれに伴う諸検査費で実費に相当する額

(2)　文書料

解剖所見を記述した書類料として一件につき三、〇〇〇円

(3)　死体移送費

解剖を行う場所へ死体を搬送するために要した費用で、一般に必要と認められる額

(4)　旅費

死体解剖を行う医療機関の従事者以外の解剖従事者が当該医療機関に赴くために要した旅費については、昭和三二年五月四日付基発第三七二号「業務上外又は障害等級の認定に関する取扱いについて」の記の二の(ハ)によって計算した額

三　費用の支給方法

(1)　解剖費用のうち、前記二の(1)乃至(3)は、(項)業務取扱費（目）障害等級認定庁費により、同(4)は、(項)業務取扱費（目）証人等旅費により支出すること。

(2)　解剖費用のうち障害等級等認定庁費により支給する費用については、解剖を行った医療機関又は医師の請求に基づいて支給すること。

四　事務取扱いについて

(1)　死体解剖に関する事務取扱いについては、昭和三二年五月四日付基発第三七二号「業務上外又は障害等級の認定に関する取扱いについて」の記の一及び昭和三三年七月一二日付基発第四五四号「専門医等に対する意見書提出依頼に関する事務取扱いについて」を準用すること。ただ

し、昭和三三年七月一二日付基発第四五四号通達の一部は、下記のとおり取り扱うこと。

イ　記の二の3を次のとおり読替えること。

「3　専門医等に死体解剖を依頼する場合には、予め当該専門医等に連絡し、解剖の日時を決定するとともに、その旨を遺族に連絡する等必要な配慮を行うこと。」

ロ　様式二、及び三については、「診断判断」を「解剖」に改め、「負傷、発病年月日」の下に、死亡年月日時を併記すること。

ハ　様式四の、「治ゆ年月日」を「死亡年月日時」に改め、「主訴及び自覚症」欄を削除すること。

(2)　死体の解剖については、原則としてその解剖を行う者が遺族の承諾を受けなければならない（死体解剖保存法第七条）ことになっているから労働基準監督署長が医師に解剖を依頼するにあたっては、あらかじめ死亡労働者の遺族の承諾を得ておくように配慮すること。

（昭三七・九・一九　基発第九六五号、昭五一・六・一七　基発第四六〇号）

〈労働者災害補償保険における診断書料等の取扱いについて〉

標記については、昭和四五年七月二〇日付け基発第五二三号通達、同年一二月一五日付け基発第八九五号通達、昭和五一年一月一三日付け基発第七四号通達、昭和五二年四月二〇日付け基発第二二九号通達及び同日付け基発第二三〇号通達により実施してきたところであるが、昨今の社会経済情勢等諸般の事情を考慮しその支給額を改め、また、その後における労働者災害補償保険法及び同法施行規則（以下「規則」という。）の改正によって診断書の添付を必要とする保険給付請求書等の種類に変更があったこと等より、今般、標記取扱いを下記のとおり整理し、昭和五六年九月一日以降の診療にかかるものから適用することとしたので、了知のうえ遺漏のないよう取扱われたい。

なお、別紙に掲げる通達は廃止する。

記

一　診断書料の支給対象について

保険給付を受けようとする者及び現に保険給付を受給中の者（以下「受給権者等」という。）が規則の規定に基づいて提出した場合における次の診断書については、診断書に要する費用を支給することができるものとする。

(1)　規則によって、保険給付の請求書、報告書、届書に診断書を添付することを義務付けられている受給権者等から提出された次の診断書

イ　障害（補償）給付の支給を受けようとする者が、障害（補償）給付請求書に添付して提出した「障害の部位及び状態に関する診断書」（以下

「障害の状態に関する診断書」という。）（規則第一四条の三第三項）

ロ　障害（補償）年金の受給者が、障害の種類の程度に変更があったとして、障害（補償）給付変更請求書に添付して提出した「障害の状態に関する診断書」（規則第一四条の三第三項）

ハ　労働者の死亡の時から引き続き障害の状態にあることにより遺族（補償）年金支給請求書又は遺族（補償）年金転給等請求書に添付して提出した「障害の状態に関する診断書」（労働者の死亡が業務上でないという理由で遺族（補償）年金の給付の対象とならなかった場合における診断書を除く。）（規則第一五条の二第三項第五号及び第七号、同第一五条の三第二項第二号及び同第一五条の四第二項第二号）

ニ　障害の状態にあることにより遺族（補償）年金の受給権者となっている者及び遺族（補償）年金の受給権者である妻が定期報告書に添付して提出した「障害の状態に関する診断書」（障害の状態にあることにより遺族（補償）年金の受給資格を有し、かつ、受給権者と生計を同じくしている者についての障害の状態に関する診断書を含む。）（規則第二一条第二項第二号）

ホ　労働者の負傷又は疾病が療養の開始後一年六カ月を経過した日以後傷病（補償）年金の支給の決定に必要と認めた場合に傷病の状態に関する届書に添付して提出させた「傷病の状態に関する診断書」（規則第一八条の二第三項）

ヘ　労働者の負傷又は疾病が療養の開始後一年六カ月を経過した日において治っていない場合に、同日以後一カ月以内に提出させる傷病の状態に関する届書に添付して提出した「傷病の状態に関する診断書」（規則第一八条の二第三項）

ト　休業（補償）給付の支給を受けようとする者の負傷又は疾病が毎年一月一日において療養の開始後一年六カ月を経過したときに同月中のいずれかの日の分を含む休業（補償）給付請求書に添付して提出する傷病の状態に関する報告書に添付して提出した「傷病の状態に関する診断書」（規則第一九条の二第二項）

チ　傷病（補償）年金の受給権者が定期報告書に添付して提出した「負傷又は疾病の状態に関する診断書」（規則第二一条第二項第三号）

リ　傷病（補償）年金の受給権者が障害の程度に変更があった場合に提出する障害の状態の変更に関する届書に添付する「障害の状態に関する診断書」（規則第二一条の二第三項）

ヌ　介護（補償）給付の支給を受けようとする者が介護（補償）給付支給請求書に添付して提出した「診断書」（規則第一八条の三の五第三項第一号）

(2)　監督署長が、療養（補償）給付を

受けている者（傷病（補償）年金を受けている者を含む。）について療養の継続の要否、入院療養の要否、治ゆ等を判断するために必要と認め、診療担当医師に診断書の提出を求めた場合における当該診断書

二　支給額及び支出科目について

診断書に要する費用の支給額は、正本一部につき、前記一の⑴は四、〇〇〇円とし、一の⑵は五、〇〇〇円とする。

支出科目は保険給付費とする。

三　請求手続について

⑴　前記一の⑴のホからヌ（ヌについては傷病（補償）年金受給者の場合）の診断書の診断書料の請求手続は、診断を行った医師又は歯科医師の所属する医療機関が、労災病院又は労災指定医療機関である場合は、当該労災病院又は労災指定医療機関から診療費請求書（診療費請求内訳書を含む。）により直接請求させることとし、診療費請求内訳書の「(80)その他」欄に診断書の種類及び金額をそれぞれ記入させること。

また、労災病院又は労災指定医療機関以外の医療機関及び前記一の⑴のイからニ及びヌ（ヌについては障害（補償）年金受給者の場合）の場合には、傷病労働者から療養の費用請求書により請求させることとし、当該請求書裏面「その他」欄に診断書の種類及び金額をそれぞれ記入させること。

なお、療養の費用請求書により請求させる場合に、当該診断を行った医療機関が発行した領収書の添付がある場合に限り、同請求書の医師又は歯科医師の証明を受けたものと同様に取り扱うこととし、当該請求書の「医師又は歯科医師等の証明」欄への記載は要しないものとする。

⑵　前記一の⑵については、別紙様式第一三号から第一六号により提出依頼、費用請求等を行うものであること。

四　休業及び看護に関する証明料について

休業（補償）給付請求書における診療担当医の休業に関する証明に要する費用の支給額は、正本一部につき二、〇〇〇円とし、看護の給付の看護費用の額の証明書における医師又は歯科医師の看護に関する証明に要する費用の支給額は、正本一部につき一、〇〇〇円とする。

なお、請求手続は、証明をした者の所属する医療機関が労災病院又は労災指定医療機関である場合には、当該労災病院又は労災指定医療機関から診療費請求書により直接請求させることとし、その他の医療機関の場合には、当該傷病労働者から療養の費用請求書により請求させることとする。

おって、診療費請求書により請求させる場合は、同内訳書の「(80)その他」欄に証明期間と金額を記入させることとし、療養の費用請求書によ

り請求させる場合は、前記三の(1)に準じて記入させることとする。

五　昭和五六年八月三一日以前の診療に係るものは、なお、従前の通達によること。

別紙

(1) 昭和四五年七月二〇日付け基発第五二三号

(2) 昭和四五年一二月一五日付け基発第八九五号

(3) 昭和四九年四月二六日付け基発第二二二号

(4) 昭和五一年一月一三日付け基発第七四号

(5) 昭和五二年四月二〇日付け基発第二二九号

(6) 昭和五二年四月二〇日付け基発第二三〇号

（昭五六・九・二　基発第五五五号、昭六〇・四・一一　基発第二〇九号、昭六一・四・三〇　基発第二六一号、平四・五・二八　基発第三一五号、平八・三・二九　基発第一八四号、平一五・三・二五　基発第〇三二五〇〇九号、平一六・三・一五　基発第〇三一五〇〇二号）

(注) 参考例規である。

3　治ゆ

〈治ゆの解釈〉

問　労災保険法に於ける傷病の治ゆの日は医師の治療を終了した日であるか、或いは就労可能となった日を治ゆとすべきか、例えば負傷をしてその傷は医師の治療の必要がなくなっても身体衰弱等のため直ちに就労することが出来ず休業した場合医師の治療を終了した日を以て治ゆとすべきか、或いは治療終了後相当期間静養し就労出来る程度に健康状態が回復した日を以て治ゆとすべきか。

尚医学上治ゆと称するのは医師の治療の必要がなくなって治療を終了した場合をいうのであるか、或いは全く平常の健康状態に復帰した場合をいうのであるか。

答　治ゆとは、症状が安定し、疾病が固定した状態にあるものをいうのであって、治療の必要がなくなったものである。

即ち

(1) 負傷にありては創面の治ゆした場合

(2) 疾病にあっては、急性症状が消退し慢性症状は持続しても医療効果を期待し得ない状態となった場合

等であって、これらの結果として残された欠損、機能障害、神経症状等は障害として障害補償の対象となるものである。

（昭二三・一・一三　基災発第三号）

〈治ゆの認定時期〉

問一　如何なる箇所の障害においても

創面がゆ着し薬剤等を要しなくなった場合は治ゆと看做し処理すべきものなりや、若し然りとせば左記事項の場合如何に処理するものなりや。

イ　打撲、転落又は転倒し外面的には僅かの擦傷、切創のみにして殆んど薬剤を必要とせず治ゆするもレントゲン診断の結果骨折せるを認む。

ロ　右の場合外面的創傷処置は要せずギブス又はベッド索引等必要とし入院を要するも会社及び自宅に於て安静加療して一カ月一、二回の通院のみにて足る者。

ハ　傷害の箇所によりては一時創面部のゆ着固定をまち、後手術を施行する者、手術後の創面治ゆし変形機械矯術又は電気熱気浴マッサージの施行を要するもの、右の場合自宅との距離の関係上入院を要せず通院加療を必要とする。

ニ　傷害時当時何等の外面的創傷無く数週間又は数カ月後神経障害あるを認め専門医に付治療を要する場合

(注)　右の如きは多く転医して来る者、眼、頭部並びに右指肢の神経断裂等の神経障害なり。

二　前各項何れも治ゆとみなし外科後処置の手続をとり国立H温泉療養所に入所せしむるものなりや。

答一　傷害部位の創面がゆ着し、薬剤等を要しなくなったときをもって治ゆとみなしていることは原則である。然し個々の傷害の症状によっては、その治ゆの限界が異なることはあり得る。

イ　単なる打撲のような場合には罨法、消炎剤等の処置をなしその疼痛が消退したときをもって治ゆと認定する。

ロ　症状によっては、継続的療養によって足ることが医学的に認められる場合は、この療養も認めている。

ハ　主意が明らかでないが傷害部位によっては、物理療法も認めている。
　但しその取扱いは、例えば三月三一日より一、二カ月マッサージを行うならば第一二級に該当する神経障害が第一四級になるとか、又は障害の程度が消退してしまうとかいう療養効果の見込みのあるものならこれを行うべきである。

　然し一、二カ月マッサージを行っても障害の程度を、消退させる見込のつかないものには、これを行わないで治ゆも認定する。又既に一、二カ月マッサージを行ったが医療効果が顕著でないようなもの或いは、障害の程度を消退し得ないようなものについては、マッサージを一、二カ月行ったときをもって治ゆを認定する。

ニ　業務上として被った直接の災害によって、間接的に災害が発生した場合、この間接的災害が被災者の素因に基いて発生したものであるか、又は直接の災害と医学的因果関係があって誘発されたものであるかどうかによって認定されるものである。

二　外科後処置の対象となる者は、労

災保険法による障害補償費を受けた者で外科後処置により障害に因って喪失した労働能力を回復し、又は醜状を軽減し得る見込みのある者であるから傷害部位が治ゆした者のすべてを右処置の対象とすべきでないことは明らかである。

従って右処置を受けられる該当者が申請することにより当局が入所を許可する。

（昭二六・六・二五　基災収第一三八号）

〈医師の不手際による再手術〉

問　八月三一日付を以て御照会致しました治癒の認定時期の変更を求める審査請求事件について左記のような場合は審査請求事件として取扱うべきか外科後処置として取扱うべきか処理の関係もありますので至急何分の御指示を賜りたくお願いします。

記

医師の手術の不手際により左上膊骨仮関節が形成された場合（再手術が必要）

答　標記の事案が治ゆ認定後のものであれば外科後処置として取り扱われたい。

（昭二九・一〇・二七　照会）

判例

〈療養の範囲〉

●療養の費用の範囲

「政府は、労災保険法第一三条により療養の費用の支給に関し、その支給すべき範囲及び額について決定する権限を与えられているとした例」

昭五八・一一・二九　横浜地判

（一七五三頁参照）

●治療効果の期待できない治療

「労災保険制度の目的に照らし、治療効果の期待できない治療は、療養の給付の範囲外にあるとした例」

昭六〇・九・二七　熊本地判

（一七五四頁参照）

〈治ゆ〉

●腰部捻挫の治ゆの時期

「労災法にいう治ゆとは、症状が固定し、疾病が固定した状態にあるもので、治療の必要がなくなったものをいうとした例」

昭五七・三・一八　東京地判

（一七五五頁参照）

（休業補償給付）

第十四条　休業補償給付は、労働者が業務上の負傷又は疾病による療養のため労働することができないために賃金を受けない日の第四日目から支給するものとし、その額は、一日につき給付基礎日額の百分の六十に相当する額とする。ただし、労働者が業務上の負傷又は疾病による療養のため所定労働時間のうちその一部分についてのみ労働する日に係る休業補償給付の額は、給付基礎日額（第八条の二第二項第二号に定める額（以下この項において「最高限度額」という。）を給付基礎日額とすることとされている場合にあつては、同号の規定の適用がないものとした場合における給付基礎日額）から当該労働に対して支払われる賃金の額を控除して得た額（当該控除して得た額が最高限度額を超える場合にあつては、最高限度額に相当する額）の百分の六十に相当する額とする。

2　休業補償給付を受ける労働者が同一の事由について厚生年金保険法（昭和二十九年法律第百十五号）の規定による障害厚生年金又は国民年金法（昭和三十四年法律第百四十一号）の規定による障害基礎年金を受けることができるときは、当該労働者に支給する休業補償給付の額は、前項の規定にかかわらず、同項の額に別表第一第一号から第三号までに規定する場合に応じ、それぞれ同表第一号から第三号までの政令で定める率のうち傷病補償年金について定める率を乗じて得た額（その額が政令で定める額を下回る場合には、当該政令で定める額）とする。

条文解説

本条第一項は、休業補償給付の支給額について定めたものであり、その額は原則として、給付基礎日額の六〇パーセントとされている。ただし、労働者が業務上の負傷又は疾病による療養のため所定労働時間のうちその一部分についてのみ労働する日に係る休業補償給付の額は、給付基礎日額から当該労働に対して支払われる賃金の額を控除した額の六〇パーセントとされており、昭和六一年改正法によって新たに第一項ただし書として加えられた。

第二項は、厚生年金保険等との調整規定である。労災保険の休業補償給付が支給されることとなった場合において、同一の事由により厚生年金等他の社会保険の年金が支給されるときは、休業補償給付の額に一定の率を乗じて減額することにより、これら他の社会保険の年金との間の調整を行うこととしているのである。

関係政省令等

（法第十四条第二項の政令で定める額）

令第一条　労働者災害補償保険法（以下「法」という。）第十四条第二項の政令で定める額は、同条第一項の額から、同一の事由により支給される厚生年金保険法（昭和二十九年法律第百十五号）の規定による障害厚生年金（以下第五条第一項までにおいて単に「障害厚生年金」という。）又は国民年金法（昭和三十四年法律第百四十一号）の規定による障害基礎年金（同法第三十条の四の規定による障害基礎年金を除く。以下第七条第一項までにおいて単に「障害基礎年金」という。）の額（同一の事由により障害厚生年金及び障害基礎年金が支給される場合にあつては、これらの年金たる給付の額の合計額）を三百六十五で除して得た額を減じた残りの額に相当する額とする。

2　前項の規定は、法第二十二条の二第二項において準用する法第十四条第二項の政令で定める額について準用する。この場合において、前項中「同条第一項」とあるのは、「法第二十二条の二第二項において準用する法第十四条第一項」と読み替えるものとする。

（法別表第一第一号の政令で定める率）

令第二条　法別表第一第一号（法第二十二条の三第三項、第二十二条の四第三項及び第二十三条第二項において準用する場合を含む。）の政令で定める率は、次の表の上欄に掲げる年金たる保険給付の区分に応じ、それぞれ同表の下欄に定める率とする。

障害補償年金 障害年金	〇・七三
遺族補償年金 遺族年金	〇・八〇
傷病補償年金 傷病年金	〇・七三

（法別表第一第二号の政令で定める率）

令第四条　法別表第一第二号（法第二十二条の三第三項、第二十二条の四第三項及び第二十三条第二項において準用する場合を含む。）の政令で定める率は、次の表の上欄に掲げる年金たる保険給付の区分に応じ、それぞれ同表の下欄に定める率とする。

障害補償年金 障害年金	〇・八三
遺族補償年金 遺族年金	〇・八四
傷病補償年金 傷病年金	〇・八六

（法別表第一第三号の政令で定める率）

令第六条　法別表第一第三号（法第二十二条の三第三項、第二十二条の四第三項及び第二十三条第二項において準用する場合を含む。）の政令で定める率は、次の表の上欄に掲げる年金たる保険給付の区分に応じ、それぞれ同表の下欄に定める率とする。

障害補償年金 障害年金	〇・八八
遺族補償年金 遺族年金	〇・八八
傷病補償年金 傷病年金	〇・八八

（昭和六十年改正法附則第百十六条第二項の場合の計算）

令附6　国民年金法等の一部を改正する法律（昭和六十年法律第三十四

号。以下「昭和六十年改正法」という。）附則第百十六条第二項（同条第四項において準用する場合を含む。以下この項において同じ。）の規定により同条第二項の政令で定める率を乗ずる場合には、次の表の上欄に掲げる年金たる保険給付の区分に応じ、それぞれ同表の下欄に定める率を乗ずるものとする。

障害補償年金 障害年金	〇・七四
遺族補償年金 遺族年金	〇・八〇
傷病補償年金 傷病年金	〇・七五

（昭和六十年改正法附則第百十六条第三項の政令で定める法令による給付及び同項の場合の計算）

令附9　昭和六十年改正法附則第百十六条第三項（同条第四項において準用する場合を含む。以下この項において同じ。）の政令で定める法令による給付は、次の表の上欄に掲げる年金たる保険給付の区分に応じ、それぞれ同表の中欄に定める給付とし、同条第三項の規定により同項の政令で定める率を乗ずる場合には、同表の上欄に掲げる年金たる保険給付の区分に応じ、同表の中欄に定める給付ごとにそれぞれ同表の下欄に定める率を乗ずるものとする。

障害補償年金 障害年金	昭和六十年改正法附則第八十七条第一項に規定する保険給付に該当する障害年金（以下「旧船員保険法の障害年金」という。）	〇・七四
	昭和六十年改正法附則第三十二条第一項に規定する年金たる給付に該当する障害年金（障害福祉年金を除く。以下「旧国民年金法の障害年金」という。）	〇・八九
遺族補償年金 遺族年金	昭和六十年改正法附則第八十七条第一項に規定する年金たる保険給付に該当する遺族年金（次項において「旧船員保険法の遺族年金」という。）	〇・八〇
	昭和六十年改正法附則第三十二条第一項に規定する年金たる給付に該当する母子年金、準母子年金、遺児年金又は寡婦年金（次項において「旧国民年金法の母子年金等」という。）	〇・九〇
傷病補償年金 傷病年金	旧船員保険法の障害年金	〇・七五
	旧国民年金法の障害年金	〇・八九

参照条文

〔業務上の疾病　労基則三五〕〔給付基礎日額八〕〔給付基礎日額の特例　則九〕〔休業補償給付の請求　則一三〕〔保険給付に関する処分の通知　則一九〕〔休業給付基礎日額の算定　八の二〕〔政令で定める率　令附則⑥・⑨〕〔政令で定める額　令一〕〔額の改定　労基七六②・③、労基則三八の二～三八の一〇〕

解釈例規

1　休業補償給付の支給

イ　休業補償給付の支給

〈休業補償給付について〉

休業補償給付については、休業七日以内で負傷又は疾病がなおった場合における不支給を改め、休業（業務上の負傷又は疾病による療養のため労働することができないために賃金を受けない場合をいう。）第四日目以降については、すべて支給することとした（法第一二条第一項第二号）。この場合、休業補償給付は、継続すると断続しているとを問わず実際に休業した日の第四日目から支給するのである。したがって、休業が八日をこえる場合にも、休業の最初の三日間については休業補償給付は支給されない。休業の最初の三日間については、労働基準法の規定により事業主が災害補償をすることを要するので、事業主その他の関係者に対し、この点の周知徹底に努めること。

「休業する日」の意義については、療養のため休業する日に限られるか、あるいは労働することができないため賃金を受けない日に限られるか、明文上必ずしも明らかでないが、第一次改正後は、休業補償給付に待期制度が設けられ、第三次改正後も、その趣旨において変わりがない以上、第三次改正後の法第一四条第一項との関連において「業務上の負傷又は疾病による療養のため労働することができないために賃金を受けない日」と解すべきことはいうまでもない。したがって従前の通達においてこれに反するものは、その限りにおいて、その趣旨を変更することとする。ただし、休業最初の三日間について使用者が平均賃金の六〇％以上の金額を支払った場合には、特別の事情がない限り休業補償が行われたものとして取り扱うこと。

（昭四〇・七・三一　基発第九〇一号）

〈休業補償給付の支給〉

標記については、さきに昭和四〇年七月三一日付基発第九〇一号をもって、労働省労働基準局長より通達（以下新法施行通達という。）されたところであるが、この通達の趣旨により療養のため休業し、当該休業期間中に賃金の全部又は一部が支払われている場合の「休業する日」の取扱いは、下記によるものであるから、了知の上、遺憾のないようせられたい。

記

1　負傷又は疾病が、当日の所定労働時間内に発生し、所定労働時間の一部について労働することができない場合については、平均賃金と実労働時間に対して支払われる賃金との差額の一〇〇分の六〇以上の金額が支払われているときであっても、新法施行通達により「特別の事情がない限り、休業補償が行われたものとして取扱う」こととなるので、その日は「休業する日」となるものであること。

2　通院等のため所定労働時間の一部について労働することができない場合で、平均賃金と実労働時間に対して支払われる賃金との差額の一〇〇分の六〇未満の金額しか支払われていないときには、その日は「休業する日」として取扱うこと。

なお、当該差額の一〇〇分の六〇以上の金額が支払われている場合には、療養のため休業した最初の日から四日以降の日については、「休業する日」に該当しないものであるので念のため。

3　前記1及び2後段の場合で当該差額の一〇〇分の六〇以上の金額が支払われているとき並びに全部労働不能で平均賃金の一〇〇分の六〇以上の金額が支払われている場合であって、新法施行通達により、休業最初の三日間について休業補償が行われたものとして取扱うのは、賃金が月、週、日等の何れの期間によって定められていても、同様の取扱いとすること。

（昭四〇・九・一五　基災発第一四号）

〈休業補償給付及び休業給付の額に係る端数計算の取扱いについて〉

国の債権債務で金銭の給付を目的とするものについては、「国等の債権債務等の金額の端数計算に関する法律」（昭和二五年三月三一日法律第六一号）（以下「端数計算法」という。）によって計算することとなっており、同法第二条第一項には、国等の債務の「確定金額に一円未満の端数があるときは、その端数金額を切り捨てるものとする。」と規定している。

労災保険法における休業補償給付及

び休業給付は、金銭の給付を目的とする国の債務であることから端数計算法によって端数計算を行ってきたものであるが、各都道府県労働基準局において、その取扱いが区々にわたっている向きが見受けられるのでこれを統一する必要があり、今般左記により取扱うこととしたので了知されたい。

なお、端数計算法第二条の「確定金額」とは、休業補償給付等の如く、休業する日毎に請求権が生じ、かつ、時効の起算があるものについては、休業一日毎に支給されるべき金額を確定金額として取扱うものであって、単に請求書一件当りの金額をもって確定金額に解すべきではないので、念のため申し添える。

記

1　休業補償給付及び休業給付については、給付基礎日額に一〇〇分の六〇を乗じて休業一日分の休業補償給付又は休業給付の確定金額を算出し、その額に一円未満の端数を生じた場合には、その端数金額を切り捨てた額に給付日数を乗じて得た額を休業補償給付又は休業給付の支給総額とすること。

2　労働基準法第七六条第二項又は第三項に該当する事由が生じた場合には、給付基礎日額に一〇〇分の六〇を乗じた休業一日分の休業補償給付額又は休業給付額（端数金額を切り捨てない額）に改定比率を乗じて得た額を確定金額として、右記1の取扱いをすること。

（昭四九・七・一〇　補償課長事務連絡）

〈**一部休業の場合の休業補償給付等に関する改正**〉

(1)　改正の趣旨及び内容

イ　従来、労働者が業務上の事由又は通勤による負傷又は疾病による療養のため一日のうち一部分について休業し、一部分について就労した日（以下「一部休業日」という。）については、その日は、業務上の事由又は通勤による負傷又は疾病による療養のため所定労働時間の全部について休業し賃金を受けなかった日（以下「全部休業日」という。）と同様に休業補償給付又は休業給付として給付基礎日額の一〇〇分の六〇が支払われていたところである。このため、一部休業日については所定労働時間のうち実際に働いた部分に応ずる賃金の額を休業補償給付又は休業給付の額に加算した額が被災前の一日当たりの賃金を超える場合も生じていたことから、労働災害により失われた労働者の稼得能力の補てんという労災保険制度の本来の趣旨に照らし給付内容の適正化を図るため、一部休業日についての休業補償給付又は休業給付の額を、給付基礎日額から実際に労働した部分についての賃金額を差し引いた額の一〇〇分の六〇とすることとしたものである（新労災法第一四条第一項（新労災法第二二条の二第二項において準用する場合を含む。）関係）。

（参考）

一部休業日についての休業補償給付及び休業給付の額

$$=\left(給付基礎日額-\begin{matrix}一部休業日の労\\働に対し支払わ\\れる賃金の額\end{matrix}\right)\times\frac{60}{100}$$

また、休業補償給付及び休業給付の額をスライド制により改定すべき場合にあっては、一部休業日における労働に対し支払われる賃金の額を当該改定に用いるべきスライド率で割り戻した額（その額に一円未満の端数がある場合は、これを切り捨てる。）とした上で給付基礎日額から差し引くこととされた（新労災法第一四条第三項（新労災法第二二条の二第二項において準用する場合を含む。）関係）。

なお、一部休業日が休業補償給付又は休業給付等の対象となる「休業する日」に該当するかについては、従前の取扱い（昭和四〇年九月一五日付け基災発第一四号参照）のとおりである。

ロ　一部休業日についての特支則第三条の規定による休業特別支給金の額に関しても、イの休業補償給付及び休業給付に係る改正と同様の改正を行うこととし、給付基礎日額から実際に労働した部分に対する賃金額を差し引いた額の一〇〇分の二〇に相当する額を支給することとされた（新特支則第三条第一項関係）。

ハ　上記イ及びロの改正に伴い、休業補償給付等の請求又は支給の申請の手続に関し、休業の期間中に一部休業日が含まれる場合にあっては、請求書（申請書）に当該一部休業日の年月日及びその日の労働に対する賃金の額を記載し、被災労働者が特別加入者である場合を除いては、これらの事項について事業主の証明を受けなければならないこととされた（新労災則第一三条（新労災則第一八条の七において準用する場合を含む。）並びに新特支則第三条第五項及び第六項関係）。また、休業補償給付等の請求書（申請書）の様式についても、所要の改正を行った（新告示様式第八号及び第一六号の六関係）。

なお、新告示様式による休業補償給付の請求書等の用紙については、当分の間、従来の用紙を補正して用いて差し支えなく、様式第八号及び様式第一六号の六に新たに加えられた（別紙二）〈略〉については、本通達に別添一及び別添二として添付している様式第八号（別紙二）〈略〉及び様式第一六号の六（別紙二）〈略〉を複写して使用されたい。

(2)　施行期日等

この改正は、昭和六二年四月一日から施行され、新労災法第一四条（新労災法第二二条の二第二項において準用する場合を含む。）の規定は、施行日以後に支給すべき事由が生じた労災法の規定による休業補償給付又は休業給付について、新特支則第三条第一項の規定は、施行日以後に支給すべき事由が生じた特支則の規定による休業特別支給金について、それぞれ適用することとされた（改正法附則第五条及び改正省令附則第三条第一項関係）。

（昭六二・三・三〇　発労徴第二三号、基発第一七四号）

ロ　休業日数

〈残業中業務災害により労務不能となった場合は休業日数に算入されるか〉

問　負傷当日の休業に対しては、休業日数計算に算入することとなるが、負傷が残業時間中である場合には就業時間は残業時間も含めた時間であり、残業時間の一部を休業した場合でも休業日数の計算に算入するものと考えられるか、あるいは所定労働時間の一部休業のみ算入するかいささか疑義があるので御伺いいたします。

答　所定労働時間の一部休業の場合のみ負傷当日を休業日数に算入するものである。

（昭二七・八・八　基収第三二〇八号）

〈三交代制の場合の休業日数〉

問　標記のことについて左記の通り疑義がありますので御教示願います。

記

炭鉱における坑内作業は三交代制（一番方七時より一五時まで、二番方一五時より二三時まで、三番方二三時より翌日七時まで）をとっており、三番方としての労働は入坑した時の属する日数のものとして取扱っております。

右のような場合において例えば、九月八日の三番方として勤務割されて入坑した労働者が、翌九日五時に業務上負傷し、爾後療養のため同月一五日まで休業し、同一六日より就業した場合においてこの休業期間に対する休業補償費の支払は次の二説のうち（甲）の説により労災保険において支払うべきであると思料しますがいかがですか。

（甲）災害は八日の所定労働時間中において発生したものでありますから、八日に災害が発生したものとみなして休業期間は八日間として休業補償費は労災保険において支払う。

（乙）暦日によるときは、九日に災害が発生したものでありますから、休業期間は七日間として休業補償費は労災保険法第一二条第一項第二号カッコ書きにより事業主が支払う。

答　乙により取り扱うべきである。

（昭二八・五・七　基収第一八二五号）

ハ　療養のための休業日数

〈保険施設（現行＝労働福祉事業）と

して整形外科療養所に入所した場合の休業補償給付の支給可否〉

問　当管内労働者業務上による負傷にて療養治療後保険施設〔現行＝労働福祉事業〕にて義肢装着の為当局の認可を得てN整形外科療養所に入所義肢の装着を受けたるものなるが、右入所期間中に対して休業補償費は支給すべきや否や、温泉保養の場合と同一に取扱うにはいささか疑義がありますので何分の御指示あおぎたく此の段御伺いを致します。

答　患部の治ゆ後に行う義肢の装着は療養の範囲に属するものではないから、たとえ義肢装着のため療養所に入所しても、その入所期間中の休業に対しては休業補償費は支給されない。

（昭二四・二・一六　基収第二七五号）

〈整形外科療養所に入所した場合の休業補償給付の支給〉

問　標記については、本年二月一六日基収第二七五号を以て通ちょうせられた処であるが、患部の治ゆの後義肢の装着の為整形外科療養所に入所しても更に同療養所で診察の必要によっては再手術を行い、肉質、骨質の切除を行い、この為数カ月同所に入所療養し、義肢を装着するに適当な癒合を営む迄の間その労働者の生活を補償するため休業補償費を支給するのが実情に即すると思いますが何分の御指示を願いたい。又右の再手術をする場合には障害等級が上位になることがあると思われますが、障害補償費の支給を決定すべき治ゆの時期に前段の場合とするや後段の場合とするや併せて御指示をお願いする。

答一　義肢装着のために行う再手術等は、法第一三条に規定する療養の範囲に属しない。従って保険施設〔現行＝労働福祉事業〕として取り扱うべきであるから休業補償費の支給は認められない。

二　右の再手術の結果障害が加重しても、障害等級を変更すべきでない。

（昭二四・一二・一五　基収第三五三五号）

〈強制隔離された保菌者の取扱いについて〉

問　事業場において集団的に伝染病が発生し発病者及び健康保菌者が伝染病予防法の規定により強制隔離の処置を受けこれが業務に起因する疾病と認められた場合発病者は業務上として取扱われるが健康保菌者は健康保険においても疾病の範囲に属さずと解されており労災保険においてはいかに取扱うか至急何分の御教示を願いたい。

答　法令に基づき強制隔離された健康保菌者については、その保菌の原因が業務上と認められる限りにおいては、補償の対象となるものとして取り扱われたい。

（昭二八・三・二三　基収第五四一号）

ニ　その他

〈健康保険法による傷病手当金と休業補償給付との関係〉

問　健康保険の被保険者が業務上の事由に因る負傷に労災保険法に依る休業補償費を受けて居る間に新たに業務外の事由に因る疾病にかかりその疾病の療養の為労務に服することが出来ない場合における傷病手当金と労災保険法に依る休業補償費との関係を御教示下さい。

答　健康保険の被保険者が業務上の事由に因る負傷につき労災保険法による休業補償費を受けている間に新たに業務外の事由に因る疾病にかかり、その疾病の療養のためにも労働に服することができない場合においては、業務上の負傷に対する療養のため労務に服することのできないと認められる期間中は休業補償費は支給する。

なお、業務上の事由に因る疾病に罹病中他の疾病を併発した場合、その両疾病間に相当因果関係があるときは後発疾病は業務上の疾病として取扱う。

（昭二三・七・一三　基収第一〇二二号）

〈日日雇入れられる者の休業補償〉

問　日日雇入れられる労働者はその日その日の契約で雇傭関係が成立し労働時間経過後は使用者労働者の関係は存在しないと解される。従って雇傭関係の消滅した後の期間で法第七六条の休業補償をなす義務があるとみることにいささか疑義があるが法第八三条の規定に基づき補償を要するものと解して差し支えないか。あるいは他に補償すべき根拠があるものか何分の御回示を至急願います。おって労災保険法関係についても御回示願います。

答　補償請求権は労働関係の存在を権利の発生要件としているので、これに対する反対解釈の余地をなくするために労働基準法第八三条に明記したものであって、当然補償費を支払うべきものである。従って労災保険法においても何等異なる取扱いをなすものではない。

（昭二三・八・九　基収第二三七〇号）

〈アルバイト学生に対する休業補償給付の支給について〉

問　当局管内I労働基準監督署長より大学学生の夏期休暇期間中にアルバイトとして稼働業務上負傷した者に対する標記のことについて、別紙写の通り照会があり当局としては左記の如く思料しますが之が取扱についていささか疑義がありますので何分の御教示をお願いします。

記

一　大学学生の夏期休暇期間中の臨時労働といえども業務上負傷し又は疾病にかかり療養のため労働することができなかったため賃金を受けない場合においては補償すべきである。

二　右の休業補償を受けた学生が療養のため休業する必要が認められなくなった場合には、たとえ療養中といえども休業補償給付は中止せらるべきである。

三　療養のため休業中の大学学生が登校受講することは療養のため労働することができない状態とは認められない。かかる場合は休業補償給付は支給すべきではない。

（別紙）

Ｆ労働基準局長殿　　　　Ｉ労働基準監督署長

休業補償給付支給について

大学学生が夏期休暇期間中アルバイトとして稼働して受傷し、労働契約期間は満了したが引続き療養中に大学が開講した場合、開講日以降についても休業補償給付は左記事由により支給すべきものと思料されますが、尚いささか疑義がありますので何分の御回示を御願い致します。

記

(1)　学生は勉学に励むのが本分であり、労働力を提供して賃金を与えられそれにより生計を維持する労働者とは異なるのであるから、その者が一時的にアルバイトとして稼働し公傷をしても休業補償給付支給の要なしとする論もある。義務教育の課程以上の学生生徒の身分は本人の自由意思により又は放校、授業料の未納等の事由により喪失し得るものでありその場合に於ては一般労働者と何等異なるものではない。

（又事務処理の面からも本人の学生身分の取得喪失を常に把握しておくことは煩瑣であり困難である。）

故に法第二一条〔現行＝第一二条の五〕並に日傭労働者に対しても休業補償を行う法の趣旨を鑑み、医学的に一般人として観察し当然労務に服することが出来ないと認められる期間については学生に対しても休業補償を行うべきものと思料される。

(2)　(1)の場合休業補償給付を支給するものとした場合に右学生が療養は継続しながら登校受講せる場合の休業補償の取扱い如何。

療養のため休業を要する者であっても学生の本分たる受講可能の場合もあり、労働契約の本旨とする健全な身心で就業する常態とは自ら相違するものであり当署の見解としては支給すべきものであると考える。

答　設問一、二とも貴見のとおり解して差支えない。

（昭二八・四・六　基災収第九六九号）

2　休業補償給付のスライド制

(1)　平均給与額の算定

〈同種の労働者の意義〉

労基法第七六条第二項及び労基法昭和二七年改正法律附則第四項における「同種の労働者」とは、災害発生の日から改訂の基礎となる期の末日まで引き続き同一職種の同一条件のものをいうこと。

なお、職種とは、昭和二五年国勢調査（統計法第三条第二項及び第一八条の規定により制定された昭和二五年国勢調査令に基く。）に用いられた職業分類中の小分類にかかげる職種をいい、同一条件とは年齢、学歴、職歴、技能、経験、勤続年数、賃金及び扶養家族数がほぼ同一であるものをいうこと。

（昭二七・九・二〇　基発第六七五号）

〈「通常の賃金」の解釈〉

問　一　日給者が傷病その他の事由によって、所定労働時間の一部労働のために賃金の一部を受けなかった場合はその一部の賃金はその事業場における所定労働時間の労働に対して支払われた賃金でないから労基法第七六条第二項にいう「通常の賃金」から除き、日給全額支給された場合は所定労働時間の労働に対して支払われた賃金とみなして取扱って差支えないか。

二　月給者が傷病その他の事由によって月の中途から又は月の全日数にわたって欠勤し、月給の全額を支給されている場合は、その月給は、その事業場における所定労働日数の労働に対して支払われた賃金とみなして取扱って差支えないか。

三　労基法第三七条の深夜の割増賃金は、その事業場における所定労働時間の労働に対して支払われる賃金である場合は名称にこだわりなく労基法第七六条第二項にいう「通常の賃金」として取扱って差支えないか。

答　一、二については貴見のとおり。三の割増賃金については「通常の賃金」として取り扱うべきでない。

（昭二八・一・二二　基収第二七三号）

〈休日出勤における賃金及び労働者数の取扱い〉

問　平均給与額を算出する際の延労働者数を則第二八条の二の規定による使用労働者数の算出法と同一とするときの伺出に示した不合理の外休日出勤に対して支払われた賃金（割増部分を除く。）を含めなければ適正な平均給与額の算出は出来ないこととなる。然るに平均給与額算出の基礎は通常の賃金であるべきであるから矛盾することになるので平均給与額を算出する際延労働者数の算出方法に依らず支払われた通常の賃金に対応する延労働者数とすべきと思料されるが如何。

答　平均給与額は所定労働時間労働した場合に支払われる通常の賃金を以て算出するものであるから、休日出勤に対して支払われる賃金及び休日出勤した労働者数は平均給与額算出の基礎に算入しない。

（昭二八・二・二六　基収第三九六号）

〈事業場の休業等により平均給与額証明書の作成が不能の場合のスライドについて〉

問　当局管内より珪肺症にてT珪肺病院に入院療養中のN亜鉛鉱業（株）T鉱業所元従業員I・Kにかかる標記について当鉱業所は常時一〇〇人以上の労働者を使用する事業所であるが、昭和二十四年八月より昭和二十五年七月迄休山したが休山は単に事業の一時的休業であるから平均給与額証明書を添付請求するよう所轄監督署をして指示せしめたところ同鉱業所は休山中に賃金台帳その他労働関係資料散逸し平均給与額証明書作成不能の旨別紙写のとおり書面回答があったのでかかる場合に於ては労働省告示第二十八号第一条により取扱うものと思われるが聊か疑義があるので折返し御指示賜りたい。

記

一　当事業場は休山前保険関係成立はO第四二号にて成立再開後現在はO第四九一号にて成立している。

一　I・Kの発病は昭和二十三年十二月五日で休業補償費の平均賃金は当時の労働について算定している。

（別紙）

T発第二四三号

昭和二十八年一月二十六日

N鉱業株式会社

T鉱業所総務課長

O労働基準監督署長殿

元当所従業員I・Kの休業補償費スライドについて

拝啓　厳寒の候貴署益々御清栄の段大賀の至りに存じ上げます。

さて過日当所H係員貴方出向の際御連絡のありました、I・Kに係る休業補償費のスライドについては平均給与額を比較すべき元従業員の賃金台帳、其の他の関係資料等昭和二十四年八月の当所休山に依り資料散逸し収集致しかねます。

従って改訂すべき平均給与額の算定が出来かねますので、斯る事情御参酌の上何分の御取計方下され度く願上げます。　敬具

答　昭和二十八年二月四日附井基収第二二八号をもって貴局労災補償課長より本省労災補償課長あて照会のあった標記の件については労働省告示第二十八号（昭和二七年一二月一五日）第三条の規定に基き次のとおり定める。

記

本件についての休業補償の額の改訂

は労働省告示第二十九号（昭和二七年一二月一五日）別表第一に掲げる改訂比率によるものとする。

（昭二八・二・二七　基発第九七号）

〈労基法第七六条における通常の賃金について〉

問　標記の件につき左記の通り疑義がありますので御教示願います。

記

一　生産能率賞与

一定の出炭量を超えた場合にその超過率に応じて賞与総額が定められ、之を各人毎に一定の率によって支給する賃金で金額は一定していないが、超過出炭量は所定労働時間における労働による出炭量と時間外労働による出炭量とが合算されるが、事業所によって夫々此の量は区分することも出来るもので、この賃金については大体毎月支払われるのが常態で出炭低下の場合は支払われないこともある。右については、所定労働時間内労働による出炭が標準量を超過した場合に支払われる賞与が、殆んど毎月支払われるときは出来高払の賃金と解されるから通常の賃金と解されるが如何。しかしながら超過出炭量が、所定労働時間内及び時間外労働の何れによるか区分し難いときは、相当部分が割増賃金と考えられるので通常の賃金から除外するものと解して差支えないか。

二　労基法第七六条第二項にいう「所定労働時間労働した場合に支払われる通常の賃金」と、労基法昭和二七年改正法附則第四項第一号にいう「所定労働時間労働した場合に支払われた通常の賃金」とは両者同一の意であって、所定労働時間労働した場合に、それに相当する現実に支払われた賃金はもちろん、労働の有無にかかわらず所定労働時間労働した場合に相当する賃金が支払われるべきことが、確定している場合をも含むと解して差支えないか。

三　則第一三条第三項の規定に基づく平均給与額証明書様式中改訂比率算出の基礎の「全労働者」のB欄は不要に非ずや。

四　次の賃金については労基法第七六条第二項及び同法昭和二七年改正法附則第四項にいう平均給与額算出基礎賃金に含むべきかどうか。

イ　公休日出勤手当（公休日の所定労働時間労働した場合に支払われる賃金）

ロ　年次有給休暇により支払われた賃金

ハ　法定外有給休暇の買上げにより支払われた賃金額

ニ　連勤による賃金（所定労働時間に引続き更に所定労働時間就業する場合、例えば炭鉱における一番方稼働者が二番方稼働者の少い場合これを充足する意味で引続き二番方に連勤稼働する場合の賃金）

ホ　不就業手当

転居休業手当、忌服休暇手当、隔離休暇手当等その他名称の如何にかかわらず、通常の賃金相当額が支払われている手当

五　日給制度の労働者であってその賃金の一部に月決めのものが含まれている場合、例えば一箇月の期間において十日間稼働し十日間分の賃金の外に月決め分金額が支払われている場合の平均給与額の算出の基礎賃金は、十日分の日給賃金総額に月決め分の十日分に相当する金額のみを加算すべきものと解せられるも事務上の煩瑣を考慮し全額加算の取扱をして差支ないか。

六　平均給与額算出の基礎となる賃金については、原則的には、恒常的な所定労働時間労働した場合に支払われる通常の賃金であると考えられ、しかも毎月きまって支払われるもののみに限定されるべきものと解すべきであると考えられますが、隔月以上の期間毎に定期的に支払われる賃金について毎月支払われるべき分の一括されたものでない限り除外すると解して差支ないか。

答一　前段については貴見のとおり。後段については、生産能率賞与額を各々の実働時間の比率により所定労働時間内労働に対するものとに按分し、前者の算出額をその労働に対する支給賃金とみなして取り扱われたい。

二　労基法昭和二七年改正法附則第四項第一号にいう「支払われた通常の賃金」と同法第七六条第二項にいう「支払われる通常の賃金」は同意なるものと解されたい。

三　貴見のとおり。

四　設問のイないしホの賃金はいずれも労働基準法第七六条第二項及び同法昭和二七年改正法附則第四項にいう平均給与額の算出基礎である賃金総額のうちに含めるべきでない。

五　貴見前段により取り扱うべきである。

六　貴見のとおり。

（昭二八・五・二　基災収第一二二〇号）

(2)　その他

〈休業補償の額の改訂に関する特則〉

第一条について

　使用者が事業を廃止した場合における当該事業場に使用されていた労働者に対する休業補償の額の改訂については、事業廃止当時における使用労働者数の多少にかかわらず、事業廃止当時当該事業場の属する産業分類に従い、常時一〇〇人未満の労働者を使用する事業場に使用される労働者に対して行う休業補償の額の改訂の例によって取り扱うものであること。

　従って、事業廃止当時における当該事業場の属する産業が、毎月勤労統計に掲げる産業分類にあるときは、毎月勤労統計における当該産業の平均給与額の上昇又は低下の比率により休業補償の額を改訂し（労基

法第七六条第二項カッコ内及び則第三八条の六参照）毎月勤労統計に掲げる産業分類にないときは、告示をもって定める比率により改訂するものであること（労基則第三八条の七参照）。

第二条について

法第八条第三号の事業、即ち土木建築事業については、その多くは数次の請負によって行われ、平均給与額の算定が極めて困難であり、而も工事期間中の使用労働者数も著しく不同であり、工事の初期、中期、後期における給与額についても著しい浮動性が見受けられる。

林業及び漁業については、それ等の賃金が出材石数又は水揚高等によって左右されるものが多く、その性質上「所定労働時間労働した場合における通常の賃金」を把握することが極めて困難な実情にある。

よって、これらの事業についてはは、たとえ常時一〇〇人以上の労働者を使用する事業場であっても、当該事業に使用される労働者に対して行う休業補償の額の改訂については、常時一〇〇人未満の労働者を使用する事業場の場合の例により取り扱うものであること。

第三条について

前二条に掲げる場合の外、労基法第七六条第二項並びに労基則第三八条の四、第三八条の七、第三八条の八及び第三八条の一〇の規定によって休業補償の額を改訂することができない場合及びこれ等の規定によって算定することが著しく妥当でない場合の休業補償の額の改訂については、本省労働基準局長がこれを定めるものであること。

（昭二七・一二・一二　基発第八四五号）

〈珪肺症患者に対する休業補償給付のスライド制の適用〉

問　標記について左記の取扱でよいか疑義が生じましたので御指示願います。

記

労働者が数事業を転動し、珪肺症発生のおそれのない事業場に於いて珪肺症と診断され珪肺症発生のおそれのある最後の事業場を離職の際に当該疾病が発生したものと取扱われた場合に、この者の休業補償費のスライド制の適用について対象となる事業場は、右の珪肺症発生のおそれのある最後の事業場であると考えられる。

答　貴見のとおり取り扱うべきものである。

（昭二八・一・一四　基収第三一号の二）

〈継続事業の一括扱いにおけるスライド〉

問　労基法第七六条第二項における同一事業場の取扱いについて左記のとおり取扱方法が考えられますが、いささか疑義がありますので、りん伺いたします。

記

一　一括した全事業場を一つの事業場として取扱う。

同一企業内の労働者の休業補償給付のスライド適用については平等に行なわれるが、労基法第七六条第二項の同一事業場とは、労基法第八条に規定する事業場と解するのが相当であるから、企業内の全事業場を一つの事業とすることは疑義があるばかりでなく、労災保険給付は、指定・一括事業場それぞれの所轄労働基準監督署が行なうものであるから、常時使用労働者数一〇〇人以上の事業場の場合は、平均給与額調査を所轄労働基準監督署が行なうことは、極めて困難でありいきおい指定事業場の所轄労働基準監督署に依頼する例が多くなることが予測される。

二　指定・一括事業をそれぞれ一つの事業場として取扱い、いわゆる便宜被一括事業場は一括した事業場に包括する。

同一企業内の各事業場毎にスライド適用方法、スライド率が異なり労働者が不平等の取扱をうける。

当局の意見

二により処理すべきものと考えますが、当局には、私鉄、バス、タクシー等の事業場で、労基法第八条の事業場として認められる事業場も包括して、いわゆる便宜一括している事業場があり、これについても、一括した事業場を一つの事業場として取扱ってよいかに疑義があります。

答　継続事業の一括扱いの場合においても、休業補償給付のスライドは、被災労働者の所属する個々の事業における平均給与額の上昇又は低下の率を基準として行なうこととされたい。

（昭四五・八・二九　四四基収第四〇八四号の二）

〈休業スライド制の改正について〉

1　従来、一〇〇人以上の労働者を使用する事業場の労働者については、当該事業場の同種の労働者の平均給与額を基礎として休業補償給付のスライドが行われていたが、スライド制の円滑かつ適切な実施をはかるため、今回の改正により、この同種の労働者の賃金動向により休業補償給付の額を改定される労働者の範囲が、常時一、〇〇〇人以上の労働者を使用する事業場の労働者に限られることになった（新法第一四条第二項、新労災則第一二条の四）。

この結果、常時一〇〇人以上一、〇〇〇人未満の労働者を使用する事業場の労働者については、従来の常時一〇〇人未満の労働者を使用する事業場の被災労働者についての取扱いと同様に、その事業場の属する産業の平均給与額（「毎月勤労統計」

における産業別の「毎月きまって支給する給与」の労働者一人当たりの一箇月平均額）の変動率を基礎として休業補償給付のスライドが行われることとなった。

2　経過措置

(1)　新しいスライド方式は、施行日以後の日に係る休業補償給付の額について適用され、施行日前の日に係る休業補償給付の額については従前の方式によりスライドが行われる。

(2)　スライド方式の改正に伴い、これら常時一〇〇人以上一、〇〇〇人未満の労働者を使用する事業場の労働者で、施行日前に既に当該事業場の同種の労働者の平均給与額の変動状況を基礎に改定された額の休業補償給付の支給を受けていたものに関しては、施行日以後の給付額が従来より低下することのないよう、その最後の改定の基礎となった四半期に当該労働者が負傷し、又は疾病にかかったものとみなして改正後のスライドに関する規定を適用することとされた（整備省令第二条第二項）。

（昭五三・三・三〇　基発第一九二号）

〈労働者災害補償保険法等の一部を改正する法律の施行（第二次分）について〉

第一　保険給付関係

一　休業補償給付等のスライド制の改善

(1)　改正の趣旨及び概要

イ　改正の趣旨

近年における賃金上昇率の鈍化、年金・一時金のスライドをいわゆる完全自動賃金スライド制としたこと等にかんがみ、休業補償給付及び休業給付（以下「休業補償給付等」という。）のスライド発動要件を緩和するとともに、年金・一時金のスライド方式と同様、給付額をスライドさせる方式から給付基礎日額をスライドさせる方式に改め、また、スライド率の算定につき事業場の規模又は産業の別を問わず一律とすることとしたものである。

ロ　改正の概要

(イ)　従来は、休業補償給付等のスライドについては、被災労働者と同一の事業場における同種の労働者の平均給与額（従業員一〇〇〇人未満規模の事業場においては、毎月勤労統計における当該事業場の属する産業に係る毎月きまって支給する給与の労働者一人当たり一箇月平均額。以下同じ。）が事故発生日の属する四半期の平均給与額の一〇〇分の一二〇を超え、又は一〇〇分の八〇を下るに至った場合に、その四半期の翌々四半期に、その比率に応じて休業補償給付等の額を改定して支給する(改定後の改定は、これに準ずる。)こととなっていた（旧法第一四条第二項及び第二二条の二第三項並びに労働基準法第七六条第二項及び第三項）。

(ロ)　今回の改正により、休業補償給付等の額の算定に用いる給付基礎日額(以下「休業給付基礎日額」という。)のスライドとして、算定事由発生日(新法第八条第一項の算定事由発生日をいう。以下同じ。)の属する四半期(スライドされた場合にあっては、スライド改定時の前々四半期)の平均給与額(毎月勤労統計における調査産業の毎月きまって支給する給与の労働者一人当たり一箇月平均額をいう。)の一〇〇分の一一〇を超え、又は一〇〇分の九〇を下るに至った場合に、その比率を基準として労働大臣が定める率を法第八条の給付基礎日額(スライドされた場合にあっては、スライド後の額)に乗じて得た額を、当該四半期の翌々四半期の初日以後に支給事由が生じた休業補償給付等に係る休業給付基礎日額とすることとした(新法第八条の二第一項第二号)。

(ハ)　休業補償給付等の額をスライドさせる方式から休業給付基礎日額をスライドさせる方式に改めた理由は、年金たる保険給付の場合と同様である(平成二年七月三一日付け労働省発労徴第五五号・基発第四八四号通達の記の第一の一(1)ロ(ハ)参照)。

(ニ)　スライドの発動要件たる賃金変動率を一〇%とした理由は、

①　年金・一時金のスライドの改善についても、二〇%→一〇%という経過をたどったこと、

②　スライドが導入された昭和二七年直後の状況をみると三年に一回程度はスライドされていたところであり、最近の三%程度の賃金上昇の動向からみて変動幅を一〇%程度に引き下げることで、一応制度発足時の機能を回復できると考えられること

等である。

(ホ)　スライド率の算定につき事業場の規模又は産業の別を問わず一律とすることとした理由は、事業場別スライドに関し平均給与額につき事業主の証明が必要とされていたり(旧労災則第一三条第四項及び第一八条の七第二項)、産業ごとに適用するスライド率が異なるため、スライド発動要件の緩和に伴い、労使双方への負担や休業補償給付等の額の計算の煩雑さが更に増すためである。

(2)　スライド率の算出方法

スライド率の算出に当たっては、各四半期における平均給与額を計算しなければならないが、この平均給与額は、法第八条の二第一項第二号の原則に特に修正を加えることなく、毎月勤労統計における四半期ごとの労働者一人当たりの毎月きまって支給する給与の一箇月平均額によることとした(新労災則第九条の二)。

(3)　関係規定の整備

イ　厚生年金等との併給調整の場合における最低保障額に関する規定の整

備

(イ)　同一の事由により障害厚生年金等の社会保険年金法（国民年金法（昭和三四年法律第一四一号）第三〇条の四の障害基礎年金を除く。）と休業補償給付等とが併給される場合には、休業補償給付等に一定の率を乗じて休業補償給付等を減額することとしている（新法第一四条第二項（旧法第一四条第四項）及び第二二条の二第二項並びに国民年金法等の一部を改正する法律（昭和六〇年法律第三四号）附則第一一六条第七項及び第八項）。

　この際、休業補償給付等の減額分が大き過ぎると、社会保険年金を受ける権利を有している者の休業補償給付等と社会保険年金の受給額の合計額が減額前の休業補償給付等の額に満たなくなりかえって不利になるので、これを避けるため、併給調整後であっても少なくとも労災保険の給付額は保障されるよう、休業補償給付等の額の最低保障額を定めている（旧労災令第一条並びに附則第一五項及び附則第一六項）。

　この最低保障額を数式で表すと、

$$\text{最低保障額} = \text{休業補償給付等の額} - \text{社会保険年金額}/365$$

となる。

(ロ)　休業補償給付等にスライドが働く場合は、従来は、休業補償給付等の額がスライド改定後の額であることを明記していたが、今回の改正により休業補償給付等の額はスライド後の給付基礎日額を基礎として算定されるため当然にスライド後の額となり、このような明記は不要となったので、この規定を削除した（新労災令第一条並びに附則第一二項及び附則第一三項）。

ロ　給付基礎日額の最低保障額のスライド率による割戻し規定の整備

　従来は、休業補償給付等がスライドされた場合であって、平均賃金相当額にスライド率（平均賃金相当額の一〇〇分の六〇に乗ずべき率。以下「通算スライド率」という。）を乗じて得た額が最低保障額に満たない場合は、最低保障額を当該スライド率で割り戻した額を法第八条の給付基礎日額とすることとしていた（旧労災則第九条第四号ただし書ニ）。

　今回は、スライド後の休業給付基礎日額を平均賃金相当額で除して得た率が通算スライド率となるので、その率により最低保障額を割り戻すこととするなど、規定の整備を行った（新労災則第九条第四号ただし書ロ）。

ハ　個別事業主による平均給与額の証明の廃止

　個別事業場単位でのスライド制の廃止に伴い、個別事業主による平均給与額の証明に関する規定（旧労災則第一三条第四項及び第一八条の六の二第二項）を削除した。

ニ　その他の規定の整備

法、労災令、労災則及び労働者災害補償保険法施行規則等の一部を改正する省令（昭和六二年労働省令第二号）につき、法令の条文移動等に伴う所要の規定の整備を行った。

(4) 経過措置

イ 施行日前にスライドされた休業補償給付等のスライドに係る経過措置

改正法第二条の施行日（平成二年一〇月一日）前に旧法の規定によりスライドされた休業補償給付等を新法の規定によりスライドさせる場合には、当該旧法の規定による最後のスライド改定時の四半期の前々四半期（日日雇い入れられる者にあっては、スライド改定時の四半期の属する年の前年の七月から九月までの期間）の平均給与額を基礎としてスライド率を算定し、当該旧法の規定によるスライド改定時の休業補償給付等の額の六〇分の一〇〇に当該算定したスライド率を乗じることによりスライドさせることとした（改正法附則第四条及び改正省令附則第二条）。

ロ 施行日前に支給事由が生じた休業補償給付等の額

改正法第二条の施行日（平成二年一〇月一日）前に支給事由が生じた休業補償給付等の額については、同日以後に支払われる場合であっても、旧法の規定により算定した額によることとした（改正法附則第三条）。

ハ 個別事業主の証明に関する経過措置

改正省令の施行日（平成二年一〇月一日）前に支給事由が生じた休業補償給付等に係る個別事業主の平均給与額の証明書の添付については、上記(3)ハで説明した廃止の措置にかかわらず、なお従前の例によることとした（改正省令附則第三条第三項）。

ニ 長期療養者の休業給付基礎日額への年齢階層別最低・最高限度額の設定

(1) 改正の趣旨及び概要

イ 改正の趣旨

昭和六二年二月一日に、年金たる保険給付については、若年時被災者の年金額が生涯にわたって低額のまま据え置かれるなど被災時の年齢による不均衡の是正を図ること等のため、当該保険給付に係る給付基礎日額について年齢階層別最低・最高限度額制度が導入された（労働者災害補償保険法及び労働保険の保険料の徴収等に関する法律の一部を改正する法律（昭和六一年法律第五九号）による改正。昭和六二年一月三一日付け基発第四二号通達の記の第一の一(1)参照。）。

その後、休業補償給付等についても、支給が長期化する例が増え、年金と同様な年齢間の不均衡の問題に加えて、傷病補償年金や傷病年金（療養開始後一年六箇月を経過して症状の重い者に支給）には最高限度額が適用されるのに、かえって症状の軽い者の方が最高限度額が適用されないという不均衡が顕在化してきたことから、療養開始後一年六箇月を経過した者に支給する休業補償給付等に係る休業給付基礎日額に、年金たる保険給付と同様の年齢階層別最低・最高限度額制度を導入することとした（新法第八条の二第二項）。

ロ　改正の概要

改正の内容は、下記⑵に規定する内容を除き、年金たる保険給付に係る給付基礎日額の年齢階層別最低・最高限度額制度と同様の内容とした（新法第八条の二第二項並びに新労災則第九条の三及び第九条の四。昭和六二年一月三一日付け基発第四二号通達の記の第一の一⑵イ及びロ参照。）。

⑵　具体的適用

イ　「一年六箇月を経過した日」の特定

「療養を開始した日から起算して（注一）一年六箇月を経過した日（注二）」（新法第八条の二第二項）とは、療養の開始の日の属する月の翌月から起算した一八箇月目の月において当該療養の開始の日に応当する日（応当する日がない場合は、当該一八箇月目の月の末日の翌日）である（法第四三条及び民法第一四三条第二項）。

例えば、平成二年一〇月三日に療養を開始した場合には、平成二年一一月から起算して一八箇月目の月である平成四年四月の三日が「一年六箇月を経過した日」となり、平成二年一〇月三一日に療養を開始した場合には、一八箇月目の月である平成四年四月には三一日に応当する日がないので、平成四年五月一日が「一年六箇月を経過した日」となる。

（注一）　法第四三条及び民法第一四〇条によると、期間の初日は算入しないこととされているが、新法第八条の二第二項はこの特例である。

（注二）　一般に、「（一定の期間を）経過した日」とは、一定の期間の満了日の翌日と解されている。

ロ　被災労働者の年齢の計算

被災労働者の年齢の計算に関しては、休業補償給付等の額は一日単位で計算されるものであるので、年金たる保険給付のように被災労働者の年齢を一年単位でみる（最低・最高限度額の適用を一年間固定する）合理性はないが、一方、日ごとに被災労働者の年齢をみて最低・最高限度額の適用を変更するのは事務処理上煩雑であるので、四半期の初日ごとに被災労働者の年齢をみることとした（新法第八条の二第二項）。

ハ　公示方法

統計上、年齢階層別最低・最高限度額が判明する時期（六月頃）との関係等を考慮し、休業補償給付等についても、年金たる保険給付と同様、毎年八月から翌年七月までの期間ごとに年齢階層別最低・最高限度額を設定することとし、その年の七月三一日までに告示することとした（新労災則第九条の四第六項）。

(3)　関係規定の整備

イ　一部休業の場合の考え方

休業給付基礎日額が最高限度額の適用を受けて減額される場合であって、一日の所定労働時間のうち一部につき就労した場合については、最高限度額を適用しないこととした場合の休業給付基礎日額から一部受けた賃金を控除し、その残額につき最高限度額を適用することとした（新法第一四条第一項ただし書）。

これは、先に最高限度額を適用して給付基礎日額を減額した後、一部受けた賃金を控除する場合、一部受けた賃金の額が最高限度額以上であれば、休業補償給付等の額が〇円となるが、労働基準法の休業補償には最高限度額の適用がないため休業補償の義務は残る（労働基準法施行規則第三八条）場合もあるなど不都合が生じるからである。

ロ　その他の規定の整備

年金たる保険給付に係る給付基礎日額の年齢階層別最低・最高限度額に関する規定は、休業給付基礎日額の年齢階層別最低・最高限度額に関する規定を準用する形式とした（新法第八条の三第二項）が、内容は従来と変わらないものである。

(4)　経過措置

イ　施行日前に支給事由が生じた休業補償給付等の額

上記一(4)ロと同様である。

ロ　継続休業者に係る経過措置

改正法第二条の施行日（平成二年一〇月一日）前に療養を開始した者（以下「継続休業者」という。）については、受給者に急激な変化を生じさせることを防止する観点から、同日以後に療養を開始した者との均衡を考慮して、同日に療養を開始したものとみなすことにした（改正法附則第五条）。

この結果、継続休業者に対し、実際に休業給付基礎日額に係る年齢階層別最低・最高限度額が適用されるのは、平成二年一〇月一日から起算して一年六箇月を経過した日である平成四年四月一日以後である。

なお、施行日以後に療養を開始した者の最も早い療養開始日は、平成二年一〇月一日であるから、継続休業者も新規休業者も平成四年四月一日までは年齢階層別最低・最高限度額の適用がないことになる。

ハ　公示に係る経過措置

上記ロとの関係で、年齢階層別最低・最高限度額の公示に関する規定（新労災則第九条の四第六項）は、平成四年四月一日前に支給事由が生じた休業補償給付等については適用しないこととするなど、所要の経過措置を設けた（改正省令附則第三条第一項及び第二項）。

第二　特別支給金関係

一　休業特別支給金

　休業特別支給金の額の算定の基礎として用いる給付基礎日額を新法第八条の二第一項又は第二項の休業給付基礎日額（スライドの規定や年齢階層別最低・最高限度額の規定を適用した後の給付基礎日額）とすることとするとともに、一部休業の場合に関する所要の整備（上記第一の二⑵イ参照）を行った（新特支則第三条第一項）。

　また、これに伴い、休業特別支給金の額をスライドさせる規定（旧特支則第三条第三項及び第四項）を削除した。

二　その他の規定の整備

　休業特別支給金のスライドにつき、個別事業場ごとのスライド方式を廃止したことに伴い、事業主の平均給与額の証明に関する規定（旧特支則第三条第七項）を削除したほか、特支則及び昭和五二年改正省令につき、法令の条文移動等に伴う所要の規定の整備を行った。

三　経過措置

⑴　特別支給金の額

　施行日前に支給事由が生じた休業特別支給金の額

　改正省令の施行日（平成二年一〇月一日）前に支給事由が生じた休業特別支給金の額については、同日以後に支払われる場合であっても、旧特支則の規定により算定した額によることとした（改正省令附則第四条第一項）。

⑵　その他の経過措置

　改正省令の施行日（平成二年一〇月一日）前に支給事由が生じた休業特別支給金に係る個別事業主の平均給与額の証明の廃止（上記二参照）につき、上記第一の一⑷ハと同様の経過措置を規定した（改正省令附則第四条第二項）。

第三　労災就学等援護費に関する通達の一部改正関係

　年金給付基礎日額に関する法律の規定が、旧法第八条の二から新法第八条の三に移動したことに伴い、別紙のとおり労災就学等援護費支給要綱（昭和四五年一〇月二七日付け基発第七七四号）第三項第一号ただし書の文言の整理を行うこととし、あわせてこの際従来の度重なる同要綱の改正と整合性がとれるように昭和四五年一〇月二七日付け基発第七七四号通達本文及び昭和五四年四月四日付け基発第一六〇号通達本文を一部改正することとした（形式整備にとどまり、内容は変更はない。）。

　なお、同要綱第三項第一号ただし書は、労災就学等援護費を申請する者が受ける年金たる保険給付に係る年金給付基礎日額が一定額（平成二年九月二八日現在では一四、〇〇〇円）を超える場合（いったん労災就学等援護費が支給されることとなった場合を除く。）には、労災就学等援護費が支給されない旨を定めるものである。

（平二・九・二八　基発第五八八号）

3　厚生年金等との調整

〈休業補償給付と厚生年金等との調整〉

一　休業補償給付又は休業給付と新厚生年金等との調整

同一の事由により休業補償給付又は休業給付と新厚生年金等が併給される場合にあっては、新労災保険法第一四条第三項及び第二二条の二第二項の規定により、新労災保険法別表第一第一号から第三号までに掲げる併給される新厚生年金等の区分に応じ、同表第一号から第三号までの政令で定める率（昭和六三年三月までの間においては、改正法附則第一一七条第一項から第三項まで（同条第四項において準用する場合を含む。）の政令で定める率。改正法附則第一一七条第五項及び第六項参照。）のうち傷病補償年金又は傷病年金に係る率を、当該休業補償給付

併給される新厚生年金等＼労災保険の年金たる保険給付		障害補償年金 障害年金	遺族補償年金 遺族年金	傷病補償年金 傷病年金	備考
(1) 別表第1第1号 新厚生年金＋新国民年金	障害厚生年金及び障害基礎年金	0.76	−	0.76	新労災令附則第17項
	遺族厚生年金及び遺族基礎年金又は寡婦年金	−	0.83	−	
(2) 別表第1第2号 新厚生年金	障害厚生年金	0.88	−	0.88	新労災令附則第21項
	遺族厚生年金	−	0.91	−	
(3) 別表第1第3号 新国民年金	障害基礎年金	0.89	−	0.88	新労災令附則第25項
	遺族基礎年金又は寡婦年金	−	0.91	−	

旧厚生年金等 ＼ 労災保険の年金たる保険給付		障害補償年金 障害年金	遺族補償年金 遺族年金	傷病補償年金 傷病年金	備考
旧厚生年金法	障害年金	0.76	−	0.76	新労災令附則第6項
	遺族年金	−	0.83	−	
旧船保法	障害年金	0.76	−	0.76	新労災令附則第10項
	遺族年金	−	0.83	−	
旧国年法	障害年金	0.89	−	0.88	
	母子年金等	−	0.91	−	

又は休業給付の額に乗じて調整することとされている。この場合の休業補償給付又は休業給付についての調整限度額については、休業補償給付又は休業給付の額から同一の事由により併給される新厚生年金等の額を三六五で除して得た額を減じた残りの額に相当する額とすることとされた（新労災令第一条関係）。

二　休業補償給付又は休業給付と旧厚生年金等との調整

　同一の事由により休業補償給付又は休業給付と旧厚生年金等が併給される場合にあっては、併給される旧厚生年金等の区分に応じ、同条第二項及び第三項（同条第四項において準用する場合を含む。）の政令で定める率のうち傷病補償年金又は傷病年金に係る率を当該休業補償給付又は休業給付の額に乗じて調整することとされている（改正法附則第一一六条第二項及び第三項）。この場合の休業補償給付又は休業給付についての調整限度額は、休業補償給付又は休業給付の額から同一の事由により併給される旧厚生年金等の額を三六五で除して得た額を減じた残りの額に相当する額とすることとされた（新労災令附則第十五項及び第十六項）。

（昭六一・三・二九　基発第一七九号）

〈労災保険の年金たる保険給付等と厚生年金等との調整について〉

〈略〉今般、同一の事由により労災保険の年金たる保険給付（以下「労災年金」という。）と厚生年金保険法（昭和二九年法律第一一五号）の規定による年金たる保険給付又は国民年金法（昭和三四年法律第一四一号）の規定による年金たる給付（以下「厚生年金等」という。）とが支給される場合の労災年金の額の調整に関し、昭和六一年度における労災年金と厚生年金等の支給の実績に基づき、労災年金の額に乗ずる率（調整率）を定めること等を内容とする労働者災害補償保険法施行令の一部を改正する政令（昭和六三年政令第六四号。以下「改正政令」という。参考一参照）が、昭和六三年三月三一日に公布され、同年四月一日から施行されることとなった。

ついては、下記の点に留意の上、事務処理に遺憾なきを期されたい。

記

第一　労災年金と厚生年金等との併給調整

一　同一の事由により労災年金と厚生年金等とが併給される場合における労災年金の額の調整については、労災年金の額に前々保険年度における併給に係る労災年金の支給額の平均額と厚生年金等の支給額の平均額に基づき政令で定める一定の率（調整率）を乗じ調整を行い、調整後の労災年金の額については、その額と併給される厚生年金等の額との合計額が調整前の労災年金の額を下回る（すなわち、厚生年金等との併給があるため併給がない場合に比較し受給総額が低くなる）ことがないよう、政令で定める一定の額（調整限度額）を設けることとされている（労働者災害補償保険法（昭和二二年法律第五〇号。以下「労災保険法」という。）別表第一（労災保険法第二二条の三第三項、第二二条の四第三項及び第二二条の六〔現行＝第二三条〕第二項において準用する場合を含む。以下同じ）。

二　調整率は、労災年金の種別ごとに、労災保険法別表第一第一号から第三号までに掲げる併給される厚生年金等の区分に応じ、それぞれ政令で定めることとされているところ、昭和六一年四月から昭和六三年三月までの間においては、前々保険年度（昭和五九年度及び昭和六〇年度）における厚生年金等の支給実績が存在しないことから、国民年金法等の一部を改正する法律（昭和六〇年法律第三四号。以下「昭和六〇年改正法」という。昭和六一年四月一日施行。）による改正前の厚生年金保険法、船員保険法（昭和一四年法律第七三号）又は国民年金法の規定による年金たる給付（以下「旧厚生年金等」という。）との支給実績に基づいて経過的に定めることとされ（昭和六〇年改正法附則第一一七条第一項から第三項まで（同条第四項において準用する場合を含む。））、具体的には昭和五九年度における同一の事由による併給に係る労災年金の支給額と旧厚生年金等の支給額の平均額に基づき、改正政令による改正前の労働者災害補償保険法施行令（以下「旧労災令」という。）により別表一のカッコ内のとおり具体的数値が経過的に定められていたところである（旧労災令附則第一七項、第二一項及び第二五項）。

三　今般、昭和六三年四月以後の月分の労災年金の支給額の調整に用いる調整率について、昭和六一年度における同一の事由による併給に係る労災年金の支給額の平均額と厚生年金等の支給額の平均額に基づき、別表1のとおり具体的数値が定められた（改正政令による改正後の労働者災害補償保険法施行令（以下「新労災令」という。）第二条、第四条及び第六条）。

第二　労災年金と旧厚生年金等との併給調整

一　同一の事由により労災年金と旧厚生年金等とが併給される場合については、第一の一において述べた労災年金と厚生年金等との併給調整と同様に調整を行うこととされている（昭和六〇年改正法附則第一一六条第二項及び第三項（同条第四項において準用する場合を含む。以下同じ。））。

その際用いる調整率については、昭和六〇年改正法附則第一一六条第二項及び第三項において、同一の事由により労災年金と旧厚生年金等とが併給される場合について、昭和六〇年改正法による改正前の労災保険法別表第一の規定の例により算定した率、例えば、前々保険年度における旧厚生年金との併給に係る労災年金の支給額の平均額から同一の事由により支給される旧厚生年金の支給額の平均額に一〇〇分の五〇を乗じて得た額を減じた額を労災年金の支給額の平均額で除して得た率を下回らない範囲で政令で定めるものとされている。

二　今般、昭和六三年四月以後の月分の労災年金の支給額の調整に用いる調整率について、昭和六一年度における同一の事由による併給に係る労災年金の支給額の平均額と旧厚生年金等の支給額の平均額に基づき、別表2のとおり具体的数値が定められた（新労災令附則第六項及び第一〇項）。

第三　休業補償給付又は休業給付と厚生年金等又は旧厚生年金等との併給調整

一　同一の事由により休業補償給付又は休業給付と厚生年金等とが併給される場合にあっては、労災保険法第一四条第四項（労災保険法第二二条の二第二項において準用する場合を含む。）の規定により併給される厚生年金等の区分に応じ、労災保険法別表第一第一号から第三号までの政令で定める率のうち傷病補償年金又は傷病年金に係る率を、当該休業補償給付又は休業給付の額に乗じて調整することとされている。この場合の休業補償給付又は休業給付についての調整限度額については、休業補償給付又は休業給付の額から同一の事由により支給される厚生年金等の額を三六五で除して得た額を減じた残りの額に相当する額とすることとされている（新労災令第一条関係）。

二　同一の事由により休業補償給付又は休業給付と旧厚生年金等とが併給

される場合にあっても同様に、併給される旧厚生年金等の区分に応じ、昭和六〇年改正法附則第一一六条第二項及び第三項の政令で定める率のうち傷病補償年金又は傷病年金に係る率を当該休業補償給付又は休業給付の額に乗じて調整することとされている（昭和六〇年改正法附則第一一六条第七項及び第八項）。この場合の休業補償給付又は休業給付についての調整限度額は、休業補償給付又は休業給付の額から同一の事由により併給される旧厚生年金等の額を三六五で除して得た額を減じた残りの額に相当する額とすることとされている（新労災令附則第一五項及び第一六項）。

三　今般、第一及び第二において述べたとおり、労災保険の傷病補償年金又は傷病年金と厚生年金等又は旧厚生年金等との併給に係る調整率が改正されたことに伴い、昭和六三年四月一日以後に支給事由の生じた休業補償給付又は休業給付の額の調整に用いられる率も変更されることとなったので、併せて留意されたい。

第四　経過措置等

一　改正政令は昭和六三年四月一日から施行することとされているが、同一の事由により労災年金と厚生年金等又は旧厚生年金等とが併給される場合における昭和六三年三月までの月分の労災年金の額に乗ずる率（調整率）については、なお従前の例、すなわち、厚生年金等との併給に係るものについては旧労災令附則第一七項、第二一項及び第二五項に規定する率を、旧厚生年金等との併給に係るものについては旧労災令附則第六項及び第一〇項に規定する率を、それぞれ適用することとされている。

二　今回の調整率の改正に伴い、昭和六三年四月以後の月分の労災年金の額が変更（引上げ又は引下げ）される受給権者に対しては、各所轄労働

別表１

併給される厚生年金等 ＼ 労災年金		障害補償年金 障害年金	遺族補償年金 遺族年金	傷病補償年金 傷病年金	備考
厚生年金保険法及び国民年金法	障害厚生年金及び障害基礎年金	0.73	−	0.73	新労災令第２条
	遺族厚生年金及び遺族基礎年金及び寡婦年金	−	0.80	−	
厚生年金保険法	障害厚生年金	0.83	−	0.86	新労災令第４条
	遺族厚生年金	−	0.84	−	
国民年金法	障害基礎年金	0.88	−	0.88	新労災令第６条
	遺族基礎年金又は寡婦年金	−	0.88	−	

別表２

併給される旧厚生年金等 ＼ 労災年金		障害補償年金 障害年金	遺族補償年金 遺族年金	傷病補償年金 傷病年金	備考
昭和60年改正法による改正前の厚生年金保険法	障害年金	0.74	－	0.75	労災令新附則第６項
	遺族年金	－	0.80	－	
昭和60年改正法による改正前の船員保険法	障害年金	0.74	－	0.75	労災令新附則第10項
	遺族年金	－	0.80	－	
昭和60年改正法による改正前の国民年金法	障害年金	0.89	－	0.89	
	母子年金等	－	0.90	－	

基準監督署長より「厚生年金等調整率による変更決定通知書」（参考二参照）をもって変更の内容について通知することとしているので、関連の事務処理についても併せて遺漏なきを期されたい。

（昭六三・三・三一　基発第二〇三号）

判例

●休業補償給付の支給事由

「休業補償給付は、雇用契約上賃金請求権を有しない日についても支給されるべきであるとした例」

昭五八・一〇・一三　最判

（一七五六頁参照）

（休業補償給付を行わない場合）

第十四条の二　労働者が次の各号のいずれかに該当する場合（厚生労働省令で定める場合に限る。）には、休業補償給付は、行わない。

一　刑事施設、労役場その他これらに準ずる施設に拘禁されている場合

二　少年院その他これに準ずる施設に収容されている場合

条文解説

労働者について休業補償給付が行われない場合として、刑事施設、労役場その他これらに準ずる施設に拘禁されている場合及び少年院その他これに準ずる施設に収容されている場合（厚生労働省令で定める場合に限る。）を定めることとしたものである。

関係政省令等

（休業補償給付を行わない場合）

則第十二条の四　法第十四条の二の厚生労働省令で定める場合は、次の各号のいずれかに該当する場合とする。

一　懲役、禁錮若しくは拘留の刑の執行のため若しくは死刑の言渡しを受けて刑事施設（少年法（昭和二十三年法律第百六十八号）第五十六条第三項の規定により少年院において刑を執行する場合における当該少年院を含む。）に拘置されている場合若しくは留置施設に留置されて懲役、禁錮若しくは拘留の刑の執行を受けている場合、労役場留置の言渡しを受けて労役場に留置されている場合又は監置の裁判の執行のため監置場に留置されている場合

二　少年法第二十四条の規定による保護処分として少年院若しくは児

童自立支援施設に送致され、収容されている場合又は売春防止法（昭和三十一年法律第百十八号）第十七条の規定による補導処分として婦人補導院に収容されている場合

解釈例規

〈収監中の者等に対する休業補償給付等に関する改正〉

(1)　改正の趣旨及び内容

イ　労働者が監獄等に拘禁・収容された場合には、仮に業務上の事由又は通勤による負傷・疾病の療養という事情がなかったとしても、そもそも身体の自由を拘束されており、労働して賃金を得ることができない状態に置かれている。このような場合についても、休業補償給付又は休業給付を支給することは、労働者が業務上の事由又は通勤による負傷又は疾病の療養のため労働不能である場合について給付を行う休業補償給付又は休業給付の制度本来の趣旨にそぐわないところである。このように、労働者本人の犯罪行為の帰結としての監獄への拘禁等の一種の「自招行為」の結果としての労働不能についてまで事業主の費用負担により給付を行うことは妥当ではなく、さらに、健康保険法、船員保険法等においては類似の場合に保険給付を支給しないこととする取扱いがなされていることをも考慮し、労働者が、①監獄、労役場その他これらに準ずる施設に拘禁されている場合及び②少年院その他これに準ずる施設に収容されている場合であって、労働省令で定める場合には、休業補償給付又は休業給付を行わないこととしたものである（新労災法第一四条の二（新労災法第二二条の二第二項において準用する場合を含む。）関係）。

ロ　休業補償給付又は休業給付が行われない場合は、既決のケースに限定する趣旨で労働者が次のいずれかに該当する場合とすることとした（新労災則第一二条の五〔現行＝第一八条の六の三〕（新労災則第一八条の六の二〔現行＝第一二条の四〕において準用する場合を含む。）関係）。

①　a懲役、禁錮若しくは拘留の刑の

執行のため若しくは死刑の言渡しを受けて監獄に拘置されている場合、b労役場留置の言渡しを受けて労役場に留置されている場合又はc監置の裁判の執行のため監置場に留置されている場合

　aは罪が確定し刑の執行等のため監獄に拘置されている場合であり、bは罰金又は科料の刑が確定し、これを完納することができず換刑処分として労役場に留置されている場合である。また、cは「法廷における秩序の維持等に関する法律」に違反した者が、制裁として監置に処せられ、監獄に附設される監置場に留置された場合である。

② d少年法第二四条の規定による保護処分として少年院若しくは教護院に送致され、収容されている場合又はe売春防止法の規定による補導処分として婦人補導院に収容されている場合

　d、e共に、裁判所による処分を受けて一定の施設に収容されている場合である。dの「教護院」は不良行為をなし、又はなす虞のある児童を入院させて、これを教護することを目的とする施設である（児童福祉法第四四条参照）。eの「婦人補導院」は売春防止法第一七条の規定により補導処分に付された者を収容して、これを更生するために必要な補導を行う施設である（婦人補導院法第一条参照）。

ハ　休業補償給付又は休業給付の待期期間（三日間）の計算に当たっては、労働者がロの①又は②のいずれかに該当する場合、その日は待期期間に算入しない。

ニ　特支則の規定による休業特別支給金についても、休業補償給付及び休業給付に関する改正と同趣旨の改正を行うこととした。すなわち、労働者がロの①又は②のいずれかに該当する場合は、休業特別支給金は支給しないこととされた（新特支則第三条第二項関係）。

ホ　労働基準法の休業補償についても、休業補償給付及び休業給付に関する改正と同趣旨の改正を行うこととした。すなわち、労働者がロの①又は②のいずれかに該当する場合には、事業主は当該労働者に対し休業補償を行わなくてもよいものとされた（新労基則第三七条の二関係）。この結果、労働者がロの①又は②のいずれかに該当している日については、労災保険の休業補償給付が行われず、また、使用者はその日については個別事業主としての立場で休業補償を行う義務を免れることとなる。

　なお、監獄又は留置場等に拘禁又は留置せられた場合における労働基準法の災害補償についての昭和二三年七月一三日付け基収第二三六九号通達は、上記により変更されたものとして取り扱われたい。

(2)　施行期日等

この改正は、昭和六二年四月一日から施行され、新労災法第一四条の二及び新労災則第一二条の五の規定は、施行日以後に新労災法第一四条の二各号のいずれかに該当する労働者について適用することとされ、新特支則第三条第二項の規定及び新労基則第三七条の二の規定の適用についても同様とされた（改正法附則第六条並びに改正省令附則第三条第二項及び第五条関係）。従って、例えば、施行日前から引き続き懲役の刑の執行のため監獄に拘置されている労働者の場合、施行日前の日についての休業補償給付等は支給されるが、施行日以後の日については支給されないこととなる。

（昭六二・三・三〇　発労徴第二三号、基発第一七四号）

（障害補償給付）

第十五条　障害補償給付は、厚生労働省令で定める障害等級に応じ、障害補償年金又は障害補償一時金とする。

2　障害補償年金又は障害補償一時金の額は、それぞれ、別表第一又は別表第二に規定する額とする。

参考

法別表第一（第十四条、第十五条、第十五条の二、第十六条の三、第十八条、第十八条の二、第二十二条の三、第二十二条の四、第二十三条関係）

一　同一の事由（障害補償年金及び遺族補償年金については、それぞれ、当該障害又は死亡をいい、傷病補償年金については、当該負傷又は疾病により障害の状態にあることをいう。以下同じ。）により、障害補償年金若しくは傷病補償年金又は遺族補償年金と厚生年金保険法の規定による障害厚生年金及び国民年金法の規定による障害基礎年金（同法第三十条の四の規定による障害基礎年金を除く。以下同じ。）又は厚生年金保険法の規定による遺族厚生年金及び国民年金法の規定による遺族基礎年金若しくは寡婦年金とが支給される場合にあつては、下欄の額に、次のイからハまでに掲げる年金たる保険給付の区分に応じ、それぞれイからハまでに掲げるところにより算定して得た率を下らない範囲内で政令の定める率を乗じて得た額（その額が政令で定める額を下回る場合には、当該政令で定める額）

イ　障害補償年金　前々保険年度（前々年の四月一日から前年の三月三十一日までをいう。以下この号において同じ。）において障害補償年金を受けていた者であつて、同一の事由により厚生年金保険法の規定による障害厚生年金及び国民年金法の規定による障害基礎年金が支給されていたすべてのものに係る前々保険年度における障害補償年金の支給額（これらの者が厚生年金保険法の規定による障害厚生年金及び国民年金法の規定による障害基礎年金が支給されていなかつたとした場合の障害補償年金の支給額をいう。）の平均額からこれらの者が受けていた前々保険年度における厚生年金保険法の規定による障害厚生年金の支給額と国民年金法の規定による障害基礎年金の支給額との合計額の平均額に百分の五十を乗じて得た額を減じた額を当該障害補償年金の支給額の平均額で除して得た率

ロ　遺族補償年金　イ中「障害補償年金」とあるのは「遺族補償年金」と、「障害厚生年金」とあるのは「遺族厚生年金」と、「障害基礎年金」とあるのは「遺族基礎年金又は

寡婦年金」として、イの規定の例により算定して得た率

ハ　傷病補償年金　イ中「障害補償年金」とあるのは、「傷病補償年金」として、イの規定の例により算定して得た率

二　同一の事由により、障害補償年金若しくは傷病補償年金又は遺族補償年金と厚生年金法の規定による障害厚生年金又は遺族厚生年金とが支給される場合（第一号に規定する場合を除く。）にあつては、下欄の額に、年金たる保険給付の区分に応じ、前号の政令で定める率に準じて政令で定める率を乗じて得た額（その額が政令で定める額を下回る場合には、当該政令で定める額）

三　同一の事由により、障害補償年金若しくは傷病補償年金又は遺族補償年金と国民年金法の規定による障害基礎年金又は遺族基礎年金若しくは寡婦年金とが支給される場合（第一号に規定する場合及び当該同一の事由により国家公務員等共済組合法（昭和三十年法律第百二十八号）、地方公務員等共済組合法（昭和三十七年法律第百五十二号）、私立学校教職員共済組合法（昭和二十八年法律第二百四十五号）又は農林漁業団体職員共済組合法（昭和三十三年法律第九十九号）の規定による障害共済年金又は遺族共済年金が支給される場合を除く。）にあつては、下欄の額に、年金たる保険給付の区分に応じ、第一号の政令で定める率に準じて政令で定める率を乗じて得た額（その額が政令で定める額を下回る場合には、当該政令で定める額）

四　前三号の場合以外の場合にあつては、下欄の額

区分	額
障害補償年金	一　障害等級第一級に該当する障害がある者　給付基礎日額の三一三日分
	二　障害等級第二級に該当する障害がある者　給付基礎日額の二七七日分
	三　障害等級第三級に該当する障害がある者　給付基礎日額の二四五日分
	四　障害等級第四級に該当する障害がある者　給付基礎日額の二一三日分
	五　障害等級第五級に該当する障害がある者　給付基礎日額の一八四日分
	六　障害等級第六級に該当する障害がある者　給付基礎日額の一五六日分
	七　障害等級第七級に該当する障害がある者　給付基礎日額の一三一日分

法別表第二（第十五条、第十五条の二、第十六条の八、第二十二条の三、第二十二条の四関係）

区分	額
障害補償一時金	一　障害等級第八級に該当する障害がある者　給付基礎日額の五〇三日分
	二　障害等級第九級に該当する障害がある者　給付基礎日額の三九一日分
	三　障害等級第一〇級に該当する障害がある者　給付基礎日額の三〇二日分
	四　障害等級第一一級に該当する障害がある者　給付基礎日額の二二三日分
	五　障害等級第一二級に該当する障害がある者　給付基礎日額の一五六日分
	六　障害等級第一三級に該当する障害がある者　給付基礎日額の一〇一日分
	七　障害等級第一四級に該当する障害がある者　給付基礎日額の五六日分

条文解説

本条は、障害補償給付の内容を定めたもので、別表第一及び別表第二の規定が障害補償給付を支給すべき身体障害の等級を第一級から第一四級までとしていることに対応して、身体障害を一四の等級に区分することを厚生労働省令に委任すること、障害補償給付の種類を障害補償年金と障害補償一時金の二種類とすること及びその額を別表第一又は別表第二に規定する額とすることを規定したものである。

関係政省令等

（法別表第一第一号の政令で定める率）

令第二条　法別表第一第一号（法第二十二条の三第三項、第二十二条の四第三項及び第二十三条第二項において準用する場合を含む。）の政令で定める率は、次の表の上欄に掲げる年金たる保険給付の区分に応じ、それぞれ同表の下欄に定める率とする。

障害補償年金 障害年金	○・七三
遺族補償年金 遺族年金	○・八○
傷病補償年金 傷病年金	○・七三

（法別表第一第一号の政令で定める額）

令第三条　法別表第一第一号の政令で定める額は、同表の下欄の額から、同一の事由（障害補償年金及び遺族補償年金についてはそれぞれ当該障害又は死亡をいい、傷病補償年金については当該負傷又は疾病により障害の状態にあることをいう。）により支給される障害厚生年金の額と障害基礎年金の額との合計額又は厚生年金保険法の規定による遺族厚生年金（第五条第一項において単に「遺族厚生年金」という。）の額と国民年金法の規定による遺族基礎年金（第七条第一項において単に「遺族基礎年金」という。）若しくは同法の規定による寡婦年金（第七条第一項において単に「寡婦年金」という。）の額との合計額を減じた残りの額に相当する額とする。

2　前項の規定は、法第二十二条の三第三項、第二十二条の四第三項及び第二十三条第二項において準用する法別表第一第一号の政令で定める額について準用する。この場合において、前項中「同表」とあるのは「法

第二十二条の三第三項、第二十二条の四第三項及び第二十三条第二項において準用する同表」と、「障害補償年金及び遺族補償年金」とあるのは「障害年金及び遺族年金」と、「傷病補償年金」とあるのは「傷病年金」と読み替えるものとする。

（法別表第一第二号の政令で定める率）

令第四条　法別表第一第二号（法第二十二条の三第三項、第二十二条の四第三項及び第二十三条第二項において準用する場合を含む。）の政令で定める率は、次の表の上欄に掲げる年金たる保険給付の区分に応じ、それぞれ同表の下欄に定める率とする。

障害補償年金	〇・八三
障害年金	
遺族補償年金	〇・八四
遺族年金	
傷病補償年金	〇・八六
傷病年金	

（法別表第一第二号の政令で定める額）

令第五条　法別表第一第二号の政令で定める額は、同表の下欄の額から、同一の事由（障害補償年金及び遺族補償年金についてはそれぞれ当該障害又は死亡をいい、傷病補償年金については当該負傷又は疾病により障害の状態にあることをいう。）により支給される障害厚生年金又は遺族厚生年金の額を減じた残りの額に相当する額とする。

2　前項の規定は、法第二十二条の三第三項、第二十二条の四第三項及び第二十三条第二項において準用する法別表第一第二号の政令で定める額について準用する。この場合において、前項中「同表」とあるのは「法第二十二条の三第三項、第二十二条の四第三項及び第二十三条第二項において準用する同表」と、「障害補償年金及び遺族補償年金」とあるのは「障害年金及び遺族年金」と、「傷病補償年金」とあるのは「傷病年金」と読み替えるものとする。

（法別表第一第三号の政令で定める率）

令第六条　法別表第一第三号（法第二十二条の三第三項、第二十二条の四第三項及び第二十三条第二項において準用する場合を含む。）の政令で定める率は、次の表の上欄に掲げる年金たる保険給付の区分に応じ、それぞれ同表の下欄に定める率とする。

障害補償年金	〇・八八
障害年金	
遺族補償年金	〇・八八
遺族年金	
傷病補償年金	

傷病年金	○・八八

（法別表第一第三号の政令で定める額）

令第七条　法別表第一第三号の政令で定める額は、同表の下欄の額から、同一の事由（障害補償年金及び遺族補償年金についてはそれぞれ当該障害又は死亡をいい、傷病補償年金については当該負傷又は疾病により障害の状態にあることをいう。）により支給される障害基礎年金若しくは寡婦年金の額を減じた残りの額に相当する額とする。

2　前項の規定は、法第二十二条の三第三項、第二十二条の四第三項及び第二十三条第二項において準用する法別表第一第三号の政令で定める額について準用する。この場合において、前項中「同表」とあるのは「法第二十二条の三第三項、第二十二条の四第三項及び第二十三条第二項において準用する同表」と、「障害補償年金及び遺族補償年金」とあるのは「障害年金及び遺族年金」と、「傷病補償年金」とあるのは「傷病年金」と読み替えるものとする。

（昭和六十年改正法附則第百十六条第二項の場合の計算）

令附6　国民年金法等の一部を改正する法律（昭和六十年法律第三十四号。以下「昭和六十年改正法」という。）附則第百十六条第二項（同条第四項において準用する場合を含む。以下この項において同じ。）の規定により同条第二項の政令で定める率を乗ずる場合には、次の表の上欄に掲げる年金たる保険給付の区分に応じ、それぞれ同表の下欄に定める率を乗ずるものとする。

障害補償年金 障害年金	○・七四
遺族補償年金 遺族年金	○・八〇
傷病補償年金 傷病年金	○・七五

（昭和六十年改正法附則第百十六条第二項の政令で定める額）

令附7　昭和六十年改正法附則第百十六条第二項の政令で定める額は、法別表第一の下欄の額から、同一の事由（障害補償年金及び遺族補償年金についてはそれぞれ当該障害又は死亡をいい、傷病補償年金については当該負傷又は疾病により障害の状態にあることをいう。）により支給される昭和六十年改正法附則第七十八条第一項に規定する年金たる保険給付に該当する障害年金（附則第十二項において「旧厚生年金保険法の障害年金」という。）又は遺族年金の額を減じた残りの額に相当する額とする。

（昭和六十年改正法附則第百十六条第三項の政令で定める法令による給付及び同項の場合の計算）

令附9　昭和六十年改正法附則第百十六条第三項（同条第四項において準用する場合を含む。以下この項において同じ。）の政令で定める法令による給付は、次の表の上欄に掲げる年金たる保険給付の区分に応じ、それぞれ同表の中欄に定める給付とし、同条第三項の規定により同項の政令で定める率を乗ずる場合には、同表の上欄に掲げる年金たる保険給付の区分に応じ、同表の中欄に定める給付ごとにそれぞれ同表の下欄に定める率を乗ずるものとする。

上欄	中欄	下欄
障害補償年金 障害年金	昭和六十年改正法附則第八十七条第一項に規定する年金たる保険給付に該当する障害年金（以下「旧船員保険法の障害年金」という。）	○・七四
	昭和六十年改正法附則第三十二条第一項に規定する年金たる給付に該当する障害年金（障害福祉年金を除く。以下「旧国民年金法の障害年金」という。）	○・八九
遺族補償年金 遺族年金	昭和六十年改正法附則第八十七条第一項に規定する年金たる保険給付に該当する遺族年金（次項において「旧船員保険法の遺族年金」という。）	○・八○
	昭和六十年改正法附則第三十二条第一項に規定する年金たる給付に該当する母子年金、準母子年金、遺児年金又は寡婦年金（次項において「旧国民年金法の母子年金等」という。）	○・九○
傷病補償年金	旧船員保険法の障害年金	○・七五
傷病年金	旧国民年金法の障害年金	○・八九

（昭和六十年改正法附則第百十六条第三項の政令で定める額）

令附10　昭和六十年改正法附則第百十六条第三項の政令で定める額は、法別表第一の下欄の額から、同一の事由（障害補償年金及び遺族補償年金については、それぞれ当該障害又は死亡をいい、傷病補償年金については当該負傷又は疾病により障害の状態にあることをいう。）により支給される次に掲げる給付の額を減じた残りの額に相当する額とする。

一　旧船員保険法の障害年金又は旧船員保険法の遺族年金

二　旧国民年金法の障害年金又は旧国民年金法の母子年金等

（障害等級等）

則第十四条　障害補償給付を支給すべき身体障害の障害等級は、別表第一に定めるところによる。

2　別表第一に掲げる身体障害が二以

上ある場合には、重い方の身体障害の該当する障害等級による。

3　左の各号に掲げる場合には、前二項の規定による障害等級をそれぞれ当該各号に掲げる等級だけ繰り上げた障害等級による。ただし、本文の規定による障害等級が第八級以下である場合において、各の身体障害の該当する障害等級に応ずる障害補償給付の額の合算額が本文の規定による障害等級に応ずる障害補償給付の額に満たないときは、その者に支給する障害補償給付は、当該合算額による。

一　第十三級以上に該当する身体障害が二以上あるとき　一級

二　第八級以上に該当する身体障害が二以上あるとき　二級

三　第五級以上に該当する身体障害が二以上あるとき　三級

4　別表第一に掲げるもの以外の身体障害については、その障害の程度に応じ、同表に掲げる身体障害に準じてその障害等級を定める。

5　既に身体障害のあつた者が、負傷又は疾病により同一の部位について障害の程度を加重した場合における当該事由に係る障害補償給付は、現在の身体障害の該当する障害等級に応ずる障害補償給付とし、その額は、現在の身体障害の該当する障害等級に応ずる障害補償給付の額から、既にあつた身体障害の該当する障害等級に応ずる障害補償給付の額（現在の身体障害の該当する障害等級に応ずる障害補償給付が障害補償年金であつて、既にあつた身体障害の該当する障害等級に応ずる障害補償給付が障害補償一時金である場合には、その障害補償一時金の額（当該障害補償年金を支給すべき場合において、法第八条の三第二項において準用する法第八条の二第二項各号に掲げる場合に該当するときは、当該各号に定める額を法第八条の四の給付基礎日額として算定した既にあつた身体障害の該当する障害等級に応ずる障害補償一時金の額）を二十五で除して得た額）を差し引いた額による。

則別表第一　障害等級表（第十四条、第十五条、第十八条の八関係）

障害等級	給付の内容	身体障害
第一級	当該障害の存する期間一年につき給付基礎日額の三一三日分	一　両眼が失明したもの 二　そしやく及び言語の機能を廃したもの 三　神経系統の機能又は精神に著しい障害を残し、常に介護を要するもの 四　胸腹部臓器の機能に著しい障害を残し、常に介護を要するもの 五　削除 六　両上肢をひじ関節以上で失つたもの 七　両上肢の用を全廃したもの 八　両下肢をひざ関節以上で失つたもの 九　両下肢の用を全廃したもの
第二級	同　二七七日分	一　一眼が失明し、他眼の視力が〇・〇二以下になつたもの 二　両眼の視力が〇・〇二以下になつたもの 二の二　神経系統の機能又は精神に著しい障害を残し、随時介護を要するもの 二の三　胸腹部臓器の機能に著しい障害を残し、随時介護を要するもの 三　両上肢を手関節以上で失つたもの 四　両下肢を足関節以上で失つたもの
第三級	同　二四五日分	一　一眼が失明し、他眼の視力が〇・〇六以下になつたもの 二　そしやく又は言語の機能を廃したもの 三　神経系統の機能又は精神に著しい障害を残し、終身労務に服することができないもの 四　胸腹部臓器の機能に著しい障害を残し、終身労務に服することができないもの 五　両手の手指の全部を失つたもの
第四級	同　二一三日分	一　両眼の視力が〇・〇六以下になつたもの 二　そしやく及び言語の機能に著しい障害を残すもの 三　両耳の聴力を全く失つたもの 四　一上肢をひじ関節以上で失つたもの 五　一下肢をひざ関節以上で失つたもの 六　両手の手指の全部の用を廃したもの 七　両足をリスフラン関節以上で失つたもの
第五級	同　一八四日分	一　一眼が失明し、他眼の視力が〇・一以下になつたもの 一の二　神経系統の機能又は精神に著しい障害を残し、特に軽易な労務以外の労務

等級	給付の内容	身体障害
		に服することができないもの 一の三　胸腹部臓器の機能に著しい障害を残し、特に軽易な労務以外の労務に服することができないもの 二　一上肢を手関節以上で失つたもの 三　一下肢を足関節以上で失つたもの 四　一上肢の用を全廃したもの 五　一下肢の用を全廃したもの 六　両足の足指の全部を失つたもの
第六級	同　一五六日分	一　両眼の視力が〇・一以下になつたもの 二　そしやく又は言語の機能に著しい障害を残すもの 三　両耳の聴力が耳に接しなければ大声を解することができない程度になつたもの 三の二　一耳の聴力を全く失い、他耳の聴力が四十センチメートル以上の距離では普通の話声を解することができない程度になつたもの 四　せき柱に著しい変形又は運動障害を残すもの 五　一上肢の三大関節中の二関節の用を廃したもの 六　一下肢の三大関節中の二関節の用を廃したもの 七　一手の五の手指又は母指を含み四の手指を失つたもの
第七級	同　一三一日分	一　一眼が失明し、他眼の視力が〇・六以下になつたもの 二　両耳の聴力が四十センチメートル以上の距離では普通の話声を解することができない程度になつたもの 二の二　一耳の聴力を全く失い、他耳の聴力が一メートル以上の距離では普通の話声を解することができない程度になつたもの 三　神経系統の機能又は精神に障害を残し、軽易な労務以外の労務に服することができないもの 四　削除 五　胸腹部臓器の機能に障害を残し、軽易な労務以外の労務に服することができないもの 六　一手の母指を含み三の手指又は母指以外の四の手指を失つたもの 七　一手の五の手指又は母指及び示指を含み四の手指の用を廃したもの 八　一足をリスフラン関節以上で失つたもの 九　一上肢に偽関節を残し、著しい運動障害を残すもの 一〇　一下肢に偽関節

		を残し、著しい運動障害を残すもの 一一　両足の足指の全部の用を廃したもの 一二　外貌に著しい醜状を残すもの 一三　両側のこう丸を失つたもの
第八級	給付基礎日額の五〇三日分	一　一眼が失明し、又は一眼の視力が〇・〇二以下になつたもの 二　せき柱に運動障害を残すもの 三　一手の母指を含み二の手指又は母指以外の三の手指を失つたもの 四　一手の母指を含み三の手指又は母指以外の四の手指の用を廃したもの 五　一下肢を五センチメートル以上短縮したもの 六　一上肢の三大関節中の一関節の用を廃したもの 七　一下肢の三大関節中の一関節の用を廃したもの 八　一上肢に偽関節を残すもの 九　一下肢に偽関節を残すもの 一〇　一足の足指の全部を失つたもの
第九級	同三九一日分	一　両眼の視力が〇・六以下になつたもの 二　一眼の視力が〇・〇六以下になつたもの 三　両眼に半盲症、視野狭さく又は視野変状を残すもの 四　両眼のまぶたに著しい欠損を残すもの 五　鼻を欠損し、その機能に著しい障害を残すもの 六　そしやく及び言語の機能に障害を残すもの 六の二　両耳の聴力が一メートル以上の距離では普通の話声を解することができない程度になつたもの 六の三　一耳の聴力が耳に接しなければ大声を解することができない程度になり、他耳の聴力が一メートル以上の距離では普通の話声を解することが困難である程度になつたもの 七　一耳の聴力を全く失つたもの 七の二　神経系統の機能又は精神に障害を残し、服することができる労務が相当な程度に制限されるもの 七の三　胸腹部臓器の機能に障害を残し、服することができる労務が相当な程度に制限されるもの 八　一手の母指又は母指以外の二の手指を失つたもの 九　一手の母指を含み二の手指又は母指以外の三の手指の用を廃したもの 一〇　一足の第一の足

等級	給付の内容	身体障害
		指を含み二以上の足指を失つたもの 一一　一足の足指の全部の用を廃したもの 一一の二　外貌に相当程度の醜状を残すもの 一二　生殖器に著しい障害を残すもの
第一〇級	同 三〇二日分	一　一眼の視力が〇・一以下になつたもの 一の二　正面視で複視を残すもの 二　そしやく又は言語の機能に障害を残すもの 三　十四歯以上に対し歯科補てつを加えたもの 三の二　両耳の聴力が一メートル以上の距離では普通の話声を解することが困難である程度になつたもの 四　一耳の聴力が耳に接しなければ大声を解することができない程度になつたもの 五　削除 六　一手の母指又は母指以外の二の手指の用を廃したもの 七　一下肢を三センチメートル以上短縮したもの 八　一足の第一の足指又は他の四の足指を失つたもの 九　一上肢の三大関節中の一関節の機能に著しい障害を残すもの 一〇　一下肢の三大関節中の一関節の機能に著しい障害を残すもの
第一一級	同 二二三日分	一　両眼の眼球に著しい調節機能障害又は運動障害を残すもの 二　両眼のまぶたに著しい運動障害を残すもの 三　一眼のまぶたに著しい欠損を残すもの 三の二　十歯以上に対し歯科補てつを加えたもの 三の三　両耳の聴力が一メートル以上の距離では小声を解することができない程度になつたもの 四　一耳の聴力が四十センチメートル以上の距離では普通の話声を解することができない程度になつたもの 五　せき柱に変形を残すもの 六　一手の示指、中指又は環指を失つたもの 七　削除 八　一足の第一の足指を含み二以上の足指の用を廃したもの 九　胸腹部臓器の機能に障害を残し、労務の遂行に相当な程度の支障があるもの
第一二級	同 一五六日分	一　一眼の眼球に著しい調節機能障害又は運動障害を残すもの 二　一眼のまぶたに著しい運動障害を残す

		もの 三　七歯以上に対し歯科補てつを加えたもの 四　一耳の耳かくの大部分を欠損したもの 五　鎖骨、胸骨、ろく骨、肩こう骨又は骨盤骨に著しい変形を残すもの 六　一上肢の三大関節中の一関節の機能に障害を残すもの 七　一下肢の三大関節中の一関節の機能に障害を残すもの 八　長管骨に変形を残すもの 八の二　一手の小指を失つたもの 九　一手の示指、中指又は環指の用を廃したもの 一〇　一足の第二の足指を失つたもの、第二の足指を含み二の足指を失つたもの又は第三の足指以下の三の足指を失つたもの 一一　一足の第一の足指又は他の四の足指の用を廃したもの 一二　局部にがん固な神経症状を残すもの 一三　削除 一四　外貌に醜状を残すもの
第一三級	同一〇一日分	一　一眼の視力が〇・六以下になつたもの 二　一眼に半盲症、視野狭さく又は視野変状を残すもの 二の二　正面視以外で複視を残すもの 三　両眼のまぶたの一部に欠損を残し又はまつげはげを残すもの 三の二　五歯以上に対し歯科補てつを加えたもの 三の三　胸腹部臓器の機能に障害を残すもの 四　一手の小指の用を廃したもの 五　一手の母指の指骨の一部を失つたもの 六　削除 七　削除 八　一下肢を一センチメートル以上短縮したもの 九　一足の第三の足指以下の一又は二の足指を失つたもの 一〇　一足の第二の足指の用を廃したもの、第二の足指を含み二の足指の用を廃したもの又は第三の足指以下の三の足指の用を廃したもの
第一四級	同五六日分	一　一眼のまぶたの一部に欠損を残し、又はまつげはげを残すもの 二　三歯以上に対し歯科補てつを加えたもの 二の二　一耳の聴力が一メートル以上の距離では小声を解することができない程度になつたもの 三　上肢の露出面にてのひらの大きさの醜

	いあとを残すもの
	四　下肢の露出面にてのひらの大きさの醜いあとを残すもの
	五　削除
	六　一手の母指以外の手指の指骨の一部を失つたもの
	七　一手の母指以外の手指の遠位指節間関節を屈伸することができなくなつたもの
	八　一足の第三の足指以下の一又は二の足指の用を廃したもの
	九　局部に神経症状を残すもの
	一〇　男性の外ぼうに醜状を残すもの

備考
一　視力の測定は、万国式試視力表による。屈折異常のあるものについてはきよう正視力について測定する。
二　手指を失つたものとは、母指は指節間関節、その他の手指は近位指節間関節以上を失つたものをいう。
三　手指の用を廃したものとは、手指の末節骨の半分以上を失い、又は中手指節関節若しくは近位指節間関節（母指にあつては指節間関節）に著しい運動障害を残すものをいう。
四　足指を失つたものとは、その全部を失つたものをいう。
五　足指の用を廃したものとは、第一の足指は末節骨の半分以上、その他の足指は遠位指節間関節以上を失つたもの又は中足指節関節若しくは近位指節間関節（第一の足指にあつては指節間関節）に著しい運動障害を残すものをいう。

参照条文

〔障害補償年金差額一時金　五八〕〔障害補償年金前払一時金　五九〕〔障害等級　則一四・別表第一〕〔障害補償給付の請求　則一四の二〕〔障害補償給付の変更　一五の二、則一四の三〕〔保険給付に関する処分の通知　則一九〕〔年金証書　則二〇～二〇の三〕〔年金等の受給権者の定期報告及び届出　則二一～二三〕〔年金給付基礎日額の算定　八の三〕〔労基法の場合　労基七七、労基則四〇・四七〕

解釈例規

1　障害補償給付

〈障害補償給付について〉

(1)　今次法改正における給付改善の中心をなすものは、遺族補償の年金化とともに障害補償の年金給付の範囲の拡大である。昭和三五年の法改正では、障害等級の第一級から第三級まで、つまり労働能力の永久的全部喪失について障害補償が年金化されたが、今次法改正では、障害等級第七級まで、つまり労働能力の永久的過半喪失について障害補償が年金化され、障害補償年金となった（法第一五条、別表第一）。これは厚生年金保険の障害年金等の給付対象と一致する（例えば厚生年金保険法別表第一）。新たに年金化された障害等級第四級から第七級までの年金額は、障害等級第一級から第三級までの場合と同様に、旧法における一時金の六年分割支給における一年分の額に相当する。

障害等級第八級から第一四級までについては、従来と同額の一時金として障害補償一時金が支給される（法第一五条、別表第二）。

新法の障害補償年金と障害補償一時金は、療養補償給付を受けていた者のみならず、長期傷病補償給付を受けていた者に対しても支給される。

(2)　障害等級

イ　障害等級表については、障害補償の年金化に伴い、厚生年金保険の障害年金の対象となる廃疾の範囲との均衡を図る必要が生じたことを機会に、従来から問題のあった部分について必要最小限度の手直しが行なわれた。

すなわち、旧規則の障害等級第八級中第三号の「神経系統の機能に著しい障害を残し、軽易な労務以外の労務に服することができないもの」が障害等級第七級に引き上げられるとともに、第八級の第九号及び第一〇号の障害に該当した障害のうち「一上肢に仮関節を残し、著しい運動障害を残すもの」及び「一下肢に仮関節を残し、著しい運動障害を残すもの」が新たに障害等級第七級とされた（則別表の障害等級第七級第四号、第九号、第一〇号）。

ロ　障害等級の併合

同一の業務上の傷病により、系列を異にする二以上の障害が残った場合における障害等級の併合方法は従来と同様であるが（則第一四条第二項及び第三項）、障害等級第一級から第七級までについては障害補償年金が支給されることになったことに伴い、併合繰上げされた障害等級に応ずる障害補償給付の額を各障害についての障害補償給付の合算額に止める範囲は、併合繰上げされた障害等級が第八級以下である場合に限られたこととなった（則第一四条第三項ただし書）。なお、これに該当する例は、第九級（三五〇日分）と第一三級（九〇日分）とが併合繰上げされる場合（第八級となるが四四〇日分に止められる。）だけである。

ハ　障害の加重

既存障害が業務上の傷病（再発した傷病を含む。）により同一部位について加重した場合の処理は、従来と同様であるが、既存障害について障害補償給付が障害補償一時金であり、加重後の障害についての障害補償給付が障害補償年金である場合には、受給者の平均受給期間を考慮して、前者の額の二五分の一相当額を後者の額から減ずることに改められた（則第一四条第五項）。この場合における減額の計算は、給付基礎日額に乗ずべき新法別表第一及び第二下欄の日数によって行なうこととする。

（昭四一・一・三一　基発第七三号）

〈加重障害の場合における障害補償年金額の算定〉

加重障害における障害補償金額の算定は、労働者災害補償保険法施行規則（以下「規則」という。）第一四条第五項の規定によることとされているが、これが規定の運用にあたっては、左記の点に留意されたい。

記

一　既存障害について、労働者災害補償保険法の一部を改正する法律（昭和四〇年法律第一三〇号）による改正前の労働者災害補償保険法の規定による第二種障害補償費又は第二種障害給付（以下「第二種障害補償費等」という。）が支給されている場合には、当該給付を障害補償一時金とみなして年金額を算定すること。

したがって、この場合の年金額は、加重後の障害に対応する障害補償年金の日数から、既存障害に対して支払われた第二種障害補償費等の日数の二五分の一を差し引いた日数により算定することとなる。

なお、既存障害について労働基準法の規定による障害補償が行なわれるべき場合にも、同様の取扱いをするものであること。

二　既存障害が業務外の事由による場合には、既存障害の該当する障害等級に対応する障害補償給付の種類にしたがって、規則第一四条第五項の規定によって算定すること。

（昭四四・五・二　基発第二八七号）

〈労災年金と厚生年金等との調整〉

第一　労災保険の年金たる保険給付等と新厚生年金等との併給調整

一　概要

同一の事由により労災保険の年金たる保険給付等と改正法による改正後の厚生年金保険法（以下「新厚生年金法」という。）の規定に基づく年金たる保険給付又は改正法による改正後の国民年金法（以下「新国年法」という。）の規定に基づく年金たる給付（以下「新厚生年金等」という。）とが併給される場合の労災保険の年金たる保険給付等の額の調整については、従前同様、労災保険の年金たる保険給付等の額に前々保険年度における併給に係る労災保険の年金たる保険給付の支給額の平均額と新厚生年金等の支給額の平均額に基づき政令で定める一定の率（調整率）を乗じ調整を行い、調整後の労災保険の年金たる保険給付等の額については、その額と併給される新厚生年金等の額との合計額が調整前の労災保険の年金たる保険給付の額を下回る（すなわち、厚生年金等との併給があるため併給がない場合に比較し受給総額が低くなる）ことがないよう、政令で定める一定の額（調整限度額）を設けることとされている（新労災保険法第一四条第三項、別表第一等）。

ただし、昭和六一年四月から昭和六三年三月までの間においては、前々保険年度（昭和五九年度及び昭和六〇年度）においては新厚生年金等の支給実績が存在しないため、経過的に、前々保険年度における併給に係る労災保険の年金たる保険給付の支給額の平均額と旧厚生年金等の支給額の平均額に基づき政令で定める調整率を用いることとされている（改正法附則第一一七条第一項から第三項まで）。

二　調整率（表参照）

三　調整限度額

労災保険の年金たる保険給付の額に二の調整率を乗じて調整を行った後の額が政令で定める一定の額（調整限度額）を下回るときは、当該額をもって労災保険の年金たる保険給付の額とすることとされており（改正法附則第一一七条第一項から第三項まで）、これに基づき、労災保険

併給される新厚生年金等 ＼ 労災保険の年金たる保険給付		障害補償年金 障害年金	遺族補償年金 遺族年金	傷病補償年金 傷病年金	備考
(1) 別表第1第1号 新厚生年金＋新国民年金	障害厚生年金及び障害基礎年金	0.76	－	0.76	新労災令附則第17項
	遺族厚生年金及び遺族基礎年金又は寡婦年金	－	0.83	－	
(2) 別表第1第2号 新厚生年金	障害厚生年金	0.88	－	0.88	新労災令附則第21項
	遺族厚生年金	－	0.91	－	
(3) 別表第1第3号 新国民年金	障害基礎年金	0.89	－	0.88	新労災令附則第25項
	遺族基礎年金又は寡婦年金	－	0.91	－	

の年金たる保険給付の額から同一の事由により支給される新厚生年金等の額を減じた残りの額に相当する額を調整限度額とすることとされた（新労災令附則第一八項から第二〇項まで、第二二項から第二四項まで及び第二六項から第二八項まで）。

第二　労災保険の年金たる保険給付等と旧厚生年金等との併給調整

一　概要

改正法の施行日（昭和六一年四月一日）以後においても、改正法による改正前の厚生年金保険法（以下「旧厚年法」という。）、船員保険法（昭和一四年法律第七三号。以下「旧船保法」という。）及び国民年金法（以下「旧国年法」という。）の規定による年金たる給付（以下「旧厚生年金等」という。）は、一部の例外（旧国年法の規定による母子福祉年金、準母子福祉年金等。）を除き、なお従前の例により支給される（改正法附則第三二条第一項、第七八条第一項及び第八六条第一項参照）。同一の事由により労災保険の年金たる保険給付等と旧厚生年金等とが併給される場合については、第一において述べた労災保険の年金たる保険給付等との新厚生年金等との併給調整と同様に調整を行うこととされている（改正法附則第一一六条第二項から第四項まで、第七項及び第八項）。

二　調整率（表参照）

三　調整限度額

労災保険の年金たる保険給付の額に二の調整率を乗じて調整を行った後の額が政令で定める一定の額（調整限度額）を下回るときは、当該額をもって労災保険の年金たる保険給付の額とされており（改正法附則第一一六条第二項及び第三項）、これに基づき、労災保険の年金たる保険給付の額から同一の事由により支給される旧厚生年金等の額を減じた残りの額を調整限度額とすることとさ

旧厚生年金等 ＼ 労災保険の年金たる保険給付		障害補償年金 障害年金	遺族補償年金 遺族年金	傷病補償年金 傷病年金	備考
旧厚生年金法	障害年金	0.76	－	0.76	新労災令附則第6項
	遺族年金	－	0.83	－	
旧船保法	障害年金	0.76	－	0.76	新労災令附則第10項
	遺族年金	－	0.83	－	
旧国年法	障害年金	0.89	－	0.88	
母子年金等	－	0.91	－		

れた（新労災令附則第七項から第九項まで及び第一一項から第一三項まで。）

（昭六一・三・二九　基発第一七九号）

〈労災保険の年金たる保険給付等と厚生年金等との調整について〉

〈略〉今般、同一の事由により労災保険の年金たる保険給付（以下「労災年金」という。）と厚生年金保険法（昭和二九年法律第一一五号）の規定による年金たる保険給付又は国民年金法（昭和三四年法律第一四一号）の規定による年金たる給付（以下「厚生年金等」という。）とが支給される場合の労災年金の額の調整に関し、昭和六一年度における労災年金と厚生年金等の支給の実績に基づき、労災年金の額に乗ずる率（調整率）を定めること等を内容とする労働者災害補償保険法施行令の一部を改正する政令（昭和六三年政令第六四号。以下「改正政令」という。参考一参照）が、昭和六三年三月三一日に公布され、同年四月一日から施行されることとなった。

ついては、下記の点に留意の上、事務処理に遺憾なきを期されたい。

記

第一　労災年金と厚生年金等との併給調整

一　同一の事由により労災年金と厚生年金等とが併給される場合における労災年金の額の調整については、労災年金の額に前々保険年度における併給に係る労災年金の支給額の平均額と厚生年金等の支給額の平均額に基づき政令で定める一定の率（調整率）を乗じ調整を行い、調整後の労災年金の額については、その額と併給される厚生年金等の額との合計額が調整前の労災年金の額を下回る（すなわち、厚生年金等との併給があるため併給がない場合に比較し受給総額が低くなる）ことがないよう、政令で定める一定の額（調整限度額）を設けることとされている（労働者災害補償保険法（昭和二二年法律第五〇号。以下「労災保険法」という。）別表第一（労災保険法第二二条の三第三項、第二二条の四第三項及び第二二条の六〔現行＝第二三条〕第二項において準用する場合を含む。以下同じ。））。

二　調整率は、労災年金の種別ごとに、労災保険法別表第一第一号から第三号までに掲げる併給される厚生年金等の区分に応じ、それぞれ政令で定めることとされているところ、昭和六一年四月から昭和六三年三月までの間においては、前々保険年度（昭和五九年度及び昭和六〇年度）における厚生年金等の支給実績が存在しないことから、国民年金法等の一部を改正する法律（昭和六〇年法律第三四号。以下「昭和六〇年改正法」という。昭和六一年四月一日施行。）による改正前の厚生年金保険法、船員保険法（昭和一四年法律第七三号）又は国民年金法の規定による年金たる給付（以下「旧厚生年金等」という。）との支給実績に基づいて経過的に定めることとされ（昭和六〇年改正法附則第一一七条第一項から第三項まで（同条第四項において準用する場合を含む。））、具体的には昭和五九年度における同一の事由による併給に係る労災年金の支給額と旧厚生年金等の支給額の平均額に基づき、改正政令による改正前の労働者災害補償保険法施行令（以下「旧労災令」という。）により別表1のカッコ内のとおり具体的数値が経過的に定められていたところである（旧労災令附則第一七項、第二一項及び第二五項）。

三　今般、昭和六三年四月以後の月分の労災年金の支給額の調整に用いる調整率について、昭和六一年度における同一の事由による併給に係る労災年金の支給額の平均額と厚生年金等の支給額の平均額に基づき、別表

別表1

併給される厚生年金等 ＼ 労災年金		障害補償年金 障害年金	遺族補償年金 遺族年金	傷病補償年金 傷病年金	備考
厚生年金保険法及び国民年金法	障害厚生年金及び障害基礎年金	0.73	−	0.73	新労災令第2条
	遺族厚生年金及び遺族基礎年金及び寡婦年金	−	0.80	−	
厚生年金保険法	障害厚生年金	0.83	−	0.86	新労災令第4条
	遺族厚生年金	−	0.84	−	
国民年金法	障害基礎年金	0.88	−	0.88	新労災令第6条
	遺族基礎年金又は寡婦年金	−	0.88	−	

別表2

併給される旧厚生年金等 ＼ 労災年金		障害補償年金 障害年金	遺族補償年金 遺族年金	傷病補償年金 傷病年金	備考
昭和60年改正法による改正前の厚生年金保険法	障害年金	0.74	−	0.75	新労災令附則第6項
	遺族年金	−	0.80	−	
昭和60年改正法による改正前の船員保険法	障害年金	0.74	−	0.75	新労災令附則第10項
	遺族年金	−	0.80	−	
昭和60年改正法による改正前の国民年金法	障害年金	0.89	−	0.89	
	母子年金等	−	0.90	−	

1のとおり具体的数値が定められた（改正政令による改正後の労働者災害補償保険法施行令（以下「新労災令」という。）第二条、第四条及び第六条）。

第二　労災年金と旧厚生年金等との併給調整

一　同一の事由により労災年金と旧厚生年金等とが併給される場合については、第一の一において述べた労災年金と厚生年金等との併給調整と同様に調整を行うこととされている（昭和六〇年改正法附則第一一六条第二項及び第三項（同条第四項において準用する場合を含む。以下同じ。））。

その際用いる調整率については、昭和六〇年改正法附則第一一六条第二項及び第三項において、同一の事由により労災年金と旧厚生年金等とが併給される場合について、昭和六〇年改正法による改正前の労災保険法別表第一の規定の例により算定した率、例えば、前々保険年度における旧厚生年金との併給に係る労災年金の支給額の平均額から同一の事由により支給される旧厚生年金の支給額の平均額に一〇〇分の五〇を乗じて得た額を減じた額を労災年金の支給額の平均額で除して得た率を下回らない範囲で政令で定めるものとされている。

二　今般、昭和六三年四月以後の月分の労災年金の支給額の調整に用いる調整率について、昭和六一年度における同一の事由による併給に係る労災年金の支給額の平均額と旧厚生年金等の支給額の平均額に基づき、別表2のとおり具体的数値が定められた（新労災令附則第六項及び第一〇項）。

第三　休業補償給付又は休業給付と厚生年金等又は旧厚生年金等との併給調整

一　同一の事由により休業補償給付又は休業給付と厚生年金等とが併給される場合にあっては、労災保険法第一四条第四項（労災保険法第二二条の二第二項において準用する場合を含む。）の規定により併給される厚生年金等の区分に応じ、労災保険法別表第一第一号から第三号までの政令で定める率のうち傷病補償年金又は傷病年金に係る率を、当該休業補償給付又は休業給付の額に乗じて調整することとされている。この場合の休業補償給付又は休業給付についての調整限度額については、休業補償給付又は休業給付の額から同一の事由により支給される厚生年金等の額を三六五で除して得た額を減じた残りの額に相当する額とすることとされている（新労災令第一条関係）。

二　同一の事由により休業補償給付又は休業給付と旧厚生年金等とが併給される場合にあっても同様に、併給される旧厚生年金等の区分に応じ、昭和六〇年改正法附則第一一六条第二項及び第三項の政令で定める率のうち傷病補償年金又は傷病年金に係る率を当該休業補償給付又は休業給付の額に乗じて調整することとされている（昭和六〇年改正法附則第一一六条第七項及び第八項）。この場合の休業補償給付又は休業給付についての調整限度額は、休業補償給付又は休業給付の額から同一の事由により併給される旧厚生年金等の額を三六五で除して得た額を減じた残りの額に相当する額とすることとされている（新労災令附則第一五項及び第一六項）。

三　今般、第一及び第二において述べたとおり、労災保険の傷病補償年金又は傷病年金と厚生年金等又は旧厚生年金等との併給に係る調整率が改正されたことに伴い、昭和六三年四月一日以後に支給事由の生じた休業補償給付又は休業給付の額の調整に用いられる率も変更されることとなったので、併せて留意されたい。

第四　経過措置等

一　改正政令は昭和六三年四月一日から施行することとされているが、同一の事由により労災年金と厚生年金等又は旧厚生年金等とが併給される場合における昭和六三年三月までの月分の労災年金の額に乗ずる率（調整率）については、なお従前の例、すなわち、厚生年金等との併給に係るものについては旧労災令附則第一七項、第二一項及び第二五項に規定する率を、旧厚生年金等との併給に係るものについては旧労災令附則第六項及び第一〇項に規定する率を、それぞれ適用することとされている。

二　今回の調整率の改正に伴い、昭和六三年四月以後の月分の労災年金の額が変更（引上げ又は引下げ）される受給権者に対しては、各所轄労働基準監督署長より「厚生年金等調整率による変更決定通知書」（参考二参照）をもって変更の内容について通知することとしているので、関連の事務処理についても併せて遺漏なきを期されたい。

（昭六三・三・三一　基発第二〇三号）

2　障害等級の認定

〈障害等級認定基準について〉

労働基準法施行規則及び労働者災害補償保険法施行規則の一部を改正する省令（昭和五〇年労働省令第二三号）が本年九月一日から施行され、その施行に当っての留意事項について、昭和五〇年八月二八日付基発第五〇九号をもって指示したところであるが、今般、この改正省令施行を機に、新設又は改正された省令部分に係る障害等級の認定規準及び従来まで通達等により示してきたところの障害等級の認定基準を各科別に専門医師の意見を参酌して集大成し、別冊のとおり「障害等級認定基準」（以下「認定基準」という。）として定めたので、昭和五〇年九月一日以降に支給事由の生じた障害補償、障害補償給付及び障害給付に係る障害等級の認定等に関する取扱いについては、左記事項に留意のうえ、この「認定基準」により遺漏のないよう行うこととされたい。

記

一　「認定基準」の概要

(1)　障害等級の新設に伴い、認定基準を新設し又は改正したもの

イ　聴力障害関係

(イ)　両耳の聴力障害について、第六級の三の二、第七級の二の二、第九級の六の二、第九級の六の三、第一〇級の三の二及び第一一級の三の三を、また、一耳の聴力障害について、第一四級の二の二を新設したことに伴い、それぞれについての認定基準を定めたものであること。

また、等級の新設に伴い、聴力障害に係る従来までの認定基準を改めたものであること。

(ロ)　従来は、聴力障害の障害程度の評価は、原則として純音聴力検査結果のみにより行うこととしていたが、今後は、語音聴力検査結果をも加味したものに改めたものであること。

また、認定の時期及び聴力検査についても改正を行い、聴力検査方法については、日本オージオロジー学会制定の「標準聴力検査法」によることを明らかにしたものであること。

ロ　神経系統の機能又は精神の障害関係

(イ)　神経系統の機能又は精神の障害については、中枢神経系（脳）の障害、せき髄の障害、根性・末梢神経麻痺及びその他の特徴的な障害に大別し、また、その他の特徴的な障害を、外傷性てんかん、頭痛、失調・めまい及び平衡機能障害、疼痛等感覚異常及び外傷性神経症に細分し、それぞれについて認定基準を定めたものであること。

(ロ)　第五級の一の二の新設に伴い、これに係る認定基準を定めたものであること。

また、このため、従来の第七級に係る認定基準を一部改めたものであること。

ハ　胸腹部臓器の障害関係

(イ)　第五級の一の三及び第九級の七の三の新設に伴い、それぞれについての認定基準を定めたものであること。

また、このため、従来の認定基準を一部改めたものであること。

(ロ)　新たに、じん肺による障害を障害補償の対象としたことに伴い、じん肺による障害に係る認定基準を定めたものであること。

なお、じん肺による障害の認定は、基本的には胸腹部臓器の障害について定めた方法によることとなるが、じん肺の特異性、複雑性に鑑み、特にじん肺による障害についての認定基準を定めたものであること。

(2)　従来の認定基準を改正整備したも

の（障害等級の新設に伴って改正したものを除く。）

イ　同一眼球に二以上の障害を残す場合の取扱いについて
同一眼球に系列を異にする二以上の障害が存する場合の取扱いを改めたものであること。

ロ　外傷性散瞳について
外傷性散瞳については、従来の認定基準をより具体的にするとともに、当該障害が両眼に存する場合及び当該障害と視力障害とが併存する場合の取扱いを明らかにしたものであること。

ハ　視野の測定方法について
視野の測定方法を明らかにしたものであること。

ニ　鼓膜の外傷性せん孔に伴う耳漏等について
鼓膜の外傷性せん孔に伴う耳漏については、従来の認定基準を改めるとともに、外傷による外耳道の高度の狭さくで耳漏を伴わないものについても認定の基準を定めたものであること。

ホ　耳鳴について
耳鳴の取扱いを明らかにしたものであること。

ヘ　内耳損傷による平衡機能障害について
内耳損傷による平衡機能障害については、労働能力そう失の程度が近似している胸腹部臓器障害の等級に準じて取り扱っていたが、神経系統の機能の障害として取り扱うことと改めたものであること。

ト　頭蓋骨欠損に係る醜状障害の取扱いについて
頭蓋骨欠損に係る醜状障害の取扱いを定めたものであること。

チ　せき柱の変形及び運動障害について
せき柱の変形及び運動障害の取扱いの一部を改めたものであること。

リ　指骨の一部欠損について
「指骨の一部を失ったもの」の取扱いの一部を改めたものであること。

ヌ　手指の用廃について
「手指の用を廃したもの」の取扱いの一部を改めたものであること。

ル　手指の末関節の屈伸不能について
「手指の末関節を屈伸することができないもの」の取扱いの一部を改めたものであること。

オ　母指の造指術後の障害について
母指の造指術後の障害の取扱いを明らかにしたものであること。

ワ　人工骨頭及び人工関節について
人工骨頭及び人工関節をそう入置換した場合の取扱いを明らかにしたものであること。

カ　関節運動可動域の測定方法について
関節運動可動域の測定は、日本整形外科学会及び日本リハビリテーション医学会において決定された「関節可動域表示並びに測定法」によることに改めたものであること。

二「認定基準」運用上の留意事項

(1) この「認定基準」の施行に伴い、障害等級の認定基準に関する従来の通達（障害等級の認定基準以外の事項を併せ通達しているものについては、その認定基準に関する部分に限る。）は、「昭和五〇年八月二三日付基発第五〇二号を除いて廃止するものであること。

(2) 「認定基準」の中の「注」書の部分は、それぞれの認定基準の理解を容易にするために解説したものであるので、それぞれの認定基準と一体として運用すべきものであること。

(3) 「認定基準」の「第二　障害等級認定の具体的要領」は、主として労働者災害補償保険法における取扱いの基準を示しているものであるが、労働基準法における取扱いについても、年金たる障害補償給付又は障害給付に係る取扱いを除いて、これによること。

(4) 労災病院、労災保険指定病院等関係医療機関の医師に対し、「認定基準」の周知徹底を図ること。

〔別冊　障害等級認定基準〕

第一　障害等級認定にあたっての基本的事項

一　障害補償の意義

労働基準法における障害補償並びに労働者災害補償保険法（以下「労災保険法」という。）における障害補償給付及び障害給付（以下「障害補償」という。）は、労働者が業務上（又は通勤により）負傷し、又は疾病にかかり、なおったとき身体に障害が存する場合に、その障害の程度に応じて行うこととされており（労働基準法第七七条、労災保険法第一二条の八及び第二二条の三）、障害補償の対象となる障害の程度は、労働基準法施行規則（以下「労基則」という。）別表第二身体障害等級表及び労働者災害補償保険法施行規則（以下「労災則」という。）別表障害等級表（以下これらを「障害等級表」という。）に定められている。

ところで、障害補償は、障害による労働能力のそう失に対する損失てん補を目的とするものである。したがって、負傷又は疾病（以下「傷病」という。）がなおったときに残存する、当該傷病と相当因果関係を有し、かつ、将来においても回復が困難と見込まれる精神的又は身体的なき損状態（以下「廃疾」という。）であって、その存在が医学的に認められ、労働能力のそう失を伴うものを障害補償の対象としているものである。

なお、ここにいう「なおったとき」とは、傷病に対して行われる医学上一般に承認された治療方法（以下「療養」という。）をもってしても、その効果が期待し得ない状態（療養の終了）で、かつ、残存する症状が、自然的経過によって到達すると認められる最終の状態（症状の固定）に達したときをいう。したがって、障害程度の評価は、原則として療養効果が期待し得ない状態となり、症状が固定したときにこれを行うことになる。ただし、療養効果が期待し得ない状態であっても、症状の固定に至るまでにかなりの期間を要すると見込まれるものもあるので、この場合は、医学上妥当と認められる期間を待って、障害程度を評価することとし、症状の固定の見込みが六カ月以内の期間において認められないものにあっては、療養の終了時において、将来固定すると認められる症状によって等級を認定することとする。

また、「労働能力」とは、一般的な平均的労働能力をいうのであって、被災労働者の年齢、職種、利き腕、知識、経験等の職業能力的諸条件については、障害の程度を決定する要素とはなっていない。

二　障害補償に係る規定の概要

(1)　障害等級

障害補償は、前記のとおり、障害の程度に応じて行うこととされており、またその対象とすべき身体障害の等級は、障害等級表に定めるところによることとされている（労基則第四〇条第一項、労災則第一四条第一項）。したがって、障害等級表は障害程度の評価にあたって適正に取り扱われるべきものである。

障害等級表においては、労働能力のそう失の程度の若干異る身体障害が同一等級として格付され、また、同種の身体障害についてみると、労働能力のそう失の程度が一定の範囲内にあるものをくくって同一の等級に格付けしているものがある。

これらは、障害等級表が労働能力そう失の程度に応じ、障害の等級を第一級から第一四級までの段階に区分していることと、及び一三六種の類型的な身体障害を掲げるにとどまることからくる制約によるものである。

したがって、同一等級に格付けされている身体障害相互間においても、労働能力そう失の程度に若干の相異があるものがあり、また、各等級に掲げられている身体障害についても、一定の幅のあるものがあるが、前記の制約によりやむを得ない結果であり、障害程度の評価にあたっては、労働能力のそう失の程度が同一であるとして取り扱われているものである。

なお、障害等級表に掲げる身体障害が二以上ある場合の取扱い及び障害等級表に掲げるもの以外の身体障害の取扱いについては、次のとおり定められている。

イ　障害等級表に掲げる身体障害が二以上ある場合は、重い方の身体障害の該当する等級によることとし（労基則第四〇条第二項、労災則第一四条第二項）、次に掲げる場合にあっては、それぞれの方法により等級を繰上げ、当該身体障害の等級とする（労基則第四〇条第三項、労災則第一四条第三項）（以下これを「併合」という。）。

(イ)　第一三級以上に該当する身体障害が二以上ある場合は、重い方の身体障害の該当する等級を一級繰上げる。

(ロ)　第八級以上に該当する身体障害が二以上ある場合は、重い方の身体障害の該当する等級を二級繰上げる。

(ハ)　第五級以上に該当する身体障害が二以上ある場合は重い方の身体障害の該当する等級を三級繰上げる。

ロ　障害等級表に掲げるもの以外の身体障害については、その障害の程度に応じ、障害等級表に掲げる身体障害に準じてその等級を定めることとされている（労基則第四〇条第四項、労災則第一四条第四項）（以下これを「準用」といい、これにより定められた等級を「準用等級」という。）。

(2)　障害補償の額

イ　上記(1)のイの(イ)、(ロ)又は(ハ)により併合し、等級の繰上げを行った場合の障害補償の額は、労災保険法における障害補償給付又は障害給付であって、等級を繰上げた結果が障害補償年金又は障害年金に該当する場合（第七級以上に該当する場合）を除き、各々の身体障害の該当する等級による障害補償の額の合算額を超えないこととされている（労基則第四〇条第三項ただし書、労災則第一四条第三項ただし書）。

ロ　既に身体障害のあった者が、同一の部位について障害の程度を加重した場合の当該事由に係る障害補償の額は、現在の身体障害の該当する等級に応ずる額から、既にあった身体障害の該当する等級に応ずる障害補償の額を差し引いた額とされている（労基則第四〇条第五項、労災則第一四条第五項）。

なお、労災保険法における障害補償給付又は障害給付の場合で、現在の身体障害の該当する等級に応ずる障害補償給付又は障害給付が障害補償年金又は障害年金であって、既にあった身体障害の該当する等級に応ずる障害補償給付又は障害給付が障害補償一時金又は障害一時金である場合には、現在の身体障害の該当する等級に応ずる障害補償年金又は障害年金の額から、既にあった身体障害の該当する障害補償一時金又は障害一時金の額を二五で除して得た額を差し引いた額とされている（労災則第一四条第五項）。

(3)　障害等級の変更（年金たる障害補償の場合）

障害補償年金又は障害年金を受ける労働者の当該障害の程度に変更があったために、新たに他の等級に該当するに至った場合には、新たに該当するに至った等級に応ずる障害補償年金又は障害年金若しくは障害補償一時金又は障害一時金を支給することとし、従前の等級に応ずる障害補償年金又は障害年金は、等級に変更のあった月の翌月から支給しないこととされている（労災保険法第九条第一項、第一五条の二及び第二二条の三）。

三　障害等級表の仕組みとその意義

障害補償の対象とすべき身体障害の程度を定めている障害等級表は、次のごとき考え方に基づいて定められている。

即ち障害等級表は、身体をまず解剖学的観点から部位に分け、次にそれぞれの部位における身体障害を機能の面に重点を置いた生理学的観点から、たとえば、眼における視力障害、運動障害、調節機能障害及び視野障害のように一種又は数種の障害群に分け（これを便宜上「障害の系列」と呼ぶ。）、さらに、各障害は、その労働能力のそう失の程度に応じて一定の順序のもとに配列されている（これを便宜上「障害の序列」と呼ぶ。）。

障害等級の認定の適正を期するためには、障害の系列及び障害の序列についての認識を深めることにより、障害等級表の仕組みを理解することが、重要である。

(1)　部位

身体障害は、まず解剖学的な観点から次の部位ごとに区分されている。

イ　眼

(イ)　眼球

(ロ)　まぶた（右又は左）

ロ　耳

(イ)　内耳等

(ロ)　耳介（右又は左）

ハ　鼻

ニ　口

ホ　神経系統の機能又は精神

ヘ　頭部、顔面、頸部

ト　胸腹部臓器（外生殖器を含む。）

チ　体幹

(イ)　せき柱

(ロ)　その他の体幹骨

リ　上肢（右又は左）

(イ)　上肢

(ロ)　手指

ヌ　下肢（右又は左）

(イ)　下肢

(ロ)　足指

なお、以上の区分にあたって、眼球及び内耳等については、左右両器官をもって一の機能を営むいわゆる相対性器官としての特質から、両眼球、両内耳等を同一部位とし、また、上肢及び下肢は、左右一対をなす器官であるが、左右それぞれを別個の部位とされている。

(2)　障害の系列

上記のとおり部位ごとに区分された身体障害は、さらに生理学的な観点から、次表〔次頁参照〕のとおり三五種の系列に細分され、同一欄内の身体障害については、これを同一の系列にあるものとして取り扱うこととする。

部位			器質的障害	機能的障害	系列区分
眼	眼球（両眼）			視力障害	一
				調節機能障害	二
				運動障害	三
				視野障害	四
	まぶた	右	欠損障害	運動障害	五
		左	同右	同右	六
耳	内耳等（両耳）			聴力障害	七
	耳かく（耳介）	右	欠損障害		八
		左	同右		九
鼻			欠損及び機能障害		一〇
口				そしゃく及び言語機能障害	一一
			歯牙障害		一二
神経系統の機能又は精神			神経系統の機能又は精神の障害		一三
頭部、顔面、頸部			醜状障害		一四
胸腹部臓器（外生殖器を含む）			胸腹部臓器の障害		一五
体幹	せき柱		変形障害	運動障害	一六
	その他の体幹骨		変形障害（鎖骨、胸骨、ろっ骨、肩こう骨又は骨盤骨）		一七
上肢	上肢	右	欠損障害	機能障害	一八
			奇形（変形）障害（上腕骨又は前腕骨）		一九
			醜状障害		二〇
		左	欠損障害	機能障害	二一
			変形障害（上腕骨又は前腕骨）		二二
			醜状障害		二三
	手指	右	欠損障害	機能障害	二四
		左	同右	同右	二五
下肢	下肢	右	欠損障害	機能障害	二六
			変形障害（大腿骨又は下腿骨）		二七
			短縮障害		二八
			醜状障害		二九
		左	欠損障害	機能障害	三〇
			変形障害（大腿骨又は下腿骨）		三一
			短縮障害		三二
			醜状障害		三三
	足指	右	欠損障害	機能障害	三四
		左	同右	同右	三五

備考　「耳かく」については、以下「耳介」という。

なお、左記のごとく、同一部位系列を異にする身体障害を生じた場合は、同一もしくは相関連するものとして取り扱うことが、認定実務上合理的であるので、具体的な運用にあたっては同一系列とみなして（以下「みなし系列」という。）取り扱う。

イ　両眼球の視力障害、運動障害、調節機能障害、視野障害の各相互間

ロ　同一上肢の機能障害と手指の欠損又は機能障害

ハ　同一下肢の機能障害と足指の欠損又は機能障害

(3)　障害の序列

イ　障害等級表は、上記のとおり労働能力のそう失の程度に応じて身体障害を第一級から第一四級までの一四段階に区分しており、この場合の同一系列の障害相互間における等級の上位、下位の関係を障害の序列（以下「序列」という。）という。

障害等級表上定めのない身体障害及び同一系列に二以上の身体障害が存する場合の等級の認定にあたっては、障害の序列を十分に考慮すべきものである（後記「五　障害等級認定の具体的方法（例示解説）」を参照のこと。）。

なお、同一系列における序列については、次の類型に大別されるので、それぞれの等級の認定にあたっては留意する必要がある。

(イ)　障害の程度を一定の幅で評価することから、上位等級の身体障害と下位等級の身体障害との間に中間の等級を定めていないもの

(ロ)　上位等級の身体障害と下位等級の身体障害との区別を、労働能力に及ぼす影響の総合的な判定により行っているもの

(ハ)　障害等級表上、最も典型的な身体障害を掲げるにとどまり上位等級の身体障害と下位等級の身体障害との間に中間の身体障害が予想されるにかかわらず定めていないもの

ロ　欠損障害は、労働能力の完全なそう失であり、障害等級表上、同一部位に係る機能障害よりも上位に格付けられているので、同一部位に欠損障害以外のいかなる身体障害が残存したとしても、その程度は欠損障害の程度に達することはない。

ただし、その例外として、機能の全部そう失については欠損障害と同等に評価されている場合がある（第一級の六と第一級の七又は第一級の八と第一級の九）。

ハ　上記イ、ロによるほか、系列を異にする二以上の身体障害が残存した場合で、障害等級表上組合せにより等級が定められているものについても、その等級間に、いわゆる序列に類する上位下位の関係が明らかにされている。したがって、系列を異にする二以上の身体障害のうちこれら組合せのあるもの以外のものの等級の認定については、原則として併合の方法により、行うこととなるが、上位、下位の関係に留意のうえ等級

を認定することが必要である。なお、この場合、両上肢及び両下肢の欠損障害については、障害等級表に組合せによる等級が掲げられているので、その等級以外の格付けはあり得ない。したがって、上位等級（第一級の六又は第一級の八）に達しないものは、すべて下位等級（第二級の三又は第二級の四）に該当するものとして取り扱うこととなる。

四　障害等級認定にあたっての原則と準則

障害等級の認定にあたっては、前記二（障害補償に係る規定の概要）のとおり、法令に定めるところによることを原則とするが、なお、これが運用にあたっては、次のごとき準則により取り扱うものとする。

(1)　併合（労基則第四〇条第二項、三項及び労災則第一四条第二項、三項）の場合

イ「併合」とは、系列を異にする身体障害が二以上ある場合に、重い方の身体障害の等級によるか、又はその重い方の等級を一級ないし三級の繰り上げで当該複数の障害の等級とすることをいう。

ロ　併合して等級が繰り上げられた結果、障害の序列を乱すこととなる場合は、障害の序列にしたがって等級を定めることとなる。

ハ　併合して等級が繰り上げられた結果、障害等級が第一級をこえる場合であっても、障害等級表上、第一級以上の障害等級は存在しないので、第一級にとどめることとなる。

ニ　系列を異にする身体障害が二以上存する場合には、併合して等級を認定することとなるが、次の場合にあっては併合の方法を用いることなく等級を定めることとなる。

(イ)　両上肢の欠損障害及び両下肢の欠損障害については、本来、系列を異にする複数の身体障害として取り扱うべきものであるが、障害等級表上では組み合わせ等級として定められているので（第一級の六、第一級の八、第二級の三、第二級の四）、それぞれの等級を併合の方法を用いることなく、障害等級表に定められた当該等級により認定する。

(ロ)　一の障害が観察の方法によっては、障害等級表上の二以上の等級に該当すると考えられる場合があるが、これは、その一の身体障害を複数の観点（複数の系列）で評価しているにすぎないものであるから、この場合には、いずれか上位の等級をもって、当該障害の等級とする。

(ハ)　一の身体障害に他の身体障害が通常派生する関係にある場合には、いずれか上位の等級をもって、当該障害の等級とする。

(2)　準用（労基則第四〇条第四項及び労災則第一四条第四項）の場合

イ　障害等級表に掲げるもの以外の身体障害については、その障害の程度に応じ、障害等級表に掲げる身体障害に準じて、その等級を定めたこと

となるが、この「障害等級表に掲げるもの以外の身体障害」とは、次の二つの場合をいう。

(イ) ある身体障害が、障害等級表上のいかなる障害の系列にも属さない場合

(ロ) 障害等級表上に、その属する障害の系列はあるが、該当する身体障害がない場合

ロ この場合においては、次により、その準用等級を定めるものとする。

(イ) いかなる障害の系列にも属さない場合

その障害によって生ずる労働能力のそう失の程度を医学的検査結果等に基づいて判断し、その障害が最も近似している系列の障害における労働能力のそう失の程度に該当する等級を準用等級として定める。

(ロ) 障害の系列は存在するが、該当する障害がない場合

a この準用等級を定めることができるのは、同一系列に属する障害群についてであるので、この場合は、同一系列に属する二以上の障害が該当するそれぞれの等級を定め、併合の方法を用いて準用等級を定める。ただし、併合の方法を用いた結果、序列を乱すときは、その等級の直接上位又は直接下位の等級を当該身体障害の該当する等級として認定する。

b 本来は異なる系列のものを、同一系列の障害として取り扱っているもの(「3 障害等級表の仕組みとその意義」の(2)のイ〜ハ)については、それぞれの障害について各々別個に等級を定め、さらにこれを併合して得られる等級を準用等級とする。ただし、併合の結果、序列を乱すときは、その等級の直近下位の等級を当該身体障害の該当する等級として認定する。

(3) 加重(労基則第四〇条第五項、労災則第一四条第五項)の場合

イ 既に身体障害のあった者が業務災害(又は通勤災害)によって同一の部位について障害の程度を加重した場合は、加重した限度で障害補償を行う。

(イ) 「既に身体障害のあった者」とは、新たな業務災害(又は通勤災害)の発生前において、既に身体障害のあった者をいい、その身体障害が、当該事業場に雇用される前の災害によるものであると、当該事業場に雇用された後の災害によるものであるとを問うところでないし、また先天性のものであると、後天性のものであると、業務上の事由によるものであると、業務外の事由によるものであると、現実に給付を受けたものであると否とにかかわらず、既に障害等級表に定められている程度の身体障害が存していた者をいう。

(ロ) 「加重」とは、業務災害(又は通勤災害)によって新たに障害が加わった結果、障害等級表上、現存する障害が既存の障害より重くなった場合をいう。したがって、自然的経過

又は既存の障害の原因となった疾病の再発など、新たな業務災害（又は通勤災害）以外の事由により障害の程度を重くしたとしても、ここにいう「加重」には該当しない。また、同一部位に新たな障害が加わったとしても、その結果、障害等級表上、既存の障害よりも存在する障害が重くならなければ、「加重」には該当しない。

なお、既存の障害が、業務災害（又は通勤災害）によるものである場合は、その後の障害の程度の変更いかんにかかわらず、既に障害補償のなされた等級（労災保険法第一五条の二の規定により新たに該当するに至った等級の障害補償を行ったときは当該等級）を既存の障害の等級とする。

(ハ)　ここにいう「同一の部位」とは、前記三の(2)の「同一系列」の範囲内をいう。ただし、異なる系列であったとしても、「欠損」又は「機能の全部そう失」は、その部位における最上位の等級であるので、障害が存する部位に「欠損」又は「機能の全部そう失」という障害が後に加わった場合（たとえば、右下肢の下腿骨に変形の既存障害が存する場合に、その後新たに右下肢をひざ関節以上で失ったとき）は、それが系列を異にする障害であったとしても、「同一部位」の加重として取り扱うこととする。

ロ　加重の場合の障害補償の額は、加重された身体障害の該当する障害等級の障害補償の額（日数）から、既に存していた身体障害の該当する障害等級の障害補償の額（日数）を控除して得た額（日数）とする。

ただし、既存の身体障害が第八級以下に該当するものであって、新たに加重の結果第七級（年金）以上になった場合には、現在の身体障害の該当する障害等級の障害補償の年額（日数）から既存の身体障害の障害補償の額（日数）の1/25を控除して得た額とする。

ハ　同一の部位に身体障害の程度を加重するとともに、他の部位にも新たな身体障害が残った場合は、まず、同一の部位の加重された後の身体障害について障害等級を定め、次に、他の部位の身体障害について障害等級を定め、両者を併合して現在の身体障害の該当する障害等級を認定する。

ニ　系列を異にする身体障害で障害等級表上、特にその組合せを規定しているために同一系列とされている次の場合に、既存障害としてその一方に身体障害を有していた者が、新たに他方に身体障害を加え、その結果組合せ等級に該当するに至ったときは、新たな身体障害のみの該当する等級によることなく、加重として取り扱うものとする。

(イ)　両上肢の欠損又は機能障害（第一級の六、第一級の

七、第二級の三）

(ロ)　両手指の欠損又は機能障害
（第三級の五、第四級の六）

(ハ)　両下肢の欠損又は機能障害
（第一級の八、第一級の九、第二級の四、第四級の七）

(ニ)　両足指の欠損又は機能障害
（第五級の六、第七級の八）

(ホ)　両まぶたの欠損又は運動障害
（第九級の四、第一一級の二、第一三級の三）

ホ　手指及び足指並びに、相対性器官（眼球及び内耳等）で身体障害の程度を加重した場合であっても、次の場合には、以下の準則により取り扱うこととする。

(イ)　手（足）指に既に身体障害を有する者が、同一手（足）の他指に新たに身体障害を加えた場合及び相対性器官の一側に既に身体障害を有する者が、他側に新たに身体障害を残した場合において、前記ロの方法により算定した障害補償の額（日数）が、新たな身体障害のみを生じたこととした場合の障害補償の額（日数）より少ないときは、その新たな身体障害のみが生じたものとみなして障害等級の認定を行う。

(ロ)　一手（足）の二以上の手（足）指に既に身体障害を有する者が、その身体障害を有している手（足）指の一部について身体障害の程度を重くした場合において、前記ロの方法により算定した障害補償の額（日数）が、その一部の手（足）指のみに身体障害が存したものとみなして新たに身体障害の程度を加重したこととした場合の障害補償の額（日数）より少ないときは、その一部の手（足）指にのみ新たに身体障害の程度を加重したものとみなし、取り扱うこととする。

(ハ)　相対性器官の両側に既に身体障害を有する者が、その一側について既存の障害の程度を重くした場合に、前記ロの方法により算出した障害補償の額（日数）が、その一側のみに身体障害が存したものとみなして新たに身体障害の程度を加重したこととした場合の障害補償の額（日数）より少ないときは、その一側にのみ新たに身体障害の程度を加重したものとみなして障害等級の認定を行うこととする。

(ニ)　障害の程度を加重するとともに、他の部位にも新たな身体障害を残した場合には、前記ロの方法により算定した障害補償の額（日数）が、他の部位に新たな身体障害のみが生じたこととした場合における障害補償の額（日数）より少ないときは、その新たな身体障害のみが生じたものとみなして取り扱うこととする。

(ホ)　上記(イ)、(ロ)、(ハ)及び(ニ)の場合において、前記ロの方法による加重後の身体障害の等級が第七級以上（年金）に該当し、新たに加わった身体障害が単独で生じたこととした場合の等級が第八級以下に該当するとき（既存の身体障害の等級と加重後の身体障害の等級が同等級である場合を除く。）は加重後の等級により認定し、障害補償の額の算定にあたっては、その加重後の等級の障害補償の年額（日数）から既存の身体障害の障害補償の額（日数）の1/25を控除して得た額とする。

五　障害等級認定の具体的方法（例示解説）

(1)　併合

イ　併合の原則的取扱い

(イ)　重い方の身体障害の等級により等級を認定するもの

〔例　ひじ関節の機能に障害を残し（第一二級の六）、かつ、四歯に対し歯科補てつを加えた（第一四級の二）場合には、併合して重い方の障害の該当する等級により、併合第一二級とする。〕

(ロ)　併合繰上げにより等級を認定するもの

〔例　せき柱に運動障害を残し（第八級の二）、かつ、一下肢を四センチメートル短縮した（第一〇級の七）場合には、併合して重い方の等級を一級繰上げ、併合第七級とする。〕

ロ　併合して等級が繰り上げられた結果、障害の序列を乱すこととなる場合で、障害の序列にしたがって等級を定めたもの

〔例　一上肢を手関節以上で失い（第五級の二）、かつ、他の上肢をひじ関節以上で失った（第四級の四）場合は、併合して等級を繰り上げると第一級となるが、当該障害は、「両上肢をひじ関節以上で失ったもの」（第一級の六）の障害の程度に達しないので併合第二級とする。〕

ハ　併合して等級が繰り上げられた結果、障害等級が第一級をこえる場合で、第一級にとどめたもの

〔例　両眼の視力が〇・〇二以下になり（第二級の二）、かつ、両手の手指の全部を失った（第三級の五）場合は併合して等級を繰り上げると第一級をこえることとなるが、第一級以上の障害等級はあり得ないので併合第一級とする。〕

ニ　併合の方法を用いることなく等級を定めたもの

(イ)　両上肢の欠損障害及び両下肢の欠損障害について、障害等級表に定められた当該等級により認定するもの

〔例　一下肢をひざ関節で失い（第四級の五）、かつ、他の下肢をひざ関節で失った（第四級の五）場合は、併合の方法を用いることなく「両下肢をひざ関節以上で失ったもの」（第一級の八）の等級に該当する。〕

(ロ)　一の身体障害が観察の方法によっては、障害等級表上の二以上の等級

に該当すると考えられる場合に、いずれか上位の等級をもって当該障害の等級とするもの

〔例　大腿骨に変形を残した（第一二級の八）結果、同一下肢を一センチメートル短縮した（第一三級の八）場合は、上位の等級である第一二級の八をもって当該障害の等級とする。〕

(ハ)　一の身体障害の他に身体障害が通常派生する関係にある場合に、いずれか上位の等級をもって当該障害の等級とするもの

〔例　一上肢に偽関節を残す（第八級の八）とともに、当該箇所にがん固な神経症状を残した（第一二級の一二）場合は、上位等級である第七級の九をもって当該障害の等級とする。〕

ホ　併合の結果が第八級以下である場合における障害補償の額の算定方法（労基則第四〇条第三項ただし書及び労災則第一四条第三項ただし書）

〔例　右手の母指の亡失（第九級、給付基礎日額の三九一日分）及び左手の母指の指骨の一部欠損（第一三級、給付基礎日額の一〇一日分）が存する場合には、等級を繰上げて第八級（給付基礎日額の五〇三日分）となるが、第九級と第一三級の障害補償の合算額（給付基礎日額の四九二日分）がこれに満たないので、この場合の障害補償の額は当該合算額（四九二日分）となる。〕

(2)　準用

イ　いかなる障害の系列にも属さない場合

「嗅覚脱失」及び「味覚脱失」については、ともに準用第一二級の障害として取り扱う。嗅覚脱失等の鼻機能障害、味覚脱失等の口腔障害は、神経障害ではないが、全体としては神経障害に近い障害とみなされているところから、一般の神経障害の等級として定められている第一二級の一二「局部にがん固な神経症状を残すもの」を準用して等級を認定する。また、「嗅覚減退」については、第一四級の九「局部に神経症状を残すもの」を準用して等級を認定する。

ロ　障害の系列は存在するが、該当する障害がない場合

(イ)　併合繰上げの方法を用いて、準用等級を定めたもの

〔例　「一上肢の三大関節中の一関節の用を廃し」（第八級の六）、かつ、「他の一関節の機能に著しい障害を残す」（第一〇級の九）場合には、等級の繰上げの方法を用いて準用第七級に認定する。〕

(ロ)　併合繰上げの方法を用いて準用等級を定めるが、序列を乱すため、直近上位又は直近下位の等級に認定したもの

a　直近上位の等級に認定したもの

〔例　一手の「中指の用を廃し」（第一二級の九）、かつ、「小指を失った」（第一二級の八の二）場合は、併合の方法を用いると第一一級となるが、この場合、当該障害の程度は、「一手の母指以外の二の手指の用を廃したもの」（第一〇級の六）よりも重く、「一手の母指以外の二の手指を失ったもの」（第九級の八）よりは軽いので、準用第一〇級に認定する。〕

b　直近下位の等級に認定したもの

〔例一「上肢の三大関節中の二関節の用を廃し」（第六級の五）、かつ、「他の一関節の機能に著しい障害を残す」（第一〇級の九）場合には、併合の方法を用いると第五級となるが、「一上肢の用を廃した」（第五級の四）障害の程度より軽いので、その直近下位の準用第六級に認定する。〕

二　本来、異系列のものを同一系列のものとして取り扱う場合の

〔例一「一手の五の手指を失い」（第六級の七）、かつ、「一上肢の三大関節中の一関節（手関節）の用を廃した」（第八級の六）場合には、併合の方法を用いると第四級となるが、「一上肢を手関節以上で失ったもの」（第五級の二）には達しないので、その直近下位の準用第六級に認定する。〕

(3)　加重

イ　既に身体障害を有していた者が新たな災害により、同一部位に身体障害の程度を加重したもの

〔例　既に、三歯に対し歯科補てつを加えていた（第一四級の二）者が、新たに三歯に対し歯科補てつを加えた場合には、現存する障害に係る等級は第一三級の三の二となる。〕

ロ　身体障害を加重した場合の障害補償の額の算定

〔例一　既に右示指の用を廃していた（第一二級の九）者が、新たに同一示指を亡失した場合には、現存する身体障害に係る等級は第一一級の六となるが、この場合の障害補償の額は、現存する障害の障害補償の額（第一一級の六、給付基礎日額の二二三日分）から既存の障害の障害補償の額（第一二級の九、給付基礎日額の一五六日分）を差し引いて給付基礎日額の六七日分となる。

二　既に、一上肢の手関節の用を廃していた（第八級の六）者が、新たに同一上肢の手関節を亡失した場合には、現存する障害は、第五級の二（年金）となるが、この場合の障害補償の額は、現存する障害の障害補償の額（第五級の二、当該障害の存する期間一年につき給付基礎日

額の一八四日分）から既存の障害の障害補償の額（第八級の六、給付基礎日額の五〇三日分）の$1/25$を差し引いて、当該障害の存する期間一年について給付基礎日額の一六三・八八日分となる。

ハ　同一の部位に身体障害の程度を加重するとともに他の部位にも新たな身体障害を残したもの

例　既に、一下肢を一センチメートル短縮していた（第一三級の八）者が、新たに同一下肢三センチメートル短縮（第一〇級の七）し、かつ、一手の小指を失った（第一二級の八の八）場合の障害補償の額は、同一部位の加重後の障害（第一〇級の七）と他の部位の障害（第一二級の八の八）を併合して繰上げた障害補償の額（第九級、給付基礎日額の三九一日分）から既存の障害の障害補償の額（第一三級の八、給付基礎日額の一〇一日分）を差し引いて、給付基礎日額の二九〇日分となる。

ニ　組合せ等級が定められているため、既にその一方に身体障害を有していた者が、新たに他方に身体障害を生じ、組合せ等級に該当するに至ったもの

例　既に、一上肢を手関節以上で失っていた（第五級の二）者が、新たに他方の上肢を手関節以上で失った場合は、その新たな障害（第五級の二）のみにより等級の認定を行うことなく、両上肢を手関節以上で失ったもの（第二級の三）として認定する。なお、この場合の障害補償の額は、現存する障害の障害補償の額（第二級の三、給付基礎日額の二七七日分）から、既存の障害の障害補償の額（第五級の二、給付基礎日額の一八四日分）を差し引いて給付基礎日額の九三日分となる。

ホ　手指及び足指並びに相対性器官の場合

(イ)　手（足）指に既に身体障害を有する者が、同一手（足）の他指に新たに身体障害を加えたもの

例　「一手の示指を亡失」（第一一級の六）していた者が、新たに「同一手の環指を亡失」（第一一級の六）した場合、現存する障害は第九級の八となるが、この場合、現存する障害の障害補償の額（第九級の八、給付基礎日額の三九一日分）から既存の障害の障害補償の額（第一一級の六、給付基礎日額の二二三日分）を差引くと、障害補償の額は給付基礎日額の一六八日分となり、新たな障害（第一一級の六、給付基礎日額の二二三日分）のみが生じたこととした場合の障害補償の額より少ないので、この場合は、第一一級の六

の障害のみが生じたものとみなして、給付基礎日額の二二三日分を支給する。

(ロ) 一手（足）の二以上の手（足）指に、既に身体障害を有する者が新たにその一部の手（足）指について身体障害の程度を重くしたもの

例　「一手の中指、環指及び小指の用を廃していた」（第九級の九）者が、新たに「同一手の小指を亡失」（第一二級の八の二）した場合であっても、現存する障害は第八級には及ばないので第九級となり、加重の取扱いによれば、障害補償の額は〇となるが、新たに障害が生じた小指についてのみ加重の取扱いをして「小指の亡失」の障害補償の額（第一二級の八の二、給付基礎日額の一五六日分）から、既存の「小指の用廃」の障害補償の額（第一三級の七、給付基礎日額の一〇一日分）を差し引くと障害補償の額は給付基礎日額の五五日分となるので、この場合の障害補償の額は、新たに小指のみに障害が加重されたものとみなして給付基礎日額の五五日分を支給する。

(ハ) 相対性器官の両側に、既に身体障害を有していた者が、その一側について既存の障害の程度を重くしたもの

例　「両眼の視力が〇・六以下に減じていた」（第九級の一）者が、新たに「一眼の視力が〇・〇六以下に減じた」（第九級の二）場合の現存する障害は第九級の一となり、前記ロの方法によれば障害補償の額は〇となるが、新たに障害が生じた一眼についてのみ加重の取扱いをして、「一眼の視力が〇・〇六以下に減じたもの」の障害補償の額（第九級の二、給付基礎日額の三九一日分）から、既存の「一眼の視力が〇・六以下に減じたもの」の障害補償の額（第一三級の一、給付基礎日額の一〇一日分）を差し引くと、障害補償の額は給付基礎日額の二九〇日分となるので、この場合の障害補償の額は、新たに一眼のみに障害が加重されたものとみなして給付基礎日額の二九〇日分を支給する。

(ニ) 障害の程度を加重するとともに、他の部位にも新たな障害を残したもの

例　「言語の機能に障害を残し」（第一〇級の二）ていた者が、新たに「そしゃくの機能に障害を残し」（第一〇級の二）、かつ、「両眼の視力が〇・六以下に減じた」（第九級の一）の場合は、同一部位の加重後の障害である「そしゃく及び言語の機能に障害を残したもの」（第九級の六）と他部位の「両眼の視

力が〇・六以下に減じたもの」（第九級の一）を併合し、現存する障害は第八級となるが、加重の取扱いによれば、現存する障害の障害補償の額（第八級、給付基礎日額の五〇三日分）から既存の障害補償の額（第一〇級の二、給付基礎日額の三〇二日分）を差し引くと障害補償の額は給付基礎日額の二〇一日分となり、他部位の新たな障害（第九級の一、給付基礎日額の三九一日分）のみが生じたこととした場合の障害補償の額より少ないので、この場合は、両眼の視力が〇・六以下に減じた障害のみが生じたものとみなして、給付基礎日額の三九一日分を支給する。

第二　障害等級認定の具体的要領

一　〈削除〉

⑴　眼の障害と障害等級

イ　眼の障害については、障害等級表上、次のごとく、眼球の障害として視力障害、調節機能障害、運動障害及び視野障害について、また、眼瞼の障害として欠損障害及び運動障害について等級を定めている。

(イ)　眼球の障害

a　視力障害

両眼が失明したもの　第一級の一

一眼が失明し、他眼の視力が〇・〇二以下になったもの　第二級の一

両眼の視力が〇・〇二以下になったもの　第二級の二

一眼が失明し、他眼の視力が〇・〇六以下になったもの　第三級の一

両眼の視力が〇・〇六以下になったもの　第四級の一

一眼が失明し、他眼の視力が〇・一以下になったもの　第五級の一

両眼の視力が〇・一以下になったもの　第六級の一

一眼が失明し、他眼の視力が〇・六以下になったもの　第七級の一

一眼が失明し、又は一眼の視力が〇・〇二以下になったもの　第八級の一

両眼の視力が〇・六以下になったもの　第九級の一

一眼の視力が〇・〇六以下になったもの　第九級の二

一眼の視力が〇・一以下になったもの　第一〇級の一

一眼の視力が〇・六以下になったもの　第一三級の一

b　調節機能障害

両眼の眼球に著しい調節機能障害を残すもの　第一一級の一

一眼の眼球に著しい調節機能障害を残すもの　第一二級の一

c　運動障害

両眼の眼球に著しい運動障害を残すもの　第一一級の一

一眼の眼球に著しい運動障害を残すもの　第一二級の一

d　視野障害

両眼に半盲症、視野狭さく又は視野変状を残すもの　第九級の三

一眼に半盲症、視野狭さく又は視野変状を残すもの　第一三級の二

(ロ) 眼瞼の障害

a 欠損障害

両眼のまぶたに著しい欠損を残すもの　第九級の四

一眼のまぶたに著しい欠損を残すもの　第一一級の三

両眼のまぶたの一部に欠損を残し、又はまつげはげを残すもの　第一三級の一

一眼のまぶたの一部に欠損を残し、又はまつげはげを残すもの　第一四級の一

b 運動障害

両眼のまぶたに著しい運動障害を残すもの　第一一級の二

一眼のまぶたに著しい運動障害を残すもの　第一二級の二

ロ 障害等級表に掲げていない眼の障害については、労災則第一四条第四項により、その障害の程度に応じて、障害等級表に掲げている他の障害に準じて等級を認定すること。

(2) 障害等級認定の基準

イ 眼球の障害

(イ) 視力障害

a 視力の測定は、原則として、万国式試視力表によることとする（労災則別表障害等級表備考第一号）が、実際上これと同程度と認められる文字、図形等の視標を用いた試視力表又は視力測定法を用いてもよいこと。

b 障害等級表にいう視力とは、矯正視力をいう（労災則別表障害等級表備考第一号）。ただし、矯正が不能な場合は裸眼視力による。

〔注 矯正視力には、眼鏡による矯正、医学的に装用可能なコンタクトレンズによる矯正又は眼内レンズによる矯正によって得られた視力が含まれる。〕

c 矯正視力による障害等級の認定は、

(a) 角膜の不正乱視が認められず、かつ、眼鏡による完全矯正を行っても不等像視を生じない者については、眼鏡により矯正した視力を測定して障害等級を認定する。

〔注 不等像視とは、左右両眼の屈折状態等が異なるため、左眼と右眼の網膜に映ずる像の大きさ、形が異なるものをいう。〕

(b) 上記(a)以外の者については、コンタクトレンズの装用が医学的に可能であり、かつ、コンタクトレンズによる矯正を行うことにより良好な視力が得られる場合には、コンタクトレンズにより矯正した視力を測定して障害等級を認定する。

(c) 眼鏡による完全矯正を行えば不等像視を生じる場合であって、コンタクトレンズの装用が不能な場合には、眼鏡矯正の程度を調整して不等像視の出現を回避し得る視力により障害等級を認定する。

(d) コンタクトレンズの装用の可否及び視力の測定は、コンタクトレンズ

を医師の管理下で三か月間試行的に装用し、その後に行う。

なお、コンタクトレンズの装用が可能と認められるのは、一日に八時間以上の連続装用が可能である場合とする。

d　「失明」とは、眼球を亡失（摘出）したもの、明暗を弁じ得ないもの及びようやく明暗を弁ずることができる程度のものをいい、光覚弁（明暗弁）又は手動弁が含まれる。

注一　「光覚弁」とは、暗室にて被検者の眼前で照明を点滅させ、明暗が弁別できる視力をいう。

二　「手動弁」とは、検者の手掌を被検者の眼前で上下左右に動かし、動きの方向を弁別できる視力をいう。

三　「指数弁」は、検者の指の数を答えさせ、それを正答できる最長距離により視力を表すもので、「一ｍ／指数弁」、「五〇cm／指数弁」、「三〇cm／指数弁」等と表記する。

このうち、「一ｍ／指数弁」は視力〇・〇二に、「五〇cm／指数弁」は視力〇・〇一に各々相当するものとされるが、それより短い距離については換算は困難とされる。

e　両眼の視力障害については、障害等級表に掲げている両眼の視力障害の該当する等級をもって認定することとし、一眼ごとの等級を定め併合繰上げの方法を用いて準用等級を定める取扱いは行わないこと。

ただし、両眼の該当する等級よりも、いずれか一眼の該当する等級が上位である場合は、その一眼のみに障害が存するものとみなして、等級を認定すること。

例　一眼の視力が〇・五、他眼の視力が〇・〇二である場合は、両眼の視力障害としては第九級の一に該当するが、一眼の視力障害としては第八級の一に該当し、両眼の場合の等級よりも上位であるので、第八級の一とする。

(ロ)　調節機能障害

a　「眼球に著しい調節機能障害を残すもの」とは、調節力が½以下に減じたものをいう。

注　調節力とは、明視できる遠点から近点までの距離的な範囲（これを調節域という。）をレンズに換算した値であり、単位はジオプトリー（D）である。

調節力は、年齢と密接な関係がある。

b　調節力が½以下に減じているか否かは、被災した眼が一眼のみであって、被災していない眼の調節力に異常がない場合は、当該他眼の調節力との比較により行う。

c　両眼が被災した場合及び被災した眼は一眼のみであるが被災していない眼の調節力に異常が認められる場

合は、年齢別の調節力を示す下表〔次頁の表〕の調節力値との比較により行う。

この場合、表に示される年齢は、例えば「四〇歳」については「四〇歳」から「四四歳」までの者に対応するものとして取り扱う。

なお、年齢は治ゆ時における年齢とする。

五歳毎年齢の調節力

年齢	調節力
一五	九・七
二〇	九・〇
二五	七・六
三〇	六・三
三五	五・三
四〇	四・四
四五	三・一
五〇	二・二
五五	一・五
六〇	一・三五
六五	一・三

d　上記bの場合には被災していない眼の調節力が一・五D以下であるときは、実質的な調節の機能は失われていると認められるので、障害補償の対象とならない。

また、上記cの場合には年齢が五五歳以上であるときは障害補償の対象とならない。

(ハ)　運動障害

「眼球に著しい運動障害を残すもの」とは、眼球の注視野の広さが½以下に減じたものをいう。

〔注一　眼球の運動は、各眼三対、すなわち六つの外眼筋の作用によって行われる。この六つの筋は、一定の緊張を保っていて、眼球を正常の位置に保たせるものであるから、もし、眼筋の一個あるいは数個が麻痺した場合は、眼球はその筋の働く反対の方向に偏位し（麻痺性斜視）、麻痺した筋の働くべき方向において、眼球の運動が制限されることとなる。

二　両眼視のある人の眼筋の一個又は数個が麻痺すれば、複視を生じる。

複視とは、単一の物体から二個の像を認識することであり、患眼によって見える物体を仮像という。

三　注視野とは、頭部を固定し、眼球を運動させて直視することのできる範囲をいう。

注視野の広さは、相当個人差があるが、多数人の平均では単眼視では各方面約五〇度、両眼視では各方面約四五度である。〕

(ニ)　視野障害

a　視野の測定は、ゴールドマン型視野計によること。

b　「半盲症」、「視野狭さく」及び「視野変状」とは、V／4視標による八方向の視野の角度の合計が、正常視野の角度の合計の六〇%以下になった場合をいう。

なお、暗点は絶対暗点を採用し、比較暗点は採用しないこと。

〔注一　視野とは、眼前の一点をみつめていて、同時に見得る外界の広さをいう。

なお、日本人の視野の平均値は、次のとおりである。

方向＼指標	V／4
上	六〇（五五―六五）
上外	七五（七〇―八〇）
外	九五（九〇―一〇〇）
外下	八〇（七五―八五）
下	七〇（六五―七五）
下内	六〇（五〇―七〇）
内	六〇（五〇―七〇）
内上	六〇（五〇―七〇）

二　半盲症とは、視神経線維が、視神経交叉又はそれより後方において侵されるときに生じるものであって、注視点を境界として、両眼の視野の右半部又は左半部が欠損するものをいう。両眼同側の欠損するものは同名半盲、両眼の反対側の欠損するものは異名半盲という。

三　視野狭さくとは、視野周辺の狭さくであって、これには、求心性狭さくと不規則狭さくとがある。

高度の求心性狭さくは、たとえ視力は良好であっても、著しく視機能を阻げ、周囲の状況をうかがい知ることができないため、歩行その他諸動作が困難となる。また、不規則狭さくには、上方に起こるものや内方に起こるもの等がある。

四　視野変状には、半盲症、視野の欠損、視野狭さく及び暗点が含まれるが、半盲症及び視野狭さくについては、障害等級表に明示されているので、ここにいう視野変状は、暗点と視野欠損をいう。

なお、暗点とは、生理的視野欠損（盲点）以外の病的欠損を生じたものをいい、中心性漿液性脈絡網膜症、網膜の出血、脈絡網膜炎等に見られる。比較暗点とは、V／4視標では検出できないが、より暗い又はより小さな視標では検出される暗点をいう。

また、網膜に感受不受部があれば、それに相当して、視野上に欠損を生じるが、生理的に存する視野欠損の主なものはマリオット盲斑（盲点）であり、病的な視野欠損は、網膜の出血、網膜動脈の閉塞等に見られる。〕

ロ　眼瞼の障害

(イ)　欠損障害

a　「まぶたに著しい欠損を残すもの」とは、閉瞼時（普通に眼瞼を閉じた場合）に、角膜を完全におおい得ない程度のものをいう。

b　「まぶたの一部に欠損を残すもの」とは、閉瞼時に角膜を完全におおうことができるが、球結膜（しろめ）が露出している程度のものをいう。

c　「まつげはげを残すもの」とは、まつげ縁（まつげのはえている周縁）の1/2以上にわたってまつげのはげを残すものをいう。

(ロ)　運動障害

「まぶたに著しい運動障害を残すもの」とは、開瞼時（普通に開瞼した場合）に瞳孔領を完全におおうもの又は閉瞼時に角膜を完全におおい得ないものをいう。

(3)　併合、準用、加重

イ　併合

眼瞼の障害において、系列を異にする二以上の障害が存する場合は、労災則第一四条第二項及び第三項により併合して等級を認定すること。

「例　一眼のまぶたの著しい欠損障害（第一一級の三）と、他眼のまぶたの著しい運動障害（第一二級の二）が存する場合は、第一〇級とする。」

ロ　準用

(イ)　同一眼球に、系列を異にする二以上の障害が存する場合（たとえば、調節機能障害と視力障害が存する場合、眼球の運動障害と視力障害が存する場合又は視野障害と視力障害が存する場合等）は、併合の方法を用いて準用等級を定めること。

(ロ)　「眼球に著しい運動障害を残すもの」に該当しない程度のものであっても、正面視で複視を生じるものについては、両眼視することによって高度の頭痛、めまい等を生じ労働に著しく支障をきたすので、第一二級を準用すること。

なお、左右上下視等で複視を生じ、正面視では複視を生じないものについては、労働に著しい支障をきたすものとは認められないが、軽度の頭痛、眼精疲労を訴えるので、第一四級を準用すること。

(ハ)　外傷性散瞳については、次により取り扱うこと。

a　一眼の瞳孔の対光反射が著しく障害され、著明な羞明を訴え労働に著しく支障をきたすものについては、第一二級を準用すること。

b　一眼の瞳孔の対光反射はあるが不十分であり、羞明を訴え労働に支障をきたすものについては、第一四級を準用すること。

c　両眼について、前記aの場合には第一一級を、またbの場合には第一二級をそれぞれ準用すること。

d　外傷性散瞳と視力障害又は調節機能障害が存する場合は、併合の方法を用いて準用等級を定めること。

「注　散瞳（病的）とは、瞳孔の直径が開大して対光反射が消失又は減弱するものをいい、羞明とは、俗にいう「まぶしい」ことをいう。」

ハ　加重

(イ) 眼については、両眼球を同一部位とするので、次の場合は、加重として取扱うこと。

a 一眼を失明し、又は一眼の視力を減じていた者が、新たに他眼を失明し、又は他眼の視力を減じた場合

b 両眼の視力を減じていた者が、さらに一眼又は両眼の視力を減じ、又は失明した場合

c 一眼の視力を減じていた者が、さらにその視力を減じ、又は失明した場合

(ロ) 加重の場合の障害補償の額は、労災則第一四条第五項により算定することとするが、一眼に障害を存する者が、新たに他眼に障害を生じた場合において、労災則第一四条第五項により算定した障害補償の額（日数）が、他眼のみに新たな障害が生じたこととした場合の障害補償の額（日数）より少ないときは、その新たな障害のみが生じたものとみなして障害補償の額を算定すること。

〔例　一眼のまぶたに著しい欠損を存する（第一一級の三、給付基礎日額の二二三日分）者が、新たに他眼のまぶたに著しい欠損を生じた場合の障害補償の額は、二二三日分とする。〕

また、両眼に障害を存する者が、その一眼について障害の程度を加重した場合において、労災則第一四条第五項により算定した障害補償の額（日数）が、その一眼に新たな障害のみが生じたこととした場合の障害補償の額（日数）より少ないときは、その新たな障害のみが生じたものとみなして障害補償の額を算定すること。

二　耳（内耳等及び耳介）

(1) 〈略〉

(2) 障害等級認定の基準

イ　聴力障害

(イ) 聴力障害に係る等級は、純音による聴力レベル（以下「純音聴力レベル」という。）の測定結果及び語音による聴力検査結果（以下「明瞭度」という。）を基礎として、次により認定すること。

a 両耳の聴力障害

(a) 「両耳の聴力を全く失ったもの」とは、両耳の平均純音聴力レベルが九〇dB以上のもの又は両耳の平均純音聴力レベルが八〇dB以上であり、かつ最高明瞭度が三〇％以下のものをいう。

(b) 「両耳の聴力が耳に接しなければ大声を解することができない程度になったもの」とは、両耳の平均純音聴力レベルが八〇dB以上のもの又は両耳の平均純音聴力レベルが五〇dB以上であり、かつ、最高明瞭度が三〇％以下のものをいう。

(c) 「一耳の聴力を全く失い、他耳の聴力が四〇センチメートル以上の距離では普通の話声を理解することができない程度になったもの」とは、一耳の平均純音聴力レベルが九〇dB以上であり、かつ、他耳の平均純音聴力レベルが七〇dB以上のものをい

う。

(d)「両耳の聴力が四〇センチメートル以上の距離では普通の話声を解することができない程度になったもの」とは、両耳の平均純音聴力レベルが七〇dB以上のもの又は両耳の平均純音聴力レベルが五〇dB以上であり、かつ、最高明瞭度が五〇%以下のものをいう。

(e)「一耳の聴力を全く失い、他耳の聴力が一メートル以上の距離では普通の話声を解することができない程度になったもの」とは、一耳の平均純音聴力レベルが九〇dB以上であり、かつ、他耳の平均純音聴力レベルが六〇dB以上のものをいう。

(f)「両耳の聴力が一メートル以上の距離では普通の話声を解することができない程度になったもの」とは、両耳の平均純音聴力レベルが六〇dB以上のもの又は両耳の平均純音聴力レベルが五〇dB以上であり、かつ、最高明瞭度が七〇%以下のものをいう。

(g)「一耳の聴力が耳に接しなければ大声を解することができない程度になり、他耳の聴力が一メートル以上の距離では普通の話声を解することが困難である程度になったもの」とは、一耳の平均純音聴力レベルが八〇dB以上であり、かつ、他耳の平均純音聴力レベルが五〇dB以上のものをいう。

(h)「両耳の聴力が一メートル以上の距離では普通の話声を解することが困難である程度になったもの」とは、両耳の平均純音聴力レベルが五〇dB以上のもの又は両耳の平均純音聴力レベルが四〇dB以上であり、かつ、最高明瞭度が七〇%以下のものをいう。

(i)「両耳の聴力が一メートル以上の距離では小声を解することができない程度になったもの」とは、両耳の平均純音聴力レベルが四〇dB以上のものをいう。

b　一耳の障害

(a)「一耳の聴力を全く失ったもの」とは、一耳の平均純音聴力レベルが九〇dB以上のものをいう。

(b)「一耳の聴力が耳に接しなければ大声を解することができない程度になったもの」とは、一耳の平均純音聴力レベルが八〇dB以上のものをいう。

(c)「一耳の聴力が四〇センチメートル以上の距離では、普通の話声を解することができない程度になったもの」とは、一耳の平均純音聴力レベルが七〇dB以上のもの又は一耳の平均純音聴力レベルが五〇dB以上であり、かつ、最高明瞭度が五〇%以下のものをいう。

(d)「一耳の聴力が一メートル以上の距離では小声を解することができない程度になったもの」とは、一耳の平均純音聴力レベルが四〇dB以上のものをいう。

(ロ)両耳の聴力障害については、障害

等級表に掲げられている両耳の聴力障害の該当する等級により認定することとし、一耳ごとの等級により併合の方法を用いて準用等級を定める取扱いは行わないこと。

(ハ)　騒音性難聴については、強烈な騒音を発する場所における業務に従事している限り、その症状は漸次進行する傾向が認められるので、等級の認定は、当該労働者が強烈な騒音を発する場所における業務を離れたときに行うこと。

(ニ)　難聴の聴力検査は、次により行うこと。

a　聴力検査の実施時期

(a)　騒音性難聴

騒音性難聴の聴力検査は、八五dB以上の騒音にさらされた日以後七日間は行わないこと。

(b)　騒音性難聴以外の難聴

騒音性難聴以外の難聴については、療養効果が期待できることから、治ゆした後すなわち療養が終了し症状が固定した後に検査を行うこと。

b　聴力検査の方法

(a)　聴覚検査法

障害等級認定のための聴力検査は、別紙1「聴覚検査法（一九九〇）」（日本聴覚医学会制定）により行うこと（語音聴力検査については、日本聴覚医学会制定「聴覚検査法（一九九〇）」における語音聴力検査法が新たに制定されるまでの間は、日本オージオロジー学会制定「標準聴力検査法Ⅱ語音による聴力検査」により行うこととし、検査用語音は、五七式、六七式、五七S式又は六七S式のいずれを用いても差し支えないものとする。）。

(b)　聴力検査回数

聴力検査は日を変えて三回行うこと。

但し、聴力検査のうち語音による聴力検査の回数は、検査結果が適正と判断できる場合には一回で差し支えないこと。

(c)　聴力検査の間隔

検査と検査の間隔は七日程度あければ足りること。

c　障害等級の認定

障害等級の認定は、二回目と三回目の測定値の平均純音聴力レベルの平均により行うこと。

二回目と三回目の測定値の平均純音聴力レベルに一〇dB以上の差がある場合には、更に聴力検査を行い、二回目以降の検査の中で、その差が最も小さい二つの平均純音聴力レベル（差は一〇dB未満とする。）の平均により、障害認定を行うこと。

(ホ)　平均純音聴力レベルは、周波数が五〇〇ヘルツ、一、〇〇〇ヘルツ、二、〇〇〇ヘルツ及び四、〇〇〇ヘルツの音に対する聴力レベルを測定し、次式により求めること。

$$\frac{A+2B+2C+D}{6}$$

注A：周波数五〇〇ヘルツの音に対する純音聴力レベル
B：周波数一、〇〇〇ヘルツの音に対する純音聴力レベル
C：周波数二、〇〇〇ヘルツの音に対する純音聴力レベル
D：周波数四、〇〇〇ヘルツの音に対する純音聴力レベル

ロ　耳介の欠損障害

(イ)「耳介の大部分の欠損」とは、耳介の軟骨部の½以上を欠損したものをいう。

(ロ)耳介の大部分を欠損したものについては、耳介の欠損障害としてとらえた場合の等級と外貌の醜状障害としてとらえた場合の等級のうち、いずれか上位の等級に認定すること。

(ハ)耳介軟骨部の½以上には達しない欠損であっても、これが、「外貌の単なる醜状」の程度に達する場合は、第一二級の一四とすること。

(3)併合、準用、加重

イ　併合

(イ)障害等級表では、耳介の欠損障害について、一耳のみの等級を定めているので、両耳の耳介を欠損した場合には、一耳ごとに等級を定め、これを併合して認定すること。

なお、耳介の欠損を醜状障害としてとらえる場合は、上記の取扱いは行わないこと。

(ロ)耳介の欠損障害と聴力障害が存する場合は、それぞれの該当する等級を併合して認定すること。

ロ　準用

(イ)鼓膜の外傷性穿孔及びそれによる耳漏は、手術的処置により治ゆを図り、そののちに聴力障害が残れば、その障害の程度に応じて等級を認定することとなるが、この場合、聴力障害が障害等級に該当しない程度のものであっても、常時耳漏があるものは第一二級を、その他のものについては、第一四級を準用すること。

また、外傷による外耳道の高度の狭さくで耳漏を伴わないものについては、第一四級を準用すること。

(ロ)耳鳴に係る検査によって難聴に伴い著しい耳鳴が常時あると評価できるものについては第一二級を、また、難聴に伴い常時耳鳴のあることが合理的に説明できるものについては第一四級を、それぞれ準用する。

a　「耳鳴に係る検査」とは、ピッチ・マッチ検査及びラウドネス・バランス検査をいう。

b　「難聴に伴い」とは、騒音性難聴にあっては、騒音職場を離職した者の難聴が業務上と判断され当該難聴に伴い耳鳴がある場合をいう。

騒音性難聴以外の難聴にあっては、当該難聴が業務上と判断され治ゆ後にも継続して当該難聴に伴い耳鳴がある場合をいう。

c　耳鳴に係る検査により耳鳴が存在すると医学的に評価できる場合には「著しい耳鳴」があるものとして取り扱うこと。

d　耳鳴が常時存在するものの、昼間

外部の音によって耳鳴が遮蔽されるため自覚症状がなく、夜間のみ耳鳴の自覚症状を有する場合には、耳鳴が常時あるものとして取り扱うこと。

e　「耳鳴のあることが合理的に説明できる」とは、耳鳴の自訴があり、かつ、耳鳴のあることが騒音ばく露歴や音響外傷等から合理的に説明できることをいう。

(ハ)　内耳の損傷による平衡機能障害については、神経系統の機能の障害の一部として評価できるので、神経系統の機能の障害について定められている認定基準に準じて等級を認定すること。

(ニ)　内耳の機能障害のため、平衡機能障害のみでなく、聴力障害も現存する場合には、併合の方法を用いて準用等級を定めること。

ハ　加重

(イ)　耳については、両耳を同一部位としているので、一耳に聴力障害が存する者が、新たに他耳に聴力障害を存した場合には、加重として取扱うこと。

(ロ)　ただし、既に両耳の聴力を減じていた者が、一耳について障害の程度を加重した場合に、労災則第一四条第五項により算定した障害補償の額(日数)が、その一耳に新たな障害のみが生じたこととした場合の障害補償の額(日数)より少ないときは、その一耳に新たな障害のみが生じたものとみなして障害補償の額を算定すること。

三　鼻

(1)　鼻の障害と障害等級

イ　鼻の障害については、障害等級表上

　鼻を欠損し、その機能に著しい障害を残すもの(第九級の五)

　のみを定めている。

ロ　鼻の欠損を伴わない機能障害については、労災則第一四条第四項により、その障害の程度に応じて、障害等級表に掲げている他の障害に準じて等級を認定すること。

(2)　障害等級認定の基準

イ　「鼻の欠損」とは、鼻軟骨部の全部又は、部分の欠損をいう。

　また、「機能に著しい障害を残すもの」とは、鼻呼吸困難又は嗅覚脱失をいう。

ロ　鼻の欠損が、鼻軟骨部の全部又は大部分に達しないものであっても、これが、単なる「外貌の醜状」の程度に達するものである場合は、第一二級の一四とすること。

ハ　鼻の欠損は、一方では「外貌の醜状」としてもとらえうるが、耳介の欠損の場合と同様、それぞれの等級を併合することなく、いずれか上位の等級によること。

ニ　鼻の欠損を外貌の醜状障害としてとらえる場合であって、鼻以外の顔面にも瘢痕等を存する場合にあっては、鼻の欠損と顔面の瘢痕等を併せて、その程度により、単なる「醜状」か「著しい醜状」かを判断すること。

(3) 準用

イ 鼻の機能障害のみを残すものについては、障害等級表上特に定めていないので、その機能障害の程度に応じて、次により準用等級を定めること。

(イ) 嗅覚脱失又は鼻呼吸困難については、第一二級の二を準用すること。

(ロ) 嗅覚の減退については、第一四級の九を準用すること。

ロ 嗅覚脱失及び嗅覚の減退については、T&Tオルファクトメータによる基準嗅力検査の認知域値の平均嗅力損失値により、次のように区分する。

五・六以上　嗅覚脱失

二・六以上五・五以下　嗅覚の減退

なお、嗅覚脱失については、アリナミン静脈注射（「アリナミンF」を除く。）による静脈性嗅覚検査による検査所見のみによって確認しても差し支えないこと。

四 口

(1) 〈略〉

(2) 障害等級認定の基準

イ そしゃく及び言語機能障害

(イ) そしゃく機能の障害は、上下咬合及び排列状態並びに下顎の開閉運動等により、総合的に判断すること。

(ロ) 「そしゃく機能を廃したもの」とは、流動食以外は摂取できないものをいう。

(ハ) 「そしゃく機能に著しい障害を残すもの」とは、粥食又はこれに準ずる程度の飲食物以外は摂取できないものをいう。

(ニ) 「そしゃく機能に障害を残すもの」とは、固形食物の中にそしゃくができないものがあること又はそしゃくが十分にできないものがあり、そのことが医学的に確認できる場合をいう。

a 「医学的に確認できる場合」とは、不正咬合、そしゃく関与筋群の異常、顎関節の障害、開口障害、歯牙損傷（補てつができない場合）等そしゃくができないものがあること又はそしゃくが十分にできないものがあることの原因が医学的に確認できることをいう。

b 「固形食物の中にそしゃくができないものがあること又はそしゃくが十分にできないものがあり」の例としては、ごはん、煮魚、ハム等はそしゃくできるが、たくあん、らっきょう、ピーナッツ等の一定の固さの食物中にそしゃくができないものがあること又はそしゃくが十分にできないものがあるなどの場合をいう。

(ホ) 「言語の機能を廃したもの」とは、四種の語音（口唇音、歯舌音、口蓋音、喉頭音）のうち、三種以上の発音不能のものをいう。

(ヘ) 「言語の機能に著しい障害を残すもの」とは、四種の語音のうち二種の発音不能のもの又は綴音機能に障害があるため、言語のみを用いては意思を疎通することができないものをいう。

(ト)「言語の機能に障害を残すもの」とは、四種の語音のうち、一種の発音不能のものをいう。

ロ　歯牙障害

「歯科補てつを加えたもの」とは、現実にそう失又は著しく欠損した歯牙に対する補てつをいう。したがって、有床義歯又は架橋義歯等を補てつした場合における支台冠又は仮の装着歯やポスト・インレーを行うに留まった歯牙は、補てつ歯数に算入せず、また、そう失した歯牙が大きいか又は歯間に隙間があったため、そう失した歯数と義歯の歯数が異なる場合は、そう失した歯数により等級を認定すること。

(3)　併合、準用、加重

イ　併合

そしゃく又は言語機能障害と歯牙障害が存する場合であって、そしゃく又は言語機能障害が歯牙障害以外の原因（たとえば、顎骨骨折や下顎関節の開閉運動制限等による不正咬合）にもとづく場合は、労災則第一四条第二項及び第三項により併合して等級を認定すること。

ただし、歯科補てつを行った後に、なお、歯牙損傷にもとづくそしゃく又は言語機能障害が残った場合は、各障害に係る等級のうち、上位の等級をもって認定すること。

ロ　準用

(イ)　舌の異常、咽喉支配神経の麻痺等によって生ずる嚥下障害については、その障害の程度に応じて、そしゃく機能障害に係る等級を準用すること。

(ロ)　味覚障害については、次により取り扱うこと。

a　味覚脱失

(a)　頭部外傷その他顎周囲組織の損傷及び舌の損傷によって生じた味覚脱失については、第一二級を準用すること。

(b)　味覚脱失は、濾紙ディスク法における最高濃度液による検査により、基本四味質すべてが認知できないものをいう。

b　味覚減退

(a)　頭部外傷その他顎周囲組織の損傷及び舌の損傷によって生じた味覚減退については、第一四級を準用すること。

(b)　味覚減退は、濾紙ディスク法における最高濃度液による検査により、基本四味質のうち一味質以上が認知できないものをいう。

c　検査を行う領域

検査を行う領域は、舌とする。

d　障害認定の時期

味覚障害については、その症状が時日の経過により漸次回復する場合が多いので、原則として療養を終了してから六カ月を経過したのちに等級を認定すること。

(ハ)　障害等級表上組合せのないそしゃ

く及び言語機能障害については、各障害の該当する等級により併合の方法を用いて準用等級を定めること。

(ニ)　声帯麻痺による著しいかすれ声については、第一二級を準用すること。

(ホ)　開口障害等を原因としてそしゃくに相当時間を要する場合は、第一二級を準用すること。

a　「開口障害等を原因として」とは、開口障害、不正咬合、そしゃく関与筋群の脆弱化等を原因として、そしゃくに相当時間を要することが医学的に確認できることをいう。

b　「そしゃくに相当時間を要する場合」とは、日常の食事において食物のそしゃくはできるものの、食物によってはそしゃくに相当時間を要することがあることをいう。

c　開口障害等の原因から、そしゃくに相当時間を要することが合理的に推測できれば、「相当時間を要する」に該当するものとして取り扱って差し支えないこと。

ハ　加重

何歯かについて歯科補てつを加えていた者が、さらに歯科補てつを加えた結果、上位等級に該当するに至ったときは、加重として取り扱うこと。

五　〈削除〉

六　〈削除〉

七　〈削除〉

八　〈削除〉

九　〈削除〉

一〇　〈削除〉

別紙　〈略〉

（昭五〇・九・三〇　基発第五六五号、昭五六・一・三一　基発第五一号、昭六一・三・二六　基発第一六七号、平三・一二・二五　基発第七二〇号、平一二・三・一四　基発第一二八号、平一三・三・二九　基発第一九五号、平一四・二・一　基発第〇二〇一〇〇一号、平一五・八・八　基発第〇八〇八〇〇二号、平一六・六・四　基発第〇六〇四〇〇二〜〇六〇四〇〇四号、平一八・一・二五　基発第〇一二五〇〇二号、平二三・二・一　基発〇二〇一第二号）

〈神経系統の機能又は精神の障害に関する障害等級認定基準について〉

神経系統の機能又は精神の障害に関する障害等級の認定については、昭和五〇年九月三〇日付け基発第五六五号別冊「障害等級認定基準」（以下「基本通達」という。）により取り扱っているところであるが、今般、平成一五年六月に報告のあった「精神・神経の障害認定に関する専門検討会」の検討結果を踏まえ、基本通達の「五　神経系統の機能又は精神」に係る部分及び昭和五六年一月三〇日付け基発第五一号「神経系統の機能又は精神の障害に関する障害等級認定基準の一部改正について」を廃止し、別添一のとおり「神経系統の機能又は精神の障害に関する障害等級認定基準」（以下「認定基準」という。）として定めることとしたので、下記事項に留意の上、事務処理に遺漏のないように期されたい。

また、認定基準に係る医学的事項を別添二のとおり定めたので、併せて了知するとともに、新旧対照表（別添三）を添付したので、参考にされたい。

なお、本通達の施行に伴い、基本通達の「五　神経系統の機能又は精神」に係る部分を削除する。

記

一　主な改正点

従来の神経系統の機能又は精神の障害に関する認定基準については、昭和五〇年以降一部を除き改正されなかったことから、非器質性精神障害の後遺障害について外傷性神経症のみを想定していることや現在では脳損傷等の診断に不可欠となっているＭＲＩ、ＣＴ等の画像診断が検査方法として記載されていないこと等今日における医学的知見等の進展に適合しない部分も見られたところであり、さらには、労働能力の喪失の程度を医学的な総合判断に委ねる等明確さを欠く点もあったことから、今日における医学的知見を踏まえて認定基準の改正を行った。

(1)　脳の損傷による後遺障害の障害等級の認定

認定基準の明確性の向上を図る観点から、脳の器質的損傷に基づく精神障害については高次脳機能障害と位置づけた上、高次脳機能障害と身体性機能障害のそれぞれについて以下のような基準を設定するとともに、両者が併存した場合の取扱いを示した。

ア　高次脳機能障害

高次脳機能障害の評価の基準として意思疎通能力、問題解決能力、作業負荷に対する持続力・持久力及び社会行動能力（以下「四能力」という。）に着目し、四能力の喪失の程度により障害等級を認定することとしたこと。

イ　身体性機能障害

脳損傷による身体性機能障害については、麻痺に着目することとし、麻痺の範囲及びその程度により障害等級を認定することとしたこと。

(2)　非器質性精神障害の後遺障害の障害等級の認定

脳の損傷によらない精神障害（非器質性精神障害）の認定基準については、外傷性神経症に係る認定基準のみ設けられていたところであるが、うつ病やＰＴＳＤ等の精神障害の労災認定の増加傾向に鑑み、業務上の非器質性精神障害の後遺障害一般に関して適用する基準を設定した。

ア　非器質性精神障害の特質と障害認定

非器質性精神障害は、その特質上業務による心理的負荷を取り除き、適切な治療を行えば、多くの場合完治するのが一般的であり、完治しない場合でも症状がかなり軽快するのが一般的である。

また、重い症状を有している場合でも、非器質性精神障害の特質上、大幅に症状が改善する可能性が十分にあることから、通勤・勤務時間の遵守、対人関係・協調性等の能力に関する判断項目のうち複数の能力が失われている等重い症状を残している場合は原則として療養を継続することとしたこと。

イ　障害認定の基準

「抑うつ状態」等の精神症状が認められるものについて、能力に関する判断項目の障害の程度に応じて原則として九級・一二級・一四級の三段階で障害等級を認定することとしたこと。

(3) せき髄損傷による後遺障害の障害等級の認定

せき髄損傷による後遺障害の認定基準についても、認定基準の明確性の向上を図る観点から、麻痺の範囲及びその程度を基本としつつ、せき髄損傷に通常伴って生じる神経因性膀胱障害等の障害も含めた基準を設定したこと。

(4) 外傷性てんかんの後遺障害の障害等級の認定

外傷性てんかんについては、従来てんかん発作の型にかかわらず障害等級を示していたが、発作の型により労働能力に及ぼす影響が異なることから、発作の型と頻度により障害等級を認定することとしたこと。

(5) 反射性交換神経性ジストロフィー（RSD）の評価

RSDの取扱いは、従来認定基準上明確ではなかったが、一定の要件を満たすものについて、カウザルギーと同様の基準により障害等級を認定することとしたこと。

二　的確な認定基準の運用の前提となる症状把握

(1) 主治医等に対する意見書の様式

主治医等に対して意見等を照会する場合の様式を様式一～三のとおり定めたこと。

(2) 高次脳機能障害

労働者災害補償保険法施行規則（以下「施行規則」という。）第一四条の二に基づく障害補償給付請求書（様式第一〇号）又は施行規則第一八条の八に基づく障害給付請求書（様式第一六号の七）裏面の診断書の傷病名の欄等に頭部外傷又は脳血管疾患等による高次脳機能障害が想定される障害が記載されている場合については、主治医に対して様式一により、家族（あるいは家族に代わる介護者）に対して様式二により障害の状態についての意見を求めること。

また、様式一の裏面に記載されている「高次脳機能障害整理表」は四能力の喪失の程度別に後遺障害の例を示したものであり、主治医が四能力の障害に関する意見を記載するに当たって活用するものであること。

なお、高次脳機能障害の状態について家族（あるいは家族に代わる介護者）と主治医の意見が著しく異なる場合には、再度必要な調査を行うこと。

(3)　身体性機能障害

様式第一〇号又は様式第一六号の七裏面の診断書の傷病名の欄に脳損傷又はせき髄損傷が想定される傷病名が記載されているものについては、主治医に対して様式一により障害の状態についての意見を求めること。

また、麻痺の範囲と程度は、身体的所見及びMRI、CT等により裏付けられることが必要であるから、主治医の意見書に記載されている麻痺の性状及び関節可動域の制限等の結果と麻痺の範囲と程度との間に整合性があるか否か確認し、必要に応じて調査を行った上で、障害等級を認定すること。

たとえば、麻痺の性状の欄に弛緩性、関節可動域の制限の欄には麻痺している部位のいずれの関節も自動運動によっては全可動域にわたって可動させることができると記載されているにもかかわらず、麻痺が高度であると記載されている場合には、主治医に再度意見を求める等の調査が必要であること。

(4)　非器質性精神障害

主治医に対して様式三により障害の状態の詳細についての意見を求めること。

三　基本通達との関係

基本通達は、障害等級認定の一般的な考え方を示したものであるので、基本通達のうち、「第一　障害等級認定に当たっての基本的事項」については、神経系統の機能又は精神の障害に関する障害等級の認定を行うに当たっても適用があること。

四　施行日等

(1)　改正した認定基準は、平成一五年一〇月一日以降に支給事由が生じたものについて適用し、平成一五年一〇月一日前に支給事由が生じたものについては改正前の認定基準によること。

(2)　現に障害（補償）年金を受給している者については、改正した認定基準を適用しない。

ただし、労働者災害補償保険法第一五条の二施行規則第一四条の三又は施行規則第一八の八に基づく障害（補償）給付変更請求書（様式第一一号）の提出がなされた場合には、改正した認定基準に基づき障害等級を認定し、必要に応じて障害（補償）年金を改定すること。

別添一

神経系統の機能又は精神の障害に関する障害等級認定基準

第一　神経系統の機能又は精神の障害と障害等級

一　神経系統の機能又は精神の障害については、障害等級表上、次のごとく神経系統の機能又は精神の障害並びに局部の神経系統の障害について等級を定めている。

(1) 神経系統又は精神の障害

神経系統の機能又は精神に著しい障害を残し、常に介護を要するもの　第一級の三

神経系統の機能又は精神に著しい障害を残し、随時介護を要するもの　第二級の二の二

神経系統の機能又は精神に著しい障害を残し、終身労務に服することができないもの　第三級の三

神経系統の機能又は精神に著しい障害を残し、特に軽易な労務以外の労務に服することができないもの　第五級の一の二

神経系統の機能又は精神に障害を残し、軽易な労務以外の労務に服することができないもの　第七級の三

神経系統の機能又は精神に障害を残し、服することができる労務が相当な程度に制限されるもの　第九級の七の二

(2) 局部の神経系統の障害

局部にがん固な神経症状を残すもの　第一二級の一二

局部に神経症状を残すもの　第一四級の九

二　中枢神経系に分類される脳又はせき髄の損傷による障害は、複雑な症状を呈するとともに身体各部にも様々な障害を残すことが多いことから、中枢神経系の損傷による障害が複数認められる場合には、末梢神経による障害も含めて総合的に評価し、その認定に当たっては神経系統の機能又は精神の障害の障害等級によること。

ただし、脳又はせき髄の損傷により生じた障害が単一であって、かつ、当該障害について障害等級表上該当する等級がある場合（準用等級を含む。）には、神経系統の機能又は精神の障害の障害等級によることなく、その等級により認定すること（後記第三参照）。

第二　障害等級認定の基準

神経系統の機能又は精神の障害については、その障害により、第一級は「生命維持に必要な身のまわり処理の動作について常時介護を要するもの」、第二級は「生命維持に必要な身のまわり処理の動作について随時介護を要するもの」、第三級は「生命維持に必要な身のまわり処理の動作は可能であるが、労務に服することができないもの」、第五級は「極めて軽易な労務にしか服することができないもの」、第七級は「軽易な労務にしか服することができないもの」、第九級は「通常の労務に服することはできるが、就労可能な職種が相当程度に制約されるもの」、第一二級は「通常の労務に服することはでき、職種制限も認められないが、時には労務に支障が生じる場合があるもの」及び第一四級は第一二級よりも軽度のものが該当するものであること。

一　脳の障害

(1)　器質性の障害

脳の器質性障害については、「高次脳機能障害」（器質性精神障害）と「身体性機能障害」（神経系統の障害）に区分した上で、「高次脳機能障害」の程度、「身体性機能障害」の程度及び介護の要否・程度を踏まえて総合的に判断すること。たとえば高次脳機能障害が第五級に相当し、軽度の片麻痺が第七級に相当するから、併合の方法を用いて準用等級第三級と定めるのではなく、その場合の全体病像として、第一級の三、第二級の二の二又は第三級の三のいずれかに認定すること。

ア　高次脳機能障害

高次脳機能障害については、意思疎通能力、問題解決能力、作業負荷に対する持続力・持久力及び社会行動能力の四つの能力（以下「四能力」という。）の各々の喪失の程度に着目し、評価を行うこと。その際、複数の障害が認められるときには、原則として障害の程度の最も重篤なものに着目して評価を行うこと。たとえば、意思疎通能力について第五級相当の障害、問題解決能力について第七級相当の障害、社会行動能力について第九級相当の障害が認められる場合には、最も重篤な意思疎通能力の障害に着目し、第五級の一の二として認定すること。

ただし、高次脳機能障害による障害が第三級以上に該当する場合には、介護の要否及び程度を踏まえて認定すること。

また、以下に掲げた高次脳機能障害に関する障害の程度別の例は例示の一部であり、認定基準に示されたもの以外の四能力の喪失の程度別の例については、別添二「神経系統の機能又は精神の障害に関する医学的事項等」（以下「別添二」という。）の別紙「高次脳機能障害整理表」〈略〉を参考にすること。

なお、高次脳機能障害は、脳の器質的病変に基づくものであることから、MRI、CT等によりその存在が認められることが必要であること。

また、神経心理学的な各種テストの結果のみをもって高次脳機能障害が認められないと判断することなく、四能力の障害の程度により障害等級を認定すること。

注一　高次脳機能障害とは認知、行為（の計画と正しい手順での遂行）、記憶、思考、判断、言語、注意の持続などが障害された状態であるとされており、全般的な障害として意識障害や痴ほうも含むとされている。

二　四能力を評価する際の要点については、別添二の第一の一を参照のこと。

三　認定基準に定める四能力の喪失の程度と「高次脳機能障害整理表」に定める四能力の喪失の

程度との関係については、別添二の第一の二を参照のこと。

四 神経心理学的な各種テスト等の検査結果は臨床判定の際の有効な手段であるが、知能指数が高いにもかかわらず高次脳機能障害のために生活困難度が高い例がある。

(ア)「高次脳機能障害のため、生命維持に必要な身のまわり処理の動作について、常に他人の介護を要するもの」は、第一級の三とする。

以下のa又はbが該当する。

a 重篤な高次脳機能障害のため、食事・入浴・用便・更衣等に常時介護を要するもの

b 高次脳機能障害による高度の痴ほうや情意の荒廃があるため、常時監視を要するもの

(イ)「高次脳機能障害のため、生命維持に必要な身のまわり処理の動作について、随時介護を要するもの」は、第二級の二の二とする。

以下のa、b又はcが該当する。

a 重篤な高次脳機能障害のため、食事・入浴・用便・更衣等に随時介護を要するもの

b 高次脳機能障害による痴ほう、情意の障害、幻覚、妄想、頻回の発作性意識障害等のため随時他人による監視を必要とするもの

c 重篤な高次脳機能障害のため自宅内の日常生活動作は一応できるが、一人で外出することなどが困難であり、外出の際には他人の介護を必要とするため、随時他人の介護を必要とするもの

(ウ)「生命維持に必要な身のまわり処理の動作は可能であるが、高次脳機能障害のため、労務に服することができないもの」は、第三級の三とする。

以下のa又はbが該当する。

a 四能力のいずれか一つ以上の能力が全部失われているもの

「例一 意思疎通能力が全部失われた例

「職場で他の人と意思疎通を図ることができない」場合

二 問題解決能力が全部失われた例

「課題を与えられても手順とおりに仕事を全く進めることができず、働くことができない」場合

三 作業負荷に対する持続力・持久力が全部失われた例

「作業に取り組んでもその作業への集中を持続することができず、すぐにその作業を投げ出してしまい、働くことができない」場合

四 社会行動能力が全部失われた例

「大した理由もなく突然感情を爆発させ、職場で働くことができない」場合

b 四能力のいずれか二つ以上の能力の大部分が失われているもの

(エ)　「高次脳機能障害のため、きわめて軽易な労務のほか服することができないもの」は、第五級の一の二とする。

以下のa又はbが該当する。

a　四能力のいずれか一つ以上の能力の大部分が失われているもの

問題解決能力の大部分が失われている例

「一人で手順とおりに作業を行うことは著しく困難であり、ひんぱんな指示がなければ対処できない」場合

b　四能力のいずれか二つ以上の能力の半分程度が失われているもの

(オ)　「高次脳機能障害のため、軽易な労務にしか服することができないもの」は、第七級の三とする。

以下のa又はbが該当する。

a　四能力のいずれか一つ以上の能力の半分程度が失われているもの

問題解決能力の半分程度が失われているものの例

「一人で手順とおりに作業を行うことに困難を生じることがあり、時々助言を必要とする」場合

b　四能力のいずれか二つ以上の能力の相当程度が失われているもの

(カ)　「通常の労務に服することはできるが、高次脳機能障害のため、社会通念上、その就労可能な職種の範囲が相当な程度に制限されるもの」は、第九級の七の二とする。

高次脳機能障害のため四能力のいずれか一つ以上の能力の相当程度が失われているものが該当する。

問題解決能力の相当程度が失われているものの例

「一人で手順とおりに作業を行うことに困難を生じることがあり、たまには助言を必要とする」場合

(キ)　「通常の労務に服することはできるが、高次脳機能障害のため、多少の障害を残すもの」は、第一二級の一二とする。

四能力のいずれか一つ以上の能力が多少失われているものが該当する。

(ク)　「通常の労務に服することはできるが、高次脳機能障害のため、軽微な障害を残すもの」は、第一四級の九とする。

ＭＲＩ、ＣＴ等による他覚的所見は認められないものの、脳損傷のあることが医学的にみて合理的に推測でき、高次脳機能障害のためわずかな能力喪失が認められるものが該当する。

イ　身体性機能障害

(ア)　脳の損傷による身体性機能障害については、麻痺の範囲（四肢麻痺、片麻痺及び単麻痺）及びその程度（高度、中等度及び軽度）並びに介護の有無及び程度により障害等級を認定すること。

麻痺の程度については、運動障害の程度をもって判断すること。

ただし、麻痺のある四肢の運動障

害（運動性、支持性、巧緻性及び速度についての支障）がほとんど認められない程度の麻痺については、軽度の麻痺に含めず、第一二級の一二として認定すること。

なお、麻痺の範囲及びその程度については、身体的所見及びＭＲＩ、ＣＴ等によって裏付けることのできることを要するものである。

注一　四肢麻痺とは両側の四肢の麻痺、片麻痺とは一側上下肢の麻痺、対麻痺とは両下肢又は両上肢の麻痺、単麻痺とは上肢又は下肢の一肢のみの麻痺をいう。

二　脳の損傷による麻痺については、四肢麻痺、片麻痺又は単麻痺が生じ、通常対麻痺が生じることはない。

三　麻痺には運動障害及び感覚障害があるが、脳損傷により運動障害が生じた場合には通常運動障害の範囲に一致した感覚障害（感覚脱失又は感覚鈍麻等）が随伴する。

(イ)　麻痺の程度については以下のとおりである。

a　麻痺が高度とは、障害のある上肢又は下肢の運動性・支持性がほとんど失われ、障害のある上肢又は下肢の基本動作（下肢においては歩行や立位、上肢においては物を持ち上げて移動させること）ができないものをいう。

具体的には、以下のものをいう。

(a)　完全強直又はこれに近い状態にあるもの

(b)　上肢においては、三大関節及び五つの手指のいずれの関節も自動運動によっては可動させることができないもの又はこれに近い状態にあるもの

(c)　下肢においては、三大関節のいずれも自動運動によっては可動させることができないもの又はこれに近い状態にあるもの

(d)　上肢においては、随意運動の顕著な障害により、障害を残した一上肢では物を持ち上げて移動させることができないもの

(e)　下肢においては、随意運動の顕著な障害により、一下肢の支持性及び随意的な運動性をほとんど失ったもの

b　麻痺が中等度とは、障害のある上肢又は下肢の運動性・支持性が相当程度失われ、障害のある上肢又は下肢の基本動作にかなりの制限があるものをいう。

たとえば、次のようなものがある。

(a)　上肢においては、障害を残した一上肢では仕事に必要な軽量の物（概ね五〇〇ｇ）を持ち上げることができないもの又は障害を残した一上肢では文字を書くことができないもの

(b)　下肢においては、障害を残した一下肢を有するため杖若しくは硬性装具なしには階段を上ることができな

いもの又は障害を残した両下肢を有するため杖若しくは硬性装具なしには歩行が困難であるもの

c　麻痺が軽度とは、障害のある上肢又は下肢の運動性・支持性が多少失われており、障害のある上肢又は下肢の基本動作を行う際の巧緻性及び速度が相当程度損なわれているものをいう。

　たとえば、次のようなものがある。

(a)　上肢においては、障害を残した一上肢では文字を書くことに困難を伴うもの

(b)　下肢においては、日常生活は概ね独歩であるが、障害を残した一下肢を有するため不安定で転倒しやすく、速度も遅いもの又は障害を残した両下肢を有するため杖若しくは硬性装具なしには階段を上ることができないもの

(ウ)　身体性機能障害については、以下の基準により第一級〜第一二級の七段階で認定すること。

a　「身体性機能障害のため、生命維持に必要な身のまわり処理の動作について、常に他人の介護を要するもの」は、第一級の三とする。

　以下のものが該当する。

(a)　高度の四肢麻痺が認められるもの

(b)　中等度の四肢麻痺であって、食事・入浴・用便・更衣等について常時介護を要するもの

(c)　高度の片麻痺であって、食事・入浴・用便・更衣等について常時介護を要するもの

b　「身体性機能障害のため、生命維持に必要な身のまわり処理の動作について、随時介護を要するもの」は、第二級の二の二とする。

　以下のものが該当する。

(a)　高度の片麻痺が認められるもの

(b)　中等度の四肢麻痺であって、食事・入浴・用便・更衣等について随時介護を要するもの

c　「生命維持に必要な身のまわり処理の動作は可能であるが、身体性機能障害のため、労務に服することができないもの」は、第三級の三とする。

　中等度の四肢麻痺（上記の(ウ)のa又はbに該当するものを除く。）が認められるものが該当する。

d　「身体性機能障害のため、きわめて軽易な労務のほか服することができないもの」は、第五級の一の二とする。

　以下のものが該当する。

(a)　軽度の四肢麻痺が認められるもの

(b)　中等度の片麻痺が認められるもの

(c)　高度の単麻痺が認められるもの

e　「身体性機能障害のため、軽易な労務以外には服することができないもの」は、第七級の三とする。

　以下のものが該当する。

(a)　軽度の片麻痺が認められるもの

(b)　中等度の単麻痺が認められるもの

f　「通常の労務に服することはできるが、身体性機能障害のため、社会

通念上、その就労可能な職種の範囲が相当な程度に制限されるもの」は、第九級の七の二とする。

軽度の単麻痺が認められるものが該当する。

g　「通常の労務に服することはできるが、身体性機能障害のため、多少の障害を残すもの」は、第一二級の一二とする。

運動性、支持性、巧緻性及び速度についての支障がほとんど認められない程度の軽微な麻痺を残すものが該当する。

また、運動障害は認められないものの、広範囲にわたる感覚障害が認められるものも該当する。

〔例
一軽微な随意運動の障害又は軽微な筋緊張の亢進が認められるもの
二　運動障害を伴わないものの、感覚障害が概ね一上肢又は一下肢の全域にわたって認められるもの〕

(2)　非器質性の障害

脳の器質的損傷を伴わない精神障害（以下「非器質性精神障害」という。）については、以下の基準によること。

ア　非器質性精神障害の後遺障害

非器質性精神障害の後遺障害が存しているというためには、以下の(ア)の精神症状のうち一つ以上の精神症状を残し、かつ、(イ)の能力に関する判断項目のうち一つ以上の能力について障害が認められることを要すること。

(ア)　精神症状
①　抑うつ状態
②　不安の状態
③　意欲低下の状態
④　慢性化した幻覚・妄想性の状態
⑤　記憶又は知的能力の障害
⑥　その他の障害（衝動性の障害、不定愁訴など）

〔注　各精神症状の内容については、別添二の第二の一を参照のこと。〕

(イ)　能力に関する判断項目
①　身辺日常生活
②　仕事・生活に積極性・関心を持つこと
③　通勤・勤務時間の遵守
④　普通に作業を持続すること
⑤　他人との意思伝達
⑥　対人関係・協調性
⑦　身辺の安全保持、危機の回避
⑧　困難・失敗への対応

イ　就労意欲の低下等による区分

(ア)　就労している者又は就労の意欲のある者

現に就労している者又は就労の意欲はあるものの就労はしていない者については、アの(ア)の精神症状のいずれか一つ以上が認められる場合に、アの(イ)の能力に関する八つの判断項目（以下「判断項目」という。）の各々について、その有無及び助言・援助の程度（「時に」又は「しばしば」必要）により障害等級を認定すること。

(イ)　就労意欲の低下又は欠落により就労していない者

　就労意欲の低下又は欠落により就労していない者については、身辺日常生活が可能である場合に、アの(イ)の①の身辺日常生活の支障の程度により認定すること。

　なお、就労意欲の低下又は欠落により就労していない者とは、職種に関係なく就労意欲の低下又は欠落が認められる者をいい、特定の職種について就労の意欲のある者については上記イの(ア)に該当するものであること。

〔注　各能力の低下を判断する際の要点については、別添二の第二の二を参照のこと〕

ウ　障害の程度に応じた認定

　非器質性精神障害は、次の三段階に区分して認定すること。

(ア)　「通常の労務に服することはできるが、非器質性精神障害のため、就労可能な職種が相当な程度に制限されるもの」は、第九級の七の二とする。

　以下のa又はbが該当する。

a　イの(ア)に該当する場合には、判断項目のうち②～⑧のいずれか一つの能力が失われているもの又は判断項目の四つ以上についてしばしば助言・援助が必要と判断される障害を残しているもの

〔例　非器質性精神障害のため、「対人業務につけない」ことによる職種制限が認められる場合〕

b　イの(イ)に該当する場合には、身辺日常生活について時に助言・援助を必要とする程度の障害が残存しているもの

(イ)　「通常の労務に服することはできるが、非器質性精神障害のため、多少の障害を残すもの」は、第一二級の一二とする。

　以下のa又はbが該当する。

a　イの(ア)に該当する場合には、判断項目の四つ以上について時に助言・援助が必要と判断される障害を残しているもの

〔例　非器質性精神障害のため、「職種制限は認められないが、就労に当たりかなりの配慮が必要である」場合〕

b　イの(イ)に該当する場合には、身辺日常生活を適切又は概ねできるもの

(ウ)　「通常の労務に服することはできるが、非器質性精神障害のため、軽微な障害を残すもの」は、第一四級の九とする。

　判断項目の一つ以上について時に助言・援助が必要と判断される障害を残しているものが該当する。

〔例　非器質性精神障害のため、「職種制限は認められないが、就労に当たり多少の配慮が必要である」場合〕

エ　重い症状を残している者の治ゆの判断等

　重い症状を有している者（判断項

目のうち①の能力が失われている者又は判断項目のうち②～⑧のいずれか二つ以上の能力が失われている者）については、非器質性精神障害の特質上症状の改善が見込まれることから、症状に大きな改善が認められない状態に一時的に達した場合であっても、原則として療養を継続すること。

ただし、療養を継続して十分な治療を行ってもなお症状に改善の見込みがないと判断され、症状が固定しているときには、治ゆの状態にあるものとし、障害等級を認定すること。

なお、その場合の障害等級の認定は本認定基準によらずに、本省に協議の上認定すること。

「注一　非器質性精神障害については、症状が重篤であっても将来において大幅に症状の改善する可能性が十分にあるという特質がある。

二　業務による心理的負荷を原因とする非器質性精神障害は、業務による心理的負荷を取り除き、適切な治療を行えば、多くの場合概ね半年～一年、長くても二～三年の治療により完治するのが一般的であって、業務に支障の出るような後遺症状を残すケースは少なく、障害を残した場合においても各種の日常生活動作がかなりの程度でき、一定の就労が可能となる程度以上に症状がよくなるのが通常である。」

2　せき髄の障害

(1)　せき髄の損傷（第二腰椎以下のせき柱内の馬尾神経が損傷された場合も含む。以下同じ。）による障害については、以下によること。

外傷などによりせき髄が損傷され、対麻痺や四肢麻痺が生じた場合には、広範囲にわたる感覚障害や尿路障害（神経因性膀胱障害）などの腹部臓器の障害が通常認められる。さらには、せき柱の変形や運動障害（以下「せき柱の変形等」という。）が認められることも多い。このようにせき髄が損傷された場合には複雑な諸症状を呈する場合が多いが、せき髄損傷が生じた場合の障害等級の認定は、原則として、脳の身体性機能障害と同様に身体的所見及びMRI、CT等によって裏付けることのできる麻痺の範囲と程度により障害等級を認定すること。

ただし、せき髄損傷に伴う胸腹部臓器の障害やせき柱の障害による障害の等級が麻痺により判断される障害の等級よりも重い場合には、それらの障害の総合評価により等級を認定すること。

なお、せき髄損傷による障害が第三級以上に該当する場合には、介護の要否及び程度を踏まえて認定すること。

「注一　せき柱に外力が加わること」

により、せき柱の変形等が生じることがあるとともに、せき髄の損傷が生じた場合には、麻痺や感覚障害、神経因性膀胱障害等の障害が生じる。

　このため、せき髄の損傷による障害に関する認定基準は麻痺の範囲と程度に着目して等級を認定するものとなっているが、各等級は通常伴うそれらの障害も含めて格付したものである。

二　せき髄は、解剖学的には第一腰椎より高位に存在し、第二腰椎以下には存在しないが、第二腰椎以下のせき柱内の馬尾神経が損傷された場合においても、せき髄の損傷による障害である下肢の運動麻痺（運動障害）、感覚麻痺（感覚障害）、尿路機能障害又は腸管機能障害（神経因性膀胱障害又は神経因性直腸障害）等が生じることから、せき髄損傷に含めて運用する。また、広義のせき髄損傷には馬尾神経損傷が含まれる。

(2)　せき髄の損傷による障害は、次の七段階に区分して等級を認定すること。

ア　「せき髄症状のため、生命維持に必要な身のまわり処理の動作について、常に他人の介護を要するもの」は、第一級の三とする。

　以下のものが該当する。

(ア)　高度の四肢麻痺が認められるもの

(イ)　高度の対麻痺が認められるもの

(ウ)　中等度の四肢麻痺であって、食事・入浴・用便・更衣等について常時介護を要するもの

(エ)　中等度の対麻痺であって、食事・入浴・用便・更衣等について常時介護を要するもの

例　第二腰髄以上で損傷を受けたことにより両下肢の高度の対麻痺、神経因性膀胱障害及び脊髄の損傷部位以下の感覚障害が生じたほか、せき柱の変形等が認められるもの

イ　「せき髄症状のため、生命維持に必要な身のまわり処理の動作について、随時介護を要するもの」は、第二級の二の二とする。

　以下のものが該当する。

(ア)　中等度の四肢麻痺が認められるもの

(イ)　軽度の四肢麻痺であって、食事・入浴・用便・更衣等について随時介護を要するもの

(ウ)　中等度の対麻痺であって、食事・入浴・用便・更衣等について随時介護を要するもの

例　第二腰髄以上で損傷を受けたことにより両下肢の中等度の対麻痺が生じたために、立位の保持に杖又は硬性装具を要するとともに、軽度の神経因性膀胱障害及び脊髄の損傷部位以下の感覚障害が生じたほか、せき柱の変形が認められるもの

ウ　「生命維持に必要な身のまわり処

理の動作は可能であるが、せき髄症状のために労務に服することができないもの」は、第三級の三とする。

以下のものが該当する。

(ア) 軽度の四肢麻痺が認められるもの（上記イの(イ)に該当するものを除く。）

(イ) 中等度の対麻痺が認められるもの（上記アの(エ)又はイの(ウ)に該当するものを除く。）

エ 「せき髄症状のため、きわめて軽易な労務のほかに服することができないもの」は、第五級の一の二とする。

以下のものが該当する。

(ア) 軽度の対麻痺が認められるもの

(イ) 一下肢の高度の単麻痺が認められるもの

オ 「せき髄症状のため、軽易な労務以外には服することができないもの」は、第七級の三とする。

一下肢の中等度の単麻痺が認められるものが該当する。

〔例 第二腰髄以上で脊髄の半側のみ損傷を受けたことにより一下肢の中等度の単麻痺が生じたために、杖又は硬性装具なしには階段をのぼることができないとともに、脊髄の損傷部位以下の感覚障害が認められるもの〕

カ 「通常の労務に服することはできるが、せき髄症状のため、就労可能な職種の範囲が相当な程度に制限されるもの」は、第九級の七の二とする。

一下肢の軽度の単麻痺が認められるものが該当する。

〔例 第二腰髄以上で脊髄の半側のみ損傷を受けたことにより一下肢の軽度の単麻痺が生じたために日常生活は独歩であるが、不安定で転倒しやすく、速度も遅いとともに、脊髄の損傷部位以下の感覚障害が認められるもの〕

キ 「通常の労務に服することはできるが、せき髄症状のため、多少の障害を残すもの」は、第一二級の一二とする。

運動性、支持性、巧緻性及び速度についての支障がほとんど認められない程度の軽微な麻痺を残すものが該当する。

また、運動障害は認められないものの、広範囲にわたる感覚障害が認められるものも該当する。

〔例一 軽微な筋緊張の亢進が認められるもの
二 運動障害を伴わないものの、感覚障害が概ね一下肢にわたって認められるもの〕

三 末梢神経障害

末梢神経麻痺に係る等級の認定は、原則として、損傷を受けた神経の支配する身体各部の器官における機能障害に係る等級により認定すること。

四 その他特徴的障害

(1) 外傷性てんかん

ア 外傷性てんかんに係る等級の認定

は発作の型、発作回数等に着目し、以下の基準によること。

なお、一ヵ月に二回以上の発作がある場合には、通常高度の高次脳機能障害を伴っているので、脳の高次脳機能障害に係る第三級以上の認定基準により障害等級を認定すること。

注　上記四の(1)のアのなお書きの趣旨は、第五級を超える頻度、すなわち、「一ヵ月に二回以上の発作がある場合」には、医学経験則上そのような症状で「てんかん」発作のみが単独で残存することは想定しがたく、通常は脳挫傷があり、高度な高次脳機能障害を残す状態でてんかん発作を伴っているケースが考えられることによる。

(ア)　「一ヵ月に一回以上の発作があり、かつ、その発作が「意識障害の有無を問わず転倒する発作」又は「意識障害を呈し、状況にそぐわない行為を示す発作」（以下「転倒する発作等」という。）であるもの」は、第五級の一の二とする。

例一　転倒する発作には、「意識消失が起こり、その後ただちに四肢等が強くつっぱる強直性のけいれんが続き、次第に短時間の収縮と弛緩をくりかえす間代性のけいれんに移行する」強直間代発作や脱力発作のうち「意識は通常あるものの、筋緊張が消失して倒れてしまうもの」が該当する。

二　「意識障害を呈し、状況にそぐわない行為を示す発作」には、意識混濁を呈するとともにうろうろ歩き回るなど目的性を欠く行動が自動的に出現し、発作中は周囲の状況に正しく反応できないものが該当する。

(イ)　「転倒する発作等が数ヵ月に一回以上あるもの又は転倒する発作等以外の発作が一ヵ月に一回以上あるもの」は、第七級の三とする。

(ウ)　「数ヵ月に一回以上の発作が転倒する発作等以外の発作であるもの又は服薬継続によりてんかん発作がほぼ完全に抑制されているもの」は、第九級の七の二とする。

(エ)　「発作の発現はないが、脳波上に明らかにてんかん性棘波を認めるもの」は、第一二級の一二とする。

(2)　頭痛

頭痛については、頭痛の型の如何にかかわらず、疼痛による労働又は日常生活上の支障の程度を疼痛の部位、性状、強度、頻度、持続時間及び日内変動並びに疼痛の原因となる他覚的所見により把握し、障害等級を認定すること。

ア　「通常の労務に服することはできるが激しい頭痛により、時には労働に従事することができなくなる場合があるため、就労可能な職種の範囲が相当な程度に制限されるもの」は、第九級の七の二に該当する。

イ「通常の労務に服することはできるが、時には労働に差し支える程度の強い頭痛がおこるもの」は、第一二級の一二に該当する。

ウ「通常の労務に服することはできるが、頭痛が頻回に発現しやすくなったもの」は、第一四級の九に該当する。

(3) 失調、めまい及び平衡機能障害

失調、めまい及び平衡機能障害については、その原因となる障害部位によって分けることが困難であるので、総合的に認定基準に従って障害等級を認定すること。

ア「生命の維持に必要な身のまわり処理の動作は可能であるが、高度の失調又は平衡機能障害のために労務に服することができないもの」は第三級の三に該当する。

イ「著しい失調又は平衡機能障害のために、労働能力がきわめて低下し一般平均人の1/4程度しか残されていないもの」は、第五級の一の二に該当する。

ウ「中等度の失調又は平衡機能障害のために、労働能力が一般平均人の1/2以下程度に明らかに低下しているもの」は第七級の三に該当する。

エ「通常の労務に服することはできるが、めまいの自覚症状が強く、かつ、眼振その他平衡機能検査に明らかな異常所見が認められ、就労可能な職種の範囲が相当な程度に制限されるもの」は、第九級の七の二に該当する。

オ「通常の労務に服することはできるが、めまいの自覚症状があり、かつ、眼振その他平衡機能検査の結果に異常所見が認められるもの」は、第一二級の一二に該当する。

カ「めまいの自覚症状はあるが、眼振その他平衡機能検査の結果に異常所見が認められないものの、めまいのあることが医学的にみて合理的に推測できるもの」は、第一四級の九に該当する。

(4) 疼痛等感覚障害

ア 受傷部位の疼痛及び疼痛以外の感覚障害については、次により認定すること。

(ア) 疼痛

a「通常の労務に服することはできるが、時には強度の疼痛のため、ある程度差し支えがあるもの」は、第一二級の一二とする。

b「通常の労務に服することはできるが、受傷部位にほとんど常時疼痛を残すもの」は、第一四級の九とする。

(イ) 疼痛以外の感覚障害

疼痛以外の異常感覚（蟻走感、感覚脱失等）が発現した場合は、その範囲が広いものに限り、第一四級の九に認定すること。

イ 特殊な性状の疼痛

(ア) カウザルギーについては、疼痛の部位、性状、疼痛発作の頻度、疼痛の強度と持続時間及び日内変動並びに疼痛の原因となる他覚的所見などにより、疼痛の労働能力に及ぼす影響を判断して次のごとく等級の認定を行うこと。

a　「軽易な労務以外の労働に常に差し支える程度の疼痛があるもの」は、第七級の三とする。

b　「通常の労務に服することはできるが、疼痛により時には労働に従事することができなくなるため、就労可能な職種の範囲が相当な程度に制限されるもの」は、第九級の七の二とする。

c　「通常の労務に服することはできるが、時には労働に差し支える程度の疼痛が起こるもの」は、第一二級の一二とする。

(イ)　反射性交換神経性ジストロフィー（RSD）については、①関節拘縮、②骨の萎縮、③皮膚の変化（皮膚温の変化、皮膚の萎縮）という慢性期の主要な三つのいずれの症状も健側と比較して明らかに認められる場合に限り、カウザルギーと同様の基準により、それぞれ第七級の三、第九級の七の二、第一二級の一二に認定すること。

注　外傷後疼痛が治ゆ後も消退せず、疼痛の性質、強さなどについて病的な状態を呈することがある。この外傷後疼痛のうち特殊な型としては、末梢神経の不完全損傷によって生ずる灼熱痛（カウザルギー）があり、これは、血管運動性症状、発汗の異常、軟部組織の栄養状態の異常、骨の変化（ズデック萎縮）などを伴う強度の疼痛である。

また、これに類似して、例えば尺骨神経等の主要な末梢神経の損傷がなくても、微細な末梢神経の損傷が生じ、外傷部位に、同様の疼痛がおこることがある（反射性交換神経性ジストロフィー（RSD）という。）が、その場合、エックス線写真等の資料により、上記の要件を確認することができる。

なお、障害等級認定時において、外傷後生じた疼痛が自然的経過によって消退すると認められるものは、障害補償の対象とはならない。

第三　その他

一　脳損傷により障害を生じた場合であって、当該障害について、障害等級表上、該当する等級（準用等級を含む。）があり、かつ、生じた障害が単一であるときは、その等級により認定すること。

例　一側の後頭葉視覚中枢の損傷によって、両眼の反対側の視野欠損を生ずるが、この場合は、視野障害の等級として定められている第九級の三により認定する。

二　せき髄損傷により障害を生じた場合であって、当該障害について、障害等級表上、該当する等級（準用等級を含む。）があり、かつ、生じた障害が単一であるときは、その等級により認定すること。

〔例　第四仙髄の損傷のため軽度の尿路障害（第一一級の九）が生じた場合は、胸腹部臓器の障害として定められている第一一級の九により認定する。〕

別添二

神経系統の機能又は精神の障害に関する医学的事項等〈略〉

（平一五・八・八　基発第〇八〇八〇〇二号）

〈せき柱及びその他の体幹骨、上肢並びに下肢の障害に関する障害等級認定基準について〉

手指の亡失等に係る労働基準法施行規則及び労働者災害補償保険法施行規則の一部を改正する省令（平成一六年厚生労働省令第一〇一号）の施行については、平成一六年六月四日付け基発第〇六〇四〇〇一号をもって通達したところであるが、今般、別紙「せき柱及びその他の体幹骨、上肢並びに下肢の障害に関する障害等級認定基準」（別添「関節の機能障害の評価方法及び関節可動域の測定要領」を含む。）を定めたので、下記に留意の上、その事務処理に遺漏なきを期されたい。

なお、本通達の施行に伴い、昭和五〇年九月三〇日付け基発第五六五号別冊「障害等級認定基準」（以下「基本通達」という。）の第二のうち「八　せき柱及びその他の体幹骨」、「九　上肢（上肢及び手指）」及び「一〇　下肢（下肢及び足指）」に係る部分並びに別紙二「関節運動可動域の測定要領」を削除する。

記

一　改正の趣旨

今般の改正は、平成一六年二月に報告のあった「整形外科の障害等級に関する専門検討会」の検討結果に基づくものであること。

二　改正の要旨

(1)　せき柱及びその他の体幹骨

ア　変形障害

せき柱の変形障害については、障害等級を三段階で認定するとともに、障害の程度については、従来外見により判断していたものを改め、原則として椎体高の減少度やコブ法による側彎度を測定して評価することとしたこと。

イ　運動障害

頸部及び胸腰部が強直したものを「せき柱に著しい運動障害を残すもの」（第六級の四）とし、頸部又は胸腰部のいずれかの可動域が参考可動域角度の二分の一以下に制限されたものを「せき柱に運動障害を残すもの」（第八級の二）としたこと。

ウ　せき柱の頸部と胸腰部に障害を残す場合

せき柱の頸部と胸腰部に変形障害又は運動障害を残した場合は、原則として、併合の方法を用いて準用等級を定めることとしたこと。

エ　荷重機能障害

　頸部及び腰部の両方の保持に困難があり、常に硬性補装具を必要とするものを第六級、同様に頸部又は腰部のいずれかの保持に困難があり、常に硬性補装具を必要とするものを第八級に準ずる障害として取り扱うこととしたこと。

(2)　上肢及び手指

ア　上肢の機能障害

(ア)　人工関節・人工骨頭をそう入置換した関節のうち、その可動域が健側の可動域角度の二分の一を超えるものは、「関節の機能に著しい障害を残すもの」（第一〇級の九）と取り扱うこととしたこと。

(イ)　前腕の回内・回外については、その可動域が健側の可動域角度の四分の一以下に制限されているものについて第一〇級、二分の一以下に制限されているものを第一二級に準ずる障害として取り扱うこととしたこと。

イ　上肢の変形障害

(ア)　長管骨にゆ合不全を残す場合について、ゆ合不全の生じた箇所と硬性補装具の必要性の程度によって障害の程度を評価することとし、上腕骨又は橈骨及び尺骨の両方の骨幹部等にゆ合不全を残し常に硬性補装具を必要とするものを「偽関節により、著しい運動障害を残すもの」（第七級の九）、上腕骨又は橈骨及び尺骨の両方の骨幹部等にゆ合不全を残すもの又は橈骨若しくは尺骨のいずれか一方にゆ合不全を残し時々硬性補装具を必要とするものを「偽関節により、運動障害を残すもの」（第八級の八）とすることとしたこと。

　また、長管骨の骨端部に生じたゆ合不全や、尺骨又は橈骨の骨幹部等にゆ合不全を残すものであっても、硬性補装具を必要としないものは、長管骨の変形として評価することとしたこと。

(イ)　「長管骨に変形を残すもの」（第一二級の八）の対象を拡大し、長管骨の骨端部のほとんどを欠損したもの又はその直径が一定以上減少したもの及び上腕骨が一定以上回旋変形ゆ合したものについても含めることとしたこと。

ウ　手指の欠損障害

　示指の亡失の等級が第一〇級の五から第一一級の六に一級引き下げられ、小指の亡失の等級が第一三級の四から第一二級の八の二に一級引き上げられたほか、これに伴い、複数の手指を亡失した場合について障害等級表の一部が改正されたものであること。

エ　手指の機能障害

(ア)　手指の機能障害についても、欠損障害と同様の改正がなされたものであること。

(イ)　母指の運動について、橈側外転及び掌側外転の可動域が健側の可動域角度の二分の一以下に制限されたものを母指の用廃と取り扱うこととしたこと。

(ウ) 手指の末節の指腹部及び側部を支配する感覚神経が断裂し、当該部位の感覚が完全に脱失したものは、手指の用廃と取り扱うこととしたこと。

(3) 下肢

ア 機能障害

人工関節・人工骨頭をそう入置換した関節について、上肢と同旨であること。

イ 変形障害

(ア) 長管骨にゆ合不全を残す場合について、上肢と同様の改正を行ったこと。

(イ) 「長管骨に変形を残すもの」（第一二級の八）の対象を拡大し、大腿骨又は脛骨の骨端部のほとんどを欠損したもの又はその直径が一定以上減少したものも含めることとしたこと。

(4) 関節の機能障害の評価方法及び関節可動域の測定要領

次の点を明記することにより、関節の機能障害の評価方法を明確にしたこと。

ア 各関節の主要運動と参考運動の意義とそれぞれの範囲

各関節の主要運動の範囲を一部見直すとともに、参考運動の評価方法を明確にしたこと。

イ 関節の強直の意義

関節の「完全強直又はこれに近い状態」の範囲を明確にすることとし、その状態を単に「強直」という用語を用いることとしたこと。

ウ 主要運動が複数ある場合の関節の機能障害の評価

主要運動が複数ある肩関節及び股関節については、いずれか一方の主要運動の可動域が、健側の可動域角度の二分の一以下に制限されている場合には関節の著しい機能障害と、また、同じく四分の三以下に制限されている場合には関節の機能障害と認定することとしたこと。

(5) 用語の改正

障害等級表上の用語を一部改正したものであること。

三　基本通達について

基本通達のうち、「第一　障害等級認定に当たっての基本的事項」については、別紙「せき柱及びその他の体幹骨、上肢並びに下肢の障害に関する障害等級認定基準」に基づく障害等級の認定を行うに当たっても、引き続き適用があること。

四　施行期日等について

(1) 本認定基準は、平成一六年七月一日以降に支給事由が生じたものについて適用し、平成一六年六月三〇日までに支給事由が生じたものについては改正前の認定基準によること。

(2) 現に障害（補償）年金を受給している者については、改正した認定基準を適用しない。

ただし、労働者災害補償保険法第一五条の二施行規則第一四条の三又は施行規則第一八条の八に基づく障害（補償）給付変更請求書（様式第一一号）の提出がなされた場合には、改正した認定基準に基づき障害等級を認定し、必要に応じて障害（補償）年金を改定すること。

別紙　せき柱及びその他の体幹骨、上肢並びに下肢の障害に関する障害等級認定基準

第一節　せき柱及びその他の体幹骨

第一　せき柱及びその他の体幹骨の障害と障害等級

一　せき柱及びその他の体幹骨の障害については、障害等級表上、せき柱の障害に関してはその変形障害及び運動障害について、また、その他の体幹骨の障害に関しては鎖骨、胸骨、ろく骨、肩こう骨、骨盤骨の変形障害について、それぞれ次のとおり等級が定められている。

(1)　せき柱の障害

ア　変形障害

せき柱に著しい変形を残すもの　第六級の四

せき柱に変形を残すもの　第一一級の五

イ　運動障害

せき柱に著しい運動障害を残すもの　第六級の四

せき柱に運動障害を残すもの　第八級の二

(2)　その他の体幹骨の障害

鎖骨、胸骨、ろく骨、肩こう骨又は骨盤骨に著しい変形を残すもの　第一二級の五

二　せき柱を形成する頸椎、胸椎及び腰椎並びに鎖骨、胸骨、ろく骨、肩こう骨又は骨盤骨（仙骨を含む。）以外の変形については、障害等級表上定めがないので、上記の各部位について定められている器質的障害又は機能的障害に係る等級により認定すること。

注　解剖学上、仙骨及び尾骨はせき柱の一部であるとともに、骨盤骨の一部をなしている。ただし、障害等級表上の「せき柱」の障害とは、頸部及び体幹の支持機能ないし保持機能及びその運動機能に着目したものであることから、これらの機能を有していない仙骨及び尾骨については、「せき柱」には含まないものであること。なお、せき柱の運動障害については、腰仙関節の動きを含めて等級を認定すること。

三　せき柱の運動機能の評価及び測定については、以下によるほか、別添「関節の機能障害の評価方法及び関節可動域の測定要領」（以下「別添」という。）によること。

第二　障害等級認定の基準

一　せき柱の障害

(1)　せき柱の障害認定の原則

せき柱のうち、頸椎（頸部）と胸腰椎（胸腰部）とでは主たる機能が異なっている（頸椎は主として頭部の支持機能を、また、胸腰椎は主として体幹の支持機能を担っている。）

ことから、障害等級の認定に当たっては、原則として頸椎と胸腰椎は異なる部位として取り扱い、それぞれの部位ごとに等級を認定すること。

(2)　変形障害

ア　せき柱の変形障害については、「せき柱に著しい変形を残すもの」、「せき柱に変形を残すもの」に加え、新たに第八級に準ずる障害として取り扱う「せき柱に中程度の変形を残すもの」の三段階で認定すること。

イ　「せき柱に著しい変形を残すもの」及び「せき柱に中程度の変形を残すもの」は、せき柱の後彎又は側彎の程度等により等級を認定すること。この場合、せき柱の後彎の程度は、せき椎圧迫骨折、脱臼等（以下、「せき椎圧迫骨折等」という。）により前方椎体高が減少した場合に、減少した前方椎体高と当該椎体の後方椎体高の高さを比較することにより判定すること。また、せき柱の側彎は、コブ法による側彎度で判定すること。

なお、後彎又は側彎が頸椎から胸腰部にまたがって生じている場合には、上記(1)にかかわらず、後彎については、前方椎体高が減少したすべてのせき椎の前方椎体高の減少の程度により、また、側彎については、その全体の角度により判定すること。

注　コブ法とは、下図のとおり、エックス線写真により、せき柱のカーブの頭側及び尾側においてそれぞれ水平面から最も傾いているせき椎を求め、頭側で最も傾いているせき椎の椎体上縁の延長線と尾側で最も傾いているせき椎の椎体の下縁の延長線が交わる角度（側彎度）を測定する方法である。

ウ　「せき柱に著しい変形を残すもの」とは、エックス線写真、CT画像又はMRI画像（以下「エックス線写真等」という。）により、せき

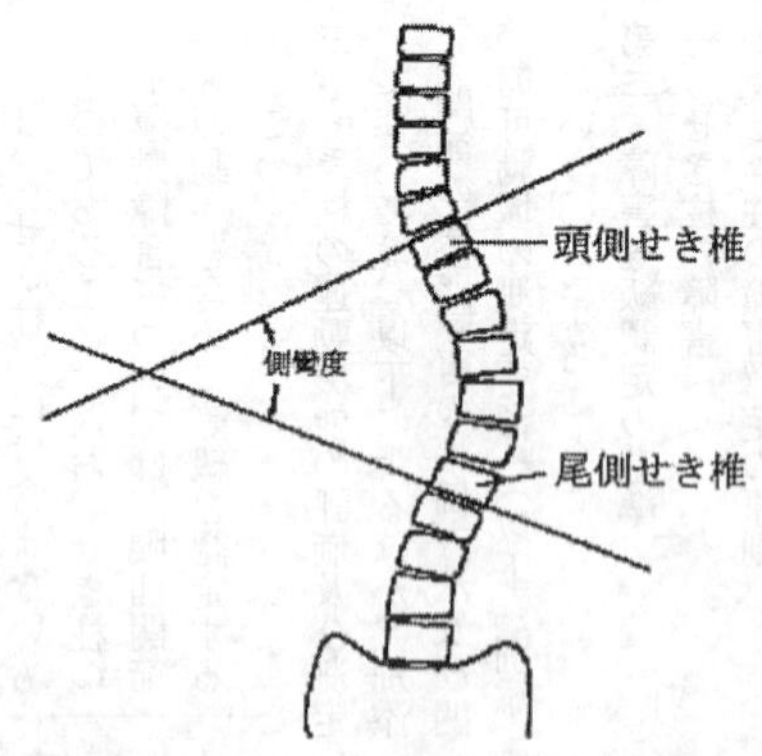

椎圧迫骨折等を確認することができる場合であって、次のいずれかに該当するものをいう。

(ア)　せき椎圧迫骨折等により二個以上の椎体の前方椎体高が著しく減少し、後彎が生じているもの。この場合、「前方椎体高が著しく減少」したとは、減少したすべての椎体の後方椎体高の合計と減少後の前方椎体高の合計との差が、減少した椎体の後方椎体高の一個当たりの高さ以上であるものをいうこと。

例　三個の椎体の前方椎体高が減少した場合で、この三個の椎体の後方椎体高の合計が一二センチメートル、減少後の前方椎体高の合計が七センチメートルであるときは、両者の差である五センチメートルが、三個の椎体の後方椎体高の一個当たりの高さである四センチメートル以上となっているので、第六級の四に該当する。

(イ)　せき椎圧迫骨折等により一個以上の椎体の前方椎体高が減少し、後彎が生ずるとともに、コブ法による側彎度が五〇度以上となっているもの。この場合、「前方椎体高が減少」したとは、減少したすべての椎体の後方椎体高の合計と減少後の前方椎体高の合計との差が、減少した椎体の後方椎体高の一個当たりの高さの五〇%以上であるものをいうこと。

例　二個の椎体の前方椎体高が減少した場合で、この二個の椎体の後方椎体高の合計が八センチメートル、減少後の前方椎体高の合計が五・五センチメートルであるときは、両者の差である二・五センチメートルが、二個の椎体の後方椎体高の一個当たりの高さの五〇%である二センチメートル以上となっているので、コブ法による側彎度が五〇度以上の側彎を伴うものは、第六級の四に該当する。

エ　「せき柱に中程度の変形を残すもの」とは、エックス線写真等によりせき椎圧迫骨折等を確認することができる場合であって、次のいずれかに該当するものをいう。

(ア)　上記ウの(イ)に該当する後彎が生じているもの

(イ)　コブ法による側彎度が五〇度以上であるもの

(ウ)　環椎又は軸椎の変形・固定（環椎と軸椎との固定術が行われた場合を含む。）により、次のいずれかに該当するもの。このうち、a及びbについては、軸椎以下のせき柱を可動させずに（当該被災者にとっての自然な肢位で）、回旋位又は屈曲・伸展位の角度を測定すること。

a　六〇度以上の回旋位となっているもの

b　五〇度以上の屈曲位又は六〇度以上の伸展位となっているもの

c　側屈位となっており、エックス線写真等により、矯正位の頭蓋底部の

両端を結んだ線と軸椎下面との平行線が交わる角度が三〇度以上の斜位となっていることが確認できるもの

注　環椎又は軸椎は、頸椎全体による可動範囲の相当の割合を担っている。そのため、環椎又は軸椎がせき椎圧迫骨折等により変形して固定となり、又は環椎と軸椎との固定術が行われたために、環椎又は軸椎の可動性がほとんど失われると、頸椎全体の可動範囲も大きく制限され、上記に該当する変形・固定となると、「せき柱の運動障害（第八級の二）」にも該当するケースがほとんどである。

なお、環椎又は軸椎が変形・固定していることについては、最大矯正位のエックス線写真等で最もよく確認できる。

オ「せき柱に変形を残すもの」とは、次のいずれかに該当するものをいう。

(ア) せき椎圧迫骨折等を残しており、そのことがエックス線写真等により確認できるもの

(イ) せき椎固定術が行われたもの（移植した骨がいずれかのせき椎に吸収されたものを除く。）

(ウ) 三個以上のせき椎について、椎弓切除術等の椎弓形成術を受けたもの

(3) 運動障害

ア　エックス線写真等では、せき椎圧迫骨折等又はせき椎固定術が認められず、また、項背腰部軟部組織の器質的変化も認められず、単に、疼痛のために運動障害を残すものは、局部の神経症状として等級を認定すること。

イ「せき柱に著しい運動障害を残すもの」とは、次のいずれかにより頸部及び胸腰部が強直したものをいう。

(ア) 頸椎及び胸腰椎のそれぞれにせき椎圧迫骨折等が存しており、そのことがエックス線写真等により確認できるもの

(イ) 頸椎及び胸腰椎のそれぞれにせき椎固定術が行われたもの

(ウ) 項背腰部軟部組織に明らかな器質的変化が認められるもの

ウ「せき柱に運動障害を残すもの」とは、次のいずれかに該当するものをいう。

(ア) 次のいずれかにより、頸部又は胸腰部の可動域が参考可動域角度の二分の一以下に制限されたもの

a　頸椎又は胸腰椎にせき椎圧迫骨折等を残しており、そのことがエックス線写真等により確認できるもの

b　頸椎又は胸腰椎にせき椎固定術が行われたもの

c　項背腰部軟部組織に明らかな器質的変化が認められるもの

(イ) 頭蓋・上位頸椎間に著しい異常可動性が生じたもの

二　その他の体幹骨の変形障害

(1)「鎖骨、胸骨、ろく骨、肩こう骨又は骨盤骨に著しい変形障害を残す

もの」とは、裸体となったとき、変形（欠損を含む）が明らかにわかる程度のものをいう。

　したがって、その変形がエックス線写真によって、はじめて発見し得る程度のものは、これに該当しないものであること。

(2)　ろく骨の変形は、その本数、程度、部位等に関係なく、ろく骨全体を一括して一つの障害として取り扱うこととし、ろく軟骨についても、ろく骨に準じて取り扱うこと。

　また、骨盤骨には、仙骨を含め、尾骨は除くものと取り扱うこと。

第三　併合、準用、加重

一　併合

　せき柱及びその他の体幹骨の障害で次のごとく系列を異にする二以上の障害が存する場合は、労災則第一四条第二項及び第三項により併合し等級を認定すること。

　ただし、骨盤骨の変形とこれに伴う下肢の短縮が存する場合は、いずれか上位の等級により認定すること。

ア　せき柱の変形障害又は運動障害とその他の体幹骨の変形が存する場合

イ　骨盤骨の高度の変形（転位）によって股関節の運動障害（例えば中心性脱臼）が生じた場合

ウ　鎖骨の著しい変形と肩関節の運動障害が存する場合

二　準用

　障害等級表上に、その属する系列はあるが、該当する障害がない場合は、次により等級を認定すること。

(1)　併合の方法を用いて準用等級を定めるもの

ア　せき柱の頸部と胸腰部のそれぞれに障害がある場合は、併合の方法を用いて準用等級を定めること。

例一　頸椎（環軸椎）が六〇度回旋位（準用第八級）で、胸腰椎にせき椎固定術が行われた（第一一級の五）場合は、準用第七級とする。

二　頸部の可動域が二分の一以下に制限され、胸腰椎にコブ法による側彎度が五〇度以上の側彎又は準用第八級の後彎を残す場合は、併合の方法を用いると第六級となるが、第六級には達しないので準用第七級とする。

三　頸部及び胸腰部の可動域がそれぞれ二分の一以下に制限された場合についても、併合の方法を用いると第六級となるが、第六級には達しないので、準用第七級とする。

四　頸部の可動域が二分の一以下に制限され、胸腰椎に第六級の四に該当する後彎を残す場合は、準用第六級とする。

なお、頸椎及び胸腰椎にまたがる準用第八級の側彎又は後彎を残し、さらに頸部又は胸腰部に第八級又は第一一級の障害を残す場合は、準用第七級とする。

　また、せき柱の頸部に複数の障害

がある場合は、いずれか上位の等級で認定する。胸腰部に複数の障害がある場合も同様とする。

例　腰椎に圧迫骨折による変形を残す（第一一級の五）とともに腰部の可動域が参考可動域角度の二分の一以下に制限された（第八級の二）場合は、第八級の二とする。

イ　その他の体幹骨の二以上の骨にそれぞれ著しい変形が存する場合は、併合の方法を用いて準用等級を定めること。

例　鎖骨及び肩こう骨に著しい変形を残すものは、準用第一一級とする。

(2) 他の障害の等級を準用するもの

荷重機能の障害については、その原因が明らかに認められる場合であって、そのために頸部及び腰部の両方の保持に困難があり、常に硬性補装具を必要とするものを第六級、頸部又は腰部のいずれかの保持に困難があり、常に硬性補装具を必要とするものを第八級に準ずる運動障害としてそれぞれ取り扱うこと。

注　荷重機能の障害の原因が明らかに認められる場合とは、せき椎圧迫骨折・脱臼、せき柱を支える筋肉の麻痺又は項背腰部軟部組織の明らかな器質的変化が存し、それらがエックス線写真等により確認できる場合をいうものであること。

三　加重

せき柱について障害の程度を加重した場合は、その限度で障害補償を行うこと。

例　胸腰椎にせき椎圧迫骨折を残していた（第一一級の五）者が、さらに頸椎のせき椎固定術を行った（第一一級の五）もの

四　その他

せき髄損傷による神経系統の障害を伴うせき柱の障害については、神経系統の障害として総合的に認定することとし、また、圧迫骨折等によるせき柱の変形に伴う受傷部位の疼痛については、そのいずれか上位の等級により認定すること。

第二節　上肢（上肢及び手指）

第一　上肢及び手指の障害と障害等級

一　障害等級表上、上肢の障害として欠損障害、機能障害及び変形障害について、また、手指の障害として欠損障害及び機能障害について、それぞれ次のとおり等級が定められている。

(1) 上肢の障害

ア　欠損障害

両上肢をひじ関節以上で失ったもの　第一級の六

両上肢を手関節以上で失ったもの　第二級の三

一上肢をひじ関節以上で失ったもの　第四級の四

一上肢を手関節以上で失ったもの　第五級の二

イ　機能障害

両上肢の用を全廃したもの　第一級の七

一上肢の用を全廃したもの　第五級の四

一上肢の三大関節中の二関節の用を廃したもの　第六級の五

一上肢の三大関節中の一関節の用を廃したもの　第八級の八

一上肢の三大関節中の一関節の機能に著しい障害を残すもの　第一〇級の九

一上肢の三大関節中の一関節の機能に障害を残すもの　第一二級の八

ウ　変形障害

一上肢に偽関節を残し、著しい運動障害を残すもの　第七級の九

一上肢に偽関節を残すもの　第八級の八

長管骨に変形を残すもの　第一二級の八

(2)　手指の障害

ア　欠損障害

両手の手指の全部を失ったもの　第三級の五

一手の五の手指又は母指を含み四の手指を失ったもの　第六級の七

一手の母指を含み三の手指又は母指以外の四の手指を失ったもの　第七級の六

一手の母指を含み二の手指又は母指以外の三の手指を失ったもの　第八級の三

一手の母指又は母指以外の二の手指を失ったもの　第九級の八

一手の示指、中指又は環指を失ったもの　第一一級の六

一手の小指を失ったもの　第一二級の八の二

一手の母指の指骨の一部を失ったもの　第一三級の五

一手の母指以外の手指の指骨の一部を失ったもの　第一四級の六

イ　機能障害

両手の手指の全部の用を廃したもの　第四級の六

一手の五の手指又は母指を含み四の手指の用を廃したもの　第七級の七

一手の母指を含み三の手指又は母指以外の四の手指の用を廃したもの　第八級の四

一手の母指を含み二の手指又は母指以外の三の手指の用を廃したもの　第九級の九

一手の母指又は母指以外の二の手指の用を廃したもの　第一〇級の六

一手の示指、中指又は環指の用を廃したもの　第一二級の九

一手の小指の用を廃したもの　第一三級の四

一手の母指以外の手指の遠位指節間関節を屈伸することができなくなったもの　第一四級の七

二　骨折部にキュンチャーを装着し、あるいは金属釘を用いたため、それが機能障害の原因となる場合は、当該キュンチャー等の除去を待って等級の認定を行うこと。

なお、当該キュンチャー等が機能障害の原因とならない場合は、創面治ゆをもって等級の認定を行うこと。

また、廃用性の機能障害（たとえば、ギプスによって患部を固定していたために、治ゆ後に関節に機能障害を存するもの）については、将来における障害の程度の軽減を考慮して等級の認定を行うこと。

三　上肢及び手指の運動機能の評価及び測定については、以下によるほか、別添によること。

第二　障害等級認定の基準

一　上肢の障害

(1)　欠損障害

ア　「上肢をひじ関節以上で失ったもの」とは、次のいずれかに該当するものをいう。

(ア)　肩関節において、肩甲骨と上腕骨を離断したもの

(イ)　肩関節とひじ関節との間において上肢を切断したもの

(ウ)　ひじ関節において、上腕骨と橈骨及び尺骨とを離断したもの

イ　「上肢を手関節以上で失ったもの」とは、次のいずれかに該当するものをいう。

(ア)　ひじ関節と手関節の間において上肢を切断したもの

(イ)　手関節において、橈骨及び尺骨と手根骨とを離断したもの

(2)　機能障害

ア　「上肢の用を廃したもの」とは、三大関節（肩関節、ひじ関節及び手関節）のすべてが強直し、かつ、手指の全部の用を廃したものをいう。

上腕神経叢の完全麻痺もこれに含まれる。

イ　「関節の用を廃したもの」とは、次のいずれかに該当するものをいう。

(ア)　関節が強直したもの

ただし、肩関節にあっては、肩甲上腕関節がゆ合し骨性強直していることがエックス線写真により確認できるものを含む。

〔注　肩関節は、肩甲上腕関節が強直しても、肩甲骨が胸郭の上を動くことによりある程度屈曲又は外転が可能であるため、別添に基づく肩関節の可動域の測定結果にかかわらず、上記のとおり取り扱うものであること。〕

(イ)　関節の完全弛緩性麻痺又はこれに近い状態にあるもの

「これに近い状態」とは、他動では可動するものの、自動運動では関節の可動域が健側の可動域角度の一〇％程度以下となったものをいう。この場合の「一〇％程度以下」とは、別添の第一の二の（1）の「関節の強直」の場合と同様に判断すること。

(ウ)　人工関節・人工骨頭をそう入置換した関節のうち、その可動域が健側の可動域角度の二分の一以下に制限されているもの

ウ　「関節の機能に著しい障害を残す

もの」とは、次のいずれかに該当するものをいう。

(ア)　関節の可動域が健側の可動域角度の二分の一以下に制限されているもの

(イ)　人工関節・人工骨頭をそう入置換した関節のうち、上記イの(ウ)以外のもの

エ　「関節の機能に障害を残すもの」とは、関節の可動域が健側の可動域角度の四分の三以下に制限されているものをいう。

(3)　変形障害

ア　「偽関節を残し、著しい運動障害を残すもの」とは、次のいずれかに該当し、常に硬性補装具を必要とするものをいう。

(ア)　上腕骨の骨幹部又は骨幹端部（以下「骨幹部等」という。）にゆ合不全を残すもの

(イ)　橈骨及び尺骨の両方の骨幹部等にゆ合不全を残すもの

イ　「偽関節を残すもの」とは、次のいずれかに該当するものをいう。

(ア)　上腕骨の骨幹部等にゆ合不全を残すもので、上記アの(ア)以外のもの

(イ)　橈骨及び尺骨の両方の骨幹部等にゆ合不全を残すもので、上記アの(イ)以外のもの

(ウ)　橈骨又は尺骨のいずれか一方の骨幹部等にゆ合不全を残すもので、時々硬性補装具を必要とするもの

注　偽関節とは、一般に、骨折等による骨片間のゆ合機転が止まって異常可動を示すものをいう。

しかしながら、近年においては、例えば、回内・回外運動の改善や手関節の安定を図るため、尺骨の一部を切り離し、尺骨の遠位端を橈骨に固定したり、切離した骨を尺骨の遠位端及び橈骨に固定する「カパンジー法」と呼ばれる手術が行われており、これらについても、従来の認定基準では、障害の改善を図る手術であるにもかかわらず、手術後は、より重度の障害である「偽関節を残すもの」に該当するものとなっていた。このため、本認定基準においては、カパンジー法による尺骨の一部離断を含め、骨片間のゆ合機転が止まって異常可動を示す状態を「ゆ合不全」とした上で、長管骨の保持性や支持性への影響の程度に応じて等級を認定することとしたものである。

ウ　上肢の「長管骨に変形を残すもの」とは、次のいずれかに該当するものをいう。

なお、同一の長管骨に以下の(ア)から(カ)の障害を複数残す場合でも、第一二級の八と認定すること。

(ア)　次のいずれかに該当する場合であって、外部から想見できる程度（一五度以上屈曲して不正ゆ合したもの）以上のもの

a　上腕骨に変形を残すもの

b　橈骨及び尺骨の両方に変形を残すもの（ただし、橈骨又は尺骨のいずれか一方のみの変形であっても、その程度が著しいものはこれに該当する。）

(イ)　上腕骨、橈骨又は尺骨の骨端部にゆ合不全を残すもの

(ウ)　橈骨又は尺骨の骨幹部等にゆ合不全を残すもので、硬性補装具を必要としないもの

(エ)　上腕骨、橈骨又は尺骨の骨端部のほとんどを欠損したもの

(オ)　上腕骨（骨端部を除く）の直径が三分の二以下に、又は橈骨若しくは尺骨（それぞれの骨端部を除く）の直径が二分の一以下に減少したもの

(カ)　上腕骨が五〇度以上外旋又は内旋変形ゆ合しているもの

この場合、五〇度以上回旋変形ゆ合していることは、次のいずれにも該当することを確認することによって判定すること。

a　外旋変形ゆ合にあっては肩関節の内旋が五〇度を超えて可動できないこと、また、内旋変形ゆ合にあっては肩関節の外旋が一〇度を超えて可動できないこと

b　エックス線写真等により、上腕骨骨幹部の骨折部に回旋変形ゆ合が明らかに認められること

注　上腕骨に一定以上の回旋変形ゆ合が存する場合は、自然肢位からひじ関節九〇度で、正面から両上肢（両上腕骨の全長）を撮影したエックス線写真等により、左右の上腕骨の骨頭及び頸部が異なる形状となっていることが確認できる。

なお、長管骨の骨折部が良方向に短縮なくゆ着している場合は、たとえ、その部位に肥厚が生じていても長管骨の変形としては取り扱わないこと。

二　手指の障害

(1)　欠損障害

ア　「手指を失ったもの」とは、母指は指節間関節、その他の手指は近位指節間関節以上を失ったもの」（障害等級表の備考第二号）とされており、具体的には、次の場合がこれに該当するものであること。

(ア)　手指を中手骨又は基節骨で切断したもの

(イ)　近位指節間関節（母指にあっては指節間関節）において、基節骨と中節骨とを離断したもの

イ　「指骨の一部を失ったもの」とは、一指骨の一部を失っている（遊離骨片の状態を含む）ことがエックス線写真等により確認できるものをいう（後記(2)のアに該当するものを除く。）。

(2)　機能障害

ア　「手指の用を廃したもの」とは、手指の末節骨の半分以上を失い、又は中手指節関節若しくは近位指節間関節（母指にあっては指節間関節）に著しい運動障害を残すもの」（障害等級表の備考第三号）とされてお

り、具体的には、次の場合がこれに該当するものであること。

(ア)　手指の末節骨の長さの二分の一以上を失ったもの。

(イ)　中手指節関節又は近位指節間関節（母指にあっては指節間関節）の可動域が健側の可動域角度の二分の一以下に制限されるもの。

(ウ)　母指については、橈側外転又は掌側外転のいずれかが健側の二分の一以下に制限されているものも、「著しい運動障害を残すもの」に準じて取り扱うこと。

(エ)　手指の末節の指腹部及び側部の深部感覚及び表在感覚が完全に脱失したものも、「手指の用を廃したもの」に準じて取り扱うこと。

　このことは、医学的に当該部位を支配する感覚神経が断裂し得ると判断される外傷を負った事実を確認するとともに、筋電計を用いた感覚神経伝導速度検査を行い、感覚神経活動電位（ＳＮＡＰ）が検出されないことを確認することによって認定すること。

注　感覚の完全脱失とは、表在感覚のみならず深部感覚をも消失したものをいう。
　表在感覚のみならず、深部感覚をも完全に脱失するのは、外傷により感覚神経が断裂した場合に限られる。

イ　「遠位指節間関節を屈伸することができないもの」とは、次のいずれかに該当するものをいう。

(ア)　遠位指節間関節が強直したもの

(イ)　屈伸筋の損傷等原因が明らかなものであって、自動で屈伸ができないもの又はこれに近い状態にあるもの

第三　併合、準用、加重、その他

一　併合

(1)　系列を異にする障害が二以上ある場合には、労災則第一四条第二項及び第三項により併合して等級を認定すること。

例一　右上肢を手関節以上で失い（第五級の二）、かつ、左上肢の一関節の用を廃した（第八級の六）場合には、併合第三級とする。

二　右手の示指を失い（第一一級の六）、かつ、左手の示指を失った（第一一級の六）場合は、併合第一〇級とする。

ただし、併合した結果序列を乱すこととなる場合は、直近上位又は直近下位の等級で認定すること。

例　一上肢を手関節以上で失い（第五級の二）、かつ、同一上肢の上腕骨に第七級の九のゆ合不全を残した場合には、併合すると第三級となるが、ひじ関節以上の亡失（第四級の四）には達しないので、併合第五級とする。

　このように、同一上肢に手関節以上又はひじ関節以上の亡失（第五級の二又は第四級の四）と長管骨の変形障害を残す場合は、変形障害の程

度にかかわらず、前者については併合第五級、後者については併合第四級となるものであること。

(2) 次の場合には、併合によることなく、それぞれに示すところにより等級を定めること。

ア 組合せ等級が定められている場合

例 左右の上肢の用をともに全廃した場合、右上肢の用を全廃したもの（第五級の四）と左上肢の用を全廃したもの（同前）とを併合するのではなく、障害等級表に定められた「両上肢の用を全廃したもの」（第一級の七）とする。

イ 通常派生する関係にある場合

例一 橈骨の遠位骨端部のゆ合不全又は欠損（第一二級の八）と手関節の著しい機能障害（第一〇級の九）を残す場合には、上位の等級である第一〇級の九と認定する。

二 上腕骨若しくは橈骨及び尺骨の骨折部にゆ合不全又は変形を残すとともに、その部位に疼痛を残す場合には、いずれか上位の等級によることとなる。

二 準用

障害等級表上に、その属する系列はあるが、該当する障害がない場合は、次により等級を認定すること。

(1) 併合の方法を用いて準用等級を定めるもの

次の場合には、労災則第一四条第四項により、併合の方法を用いて準用等級を定めること。

例 一上肢の上腕骨に第七級の九のゆ合不全を残し、かつ、同一上肢の橈骨及び尺骨に変形を残した（第一二級の八）場合は、準用第六級とする。

また、一上肢の機能障害と同一上肢の手指の欠損又は機能障害を残す場合、これらはみなし系列であるので、上肢、手指それぞれ別個に等級を定め、さらにこれらを併合の方法を用いて準用等級を定めること。

例一 一上肢の手関節の機能に障害を残す（第一二級の六）とともに、同一上肢の母指の用を廃し（第一〇級の六）、かつ、中指を亡失した（第一一級の六）場合は、手指について併合の方法を用いて準用第九級を定め、さらに、これと手関節の機能障害とについて併合の方法を用いて準用第八級と認定する。

ただし、併合の方法を用いた結果序列を乱すこととなる場合は、直近上位又は直近下位の等級に認定すること。

ア 直近下位の等級に認定するもの

例 一上肢の肩関節及びひじ関節の用を廃し（第六級の五）、かつ、同一上肢の母指及び示指の用を廃した（第九級の九）場合は、併合の方法を用いると第五級となるが、一上肢の用を全廃したもの（第五級の四）には達しないので、準用第六級とする。

イ　直近上位の等級に認定するもの

例　一手の小指を亡失し（第一二級の八の二）、かつ、同一手の環指の用を廃した（第一二級の九）場合は、併合の方法を用いると第一一級となるが、一手の母指以外の二の手指の用を廃したもの（第一〇級の六）よりは重く、一手の母指以外の二の手指を失ったもの（第九級の八）には達しないので、準用第一〇級とする。

ウ　三大関節のすべてに同一の機能障害を残す場合の取扱い

一上肢の三大関節の全ての関節の機能に著しい障害を残すものは第八級、一上肢のすべての関節の機能に障害を残すものは第一〇級に準ずる障害としてそれぞれ取り扱うこと。

エ　手関節又はひじ関節以上で亡失した場合の取扱い

手関節以上の亡失又はひじ関節以上の亡失と関節の機能障害を残す場合は、機能障害の程度に関係なく、前者については準用第五級、後者については準用第四級と取り扱うこと。

例一　一上肢を手関節以上で失い（第五級の二）、かつ、同一上肢の肩関節の用を廃した（第八級の六）場合は、準用第五級とする。

二　一上肢をひじ関節以上で失い（第四級の四）、かつ、同一上肢の肩関節の用を廃した（第八級の八）場合は、準用第四級とする。

(2)　他の障害の等級を準用するもの

ア　前腕の回内・回外については、その可動域が健側の四分の一以下に制限されているものを第一〇級、二分の一以下に制限されているものを第一二級に準ずる関節の機能障害としてそれぞれ取り扱うこと。

なお、回内・回外の可動域制限と同一上肢の関節の機能障害を残す場合は、併合の方法を用いて準用等級を定めること。ただし、手関節部又はひじ関節部の骨折等により、手関節又はひじ関節の機能障害と回内・回外の可動域制限を残す場合は、いずれか上位の等級で認定すること。

注　手関節部の骨折等の場合には手関節と回内・回外が、ひじ関節部の骨折等の場合にはひじ関節と回内・回外に障害を残すことが一般的である。

イ　上肢の動揺関節については、それが他動的なものであると、自動的なものであるとにかかわらず、次の基準によってその等級を認定すること。

a　常に硬性補装具を必要とするものは、第一〇級に準ずる関節の機能障害として取り扱う。

b　時々硬性補装具を必要とするものは、第一二級に準ずる関節の機能障害として取り扱う。

ウ　習慣性脱臼は、第一二級に準ずる関節の機能障害として取り扱うこと。

三　加重

⑴　次に掲げる場合においては、障害の程度を加重した限度で障害補償を行うこと。

ア　上肢に障害を残す者が、同一系列内において新たな障害を残した場合

〔例一　一上肢を手関節以上で失っていた者が、さらに同一上肢をひじ関節以上で失った場合
二　一上肢の手関節の機能に障害を残す者が、さらに当該手関節の機能に著しい障害を残した場合
三　一上肢の橈骨及び尺骨に変形を残す者が、さらに同一上肢の上腕骨に偽関節を残した場合〕

イ　上肢に障害を残す者が、既存の障害の部位以上を失った場合（上記アに該当する場合を除く。）

〔例一　一上肢の橈骨及び尺骨に変形を残す者が、さらに同一上肢をひじ関節以上で失った場合
二　一手の手指を失い又はその機能に障害を残す者が、さらに同一上肢を手関節以上で失った場合〕

ウ　一手の手指に障害を残す者が、さらに同手指又は同一手の他の手指に新たな障害を残した場合

〔例一　一手の小指の用を廃した者が、さらに同一手の中指の用を廃した場合
二　一手の母指の指骨の一部を失っていた者が、さらに同指を失った場合〕

エ　左右両上肢（両手指を含む。）の組合せ等級に該当する場合

一上肢に障害を残す者が、新たに他の上肢に障害を残したとき、又は同一上肢（手指を含む。）に新たな障害を残すとともに他の上肢にも障害を残した結果、次に掲げる組合せ等級に該当するに至ったときの障害補償の額についても、加重として取り扱うこと。

(ア)　両上肢をひじ関節以上で失ったもの（第一級の六）

(イ)　両上肢を手関節以上で失ったもの（第二級の三）

(ウ)　両上肢の用を全廃したもの（第一級の七）

(エ)　両手指の全部を失ったもの（第三級の五）

(オ)　両手指の全部の用を廃したもの（第四級の六）

⑵　手指の障害のうち、加重後の障害の該当する障害等級に応ずる障害補償の額（日数）から、既存の障害の該当する障害等級に応ずる障害補償の額（日数）を差し引いた額（日数）が、新たな障害のみを残した場合の障害補償（日数）を下回る場合には、新たな障害のみを残したものとみなして取り扱うこと。

〔例一　一手の示指及び中指を亡失

していた（第九級の八、給付基礎日額の三九一日分）者が新たに環指を失った場合、加重後の障害は第八級の三（給付基礎日額の五〇三日分）に該当するが、第八級の三の障害補償の額（五〇三日分）から第九級の八の障害補償の額（三九一日分）を差し引いた額（日数）は、環指のみを失った場合の障害補償の額（第一一級の六、二二三日分）を下回るので、障害補償の額は、環指のみを失ったものとみなして算定する。

二　一上肢の手関節及びひじ関節の用を廃していた（第六級の五）が、新たに中指の指骨の一部を失った場合、加重後の障害は準用第六級で、加重前と同等級であるから、障害補償の額は、新たな障害のみを残したものとみなして算定する。

四　その他

(1)　母指延長術（血管、神経付遊離植皮を伴う造母指術を含む）を行った場合にあっては、術後の母指は切断時に比べて延長されることとなるが、その後遺障害については、原則として「一手の母指を失ったもの」（第九級の八）として取り扱うこと。

　ただし、術後の母指の延長の程度が、健側母指と比べて明らかに指節間関節を超えていると認められる場合には、「一手の母指の用を廃したもの」（第一〇級の六）とすること。

(2)　手指又は足指の移植により母指の機能再建化手術を行った場合にあっては、術後の母指に残存する機能障害と当該手術により失うこととなった手又は足の指の欠損障害とを同時に生じた障害とみなし、準用又は併合の方法により障害等級を認定すること。

第三節　下肢（下肢及び足指）

第一　下肢及び足指の障害と障害等級

一　下肢及び足指の障害については、障害等級表上、下肢の障害として欠損障害、機能障害、変形障害及び短縮障害について、また、足指の障害として欠損障害及び機能障害について、それぞれ次のとおり等級が定められている。

(1)　下肢の障害

a　欠損障害

両下肢をひざ関節以上で失ったもの　第一級の八

両下肢を足関節以上で失ったもの　第二級の四

一下肢をひざ関節以上で失ったもの　第四級の五

両足をリスフラン関節以上で失ったもの　第四級の七

一下肢を足関節以上で失ったもの　第五級の三

一足をリスフラン関節以上で失ったもの　第七級の一〇

b　機能障害

両下肢の用を全廃したもの　第一級の九

一下肢の用を全廃したもの　第五級の五
一下肢の三大関節中の二関節の用を廃したもの　第六級の六
一下肢の三大関節中の一関節の用を廃したもの　第八級の七
一下肢の三大関節中の一関節の機能に著しい障害を残すもの　第一〇級の一〇
一下肢の三大関節中の一関節の機能に障害を残すもの　第一二級の七

c　変形障害

一下肢に偽関節を残し、著しい運動障害を残すもの　第七級の一〇
一下肢に偽関節を残すもの　第八級の九
長管骨に変形を残すもの　第一二級の八

d　短縮障害

一下肢を五センチメートル以上短縮したもの　第八級の五
一下肢を三センチメートル以上短縮したもの　第一〇級の七
一下肢を一センチメートル以上短縮したもの　第一三級の八

(2)　足指の障害

a　欠損障害

両足の足指の全部を失ったもの　第五級の六
一足の足指の全部を失ったもの　第八級の一〇
一足の第一の足指を含み二以上の足指を失ったもの　第九級の一〇
一足の第一の足指又は他の四の足指を失ったもの　第一〇級の八
一足の第二の足指を失ったもの、第二の足指を含み二の足指を失ったもの又は第三の足指以下の三の足指を失ったもの　第一二級の一〇
一足の第三の足指以下の一又は二の足指を失ったもの　第一三級の九

b　機能障害

両足の足指の全部の用を廃したもの　第七級の一一
一足の足指の全部の用を廃したもの　第九級の一一
一足の第一の足指を含み二以上の足指の用を廃したもの　第一一級の八
一足の第一の足指又は他の四の足指の用を廃したもの　第一二級の一一
一足の第二の足指の用を廃したもの、第二の足指を含み二の足指の用を廃したもの又は第三の足指以下の三の足指の用を廃したもの　第一三級の一〇
一足の第三の足指以下の一又は二の足指の用を廃したもの　第一四級の八

二　「廃用性の機能障害」に係る治ゆ認定及び「キュンチャー等の除去」に係る取扱いについては、上肢及び手指における場合と同様とする。

三　下肢及び足指の運動機能の評価及び測定については、以下によるほか、別添によること。

第二　障害等級認定の基準

一　下肢の障害

(1)　欠損障害

ア　「下肢をひざ関節以上で失ったもの」とは、次のいずれかに該当するものをいう。

(ア)　股関節において寛骨と大腿骨を離断したもの

(イ)　股関節とひざ関節との間において切断したもの

(ウ)　ひざ関節において、大腿骨と脛骨及び腓骨とを離断したもの

イ　「下肢を足関節以上で失ったもの」とは、次のいずれかに該当するものをいう。

(ア)　ひざ関節と足関節との間において切断したもの

(イ)　足関節において、脛骨及び腓骨と距骨とを離断したもの

ウ　「リスフラン関節以上で失ったもの」とは、次のいずれかに該当するものをいう。

(ア)　足根骨（踵骨、距骨、舟状骨、立方骨及び三個の楔状骨からなる。）において切断したもの

(イ)　リスフラン関節において中足骨と足根骨とを離断したもの

(2)　機能障害

ア　「下肢の用を全廃したもの」とは、三大関節（股関節、ひざ関節及び足関節）のすべてが強直したものをいう。

なお、三大関節が強直したことに加え、足指全部が強直したものもこれに含まれる。

イ　「関節の用を廃したもの」とは、次のいずれかに該当するものをいう。

(ア)　関節が強直したもの

(イ)　関節の完全弛緩性麻痺又はこれに近い状態にあるもの

なお、「これに近い状態」については、上肢と同様であること。

(ウ)　人工関節・人工骨頭をそう入置換した関節のうち、その可動域が健側の可動域角度の二分の一以下に制限されているもの

ウ　「関節の機能に著しい障害を残すもの」とは、次のいずれかに該当するものをいう。

(ア)　関節の可動域が健側の可動域角度の二分の一以下に制限されているもの

(イ)　人工関節・人工骨頭をそう入置換した関節のうち、上記イの(ウ)以外のもの

エ　「関節の機能に障害を残すもの」とは、関節の可動域が健側の可動域角度の四分の三以下に制限されているものをいう。

(3)　変形障害

ア　「偽関節を残し、著しい運動障害を残すもの」とは、次のいずれかに該当し、常に硬性補装具を必要とするものをいう。

なお、ゆ合不全の意義は、上肢と同様であること。

(ア)　大腿骨の骨幹部等にゆ合不全を残すもの

(イ)　脛骨及び腓骨の骨幹部等にゆ合不全を残すもの

(ウ) 脛骨の骨幹部等にゆ合不全を残すもの

イ 「偽関節を残すもの」とは、次のいずれかに該当するものをいう。

(ア) 大腿骨の骨幹部等にゆ合不全を残すもので、上記アの(ア)以外のもの

(イ) 脛骨及び腓骨の骨幹部等にゆ合不全を残すもので、上記アの(イ)以外のもの

(ウ) 脛骨の骨幹部等にゆ合不全を残すもので、上記アの(ウ)以外のもの

ウ 下肢の「長管骨に変形を残すもの」とは、次のいずれかに該当するものをいう。これらの変形が同一の長管骨に複数存する場合もこれに含まれる。

(ア) 次のいずれかに該当する場合であって、外部から想見できる程度（一五度以上屈曲して不正ゆ合したもの）以上のもの。

a 大腿骨に変形を残すもの

b 脛骨に変形を残すもの

なお、腓骨のみの変形であっても、その程度が著しい場合にはこれに該当する。

(イ) 大腿骨若しくは脛骨の骨端部にゆ合不全を残すもの又は腓骨の骨幹部等にゆ合不全を残すもの

(ウ) 大腿骨又は脛骨の骨端部のほとんどを欠損したもの

(エ) 大腿骨又は脛骨（骨端部を除く）の直径が三分の二以下に減少したもの

(オ) 大腿骨が外旋四五度以上又は内旋三〇度以上回旋変形ゆ合しているもの

この場合、外旋四五度以上又は内旋三〇度以上回旋変形ゆ合していることは、次のいずれにも該当することを確認することによって判定すること。

a 外旋変形ゆ合にあっては股関節の内旋が〇度を超えて可動できないこと、内旋変形ゆ合にあっては、股関節の外旋が一五度を超えて可動できないこと

b エックス線写真等により、明らかに大腿骨の回旋変形ゆ合が認められること

> 注 大腿骨に一定以上の回旋変形ゆ合が認められる場合には、両ひざを揃え、膝蓋骨を左右同様に前方に向けた肢位で、正面から両下肢（両大腿骨の全長）を撮影したエックス線写真等により、左右の大腿骨の骨頭及び頸部が異なる形状となっていることが確認できる。
>
> なお、長管骨の骨折部が良方向に短縮なくゆ着している場合は、たとえ、その部位に肥厚が生じていても長管骨の変形としては取り扱わないこと。

(4) 短縮障害

「下肢の短縮」については、上前腸骨棘と下腿内果下端間の長さを健側の下肢と比較することによって等級を認定すること。

測定に当たっては、事前に両端部

に印をつけ、巻尺は屈曲しないように注意すること。

二　足指の障害

(1)　欠損障害

「足指を失ったものとは、その全部を失ったもの」（障害等級表の備考第四号）とされており、具体的には、中足指節関節から失ったものがこれに該当するものであること。

(2)　機能障害

「足指の用を廃したものとは第一の足指は末節骨の半分以上、その他の足指は遠位指節間関節以上を失ったもの又は中足指節関節若しくは近位指節間関節（第一の足指にあっては指節間関節）に著しい運動障害を残すもの」（障害等級表の備考第五号）とされており、具体的には、次の場合がこれに該当するものであること。

ア　第一の足指の末節骨の長さの二分の一以上を失ったもの

イ　第一の足指以外の足指を中節骨若しくは基節骨を切断したもの又は遠位指節間関節若しくは近位指節間関節において離断したもの

ウ　中足指節関節又は近位指節間関節（第一の足指にあっては指節間関節）の可動域が健側の可動域角度の二分の一以下に制限されるもの

第三　併合、準用、加重、その他

一　併合

(1)　系列を異にする障害が二以上ある場合には、労災則第一四条第二項及び第三項により併合して等級を認定すること。

例一　両下肢に長管骨の変形を残す（それぞれ第一二級の八）場合は、併合第一一級とする。

二　右下肢を三センチメートル以上短縮し（第一〇級の七）、左下肢を五センチメートル以上短縮した（第八級の五）場合は、併合第七級とする。

三　右下肢に偽関節を残し（第八級の九）、左下肢を五センチメートル以上短縮した（第八級の五）場合は、併合第六級とする。

四　踵骨骨折治ゆ後に疼痛を残し（第一二級の一二）、同一下肢の足関節の機能に障害を残す（第一二級の七）場合は、併合第一一級とする。

注　足関節は、脛骨・腓骨と距骨とにより構成され、一方、踵骨は、距骨との間で距骨下関節を構成し、舟状骨、距骨及び立方骨との間でショパール関節を構成している。このように、足関節と踵骨とは別の部位である。

ただし、併合した結果序列を乱すこととなる場合には、直近上位又は直近下位の等級で認定すること。

例　一下肢をリスフラン関節以上で失い（第七級の八）、脛骨に偽関節を残す（第八級の九）場合、これらを併合すれば第五級となるが、一下肢を足関節以上で失ったもの（第五級の三）には達しないので、併合第六級とする。」

また、同一下肢の足関節以上又はひざ関節以上の亡失（第五級の三又は第四級の五）と変形障害を残す場合は、変形障害の程度にかかわらず、前者については併合第五級、後者については、併合第四級とする。

(2) 次の場合には、併合によることなく、それぞれに示すところにより等級を定めること。

ア 組合せ等級が定められている場合

「例 右左の足をリスフラン関節以上で失った場合、右足をリスフラン関節以上で失ったもの（第七級の八）と左足をリスフラン関節以上で失ったもの（同前）とを併合するのではなく、障害等級表に定められた「両足をリスフラン関節以上で失ったもの」（第四級の七）となる。」

イ 通常派生する関係にある場合

「例一 脛骨の遠位骨端部の欠損（第一二級の八）と同一下肢の足関節の著しい機能障害（第一〇級の一〇）を残した場合は、上位の等級である第一〇級の一〇と認定する。

二 大腿骨又は下腿骨の骨折部にゆ合不全又は長管骨の変形を残すとともに、その部位に疼痛を残す場合には、いずれか上位の等級によること。」

二 準用

障害等級表上に、その属する系列はあるが、該当する障害がない場合は、次により等級を認定すること。

(1) 併合の方法を用いて準用等級を定めるもの

次の場合は、労災則第一四条第四項により、併合の方法を用いて準用等級を定めること。

「例 大腿骨に第七級の一〇のゆ合不全を残し、同一下肢の脛骨に変形を残した（第一二級の八）場合は、準用第六級とする。」

また、一下肢の機能障害と同一下肢の足指の欠損又は機能障害がある場合については、これらを同一系列の障害とみなし、併合の方法を用いて準用等級を定めること。

「例 一下肢の足関節の機能に障害を残し（第一二級の七）、かつ、同一下肢の第一の足指の用を廃した（第一二級の一二）場合は、準用第一一級とする。」

ただし、併合の方法を用いた結果序列を乱すこととなる場合は、直近上位又は直近下位の等級に認定すること。

ア 直近下位の等級に認定するもの

「例 一下肢の足関節の用を廃し（第八級の七）、かつ、同一下肢をリスフラン関節以上で失った（第七級の八）場合、併合の方法を用いると第五級となるが、一下肢を足関節以上で失ったもの（第五級の三）には達しないので、準用第六級とする。

また、同一下肢に足関節以上又はひざ関節以上の亡失（第五級の三又は第四級の五）と機能障害が存する場合は、機能障害の程度にかかわらず、前者については準用第五級、後者については準用第四級となるものであること。

イ　三大関節のすべてに同一の機能障害を残す場合の取扱い

一下肢の三大関節のすべての関節の機能に著しい障害を残すものは第八級、一下肢の三大関節のすべての関節の機能に障害を残すものは、第一〇級に準ずる障害として取り扱うこと。

ウ　一足の足指に、障害等級表上組合せのない欠損障害が存する場合

例一　一足の第二の足指を含め三の足指を失ったものは、「一足の第一の足指以外の四の足指を失ったもの」（第一〇級の八）と「一足の第二の足指を含み二の足指を失ったもの」（第一二級の一〇）との中間に位し、第一〇級の八には達しないので、準用第一一級とする。

二　一足の第二の足指を含めた三の足指の用を廃したものは、「一足の第一の足指以外の四の足指の用を廃したもの」（第一二級の一一）と「一足の第一の足指を含み二の足指の用を廃したもの」（第一三級の一〇）との中間に位し、第一二級の一一には達しないので、準用第一三級とする。

(2)　他の障害の等級を準用するもの

ア　下肢の動揺関節については、それが他動的なものであると、自動的なものであるとにかかわらず、次の基準によってその等級を認定すること。

(ア)　常に硬性補装具を必要とするものは、第八級に準ずる関節の機能障害として取り扱う。

(イ)　時々硬性補装具を必要とするものは、第一〇級に準ずる関節の機能障害として取り扱う。

(ウ)　重激な労働等の際以外には硬性補装具を必要としないものは、第一二級に準ずる関節の機能障害として取り扱う。

イ　習慣性脱臼及び弾発ひざは第一二級に準ずる関節の機能障害として取り扱うこと。

ウ　足指を基部（足指の付け根）から失った場合は、「足指を失ったもの」に準じて取り扱うこと。

三　加重

(1)　次に掲げる場合においては、障害の程度を加重した限度で障害補償を行うこと。

ア　下肢に障害を残す者が、同一系列内において新たな障害を残した場合

例一　一下肢をリスフラン関節以上で失った者が、さらに同一下肢を足関節以上で失った場合

二　一下肢の足関節の機能に著し

い障害を残し又はひざ関節の用を廃した者が、さらに同一下肢を足関節以上で失った場合

三　一下肢の足関節の機能に障害を残す者が、さらに同一下肢の足関節の機能に著しい障害を残した場合

イ　一下肢に障害を残す者が、さらに既存の障害の部位以上を失った場合（上記アに該当する場合を除く。）

例一　一下肢の脛骨に変形を残す者が、同一下肢をひざ関節以上で失った場合

二　一下肢を一センチメートル以上短縮した者が、同一下肢を足関節以上で失った場合

三　一下肢の下腿部に手掌大のケロイド瘢痕を残していた者が、同一下肢をひざ関節以上で失った場合

ウ　一足の足指に障害を残す者が、さらに同一足指又は同一足の他指に新たな障害を残した場合

例　一足の第五の足指の用を廃した者が、さらに同一足の第一の足指の用を廃した場合

エ　左右両下肢（両足指を含む。）の組合せ等級に該当する場合

一下肢に障害を残す者が、新たに他の下肢に障害を残し、又は同一下肢（足指を含む。）に新たな障害を残すとともに他の下肢にも障害を残した結果、次に掲げる組合せ等級に該当するに至ったときの障害補償の額についても、加重として取り扱うこと。

a　両下肢をひざ関節以上で失ったもの（第一級の八）

b　両下肢を足関節以上で失ったもの（第二級の四）

c　両足をリスフラン関節以上で失ったもの（第四級の七）

d　両下肢の用を廃したもの（第一級の九）

e　両足指の全部を失ったもの（第五級の六）

f　両足指の全部の用を廃したもの（第七級の一一）

(2)　足指の障害のうち、加重後の障害の該当する障害等級に応ずる障害補償の額（日数）から、既存の障害の該当する障害等級に応ずる障害補償の額（日数）を差し引いた額（日数）が、新たな障害のみを残した場合の障害補償の額（日数）を下回る場合には、新たな障害のみを残したものとみなして取り扱うこと。

例　一足の第二及び第三の足指を亡失していた（第一二級の一〇、給付基礎日額の一五六日分）者が、新たに第四の足指を失った場合、加重後の障害も準用第一二級に該当する（上記(2)のウの(エ)の例二参照）こととなり、加重後の障害補償の額から既存の障害補償の額を差し引くと〇となり、第四の足指を失った場合の障害補償の額を下回るので、第四の足指のみを失った

ものとみなして取り扱う。

別添　関節の機能障害の評価方法及び関節可動域の測定要領〈略〉

（平一六・六・四　基発第〇六〇四〇〇三号）

〈眼の障害に関する障害等級認定基準について〉

平成一三年三月に報告のあった「眼の障害認定に関する専門検討会」の検討結果のうち、省令改正を要しない事項の改正については、平成一三年三月二九日付け基発第一九五号「眼の障害に関する障害等級認定基準の一部改正について」をもって指示したところであるが、今般、平成一六年六月四日付け基発第〇六〇四〇〇一号をもって通達したとおり、複視及び手指の亡失等に係る労働基準法施行規則及び労働者災害補償保険法施行規則の一部を改正する省令（平成一六年厚生労働省令第一〇一号）が公布されたことから、別紙「眼の障害に関する障害等級認定基準」を定めたので、下記に留意の上、その事務処理に遺漏なきを期されたい。

なお、本通達の施行に伴い、昭和五〇年九月三〇日付け基発第五六五号別冊「障害等級認定基準」（以下「基本通達」という。）の第二中「一　眼（眼球及び眼瞼）」を「一　削除」に改める。

記

一　改正の趣旨

今般の改正は、障害等級表上、新たに「正面視で複視を残すもの（第一〇級の一の二）」及び「正面視以外で複視を残すもの（第一三級の二の二）」の二つの身体障害が定められたことから、その認定基準を定めたものであること。

二　基本通達について

基本通達のうち、「第一　障害等級認定に当たっての基本的事項」については、別紙「眼の障害に関する障害等級認定基準」に基づく障害等級の認定を行うに当たっても、引き続き適用があること。

三　施行期日等について

(1)　本認定基準は、平成一六年七月一日以降に支給事由が生じたものについて適用し、平成一六年六月三〇日までに支給事由が生じたものについては改正前の認定基準によること。

(2)　現に障害（補償）年金を受給している者については、改正した認定基準を適用しない。

ただし、労働者災害補償保険法第一五条の二施行規則第一四条の三又は施行規則第一八条の八に基づく障害（補償）給付変更請求書（様式第一一号）の提出がなされた場合には、改正した認定基準に基づき障害等級を認定し、必要に応じて障害（補償）年金を改定すること。

別紙　眼（眼球及びまぶた）の障害に関する障害等級認定基準

第一　眼の障害と障害等級

一眼の障害については、障害等級表上、眼球の障害として視力障害、調節機能障害、運動障害及び視野障害について、また、まぶたの障害として欠損障害及び運動障害について等級が定められている。

(1) 眼球の障害

ア 視力障害

両眼が失明したもの　第一級の一

一眼が失明し、他眼の視力が〇・〇二以下になったもの　第二級の一

両眼の視力が〇・〇二以下になったもの　第二級の二

一眼が失明し、他眼の視力が〇・〇六以下になったもの　第三級の一

両眼の視力が〇・〇六以下になったもの　第四級の一

一眼が失明し、他眼の視力が〇・一以下になったもの　第五級の一

両眼の視力が〇・一以下になったもの　第六級の一

一眼が失明し、他眼の視力が〇・六以下になったもの　第七級の一

一眼が失明し、又は一眼の視力が〇・〇二以下になったもの　第八級の一

両眼の視力が〇・六以下になったもの　第九級の一

一眼の視力が〇・〇六以下になったもの　第九級の二

一眼の視力が〇・一以下になったもの　第一〇級の一

一眼の視力が〇・六以下になったもの　第一三級の一

イ 調節機能障害

両眼の眼球に著しい調節機能障害を残すもの　第一一級の一

一眼の眼球に著しい調節機能障害を残すもの　第一二級の一

ウ 運動障害

正面視で複視を残すもの　第一〇級の一の二

両眼の眼球に著しい運動障害を残すもの　第一一級の一

一眼の眼球に著しい運動障害を残すもの　第一二級の一

正面視以外で複視を残すもの　第一三級の二の二

エ 視野障害

両眼に半盲症、視野狭さく又は視野変状を残すもの　第九級の三

一眼に半盲症、視野狭さく又は視野変状を残すもの　第一三級の二

(2) まぶたの障害

ア 欠損障害

両眼のまぶたに著しい欠損を残すもの　第九級の四

一眼のまぶたに著しい欠損を残すもの　第一一級の三

両眼のまぶたの一部に欠損を残し、又はまつげはげを残すもの　第一三級の三

一眼のまぶたの一部に欠損を残し、又はまつげはげを残すもの　第一四級の一

イ 運動障害

両眼のまぶたに著しい運動障害を残すもの　第一一級の二

一眼のまぶたに著しい運動障害を

残すもの　　　　　　第一二級の二

第二　障害等級認定の基準

一　眼球の障害

(1)　視力障害

ア　視力の測定は、原則として、万国式試視力表による（障害等級表の備考第一号）が、実際上これと同程度と認められる文字、図形等の視標を用いた試視力表又は視力測定法を用いてもよいこと。

イ　障害等級表にいう視力とは、きょう正視力をいう（障害等級表の備考第一号）。

　ただし、きょう正が不能な場合は裸眼視力による。

注　きょう正視力には、眼鏡によるきょう正、医学的に装用可能なコンタクトレンズによるきょう正又は眼内レンズによるきょう正によって得られた視力が含まれる。

ウ　きょう正視力による障害等級の認定は、次によること。

(ア)　角膜の不正乱視が認められず、かつ、眼鏡による完全きょう正を行っても不等像視を生じない者については、眼鏡によりきょう正した視力を測定して障害等級を認定する。

注　不等像視とは、左右両眼の屈折状態等が異なるため、左眼と右眼の網膜に映ずる像の大きさ、形が異なるものをいう。

(イ)　上記(ア)以外の者については、コンタクトレンズの装用が医学的に可能であり、かつ、コンタクトレンズによるきょう正を行うことにより良好な視界が得られる場合には、コンタクトレンズによりきょう正した視力を測定して障害等級を認定する。

(ウ)　眼鏡による完全きょう正を行えば、不等像視を生ずる場合であって、コンタクトレンズの装用が不能な場合には、眼鏡きょう正の程度を調整して不等像視の出現を回避し得る視力により障害等級を認定する。

(エ)　コンタクトレンズの装用の可否及び視力の測定は、コンタクトレンズを医師の管理下で三ヶ月間試行的に装用し、その後に行う。

　なお、コンタクトレンズの装用が可能と認められるのは、一日に八時間以上の連続装用が可能な場合とする。

エ　「失明」とは、眼球を亡失（摘出）したもの、明暗を弁じ得ないもの及びようやく明暗を弁ずることができる程度のものをいい、光覚弁（明暗弁）又は手動弁が含まれる。

注一　「光覚弁」とは、暗室にて被検者の眼前で照明を点滅させ、明暗が弁別できる視力をいう。

二　「手動弁」とは、検者の手掌を被検者の眼前で上下左右に動かし、動きの方向を弁別できる能力をいう。

三　「指数弁」は、検者の指の数を答えさせ、それを正答できる最長距離により視力を表すもので、「一m／指数弁」、「五〇cm／指数弁」「三〇cm／指数弁」等と表記する。
　このうち、「一m／指数弁」は視力〇・〇二に、「五〇cm／指数弁」は視力〇・〇一にそれぞれ相当するものとされるが、それより短い距離については換算は困難とされる。

オ　両眼の視力障害については、障害等級表に掲げられている両眼の視力障害の該当する等級をもって認定することとし、一眼ごとの等級を定め、併合繰り上げの方法を用いて準用等級を定める取扱いは行わないこと。
　ただし、両眼の該当する等級よりも、いずれか一眼の該当する等級が上位である場合は、その一眼のみに障害が存するものとみなして、等級を認定すること。

「例　一眼の視力が〇・五、他眼の視力が〇・〇二である場合は、両眼の視力障害としては第九級の一に該当するが、一眼の視力障害としては、第八級の一に該当し、両眼の場合の等級よりも上位であるので、第八級の一とする。」

(2)　調節機能障害

ア　「眼球に著しい調節機能障害を残すもの」とは、調節力が通常の場合の二分の一以下に減じたものをいう。

注　調節力とは、明視できる遠点から近点までの距離的な範囲（これを「調節域」という。）をレンズに換算した値であり、単位はジオプトリー（D）である。
　調節力は、年齢と密接な関係がある。

イ　調節力が二分の一以下に減じているか否かは、被災した眼が一眼のみであって、被災していない眼の調節力に異常がない場合は、当該他眼の調節力との比較により行う。

ウ　両眼が被災した場合及び被災した眼は一眼のみであるが被災していない眼の調節力に異常が認められる場合は、年齢別の調節力を示す下表の調節力値との比較により行う。
　この場合、表に示される年齢は、例えば「四〇歳」については「四〇歳」から「四四歳」までの者に対応するものとして取り扱う。
　なお、年齢は治ゆ時における年齢とする。

五歳毎年齢の調節力

年齢	調節力(D)
一五	九・七
二〇	九・〇
二五	七・六
三〇	六・三
三五	五・三
四〇	四・四
四五	三・一
五〇	二・二

五五	一・五
六〇	一・三五
六五	一・三

エ　上記イの場合には被災していない眼の調節力が一・五D以下であるときは、実質的な調節の機能は失われていると認められるので、障害補償の対象とならない。

また、上記ウの場合には、五五歳以上であるときは、障害補償の対象とならない。

(3)　運動障害

ア　「眼球に著しい運動障害を残すもの」とは、眼球の注視野の広さが二分の一以下に減じたものをいう。

注一　眼球の運動は、各眼三対、すなわち六つの外眼筋の作用によって行われる。この六つの筋は、一定の緊張を保っていて、眼球を正常の位置に保たせるものであるから、もし、眼筋の一個あるいは数個が麻痺した場合は、眼球はその筋の働く反対の方向に偏位し（麻痺性斜視）麻痺した筋の働くべき方向において、眼球の運動が制限されることとなる。

二　注視野とは、頭部を固定し、眼球を運動させて直視することのできる範囲をいう。

注視野の広さは、相当の個人差があるが、多数人の平均では単眼視では各方面約五〇度、両眼視では各方面約四五度である。

イ　複視

(ア)　「複視を残すもの」とは、次のいずれにも該当するものをいう。

a　本人が複視のあることを自覚していること

b　眼筋の麻痺等複視を残す明らかな原因が認められること

c　ヘススクリーンテストにより患側の像が水平方向又は垂直方向の目盛りで五度以上離れた位置にあることが確認されること

(イ)　上記(ア)に該当するもののうち、

a　「正面視で複視を残すもの」とは、ヘススクリーンテストにより正面視で複視が中心の位置にあることが確認されたものをいい、

b　「正面視以外で複視を残すもの」とは、上記a以外のものをいう。

注一　複視とは、右眼と左眼の網膜の対応点に外界の像が結像せずにずれているために、ものが二重にみえる状態である。麻痺した眼筋によって複視が生ずる方向が異なる。

二　複視を残す場合、併せて頭痛等の神経症状を残すことが多いが、これらは複視によって派生的に生じているものであり、症状としても複視とは別途に独立して評価する必要はない程度のものである。

また、複視の原因である眼筋の麻痺等は、「眼球の著しい運

動障害」である注視野の減少の原因でもあり、「眼球の著しい運動障害」に該当する眼筋の麻痺等がある場合には、通常複視をも残すこととなる。

三　ヘススクリーンテストとは、指標を赤緑ガラスで見たときの片眼の赤像、他眼の緑像から両眼の位置ずれを評価する検査方法である。

　例えば、右外転神経麻痺の場合、右眼に赤ガラスを通して固視させると、左眼に緑ガラスを通して見た固視点は右方へ大きくずれるが、左眼に赤ガラスを通じて固視させると右眼に緑ガラスを通して見た固視点は交叉性に小さくずれる。

四　複視には、上記の両眼性ののほか、単眼性複視がある。

単眼性複視とは、水晶体亜脱臼、眼内レンズ偏位等によって生ずるもので、眼球の運動障害により生ずるものではないので、視力障害として評価すべきものである。

(4) 視野障害

ア　視野の測定は、ゴールドマン型視野計によること。

イ　「半盲症」、「視野狭さく」及び「視野変状」とは、V／4視標による八方向の視野の角度の合計が、正常視野の角度の六〇%以下になった場合をいう。

なお、暗点は絶対暗点を採用し、比較暗点は採用しないこと。

注一　視野とは、眼前の一点を見つめていて、同時に見える外界の広さをいう。

なお、日本人の視野の平均値は、次のとおりである。

方向＼指標	V／4
上	六〇（五五―六五）
上外	七五（七〇―八〇）
外	九五（九〇―一〇〇）
外下	八〇（七五―八五）
下	七〇（六五―七五）
下内	六〇（五〇―七〇）
内	六〇（五〇―七〇）
内上	六〇（五〇―七〇）

二　半盲症とは、視神経繊維が、視神経交叉又はそれより後方において侵されるときに生じるものであって、注視点を境界として、両眼の視野の右半部又は左半部が欠損するものをいう。両眼同側の欠損するものは同側半盲、両眼の反対側の欠損するものは異名半盲という。

三　視野狭さくとは、視野周辺の狭さくであって、これには、同心性狭さくと不規則狭さくとがある。

　高度の同心性狭さくは、たとえ視力は良好であっても、著しく視機能を阻げ、周囲の状況をうかがい知ることができないため、歩行その他諸動作が困難となる。また、不規則狭さくには、上方に起こるものや内方に起こるもの等がある。

四　視野変状には、半盲症、視野の欠損、視野狭さく及び暗点が含まれるが、半盲症及び視野狭さくについては、障害等級表に明示されているので、ここにいう視野変状は、暗点と視野欠損をいう。

　なお、暗点とは、生理的視野欠損（盲点）以外の病的欠損を生じたものをいい、中心性漿液性脈絡網膜炎、網膜の出血、脈絡網膜炎等にみられる。比較暗点とは、V／4指標では検出できないが、より暗い又はより小さな指標では、検出される暗点をいう。

　また、網膜に感受不受部があれば、それに相当して、視野上に欠損を生じるが、生理的に存する視野欠損の主なものはマリオネット盲斑（盲点）であり、病的な視野欠損は、網膜の出血、網膜動脈の閉塞等にみられる。

二　まぶたの障害

(1)　欠損障害

ア　「まぶたに著しい欠損を残すもの」とは、閉瞼時（普通にまぶたを閉じた場合）に、角膜を完全に覆い得ない程度のものをいう。

イ　「まぶたの一部に欠損を残すもの」とは、閉瞼時に角膜を完全に覆うことができるが、球結膜（しろめ）が露出している程度のものをいう。

ウ　「まつげはげを残すもの」とは、まつげ縁（まつげのはえている周縁）の二分の一以上にわたってまつげのはげを残すものをいう。

(2)　運動障害

　「まぶたに著しい運動障害を残すもの」とは、開瞼時（普通に開瞼した場合）に瞳孔領を完全に覆うもの又は閉瞼時に角膜を完全に覆い得ないものをいう。

第三　併合、準用、加重

一　併合

　まぶたの障害において、系列を異にする二以上の障害が存する場合は、労災則第一四条第二項及び第三項により、併合して等級を認定すること。

例　一眼のまぶたの著しい欠損障害（第一一級の三）と他眼のまぶたの著しい運動障害（第一二級の二）が存する場合は、併合第一〇級とする。

二　準用

　障害等級表に掲げるもの以外の障害については、労災則第一四条第四項により、障害等級表に掲げる障害に準じてその等級を定めること。

(1)　いずれの系列にも属さないもの

外傷性散瞳については、次により取り扱うこと。

ア　一眼の瞳孔の対光反射が著しく障害され、著明な羞明を訴え労働に著しく支障をきたすものについては、第一二級を準用すること。

イ　一眼の瞳孔の対光反射はあるが不十分であり、羞明を訴え労働に支障をきたすものについては、第一四級を準用すること。

ウ　両眼について、前記アの場合には第一一級を、またイの場合には第一二級をそれぞれ準用すること。

エ　外傷性散瞳と視力障害又は調節機能障害が存する場合は、併合の方法を用いて準用等級を定めること。

〔注　散瞳（病的）とは、瞳孔の直径が開大して対光反応が消失又は減弱するものをいい、羞明とは、俗にいう「まぶしい」ことをいう。〕

(2)　併合の方法を用いて準用等級を定めるもの

同一眼球に、系列を異にする二以上の障害が存する場合（たとえば、調節機能障害と視力障害が存する場合、眼球の運動障害と視力障害が存する場合又は視野障害と視力障害が存する場合等）は、原則として併合の方法を用いて準用等級を定めること。

〔例　両眼の視力が〇・六以下となり（第九級の一）、かつ、一眼の眼球に著しい調節機能障害を残すもの（第一二級の一）は、準用第八級とする。〕

三　加重

(1)　眼については、両眼球を同一部位とするので、次の場合には加重により障害補償給付の額を算定するものであること。

〔例一　一眼を失明し、又は一眼の視力を減じていた者が、新たに他眼を失明し、又は他眼の視力を減じていた場合。
二　両眼の視力を減じていた者が、さらに一眼又は両眼の視力を減じ、又は失明した場合。〕

また、次の場合についても同一系列と取り扱うため、加重により障害補償給付の額を算定するものであること。

〔例　両眼の眼球に著しい運動障害を残していた者が、新たに、一眼の視力を減じた場合〕

(2)　眼の障害のうち、加重後の障害の該当する障害等級に応ずる障害補償給付の額（日数）から、既存の障害の該当する障害等級に応ずる障害補償給付の額（日数）を差し引いた額（日数）が、新たな障害のみを残した場合の障害補償給付の額（日数）を下回る場合には、新たな障害のみを残したものとみなして取り扱うこと。

〔例　既に右眼の視力が〇・一（第一〇級の一、給付基礎日額の三〇二日分）に減じていた者が、新たに左眼の視力を〇・六（第一三級の一、給付基礎日額の一〇一日分）に減じた場合の現存障害は第九級の一（給付基礎日額の三九一日分）に該当し、加重後の障害補償給付の額（日数）から既存の障害補償給付の額（日数）を差し引くと八九日分となるが、これは、新たな障害のみを残した場合の障害補償給付の額（日数）である一〇一日分を下回るので、第一三級の一の障害のみを残したものとみなして障害補償給付の額を算定する。

（平一六・六・四　基発第〇六〇四〇〇四号）

〈鼻中隔せん孔にかかる障害補償について〉

障害補償の取扱いについては、従来から指示しているところであるが、クロム等有害作業従事者にかかる障害補償については、問題の重要性に鑑み、特に次の点に留意して給付の適正を期するものとする。

(1)　クロム等有害物質に起因する嗅覚機能障害及び鼻呼吸機能障害は、嗅域及び鼻腔内の粘膜がおかされることにより生ずるものである。したがって、鼻中隔せん孔と嗅覚機能障害及び鼻呼吸機能障害とは直接的な関連はないが、クロム等有害物質による鼻中隔せん孔が認められる場合は、これら有害物質のばく露の程度が高く、通常、上気道粘膜の瘢痕・萎縮を伴うものであるため、嗅覚機能及び鼻呼吸機能への影響が十分に考えられるものであること。

(2)　鼻の障害についての等級は、第九級の五（鼻を欠損し、その機能に著しい障害を残すもの。）、第一二級の一二（準用）（嗅覚脱失又は鼻呼吸困難があるもの。）及び第一四級の九（準用）（嗅覚減退があるもの。）に分類されるが、これが具体的な取扱いは次によること。

イ　当該労働者が、クロム等有害物質の粉じん、ヒュームを吸入する職場における業務歴のあることを確認すること。

ロ　鼻中隔せん孔が生じている場合には、通常、上気道粘膜の瘢痕・萎縮を伴っているものであるが、この状態に至ったものは、すでに嗅覚及び鼻腔内粘膜もおかされているものであるため、それぞれの機能は正常に営まず、嗅覚異常と併せて又は単独に鼻呼吸に異常が生ずるものであるので、障害等級の認定にあたっては、その点を留意すること。

ハ　嗅覚機能の低下の程度が嗅覚脱失に至らないものについては前記(1)の事由により嗅覚減退があるものとして取り扱うこと。

ニ　「上気道粘膜の瘢痕又は萎縮」の有無については、医師の鼻鏡による検査所見により、「嗅覚脱失」の有無については、医師のアリナミン静脈注射（「アリナミンF」を除く。）による検査所見により確認しうるものであること。
（昭五〇・八・二三　基発第五〇二号）

〈人工水晶体移植眼の障害等級〉

問　当局管内において、下記のとおりの事案が発生しましたが、視力障害の認定に疑義がありますので照会します。

記

一　事業場名　㈱K

二　同　所在地　K市A町A

三　労働者氏名、生年月日及び年令
K・H
昭和二五年二月七日（二七才）

四　負傷年月日
昭和五二年一〇月二三日

五　傷病名
右眼外傷性白内障

六　災害の発生状況
工場内において、牛乳びんにポリエチレンフードを付けるフーディングマシンオーバーホール中、びん台下部のギヤーを分解し、ハンマーで打った時に、鉄の一部が欠け、右眼球に飛び込み負傷した。

七　初診時の所見

(1)　初診時は、右眼水晶体に鉄片刺入し、ほとんど後嚢に達していた。しかしながら、水晶体は透明で、視力は良好であった。
鉄片は角膜中心より、やや右耳側に穿孔創があり、視力は次のとおりであった。
右　〇・一（一・〇×〇・五＝C－一・五　九〇度）
左　〇・六（一・〇×〇・七五＝C－〇・五　九〇度）

(2)　入院時の所見
水晶体に侵入した鉄片の周囲が、次第に混濁増加による視力が低下し、右眼は、〇・四（〇・五×一・〇＝C＋〇・七五－八〇度）となり、放置すれば失明のおそれがあり、更に鉄錆症のおそれもあったので、昭和五三年三月三〇日、水晶体摘出手術を行い、マグネットにより鉄片を除去した。

(3)　治ゆ年月日
昭和五三年一二月一五日

八　障害の状態

(1)　右眼は、無水晶体眼に人工水晶体が挿入されており、眼底は正常で、瞳孔は、ほぼ正常に動いている。視力は次のとおりである。
右　〇・一（一・〇×－二・五＝C－一・五　九〇度）
左　〇・六（一・〇×－〇・七五＝C－〇・五　九〇度）
また、視力矯正のため、眼鏡を使用しているが、無水晶体のため遠近の調節作用が全くない。

(2)　現在使用している眼鏡は、一定距離（五m）に調節しているため、調節距離以外に点在する物体はボケ、また、字が書けないし、新聞も読むことができないと、本人は訴えている。

九　考えられる障害等級

(1)　右眼は、人工水晶体が挿入されており、調節機能が全くないので、「一眼の眼球に著しい調節機能障害又は運動障害を残すもの（第一二級の一）」に該当する。

(2)　人工水晶体による矯正視力は、コンタクトレンズによる矯正視力と同様に障害等級の認定の対象となる矯正視力の範囲から除外すべきであり、右眼の裸眼視力は〇・一程度と考えられる（主治医の意見によれば、厳密な視力の測定を行うには、水晶体を取り出さなければならないが、およそ〇・一以下ではないかと推定される。）ので、「一眼の視力が〇・一以下となったもの（第一〇級の一）」に該当する。

　しかし、さらに眼鏡を使用して矯正すれば、一・〇まで視力は回復するため、障害等級に該当しないが、それぞれの距離に応じた眼鏡を使用する必要があるのでいささか酷である。

(3)　上記のとおり、第一二級の一及び第一〇級の一にも該当するとすれば、この二つの障害は同一系列の障害として取り扱われるので、併合の取り扱いをして「準用等級第九級相当」となる。

十　当局意見

　無水晶体のため全く調節機能はなく、また人工水晶体は、コンタクトレンズと同様に取り扱うべきものと考えられ眼鏡を使用しないときの視力で決定すべきものと解されるので、上記九の(3)による等級と思料する。

十一　参考資料として、次の書類を添付します。

(1)　障害補償給付請求書写

(2)　医師宛の意見書提出依頼書写

(3)　医師の意見書写

答　障害等級第一二級の一（一眼の眼球に著しい調節機能障害を残すもの）に該当する障害として取り扱われたい。

（理由）

　労災保険法施行規則別表第一備考一によれば、視力の測定は、屈折異常のあるものについては、きょう正視力によることとされている。

　きょう正視力とは、眼鏡によりきょう正した視力とされている（「障害等級認定基準」第二の一の(2)のイの(イ)のb）が、眼球に人工水晶体を移植した場合についても同様であり、眼鏡使用による視力が〇・六を超えている場合は視力障害には該当しない。

　次に、「眼球に著しい調節機能障害を残すもの」とは、調節領（調節力）が通常の場合の二分の一以下に減じたものをいうとされている（「障害等級認定基準」第二の一の(2)のイの(ロ)）が、本件の場合、右眼球の水晶体を摘出したことにより、その調節力がまったく失われているため、障害等級第一二級の一（一眼の眼球に著しい調節機能障害を残すもの）に該当する。

（昭五四・六・一二　基収第二〇七号の二）

〈胸腹部臓器の障害に関する障害等級認定基準について〉

胸腹部臓器に係る労働基準法施行規則及び労働者災害補償保険法施行規則の一部を改正する省令（平成一八年厚生労働省令第六号）の施行については、平成一八年一月二五日付け基発第〇一二五〇〇一号をもって通達したところであるが、今般、別紙のとおり「胸腹部臓器の障害に関する障害等級認定基準」（以下「改正認定基準」という。）を定めたので、下記に留意の上、その事務処理に遺漏なきを期されたい。

なお、本通達の施行に伴い、昭和五〇年九月三〇日付け基発第五六五号別冊「障害等級認定基準」（以下「基本通達」という。）の一部を下記三のとおり改正する。

記

一　改正の趣旨

胸腹部臓器の障害に関する障害等級認定基準については、昭和五〇年以降一部を除き改正されず、今日における医学的知見等の進展に適合しない部分も見られたことなどから、「胸腹部臓器の障害認定に関する専門検討会」を開催し、その検討結果を踏まえて胸腹部臓器の障害に関する障害等級認定基準の改正を行うとともに、口の障害に関する障害等級認定基準の一部について必要な改正を行った。

二　主な改正点

(1)　胸腹部臓器の障害について

ア　呼吸器の障害

呼吸機能に障害を残したものについては、原因となった傷病や臓器により区別することなく、動脈血ガス分圧、スパイロメトリー等の検査結果等に応じて、第一級から第一一級に区分することとしたこと。

イ　循環器の障害

(ア)　心機能が低下したもの

心筋梗塞、狭心症、心臓外傷等の後遺症状により心機能が低下したものについては、心機能の低下による運動耐容能の低下の程度に応じて、第九級又は第一一級とすることとしたこと。

(イ)　除細動器又はペースメーカを植え込んだもの

除細動器を植え込んだものについては、第七級とすることとしたこと。また、ペースメーカを植え込んだものについては、第九級とすることとしたこと。

(ウ)　房室弁又は大動脈弁を置換したもの

房室弁又は大動脈弁を置換したものについては、継続的な抗凝血薬療法の施行の有無により、第九級又は第一一級とすることとしたこと。

(エ) 大動脈に解離を残すもの

大動脈に偽腔開存型の解離を残すものについては、第一一級とすることとしたこと。

ウ 腹部臓器の障害

(ア) 食道の障害

食道の狭さくによる通過障害を残したものについては、第九級とすることとしたこと。

(イ) 胃の障害

胃の障害については、胃の切除により生じる消化吸収障害等の症状の有無により、第七級から第一三級に区分することとしたこと。

(ウ) 小腸の障害

a 小腸を大量に切除したもの

小腸を大量に切除し、消化吸収障害を残すものについては、残存する空腸及び回腸の長さに応じて、第九級又は第一一級とすることとしたこと。

b 人工肛門を造設したもの

人工肛門を造設したものについては、パウチ等による維持管理の困難性の有無により、第五級又は第七級とすることとしたこと。

c 小腸皮膚瘻を残すもの

小腸皮膚瘻を残すものについては、瘻孔から漏出する小腸内容の量及びパウチ等による維持管理の困難性の有無に応じて、第五級から第一一級に区分することとしたこと。

d 小腸の狭さくを残すもの

小腸の狭さくを残すものについては、第一一級とすることとしたこと。

(エ) 大腸の障害

a 大腸を大量に切除したもの

大腸を大量に切除したものについては、第一一級とすることとしたこと。

b 人工肛門を造設したもの

人工肛門を造設したものについては、パウチ等による維持管理の困難性の有無により、第五級又は第七級とすることとしたこと。

c 大腸皮膚瘻を残すもの

大腸皮膚瘻を残すものについては、瘻孔から漏出する大腸内容の量及びパウチ等による維持管理の困難性の有無に応じて、第五級から第一一級に区分することとしたこと。

d 大腸の狭さくを残すもの

大腸の狭さくを残すものについては、第一一級とすることとしたこと。

e 便秘を残すもの

便秘を残すものについては、その障害の程度に応じて、第九級又は第一一級とすることとしたこと。

f 便失禁を残すもの

便失禁を残すものについては、その障害の程度に応じて、第七級から第一一級に区分することとしたこと。

(オ) 肝臓の障害

肝硬変については第九級とすることとしたこと。また、慢性肝炎については第一一級とすることとしたこと。

(カ) 胆のうの障害

胆のうを失ったものについては、第一三級とすることとしたこと。

(キ) ひ臓の障害

ひ臓を失ったものについては、第一三級とすることとしたこと。

(ク) すい臓の障害

すい臓の障害については、その障害の程度に応じて、第九級又は第一一級とすることとしたこと。

(ケ) 腹壁瘢痕ヘルニア等

腹壁瘢痕ヘルニア等については、ヘルニア内容の脱出・膨隆が起こる腹圧の程度に応じて、第九級又は第一一級とすることとしたこと。

エ 泌尿器の障害

(ア) じん臓の障害

じん臓の障害については、じん臓の亡失の有無及びじん機能の低下の程度により、第七級から第一三級に区分することとしたこと。

(イ) 尿管、膀胱及び尿道の障害

a 尿路変向術を行ったもの

尿路変向術を行ったものについては、尿路変向の術式及びパッド等による維持管理の困難性の有無により、第五級から第一一級に区分することとしたこと。

b 排尿障害を残すもの

膀胱の機能の障害による排尿障害を残すものについては、その障害の程度に応じて、第九級又は第一一級とすることとしたこと。

c 尿失禁を残すもの

尿失禁を残すものについては、その障害の程度に応じて、第七級から第一一級に区分することとしたこと。

d 頻尿を残すもの

頻尿を残すものについては、第一一級とすることとしたこと。

オ 生殖器の障害

(ア) 生殖機能を完全に喪失したもの

両側のこう丸を失ったもの、常態として精液中に精子が存在しないもの、両側の卵巣を失ったもの、常態として卵子が形成されないものを第七級とすることとしたこと。

(イ) 生殖機能に著しい障害を残すもの

陰茎の大部分を欠損したもの、勃起障害を残すもの、射精障害を残すもの、膣口狭さくを残すもの、両側の卵管に閉塞若しくは癒着を残すもの、頸管に閉塞を残すもの、子宮を失ったものを第九級とすることとしたこと。

(ウ) 生殖機能に障害を残すもの

狭骨盤又は比較的狭骨盤となったものを第一一級とすることとしたこと。

(エ) 生殖機能に軽微な障害を残すもの

一側のこう丸を失ったもの、一側の卵巣を失ったものを第一三級とすることとしたこと。

カ その他

障害等級の認定を行うに当たって参考となる事項を、「胸腹部臓器の障害に関する医学的事項等」〈略〉として取りまとめたこと。

(2)　口の障害について

「食道の狭さく、舌の異常、咽喉支配神経の麻痺等」によって生じる嚥下障害については、その障害の程度に応じて、そしゃく機能障害に係る等級を準用することとしているが、胸腹部臓器の障害に関する障害等級認定基準において食道の狭さくによる通過障害に係る障害等級認定基準を定めたことから、食道の狭さくによって生じる嚥下障害を口の障害として評価する対象から除外したこと。

三　基本通達の一部改正

(1)　第二の四の(3)の口の(イ)中、「食道の狭さく、」を削除する。

(2)　第二のうち「七　胸腹部臓器」に係る部分を削除する。

四　基本通達について

基本通達の「第一　障害等級認定にあたっての基本的事項」については、改正認定基準に基づく障害等級の認定を行うに当たっても、引き続き適用があること。

五　施行期日等について

(1)　改正認定基準は、平成一八年四月一日以降に支給事由が生じたものについて適用し、平成一八年三月三一日までに支給事由が生じたものについては改正前の認定基準によること。

(2)　現に障害（補償）年金を受給している者については、改正認定基準を適用しない。ただし、労働者災害補償保険法第一五条の二、同法施行規則第一四条の三又は同法施行規則第一八条の八に基づく障害（補償）給付変更請求書（様式第一一号）の提出がなされた場合には、改正認定基準に基づき障害等級を認定し、必要に応じて障害（補償）年金を改定すること。

別紙

胸腹部臓器の障害に関する障害等級認定基準

第一　胸腹部臓器の障害と障害等級

一　胸腹部臓器の障害については、障害等級表において、次のとおり等級を定めている。

胸腹部臓器の機能に著しい障害を残し、常に介護を要するもの　第一級の四

胸腹部臓器の機能に著しい障害を残し、随時介護を要するもの　第二級の二の三

胸腹部臓器の機能に著しい障害を残し、終身労務に服することができないもの　第三級の四

胸腹部臓器の機能に著しい障害を残し、特に軽易な労務以外の労務に服することができないもの　第五級の一の三

胸腹部臓器の機能に障害を残し、軽易な労務以外の労務に服することができないもの　第七級の五

両側のこう丸を失ったもの　第七級の一三

胸腹部臓器の機能に障害を残し、服することができる労務が相当な程度に制限されるもの　第九級の七の三

生殖器に著しい障害を残すもの　第九級の一二

胸腹部臓器の機能に障害を残し、労務の遂行に相当な程度の支障があるもの　第一一級の九

胸腹部臓器の機能に障害を残すもの　第一三級の三の三

二　障害等級の認定に当たっては、次によること。

(1) 胸腹部臓器（生殖器を含む。）の障害の障害等級については、その障害が単一である場合には第二に定める基準により認定すること。また、その障害が複数認められる場合には、併合の方法を用いて準用等級を定めること。

(2) 多数の臓器に障害を残し、それらが複合的に作用するために介護が必要な程度に重度の障害が残ることとなる場合のように、併合の方法により得られた等級が次の総合評価による等級を明らかに下回る場合は介護の程度及び労務への支障の程度を総合的に判断して障害等級を認定すること。

労務に服することができず、生命維持に必要な身のまわり処理の動作について常時介護を要するもの　第一級の四

労務に服することができず、生命維持に必要な身のまわり処理の動作について随時介護を要するもの　第二級の二の三

労務に服することはできないが、生命維持に必要な身のまわり処理の動作は可能であるもの　第三級の四

極めて軽易な労務にしか服することができないもの　第五級の一の三

軽易な労務にしか服することができないもの　第七級の五

通常の労務に服することはできるが、就労可能な職種が相当程度に制約されるもの　第九級の七の三

通常の労務に服することはできるが、機能の障害の存在が明確であって労務に支障を来すもの　第一一級の九

第二　障害等級認定の基準

一　呼吸器の障害

呼吸機能に障害を残したものの障害等級は、原則として下記(1)により判定された等級に認定すること。ただし、その等級が(2)又は(3)により判定された等級より低い場合には、(2)又は(3)により判定された等級により認定すること。

なお、(1)により判定された等級が第三級以上に該当する場合は、(2)又は(3)による判定を行う必要はないこと。

また、スパイロメトリーを適切に行うことができない場合は、(2)による判定を行わないこと。

(1) 動脈血酸素分圧と動脈血炭酸ガス分圧の検査結果による判定

ア　動脈血酸素分圧が五〇 Torr 以下のもの

(ア)　呼吸機能の低下により常時介護が必要なものは、第一級の四とする。

(イ)　呼吸機能の低下により随時介護が必要なものは、第二級の二の三とする。

(ウ)　(ア)及び(イ)に該当しないものは、第三級の四とする。

イ　動脈血酸素分圧が五〇 Torr を超え六〇 Torr 以下のもの

(ア)　動脈血炭酸ガス分圧が限界値範囲（三七 Torr 以上四三 Torr 以下をいう。以下同じ。）にないもので、かつ、呼吸機能の低下により常時介護が必要なものは、第一級の四とする。

(イ)　動脈血炭酸ガス分圧が限界値範囲にないもので、かつ、呼吸機能の低下により随時介護が必要なものは、第二級の二の三とする。

(ウ)　動脈血炭酸ガス分圧が限界値範囲にないもので、(ア)及び(イ)に該当しないものは、第三級の四とする。

(エ)　(ア)、(イ)及び(ウ)に該当しないものは、第五級の一の三とする。

ウ　動脈血酸素分圧が六〇 Torr を超え七〇 Torr 以下のもの

(ア)　動脈血炭酸ガス分圧が限界値範囲にないものは、第七級の五とする。

(イ)　(ア)に該当しないものは、第九級の七の三とする。

エ　動脈血酸素分圧が七〇 Torr を超えるもの

　動脈血炭酸ガス分圧が限界値範囲にないものは、第一一級の九とする。

(2)　スパイロメトリーの結果及び呼吸困難の程度による判定

ア　％一秒量が三五以下又は％肺活量が四〇以下であるもの

(ア)　高度の呼吸困難が認められ、かつ、呼吸機能の低下により常時介護が必要なものは、第一級の四とする。

　「高度の呼吸困難」とは、呼吸困難のため、連続しておおむね一〇〇ｍ以上歩けないものをいう（以下同じ。）。

(イ)　高度の呼吸困難が認められ、かつ、呼吸機能の低下により随時介護が必要なものは、第二級の二の三とする。

(ウ)　高度の呼吸困難が認められ、(ア)及び(イ)に該当しないものは、第三級の四とする。

(エ)　中等度の呼吸困難が認められるものは、第七級の五とする。

　「中等度の呼吸困難」とは、呼吸困難のため、平地でさえ健常者と同様には歩けないが、自分のペースでなら一km程度の歩行が可能であるものをいう（以下同じ。）。

(オ)　軽度の呼吸困難が認められるものは、第一一級の九とする。

　「軽度の呼吸困難」とは、呼吸困難のため、健常者と同様には階段の昇降ができないものをいう（以下同じ。）。

イ　%一秒量が三五を超え五五以下又は%肺活量が四〇を超え六〇以下であるもの

(ア)　高度又は中等度の呼吸困難が認められるものは、第七級の五とする。

(イ)　軽度の呼吸困難が認められるものは、第一一級の九とする。

ウ　%一秒量が五五を超え七〇以下又は%肺活量が六〇を超え八〇以下であるもの

高度、中等度又は軽度の呼吸困難が認められるものは、第一一級の九とする。

(3)　運動負荷試験の結果による判定

(1)及び(2)による判定では障害等級に該当しないものの、呼吸機能の低下による呼吸困難が認められ、運動負荷試験の結果から明らかに呼吸機能に障害があると認められるものは、第一一級の九とする。

二　循環器の障害

(1)　心機能が低下したもの

心筋梗塞、狭心症、心臓外傷等の後遺症状により心機能が低下したものの障害等級は、心機能の低下による運動耐容能の低下の程度により、次のとおり認定すること。

ア　心機能の低下による運動耐容能の低下が中等度であるものは、第九級の七の三とする。

おおむね六 METs（メッツ）を超える強度の身体活動が制限されるものがこれに該当する（作業・運動の内容と運動強度との関連は、別添「胸腹部臓器の障害に関する医学的事項等」の二の(3)のイの表を参照のこと。）。

(例)　平地を健康な人と同じ速度で歩くのは差し支えないものの、平地を急いで歩く、健康な人と同じ速度で階段を上るという身体活動が制限されるもの

イ　心機能の低下による運動耐容能の低下が軽度であるものは、第一一級の九とする。

おおむね八 METsを超える強度の身体活動が制限されるものがこれに該当する。

(例)　平地を急いで歩く、健康な人と同じ速度で階段を上るという身体活動に支障がないものの、それ以上激しいか、急激な身体活動が制限されるもの

(注)　心機能が低下したものは、次のいずれにも該当する場合を除き、通常、療養を要するものであること。

(ア)　心機能の低下が軽度にとどまること

(イ)　危険な不整脈が存在しないこと

(ウ)　残存する心筋虚血が軽度にとどまること

(2)　除細動器又はペースメーカを植え込んだもの

ア　除細動器を植え込んだものは、第七級の五とする。

イ　ペースメーカを植え込んだものは、第九級の七の三とする。

(注)　除細動器又はペースメーカを

植え込み、かつ、心機能が低下したものは、併合の方法を用いて準用等級を定めること。
(3) 房室弁又は大動脈弁を置換したもの
ア 継続的に抗凝血薬療法を行うものは、第九級の七の三とする。
イ アに該当しないものは、第一一級の九とする。
(4) 大動脈に解離を残すもの
偽腔開存型の解離を残すものは、第一一級の九とする。
三 腹部臓器の障害
腹部臓器の障害に関する障害等級は、以下の臓器ごとに、その機能の低下の程度等により、各々認定すること。
(1) 食道の障害
食道の狭さくによる通過障害を残すものは、第九級の七の三とする。
「食道の狭さくによる通過障害」とは、次のいずれにも該当するものをいう。

ア 通過障害の自覚症状があること
イ 消化管造影検査により、食道の狭さくによる造影剤のうっ滞が認められること
(2) 胃の障害
ア 胃の障害に関する障害等級は、胃の切除により生じる症状の有無により、次のとおり認定すること。
(ア) 消化吸収障害、ダンピング症候群及び胃切除術後逆流性食道炎のいずれもが認められるものは、第七級の五とする。
(イ) 消化吸収障害及びダンピング症候群が認められるものは、第九級の七の三とする。
(ウ) 消化吸収障害及び胃切除術後逆流性食道炎が認められるものは、第九級の七の三とする。
(エ) 消化吸収障害、ダンピング症候群又は胃切除術後逆流性食道炎のいずれかが認められるものは、第一一級の九とする。
(オ) 噴門部又は幽門部を含む胃の一部を亡失したもの（第九級の七の三及び第一一級の九に該当するものを除く。）は、第一三級の三の三とする。
イ 胃の切除により生じる症状の有無は、次により判断すること。
(ア) 上記アにおいて「消化吸収障害が認められる」とは、次のいずれかに該当するものをいう。
a 胃の全部を亡失したこと
b 噴門部又は幽門部を含む胃の一部を亡失し、低体重等（BMIが二〇以下であるものをいう。ただし、被災前からBMIが二〇以下であったものについては、被災前よりも体重が一〇％以上減少したものをいう。以下同じ。）が認められること
(イ) 「ダンピング症候群が認められる」とは、次のいずれにも該当するものをいう。
a 胃の全部又は幽門部を含む胃の一部を亡失したこと
b 食後三〇分以内に出現するめまい、起立不能等の早期ダンピング症

候群に起因する症状又は食後二時間後から三時間後に出現する全身脱力感、めまいなどの晩期ダンピング症候群に起因する症状が認められること

(ウ)　「胃切除術後逆流性食道炎が認められる」とは、次のいずれにも該当するものをいう。

a　胃の全部又は噴門部を含む胃の一部を亡失したこと

b　胸焼け、胸痛、嚥下困難等の胃切除術後逆流性食道炎に起因する自覚症状があること

c　内視鏡検査により食道にびらん、潰瘍等の胃切除術後逆流性食道炎に起因する所見が認められること

(3)　小腸の障害

ア　小腸を大量に切除したもの

小腸を大量に切除したものの障害等級は、次のとおり認定すること。

なお、小腸を切除したことにより人工肛門を造設したものは、イにより認定すること。

(ア)　残存する空腸及び回腸（以下「残存空・回腸」という。）の長さが一〇〇cm以下となったものは、第九級の七の三とする。

(イ)　残存空・回腸の長さが一〇〇cmを超え三〇〇cm未満となったものであって、消化吸収障害が認められるもの（低体重等が認められるものをいう。）は、第一一級の九とする。

（注）　小腸を大量に切除したため、経口的な栄養管理が不可能なものは、通常、療養を要するものであること。

イ　人工肛門を造設したもの

(ア)　小腸内容が漏出することによりストマ周辺に著しい皮膚のびらんを生じ、パウチ等の装着ができないものは、第五級の一の三とする。

(イ)　(ア)に該当しないものは、第七級の五とする。

ウ　小腸皮膚瘻を残すもの

(ア)　瘻孔から小腸内容の全部又は大部分が漏出するもの

a　小腸内容が漏出することにより小腸皮膚瘻周辺に著しい皮膚のびらんを生じ、パウチ等の装着ができないもの（以下「パウチ等による維持管理が困難であるもの」という。）は、第五級の一の三とする。

b　aに該当しないものは、第七級の五とする。

(イ)　瘻孔から漏出する小腸内容がおおむね一〇〇ml／日以上のもの

a　パウチ等による維持管理が困難であるものは、第七級の五とする。

b　aに該当しないものは、第九級の七の三とする。

(ウ)　瘻孔から少量ではあるが明らかに小腸内容が漏出する程度のものは、第一一級の九とする。

エ　小腸の狭さくを残すもの

小腸の狭さくを残すものは、第一一級の九とする。

「小腸の狭さく」とは、次のいずれにも該当するものをいう。

(ア)　一か月に一回程度、腹痛、腹部膨

満感、嘔気、嘔吐等の症状が認められること

(イ) 単純エックス線像においてケルクリングひだ像が認められること

(4) 大腸の障害

ア 大腸を大量に切除したもの

結腸のすべてを切除するなど大腸のほとんどを切除したものは、第一一級の九とする。

なお、大腸を切除したことにより人工肛門を造設したものは、イにより認定すること。

イ 人工肛門を造設したもの

(ア) 大腸内容が漏出することによりストマ周辺に著しい皮膚のびらんを生じ、パウチ等の装着ができないものは、第五級の一の三とする。

(イ) (ア)に該当しないものは、第七級の五とする。

ウ 大腸皮膚瘻を残すもの

大腸皮膚瘻を残したものの障害等級は、上記(3)のウ（小腸皮膚瘻を残すもの）の「小腸」を「大腸」に読み替えて認定すること。

エ 大腸の狭さくを残すもの

大腸の狭さくを残すものは、第一一級の九とする。

「大腸の狭さく」とは、次のいずれにも該当するものをいう。

(ア) 一か月に一回程度、腹痛、腹部膨満感等の症状が認められること

(イ) 単純エックス線像において、貯留した大量のガスにより結腸膨起像が相当区間認められること

オ 便秘を残すもの

便秘については、次のとおり認定すること。

(ア) 用手摘便を要すると認められるものは、第九級の七の三とする。

(イ) (ア)に該当しないものは、第一一級の九とする。

「便秘」とは、次のいずれにも該当するものをいう。

a 排便反射を支配する神経の損傷がＭＲＩ、ＣＴ等により確認できること

b 排便回数が週二回以下の頻度であって、恒常的に硬便であると認められること

なお、(ア)及び(イ)の障害の評価には、便秘を原因とする頭痛、悪心、嘔吐、腹痛等の症状が含まれるものであること。

カ 便失禁を残すもの

(ア) 完全便失禁を残すものは、第七級の五とする。

(イ) 常時おむつの装着が必要なもの（第七級の五に該当するものを除く。）は、第九級の七の三とする。

(ウ) 常時おむつの装着は必要ないものの、明らかに便失禁があると認められるものは、第一一級の九とする。

(5) 肝臓の障害

ア 肝硬変（ウイルスの持続感染が認められ、かつ、ＡＳＴ・ＡＬＴが持続的に低値であるものに限る。）は、第九級の七の三とする。

イ 慢性肝炎（ウイルスの持続感染が認められ、かつ、ＡＳＴ・ＡＬＴが

持続的に低値であるものに限る。）は、第一一級の九とする。

(6)　胆のうの障害

胆のうを失ったものは、第一三級の三の三とする。

(7)　すい臓の障害

ア　すい臓の障害に関する障害等級は、次のとおり認定すること。

(ア)　外分泌機能の障害と内分泌機能の障害の両方が認められるものは、第九級の七の三とする。

(イ)　外分泌機能の障害又は内分泌機能の障害のいずれかが認められるものは、第一一級の九とする。

(ウ)　軽微なすい液瘻を残したために皮膚に疼痛等を生じるものは、局部の神経症状として、第一二級の一二又は第一四級の九とする。

イ　「外分泌機能の障害」とは、次のいずれにも該当するものをいう。

(ア)　上腹部痛、脂肪便（常食摂取で一日ふん便中脂肪が六g以上であるもの）、頻回の下痢等の外分泌機能の低下による症状が認められること

(イ)　次のいずれかに該当すること

a　すい臓を一部切除したこと

b　BT－PABA（PFD）試験で異常低値（七〇％未満）を示すこと

c　ふん便中キモトリプシン活性で異常低値（二四U／g未満）を示すこと

d　アミラーゼ又はエラスターゼの異常低値を認めるもの

ウ　「内分泌機能の障害」とは、次のいずれにも該当するものをいう。

(ア)　異なる日に行った経口糖負荷試験によって、境界型又は糖尿病型であることが二回以上確認されること

(イ)　空腹時血漿中のC－ペプチド（CPR）が〇・五ng／mℓ以下（インスリン異常低値）であること

(ウ)　Ⅱ型糖尿病に該当しないこと

（注）　内分泌機能に障害があるためにインスリン投与を必要とする場合は、療養を要するものであること。

(8)　ひ臓の障害

ひ臓を失ったものは、第一三級の三の三とする。

(9)　腹壁瘢痕ヘルニア、腹壁ヘルニア、鼠径ヘルニア又は内ヘルニアを残すもの

ア　常時ヘルニア内容の脱出・膨隆が認められるもの、又は立位をしたときヘルニア内容の脱出・膨隆が認められるものは、第九級の七の三とする。

イ　重激な業務に従事した場合等腹圧が強くかかるときにヘルニア内容の脱出・膨隆が認められるものは、第一一級の九とする。

四　泌尿器の障害

(1)　じん臓の障害

じん臓の障害に関する障害等級は、じん臓の亡失の有無及び糸球体濾過値（以下「GFR」という。）によるじん機能の低下の程度により認定すること。

ア　じん臓を失っていないもの

(ア)　GFRが三〇mℓ／分を超え五〇

ml／分以下のものは、第九級の七の三とする。

(イ)　GFRが五〇ml／分を超え七〇ml／分以下のものは、第一一級の九とする。

(ウ)　GFRが七〇ml／分を超え九〇ml／分以下のものは、第一三級の三の三とする。

イ　一側のじん臓を失ったもの

(ア)　GFRが三〇ml／分を超え五〇ml／分以下のものは、第七級の五とする。

(イ)　GFRが五〇ml／分を超え七〇ml／分以下のものは、第九級の七の三とする。

(ウ)　GFRが七〇ml／分を超え九〇ml／分以下のものは、第一一級の九とする。

(エ)　(ア)、(イ)及び(ウ)のいずれにも該当しないものは、第一三級の三の三とする。

(2)　尿管、膀胱及び尿道の障害

ア　尿路変向術を行ったもの

尿路変向術を行ったものの障害等級は、次により認定すること。

(ア)　非尿禁制型尿路変向術を行ったもの

a　尿が漏出することによりストマ周辺に著しい皮膚のびらんを生じ、パッド等の装着ができないものは、第五級の一の三とする。

b　aに該当しないものは、第七級の五とする。

(イ)　尿禁制型尿路変向術を行ったもの

a　禁制型尿リザボアの術式を行ったものは、第七級の五とする。

b　尿禁制型尿路変向術（禁制型尿リザボア及び外尿道口形成術を除く。）を行ったものは、第九級の七の三とする。

c　外尿道口形成術を行ったものは、第一一級の九とする。

なお、外尿道口形成術は、外性器の全部又は一部を失ったことにより行うものであるから、外尿道口形成術の障害等級と外性器の亡失の障害等級のうち、いずれか上位の障害等級により認定すること。

d　尿道カテーテルを留置したものは、第一一級の九とする。

イ　排尿障害を残すもの

(ア)　膀胱の機能の障害によるもの

a　残尿が一〇〇ml以上であるものは、第九級の七の三とする。

b　残尿が五〇ml以上一〇〇ml未満であるものは、第一一級の九とする。

(イ)　尿道狭さくによるもの

尿道狭さくによるものの障害等級は、次により認定すること。ただし、尿道狭さくのため、じん機能に障害を来すものは、じん臓の障害の等級により認定すること。

a　糸状ブジーを必要とするものは、第一一級の九とする。

b　「シャリエ式」尿道ブジー第二〇番（ネラトンカテーテル第一一号に相当する。）が辛うじて通り、時々拡張術を行う必要があるものは、第一四級（準用）とする。

ウ　蓄尿障害を残すもの
(ア)　尿失禁を残すもの
a　持続性尿失禁
持続性尿失禁を残すものは、第七級の五とする。
b　切迫性尿失禁及び腹圧性尿失禁
(a)　終日パッド等を装着し、かつ、パッドをしばしば交換しなければならないものは、第七級の五とする。
(b)　常時パッド等を装着しなければならないが、パッドの交換までは要しないものは、第九級の七の三とする。
(C)　常時パッド等の装着は要しないが、下着が少しぬれるものは、第一一級の九とする。
(イ)　頻尿を残すもの
頻尿を残すものは、第一一級の九とする。
「頻尿」とは、次のいずれにも該当するものをいう。
a　器質的病変による膀胱容量の器質的な減少又は膀胱若しくは尿道の支配神経の損傷が認められること
b　日中八回以上の排尿が認められること
c　多飲等の他の原因が認められないこと

五　生殖器の障害
生殖器の障害については、次により等級を認定すること。
(1)　生殖機能を完全に喪失したもの
ア　両側のこう丸を失ったものは、第七級の一三とする。
イ　次のものは第七級の一三を準用すること。
(ア)　常態として精液中に精子が存在しないもの
(イ)　両側の卵巣を失ったもの
(ウ)　常態として卵子が形成されないもの
(2)　生殖機能に著しい障害を残すもの
（生殖機能は残存しているものの、通常の性交では生殖を行うことができないものが該当する。）

次のものは、第九級の一二とする。
ア　陰茎の大部分を欠損したもの（陰茎を膣に挿入することができないと認められるものに限る。）
イ　勃起障害を残すもの
「勃起障害」とは、次のいずれにも該当するものをいう。
(ア)　夜間睡眠時に十分な勃起が認められないことがリジスキャン（R）による夜間陰茎勃起検査により証明されること
(イ)　支配神経の損傷等勃起障害の原因となり得る所見が次に掲げる検査のいずれかにより認められること
a　会陰部の知覚、肛門括約筋のトーヌス・自律収縮、肛門反射及び球海綿反射筋反射に係る検査（神経系検査）
b　プロスタグランジンE1海綿体注射による各種検査（血管系検査）
ウ　射精障害を残すもの
「射精障害」とは、次のいずれかに該当するものをいう。

(ア) 尿道又は射精管が断裂していること

(イ) 両側の下腹神経の断裂により当該神経の機能が失われていること

(ウ) 膀胱頸部の機能が失われていること

エ　膣口狭さくを残すもの（陰茎を膣に挿入することができないと認められるものに限る。）

オ　両側の卵管に閉塞若しくは癒着を残すもの、頸管に閉塞を残すもの又は子宮を失ったもの（画像所見により認められるものに限る。）

(3)　生殖機能に障害を残すもの（通常の性交で生殖を行うことができるものの、生殖機能に一定以上の障害を残すものが該当する。）

狭骨盤又は比較的狭骨盤（産科的真結合線が一〇・五cm未満又は入口部横径が一一・五cm未満のもの）は、第一一級の九を準用すること。

(4)　生殖機能に軽微な障害を残すもの（通常の性交で生殖を行うことができるものの、生殖機能にわずかな障害を残すものが該当する。）

次のものは、第一三級の三の三を準用すること。

ア　一側のこう丸を失ったもの（一側のこう丸の亡失に準ずべき程度の萎縮を含む。）

イ　一側の卵巣を失ったもの

第三　併合及び準用

一　併合

胸腹部臓器の障害と系列を異にする障害が通常派生する関係にある場合には、併合することなく、いずれか上位の等級により認定すること。

(例)　外傷により、ろく骨の著しい変形（第一二級の五）が生じ、それを原因として呼吸機能の障害（第一一級の九）を残した場合は、上位等級である第一一級の九に認定する。

二　準用

(1)　胸腹部臓器（生殖器を含む。）に障害等級認定基準に該当する障害が二以上ある場合には、労働者災害補償保険法施行規則第一四条第四項により、併合の方法を用いて準用等級を定めること。

(例)　心機能の低下による軽度の運動耐容能の低下（第一一級の九）があり、ペースメーカを植え込み（第九級の七の三）、かつ、食道狭さくによる通過障害を残した（第九級の七の三）場合は、準用第八級に認定する。

(2)　生殖器の障害のみがある者であって、生殖機能を完全に喪失したものに該当する場合は、その他の生殖機能の障害に該当する障害がある場合であっても、準用第七級に認定する。

(例)　両側のこう丸を失い（第七級の一三）、かつ、器質的な原因による勃起障害（第九級の一二）がある場合は、準用第七級に認定する。

（平一八・一・二五　基発第〇一二五〇〇二号）

〈外貌の醜状障害に関する障害等級認定基準について〉

外貌の醜状障害に係る労働基準法施行規則及び労働者災害補償保険法施行規則の一部を改正する省令（平成二三年厚生労働省令第一三号）の施行については、平成二三年二月一日付け基発〇二〇一第一号（以下「施行通達」という。）をもって通達したところであるが、今般、平成二二年一一月に報告のあった「外ぼう障害に係る障害等級の見直しに関する専門検討会」の検討結果を踏まえ、昭和五〇年九月三〇日付け基発第五六五号別冊「障害等級認定基準」（以下「基本通達」という。）の「第二　障害等級認定の具体的要領」の「六　頭部、顔面、頸部（上肢及び下肢の醜状を含む。）」に係る部分を削除し、別紙「外貌（上肢及び下肢の醜状を含む。）の醜状障害に関する障害等級認定基準」（以下「改正認定基準」という。）に改めるとともに、基本通達の一部を改正することとしたので、下記に留意の上、その事務処理に遺漏なきを期されたい。

記

一　改正の趣旨

今般の改正は、障害等級表上、新たに「外貌に相当程度の醜状を残すもの」が定められるなど、外貌の醜状障害に係る障害等級表が改正されたことに伴う新たな判断基準を示すとともに、露出面の醜状障害に係る準用の取扱いを示したほか、用語及び例示等について必要な修正を行ったものである。

二　基本通達について

基本通達のうち、「第一　障害等級認定に当たっての基本的事項」については、別紙改正認定基準に基づく障害等級の認定を行うに当たっても、引き続き適用があること。

三　基本通達の一部改正

(1)　基本通達中、「外ぼう」を「外貌」に改める。

(2)　基本通達第二の二の(2)のロの(ロ)の例中、「女子について」を削除する。

(3)　基本通達第二の二の(2)のロの(ハ)中、「男子については第一四級の一〇、女子については」を削除する。

(4)　基本通達第二の三の(2)のロ中、「男子にあっては第一四級の一〇、女子にあっては」を削除する。

(5)　基本通達第二の三の(2)のハの例中、「女子が」を削除する。

四　施行日等について

本認定基準は平成二三年二月一日以降に支給事由が生じたものについて適用する。

ただし、上記にかかわらず、改正前の障害等級表第一二級第一三号又は第一四級第一〇号に該当し、平成二二年六月一〇日以降に障害（補償）給付の支給決定を受けた者又は受ける者については、当該障害に係る障害（補償）給付の支給事由が生じた日から本認定基準を適用する。

（別紙）

外貌（上肢及び下肢の醜状を含む。）の醜状障害に関する障害等級認定基準

第一　醜状障害と障害等級

一　醜状障害については、障害等級表上、次のごとく、外貌の醜状障害及び露出面の醜状障害について等級を定めている。

(1)　外貌の醜状障害

外貌に著しい醜状を残すもの　第七級の一二

外貌に相当程度の醜状を残すもの　第九級の一一の二

外貌に醜状を残すもの　第一二級の一四

(2)　露出面の醜状障害

上肢の露出面にてのひらの大きさの醜いあとを残すもの　第一四級の三

下肢の露出面にてのひらの大きさの醜いあとを残すもの　第一四級の四

二　外貌及び露出面以外の部分の醜状障害（以下「露出面以外の醜状障害」という。）については、障害等級表上定めがないので、労災則第一四条第四項により、準用等級を定めること。

第二　障害等級認定の基準

一　外貌の醜状障害

(1)　「外貌」とは、頭部、顔面部、頸部のごとく、上肢及び下肢以外の日常露出する部分をいう。

(2)　外貌における「著しい醜状を残すもの」とは、原則として、次のいずれかに該当する場合で、人目につく程度以上のものをいう。

①　頭部にあっては、てのひら大（指の部分は含まない。以下同じ。）以上の瘢痕又は頭蓋骨のてのひら大以上の欠損

②　顔面部にあっては、鶏卵大面以上の瘢痕又は一〇円銅貨大以上の組織陥没

③　頸部にあっては、てのひら大以上の瘢痕

(3)　外貌における「相当程度の醜状」とは、原則として、顔面部の長さ五センチメートル以上の線状痕で、人目につく程度以上のものをいう。

(4)　外貌における単なる「醜状」とは、原則として、次のいずれかに該当する場合で、人目につく程度以上のものをいう。

①　頭部にあっては、鶏卵大面以上の瘢痕又は頭蓋骨の鶏卵大面以上の欠損

②　顔面部にあっては、一〇円銅貨大以上の瘢痕又は長さ三センチメートル以上の線状痕

③　頸部にあっては、鶏卵大面以上の瘢痕

(5)　障害補償の対象となる外貌の醜状とは、人目につく程度以上のものでなければならないから、瘢痕、線状痕及び組織陥没であって眉毛、頭髪等にかくれる部分については、醜状として取り扱わないこと。

（例　眉毛の走行に一致して三・五センチメートルの縫合創痕があり、

そのうち一・五センチメートルが眉毛にかくれている場合は、顔面に残った線状痕は二センチメートルとなるので、外貌の醜状には該当しない。）

(6) 顔面神経麻痺は、神経系統の機能の障害ではあるが、その結果として現われる「口のゆがみ」は単なる醜状として、また閉瞼不能は眼瞼の障害として取り扱うこと。

(7) 頭蓋骨のてのひら大以上の欠損により、頭部の陥没が認められる場合で、それによる脳の圧迫により神経症状が存する場合は、外貌の醜状障害に係る等級と神経障害に係る等級のうちいずれか上位の等級により認定すること。

(8) 眼瞼、耳介及び鼻の欠損障害については、これらの欠損障害について定められている等級と外貌の醜状に係る等級のうち、いずれか上位の等級により認定すること。

なお、耳介及び鼻の欠損障害に係る醜状の取扱いは、次によること。

① 耳介軟骨部の二分の一以上を欠損した場合は、「著しい醜状」とし、その一部を欠損した場合は、単なる「醜状」とする。

② 鼻軟骨部の全部又は大部分を欠損した場合は、「著しい醜状」とし、その一部又は鼻翼を欠損した場合は、単なる「醜状」とする。

(9) 二個以上の瘢痕又は線状痕が相隣接し、又は相まって一個の瘢痕又は線状痕と同程度以上の醜状を呈する場合は、それらの面積、長さ等を合算して等級を認定すること。

(10) 火傷治ゆ後の黒褐色変色又は色素脱失による白斑等であって、永久的に残ると認められ、かつ、人目につく程度以上のものは、単なる「醜状」として取り扱うこと。その場合、その範囲は、当然前記(4)に該当するものであること。

二　露出面の醜状障害

(1) 上肢又は下肢の「露出面」とは、上肢にあっては、ひじ関節以下（手部を含む。）、下肢にあっては、ひざ関節以下（足背部を含む。）をいう。

(2) 「二個以上の瘢痕又は線状痕」及び「火傷治ゆ後の黒褐色変色又は色素脱失による白斑等」に係る取扱いについては、外貌における場合と同様である。

第三　併合、準用、加重、その他

一　併合

次に掲げる場合においては、労災則第一四条第二項及び第三項により併合して等級を認定すること。

(1) 外貌の醜状障害と露出面の醜状障害が存する場合

(2) 外貌の醜状障害と露出面以外の醜状障害が存する場合

（例　頭部に第一二級、背部に第一二級相当の醜状障害がある場合は、これらを併合して、併合第一一級に認定する。）

(3) 上肢の露出面の醜状障害と下肢の露出面の醜状障害が存する場合

(4)　外傷、火傷等のための眼球亡失により、眼部周囲及び顔面の組織陥没、瘢痕等を生じた場合は、眼球亡失に係る等級と瘢痕等の醜状障害に係る等級を併合して、等級を認定すること。

（例　一眼及び眉毛を亡失し（第八級の一）、その周囲の組織陥没が著しい（第七級の一二）場合は、それらを併合して併合第五級とする。）

二　準用

次に掲げる場合においては、労災則第一四条第四項により、準用して等級を認定すること。

(1)　露出面の醜状障害については、両上肢又は両下肢にあっては露出面の二分の一程度以上に醜状を残すものは、第一二級を準用する。

(2)　露出面以外の醜状障害については、次により準用等級を定めること。

①　両上腕又は両大腿にあってはほとんど全域、胸部又は腹部にあっては各々の全域、背部及び臀部にあってはその全面積の二分の一程度をこえるものは、第一二級を準用する。

②　上腕又は大腿にあってはほとんど全域、胸部又は腹部にあってはそれぞれ各部の二分の一程度、背部及び臀部にあってはその全面積の四分の一程度をこえるものは、第一四級を準用する。

三　加重

次に掲げる場合においては、労災則第一四条第五項により、加重として取り扱うこと。

(1)　既に、外貌に醜状障害が存していた者が、その程度を加重した場合

(2)　既に、上肢又は下肢の露出面に醜状障害が存していた者が、その程度を加重した場合

(3)　既に、露出面以外の醜状障害が存していた者が、その程度を加重した場合

四　その他

上肢又は下肢の露出面の醜状障害と露出面以外の醜状障害が存する場合若しくは二以上の露出面以外の醜状障害が存する場合（たとえば胸部全域と上腕全域にわたる瘢痕）については、おのおの該当する等級のうち、いずれか上位の等級により認定すること。

（平二三・二・一　基発〇二〇一第二号）

〈外貌の醜状障害に関する障害等級認定基準の施行に当たって留意すべき事項について〉

標記については、平成二三年二月一日付け基発〇二〇一第二号「外貌の醜状障害に関する障害等級認定基準について」（以下「認定基準」という。）をもって指示されたところであるが、その施行に当たっては下記に留意されたい。

記

一　専門検討会報告書について

認定基準は、「外ぼう障害に係る障害等級の見直しに関する専門検討会報告書」に基づくものであることから、その施行に当たっては、必要に応じ、報告書を参照すること。

二　経過措置等に係る事務処理について

「労働基準法施行規則及び労働者災害補償保険法施行規則の一部を改正する省令の施行について」（平成二三年二月一日付け基発〇二〇一第一号）の記の二により示された経過措置等の対象となる事案については、当該事案を漏れなく把握するとともに、以下に示す事項に留意の上、全ての対象事案について障害等級の改定等の事務処理を適切かつ速やかに実施すること。

(1)　既に支給決定済みの障害（補償）給付について、改正後の障害等級に該当するとして処分の変更を行う事案については、障害（補償）給付の内払の事務処理に準じて差額の追給等を行うこと。

(2)　既に支給決定された遺族（補償）給付について、当該保険給付に係る遺族の中に改正後の障害等級に該当し、労働者災害補償保険法施行規則第一五条に定める障害の状態になったことにより、処分の変更を要する事案については、当該遺族の障害の状態について、再度調査した上で受給権者の認定及び支給額の変更等の事務処理を行うこと。

(3)　未だ支給決定を行っていない事案についても、経過措置の対象となることに留意し、改正後の省令の規定により障害認定等を行うこと。

三　審査請求中の事案の取扱い

平成二三年二月一日現在において、審査請求中の事案のうち、改正前の障害等級表の第一二級第一三号又は第一四級第一〇号に該当するものであって、改正後の障害等級表を適用することとしたならば、第七級第一二号、第九級第一一号の二又は第一二級第一四号に該当するものについては、労働者災害補償保険審査官は、改正後の障害等級表に基づいて決定を行うこととなること。

四　認定基準別紙第三の二の(1)について

認定基準別紙第三の二の(1)については、「両前腕部全域の醜状障害の等級について」（昭和四七年一一月二二日付け基収第三五四五号）及び労働保険審査会裁決（平成六年労第二〇四号（平成九年一月二八日裁決））を踏まえ、改めて規定したものであること。

五　医療機関等に対する周知

別途送付するリーフレットを活用するなどにより、都道府県医師会及び関係医療機関等に対して認定基準の内容の周知を図ること。

六　その他

認定基準の新旧対照表〔編注＝略〕を添付したので、参考とされたい。

（平二三・二・一　基労補発〇二〇一第一号）

判例

●器質又は機能障害と、それに随伴する疼痛等の神経症状

「器質又は機能障害を残す場合で、それにより派生する疼痛等の神経症状を随伴している場合には、併合の方法ではなく、最も重い障害等級をもって評価すべきであるとした例」

昭五三・八・六　福岡高判
（一七五七頁参照）

●同一手の手指の障害程度の加重

「右手拇指用廃の既存障害を有するものが新たに同手示指、中指の用を廃した場合には、同一部位について障害の程度を加重した場合に該当するとした例」

昭四五・五・一八　神戸地判
（一七五九頁参照）

●疼痛の障害等級

「『頑固な神経症状』といえるためには、その症状を医学的に裏付ける他覚的症状が存在し、ときには強度の疼痛のために、労働にある程度差し支える場合があることを要するとした例」

昭五三・八・三〇　神戸地判
（一七六一頁参照）

●障害等級表の差別的取扱い

「業務災害により全身に火傷を負った男性が、その労災認定において、「外ぼうの醜状障害」の障害等級につき、男女に差を設けた部分は、合理的理由なく性別による差別的取扱いをするものとして憲法一四条一項に違反するとした例」

平二二・五・二七　京都地判
（一七六二頁参照）

（障害補償年金の改定）
第十五条の二　障害補償年金を受ける労働者の当該障害の程度に変更があつたため、新たに別表第一又は別表第二中の他の障害等級に該当するに至つた場合には、政府は、厚生労働省令で定めるところにより、新たに該当するに至つた障害等級に応ずる障害補償年金又は障害補償一時金を支給するものとし、その後は、従前の障害補償年金は、支給しない。

条文解説

本条は、障害等級第一級から第七級までに該当する障害が残り、障害補償年金を受ける労働者について、その障害の程度が自然的な経過により増進し、又は軽減したために、新たに他の障害等級に該当するに至った場合には、以後これに応じて、その該当するに至った障害等級に応ずる障害補償給付を支給することを規定したものである。

関係政省令等

（障害補償給付の変更）
則第十四条の三　所轄労働基準監督署長は、法第十五条の二に規定する場合には、当該労働者について障害等級の変更による障害補償給付の変更に関する決定をしなければならない。

2　前項の決定を受けようとする者は、次に掲げる事項を記載した請求書を、所轄労働基準監督署長に提出しなければならない。

一　年金証書の番号
二　労働者の氏名、生年月日及び住所
三　変更前の障害等級

3　前項の請求書には、請求書を提出するときにおける障害の部位及び状態に関する医師又は歯科医師の診断書を添え、必要があるときは、請求書を提出するときにおける障害の状態の立証に関するエックス線写真その他の資料を添えなければならない。

参照条文

〔障害補償給付の変更　則一四の三〕

解釈例規

〈障害の程度の変更〉

障害補償年金支給事由となっている障害の程度が新たな傷病によらず、又は傷病の再発によらず、自然的に変更した場合には、職権又は請求により、その変更が障害等級第一級から第七級の範囲内であるときは、その変更のあった月の翌月の分から障害補償年金の額を改定し、その変更が障害等級第八級以下に及ぶときは、障害補償年金の受給権が消滅するので、その月分をもって障害補償年金の支給を打ち切り、障害一時金を支給する（法第一五条の二）。

（昭四一・一・三一　基発第七三号）

（遺族補償給付）
第十六条　遺族補償給付は、遺族補償年金又は遺族補償一時金とする。

条文解説

本条は、遺族補償給付の種類を遺族補償年金と遺族補償一時金の二種類とすることを規定したものである。

遺族補償年金は、給付の目的及び性質上、当然、遺族補償給付の主体をなすものであり、遺族補償一時金はこれと異質の性格を伴うものではあるが、本条は遺族補償年金と遺族補償一時金がともに同一の事由について支給されるものであるので、技術的な見地から遺族補償給付として構成しているのである。

遺族補償年金の受給資格者や給付の内容については第一六条の二から第一六条の五まで及び第一六条の九に、遺族補償一時金の受給資格者や給付の内容については第一六条の六から第一六条の九までに規定されている。

参照条文

〔年金額　一六の三〕〔一時金の支給　一六の六〕〔年金の受給者の範囲　一六の二〕〔一時金受給者の範囲　一六の七〕〔一時金の額　一六の八〕〔遺族補償年金の請求等　則一五の二〜一五の五〕〔遺族補償一時金の請求　則一六〕〔遺族補償年金前払一時金　六〇〕〔労基法の場合　労基七九、労基則四二〜四七〕

解釈例規

〈特別遺族給付金の支給事務の取扱いについて〉

石綿による健康被害の救済に関する法律（平成一八年法律第四号。以下「法」という。）の施行については、同日付け基発第〇三一七〇〇三号「石綿による健康被害の救済に関する法律の施行（「特別遺族給付金」の支給関係）について」により指示したところであるが、特別遺族給付金の支給に関する事務（以下「支給事務」という。）については、平成一三年三月三〇日付け基発第二三七号「労災保険給付事務取扱手引の一部改正について」の別添「労災保険給付事務取扱手引」の遺族（補償）給付の給付事務等に準ずるほか、下記のとおり取り扱うこと。

記

一　支給事務を行う労働基準監督署

特別遺族給付金の支給請求書（以下「請求書」という。）の受付から支給又は不支給の決定までの支給事務は、死亡した労働者又は特別加入者（以下「死亡労働者等」という。）が石綿にさらされる業務に従事した事業場の所在地を管轄する労働基準監督署（以下「所轄監督署」という。）が行うこと。

また、死亡労働者等が二以上の事業場で石綿にさらされる業務に従事していた場合には、当該業務に最後に従事した事業場（以下「最終ばく露事業場」という。）の所在地を管轄する労働基準監督署を所轄監督署とすること。

なお、死亡労働者等が石綿にさらされる業務に従事している時点から長期間が経過している等の理由から、請求書を提出する時点において、いずれの事業場が最終ばく露事業場であるかが判然としない場合の請求書の受付等の事務は次のとおりとすること。

ア　請求書が提出された労働基準監督署において、請求書の受付を行った上で、所轄監督署を特定するための調査を行う。

イ　アの調査の結果、他の労働基準監督署が所轄監督署であることが判明した場合には、当該所轄監督署に請求書を回送するとともに、請求人に対しその旨を連絡する。

ウ　アの調査の結果、所轄監督署が判明しない場合には、請求書が提出された労働基準監督署を所轄監督署として支給事務を行う。

二　請求書の受付等に係る事務処理

(1)　請求書の受付

ア　受付日付印の押印

請求書が提出されたときは、当該請求書に直ちに所定の受付日付印を押印すること（一のなお書きの場合を含む。）。

特別遺族給付金の請求は施行日等から三年という請求期限が定められており、また、特別遺族年金は請求日の属する月の翌月から支給が開始されることから、請求の受付日は、特に重要な意味を有するものである。このため、請求書の記載内容に不備が認められる場合や、必要書類が添付されていない場合等であっても、必ず受付日付印を押印した上で、必要に応じて(2)により不備返戻等の手続を行うこと。

イ　請求書のシステムへの入力

受付を行った請求書については、遅滞なく機械処理システムへ受付入力を行うこと。また、その際入力する請求年月日（システム上、受付年月日）は、アの受付日付印の年月日とすること。

なお、平成一八年三月二〇日から特別遺族給付金に係る機械処理システムの稼働日である平成一八年四月三日の前日までに受付を行った請求書の受付日の取扱いや管理方法については、別途指示する。

(2)　不備返戻等の手続

ア　記載漏れ等がある場合

請求書の審査の結果、簡易な訂正では補正し難い記載誤りや記載漏れが認められる場合には、所定の手続を経た上で、不備返戻を行うこと。

なお、電話番号や郵便番号等の記載誤りであって簡易に訂正可能なものについては、返戻することなく、電話等により確認した上で、補正を行い、その処理経過を請求書の余白に記載しておくこと。

イ　必要書類が添付されていない場合

請求書に必要書類が添付されていない場合には、返戻することなく、請求人に対し当該書類の提出を行うよう督促すること。

ウ　事業主証明がない場合

提出された請求書に事業主の証明が行われていない場合については、請求人にその理由を確認し、証明を行うべき事業主が現在存在しないこと、証明を行うべき事業主は存在するが当該事業主が証明を拒んでいること等、証明がないことについて正当な理由がある場合には、不備返戻は行わないこと。

なお、この場合には、請求書の事業主証明欄の記載事項（事業の名称、事業場の所在地、事業主の氏名）については、請求人に記載させること。

三　請求書等の審査

請求書及び請求書に添付されている必要書類の審査は、請求書の記載事項についての所定の審査のほか、次により行うこと。

(1)　死亡労働者等の死亡原因の確認

ア　確認の方法

特別遺族給付金の支給に関しては、死亡労働者等が法第二条第一項に定める指定疾病及び同法施行規則第二条に定める対象疾病（以下「指定疾病等」という。）により死亡したことが要件の一つとされていることから、審査に当たっては、請求書に添付された死亡診断書等の記載事項についての戸籍法第四八条第二項に基づく証明書（以下「証明書」という。）により、死亡労働者等の死亡原因について確認すること。

なお、法務局等における死亡診断書等の保存期間（原則として死亡日の属する年度の翌年から二七年間）が経過していないにもかかわらず、請求人から証明書を得ることが出来なかった旨の申立てが行われた場合には、所轄監督署において、労働者等が死亡した当時の本籍地を管轄する法務局等に対して、当該請求人からの申請の有無や証明書が発行されない理由について照会すること。

また、証明書を得ることができない正当な理由がある場合には、死亡診断書の原本又はその写し、診療録の写し、生命保険関係の書類等で死亡原因が記載されたものを添付することとされていることから、これらにより死亡労働者等の死亡原因について確認すること。

イ　確認ができない場合の処理

審査の結果、①証明書等に記載された労働者等の死亡原因が指定疾病等に該当しない場合には「死亡原因が指定疾病等に該当しない」という理由により、また、②請求人が証明書その他の資料を提出しないため死亡労働者等の死亡原因が確認できない場合には「死亡原因が指定疾病等であることが確認できない」という理由により、それぞれ不支給決定を行うこと。

(2)　死亡労働者等と請求人の身分関係の確認

ア　確認の方法

特別遺族給付金の支給に関しては、請求人と死亡労働者等が法に規定する一定の身分関係にあったことが要件の一つとされることから、審査に当たっては、請求書に添付されている戸籍謄本又は抄本により、請求人と死亡労働者等の身分関係の確認を行うこと。また、特別遺族給付金のうち特別遺族年金については、死亡当時における労働者等との身分関係のみならず、当該死亡時から法の施行日までの間に請求人が婚姻や離縁等、法に規定する事由に該当していないことが支給の要件とされることから、上記戸籍謄本又は抄本に関しては、法の施行日以降の日付で証明されたものを提出させた上で、当該戸籍謄本又は抄本により審査を行うこと。

イ　確認ができない場合の処理

審査の結果、①戸籍謄本又は抄本に記載された請求人と死亡労働者等との身分関係が法に規定する要件に該当しない場合には「支給対象となる遺族に該当しない」という理由により、また、②請求人が戸籍謄本又は抄本を提出しないため死亡労働者等との身分関係が確認できない場合には「支給対象となる遺族であることが確認できない」という理由により、不支給決定を行うこと。

(3)　死亡労働者等が石綿にさらされる

業務に従事していたことの確認

ア　確認の方法

　請求書に記載された事業の名称や石綿にさらされる業務への従事期間とその内容により、請求人が把握している死亡労働者等の石綿にさらされる業務への従事状況を確認した上で、実地調査によりその事実を確認すること。

イ　確認ができない場合の処理

　請求書に事業の名称等が記載されていない場合には、請求人に対して聴取調査を実施し、請求人自身の記憶、同僚労働者等の申立て、厚生年金保険等の被保険者記録等の関係資料など、石綿にさらされる業務に従事した事業場を特定できる情報の有無を確認すること。その結果、請求人において石綿にさらされる業務へ従事したことの情報を所有していない場合には、「被災者が労働者として石綿ばく露作業に従事した事実が確認できない」という理由により不支給決定を行うこと。

(4)　生計維持関係の確認

　特別遺族年金及び法第六三条第一項第二号に係る者が請求人である特別遺族一時金に関しては、請求人が死亡労働者等の収入によって生計を維持していたことが要件とされている。ここにいう死亡労働者等の死亡の当時その収入によって生計を維持していたか否かについては、昭和四一年一〇月二二日付け基発第一一〇八号に基づき判断を行うこととし、審査に当たっては、労働者等の死亡当時における住民票の写しや民生委員の証明書等によりその確認を行うこと。

　なお、請求人から、死亡労働者等の死亡時から相当期間が経過しておりこれらの書類を請求書に添付できない旨の申立てが行われた場合には、下記四により請求人等の関係者から聴取調査を行うことにより、請求人が死亡労働者等の収入によって生計を維持していたか否かについて確認することとし、当該書類が提出されないことのみをもって不支給決定を行わないこと。

四　実地調査の実施

(1)　業務上外の認定のための調査

　死亡労働者等の死亡原因である指定疾病等が石綿ばく露によるものであること及び死亡労働者等が石綿にさらされる業務に従事したことの認定については、別途指示するところにより、石綿ばく露に関する医学的事項、石綿ばく露作業への従事期間について、的確な調査を実施した上で行うこと。

(2)　生計維持関係の確認のための調査

　請求人が死亡労働者等の収入によって生計を維持していたことを裏付ける客観的資料が存在しない場合には、次により確認すること。

ア　請求人から提出された戸籍謄本又は抄本により、死亡労働者等の死亡当時、請求人と死亡労働者等が所定の親族関係にあった事実を確認する。

イ　請求人をはじめとする関係者からの聴取調査により、①死亡労働者等と同居していたか否か、②死亡労働者等の収入によって家計を維持していたか否か等について確認する。

ウ　イの調査の結果、請求人が死亡労働者等の収入によって生計を維持していたと推認し得る場合には、生計維持関係があった旨の認定を行う。

五　決定通知書の作成等に係る事務処理

特別遺族給付金の支給又は不支給決定通知書の作成、特別遺族給付金の支払等に係る事務処理については、別途指示する「特別遺族給付金に係る機械処理要領」等に基づき的確に実施すること。

六　標準処理期間

特別遺族給付金についての行政手続法（平成五年法律第八八号）第六条に定める標準処理期間は、疾病に係る遺族（補償）給付の標準処理期間と同様、六か月とする。

七　相談対応

死亡労働者等の遺族等から相談が行われた場合の対応については、別途指示する「石綿救済法の相談対応の手引」により的確に行うこと。

（平一八・三・一七　基発第〇三一七〇〇四号）

〈特別遺族給付金に係る対象疾病の認定について〉

石綿による健康被害の救済に関する法律（平成一八年法律第四号）の施行については、平成一八年三月一七日付け基発第〇三一七〇〇三号「石綿による健康被害の救済に関する法律の施行（「特別遺族給付金」の支給関係）について」により指示したところであるが、同通達記の二に掲げる対象疾病の認定に当たっては、平成一八年二月九日付け基発第〇二〇九〇〇一号「石綿による疾病の認定基準について」の一部を下記のとおりとするほかは、同認定基準を準用するものとする。

記

記の第三を次のとおり読み替える。

第三　認定に当たっての留意事項

石綿による疾病については、その診断が困難なものであるため、業務上外の判断に当たって、診療録を始めとする各種の医学的資料により疾病を特定することを要するものである。

しかしながら、特別遺族給付金については、その根拠法である石綿による健康被害の救済に関する法律の目的が、石綿による健康被害の特殊性にかんがみ、石綿による健康被害を受けた者及びその遺族に対し、迅速な救済を図ることとされていること、また、特別遺族給付金の支給が平成一三年三月二六日以前に死亡した労働者等に係るものとなるため、確認を要することとなる医学的資料の収集が大幅に制限されざるを得ないことから、過去の確定診断手法の実状等も考慮し、疾病の特定及び死亡の原因については、特別遺族給付金の支給請求書に添付された死亡診断書等の記載事項証明書等の記載内容により判断すれば足りるものとすること。

ただし、死亡の原因の判断については、石綿肺（石綿肺合併症を含む。）、中皮腫、肺がん及びびまん性胸膜肥厚に限るものであること。

（平一八・三・一七　基発第〇三一七〇一〇号、平二〇・一二・一　基発第一二〇一〇〇一号、平二二・七・一　基発〇七〇一第一一号）

（遺族補償年金の受給者の範囲）

第十六条の二　遺族補償年金を受けることができる遺族は、労働者の配偶者、子、父母、孫、祖父母及び兄弟姉妹であつて、労働者の死亡の当時その収入によつて生計を維持していたものとする。ただし、妻（婚姻の届出をしていないが、事実上婚姻関係と同様の事情にあつた者を含む。以下同じ。）以外の者にあつては、労働者の死亡の当時次の各号に掲げる要件に該当した場合に限るものとする。

一　夫（婚姻の届出をしていないが、事実上婚姻関係と同様の事情にあつた者を含む。以下同じ。）、父母又は祖父母については、六十歳以上であること。

二　子又は孫については、十八歳に達する日以後の最初の三月三十一日までの間にあること。

三　兄弟姉妹については、十八歳に達する日以後の最初の三月三十一日までの間にあること又は六十歳以上であること。

四　前三号の要件に該当しない夫、子、父母、孫、祖父母又は兄弟姉妹については、厚生労働省令で定める障害の状態にあること。

2　労働者の死亡の当時胎児であつた子が出生したときは、前項の規定の適用については、将来に向かつて、その子は、労働者の死亡の当時その収入によつて生計を維持していた子とみなす。

3　遺族補償年金を受けるべき遺族の順位は、配偶者、子、父母、孫、祖父母及び兄弟姉妹の順序とする。

条文解説

本条は、遺族補償年金の受給資格者の範囲について規定し、あわせて、受給資格者が遺族補償年金の受給権者となるべき順位について規定したものである。

すなわち、年金の受給者にふさわしい者として、受給資格のある遺族を死亡の当時その収入によって生計を維持していた者に限定し、さらに、妻以外の者については一定の年齢又は障害に該当するものを生計自立の能力がない者とみなして、それらの者の被扶養利益の喪失を補てんしようとしたものであり、また、死亡労働者との親疎に応じて受給順位を定めている。

関係政省令等

（遺族補償給付等に係る生計維持の認定）

則第十四条の四　法第十六条の二第一項及び法第十六条の七第一項第二号（これらの規定を法第二十二条の四第三項において準用する場合を含む。）に規定する労働者の死亡の当時その収入によつて生計を維持していたことの認定は、当該労働者との同居の事実の有無、当該労働者以外の扶養義務者の有無その他必要な事項を基礎として厚生労働省労働基準局長が定める基準によつて行う。

（遺族補償年金を受ける遺族の障害の状態）

則第十五条　法第十六条の二第一項第四号及び法別表第一遺族補償年金の項の厚生労働省令で定める障害の状態は、身体に別表第一の障害等級の第五級以上に該当する障害がある状態又は負傷若しくは疾病が治らないで、身体の機能若しくは精神に、労働が高度の制限を受けるか、若しくは労働に高度の制限を加えることを必要とする程度以上の障害がある状態とする。

則別表第一　障害等級表（第十四条、第十五条、第十八条の八関係）（八二六頁参照）

参照条文

〔労働者　労基九、労契二〕〔遺族補償年金額　一六の三〕〔親族　民七二五〕〔受給資格の欠格　一六の九〕〔遺族補償年金を受けることができる遺族となる障害の状態　則一五〕〔遺族補償年金の請求　則一五の二〜一五の四〕〔請求等についての代表者　則一五の五〕〔遺族補償年金に関する特例　四〇年改正法附則四三〕

解釈例規

〈労働者災害補償保険法等の一部を改正する法律の施行について〉

第二　改正の内容

一　労働者災害補償保険法の一部改正

(1)　年金たる保険給付の支払期月の改善〈略〉

(2)　給付内容等の改善

イ　介護補償給付の創設〈略〉

ロ　遺族補償年金の給付内容等の改善

①　遺族補償年金を受けることができる子、孫又は兄弟姉妹の範囲を一八歳に達する日以後の最初の三月三一日までの間にある者（従前一八歳未満の者）とすることとした（第一六条の二及び第一六条の四第一項関係）。〈以下略〉

（平七・三・二三　発基第二五号）

〈遺族補償年金の受給資格者等〉

遺族補償の年金化は、今次法改正による保険給付の年金化の中心をなすものであるが、遺族補償給付が年金を主体とすることにかんがみ、遺族補償給付を受けることができる者（受給資格者）を遺族に限定し、遺族以外の被扶養者は受給資格者とならないこととなった。労働基準法による遺族補償についても同様である（同法第七八条）。遺族補償年金の額は、ほぼ従来の遺族補償費の六年分割支給における一年分の額を限度とし、ＩＬＯ条約第一〇二号の定める基準を考慮して、定められ、また、従来の遺族補償費との関連を考慮し、調整的給付として遺族補償年金の平均額の約三年分に相当する遺族補償一時金が設けられた。さらに、労働者の死亡直後における遺族の一時的出費の便宜のため、遺族補償年金の一括前払の制度も設けられている。

(1)　受給資格者

遺族の範囲は、死亡労働者の配偶者、子、父母、孫、祖父母及び兄弟姉妹であるが、遺族補償年金を受ける遺族（受給資格者）となる要件は、次のイ及びロ又はイ及びハである（法第一六条の二第一項、改正法附則第四三条第一項）。

イ　労働者の死亡の当時その収入によって生計を維持していたこと。

ロ　労働者の死亡の当時、夫、父母及び祖父母については五五才以上、子及び孫にあっては一八才未満、兄弟姉妹にあっては一八才未満又は五五才以上であること（妻については年令を問わない）。

ハ　上記ロに該当しない夫、子、父母、孫、祖父母及び兄弟姉妹については、労働者の死亡の当時障害の状態にあること。

「子」には、労働者の死亡の当時胎児であった子が含まれ、出生のとき以降、受給資格者となる（法第一六条の二第二項）。

非嫡出子については、認知があったことを要する。

「労働者の死亡の当時その収入によって生計を維持していた」ことについては、次の点に留意されたい。

(イ)　死亡の当時には、負傷又は発病後死亡までの相当期間が経過していても、その労働者が業務災害を被らなかったならば、その死亡の当時においても、その収入で生計を維持していたであろう場合を含むが、死亡の当時労働者を遺棄しているような場合は、含まれない。

(ロ)　労働者の収入には、賃金収入はもちろん、休業補償給付その他各種保険の現金給付その他一切の収入が含まれる。

(ハ)　もっぱら又は主として労働者の収入によって生計を維持されていることを要せず、労働者の収入によって生計の一部を維持されていれば足りる。したがって、いわゆる共稼ぎもこれに含まれる。

「労働者の死亡の当時障害の状態にある」とは、労働者の死亡の時から引き続き現に障害等級第五級以上の身体障害がある状態又は傷病がなおらないで労働が高度の制限を受けるか、若しくは労働に高度の制限を加える必要がある程度以上の身体障害がある状態（少なくとも厚生年金保険の障害等級第二級程度以上の障害の状態に相当する状態）にあることをいう（則第一五条）。労働の高度の制限とは、完全な労働不能で長期間にわたる高度の安静と常時の監視又は介護を要するものよりも軽いが、労働の著しい制限よりは重く、長期間にわたり中等度の安静を要することをいう。なお、この障害の状態は、厚生年金保険の遺族年金を受けることができる障害の状態と同様である。

(2)　受給権者

遺族補償年金を受ける権利を有する遺族（受給権者）は、受給資格者のうち次の順序による最先順位者であり、同順位者が二人以上あるときは、全員がそれぞれ受給権者となる

(法第一六条の二第三項、改正法附則第四三条第二項)。ただし、トからヌまでの者は、受給権者になっても、六〇才に達するまで、支給が停止される(改正法附則第四三条第三項)。

イ　妻又は六〇才以上若しくは障害の夫
ロ　一八才未満又は障害の子
ハ　六〇才以上又は障害の父母
ニ　一八才未満又は障害の孫
ホ　六〇才以上又は障害の祖父母
ヘ　一八才未満若しくは六〇才以上又は障害の兄弟姉妹
ト　五五才以上六〇才未満の夫
チ　五五才以上六〇才未満の父母
リ　五五才以上六〇才未満の祖父母
ヌ　五五才以上六〇才未満の兄弟姉妹

(昭四一・一・三一　基発第七三号)

〈大韓民国の国籍を有する者に係る戸籍謄本の取り寄せ等について〉

標記については、昭和三三年二月一一日付基発第八五号及び同年九月二九日付基発第八五号通達によって取り扱ってきたところであるが、今般、その取扱基準を定めたので、昭和三七年四月一日以降において発生した事案については、本通達によって処理することとされたい。

なお、前記通達は、本通達の実施とともに廃止することとしたから、その取扱いに過誤のないよう留意すること。

記

一　次の各項のいずれかに該当する場合は、大韓民国駐日代表部(以下「代表部」という。)を通して戸籍謄本を取り寄せる必要はなく、局署の調査によって得た資料に基づいて受給権者を決定してさしつかえない。

(1)　受給権者が業務上死亡した者(以下「労働者」という。)の配偶者であることが、戸籍謄本を取り寄せるまでもなく、戸籍謄本以外の資料から確認できる場合。

(2)　受給権者が、いわゆる内縁の妻または夫である場合は、労働者の来日以来の動静を調査し、その結果本国に配偶者がないと見込まれる場合。たとえば、労働者の来日が満一八才未満で、かつ、来日以来帰国した事実がなく、送金の事実もない場合等。

(3)　労働者が両親共々来日し、日本において生計を営んでいる場合(たとえば一家をあげて日本に居住している場合)で、かつ、内縁関係にある場合。

(4)　労働者が来日以来相当期間(概ね七年以上)を経過し、その間本国の親族に対し生活費等の送金をした事実がなく、かつ、日本において内縁関係にある場合。

二　記の一により受給権者を決定するにあたっては、官公署並びに民生委員等の発する各種の証明書、近親者又は近隣住民の証言等、できる限り広く調査を行い、不正受給等の問題が生ずることのないよう充分配慮するとともに、補償費の支給にあたっては、当初の受給権者より災害発生後二年以内に正当な受給権者が出現した場合には、受領額を返還する旨の誓約書を徴しておくこと。

三　記の一に該当しない場合で、受給権者を決定し得ない場合については、原則として本省より代表部あて戸籍謄本の取り寄せを依頼することとなるから、その場合は次の事項を明らかにして本省あて報告すること。

(1)　労働者の氏名及び生年月日（生年月日は西暦を用いること）

(2)　労働者の本籍（不明の場合は出生地）及び死亡前の住所

(3)　戸主の氏名

(4)　戸籍謄本の取り寄せを必要とする事情

(5)　その他参考となる事項

イ　補償請求の有無又は状況

ロ　補償費請求人の氏名、年令、職業等

ハ　労働者と補償費請求人との続柄

ニ　労働者の家族関係及び生活状態

(6)　労働者又は請求人等の外国人登録証がある場合は、その写を添付すること。

四　記の三によって保険給付を行った場合には、次の事項を本省あて報告すること。

(1)　労働者の氏名、生年月日及び本籍

(2)　保険給付を受けた者の氏名、年令、労働者との続柄及び住所

(3)　保険給付の種類、金額及び支払年月日

五　大韓民国以外の国に国籍を有する者についても、本通達に準じて取り扱うこと。

（昭三七・二・一五　基発第一三二号）

〈「労働者の死亡当時その収入によって生計を維持していた」ものの取扱い〉

労災保険法第一六条の二第一項等にいう「労働者の死亡当時その収入によって生計を維持していた」ものについては、労働者の死亡当時において、その収入によって日常の消費生活の全部又は一部を営んでおり、死亡労働者の収入がなければ通常の生活水準を維持することが困難となるような関係（以下「生計維持関係」という。）が常態であったか否かにより判断すること。その場合、次の点に留意すること。

一　労働者の死亡当時における当該遺族の生活水準が年令、職業等の事情が類似する一般人のそれをいちじるしく上回る場合を除き、当該遺族が死亡労働者の収入によって消費生活の全部又は一部を営んでいた関係（以下「生計依存関係」という。）が認められる限り、当該遺族と死亡労働者との間に「生計維持関係」があったものと認めて差し支えないこと。

なお死亡労働者が当該遺族と同居しともに収入を得ていた場合においては、相互に生計依存関係がないことが明らかに認められる場合を除き、生計依存関係を認めて差し支えないこと。この場合、生計依存関係がないことが明らかに認められるか否かは、当該遺族の消費生活に対する死亡労働者の支出の状況等によって判断すること。

ただし、当該遺族が死亡労働者と同居していたその孫、祖父母又は兄弟姉妹であり、当該遺族の一親等の血族であって労働者の死亡の当時において当該遺族と同居していた者（以下「当該血族」という。）がいる場合には、当該血族の収入（当該血族と同居している当該血族の配偶者の収入を含む。）を把握し、一般的に当該収入によって当該遺族の消費生活のほとんどを維持し得ると認められる程度の収入がある場合は、原則として、生計依存関係があったものとは認めないこととすること。

二　以下の場合も生計維持関係が「常態であった」ものと認めること。

(1)　労働者の死亡当時において、業務外の疾病その他の事情により当該遺族との生計維持関係が失われていても、それが一時的な事情によるものであることが明らかであるとき。

(2)　労働者の収入により生計を維持することとなった後まもなく当該労働者が死亡した場合であっても、労働者が生存していたとすれば、特別の事情がない限り、生計維持関係が存続するに至ったであろうことを推定し得るとき。

(3)　労働者がその就職後極めて短期間の間に死亡したためその収入により当該遺族が生計を維持するに至らなかった場合であっても、労働者が生存していたとすれば、生計維持関係がまもなく常態となるに至ったであろうことが賃金支払事情等から明らかに認められるとき。

別添

（参考）

一　社会保険審査会裁決　昭和三五年七月三〇日

厚生年金法による遺族年金不支給決定再審査請求

〔事実〕被保険者Xの死亡当時、請求人は、毎月九、〇〇〇円の収入を持っており、この世帯五名の一月の生計費は二〇、〇〇〇円である。この世帯一カ月の生計費は主としてXの一四、〇〇〇円及び請求人の九、〇〇〇円の収入によって賄われている。原処分は、請求人がXの死亡当時Xによって生計を維持していたとは言い得ないとして不支給決定をしている。

〔裁決要旨〕遺族年金の支給要件としての、被保険者の死亡当時その者によって生計を維持していたものとは、遺族年金が労働者の遺族の生活の安定と福祉の向上に寄与することを目的とする保険給付であることから、被保険者と生計をともにするものにとって被保険者の収入がなければ社会通念上普通の生活水準を維持することができない関係にある場合に成立するのであり、この関係は、これを恒常的な状態において把握すべきものと考えられる。すなわち、被保険者の属する世帯が被保険者の収入と他の世帯員のある者の収入とを合わせて生計費を賄っていたような場合において被保険者の収入が、その世帯の生活水準を社会通念上普通の状態に維持するために必要不可欠のものであれば、収入のある世帯員を含めてその世帯に属する者全員が、その被保険者によって、生計を維持されているものというべきである。

二　社会保険審査会裁決　昭和三六年五月三一日　厚生年金保険遺族年金の受給権ありとした処分の取消決定の再審査請求

〔事実〕被保険者Yの子A・B・Cは、Yの死亡にかかる厚生年金保険の遺族年金裁定請求書を出したが、Yの妻である請求人Xもこれを提出し、知事は、X、およびA・B・Cとも受給権があるとする処分をした。Aの不服申立により、「Xは、厚生年金法に云う『生計を維持』していたとは認められない」との理由で、原処分を取消されたので再審査請求をした。

Xは昭和一五年よりYと別居し、Xは、Yが脳溢血で倒れた二九年から死亡時（昭和三三年三月二八日）まで、Yより生活費の援助を受けていない。

〔裁決要旨〕法にいわゆる「生計を維持」するとは、被保険者又は、被保険者であった者によって、死亡前常態としてその者の収入により生計を維持する関係にあることをいい、疾病その他の事情により一時的にその者に収入が皆無又は減少したため生計維持の関係が継続されなかったとしても、なお「生計を維持」するものというに差しつかえないと解するところであるが、本件の場合のように昭和二九年以降Yの死亡に至るまで相当長期間にわたって生活費の援助を受けていないような場合、Yの死亡当時まで「生計の維持」の関係が継続したものと認めることは困難である。

三　社会保険審査会裁決　昭和三七年七月三一日　厚生年金保険法による遺族年金不支給決定の再審査請求

〔事実〕請求人Xは被保険者である請求人Xの長男Aの死亡にかかる厚生年金保険の遺族年金の支給を請求したが、知事は「Aが死亡当時生計が維持されていなかったので、遺族年金は支給できない。」として不支給処分をした。Xは審査請求においても認められなかったので再審査請求をした。

当時Xは、二〇、〇〇〇円内外の収入がありAの傷害手当金七、〇〇〇円と計二七、〇〇〇円の収入に対し、家族四人の生活費は二五、〇〇〇円内外である。

〔裁決要旨〕法五九条に言う「生計を維持したもの」とは、被保険者の収入がなくなった場合、通常の生活水準を維持するに支障を来したであろうということが、社会通念上認められる程度の生計維持関係あるもののすべてを含む。また、互いに所得を有し、生計を同じくするものの、いずれか一方の所得がなくなったとした場合、世帯全員が通常の生活水準を維持するに支障をきたすような生計維持関係も含む。

したがって、世帯の構成員を個々に切り離して判断し、請求人が二〇、〇〇〇円内外の収入を得ていたことをもって、請求人の生計維持に十分であるとする見解は当を得たものではない。

四　社会保険審査会裁決　昭和三七年八月三一日

厚生年金法による遺族年金不支給決定再審査請求

〔事実〕被保険者Yの妻である請求人Xは、Yの死亡にかかる遺族年金の支給を請求した。しかし、Xは「被保険者の収入によって生計が維持されていないので」不支給の処分を受けた。

Yの死亡当時の収入・支出

収入Y……二五、八二〇円

X……一四、八六七円（しかし、お手伝への支給で残りは、一、八六七円）

支出　三九、五〇〇円

〔裁決要旨〕三の裁決と同じ見地から、請求人の世帯において被保険者の収入がなくなることは、明らかに四人の年少の子をもった請求人の世帯全員の生計維持に支障をきたすことは明らかであるということができる。

このような関係が認められる以上は、請求人もまた他の世帯全員とともに被保険者の収入によって生計を維持されていたとするが至当である。

五　社会保険審査会裁定　昭和三六年一月三一日

船員保険法による遺族一時金不支給決定再審査請求

〔裁決要旨〕遺族一時金の支給要件としての被保険者の死亡当時その者により生計を維持した者というのは恒常的な状態において、被保険者の収入がなければ、社会観念上普通の生活水準を維持することができない場合に成立するものである。

六　社会保険審査会裁決　昭和三六年一一月七日

船員保険法による遺族一時金不支給決定再審査請求

〔事実〕被保険者Yの義母である請求人Xは、船員保険法四二条の三による遺族一時金の支給を請求したが、法二三条の四の規定する生計維持関係がないとして、不支給を決定された。

Xの二四年から三二年までの月生活費……六、〇〇〇円〜一〇、〇〇〇円

Yの仕送り……五、〇〇〇円〜八、〇〇〇円

そして、三三年一月四日に第一北鳳丸に乗船後は、同月二七日当該船舶が行方不明となり、死亡推定されるに至るまで短期間であったので、仕送の事実はない。

〔裁決要旨〕この場合同条に規定する生計維持の関係とは、被保険者又は被保険者であった者により生計の全部もしくは大部分を維持していたものに限らず、生計の一部を維持したものも、それが生計の維持に不可欠である限り含まれるので……。

Yの家族内における地位、収入等からして、死亡さえしなければ、仕送りが続けられたであろうから、請求人XはYの死亡当時Yによって生計を維持したものと認める。

七　社会保険審査会裁決　昭和三八年八月三日

国民年金法による老令福祉年金の支給停止処分再審査請求

〔事実〕請求人Xは、福祉年金所得状況届を出したところ扶養義務者たる養子Aの所得税額が、政令で定める額より多いという理由で、老令福祉年金の支給停止処分を受けた（国民年金法七九条の二第六項の規定により準用する法六六条第二項）。請求人は、請求人の老夫婦と扶養義務者の生計が全く別であることを主張した。

〔裁決要旨〕裁決は、扶養義務者である養子Aが請求人の生計を維持したかどうかについて。

単に生計維持という場合の生計依存の程度は、扶養義務者により主として生計を維持する場合は、もちろん、例えば受給権者又はその夫々に収入があっても、受給権者の生計が扶養義務者の収入によって現実に補足され、その補足がなければ受給権者の生計を維持することが困難ないし支障をきたすと認められる状態の場合も含むと広く解すべきである。また受給権者が扶養義務者と生計を同じくしている場合には、相互に生計の依存があるという事実が認定される限りは、生計維持の関係がないと解されるためには、家計が分離され、生計の依存がないという明確な反証を必要とする。

ところが本件では

(1) 請求人および扶養義務者は住民票上同一世帯

(2) 親子関係で生計が一体なら一般的に相互に生計維持の関係がある。

(3) 請求人を含む世帯の生活に必要な共通経費は扶養義務者が負担している。

などから、請求人と扶養義務者の

間には生計維持関係ありと判断するのが相当である。

八　社会保険審査会裁決　昭和三八年一〇月三一日

国民年金法による老令福祉年金の支給停止処分再審査請求

〔事実〕請求人が福祉年金所得状況届を提出したが、扶養義務者の前年の所得税が政令で定める額より多いため支給停止処分を受けた。

問題点の一つは、請求人と扶養義務者との間に生計維持関係があるかどうかである。

〔裁決要旨〕法に生計を維持するというのは、「主として」又は「専ら」生計を維持するものというのではないから、扶養義務者がいなかったならば、生計維持に支障を来たすであろうという程度の単なる生計維持の関係を広く含むものと解すべきであって、受給権者が主として自己の収入によって生計を維持しており、扶養義務者とが、世帯を同じくして生活するときは、生計維持があると認められるのが一般であって、生計維持がないとするには生計を全く別にし、何ら生計維持関係がないことが明らかにされなければならない。

ところで、本件の場合

(1)　請求人と扶養義務者は同一世帯である。

(2)　請求人は、三六年一〇〇、〇〇〇円程度の農業所得を得ているが、実質的には扶養義務者の妻などの労働に負うところが多い。

(3)　請求人は、扶養義務者より年間三〇、〇〇〇～四〇、〇〇〇円程度の金銭を得ていることから請求人と扶養義務者の間に生計維持関係を認めないことはできない。

（昭四一・一〇・二二　基発第一一〇八号、平二・七・三一　基発第四八六号）

〈兄弟姉妹の意義〉

問　労災保険法第一六条の二の兄弟姉妹とは、死亡したる労働者と同一戸籍内に在る者は勿論既に分家又は養子縁組、婚姻をなし他家に入籍して死亡労働者と同一戸籍内に在らざる者をも含むものと解せられるが、聊か疑義がありますから御指示被下度御伺する。

答　貴見の通りである。

（昭二三・二・一三　基災収第二〇号）

〈戸籍上の夫が死亡した場合における事実上離婚と同様の関係にある戸籍上の妻の受給権〉

問　労働者Aの災害死亡に基づく遺族補償受給権利者について、左記の(イ)(ロ)何れを選ぶべきか聊か疑義がありますので何分の御教示賜り度く当局の三説を添えて御伺い致します。なお急を要する事案でありますので、配偶者を第一順位とし更に事実上婚姻と同様の関係にある者を含めた趣旨を御明示の上至急御指示願いますよう併せてお願い致します。

記

(イ)　C　昭和一八年五月二四日入籍Aとの間に長男を得この子と共にAの実家に在る戸籍上の妻

(ロ)　D　昭和一九年九月以来Aと同棲し（女児死産）苦楽を共にせる内縁の妻

当局の意見

(1)　形式主義（戸籍法上の妻とする説）

法律上の形式を尊重しない取扱は、社会の秩序美風を紊す因由となるから、事実内容の如何に拘らず戸籍上の妻を第一順位とすべきであるとする説。

(2)　実質主義（実質上の妻とする説）

正妻と内縁の妻とは、それぞれ離婚、婚姻の届出をすることによって逆な立場とすることができる。このような形式に重点を置いては戸籍上の妻なるが故に手続をとらずに夫の許を去った妻が権利者となる不合理が生ずる。労働者の具体的生活環境（知的能力乃至教養程度）に照して夫に忠実な妻を保護すべきであるとする説。

(3)　折衷主義（正妻と内縁の妻とに均分するという説）

趣旨とするところは稍実質主義に近きも、事情によっては共に同一順位者として公平に保護すべしとする説。

答一　婚姻の届出はしないが事実上婚姻と同様の関係にある者をも含むとは、民法にいう配偶者がない場合には、かかるものをも受給権者として認め、形式婚主義の一面における欠落を補い実情に即せしめたものである。

二　〈略〉

（昭二三・五・一四　基収第一六四二号）

〈死亡した被災労働者が重婚的内縁関係にあった場合に係る保険給付の取扱いについて〉

死亡した被災労働者（以下「被災者」という。）が、民法（明治二九年法律第八九号）第七三九条に規定する届出による婚姻関係（以下「届出による婚姻関係」という。）にあり、かつ、他の者と事実上の婚姻関係を有していたいわゆる重婚的内縁関係（以下「重婚的内縁関係」という。）にあった場合に係る労働者災害補償保険法（昭和二二年法律第五〇号。以下「労災保険法」という。）第一二条に規定する未支給の保険給付、第一六条及び第二二条の四に規定する遺族（補償）給付、第五八条及び第六一条に規定する障害（補償）年金差額一時金の取扱いについては、従前から、原則として、被災者と届出による婚姻関係にあった者（以下「届出による婚姻関係にあった者」という。）に受給権を認めるものとし、例外的に被災者と事実上の婚姻関係にあった者（以下「事実上の婚姻関係にあった者」という。）に受給権を認める場合の具体的な運用基準については明確に示していなかったものである。

しかるに、近年の裁判例においては、昭和五八年の最高裁判決において、農林漁業団体職員共済組合法に係る事件（遺族年金却下取消請求事件昭和五八年四月一四日最高裁第一小法廷判決）ではあるものの、遺族給付を受けるべき配偶者の意義につき「戸籍上届出のある配偶者であっても、その婚姻関係が実体を失って形骸化し、かつ、その状態が固定化して近い将来解消される見込みがないとき、すなわち、事実上の離婚状態にある場合には、もはや、遺族給付を受けるべき配偶者に該当しないものというべきである」旨の判示がなされているのを始めとし、他にも、届出による婚姻関係の形骸化及びその状態の固定化が認められる場合には、当該届出による婚姻関係と競合する事実上の婚姻関係の保護を図るべきであるとするものが多くみられるところである。

また、労働保険審査会の裁決においても、届出による婚姻関係にあった者が存在していたとしても、その関係が形骸化し実質的には離婚したものと同一視できる場合には、例外的に事実上の婚姻関係にあった者の受給権を認める余地があるとの判断のもと、事実上の婚姻関係にあった者の受給権を認めなかった原処分を取り消したものがいくつか見られるところであり、今後においても、同趣旨の判決又は裁決がなされることが十分予想されることから、今般、その取扱いを示すこととしたものである。

ついては、下記の事項に留意の上、事務処理に遺漏なきを期されたい。

記

1　取扱い

被災者が重婚的内縁関係にあった場合の労災保険法第一一条に規定する未支給の保険給付、第一六条及び第二二条の四に規定する遺族（補償）給付、第五八条及び第六一条に規定する障害（補償）年金差額一時金の受給権者は、本来、婚姻の成立がその届出により法律上の効力を生ずることとされていることからも、原則として届出による婚姻関係にあった者とするが、届出による婚姻関係がその実体を失って形骸化し、かつ、その状態が固定化して近い将来解消される見込みがなかった場合に限り、事実上の婚姻関係にあった者とすること。

2　運用基準

前記1の「届出による婚姻関係がその実体を失って形骸化し、かつ、その状態が固定化して近い将来解消される見込みがなかった場合」とは、婚姻の届出はあるものの、当事者間に社会通念上夫婦の共同生活と認められる事実関係を維持しようとする合意がなくなっており、かつ、当事者間に社会通念上夫婦の共同生活と認められる事実関係が存続しなくなった場合を指し、具体的には次に掲げる要件のすべてを満たす状態をいうものであること。

(1) 被災者の死亡時、当事者間において、婚姻関係の形骸化及びその状態の固定化を容易に推認できるほどの長期間にわたる別居状態が継続中であったこと。

(2) 上記(1)の別居状態が継続している期間（以下「別居期間」という。）中、当事者間において、電話連絡、書簡又は訪問等による交流の事実が存在せず、音信不通又はそれに準じた状態であったこと。

(3) 別居期間中、正常な夫婦関係の回復、別居生活の解消を図るための継続した努力の形跡が当事者のいずれにも認められないこと。ただし、届出による婚姻関係にあった者について、生活状態等からこれらの継続した努力が期待し得ないと認められる場合を除くものとする。

（平一〇・一〇・三〇　基発第六二七号）

〈内縁の妻の受給権〉

問　左の如き場合遺族補償費は内縁の妻（B）に支給してよいか御伺いする。

記

労働者Aは業務上死亡し、死亡当時はBと同棲し婚姻と同様の関係があった。Bの戸籍謄本によればBは以前Cと結婚し子供一人を設けてCと死別している。BはCの死亡後Aと結婚したることをその媒酌人が証明しているが戸籍上の手続はしていない。

Aの本籍地に戸籍上の遺族を調査したがAの戸籍がない。会社に採用の際戸籍を偽っていたものである。尚姓名も其の正否は判明しない。右の如く本籍地が不明であるから遺族は判明しない。従って正妻の存否も分からない。

答　Aの戸籍不明という貴課の調査に遺漏なく、且つ、Aと事実上婚姻同様の関係にあったことが確認されるときは、受給権者はBである。

（昭二四・八・一二　基災収第四七六二号）

〈内縁関係の存続が認められず、子についても認知されていない場合〉

問　業務上死亡したYに係る遺族補償費について、左記の者のうち、いずれを受給権者とすべきか。

記

一　Tは、Yと昭和二〇年六月一三日より内縁関係を結び、男子Kを生んだが、YがKの入籍を拒否したため、昭和二四年三月七日Kを伴い実家に帰った。

二　Mは、Yと昭和二四年七月六日挙式したが入籍はしていない。Mは、その後妊娠したが胎児の入籍について争いが絶えず、また、Yの酒乱に愛想をつかしたため、昭和二五年一月二五日別れた。

なお、Mは、昭和一二年頃Hと結婚入籍し、昭和二三年に別れているが、Yと同棲期間中はまだHの戸籍にあり、昭和二五年二月二五日に至り離婚したものである。

答一　〈略〉

二　労災保険法第一六条の二「子」は事実上の子を含まない。したがってKが受給権者となるためには、民法第七六七条の規定による認知が必要である。

（昭二五・八・八　基収第二二四九号）

〈戸籍上義甥となる実孫の受給資格〉

問　当局管内で下記のとおり死亡事故が発生しましたが、遺族補償年金の支給にあたり疑義を生じましたので何分の御指示を頂きたくお願いします。

記

一　死亡労働者氏名　A（六二才）

二　死亡年月日　昭和四一年六月二日

三　職種　特別加入者（商店主）

四　家族状況

(1)　被災者Aは明治三六年七月一日父B母Cの長女として出生Kに入籍

(2)　昭和六年一月三一日Fと婿養子縁組

(3)　昭和六年一一月二〇日長男M出生

(4)　昭和一三年四月三〇日婿養子Fと協議離婚

(5)　昭和二六年一月五日長男Mは祖父母であるB、同Cと養子縁組

(6)　昭和二九年八月七日Aは父母の氏を称するためBの戸籍に入籍

(7)　Mは長女Yと結婚昭和二六年一月五日入籍

(8)　MとYの間には

長男　S（昭和二五・一二・二五生）

長女　D（昭和二八・一二・一一生）

弐男　E（昭和三一・七・七生）

被災者Aの死亡当時

Aの　実母　C

Aの　長男　M

（戸籍上は義弟の関係となる）

Aの　長男の妻　Y

（戸籍上は義妹の関係となる）

Aの　実孫　S

（戸籍上は義甥の関係となる）

Aの　実孫　D

（戸籍上は義姪の関係となる）

Aの　実孫　E

（戸籍上は義甥の関係となる）

は何れも被災者と生計維持関係にあったものである。

五　疑義事項

前記のとおり血縁関係では実子、実孫関係にある者が戸籍上では義弟或は義甥、義姪の関係となるが、本件の受給資格者は実母C、実孫S、同D、Eの四人、受給権者は実母のCと認めて差支えないか。

(注)　実子Mは一八才以上のため受給資格者とならない。

答　貴見のとおり。

（昭四二・一一・一七　基災収第九八号）

〈認知による父子関係がない者の受給資格〉

問　当局管内において下記死亡災害が発生し遺族補償年金の受給資格等について、疑義を生じましたので関係資料を添え稟伺します。

死亡労働者及び遺族等関係者の状況

Aは、死亡当時B、C、D、E、Fと同居し、もっぱらその収入によって生計を維持していたものであるが、Fを除き総て外国の国籍者で、戸籍上の身分関係は明確でなく外国人登録原票等によると次のとおりである。なおFは、日本人Gの子として戸籍に記載されており、Bの申立てによれば、AとGの子で昭和二七年にBとAが当時生後七ケ月のFを引取り扶養して来た由であるがAによる認知、養子縁組はなされていない。

(1)　Aは、昭和二七年一〇月三一日以降、Bといわゆる内縁関係として同居し、又、C、D、Eといずれもその出生以降生計を一にして同居していたものである。

(2)　Bは、原票によると、一九三三年七月二五日N県において出生し、N県を経て昭和二七年一〇月三〇日作成のものから世帯主をA、その続柄を妻とし、以後Aと同時に居住地を移転した旨が記録されている。

(3)　Cは、原票によると、一九五二年七月五日出生し、世帯主Aの長男と記載され、以後Aと同時に居住地移転が記録されている。

(4)　Dは、原票によると一九五六年四月二六日出生し、世帯主Aの長女であること、その後Aと共に居住地を移転していることが登録されている。

(5)　Eは、原票上一九六二年一二月四日出生し、世帯主Aの三男であることが登録されている。

(6)　Gは、昭和二六年にAと離婚後、Fの他に、昭和三六年に子を出生しているが、これはその後生じた他の内縁関係によるものと認められる。なお戸籍上いずれも婚姻の記載はない。

(7)　Aの他の親族については、明確ではないが、Bの申立てによると、両親は、昭和一九年頃死亡した模様でその他日本に帰化しOに存在する兄（詳細な住所は不明）、日本人と結婚し居所不明の妹、まれに連絡のあった韓国（詳細な住所は不明）在住の従兄があるのみの由である。

当局の意見

Bは、Aと、死亡当時婚姻関係と同様の事情にあったものとして、EはAの子として夫々遺族補償年金を受けることが出来るものと解し、又、年金請求書に添付すべき書類のうち、戸籍謄本又は抄本を省略し、外国人登録済証明書、Eの出生届謄本をもってこれに替えることとして取扱い、C、D、Fには受給資格がないものと解すべきと思料する。しかしながら、C、Dについては、外国人登録上は、Aの子として記載されており、一般に韓国出身者の場合、行政上、司法上、或は実生活において、外国人登録を、戸籍に替るものとして取扱われているものであり、例えば、AはC、Dの父として両名の外国人登録法上の届出義務違反の理由で裁判官より過料の決定を受けこれに服している事実もあるので、これらの事実を尊重して、特に此の場合Aの子として取扱うことも考えられ、一方EについてAによって出生地、市長に出生届がなされていることのみで認知の効果を認めて受給資格者とすることにいささか疑義がある。

なお、C、D、E及びFが認知を受けようとする場合、日本の裁判所にその請求がなし得るかどうか併せて御教示願いたい。

答　本件遺族補償年金の受給権者は、貴見のとおりBであるが、その他の者については、認知による父子関係が成立しない限り、受給資格者とすることはできない。

なお、日本在住外国国籍者の認知は、わが国の裁判所においても取り扱われるので、念のため。

（昭四二・四・六　基収第四二号）

〈社会福祉施設に入所している者の生計維持関係の有無〉

問　当局管内、M製作所において本年三月六日死亡した、同所々属労働者、Sにかかる遺族補償年金の受給者について調査を行ったところ、第一順位者である妻のA子は既に死亡し、第二順位者である長女B子は身体障害者、二女C子、三女D子は一八才未満で受給資格者としての第一の要件を満足するものであるが、これ等の姉妹は（労働者の死亡当時）いずれもが社会福祉施設に入所しており、資格者としての第二要件である死亡労働者との生計維持関係の認定について、いささか疑義がありますので何分の御指示を賜りたく左記のとおりお伺い致します。

記

一　S（死亡労働者）の子弟四名が社会福祉施設に入所した経過等

Sの妻A子は、昭和三三年一一月肺結核のため死亡し、Sもまた肺結核に冒され三四年一月より病院に収容されS家は両親もなく収入もなく、あとに四名（B子、H男、C子、D子）の子供のみが残される悲惨な状況に陥った。このため四名の子弟は民生委員等の手によりそれぞれ社会福祉施設に入所した。

なお、Sは三八年四月頃まで療養

を続け四〇年頃より働きはじめ、M製作所へは四一年一一月より勤務したものである。

二　四名の子女が入所している施設等の状況

(1)　氏名、年令、施設等の状況（表参照）

氏名　続柄	生年月日	障害の有無	施設の名称等	保護者の負担	備考
B子　長女	昭一九年七月二〇日生（一八才以上）	有	財団法人甲保護園	保護者負担として、月二、〇〇〇円	精薄、言語障害、三級相当障害
C子　二女	昭二六年九月一五日生（一八才未満）	無	県立乙愛育園	なし	
D子　三女	昭三〇年七月一〇日生（一八才未満）	〃	〃	なし	
H男　長男	昭二三年五月六日生（一八才以上）	〃	〃	高校在学中のため学費負担	受給資格なし

(2)　その他参考事項

イ　甲保護園は、身体障害者を収容する施設であって、保護者負担金は保護者の経済能力に応じて徴しているものである。

ロ　乙愛育園は、看護者のなき（父、母のなき者）、経済能力のなき者）児童を収容する施設で、満一八才に達するまで入所することが出来、保護者負担は保護者の経済能力に応じて徴収されているが、Sの場合は愛育園として徴しておらない。ただ、長男H男（一八才以上）は高校に在学していたため学費（三、〇〇〇円～五、〇〇〇円）を個人的に負担しておったものである。

ハ　長女B子は、世帯分離し町長が後見人となり障害福祉年金を受けている。

二女C子は、愛育園を本年三月退所し、現在兄と同居中である。

三女D子は、現在も愛育園に入所している。

兄H男（本年三月Z工業高校を卒業し、現在T建設（株）に勤務中）の言によれば、SはH男が高校を卒業し勤務すればS、H男が中心となり、他の子女を社会施設より引取り生活を共にする考えであった、とのことである。

答　子女三名ともに生計維持関係があるものと認められる。

（昭四二・八・一四　基収第三八六二号）

〈遺族補償年金の受給資格等について〉

問　当局管内において下記災害が発生し、遺族補償年金の受給資格等についていささか疑義を生じましたので稟伺いたします。

記

死亡労働者氏名　A

一九一七年二月三日生（五〇才）

本籍地　不明

死亡当時住所　Y県N郡K町E

請求人氏名　B　一九二二年一〇月一〇日生（四五才）

現住所　Y県T市M町一二一一番地

請求人の申立による内縁関係の経過

(1)　請求人は一四才のころ母、姉、妹、を頼って入国、母の死後O市E方面で某ミシン加工場工員として就労中のところ、昭和一五年頃入国各地を転々とし同工場に勤務することとなったAと親しくなり、昭和二七年頃同棲することとなった。

(2)　同棲に入る前、Aの口より本国に戸籍上の妻と子があることを聞かされたが、承知の上で同棲を始めた。戸籍上の妻子のことについては、その後一度も話題に上ったことがなく、Bもあえてこれを深く追求しなかった。

(3)　約三年間同棲を続け長女を懐胎したが、三カ月目の頃Aが無断で家を出たまま帰らず音信もなく住所不明となった。

昭和三〇年一〇月三日長女Cを出生、Bの子として届出た。

(4)　約二年間余り行方不明であったAが突然帰宅し、妻子を伴ってK県方面に出稼に出かけ、昭和三三年九月二七日N郡K町に転入、昭和三四年三月三日同所において長男Dを出生した。長男の出生届は、嫡出の子として父AよりK町E支所に提出されている。

(5)　死亡労働者AとBが事実上婚姻関係と同様の事情にあったこと、ならびに、労働者の死亡当時その収入によって生計を維持していたことについては、N郡K町長及びK町民生委員がこれを証明している。

疑義とする点

(1)　昭和三七年二月一五日付基発第一三二号通達に準拠し、Bを受給権者と認めて差支えないか。

(2)　長男Dについては、婚姻関係にある夫婦間の子の如く届出されているが、新民法施行後の届出であり、昭和四〇年一一月一七日付民事甲第三二八五号民事局長通達にもとづき認知の効力がないものとして取扱ってよいか。

(3)　認知があった場合でも受給資格の効力については遡及しないものと解してよいか。

当局の見解

(1)　死亡労働者Aには、入国前本籍地に戸籍上妻子があったとの請求人の陳述により、外国人登録済証明書記載の本籍地に照会せるところ不明であるとの回答があった。死亡労働者の生前、本籍地ならびに本国の妻子の存否等について本人より聞いている者がなく、調査すべき資料もない。他面本国との音信、送金の有無、等について調査するもその事実が認められないので、昭和三七年二月一五日付基発第一三二号通達記の一の(4)に準拠し決定致したいが、いささか疑義がある。

(2) 死亡労働者とBの婚姻関係について、居住した市町村に照会せるところにいずれも婚姻届受理の事実がない。従って、C、Dについては、いずれも認知による父子関係成立後でなければ受給資格者とはならないものと解されるが、Dについては、父親たる死亡労働者より出生届が提出されており、実体上認知と同様のものと考えられているので受給資格者として扱うことは許されないかお伺いする。

答 一 疑義(1)については、貴見のとおり取り扱われたい。

二 疑義(2)については、単に出生届のみでは認知の効力は生じないので、民法第七八七条の規定による認知によられたい。

三 疑義(3)については、二によって認知がなされた子については、被災者の死亡時に遡って加算対象者となるものである。

（昭四二・一二・二三　基収第四七一三号）

〈強制認知された子の遺族補償年金受給権〉

問 K県T工業所労働者Hは、業務上死亡した。Hには、戸籍上の妻と長男がM県に在住しているが、一六年来別居生活を送り、生計維持関係は認められない。

一方Hは、死亡当時K女と同棲しており、その間に男子Yおよび女子Mを設け、生計を共にしていた。

YおよびMは、Hの死亡後強制認知によりHの子と認められ、遺族補償年金の請求を行った。

しかしながら、少なくともHの死亡当時においては、遺族補償年金の受給資格者に該当する者はなく、戸籍上の妻が遺族補償一時金の受給権を取得していたものであるため、民法第七八四条但書にいう既得権に関連し、認知された子YおよびMの請求に対し、遺族補償年金を支給してよいか。

答 本件の場合、認知された子に対し遺族補償年金を支給するよう取り扱われたい。

（昭四三・四・一　基収第一七五号）

〈水難による行方不明者に対する取扱い〉

問 標記のことについて、左記の通りの事情があり、特別の措置を講じ得るよう何分の御回示をお願いします。

一　遭難状況　昭和二八年六月二六日午前六時頃、T鉱業株式会社I鉱業所給水ポンプ方（坑外）Oは、前勤者Sと交替しH郡A町所在の同鉱業所水源地である給水バックで勤務中、I川に転落行方不明となり、目下附近一帯並びに下流方面を捜査中であるが、未だに死体が発見されない。

二　質疑事項　かくの如く死亡事実が判明しない場合は、たとえ死亡したであろうと推定されても、遺族補償費を受けることが出来ないこととなっており、民法第三〇条の規定に基づき、家庭裁判所の失踪宣告を受け、法令上死亡したものとして取扱われることが必要であるとされ、それまでは労災保険の給付が事実上出来ないこととなり、遺族の生活困窮は更に深刻な様相を呈している。

従って、家庭裁判所の審判が確定することを附帯条件として、遺族補償費を仮支給する措置をなし得るや、何分の御指示をお願いします。

答　水難による行方不明者の取扱については、昭和二八年八月四日附民事甲第一三二八号をもって、法務省民事局長より和歌山地方法務局長あて別紙の通り指示されているから、右回答に示された手続を経て、行方不明者の死亡届が市町村長において受理され、又は市町村長が職権により死亡の戸籍記載を行った場合には、労災保険においても、当時行方不明者は死亡したものとして看做して差支えない。

（別紙）

水難による行方不明者の戸籍事務の取扱いについて（昭二八・八・四民事甲第一三二八号）

問　本月一八日の当県下水害による河川の堤防欠壊又は山間部落の山崩れ等により地理的にみて流出又は埋没したことが明らかであり、且つ次の状況により死亡が推定される場合であります。

即ち、有田川については、川岸附近の家屋が激流に流されたため、多数の人が屋上に上がり、急流を下った結果、同川口に残った唯一の橋りょうに家屋及び人が激突（頭部その他を橋に突き当てた者大部分ある趣）し、水中に没した模様であります。

また山村にあっては、山津波により土砂が崩れ落ち、天然ダムが何箇所も出来た状態で、右山崩れの為、人家が土中深く埋没した部落（役場を含む。）もあり、発掘の見込なき旨の報告に接しています。

前記事案について、遺族から死亡の申出あった場合も、警察官公署が戸籍法第八九条による死亡報告をすることが出来ないものと解されますが、県下の被害状況を推定するとき、前記行方不明者が相当数にあり且つ、管内市町村からその取扱方につき照会があるので特にお伺いする次第であります。

答　客月二五日付和法戸日記第二九一〇号をもって照会の行方不明者については、左記の通り先例（昭和二二年一一月一二日日記第一二三八号前橋司法事務局長代理照会、同年一二月四日民事甲第一七一七号民事局長回答）に準拠して取扱って差支えない。

一　死亡診断書又は死体検案書に代え、左記のような証明書を添付して、戸籍法第八七条所定の者から死亡の届出があったときは、監督局の長の指示を得て受理する。

(1)　事件本人は、遭難直前まで、その家屋に現住していたが、山津波のため家屋が倒壊埋没し又は洪水のため流出し、生存の見込のないことの近隣の証明書

(2)　事件本人は、右災害のため死亡したものと認め、葬儀を営んだことの親族及び僧侶の証明書

二　戸籍法第八七条所定の死亡届出義務者がない場合、市町村長は前項の証明書類に基き、監督局の長の許可を得て職権で死亡の戸籍記載をする。

（昭二八・八・二四　基収第三七九一号）

〈遺族補償年金の受給資格等(1)〉

問　当局管内において下記死亡災害が発生し、遺族補償年金の受給資格等について疑義が生じましたので、関係資料を添え稟伺します。

記

一　災害発生日時
　昭和四二年一二月四日午後三時三〇分頃

二　死亡労働者氏名（年令）
　A（四七才）

三　災害の原因及び発生状況
　さく岩機を使用しさく岩作業中、表土浮石が落下し、さく岩機のサポートに当り、その衝撃ではね飛ばされ、四五度斜面を約八〇メートル墜落、頭部を強打即死したものである。

四　死亡労働者及び遺族等関係者の状況

(1)　死亡労働者Aは、本籍地韓国慶尚南道昌寧郡であって、ここにおいて一九四六年（昭和二一年）三月三〇日B子と結婚、間もなく単身来日した。

来日後は、いわゆるかつぎ屋等をしていたが、昭和二三年五月六日既婚を隠しかねてねんごろであった新潟県中蒲原郡C子と結婚し、三子をもうけた。この間、パチンコ店を経営して失敗し、以後スマートボール店の店員として働いたりしていたが、昭和三二年出稼に行くと称して同家を出、福島、群馬、埼玉、和歌山等の各県下土建現場を転々とし、更にこの間昭和三六年正月頃より和歌山市内スタンドバーのホステスD子とねんごろになり、昭和三八年一〇月頃より同女と同棲するようになった。

この当時も身持ち定まらず競輪等の賭事に凝り、生計は全く同女の稼ぎに頼りきりであった。

翌年また出稼に行くと称して同家を離れ、埼玉、岐阜、静岡等の各県下を転々とし、昭和四二年一〇月一七日より山梨県K林道新設工事現場に就労し、同年一二月四日業務上の災害により死亡したものである。

(2) B子との結婚は戸籍謄本により明らかであるが、C子がその存在を知ったのは、昭和二四年七月八日次子が誕生した後、韓国の本妻の身内の者と称する者が訪れこれを知らされたからであるが、それを確認することとなったのは昭和三八年長子が高校入学の際である。

また、D子は、昭和三八年一〇月以後の同棲中C子の存在を知り、その生活費のたしとして時折り送金しているが、韓国の本妻について何も知らなかった。

かつ、Aは終始経済的に恵まれなかったことからすればこれらの女性に内緒で本国の本妻に生活費を送金することはあり得なかったものと思料される。

(3) C子は昭和二二年五月六日媒酌人を立て挙式し、同人との間に三子（昭和二三年二月一八日、同二四年七月八日、同三〇年二月一〇日それぞれ出生）をもうけているが、同人が出稼に出てからは（昭和三二年四月一九日より）主として町役場からの生活扶助により生計を立てていた。

Aからの生活費の送金は思いつきのように時たまであり（D子は時たまであったが同棲中約二年間新潟の妻子に送金していたが先方から断わられてやめた、と述べている。）昭和四二年四月E温泉で会った後五、〇〇〇円程送金されている。

(4) D子は、昭和三八年一〇月頃よりY市内において同人と同棲しているが、その生計は専ら同女の稼ぎによって立てられていた。

昭和三九年同人が出稼に出てからは時たま送金されることもあり、昭和四二年一一月山梨から三〇、〇〇〇円送金されている。

しかしながら、同人には新潟に妻子があること、外国人登録のないことなどからAとは正式に結婚する意志を持っていなかった。

五　当局の意見

(1) B子は、同人の来日後二〇年以上も没交渉であり、この両人の間においては既に婚姻関係はその実体を失っており単なる戸籍上の妻に過ぎないのである。

(2) C子は、媒酌人を立てた挙式を行い、かつ外国人登録法による身分の変更を行っており、その後昭和三八年八月、日本国籍に戻しているが、これは離婚によるものではなく、長子の高校入学のための入籍のためであって、この外国人登録法による身分の変更をもって、法定の婚姻の届出があったものと解すべきものと思料される。

また、昭和四二年四月E温泉においてAの呼出しに応じ面会していることは、両人の間において夫婦関係の存続について合意があったものと思料される。

さらに、生計についてもAの如き家族扶養の責任感を失った生活破たん者に定期的な送金等を期待し、日常生活を営むグループの一員であるか否かによってこれを判断することは妥当でなく、本件においては時たまの送金ではあってもこれをもって生計を同じくしていたものと思料する。

(3) D子は、同人の死亡当時において最も身近な人であり、山梨の被災現場に就労の際も同女宅から出発したものであって、両人の間において生計を同じくしていたことは、同人が死亡の直前である昭和四二年一一月三〇、〇〇〇円送金して来たとの話もあり一応肯首されるところである。

ただ、同人がかつて外国人登録の更新を怠ったため、同棲し始めた当時外国人登録証を持たなかったため正式に結婚する意志がなかったこと、更にその後、新潟にC子等妻子のあることを知り、終始結婚の意志を持たなかったものであり、社会一般から夫婦共同生活関係を認められる実質を有することは明らかではあるが、なお単に法定の届出を欠いているため法律上夫婦と認められない男女の生活関係と判断し、内縁関係にあった者と解するには疑義がある。

以上その状況を総合判断し、C子を受給権者と決定いたしたい。

答 C子の三名の子供が認知により死亡労働者の子と確定すれば、それら三名の子供が遺族補償年金の受給権者となるが、認知されない現時点においては、戸籍上の妻B子が遺族補償一時金の受給権者である。

(昭四四・三・一七　四三基収第二九八二号)

〈遺族補償年金の受給資格等②〉

問 当局管内において、下記災害が発生し、遺族補償年金の受給資格等について、いささか疑義が生じましたので稟伺いたします。

記

一　事業場の名称
　T建設産業株式会社
　同右所在地　K市

二　災害発生場所　K市昭和通
　K補給部四倉庫改修工事現場

三　災害発生日時　昭和四三年一月二四日
　午後二時三〇分頃
　死亡年月日時　昭和四三年一月二五日
　午前三時四〇分

四　死亡労働者氏名
　Y（大正六年九月八日生）
　同右本籍地

熊本県B郡M町I一〇三九番地
同右住所
広島県A郡S町一〇四三三番地の一二

五　請求人氏名
遺族補償給付
戸籍上の妻　N子
（大正三年五月一日生）
葬祭料
内縁の妻
兵庫県尼崎市S子
（昭和五年九月一一日生）

六　請求人の申立による経過
(1)　戸籍上の妻、N子の申立要旨
(イ)　昭和一五年三月二〇日N子は、死亡者Yと婚姻し、A男、B子、C男の三子をもうけたが、A男、B子は各々婚姻のため除籍しており、Yの死亡当時はN子とC男が、熊本県B郡M町I一〇三九番地で生活していた。
(ロ)　死亡者YはN子と婚姻当時、熊本の軍隊にいたが、終戦後、鉄工所を三年間位経営していたが、病気のため廃業し、昭和二七年頃に熊本県内で薬の行商をしていたが、そのまま行方がしれず、警察に捜索依頼しても全然住所不明であった。
(ハ)　昭和三〇年頃、Yよりの手紙を受取り、夫の住所が兵庫県尼崎市であることを知った。
(ニ)　Yに内縁の妻のあることを知ったのは、昭和三二年であり、N子は立腹して神戸市の親戚の者に仲裁を頼んだが、いずれ夫はN子のところへ帰ってくるものと信じ争いもせず、そのままの状態にしておいた。
当時、Yは、毎月二、〇〇〇円程度をN子の所へ送金していた。
N子は、この送金だけでは生活出来ないので、生活保護法の恩恵をうけていた。
(ホ)　その後、徐々にYの送金は少なくなり一、〇〇〇円乃至二、〇〇〇円を隔月にYの死亡前三ケ年、或いは三ケ月位まで（死亡前三ケ年か、三ケ月かは詳らかでない。即ち、N子は、昭和四三年三月一八日にK労働基準監督署の係官の聴取書作成時には、Yの死亡前三ケ年間はYよりの手紙も、送金もなかったことを供述していたが、昭和四三年六月八日及び六月二四日のN子よりK労働基準監督署長宛差し出された手紙の内容によると、呉労働基準監督署で供述した当時は自分の気持ちの整理が充分出来ていなかったので、……死亡前三ケ年位ではなく、死亡前三ケ月間位はYより手紙も送金もなかったというのが、事実であると申し立てており、その証拠として、昭和三七年二月一一日投函、及び昭和三七年六月二〇日投函のYよりN子宛手紙及び現金書留封筒を提出しているものである。）続けられていたとのことであるが、YよりN子に宛てた手紙及び送金の事実を立証するものは、前述の昭和三七年二月一一日投函の手紙及び昭和三七年六月二〇日投函の現金書留封筒以外には皆無である。

(ヘ)　Ｎ子がＹの死亡を知ったのは、内縁の妻、Ｓ子より、電報で死亡を知らせたもので、Ｙの葬儀の翌日にＮ子はＳ子と初めて会ったものである。

(ト)　Ｙは、昭和三七年一月五日の夜、Ｎ子の自宅へ行って、永い間、苦労をさせてすまなかったと詫び、これからは、今までの分まで幸せにしてやるといったとのことである。

Ｎ子も一〇年間の苦労を水に流し、Ｙと楽しく、六日間の滞在期間を過ごしたようである。Ｎ子は、夫は必ず自分のところへ戻ってきてくれるものと思い楽しみに待っていたという。

しかし、Ｙの死亡した現在では、どうすることも出来ないので、せめて、Ｎ子が本当の妻であったことをＳ子にもわかってもらいたいといい、補償給付金はＳ子と二人でわけるが、受給権者はあくまでＮ子であると主張しているものである。

(2)　内縁の妻、Ｓ子の申立要旨

(イ)　Ｓ子の本籍地は兵庫県Ａ市Ｋ一七番地で、Ｙの死亡当時は広島県Ａ郡Ｓ町でＹ及び六人の子供と一緒に同居し、内縁関係にあり、生計維持関係にあったという。

(ロ)　Ｓ子がＹと知り合いになったのは昭和二九年の秋で、その後同棲し、内縁関係を結んだものである。当時Ｙは本妻については、離婚していると言っていたので、Ｓ子はその言葉を信用して同棲関係に入ったもののようである。Ｙは三八才、Ｓ子は二五才の時である。

Ｙが戸籍のことで嘘を言っていたと初めて知ったのは、昭和三三年三月二八日戸籍上の妻があるということを知った時である。Ｓ子は立腹して、別居しようと思ったが、Ｙが詫びたので許したといっている。その後、Ｓ子とＹとの間には四人の子供が出生している。

(ハ)　Ｓ子と六人の子供はＹの収入で生活を維持しており、Ｙは給料袋を切らずにそのままＳ子に手渡していたといっている。Ｓ子は自宅でお好み焼屋を自営しており、その方からの収入もあったようである。

Ｙの死亡後、その葬儀はＳ子が行っている。

(ニ)　「戸籍上の妻があることを知ってから、死亡直前までたえず、籍のことを話し合いました。或時は人を立てたり、此度は事故直前本人も仕事が片づき次第、熊本に帰って、円満に話し合ってきたいと申しておりました。お互いに早くこのことについて解決せねばと思いつつ、ついに経済的にも苦しかったので、のびのびになっていたのですが、今年は(私の長男)が中学入学を控えているため、どうしても籍の問題は解決してくると私を安心させてくれたのですが、それも実現せぬ間にあの様になった次第です。」といっている。

「ＹがＮに対して送金していたことは知りません。Ｙの給料袋はいつも封を切ってません。明細通りの金額を受けとっていました。送金するとしてもどの様な方法を取ったのか私にはわかりません。」と云っている。

七　参考添付資料〈略〉

八　疑義とする点

(1)　遺族補償年金の受給権者は戸籍上の妻、Ｎ子かそれとも死亡前約一四年間、死亡者Ｙと同棲関係を続け、死亡当時、生計維持関係にあったＳ子とみるべきか。

(2)　戸籍上の妻、Ｎ子はＹの死亡当時その収入によって生計を維持していたとは認められないので、遺族補償年金の受給資格がなく、また、死亡当時、生計維持関係のあったＳ子は同棲していたが、戸籍上の妻があるので、遺族補償年金の受給資格者となり得ないとすれば、本件は、戸籍上の妻Ｎ子に遺族補償一時金を支給すべきものであるか。

(3)　Ｓ子について、民法第七八七条により、三年以内に強制認知による認知を受けたときは、この子はＹの死亡当時その収入によって生計を維持していたものであるから、遺族補償年金の受給権者は前記(1)、(2)によるべきでなく、この子供とすべきであるか。

(4)　もし、前記(3)の問題が発生するとすれば、内縁関係のあったＳ子に対して認知の訴（強制認知）をするかどうかについて、支給決定前に尋ねておく必要があるか。民法第七八四条但し書の規定との関係はどうなるか。将来も此の種事案の発生を考えられるので、取扱いについて教示願いたい。

九　当局の見解

死亡者Ｙと内縁関係にあったＳ子とは、「夫婦の共同生活と認められる事実関係を成立させようとする合意があり、」かつ、「夫婦の共同生活と認められる事実関係が存在していた。」ように思われるけれども、Ｓ子が遺族補償年金の受給権者となるためには、ＹとＮ子との「届出による婚姻関係がその実体を失ったものになっていることを確定的に判断できるとき」と考えるべきであり、本件の場合Ｙは昭和二七年に戸籍上の妻、Ｎ子を遺棄して、昭和二九年にＳ子と内縁関係を結びながら、一方、随時に一、〇〇〇円乃至二、〇〇〇円をＮ子に送金していたようであり、かつ、昭和三七年には、Ｎ子の自宅に赴き、五日間滞在し、夫婦としての生活談話を交している事実もあり、Ｎ子は夫の死亡前まで夫の戻ってくることを心待ちしていたようであるから、「届出による婚姻関係がその実体を失ったものになっている」ことを確定的に判断出来るものとは解しがたいので、Ｓ子が、遺族補償年金の受給権者であるとは考えられない。しかしながら、N子についても、Yの死亡直前一定期間よりの送金は停止されていたのであるから、N子がYの死亡の当時、その収入によって生計を維持していたとは考えられず、したがって、N子も遺族補償年金の受給権者とはなり得ず、遺族補償一時金の受給権者と考えられる。

但し、S子の子の認知ありたるときは、民法第七八四条により、その子が遺族補償年金の受給権者となるものと考えられるが、同条但書並びに民法第九一〇条及び第七八七条の強制認知訴期間等との関係もあり、些か疑義がある。

答1　非嫡出子が労働者の死亡後認知された場合においても、戸籍上の妻は遺族補償一時金の受給権を有する。

2　労働者の死亡後認知された嫡出子は、労働者の死亡当時生計を維持されており、かつ先順位者がない限り、遺族補償年金の受給権者となる。ただし、当該遺族補償年金は、戸籍上の妻の遺族補償一時金請求権が存在しない場合において非嫡出子に支給されることとなる年金額の合計額が、戸籍上の妻の受けるべき遺族補償一時金の額に達するまでの間支給停止されるものであること。

（昭四四・六・六　四三基収第二九七二号）

判例

●重婚的内縁関係にあった者の遺族補償年金の受給権

「『婚姻の届出をしていないが、事実上婚姻関係と同様の事情にあった者』には、重婚的内縁関係にあった者は含まれないとした例」

昭五五・一一・二〇　広島地判

（一七六五頁参照）

（遺族補償年金の額）

第十六条の三　遺族補償年金の額は、別表第一に規定する額とする。

2　遺族補償年金を受ける権利を有する者が二人以上あるときは、前項の規定にかかわらず、別表第一に規定する額をその人数で除して得た額とする。

3　遺族補償年金の額の算定の基礎となる遺族の数に増減を生じたときは、その増減を生じた月の翌月から、遺族補償年金の額を改定する。

4　遺族補償年金を受ける権利を有する遺族が妻であり、かつ、当該妻と生計を同じくしている遺族補償年金を受けることができる遺族がない場合において、当該妻が次の各号の一に該当するに至つたときは、その該当するに至つた月の翌月から、遺族補償年金の額を改定する。

一　五十五歳に達したとき（別表第一の厚生労働省令で定める障害の状態にあるときを除く。）。

二　別表第一の厚生労働省令で定める障害の状態になり、又はその事情がなくなつたとき（五十五歳以上であるときを除く。）。

条文解説

本条は、受給権者が一人の場合及び二人以上ある場合に分けて、個々の受給権者の遺族補償年金の内容となる額について規定するとともに、別表第一の規定が遺族補償年金の額をその算定の基礎となる遺族の数の増減等に応じて増減するように定めているので、第九条第一項及び第二項の規定と合わせて、遺族補償年金の額の改定を遺族の数の増減等を生じた月の翌月から行うことを規定したものである。

受給権者が二人以上ある場合において、各人の受ける遺族補償年金の額が各人と生計を同じくしている受給資格者の数を考慮せずして受給権者の数で別表第一に規定する額を等分するとしているのは、もっぱら遺族補償年金の額の算定の便を考慮したことによる。

参考

法別表第一（第十四条、第十五条、第十五条の二、第十六条の三、第十八条、第十八条の二、第二十二条の三、第二十二条の四、第二十三条関係）

区分	額
〈略〉	〈略〉
遺族補償年金	次の各号に掲げる遺族補償年金を受ける権利を有する遺族及びその者と生計を同じくしている遺族補償年金を受けることができる遺族の人数の区分に応じ、当該各号に掲げる額 一　一人　給付基礎日額の一五三日分。ただし、五十五歳以上の妻又は労働省令で定める障害の状態にある妻にあつては、給付基礎日額の一七五日分とする。 二　二人　給付基礎日額の二〇一日分 三　三人　給付基礎日額の二二三日分 四　四人以上　給付基礎日額の二四五日分
〈略〉	〈略〉

関係政省令等

（法別表第一第一号の政令で定める率）

令第二条　法別表第一第一号（法第二十二条の三第三項、第二十二条の四第三項及び第二十三条第二項において準用する場合を含む。）の政令で定める率は、次の表の上欄に掲げる年金たる保険給付の区分に応じ、それぞれ同表の下欄に定める率とする。

障害補償年金 障害年金	〇・七三
遺族補償年金 遺族年金	〇・八〇
傷病補償年金 傷病年金	〇・七三

（法別表第一第一号の政令で定める額）

令第三条　法別表第一第一号の政令で定める額は、同表の下欄の額から、同一の事由（障害補償年金及び遺族補償年金についてはそれぞれ当該障害又は死亡をいい、傷病補償年金については当該負傷又は疾病により障害の状態にあることをいう。）により支給される障害厚生年金の額と障害基礎年金の額との合計額又は厚生年金保険法の規定による遺族厚生年金（第五条第一項において単に「遺族厚生年金」という。）の額と国民年金法の規定による遺族基礎年金（第七条第一項において単に「遺族基礎年金」という。）若しくは同法の規定による寡婦年金（第七条第一項において単に「寡婦年金」という。）の額との合計額を減じた残りの額に相当する額とする。

2　前項の規定は、法第二十二条の三第三項、第二十二条の四第三項及び第二十三条第二項において準用する法別表第一第一号の政令で定める額について準用する。この場合において、前項中「同表」とあるのは「法第二十二条の三第三項、第二十二条の四第三項及び第二十三条第二項において準用する同表」と、「障害補償年金及び遺族補償年金」とあるのは「障害年金及び遺族年金」と、「傷病補償年金」とあるのは「傷病年金」と読み替えるものとする。

（法別表第一第二号の政令で定める率）

令第四条　法別表第一第二号（法第二十二条の三第三項、第二十二条の四第三項及び第二十三条第二項において準用する場合を含む。）の政令で定める率は、次の表の上欄に掲げる年金たる保険給付の区分に応じ、それぞれ同表の下欄に定める率とする。

障害補償年金 障害年金	〇・八三
遺族補償年金 遺族年金	〇・八四

傷病補償年金 傷病年金	〇・八六

（法別表第一第二号の政令で定める額）

令第五条　法別表第一第二号の政令で定める額は、同表の下欄の額から、同一の事由（障害補償年金及び遺族補償年金についてはそれぞれ当該障害又は死亡をいい、傷病補償年金については当該負傷又は疾病により障害の状態にあることをいう。）により支給される障害厚生年金又は遺族厚生年金の額を減じた残りの額に相当する額とする。

2　前項の規定は、法第二十二条の三第三項、第二十二条の四第三項及び第二十三条第二項において準用する法別表第一第二号の政令で定める額について準用する。この場合において、前項中「同表」とあるのは「法第二十二条の三第三項、第二十二条の四第三項及び第二十三条第二項において準用する同表」と、「障害補償年金及び遺族補償年金」とあるのは「障害年金及び遺族年金」と、「傷病補償年金」とあるのは「傷病年金」と読み替えるものとする。

（法別表第一第三号の政令で定める率）

令第六条　法別表第一第三号（法第二十二条の三第三項、第二十二条の四第三項及び第二十三条第二項において準用する場合を含む。）の政令で定める率は、次の表の上欄に掲げる年金たる保険給付の区分に応じ、それぞれ同表の下欄に定める率とする。

障害補償年金 障害年金	〇・八八
遺族補償年金 遺族年金	〇・八八
傷病補償年金 傷病年金	〇・八八

（法別表第一第三号の政令で定める額）

令第七条　法別表第一第三号の政令で定める額は、同表の下欄の額から、同一の事由（障害補償年金及び遺族補償年金についてはそれぞれ当該障害又は死亡をいい、傷病補償年金については当該負傷又は疾病により障害の状態にあることをいう。）により支給される障害基礎年金又は遺族基礎年金若しくは寡婦年金の額を減じた残りの額に相当する額とする。

2　前項の規定は、法第二十二条の三第三項、第二十二条の四第三項及び第二十三条第二項において準用する法別表第一第三号の政令で定める額について準用する。この場合において、前項中「同表」とあるのは「法第二十二条の四第三項及び第二十三条第二項において準用する同表」と、「障害補償年金及び遺族補償年金」とあるのは「障害年金及び遺族年金」と、「傷病補償年金」とあるのは「傷病年金」と読み替えるものとする。

（昭和六十年改正法附則第百十六条第二項の場合の計算）

令附6　国民年金法等の一部を改正する法律（昭和六十年法律第三十四号。以下「昭和六十年改正法」という。）附則第百十六条第二項（同条第四項において準用する場合を含む。以下この項において同じ。）の規定により同条第二項の政令で定める率を乗ずる場合には、次の表の上欄に掲げる年金たる保険給付の区分に応じ、それぞれ同表の下欄に定める率を乗ずるものとする。

上欄	下欄
障害補償年金 障害年金	〇・七四
遺族補償年金 遺族年金	〇・八〇
傷病補償年金 傷病年金	〇・七五

（昭和六十年改正法附則第百十六条第二項の政令で定める額）

令附7　昭和六十年改正法附則第百十六条第二項の政令で定める額は、昭和六十年改正法附則第百十五条の規定による改正後の法（以下「昭和六十年改正後の法」という。）別表第一の下欄の額から、同一の事由（障害補償年金及び遺族補償年金についてはそれぞれ当該障害又は死亡をいい、傷病補償年金については当該負傷又は疾病により障害の状態にあることをいう。）により支給される昭和六十年改正法附則第七十八条第一項に規定する年金たる保険給付に該当する障害年金（附則第十二項において「旧厚生年金保険法の障害年金」という。）又は遺族年金の額を減じた残りの額に相当する額とする。

（昭和六十年改正法附則第百十六条第三項の政令で定める法令による給付及び同項の場合の計算）

令附9　昭和六十年改正法附則第百十六条第三項（同条第四項において準用する場合を含む。以下この項において同じ。）の政令で定める法令による給付は、次の表の上欄に掲げる年金たる保険給付の区分に応じ、それぞれ同表の中欄に定める給付とし、同条第三項の規定により同項の政令で定める率を乗ずる場合には、同表の上欄に掲げる年金たる保険給付の区分に応じ、同表の中欄に定める給付ごとにそれぞれ同表の下欄に定める率を乗ずるものとする。

〈略〉		
遺族補償年金	昭和六十年改正法附則第八十七条第一項に規定する年金たる保険給付に該当する遺族年金（次項において「旧船員保険法の遺族年金」という。）	〇・八〇
遺族年金	昭和六十年改正法附則第三十二条第一項に規定する年金たる給付に該当する母子年金、準母子年金、遺児年金又は寡婦年金（次項において「旧国民年金法の母子年金等」という。）	〇・九〇
〈略〉		

（昭和六十年改正法附則第百十六条第三項の政令で定める額）

令附10　昭和六十年改正法附則第百十六条第三項の政令で定める額は、法別表第一の下欄の額から、同一の事由（障害補償年金及び遺族補償年金についてはそれぞれ当該障害又は死亡をいい、傷病補償年金については当該負傷又は疾病により障害の状態にあることをいう。）により支給される次に掲げる給付の額を減じた残りの額に相当する額とする。

一　旧船員保険法の障害年金又は旧船員保険法の遺族年金

二　旧国民年金法の障害年金又は旧国民年金法の母子年金等

（遺族補償年金を受ける遺族の障害の状態）

則第十五条　法第十六条の二第一項第四号及び法別表第一遺族補償年金の項の厚生労働省令で定める障害の状態は、身体に別表第一の障害等級の第五級以上に該当する障害がある状態又は負傷若しくは疾病が治らないで、身体の機能若しくは精神に、労働が高度の制限を受けるか、若しくは労働に高度の制限を加えることを必要とする程度以上の障害がある状態とする。

参照条文

〔年金給付基礎日額の算定　八の三〕〔請求等についての代表者　則一五の五〕〔遺族補償年金を受ける遺族の障害の状態　則一五〕〔年金たる保険給付の額の改定に関する暫定措置　六四〕

解釈例規

〈遺族補償年金の額の算定〉

遺族補償年金の額は、給付基礎年額（給付基礎日額の三六五倍）の三〇％〔現行＝給付基礎日額の一五三日分〕以上五〇％〔現行＝給付基礎日額の二四五日分〕以下であり、同順位者が二人以上あるときは、これを等分した額が各受給権者についての支給額となる（新法第一六条の三第一項及び第二項、別表第一第三号）。

同順位の受給権者が二人以上あるときは、各受給権者に支給される年金額は、各受給権者に係る加算対象者有無及び数の多少に関係なく、受給権者の数で等分した額となる（法第一六条の三第二項）。

年金額の改定

遺族補償年金の額は、スライド等によるほか、加算対象者の数の増減に応じ、その増減のあった月の翌月分から改定する（法第一六条の三第三項）。

（昭四一・一・三一　基発第七三号）

〈一括前払の暫定措置〉

イ　年金の受給権者が二人以上である場合には、それらの者全員が請求をした場合にのみ、それらの者全員に対して、一個の一時金として支給することとする。一時金の支給を受ける権利は、年金の受給権者が、年金の受給権者となった時（労働者の死亡の場合）から二年を経過したときは、時効によって消滅する（改正法附則第四十二条第四項）。

ロ　一時金が支給された場合には、年金の受給権者全員（後順位者を含む。）に対して各月に支給されるべき額（年利一〇〇分の五の利息を考慮する。）の合計額が前払一時金の額に達するまでの間、年金の支給が停止される。その場合、各月に支給されるべき年金の額は、厚生年金保険等との調整が行なわれるときは調整後の額により、年金額の算定の基礎となる遺族の増減、スライド等があるときは、改定額によることは、いうまでもない。

年金の受給権者が二人以上ある場合には、それらの者の全員について一律の同期間、年金の支給が停止されることはいうまでもない。一時金の支給を受けた年金の受給権者が失権したため、次順位者が年金の受給権者となった場合において、未だ支給停止期間が満了していないときは、さらに、新たに年金の受給権者となった者について年金の支給停止が継続される。

ハ　一時金は、遺族補償年金とみなされる（改正法附則第四十二条第五項）から、年金の受給権者が一時金の請求をして受給前に死亡し、又は請求をしないで死亡した場合には、その次順位の受給権者（同順位の受給権者があるときは、その者）に限って、法第一二条の五の規定により、未支給給付としての一時金を請求することができる。

（昭四二・七・一一　基災発第一九号）

〈**遺族補償給付**〉

1　遺族補償年金の額の引上げ

(1)　遺族補償年金の額については、ＩＬＯ第一二一号勧告を考慮して、その最高額（遺族五人以上の場合）が現行の給付基礎年額の六〇％に相当する額から給付基礎年額の六七％に相当する額に引き上げられた。

(2)　ＩＬＯ第一二一号条約では、遺族補償についての標準受給者（三人）に対する給付額を死亡労働者の賃金の五〇％としているが、わが国の世帯構成の現状からみて、遺族補償年金又は遺族年金の標準受給者としては、遺族の数を二人とするのが適当であるので、遺族の数が二人の場合に支給される遺族補償年金の額が従来の給付基礎年額の四五％に相当する額から給付基礎年額の五〇％に相当する額に引き上げられた。

(3)　遺族が四人の場合、三人の場合及び一人の場合については、遺族が五人の場合及び二人の場合との均衡等を考慮して、それぞれ給付額が引き上げられた。

2　改正に関する経過措置

(1)　昭和四九年一一月一日から改正法の施行の日の前日（同年一二月二七日）までの間に支給事由の生じた法第一六条の六第二号（法第二二条の四第三項において準用する場合を含む。）の場合の遺族補償一時金の額は、改正法の遡及適用により、かえってこれらの一時金の受給権者が不利益を被ることのないよう、引き上げ前の額の遺族補償年金の額を基礎に算定された額とされた。

これらの一時金と同一の死亡に関して支給されていた昭和四九年一一月分又は一二月分の遺族補償年金の額は引き上げ前の額（引上げ後の一

一月分又は一二月分の年金額から引上げ前の一一月分又は一二月分の年金額を減じた額がこれらの一時金の額を超える場合には、その超える額を加えた額）による（改正法附則第二条第二項）。

⑵　昭和四九年一一月分及び一二月分の、遺族補償年金、又は同年一一月一日から同年一二月二七日までに生じた支給事由に係る前払一時金が、改正前の額によって支払われた場合には、その支払は、改正後の支給額の内払とみなされる。したがって、このような場合には、改正後の規定による給付額との差額を追加支給することとなる（改正法附則第六条第一項、第二項）。

3　その他

遺族補償一時金については、従来、受給権者が二人以上ある場合には、受給権者ごとに遺族補償一時金を請求させ、また、受給権者ごとに支給することとしていたところであるが、事務処理の便宜を考慮し、遺族補償一時金についても、請求及び受領に関する代表者の選任の制度を適用することとされた（改正省令による改正後の労災則第一六条第四項）。

（昭五〇・一・四　基発第二号）

〈**労災年金と厚生年金等との調整**〉

第一　労災保険の年金たる保険給付等と新厚生年金等との併給調整

一　概要

同一の事由により労災保険の年金たる保険給付等と改正法による改正後の厚生年金保険法（以下「新厚年法」という。）の規定に基づく年金たる保険給付又は改正法による改正後の国民年金法（以下「新国年法」という。）の規定に基づく年金たる給付（以下「新厚生年金等」という。）とが併給される場合の労災保険の年金たる保険給付等の額の調整については、従前同様、労災保険の年金たる保険給付等の額に前々保険年度における併給に係る労災保険の年金たる保険給付の支給額の平均額と新厚生年金等の支給額の平均額に基づき政令で定める一定の率（調整率）を乗じ調整を行い、調整後の労災保険の年金たる保険給付等の額については、その額と併給される新厚生年金等の額との合計額が調整前の労災保険の年金たる保険給付の額を下回る（すなわち、厚生年金等との併給があるため併給がない場合に比較し受給総額が低くなる）ことがないよう、政令で定める一定の額（調整限度額）を設けることとされている（新労災保険法第一四条第三項、別表第一等）。

ただし、昭和六一年四月から昭和六三年三月までの間においては、前々保険年度（昭和五九年度及び昭和六〇年度）においては新厚生年金等の支給実績が存在しないため、経過的に、前々保険年度における併給に係る労災保険の年金たる保険給付の支給額の平均額と旧厚生年金等の支給額の平均額に基づき政令で定める調整率を用いることとされている（改正法附則第一一七条第一項から第三項まで）。

二　調整率（表参照）

三　調整限度額

労災保険の年金たる保険給付の額に二の調整率を乗じて調整を行った後の額が政令で定める一定の額（調整限度額）を下回るときは、当該額をもって労災保険の年金たる保険給付の額とすることとされており（改正法附則第一一七条第一項から第三項まで）、これに基づき、労災保険の年金たる保険給付の額から同一の事由により支給される新厚生年金等の額を減じた残りの額に相当する額を調整限度額とすることとされた（新労災令附則第一八項から第二〇項まで、第二二項から第二四項まで

併給される新厚生年金等 ＼ 労災保険の年金たる保険給付		障害補償年金 障害年金	遺族補償年金 遺族年金	傷病補償年金 傷病年金	備考
(1)　別表第1第1号 新厚生年金＋新国民年金	障害厚生年金及び障害基礎年金	0.76	—	0.76	新労災令附則第17項
	遺族厚生年金及び遺族基礎年金又は寡婦年金	—	0.83	—	
(2)　別表第1第2号 新厚生年金	障害厚生年金	0.88	—	0.88	新労災令附則第21項
	遺族厚生年金	—	0.91	—	
(3)　別表第1第3号 新国民年金	障害基礎年金	0.89	—	0.88	新労災令附則第25項
	遺族基礎年金又は寡婦年金	—	0.91	—	

及び第二六項から第二八項まで）。

第二　労災保険の年金たる保険給付等と旧厚生年金等との併給調整

一　概要

改正法の施行日（昭和六一年四月一日）以後においても、改正法による改正前の厚生年金保険法（以下「旧厚生法」という。）、船員保険法（昭和一四年法律第七三号。以下「旧船保法」という。）及び国民年金法（以下「旧国年法」という。）の規定による年金たる給付（以下「旧厚生年金法」という。）は、一部例外（旧国年法の規定による母子福祉年金、準母子福祉年金等。）を除き、なお従前の例により支給される（改正法附則第三二条第一項、第七八条第一項及び第八六条第一項参照）。同一の事由により労災保険の年金たる保険給付等と旧厚生年金等とが併給される場合については、第一において述べた労災保険の年金たる保険給付等との新厚生年金等との

旧厚生年金等 ＼ 労災保険の年金たる保険給付		障害補償年金 障害年金	遺族補償年金 遺族年金	傷病補償年金 傷病年金	備考
旧厚生年金法	障害年金	0.76	−	0.76	新労災令附則第6項
	遺族年金	−	0.83	−	
旧船保法	障害年金	0.76	−	0.76	新労災令附則第10項
	遺族年金	−	0.83	−	
旧国年法	障害年金	0.89	−	0.88	
	母子年金等	−	0.91	−	

併給調整と同様に調整を行うこととされている（改正法附則第一一六条第二項から第四項まで、第七項及び第八項）。

二　調整率（表参照）

三　調整限度額

労災保険の年金たる保険給付の額に二の調整率を乗じて調整を行った後の額が政令で定める一定の額（調整限度額）を下回るときは、当該額をもって労災保険の年金たる保険給付の額とされており（改正法附則第一一六条第二項及び第三項）、これに基づき、労災保険の年金たる保険給付の額から同一の事由により支給される旧厚生年金等の額を減じた残りの額を調整限度額とすることとされた（新労災令附則第七項から第九項まで及び第一一項から第一三項まで）。

（昭六一・三・二九　基発第一七九号）

〈労災保険の年金たる保険給付等と厚生年金等との調整について〉

〈略〉今般、同一の事由により労災保険の年金たる保険給付（以下「労災年金」という。）と厚生年金保険法（昭和二九年法律第一一五号）の規定による年金たる保険給付又は国民年金法（昭和三四年法律第一四一号）の規定による年金たる給付（以下「厚生年金等」という。）とが支給される場合の労災年金の額の調整に関し、昭和六一年度における労災年金と厚生年金等の支給の実績に基づき、労災年金の額に乗ずる率（調整率）を定めること等を内容とする労働者災害補償保険法施行令の一部を改正する政令（昭和六三年政令第六四号。以下「改正政令」という。参考一参照）が、昭和六三年三月三一日に公布され、同年四月一日から施行されることとなった。

ついては、下記の点に留意の上、事務処理に遺憾なきを期されたい。

記

第一　労災年金と厚生年金等との併給調整

一　同一の事由により労災年金と厚生年金等とが併給される場合における労災年金の額の調整については、労災年金の額に前々保険年度における併給に係る労災年金の支給額の平均額と厚生年金等の支給額の平均額に基づき政令で定める一定の率（調整率）を乗じ調整を行い、調整後の労災年金の額については、その額と併給される厚生年金等の額との合計額が調整前の労災年金の額を下回る（すなわち、厚生年金等との併給があるため併給がない場合に比較し受給総額が低くなる）ことがないよう、政令で定める一定の額（調整限度額）を設けることとされている（労働者災害補償保険法（昭和二二年法律第五〇号。以下「労災保険法」という。）別表第一（労災保険法第二二条の三第三項、第二二条の四第三項及び第二三条の六第二項において準用する場合を含む。以下同じ。））。

二　調整率は、労災年金の種別ごとに、労災保険法別表第一第一号から第三号までに掲げる併給される厚生年金等の区分に応じ、それぞれ政令で定めることとされているところ、昭和六一年四月から昭和六三年三月までの間においては、前々保険年度（昭和五九年度及び昭和六〇年度）における厚生年金等の支給実績が存在しないことから、国民年金法等の一部を改正する法律（昭和六〇年法律第三四号。以下「昭和六〇年改正法」という。昭和六一年四月一日施行。）による改正前の厚生年金保険法、船員保険法（昭和一四年法律第七三号）又は国民年金法の規定による年金たる給付（以下「旧厚生年金等」という。）との支給実績に基づいて経過的に定めることとされ（昭和六〇年改正法附則第一一七条第一項から第三項まで（同条第四項において準用する場合を含む。））、具体的には昭和五九年度における同一の事由による併給に係る労災年金の支給額と旧厚生年金等の支給額の平均額に基づき、改正政令による改正前の労働者災害補償保険法施行令（以下「旧労災令」という。）により別表1のカッコ内のとおり具体的数値が経過的に定められていたところである（旧労災令附則第一七項、第二一項及び第二五項）。

三　今般、昭和六三年四月以後の月分の労災年金の支給額の調整に用いる調整率について、昭和六一年度における同一の事由による併給に係る労災年金の支給額の平均額と厚生年金等の支給額の平均額に基づき、別表1のとおり具体的数値が定められた（改正政令による改正後の労働者災害補償保険法施行令（以下「新労災令」という。）第二条、第四条及び第六条）。

第二　労災年金と旧厚生年金等との併

別表1

併給される厚生年金等＼労災年金		障害補償年金 障害年金	遺族補償年金 遺族年金	傷病補償年金 傷病年金	備考
厚生年金保険法及び国民年金法	障害厚生年金及び障害基礎年金	0.73	－	0.73	新労災令第2条
	遺族厚生年金及び遺族基礎年金及び寡婦年金	－	0.80	－	
厚生年金保険法	障害厚生年金	0.83	－	0.86	新労災令第4条
	遺族厚生年金	－	0.84	－	
国民年金法	障害基礎年金	0.88	－	0.88	新労災令第6条
	遺族基礎年金又は寡婦年金	－	0.88	－	

別表2

併給される旧厚生年金等＼労災年金		障害補償年金 障害年金	遺族補償年金 遺族年金	傷病補償年金 傷病年金	備考
昭和60年改正法による改正前の厚生年金保険法	障害年金	0.74	－	0.75	新労災令附則第6項
	遺族年金	－	0.80	－	
昭和60年改正法による改正前の船員保険法	障害年金	0.74	－	0.75	新労災令附則第10項
	遺族年金	－	0.80	－	
昭和60年改正法による改正前の国民年金法	障害年金	0.89	－	0.89	
	母子年金等	－	0.90	－	

給調整

一　同一の事由により労災年金と旧厚生年金等とが併給される場合については、第一の1において述べた労災年金と厚生年金等との併給調整と同様に調整を行うこととされている（昭和六〇年改正法附則第一一六条第二項及び第三項（同条第四項において準用する場合を含む。以下同じ。））。その際用いる調整率については、昭和六〇年改正法附則第一一六条第二項及び第三項において、同一の事由により労災年金と旧厚生年金等とが併給される場合について、昭和六〇年改正法による改正前の労災保険法別表第一の規定の例により算定した率、例えば、前々保険年度における旧厚生年金との併給に係る労災年金の支給額の平均額から同一の事由により支給される旧厚生年金の支給額の平均額に一〇〇分の五〇を乗じて得た額を減じた額を労災年金の支給額の平均額で除して得た率を下回らない範囲で政令で定めるものとされている。

二　今般、昭和六三年四月以後の月分の労災年金の支給額の調整に用いる調整率について、昭和六一年度における同一の事由による併給に係る労災年金の支給額の平均額と旧厚生年金等の支給額の平均額に基づき、別表2のとおり具体的数値が定められた（新労災令附則第六項及び第一〇項）。

第三　休業補償給付又は休業給付と厚生年金等又は旧厚生年金等との併給調整

一　同一の事由により休業補償給付又は休業給付と厚生年金等とが併給される場合にあっては、労災保険法第一四条第四項（労災保険法第二二条の二第二項において準用する場合を含む。）の規定により併給される厚生年金等の区分に応じ、労災保険法別表第一第一号から第三号までの政令で定める率のうち傷病補償年金又は傷病年金に係る率を、当該休業補償給付又は休業給付の額に乗じて調整することとされている。この場合の休業補償給付又は休業給付についての調整限度額については、休業補償給付又は休業給付の額から同一の事由により支給される厚生年金等の額を三六五で除して得た額を減じた残りの額に相当する額とすることとされている（新労災令第一条関係）。

二　同一の事由により休業補償給付又は休業給付と旧厚生年金等とが併給される場合にあっても同様に、併給される旧厚生年金等の区分に応じ、昭和六〇年改正法附則第一一六条第二項及び第三項の政令で定める率のうち傷病補償年金又は傷病年金の係る率を当該休業補償給付又は休業給付の額に乗じて調整することとされている（昭和六〇年改正法附則第一一六条第七項及び第八項）。この場合の休業補償給付又は休業給付についての調整限度額は、休業補償給付又は休業給付の額から同一の事由により併給される旧厚生年金等の額を三六五で除して得た額を減じた残りの額に相当する額とすることとされている（新労災令附則第一五項及び第一六項）。

三　今般、第一及び第二において述べたとおり、労災保険の傷病補償年金又は傷病年金と厚生年金等又は旧厚生年金等との併給に係る調整率が改正されたことに伴い、昭和六三年四月一日以後に支給事由の生じた休業補償給付又は休業給付の額の調整に用いられる率も変更されることとなったので、併せて留意されたい。

第四　経過措置等

一　改正政令は昭和六三年四月一日から施行することとされているが、同一の事由により労災年金と厚生年金等又は旧厚生年金等とが併給される場合における昭和六三年三月までの月分の労災年金の額に乗ずる率（調整率）については、なお従前の例、すなわち、厚生年金等との併給に係るものについては旧労災令附則第一七項、第二一項及び第二五項に規定する率を、旧厚生年金等との併給に係るものについては旧労災附則第六項及び第一〇項に規定する率を、それぞれ適用することとされている。

二　今回の調整率の改正に伴い、昭和六三年四月以後の月分の労災年金の額が変更（引上げ又は引下げ）される受給権者に対しては、各所轄労働基準監督署長より「厚生年金等調整率による変更決定通知書」（参考二参照）をもって変更の内容について通知することとしているので、関連の事務処理についても併せて遺漏なきを期されたい。

（昭六三・三・三一　基発第二〇三号）

〈遺族補償年金の額の引上げについて〉

一　改正の趣旨及び内容

従来、遺族補償年金及び遺族年金の遺族の人数に応ずる給付率格差については、一般的な世帯人数別の消費支出水準の格差を基礎として算出されていたが、被災労働者家庭の消費支出の実態にかんがみ、被災労働者本人を含めた世帯人数の消費支出水準を給付基礎日額の二四五日分（労働能力完全喪失の場合の基本的な給付水準）とした場合の遺族世帯の消費支出水準を算出する方法がより一層損害てん補の趣旨に即した給付率の算出方法となるものと考えられる。このような考え方に基づき、遺族が一人の場合の原則的な給付額を従来の給付基礎年額の三五パーセントから給付基礎日額の一五三日分（給付基礎年額の約四二パーセント）に引き上げるとともに、遺族数が五人以上の場合の給付額は給付基礎日額の二四五日分（給付基礎年額の約六七パーセント）とされ、その間の遺族数が二人の場合、三人の場合及び四人の場合の給付額については、これらとの均衡を勘案して算出した給付額に引き上げることとされた。

また、遺族数が一人の場合において、五〇歳以上五五歳未満の妻については、従来の給付額が給付基礎年額の四〇パーセントであることから遺族数が一人の場合の原則的な給付額に統合され、五五歳以上の妻又は一定の障害の状態にある妻については、五〇歳以上五五歳未満の妻の場合の引上げ率等を考慮して給付基礎日額の一七五日分（給付基礎年額の約四八パーセント）とされた。

なお、給付額の表示については、事務処理上の便宜等を図るため他の年金たる保険給付等の額の表示の仕方に合わせ従来の給付基礎年額に対する百分率による表示から給付基礎日額の日数分による表示に改めることとされたものである（新法別表第一関係）。

おって、上記改正に伴い、遺族である妻が五〇歳に達したときであっても遺族補償年金及び遺族年金の額の改定はされないこととなった（新法第一六条の三第四項第一号関係）。

二　施行期日等

この改正は、昭和五五年一二月五日から施行され、昭和五五年一一月以降の月分の年金から適用することとされた。同月前の月分の給付額については、従前どおりとされている（改正法附則第一条並びに第二条第一項及び第二項関係）。

なお、昭和五五年一一月分及び一二月分の給付額については、下記三を参照されたい。

（昭五五・一二・五　基発第六七三号）

〈労働者災害補償保険法等の一部を改正する法律の施行（第一次分）等について〉

第一　保険給付関係

1　遺族補償年金及び遺族年金の給付額の引上げ

(1)　改正の趣旨及び概要

イ　改正の趣旨

近年、核家族化の進展や少子化傾向の強まりに伴い、遺族補償年金及び遺族年金の加算の対象となる遺族数は減少しており、同年金の給付額の最高給付日数（給付基礎日額の二四五日分。以下同じ。）の支給対象となる遺族数が五人以上の受給権者は一％に満たない状況にあり、ILO第一二一号勧告で定める遺族補償に関する基準（最高限度六七％）は事実上機能していない状況となっている。また、被災労働者の遺族世帯のうち特に二〜四人世帯の収入状況をみると、一般勤労者世帯の水準を大幅に下回る状況にあり、実際、生活上の困りごととして経済上の問題をあげる遺族が多い。さらに、我が国の標準家族（妻と子二人）に対する遺族補償年金及び遺族年金の水準は、西欧先進国に比べると必ずしも十分とは言えない状況にある。

このため、被災労働者の遺族について、より一層の生活の安定を図っていくとの観点から、遺族補償年金及び遺族年金の最高給付日数を受給できる遺族数を五人以上から四人以上にするとともに、これに併せて、遺族数が二人の場合と三人の場合の給付額についても、現行の給付額の比率を基に引き上げることとした。

ロ　改正の概要

遺族補償年金及び遺族年金の給付額の最高給付日数を受給できる遺族数を「五人以上」から「四人以上」にするとともに、遺族数が「二人」の場合及び「三人」の場合の遺族補償年金及び遺族年金の給付額について、給付基礎日額の二〇一日分と二二三日分にそれぞれ引き上げる（新法別表第一）。

(2)　施行期日及び経過措置

この改正は、平成七年八月一日から施行され、施行日前の期間に係る遺族補償年金及び遺族年金の給付額については、なお従前の例による（改正法附則第一条第一号及び第二条関係）。

〈以下略〉

（平七・七・三一　基発第四九二号）

（遺族補償年金の受給権の消滅）

第十六条の四　遺族補償年金を受ける権利は、その権利を有する遺族が次の各号の一に該当するに至つたときは、消滅する。この場合において、同順位者がなくて後順位者があるときは、次順位者に遺族補償年金を支給する。

一　死亡したとき。

二　婚姻（届出をしていないが、事実上婚姻関係と同様の事情にある場合を含む。）をしたとき。

三　直系血族又は直系姻族以外の者の養子（届出をしていないが、事実上養子縁組関係と同様の事情にある者を含む。）となつたとき。

四　離縁によつて、死亡した労働者との親族関係が終了したとき。

五　子、孫又は兄弟姉妹については、十八歳に達した日以後の最初の三月三十一日が終了したとき（労働者の死亡の時から引き続き第十六条の二第一項第四号の厚生労働省令で定める障害の状態にあるときを除く。）。

六　第十六条の二第一項第四号の厚生労働省令で定める障害の状態にある夫、子、父母、孫、祖父母又は兄弟姉妹については、その事情がなくなつたとき（夫、父母又は祖父母については、労働者の死亡の当時六十歳以上であつたとき、子又は孫については、十八歳に達する日以後の最初の三月三十一日までの間にあるとき、兄弟姉妹については、十八歳に達する日以後の最初の三月三十一日までの間にあるか又は労働者の死亡の当時六十歳以上であつたときを除く。）。

2　遺族補償年金を受けることができる遺族が前項各号の一に該当するに至つたときは、その者は、遺族補償年金を受けることができる遺族でなくなる。

条文解説

本条は、遺族補償年金の受給権者が一定の状態になったときはその受給権を消滅させる（失権）ことと及び受給権者が失権した場合には同順位者がなくて後順位者があるときは直近の後順位者（次順位者）を受給権者とすること（いわゆる転給）を規定し、あわせて受給権者が失権した場合には受給資格者でもなくなること及び受給資格者も受給権者が失権するのと同じ状態になったときは失格することを規定したものである。

関係政省令等

（遺族補償年金を受ける遺族の障害の状態）

則第十五条　法第十六条の二第一項第四号及び法別表第一遺族補償年金の項の厚生労働省令で定める障害の状態は、身体に別表第一の障害等級の第五級以上に該当する障害がある状態又は負傷若しくは疾病が治らないで、身体の機能若しくは精神に、労働が高度の制限を受けるか、若しくは労働に高度の制限を加えることを必要とする程度以上の障害がある状態とする。

参照条文

〔遺族補償年金の転給を受ける場合の請求　則一五の四〕〔支給に関する通知　則一九〕〔遺族補償年金を受けることができる遺族　一六の三〕

解釈例規

〈労働者災害補償保険法等の一部を改正する法律の施行について〉

第二　改正の内容

1　労働者災害補償保険法の一部改正

(1)　〈略〉

(2)　給付内容等の改善

イ　介護補償給付の創設〈略〉

ロ　遺族補償年金の給付内容等の改善

①　遺族補償年金を受けることができる子、孫又は兄弟姉妹の範囲を一八歳に達する日以後の最初の三月三一日までの間にある者（従前一八歳未満の者）とすることとした（第一六条の二第一項及び第一六条の四第一項関係）。

〈以下略〉

（平七・三・二三　発基第二五号）

〈労働者災害補償保険法等の一部を改正する法律の施行（第二次分）について〉

第二　遺族補償年金及び遺族年金の受給資格者の子等の年齢要件の緩和

1　改正の趣旨及び内容

(1)　改正の趣旨

死亡した労働者の子、孫及び兄弟姉妹の遺族（補償）年金の受給資格は、当該遺族の稼得能力の観点から満一八歳に達したときに失われるとされているが、最近の中学卒業者の高校等への進学率はほぼ一〇〇％（平成五年九七・七％）に達しているなど高校への進学は一般化しており、一般に高校卒業時（満一八歳に達する日以後の最初の三月三一日）までは就学のため事実上稼得能力はないと考えられる。

このため、被災労働者の遺族について、より一層の生活の安定を図っていくとの観点から、遺族（補償）年金の受給資格者となる遺族のうち子等の受給資格に係る年齢要件を緩和することとされたものである。

(2)　改正の内容（新法別表第一関係）

遺族（補償）年金の受給資格者となる遺族のうち子、孫及び兄弟姉妹の年齢要件（従前満一八歳）を、満一八歳に達する日以後の最初の三月三一日までとするものである。

（平八・三・一　基発第九五号）

〈受給権の消滅（失権）〉

遺族補償年金の受給権は、受給権者が次のいずれかに該当した場合には、その者について消滅する。その場合において同順位者がなくて後順位者があるときは、次順位者が受給権者となり、遺族補償年金の受給を受けることとなる（転給）（法第一六条の四第一項、改正法附則第四三条第一項及び第二項）。すなわち、遺族補償年金の受給権（基本権）は、先順位者から後順位者へ承継される性質をもった権利である。したがって、転給の決定は、すでに支給決定をした遺族補償年金の基本権について、その承継者を確定する処分としての性質をもつ。

イ　死亡したとき。

ロ　婚姻（届出をしていないが、事実上婚姻関係と同様の事情にある場合を含む。）をしたとき。すなわち被扶養利益の喪失状態が解消したとみなされるからである。

ハ　直系血族又は直系姻族以外の者の養子（届出をしていないが事実上養子縁組関係と同様な事情にある者を含む。）となったとき。すなわち、受給権者が自己又は自己の配偶者の父母、祖父母等でない者、例えば自己のおじ、おば（傍系の親族）その他の者の養子となったときである。この場合、被扶養利益の喪失状態が解消したとみなされるわけである。なお、事実上の養子縁組関係とは、主として未成年の受給権者が傍系尊族その他の者によって扶養される状態があり、かつ、扶養者との間に養親又は養子と認められる事実関係を成立させようとする合意がある場合を想定したものであるが、これを受給資格要件として認めないのは、親族関係のない扶養者を新法において排除したことによるものである。

ニ　離縁（養子縁組関係の解消）によって、死亡労働者との親族関係が終了したとき。すなわち、受給権者が子である場合には死亡労働者の養子でなくなったとき、父母である場合には死亡労働者の養父母でなくなったとき、孫であるときは死亡労働者の養子でなくなったとき、祖父母である場合には死亡労働者の父母の養父母でなくなったとき、兄弟姉妹である場合には死亡労働者の父母の養子でなくなったときである。

ホ　子、孫又は兄弟姉妹については、一八才に達したとき（労働者の死亡の時から引き続き則第一五条の障害の状態にあるときを除く。）

ヘ　則第一五条の障害の状態にある夫、子、父母、孫、祖父母又は兄弟姉妹については、その事情がなくなったとき（夫、父母又は祖父母については労働者の死亡の当時五五才以上であるとき、子又は孫については一八才未満であるとき、兄弟姉妹については一八才未満であるか又は労働者の死亡の当時五五才以上であるときを除く。ただし、五五才以上六〇才未満の夫、父母、祖父母又は兄弟姉妹については、六〇才に達するまで、支給が停止される。）

受給資格の喪失（失格）

遺族補償年金の受給資格は受給資格者が前記イからへまでに該当したときは失われる（法第一六条の四第二項）。なお、前記への場合において、五五才以上六〇才未満の夫、父母、祖父母、又は兄弟姉妹は、六〇才に達するまで遺族補償年金の額の加算対象者でもなくなる。

胎児出産の場合

胎児であった子が出生して最先順位者となった場合において、その次順位者が受給権者であったときは、その者は受給権を失い（失権）、胎児であった子が受給権者となる（転給）。もとより胎児であった子は「将来に向って」（法第一六条の二第二項）受給権者となるのであるから、そのときまでにおける次順位者の受給権は影響を受けない。

（昭四一・一・三一　基発第七三号）

判例

●養子縁組届出と遺族補償年金の失権

「受給権発生前からの事実上の養親子が、受給権発生後法律上の養子縁組となった場合には、失権事由となるとした例」

昭五一・一二・二〇　福岡高判

（一七六六頁参照）

（遺族補償年金の支給停止等）

第十六条の五　遺族補償年金を受ける権利を有する者の所在が一年以上明らかでない場合には、当該遺族補償年金は、同順位者があるときは同順位者の、同順位者がないときは次順位者の申請によつて、その所在が明らかでない間、その支給を停止する。この場合において、同順位者がないときは、その間、次順位者を先順位者とする。

2　前項の規定により遺族補償年金の支給を停止された遺族は、いつでも、その支給の停止の解除を申請することができる。

3　第十六条の三第三項の規定は、第一項の規定により遺族補償年金の支給が停止され、又は前項の規定によりその停止が解除された場合に準用する。この場合において、同条第三項中「増減を生じた月」とあるのは、「支給が停止され、又はその停止が解除された月」と読み替えるものとする。

条文解説

本条は、遺族補償年金の受給権者が所在不明となった場合における処理方法を定めたものである。

まず、遺族補償年金は、受給権者が二人以上ある場合には、その総額を受給権者の人数で等分した額（法第一六条の三第二項）であることから、数人の受給権者のうち一部が所在不明になった場合には現存する受給権者に支給（ないし額の再配分）をすること、また、同順位者がなければ次順位者に遺族補償年金を転給することとするほか、支給停止に関する手続について規定している。

参照条文

〔遺族補償年金の受給資格　一六の二〕〔所在不明による支給停止の申請等　則一五の六・一五の七〕〔年金額の改定　一六の三〕

解釈例規

〈所在不明の場合〉

受給権者の所在が不明であるときは、その者について財産管理人が置かれない限り、当該保険給付については支払を差し止めることとするが、遺族補償年金については、その受給権者の所在が一年以上不明である場合には、同順位者があるときは同順位者の申請により、同順位者がなくて後順位者あるときは次順位者の申請により、所在不明の間（所在不明となったときにさかのぼり、その月の翌月分から）その支給を停止する。支払差止めは、受給権者が所在不明であるかぎり職権で行なうことができるが、支給停止は、申請がない限り行なうことができない。

支給停止をした場合には、受給権者が所在不明となった時にさかのぼって、他の同順位者のみが受給者となるか、又は次順位者が最先順位者となって受給権者となる（法第一六条の五第一項及び第二項、第九条第二項）。

所在不明によって支給停止をした場合において、同順位者があるときは、同順位者に支給する遺族補償年金の額は、所在不明者及びその者とのみ生計を同じくしていた受給資格者に係る加算額分を減額して改定することとなる（基本額は、所在不明者を除いた同順位の受給権者間で等分することとなる。）。同順位者がなくて次順位者に支給される遺族補償年金の額は、受給権者となった次順位者の人数に応じて再計算することとなる。

支給停止を受けた所在不明者は、いつでも支給停止の解除を申請することができる（法第一六条の五第二項）から、その者の所在が明らかとなっても、申請がない限り、支給停止を解除する必要はなく、また、支給停止を解除したときは、その解除の月の翌月分から支給を再開すればよく、所在が明らかとなったときにさかのぼることを要しない。

受給権者以外の加算対象者が、所在不明となったときは、所在不明の間は受給権者と生計を同じくしているとはいえないので所在不明となった月の翌月分から、その者に係る加算額分を減額して年金額を改定すべきこととなる。

（昭四一・一・三一　基発第七三号）

（遺族補償一時金の支給）

第十六条の六　遺族補償一時金は、次の場合に支給する。

一　労働者の死亡の当時遺族補償年金を受けることができる遺族がないとき。

二　遺族補償年金を受ける権利を有する者の権利が消滅した場合において、他に当該遺族補償年金を受けることができる遺族がなく、かつ、当該労働者の死亡に関し支給された遺族補償年金の額の合計額が当該権利が消滅した日において前号に掲げる場合に該当することとなるものとしたときに支給されることとなる遺族補償一時金の額に満たないとき。

2　前項第二号に規定する遺族補償年金の額の合計額を計算する場合には、同号に規定する権利が消滅した日の属する年度（当該権利が消滅した日の属する月が四月から七月までの月に該当する場合にあつては、その前年度。以下この項において同じ。）の七月以前の分として支給された遺族補償年金の額については、その現に支給された額に当該権利が消滅した日の属する年度の前年度の平均給与額を当該遺族補償年金の支給の対象とされた月の属する年度の前年度（当該月が四月から七月までの月に該当する場合にあつては、前々年度）の平均給与額で除して得た率を基準として厚生労働大臣が定める率を乗じて得た額により算定するものとする。

関係告示

厚生労働省告示第二五〇号

（平二三・七・二五）

労働者災害補償保険法（昭和二十二年法律第五十号）第十六条の六第二項（同法第二十二条の四第三項において準用する場合を含む。）並びに労働者災害補償保険法施行規則（昭和三十年労働省令第二十二号）附則第十七項及び第十八項（これらの規定を同令附則第三十六項において準用する場合を含む。）並びに同令附則第三十二項（同令附則第四十三項において準用する場合を含む。）の規定に基づき、平成二十三年八月一日から平成二十四年七月三十一日までの間に支給すべき事由が生じた同法第十六条の六第一項第二号（同法第二十二条の四第三項において準用する場合を含む。）の遺族補償一時金若しくは遺族一時金又は障害補償年金差額一時金若しくは障害年金差額一時金の額の算定に関し、支給された遺族補償年金若しくは遺族補償年金前払一時金若しくは遺族年金若しくは遺族年金前払一時金又は障害補償年金若しくは障害補償年金前払一時金若しくは障害年金若しくは障害年金前払一時金の額に乗ずべき厚生労働大臣が定める率を次のとおり定める。

支給された遺族補償年金等の支給の対象とされた月又は支給された遺族補償年金前払一時金等の支給すべき事由が生じた月の属する期間	支給された遺族補償年金等又は遺族補償年金前払一時金等の額に乗ずべき率（単位　%）
昭和五〇年四月一日から昭和五一年三月三一日まで	二二二
昭和五一年四月一日から昭和五二年三月三一日まで	一九九
昭和五二年四月一日から昭和五三年三月三一日まで	一八二
昭和五三年四月一日から昭和五四年三月三一日まで	一七三
昭和五四年四月一日から昭和五五年三月三一日まで	一六二
昭和五五年四月一日から昭和五六年三月三一日まで	一五四
昭和五六年四月一日から昭和五七年三月三一日まで	一四七
昭和五七年四月一日から昭和五八年三月三一日まで	一四〇
昭和五八年四月一日から昭和五九年三月三一日まで	一三六
昭和五九年四月一日から昭和六〇年三月三一日まで	一三二
昭和六〇年四月一日から昭和六一年三月三一日まで	一二七
昭和六一年四月一日から昭和六二年三月三一日まで	一二四
昭和六二年四月一日から昭和六三年三月三一日まで	一二二
昭和六三年四月一日から平成元年三月三一日まで	一一七
平成元年四月一日から平成二年三月三一日まで	一一四
平成二年四月一日から同年七月三一日まで	一一一
平成二年八月一日から平成三年七月三一日まで	一一四
平成三年八月一日から平成四年七月三一日まで	一一一
平成四年八月一日から平成五年七月三一日まで	一〇七
平成五年八月一日から平成六年七月三一日まで	一〇四
平成六年八月一日から平成七年七月三一日まで	一〇三
平成七年八月一日から平成八年七月三一日まで	一〇一
平成八年八月一日から平成九年七月三一日まで	九九
平成九年八月一日から平成一〇年七月三一日まで	九八
平成一〇年八月一日から平成一一年七月三一日まで	九七
平成一一年八月一日から平成一二年七月三一日まで	九七
平成一二年八月一日から平成一三年七月三一日まで	九七
平成一三年八月一日から平成一四年七月三一日まで	九六
平成一四年八月一日から平成一五年七月三一日まで	九七
平成一五年八月一日から平成一六年七月三一日まで	九八

平成一六年八月一日から平成一七年七月三一日まで	九八
平成一七年八月一日から平成一八年七月三一日まで	九八
平成一八年八月一日から平成一九年七月三一日まで	九八
平成一九年八月一日から平成二〇年七月三一日まで	九八
平成二〇年八月一日から平成二一年七月三一日まで	九八
平成二一年八月一日から平成二二年七月三一日まで	九八
平成二二年八月一日から平成二三年七月三一日まで	一〇〇

備考

1　この表及び備考において「遺族補償年金等」とは遺族補償年金若しくは遺族年金又は障害補償年金若しくは障害年金をいい、「遺族補償年金前払一時金等」とは遺族補償年金前払一時金若しくは遺族年金前払一時金又は障害補償年金前払一時金若しくは障害年金前払一時金をいう。

2　平成二年七月三一日以前の期間に係る遺族補償年金等又は同日以前に支給すべき事由が生じた遺族補償年金前払一時金等が支給された場合におけるこの表の適用については、同表中「支給された遺族補償年金等の支給の対象とされた月又は支給された遺族補償年金前払一時金等の支給すべき事由が生じた月の属する期間」とあるのは、「労働者災害補償保険法第八条第一項の算定事由発生日の属する期間（支給された遺族補償年金等の額が労働者災害補償保険法等の一部を改正する法律（平成二年法律第四〇号）第一条の規定による改正前の労働者災害補償保険法（以下「旧法」という。）第六四条の規定又は労働者災害補償保険法等の一部を改正する法律（昭和五五年法律第一〇四号。以下「改正法」という。）附則第一〇条の規定による改正前の労働者災害補償保険法の一部を改正する法律（昭和四〇年法律第一三〇号）附則第四一条の規定若しくは改正法附則第一一条の規定による改正前の労働者災害補償保険法の一部を改正する法律（昭和四八年法律第八五号）附則第三条の規定により改定されたものである場合には、当該改定後の額を遺族補償年金等の額とすべき最初の月の属する年度（四月一日から翌年三月三一日までをいう。以下同じ。）の前年度の属する期間とし、支給された遺族補償年金前払一時金等の額が旧法第六五条の規定により改定されたものである場合には、当該改定に際して支給されるものとみなされる遺族補償年金等についてその改定後の額を当該遺族補償年金等の額とすべき最初の月の属する年度の前年度の属する期間とする。）」とする。

3　平成二年八月一日以後の期間に係る遺族補償年金等又は同日以後に支給すべき事由が生じた遺族補償年金前払一時金等（その支給の対象とされた月又は支給すべき事由が生じた月が労働者災害補償保険法第八条第一項の算定事由発生日（以下「算定事由発生日」という。）（平成二二年四月一日前のものに限る。）の属する年度の翌年度の七月以前にあるものに限る。）については、算定事由発生日の属する年度の翌年度の八月を当該遺族補償年金等の支給の対象とされた月又は遺族補償年金前払一時金等の支給すべき事由が生じた月とみなして、この表を適用する。

4　算定事由発生日が平成二二年四月一日以後である場合は、支給された遺族補償年金等又は遺族補償年金前払一時金等の額に乗ずべき率を一〇〇％とする。

条文解説

本条は、遺族補償一時金の支給事由について規定している。

第一に、労働者の死亡の当時遺族補償年金の受給資格者がない場合に、遺族補償一時金が支給されることとされている。

第二に、遺族補償年金の支給開始後、その受給権者が失権し、かつ、受給資格者がすべて失格していた場合において、既に支給された遺族補償年金の額の合計額が第一の場合に支給される一時金の額（給付基礎日額の一、〇〇〇日分）に満たないときは、その差額を、失権した遺族補償年金の受給権者に対し、支給されることとされている。

第三に、第二の場合に支給される一時金の額は、遺族補償年金の受給権者が失権した日に支給されるものとした一時金の額から、既に支給された遺族補償年金の額の合計額を差し引いた額とされているが、当該受給権者が失権した日に支給されるものとした一時金の額は、当該失権した日が算定事由発生日の属する年度の翌々年度の八月以後である場合には第八条の四のスライド規定により現在価値に評価替えされている一方、既に支給された遺族補償年金の額は、当該支給された時点における価値であるため、金銭的価値の異なる保険給付の額をそのまま用いて差額を計算するのは不合理である。そこで、既に支給された遺族補償年金の額の合計額を計算する場合には、それぞれ支給された遺族補償年金の額を現在価値に評価替えするための厚生労働大臣が定める率（以下「換算率」という。）を乗じることとし、当該換算率を乗じた（すなわち現在価値に評価替えした）遺族補償年金の額の合計額により、遺族補償年金の受給権者が失権した日に支給されるものとした（すなわち現在価値に評価替えした）一時金の額との差額を算定することとされている。

参照条文

〔労働者　労基九、労契二〕〔遺族補償年金を受ける権利の消滅　一六の四〕〔遺族補償年金を受けることができる遺族　一六の二〕〔支給に関する通知　則一九〕〔遺族補償一時金の請求　則一六〕

（遺族補償一時金の受給者の範囲）

第十六条の七　遺族補償一時金を受けることができる遺族は、次の各号に掲げる者とする。

一　配偶者

二　労働者の死亡の当時その収入によつて生計を維持していた子、父母、孫及び祖父母

三　前号に該当しない子、父母、孫及び祖父母並びに兄弟姉妹

2　遺族補償一時金を受けるべき遺族の順位は、前項各号の順序により、同項第二号及び第三号に掲げる者のうちにあつては、それぞれ、当該各号に掲げる順序による。

条文解説

本条は、遺族補償一時金の受給資格者の範囲及び遺族補償一時金の受給権者となるべき順位を規定したものである。

受給資格者の範囲は、労基法の遺族補償の場合と同じく、配偶者及び二親等内の血族とされているが、受給権者となるべき順位は、労基法の遺族補償の場合とは異なる。

関係政省令等

（遺族補償給付等に係る生計維持の認定）

則第十四条の四　法第十六条の二第一項及び法第十六条の七第一項第二号（これらの規定を法第二十二条の四第三項において準用する場合を含む。）に規定する労働者の死亡の当時その収入によつて生計を維持していたことの認定は、当該労働者との同居の事実の有無、当該労働者以外の扶養義務者の有無その他必要な事項を基礎として厚生労働省労働基準局長が定める基準によつて行う。

参照条文

〔労働者　労基九、労契二〕〔遺族補償一時金の請求　則一六〕〔遺族の範囲　労基則四二・四三〕

解釈例規

〈遺族補償一時金について〉

(1)　遺族補償一時金を支給すべき場合は、次の二つの場合である。

(イ)　労働者の死亡の当時、遺族補償年金の受給資格者がないとき（法第一六条の六第一号）。

(ロ)　最後順位の遺族補償年金の受給権者が失権した場合において当該年金の受給権者であった者全員に支給された年金の額の合計額が給付基礎日額の一、〇〇〇日分に達しないとき（法第一六条の六第二号）。

(2)　受給権者

遺族補償一時金の受給権者は、次に掲げる順序による最先順位者であり、同順位者が二人以上あるときは、全員がそれぞれ受給権者となる（法第一六条の七第二項）。

なお、死亡した労働者の配偶者、子、父母、孫、祖父母、兄弟姉妹の身分は、労働者の死亡の当時の身分による。

イ　前記(1)の(イ)の場合

(イ)　労働者の死亡の当時生計維持関係になかった配偶者又は労働者の死亡の当時生計維持関係にあり、五五才未満であって、障害状態になかった夫

(ロ)　労働者の死亡の当時生計維持関係にあった次の者で障害状態になかった者

a　一八才以上の子
b　五五才未満の父母
c　一八才以上の孫
d　五五才未満の祖父母

(ハ)　労働者の死亡の当時生計維持関係にはなかった次の者

a　子
b　父母
c　孫
d　祖父母

(ニ)　労働者の死亡当時生計維持関係にあり、一八才以上五五才未満であって、障害状態になかった兄弟姉妹及び労働者の死亡の当時生計維持関係になかった兄弟姉妹

ロ　前記(1)の(ロ)の場合

(イ)　配偶者

(ロ)　労働者の死亡の当時生計維持関係にあった次の者

a　子
b　父母
c　孫
d　祖父母

(ハ)　労働者の死亡の当時生計維持関係にはなかった次の者

a　子
b　父母
c　孫
d　祖父母

(ニ)　兄弟姉妹（労働者の死亡の当時の生計維持関係及び年令は問わない。）

（昭四一・一・三一　基発第七三号）

〈受給権者の一人が行方不明の場合の遺族補償費の支給について〉

問　拝啓　初夏の候と相成りました。私事此の度遺族補償費として通知を受けましたが（三名内の一名が）生死又は所在不明の為補償費が支給されず困って居ります。不明になってより十年余り音信無、実母死亡の節（昭和二十年六月）にも通知の出しようが無之、役場より色々と八方捜査致しましたが、わからず困って居ります。そして此の度の通知にて又々困りラジオ尋ね人係様にもお願い致しましたが、未だ何人の音沙汰有りませず、何んとか解決の方法とて無い物でしょうか、お伺い致します。兄弟三人の内二人迄は手続も済まし、一人不明の為に補償費が支給されず大変困って居ります。誠にお手数乍ら解決の方法をお願い致し度いと存じます。多忙とは存じますが御一報お願い致します。

答　遺族補償費の請求手続をとった二人の受給権者（貴女方）に対しては、他の一人の受給権者が行方不明

であっても補償費の三分の一ずつを直ちに支給致しますから、労働基準監督署に申出て下さい。

なお、行方不明の受給権者について、利害関係人である他の受給権者（貴女方）が、民法第三十条に規定する失踪宣告の請求（この請求は家庭裁判所に申出ればよいことになっています）を行い、家庭裁判所が失踪の宣告をしたときは、同人は死亡したものとみなされ、同人についての遺族補償受給権はなくなりますから失踪宣告を受けた後補償費を請求すれば貴女方二人の受給権者に対して二分の一ずつ支給することになります。

（昭二六・七・二一　基災収第二〇二九号）

（遺族補償一時金の額）

第十六条の八　遺族補償一時金の額は、別表第二に規定する額とする。

2　第十六条の三第二項の規定は、遺族補償一時金の額について準用する。この場合において、同項中「別表第一」とあるのは、「別表第二」と読み替えるものとする。

参考

法別表第二（第十五条、第十五条の二、第十六条の八、第二十二条の三、第二十二条の四関係）

区分	額	
障害補償一時金	一　障害等級第八級に該当する障害がある者	給付基礎日額の五〇三日分
	二　障害等級第九級に該当する障害がある者	給付基礎日額の三九一日分
	三　障害等級第一〇級に該当する障害がある者	給付基礎日額の三〇二日分
	四　障害等級第一一級に該当する障害がある者	給付基礎日額の二二三日分
	五　障害等級第一二級に該当する障害がある者	給付基礎日額の一五六日分
	六　障害等級第一三級に該当する障害がある者	給付基礎日額の一〇一日分
	七　障害等級第一四級に該当する障害がある者	給付基礎日額の五六日分
遺族補償一時金	一　第十六条の六第一項第一号の場合	給付基礎日額の一、〇〇〇日分
	二　第十六条の六第一項第二号の場合	給付基礎日額の一、〇〇〇日分から第十六条の六第一項第一号に規定する遺族補償年金の額の合計額を控除した額

条文解説

本条は、遺族補償一時金の受給権者が一人である場合及び二人以上である場合について、個々の受給権の内容となる額について規定したものである。

遺族補償一時金の額（受給権者が二人以上であるときはそれぞれの受給額の総額）は給付基礎日額の一、〇〇〇日分（又はこの額と既支給遺族補償年金合計額との差額）である。

参照条文

〔一時金の給付額の算定　八の四〕

（受給資格の欠格）

第十六条の九　労働者を故意に死亡させた者は、遺族補償給付を受けることができる遺族としない。

2　労働者の死亡前に、当該労働者の死亡によつて遺族補償年金を受けることができる先順位又は同順位の遺族となるべき者を故意に死亡させた者は、遺族補償年金を受けることができる遺族としない。

3　遺族補償年金を受けることができる遺族を故意に死亡させた者は、遺族補償一時金を受けることができる遺族としない。労働者の死亡前に、当該労働者の死亡によつて遺族補償年金を受けることができる遺族となるべき者を故意に死亡させた者も、同様とする。

4　遺族補償年金を受けることができる遺族が、遺族補償年金を受けることができる先順位又は同順位の他の遺族を故意に死亡させたときは、その者は、遺族補償年金を受けることができる遺族でなくなる。この場合において、その者が遺族補償年金を受ける権利を有する者であるときは、その権利は、消滅する。

5　前項後段の場合には、第十六条の四第一項後段の規定を準用する。

条文解説

本条は、労働者又は遺族補償年金の受給権者の死亡により遺族補償給付の受給権者となりうる者が、その労働者を故意に死亡させ、又は労働者の死亡の前後を問わず遺族補償年金の受給権者若しくは受給資格者を故意に死亡させることにより遺族補償年金の受給権者になることを排除し、そのような場合の生じることを防止しようとするものである。

労働者等を故意に死亡させる行為は、刑法上の犯罪に該当する行為であり（逆に刑法上の犯罪が成立しない行為は、本条の対象とはならないと解される。）、社会通念からいっても保険給付の支給対象者とすべきではないというのが趣旨である。

参照条文

〔労働者　労基九、労契二〕〔遺族補償給付　一六〕〔遺族補償年金の受給者の範囲　一六の二〕〔遺族補償一時金の受給者の範囲　一六の七〕

（葬祭料）
第十七条　葬祭料は、通常葬祭に要する費用を考慮して厚生労働大臣が定める金額とする。

条文解説

本条は、葬祭料の額を規定したものである。

葬祭料の額は、実情に即したものとするために、一般的に行われる葬祭の費用の範囲や水準を考慮して厚生労働大臣が定めることとなっている。

関係政省令等

（葬祭料の額）
則第十七条　葬祭料の額は、三十一万五千円に給付基礎日額（法第八条第一項の算定事由発生日の属する年度の翌々年度の八月以後に当該葬祭料を支給すべき事由が生じた場合にあつては、当該葬祭料を法第十六条の六第一項第一号の遺族補償一時金とみなして法第八条の四の規定を適用したときに得られる給付基礎日額に相当する額。以下この条において同じ。）の三十日分を加えた額（その額が給付基礎日額の六十日分に満たない場合には、給付基礎日額の六十日分）とする。

参照条文

〔葬祭料の額　則一七〕〔葬祭料の請求　則一七の二〕〔労基法の場合　労基八〇〕

解釈例規

〈社葬を行った場合の葬祭料〉

問　会社（事業場）にて業務上死亡の労働者の葬祭を社葬として行ったが、その労働者の遺族が郷里に帰って再び葬祭を行った場合、葬祭料はいずれに支給すべきや。

答　社葬を行った場合において葬祭料を葬祭を行った会社（事業場）に支給すべきか否かは社葬の性質によって決定されるべきであり、社葬を行うことが会社の恩恵的或は厚意的性質に基くときは葬祭料は遺族に支給すべきであり、葬祭を行う遺族がない場合、社葬として会社において葬祭を行った如き場合は、葬祭料は当該会社に対して支給されるべきであるから本件は社葬の実態を調査の上決定されたい。

（昭二三・一一・二九　基災収第二九六五号）

〈葬祭料の額の改正〉

イ　葬祭料の額は、従来どおりの一二五、〇〇〇円に給付基礎日額の三〇日分を加えた額を原則とするが、その額が給付基礎日額の六〇日分に満たない場合には、給付基礎日額の六〇日分とすることとされた（労働者災害補償保険法施行規則第一七条の改正）。

ロ　葬祭料を支給すべき事由が生じた時に、葬祭料にかえて遺族補償年金が支給されるとした場合に、これらの年金たる保険給付の額がスライドされるべきものであるときの当該葬祭料の額は、従来どおりの一二五、〇〇〇円に給付基礎日額の三〇日分に当該年金たる保険給付の額のスライド率を乗じて得た額を加えた額を原則とするが、その額が、給付基礎日額の六〇日分に当該年金たる保険給付の額のスライド率を乗じて得た額に満たない場合には、給付基礎日額の六〇日分に当該年金たる保険給付の額のスライド率を乗じて得た額とすることとされた（労働者災害補償保険法施行規則等の一部を改正する省令附則第二条）。

ハ　なお、昭和五一年九月三〇日までに支給すべき事由の生じた葬祭料の額については、昭和五一年一〇月一日以後に支給する場合においても、従前の方式により算定した額によるものである（労働者災害補償保険法施行規則等の一部を改正する省令附則第三条）。

（昭五一・九・二九　基発第六九七号）

〈葬祭料の額の引上げについて〉

(1) 改正の内容

最近における通常の葬祭に要する費用の額の動向を考慮し、労働者災害補償保険法施行規則（昭和三〇年労働省令第二二号）第十七条及び第十八条の十一に規定する葬祭料（葬祭給付）の定額部分の額が、三〇万五千円から三一万五千円に引き上げられるものであること。

(2) 施行期日等

この引上げは、平成一二年四月一日以後に支給すべき事由の生じた葬祭料（葬祭給付）について適用される。

また、同日前に支給すべき事由の生じた葬祭料（葬祭給付）の額については、同日以後に支払われる場合であっても、従前の例によること（改正省令附則第二項）。

（昭六三・四・八　基発第二三九号、平二・三・二九　基発第一七一号、平四・三・三〇　基発第一七五号、平六・三・三〇　基発第一七一号、平八・三・二八　基発第一六六号、平一〇・三・二　基発第七一号、平一二・三・一〇　基発第一一八号）

（傷病補償年金）
第十八条　傷病補償年金は、第十二条の八第三項第二号の厚生労働省令で定める傷病等級に応じ、別表第一に規定する額とする。
2　傷病補償年金を受ける者には、休業補償給付は、行わない。

条文解説

本条は、傷病補償年金の額及び休業補償給付との関係について規定している。

関係政省令等

（傷病等級）
則第十八条　法第十二条の八第三項第二号の厚生労働省令で定める傷病等級は、別表第二のとおりとする。
2　法第十二条の八第三項第二号及び第十八条の二の障害の程度は、六箇月以上の期間にわたつて存する障害の状態により認定するものとする。

則別表第二　傷病等級表（第十八条関係）

傷病等級	給付の内容	障害の状態
第一級	当該障害の状態が継続している期間一年につき給付基礎日額の　三一三日分	一　神経系統の機能又は精神に著しい障害を有し、常に介護を要するもの 二　胸腹部臓器の機能に著しい障害を有し、常に介護を要するもの 三　両眼が失明しているもの 四　そしやく及び言語の機能を廃しているもの 五　両上肢をひじ関節以上で失つたもの 六　両上肢の用を全廃しているもの 七　両下肢をひざ関節以上で失つたもの 八　両下肢の用を全廃しているもの 九　前各号に定めるものと同程度以上の障害の状態にあるもの
第二級	同　二七七日分	一　神経系統の機能又は精神に著しい障害を有し、随時介護を要するもの 二　胸腹部臓器の機能に著しい障害を有し、随時介護を要するもの 三　両眼の視力が〇・〇二以下になつているもの 四　両上肢を腕関節以上で失つたもの 五　両下肢を足関節以上で失つたもの 六　前各号に定めるものと同程度以上の障害の状態にあるもの
第三級	同　二四五日分	一　神経系統の機能又は精神に著しい障害を有し、常に労務に服することができないもの 二　胸腹部臓器の機能に著しい障害を有し、常に労務に服することができないもの 三　一眼が失明し、他眼の視力が〇・〇六以下になつているもの 四　そしやく又は言語の機能を廃しているもの 五　両手の手指の全部を失つたもの 六　第一号及び第二号に定めるもののほか常に労務に服することができないものその他前各号に定めるものと同程度以上の障害の状態にあるもの

備考
一　視力の測定は、万国式試視力表による。屈折異常のあるものについては矯正視力について測定する。
二　手指を失つたものとは、母指は指関節、その他の手指は第一指関節以上を失つたものをいう。

参照条文

〔傷病等級　則一八・則別表第二〕〔休業補償給付　一四〕〔傷病の状態等の届出　則一八の二②〕〔傷病補償年金の支給の決定等　則一八の二〕

解釈例規

〈傷病補償年金について〉

一　傷病補償年金の支給額

傷病補償年金の支給額は、傷病等級に応じ次のとおりである（新法別表第一）。

傷病等級	額
第一級	給付基礎日額の三一三日分
第二級	給付基礎日額の二七七日分
第三級	給付基礎日額の二四五日分

なお、傷病補償年金の支給額と傷病特別年金との総支給額に関する暫定措置については、「特別支給制度の改正について」（昭五二・三・三〇　基発第一九二号）の二⑴参照。

二　傷病等級表の内容及び傷病等級の認定基準

傷病補償年金制度の公正、的確な実施を図るため、従来の長期傷病補償給付の支給要件を客観化するとともに、障害等級との均衡をも考慮して傷病等級表が定められた（新労災則別表第二）。その具体的な内容及び傷病等級の認定基準については、別添のとおりである。

三　傷病等級の認定手続等

⑴　休業補償給付の支給を受ける労働者のうち、療養開始後一年六カ月を経過している長期療養者から、その一年六カ月を経過した日から一カ月以内に傷病の状態等に関する届書（告示様式第一六号の二）に医師の診断書（年金通知様式第二～四号）等を添えて提出させ、この届書により（届書の提出がない場合又は届書の内容が不十分な場合には、さらに、主治医に対する照会等適宜傷病の状態に関する調査を行った上）傷害の程度を認定し、傷病補償年金を支給することとするか、引き続き休業補償給付を行うかどうかを決定する（新労災則第一八条の二）。

⑵　⑴の場合において、引き続き休業

補償給付を支給されることとなった労働者からは、毎年、一月一日から同月末日までのいずれかの日の分を含む休業補償給付の請求書を提出する際に、請求書を添えて、傷病の状態等に関する報告書（告示様式第一六号の一一）を提出させること（新労災則第一九条の二）。また、提出された報告書の内容から当該労働者が傷病等級に該当するに至っていると認められるときは、ただちに傷病補償年金の支給の決定を行うこと。当該報告書の提出がない場合又はその内容が不十分な場合については、上記(1)に準ずる。

この場合の傷病補償年金の決定に際しては、上記(1)の場合に提出する届書と同じもの（傷病の状態等に関する届書）を提出させ、受給権者が年金の払渡を受けることを希望する金融機関又は郵便局等を把握すること。

(3)　(2)の報告書の提出をまつまでもなく、当該労働者が傷病等級に該当するに至っていることが推定できるに至った場合には、所轄労働基準監督署長は、適宜傷病の状態等に関する届書（告示様式第一六号の二）を提出させるとともに、上記(1)に準じて傷病補償年金の支給決定の要否を判断すること（新労災則第一八条の二）。

(4)　休業補償給付の受給者が傷病等級に該当するに至ったとして申し出た場合も上記に準ずる。

(5)　上記の手続きを経て、被災労働者が傷病等級に該当するに至っていることが確認できた場合には、その者が傷病等級に該当するに至った時にそ及して傷病補償年金の支給決定を行うこと。この場合において、必要に応じ「内払処理の範囲の拡大について」（昭五二・三・三〇　基発第一九二号）による内払処理を行うこと。

四　傷病補償年金と休業補償給付との関係

傷病補償年金の支給事由が生じた場合には、その支給事由の生じた月の末日まで引き続き休業補償給付を行うものとする。また、傷病は治ゆしないが、その傷病による障害の程度が傷病等級表に掲げる障害の程度に該当しなくなったため傷病補償年金の受給権を失った労働者に対しては、その受給権を失った月の翌月から、必要に応じ休業補償給付を行うものとする。

（別　添）

第一　傷病等級認定基準

一　傷病等級認定の原則

一「傷病の状態」を判断する場合の期間的基準

傷病等級の各等級の各号に定められた「障害の状態」には、その状態が六箇月以上引き続く場合に、当該定められた障害の状態に該当するものとして取り扱うものであること（新労災則第一八条第三項）。したがって、傷病補償年金へ移行する場合の取扱いについては次によること（「参考Ⅰ」参照）。

(1) 療養開始後一年六箇月経過した日（以下単に「移行日」という。）において、その後六箇月以上にわたり、同様の状態が断続すると見込まれる場合は、移行日の障害の状態により、傷病等級を認定すること。

(2) 移行日において、その後六箇月以内に障害の状態が変更すると見込まれる場合であっても過去六箇月間における障害の状態により、傷病等級を認定すること。

(3) 移行日において、その前六箇月以内に障害の状態の変更がありさらに移行日後六箇月以内にも、変更すると見込まれる場合には移行日後六箇月以内の変更の時期、障害の状態の明らかに予測できる場合を除いて、移行日における障害の状態によって傷病等級を認定して差し支えないこと。

二　「常に労務に服することができないもの」の取扱い

(1) 傷病等級第三級の一号、二号及び六号に定められた「常に労務に服することができないもの」とは、身体の機能的若しくは器質的障害により、療養管理上労務に服することが禁じられているか又は身体的能力からみて、労務に服することができない状態のものをいう（「参考Ⅱ」参照）。

(2) 発行日において、前記(1)のそれぞれの障害の状態に該当するか否かは、前記一の(2)及び(3)にかかわらず、前記(1)の状態がその後六箇月以上引き続くと見込まれる場合にこれに該当するものとして取り扱うこと。

三　傷病等級表の各等級の末尾に定められたものの取扱い

傷病等級表の第一級の九号及び第二級の六号の「前各号に定めるものと同程度以上の障害の状態にあるもの」並びに第三級の六号の「その他前各号に定めるものと同程度以上の障害の状態にあるもの」とは後記六の合併の取扱いにより、第一級又は第二級若しくは第三級に格付されるものがそれぞれ該当するが、その他の事案（療養管理上の制約のある場合等）でこれらに該当させて格付することが妥当と認められるものについては、本省にりん伺すること。

四　「介護」の状態による判断等

(1) 障害の状態を判断するに当って、傷病自体の障害（療養管理上禁じられているために、傷病自体の障害と同様の状態にあるものを含む。）の程度と介護の状態（「常に」又は「随時」）の双方をその要件としているのは、「神経系統の機能又は精神」の障害と「胸腹部臓器の機能」の障害である。

したがって傷病等級表の第一級三号から九号まで及び第二級の三号から六号まで並びに第三級の三号か

ら六号までに定められた障害の状態に該当する場合には、介護の状態に関係なく、それぞれ該当する傷病等級に認定するものであること。

(2) 傷病等級表の第一級及び第二級並びに第三級の三号から五号まで及び六号後段に定められた障害の状態に該当する場合には、労務に服することの可否に関する判断をまつまでもなく、それぞれ該当する傷病等級に認定すること。

五　眼、上下肢等の障害の状態に関する判断基準

視力障害、上下肢の機能障害及び器質障害、そしゃく、言語の機能障害等に関する障害の状態の判断基準は、障害等級の認定基準によること。

〔例〕

① 「上肢をひじ関節以上で失ったもの」とは、次のいずれかに該当する場合をいう。

イ　肩関節において、肩甲骨と上腕骨とを離断したもの

ロ　肩関節とひじ関節との間において、上腕を切断したもの

ハ　ひじ関節において、上腕骨と橈骨及び尺骨とを離断したもの

② 「上肢の用を全廃したもの」とは、三大関節（肩関節、ひじ関節及び腕関節）の完全強直又はこれに近い状態及び手指の全部の甲を廃したものをいう。

また、上腕神経叢の完全麻痺も含まれる。

③ 「下肢をひざ関節以上で失ったもの」とは、次のいずれかに該当する場合をいう。

イ　股関節において、寛骨と大腿骨を離断したもの

ロ　股関節とひざ関節との間（大腿部）において切断したもの

ハ　ひざ関節において、大腿骨と下腿骨を離断したもの

④ 「下肢の用を全廃したもの」とは、次のいずれかに該当する場合をいう。

イ　三大関節（股関節、ひざ関節及び足関節）及び足指全部の完全強直又はこれに近い状態にあるもの

ロ　三大関節のすべての完全強直又はこれに近い状態にあるもの

六　併合の取扱い

(1) 同一原因により、障害等級表に掲げられている障害（障害等級表に掲げられていないものについては、準用等級による。以下同じ。）と同程度の障害の状態が二以上ある場合には、障害等級の準用、合併の方法により障害等級に準じた等級を定め、当該等級が第一級の場合には傷病等級第一級に、当該等級が第二級の場合には傷病等級第二級に、当該等級が第三級の場合には傷病等級第三級にそれぞれ格付することとし、その取扱いは、前記四にすること。

(2) 同一原因により、障害等級表に掲げられている障害と同程度の障害の状態が二以上ある場合であって、一

の部位の傷病は治ゆしているが、他の部位の傷病が治ゆせず療養中の場合は、前記(1)により傷病等級を認定し、他の部位の治ゆするまで、当該傷病等級によって傷病補償年金を支給すること。

〔例〕両上肢をひじ関節以上で失い、当該部位は治ゆしているが、両眼の傷病について治療を続けており、両眼の視力が〇・六以下になっている場合には、傷病等級第一級として取り扱う。

七　既存障害を加重した場合の取扱い

既に身体障害者のあった者が、業務災害又は通勤災害によって障害の程度を加重した場合の傷病等級の認定については、傷病補償給付において加重の取扱いが行われる次の場合には、現在（加重後）の障害の状態に応じて、傷病等級を認定すること。

(1)　同一部位について、障害の程度を加重した場合

同一部位とは、同一系列の範囲内をいうが、異なる系列であっても、「欠損」又は、「機能の全部そう失」はその部位における最上位の等級であるから、既存障害に欠損又は機能の全部そう失が加わった場合には、同一部位の加重として取り扱う。

(2)　同一部位に障害の程度を加重するとともに、他の部位にも新たな障害が残った場合には、まず、同一部位の加重後の障害について等級を定め、次に他の部位の障害について等級を定め、両者を併合して、現在の障害の等級を認定する。

(3)　系列を異にする身体障害で、等級表上特にその組合せを規定しているために、同一系列とされている次の場合に、既存障害として一方に身体障害を有していた者が新たに他方に身体障害を加え、その結果、組合せ等級に該当するに至ったときは、新たな身体障害のみの該当する等級によることなく、加重として取り扱う。

イ　両上肢の欠損又は機能障害（第一級の六、第一級の七、第二級の三）

ロ　両手指の欠損又は機能障害（第三級の五、第四級の六）

ハ　両下肢の欠損又は機能障害（第一級の八、第一級の九、第二級の四、第四級の七）

ニ　両足指の欠損又は機能障害（第五級の六、第七級の一一）

ホ　両眼瞼の欠損又は機能障害（第九級の四、第一一級の二、第一三級の三）

〔例〕既に一上肢を腕関節以上で失っていた（第五級の二）者が、新たに他方の上肢を腕関節以上で失った場合は、その新たな障害のみ（第五級の二）により等級の認定を行うことなく、両上肢を腕関節以上で失ったもの（第二級の三）として認定する。

なお、障害補償給付においては、前記(2)の場合及び手指・足指・相対

性器官（眼球及び内耳等）で身体障害の程度を加重した場合で、加重された身体障害の該当する障害等級の障害補償の額（日数）から、既に存していた身体障害の該当する障害等級の障害補償の額（日数）を控除して得た額が、新たな身体障害のみが生じたこととした場合の障害補償の額（日数）より少ないときは、その新たな身体障害のみが生じたものとみなして障害等級の認定を行うこととしているが、傷病等級の認定に当たっては、これらの取扱いは準用せず、あくまで、現在（加重後）の傷病の状態に応じて等級を認定するものであること。

第二　傷病別廃疾等級の認定基準

一　神経系統の機能又は精神の障害について は、次により判断すること。

神経系統の機能又は精神については、その障害の状態により基本的には第一級は「自用を弁ずることができないもの」、第二級は「多少自用を弁ずることができる程度のもの」、第三級は「自用を弁ずることはできるが、常態として労務に服することができないもの」が該当するが、個々の障害についての具体的取扱いは次によること。

(1)　中枢神経系（脳）の損傷

第一級　重度の神経系統の機能又は精神の障害のために常に介護を要するもの

失外套症候群（植物状態）高度の痴呆、記憶障害、情動障害、失見当識などのために常に厳重な注意を必要とするもの及び体幹の機能障害のため座位又は起立位を保つことが困難なものがこれに該当する。

第二級　高度の神経系統の機能又は精神の障害のために随時介護を要するもの

痴呆、情動障害、記憶障害、無関心、無為徘徊、弄火、不潔、性格変化、失認、失行、失語、幻覚、妄想、発作性意識障害の多発などのため随時他人による注意を必要とするもの及び体幹の機能障害によって自力のみで歩行することが困難（一〇〇m程度以上歩行困難）なものがこれに該当する。

第三級　著しい神経系統の機能又は精神の障害のために、常に労務に服することができないもの

知能低下、自発性減退、記憶減弱、判断力障害、計算力障害、体幹の機能障害による歩行障害などのため、常に労務に服することができないものが、これに該当する。

なお、外傷性てんかんで他の精神、神経障害を伴わない場合に、十分な治療にかかわらず、意識障害を伴う発作に多発（平均して一週一回以上程度のもの）するものについては第二級に、その他のもので常に労務に服することができないものについては、第三級に該当するものであること。

(2)　せき髄の損傷

せき髄の損傷による障害については、次のいずれかによって傷病等級を認定すること。

イ　両下肢の用を全廃しているものは、第一級とする。

ロ　外傷、減圧症又はその他の疾病によるせき髄の損傷による障害の状態は複雑な諸症状を呈する場合が多いので、前記(1)の中枢神経系（脳）の場合と同様に、諸症状を総合評価して、障害の程度により次の三段階に区分して等級を認定する。

第一級　生命維持に必要な身のまわり処理の動作について、常に介護を要するもの

第二級　生命維持に必要な身のまわり処理の動作について、随時介護を要するもの

第三級　生命維持に必要な身のまわり処理の動作は可能であるが常に労務に服することができないもの

(3)　その他

精神神経の障害で前記(1)及び(2)以外のものの認定に当たっては前記(1)及び(2)に準ずること。

二　胸腹部臓器の障害については、次により判断すること。

第一級　重度の胸腹部臓器の障害のために、生命維持に必要な身のまわり処理の動作について、常に介護を要するもの

胸腹部臓器の障害により、日常生活の範囲が病床に限定されている状態のものがこれに該当する。

第二級　高度の胸腹部臓器の障害のために、生命維持に必要な身のまわり処理の動作について、随意介護を要するもの

胸腹部臓器の障害により、日常生活の範囲が主として病床にあるが、食事、用便、自宅又は病棟内の歩行など短時間の離床が可能であるか又は差し支えない程度の状態のものがこれに該当する。

第三級　著しい胸腹部臓器の障害のために、生命維持に必要な身のまわり

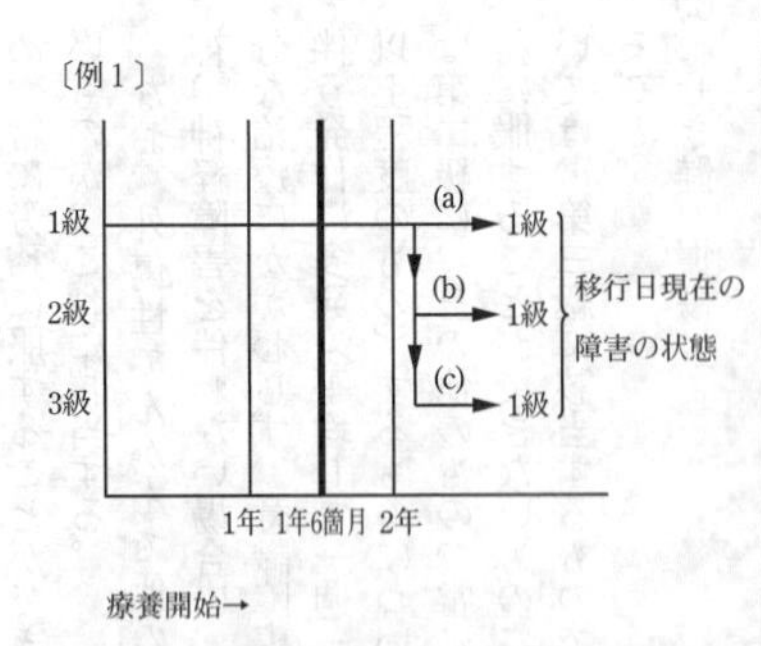

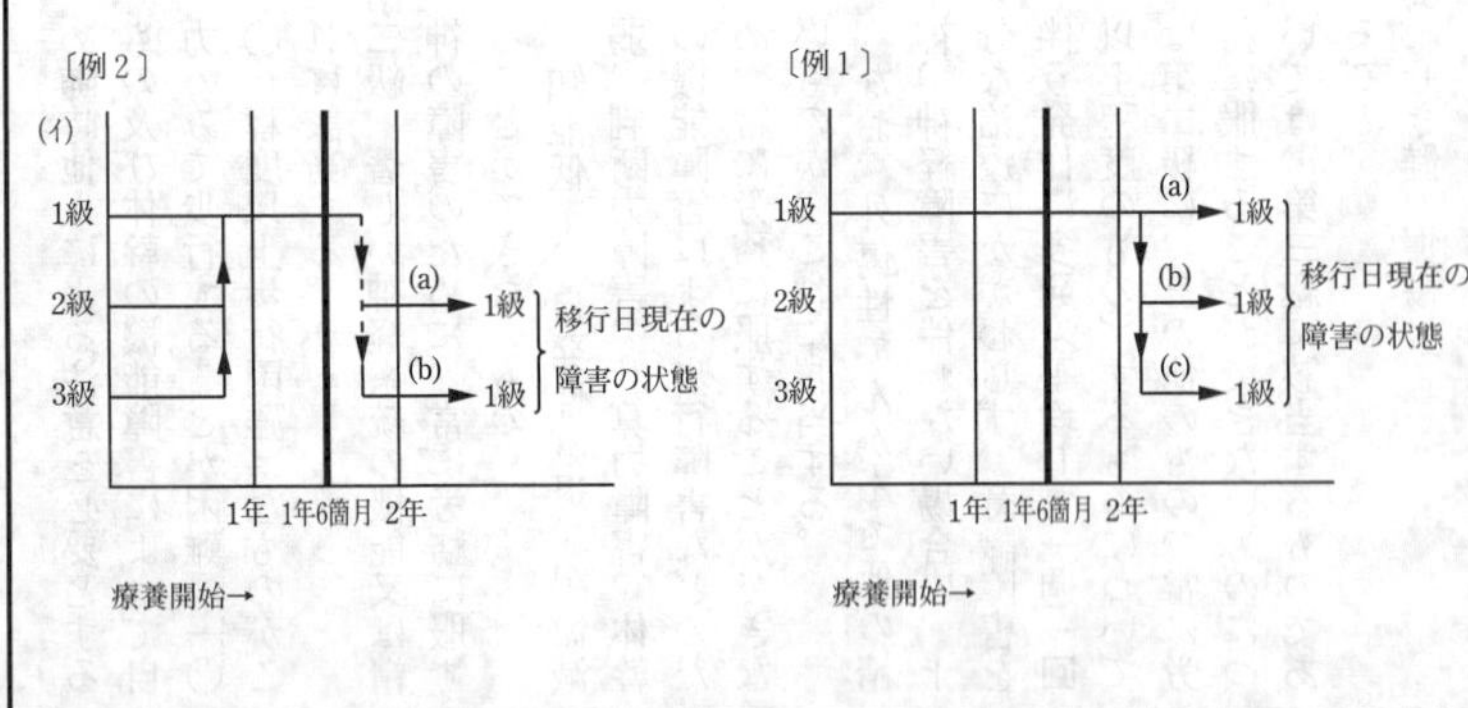

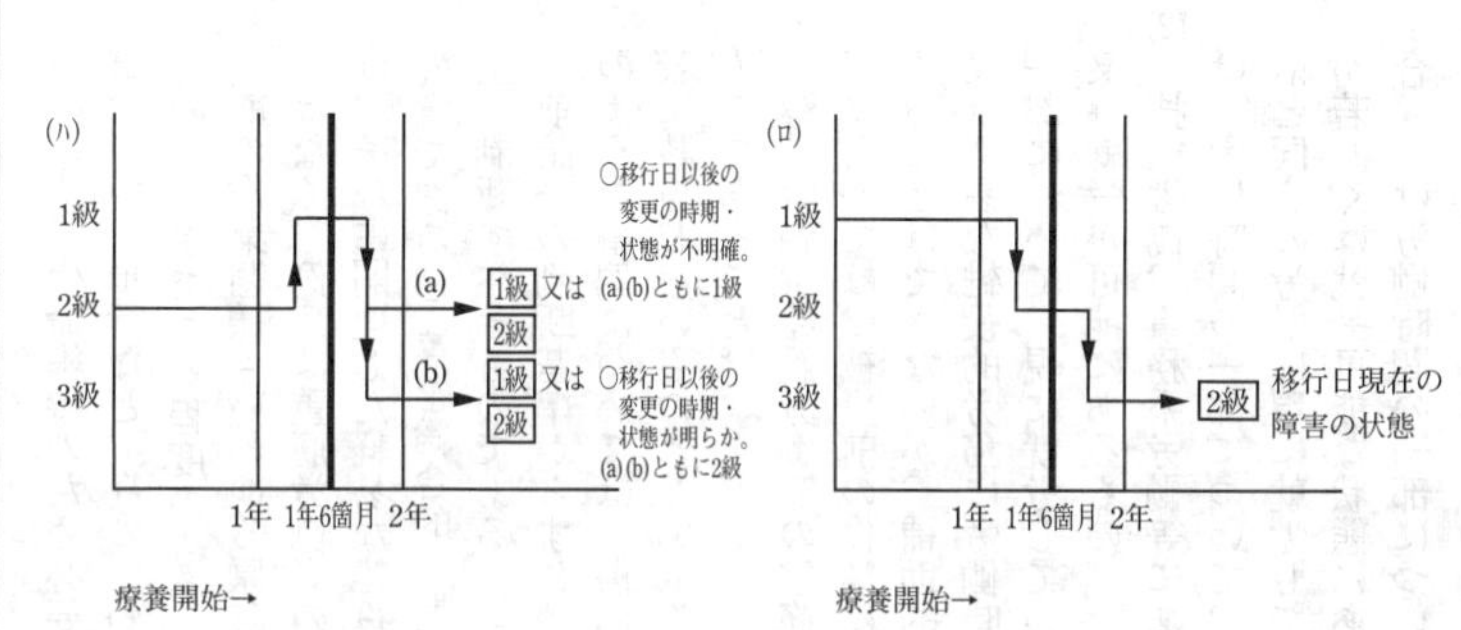

処理の動作は可能であるが、常に労務に服することができないもの

胸腹部臓器の障害により、通院、自宅周囲若しくは病院構内の歩行が可能か又は差し支えないが、常に労務に服することができない状態のものが、これに該当する。

〔参考Ⅰ〕

一　傷病補償年金に移行する場合の傷病等級の認定

〔例一〕　療養開始後一年六箇月経過した日において、過去及びその後六箇月間に障害の状態に変動がないと見込まれる場合

〔例二〕　療養開始後一年六箇月を経過した日において、その後六箇月間に障害の状態に変動が見込まれる場合

〔参考Ⅱ〕

傷病等級表の「常に労務に服することができないもの」の範囲についての判断基準

傷病等級表の第三級の一号、二号及び六号に定められた「常に労務に服することができないもの」の範囲については、社会通念上、どの程度の障害の状態による労働不能が年金給付の対象として妥当かどうかの観点から判断すべきものであって、具体的事案の処理に当たっては、次により取り扱うものであること。

一　傷病等級表の第三級に定められた障害の状態は、基本的には、「生命維持のため必要な身のまわり処理の動作について、自用を弁ずることはできるが、労務に服することができない状態にあるもの」である。「自用を弁ずることができる」程度の身体的能力を観念的に厳密に解すれば極めて軽易な労務に短時間であれば、就労することが可能な状態にあると認められる場合もあると思われるが、それは、ここでいう「労務」の範囲に属するものとは考えられない。したがって、療養管理の必要性、身体的能力（広く日常生活全般

ではなく、生命維持のため必要な食事、用便、歩行など、身のまわり処理の動作ができる程度のもの）、被災前の作業態様（いわゆる原職復帰ではなく、例えば重筋労働者の場合は、それに関連した軽易な雑役務等の意である。）等を総合的に勘案の上、判断すべきものである。

二　前記一の判断基準からすれば、次のような事例については、傷病等級表に該当しないものとして取り扱うものであること。

(1)　港湾労働、建設労働等の重筋労働者にあっては、被災前の作業に就労することはできないが、補助的労務又は軽易な雑役的労務に労働時間の一部について、現に就労しているか又は就労が可能にあるもの。

(2)　技能労働、事務系労働等にあっては、労働時間の一部について、被災前と同様の労働に現に就労しているか若しくは就労可能な状態にある場合、又は労働時間の一部について補助的労働若しくは軽易な労働に現に就労しているか若しくは就労可能な状態にあるもの。

(3)　その他のものについても、前記(1)及び(2)に準ずること。

（昭五二・三・三〇　基発第一九二号）

〈労災年金と厚生年金等との調整〉

第一　労災保険の年金たる保険給付等と新厚生年金等との併給調整

一　概要

同一の事由により労災保険の年金たる保険給付等と改正法による改正後の厚生年金保険法（以下「新厚年法」という。）の規定に基づく年金たる保険給付又は改正法による改正後の国民年金法（以下「新国年法」という。）の規定に基づく年金たる給付（以下「新厚生年金等」という。）とが併給される場合の労災保険の年金たる保険給付等の額の調整については、従前同様、労災保険の年金たる保険給付等の額に前々保険年度における併給に係る労災保険の年金たる保険給付の支給額の平均額と新厚生年金等の支給額の平均額に基づき政令で定める一定の率（調整率）を乗じ調整を行い、調整後の労災保険の年金たる保険給付等の額については、その額と併給される新厚生年金等の額との合計額が調整前の労災保険の年金たる保険給付の額を下回る（すなわち、厚生年金等との併給があるため併給がない場合に比較し受給総額が低くなる）ことがないよう、政令で定める一定の額（調整限度額）を設けることとされている（新労災保険法第一四条第三項、別表第一等）。

ただし、昭和六一年四月から昭和六三年三月までの間においては、前々保険年度（昭和五九年度及び昭和六〇年度）においては新厚生年金等の支給実績が存在しないため、経過的に、前々保険年度における併給

併給される新厚生年金等 ＼ 労災保険の年金たる保険給付		障害補償年金 障害年金	遺族補償年金 遺族年金	傷病補償年金 傷病年金	備　考
(1)　別表第１第１号 新厚生年金＋新国民年金	障害厚生年金及び障害基礎年金	0.76	－	0.76	新労災令附則第17項
	遺族厚生年金及び遺族基礎年金又は寡婦年金	－	0.83	－	
(2)　別表第１第２号 新厚生年金	障害厚生年金	0.88	－	0.88	新労災令附則第21項
	遺族厚生年金	－	0.91	－	
(3)　別表第１第３号 新国民年金	障害基礎年金	0.89	－	0.88	新労災令附則第25項
	遺族基礎年金又は寡婦年金	－	0.91	－	

に係る労災保険の年金たる保険給付の支給額の平均額と旧厚生年金等の支給額の平均額に基づき政令で定める調整率を用いることとされている（改正法附則第一一七条第一項から第三項まで）。

二　調整率（表参照）

三　調整限度額

労災保険の年金たる保険給付の額に二の調整率を乗じて調整を行った後の額が政令で定める一定の額（調整限度額）を下回るときは、当該額をもって労災保険の年金たる保険給付の額とすることとされており（改正法附則第一一七条第一項から第三項まで）、これに基づき、労災保険の年金たる保険給付の額から同一の事由により支給される新厚生年金等の額を減じた残りの額に相当する額を調整限度額とすることとされた（新労災令附則第一八項から第二〇項まで、第二二項から第二四項まで及び第二六項から第二八項まで）。

第二　労災保険の年金たる保険給付等と旧厚生年金等との併給調整

一　概要

改正法の施行日（昭和六一年四月一日）以後においても、改正法による改正前の厚生年金保険法（以下「旧厚年法」という。）、船員保険法（昭和一四年法律第七三号。以下「旧船保法」という。）及び国民年金法（以下「旧国年法」という。）の規定による年金たる給付（以下「旧厚生年金等」という。）は、一部の例外（旧国年法の規定による母子福祉年金、準母子福祉年金等。）を除き、なお従前の例により支給される（改正法附則第三二条第一項、第七八条第一項及び第八六条第一項参照）。同一の事由により労災保険の年金たる保険給付等と旧厚生年金等とが併給される場合については、第一において述べた労災保険の年金たる保険給付等との新厚生年金等との併給調整と同様に調整を行うことと

旧厚生年金等 ＼ 労災保険の年金たる保険給付		障害補償年金 障害年金	遺族補償年金 遺族年金	傷病補償年金 傷病年金	備考
旧厚生年金法	障害年金	0.76	–	0.76	労災令新附則第6項
	遺族年金	–	0.83	–	
旧船保法	障害年金	0.76	–	0.76	労災令新附則第10項
	遺族年金	–	0.83	–	
旧国年法	障害年金	0.89	–	0.88	
	母子年金等	–	0.91	–	

されている（改正法附則第一一六条第二項から第四項まで、第七項及び第八項）。

二　調整率（表参照）

三　調整限度額

労災保険の年金たる保険給付の額に二の調整率を乗じて調整を行った後の額が政令で定める一定の額（調整限度額）を下回るときは、当該額をもって労災保険の年金たる保険給付の額とされており（改正法附則第一一六条第二項及び第三項）、これに基づき、労災保険の年金たる保険給付の額から同一の事由により支給される旧厚生年金等の額を減じた残りの額を調整限度額とすることとされた（新労災令附則第七項から第九項まで及び第一一項から第一三項まで）。

（昭六一・三・二九　基発第一七九号）

〈労災保険の年金たる保険給付等と厚生年金等との調整について〉

〈略〉今般、同一の事由により労災保険の年金たる保険給付（以下「労災年金」という。）と厚生年金保険法（昭和二九年法律第一一五号）の規定による年金たる保険給付又は国民年金法（昭和三四年法律第一四一号）の規定による年金たる給付（以下「厚生年金等」という。）とが支給される場合の労災年金の額の調整に関し、昭和六一年度における労災年金と厚生年金等の支給の実績に基づき、労災年金の額に乗ずる率（調整率）を定めること等を内容とする労働者災害補償保険法施行令の一部を改正する政令（昭和六三年政令第六四号。以下「改正政令」という。参考一参照）〈略〉が、昭和六三年三月三一日に公布され、同年四月一日から施行されることとなった。

ついては、下記の点に留意の上、事務処理に遺憾なきを期されたい。

記

第一　労災年金と厚生年金等との併給

調整

一　同一の事由により労災年金と厚生年金等とが併給される場合における労災年金の額の調整については、労災年金の額に前々保険年度における併給に係る労災年金の支給額の平均額と厚生年金等の支給額の平均額に基づき政令で定める一定の率（調整率）を乗じ調整を行い、調整後の労災年金の額については、その額と併給される厚生年金等の額との合計額が調整前の労災年金の額を下回る（すなわち厚生年金等との併給があるため併給がない場合に比較し受給総額が低くなる）ことがないよう、政令で定める一定の額（調整限度額）を設けることとされている（労働者災害補償保険法（昭和二二年法律第五〇号。以下「労災保険法」という。）別表第一（労災保険法第二二条の三第三項、第二二条の四第三項及び第二二条の六第二項において準用する場合を含む。以下同じ。））。

二　調整率は、労災年金の種別ごとに、労災保険法別表第一第一号から第三号までに掲げる併給される厚生年金等の区分に応じ、それぞれ政令で定めることとされているところ、昭和六一年四月から昭和六三年三月までの間においては、前々保険年度（昭和五九年度及び昭和六〇年度）における厚生年金等の支給実績が存在しないことから、国民年金法等の一部を改正する法律（昭和六〇年法律第三四号。以下「昭和六〇年改正法」という。昭和六一年四月一日施行。）による改正前の厚生年金保険法、船員保険法（昭和一四年法律第七三号）又は国民年金法の規定による年金たる給付（以下「旧厚生年金等」という。）との支給実績に基づいて経過的に定めることとされ（昭和六〇年改正法附則第一一七条第一項から第三項まで（同条第四項において準用する場合を含む。））、具体的には昭和五九年度における同一の事由による併給に係る労災年金の支給額と旧厚生年金等の支給額の平均額に基づき、改正政令による改正前の労働者災害補償保険法施行令（以下「旧労災令」という。）により別表1のカッコ内のとおり具体的数値が経過的に定められていたところである（旧労災令附則第一七項、第二一項及び第二五項）。

三　今般、昭和六三年四月以後の月分の労災年金の支給額の調整に用いる調整率について、昭和六一年度における同一の事由による併給に係る労災年金の支給額の平均額と厚生年金等の支給額の平均額に基づき、別表1のとおり具体的数値が定められた（改正政令による改正後の労働者災害補償保険法施行令（以下「新労災令」という。）第二条、第四条及び第六条）。

第二　労災年金と旧厚生年金等との併給調整

一　同一の事由により労災年金と旧厚

生年金等とが併給される場合については、第一の一において述べた労災年金と厚生年金等との併給調整と同様に調整を行うこととされている（昭和六〇年改正法附則第一一六条第二項及び第三項（同条第四項において準用する場合を含む。以下同じ。））。

その際用いる調整率については、昭和六〇年改正法附則第一一六条第二項及び第三項において、同一の事由により労災年金と旧厚生年金等とが併給される場合について、昭和六〇年改正法による改正前の労災保険法別表第一の規定の例により算定した率、例えば、前々保険年度における旧厚生年金との併給に係る労災年金の支給額の平均額から同一の事由により支給される旧厚生年金の支給額の平均額に一〇〇分の五〇を乗じて得た額を減じた額を労災年金の支給額の平均額で除して得た率を下回らない範囲で政令で定めるものとさ

別表1

併給される厚生年金等 ＼ 労災年金		障害補償年金 障害年金	遺族補償年金 遺族年金	傷病補償年金 傷病年金	備考
厚生年金保険法及び国民年金法	障害厚生年金及び障害基礎年金	0.73	−	0.73	新労災令第2条
	遺族厚生年金及び遺族基礎年金及び寡婦年金	−	0.80	−	
厚生年金保険法	障害厚生年金	0.83	−	0.86	新労災令第4条
	遺族厚生年金	−	0.84	−	
国民年金法	障害基礎年金	0.88	−	0.88	新労災令第6条
	遺族基礎年金又は寡婦年金	−	0.88	−	

別表2

併給される旧厚生年金等 ＼ 労災年金		障害補償年金 障害年金	遺族補償年金 遺族年金	傷病補償年金 傷病年金	備考
昭和60年改正法による改正前の厚生年金保険法	障害年金	0.74	−	0.75	新労災令附則第6項
	遺族年金	−	0.80	−	
昭和60年改正法による改正前の船員保険法	障害年金	0.74	−	0.75	新労災令附則第10項
	遺族年金	−	0.80	−	
昭和60年改正法による改正前の国民年金法	障害年金	0.89	−	0.89	
	母子年金等	−	0.90	−	

れている。

二　今般、昭和六三年四月以後の月分の労災年金の支給額の調整に用いる調整率について、昭和六一年度における同一の事由による併給に係る労災年金の支給額の平均額と旧厚生年金等の支給額の平均額に基づき、別表2のとおり具体的数値が定められた（新労災令附則第六項及び第一〇項）。

第三　休業補償給付又は休業給付と厚生年金等又は旧厚生年金等との併給調整

一　同一の事由により休業補償給付又は休業給付と厚生年金等とが併給される場合にあっては、労災保険法第一四条第四項（労災保険法第二二条の二第二項において準用する場合を含む。）の規定により併給される厚生年金等の区分に応じ、労災保険法別表第一第一号から第三号までの政令で定める率のうち傷病補償年金又は傷病年金に係る率を、当該休業補償給付又は休業給付の額に乗じて調整することとされている。この場合の休業補償給付又は休業給付についての調整限度額については、休業補償給付又は休業給付の額から同一の事由により支給される厚生年金等の額を三六五で除して得た額を減じた残りの額に相当する額とすることとされている（新労災令第一条関係）。

二　同一の事由により休業補償給付又は休業給付と旧厚生年金等とが併給される場合にあっても同様に、併給される旧厚生年金等の区分に応じ、昭和六〇年改正法附則第一一六条第二項及び第三項の政令で定める率のうち傷病補償年金又は傷病年金に係る率を当該休業補償給付又は休業給付の額に乗じて調整することとされている（昭和六〇年改正法附則第一一六条第七項及び第八項）。この場合の休業補償給付又は休業給付についての調整限度額は、休業補償給付又は休業給付の額から同一の事由により併給される旧厚生年金等の額を三六五で除して得た額を減じた残りの額に相当する額とすることとされている（新労災令附則第一五項及び第一六項）。

三　今般、第一及び第二において述べたとおり、労災保険の傷病補償年金又は傷病年金と厚生年金等又は旧厚生年金等との併給に係る調整率が改正されたことに伴い、昭和六三年四月一日以降に支給事由の生じた休業補償給付又は休業給付の額の調整に用いられる率も変更されることとなったので、併せて留意されたい。

第四　経過措置等

一　改正政令は昭和六三年四月一日から施行することとされているが、同一の事由により労災年金と厚生年金等又は旧厚生年金等とが併給される場合における昭和六三年三月までの月分の労災年金の額に乗ずる率（調整率）については、なお従前の例、すなわち、厚生年金等との併給に係るものについては旧労災令附則第一七項、第二一項及び第二五項に規定する率を、旧厚生年金等との併給に係るものについては旧労災令附則第六項及び第一〇項に規定する率を、それぞれ適用することとされている。

二　今回の調整率の改正に伴い、昭和六三年四月以後の月分の労災年金の額が変更（引上げ又は引下げ）される受給権者に対しては、各所轄労働基準監督署長より「厚生年金等調整率による変更決定通知書」（参考二参照）〈略〉をもって変更の内容について通知することとしているので、関連の事務処理についても併せて遺漏なきを期されたい。

（昭六三・三・三一　基発第二〇三号）

（傷病補償年金の変更）

第十八条の二　傷病補償年金を受ける労働者の当該障害の程度に変更があつたため、新たに別表第一中の他の傷病等級に該当するに至つた場合には、政府は、厚生労働省令で定めるところにより、新たに該当するに至つた傷病等級に応ずる傷病補償年金を支給するものとし、その後は、従前の傷病補償年金は、支給しない。

条文解説

本条は、傷病補償年金を受給している労働者の障害の程度に変更があって、他の傷病等級に該当することとなった場合には、従来の傷病等級に応ずる傷病補償年金を新たに該当するに至った傷病等級に応じた傷病補償年金に変更することを規定したものである。

関係政省令等

（傷病補償年金の変更）

則第十八条の三　所轄労働基準監督署長は、法第十八条の二に規定する場合には、当該労働者について傷病等級の変更による傷病補償年金の変更に関する決定をしなければならない。

参照条文

〔変更の決定　則一八の三〕

解釈例規

〈障害の程度の変更について〉

長期療養者の症状に応じた適切な給付を行うため、傷病補償年金の受給権者について、定期報告書等により、又は傷病補償年金の受給権者に義務づけられた障害の状態の変更に関する届出（新労災則第二一条の二第一項）等により、その受給権者の障害の程度が他の傷病等級に該当するに至っていると認められる場合又は傷病等級に該当しなくなったと認められる場合には、傷病等級の変更による傷病補償年金の変更決定、休業補償給付への切替え又は治ゆの認定を行う。

なお、傷病補償年金の受給権者の障害の程度が傷病等級に該当しなくなったときは、傷病補償年金の受給権は消滅するが、その者の同一の傷病による障害の程度が再び傷病等級に該当するに至った場合には、当然その者に再び傷病補償年金を支給することとなる。

この場合の認定手続については、「傷病補償年金について」（昭和五二・三・三〇　基発第一九二号）の(2)から(4)までによる。

（昭五二・三・三〇　基発第一九二号）

（労働基準法との関係）

第十九条　業務上負傷し、又は疾病にかかつた労働者が、当該負傷又は疾病に係る療養の開始後三年を経過した日において傷病補償年金を受けている場合又は同日後において傷病補償年金を受けることとなつた場合には、労働基準法第十九条第一項の規定の適用については、当該使用者は、それぞれ、当該三年を経過した日又は傷病補償年金を受けることとなつた日において、同法第八十一条の規定により打切補償を支払つたものとみなす。

条文解説

本条は、傷病補償年金と労基法上の解雇制限との関係について規定したものである。

労基法第一九条第一項では、使用者は労働者が業務上負傷し又は疾病にかかり、療養のために休業する期間及びその後三〇日間は解雇してはならないものとしているが、そのただし書において、労基法第八一条の規定による打切補償（療養開始後三年を経過しても負傷又は疾病が治らない場合において、使用者が一、二〇〇日分の平均賃金を支払ったときは、その後は労基法の規定による災害補償は行わなくてもよいとするもの）を行った場合には、この解雇制限は解除されるものとしている。

本条では、①業務上負傷し又は疾病にかかった労働者が療養の開始後三年を経過した日において傷病補償年金を受けている場合にはその日において、②業務上負傷し又は疾病にかかった労働者が療養の開始後三年を経過した日以後に傷病補償年金を受けることとなった場合にはその受けることとなった日において、使用者は労基法第八一条の規定による打切補償を支払ったものとみなされ、当該労働者について労基法第一九条の規定によって課せられた解雇制限は解除されることとしているものである。

参照条文

〔傷病補償年金　一二の八③・一八・一八の二〕
〔解雇制限　労基一九〕
〔打切補償　労基八一〕

解釈例規

〈労働基準法との関係について①〉

一　基本的な考え方

労働基準法による災害補償制度と労災保険との関係は、昭和三五年の法改正及び昭和四〇年次の法改正（特に第三次改正）により労災保険の給付体系が労働基準法の補償体系とは独自に拡充されたことによって、基本的に明確なものとなった。

すなわち、労災保険制度は、労働基準法による災害補償制度から直接に派生したものではなく、両者は、業務災害に対する事業主の補償責任の法理を共通の基盤とし並行しているものと理解されるべきであり、現実の機能においては、むしろ後者は未加入事業について前者を補充する関係に立つこととなった。

それと同時に、両者の補償内容の格差も顕著となったことに伴い、労災補償制度全体としては、近い将来に現在のような二元的状態を克服し、労災保険制度に一元化されるべきことが要請されるのであって、今次法改正における全面適用の指向も、かかる要請に応えようとするものにほかならない。

二　具体的な関係

(1) 補償事由の同一性

保険給付の事由については、今次法改正にあたり、業務上外の認定及び通勤途上災害の取扱いについて問題が提起されているが、労災保険制度が労働基準法による災害補償制度と共通の法理的基盤に立っていることはいうまでもないのであって、労働基準法上の災害補償の事由を保険給付の事由とすることは、従来と同様である（法第一二条第二項）。

(2) 長期傷病補償給付と解雇制限との関係

長期傷病補償給付〔現行＝傷病補償年金〕は、その給付内容において、旧法の長期傷病補償と異なるが、労働基準法上の解雇制限との関係においては、なお従来と同様に、労働基準法による打切補償と同一の効果をもっている（法第一九条の三）。

(3)　保険給付と個々の使用者の補償責任との関係

旧法第一九条の三においては、保険給付の種類ごとに労働基準法上の災害補償との相当関係及び等価関係を定め、労働基準法の旧第八四条第一項において災害補償に相当する給付の価額の制度で個個の使用者について補償責任の免除を規定していたが、今次法改正による保険給付の大幅年金化及び事業主の責に帰すべき事由による支給制度の廃止に伴い、法第一九条の三の規定が整備されるとともに、労働基準法第八四条第一項の規定が定められて、およそ労災保険の保険給付が「行なわれるべきものである場合」すなわち保険給付の事由が生じた場合には、使用者は、補償の責を免れることとなった。したがって、保険給付が行なわれるべき場合に該当しない休業最初の三日を除き、労災保険に加入している事業主はすべて労働基準法上の補償責任を負わないこととなる。

（昭四一・一・三一　基発第七三号）

〈労働基準法との関係について②〉

一　解雇制限

業務上負傷し、又は疾病にかかった労働者が、療養の開始後三年を経過した日において傷病補償年金を受けている場合にはその日において、業務上負傷し、又は疾病にかかった労働者が療養の開始後三年以上経過した日以後に傷病補償年金を受けることとなった場合にはその受けることとなった日において、使用者は労働基準法第八一条の規定による打切補償を支払ったものとみなされ、当該労働者について労働基準法第一九条の規定によって課せられた解雇制限は、解除される（新法第一九条）。この点については、長期傷病補償年金給付と解雇制限との関係と変わらないものである。

なお、長期傷病補償給付を受けていた労働者が、施行日以後も被災時に所属していた事業に雇用されている場合にも、当該労働者についての改正前の労働者災害補償保険法第一九条の規定による解雇制限解除の効果は存続している（改正法附則第四条）。

二　休業補償

また、長期傷病補償給付の場合と同様に、使用者は、傷病補償年金の受給権者には休業補償を行う義務を負わないことは当然である。

（昭五二・三・三〇　基発第一九二号）

（介護補償給付）
第十九条の二　介護補償給付は、月を単位として支給するものとし、その月額は、常時又は随時介護を受ける場合に通常要する費用を考慮して厚生労働大臣が定める額とする。

条文解説

本条は、介護補償給付の支給単位及び支給額について規定したものである。

関係政省令等

（介護補償給付の額）
則第十八条の三の四　介護補償給付の額は、労働者が受ける権利を有する障害補償年金又は傷病補償年金の支給事由となる障害（次項において「特定障害」という。）の程度が別表第三常時介護を要する状態の項障害の程度の欄各号のいずれかに該当する場合にあつては、次の各号に掲げる介護に要する費用の支出に関する区分に従い、当該各号に定める額とする。
一　その月において介護に要する費用を支出して介護を受けた日がある場合（次号に規定する場合を除く。）その月において介護に要する費用として支出された費用の額（その額が十万四千二百九十円を超えるときは、十万四千二百九十円とする。）
二　その月において介護に要する費

用を支出して介護を受けた日がある場合であつて介護に要する費用として支出された費用の額が五万六千六百円に満たないとき又はその月において介護に要する費用を支出して介護を受けた日がない場合であつて、親族又はこれに準ずる者による介護を受けた日があるとき。五万六千六百円（支給すべき事由が生じた月において介護に要する費用として支出された額が五万六千六百円に満たない場合にあつては、当該介護に要する費用として支出された額とする。）

2　前項の規定は、特定障害の程度が別表第三随時介護を要する状態の項障害の程度の欄各号のいずれかに該当する場合における介護補償給付の額について準用する。この場合において、同項中十万四千二百九十円とあるのは五万二千百五十円と、五万六千六百円とあるのは二万八千三百円と読み替えるものとする。

参照条文

〔介護給付　一二の八〕

解釈例規

〈労働者災害補償保険法等の一部を改正する法律の施行について〉

第二　改正の内容

1　労働者災害補償保険法の一部改正

(1)　〈略〉

(2)　給付内容等の改善

イ　介護補償給付の創設

②　介護補償給付は、月を単位として支給するものとし、その月額は、常時又は随時介護を受ける場合に通常介護に要する費用を考慮して労働大臣が定めることとした。

（平七・三・二三　発基第二五号）

〈労働者災害補償保険法等の一部を改正する法律の施行（第二次分）について〉

第一　介護補償給付及び介護給付の創設

1　改正の趣旨

高齢化、核家族化等により、重度被災労働者は家庭で十分な介護を受けることが困難になってきていることから、民間事業者等から介護サービスを受ける必要性が一層高まり、その費用負担が増大するおそれがある。

他方、近年の人身傷害に係る民事損害賠償の状況をみると、重度の障害を負った者の介護に当たっている親族等による介護労働に対する金銭的な評価は高額化しており、慰謝料を上回り、逸失利益に匹敵する例も少なくないなど、損害額算定の重要な要素とされてきている。

また、ＩＬＯ第一二一号勧告においては、常時他人の介護を要する場合においては、その援助又は付添いのための合理的な費用を支払うための措置がとられるべきであるとされている。

以上の状況を踏まえ、労働災害によって被った損害の塡補を行うという労災保険制度の本来の趣旨にかんがみると、労働災害の結果として、労働者が介護を要する状態となり、それによって生じた介護を受けることに伴う費用の支出等の損害については、単なる附帯事業としてではなく、労災保険で当然に塡補すべき損害として位置付けて給付を行うことが適当であるとの考えにより、保険給付として介護補償給付及び介護給付を創設することとされたものである。

2　改正の内容

(1)　介護補償給付の支給要件（新法第一二条の八関係）

介護補償給付は、障害補償年金又は傷病補償年金を受ける権利を有する労働者が、その受ける権利を有する障害補償年金又は傷病補償年金の支給事由となる障害であって労働省令で定める程度のものにより、常時又は随時介護を要する状態にあり、かつ、常時又は随時介護を受けているときに、当該介護を受けている間、当該労働者に対し、その請求に基づいて支給される。

ただし、当該労働者が身体障害者療護施設等に入所している間は支給されない。

(2)　介護補償給付に係る障害の程度（新労災則第一八条の三の二及び別表第三関係）

イ　介護補償給付に係る障害の程度の基本的な考え方

介護補償給付に係る障害の程度の区分に当たっては、まず、新労災則別表第一障害等級表に規定される身体障害及び別表第二傷病等級表に規定される障害の状態において、常に介護を要するもの又は随時介護を要するものとされている身体障害又は障害の状態については、介護補償給付の支給に当たっても、それぞれ常時介護を要する状態にあるもの又は随時介護を要する状態にあるものとして位置付け、これに該当しない障害等級第一級に規定される身体障害又は傷病等級第一級に規定される障害の状態については、ＡＤＬ（日常生活動作能力）基準に基づき、介護を要する状態を区分することが適当である。

このような考え方に基づき、介護補償給付に係る障害の程度は新労災則別表第三のとおり定められたものである。

ロ　常時介護を要する障害の程度

常時介護を要する障害の程度に該当するものは次のとおりである。

①　障害等級第一級第三号に規定する身体障害又は傷病等級第一級第一号に規定する障害の状態

②　障害等級第一級第四号に規定する身体障害又は傷病等級第一級第二号に規定する障害の状態

③　①及び②以外の障害等級第一級に規定する身体障害又は傷病等級第一級に規定する障害の状態のうち、重複障害等障害の状態が特に重篤であって、①又は②と同程度の介護を要する状態にあるもの

具体的には次のとおりとする。

a　両眼が失明するとともに、別表第一第一級若しくは第二級又は別表第二第一級若しくは第二級に該当する障害を有するもの

b　両上肢の用を全廃し又はひじ関節以上で失うとともに、次の障害を有するもの

・　両下肢の用を全廃しているもの

・　両下肢をひざ関節以上で失ったもの

・　両下肢を足関節以上で失ったもの

両上肢を腕関節以上で失うとともに両下肢の用を全廃し又はひざ関節以上で失ったもの

c　その他これらと同程度の介護を要する障害を有するもの

なお、全国斉一的な運用を図るため、ｃに該当すると思われる事案については、地方局署は本省に照会することとし、本省に設置する、医師等により構成する検討会において必要に応じて検討するものとする。

ハ　随時介護を要する障害の程度

随時介護を要する障害の程度に該当するものは次のとおりである。

①　障害等級第二級第二号の二に規定する身体障害又は傷病等級第二級第一号に規定する障害の状態

②　障害等級第二級第二号の三に規定する身体障害又は傷病等級第二級第二号に規定する障害の状態

③　障害等級第一級に規定する身体障害又は傷病等級第一級に規定する障害の状態であって、ロに掲げる障害の状態に該当しないもの

(3)　介護補償給付の支給額（新労災則第一八条の三の四関係）

イ　支給額

介護補償給付は月を単位として支給されることとされており、その額は、一月につき、次に掲げる被災労働者の区分に応じ、それぞれ次のと

おりである。

① 常時介護を要する被災労働者

a その月に費用を支出して介護を受けた日である場合（bの場合を除く。）

その月において介護に要する費用として支出された額（その額が一〇五、〇八〇円を超えるときは、一〇五、〇八〇円とする。）

b その月に費用を支出して介護を受けた日がない場合又は介護に要する費用として支出された費用の額が五七、〇五〇円に満たない場合であって、親族等による介護を受けた日がある場合

五七、〇五〇円（支給すべき事由が生じた月において介護に要する費用として支出された額が五七、〇五〇円に満たないときは、当該介護に要する費用として支出された額とする。）

② 随時介護を要する被災労働者

a その月に費用を支出して介護を受けた日がある場合（bの場合を除く。）

その月において介護に要する費用として支出された額（その額が五二、五四〇円を超えるときは、五二、五四〇円とする。）

b その月に費用を支出して介護を受けた日がない場合又は介護に要する費用として支出された費用の額が二八、五三〇円に満たない場合であって、親族等による介護を受けた日がある場合

二八、五三〇円（支給すべき事由が生じた月において介護に要する費用として支出された額が二八、五三〇円に満たないときは、当該介護に要する費用として支出された額とする。）

ロ 支給開始時及び支給終了時の給付

その月に費用を支出して介護を受けた日がある場合については、支給すべき事由が生じた月から、支給すべき事由が消滅した月まで各月において介護費用として支出された額を算定して給付を行うものとする。

また、その月に費用を支出して介護を受けた日がない場合であって、親族等による介護を受けた日がある場合については、①介護費用を支出しないで親族等による介護を受け始めた月においては給付は行わず、その翌月から給付を行うこととし、②介護費用を支出しないで親族等による介護を受けることがなくなった月については、一か月分の給付を行うものとする。

(4) 介護補償給付の支給対象とならない施設入居者の範囲（新労災則第一八条の三の三関係）

イ 規定の考え方

介護補償給付については、新法第一二条の八第四項により、身体障害者療護施設等の施設に入所している間は支給しないこととされている。

これは、①当該施設において十分な介護サービスが提供されることから

被災労働者は親族等から介護を受ける必要がなく、②当該介護サービスに相当する費用が徴収されていないため、当該施設に入居している被災労働者については、そもそも介護補償給付を支給する必要がないからであり、この旨があらかじめ法令上明示されているものである。

ロ　支給対象とならない施設

①　身体障害者療護施設

身体障害者福祉法第三〇条に規定する、常時介護を必要とする身体障害者に対して治療及び養護を行う入居施設

②　身体障害者療護施設に準ずる施設として労働大臣が定めるもの

a　特別養護老人ホーム

原則として六五歳以上の者で、身体上又は精神上著しい障害があるため常時介護を必要とし、居宅でこれを受けることが困難な者の入居施設

b　原子爆弾被爆者特別養護ホーム

被爆者であって、身体上又は精神上著しい障害があるために常時介護を必要とし、かつ、居宅においてこれを受けることが困難な者に対して、必要な介護、健康管理及び医療を提供する施設

c　労災特別介護施設

重度被災労働者に対して必要な介護を提供する入居施設

d　その他親族等による介護を必要としない施設であって当該施設において提供される介護に要した費用に相当する金額を支出する必要のない施設として労働大臣が定めるもの

ただし、これに該当する施設は現在のところ定められていない。

③　病院又は診療所

老人保健施設は、老人保健法（昭和五七年法律第八〇号）第四六条の一七の規定により病院又は診療所に含まれる。

(5)　介護補償給付の請求手続（新労災則第一八条の三の五関係）

イ　請求方法

介護補償給付の請求は、被災労働者が所轄労働基準監督署長に介護補償給付支給請求書（以下「請求書」という。）に必要な書類を添付して提出することにより行うものである。

また、介護を要する状態に変更が生じた場合に介護補償給付を請求するときは、新規に同給付を請求する手続と同様の手続を行うものとする。

なお、介護補償給付の初回の請求は、障害補償年金を受ける権利を有する者については、障害補償年金の請求と同時に、又はその請求後に行うものとし、また、傷病補償年金を受ける権利を有する者については、当該傷病補償年金の支給決定を受けた後に行うものとする。

ロ　請求書に添付する書類

介護補償給付の請求の際に請求書に添付する書類は以下のとおりである。

① 障害の部位及び状態並びに当該障害を有することに伴う日常生活の状態に関する医師又は歯科医師の診断書（以下「診断書」という。）

② 介護に要する費用を支出して介護を受けた日がある場合にあっては、費用を支出して介護を受けた日数及び当該支出した費用の額を証する書類

③ 被災労働者がその親族等により介護を受けた日がある場合にあっては、当該介護に従事した者の当該介護の事実についての申立書

ハ 診断書の添付と定期報告書との関係（新労災則第二一条関係）

継続して二回目以降の介護補償給付を請求する者については、診断書の添付を要さないものとし、そのうち障害補償年金の受給者にあっては、新労災則第二一条に規定する定期報告書に、障害を有することに伴う日常生活の状態を記載した診断書を添付するものとする。

(6) 未支給の保険給付

介護補償給付を受ける権利を有する者が死亡した場合において、その死亡した者に支給すべき介護補償給付でまだその者に支給しなかったものがあるときは、死亡した者の遺族は当該すべての月分の介護補償給付を未支給の保険給付として請求できるものである。

請求に当たっては、未支給の保険給付支給請求書（様式第四号）に、次に掲げる書類を添付することとするが、介護補償給付受給者に係る遺族補償給付又は葬祭料について併せて遺族より支給請求があった場合は、当該保険支給請求のため提出する書類その他の資料で重複するものについては重ねて提出する必要はないものとする。

イ 死亡した受給権者の死亡診断書、死体検案書又は検視調書に記載してある事項についての市町村長の証明書等死亡の事実及び年月日が証明できる書類

ロ 死亡した受給権者と未支給給付の請求権者との身分関係を証明し得る戸籍の謄本又は抄本

ハ 死亡した受給権者と未支給給付の請求権者とが内縁関係にあった場合は、その事実を証明し得る書類

ニ 死亡した受給権者と生計を同じくしていたことを証明し得る書類

ホ 死亡した者が請求書を提出していなかった場合は、死亡した受給権者が提出すべきであった請求書

(7) 支給制限

イ 故意の場合

労働者が故意に傷病等の原因となった事故を生じさせた場合は介護補償給付の支給は行われないものである。

ロ 故意の犯罪行為、重過失又は療養に関する指示違反の場合

介護補償給付については、労働基準法第七八条（休業補償及び障害補償の例外）の規定に該当しないこと

から、支給制限の対象としないものとする。

(8) 費用徴収

イ　不正受給者からの費用徴収

介護補償給付における不正受給者からの費用徴収における徴収する徴収金の価額は、保険給付を受けた者が受けた保険給付のうち、偽りその他不正の手段により給付を受けた部分に相当する価額とする。

ロ　事業主からの費用徴収

法第二五条〔現行＝第三一条〕第一項第一号から第三号までに該当する事故について保険給付を行う場合は、労働基準法の規定による災害補償の価額の限度で、その保険給付に要した費用に相当する金額の全部又は一部を事業主から徴収することとなっているが、労働基準法上の規定のない介護補償給付については費用徴収は行わないものとする。

(9) 時効（新法第四二条関係）

介護補償給付の時効は二年である。なお、既に支給決定のあった保険給付の支給請求権は、会計法第三〇条の規定により五年である。

(10) 損害賠償との調整

介護補償給付と損害賠償との調整については、当分の間、次に定める方法により行うものとし、介護補償給付に係る障害補償年金又は傷病補償年金の支給事由となる障害の原因となる負傷又は疾病が平成八年四月一日以後に発生したものについて適用する。

イ　第三者行為災害における民事損害賠償と介護補償給付の支給調整に関しては、求償（法第一二条の四第一項）の場合には、実際に行った保険給付の価額の限度で「第三者行為災害事務取扱手引」第二章第三節「求償」に準じて行い、控除（同条第二項）の場合には、介護損害に対する民事損害賠償額のうち介護補償給付に見合う価額の限度で同手引第二章第二節「控除」に準じて行うものとする。

ロ　事業主による民事損害賠償が行われた際の介護補償給付の支給調整に関しては、介護補償給付は、介護損害に対する民事損害賠償額のうち介護補償給付に見合う額の限度で支給調整を行うものとし、同給付に係る障害補償年金又は傷病補償年金の調整対象給付期間と同一の期間について、「民事損害賠償が行われた際の労災保険給付の支給調整に関する基準（労働者災害補償保険法第六四条第二項関係）」に準じて支給停止を行うものとする。

(11) 旧一酸化炭素中毒則による介護料の取扱い（改正省令第三条、新一酸化炭素中毒則第七条及び改正法附則第八条関係）

旧一酸化炭素中毒則の介護料に関する規定は廃止されるが、施行日前において、改正法による改正前の炭鉱災害による一酸化炭素中毒症に関する特別措置法（昭和四二年法律第九二号）による介護料を受ける権利を有していた被災労働者については、当該介護料又は介護補償給付のいずれかを受けることができるものである。

⑿　労働福祉事業に係る介護料の廃止について

　昭和五五年四月五日付け基発第一六五号「介護料の支給について」は、平成八年三月三一日をもって廃止する。

　なお、平成八年三月三一日までに支給すべき事由の生じた介護料については、従前の例による。

⒀　特例による保険給付（改正省令第四条及び新整備則第八条関係）

　介護補償給付についても暫定任意適用事業における特例による保険給付の対象となるが、この場合における介護補償給付に係る特別保険料の徴収期間は、当該介護補償給付に係る障害補償年金又は傷病補償年金に係る特別保険料の徴収期間とするものである。

3　施行期日及び経過措置

⑴　施行期日（改正省令附則第一条関係）

　この改正は、平成八年四月一日から施行される。

⑵　介護補償給付の支給事由の生じた月における支給額算定方法に関する経過措置（改正省令附則第二条関係）

　施行日前に介護補償給付に係る障害補償年金又は傷病補償年金の支給事由となる障害の原因となる負傷又は疾病に関する療養を開始した者については、親族又はこれに準ずる者による介護を受けた日があり、かつ、その月に介護に要する費用として支出された額が常時介護を要する障害の程度の場合にあっては五七、〇五〇円、随時介護を要する障害の程度の場合にあっては二八、五三〇円に満たない場合であっても、平成八年四月分の介護補償給付の給付額は、常時介護を要する障害の程度の場合にあっては五七、〇五〇円、随時介護を要する障害の程度の場合にあっては二八、五三〇円とするものである。

⑶　介護補償給付に係るメリット制の算定方法に関する経過措置（改正省令附則第三条関係）

　介護補償給付についてもメリット制の算定の対象となるが、施行日前に介護補償給付に係る障害補償年金又は傷病補償年金の支給事由となる障害の原因となる負傷又は疾病に関する療養を開始した者に支給される介護補償給付の額は、メリット制の算定の対象としないとするものである。

4　介護給付の取扱い（改正省令第一八条の一四、第一八条の一五及び第二一条関係）

　介護給付に関しては、2⑽及び3⑶を除き、介護補償給付に準じて取り扱うものとする。

（平八・三・一　基発第九五号）

〈労働者災害補償保険法施行規則の一部を改正する省令の施行について①〉

1　改正の内容

労働者災害補償保険法施行規則（昭和三〇年労働省令第二二号。以下「労災則」という。）第十八条の三の四及び第十八条の十四に規定する介護（補償）給付の額を、次のように改正するものである。

(1)　常時介護を要する被災労働者

ア　その月において介護に要する費用を支出して介護を受けた日がある場合（イの場合を除く。）

その月において介護に要する費用として支出された費用の額（その額が一〇四、九七〇円を超えるときは、一〇四、九七〇円とする。）

イ　その月において介護に要する費用を支出して介護を受けた日がある場合であって介護に要する費用として支出された費用の額が五六、九五〇円に満たない時又はその月において介護に要する費用を支出して介護を受けた日がない場合であって、親族又はこれに準ずる者による介護を受けた日があるとき

五六、九五〇円（支給すべき事由が生じた月において介護に要する費用として支出された額が五六、九五〇円に満たない場合にあっては、当該介護に要する費用として支出された額とする。）

(2)　随時介護を要する被災労働者

ア　その月において介護に要する費用を支出して介護を受けた日がある場合（イの場合を除く。）

その月において介護に要する費用として支出された費用の額（その額が五二、四九〇円を超えるときは、五二、四九〇円とする。）

イ　その月において介護に要する費用を支出して介護を受けた日がある場合であって介護に要する費用として支出された費用の額が二八、四八〇円に満たないとき又はその月において介護に要する費用を支出して介護を受けた日がない場合であって、親族又はこれに準ずる者による介護を受けた日があるとき

二八、四八〇円（支給すべき事由が生じた月において介護に要する費用として支出された額が二八、四八〇円に満たない場合にあっては、当該介護に要する費用として支出された額とする。）

2　施行期日等

この改正は、平成一六年四月以後の月に係る介護（補償）給付について適用される。

また、平成一六年三月以前の月に係る介護（補償）給付の額については、平成一六年四月以後に支給する場合であっても、なお従前の例によること（改正省令附則第二項）。

（平九・二・二八　基発第一一五号、平

一〇・三・二　基発第七一号、平一一・三・二五　基発第一三三号、平一二・三・一〇　基発第一一八号、平一五・三・二五　基発第〇三二五〇〇九号、平一六・三・三一　基発第〇三三一〇〇六号）

〈労働者災害補償保険法施行規則の一部を改正する省令の施行について②〉

労働者災害補償保険法施行規則及び炭鉱災害による一酸化炭素中毒症に関する特別措置法施行規則の一部を改正する省令（平成一八年厚生労働省令第六八号。以下「改正省令」という。）が本日公布され、平成一八年四月一日から施行されることとなったので、下記の事項に留意の上、事務処理に遺漏なきを期されたい。

記

一　改正の内容

(1)　労働者災害補償保険法施行規則の一部改正

労働者災害補償保険法施行規則（昭和三〇年労働省令第二二号。以下「労災則」という。）第一八条の三の四及び第一八条の一四に規定する介護（補償）給付の額を、次のように改正するものである。

①　常時介護を要する被災労働者

ア　その月において介護に要する費用を支出して介護を受けた日がある場合（イの場合を除く。）

その月において介護に要する費用として支出された費用の額（その額が一〇四、五九〇円を超えるときは、一〇四、五九〇円とする。）

イ　その月において介護に要する費用を支出して介護を受けた日があり、介護に要する費用として支出された費用の額が五六、七一〇円に満たない場合又はその月において介護に要する費用を支出して介護を受けた日がなく、親族又はこれに準ずる者による介護を受けた日がある場合

五六、七一〇円（支給すべき事由が生じた月において介護に要する費用として支出された額が五六、七一〇円に満たない場合にあっては、当該介護に要する費用として支出された額とする。）

②　随時介護を要する被災労働者

ア　その月において介護に要する費用を支出して介護を受けた日がある場合（イの場合を除く。）

その月において介護に要する費用として支出された費用の額（その額が五二、三〇〇円を超えるときは、五二、三〇〇円とする。）

イ　その月において介護に要する費用を支出して介護を受けた日があり、介護に要する費用として支出された費用の額が二八、三六〇円に満たない場合又はその月において介護に要する費用を支出して介護を受けた日がなく、親族又はこれに準ずる者による介護を受けた日がある場合

二八、三六〇円（支給すべき事由

が生じた月において介護に要する費用として支出された額が二八、三六〇円に満たない場合にあっては、当該介護に要する費用として支出された額とする。）

（平一八・三・三一　基発第〇三三一〇四一号）

〈労働者災害補償保険法施行規則及び炭鉱災害による一酸化炭素中毒症に関する特別措置法施行規則の一部を改正する省令の施行について〉

労働者災害補償保険法施行規則及び炭鉱災害による一酸化炭素中毒症に関する特別措置法施行規則の一部を改正する省令（平成二〇年厚生労働省令第七八号。以下「改正省令」という。）が平成二〇年三月三一日に公布され、本日から施行されることとなったので、下記の事項に留意の上、事務処理に遺漏なきを期されたい。

記

一　改正の内容

(1)　労働者災害補償保険法施行規則の一部改正

労働者災害補償保険法施行規則（昭和三〇年労働省令第二二号。以下「労災則」という。）第一八条の三の四及び第一八条の一四に規定する介護（補償）給付の額を、次のように改正するものである。

①　常時介護を要する被災労働者

ア　その月において介護に要する費用を支出して介護を受けた日がある場合（イの場合を除く。）

その月において介護に要する費用として支出された費用の額（その額が一〇四、九六〇円を超えるときは、一〇四、九六〇円とする。）

イ　その月において介護に要する費用を支出して介護を受けた日があり、介護に要する費用として支出された費用の額が五六、九三〇円に満たない場合又はその月において介護に要する費用を支出して介護を受けた日がなく、親族又はこれに準ずる者による介護を受けた日がある場合

五六、九三〇円（支給すべき事由が生じた月において介護に要する費用として支出された額が五六、九三〇円に満たない場合にあっては、当該介護に要する費用として支出された額とする。）

②　随時介護を要する被災労働者

ア　その月において介護に要する費用を支出して介護を受けた日がある場合（イの場合を除く。）

その月において介護に要する費用として支出された費用の額（その額が五二、四八〇円を超えるときは、五二、四八〇円とする。）

イ　その月において介護に要する費用を支出して介護を受けた日があり、介護に要する費用として支出された費用の額が二八、四七〇円に満たない場合又はその月において介護に要する費用を支出して介護を受けた日がなく、親族又はこれに準ずる者に

よる介護を受けた日がある場合
が生じた月において介護に要する費用として支出された額が二八、四七〇円に満たない場合にあっては、当該介護に要する費用として支出された額とする。）

(2)　炭鉱災害による一酸化炭素中毒症に関する特別措置法施行規則の一部改正

（略）

二　施行期日等

この改正は、平成二〇年四月以後の月に係る介護（補償）給付及び介護料について適用する。

また、平成二〇年三月以前の月に係る介護（補償）給付の額及び介護料の金額については、平成二〇年四月以後に支給する場合であっても、なお従前の例によること（改正省令附則第二項）。

三　関係通達の改正

（略）

（平二〇・四・一　基発第〇四〇一〇四三号）

（厚生労働省令への委任）

第二十条　この節に定めるもののほか、業務災害に関する保険給付について必要な事項は、厚生労働省令で定める。

条文解説

本条は、業務災害に関する保険給付の実施に伴う必要な事項は厚生労働省令で定めることを規定したもので、これに基づき、労災則に保険給付の請求手続、請求書記載事項、請求書添付資料等必要な事項を定めている。

参照条文

〔厚生労働省令　則〕

第三節　通勤災害に関する保険給付

（通勤災害の保険給付の種類）

第二十一条　第七条第一項第二号の通勤災害に関する保険給付は、次に掲げる保険給付とする。

一　療養給付
二　休業給付
三　障害給付
四　遺族給付
五　葬祭給付
六　傷病年金
七　介護給付

条文解説

本条は、通勤災害に関する保険給付の種類を規定している。

参照条文

〔療養給付　二二、則一八の五・一八の六〕〔休業給付　二二の二、則一八の七〕〔障害給付　二二の三、則一八の八〕〔遺族給付　二二の四、則一八の九・一八の一〇〕〔葬祭給付　二二の五、則一八の一一・一八の一二〕〔傷病年金　二三、則一八の一三〕〔介護給付　二四、則一八の一四・一八の一五〕〔処分の通知　則一九〕

解釈例規

〈労働者災害補償保険法等の一部を改正する法律の施行について〉

第二　改正の内容

1　労働者災害補償保険法の一部改正

(1)　〈略〉

(2)　給付の内容の改善

イ　介護補償給付の創設〈略〉

ロ　遺族補償年金の給付内容等の改善〈略〉

ハ　通勤災害に関する保険給付についてもイ及びロと同様の改善を行うこととした。

（平七・三・二三　発基第二五号）

〈労災保険法の一部を改正する法律等の施行について〉

▽通勤災害に関する保険給付関係

通勤災害に関する保険給付については、第三章第三節として、新法第二一条から第二二条の七までに規定されているところである。

(1)　保険給付の種類等

通勤災害に関する保険給付は、新法第二一条に規定されているとおり、療養給付、休業給付、障害給付、遺族給付、葬祭給付及び長期傷病給付〔現行＝傷病年金〕の六種類で、これらの給付は、それぞれ業務災害に関する療養補償給付、休業補償給付、障害補償給付、遺族補償給付、葬祭料及び長期傷病補償給付〔現行＝傷病補償年金〕と同一内容であり、その支給事由、受給権者、他の社会保険による給付との調整等も業務災害の場合と同様である（新法第二二条から第二二条の五まで）。

(2)　保険給付の請求

通勤災害に関する保険給付の請求手続については、業務災害に関する保険給付の場合と根本的には同様であるが、通勤災害の性格上、請求者の記載事項等について必要な限度において差異が設けられている。たとえば、通勤災害に関する請求書には、業務災害の場合の記載事項に加えて、次の事項を記載しなければならないこととされている（新規則第一八条の五第一項等）。

①　災害の発生の時刻及び場所

②　就業の場所並びに災害が出勤の際に生じたものである場合には就業開始の予定の時刻、災害が退勤の際に生じたものである場合には就業終了の時刻及び就業の場所を離れた時刻

③　通常の通勤の経路及び方法

④　住居又は就業の場所から災害の発生の場所に至った経路、方法、所要時間その他の状況

なお、②については必ず、①及び③に掲げる事項については、事業主が知り得た場合に、その証明を受けなければならないこととされている（新規則第一八条の五第二項等）。

（昭四八・一一・二二　基発第六四四号）

〈傷病補償年金及び傷病年金について〉

業務上の事由又は通勤による傷病により長期の療養を要することとなった労働者については、従来、療養開始後三年を経過した日以後において政府が必要と認めたときから、療養補償給付又は療養給付と休業補償給付又は休業給付とに代えて長期傷病補償給付又は長期傷病給付を行うこととしていた。しかしながら、長期療養者の症状は各療養者ごとに極めて区区であるにもかかわらず、これらの労働者に支給する長期傷病補償給付（長期傷病給付）の年金の額が一律とされていることは、後遺障害により労働不能となった者に対し支給される障害補償年金（障害年金）の額が、その障害の程度に応じて定められているのに比して、不均衡である。また、従来の長期療養者の実情からみると、療養開始後一年六カ月を経過しても治らない者は、その後引き続き長期にわたり療養を要することとなるのが通例であり、年金たる保険給付を行うべきか否かの判定について療養開始後三年の経過をまつまでもない。更には、厚生年金保険制度においても、第七七回国会における法改正により、療養開始後一年六カ月を経過した後は、その傷病の治ゆの有無にかかわらず、その障害について障害年金が支給されるように改められた。

これらの事情を考慮して、今回の法改正においては、従来の長期傷病補償給付及び長期傷病給付が廃止され、長期傷病補償給付たる年金に代えて傷病補償年金が、長期傷病給付たる年金に代えて傷病年金が新たに設けられ、また、傷病補償年金又は傷病年金の受給権者には、療養補償給付又は療養給付が行われることとなった。

このように、本制度は、長期療養者の症状に応じた適切な給付を行うために新設されたものである。

傷病補償年金の支給要件

傷病補償年金は、業務上負傷し、又は疾病にかかった労働者が療養の開始後一年六カ月を経過した日又はその日後において、次の要件に該当する場合に、その要件に該当するに至った月の翌月からその要件に該当する状態が継続している間、支給される（新法第一二条の八第三項）。

1　その負傷又は疾病による障害が治っていないこと。

2　その負傷又は疾病による障害の程度が労働省令で定める傷病等級に該当すること。

なお、療養開始後一年六カ月を経過した日とは、療養の開始の日の属する月の翌月から起算して一八カ月目の月において当該療養の開始の日に応当する日をいう。

例えば、昭和五二年三月五日に療養を開始した場合には、昭和五二年三月の翌月から起算して一八カ月目の月である昭和五三年九月五日が療養開始後一年六カ月を経過した日となる。

（昭五二・三・三〇　基発第一九二号）

（療養給付）

第二十二条　療養給付は、労働者が通勤（第七条第一項第二号の通勤をいう。以下同じ。）により負傷し、又は疾病（厚生労働省令で定めるものに限る。以下この節において同じ。）にかかつた場合に、当該労働者に対し、その請求に基づいて行なう。

2　第十三条の規定は、療養給付について準用する。

条文解説

本条は、療養給付の支給事由、内容等について規定している。

関係政省令等

（通勤による疾病の範囲）

則第十八条の四　法第二十二条第一項の厚生労働省令で定める疾病は、通勤による負傷に起因する疾病その他通勤に起因することの明らかな疾病とする。

（療養給付たる療養の給付の請求）

則第十八条の五　療養給付たる療養の給付を受けようとする者は、第十二条第一項各号に掲げる事項（同項第二号の事業の名称及び事業場の所在地は、第二号イからホまでに掲げる場合の区分に応じ、それぞれ同号イからホまでに掲げる就業の場所に係るものとする。）及び次に掲げる事項を記載した請求書を、当該療養の給付を受けようとする指定病院等を経由して所轄労働基準監督署長に提出しなければならない。

一　災害の発生の時刻及び場所
二　次のイからホまでに掲げる災害が発生した場合の区分に応じて、それぞれイからホまでに掲げる事項
イ　災害が法第七条第二項第一号の往復の往路において発生した場合　就業の場所並びに就業開始の予定の年月日時及び住居を離れた年月日時
ロ　災害が法第七条第二項第一号の往復の復路において発生した場合　就業の場所並びに就業終了の年月日時及び当該就業の場所を離れた年月日時
ハ　災害が法第七条第二項第二号の移動の際に発生した場合　当該移動の起点たる就業の場所における就業終了の年月日時及び当該就業の場所を離れた年月日時並びに当該移動の終点たる就業の場所及び当該就業の場所における就業開始の予定の年月日時
ニ　災害が法第七条第二項第三号の移動のうち、同項第一号の往復に先行する移動の際に発生した場合　転任の有無、当該先行する移動を行うに当たり住居を離れた年月日時並びに当該往復に係る就業の場所及び当該就業の場所における就業開始の予定の年月日時
ホ　災害が法第七条第二項第三号の移動のうち、同項第一号の往復に後続する移動の際に発生した場合　転任の有無、当該後続する移動を行うに当たり住居を離れた年月日時並びに当該往復に係る就業の場所及び当該就業の場所における就業終了の年月日時
三　通常の通勤の経路及び方法
四　住居又は就業の場所から災害の発生の場所に至つた経路、方法、所要時間その他の状況

2　第十二条第二項から第四項まで及び第十二条の三第一項から第三項までの規定は、療養給付たる療養の給付の請求について準用する。この場合において、第十二条第二項中「第四号に掲げる事項」とあるのは「第十八条の五第一項第一号から第三号までに掲げる事項（同項第二号イ、ニ及びホ中住居を離れた年月日時並びに同号ハ中当該移動の起点たる就業の場所における就業終了の年月日時及び当該就業の場所を離れた年月日時を除く。）（同項第一号及び第三号に掲げる事項については、事業主（同項第二号イからホまでに掲げる場合の区分に応じ、それぞれ同号イからホまでに掲げる就業の場所に係る事業主をいう。以下この項において同じ。）が知り得た場合に限る。）」と、同条第四項中「前項第三号及び第四号」とあるのは「前項第三号」と、第十二条の三第一項中「傷病補償年金」とあるのは「傷病年金」

と、同条第二項中「傷病補償年金」とあるのは「傷病年金」と、「第十二条第三項」とあるのは「第十八条の五第二項において準用する第十二条第三項」と、同条第三項中「傷病補償年金」とあるのは「傷病年金」と、「第一項及び第十二条第三項」とあるのは「第十八条の五第二項において準用する第一項及び第十二条第三項」と読み替えるものとする。

（療養給付たる療養の費用の請求）

則第十八条の六　療養給付たる療養の費用の支給を受けようとする者は、第十二条の二第一項各号に掲げる事項及び前条第一項各号に掲げる事項を記載した請求書を、所轄労働基準監督署長に提出しなければならない。

2　第十二条の二第二項及び第三項の規定は、療養給付たる療養の費用の請求について準用する。この場合において、同条第二項中「第四号に掲げる事項」とあるのは「第十八条の五第一項第一号から第三号までに掲げる事項（同項第二号イ、ニ及びホ中住居を離れた年月日時並びに同号ハ中当該移動の起点たる就業の場所における就業終了の年月日時及び当該就業の場所を離れた年月日時を除く。）（同項第一号及び第三号に掲げる事項については、事業主（同項第二号イからホまでに掲げる場合の区分に応じ、それぞれ同号イからホまでに掲げる就業の場所に係る事業主をいう。以下この項において同じ。）が知り得た場合に限る。）」と、「同項第五号及び第六号」とあるのは「前項第五号及び第六号」と、同条第三項中「同項」とあるのは「第十八条の六第一項」と読み替えるものとする。

3　傷病年金の受給権者が療養給付たる療養の費用の支給を受けようとする場合に第一項の規定により提出する請求書に関しては、同項中「第十二条の二第一項各号に掲げる事項及び前条第一項各号に掲げる事項」とあるのは、「年金証書の番号並びに第十二条の二第一項第一号及び第五号から第七号までに掲げる事項」とする。

参照条文

〔通勤による疾病の範囲　則一八の四〕〔療養補償給付　一三〕

解釈例規

〈療養補償給付の請求手続に関する特例について〉

傷病補償年金の受給権者にも、引き続き療養補償給付が行われるが、傷病補償年金の受給権者が療養補償給付を受ける手続については、次の特例が定められた（新労災則第一二条の三）。

一　療養の給付を受けている労働者が傷病補償年金の支給を受けることになった場合には、

①　年金証書の番号

②　労働者の氏名、生年月日及び住所

③　療養の給付を受けている指定都市病院等の名称及び所在地

を記載した「療養補償給付たる療養の給付を受ける指定病院等届（告示様式第六号）」をその療養の給付を受けている指定病院等を経由して所轄労働基準監督署長に提出しなければならない（新労災則第一二条の三第一項）。

二　傷病補償年金の受給権者が療養の給付を受ける指定病院等を変更しようとする場合に提出する「療養の給付を受ける指定病院等の変更届（告示様式第六号）」には、一の①、②に掲げる事項及び従来療養の給付を受けていた指定病院等並びに新たに療養の給付を受けようとする指定病院等の名称及び所在地を記載するだけで足り、負傷・発病の年月日、災害の原因及び発生状況等は記載する必要がない（新労災則第一二条の三第二項）。

三　「療養の費用の請求書（告示様式第七号）」についても、負傷・発病の年月日、災害の原因及び発生状況等は記載する必要がない（新労災則第一二条の三第四項）。

四　なお、長期傷病補償給付の受給権者が、施行日から傷病補償年金の受給権者となった場合に、施行日前に療養の給付を受けていた指定病院等で施行日以後も引き続き療養の給付を受けるときは、一の届出を行わせる必要がない。
（昭五二・三・三〇　基発第一九二号）

（休業給付）

第二十二条の二　休業給付は、労働者が通勤による負傷又は疾病に係る療養のため労働することができないために賃金を受けない場合に、当該労働者に対し、その請求に基づいて行なう。

２　第十四条及び第十四条の二の規定は、休業給付について準用する。この場合において、第十四条第一項中「業務上の」とあるのは「通勤による」と、同条第二項中「別表第一第一号から第三号までに規定する場合に応じ、それぞれ同表第一号から第三号までの政令で定める率のうち傷病補償年金について定める率」とあるのは「第二十三条第二項において準用する別表第一第一号から第三号までに規定する場合に応じ、それぞれ同表第一号から第三号までの政令で定める率のうち傷病年金について定める率」と読み替えるものとする。

３　療養給付を受ける労働者（第三十一条第二項の厚生労働省令で定める者を除く。）に支給する休業給付であつて最初に支給すべき事由の生じた日に係るものの額は、前項において準用する第十四条第一項の規定にかかわらず、同項の額から第三十一条第二項の厚生労働省令で定める額に相当する額を減じた額とする。

条文解説

本条は、休業給付の支給要件、支給額、他の公的年金との調整について規定している。

第三項において、第三一条第二項の規定により療養給付を受ける者が国に納付すべき一部負担金の徴収の代替措置として、最初に支給すべき事由の生じた日に係る休業給付の額は、通常の休業給付の額から一部負担金相当額を減じた額とする旨を定めているほかは、いずれも業務災害の場合の休業補償給付に準じている。

関係政省令等

（法第十四条第二項の政令で定める額）

令第一条　労働者災害補償保険法（以下「法」という。）第十四条第二項の政令で定める額は、同条第一項の額から、同一の事由により支給される厚生年金保険法（昭和二十九年法律第百十五号）の規定による障害厚生年金（以下第五条第一項までにおいて単に「障害厚生年金」という。）又は国民年金法（昭和三十四年法律第百四十一号）の規定による障害基礎年金（同法第三十条の四の規定による障害基礎年金を除く。以下第七条第一項までにおいて単に「障害基礎年金」という。）の額（同一の事由により障害厚生年金及び障害基礎年金が支給される場合にあつては、これらの年金たる給付の額の合計額）を三百六十五で除して得た額を減じた残りの額に相当する額とする。

２　前項の規定は、法第二十二条の二第二項において準用する法第十四条第二項の政令で定める額について準用する。この場合において、前項中「同条第一項」とあるのは、「法第二十二条の二第二項において準用する法第十四条第一項」と読み替えるものとする。

（休業給付を行わない場合）

則第十八条の六の二　第十二条の四の規定は、法第二十二条の二第三項において準用する法第十四条の二の厚生労働省令で定める場合について準用する。

（休業給付の請求）

則第十八条の七　休業給付の支給を受けようとする者は、第十三条第一項各号（同項第六号の二に掲げる事項については、同号中「業務上の」とあるのは「通勤による」とし、同項第九号に掲げる事項については、同号中「休業補償給付」とあるのは「休業給付」とする。）及び第十八条の五第一項各号に掲げる事項を記載した請求書を、所轄労働基準監督署長に提出しなければならない。

２　第十三条第二項及び第三項の規定は、休業給付の請求について準用する。この場合において、同条第二項中「前項第三号から第七号まで及び第九号に掲げる事項（同項第六号に掲げる事項については休業の期間に、同項第七号に掲げる事項については厚生年金保険の被保険者の資格の有無に限る。）」とあるのは「前項第三号、第五号から第七号まで及び第九号に掲げる事項（同項第六号に掲げる事項については休業の期間に限るものとし、同項第六号の二中「業務上の」とあるのは「通勤による」とし、同項第七号に掲げる事項については厚生年金保険の被保険者の資格の有無に限るものとし、同項第九号中「休業補償給付」とあるのは「休業給付」とする。）並びに第十八条の五第一項第一号から第三号までに掲げる事項（同項第二号イ、ニ及びホ中住居を離れた年月日時並びに同号ハ中当該移動の起点たる就業の場所における就業終了の年月日時及び当該就業の場所を離れた年月日時を除く。）（同項第一号及び第三号に掲げる事項については、事業主（同項第二号イからホまでに掲げる場合の区分に応じ、それぞれ同号イからホまでに掲げる就業の場所に係る事業主をいう。以下この項において同じ。）が知り得た場合に限る。）」と、「、同項第六号」とあるのは「、前項第六号」と、同条第三項中「第一項第八号」とあるのは「第十三条第一項第八号」と、「同項」とあるのは「第十八条の七第一項」と読み替えるものとする。

参照条文

〔通勤　七〕〔通勤による疾病の範囲　則一八の四〕〔休業補償給付　一四〕〔保険給付に関する処分の通知　則一九〕〔政令で定める率　令二・四・六　附則⑥・⑩〕〔政令で定める額　令一〕〔休業給付基礎日額の算定　八の二〕〔休業給付の額の改定　労基七六②・③、労基則三八の二～三八の一〇〕〔療養給付　二二〕〔厚生労働省令で定める者　則四四の二①〕

解釈例規

〈休業スライド制の改正について〉

一　従来、常時一〇〇人以上の労働者を使用する事業場の労働者については、当該事業場の同種の労働者の平均給与額を基礎として休業給付のスライドが行われていたが、スライド制の円滑かつ適切な実施をはかるため、今回の改正により、この同種の労働者の賃金動向により休業給付の額を改定される労働者の範囲が、常時一、〇〇〇人以上の労働者を使用する事業場の労働者に限られることになった（新法第二二条の二第二項、新労災則第一八条の六の二）。

この結果、常時一〇〇人以上一、〇〇〇人未満の労働者を使用する事業場の労働者については、従来の常時一〇〇人未満の労働者を使用する事業場の被災労働者についての取扱いと同様に、その事業場の属する産業の平均給与額（「毎月勤労統計」における産業別の「毎月きまって支給する給与」の労働者一人当たりの一カ月平均額）の変動率を基礎として休業給付のスライドが行われることとなった。

二　経過措置

⑴　新しいスライド方式は、施行日以後の日に係る休業給付の額について適用され、施行日前の日に係る休業給付の額については従前の方式によりスライドが行われる。

⑵　スライド方式の改正に伴い、これら常時一〇〇人以上一、〇〇〇人未満の労働者を使用する事業場の労働者で、施行日前に既に当該事業場の同種の労働者の平均給与額の変動状況を基礎に改定された額の休業給付の支給を受けていたものに関しては、施行日以後の給付額が従来より低下することのないよう、その最後の改定の基礎となった四半期に当該労働者が負傷し、又は疾病にかかったものとみなして改正後のスライドに関する規定を適用することとされた（整備省令第二条第二項）。

（昭五二・三・三〇　基発第一九二号）

（障害給付）

第二十二条の三　障害給付は、労働者が通勤により負傷し、又は疾病にかかり、なおつたとき身体に障害が存する場合に、当該労働者に対し、その請求に基づいて行なう。

2　障害給付は、第十五条第一項の厚生労働省令で定める障害等級に応じ、障害年金又は障害一時金とする。

3　第十五条第二項及び第十五条の二並びに別表第一（障害補償年金に係る部分に限る。）及び別表第二（障害補償一時金に係る部分に限る。）の規定は、障害給付について準用する。この場合において、これらの規定中「障害補償年金」とあるのは「障害年金」と、「障害補償一時金」とあるのは「障害一時金」と読み替えるものとする。

条文解説

本条は、障害給付の支給事由、種類、給付額、他の公的年金との調整、障害年金受給者の障害の程度の変更の場合の取扱い等について規定している。いずれも業務災害の場合の障害補償給付に準じている。

関係政省令等

（障害給付の請求等）

則第十八条の八　第十四条及び別表第一の規定は、障害給付について準用する。この場合において、同条第五項中「障害補償年金」とあるのは「障害年金」と、「障害補償一時金」とあるのは「障害一時金」と読み替えるものとする。

2　障害給付の支給を受けようとする者は、第十四条の二第一項各号に掲げる事項（第七号に掲げる事項については、同号中「障害補償年金」とあるのは「障害年金」とする。）及び第十八条の五第一項各号に掲げる事項を記載した請求書を、所轄労働基準監督署長に提出しなければならない。

3　第十四条の二第二項から第四項までの規定は、障害給付の請求について準用する。この場合において、同条第二項中「前項第三号から第五号の二までに掲げる事項（同号に掲げる事項については、厚生年金保険の被保険者の資格の有無に限る。）」とあるのは「前項第三号、第五号及び第五号の二に掲げる事項（同号に掲げる事項については、厚生年金保険の被保険者の資格の有無に限る。）並びに第十八条の五第一項第一号から第三号までに掲げる事項（同項第二号イ、ニ及びホ中住居を離れた年月日時並びに同号ハ中当該移動の起点たる就業の場所における就業終了の年月日時及び当該就業の場所を離れた年月日時を除く。）（同項第一号及び第三号に掲げる事項については、事業主（同項第二号イからホまでに掲げる場合の区分に応じ、それぞれ同号イからホまでに掲げる就業の場所に係る事業主をいう。以下この項において同じ。）が知り得た場合に限る。）」と、「傷病補償年金」とあるのは「傷病年金」と、同条第三項中「第一項」とあるのは「第十八条の八第二項」と、同条第四項中「第一項第六号」とあるのは「第十四条の二第一項第六号」と、「同項」とあるのは「第十八条の八第二項」と、「前項」とあるのは「第十八条の八第三項において準用する第十四条の二第三項」と読み替えるものとする。

4　第十四条の三の規定は、障害給付の変更について準用する。この場合において、同条第一項中「法第十五条の二」とあるのは、「法第二十二条の三第三項において準用する法第十五条の二」と読み替えるものとする。

参照条文

〔通勤　七〕〔通勤による疾病の範囲　則一八の四〕〔障害等級　則一四・一八の八〕〔障害補償給付　一五・一五の二〕〔年金給付基礎日額の算定　八の三〕〔年金の額の改定に関する暫定措置　六四〕〔一時金の給付基礎日額の算定　八の四〕

（遺族給付）

第二十二条の四　遺族給付は、労働者が通勤により死亡した場合に、当該労働者の遺族に対し、その請求に基づいて行なう。

2　遺族給付は、遺族年金又は遺族一時金とする。

3　第十六条の二から第十六条の九まで並びに別表第一（遺族補償年金に係る部分に限る。）及び別表第二（遺族補償一時金に係る部分に限る。）の規定は、遺族給付について準用する。この場合において、これらの規定中「遺族補償年金」とあるのは「遺族年金」と、「遺族補償一時金」とあるのは「遺族一時金」と読み替えるものとする。

条文解説

本条は、遺族給付の支給事由、種類、受給資格、給付額、他の公的年金との調整等について規定している。いずれも業務災害の場合の遺族補償給付に準じている。

関係政省令等

（遺族年金の請求等）

則第十八条の九　第十五条の規定は、法第二十二条の四第三項において準用する法第十六条の二第一項第四号及び法別表第一遺族補償年金の項の厚生労働省令で定める障害の状態について準用する。

2　遺族年金の支給を受けようとする者（次項において準用する第十五条の三第一項又は第十五条の四第一項の規定に該当する者を除く。）は、第十五条の二第一項各号に掲げる事項（第二号及び第八号に掲げる事項については、これらの規定中「遺族補償年金」とあるのは「遺族年金」とする。）及び第十八条の五第一項各号に掲げる事項を記載した請求書を、所轄労働基準監督署長に提出しなければならない。

3　第十五条の二第二項及び第三項並びに第十五条の三から第十五条の五までの規定は、遺族年金の請求並びに遺族年金の請求及び受領についての代表者の選任及び解任について準用する。この場合において、第十五条の二第二項中「前項第四号から第六号の二までに掲げる事項（同項第四号に掲げる事項については死亡の年月日を除き、同項第六号の二に掲げる事項については厚生年金保険の被保険者の資格の有無に限る。）」とあるのは「前項第四号、第六号及び第六号の二に掲げる事項（同項第四号に掲げる事項については死亡の年月日を除き、同項第六号の二に掲げる事項については厚生年金保険の被保険者の資格の有無に限る。）並びに第十八条の五第一項第一号から第三号までに掲げる事項（同項第二号イ、ニ及びホ中住居を離れた年月日時並びに同号ハ中当該移動の起点たる就業の場所における就業終了の年月日時及び当該就業の場所を離れた年月日時を除く。）（同項第一号及び第三号に掲げる事項については、事業主（同項第二号イからホまでに掲げる場合の区分に応じ、それぞれ同号イからホまでに掲げる就業の場所に係る事業主をいう。以下この項において同じ。）が知り得た場合に限る。）」と、「傷病補償年金」とあるのは「傷病年金」と、同条第三項中「第一項の請求書」とあるのは「第十八条の九第二項の請求書」と、「第一項第二号の遺族」とあるのは「請求人以外の遺族年金を受けることができる遺族」と、「前条」とあるのは「第十八条の九第一項において準用する第十五条」と、「第一項第七号」とあるのは「第十五条の二第一項第七号」と、第十五条の三第二項第二号中「第十五条」とあるのは「第十八条の九第一項において準用する第十五条」と、第十五条の四第一項中「法第十六条の四第一項後段」とあるのは「法第二十二条の四第三項において準用する法第十六条の四第一項後段」と、「法第十六条の九第五項」とあるのは「法第二十二条の四第三項において準用する法第十六条の九第五項」と、同条第二項第二号中「第十五項」とあるのは「第十八条の九第一項において準用する第十五条」と読み替えるものとする。

4　第十五条の六及び第十五条の七の規定は、遺族年金を受ける権利を有する者の所在が一年以上明らかでない場合における遺族年金の支給停止に係る申請について準用する。この場合において、第十五条の六第一項中「法第十六条の五第一項」とあるのは「法第二十二条の四第三項において準用する法第十六条の五第一項」と、第十五条の七中「法第十六条の五第二項」とあるのは「法第二十二条の四第三項において準用する法第十六条の五第二項」と読み替えるものとする。

（遺族一時金の請求）

則第十八条の十　遺族一時金の支給を受けようとする者は、法第二十二条の四第三項において準用する法第十六条の六第一項第一号の場合にあつては第十六条第一項第一号、第二号及び第三号イからニまでに掲げる事項並びに第十八条の五第一項各号に掲げる事項を、法第二十二条の四第三項において準用する法第十六条の六第一項第二号の場合にあつては第十六条第一項第一号及び第二号に掲げる事項を記載した請求書を、所轄労働基準監督署長に提出しなければならない。

2　第十六条第二項から第四項までの規定は、遺族一時金の請求並びに遺族一時金の請求及び受領についての代表者の選任及び解任について準用する。この場合において、同条第二項中「前項第三号ロからニまでに掲げる事項（死亡の年月日を除く。）」とあるのは「前項第三号ロ及びニに掲げる事項（死亡の年月日を除く。）並びに第十八条の五第一項第一号から第三号までに掲げる事項（同項第二号イ、ニ及びホ中住居を離れた年月日時並びに同号ハ中当該移動の起点たる就業の場所における就業終了の年月日時及び当該就業の場所を離れた年月日時を除く。）（同項第一号及び第三号に掲げる事項については、事業主（同項第二号イからホまでに掲げる場合の区分に応じ、それぞれ同号イからホまでに掲げる就業の場所に係る事業主をいう。以下この項において同じ。）が知り得た場合に限る。）」と、「傷病補償年金」とあるのは「傷病年金」と、同条第三項中「第一項」とあるのは「第十八条の十第一項」と、「法第十六条の六第一項第一号」とあるのは「法第二十二条の四第三項において準用する法第十六条の六第一項第一号」と、「法第十六条の六第一項第二号」

とあるのは「法第二十二条の四第三項において準用する法第十六条の六第一項第二号」と、「遺族補償年金」とあるのは「遺族年金」と読み替えるものとする。

参照条文

〔通勤　七〕〔遺族年金の請求　則一八の九〕〔遺族一時金の請求　則一八の一〇〕〔年金給付基礎日額の算定　八の三〕〔年金の額の改定に関する暫定措置　六四〕〔一時金の給付基礎日額の算定　八の四〕〔遺族年金に関する特例　四八年改正法附則五〕

解釈例規

〈遺族年金の額の引上げについて〉

1　改正の趣旨及び内容

従来、遺族補償年金及び遺族年金の遺族の人数に応ずる給付率格差については、一般的な世帯人数別の消費支出水準の格差を基礎として算出されていたが、被災労働者家庭の消費支出の実態にかんがみ、被災労働者本人を含めた世帯人数の消費支出水準を給付基礎日額の二四五日分（労働能力完全喪失の場合の基本的な給付水準）とした場合の遺族世帯の消費支出水準を算出する方法がより一層損害てん補の趣旨に即した給付率の算出方法となるものと考えられる。このような考え方に基づき、遺族が一人の場合の原則的な給付額を従来の給付基礎年額の三五パーセントから給付基礎日額の一五三日分（給付基礎年額の約四二パーセント）に引き上げるとともに、遺族数が五人以上の場合の給付額は給付基礎日額の二四五日分（給付基礎年額の約六七パーセント）とされ、その間の遺族数が二人の場合、三人の場合及び四人の場合の給付額については、これらとの均衡を勘案して算出した給付額に引き上げることとされた。

また、遺族数が一人の場合において、五〇歳以上五五歳未満の妻については、従来の給付額が給付基礎年額の四〇パーセントであることから遺族数が一人の場合の原則的な給付額に統合され、五五歳以上の妻又は一定の障害の状態にある妻については、五〇歳以上五五歳未満の妻の場合の引き上げ率等を考慮して給付基礎日額の一七五日分（給付基礎年額の約四八パーセント）とされた。

なお、給付額の表示については、事務処理上の便宜等を図るため他の年金たる保険給付等の額の表示の仕方に合わせ従来の給付基礎年額に対する百分率による表示から給付基礎日額の日数分による表示に改めることとされたものである（新法別表第一関係）。

おって、上記改正に伴い、遺族である妻が五〇歳に達したときであっても遺族補償年金及び遺族年金の額の改正はされないこととなった（新法第一六条の三第四項第一号関係）。

2　施行期日等

この改正は、昭和五五年一二月五日から施行され、昭和五五年一一月以降の月分の年金から適用することとされた。同月前の月分の給付額については、従前どおりとされている（改正法附則第一条並びに第二条第一項及び第二項関係）。

なお、昭和五五年一一月分及び一二月分の給付額については、下記3を参照されたい。

（昭五五・一二・五　基発第六七三号）

（葬祭給付）
第二十二条の五　葬祭給付は、労働者が通勤により死亡した場合に、葬祭を行なう者に対し、その請求に基づいて行なう。

２　第十七条の規定は、葬祭給付について準用する。

条文解説

本条は、葬祭給付の支給事由及び支給額について規定している。いずれも、業務災害の場合の葬祭料に準じている。

関係政省令等

（葬祭給付の額）
則第十八条の十一　第十七条の規定は、葬祭給付の額について準用する。

（葬祭給付の請求）
則第十八条の十二　葬祭給付の支給を受けようとする者は、第十七条の二第一項各号に掲げる事項及び第十八条の五第一項各号に掲げる事項を記載した請求書を、所轄労働基準監督署長に提出しなければならない。

２　第十七条の二第二項及び第三項の規定は、葬祭給付の請求について準用する。この場合において、同条第二項中「前項第四号から第六号までに掲げる事項（死亡の年月日を除く。）」とあるのは「前項第四号及び第六号に掲げる事項（死亡の年月日を除く。）並びに第十八条の五第一項第一号から第三号までに掲げる事項（同項第二号イ、ニ及びホ中住居を離れた年月日時並びに同号ハ中当該移動の起点たる就業の場所における就業終了の年月日時及び当該就業の場所を離れた年月日時を除く。）（同項第一号及び第三号に掲げる事項については、事業主（同項第二号イからホまでに掲げる場合の区分に応じ、それぞれ同号イからホまでに掲げる就業の場所に係る事業主をいう。以下この項において同じ。）が知り得た場合に限る。）」と、「傷病補償年金」とあるのは「傷病年金」と、同条第三項中「第一項」とあるのは「第十八条の十二第一項」と、「遺族補償給付」とあるのは「遺族給付」と読み替えるものとする。

参照条文

〔通勤　七〕〔葬祭料　一七〕〔葬祭給付の額　則一八の一一〕〔葬祭給付の請求　則一八の一二〕〔葬祭給付の額の改定に関する暫定措置　則附則㊷〕

解釈例規

〈葬祭給付の額の引上げについて〉

(1)改正の内容

最近における通常の葬祭に要する費用の額の動向を考慮し、労働者災害補償保険法施行規則（昭和三〇年労働省令第二二号）第十七条及び第十八条の十一に規定する葬祭料（葬祭給付）の定額部分の額が、三〇万五千円から三一万五千円に引き上げられるものであること。

(2)施行期日等

この引上げは、平成一二年四月一日以後に支給すべき事由の生じた葬祭料（葬祭給付）について適用される。

また、同日前に支給すべき事由の生じた葬祭料（葬祭給付）の額については、同日以後に支払われる場合であっても、従前の例によること（改正省令附則第二項）。

（昭六三・四・八　基発第二三九号、平

二・三・二九　基発第一七一号、平四・三・三〇　基発第一七五号、平六・三・三〇　基発第一七一号、平八・三・二八　基発第一六六号、平一〇・三・二　基発第七一号、平一二・三・一〇　基発第一一八号）

（傷病年金）

第二十三条　傷病年金は、通勤により負傷し、又は疾病にかかつた労働者が、当該負傷又は疾病に係る療養の開始後一年六箇月を経過した日において次の各号のいずれにも該当するとき、又は同日後次の各号のいずれにも該当することとなつたときに、その状態が継続している間、当該労働者に対して支給する。

一　当該負傷又は疾病が治つていないこと。

二　当該負傷又は疾病による障害の程度が第十二条の八第三項第二号の厚生労働省令で定める傷病等級に該当すること。

2　第十八条、第十八条の二及び別表第一（傷病補償年金に係る部分に限る。）の規定は、傷病年金について準用する。この場合において、第十八条第二項中「休業補償給付」とあるのは「休業給付」と、同表中「傷病補償年金」とあるのは「傷病年金」と読み替えるものとする。

条文解説

本条は、傷病年金の支給事由、支給額、他の公的年金との調整、傷病年金受給者の障害の程度の変更の場合の取扱い等について規定している。いずれも業務災害の場合の傷病補償年金に準じている。

ただし、通勤災害による休業については、労基法第一九条の解雇制限の規定の適用はないので、傷病補償年金の場合のように（法第一九条）労基法第八一条の打切補償費との関連を論ずる余地はなく、したがって、本法第一九条の規定は、傷病年金については準用されない。

関係政省令等

（傷病年金）

則第十八条の十三　第十八条第二項の規定は、法第二十三条第一項第二号及び同条第二項において準用する法第十八条の二の障害の程度について準用する。

2　第十八条の二の規定は傷病年金の支給の決定等について、第十八条の三の規定は傷病年金の変更について準用する。この場合において、第十八条の二第一項中「業務上の事由により」とあるのは「通勤により」と、「法第十二条の八第三項各号」とあるのは「法第二十三条第一項各号」と、同条第二項中「業務上の事由により」とあるのは「通勤により」と、第十八条の三中「法第十八条の二」とあるのは「法第二十三条第二項において準用する法第十八条の二」と読み替えるものとする。

参照条文

〔傷病等級　則一八・一八の一三①・別表第二〕
〔休業給付　二二の二〕
〔傷病年金支給の決定等　則一八の一三②〕

解釈例規

〈傷病年金について〉

一　傷病年金支給額

傷病年金の支給額は、傷病等級に応じ次のとおりである（新法別表第一）。

第一級	給付基礎日額の三一三日分
第二級	〃　二七七〃
第三級	〃　二四五〃

なお、傷病年金の支給額と傷病特別年金との総支給額に関する暫定措置については、「特別支給金制度の改正について」（昭五二・三・三〇　基発第一九二号）の二(1)参照。

二　廃疾等級表の内容及び傷病等級の認定基準

傷病年金制度の公正、的確な実施を図るため、従来の長期傷病給付の支給要件を客観化するとともに、障害等級との均衡をも考慮して傷病等級表が定められた（新労災則別表第二）。その具体的な内容及び傷病等級の認定基準については、別添のとおりである。

三　傷病等級の認定手続等

(1) 休業給付の支給を受ける労働者のうち、療養開始後一年六カ月を経過している長期療養者から、その一年六カ月を経過した日から一カ月以内に傷病の状態等に関する届書（告示様式第一六号の二）に医師の診断書（年金通知様式第二〜四号）等を添えて提出させ、この届書により（届書の提出がない場合又は届書の内容が不十分な場合には、さらに、主治医に対する照会等適宜傷病の状態に関する調査を行った上）障害の程度を認定し、傷病年金を支給することとするか、引き続き休業給付を行うかどうかを決定する（新労災則第一八条の一三）。

(2) (1)の場合において、引き続き休業給付を支給されることとなった労働者からは、毎年、一月一日から同月末日までのいずれかの日の分を含む休業給付の請求書を提出する際に、請求書に添えて、傷病の状態等に関する報告書（告示様式第一六号の一一）を提出させること（新労災則第一九条の二）。また、提出された報告書の内容から当該労働者が傷病等級に該当するに至っていると認められるときは、ただちに傷病年金の支給の決定を行うこと。当該報告書の提出がない場合又はその内容が不十分な場合については、上記(1)に準ずる。

この場合の傷病年金の決定に際しては、上記(1)の場合に提出する届出と同じもの（傷病の状態等に関する届書）を提出させ、受給権者が年金の払渡を受けることを希望する金融機関又は郵便局等を把握すること。

(3) (2)の報告書の提出をまつまでもなく、当該労働者が傷病等級に該当するに至っていることが推定できるに至った場合には、所轄労働基準監督署長は、適宜傷病の状態等に関する届書（告示様式第一六号の二）を提出させるとともに、上記(1)に準じて傷病年金の支給決定の要否を判断すること（新労災則第一八条の一三）。

(4) 休業給付の受給者が傷病等級に該当するに至ったとして申し出た場合も上記に準ずる。

(5) 上記の手続を経て、被災労働者が傷病等級に該当するに至っていることが確認できた場合には、その者が傷病等級に該当するに至った時にそ及して傷病年金の支給決定を行うこと。この場合において、必要に応じ新法第一二条の規定による内払処理を行うこと。

(6) なお、上記の傷病の状態等に関する届書、傷病の状態等に関する報告書及び傷病年金の受給権者の定期報告等に添える診断書の様式は、別添二〈略〉のとおりである。

四　傷病年金と休業給付との関係

傷病年金の支給事由が生じた場合には、その支給事由の生じた月の末日まで引き続き休業給付を行うものとする。また、傷病は治ゆしないが、その傷病による障害の程度が傷病等級表に掲げる障害の程度に該当しなくなったため傷病年金の受給権を失った労働者に対しては、その受給権を失った月の翌月から、必要に応じ休業給付を行うものとする。

五　障害の程度の変更

長期療養者の症状に応じた適切な給付を行うため、傷病年金の受給権者について、定期報告書等により、又は傷病年金受給権者に義務づけられた障害の状態の変更に関する届出（新労災則第二一条の二第一項）等により、その受給権者の障害の程度が他の傷病等級に該当するに至っていると認められる場合又は傷病等級に該当しなくなったと認められる場合には、傷病等級の変更による傷病年金の変更決定、休業給付への切替え又は治ゆの認定を行う。

なお、傷病年金の受給権者の障害の程度が傷病等級に該当しなくなったときは、傷病年金の受給権は消滅するが、その者の同一の傷病による障害の程度が再び傷病等級に該当するに至った場合には、当然その者に再び傷病年金を支給することとなる。この場合の認定手続については、上記三の(2)から(4)までによる。

別添　〈略（第一八条関係参照）〉

（昭五二・三・三〇　基発第一九二号）

（介護給付）

第二十四条　介護給付は、障害年金又は傷病年金を受ける権利を有する労働者が、その受ける権利を有する障害年金又は傷病年金の支給事由となる障害であつて第十二条の八第四項の厚生労働省令で定める程度のものにより、常時又は随時介護を要する状態にあり、かつ、常時又は随時介護を受けているときに、当該介護を受けている間（次に掲げる間を除く。）、当該労働者に対し、その請求に基づいて行う。

一　障害者支援施設に入所している間（生活介護を受けている場合に限る。）

二　第十二条の八第四項第二号の厚生労働大臣が定める施設に入所している間

三　病院又は診療所に入院している間

2　第十九条の二の規定は、介護給付について準用する。

条文解説

本条は、介護給付の支給要件について規定したものである。

なお、支給単位及び支給額は、業務災害の場合の介護補償給付に準じている。

関係政省令等

（介護給付の額）

則第十八条の十四　第十八条の三の四の規定は、介護給付の額について準用する。この場合において、同条第一項中「障害補償年金又は傷病補償年金」とあるのは「障害年金又は傷病年金」と読み替えるものとする。

（介護給付の請求）

則第十八条の十五　介護給付の支給を受けようとする者は、第十八条の三の五第二項各号に掲げる事項を記載した請求書を、所轄労働基準監督署長に提出しなければならない。

2　第十八条の三の五第一項及び第三項の規定は、介護給付について準用する。この場合において、同条第一項中「障害補償年金」とあるのは「障害年金」と読み替えるものとする。

参照条文

〔通勤　七〕〔介護補償給付　一九の二〕

解釈例規

〈労働者災害補償保険法等の一部を改正する法律の施行について〉

第二　改正の内容

1　労働者災害補償保険法の一部改正

(1)　〈略〉

(2)　給付内容の改善

イ　介護補償給付の創設　〈略〉

ロ　遺族補償年金の給付内容等の改善　〈略〉

ハ　通勤災害に関する保険給付についてもイ及びロと同様の改善を行うこととした。

（平七・三・二三　発基第二五号）

（厚生労働省令への委任）

第二十五条　この節に定めるもののほか、通勤災害に関する保険給付について必要な事項は、厚生労働省令で定める。

条文解説

本条は、通勤災害に関する保険給付の実施に伴う必要な細則について厚生労働省令で定めることとしており、これに基づき、本法施行規則において、請求手続、請求書記載事項、請求書添付資料等必要な事項が規定されている。

参照条文

〔厚生労働省令　則〕

第四節　二次健康診断等給付

（二次健康診断等給付）

第二十六条　二次健康診断等給付は、労働安全衛生法（昭和四十七年法律第五十七号）第六十六条第一項の規定による健康診断又は当該健康診断に係る同条第五項ただし書の規定による健康診断のうち、直近のもの（以下この項において「一次健康診断」という。）において、血圧検査、血液検査その他業務上の事由による脳血管疾患及び心臓疾患の発生にかかわる身体の状態に関する検査であつて、厚生労働省令で定めるものが行われた場合において、当該検査を受けた労働者がそのいずれの項目にも異常の所見があると診断されたときに、当該労働者（当該一次健康診断の結果その他の事情により既に脳血管疾患又は心臓疾患の症状を有すると認められるものを除く。）に対し、その請求に基づいて行う。

2　二次健康診断等給付の範囲は、次のとおりとする。

一　脳血管及び心臓の状態を把握するために必要な検査（前項に規定する検査を除く。）であつて厚生労働省令で定めるものを行う医師による健康診断（一年度につき一回に限る。以下この節において「二次健康診断」という。）

二　二次健康診断の結果に基づき、脳血管疾患及び心臓疾患の発生の予防を図るため、面接により行われる医師又は保健師による保健指導（二次健康診断ごとに一回に限る。次項において「特定保健指導」という。）

3　政府は、二次健康診断の結果その他の事情により既に脳血管疾患又は心臓疾患の症状を有すると認められる労働者については、当該二次健康診断に係る特定保健指導を行わないものとする。

条文解説

近年、労災認定件数が増加傾向にある脳及び心臓疾患については、安衛法で定める定期健康診断等により、その発症の原因となる危険因子の存在を事前に把握し、かつ、適切な保健指導を行うことにより発症を予防することが可能である。

このため、これらの疾患の予防に資するための新たな保険給付として、平成一二年の法改正（法律第一二四号）により本条の二次健康診断等給付が創設された。

第一項は、安衛法第六六条第一項による健康診断等において、業務上の脳血管疾患及び心臓疾患についての検査が行われた場合で、そのいずれの項目にも異常所見があると診断されたときに、当該労働者の請求に基づき二次健康診断等給付を行うこととしている。

第二項は、給付の範囲について①脳血管及び心臓の状態を把握するために必要な医師による健康診断（二次健康診断）②診断結果に基づき行われる医師、保健師の健康指導――と定めている。

関係政省令等

（二次健康診断等給付の方法等）

則第十一条の三　法の規定による二次健康診断等給付は、法第二十九条第一項の社会復帰促進等事業として設置された病院若しくは診療所又は都道府県労働局長の指定する病院若しくは診療所において行う。

2　都道府県労働局長は、二次健康診断等給付を行う病院若しくは診療所を指定し、又はその指定を取り消すときは、当該病院又は診療所の名称及び所在地を公告しなければならない。

3　第一項の都道府県労働局長の指定を受けた病院又は診療所は、それぞれ様式第五号又は第六号による標札を見やすい場所に掲げなければならない。

（二次健康診断等給付に係る検査）

則第十八条の十六　法第二十六条第一項の厚生労働省令で定める検査は、次のとおりとする。

一　血圧の測定

二　低比重リポ蛋白コレステロール（ＬＤＬコレステロール）、高比重リポ蛋白コレステロール（ＨＤＬコレステロール）又は血清トリグリセライドの量の検査

三　血糖検査

四　腹囲の検査又はＢＭＩ（次の算式により算出した値をいう。）の測定

$$\mathrm{BMI} = \frac{体重(\mathrm{kg})}{身長(\mathrm{m})^2}$$

2　法第二十六条第二項第一号の厚生労働省令で定める検査は、次のとおりとする。

一　空腹時の低比重リポ蛋白コレステロール（ＬＤＬコレステロール）、高比重リポ蛋白コレステロール（ＨＤＬコレステロール）及び血清トリグリセライドの量の検査

二　空腹時の血中グルコースの量の検査

三　ヘモグロビンＡ一ｃ検査（一次健康診断（法第二十六条第一項に規定する一次健康診断をいう。以下同じ。）において当該検査を行った場合を除く。）

四　負荷心電図検査又は胸部超音波検査

五　頸部超音波検査

六　微量アルブミン尿検査（一次健康診断における尿中の蛋白の有無の検査において疑陽性（±）又は弱陽性（＋）の所見があると診断された場合に限る。）

（二次健康診断等給付の請求）

則第十八条の十九　二次健康診断等給付を受けようとする者は、次に掲げる事項を記載した請求書を、当該二次健康診断等給付を受けようとする

第十一条の三第一項の病院又は診療所（以下「健診給付病院等」という。）を経由して所轄都道府県労働局長に提出しなければならない。
一　労働者の氏名、生年月日及び住所
二　事業の名称及び事業場の所在地
三　一次健康診断を受けた年月日
四　一次健康診断の結果
五　二次健康診断等給付を受けようとする健診給付病院等の名称及び所在地
六　請求の年月日
2　前項の請求書には、一次健康診断において第十八条の十六第一項の検査のいずれの項目にも異常の所見があると診断されたことを証明することができる書類を添えなければならない。
3　第一項第三号に掲げる事項及び前項の書類が一次健康診断に係るものであることについては、事業主の証明を受けなければならない。
4　二次健康診断等給付の請求は、一次健康診断を受けた日から三箇月以内に行わなければならない。ただし、天災その他請求をしなかつたことについてやむを得ない理由があるときは、この限りでない。

（保険給付に関する処分の通知等）
則第十九条　所轄都道府県労働局長又は所轄労働基準監督署長は、保険給付に関する処分（法の規定による療養の給付及び二次健康診断等給付にあつては、その全部又は一部を支給しないこととする処分に限る。）を行つたときは、遅滞なく、文書で、その内容を請求人、申請人又は受給権者若しくは受給権者であつた者（次項において「請求人等」という。）に通知しなければならない。
2　所轄都道府県労働局長又は所轄労働基準監督署長は、保険給付に関する処分を行つたときは、請求人等から提出された書類その他の資料のうち返還を要する書類その他の物件があるときは、遅滞なく、これを返還するものとする。

参照条文

〔健康診断　安衛六六〕
〔健康診断の項目　安衛則四三、四四〕

解釈例規

〈改正の内容〉

1 〈略〉

2 改正の内容

(1) 二次健康診断等給付の支給要件（新労災法第二六条第一項及び新労災則第一八条の一六第一項関係）

　二次健康診断等給付は、安衛法第六六条第一項の規定による健康診断又は当該健康診断に係る同条第五項ただし書の規定による健康診断（以下「定期健康診断等」という。）のうち、直近のもの（以下「一次健康診断」という。）において、血圧検査、血液検査その他業務上の事由による脳及び心臓疾患の発生にかかわる身体の状態に関する検査であって、厚生労働省令で定めるものが行われた場合において、当該検査を受けた労働者（労災法第四章の二に規定する特別加入者を除く。以下同じ。）がそのいずれの項目にも異常の所見があると診断されたときに、当該労働者（当該一次健康診断の結果その他の事情により既に脳血管疾患又は心臓疾患（以下「脳又は心臓疾患」という。）の症状を有すると認められるものを除く。）に対し、その請求に基づいて行われるものであること。

　具体的には次のとおりであること。

ア　一次健康診断の結果、次に掲げる検査のすべての項目において医師による異常の所見（以下「給付対象所見」という。）が認められた場合に支給されること。

(ア) 血圧の測定

(イ) 血中脂質の検査

次の検査のいずれか一つ以上とする。

・低比重リポ蛋白コレステロール（LDLコレステロール）

・高比重リポ蛋白コレステロール（HDLコレステロール）

・血清トリグリセライド（中性脂肪）

(ウ) 血糖検査

(エ) 腹囲の検査又はＢＭＩ（肥満度）の測定

なお、ＢＭＩは次の算式により算出された値をいうこと。

$$\text{ＢＭＩ} = \frac{\text{体重（kg）}}{\text{身長（m）}^2}$$

イ　この場合、「異常の所見」とは、検査の数値が高い場合（高比重リポ蛋白コレステロール（ＨＤＬコレステロール）にあっては低い場合）であって、「異常なし」以外の所見を指すものであること。

ただし、一次健康診断の担当医がアの(ア)から(エ)の検査については異常なしの所見と診断した場合であっても、安衛法第一三条第一項に基づき当該労働者が所属する事業場に選任されている産業医や同法第一三条の二に規定する労働者の健康管理等を行うのに必要な医学に関する知識を有する医師（地域産業保健センターの医師、小規模事業場が共同選任した産業医の要件を備えた医師等）（以下「産業医等」という。）が、一次健康診断の担当医が異状なしの所見と診断した検査の項目について、当該検査を受けた労働者の就業環境等を総合的に勘案し異常の所見が認められると診断した場合には、産業医等の意見を優先し、当該検査項目については異常の所見があるものとすること。

(2)　二次健康診断等給付の範囲

二次健康診断等給付の範囲は、次のとおりであること。

ア　二次健康診断（新労災法第二六条第二項第一号及び新労災則第一八条の一六第二項関係）

二次健康診断は、脳血管及び心臓の状態を把握するために必要な検査（一次健康診断において行われる検査を除く。）であって厚生労働省令で定めるものを行う医師による健康診断をいうこと。

具体的には、次の検査の全てを実施するものであること。

(ア) 空腹時の低比重リポ蛋白コレステロール（ＬＤＬコレステロール）、高比重リポ蛋白コレステロール（ＨＤＬコレステロール）及び血清トリグリセライド（中性脂肪）の量の検査（空腹時血中脂質検査）

(イ) 空腹時の血中グルコース（ブドウ糖）の量の検査（空腹時血糖値検査）

(ウ) ヘモグロビンA_{1c}検査（一次健康診断において当該検査を行った場合を除く。）

(エ) 負荷心電図検査又は胸部超音波検査（心エコー検査）

(オ) 頸部超音波検査（頸部エコー検査）

(カ) 微量アルブミン尿検査（一次健康診断における尿中の蛋白の有無の検査において、疑陽性（±）又は弱陽性（＋）の所見があると診断された場合に限る。)

イ　特定保健指導（新労災法第二六条第二項第二号及び同条第三項関係）

特定保健指導は、二次健康診断の結果に基づき、脳及び心臓疾患の発生の予防を図るため、面接により行われる医師、保健婦又は保健士による保健指導をいうこと。

具体的には次の指導の全てを行うものであること。

(ア)　栄養指導

(イ)　運動指導

(ウ)　生活指導

なお、二次健康診断の結果その他の事情により既に脳血管疾患又は心臓疾患の症状を有すると認められる労働者については、療養を行うことが必要であるため、当該二次健康診断に係る特定保健指導を行わないものとすること。

(3)　支給回数（新労災法第二六条第二項関係）

二次健康診断は、一年度につき一回に限り、特定保健指導は、二次健康診断ごとに一回に限る。したがって、同一年度内に一人の労働者に対して二回以上の定期健康診断等を実施している事業場であっても、一次健康診断において給付対象所見が認められる場合に当該年度内に一回に限り支給するものであること。

なお、一次健康診断を実施した次の年度に当該一次健康診断に係る二次健康診断等給付を支給することは可能である。ただしその場合は、当該年度に実施した定期健康診断等について、同一年度内に再度二次健康診断等給付を支給することはできないものであることに留意されたい。

(4)　支給方法（新労災則第一一条の三第一項関係）

労災病院又は都道府県労働局長が指定する病院若しくは診療所（以下「健診給付病院等」という。）において、直接、二次健康診断及び特定保健指導を給付（現物給付）することにより行うこと。

なお、二次健康診断及び特定保健指導を給付した健診給付病院等は、給付に要した費用を二次健康診断等給付を請求した労働者（以下「請求労働者」という。）の所属する事業場の所在地を管轄する都道府県労働局長（以下「所轄労働局長」という。）に請求するものとすること。

(5)　都道府県労働局長が病院又は診療所を指定する際の手続（新労災則第一一条の三第二項及び第三項関係）

都道府県労働局長が病院又は診療所を指定する際の指定準則等については、別に通達するが、概要は次のとおりであること。

ア　都道府県労働局長の指定を受けることを希望する医療機関の開設者は、「労災保険二次健診等給付医療機関指定申請書」に、必要な書類を添付し、医療機関の所在地を管轄する都道府県労働局長（以下「管轄労働局長」という。）に提出すること。

イ　申請書を受領した管轄労働局長は、ウに掲げる指定選考基準により、指定の適否を調査決定するとともに、速やかにその結果を「労災保険二次健診等給付医療機関指定通知書」又は「労災保険二次健診等給付医療機関非指定通知書」により申請者に通知すること。

ウ　指定選考基準は次のとおりであること。

(ア)　物的要件

二次健康診断等給付に相応した次に掲げる医療器具を具備しているものであること。ただし、a及びcの器具により行った採血及び採尿を分析する器具を具備する必要はない。また、(エ)cの要件を備えることにより、dの医療器具を具備しないことができる。

a　下記の検査を行うことができる血液検査器具

低比重リポ蛋白コレステロール（LDLコレステロール）、高比重リポ蛋白コレステロール（HDLコレステロール）及び血清トリグリセライドの量、血中グルコースの量、ヘモグロビンA_{1c}

b　負荷心電図に係る装置（トレッドミル法、エルゴメーター法又はマスター法に限る。）

c　尿検査器具

d　画像診断用超音波装置（頸部及び心臓を診察できるもの）

(イ)　人的要件

二次健康診断及び特定保健指導を担当する医師、保健婦又は保健士が、労災保険及び産業保健に関する知識を有し、二次健康診断及び特定保健指導について積極的な協力ができるものであること。

(ウ)　診療録等の整備状況に関する要件

二次健康診断の結果及び特定保健指導の記録その他二次健康診断等給付に関する帳簿書類の記録及び保管等が適切に行われるものであること。

(エ)　その他の要件

a　二次健康診断の受診が相当程度見込まれるものであること。

b　健康診断の精度が高く信頼できるものであること。

c　胸部超音波検査及び頸部超音波検査の一方又は両方を他の医療機関に委託する場合にあっては、胸部超音波検査及び頸部超音波検査について他の適当な医療機関を紹介する体制を整えていること。また、委託した場合の費用分配等について的確な経理管理ができる体制を整えていること。

エ　管轄労働局長は、病院又は診療所を指定し、又はその指定を取り消すときは、当該病院又は診療所の名称及び所在地を公告しなければならないこと。

オ　管轄労働局長の指定を受けた病院又は診療所は、それぞれ新労災則様式第五号又は第六号による標札を見やすい場所に掲げなければならないこと。

(6)　二次健康診断等給付の請求手続

ア　請求方法（新労災則第一八条の一九第一項及び新告示様式第一六号の一〇の二関係）

　二次健康診断等給付は、請求労働者が次に掲げる事項を記載した請求書（新告示様式第一六号の一〇の二。以下「給付請求書」という。）を、二次健康診断等給付を受けようとする健診給付病院等を経由して請求労働者の所属する事業場の所轄労働局長あて提出することにより行うものであること。

(ア)　氏名、生年月日及び住所

(イ)　事業の名称及び事業場の所在地

(ウ)　一次健康診断を受けた年月日

(エ)　一次健康診断の結果

(オ)　二次健康診断等給付を受けようとする健診給付病院等の名称及び所在地

(カ)　請求の年月日（健診給付病院等に給付請求書を提出した年月日をいう。）

イ　給付請求書に添付する書類（新労災則第一八条の一九第二項関係）

　二次健康診断等給付の請求を行うときは、給付請求書には一次健康診断において(1)のアの検査のいずれの項目にも異常の所見があると診断されたことを証明することができる書類を添付することとすること。

ウ　事業主の証明が必要な事項（新労災則第一八条の一九第三項関係）

　給付請求書に記載された一次健康診断を受けた年月日及びイの書類が一次健康診断に係るものであることについては、事業主の証明を受けなければならないこと。

エ　請求期限（新労災則第一八条の一九第四項関係）

　二次健康診断等給付の請求は、一次健康診断を受けた日から三か月以内に行わなければならないものとすること。ただし、当該期間内に、天災その他請求しなかったことについてやむを得ない理由があるときは、この限りでないこと。

(7)　二次健康診断等給付に要した検査等の費用の請求方法

　健診給付病院等が二次健康診断等給付に要した検査等の費用を請求するときは、二次健康診断等給付費用請求書を、給付請求書と合わせて請求労働者の所属する事業場の所轄労働局長あて提出させることとすること。

(8)　二次健康診断等給付に関する事務の管轄（新労災則第一条第二項関係）

　二次健康診断等給付に関する事務は、請求労働者の所属する事業場の所轄労働局長（事業場が二以上の都道府県労働局の管轄区域にまたがる場合には、その事業の主たる事務所の所轄労働局長）が行うこと。

(9)　二次健康診断等給付に関する処分の通知等（新労災則第一九条第一項及び第二項関係）

所轄労働局長は、二次健康診断等給付の全部又は一部について支給しないこととする処分を行ったときは、遅滞なく、文書で、その内容を請求労働者に通知しなければならないこと。

また、所轄労働局長は、二次健康診断等給付に関する支給又は不支給の処分を行ったときは、請求労働者等から提出された書類その他の資料のうち返還を要する資料があるときは、遅滞なく、これを返還するものとすること。

⑽　二次健康診断の結果についての医師からの意見聴取（新労災法第二七条、安衛法第六六条の四、新労災則第一八条の一七及び第一八条の一八並びに安衛則第五一条の二第二項関係）

二次健康診断を受けた労働者から当該二次健康診断の実施の日から三か月以内に当該二次健康診断の結果を証明する書面の提出を受けた事業者（安衛法第二条第三号に規定する事業者をいう。）は、安衛法第六六条第一項から第四項まで若しくは第五項ただし書又は第六六条の二の規定による健康診断及び当該二次健康診断の結果（当該健康診断の項目に異常の所見があると診断された労働者に係るものに限る。）に基づき、当該労働者の健康を保持するために必要な措置について、当該二次健康診断の結果を証明する書面が事業主に提出された日から二か月以内に、医師の意見を聴かなければならないこと。また、聴取した医師の意見は安衛則様式第五号の健康診断個人票に記載しなければならないこと。

⑾　二次健康診断実施後の措置（安衛法第六六条の五関係）

事業主は、⑽による医師の意見を勘案し、その必要があると認めるときは、当該労働者の実情を考慮して、就業場所の変更、作業の転換、労働時間の短縮、深夜業の回数の減少等の措置を講ずるほか、作業環境測定の実施、施設若しくは設備の設置又は整備その他の適切な措置を講じなければならないこと。

なお、事業主が講ずべき措置の適切かつ有効な実施を図るため必要な指針（健康診断結果に基づき事業者が講ずべき措置に関する指針（平成八年労働省公示第一号））について、改正法の施行に併せて改正し、四月一日から適用されることとしていること。

3　その他

⑴　特別加入者の取扱い（新労災法第三四条から第三六条まで関係）

二次健康診断等給付は、事業主による業務軽減などの適切な予防対策に結びつけることを趣旨としているが、特別加入者については、安衛法の適用がないことから定期健康診断等の適用対象となっておらず、健康診断の受診について自主性に任されていることから、二次健康診断等給付の対象としないこととすること。

(2) 二次健康診断等給付の結果と他の労災保険給付との関係

二次健康診断等給付として二次健康診断を受診した結果、既に脳血管疾患又は心臓疾患の症状を有していると診断されたことにより、療養補償給付等の他の保険給付の請求がなされた場合は、通常の脳及び心臓疾患に係る労災請求事案と同様に平成七年二月一日付け基発第三八号「脳血管疾患及び虚血性心疾患等（負傷に起因するものを除く。）の認定基準について」に基づき業務上外の判断を行うこと。

(3) 労災保険率の決定基準に関する改正（新徴収法第一二条第二項、改正法附則第三条、新徴収令第二条及び整備政令附則第二項関係）

労災保険率の決定に当たっては、従来、過去三年間に発生した業務災害及び通勤災害に係る保険給付の種類ごとの受給者数及び平均受給期間その他の事項に基づき算定した保険給付に要する費用の予想額を基礎とし、労災保険に係る保険関係が成立しているすべての事業の過去三年間の業務災害及び通勤災害に係る災害率、労働福祉事業として行う事業の種類及び内容、労働者災害補償保険事業の事務の執行に要する費用の予想額その他の事情を考慮して定めるものとされていたが、二次健康診断等給付の創設に伴い、上記要素のほか、新たに二次健康診断等給付の受給者数に基づき算定した保険給付に要する費用の予想額をも基礎とし、二次健康診断等給付に要した費用の額をも考慮するものとされたこと。

ただし、経過措置として、改正法の施行日の属する保険年度及びこれに引き続く二保険年度においては、労災保険率を決定する場合に基礎とすべき「二次健康診断等給付の受給者数に基づき算定した保険給付に要する費用の予想額」については、「二次健康診断等給付の受給者数又は二次健康診断等給付の受給者の見込数」を基礎とし、考慮すべき「二次健康診断等給付に要した費用の額」については、「二次健康診断等給付に要した費用の額又は二次健康診断等給付に要する費用の予想額」を考慮して決定することとしたこと。

(4) 第一種特別加入保険料率に関する改正（新徴収法第一三条、改正法附則第三条及び新徴収則第二一条の二関係）

従来、第一種特別加入保険料率は、当該事業についての労災保険率と同一の率とされていたが、二次健康診断等給付制度は特別加入者については適用されないことから、第一種特別加入保険料率は、第一種特別加入者に係る事業についての労災保険率と同一の率から労災法の適用を受けるすべての事業の過去三年間の二次健康診断等給付に要した費用の額を考慮して厚生労働大臣の定める率を減じた率としたこと。

ただし、(3)と同様の経過措置を設けたこと。

また、当該厚生労働大臣が定める率は、零としたこと。

(5) メリット制における二次健康診断等給付の取扱い（新徴収法第一二条第三項及び第二〇条、改正法附則第三条並びに新徴収則第一六条第二項及び第一九条関係）

継続事業及び有期事業に係るメリット制（労災保険率及び確定保険料の特例）について、二次健康診断等給付の性格及びメリット制の趣旨にかんがみ、二次健康診断等給付に要した費用の額は、通勤災害に関する保険給付と同様に、継続事業についてのメリット労災保険率及び有期事業についてのメリット確定保険料額の算定の基礎となる保険給付の額及び一般保険料の額に含めないこととしたこと。当該改正等に伴う規定の整備として、従来の「通勤災害に係る率」に代わるものとして、一般保険料の額にあっては、労災法の適用を受けるすべての事業の過去三年間の通勤災害に係る災害率及び二次健康診断等給付に要した費用の額その他の事情を考慮して厚生労働大臣の定める率を「非業務災害率」と規定し、第二種特別加入保険料の額にあっては、非業務災害率から労災法の適用を受けるすべての事業の過去三年間の二次健康診断等給付に要した費用の額を考慮して厚生労働大臣の定める率を減じた率を「特別加入非業務災害率」と規定したこと。

ただし、(3)と同様の経過措置を設けたこと。

また、非業務災害率は、一〇〇〇分の一としたこと。

(6) 支給制限（労災法第一二条の二の二関係）

二次健康診断等給付については、労災法第一二条の二の二に基づく支給制限の問題は生じないものであること。

(7) 費用徴収

ア 不正受給者からの費用徴収（労災法第一二条の三関係）

二次健康診断等給付における不正受給者からの費用徴収において徴収する徴収金の価額は、保険給付を受けた者が受けた保険給付のうち、偽りその他不正の手段により給付を受けた部分に相当する価額とすること。

イ 第三者の行為による事故（労災法第一二条の四関係）

二次健康診断等給付については、労災法第一二条の四に基づく第三者に対する損害賠償請求権の取得の問題は生じないものであること。

ウ 事業主の費用徴収（新労災法第三一条関係）

新労災法第三一条第一項第一号から第三号までに該当する事故について保険給付を行う場合は、労働基準法の規定による災害補償の価額の限度で、その保険給付に要した費用に相当する金額の全部又は一部を事業主から徴収することとなっているが、労働基準法上規定のない二次健康診断等給付については費用徴収は行わないものとすること。

(8)　時効（新労災法第四二条関係）

二次健康診断等を受ける権利は、労働者が一次健康診断の結果を了知し得る日の翌日から起算して二年で時効により消滅すること。

(9)　二次健康診断の受診に要した時間についての賃金の支払い

健康診断の受診に要した時間についての賃金の支払いについては、昭和四七年九月一八日付け基発第六〇二号の記Ⅰ13(2)イに示しているとおりであるが、二次健康診断を勤務中に受診せざるを得ない場合においても同様に、その受診に要した時間に係る賃金の支払いについては、当然には労働者の負担すべきものではなく労使協議して定めるべきものではあるが、脳及び心臓疾患の発症のおそれのある労働者の健康確保は、事業の円滑な運営の不可欠な条件であることを考えると、その受診に要した時間の賃金を事業主が支払うことが望ましいこと。

(10)　事務処理

二次健康診断等給付に係る事務処理については、別添の二次健康診断等給付事務取扱手引によること。

(11)　労災保険業務室の所掌事務の追加（整備政令第八条の規定による改正後の厚生労働省組織令（平成一二年政令第二五二号）第七〇条関係）

労災保険業務室は、療養の給付と同様に、二次健康診断等給付を行う病院又は診療所に対する当該給付に要する費用の支払いを行うこととしたこと。

（平一三・三・三〇　基発第二三三号、平二〇・四・一　基発第〇四〇一〇四二号）

〈労働者災害補償保険法施行規則の一部を改正する省令の施行について〉

労働者災害補償保険法施行規則の一部を改正する省令（平成二〇年厚生労働省令第三六号。以下「改正省令」という。）が平成二〇年三月一八日に公布され、本日から施行されることとなったので、下記の事項に留意の上、事務処理に遺漏なきを期されたい。

記

一　（略）

二　二次健康診断等給付の見直し

(1)　改正の趣旨

労働安全衛生法（昭和四七年法律第五七号）に基づく定期健康診断等（以下「定期健康診断等」という。）の健康診断の項目については、作業関連疾患である脳・心臓疾患に適切に対応するという観点から、新たな医学的知見を踏まえ、見直しが行われたところである。（平成一九年七月六日公布、平成二〇年四月一日施行）

これに伴い、定期健康診断等における異常の所見を要件として給付を行う労働者災害補償保険法に基づく二次健康診断等給付についても、所要の整備を行うものである。

(2)　改正の内容

一　二次健康診断等給付の支給要件について（新施行規則第一八条の一六第一項関係）

労働安全衛生法第六六条第一項の規定による健康診断又は当該健康診断に係る同条第五項ただし書の規定による健康診断のうち、直近のもの（以下「一次健康診断」という。）において、血圧検査、血液検査その他業務上の事由による脳血管疾患及び心臓疾患の発生にかかわる身体の状態に関する検査のいずれの項目にも異常の所見があると診断された労働者に対しては二次健康診断等給付を行うこととなるところ、当該一次健康診断における検査項目を次のように改めるものである。

イ　血清総コレステロールの量の検査に代えて、低比重リポ蛋白コレステロール（LDLコレステロール）の量の検査を定めること。

ロ　BMIの測定を腹囲の検査又はBMIの測定に改めるものとすること。

二　二次健康診断の検査項目について（新施行規則第一八条の一六第二項関係）

二次健康診断として行う脳血管及び心臓の状態を把握するために必要な検査項目について、空腹時の血清総コレステロールの量の検査に代えて、空腹時の低比重リポ蛋白コレステロール（LDLコレステロール）の量の検査を定めるものである。

(3)　経過措置

労働安全衛生規則の一部を改正する省令（平成一九年厚生労働省令第九六号）の施行の日（平成二〇年四月一日）前に、一次健康診断を受けた者に係る二次健康診断等給付に係る検査については、なお従前の例によるものとする。

(4)　関係通達の改正

（略）

（平二〇・四・一　基発第〇四〇一〇四二号）

（健康診断の結果についての医師等からの意見聴取）

第二十七条　二次健康診断を受けた労働者から当該二次健康診断の実施の日から三箇月を超えない期間で厚生労働省令で定める期間内に当該二次健康診断の結果を証明する書面の提出を受けた事業者（労働安全衛生法第二条第三号に規定する事業者をいう。）に対する同法第六十六条の四の規定の適用については、同条中「健康診断の結果（当該健康診断」とあるのは、「健康診断及び労働者災害補償保険法第二十六条第二項第一号に規定する二次健康診断の結果（これらの健康診断」とする。

参考

（健康診断の結果についての医師等からの意見聴取）

安衛法第六十六条の四　事業者は、第六十六条第一項から第四項まで若しくは第五項ただし書又は第六十六条の二の規定による健康診断の結果（当該健康診断の項目に異常の所見があると診断された労働者に係るものに限る。）に基づき、当該労働者の健康を保持するために必要な措置について、厚生労働省令で定めるところにより、医師又は歯科医師の意見を聴かなければならない。

条文解説

二次健康診断を受けた労働者から診断結果を証明する書面が提出された場合、事業主は医師の意見を聴かなければならないとされ、これらの措置については、安衛法の関係規定によることとしている。

関係政省令等

（二次健康診断の結果の提出）
則第十八条の十七　法第二十七条の厚生労働省令で定める期間は、三箇月とする。

（二次健康診断の結果についての医師からの意見聴取）
則第十八条の十八　法第二十七条の規定により読み替えて適用する労働安全衛生法（昭和四十七年法律第五十七号）第六十六条の四の規定による健康診断の結果についての医師からの意見聴取についての労働安全衛生規則（昭和四十七年労働省令第三十二号）第五十一条の二第二項の規定の適用については、同項中「法第六十六条の二の自ら受けた健康診断」とあるのは「法第六十六条第一項から第四項まで若しくは第五項ただし書又は法第六十六条の二の規定による健康診断及び労働者災害補償保険法（昭和二十二年法律第五十号）第二十六条第二項第一号に規定する二次健康診断」とし、同項第一号中「当該健康診断」とあるのは「当該二次健康診断」とする。

（健康診断の結果についての医師等からの意見聴取）
安衛則第五十一条の二　第四十三条等の健康診断の結果に基づく法第六十六条の四の規定による医師又は歯科医師からの意見聴取は、次に定めるところにより行わなければならない。
一　第四十三条等の健康診断が行われた日（法第六十六条第五項ただし書の場合にあつては、当該労働者が健康診断の結果を証明する書面を事業者に提出した日）から三月以内に行うこと。
二　聴取した医師又は歯科医師の意

見を健康診断個人票に記載すること。

2　法第六十六条の二の自ら受けた健康診断の結果に基づく法第六十六条の四の規程による医師からの意見聴取は、次に定めるところにより行わなければならない。

一　当該健康診断の結果を証明する書面が事業者に提出された日から二月以内に行うこと。

二　聴取した医師の意見を健康診断個人票に記載すること。

関係公示

健康診断結果に基づき事業者が講ずべき措置に関する指針

（平八・一〇・一公示、平一二・三・三一公示、平一三・三・三〇公示、平一四・二・二五公示、平一七・三・三一公示、平一八・三・三一公示、平二〇・一・三一公示）

1　趣旨

産業構造の変化、働き方の多様化を背景とした労働時間分布の長短二極化、高齢化の進展等労働者を取り巻く環境は大きく変化してきている。その中で、脳・心臓疾患につながる所見を始めとして何らかの異常の所見があると認められる労働者が五割近くに及ぶ状況にあり、仕事や職場生活に関する強い不安、悩み、ストレスを感じる労働者の割合も年々増加している。さらに、労働者が業務上の事由によって脳・心臓疾患を発症し突然死等の重大な事態に至る「過労死」等の事案が増加する傾向にあり、社会的にも大きな問題となっていることから、平成一九年の労働安全衛生規則（昭和四七年労働省令第三二号）改正において、脳・心臓疾患のリスクをより適切に評価する健康診断項目を追加するなどの措置を講じたところである。

このような状況の中で、労働者が職業生活の全期間を通して健康で働くことができるようにするためには、事業者が労働者の健康状態を的確に把握し、その結果に基づき、医学的知見を踏まえて、労働者の健康管理を適切に講ずることが不可欠である。そのためには、事業者は、健康診断（労働安全衛生法（昭和四七年法律第五七号）第六六条の二の規定に基づく深夜業に従事する労働者が自ら受けた健康診断（以下「自発的健診」という。）及び労働者災害補償保険法（昭和二二年法律第五〇号）第二六条第二項第一号の規定に基づく二次健康診断（以下「二次健康診断」という。）を含む。）の結果、異常の所見があると診断された労働者について、当該労働者の健康を保持するために必要な措置について聴取した医師又は歯科医師（以下「医師等」という。）の意見を十分勘案し、必要があると認めるときは、当該労働者の実情を考慮して、就業場所の変更、作業の転換、労働時間の短縮、深夜業の回数の減少、昼間勤務への転換等の措置を講ずるほか、作業環境測定の実施、施設又は設備の設置又は整備、当該医師等の意見の衛生委員会若しくは安全衛生委員会（以下「衛生委員会等」という。）又は労働時間等設定改善委員会（労働時間等の設定の改善に関する特別措置法（平成四年法律第九〇号）第七条第一項に規定する労働時間等設定改善委員会をいう。以下同じ。）への報告その他の適切な措置を講ずる必要がある（以下、事業者が講ずる必要があるこれらの措置を「就業上の措置」という。）。

また、個人情報の保護に関する法律（平成一五年法律第五七号）の趣旨を踏まえ、健康診断の結果等の個々の労働者の健康に関する個人情報（以下「健康情報」という。）については、特にその適正な取扱いの確保を図る必要がある。

この指針は、健康診断の結果に基づく就業上の措置が、適切かつ有効に実施されるため、就業上の措置の決定・実施の手順に従って、健康診断の実施、健康診断の結果についての医師等からの意見の聴取、就業上の措置の決定、健康情報の適正な取扱い等についての留意事項を定めたものである。

2　就業上の措置の決定・実施の手順と留意事項

(1)　健康診断の実施

事業者は、労働安全衛生法第六六条第一項から第四項までの規定に定めるところにより、労働者に対し医師等による健康診断を実施し、当該労働者ごとに診断区分（異常なし、要観察、要医療等の区分をいう。以下同じ。）に関する医師等の判定を受けるものとする。

なお、健康診断の実施に当たっては、事業者は受診率が向上するよう労働者に対する周知及び指導に努める必要がある。

また、産業医の選任義務のある事業場においては、事業者は、当該事業場の労働者の健康管理を担当する産業医に対して、健康診断の計画や実施上の注意等について助言を求めることが必要である。

(2)　二次健康診断の受診勧奨等

事業者は、労働安全衛生法第六六条第一項の規定による健康診断又は当該健康診断に係る同条第五項ただし書の規定による健康診断（以下「一次健康診断」という。）における医師の診断の結果に基づき、二次健康診断の対象となる労働者を把握し、当該労働者に対して、二次健康診断の受診を勧奨するとともに、診断区分に関する医師の判定を受けた当該二次健康診断の結果を事業者に提出するよう働きかけることが適当である。

(3) 健康診断の結果についての医師等からの意見の聴取

　事業者は、労働安全衛生法第六六条の四の規定に基づき、健康診断の結果（当該健康診断の項目に異常の所見があると診断された労働者に係るものに限る。）について、医師等の意見を聴かなければならない。

イ　意見を聴く医師等

　事業者は、産業医の選任義務のある事業場においては、産業医が労働者個人ごとの健康状態や作業内容、作業環境についてより詳細に把握しうる立場にあることから、産業医から意見を聴くことが適当である。

　なお、産業医の選任義務のない事業場においては、労働者の健康管理等を行うのに必要な医学に関する知識を有する医師等から意見を聴くことが適当であり、こうした医師が労働者の健康管理等に関する相談等に応じる地域産業保健センター事業の活用を図ること等が適当である。

ロ　医師等に対する情報の提供

　事業者は、適切に意見を聴くため、必要に応じ、意見を聴く医師等に対し、労働者に係る作業環境、労働時間、労働密度、深夜業の回数及び時間数、作業態様、作業負荷の状況、過去の健康診断の結果等に関する情報及び職場巡視の機会を提供し、また、健康診断の結果のみでは労働者の身体的又は精神的状態を判断するための情報が十分でない場合は、労働者との面接の機会を提供することが適当である。また、過去に実施された労働安全衛生法第六六条の八及び第六六条の九の規定に基づく医師による面接指導等の結果に関する情報を提供することも考えられる。

　また、二次健康診断の結果について医師等の意見を聴取するに当たっては、意見を聴く医師等に対し、当該二次健康診断の前提となった一次健康診断の結果に関する情報を提供することが適当である。

ハ　意見の内容

　事業者は、就業上の措置に関し、その必要性の有無、講ずべき措置の内容等に係る意見を医師等から聴く必要がある。

(イ) 就業区分及びその内容についての意見

　当該労働者に係る就業区分及びその内容に関する医師等の判断を下記の区分（例）によって求めるものとする。

就業区分		就業上の措置の内容
区分	内容	
	通常の勤	

通常勤務でよいもの		
就業制限	勤務に制限を加える必要のあるもの	勤務による負荷を軽減するため、労働時間の短縮、出張の制限、時間外労働の制限、労働負荷の制限、作業の転換、就業場所の変更、深夜業の回数の減少、昼間勤務への転換等の措置を講じる。
要休業	勤務を休む必要のあるもの	療養のため、休暇、休職等により一定期間勤務させない措置を講じる。

(ロ) 作業環境管理及び作業管理についての意見

健康診断の結果、作業環境管理及び作業管理を見直す必要がある場合には、作業環境測定の実施、施設又は設備の設置又は整備、作業方法の改善その他の適切な措置の必要性について意見を求めるものとする。

ニ　意見の聴取の方法と時期

事業者は、医師等に対し、労働安全衛生規則等に基づく健康診断の個人票の様式中医師等の意見欄に、就業上の措置に関する意見を記入することを求めることとする。

なお、記載内容が不明確である場合等については、当該医師等に内容等の確認を求めておくことが適当である。

また、意見の聴取は、速やかに行うことが望ましく、特に自発的健診及び二次健康診断に係る意見の聴取はできる限り迅速に行うことが適当である。

(4) 就業上の措置の決定等

イ　労働者からの意見の聴取等

事業者は、(3)の医師等の意見に基づいて、就業区分に応じた就業上の措置を決定する場合には、あらかじめ当該労働者の意見を聴き、十分な話合いを通じてその労働者の了解が得られるよう努めることが適当である。

なお、産業医の選任義務のある事業場においては、必要に応じて、産業医の同席の下に労働者の意見を聴くことが適当である。

ロ　衛生委員会等への医師等の意見の報告等

衛生委員会等において労働者の健康障害の防止対策及び健康の保持増進対策について調査審議を行い、又は労働時間等設定改善委員会において労働者の健康に配慮した労働時間等の設定の改善について調査審議を行うに当たっては、労働者の健康の状況を把握した上で調査審議を行うことが、より適切な措置の決定等に有効であると考えられることから、事業者は、衛生委員会等の設置義務のある事業場又は労働時間等設定改善委員会を設置している事業場においては、必要に応じ、健康診断の結果に係る医師等の意見をこれらの委員会に報告することが適当である。

なお、この報告に当たっては、労働者のプライバシーに配慮し、労働者個人が特定されないよう医師等の意見を適宜集約し、又は加工する等の措置を講ずる必要がある。

また、事業者は、就業上の措置のうち、作業環境測定の実施、施設又は設備の設置又は整備、作業方法の改善その他の適切な措置を決定する場合には、衛生委員会等の設置義務のある事業場においては、必要に応じ、衛生委員会等を開催して調査審議することが適当である。

ハ　就業上の措置の実施に当たっての留意事項

事業者は、就業上の措置を実施し、又は当該措置の変更若しくは解除をしようとするに当たっては、医師等と他の産業保健スタッフとの連携はもちろんのこと、当該事業場の健康管理部門と人事労務管理部門との連携にも十分留意する必要がある。また、就業上の措置の実施に当たっては、特に労働者の勤務する職場の管理監督者の理解を得ることが不可欠であることから、プライバシーに配慮しつつ事業者は、当該管理監督者に対し、就業上の措置の目的、内容等について理解が得られるよう必要な説明を行うことが適当である。

また、労働者の健康状態を把握し、適切に評価するためには、健康診断の結果を総合的に考慮することが基本であり、例えば、平成一九年の労働安全衛生規則の改正により新たに追加された腹囲等の項目もこの総合的考慮の対象とすることが適当と考えられる。しかし、この項目の追加によって、事業者に対して、従来と異なる責任が求められるものではない。

なお、就業上の措置は、当該労働者の健康を保持することを目的とするものであって、当該労働者の健康の保持に必要な措置を超えた措置を講ずるべきではなく、医師等の意見を理由に、安易に解雇等をすることは避けるべきである。

また、就業上の措置を講じた後、健康状態の改善が見られた場合には、医師等の意見を聴いた上で、通常の勤務に戻す等適切な措置を講ずる必要がある。

(5)　その他の留意事項

イ　健康診断結果の通知

事業者は、労働者が自らの健康状態を把握し、自主的に健康管理が行えるよう、労働安全衛生法第六六条の六の規定に基づき、健康診断を受けた労働者に対して、異常の所見の有無にかかわらず、遅滞なくその結果を通知しなければならない。

ロ　保健指導

事業者は、労働者の自主的な健康管理を促進するため、労働安全衛生法第六六条の七第一項の規定に基づき、一般健康診断の結果、特に健康の保持に努める必要があると認める労働者に対して、医師又は保健師による保健指導を受けさせるよう努めなければならない。この場合、保健指導として必要に応じ日常生活面での指導、健康管理に関する情報の提供、健康診断に基づく再検査又は精密検査、治療のための受診の勧奨等を行うほか、その円滑な実施に向けて、健康保険組合その他の健康増進事業実施者（健康増進法（平成一四年法律第一〇三号）第六条に規定する健康増進事業実施者をいう。）等との連携を図ること。

深夜業に従事する労働者については、昼間業務に従事する者とは異なる生活様式を求められていることに配慮し、睡眠指導や食生活指導等を一層重視した保健指導を行うよう努めることが必要である。

また、労働者災害補償保険法第二六条第二項第二号の規定に基づく特定保健指導及び高齢者の医療の確保に関する法律（昭和五七年法律第八〇号）第二四条の規定に基づく特定保健指導を受けた労働者については、労働安全衛生法第六六条の七第一項の規定に基づく保健指導を行う医師又は保健師にこれらの特定保健指導の内容を伝えるよう働きかけることが適当である。

なお、産業医の選任義務のある事業場においては、個々の労働者ごとの健康状態や作業内容、作業環境等についてより詳細に把握し得る立場にある産業医が中心となり実施されることが適当である。

ハ　再検査又は精密検査の取扱い

事業者は、就業上の措置を決定するに当たっては、できる限り詳しい情報に基づいて行うことが適当であることから、再検査又は精密検査を行う必要のある労働者に対して、当該再検査又は精密検査受診を勧奨するとともに、意見を聴く医師等に当該検査の結果を提出するよう働きかけることが適当である。

なお、再検査又は精密検査は、診断の確定や症状の程度を明らかにするものであり、一律には事業者にその実施が義務付けられているものではないが、有機溶剤中毒予防規則（昭和四七年労働省令第三六号）、鉛中毒予防規則（昭和四七年労働省令第三七号）、特定化学物質障害予防規則（昭和四七年労働省令第三九号）、高気圧作業安全衛生規則（昭和四七年労働省令第四〇号）及び石綿障害予防規則（平成一七年厚生労働省令第二一号）に基づく特殊健康診断として規定されているものについては、事業者にその実施が義務付けられているので留意する必要がある。

ニ　健康情報の保護

　事業者は、雇用管理に関する個人情報の適正な取扱いを確保するために事業者が講ずべき措置に関する指針（平成一六年厚生労働省告示第二五九号）に基づき、健康情報の保護に留意し、その適正な取扱いを確保する必要がある。就業上の措置の実施に当たって、関係者に健康情報を提供する必要がある場合には、その健康情報の範囲は、就業上の措置を実施する上で必要最小限とし、特に産業保健業務従事者（産業医、保健師等、衛生管理者その他の労働者の健康管理に関する業務に従事する者をいう。）以外の者に健康情報を取り扱わせる時は、これらの者が取り扱う健康情報が利用目的の達成に必要な範囲に限定されるよう、必要に応じて健康情報の内容を適切に加工した上で提供する等の措置を講ずる必要がある。

ホ　健康診断結果の記録の保存

　事業者は、労働安全衛生法第六六条の三及び第一〇三条の規定に基づき、健康診断結果の記録を保存しなければならない。記録の保存には、書面による保存及び電磁的記録による保存があり、電磁的記録による保存を行う場合は、厚生労働省の所管する法令の規定に基づく民間事業者等が行う書面の保存等における情報通信の技術の利用に関する省令（平成一七年厚生労働省令第四四号）に基づき適切な保存を行う必要がある。また、健康診断結果には医療に関する情報が含まれることから、事業者は安全管理措置等について「医療情報システムの安全管理に関するガイドライン」を参照することが望ましい。

　また、二次健康診断の結果については、事業者にその保存が義務付けられているものではないが、継続的に健康管理を行うことができるよう、保存することが望ましい。

　なお、保存に当たっては、当該労働者の同意を得ることが必要である。

参照条文

〔深夜業従事者の自発的健康診断　安衛六六の二、安衛則五〇の二〜五〇の四〕

解釈例規

〈二次健康診断の結果についての医師からの意見聴取〉

二次健康診断を受けた労働者から当該二次健康診断の実施の日から三か月以内に当該二次健康診断の結果を証明する書面の提出を受けた事業者（安衛法第二条第三号に規定する事業者をいう。）は、安衛法第六六条第一項から第四項まで若しくは第五項ただし書又は第六六条の二の規定による健康診断及び当該二次健康診断の結果（当該健康診断の項目に異常の所見があると診断された労働者に係るものに限る。）に基づき、当該労働者の健康を保持するために必要な措置について、当該二次健康診断の結果を証明する書面が事業主に提出された日から二か月以内に、医師の意見を聴かなければならないこと。また、聴取した医師の意見は安衛則様式第五号の健康診断個人票に記載しなければならないこと。

（平一三・三・三〇　基発第二三三号）

〈二次健康診断実施後の措置〉

事業主は、⑽〔編注＝前掲〈二次健康診断の結果についての医師からの意見聴取〉〕による医師の意見を勘案し、その必要があると認めるときは、当該労働者の実情を考慮して、就業場所の変更、作業の転換、労働時間の短縮、深夜業の回数の減少等の措置を講ずるほか、作業環境測定の実施、施設若しくは設備の設置又は整備その他の適切な措置を講じなければならないこと。

なお、事業主が講ずべき措置の適切かつ有効な実施を図るため必要な指針（健康診断結果に基づき事業者が講ずべき措置に関する指針（平成八年労働省公示第一号））について、改正法の施行に併せて改正し、四月一日から適用されることとしていること。

（平一三・三・三〇　基発第二三三号）

（厚生労働省令への委任）

第二十八条　この節に定めるもののほか、二次健康診断等給付について必要な事項は、厚生省労働省令で定める。

条文解説

本条は、二次健康診断等給付の実施に伴う必要な細則について厚生労働省令で定めることとしており、これに基づき給付の方法、検査項目、請求手続等必要な事項が規定されている。

参照条文

〔厚生労働省令　則〕

第三章の二　社会復帰促進等事業

第三章の二　社会復帰促進等事業

（社会復帰促進等事業の種類）

第二十九条　政府は、この保険の適用事業に係る労働者及びその遺族について、社会復帰促進等事業として、次の事業を行うことができる。

一　療養に関する施設及びリハビリテーションに関する施設の設置及び運営その他業務災害及び通勤災害を被つた労働者（次号において「被災労働者」という。）の円滑な社会復帰を促進するために必要な事業

二　被災労働者の療養生活の援護、被災労働者の受ける介護の援護、その遺族の就学の援護、被災労働者及びその遺族が必要とする資金の貸付けによる援護その他被災労働者及びその遺族の援護を図るために必要な事業

三　業務災害の防止に関する活動に対する援助、健康診断に関する施設の設置及び運営その他労働者の安全及び衛生の確保、保険給付の適切な実施の確保並びに賃金の支払の確保を図るために必要な事業

2　前項各号に掲げる事業の実施に関して必要な基準は、厚生労働省令で定める。

3　政府は、第一項の社会復帰促進等事業のうち、独立行政法人労働者健康福祉機構法（平成十四年法律第百七十一号）第十二条第一項に掲げるものを独立行政法人労働者健康福祉機構に行わせるものとする。

参考

炭鉱災害による一酸化炭素中毒症に関する特別措置法（抄）

〔制定　昭四二・七・二八　法律第九二号
改正　平一九・四・二三　法律第三〇号〕

（目的）

第一条　この法律は、炭鉱災害による一酸化炭素中毒症に関し、一酸化炭素中毒症にかかつた労働者に対して特別の保護措置を講ずること等により、労働者の福祉の増進に寄与することを目的とする。

（定義）

第二条　この法律において、次の各号に掲げる用語の意義は、それぞれ当該各号に定めるところによる。

一　炭鉱災害　石炭鉱業を行なう事業場におけるガス又は炭じんの爆発その他厚生労働省令で定める災害をいう。

二　一酸化炭素中毒症　一酸化炭素による中毒及びその続発症をいう。

三　使用者〈略〉

四　労働者　労働基準法（昭和二十二年法律第四十九号）第九条に規定する労働者（同居の親族のみを使用する事業又は事務所に使用される者及び家事使用人を除く。）をいう。

（診察等の措置）

第九条　政府は、炭鉱災害による一酸化炭素中毒症について労働者災害補償保険法の規定による療養補償給付を受けていた被災労働者であつて、当該一酸化炭素中毒症が治つたものに対し、必要があると認めるときは、厚生労働省令で定めるところにより、診察その他厚生労働省令で定める措置を行う。

（労働者災害補償保険法との関係）

第十条　前条の規定による診察等の措置は、労働者災害補償保険法第二十九条第一項の社会復帰促進等事業とする。

2　前条の規定による診察等の措置に要する費用の額は、労働保険の保険料の徴収等に関する法律（昭和四十四年法律第八十四号）第十二条第三項の規定の適用については、同項に規定する保険給付の額とみなす。

附　則（抄）

（施行期日）

1　この法律は、公布の日から起算して九十日をこえない範囲内において政令で定める日（昭四二・一〇・二五）から施行する。

附　則（昭五一・五・二七　法律第三二号）（抄）

（施行期日等）

第一条　この法律は、昭和五十二年四月一日から施行する。〈後略〉

附　則（平七・三・二三　法律第三五号）（抄）

（炭鉱災害による一酸化炭素中毒症に関する特別措置法の一部改正に伴う経過措置）

第八条　この法律の施行の日の前日において前条の規定による改正前の炭

鉱災害による一酸化炭素中毒症に関する特別措置法第八条第一項の規定による介護料（以下「介護料」という。）を受ける権利を有していた被災労働者については、同法第八条及び第十条の規定は、この法律の施行後も、なおその効力を有する。この場合において、当該被災労働者が第一条の規定による改正後の労働者災害補償保険法第十二条の八第四項の介護補償給付の支給を受けたときは、その時以後、当該被災労働者には、介護料を支給しない。

附　則（平成八・六・一四　法律第八二号）（抄）

（施行期日）

第一条　この法律は、平成九年四月一日から施行する。〈後略〉

附　則（平成一〇・九・三〇　法律第一一二号）（抄）

（施行期日）

第一条　この法律は、平成十一年四月一日から施行する。〈後略〉

附　則（平成一一・七・一六　法律第八七号）（抄）

（施行期日）

第一条　この法律は、平成十二年四月一日から施行する。〈後略〉

附　則（平成一一・一二・二二　法律第一六〇号）（抄）

（施行期日）

第一条　この法律（第二条及び第三条を除く。）は、平成十三年一月六日から施行する。〈後略〉

附　則（平成一二・一一・二二　法律第一二四号）（抄）

（施行期日）

第一条　この法律は、平成十三年四月一日から施行する。

附　則（平成一九・四・二三　法律第三〇号）（抄）

（施行期日）

第一条　この法律は、公布の日から施行する。

独立行政法人労働者健康福祉機構法（抄）

〔制定　平一四・一二・一三　法律第一七一号
改正　平一七・七・二六　法律第八七号〕

（機構の目的）

第三条　独立行政法人労働者健康福祉機構（以下「機構」という。）は、療養施設、健康診断施設及び労働者の健康に関する業務を行う者に対して研修、情報の提供、相談その他の援助を行うための施設の設置及び運営等を行うことにより労働者の業務上の負傷又は疾病に関する療養の向上及び労働者の健康の保持増進に関する措置の適切かつ有効な実施を図るとともに、未払賃金の立替払事業等を行い、もって労働者の福祉の増進に寄与することを目的とする。

（業務の範囲）

第十二条　機構は、第三条の目的を達成するため、次の業務を行う。

一　療養施設（労働者災害補償保険法（昭和二十二年法律第五十号）

第二十九条第一項第一号に規定する療養に関する施設をいう。）の設置及び運営を行うこと。

二　健康診断施設（労働者災害補償保険法第二十九条第一項第三号に規定する健康診断に関する施設をいう。）の設置及び運営を行うこと。

三　労働者の健康に関する業務を行う者に対して研修、情報の提供、相談その他の援助を行うための施設の設置及び運営を行うこと。

四　労働安全衛生法（昭和四十七年法律第五十七号）第十三条の二に規定する事業場について、同法第十三条第二項に規定する要件を備えた医師を選任し、当該医師に同条第一項に規定する労働者の健康管理等の全部又は一部を行わせる事業者に対する助成金の支給を行うこと。

五　労働安全衛生法第六十六条の二の規定による健康診断を受ける労働者に対する助成金の支給を行うこと。

六　賃金の支払の確保等に関する法律（昭和五十一年法律第三十四号）第三章に規定する事業（同法第八条に規定する業務を除く。）を実施すること。

七　リハビリテーション施設（労働者災害補償保険法第二十九条第一項第一号に規定するリハビリテーションに関する施設をいう。）の設置及び運営を行うこと。

八　被災労働者（労働者災害補償保険法第二十九条第一項第一号に規定する被災労働者をいう。）に係る納骨堂の設置及び運営を行うこと。

九　前各号に掲げる業務に附帯する業務を行うこと。

2　機構は、前項に規定する業務のほか、同項に規定する業務の遂行に支障のない範囲内で、行政官庁の委託を受けて、労働者災害補償保険法第七条第一項の保険給付に関する決定に必要な検診を行うことができる。

条文解説

本条は、労災保険の付帯事業である社会復帰促進等事業の内容について規定している。

また、社会復帰促進等事業の一部を、政府は独立行政法人労働者健康福祉機構に行わせる旨規定している。

関係政省令等

（法第二十九条第一項第三号に掲げる事業）

則第二十四条　法第二十九条第一項第三号に掲げる事業として、労働時間等設定改善推進助成金、均衡待遇・正社員化推進奨励金、職場意識改善助成金及び受動喫煙防止対策助成金を支給するものとする。

（労働時間等設定改善推進助成金）

則第二十五条　労働時間等設定改善推進助成金は、次の各号のいずれにも該当する中小企業事業主（その資本金の額又は出資の総額が三億円（小売業又はサービス業を主たる事業とする事業主については五千万円、卸売業を主たる事業とする事業主については一億円）を超えない事業主及びその常時雇用する労働者の数が三百人（小売業を主たる事業とする事業主については五十人、卸売業又はサービス業を主たる事業とする事業主については百人）を超えない事業主をいう。第二十九条において同じ。）の団体又はその連合団体（以下この条において「事業主団体等」という。）に対して、その実施する第一号に規定する措置の内容に応じて、支給するものとする。

一　その構成事業主の雇用する労働者の労働時間等の設定の改善が図られるよう、当該構成事業主に対し、相談、指導その他の援助の措置を行つた事業主団体等であること。

二　前号に規定する措置の実施の状況を明らかにする書類を整備している事業主団体等であること。

（均衡待遇・正社員化推進奨励金）

則第二十六条　均衡待遇・正社員化推進奨励金は、次の各号のいずれにも該当する事業主に対して、その実施する第一号に規定する措置の内容に応じて、支給するものとする。

一　その雇用する短時間労働者（短時間労働者の雇用管理の改善等に関する法律（平成五年法律第七十六号）第二条に規定する短時間労働者をいう。）又は期間の定めのある労働契約を締結する労働者に対する措置として、医師又は歯科医師による健康診断（労働安全衛生法第六十六条第一項から第四項までに規定する健康診断を除く。）を実施する事業主であること。

二　前号に規定する措置の実施の状況を明らかにする書類を整備している事業主であること。

（職場意識改善助成金）

則第二十八条　職場意識改善助成金は、次のいずれにも該当する中小事業主に対して、支給するものとする。

一　次のいずれにも該当する中小事業主であると都道府県労働局長が認定したものであること。

イ　労働時間等の設定の改善に向けた職場における意識の改善（以下「職場意識改善」という。）に積極的に取り組むこととしていること。

ロ　職場意識改善に係る(1)に掲げる実施体制の整備のための措置、(2)に掲げる職場意識改善のための措置及び(3)に掲げる労働時間等の設定の改善のための措置を記載した計画を作成し、当該計画を都道府県労働局長に届け出ているものであること。

(1)　労働時間等の設定の改善に関する特別措置法（平成四年法律第九十号）第七条第一項に規定する労働時間等設定改善委員会の設置等労働時間等の設定の改善を効果的に実施するために必要な体制の整備並びにその中小事業主の雇用する労働者からの労働時間等に関する個々の苦情、意見及び要望を受け付けるための担当者の選任

(2)　その中小事業主の雇用する労働者への当該計画の周知及び職場意識改善のための研修の実施

(3)　労働基準法第三十九条の規定による年次有給休暇の取得の促進のための措置、所定外労働の削減のための措置及び労働時間等の設定の改善のための次に掲げるいずれかの措置

(i)　労働者の多様な事情及び業務の態様に応じた労働時間の設定

(ii)　子の養育又は家族の介護を行う労働者その他の特に配慮を必要とする労

働者に対する休暇の付与その他の必要な措置
(iii)　在宅勤務その他の多様な就労を可能とする措置

二　前号ロに規定する計画に基づく措置を効果的に実施したと認められる中小事業主であること。

三　前二号に規定する措置の実施の状況を明らかにする書類を整備している中小事業主であること。

（受動喫煙防止対策助成金）

則第二十九条　受動喫煙防止対策助成金は、次の各号のいずれにも該当する中小企業事業主に対して、その実施する第三号に規定する措置の内容に応じて、支給するものとする。

一　労働基準法別表第一第十四号に規定する旅館、料理店又は飲食店（第三号において「旅館等」という。）を営む中小企業事業主であること。

二　次号に規定する措置を記載した計画を作成し、当該計画を都道府県労働局長に届け出た中小企業事業主であること。

三　旅館等の事業を行う事業場の室内又はこれに準ずる環境において、客が喫煙できることを含めたサービスを提供する場合に、前号の計画に基づき、当該事業場内において当該室以外での喫煙を禁止するために喫煙のための専用の室を設置する等の措置を講じた中小企業事業主であること。

四　前号に規定する措置の実施の状況を明らかにする書類を整備している中小企業事業主であること。

（社会復帰促進等事業等に要する費用に充てるべき額の限度）

則第四十三条　法第二十九条第一項の社会復帰促進等事業（労働者災害補償保険特別支給金支給規則の規定による特別支給金の支給に関する事業を除く。）に要する費用及び法による労働者災害補償保険事業の事務の執行に要する費用に充てるべき額は、第一号に掲げる額及び第二号に掲げる額の合計額に百十八分の十八を乗じて得た額に第三号に掲げる額を加えて得た額を超えないものとする。

一　特別会計に関する法律施行令（平成十九年政令第百二十四号）第五十五条第一項に規定する労災保険に係る労働保険料の額及び労働保険特別会計の労災勘定の積立金から生ずる収入の額の合計額

二　労働保険特別会計の労災勘定の附属雑収入の額及び特別会計に関する法律（平成十九年法律第二十三号）第百二条第一項の規定により同会計の徴収勘定から労災勘定へ繰り入れられる附属雑収入の額（次号において「繰入附属雑収入額」という。）の合計額（厚生労働大臣が定める基準により算定した額に限る。）

三　労働保険特別会計の労災勘定の附属雑収入の額及び繰入附属雑収入の合計額から前号に掲げる額を控除した額

炭鉱災害による一酸化炭素中毒症に関する特別措置法施行規則（抄）

〔制定　昭四二・一〇・二四　労働省令第二八号
改正　平二四・三・三〇　厚生労働省令第五六号〕

（炭鉱災害）

第一条　炭鉱災害による一酸化炭素中毒症に関する特別措置法（以下「法」という。）第二条第一号の労働省令で定める災害は、坑内における火災（自然発火を含む。）とする。

第七条　削除

〔編注＝労働者災害補償保険法施行規則等の一部を改正する省令（平成八年労働省令第六号）附則第六条の規定により、なお効力を有するとされた第七条は、次のとおり。〕

（介護料）

第七条　法第八条の介護料は、毎月一回支給するものとする。

2　前項の介護料の支給を受けようとする者は、介護料支給申請書（様式第三号）を、事業場の所在地を管轄する労働基準監督署長（以下「所轄労働基準監督署長」という。）を経由して、事業場の所在地を管轄する都道府県労働局長（以下「所轄都道府県労働局長」という。）に提出しなければならない。

3　第一項の介護料の金額は、介護の程度に応じ、一月につき五万六千六百円、四万二千四百五十円又は二万八千三百円とする。

4　その月において介護に要する費用として支出された費用の額が、前項の介護の程度に応じ同項に規定する額を超える場合には、第一項の介護料の金額は、前項の規定にかかわらず、当該支出された費用の額（その額が、同項の介護の程度に応じ、十万四千二百九十円、七万八千二百十円又は五万二千百五十円を超えるときは、それぞれの場合に応じ、十万四千二百九十円、七万八千二百十円又は五万二千百五十円）とする。

（診察等の措置）

第八条　法第九条の規定による診察等の措置は、労働者災害補償保険法（昭和二十二年法律第五十号）第二十九条第一項の社会復帰促進等事業として設置された病院若しくは診療所又は都道府県労働局長が指定する病院、診療所若しくは薬局において行う。

2　法第九条の厚生労働省令で定める措置は、保健のための指導及び保健のための薬剤（治療のための薬剤を除く。）の支給とする。

3　第一項の診察等の措置を受けようとする者は、次条の規定により交付を受けた健康管理手帳を、同項に規定する病院、診療所又は薬局に提出しなければならない。

（健康管理手帳）

第九条　所轄都道府県労働局長は、法第九条に規定する被災労働者に対し、健康管理手帳（様式第四号）を交付するものとする。

附　則（抄）

（施行期日）

1　この省令は、昭和四十二年十月二十五日から施行する。

附　則（昭四九・八・二四　労働省令第二五号）（抄）

（施行期日）

1　この省令は、昭和四十九年九月一日から施行する。

附　則（昭五一・六・二八　労働省令第二五号）

この省令は、昭和五十一年七月一日から施行する。

附　則（昭五七・八・三〇　労働省令第三〇号）

（施行期日）

1　この省令は、昭和五十七年九月一日から施行する。

（経過措置）

2　昭和五十七年八月以前の月に係る介護料の金額については、なお従前の例による。

附　則（昭五九・九・二〇　労働省令第二一号）

（施行期日等）

1　この省令は、公布の日から施行し、改正後の炭鉱災害による一酸化炭素中毒症に関する特別措置法施行規則（次項において「新規則」という。）第七条第三項の規定は、昭和五十九年六月一日から適用する。

（経過措置）

2　この省令の施行前に昭和五十九年六月以後の月分として支給された介護料は、新規則の規定による同月以後の月分の介護料の内払とみなす。

3　昭和五十九年五月以前の月に係る介護料の金額については、なお従前の例による。

附　則（昭六〇・七・一一　労働省令第二〇号）

（施行期日等）

1　この省令は、公布の日から施行し、改正後の炭鉱災害による一酸化炭素中毒症に関する特別措置法施行規則（次項において「新規則」という。）第七条第三項の規定は、昭和六十年六月一日から適用する。

（経過措置）

2　この省令の施行前に昭和六十年六月以後の月分として支給された介護料は、新規則の規定による同月以後の月分の介護料の内払とみなす。

3　昭和六十年五月以前の月に係る介護料の金額については、なお従前の例による。

附　則（昭六一・六・一〇　労働省令第二四号）

（施行期日等）

1　この省令は、公布の日から施行し、改正後の炭鉱災害による一酸化炭素中毒症に関する特別措置法施行規則（次項において「新規則」という。）第七条第三項の規定は、昭和六十一年四月一日から適用する。

（経過措置）

2　この省令の施行前に昭和六十一年四月以後の月分として支給された介護料は、新規則の規定による同月以後の月分の介護料の内払とみなす。

3　昭和六十一年三月以前の月に係る介護料の金額については、なお従前の例による。

附　則（昭六二・六・二〇　労働省令第二三号）

（施行期日等）

1　この省令は、公布の日から施行し、改正後の炭鉱災害による一酸化炭素中毒症に関する特別措置法施行規則（次項において「新規則」という。）第七条第三項の規定は、昭和六十二年四月一日から適用する。

（経過措置）

2　この省令の施行前に昭和六十二年四月以後の月分として支給された介護料は、新規則の規定による同月以後の月分の介護料の内払とみなす。

3　昭和六十二年三月以前の月に係る介護料の金額については、なお従前の例による。

附　則（昭六三・六・一五　労働省令第一九号）

（施行期日等）

1　この省令は、公布の日から施行し、改正後の炭鉱災害による一酸化炭素中毒症に関する特別措置法施行規則（次項において「新規則」という。）第七条第三項の規定は、昭和六十三年四月一日から適用する。

（経過措置）

2　この省令の施行前に昭和六十三年四月以後の月分として支給された介護料は、新規則の規定による同月以後の月分の介護料の内払とみなす。

3　昭和六十三年三月以前の月に係る介護料の金額については、なお従前の例による。

附　則（平元・六・三〇　労働省令第二五号）

（施行期日等）

1　この省令は、公布の日から施行し、改正後の炭鉱災害による一酸化炭素中毒症に関する特別措置法施行規則（次項において「新規則」という。）第七条第三項の規定は、平成元年四月一日から適用する。

（経過措置）

2　この省令の施行前に平成元年四月以後の月分として支給された介護料は、新規則の規定による同月以後の月分の介護料の内払とみなす。

3　平成元年三月以前の月に係る介護料の金額については、なお従前の例による。

附　則（平二・三・二六　労働省令第四号）

（施行期日）

1　この省令は、平成二年四月一日か

ら施行する。
（経過措置）
2　平成二年三月以前の月に係る介護料の金額については、なお従前の例による。

附　則（平三・四・一二　労働省令第一二号）
（施行期日等）
1　この省令は、公布の日から施行し、改正後の第七条第三項及び第四項の規定は、平成三年四月一日から適用する。
（経過措置）
2　平成三年三月以前の月に係る介護料の金額については、なお従前の例による。

附　則（平四・四・一〇　労働省令第一〇号）
（施行期日等）
1　この省令は、公布の日から施行し、改正後の第七条第三項及び第四項の規定は、平成四年四月一日から適用する。

（経過措置）
2　平成四年三月以前の月に係る介護料の金額については、なお従前の例による。

附　則（平五・四・一　労働省令第一三号）
（施行期日）
1　この省令は、公布の日から施行する。
（経過措置）
2　平成五年三月以前の月に係る介護料の金額については、なお従前の例による。

附　則（平六・四・一五　労働省令第二七号）
（施行期日）
1　この省令は、公布の日から施行し、改正後の第七条第三項及び第四項の規定は、平成六年四月一日から適用する。
（経過措置）
2　平成六年三月以前の月に係る介護料の金額については、なお従前の例による。

附　則（平七・三・三一　労働省令第二五号）
（施行期日）
1　この省令は、平成七年四月一日から施行する。
（経過措置）
2　平成七年三月以前の月に係る介護料の金額については、なお従前の例による。

附　則（平八・三・一　労働省令第六号）（抄）
（施行期日）
第一条　この省令は、平成八年四月一日から施行する。
（第三条の規定の施行に伴う経過措置）
第六条　第三条の規定による改正前の炭鉱災害による一酸化炭素中毒症に関する特別措置法施行規則第七条の規定は、労働者災害補償保険法等の一部を改正する法律（平成七年法律第三十五号）の施行の日の前日において同法附則第七条の規定による改正前の炭鉱災害による一酸化炭素中毒症に関する特別措置法第八条第一項の規定による介護料を受ける権利を有していた被災労働者に支給する同条の介護料については、なおその効力を有する。

附　則（平八・四・一〇　労働省令第二〇号）

（施行期日）

1　この省令は、公布の日から施行し、改正後の労働者災害補償保険施行規則等の一部を改正する省令附則第六条の規定によりなおその効力を有するものとされる同令第三条の規定による改正前の炭鉱災害による一酸化炭素中毒症に関する特別措置法施行規則第七条第三項及び第四項の規定は、平成八年四月一日から適用する。

（経過措置）

2　平成八年三月以前の月に係る介護料の金額については、なお従前の例による。

附　則（平九・二・二八　労働省令第八号）

（施行期日）

1　この省令は、平成九年四月一日から施行する。

（経過措置）

2　平成九年三月以前の月に係る介護料の金額については、なお従前の例による。

附　則（平九・三・一四　労働省令第一〇号）（抄）

（施行期日）

第一条　この省令は、平成九年四月一日から施行する。

（第二条の規定の施行に伴う経過措置）

第三条　施行日前に支給すべき事由の生じた第二条による改正後の第九条の二の診察等の措置に要する費用の額の算定については、なお従前の例による。

附　則（平一〇・三・二　労働省令第五号）

（施行期日）

1　この省令は、平成一〇年四月一日から施行する。

（経過措置）

2　平成十年三月以前の月に係る介護料の金額については、なお従前の例による。

附　則（平一一・一・一一　労働省令第三号）

（施行期日）

1　この省令は、公布の日から施行する。

（経過措置）

2　この省令の施行の際、現に存するこの省令による改正前の様式による用紙は、当分の間、これを取り繕って使用することができる。

附　則（平一二・一・三一　労働省令第二号）（抄）

（施行期日）

第一条　この省令は、平成十二年四月一日から施行する。

附　則（平一二・一〇・二三　労働省令第四〇号）

（施行期日）

1　この省令は、平成十二年十月三十

日から施行する。

（経過措置）

2　この省令の施行の際、現に存するこの省令による改正前の様式による用紙は、当分の間、これを使用することができる。

附　則（平一二・一〇・三一　労働省令第四一号）（抄）

（施行期日）

第一条　この省令は、内閣法の一部を改正する法律（平成十一年法律第八十八号）の施行の日（平成十三年一月六日）から施行する。

第六条　この省令の施行の際現に提出され又は交付されているこの省令による改正前のそれぞれの省令に定める様式による申請書等は、この省令による改正後のそれぞれの省令に定める相当様式による申請書等とみなす。

第七条　この省令の施行の際現に存するこの省令による改正前のそれぞれの省令に定める様式による申請書等の用紙は、当分の間、必要な改定をした上、使用することができる。

附　則（平一三・三・二三　厚生労働省令第三一号）（抄）

（施行期日）

第一条　この省令は、平成十三年四月一日から施行する。

附　則（平一八・一・五　厚生労働省令第一号）（抄）

（施行期日）

第一条　この省令は、平成十八年四月一日から施行する。

附　則（平一八・三・三一　厚生労働省令第六八号）

（施行期日）

1　この省令は、平成十八年四月一日から施行する。

（経過措置）

2　平成十八年三月以前の月に係る労働者災害補償保険法（昭和二十二年法律第五十号）による介護補償給付及び介護給付の額並びに労働者災害補償保険法等の一部を改正する法律（平成七年法律第三十五号）附則第八条の規定によりなおその効力を有するものとされる同法附則第七条の規定による改正前の炭鉱災害による一酸化炭素中毒症に関する特別措置法（昭和四十二年法律第九十二号）の規定による介護料の金額については、なお従前の例による。

附　則（平一九・四・二三　厚生労働省令第八〇号）（抄）

（施行期日）

第一条　この省令は、公布の日から施行する。

附　則（平二〇・三・三一　厚生労働省令第七八号）

（施行期日）

1　この省令は、平成二十年四月一日から施行する。

（経過措置）

2　平成二十年三月以前の月に係る労働者災害補償保険法（昭和二十二年法律第五十号）による介護補償給付及び介護給付の額並びに労働者災害

補償保険法等の一部を改正する法律（平成七年法律第三十五号）附則第八条の規定によりなおその効力を有するものとされる同法附則第七条の規定による改正前の炭鉱災害による一酸化炭素中毒症に関する特別措置法（昭和四十二年法律第九十二号）の規定による介護料の金額については、なお従前の例による。

附　則（平二二・三・三一　厚生労働省令第四二号）

（施行期日）

1　この省令は、平成二十二年四月一日から施行する。

（経過措置）

2　平成二十二年三月以前の月に係る労働者災害補償保険法（昭和二十二年法律第五十号）による介護補償給付及び介護給付の額並びに労働者災害補償保険法等の一部を改正する法律（平成七年法律第三十五号）附則第八条の規定によりなおその効力を有するものとされる同法附則第七条の規定による改正前の炭鉱災害による一酸化炭素中毒症に関する特別措置法（昭和四十二年法律第九十二号）の規定による介護料の金額については、なお従前の例による。

附　則（平二三・三・三一　厚生労働省令第三五号）（抄）

（施行期日）

1　この省令は、平成二十三年四月一日から施行する。

附　則（平二四・三・三〇　厚生労働省令第五六号）

（施行期日）

1　この省令は、平成二十四年四月一日から施行する。

（経過措置）

2　平成二十四年三月以前の月に係る労働者災害補償保険法による介護補償給付及び介護給付の額並びに労働者災害補償保険法等の一部を改正する法律（平成七年法律第三十五号）附則第八条の規定によりなおその効力を有するものとされる同法附則第七条の規定による改正前の炭鉱災害による一酸化炭素中毒症に関する特別措置法による介護料の金額については、なお従前の例による。

労働者災害補償保険特別支給金支給規則

〔制定　昭四九・一二・二八　労働省令第三〇号
改正　平一九・九・二五　厚生労働省令第一一二号〕

（趣旨）

第一条　この省令は、労働者災害補償保険法（昭和二十二年法律第五十号。以下「法」という。）第二十九条第一項の社会復帰促進等事業として行う特別支給金の支給に関し必要な事項を定めるものとする。

（特別支給金の種類）

第二条　この省令による特別支給金は、次に掲げるものとする。

一　休業特別支給金

二　障害特別支給金

三　遺族特別支給金

三の二　傷病特別支給金
四　障害特別年金
五　障害特別一時金
六　遺族特別年金
七　遺族特別一時金
八　傷病特別年金

（休業特別支給金）

第三条　休業特別支給金は、労働者（法の規定による傷病補償年金又は傷病年金の受給権者を除く。）が業務上の事由又は通勤（法第七条第一項第二号の通勤をいう。以下同じ。）による負傷又は疾病（業務上の事由による疾病については労働基準法施行規則（昭和二十二年厚生省令第二十三号）第三十五条に、通勤による疾病については労働者災害補償保険法施行規則（昭和三十年労働省令第二十二号。以下「労災則」という。）第十八条の四に、それぞれ規定する疾病に限る。以下同じ。）に係る療養のため労働することができないために賃金を受けない日の第四日目から当該労働者に対し、その申請に基づいて支給するものとし、その額は、一日につき休業給付基礎日額（法第八条の二第一項又は第二項の休業給付基礎日額をいう。以下この項において同じ。）の百分の二十に相当する額とする。ただし、労働者が業務上の事由又は通勤による負傷又は疾病による療養のため所定労働時間のうちその一部分についてのみ労働する日に係る休業特別支給金の額は、休業給付基礎日額（法第八条の二第二項第二号に定める額（以下この項において「最高限度額」という。）を休業給付基礎日額とすることとされている場合にあつては、同号の規定の適用がないものとした場合における休業給付基礎日額）から当該労働に対して支払われる賃金の額を控除して得た額（当該控除して得た額が最高限度額を超える場合にあつては、最高限度額に相当する額）の百分の二十に相当する額とする。

2　労働者が次の各号のいずれかに該当する場合には、休業特別支給金は、支給しない。

一　懲役、禁錮若しくは拘留の刑の執行のため若しくは死刑の言渡しを受けて刑事施設（少年法（昭和二十三年法律第百六十八号）第五十六条第三項の規定により少年院において刑を執行する場合における当該少年院を含む。）に拘置されている場合若しくは留置施設に留置されて懲役、禁錮若しくは拘留の刑の執行を受けている場合、労役場留置の言渡しを受けて労役場に留置されている場合又は監置の裁判の執行のため監置場に留置されている場合

二　少年法第二十四条の規定による保護処分として少年院若しくは児童自立支援施設に送致され、収容されている場合又は売春防止法（昭和三十一年法律第百十八号）第十七条の規定による補導処分と

して婦人補導院に収容されている場合

3　休業特別支給金の支給を受けようとする者は、次に掲げる事項を記載した申請書を、所轄労働基準監督署長（労災則第一条第三項及び第二条の所轄労働基準監督署長をいう。以下同じ。）に提出しなければならない。

一　労働者の氏名、生年月日及び住所

二　事業の名称及び事業場の所在地

三　負傷又は発病の年月日

四　災害の原因及び発生状況

五　労働基準法第十二条に規定する平均賃金（同条第一項及び第二項に規定する期間中に業務外の事由による負傷又は疾病の療養のために休業した労働者の平均賃金に相当する額が、当該休業した期間を同条第三項第一号に規定する期間とみなして算定することとした場合における平均賃金に相当する額に満たない場合には、その算定することとした場合における平均賃金に相当する額。以下「平均賃金」という。）

六　休業の期間、療養の期間、傷病名及び傷病の経過

六の二　休業の期間中に業務上の事由又は通勤による負傷又は疾病による療養のため所定労働時間のうちその一部分についてのみ労働した日がある場合にあつては、その年月日及び当該労働に対して支払われる賃金の額

七　通勤による負傷又は疾病の場合にあつては、労災則第十八条の五第一項各号に掲げる事項

八　前各号に掲げるもののほか、休業特別支給金の額の算定の基礎となる事項

4　業務上の事由による負傷又は疾病に関し休業特別支給金の支給を申請する場合には前項第三号から第六号の二まで及び第八号に掲げる事項（療養の期間、傷病名及び傷病の経過を除く。）についての事業主の証明並びに同項第六号中療養の期間、傷病名及び傷病の経過についての労災則第十二条の二第二項の診療担当者（以下この項において「診療担当者」という。）の証明を、通勤による負傷又は疾病に関し休業特別支給金の支給を申請する場合には前項第三号及び第五号から第六号の二までに掲げる事項（療養の期間、傷病名及び傷病の経過を除く。）、同項第七号に規定する事項のうち労災則第十八条の五第一項第一号から第三号までに掲げる事項（同項第二号イ、ニ及びホ中住居を離れた年月日時並びに同号ハ中当該移動の起点たる就業の場所における就業終了の年月日時及び当該就業の場所を離れた年月日時を除く。）（同項第一号及び第三号に掲げる事項については、事業主（同項第二号イからホまでに掲げる場合の区分に応じ、それぞれ同号イからホまでに掲げる就業の場所に係

る事業主をいう。以下この項において同じ。）が知り得た場合に限る。）並びに前項第八号に掲げる事項についての事業主の証明並びに同項第六号中療養の期間、傷病名及び傷病の経過についての診療担当者の証明を、それぞれ受けなければならない。

5　休業特別支給金の支給の対象となる日について休業補償給付又は休業給付を受けることができる者は、当該休業特別支給金の支給の申請を、当該休業補償給付又は休業給付の請求と同時に行わなければならない。

6　休業特別支給金の支給の申請は、休業特別支給金の支給の対象となる日の翌日から起算して二年以内に行わなければならない。

（障害特別支給金）

第四条　障害特別支給金は、業務上の事由又は通勤による負傷又は疾病が治つたとき身体に障害がある労働者に対し、その申請に基づいて支給するものとし、その額は、当該障害の該当する障害等級（労災則第十四条第一項から第四項まで及び労災則別表第一の規定による障害等級をいう。以下同じ。）に応じ、別表第一に規定する額（障害等級が労災則第十四条第三項本文の規定により繰り上げられたものである場合において、各の身体障害の該当する障害等級に応ずる同表に規定する額の合算額が当該繰り上げられた障害等級に応ずる同表に規定する額に満たないときは、当該合算額）とする。

2　既に身体障害のあつた者が、負傷又は疾病により同一の部位について障害の程度を加重した場合における当該事由に係る障害特別支給金の額は、前項の規定にかかわらず、現在の身体障害の該当する障害等級に応ずる障害特別支給金の額から、既にあつた身体障害の該当する障害等級に応ずる障害特別支給金の額を差し引いた額による。

3　第五条の二の規定により傷病特別支給金の支給を受けた者に対しては、前二項の規定にかかわらず、当該傷病特別支給金に係る業務上の事由又は通勤による負傷又は疾病が治つたとき身体に障害があり、当該障害の該当する障害等級に応ずる障害特別支給金の額（障害特別支給金の支給を受ける者が前項に該当する場合は、同項の規定により算定した額）が当該負傷又は疾病による障害に関し既に支給を受けた傷病特別支給金に係る傷病等級（労災則第十八条及び労災則別表第二の規定による傷病等級をいう。以下同じ。）に応ずる傷病特別支給金の額を超えるときに限り、その者の申請に基づき、当該超える額に相当する額の障害特別支給金を支給する。

4　障害特別支給金の支給を受けようとする者は、次に掲げる事項を記載した申請書を、所轄労働基準監督署長に提出しなければならない。

一　労働者の氏名、生年月日及び住所
二　事業の名称及び事業場の所在地
三　負傷又は発病の年月日
四　災害の原因及び発生状況
五　通勤による負傷又は疾病の場合にあつては、労災則第十八条の五第一項各号に掲げる事項

5　業務上の障害に関し障害特別支給金の支給を申請する場合には前項第三号及び第四号に掲げる事項について、通勤による障害に関し障害特別支給金の支給を申請する場合には同項第三号に掲げる事項及び同項第五号に規定する事項のうち労災則第十八条の五第一項第一号から第三号までに掲げる事項（同項第二号イ、ニ及びホ中住居を離れた年月日時並びに同号ハ中当該移動の起点たる就業の場所における就業終了の年月日時及び当該就業の場所を離れた年月日時を除く。）（同項第一号及び第三号に掲げる事項については、事業主（同項第二号イからホまでに掲げる場合の区分に応じ、それぞれ同号イからホまでに掲げる就業の場所に係る事業主をいう。以下この項において同じ。）が知り得た場合に限る。）について、それぞれ事業主の証明を受けなければならない。ただし、申請人が傷病補償年金又は傷病年金を受けていた者であるときは、この限りでない。

6　同一の事由により障害補償給付又は障害給付の支給を受けることができない者が障害特別支給金の支給を申請する場合には、第四項の申請書に、負傷又は疾病が治つたこと及び治つた日並びにその治つたときにおける障害の部位及び状態に関する医師又は歯科医師の診断書を添え、必要があるときは、その治つたときにおける障害の状態の立証に関するエックス線写真その他の資料を添えなければならない。

7　同一の事由により障害補償給付又は障害給付の支給を受けることができる者は、障害特別支給金の支給の申請を、当該障害補償給付又は障害給付の請求と同時に行わなければならない。

8　障害特別支給金の支給の申請は、障害に係る負傷又は疾病が治つた日の翌日から起算して五年以内に行わなければならない。

（**遺族特別支給金**）

第五条　遺族特別支給金は、業務上の事由又は通勤により労働者が死亡した場合に、当該労働者の遺族に対し、その申請に基づいて支給する。

2　遺族特別支給金の支給を受けることができる遺族は、労働者の配偶者（婚姻の届出をしていないが、事実上婚姻関係と同様の事情にあつた者を含む。）、子、父母、孫、祖父母及び兄弟姉妹とし、これらの遺族の遺族特別支給金の支給を受けるべき順位は、遺族補償給付又は遺族給付の例による。

3　遺族特別支給金の額は、三百万円（当該遺族特別支給金の支給を受ける遺族が二人以上ある場合には、三百万円をその人数で除して得た額）とする。

4　遺族特別支給金の支給を受けようとする者は、次に掲げる事項を記載した申請書を、所轄労働基準監督署長に提出しなければならない。

一　死亡した労働者の氏名及び生年月日

二　申請人の氏名、生年月日、住所、死亡した労働者との関係及び障害の状態（労災則第十五条に規定する障害の状態をいう。第六項及び第九条第三項において同じ。）の有無

三　事業の名称及び事業場の所在地

四　負傷又は発病及び死亡の年月日

五　災害の原因及び発生状況

六　通勤による負傷又は疾病の場合にあつては、労災則第十八条の五第一項各号に掲げる事項

5　業務上の死亡に関し遺族特別支給金の支給を申請する場合には前項第四号及び第五号に掲げる事項（死亡の年月日を除く。）について、通勤による死亡に関し遺族特別支給金の支給を申請する場合には同項第四号に掲げる事項（死亡の年月日を除く。）に掲げる事項及び同項第六号に規定する事項のうち労災則第十八条の五第一項第一号から第三号までに掲げる事項（同項第二号イ、ニ及びホ中住居を離れた年月日時並びに同号ハ中当該移動の起点たる就業の場所における就業終了の年月日時及び当該就業の場所を離れた年月日時を除く。）（同項第一号及び第三号に掲げる事項については、事業主（同項第二号イからホまでに掲げる場合の区分に応じ、それぞれ同号イからホまでに掲げる就業の場所に係る事業主をいう。以下この項において同じ。）が知り得た場合に限る。）について、それぞれ事業主の証明を受けなければならない。ただし、死亡した労働者が、傷病補償年金又は傷病年金を受けていた者であるときは、この限りでない。

6　同一の事由により遺族補償給付又は遺族給付の支給を受けることができない者が遺族特別支給金の支給を申請する場合には、次に掲げる書類その他の資料を第四項の申請書に添えなければならない。

一　労働者の死亡に関して市長村長に提出した死亡診断書、死体検案書又は検視調書に記載してある事項についての市長村長の証明書又はこれに代わるべき書類

二　申請人と死亡した労働者との身分関係を証明することができる戸籍の謄本又は抄本

三　申請人が死亡した労働者と婚姻の届出をしていないが事実上婚姻関係と同様の事情にあつた者であるときは、その事実を証明することができる書類

四　申請人が死亡した労働者の収入によつて生計を維持していた者であるときは、その事実を証明することができる書類

五　申請人が労働者の死亡の当時障害の状態にあつたことにより遺族特別支給金の支給を受ける者であるときは、その事実を証明することができる医師又は歯科医師の診断書その他の資料

7　同一の事由により遺族補償給付又は遺族給付の支給を受けることができる者は、遺族特別支給金の支給の申請を、当該遺族補償給付又は遺族給付の請求と同時に行わなければならない。

8　遺族特別支給金の支給の申請は、労働者の死亡の日の翌日から起算して五年以内に行わなければならない。

9　法第十条及び労災則第十五条の五の規定は、遺族特別支給金について準用する。この場合において、同条第一項中「受ける権利を有する者」とあるのは「受けることができる者」と、「請求」とあるのは「支給の申請」と読み替えるものとする。

（傷病特別支給金）

第五条の二　傷病特別支給金は、業務上の事由又は通勤により負傷し、又は疾病にかかつた労働者が、当該負傷又は疾病に係る療養の開始後一年六箇月を経過した日において次の各号のいずれにも該当するとき、又は同日後次の各号のいずれにも該当することとなつたときに、当該労働者に対し、その申請に基づいて支給するものとし、その額は、当該傷病等級に応じ、別表第一の二に規定する額とする。

一　当該負傷又は疾病が治つていないこと。

二　当該負傷又は疾病による障害の程度が傷病等級に該当すること。

2　傷病特別支給金の支給を受けようとする者は、次に掲げる事項を記載した申請書を、所轄労働基準監督署長に提出しなければならない。

一　労働者の氏名、生年月日及び住所

二　傷病の名称、部位及び状態

3　傷病特別支給金の支給の申請は、当該負傷又は疾病に係る療養の開始後一年六箇月を経過した日において第一項各号のいずれにも該当することとなつた場合には同日の、同日後同項各号のいずれにも該当することとなつた場合には当該該当することとなつた日の翌日から起算して五年以内に行わなければならない。

（算定基礎年額等）

第六条　第二条第四号から第八号までに掲げる特別支給金の額の算定に用いる算定基礎年額は、負傷又は発病の日以前一年間（雇入後一年に満たない者については、雇入後の期間）に当該労働者に対して支払われた特別給与（労働基準法第十二条第四項の三箇月を超える期間ごとに支払われる賃金をいう。以下同じ。）の総

額とする。ただし、当該特別給与の総額を算定基礎年額とすることが適当でないと認められるときは、厚生労働省労働基準局長が定める基準に従つて算定する額を算定基礎年額とする。

2　特別給与の総額又は前項ただし書に定めるところによつて算定された額が、当該労働者に係る法第八条の三第一項又は第二項の規定による給付基礎日額（障害特別一時金又は遺族特別一時金が支給される場合にあつては、法第八条の四において準用する法第八条の三第一項の規定による給付基礎日額）に三百六十五を乗じて得た額の百分の二十に相当する額を超える場合には、当該百分の二十に相当する額を算定基礎年額とする。

3　法第八条の三第一項第二号（法第八条の四において準用する場合を含む。）に規定する給付基礎日額が用いられる場合（法第八条の三第二項の規定の適用がないものとした場合に同条第一項第二号に規定する給付基礎日額が用いられる場合を含む。）における前項の規定の適用については、同項中「算定された額」とあるのは「算定された額に法第八条の三第一項第二号（法第八条の四において準用する場合を含む。以下この項において同じ。）の厚生労働大臣が定める率を乗じて得た額」と、「当該百分の二十に相当する額」とあるのは「当該百分の二十に相当する額を法第八条の三第一項第二号の厚生労働大臣が定める率で除して得た額」とする。

4　前三項の規定によつて算定された額が百五十万円（前項の場合においては、百五十万円を同項の規定により読み替えられた第二項に規定する率で除して得た額。以下この項において同じ。）を超える場合には、百五十万円を算定基礎年額とする。

5　第二条第四号から第八号までに掲げる特別支給金の額の算定に用いる算定基礎日額は、前各項の規定による算定基礎年額を三百六十五で除して得た額を当該特別支給金に係る法の規定による保険給付の額の算定に用いる給付基礎日額とみなして法第八条の三第一項（法第八条の四において準用する場合を含む。）の規定の例により算定して得た額とする。

6　算定基礎年額又は算定基礎日額に一円未満の端数があるときは、これを一円に切り上げるものとする。

（障害特別年金）

第七条　障害特別年金は、法の規定による障害補償年金又は障害年金の受給権者に対し、その申請に基づいて支給するものとし、その額は、当該障害補償年金又は障害年金に係る障害等級に応じ、別表第二に規定する額とする。

2　労災則第十四条第五項の規定は、障害特別年金について準用する。この場合において、同項中「現在の身体障害の該当する障害等級に応ずる障害補償給付が障害補償年金であつて、既にあつた身体障害の該当する障害等級に応ずる障害補償給付が障害補償一時金である場合には、その障害補償一時金の額（当該障害補償年金を支給すべき場合において、法第八条の三第二項において準用する法第八条の二第二項各号に掲げる場合に該当するときは、当該各号に定める額を法第八条の四の給付基礎日額として算定した既にあつた身体障害の該当する障害等級に応ずる障害補償一時金の額）」とあるのは、「既にあつた身体障害の該当する障害等級が第八級以下である場合には、現在の身体障害の該当する障害等級に応ずる障害特別年金に係る労働者災害補償保険特別支給金支給規則（昭和四十九年労働省令第三十号）第六条の規定による算定基礎日額を用いて算定することとした当該障害等級に応ずる障害特別一時金の額」と読み替えるものとする。

3 障害特別年金の支給を受けようとする者は、次に掲げる事項を記載した申請書を、所轄労働基準監督署長に提出しなければならない。

一 労働者の氏名、生年月日及び住所

二 事業の名称及び事業場の所在地

三 負傷又は発病の年月日

四 災害の原因及び発生状況

五 平均賃金

六 負傷又は発病の日以前一年間（雇入後一年に満たない者については、雇入後の期間）に当該労働者に対して支払われた特別給与の総額（第九条から第十二条までにおいて「特別給与の総額」という。）

七 通勤による負傷又は疾病の場合にあつては、労災則第十八条の五第一項各号に掲げる事項

4 業務上の障害に関し障害特別年金の支給を申請する場合には前項第三号から第六号までに掲げる事項について、通勤による障害に関し障害特別年金の支給を申請する場合には同項第三号、第五号及び第六号に掲げる事項並びに第七号に規定する事項のうち労災則第十八条の五第一項第一号から第三号までに掲げる事項（同項第二号イ、ニ及びホ中住居を離れた年月日時並びに同号ハ中当該移動の起点たる就業の場所における就業終了の年月日時及び当該就業の場所を離れた年月日時を除く。）（同項第一号及び第三号に掲げる事項については、事業主（同項第二号イからホまでに掲げる場合の区分に応じ、それぞれ同号イからホまでに掲げる就業の場所に係る事業主をいう。以下この項において同じ。）が知り得た場合に限る。）について、それぞれ事業主の証明を受けなければならない。ただし、申請人が傷病特別年金を受けていた者であるときは、この限りでない。

5 障害特別年金の支給を受ける労働者の当該障害の程度に変更があつた

ため、新たに別表第二又は別表第三中の他の障害等級に該当するに至つた場合には、新たに該当するに至つた障害等級に応ずる障害特別年金又は障害特別一時金を支給するものとし、その後は、従前の障害特別年金は、支給しない。

6　労災則第十四条の三第一項及び第二項の規定は、前項に規定する場合について準用する。この場合において、同条第一項中「障害補償給付」とあるのは「障害特別年金」と、同条第二項中「請求書」とあるのは「申請書」と読み替えるものとする。

7　障害特別年金の支給の申請は、障害補償年金又は障害年金の受給権者となつた日の翌日から起算して五年以内に、当該障害補償年金又は障害年金の請求と同時に行わなければならない。

8　障害特別年金は、当該障害特別年金の支給を受ける者が同一の事由により受ける権利を有する障害補償年金又は障害年金の払渡しを受けることを希望する金融機関又は郵便貯金銀行（郵政民営化法（平成十七年法律第九十七号）第九十四条に規定する郵便貯金銀行をいう。）を所属銀行とする銀行代理業（銀行法（昭和五十六年法律第五十九号）第二条第十四項に規定する銀行代理業をいう。）を営む郵便局（郵便局株式会社法（平成十七年法律第百号）第二条第二項に規定する郵便局をいう。）において払い渡すものとする。

（**障害特別一時金**）

第八条　障害特別一時金は、法の規定による障害補償一時金又は障害一時金の受給権者に対し、その申請に基づいて支給するものとし、その額は、当該障害補償一時金又は障害一時金に係る障害等級に応じ、別表第三に規定する額（障害等級が労災則第十四条第三項本文の規定により繰り上げられたものである場合において、各の身体障害の該当する障害等級に応ずる同表に規定する額の合算額が当該繰り上げられた障害等級に応ずる同表に規定する額に満たないときは、当該合算額）とする。

2　第四条第二項の規定は障害特別一時金の額について、前条第三項、第四項及び第七項の規定は障害特別一時金の支給の申請について準用する。この場合において、第四条第二項中「前項」とあるのは「第八条第一項」と、前条第七項中「障害補償年金又は障害年金」とあるのは「障害補償一時金又は障害一時金」と読み替えるものとする。

（**遺族特別年金**）

第九条　遺族特別年金は、法の規定による遺族補償年金又は遺族年金の受給権者に対し、その申請に基づいて支給するものとし、その額は、別表第二に規定する額とする。

2　法第十六条の三第二項から第四項までの規定は、遺族特別年金の額について準用する。この場合において、同条第二項中「遺族補償年金又は遺族補償年金を」とあるのは「遺族補償年金又は遺族年金を」と、「前項」とあるのは「労働者災害補償保険特別支給金支給規則（昭和四十九年労働省令第三十号）第九条第一項」と、「別表第一」とあるのは「同令別表第二」と、同条第四項中「遺族補償年金を」とあるのは「遺族補償年金又は遺族年金を」と、「別表第一の厚生労働省令で定める障害の状態」とあるのは「労働者災害補償保険法施行規則（昭和三十年労働省令第二十二号）第十五条に規定する障害の状態」と読み替えるものとする。

3　遺族特別年金の支給を受けようとする者（第五項又は第六項の規定に該当する者を除く。）は、次に掲げる事項を記載した申請書を、所轄労働基準監督署長に提出しなければならない。

一　死亡した労働者の氏名及び生年月日

二　申請人及び申請人以外の遺族補償年金又は遺族年金を受けることができる遺族の氏名、生年月日、住所、死亡した労働者との関係及び障害の状態の有無

三　事業の名称及び事業場の所在地

四　負傷又は発病及び死亡の年月日

五　災害の原因及び発生状況

六　平均賃金

七　特別給与の総額

八　通勤による負傷又は疾病の場合にあつては、労災則第十八条の五第一項各号に掲げる事項

4　業務上の死亡に関し遺族特別年金の支給を申請する場合には前項第四号から第七号までに掲げる事項（死亡の年月日を除く。）について、通勤による死亡に関し遺族特別年金の支給を申請する場合には同項第四号、第六号及び第七号に掲げる事項（死亡の年月日を除く。）並びに同項第八号に規定する事項のうち労災則第十八条の五第一項第一号から第三号までに掲げる事項（同項第二号イ、ニ及びホ中住居を離れた年月日時並びに同号ハ中当該移動の起点たる就業の場所における就業終了の年月日時及び当該就業の場所を離れた年月日時を除く。）（同項第一号及び第三号に掲げる事項については、事業主（同項第二号イからホまでに掲げる場合の区分に応じ、それぞれ同号イからホまでに掲げる就業の場所に係る事業主をいう。以下この項において同じ。）が知り得た場合に限る。）について、それぞれ事業主の証明を受けなければならない。ただし、死亡した労働者が傷病特別年金を受けていた者であるときは、この限りでない。

5　労働者の死亡の当時胎児であった子は、当該労働者の死亡に係る遺族補償年金又は遺族年金を受けることができるその他の遺族が既に遺族補償年金又は遺族年金の支給の決定を受けた後に遺族特別年金の支給を受

けようとするときは、次に掲げる事項を記載した申請書を、所轄労働基準監督署長に提出しなければならない。
一　死亡した労働者の氏名及び生年月日
二　申請人の氏名、生年月日、住所及び死亡した労働者との続柄
三　申請人と生計を同じくしている遺族補償年金又は遺族年金を受けることができる遺族の氏名
6　法第十六条の四第一項後段（法第十六条の九第五項及び法第二十二条の四第三項において準用する場合を含む。）又は法第十六条の五第一項後段（法第二十二条の四第三項において準用する場合を含む。）の規定により新たに遺族補償年金又は遺族年金の受給権者となつた者は、その先順位者が既に遺族補償年金又は遺族年金の支給の決定を受けた後に遺族特別年金の支給を受けようとするときは、次に掲げる事項を記載した申請書を、所轄労働基準監督署長に提出しなければならない。
一　死亡した労働者の氏名及び生年月日
二　申請人の氏名、生年月日、住所及び死亡した労働者との関係
三　申請人と生計を同じくしている遺族補償年金又は遺族年金を受けることができる遺族の氏名
7　第七条第七項及び第八項並びに労災則第十五条の五の規定は、遺族特別年金について準用する。この場合において、第七条第七項及び第八項中「障害補償年金又は障害年金」とあるのは「遺族補償年金又は遺族年金」と、労災則第十五条の五第一項中「遺族補償年金を」とあるのは「遺族補償年金又は遺族年金を」と、「請求」とあるのは「支給の申請」と読み替えるものとする。

（**遺族特別一時金**）
第十条　遺族特別一時金は、法の規定による遺族補償一時金又は遺族一時金の受給権者に対し、その申請に基づいて支給するものとし、その額は、別表第三に規定する額（当該遺族特別一時金の支給を受ける遺族が二人以上ある場合には、その額をその人数で除して得た額）とする。
2　遺族特別一時金の支給を受けようとする者は、次に掲げる事項を記載した申請書を、所轄労働基準監督署長に提出しなければならない。
一　死亡した労働者の氏名及び生年月日
二　申請人の氏名、生年月日、住所及び死亡した労働者との関係
三　法第十六条の六第一項第一号（法第二十二条の四第三項において準用する場合を含む。）の場合に支給される遺族補償一時金又は遺族一時金の受給権者にあつては、次に掲げる事項（へからりまでに掲げる事項については、遺族一時金の受給権者に限る。）
イ　事業の名称及び事業場の所在地

ロ　負傷又は発病及び死亡の年月日

ハ　災害の原因及び発生状況

ニ　平均賃金

ホ　特別給与の総額

ヘ　通勤による負傷又は疾病の場合にあつては、労災則第十八条の五第一項各号に掲げる事項

3　業務上の死亡に関し法第十六条の六第一項第一号の場合に支給される遺族補償一時金の受給権者が遺族特別一時金の支給を申請する場合には前項第三号ロからホまでに掲げる事項（死亡の年月日を除く。）について、通勤による死亡に関し法第二十二条の四第三項において準用する法第十六条の六第一項第一号の場合に支給される遺族一時金の受給権者が遺族特別一時金の支給を申請する場合には前項第三号ロに掲げる事項（死亡の年月日を除く。）、同号ニ及びホに掲げる事項並びにへに規定する事項のうち労災則第十八条の五第一項第一号から第三号までに掲げる事項（同項第二号イ、ニ及びホ中住居を離れた年月日時並びに同号ハ中当該移動の起点たる就業の場所における就業終了の年月日時及び当該就業の場所を離れた年月日時を除く。）（同項第一号及び第三号に掲げる事項については、事業主（同項第二号イからホまでに掲げる場合の区分に応じ、それぞれ同号イからホまでに掲げる就業の場所に係る事業主をいう。以下この項において同じ。）が知り得た場合に限る。）について、それぞれ事業主の証明を受けなければならない。ただし、死亡した労働者が傷病特別年金を受けていた者であるときは、この限りでない。

4　第七条第七項及び労災則第十五条の五の規定は、遺族特別一時金について準用する。この場合において、同項中「障害補償年金又は障害年金」とあるのは「遺族補償一時金又は遺族一時金」と、同条第一項中「遺族補償年金を」とあるのは「遺族補償一時金又は遺族一時金を」と、「請求」とあるのは「支給の申請」と読み替えるものとする。

（傷病特別年金）

第十一条　傷病特別年金は、法の規定による傷病補償年金又は傷病年金の受給権者に対し、その申請に基づいて支給するものとし、その額は、当該傷病補償年金又は傷病年金に係る傷病等級に応じ、別表第二に規定する額とする。

2　傷病特別年金の支給を受けようとする者は、次に掲げる事項を記載した申請書を、所轄労働基準監督署長に提出しなければならない。

一　労働者の氏名、生年月日及び住所

二　傷病の名称、部位及び状態

三　平均賃金

四　特別給与の総額

3　傷病特別年金を受ける労働者の傷病補償年金又は傷病年金に係る傷病

等級に変更があつた場合には、新たに該当するに至つた傷病等級に応ずる傷病特別年金を支給するものとし、その後は、従前の傷病特別年金は、支給しない。

4　傷病特別年金の支給の申請は、傷病補償年金又は傷病年金の受給権者となつた日の翌日から起算して五年以内に行わなければならない。

5　第七条第八項の規定は、傷病特別年金について準用する。この場合において、同項中「障害補償年金又は障害年金」とあるのは、「傷病補償年金又は傷病年金」と読み替えるものとする。

（特別給与の総額の届出）

第十二条　休業特別支給金の支給を受けようとする者は、当該休業特別支給金の支給の申請の際に、所轄労働基準監督署長に、特別給与の総額を記載した届書を提出しなければならない。

2　前項の特別給与の総額については、事業主の証明を受けなければならない。

（年金たる特別支給金の始期、終期及び支払期月等）

第十三条　年金たる特別支給金の支給は、支給の事由が生じた月の翌月から始め、支給の事由が消滅した月で終わるものとする。

2　遺族特別年金は、遺族補償年金又は遺族年金の支給を停止すべき事由が生じたときは、その事由が生じた月の翌月からその事由が消滅した月までの間は、支給しない。ただし、法第六十条第三項（法第六十三条第三項において読み替えて準用する場合を含む。）の規定により遺族補償年金又は遺族年金の支給を停止すべき事由が生じた場合には、この限りでない。

3　年金たる特別支給金は、毎年二月、四月、六月、八月、十月及び十二月の六期に、それぞれその前月分までを支払う。ただし、支給の事由が消滅した場合におけるその期の年金たる特別支給金は、支払期月でない月であつても、支払うものとする。

（年金たる特別支給金の内払とみなす場合等）

第十四条　法第十二条第一項の規定は、年金たる特別支給金について準用する。

2　同一の業務上の事由又は通勤による負傷又は疾病（以下この条において「同一の傷病」という。）に関し、年金たる保険給付（遺族補償年金及び遺族年金を除く。以下この項において「乙年金」という。）を受ける権利を有する労働者が他の年金たる保険給付（遺族補償年金及び遺族年金を除く。以下この項において「甲年金」という。）を受ける権利を有することとなり、かつ、乙年金を受ける権利が消滅した場合において、その消滅した月の翌月以後の分として乙年金の受給権者に支給される年金たる特別支給金が支払われたときは、その支払われた年金たる特別支給金は、甲年金の受給権者に支給される年金たる特別支給金の内払とみなす。

3　同一の傷病に関し、年金たる保険給付（遺族補償年金及び遺族年金を除く。）を受ける権利を有する労働者が休業補償給付若しくは休業給付又は障害補償一時金若しくは障害一時金を受ける権利を有することとなり、かつ、当該年金たる保険給付を受ける権利が消滅した場合において、その消滅した月の翌月以後の分として当該年金たる保険給付の受給権者に支給される年金たる特別支給金が支払われたときは、その支払われた年金たる特別支給金は、当該休業補償給付若しくは休業給付を受けている者に支給される休業特別支給金又は当該障害補償一時金若しくは障害一時金の受給権者に支給される障害特別支給金若しくは障害特別一時金の内払とみなす。

4　同一の傷病に関し、休業特別支給金を受けている労働者が障害補償給付若しくは障害給付又は傷病補償年金若しくは傷病年金を受ける権利を有することとなり、かつ、休業補償給付又は休業給付を行わないこととなつた場合において、その後も休業特別支給金が支払われたときは、その支払われた休業特別支給金は、当該障害補償給付若しくは障害給付の受給権者に支給される障害特別支給金、障害特別年金若しくは障害特別一時金又は傷病補償年金若しくは傷病年金の受給権者に支給される傷病特別支給金若しくは傷病特別年金の内払とみなす。

（年金たる特別支給金の過誤払による返還金債権への充当）

第十四条の二　年金たる保険給付を受ける権利を有する者が死亡したためその支給を受ける権利が消滅したにもかかわらず、その死亡の日の属する月の翌月以後の分として当該年金たる保険給付を受ける権利を有する者に支給される年金たる特別支給金の過誤払が行われた場合において、当該過誤払による返還金に係る債権（以下この条において「返還金債権」という。）に係る債務の弁済をすべき者に支払うべき次の各号に掲げる特別支給金があるときは、当該特別支給金の支払金の金額を当該過誤払による返還金債権の金額に充当することができる。

一　年金たる特別支給金を受けることができる者の死亡に係る保険給付を受ける権利を有する者に支給される遺族特別支給金、遺族特別年金、遺族特別一時金又は障害特別年金差額一時金

二　返還金債権に係る同一の事由による同順位で受けることができる遺族特別年金

（未支給の特別支給金）

第十五条　特別支給金を受けることができる者が死亡した場合において、その死亡した者に係る特別支給金でまだその者に支給しなかつたものが

あるときは、未支給の保険給付の支給の例により、その未支給の特別支給金を支給する。

2　第三条第五項の規定は未支給の休業特別支給金の支給の申請について、第四条第七項の規定は未支給の障害特別支給金又は障害特別一時金の支給の申請について、第五条第七項の規定は未支給の遺族特別支給金又は遺族特別一時金の支給の申請について準用する。

3　同一の事由により未支給の傷病補償年金又は傷病年金を受けることができる場合は、未支給の傷病特別支給金の支給の申請を、当該未支給の傷病補償年金又は傷病年金の支給の請求と同時に行わなければならない。

4　未支給の年金たる特別支給金の支給の対象となる月について未支給の年金たる保険給付を受けることができる者は、当該年金たる特別支給金の支給の申請を、当該年金たる保険給付の請求と同時に行わなければならない。

（特別加入者に対する特別支給金）

第十六条　法第三十四条第一項の承認を受けている事業主である者（事業主が法人その他の団体であるときは、代表者）及び当該事業主が行う事業に従事する者（労働者である者を除く。以下この条及び第十九条において「中小事業主等」という。）に対する第三条から第五条の二まで及び前条の規定の適用については、次の各号に定めるところによる。

一　中小事業主等は、当該事業に使用される労働者とみなす。

二　中小事業主等が業務上の事由若しくは通勤による負傷若しくは疾病に係る療養のため当該事業に四日以上従事することができないとき、その負傷若しくは疾病が治つた場合において身体に障害が存するとき、業務上の事由若しくは通勤により死亡したとき、又は業務上の事由若しくは通勤による負傷若しくは疾病に係る療養の開始後一年六箇月を経過した日において第五条の二第一項各号のいずれにも該当するとき若しくは同日後同項各号のいずれにも該当することとなつたときは、休業特別支給金、障害特別支給金、遺族特別支給金又は傷病特別支給金の支給の事由が生じたものとみなす。

三　中小事業主等の休業給付基礎日額は、労災則第四十六条の二十第二項の規定により算定された給付基礎日額とする。

四　法第三十四条第一項第四号の規定は、特別支給金の支給について準用する。この場合において、同号中「前条第一号又は第二号に掲げる者の事故」とあるのは、「中小事業主等に係る特別支給金の支給の原因である事故」と読み替えるものとする。

五　第三条第三項第五号及び同条第四項（事業主の証明に関する部分

に限る。)、第四条第五項並びに第五条第五項の規定は、適用しない。

六　特別支給金の支給を受けようとする者は、第三条第三項、第四条第四項又は第五条第四項の申請書を所轄労働基準監督署長に提出するときは、当該申請書の記載事項のうち事業主の証明を受けなければならないこととされている事項を証明することができる書類その他の資料を、当該申請書に添えなければならない。

七　労災則第四十六条の二十七第六項の規定は、前号の規定により提出された書類その他の資料について準用する。

第十七条　法第三十五条第一項の承認を受けている団体に係る法第三十三条第三号から第五号までに掲げる者(以下この条及び第十九条において「一人親方等」という。)に対する第三条から第五条の二まで及び第十五条の規定の適用については、前条第五号から第七号まで及び次の各号に定めるところによる。

一　当該団体は、法第三条第一項の適用事業及びその事業主とみなす。

二　当該承認があった日は、前号の適用事業が開始された日とみなす。

三　一人親方等は、第一号の適用事業に使用される労働者とみなす。

四　当該団体の解散は、事業の廃止とみなす。

五　前条第二号の規定は、一人親方等に係る特別支給金の支給の事由について準用する。この場合において、労災則第四十六条の十七第一号又は第三号に掲げる事業を労働者を使用しないで行うことを常態とする者及びこれらの者が行う事業に従事する者に関しては、前条第二号中「業務上の事由若しくは通勤による」とあるのは「業務上の」と、「業務上の事由若しくは通勤により」とあるのは「業務上」と読み替えるものとし、労災則第四十六条の十八第一号又は第三号に掲げる作業に従事する者に関しては、前条第二号中「業務上の事由若しくは通勤による」とあるのは「当該作業による」と、「当該事業」とあるのは「当該作業」と、「業務上の事由若しくは通勤により」とあるのは「当該作業により」と読み替えるものとし、労災則第四十六条の十八第二号、第四号又は第五号に掲げる作業に従事する者に関しては、前条第二号中「業務上の事由若しくは通勤による」とあるのは「当該作業若しくは通勤による」と、「当該事業」とあるのは「当該作業」と、「業務上の事由若しくは通勤により」とあるのは「当該作業若しくは通勤により」と読み替えるものとする。

六　一人親方等の休業給付基礎日額は、労災則第四十六条の二十四において準用する第四十六条の二十第二項の規定により算定された給付基礎日額とする。

七　法第三十五条第一項第七号の規定は、特別支給金の支給について準用する。この場合において、同号中「第三十三条第三号から第五号までに掲げる者の事故」とあるのは「一人親方等に係る特別支給金の支給の原因である事故」と読み替えるものとする。

第十八条　法第三十六条第一項の承認を受けている団体又は事業主に係る法第三十三条第六号又は第七号に掲げる者（以下この条及び次条において「海外派遣者」という。）に対する第三条から第五条の二まで及び第十五条の規定の適用については、第十六条第五号から第七号まで及び次の各号に定めるところによる。

一　海外派遣者は、当該承認に係る団体又は事業主の事業に使用される労働者とみなす。

二　第十六条第二号の規定は、海外派遣者に係る特別支給金の支給の事由について準用する。

三　海外派遣者の休業給付基礎日額は、労災則第四十六条の二十五の三において準用する第四十六条の二十第二項の規定により算定された給付基礎日額とする。

四　法第三十六条第一項第三号の規定は、特別支給金の支給について準用する。この場合において、同号中「第三十三条第六号又は第七号に掲げる者の事故」とあるのは、「海外派遣者に係る特別支給金の支給の原因である事故」と読み替えるものとする。

第十九条　第六条から第十三条までの規定は、中小事業主等、一人親方等及び海外派遣者については、適用しない。

（**準用**）

第二十条　法第十二条の二の二及び第四十七条の三並びに労災則第十九条及び第二十三条の規定は、特別支給金について準用する。この場合において、法第四十七条の三中「受ける権利を有する者」とあるのは「受ける者」と、労災則第十九条中「請求人、申請人又は受給権者若しくは受給権者であつた者」とあるのは「申請人又は受給資格者」と、労災則第二十三条第一項中「請求」とあるのは「申請」と読み替えるものとする。

附　則

（施行期日等）

1　この省令は、公布の日から施行し、昭和四十九年十一月一日から適用する。

（経過措置）

2　休業特別支給金、障害特別支給金及び遺族特別支給金は昭和四十九年十一月一日（以下「適用日」という。）以後に支給の事由の生じた場合に支給し、長期傷病特別支給金は同日以後の期間に係る分から支給する。

3　適用日以後この省令の施行の日（以下「施行日」という。）の前日までの間に支給すべき事由の生じた休業補償給付、障害補償給付、遺族補償給付、休業給付、障害給付又は遺族給付の請求が施行日前に行われた場合には、当該請求を行つた者は、第三条第六項、第四条第六項及び第五条第七項の規定にかかわらず、当該請求に係る保険給付を支給すべき事由と同一の事由（当該請求に係る保険給付が休業補償給付又は休業給付である場合には、当該請求に係る休業補償給付又は休業給付を支給すべき事由が生じた日と同一の日）に係る休業特別支給金、障害特別支給金又は遺族特別支給金の支給の申請を行うことができる。

4　適用日以後施行日の前日までの間に支給すべき事由の生じた前項に規定する保険給付又は当該期間に係る分の長期傷病補償給付若しくは長期傷病給付を受ける権利を有する者が施行日前に死亡し、その死亡した者に支給すべき保険給付でまだその者に支給しなかつたものがある場合において、当該未支給の保険給付に関し施行日前に法第十一条第一項又は第二項の請求が行われたときは、当該請求を行つた者は、第七条第二項において準用する第三条第六項、第四条第六項及び第五条第七項の規定並びに第七条第三項の規定にかかわらず、当該請求に係る保険給付を支給すべき事由と同一の事由（当該請求に係る保険給付が、休業補償給付又は休業給付である場合には当該休業補償給付又は休業給付を支給すべき事由の生じた日と同一の日、長期傷病補償給付又は長期傷病給付である場合には当該長期傷病補償給付又は長期傷病給付の支給の対象となる月と同一の月）に係る休業特別支給金、障害特別支給金、遺族特別支給金又は長期傷病特別支給金の支給の申請を行うことができる。

（特別支給金に係る事務の所轄に関する特例）

5　労働者災害補償保険法施行規則の一部を改正する省令（昭和四十一年労働省令第二号）附則第四項の規定により定められた労働基準監督署長により保険給付に関する事務を処理されている受給権者に係る特別支給金の支給に関する事務については、労災則第一条第三項及び第二条の規定にかかわらず、当該労働基準監督署長を所轄労働基準監督署長とする。

（障害特別年金差額一時金）

6　障害特別年金差額一時金は、当分の間、この省令の規定による特別支給金として、法の規定による障害補償年金差額一時金又は障害年金差額一時金の受給権者に対し、その申請に基づいて支給するものとし、その額は、次の表の上欄に掲げる当該障害補償年金差額一時金又は障害年金差額一時金に係る障害等級に応じ、それぞれ次の表の下欄に掲げる額（当該障害補償年金差額一時金又は障害年金差額一時金について労災則附則第十九項（労災則附則第三十六項において準用する場合を含む。以下この項において同じ。）に規定する場合にあつては、その額に労災則附則第十九項の規定により法第八条の四の規定を適用したときに得られる同条において準用する法第八条の三第一項第二号の厚生労働大臣が定める率を乗じて得た額。次項において同じ。）から当該労働者の障害に関し支給された障害特別年金の額（当該支給された障害特別年金を障害補償年金とみなして労災則附則第十七項の規定を適用した場合に同項の厚生労働大臣が定める率を乗ずることとなる場合にあつては、その額に当該厚生労働大臣が定める率を乗じて得た額。次項において同じ。）の合計額を差し引いた額（当該障害特別年金差額一時金の支給を受ける遺族が二人以上ある場合にあつては、その額をその人数で除して得た額）とする。

障害等級	額
第一級	算定基礎日額の一、三四〇日分
第二級	算定基礎日額の一、一九〇日分
第三級	算定基礎日額の一、〇五〇日分
第四級	算定基礎日額の九二〇日分
第五級	算定基礎日額の七九〇日分
第六級	算定基礎日額の六七〇日分
第七級	算定基礎日額の五六〇日分

7　労災則附則第二十項の加重障害の場合における同項の当該事由に係る障害特別年金差額一時金の額は、同項の加重後の障害等級に応ずる前項の表の下欄に掲げる額（以下この項において「下欄の額」という。）から労災則附則第二十項の加重前の障害等級に応ずる下欄の額を控除した額（同項の加重前の障害等級に応ずる障害補償給付が障害補償一時金又は障害一時金である場合には、同項の加重後の障害等級に応ずる下欄の額に同項の加重後の障害等級に応ずる障害特別年金の額から当該障害特別年金に係る第六条の規定による算定基礎日額を用いて算定することとした同項の加重前の障害等級に応ずる障害特別一時金の額を二十五で除して得た額を差し引いた額を同項の加重後の障害等級に応ずる障害特別年金の額で除して得た数を乗じて得た額）から、同項の当該事由に関し支給された障害特別年金の額を差し引いた額による。

8　障害特別年金差額一時金の支給を受けようとする者は、次に掲げる事項を記載した申請書を、所轄労働基準監督署長に提出しなければならない。

一　死亡した労働者の氏名及び生年月日

二　申請人の氏名、生年月日、住所及び死亡した労働者との関係

9　第七条第七項及び労災則第十五条の五の規定は、障害特別年金差額一時金について準用する。この場合において、第七条第七項中「障害補償年金又は障害年金」とあるのは「障害補償年金差額一時金又は障害年金差額一時金」と、労災則第十五条の

五第一項中「遺族補償年金を」とあるのは「障害補償年金差額一時金又は障害年金差額一時金を」と読み替えるものとする。

附　則（昭五二・三・二六　労働省令第七号）

（施行期日）

第一条　この省令は、昭和五十二年四月一日から施行する。

（経過措置）

第二条　改正後の労働者災害補償保険特別支給金支給規則（以下「新規則」という。）の規定による障害特別一時金及び遺族特別一時金はこの省令の施行の日（以下「施行日」という。）以後に支給の事由が生じた場合に支給し、新規則の規定による障害特別年金及び遺族特別年金は施行日以後の期間に係る分から支給する。

2　労働者災害補償保険法施行令（昭和五十二年政令第三十三号）附則第三項に規定する者に対する新規則の規定による傷病特別年金の支給は、新規則第十三条第一項の規定にかかわらず、施行日の属する月分から始めるものとする。

3　施行日の前日までの間に係る改正前の労働者災害補償保険特別支給金支給規則の規定による長期傷病特別支給金については、なお従前の例による。

4　施行日前に業務上の事由又は通勤により死亡した労働者に係る法第十六条の六第二号（法第二十二条の四第三項において準用する場合を含む。）の場合の遺族補償一時金又は遺族一時金の受給権者に支給される遺族特別一時金に関する新規則別表第三の規定の適用については、同表中「支給された遺族特別年金の額の合計額」とあるのは、「支給された遺族特別年金の額の合計額に当該労働者の死亡の時から引き続き遺族特別年金が支給されていたとした場合に施行日の前日までに支給されるべき遺族特別年金の額の合計額を加えた額」とする。

第三条　施行日前に発生した事故に係る新規則第二条第四号から第八号に掲げる特別支給金の算定基礎年額に係る新規則第六条の規定の適用については、同条第一項中「負傷又は発病の日以前一年間（雇入後一年に満たない者については、雇入後の期間）に当該労働者に対して支払われた特別給与（労働基準法第十二条第四項の三箇月を超える期間ごとに支払われる賃金をいう。以下同じ。）の総額とする。ただし、当該特別給与の総額を算定基礎年額とすることが適当でないと認められるときは、労働省労働基準局長が定める基準に従つて算定する額を算定基礎年額」とあるのは「当該労働者に係る法第八条の規定による給付基礎日額に三百六十五を乗じて得た額の百分の十六・九に相当する額」と、同条第二項中「特別給与の総額又は前項ただし書に定めるところによつて算定された額」とあるのは「当該労働者に係る法第八条の規定による給付基礎日額に三百六十五を乗じて得た額の百分の十六・九に相当する額」とする。

第四条　労働者災害補償保険法等の一部を改正する法律（昭和五十一年法律第三十二号。以下「改正法」という。）附則第五条第一項の事業主若しくは当該事業主に係る労働者災害補償保険法第二十七条第二号に掲げる者又は同項の団体の構成員である同条第三号から第五号までに掲げる者のうち労働者災害補償保険法施行規則（昭和三十年労働省令第二十二号）第四十六条の二十二の二に規定する者に該当しない者についての新規則の規定による特別支給金で同法第七条第一項第二号に規定する通勤災害に係るものの支給は、施行日以後に発生した事故に起因する同号に規定する通勤災害について行うものとする。

第五条　新規則第十八条第二号において準用する新規則第十六条第二号の規定の適用については、改正法附則第六条の政令で定める日までの間は、同号中「業務上の事由若しくは通勤による」とあるのは「業務上の」と、「業務上の事由若しくは通勤により」とあるのは「業務上」とする。

（特別支給金として支給される差額支給金）

第六条　労働者災害補償保険法の規定による傷病補償年金又は傷病年金（以下この項において「傷病補償年金等」という。）の受給権者に支給される傷病補償年金等の額（同法別表第一（同法第二十二条の三第三項、第二十二条の四第三項及び第二十三条第二項において準用する場合を含む。以下この項において同じ。）第一号から第三号まで並びに国民年金法等の一部を改正する法律（昭和六十年法律第三十四号）附則第百十六条第二項及び第三項（これらの規定を同条第四項において準用する場合を含む。）に規定する場合（以下この項において「厚生年金等との併給の場合」という。）にあつては、厚生年金等との併給の場合に該当しないものとしたときに得られる額）と当該受給権者に支給される新規則の規定による傷病特別年金の額との合計額（労働者災害補償保険法第三十三条各号に掲げる者にあつては、傷病補償年金等の額）が、当該受給権者の労働者災害補償保険法第八条の三の規定による給付基礎日額（以下この項において「年金給付基礎日額」という。）の二百九十二日分に相当する額に満たないときは、当分の間、その差額に相当する額（厚生年金等との併給の場合にあつては、年金給付基礎日額の四十七日分に相当する額から当該者に支給される新規則の規定による傷病特別年金の額（当該傷病特別年金に係る障害の程度が傷病等級第二級に該当する場合にあつては、その額と年金給付基礎日額の三十二日分に相当する額に厚生年金等との併給の場合における同表の下欄の額に乗ずべき率を乗じて得た額との合計額）を減じて得た額）の支給金（以下この条において「差額支給金」という。）を新規則の規定による特別支給金として当該受給権者に対し、その申請に基づいて支給する。

2　施行日の前日において労働者災害補償保険法の一部を改正する法律（昭和四十年法律第百三十号）附則第十五条後段の規定による長期傷病補償給付を受けていた者についての前項の規定の適用については、その者が労働者災害補償保険法の規定による療養補償給付を受けることとなるまでの間は、同項中「二百九十二日分」とあるのは「三百十三日分」と、「四十七日分」とあるのは「六十八日分」とする。

3　第一項の規定による差額支給金については、新規則の規定により支給される傷病特別年金とみなして新規則第十一条第四項及び第五項、第十三条第一項及び第三項、第十四条、第十四条の二、第十五条並びに第二十条の規定を適用する。

4　労働者災害補償保険特別支給金支給規則第六条の二の規定は、差額支給金について準用する。

5　第一項の規定により差額支給金が支給される場合における労働保険の保険料の徴収等に関する法律施行規則（昭和四十七年労働省令第八号）第十八条において読み替えて準用する同令第十八条第二項第三号の規定の適用については、同号中「当該傷病特別年金の額」とあるのは、「当該傷病特別年金の額と労働者災害補償保険特別支給金支給規則の一部を改正する省令（昭和五十二年労働省令第七号）附則第六条第一項の規定により支給される特別支給金の額との合計額」とする。

附　則（昭五二・六・一四　労働省令第二一号）

（施行期日等）

1　この省令は、公布の日から施行し、改正後の労働者災害補償保険特別支給金支給規則の規定は、昭和五十二年四月一日から適用する。

（経過措置）

2　昭和五十二年四月一日（以下「適用日」という。）前に支給の事由の生じた障害特別支給金及び遺族特別支給金の額については、なお従前の例による。

3　適用日以後に支給の事由の生じた障害特別支給金又は遺族特別支給金であつて、改正前の労働者災害補償保険特別支給金支給規則の規定に基づいて支給されたものは、改正後の労働者災害補償保険特別支給金支給規則の規定によるこれらに相当する特別支給金の内払とみなす。

附　則（昭五三・四・五　労働省令第二一号）

（施行期日）

1　この省令は、公布の日から施行し、改正後の労働者災害補償保険特別支給金支給規則の規定は、昭和五十三年四月一日から適用する。

（経過措置）

2　昭和五十三年四月一日前に支給すべき事由の生じた障害特別支給金の額については、なお従前の例による。

附　則（昭五三・五・二三　労働省令第二六号）（抄）

（施行期日）

1　この省令は、公布の日から施行する。

附　則（昭五五・一二・五　労働省令第三二号）（抄）

（施行期日等）

第一条　この省令は、公布の日から施行する。ただし、次の各号に掲げる規定は、当該各号に定める日から施行する。

一、二　〈略〉

三　〈略〉第一条中労働者災害補償保険法施行規則第十条の次に一条を加える改正規定、第三条中労働者災害補償保険特別支給金支給規則第六条の次に一条を加える改正規定、第十四条の次に一条を加える改正規定及び第二十条の改正規定、附則第四条第四項の規定並びに附則第八条（附則第六条第三項を改正する部分及び同項の次に一項を加える部分に限る。）の規定　昭和五十六年二月一日

四　〈略〉

2　次の各号に掲げる規定は、当該各号に定める日から適用する。

一　〈略〉第三条の規定による改正後の労働者災害補償保険特別支給金支給規則（以下「新特別支給金支給規則」という。）附則第七項及び第八項の規定並びに（中略）附則第四条第二項並びに附則第八条（附則第六条第一項を改正する部分に限る。）の規定　昭和五十五年八月一日

二　新特別支給金支給規則第五条第三項並びに別表第一及び第二の規定並びに附則第四条第一項及び第三項の規定　昭和五十五年十一月一日

（第三条の施行に伴う経過措置）

第四条　昭和五十五年十一月一日前に支給の事由の生じた障害特別支給金及び遺族特別支給金の額については、なお従前の例による。

2　昭和五十五年八月一日からこの省令の施行の日（以下この条において「施行日」という。）の前日までの間に遺族特別一時金（労災保険法第十六条の六第二号（労災保険法第二十二条の四第三項において読み替えて準用する場合を含む。）の遺族補償一時金又は遺族一時金の受給権者に対して支給されるものに限る。以下この項において「遺族特別年金差額一時金」という。）を支給すべき事由が生じた場合における次の各号に掲げる特別支給金の額は、新特別支給金支給規則の規定にかかわらず、当該各号に定める額とする。

一　当該遺族特別年金差額一時金の額（第三条の規定による改正前の労働者災害補償保険特別支給金支給規則（以下「旧特別支給金支給規則」という。）の規定による額（その額が新特別支給金支給規則の規定による額を下回るときは、新特別支給金支給規則の規定による額））

二　当該遺族特別年金差額一時金の支給に係る死亡に関して支給されていた遺族特別年金を受けることができる者に対して支給すべき昭和五十五年八月から当該遺族特別年金差額一時金を支給すべき事由の生じた日の属する月までの分の遺族特別年金の額（旧特別支給金支給規則の規定による額（これらの月分の新特別支給金支給規則の規定による遺族特別年金の額からこれらの月分の旧特別支給金支給規則の規定による遺族特別年金の額を減じた額（当該遺族特別年金差額一時金を支給すべき事由につき新特別支給金支給規則の規定を適用することとした場合に新特別支給金支給規則第十条第一項の一時金を支給することとなるときは、当該支給することとなる一時金の額を加えた額）が当該遺族特別年金差額一時金の額を超えるときは、当該超える額を加算した額））

3　昭和五十五年十一月一日前の期間に係る遺族特別年金の額は、前項第二号に規定する場合のほか、なお従前の例による。

4　昭和五十六年二月一日前の期間に係る年金たる特別支給金の額の端数処理及び同日前に発生した新特別支給金支給規則第十四条の二に規定する返還金債権については、なお従前の例による。

5　昭和五十五年十一月一日以後に支給の事由の生じた障害特別支給金又は遺族特別支給金であつて、旧特別支給金支給規則の規定に基づいて支給されたものの支払は、新特別支給金支給規則の規定によるこれらに相当する特別支給金の内払とみなす。

6　昭和五十五年八月から施行日の属する月までの分として旧特別支給金支給規則の規定に基づいて支給された障害特別年金、遺族特別年金若しくは傷病特別年金又は附則第八条の規定による改正前の労働者災害補償保険特別支給金支給規則の一部を改正する省令（昭和五十二年労働省令第七号）附則第六条第一項の規定に基づいて支給された差額支給金の支払は、新特別支給金支給規則の規定又は附則第八条の規定による改正後の労働者災害補償保険特別支給金支給規則の一部を改正する省令の規定により支給されるこれらに相当する特別支給金の内払とみなす。

7　昭和五十五年八月一日以後に支給すべき事由の生じた障害特別一時金又は遺族特別一時金であつて、旧特別支給金支給規則の規定に基づいて支給されたものの支払は、新特別支給金支給規則の規定によるこれらに相当する特別支給金の内払とみなす。

附　則（昭五六・四・二三　労働省令第一九号）（抄）

（施行期日）

第一条　この省令は、昭和五十六年五月一日から施行する。

（経過措置）

第二条　この省令の施行の日（以下「施行日」という。）前の期間に係る労働者災害補償保険特別支給金支給規則（以下「特別支給金支給規則」という。）の規定による障害特別年金、遺族特別年金及び傷病特別年金並びに施行日前に支給すべき事由の生じた特別支給金支給規則の規定による障害特別一時金及び遺族特別一時金の額については、なお従前の例による。施行日前に死亡した労働者に関し労働者災害補償保険法（以下「法」という。）第十六条の六第一項第二号（法第二十二条の四第三項において準用する場合を含む。）の場合に支給される遺族補償一時金又は遺族一時金の受給権者に対し支給される遺族特別一時金であつて、施行日以後に支給すべき事由の生じたものの額についても、同様とする。

附　則（昭五六・六・二七　労働省令第二四号）

（施行期日等）

1　この省令は、公布の日から施行し、昭和五十六年四月一日から適用する。

（経過措置）

2　傷病特別支給金は、昭和五十六年四月一日（以下「適用日」という。）以後において支給の事由の生じた場合に支給する。

3　適用日からこの省令の施行の日（以下「施行日」という。）の前日までの間に支給の事由の生じた障害特別支給金（当該障害特別支給金の支給の事由に係る負傷又は疾病により適用日から施行日までの間に傷病特別支給金の支給の事由の生じたものに限る。）であつて、改正前の労働者災害補償保険特別支給金支給規則の規定に基づいて支給されたものは、改正後の労働者災害補償保険特別支給金支給規則の規定による傷病特別支給金の支給額に相当する額の限度で当該傷病特別支給金の内払とみなす。

附　則（昭五六・一〇・二九　労働省令第三七号）（抄）

（施行期日）

第一条　この省令は、昭和五十六年十一月一日から施行する。

（経過措置）

第二条　障害特別年金差額一時金は、この省令の施行の日以後に支給の事由の生じた場合に支給する。

2　改正後の労働者災害補償保険特別支給金支給規則附則第十二項の規定は、この省令の施行の日以後に支給すべき事由の生じた遺族特別一時金について適用する。

附　則（昭五九・七・二七　労働省令第一五号）（抄）

（施行期日）

第一条　この省令は、昭和五十九年八月一日から施行する。

附　則（昭六二・一・三一　労働省令第二号）（抄）

（施行期日）

第一条　この省令は、労働者災害補償保険法及び労働保険の保険料の徴収等に関する法律の一部を改正する法律の施行の日（昭和六十二年二月一日）から施行する。

（労働者災害補償保険特別支給金支給規則の一部改正に伴う経過措置）

第三条　施行日前の期間に係る労働者災害補償保険特別支給金支給規則の規定による障害特別年金、遺族特別年金及び傷病特別年金並びに施行日前に支給すべき事由の生じた労働者災害補償保険特別支給金支給規則の規定による障害特別一時金、障害特別年金差額一時金及び遺族特別一時金の額については、なお従前の例による。施行日前に障害補償年金を受ける権利を有することとなつた労働者の当該障害補償年金に係る障害補償年金差額一時金の受給権者又は施行日前に障害年金を受ける権利を有することとなつた労働者の当該障害年金に係る障害年金差額一時金の受給権者に支給される障害特別年金差額一時金であつて、施行日以後に支給すべき事由の生じたもの及び施行日前に死亡した労働者に関し法第十六条の六第一項第二号（法第二十二条の四第三項において準用する場合を含む。）の場合に支給される遺族補償一時金又は遺族一時金の受給権者に支給される遺族特別一時金であつて、施行日以後に支給すべき事由の生じたものの額についても、同様とする。

2　昭和六十一年改正法附則第四条第一項の規定に該当する場合における改正後の労働者災害補償保険特別支給金支給規則附則第十二項の規定の適用については、同項中「法第六十五条の二第一項（同条第二項において準用する場合を含む。）において読み替えて適用する法第八条の二」とあるのは「労働者災害補償保険法及び労働保険の保険料の徴収等に関する法律の一部を改正する法律（昭和六十一年法律第五十九号）附則第四条第一項」と、「同条第二項第一号又は第二号の労働大臣が定める額」とあるのは「同項に規定する施行前給付基礎日額」と、「同条第一項」とあるのは「法第八条の二第一項」とする。

（労働者災害補償保険特別支給金支給規則の一部を改正する省令の一部改正に伴う経過措置）

第四条　施行日前の期間に係る労働者災害補償保険特別支給金支給規則の一部を改正する省令附則第六条第一項の規定による差額支給金の額については、なお従前の例による。

附　則（昭六二・三・三〇　労働省令第一一号）（抄）

（施行期日）

第一条　この省令は、昭和六十二年四月一日から施行する。（後略）

（労働者災害補償保険特別支給金支給規則の一部改正に伴う経過措置）

第三条　この省令による改正後の労働者災害補償保険特別支給金支給規則（以下「新特支則」という。）第三条第一項の規定は、施行日以後に支給すべき事由が生じた労働者災害補償保険特別支給金支給規則の規定による休業特別支給金について適用する。

2　新特支則第三条第二項の規定は、施行日以後に同項各号のいずれかに該当する労働者について適用する。

附　則（平二・七・三一　労働省令第一七号）（抄）

（施行期日）

第一条　この省令は、平成二年八月一日から施行する。

（第三条の規定の施行に伴う経過措置）

第四条　施行日前の期間に係る労働者災害補償保険特別支給金支給規則の規定による年金たる特別支給金の額並びに施行日前に支給すべき事由が生じた同令の規定による障害特別一時金及び遺族特別一時金の額については、なお従前の例による。

2　施行日前の期間に係る労働者災害補償保険特別支給金支給規則の規定による障害特別年金が支給された場合における改正後の労働者災害補償保険特別支給金支給規則附則第七項の規定の適用については、同項中「労災則附則第十七項」とあるのは、「労働者災害補償保険法施行規則等の一部を改正する省令（平成二年労働省令第十七号）附則第三条第二項の規定により読み替えられた労災則附則第十七項」とする。

3　施行日前の期間に係る労働者災害補償保険特別支給金支給規則の規定による遺族特別年金が支給された場合における改正後の労働者災害補償保険特別支給金支給規則別表第三の適用については、同表遺族特別一時金の項中「法第十六条の六第二項」とあるのは、「労働者災害補償保険法等の一部を改正する法律（平成二年法律第四十号）附則第二条第二項の規定により読み替えられた法第十六条の六第二項」とする。

附　則（平二・九・二八　労働省令第二四号）（抄）

（施行期日）

第一条　この省令は、平成二年十月一日から施行する。

（第二条の規定の施行に伴う経過措置）

第四条　この省令の施行の日前に支給すべき事由が生じた労働者災害補償保険特別支給金支給規則の規定による休業特別支給金の額については、なお従前の例による。

2　この省令の施行の日前に支給すべき事由が生じた労働者災害補償保険特別支給金支給規則の規定による休業特別支給金に係る改正前の労働者災害補償保険特別支給金支給規則第三条第七項の規定による証明書の添

付については、なお従前の例による。

附　則（平三・四・一二　労働省令第一一号）

この省令は、公布の日から施行する。

附　則（平五・七・二一　労働省令第二七号）（抄）

1　この省令は、平成五年八月一日から施行する。〈後略〉

附　則（平七・三・三一　労働省令第三六号）（抄）

（施行期日）

1　この省令は、平成七年八月一日から施行する。

（第一条の規定の施行に伴う経過措置）

2　〈略〉

（第二条の規定の施行に伴う経過措置）

3　施行日前の期間に係る遺族特別年金の額については、なお従前の例による。

4　施行日前に支給の事由の生じた休業特別支給金の額の算定並びに同日前の期間に係る年金たる特別支給金、同日前に支給事由の生じた年金たる特別支給金以外の特別支給金（休業特別支給金を除く。）、同日前に死亡した労働者に関し法第十六条の六第一項第二号（法第二十二条の四第三項において準用する場合を含む。）の場合に支給される遺族補償一時金又は遺族一時金の受給権者に支給される遺族特別一時金であって、同日以後に支給事由の生じたもの及び同日前に障害補償年金又は障害年金を受ける権利を有することとなった労働者の当該障害補償年金又は障害年金に係る障害特別年金差額一時金であって、同日以後に支給の事由の生じたものの額の算定に用いる労働者災害補償保険特別支給金支給規則第六条第五項に規定する算定基礎日額の算定については、なお従前の例による。

附　則（平八・七・二六　労働省令第三号）（抄）

1　この省令は、平成八年十月一日から施行する。

附　則（平九・三・二四　労働省令第一〇号）（抄）

（施行期日）

第一条　この省令は、平成九年四月一日から施行する。

（第三条の規定の施行に伴う経過措置）

第四条　施行日の属する月の前月までの月分の労働者災害補償特別支給金支給規則の一部を改正する省令附則第六条第一項の規定による特別支給金（以下「差額支給金」という。）が支給される場合における労働保険の保険料の徴収等に関する法律施行規則第十八条の三第一項において読み替えて準用する同令第十八条第二項の差額支給金の額の算定については、なお従前の例による。

附　則（平一〇・三・二六　労働省令第一三号）（抄）

（施行期日）

1　この省令は、平成十年四月一日から施行する。

附　則（平一二・一〇・三一　労働

省令第四一号）（抄）

（施行期日）

第一条　この省令は、内閣法の一部を改正する法律（平成十一年法律第八十八号）の施行の日（平成十三年一月六日）から施行する。

附　則（平一三・三・二三　厚生労働省令第三一号）（抄）

（施行期日）

第一条　この省令は、平成十三年四月一日から施行する。ただし〈中略〉労働者災害補償保険特別支給金支給規則第十七条第五号の改正規定は、同年三月三十一日から施行する。

附　則（平一四・二・二〇　厚生労働省令第一三号）

この省令は、公布の日から施行する。

附　則（平一八・三・二七　厚生労働省令第五二号）

（施行期日）

1　この省令は、平成十八年四月一日から施行する。

（経過措置）

2　この省令による改正後の労働者災害補償保険法施行規則及び労働者災害補償保険特別支給金支給規則の規定は、この省令の施行の日以後に発生した負傷、疾病、障害又は死亡に起因する労働者災害補償保険法第七条第一項第二号の通勤災害に関する保険給付について適用する。

附　則（平一八・五・二三　厚生労働省令第一二二号）

この省令は、刑事施設及び受刑者の処遇等に関する法律の施行の日（平成十八年五月二十四日）から施行する。

附　則（平一九・四・二三　厚生労働省令第八〇号）（抄）

（施行期日）

第一条　この省令は、公布の日から施行する。〈後略〉

附　則（平一九・六・一　厚生労働省令第八六号）

この省令は、平成十九年六月一日から施行する。

附　則（平一九・九・二五　厚生労働省令第一一二号）（抄）

（施行期日）

第一条　この省令は、平成十九年十月一日から施行する。

特支則別表第一（第四条関係）

障害等級	額
第一級	三四二万円
第二級	三二〇万円
第三級	三〇〇万円
第四級	二六四万円
第五級	二二五万円
第六級	一九二万円
第七級	一五九万円
第八級	六五万円
第九級	五〇万円
第十級	三九万円
第十一級	二九万円
第十二級	二〇万円
第十三級	一四万円
第十四級	八万円

特支則別表第一の二（第五条の二関係）

傷病等級	額
第一級	一一四万円
第二級	一〇七万円
第三級	一〇〇万円

特支則別表第二（第七条、第九条、第十一条関係）

区分	額
障害特別年金	一　障害等級第一級に該当する障害がある者　算定基礎日額の三一三日分 二　障害等級第二級に該当する障害がある者　算定基礎日額の二七七日分 三　障害等級第三級に該当する障害がある者　算定基礎日額の二四五日分 四　障害等級第四級に該当する障害がある者　算定基礎日額の二一三日分 五　障害等級第五級に該当する障害がある者　算定基礎日額の一八四日分 六　障害等級第六級に該当する障害がある者　算定基礎日額の一五六日分 七　障害等級第七級に該当する障害がある者　算定基礎日額の一三一日分
遺族特別年金	次の各号に掲げる法の規定による遺族補償年金又は遺族年金の受給権者及びその者と生計を同じくしている法の規定による遺族補償年金又は遺族年金を受けることができる遺族の人数の区分に応じ、当該各号に掲げる額 一　一人　算定基礎日額の一五三日分。ただし、五十五歳以上の妻（婚姻の届出をしていないが、事実上婚姻関係と同様の事情にあつたものを含む。以下この号において同じ。）又は労災則第十五条に規定する障害の状態にある妻にあつては、算定基礎日額の一七五日分とする。 二　二人　算定基礎日額の二〇一日分 三　三人　算定基礎日額の二二三日分 四　四人以上　算定基礎日額の二四五日分
傷病特別年金	一　傷病等級第一級に該当する障害の状態にある者　算定基礎日額の三一三日分 二　傷病等級第二級に該当する障害の状態にある者　算定基礎日額の二七七日分 三　傷病等級第三級に該当する障害の状態にある者　算定基礎日額の二四五日分

特支則別表第三（第七条、第八条、第十条関係）

区分	額
障害特別一時金	一　障害等級第八級に該当する障害がある者　算定基礎日額の五〇三日分 二　障害等級第九級に該当する障害がある者　算定基礎日額の三九一日分 三　障害等級第一〇級に該当する障害がある者　算定基礎日額の三〇二日分 四　障害等級第一一級に該当する障害がある者　算定基礎日額の二二三日分 五　障害等級第一二級に該当する障害がある者　算定基礎日額の一五六日分 六　障害等級第一三級に該当する障害がある者　算定基礎日額の一〇一日分 七　障害等級第一四級に該当する障害がある者　算定基礎日額の五六日分
遺族特別一時金	一　法第十六条の六第一項第一号（法第二十二条の四第三項において準用する場合を含む。）の場合に支給される遺族補償一時金の受給権者　算定基礎日額の一、〇〇〇日分 二　法第十六条の六第一項第二号（法第二十二条の四第三項において準用する場合を含む。）の場合に支給される遺族補償一時金の受給権者　算定基礎日額の一、〇〇〇日分から当該労働者の死亡に関し支給された遺族特別年金の額（当該支給された遺族特別年金を遺族補償年金とみなして法第十六条の六第二項の規定を適用した場合に同項の厚生労働大臣が定める率を乗ずることとなる場合にあつては、その額に当該厚生労働大臣が定める率を乗じて得た額）の合計額を控除した額

参照条文

〔適用事業　三〕〔業務災害、通勤災害　七〕〔未払賃金の立替払事業　賃確七～九〕〔独立行政法人労働者健康福祉機構の業務の範囲　独立行政法人労働者健康福祉機構法一二〕

解釈例規

〈労働者災害補償保険法等の一部を改正する法律の施行（第一次分）等について〉

労働者災害補償保険法等の一部を改正する法律（平成七年法律第三五号）による労災保険制度の改正の大綱については、既に平成七年三月二三日付け労働省発基第二五号をもって労働事務次官より通達されたところであるが、今般同法の一部が平成七年八月一日から施行されるとともに、労働者災害補償保険法施行規則及び労働者災害補償保険特別支給金支給規則の一部を改正する省令（平成七年労働省令第三六号）が制定され、同日から施行されることとなった。

ついては、下記事項に留意の上、事務処理に遺憾なきを期されたい。

なお、労働者災害補償保険法等の一部を改正する法律中平成七年八月一日施行に係る部分以外の部分の施行については、施行の都度おって通達する。

第一　保険給付関係〈略〉

第二　労働福祉事業の規定の整備拡充

1　改正の趣旨及び概要

(1)　改正の趣旨

最近の社会経済情勢をみると、人口の高齢化、核家族化、女性の職場進出等に伴って重度被災労働者が家庭で十分な介護を受けることが困難になっているとともに、被災労働者の被災後の期間も長期化していること等から、介護に当たる家族等の経済的肉体的負担は大きくなっている。このため、重度被災労働者に対する介護施策の充実を図るとともに、介護に当たる負担の軽減を図ることがより重要な課題となっている。

これらの施策については、被災労働者の援護という側面から、労働福祉事業として引き続き積極的に取り組むべきものであるが、被災労働者に対する介護施策の重要性にかんがみ、これら事業を法律上明示することとした。

(2)　改正の概要

法第二三条〔現行＝第二九条〕の規定を見直し、労働福祉事業として被災労働者の受ける介護の援護を実施できる旨法律上明示する（新法第二三条〔現行＝第二九条〕関係）。

2　施行期日

この改正は、平成七年八月一日から施行される（改正法附則第一条第一号関係）。

（平七・七・三一　基発第四九二号）

1　特別支給金

〈労災保険法等の一部を改正する法律等の施行について〉

労働者災害補償保険法等の一部を改正する法律(昭和四九年法律第一一五号。以下「改正法」という。)は、昭和四九年一二月二八日から施行され、改正法による改正後の労働者災害補償保険法等の規定は、同年一一月一日から適用されることとなった。

また、労働者災害補償保険特別支給金支給規則（昭和四九年労働省令第三〇号。以下「支給金規則」という。）も同年一二月二八日から施行され、同年一一月一日から適用されることとなった。

これら改正法及び支給金規則の施行に伴う労災保険制度の改善の大綱については、別に昭和五〇年一月四日付労働省発基第一号をもって労働事務次官から通達されたところであるが、改正法及び支給金規則並びにこれらと同時に施行される沖縄の復帰に伴う労働省関係法令の適用の特別措置等に関する政令の一部を改正する政令（昭和四九年政令第四〇三号）、労働者災害補償保険法施行規則等の一部を改正する省令（昭和四九年労働省令第二九号。以下「改正省令」という。）、労働者災害補償保険法の施行に関する事務に使用する文書の様式を定める告示の一部を改正する告示（昭和四九年労働省告示第八二号。以下「改正様式告示」という。）及び労働者災害補償保険法施行規則第一条第一項の規定に基づき労働大臣が定める事務を定める告示の一部を改正する告示（昭和四九年労働省告示第八三号）の施行については、下記事項に留意し、事務処理に万全を期せられたい。

記

第一　〈略〉

第二　特別支給金制度の新設

1　特別支給金の種類

特別支給金の支給は、法第二三条の保険施設〔現行＝労働福祉事業〕として行われるものであって、その種類は、休業特別支給金、障害特別支給金、遺族特別支給金及び長期傷病特別支給金の四種類である（支給金規則第一条、第二条）。

㊟　昭五二・四・一より、特別支給金の種類が休業特別支給金、障害特別支給金、遺族特別支給金、傷病特別支給金、障害特別年金、障害特別一時金、遺族特別年金、遺族特別一時金及び傷病特別年金の九種類となった。

2　休業特別支給金

(1)　休業特別支給金は、労働者が、業務上の事由又は通勤による負傷又は疾病に係る療養のため労働することができないために賃金を受けない日(以下「休業日」という。)の第四日目（休業日が継続していると断続していると問わない。）から当該労働者に対し、その申請に基づいて支給するものとし、その額は、一日につき給付基礎日額の一〇〇分の二〇に相当する額である（支給金規則第三条第一項）。

(2) 休業特別支給金について労働基準法第七六条第二項又は第三項に準ずる事由があるときは、休業特別支給金の額は休業補償給付又は休業給付の額の改定に準じて改定される（支給金規則第三条第二項）。

(3) 休業特別支給金の支給の申請は、原則として休業補償給付又は休業給付の支給の請求と同時に行わなければならない（支給金規則第三条第六項）。この場合において、申請書（改正様式告示による改正後の労働者災害補償保険法の施行に関する事務に使用する文書の様式を定める告示（以下「新告示」という。）様式第八号又は第一六号の六）の記載事項のうち一定の事項については事業主の証明を受けなければならない（支給金規則第三条第三項、第四項）。

なお、休業特別支給金の対象となる日について休業補償給付又は休業給付の支給を受けることができない者が休業特別支給金の支給を申請する場合に、当該申請に係る休業特別支給金の額を改定すべき事由のあるときは、事業主の作成した労働基準法第七六条第二項に規定されている平均給与額の証明書（新告示様式第九号）を申請書に添えなければならない（支給金規則第三条第五項）。

(4) 休業特別支給金の支給の申請は、休業特別支給金の支給の対象となる日の翌日から二年以内に行わなければならない（支給金規則第三条第七項）。

3 障害特別支給金

(1) 障害特別支給金は、労働者が業務上の事由又は通勤により負傷し、又は疾病にかかり、治ったとき身体に障害がある場合に、当該労働者に対し、その申請に基づいて支給するものとし、その額は、障害等級に応じ、次の表に掲げる額である。この場合において、障害が二以上あり、その障害等級が労働者災害補償保険法施行規則（昭和三〇年労働省令第二二号。以下「労災則」という。）第一四条第三項本文の規定により繰り上げられた場合において、各々の障害の該当する障害等級に応ずる障害特別支給金の額の合算額が、当該繰り上げられた障害等級に応ずる障害特別支給金の額に満たないときの障害特別支給金の額は、各々の障害の該当する障害等級に応ずる障害特別支給金の額の合算額による（支給金規則第四条第一項）。

障害等級	額
第一級	三四二万円
第二級	三二〇万円
第三級	三〇〇万円
第四級	二六四万円
第五級	二二五万円
第六級	一九二万円

第七級	一五九万円
第八級	六五万円
第九級	五〇万円
第十級	三九万円
第十一級	二九万円
第十二級	二〇万円
第十三級	一四万円
第十四級	八万円

(2)　すでに身体障害のあった者が、業務上の事由又は通勤による負傷又は疾病により同一の部位について障害の程度を加重した場合における当該事由に係る障害特別支給金の額は、(1)にかかわらず、現在の身体障害の該当する障害等級に応ずる障害特別支給金の額から、既にあった身体障害の該当する障害等級に応ずる障害特別支給金の額を差し引いた額による（支給金規則第四条第二項）。

もとより、障害特別支給金を受けた労働者の当該障害の程度が業務上の事由又は通勤による傷病によらないで変更して、新たに他の障害等級に該当するに至った場合については、新たに該当するに至った障害等級に応ずる障害特別支給金は支給されない。なお、傷病が再発して治った場合については、現行の障害補償給付又は障害給付についての取扱いに準じて措置するものとする。

(3)　障害特別支給金の支給の申請は、原則として障害補償給付又は障害給付の支給の請求と同時に行わなければならない（支給金規則第四条第六項）。この場合において、長期傷病補償給付又は長期傷病給付（現行・傷病補償年金又は傷病年金）を受けていた者を除き、申請書（新告示様式第一〇号又は第一六号の七）の記載事項のうち、一定の事項については、事業主の証明を受けなければならない（支給金規則第四条第三項、第四項）。

なお、同一の事由により障害補償給付又は障害給付の支給を受けることができない者が障害特別支給金の支給を申請する場合には、負傷又は疾病が治った日並びに治ったときにおける障害の部位及び状態に関する医師又は歯科医師の診断書を添え、必要があるときはその治ったときにおける障害の状態の立証に関するエックス線写真その他の資料を申請書に添えなければならない（支給金規則第四条第五項）。

(4)　障害特別支給金の支給の申請は、傷病が治ゆした日の翌日から五年以内に行わなければならない（支給金規則第四条第七項）。

4　遺族特別支給金

(1)　遺族特別支給金は、業務上の事由又は通勤により労働者が死亡した場合に、当該労働者の遺族に対し、その申請に基づいて支給する（支給金規則第五条第一項）。

(2)　遺族特別支給金の支給を受けることができる遺族は、労働者の配偶者（婚姻の届出をしていないが、事実上婚姻関係と同様の事情にあった者を含む。）、子、父母、孫、祖父母及び兄弟姉妹とし、これらの遺族の遺族特別支給金の支給を受けるべき順位は、遺族補償給付又は遺族給付の例による（支給金規則第五条第二項）。

なお、遺族特別支給金は、けい肺又は外傷せき髄障害により、昭和三五年三月三一日以前に打切補償費の支給を受けた者で、長期傷病補償給付〔現行＝傷病補償年金〕又は障害補償給付を受けている者が、当該保険給付の原因となった傷病により死亡した場合にも上記に準じて支給することとして差支えない。

(3)　遺族特別支給金の額は、三〇〇万円（遺族特別支給金の支給を受ける遺族が二人以上ある場合には、三〇〇万円をその人数で除して得た額）である（支給金規則第五条第三項）。

(4)　遺族特別支給金の支給の申請は、原則として遺族補償給付又は遺族給付の支給の請求と同時に行わなければならない（支給金規則第五条第七項）。この場合において、死亡した労働者が長期傷病補償給付又は長期傷病給付〔現行＝傷病補償年金又は傷病年金〕を受けていた者であるときを除き、申請書（新告示様式第一二号、第一五号、第一六号の八又は第一六号の九）の記載事項のうち一定の事項については、事業主の証明を受けなければならない（支給金規則第五条第四項、第五項）。

なお、同一の事由により遺族補償給付又は遺族給付の支給を受けることができない者が遺族特別支給金の支給を申請する場合には、同一の事由により遺族補償給付又は遺族給付の支給を請求することとした場合にこれらの給付の請求書に添えなければならない書類その他の資料を申請書に添えなければならない（支給金規則第五条第六項）。

(5)　遺族特別支給金の支給の申請は、労働者の死亡の日の翌日から五年以内に行わなければならない（支給金規則第五条第八項）。

(6)　死亡の推定に関する法第一〇条の規定及び遺族補償年金の請求及び受領についての代表者の選任等に関する労災則第一五条の五の規定は、遺族特別支給金を支給する場合に準用される（支給金規則第五条第九項）。

5　長期傷病特別支給金

〈昭和五二年四月一日より廃止となったため省略〉

6　未支給の特別支給金

(1)　特別支給金を受けることができる者が死亡した場合においてその死亡した者に支給すべき特別支給金でまだその者に支給しなかったものがあるとき（死亡した者が死亡前に、当該特別支給金の支給の申請をしていなかった場合を含む。）は、その未支給の特別支給金を未支給の保険給付の支給の例により支給する（支給金規則第七条第一項）。

すなわち、未支給の特別支給金

は、その死亡した者の配偶者（婚姻の届出をしていないが事実上婚姻関係と同様の事情にあった者を含む。）、子、父母、孫、祖父母又は兄弟姉妹で、その者の死亡の当時その者と生計を同じくしていたもの（遺族補償年金又は遺族年金を受ける権利を有する遺族に支給することとされていた遺族特別支給金については、当該遺族補償年金又は遺族年金を受けることができる他の遺族）は、自己の名で、その未支給の特別支給金の支給を申請することができる。また、未支給の特別支給金の支給を受けるべき順位も未支給の保険給付の場合と同様である。

なお、未支給の特別支給金の支給の申請を行う者は、新告示様式第四号による申請書を所轄労働基準監督署長に提出しなければならない。同一の事由により、未支給の保険給付の支給を受けることができない者が未支給の特別支給金の支給を申請しようとするときには、当該未支給の特別支給金と同一の事由により未支給の保険給付を請求することとした場合に当該請求書に添えることとなる書類を申請書に添えなければならない。

また、特別支給金を受けることができる者が死亡前に特別支給金の支給の申請をしていなかった場合において、当該未支給の特別支給金の支給の申請をしようとする者は、当該死亡した特別支給金を受けることができる者が当該特別支給金の支給の申請をすることとした場合に提出する書類その他の資料を申請書に添えなければならない。

(2)　未支給の特別支給金の支給の申請は、原則として未支給の保険給付の支給の請求と同時に行わなければならない（支給金規則第七条第二項、第三項）。

7　特別加入者に対する特別支給金

特別加入者の業務災害に関しても、労働者の場合に準じて特別支給金を支給する（支給金規則第八条及び第九条）。すなわち、特別加入者に支給すべき特別支給金の種類、支給事由、額、申請手続等は、すべて労働者の業務災害の場合と同様に取り扱う。

8　特別支給金に関するその他の事項

労働者の重大過失等による特別支給金の支給制限、特別支給金に関する処分の通知等及び特別支給金を受けるべき者に対する事業主の助力については、それぞれ労働者の重大過失等による保険給付の支給制限（法第一二条の二）、保険給付に関する処分の通知等（労災則第一九条）及び保険給付を受けるべき者に対する事業主の助力（労災則第二三条）に準ずる（支給金規則第一〇条）。

9　特別支給金制度の実施に伴う経過措置

(1)　①　休業特別支給金、障害特別支給金及び遺族特別支給金は、昭和四九

年一一月一日（以下「適用日」という。）以後に支給事由の生じた場合に支給する（支給金規則附則第二項）。この場合、休業特別支給金は、適用日以前に休業日が八日以上ある場合には、適用日から支給するものとし、適用日以前の休業日が八日に満たない場合には、適用日後の休業日と合算した日数が八日以上となる日から支給する。

② 〈略〉

(2) ① 適用日から支給金規則の施行の日（以下「施行日」という。）の前日までの間に支給事由の生じた休業補償給付、障害補償給付、遺族補償給付、休業給付、障害給付又は遺族給付の請求が施行日前に行われた場合には、当該休業補償給付、障害補償給付、遺族補償給付、休業給付、障害給付又は遺族給付の請求があった時に、当該請求に係る保険給付と同一の事由に係る特別支給金の申請があったものとしてみなして差支えない。

② 適用日から施行日の前日までの間に支給事由の生じた休業補償給付、障害補償給付、遺族補償給付、休業給付、障害給付、遺族給付並びに昭和四九年一一月分及び一二月分の長期傷病補償給付及び長期傷病給付が未支給となり、当該未支給の保険給付が施行日の前日までに請求された場合における当該未支給の保険給付と同一の事由について支給される未支給の特別支給金についても、①と同様の事務処理を行うこととする。

(3) 〈略〉

（昭五〇・一・四　基発第二号、昭五五・一二・五　基発第六七三号）

〈休業特別支給金の支給開始日の繰上げについて〉

1 休業特別支給金の支給開始日が、業務上の事由又は通勤による負傷又は疾病の療養のため労働することができないために賃金を受けない日（以下「休業する日」という。）の第八日目から第四日目に繰り上げられた（労働者災害補償保険特別支給金支給規則第三条第一項の改正）。

2 なお、昭和五一年一〇月一日前に休業する日が七日以上ある場合については、従前どおり、休業する日の第七日目までは休業特別支給金は支給されない。また、同年一〇月一日前に休業する日が四日、五日又は六日ある場合には、同年一〇月一日前の休業する日については、従前どおり、休業特別支給金は支給されず、同一の傷病による同年一〇月一日以後の休業する日（休業する日の第五日目、第六日目又は第七日目）から支給されることとなっている（労働者災害補償保険特別支給金支給規則の一部を改正する省令附則第二項及び第三項）。

（昭五一・九・二九　基発第六九七号）

〈障害特別支給金の額の引上げについて〉

1　障害等級第四級から第七級までに該当する身体障害を残した者に支給する障害特別支給金の額が、従来の第四級八八万円、第五級七五万円、第六級六四万円、第七級五三万円から、それぞれ、第四級一七六万円、第五級一五〇万円、第六級一二八万円、第七級一〇六万円に引き上げられた（支給規則別表第一の改正）。

2　改正省令は、公布の日（昭和五三年四月五日）から施行され、改正後の支給規則は、昭和五三年四月一日から遡って適用される（改正省令附則第一項）。

3　昭和五三年四月一日前に支給の事由の生じた障害特別支給金の額については、従前どおりである（改正省令附則第二項）。

（昭五三・四・一三　基発第二一八号）

〈特別給与を基礎とする特別支給金の新設について〉

1　年金等の受給権者の保護を一層手厚いものとするために、我が国の賃金慣行を考慮して、ボーナスなどの特別給与の額を基礎に支給額の算定を行う特別支給金として、障害特別年金、障害特別一時金、遺族特別年金、遺族特別一時金及び傷病特別年金の五種類の特別支給金（「特別給与を基礎とする特別支給金」）が新たに設けられた（特別支給金規則第二条）。

(1)　算定基礎（特別支給金規則第六条）

イ　特別給与

特別給与とは、労働基準法第一二条第四項の「三箇月を超える期間ごとに支払われる賃金」をいい、平均賃金の算定の基礎からは除外されているものである。したがって、同じく平均賃金の算定基礎から除外されている同条同項の「臨時に支払われた賃金」（臨時的、突発的事由に基づいて支払われたもの及び結婚手当等支給条件はあらかじめ確定されているが支給事由の発生が不確定であり、かつ、非常にまれに発生するもの）は、この特別給与には含まれない。

ロ　算定基礎年額

(イ)　特別給与のうち、支給額の算定の基礎とされるものは、原則として、被災日（業務上の事由若しくは通勤による負傷若しくは死亡の原因である事由が発生した日又は診断によって業務上の事由若しくは通勤による疾病の発生が確定した日）以前一年間（雇入後一年に満たない者については雇入後の期間）に被災労働者が受けたものであり、その総額を「算定基礎年額」とする。

ただし、その特別給与の総額を算定基礎年額とすることが適当でないと認められる次の場合には、次に定めるところにより、算定基礎年額の算定を行うこととする。

a　雇入後の期間が、その事業における同種の労働者に対し被災日以前一年間に支払われる特別給与の算定の基礎となる期間（以下「特別給与の算定基礎期間」という。）の全期間に満たないために、支払われた特別給与の総額が、当該労働者に適用される就業規則、その事業場における同種の労働者の受ける特別給与額等から推定して、当該労働者がその事業に被災日までに特別給与の算定基礎期間の全期間使用されていたと仮定した場合に、被災日以前一年間において受けたであろうと推計される特別給与の総額を下回るとき、その推計される特別給与の総額

（例一）

ある年の八月に採用され、同年の一二月に賞与を受け、翌年二月に被災した労働者の場合には、算定の基礎となる原則的な特別給与の額は一二月に受けた賞与だけであるが、その事業においては同年六月にも賞与が支給されており、被災労働者がその六月の賞与の算定基礎期間の全期間使用されている場合には、その事業の賞与の支給状態からみて六月にも賞与を受けたと推定されるときは、その事業の六月の賞与の算定方法にそって推計して得た額をその被災労働者の六月の賞与額とみなす。

なお、この場合において一二月に受けた賞与の額についても、被災労働者の雇入後の期間が一二月の賞与の算定基礎期間の全期間に満たないために、その全期間使用されていたとして一二月の賞与の算定方法にそって推計した額を下回るときは、その推計した額を一二月の賞与額とみなす。

（例二）

ある年の四月一日に採用され、同年の六月及び一二月に賞与を受け、翌年四月一〇日に被災した労働者の場合には、算定の基礎となる原則的な特別給与の額はその六月及び一二月に受けた賞与の額であるが、その事業の賞与の支給状況からみて六月の賞与の算定基礎期間がその年の三月以前の期間を含んでいるときは、当該被災労働者が受けた六月の賞与の額はその年の三月以前から使用されていたとした場合の額よりも低いこととなることがある。そこで、このような場合には、当該被災労働者はその六月の賞与の算定基礎期間の全期間使用されていたものとして、その事業の六月の賞与の算定方法にそって推計して得た額を六月の賞与額とみなす。

b　その事業の特別給与の支給時期が臨時的な事由により例年と相違した場合支給時期が例年と相違しなかったならば被災日以前一年間において受けたであろうと推定される特別給与の総額

（例）

例年七月及び一二月に賞与を支給していた事業が、ある年においてたまたま六月と一二月に支給が行われた場合に、翌年の七月一日に被災したときは、前年の六月の賞与及び被災年の七月の賞与はともに算定の基礎に入らないこととなる。この場合には、前年の六月の賞与を七月に支払われたとみなして特別給与の額の算定を行う。

c　被災日以前一年間に受けた特別給与の総額が、その特別給与の算定基礎期間中に、三〇日以上の労働基準法第一二条第三項第一号、第二号若しくは第四号に掲げる期間又は業務外の事由による負傷若しくは疾病の療養の期間があるため、当該労働者に適用される就業規則、同種の労働者の受ける特別給与の額等から推計して、これらの期間がなかったとしたときに受けたであろう特別給与の総額を下回る場合これらの期間がなかったとしたときに、被災日以前一年間に受けたであろう特別給与の総額

d　じん肺患者について、特別給与の総額が、じん肺にかかったため粉じん作業以外の作業に常時従事することとなった日以前一年間において受けた特別給与の総額を下回る場合粉じん作業以外の作業に常時従事することとなった日以前一年間において受けた特別給与の総額

e　被災日に労働者が既にその疾病の発生のおそれのある作業に従事した事業場を離職している場合昭和五〇年九月二三日付基発第五五六号通達及び昭和五一年二月一四日付基発第一九三号通達の例により、当該疾病の発生のおそれのある作業に従事した最後の事業場を離職した日以前一年間（雇入後一年に満たない者については、雇入後の期間）に支払われた特別給与の総額を基礎とし、被災日までの賃金水準の上昇を考慮して算定した額。この場合において、賃金水準の上昇を反映させる率の算定に当たっては、事業場の使用労働者の数による区分をせず、すべて常時一〇〇人未満の労働者を使用する事業場の場合の例によるものとする。

なお、aからdまでの算定基礎年額の特例については、申請人の申立て及び十分な証明があった場合にのみ行うこととする。

(ロ)　上記(イ)により算定して得た特別給与の総額が、給付基礎年額の二〇％に相当する額又は一五〇万円のいずれか低い額を超える場合には、給付基礎年額の二〇％相当額又は一五〇万円のうちいずれか低い額を算定基礎年額とする。

(ハ)　なお、スライドの適用がある場合及び施行日前に生じた事故に関し支給額を算定する場合における算定基礎年額の取扱いについては、後記(7)及び(9)参照。

〔算定例〕

イ　障害等級第一級の障害補償年金の受給権者で、給付基礎年額が三〇〇

万円、被災前一年間の特別給与額が七五万円の場合

被災前一年間の特別給与額が給付基礎年額の二〇％に相当する額を超えるので、300万円×20％＝60万円が算定基礎年額となる。

ロ　傷病等級第三級の傷病補償年金受給権者で給付基礎年額が八〇〇万円、被災前一年間の特別給与額が一五五万円の場合

被災年一年間の特別給与額が給付基礎年額の二〇％に相当する額には達しないが一五〇万円を超えるので一五〇万円が算定基礎年額となる。

ハ　算定基礎日額（特別支給金規則第六条第二項）

上記ロの算定基礎年額を三六五で除して得た額を算定基礎日額とする。

ニ　端数処理（特別支給金規則第六条第三項）

算定基礎年額及び算定基礎日額については、一円未満の端数が生じた場合には、これを一円に切り上げる。

(2)　障害特別年金（特別支給金規則第七条）

イ　障害特別年金は、新法の規定による障害補償年金又は障害年金の受給権者に対し、その申請に基づいて支給される年金の特別支給金であり、その額は、障害等級に応じ次の表に掲げる額である（特別支給金規則第七条第一項及び別表第二）。

障害等級	額
第一級	算定基礎日額の三一三日分
第二級	算定基礎日額の二七七日分
第三級	算定基礎日額の二四五日分
第四級	算定基礎日額の二一三日分
第五級	算定基礎日額の一八四日分
第六級	算定基礎日額の一五六日分
第七級	算定基礎日額の一三一日分

なお、既に身体に障害のあった者が、同一の部位について障害の程度を加重した場合（いわゆる加重障害の場合）にあっては、現在の身体障害の該当する障害等級に応ずる障害特別年金の額から既にあった身体障害の該当する障害等級に応ずる障害特別年金の額（既にあった身体障害の該当する障害等級が第八級以下である場合には、その障害等級に応ずる障害特別一時金の額二五分の一の額）を差し引いた額とする（特別支給金規則第七条第二項）。

ロ　傷病が発生して治った場合については、障害補償年金又は障害年金についての取扱いに準じて措置するものとする。

ハ　障害特別年金の支給の申請は、障害補償年金又は障害年金の支給の請求と同時に行わなければならない。この場合において、傷病特別年金を受けていた者を除き、申請書（告示様式第一〇号、第一六号の七）の記載事項のうち一定の事項については事業主の証明を受けなければならない（特別支給金規則第七条第四項及び第七項）。

ニ　障害特別年金の支給を受ける労働者の障害の程度に変更があり、他の

障害等級に該当することとなった場合には、その新たに該当するに至った障害等級に応ずる障害特別年金又は障害特別一時金を支給し、その後は従前の障害特別年金は支給しない。この場合には、所轄労働基準監督署長は、当該労働者について障害等級の変更による障害特別年金の変更に関する決定をしなければならない（特別支給金規則第七条第五項及び第六項）。

また、この決定を受けようとする者は、申請書（告示様式第一一号）を労災則第一四条の三第二項の請求書（告示様式第一一号）と同時に所轄労働基準監督署長に提出しなければならない。

ホ　障害特別年金の支給の申請は、傷病が治ゆした日（障害補償年金又は障害年金の受給権者となった日）の翌日から起算して五年以内に行わなければならない（特別支給金規則第七条第七項）。

(3)　障害特別一時金（特別支給金規則第八条）

イ　障害特別一時金は、新法の規定による障害補償一時金又は障害一時金の受給権者に対し、その申請に基づいて支給され、その額は、障害等級に応じ、次の表に掲げる額である。

この場合において、障害が二以上あり、その障害等級が労災則第一四条第三項本文の規定により繰り上げられた場合において、各々の障害の該当する障害等級に応ずる障害特別一時金の額の合算額が、その繰り上げられた障害等級に応ずる障害特別一時金の額に満たないときの障害特別一時金の額は、各々の障害の該当する障害等級に応ずる障害特別一時金の額の合算額とする（特別支給金規則第八条第一項及び別表第三）。

障害等級	額
第八級	算定基礎日額の五〇三日分
第九級	算定基礎日額の三九一日分
第一〇級	算定基礎日額の三〇二日分
第一一級	算定基礎日額の二二三日分
第一二級	算定基礎日額の一五六日分
第一三級	算定基礎日額の一〇一日分
第一四級	算定基礎日額の五六日分

なお、加重障害の場合にあっては、現在の身体障害の該当する障害等級に応ずる障害特別一時金の額から既にあった身体障害の該当する障害等級に応ずる障害特別一時金の額を差し引いた額とする。

ロ　傷病が再発して治った場合については、障害補償一時金又は障害一時金の取扱いに準じて措置するものとする。

ハ　障害特別一時金の支給の申請は、障害補償一時金又は障害一時金の支給の請求と同時に行わなければならない。

この場合において、傷病特別年金を受けていた者を除き、申請書（告示様式第一〇号及び第一六号の七）の記載事項のうち、一定の事項については、事業主の証明を受けなければならない（特別支給金規則第八条第二項)。

したがって、第三者行為災害の場合における損害賠償との調整により障害補償一時金又は障害一時金が支給されない者についても、障害特別一時金の支給の決定に当たっては、障害補償一時金又は障害一時金の受給権者であることの確認が必要であるので、障害特別一時金の支給の申請の際には、同時に障害補償一時金又は障害一時金の支給の請求を行わせるものであるから留意されたい。

ニ　障害特別一時金の支給の申請は、傷病が治ゆした日（障害補償一時金又は障害一時金の受給権者となった日）の翌日から起算して五年以内に行わなければならない（特別支給金規則第八条第二項）。

(4)　遺族特別年金（特別支給金規則第九条）

イ　遺族特別年金は、新法の規定による遺族補償年金又は遺族年金の受給権者に対し、その申請に基づいて支給される年金の特別支給金であり、その額は、次の表に掲げる額である。ただし、遺族補償年金又は遺族年金の受給権者が二人以上ある場合の遺族特別年金の額は、次の表に掲げる額をその人数で除して得た額である（特別支給金規則第九条第一項、第二項及び別表第二）。

遺族補償年金又は遺族年金の受給権者及びその者と生計を同じくしている遺族補償年金又は遺族年金を受けることができる遺族の人数	額
一人	算定基礎日額の一五三日分。ただし、五五歳以上の妻（婚姻の届出をしていないが、事実上婚姻関係と同様の事情にあった者を含む。以下同じ。）又は労災則第一五条に規定する障害の状態にある妻にあっては、算定基礎日額の一七五日分とする。
二人	算定基礎日額の二〇一日分
三人	算定基礎日額の二二三日分
四人以上	算定基礎日額の二四五日分

ロ　遺族特別年金の支給の申請は、遺族補償年金又は遺族年金の支給の請求と同時に行わなければならない。この場合において、死亡した労働者が傷病特別年金を受けていた者であるときを除き、申請書（告示様式第一二号及び第一六号の八）の記載事項のうち一定の事項については、事業主の証明を受けなければならない（特別支給金規則第九条第四項及び第七項）。

ハ　遺族特別年金の支給の申請は、遺族補償年金又は遺族年金の受給権者となった日の翌日から起算して五年以内に行わなければならない（特別支給金規則第九条第七項）。

ニ　次の場合には、所定の申請書（告示様式第一三号）を所轄労働基準監督署長に提出しなければならない

（特別支給金規則第九条第五項及び第六項）。

① 労働者の死亡の当時胎児であった子が、既にその他の遺族が遺族補償年金又は遺族年金の支給の決定を受けた後に遺族特別年金の支給を受けようとするとき。

② 先順位者が失権した場合又は所在不明により支給が停止された場合に、新たに遺族補償年金又は遺族年金の受給権者となった者が遺族特別年金の支給を受けようとするとき。

ホ 遺族特別年金の請求及び受領についての代表者の選任等に関する労災則第一五条の五の規定は、遺族特別年金の支給の申請及び受領について準用される（特別支給金規則第九条第七項）。

(5) 遺族特別一時金（特別支給金規則第一〇条）

イ 遺族特別一時金は、新法の規定による遺族補償一時金又は遺族一時金の受給権者に対し、その申請に基づいて支給され、その額は次のとおりである（特別支給金規則第一〇条第一項及び別表第三）。

① 労働者の死亡の当時遺族補償年金又は遺族年金を受けることができる遺族がいないときに支給される遺族補償一時金又は遺族一時金の受給権者にあっては、算定基礎日額の一、〇〇〇日分。

② 遺族補償年金又は遺族年金の受給権者がすべて失権した場合において、既に支給された遺族補償年金又は遺族年金の合計額が給付基礎日額の一、〇〇〇日分に満たないときに支給される遺族補償一時金又は遺族一時金の受給権者にあっては、算定基礎日額の一、〇〇〇日分から既に支給された遺族特別年金の合計額を控除した額。なお、受給権者が二人以上ある場合には、これらの額をその人数で除して得た額である（特別支給金規則第一〇条第一項）。

ロ 遺族特別一時金の支給の申請は、遺族補償一時金又は遺族一時金の支給の請求と同時に行わなければならない。この場合において、申請書（告示様式第一五号及び第一六号の九）の記載事項のうち、一定の事項については、事業主の証明を受けなければならない（特別支給金規則第一〇条第三項）。

したがって、第三者行為災害の場合における損害賠償との調整により遺族補償一時金又は遺族一時金が支給されない者についても、遺族特別一時金の支給の決定に当たっては、遺族補償一時金又は遺族一時金の受給権者であることの確認が必要であるので、遺族特別一時金の支給の申請の際には、同時に遺族補償一時金又は遺族一時金の支給の請求を行わせるものであるから留意されたい。

ハ 遺族特別一時金の支給の申請は、遺族補償一時金又は遺族一時金の受給権者となった日の翌日から起算して五年以内に行わなければならない

（特別支給金規則第一〇条第四項）。

ニ　遺族補償年金の請求及び受領についての代表者の選任等に関する労災則第一五条の五の規定は、遺族特別一時金の支給の申請及び受領について準用される（特別支給金規則第一〇条第四項）。

(6)　傷病特別年金（特別支給金規則第一一条）

イ　傷病特別年金は、新法の規定による傷病補償年金又は傷病年金の受給権者に対し、その申請に基づいて支給される年金の特別支給金であり、その額は傷病等級に応じ次の表に掲げる額である（特別支給金規則第一一条第一項及び別表第二）。

傷病等級	額
第一級	算定基礎日額の三一三日分
第二級	算定基礎日額の二七七日分
第三級	算定基礎日額の二四五日分

ロ　傷病特別年金の支給の申請については、当分の間、休業特別支給金の支給の申請の際に特別給与の総額についての届出を行っていない者を除き、事務処理の便宜を考慮し、傷病補償年金又は傷病年金の支給の決定を受けた者は、新特別支給金規則第一一条第一項の申請を行ったものとして取り扱って差し支えない。

ハ　傷病特別年金の支給を受ける者の傷病等級に変更があった場合には、その変更があった日の属する月の翌月から新たに該当するに至った傷病等級に応ずる傷病特別年金を支給し、その後は従前の傷病等級に応ずる傷病特別年金は支給しない（特別支給金規則第一一条第三項）。

　なお、この傷病特別年金の変更は、傷病補償年金又は傷病年金の変更があった場合には当然に行うものであり、受給者からの申請は要しないものである。

ニ　傷病特別年金は、新法第一二条の八第三項に規定する傷病補償年金の支給要件又は新法第二三条の六第一項に規定する傷病年金の支給要件に該当することとなった日（傷病補償年金又は傷病年金の受給権者となった日）の翌日から起算して五年以内に行わなければならない（特別支給金規則第一一条第四項）。

(7)　特別給与を基礎とする特別支給金の額のスライド

　年金たる特別支給金の額は、年金たる保険給付の額の改定の例により改定を行い、障害特別一時金及び遺族特別一時金は障害補償一時金及び遺族補償一時金の額の改定の例により、改定を行う（特別支給金規則改正省令附則第七条）。

　なお、特別給与を基礎とする特別支給金の額がスライドされる場合において、そのスライド率を算定基礎年額に乗じて得た額が一〇〇万円を超えるときは、一〇〇万円をそのスライド率で除して得た額を算定基礎年額として特別給与を基礎とする特別支給金の額を算定する（特別支給金規則改正省令附則第八条）。

〈例〉

算定基礎年額九〇万円（算定基礎日額二、四六六円）の障害等級第一級の障害補償年金の受給権者の場合、スライド率が一・一八のときは、障害特別年金の額は、

2,466円×313×1.18＝910,792円ではなくて（90万円×1.18＝106.2万円が100万円を超えるので）、

100万円÷1.18＝847,458円が算定基礎年額（算定基礎日額2,322円）となり、

障害特別年金の額は、

2,322×313×1.18＝857,607円となる。

(8) その他

イ　休業特別支給金は、傷病補償年金及び傷病年金の受給権者には支給されない（特別支給金規則第三条第一項）。これは、従来の長期傷病補償給付又は長期傷病給付の受給権者の場合の取扱いを引き継いだものであるが、特別加入者については傷病特別年金の支給が行われないので、従来と異なり新たに新特別支給金規則第三条に規定されることとなった。

ロ　年金たる特別支給金の支給の始期、終期、支払期月、一時差止めの取扱いは、年金たる保険給付の始期、終期、支払期月、保険給付の一時差止めの取扱いと同様である（特別支給金規則第一三条第一項及び第三項並びに第二〇条）。

ハ　遺族特別年金は、遺族補償年金又は遺族年金が、受給権者の所在不明又は若年により支給停止とされている間は支給しない（特別支給金規則第一三条第二項）。

なお、遺族補償年金又は遺族年金の前払一時金が支給され、遺族補償年金又は遺族年金の支給が停止されている場合であっても、遺族特別年金については前払一時金の制度は設けられていないので、前払もされず、その支給が停止されることはない。

ニ　年金たる特別支給金は、年金たる保険給付の払渡しを受ける金融機関又は郵便局において払い渡すものとする（特別支給金規則第七条第八項、第九条第七項及び第一一条第五項）。

ホ　休業特別支給金の支給の申請を行う者は、その申請の際に特別給与の総額を事業主の証明を受けたうえで、所轄労働基準監督署長に届け出なければならない（特別支給金規則第一二条、告示様式第三八号）。

なお、この届け出は最初の休業特別支給金の支給の申請の際に行えば、以後は行わなくてもよいものとする。また、この届け出を行った者が障害特別年金、障害特別一時金又は傷病特別年金の支給の申請を行う場合及びこの届け出を行った者の遺族が遺族特別年金又は遺族特別一時金の支給の申請を行う場合には、申請書記載事項のうち、特別給与の総額については記載する必要がないものとして取り扱って差し支えない。

ヘ　未支給の特別給与を基礎とする特

別支給金についても、従来からの特別支給金と同様に、未支給の保険給付の例により支給する（特別支給金規則第一五条第一項）。

また、未支給の特別給与を基礎とする特別支給金の支給の申請は、原則として未支給の保険給付の支給の請求と同時に行わなければならない（特別支給金規則第一五条第二項及び第三項）。

なお、未支給の年金たる特別支給金の支払いに関する事務は、未支給の年金たる保険給付と同様、所轄労働基準監督署長において行うものである（事務指定告示第三号）。

ト　特別給与を基礎とする特別支給金は特別加入者には支給されない（特別支給金規則第一九条）。

(9)　経過措置

イ(イ)　障害特別一時金及び遺族特別一時金は、施行日以後に支給事由の生じた場合（施行日以後に障害補償一時金若しくは障害一時金又は遺族補償一時金若しくは遺族一時金の受給権者となった場合）に支給し、障害特別年金及び遺族特別年金は、施行日以後の期間に係る分から支給する。したがって、障害特別年金及び遺族特別年金は、施行日以後に障害補償年金若しくは障害年金又は遺族補償年金若しくは遺族年金の支給決定を受けた者に限らず、施行日前にこれらの保険給付の支給決定を受けた者に対しても、施行日以後の期間に係る分は支給される（特別支給金規則改正省令附則第二条第一項）。

なお、傷病特別年金については、改正法により新しく設けられた傷病補償年金及び傷病年金の受給権者に支給されるものであるので、年金たる特別支給金の始期に関する規定により、傷病補償年金及び傷病年金と同様、はやくても五月分から支給が行われることとなるが、施行日前において長期傷病補償給付又は長期傷病給付を受けていた者であって施行日において傷病補償年金又は傷病年金の受給権者となった者には、政令で措置された傷病補償年金及び傷病年金の場合と同様、本年四月分から傷病特別年金が支給される（特別支給金規則改正省令附則第二条第二項）。

また、施行日前に業務上の事由又は通勤により死亡した労働者に関し、施行日後に法第一六条の六第二号（法第二二条の四第三項において準用する場合を含む。）の場合の遺族補償一時金又は遺族一時金の支給事由が生じた場合における当該遺族補償一時金又は遺族一時金の受給権者に支給される遺族特別一時金の額の算定に当たり算定基礎日額の一、〇〇〇日分から減ずる額は、労働者の死亡の時から引き続き遺族特別年金が支給されていたとした場合に当該遺族特別一時金の支給事由が生ずるまでに支給された遺族特別年金の額の合計額とする（特別支給金規則改正省令附則第二条第四項)。

(ロ) 施行日前に障害補償年金又は遺族補償年金の支給の請求を行った者については、その請求があったときに、障害特別年金又は遺族特別年金の支給の申請があったものとみなして取り扱うこととする。

ロ　施行日前に生じた事故に関して支給される特別給与を基礎とする特別支給金については、給付基礎年額の一六・九%相当額(その額が一五〇万円を超える場合には一五〇万円)を算定基礎年額として、これらの特別支給金の支給額を算定する(特別支給金規則改正省令附則第三条)。

二　改正法の施行に伴う規定の整備等

(1) 長期傷病特別支給金の廃止及び暫定措置

イ　長期傷病特別支給金の廃止

改正法により長期傷病補償給付及び長期傷病給付が廃止され、傷病補償年金及び傷病年金が新設されたことに伴い、長期傷病補償給付及び長期傷病給付の受給権者に対して支給されていた長期傷病特別支給金は廃止された(労働者災害補償保険特別支給金支給規則第六条の改正)。

ロ　経過措置

(イ) 改正前の労働者災害補償保険特別支給金支給規則の規定による長期傷病特別支給金のうち施行日前の期間に係る分については、従前通りである。

(ロ) 施行日前に改正前の労働者災害補償保険法の規定による長期傷病補償給付又は長期傷病給付の受給権者であった者が、施行日において新法の規定による傷病補償年金又は傷病年金の受給権者となった場合において、その受給権者の受ける傷病補償年金又は傷病年金の額と傷病特別年金の額との合計額がその者の給付基礎日額の二九二日分(施行日の前日において昭和四〇年改正法附則第一五条後段の規定により給付基礎日額の二四〇日分相当額の年金の支給のみを内容とする長期傷病補償給付を受けていた者については、その者が施行日以後に療養補償給付を受けるに至るまでの間は給付基礎日額の三一三日分)相当額(当該傷病補償年金又は傷病年金の額がスライドされるときは、そのスライド率を乗じて得た額)に満たないときは、その差額を特別支給金として、その受給権者に支給する(特別支給金規則改正省令附則第六条第一項及び第二項)。

ハ　暫定措置

休業補償給付又は休業給付の受給者が傷病補償年金又は傷病年金の受給権者となった場合において、その者の受ける傷病補償年金又は傷病年金の額と傷病特別年金の額との合計額が、その者の給付基礎日額の二九二日分相当額(当該傷病補償年金又は傷病年金の額がスライドされるときは、そのスライド率を乗じて得た額)に満たないときは、その差額を特別支給金としてその受給権者に支

給する（特別支給金規則改正省令附則第六条第一項）。

ニ　その他

業務災害に関して上記ハの特別支給金が支給される場合には、その特別支給金は、療養の開始後三年を経過する日の属する月までの分は、その支給実額をメリット制の収支率の算定基礎に算入し、当該三年を経過する日の属する月後の分は、同一の傷病に関して同月後の分として支給される傷病特別年金と合わせて、次の額をメリット制の収支率の算定基礎に算入する（特別支給金規則改正省令附則第六条第五項）。

受給者の傷病等級が第二級の場合

給付基礎日額 $\times \frac{15}{277} \times 1{,}190$

受給者の傷病等級が第三級の場合

給付基礎日額 $\times \frac{47}{245} \times 1{,}050$

(2)　特別加入者の通勤災害に係る特別支給金の支給

イ　新法第二八条〔現行＝第三四条〕第一項の承認を受けている事業主である者及びその事業主の行う事業に従事する者（中小事業主等）並びに新法第二九条〔現行＝第三五条〕第一項の承認を受けている団体に係る新法第二七条〔現行＝第三三条〕第三号から第五号までに掲げる者（一人親方等）の通勤災害についても保険給付が行われることとなったことに伴い、これらの者の通勤災害について休業特別支給金、障害特別支給金及び遺族特別支給金の支給が行われることとなった（特別支給金規則第一六条及び第一七条）。

なお、通勤災害保護制度の適用が除外される法第二九条〔現行＝第三五条〕第一項の労働省令で定める者（労災則第四六条の一七第一号）の事業を行う者（個人貨物運送業者）及びその事業に従事する者、新労災則第四六条の一七第三号の事業を行う者（漁船による漁業者）及びその事業に従事する者、新労災則第四六条の一八第一号の作業に従事する者（特定農作業従事者）並びに新労災則第四六条の一八第三号の作業に従事する者（家内労働者）については、その通勤災害に関しては特別支給金を支給しないこととした（特別支給金規則第一七条第五号）。

ロ　新法の規定により新たに通勤災害保護制度が適用されることとなった特別加入者については、保険給付の場合と同様、施行日以後に生じた通勤災害について休業特別支給金、障害特別支給金及び遺族特別支給金を支給するものであること（特別支給金規則改正省令附則第四条）。

(3)　海外派遣特別加入者に対する特別支給金の支給

イ　新法第二七条〔現行＝第三三条〕第六号及び第七号に掲げる者（海外派遣者）が新たに特別加入者の範囲に加えられることとなったことに伴い、新法第三〇条〔現行＝第三六条〕第一項の承認を受けている団体又は事業主に係るこれらの者についても、その業務災害及び通勤災害（通勤災害については昭和五五年四月一日以後に発生した事故に係るものに限る。）に関し休業特別支給金、障害特別支給金及び遺族特別支給金の支給が行われることとなった。その支給事由、額、申請手続等は中小事業主等及び一人親方等の場合と同様、すべて労働者の場合と同じ扱いとする（特別支給金規則第一八条）。

ロ　海外派遣者については、改正法附則第六条の政令で定める日（昭和五五年三月三一日）までの間は通勤災害に関する保険給付は行われないこととされていることに伴い、その間は休業特別支給金、障害特別支給金及び遺族特別支給金も通勤災害に関しては支給されない（特別支給金規則改正省令附則第五条）。

(4)　その他

休業補償給付及び休業給付のスライド規定が改正されたことに伴い、休業特別支給金のスライド規定について所要の整備が行われた（特別支給金規則第三条第二項）。

（昭五二・三・三〇　基発第一九二号、
昭五二・六・一四　基発第三三二号、
昭五五・一二・五　基発第六七三号、
昭五六・四・二八　基発第二五四号、
昭五六・七・四　基発第四一五号）

〈特別支給金に関する内払処理規定の新設について〉

一　特別支給金に関する内払処理

特別支給金についても、施行日から次のような内払処理を行うことができることとなった（特別支給金規則第一四条）。

なお、傷病補償年金又は傷病年金の受給権者に支給される特別支給金規則改正省令附則第六条の規定による差額支給金（以下「傷病差額特別支給金」という。）は、以下の取扱いについては傷病特別年金とみなされる（特別支給金規則改正省令附則第六条第三項）。

(1)　年金たる特別支給金の支給を停止すべき事由が生じたにもかかわらず、その停止すべき期間の分として年金たる特別支給金が支払われたときは、その支払われた年金たる特別支給金は、その後に支払うべき年金たる特別支給金の内払とみなして取扱う（特別支給金規則第一四条第一項）。

(2)　年金たる特別支給金の額を減額して改定すべき事由が生じたにもかかわらず、その後も減額しない額の年金たる特別支給金が支払われた場合のその減額すべき部分についても、その後に支払うべき年金たる特別支給金の内払とみなして取り扱う（特別支給金規則第一四条第一項）。

(3)　また、次の表の上欄に掲げる特別支給金が支給されなくなり、同表の下欄に掲げる特別支給金が支給されることとなった場合に、従来支給されていた特別支給金が引き続き支給されたときも「内払処理の範囲の拡大について」（昭五二・三・三〇　基発第一九二号の㈡）の保険給付の場合と同様に取り扱うことができることとした（特別支給金規則第一四条第二項、第三項及び第四項）。

支給されなくなった特別支給金	新たに支給されることになった特別支給金
障害特別年金	傷病特別年金（傷病差額特別支給金）、休業特別支給金、障害特別一時金
傷病特別年金（傷病差額特別支給金）	休業特別支給金、障害特別年金、障害特別一時金
休業特別支給金	傷病特別年金（傷病差額特別支給金）、障害特別年金、障害特別一時金

二　内払処理に伴う決算上の処理

　内払処理を行う場合の決算上の処理については、内払とみなす前のものをその後において修正する必要はない。

三　休業特別支給金と年金たる特別支給金との間における内払処理に関する留意事項

　休業特別支給金を受けていた労働者が年金たる特別支給金の受給権を取得した場合に、休業特別支給金の過払分があるときは、年金基本報告書により、本省あて報告すること。

　この場合、その過払となった休業特別支給金の内払処理が完了する前に、当該労働者が年金たる特別支給金の受給権を失ったときは、残余の額については本省において債権管理する。

　また、逆に、年金たる特別支給金の受給権を有する労働者が、その受給権を失った場合に、年金の過払分があるときは、本省から所轄都道府県労働基準局に連絡する。連絡を受けた基準局では、当該労働者から休業特別支給金の支給の申請があった場合に、過払の年金たる特別支給金との間で内払処理を行うこと。

　この場合、その過払となった年金の内払処理が完了する前に、当該労働者が休業特別支給金を受けることができなくなった場合には、その残余については、当該各基準局において債権管理をすること。

　なお、上記の事務については、国の債権の管理等に関する法律の規定に依拠して処理すべきものであることは当然である。

（昭五二・三・三〇　基発第一九二号）

〈特別支給金の算定基礎となる特別給与の取扱いについて〉

問　標記について、昭和四五年五月三一日取材中行方不明となったカメラマンM・I、録音担当K・Sにかかる失踪宣告が去る昭和五四年四月一八日T家庭裁判所において為され、その後昭和五四年七月四日それぞれの遺族より遺族補償年金支給請求書が提出されましたが、特別支給金の算定基礎となる特別給与の取り扱いについていささか疑義がありますので、何分の御教示を煩わしたく御願い致します。

記

1　事業場名称・所在地
K放送T支局
T市A町

2　労働者数
四名

3　労働者氏名・職種等

(1)　M・I
イ　生年月日　大正六年一〇月一一日
ロ　雇入年月日　昭和三〇年六月一日
ハ　職種　カメラマン
ニ　給付基礎日額　一二、三八五円

(2)　K・S
イ　生年月日　大正五年三月二九日
ロ　雇入年月日　昭和二八年一二月二三日
ハ　職種　録音担当
ニ　給付基礎日額　一〇、〇二五円

4　失踪宣告により死亡したものとみなされた日
昭和五二年六月一日

5　特別支給金の算定基礎となる特別給与の把握

(1)　本件失踪宣告により死亡したものとみなされた日である昭和五二年六月一日以前過去一年間に支払われた特別給与は、行方不明となったあとも、上記労働者の家族に支給されているので、支給額の把握は可能であるが、当該事業場では被失踪宣告者がすでに昭和四五年五月三一日から行方不明となっているために、昭和四八年一二月分以降は、昭和四八年六月分の特別給与の額を据置きとして支給されている。

M・Iに実際に支払われた特別給与
昭和51年6月分370,066円
計算の基礎
月額固定給（A）165,208
日給額換算（$A\times\frac{1}{25}$）6,608.32
6,608.32×56日370,066
昭和51年12月分370,066円
計算の基礎
上記に同じ

K・Sに実際に支払われた特別給与
昭和51年6月分299,548円
計算の基礎
月額固定給（A）133,727
日給額換算（$A\times\frac{1}{25}$）5,349.08
5,349.08×56日299,548
昭和51年12月分299,548円
計算の基礎
上記に同じ

(2)　上記(1)の据置きとして支給された額を特別支給金の算定基礎とすることは適当でないと考えられるので、適正な特別給与の額を推計するためには、特別給与の算定基礎となっている資金の変動率を把握し、推計する必要がある。

そのためには、昭和四五年五月三一日以前一年間に支払われた特別給与の算定基礎となっている賃金を基礎として推計することとなるが、本件事業場では、昭和四四年以前の賃金台帳等は保存されていないため、昭和四四年六月分及び同年一二月分の特別給与の支給実績の把握は不可能である。

　その後の昭和四五年六月分及び同年一二月分の特別給与の支給実績は次のとおりである（他の労働者との差別はない。）。

M・Iに支払われた特別給与

昭和45年6月分139,020円

計算の基礎

　月額固定給（A）124,123

　日給額換算（A×$\frac{1}{25}$）4,965

　4,965×28日139,020

昭和45年12月分305,838円

計算の基礎

　月額固定給（A）136,535

　日給額換算（A×$\frac{1}{25}$）5,461.40

5,461.40×56日305,838

K・Sに支払われた特別給与

昭和45年6月分112,532円

計算の基礎

　月額固定給（A）100,471

　日給額換算（A×$\frac{1}{25}$）4,019

昭和45年12月分247,560円

計算の基礎

　月額固定給（A）110,518

　日給額換算（A×$\frac{1}{25}$）4,420.72

4,420.72×56日247,560

(3)　上記(2)の昭和四五年中に支払われた特別給与を基礎として昭和五一年中の特別給与を推計するために、同種労働者の特別給与の支給実績をみる必要があるが、被失踪宣告者と同一の業務に従事したと認められる労働者はいない。

(4)　次に勤労統計調査による「きまって支給する給与」の賃金変動率によって、昭和四五年中に支払われた特別給与を基礎として昭和五一年中の特別給与を推計すると次のとおりである。

M・I

(イ)　昭和五一年六月分特別給与の推計額　七一一、七八二円

計算の基礎

　毎勤「調査産業計」の

　昭和45年6月分のきまって支給する給与　54,203

　昭和51年6月分のきまって支給する給与　139,118　｝上昇率2.56

昭和51年6月分推計

　4,995×2.56＝12,710.40

　（昭和45年6月分日給額換算）

　（上昇率）

12,710.40×56日＝711,782.40

(ロ)　昭和五一年一二月分特別給与の推計額　七六七、六五四・一六円

計算の基礎

　毎勤「調査産業計」の

　昭和45年12月

分のきまって
支給する給与 57,265
昭和51年12月
分のきまって
支給する給与 144,198
（上昇率2.56）

昭和51年12月分推計
5,461.41×2.=13,708.11
（昭和45年12月分日給額換算）
（上昇率）
13,708.11×56日=767,654.16

K・S

(イ) 昭和五一年六月分特別給与の推計額　五七六、一六四円
計算の基礎
上記M・Iの例によって推計した。
4,019×2.56=10,288.64
10,288.64×56日=576,163.84

(ロ) 昭和五一年一二月分特別給与の推計額　六二一、三七六円
計算の基礎
上記M・Iの例によって推計した。
昭和51年12月分推計
4,420.72×2.51=11,096
11,096×56日=621,376

6 参考事項
本事業場におけるベースアップ等は、本社からその都度指示があって行われており、当該事業場には賃金規定等はおかれていない。

7 当局の見解
上記5の(4)によって推計した額を、死亡したとみなされた日以前一年間に支払われた特別給与とみなして取り扱うのが妥当であると考えるが、その取り扱いにいささか疑義がある。

8 参考資料〈略〉
(1) 昭和四五年上半期賞与明細
(2) 四五年冬季賞与支給明細
(3) 賞与支給基準　五一・六期
(4) 一九七六・一二月ボーナス　五六日分
(5) 所得税源泉徴収簿（四五年分、五一年分）
(6) 毎勤統計（四五年六月、四五年一二月、五一年六月、五一年一二月）
(7) 戸籍抄本
(8) 新聞記事
(9) 署長あて、経過説明書

答 貴見のとおり取り扱って差し支えない。

（昭五五・三・一九　基収第四七号）

〈雇入れ後一年未満で被災した労働者に係る算定基礎年額の推計について〉

問 標記については、昭和五二年三月三〇日付基発第一九二号の記の一二の(1)のイの(ロ)により取り扱うこととされていますが、下記の取り扱いについていささか疑義がありますので、何分の御教示を煩わしたく御願い致します。

記

1 事業場名・所在地
T海運株式会社
K市A町

2 事業の種類・労働者数
運輸業

事業場労働者数一〇四名（企業労働者数五〇五名）

3　労働者氏名・職種等

T・E

生年月日・昭和二三年六月三〇日

雇入年月日・昭和五三年一〇月二一日

職種・船内作業員

給付基礎日額　八、六九六円

給付基礎年額　三、一七四、〇四〇円

災害発生年月日・昭和五四年五月二四日

4　特別支給金の算定基礎となる特別給与の把握

(1)　労働者T・Eは昭和五四年五月二四日業務上負傷し、昭和五五年二月二〇日治ゆし、障害等級表に定める第一四級第九号の身体障害が存するため、障害補償一時金及び障害特別一時金を支払う必要が生じた。

T・Eに対して被災日以前一年間に支払われた特別給与の額は次のとおりである。

昭和五三年一二月八日三〇、〇〇〇円

(2)　上記の三〇、〇〇〇円のみを本件特別支給金の算定基礎年額とすることは、被災日まで一年以上使用されていたとした場合と比較すると、被災日以前一年間において受けたであろうと推計される特別給与の総額を下回ると考えられるので、昭和五二年三月三〇日付基発第一九二号の記の一二の(1)のイの(ロ)のaの(a)にもとづき、被災日以前一年間に受けたであろうと推計される特別給与の額の算定を行う必要がある。

(3)　同種の労働者に対して支払われた特別給与は、別添協定書（別添1及び別添2）により算定されている。

本人は同協定書の区分による五級作業員に該当する。

五級作業員は見習期間経過後の一般作業員であり、四級作業員等の指導的地位にあるものと区別されている。

五級作業員に支払われた昭和五三年七月六日支払分の特別給与は次のとおりである。

支払額　四、七一〇、八四三円

対象人数　一二名

対象者の出勤延日数　一、五六八日

出勤日数が九〇日以下のものはいない。

(4)　上記の同種労働者の出勤日数により、本人の昭和五三年七月分の特別給与を推計すると次のとおりである。

推計額　三二〇、八八四円二〇銭

計算の基礎

平均出勤日数1568日÷12人＝130.6日

平均出勤日数を本人の出勤日数とみなして、特別給与を計算すると次のとおりである。

2,457円×130.6日＝320,884円20銭

(5)　以上により本件労働者が被災日までに一年以上使用されていたとし

て、その間に受けたであろう特別給与の総額は次のとおりとなる。

320,884円20銭＋30,000円
＝350,884円20銭

5　疑義のある点

前記基発第一九二号通達の算定例によれば、上記4の⑸によって計算した額を、被災日前一年間に支払われた特別給与とみなして取扱うことになるが、本件の場合被災日までに一年以上使用されていたとして、昭和五三年七月分の特別給与の額を推計しているにもかかわらず、昭和五三年一二月分の特別給与は実際に支払われた額を用いるとするならば、仮に昭和五三年一二月分の特別給与を全く受けないまま被災した場合には、結果的にその一二月分の特別給与の額も全額推計することになるのであるから、不均衡を生じる。従って、昭和五三年一二月支給分の特別給与についても、本件労働者と同種の労働者に支払われた特別給与額等から次のとおり推計することが妥当と考えられるがいささか疑義がある。

その推計額は次のとおりである。

昭和53年12月分の特別給与の推計額
305,896円50銭

(1)　計算の基礎

昭和五三年一二月八日支払特別給与
三、七一〇、〇八五円

対象人数　一二名

対象者の出勤延日数一、四九五日

出勤日数が九〇日以下のもの（上記に含まれない）

人数　一名

出勤日数　六八日

特別給与の額　一六七、〇七六円

（中途採用者は別わく支給されているので、九〇日以下のものには含まれない。）

出勤日数が九〇日以下のものに対する特別給与は日額二、四五七円で算定されている。

根拠　339,000円÷138日＝2,456.52
（端数切上げ）

2,457円×68日＝167,076円

(2)　推計

平均出勤日数

1,495日÷12人＝124,5日

平均出勤日数を本人の出勤日数とみなして、特別給与の額を計算すると次のとおりである。

2,457円×124.5日＝305,896円50銭

6　当局の見解

前記通達の算定例は、例えば年二回特別給与が支払われる場合で実際に支払いを受けた一回分については、採用後の期間がその算定期間を満たしていて同種の労働者と同様の額を受けているような場合の例であって、本件のように採用後の期間が短く実際に支給を受けた額が、同種の労働者の受けた額よりも低い場合には、昭和五二年一二月分の特別給与についても、本件労働者と同種労

働者に対して支払われた特別給与の額等から推定して推計した額を用いるべきであり、同年七月分の推計額との合計額、即ち、

320,884円20銭＋305,896円50銭
＝626,780円70銭

端数を切り上げた額　六二六、七八一円

（これは、本件労働者にかかる給付基礎年額の二〇％相当額（六三四、八〇八円）よりも低い）を本件労働者にかかる算定基礎年額とすべきであると考える。

7　添付書類

(1)　昭和五三年夏期一時金協定書

(2)　昭和五三年年末一時金協定書

別添1

協　定　書

昭和五三年夏期一時金支給について下記の通り協定する。

記

1　支給基準日数

（自昭和五二年一一月二一日
至昭和五三年　五月二〇日）

の内一三八日

2　公傷支給日数　七五％

3　基準支給額

班長一級	六六五、〇〇〇円
班長二級	六五二、〇〇〇円
班長心得	六二五、〇〇〇円
一級作業員	四八九、〇〇〇円
二級作業員	四三九、〇〇〇円
三級作業員	四〇三、〇〇〇円
四級作業員	三五三、〇〇〇円
五級作業員	三三九、〇〇〇円

上記基準支給額を一三八日で除し出勤日数を乗じ支給する。

但し、出勤日数九〇日以下の場合は、会社が之を決定支給する。

4　出勤加給

一三八日以上出勤した場合は超える一日に付基準日額の五割増を支給する。

5　支給日　昭和五三年七月六日

以上

昭和五三年七月四日

別添2

協　定　書

昭和五三年年末一時金支給について下記の通り協定する。

記

1　支給基準日数

（自昭和五三年　五月二一日
至昭和五三年一一月二〇日）

の内一三八日

2　公傷支給日数　七五％

3　基準支給額

班長一級	六六五、〇〇〇円
班長二級	六五二、〇〇〇円
班長心得	六二五、〇〇〇円
一級作業員	四八九、〇〇〇円
二級作業員	四三九、〇〇〇円
三級作業員	四〇三、〇〇〇円
四級作業員	三五三、〇〇〇円
五級作業員	三三九、〇〇〇円

上記基準支給額を一三八日で除し出勤日数を乗じ支給する。

但し、出勤日数九〇日以下の場合は、会社が之を決定支給する。

4　出勤加給

一三八日以上出勤した場合は超える一日に付基準日額の五割増を支給する。

5　支給日昭和五三年一二月八日以上

昭和五三年一二月六日

答　貴見のとおり取り扱って差し支えない。

（昭五五・一一・一四　基収第三三九号の二）

〈遺族特別支給金等の額の引上げについて〉

1　遺族特別支給金及び障害特別支給金の額の引上げ

(1)　改正の内容

遺族特別支給金の額が従来の二〇〇万円（受給者が二人以上いる場合には二〇〇万円をその人数で除して得た額）から三〇〇万円（受給者が二人以上いる場合には三〇〇万円をその人数で除して得た額）に引き上げられ、また、障害特別支給金の額が次の表のとおり、引き上げられた。

表　〈略〉

(2)　施行期日等

この改正は、昭和五五年一二月五日から施行され、昭和五五年一一月一日に溯及して適用されることとされた（改正省令附則第一条関係）。

(3)　経過措置

昭和五五年一一月一日前に支給の事由の生じた遺族特別支給金及び障害特別支給金の額については、従前どおりである（改正省令附則第四条第一項関係）。また昭和五五年一一月一日以後に支給の事由の生じた遺族特別支給金及び障害特別支給金であって、改正省令の施行の日（昭和五五年一二月五日）前に改正前の規定により支給額による既に支給が行われているものについては、その既に支給された特別支給金は、改正後の特別支給金の内払とみなされる（改正省令附則第四条第五項関係）。

従って、このような場合には、改正後の規定による支給額との差額を追加支給する必要がある。

2　遺族特別年金の額の引上げ

(1)　改正の内容

遺族補償年金及び遺族年金の給付率が引き上げられたことに伴い、遺族特別年金についても遺族補償年金及び遺族年金の場合と同様の引上げが行われた。すなわち、遺族特別年金の額は、次のとおりとされた。

表　〈略〉

(2)　施行期日等

この改正は、昭和五五年一二月五日から施行され、昭和五五年一一月以降の月分の遺族特別年金から適用することとされた。同月前の月分の支給額については、従前どおりとされている（改正省令附則第一条及び第四条第三項関係）。

なお、昭和五五年一一月分及び一二月分の支給額については、下記4を参照されたい。

3　特別給与を基礎とする特別支給金の額のスライド制の改正

(1)　特別給与を基礎とする特別支給金については、年金たる特別支給金（障害特別年金、遺族特別年金及び傷病特別年金をいう。以下同じ。）の額は、年金たる保険給付の額の改定の例により改定を行い、障害特別一時金及び遺族特別一時金の額は、障害補償一時金及び遺族補償一時金の額の改定（年金たる保険給付の額の改定に用いる率を用いる。）の例により改定が行われてきたところであるが、年金たる保険給付等のスライド制の改正が行われたことに伴い、特別給与を基礎とする特別支給金の額のスライド制についても、同様の改正が行われたこととなる。

(2)　施行期日、経過措置等

イ　これらのスライドに関する改正は、改正省令の公布の日（昭和五五年一二月五日）から施行され、昭和五五年八月一日に遡って適用されることとされた。したがって、年金たる特別支給金については昭和五五年八月以後の月分のものから適用され、また障害特別一時金及び遺族特別一時金については昭和五五年八月一日以後に支給すべき事由の生じたものに適用される（改正省令附則第一条関係）。

ロ　今回の改正によるスライドの遡及適用に係る遺族特別年金の昭和五五年八月分から一二月分までの給付額については、下記を参照されたい。

ハ　なお、今回の改正に伴い、スライドに関する規定について所要の形式整備がなされたが、その内容については、下記第四の二を参照されたい。

4　2及び3の改正に伴う遺族特別年金額及び遺族特別一時金額に関する経過措置

昭和五五年八月一日から改正省令の施行日の前日（同年一二月四日）までの間に支給事由の生じた遺族特別一時金（法第一六条六の第二号（法第二二条の四第三項において読み替えて準用する場合を含む。）の遺族（補償）一時金の受給権者に対して支給されるものに限る。以下「遺族失権差額一時金」という。）の額は、上記2及び3のとおり、改正省令によるスライド制の改善及び遺族特別年金の支給率の引上げが遡及実施されたことに伴い、遺族失権差額特別一時金の支給を受ける者が不利益を被ることのないよう、新特別支給金支給規則の規定にかかわらず、遺族失権差額一時金の場合と同様に、第一の三の1の例によることとされた。また、これに伴い、遺族特別年金の額も遺族（補償）年金の場合と同様に第一の三の(2)の例によることとされた（改正省令附則第四条第二項関係）。

5　年金たる特別支給金に係る支払事務の簡素化

(1)　年金たる特別支給金の額の端数処理

上記第一の四の⑴のとおり年金たる保険給付の額について端数処理を行う規定が新設されたことに伴い、年金たる特別支給金の額についても、同様の端数処理を行うこととされた。なお、労働者災害補償保険特別支給金支給規則の一部を改正する省令（昭和五二年労働省令第七号）附則第六条の規定による差額支給金（以下「差額支給金」という。）についても年金たる特別支給金と同様の端数処理を行うこととされた（改正省令附則第八条の規定による改正後の労働者災害補償保険特別支給金支給規則の一部を改正する省令（昭和五二年労働省令第七号）附則第六条第四項関係）。

⑵　過誤払に係る返還金債権への充当

上記第一の四の⑵のとおり年金たる保険給付の過誤払に係る返還金債権への充当の規定が新設されたことに伴い、年金たる特別支給金の過誤払に係る返還金債権についても、同様の充当を行うこととされた（新特別支給金支給規則第一四条の二関係）。なお差額支給金についても、傷病特別年金とみなして同様の取扱いをすることとされた（改正省令附則第八条の規定による改正後の労働者災害補償保険特別支給金支給規則の一部を改正する省令（昭和五二年労働省令第七号）附則第六条第八項関係）。

この返還金債権への充当方法は、次のとおりである。なお、充当の効果、決算上の処理、所轄都道府県労働基準局への連絡等については、年金たる保険給付の場合と同様である。

イ　年金たる特別支給金を受ける者が死亡し、当該死亡に関して新たに特別支給金を受けることができる者となる者が生じる場合であって、当該新たに特別支給金を受けることができる者となる者が当該死亡に伴う過誤払に係る返還金債権に係る債務の弁済をなすべき者であるときは、次の表の上欄に掲げる過誤払された年金たる特別支給金の種類に応じ、同表の下欄に掲げる特別支給金の金額を当該過誤払に係る返還金債権の金額に充当することができる。

	過誤払された年金たる特別支給金	当該死亡に関して新たに特別支給金を受けることができる者となった者に支給すべき特別支給金
①	障害特別年金	遺族特別支給金 遺族特別年金 遺族特別一時金
②	遺族特別年金	遺族特別支給金 遺族特別年金 遺族特別一時金
③	傷病特別年金（差額支給金を含む。）	遺族特別支給金 遺族特別年金 遺族特別一時金

なお、この場合においては、年金たる特別支給金を受ける者の死亡に関し支給される特別支給金が二種類あるときは、遺族特別支給金以外の保険給付を優先して返還金債権に充当する。

ロ　遺族特別年金を受ける者が死亡し

たが、当該遺族特別年金について他に同順位で支給を受ける者がいる場合であって、当該同順位で支給を受ける者が当該死亡に伴う過誤払に係る返還金債権に係る債務の弁済をなすべき者であるときは、当該同順位で支給を受ける者に支給すべき遺族特別年金の金額を当該過誤払に係る返還金債権の金額に充当することができる。

(3)　施行期日及び経過措置

(1)及び(2)の改正事項は昭和五六年二月一日から施行されるが、同日前の期間に係る年金たる特別支給金の額の端数処理及び同日前に発生した年金たる特別支給金の過誤払に係る返還金債権については、なお従前の例によることとされた(改正省令附則第一条第一項第三号及び第四条第四項関係)。

(昭五五・一二・五　基発第六七三号)

〈傷病特別支給金制度の新設について〉

1　傷病が治ゆして障害が存する者に対して障害特別支給金が支給されることとの均衡等を考慮し、長期療養者の保護を一層充実させるため、傷病特別支給金が新たに設けられた。

2　支給対象者

傷病特別支給金は、業務上の事由又は通勤により負傷し、又は疾病にかかった労働者が、当該負傷又は疾病に係る療養の開始後一年六箇月を経過した日において次の各号のいずれにも該当するとき、又は同日後次の各号のいずれにも該当することとなったときに、該当労働者に対し、その申請に基づいて支給される。

イ　当該負傷又は疾病が治っていないこと。

ロ　当該負傷又は疾病による傷害の程度が傷病等級に該当すること。

3　支給額

当該傷病に関して、初めて前記2の支給要件に該当することとなった時点における傷病等級に応じ、次の表に掲げる額が支給額とされる。

傷病等級	額
第一級	一一四万円
第二級	一〇七万円
第三級	一〇〇万円

4　障害特別支給金との調整

(1)　傷病特別支給金を受給した労働者の当該負傷又は疾病が治ゆし、身体に障害を残すことにより障害特別支給金を受けることとなった場合においては、障害特別支給金の支給事由が生じたときの障害等級に応ずる障害特別支給金の額が、既に受けた傷病特別支給金に係る傷病等級に応ずる傷病特別支給金の額を超えるときに限りその差額に相当する額の障害特別支給金が支給される。

(例一)

傷病等級第三級に応ずる傷病特別

支給金（一〇〇万円）を受けた労働者の当該負傷又は疾病がその後治ゆし、障害等級第三級に該当した場合には、その差額（300万円－100万円）の二〇〇万円の障害特別支給金が支給される。

（例二）

傷病等級第三級に応ずる傷病特別支給金（一〇〇万円）を受けた労働者の当該負傷又は疾病がその後治ゆし、障害等級第八級に該当した場合には、障害等級第八級に応ずる障害特別支給金の額（六五万円）が傷病等級第三級に応ずる傷病特別支給金の額（一〇〇万円）を超えないので障害特別支給金は支給されない。

(2)　すでに身体障害があった者が、業務上の事由又は通勤による傷病により傷病特別支給金を受けた（傷病特別支給金の額自体は既存障害に影響されず前記2の支給事由に該当した時点での傷害の状態に応じた額が支給される。）後に当該傷病が治ゆし、障害特別支給金を受ける場合においては、労働者災害補償保険特別支給金支給規則第四条第二項に規定する算定方法により算定される障害特別支給金の額が、既に受けた傷病特別支給金に係る傷病等級に応ずる傷病特別支給金の額を超えるときに限りその差額に相当する額の障害特別支給金が支給される。

（例一）

既存障害（障害等級第八級相当）のあった者が業務上の事由又は通勤により傷病の状態になり傷病等級第三級に応ずる傷病特別支給金（一〇〇万円）を受けた後当該傷病が治ゆし、障害等級第三級に該当した場合には、加重分の障害特別支給金の額（300万円－65万円＝235万円）が既に支給した傷病等級第三級に応ずる傷病特別支給金の額（一〇〇万円）を超えるのでその差額の一三五万円が支給される。

（例二）

既存障害（障害等級第四級相当）のあった者が業務上の事由又は通勤により傷病の状態になり傷病等級第三級に応ずる傷病特別支給金（一〇〇万円）を受けた後当該傷病が治ゆし、障害等級第三級に該当した場合には、加重分の障害特別支給金の額（300万円－264万円＝36万円）は、既に支給した傷病等級第三級に応ずる傷病特別支給金の額（一〇〇万円）を超えない傷病で、傷病特別支給金は支給されない。

5　時効

傷病特別支給金の支給の申請は、支給要件に該当することとなった日の翌日から起算して五年以内に行わなければならない。

6　内払処理

同一の傷病に関し、休業特別支給金を受けている労働者が傷病補償年金又は傷病年金を受ける権利を有することとなり、かつ、休業補償給付又は休業給付を行わないこととなった場合において、その後も休業特別支給金が引き続き支払われたときは、その支払われた休業特別支給金は、傷病補償年金又は傷病年金の受給権者に新たに支給される傷病特別支給金又は傷病特別年金の内払とみなされる。

7　未支給の傷病特別支給金

未支給の傷病特別支給金は、未支給の保険給付の支給の例により支給されるが、未支給の傷病特別支給金の支給の申請は、未支給の傷病補償年金又は傷病年金の支給の請求と同時に行わなければならない。

8　特別加入者に対する傷病特別支給金

特別加入者の業務災害又は通勤災害に関しても、労働者の業務災害又は通勤災害の場合に準じて傷病特別支給金が支給される。

9　傷病特別支給金に関するその他の事項

労働者の重大過失等による傷病特別支給金の支給制限、一時差止め、傷病特別支給金に関する処分の通知等及び傷病特別支給金を受けるべき者に対する事業主の助力については、それぞれ労働者の重大過失等による保険給付の支給制限（法第一二条の二の二）、保険給付の一時差止め（法第四七条の三）、保険給付に関する処分の通知等（労災則第一九条）及び保険給付を受けるべき者に対する事業主の助力（労災則第二三条）に準ずる。

10　支給手続

当分の間、事務処理の便宜を考慮し、傷病補償年金又は傷病年金の支給の決定を受けた者は、傷病特別支給金の申請を行ったものとして取り扱って差支えないものであること。

11　経過措置

(1)　傷病特別支給金は、昭和五六年四月一日以後において支給事由の生じた場合に支給する（改正省令附則第二項）。

(2)　昭和五六年四月一日から改正省令の公布の日までの間に傷病特別支給金の支給の事由が生じ、かつ、同期間中に同一事由による負傷又は疾病が治ゆし、障害特別支給金の支給事由が生じた場合であって、改正前の労働者災害補償保険特別支給金支給規則の規定に基づいて障害特別支給金が支給されたものは、改正後の労働者災害補償保険特別支給金支給規則の規定による傷病特別支給金の支給額に相当する額の限度でその傷病特別支給金の内払とみなされる（改正省令附則第三項）。

（昭五六・六・二七　基発第三九三号）

<障害特別年金差額一時金の新設及び遺族特別一時金の額の算定方法の改善について>

1　障害特別年金差額一時金の新設

(1)　障害特別年金差額一時金の趣旨及び内容

障害補償年金差額一時金又は障害年金差額一時金の新設に準じ、障害補償年金又は障害年金の受給権者の死亡に関して支給される障害補償年金差額一時金又は障害年金差額一時金の受給権者に対し、ボーナス等の特別給与を算定基礎とする障害特別年金差額一時金を特別支給金として、その申請に基づいて支給することとされたものである。

障害特別年金差額一時金の額は、障害等級に応じ、それぞれ次の表に掲げる額から既に支給された障害特別年金の額（その額がスライドにより改定された場合には当該改定がなされなかったとした場合の額）を差し引いた額（当該障害特別年金差額一時金の支給を受ける遺族が二人以上ある場合には、その額をその人数で除して得た額）とされた。

障害等級	額
第一級	算定基礎日額の一、三四〇日分
第二級	算定基礎日額の一、一九〇日分
第三級	算定基礎日額の一、〇五〇日分
第四級	算定基礎日額の九二〇日分
第五級	算定基礎日額の七九〇日分
第六級	算定基礎日額の六七〇日分
第七級	算定基礎日額の五六〇日分

(2)　加重障害の場合等における障害特別年金差額一時金の額

障害特別年金差額一時金の額は原則として前記1に示すところにより算定されるが、次のイ及びロの場合には、それぞれに示すところにより算定される額によるものである。

イ　いわゆる加重障害の場合は、障害補償年金差額一時金の取扱いに準ずることとされた。

ロ　再発再治ゆの場合及び自然的経過による障害の程度の変更の場合の取扱いは、障害補償年金差額一時金の取扱いに準ずることとする。

(3)　障害特別年金差額一時金の額の改定

障害特別年金差額一時金の額については、障害補償年金差額一時金又は障害特別年金差額一時金の額の改定の例により改定することとする。

(4)　障害特別年金差額一時金の申請手続

イ　障害特別年金差額一時金の支給を受けようとする者は、次に掲げる事項を記載した申請書（告示様式第三七号の二）を、所轄労働基準監督署長に提出するものとすることとされた。

①　死亡した労働者の氏名及び生年月日

②　申請人の氏名、生年月日、住所及び死亡した労働者との関係

ロ　障害特別年金差額一時金の支給の申請は、障害（補償）年金差額一時金の受給権者となった日の翌日から起算して五年以内に、当該障害（補償）年金差額一時金の請求と同時に行わなければならないこととされた（新特支則附則第九項による特支則第七条第七項の準用関係）。

ハ　障害特別年金差額一時金を受ける者が二人以上ある場合の当該一時金の請求及び受領についての代表者の選任及び解任については、遺族補償年金の場合の取扱いに準ずるものとされた。

(5)　その他

イ　過誤払充当の処理の範囲の拡大

　障害特別年金を受けている者が死亡し、当該死亡に関して新たに障害特別年金差額一時金を受けることになった者が当該死亡に伴い過誤払された障害特別年金の返還金債権についての債務の弁済をなすべき者であるときは、障害特別年金差額一時金の支払金を過誤払された障害特別年金の返還金債権の金額に充当することができることとされた。

ロ　メリット収支率の算定に当たっての障害特別年金差額一時金の取扱い

　いわゆるメリット収支率の算定に当たって労災法第五八条の規定による障害補償年金差額一時金の受給権者に支給される障害補償年金差額一時金はその算定の基礎から除外することとされた。

2　遺族特別一時金の額の算定方法の改善

　遺族（補償）年金の受給権者の当該受給権が消滅した場合に支給される遺族特別一時金の額の算定に当たって算定基礎日額の一、〇〇〇日分から控除される当該労働者の死亡に関し支給された遺族特別年金の額については、当分の間、その額についてスライドによる改定が行われたものである場合には当該改定が行われなかったとした場合の額とすることとされた。

3　経過措置

　前記1の障害特別年金差額一時金は、昭和五六年一一月一日以後に支給の事由の生じた場合に支給することとされ、前記2の改正は、同日以後に支給すべき事由の生じた遺族特別一時金について適用することとされた。

（昭五六・一〇・三〇　基発第六九六号）

〈特別給与を基礎とする特別支給金のスライド方式の変更及び特別支給金として支給される差額支給金に関する規定の改正について〉

一　特別給与を基礎とする特別支給金のスライド方式の変更

　保険給付のスライドを恒久措置化し、給付基礎日額をスライドさせる方式に改めたこととの均衡から、特別支給金のスライドについても、従来暫定措置として行われていた（旧特支則附則第一〇項及び附則第一一項）ものを恒久措置化し、算定基礎日額をスライドさせる方式に改めた（新特支則第六条第五項）。

(1)　算定基礎年額

イ　原則

　特別支給金（休業特別支給金を除

く。）のうちスライドが行われるものは、ボーナス等の特別給与（労働基準法第一二条第四項の三箇月を超える期間ごとに支払われる賃金をいう。以下同じ。）を算定の基礎とする障害特別年金、障害特別一時金、遺族特別年金、遺族特別一時金及び傷病特別年金並びに障害特別年金差額一時金である。

　これらの特別支給金（以下「ボーナス特支金」という。）の算定の基礎となる算定基礎年額は、原則として算定事由発生日以前一年間（雇入後一年に満たない場合は、雇入後の期間）に当該労働者に支払われた特別給与の総額とし（特支則第六条第一項本文）、これによることが適当でないと認められるときは、労働省労働基準局長が定める基準に従って算定する額を算定基礎年額とすることとされている（特支則第六条第一項ただし書）。

ロ　最高限度額その一

(イ)　従来は、上記イにより算定された算定基礎年額が、当該労働者の法第八条の給付基礎日額（年金たる保険給付については、旧法第八条の二第一項の年金給付基礎日額）に三六五を乗じて得た額の一〇〇分の二〇に相当する額を超えるときは、当該一〇〇分の二〇に相当する額を算定基礎年額とすることとされ（旧特支則第六条第二項）、ボーナス特支金がスライド改定される場合であって、給付基礎日額が旧法第八条の二第二項第一号又は第二号の最低・最高限度額となる場合においては、上記イにより算定された算定基礎年額に当該スライド改定に用いる率を乗じて得た額と当該一〇〇分の二〇に相当する額（最低・最高限度額×三六五×二〇／一〇〇）とを比較し、後者が小さいときには、当該一〇〇分の二〇に相当する額を当該スライド改定に用いる率で除して得た額を算定基礎年額とすることとされていた（旧特支則附則第一二項）。

(ロ)　今回は、給付基礎日額そのものがスライド改定されるので、そのスライド改定後の給付基礎日額（年金たる保険給付にあっては、新法第八条の二第二項の年金給付基礎日額を含む。）に三六五を乗じて得た額の一〇〇分の二〇に相当する額を算出し、上記イにより算定された算定基礎年額にも当該スライド改定に用いる率（年金たる保険給付にあっては、法第八条の二第二項の最低・最高限度額の適用がないものとしたときの新法第八条の二第一項第二号のスライド改定に用いる率を含む。）を乗じて両者を大小比較することとし、当該一〇〇分の二〇に相当する額の方が小さい場合には、当該一〇〇分の二〇に相当する額を当該スライド改定に用いる率で除して得た額を算定基礎年額とすることとした（新特支則第六条第三項）。

ハ　最高限度額その二

(イ)　従来は、上記イ及びロ(イ)により算定された算定基礎年額が一五〇万円を超えるときは、一五〇万円を算定基礎年額とすることとされ（旧特支則第六条第四項）、ボーナス特支金がスライド改定される場合においては、上記イ及びロ(イ)により算定された算定基礎年額に当該スライド改定に用いる率を乗じて得た額と一五〇万円とを比較し、後者が小さいときには、当該一五〇万円を当該スライド改定に用いる率で除して得た額を算定基礎年額とすることとされていた（旧特支則附則第一三項）。

(ロ)　今回は、上記イ及びロ(ロ)により算定された算定基礎年額と、一五〇万円を給付基礎日額のスライド改定に用いる率で除して得た額とを比較し、後者が小さいときには、当該一五〇万円を当該スライド改定に用いる率で除して得た額を算定基礎年額とすることとした（新特支則第六条第四項）。

(2)　算定基礎日額

イ　従来の取扱い

算定基礎年額を三六五で除して得た額を算定基礎日額とすることとされていた（旧特支則第六条第五項）。

これに所定日数を乗じて得た額（特支則別表第三遺族特別一時金の項第二号の遺族特別一時金（以下「第二号の遺族特別一時金」という。）又は障害特別年金差額一時金にあっては、算定基礎日額に所定日数を乗じて得た額から、支給されたボーナス特支金の額の合計額を控除して得た額）がボーナス特支金の額であって、当該ボーナス特支金の額は、暫定措置として、旧法第六四条第一項の規定の例により、その額をスライドさせることとなっていた（旧特支則附則第一〇項）。

第二号の遺族特別一時金及び障害特別年金差額一時金については、下記(3)で後述する。

ロ　今回の改正後の取扱い

今回の改正では、ボーナス特支金のスライドを恒久措置化するとともに、給付額をスライドさせる方式から、いわゆる算定基礎日額をスライドさせる方式に改めることとした。

具体的には、算定基礎年額を三六五で除して得た額を当該特別支給金に係る保険給付（当該特別支給金を支給される根拠となる保険給付をいう。例えば、障害特別年金については障害補償年金又は障害年金をいう。）の額の算定に用いる給付基礎日額とみなして、スライドに係る規定を適用して得た額を、算定基礎日額とすることとした（新特支則第六条第五項）。

(3)　第二号の遺族特別一時金及び障害特別年金差額一時金

第二号の遺族特別一時金及び障害特別年金差額一時金の額を算出するに当たり、一定額から控除すべき支給されたボーナス特支金の額の計算については、新法第一六条の六第二項及び新労災則附則第一七項から第一九項までの規定に準じることとした（新特支則別表第三遺族特別一時金の項第二号、新特支則附則第七項）。

(4) その他の規定の整備　〈略〉

(5) 経過措置

イ 施行日前の期間に係る年金たる特別支給金の額等

改正省令の施行日（平成二年八月一日）前の期間に係る年金たる特別支給金の額並びに同日前に支給事由が生じた障害特別一時金及び遺族特別一時金の額については、同日以後に支払われる場合であっても、旧特支則の規定により算定した額によることとした（改正省令附則第四条第一項）。

ロ 換算率に係る経過措置

上記(3)により、第二号の遺族特別一時金及び障害特別年金差額一時金の額を算定するに当たり、一定額から控除すべき支給されたボーナス特支金の額の計算については、新法第一六条の六第二項及び新労災則附則第一七項から第一九項までの規定に準じることとしたが、経過措置についても、これらの規定に関する経過措置に準じて規定することとした（改正省令附則第四条第二項及び第三項）。

二 特別支給金として支給される差額支給金に関する規定の改正

(1) 給付基礎日額スライド方式への移行に伴う規定の整備

イ 特別支給金として支給される差額支給金は、昭和五二年四月一日から施行された労働者災害補償保険法等の一部を改正する法律（昭和五一年法律第三二号）第一条の規定により、長期傷病補償給付及び長期傷病給付が廃止され、傷病補償年金及び傷病年金が新設されたことに伴い、長期傷病特別支給金が廃止されたが、これに対する経過措置及び暫定措置として、昭和五二年改正省令附則第六条により設けられたものである（昭和五二年三月三〇日付け労働省発労徴第二一号・基発第一九二号通達の記一二の(2)のイ参照）。

ロ 上記差額支給金は、傷病補償年金又は傷病年金の受給権者が、その受ける傷病補償年金又は傷病年金の額と傷病特別年金の額との合計額が、その者の給付基礎日額の二九二日分相当額（当該傷病補償年金又は傷病年金の額がスライドされるときは、そのスライド率を乗じて得た額）に満たないときは、その差額を特別支給金としてその受給権者に支給するものであった（旧昭和五二年改正省令附則第六条第一項）が、傷病補償年金又は傷病年金の額をスライドさせる方式から、傷病補償年金又は傷病年金に係る給付基礎日額をスライドさせる方式に移行したことから、「給付基礎日額の二九二日分相当額」にさらにスライド率を乗じることはしないこととした（新昭和五二年改正省令附則第六条第一項）。

(2) 厚生年金等との併給調整の場合における規定の整備

イ　旧昭和五二年改正省令附則第六条第一項は、給付基礎日額の二九二日分相当額との差額を求める「傷病補償年金又は傷病年金の額と傷病特別年金の額との合計額」のうち「傷病補償年金又は傷病年金の額」が法別表第一第一号から第三号まで等に規定する同一事由による厚生年金等と併給される場合について明確に規定していなかったことから、このような場合には、厚生年金等との併給調整が行われる前の「傷病補償年金又は傷病年金の額」を用いることを明記することとした（新昭和五二年改正省令附則第六条第一項中最初の括弧書き）。

ロ　また、厚生年金等との併給調整の場合の傷病等級第二級に該当する者の差額支給金については、傷病補償年金又は傷病特別年金の額及び差額支給金の合計額が傷病等級第三級に該当する者より少なくならないよう修正を行った（新昭和五二年改正省令附則第六条第一項中最後から二番目の括弧書き）。

(イ)　従来は、厚生年金等との併給調整がある場合でも、傷病等級第二級に該当する者の差額支給金は給付基礎日額の一五日分から傷病特別年金の額を減じた額、傷病等級第三級に該当する者の差額支給金は給付基礎日額の四七日分から傷病特別年金の額を減じた額に相当することになっていた。

　したがって、厚生年金等との併給調整がある場合の保険給付及び特別支給金の支給総額（以下「支給総額」という。）は、傷病等級第二級に該当する者は給付基礎日額の二一七・二日分、傷病等級第三級に該当する者は給付基礎日額の二二五・八五日分（いずれも、調整率を〇・七三として計算）となり、厚生年金等の支給額を考慮に入れなければ、症状の重い傷病等級第二級に該当する者の方が症状の軽い傷病等級第三級に該当する者より支給総額が少なくなっていた。

(ロ)　そこで、厚生年金等との併給調整の場合における傷病等級第二級に該当する者の差額支給金を、支給総額の上で傷病等級第三級に該当する者と同額となるように修正した。

(ハ)　上記改正に合わせて、新昭和五二年改正省令附則第六条第二項の所要の規定の整備を行った。

(3)　経過措置

　改正省令の施行日（平成二年八月一日）前の期間に係る差額支給金の額については、同日以後に支払われる場合であっても、旧昭和五二年改正省令附則第六条の規定により算定した額によることとした（改正省令附則第五条）。

（平二・七・三一　基発第四八四号）

〈休業特別支給金について〉

一　休業特別支給金

休業特別支給金の額の算定の基礎として用いる給付基礎日額を新法第八条の二第一項又は第二項の休業給付基礎日額（スライドの規定や年齢階層別最低・最高限度額の規定を適用した後の給付基礎日額）とすることとするとともに、一部休業の場合に関する所要の整備を行った（新特支則第三条第一項）。

また、これに伴い、休業特別支給金の額をスライドさせる規定（旧特支則第三条第三項及び第四項）を削除した。

二　その他の規定の整備　〈略〉

三　経過措置

(1)　施行日前に支給事由が生じた休業特別支給金の額

改正省令の施行日（平成二年一〇月一日）前に支給事由が生じた休業特別支給金の額については、同日以後に支払われる場合であっても、旧特支則の規定により算定した額によることとした（改正省令附則第四条第一項）。

(2)　その他の経過措置

改正省令の施行日（平成二年一〇月一日）前に支給事由が生じた休業特別支給金に係る個別事業主の平均給与額の証明の廃止（上記二参照）につき、上記第一の一(4)ハと同様の経過措置を規定した（改正省令附則第四条第二項）。

（平二・九・二八　基発第五八八号）

〈遺族特別年金の額の引上げ〉

1　改正の趣旨及び概要

(1)　改正の趣旨

遺族補償年金及び遺族年金の給付額が引き上げられたことに伴い（記の第一の一の(1)参照）、ボーナスなどの特別給与の額を基礎に支給額の算定を行う遺族特別年金の給付額についても、遺族補償年金及び遺族年金の場合と同様に引き上げることとした。

(2)　改正の概要

遺族特別年金の給付額の最高給付日数（算定基礎日額の二四五日分）を受給できる遺族数を「五人以上」から「四人以上」にするとともに、遺族数が「二人」の場合及び「三人」の場合の遺族特別年金の給付額について、算定基礎日額の二〇一日分と二二三日分にそれぞれ引き上げることとした（新特支則別表第二関係）。

2　施行期日及び経過措置

この改正は、平成七年八月一日から施行され、施行日前の期間に支給すべき事由の生じた遺族特別年金の給付額については、なお従前の例による（改正省令附則第三項関係）。

（平七・七・三一　基発第四九二号）

〈労災療養援護金の支給について〉

今般、別添「労災療養援護金支給要綱」により、労災療養援護金の支給を行うこととしたので、事務処理について遺漏なきを期されたい。

労災療養援護金支給要綱

一　趣旨

労災保険制度に打切補償制度が存在した時期に打切補償費の支給を受けたため、法律上労働者災害補償保険法（昭和二二年法律第五〇号）（以下「労災保険法」という。）の規定による保険給付を受けることができない被災労働者の療養に係る負担を軽減することにより福祉の増進を図るため、社会復帰促進等事業として労災療養援護金の支給を行うものとする。

二　支給対象者

労災療養援護金を支給することができる者は、けい肺又は外傷性せき髄障害により、昭和三五年三月三一日以前に労災保険法の規定による打切補償費の支給を受けた者で、当該負傷又は疾病の療養のため、以下のいずれかの病院又は診療所において診療を受けているもの（当該負傷又は疾病について労災保険法の規定による療養補償給付を受けることができる者を除く。）とする。

①　労災病院、医療リハビリテーションセンター、総合せき損センター

②　労働者災害補償保険法施行規則（昭和三〇年労働省令第二二号）第一一条第一項の規定により都道府県労働局長が指定する病院又は診療所

③　前号に該当しない国又は独立行政法人国立病院機構が設置する病院又は診療所

三　支給額等

(1)　労災療養援護金を受けるべき者の療養の費用の額（健康保険法（大正一一年法律第七〇号）その他の法律の規定により医療に関する給付を受けているものにあっては、当該給付の価格に相当する額を減じた額）に相当する額に一月につき次の表の左欄に掲げる区分に応じ同表の右欄に掲げる額を加えた額とし、当該療養の費用の額の算定については、健康保険法の規定に基づく診療報酬の額の算定の例による。ただし、当該規定に定めのない療養の費用の額の算定については、労災保険法の療養補償給付についての診療費の額の算定の例による。

区分	額
イ　病院又は診療所に入院した日がある月（入院援護費）	五六、六〇〇円
ロ　病院又は診療所において診療を受けた日数が七日を超える月（イに掲げる月を除く。）（通院援護費）	二四、八〇〇円
ハ　病院又は診療所において診療を受けた日数が二日以上七日以下の月（イに掲げる月を除く。）（通院援護費）	一三、八〇〇円

(2)　(1)にかかわらず、外傷性せき髄障害を受けた者で病院又は診療所に入

院しているものに支給する労災療養援護金の額は、(1)に定める支給額に病院又は診療所に入院している日について一日につき七〇円を加えた額とする。

(3)　一月において入院（前表イ）、外来（前表ロ又はハ）が発生する場合は、前表イの額とする。

(4)　(1)及び(2)にかかわらず、常に介護を要する者で現に自宅において介護を受けている者に支給する労災療養援護金の額は、(1)及び(2)に定める支給額に、介護費用として一月につき五六、六〇〇円（その月において介護を要する費用として支出された費用の額が五六、六〇〇円を超えるときは、当該支出された費用の額（その額が一〇四、二九〇円を超えるときは、一〇四、二九〇円）とする。）を加えた額とする。

なお、常に介護を要する者で現に自宅において介護を受ける者とは、労災保険法第一九条の二（介護補償給付）に定める「常時介護を受ける場合」に相当する障害を有する者をいう。

四　手続

(1)　労災療養援護金の支給の申請

労災療養援護金の支給を受けようとする者は、労災療養援護金支給申請書（様式第一号）により、業務災害及び通勤災害に係る事業場の所在地を管轄する労働基準監督署長（以下「所轄署長」という。）を経由して、都道府県労働局長（以下「所轄局長」という。）に申請するものとする。

(2)　支給申請に係る証明

所轄署長は、申請書の被災労働者の保険に関する事項について、現存する給付原簿及び打切補償費給付の請求書等並びに申請人の所有する打切補償費給付の支給決定通知書のほか、申請人その他関係者からの聴き取り等により、打切補償費を受給したことを確認のうえ証明を行い、所轄局長へ進達する。

なお、その際には、証明の根拠となった関係書類の写し、聴き取り書等を添付すること。

(3)　労災療養援護金の認定

所轄局長は、労災療養援護金の支給申請書により申請があったときは、当該申請に係る労災療養援護金の支給について、その適否を認定し、遅滞なく労災療養援護金認定通知書（様式第二号）により申請人に通知するものとする。

(4)　変更の届出

労災療養援護金の支給の認定を受けた者又はその遺族は、次の各号に掲げる事由が生じたときは、遅滞なく労災療養援護金認定事項等変更届（様式第三号）により、当該事由を証明する書類を添えて、所轄局長に届け出るものとする。

①　氏名を変更したとき。

②　死亡したとき。

③　療養を必要としなくなったとき。

(5) 届出に係る変更認定
　労災療養援護金認定事項等変更届の届出があった場合において、労災療養援護金の支給の認定の内容を変更する必要があると認めたときは、所轄局長は必要な変更認定を行い、遅滞なく労災療養援護金変更認定通知書（様式第四号）により当該届出人に通知するものとする。
(6) 労災療養援護金の支払請求
イ 労災療養援護金の支払は、毎月とする。
ロ 労災療養援護金の支払を受けようとする者は、支払月の初日から二〇日までの間に、労災療養援護金支払請求書（様式第五号）により、所轄局長に支払を請求するものとする。
ハ 労災療養援護金の支払を受けようとする者は、イの請求書に当該請求期間に係る診療費の請求書（受診している病院又は診療所において発行したものに限る。）を添付するものとする。
ニ 労災療養援護金の支払を受けようとする者で、当該請求期間において三(4)の介護に要する費用として支出された費用の額に応じた介護加算額の支給を希望する者は、ロの請求書に当該介護を行った者の作成による介護に要した費用の額の証明書（様式第五号の二）を添付するものとする。
(7) 労災療養援護金の支払
　(6)イの支払請求があったときは、所轄局長は、当該請求に係る労災療養援護金を速やかに請求人に支払うものとする。
(8) 端数の処理
　労災療養援護金の支払額に一円未満の端数を生じたときは、一円に切り上げるものとする。
五 支出事務等
(1) 労災療養援護金の支出
イ 入院の場合、労働保険特別会計労災勘定（項）社会復帰促進等事業費（目）労災援護給付金から支出すること。
ロ 外来通院の場合、三(1)の表に掲げる通院援護費については、労働保険特別会計労災勘定（項）社会復帰促進等事業費（目）労災援護給付金から、現に自宅において介護を受けている者に係る介護費用については、労働保険特別会計労災勘定（項）社会復帰促進等事業費（目）介護料支給費からそれぞれ支出すること。
(2) 支出負担行為等取扱規則（昭和二七年大蔵省令第一八号）第一四条の規定による整理区分は、同規則別表甲号の「25 保険金の類」によること。
(3) 労災療養援護金について支出しようとするときは、支給決定を行った上で、一般的な支出事務と同様に処理すること。
六 返還
　偽りその他不正の行為により労災療養援護金の支給を受けた者がある場合は、その者から当該労災療養援護金を返還させるものとする。

七　施行期日

本要綱による労災療養援護金の支給は、平成二四年四月六日から施行し、平成二四年四月一日以降に行われた療養及び介護に係るものから適用することとする。

八　経過措置

平成一六年三月三一日以前に、廃止前の労働福祉事業団が廃止前の労働福祉事業団法（昭和三二年法律第一二六号）第一九条第一項第一号及び廃止前の労働福祉事業団法施行令（昭和三二年政令第一六一号）第四条第六号に基づき実施していた療養の援護金の支給に関し、労働福祉事業団理事長による支給の認定があった場合には、四(3)の所轄局長の認定があったものとみなすこととする。

（平一六・四・一　基発第〇四〇一〇二四号、平一八・五・一　基発第〇五〇一〇〇二号、平一九・二・六　基発第〇二〇六〇〇一号、平二〇・四・二一　基発第〇四二一〇〇三号、平二二・四・一　基発〇四〇一第二三号、平二三・四・一　基発〇四〇一第二七号、平二四・四・六　基発〇四〇六第五号）

2　社会復帰促進等事業実施要綱

〈職能回復訓練実施要綱について〉

炭鉱災害による一酸化炭素中毒症がなおった者のうちには、一般的な職業適応能力の喪失ないしは減退のため、直ちに再就職をし、又は再訓練を受けることが困難な者があることにかんがみ、これらの者に対して、労働者災害補償保険の労働福祉事業として、一般的な職業適応能力を回復させる訓練（職能回復訓練）を行なう必要があるので、これが実施に当り別紙のとおり「職能回復訓練実施要綱」を定めたので了知のうえ、その取り扱いについては遺憾のないようにされたい。

（別紙）

職能回復訓練実施要綱

1　趣旨

炭鉱災害による一酸化炭素中毒症がなおった者のうちには、一般的な職業適応能力の喪失ないしは減退のため、直ちに再就業をし、又は再訓練を受けることが困難な者があることにかんがみ、これらの者に対して、労働者災害補償保険の労働福祉事業として、一般的な職業適応能力を回復させる訓練（以下「職能回復訓練」という。）を行うものとする。

2　訓練対象者

三池災害による一酸化炭素中毒症がなおった者であって、一般的な職業適応能力の喪失ないしは減退のため、直ちに再就業をし、又は再訓練を受けることが困難と認められるものに対して行う。

3　訓練期間等

職能回復訓練は、六カ月を限度とし、医師の指導下において行うものとする。

4　処遇

職能回復訓練を受ける者には、交通費、訓練教材費等を支給する。

5　訓練の範囲

職能回復訓練は下記により行い、当該訓練の時間割は、別表「訓練時間割表」〈略〉の範囲内において、職能回復訓練を受ける者の精神又は身体の状態に応じて作成した時間割によるものとする。

(1)　講話
　保安再教育等

(2)　体育訓練
イ　屋内訓練
ロ　屋外訓練
ハ　耐久訓練

(3)　技芸訓練
工作
絵画
合唱
園芸

(4)　作業適応訓練
イ　反覆動作訓練
ロ　運搬動作訓練
ハ　手動機器操作訓練
ニ　積卸動作訓練

(5)　救急・待避訓練

6　実施機関

職能回復訓練は、労働福祉事業団大牟田労災病院に委託して行うものとする。

7　訓練設備の充実等

実施機関は、職能回復訓練を適切に実施するため、訓練設備の充実、医師、看護婦、トレーナー等の要員の確保等に努めなければならない。

8　手続

(1)　職能回復訓練を受けることを希望する者は、職能回復訓練申請書（様式一）により、6の実施機関の所在地を管轄する労働基準監督署長を経由して当該所在地を管轄する労働基準局長（以下「局長」という。）に申請するものとする。

(2)　局長は、申請書を受理したときは、内容を審査し、適格者たることが確認されたときは、すみやかに入所の承認を行い、その旨を入所承認通知書（様式二）により申請人に通知するものとする。この場合において、局長は、申請人の入所年月日その他の事項を6の実施機関に通知するものとする。

9　費用

職能回復訓練の実施に要した費用は、労働者災害補償保険特別会計（項）労働福祉事業費（目）診療等委託費から支払うものとする。

（昭四三・三・一五　基発第一四一号、昭五一・七・一　基発第五〇七号、昭六二・五・二五　基発第三一五号、平九・九・一九　基発第六四〇号）

〈労災就学援護費の支給について〉

今般、別添「労災就学援護費支給要

綱」により、労災就学援護費の支給を昭和四五年一一月一日から行なうこととしたので、下記によりこれが事務処理について遺漏なきを期せられたい。

なお、労災就学援護費の支給に関連して、労働者災害補償保険特別会計法施行令の一部を改正する政令（昭和四五年九月二二日政令第二六八号）の制定が行なわれ、労働者災害補償保険法施行規則の一部を改正する省令及び労働大臣が定める事務に関する告示の制定が行なわれる予定であるので申し添える。

記

一　趣旨
労災就学援護費（以下「援護費」という。）は、昭和四四年八月二七日、労働者災害補償保険審議会から労働大臣あてなされた「労働者災害補償保険制度の改善についての建議」における「重度障害者及び労災遺児に対する援護施設の拡充改善等について検討」すべき旨の指摘をうけて、各種調査等による死亡労働者の子弟の就学状況の実態及び遺家族等の要望並びに国家公務員、地方公務員に類似の制度が設けられていることなどを勘案して、労働者災害補償保険法（以下「法」という。）第二九条第一項の社会復帰促進等事業〔昭和五一年七月一日以後は労働福祉事業。二(2)において同じ。〕として設けたものである。

したがって、援護費は、他の育英制度による奨学金と異なり、その支給要件をみたす者で申請のあったものに支給されるものであり、返還を要しないものである。

二　支給対象
(1)　援護費の支給を受ける者は、「労災就学援護支給要綱」（以下「要綱」という。）三に掲げる者である。すなわち、援護費の支給を受ける者は、本人が在学しているか被災労働者の子であって在学している者と同一生計にある障害補償年金、遺族補償年金又は傷病補償年金の受給権者自身である。学校に在学している者であっても、その者が障害補償年金、遺族補償年金又は傷病補償年金の受給権者でなければ、この者は援護費の支給を受ける者ではないことに留意されたい。
(2)　援護費の支給を受けることができる者は、その者の受ける障害補償年金、遺族補償年金又は傷病補償年金に係る法第八条の三第一項の年金給付基礎日額が要綱三の(1)ただし書に規定する額以下の者である。
この理由は、援護費が保険施設〔現行＝労働福祉事業〕であることから、その支給対象を援護を必要とする者に限ったことにある。すなわち、法第八条の三第一項の年金給付基礎日額が要綱三の(1)ただし書に規定する額を超える者については、その年金たる保険給付の額と厚生年金保険等の給付の額の合計額が、おおむね一般労働者の平均的な給与額をこえることとなるので、このような者については、支給の対象とはしないこととした。

⑶　⑵に該当する者であっても、「学費の支弁が困難であると認められるもの」でなければ、援護費の支給を受けることができる者となれない。ここで「学費の支弁が困難であると認められる」とは、障害者、遺族又は長期傷病者が主として労働者災害補償保険の年金たる保険給付及び厚生年金保険等の給付で生活せざるを得ないような場合をいう。したがって、⑵に該当する者であっても、たとえば労働者の死亡等に伴う損害賠償金等の所得（実収見込）が六、〇〇〇万円をこえるような場合は、原則として学費の支弁が困難であるとは認められない。しかしながら、援護費の支給にあたっては、特に支給を受ける者の所得調査を行う必要はなく、保険給付の支給決定にあたって了知しえた限度で、学費の支弁が困難であるかどうかを判断すればよい。

⑷イ　援護費は、学校教育法第一条に定める学校（幼稚園及び通信制のものを除く。）に在学する者（以下「在学者」という。）がある場合に限って支給するものである。

ロ　幼稚園以外の学校教育法第一条に定める学校とは、次のものをいう。

(イ)　小学校

(ロ)　中学校（いわゆる夜間中学校は学校教育法第一条の学校ではないが、援護費の支給に関しては、中学校として扱うものとする。）

(ハ)　高等学校（定時制課程並びに専攻科及び別科を含む。）

(ニ)　大学（夜間学部、専攻科及び別科並びに短期大学及び大学院を含む。）

(ホ)　高等専門学校（専攻科を含む。）

(ヘ)　盲学校、ろう学校及び養護学校（小学部、中学部及び高等部のみ）

ハ　したがって、各種学校に在学している者にあっては、それが職業教育を目的としている者であっても、その者に関しては援護費は支給しない。

⑸　要綱三の⑴イ支給対象者には、遺族補償年金の受給権者ではあったが、十八歳になったことにより遺族補償年金の受給権を失った者は含まれない。ただし、この者が要綱三の⑴ロの在学者に該当すれば（たとえば、受給権者であった死亡労働者の子が十八歳になったことにより失権しても、その兄弟姉妹又は死亡労働者の父母が受給権者となり、その子が当該受給権者と生計を同じくしつつなお在学中の場合など）、引き続きその在学者に関する援護費は要綱三の⑴ロの支給対象者に支給される。

⑹　要綱三の⑴ロの在学者には、十八歳になったことにより遺族補償年金の受給権又は受給資格を失った者であって、遺族補償年金受給権者と生計を同じくする高等学校、盲学校等の高等部、高等専門学校又は大学の在学者も含まれる。

(7)　要綱三の(1)ロ、ニ及びホの「生計を同じくしている」かどうかの判断は、法別表第一の遺族補償年金の項の「生計を同じくしている」の判断と同じ基準による。

(8)　要綱三の(1)ハ、ニ及びホの在学者については、要綱三の(1)ロの在学者と同様、年齢の制限はない。

(9)　援護費は、年金たる保険給付の支給事由が発生した時に在学者がなかったが、その後子供が小学校に入学する等の事情によって支給申請があれば支給することとする。

三　支給額

(1)　援護費の額は、直接的には国家公務員の奨学援護金制度の奨学援護金の額にならったものであるが、文部省調査による「父兄の所得中に占める教育費の割合」、日本育英会の貸与金の額その他を勘案して定めたものである。

(2)　在学者が日本育英会の貸与金を受けるとか、他の奨学金制度の奨学金を受けるとかの場合であっても、この援護費は減額することはしない。

(3)　高等学校の定時制課程の第四学年又は専攻科若しくは別科に在学する者に対する援護費の額は、要綱四の(1)ハによる。

(4)　大学の医学又は歯学の学部第五学年以上の学年若しくは専攻科、別科又は短期大学若しくは大学院に在学する者に対する援護費の額は、要綱四の(1)ニによる。

四　支給期間

(1)　援護費の支給は、年金たる保険給付と同じく月単位で行ない日割計算等は行なわない。

(2)　援護費の支給期間は、援護費の支給の申請が行なわれた月から支給すべき事由の消滅した月までであるが、もちろん、障害補償年金又は遺族補償年金の支給事由があることを基礎としているので、これらの年金たる保険給付が支給されない次の場合は援護費も支給されない。

イ　障害補償年金又は遺族補償年金を支給すべき事由が発生した月

ロ　障害補償年金又は遺族補償年金を支給すべき事由が消滅した月の翌月以降の月

ハ　法第一六条の五第一項の規定により遺族補償年金の受給権者の所在が不明になったことにより遺族補償年金の支給を停止された期間

ニ　労働者災害補償保険法の一部を改正する法律（昭和四〇年改正法）附則第四三条第三項の規定による若年停止の期間

(3)　要綱五の(1)イ「労災就学援護費の支給の申請が行なわれた月」とは、労働者災害補償保険法施行規則第一条第三項若しくは第二条又は労働者災害補償保険法施行規則等の一部を改正する省令（昭和四五年労働省令第二九号）附則第三項の所轄労働基準監督署長（以下「所轄署長」という。）に対し、「労災就学等援護費支給変更申請書」が提出された日の属する月をいう。

(4)　援護費の支給期間は、在学者が当該学校の通常の修業年限の期間に限られる。この場合、通常の修業年限とは次のとおりである。

イ　小学校（盲学校、ろう学校又は養護学校の小学部）　六年

ロ　中学校（盲学校、ろう学校又は養護学校の中学部）　三年

ハ　高等学校（盲学校、ろう学校又は養護学校の高等部）

(イ)　全日制課程　三年

(ロ)　定時制課程　四年

(ハ)　専攻科又は別科　一年以上三年以下

ニ　高等専門学校

(イ)　商船に関する学科以外の学科　五年

(ロ)　商船に関する学科　五年六月

(ハ)　専攻科　一年以上三年以下

ホ　大学

(イ)　医学又は歯学以外の学部（夜間学部を含む。）　四年

(ロ)　医学部又は歯学の学部　六年

(ハ)　専攻科又は別科　一年

(ニ)　短期大学　二年又は三年

(ホ)　大学院

a　修士課程　二年

b　博士課程　三年

五　欠格事由等

(1)　要綱六の(1)イの欠格事由は、法第一六条の四に定める遺族補償年金の受給権の消滅と同様の考え方により、学費の支弁が困難ではなくなったものとして定められたものである。

(2)　要綱六の(1)ロの「特に労災就学援護費を支給することが適当でないと認むべき事情」とは次の場合をいう。

イ　休学又は停学のため学校に出席しないこと。

ロ　留年又は落第により原級に留っていること。

ハ　学費の支弁が困難でなくなったこと

六　手続

(1)　援護費の支給は、要綱七の(1)ロに掲げる書類その他の資料を添えて提出された「労災就学等援護費支給変更申請書」（様式第一号）により、所轄署長が支給決定をして行う。所轄署長が行なうべき当面の事務の処理については、別紙「労災就学援護費の支給に係る当面の事案処理について」によることとされたい。

なお、事務処理要領の詳細については、近く別途通知する。

(2)　要綱七の(1)ニの「在学者の増加又は減少」とは、同一の受給権者に係る在学者の数に変動を生じた場合又は在学者でなくなった者と在学者となった者が同時に発生して援護費の額に変動がある場合をいい、すでに援護費を受けている者の進学による援護費の額の変更は含まない。進学による援護費の額の変更は、要綱八の(1)ロの「労災就学等援護費支給対象者の定期報告書」（様式第三号）

により所轄署長が職権変更を行い、要綱七の(1)ホにより事務処理を行うこととする。

なお、遺族補償年金の受給権者が転給によって変わったときは、在学者の数の変動に関係なく、新たな受給権者から「労災就学等援護費支給変更申請書」（様式第一号）を提出せしめることとする。

七　支払

(1)　援護費の支払は、年金たる保険給付の支払とあわせて、これと全く同様に行う。ただし、支払期月以外の支払は行わない。

(2)　援護費の支払期月は年金たる保険給付の支払期日と一致させ、各支払期日に支払われる援護費は学年に合致させて支払期月の前前月までの三ケ月分とした。

(3)　要綱八の(1)ロの「所轄署長がこの報告を必要でないと認める場合」とは、次の場合をいう。

イ　毎年六月三〇日又は一〇月三一日までに提出される則第二一条の年金たる保険給付の定期報告において援護金の支給につき特に事情の変更がないと認められるとき、たとえば、遺族補償年金の受給権者については援護金の支給に係る在学者が小学生又は中学の低学年生であって、死亡、養子縁組の解消等により遺族補償年金の受給権又は受給資格を失う事実が認められない場合などである。

ロ　その年の四月に入学その他の事情があって、「労災就学等援護費支給対象者の定期報告書」（様式第三号）を提出すべき時期の直前に「労災就学等援護費支給変更申請書」（様式第一号）が提出されたとき。

(4)　要綱八の(1)ハの「未支給の労災就学援護費」とは、次のものをいう。

イ　援護の支給を受ける者が死亡した場合において、その死亡した者に支給すべき援護費でまだその者に支給しなかったもの。

ロ　援護費の支給を受ける者が障害補償年金、遺族補償年金又は傷病補償年金の受給権を失った場合（死亡による失権を除き、遺族補償年金については転給者がいない場合に限る。）において、ある支払期月で障害補償年金、遺族補償年金又は傷病補償年金の支払は終わったが援護費のみの支払が次の支払期月まで残ったときの当該援護費の未払分。たとえば、障害補償年金の受給権者が四月に失権したとき、障害補償年金は五月に二月分、三月分、四月分が支払われるが、援護費は五月には一月分、二月分及び三月分しか支払われず、四月分は八月に支払われることとなる。その八月に支払われる四月分の援護費をいう。

（別添）

労災就学等援護費支給要綱

一　趣旨

業務災害又は通勤災害により死亡し、重度障害を受け、又は長期療養を要する労働者の子のその後の就学状況及び保育の状況、労災遺家族等の就労の状況、これらの者の要望等にかんがみ、業務災害又は通勤災害による重度障害者、長期療養者及び遺族に、労災保険の労働福祉事業として労災就学援護費を支給するものとする。

二　種類

労災就学等援護費の種類は、次のとおりとする。

(1)　労災就学援護費

(2)　労災就労保育援護費

三　支給対象者

(1)　労災就学援護費

労災就学援護費は、次に掲げる者に支給する。ただし、その者（労災就学等援護費の支給対象者であったことがある者を除く。）が受けるべき遺族補償年金、障害補償年金又は傷病補償年金に係る労働者災害補償保険法（昭和二二年法律第五〇号。以下「法」という。）第八条の三第一項に規定する年金給付基礎日額が一六、〇〇〇円を超える場合には、この限りでない。

イ　遺族補償年金を受ける権利を有する者（以下「遺族補償年金受給権者」という。）のうち、学校教育法（昭和二二年法律第二六号）第一条に定める学校（幼稚園及び通信制のものを除く。）及び同法第八二条の二に定める専修学校（一般課程にあっては、都道府県労働基準局長が当該課程の程度が高等課程と同等以上であると認めるものに限る。以下同じ。）に在学する者又は職業能力開発促進法（昭和四四年法律第六四号）第一五条の六第一項各号に掲げる施設（以下「公共職業能力開発施設等」という。）において、職業能力開発促進法施行規則（昭和四四年労働省令第二四号）第九条に規定する普通職業訓練（短期課程のもの及び普通課程のうち通信の方法によるものを除く。以下同じ。）及び高度職業訓練（職業能力開発総合大学校において行われるものを含む。専門短期課程及び応用短期課程のものを除く。以下同じ。）を受ける者若しくは職業能力開発促進法第二七条に規定する職業能力開発総合大学校において職業能力開発促進法施行規則第三六条の五に規定する長期課程の指導員訓練を受ける者（以下「在学者等」という。）であって学費等の支弁が困難であると認められるもの。

ロ　遺族補償年金受給権者のうち、労働者の死亡の当時その収入によって生計を維持していた当該労働者の子（当該労働者の死亡の当時胎児であった子を含む。）で現に在学者であるものと生計を同じくしている者であって当該在学者に係る学資の支弁が困難であると認められるもの。

ハ　障害補償年金を受ける権利を有する者（障害等級第一級から第三級までの等級に該当する身体障害がある者に限る。以下「障害補償年金受給権者」という。）のうち、在学者等であって学資等の支弁が困難であると認められるもの。

ニ　障害補償年金受給権者のうち、在学者等である子と生計を同じくしている者であって、当該在学者等に係る学資等の支弁が困難であると認められるもの。

ホ　傷病補償年金を受ける権利を有する者（せき髄損傷者等傷病の程度が特に重篤であると認められる者に限る。以下「傷病補償年金受給権者」という。）のうち、在学者等である子と生計を同じくしている者であって当該在学者等に係る学資等の支弁が困難であると認められるもの。

(2)　労災就労保育援護費

労災就労保育援護費は、次に掲げる者に支給する。(1)のただし書の規定は、この場合に準用する。

イ　遺族補償年金受給権者のうち、保育を必要とする未就学の児童（以下「要保育児」という。）であり、かつ、当該要保育児と生計を同じくしている者の就労のため保育所、幼稚園等に預けられている者であって、保育に係る費用の援護の必要があると認められるもの。

ロ　遺族補償年金受給権者のうち、労働者の死亡の当時その収入によって生計を維持していた要保育児たる当該労働者の子（当該労働者の死亡当時胎児であった子を含む。）と生計を同じくしている者であり、かつ、就労のため当該要保育児を保育所、幼稚園等に預けている者であって、保育に係る費用の援護の必要があると認められるもの。

ハ　障害補償年金受給権者のうち、要保育児であり、かつ、当該受給権者と生計を同じくしている者の就労のため保育所、幼稚園等に預けられている者であって、保育に係る費用の援護の必要があると認められるもの。

ニ　障害補償年金受給権者のうち、要保育児たる当該受給権者の子と生計を同じくしており、かつ、当該要保育児を当該受給権者と生計を同じくしている者の就労のため保育所、幼稚園等に預けている者又は要保育児たる当該受給権者の子と生計を同じくしており、かつ就労のため当該要保育児を保育所、幼稚園等に預けている者であって、保育に係る費用の援護の必要があると認められるもの。

ホ　傷病補償年金受給権者のうち、要保育児たる当該受給権者の子と生計を同じくしており、かつ、当該要保育児を当該受給権者と生計を同じくしている者の就労のため保育所、幼稚園等に預けている者であって、保育に係る費用の援護の必要があると認められるもの

四　支給額

(1)　労災就学援護費

労災就学援護費の支給額は、次に掲げる在学者等の区分に応じ、在学者等一人につき、それぞれ次に掲げる額とする。

イ　小学校又は盲学校、ろう学校若しくは養護学校の小学部に在学する者
月額　一二、〇〇〇円

ロ　中学校（中等教育学校の前期課程を含む。）又は盲学校、ろう学校若しくは養護学校の中学部に在学する者
月額　一六、〇〇〇円

ハ　高等学校（中等教育学校の後期課程を含む。）、高等専門学校の第一学年から第三学年まで、盲学校、ろう学校若しくは養護学校の高等部若しくは専修学校の高等課程若しくは一般課程に在学する者又は公共職業能力開発施設において中学校卒業者若しくはこれと同等以上の学力を有すると認められる者を対象とする普通職業訓練若しくは職業訓練法施行規則の一部を改正する省令（昭和五三年労働省令第三七号）附則第二条に規定する第一類の専修訓練課程の普通職業訓練を受ける者
月額　一八、〇〇〇円

ニ　大学、高等専門学校の第四学年、第五学年若しくは専攻科若しくは専修学校の専門課程に在学する者、公共職業能力開発施設において普通職業訓練を受ける者（ハに掲げる者を除く。）若しくは高度職業訓練を受ける者又は職業能力開発総合大学校において長期課程の指導員訓練を受ける者
月額　三九、〇〇〇円

(2)　労災就労保育援護費
労災就労保育援護費の支給額は、要保育児一人につき、月額一二、〇〇〇円とする。

五　支給期間
(1)　労災就学援護費
イ　労災就学援護費は、労災就学援護費の支給の申請が行われた月（労災就学援護費の支給の申請が行われた月が遺族補償年金、障害補償年金又は傷病補償年金を支給すべき事由の発生した月であるときは、その翌月）から支給すべき事由が消滅した月（労災就学援護費を支給すべき事由が消滅する前に遺族補償年金、障害補償年金又は傷病補償年金を支給すべき事由が消滅したときは、遺族補償年金、障害補償年金又は傷病補償年金を支給すべき事由が消滅した月）までの間支給する。ただし、その支給を受ける者に係る遺族補償年金が労働者災害補償保険法（昭和二二年法律第五〇号）第一六条の五第一項又は昭和四〇年改正法附則第四三条第三項の規定により支給停止されている期間については、支給しない。

ロ　公共職業訓練又は高度職業訓練を受ける者及び職業能力開発施設において普通職業訓練を受ける者及び職業能力開発総合大学校において長期課程による指導員訓練を受ける者についての労災就学援護費は、その者が当該訓練につき、雇用保険法（昭和四九年法律第一一六号）第一〇条第二項に規定する技能習得手当、雇用対策法施行規則（昭和四一年労働省令第二三号）第二条

第一項に規定する技能習得手当、その他法令又は条例の規定によるこれらの手当に相当する給付の支給を受けることができる期間については、支給しない。

(2)　労災就労保育援護費

(1)の規定は、労災就労保育援護費の支給期間について準用する。

六　欠格事由等

(1)　労災就学援護費

イ　労災就学援護費に係る在学者等(三の(1)のハに掲げる者を除く。)が次のいずれかの一に該当するに至ったときは、その該当する月の翌月以降、当該在学者等に係る労災就学援護費の支給を行わない。

(イ)　婚姻(届出をしていないが、事実上婚姻関係と同様の事情にある場合を含む。)をしたとき。

(ロ)　直系血族又は直系姻族以外の者の養子(届出をしていないが、事実上養子縁組関係と同様の事情にある者も含む。)となったとき。

(ハ)　離縁によって死亡した労働者との親族関係が終了したとき。

ロ　在学者等について、特に労災就学援護費を支給することが適当でないと認むべき事情がある場合には、その事情のある月については、労災就学援護費を支給しないものとする。

(2)　労災就労保育援護費

(1)の規定は、要保育児についての労災就労保育援護費の欠格事由等について準用する。この場合において「三の(1)のハに掲げる者を除く。)」とあるのは「(三の(2)のハに掲げる者を除く。)」と読み替えるものとする。

七　手続

(1)　労災就学援護費

イ　労災就学援護費の支給を受けようとする者は、「労災就学等援護費支給申請書」(様式第一号)を業務災害に係る事業場の所在地を管轄する労働基準監督署長(以下「所轄署長」という。)に提出しなければならないものとする。

ロ　イの申請書には、次に掲げる書類その他の資料を添えなければならない。

(イ)　在学者等に関する在学証明書又は在校証明書(専修学校の在学者にあっては、修業年限を証明することができる書類を、公共職業能力開発施設又は職業能力開発総合大学校の在校者にあっては、訓練課程の種類及び訓練期間を証明することができる書類を、それぞれ添付すること。)

(ロ)　三の(1)のロに掲げる者にあっては、在学者等が当該申請がなされた日において一八歳に達する日以後の最初の三月三一日を経過している場合には、次に掲げる資料。ただし、在学者等が労働者の死亡の日の属する月の翌月において一八歳に達する日以後の最初の三月三一日までの間にあった場合には、この限りでない。

(i)　在学者等と死亡した労働者との身分関係を証明することができる戸籍の謄本又は抄本

(ii)　在学者等が死亡した労働者の収入によって生計を維持していたことを証明することができる資料

(iii)　在学者等が申請人と生計を同じくしていることを証明することができる資料

(ハ)　三の(1)のニ及びホに掲げる者にあっては、次に掲げる資料

(i)　在学者等と申請人との身分関係を証明することができる戸籍の謄本又は抄本

(ii)　在学者等が申請人と生計を同じくしていることを証明することができる資料

ハ　遺族補償年金受給権者が二人以上あるときは、労働者災害補償保険法施行規則（昭和三〇年労働省令第二二号）第一五条の五第一項本文の規定により選任された代表者が、労災就学援護費の請求及び受領を行う者となるものとする。ただし、同項ただし書の規定により代表者が選任されないときは、この限りでない。

ニ　在学者等の増加又は減少により労災就学援護費の額の変更を受けようとする者は、「労災就学等援護費支給変更申請書」（様式第一号）を所轄署長に提出しなければならないものとする。当該申請書の添付資料については、ロの規定を準用する。

ホ　所轄署長は、イ又ニの申請書を受け取ったときは、その内容を検討の上、支給、不支給又は変更の決定（以下「決定」という。）を行い、その旨を「労災就学等援護費支給変更・不支給通知書」（様式第二号）により申請者に通知するとともに、支給決定又は変更決定したものについては所要の事項を所轄都道府県労働基準局長を経由して本省労災保険業務課に報告する。所轄署長が八の(1)のロによる支給対象者に関する報告書等により、変更決定した場合における労災就学援護費の支給を受けている者への通知も同様とする。

また、労災就学援護費の決定については、処分性が認められるため、行政事件訴訟法（昭和三七年法律第一三九号）、行政不服審査法（昭和三七年法律第一六〇号）、行政手続法（平成五年法律第八八号）の適用がある。

このため、所轄都道府県労働局長及び所轄署長は、次のとおり事務を行うこととする。

(イ)　労災就学援護費の決定は、行政不服審査法第二条に規定する行政処分であるものとして、審査請求の対象として取り扱うこと。

(ロ)　労災就学援護費の決定に関する審査は、当該決定をした所轄署長の上級庁である所轄都道府県労働局長が行うこと。なお、再審査請求は行うことができないものであること。

(ハ)　決定を行う際は、その相手方に対し、「労災就学等援護費支給変更・不支給通知書」（様式第二号）をもって、行政不服審査法に基づく審査請求及び行政事件訴訟法に基づく取

消訴訟の提起ができる旨の教示を行うこと。その際は、不服申立て手続の有無に関係なく、訴訟の提起が可能であることに留意すること。

(ニ)　労災就学援護費を変更又は不支給とする場合には、「労災就学等援護費支給変更・不支給通知書」（様式第二号）に当該決定の理由を付記する、又は、理由を明記した別紙を添付して通知すること。

(2)　労災就労保育援護費

(1)の規定（ロを除く。）は、労災就労保育援護費の支給手続について準用する。この場合において、「在学者等」とあるのは「要保育児」と読み替え、準用された(1)のイの申請書には、次に掲げる書類その他の資料を添えなければならない。

イ　要保育児が保育所、幼稚園等に預けられていることを証明する書面

ロ　三の(2)のロに掲げる者にあっては、要保育児と死亡した労働者との身分関係を、三の(2)の二及びホに掲げる者にあっては、要保育児と申請人との身分関係を証明することができる戸籍の謄本又は抄本

ハ　三の(2)のロに掲げる者にあっては、要保育児が死亡した労働者の収入によって生計を維持していたことを証明することができる資料

ニ　要保育児と生計を同じくしている者が就労していることを証明する書面

ホ　申請人と生計を同じくしている者の要保育児の保育に関する状況を証明する書面

ヘ　その他労働省労働基準局長が必要と認めるもの

八　支払

(1)　労災就学援護費

イ　労災就学援護費の支払期月は二月、四月、六月、八月、一〇月及び一二月とし、二月に前年の一二月及び一月分を、四月には二月及び三月分を、六月には四月及び五月分を、八月には六月及び七月分を、一〇月には八月及び九月分を、一二月には一〇月及び一一月分を、それぞれの支払期月に支払うべき年金とあわせて銀行振込等により支払うものとする。

なお、各期の支払は受給者からの特別の請求は要しないものとするが、ロの定期報告をしない場合には支払を一時差し止めることができるものとする。

ロ　労災就学援護費の受給者は、所轄署長に対して毎年六月に「労災就学等援護費支給対象者の定期報告書」（様式第三号）（この場合において在学証明書（高等学校以上の在学者に限る。）又は在校証明書及び受給者と在学者等との同一生計関係を証明する書面を添付すること。）を提出しなければならないものとする。ただし、所轄署長がこの報告を必要でないと認める場合には、この報告書の提出を省略させることができるものとする。

八　未支給の労災就学援護費については、労働者災害補償保険法第一一条の規定に準じて取り扱うものとし、その支払は、所轄署長が行うものとする。

ニ　労災就学援護費を支給すべきでない事由が生じたにもかかわらず、その支給すべきでない期間の分として労災就学援護費が支払われたときは、その後に支払うべき労災就学等援護費の内払とみなす。労災就学援護費を減額すべき事由が生じたにもかかわらず、その事由が生じた月の翌月以後の分として減額しない額の労災就学援護費が支払われた場合における当該労災就学援護費の当該減額すべきであった部分についても、同様とする。

(2)　労災就労保育援護費

(1)の規定は、労災就労保育援護費の支払について準用する。この場合において、同規定中「(この場合において在学証明書(高等学校以上の在学者に限る。)又は在校証明書及び受給者と在学者等との同一生計関係を証明する書面を添付すること。)」とあるのは「(七の(2)に掲げる資料(イ及びニからへまでに限る。)を添付すること。)」と読み替えるものとする。

九　通勤災害についての準用

三から八までの規定は、遺族年金、障害年金又は傷病年金を受ける権利を有する者について準用する。この場合において、これらの規定中「遺族補償年金、障害補償年金又は傷病補償年金」とあるのは「遺族年金、障害年金又は傷病年金」と、「遺族補償年金が」とあるのは「遺族年金が」と、「第一六条の五第一項」とあるのは「第二二条の四第三項において準用する第一六条の五第一項」と、「労働者災害補償保険法の一部を改正する法律」とあるのは「労働者災害補償保険法の一部を改正する法律(昭和四八年法律第八五号)附則第五条第二項において準用する労働者災害補償保険法の一部を改正する法律」と、「業務災害」とあるのは「通勤災害」と、「第一五条の五第一項」とあるのは「第一八条の九第三項において準用する第一五条の五第一項」と、それぞれ読み替えるものとする。

一〇　実施期日

(1)　労災就学援護費

労災就学援護費の支給は、昭和四五年一一月一日から実施することとする。

(2)　労災就労保育援護費

労災就労保育援護費の支給に関する規定は、昭和五四年四月四日から実施し、同月一日から適用することとする。

一一　経過措置

(1)　労災就学援護費

イ　昭和四五年一〇月三一日において三の(1)のイからニまでに該当するものについては、五の(1)に定めるところにかかわらず、その者が昭和四五年一二月二〇日までに支給の申請を行った場合には、昭和四五年一一月から労災就学援護費を支給することとする。

ロ　平成一一年七月三一日において年金給付基礎日額が一六、〇〇〇円を超えていた者が、同年八月一日以後新たに当該者に係る年金給付基礎日額が一六、〇〇〇円以下となったために労災就学援護費の支給を受けることができることとなった場合においては、五の(1)にかかわらず、その者が同年一二月二〇日までに支給の申請を行った場合には、同年八月から労災就学援護費を支給することとする。

ハ・ニ　〈略〉

ホ　平成一六年七月三一日において年金給付基礎日額が一六、〇〇〇円を超えていた者（ロの規定により労災就学援護費の支給を受けることができる者を除く。）が、同年八月一日以後新たに当該者に係る年金給付基礎日額が一六、〇〇〇円以下となつたために労災就学援護費の支給を受けることができることとなつた場合においては、五の(1)にかかわらず、その者が同年一二月二〇日までに支給の申請を行つたときは、同年八月から労災就学援護費を支給するものとする。

　この場合において、八の(1)のイにかかわらず、同年一〇月又は一一月に労災就学援護費の支給の申請を行つた者の八月及び九月分については、同年一二月に支払うものとし、同年一二月（二〇日までに限る。）に労災就学援護費の支給の申請を行つた者の八月から一一月までの分については、平成一七年二月に支払うものとする。

へ　平成一七年七月三一日において年金給付基礎日額が一六、〇〇〇円を超えていた者（ロの規定により労災就学援護費の支給を受けることができる者を除く。）が、同年八月一日以後新たに当該者に係る年金給付基礎日額が一六、〇〇〇円以下となつたために労災就学援護費の支給を受けることができることとなつた場合においては、五の(1)にかかわらず、その者が平成一八年一月二〇日までに支給の申請を行つたときは、平成一七年八月から労災就学援護費を支給するものとする。

　この場合において、八の(1)のイにかかわらず、同年一〇月又は一一月に労災就学援護費の支給の申請を行つた者の同年八月及び九月分については、同年一二月に支払うものとし、同年一二月又は平成一八年一月（二〇日までに限る。）に労災就学援護費の支給の申請を行つた者の平成一七年八月から一一月までの分については、平成一八年二月以降に支払うものとする。

(2)　労災就労保育援護費

イ　昭和五四年四月について、三の(2)のイからホまでに該当する者にあっでは、五の(2)に定めるところにかかわらず、その者が同年五月三一日までに支給の申請を行った場合には、同年四月から労災就労保育援護費を支給することとする。

ロ　(1)のロからへまでの規定は、労災就労保育援護費の支給について準用する。

（昭四五・一〇・二七　基発第七七四号、昭四七・八・二九　基発第五四七号、昭四八・一二・一　基発第六七二号、昭五一・五・一〇　基発第三八三号、昭五二・五・一七　基発第二八八号、昭五四・四・四　基発第一六〇号、昭五五・四・五　基発第一六四号、昭五六・四・三　基発第二〇八号、昭六〇・四・六　基発第一八八号、昭六〇・一〇・一　基発第五五九号、昭六三・四・八　基発第二四〇号、平二・六・八　基発第三四二号、平二・九・二八　基発第五八八号、平三・六・一八　基発第三九七号、平四・四・一〇　基発第二二四号、平五・三・二九　基発第一八六号、平六・六・二四　基発第四〇三号、平八・五・一一　基発第三〇五号、平八・七・二六　基発第四八二号、平一〇・五・一五　基発第三〇〇号、平一一・三・二一　基発第一〇八号、平一一・一〇・一　基発第五七六号、平一二・四・一〇　基発第二九六号、平一四・四・一六　基発第〇四一六〇〇二号、平一五・三・二五　基発第〇三二五〇〇九号、平一六・四・一六　基発第〇四一六〇〇一号、平一六・一〇・一八　基発第一〇一八〇〇一号、平一七・一二・二〇　基発第一二二〇〇〇二号、平一八・三・一四　基発第〇三一四〇〇二号、平二二・一二・二七　基発一二二七第一号）

〈労災就労保育援護制度の新設等について〉

労災就学援護費の支給については、昭和四五年一〇月二七日付け基発第七七四号によって取り扱われてきたところであるが、今般標記の件に関し、別紙のとおり、労災就学援護費支給要綱及び昭和四五年一〇月二七日付け基発第七七四号通達本文の一部を改正し、昭和五四年四月一日から適用することとしたので了知されるとともに、その取扱いについては、下記の点に留意し、遺漏なきを期されたい。

また、労災就労保育援護費の支給に関連して、別途通達するとおり、労働者災害補償保険法施行規則の一部を改正する省令（昭和五四年労働省令第一二号）及び労働大臣が定める事務に関する告示の一部を改正する告示（昭和五四年労働省告示第三〇号）が施行され、また、近く労働保険特別会計法施行令（昭和四七年政令第二八号）の一部改正が行われる予定であるので、申し添える。

記

一　改正の趣旨

今次の要綱の改正は、労災就労保

育援護制度の新設及び労災就学援護制度の改善を内容とするものであるが、労災就労保育援護制度は、保育に係る費用の一部を援護することにより保育を必要とする児童を抱える労災年金受給権者又はその家族の就労を促進し、被災労働者及びその遺家族等の援護を図ることを目的とするものである。

二　改正の内容

(一)　労災就労保育援護制度の新設

1　支給対象

(1)　労災就労保育援護費（以下「就労保育援護費」という。）の支給を受ける者は、労災就学援護費支給要綱（以下「要綱」という。）三の(2)に掲げる者である。すなわち、次に掲げるとおり、一定の要件を満たす年金たる保険給付の受給権者が、就労保育援護費の支給を受ける者となる。

イ　遺族補償年金又は遺族年金を受ける権利を有する者（以下「遺族（補償）年金受給権者」という。）のうち、次に掲げる要件を満たすもの

(イ)　保育を必要とする未就学の児童（以下「要保育児」という。）であること

(ロ)　当該受給権者と生計を同じくしている者の就労のため保育所、幼稚園に預けられているものであること

(ハ)　保育に係る費用の援護の必要があると認められるものであること

ロ　遺族（補償）年金受給権者のうち、次に掲げる要件を満たすもの

(イ)　労働者の死亡の当時その収入によって生計を維持していた要保育児たる当該労働者の子（当該労働者の死亡の当時胎児であった子を含む。）と生計を同じくしている者であること

(ロ)　就労のため当該要保育児を保育所、幼稚園等に預けているものであること

(ハ)　保育に係る費用の援護の必要があると認められるものであること

ハ　障害補償年金又は障害年金を受ける権利を有する者（障害等級第一級から第三級までの等級に該当する身体障害がある者に限る。以下「障害（補償）年金受給権者」という。）のうち、次に掲げる要件を満たすもの

(イ)　要保育児であること(注)

(ロ)　当該受給権者と生計を同じくしている者の就労のため保育所、幼稚園等に預けられているものであること

(ハ)　保育に係る費用の援護の必要があると認められるものであること

(注)　この要件に該当する者としては、例えば、映画・演劇の事業に従事する児童（ちびっこタレント）や四月一日において六歳以上一八歳未満の未就学の児童で臨時的に就労するものがある。

ニ　障害（補償）年金受給権者のうち、次に掲げる要件を満たすもの

(イ)　要保育児たる当該受給権者の子と生計を同じくしている者であること

(ロ)　生計を同じくしている者又は当該受給権者の就労のため当該要保育児

が保育所、幼稚園等に預けられているものであること

(ハ) 保育に係る費用の援護の必要があると認められるものであること

(注) 障害（補償）年金受給権者本人が就労する場合としては、例えば、両眼失明の者がマッサージ師として就労する場合等がある。

ホ 傷病補償年金又は傷病年金を受ける権利を有する者（せき髄損傷者等傷病の程度が特に重篤であると認められる者に限る。）のうち、次に掲げる要件を満たすもの

(イ) 要保育児たる当該受給権者の子と生計を同じくしている者であること

(ロ) 生計を同じくしている者の就労のため当該要保育児が保育所、幼稚園等に預けられているものであること

(ハ) 保育に係る費用の援護の必要があると認められるものであること

(注) 「せき髄損傷者等傷病の程度が特に重篤であると認められる者」とは、労災就学援護費の場合と同じである。なお、別添〈略〉として支給対象者の図解を添付したので参考とされたい。

(2) 就労保育援護費の支給を受けることができる者は、労災就学援護費の場合と同様その者の受ける年金たる保険給付に係る給付基礎日額が、一六、〇〇〇円以下（スライドによって、年金額が引き上げられた者については、給付基礎日額にそのスライド率を乗じて得た額が一六、〇〇〇円以下）の者である。

(3) (2)に該当する者であっても、「保育に係る費用の援護の必要があると認められるもの」であることが必要である。ここで、「保育に係る費用の援護の必要があると認められる」とは、労災就学援護費における「学資の支弁が困難」の場合と同様、障害者、遺族又は長期傷病者が主として労働者災害補償保険の年金たる保険給付及び厚生年金保険等の給付で生活せざるを得ないような場合をいう。したがって、例えば、労働者の死亡等に伴う損害賠償金等の所得がおおむね六、〇〇〇万円を超えるような場合には、原則として保育に係る費用の援護の必要があるとは認められない。

(4) 就労保育援護費は、保育を必要とする未就学の児童（要保育児）と生計を同じくしている者（年金受給権者を含む。）の就労のためその要保育児が保育所、幼稚園等に預けられている場合に限って支給するものである。

イ 「要保育児」とは、次の者をいう。

(イ) 毎年当該年度に属する四月一日において六歳未満の児童

(ロ) 毎年当該年度に属する四月一日において六歳以上一八歳未満の未就学の児童であって、保育を必要とするもの(注)

(注) (ロ)の学齢に達したのちであっても就学困難で保育に欠ける一八歳未満の児童をいうものである（児

童福祉法（昭和二二年法律第一六四号）第四条及び第三九条第二項並びに学校教育法（昭和二二年法律第二六号）第二三条参照。）。

ロ　「就労」とは、常態として就労する場合をいう。ここにいう就労には雇用労働者として働く場合のほか、自営業、内職等を営む場合も含まれる。常態として雇用労働者として働くものとして認めるには、就労日数が一カ月間においておおむね一四日以上（パートタイマーの場合には一カ月間の労働時間がおおむね四二時間以上）であることが必要である。

ハ　就労する者は、要保育児と生計を同じくしている者でなければならない。したがって、通常、同居の親族がこれに該当する。

「生計を同じくしている」かどうかの判断は、労働者災害補償保険法別表第一の遺族補償年金の項の「生計を同じくしている」の判断の基準による。

ニ　「保育所、幼稚園等」には、児童福祉法第三九条に規定する保育所、学校教育法第七七条に規定する幼稚園のほか、私設の託児施設等（例えば、無認可保育所、会社の託児施設、知人・隣人・親戚等が預かるもの等）が含まれる。

ホ　就労保育援護費の支給対象となるためには、その託児が「就労のため」のものであるといえなければならない。託児と就労との間に因果関係があることが必要である。すなわち、就労と託児とが相互に無関係に行われているような場合には、支給対象とはならない。なお、ここに述べた因果関係は、社会通念上託児が就労を円滑容易にしているという事実が認められれば足りるものであること。

なお、就労には、労働者の被災を契機に新たに働く場合と被災前から継続して働く場合とがあるので念のため。

(5)　就労保育援護費は、年金たる保険給付の支給事由が発生した時には要保育児がなかったが、その後の出生等によって支給要件を満たせば支給するものである。

2　支給額

就労保育援護費の支給額は、労災就学援護費に係る在学者が小学生である場合と同様に要保育児一人につき月額八、〇〇〇円である。児童福祉手当等の社会保障給付を受ける場合であっても減額しない。

3　支給期間

(1)　就労保育援護費の支給は、年金たる保険給付と同じく月単位で行い、日割計算等は行わない。

(2)　就労保育援護費の支給期間は、就労保育援護費の支給の申請が行われた月から支給すべき事由の消滅した月までであるが、もちろん、障害補償年金、遺族補償年金若しくは傷病補償年金又は障害年金、遺族年金若しくは傷病年金の支給事由があることを基礎としているので、これらの年金たる保険給付が支給されない次の場合は就労保育援護費も支給されない。

イ　上記の年金たる保険給付を支給すべき事由が発生した月

ロ　上記の年金たる保険給付を支給すべき事由が消滅した月の翌月以降の月

ハ　労働者災害補償保険法第一六条の五第一項の規定（同法第二二条の四第三項において準用する場合を含む。）により遺族補償年金又は遺族年金の受給権者の所在が不明になったことにより遺族補償年金又は遺族年金の支給を停止された期間

ニ　労働者災害補償保険法の一部を改正する法律（昭和四〇年改正法）附則第四三条第三項の規定（労働者災害補償保険法の一部を改正する法律（昭和四八年法律第八五号）附則第五条第二項において準用する場合を含む。）による若年停止の期間

(3)　就労保育援護費の申請が行われた月とは、労働者災害補償保険法施行規則第一条第三項若しくは第二条又は労働者災害補償保険法施行規則の一部を改正する省令（昭和四五年労働省令第二九号）附則第三項の所轄労働基準監督署長（以下「所轄署長」という。）に対し、「労災就学等援護費支給変更申請書」が提出された日の属する月をいう。

4　欠格事由等

(1)　要綱六の(2)による準用規定における欠格事由は、法第一六条の四に規定する遺族補償年金又は遺族年金の受給権の消滅と同様の考え方により保育に係る費用の援護の必要がなくなったものとして類型的に定められたものである。

(2)　要綱六の(2)による準用規定における「特に労災就労保育援護費を支給することが適当でないと認むべき事情」とは、次の場合をいう。

イ　病気等により長期間にわたり保育所、幼稚園等に預けられていないこと

ロ　保育に係る費用の援護の必要がなくなったこと（1の(3)参照）

5　手続

(1)　就労保育援護費の支給は、要綱七の(2)に掲げる書類を添えて提出された「労災就学等援護費支給変更申請書」（様式第一号）により、所轄署長が支給決定して行う。なお、要綱七の(2)のヘ（要綱八の(2)において準用する場合を含む。）の「その他労働省労働基準局長が必要と認めるもの」は、要綱三の(2)のハに掲げる障害（補償）年金受給権者本人が就労する場合の就労証明書面とする。

(2)　要保育児の増加又は減少とは、同一の受給権者に係る要保育児の数に変動を生じた場合をいう。

なお、遺族（補償）年金受給権者が転給によって変わったときは、新たな受給権者から「労災就学等援護費支給変更申請書」（様式第一号）を提出させるものとする。

6　支払

(1)　就労保育援護費の支払は、年金たる保険給付の支払とあわせて、これと全く同様に行う。ただし、原則として支払期月以外の支払は行わない。

(2)　就労保育援護費の支払期月は年金たる保険給付の支払期月と一致させ、各支払期月に支払われる就労保育援護費は、労災就学援護費の場合に合致させて支払期月の前々月までの三カ月分とした。

(3)　所轄署長が定期報告を必要でないと認める場合とは、その年の四月に入園その他の事情があって、「労災就学等援護費支給対象者の定期報告書」（様式第三号）を提出すべき時期の直前に「労災就学等援護費支給変更申請書」（様式第一号）が提出された場合等をいう。

(4)　未支給の労災就労保育援護費とは、次のものをいう。

イ　就労保育援護費の支給を受ける者が死亡した場合において、その死亡した者に支給すべき就労保育援護費でまだその者に支給しなかったもの

ロ　就労保育援護費の支給を受ける者が年金たる保険給付の受給権を失った場合（死亡による失権を除き、遺族補償年金又は遺族年金については転給者がいない場合に限る。）において、ある支払期月で年金たる保険給付の支払は終わったが就労保育援護費のみの支払が次の支払期月まで残ったときの当該就労保育援護費の未払分。例えば、障害補償年金の受給権者が四月に失権したとき、障害補償年金は五月に二月分、三月分及び四月分が支払われるが、就労保育援護費は五月には一月分、二月分及び三月分しか支払われず、四月分は八月に支払われることとなる。その八月に支払われる四月分の就労保育援護費をいう。

7　経過措置

就労保育援護費は、原則として支給の申請が行われた日から支給事由が消滅した月までの間支給されるが、制度発足の当初であることを考慮して、昭和五四年四月において支給要件を満たすものについては同年五月三一日までに支給の申請をすれば四月分から支給することとしたものである。

(二)　就労保育援護制度の新設に伴う事務の所轄について

労働者災害補償保険法施行規則及び労働大臣が定める事務を指定する告示（昭和四五年労働省告示第六〇号）の一部改正を行い、就労保育援護費の支給に関する事務の所轄については、労災就学援護費の場合と同様とすることとしたので留意されたい。

(三)　労災就学援護制度の一部改正その他

1　傷病補償年金又は傷病年金の受給権者に係る労災就学援護費の支給対象の要件の一である「療養開始後三年を経過している」ことを廃止したこと。なお、昭和四五年一〇月二七日付け基発第七七四号の該当部分に

ついては、これにより改められたものとする。

2　1の通達において労災就学援護費の支給対象の要件である「学資の支弁が困難であると認められるもの」の例示として挙げられている労働者の死亡等に伴う損害賠償金等の所得が一、〇〇〇万円をこえるような場合の一、〇〇〇万円を六、〇〇〇万円と改めたこと。

3　従来の労災就学援護費支給要綱に労災就労保育援護費の支給に関する規定を設けたことに伴い、同要綱について所要の字句整理及び支給申請等の様式の改正を行ったこと。

（昭五四・四・四　基発第一六〇号、昭五五・四・五　基発第一六四号、昭六〇・四・六　基発第一八八号、平四・四・一〇　基発第二二四号、平六・六・二四　基発第四〇三号）

〈炭鉱災害による一酸化炭素中毒症に関する特別措置法等の施行について〉

炭鉱災害による一酸化炭素中毒症に関する特別措置法（昭和四二年法律第九二号。以下「法」という。）及び炭鉱災害による一酸化炭素中毒症に関する特別措置法施行規則（昭和四二年労働省令第二八号。以下「則」という。）は、昭和四二年一〇月二五日から施行される。これに伴い、別に労働事務次官から依命通達（昭和四二年一〇月二五日労働省発基第九六号）が発せられたが、法の実施については、さらに下記に留意のうえ遺憾なきを期せられたい。

記

第一～第七　〈略〉

第八　介護料の支給（法第八条、第一〇条、則第七条関係）

一　通常の場合、被災労働者の療養中は看護婦等によって必要な看護が行なわれ、療養の一部としての看護により一定の範囲において患者の介助も行なわれるので、その限りでは特別の介護を要しないが、炭鉱災害による一酸化炭素中毒患者で重篤な精神神経症状を呈するものについては、看護のほか、さらに家族等による介護を要する例が少なくないので、常時介護を要する者には、介護に要する費用として、介護料を支給することとしたものであること。

二　介護料の支給を受けることができる者は、炭鉱災害による一酸化炭素中毒症について労災保険法の規定による療養補償給付又は長期傷病補償給付を受けている被災労働者であって、常時介護を必要とするものであること。

三　介護料の額は、次のとおりとし、毎月一回、介護の実績を考慮して、被災労働者に対して支給するものとすること。

常時監視及び介助を要するもの

月額五六、六〇〇円（その月において、介護に要する費用として支出された費用の額が五六、六〇〇

〇円を超える場合は、当該支出された費用の額（その額が一〇四、二九〇円を超えるときは、一〇四、二九〇円）

常時監視を要し、随時介助を要するもの

　月額四二、四五〇円（その月において、介護に要する費用として支出された費用の額が四二、四五〇円を超える場合は、当該支出された費用の額（その額が七八、二二〇円を超えるときは、七八、二二〇円）

常時監視を要するが通常は介助を要しないもの

　月額二八、三〇〇円（その月において、介護に要する費用として支出された費用の額が二八、三〇〇円を超える場合は、当該支出された費用の額（その額が五二、一五〇円を超えるときは、五二、一五〇円）

　なお、「介護に要する費用」とは、介護人（被介護者の配偶者、直系血族及び同居の親族を除く。）に対して介護の対価として支払った賃金、日当、謝金、交通費等の費用をいうこと。

四　介護料の支給申請は、暦月単位で前月分について行なわせること。

　上記三の各場合において、当該月につきそれぞれ五六、六〇〇円、四二、四五〇円又は二八、三〇〇円を超える額の介護料の支給を希望する者は、介護料の申請の際に、介護に要する費用として支出した費用届（別添様式第一号）を介護料支給申請書（省令様式第三号）に添えて提出するものであること。したがって、申請者に対し、事前にこの旨を十分説明すること。

　なお、介護人が申請者の配偶者、直系血族又は同居の親族である場合の証明欄記載の金額は、介護料算定の基礎とはならないので、留意すること。

五　介護料の支給は、労働者災害補償保険の労働福祉事業であり、都道府県労働基準局長が行なうものであること。介護料の支給又は不支給にあたっては、別添様式第二号〈略〉の介護料支給・不支給通知書により通知を行なうこと。

六　介護料の支給に要する費用については、労働保険の保険料の徴収等に関する法律第一二条第三項の規定の適用にあたっては、その額を同条の保険給付の額に算入しなければならないこと。（法第一〇条第二項）

　具体的な事務処理については、継続・有期メリット制事務処理手引によること。

第九　アフターケア（法第九条、第一〇条、則第八条関係）

一　炭鉱災害による一酸化炭素中毒症にかかった者にあっては、その症状が平衡状態に達してなおった後においても、なお季節、天候、社会環境等の変化に随伴して精神又は身体の後遺症に動揺をおこすことがあるので、必要に応じ、アフターケアとして診察等の措置を行なうこととされたものであること。

二　アフターケアの実施は、おおむね昭和四一年一〇月二二日基発第一一一〇号通達別紙(2)の「急性CO中毒の後遺症により障害補償給付を受けた者に対する健康管理実施要綱」に準じて行なうこと。

三　アフターケアは、労災病院、都道府県労働基準局長がアフターケアの実施について特別に指定する病院又は診療所のほか、保健のための薬剤の支給については都道府県労働基準局長が特別に指定する薬局においても行なうものであること。アフターケアを行なう病院等の指定にあたっては、被災労働者の便に支障を生じないよう配慮すること。

四　アフターケアは、労働者災害補償保険の保険施設〔現行＝労働福祉事業〕として行なうものであること。

五　アフターケアの申請については、特別な手続を要せず、規則第九条の規定により交付を受けた健康管理手帳をアフターケアを受けようとする病院等に提出すればよいこととすること。なお、健康管理手帳には、アフターケアを行なう都度、その記録を記載することとしているので、その旨を関係者に周知させること。

六　アフターケアに要する費用については、介護料の支給の場合と同様、労災保険法第二七条の規定の適用にあたっては、その額を同条の保険給付の額に算入することとしていること。具体的事務処理は、第八の六に準じて行なうこと。

第一〇　健康管理手帳の交付（則第九条関係）

一　炭鉱災害による一酸化炭素中毒症がなおった者については、なおった後における健康管理に資するため、健康管理手帳（則様式第四号）を交付することとしたものであること。

二　健康管理手帳は、法第九条に規定する被災労働者（炭鉱災害による一酸化炭素中毒症について労災保険法の規定による療養補償給付又は長期傷病補償給付を受けていた被災労働者であって、当該一酸化炭素中毒症がなおったと認めたもの）に対し、所要の事項を記載して交付すること。

三　健康管理手帳の有効期間は、なおった日の翌日から三年間とし、その旨を健康管理手帳の「注意事項」欄に記入すること。

第一一～第一三　〈略〉

（昭四二・一〇・二五　基発第九九五号、昭五九・九・二一　基発第五〇七号、昭六〇・七・一一　基発第四〇六号、昭六一・六・一〇　基発第三三七号、昭六三・六・一五　基発第三八七号、平五・四・一　基発第二三八号、平六・四・一五　基発第二三九号、平七・三・三一　基発第一七四号、平一二・三・一〇　基発第一一九号、平一五・三・二五　基発第〇三二五〇一〇号、平一六・三・三一　基発第〇三三一〇〇五号、平一八・三・三一　基発第〇三三一〇四一号、平二〇・四・一　基発第〇四〇一〇四三号、平二二・四・一　基発〇四〇一第一六号、平二三・四・一　基発〇四〇一第一号、平二四・三・三〇　基発〇三三〇第五号）

〈被災労働者の社会復帰対策の推進について〉

業務災害又は通勤災害により被災した労働者（以下「被災労働者」という。）の社会復帰の促進については、昭和四八年一一月五日付け基発第五九三号「頭頸部外傷症候群等の労働災害被災者に対する特別対策の実施について」（以下「五九三通達」という。）及び各種の社会復帰援護措置の創設により推進してきたところである。

しかしながら、被災労働者が長期に療養を継続した結果、職場生活順応への危惧、健康維持への不安等を抱かざるを得ないこと、また、事業主については、被災労働者の職場復帰等に当たって、労務管理上の理由から消極的になっていること等の問題点が社会復帰対策の推進に当たり依然として大きな障害となっていることから、同対策のより一層の推進が求められているところである。

このため、今般、社会復帰対策の手法等をより具体的にした「被災労働者の社会復帰対策要綱」を別紙のとおり定め、計画的、効果的な社会復帰対策の推進を図ることとしたので、労災主務課のみならず監督又は安全衛生主務課との協力関係を維持しつつ、これが推進に当たるとともに、職業安定機関、職業能力開発機関等の関係行政機関とも緊密な連携を図る等万全の措置を講ぜられたい。

なお、本通達の施行により、五九三通達は、廃止するものとする。

（別紙）

被災労働者の社会復帰対策要綱

1　趣旨・目的

業務災害又は通勤災害により被災した労働者（以下「被災労働者」という。）の社会復帰については、療養の結果、就労可能と認められる場合であっても、長期的な療養による職場生活順応への危惧、健康維持への不安等被災労働者本人の身体的・精神的要因のほか、事業主側における適当な職種の選定、労働時間及び賃金の取扱いその他労務管理上の理由等もあって、著しく遅延する事例が少なくない実情にある。

このような情勢に対処するため、被災労働者の社会復帰対策を推進する体制の整備を行ったうえで、被災労働者に対し、的確な社会復帰指導を行うとともに、事業主等に対しては、個別的又は集団的な指導を実施し、社会復帰についての理解の促進を図ることによって、被災労働者の早期社会復帰を計画的かつ効果的に推進することとする。

2　社会復帰対策の基本的考え方

以上の目的を達成するため、社会復帰を希望する被災労働者に対して、その希望内容に応じた的確な社会復帰指導を一定期間継続的に行うとともに、事業主等に対しては、社会復帰についての理解の促進を図ることを目的とした指導等を実施することにより、被災労働者の早期社会復帰を促進することとする。

このため、被災労働者の社会復帰を促進するための体制の整備及び指導手法の明確化を図るとともに、各種の社会復帰援護措置の周知徹底、関係行政機関との緊密な連携等、既存の社会復帰施策の効果的な活用の促進を図ることとする。

3　対策の具体的内容

(1)　地方要綱の策定

都道府県労働基準局（以下「地方局」という。）は、管内における長期療養者（原則として一年以上にわたって療養を継続している者をいう。以下同じ。）の実情等を考慮して、効果的な社会復帰対策を推進するため、この「被災労働者の社会復帰対策要綱」（以下「対策要綱」という。）を基本として、地方社会復帰対策要綱（以下「地方要綱」という。）を策定するものとする。

(2)　社会復帰指導を行う対象者

社会復帰指導を行う対象者（以下「指導対象者」という。）は、次に掲げる社会復帰計画対象者（以下「計画対象者」という。）と症状固定者とする。

イ　計画対象者

長期療養者のうち、療養を継続しながら就労することが可能と医師が認める者（以下「症状軽快者」という。）であって、以下に掲げる年齢及び傷病に該当し、「社会復帰に関するアンケート」（以下「アンケート」という。別紙1〈略〉及び別紙参考1〈略〉）の結果、社会復帰を希望すると回答した者から計画対象者を選定するものとする。

(イ)　年齢

六五歳未満とする。

ただし、地方局の長期療養者の年齢構成により、六五歳未満とすることが適当でない場合は、計画対象者の年齢を別に定めることができるものとする。

(ロ)　傷病

a　振動障害

b　腰痛

c　頸肩腕症候群

d　頭頸部外傷症候群（いわゆる「むちうち症」）

e　上記傷病のほか、地方局において特に対象とする必要があると認められる傷病

ロ　症状固定者

当該年度途中において症状固定した者であって、直接、社会復帰について地方局又は労働基準監督署（以

下「署」という。）に対して相談があったものとする。

(3) 社会復帰対策推進体制の整備

イ 推進委員会の設置

地方局は、地方要綱に基づく社会復帰対策を円滑に推進するため、地方社会復帰計画推進委員会（以下「推進委員会」という。）を設けるものとする。

ロ 社会復帰指導に係る事務処理体制の確立

(イ) 事務分担

指導対象者のアンケートの回答内容に応じた指導を実施する際の地方局又は署における事務分担は、以下のとおり定めるものとする。

分類	担当
a 被災時の職場に復帰を希望する	署
b 新規に就職を希望する (a) 公共職業安定所への求職申込 (b) 知人、友人、親戚等への依頼 (c) 本人が探す c 新規に事業を計画する d 職業訓練を希望する	地方局

(ロ) 事務担当者

地方局又は署は、社会復帰指導及び事務処理を担当する職員として、地方局においては社会復帰指導官、署においては社会復帰推進員又は林業振動障害者職業復帰推進員を、これらの者がいない地方局又は署においては、これらの者に代わる者を主たる担当者とするものとする。

(4) 推進委員会の実施事項

推進委員会は、本対策を円滑、かつ、計画的に推進するため、当該年度の社会復帰計画（以下「計画」という。）を、下記の手順により、前年度の第四半期中に策定するものとする。

イ アンケートを実施する対象者の名簿の作成

対策要綱に定める年齢及び傷病に係る選定基準に該当する症状軽快者の名簿を所定の様式により作成するものとする（別紙2〈略〉）。

ロ アンケートの実施

作成した名簿のもとに、アンケートを通信により実施するものとする。

ハ 計画対象者の選定

アンケートの結果、社会復帰を希望すると回答した者の中から計画対象者を、署別に選定するものとする。

(5) 社会復帰指導等の実施事項

イ 指導対象者に対する指導等

指導対象者に対するアンケート等の結果に応じて、以下の指導等を行うものとする。

なお、当初の希望に応じた指導等を行った後、年度途中において希望の内容が変更した場合にあっては、変更後の希望に応じた指導等を再度行うものとする。

(イ) 新規に就職を希望する場合

a 公共職業安定所に求職申込みをする場合

地方局は、所轄公共職業安定所長に対し、当該指導対象者に関する情報の連絡（別紙参考2〈略〉）を行うとともに、当該指導対象者に対し、その旨連絡することとする。

なお、地方局は、地方被災労働者社会復帰促進連絡会議（昭和六二年一二月一六日付け基発第六九六号「地方被災労働者社会復帰促進連絡会議の設置について」）等において、職業安定機関に対し、当該連絡を行うことについての周知方の要請のほか、求職者に対する指導等、本対策の推進の協力方を要請するものとする。

b　知人、友人、親戚等に依頼する場合

自主的就職活動として、知人、友人、親戚等に依頼し、又は新聞、雑誌等の求人広告に対し本人が応募するとした者に対しては、地方局は、特段の措置は行わないものとする。

(ロ)　新規に事業を計画している場合

新規の事業開始に当たっての自治体等の支援制度について、予めこれらの情報の収集に努め、指導対象者に対しこれらの情報提供を行うものとする。

特に、林業振動障害者の治ゆ者等が構成員となって出資し、共同で事業を行う場合には、林業振動障害者職業復帰促進事業特別奨励金の対象となることもあるので、当該制度の周知に努めるものとする。

(ハ)　職業訓練等を希望する場合

職業訓練等を希望する者については、管内における職業訓練実施機関等を紹介するものとする。そのため、職業能力開発機関等との連携を密にし、職業訓練実施機関等の把握を行っておくものとする。

なお、この場合において、指導対象者に対しては、職能回復の援護制度（昭和四八年一二月一八日付け基発第七〇四号）についての周知を図るものとする。

ロ　事業主等に対する指導等

指導対象者に対するアンケート等の結果、「被災時の職場に復帰を希望する」と回答した場合には、主治医から指導対象者に係る意見の聴取（別紙3〈略〉）を行ったうえ、その意見等を併記のうえ、当該事業主に対し、「被災労働者の社会復帰に関する調査書」（以下「調査書」という。別紙4〈略〉及び別紙参考3〈略〉）を送付して、当該指導対象者の受入れ等についての意向を把握するものとする。

(イ)　事業主が、職場復帰の受入れについて理解を示している場合には、必要に応じ、以下の内容について指導するものとする。

a　症状又は後遺症等の状況により、就労の場所、職種、労働時間等の制約のある者については、主治医の意見に基づき適切な措置を講ずること。

b　賃金その他の労働条件が他の労働者に比較して著しく低下しないよう配慮すること

(ロ)　事業主が、調査書で、当該指導対象者の受入れについて困難と回答してきた場合には、当該事業主への訪問等により、被災労働者の職場復帰に理解と協力を求めるものとする。

ハ　指導等の実施期間

社会復帰指導は、計画対象者については、原則として、当該年度末までの一年間、症状固定者については、相談の受理後一年間をそれぞれ限度として、必要の都度、実施するものとする。

この期間中は、少なくとも三か月に一回程度、指導対象者に対する電話等により指導結果の状況を把握し、その状況に応じて再度、適切な社会復帰指導を行うものとする。

なお、この間の社会復帰指導の経過については、「社会復帰計画個人記録票」に、記録しておくものとする〈別紙5〈略〉〉。

(6)　医療機関、事業主等に対する本対策の周知

社会復帰指導を行うに際しては、医療機関、事業主及び被災労働者に対し、本対策についての周知を図るものとする。

(7)　事業主等に対する集団指導

イ　地方局又は署は、被災労働者の社会復帰についての気運の醸成と理解の促進を目的とした集団指導等を実施するものとする。

ロ　集団指導等の対象は、当該地域における管内事情等を勘案し、適切と思われる関係事業主団体及び事業主とするものとする。

ハ　集団指導等の内容は、以下のとおりとする。

(イ)　社会復帰の必要性について

(ロ)　傷病の説明について

(ハ)　労務管理上の留意点について

(ニ)　各種援護措置の説明について

(ホ)　事業場の受入れ体制について

(ヘ)　その他

(8)　各種援護措置等の活用

各種援護措置は、被災労働者の円滑な社会復帰の促進を図るために重要な援護施策であることから、広報等による周知に努めるほか、指導対象者に対し十分に活用されるよう指導するものとする。

(9)　職能回復援護措置等の実施

「職能回復の援護」及び「アフターケアの実施」については、それぞれ昭和四八年一二月一八日付け基発第七〇四号、平成元年三月二〇日付け基発第一二七号に基づき、社会復帰の効果的な促進を図るものとする。

(10)　関係機関との連携

社会復帰対策の推進のため、昭和五六年一一月三〇日付け基発第七四七号「林業振動障害者職業復帰対策協議会の設置について」、昭和五七年六月二一日付け基発第四二四号「林業振動障害者職業復帰対策地区協議会の設置について」及び昭和六二年一二月一六日付け基発第六九六号「地方被災労働者社会復帰促進連絡会議の設置について」に基づき、関係機関との一層の連携に努めるものとする。

⑾　その他

イ　地方局間の連携
　本対策の推進にあたり、必要により地方局間における情報の交換等連携を図るものとする。

ロ　報告
　地方局は、各年度毎の計画及び実績を本省あて報告するものとする（別紙6〈略〉）。

（平五・三・二二　基発第一七二号）

〈頭頸部外傷症候群等に対する職能回復援護について〉

今般、別添「頭頸部外傷症候群等に対する職能回復援護要綱」により職能回復援護を昭和四九年一月一日から実施することとしたので、下記によりこれが事務処理について遺漏なきを期されたい。

記

一　趣旨
　業務災害又は通勤災害による頭頸部外傷症候群等の傷病者であって、その病状が固定した後においても、精神又は神経に障害を残すものについては、職業適応能力の減退が認められ、直ちに被災前の労働に就業することが困難な者が少なくないので、これらの者に対し、職業適応能力の回復を援護するための措置を講じたものである。

二　対象
⑴　「頭頸部外傷症候群等に対する職能回復援護要綱」（以下「要綱」という。）二に掲げる援護措置を受けることのできる者は、次に掲げる傷病を有し、労働者災害補償保険法施行規則別表に規定する障害等級の第一二級以上の障害補償給付又は障害給付を受けた者であって、職業適応能力の減退により直ちに被災前の労働に従事することが困難と認められ、かつ、技能の習得を必要とする者である。

イ　頭頸部外傷症候群（いわゆる「むち打ち症」）

ロ　頸肩腕症候群

ハ　一酸化炭素中毒症（炭鉱災害による者を除く。）

ニ　その他外傷による脳の器質的損傷

ホ　振動障害

ヘ　腰痛

ト　減圧症

⑵　⑴に該当する者であっても、当該傷病の治ゆ後直ちに事業主若しくは国又は地方公共団体の行う職業訓練を受けた場合は、本制度の対象とならない。

三　援護の内容
　援護は、要綱三に定めるように、就業のため技能の習得を目的とした教習、講習等に出席するための交通費及び教材費等について援護するものであって、その額は三五、〇〇〇円を限度とする。

四　申請手続等
⑴　援護を受けようとする者（以下「申請者」という。）は、要綱四に定

めるところにより「職能回復援護申請書」（様式第一号。以下「申請書」という。）を障害補償給付又は障害給付に係る事務を所掌する労働基準監督署長（以下「所轄署長」という。）を経由して所轄署長の管轄する都道府県労働基準局長（以下「所轄局長」という。）に提出させるものとする。

(2)　所轄署長は、申請書を受理したときは、要綱四の(2)によりその内容を検討し、援護すべき事由の有無について意見を付して所轄局長に進達するものとする。

(3)　所轄局長は、(2)の進達に基づき援護する費用の内容を審査したうえ、援護の承認・不承認を行い「職能回復援護承認／不承認決定通知書」（様式第二号）をもって申請者に通知するとともに、別紙様式の「職能回復援護台帳」に記帳するものとする。

五　支出事務

上記三による援護の措置について申請者から「職能回復援護措置申請書」の提出があった場合の支出事務については、次により行うものとする。

(1)　支出負担行為取扱規則第一四条の規定による支出負担行為の整理区分は、同規則別表甲号「26　保険金の類」によることとし、その必要書類は、「職能回復援護申請書」の原本（以下「申請書原本」という。）とすること。

(2)　援護費用について支出しようとするときは、支給承認された申請書原本に基づき「支出負担行為及び支出決議書」を作成し、一般的な支出事務と同様に処理すること。この場合、二以上の者に隔地払又は銀行等への口座振込の方法による支払をするときは、「支給調書」を別途作成し一括決議して処理すること。

(3)　会計検査院に提出する支出計算書の証拠書類は、「領収証書」、「支出負担行為及び支出決議書」及び「申請書原本」とし、支出官が控として保管する証拠書類（副本）の綴には「決議書（副本）」に「支給調書」及び複写等により作成した「申請書原本」（写）を添付して編綴しておくこと。

六　様式

要綱に定める様式第一号及び第二号については、定められた様式をもとに適宜印刷のうえ、使用されたい。

（別添）

頭頸部外傷症候群等に対する職能回復援護要綱

一　趣旨

業務災害又は通勤災害による頭頸部外傷症候群等の傷病者であって、その症状が固定した後において精神又は神経に障害を残すものについては、職業適応能力の減退のため直ちに被災前の労働に就業することが困難な者が少なくないので、これらの者に対し、職業適応能力の回復を援護するため、労働者災害補償保険の労働福祉事業として職能回復援護を行い、もって当該傷病者の社会復帰の促進を図るものとする。

二　対象

職能回復援護は、業務災害又は通勤災害による頭頸部外傷症候群等の傷病者であって労働者災害補償保険法による障害等級第一二級以上の障害補償給付又は障害給付を受け、職業適応能力の減退により直ちに被災前の労働に従事することが困難と認められ、かつ、技能の習得を必要とするものに対して行うものとする。

ただし、当該傷病者が治ゆ後直ちに事業主若しくは国又は地方公共団体の行う職業訓練を受ける場合は、この限りでない。

三　職能回復援護の内容

職能回復援護は、二に掲げる者が就業のため技能の習得を目的とした教習、講習等に出席した場合に、交通費、教材費等の費用について行うものとし、その額は、三五、〇〇〇円を限度とする。

四　手続等

(1)　職能回復援護を受けようとする者（以下「申請者」という。）は「職能回復援護申請書」（様式第一号。以下「申請書」という。）を障害補償給付又は障害給付に係る事務を所掌する労働基準監督署長（以下「所轄署長」という。）を経由して所轄署長の管轄区域を管轄する都道府県労働基準局長（以下「所轄局長」という。）に提出するものとする。

(2)　所轄署長は、申請書を受理したときは、その内容を検討し援護すべき事由の有無について意見を付して当該申請書を所轄局長に進達しなければならない。

(3)　所轄局長は、(2)の進達にもとづき、職能回復援護の承認、不承認の決定を行い「職能回復援護承認通知書」「職能回復援護不承認通知書」（様式第二号）をもって申請者に通知しなければならない。

(4)　所轄局長は、援護の承認をしたときは、当該援護の額を（項）労働福祉事業費（目）診療委託費から支払うものとする。

五　実施期日

この職能回復援護は、昭和四九年一月一日から実施するものとする。

（昭四八・一二・一八　基発第七〇四号、昭四九・七・一六　基発第三七三号、昭五一・七・一　基発第五〇六号、昭五七・六・一四　基発第四一一号、昭六一・四・二三　基発第二五〇号、平九・九・一九　基発第六四〇号）

〈振動障害者に係る社会復帰援護制度の拡充等について〉

振動障害者に係る社会復帰については、平成五年八月二四日付け基発第五二一号「社会復帰援護制度の整理統合等について」（以下「五二一号通達」という。）をもってその促進を図ってきたところであるが、振動障害者については、傷病が治ゆした後の職業生活への危惧、健康維持への不安等振動障害者本人の身体的・精神的要因により社会復帰をためらうことも多く、より一層積極的かつ実効ある社会復帰対策の実施が必要となっている。

ついては、今般、下記のとおり社会復帰援護制度に係る各種援護金等の拡充及び整理統合を図ることとしたので、その的確かつ円滑な推進に遺漏なきを期されたい。

なお、本通達の施行に伴い、五二一号通達は廃止する。

記

1　振動障害者社会復帰援護金等について

(1)　振動障害者社会復帰援護金

イ　振動障害者社会復帰援護金については、振動障害者が置かれている職業復帰の困難さのみならず、日常生活への復帰も含めた社会復帰をより一層促進させる観点から、支給対象者及び支給額を拡充することとし、振動障害が治ゆしたすべての者を対象として就職準備金その他移転等に要する費用として、一定の経費を支給することとする。

ロ　支給対象者については、従前、林業振動障害者のうち症状が軽快した者又は治ゆした者であって、常用労働者として雇用されたもの又は新たに事業を営むこととなったものとしていたところであるが、今回これを療養期間が一年以上の振動障害者であって、振動障害が治ゆしたもの（治ゆ後一年以内の者に限る。）とすることとする。

ハ　支給額は、次の(イ)及び(ロ)に掲げる額とする。ただし、いずれの場合も一人一回限り、三〇〇万円を限度とする（詳細については、別添1「振動障害者社会復帰援護金支給要綱」によることとする。）。

(イ)　治ゆとなった日において六五歳以上の支給対象者については、労働者災害補償保険法第八条による給付基礎日額（以下「給付基礎日額」という。）の一二〇〇日分

(ロ)　治ゆとなった日において六五歳未満の支給対象者については、給付基礎日額の二〇〇〇日分

(2)　振動障害者雇用援護金

イ　振動障害者雇用援護金については、振動障害者のより一層円滑な早期の社会復帰を推進するため、従来の賃金助成に加え、職種転換のための訓練、講習等並びに職業生活に関する相談及び指導に係る費用についても事業主に対して助成する等の措置を講ずることとする。

ロ　具体的な支給内容としては、①振動障害者雇用援護金として、従前の振動障害者職業転換援護金と季節雇用援護金を整理統合し、振動障害者職業転換援護金とすること、②振動障害者雇用援護金の対象となる労働者は、林業振動障害者としているところであるが、これを林業に限ることなくすべての振動障害者とすること、また、③就労のための訓練、講習等を受講させ又は実施した場合の

振動障害者訓練、講習等経費並びに職業生活に関する相談及び指導の業務を行うために指導員を委嘱等した場合の振動障害者指導員経費に関する助成をそれぞれ新設することとする（詳細については、別添２「振動障害者雇用援護金支給要綱」によることとする。）。

(3) 社会復帰移転費

従前は振動業務以外の業務に労働者として雇用され、職業訓練等を受講し又は新たに事業を営むため、その住所又は居所を変更した者に対し移転に要する費用を支給してきたところであるが、今回社会復帰援護金を改正し就職準備金その他移転費等に要する費用を支給することに伴い、その内容が競合することから、これを廃止することとする。

2 振動障害者職業復帰促進事業特別奨励金について

(1) 従前の林業振動障害者職業復帰促進事業特別奨励金は、林業振動障害者を対象としているところであるが、これを林業に限ることなくすべての振動障害者を対象とすることとする。

また、支給状況報告については、廃止することとする。

(2) 〈略〉

3 長期療養者職業復帰援護金について

(1) 従前の長期療養者職業復帰援護金は、振動障害者を含む長期療養者を対象として、これらの者を雇用する事業主に対する賃金助成等を内容とするものであり、上記1の(2)の「振動障害者雇用援護金支給要綱」の内容と一部競合するため、その対象労働者から振動障害者を除くこととする。

また、支給状況報告については、廃止することとする。

(2) 〈略〉

4 林業振動障害者職業復帰推進員及び社会復帰推進員について

「林業振動障害者職業復帰推進員について」（平成元年六月三〇日付け基発第三六七号及び職発第三六〇号）及び「社会復帰推進員について」（平成二年六月八日付け基発第三四五号）により、振動障害者のうち、その症状が軽快した者等の職業復帰の推進を図っているところであるが今般、社会復帰援護措置における各種援護金の拡充及び整理統合を行うことから、その周知等に関し、林業振動障害者職業復帰推進員及び社会復帰推進員の有効な活用を図ることとする。

5 各種援護金等の管理について

都道府県労働基準局長は、振動障害者社会復帰援護金、振動障害者雇用援護金及び振動障害者職業復帰促進事業特別奨励金を支出したときは、それぞれ別紙様式第一号「振動障害者社会復帰援護金支給整理簿」、別紙様式第二号「振動障害者職業転換援護金支給整理台帳」、別紙様式第三号「振動障害者訓練、講習等経

費支給整理台帳」及び別紙様式第四号「振動障害者指導員経費支給整理台帳」に必要な事項を記載し、管理すること。

6　上記１２３の各種援護金等については、平成八年四月一日から適用することとする。

別添1

振動障害者社会復帰援護金支給要綱

1　趣旨

振動業務に従事したことにより振動障害にり患し、労働者災害補償保険法（昭和二二年法律第五〇号。以下「労災保険法」という。）による療養補償給付を受けている者（以下「振動障害者」という。）であって、当該振動障害が治ゆしたものについては、職業復帰のみならず、日常生活への復帰も含めた早期の社会復帰が望まれるところである。

しかしながら、これらの者が社会復帰する場合には、振動業務以外の業務に就く必要があること及び雇用の機会が限定されること等、その社会復帰が困難であることにかんがみ、社会復帰のための振動障害者社会復帰援護金（以下「社会復帰援護金」という。）を支給し、もって振動障害者の早期社会復帰の促進を図ることとする。

2　支給対象者

社会復帰援護金は、振動障害者（療養期間が一年以上の者に限る。）で、当該振動障害が治ゆしたもの（治ゆ後一年以内の者に限る。）に支給するものとする。

ただし、過去において昭和五七年七月一九日付け基発第四七五号「振動障害者社会復帰特別援護金の支給について」、平成五年八月二四日付け基発第五二一号「社会復帰援護措置の整理統合等について」及び平成八年五月一一日付け基発第三一一号「振動障害者に係る社会復帰援護制度の拡充について」に基づく振動障害者社会復帰援護金の支給を受けた者及び雇用保険法（昭和四九年法律第一一六号）等他の法令又は条例の規定に基づき支給される類似の手当等を受給できる者には社会復帰援護金は支給しないものとする。

3　支給額

社会復帰援護金の支給額は、労災保険法第八条による給付基礎日額（社会復帰援護金を支給する事由が発生した日において、休業補償給付を支給することとした場合に、当該休業補償給付の額の算定の基礎として用いる給付基礎日額がスライドされるときには、給付基礎日額に当該給付基礎日額のスライド率と同一の率を乗じて得た額とする。以下同じ。）に、次に掲げる日数を乗じて得た額とする。ただし、いずれの場合も三〇〇万円を限度とする。

イ　治ゆとなった日において六五歳以上の者については、給付基礎日額の一二〇日分

ロ　治ゆとなった日において六五歳未

満の者については、給付基礎日額の二〇〇日分

4　支給申請手続

社会復帰援護金の支給を受けようとする者（以下「申請者」という。）は、「振動障害者社会復帰援護金支給申請書」（社援様式第一号。以下「社会復帰援護金申請書」という。）を当該申請者の療養補償給付の支給決定に係る労働基準監督署長を経由して当該労働基準監督署長の管轄区域を管轄する都道府県労働基準局長（以下「所轄局長」という。）に申請するものとする。

なお、この申請は治ゆとなった日から起算して一年以内に行わなければならない。

ただし、天災地変その他やむを得ない事由により当該期間内に申請できない場合には、当該事由がやんだ日の翌日から起算して一週間以内にその事由を記した書面を添えて申請することができる。

5　支給又は不支給の決定

所轄局長は、社会復帰援護金申請書を受理したときは、内容を審査の上、当該援護金の支給又は不支給の決定を行い、その旨を「振動障害者社会復帰援護金支給・不支給決定通知書」（社援様式第二号）により申請者に通知するものとする。

6　社会復帰援護金の支出

所轄局長は、社会復帰援護金の支給決定を行ったときは、当該援護金の額を労働保険特別会計労災勘定（項）労働福祉事業費（目）福祉施設給付金から支出するものとする。

7　不正受給に対する措置

偽りその他不正の行為により社会復帰援護金の支給を受けた者は、当該援護金を所轄局長に返還しなければならないものとする。

8　実施期日等

本要綱は、平成八年四月一日から適用する。

この場合、2の支給対象者は、平成八年四月一日以降に治ゆした者から適用する。

別添2

振動障害者雇用援護金支給要綱

1　趣旨

振動業務に従事したことにより振動障害にり患し、労働者災害補償保険法（昭和二二年法律第五〇号。以下「労災保険法」という。）による療養補償給付を受けている者（以下「振動障害者」という。）であって、当該振動障害の症状が軽快し、振動業務以外の一般的労働が可能となった者等については、早期の社会復帰が望まれるところである。

しかしながら、振動障害者が職業復帰する場合には、振動業務以外の業務に就く必要があること及び雇用の機会が限定されていること等にかんがみ、これらの者を振動業務以外の業務に雇用する事業主に対して振動障害者雇用援護金を支給し、もって振動障害者の職業復帰の促進を図

ることとする。

なお、振動障害者雇用援護金としては、振動障害者職業転換援護金（以下「転換援護金」という。）、振動障害者訓練、講習等経費（以下「訓練、講習等経費」という。）及び振動障害者指導員経費（以下「指導員経費」という。）を支給することとする。

2 振動障害者雇用援護金

(1) 転換援護金

イ 適用対象労働者

転換援護金の適用対象労働者は、次のいずれかに該当する者（以下「転換労働者」という。）であること。

(イ) 振動障害者であって、当該振動障害の症状が軽快し、振動業務以外の一般的労働が可能となった者

(ロ) 振動障害者であった者で、当該振動障害が治ゆした者（治ゆ後一年以内の者に限る。）

ロ 支給対象事業主

(イ) 転換援護金は、「転換労働者を振動業務以外の業務に再就労させ又は新たに雇い入れる事業主」であって、次のいずれにも該当する事業主（以下「支給対象事業主」という。）に対して支給するものとする。

a 労災保険法の適用事業の事業主

b 転換援護金の支給対象期間後も引き続き相当期間転換労働者を雇用することが見込まれる事業主又は転換労働者を一定の時期に雇用することが確実に見込まれる事業主

c 転換労働者に対し、就労上の問題等につき所要の指導等を行う担当者を配置する等適切な労務管理を行い得る体制が整っている事業主

d 次の書類を整備している事業主

（a） 転換労働者の就労状況が日ごとに明らかな出勤簿等の書類

（b） 転換労働者に対して支払われる賃金について、基本賃金とその他の諸手当が明確に区分される賃金台帳

(ロ) 上記(イ)にかかわらず、次に掲げる場合は対象としないものとする。

a 過去において、転換援護金の支給が行われたことがある当該転換労働者を再就労させ又は雇い入れる場合

b 過去において、昭和五八年七月二五日付け基発第三五八号「長期療養者職業復帰援護金の支給について」に基づく長期療養者職業復帰援護金、平成元年七月二四日付け基発第四〇八号「林業振動障害者職業転換援護金の支給について」に基づく林業振動障害者職業転換援護金又は平成二年六月八日付け基発第三六四号「林業振動障害者季節雇用援護金の支給について」に基づく林業振動障害者季節雇用援護金、平成五年八月二四日付け基発第五二一号「社会復帰援護措置の整理統合等について」に基づく林業振動障害者雇用援護金の支給が行われた当該対象労働者を再就労させ又は雇い入れる場合

c 雇用対策法（昭和四一年法律第一三二号）等の規定に基づく特定求職

者雇用開発助成金、地域雇用開発助成金等の支給等他の類似の制度が適用される者を雇い入れる場合

d　事業主の都合により解雇した転換労働者を再び同一の事業主が雇い入れる場合

e　その他都道府県労働基準局長が転換援護金を支給することが適当でないと認めた場合

ハ　転換援護金の支給額等

(イ)　転換援護金の支給は、転換労働者一人につき通算一二か月（最初に雇い入れた日から二年間に限る。）を限度とする。

(ロ)　転換援護金の月額は、転換労働者を雇い入れた日（賃金締切日が定められている場合は、雇い入れの日の直後の賃金締切日の翌日。ただし、雇い入れの日が賃金締切日の翌日である場合には当該雇い入れの日。以下「起算日」という。）から一か月ごとに転換労働者に対して支払った賃金（臨時に支払われた賃金及び三か月を超える期間ごとに支払われる賃金を除く。以下同じ。）の額の三分の一（中小企業事業主にあっては二分の一）とする。

ただし、その額が八〇、〇〇〇円（中小企業事業主にあっては一〇〇、〇〇〇円）を超える場合は八〇、〇〇〇円（中小企業事業主にあっては一〇〇、〇〇〇円）とする。

なお、中小企業事業主とは、その資本の額若しくは出資の総額が三億円（小売業又はサービス業の事業主については五、〇〇〇万円、卸売業の事業主については一億円）を超えない事業の事業主又は常時雇用する労働者の数が三〇〇人（小売業の事業主については五〇人、卸売業又はサービス業の事業主については一〇〇人）を超えない事業主をいうものであること（以下同じ。）。

(ハ)　転換援護金は、起算日から起算して最初の六か月を第一期、次の六か月を第二期、次の六か月を第三期、次の六か月を第四期とする各期（以下「支給対象期」という。）について、上記(ロ)に掲げる月額により六か月分まとめて支給する。

ニ　受給資格承認申請の手続等

(イ)　転換援護金の支給を受けようとする事業主（以下「転換援護金申請者」という。）は「職業転換援護金受給資格承認申請書」（雇援様式第一号。以下「転換援護金資格承認申請書」という。）に「雇入通知書」（別紙参考）の控え又は写しを添付して、起算日から一か月以内に当該転換労働者を就労させる事業場の所在地を管轄する労働基準監督署長（以下「所轄署長」という。）を経由して当該所轄署長の管轄区域を管轄する都道府県労働基準局長（以下「所轄局長」という。）に申請するものとする。

ただし、天災地変その他やむを得ない事由のため当該期間内に申請できない場合には、当該事由のやんだ

日の翌日から起算して一週間以内にその事由を記した書面を添えて申請することができる。

(ロ)　所轄局長は、転換援護金資格承認申請書を受理したときは、内容を審査の上、転換援護金受給資格の承認又は不承認の決定を行い、その旨を「振動障害者職業転換援護金受給資格承認・不承認決定通知書」（雇援様式第二号）により転換援護金申請者に通知するものとする。

ホ　費用の請求等

転換援護金申請者は、支給対象期に係る最後の賃金支払日から一か月以内に「振動障害者職業転換援護金支給申請書」（雇援様式第三号）に賃金台帳の写しを添付して、所轄署長を経由して所轄局長に申請するものとする。

ただし、天災地変その他やむを得ない事由のため当該期間内に申請できない場合には、当該事由のやんだ日の翌日から起算して一週間以内にその事由を記した書面を添えて申請することができる。

(2)　訓練、講習等経費

イ　適用対象労働者

訓練、講習等経費の適用対象労働者は、次のいずれかに該当する者（以下「対象労働者」という。）であること。

(イ)　振動障害者であって、当該振動障害の症状が軽快し、振動業務以外の一般的労働が可能となった者

(ロ)　振動障害者であった者で、当該振動障害が治ゆした者（治ゆ後一年以内の者に限る。）

ロ　支給対象事業主

(イ)　訓練、講習等経費は、対象労働者を雇用し、振動業務以外の業務に就かせる事業主であって、次のいずれにも該当する事業主（以下「対象事業主」という。）に対して支給するものとする。

a　労災保険法の適用事業の事業主

b　対象労働者に対し、就労上の問題等につき所要の指導等を行う担当者を配置する等適切な労務管理を行い得る体制が整っている事業主

c　対象労働者に対し、振動業務以外の業務に就労させるための訓練、講習等を受講させ、又は実施した事業主

d　次の書類を整備している事業主

(a)　対象労働者の就労状況が日ごとに明らかな出勤簿等の書類

(b)　対象労働者に対して支払われる賃金について、基本賃金とその他の諸手当が明確に区分される賃金台帳

(ロ)　上記(イ)にかかわらず、次に掲げる場合は対象としないものとする。

a　過去において、転換援護金の支給が行われたことがある当該対象の労働者に対し訓練、講習等を受講させ又は実施した場合

b　過去において、昭和五八年七月二五日付け基発第三五八号「長期療養者職業復帰援護金の支給について」に基づく長期療養者職業復帰援護

金、平成元年七月二四日付け基発第四〇八号「林業振動障害者職業転換援護金の支給について」に基づく林業振動障害者職業転換援護金又は平成二年六月八日付け基発第三六四号「林業振動障害者季節雇用援護金の支給について」に基づく林業振動障害者季節雇用援護金、平成五年八月二四日付け基発第五二一号「社会復帰援護措置の整理統合等について」に基づく林業振動障害者雇用援護金の支給が行われた当該対象労働者に対し訓練、講習等を受講させ又は実施した場合

c　事業主の都合により解雇した対象労働者を再び同一の事業主が雇い入れ、当該対象労働者に対し訓練、講習等を受講させ又は実施した場合

d　その他都道府県労働基準局長が訓練、講習等経費を支給することが適当でないと認めた場合

ハ　訓練、講習等経費の支給額等

(イ)　訓練、講習等経費の支給対象期間は、一二か月を限度とする。

(ロ)　訓練、講習等経費の支給額は、対象労働者一人当たり訓練、講習等に要した費用の額の三分の二（中小企業事業主にあっては四分の三）の額とし、その額が一〇〇、〇〇〇円を超える場合は、一〇〇、〇〇〇円とする。

ニ　受給資格承認申請の手続等

(イ)　訓練、講習等経費の支給を受けようとする事業主（以下「訓練、講習等経費申請者」という。）は、「振動障害者訓練、講習等経費受給資格承認申請書」（雇援様式第四号。以下「訓練、講習等経費資格承認申請書」という。）に対象労働者名簿（出席予定者名簿）を添付して、訓練、講習等開始前に所轄署長を経由して所轄局長に申請するものとする。

ただし、天災地変その他やむを得ない事由のため当該期間内に申請できない場合には、当該事由のやんだ日の翌日から起算して一週間以内にその事由を記した書面を添えて申請することができる。

(ロ)　所轄局長は、訓練、講習等経費資格承認申請書を受理したときは、内容を審査の上、訓練、講習等経費受給資格の承認又は不承認の決定を行い、その旨を「振動障害者訓練、講習等経費受給資格承認・不承認決定通知書」（雇援様式第五号）により訓練、講習等経費申請者に通知するものとする。

ホ　費用の請求等

訓練、講習等経費申請者は、対象労働者に係る訓練、講習等に係る最後の費用支払日から一か月以内に「振動障害者訓練、講習等経費支給申請書」（雇援様式第六号。以下「訓練、講習等経費申請書」という。）に賃金台帳の写し及び訓練、講習等に要した経費を証明できる書類を添付して、所轄署長を経由して所轄局長あてに申請するものとする。

ただし、天災地変その他やむを得

ない事由のため当該期間内に申請できない場合には、当該事由のやんだ日の翌日から起算して一週間以内にその事由を記した書面を添えて申請することができる。

(3) 指導員経費

イ 適用対象労働者

指導員経費の適用対象労働者は、次のいずれかに該当する者（以下「対象労働者」という。）である。

(イ) 振動障害者であって、当該振動障害の症状が軽快し、振動業務以外の一般的労働が可能となった者

(ロ) 振動障害者であった者で、当該振動障害が治ゆした者（治ゆ後一年以内の者に限る。）

ロ 支給対象事業主

(イ) 指導員経費は、対象労働者を雇用し、振動業務以外の業務に就かせる事業主であって、次のいずれにも該当する事業主（以下「対象事業主」という。）に対して支給するものとする。

a 労災保険法の適用事業の事業主

b 対象労働者に対し、就労上の問題等につき所要の指導等を行う担当者を配置する等適切な労務管理を行い得る体制が整っている事業主

c 対象労働者に対し、職業生活に関する相談及び指導の業務を行うための指導員を委嘱等をした事業主

d 次の書類を整備している事業主

(a) 対象労働者の就労状況が日ごとに明らかな出勤簿等の書類

(b) 対象労働者に対して支払われる賃金について、基本賃金とその他の諸手当が明確に区分される賃金台帳

e 振動障害者又は振動障害者であった者で、五人（うち対象労働者三人以上）以上雇用する事業主

(ロ) 上記（イ）にかかわらず、次に掲げる場合は対象としないものとする。

a 事業主の都合により解雇した対象労働者を再び同一の事業主が雇い入れ、当該対象労働者に対し職業生活に関する相談等の業務を行うための指導員を委嘱等した場合

b その他都道府県労働基準局長が指導員経費を支給することが適当でないと認めた場合

ハ 指導員経費の支給額等

(イ) 指導員経費の支給対象期間は、一二か月を限度とする。

(ロ) 指導員経費の支給額は、一事業場一か月当たり指導員の委嘱等に要した費用の額の四分の三とし、その額が一五〇、〇〇〇円を超える場合は、一五〇、〇〇〇円とする。

(ハ) 指導員経費は、指導員を雇い入れ又は委嘱した日から起算して（以下「起算日」という。）最初の六か月を第一期、次の六か月を第二期とする各期（以下「指導員経費支給対象期」という。）について、上記(ロ)に掲げる月額により各期分まとめて支給する。

ニ 受給資格承認申請の手続等

(イ) 指導員経費の支給を受けようとする事業主（以下「指導員経費申請者」という。）は、「振動障害者指導

員経費受給資格承認申請書」（雇援様式第七号。以下「指導員経費資格承認申請書」という。）に対象労働者名簿を添付して、起算日から一か月以内に所轄署長を経由して所轄局長に申請するものとする。

ただし、天災地変その他やむを得ない事由のため当該期間内に申請できない場合には、当該事由のやんだ日の翌日から起算して一週間以内にその事由を記した書面を添えて申請することができる。

(ロ)　所轄局長は、指導員経費資格承認申請書を受理したときは、内容を審査の上、指導員経費受給資格の承認又は不承認の決定を行い、その旨を「振動障害者指導員経費受給資格承認・不承認決定通知書」（雇援様式第八号）により指導員経費申請者に通知するものとする。

ホ　費用の請求等

指導員経費申請者は、指導員経費支給対象期に係る最後の費用支払日から一か月以内に「振動障害者指導員経費支給申請書」（雇援様式第九号）に賃金台帳等の写し及び指導員に支払った経費に係る領収書等の写しを添付して、所轄署長を経由して所轄局長あてに申請するものとする。

ただし、天災地変その他やむを得ない事由のため当該期間内に申請できない場合には、当該事由のやんだ日の翌日から起算して一週間以内にその事由を記した書面を添えて申請することができる。

3　振動障害者雇用援護金の支出

所轄局長は、振動障害者雇用援護金の支給決定を行ったときは、当該振動障害者雇用援護金の額を労働保険特別会計労災勘定（項）労働福祉事業費（目）福祉施設給付金から支出するものとする。

4　不正受給に対する措置

偽りその他不正の行為により振動障害者雇用援護金の支給を受けた者は、当該援護金を返還しなければならないものとする。

5　実施期日

本要綱は、平成八年四月一日から適用する。

別添3・別添4〈略〉

（平八・五・一一　基発第三一一号、平一一・一二・三　基発第六九四号の二）

〈振動障害者職業復帰促進事業特別奨励金の支給について〉

今般、別添「林業振動障害者職業復帰促進事業特別奨励金支給要綱（現行・振動障害者転業復帰促進事業特別奨励金支給要綱）」（以下「要綱」という。）を定め、平成三年一〇月一五日から実施することとしたので、下記事項に留意のうえ事務処理に遺漏なきを期されたい。

記

1　趣旨について

振動工具を取り扱うことにより身体局所に振動ばく露を受ける業務（以下「振動業務」という。）に従事したため、振動障害にり患し、労働者災害補償保険法による療養補償給付を受けている者（入院期間中、手術的療法の期間（手術～創面治ゆするまでの期間）中及び術後療法中の者を除く。以下「振動障害者」という。）については、振動障害の治療指針（昭和六一年一〇月）において、一般的に就労しながら治療を行う方がより効果的であるとして積極的に就労を図るべきことが指摘されるなど、早期の職業復帰が望まれる。

しかし、これらの者については、振動業務以外の業務に就かなければならないこと、なお通院を要すること、雇用の機会が限定されていること等の事情により、企業への就職による職業復帰が著しく困難な場合が多い。

そこで、林業地域において、振動障害者等による事業の振興を図ることにより安定した職業復帰の場を創設することをもって、職業復帰を促進する必要があることから、振動障害者等が共同で事業を始める場合に、その事業の開始に要した費用を援助するため、当該事業の団体に林業振動障害者職業復帰促進事業特別奨励金（以下「特別奨励金」という。）を支給するものである。

2　支給対象事業体について

(1)　特別奨励金は、雇用の機会が限定される地域に居住する振動障害者及び振動障害者であったもので当該振動障害が治ゆした者（後記3(1)の計画日において治ゆ後一年以内の者に限る。以下「振動障害治ゆ者」という。）等で構成され、構成員による出資に基づき共同で事業を行う営利団体であって、要綱2のいずれにも該当する事業体（以下「事業体」という。）に対して支給するものである。

この場合の「構成員による出資に基づき共同で事業を行う営利団体」には、次の団体が該当するものである。

イ　民法上の組合（民法第六六七条）

ロ　商法上の会社

ハ　特別法上の組合（森林組合法に基づく生産森林組合法人等）

(2)　振動障害者及び振動障害治ゆ者で過去において特別奨励金の支給を受けた団体の構成員である者又は構成員であった者は、要綱2(3)の「構成員の三分の二（総数が五人の場合にあっては三人。）以上」の人数及び要綱3(1)の表左欄に掲げる人数に含まないものである。

ただし、過去において特別奨励金の支給を受けた団体の構成員であった者で、天災その他やむを得ない事由のために事業の継続が不可能となったことにより、事業の廃止を余儀なくされたと都道府県労働基準局長が認めた事業体の構成員であった場合は、この限りではない。

3　支給額等について

(1)　特別奨励金は、振動障害者職業復帰促進事業計画書（様式第一号。以下「計画書」という。）を事業体の所在地を管轄する労働基準監督署長（以下「所轄署長」という。）を経由して当該所轄署長の管轄区域を管轄する都道府県労働基準局長（以下「所轄局長」という。）に提出した日（以下「計画日」という。）から事業の開始に伴い当該事業の用に供する施設又は設備の設置（以下「事業施設等の設置」という。）を完了した日（以下「完了日」という。）までに行った事業施設等の設置に要した費用が支給対象となるものであること。

なお、「事業施設等の設置」とは、新設、購入（土地を除く。）又は賃借に係る不動産、動産の引渡が終了したものをいう。

ただし、次に掲げるものは、特別奨励金の支給対象から除くものとする。

イ　操業開始日の前日から起算して一二カ月前の日以前に行った事業施設等の設置に要した費用

ロ　事業施設等の設置に関して、雇用保険法等の他の法令又は条例の規定に基づき支給される類似の補助金等の交付又は交付決定を受けている場合には、当該補助金等の補助対象となっている事業施設等の設置に要した費用

(2)　事業施設等の設置に要した費用は、次に掲げる場合に応じて、それぞれに定める費用とする。

イ　事業施設等の設置に要した費用とは、工事費、購入価格又は賃借費用のうち計画日から完了日までの間に実際に支払われた費用とし、完了日後に支払われる予定の額は含めない。この場合、小切手又は手形による支払については、完了日までに決済を完了したものに限るものとする。

なお、賃借については、支払った額が一年分を超える場合は、一年分を限度とする。

ロ　計画日から完了日までの間に事業体が解約、売却等を行ったため、完了日において当該事業体の事業の用に供されないこととなった不動産、動産に係る費用については、「計画日から完了日までに行った事業施設等の設置に要した費用」には含まない。

(3)　事業体の構成員間、構成員とその配偶者間又は一親等以内の親族間、事業体が法人である場合には当該法人とその代表者若しくは代表者の配偶者の間又は当該法人とその取締役（代表者を除く。）の間の取引による新設・購入又は賃借は「事業施設等の設置に要した費用」に該当しないものとする。

4　計画書等について

(1)　事業体の分割や統合があった場合には、当該事業体について新たに計画書を提出するものとする。

(2)　所轄署長は、計画書の提出があった場合は、次の事務処理を行うものとする。

イ　当該事業体の所在地、添付書類等を確認のうえ、必要があるときは、当該事業体の構成員の住民票、資本の額又は出資の総額等の事業内容に関する資料の提出を求めるものとすること。

ロ　要綱2(3)に該当する構成員について保険給付関係資料等と照合のうえ、当該計画書の所定欄に署長意見を記入して所轄局長に進達するものとする。この場合、当該構成員の療養補償給付の支給決定に係る労働基準監督署長が、所轄署長以外の労働基準監督署長であるときは、当該労働基準監督署長に対し構成員に係る保険給付関係資料の写の送付を求め、これを保管するものとすること。

なお、記載事項等について確認を行い支給対象事業体に該当しないものについては、是正指導を行うものとする。

(3)　要綱4(1)ロの「事業体の設立形態及び構成員の出資の事実を確認できる書類」とは、次に掲げるものをいうものである。

イ　民法上の組合を設立したときは、組合契約書の写

ロ　商法上の会社又は特別法上の組合を設立したときは、商業登記簿の写、法人登記簿の写、定款又は規約の写

(4)　進達を受けた所轄局長は、「振動障害者職業復帰促進事業特別奨励金処理簿」(別紙様式第一号。以下「処理簿」という。)に所要事項を記載のうえ、署長意見を踏まえ、計画書の内容を審査し、支給対象事業体に該当すると認めた場合には、「振動障害者職業復帰促進事業計画受理通知書」(様式第二号。以下「計画受理通知書」という。)により計画書を提出した者(以下「計画提出者」という。)に計画書を受理した旨を通知すること。

なお、計画書の審査に当たっては、構成員である振動障害者及び振動障害治ゆ者の居住地が、雇用機会が限定された地域か否か、及び事業内容等から長期的な事業運営が確実に見込まれる事業か否か等について、必要に応じて林業振動障害者職業復帰対策協議会等の意見を聞くこととする。

(5)　所轄局長は、計画受理通知書及び計画受理通知書「変更届」を計画提出者に交付したときは、その写を所轄署長あて送付すること。

なお、当該構成員の療養補償給付の支給決定に係る労働基準監督署長が、所轄署長以外の労働基準監督署長である場合には、所轄署長及び所轄署長以外の労働基準監督署長の管轄区域を管轄する都道府県労働基準局長あて計画受理通知書及び計画受理通知書「変更届」の写を送付し、送付を受けた都道府県労働基準局長

は、管轄する労働基準監督署長あて送付し不正受給防止の資料として保存すること。

5　支給申請手続等について

(1)　計画提出者は、「振動障害者職業復帰促進事業特別奨励金支給申請書」（様式第五号。以下「支給申請書」という。）に「振動障害者職業復帰促進事業施設等設置費用申告書」（様式第七号。以下「費用申告書」という。）を添付して、所轄署長を経由して所轄局長に提出すること。

(2)　費用申告書には、価格、支払年月日、支払金額等の内訳書並びに施設又は設備の種類及び設置の態様に応じて、次に掲げる証明書（以下併せて「各証明書」という。）を添付し、各証明書にはそれぞれに掲げる書類を添付すること。

イ　不動産を新設したとき

①　当該不動産の新設工事を施工した者の作成した不動産の新設、販売、賃貸証明書（様式第八号。以下「不動産関係証明書」という。）

②　添付するもの……当該不動産に係る登記簿の写、請負契約書の写、領収書の写

ロ　不動産（土地を除く。）を購入したとき

①　当該不動産を販売した者の作成した不動産関係証明書

②　添付するもの……当該不動産に係る登記簿の写、売買契約書の写、領収書の写

ハ　不動産を賃借したとき

①　当該不動産を賃貸した者の作成した不動産関係証明書

②　添付するもの……当該不動産に係る登記簿の写、賃貸借契約書の写、領収書の写

ニ　動産を購入したとき

①　当該動産を販売した者の作成した動産販売証明書（様式第九号。以下「動産関係証明書」という。）

②　添付するもの……当該売買契約書（車両の場合は車検証の写を含む。契約書がない場合には、これに代わる納品書等）の写、領収書の写。当該物品に製品番号がない場合には、当該物品を掲載したカタログ等当該物品を確定するための資料

ホ　動産を賃借したとき

①　当該動産を賃貸した者の作成した動産関係証明書

②　添付するもの……賃貸借契約書の写

ヘ　その他

購入したときの取り付け費用及び運搬費用等に係る証明については、当該施工主による適宜の様式の証明書、領収書の写を添付すること。

(3)　所轄署長は、支給申請書に添付された費用申告書について必要と認めるときは、総勘定元帳、現金出納簿、固定資産台帳の帳簿、領収書等の原本を持参させることにより確認するものとする。

また、費用申告書により申告され

た施設又は設備が実際に設置され、完了日において当該事業体の事業の用に供しているか否かについては、必要に応じ事業場の実地調査等により確認すること。

6　支出事務について

(1)　所轄局長は、審査のうえ、特別奨励金を労働保険特別会計労災勘定（項）労働福祉事業費（目）福祉施設給付金から支出するものとする。

(2)　特別奨励金を支出したときは、処理簿に必要な事項を記入すること。

7　制度の有効活用について

本制度の円滑かつ効果的な推進を図るため、都道府県労働基準局長及び労働基準監督署長は、林業振動障害者職業復帰対策協議会、同地区協議会（これらの協議会を設置していない局にあっては、被災労働者社会復帰促進連絡会議）等の場を利用する等の方法により、本制度の内容につき周知するとともに、林業振動障害者職業復帰推進員及び社会復帰推進員の積極的な活用を図ること。

8　支給決定の取消しについて

所轄局長は、特別奨励金の支給を受けた者が、次の(1)又は(2)に該当する場合には、振動障害者職業復帰促進事業特別奨励金支給決定取消通知書（様式第一〇号）により、当該特別奨励金の支給を受けた者に対して、当該各号に掲げる額に係る支給決定を取り消す旨の通知を行うものとすること。

(1)　偽りその他不正手段により特別奨励金の支給を受けた場合
支給した特別奨励金の全部又は一部

(2)　特別奨励金の支給すべき額を超えて特別奨励金の支給を受けた場合
当該支給すべき額を超えて支払われた部分の額

9　返還等について

(1)　特別奨励金の返還

所轄局長は、特別奨励金の支給決定を取り消したときは、期限を定めて返還を命じなければならないこととする。

ただし、所轄局長がやむを得ない事由があると認めるときは、返還の期限を延長し、又は返還の命令の全部若しくは一部を取り消すことができるものとする。

(2)　加算金及び延滞金

8(1)に該当し、特別奨励金の返還を命じられた者は、次に定めるところにより、加算金及び延滞金を納付するものとする。

ただし、所轄局長が、やむを得ない事由があると認めるときは、加算金又は延滞金の全部又は一部を免除することができるものとする。

イ　特別奨励金の受領の日から納付の日までの日数に応じ、特別奨励金の額につき年一〇・九五パーセントの割合で計算した加算金を納付しなければならない。

ロ　特別奨励金を納期日までに納付しなかったときは、納期日の翌日から納付の日までの日数に応じ、未納付額につき年一〇・九五パーセントの割合で計算した延滞金を納付しなければならない。

10　様式について

様式については、別途管理換えを行う予定であるが、当分の間は本通達の様式例を適宜複写して使用すること。

11　施行期日について

本制度による特別奨励金の支給については、平成三年一〇月一五日（以下「施行日」という。）から施行すること。

12　経過措置について

(1)　本制度は、平成三年四月一日（以下「適用日」という。）以後に事業施設等の設置を完了又は完了を予定している事業体に対して適用する。この場合、事業施設等の設置を計画した日が適用日以前のものについては、適用日を計画日とする。

(2)　次に該当する団体は、それぞれに掲げる書類を平成三年十二月三一日までに所轄署長を経由して所轄局長に提出するものとする。

イ　施行日において、すでに事業施設等の設置を計画し、施行日以降に操業の開始及び事業施設等の設置の完了を予定している団体

提出書類……………計画書

ロ　施行日において、すでに操業を開始し、施行日以降に事業施設等の設置の完了を予定している団体

提出書類……計画書・操業開始届

ハ　施行日において、すでに事業施設等の設置を完了（適用日以降に限る。）し、施行日以降に操業を開始する予定の団体

提出書類……………計画書

ニ　施行日において、すでに事業施設等の設置を完了（適用日以降に限る。）し、操業を開始している団体

提出書類……計画書・操業開始届

また、イ、ロ、ハに該当する団体については、所轄局長から計画受理通知書により受理した旨の通知があった後の事務処理については、要綱によることとする。

なお、ニに該当する団体については、所轄局長から計画受理通知書により受理した旨の通知があった日の翌日から起算して一カ月以内に、完了届とともに支給申請書を提出するものとする。

(3)　適用日以前に支払われた事業施設の設置に要した費用は、支給対象としない。

（別添）

振動障害者職業復帰促進事業特別奨励金支給要綱

1　趣旨

振動業務に従事したことにより振動障害にり患し、労働者災害補償保険法（昭和二二年法律第五〇号）による療養補償給付を受けている者（以下「振動障害者」という。）であって、当該振動障害の症状が軽快した者等については、早期の社会復帰が望まれるところである。

しかしながら、振動障害者が職業復帰する場合は、振動業務以外の業務に就く必要があること及び雇用の機会が限定されていること等にかんがみ、振動障害者が共同で事業を行う場合に、その事業の開始に要した費用を援助することにより職業復帰の促進を図るため、当該事業を行う団体に振動障害者職業復帰促進事業特別奨励金（以下「特別奨励金」という。）を支給するものである。

2　支給対象事業体

特別奨励金は、雇用の機会が限定された地域に居住する振動障害者及び振動障害者であったもので当該振動障害が治ゆした者（後記4(1)イの計画書を所轄署長を経由して所轄局長に提出した日（以下「計画日」という。）において治ゆ後一年以内の者に限る。以下「振動障害治ゆ者」という。）等で構成され、構成員による出資に基づき共同で事業を行う営利団体であって、次のいずれにも該当する団体（以下「事業体」という。）に対して支給するものとする。

(1)　新たに事業を開始した団体であって、事業の開始に伴い当該事業の用に供する施設又は設備を設置（以下「事業施設等の設置」という。）したものであること。

(2)　長期的な事業運営が確実に見込まれる団体であって、組織及び業務運営に関する規約等が整備されているものであること。

(3)　構成員の総数が五人以上の団体であって、構成員の三分の二（構成員の総数が五人の場合にあっては三人。）以上が振動障害者及び振動障害治ゆ者（過去において特別奨励金の支給を受けた団体の構成員である者又は構成員であった者を除く。以下同じ。）で構成されるものであること。

3　支給額等

(1)　特別奨励金の支給額は、事業施設等の設置に要した費用の三分の一の額とする。

ただし、特別奨励金の支給額は、次表の左欄に掲げる事業体を構成する振動障害者及び振動障害治ゆ者の人数に応ずる同表の右欄に掲げる金額を限度とする。

事業体を構成する振動障害者及び振動障害治ゆの人数	特別奨励金支給限度額
三〜五人	二五〇万円
六〜七人	四〇〇万円
八人以上	五五〇万円

(2)　(1)の事業施設等の設置に要した費用は、事業体の事業の開始に伴い、当該事業の用に供する施設又は設備の新設、購入（土地、原材料及び消費財の購入を除く。）及び賃借に要した費用のうち計画日（計画日が操業開始日の前日から起算して一二か月前の日より前である場合にあっては、当該操業開始日の前日から起算して一二か月前の日）から後記6(1)の完了日までに実際に支払われた費

用とし、完了日後に支払われる予定の額は含めないものとする。

4　計画書の提出等

(1)　計画書の提出

イ　事業施設等の設置を行おうとする者は、事業施設等の設置に係る事業の開始予定日（以下「操業開始予定日」という。）の前日から起算して一二か月前の日から操業開始予定日の前日までの間において、振動障害者職業復帰促進事業計画書（様式第一号。以下「計画書」という。）を事業体の所在地を管轄する労働基準監督署長（以下「所轄署長」という。）を経由して当該所轄署長の管轄区域を管轄する都道府県労働基準局長（以下「所轄局長という。）に提出するものとする。

ロ　計画書には、事業体の設立形態及び構成員の出資の事実を確認できる書類を添付するものとする。

(2)　計画書の受理

所轄局長は、計画書の内容を審査の上、支給対象事業体に該当すると認めた場合には、計画書を受理し、計画書を提出した者（以下「計画提出者」という。）に対して、振動障害者職業復帰促進事業計画受理通知書（様式第二号。以下「計画受理通知書」という。）により受理した旨を通知するものとする。

(3)　計画書の変更

イ　計画提出者は、既に提出した計画書記載の事業体の名称を変更した場合、操業開始予定日を大幅に変更する場合等計画書の内容を変更しようとするときは、その変更事項を計画書に記入し、標題に「変更届」と書き加えて所轄署長を経由して所轄局長に提出するものとする。

ロ　所轄局長は、計画書（変更届）の内容を審査の上、当該変更を適当と認めた場合には、計画書（変更届）を受理し、計画書受理通知書に「変更届」と明記し計画提出者に対して、計画書（変更届）を受理した旨を通知するものとする。

(4)　計画書の失効

所轄局長が計画書を受理した日（変更届が提出された場合は、当該変更届を受理した日）から起算して一二か月を経過するまでの間に操業が開始されない場合には、当該計画書は失効するものとする。

(5)　計画書の撤回

イ　計画提出者は、後記6(1)の完了日の前日までは計画書を撤回することができるものとする。撤回は、撤回する理由及び提出の日付等を記載した文書（以下「撤回届」という。）により行うものとする。

ロ　所轄局長は、記載事項について確認を行った後、撤回届を受理し、適宜の様式により撤回届を提出した者に対して、撤回届を受理した旨通知するものとする。

5　操業開始届の提出

計画提出者は、事業施設等の設置に係る事業の操業を開始したときは、操業開始日の翌日から起算して一カ月以内に振動障害者職業復帰促進事業操業開始届（様式第三号。以下「操業開始届」という。）を所轄署長を経由して所轄局長に提出するものとする。

6　設置完了届の提出

(1)　計画提出者は、事業施設等の設置を完了したときは、完了した日（以下「完了日」という。）の翌日から起算して一カ月以内に振動障害者職業復帰促進事業施設等設置完了届（様式第四号。以下「完了届」という。）を所轄署長を経由して所轄局長に提出するものとする。

ただし、操業開始日から起算して六カ月後の日までに事業施設等の設置を完了していない場合は、当該六カ月後の日を完了日とし、当該完了日の翌日から起算して一カ月以内に完了届を提出するものとする。

(2)　操業開始日前に事業施設等の設置を完了した場合の完了届は、操業開始届とともに提出するものとする。

(3)　完了届の提出に当たって、天災地変その他やむを得ない事由のため当該期間内に提出できない場合には、当該事由がやんだ日の翌日から起算して七日以内にその事由を記した書面を添えて提出することができる。

7　申請手続等

(1)　計画提出者は、完了届とともに振動障害者職業復帰促進事業特別奨励金支給申請書（様式第五号。以下「支給申請書」という。）に振動障害者職業復帰促進事業特別奨励金施設等設置費用申告書（様式第七号。以下「費用申告書」という。）を添付し、所轄署長を経由して所轄局長に提出するものとする。

(2)　費用申告書には、価格、支払年月日、支払金額等の内訳書並びに施設又は設備の種類及び設置の態様に応じた証明書を添付するものとする。

(3)　所轄局長は、支給申請書を受理したときは、内容を審査の上特別奨励金の支給又は不支給の決定を行い、その旨を「振動障害者職業復帰促進事業特別奨励金支給・不支給決定通知書」（様式第六号）により申請者に通知するものとする。

(4)　所轄局長は、特別奨励金の支給決定を行ったときは、当該特別奨励金の額を労働保険特別会計労災勘定（項）労働福祉事業費（目）福祉施設給付金から支出するものとする。

8　不正受給に対する措置

偽りその他不正の手段により特別奨励金の支給を受けた者は、当該特別奨励金を返還しなければならないものとする。

9　実施期日

本要綱は、平成八年四月一日から適用する。

（平三・一〇・九　基発第六〇一号、平八・五・一一　基発第三一一号）

〈長期療養者職業復帰援護金の支給に

ついて〉

今般、別添「長期療養者職業復帰援護金支給要綱」（以下「援護金支給要綱」という。）を定め、昭和五八年八月一日から実施することとしたので、下記事項に留意のうえ、事務処理に遺漏なきを期されたい。

記

1　趣旨について

頭頸部外傷症候群、頸肩腕症候群又は腰痛（以下「対象傷病」という。）に罹患し、労働者災害補償保険法（昭和二二年法律第五〇号。以下「労災保険法」という。）による療養補償給付又は療養給付（以下「療養補償給付等」という。）を受けている者で、当該傷病の症状が軽快した者にあっては、長期にわたる休業の結果、職場への適応能力が減退しており、職業復帰に当たって段階的就労を必要とする事例が多くみられる。

また、再発防止のため、当該傷病の原因となった業務以外の業務に就労する必要があるところである。

そこで、これらの者を再就労させ又は新たに常用労働者として雇い入れ、職場適応能力を高めるために段階的就労を行わせる事業主及び当該業務以外の業務に転換するための訓練（以下「職種転換訓練」という。）を実施する事業主に対し、労災保険法の労働福祉事業として長期療養者職業復帰援護金（以下「援護金」という。）を支給するものであること。

なお、「段階的就労」とは対象労働者が治ゆ前或いは治ゆ後に、職業復帰するに当たって、当初、短時間の就労から始め、徐々に、就労時間を増やし、六カ月後には、所定労働時間の就労が可能となるような就労形態（労働の内容が軽易なものから通常の業務まで段階的に移行する場合も含む。）をいうものであること。

2　対象労働者

(1)　段階的就労及び職種転換訓練の対象となる労働者は、次に該当する者（以下「対象労働者」という。）であること。

イ　対象傷病に罹患し、療養補償給付等を受け、おおむね一年以上にわたって休業している者であって、当該傷病の症状が軽快した者のうちおおむね六カ月以内に治ゆすることが見込まれる者

ロ　対象傷病に罹患し、療養補償給付等を受け、おおむね一年以上にわたって休業していた者であって、当該傷病が治ゆした者（治ゆ後六カ月以内の者に限る。）のうち、都道府県労働基準局長（以下「基準局長」という。）が特に必要と認めた者

(2)　対象労働者の傷病の症状が、おおむね六カ月以内に治ゆすることが見込まれるか否かについては、当該対象労働者の主治医の意見を踏まえて判断するものであること。

3　支給対象事業主

(1)　援護金は、対象事業主について対象労働者を再就労さ

せ又は新たに常用労働者として雇い入れる事業主であって、段階的就労又は職種転換訓練に係る所要の体制が整い援護金の支給対象期間後も引き続き対象労働者を相当期間雇用することが確実であると認められる事業主（以下「支給対象事業主」という。）に対し支給するものであること。

(2)　(1)にかかわらず、次の事業主には援護金を支給しないものであること。

①　過去において、昭和五七年七月一九日付け基発第四七五号通達「振動障害者社会復帰特別援護金の支給について」による援護金又は昭和五七年七月一九日付け基発第四七六号通達「振動障害再発防止特別援護措置の実施について」による訓練を受けた者を再就労させ又は新たに常用労働者として雇い入れる事業主

②　対象労働者の雇用に当たり、雇用保険法の規定に基づき支給される特定求職者雇用開発助成金等の支給を受ける事業主

③　過去において、援護金の支給対象となった労働者を再就労させ又は新たに常用労働者として雇い入れる事業主（ただし、次のイ及びロの場合には援護金を支給する。）

イ　事業主の都合により、段階的就労又は職種転換訓練の途中で解雇された労働者を新たに常用労働者として雇い入れる場合

ロ　天災その他基準局長がやむを得ないと認めた事由のために事業の継続が不可能となったことにより、段階的就労又は職種転換訓練の途中で解雇された労働者を新たに常用労働者として雇い入れる場合

(3)　「中小企業事業主」とは、その資本の額若しくは出資の総額が一億円（小売業又はサービス業の事業主については一、〇〇〇万円、卸売業の事業主については一億円。）を超えない事業の事業主又は常用雇用する労働者の数が三〇〇人（小売業の事業主については五〇人、卸売業又はサービス業の事業主については一〇〇人。）を超えない事業主をいうものであること。

(4)　「常用労働者」とは、期間の定めなく雇用される労働者をいうものであり、臨時に期間を定めて雇用される者、日々雇い入れられる者、季節的業務に雇用される者等は含まれないものであること。

4　援護金の支給額等について

(1)　援護金は、長期療養就労援護金（以下「就労援護金」という。）及び長期療養者職種転換訓練援護金（以下「訓練援護金」という。）とし、原則として、次に掲げる月額により六カ月（以下「支給対象期」という。）分を一括して支給するものであり、支給対象期の途中で段階的就労又は職種転換訓練を中止した場合には、支給しないものであること。

イ　就労援護金の月額は、対象労働者

を再就労させた日又は新たに常用労働者として雇い入れた日（賃金締切日が定められている場合であって、賃金締切日以外の日に再就労させ又は新たに雇い入れたときは、再就労の日又は雇い入れの日の直後の賃金締切日の翌日。以下「起算日」という。）から一カ月ごとに対象労働者に対して支払った賃金（臨時に支払われた賃金及び三カ月を超える期間ごとに支払われる賃金を除く。以下同じ。）の額の三分の一（中小企業事業主にあっては二分の一）の額とし、その額が対象労働者一人につき八〇、〇〇〇円（中小企業事業主にあっては一〇〇、〇〇〇円）を超える場合は八〇、〇〇〇円（中小企業事業主にあっては一〇〇、〇〇〇円）とすること。

ロ　訓練援護金の月額は、支給対象期に職種転換訓練（当該訓練の一部を外部に委託する場合等を含む。）を実施した場合に対象労働者一人につき二五、〇〇〇円とすること。

ただし、一カ月のうち受講日数が一三日未満の場合（解雇等により、月の途中で職種転換訓練が終了し、(2)の定めにより援護金が支給される場合を含む。）の訓練援護金の月額は二五、〇〇〇円を二〇で除した額に当該受講日数を乗じて得た額とするものであること。

なお、賃金締切日が定められている場合であって、賃金締切日以外の日に再就労させ又は新たに雇い入れたときは、再就労の日又は雇い入れの日の直後の賃金締切日までは、援護金の支給対象期には含まれないものであること。

(2)　(1)にかかわらず、次に掲げる事由により、支給対象期の途中で段階的就労又は職種転換訓練を中止した場合及び当初の就労計画に比し、勤務日数が著しく少なくなるほど、段階的就労の実効があがらないことが明らかとなった場合には、段階的就労に対して賃金が支払われた月或いは職種転換訓練を行った月については、援護金を支給するものであること。

イ　対象労働者の責めに帰すべき事由による解雇

ロ　天災その他基準局長がやむを得ないと認めた事由のため事業の継続が不可能になったことによる対象労働者の解雇

ハ　対象労働者の自己都合による退職（死亡を含む。）

(3)　援護金の支給は、原則として、同一の対象労働者について一回限りとすること。

ただし、支給対象期の途中で段階的就労及び職種転換訓練を中止した対象労働者であっても、基準局長が、当該対象労働者について本制度の再利用の必要があると認めた場合には、この限りではないこと。

(4)　就労援護金の対象労働者には、対象傷病に係る療養のため休業した場合であっても、事業主より賃金が支払われるものであるから、労災保険法の休業補償給付又は休業給付及び休業特別支給金は支給されないものであること。

(5) 支給対象期の途中で、段階的就労又は職種転換訓練を中止した場合には、中止の経緯をできるだけ詳細に記録しておくこと。

5 受給資格申請の手続等について

(1) 援護金の支給を受けようとする事業主（以下「申請者」という。）は「長期療養者職業復帰援護金受給資格申請書」（様式第一号）（以下「申請書」という。）に「段階的就労・職種転換訓練実施計画表」（別添（例）に準じて適宜作成すること。）を添付して、段階的就労をさせる事業所の所在地を管轄する労働基準監督署長（以下「所轄署長」という。）を経由して当該所轄署長の管轄区域を管轄する基準局長（以下「所轄基準局長」という。）に提出するものであること。

(2) (1)の申請は、当該対象労働者に係る起算日から一カ月以内に行うものであること。ただし、天災その他基準局長がやむを得ないと認めた事由のため当該期間内に申請できない場合には、当該事由のやんだ日の翌日から起算して七日以内にその事由を記した書面を添えて申請することができるものであること。

(3) 所轄署長は、申請書を受理するに当たっては、当該事業所の所在地、添付書類等を確認のうえ受理し、申請書の内容につき保険給付記録票、療養補償給付請求書等の既存資料と照合するとともに、必要があるときは、申請事業主の各事業所の所在地、当該対象労働者に係る起算日における資本の額又は出資の総額及び常時雇用する労働者の数に関する資料、事業内容を示すパンフレット等の提出を求めること。また、保険給付記録票の「労働福祉事業欄」に「長期療養者職業復帰援護金受給資格申請書経由」の旨を記入し、当該申請書に署長意見を記入して所轄基準局長に進達すること。

(4) 進達を受けた所轄基準局長は、署長意見を踏まえ、申請書及び添付書類を審査のうえ援護金の支給につき承認、不承認の決定を行い、その旨を「長期療養者職業復帰援護金支給承認／不承認決定通知書」（様式第二号）により申請者に通知すること。

(5) 所轄基準局長は、援護金支給の承認を行ったときは、別紙一の様式一「長期療養者職業復帰援護金支給整理台帳」（以下「整理台帳」という。）に必要な事項を記入すること。

6 費用の請求等について

(1) 就労援護金及び訓練援護金の支給を受けようとする事業主は「長期療養者就労／職種転換訓練援護金支給申請書」（様式第三号）（以下「援護金申請書」という。）を所轄署長を経由して所轄基準局長に提出するものであること。

(2) (1)の申請は、対象労働者に係る支給対象期が経過したときに、当該支給対象期分の援護金について、当該支給対象期に係る最後の賃金支払日から一カ月以内に行うものであること。ただし、天災その他基準局長がやむを得ないと認めた事由のため当該期間内に申請できない場合には、当該事由のやんだ日の翌日から起算して七日以内にその事由を記した書面を添えて申請することができるものであること。

(3) 対象労働者に係る解雇（4の(5)により援護金が不支給となる場合を除く。）、退職（死亡の場合を含む。）及び前記4の(5)等のため、支給対象期の中途で、本制度の適用を中止した場合には、最後に賃金を支給した日から一カ月以内に、援護金申請書に解雇等が発生した年月日及びその理由を記載した書面を添付して申請できるものであること。

7 支出事務について

(1) 援護金支給の承認に係る都道府県労働基準局の労働保険特別会計の支出官（以下「支出官」という。）は、援護金を労働保険特別会計労災勘定（項）労働福祉事業費（目）福祉施設給付金から支出するものとし、その支出事務については、昭和四八年八月九日付け基発第四六七号通達「労災特別援護措置について」記七支出事務(1)のロ「療養に要する雑費」に準じて取り扱うものとすること。

(2) 支出官は、援護金を支出したときは、整理台帳に必要な事項を記入すること。

8 制度の有効活用について

所轄基準局長及び所轄署長は、当該制度の趣旨を踏まえ、関係の事業主に対し当該制度の周知を図ること。

9 不正受給に対する措置について

偽りその他不正の行為により援護金の支給を受けた者は、当該援護金を返還しなければならないものであること。

10 様式について

様式については、別途管理換えを行う予定であるが、当分の間は本通達の様式例を便宜複写して使用すること。

11 施行期日について

本制度による援護金の支給については、昭和五八年八月一日以降に再就労させ又は新たに常用労働者として雇い入れた対象労働者に対して、段階的就労を行わせ又は職種転換訓練を実施するものに適用すること。

（別添）

長期療養者職業復帰援護金支給要綱

1 趣旨

業務災害又は通勤災害により頭頸部外傷症候群、頸肩腕症候群又は腰痛（以下「対象傷病」という。）にり患し、労働者災害補償保険法（昭和二二年法律第五〇号。以下「労災保険法」という。）による療養補償給付又は療養給付（以下「療養補償給付等」という。）を受けている者で、当該症状が軽快した者にあっては、職業復帰に当たって長期にわたる休業により職場への適応能力が減退しているため段階的な就労が必要であること、また、再発防止のために当該傷病の原因となった業務以外の業務に就労する必要があることにかんがみ、これらの者を再就労させ又は新たに常用労働者として雇い入れ、職場適応能力を高めるために段階的就労を行わせる事業主及び当該業務以外の業務に転換するための訓練（以下「職種転換訓練」という。）を行う事業主に対し、労災保険法の労働福祉事業として、長期療養者職業復帰援護金（以下「援護金」という。）を支給し、もってこれらの者の職業復帰の促進を図るものとする。

2　対象労働者

段階的就労及び職種転換訓練の対象となる労働者は、対象傷病により患し、療養補償給付等を受け、おおむね一年以上にわたって休業している者であって、当該傷病の症状が軽快した者のうちおおむね六か月以内に治ゆすることが見込まれるもの及び都道府県労働基準局長（以下「基準局長」という。）が特に必要と認めるもの（以下「対象労働者」という。）とする。

3　支給対象事業主

(1)　援護金は、次のいずれにも該当する事業主（以下「支給対象事業主」という。）に対して支給するものとする。

①　労災保険法の適用事業の事業主

②　対象労働者に対して、段階的就労を行わせる事業主又は職種転換訓練を実施する事業主

③　援護金の支給対象期間後も引き続き相当期間雇用することが確実であると認められる事業主

④　段階的就労又は職種転換訓練のため、対象労働者が、就業規則等で定める所定労働日数又は所定労働時間就労しなかった場合であっても、所定日数または所定労働時間就労したものとみなして賃金を支払う事業主

⑤　対象労働者に対し、就労上の問題等につき所要の指導等を行う担当者を配置する事業主

⑥　次の書類を整備している事業主

イ　対象労働者の就労状況が日ごとに明らかにされた出勤簿等の書類

ロ　対象労働者に対して支払われた賃金について、基本賃金とその他の諸手当が明確に区分されて記載された賃金台帳

(2)　(1)にかかわらず、次に掲げる者を、再就労させ又は新たに常用労働者として雇い入れる事業主は対象としないものとする。

①　過去において、援護金の支給対象となった者

②　雇用保険法等の規定に基づく特定求職者雇用開発助成金の支給等他の類似の制度（①に掲げる制度を除

く。）を利用できる者。

4　援護金の支給額等

(1)　援護金は、長期療養者就労援護金（以下「就労援護金」という。）及び長期療養者職種転換訓練援護金（以下「訓練援護金」という。）とし、原則として、次に掲げる月額により六か月（以下「支給対象期」という。）分を一括して支給するものとする。

①　就労援護金は、対象労働者を再就労させた日又は新たに雇い入れた日（賃金締切日が定められている場合であって、賃金締切日以外の日に再就労させ又は新たに雇い入れられたときは、再就労の日又は雇い入れの日の直後の賃金締切日の翌日。以下「起算日」という。）から一か月ごとに対象労働者に対して支払った賃金（臨時に支払われた賃金及び三か月を超える期間ごとに支払われる賃金を除く。以下同じ。）の額の三分の一（中小企業事業主にあっては二分の一）の額、その額が対象労働者一人月額八〇、〇〇〇円（中小企業事業主にあっては一〇〇、〇〇〇円）を超える場合は八〇、〇〇〇円（中小企業事業主にあっては一〇〇、〇〇〇円）を支給対象事業主に対して支給するものとする。

②　訓練援護金は、対象労働者の段階的就労期間中に職種転換訓練（当該訓練の一部を外部に委託する場合等を含む。）を実施する支給対象事業主に対し、当該対象労働者一人月額二五、〇〇〇円支給するものとする。ただし、受講日数が一か月一三日未満の場合の訓練援護金の額は、二五、〇〇〇円を二〇で除した額に当該受講日数を乗じて得た額とする。

③　職種転換訓練は、別紙に定める「職種転換訓練実施基準」に基づき実施するものとする。

5　受給資格申請の手続等

(1)　援護金の支給を受けようとする事業主（以下「申請者」という。）は、当該対象労働者に係る起算日から一か月以内に「長期療養者職業復帰援護金受給資格申請書」（様式第一号）（以下「申請書」という。）に「段階的就労・職種転換訓練実施計画表」を添付して、段階的就労又は職種転換訓練を実施する事業所の所在地を管轄する労働基準監督署長（以下「所轄署長」という。）を経由して当該所轄署長の管轄区域を管轄する都道府県労働基準局長（以下「所轄基準局長」という。）に提出するものとする。ただし、天災地変その他所轄基準局長がやむを得ないと認めた事由のため当該期間内に申請できない場合には、当該事由のやんだ日の翌日から起算して七日以内にその事由を記した書面を添えて申請することができる。

(2)　所轄基準局長は、申請書を受理したときは、内容を審査の上、援護金支給の承認、不承認の決定を行い、その旨を「長期療養者職業復帰援護金支給承認・不承認決定通知書」

（様式第二号）により申請者に通知するものとする。

6　費用の請求等

(1)　就労援護金及び訓練援護金の支給を受けようとする支給対象事業主は、対象労働者に係る支給対象期が経過したときに、当該対象支給対象期分の援護金について、当該支給対象期に係る最後の賃金支払日から一か月以内に「長期療養者就労・職種転換訓練援護金支給申請書」（様式第三号）（以下「援護金申請書」という。）を所轄署長を経由して所轄基準局長に提出するものとする。ただし、天災地変その他所轄基準局長がやむを得ないと認めた事由のため当該期間内に申請できない場合には、当該事由のやんだ日の翌日から起算して七日以内にその事由を記した書面を添えて申請することができる。

(2)　当該援護金支給の承認に係る都道府県労働基準局の労働保険特別会計の支出官は、所轄基準局長が援護金申請書を受理し、内容を審査の上、当該援護金の額を労働保険特別会計労災勘定（項）労働福祉事業費（目）福祉施設給付金から支出するものとする。

7　不正受給に対する措置

偽りその他不正の行為により援護金の支給を受けた者は、当該援護金を返還しなければならないものとする。

8　施行期日

本制度は、昭和五八年八月一日から実施するものとする。

別紙

職種転換訓練実施基準

1　目的

頭頸部外傷症候群、頸肩腕症候群又は腰痛（以下「対象傷病」という。）の原因となった業務以外の業務に転換するための訓練（当該訓練の一部を外部に委託する場合等を含む。以下「職種転換訓練」という。）は、対象傷病の症状が軽快した者のうちおおむね六か月以内に症状が固定することが見込まれる者及び都道府県労働基準局長（以下「基準局長」という。）が特に必要と認める者（以下「対象労働者」という。）を当該業務以外の業務に継続的に就労させることを目的として、対象労働者を使用する事業主が実施するものとする。

2　通則

(1)　職種転換訓練の実施に当たっては、当該訓練を受講する対象労働者（以下「受講労働者」という。）の身体の状況及び療養の実態等を勘案するものとする。

(2)　職種転換訓練の実施事業所は、労働安全衛生法等に定める作業条件及び環境条件を具備しなければならない。

3　訓練指導員の選任等

職種転換訓練は、訓練指導員の指導監督の下に実施することとし、事業主は、次のすべての要件を満たす者の中から最適と思われる者を訓練指導員として選任するものとする。

イ　職種転換訓練について十分な知識及び技能を有していること。

ロ　監督者としての経験を有していること。

ハ　当該訓練職種に係る作業についての安全及び衛生に関する知識を有していること。

4　訓練の内容等

(1)　職種転換訓練の内容は、次のとおりとする。

イ　転換職種に係る事業及び勤務に関する知識の付与（労働条件及び安全衛生に関する事項を含む。）

ロ　転換職種に係る基礎的技能習得

ハ　転換職種に係る応用的技能習得

ニ　職場実習

ホ　その他訓練の実施につき必要な事項の指導

(2)　職種転換訓練の実施に当たっては、(1)に基づきあらかじめ各受講労働者ごとに実施計画を作成し、当該計画に基づき実施するものとする。

5　帳簿等の整備

(1)　事業主は、受講労働者名簿を作成し、各受講労働者について訓練概要等を記入するものとする。

(2)　事業主は、各受講出席者名簿等により、受講労働者の受講状況を把握するものとする。

(3)　事業主は、職種転換訓練に関する書類、帳簿等を善良なる管理者の注意を持って保存するものとする。

6　報告等

事業主は、職種転換訓練に関し基準局長から報告を求められたり、立入検査等を求められたときには、これに応じなければならないものとする。

（昭五八・七・二五　基発第三五八号、昭六〇・四・二三　基発第二二九号、昭六一・四・二八　基発第二五八号、昭六二・七・四　基発第四〇四号、昭六三・五・二〇　基発第三三二号、平元・六・一六　基発第三三〇号、平二・六・八　基発第三六三号、平三・四・一二　基発第二六五号、平四・四・一〇　基発第二二九号、平五・八・二四　基発第五二一号、平六・六・二三　基発第三九三号、平七・四・三　基発第一九三号、平八・五・一一　基発第三一一号、平九・三・三一　基発第二一七号、平一〇・四・一七　基発第二三九号、平一一・三・三〇　基発第一五七号、平一二・四・二八　基発第三三五号、平一五・八・六　基発第〇八〇六〇〇一号）

〈休業補償特別援護金支給制度の創設について〉

今般、別添「休業補償特別援護金支給要綱」（以下「要綱」という。）により休業補償特別援護金（以下「援護金」という。）を昭和五七年四月一日から支給することとしたので、下記事項に留意のうえ、これが事務処理について遺漏なきを期されたい。

記

1　趣旨

労働者災害補償保険法による休業補償給付は、労働者が業務上の負傷又は疾病による療養のため労働することができないために賃金を受けない日の第四日目から支給することとされており、第三日目までの三日間については、使用者は、労働基準法第七六条に定める休業補償を行わなければならないとされているところである。

ところで、振動障害、じん肺等の疾病にかかった労働者で、その疾病発症に至るまで事業場を転々と移動したものについては当該疾病が医学的にどの事業場の業務によって発症したか明確にできない場合があり従来から災害補償責任の有無をめぐってとかく労使紛争のもととなっており、この休業待期三日間についての休業補償のなされないことがある。

また、遅発性疾病の場合には、業務上疾病と認められた時点で既に事業場が廃止されている等の例も見られ、休業待期三日間について同様の問題が生じているところである。

このような事情から、休業待期三日間についての休業補償を受けることができない遅発性疾病り患者等に対し、援護の措置を行う必要があるので、これらの者に対し、当該休業補償に相当する額の援護金を支給することとしたものである。

2　支給対象者

援護金の支給を受けることができる者は、要綱二に掲げる者である。即ち、休業期間が四日以上である被災労働者であって、現実に休業補償を受けておらず、かつ受けられる見込みのないもののうち、次の各号のいずれかの要件を満たす者に支給するものとする。

(1)　特定疾病に対応する特定業種に従事した労働者のうち、短期間で事業場を移動した者、即ち、次表（労働保険の保険料の徴収等に関する法律施行規則第一七条の二に規定する表）に掲げる要件に該当する者

一	労働基準法施行規則別表第一の二第三号二の疾病（非災害性腰痛）	港湾貨物取扱事業、沿岸荷役業又は船内荷役業	第三欄に掲げる事業の種類に属する事業主を異にする二以上の事業場において労働基準法施行規則別表第一の二第三号に規定する業務に従事し、又は従事したことのある労働者であって、当該労働者について第二欄に掲げる疾病の発生の原因となった業務に従事した最後の事業場の事業主に日々又は二月以内の期間を定めて使用され、又は使用されたもの（二月を超えて使用されるに至ったものを除く。）
二	労働基準法施行規則別表第一の二第三号三の	林業又は建設の事業	第三欄に掲げる事業の種類に属する事業主を異にする二以上の事業場において

	疾病（振動障害）		労働基準法施行規則別表第一の二第三号に規定する業務に従事し、又は従事したことのある労働者であって、当該労働者について第二欄に掲げる疾病の発生の原因となった業務に従事した最後の事業場において当該業務に従事した期間（当該労働者が、当該最後の事業場に使用されるまでの間引き続いて当該最後の事業場の事業主の他の事業場に使用されていた場合にあっては、当該使用されていた期間のうち当該業務に従事した期間を通算した期間。次項の第四欄において「特定業務従事期間」という。）が一年に満たないもの。
三	労働基準法施行規則別表第一の二第五号の疾病（じん肺）	建設の事業	第三欄に掲げる事業の種類に属する事業主を異にする二以上の事業場において労働基準法施行規則別表第一の二第五号に規定する業務に従事し、又は従事したことのある労働者であって、特定業務従事期間が三年に満たないもの

(2)　疾病の発生が診断により確定したときに、当該疾病の原因となった業務に従事した事業場が廃止され、又はその事業主の行方が知れないため、休業待期三日間についての休業補償を請求することができない者

3　申請手続

(1)　援護金の支給を受けようとする者（以下「申請者」という。）は、要綱四に定めるところにより「休業補償特別援護金支給申請書」（様式第一号）を申請に係る疾病の発生のおそれのある業務に従事した最終の事業場（以下「最終事業場」という。）の所在地を管轄する労働基準監督署長（以下「所轄署長」という。）に第一回分の休業補償給付支給請求書と併せて提出するものとする。

(2)　なお、当分の間は、第二回以降の休業補償給付の支給の請求と同時に申請することができるものとする。

(3)　援護金の支給申請は、災害発生日の翌日から起算して二年以内に行うものとする。

4　支給金額

援護金の支給額は、休業補償給付の三日分に相当する額とする。

5　支給又は不支給決定までの手続

(1)　所轄署長は、申請書を受理したときは、「休業補償特別援護金支給申請書処理簿」（様式第三号。以下「処理簿」という。）に必要事項を記入するものとする。

(2)　休業補償を受けていないことの確

認は、所轄署長から事業主に対して、文書又は口頭の照会により行うこととし、又、支払われる見込みのないことの確認は、事業主に対する照会により支払う意思があることが確認されたもの以外は、支払われる見込みがないものとして取り扱うものとする。

(3)　診断確定日において、事業場が廃止されているか、あるいは、事業主の行方が知れないものについての確認は、休業補償給付支給請求書の事業主証明に係る調査結果により判断するものとする。

(4)　給付基礎日額、その他休業補償給付支給請求書と共通する事項については、労働基準監督署（以下「署」という。）の担当者が、一括して照合確認を行うものとする。

(5)　所轄署長は、援護金の支給決定又は不支給決定を行ったときは、「休業補償特別援護金支給決定不支給決定支払通知書」（様式第二号）により、休業補償給付に係る決定通知と同時に申請者に通知するものとする。

6　返還

(1)　所轄署長は、援護金の支給を受けた者が、事業主から休業待期三日間についての休業補償を受けたことを確認した場合には、援護金を返還させるものとする。

(2)　偽りその他不正の手段により援護金の支給を受けた者があるときは、所轄署長は、その者から援護金を返還させるものとする。

(3)　所轄署長は、上記(1)及び(2)により援護金を返還させる場合には、「支給決定取消決議書」をもって援護金の支給決定の取消決議を行い、その内容を「休業補償特別援護金支給決定取消決定通知書」（様式第四号）をもって援護金の支給を受けた者に通知するものとする。

(4)　上記により返還させることとした援護金の債権管理及び徴収事務については、資金前渡官吏事務手引（昭和五四年改訂）第七章第三四前渡資金に係る返納金債権の管理事務によることとする。

なお、上記(1)の場合には、債務者の故意又は重大な過失によらない不当利得によるものとして取り扱うものとする。

7　実施時期

援護金の支給は、昭和五七年四月一日以後に診断により疾病の発生が確定したものについて実施するものとする。

8　その他

援護金は、労働保険特別会計労災勘定（項）労働福祉事業費（目）福祉施設給付金から支払うものとする。

休業補償特別援護金支給要綱

一　趣旨

業務上の負傷又は疾病による療養のため労働できないために賃金を受けない日の第三日目までの三日間

（以下「待期三日間」という。）については、労働基準法（昭和二二年法律第四九号）第七六条の規定により使用者が休業補償を行わなければならないこととされているが、短期間で事業場を転々と移動する労働者が、特定の業務に従事したことにより慢性的に進行する特定の疾病にり患した場合、当該疾病の原因となった事業場を特定できない場合が多く、このため事業主側の十分な理解が得られず、休業待期三日間についての休業補償を受けることができないことがある。

また、遅発性疾病が発生したときには、当該疾病の原因となった有害業務に従事した事業場が廃止され、又はその事業主の行方が知れないため、休業待期三日間についての休業補償を受けることができないことがある。

このような実情に鑑み、これらの者の援護を図るため、労働福祉事業として休業補償特別援護金（以下「援護金」という。）を支給するものとする。

二　支給対象者

援護金は、次の各号のいずれかの要件を満たす者のうち、当該疾病について休業補償給付の支給要件を満たしている者であって、現に休業待期三日間に係る休業補償を受けておらず、かつ、受ける見込みがないものに支給するものとする。

(1) 労働基準法施行規則（厚生省令第二三号）別表（以下「別表」という。）第一の二の第三号の二、第三号の三、第五号又は第七号の七に掲げる疾病（以下「特定疾病」という。）にり患した者のうち、特定疾病に応じ労働保険の保険料の徴収等に関する法律施行規則（昭和四七年労働省令第八号）第一七条の二に定める表の第三欄に掲げる種類の事業（以下「特定事業」という。）に使用された者であって、同表の第四欄に定めるものであること。

(2) 疾病の発生が診断により確定したときに、当該疾病の原因となって業務に従事した事業場が廃止され、又はその事業主の行方が知れないため、休業待期三日間についての休業補償を請求することができないものであること。

三　支給額

援護金の支給額は、休業補償給付の三日分に相当する額とする。

四　申請の手続

(1) 援護金の支給を受けようとする者（以下「申請者」という。）は、「休業補償特別援護金支給申請書」（様式第一号）（以下「申請書」という。）を、申請に係る疾病の発生のおそれのある業務に従事した最終の事業場の所在地を管轄する労働基準監督署長（以下「所轄署長」という。）に提出するものとする。

(2) 援護金の申請は、第一回分の休業補償給付の請求と同時に行うものとする。

(3) 援護金の支給の申請は、災害発生日の翌日から起算して二年以内に行うものとする。

五　支給又は不支給の決定の通知

所轄署長は、援護金の支給決定又は不支給決定を行ったときは、「休業補償特別援護金支給決定 不支給決定支払通知」（様式第二号）書により、休業補償給付に係る決定通知と同時に申請者に通知する。

六　返還

(1) 援護金の支給を受けた者が、援護金の支給を受けた後に事業主から休業待期三日間についての休業補償を受けたときは、援護金を返還しなければならない。

(2) 偽りその他不正の手段により援護金の支給を受けた者は、援護金を返還しなければならない。

七　実施時期

この要綱は、昭和五七年四月一日以後に診断により疾病の発生が確定したものについて適用する。

ただし、別表第七号の七に掲げる疾病にり患した者に関しては、平成一八年四月一日以後に診断により疾病の発生が確定したものについて適用する。

（昭五七・五・一九　基発第三四二号、平一八・四・三　基発第〇四〇三〇一八号）

〈労災はり・きゅう施術特別援護措置の実施について〉

今般、別添のとおり「労災はり・きゅう施術特別援護措置要綱」を定めたので、下記事項に留意のうえ、事務処理に遺漏なきを期されたい。

記

1　趣旨について

業務災害又は通勤災害による頭頸部外傷症候群、頸肩腕症候群、腰痛、振動障害等の傷病者であって、その症状が固定した後において疼痛、しびれ、麻痺等の障害を残す者については、その後における季節、天候、社会環境等の変化に伴い症状に動揺をおこすことがあるので、これらの者に対して労働者災害補償保険法（昭和二二年法律第五〇号。以下「労災保険法」という。）第二九条第一項の社会復帰促進等事業として、労災はり・きゅう特別援護措置（以下「特別援護措置」という。）を実施し、もって円滑な社会復帰を図るよう措置したものである。

2　対象者について

特別援護措置は、業務災害又は通勤災害により頭頸部外傷症候群、頸肩腕症候群、腰痛、振動障害等にり患し、労災保険法による障害補償給付又は障害給付の支給決定を受けた者又は受けると見込まれる者（傷病が治ゆした者に限る。）で、はり・きゅう施術を必要とする者に対して行うものであること。

3　特別援護措置の内容について

施術回数の限度は、原則として一月五回とする。

なお、季節の変化等により症状に動揺をきたすこともあるので、その症状によっては若干その限度を上廻ってもやむを得ないものとするが、この場合でも一年間七〇回程度を目安とすること。

ただし、対象者が引き続きはり・きゅう施術を希望し、都道府県労働局長（以下「労働局長」という。）が特に必要と認める者については、一年を限度として施術期間を延長することとする。

4　3のただし書きに係る運用上の留意事項について

(1)　労働局長が特に必要と認める者は次の者とする。

イ　就労している者

ロ　就労の見込みのある者（内定者）

ハ　職業復帰について何らかの努力をしている者（求職活動をしている者）

ニ　その他申請者の諸事情等を考慮して施術が必要と判断される者

(2)　認定について

イ　申請時に既に就労している者は申請書（様式第二号の二）に事業主等の証明を要し、就労見込み（内定）の者もできる限り証明を受けるようにすること。

ロ　就職について努力している段階の者については、その求職活動状況を記載させること。

ハ　その他必要に応じて申請者の実情を把握する等の措置を講ずることにより判断すること。

5　実施機関について

(1)　労働局長は「あん摩マッサージ指圧師、はり師、きゅう師等に関する法律」（昭和二二年法律第二一七号）第九条の二の規定に基づく届出を行った施術所（以下「施術所」という。）の中から施術所の申請に基づき指定することとし、施術所を指定したときは、その名称、所在地、電話番号及びはり・きゅう業務に従事する施術者の氏名を本省（補償課）あて報告すること。

(2)　特別援護措置に関する委託契約の締結に当たっては、別紙契約書例を参考とすること。

6　特別援護措置の申請について

(1)　特別援護措置は症状の固定後、治ゆ後における生活環境等の変化に対応させるために行うものであるので、傷病の治ゆ後相当期間を経過したものについては対象としないこととし、傷病の治ゆした翌日から起算して二年を超えてされた申請は、これを受理しないこと。

(2)　「労災はり・きゅう施術特別援護措置申請書」を受理した労働基準監督署長は、その内容を労働基準行政情報システム・労災行政情報管理システム内の情報等と照合し、当該労働基準監督署長の管轄区域を管轄する労働局長（以下「所轄局長」という。）へ進達すること。

(3) 所轄局長は、特別援護措置に係る申請を行った者（以下「申請者」という。）が適格者であると認めるときは、申請者に対し、「労災はり・きゅう施術特別援護措置承認決定通知書」（様式第四号(1)）（以下「承認決定通知書」という。）を交付するとともに「労災はり・きゅう施術特別援護措置原簿」（様式一号）を作成すること。

(4) 所轄局長は、承認決定通知書を交付するにあたっては、申請者が希望する施術所に対し施術の可否について事前に照会し、施術が可能であることを確認すること。

(5) 所轄局長は施術所の変更を認めるときは、承認書の施術所の名称及び所在地を労働局長印をもって訂正し、承認年月日を付記して当該承認決定通知書を交付すること。

(6) 施術所変更の場合の「やむを得ない事由」とは、承認決定通知書の交付を受けた者が住所を移転し通院することが著しく困難となった場合或いは現にはり・きゅう施術を受けている施術所が廃止となった場合等をいうものであること。

7 支払事務について

都道府県労働局労働保険特別会計支出官は「労災はり・きゅう施術特別援護措置委託費請求書」を受理したときは、その内容を審査し、適正であると認めたときは当該費用を（項）社会復帰促進等事業費（目）社会復帰促進等事業委託費から支出するものとする。

（別添）　労災はり・きゅう施術特別援護措置要綱

1 趣旨

業務災害又は通勤災害による頭頸部外傷症候群、頸肩腕症候群、腰痛、振動障害等の傷病者であって、その症状が固定した後において疼痛、しびれ、麻痺等の障害を残す者にあっては、これらの疼痛、しびれ、麻痺等を対症療法的に軽減させ治ゆ後における生活環境等の変化に漸進的に対応させる必要があるので、これらの者に対して労働者災害補償保険法（昭和二二年法律第五〇号。以下「労災保険法」という。）第二九条第一項の社会復帰促進等事業として、労災はり・きゅう施術特別援護措置（以下「特別援護措置」という。）を実施し、もって円滑な社会復帰の促進を図るものとする。

2 対象者

特別援護措置は、業務災害又は通勤災害により頭頸部外傷症候群、頸肩腕症候群、腰痛、振動障害等にり患し、労災保険法による障害補償給付又は障害給付の支給決定を受けた者又は受けると見込まれる者（傷病が治ゆした者に限る。）で、はり・きゅう施術を必要とする者に対して行うものとする。

3 特別援護措置の内容

対象者が申請の際希望する期間を考慮し、事業場の所在地を管轄する都道府県労働局長（以下「所轄局長」という。）が定める期間（以下「施術期間」という。）内に、特別援護措置としてはり・きゅう施術を行うものとする。施術期間は一年以内とし、施術回数の限度を原則として一月につき五回とする。

　ただし、対象者が引き続きはり・きゅう施術を希望し、基準局長が特に必要と認める者については、一年を限度として施術期間を延長することとする。

4　実施機関

(1)　特別援護措置は、あん摩マッサージ指圧師、はり師きゅう師等に関する法律（昭和二二年法律第二一七号）第九条の二の規定に基づく届出を行った施術所（以下「施術所」という。）のうち都道府県労働局長が指定する施術所において行う。

(2)　施術所の指定は、施術所の所在地を管轄する都道府県労働局長（以下「施術所所轄局長」という。）が、施術所の申請に基づいて行う。

(3)　前号の指定を受けようとする施術所は、「労災はり・きゅう施術特別援護措置委託申請書」（様式第一号）（以下「委託申請書」という。）に次の書類を添えて施術所所轄局長に提出するものとする。

ア　施術所の概要を記載した書面

イ　施術所に所属するはり師又はきゅう師の免許証の写及びその略歴を記載した書面

(4)　申請を受理した施術所所轄局長は、内容を審査し、特別援護措置を行う施術所として適当と認め、指定したときは、特別援護措置に係る委託契約を締結する。

5　手続

(1)　特別援護措置を受けようとする対象者は、「労災はり・きゅう施術特別援護措置申請書」（様式第二号）を療養補償給付等の請求に係る労働基準監督署長を経由して、当該労働基準監督署長の管轄区域を管轄する所轄局長に提出するものとする。

　ただし、療養補償給付又は療養給付としてのはり・きゅう施術を受けたことがない者にあっては、「労災はり・きゅう施術特別援護措置申請書」に主治医の「労災はり・きゅう施術特別援護措置診断書」（様式第三号）を添付させるものとする。

(2)　前号の申請は、傷病が治ゆした日の翌日から起算して二年以内に行うものとする。

(3)　所轄局長は、(1)の申請を受けた場合には、対象者等の要件を満たしているか否かを判断の上、承認・不承認の決定（以下「承認決定等」という。）を行い、その旨を「労災はり・きゅう施術特別援護措置承認決定通知書」（様式第四号(1)）又は「労災はり・きゅう施術特別援護措置不承認決定通知書」（様式第四号(2)）により通知するものとする。

　また、承認決定等については、処分性が認められるため、行政事件訴

訟法（昭和三七年法律第一三九号）、行政不服審査法（昭和三七年法律第一六〇号）、行政手続法（平成五年法律第八八号）の適用がある。

このため、所轄局長は、次のとおり事務を行うこととする。

ア　特別援護措置の承認決定等は、行政不服審査法第二条に規定する行政処分であるものとして、審査請求の対象として取り扱うこと。

イ　特別援護措置の承認決定等に関する審査は、当該決定をした所轄局長の上級庁である厚生労働大臣が行うこと。なお、再審査請求は行うことができないものであること。

ウ　承認決定等を行う際は、その相手方に対し、「労災はり・きゅう施術特別援護措置承認決定通知書」（様式第四号⑴）又は「労災はり・きゅう施術特別援護措置不承認決定通知書」（様式第四号⑵）をもって、行政不服審査法に基づく審査請求及び行政事件訴訟法に基づく取消訴訟の提起ができる旨の教示を行うこと。その際は、不服申立て手続の有無に関係なく、取消訴訟の提起が可能であることに留意すること。

エ　特別援護措置の申請を不承認とする場合には、「労災はり・きゅう施術特別援護措置不承認決定通知書」（様式第四号⑵）に当該決定の理由を付記する、又は、理由を明記した別紙を添付して通知すること。

⑷　⑶の承認を受けた者が、特別援護措置を受けようとするときは、施術所に対して承認決定通知書を提示するものとする。

なお、やむを得ない事由により施術所を変更しようとするときは、「施術所変更申請書」（様式第五号）に承認書を添えて所轄局長へ提出するものとする。

⑸　前号の施術所変更申請書を受理した所轄局長は申請が適正であると認めたときは、これを承認するものとする。

⑹　特別援護措置を一年を超え引き続き受けようとする対象者は、「労災はり・きゅう施術特別援護措置申請書」（様式第二号の二）を⑴と同様に労働基準監督署長を経由して管轄の所轄局長に提出するものとする。

⑺　⑹に係る申請については、⑶～⑸を準用する。

6　費用の請求等

⑴　施術所は、はり・きゅう施術を行ったときは、「労災はり・きゅう施術特別援護措置委託費請求書」（様式第六号⑴）に「労災はり・きゅう施術特別援護措置委託費内訳書」（様式第六号⑵）を添えて提出するものとする。

⑵　前号の請求は一月分をまとめて翌月の一〇日（当該日（当該日の前日が、日曜日又は祝日である場合を含む。）が日曜日又は祝日の場合は当該日の前日とする。）までに行うものとする。

⑶　はり・きゅう施術に係る費用の算

定については、労災保険法の規定による療養の費用の算定の例によるものとする。

ただし、往療料は含まないものとする。

7 施行期日

本要綱は、平成二二年一二月二七日から施行するものとする。

（昭五七・六・一四　基発第四一〇号、
昭六〇・四・一七　基発第二二二号、
平二二・一二・二七　基発一二二七第一号）

〈労災はり・きゅう施術特別援護措置要綱の一部改正について〉

今般、昭和五七年六月一四日付け基発第四一〇号「労災はり・きゅう施術特別援護措置要綱」の一部を別紙のとおり改正し、昭和六〇年四月一日から適用することとしたので下記事項に留意し、事務処理に遺漏なきを期されたい。

記

一 改正の趣旨

労災はり・きゅう施術特別援護措置は、業務災害又は通勤災害により頭頸部外傷症候群、頸肩腕症候群、腰痛、振動障害等にり患し障害（補償）給付の支給決定を受けた者、又は受けると見込まれる者（傷病が治ゆした者に限る。）で、はり・きゅう施術を必要とする者に一年間を限度（月五回、一年間七〇回程度）として実施しているところであるが、これらの者のなかには依然として恒常的な疼痛、しびれ、麻痺等の神経症状を残している者が少なくない実情にある。このような残存障害を有する者の職業復帰の促進、及び就労の定着化等を図るため、施術期間を一年間延長することとする。

二 運営上の留意事項

(1) 都道府県労働基準局長〈現行・都道府県労働局長〉が特に必要と認める者は次の者とする。

イ 就労している者

ロ 就労の見込みのある者（内定者）

ハ 職業復帰について何らかの努力をしている者（求職活動をしている者）

ニ その他申請者の諸事情等を考慮して施術が必要と判断される者

(2) 認定について

イ 申請時に既に就労している者は申請書（様式第二号の二）に事業主等の証明を要し、就労見込（内定）の者もできる限り証明を受けるようにすること。

ロ 就職について努力している段階の者については、その求職活動状況を記載させること。

ハ その他必要に応じて申請者の実情を把握する等の措置を講ずることにより判断すること。

三 経過措置

改正前の特別援護措置を受けたことがある者のうち、その後もはり・きゅう施術を必要とする者で都道府県労働基準局長〈現行・都道府県労働局長〉が認める者は、改正前の特別援護措置施術期間満了の日から二年以内に申請を行うものとする。

（昭六〇・四・一七　基発第二二二号）

〈社会復帰促進等事業としてのアフターケア実施要領の制定について〉

労働福祉事業としてのアフターケアについては、平成元年三月二〇日付け基発第一二七号「労働福祉事業としてのアフターケア実施要領の制定について」、昭和四三年三月一六日付け基発第一四五号「炭鉱災害による一酸化炭素中毒症に係るアフターケアの実施要綱について」及び昭和四三年六月五日付け基発第三五四号「炭鉱災害による一酸化炭素中毒症に係るアフターケアに要する費用の算定及び投薬方針について」（以下「一二七号通達等」という。）により実施しているところであるが、今般、別添のとおり「社会復帰促進等事業としてのアフターケア実施要領」を制定し、平成一九年七月一日から実施（別紙「傷病別アフターケア実施要綱」第一から第二〇までに定める「四　健康管理手帳の有効期間」については、平成一九年一〇月一日から実施）することとしたので、下記に留意の上、アフターケア実施医療機関等及び対象者に周知するとともに事務処理に遺漏なきを期されたい。

記

第一　制定の趣旨

平成一七年一二月一二日に取りまとめられた労災医療専門家会議の「胸腹部臓器の障害に係るアフターケアについての検討報告書」においては、「既存のアフターケアの要綱についても、現在の医療技術を考慮した見直しを行うことが望まれる」との提言がなされたところである。このことを踏まえ、アフターケアの目的に沿った措置内容等について最新の医療水準に見合うものとすべく、新たに労災医療専門家会議を開催し、今後のアフターケア制度を運用していく上で基本となる考え方についての整理も含め検討を依頼した結果、平成一九年三月に「アフターケアに関する検討報告書」が取りまとめられたので、この検討結果に基づき、アフターケアの措置内容等の見直しを行うものである。

第二　見直しの要点

一　対象傷病について

(1)　頭頸部外傷症候群等の整理

頭頸部外傷症候群等に係るアフターケア実施要綱については、頭頸部外傷症候群、頸肩腕症候群、腰痛、一酸化炭素中毒症（炭鉱災害によるものを除く。）、外傷による脳の器質的損傷及び減圧症の六傷病がまとめられているが、これを整理するため、本実施要綱から一酸化炭素中毒症（炭鉱災害によるものを除く。）、外傷による脳の器質的損傷及び減圧症を分離する。

(2)　「頸肩腕症候群」の名称変更

「頸肩腕症候群」については、平成九年二月三日付け基発第六五号「上肢作業に基づく疾病の業務上外の認定基準について」により、その定義が変更されていることを踏まえ、名称を「頸肩腕障害」に変更する。

(3)　脳の器質性障害に係るアフターケアの新設

頭頸部外傷症候群等に係るアフターケア実施要綱から分離した一酸化炭素中毒症（炭鉱災害によるものを除く。）、外傷による脳の器質的損傷及び減圧症を有機溶剤中毒等に係るアフターケア及び脳血管疾患に係るアフターケアと統合し、傷病別アフターケア実施要綱の中に脳の器質性障害に係るアフターケアを新設する。

(4)　炭鉱災害による一酸化炭素中毒症に係るアフターケア実施要綱の統合等

ア　昭和四三年三月一六日付け基発第一四五号「炭鉱災害による一酸化炭素中毒症に係るアフターケアの実施要綱について」及び昭和四三年六月五日付け基発第三五四号「炭鉱災害による一酸化炭素中毒症に係るアフターケアに要する費用の算定及び投薬方針について」を本実施要領に統合する。

イ　「一酸化炭素中毒症」の名称については、医学上適切な名称となるよう「一酸化炭素中毒」に改める。

二　対象者について

熱傷に係るアフターケアについて、後遺障害の程度が「女性の外ぼうに醜状を残すもの」（障害等級第一二級）に該当する者を対象者としていることとの均衡から、「男性の外ぼうに醜状を残すもの」（障害等級第一四級）に該当する者も対象者に追加する。

三　措置範囲について

理学療法、注射、精神療法・カウンセリング等及び保健のための薬剤の支給の事項については、アフターケア制度上、治療と区別するため、実施要領上、保健のための処置にまとめる。

四　保健指導について

呼吸機能障害に係るアフターケアの対象者に対する保健指導として、喫煙者に対する禁煙の指導を明記する。

五　保健のための処置について

(1)　睫毛抜去の処置の追加

睫毛乱生（逆さまつげ）が生じた場合には、痛みの発生や角膜上皮剝離、角膜潰瘍をつくることがあることにかんがみ、「睫毛抜去」の処置を白内障等の眼疾患に係るアフターケアに追加する。

(2)　白内障等の眼疾患に対する外用薬の支給

眼疾患に対する外用薬については、点眼剤のほか眼軟膏も必要と認められることから、白内障等の眼疾患に係るアフターケア項中の「点眼剤」を「外用薬」に改める。

(3)　末梢神経障害治療薬の追加

せき髄損傷、脳の器質性障害（四肢麻痺等が出現した者に限る。）及び外傷による末梢神経損傷に係るアフターケアに「末梢神経障害治療薬」を追加する。

(4)　排尿障害改善薬及び頻尿治療薬の追加

せき髄損傷、尿路系障害及び脳の器質性障害（四肢麻痺等が出現した者に限る。）に係るアフターケアに、「排尿障害改善薬及び頻尿治療薬」を追加する。

(5)　鎮暈薬の追加

「鎮暈薬」については、感覚器官用薬に分類されるが、内耳の血流量を改善し、めまいを抑える薬であることから、頭頸部外傷症候群等及び脳の器質性障害に係るアフターケアで支給する「循環改善薬」に含める。

(6)　呼吸機能障害に対する貼付薬の追加

気道攣縮に対し日常臨床として用いられている「呼吸器用貼付薬」を呼吸機能障害に係るアフターケアに追加する。

(7)　併用薬の取扱いに係る見直し

ア　「抗潰瘍薬」については、鎮痛薬に対する併用薬として通常に支給されるものであることから、「健胃消化薬」に「抗潰瘍薬」を含むことを明記する。

イ　「抗てんかん薬」に対する「肝臓用薬」については、医学的に併用することが必要と認められる薬剤の例として明記していたが、当該薬剤が肝障害を予防する医学的根拠がなく、併用薬として支給することが適切でないため、この例を認められる併用薬から削除する。

(8)　脳の器質性障害に係るアフターケアとしての精神療法及びカウンセリングの実施

脳の器質性障害について、精神の後遺症状に対する増悪を防ぐための「精神療法及びカウンセリング」が必要であることにかんがみ、当該処置を脳の器質性障害に係るアフターケアに追加する。

(9)　精神科作業療法及び精神科デイ・ケアの削除

「精神療法・カウンセリング等」の「等」に該当するものとして取り扱っている「精神科作業療法及び精神科デイ・ケア」については、社会生活機能の回復を目的とするものであり、アフターケアとして実施することは不適当であるから、削除する。また、これに伴い「精神療法・カウンセリング等」の名称を「精神療法及びカウンセリング」と改める。

(10)　精神薬の名称の整理

各傷病のアフターケアごとに異なっている精神薬の名称については、全て「向精神薬」に統一する。また、「睡眠薬」については、向精神薬に含まれるため、精神障害に係るアフターケアの項から「睡眠薬」の項目を削除する。

(11) 特定薬剤治療管理料の対象の追加

診療報酬の算定方法（平成一八年厚生労働省告示第九二号）別表第一医科診療報酬点数表（以下「健保点数表」という。）において「特定薬剤治療管理料」の対象として認められている「向精神薬」を継続投与する場合であって、当該薬剤の血中濃度を測定し、その測定結果に基づき当該薬剤の投与量を精密に管理した場合には、健保点数表により「特定薬剤治療管理料」を算定できるものとする。

(12) 重症痙性麻痺治療薬髄腔内持続注入用埋込型ポンプに再充填する鎮痙薬の追加

せき髄損傷及び脳の器質性障害（四肢麻痺等が出現した者に限る。）に係るアフターケア項中の「筋弛緩薬」について、「重症痙性麻痺治療薬髄腔内持続注入用埋込型ポンプに再充填する鎮痙薬」を追加する。

六　検査について

(1) 血液一般・生化学検査の名称変更

「血液一般・生化学検査」については、健保点数表の末梢血液一般・生化学的検査と同様であるため、その名称を「末梢血液一般・生化学的検査」に変更する。

(2) コンピュータ断層撮影検査の明確化

大腿骨頸部骨折及び股関節脱臼・脱臼骨折並びに脳の器質性障害に係るアフターケア項中のコンピュータ断層撮影検査については、検査内容を明確にするため、「CT、MRI等」と表記する。

(3) 腎機能検査の項目削除

せき髄損傷に係るアフターケア項中の「腎機能検査」については、「末梢血液一般・生化学的検査」に包括することから、検査項目から削除する。

(4) 尿培養検査の追加

せき髄損傷、尿路系腫瘍及び脳の器質性障害（四肢麻痺等が出現した者に限る。）については、神経因性膀胱がある場合には残尿があり、上部尿路感染を起こす危険があることから、これら傷病に係るアフターケア項中の「尿検査」に「尿培養検査」を含むことを明記する。

(5) 残尿測定検査の追加

せき髄損傷及び脳の器質性障害（四肢麻痺等が出現した者に限る。）に係るアフターケア項中の「膀胱機能検査」については、超音波を用いた「残尿測定検査」を実施することが多いことにかんがみ、「膀胱機能検査」に「残尿測定検査」を含むことを明記する。

(6) CRP検査の追加

「CRP検査」は、せき髄損傷、尿路系障害、人工関節・人工骨頭置換、慢性化膿性骨髄炎及び循環器障害（人工弁又は人工血管に置換した者に限る。）については、個別に感染を繰り返しやすいリスクを持った状態において、指標として用いることは適切であることから、これら傷病に係るアフターケアに当該検査を加える。

七　実施期間の継続について

(1)　実施期間の継続に係る健康管理手帳の有効期間の見直し

アフターケアの実施期間は、原則として当該期間におけるアフターケアの実施をもって、それ以降のアフターケアの継続を必要としない期間であることから、実施期間が治ゆ後二年又は三年と定められているアフターケアの更新に係る健康管理手帳（以下「手帳」という。）の有効期間については、一年とする。また、せき髄損傷等実施期間に限度がないアフターケアの更新に係る手帳の有効期間については、三年を五年に改める。

(2)　実施期間の継続に係る主治医の意見等の確認

実施期間の継続については、その要件を「医学的に更に継続する必要のある者」としていることにかんがみ、「主治医の意見等」によることを明確にするとともに、「アフターケア実施期間の更新に関する診断書」（様式第三号別紙）を提出させるものとする。

八　算定方法について

アフターケア委託費の請求に係る算定方法について、当該請求の審査事務の効率化を図るため、複数の通達等によって示している取扱いを整理し、本実施要領にまとめる。

九　施行期日

本通達は平成一九年七月一日から施行することとし、一二七号通達等は平成一九年六月三〇日をもって廃止する。

（別添）

社会復帰促進等事業としてのアフターケア実施要領

一　目的

業務災害又は通勤災害により、せき髄損傷等の傷病にり患した者にあっては、症状固定後においても後遺症状に動揺をきたす場合が見られること、後遺障害に付随する疾病を発症させるおそれがあることにかんがみ、必要に応じてアフターケアとして予防その他の保健上の措置を講じ、当該労働者の労働能力を維持し、円滑な社会生活を営ませるものとする。

二　対象傷病

アフターケアの対象傷病は、次のものとする。

①　せき髄損傷
②　頭頸部外傷症候群等（頭頸部外傷症候群、頸肩腕障害、腰痛）
③　尿路系障害
④　慢性肝炎
⑤　白内障等の眼疾患
⑥　振動障害

⑦ 大腿骨頸部骨折及び股関節脱臼・脱臼骨折
⑧ 人工関節・人工骨頭置換
⑨ 慢性化膿性骨髄炎
⑩ 虚血性心疾患等
⑪ 尿路系腫瘍
⑫ 脳の器質性障害
⑬ 外傷による末梢神経損傷
⑭ 熱傷
⑮ サリン中毒
⑯ 精神障害
⑰ 循環器障害
⑱ 呼吸機能障害
⑲ 消化器障害
⑳ 炭鉱災害による一酸化炭素中毒

三　対象者及び制度の周知

(1) 対象者

アフターケアの対象者（以下「対象者」という。）は、別紙の「傷病別アフターケア実施要綱」（以下「傷病別実施要綱」という。）に定めるところによる。

なお、傷病別実施要綱に定める労働者災害補償保険法による障害（補償）給付を受けることが見込まれる者とは、障害（補償）給付の請求から支給決定までにかなりの期間を要すると見込まれる場合であって、主治医等の診断書、エックス線写真等により、アフターケアの支給要件を満たす障害等級に該当することが明らかであると認められる者をいう。

(2) 制度の周知

事業場の所在地を管轄する労働基準監督署長（以下「所轄署長」という。）は、アフターケアの対象疾病（以下「対象傷病」という。）の療養者に対し、療養中及び障害（補償）給付の支給決定等の際に、アフターケア制度の周知を行うものとする。

四　措置範囲

アフターケアの予防その他の保健上の措置の範囲は、次の事項について傷病別実施要綱に定めるところによる。

① 診察
② 保健指導
③ 保健のための処置
④ 検査

五　実施医療機関等

(1) アフターケアは、労災病院、医療リハビリテーションセンター、総合せき損センター、労働者災害補償保険法施行規則（八(3)において「労災則」という。）第一一条の規定により指定された病院若しくは診療所又は薬局（以下「実施医療機関等」という。）において行うものとする。

(2) アフターケアを受けようとする者は、その都度、実施医療機関等に後記六に定める「健康管理手帳」（様式第一号。ただし、炭鉱災害による一酸化炭素中毒に係るアフターケアについては、炭鉱災害による一酸化炭素中毒症に関する特別措置法施行規則様式第四号とする。以下「手帳」という。）を提出するものとし、アフターケアの実施に関する記録の記入を受けるものとする。

六　健康管理手帳

(1)　新規交付

①　手帳の交付を受けようとする者は、「健康管理手帳交付申請書」（様式第二号）を、所轄署長の所在地を管轄する都道府県労働局長（以下「所轄局長」という。）に提出しなければならない。

②　手帳の交付の申請は、治ゆ日より起算して傷病別実施要綱に定める各健康管理手帳の新規交付の有効期間内に行わなければならない。

ただし、傷病別実施要綱において、診察の実施期間に限度が定められていない対象傷病にあっては、申請期間を経過した後であっても、後遺症状に動揺をきたす場合等によりアフターケアを希望する場合は、随時申請を行うことができる。

③　所轄局長は、上記①の申請に基づき、対象者と認められる者に対して、手帳を交付するものとする。

(2)　有効期間

手帳の有効期間は、傷病別実施要綱に定めるところによる。

(3)　更新

ア　手帳の有効期間が満了した後にも、継続してアフターケアを受けることを希望する者は、手帳の有効期間が満了する日の一か月前までに「健康管理手帳更新・再交付申請書」（様式第三号）により、所轄局長あてに手帳の更新を申請するものとする。

ただし、傷病別実施要綱の「第二頭頸部外傷症候群等に係るアフターケア」に掲げる傷病については、継続することはできないものとする。

イ　傷病別実施要綱において、診察の実施期間に限度が定められている傷病については、上記アの申請書に「アフターケア実施期間の更新に関する診断書」（様式第三号別紙）を添付するものとする。

ウ　所轄局長は、上記アの申請については、主治医の意見等に基づき、なお医学的にアフターケアを継続して行う必要があると認められる場合には、手帳の更新を行うものとする。

なお、傷病別実施要綱において、診察の実施期間に限度が定められていない傷病については、手帳の更新の必要性を判断するに当たり、主治医の意見等を必要としないこと。

(4)　再交付

①　手帳を紛失若しくは汚損し又は手帳のアフターケア記録欄に余白がなくなったときは、「健康管理手帳更新・再交付申請書」（様式第三号）により、所轄局長あてに手帳の再交付を申請するものとする。

②　所轄局長は、上記①の申請に基づき、手帳に「健康管理手帳の再交付について」（様式第四号の二）を添えて」再交付するものとする。

なお、再交付された手帳の有効期間は、紛失若しくは汚損し又は余白がなくなった手帳の有効期間が満了する日までとする。

(5)　交付方法

①　所轄局長は、「健康管理手帳交付申請書」（様式第二号）を受理したときは、その内容を検討の上、新規交付、更新又は不交付の決定（以下、「交付決定等」という。）を行い、「健康管理手帳の（新規）交付・更新申請に係る交付・不交付決定通知書」（様式第四号）により申請者に通知するとともに、新規交付、更新決定をしたものに対して手帳を交付する。

また、交付決定等については、処分性が認められるため、行政事件訴訟法（昭和三七年法律第一三九号）、行政不服審査法（昭和三七年法律第一六〇号）、行政手続法（平成五年法律第八八号）の適用がある。

このため、所轄局長は、次のとおり事務を行うこととする。

ア　手帳の交付決定等は、行政不服審査法第二条に規定する行政処分であるものとして、審査請求の対象として取り扱うこと。

イ　手帳の交付決定等に関する審査は、当該決定をした所轄局長の上級庁である厚生労働大臣が行うこと。なお、再審査請求は行うことができないものであること。

ウ　交付決定等を行う際は、その相手方に対し、「健康管理手帳の（新規）交付・更新申請に係る交付・不交付決定通知書」（様式第四号）をもって、行政不服審査法に基づく審査請求及び行政事件訴訟法に基づく取消訴訟の提起ができる旨の教示を行うこと。その際は、不服申立て手続の有無に関係なく、訴訟の提起が可能であることに留意すること。

エ　手帳の交付の申請に対し、不交付の決定を行う場合には、「健康管理手帳の（新規）交付・更新申請に係る交付・不交付決定通知書」（様式第四号）に当該決定の理由を付記するか、又は、理由を明記した別紙を添付して通知すること。

②　更新又は再交付（紛失を除く。）の場合は、前回交付された手帳を一週間以内に所轄局長に返納するものとする。

③　手帳の交付を郵送で行う場合は、配達証明で発送し、到達を確認した資料を保存すること。

(6)　返納

手帳の交付を受けた者は、上記(5)の場合を除き、次に該当したとき、遅滞なく既に交付されている当該手帳を所轄局長に返納しなければならないものとする。

①　手帳の有効期間が満了したとき

②　傷病が再発し、療養（補償）給付を受けることとなったとき（同一の災害により被った傷病に関し、二以上の手帳の交付を受けている場合において、その一傷病について再発により療養（補償）給付の支給を受けることとなったときは、当該交付されているすべての手帳を返納すること。）

③　その他当該手帳が不要となったとき又は所轄局長から返還を求められたとき

七　アフターケア委託費の請求

(1)　実施医療機関等は、アフターケアに要した費用（以下「アフターケア委託費」という。）を請求するときは、後記八により算定した毎月分の費用の額を「アフターケア委託費請求書」（様式第五号）又は「アフターケア委託費請求書（薬局用）」（様式第六号）（以下「請求書」という。）に記載の上、当該実施医療機関等の所在地を管轄する都道府県労働局長に提出するものとする。

(2)　上記(1)の請求をする際には、「アフターケア委託費請求内訳書」（様式第五号の二、様式第五号の三）又は「アフターケア委託費請求内訳書（薬局用）」（様式第六号の二）（以下「レセプト」という。）を一回の診察等又は一回の処方に係る調剤ごとに一枚作成し、請求書に添付するものとする。

八　費用の算定方法

アフターケアに要する費用の額の算定方法は、労災診療費算定基準（昭和五一年一月一三日付け基発第七二号）に準拠することとするが、次の項目に留意すること。

なお、労災診療費算定基準及び診療報酬の算定方法（平成一八年厚生労働省告示第九二号）別表第一医科診療報酬点数表（以下「健保点数表」という。）及び別表第三調剤報酬点数表（以下「調剤点数表」という。）が改定されたときは、改定後の額とすること。

(1)　診察

ア　労災診療費算定基準に定める「初診料」又は「再診料」の額若しくは健保点数表に定める「外来診療料」の点数に労災診療費算定基準に定める単価（以下「労災診療単価」という。）を乗じて得た額とする。

イ　治ゆ後、療養を行っていた医療機関において引き続きアフターケアを受ける場合、アフターケアにおける最初の診察については、労災診療費算定基準に定める「再診料」又は健保点数表に定める「外来診療料」を算定する。

ウ　労災診療費算定基準に定める「初診時ブラッシング料」及び「再診時療養指導管理料」並びに健保点数表に定める「外来管理加算」は、アフターケアにおいては認められないものである。

(2)　保健指導

ア　健保点数表に定める「特定疾患療養管理料」の点数に労災診療単価を乗じて得た額とする。

イ　月二回の算定を限度とする。

ウ　許可病床数が二〇〇床以上の病院においては、算定できないものである。

エ　同一医療機関において、二以上の診療科にわたりアフターケアを受けている場合には、主な対象傷病に係るアフターケアに対してのみ算定する。

(3)　保健のための処置

ア　処置（保健のための薬剤の支給を含む。）については、次に定めるところによるほか、健保点数表に定める点数に労災診療単価を乗じて得た額とする。

(ア)　労災則第一一条の規定により指定された薬局における薬剤の支給については、調剤点数表により算定した額とする。

(イ)　傷病別実施要綱における「精神療法及びカウンセリング」については、健保点数表に定める「通院精神療法」又は「通院集団精神療法」の点数に労災診療単価を乗じて得た額とする。

なお、当該処置を実施した場合は、保健指導の費用は重ねて算定できない。

(ウ)　傷病別実施要綱における「重症痙性麻痺治療薬髄腔内持続注入用埋込型ポンプに再充填する鎮痙薬」の支給については、当該薬剤の費用と併せて健保点数表に定める「重症痙性麻痺治療薬髄腔内持続注入用埋込型ポンプ薬剤再充填」の点数に労災診療単価を乗じて得た額とする。

イ　処置（保健のための薬剤の支給を除く。）に伴い、保健のために必要な材料（以下「処置材料」という。）を支給した場合には、医療機関の購入単価を一〇円で除して得た点数に労災診療単価を乗じて得た額とする。

ウ　処置材料は、担当医から直接処方され、授与されたものに限られるものである。よって、たとえ担当医の指示によるものであっても、薬局等から市販のガーゼ、カテーテルなどを対象者が自ら購入するものは、支給の対象とならないものである。

エ　自宅等で使用するためのカテーテルなどの支給に係る費用については、カテーテルなどの材料に係る費用のみを算定できるものであり、健保点数表に定める「在宅自己導尿指導管理料」は算定できないものである。

オ　医療機関は、処置材料を算定する場合には、レセプトの処置料の欄に記載するものとする。

なお、自宅等で交換のために使用する滅菌ガーゼの費用の算定に際しては、褥瘡の詳細、ガーゼの枚数及びサイズ等をレセプトの裏面に記載するものとする。

カ　傷病別実施要綱に定める薬剤の支給について、鎮痛薬に対する健胃消化薬（抗潰瘍薬を含む。）等医学的に併用することが必要と認められる薬剤を支給する場合には、その費用の算定ができるものである。

キ　抗てんかん薬、不整脈用剤（抗不整脈薬）及び健保点数表において特定薬剤治療管理料の対象として認められている向精神薬を継続投与する場合であって、当該薬剤の血中濃度を測定し、その測定結果に基づき当該薬剤の投与量を精密に管理した場合には、健保点数表に定める「特定薬剤治療管理料」の点数に労災診療単価を乗じて得た額により、その費用の算定ができるものである。

なお、同一の者について一月以内に当該薬剤の血中濃度の測定及び投与量の管理を二回以上行った場合においては、特定薬剤治療管理料は一回とし、第一回の測定及び投与量の管理を行ったときに算定する。

ク　医療機関は、傷病別実施要綱において「医学的に特に必要と認められる場合に限り実施」するものと定められた処置（保健のための薬剤の支給を含む。）を実施した場合には、レセプトの摘要欄に「特に必要と認められる」理由を具体的に記載するものとする。

(4)　検査

ア　検査については、次に定めるところによるほか、健保点数表に定める点数に労災診療単価を乗じて得た額とする。

(ア)　振動障害に係るアフターケアにおける「末梢循環機能検査」、「末梢神経機能検査（神経伝導速度検査を除く。）」及び「末梢運動機能検査」については、昭和五六年九月二日付け補償課長事務連絡第四〇号「労災診療（振動障害）における検査料等の取扱いについて」に定める点数に労災診療単価を乗じて得た額とする。

(イ)　虚血性心疾患等に係るアフターケアにおける「ペースメーカ等の定期チェック」については、健保点数表に定める「心臓ペースメーカー指導管理料」の点数に労災診療単価を乗じて得た額とする。

なお、当該定期チェックを実施した場合は、保健指導の費用を重ねて算定することはできないものである。

(ウ)　炭鉱災害による一酸化炭素中毒に係るアフターケアにおける「検査（健康診断）」については、次に掲げる点数に労災診療単価を乗じて得た額とする。

なお、尿中の蛋白、糖及びウロビリノーゲンの検査並びに赤血球沈降速度及び白血球数の検査については、費用の算定はできないものである。

① 全身状態の検査 ② 自覚症状の検査 ③ 精神及び神経症状の一般的検査	三三五点
上記以外の検査	健保点数表による所定の点数

イ　検査を行うに当たって使用される薬剤については、健保点数表に定める点数に労災診療単価を乗じて得た額とする。

ウ　医療機関は、傷病別実施要綱において「医学的に特に必要と認められる場合に限り実施」するものと定められた検査を実施した場合には、レセプトの摘要欄に「特に必要と認められる」理由を具体的に記載するものとする。

九　実施期日

本実施要領は、平成一九年七月一日から実施するものとする（同日以降に実施されるアフターケアから適用する。）。ただし、傷病別実施要綱第一から第二〇までに定める「四　健康管理手帳の有効期間」については、平成一九年一〇月一日から実施するものとし（同日以降に「健康管理手帳更新・再交付申請書」を受け付けたものから適用する。）、それまでの間における健康管理手帳の有効期間の取扱いについては、従前の平成元年三月二〇日付け基発第一二七号「労働福祉事業としてのアフターケア実施要領の制定について」及び昭和四三年三月一六日付け基発第一四五号「炭鉱災害による一酸化炭素中毒症に係るアフターケアの実施要綱について」の例によるものとする。

別紙

傷病別アフターケア実施要綱

第一　せき髄損傷に係るアフターケア

一　趣旨

せき髄損傷者にあっては、症状固定後においても尿路障害、褥瘡等の予防その他の医学的措置等を必要とすることがあることにかんがみ、アフターケアを行うものとする。

二　対象者

(1)　アフターケアは、業務災害又は通勤災害によるせき髄損傷者であって、労働者災害補償保険法による障害等級（以下「障害等級」という。）第三級以上の障害補償給付若しくは障害給付を受けている者又は受けると見込まれる者（症状固定した者に限る。）のうち、医学的に早期にアフターケアの実施が必要であると認められる者に対して行うものとする。

(2)　事業場の所在地を管轄する都道府県労働局長は、医学的に特に必要があると認めるときは、業務災害又は通勤災害によるせき髄損傷者であって、障害等級第四級以下の障害補償給付又は障害給付を受けている者についてもアフターケアを行うことができるものとする。

三　措置範囲

アフターケアの予防その他の保健上の措置の範囲は、次のとおりとする。

(1)　診察

原則として、一か月に一回程度必要に応じて行うものとする。

(2)　保健指導

診察の都度、必要に応じて行うものとする。

(3)　保健のための処置

診察の都度、必要に応じて次に掲げるそれぞれの範囲内で行うことができるものとする。

ア　褥瘡処置

(ア)　褥瘡が生じている者に対し、その症状に応じて行うものとする。ただし、療養補償給付又は療養給付の対象となる褥瘡については、アフターケアの対象とならない。したがって、症状が若干の通院又は投薬で回復する程度の褥瘡を対象とするものとする。

(イ) 医師が必要と認めた場合には、自宅等で交換のために使用する滅菌ガーゼ及び絆創膏を支給できるものとする。

イ 尿路処置（導尿、膀胱洗浄、留置カテーテル設置・交換を含む。）

医師が必要と認めた場合には、自宅等で使用するためのカテーテル、カテーテル用消毒液（洗浄剤及び潤滑剤を含む。）及び滅菌ガーゼを支給できるものとする。

ウ 薬剤の支給

① 抗菌薬（抗生物質、外用薬を含む。）

尿路感染者、尿路感染のおそれのある者及び褥瘡のある者を対象とする。

② 褥瘡処置用・尿路処置用外用薬

③ 排尿障害改善薬及び頻尿治療薬

④ 筋弛緩薬（鎮痙薬を含む。）

重症痙性麻痺治療薬髄腔内持続注入用埋込型ポンプに再充填する鎮痙薬を含むものとする。

⑤ 自律神経薬

⑥ 末梢神経障害治療薬

⑦ 向精神薬

⑧ 鎮痛・消炎薬（外用薬を含む。）

⑨ 整腸薬、下剤及び浣腸薬

(4) 検査

診察の結果、必要に応じて次の検査をそれぞれの範囲内で行うことができるものとする。

① 尿検査（尿培養検査を含む。）	診察の都度、必要に応じて実施
② CRP検査	一年に二回程度
③ 末梢血液一般・生化学的検査	一年に一回程度
④ 膀胱機能検査（残尿測定検査を含む。）残尿測定検査は、超音波によるものを含む。	
⑤ 腎臓、膀胱及び尿道のエックス線検査	
⑥ 損傷せき椎及び麻痺域関節のエックス線、CT、MRI検査	医学的に特に必要と認められる場合に限り、一年に一回程度

四 健康管理手帳の有効期間

(1) 新規の交付

交付日から起算して三年間とする。

(2) 更新による再交付

更新前の手帳の有効期間が満了する日の翌日から起算して五年間とする。

第二 頭頸部外傷症候群等に係るアフターケア

一 趣旨

頭頸部外傷症候群等の傷病者であって、症状固定後においても神経に障害を残す者にあっては、季節、天候、社会環境等の変化に伴って症状に動揺をおこすことがあることにかんがみ、アフターケアを行うものとする。

二　対象者

(1)　アフターケアは、業務災害又は通勤災害により次の①〜③に掲げる傷病にり患した者であって、労働者災害補償保険法による障害等級（以下「障害等級」という。）第九級以上の障害補償給付若しくは障害給付を受けている者又は受けると見込まれる者（症状固定した者に限る。）のうち、医学的に早期にアフターケアの実施が必要であると認められる者に対して行うものとする。

なお、頸肩腕障害とは、上肢等に過度の負担のかかる業務によって、後頭部、頸部、肩甲帯、上肢、前腕、手及び指に発生した運動器の障害をいうものである。

①　頭頸部外傷症候群
②　頸肩腕障害
③　腰痛

(2)　事業場の所在地を管轄する都道府県労働局長は、医学的に特に必要があると認めるときは、業務災害又は通勤災害により上記(1)に掲げる傷病にり患した者であって、障害等級第一〇級以下の障害補償給付又は障害給付を受けている者についてもアフターケアを行うことができるものとする。

三　措置範囲

アフターケアの予防その他の保健上の措置の範囲は、次のとおりとする。

(1)　診察

症状固定後二年を限度として、一か月に一回程度必要に応じて行うものとする。

(2)　保健指導

診察の都度、必要に応じて行うものとする。

(3)　保健のための処置

診察の都度、必要に応じて次の薬剤を支給することができるものとする。

①　神経系機能賦活薬
②　向精神薬
頭頸部外傷症候群に限るものとする。
③　筋弛緩薬
④　鎮痛・消炎薬（外用薬を含む。）
⑤　循環改善薬（鎮暈薬、血管拡張薬及び昇圧薬を含む。）

血液の循環の改善を必要とするものに対して必要に応じて支給する。

(4)　検査

診察の結果、必要に応じて次の検査をその範囲内で行うことができるものとする。

エックス線検査	各傷病について必要と認められる部位について、一年に一回程度

四　健康管理手帳の有効期間

交付日から起算して二年間とする。

なお、更新による再交付はできな

い。

第三　尿路系障害に係るアフターケア

一　趣旨

尿道断裂や骨盤骨折等により、尿道狭さくの障害を残す者及び尿路変向術を受けた者にあっては、症状固定後においても尿流が妨げられることにより腎機能障害や尿路感染症を発症するおそれがあることにかんがみ、アフターケアを行うものとする。

二　対象者

アフターケアは、業務災害又は通勤災害により、尿道狭さくの障害を残す者又は尿路変向術を受けた者であって、労働者災害補償保険法による障害補償給付若しくは障害給付を受けている者又は受けると見込まれる者（症状固定した者に限る。）のうち、医学的に早期にアフターケアの実施が必要であると認められる者に対して行うものとする。

三　措置範囲

アフターケアの予防その他の保健上の措置の範囲は、次のとおりとする。

(1)　診察

原則として、症状固定後三年を限度として、一～三か月に一回程度必要に応じて行うものとするが、医学的に更に継続する必要のある者については、その必要な期間継続して行うことができるものとする。

(2)　保健指導

診察の都度、必要に応じて行うものとする。

(3)　保健のための処置

診察の都度、必要に応じて次に掲げるそれぞれの範囲内で行うことができるものとする。

ア　尿道ブジー（誘導ブジーを含む。）

(ア)　シャリエ式尿道ブジー第二〇番が辛うじて通り、時々拡張術を行う必要があるものの回数は、一～四か月に一回程度とする。

(イ)　シャリエ式尿道ブジー第一六番程度又は第一九番程度により拡張術を要するものの回数は、目標番数（通常は二〇番）に達するまでの三～六か月は週一回程度とし、目標番数に達した後は、一～四か月に一回（尿道の状態の確認のための尿道ブジー）とする。

(ウ)　シャリエ式尿道ブジー第一五番程度以下のブジーにより拡張術を要するものの回数は、上記(イ)と同様とする。

(エ)　糸状ブジーが辛うじて通るものは、再発として取り扱われるものである。

イ　尿路処置（導尿、膀胱洗浄、留置カテーテル設置・交換を含む。）

医師が必要と認めた場合には、自宅等で使用するためのカテーテル、カテーテル用消毒液（洗浄剤及び潤滑剤を含む。）及び滅菌ガーゼを支給できるものとする。

ウ　薬剤の支給

①～⑤の薬剤については、尿道ブ

ジー及び尿路処置の実施の都度、必要に応じて一週間分程度支給できるものとする。

① 止血薬
② 抗菌薬（抗生物質を含む。）
③ 自律神経薬
④ 鎮痛・消炎薬
⑤ 尿路処置用外用薬
⑥ 排尿障害改善薬及び頻尿治療薬

(4) 検査

診察の結果、必要に応じて次の検査をそれぞれの範囲内で行うことができるものとする。

① 尿検査（尿培養検査を含む。）	一～三か月に一回程度
② 末梢血液一般・生化学的検査 ③ CRP検査	一年に二回程度
④ エックス線検査 ⑤ 腹部超音波検査	一年に一回程度
⑥ CT検査	代用膀胱を造設した者に対し、一年に一回程度

四 健康管理手帳の有効期間

(1) 新規の交付

交付日から起算して三年間とする。

(2) 更新による再交付

更新前の手帳の有効期間が満了する日の翌日から起算して一年間とする。

第四 慢性肝炎に係るアフターケア

一 趣旨

慢性肝炎にり患した者で、症状固定後においてもウイルスの持続感染が認められる者にあっては、肝炎の再燃又は肝病変の進行をきたすおそれがあることにかんがみ、アフターケアを行うものとする。

二 対象者

アフターケアは、業務災害又は通勤災害によりウイルス肝炎にり患した者であって、労働者災害補償保険法による障害補償給付若しくは障害給付を受けている者又は受けると見込まれる者（症状固定した者に限る。）のうち、医学的に早期にアフターケアの実施が必要であると認められる者に対して行うものとする。

三 措置範囲

アフターケアの予防その他の保健上の措置の範囲は、次のとおりとする。

(1) 診察

原則として、症状固定後三年を限度として、B型肝炎ウイルス感染者のうちＨＢｅ抗原陽性者及びC型肝炎ウイルス感染者については一か月に一回程度、B型肝炎ウイルス感染者のうちＨＢｅ抗原陰性者については六か月に一回程度必要に応じて行うものとするが、医学的に必要のある者については、さらに継続して行うことができるものとする。

(2) 保健指導

診察の都度、必要に応じて行うものとする。

(3) 検査

診察の結果、必要に応じて次の検査をそれぞれの範囲内で行うことができるものとする。

① 末梢血液一般検査	六か月に一回程度
② 生化学的検査	(ア) HBe抗原陽性者及びC型肝炎ウイルス感染者は、一か月に一回程度 (イ) HBe抗原陰性者は、六か月に一回程度
③ 腹部超音波検査	六か月に一回程度
④ B型肝炎ウイルス感染マーカー ⑤ HCV抗体 ⑥ HCV－RNA同定（定性）検査 ⑦ AFP（α－フェトプロテイン） ⑧ PIVKA－Ⅱ ⑨ プロトロンビン時間検査 ⑩ CT検査	医学的に特に必要と認められる場合に限る。

四　健康管理手帳の有効期間

(1)　新規の交付

交付日から起算して三年間とする。

(2)　更新による再交付

更新前の手帳の有効期間が満了する日の翌日から起算して一年間とする。

第五　白内障等の眼疾患に係るアフターケア

一　趣旨

白内障等の眼疾患にり患した者にあっては、症状固定後においても視機能に動揺をきたすおそれがあることにかんがみ、アフターケアを行うものとする。

二　対象者

(1)　アフターケアは、業務災害又は通勤災害による白内障、緑内障、網膜剝離、角膜疾患、眼瞼内反等の眼疾患の傷病者であって、労働者災害補償保険法による障害補償給付若しくは障害給付を受けている者又は受けると見込まれる者（症状固定した者に限る。）のうち、医学的に早期にアフターケアの実施が必要であると認められる者に対して行うものとする。

(2)　事業場の所在地を管轄する都道府県労働局長は、医学的に特に必要があると認めるときは、業務災害又は通勤災害による眼疾患の傷病者であって、労働者災害補償保険法による障害補償給付又は障害給付を受けていない者（症状固定した者に限る。）についてもアフターケアを行うことができるものとする。

三　措置範囲

アフターケアの予防その他の保健上の措置の範囲は、次のとおりとする。

(1)　診察

原則として、症状固定後二年を限度として、一か月に一回程度必要に応じて行うものとするが、医学的に更に継続する必要のある者については、その必要な期間継続して行うことができるものとする。

(2)　保健指導

診察の都度、必要に応じて行うものとする。

(3) 保健のための処置
診察の都度、必要に応じて次に掲げるそれぞれの範囲内で行うことができるものとする。

ア 睫毛抜去
眼瞼内反による睫毛乱生のために必要な者に対して行うものとする。

イ 薬剤の支給
① 外用薬
② 眼圧降下薬

(4) 検査
診察の結果、必要に応じて次の検査をそれぞれの範囲内で行うことができるものとする。

①矯正視力検査 ②屈折検査 ③細隙燈顕微鏡検査 ④前房隅角検査 ⑤精密眼圧測定 ⑥精密眼底検査 ⑦量的視野検査	診察の都度、必要に応じて実施

四 健康管理手帳の有効期間
(1) 新規の交付
交付日から起算して二年間とする。
(2) 更新による再交付
更新前の手帳の有効期間が満了する日の翌日から起算して一年間とする。

第六 振動障害に係るアフターケア

一 趣旨
振動障害にり患した者にあっては、症状固定後においても季節の変化等に伴い、後遺症状に動揺をきたす場合が見られることにかんがみ、アフターケアを行うものとする。

二 対象者
アフターケアは、業務災害による振動障害の傷病者であって、労働者災害補償保険法による障害補償給付を受けている者又は受けると見込まれる者（症状固定した者に限る。）のうち、医学的に早期にアフターケアの実施が必要であると認められる者に対して行うものとする。

三 措置範囲
アフターケアの予防その他の保健上の措置の範囲は、次のとおりとする。

(1) 診察
原則として、症状固定後二年を限度として、一か月に二回ないし四回程度（寒冷期においては、医師の意見を踏まえその必要とする回数）必要に応じて行うものとするが、医学的に更に継続する必要のある者については、その必要な期間継続して行うことができるものとする。

(2) 保健指導
診察の都度、必要に応じて行うものとする。特に身体局所に対する振動刺激を避けるよう努めさせるとともに、防寒・保温、適度の運動の実施、喫煙の禁止等日常生活上の配慮について指導するものとする。

(3) 保健のための処置
診察の都度、必要に応じて次に掲げるそれぞれの範囲内で行うことができるものとする。

ア 理学療法

診察の結果、医師の意見を踏まえ、必要と認められる場合には理学療法を行うことができるものとする。

イ　注射

診察の結果、医師が特に必要と認めた場合には、一時的な消炎・鎮痛のための注射を行うことができるものとする。

ウ　薬剤の支給

①　ニコチン酸薬
②　循環ホルモン薬
③　ビタミンB_1、B_2、B_6、B_{12}、E剤
④　Ca拮抗薬
⑤　交感神経α－受容体抑制薬
⑥　鎮痛・消炎薬（外用薬を含む。）

(4)　検査

診察の結果、必要に応じて次の検査をそれぞれの範囲内で行うことができるものとする。

①　末梢血液一般・生化学的検査 ②　尿検査 ③　末梢循環機能検査 (i)　常温下皮膚温・爪圧迫検査 (ii)　冷水負荷皮膚温・爪圧迫検査 ④　末梢神経機能検査 (i)　常温下痛覚・振動覚検査 (ii)　冷水負荷痛覚・振動覚検査 (iii)　神経伝導速度検査（ただし、遅発性尺骨神経麻痺の場合にのみ行う。） ⑤　末梢運動機能検査 握力の検査	一年に一回程度
⑥　手関節及び肘関節のエックス線検査	放射線による身体的影響を考慮して必要と認められる者に限り、二年に一回程度

四　健康管理手帳の有効期間

(1)　新規の交付

交付日から起算して二年間とする。

(2)　更新による再交付

更新前の手帳の有効期間が満了する日の翌日から起算して一年間とする。

第七　大腿骨頸部骨折及び股関節脱臼・脱臼骨折に係るアフターケア

一　趣旨

大腿骨頸部骨折及び股関節脱臼・脱臼骨折の傷病者にあっては、症状固定後においても大腿骨骨頭壊死の発症をきたすおそれがあることにかんがみ、アフターケアを行うものとする。

二　対象者

(1)　アフターケアは、業務災害又は通勤災害による大腿骨頸部骨折及び股関節脱臼・脱臼骨折の傷病者であって、労働者災害補償保険法による障害補償給付若しくは障害給付を受けている者又は受けると見込まれる者（症状固定した者に限る。）のうち、医学的に早期にアフターケアの実施が必要であると認められる者に対して行うものとする。

(2)　事業場の所在地を管轄する都道府

県労働局長は、医学的に特に必要があると認めるときは、業務災害又は通勤災害による大腿骨頸部骨折及び股関節脱臼・脱臼骨折の傷病者であって、労働者災害補償保険法による障害補償給付又は障害給付を受けていない者（症状固定した者に限る。）についてもアフターケアを行うことができるものとする。

三　措置範囲

アフターケアの予防その他の保健上の措置の範囲は、次のとおりとする。

(1)　診察

原則として、症状固定後三年を限度として、三〜六か月に一回程度必要に応じて行うものとするが、医学的に更に継続する必要のある者については、その必要な期間継続して行うことができるものとする。

(2)　保健指導

診察の都度、必要に応じて行うものとする。

(3)　保健のための処置

診察の都度、必要に応じて鎮痛・消炎薬（外用薬を含む。）を支給することができるものとする。

(4)　検査

診察の結果、必要に応じて次の検査をそれぞれの範囲内で行うことができるものとする。

①　末梢血液一般・生化学的検査 ②　エックス線検査	三〜六か月に一回程度
③　シンチグラム、CT、MRI等検査	医学的に特に必要と認められる場合に限る。

四　健康管理手帳の有効期間

(1)　新規の交付

交付日から起算して三年間とする。

(2)　更新による再交付

更新前の手帳の有効期間が満了する日の翌日から起算して一年間とする。

第八　人工関節・人工骨頭置換に係るアフターケア

一　趣旨

人工関節及び人工骨頭を置換した者にあっては、症状固定後においても人工関節及び人工骨頭の耐久性やルーズニング（機械的又は感染）により症状発現するおそれがあることにかんがみ、アフターケアを行うものとする。

二　対象者

アフターケアは、業務災害又は通勤災害により、人工関節及び人工骨頭を置換した者であって、労働者災害補償保険法による障害補償給付若しくは障害給付を受けている者又は受けると見込まれる者（症状固定した者に限る。）のうち、医学的に早期にアフターケアの実施が必要であると認められるものに対して行うものとする。

三　措置範囲

アフターケアの予防その他の保健上の措置の範囲は、次のとおりとす

る。

(1) 診察

原則として、三～六か月に一回程度必要に応じて行うものとする。

(2) 保健指導

診察の都度、必要に応じて行うものとする。

(3) 保健のための処置

診察の都度、必要に応じて鎮痛・消炎薬（外用薬を含む。）を支給することができるものとする。

(4) 検査

診察の結果、必要に応じて次の検査をそれぞれの範囲内で行うことができるものとする。

① 末梢血液一般・生化学的検査 ② エックス線検査	三～六か月に一回程度
③ CRP検査	一年に二回程度
④ シンチグラム検査	医学的に特に必要と認められる場合に限る。

四 健康管理手帳の有効期間

(1) 新規の交付

交付日から起算して三年間とする。

(2) 更新による再交付

更新前の手帳の有効期間が満了する日の翌日から起算して五年間とする。

第九 慢性化膿性骨髄炎に係るアフターケア

一 趣旨

骨折等により化膿性骨髄炎を併発し、引き続き慢性化膿性骨髄炎に移行した者にあっては、症状固定後においても骨髄炎が再燃するおそれがあることにかんがみ、アフターケアを行うものとする。

二 対象者

アフターケアは、業務災害又は通勤災害による骨折等により化膿性骨髄炎を併発し、引き続き慢性化膿性骨髄炎に移行した者であって、労働者災害補償保険法による障害補償給付若しくは障害給付を受けている者又は受けると見込まれる者（症状固定した者に限る。）のうち、医学的に早期にアフターケアの実施が必要であると認められる者に対して行うものとする。

三 措置範囲

アフターケアの予防その他の保健上の措置の範囲は、次のとおりとする。

(1) 診察

原則として、症状固定後三年を限度として、一～三か月に一回程度必要に応じて行うものとするが、医学的に更に継続する必要のある者については、その必要な期間継続して行うことができるものとする。

(2) 保健指導

診察の都度、必要に応じて行うものとする。

(3) 保健のための処置

診察の都度、必要に応じて次の薬剤を支給することができるものとする。

①　抗菌薬（抗生物質、外用薬を含む。）
②　鎮痛・消炎薬（外用薬を含む。）
(4)　検査
診察の結果、必要に応じて次の検査をそれぞれの範囲内で行うことができるものとする。

①末梢血液一般・生化学的検査	一～三か月に一回程度
②細菌検査	診察の都度、必要に応じて実施
③CRP検査	一年に二回程度
④エックス線検査	三～六か月に一回程度
⑤シンチグラム、CT、MRI等検査	医学的に特に必要と認められる場合に限る。

四　健康管理手帳の有効期間
(1)　新規の交付
交付日から起算して三年間とする。
(2)　更新による再交付
更新前の手帳の有効期間が満了する日の翌日から起算して一年間とする。

第一〇　虚血性心疾患等に係るアフターケア
一　趣旨
虚血性心疾患にり患した者及びペースメーカ又は除細動器（以下「ペースメーカ等」という。）を植え込んだ者にあっては、症状固定後においても、狭心症、不整脈あるいは心機能障害が残存することが多く、また、植え込んだペースメーカ等については、身体条件の変化や機器の不具合等により不適正な機器の作動が生じるおそれがあることにかんがみ、アフターケアを行うものとする。
二　対象者
(1)　虚血性心疾患にり患した者
ア　アフターケアは、業務災害により虚血性心疾患にり患した者であって、労働者災害補償保険法による障害等級第九級以上の障害補償給付を受けている者又は受けると見込まれる者（症状固定した者に限る。）のうち、医学的に早期にアフターケアの実施が必要であると認められる者に対して行うものとする。
イ　事業場の所在地を管轄する都道府県労働局長は、医学的に特に必要があると認めるときは、障害等級第一〇級以下の障害補償給付を受けている者についてもアフターケアを行うことができるものとする。
(2)　ペースメーカ等を植え込んだ者
アフターケアは、業務災害又は通勤災害によりペースメーカ等を植え込んだ者であって、労働者災害補償保険法による障害補償給付若しくは障害給付を受けている者又は受けると見込まれる者（症状固定した者に限る。）のうち、医学的に早期にアフターケアの実施が必要であると認められる者に対して行うものとする。
三　措置範囲

アフターケアの予防その他の保健上の措置の範囲は、次のとおりとする。

(1) 診察

ア 虚血性心疾患にり患した者

原則として、症状固定後三年を限度として、一か月に一回程度必要に応じて行うものとするが、医学的に更に継続する必要のある者については、その必要な期間継続して行うことができるものとする。

イ ペースメーカ等を植え込んだ者

原則として、一～三か月に一回程度必要に応じて行うものとする。

(2) 保健指導

診察の都度、必要に応じて行うものとする。

(3) 保健のための処置

診察の都度、必要に応じて次に掲げる範囲内で行うことができるものとする。

ア ペースメーカ等の定期チェック

ペースメーカ等のパルス幅、スパイク間隔、マグネットレート、刺激閾値、感度等の機能指標の計測とともに、アフターケア上必要な指導を行うため、六か月～一年に一回程度実施するものとする。

イ 薬剤の支給

① 抗狭心症薬
② 抗不整脈薬
③ 心機能改善薬
④ 循環改善薬（利尿薬を含む。）
⑤ 向精神薬

(4) 検査

診察の結果、必要に応じて次の検査をそれぞれの範囲内で行うことができるものとする。

ア 虚血性心疾患にり患した者

① 末梢血液一般・生化学的検査 ② 尿検査 ③ 心電図検査（安静時及び負荷検査） ④ 胸部エックス線検査	一か月に一回程度
⑤ ホルター心電図検査 ⑥ 心臓超音波検査 ⑦ 心臓核医学検査	医学的に特に必要と認められる場合に限る。

イ ペースメーカ等を植え込んだ者

① 末梢血液一般・生化学的検査 ② 尿検査 ③ 心電図検査（安静時及び負荷検査）	一～六か月に一回程度
④ 胸部エックス線検査	六か月に一回程度
⑤ ホルター心電図検査	一年に一回程度
⑥ 心臓超音波検査 ⑦ 心臓核医学検査	医学的に特に必要と認められる場合に限る。

四 健康管理手帳の有効期間

(1) 新規の交付

交付日から起算して三年間とする。

(2) 更新による再交付

ア 虚血性心疾患にり患した者

更新前の手帳の有効期間が満了す

る日の翌日から起算して一年間とする。

イ　ペースメーカ等を植え込んだ者

　更新前の手帳の有効期間が満了する日の翌日から起算して五年間とする。

第一一　尿路系腫瘍に係るアフターケア

一　趣旨

　尿路系腫瘍にり患した者にあっては、症状固定後においても再発する可能性が非常に高いため定期的な検査が必要となることにかんがみ、アフターケアを行うものとする。

二　対象者

　アフターケアは、業務に起因する尿路系腫瘍にり患し、労働者災害補償保険法による療養補償給付を受けている者であって、この尿路系腫瘍が症状固定したと認められる者のうち、医学的に早期にアフターケアの実施が必要であると認められる者に対して行うものとする。

三　措置範囲

　アフターケアの予防その他の保健上の措置の範囲は、次のとおりとする。

(1)　診察

　原則として、症状固定後三年を限度として、一か月に一回程度必要に応じて行うものとするが、医学的に更に継続する必要のある者については、その必要な期間継続して行うことができるものとする。

(2)　保健指導

　診察の都度、必要に応じて行うものとする。

(3)　保健のための処置

　診察の都度、必要に応じて次の薬剤を支給することができるものとする。

①　再発予防のための抗がん薬

　医学的に特に必要と認められる場合に限る（投与期間は症状固定後一年以内とする。）。

②　抗菌薬（抗生物質を含む。）

(4)　検査

　診察の結果、必要に応じて次の検査をそれぞれの範囲内で行うことができるものとする。

①　尿検査（尿培養検査を含む。） ②　尿細胞診検査	一か月に一回程度
③　内視鏡検査 ④　超音波検査 ⑤　腎盂造影検査 ⑥　CT検査	三～六か月に一回程度

四　健康管理手帳の有効期間

(1)　新規の交付

　交付日から起算して三年間とする。

(2)　更新による再交付

　更新前の手帳の有効期間が満了する日の翌日から起算して一年間とする。

第一二　脳の器質性障害に係るアフターケア

一　趣旨

　脳に器質的損傷が出現した者であって、症状固定後においても精神又は神経に障害を残す者にあっては、季節、天候、社会環境等の変化に伴って症状に動揺をおこすことがあることにかんがみ、アフターケアを行うものとする。

二　対象者

(1)　アフターケアは、業務災害又は通勤災害により次の①～⑤に掲げる傷病に由来する脳の器質性障害が残存した者であって、労働者災害補償保険法による障害等級（以下「障害等級」という。）第九級以上の障害補償給付若しくは障害給付を受けている者又は受けると見込まれる者（症状固定した者に限る。）のうち、医学的に早期にアフターケアの実施が必要であると認められる者に対して行うものとする。

① 外傷による脳の器質的損傷

② 一酸化炭素中毒（炭鉱災害によるものを除く。）

③ 減圧症

④ 脳血管疾患

⑤ 有機溶剤中毒等（一酸化炭素中毒（炭鉱災害によるものを含む。）を除く。）

(2)　事業場の所在地を管轄する都道府県労働局長は、医学的に特に必要があると認めるときは、業務災害又は通勤災害により上記(1)に掲げる傷病に由来する脳の器質性障害が残存した者であって、障害等級第一〇級以下の障害補償給付又は障害給付を受けている者についてもアフターケアを行うことができるものとする。

三　措置範囲

アフターケアの予防その他の保健上の措置の範囲は、次のとおりとする。

(1)　診察

ア　外傷による脳の器質的損傷、一酸化炭素中毒（炭鉱災害によるものを除く。）及び減圧症

原則として、症状固定後二年を限度として、一か月に一回程度必要に応じて行うものとするが、医学的に更に継続する必要のある者については、その必要な期間継続して行うことができるものとする。

イ　脳血管疾患及び有機溶剤中毒等（一酸化炭素中毒（炭鉱災害によるものを含む。）を除く。）

原則として、症状固定後三年を限度として、一か月に一回程度必要に応じて行うものとするが、医学的に更に継続する必要のある者については、その必要な期間継続して行うことができるものとする。

(2)　保健指導

診察の都度、必要に応じて行うものとする。

(3)　保健のための処置

診察の都度、必要に応じて必要に次に掲げるそれぞれの範囲内で行うことができるものとする。

ア　精神療法及びカウンセリング

アフターケアとして実施する精神療法及びカウンセリングは、治療ではなく、後遺症状の増悪を防止する

ための保健上の措置であることから、その処置内容については、生活指導に重点を置いたものとする。

イ　四肢麻痺等が出現した者については、褥瘡処置及び尿路処置が必要となることから、次の処置及び処置に伴う必要な材料の支給を行うことができるものとする。

①　褥瘡処置

褥瘡が生じている者に対し、その症状に応じて行うものとする。ただし、療養補償給付又は療養給付の対象となる褥瘡については、アフターケアの対象とならない。したがって、症状が若干の通院又は投薬で回復する程度の褥瘡を対象とするものとする。

また、医師が必要と認めた場合には、自宅等で交換のために使用する滅菌ガーゼ及び絆創膏を支給できるものとする。

②　尿路処置（導尿、膀胱洗浄、留置カテーテル設置・交換を含む。）

医師が必要と認めた場合には、自宅等で使用するためのカテーテル、カテーテル用消毒液（洗浄剤及び潤滑剤を含む。）及び滅菌ガーゼを支給できるものとする。

ウ　薬剤の支給

①　神経系機能賦活薬
②　向精神薬
③　筋弛緩薬
④　自律神経薬
⑤　鎮痛・消炎薬（外用薬を含む。）
⑥　抗パーキンソン薬
⑦　抗てんかん薬

外傷性てんかんのある者及び外傷性てんかん発症のおそれのある者に対して支給する。

⑧　循環改善薬（鎮暈薬、血管拡張薬及び昇圧薬を含む。）

血液の循環の改善を必要とするものに対して必要に応じて支給する。

上記のほか、四肢麻痺等が出現した者については、褥瘡処置及び尿路処置が必要となることから、次の薬剤を支給することができるものとする。

①　抗菌薬（抗生物質、外用薬を含む。）

尿路感染者、尿路感染のおそれのある者及び褥瘡のある者を対象とする。

②　褥瘡処置用・尿路処置用外用薬
③　排尿障害改善薬及び頻尿治療薬
④　筋弛緩薬（鎮痙薬を含む。）

重症痙性麻痺治療薬髄腔内持続注入用埋込型ポンプに再充填する鎮痙薬を含む。

⑤　末梢神経障害治療薬
⑥　整腸薬、下剤及び浣腸薬

(4)　検査

診察の結果、必要に応じて次の検査をそれぞれの範囲内で行うことができるものとする。

①　末梢血液一般・生化学的検査 ②　尿検査 ③　脳波検査	一年に一回程度

④　心理検査	
⑤　視機能検査（眼底検査等も含む。）	一年に一回程度（眼に関する病訴は、対象傷病による調節障害もあるが、業務上の事由又は通勤による疾病以外の疾病等によるものも少なくないため、これとの鑑別上必要な場合に実施する。）
⑥　前庭平衡機能検査	一年に一回程度（めまい感又は身体平衡障害の病訴のある者に対して必要な場合に実施する。）
⑦　頭部のエックス線検査	一年に一回程度
⑧　頭部のCT、MRI等検査	医学的に特に必要と認められる場合に限り、一年に一回程度

上記のほか、四肢麻痺等が出現した者については、褥瘡処置及び尿路処置が必要となることから、必要に応じて次の検査をそれぞれの範囲内で行うことができるものとする。

①　尿検査（尿培養検査を含む。）	診察の都度、必要に応じて実施
②　CRP検査	一年に二回程度
③　膀胱機能検査（残尿測定検査を含む。）残尿測定検査は、超音波によるものを含む。	一年に一回程度
④　腎臓、膀胱及び尿道のエックス線検査	
⑤　麻痺域関節のエックス線、CT、MRI等検査	医学的に特に必要と認められる場合に限り、一年に一回程度

四　健康管理手帳の有効期間

(1)　新規の交付

ア　外傷による脳の器質的損傷、一酸化炭素中毒（炭鉱災害によるものを除く。）及び減圧症

交付日から起算して二年間とする。

イ　脳血管疾患及び有機溶剤中毒等（一酸化炭素中毒（炭鉱災害によるものを含む。）を除く。）

交付日から起算して三年間とする。

(2)　更新による再交付

更新前の手帳の有効期間が満了する日の翌日から起算して一年間とする。

第一三　外傷による末梢神経損傷に係るアフターケア

一　趣旨

外傷により末梢神経を損傷した者にあっては、症状固定後においても末梢神経の損傷に起因するRSD（反射性交感神経ジストロフィー）及びカウザルギーによる激しい疼痛等の緩和を必要とすることがあることにかんがみ、アフターケアを行うものとする。

二　対象者

アフターケアは、業務災害又は通勤災害による外傷により末梢神経損傷に起因し、症状固定後も激しい疼痛が残存する者であって、労働者災害補償保険法による障害等級第一二級以上の障害補償給付又は障害給付

を受けている者又は受けると見込まれる者（症状固定した者に限る。）のうち、医学的に早期にアフターケアの実施が必要であると認められる者に対して行うものとする。

三　措置範囲

アフターケアの予防その他の保健上の措置の範囲は、次のとおりとする。

(1) 診察

原則として、症状固定後三年を限度として、一か月に一～二回程度必要に応じて行うものとするが、医学的に更に継続する必要がある者については、その必要な期間継続して行うことができるものとする。

(2) 保健指導

診察の都度、必要に応じて行うものとする。

(3) 保健のための処置

診察の都度、必要に応じて次に掲げる範囲内で行うことができるものとする。

ア　注射

診察の結果、特に疼痛が激しく神経ブロックもやむを得ないと医師が判断した場合に限り、一か月に二回を限度として神経ブロックを行うことができるものとする。

イ　薬剤の支給

① 鎮痛・消炎薬（外用薬を含む。）

② 末梢神経障害治療薬

(4) 検査

診察の結果、必要に応じて次の検査をそれぞれの範囲内で行うことができるものとする。

① 末梢血液一般・生化学的検査 ② 尿検査	一か月に一回程度
③ エックス線検査 ④ 骨シンチグラフィー検査	医学的に特に必要と認められる場合に限り、一年に二回程度

四　健康管理手帳の有効期間

(1) 新規の交付

交付日から起算して三年間とする。

(2) 更新による再交付

更新前の手帳の有効期間が満了する日の翌日から起算して一年間とする。

第一四　熱傷に係るアフターケア

一　趣旨

熱傷の傷病者にあっては、症状固定後においても傷痕による皮膚のそう痒、湿疹、皮膚炎等の後遺症状を残すことがあることにかんがみ、アフターケアを行うものとする。

二　対象者

(1) アフターケアは、業務災害又は通勤災害による熱傷の傷病者であって、労働者災害補償保険法による障害等級第一二級以上の障害補償給付又は障害給付を受けている者又は受けると見込まれる者（症状固定した者に限る。）のうち、医学的に早期にアフターケアの実施が必要であると認められる者に対して行うものとする。

(2) 事業場の所在地を管轄する都道府

県労働局長は、「医学的に早期にアフターケアが必要であると認められる後遺障害の程度が「男性の外ぼうに醜状を残すもの」（障害等級第一四級）に該当する者についてもアフターケアを行うことができるものとする。

三　措置範囲

アフターケアの予防その他の保健上の措置の範囲は、次のとおりとする。

(1) 診察

原則として、症状固定後三年を限度として一か月に一回程度必要に応じて行うものとするが、医学的に更に継続する必要がある者については、その必要な期間継続して行うことができるものとする。

(2) 保健指導

診察の都度、必要に応じて行うものとする。

(3) 保健のための処置

診察の都度、必要に応じて外用薬等（抗菌薬を含む。）を支給することができるものとする。

(4) 検査

診察の結果、必要に応じて次の検査をそれぞれの範囲内で行うことができるものとする。

検査	範囲
① 末梢血液一般・生化学的検査 ② 尿検査	一年に一回程度

四　健康管理手帳の有効期間

(1) 新規の交付

交付日から起算して三年間とする。

(2) 更新による再交付

更新前の手帳の有効期間が満了する日の翌日から起算して一年間とする。

第一五　サリン中毒に係るアフターケア

一　趣旨

特に異常な状況下において、強力な殺傷作用を有するサリンに中毒した者にあっては、症状固定後においても、縮瞳、視覚障害、末梢神経障害、筋障害、中枢神経障害、心的外傷後ストレス障害等の後遺症状について増悪の予防その他の医学的措置を必要とすることにかんがみ、アフターケアを行うものとする。

二　対象者

アフターケアは、業務災害又は通勤災害によりサリンに中毒した者を対象とし、労働者災害補償保険法による療養補償給付又は療養給付を受けていた者であって、サリン中毒が治った者のうち、次の①〜④に掲げる後遺症状によって、医学的に早期にアフターケアの実施が必要であると認められる者に対して行うものとする。

① 縮瞳、視覚障害等の眼に関連する障害

② 筋萎縮、筋力低下、感覚障害等の末梢神経障害及び筋障害

③ 記憶力の低下、脳波の異常等の中枢神経障害

④　心的外傷後ストレス障害

三　措置範囲

アフターケアの予防その他の保健上の措置の範囲は、次のとおりとする。

(1)　診察

原則として、症状固定後三年を限度として、一か月に一回程度必要に応じて行うことができるが、医学的に更に継続する必要のある者については、その必要な期間継続して行うことができるものとする。

(2)　保健指導

診察の都度、必要に応じて行うものとする。

(3)　保健のための処置

診察の都度、必要に応じて次に掲げるそれぞれの範囲内で行うことができるものとする。

ア　精神療法及びカウンセリングの実施

(ア)　後遺症状として心的外傷後ストレス障害があると認められる者について、専門の医師による精神療法及びカウンセリングを行うことができるものとする。

(イ)　アフターケアとして実施する精神療法及びカウンセリングは、治療ではなく、後遺症状の増悪を防止するための保健上の措置であることから、その処置内容については、生活指導に重点を置いたものとすること。

イ　薬剤の支給

①　点眼薬

②　神経系機能賦活薬

③　向精神薬

④　自律神経薬

⑤　鎮痛・消炎薬（外用薬を含む。）

(4)　検査

診察の結果、必要に応じて次の検査をそれぞれの範囲内で行うことができるものとする。

①　末梢血液一般・生化学的検査	一年に二回程度
②　尿検査	
③　視機能検査（眼底検査も含む。）	
④　末梢神経機能検査（神経伝達速度検査）	
⑤　心電図検査	
⑥　筋電図検査	
⑦　脳波検査	
⑧　心理検査	

四　健康管理手帳の有効期間

(1)　新規の交付

交付日から起算して三年間とする。

(2)　更新による再交付

更新前の手帳の有効期間が満了する日の翌日から起算して一年間とする。

第一六　精神障害に係るアフターケア

一　趣旨

業務による心理的負荷を原因として精神障害を発病した者にあっては、症状固定後においてもその後遺症状について増悪の予防その他の医学的措置を必要とすることにかんがみ、アフターケアを行うものとする。

二　対象者

アフターケアは、業務による心理的負荷を原因として精神障害を発病した者を対象とし、労働者災害補償保険法による療養補償給付を受けていた者であって、この精神障害が症状固定した者のうち、次の①～④に掲げる後遺症状によって、医学的に早期にアフターケアの実施が必要であると認められる者に対して行うものとする。

①　気分の障害（抑うつ、不安等）

②　意欲の障害（低下等）

③　慢性化した幻覚性の障害又は慢性化した妄想性の障害

④　記憶の障害又は知的能力の障害

三　措置範囲

アフターケアの予防その他の保健上の措置の範囲は、次のとおりとする。

(1)　診察

原則として、症状固定後三年を限度とし、一か月に一回程度必要に応じて行うことができるが、医学的に更に継続する必要のある者については、その必要な期間継続して行うことができるものとする。

(2)　保健指導

診察の都度、必要に応じて行うものとする。

(3)　保健のための処置

診察の都度、必要に応じて次に掲げるそれぞれの範囲内で行うことができるものとする。

ア　精神療法及びカウンセリングの実施

(ア)　後遺症状として気分の障害又は慢性化した幻覚性の障害若しくは慢性化した妄想性の障害があると認められる者については、診察の都度、必要に応じて専門の医師による精神療法及びカウンセリングを行うことができる。

(イ)　アフターケアとして実施する精神療法及びカウンセリングは、治療ではなく、後遺症状の増悪を防止するための保健上の措置であることから、その処置内容については、生活指導に重点を置いたものとする。

イ　薬剤の支給

①　向精神薬

②　神経系機能賦活薬

(4)　検査

診察の結果、必要に応じて次の検査をそれぞれの範囲内で行うことができるものとする。

検査	範囲
①心理検査 ②脳波検査、CT、MRI検査	一年に二回程度
③末梢血液一般・生化学的検査	向精神薬を使用している場合に、一年に二回程度

四　健康管理手帳の有効期間

(1)　新規の交付

交付日から起算して三年間とする。

(2)　更新による再交付

更新前の手帳の有効期間が満了す

る日の翌日から起算して一年間とする。

第一七　循環器障害に係るアフターケア

一　趣旨

心臓弁を損傷した者、心膜の病変を残す者及び人工弁又は人工血管に置換した者にあっては、症状固定後においても心機能の低下を残したり、血栓の形成により循環不全や脳梗塞等をきたすおそれがあることにかんがみ、アフターケアを行うものとする。

二　対象者

アフターケアは、次の者に対して行うものとする。

①　業務災害又は通勤災害により、心臓弁を損傷した者、心膜の病変の障害を残す者又は人工弁に置換した者であって、労働者災害補償保険法による障害補償給付若しくは障害給付を受けている者又は受けると見込まれる者（症状固定した者に限る。）のうち、医学的に早期にアフターケアの実施が必要であると認められる者

②　業務災害又は通勤災害により人工血管に置換した者であって、症状固定した者のうち、医学的に早期にアフターケアの実施が必要であると認められる者

三　措置範囲

アフターケアの予防その他の保健上の措置の範囲は、次のとおりとする。

(1)　診察

ア　心臓弁を損傷した者及び心膜の病変を残す者

原則として、症状固定後三年を限度として、一～三か月に一回程度必要に応じて行うものとするが、医学的に更に継続する必要のある者については、その必要な期間継続して行うことができるものとする。

イ　人工弁又は人工血管に置換した者

原則として、人工弁又は人工血管に置換した者については、一～三か月に一回程度必要に応じて行うものとする。

(2)　保健指導

診察の都度、必要に応じて行うものとする。

(3)　保健のための処置

診察の都度、必要に応じて次の薬剤を支給することができるものとする。

①　抗不整脈薬

②　心機能改善薬

③　循環改善薬（利尿薬を含む。）

④　向精神薬

心臓弁を損傷した者及び人工弁に置換した者に対し支給する。

⑤　血液凝固阻止薬

人工弁又は人工血管に置換した者に対し支給する。

(4)　検査

診察の結果、必要に応じて次の検査をそれぞれの範囲内で行うことができるものとする。

① 末梢血液一般・生化学的検査	一～六か月に一回程度
② 尿検査	
③ 心電図検査（安静時及び負荷検査）	三～六か月に一回程度
④ エックス線検査	
⑤ 心音図検査	人工弁に置換した者に対し、三～六か月に一回程度
⑥ 心臓超音波検査	人工弁又は人工血管に置換した者に対し、一年に一回程度
⑦ CRP検査	人工弁又は人工血管に置換した者に対し、一年に二回程度
⑧ 脈波図検査	人工血管に置換した者に対し、一年に一回程度
⑨ CT又はMRI検査	人工血管に置換した者に対し、医学的に特に必要と認められる場合に限る。

四　健康管理手帳の有効期間

(1)　新規の交付

交付日から起算して三年間とする。

(2)　更新による再交付

ア　心臓弁を損傷した者及び心膜の病変を残す者

更新前の手帳の有効期間が満了する日の翌日から起算して一年間とする。

イ　人工弁又は人工血管に置換した者

更新前の手帳の有効期間が満了する日の翌日から起算して五年間とする。

第一八　呼吸機能障害に係るアフターケア

一　趣旨

呼吸機能障害を残す者にあっては、症状固定後においても咳や痰等の後遺症状を残すため、その症状の軽減及び悪化の防止を図る必要があることにかんがみ、アフターケアを行うものとする。

二　対象者

アフターケアは、業務災害又は通勤災害により呼吸機能障害を残す者であって、労働者災害補償保険法による障害補償給付若しくは障害給付を受けている者又は受けると見込まれる者（症状固定した者に限る。）のうち、医学的に早期にアフターケアの実施が必要であると認められる者に対して行うものとする。

三　措置範囲

アフターケアの予防その他の保健上の措置の範囲は、次のとおりとする。

(1)　診察

原則として、症状固定後三年を限度として、一か月に一回程度必要に応じて行うものとするが、医学的に更に継続する必要のある者については、その必要な期間継続して行うことができるものとする。

(2)　保健指導

診察の都度、必要に応じて行うものとする。特に喫煙者に対しては、日常生活上の配慮として喫煙の禁止について指導するものとする。ただし、私病であるニコチン依存症の治療は行えないものである。

(3)　保健のための処置

診察の都度、必要に応じて次の薬剤を支給することができるものとする。

①　去痰薬
②　鎮咳薬
③　喘息治療薬
④　抗菌薬（抗生物質を含む。）
⑤　呼吸器用吸入薬及び貼付薬
⑥　鎮痛・消炎薬（外用薬を含む。）

(4)　検査

診察の結果、必要に応じて次の検査をそれぞれの範囲内で行うことができるものとする。

検査	回数
①　末梢血液一般・生化学的検査 ②　CRP検査 ③　喀痰細菌検査 ④　スパイログラフィー検査 ⑤　胸部エックス線検査	一年に二回程度
⑥　血液ガス分析	一年に二～四回程度
⑦　胸部CT検査	一年に一回程度

四　健康管理手帳の有効期間

(1)　新規の交付

交付日から起算して三年間とする。

(2)　更新による再交付

更新前の手帳の有効期間が満了する日の翌日から起算して一年間とする。

第一九　消化器障害に係るアフターケア

一　趣旨

消化器を損傷した者で、症状固定後においても、消化吸収障害、逆流性食道炎、ダンピング症候群、腸管癒着、排便機能障害又は膵機能障害（以下「消化吸収障害等」という。）の障害を残す者にあっては、腹痛や排便機能障害等を発症するおそれがあること、また、消化器ストマ（大腸皮膚瘻、小腸皮膚瘻及び人工肛門）を造設するに至った者にあっては、反応性びらん等を発症するおそれがあることにかんがみ、アフターケアを行うものとする。

二　対象者

アフターケアは、業務災害又は通勤災害により、消化吸収障害等を残す者又は消化器ストマを造設した者であって、労働者災害補償保険法による障害補償給付若しくは障害給付を受けている者又は受けると見込まれる者（症状固定した者に限る。）のうち、医学的に早期にアフターケアの実施が必要であると認められる者に対して行うものとする。

三　措置範囲

アフターケアの予防その他の保健上の措置の範囲は、次のとおりとする。

(1)　診察

原則として、症状固定後三年を限度として、一か月に一回程度必要に応じて行うものとするが、医学的に更に継続する必要のある者については、その必要な期間継続して行うことができるものとする。

(2) 保健指導

診察の都度、必要に応じて行うものとする。

(3) 保健のための処置

診察の都度、必要に応じて次に掲げるそれぞれの範囲内で行うことができるものとする。

ア　ストマ処置

イ　外瘻の処置

軽微な外瘻が認められる者に対し、外瘻周辺の反応性びらん等の発症を予防するために実施するものとする。

ウ　自宅等で使用するための滅菌ガーゼの支給

エ　薬剤の支給

① 整腸薬、止瀉薬

② 下剤、浣腸薬

③ 抗貧血用薬

④ 消化性潰瘍用薬

逆流性食道炎が認められる場合に支給する。

⑤ 蛋白分解酵素阻害薬

⑥ 消化酵素薬

⑦ 抗菌薬（抗生物質、外用薬を含む。）

⑧ 鎮痛・消炎薬（外用薬を含む。）

(4) 検査

診察の結果、必要に応じて次の検査をそれぞれの範囲内で行うことができるものとする。

検査	範囲
① 末梢血液一般・生化学的検査 ② 尿検査	三か月に一回程度
③ 腹部超音波検査 ④ 消化器内視鏡検査（ＥＲＣＰを含む。） ⑤ 腹部エックス線検査 ⑥ 腹部ＣＴ検査	医学的に特に必要と認められる場合に限る。

四　健康管理手帳の有効期間

(1) 新規の交付

交付日から起算して三年間とする。

(2) 更新による再交付

更新前の手帳の有効期間が満了する日の翌日から起算して一年間とする。

第二〇　炭鉱災害による一酸化炭素中毒に係るアフターケア

一　趣旨

炭鉱災害による一酸化炭素中毒にり患した者にあっては、症状固定後においても季節、天候、社会環境等の変化に随伴して精神又は身体の後遺症に動揺をおこすことがあることにかんがみ、アフターケアを行うものとする。

二　対象者

アフターケアは、炭鉱災害による一酸化炭素中毒について労働者災害補償保険法による療養補償給付を受けていた者であって、当該一酸化炭素中毒が症状固定した者のうち、医学的に早期にアフターケアの実施が必要であると認められる者に対して行うものとする。

三　措置範囲

アフターケアの予防その他の保健上の措置の範囲は、次のとおりとする。

(1)　診察

原則として、症状固定後三年を限度として、一か月に一回程度必要に応じて行うものとするが、医学的に更に継続する必要のある者については、その必要とする期間継続して行うことができるものとする。

(2)　保健指導

診察の都度、必要に応じて行うものとする。

(3)　保健のための処置

診察の都度、必要に応じて次の薬剤を支給することができるものとする。これらの薬剤の支給は、中枢神経系の障害に対して維持的な効果を与えるために行うものであるので、その投与については、それぞれ定めるところによって取り扱うものとする。

なお、これらの薬剤を必要とする者の中には、本質的には一酸化炭素中毒以外の疾病によると思われる症状が合併していることがあるので、診察にあたってはこの点に特に留意する。

また、一酸化炭素中毒以外の疾病については当該アフターケアを行う趣旨ではないので、例えば高血圧症、貧血、胃腸疾患、腰痛、神経痛、頸部せき椎症等に対する胃腸薬、造血薬、強肝薬、総合ビタミン剤等の投与は、アフターケアとしての薬剤の支給とは認められないものである。

ア　脳機能賦活薬

向精神性ビタミン剤及び代謝促進薬を主とするが、その使用量は急性期の場合と異なって少量持続の方針をとることとし、次により適宜選択して投与するものとする。

①　ビタミンB_1	一日二五mg～五〇mg
②　ビタミンB_{12}	一日〇・二mg～〇・五mg
③　GABA（ガンマロン）	五〇〇mg～一、〇〇〇mg
④　アスパラギン酸製剤	三〇〇mg～六〇〇mg

イ　向精神薬、筋弛緩薬（鎮痙薬を含む。）及び鎮痛薬

次の薬剤投与はできるだけ少量であることとし、①についてはめまいや嘔気のあるものに対し、②については肩こりなどの筋緊張性病訴又は神経症的病訴のあるものに対し、主として使用されるものである。

①　フェノチアジン系等 ②　ジアゼパム系等	一日一錠～三錠程度
③　鎮痛薬　一日	

ウ　血管拡張薬

肩こり、頸部こり、頭痛などの自覚症状の中には上記イの薬剤と血管拡張薬とを併用することによって症状が軽減し、労働可能となるものが少なくないので、少量の血管拡張薬

（一日一錠ないし三錠程度）は投与してもよいものである。

エ　その他の薬剤

パーキンソン症候群を有するものに対しては抗パーキンソン薬を、脳波異常のあるもの又は痙攣発作をおこすものに対しては抗痙攣薬を、血液の循環の改善を必要とするものに対しては少量の内服昇圧薬を必要に応じ投与するものである。

(4)　検査（健康診断）

診察の結果、必要に応じて次の検査をそれぞれの範囲内で行うことができるものとする。

検査	範囲
①全身状態の検査 ②自覚症状の検査 ③精神、神経症状の一般的検査	一年に一回程度
④尿中の蛋白、糖及びウロビリノーゲンの検査 ⑤赤血球沈降速度及び白血球数の検査 ⑥視野検査 ⑦脳波検査 ⑧心電図検査 ⑨胸部エックス線検査 ⑩CT、MRI検査	①～③の検査の結果、医学的に特に必要と認められる場合に限る。

四　健康管理手帳の有効期間

(1)　新規の交付

交付日から起算して三年間とする。

(2)　更新による再交付

更新前の手帳の有効期間が満了する日の翌日から起算して一年間とする。

様式第一号～第六号の二　〈略〉

（平一九・四・二三　基発第〇四二三〇〇二号、平二二・一二・二七　基発一二二七第一号）

〈アフターケアの通院に要する費用の支給について〉

今般、別添「アフターケア通院費支給要綱」により、アフターケアの通院に要する費用を支給することとしたので、その取扱いに遺漏なきを期されたい。

アフターケア通院費支給要綱

1　趣旨

アフターケア対象者の経済的負担を軽減するために、アフターケアの通院に要する費用（以下「アフターケア通院費」という。）を支給する。

2　支給対象

アフターケア通院費の支給対象となる通院は、次のとおりとする。

(1)　アフターケア対象者の住居地又は勤務地からおおよそ四キロメートルの範囲内にある当該傷病の症状の措置に適したアフターケア実施医療機関へ通院する場合であって、交通機関（鉄道、バス、自家用自動車等をいう。）の利用距離（住居地と勤務地との間は除く。）が片道二キロメートルを超える通院。

ただし、片道二キロメートル未満であっても、当該傷病の症状の程度から交通機関を使用しなければ通院することが著しく困難であると認められる者についてはこの限りではない。

(2)　アフターケア対象者の住居地又は勤務地から、おおよそ四キロメートルの範囲内に当該傷病の症状の措置に適したアフターケア実施医療機関がないために四キロメートルを超える最寄りのアフターケア実施医療機関への通院。

3　支給額

(1)　アフターケア通院費の支給額は、アフターケア対象者の症状の程度等からみて一般的に必要と認められるもので、アフターケア対象者が現実に支払う交通費とする。

なお、アフターケア対象者の付添看護人に要する費用は支給しない。

(2)　自家用自動車を使用して通院する者に対するアフターケア通院費の支給額は、昭和五三年七月六日付け基発第三八六号「労災保険における移送費の取扱いについて」に準じ算定する。

4　支給の申請手続

(1)　アフターケア通院費の支給を受けようとする者は、「アフターケア通院費支給申請書」（様式第一号）（以下「申請書」という。）に通院費の額を証明する書類を添付し、健康管理手帳の交付を受けた都道府県労働基準局長（以下「所轄局長」という。）に申請するものとすること。

(2)　アフターケア通院費の支給を受けようとする者は、申請書を月ごとに所轄局長に提出するものとすること。

(3)　通院費の額を証明する書類は原則として領収書とするが、鉄道又はバスの運賃等で申請書の通院費申請欄の「一日の片道の交通経路・距離」欄の内容によって、その費用を算定できるものについては、4の(1)の書類の添付を必要としないこと。

5　支給・不支給の決定等

所轄局長は、申請書を受理したときは、その内容を検討の上、支給・不支給又は変更の決定（以下「決定」という。）を行い、その旨を「アフターケア通院費支給・不支給・変更決定通知書」（様式第二号）（以下「通知書」という。）により申請者に通知するものとすること。

また、アフターケア通院費の決定については、処分性が認められるため、行政事件訴訟法（昭和三七年法律第一三九号）、行政不服審査法（昭和三七年法律第一六〇号）及び行政手続法（平成五年法律第八八号）の適用がある。

このため、所轄局長は、次のとおり事務を行うこととする。

(1)　アフターケア通院費の決定は、行政不服審査法第二条に規定する行政処分であるものとして、審査請求の対象として取り扱うこと。

(2)　アフターケア通院費の決定に関する審査は、当該決定をした所轄局長の上級庁である厚生労働大臣が行うこと。なお、再審査請求は行うことができないものであること。

(3) 決定を行う際は、その相手方に対し、通知書をもって、行政不服審査法に基づく審査請求及び行政事件訴訟法に基づく取消訴訟の提起ができる旨の教示を行うこと。その際は、不服申立て手続の有無に関係なく、訴訟の提起が可能であることに留意すること。

(4) アフターケア通院費の不支給又は変更の決定を行う場合には、通知書に当該決定の理由を付記するか、又は、理由を明記した別紙を添付して通知すること。

6 支出事務等

(1) アフターケア通院費の支払に要する費用は、労働保険特別会計労災勘定（項）労働福祉事業費（目）社会復帰保養等旅費から支出すること。

(2) 支払負担行為取扱規則第一四条の規定による整理区分は、同規則別表甲号の「26保険金の類」によること。また、支出負担行為に必要な書類は「申請書」（原本）とし、通院費の額を証明する書類を添付すること。

(3) アフターケア通院費について支出しようとするときは、「申請書（原本）」に基づき、「アフターケア通院費支給承認決定支出決議書」を作成し、支給承認決定を受けた上で、一般的な支出事務と同様に処理すること。

(4) 会計検査院に提出する支出計算書の証拠書類については、「労働省の計算証明に関する指定について」（平成四年七月二九日四検第三九五号）の第二によること。

7 不正受給に対する措置

偽りその他不正な行為によりアフターケア通院費の支給を受けた者には、当該アフターケア通院費を返還させること。

なお、返還に係る事務については、一般的な債権管理事務と同様に処理すること。

8 実施期日

この要綱は、平成九年九月一日から実施する。

（平九・八・二六　基発第五九六号、平一〇・六・一七　基発第三六三号、平一二・九・五　基発第五六〇号、平一二・一二・二七　基発一二二七第一号）

〈労働者災害補償保険法施行規則の一部を改正する省令の施行について〉

労働者災害補償保険法施行規則の一部を改正する省令（平成一八年厚生労働省令第六七号。以下「改正省令」という。）が本日公布され、平成一八年四月一日から施行されることとなったので、下記の事項に留意の上、事務処理に遺漏なきを期されたい。

記

一　改正の趣旨及び内容

(1)　〈略〉

(2)　労働時間等設定改善推進助成事業の創設、労働時間短縮実施計画推進援助団体助成事業等の廃止及び短時間労働者雇用管理改善等助成事業の改正

労災保険法第二九条に基づく事業のうち、労働安全衛生法等の一部を改正する法律（平成一七年法律第一〇八号）により労働時間の短縮の促進に関する臨時措置法（平成四年法律第九〇号。以下「時短法」という。）が改正されたことを踏まえ、時短法に基づく助成事業を全て廃止し、新たに労働時間等の設定の改善に関して傘下事業場に啓発指導を行う等、団体的な取組を行う中小事業主団体等を支援する助成事業を創設するものである。

また、短時間労働者雇用管理改善等助成事業につき抜本的見直しを行い、短時間労働者の能力や職務の内容に応じた処遇に係る制度の新設等を行った事業主を支援する事業に改めるものである。

二　経過措置

(1)　改正省令は一八年四月一日から施行する。（改正省令附則第一項）

(2)　改正省令の施行前に労災則第二六条から第二七条までの規定により労働時間短縮実施計画推進援助団体助成金、労働時間制度改善助成金、中小企業長期休暇制度モデル企業助成金、長期休暇制度基盤整備助成金及び短時間労働者雇用管理改善等助成金の支給を受けることができることとなった事業主又は事業主の団体若しくは連合団体については、改正省令の施行後に支給を受けることとなる場合においても施行前の労働時間短縮実施計画推進援助団体助成金、労働時間制度改善助成金、中小企業長期休暇制度モデル企業助成金、長期休暇制度基盤整備助成金及び短時間労働者雇用管理改善等助成金の支給を受けることができる。（改正省令附則第二項）

（平一八・三・三一　基発第〇三三一〇四〇号）

3　義肢等の支給

〈義肢等補装具の支給について〉

義肢等補装具の支給については、昭和五六年二月六日付け基発第六九号「労働福祉事業実施要綱の全面改正について」の別添「労働福祉事業実施要綱」により実施してきたところであるが、今般、別添のとおり「義肢等補装具費支給要綱」を定めたので、事務処理に遺漏なきを期されたい。

別添

義肢等補装具費支給要綱

一　趣旨

業務災害又は通勤災害により傷病を被った者にあっては、両上下肢の亡失、機能障害等により義肢その他

の補装具等（以下「義肢等補装具」という。）を必要とすることがあることにかんがみ、これらの者の社会復帰の促進を図るため、労働者災害補償保険法（昭和二二年法律第五〇号。以下「労災保険法」という。）第二九条第一項の社会復帰促進等事業として義肢等補装具の購入又は修理に要した費用を支給する。

二　支給種目

義肢等補装具の購入に要した費用（以下「購入費用」という。）として支給できる種目は、次のとおりである。

なお、①－2の筋電電動義手は、「義肢等補装具支給要綱の改正等について」（平成二〇年三月三一日付け基発〇三三一〇〇五号）の記の第一の二に示す特別種目として購入費用を支給するものとする。

① 義肢
①－2 筋電電動義手
② 上肢装具及び下肢装具
③ 体幹装具
④ 座位保持装置
⑤ 盲人安全つえ
⑥ 義眼
⑦ 眼鏡（コンタクトレンズを含む）
⑧ 点字器
⑨ 補聴器
⑩ 人工喉頭
⑪ 車椅子
⑫ 電動車椅子
⑬ 歩行車
⑭ 収尿器
⑮ ストマ用装具
⑯ 歩行補助つえ
⑰ かつら
⑱ 浣腸器付排便剤
⑲ 床ずれ防止用敷ふとん
⑳ 介助用リフター
㉑ フローテーションパッド（車椅子及び電動車椅子用に限る。以下同じ。）
㉒ ギャッチベッド
㉓ 重度障害者用意思伝達装置

三　支給基準

(1) 対象者及び範囲

ア　購入費用を支給する対象者及び範囲は、別表一に定めるところによる。

イ　別表一の「障害（補償）給付を受けると見込まれる者」とは、障害（補償）給付の請求から支給決定まで相当期間を要する場合において、当該請求の時点で義肢等補装具の支給要件を満たすことが明らかである者をいう。

ウ　次の者は、別表一において「障害（補償）給付を受けた者」とみなして取り扱う。

(ア) 労働者災害補償保険法の一部を改正する法律（昭和三五年法律第二九号）の規定による改正前の労災保険法の規定による打切補償費を受けた者で傷病が治ゆし、義肢等補装具を必要とする程度の障害を残したもの

(イ) 労働者災害補償保険法の一部を改正する法律（昭和四〇年法律第一三

〇号）の規定による改正前の労災保険法の障害補償費等の支給を受けた者

(ウ) 時効により障害（補償）給付の支給を受けることができない者

(エ) 労災保険法に規定する第三者行為による災害について損害賠償を受けたため障害（補償）給付を受けることができない者

(2) 型式及び価格等

購入費用の支給の対象となる型式及び価格等の基準は、別表二に定めるところによる。

(3) 耐用年数が経過する前の購入費用の再支給

ア 事業場の所在地を管轄する都道府県労働局長（以下「所轄局長」という。）は、本要綱に定める耐用年数を経過する前に使用不能となった義肢等補装具を有する者から、義肢等補装具の購入に要する費用の支給申請があった場合、申請者の職業、作業態様、日常の使用状況、障害の状態等を勘案の上、通常の使用状態においてき損し（本人の故意による事故によって生じた場合を除く。）、修理不能となったものと認められるものに限って購入費用を支給できる。

なお、修理不能とは、修理により義肢等補装具の本来の機能を復元することができない場合をいう。

また、修理不能に該当しない義肢等補装具であっても、当該義肢等補装具の修理に要する費用が、別表二の支給基準に定める価格を超えるものと認められる場合は、当該義肢等補装具の購入費用を支給して差し支えないものとする。

イ 「義肢」、「上肢装具及び下肢装具」、「盲人安全つえ」、「義眼」、「車椅子」及び「歩行補助つえ」について、業務上の事由又は通勤によりき損し、かつ、修理不能又は使用不能となったときは、当該義肢等補装具（以下「旧使用の義肢等補装具」という。）が社会復帰促進等事業として購入費用を支給された義肢等補装具であるか否かは問わず新たに購入費用を支給する。

なお、旧使用の義肢等補装具が社会復帰促進等事業により購入費用を支給されたものでない場合には、上記の事由により購入費用を支給した義肢等補装具が、その後別表二に定める耐用年数を超えたときであっても、新たに社会復帰促進等事業により義肢等補装具の購入費用の支給は行わない。

四 修理基準

(1) 義肢等補装具の修理に要した費用（以下「修理費用」という。）を支給できる種目は、次のとおりである。

① 義肢
①－2 筋電電動義手
② 上肢装具及び下肢装具
③ 体幹装具
④ 座位保持装置
⑤ 盲人安全つえ
⑥ 眼鏡（コンタクトレンズを除く）

⑦　補聴器
⑧　人工喉頭
⑨　車椅子
⑩　電動車椅子
⑪　歩行車
⑫　収尿器
⑬　歩行補助つえ
⑭　介助用リフター
⑮　フローテーションパッド
⑯　重度障害者用意思伝達装置

(2)　修理の要件

修理費用は、社会復帰促進等事業として購入費用が支給された(1)に掲げる義肢等補装具が、通常の使用状態においてき損した場合又は経年により劣化した場合等に支給する。

ただし、次に掲げる場合は、修理費用を支給しない。

ア　本人の故意による事故によって生じたき損の場合

イ　修理により義肢等補装具の本来の機能を復元することができない場合

(3)　修理の範囲

ア　修理は、別表三に基づき行う。

イ　修理は、修理を要する義肢等補装具の本来の機能を復元するための一切の修理とし、耐用年数の範囲内において回数に制限を付さない。

五　基準外支給

所轄局長は、やむを得ない事情により必要があると認めるときは、別途定めるところにより、二の支給種目の範囲内において、三の支給基準及び四の修理基準並びに八の支給の手続に基づかない購入費用又は修理費用の支給をすることができる。

ただし、本要綱に定める支給基準及び修理基準並びに支給の手続では必要最小限の目的すら達せられない場合に限り認められるものである。

六　研究用支給

適正な支給の研究を実施するため、必要に応じ研究用支給を行うことができる。

なお、研究用支給の支給基準等については、別途定める。

七　海外支給

本要綱に定める「義肢」又は「車椅子」の支給対象者であって、海外に居住しているものについて、所轄局長は、別途定めるところにより、当該者が海外の居住地で購入した「義肢」又は「車椅子」の費用を支給することができる。

八　支給の手続

(1)　申請

義肢等補装具の購入又は修理に要する費用の支給を受けようとする者(以下「申請者」という。)は、「義肢等補装具購入・修理費用支給申請書」(様式第一号)を所轄局長に提出する。

なお、介助用リフターの購入又は修理に要する費用の支給申請にあっては、申請書に「介護人等の状況報告書」(様式第一号(2))を添付する。

(2)　障害の確認

所轄局長は、申請者の障害について、社会復帰促進等事業原票又は労災行政情報管理システム等（以下「原票等」という。）により確認を行う。

なお、原票等により、確認できない場合は、申請者の居住地の市町村が設置する福祉事務所（社会福祉法（昭和二六年法律第四五号）に定める福祉に関する事務所をいう。以下同じ。）等に照会し確認を行う。

(3)　耐用年数の確認

社会復帰促進等事業により、義肢等補装具の購入費用の支給を受け、その後障害者自立支援法（平成一七年法律第一二三号）に基づき、補装具費の支給を受けた者に係るその後の耐用年数の経過の確認は、次により行う。

ア　所轄局長は、身体障害者手帳等により耐用年数の確認が容易に可能な場合、当該手帳により必要事項を確認し、申請書記事欄に耐用年数経過確認済の記載を行う。

イ　アにより確認ができなかった場合は、申請者の居住地の市町村が設置する福祉事務所等に照会し確認を行う。

(4)　承認等

ア　所轄局長は、申請者が三の支給基準又は四の修理基準の要件を満たすものであるか否かを判断の上、承認・不承認の決定（以下「承認決定等」という。）を行い、その旨を「義肢等補装具購入・修理費用支給承認決定通知書」（様式第二号(1)）又は「義肢等補装具購入・修理費用不承認決定通知書」（様式第二号(2)）により通知するものとする。

また、承認決定等については、処分性が認められるため、行政事件訴訟法（昭和三七年法律第一三九号）、行政不服審査法（昭和三七年法律第一六〇号）、行政手続法（平成五年法律第八八号）の適用がある。

このため、所轄局長は、次のとおり事務を行うこととする。

(ア)　義肢等補装具費支給の承認決定等は、行政不服審査法第二条に規定する行政処分であるものとして、審査請求の対象として取り扱うこと。

(イ)　義肢等補装具費支給の承認決定等に関する審査は、当該決定をした所轄局長の上級庁である厚生労働大臣が行うこと。なお、再審査請求は行うことができないものであること。

(ウ)　承認決定等を行う際は、その相手方に対し、「義肢等補装具購入・修理費用支給承認決定通知書」（様式第二号(1)）又は「義肢等補装具購入・修理費用不承認決定通知書」（様式第二号(2)）をもって、行政不服審査法に基づく審査請求及び行政事件訴訟法に基づく取消訴訟の提起ができる旨の教示を行うこと。その際は、不服申立て手続の有無に関係なく、取消訴訟の提起が可能であることに留意すること。

(エ)　義肢等補装具費支給の申請を不承認とする場合には、「義肢等補装具購入・修理費用不承認決定通知書」

（様式第二号⑵）に当該決定の理由を付記する、又は、理由を明記した別紙を添付して通知すること。

イ　筋電電動義手については、九の筋電電動義手の装着訓練及び適合判定の結果に基づき、また、十の症状照会が必要な義肢等補装具については、症状照会の結果に基づき、三の支給基準又は四の修理基準の要件を満たすものか判断する。

また、十の症状照会が必要な義肢等補装具については、申請者に対し、当該義肢等補装具に係る「義肢等補装具購入・修理費用支給承認決定通知書」を交付する際に、併せて、「症状照会に対する回答書」（様式第一八号⑴～⑷）を添付する。

⑸　発注

承認を受けた申請者は、速やかに義肢等補装具の製作又は修理等を行う業者（以下「義肢等補装具業者」という。）に「義肢等補装具購入・修理費用支給承認決定通知書」を提示し、別表二及び別表三に定める範囲内において、義肢等補装具の購入又は修理に係る発注を行う。

なお、十の症状照会が必要な義肢等補装具については、「義肢等補装具購入・修理費用支給承認決定通知書」に「症状照会に対する回答書」（様式第一八号⑴～⑷）を添付して提示する。

また、当該発注を取りやめた場合は、申請者が所轄局長に対し、その旨を直ちに報告する。

⑹　引渡し

ア　義肢等補装具業者は、義肢等補装具の引渡しの際、申請者から義肢等補装具の購入費用又は修理費用の支払を受けて、申請者に領収書を発行する。

この際、「義肢等補装具購入・修理費用内訳書」（様式第八号⑵～⑷）（義肢、装具の製作又は修理を行った場合に限る。）、義肢採型指導医が交付した「証明書」（様式第七号）（十一の採型指導を行った場合に限る。）を申請者に渡す。

なお、申請者は、義肢等補装具の購入費用又は修理費用につき、当該費用の支給に係る承認を行った都道府県労働局の労働保険特別会計の支出官から支給される金額の受領を義肢等補装具業者に委任すれば、義肢等補装具業者に費用（十三の⑴の範囲内の金額に限る。）を支払う必要はない。

イ　申請者は、アにおいて義肢等補装具の購入費用又は修理費用につき、当該費用の支給に係る承認を行った都道府県労働局の労働保険特別会計の支出官から支給される金額の受領を義肢等補装具業者に委任した場合は、義肢等補装具業者に必要事項を記載した「義肢等補装具購入・修理費用請求書」（様式第八号⑴）及び「義肢等補装具購入・修理費用支給承認決定通知書」を渡し、申請者に代わり義肢等補装具業者が、所轄局長に当該書類等を提出する。

(7) 差額自己負担

別表二及び別表三に定める種目、名称、型式、基本構造等の要件を満たすものであるが、申請者が希望するデザイン、素材等を選択することにより十三の(1)の範囲の金額を超えることとなる場合は、別表二及び別表三に定める価格との差額を申請者が負担することとして、義肢等補装具の購入費用又は修理費用の支給対象とすることは差し支えない。

また、ギャッチベッドに係る購入費用の支給承認を受けた申請者については、別表一に定める電動式ギャッチベッドの支給基準を満たしていない場合であっても、別表二に定める手動式ギャッチベッドの支給価格との差額を申請者が負担することとして、電動式ギャッチベッドの支給対象とすることは差し支えない。

(8) 支給基準等に基づかない製作等

義肢等補装具業者は、申請者の障害の状態等を勘案してやむを得ない事情により、三の支給基準及び四の修理基準に基づかない製作又は修理等を行う必要があると思われる場合、速やかに所轄局長に報告を行う。

九 筋電電動義手の装着訓練及び適合判定

筋電電動義手の支給に当たっては、確実に筋電信号を検出し、的確に訓練を行い、実際に申請者が筋電電動義手を使用可能であるか的確に判断する必要がある。

(1) 装着訓練及び適合判定の依頼

ア 所轄局長は、筋電電動義手の購入に要する費用の支給申請を受け付けたときは、申請者に対し、「外科後処置申請書」(「外科後処置の実施について」(昭和五六年二月六日付け基発第六九号)の別添「外科後処置実施要綱」(以下「外科後処置実施要綱」という。)の様式第一号)を提出させ、外科後処置実施要綱の二の対象者として「外科後処置承認決定通知書」(外科後処置実施要綱の様式第三号(1))を交付するとともに、下記(2)の医療機関のうち申請者が希望する医療機関に装着訓練及び適合判定の実施を依頼する。

イ 筋電電動義手の装着訓練及び適合判定を実施した医療機関は、申請者に対する筋電電動義手の装着訓練及び適合判定の終了後、速やかに、「適合判定結果について」(様式第一二号)により装着訓練及び適合判定の結果について、所轄局長に対し報告する。

ウ 申請者が筋電電動義手の装着を希望しないことを申し出た場合又は明らかに三の支給基準を満たさないことが判明した場合は、「装着訓練中止報告書」(様式第一三号)により、所轄局長に対し報告する。

エ 八(4)の承認の可否は、イ又はウの報告に基づき実施する。

(2) 装着訓練及び適合判定を実施する

医療機関の届出等

ア　筋電電動義手の装着訓練及び適合判定を実施する医療機関は、十一⑶において指定する義肢採型指導医であって、次の㈠又は㈡の要件に該当する医療機関とし、当該医療機関の所在地を管轄する都道府県労働局長に届出を行う。

㈠　労災保険法第二九条第一項の社会復帰促進等事業として設置された病院

㈡　社会復帰促進等事業として外科後処置に係る委託契約を締結している病院又は診療所

イ　アの実施医療機関に係る届出を行おうとする医療機関は、当該医療機関の所在地を管轄する都道府県労働局長に「筋電電動義手装着訓練及び適合判定実施医療機関に係る届出書」（様式第一四号）（以下「届出書」という。）を提出する。

　なお、提出後、提出した届出書の内容に変更が生じた場合には、届出書を提出した都道府県労働局長に遅滞なく「筋電電動義手装着訓練及び適合判定の実施医療機関に係る変更届出書」（様式第一五号）（以下「変更届出書」という。）を提出する。

ウ　届出書又は変更届出書の提出があった都道府県労働局長は、速やかに本省に報告を行う。

⑶　装着訓練の期間

　筋電電動義手の装着訓練の期間は、原則として四週間とする。

　ただし、装着訓練及び適合判定を担当する医師が、訓練期間を延長すれば確実に筋電電動義手の使用が可能であると判断する場合は、装着訓練の期間を、原則として最大四週間延長することができる。

十　症状照会

　申請者の身体障害の状態の程度及び当該身体障害の状態に応じた義肢等補装具の必要性を判断するため、症状照会を実施する。

⑴　申請者の症状照会は、次に掲げる種目に対して行う。

　下記①については、申請の都度、下記①以外は、原則、新規申請の際に症状照会を行う。

　なお、下記③については、薬剤の銘柄又は用量を変更する場合についても症状照会を行う。

①　眼鏡（コンタクトレンズに限る）

②　ストマ用装具

③　浣腸器付排便剤

④　重度障害者用意思伝達装置

⑵　所轄局長は、⑴に掲げる義肢等補装具の購入に要する費用の支給申請を受け付けた場合、申請者の診療担当医療機関に対して、申請者の「症状照会書」（様式第一六号）により、症状照会を行う。

　なお、⑴①又は③（申請者が薬剤の銘柄又は用量の変更を希望する場合のみ）に係る購入に要する費用の支給申請を受け付けた場合、所轄局長は、診療担当医療機関において検査を受けさせるため、予め診療担当医療機関に連絡して検査の日時を決定し、その旨を申請者に「検査診断依頼書」（様式第一七号）により連絡すること。

(3) 症状照会を受けた医療機関は、申請者の「症状照会に対する回答書」（様式第一八号(1)～(4)）について所轄局長へ提出する。

十一　採型指導

(1) 採型指導は、次に掲げる種目に対して行う。

① 義肢
② 筋電電動義手
③ 上肢装具及び下肢装具
④ 体幹装具
⑤ 座位保持装置
⑥ 車椅子
⑦ 電動車椅子

(2) 採型指導の依頼

ア 所轄局長は、(1)の義肢等補装具の購入に要する費用の支給申請について承認を行ったときは、労災病院、医療リハビリテーションセンター、総合せき損センター及び労災指定医療機関の中から都道府県労働局長が指定した医療機関（以下「義肢採型指導医」という。）のうち、申請者が希望する医療機関に対して、「採型指導依頼書」（様式第五号）により採型指導を依頼する。

なお、採型指導の依頼は、修理費用の支給又は購入費用の再支給の場合においても、必要に応じて行う。

イ 採型指導の依頼を受けた義肢採型指導医は、当該義肢等補装具に関する採型を行うとともに、申請者の希望する義肢等補装具業者に対して採型結果に基づいた指導を行う。

なお、車椅子及び電動車椅子の採型指導に当たっては、申請者の障害に応じて必要な種類、部品及び付属品の選択について指導を行う。

(3) 義肢採型指導医の指定

ア 義肢採型指導医の指定は、医療機関からの申請に基づいて行う。

イ 義肢採型指導医の指定を受けようとする医療機関は、当該医療機関の所在地を管轄する都道府県労働局長に「義肢採型指導委託申請書」（様式第六号）を提出する。

ウ イの申請書には、当該医療機関の概要を記した書類、当該医療機関の全体の平面図及び配置図、義肢採型指導担当医の医師免許証の写し、略歴及び国立身体障害者リハビリテーションセンター学院の実施する補装具適合判定医師研修会（以下「研修会」という。）の修了証の写しを添付する。

エ 次の要件を全て満たす医療機関から義肢採型指導医を指定する。

(ア) 労災病院、医療リハビリテーションセンター、総合せき損センター又は労災指定医療機関で整形外科診療若しくは主としてリハビリテーション医療を行う医療機関であること。

(イ) 「労災診療費算定基準について」（昭和五一年一月一三日付け基発第七二号）の別表一に掲げる医療機関

において、整形外科又はリハビリテーション医療について二年以上の専門研究の経験を有し、かつ、その期間も含め五年以上の臨床経験を有するものであって、研修会を修了した医師が、実際に義肢装具の採型指導を行うものであること。

(ウ)　本要綱で定める義肢採型指導料の額で義肢採型指導を行うものであること。

オ　都道府県労働局長は、採型指導医の指定をするときは、別紙一の契約書例を参考に当該採型指導医と義肢採型指導に係る委託契約を締結する。

カ　都道府県労働局長は、義肢採型指導医を指定したときは、医療機関名、所在地、郵便番号、電話番号、最寄駅及び義肢採型指導担当医師名を本省あて報告する。

また、その報告事項に変更があった場合も同様とする。

キ　本要綱の実施日以前に義肢採型指導医として指定している医療機関については、本契約を締結しているものとして取り扱う。

(4)　義肢等補装具の製作等に係る検査

義肢等補装具業者は、義肢等補装具を製作又は修理したときは、当該義肢等補装具を(2)イの義肢採型指導医に提示して検査を受けるものとし、当該義肢採型指導医は、検査の結果、当該義肢等補装具が申請者に適合していると認めた場合には、その旨の「証明書」(様式第七号)を義肢等補装具業者に交付する。

十二　費用の請求

(1)　義肢等補装具の購入費用又は修理費用を請求しようとする者は、「義肢等補装具購入・修理費用請求書」(様式第八号(1))及び「義肢等補装具購入・修理費用支給承認決定通知書」を所轄局長に提出する。

(2)　(1)を提出する際には、次のものを添付する。

ア　「義肢等補装具購入・修理費用内訳書」(様式第八号(2)～(4))(義肢、装具に係る購入費用又は修理費用を請求する場合に限る。)

イ　義肢採型指導医が交付した「証明書」(様式第七号)(十一の採型指導を行った場合に限る。)

ウ　領収書(申請者が義肢等補装具の購入費用又は修理費用を義肢等補装具業者に支払った場合に限る。)

(3)　義肢採型指導医は、義肢採型指導料を請求しようとするときは、「義肢採型指導料請求書」(様式第九号(1))及び「義肢採型指導料内訳書」(様式第九号(2))を所轄局長に提出する。

(4)　上記九の筋電電動義手の装着訓練及び適合判定を行った医療機関は、装着訓練及び適合判定に係る費用を請求しようとするときは、外科後処置実施要綱の五(4)の外科後処置に要した費用として、装着訓練及び適合判定を依頼した都道府県労働局の労働保険特別会計の支出官に請求する。

(5) 上記十の症状照会に対する回答を行った医療機関は、症状回答料を請求しようとするときは、「症状回答料請求書」（様式第一九号）を所轄局長に提出する。

十三　費用の額

(1) 購入及び修理

ア　義肢等補装具の購入費用又は修理費用の額は、別表二及び別表三に定める価格の一〇〇分の一〇三に相当する額の範囲内とする。

ただし、次に掲げる購入費用又は修理費用の額については、別表二及び別表三の定める価格の一〇〇分の一〇五に相当する額の範囲内とする。

(ア) 別表二の(5)の眼鏡（弱視眼鏡に係るものを除く。）の支給

(イ) 別表二の(5)の歩行補助つえ（松葉つえ、カナディアン・クラッチ、ロフストランド・クラッチ及び多点杖を除く。）の支給

(ウ) 別表二の(5)のかつらの支給

(エ) 別表二の(5)の浣腸器付排便剤の支給

(オ) 別表二の(5)の床ずれ防止用敷ふとんの支給

(カ) 別表二の(5)のフローテーションパッドの支給

(キ) 別表三の(5)の盲人安全つえの項中マグネット付き石突交換

(ク) 別表三の(5)の眼鏡の項中枠交換（弱視眼鏡に係るものを除く。）

(ケ) 別表三の(5)の眼鏡の項中レンズ交換

(コ) 別表三の(5)の補聴器の項中重度難聴用イヤホン交換、眼鏡型平面レンズ交換、骨導式ポケット型レシーバー交換、骨導式ポケット型ヘッドバンド交換、FM型用ワイヤレスマイク充電池交換、FM型用ワイヤレスマイク充電用ACアダプタ交換、FM型用ワイヤレスマイク外部入力コード交換及びイヤホン交換

(サ) 別表三の(5)の人工喉頭の項中気管カニューレ交換及び充電器交換

(シ) 別表三の(5)の車椅子の項中クッション交換、クッション（ポリエステル繊維、ウレタンフォーム等の多層構造のもの及び立体編物構造のもの）交換、クッション（ゲルとウレタンフォームの組合わせのもの）交換、クッション（バルブを開閉するだけで空気量を調整するもの）交換、クッション（特殊な空気室構造のもの）交換、フローテーションパッド交換、背クッション交換、特殊形状クッション（骨盤・大腿部サポート）交換、クッションカバー（防水加工を施したもの）交換、枕（オーダー）交換、リフレクタ（反射器－夜光反射板）交換、テーブル交換、スポークカバー交換、ステッキホルダー（杖たて）交換、栄養パック取付用ガートル架交換、点滴ポール交換及び日よけ（雨よけ）部品交換

(ス) 別表三の(5)の電動車椅子の項中枕

（オーダー）交換、バッテリー交換（マイコン内蔵型に係るものを含む。）、外部充電器交換、オイル又はグリス交換、ステッキホルダー（杖たて）交換、栄養パック取付用ガートル架交換、点滴ポール交換、延長式スイッチ交換、レバーノブ各種形状（小ノブ、球ノブ、こけしノブ）交換、レバーノブ各種形状（Uノブ、十字ノブ、ペンノブ、太長ノブ、T字ノブ、極小ノブ）交換、日よけ（雨よけ）部品交換及びテーブル交換

(セ)　別表三の(5)の歩行補助つえの項中凍結路面用滑り止め（非ゴム系）交換

(ソ)　別表三の(5)の収尿器に係る交換

(タ)　別表三の(5)の介助用リフターに係る交換及び修理

(チ)　別表三の(5)のフローテーションパッドに係る交換

(ツ)　別表三の(5)の重度障害者用意思伝達装置の項中本体修理、固定台（アーム式又はテーブル置き式）交換、入力装置固定具交換、呼び鈴交換、呼び鈴分岐装置交換、接点式入力装置（スイッチ）交換、帯電式入力装置（スイッチ）交換、筋電式入力装置（スイッチ）交換、光電式入力装置（スイッチ）交換、呼気式（吸気式）入力装置（スイッチ）交換、圧電素子式入力装置（スイッチ）交換、遠隔制御装置交換、注視点検出ユニット交換、CCDカメラ交換、赤外線照射セット交換及びCCDカメラ用リモコン雲台交換

イ　別表二及び別表三に定める義肢等補装具の価格には荷造運搬料（浣腸器付排便剤を除く。）、使用方法の説明及び指導等の要する費用を含むものとする。

なお、所轄局長は、荷造運搬料を別途請求されたときは、義肢等補装具の製品代が正当と認められる場合に限り、義肢等補装具の製品代と運搬料の合算額が別表二及び別表三に定める価格を超えない範囲で、これを義肢等補装具の価格に含めて支給できる。

(2)　義肢採型指導料

ア　義肢採型指導医が請求できる義肢採型指導料（車椅子及び電動車椅子は除く。）の額は、採型指導に必要な資材費を含み、義肢等補装具を装着する一肢につき、健康保険法（大正一一年法律第七〇号）の規定による診療報酬の算定方法（平成二〇年厚生労働省告示第五九号。以下同じ）の別表一医科診療報酬点数表に定める治療装具の採型ギプスの点数に労災保険法の規定による療養の給付に要する診療費の算定基準に定める単価を乗じて得た額とする。

なお、次の場合は、各項に掲げる区分を適用する。

(ア)　採寸を行った場合

義肢装具採寸法（一肢につき）

(イ)　手指及び足指切断に係る採型を行った場合

治療装具の採型ギプスの義肢装具採型法（四肢切断の場合）（一肢につき）

(ウ) 硬性以外の体幹装具に係る採型を行った場合

治療装具の採型ギプスの義肢装具採型法（四肢切断の場合）（一肢につき）

(エ) 座位保持装置に係る採型を行った場合

治療装具の採型ギプスの体幹硬性装具採型法

イ 車椅子及び電動車椅子の義肢採型指導料の額は、採型指導に必要な資材費を含み、車椅子又は電動車椅子一台につき、健康保険法の規定による診療報酬の算定方法の別表第一医科診療報酬点数表に定める診療情報提供料（Ⅱ）の点数に労災保険法の規定による療養の給付に要する診療費の算定基準に定める単価を乗じて得た額とする。

ウ 義肢採型指導料は、義肢等補装具の採型に伴う診察料、資材費等一切の費用を含むものとし、初診料等を別途請求することはできない。

(3) 装着訓練料及び適合判定料

装着訓練及び適合判定に要する費用は、原則として、外科後処置実施要綱の六の「費用の算定方法」により算定した額とするが、次の場合は、健康保険法の規定による診療報酬の算定方法の別表第一医科診療報酬点数表に定める区分の点数に労災保険法の規定による療養の給付に要する診療費の算定基準に定める単価を乗じて得た額とする。

ただし、アについては、「労災診療費算定基準について」（昭和五一年一月一三日付け基発第七二号）において定める点数に労災保険法の規定による療養の給付に要する診療費の算定基準に定める単価を乗じて得た額とする。

ア 筋電電動義手の装着訓練（装着訓練二〇分あたり一単位とし、一日六単位までとする。）

（Ⅰ） 運動器リハビリテーション料

イ 筋電電動義手の適合判定

診療情報提供料（Ⅱ）

ウ 練習用仮義手の処方、採型、装着及び調整等（訓練用仮義手一個につき一回限りとする。）

練習用仮義足又は仮義手の義肢装具採型法（四肢切断の場合）（一肢につき）

エ 練習用仮義手のソケット

別表二に定めるところによる

(4) 症状回答料

症状照会に対する回答に要する費用は、健康保険法の規定による診療報酬の算定方法の別表第一医科診療報酬点数表に定める診療情報提供料（Ⅱ）の点数に労災保険法の規定による療養の給付に要する診療費の算定基準に定める単価を乗じて得た額とする。

なお、検査料に要する費用は、健

康保険法の規定による診療報酬の算定方法の別表第一医科診療報酬点数表に定める点数に労災保険法の規定による療養の給付に要する診療費の算定基準に定める単価を乗じて得た額とする。

(5)　端数調整

算定した額に一円未満の端数があるときは、その端数は切り捨てる。

十四　費用の支払

(1)　支給決定

義肢等補装具の購入費用及び修理費用、義肢採型指導料並びに症状回答料に係る請求書が提出されたときは、十三の費用の額に定める要件を満たすものであり、かつ、義肢等補装具の購入費用及び修理費用については、別表二及び別表三に定める種目、名称、型式、基本構造等の要件を満たすものであるかを確認の上、「補装具等支給費支給決定書」（様式第三号）により決裁の事務を行う。

(2)　支出事務

義肢等補装具の購入費用及び修理費用、義肢採型指導料並びに症状回答料を支出するときは、「支出負担行為即支出決定決議書」により決裁の事務を行う。

(3)　支出負担行為の整理区分

支出負担行為等取扱規則第一四条の規定による支出負担行為の整理区分は、同規則別表甲号「25　保険金の類」とする。

(4)　支出項目

義肢等補装具の購入費用及び修理費用、義肢採型指導料並びに症状回答料は、（項）社会復帰促進等事業費（目）補装具等支給費から支出する。

(5)　(2)の決裁に必要な書類

ア　義肢等補装具の購入費用及び修理費用の支出

(ア)　「義肢等補装具購入・修理費用請求書」（様式第八号(1)）

(イ)　「補装具等支給費支給決定書」（様式第三号）

イ　義肢採型指導に要する費用の支出

(ア)　「義肢採型指導料請求書」（様式第九号(1)）

(イ)　「補装具等支給費支給決定書」（様式第三号）

ウ　症状照会に要する費用の支出

(ア)　「症状回答料請求書」（様式第一九号）

(イ)　「補装具等支給費支給決定書」（様式第三号）

十五　旅費の支給

(1)　対象者

旅費は、次の者に支給する。

ア　義肢、上肢装具、下肢装具、体幹装具、座位保持装置、車椅子、電動車椅子又はかつらの採型若しくは装着のため旅行する者

イ　義眼の装嵌のため旅行する者

ウ　筋電電動義手に係る装着訓練及び適合判定のため旅行する者

エ　眼鏡（コンタクトレンズに限る。）又は浣腸器付排便剤の購入の費用の支給に係る検査のため旅行する者

(2)　範囲

旅費は、最も経済的な通常の経路及び方法により旅行した場合の旅費により計算するものとし、その範囲は、日本国内の旅行であって、次のとおりとする。

なお、必要と認められる限り、回数に制限を付さないものとする。

ア　旅費の種類は、鉄道賃、船賃、車賃及び宿泊料とする。

イ　鉄道賃及び船賃については、普通旅客運賃を支給する。また、普通急行列車を運行する線路による旅行で片道五〇キロメートル以上のものについては急行料金を支給し、特別急行列車を運行する線路による旅行で片道一〇〇キロメートル以上のものについては特別急行料金を支給する。

ウ　車賃は、一キロメートルにつき、三七円とする。

エ　宿泊料は、地理的事情等により宿泊の必要が認められる場合に限り、一夜につき八、七〇〇円の範囲内におけるその実費額（飲酒、遊興費、その他これらに類する費用を除く。）とする。

オ　定期券及び回数券等、運賃の割引を受けることができる場合の運賃の額は、その実費額を支給する。

カ　旅費の支給について、本要綱の規定により難い事情がある場合には、国家公務員等の旅費に関する法律（昭和二五年法律第一一四号）及び同法の運用の方針に準じ、最も経済的と認められる経路及び方法により旅行した場合における旅費を支給する。

(3)　手続

旅費の支給を受けようとする者は、「義肢等補装具旅費支給申請書」（様式第一〇号）を所轄局長に提出する。

所轄局長は、当該申請を受けた場合には、対象者等の要件を満たしているか否かを判断の上、承認決定等を行い、その旨を「義肢等補装具旅費支給承認・不承認決定通知書」（様式第一〇号(2)）により通知するものとする。

なお、承認決定等については、処分性が認められるため、行政事件訴訟法等の適用に関しては、八の(4)のアと同様に取り扱うこととする。

(4)　旅費の概算払い

ア　所轄局長は、旅行前に旅費の支給を希望する労働者について、当該労働者の経済的事情により精算払いでは旅行することが困難であると認められる場合に限り、概算払いできる。

イ　旅費の概算払いを受けた者は、旅行期間経過後、「義肢等補装具旅費精算申請書」（様式第一一号）を所轄局長に提出し、精算を行う。

ウ　旅費の概算払いを受けた者が、相当期間経過するも旅行せず、又は旅行しないことが確実となったときは、所轄局長は当該者に支給済の旅費を返納させる。

(5) 費用の支払

旅費に要する費用は、（項）社会復帰促進等事業費（目）社会復帰促進等旅費から支出することとし、支給決定及び支出事務を行うに当たっては、(2)に定める要件を満たすものであるかを確認の上、十四の(1)及び(2)に準じて取り扱う。

十六　申請者等に対する請求内容の事実確認

所轄局長は、義肢等補装具の購入費用又は修理費用の支給決定を行うに当たり、必要に応じて、「義肢等補装具購入・修理費用請求書」の記載内容（義肢等補装具の種目、型式、個数等）と、義肢等補装具業者から申請者に引き渡された義肢等補装具の内容（種目、型式、個数等）が相違していないかを、申請者及び義肢等補装具業者に事実確認する。

十七　義肢等補装具に係る費用の返還

所轄局長は、偽りその他不正の手段により義肢等補装具の購入費用又は修理費用の支給を受けた者があるときは、当該費用の全部を返還させることができる。

十八　社会復帰促進等事業原票の記載

所轄局長は、被災労働者ごとに支給状況を明らかにするため社会復帰促進等事業原票に記載を行う。

十九　被災労働者に対する周知

労働基準監督署長は、業務災害又は通勤災害により傷病を被った者（以下「被災労働者」という。）の「障害（補償）給付」、「傷病（補償）年金」の支給決定及び治ゆ等の時期をとらえて、義肢等補装具の購入費用又は修理費用の支給対象者となり得る被災労働者に対し、当該費用の支給に関する資料を交付し説明する等により制度の周知を行う。

二十　施行期日

平成二四年四月六日付け基発〇四〇六第四号による改正後の本要綱は、平成二四年四月六日から施行し、平成二四年四月一日以降に交付した「義肢等補装具購入・修理費用支給承認決定通知書」に係る義肢等の支給又は修理に適用する。

別表一　義肢等補装具購入費用の支給対象者及び支給対象範囲

支給種目	購入費用の支給対象者（各項目のいずれかに該当する者）	購入費用の支給対象範囲	備考
一　義肢	(1) 上肢又は下肢の全部又は一部を亡失したことにより、労災保険法による障害補償給付又は障害給付（以下「障害（補償）給付」という。）	一障害部位につき二本を支給対象とする。原則、装飾用、能動式、常用、作業用の型式のなかから異	(1) 断端袋については、別表二に定める断端袋の年間上限額の範囲内で必要な枚数を支給対象とすることから、年間の支給累計額の確認を行う

の支給決定を受けた者又は受けると見込まれる者

(2)　上肢又は下肢の全部又は一部を亡失したことにより、労災リハビリテーション医療指定施設又は診療報酬の算定方法（平成二〇年厚生労働省告示第五九号）に基づき定められた特掲診療料の施設基準等（平成二〇年厚生労働省告示第六三号）のう

なる型式のものを各一本づつ支給対象とする。なお、申請者の希望、障害の状態を考慮し、必要に応じ、同一の型式のものを二本支給対象としても差し支えない。ただし、一－(2)の筋電電動義手の購入費用の支給を受ける

ため、事業場の所在地を管轄する都道府県労働局長（以下「所轄局長」という。）は、断端袋の購入費用の支給都度、社会復帰促進等事業原票の「備考」欄に、支給日及び支給額を記載すること。

(2)　訓練用仮義足については、療養の給付として行われるものであり、社会復帰促進等事業として

ち、心大血管疾患リハビリテーション料、脳血管疾患等リハビリテーション料、運動器リハビリテーション料及び呼吸器リハビリテーション料の施設基準に適合しているものとして地方社会保険事務局長に届け出た医療機関のうち労災指定医療機関となっている医療機関において療養し、かつ、労災

者については、筋電電動義手を装着する上肢に対する義肢の支給対象本数は、一本とする。

は購入費用を支給することはできない。

(3)　左欄支給対象者の(3)中の「特に必要と認められるもの」とは、義足を使用することによって起立程度が可能となる場合をいう。

保険法による療養補償給付又は療養給付（以下「療養（補償）給付」という。）を受けている者であって、症状固定後に障害（補償）給付を受けることが明らかである者

(3)　十一の車椅子の支給対象者の(1)から(3)のいずれかに該当する者又は二十の電動車椅子の支給対象者の(1)から(3)のいずれかに該当する

	者で、特に必要と認められるもの		
	(4) 既に装着していた義肢で、業務上の事由又は通勤によりき損し、かつ、修理不能となったものを有する者	き損した義肢一本につき一本を支給対象とする。	
	(5) 社会復帰促進等事業として購入費用を支給された義肢であって、別表に定める耐用年数を超えたものを有する者	耐用年数を超えたもの一本につき一本を支給対象とする（骨格構造（モジュラー）義肢にあって	

一－(2) 筋電電動義手	(1) 両上肢を手関節以上で失ったことにより、障害（補償）給付を受けた者又は受けると見込まれる者で、次の要件を全て満たす者 ア 手先装置の開閉操作に必要な強さの筋電信号を検出できること イ 筋電電	一人につき一本を支給対象とする。	(1) 「全廃」には、高度の麻痺が認められるものを含む。 (2) 「手先装置の開閉操作に必要な強さの筋電信号を検出できること」とは、筋電電動義手が筋電信号を制御信号として、筋電電動義手の手先装置の開閉
		は、耐用年数を超えた部品一個につき部品一個とする）。	

	動義手を使用するに足る判断力を有すること ウ 筋電電動義手を使用するに足る十分な筋力を有すること エ ソケットの装着が可能である断端を有すること オ 肩及び肘の関節の機能に著しい障害がないこと (2) 一上肢を手関節以上で失うとともに、他上肢の用が全廃又はこれに準じた状態になった		を行うことから、手先装置の開閉を行うことのできる程度の筋電信号を発生させることができ、かつ、筋電信号の分離が可能であることをいう。 (3) 「筋電電動義手を使用するに足る判断力を有すること」とは、通常の弁識能力を有することをいい、担当医師の意見により判断すること。 (4) 「筋電

ことにより、障害（補償）給付を受けた者又は受けると見込まれる者で、上記(1)のアからオの要件の全てを満たす者

電動義手を使用するに足る十分な筋力を有すること」とは、筋電電動義手が比較的重量のある義手であることから、筋電電動義手を使用するためには、切断肢に筋電電動義手を装着して、当該義手を上下左右に移動させることが可能である程度の筋力を有していることをいう。

(5)「ソケットの装着が可能

である断端を有すること」とは、断端に筋電電動義手のソケットの適合や筋電信号の検出及び分離に支障を来たす皮膚障害（瘢痕又は皮膚植皮等）がないことをいう。

(6)「肩及び肘の関節の機能に著しい障害がないこと」とは、筋電電動義手の能力を十分に発揮するために必要な程度の肩及び肘の関節

	二　上肢装具及び下肢装具
	(1)上肢又は下肢の機能に障害を残すことにより、障害（補償）給付の支給決定を受けた者又は受けると見込まれる者 (2)下肢装
	一障害部位につき二本を支給対象とする。
可動域を有していることをいい、担当医師の意見により判断すること。 (7)所轄局長は、筋電電動義手の購入費用の支給に当たっては、医師の意見を尊重すること。	左欄支給対象者の(2)中「特に必要と認められるもの」とは、下肢装具を使用することによって起立程度が可能となる場合をいう。

具について、十一の車椅子の支給対象者の⑴から⑶のいずれかに該当する者又は十二の電動車椅子の支給対象者の⑴から⑶のいずれかに該当する者で、特に必要と認められるもの

⑶ 既に装着していた上肢装具又は下肢装具で、業務上の事由又は通勤によりき損し、かつ、修理不能となったもの

き損した上肢装具又は下肢装具一本につき一本を支給対象とする。

を有する者

⑷ 社会復帰促進等事業として購入費用を支給された上肢装具又は下肢装具であって、別表二に定める耐用年数を超えたものを有する者

耐用年数を超えたもの一本につき一本を支給対象とする。

三 体幹装具

⑴ せき柱に荷重障害を残すことにより、障害等級第八級以上の障害（補償）給付の支給決定を受けた者又は受けると見込まれる者

一人につき一個を支給対象とする。

四 座位保持装置

⑵ 社会復帰促進等事業として購入費用を支給された体幹装具であって、別表二に定める耐用年数を超えたものを有する者

⑴ 四肢又は体幹に著しい障害を残すことにより、障害等級第一級の障害（補償）給付の支給決定を受けた者又は受けると見込まれる者であって、座位が不可能若しくは

一人につき一台を支給対象とする。

座位保持装置は、脳血管障害等による四肢麻ひ等の神経系の障害又は両上・下肢の欠損、機能障害のため、座位が不可能若しくは著しく困難な状態にあるものと認められる者に購入費用を支給するものであること

	五　盲人安全つえ	六　義眼
著しく困難な状態にあると認められるもの (2) 社会復帰促進等事業として購入費用を支給された座位保持装置であって、別表二に定める耐用年数を超えたものを有する者	(1) 両眼に視力障害を残すことにより、障害等級第四級以上の障害（補償）給付の支給決定を受けた者又は受けると見込まれる者 (2) 既に使用していた盲人安全つえで、業務上の事由又は通勤によりき損し、かつ、使用不能となったものを有する者 (3) 社会復帰促進等事業として購入費用を支給された盲人安全つえであって、別表二に定める耐用年数を超えたものを有する者	(1) 一眼又は両眼を失明したことにより、障害（補償）給付の支給決定を受けた者又は受けると見込まれる者 (2) 既に装嵌していた義眼で、業務上の事由又は通勤によりき損し、かつ、使用不能となったものを有する者 (3) 社会復帰促進等事業として購入費用を支給された義眼であって、別表二に定める耐用年数を超えたものを
	一人につき一本を支給対象とする。	失明した一眼につき一個を支給対象とする。
から、所轄局長は、その判断に際して、必要に応じ、専門医又は診療担当医等の専門的意見を聴取する等の措置を講じること。	視力障害の程度は、矯正視力により測定したものとする。	義眼装嵌のために要する診療は、社会復帰促進等事業の外科後処置として行うこと。

	有する者		
七　眼鏡（コンタクトレンズを含む。）	(1) 一眼又は両眼に視力障害を残すことにより、障害等級第一三級以上の障害（補償）給付の支給決定を受けた者又は受けると見込まれる者 (2) 社会復帰促進等事業として購入費用を支給された眼鏡であって、別表二に定める耐用年数を超えたものを有する者	一障害につき一個を支給対象とする。	(1) 視力障害の程度は、矯正視力により測定したものとする。 (2) 所轄局長は、受給者の希望に応じて矯正眼鏡に代えてコンタクトレンズを支給対象とすることができるが、コンタクトレンズの購入費用の支給に当たっては、症状照会に対する回答書（様式第一八号(1)）により、装用が可能であるか確認すること。
八　点字器	(1) 両眼に視力障害を残すことにより、障害等級第四級以上の障害（補償）給付の支給決定を受けた者又は受けると見込まれる者 (2) 社会復帰促進等事業として購入費用を支給された点字器であって、別表二に定める耐用年数を超えたものを有する者	一人につき一台を支給対象とする。	視力障害の程度は、矯正視力により測定したものとする。
九　補聴器	(1) 一耳又は両耳に聴力障害を残すことにより、障害等級第一一級以上の障害（補償）給付の支給決定を受けた者又は受けると見込まれる者 (2) 社会復帰促進等事業として購入費用を支給された補聴器であって、別表二に定める耐用年数を超えたものを有する者	一障害につき一器を支給対象とする。	両耳の障害の場合であっても、一人につき一器を支給対象とする。
十　人	(1) 言語の	一障害	

工喉頭	機能を廃したことにより、障害（補償）給付の支給決定を受けた者又は受けると見込まれる者 (2) 社会復帰促進等事業として購入費用を支給された人工喉頭であって、別表二に定める耐用年数を超えたものを有する者	につき一個を支給対象とする。	
十一 車椅子	(1) 両下肢の用を全廃又は両下肢を亡失したことにより、障害（補償）給付の支給決定を受けた者又は受けると見込まれる者であって、義足及び下肢装具の使用が不可能であるもの (2) 両下肢の用を全廃又は両下肢を亡失したことにより、療養（補償）給付を受けている者（概ね三か月以内に退院の見込みのない入院療養の者を除く）であって、傷病が症状固定した後においても義足及び下肢装具の使用が不可能であることが明らかであるもの (3) 両下肢の用を全廃又は両下肢を亡失したことにより、労災保険法による傷病補償年金又は傷病年金（以下「傷病（補償）年金」という。）の支給決定を受けた者であって、当該傷病の療養のために通院している者で、義	一人につき一台を支給対象とする。	(1) 車椅子は、両下肢の障害により義足又は下肢装具を使用しても歩行が不可能な者に購入費用を支給するものであることから、その判断に際し、所轄局長は、必要に応じ専門医又は診療担当医等の専門的意見を聴取する等の措置を講じること。 (2) 車椅子は、独力で使用することができない者には購入費用を支給しないこと（支給対象者の(6)又は(7)に該当する場合を除く。）なお、支給対象者の(6)又は(7)に該当する場合は、手押し型車椅子の購入費用を支給すること。 (3) レバー駆動型車椅子は、レバー操作により片手で駆動できる車椅子であることから、片麻ひ被災者等両手で車椅子を操作することが困難な者に購入費用を支給すること。 (4) 簡易電動型車椅

足及び下肢装具の使用が不可能であるもの
⑷ 既に使用していた車椅子で、業務上の事由又は通勤によりき損し、かつ、修理不能となったものを有する者
⑸ 社会復帰促進等事業として購入費用を支給された車椅子であって、別表二に定める耐用年数を超えたもの
⑹ 十二の電動車椅子の支給対象者の

子は、居住地等の状況から悪路の走行や登坂が多く見込まれる場合であって、手指の障害、腕力の低下等から他の型の車椅子を使用することが困難な者に購入費用を支給すること。
⑸ 左欄の支給対象者の⑹中の「特に必要と認められるもの」とは次の場合をいう。
① 自動車により移動する際、電動

⑴から⑷のいずれかに該当する者で、特に必要と認められるもの
⑺ 二十二のギャッチベッドの支給対象者に該当する者で、特に必要と認められるもの

車椅子の積載が不可能な場合
② 居住する家屋内を移動する際、家屋の構造等により電動車椅子の使用が不可能な場合
⑹ 左欄の支給対象者の⑺中の「特に必要と認められるもの」とは、手押し型車椅子が必要な場合をいう。
⑺ 「全廃」には、高度の麻痺が認められるものを含む。
⑻ 下記の

付属品は、各々の付属品の支給要件を満たす者に購入費用を支給すること。
① ステッキホルダー
歩行補助つえを併給されている者で、ステッキホルダーを必要とする場合
② 泥よけ
未舗装路の走行を頻繁に行う者で、身体又は服の汚れを防止するために泥よけを必要とする場合

③屋外用キャスター　屋外、不整地、段差の多い場所などで車椅子を使用することが多い者、又は、腰痛等の症状があり車椅子の振動により当該症状が悪化するおそれがある者で、屋外用キャスターに取り替える必要がある場合

④転倒防止用装置　頸髄損傷者等で、筋肉の著しい低下等機能障害により体幹のバランスが悪く後方へ転倒するおそれがある場合

⑤滑り止めハンドリム　握力又は筋肉の著しい低下等上肢に機能障害がある者で、滑り止めハンドリムに交換しなければ車椅子の使用が困難である場合

⑥キャリパーブレーキ　介助者が手押し型車椅子の使用に当たって、手押し型車椅子を頻繁に利用する道路等に登坂が多く支給対象者の安全を確保するために必要とする場合

⑦フットブレーキ　手押し型車椅子の利用に当たって、介助者が手動ブレーキの使用が困難で支給対象者の安全を確保するために必要とする場合

⑧酸素ボンベ固定装置　酸素ボ

ンベを常用している呼吸機能障害者が、手押し型車椅子を使用するに当たって、酸素ボンベ固定装置を必要とする場合

⑨ 人工呼吸器搭載台

常時人工呼吸器を必要とする呼吸機能障害者が、手押し型車椅子を使用するに当たって、人工呼吸器搭載台を必要とする場合

⑩ 栄養パック取付

十二 電動車椅子	
(1) 両下肢及び両上肢に著し	
一人につき一台を支	
(1) 電動車椅子の支給対象者	用ガートル架 経管栄養により食事を摂取している者が、手押し型車椅子を使用するに当たって、栄養パック取付用ガートル架を必要とする場合 ⑪ 点滴ポール 点滴を必要とする者が、手押し型車椅子を使用するに当たって、点滴ポールを必要とする場合

い障害を残すことにより、障害（補償）給付の支給決定を受けた者又は受けると見込まれる者であって、車椅子の使用が著しく困難であると認められるもの

(2) 両下肢及び両上肢の傷病に関し、療養（補償）給付を受けている者（概ね三か月以内に退院見込みのない入院療養の者を除く。）で、傷病

給対象とする。

は、高度の四肢麻ひ等の障害のため、車椅子の使用が著しく困難な者であることから、所轄局長は、可能な限り実情に即して判断することとし、判断に際しては、専門医又は診療担当医等の専門的意見を聴取する等の措置を講じること。

(2) 電動車椅子は、重度障害者に購入費用を支給するものである

が症状固定した後においても車椅子の使用が不可能であることが明らかに認められるもの

(3) 両下肢及び両上肢に著しい障害を残すことにより、傷病（補償）年金の支給決定を受けた者であって、当該傷病の療養のために通院している者で、車椅子の使用が不可能であるもの

(4) 業務災害又は通勤災害により呼吸器又は循環器の障害を受けた者であって、次のア又はイのいずれかに該当し、かつ、車椅子の使用が著しく困難であると認められるもの

ア 呼吸器又は循環器の障害により、傷病（補償）年金第一級の支給決定を受けた者又は受けると見込まれる者

イ 呼吸器の障害により、障害（補償）給付第一級の支給決定を受けた者又は受けると見込まれる者で、次のいずれかの要件に該当する者

(ア) 動脈血酸素分圧が五〇Torr以下であること

(イ) 動脈血酸素分圧が五〇Torrを超え六〇Torr以下であり、動脈血炭酸ガス分圧が限界値範囲（三七Torr以上四三Torr以下）に

ので、使用上の安全を期するため、利用施設の整備状況、操作の習熟の程度、安全に使用することができる能力の有無、介助の確保の状況等を十分考慮するとともに、在宅重度障害者に購入費用を支給する場合には、これらの施設等の整備が必ずしも十分とは言い難いことから、介助の状況、操作の習熟の程度、使用環境、重度障害者の日常生活上における電動車椅子の恒常的な必要性の有無等について、特に十分な検討及び指導を行うこと。

(3) 電動リフト式普通型電動車椅子は、職業上の必要性から電動車椅子の座面の高さの調整を必要とする者又は介護人と同居していない者であって当該電動車椅子を使用することにより自力乗降が可能となる者等に購入費用を支給すること。

(4) 下記の付属品は、各々の付属品の支給要件を満たす者に購入費用を支給すること。

① ステッキホルダー
歩行補助つえを併給されている者で、ステッキホルダーを必要とする場合

② 屋外用キャスタ

ないこと

(ウ)　高度の呼吸困難が認められ、かつ、%一秒量が三五%以下又は%肺活量が四〇%以下であること

(5)　社会復帰促進等事業として購入費を支給された電動車椅子であって、別表二に定める耐用年数を超えたものを有する者

ー屋外、不整地、段差の多い場所などで電動車椅子を使用することが多い者、又は、腰痛等の症状があり電動車椅子の振動により当該症状が悪化するおそれがある者で、屋外用キャスターに取り替える必要がある場合

③　転倒防止用装置　頸髄損傷者等で、筋肉の著しい低下等機能障害により体幹のバランスが悪く後方へ転倒するおそれがある場合

④　クライマーセット　頻繁に屋外の段差の多い場所で電動車椅子を使用することが多い者で、段差越えが困難である場合

⑤　フロントサブホイール　電動車椅子の細かなコントロールが困難な高位頸髄損傷者等で、頻繁に利用する道路等において、電動車椅子の脱輪等による危険のおそれがある場合

⑥　酸素ボンベ固定装置　酸素ボンベを常用している呼吸機能障害者が、電動車椅子を使用するに当たって、酸素ボンベ固定装置を必要とする場合

⑦　人工呼吸器搭載台　常時人工呼吸器を必要とする呼吸機能障害

者が、電動車椅子を使用するに当たって、人工呼吸器搭載台を必要とする場合

⑧栄養パック取付用ガートル架

経管栄養により食事摂取をしている者が、電動車椅子を使用するに当たって、栄養パック取付用ガートル架を必要とする場合

⑨点滴ポール

点滴を必要とする者が、電動車椅子を使用するに当たって、点滴ポールを必要とする場合

十三 歩行車

(1) 高度の失調又は平衡機能障害を残すことにより、障害等級第三級以上の障害（補償）給付の支給決定を受けた者又は受けると見込まれる者

(2) 社会復帰促進等事業として購入費用を支給された歩行車であって、別表二に定める耐用年数を超えたものを有する者

一人につき一台を支給対象とする。

十四 収尿器

(1) せき髄損傷、外傷性泌尿器障害及び尿路系腫瘍等の傷病のため、尿失禁を伴うこと又は尿路変向を行ったことにより、障害（補償）給付の支給決定を受けた者又は受けると見込まれる者

(2) 社会復帰促進等事業として購入費用を支給された収尿器であって、別

一人につき二器を支給対象とする。ただし、人口膀胱用簡易型（使い捨て型）については、別表二に定める価格の範囲内で所轄局長が必要と認めた数とする。

(1) 所轄局長は、回腸導管用収尿器を装着する際に使用する両面粘着シートについては、一日一枚使用するものとして一年分（一二箱（一箱三〇枚入））をまとめて支給対象とすることができる。

(2) 所轄局長は、簡易型については、対象者の傷病の状態（皮膚

表二に定める耐用年数を超えたものを有する者

炎の有無及び便の形状等）及び生活状態により、製品の種類及び交換間隔等を考慮し、必要と認める数を支給対象とする。また、所轄局長は、その判断に際しては、必要に応じ専門医又は診療担当医の専門的意見を聴取する等の措置を講じること。

(3) 簡易型の購入費用の支給を希望する者につ

いては、現に回腸導管用又は尿管瘻用の収尿器を使用している場合、当該収尿器の耐用年数経過後に購入費用を支給すること。

十五　ストマ用装具

(1) 大腸又は小腸に人工肛門を造設したことにより、障害（補償）給付の支給決定を受けた者又は受けると見込まれる者

(2) 大腸又は小腸に皮膚瘻を残し、腸

別表二に定める価格の範囲内で所轄局長が必要と認めた数を支給対象とする。

(1) 所轄局長は、ストマ用装具について、対象者の傷病の状態（皮膚炎の有無及び便の形状等）及び生活状態により、製品の種類及び交換間隔等を考慮し、必

内容の全部若しくは大部分が漏出すること又は腸内容がおおむね一日一〇〇〇㎖以上を漏出することにより、障害（補償）給付の支給決定を受けた者又は受けると見込まれる者

(3) 大腸又は小腸に皮膚瘻を残し、腸内容が一日に少量を漏出することにより、障害（補償）給付の支給決定を受けた者であ

要と認める数を支給対象とすることができる。

(2) 所轄局長は、ストマ用装具の購入費用の支給の可否、支給する製品の種類及び支給数については、症状照会に対する回答書（様式第一八号⑵）により判断すること。

十六　歩行補助つえ	
(1)下肢の全部又は一部を亡失し、又は下肢の機能に障害を残すことにより、障害等級第七級以上の障害(補償)給付の支給決定を受けた者又は受けると見込まれる者であって、義足又は下肢装具の使用が可能であるもの	って、特に医師がストマ用装具の使用の必要があると認めるもの
一人につき一本を支給対象とする。ただし、両下肢に障害のある場合には、必要に応じ二本を支給対象とする。	
左欄支給対象者の(4)中の「特に必要と認められるもの」とは、歩行補助つえを使用することによって起立程度が可能となる場合をいう。	

(2)既に使用していた歩行補助つえで、業務上の事由又は通勤によりき損し、かつ、修理不能となったものを有する者

(3)社会復帰促進等事業として購入費用を支給された歩行補助つえであって、別表二に定める耐用年数を超えたものを有する者

(4)十一の車椅子の支給対象者の(1)から(3)のいずれかに

十七　かつら	
(1)頭部に著しい醜状を残すことにより、障害(補償)給付の支給決定を受けた者又は受けると見込まれる者 (2)社会復帰促進等事業として購入費用を支給されたかつらをき損した者	該当する者又は十二の電動車椅子の支給対象者の(1)から(3)のいずれかに該当する者で、特に必要と認められるもの
一人につき一個を支給対象とする。	

	（故意にき損した者を除く。）		
十八　浣腸器付排便剤	せき髄損傷者又は排便反射を支配する神経の損傷により、用手摘便を要する状態又は恒常的に一週間に排便が二回以下の高度な便秘を残すことにより、障害（補償）給付の支給決定を受けた者又は受けると見込まれる者で、医師が浣腸器付排便剤の使用の必要があると認めるもの	一人につき三日に一個の割合で支給対象とする。	(1) 所轄局長は、三日で一個の割合で算出した六〇本（六か月分）をまとめて支給対象とすることができる。 (2) 浣腸器付排便剤については、「使用薬剤の薬価（薬価基準）」（平成二〇年厚生労働省告示第六〇号）に収載された薬剤を支給対象とすることと。 (3) 所轄局長は、浣腸器付排便剤の購入費用の支給の可否、支給する浣腸器付排便剤の銘柄、用量及び支給個数については、症状照会に対する回答書（様式第一八号）(3)により判断すること。
十九　床ずれ防止用敷ふとん	傷病（補償）年金又は障害（補償）給付を受けている神経系統の機能に著しい障害を残す者又は両上下肢の用の全廃若しくは両上下肢を亡失した者のうち、常時介護に係る介護補償給付又は介護給付を受けている者	一人につき一枚を支給対象とする。	「全廃」には、高度の麻痺が認められるものを含む。
二十　介助用リフター	(1) 次のア又はイのいずれかに該当し、かつ、ウからカまでのすべてに該当する者に支給する（新規支給の場合は、カの要件を除くものとする。） ア　傷病（補償）年金の支給決定を受けた者のうち、	一人につき一台を支給対象とする。	(1) 支給対象者のうち、傷病等級第一級第一号又は第二号に該当する者と同程度とは、両上下肢の用の全廃、両上下肢の亡失、両上肢の亡失でかつ両下肢の用の全廃又は両上肢の用の全廃でかつ両下肢の亡失

傷病等級第一級第一号若しくは第二級第二号に該当するもの又はこれらと同程度の障害の状態にあると認められるものであって、自宅療養者又は義肢等の支給申請の日から三カ月以内に退院し、自宅で療養すると見込まれる入院療養者であること

イ　障害（補償）給付を受けた者又は受けると見込まれる者の

等の症状で常時介護を受けているものをいう。

(2)　「全廃」には、高度の麻痺が認められるものを含む。

(3)　所轄局長は、「介護人」及び「家屋構造」について、義肢等支給修理申請書に添付する「介護人等の状況報告書」（様式第一号⑵）及び支給するリフターの形態、家屋の構造等を総

うち、障害等級第一級第三号若しくは第四号に該当するもの又はこれらと同等程度の障害の状態にあると認められるもの

ウ　車椅子又は義肢の使用が不可能であること

エ　当該療養者の症状並びに介助用リフターの性能及び操作方法を理解し、介助用リフターを安全に使用できる介護人がいること

合的に勘案し、購入費用の支給の適否を決定すること。

(4)　支給対象とする介助用リフターは、他者の操作を要するものであって、移動式（つり上げ装置、ヘッドシート付き）のものをいう。

(5)　所轄局長は、購入費用の支給決定に当たっては、必要に応じ、傷病の状態、介護及び介護人の

二十一　フローテーションパッド	
(1)　社会復帰促進等事業として支給された車椅子又は電動車椅子	オ　当該療養者の家屋の構造が、介助用リフターの円滑な移動に適するものであること カ　社会復帰促進等事業として購入費用を支給された介助用リフターであって、別表二に定める耐用年数を超えたものを有する者であること
一人につき一枚を支給対象とする。	
フローテーションパッドは、その支給時において、現に床ずれが発生している	状況並びにリフターの実効性について、診療担当医から専門的意見を聴取する等の措置を講じること。

を使用する者のうち、床ずれがでん部又は大腿部に発生するおそれがあり、かつ、診療担当医がフローテーションパッドの使用を必要と認めたもの

(2) 社会復帰促進等事業として購入費用を支給されたフローテーションパッドであって、別表二に定める耐用年数を超えたものを有する者

ことを要件とするものではなく、床ずれが発生するおそれがあり、フローテーションパッドの使用が必要であると診療担当医が認めた場合に購入費用の支給を行うこと。

二十二　ギャッチベッド

次の(1)又は(2)のいずれかに該当し、かつ、(3)に該当する者に支給する。

(1) 傷病（補償）年金の支給決定を受けた者のうち、傷病等級第一級第一号若しくは第二号に該当するもの又はこれらと同程度の障害の状態にあると認められるもので、かつ、自宅療養者（義肢等の支給申請の日から三か月以内に退

一人につき一台を支給対象とする。

(1) 支給するギャッチベッドは、原則として、利用者の頭部及び脚部の傾斜角度を個別に調整できる機能を有する特殊寝台とする。

(2) 支給対象者のうち、傷病等級第一級第一号又は第二号に該当する者と同程度とは、両上下肢の用の全廃、両上下肢の亡失、両上肢の亡失でかつ両下肢の用の全

院し自宅で療養すると見込まれる入院療養者を含む。）であるもの

(2) 障害（補償）給付の支給決定を受けた者又は受けると見込まれる者のうち、障害等級第一級第三号若しくは第四号に該当するもの又はこれらと同等程度の障害の状態にあると認められる者

(3) 車椅子（手押し型車椅子を除く。）

廃又は両上肢の用の全廃でかつ両下肢の亡失等の症状で常時介護を受けているものをいう。

(3) 「全廃」には、高度の麻痺が認められるものを含む。

(4) 電動式ギャッチベッドは、介護人と同居していない者であって当該ギャッチベッドを使用することにより自力で起き上がることが可能とな

	二十三　重度障害者用意思伝達装置
又は義肢の使用が不可能である者	(1) 両上下肢の用を全廃又は両上下肢を亡失し、かつ、言語の機能を廃したことにより、障害（補償）給付の支給決定を受けた者又は受けると見込まれる者で重度障害者用意思伝達装置によらなければ、意思の伝達が困難であると認められるもの
	一人につき一台を支給対象とする。
る者等に購入費用を支給すること。	(1) 「重度障害者用意思伝達装置によらなければ、意思の伝達が困難であると認められるもの」とは、重度障害者用意思伝達装置が、まばたき、息を吹くなどの非常に小さな動作により、「はい」「いいえ」等の意思表示を可能とする機器であることから、

(2) 社会復帰促進等事業として購入費用を支給された重度障害者用意思伝達装置であって、別表二に定める耐用年数を超えたものを有する者

まばたき等の非常に小さな動作しかできないものをいい、手を挙げる、首を動かすなどの意思表示を伝える動作が可能であるものは含まれない。

なお、重度障害者用意思伝達装置によらなければ、意思の伝達が困難であるかについては、症状照会に対する回答書（様式第一八号⑷）に基づき判断

すること。

(2) 「全廃」には、高度の麻痺が認められるものを含む。

(3) 支給対象者については、重度障害者用意思伝達装置を使用する者が、意思を決定する能力を明らかに有することが必要であることから、接点式入力装置（スイッチ）、帯電式入力装置（スイッチ）、筋電式入力装置（ス

イッチ）、光電式入力装置（スイッチ）、呼気式（吸気式）入力装置（スイッチ）、圧電素子式入力装置（スイッチ）又は画像処理による眼球注視点検出式入力装置（スイッチ）のいずれかにより、自己の明確な意思を入力することができる者に限る。

(4)　重度障害者用意思伝達装置の購入費用を支

給するに当たっては、自己の明確な意思を入力することができる者であるか並びに機種及びセンサーの選定については、症状に対する照会回答書（様式第一八号(4)）に基づき判断すること。

(5)　画像処理による眼球注視点検出式入力装置については、当該入力装置以外の入力装置の使用が不可能であ

って、当該入力装置によらなければ意思の伝達が不可能である者に購入費用を支給すること。

別表二・別表三〈略〉

（平一八・六・一　基発第〇六〇一〇〇一号、平一九・二・六　基発第〇二〇六〇〇一号、平二〇・三・三一　基発第〇三三一〇〇五号、平二一・三・三一　基発第〇三三一〇二五号、平二二・四・二八　基発〇四二八第四号、平二三・一二・二七　基発一二二七第一号、平二四・四・六　基発〇四〇六第四号）

〈義肢の支給〉

問一　再発の結果障害の部位に変形を来し従前の義肢が装着不能となった

場合、義肢の修理又は新調を認めて差し支えないか。

二　労災病院附属傷病者訓練所に入所するも訓練の結果大部分の者は傷害部位が萎縮する等変形をきたし従前の義肢が装着不能となるがこの場合義肢の修理を認めて差し支えないか。

三　労災病院にて義肢製作の場合採型から装着まで労働者を病院に滞在せしめ、先ず訓練用義肢を作って訓練を行い次いで本義肢を作成し本人に最も適当な義肢を支給するよう努力している。

従って、この間相当の日数を要するがこの間の滞在費（一般入院患者の入院料及び食事料に同じ。）は当然労働者の負担と考えられるが如何。

四　義肢を支給してもなおかつ松葉杖を使用しなければ切断部位の関係上、歩行困難なものに対しては特に松葉杖を歩行補助器として支給して差支えないか。

答一　再発と認められた時は貴見の通り。

二　貴見のとおり。

三　労災病院において、義肢の装着を受けようとする労働者が入院して義肢の採型から装着までの訓練指導を受ける期間における入院及び食事の費用については、外科後処置の費用として取扱われたい。

四　歩行補助器として松葉づえの支給は認めることはできない。

（昭二五・六・二七　基災収第一二五八号）

〈義肢の支給について〉

標記の件につき、S義肢製作所より別紙一のとおり問合わせがあり別紙二のとおり回答したのでお知らせする。

なお、昭和二三年九月二〇日付基発第一三八二号「義肢の費用支給に関する件」、及び昭和二五年六月三〇日付基災収第一二九七号「義肢支給について」通ちょう写を添付するから事務処理上遺憾なきを期されたい。

（別紙一）

問（労災保険法による義肢について）

前略　毎度ご愛顧を賜り厚く御礼申し上げます。

お陰様にて労災補償法による義肢製作にも協力させて戴いております。就きましては切断患者に対する義肢支給の件でございますが、普通は常用義肢一本、作業用義肢一本、計二本を支給するのが原則で、本人が例えば常用義肢を二本希望する場合は常用義肢二本を支給しても差支えないように聞いておりましたところ、青森県の労働基準局では、常用、作業用各一本支給するのが規則であるとのご意見なので吾々業者と致しましても一応何れが正しい線か確認致したいと思いますので、ご多忙中誠に恐縮とは存じますがご指導ご回答賜り度くお願い申上げます。

尚何年何月の通達番号何号により何れが正しいのか、及予算の関係で本人が常用二本希望しても基準局長権限内でそれを常用、作業用各一本支給に変更が出来るものかどうか何卒恐縮ですがご指導、ご指示下さいますようお願い申上げます。

以上

（別紙二）

答　義肢の支給については、常用、作業用各一本あて支給することを原則として居りますが、昭和二三年九月二〇日付基発第一三八二号「義肢の費用支給に関する件」及び同二五年六月三〇日付基災収第一二九七号「義肢支給について」通ちょうにより労働者が同種類（常用又は作業用のいずれか一種類）の義肢二本を希望する場合は支給して差支えないことに改められております。

（義肢費用支給に関する件）―（通牒写）

基発第四二四号（三月九日付）により通牒した標記の件については、装身用と作業用の二種の義肢を購入した場合は、そのいずれについても実費を支給していたが、自今装身用を希望しないものには、作業用を二本までその実費を支給されたい。

（昭二三・九・二〇　基発第一三八二号）

（義肢支給について）―（通牒写）

義肢支給に関しては、貴見の通り基発第四二四号及び基発第一三八二号等で夫々通牒済であるが、労働者が傷害を受けた部位によっては作業用の義肢を必要としない場合が生ずるものでこの場合装身用義肢二本を限度として支給するよう取扱われたい。

（昭二五・六・三〇　基災収第一二九七号、昭二八・五・二二　基災発第七八号の二）

〈**骨格構造義肢の支給基準及び修理基準について**〉

今般、昭和五六年二月六日付基発第六九号（労働福祉事業実施要綱の全面改正について）の一部を改正し、昭和五六年四月一日から適用することとしたので、下記事項に留意し、事務処理に遺漏なきを期されたい。

記

運用上の留意事項

(1)　骨格構造義肢の支給（ソケット交換及びアライメント調整を要するもの並びに耐用年数内の修理を含む。）は、労働省が実施する労災義肢装具適合判定医研修会又は厚生省が実施する補装具適合判定医師研修会の受講終了者（両研修会の講師を含む。）である義肢採型指導医の採型指導の下に、別表に掲げる「義肢製作設備基準」を満たす製作施設において製作するものについて、認めるものであること。

(2)　骨格構造義肢に係る義肢装具製作者については、一定の義肢製作設備を具備するものとなっているため、これの選定に当たっては、労災義肢装具適合判定医研修会又は補装具適合判定医師研修会の受講終了者である義肢採型指導医と相談のうえ、適宜行うこと。

⑶　骨格構造義肢の価格は、基本価格及び使用材料・使用部品価格で構成されており、従来の見積書及び義肢等支給修理費用請求書では適正な価格の確認に困難が生じるため、製作・修理業者に対して、見積書を提出させる場合は見積内訳書（様式第五号の二）を、義肢等の支給又は修理に要した費用の請求の場合は義肢等支給修理費内訳書（様式第九号⑵）を、それぞれ添付させるものとし、当該両内訳書により適正な価格か否かの判断を行うこと。

⑷　今回改正に係る義肢等の支給又は修理の価格については、本年四月一日以降に義肢等の製作又は修理の注文書を発行したものについて適用するものとすること。

なお、この場合において、既に義肢等の製作又は修理の費用を支出済みのもので追加支出を要する場合には、改正後の価格に基づき見積書を再提出させ、追加分を支出するものとすること。

（昭五六・九・二一　基発第五九七号）

〈眼鏡の支給について〉

問　当局管内に於て火薬事故の為一眼が失明し他眼は矯正可能（矯正視力〇・〇五）なるも水晶体欠損のため遠、近二箇の眼鏡を要するとの医師の診断でありますが本件の場合二箇の眼鏡を支給してもよろしいか。

答　設問の件については、障害の性質上やむを得ないものと認められる場合に限り特に眼鏡二箇（遠近視用）を支給するも差支えない。

（昭二八・九・二四　基収第三八〇二号）

4　外科後処置

〈外科後処置実施要綱〉

一　趣旨

業務災害による傷病が治ゆした者においては、義肢装着のための断端部の再手術、醜状の軽減のための再手術等を必要とすることがあることにかんがみ、これらの者の社会復帰の促進を図るため、労働者災害補償保険法（昭和二二年法律第五〇号。以下「労災保険法」という。）第二九条第一項の社会復帰促進等事業として外科後処置を行うものとする。

二　対象者

外科後処置は、労災保険法による障害補償給付（労働者災害補償保険法の一部を改正する法律（昭和四〇年法律第一三〇号）第三条の規定による改正前の労災保険法の規定による障害補償費及び障害給付を含む。以下「障害補償給付」という。）の支給決定を受けた者であって、外科後処置により障害補償給付の原因である障害によって喪失した労働能力を回復し、又は醜状を軽減し得る見込みのあるものに対して行うものとする。

三　範囲

(1)　外科後処置の範囲は、原則として整形外科的診療、外科的診療及び理学療法とし、その処置に必要な医療の給付は、次のとおりとする。

イ　診察

ロ　薬剤又は治療材料の支給

ハ　処置、手術その他の治療

ニ　病院又は診療所への入院及びその療養に伴う世話その他の看護

ホ　筋電電動義手の装着訓練等

(2)　事業場の所在地を管轄する都道府県労働基準局長（以下「所轄局長」という。）は、外科後処置を受けようとする者が労働能力を回復するため特に必要があると認めるときは、労働省労働基準局長の指示を受けて、前記以外の処置による医療の給付を承認することができる。

四　実施医療機関等

(1)　外科後処置に必要な医療の給付は、労災病院、医療リハビリテーションセンター、総合せき損センター及び労働者災害補償保険法施行規則（以下「規則」という。）第一一条第一項の都道府県労働局長が指定する病院又は診療所（外科後処置の任務を含む指定を受けた病院又は診療所に限る。）において行うものとする。

(2)　薬剤の支給については、規則第一一条第一項に定める薬局（外科後処置の任務を含む指定を受けた薬局に限る。以下「指定薬局」という。）において支給しても差し支えないものとする。

五　手続

(1)　外科後処置を受けようとする者は、外科後処置申請書（様式第一号）に診査表（様式第二号）を添付して、事業場の所在地を管轄する労働基準監督署長を経由して、所轄局長に申請するものとする。

(2)　所轄局長は、(1)の申請を受けた場合には、対象者等の要件を満たしているか否かを判断の上、承認・不承認の決定（以下「承認決定等」という。）を行い、その旨を「外科後処置承認決定通知書」（様式第三号(1)）又は「外科後処置不承認決定通知書」（様式第三号(2)）により通知するものとする。

また、承認決定等については、処分性が認められるため、行政事件訴訟法（昭和三七年法律第一三九号）、行政不服審査法（昭和三七年法律第一六〇号）、行政手続法（平成五年法律第八八号）の適用がある。

このため、所轄局長は、次のとおり事務を行うこととする。

イ　外科後処置の承認決定等は、行政不服審査法第二条に規定する行政処分であるものとして、審査請求の対象として取り扱うこと。

ロ　外科後処置の承認決定等に関する審査は、当該決定をした所轄局長の上級庁である厚生労働大臣が行うこと。なお、再審査請求は行うことができないものであること。

ハ　承認決定等を行う際は、その相手方に対し、「外科後処置承認決定通知書」（様式第三号(1)）又は「外科後処置不承認決定通知書」（様式第三号(2)）をもって、行政不服審査法に基づく審査請求及び行政事件訴訟法に基づく取消訴訟の提起ができる旨の教示を行うこと。その際は、不服申立て手続の有無に関係なく、取消訴訟の提起が可能であることに留意すること。

ニ　外科後処置の申請を不承認とする場合には、「外科後処置不承認決定通知書」（様式第三号(2)）に当該決定の理由を付記する、又は、理由を明記した別紙を添付して通知すること。

(3)　(2)の承認の決定を受けた者が、外科後処置を受けようとするときは、当該承認決定通知書を外科後処置の実施医療機関及び指定薬局に提示するものとする。

(4)　外科後処置の実施医療機関及び指定薬局は、当該承認決定通知書によって、外科後処置を受ける資格があることを確認した上で、給付するものとする。

ただし、やむを得ない事由によって、当該承認決定通知書を提示することができない者であって、外科後処置を受ける資格があることが明らかな者については、この限りではない。

この場合においては、その事由がやんだのち、遅滞なく当該承認決定通知書を提示させるものとする。

(5)　外科後処置の実施医療機関及び指定薬局は、外科後処置に要した費用を請求しようとするときは、外科後処置委託費請求書（様式第四号）により、外科後処置の承認に係る都道府県労働基準局の労働保険特別会計の支出官あて請求するものとする。

なお、当該委託費請求書には、請求の内訳を明らかにするため労働者災害補償保険診療費請求書の診療費内訳書又は労働者災害補償保険薬剤費請求書の薬剤費内訳書を添付すること。

六　費用の算定方法

外科後処置に要する費用の額は、原則として、労災保険法の規定による療養の給付に要する診療費の算定方法（以下「労災診療費算定基準」という。）の例により算定した額とする。

ただし、上記三のへに要する費用の額は、「義肢等補装具の支給について」（平成一八年六月一日付け基発第〇六〇一〇〇一号）の別添「義肢等補装具費支給要綱」の一二の(3)により算定した額とする。

七　旅費の支給

(1)　対象者

旅費は、外科後処置を受けるため旅行する者に支給する。

(2)　範囲

旅費は、四(1)の実施医療機関までの最も経済的な通常の経路及び方法により旅行した場合の旅費により計算するものとし、その範囲は、次のとおりとする。

イ　旅費の種類は、鉄道賃、船賃、車賃、日当及び宿泊料とする。

ロ　鉄道賃及び船賃については、普通旅客運賃を支給する。また普通急行列車を運行する線路による旅行で片道五〇キロメートル以上のものについては急行料金を支給し、特別急行列車を運行する線路による旅行で片道一〇〇キロメートル以上のものについては特別急行料金を支給する。

ハ　車賃は、一キロメートルにつき、三七円とする。

ニ　日当は、外科後処置を受けるため病院に入院した期間について支給するものとし、その額は、一日につき八五〇円とする。

ホ　宿泊料は、地理的事情等により宿泊の必要が認められる場合に限り、一夜につき八、七〇〇円の範囲内における その実費額（飲酒、遊興費、その他これらに類する費用を除く。）とする。

(3)　手続

旅費の支給を受けようとする者は、旅費支給申請書（様式第五号(1)）により、外科後処置の承認をした所轄局長に提出するものとする。

所轄局長は、当該申請を受けた場合には、対象者等の要件を満たしているか否かを判断の上、承認決定等を行い、その旨を「外科後処置旅費支給承認・不承認決定通知書」（様式第五号(2)）により通知するものとする。

なお、承認決定等については、処分性が認められるため、行政事件訴訟法等の適用に関しては、五の(2)と同様に取り扱うこととする。

八　社会復帰促進等事業原票

所轄局長は、被災労働者毎に外科後処置の実施状況を明らかにするため社会復帰促進等事業原票（様式第六号）を作成するものとする。

九　施行期日

平成二三年六月二四日付け基発第二号による改正後の本要綱は、平成二三年七月一日から施行する。ただし、四(2)については平成二三年一〇月一日から施行する。

十　経過措置

施行日前に、医療機関の所在地を管轄する都道府県労働局長と外科後処置に係る委託契約を結ぶ医療機関については、本要綱の外科後処置を実施する実施医療機関とみなすものとする。

様式第一号～第六号　〈略〉

（昭五六・二・六　基発第六九号、昭五六・六・二九　基発第四〇一号、昭五六・九・二一　基発第五九七号、昭五九・一〇・一九　基発第五六四号、昭六一・三・一三　基発第一三六号、昭六二・五・二五　基発第三一五号、平元・一・二六　基発第二二号、平元・

三・二〇　基発第一二七号、平元・四・一四　基発第一九七号、平二・一一・三〇　基発第七一二号、平三・一一・八　基発第六四二号、平四・五・二二　基発第三〇五号、平四・一一・九　基発第六〇二号、平九・三・三一　基発第二一六号、平一〇・一二・二八　基発第七一二号、平一二・三・二七　基発第一七二号、平一二・一二・二一　基発第七六一号、平一三・七・一七　基発第六五〇号、平一五・五・三〇　基発第〇五三〇〇〇一号、平一七・一・七　基発第〇一〇七〇〇四号、平一八・六・一　基発第〇六〇一〇〇一号、平一九・二・六　基発第〇二〇六〇〇一号、平二〇・三・三一　基発第〇三三一〇〇五号、平二二・一二・二七　基発一二二七第一号、平二三・六・二四　基発〇六二四第二号）

〈美容を目的とする整形外科後処置〉

問　労働者が業務災害により鼻部に疵痕と醜形を残した場合整形外科処置を本人が希望するとせばその整形外科処置が医学的見地よりして美容術の分野に入るものであっても労働福祉事業としてこれを認むべきか。

答　障害部位における極度の醜形又は醜状を原形又は原状に直すための外科後処置は労働福祉事業として認められるが、必要の程度をこえて美容を目的とする整形外科後処置は、労働福祉事業として認められない。本件については必要の要否を当局において認定するから具体的資料を添え稟伺されたい。

（昭二四・一二・二八　基災収第五九五一号）

〈断端部の疼痛に対する外科後処置診療〉

問　本人は昭和二六年一〇月一日より同年一〇月二六日まで、外科後処置として温泉療養したものであるが、本人の断端部疼痛は寒冷時数年続くものと思料され、この場合申請のあった都度承認してよろしいか。

答一　断端部の疼痛に対する外科後処置診療は、その疼痛が慢性化しマッサージ、温浴その他施療によって根治し得ないものであれば、承認を差し控えられたい。

二　断端部の疼痛が持続する時は、義肢の装用が不可能となり労働者の再起に支障を来たすことと考えられるから、その疼痛の病因現症等について充分事実調査を行い、例えば断端神経症等の如く再手術により疼痛を消退させ得る場合は、外科後処置診療を行わせるようせられたい。

（昭二七・六・四　基災収第一五三八号）

〈障害補償費の全額給付制限を受けた者の外科後処置の承認について〉

問　使用者が故意又は重大な過失によ

って保険料の納付を怠ったもの（旧法第一九条）として、所轄労働基準監督署長が、被災労働者の障害補償費の支給を全額給付制限したが、この労働者が外科後処置を希望し申請があった場合、外科後処置を受け得る要件の一つである「労災保険法による障害補償費を受けた者」に該当するかどうか疑義があり、左の何れにより取扱うべきか何分のご指示願いたい。

記

㈠　全額給付制限のため労災保険法による障害補償費は受けられないものであるから、外科後処置を受け得る要件に該当しないと認め承認できない。

㈡　労働者としては労災保険より障害補償費を受けるべく申請権を行使し、その補償金額も決定しているものであるから全額給付制限で給付されないでも、この決定によって補償を受け得る状態にあるものであるから承認してよいか。

㈢　外科後処置は労働福祉事業であり、保険給付とは別個の問題であるから、「障害補償費を受けた者」という要件を必要とせず或はこの要件を㈡の見解によって満たしているとして承認してよいか。

答　本件については、労災保険の労働福祉事業が、業務災害についての責任が労使の何れにあるを問わず業務災害に関する労働者の福祉を増進するために設けられた趣旨に鑑み、障害補償費の全額給付制限を受けた者も特に「労災保険法による障害補償費を受けた者」とみなして外科後処置診療を行わしめるよう取扱われたい。

（昭二八・一〇・二五　基収第四四一四号）

5　その他

〈附添人の旅費〉

問　国立病院又は年金厚生団療養所につき労働福祉事業として義肢の支給修理、義眼装かん外科後処置等の実施をする場合にその汽車賃、バス賃、宿泊料等は移送旅費として支給しなければならないが、附添移送を必要とする程度の場合、該附添人に対しても療養補償の移送に準じ移送費を支給して差支えないか。

答　附添の移送費は認められない。

（昭二四・一一・二六　基災収第五七九三号）

〈労働福祉事業と給付制限〉

問　標記の件について左記の点聯か疑義がありますので何分のご指示を仰ぎたく御伺い致します。

記

労災法第一二条の二（旧法第一七条乃至第一九条）の保険給付制限をなしたる場合同法第二三条の労働福

祉事業の利用にも当然制限すべきものと思料されるがどうか。
　なお、この場合労働者より入所（院）療養の申出があった際事業主はこの費用の負担義務があるかどうか。

答　労災保険法第一二条の二（旧法第一七条乃至第一九条）の保険給付制限の規定は同法第二三条の規定との間に法的に何等牽連を有しない。
　なお、事業主は就業規則又は労働協約等に特別の定めがない限り労働福祉事業を行う義務がない。
（昭二五・一・二七　基発第一六号）

〈義肢採型装着のための旅費〉

問　義肢の採型又は装着のため旅行した場合の旅費とは
1　採型と装着のため二回以上にわたり旅行した場合でも認めるか
2　採型又は装着の何れか一方についてのみ認め他は患者負担とするか

尚当局としては旅行回数には常識的制限のみがあるものと考えます。

答　義肢の採型又は装着のため旅行した場合はいずれの場合でも旅費は支給される。従って採型装着のため必要と認めたときは二回以上にわたり旅行した場合でも支給して差支えない。
（昭二六・三・九　基災収第四三七号）

〈長期家族介護者援護金の支給について〉

　今般、平成六年一二月一六日の労働者災害補償保険審議会の建議を踏まえ、長期間要介護状態にあった重度被災労働者が業務外の事由により死亡した場合において、長期間介護に当たってきた遺族に対して、別添「長期家族介護者援護金支給要綱」（以下「要綱」という。）により、長期家族介護者援護金（以下「援護金」という。）の支給を平成七年四月三日から行うこととし、同年四月一日以後死亡した被災労働者の遺族について適用することとしたので、下記によりこれが事務処理に遺漏なきを期されたい。

記

1　制度の趣旨
　要介護状態にある重度被災労働者を抱える世帯においては、介護に当たる家族は精神的・肉体的な負担が大きく、世帯収入面で労災年金に大きく依存せざるを得ない状況にあり、重度被災労働者が業務外の事由により死亡した場合においては、その遺族の生活が著しく不安定になる場合が見られる。このような重度被災労働者の遺族の不安定な生活が長期間にわたる介護によってもたらされたものと認められる場合には、労災保険制度においても、その遺族に対して一定の支援措置を講じていくことが必要であると考えられる。
　このため、長期間介護に当たってきた重度被災労働者の遺族に対して援護金を支給することにより、遺族の生活の激変を緩和しうるよう援助を行うものとする。

2　援護金の支給対象者

(1)　要綱2(1)の「受給者」とは、現に障害等級又は傷病等級第一級の障害補償年金若しくは障害年金（以下「障害（補償）年金」という。）又は傷病補償年金若しくは傷病年金（以下「傷病（補償）年金」という。）の支給を受けている者のほか、障害（補償）年金又は傷病（補償）年金の支給決定を受けているが、民事損害賠償との調整等により障害（補償）年金又は傷病（補償）年金の支給が停止されている者も含むものとする。

(2)　要綱2(1)の「受給期間が一〇年以上の者」とは、被災労働者が受給していた障害（補償）年金又は傷病（補償）年金の支給事由発生日の翌日から起算して、被災労働者の死亡年月日が一〇年以上経過後の日である者をいうものとする。

なお、障害等級又は傷病等級第一級の障害（補償）年金又は傷病（補償）年金を受給していた者が、障害等級又は傷病等級の変更や再発等により当該年金を受給する権利を有しなくなった後に、再度、当該年金を受給していた者であるときは、最初に受給していた障害等級又は傷病等級第一級の障害（補償）年金又は傷病（補償）年金の支給事由発生日の翌日からの期間により計算するものとする。

(3)　要綱2(1)①〜③の要件については、被災労働者の死亡時点における状態に関し、介護補償給付又は介護給付（常時介護を要する状態にある者に行うものに限る。以下「介護（補償）給付」という。）の支給対象者に係る要件の取扱いと同様の取扱いにより認定するものとする。なお、被災労働者が死亡した時点において介護（補償）給付又は「労働者災害補償保険法等の一部を改正する法律の施行（第2次分）について」（平成八年三月一日付け基発第九五号）第一の二の⑿の規定による廃止前の「介護料の支給について」（昭和五五年四月五日付け基発第一六五号）に基づき支給される介護料（労働者災害補償保険法等の一部を改正する法律（平成七年法律第三五号）附則第七条の規定による改正前の炭鉱災害による一酸化炭素中毒症に関する特別措置法（昭和四二年法律第九二号）第八条の規定による介護料を含む。以下同じ。）を受給していた場合及び被災労働者が過去において介護（補償）給付又は介護料を受給していたことがある場合については、この要件を充たすものとして取り扱うものとする。

(4)　要綱2(2)の「妻又は五五歳以上若しくは一定の障害の状態にある最先順位の遺族」とは、被災労働者の配偶者（被災労働者と婚姻の届出をしていないが、事実上婚姻関係と同様の事情にあった者を含む。以下同じ。）、父母、祖父母及び兄弟姉妹であって、労働者の死亡の当時その収入によって生計を維持していた者（妻以外の者にあっては、被災労働者の死亡の当時五五歳以上又は一定の障害の状態にある者に限る。）のうち最先順位の者をいい、この認定に当たっては、遺族補償年金及び遺族年金（以下「遺族（補償）年金」という。）の受給権者の認定と同様の取扱いを行うものとする。

なお、これによると、支給対象者となるべき者の順位は、次に掲げる順位によることとなる。

① 妻又は六〇歳以上若しくは一定障害の夫
② 一定障害の子
③ 六〇歳以上又は一定障害の父母
④ 一定障害の孫
⑤ 六〇歳以上又は一定障害の祖父母
⑥ 六〇歳以上又は一定障害の兄弟姉妹
⑦ 五五歳以上六〇歳未満の夫
⑧ 五五歳以上六〇歳未満の父母
⑨ 五五歳以上六〇歳未満の祖父母
⑩ 五五歳以上六〇歳未満の兄弟姉妹

(5) 要綱2(3)の「遺族補償給付及び遺族給付（以下「遺族（補償）給付」という。）を受給することができないこと」とは、遺族（補償）給付の請求が行われている場合にあっては、当該請求について不支給決定が行われていることをいい、また、遺族（補償）給付の請求が行われていない場合にあっては、仮に遺族（補償）給付の請求が行われれば不支給決定が行われると考えられることをいうものとし、この要件の認定に当たっては、遺族（補償）給付の支給・不支給決定の判断と同様の取扱いを行うものとする。

また、要綱2(3)の判断に当たっては、遺族（補償）給付の判断との間に齟齬が生じないように留意する必要があり、具体的なケースにおける取扱方法を別紙一に示したので、参考にされたい。

具体的には、被災労働者が受給していた障害（補償）年金又は傷病（補償）年金に係る負傷等を被った事業場の所在地を管轄する労働基準監督署長（以下「所轄署長」という。）は、援護金の申請人が遺族（補償）給付を受けることができる可能性があると考えられる場合については、申請人に対して、遺族（補償）給付の請求指導を行うものとする。また、援護金の請求が行われる以前に遺族（補償）給付の請求が行われている場合及び援護金の申請書を受理したが、下記4(1)による所轄署長の管轄区域を管轄する都道府県労働局長（以下「所轄局長」という。）への進達前に遺族（補償）給付の請求が行われた場合については、所轄署長は遺族（補償）給付の支給・不支給決定を行った上で所轄局長への進達を行うものとする。さらに、所轄署長が所轄局長へ進達を行った後であって所轄局長が援護金の支給・不支給決定を行う前に遺族（補償）給付の請求が行われた場合については、所轄署長は遺族（補償）給付の支給・不支給の決定をまって援護金の支給・不支給の決定を行うよう所轄局長に連絡するものとする。

(6)　要綱2(4)の「その者を扶養する者」とは、援護金の申請時において、その収入により申請人の生計を主として維持している者をいうものとする。この「扶養する者」の具体的な認定に当たっては、申請人の属する世帯の住民票の写し、申請人とその者を扶養する者との身分関係を証明をすることができる戸籍の謄本又は抄本、申請人を扶養していることを証する民生委員の証明書、市町村長の発行する住民税課税・非課税証明書その他の申請人を扶養している事実の有無を証する書類に基づいて「扶養する者」の認定を行うものとする。

(7)　要綱2(4)の「所得税法の規定により所得税を納付しないこととなる者」とは、援護金の申請を行った日の前年における所得について所得税を納付していない者をいうものとし、その確認は原則として税務署長の発行する納税証明書により行うものとする。

(8)　要綱2柱書きの「援護金を支給することが適当ではないと考えられる一定の者」とは、原爆被爆者援護法の葬祭料の例にならい、おおむね、次のような事由により死亡した者をいうものとする。なお、①から③までに該当する場合であっても、業務上の傷病等により精神異常や心神喪失状態に陥った場合の自殺等事例によっては、これに該当しないものもあるので、個別具体的に判断するものとする。

①　先天性疾病、遺伝性疾病及び被災以前からの精神病等被災以前に原因がある疾病による死亡

②　他者の犯罪行為等他の外的作用が原因となった死亡

③　自殺及び闘争、泥酔による負傷又は疾病に基づく死亡等自己の行為が原因となった死亡

3　申請の手続

援護金の支給を受けようとする者は、長期家族介護者援護金支給申請書（以下「申請書」という。別添様式第一号）に必要事項を記入し、所轄署長を経由して、所轄局長に提出するものとする。

4　援護金の支給又は不支給の決定

(1)　所轄署長は、申請書を受理したときは、当該申請書に記載すべき事項に係る記載漏れの有無、当該申請書に添付すべき資料の添付漏れの有無の確認を行うものとする。

また、所轄署長は、必要に応じて遺族（補償）給付等の支給決定に準

じた実施調査や専門医に対する意見書等の提出依頼を行うとともに、当該申請書に係る保険給付記録票、定期報告等の既存資料、死亡診断書、戸籍の謄本又は抄本等の請求書の添付資料及び実施調査の結果や専門医の意見書等の内容を検討し、申請人が支給要件に該当するか否かについての意見を申請書の「署長の意見欄」に簡潔に記入した上で、当該申請書に援護金の支給・不支給の決定に必要な資料を添付して所轄局長に進達するものとする。

さらに、所轄局長は、保険給付記録票の「社会復帰促進等事業欄」に「長期家族介護者援護金経由」の旨を記入するものとする。

なお、被災労働者が所轄署以外の署において、障害（補償）年金又は傷病（補償）年金の支給決定を受けている場合については、所轄署長は、障害（補償）年金又は傷病（補償）年金の支給決定を行った署との連携を図りつつ、申請人が支給要件に該当するか否かの確認を行うものとする。また、所轄署長は、申請人が支給要件に該当するか否かの確認を行うに当たって、専門医の意見書等を求めた場合については、当該意見書等に要する費用は、昭和五六年一月二八日付け基発第四三号により、労働保険特別会計労災勘定（項）社会復帰促進等事業費（目）諸謝金から支出するものとする。ただし、遺族（補償）給付の請求が行われている場合については、当該意見書等に要する費用は、労働保険特別会計労災勘定（項）業務取扱費（目）諸謝金から支出するものとする。

(2)　所轄局長は、申請書を受理したときは、申請人が支給要件に該当するか否かの確認を行い、援護金の支給又は不支給の決定を行うものとする。

(3)　所轄局長は、援護金の支給又は不支給の決定を行った場合は、その旨を長期家族介護者援護金支給・不支給決定通知書（以下「通知書」という。別添様式第二号）により当該申請者に通知するものとする。

なお、援護金の不支給決定を行う場合には、不支給とした理由を当該通知書に記載するものとする。

5　援護金の支出

(1)　所轄局長は、援護金の支給決定を行ったときは、当該援護金の額を労働保険特別会計労災勘定（項）社会復帰促進等事業費（目）労災援護給付金から支出するものとする。

(2)　所轄局長は、援護金の支出を行ったときは、別紙二「長期家族介護者援護金整理簿」に必要事項を記載するものとする。

(3)　援護金の請求があった場合の支出事務については、支出負担行為取扱規則第一四条の規定による支出負担行為の整理区分は、規則別表甲号「26号保険金の類」によることとし、その必要な書類は、申請者からの「長期家族介護者援護金支給申請書」とするものとする。

(4)　会計検査院に提出する支出計算書の証拠書類は、「領収証書」、「支出負担行為及び支出決議書」、「支給調書」及び「長期家族介護者援護金支給申請書（原本）」とし、支出官が控えとして保管する証拠書類（副本）の綴には「支出負担行為及び支出決議書（副本）」に「支給調書」及び複写等により作成した「長期家族介護者援護金支給申請書（写）」を添付して編てつしておくものとする。

6　通達及び要綱に定める様式

この通達及び要綱に定める様式については、様式例を適宜複写して使用するものとする。

7　報告

所轄局長は、援護金の支給状況について、別紙三「長期家族介護者援護金支給状況報告書」により、前年度分を四月三〇日までに本省労働基準局労災管理課（企画調整係）あて報告するものとする。

8　実施時期

本通達は、平成七年四月三日から実施するものとし、同年四月一日以後死亡した被災労働者の遺族について適用するものとする。

（別添）

長期家族介護者援護金支給要綱

1　趣旨

要介護状態にある重度被災労働者を抱える世帯においては、介護に当たる家族は精神的・肉体的な負担が大きく、世帯収入面で労災年金に大きく依存せざるを得ない状況にあり、被災労働者が業務外の事由により死亡した場合においては、その遺族の生活が著しく不安定になる場合が見られる。このような重度被災労働者の遺族の不安定な生活が長期間にわたる介護によってもたらされたものと認められる場合には、労災保険制度においても、その遺族に対して一定の支援措置を講じていくことが必要であると考えられる。

このため、長期間介護に当たってきた重度被災労働者の遺族に対して、長期家族介護者援護金（以下「援護金」という。）を支給することにより、遺族の生活の激変を緩和しうるよう援助を行うこととする。

2　支給対象者

援護金は、原則として、次のいずれの要件をも満たす者に対して支給することとする。ただし、援護金を支給することが適当ではないと考えられる一定の者は除くこととする。

(1)　障害等級第一級の障害補償年金若しくは障害年金（以下「障害（補償）年金」という。）又は傷病等級第一級の傷病補償年金若しくは傷病年金（以下「傷病（補償）年金」という。）の受給者（ただし、受給期間が一〇年以上の者に限る。）であって、次のいずれかに該当していた者の遺族であること。

① 神経系統の機能又は精神の著しい障害により、常に介護を要すること（③に該当する場合を除く。）。

② 胸腹部臓器の機能の著しい障害により、常に介護を要すること。

③ せき髄の著しい障害により、常に介護を要すること。

(2) 妻又は五五歳以上若しくは一定の障害の状態にある最先順位の遺族であること（順位等については遺族補償年金又は遺族年金（以下「遺族（補償）年金」という。）の支給の場合に準ずること）。

(3) 遺族補償給付及び遺族給付（以下「遺族（補償）給付」という。）を受給することができないこと。

(4) 生活困窮者（所得税法の規定により所得税を納付しないこととなる者であって、その者を扶養する者がいないか、又はその者を扶養する者が所得税法の規定により所得税を納付しないこととなる者）であること。

3 支給額

援護金の額は、一〇〇万円（援護金の支給を受けることができる遺族が二人以上の場合には、一〇〇万円をその数で除して得た額）とする。

4 申請の手続等

(1) 援護金の支給を受けようとする者（以下「申請人」という。）は、次に掲げる事項を記載した「長期家族介護者援護金支給申請書」（援護金様式第一号。以下「申請書」という。）を、死亡した労働者が受給していた障害（補償）年金又は傷病（補償）年金に係る負傷等を被った事業場の所在地を管轄する労働基準監督署長（以下「所轄署長」という。）を経由して、当該所轄署長の管轄区域を管轄する都道府県労働局長（以下「所轄局長」という。）に提出するものとする。

① 死亡した労働者の氏名、生年月日及び死亡年月日

② 死亡した労働者が受給していた年金の種類及び受給期間並びに介護（補償）給付又は介護料の受給関係

③ 死亡した労働者の死亡の原因

④ 申請人の氏名、生年月日、住所及び死亡した労働者との関係

⑤ 申請人の所得税の納付の有無、申請人を扶養する者の有無及び申請人を扶養する者がいる場合についてはその者の所得税の納付の有無

⑥ 援護金の払渡しを受けることを希望する金融機関の名称並びに預金の種類及び預金通帳の記号番号

(2) 上記(1)の申請書には、次の書類を添付するものとする。

ただし、②から⑤の書類については、申請人が遺族（補償）年金の請求書に当該書類を添付して提出しているときには、提出することを要しないものとする。

① 死亡した労働者が介護（補償）給付（常時介護を要する状態にある者に行うものに限る。）又は「労働者災害補償保険法等の一部を改正する

法律の施行（第2次分）について」（平成八年三月一日付け基発第九五号）第一の二の⑿の規定による廃止前の「介護料の支給について」（昭和五五年四月五日付け基発第一六五号）に基づき支給される介護料（労働者災害補償保険法等の一部を改正する法律（平成七年法律第三五号）附則第七条の規定による改正前の炭鉱災害による一酸化炭素中毒症に関する特別措置法（昭和四二年法律第九二号）第八条の規定による介護料を含む。）を受給していたときは、介護（補償）給付支給・不支給決定通知書又は介護料支給・不支給決定通知書の写しその他その事実を証明することができる書類

② 労働者の死亡に関して市町村長に提出した死亡診断書、死体検案書若しくは検視調書に記載してある事項についての市町村長の証明書又はこれに代わるべき書類

③ 申請人と被災労働者との身分関係を証明することができる戸籍の謄本又は抄本（申請人が被災労働者と婚姻の届出をしていないが事実上婚姻関係と同様の事情にあった者であるときは、その事実を証明することができる書類）

④ 申請人が被災労働者の収入によって生計を維持していたことを証明することができる書類

⑤ 申請人のうち被災労働者の死亡の時から引き続き障害の状態にある者については、その事実を証明することができる医師又は歯科医師の診断書その他の資料

⑥ 申請人の前年の所得税額についての税務署長が発行する納税証明書

⑦ 申請人の属する世帯の住民票の写し、申請人とその者を扶養する者との身分関係を証明することができる戸籍の謄本又は抄本、その他申請人を扶養する者の有無及び扶養する者を証明できる書類

⑧ 申請人を扶養する者がいるときは、その者の前年の所得税額についての税務署長が発行する納税証明書

(3) 援護金を受けることができる者が二人以上あるときは、これらの者はそのうち一人を援護金の申請及び受領についての代表者に選任するものとし、代表者を選任したときは、遅滞なく、「長期家族介護者援護金代表者選任届」（援護金様式第三号）を提出するものとする。

ただし、世帯を異にする等やむを得ない事情のため代表者を選任することができないときは、この限りではないものとする。

(4) 所轄局長は、申請書を受理したときは、支給又は不支給の決定を行い「長期家族介護者援護金支給・不支給決定通知書」（援護金様式第二号）により当該申請人に通知するものとする。

(5) 援護金の申請は、被災労働者の死亡の日の翌日から起算して二年以内に行うものとする。

なお、被災労働者の死亡の日の翌日から起算して二年以後に援護金の請求が行われた場合においても、被災労働者の死亡の日の翌日から起算して二年以内に遺族（補償）給付の請求が行われている場合については、この期間の計算に当たっては、当該遺族（補償）給付の請求が行われた時点に当該援護金の申請があったものとみなすものとする。

5　不正受給に対する措置

偽りその他不正の行為により援護金の支給を受けた者は、当該援護金を返還しなければならないものとする。

6　実施期日

この援護金の支給は、平成七年四月三日から実施するものとし、同年四月一日以後死亡した被災労働者の遺族について適用する。

（平七・四・三　基発第一九九号、平二一・三・三一　基発第〇三三一〇一五号）

第四章　費用の負担

第四章　費用の負担

（保険料の徴収）
第三十条　労働者災害補償保険事業に要する費用にあてるため政府が徴収する保険料については、徴収法の定めるところによる。

条文解説

本条は、労働者災害補償保険事業に要する費用にあてるため、政府が徴収する保険料に関する事項、すなわち、その種類、額、負担者、徴収方法等については、徴収法の定めるところによる旨規定している。

参照条文

〔労働保険料　徴収一〇〕〔労働保険事務組合　徴収三三〕

（事業主からの費用徴収等）

第三十一条　政府は、次の各号のいずれかに該当する事故について保険給付を行つたときは、厚生労働省令で定めるところにより、業務災害に関する保険給付にあつては労働基準法の規定による災害補償の価額の限度又は船員法の規定による災害補償のうち労働基準法の規定による災害補償に相当する災害補償の価額の限度で、通勤災害に関する保険給付にあつては通勤災害を業務災害とみなした場合に支給されるべき業務災害に関する保険給付に相当する同法の規定による災害補償の価額の限度で、その保険給付に要した費用に相当する金額の全部又は一部を事業主から徴収することができる。

一　事業主が故意又は重大な過失により徴収法第四条の二第一項の規定による届出であつてこの保険に係る保険関係の成立に係るものをしていない期間（政府が当該事業について徴収法第十五条第三項の規定による決定をしたときは、その決定後の期間を除く。）中に生じた事故

二　事業主が徴収法第十条第二項第一号の一般保険料を納付しない期間（徴収法第二十七条第二項の督促状に指定する期限後の期間に限る。）中に生じた事故

三　事業主が故意又は重大な過失により生じさせた業務災害の原因である事故

2　政府は、療養給付を受ける労働者（厚生労働省令で定める者を除く。）から、二百円を超えない範囲内で厚生労働省令で定める額を一部負担金として徴収する。ただし、第二十二条の二第三項の規定により減額した休業給付の支給を受けた労働者については、この限りでない。

3　政府は、前項の労働者から徴収する同項の一部負担

金に充てるため、厚生労働省令で定めるところにより、当該労働者に支払うべき保険給付の額から当該一部負担金の額に相当する額を控除することができる。

4　徴収法第二十七条、第二十九条、第三十条及び第四十一条の規定は、第一項又は第二項の規定による徴収金について準用する。

条文解説

本条は、例外的な財源調達の一である事業主からの特別の費用徴収及び通勤災害により療養給付を受ける労働者から徴収する一部負担金について定めたものである。

第一項は、事業主からの特別の費用徴収について定めており、事業主が故意又は重大な過失により労災保険に係る保険関係の成立について届出を怠っていた期間（政府が職権で当該事業について労働保険料の額を決定したときは、当該決定後の期間を除く。）中に発生した業務災害又は通勤災害について保険給付を行った場合、事業主が概算保険料を納付しない期間（督促状に指定する期限までの期間は除く。）中に発生した業務災害又は通勤災害について保険給付を行った場合及び事業主の故意又は重大な過失によって発生した業務災害について保険給付を行った場合には、事業主の注意を促すため、政府はその保険給付に要した費用に相当する金額の全部又は一部を事業主から徴収することができる旨を規定したものである。

第二項は、通勤災害により療養給付を受ける労働者（一定の者を除く。）から、一部負担金を徴収する旨を規定している。

第三項は、一部負担金徴収事務を簡素化するため、一部負担金納付義務者である労働者に支給する保険給付の額から一部負担金相当額を控除することができる旨を規定している。

第四項は、事業主からの費用徴収又は一部負担金の督促及び滞納処分、先取特権の順位、徴収方法及び時効について徴収法の規定を準用することとしたものである。このため事業主からの費用徴収及び一部負担金は、国税徴収の例により徴収される。

関係政省令等

（事業主からの費用徴収）

則第四十四条　法第三十一条第一項の規定による徴収金の額は、厚生労働省労働基準局長が保険給付に要した費用、保険給付の種類、徴収法第十条第二項第一号の一般保険料の納入状況その他の事情を考慮して定める基準に従い、所轄都道府県労働局長が定めるものとする。

（一部負担金）

則第四十四条の二　法第三十一条第二項の厚生労働省令で定める者は、次の各号に掲げる者とする。

一　第三者の行為によつて生じた事故により療養給付を受ける者

二　療養の開始後三日以内に死亡した者その他休業給付を受けない者

三　同一の通勤災害に係る療養給付について既に一部負担金を納付した者

2　法第三十一条第二項の一部負担金の額は、二百円（健康保険法（大正十一年法律第七十号）第三条第二項に規定する日雇特例被保険者である労働者については、百円）とする。ただし、現に療養に要した費用の総額がこの額に満たない場合には、当該現に療養に要した費用の総額に相当する額とする。

3　法第三十一条第三項の規定による控除は、休業給付を支給すべき場合に、当該休業給付について行う。

（費用の納付）

則第四十五条　法第十二条の三又は法第三十一条の規定による徴収金は、日本銀行（本店、支店、代理店及び歳入代理店をいう。）又は都道府県労働局若しくは労働基準監督署に納付しなければならない。

（公示送達の方法）

則第四十六条　法第十二条の三第三項又は法第三十一条第四項において準用する徴収法第三十条の規定により国税徴収の例によることとされる徴収金に関する公示送達は、都道府県労働局長が送達すべき書類を保管し、いつでも送達を受けるべき者に交付する旨をその都道府県労働局の掲示場に掲示して行う。

参照条文

〔徴収金の額　則四四〕〔一部負担金　則四四の二〕〔減額した休業給付　二二の二③〕〔徴収金の納付　則四五〕〔徴収金に関する公示送達　則四六〕

解釈例規

1　徴収金取扱い基準

〈労働者災害補償保険法第二五条〔現行＝第三一条〕（事業主からの費用徴収）の規定の取扱いについて〉

失業保険法及び労働者災害補償保険法の一部を改正する法律及び労働保険の保険料の徴収等に関する法律の施行に伴う関係法律の整備等に関する法律（昭和四四年法律第八五号。以下「整備法」という。）が、本年四月一日から施行されたことに伴い、労働者災害補償保険法（昭和二二年法律第五〇号。以下「法」という。）の一部が改正された（以下、改正前及び改正後の法をそれぞれ「旧法」及び「新法」という。）ところであるが、新法第二五条の規定による事業主からの費用徴収については、下記のとおり取り扱うこととし、昭和四〇年七月三一日付け基発第九〇六号及び昭和四一年二月一日付け基発第九八号のうち、旧法第三〇条の四に関する部分は、すべて本通達によることとしたので遺憾のないよう留意されたい。

なお、新法施行前に生じた災害に係る費用徴収については、整備法第二六条第二項の規定により、従前の例によって行なわれることとされているので、念のため申し添える。

記

一　第一項第一号関係

(1)　本号の規定は、事業主が、労働保険の保険料の徴収等に関する法律(以下「徴収法」という。)第一五条第一項又は第二項の規定による概算保険料のうちの一般保険料を、徴収法第二六条の規定による督促状の指定期限内に納付しない場合(天災事変その他やむを得ない事由により保険料を納付することができなかったと認められる場合を除く。)に適用すること。

前記概算保険料について、徴収法第一八条の規定による延納(以下「延納」という。)が認められている場合においては、事故発生の日の属する期について保険料が完納されておれば、その前期について保険料の滞納があっても、本号の規定は適用しないこと。

なお、労働保険の保険料の徴収等に関する法律施行規則第七一条の規定による事業主の代理人、労災保険の事務について代理権を授与されていると認められる者及び事業主の名において保険料の納付事務を行なう被用者が、保険料の納付を怠った場合には、事業主が保険料を納付しないものとして取り扱うこと。

(2)　前記(1)にかかわらず、次の各号の一に該当するときは、本号の規定の適用を差し控えること。

イ　事業主について、次の措置により保険料の納付を猶予している場合。ただし、当該猶予期間中に生じた事故に係る保険給付に限る。

(イ)　国税通則法第四六条の規定による納付の猶予(同条第三項の規定の例によるものを除く。)

(ロ)　国税徴収法第一五一条の規定の例による換価の猶予(同条第一項第二号の規定の例によるものを除く。)

(ハ)　国税徴収法の規定の例による滞納処分の停止

ロ　事業主が、督促状の指定期限前に具体的計画を示して、指定期限から一カ月以内に保険料を納付することを誓約し、期限内に納付した場合。

ハ　督促状の指定期限前に、国税通則法第五五条の規定の例による納付委託(国税通則法第四六条第一項若しくは第二項又は国税徴収法第一五一条第一項第一号の規定の例によるものを除く。)を受けた場合において当該証券が督促状の指定期限後一カ月以内の日を支払期日としている場合。

(3)　本号の規定による費用の徴収は、

督促状指定期限の翌日から、当該概算保険料を完納した日の前日（当該概算保険料を完納した日が、当該概算保険料に係る保険年度若しくは事業期間又は延納の場合における当該期の末日を経過している場合には当該保険年度若しくは事業期間又は期の末日）までの期間中に生じた事故に係る休業補償給付、障害補償給付、遺族補償給付及び葬祭料（再発に係るものを除く。）のうち事故発生の日から当該概算保険料を完納した日の前日までに支給事由が生じたもの（年金給付については、この期間に支給事由が生じ、かつ、この期間に支給すべき保険給付に限る。）（督促状の指定期限を経過した後に前記⑵のイに掲げる事由が生じたことによる保険料納付猶予期間中に支給事由の生じたものを除く。）について、支給のつど行なうこと。ただし、この場合、療養を開始した日（即死の場合は事故発生の日）の翌日から起算して三年以内の期間において支給事由の生じたものに限ること（年金給付については、この期間に支給事由が生じ、かつ、この期間に支給すべき保険給付に限る。）。

⑷　徴収金の価額は、前記⑶の保険給付の額に相当する額に、納付すべき概算保険料に対する滞納額の割合（以下「滞納率」という。）（滞納率が一〇〇分の四〇をこえるときは、一〇〇分の四〇とする。）を乗じて得た価額とすること。

二　第一項第二号関係

⑴　本号の規定は、事業主（事業主に代わって危害防止に関する事項を管理する責任を有する者を含む。）が、次の各号の一に該当する場合に適用すること。

なお、当該事故の発生原因が他の行政庁の主管する危害防止に関する事項に係るものである場合には、当該行政庁の意見を求めて処分することを要するが、その回答が事故発生後六カ月以内に得られなかった場合には、それまでの調査資料に基づいて独自に判断して差し支えないこと。

イ　法令に危害防止のための直接的かつ具体的な措置が規定されている場合に、事業主が当該規定に明白に違反したため、事故を発生させたと認められるとき。

ロ　法令に危害防止のための直接的措置が規定されているが、その規定する措置が具体性に欠けている場合に、事業主が監督行政庁より具体的措置について指示を受け、その措置を講ずることを怠ったために事故を発生させたと認められるとき。

ハ　法令に危害防止のための措置が規定されていないが、事故発生の危険が明白かつ急迫であるため、事業主が監督行政庁より直接的かつ具体的な措置について指示を受け、その措置を講ずることを怠ったために事故を発生させたと認められるとき。

⑵　本号の規定による費用の徴収は、

当該事故に係る休業補償給付、障害補償給付、遺族補償給付及び葬祭料（再発に係るものを除く。）について、支給のつど行なうこと。ただし、この場合、療養を開始した日（即死の場合は事故発生の日）の翌日から起算して三年以内において支給事由の生じたものに限る（年金給付については、この期間に支給事由が生じ、かつ、この期間に支給すべき保険給付に限る。）。

(3)　徴収金の価額は、前記(2)の保険給付の額に相当する額の一〇〇分の三〇に相当する額とすること。

三　徴収金の徴収の調整

本条第一項第一号に該当する事由と第二号に該当する事由とが同時に存する場合においては、いずれか高い方の価額をもって徴収金とすること。

四　徴収金の徴収の方法

本条の規定による徴収金の債権管理及び徴収事務は、国の債権の管理等に関する法律及び関係法令によるほか、次により行なうこと。

なお、本条の規定による徴収金には従来どおり延滞金を課さないものとして取り扱うこと。

(1)　所轄労働基準監督署長は、本条の規定に該当するものについて保険給付を行なった場合には、所轄都道府県労働基準局長（以下「所轄局長」という。）に対しその旨を別紙様式の一〈略〉により通知すること。

(2)　所轄局長は、上記(1)の通知を受けた場合は、当該事業主に対し保険給付に要した費用を徴収する旨及び徴収金の価額等を別紙様式の二〈略〉により通知するとともに、納入告知書を送付すること。

(3)　本条の規定による徴収金については、債権の種類は、損害賠償金債権、歳入科目は労働保険特別会計労災勘定の（款）雑収入（項）雑収入（目）雑収入とすること。

五　徴収の特例

前記一の(4)及び二の(3)にかかわらず、本条の規定による徴収金の価額が一、〇〇〇円未満の場合には、本条の規定の適用を差し控えること。

六　第三者行為災害の場合における本条の規定の適用

(1)　本条第一項第一号の規定の適用がある場合で、法第二〇条第一項の規定の適用があるときは、すでに支給した保険給付の価額から政府が求償し得べき価額を差し引いて得た残額に滞納率（滞納率が一〇〇分の四〇をこえるときは一〇〇分の四〇とする。）を乗じて得た価額を、本条の規定による徴収金として徴収すること。

(2)　本条第一項第二号の規定が適用される場合で、当該事業主のほかに共同不法行為者たる第三者があるときは、すでに支給した保険給付の価額から当該第三者に求償し得る額を差し引いて得た残額の一〇〇分の三〇に相当する額を、本条の規定による徴収金として徴収すること。

（昭四七・九・三〇　基発第六四三号、平五・六・二二　発労徴第四二号・基発第四〇四号）

〈通勤災害に係る第二五条〔現行＝第三一条〕の規定の取扱いについて〉

通勤災害に関する事業主からの費用徴収は、保険料の滞納中に生じた事故についてのみ行われる。また、この場合における費用徴収の限度額は、業務災害の場合と同様である（法第二五条〔現行＝第三一条〕第一項）。

なお、通勤災害の場合には、事業主の故意又は重大な過失による事故について費用徴収を行わないのは、通勤災害は事業主の支配下において生ずるものではなく、事業主に災害予防義務が課されていないためである。

（昭四八・一一・二二　基発第六四四号）

〈労働者の一部費用負担〉

通勤災害に関する療養給付を受ける労働者は、二〇〇円（日雇労働者健康保険の被保険者は、一〇〇円）の一部負担金を納付しなければならないこととされているが、①第三者行為災害を被った者、②療養開始後三日以内に死亡したもの及び③転医した者の場合は、この限りでないとされている（新法第二五条〔現行＝第三一条〕第二項、新規則第四四条の二第一項及び第二項）。また、この一部負担金は、当該労働者に支払うべき療養給付たる療養の費用又は休業給付の額からこれに相当する額を控除することによって徴収することができることとされている（新法第二五条〔現行＝第三一条〕第三項、新規則第四四条の二第三項）。

なお、一部負担金の徴収手続等で、事業主からの徴収金の場合と同様とされているところである（新法第二五条〔現行＝第三一条〕第四項）。

（昭四八・一一・二二　基発第六四四号）

〈費用徴収の取扱いについて〉

労働者災害補償保険法第二五条〔現行＝第三一条〕第一項の規定による事業主からの費用徴収に関する昭和四七年九月三〇日付基発第六四三号通達の運用については、傷病補償年金又は傷病年金は休業補償給付又は休業給付とみなして取扱うこと。

（昭五二・三・三〇　基発第一九二号）

〈東北地方太平洋沖地震により被災し、業務上又は通勤による傷病に罹患して労災保険給付を行った場合等における費用徴収の取扱いについて〉

労働者災害補償保険法（昭和二二年法律第五〇号、以下「法」という。）第三一条第一項の規定に基づく費用徴収については、昭和四七年九月三〇日付け基発第六四三号「事業主からの費用徴収の規定の取扱いについて」（以下「昭和四七年通達」という。）及び平成一七年九月二二日付け基発第〇九二二〇〇一号「未手続事業主に対する費用徴収制度の運用の見直しについて」（以下「平成一七年通達」という。）に基づき行っているところであるが、今回の地震の広範かつ甚大な被害等に鑑み、下記一の要件を満たす事案であって、下記二に該当するものについては、費用徴収を差し控えることとしたので、遺漏なきよう取り扱われたい。

記

一　法第三一条第一項の規定に基づく費用徴収を差し控える共通の要件

次の(1)及び(2)の要件を満たす事案であること。

(1)　東日本大震災に対処するための特別の財政援助及び助成に関する法律（平成二三年法律第四〇号）第二条第三項の特定被災区域内に所在地のある事業場（有期事業を含む）の労働者に係る事故であること（別紙一参照）。

なお、東日本大震災とは、東北地方太平洋沖地震及びこれに伴う原子力発電所の事故による災害をいうこと（同法第二条第一項）。

(2)　東北地方太平洋沖地震により被災したため、業務上の事由又は通勤による負傷、疾病、障害、又は死亡に関する労災保険給付を行った事故であること。

二　法第三一条第一項各号に係る費用徴収差し控えの要件

(1)　法第三一条第一項第一号（事業主が故意又は重大な過失により保険関係成立に係る手続を行っていない期間中に生じた事故、以下「未手続中の事故」という。）に係る要件

未手続中の事故で、平成一七年通達の記の一の②（別紙二参照）に定める事業主の重大な過失を認定したもの。

(2)　法三一条第一項第二号（事業主が徴収法第一〇条第二項第一号の一般保険料を納付しない期間中に生じた事故、以下「滞納中の事故」という。）に係る要件

滞納中の事故であって、昭和四七年通達の記の一の(1)（別紙三参照）に定める場合に生じたものであること。

（別紙一）　特定被災区域一覧

青森県　（二市二町）

八戸市、※三沢市、上北郡おいらせ町、※三戸郡階上町

岩手県　全域

宮城県　全域

福島県　全域

茨城県　（三〇市七町二村）

水戸市、日立市、土浦市、※古河市、石岡市、※結城市、龍ケ崎市、下妻市、常総市、常陸太田市、高萩市、北茨城市、笠間市、取手市、牛久市、つくば市、ひたちなか市、鹿嶋市、潮来市、常陸大宮市、那珂市、築西市、

稲敷市、かすみがうら市、桜川市、神栖市、行方市、鉾田市、つくばみらい市、小美玉市、東茨城郡茨城町、同郡大洗町、同郡城里町、那珂郡東海村、久慈郡大子町、稲敷郡美浦村、同郡阿見町、同郡河内町、北相馬郡利根町

栃木県　（九市七町）

　宇都宮市、※足利市、小山市、真岡市、大田原市、矢板市、那須塩原市、さくら市、那須烏山市、芳賀郡益子町、同郡茂木町、同郡市貝町、同郡芳賀町、塩谷郡高根沢町、同郡那須町、同郡那珂川町

千葉県　（一七市六町）

　千葉市、※銚子市、※市川市、※船橋市、※松戸市、※成田市、※佐倉市、※東金市、旭市、習志野市、※八千代市、我孫子市、浦安市、※印西市、※富里市、香取市、山武市、※印旛郡酒々井町、※同郡栄町、※香取郡多古町、※同郡東庄町、山武郡九十九里町、※同郡横芝光町

新潟県　（二市一町）

　十日町市、上越市、中魚沼郡津南町

長野県（一村）

　下水内郡栄村

※は災害救助法の適用市町村以外の市町村

（別紙二）

未手続事業主に対する費用徴収制度の運用の見直しについて

（平成一七年九月二二日基発第九二二〇〇一号）（抜粋）

　労働者災害補償保険法（以下「法」という。）第三一条第一項第一号の事故について保険給付に要した費用を徴収することができる制度（以下「費用徴収制度」という。）については、昭和六二年三月三〇日付け労働省発労徴第二三号・基発第一七四号（以下「施行通達」という。）、昭和六三年一月二二日付け基発第四六号、平成三年四月一日付け労働省発労徴第三三号・基発第二一六号及び平成五年六月二二日付け労働省発労徴第四二号・基発第四〇四号により運用しているところであるが、今般、下記のとおり運用の見直しを行うこととしたので、事務処理につき遺憾なきを期されたい。

　なお、本通達の施行に伴い、施行通達記の第四、昭和六三年一月二二日付け基発第四六号、平成三年四月一日付け労働省発労徴第三三号・基発第二一六号及び平成五年六月二二日付け労働省発労徴第四二号・基発第四〇四号は廃止する。

記

第一　見直しの趣旨及び概要

（中略）

①　事業主の故意の認定

　保険関係成立届の提出について行政機関からの指導等を受けたことがある事業主であって、その提出を行っていないものについて、現行の取扱いでは「故意又は重大な過失」と認定した上で、費用徴収率（法第三一条第一項の規定による徴収金（以下「徴収金」という。）の額を算定するに当たり保険給付の額に乗じる

率をいう。以下同じ。）を四〇%としているが、この取扱いを改め、「故意」と認定した上で、原則、費用徴収率を一〇〇%とする。

② 事業主の重大な過失の認定

　保険関係成立届の提出について行政機関からの指導等を受けたことがない事業主であって、保険関係成立日以降一年を経過してなおその提出を行っていないものについて、原則、「重大な過失」と認定した上で、費用徴収（法第三一条第一項第一号の事故の保険給付に要した費用の徴収をいう。以下同じ。）の対象とする。また、この場合の費用徴収率は四〇%とする。

なお、施行通達記の第四の二⑵ロ及びハの取扱いに係る多くの事業主は、上記により「重大な過失」と認定されることとなることから、同取扱いは廃止することとした。

③ （略）

（以下略）

（別紙三）

労働者災害補償保険法第二五条（事業主からの費用徴収）の規定の取扱いについて

（昭和四七年九月三〇日付基発第六四三号）（抜粋）

　失業保険法及び労働者災害補償保険法の一部を改正する法律及び労働保険の保険料の徴収等に関する法律の施行に伴う関係法律の整備等に関する法律（昭和四四年法律第八五号。以下「整備法」という。）が、本年四月一日から施行されたことに伴い、労働者災害補償保険法（昭和二二年法律第五〇号。以下「法」という。）の一部が改正された（以下、改正後の法をそれぞれ「旧法」及び「新法」という。）ところであるが、新法第二五条の規定による事業主からの費用徴収については、下記のとおり取り扱うこととし、昭和四〇年七月三一日付け基発第九〇六号及び昭和四一年二月一日付け基発第九八号のうち、旧法第三〇条の四に関する部分はすべて本通達によることとしたので遺憾のないよう留意されたい。

　なお、新法施行前に生じた災害に係る費用徴収については、整備法第二六条第二項の規定により、従前の例によつて行なわれることとされているので、念のため申し添える。

記

一 第一項第一号関係

⑴ 本号の規定は、事業主が、労働保険の保険料の徴収等に関する法律（以下「徴収法」という。）第一五条第一項又は第二項の規定による概算保険料のうち一般保険料を、徴収法第二六条の規定による督促状の指定期限内に納付しない場合（天災事変その他やむを得ない事由により保険料を納付することができなかつたと認められる場合を除く。）に適用すること。

　前記概算保険料について、徴収法

第一八条の規定による延納（以下「延納」という。）が認められている場合においては、事故発生の日の属する期について保険料が完納されておれば、その前期について保険料の滞納があつても、本号の規定は適用しないこと。

なお、労働保険の保険料の徴収等に関する法律施行規則第七一条の規定による事業主の代理人、労災保険の事務について代理権を授与されていると認められる者及び事業主の名において保険料の納付事務を行なう被用者が、保険料の納付を怠った場合には、事業主が保険料を納付しないものとして取り扱うこと。

（以下略）

（平一三・六・八　基発〇六〇八第一号）

〈一部負担金徴収事務の簡素化について〉

一　療養給付の受給者からは一部負担金が徴収されるが、今回の法改正により休業給付の初回の支給の際にその額を一部負担金の額に相当する額だけ減額して支給することにより、一部負担金の徴収に代えることが認められることとなった。この結果、かかる場所における一部負担金の徴収に伴う受給者及び行政庁の事務手続が簡素化されることとなった（新法第二二条の二第四項）。

二　一部負担金相当額を減額した休業給付額の支給を決定した場合には一部負担金の徴収に関する債権管理事務は、行う必要がない。したがって、この場合には、昭和五〇年四月二五日付基発第二五二号通達による事務処理の必要のないことはいうまでもない。

三　法第二五条〔現行＝第三一条〕の規定は、特別加入者には適用がなく、したがって、療養給付を受ける場合にも一部負担金は徴収されない。このため、特別加入者から一部負担金を徴収し、又は一部負担金相当額を休業給付の額から減額したりすることのないよう留意されたい。なお、被災労働者が特別加入者であるか否かは、請求書記載事項により確認すること。

四　経過措置

上記一の取扱いは、通勤災害による休業の第四日目（休業給付を支給すべき事由の生じた最初の日）が施行日以後である場合に限り行うことができる。したがって、休業の第四日目が施行日前である場合には、休業給付の額から一部負担金相当額を減額することにより一部負担金の徴収に代えることは許されない（改正法附則第二条）。

（昭五二・三・三〇　基発第一九二号）

〈一部負担金免除者の拡大について〉

一　改正の趣旨及び内容

通勤災害に係る療養給付を受ける労働者については、政府は、一部負担金を徴収することとしているところである。ところで、休業給付受給者については、休業給付の中から一部負担金を減額して支払うこととされており、徴収事務が簡素化されているが、休業給付を受給しない者については、療養の給付が行われた後に別途一部負担金を徴収するという手続がなお必要とされている。

そこで、これらの事務処理の簡素効率化を図るため、一部負担金の徴収は、休業給付を受給しない者については行わないこととされた。

二　施行期日等

この改正は、昭和五六年一月一日から施行され、同日以後療養を開始し、かつ、休業給付を受けない者について適用されるものであり、同日前に療養を開始した者については、従前どおり一部負担金を徴収するものである。

（昭五五・一二・五　基発第六七三号）

〈労働者災害補償保険法施行規則の一部を改正する省令の施行について〉

昭和五九年一〇月一日から施行された健康保険法等の一部を改正する法律（昭和五九年法律第七七号）により日雇労働者健康保険法（昭和二八年法律第二〇七号）が廃止されたことに伴い、労働者災害補償保険法施行規則の一部を改正する省令（昭和五九年労働省令第二三号。別添一〈略〉）並びに昭和五九年労働省告示第七六号（労働者災害補償保険法の施行に関する事務に使用する文書の様式を定める件の一部を改正する件。別添二〈略〉）及び昭和五九年労働省告示第七七号（労働者災害補償保険法施行に関する文書のうち茨城等労働基準局管内の労働基準監督署長に提出すべき文書の様式を定める件の一部を改正する件。別添三〈略〉）が昭和五九年九月二九日に公布され、同年一〇月一日から施行されることとなったので、下記事項に留意の上、事務処理に遺漏なきを期されたい。

記

一　去る一〇月一日から施行された健康保険法等の一部を改正する法律により日雇労働者健康保険法が廃止され、従来同法の適用対象者であった日雇労働者については、昭和五九年一〇月一日から健康保険の日雇特例被保険者として健康保険法の適用を受けることとなった。

二　廃止前の日雇労働者健康保険法の規定による日雇労働者健康保険の被保険者が療養給付を受ける場合の一部負担金の額は、一般の労働者が二〇〇円であるのに対し一〇〇円とされていたところであるが、昭和五九年一〇月一日以後、改正後の健康保険法の規定による日雇特例被保険者が療養給付を受ける場合に徴収する一部負担金の額にあっても従前どおり一〇〇円とする。

三　したがって、日雇特例被保険者については、その確認のため、療養給付の請求又は休業給付の請求の際に、請求書中に改正後の健康保険法の規定によって日雇特例被保険者に対し交付されることになった健康保険日雇特例被保険者手帳の記号及び番号を記載することとされた。

なお、廃止前の日雇労働者健康保険法による日雇労働者健康保険被保険者手帳については、印紙貼付の余白がある限り交付後一年間は引き続き有効とされることになったので、当分の間、日雇特例被保険者で当該日雇労働者健康保険被保険者手帳を所持するものがあるが、これらの者が療養給付の請求又は休業給付の請求を行う場合には、請求書中の健康保険日雇特例被保険者手帳の記号及び番号の欄には、当該日雇労働者健康保険被保険者手帳の記号及び番号を記載することとされた。

（昭五九・一〇・二　基発第五二六号）

〈**費用徴収制度の改正**〉

一　改正の趣旨

労災保険は、原則として労働者を使用する全ての事業に適用され（労災法第三条参照）、適用事業については労災保険に係る労働保険の保険関係（以下「保険関係」という。）は事業開始と同時に特段の手続をまたずに成立するものとされており（徴収法第三条参照）、適用事業の事業主が保険関係成立届の提出等所定の手続をとらず、保険料を申告・納付していない間に当該事業の労働者に事故が生じた場合であっても、被災労働者及びその遺族に対する保険給付については特段の支給制限は行われない。この場合、当該事業主は未納付の保険料を消滅時効にかからない範囲で遡及して徴収されるにとどまり、それ以上の特段の経済的不利益を被ることがないことが原因となって、一部に労災保険については事故発生後に手続をとれば足りるとする風潮を生んでおり、全面・強制適用の保険制度である労災保険制度本来の趣旨に反し、また、いわゆる「未手続事業」についての労働保険の適用促進を図るに当たっての障害となっているといわれている。一方で、保険関係成立届の提出等所定の手続を既に履行している事業主が何らかの事情により保険料を滞納している期間中に事故が生じ、政府が保険給付を行った場合には、保険給付に要する費用の全部又は一部を当該事業主から徴収できることとされており（旧労災法第二五条第一項第一号）、これとの均衡を図る必要も生じている。そこで、今回、労災保険の適用事業の事業主が故意又は重大な過失により保険関係の成立に関する届出（新徴収法第四条の二第一項及び新徴収則第四条参照）であって労災保険に係るもの（以下「労災保険に係る保険関係成立届」という。）を提出していない期間中に生じた事故について政府が保険給付を行った場合は、政府は、当該保険給付に要した費用の全部又は一部を当該事業主から徴収できることとしたものである（新労災法第二五条〔現行＝第三一条〕第一項第一号関係）。

二　未手続事業主に対する費用徴収制度の内容

(1)　対象事業主

労災保険の適用事業の事業主であって、故意又は重大な過失により労災保険に係る保険関係成立届の提出を怠っているものである。

(2)　故意又は重大な過失の認定

第二五条〔現行＝第三一条〕第一項第一号の費用徴収の要件である「事業主の故意又は重大な過失」は、次のいずれかに該当する場合に認定すること。

イ　所轄都道府県労働基準局（以下「所轄局」という。）若しくは所轄都道府県（以下「所轄県」という。）又は所轄労働基準監督署（以下「所轄署」という。）若しくは所轄公共職業安定所（以下「所轄所」という。）又はその職員から保険関係成立届の提出ほか所定の手続をとるよう指導（未手続事業場を訪問し又は当該事業場の事業主等を呼び出す方法等により職員が直接指導するものに限り、加入勧奨用の文書の郵送や電話による加入勧奨は含まない。以下同じ。）を受けたにもかかわらず、相当期間（当面一〇日間とする。）以内に保険関係成立届を提出しない場合

なお、所轄局及び所轄県並びに所轄署及び所轄所においては、職員が未手続事業主に対して加入勧奨に係る指導を行った場合には、未手続事業主の氏名又は名称及び住所又は所在地並びに指導経過（例えば、指導の日付、担当者の職・氏名、相手方の職・氏名、指導の内容等）のほか、可能な範囲で事業の種類及び使用労働者数、労災保険のみ未手続の場合は当該事業の労働保険番号を記録しておくこと。

ロ　過去に事業を行っていた事業主が、その事業において保険関係成立届の提出ほか所定の手続をとっていたにもかかわらず、その事業を廃止又は終了した後に開始した当該事故に係る事業について、保険関係成立届を提出していない場合

ハ　複数の事業を行う事業主がそのうち一の事業において保険関係成立届の提出ほか所定の手続をとっているにもかかわらず、当該事故に係る事業について保険関係成立届を提出していない場合

(3)　徴収金の徴収の方法

新労災法第二五条〔現行＝第三一条〕第一項第一号の規定による徴収金の債権管理及び徴収事務は、国の債権の管理等に関する法律及び関係法令によるほか、次により行うこ

と。

なお、同号の規定による徴収金には延滞金を課さないものとして取り扱うこと。

イ　未手続事業に係る労働者又はその遺族から保険給付の請求があった場合は、所轄所長は「様式の一　労働者災害補償保険法第二五条〔現行＝第三一条〕の規定に係る保険給付通知書」（別添三）〈略〉により所轄都道府県労働基準局長（以下「所轄局長」という。）に対しその旨を通知すること。その際、

①　所轄署において前記⑵イの指導を行っている場合は、当該指導を行った事業主の概要（事業主の氏名又は名称及び住所又は所在地、事業開始の年月日、事業の種類及び使用労働者数、労災保険のみ未手続の場合は当該事業の労働保険番号並びに当該事業に対する加入勧奨に係る指導経過（指導の日付、指導の方法、担当者の職・氏名、相手方の職・氏名、指導の内容等））

②　所轄署において前記⑵ロに該当する事実を把握している場合は、過去に労災保険に係る適用手続をとっていた当該事業の概要（事業主の氏名又は名称、住所又は所在地、事業の種類、使用労働者数、保険関係成立年月日、事業廃止・終了年月日、労働保険番号等）

③　所轄署において前記②ハに該当する事実を把握している場合は、労災保険に係る適用手続をとっている他の当該事業の概要（事業主の氏名又は名称、住所又は所在地、事業の種類、使用労働者数、保険関係成立年月日、労働保険番号等）

をそれぞれ別途記載し、様式の一に添付すること。また、事故発生後に当該事業主から保険関係成立届の提出があった場合には、その写を併せて添付すること。

ロ　所轄局長は、所轄署長から様式の一の提出があった場合であって、当該事業主が前記イ①、②又は③に該当するときは、これを踏まえて上記⑵に照らし、当該事業主についての故意又は重大な過失に係る指導が行われていない事業については、所轄都道府県労働主管（局）部長（以下「所轄部長」という。）に対し、前記以外の事業に対する加入勧奨に係る指導状況について照会すること。この場合、所轄部長は所轄局長に対し当該事業に対する指導歴の有無及びその内容につき文書で通知することとし、所轄局長はこれを踏まえて上記⑵に照らし当該事業主についての故意又は重大な過失の有無について判断すること。

ハ　以上により、新労災法第二五条〔現行＝第三一条〕第一項第一号の規定により費用徴収を行うことを決定した場合には、当該事業主に対し保険給付に要した費用を徴収する旨及び徴収金の価額等を「様式の二　法第二五条〔同第三一条〕の規定に

基づく費用徴収の決定通知書」（別添四）〈略〉により通知するとともに、納入告知書を送付すること。

ニ　同号の規定による徴収金については、債権の種類は損害賠償金債権に歳入科目は労働保険特別会計労災勘定の（款）雑収入（項）雑収入（目）雑収入とすること。

(4)　徴収金の価額

新労災法第二五条〔現行＝第三一条〕第一項第一号の規定による徴収金の価額は、次により算定すること。

イ　徴収金の算定の基礎となる保険給付は、労災保険に係る保険関係成立届の提出期限（保険関係成立の日の翌日から起算して一〇日）の翌日から労災保険に係る保険関係成立届の提出のあった日の前日（保険関係成立届の提出に先立って政府が当該事業について徴収法第一五条第三項の規定による決定をしたときは、その決定のあった日の前日）までの期間中に生じた事故に係る保険給付（療養補償給付及び療養給付を除く。）のうち事故発生の日から労災保険に係る保険関係成立届の提出のあった日の前日又は徴収法第一五条第三項の規定による決定のあった日の前日までに支給事由が生じたものについて、支給のつど行うこと。ただし、この場合、療養を開始した日（即死の場合は、事故発生の日）の翌日から起算して三年以内の期間において支給事由の生じたものに限ること（年金給付については、この期間に支給事由が生じ、かつ、この期間に支給すべき保険給付に限る。）。

ロ　徴収金の価額は、イの保険給付の額に一〇〇分の四〇を乗じて得た価額とすること。

(5)　徴収の特例

前記(4)のロにかかわらず、新労災法第二五条第一項第一号の規定による徴収金の価額が一、〇〇〇円未満の場合には、同号の規定の適用を差し控えること。

(6)　第三者行為災害の場合における本条の規定の適用

新労災法第二五条〔現行＝第三一条〕第一項第一号の規定の適用がある場合で、労災法第一二条の四第一項の規定の適用があるときは、すでに支給した保険給付の価額から政府が求償し得るべき価額を差し引いて得た残額に一〇〇分の四〇を乗じて得た価額を、本条の規定による徴収金として徴収すること。

三　施行期日等

この改正は、昭和六二年四月一日から施行され、同日以後に発生した事故について適用されることとされた（改正法附則第七条関係）。

（昭六二・三・三〇　発労徴第二三号、基発第一七四号、平五・六・二二　発労徴第四二号、基発第四〇四号）

〈未手続事業主に対する費用徴収制度〉

の運用の見直しについて〉

労働者災害補償保険法（以下「法」という。）第三一条第一項第一号の事故について保険給付に要した費用を徴収することができる制度（以下「費用徴収制度」という。）については、昭和六二年三月三〇日付け労働省発労徴第二三号・基発第一七四号（以下「施行通達」という。）、昭和六三年一月二二日付け基発第四六号、平成三年四月一日付け労働省発労徴第三三号・基発第二一六号及び平成五年六月二二日付け労働省発労徴第四二号・基発第四〇四号により運用しているところであるが、今般、下記のとおり運用の見直しを行うこととしたので、事務処理につき遺憾なきを期されたい。

なお、本通達の施行に伴い、施行通達記の第四、昭和六三年一月二二日付け基発第四六号、平成三年四月一日付け労働省発労徴第三三号・基発第二一六号及び平成五年六月二二日付け労働省発労徴第四二号・基発第四〇四号は廃止する。

記

一　見直しの趣旨及び概要

労災保険の適用があるにもかかわらず、労働保険の保険料の徴収等に関する法律（以下「徴収法」という。）第四条の二第一項に規定する労災保険に係る保険関係成立届（以下「保険関係成立届」という。）の提出を行わない事業主（以下「未手続事業主」という。）の存在は、労災保険制度の運営上大きな問題であり、また、事業主間の費用負担の公平性の確保という観点からも、早急に解消を図る必要があることから、これまでも積極的な加入勧奨等に努めてきたところであるが、今なおその数は約五四万件に上ると推定されている。

一方、費用徴収制度は、未手続事業主の注意を喚起して労災保険の適用の促進を図るために昭和六一年の法改正により導入されたものであるが、上記のような状況の下、平成一五年一二月の総合規制改革会議「規制改革の推進に関する第三次答申」において「法律上、保険給付に要した費用の全部を徴収できるにもかかわらず、そのような運用をしていないことや、故意又は重過失がある場合を限定的に解していることについて、一部使用者のモラルハザードを助長している」旨の指摘を受けたところであり、また、同答申を踏まえ、平成一六年三月、「規制改革・民間開放推進三か年計画」において、未手続事業主の一掃に向けた措置として、より積極的な運用を図ることが閣議決定されたところである。

これらの状況を踏まえ、今般、下記に掲げる事項を主な内容とする費用徴収制度の運用の見直しを行うこととしたものである。

①　事業主の故意の認定

保険関係成立届の提出について行

政機関からの指導等を受けたことがある事業主であって、その提出を行っていないものについて、現行の取扱いでは「故意又は重大な過失」と認定した上で、費用徴収率（法第三一条第一項の規定による徴収金（以下「徴収金」という。）の額を算定するに当たり保険給付の額に乗じる率をいう。以下同じ。）を四〇％としているが、この取扱いを改め、「故意」と認定した上で、原則、費用徴収率を一〇〇％とする。

② 事業主の重大な過失の認定

保険関係成立届の提出について行政機関からの指導等を受けたことがない事業主であって、保険関係成立日以降一年を経過してなおその提出を行っていないものについて、原則、「重大な過失」と認定した上で、費用徴収（法第三一条第一項第一号の事故の保険給付に要した費用の徴収をいう。以下同じ。）の対象とする。また、この場合の費用徴収率は四〇％とする。

なお、施行通達記の第四の二(2)ロ及びハの取扱いに係る多くの事業主は、上記により「重大な過失」と認定されることとなることから、同取扱いは廃止することとした。

③ 費用徴収の対象となる保険給付

現行の取扱いでは、当該事故に関し、保険関係成立届の提出があった日の前日までに支給事由が生じた保険給付（療養開始後三年以内に支給事由が生じたものに限る。）を費用徴収の対象としているが、この取扱いを改め、当該事故に関し、保険関係成立届の提出があった日以後に支給事由が生じた保険給付も費用徴収の対象とする。

二　未手続事業主に対する費用徴収制度の内容

(1) 故意又は重大な過失の認定の基準

イ　故意の認定

法第三一条第一項第一号の事業主の故意は、下記のいずれかに該当する場合に認定すること。

① 事業主が、当該事故に係る事業に関し、所轄都道府県労働局（以下「所轄局」という。）、所轄労働基準監督署（以下「所轄署」という。）又は所轄公共職業安定所（以下「所轄所」という。）から、保険関係成立届の提出ほか所定の手続をとるよう指導（未手続事業場を訪問し又は当該事業場の事業主等を呼び出す方法等により職員が直接指導するものに限る。以下「保険手続に関する指導」という。）を受けたにもかかわらず、一〇日以内に保険関係成立届を提出していなかった場合

② 事業主が、当該事故に係る事業に関し、厚生労働省労働基準局長の委託する労働保険適用促進業務を行う社団法人全国労働保険事務組合連合会の支部である都道府県労働保険事務組合連合会（以下「都道府県労保連」という。）又は同業務を行う都道府県労保連の会員である労働保険

事務組合から、保険関係成立届の提出ほか所定の手続をとるよう勧奨（以下「加入勧奨」という。）を受けたにもかかわらず、一〇日以内に保険関係成立届を提出していなかった場合

ロ　重大な過失の認定

(イ)　法第三一条第一項第一号の事業主の重大な過失は、事業主が、当該事故に係る事業に関し、上記イの保険手続に関する指導又は加入勧奨を受けていない場合で、かつ、徴収法第三条に規定する保険関係が成立した日（以下「保険関係成立日」という。）から一年を経過してなお保険関係成立届を提出していないときに認定すること。

(ロ)　上記(イ)の場合であっても、下記のいずれかの事情が認められるときは、事業主の重大な過失として認定しないこと。

a　事業主が、その雇用する労働者について、労働者に該当しないと誤認したために保険関係成立届を提出していなかった場合（当該労働者が取締役の地位にある等労働者性の判断が容易でなく、事業主が誤認したことについてやむを得ない事情が認められる場合に限る。）

b　事業主が、本来独立した事業として取り扱うべき出張所等について、独立した事業には該当しないと誤認したために、当該事業の保険関係について直近上位の事業等他の事業に包括して手続をとっている場合

(2)　故意又は重大な過失の認定に係る事務処理

イ　所轄局、所轄署及び所轄所においては、保険手続に関する指導を行った場合には、当該事業主の氏名又は名称及び住所又は所在地並びに指導状況（指導の日付、指導の方法、担当者の職・氏名、相手方の職・氏名、指導の内容等）のほか、可能な範囲で、事業の開始年月日、事業の種類及び使用労働者数、労災保険のみ未手続の場合は当該事業の労働保険番号を記録しておくこと。

ロ　所轄労働基準監督署長（以下「所轄署長」という。）は、未手続事業で生じた事故について保険給付を行った場合は、所轄都道府県労働局長（以下「所轄局長」という。）に対し、「様式一　労働者災害補償保険法第三一条第一項第一号の規定に係る保険給付通知書」（別紙一）によりその旨を通知すること。その際、所轄署において保険手続に関する指導を行っていた場合は、上記イの記録の内容に基づき、「様式二　保険手続に関する指導の実施状況」（別紙二）を記載の上、様式一に添付すること。

ハ　所轄局長は、所轄署長から様式一及び様式二の提出があった場合には、上記(1)イ①に照らし、当該事業主の故意の有無について判断すること。

ニ　所轄局長は、所轄署長から様式一

のみの提出があり、様式二の提出がなかった場合には、局適用主務課室及び所轄所における当該事業主に対する保険手続に関する指導の状況について確認を行うとともに、都道府県労保連から局適用主務課室に対し定期的に提供されている加入勧奨状況報告書の写し（平成一七年四月一日付け基発第〇四〇一〇一三号「労働保険適用促進委託業務の実施について」別紙第二の一⑵へを参照）により、当該事業主に対する加入勧奨の状況について確認を行った上で、これらの確認の結果を踏まえ、上記⑴イ①又は②に照らし、当該事業主の故意の有無について判断すること。

この場合、確認を求められた所轄公共職業安定所長は、所轄局長に対し、当該事業主に対する指導の有無及びその内容について「様式三　保険手続に関する指導の実施状況について（回答）」（別紙三）をもって回答を行うこと。

なお、都道府県労保連から、加入勧奨状況報告書の写しが、局適用主務課室に提供されていない場合は、所轄局長は、都道府県労働保険事務組合連合会会長（以下「都道府県労保連会長」という。）に対し、当該事業主に対する加入勧奨の状況について「様式四　労働保険加入勧奨業務の実施状況について（照会）」（別紙四）により照会を行い、その回答により、当該事業主に対する加入勧奨の有無及びその内容について確認を行うこと。

ホ　上記ロからニにより、当該事業主の故意が認められない場合には、所轄局長は、下記の方法等により、当該事業の保険関係成立日から事故発生の日までの期間が一年を超えているか否かについて確認を行い、上記⑴ロに照らし、当該事業主の重大な過失の有無について判断すること。

①　被災労働者をはじめとする関係者からの聴取

②　労働者名簿、賃金台帳等関係書類の確認

③　労働基準行政情報システムにおける事業場基本情報の確認

④　法人登記簿謄本、商業登記簿謄本等の閲覧

⑤　当該事業主が所属する事業主団体への照会

⑶　徴収金の徴収の方法

徴収金の債権管理及び徴収事務は、国の債権の管理等に関する法律及び関係法令によるほか、次により行うこと。

なお、徴収金には延滞金を課さないものとして取り扱うこと。

イ　費用徴収を行うことを決定した場合には、当該事業主に対し保険給付に要した費用を徴収する旨及び徴収金の額等を「様式五　法第三一条の規定に基づく費用徴収の決定通知書」（別紙五）により通知するとともに、納入告知書を送付すること。

ロ　徴収金については、債権の種類は損害賠償金債権とし、歳入科目は労働保険特別会計労災勘定の（款）雑収入（項）雑収入（目）雑入とすること。

(4)　徴収金の額等

イ　費用徴収は、保険関係成立届の提出期限（保険関係成立日の翌日から起算して一〇日）の翌日から保険関係成立届の提出があった日の前日（保険関係成立届の提出に先立って政府が当該事業について徴収法第一五条第三項の規定による決定をしたときは、その決定のあった日の前日）までの期間中に生じた事故に係る保険給付（療養（補償）給付及び介護（補償）給付を除く。）であって、療養を開始した日（即死の場合は事故発生の日）の翌日から起算して三年以内の期間において支給事由が生じたもの（年金給付については、この期間に支給事由が生じ、かつ、この期間に支給すべきもの）について、支給の都度行うこと。

ロ　徴収金の額は、下記のとおりとすること。

①　上記(1)イにより事業主の故意が認定される場合には、上記イの保険給付の額に一〇〇分の一〇〇を乗じて得た額

ただし、事業主が保険関係成立届の提出を行うことが出来なかったことについて、相当の事情が認められる場合は、本省あて協議を行った上で決定した額

②　上記(1)ロにより事業主の重大な過失が認定される場合には、上記イの保険給付の額に一〇〇分の四〇を乗じて得た額

ハ　法第八条第二項の適用により平均賃金を上回る額が給付基礎日額とされる場合等で、上記ロ①により算出された額が労働基準法の規定による災害補償の価額を超える時には、当該災害補償の価額をもって徴収金の額とすること（別添参照）。

(5)　徴収の特例

上記(4)ロにかかわらず、算出された額が、一、〇〇〇円未満の場合には、費用徴収を差し控えること。

(6)　徴収金の徴収の調整

上記(1)に該当する事由と法第三一条第一項第三号に該当する事由とが同時に存する場合には、上記(1)に該当する事由に対応する額をもって徴収金の額とすること。

(7)　第三者行為災害の場合における本条の規定の適用

法第一二条の四第一項に規定する第三者行為災害に関し、費用徴収を行う場合には、すでに支給した保険給付の額から政府が求償し得べき額を差し引いて得た残額に、上記(4)ロの費用徴収率を乗じて得た額を、本条の規定による徴収金として徴収すること。

三　施行期日等

この取扱いは、平成一七年一一月一日から施行され、同日以後に発生

した事故について適用すること。

（参考）

費用徴収の手続の流れ

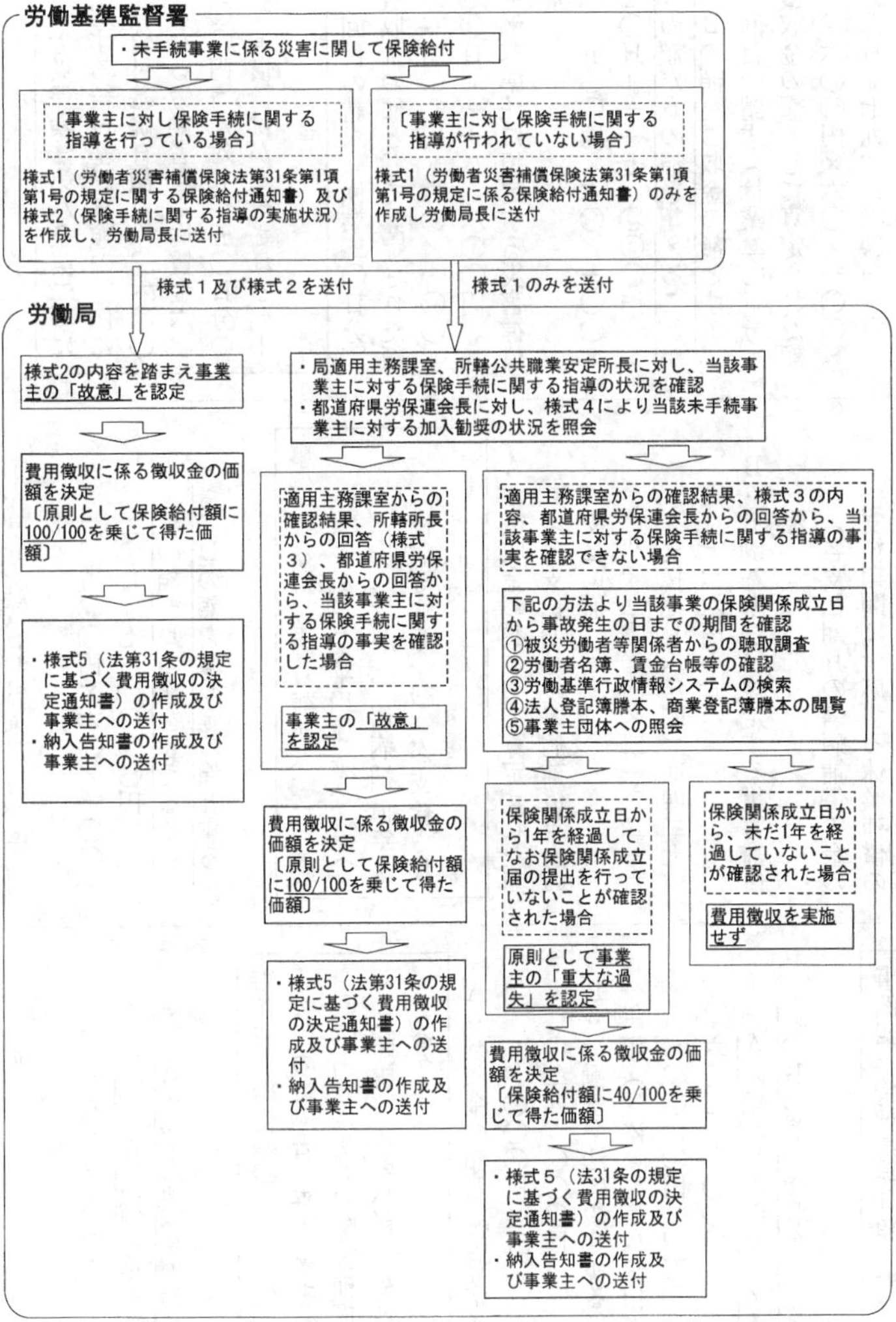

労働基準監督署

・未手続事業に係る災害に関して保険給付

〔事業主に対し保険手続に関する指導を行っている場合〕

様式1（労働者災害補償保険法第31条第1項第1号の規定に関する保険給付通知書）及び様式2（保険手続に関する指導の実施状況）を作成し、労働局長に送付

〔事業主に対し保険手続に関する指導が行われていない場合〕

様式1（労働者災害補償保険法第31条第1項第1号の規定に係る保険給付通知書）のみを作成し労働局長に送付

様式１及び様式２を送付

様式１のみを送付

労働局

（様式１及び様式２を送付された場合）

様式2の内容を踏まえ事業主の「故意」を認定

費用徴収に係る徴収金の価額を決定
〔原則として保険給付額に100/100を乗じて得た価額〕

・様式5（法第31条の規定に基づく費用徴収の決定通知書）の作成及び事業主への送付
・納入告知書の作成及び事業主への送付

（様式１のみを送付された場合）

・局適用主務課室、所轄公共職業安定所長に対し、当該事業主に対する保険手続に関する指導の状況を確認
・都道府県労保連会長に対し、様式４により当該未手続事業主に対する加入勧奨の状況を照会

適用主務課室からの確認結果、所轄所長からの回答（様式３）、都道府県労保連会長からの回答から、当該事業主に対する保険手続に関する指導の事実を確認した場合

事業主の「故意」を認定

費用徴収に係る徴収金の価額を決定
〔原則として保険給付額に100/100を乗じて得た価額〕

・様式5（法第31条の規定に基づく費用徴収の決定通知書）の作成及び事業主への送付
・納入告知書の作成及び事業主への送付

適用主務課室からの確認結果、様式３の内容、都道府県労保連会長からの回答から、当該事業主に対する保険手続に関する指導の事実を確認できない場合

下記の方法より当該事業の保険関係成立日から事故発生の日までの期間を確認
①被災労働者等関係者からの聴取調査
②労働者名簿、賃金台帳等の確認
③労働基準行政情報システムの検索
④法人登記簿謄本、商業登記簿謄本の閲覧
⑤事業主団体への照会

保険関係成立日から1年を経過してなお保険関係成立届の提出を行っていないことが確認された場合

原則として事業主の「重大な過失」を認定

費用徴収に係る徴収金の価額を決定
〔保険給付額に40/100を乗じて得た価額〕

・様式５（法31条の規定に基づく費用徴収の決定通知書）の作成及び事業主への送付
・納入告知書の作成及び事業主への送付

保険関係成立日から、未だ1年を経過していないことが確認された場合

費用徴収を実施せず

（別添）

事例一　労災保険法第八条第二項に規定する給付基礎日額の特例により給付基礎日額が六、六〇〇円となる労働者（平均賃金六、五〇〇円）に対し、五〇日分の休業補償給付が支給されるケース

①　第一回目の請求（休業三〇日分）

A：徴収金の額として算定された額

六、六〇〇円×六〇／一〇〇×三〇日＝一一八、八〇〇円

B：労働基準法に規定する災害補償額

六、五〇〇円×六〇／一〇〇×三〇日＝一一七、〇〇〇円

↓Aの額がBの額を超えることから、Bの額を徴収金の額とする。

②　第二回目の請求（休業二〇日分）

C：徴収金の額として算定された額

六、六〇〇円×六〇／一〇〇×二〇日＝七九、二〇〇円

D：労働基準法に規定する災害補償額

六、五〇〇円×六〇／一〇〇×二〇日＝七八、〇〇〇円

↓Cの額がDの額を超えることから、Dの額を徴収金の額とする。

事例二　給付基礎日額が八、二〇〇円の労働者（平均賃金八、二〇〇円）に対し、傷病補償年金（傷病等級第一級）が支給されるケース

A：徴収金の額として算定された額（各支払期月の傷病補償年金の支払い額）

八、二〇〇円×三一三日÷六支払期月（年間）＝四二七、七六六円

B：労働基準法に規定する災害補償額（各支払期月の傷病補償年金の支給期間に対応する休業補償の額）

八、二〇〇円×六〇／一〇〇×六一日＝三〇〇、一二〇円

↓Aの額がBの額を超えることから、Bの額を徴収金の額とする。

事例三　給付基礎日額が八、〇〇〇円の労働者（平均賃金八、〇〇〇円）に対し、障害補償一時金（障害等級第八級）が支給されるケース

A：徴収金の額として算定された額

八、〇〇〇円×五〇三日＝四、〇二四、〇〇〇円

B：労働基準法に規定する災害補償額（身体障害第八級相当）

八、〇〇〇円×四五〇日＝三、六〇〇、〇〇〇円

↓Aの額がBの額を超えることから、Bの額を徴収金の額とする。

事例四　給付基礎日額が七、〇〇〇

円の労働者（平均賃金七、〇〇〇円）に対し、葬祭料（三一五、〇〇〇円に給付基礎日額三〇日分を加算した額）が支給されるケース

A：徴収金の額として算定された額
三一五、〇〇〇円＋（七、〇〇〇円×三〇日）＝五二五、〇〇〇円

B：労働基準法に規定する災害補償額
七、〇〇〇円×六〇日＝四二〇、〇〇〇円

→Aの額がBの額を超えることから、Bの額を徴収金の額とする。

（平一七・九・二二　基発第〇九二二〇〇一号）

〈二次健康診断等給付についての取扱い〉

新労災法第三一条第一項第一号から第三号までに該当する事故について保険給付を行う場合は、労働基準法の規定による災害補償の価額の限度で、その保険給付に要した費用に相当する金額の全部又は一部を事業主から徴収することとなっているが、労働基準法上規定のない二次健康診断等給付については費用徴収は行わないものとすること。

（平一三・三・三〇　基発第二三三号）

2　事業主の重大過失

〈無免許者が命を受けて運転中発生した事故〉

問　左記事故は、事業主労働者双方の重大過失に基づく災害と認めてよろしいか。

記

被災労働者T（無免許）は、用務先から事業主の命により、オート三輪車を単独運転して帰る途中、G町道路上において前方を右から左へ横切る自転車を認めたので徐行していたが、衝突しそうになったので、ハンドルを左へ切ったところ、道路傍の電柱に激突負傷したものである。

答　本件災害については、次のとおり労使双方に重大な過失が認められる。

イ　本件事業主は労働者が無免許であることを承知しながら単独運転を行なわしめ、事故を発生させたもので

あるから、事業主に重大過失が認められる。

ロ　本件労働者は無免許であるにもかかわらず、従前よりしばしば単独運転を行なっており、本件災害もまた無免許運転中発生したものであるから、労働者に重大過失が認められる。

（昭二六・八・一三　基収第二九四七号）

〈残留ダイナマイトの完全な確認をなさなかったため発生した災害〉

問　左記事案について、保険加入者の故意又は重大な過失による事故として取り扱ってよろしいか。

記

昭和三〇年五月一三日S工業㈱A出張所において残留ダイナマイト誘爆事故が発生した。当事業場は、同年二月四日にも発電所建設現場において不発ダイナマイトの誘爆事故により死亡一九名、重軽傷二一名を出しており、これに対し、⑴発破の成否確認は多くの関係者によってあらゆる面から十分に検討すること。⑵火薬取扱者の選任を厳重にし、雇入れ後日浅き者には取り扱わせぬこと。⑶火薬取扱者に火薬取締法規、火薬類の性状、一般扱法、穿孔、装てん・発破処置等に関する再教育を徹底すること等の指示をしていたにもかかわらず、本件事故発生直前に発見された三本の残留火薬の処理は世話役個人の手によってなされ、発破成否の確認にあたっては単に竹の込棒でついてみた程度しかなさず、また、雇入れ後七日乃至一一日の労働者を火薬取扱業務に従事させ、更に、当日の発破作業に従事した労働者九名中八名は火薬取扱について何の教育も受けていなかったものである。従って、本件は、危害防止に関する法令違反はないにしても、当局が事業主に対してなした災害防止に関する具体的指示に従わなかったために発生したものと認められる。

答　貴見のとおり取り扱われたい。

（昭三〇・一一・三〇　基収第三八五一号）

〈安全教育の不徹底、指揮命令系統の不完全による再度の発破災害〉

問　昭和二九年七月二六日D土建株式会社N出張所の水力発電所Eの建設場で導坑の土平切拡げの発破を掛けた際、安全教育の不徹底と、指揮命令系統の不完全のため合図をうけた他の職場の労働者がろうばいして判断を誤り、退避しようとして逆に発破現場を通ったために発破にかかり一人死亡した。その後監督署より再三の注意があったにも不拘、具体的防止措置もなさず、又々昭和二九年九月三〇日前回発破死亡発生地点より六〇三米の地点において導坑の発破後、労働者二名が直ちに点検に、切羽に行ったために、爆発が少し遅れていた発破にかかり二名とも死亡した。当事業場の発破事故は、再三の監督署よりの注意勧告あるに不拘その原因よりみて法令の遵守が一般になされず安全教育も徹底せず、指揮命令系統も不完全のままそれ等の責任が現場世話役にのみおわされ、事業主が続発する事故に対し何等の積極的処置をこうじないことは、事業主に重大過失があると考えられないか。

答　本件については、既に同種の災害を発生させたことがあり、更にその後も発生の惧ありとして監督官庁から注意を受けているにもかかわらず事業主が災害防止のため当然なすべき処置を怠り当該災害を発生させたものと認められるから保険加入者の故意又は重大な過失により事故を発生させたものとして取り扱われたい。

（昭三一・三・五　基発第三九〇号）

（国庫補助）
第三十二条　国庫は、予算の範囲内において、労働者災害補償保険事業に要する費用の一部を補助することができる。

条文解説

本条は、労災保険事業の費用の一部は、国庫補助によっても賄うことができる旨を定めたものである。

参照条文

〔労働者災害補償保険事業に要する費用　三〇〕
〔保険料　三〇〕

第四章の二　特別加入

第四章の二　特別加入

（特別加入者）

第三十三条　次の各号に掲げる者（第二号、第四号及び第五号に掲げる者にあつては、労働者である者を除く。）の業務災害及び通勤災害に関しては、この章に定めるところによる。

一　厚生労働省令で定める数以下の労働者を使用する事業（厚生労働省令で定める事業を除く。第七号において「特定事業」という。）の事業主で徴収法第三十三条第三項の労働保険事務組合（以下「労働保険事務組合」という。）に同条第一項の労働保険事務の処理を委託するものである者（事業主が法人その他の団体であるときは、代表者）

二　前号の事業主が行う事業に従事する者

三　厚生労働省令で定める種類の事業を労働者を使用しないで行うことを常態とする者

四　前号の者が行う事業に従事する者

五　厚生労働省令で定める種類の作業に従事する者

六　この法律の施行地外の地域のうち開発途上にある地域に対する技術協力の実施の事業（事業の期間が予定される事業を除く。）を行う団体が、当該団体の業務の実施のため、当該開発途上にある地域（業務災害及び通勤災害に関する保護制度の状況その他の事情を考慮して厚生労働省令で定める国の地域を除く。）において行われる事業に従事させるために派遣する者

七　この法律の施行地内において事業（事業の期間が予定される事業を除く。）を行う事業主が、この法律の施行地外の地域（業務災害及び通勤災害に関する保護制度の状

況その他の事情を考慮して厚生労働省令で定める国の地域を除く。）において行われる事業に従事させるために派遣する者（当該事業が特定事業に該当しないときは、当該事業に使用される労働者として派遣する者に限る。）

条文解説

本条は、労災保険に特別加入することができる者の範囲につき定めたものである。

関係政省令等

（特別加入者の範囲）

則第四十六条の十六　法第三十三条第一号の厚生労働省令で定める数以下の労働者を使用する事業の事業主は、常時三百人（金融業若しくは保険業、不動産業又は小売業を主たる事業とする事業主については五十人、卸売業又はサービス業を主たる事業とする事業主については百人）以下の労働者を使用する事業主とする。

則第四十六条の十七　法第三十三条第三号の厚生労働省令で定める種類の事業は、次のとおりとする。

一　自動車を使用して行う旅客又は貨物の運送の事業

二　土木、建築その他の工作物の建設、改造、保存、原状回復、修理、変更、破壊若しくは解体又は

その準備の事業
三　漁船による水産動植物の採捕の事業（七に掲げる事業を除く。）
四　林業の事業
五　医薬品の配置販売の事業
六　再生利用の目的となる廃棄物等の収集、運搬、選別、解体等の事業
七　船員法第一条に規定する船員が行う事業

則第四十六条の十八　法第三十三条第五号の厚生労働省令で定める種類の作業は、次のとおりとする。
一　農業（畜産及び養蚕の事業を含む。）における次に掲げる作業
イ　厚生労働大臣が定める規模の事業場における土地の耕作若しくは開墾、植物の栽培若しくは採取又は家畜（家きん及びみつばちを含む。）若しくは蚕の飼育の作業であつて、次のいずれかに該当するもの
(1)　動力により駆動される機械を使用する作業
(2)　高さが二メートル以上の箇所における作業
(3)　労働安全衛生法施行令（昭和四十七年政令第三百十八号）別表第六第七号に掲げる酸素欠乏危険場所における作業
(4)　農薬の散布の作業
(5)　牛、馬又は豚に接触し、又は接触するおそれのある作業
ロ　土地の耕作若しくは開墾又は植物の栽培若しくは採取の作業であつて、厚生労働大臣が定める種類の機械を使用するもの
二　国又は地方公共団体が実施する訓練として行われる作業のうち次に掲げるもの
イ　求職者を作業環境に適応させるための訓練として行われる作業
ロ　求職者の就職を容易にするために必要な技能を習得させるための職業訓練であつて事業主又は事業主の団体に委託されるもの（厚生労働大臣が定めるものに限る。）として行われる作業
三　家内労働法（昭和四十五年法律第六十号）第二条第二項の家内労働者又は同条第四項の補助者が行う作業のうち次に掲げるもの
イ　プレス機械、型付け機、型打ち機、シヤー、旋盤、ボール盤又はフライス盤を使用して行う金属、合成樹脂、皮、ゴム、布又は紙の加工の作業
ロ　研削盤若しくはバフ盤を使用して行う研削若しくは研ま又は溶融した鉛を用いて行う金属の焼入れ若しくは焼きもどしの作業であつて、金属製洋食器、刃物、バルブ又はコックの製造又は加工に係るもの
ハ　労働安全衛生法施行令別表第

六の二に掲げる有機溶剤又は有機溶剤中毒予防規則（昭和四十七年労働省令第三十六号）第一条第一項第二号の有機溶剤含有物を用いて行う作業であつて、化学物質製、皮製若しくは布製の履物、鞄、袋物、服装用ベルト、グラブ若しくはミツト又は木製若しくは合成樹脂製の漆器の製造又は加工に係るもの

ニ　じん肺法（昭和三十五年法律第三十号）第二条第一項第三号の粉じん作業又は労働安全衛生法施行令別表第四第六号の鉛化合物（以下「鉛化合物」という。）を含有する釉薬を用いて行う施釉若しくは鉛化合物を含有する絵具を用いて行う絵付けの作業若しくは当該施釉若しくは絵付けを行つた物の焼成の作業であつて陶磁器の製造に係るもの

ホ　動力により駆動される合糸機、撚糸機又は織機を使用して行う作業

ヘ　木工機械を使用して行う作業であつて、仏壇又は木製若しくは竹製の食器の製造又は加工に係るもの

四　労働組合法（昭和二十四年法律第百七十四号）第二条及び第五条第二項の規定に適合する労働組合その他これに準ずるものであつて厚生労働大臣が定めるもの（常時労働者を使用するものを除く。以下この号において「労働組合等」という。）の常勤の役員が行う集会の運営、団体交渉その他の当該労働組合等の活動に係る作業であつて、当該労働組合等の事務所、事業場、集会場又は道路、公園その他の公共の用に供する施設におけるもの（当該作業に必要な移動を含む。）

五　介護労働者の雇用管理の改善等に関する法律（平成四年法律第六十三号）第二条第一項に規定する介護関係業務に係る作業であつて、入浴、排せつ、食事等の介護その他の日常生活上の世話、機能訓練又は看護に係るもの

関係告示

労働省告示第四六号（昭四〇・一〇・三〇、改正昭四九・二・二三労働省告示第七号、昭五五・三・二五労働省告示第一七号、平一二・一二・二五労働省告示第一二〇号）

労働者災害補償保険法施行規則（昭和三十年労働省令第二十二号）第四十六条の十八第一号の規定に基づき、厚生労働大臣が定める機械の種類を次のとおり定め、昭和四十年十一月一日から適用する。

一　動力耕うん機その他の農業用トラクター（耕うん整地用機具、栽培管理用機具、防除用機具、収穫調整用機具又は運搬用機具が連結され、又は装着されたものを含む。）

二　前号に掲げる機械以外の自走式機械で、次に掲げるもの

イ　動力溝掘機

ロ　自走式田植機

ハ　自走式スピードスプレーヤーその他の自走式防除用機械

ニ　自走式動力刈取機、コンバインその他の自走式収穫用機械

ホ　トラックその他の自走式運搬用機械

三　次に掲げる定置式機械又は携帯式機械

イ　動力揚水機

ロ　動力草刈機

ハ　動力カッター

ニ　動力摘採機

ホ　動力脱穀機

ヘ　動力剪定機

ト　動力剪枝機

チ　チエーンソー

リ　単軌条式運搬機

ヌ　コンベヤー

労働省告示第一四号（平元・三・一七、改正平元・五・二九労働省告示第三五号、平五・三・二九労働省告示第二三号、平七・三・三〇労働省告示第三〇号、平一二・一二・二五労働省告示第一二〇号）

労働者災害補償保険法施行規則（昭和三十年労働省令第二十二号）第四十六条の十八第二号ロの規定に基づき、厚生労働大臣が定める求職者の就職を容易にするために必要な技能を習得させるための職業訓練であって事業主又は事業主の団体に委託されるものは、職業能力開発促進法（昭和四十四年法律第六十四号）第十五条の六第三項の規定に基づき事業主又は事業主の団体に委託して実施される職業訓練であって教育訓練を行うための施設において主として実施される職業訓練以外のものとし、平成元年四月一日から適用する。

労働省告示第三七号（平三・四・一二、改正平一二・一二・二五労働省告示第一二〇号）

労働者災害補償保険法施行規則（昭

和三十年労働省令第二十二号）第四十六条の十八第一号イの規定に基づき、同号イの厚生労働大臣が定める規模は、経営耕地面積が二ヘクタール以上又は一年間における農業生産物（畜産及び養蚕に係るものを含む。）の総販売額が三百万円以上の規模とする。

労働省告示第三八号（平三・四・一二、改正平一二・一二・二五労働省告示第一二〇号）

労働者災害補償保険法施行規則（昭和三十年労働省令第二十二号）第四十六条の十八第四号の規定に基づき、同号の厚生労働大臣が定めるものは、次のとおりとする。

一　国家公務員法（昭和二十二年法律第百二十号）第百八条の三第五項（裁判所職員臨時措置法（昭和二十六年法律第二百九十九号）において準用する場合を含む。）の規定により登録された職員団体

二　地方公務員法（昭和二十五年法律第二百六十一号）第五十三条第五項の規定により登録された職員団体

三　職員団体等に対する法人格の付与に関する法律（昭和五十三年法律第八十号）第五条の規定により認証された職員団体等

四　国会職員法（昭和二十二年法律第八十五号）第十八条の二第一項に規定する組合であって前三号に掲げる団体に準ずるものと認められるもの

参照条文

〔特別加入者の範囲〕則四六の一六〜四六の一八、駐離省令附則⑦

解釈例規

〈労働者災害補償保険法等の一部を改正する法律の施行（第三次分）等について〉

一　改正の趣旨及び概要

(1)　改正の趣旨

イ　全面適用の困難性

労災保険は、その制度趣旨からいって、すべての労働者に適用されることが望ましく、昭和四七年四月一日からは、政令で定める暫定任意適用事業を除き労働者を使用するすべての事業が適用事業とされた（旧四四年法附則第一二条）。

この暫定任意適用事業の範囲も、昭和五〇年四月一日から、個人経営の労働者五人未満の農林水産業の一部にまで縮小が図られた（昭和五〇年政令第二六号）が、農業については、適用拡大の必要性が比較的高い（注一）ものの、その事業場における労働実態の把握が困難であること等の理由（注二）から、その後特段の適用拡大の措置は講じられてこなかった。

（注一）林業は常時一人以上労働者を使用していれば適用事業であるし、水産業についても総トン数五トン以上の漁船は内水面のみにおける操業を除いて適用事業となっているため、未適用の範囲は農業と比較して小さいと考えられる。

（注二）具体的理由として、以下のことがあげられる。

①　農家では、ゆい・手間替えという労力の相互融通の習慣があり、ゆい・手間替えによって働く者は一般的には労働者とはいえないが、これらの者と労働者とは外見的には区別が困難であること。

②　農繁期のみに労働者を使用する場合が多く、その実態を把握することが困難であること。

③　このため、個人経営の労働者五人未満の農業を当然適用事業とした場合、各事業場が適用事業となるか否かの判断が困難又は煩瑣であること。

なお、①のゆい・手間替えの定義について、昭和五二年農林省統計情報部の一九七五年農業センサスでは、「農家相互間の労力交換のことで、労力の等価交換を原則としているすべての労力交換が含まれる。したがって労力の過不足を金銭、物品で清算したものも該当する。……（中略）……共同田植、共同防除などの共同作業で作業をしてもらった場合もここに含める。」とある。

ロ　特別加入制度を利用した新たな適用拡大

農業に関しては、指定農業機械（耕うん機、コンバイン、動力揚水機等）を使用する作業に従事する者について特別加入することができることとなっている（労災則第四六条の一八第一号）が、さらに、平成三年度実施予定の対象作業の範囲を拡充した新しい特別加入の制度を新設する（そのための省令改正は、平成三年四月一日又は平成三年度予算成立の日の翌日のいずれか遅い日に施行される予定である。詳細は、おって通達する。）こととして（その結果、農業の特定作業従事者に係る特別加入は二種類が並立することとなり、これらを以下「農業関係特別加入」という。）、これら農業（畜産及び養蚕の事業を含む。）に係る特別加入者が行う事業を適用事業とすることとした（新四四年法附則第一二条）。

　これは、

①　現在、暫定任意適用事業とされている事業についても、労働者保護の観点から、できる限り適用拡大を図っていく必要があり、特に、事業主が特別加入することによって労災保険の保護を受けている事業に労働者が使用された場合は、均衡上も適用事業とすることが適当と考えられること。

②　特別加入団体及びその加入者が、農業協同組合（以下「農協」という。）等に労働保険関係事務の処理を委託することができ、その場合には、各加入者の行う事業の実態等を把握することが比較的容易であり、特別加入者が行う事業に係る保険関係手続の適正化が図りやすいと考えられること。

③　平成元年一二月二五日の労働者災害補償保険審議会の建議において、新たな農業の特別加入制度を新設するとともに、当該特別加入事業主が労働者を雇用した場合は、自動的に労災保険を適用する仕組みを設ける旨の提言がなされたこと。

等を理由とするものである。

(2)　改正の概要

　常時五人以上労働者を使用しない個人経営の農業の事業（毒劇物・危険有害ガスの取扱い等業務災害の発生のおそれが多いものとして労働大臣が定めるものを除く。）については、加入申請をしない限り、そこに使用される労働者に労災保険の適用はないが、その事業主がその事業について特別加入をしている場合には、当然に労災保険が適用されることとなる。その結果、当該事業主は保険関係成立に係る種々の手続を行わなければならないこととなる。

二　特別加入事業における労働者の保険関係

(1)　労働者に係る保険関係の成立

イ　保険関係の成立時期

　労働者に係る保険関係の成立の時期は、「労働者を使用する事業」の開始の日と特別加入の日の前後関係に応じ、次の二つの場合があるので、いずれの場合もその保険関係成立の日から一〇日以内に通常の保険関係が成立した場合と同様の保険関係成立手続をすべきこととなる。

①　事業主が農業関係特別加入に加

入し、その行う事業がその日以後に労働者を使用する事業になるに至った場合には、当該労働者を使用する事業になるに至った日に、労働者に係る保険関係が成立する。

② 事業主が行う事業が先に労働者を使用する事業になるに至った後、当該事業主が農業関係特別加入に加入する場合には、当該特別加入をする日（当該特別加入の承認の日）に、労働者に係る保険関係が成立する（整備法第七条）。なお、平成三年四月一日前に指定農業機械作業に係る特別加入をし、かつ、当該事業に労働者を使用し（特別加入をした日と労働者を使用した日との先後関係は問わない。）、その状態が同日まで継続している場合には、同日において労働者に係る保険関係が成立することとなる（改正法附則第六条）。

ロ　保険関係成立の判断に関する留意点

循環的な季節雇用を通例とする農業の事業の場合には、上記イの②における保険関係の成立の判断については、事業主が特別加入の日に労働者を現に使用していなくても、当該特別加入の日前一年間に労働者を使用していた実績があり、かつ、以後一年以内に労働者を使用することが見込まれる場合においては、事業主の申出により、当該事業は労働者を使用する事業として既に成立し、特別加入の日において当該事業が「事業の一時的休止」（注）に準じた状態にあるものとして取り扱い、当該特別加入の日において労働者に係る保険関係が成立するものとして取り扱って差し支えない。

上記イのなお書の場合の平成三年四月一日における保険関係の成立の判断についても、これに準じて差し支えない。

（注）事業主が一時的に休業する場合を「事業の一時的休止」といい、休止期間中も保険関係は継続するものとして取り扱われる（労働保険適用関係事務処理手引（平成三年二月一三日付け労働省発労徴第八号）第一編第二章第三前文イ）。

(2)　労働者に係る保険関係の消滅

上記(1)により成立した保険関係は、事業主が労働者を使用しなくなった時に消滅する。この場合において、循環的な季節雇用を通例とする農業の事業に関しては、単に一時的に労働者を使用しなくなったに過ぎず、同一事業に一年以内に労働者を使用する予定がある場合には、その労働者が使用されない期間を「事業の一時的休止」の期間に準じるものとして取り扱い、保険関係は継続するものとして取り扱って差し支えない。

他方、労働者を使用しなくなった場合において、以後一年以内に労働者を使用することが見込まれないとき又は現に当該一年間において労働者を使用しなかったときであってその状態が続くと認められるときは、保険関係が消滅したものとして消滅の手続をとらせること。

(3) 農業関係特別加入からの脱退の効果

事業主が農業関係特別加入から脱退しても、引き続き労働者が使用される限り、当然労災保険が適用され、労働者に係る保険関係は消滅しない（新四四年法附則第一二条第一項第二号最初の括弧書き）。

三　特別加入手続に係る通達の改正

指定農業機械作業に係る特別加入の手続については、昭和四〇年一一月一日付け基発第一四五四号（以下「基本通達」という。）の記の第二の四及び五によってきたところであるが、上記法改正の趣旨を踏まえ、今後は新設予定の特別加入を含めて下記によることとし、この趣旨に沿って別紙のとおり基本通達を改正し、平成三年四月一日以後の農業関係特別加入の承認について適用する。

(1) 労働者に係る保険関係成立手続の確保

特別加入申請書（告示様式第三四号の一〇）別紙に記載される特別加入予定者又は特別加入に関する変更届（告示様式第三四号の八）に記載される新たに加わる特別加入者が、当該特別加入に係る事業につき労働者を使用していることが明らかとなった場合は、既に労働者に係る保険関係成立届が提出されている場合を除き、特別加入の申請又は変更届と同時に労働者に係る保険関係成立届を提出させることとし、提出がなされない場合は当該特別加入予定者について特別加入の承認又は変更届に基づく承認内容変更決定を行わないこと。

(2) 特別加入の承認通知等

特別加入の承認通知若しくは不承認通知又は特別加入の変更届に関する承認通知若しくは不承認通知は、下記五の(2)の別紙による改正後の基本通達の第二の六(3)及び別添特様式第一号、第三号又は第七号により行うこと。

四　農業関係特別加入等に係る労働保険関係事務の取扱い等

(1) 労働保険関係事務の取扱い

農業関係特別加入に係る労働保険関係事務は、特別加入団体又は特別加入団体から事務委託を受けた労働保険事務組合等が処理することとなるが、当該特別加入団体の構成員である特別加入者が労働者を使用して行う事業に係る労働保険関係事務についても、特別加入に係る事務と相関連して処理されるようにすることにより、これらの適用徴収の円滑化と労働保険関係事務の運営のより一層の適正化が確保されるので、次のとおり、農業関係特別加入団体及び農協等の関係団体を指導するものとする。

①　農協の構成員である農家を主たる構成員とする特別加入団体に係る労働保険関係事務については、当該農協若しくはその近隣の農協又はその関係団体たる農業協同組合連合会若しくは都道府県農業協同組合中央会が労働保険事務組合となり、当該特別加入団体から委託を受けてその処理を行うようにすること。

②　①の場合において、当該特別加入団体の構成員である特別加入者が労働者を使用して農業の事業を行う場合には、当該労働者に係る労働保険関係事務についても、当該特別加入者の委託を受けて、①と同一の労働保険事務組合がその処理を行うようにすること。

(2)　農業関係特別加入等に係る労働保険関係事務を取り扱う労働保険事務組合の認可についての留意事項

労働保険事務組合の認可基準については、労働保険事務組合事務取扱手引（昭和六二年三月二〇日付け労働省発労徴第一三号。以下「手引」という。）の第三章の三に定めているところであるが、上記(1)により農業関係特別加入及び当該特別加入の加入者が労働者を使用して行う事業に係る労働保険関係事務を処理することとなる農協等の労働保険事務組合の認可に当たっては、特に次の点に留意すること。

イ　委託予定事業主数

手引の第三章の三(1)②の「労働保険事務の委託を予定している事業主が三〇以上あることを要する」ことについては、農協等が労働保険事務組合の認可を受けようとする場合においては、農業関係特別加入団体の構成員たる個々の特別加入者も、当該特別加入者が労働者を使用するに至った場合には必ず当該農協等に労働保険関係事務を委託することを条件に、委託予定事業主として算入して差し支えない。

ロ　団体の組織等

農協等の関係団体に対し労働保険事務組合の認可をする場合は、特に次の基準を満たしているか十分審査の上行うこと。

①　本来の主たる事業を過去二年以上にわたって安定的、継続的に運営しているものであること。

②　財政基盤が安定しており、予定する労働保険料の納付に係る事故について当該団体に責めがある場合、これを補填するに足りる状況にあること。

③　労働保険事務を確実に行う能力を有する者を配置し、労働保険事務を適切に処理できるような事務処理体制が確立されていること。

ハ　農業協同組合連合会等について

労働保険事務組合の認可を受けようとする団体が、農業協同組合連合会又は都道府県農業協同組合中央会（以下「連合会等」という。）であるときは、その事務が円滑に処理されるよう、傘下の関係農協においても農業関係特別加入団体及び特別加入者に対し、労働保険関係事務の取次・あっせん、助言等の体制が整備されているとともに、連合会等による傘下の関係農協等に対する指導・助言体制が確立されている必要があること。

五　その他

(1) 実施時期

農業に係る特別加入者が行う事業が当然適用事業となる法改正は、平成三年四月一日から実施される（改正法附則第一条第三号）。

(2) 特別加入等の承認通知書等の統一

特別加入等の承認通知書は、①昭和四〇年一一月一五日付け基災発第一八号通達別紙様式三、③昭和六一年七月七日付け基発第四〇七号通達別紙⑶特様式第一号及び③昭和六二年三月三〇日付け基発第一七五号通達別紙特様式第一号又は平成元年三月二三日付け労働省発労徴第一九号・基発第一三五号通達（以下「第一三五号通達」という。）別紙⑵特様式第一号の三種類が示されてきたが、今後は第一三五号通達別紙⑵特様式第一号を統一の様式として扱うこととし、また、既に特別加入の承認を受けている事業主又は特別加入団体から、新たに特別加入者になる者又は別の業務を行うことになった者として変更の届出（告示様式第三四号の八）があった場合の手続等も統一することとし、別紙のとおり基本通達の記の第二の三を改正し、平成三年四月一日から適用する。

なお、昭和六二年三月三〇日付け基発第一七五号通達により示された特様式第七号は、別紙による改正後の基本通達に示された特様式第七号に変更する。

（平三・三・一　発労徴第一三号、基発第一二三号）

〈労働者災害補償保険法施行規則等の一部を改正する省令の施行等について〉

第一　特定農作業従事者に係る特別加入の新設

一　改正の趣旨及び概要

(1) 改正の趣旨

農業の個人事業主については、指定農業機械作業従事者に係る特別加入の制度が設けられている（旧労災則第四六条の一八第一号）が、農業関係者からの要望及び最近における農作業の実態からみて補償対象範囲の拡充を図ることが適当であること、農業関係の特別加入の拡大が図られることにより労働者の保護にもつながること（四四年法附則第一二条第一項第二号）、平成元年一二月二五日の労働者災害補償保険審議会の建議においても同様の観点から農業の特別加入制度の新設について提言がなされたこと等から、対象作業を拡充した特別加入制度を新設することとした。

(2) 改正の概要

労働大臣が定める規模（年間農業生産物総販売額三〇〇万円以上又は経営耕地面積二ヘクタール以上）の農業（畜産及び養蚕を含む。）の事業場における土地の耕作若しくは開墾、植物の栽培若しくは採取、又は家畜（家きん及びみつばちを含む。）若しくは蚕の飼育の作業（以下耕作等作業」という。）であって、動力により駆動される機械（以下「動力機械」という。）を使用して行うもの、高さ二メートル以上の箇所におけるもの、サイロ・むろ等の酸素欠乏危険場所におけるもの、農薬散布に係るもの又は牛・馬・豚に接触し若しくはそのおそれのあるものに従事する者（以下「特定農作業従事者」という。）について、新たに特別加入できることとしたものである（新労災則第四六条の一八第一号イ、平成三年労働省告示第三七号）。

（注）従来の指定農業機械作業従事者は、その内容を変更せず引き続き存続する（畜産及び養蚕に係る作業は対象とされていない。新労災則第四六条の一八第一号ロ参照）。

(3) 四四年法との関係

平成三年三月一日付け労働省発労徴第一三号・基発第一二三号通達（以下「改正法実施通達」という。）の記の一(2)にあるように、今回新設の特定農作業従事者に係る特別加入に加入した者が行う当該特別加入に係る事業に使用される労働者についても、当然に労災保険が適用される（四四年法附則第一二条第一項第二号）。

二 具体的内容

(1) 加入対象事業場

イ 対象事業場の限定

特別加入の対象となるべき者は、労働者に準じて労災保険により保護するに値する者であることが原則であること、また、保険技術上（業務上外の認定等）の観点から、家庭生活と区別できる程度に独立した規模を有する事業場に従事していることが必要である。また、今回の特別加入の新設の目的の一つは、当該特別加入に係る事業に使用される労働者への労災保険の適用拡大にあることから、労働者を使用する可能性の大きい年間農業生産物総販売額三〇〇万円以上又は経営耕地面積二ヘクタール以上の規模の事業場において作業する者（当該事業場に係る農地の所有者又は賃借人及びその共同作業者に限る。）に加入対象を限ることとした。

ロ 対象事業場の規模の根拠

水稲栽培農家においては、経営耕地面積二ヘクタール（粗収益約三一〇万円）以上の規模を有する農家では労働者を使用する割合が特に高くなるため、果樹農家や畜産・養蚕農家にも共通の基準として年間農業生産物総販売額三〇〇万円以上とすることとした。また、農業生産物総販売額の把握が困難な場合もあるため、経営耕地面積二ヘクタールの要件も付加的に加えることとした。

なお、農業生産物総販売額のうちには、農作業の受託料金は含まれない。また、経営耕地面積には、田、畑、果樹園、牧草地及び休耕地が含まれるが、作業受託の対象となる農地は含まれない。したがって、下記ハの営農集団の構成員の場合を除き、作業受託のみにより農作業を行う者は特別加入の対象とならない。

ハ　「事業場」の単位

「事業場」については、一農家単位を基本とする。ただし、農家の集団が共同で作業を行う場合（いわゆる地域営農集団（以下「営農集団」という。）又は農事組合法人をいう。）は、事業場の規模を判断するに当たっては、当該集団を一つの事業場として取り扱う。したがって、個々の農家の規模が小さくても、営農集団又は農事組合法人において農業生産物総販売額三〇〇万円以上又は経営耕地面積二ヘクタール以上であれば、各構成農家につき特別加入のための規模要件を満たすものとして取り扱う。

営農集団であるか否かの判断は、

① 代表者及び構成員の定めがあり、定款や規約等が整備されていること、

② 共同作業の方法その他の集団内の作業に関する定めがあること

によるが、以下の集団については、上記の二要件が整備されているものとして取り扱って差し支えない。

水田農業確立対策実施要綱（昭和六二年五月二〇日付け六二農蚕第一八二〇号農林水産事務次官通達別添、参考一参照）別紙一の第二の三に基づく水田農業確立対策実施要領（昭和六二年五月二〇日付け六二農蚕第一八二一号農林水産省農蚕園芸局長通達別添、参考二参照）別紙三の第三（加算額の交付要件等）の三（各加算ごとの交付要件）の(1)（高能率生産単位育成加算）又は(3)（生産組織加算）の交付要件を満たす「生産集団」

(2) 加入対象作業

加入対象作業は、次のとおりである。次のいずれかの作業を、上記(1)の事業場において行う者が特別加入できることとなる。

① 動力機械を使用して行う耕作等作業

動力機械を使用して行う作業は、機械による身体の傷害の危険性が高いので、対象作業としたものである。

動力機械とは、動力（電動機、内燃機関等）により駆動される機械の総称をいい、現在の指定農業機械はすべて含まれる。

② 高さ二メートル以上の箇所における耕作等作業

労働安全衛生規則（昭和四七年労

働省令第三二号）第五一八条及び第五一九条の規定によっても、高さ二メートル以上の箇所は墜落の危険性が高いものと考えられており、高さ二メートル以上の箇所における耕作等作業も対象とすることとしたものである。

なお、四〇度以上の傾斜地については、水平面から二メートル以上の高さにあれば、その箇所における耕作等作業も対象となる。

③　サイロ・むろ等の酸素欠乏危険場所における耕作等作業

労働安全衛生法施行令（昭和四七年政令第三一八号）別表第六第七号の酸素欠乏危険場所（穀物若しくは飼料の貯蔵、果菜の熟成、種子の発芽又はきのこ類の栽培のために使用しているサイロ、むろ、倉庫、船倉又はピットの内部）における作業は、酸素欠乏により酸素欠乏症にかかり又は死亡する危険性が高いため、対象としたものである。

④　耕作等作業のうちの農薬散布の作業

農薬散布の作業は、農薬中毒にかかる危険性が高いため、対象作業としたものである。

「農薬」とは、農薬取締法（昭和二三年法律第八二号）第一条の二第一項に規定する薬剤であって、同法第二条第三項の規定により登録を受けたものをいう。

⑤　牛・馬・豚に接触し又はそのおそれのある耕作等作業

牛・馬は、蹴られたり噛まれたりする危険性が高く、豚は体重三〇〇キログラムにも及び、移送作業中の危険等が予測されるため、対象作業としたものである。この三種類の家畜に限定した理由は、他の家畜の場合は、過去の例からみても、重大災害発生の可能性がほとんどないと見込まれるからである。

なお、調教は耕作等作業に該当しないので、対象とならない。

(3)　保険料率及び特定業種区分

第二種特別加入保険料率は一、〇〇〇分の八、作業の種類の番号は特一五とされた（徴収則第二三条及び別表第五）。

(4)　特別加入の手続

特別加入の手続は、指定農業機械作業従事者に係る特別加入の手続と同様とする（昭和四〇年一一月一日付け基発第一四五四号（以下「基本通達」という。）の記の第二の四及び五参照）ほか、次に定めるところによる。

イ　事務の所轄

特別加入申請書（告示様式第三四号の一〇）の受付等を取り扱う労働基準監督署は、各特別加入団体の主たる事務所の所在地を管轄する労働基準監督署とし、特別加入の承認等は、当該事務所の所在地を管轄する都道府県労働基準局長が行うものであること（労災則第一条第二項及び第三項）。

ロ　災害防止措置

特別加入に際して、特定農作業従事者の団体に対し、あらかじめ業務災害の防止に関し特定農作業従事者の団体が講ずべき措置及び特定農作業従事者が守るべき事項を定めさせる（労災則第四六条の二三第二項）こととし、「業務災害防止規則例」（別紙二）に定める内容と実質的に同じ内容の定めを作成させ、これを特別加入申請書に添付させること。

ハ　年間農業生産物総販売額又は経営耕地面積の証明書の添付

特別加入の申請の際、年間農業生産物総販売額又は経営耕地面積の証明書を特別加入申請書に添付させること。ただし、上記⑴ハの「生産集団」又は農事組合法人の構成員として申出があった場合は、下記ニに定める提出書類の提出で足りるものとする。

年間農業生産物総販売額の証明書としては、農協に販売した場合には農協の証明書（別紙三）、市場に売却した場合には市場の証明書（別紙四）を添付するものとするが、税務署に提出した所得税青色申告決算書（農業所得用）の控え（税務署の受領印のあるものに限る。）の写しその他年間農業生産物総販売額を証明できる書類の添付でも差し支えない。

経営耕地面積の証明書としては、市町村の農業委員会の証明書（別紙五）による。

ニ　営農集団等としての証明

特別加入者のうち上記⑴ハの営農集団の構成員として申出があった場合については、当該特別加入者が上記⑴ハの「生産集団」の構成員である場合には市町村長（特別区の区長を含む。以下同じ。）が作成する「確認書」（水田農業確立対策実施要領別紙様式第一七号、参考二参照）の写しを提出させ、その他については上記⑴ハの①及び②の定款・規約及び共同作業等の定めを記載した書面並びに当該営農集団の構成員名簿を提出させること。

農事組合法人の構成員として申出があった場合は、農事組合法人登記簿の謄本及び当該申出をした者が当該農事組合法人の組合員であることを証明する書面を提出させること。

ホ　健康診断証明書の提出

昭和六二年三月三〇日付け基発第一七五号通達（労災保険の特別加入にかかる加入時健康診断の実施について）は、特定農作業従事者についても適用があるので、留意すること。

ヘ　労働者に係る保険関係成立手続の確保

特別加入予定者が、当該特別加入に係る事業につき労働者を使用していることが明らかとなった場合は、既に労働者に係る保険関係成立届が提出されている場合を除き、特別加入の申請又は変更届と同時に労働者に係る保険関係成立届を提出させるべきことその他につき、指定農業機械作業従事者と同様である（改正法実施通達の記の三(1)参照）。

ト　特別加入の承認通知等

特別加入の承認通知若しくは不承認通知又は特別加入の変更届に関する承認通知若しくは不承認通知は、基本通達の記の第二の六の(3)及び別添特様式第一号、第三号又は第七号により行うこと。

(5)　業務上外の認定基準

上記(2)の作業を上記(1)の事業場において行う場合の業務上の災害が補償の対象となる（法第二九条〔現行=第三五条〕第一項第五号）が、具体的な業務上外の認定については、昭和四〇年一二月六日付け基発第一五九一号通達（以下「認定基準通達」という。）を別紙六のとおり改正し、改正後の認定基準通達の記の第一の一(3)イを特定農作業従事者に係る労災則第四六条の二六の基準とすることとしたので、これによって行うこと。なお、この認定基準通達の改正の中で、あわせて他の特別加入に係る認定基準についても所要の整備を行ったところである。

また、通勤途上災害は、補償の対象とはならない（労災則第四六条の二二の二）ので、留意すること。

(6)　保険給付の請求

イ　保険給付請求書の事業主の証明は、当該特別加入団体の代表者が行うこと。

ロ　保険給付に関する事務は、当該特別加入団体の主たる事務所の所在地を管轄する労働基準監督署長が行うこと（労災則第一条第三項）。

ハ　保険給付の事務のうち、療養の費用システム、休業（補償）給付システム、一時金システム及び年金システムについては、特別加入者コードに「特定農作業従事者」として、コード「51」を追加したので、機械処理の請求書及び帳票の記入に当たっては留意すること。

(7)　保険給付の支給制限

特定農作業従事者に係る保険給付の支給制限については、別紙六による改正後の認定基準通達の記の第二によること。

三　その他

(1)　実施時期

特定農作業従事者に係る特別加入の新設に関する省令改正は、本日平成三年四月一二日から施行される（改正省令附則）。

特別加入の申請に対する承認の年月日は、原則どおり、当該申請の日の翌日である。

(2)　中小事業主等の特別加入等との関係

イ　中小事業主等の特別加入との関係

農業の事業における中小事業主等の特別加入と今回新設の特定農作業従事者（又は指定農業機械作業従事者。以下このイにおいて同じ。）に係る特別加入とは、それぞれの加入要件を満たせば、本人の選択によりいずれにも特別加入できることとなるが、重複加入は認められない。

したがって、農業に関し中小事業主等として特別加入している者が、特定農作業従事者として特別加入する場合は、特定農作業従事者としての特別加入の申請書（告示様式第三四号の一〇）の提出と同時に又はそれ以前に、中小事業主等としての特別加入の脱退申請書（告示様式第三四号の九）を提出しなければならない。この場合、中小事業主等としての特別加入の脱退の承認の年月日は当該脱退申請の日の当日とし、特定農作業従事者としての特別加入の承認の年月日は当該加入申請の日の翌日とすること。

誤って重複加入した場合は、先に加入した特別加入が優先し、後から手続した特別加入に係る保険関係は無効となることに充分留意し、特定農作業従事者に係る特別加入の申請を受け付ける際には、特別加入予定者が中小事業主等として特別加入していないか確認の上、中小事業主等として特別加入している者がある場合は、必ずその脱退の申請又は届出を同時に提出するよう指導すること。

ロ　指定農業機械作業従事者に係る特別加入との関係

引き続き存続する指定農業機械作業従事者に係る特別加入（新労災則第四六条の一八第一号ロ）と、今回新設の特定農作業従事者に係る特別加入についても加入要件上いずれにも特別加入できる場合が生ずるが、重複加入は認められない（法第二九条〔現行＝第三五条〕第二項）。

したがって、指定農業機械作業従事者として特別加入している者が、特定農作業従事者として特別加入する場合は、上記イの中段で示した手続と同様の手続を要する。

誤って両方の特別加入が重複した場合は、後から加入した特別加入に係る保険関係が無効となることに充分留意し、上記イの後段で示した指導を行うこと。

ハ　中小事業主等・指定農業機械作業従事者から切り替える場合の保険料

中小事業主等・指定農業機械作業従事者から特定農作業従事者に係る特別加入に切り換える場合の保険料の算定の基礎となる賃金総額算定基礎額の算定については、昭和四一年四月四日付け基災発第一〇号通達の記の三によるので、留意すること。

(3)　労働保険関係事務の取扱い

改正法実施通達の記の四は、特定農作業従事者の場合も適用があるので、留意すること。

第二　労働組合等の常勤役員の行う作業に係る特別加入の新設

一　改正の趣旨及び概要

(1)　改正の趣旨

イ　従来の労働組合等の常勤役員の取扱い

労働組合（これに類する国家公務員の職員団体等を含む。以下「労働組合等」という。）の執行機関及び監査機関を構成する者（以下「組合役員」という。）は、一般的には労働者ではないと考えられ、その場合は、労災保険の適用はない。

しかし、専従職員（労働組合等が雇用する労働者をいう。以下同じ。）を置かず、常勤役員を置く労働組合等にあっては、通常、常勤役員が、専従職員と同様の業務もあわせて行い、かつ、当該常勤役員はその報酬により生計を立てているのが一般的である。

このように、労働者を使用しない労働組合等の常勤役員は、ほぼ労働者たる専従職員と同様の実態にあり、労働者に準じて保護するに値する者であるが、この者に対する特別加入の制度は存在せず、代わりに、昭和四四年三月七日付け基発第一一二号通達（以下「第一一二号通達」という。）により、代表者を除く専従役員（労働組合等の業務に専ら従事する組合役員をいい、ここでは、常勤の役員と同義である。）を労働者とみなして労災保険を適用してきたところである（注一）。

ロ　従来の取扱いの問題点

従来の取扱いでも、専従職員又は労働者とみなされる常勤役員がいないいわゆる一人専従役員たる代表者は、労働者とみなされず、かつ、中小事業主等として労災保険に特別加入することもできないため、労災保険が適用されないという問題が残っており、また、労災保険の適用に関する法律関係が不明確であるという問題があった。

ハ　今後の取扱い

このような事情及び平成元年一二月二五日の労働者災害補償保険審議会の建議を踏まえ、労働者を使用しない労働組合等の常勤役員について、労働者に準じて労災保険による保護の充実を図るため、労災保険に特別加入する途を開くこととしたものである（注二）。

（注一）この取扱いにより労働者とみなされる者又は専従職員が置かれる労働組合等の代表者又は非常勤役員は、中小事業主等として労災保険に特別加入することができることとなる。

（注二）専従職員が置かれる労働組合等については、役員は中小事業主等として特別加入することができ、また、役員を中小事業主等として特別加入させた方が労働者に対する労災保険の適用促進に役立つことから、今回新設の特別加入の対象とはしなかったところである。

(2)　改正の概要

労働組合等の常勤役員が行う集会の運営、団体交渉その他の当該労働組合等の活動に不可欠な作業に従事する者について、特別加入の制度を新設することとした（新労災則第四六条の一八第四号）。

また、この措置と併せて、第一一二号通達を改正して、専従職員を置かず常勤役員（代表者を除く。）を置く労働組合等の非常勤役員が中小事業主等として特別加入できるようにする（同通達と実質的に同一の取扱いとする）ため、法の趣旨の範囲内での特別の扱い（当該常勤役員について、それが実質的に労働者である場合が多いことから、原則として、労働者として取り扱う。）を行うこととした（下記三(2)ロ）。

二　具体的内容

(1)　加入対象労働組合等

特別加入の対象となるのは、労働組合等の常勤役員として一定の作業に従事する者である（新労災則第四六条の一八第四号）。

この労働組合等は、平成三年労働省告示第三八号により、

①　労働組合法（昭和二四年法律第一七四号）第二条及び第五条第二項の規定に適合しているもの

②　国家公務員法（昭和二二年法律第一二〇号。裁判所職員臨時措置法（昭和二六年法律第二九九号）において準用する場合を含む。以下同じ。）第一〇八条の三第五項若しくは地方公務員法（昭和二五年法律第二六一号）第五三条第五項の規定により登録された職員団体

③　職員団体等に対する法人格の付与に関する法律（昭和五三年法律第八〇号）第五条により認証された職員団体等

④　国会職員法（昭和二二年法律第八五号）第一八条の二の組合であって労働組合法第五条第二項各号（第八号を除く。）に掲げる内容と同様の内容を規定する規約を有しているもの

をいう（参考三参照）。

これらの労働組合等には、単位労働組合等に限らず、その連合団体も含まれる（労働組合法第二条等）。

また、支部、分会等の名称を有する下部組織についても、独立した組織としての実体を有する場合であって、上記①から④までの団体に該当するものは、労働組合等と認められる（注）。

（注）上部団体の決定に基づいて役員が選任され、派遣されるような団体は、労働組合等とは認められない。当該団体の役員の報酬が上部団体から支払われる場合であっても、独立した組織としての実体を有し、上記①から④までの条件に適合する場合には、労働組合等として認めて差し支えない。

(2)　加入対象者

常時労働者を使用することのない労働組合等の下記(3)の作業を行う常勤役員が加入の対象者となるが、そのうち代表者を除く常勤役員は、下記三(2)ロで述べるように、原則として労働者として取り扱われるので、

実際に特別加入の対象者となるのは、結果として、原則としていわゆる一人専従の場合（常勤役員が一人のみいる場合をいう。）における代表者たる常勤役員のみとなる。ただし、代表者を除く常勤役員が実質的にも労働者と評価できない場合であって、中小事業主等として特別加入することもできない場合は、今回新設の特別加入者として認めて差し支えない。

(3)　加入対象作業

加入対象作業は、当該労働組合等の事務所、事業場若しくは集会場又は道路、公園その他の公共の用に供する施設においてなす以下の作業（当該作業に必要な移動を含む。）である（新労災則第四六条の一八第四号）。

イ　集会の運営の作業

総会、中央執行委員会、代議員大会、監査委員会等の労働組合等の機関における会議に限らず、労働組合等が主催若しくは共催する集会の運営の作業を含む。

ロ　団体交渉の作業

労働組合法第六条、国家公務員法第一〇八条の五又は地方公務員法第五五条の交渉の作業をいう。

ハ　その他の当該労働組合等の活動に係る作業

集会への参加、デモ行進への参加・先導、労働組合員の勧誘、ビラ配布等の宣伝活動等の作業、争議行為を指導する作業、役員等の選挙のための作業、労働組合費の徴収その他労働組合会計処理に必要な作業等をいうほか、それぞれの作業に付随する作業をいう。

なお、国家公務員法第九八条第二項等により争議行為そのものが禁止されている場合、当該争議行為を指導するための作業は「当該労働組合の活動に係る作業」とは認められないが、労働関係調整法（昭和二一年法律第二五号）第三七条第一項のような手続規定に違反する争議行為を指導するための作業は、この限りではない。

(4)　保険料率及び特定業種区分

第二種特別加入保険料率は一、〇〇〇分の六、作業の種類の番号は特一六とされた（徴収則第二三条及び別表第五）。

(5)　特別加入の手続

特別加入の手続は、一人親方等加入手続（基本通達の記の第二の四参照）並びに上記第一の二の(4)のイ、ホ及びトと同様とするほか、次に定めるところによる。

イ　労働組合等としての証明

①　労働組合法上の労働組合の場合

(a)　法人格を有する労働組合については、当該労働組合の登記簿の謄本又は法人格取得のためになされた労働組合法第一一条第一項に基づく労働委員会の証明書の写しを、

(b)　法人格を有しない労働組合については、当該特別加入の申請時前五年

間に労働組合法第五条第一項に基づく労働委員会の証明を受けた場合にあっては当該証明書の写しを、

(c)　その他の場合にあっては、労働組合の規約を、

特別加入申請書に添付させること。

なお、(c)の場合にあっては、当該規約が労働組合法第五条第二項各号に定める内容を有しているか否かを申請の受理の際に確認すること。

②　国家公務員法又は地方公務員法上の職員団体について

国家公務員法第一〇八条の三第五項前段に基づきなされた、登録された旨の人事院の通知の写しを特別加入申請書に添付させること。ただし、国家公務員法第一〇八条の六第一項ただし書に基づき所轄庁のいわゆる在籍専従の許可を受けている場合にあっては、当該許可書の写し等当該許可の事実を証明する書類を特別加入申請書に添付させることで足りる。

地方公務員法上の職員団体についても、同様とすること（同法第五三条第五項前段及び第五五条の二第一項ただし書）。

③　職員団体等に対する法人格の付与に関する法律第五条により認証された職員団体等について

認証機関（人事院、最高裁判所、人事委員会又は公平委員会をいう。）による認証の通知の写しを特別加入申請書に添付させること。

④　国会職員の組合

国会職員の組合については、当該組合の規約を、特別加入申請書に添付させること。この場合には、当該規約が労働組合法第二項各号（第八号を除く。）に定める内容と同様の内容を有しているか否かを申請の受理の際に確認すること。

ロ　役員選出の議事録の添付

特別加入申請書別紙に記載される特別加入予定者が、当該特別加入に係る労働組合等の役員であることを証明する労働組合等の当該役員選出に係る議事録を、特別加入申請書に添付させること。ただし、上記イ②ただし書のいわゆる在籍専従の許可の事実を証明する書類の添付がある場合は、この限りでない。

ハ　災害防止措置

労災則第四六条の二三第二項に基づく特別加入団体が講ずべき措置及び労働組合等の常勤役員の作業従事者が守るべき事項については、当分の間、特別加入申請書の③のロ欄に「労働者を使用した場合に準ずる」旨の記載があれば足りることとする。

(6)　業務上外の認定基準

具体的な業務上外の認定については、認定基準通達を別紙六のとおり改正し、改正後の認定基準通達の記の第一の一(3)ヘを労働組合等常勤役員に係る労災則第四六条の二六の基準とすることとしたので、これによって行うこと。

なお、通勤災害の認定基準については、昭和五二年三月三〇日付け労働省発労徴第二一号・基発第一九二号通達の記の九(3)にあるとおり、労働者の通勤災害の場合に準ずる。

(7) 保険給付の請求

イ　保険給付請求書の事業主の証明は、当該特別加入団体の代表者が行うこと。

ロ　保険給付に関する事務は、当該特別加入団体の主たる事務所の所在地を管轄する労働基準監督署長が行うこと（労災則第一条第三項）。

ハ　保険給付の事務のうち、療養の費用システム、休業（補償）給付システム、一時金システム及び年金システムについては、特別加入者コードに「労組役員作業従事者」としてコード「27」を追加したので、機械処理の請求書及び帳票の記入に当っては留意すること。

三　その他

(1) 実施時期

労働組合等の常勤役員に係る特別加入の新設に関する省令改正は、本日平成三年四月一二日から施行される（改正省令附則）。この場合、当該特別加入の承認の年月日は、特定農作業従事者の場合と同様である（上記第一の三(1)参照）。

(2) 所要の整備

イ　特支則の改正

特支則第一六条第二号の規定の適用に係る読替え規定につき、所要の整備を行った（特支則第一七条第五号）。

ロ　第一一二号通達の改正等

第一一二号通達を別紙七のとおり改正する。

その概要は、専従職員を置かない労働組合等の代表者以外の常勤役員については、その職務内容・報酬の在り方等にかんがみ、実質的に労働者と考えて差し支えない場合が通常であるため、原則として、当該常勤役員を労働者として取り扱うこととするものである（注）。

なお、専従職員を使用する労働組合等の代表者を除く常勤役員についても、それが実質的に労働者であると判断できる場合には、従来どおり労働者として取り扱うこととした。

（注）この取扱いの結果、代表者以外の常勤役員は、原則として、労働者として取り扱われるため、新設の特別加入の対象とはならない（法第二七条〔現行＝第三三条〕各号列記以外の部分）。また、代表者以外の常勤役員を置く労働組合等の代表者たる常勤役員や非常勤役員は、原則として、当該代表者以外の常勤役員に係る保険関係を基礎として、中小事業主等として特別加入することができる（原則として、新設の特別加入の対象とはならない。）。これら労働組合等の役員に係る労災保険の適用関係を図示すると、別紙八のとおりとなる。

（平二三・四・一二　発労徴第三八号、基発第〇四一二第二号）

〈労働者災害補償保険法施行規則の一部を改正する省令の施行について〉

労働者災害補償保険法施行規則の一部を改正する省令（平成二三年厚生労働省令第一五四号。以下「改正省令」という。）が平成二三年一二月二七日に公布され、平成二四年一月一日から施行されることとなったので、下記事項に留意のうえ、事務処理に万全を期されたい。

記

一　改正の趣旨

東日本大震災の復旧・復興作業については、民間事業者の中でも建設業者が主要な役割を果たすことが期待される。

建設業者が労働者を使用して復旧・復興作業を行う場合、その作業中に労働者が被った災害については、労働者災害補償保険法（昭和二二年法律第五〇号。以下「労災保険法」という。）に基づく保険給付（以下「労災保険給付」という。）の支給が行われる。

一方、建設業を行う一人親方等は、労災保険への特別加入が可能であり、特別加入者が復旧・復興作業中に被った災害についても、労災保険給付の支給が行われる。

特別加入者が被災した場合における労災保険給付の支給・不支給の判断は労働者災害補償保険法施行規則（昭和三〇年労働省令第二二号。以下「労災則」という。）に規定された事業内容の範囲内で届出のあった業務の内容を基礎として行われるが、復旧・復興作業の中には、高圧水による工作物の洗浄や側溝に溜まった堆積物の除去など、建設業では通常行うことが想定されない（労災則第四六条の一七第二号に規定されていない）作業が含まれることから、これらの作業を含め、復旧・復興作業を行う建設業の一人親方等が作業中に被った災害について適切な補償を行うことができるよう、所要の改正を行ったものである。

二　改正の内容

(1)　本則関係

労災則第四六条の一七第二号に掲げる事業を行う者として特別加入した一人親方等が工作物の原状回復の事業（除染を目的として行われる高圧水による工作物の洗浄や側溝に溜まった堆積物の除去等を含む。）又はその準備の事業（以下「原状回復の事業」という。）に従事する際に被った災害を労災保険による補償の対象とすること。

(2)　附則関係

①　施行期日

平成二四年一月一日から施行すること。

②　経過措置

改正省令による改正後の労災則第四六条の一七第二号の規定は、改正省令の施行の日（以下「施行日」という。）以後に発生した負傷、疾病、障害又は死亡に起因する労災保険給付について適用するものとし、施行日前に発生した負傷、疾病、障害又は死亡に起因する労災保険給付については、なお従前の例によるものとしたこと。

三　今般の特別加入制度の改正に関する留意点

原状回復の事業を行う者の取扱いについては、昭和四〇年一一月一日付け基発第一四五四号「労働者災害補償保険法の一部を改正する法律の施行について」（以下「基本通達」という。）等の関係通達によるほか、以下の点に留意すること。

(1)　特別加入対象者

原状回復の事業を行う者については、原則として、建設業者以外の者であっても労災則第四六条の一七第二号に掲げる事業を行う者として、特別加入を承認して差し支えないこと。

ただし、労災則第四六条の一七（第二号を除く。）及び第四六条の一八に掲げる事業（以下「加入事業」という。）を行う者が、復旧・復興の作業のうち、加入事業で認められる業務と同一の業務のみを行う場合には、当該加入事業を行う者として承認すること。たとえば、労災則第四六条の一七第一号で特別加入している者が、復旧・復興の作業のうち、汚染された土壌等を自動車を使用して運搬する作業のみを行う場合は、労災則第四六条の一七第一号として承認すること。

(2)　業務遂行性の範囲

一人親方等の場合は、その者が行う事業ごとに、労災則第四六条の一七又は第四六条の一八の各号別の基準を適用し、業務遂行性の有無を判断することについては従前と変更がないこと。

なお、労災則第四六条の一七第二号に掲げる事業を行う者として特別加入した者が、原状回復の事業を行う場合に「委託契約」として事業を実施している場合には、基本通達中「請負契約」を「委託契約」に読み替えるものとすること。

中小事業主の場合についても、基本通達等に従って、業務遂行性の有無を判断すること。

(3)　従事する業務の内容の変更と変更届

一人親方等に限らず、既に特別加入している者が、新たに原状回復の業務又は除染を目的とする原状回復以外の業務を行う場合は、労災則第四六条の一九第一項第三号又は労災則第四六条の二三第一項第四号に規定する「従事する業務の内容に変更が生じた場合」に該当することから、変更の届出が必要となること。

なお、労災保険法所定の効果は、

保険事故が生じる前に変更の届出があった場合に限り生じるものであるが、当分の間、所轄労働局長が上記の変更の届出を行うことが遅延したことにつき、やむを得ない事情があると認めた場合には、事前に変更の届出が行われた場合と同様に取り扱うことができること。

(4) 災害防止規定の改定等

一人親方等の特別加入の団体は、その構成員である特別加入者が新たに原状回復の業務又は除染を目的とする原状回復以外の業務を行う場合には、労災則第四六条の二三第二項に定める業務災害の防止に関し、当該団体が講ずべき措置及びこれらの者が守るべき事項について、「除染等業務に従事する労働者の放射線障害防止のためのガイドライン」(平成二三年一二月二二日付け基発一二二二第六号。以下「除染ガイドライン」という。)に沿って改定しなければならないこと。

中小事業主等の特別加入者については、除染ガイドラインに沿った線量管理を行うことが望ましいものであること。

(平二三・一二・二七　基発一二二七第一号)

〈労働者災害補償保険法施行規則第四六条の一八第二号ロに掲げる作業に従事する者に係る特別加入の取扱いについて〉

労働者災害補償保険法施行規則(以下「則」という。)第四六条の一八第二号ロに掲げる作業に従事する者に係る労災保険の特別加入については、平成元年三月一七日付け労働省告示第一四号(以下「告示」という。)に定める職業訓練に従事する者を対象として、平成元年三月二三日付け労働省発労徴第一九号・基発第一三五号「労働者災害補償保険法施行規則及び労働保険の保険料の徴収等に関する法律施行規則の一部を改正する省令等の施行について」(以下「元年通達」という。)等により実施してきたところであるが、事業主又は事業主の団体(以下「事業主団体等」という。)に委託して実施される職業訓練(以下「事業主団体等委託訓練」という。)が新たに追加されること等から、特別加入の対象となる職業訓練の範囲を明確にするため、今後は元年通達によるほか、下記のとおり取り扱うこととしたので、事務処理に遺漏なきを期されたい。

記

一　告示に定める職業訓練について

則第四六条の一八第二号ロに掲げる作業に従事する者に係る労災保険の特別加入については、告示に定める職業訓練に従事する者が対象となるが、告示に定める職業訓練とは、次に掲げる実施要領に基づく国(独立行政法人雇用・能力開発機構)又は都道府県を実施主体とする事業主団体等委託訓練である。

ア　「委託訓練実施要領」（平成一三年一二月三日付け能発第五一九－二号）

イ　「若年者職業能力開発支援事業実施要領」（平成一七年三月三〇日付け職発第〇三三〇〇一六号・能発第〇三三〇〇一五号）

ウ　「障害者の態様に応じた多様な委託訓練実施要領」（平成一六年三月三一日付け能発第〇三三一〇二一号）

エ　「日本版デュアルシステム（普通課程・短期課程活用型）実施要領」（平成一六年四月二六日付け能発第〇四二六〇〇一号）

オ　「日本版デュアルシステム（専門課程活用型）実施要領」（平成一六年六月二二日付け能発第〇六一四〇〇一号）

カ　「母子家庭の母等の職業的自立促進事業実施要領」（平成一七年三月三一日付け能発第〇三三一〇一四号）

キ　「人材ニーズ反映型組合せ委託訓練実施要領」（平成一七年八月二五日付け能発第〇八二五〇〇二号）

二　具体的な事務処理

(1)　特別加入者の範囲

則第四六条の一八第二号ロの規定により特別加入できる者（以下「委託訓練生」という。）は、次に掲げるものであること。

ア　「委託訓練実施要領」に定める職業訓練のうち、事業主団体等に委託して行われる職場実習等を要する就職促進コースの訓練受講者

イ　「若年者職業能力開発支援事業実施要領」に定める若年者訓練のうち、事業主団体等に委託して行われる実習型訓練（独立行政法人雇用・能力開発機構及び都道府県が設置する公共職業能力開発施設（以下「能開施設」という。）から職業訓練の委託を受けた民間教育訓練機関等が、事業主団体等に再委託して行う実習型訓練を含み、この場合、当該能開施設を委託元として取り扱う。）の訓練受講者

ウ　「障害者の態様に応じた多様な委託訓練実施要領」に定める障害者委託訓練のうち、事業主団体等に委託して行われる知識・技能習得訓練コースにおける職場実習（公共職業能力開発施設から知識・技能習得訓練コース職業訓練の委託を受けた民間教育訓練機関等が、事業主団体等に再委託して行う職場実習を含み、この場合、当該公共職業能力開発施設を委託元として取り扱う。）及び実践能力習得訓練コースの訓練受講者

エ　「日本版デュアルシステム（普通課程・短期課程活用型）実施要領の制定について」に定める企業活用型訓練のうち、委託型実習の訓練受講者

オ　「日本版デュアルシステム（専門課程活用型）実施要領」に定める企業活用型訓練のうち、委託型実習の

訓練受講者

カ　「母子家庭の母等の職業的自立促進事業実施要領」に定める委託訓練の受講者

キ　「人材ニーズ反映型組合せ委託訓練実施要領」に定める委託訓練の受講者

(2)　特別加入団体の名称等

労働者災害補償保険法第三五条第一項に規定する団体（以下「特別加入団体」という。）の名称等は、次によること。なお、委託元が同一である場合には、上記二(1)アからキまで委託訓練生を区別することなく、同一の特別加入団体の構成員として取り扱うこと。

ア　委託訓練の委託元が、都道府県が設置する公共職業能力開発施設である場合には、「○○県事業主団体等委託訓練生組合」とし、当該都道府県名を付すこと。また、当該団体の代表者は各都道府県職業能力開発主管課長とすること。

イ　委託訓練の委託元が、独立行政法人雇用・能力開発機構が設置する公共職業能力開発施設である場合には、「○○事業主団体等委託訓練生組合」とし、当該公共職業能力開発施設の名を付すこと。また、当該団体の代表者は当該公共職業能力開発施設の長とすること。

(3)　給付基礎日額

委託訓練生の給付基礎目額は、次によること。

ア　雇用保険法（昭和四九年法律第一一六号）第一三条の規定に該当する者（基本手当の受給資格者）及び同法第三九条第一項の規定に該当する者（特例受給資格者）については、則第四六条の二四において準用する則第四六条の二〇第一項に規定された給付基礎日額（以下「給付基礎日額」という。）のうち、当該基本手当の額の算定の基礎となる賃金日額を超える額であって直近のものとし、当該賃金日額が二〇、〇〇〇円を超える場合には、二〇、〇〇〇円とする。

イ　船員保険法（昭和一四年法律第七三号）に基づく船員失業保険金受給資格者については、給付基礎日額のうち、当該失業保険金の額の算定の基礎となる標準報酬日額を超える額であって直近のものとし、当該標準報酬日額が二〇、〇〇〇円を超える場合には、二〇、〇〇〇円とする。

ウ　雇用対策法（昭和四一年法律第一三二号）第一八条第二号の給付金（以下「訓練手当」という。）を受ける者については、給付基礎日額のうち、訓練手当の基本手当日額を超える額であって直近のものとし、当該訓練手当の基本手当目額が二〇、〇〇〇円を超える場合には、二〇、〇〇〇円とする。

エ　上記ア、イ又はウに該当する者以外の者については、三、五〇〇円とする。

(4)　委託訓練生であることの確認

委託訓練生であることの確認は、元年通達の記の第二の二⑸ハによることとするが、上記⑴のイからオに該当する者の一部は公共職業安定所長の受講指示又は受講推薦を受けていないことから、これらの者については、元年通達の記の第二の二⑸ハにかかわらず、元年通達の記の第二の二⑷に定める特別加入団体の代表者の給付基礎日額の証明等により委託訓練生であることを確認して差し支えない。

⑸　特別加入申請の手続等

上記に掲げるもののほか、特別加入申請の手続、保険給付の請求手続等については平成元年通達によること。

三　所要の整備

平成元年通達の別紙三を別紙のとおり改める。

別紙

事業主団体等委託訓練生給付基礎日額通知書

貴組合の構成員である事業主団体等委託訓練生の給付基礎日額は、次のとおりとする。

一　雇用保険法（昭和四九年法律第一一六号）第一三条の規定に該当する者（基本手当の受給資格者）及び同法第三九条第一項の規定に該当する者（特例受給資格者）については、特別加入者の給付基礎日額として定められた額（三、五〇〇円、四、〇〇〇円、五、〇〇〇円、六、〇〇〇円、七、〇〇〇円、八、〇〇〇円、九、〇〇〇円、一〇、〇〇〇円、一二、〇〇〇円、一四、〇〇〇円、一六、〇〇〇円、一八、〇〇〇円及び二〇、〇〇〇円）のうち、当該基本手当の額の算定の基礎となる賃金日額を超える額であって直近のものとし、当該賃金日額が二〇、〇〇〇円を超える場合には、二〇、〇〇〇円とする。

二　船員保険法（昭和一四年法律第七三号）に基づく船員失業保険金受給資格者については、特別加入者の給付基礎日額として定められた額（三、五〇〇円、四、〇〇〇円、五、〇〇〇円、六、〇〇〇円、七、〇〇〇円、八、〇〇〇円、九、〇〇〇円、一〇、〇〇〇円、一二、〇〇〇円、一四、〇〇〇円、一六、〇〇〇円、一八、〇〇〇円及び二〇、〇〇〇円）のうち、当該失業保険金の額の算定の基礎となる標準報酬日額を超える額であって直近のものとし、当該標準報酬日額が二〇、〇〇〇円を超える場合には、二〇、〇〇〇円とする。

三　雇用対策法（昭和四一年法律第一三二号）第一八条第二号の給付金（以下「訓練手当」という。）を受ける者については、特別加入者の給付基礎日額として定められた額（三、五〇〇円、四、〇〇〇円、五、〇〇〇円、六、〇〇〇円、七、〇〇〇円、八、〇〇〇円、九、〇〇〇円、一〇、〇〇〇円、一二、〇〇〇円、

一四、〇〇〇円、一六、〇〇〇円、一八、〇〇〇円及び二〇、〇〇〇円）のうち、訓練手当の基本手当日額を超える額であって直近のものとし、当該訓練手当の基本手当日額が二〇、〇〇〇円を超える場合には、二〇、〇〇〇円とする。

四　上記一、二又は三に該当する者以外の者については、三、五〇〇円とする。

（平一六・五・一二　基発第〇五一二〇〇六号、平一七・四・八　基発第〇四〇八〇〇一号、平一七・九・二九　基発第〇九二九〇〇二号）

〈特別加入〉

第一〈略〉

第二　特別加入

一　趣旨

労災保険は、労働者の業務災害に対する補償を本来の目的としているが、業務の実情、災害の発生状況等に照らし、実質的に労働基準法適用労働者に準じて保護するにふさわしい者に対し、労災保険の適用を及ぼそうとするものである。

二　特別加入者の範囲

特別加入をすることができる者の範囲については、全面適用を目途とする中小事業の保険加入の促進と事務組合の普及に資するため、一定の中小事業主とその事業に従事する者をその対象とするほか、特に自営業者については、業務の危険度、業務の範囲の明確性ないし特定性（業務上外の認定等保険関係の技術的処理の可能性）等を考慮し、その範囲を定めたものである。その具体的範囲は、次のとおりである。

(1)　中小事業主等（法第二七条〔現行＝第三三条〕第一号及び第二号）

イ　中小事業主（法第二七条〔現行＝第三三条〕第一号、則第四六条の一六）

特別加入をすることができる中小事業主は、常時三〇〇人（金融業、保険業、不動産業又は小売業にあっては五〇人、卸売業又はサービス業にあっては一〇〇人）以下の労働者を使用する事業主であって、事務組合に労災保険事務の処理を委託するもの（事業主が法人その他の団体であるときは、代表者）である。

(イ)　事業主の使用労働者数の算定は、第一の四(1)イ（事務組合に労災保険事務の処理を委託することができる事業主は、その使用する労働者の総数が、常時三〇〇人（金融業、保険業、不動産業又は小売業にあっては五〇人、卸売業又はサービス業にあっては一〇〇人）以下の事業主である。したがって、二以上の事業を行なう事業主にあっては、各事業の使用労働者数を合計した数によって判断すべきことはいうまでもない。）と同様である。したがって、個々の事業の使用労働者数が常時三〇〇人、五〇人又は一〇〇人以下であっても、使用労働者の総数が常時三〇〇人、五〇人又は一〇〇人をこえるときは、その事業主は、特別加入をすることができない。

(ロ)　常時三〇〇人、五〇人又は一〇〇人以下の労働者を使用する事業主は、通年一人の労働者を使用する事業主はもちろんのこと、労働者の通年雇用を行なわない事業主であっても、年間において相当期間にわたり労働者を使用することを常態とするものも含まれるが、労働者についての保険加入を前提とする制度の趣旨及び法第二七条〔現行＝第三三条〕第三号の規定との関連からいって、労働者を使用しないことを常態とする事業主は含まれない。

(ハ)　数次の請負による建設の事業の下請事業を行なう事業主も、特別加入の趣旨から、法第二七条〔現行＝第三三条〕第一号の「事業主」として取り扱うこととする。

(ニ)　金融業、保険業、不動産業、卸売業、小売業又はサービス業の業種の区分については、第一の四(1)ロ（金融業、保険業、不動産業、卸売業、小売業又はサービス業の分類は、日本標準産業分類によることとする。この場合、清掃業、火葬業、と畜業、自動車修理業及び機械修理業はこれらの業種に含めないで取り扱うこととする。なお、二以上の異種事業を行なう事業主にあっては、それぞれの事業に使用する労働者数を考慮して、いずれの業種に属するかを判断するものとする。）に準じて判断するものとする。

ロ　中小事業主が行なう事業に従事する者

事業に従事する者とは、労働者以外の者で事業に常態として従事する者を予定したものである。事業主が法人である場合にあっては、代表者以外の役員のうち、労働者に該当しないものも、これに含まれる。なお、法人役員一般の取扱いについては、昭和三九年三月三日付基発第二七三号通達を廃止し、改めて別途通達する。

(2)　一人親方その他の自営業者とその事業に従事する者

イ　一人親方その他の自営業者（則第四六条の一七）

一人親方その他の自営業者であって特別加入をすることができる者は「自動車を使用して行なう旅客又は貨物の運送の事業」、「建設の事業（土木、建築その他の工作物の建設、改造、保存、修理、変更、破壊若しくは解体又はその準備の事業をいう。以下同じ。）」、「漁船による水産動植物の採捕の事業」「林業の事業」、「医薬品の配置販売の事業」又は「再生利用の目的となる廃棄物等の収集、運搬、選別、解体等の事業」を労働者を使用しないで行なうことを常態とする者である。

労働者を使用しないで行なうことを常態とする者は、前記(1)イ(ロ)により常時労働者を使用する者以外の者をいうものとして取り扱う。したがって、たまたま臨時に労働者を使用することがあっても妨げない。

(イ) 自動車を使用して行なう旅客又は貨物の運送の事業を労働者を使用しないで行なうことを常態とする者には、通常個人タクシー業者及び個人貨物運送業者が該当する。

(ロ) 建設の事業を労働者を使用しないで行なうことを常態とする者には、大工、左官、とび、石工等いわゆる一人親方が該当するが、特に職種は限定しないこととする。

(ハ) 漁船による水産動植物の採捕の事業を労働者を使用しないで行なうことを常態とする者は、漁船に乗り組んでその事業を行なう者に限られる。

(ニ) 林業の事業、医薬品の配置販売の事業又は再生利用の目的となる廃棄物等の収集、運搬、選別、解体等の事業を労働者を使用しないで行うことを常態とする者については、別途通達する（昭和五一年九月二九日付け労働省発労徴第六〇号・基発第六九七号通達の記の一(2)及び昭和五五年三月三一日付け労働省発労徴第二二号・基発第一五六号通達（六(2)チにおいて「昭和五五年通達」という。）の記の二(1)イ参照）。

ロ　一人親方その他の自営業者が行なう事業に従事する者

労働者以外の者で当該事業に常態として従事する者を予定したものである。

(3) 特定作業従事者（法第二七条（現行＝第三三条）第五号）

イ　特定農作業従事者（則第四六条の一八第一号イ）

別途通達する（平成三年四月一二日付け労働省発労徴第三八号・基発第二五九号通達（以下「平成三年通達」という。）の記の第一の二(1)及び(2)参照）。

ロ　指定農業機械作業従事者（則第四六条の一八第一号ロ）

小規模農家を含めた自営農業者については、その業態の特殊性、災害発生状況が的確に把握されていない現状等を考慮し、重度の傷害を起こす危険度が高いと認められる種類の農業機械を使用する一定の農作業に従事する者に限ることとした。

(イ) 対象となる農業機械は、動力耕うん機その他の農業用トラクター、動力溝掘機、自走式田植機、自走式防除用機械、自走式収穫用機械、自走式運搬用機械、動力揚水機、動力草刈機、動力カッター、動力摘採機、動力脱穀機、動力剪定機、動力剪枝機、チェーンソー、単軌条式運搬機、コンベアーである（昭和四〇年労働省告示第四六号）。

(ロ) 指定農業機械を使用する農作業の範囲は、土地の耕作若しくは開墾又は植物の栽培若しくは採取の作業に限られ、養蚕、畜産等の作業を含まない。

ハ　職場適応訓練生（則第四六条の一八第二号イ）
　別途通達する（昭和四一年一二月二六日付け基災発第二九号通達参照）。

ニ　事業主団体等委託訓練生（則第四六条の一八第二号ロ）
　別途通達する（平成元年三月二三日付け労働省発労徴第一九号・基発第一三五号通達（以下「平成元年通達」という。）の記の第二の二(1)参照）。

ホ　家内労働者（則第四六条の一八第三号）
　別途通達する（昭和四五年一〇月一二日付け基発第七四二号通達（以下「昭和四五年通達」という。）の記の二の(3)、昭和四九年三月二三日付け労働省発労徴第一七号・基発第一四二号通達の記の三及び昭和五〇年三月二九日付け基発第一七四号通達の記の四参照）。

ヘ　労組常勤役員（則第四六条の一八第四号）
　別途通達する（平成三年通達の記の第二の二(1)、(2)及び(3)参照）

ト　介護作業従事者（則第四六条の一八第五号）
　別途通達する（平成一三年三月三〇日付け基発第二三三号通達（以下「平成一三年通達」という。）の記の第二参照）。

(4)　海外派遣者（法第二七条〔現行＝第三三条〕第六号及び第七号）
　別途通達する（昭和五二年三月三〇日付け労働省発労徴第二一号・基発第一九二号通達（以下「昭和五二年通達」という。））の記の一〇参照）。

三　中小事業主等の特別加入手続

(1)　事務組合に対する労災保険事務の処理の委託（法第二七条〔現行＝第三三条〕第一号）
　特別加入をすることができる中小事業主は、事務組合に対し労災保険事務の処理を委託する者に限られる。

(2)　加入申請（法第二八条〔現行＝第三四条〕、則第四六条の一九、告示様式第三四号の七）

イ　中小事業主の特別加入は、その使用する労働者に関して成立する保険関係を基礎とし、かつ、労働者以外でその事業に従事する者との包括加入を前提として認められるものであるから、任意適用事業にあっては、労働者について任意加入の申込みをしないままに中小事業主のみ特別加入することはできない。なお、任意加入の申込みと特別加入の申請とは同時に行なうことができる。

ロ　同一の中小事業主が二以上の事業についてそれぞれ保険加入をし、事務組合に労災保険事務の処理を委託しているときは、当該事業主及びその事業に従事する者は、一の事業のみについて特別加入することができるのはいうまでもないが、二以上の事業について重ねて特別加入をすることも妨げない。

ハ　中小事業主の行なう事業に従事する者は、当該中小事業主とともに包括加入をすることになるが、その具体的範囲は、名簿（告示様式第三四号の七別紙）によって確定することとし、名簿に登載されていない者は、特別加入者として扱わない。もちろん、名簿に登載されていても、法第二七条〔現行＝第三三条〕第二号に該当しない者は、特別加入として扱うことはできない。

したがって、中小事業主及びその事業に従事する者に異動等があった場合には、その旨を遅滞なく、届け出るよう指導されたい（則第四六条の一九第六項、告示様式第三四号の八）。

(3)　業務の内容（則第四六条の一九第一項第三号、告示様式第三四号の七別紙）

中小事業主及びその事業に従事する者については、その業務の範囲を明確にし、業務上外の認定の適正を期するため、申請書別紙について、各人の業務の内容を具体的に明記させるよう指導されたい。

(4)　特別加入の承認等の手続

イ　承認通知

特別加入の申請に対する所轄都道府県労働基準局長の承認は、当該申請の日の翌日から起算して一四日の範囲内において申請者が加入を希望する日とすることとし、その通知は、別添一の通知書（特様式第一号）により行うこととする。

ロ　不承認通知

特別加入の申請に対する不承認通知は、別添二の通知書（特様式第三号）により行うこととする。

ハ　変更通知

則第四六条の一九第六項（則第四六条の二三第四項及び則第四六条の二五の二第二項により準用する場合を含む。）により届出のあった事項のうち、特別加入者の行う業務内容の変更及び特別加入者の追加については、当初の特別加入の承認の内容の要素となる事項の変更であり、当該当初の特別加入の承認の変更決定がなされない限り効果が生じないため、所轄都道府県労働基準局長は、当該変更内容を適当と認めるときは、当該届出の日の翌日から起算して一四日の範囲内において当該届出を行う者が変更を希望する日付けにより承認内容変更決定を行うこととする。なお、その通知については、当分の間、別添一の通知書（特様式第一号）により行うこととする。

ニ　変更内容の不承認

上記ハの場合において、所轄都道府県労働基準局長が当該変更内容を不適当と認めるときは、その旨の通知を別添三の通知書（特様式第七号）により行うこととする。

四　一人親方その他の自営業者とその事業に従事する者の特別加入手続

(1)　一人親方その他の自営業者とその

事業に従事する者（以下「一人親方等」という。）の特別加入については、一人親方その他の自営業者の団体を任意適用事業主とみなし、一人親方等を労働者とみなして、任意適用事業の保険関係と全く同じ仕組みによることとしている（法第二九条〔現行＝第三五条〕第一項第一号以下）。この場合において、当該団体は、すべて継続事業として取り扱うこととする。なお、当該団体の要件等については、後記六(2)によられたい。

(2)　加入申請（法第二九条〔現行＝第三五条〕第一項、則第四六条の二三、告示様式第三四号の一〇）一人親方等の特別加入手続に関し、特に留意すべき事項は、次のとおりである。

イ　名簿（則第四六条の二三第一項第四号）

一人親方等についても、前記三(2)ハと同様に、保険関係の有無は、名簿（告示様式第三四号の一〇別紙）によって確定することとし、特別加入団体構成員又はその構成員の行なう事業に従事する者であっても、名簿に登載されていない者は、特別加入者として取り扱わない。もちろん、名簿に登載されていても、法第二七条〔現行＝第三三条〕第三号及び第四号に該当しない者は、特別加入者として取り扱うことはできない。

したがって、一人親方等に異動があった場合には、その旨を遅滞なく届け出るよう指導されたい（則第四六条の二三第四項、告示様式第三四号の八）。

ロ　業務の内容（則第四六条の二三第一項第四号、告示様式第三四号の一〇別紙）

一人親方等については、その業務の範囲を明確にし、業務上外の認定の適正を期するため、申請書別紙について各人の業務の内容を具体的に明記させるよう指導されたい。

ハ　業務災害防止措置（則第四六条の二三第二項）

一人親方等については、その災害防止についての規制措置が未整備であり、そのままの状態で特別加入を認め、補償を行なうことには問題がある。このため、一人親方その他の自営業者の団体に対しては、あらかじめ業務災害の防止に関し当該団体が講ずべき措置及び一人親方等が守るべき事項を定めなければならないこととしている。これらの措置及び事項について定めがない場合には、特別加入の承認をしないこととする。

ニ　従来の一人親方団体の取扱いについて

特別加入制度の創設に伴い、従来擬制して保険関係の成立を認めてきた建設の事業の一人親方の団体については、可及的すみやかに新制度に移行させるよう指導されたい。

(3)　特別加入の承認等の手続
　上記三(4)と同様とする。
五　特定作業従事者及び海外派遣者の特別加入手続
　特定作業従事者及び海外派遣者の特別加入手続は、次のことを除いて、一人親方等の手続と同様である。
(1)　特定農作業従事者
　別途通達する（平成三年通達の記の第一の二(4)参照）。
(2)　指定農業機械作業従事者
イ　災害防止措置
　加入申請書に添付させるべき業務災害防止措置の内容を記載した書類に関し、一般的事項を別途通達する。
ロ　労働者に係る保険関係成立手続の確保
　特別加入申請書別紙に記載される特別加入予定者が、当該特別加入に係る事業につき労働者を使用していることが明らかとなった場合は、既に労働者に係る保険関係成立届が提出されている場合を除き、特別加入の申請又は特別加入者の追加に関する変更届と同時に労働者に係る保険関係成立届を提出させることとし、関係成立届の提出がなされない場合は特別加入の承認又は変更届に基づく承認内容変更決定を行わないこと。
(3)　職場適応訓練生
　職場適応訓練の作業が他の労働者の作業とともに行われるのが通常であり、かつ、当該事業場には労働基準法、労働安全衛生規則等が適用されるので、加入申請書における作業内容の記載及び業務災害防止措置の内容を記載した書類の添付を要しないものとして取り扱われたい。
(4)　事業主団体等委託訓練生
　別途通達する（平成元年通達の記の第二の二(2)参照）。
(5)　家内労働者
　別途通達する（昭和四五年通達の記の三参照）。
(6)　労組常勤役員
　別途通達する（平成三年通達の記の第二の二(5)参照）。
(7)　海外派遣者
　別途通達する（昭和五二年通達の記の一〇(2)参照）。
六　特別加入承認の基準
(1)　中小事業主等の場合
　中小事業主等については、当該事業の労災保険事務が事務組合に委託されることのほか、特別加入の承認について特段の制約はないが、当該事業を労働者を使用しないで行なうことを常態とする事業主及びその事業に従事する者については、制度の趣旨及び法第二七条〔現行＝第三三条〕第三号との関連からいって、加入を認めないこととする（前記二(1)イ(ロ)参照）。
(2)　一人親方等及び特定作業従事者の場合
　一人親方等及び特定作業従事者の特別加入の承認は、次のすべての基準に適合する場合に行なう。

イ　加入申請者たる団体は、一人親方その他の自営業者又は特定作業従事者の相当数を構成員とするものであること（連合団体は、これに該当しない。）これに一応該当するものとしては、例えば、全国個人タクシー連合会加盟の単位団体、従来から擬制加入を認めてきた建設の事業の一人親方団体、漁業協同組合、農業協同組合等が考えられる。なお、職場適応訓練生の団体については、別途通達する。

ロ　当該団体は、法人であると否とを問わないが、構成員の範囲、構成員たる地位の得喪の手続等が明確であることその他団体の組織運営方法等が整備されていること。

ハ　当該団体の事業内容が労災保険事務の処理を可能とするものであること。

ニ　当該団体の事務体制、財務内容等からみて、労災保険事務を確実に処理する能力があると認められること。

ホ　当該団体の地区が、その主たる事務所の所在地を中心として労働保険の保険料の徴収等に関する法律施行規則第六条第二項第四号に定める区域に相当する区域をこえないものであること。

ヘ　加入申請書の添付書類に記載する業務又は作業の内容は、次の範囲内において各人の業務又は作業の具体的内容を明らかとするものであること。なお、職場適応訓練生については、前記五後段のとおりであること。

(イ)　自動車を使用して行なう旅客の運送の事業を行なう者及びその事業に従事する者にあっては、免許を受けた事業の範囲内において旅客を運送するために事業用自動車を運転する業務

(ロ)　自動車を使用して行なう貨物の運送の事業を行なう者及びその事業に従事する者にあっては、免許を受けた事業の範囲内において貨物を運送するために事業用自動車を運転する業務（運転補助業務を含む。）及びこれに直接附帯する貨物取扱いの業務

(ハ)　建設の事業を行なう者及びその事業に従事する者にあっては、その者の職種の範囲内において「請負契約の目的たる仕事の完成のために行なう業務」

(ニ)　漁船による水産動植物の採捕の事業を行なう者及びその事業に従事する者にあっては、水産動植物の採捕のために漁船に乗り組んで行なう業務

(ホ)　指定農業機械作業従事者にあっては、その使用する農業機械の種類

ト　一人親方その他の自営業者の団体及び特定作業従事者の団体が定めるべき業務災害の防止に関する措置については、次のとおり取り扱うこと。

(イ)　自動車を使用して行なう旅客又は貨物の運送の事業にあっては、道路交通法、道路運送法、道路運送車輌法等により安全に関する規制が行なわれているので、業務災害の防止に関する措置の内容を記載した書類の添付は必ずしも必要でない。

(ロ)　漁船による水産動植物の採捕の事業にあっては、乗組員の選任、船内作業の安全衛生その他漁船の航行の管理に関する事項を含むものであること。

(ハ)　建設の事業及び特定作業従事者の作業については、別途通達するところによること。

チ　再生資源取扱業の一人親方等については、別途通達する（昭和五五年通達の記の二(1)ロ及びハ参照）。

七　特別加入の制限（法第二九条〔現行＝第三五条〕第二項、則第四六条の一九第三項等）

一人親方等及び特定作業従事者については、一定の加入制限がある。すなわち、旅客自動車運送事業、貨物自動車運送事業、建設の事業、漁船漁業、指定農業機械作業及び職場適応訓練の作業区分により、同種の事業又は作業については、二以上の団体の構成員となっていても、重ねて特別加入することができない。異種の事業又は作業について二以上の団体に属し、重ねて特別加入することとは差し支えない。

また、特別加入を希望する者のうち一定の者について特別加入をする際に健康診断の受診を義務付け、検診結果によっては特別加入を制限することとなっているが、これについては別途通達する（昭和六二年三月三〇日付け基発第一七五号通達参照）。

さらに、指定農業機械作業従事者及び特定農作業従事者のうち労働者を使用する者については、当該労働者に係る保険関係成立届を提出しない場合に特別加入を制限することになっている（上記五(2)ロ及び平成三年通達の記の第一の二(4)ヘ参照）。

なお、指定農業機械作業従事者、特定農作業従事者及び農業の中小事業主等に係る三つの特別加入の関係については、平成三年通達の記の第一の三(2)を参照されたい。

八　特別加入者たる地位の消滅

(1)　脱退（法第二八条〔現行＝第三四条〕第二項、法第二九条〔同第三五条〕第三項、法第三〇条〔同第三六条〕第二項、則第四六条の二一、告示様式第三四号の九）

イ　特別加入した中小事業主は、政府の承認を受けて脱退することができる。脱退の承認申請は、特別加入の承認申請の場合と同様に、労働者以外の者で当該事業に従事する者を包括して行なわれなければならない。なお、脱退の承認の通知は、別添一の通知書（特様式第一号）により、承認年月日は当該特別加入の脱退の申請の日から起算して一四日の範囲内において申請者が脱退を希望する日とする。脱退の承認があったときは、当該承認の日の翌日に特別加入者たる地位が消滅するものとして取り扱う。

ロ　特別加入した一人親方等、特定作業従事者及び海外派遣者についても、上記イと同様である。

(2) 特別加入承認の取消し等（法第二八条〔現行＝第三四条〕第三項、法第二九条〔同第三五条〕第四項、法第三〇条〔同第三六条〕第二項、則第四六条の二二、則第四六条の二五、則第四六条の二五の三）

　中小事業主又は一人親方その他の自営業者若しくは特定作業従事者の団体若しくは海外派遣者が、労災保険又は同法施行規則の規定に違反した場合において、政府が特別加入の承認を取り消し、又は保険関係の消滅をさせたときは、特別加入者たる地位はその時に消滅する。

　特別加入の承認の取消又は保険関係の消滅の通知は、別添四の通知書（特様式第四号）により行うこと。

(3) 自動消滅

イ　特別加入者が法第二七条〔現行＝第三三条〕各号に掲げる者に該当しなくなったときは、それらの者に該当しなくなった時に特別加入者たる地位は、自動的に消滅する。

ロ　中小事業主等の特別加入は、その使用する労働者について成立している保険関係の存在を前提として認められるものである（法第二八条〔現行＝第三四条〕第一項）から、当該保険関係が消滅したときは、その消滅の日に特別加入者たる地位も、自動的に消滅する。

ハ　一人親方等及び特定作業従事者は、これらの者が特別加入に係る団体の構成員又はその構成員の行なう事業に従事する者である限りにおいて特別加入を認められるものである（法第二九条〔現行＝第三五条〕第一項）から、当該団体の構成員である特別加入者が当該団体の構成員でなくなったときは、その団体の構成員でなくなった時にその者及びその者の行なう事業に従事する者の特別加入者たる地位は、自動的に消滅する。

ニ　一人親方等又は特定作業従事者の団体の解散があったときは、その解散の日の翌日に特別加入者たる地位は、自動的に消滅する。

九　業務上外の認定（法第三一条〔現行＝第三七条〕、則第四六条の二六）

　特別加入者の業務又は作業（職場適応訓練等の作業を除く。）の内容は、労働者の場合と異なり、労働契約に基づく他人の指揮命令により他律的に決まるものではなく、当人自身の判断によっていわば主観的に決まる場合が多いから、その業務又は作業の範囲を確定することが通常困難である。このことは、法第二七条〔現行＝第三三条〕第一号及び第三号該当者において特に著しい。

このため、特別加入者の業務災害については、一般的な基準の設定が本省局長に委任されたのであり、特別加入者についての業務上外の認定は、加入申請書記載の業務又は作業の内容を基礎とし、本省局長作成の基準に従って行なうこととなる。この基準については、別途通達する。

一〇　保険給付

(1)　特別加入者も労働者とみなされ、法第三章第一節及び第二節並びに第三章の二の規定による保険給付等を受けることができるが、休業補償給付については、所得喪失の有無にかかわらず、療養のため「業務遂行性が認められる範囲の業務又は作業について」全部労働不能であることがその支給事由となるものである。

（注）全部労働不能とは入院中又は自宅就床加療中若しくは通院加療中であって、上記の業務遂行性が認められる範囲の業務又は作業ができない状態をいう。

たとえば、建設業の一人親方が請負工事現場（自家内作業場を含む。）における作業及び請負契約のための下見等業務遂行性が認められる行為が行えないことが客観的に認められる場合は、休業補償給付が支給されることとなる。

(2)　保険給付を受ける権利は、その者が特別加入者でなくなっても、変更されない（法第二八条〔現行＝第三四条〕第四項、法第二九条〔同第三五条〕第五項、法第三〇条〔同第三六条〕第二項）。

一一　給付基礎日額（法第二八条〔現行＝第三四条〕第一項第三号、法第二九条〔同第三五条〕第一項第六号、法第三〇条〔同第三六条〕第一項第二号、則第四六条の二〇、則第四六条の二四、則第四六条の二五の三）

(1)　特別加入者は賃金を受けないので、その給付基礎日額は、労働大臣が定めることとされているが、具体的には、三、五〇〇円、四、〇〇〇円、五、〇〇〇円、六、〇〇〇円、七、〇〇〇円、八、〇〇〇円、九、〇〇〇円、一〇、〇〇〇円、一二、〇〇〇円、一四、〇〇〇円、一六、〇〇〇円、一八、〇〇〇円及び二〇、〇〇〇円のうちから、都道府県労働基準局長が定める（則第一条第一項）。なお、家内労働者等については、当分の間、二、〇〇〇円、二、五〇〇円及び三、〇〇〇円の給付基礎日額も認められる（労働者災害補償保険法施行規則及び労働保険の保険料の徴収等に関する法律施行規則の一部を改正する省令（昭和六〇年労働省令第四号）附則第二条第三項）

(2)　給付基礎日額については、事務簡素化の見地からは、事務組合又は一人親方その他の自営業者若しくは特定作業従事者の団体ごとに額が統一されることが望ましいが、具体的決定にあっては、特別加入者の希望を考慮し、実情に即するよう配慮されたい（告示様式第三四号の七別紙、告示様式第三四号の一〇別紙、告示様式第三四号の一一別紙）。

(3)　給付基礎日額は、加入承認時における決定の後、必要に応じて改定することもできるが、少なくとも一年間は固定しておくこととし、改定にあたっては、あらためて希望を徴することとする。

一二　支給制限

支給制限については、特別加入者が、労働者とみなされることにより、法第一二条の二の二の規定が適用される。具体的な運用の基準については、別途通達する（昭和四〇年一二月六日付け基発第一五九一号通達の記の第二参照）。

一三　保険料

(1)　保険料率

イ　中小事業主等については、それらの者がその事業に使用される労働者とみなされるから、当然、その事業についての保険料率が適用される。

ロ　一〇〇人以上の労働者を使用する継続事業に対するメリット制の適用にあたっては、その事業について特別加入した中小事業主等も労働者数に算入される。

ハ　一人親方等及び特定作業従事者については、一人親方その他の自営業者及び特定作業従事者の団体ごとに則別表第一〇（特別加入事業保険料率表）に定める保険料率が適用される（則第四六条の二五）。

(2)　賃金総額（法第二五条〔現行＝第三一条〕第三項、則第二四条の二第二号及び第三号、則第二六条の二、則第二六条の三、則別表第五、改正省令附則第二項）。

賃金総額の算定にあたっては、各特別加入者の給付基礎日額に応ずる「賃金総額の算定の基礎となる額」（則別表第五右欄）を用いる。具体的な算定方法は、次のとおりである。

イ　中小事業主等の場合

(イ)　継続事業にあっては、当該年度における特別加入者各人の「賃金総額の算定の基礎となる額」を合計し、これを労働者の賃金の総額と総計したものが、その事業の賃金総額となる（則第二六条の二）。なお、「賃金総額の算定の基礎となる額」は、当該保険年度における当該特別加入者の特別加入期間及び稼働期間の長短にかかわらず、則別表第五右欄に定める額による。

(ロ)　有期事業にあっては、特別加入者ごとに、その特別加入期間の年数（暦に従って計算した年数）を別表第五右欄の「賃金総額の算定の基礎となる額」に乗じて得た額がその者の「賃金総額の算定の基礎となる額」となる。その場合、別表第五右欄の額に乗ずべき年数は、特別加入期間が一年未満であるときは一年とし、一年をこえ二年未満であるときは二年とし、二年をこえ三年未満であるときは三年とし、以下同様とする(則第二六条の二第二号)。このようにして算定した各人の「賃金総額の算定の基礎となる額」を合計し、これを労働者の賃金の総額と総計したものが、その事業の賃金総額となる(則第二六条の二)。

ロ　一人親方等及び特定作業従事者の場合

特別加入に係る一人親方その他の自営業者又は特定作業従事者の団体は、いずれも継続事業として取り扱われるから、当該年度における特別加入者各人の「賃金総額の算定の基礎となる額」を合計したものが賃金総額となる(則第二六条の三)。この場合においても、「賃金総額の算定の基礎となる額」は、当該保険年度における当該特別加入者の特別加入期間及び稼働期間の長短にかかわらず、則別表第五右欄に定める額による(則第四六条の二五)。

ハ　前記イ及びロにかかわらず、昭和四一年三月三一日までに特別加入をした事業(有期事業を除く。)又は団体については、別表第五右欄の「賃金総額の算定の基礎となる額」の一二分の一の額に特別加入の承認があった日から昭和四一年三月三一日までの月数を乗じて得た額が、当該事業又は団体に係る特別加入者の「賃金総額の算定の基礎となる額」となる(改正省令附則第二項)。

ニ　一人親方及び特定作業従事者の「賃金総額の算定の基礎となる額」は、これらの者の稼働率が区々であるにもかかわらず定額制をとっているが、この点については、保険料率の面において考慮し、公平を図っていることはいうまでもない。

(3)　保険料の納付

イ　特別加入の承認を受けた中小事業主等は、その事業に使用される労働者とみなされるので、中小事業主は、労働者とみなされる中小事業主自身及びその事業に従事する者に係る部分の保険料とその事業の本来の労働者に係る部分の保険料とを一括して納付する義務を負う。

ロ　一人親方等及び特定作業従事者に係る保険料については、特別加入の承認を受けたこれらの者の団体が任意適用事業及びその事業主とみなされ、かつ、これらの者は当該事業に使用される労働者とみなされるので、当該団体が事業主としてその納付義務を負う。団体のみが直接かつ最終的な納付義務者となるわけであるから、納付の督促、延滞金の賦課滞納処分等の保険料徴収に関する措置は、団体に対してのみ行なうことができる。なお、当該団体が構成員等から保険料相当額をいかなる方法で徴収するかは、団体の内部問題である。

(注)　現行条文を引用

(昭四〇・一一・一　基発第一四五四号、昭四九・二・一三　基発第七二号、昭四九・三・二五　基発第一五一号、平三・三・一　基発第一二三号、平三・四・一二　基発第二五九号、平五・三・二四　基発第一七七号、平一一・二・一八　基発第七七号、平一一・一二・三　基発第六九五号）

〈家内労働者等の特別加入の適用〉

家内労働法（昭和四五年法律第六〇号）の施行に伴い、新たに家内労働者が特別加入をすることができることとする労働者災害補償保険法施行規則の一部を改正する省令（昭和四五年労働省令第二二号）及び様式告示の一部を改正する告示（昭和四五年労働省告示第五一号）が本年一〇月一日から施行されたので、左記によりその施行事務の処理に万全を期せられたい。

記

一　趣旨

家内労働者については、その作業の実態からみて一般の労働者と同様に保護すべき必要があるとされ、昭和四三年一二月二二日、家内労働審議会より労働大臣あてなされた「家内労働対策に関する答申」において、「業務上の災害疾病のおそれのある特定の業務に従事する家内労働者を、当面、暫定的な措置として、現行の労働者災害補償保険制度における特別加入制度に加入させる」と答申された。また、昭和四四年八月二七日、労働者災害補償保険審議会より労働大臣あてなされた「労働者災害補償保険制度の改善についての建議」においても、「家内労働者の労働者災害補償保険適用についても、家内労働法成立後には家内労働における災害の発生状況による適用の緊急性を考慮するとともに、全面適用の進捗状況をにらみあわせ、特別加入を図ることとすること。」とされている。

このたび、家内労働法の施行に伴い、同法が適用される家内労働者及びその補助者（以下「家内労働者等」という。）のうち危険有害な作業を行なうものを、この答申等の趣旨にそって労働者災害補償保険に特別加入させて、労働者災害保険による保護を加えようとするものである。

二　特別加入の認められる家内労働者の範囲

(1)　特別加入をすることができる家内労働者等の範囲については、その従事する業種及び作業が特に危険度の高いものとされるものについて定められたものである。しかしながら、家内労働者については、作業の場所が、通常家庭内であって、その災害について業務起因性が明確でないおそれがあることにかんがみ、労働者災害補償保険法（以下「法」という。）第二七条〔現行＝第三三条〕第五号の特定作業従事者として特別加入させることとし、労働者災害補償保険法施行規則（以下「則」という。）においてこれら家内労働者等の行なう作業を指定することとした(則第四六条の一八第三号)。

(2) 家内労働者とは、物品の製造、加工等若しくは販売又はこれらの請負を業とする者であって、家内労働法第二条第三項に定める委託者から、主として労働の対償を得るために、その業務の目的物たる物品について委託を受けて、物品の製造又は加工等に従事する者であって、その業務について同居の親族以外の者を使用しないことを常態とするものである(家内労働法第二条第二項)。また、補助者とは、家内労働者の同居の親族であって、当該家内労働者の従事する業務を補助する者である(同条第四項)。したがって、この要件に該当する者であれば、たまたま臨時に労働者を使用することがあっても、それが、常態ではなく、かつ、将来継続的に使用されるものでないことが明瞭である場合には家内労働者等と認めてさしつかえない。ただし、これらの者が、一年間に一〇〇日以上にわたって労働者を使用するものであるときは、家内労働者等としては取り扱わない(法第二七条〔現行＝第三三条〕第一号の中小事業主又は同条第二号の中小事業主が行なう事業に従事する者として特別加入させるものとする。)。

(3) 新たに特別加入することを認める家内労働者等の従事する作業は次のとおりである(則第四六条の一八第三号)。

イ　プレス機械、型付け機、型打ち機、シャー、旋盤、ボール盤若しくはフライス盤を使用して行なう皮、ゴム、布若しくは紙の加工の作業又は型付け機若しくは型打ち機を使用して金属若しくは合成樹脂の加工の作業

ロ　研削盤若しくはバフ盤を使用して行なう研削若しくは研ま又は溶融した鉛を用いて行なう金属の焼入れ若しくは焼もどしの作業であって、金属製洋食器、刃物、バルブ又はコックの製造又は加工に係るもの

ハ　労働安全衛生法施行令(昭和四七年政令第三一八号)別表第八に掲げる有機溶剤又は有機溶剤中毒予防規則(昭和四七年労働省令第三六号)第一条第二号の有機溶剤含有物を用いて行なう作業であって、布製の履物、鞄、袋物又は服装用のベルトの製造又は加工に係るもの

ニ　じん肺法(昭和三五年法律第三〇号)第二条第一項第二号の粉じん作業又は鉛化合物(以下「鉛化合物」という。)を含有する釉薬を用いて行なう施釉若しくは鉛化合物を含有する絵具を用いて行なう絵付けの作業若しくは当該施釉若しくは絵付けを行なった物の焼成の作業であって陶磁器の製造に係るもの

ホ　動力により駆動される織機を使用して行なう作業

金属加工の作業とは、労災保険率表(徴収則別表第一)の事業の種類

の分類中の「(五四)金属製品製造又は金属加工業(六三)洋食器、刃物、手工業又は一般金物製造業及び(五五)めっき業を除く。)」に該当する業務に含まれる作業である。

化学物質製履物の製造又は加工の作業とは、塩化ビニール、合成ゴム等の化学物質性の資材を用いて、いわゆるヘップサンダル等の履物を製造又は加工する作業をいい、天然の皮革、植物性の糸布を主たる資材として行なう履物の製造又は加工の事業は含まないものである。また、もっぱら屋外において行なう作業は、有機溶剤等を使用するものであっても含まない。

陶磁器の製造の作業とは、労災保険率適用事業細目表(昭和四七・三・三一労働省告示第一六号)の事業の種類の細目中「六二〇一陶磁器製品製造業」に該当する業務に含まれる作業である。また、施釉及び絵付けの作業については、昭和四二年三月三一日付け基発第四四二号「鉛中毒予防規則の施行について」に示す定義と同義であるので参照されたい。

(4) 則第四六条の一八第三号に掲げる作業を行なう家内労働者等であっても、次に掲げる要件に該当しない者にあっては、原則として特別加入を認めないものとする。

イ 常態として則第四六条の一八第三号に掲げる作業に従事する家内労働者等、この場合、「常態として」とは、原則として一年間に二〇〇日以上当該作業に従事し、一暦日の就労時間が平均して四時間以上と見込まれることをいう。

ロ 家内労働法施行規則(昭和四五年労働省令第二三号)第一六条に定める就業制限の規定の適用のある家内労働者等でない者。

家内労働法施行規則第一六条に定める就業制限の規定の適用のある家内労働者等であって、今回則第四六条の一八第三号で定めた作業に係るものは次の者である。

(イ) 有機溶剤等を用いる作業については一八歳未満の者

(ロ) 鉛化合物を用いる作業については一八歳未満の者及び女子

(ハ) 粉じん作業については十八歳未満の者

ハ 特別加入の申請前一年以内に、次に掲げる項目について健康診断を行った家内労働者等であって、その健康診断の結果、粉じん作業に従事する者にあっては、管理一又は管理二に相当するもの、鉛又は鉛化合物若しくは有機溶剤等を用いる作業に従事する者にあってはこれらの有害物による中毒にり患していると認められない者。

(イ) 粉じん作業に従事する者

a 胸部エックス線写真撮影

b 心肺機能検査(最大換気量、運動指数、換気機能及び換気指数)

c 結核精密検査(断層写真、かくた

ん検査）

(ロ) 溶融した鉛を用いて行う作業又は鉛化合物を含有する釉薬を用いて行う施釉等の作業に従事する者

a　全血比重、血色素量、ヘマトクリックス又は赤血球数

b　尿中のコプロポルフィリンの排出の程度

(ハ) 有機溶剤等を使用して行なう作業に従事する者

a　赤血球数又は全血比重

b　尿中のウロビリノーゲン及び蛋白の有無

なお、これらの健康診断の費用は、高額にのぼる場合も少なくなく、また、実施しうる病院、診療所も限られているので、主要産地において中央労働災害防止協会が実施している「中小企業巡回健康診断」又は「家内労働者特殊健康診断」を受診するよう指導するほか、適当な健康診断機関の紹介等受診のための便宜の供与についても指導せられたい。

三　家内労働者等の特別加入手続

(1) 家内労働者等の特別加入については、家内労働者等を構成員とする団体より行なうものとする。この団体は、則第四六条の一八第三号に掲げる作業ごとに結成されなければならないが、同号のイ及びロの作業についてはいずれも労災保険率表（徴収則別表第一）の事業の分類中の「(五四)金属製造業又は金属加工業(六三)洋食器、刃物、手工業又は一般金物製造業及び(五五)めっき業を除く。)」に該当する業務に含まれる作業であるため、一団体とするもさしつかえない。その加入の手続については一人親方等の特別加入の手続に準じて取り扱うものとする。すなわち、法第二九条〔現行＝第三五条〕第一項及び則第四六条の二三に規定するように家内労働者等の団体は、任意適用事業及びその事業主とみなされ、かつ、当該団体の構成員は、当該任意適用事業に使用される労働者とみなされ、特別加入する者は、当該団体に提出する名簿に記載された者でなければならない。また、当該団体の構成員は、当該団体の事務所の所在地の都道府県及びその隣接する都道府県の区域内において作業する者であることを要する。ただし、家内労働者に係る業務災害防止措置については、家内労働法施行規則によって規制措置が設けられているので、家内労働者等の団体に係る特別加入の承認にあたっては、これらの措置は必要でないことを留意されたい。また、承認のあった特別加入の団体に関する変更事項には業務災害防止に関する措置の事項は含まれないものである（則第四六条の二三第二・三・四項）。したがって、告示様式第三四号の一〇の③ロの記載及び書類の添付は不要であり、またこの事項の変更に関する告示様式第三四号の八の特別加入に関

する変更届の提出は不要である（昭和四五年労働省告示第五一号）。

(2)　特別加入の制限については、一人親方等の特別加入の制限の場合と同じである。

四　家内労働者等の団体に係る特別加入の承認

家内労働者等の団体に係る特別加入の承認基準については、おおむね一人親方等の場合の承認基準と同じであるが、承認にあたっては、次の点に留意されたい。

(1)　家内労働者等の団体にあっては、後述の保険料分負担との関連から、保険料納付の確実性を期する必要がある。しかしながら、家内労働者の委託関係は極めて変動しやすいものであるので、保険料納付について問題が生ずるおそれがある。このため、特別加入の承認にあたっては、当該承認の日の属する保険年度の末日までの期限付き承認として、継続して特別加入を希望する家内労働者等の団体にあっては、毎保険年度当初に承認申請を行なわせるものとする。この場合、毎年四月二〇日までに承認申請があれば、当該保険年度の初日に保険関係が成立したものとして取り扱い、四月二一日以後に承認申請があったときは、承認の日において保険関係が成立したものとして取り扱うこととする。

(2)　承認申請にあたっては、当該団体の構成員である家内労働者等が、則第四六条の一八第三号に掲げる作業に従事している者かどうか、また、その者が当該作業に常態として、継続して従事しているものかどうかを明らかにするため、告示様式第三四号の一〇（別紙）の「業務又は作業の内容」欄に、特別加入者の作業内容、通常の労働時間及び年間作業従事日数（見込み）のほか、次の事項を記載させることとする。

イ　プレス機械、シャー、研削盤又はバフ盤を使用する作業にあっては、その機械名及び台数

ロ　溶融した鉛を用いて行なう金属の焼入れ又は焼もどしの作業にあっては、その作業の対象となる製品名

ハ　鉛化合物を使用する作業にあっては、鉛化合物の名称及び一日当たりの使用量又は使用する釉薬若しくは絵具に含有される量

ニ　有機溶剤等を使用する作業にあっては、有機溶剤等の名称、第一種、第二種等の区分及び一日当たり使用量又は使用する接着剤等に含有される量

(3)　承認申請にあたっては、団体から則第四六条の二三第三項に掲げる書類のほか次の書類を提出せしめることとする。

イ　保険料納付の確実性を期するため、委託者が保険料分を負担しないときは、特別加入した家内労働者等が自己負担する旨を記した念書。この念書には、団体が法人であるか否かを問わず、構成員である家内労働

者等全員の記名捺印を必要とする。

ロ　所定の保険料納付期限までに保険料を全く納付しない場合には、法第二九条〔現行＝第三五条〕第三項の規定により当該団体についての保険関係を消滅させる旨を記した念書。この念書には、当該団体の代表者の記名捺印を必要とする。

(4)　家内労働者等の団体についても、一人親方等の団体と同様に労災保険事務を確実に処理しうる能力を必要とするものであるが、現段階では、その団体の組織、運営方法等も十分に整備されがたいものと予想されるので、当面は、一応団体としての結成がなされ、その行なうべき労災保険事務を、委託者団体、労災保険事務組合等に委託することによって、円滑に処理しうるような場合には、特別加入の承認を行なうこととする。

五　保険給付

(1)　休業補償給付

家内労働者等も、特別加入の承認を受けた場合は、一般の労働者と同様に法に基づく保険給付を受けることができる。ただし、休業補償給付については、家内労働者等の場合、労働時間については必ずしも明確でないので、所得喪失の有無にかかわらず、傷病の種類、部位及びその程度等からみて当該作業に従事することができないと認められる場合に限って支給することとする。

(2)　保険給付の支給制限

特別加入の承認を受けた家内労働者等に係る保険給付についても、法第一二条の二及び法第二九条〔現行＝第三五条〕第一項第七号に定める事由があるときは、支給制限を行なうこととなるが、家内労働者等の場合、業務災害防止措置の定めの必要がないこと、また、保険料は法第二九条〔同第三五条〕第一項第一号の規定により事業主とみなされる家内労働者等の団体が納付すべきものであることから、家内労働者等に係る保険給付についての支給制限は、次により行なうこととする。

イ　法第一二条の二の規定による家内労働者等の故意又は重大過失についての支給制限は、昭和四〇年七月三一日付け基発第九〇六号「法第一二条の二、第一二条の三、第二五条〔現行＝第三一条〕及び第四七条の三の規定の運用について」の第一に準じて行なうこととする。

ロ　法第二九条〔現行＝第三五条〕第一項第七号の規定による保険料の滞納についての支給制限は、同項第一号の規定により事業主とみなされる家内労働者等の団体が、徴収法第一四条第一項の規定による概算保険料を徴収法第二六条に定める督促状の指定期限内に納付しない場合（天災事変その他やむを得ない事由により保険料を納付できなかったと認められる場合を除く。）に行なうこととする。

この場合、事業主とみなされる家内労働者等の団体としての行為を行なう者の範囲、支給制限を差し控える事由及び支給制限の方法は、昭和四〇年七月三一日付け基発第九〇六号「法第一二条の二、第一二条の三、第二五条〔現行＝第三一条〕及び第四七条の三の規定の運用について」の第三のⅡに準ずるものとし、同通達において「徴収金の価額」とあるのは「支給を制限される保険給付の額」に、「徴収金の算定の基礎となる」とあるのは「支給を制限される」に、「徴収すべき徴収金」とあるのは「支給を制限される保険給付」に、それぞれ読み替えるものとする。

ハ　家内労働者に係る保険給付について、法第一二条の二、法第一二条の四又は法第二九条〔現行＝第三五条〕第一項第七号の規定が同時に適用される場合の取扱いは、昭和四〇年一二月六日付基発第一五九一号「特別加入者に係る業務上外の認定及び支給制限の取扱いについて」の第三に準ずるものとする。

六　保険料

(1)　保険料率

家内労働者等の団体に係る保険料率については、その家内労働者等が行なう事業の種類によって結成される団体ごとに第二種特別加入保険料率表（徴収則別表第五）に定める保険料率が適用される。

(2)　賃金総額

家内労働者等の団体の特別加入に係る賃金総額及び保険料の納付については、一人親方等の例に準ずるものである。すなわち、当該特別加入者の特別加入期間の長短にかかわらず、第一種・第二種特別加入保険料算定基礎額表（徴収則別表第四）に掲げる額を賃金総額として保険料を定めるものである。昭和四五年一〇月一日から昭和四六年三月三一日までの間の承認のなされた家内労働者等の団体の場合には、その団体に係る保険料の算定の基礎となる賃金総額は、徴収則別表第四の右欄に掲げる額に当該承認のあった日から昭和四六年三月三一日までの期間の月数（この月数に一月未満の端数を生じたときは、これを一月とする。）を一二で除して得た数を乗じて得た額をもって承認のあった日の属する保険年度の賃金総額として保険料を算定するものである（昭和四五年労働省令第二二号附則第二項）。

(3)　保険料の納付

イ　特別加入者の保険料については、特別加入者自身が負担するのが原則であるが、家内労働者等については、前記「家内労働者対策に関する答申」において、「保険料は委託者において一括納入するものとすること。」とされ、さらに同答申における家内労働審議会了解事項として、前記答申の意味は、①保険料の徴収手続として規定したものであり、②

保険料分は委託者が実際上負担するものとし、③このため必要な行政指導を行なうこととされている。このように、保険料の実質負担が、家内労働者等については、他の特別加入者の場合と異なることがあるが、行政指導をしても委託者又はその団体が必ずしも負担しない場合もあることが予想され、保険料負担関係は一律ではないことに注意されたい。

ロ　家内労働者等については、委託関係が複雑であるため、委託者の変更等が随時起りうること、遠隔地の委託者からの委託があり得ること、家内労働者等の団体が委託者又はその団体と保険料の負担関係について十分な了解がないままに特別加入の申請を行なうことがあり得ること等が予想される。また、保険料分についても、委託者又はその団体が保険料分を一括して直接納付する場合又は家内労働者等の団体を通じて納付する場合のほか、工賃に上乗せする場合も予想される。したがって、特別加入の申請にあたっては、保険料の納付の方法、実際の負担者等の関係を家内労働者等の団体に明らかにさせる必要がある。なお、かりに、委託者又はその団体が所定の機関に直接保険料を納付した場合でも、家内労働者等の団体から事前にそのような納付方法をとる旨の申し出があれば、当該家内労働者等の団体から正規に保険料が納付されたものとして取り扱ってさしつかえない。

ハ　しかしながら、保険料納付に関する法律上の責任は、労働者災害補償保険法上家内労働者等の団体にあるので、委託者が保険料分を負担するかどうかは、もっぱら家内労働者等の団体と委託者又はその団体との私的な契約によるものであり、行政当局は、委託者又はその団体に保険料分を負担することを指導することができるにすぎない。したがって、保険料の認定決定、督促等必要な通知、滞納処分等については、家内労働者等の団体に対して行なわねばならない。

ニ　委託者とは、物品の製造、加工等若しくは販売又はこれらの請負を業とする者であって、その業務の目的物たる物品（物品の半製品、部品、附属品又は原材料を含む。）について家内労働者に委託するものをいう（家内労働法第二条第三項）が、保険料分を負担する可能性のある者は、具体的には、当該負担を決定する権限のある代理人（いわゆる代理的仲介人）である場合も考えられるので、保険料の負担関係を問題にする場合には、単に委託者という名称にかかわらず、実態により判断すること。

㊟　現行条文を引用

（昭四五・一〇・一二　基発第七四五号、昭五〇・三・二九　基発第一七四号）

〈特別加入者の範囲拡大〉

労災保険の特別加入対象者の範囲に、林業の事業（労災保険率適用事業細目表に規定する林業の事業をいう。）又は医薬品の配置販売の事業（薬事法（昭和三五年法律第一四五号）第三〇条の許可を受けて行う医薬品の配置販売業をいう。）を労働者を使用しないで行うことを常態とする者及びこれらの者の行う事業に従事する者が新たに加えられることとなった（労働者災害補償保険法施行規則第四六条の一七の改正）。これらの者の特別加入に関する取扱い上、特に留意すべき事項は、次のとおりである。

イ　林業の事業を労働者を使用しないで行うことを常態とする者及びその者の行う事業に従事する者（以下「林業の一人親方等」という。）の取扱い

(イ)　特別加入の手続は、従来からの特別加入対象者とされていた一人親方等の場合と同様であるが、業務災害の防止に関し林業の一人親方等の団体が講ずべき措置及びその構成員が守るべき事項については、当分の間、別紙一〈略〉に掲げる法令の規定に準じた措置及び別紙二〈略〉に掲げる通達に示す事項を当該団体がその構成員に守らせる旨の誓約書を提出した場合には、当該団体が講ずべき措置及び当該団体の構成員が守るべき事項を定めたものとみなし、また、これらの措置及び事項の内容を記載した書類が提出されたものとして取り扱うこととする。

(ロ)　特別加入の承認基準は、従来からの特別加入対象者の場合と同様であること。

なお、特別加入申請書別紙の業務の内容欄の記載については、主として従事している業務の種類、これに使用する機械の種類等その業務の具体的内容を明らかにするものでなければならないこととする。

(ハ)　特別加入の制限、特別加入者たる地位の消滅、保険給付、給付基礎日額及び支給制限に関する取扱いは、従来の特別加入者の場合と同様であること。

(ニ)　林業の一人親方等についての第二種特別加入保険料率は一〇〇〇分の三六であること（労働保険の保険料の徴収等に関する法律施行規則（以下「徴収則」という。）別表第五の改正）。

なお、今次法改正により、来年四月一日からこれらの者についても、通勤災害保護制度の適用が予定されているので、特別加入の承認に際しては、関係団体に対して、この点を十分周知すること。

また、これらの者に係る保険料算定基礎額及び保険料の納付に関しては、従来の特別加入者の場合と同様である。

ただし、昭和五一年一〇月一日から昭和五二年三月三一日までの間に

労災保険法第二九条〔現行＝第三五条〕第一項の承認のなされた林業の一人親方等の団体については、経過措置として、徴収則別表第四の右欄に掲げる額に当該承認のあった日から昭和五二年三月三一日までの期間の月数（一月未満の端数があるときは、これを一月とする。）を一二で除して得た数を乗じて得た額を保険料算定基礎額として昭和五一年度の特別加入保険料を算定することとされた（労働者災害補償保険法施行規則等の一部を改正する省令附則第四条）。

ロ　医薬品の配置販売の事業を労働者を使用しないで行うことを常態とする者及びその者の行う事業に従事する者（以下「医薬品の配置販売業者等」という。）の取扱い

(イ)　特別加入の手続は、従来からの特別加入対象者の場合と同様であること。

ただし、医薬品の配置販売業者等の業務災害としては主として交通事故が予想されるが、その防止については、道路交通法、道路運送法、道路運送車輌法等による交通安全に関する各種の規制が行われているので、これらの者の団体は特別加入の申請に際し、業務災害の防止に関する措置の内容を記載した書類の提出は、省略してさしつかえない。

(ロ)　特別加入の承認基準は、従来からの特別加入対象者の場合と同様であること。

なお、特別加入申請書別紙の業務の内容欄の記載は、「医薬品の配置販売業務」とすればよいものとする。また、同欄には、都道府県知事より受けている医薬品の配置販売業の許可番号を併記させるものとする。

(ハ)　特別加入の制限、特別加入者たる地位の消滅、保険給付、給付基礎日額及び支給制限に関する取扱いは、従来の特別加入者の場合と同様であること。

(ニ)　医薬品の配置販売業者等の第二種特別加入保険料率は一、〇〇〇分の七であること（徴収則別表第五の改正）。

なお、今次法改正により、来年四月一日からこれらの者についても通勤災害保護制度の適用が予定されているので、特別加入の承認に際しては、関係団体に対してこの点を十分周知すること。

また、これらの者に係る保険料算定基礎額及び保険料の納付に関しては、従来の特別加入者の場合と同様である。

ただし、昭和五一年一〇月一日から昭和五二年三月三一日までの間に労災保険法第二九条〔現行＝第三五条〕第一項の承認のなされた医薬品の配置販売業者等の団体については、経過措置として、徴収則別表第四の右欄に掲げる額に当該承認のあった日から昭和五二年三月三一日ま

での期間の月数（一月未満の端数があるときは、これを一月とする。）を一二で除して得た数を乗じて得た額を保険料算定基礎額として昭和五一年度の特別加入保険料を算定することとされた（労働者災害補償保険法施行規則等の一部を改正する省令附則第四条）。

ハ　その他

特別加入前に発生した事故による負傷、疾病、傷害又は死亡については、当然、保険給付は行われないものであること。

（昭五一・九・二九　基発第六九七号、昭五二・三・三　基発第一九二号、昭五八・三・二八　基発第一五六号）

〈海外派遣者特別加入制度の創設について〉

最近においては、日本国内の企業から海外の支店や合弁事業等へ出向する労働者や国際協力事業団により海外に派遣される専門家が増加しているが、これらの労働者等については、海外出張としてわが国の労災保険制度の適用を受ける場合を除き、その労働災害についての保護は必ずしも十分とはいえない。

このため、今回の改正により、海外で行われる事業に派遣される労働者等についても、特別加入制度を通じて労災保険の保護が与えられることになった（新法第二七条〔現行＝第三三条〕第六号及び第七号、第三〇条〔同第三六条〕）。

一　特別加入対象者

(1)　海外派遣者として特別加入することができるのは、次の者である（新法第二七条〔現行＝第三三条〕第六号及び第七号）。

イ　国際協力事業団等開発途上地域に対する技術協力の実施の事業（有期事業を除く。）を行う団体から派遣されて、開発途上地域で行われている事業に従事する者。

ロ　日本国内で行われる事業（有期事業を除く。）から派遣されて海外支店、工場、現場、現地法人、海外の提携先企業等海外で行われる事業に従事する労働者。

(2)　上記(1)の海外派遣者の特別加入の取扱いについて留意すべき点は、次のとおりである。

イ　派遣元の事業との雇用関係は転勤、在籍出向移籍出向等種々の形態で処理されることになろうが、それがどのように処理されようとも、派遣元の事業主の命令で海外の事業に従事し、その事業との間に現実の労働関係をもつ限りは、特別加入の資格に影響を及ぼすものではない。

ロ　海外派遣者として特別加入できるのは、新たに派遣される者に限らない。したがって、既に海外の事業に派遣されている者を特別加入させることも可能である。ただし、現地採用者は、海外派遣者特別加入制度の趣旨及びその加入の要件からみて、特別加入の資格がない。

ハ　派遣先の事業の代表者（例えば、現地法人の社長）等一般的に労働者的性格を有しないと考えられる者は、海外派遣者の特別加入制度の保護の対象にはしないものとすること。

ニ　単なる留学の目的で海外に派遣される者の場合には、海外において行われる事業に従事する者としての要件を満たさないので特別加入の対象とはならない。

ホ　海外出張との関係については、第三〇条〔現行＝第三六条〕関係の「海外派遣者の特別加入について」（昭五二・三・三〇　基発第一九二号）の八を参照のこと。

（昭五二・三・三〇　基発第一九二号）

〈労働者災害補償保険法等の一部を改正する法律の施行（第二次分）について〉

第三　海外派遣者の特別加入制度の改善

一　改正の趣旨

日本国内から海外に派遣される労働者については、昭和五一年改正で導入された海外派遣特別加入制度により保護の対象とされているが、近年、急激に増加している現地法人の代表者等として派遣される者については、対象とはならないこととされている。

しかしながら、海外の中小事業の代表者等として派遣される者は、国内の中小企業事業主の場合と同様、事業主が労働者とともに、労働者が従事する作業と同様の作業に従事する場合が多く、労働者に準じて保護する必要性が高いと考えられる。

このため、国内の中小事業主については特別加入が認められていることとの均衡等を考慮して、派遣先の事業の代表者等として派遣される者についても特別加入の対象とすることとされたものである。

二　改正の内容（新法第二七条〔現行＝第三三条〕第七号関係）

派遣先の海外の事業が中小企業（使用する労働者数が常時三〇〇人（金融業、保険業、不動産業又は小売業においては五〇人、卸売業又はサービス業については一〇〇人）以下であるもの。以下同じ。）に該当するときは、当該事業の代表者等であっても、実質的には労働者に準じて保護すべき状況にあることから、国内の中小企業事業主等と同様に特別加入の対象とするものである。

三　海外派遣者の特別加入制度の対象者の拡大に伴う留意点

今回の改正により新たに海外派遣者の特別加入制度の対象となる派遣先の海外の事業の代表者等の取扱いについては、基本的には昭和五二年三月三〇日付け労働省発労徴第二一号・基発第一九二号（以下「基本通達」という。）によることとなるが、当該対象者が従来の対象者と異なる性格を有する者であること等にかんがみ、留意すべき点は次のとおりである。

(1)　特別加入対象者

　基本通達記の10の(1)に加え、派遣先の海外の事業が中小企業に該当する場合に限り、当該事業に従事する者であってその代表者（例えば、現地法人の社長）等一般的に労働者としての性格を有しないと考えられるもの（以下「海外派遣される事業主等」という。）についても、特別加入することができるものであること。

(2)　派遣先の事業の規模

　特別加入の対象者が海外派遣される事業主等である場合には、派遣先の事業の規模について確認を行うことが必要となるが、この派遣先の事業の規模の判断については、海外の各国ごとに、かつ、企業を単位として判断することとし、その取扱いについては、国内における中小事業主等の特別加入の場合に準ずること。

　また、派遣先の事業の規模の把握に当たっては、派遣元の事業主から派遣先の労働者に係る労働者名簿、派遣先の事業案内書等の資料の提出等を求めること。

(3)　特別加入対象者の具体的範囲及び海外で従事する業務の内容

イ　基本通達記の10の(3)により、海外派遣される事業主等についても、派遣元の事業主が申請書に添付して提出する名簿（申請書別紙）に登載されることによって、特別加入者となること。

ロ　この場合、基本通達記の10の(4)にかかわらず、名簿の「海外で従事する業務の内容」欄には、派遣先の事業における地位、当該派遣先の事業の種類及び当該事業に係る労働者数も記載させること。

ハ　基本通達記の10の(4)なお書きにより、特別加入者の業務の内容に変更のあった場合にも変更届が必要とされているが、海外の派遣先の事業に従事する労働者であって特別加入しているものが海外派遣される事業主等となり引き続き特別加入させようとする場合又はその逆の場合についても、これに該当するので、変更届（新告示様式第三四号の一二）を提出しなければならないこと。なお、この場合の取扱いについてもロに準ずること。

(4)　業務上外の認定基準等

　海外派遣される事業主等として特別加入している者の災害の業務上外の認定については、基本通達記の10の(6)にかかわらず、国内における中小事業主等の特別加入の場合に準ずること。また、通勤災害の認定についても、国内における中小事業主等の特別加入の場合に準ずること。

(5)　保険給付

　海外派遣される事業主等に係る保険給付の取扱いについては、基本通達記の10の(7)によることとするが、この場合、派遣先の事業の事業主の証明書を添付させる必要はないこと。

四　施行期日（改正法附則第一条関係）

この改正は、平成八年四月一日から施行される。

（平八・三・一　基発第九五号、平一一・一二・三　基発第六九五号）

〈特別加入者の通勤災害保護制度の新設について〉

一　特別加入者の通勤災害についても、特別加入者の住居と就業の場所との間の往復の実情等を考慮し、昭和五二年四月一日から、新たに、労災保険の保護が与えられることになった（新法第二七条〔現行＝第三三条〕）。

ただし、個人タクシー業者、個人貨物運送業者、漁船による漁業者、特定農業機械作業従事者並びに家内労働者及びその補助者の通勤災害については、その住居と就業の場所の間の往復の実態が明確でないこと等からみて従来と同様労災保険の保護の対象とはしないこととした（労災則第四六条の二二の二）。

二　昭和五二年四月一日現在で労災保険に特別加入している者のうち、通勤災害について保護を与えられることとなる特別加入者に関しては、特段の手続を経ることなくその通勤災害についても労災保険の保護が与えられることになるが、その場合、実際に保険給付の対象となるのは、昭和五二年四月一日以後に発生した事故に起因する通勤災害に限られる（改正法附則第五条）。

三　特別加入者の通勤災害の認定基準については、労働者の通勤災害の場合に準ずる。

四　特別加入者の通勤災害に関する保険給付の請求手続は、労働者の場合と基本的には同一であるが、請求書の記載事項のうち事業主の証明を受けなければならないとされている事項（負傷又は発病の年月日、災害発生の時刻及び場所、就業の場所、就業開始の予定の時刻、就業終了の時刻、就業の場所を離れた時刻並びに通常の通勤の経路及び方法）については、その事業を証明することができる資料を請求書に添えなければならない（新労災則第四六条の二七第三項及び第四項）。

（昭五二・三・三〇　基発第一九二号）

〈特別加入者の範囲等の拡大〉

特別加入の対象者の範囲に再生利用の目的となる廃棄物等の収集、運搬、選別、解体等の事業を労働者を使用しないで行うことを常態とする者及びこれらの者の行う事業に従事する者（以下「再生資源取扱業の一人親方等」という。）が新たに加えられることとなったこと（労災則第四六条の一七の改正）、農作業従事者の特別加入に係る指定農業機械に新たな機械が追加されたこと（昭和四〇年労働省告示第四六号の改正）及び海外派遣特別加入者に係る通勤災害に対し労災保険が適用されたこと（労働者災害補償保険法等の一部を改正する法律（昭和五一年法律第三二号）附則第六条及び労働者災害補償保険法施行令附則第二項参照）。

　また、一人親方等又は特定作業従事者の災害防止努力を促進するために、次の取扱いを定めるので、遺漏のないようにされたい。

一　一人親方等又は特定作業従事者の団体の業務災害防止について従来一人親方等又は特定作業従事者の団体が特別加入の申請に当たり、業務災害の防止に関する当該団体が講ずべき措置及び当該団体の構成員が守るべき事項を記載した書類に代るものとして誓約書を提出させることにより足りるものとして取り扱ってきたところであるが、これが取扱いは、施行当初の暫定措置であるので、今後特別加入の申請を行おうとする団体については、できるだけ速やかに当該書類を整備し、構成員に対して周知を図り、その励行を期するよう加入承認に際して指導すること。

　なお、既に特別加入の承認が認められている団体についても、当該団体の実情に配慮しつつ、できるかぎり速やかに上記書類の整備を図るよう指導すること。

（昭五五・三・三一　基発第一五六号）

〈建設の事業に関する特別加入の取扱いについて〉

労働者災害補償保険法施行規則（以下「労災則」という。）第四六条の一七第二号の「土木、建築その他の工作物の建設、改造、保存、修理、変更、破壊若しくは解体又はその準備の事業」（以下「建設の事業」という。）の特別加入者の範囲については、昭和四〇年一一月一日付け基発第一四五四号通達により取り扱ってきたところであるが、これが取扱いについて下記により行うこととしたので、その事務処理に遺憾なきよう配意されたい。

記

一　特別加入者の範囲

　建設の事業を労働者を使用しないで行うことを常態とする者の範囲について、今般、電気事業法に基づく電気主任技術者の免状の交付を受けている者であって自家用電気工作物の設置者との委託契約によりその電気工作物の工事（屋内、屋側の電気配線、電柱での高所作業等）、維持（保存）及び運用保安の作業、その他自家用電気工作物の保存のための点検・測定・試験及び故障時の応急修理等にかかる業務を行う者（以下「電気管理技術者」という。）をその作業内容、作業実態あるいはそこに内在する災害の危険性の種類等から判断して労災則第四六条の一七第二号の規定による特別加入者の範囲に含めることとする。

二　特別加入の承認基準

特別加入の承認基準については、従来どおりであるが、電気管理技術者の加入申請者たる団体については、既に全国九箇所において電気管理技術者協会が設立されており、その大半が社団法人として許可された一団体であって、定款、細則及び事務処理規定の面からも組織、運営方法が整備されているところから、その事務処理能力も十分と認められるので、当該電気管理技術者協会を労働者災害補償保険法第二七条〔現行＝第三三条〕第三号に掲げる者の団体として認めることとする。

なお、電気管理技術者協会に対しては特別加入の申請に当たり、業務災害の防止に関して講ずべき措置及び構成員が守るべき事項を記載した災害防止基準を設けた書類を提出させることとする。

三　業務上外の認定

業務上外の認定については、昭和五〇年一一月一四日付け基発第六七一号通達「特別加入者に係る業務上の認定基準等の改正について」の記の一第一の一の⑵のイによる。この場合「請負契約」を「委託契約」と読み替えることとする。

四　その他

上記に掲げるもののほか、特別加入申請の手続、保険給付の支給手続等については従前のとおりとする。

（昭五八・三・三一　基発第一七四号）

〈介護作業従事者に係る特別加入の新設について〉

一　改正の趣旨

高齢化の進展等に伴い、身体上又は精神上の障害がある者に対する介護サービスを担う労働力への需要が増大していることから、介護サービスの供給の必要性が高まってきており、介護作業に従事する者の就労条件を整備し、介護サービスの安定した供給を図る必要がある。

このような中で、介護サービスを供給する者には、個人家庭に使用されるために家事使用人として労働基準法及び労働者災害補償保険法が適用されない者が存在するが、当該者の就労形態は、介護保険法（平成九年法律第一二三号）に規定する指定居宅サービス事業者に使用され労災保険が適用される訪問介護員（ホームヘルパー）の就労形態と類似しており、労働者に準じて労災保険により保護するにふさわしい者であると考えられる。

こうした観点から、平成一二年一月二五日の労働者災害補償保険審議会においても、介護作業に携わる者を新たに特別加入の対象に加えることについて建議がなされたこと等から、介護作業に従事する者に係る特別加入制度を新設することとしたものである。

二　改正の内容

(1)　加入対象作業（新労災則第四六条の一八第五号関係）

特別加入の対象となる作業（以下「加入対象作業」という。）は、介護労働者法第二条第一項に規定する介護関係業務（以下「介護関係業務」という。）に係る作業であって、入浴、排せつ、食事等の介護その他の日常生活上の世話、機能訓練又は看護に係るものであること。

ア　介護関係業務とは、身体上又は精神上の障害があることにより日常生活を営むのに支障がある者に対し、入浴、排せつ、食事等の介護、機能訓練、看護及び療養上の管理その他のその者の能力に応じ自立した日常生活を営むことができるようにするための福祉サービス又は保険医療サービスであって、介護労働者則第一条で定めるものを行う業務であるが、このうち加入対象作業は、介護関係業務に係る作業であって、入浴、排せつ、食事等の介護その他の日常生活上の世話、機能訓練又は看護に係るもの（以下「介護作業」という。）のみであること。

イ　介護関係業務に係る作業であっても、以下のサービスに係るものは、身体上又は精神上の障害があることにより日常生活に支障がある者に対する入浴、排せつ、食事等の介護その他の日常生活上の世話、機能訓練又は看護に係るものには含まれないので、加入対象作業とならないこと。

(ア)　介護労働者則第一条第一七号に規定する福祉用具の貸与

(イ)　同条第一八号に規定する福祉用具の販売

(ウ)　同条第一九号に規定する移送

(エ)　同条第二〇号に規定する食事の提供

(オ)　同条第二二号に規定する療養上の管理及び指導

(カ)　同条第二八号に規定する居宅サービス計画の作成、指定居宅サービス事業者その他の者との連絡調整、介護保険施設への紹介その他の便宜の供与

(キ)　同条第二九号に基づく「介護労働者の雇用管理の改善等に関する法律施行規則第一条第一号から第二八号までに掲げる福祉サービス又は保健医療サービスに準ずるサービス」（厚生労働大臣定め）のうち、第一六号に規定する地域療育等支援事業として行われる相談、健康診査、各種福祉サービスとの調整その他の援助

ウ　入浴、排せつ、食事等の介護その他の日常生活上の世話とは、身体上又は精神上の障害があることにより日常生活に支障がある者に対する、入浴、排せつ、食事等の介護、調理、洗濯、掃除、買い物等の家事その他の当該者本人に必要な日常生活上の世話であり、直接本人の世話に

該当しない行為（本人以外の者に係る調理、洗濯、掃除、買い物等）や日常生活上の世話に該当しない行為（草むしり、室内外家屋の修理及び植木の剪定等の園芸等）と判断される行為は含まれないこと。

(2) 加入対象者

ア 労働者以外の者であって(1)の加入対象作業に従事する者（以下「介護作業従事者」という。）を加入対象者とすること。

イ 介護作業に携わる者には、自発的に、かつ、報酬を得ないで労務を提供するいわゆるボランティアが存在するが、労災保険の特別加入制度は、労働者に準じて労災保険により保護するにふさわしい者に対し、労災保険の適用を及ぼそうとするものであるから、これらの者については特別加入が認められないこと。

　なお、交通費等の実費弁償として支払われるものはここでいう報酬に含まれないこと。

ウ 職業安定法（昭和二二年法律第一四一号）に基づく有料職業紹介事業と介護保険法に基づく指定居宅サービス事業を併せて行っている事業者については、指定居宅サービス事業者に労働者として使用されている訪問介護員（ホームヘルパー）であっても、同一事業者が行う有料職業紹介事業の紹介により個人家庭に使用され介護保険の給付の対象とならないサービスを提供する者がおり、これらの者については特別加入の加入対象者となること。

　これらの者が特別加入した場合には、指定居宅サービス事業者に使用されている労働者として業務を遂行している際に被災した場合は、指定居宅サービス事業者に使用される労働者として労災保険の適用を受け、個人家庭に使用され介護作業に従事する際に介護作業により被災した場合は、特別加入者として労災保険の適用をうけることとなること。

　なお、これらの者については、特別加入者として介護作業に従事する日数及び時間が少ない場合があるが、特別加入者として労災保険の適用を受ける介護作業のみによる収入等を考慮のうえ給付基礎日額を希望するよう、制度を十分理解させること。

(3) 特別加入手続及び特別加入承認の基準

　特別加入手続及び特別加入承認の基準は、一人親方等及び特定作業従事者の特別加入手続及び特別加入承認の基準（昭和四〇年一一月一日付け基発第一四五四号（以下「基本通達」という。）の記の第二の四及び六の(2)参照）と同様とするほか、次に定めるところによること。

ア 事務の所轄（新労災則第一条第二項及び第三項関係）

　特別加入申請書（告示様式第三四号の一〇）の受付等を取り扱う労働基準監督署は、各特別加入団体の主たる事務所の所在地を管轄する労働基準監督署とし、特別加入の承認等は、当該事務所の所轄労働局長が行うものであること。

イ　承認の基準等

(ア)　介護作業従事者の団体についても、一人親方等の団体と同様に労災保険事務を確実に処理しうる能力を必要とするものであるが、現段階では、その団体の組織、運営方針等も十分に整備されがたいものと予想されるので、当面は、団体としての結成がなされ、その行うべき労災保険事務を、社会保険労務士又は労働保険事務組合に委託することによって、円滑に事務処理しうるような場合には、特別加入の承認を行うこととすること。

(イ)　有料職業紹介事業の許可基準（※）に、「その紹介により就職した者のうち介護作業に従事するものが、労災保険の特別加入を希望する場合に、団体の代表者として所定の申請を行うものであること」を加えることが予定されている（別紙一参照）。

有料職業紹介事業者が、介護作業従事者の団体の代表者である場合は、承認申請に当たって、当該団体から新労災則第四六条の二三第三項に掲げる書類のほか、職業安定法第三二条の四に規定する許可証の写し（別紙二）を提出させること。

（※）有料職業紹介事業の許可基準：有料の職業紹介事業を行う事業所に対する職業安定法第三〇条の規定による厚生労働大臣の許可の基準。

(ウ)　特別加入の申請に対する承認の年月日は、当該申請の日の翌日から起算して一四日の範囲内において申請者が加入を希望する日である。

(4)　特別加入の制限

特別加入の制限については、一人親方等及び特定作業従事者の特別加入承認の基準（基本通達の記の第二の七参照）と同様とすること。

介護作業従事者として二以上の団体の構成員となることがあり、加入要件を満たせば本人の選択によりいずれかの団体の構成員として特別加入できることとなるが、重複加入は認められないこと（新労災法第三五条第二項）。また、誤って重複加入した場合は、先に加入した特別加入が優先し、後から手続した特別加入に係る保険関係は無効となることに十分留意すること。

(5)　業務上外及び通勤災害の認定

ア　業務上外の認定

(ア)　業務遂行性は介護労働者法第二条第一項に規定する介護関係業務に係る作業であって、入浴、排せつ、食事等の介護その他の日常生活上の世話、機能訓練又は看護に係るもの及びこれに直接附帯する行為を行う場合に認めることとすること。

なお、入浴、排せつ、食事等の介護その他の日常生活上の世話とは、身体上又は精神上の障害があることにより日常生活に支障がある者に対する、入浴、排せつ、食事等の介護、調理、洗濯、掃除、買い物等の家事その他の当該者本人に必要な日常生活上の世話であり、直接本人の世話に該当しない行為、日常生活上の世話に該当しない行為は含まないこと。

また、「直接附帯する行為」とは、生理行為、反射的行為、準備・後始末行為、必要行為、合理的行為及び緊急業務行為をいう。例えば、介護用器具の準備・片付け等が該当すること。

(イ)　業務起因性は、労働者の場合に準ずること。

イ　通勤災害の認定

介護作業従事者の住居と作業場との間の往復の実状等から、通勤災害についても労災保険の対象とし、通勤災害の認定については、労働者の場合に準ずること。

ウ　就業の場所間の移動

複数の個人家庭等に使用される介護作業従事者が行うそれぞれの就業の場所間の移動については、業務遂行性は認められないこと。また、当該行為は通勤にも該当しないこと。

(6)　保険給付の請求

ア　保険給付請求書の事業主の証明は、当該特別加入団体の代表者が行うこと。

イ　保険給付に関する事務は、当該特別加入団体の主たる事務所の所在地を管轄する労働基準監督署長が行うこと（新労災則第一条第三項）。

ウ　保険給付の事務のうち、短期給付一元管理システム及び年金・一時金システムについては、特別加入者コードに「介護作業従事者」としてコード「28」を追加し、平成十三年四月二日から稼働させることとしているので、同日以降入力すること。

(7)　保険給付の支給制限

保険給付の支給制限については、昭和四〇年一二月六日付け基発第一五九一号通達の記の第二によること。

(8)　保険料

保険料については、一人親方等及び特定作業従事者の保険料と同様とする（基本通達の記の第二の一三参照）ほか、次に定めるところによること。

ア　保険料率及び特定業種区分（新徴収則第二三条及び別表第五関係）

第二種特別加入保険料率は一〇〇〇分の七、作業の種類の番号は特17とされること。

イ　保険料の納付

特別加入者の保険料については、特別加入者自身が負担するのが原則であるが、個人家庭に使用される介護作業従事者については、他の特別加入者の場合と異なり、介護作業従事者を使用している個人家庭が保険料を実質負担する場合があること。

なお、本日職業安定法施行規則の

一部を改正する省令（平成一三年厚生労働省令第九七号）が公布され、平成一三年三月一日から有料職業紹介事業者が労災保険の特別加入の関係事務を行う場合は、有料職業紹介事業者は、その紹介により就職した介護作業従事者の特別加入保険料に充てるべきものとして、手数料を徴収できるものとされたこと（別紙三参照）

しかし、保険料について、介護作業従事者の団体が事業主とみなしてその納付義務を負うことについては、従来と同様であること。

（平一三・三・三〇　基発第二三三号）

〈特別加入制度に関する改正〉

一　改正の趣旨及び内容

(1)　趣旨

任意加入方式をとっている特別加入制度における給付の適正化を図るため、労働者災害補償保険審議会〔現行＝労働政策審議会〕の建議において「任意加入方式をとっている特別加入制度については、給付の適正化を図るため、一般労働者に課されている雇入れ時の健康診断にならって、加入時に健康診断書の提出を義務付ける」ことにより特別加入制度の合理化を図るべきことが指摘されている。

この建議を受けて、労災法第二七条〔現行＝第三三条〕第一号及び第二号に掲げる者（以下「中小事業主等」という。）並びに同条第三号から第五号までに掲げる者（以下「一人親方等」という。）については、特別加入の申請を行う場合において、これらの者が特別加入者として行う業務又は作業が、一定の業務（新労災則第四六条の一九第三項の「特定業務」）に該当し、これらの者の業務歴に照らし特に必要があると認めるときは、健康診断書を提出させることとしたものである。

(2)　特定業務の範囲

特別加入者の従事する業務が、

①　じん肺法第二条第一項第三号の粉じん作業を行う業務（以下「粉じん業務」という。）

②　労基則別表第一の二第三号の三の身体に振動を与える業務（以下「振動業務」という。）

③　労働安全衛生法施行令別表第四の鉛作業（以下「鉛業務」という。）

④　有機溶剤中毒予防規則第一条第一項第六号の有機溶剤業務（以下「有機溶剤業務」という。）のいずれかに該当する業務（以下「特定業務」という。）であるときには、特別加入の申請書（労災則第四六条の一九第一項又は第四六条の二三第一項）にその者の業務歴を記載しなければならないこととした（新労災則第四六条の一九第三項（新労災則第四六条の二三第四項において準用する場合を含む。）関係）。

(3)　健康診断書提出

中小事業主等又は一人親方等に係る特別加入の申請を受けた所轄局長は、申請に係る中小事業主等又は一人親方等が特別加入者として従事する業務又は作業が特定業務である場合であって、その者の業務歴を考慮し特に必要があると認めるときは、特別加入の申請をした事業主又は団体から、申請に係る中小事業主等又は一人親方等についての所轄局長の指定する病院又は診療所の医師による健康診断の結果を証明する書類その他必要な書類を所轄局長を経由して提出させることとした（新労災則第四六条の一九第四項（新労災則第四六条の二三第四項において準用する場合を含む。）関係）。

(4) 変更の届出の際の取扱い

特別加入の承認を受けた事業主又は団体が、中小事業主等又は一人親方等に新たに該当するに至った旨の届出を行う場合についても、(2)及び(3)と同様に取り扱うこととした。すなわち、新たに特別加入者に該当するに至った者が特別加入者として従事する業務又は作業が特定業務であるときは、当該届出を行う事業主又は団体は変更届（新労災則第四六条の一九第六項（新労災則第四六条の二三第四項において準用する場合を含む。）参照）にその旨のほかその者の業務歴を記載しなければならないものとされ（新労災則第四六条の一九第七項及び第四六条の二三第五項において準用する新労災則第四六条の一九第三項関係）、変更届を受けた所轄局長は、中小事業主又は一人親方に新たに該当するに至った者が生じた旨の届出に係る者が特別加入者として従事する業務又は作業が特定業務である場合であって、その者の業務歴を考慮し特に必要があると認められるときは、又は当該事業主又は団体からその者についての所轄局長の指定する病院又は診療所の医師による健康診断の結果を証明する書類その他必要な書類を所轄署長を経由して提出させることとした（新労災則第四六条の一九第八項及び第四六条の二三第六項において準用する新労災則第四六条の一九第四項関係）。

(5) その他

以上の改正に伴い、「特別加入申請書（中小事業主等）」、「特別加入に関する変更届（中小事業主等及び一人親方等）」及び「特別加入申請書（一人親方等）」について所要の改正を行った（新告示様式第三四号の七、様式第三四号の八及び様式第三四号の一〇関係）。

なお、以上の改正の細目については、別途通達する。

二 施行期日等

この改正は、昭和六二年四月一日から施行され、(2)及び(3)の内容については同日以後に新労災則第四六条の一九第一項又は第四六条の二三第一項の規定により特別加入の申請を行う事業主又は団体について適用することとされた。また、(4)の内容については、労災法第二八条〔現行＝第三四条〕第一項又は第二九条〔同第三五条〕第一項の規定により特別加入の承認を受けた事業主又は団体が、昭和六二年四月一日以後に新労災則第四六条の一九第六項（新労災則第四六条の二三第四項において準用する場合を含む。）の規定により中小事業主等又は一人親方等に新たに該当するに至った者が生じた旨の届出を行う場合について適用することとされた（改正省令附則第二条関係）。

（昭六二・三・三〇　発労徴第二三号、基発第一七四号）

〈特別加入者の承認及び変更に係る手続等の見直しについて〉

特別加入者の承認及び変更に係る手続等については、労働者災害補償保険法施行規則（昭和三〇年労働省令第二二号。以下「労災則」という。）及び昭和四〇年一一月一日付け基発第一四五四号「労働者災害補償保険法の一部を改正する法律第二条の規定の施行について」等の関係通達により行ってきたところであるが、下記のとおり見直したので、遺憾なきを期されたい。

記

一　見直しの経緯と趣旨

従来、特別加入者の従事する業務内容の変更及び特別加入者の追加等があった場合には、法令に定めがある変更等があった旨の届出に加え、実務上、承認・不承認の処分を行い、保険給付の対象者を特定してきた。また、その届出は、労働者災害補償保険法の施行に関する事務に使用する文書の様式を定める件（昭和三五年労働省告示第一〇号。以下「告示」という。）所定の様式により行うものとし、他の様式により行われてもその効果を生じないものとして取り扱ってきたところである。

今般、別添の労働保険審査会の裁決を踏まえて検討を行い、申請者の負担軽減や事務処理の効率化・迅速化等を図る観点から、特別加入申請時の承認通知に、承認後変更が生じた際は届出により効果が生じる旨の附款を付し、変更の届出に係る承認手続を原則として廃止することとした。

また、届け出るべき事項を保険事故が生じる前に告示様式以外の書面等により届け出た場合であっても、一定の要件を満たすときには、告示様式により届け出た場合と同様の効果が生じることとする等の見直しを行ったものである。

二　特別加入者の加入手続

(1)　法的効果の生じる範囲等

特別加入者の変更手続の見直しに伴い、今後、新たな特別加入申請に対する承認の際には、変更届の提出が必要な場合やその効果の発生時期等についての附款を、昭和四〇年一一月一日付け基発第一四五四号「労働者災害補償保険法の一部を改正する法律第二条の規定の施行について」で定める特様式第一号に、明記して通知することとしたこと。

(2)　加入時健康診断

従来、加入時健康診断については、所轄の労働基準監督署長（以下「所轄署長」という。）が特別加入時健康診断指示書に診断実施機関及び実施期間を記載して受診の指示を行ってきたところである。

今後は、特別加入時健康診断指示書には実施期間のみを明示し、特別加入予定者が、所轄の都道府県労働局長（以下「所轄局長」という。）があらかじめ指定した診断実施機関のうちから受診機関を選定することとし、当該受診機関が作成した健康診断証明書を申請書又は変更届に添付して所轄署長を経由して所轄局長に提出することとしたこと。

これに伴い、特別加入時健康診断指示書（特診様式第五号）及び特別加入時健康診断実施依頼書（特診様式第六号）に所要の様式改正を行ったこと。

(3)　家内労働者の加入時の承認

従来、家内労働者の特別加入の承認は、当該承認の日に属する保険年度の末日までの期限付き承認としてきた。

今後も、当該期間の承認であることには変更はないが、当該承認の効力は当該期間に限られる旨の附款を、特様式第一号に明記して通知することとしたこと。

三　特別加入者の変更手続等

(1)　変更決定等の原則廃止

従来、労災則第四六条の一九第一項各号に掲げる事項に変更が生じた場合（労災則第四六条の二三第一項各号、労災則第四六条の二五の二第一項各号に掲げる事項に変更が生じた場合も同じ。以下同じ。）のうち、特別加入者の行う業務内容の変更及び特別加入者の追加等であるときは、変更等の届出を行わせた上、承認内容の変更決定を行ってきたところであり、当該変更決定を行った場合に限り労災保険法所定の効果が生じるとしてきた。

しかしながら、今後は事務処理の迅速化の観点から、加入時健康診断が必要な場合を除き、労災則第四六条の一九第一項各号に掲げる事項に変更が生じた場合には、変更届の提出で足りることとし、変更決定及び通知は不要としたこと。

なお、労働者災害補償保険法所定の効果は、保険事故が生じる前に届出があった場合に限り当該届出の翌日以降一四日以内の希望する日に生じるものであること。

(2)　所定様式以外の様式による届出の取扱い

従来、労災則第四六条の一九第一

項各号に掲げる事項に変更が生じた場合、同様の事項を告示様式以外の様式により政府に届け出ていてもその効果は生じないものとしてきたところである。

　今後も原則として告示様式で届出を行うべきことは変わりはないが、告示様式によらない場合であっても、以下のア及びイのいずれの要件も満たしており、告示様式による届出に相当すると所轄局長が認めたときには、例外的に告示様式による届出と同様に取り扱うこととしたこと。

ア　特別加入者の保険料はもちろんのこと、当該事業の労働保険料に全く未納がないこと。

イ　告示様式以外の書面が、年度更新時に提出される本省又は労働局で定める保険料申告書内訳等であること。

(3)　給付基礎日額の変更決定等

ア　給付基礎日額の変更決定の日等

給付基礎日額は年度の途中での変更は認められないため、翌年度から給付基礎日額の変更を希望する者に対しては、事前に給付基礎日額変更申請書を提出させ、新年度の給付基礎日額を改定すること。

　ただし、昭和四二年二月二一日付け基災発第四号「労災保険事務組合並びに特別加入に関する事務処理について」の記の三の(1)の「年度更新時において特別加入者がすでに決定された給付基礎日額の変更を希望する場合」であって、当該変更申請が変更を希望する年度の六月一日から七月一〇日までになされたときである場合には事後の変更申請を認めることとする。

　なお、その場合においても、保険事故が生じた後の変更申請では給付基礎日額を変更する効力は生じないこと。

イ　給付基礎日額の決定

　原則として当該変更申請書に記載している特別加入者の希望に即して給付基礎日額を定めて差し支えないこと。

　ただし、特別加入者の所得水準の実態と特別加入者の希望する額との間に著しい乖離があることが明らかな場合に限り、当初の額によることなく、妥当な給付基礎日額を定めること。

　なお、労災則第四六条の二〇第六項の規定により、給付基礎日額を定めた場合には特様式第一号による通知を要することに留意すること。

四　書類の保存年限

　特別加入の承認の効力は原則として期限の定めがなく存続し、特別加入者の保険給付を受ける権利は承認の取消等によって変更されることはないことから、特別加入の承認（脱退申請に係るものを含む。）及び変更届に係る関係書類は、少なくとも三〇年保存を要するものとして取り扱うこと。

五　関係通達の改正
関係通達等を別紙一から別紙六までのとおり改めること。

なお、記の一から四までに掲げるもののほか、特別加入の手続等については従前のとおりとすること。
六　施行時期
本通達は、平成二三年四月一日から施行すること。
ただし、本通達のうち、記の三の(3)に係る取扱いは、平成二四年四月一日から施行すること。
別紙一～六略
（平二三・三・二五　基発〇三二五第六号）

〈労災保険の特別加入にかかる加入時健康診断の実施等について〉

標記については、昭和六二年三月三〇日付け労働省発労徴第二三号、基発第一七四号「労働者災害補償保険法及び労働保険の保険料の徴収等に関する法律の一部を改正する法律の施行（第二次分）等について」の記の第五により指示したところであるが、その具体的な取扱いについては下記によることとしたので、事務処理に遺漏なきを期されたい。

記

一　目的
労災保険の特別加入は、任意加入制度であって、希望する時に加入できることとなっているが、加入時に特別加入者の健康状態を確認することとなっていなかった。このため、特別加入者の中には特別加入後短期間のうちに疾病にり患していることが確認されるものや、特別加入前に既に疾病にり患している者が特別加入の申請手続を行い、加入承認後直ちに当該疾病について業務災害として保険給付の請求を行うものが見受けられたところであるが、これらのものに保険給付を行うことは、労災保険に特別加入前の業務が原因となって発生した疾病について保険給付を行うという保険の原理に反する結果ともなりかねないものである。

そこで、こうした不合理が生じないよう、特別加入を希望する者（以下「特別加入予定者」という。）のうち一定の者について特別加入をする際に健康診断（以下「加入時健診」という。）の受診を義務づけ、特別加入予定者の加入時の健康状態を確認し、これにより特別加入者にかかる保険給付を適正に行い、特別加入制度の健全な運営を図ることとしたものである。
二　加入時健診対象業務
特別加入予定者の業務又は作業（以下単に「業務」という。）のうち、加入時健診の対象となる業務（以下「加入時健診対象業務」という。）は、当該業務に内在する有害因子に相当期間にわたり反復ばく露することによって疾病が発症するおそれがある業務のうち、次に掲げる業務とする（労働者災害補償保険法施行規則（以下「労災則」という。）第四六条の一九第三項参照）。

(イ)　じん肺法第二条第一項第三号の粉じん作業を行う業務

(ロ)　労働基準法施行規則別表第一の二第三号三の身体に振動を与える業務

(ハ)　労働安全衛生法施行令別表第四の鉛業務

(ニ)　有機溶剤中毒予防規則第一条第一項第六号の有機溶剤業務

三　業務歴の記載

労働者災害補償保険法（以下「労災法」という。）第二七条〔現行＝第三三条〕第一号から第五号までに掲げる者であって、特別加入者として加入時健診対象業務に従事する者については、事業主又は団体は、特別加入の申請又は特別加入に関する変更の届出を行うに当たり、特別加入申請書（告示様式第三四号の七及び第三四号の一〇。以下「申請書」という。）の別紙又は特別加入に関する変更届（告示様式第三四号の八。以下「変更届」という。）にその者の業務歴を記載しなければならない（労災則第四六条の一九第三項（労災則第四六条の二三第四項において準用する場合を含む。）参照）。

四　加入時健診対象者

加入時健診を必要とする者（以下「加入時健診対象者」という。）は、特別加入者として次表に掲げる業務を行う予定の者であって、かつ、特別加入前に通算してそれぞれの業務に応ずる従事期間を超えて当該業務を行ったことがある者とする。

	特別加入予定の業務の種類	特別加入前に左記の業務に従事した期間
1	粉じん作業を行う業務	3　年
2	身体に振動を与える業務	1　年
3	鉛　業　務	6 カ 月
4	有機溶剤業務	6 カ 月

五　健康診断証明書の提出に関する手続等

(1)　健康診断証明書の提出

所轄都道府県労働基準局長（以下「所轄局長」という。）は、特別加入にかかる申請書又は変更届を受理するに当たって、申請書又は変更届に記載された特別加入予定者の業務内容及び業務歴から判断して、当該特別加入予定者が加入時健診対象者に該当すると認められる場合は、次表の区分により、「健康診断証明書（特別加入用）」（別紙特診様式第一号～第四号。以下「健康診断証明書」という。）を申請書又は変更届に添付させることとする。

なお、「じん肺健康診断証明書」には、じん肺の所見がないと認められる者を除き、加入時健診時のエックス線写真を添付させること。

また、上記の健康診断証明書の作成は、下記六に示す方法により、所轄局長があらかじめ指定した医療機関又は健康診断機関（以下「診断実施機関」という。）において行われることとする。

(2)　加入時健診の実施

加入時健診の指示等は、特別加入団体及び労働保険事務組合の主たる事務所を管轄する労働基準監督署長（以下「所轄署長」という。）が行うこと。

また、加入時健診は、原則として所轄局長があらかじめ指定した診断実施機関に依頼することとするが、加入時健診対象者である特別加入予定者の居住地が管内の診断実施機関の所在地から著しく遠隔地にある場合は、所轄局長以外の都道府県労働基準局長が指定した診断実施機関に依頼して差し支えない。

イ　新たに団体を組織して特別加入の申請を行う場合（労災法第二九条〔現行＝第三五条〕第一項）

(イ)　所轄署長は、申請書に記載された特別加入予定者の業務歴等から上記四により加入時健診の要否を審査し、加入時健診の実施を決定したときは、別紙特診様式第五号の「特別加入健康診断指示書」に加入時健診を実施する診断実施機関及び実施期間等を記載し、当該団体に対し加入時健診の受診の指示を行い、併せて別紙特診様式第六号の「特別加入時健康診断実施依頼書」を加入時健診対象者ごとに各々一部を作成して交付すること。

(ロ)　所轄署長から「特別加入健康診断指示書」による指示を受けた団体は、個々の加入時健診対象者に対し、指示された実施期間内に指示された診断実施機関（以下「指示診断実施機関」という。）で加入時健診を実施させることとする。

なお、受診に際しては、指示診断実施機関に「特別加入時健康診断実施依頼書」を提示させること。

(ハ)　当該団体は、指示診断実施機関が作成した個々の特別加入予定者にかかる「健康診断証明書」をとりまとめ、所轄署長を経由して所轄局長に提出するものとする。

ロ　労災法第二九条〔現行＝第三五条〕第一項の承認を受けた特別加入団体において、新たに特別加入者に該当するに至った者が生じたため、変更届を提出する場合（労災則第四六条の二三第四項において準用する第四六条の一九第六項）

(イ)　特別加入団体は、新たに特別加入者に該当するに至った者が、その者の業務歴等から判断して上記四の加入時健診対象者に該当する場合は、所轄署長に別紙特診様式第七号の「特別加入時健康診断申出書」を提出することとする。

(ロ)　所轄署長は、「特別加入時健康診断申出書」に基づいて加入時健診の実施を決定した場合は、上記イの(イ)の方法に準じて当該特別加入団体に加入時健診の指示を行うこと。

(ハ)　特別加入団体は、加入時健診対象者に対し、「特別加入健康診断指示書」に基づき加入時健診を実施させることとする。

なお、受診に際しては、指示診断実施機関に「特別加入時健康診断実施依頼書」を提示させること。

(ニ)　特別加入団体は、指示診断実施機関が作成した「健康診断証明書」を変更届に添付して所轄署長を経由して所轄局長に提出することとする。

ハ　中小事業主が特別加入の申請を行う場合又は新たに特別加入者に該当するに至った者が生じたため変更届を提出する場合〔労災法第二八条〔現行＝第三四条〕第一項、労災則第四六条の一九第六項〕

(イ)　中小事業主は、中小事業主本人又は中小事業主が行う事業に従事する者がその者の業務歴等から判断して上記四の加入時健診対象者に該当する場合は、所轄署長に「特別加入時健康診断申出書」を提出することとする。

(ロ)　所轄署長は、「特別加入時健康診断申出書」に基づいて加入時健診の実施を決定した場合は、上記イの(イ)の方法に準じて当該中小事業主に「特別加入健康診断指示書」を交付し加入時健診の指示を行うこと。

(ハ)　中小事業主は、加入時健診対象者に対し「特別加入健康診断指示書」に基づき加入時健診を実施させることとする。

なお、受診に際しては、指示診断実施機関に「特別加入時健康診断実施依頼書」を提出させること。

(ニ)　中小事業主は、指示診断実施機関が作成した「健康診断証明書」を申請書又は変更届に添付して所轄署長を経由して所轄局長に提出するものとする。

六　診断実施機関の指定等

(1)　指定及び委託契約

イ　加入時健診は、特別加入予定者の健康状態を的確に把握し、保険給付の適正化を図ることを目的とするものであることから、所轄局長は、健康診断証明書に示された検査項目による検査の実施及び総合的な診断が可能な医療機関又は健康診断機関をあらかじめ指定しておくこと。

ロ　診断実施機関の指定は、健康診断の実施が的確かつ迅速に行われるよう、管内における加入時健診の実施可能な医療機関及び健康診断機関の状況等を把握して行うこと。

ハ　所轄局長は、診断実施機関を指定したときは、別紙様式「労災保険特別加入健康診断委託契約書」を参考にして委託契約を締結すること。

(2)　検査及び診断の費用

加入時健診のための検査及び診断に要する費用は、当該指示診断実施機関からの請求に基づき、労災診療費の額の算出方法の例により算出した額を支払うこと。

また、診断書の作成に要した費用（診断書料）については、昭和五六年九月二日付け基発第五五五号「労災保険における診断書料等の取扱いについて」の記の一の(2)の診断書に要する費用の支給額に準じた額とする。

(3)　検査費用等の請求及び支払い

イ　診断実施機関において加入時健診を行った場合の検査費用及び診断書料の請求は、別紙特診様式第八号「特別加入健康診断費用請求書」により加入時健診を依頼した所轄署長を経由して所轄局長に行うこと。

ロ　所轄署長は、前記請求書が提出されたときはその内容を審査したうえ

	加入時健診対象者の区分	申請書又は変更届に添付する健康診断証明書
一	特別加入者として粉じん作業を行う業務に従事する者であって、特別加入前に通算して三年以上の期間にわたって当該業務に従事したことがあるもの	じん肺健康診断証明書（特別加入用）（特診様式第一号）
二	特別加入者として身体に振動を与える業務に従事する者であって、特別加入前に通算して一年以上の期間にわたって当該業務に従事したことがあるもの	振動障害健康診断証明書（特別加入用）（特診様式第二号）
三	特別加入者として鉛業務に従事する者であって、特別加入前に通算して六カ月以上の期間にわたって当該業務に従事したことがあるもの	鉛中毒健康診断証明書（特別加入用）（特診様式第三号）
四	特別加入者として有機溶剤業務に従事する者であって、特別加入前に通算して六カ月以上の期間にわたって当該業務に従事したことがあるもの	有機溶剤中毒健康診断証明書（特別加入用）（特診様式第四号）

で、所轄局長に回付すること。

ハ　所轄局長は、上記の検査費用及び診断書料を労災勘定、(項) 労働福祉事業費、(目) 診療等委託費により支払うこと。

七　特別加入予定者の健康状態の確認等

(1)　所轄局長は、上記五によって提出された健康診断証明書に基づいて、各疾病ごとに次の方法により特別加入予定者の健康状態を確認することとする。

なお、健康診断証明書だけでは健康状態の確認が困難な場合には、専門医から健康診断結果について医学的所見を徴したうえで行うこと。

イ　じん肺又はじん肺の合併症

じん肺健康診断証明書の診断結果及びエックス線写真について、呼吸器疾患関係の専門医の意見を求め、その意見に基づいて、じん肺法第四条に規定するじん肺管理区分に準じたじん肺の程度を確認することとし、併せて、じん肺合併症 (じん肺法施行規則第一条各号に掲げる疾病) の有無についても確認すること。

ロ　振動障害

振動障害健康診断証明書に示された加入時健診対象者の症状又は障害が「振動障害の認定基準について」(昭和五二年五月二八日付け基発第三〇七号) に掲げる症状又は障害であって、療養を要すると認められる程度にあるか否かについて確認すること。

なお、症状又は障害の程度が療養を要すると認められるまでに進行していない者であっても、当該症状又は障害の程度が「チェンソー取扱い業務に係る健康管理の推進について」(昭和五〇年一〇月二〇日付け基発第六一〇号) によって示された健康管理区分のいずれかに該当するものであるかについても確認しておくこと。

ハ　鉛、その合金又は化合物による中毒症

鉛中毒健康診断証明書に示された症状及び検査数値が「鉛、その合金又は化合物 (四アルキル鉛を除く。) による疾病の認定基準について」(昭和四六年七月二八日付け基発第五五〇号) に掲げる症状及び検査数値から判断して療養を要すると認められる程度にあるか否かについて確認すること。

ニ　有機溶剤による中毒症

有機溶剤中毒健康診断証明書に示された症状及び検査数値が、「脂肪族化合物、脂環式化合物、芳香族化合物 (芳香族化合物のニトロ又はアミノ誘導体を除く。) 又は、複素環式化合物のうち有機溶剤として用いられる物質による疾病の認定基準について」(昭和五一年一月三〇日付け基発第一二二号) に掲げる症状及び検査数値から判断して、療養を要すると認められる程度にあるか否かについて確認すること。

(2) (1)により確認された事項は、後日、特別加入者から職業性疾病にかかる保険給付請求があった場合に、当該疾病についての業務起因性を検討するうえで重要な判断資料ともなるものであり、また、健康診断証明書はその裏付け資料となるものなので、所轄局長は確認事項を申請書別紙又は変更届の備考欄に記録、整備しておくとともに、その写しを所轄署長あて回付し、また、提出された健康診断証明書は、特別加入時に提出された申請書又は変更届と合わせて保存しておくこととする。

八 加入承認時における加入時健診結果の取扱い

(1) 特別加入の制限

加入時健診の結果、当該特別加入予定者が既に当該疾病にり患していると認められる場合は、次により特別加入についての制限を行うこととする。

イ 特別加入予定者の症状又は障害の程度が、一般的に就労することが困難であり、療養に専念しなければならないと認められる場合は、従事する業務にかかわらず、特別加入を認めない。

例えば、じん肺管理区分の管理四に相当する者、じん肺の合併症にり患している者は特別加入を認めないこととなる。

ロ 特別加入予定者の症状又は障害の程度が、当該業務からの転換が必要と認められる場合は、当該業務に係る特別加入は認めない。

例えば

(イ) エックス線写真の像がじん肺法で定める第三型又は第四型（大陰影の大きさが一側の肺野の三分の一以下のものに限る。）で、じん肺による著しい肺機能の障害がないと認められるものに相当する者は、粉じん作業を行う業務を除く業務に限り特別加入を認めることとなる。

(ロ) 「チェンソー取扱い業務に係る健康管理の推進について」（昭和五〇年一〇月二〇日付け基発第六一〇号）の健康管理区分Cに相当する者は、身体に振動を与える業務を除く業務に限り特別加入を認めることとなる。

ハ 上記ロに該当する者のうち労災則第四六条の一八第三号に該当する者（家内労働者）であって、当該業務から他の業務に転換した場合に特別加入者となり得ない者については、特別加入は認めない。

例えば、家内労働者のうち、有機溶剤等を使用して行う業務に従事する者（労災保険法施行規則第四六条の一八第三号のハに該当する者）として特別加入を予定している者が、有機溶剤中毒にり患しており、有機溶剤業務からの転換が必要と認められる場合がこれに該当する。

ニ 特別加入予定者の症状又は障害の程度が、上記イ、ロ、ハの程度まで進行していない場合は、特別加入についての制限は行わない。

(2)　特別加入の制限についての通知

特別加入の申請又は変更の届出に係る事業主又は団体に対する加入制限の通知は、次により行うこととする。

イ　特別加入の申請に関して不承認の決定を行った場合

所轄局長は、加入時健診の診断結果に基づき、当該特別加入の申請について承認しないこととしたときは、別紙特様式第三号によりその旨を当該事業主又は団体に通知すること。

ロ　特別加入の申請に関して、特定の特別加入予定者を除いて、加入承認を行うこととした場合

所轄局長は、申請書別紙に掲げられた特別加入予定者のうち、加入時健診の診断結果に基づき、特定の者について特別加入を認めないこととしたうえで特別加入を承認することとしたときは、別紙特様式第一号により団体にその旨を当該事業主又は団体に通知すること。

ハ　既に特別加入の承認を受けている事業主又は特別加入団体から、新たに特別加入者に該当する者として変更の届出があった者に関して特別加入を認めないこととした場合

所轄局長は、変更届に掲げられた者について特別加入を認めないこととした場合は、別紙特様式第七号により当該事業主又は特別加入団体にその旨通知することとする。

ニ　(1)のロにより特別加入を認める場合には、その旨を申請書の別紙又は変更届に記載し、その写しを別紙特様式第一号に添付して、当該事業主又は特別加入団体に送付すること。

九　保険給付の支給決定時における加入時健診の結果の取扱い

イ　特別加入者にかかる業務上の災害として保険給付の対象となる疾病は、特別加入者としての業務を遂行する過程において、当該業務に起因して発症したことが明らかな疾病に限定されるものであり、特別加入前に発症した疾病及び特別加入前の事由により発症した疾病に関しては、当然保険給付は行われない。

従って、加入時に既に当該疾病の症状が労災保険の療養補償給付の対象となる程度まで進行していたことが明らかな者については、特別加入後に当該症状を事由とする保険給付の請求があっても保険給付は行われないものであること。

ロ　上記八の(1)のニに該当する者として特別加入を認められた者から特別加入後に当該疾病にり患したとして保険給付の請求があった場合は、特別加入前又は加入後の有害因子へのばく露のいずれが当該疾病の発症の有力な要因であるかについて医学的に判断することとし、加入時点における疾病の程度及び特別加入後における有害因子へのばく露濃度、ばく

露期間等からみて、加入前の業務に主たる要因があると認められる場合には保険給付は行わないこと。

ハ　特別加入後に保険給付の請求があった場合であって、上記イ、ロにより特別加入者として保険給付を受けられないときであっても、特別加入前に労働者として当該業務に従事した期間がある場合には、その期間の有害因子へのばく露の状況を十分調査し、その間の業務が当該疾病の有力な原因となっていると認められる場合には、労働者に係る保険関係により給付手続を行うこと。

別紙〈略〉

（昭六二・三・三〇　基発第一七五号、平七・一一・三〇　基発第六九二号）

〈特別加入の加入時健康診断における検査項目の一部改正について〉

労災保険の特別加入に係る加入時健康診断については、昭和六二年三月三〇日付け基発第一七五号通達（以下「一七五号通達」という。）等をもって取り扱っているところであるが、今般、加入時健康診断における検査項目の一部を下記のとおり改正することとしたので、事務処理に遺漏なきを期されたい。

記

1　改正の趣旨

現行の加入時健康診断における検査項目は、昭和六二年に加入時健康診断制度が創設された際に設定されたものであるが、近年の健康診断における検査技術の進歩や加入時健康診断の実施状況等を踏まえて、今般、鉛健康診断及び有機溶剤健康診断に係る検査項目について所要の改正を行うこととしたものである。

2　改正の内容

一七五号通達記の5(1)の「健康診断証明書（特別加入用）」において記載されている検査項目のうち、「鉛中毒健康診断証明書」（以下「特診様式第三号」という。）及び「有機溶剤中毒健康診断証明書」（以下「特診様式第四号」という。）に基づく検査項目の一部を次のように改正する。

なお、上記検査項目の改正に伴い、特診様式第三号及び特診様式第四号を別添のとおり改正することとする。

(1)　鉛中毒健康診断

イ　特診様式第三号の4　血液の項目において、「全血比重」、「ヘマトクリット値」、「好塩基点赤血球数」及び「その他（　）」を削除する。

ロ　特診様式第三号の5　尿の項目において、「コプロポルフィリン」、「鉛量」及び「その他（　）」を削除する。

(2)　有機溶剤中毒健康診断

イ　特診様式第四号の7　血液・尿検査において、血液の「全血比重」、「ヘマトクリット値」及び尿の「ウロビリノーゲン」を削除する。

ロ　肝機能検査については、「GOT」、「GPT」及び「γ－GTP」の三項目を必ず実施すべき検査項目として新設し、原則として、これにより肝機能障害の有無を判断することとする。

ハ　腎機能検査については、尿中の「蛋白」を従来どおり必ず実施すべき検査項目とし、原則として、これにより腎機能障害の有無を判断することとする。

ニ　加入時健康診断を受診する者が一定の有機溶剤等を取り扱っていた場合については、当該有機溶剤等の種類に応じた尿中の有機溶剤の代謝物の量の測定を必ず実施すべき検査項目として新設する。

3　適用

本通達による取扱いは、平成八年一月一日以降に加入時健康診断を指示する者について適用することとする。

なお、実施に当たっては、健康診断実施医療機関等に対し十分な周知を図ること。

4　その他

改正後の様式については、本省で別途管理換することとする。

なお、加入時健康診断の取扱いに当たっては、従来どおり一七五号通達等によること。

別添　〈略〉

（平七・一二・三〇　基発第六九二号）

〈労働者災害補償保険法施行規則及び労働保険の保険料の徴収等に関する法律施行規則の一部を改正する省令の施行について〉（抄）

労働者災害補償保険法施行規則及び労働保険の保険料の徴収等に関する法律施行規則の一部を改正する省令（平成七年労働省令第五号。以下「改正省令」という。）が平成七年二月一〇日に公布され、同年四月一日から施行されることとなった。

ついては、下記の事項に留意の上、事務処理に遺漏なきを期されたい。

なお、これにより、昭和四一年四月四日付け基災発第一〇号は廃止する。

記

第一　特別加入者の給付基礎日額の一部改正について

特別加入者の給付基礎日額については、従来三、五〇〇円から一六、〇〇〇円までの間で示された金額の中から決定することとされていたが、昨年一二月一六日付けの労働者災害補償保険審議会の建議を受けて、給付基礎日額の上限額を引き上げることとし、新たに一八、〇〇〇円及び二〇、〇〇〇円の給付基礎日額を加えることとした（労働者災害補償保険法施行規則（昭和三〇年労働省令第二二号。以下「労災則」という。）第四六条の二〇第一項の改正）。

また、この改正に伴い、給付基礎日額が一八、〇〇〇円及び二〇、〇〇〇円の場合に対応する保険料算定基礎額六、五七〇、〇〇〇円及び七、三〇〇、〇〇〇円を加えることとした（労働保険の保険料の徴収等に関する法律施行規則（昭和四七年労働省令第八号。以下「徴収則」という。）別表第四の改正）。

第二　特別加入保険料の算定基礎額の特例について

1　改正の内容

(1)　改正の趣旨

現行の特別加入者に対する保険料算定基礎額は、原則として、年度単位の定額制をとっているが、年度途中で加入・脱退があった場合は、加入月数に応じた保険料算定基礎額により特別加入保険料を算定するようにとの要望がなされており、今般、特別加入保険料の算定基礎額を特別加入者の加入期間（加入月数）に応じた額とする改正を行うこととした。

(2)　改正の内容

現行の特別加入者に対する保険料算定基礎額は、同一年度内の特別加入期間の長短にかかわらず、原則として、年度単位の定額制としているが、今般の改正により、新たに特別加入者となったとき又は特別加入から脱退したときは、当該事由に該当する年度内の特別加入保険料は、特別加入月数に応じた保険料算定基礎額により算定することとする特例を設けることとした（徴収則第二一条、第二二条及び第二三条の二の改正）。

2　事務処理上の留意事項

改正省令の施行後における特別加入者の保険料算定基礎額の適用については、次によるものとする。

(1)　改正省令は、平成七年四月一日の施行日以後に第一種特別加入者、第二種特別加入者及び第三種特別加入者として労災保険の適用を受けることとされた者及び同日以後に特別加入者でなくなった者の特別加入保険料の算定基礎額について適用すること。（改正省令附則第三条、第五条、第六条）

(2)　平成七年三月三一日以前に労災保険に係る保険関係が成立している有期事業については、第一種特別加入者の特別加入保険料の算定基礎額は、改正前の算定基礎額を適用し、平成七年四月一日以後に労災保険に係る保険関係が成立した有期事業については、改正省令による特別加入保険料の算定基礎額を適用すること。（改正省令附則第四条）

（平七・二・二〇　発労徴第五号、基発第七四号）

〈船員保険制度の統合に伴う特別加入に関する取扱いについて〉

雇用保険法等の一部を改正する法律（平成一九年法律第三〇号。以下「改正法」という。）の一部の施行により、船員保険制度について、労働者災害補償保険制度及び雇用保険制度に相当する部分がそれぞれの制度に統合されることに伴い、現在、労働者災害補償保険法（昭和二二年法律第五〇号）第三条において適用除外とされている船員保険法（昭和一四年法律第七三号）の規定による船員保険の被保険者については、平成二二年一月一日の改正法の施行後は、労働者災害補償保険（以下「労災保険」という。）が適用されることとなる。

これに伴い、船員保険から労災保険への円滑な制度移行を図るため、統合時における特別加入に係る事務処理を、今般、下記のとおり定めたので、遺漏なきようされたい。

なお、下記に示す取扱いは船員保険との統合に当たって特に留意すべき事項について示したものであり、下記に示す事項以外については従来どおり「労災保険特別加入関係事務の取扱い」（平成一四年四月）によることとする。

記

一　本通達の趣旨

本通達は、今回の統合に伴い、新たに労災保険の特別加入の対象となる船員について、特別加入の取扱い、統合時における特例及び周知・広報等について定めたものである。

二　特別加入者の範囲

(1)　中小事業主等

中小事業主等の判断については、昭和四〇年一一月一日付け基発第一四五四号「労働者災害補償保険法の一部を改正する法律第二条の規定の施行について」の記第一及び第二によることとなるため、平成二二年一月一日以降に新たに「船員法（昭和二二年法律第一〇〇号）第一条に規定する船員を使用して行う船舶所有者（船員保険法（昭和一四年法律第七三号）第三条に規定する場合にあっては、同条の規定により船舶所有者とされる者）の事業」として適用を受ける事業主等についても、上記通達により判断を行うこと。

(2)　一人親方その他の自営業者とその事業に従事する者

一人親方その他の自営業者とその事業に従事する者（以下「一人親方等」という。）については、船員法第一条に規定する船員が行う事業を労働者を使用しないで行うことを常態とする者を対象とすること。

三　中小事業主等の特別加入手続の特例

(1)　申請書の受理

中小事業主等の特別加入は、本来

既に成立した労働者に係る保険関係が存在していることを前提としているものであるが、平成二一年中に特別加入申請書が提出された場合には、保険関係が成立していない場合であってもこれを受理すること。

(2) 承認等の手続

平成二一年中に受理した特別加入申請書(「加入を希望する日」が平成二二年一月一日とされているものに限る。)であって、平成二二年一月一日に労働者に係る保険関係が成立したものについては、同日を特別加入に係る都道府県労働局長の承認の日として取り扱うこと。

四 一人親方等の特別加入手続の特例

(1) 申請書の受理

平成二一年中に一人親方等に係る特別加入申請書が、提出された場合には、これを受理し、平成二二年一月一日以降に承認を行うこと。

(2) 承認等の手続

船員法第一条に規定する船員が行う事業に従事する一人親方等が特別加入をするためには、当該事業に関する特別加入団体の設置が必要となる。

また、特別加入の申請に際しては、特別加入団体と各特別加入希望者についての審査が必要となる。

特別加入団体の承認については、以下に定める外は昭和四〇年一一月一日付け基発第一四五四号通達に定めるとおりとする。

ア 加入申請者たる団体は、一人親方等を構成員とする単一団体であることが必要であるが、制度移行時に限り、構成員の人数に関しては申請時は一名であっても、複数名の加入を排除していないと認められる場合、特別加入団体として承認を行って差し支えないこと。

イ 「業務災害の防止に関する措置及び事項の内容を記載した書類」については、船員法第一条に規定する船員が行う事業に関しては当該書類の作成及び提出の義務を免除すること。

ウ 特別加入団体の地区に関しては、新規の事業としての特別加入団体を設立しなければならない等の事情から、制度移行時に限り、当該団体の地区がその主たる事務所の所在地を中心として労働保険の保険料の徴収等に関する法律施行規則(昭和四七年労働省令第八号。以下「徴収則」という。)第六条第二項第四号に定める区域を超えるものであっても承認を行って差し支えないが、原則、当該事務所の所在地のブロックを超えない範囲であることとすること。

具体的なブロックの範囲については、別途示すこととしている。

五 特別加入者の保険料

平成二一年度の特別加入者の保険料における概算保険料の算定基礎額は、平成二二年一月一日以降の加入日から平成二二年三月三一日までの加入月数に応じ、徴収則別表第四特別加入保険料算定基礎額表に基づき算定すること。

六　周知・広報等について

改正法施行後の船員保険（以下「新船員保険」という。）においては、労災保険から受ける給付が改正法施行前の船員保険から受ける給付に満たない場合の差額相当分の上乗せ支給を行うこととしているが、当該上乗せ支給を受けるためには、労災保険からの給付を受けていることが必要とされているところである。

そのため、新船員保険からの上乗せ支給を受けるためには、特別加入する必要がある。

この点を踏まえ、本来、特別加入の加入は任意であるものの、できる限り特別加入者として労災保険を適用していく必要があることから、都道府県労働局においては、新たに労災保険の特別加入の対象となる船員、労働保険事務組合等の関係団体等に対し、特別加入の制度の概要や加入手続について漏れのない周知を行うとともに、加入が強く推奨されることを説明し、特別加入の申請を強く勧奨すること。

（平二一・一二・二八　基発一二二八第四号）

〈船員保険制度の統合に伴う特別加入に関する取扱いの詳細について〉

雇用保険法等の一部を改正する法律（平成一九年法律第三〇号。以下「改正法」という。）の一部の施行による船員保険との統合時における特別加入手続の取扱いについては、平成二一年一二月二八日付け基発一二二八第四号（以下、「局長通達」という。）をもって示されたところであるが、その運用に当たっては下記の事項に留意されたい。

記

一　中小事業主等

(1)　労働者数の判断に係る留意点

中小事業主等とは、その使用する労働者の総数が常時三〇〇人（金融業、保険業、不動産業又は小売業にあっては五〇人、卸売業又はサービス業にあっては一〇〇人）以下の労働者を使用する事業主であるが、船員法（昭和二二年法律第一〇〇号）第一条に規定する船員を使用して行う船舶所有者（船員保険法（昭和一四年法律第七三号）第三条に規定する場合にあっては、同条の規定により船舶所有者とされる者）の事業（以下「船舶所有者の事業」という。）のほかに労働者を使用する事業を営む事業主にあっては、各事業で使用する労働者数を合計し、事業全体としての労働者数によって中小事業主等に当たるか否かの判断を行うこと。

例えば、漁業の場合、個々の事業の使用労働者数が常時三〇〇人以下であっても、事業全体の労働者数が常時三〇〇人を超えるときは、中小事業主等に当たらない。

(2) 事業の業種を判断する上での留意点

金融業、保険業、不動産業、卸売業、小売業又はサービス業等の業種の区分については日本標準産業分類によること。また、二以上の異種事業を行う事業主にあっては、それぞれの事業に使用する労働者数により、いずれの業種に該当するかの判断を行うこと。

(3) 複数の事業を営む特別加入者の承認に当たっての留意点

中小事業主等の特別加入については、当該事業に係る保険関係を基礎として認められているものであるため、複数の事業を行う事業主が、いずれの事業においても特別加入することを希望する場合、それぞれの保険関係ごとに特別加入の手続が必要となること。

例えば、船員法の適用を受ける船舶及び受けない船舶の両方により事業を行い、いずれの事業においても特別加入を希望する場合には、両方の事業についてそれぞれ特別加入の手続を行う必要がある。

(4) 書類の受理等

平成二一年中に特別加入申請書が窓口に提出された場合の取扱いは以下のとおりとすること。

ア　特別加入申請書の労働保険番号については空欄であっても受理し、平成二二年一月一日以降に当該事業場の保険関係が成立した時点で、労働保険番号を記入し承認の手続を行うこと。

イ　提出された書類に労働保険番号が空欄である以外の不備があった場合は、受付印の押印を行い、不備となっている箇所について説明を行った上で、書類を全部返却し、再度提出するよう指導すること。書類返却の際には書類のコピーを取得して不備返戻簿に記載し、補正に要する時間を勘案の上文書により督促を行い、その事跡を残しておくこと。

ウ　上記の返戻手続を行った申請書について、不備箇所が修正された書類が提出された場合、最初に受付印を押印した日をもって申請があったものとして取り扱うこと。

二　一人親方等

(1) 特別加入団体の事業に係る留意点

「船員法第一条に規定する船員が行う事業」には、事業の実態として漁業、貨物運輸業、旅客船事業等の様々な事業が含まれることとなるが、実態の業種ごとに区分することなく、構成員が現在の船員保険法の被保険者である事業は、すべて当該事業として取り扱うこと。

このため、特別加入の申請がなされた団体の構成員が異なる職種の者であっても、構成員が船員法第一条に規定する船員である場合、「船員法第一条に規定する船員が行う事業」に従事する団体に該当する。

(2) 特別加入団体の承認に係る留意点

特別加入団体の承認に関する要件については、以下のとおりとすること。

ア　局長通達において、制度移行時の特例として、加入申請時には構成員が一名であったとしても、複数名の加入を排除していないと認められる場合には特別加入団体として承認して差し支えないとされたところであるが、複数名の加入を排除していないと認められる場合とは次の二つの要件をすべて満たす場合をいう。

①　定款又は規約等の内容が当該団体に複数の者の加入が予定されているものであると認められること。

②　代表者が今後構成員が複数名となるよう努める旨の誓約をしていること。

イ　船員に関しては、船員労働安全衛生規則（昭和三九年運輸省令第五三号）により、危害の防止及び船内衛生の保持に関し、船舶所有者のとるべき措置及びその基準並びに船員の遵守するべき事項が規定されているため、労働者災害補償保険法施行規則（昭和三〇年労働省令第二二号）第四六条の二三第三項の改正を行い、「業務災害の防止に関する措置及び事項の内容を記載した書類」の提出は不要としたこと。

ウ　特別加入団体の地区に関しては、当該団体の地区がその主たる事務所の所在地を中心として労働保険の保険料の徴収等に関する法律施行規則（昭和四七年労働省令第八号）第六条第二項第四号に定める区域を超えるものであっても原則として当該所在地のブロック内であれば承認を行って差し支えないこととしているが、ブロックとは以下のとおりである。

なお、当該ブロックを超える範囲での申請があった場合、本省に協議すること。

ブロック	都道府県
北海道	北海道
東北	青森県、岩手県、宮城県、秋田県、山形県、福島県
関東	東京都、神奈川県、茨城県、栃木県、群馬県、埼玉県、千葉県、山梨県
北陸	新潟県、富山県、石川県、福井県
中部	長野県、岐阜県、静岡県、愛知県、三重県
関西	滋賀県、和歌山県、京都府、大阪府、兵庫県、奈良県
中国	鳥取県、島根県、岡山県、広島県、山口県
四国	徳島県、香川県、愛媛県、高知県

九州	福岡県、佐賀県、長崎県、熊本県、大分県、宮崎県、鹿児島県、沖縄県

エ　事業内容等を確認するために、団体の承認申請の際に添付することを義務付けている定款、規約の様式を参考までに別途示すので、活用すること。

(3)　複数の事業を営む一人親方等の承認に当たっての留意点

「船員法第一条に規定する船員が行う事業」のほかに、「漁船による水産動植物の採補の事業」を行っている者が両方の事業について特別加入を希望する場合は、それぞれ「船員法第一条に規定する船員が行う事業」及び「漁船による水産動植物の採補の事業」について特別加入の手続が必要となること。

(4)　書類の受理等

平成二一年中に特別加入申請書が労働基準監督署に提出された場合、受付印を押印し、控を返却すること。

なお、不備があった場合及び不備修正後に再度提出された場合の取扱いについては、上記一の(4)と同様である。

三　周知・広報について

労働局においては、管内の全船舶所有者や労働保険事務組合等に対し、特別加入の制度の概要等について十分に周知を行うこと。

局長通達で示されたように、改正法の施行後の船員保険からの上乗せ支給を受けるには労災保険から給付を受けていることが必要とされているため、船員保険の被保険者たる船舶所有者については個別に周知等を行い、平成二一年中にもれなく手続が行われるよう特段の努力を払うこと。

なお、その際に周知や指導を行った船舶所有者ごとに周知の実績等の記録を残すこと。

また、中小事業主等の特別加入に関しては労働保険事務組合への事務委託が必要となるため、新たに労働保険事務組合の許認可申請を行う組合だけでなく、既存の労働保険事務組合に対しても制度の統合に関する周知を行うこと。

なお、周知に当たっては、特別加入制度の加入は任意であるものの、改正法の施行後の船員保険法における上乗せ支給の取扱いを踏まえると、加入が強く推奨されることを説明する必要があることから、労働局労災補償課と労働保険徴収課室との共催の説明会の実施や労働保険徴収課室の説明に労働局労災補償課が同行する等、関係部署と連携して行うこと。

（平二一・一二・二八　基労補発一二二八第一号）

（中小事業主等の特別加入）

第三十四条　前条第一号の事業主が、同号及び同条第二号に掲げる者を包括して当該事業について成立する保険関係に基づきこの保険による業務災害及び通勤災害に関する保険給付を受けることができる者とすることにつき申請をし、政府の承認があつたときは、第三章第一節から第三節まで及び第三章の二の規定の適用については、次に定めるところによる。

一　前条第一号及び第二号に掲げる者は、当該事業に使用される労働者とみなす。

二　前条第一号又は第二号に掲げる者が業務上負傷し、若しくは疾病にかかつたとき、その負傷若しくは疾病についての療養のため当該事業に従事することができないとき、その負傷若しくは疾病が治つた場合において身体に障害が存するとき、又は業務上死亡したときは、労働基準法第七十五条から第七十七条まで、第七十九条及び第八十条に規定する災害補償の事由が生じたものとみなす。

三　前条第一号及び第二号に掲げる者の給付基礎日額は、当該事業に使用される労働者の賃金の額その他の事情を考慮して厚生労働大臣が定める額とする。

四　前条第一号又は第二号に掲げる者の事故が徴収法第十条第二項第二号の第一種特別加入保険料が滞納されている期間中に生じたものであるときは、政府は、当該事故に係る保険給付の全部又は一部を行わないことができる。これらの者の業務災害の原因である事故が前条第一号の事業主の故意又は重大な過失によつて生じたものであるときも、同様とする。

2　前項の承認があつた後にお

いても、政府の承認を受けて、同号及び同条第二号に掲げる者を包括して保険給付を受けることができる者としないこととすることができる。

3　政府は、前条第一号の事業主がこの法律若しくは徴収法又はこれらの法律に基づく厚生労働省令の規定に違反したときは、第一項の承認を取り消すことができる。

4　前条第一号及び第二号に掲げる者の保険給付を受ける権利は、第二項の規定による承認又は前項の規定による第一項の承認の取消しによつて変更されない。これらの者が同条第一号及び第二号に掲げる者でなくなったことによっても、同様とする。

条文解説

本条は、中小事業主（法人その他の団体であるときは、代表者）及びその事業に従事する労働者以外の者の特別加入の手続、特別加入の法律効果、特別加入者に係る支給制限、特別加入の脱退手続、政府の職権による特別加入承認の取消し及び保険給付を受ける権利の不変更につき定めたものである。

関係政省令等

（中小事業主等の特別加入）

則第四十六条の十九　法第三十四条第一項の申請は、次に掲げる事項を記載した申請書二通を所轄労働基準監督署長を経由して所轄都道府県労働局長に提出することによつて行わなければならない。

一　事業主の氏名又は名称及び住所

二　申請に係る事業の労働保険番号及び名称並びに事業場の所在地

三　法第三十三条第一号及び第二号に掲げる者の氏名、その者が従事する業務の内容並びに同条第二号に掲げる者の当該事業主との関係

四　労働保険事務組合に、労働保険事務の処理を委託した日

2　前項第四号に掲げる事項については、労働保険事務組合の証明を受けなければならない。

3　法第三十三条第一号及び第二号に掲げる者の従事する業務が、次の各号のいずれかに該当する業務（以下「特定業務」という。）である場合は、第一項各号に掲げる事項のほか、同項の申請書にその者の業務歴を記載しなければならない。

一　じん肺法第二条第一項第三号の粉じん作業を行う業務

二　労働基準法施行規則（昭和二十二年厚生省令第二十三号）別表第一の二第三号3の身体に振動を与える業務

三　労働安全衛生法施行令別表第四の鉛業務

四　有機溶剤中毒予防規則第一条第一項第六号の有機溶剤業務

4　所轄都道府県労働局長は、第一項の規定による申請に係る法第三十三条第一号及び第二号に掲げる者の従事する業務が特定業務である場合であつて、その者の業務歴を考慮し特に必要があると認めるときは、第一項の規定による申請をした事業主から、その者についての所轄都道府県労働局長が指定する病院又は診療所の医師による健康診断の結果を証明する書類その他必要な書類を所轄労働基準監督署長を経由して提出させるものとする。

5　所轄都道府県労働局長は、第一項の規定による申請を受けた場合において、当該申請につき承認することとしたときは、遅滞なく、文書で、その旨を当該事業主に通知しなければならない。当該申請につき承認しないこととしたときも、同様とする。

6　法第三十四条第一項の承認を受けた事業主は、第一項第三号に掲げる事項に変更を生じた場合又は法第三十三条第一号及び第二号に掲げる者に新たに該当するに至つた者若しくはこれらに掲げる者に該当しなくなつた者が生じた場合には、遅滞なく、文書で、その旨を所轄労働基準監督署長を経由して所轄都道府県労働局長に届け出なければならない。

7　第三項の規定は、前項の規定により法第三十三条第一号及び第二号に掲げる者に新たに該当するに至った者が生じた旨の届出を行う場合について準用する。その場合において、第三項中「第一項各号に掲げる事項のほか、同項の申請書」とあるのは、「その旨のほか、第六項の届出に係る文書」と読み替えるものとする。

8　第四項の規定は、第六項の規定による法第三十三条第一号及び第二号に掲げる者に新たに該当するに至つた者が生じた旨の届出に係る者の従事する業務が特定業務である場合について準用する。この場合において、第四項中「第一項の規定による申請」とあるのは、「第六項の規定による届出」と読み替えるものとする。

則第四十六条の二十　法第三十三条第一号及び第二号に掲げる者の給付基礎日額は、三千五百円、四千円、五千円、六千円、七千円、八千円、九千円、一万円、一万二千円、一万四千円、一万六千円、一万八千円及び二万円のうちから定める。

2　前項に規定する者に関し支給する休業補償給付又は休業給付の額の算定の基礎として用いる給付基礎日額の算定については、同項の給付基礎日額を法第八条の規定により給付基礎日額として算定した額とみなして法第八条の二第一項及び法第八条の五の規定の例による。

3　第一項に規定する者に関し支給する年金たる保険給付又は障害補償一時金、遺族補償一時金、障害一時金若しくは遺族一時金の額の算定の基礎として用いる給付基礎日額の算定については、同項の給付基礎日額を法第八条の規定により給付基礎日額として算定した額とみなして法第八条の三第一項（法第八条の四において準用する場合を含む。）及び法第八条の五の規定の例による。

4　第一項に規定する者に関し支給する葬祭料又は葬祭給付の額に係る第十七条（第十八条の十一において準用する場合を含む。）の規定の適用については、第十七条中「法第八条の四」とあるのは、「第四十六条の二十第三項」とする。

5　所轄都道府県労働局長は、第一項の給付基礎日額を定めるに当たり、特に必要があると認めるときは、法第三十四条第一項の申請をした事業主から、法第三十三条第一号及び第二号に掲げる者の所得を証明することができる書類、当該事業に使用される労働者の賃金の額を証明することができる書類その他必要な書類を所轄労働基準監督署長を経由して提出させるものとする。

6　所轄都道府県労働局長は、第一項の給付基礎日額を定めたときは、法第三十四条第一項の承認を受けた事業主に通知するものとする。

則第四十六条の二十一　法第三十四条第二項の政府の承認の申請は、次に掲げる事項を記載した申請書二通を所轄労働基準監督署長を経由して所轄都道府県労働局長に提出することによつて行わなければならない。
一　労働保険番号
二　事業主の氏名又は名称及び住所
三　事業の名称及び事業場の所在地
四　申請の理由

則第四十六条の二十二　所轄都道府県労働局長は、法第三十四条第三項の規定により同条第一項の承認を取り消したときは、遅滞なく、文書で、その旨を当該事業主に通知しなければならない。

参照条文

〔保険関係の成立　徴収三〕〔保険給付　七①・一二の八・二一〕〔特別加入の申請等　則四六の一九〕〔特別加入者の給付基礎日額　則四六の二〇〕〔事業主の故意又は過失のある場合　民七〇九〕〔期間　四三〕〔特別加入除外の承認申請　則四六の二一〕〔特別加入の承認の取消　則四六の二二〕〔特別加入者の保険料　徴収一〇・一三〕

解釈例規

〈**中小事業主等の特別加入について**〉
一　中小事業主等の特別加入手続
(1)　事務組合に対する労災保険事務の処理の委託（法第二七条〔現行＝第三三条〕第一号）
特別加入をすることができる中小事業主は、事務組合に対し労災保険事務の処理を委託する者に限られる。
(2)　加入申請（法第二八条〔現行＝第三四条〕、則第四六条の一九、告示様式第三四号の七）
イ　中小事業主の特別加入は、その使用する労働者に関して成立する保険関係を基礎とし、かつ、労働者以外でその事業に従事する者との包括加入を前提として認められるものであるから、任意適用事業にあっては、労働者について任意加入の申込みをしないままに中小事業主のみ特別加入することはできない。なお、任意加入の申込みと特別加入の申請とは同時に行なうことができる。

ロ　同一の中小事業主が二以上の事業についてそれぞれ保険加入をし、事務組合に労災保険事務の処理を委託しているときは、当該事業主及びその事業に従事する者は、一の事業のみについて特別加入することができるのはいうまでもないが、二以上の事業について重ねて特別加入をすることも妨げない。

ハ　中小事業主の行なう事業に従事する者は、当該中小事業主とともに包括加入をすることになるが、その具体的範囲は、名簿（告示様式第三四号の七別紙）によって確定することとし、名簿に登載されていない者は、特別加入者として扱わない。もちろん、名簿に登載されていても、法第二七条〔現行＝第三三条〕第二号に該当しない者は、特別加入者として扱うことはできない。

したがって、中小事業主及びその事業に従事する者に異動等があった場合には、その旨を遅滞なく、届け出るよう指導されたい（則第四六条の一九第六項、告示様式第三四号の八）。

(3)　業務の内容（則第四六条の一九第一項第三号、告示様式第三四号の七別紙）

中小事業主及びその事業に従事する者については、その業務の範囲を明確にし、業務上外の認定の適正を期するため、申請書別紙について、各人の業務の内容を具体的に明記させるよう指導されたい。

(4)　特別加入の承認等の手続

イ　承認通知

特別加入の申請に対する所轄都道府県労働基準局長の承認は、当該申請の日の翌日から起算して一四日の範囲内において申請者が加入を希望する日とすることとし、その通知は、別添一の通知書（特様式第一号）により行うこととする。

ロ　不承認通知

特別加入の申請に対する不承認通知は、別添二の通知書（特様式第三号）により行うこととする。

ハ　変更通知

則第四六条の一九第六項（則第四六条の二三第四項及び則第四六条の二五の二第二項により準用する場合を含む。）により届出のあった事項のうち、特別加入者の行う業務内容の変更及び特別加入者の追加については、当初の特別加入の承認の内容の要素となる事項の変更であり、当該当初の特別加入の承認の変更決定がなされない限り効果が生じないため、所轄都道府県労働基準局長は、当該変更内容を適当と認めるときは、当該届出の日の翌日から起算して一四日の範囲内において当該届出を行う者が変更を希望する日付けにより承認内容変更決定を行うこととする。なお、その通知については、当分の間、別添一の通知書（特様式第一号）により行うこととする。

ニ　変更内容の不承認

上記ハの場合において、所轄都道府県労働基準局長が当該変更内容を不適当と認めるときは、その旨の通知を別添三の通知書（特様式第七号）により行うこととする。

二　特別加入承認の基準

(1)　中小事業主等の場合

中小事業主等については、当該事業の労災保険事務が事務組合に委託されることのほか、特別加入の承認について特段の制約はないが、当該事業を労働者を使用しないで行なうことを常態とする事業主及びその事業に従事する者については、制度の趣旨及び法第二七条〔現行＝第三三条〕第三号との関連からいって、加入を認めないこととする。

三　特別加入者たる地位の消滅

(1)　脱退（法第二八条〔現行＝第三四条〕第二項、法第二九条〔同第三五条〕第三項、法第三〇条〔同第三六条〕第二項、則第四六条の二一、告示様式第三四号の九）

イ　特別加入した中小事業主は、政府の承認を受けて脱退することができる。脱退の承認申請は、特別加入の承認申請の場合と同様に、労働者以外の者で当該事業に従事する者を包括して行なわなければならない。なお、脱退の承認の通知は、別添一の通知書（特様式第一号）により、承認年月日は当該特別加入の脱退の申請の日から起算して一四日の範囲内において申請者が脱退を希望する日とする。脱退の承認があったときは、当該承認があった日の翌日に特別加入者たる地位が消滅するものとして取り扱う。

(2)　特別加入承認の取消し等（法第二八条〔現行＝第三四条〕第三項、法第二九条〔同第三五条〕第四項、法第三〇条〔同第三六条〕第二項、則第四六条の二一、則第四六条の二五、則第四六条の二五の三）

中小事業主又は一人親方その他の自営業者若しくは特定作業従事者の団体若しくは海外派遣者が、労災保険法又は同法施行規則の規定に違反した場合において、政府が特別加入の承認を取り消し、又は保険関係の消滅をさせたときは、特別加入者たる地位はその時に消滅する。

特別加入の承認の取消又は保険関係の消滅の通知は、別添四の通知書（特様式第四号）により行うこと。

(3)　自動消滅

イ　特別加入者が法第二七条〔現行＝第三三条〕各号に掲げる者に該当しなくなったときは、それらの者に該当しなくなった時に特別加入者たる地位は、自動的に消滅する。

ロ　中小事業主等の特別加入は、その使用する労働者について成立している保険関係の存続を前提として認められるものである（法第二八条〔現行＝第三四条〕第一項）から、当該保険関係が消滅したときは、その消滅の日に特別加入者たる地位も、自動的に消滅する。

四　業務上外の認定（法第三一条〔現行＝第三七条〕、則第四六条の二六）

特別加入者の業務又は作業（職場適応訓練等の作業を除く。）の内容は、労働者の場合と異なり、労働契約に基づく他人の指揮命令により他律的に決まるものではなく、当人自身の判断によっていわば主観的に決まる場合が多いから、その業務又は作業の範囲を確定することが通常困難である。このことは、法第二七条〔現行＝第三三条〕第一号及び第三号該当者において特に著しい。

このため、特別加入者の業務災害については、一般的な基準の設定が本省局長に委任されたのであり、特別加入者についての業務上外の認定は、加入申請書記載の業務又は作業の内容を基礎とし、本省局長作成の基準に従って行なうこととなる。この基準については、別途通達する。

五　保険給付

(1)　特別加入者も労働者とみなされ、法第三章第一節及び第二節並びに第三章の二の規定による保険給付を受けることができるが、休業補償給付については、所得喪失の有無にかかわらず、療養のため「業務遂行性が認められる範囲の業務又は作業について」全部労働不能であることがその支給事由となるものである。

（注）　全部労働不能とは入院中又は自宅就床加療中若しくは通院加療中であって、上記の業務遂行性が認められる範囲の業務又は作業ができない状態をいう。

たとえば、建設業の一人親方が請負工事現場（自家内作業場を含む。）における作業及び請負契約のための下見等業務遂行性が認められる行為が行えないことが客観的に認められる場合は、休業補償給付が支給されることとなる。

(2)　保険給付を受ける権利は、その者が特別加入者でなくなっても、変更されない（法第二八条〔現行＝第三四条〕第四項、法第二九条〔同第三五条〕第五項、法第三〇条〔同第三六条〕第二項）。

六　給付基礎日額（法第二八条〔現行＝第三四条〕第一項第三号、法第二九条〔同第三五条〕第一項第六号、法第三〇条〔同三六条〕第一項第二号則第四六条の二〇、則第四六条の二四、則第四六条の二五の三）

(1)　特別加入者は賃金を受けないので、その給付基礎日額は、労働大臣が定めることとされているが、具体的には、三、五〇〇円、四、〇〇〇円、五、〇〇〇円、六、〇〇〇円、七、〇〇〇円、八、〇〇〇円、九、〇〇〇円、一〇、〇〇〇円、一二、〇〇〇円、一四、〇〇〇円、一六、〇〇〇円、一八、〇〇〇円及び二〇、〇〇〇円のうちから、都道府県労働基準局長が定める（則第一条第一項）。なお、家内労働者等については、当分の間、一二、〇〇〇円、二、五〇〇円及び三、〇〇〇円の給付基礎日額も認められる（労働者災害補償保険法施行規則及び労働保険の保険料の徴収等に関する法律施行規則の一部を改正する省令（昭和六〇年労働省令第四号）附則第二条第三項）。

(2) 給付基礎日額については、事務簡素化の見地からは、事務組合又は一人親方その他の自営業者若しくは特定作業従事者の団体ごとに額が統一されることが望ましいが、具体的決定にあっては、特別加入者の希望を考慮し、実情に即するよう配慮されたい（告示様式第三四号の七別紙、告示様式第三四号の一〇別紙、告示様式第三四号の一一別紙）。

(3) 給付基礎日額は、加入承認時における決定の後、必要に応じて改定することもできるが、少なくとも一年間は固定しておくこととし、改定にあたっては、あらためて希望を徴することとする。

七　支給制限

支給制限については、特別加入者が、労働者とみなされることにより、法第一二条の二の二の規定が適用される。なお、具体的な運用の基準については、別途通達する。（昭和四〇年一一月六日付け基発第一五九一号通達の記の第二参照）。

八　保険料

(1) 保険料率

イ　中小事業主等については、それらの者がその事業に使用される労働者とみなされるから、当然、その事業についての保険料率が適用される。

ロ　百人以上の労働者を使用する継続事業に対するメリット制の適用にあたっては、その事業について特別加入した中小事業主等も労働者数に算入される。

ハ　一人親方等及び特定作業従事者については、一人親方その他の自営業者及び特定作業従事者の団体ごとに則別表第一〇（特別加入事業保険料率表）に定める保険料率が適用される（則第四六条の二五）。

(2) 賃金総額（法第二五条〔現行＝第三一条〕第三項、則第二四条の二第二号及び第三号、則第二六条の二、則第二六条の三、則別表第五、改正省令附則第二項）。

賃金総額の算定にあたっては、各特別加入者の給付基礎日額に応ずる「賃金総額の算定の基礎となる額」（則別表第五右欄）を用いる。具体的な算定方法は、次のとおりである。

イ　中小事業主等の場合

(イ) 継続事業にあっては、当該年度における特別加入者各人の「賃金総額の算定の基礎となる額」を合計し、これを労働者の賃金の総額と総計したものが、その事業の賃金総額となる（則第二六条の二）。なお、「賃金総額の算定の基礎となる額」は、当該保険年度における当該特別加入者の特別加入期間及び稼働期間の長短にかかわらず、徴収則別表第五右欄に定める額による。

(ロ) 有期事業にあっては、特別加入者ごとに、その特別加入期間の年数（暦に従って計算した年数）を別表第五右欄の「賃金総額の算定の基礎となる額」に乗じて得た額がその者の「賃金総額の算定の基礎となる額」となる。その場合、別表第五右欄の額に乗ずべき年数は、特別加入期間が一年未満であるときは一年とし、一年をこえ二年未満であるときは二年とし、二年をこえ三年未満であるときは三年とし、以下同様とする（則第二六条の二第二号）。このようにして算入した各人の「賃金総額の算定の基礎となる額」を合計し、これを労働者の賃金の総額と総計したものが、その事業の賃金総額となる（則第二六条の二）。

(3) 保険料の納付

イ 特別加入の承認を受けた中小事業主等は、その事業に使用される労働者とみなされるので、中小事業主は、労働者とみなされる中小事業主自身及びその事業に従事する者に係る部分の保険料とその事業の本来の労働者に係る部分の保険料とを一括して納付する義務を負う。

ロ 一人親方等及び特定作業従事者に係る保険料については、特別加入の承認を受けたこれらの者の団体が任意適用事業及びその事業主とみなされ、かつ、これらの者は当該事業に使用される労働者とみなされるので、当該団体が事業主としてその納付義務を負う。団体のみが直接かつ最終的な納付義務者となるわけであるから、納付の督促、延滞金の賦課滞納処分等の保険料徴収に関する措置は、団体に対してのみ行なうことができる。なお、当該団体が構成員等から保険料相当額をいかなる方法で徴収するかは、団体の内部問題である。

(注) 現行条文を引用

（昭四〇・一一・一　基発第一四五四号、昭四九・二・一三　基発第七二号、昭四九・三・二五　基発第一五一号、平三・三・一　基発第一二三号、平三・四・一二　基発第二五九号、平五・三・二四　基発第一七七号、平一一・二・一八　基発第七七号、平一一・一二・三　基発第六九五号）

〈特別加入者である中小事業主が委託する労働保険事務組合を変更する場合等の取扱いについて〉

中小事業主等の特別加入については、昭和四〇年一一月一日付け基発第一四五四号「労働者災害補償保険法の一部を改正する法律第二条の規定の施行について」等により取り扱っているところであるが、特別加入者である中小事業主が労働保険事務の処理を委託する労働保険事務組合（以下「旧事務組合」という。）との委託を解除し、異なる労働保険事務組合（以下「新事務組合」という。）に労働保険事務の処理を委託する場合及び労働保険事務組合の合併に伴い労働保険事務の処理を新事務組合に委託することとなる場合（以下「委託変更」という。）等について、今後、下記のとおり統一的に取り扱うこととするので、事務処理に遺漏なきを期されたい。

記

一　委託変更に伴う特別加入の取扱いについて

(1)　地位の継続の取扱い

特別加入者である中小事業主が委託変更を行う場合であって、旧事務組合との委託を解除した日の翌日に新事務組合への委託を開始するとき（以下「継続委託」という。）は、旧事務組合との委託を解除した日をもって特別加入から脱退することを希望する場合を除き、特別加入者の地位は継続するものとして取り扱うこと。

(2)　理由

中小事業主等の特別加入は、労働者災害補償保険法（以下「労災法」という。）第三三条第一号の規定により、中小事業主が労働保険事務の処理を委託する組合に労働保険事務の処理を委託することを要件としている。このため、特別加入者である中小事業主が労働保険事務組合との委託を解除した場合には、労災法第三三条第一号に掲げる者に該当しないことから、特別加入者の地位は自動的に消滅するものとして取り扱っているところである。

ところで、特別加入者である中小事業主が委託変更を行う場合については、一旦、旧事務組合との委託を解除した上で、新たに新事務組合への委託を行うことから、実務上の取扱いとしては、単に労働保険事務組合との委託を解除する場合と同様、委託を解除することにより労災法第三三条第一号に掲げる者に該当しないものとして、特別加入者の地位は自動的に消滅するものとして取り扱われ、当該中小事業主が引き続き特別加入を希望する場合には、改めて特別加入申請書（告示様式第三四号の七。以下「加入申請書」という。）が提出されているところである。

しかしながら、特別加入者である中小事業主が継続委託を行う場合には、単に労働保険事務組合との委託を解除する場合と異なり、中小事業主等の特別加入の要件である労働保険事務組合に労働保険事務の処理を委託している状態は継続しているため、その場合には旧事務組合との委託の解除をもって特別加入者の地位が自動的に消滅すると取り扱うことは適当ではないことから、上記(1)のとおり取り扱うこととしたものであること。

二　継続委託の場合の事務処理について

特別加入者である中小事業主が継

続委託する場合であって、引き続き特別加入を希望するときは、以下の事務処理を行うこと。

(1)　労働保険事務組合の事務処理

ア　新事務組合は、当該労働保険事務組合の主たる事務所を管轄する労働基準監督署又は公共職業安定所（以下「監督署等」という。）に「事務処理委託届（様式第一号、以下「委託届」という。）」を提出する際に、旧事務組合が発行した「労働保険事務委託解除通知書（組様式第一一号。以下「委託解除通知書」という。）」の写しを特別加入者から徴した上で、添付する。

イ　特別加入者の地位は継続することから、旧事務組合は特別加入脱退申請書（告示様式第三四号の八。以下「脱退申請書」という。）を、また、新事務組合は加入申請書の提出を各々要しないものであること。

また、新事務組合は、委託届の提出を省略することができる場合（市町村の合併に伴い労働保険事務組合の認可を受ける商工会及び商工会議所が合併する場合）には、委託解除通知書の提出も要しないこと。

ウ　新事務組合は、その備え付けている「労働保険事務処理委託事業主名簿（様式第一八号。以下「委託事業主名簿」という。）」の特別加入の承認年月日欄には、旧事務組合を通じて行った特別加入申請に関する承認年月日を転記する。

(2)　監督署等の事務処理

委託届及び委託解除通知書の写し（以下「委託届等」という。）の提出を受けた監督署等は、当該委託届に記載された新事務組合との委託年月日と委託解除通知書に記載された旧事務組合との委託解除年月日の確認を行い、継続委託に該当する場合には、「中小事業主等特別加入者名簿（適用事務様式五）」等に特別加入の承認年月日等の必要事項を転記の上、当該委託届等を局に進達すること。

三　委託を解除する場合の事務処理について

特別加入者である中小事業主が継続委託を行うことなく、単に労働保険事務組合との委託を解除する場合には、委託を解除することにより特別加入者の地位が自動的に消滅することとなるため、労働保険事務組合は脱退申請書の提出を要しないものであること。

この場合、労働保険事務組合は、その備え付けている委託事業主名簿の特別加入の脱退年月日欄には、当該中小事業主が労働保険事務組合との委託を解除した日を記載すること。

四　留意事項について

(1)　上記二により、特別加入者である中小事業主が継続委託を行う場合であって引き続き特別加入するときは、特別加入の承認内容は、同時に特別加入に関する変更届（告示様式第三四号の八）が提出された場合を除き、従前のものと同一であること。

⑵　特別加入者である中小事業主が継続委託を行う場合であっても、当該中小事業主が特別加入の継続を希望しない場合には、脱退申請書の提出を要するものであること。

五　周知について

　本取扱いについては、管下の労働保険事務組合に対して速やかに周知すること。

　なお、社団法人全国労働保険事務組合連合会に対しては、その傘下の労働保険事務組合に周知の徹底を図るよう本省から依頼を行うこととしている。

（平一六・一二・一　基発第一二〇一〇〇二号）

〈就業実態のない中小事業主の特別加入の取扱いについて〉

　中小事業主等の特別加入については、労働者災害補償保険法第三四条第一項の規定により、事業主（事業主が法人その他の団体であるときは代表者。以下同じ。）が事業主と当該事業に従事するその他の者を包括して加入（以下「包括加入」という。）申請を行わなければならないとされているところであるが、一部の事業主の就業の実態及び特別加入制度の趣旨等を勘案し、今後、下記により、特定の事業主について包括加入の対象から除外することができることとしたので、事務処理に遺漏なきを期されたい。

記

一　就業実態のない事業主の取扱い

　中小事業主等の特別加入においては、事業主が事業主と当該事業に従事するその他の者を包括して加入申請を行い、政府の承認を受けることにより労災保険が適用されるものであり、事業主自身が加入することが前提となっている。

　しかしながら、これらの中小事業主の中には、病気療養中、高齢等の事情により実態として当該事業場において就業していない者（以下「就業実態のない事業主」という。）もいることが指摘されていたところである。

　このような実態を勘案すると、業務の実情、災害の発生状況等に照らし実質的に労働者に準じて保護するにふさわしい者に対し労災保険の適用を及ぼそうとする特別加入制度の趣旨からして、実態として当該事業場において就業していない者まで包括して加入させることは必ずしも適当でないと考えられる。

　このため、今後、就業実態のない事業主が自らを包括加入の対象から除外することを申し出た場合には、当該事業主を特別加入者としないこととする。

二　包括加入の対象から除外することができる事業主の範囲

就業実態のない事業主として包括加入の対象から除外することができる者は、次のいずれかに該当する者とする。

(1)　病気療養中、高齢その他の事情のため、実際に就業しない事業主

(2)　事業主の立場において行う事業主本来の業務のみに従事する事業主

三　就業実態のない事業主に係る特別加入の手続

(1)　新たに特別加入申請を行う中小事業主が就業実態のない事業主に該当するため自らを特別加入者としないことを希望する場合には、「特別加入申請書」(告示様式第三四号の七)に、その事情を記載した理由書を添付させるとともに、「特別加入申請書」の別紙において当該事業主を除外して加入申請を行わせること。都道府県労働局長は、理由書から判断して就業実態のない事業主と認めるときは、当該事業主を除外した加入申請について承認を行うこと。

(2)　既に加入を承認されている中小事業主が就業実態のない事業主に該当するため自らを特別加入者としないことを希望する場合には、「特別加入に関する変更届」(告示様式第三四号の八。以下「変更届」という。)に、その事情を記載した理由書を添付して提出させること。都道府県労働局長は、理由書から判断して就業実態のない事業主と認めるときは、当該事業主を特別加入者としないことにつき、承認内容変更決定を行うこと。

承認内容変更決定については、昭和四〇年一一月一日付け基発第一四五四号(以下「基本通達」という。)の記の第2の3(4)ハに準じて行うこと。

この場合、承認内容変更決定の日に当該事業主の特別加入者たる地位が消滅するものとして取扱うこと。

(3)　上記(1)又は(2)により特別加入していない事業主が、就業することとなったため特別加入することについて申し出があった場合には、改めて変更届を提出させ、当該事業主を特別加入者とすることにつき、承認内容変更決定を行うこと。

承認内容変更決定については、通常の特別加入者の追加の場合と同様、基本通達の記の第2の3(4)ハに基づいて行うこと。

四　適用

本通達は、平成一五年七月一日以後に加入承認又は承認内容変更決定を行うものについて適用する。

(平一五・五・二〇　基発第〇五二〇〇〇二号)

〈**特別加入者の通勤災害保護制度の新設について**〉

一　特別加入者に係る通勤災害に関する保険給付についても、当該災害が特別加入保険料を滞納している期間中に発生したものである場合には、

支給制限が行われる。支給制限の内容は、業務災害に関する保険給付の支給制限の場合と同様である（新法第二八条〔現行＝第三四条〕第一項第四号及び第二九条〔同第三五条〕第一項第七号）。

二　通勤災害について保護を与えられることとなる特別加入者（中小事業主等、建設事業、林業及び医薬品の配置販売業の一人親方等並びに職場適応訓練受講者）に関しては、昭和五二年度から、特別加入保険料率が一、〇〇〇分の一引き上げられる（新徴収法第一三条、新徴収則別表第五）。

（昭五二・三・三〇　基発第一九二号）

〈労働者災害補償保険法施行規則の一部改正について〉

労働者災害補償保険法施行規則等の一部を改正する省令（昭和五八年労働省令第一〇号。以下「改正省令」という。）が昭和五八年三月二三日に公布され、同年四月一日から施行されることとなった。

ついては、下記の事項に留意のうえ、事務処理に遺漏のないよう留意されたい。

なお、改正省令のうち、労働保険の保険料の徴収等に関する法律施行規則の一部を改正する省令（昭和五八年労働省令第五号）の一部を改正する部分の施行については、別途通達するところ（昭和五八年三月二八日付発労徴第一二号、基発第一五六号参照）によるものであるので、了知されたい。

記

一　労働者災害補償保険の特別加入者の給付基礎日額の決定に当たり、必要な資料の提出を求める規定の新設

(1)　趣旨

労働者災害補償保険の特別加入者の給付基礎日額については、当該事業に使用される労働者等の賃金の額その他の事情を考慮して労働大臣が定めることとされているところである（労働者災害補償保険法（以下「法」という。）第二八条〔現行＝第三四条〕第一項第三号（法第二九条〔現行＝第三五条〕第一項第六号及び第三〇条〔同第三六条〕第一項第二号において読み替えて準用する場合を含む。））。

しかしながら、特別加入者の給付基礎日額の決定に当たっては、特別加入者の希望を聴取し、おおむねこれに即して給付基礎日額の決定を行うこととして従来から運用しているところであるが、例えば、給付基礎日額の変更がいわゆる年度更新事務と並行して行われているため、年度更新期間中に被災した場合に高額の給付基礎日額に変更を申請する事案、非災害性の疾病について健康診断の直前になって高額な給付を受けることを目的として従前の給付基礎日額に比し著しく高額な給付基礎日額に変更を申請する事案、特別加入

制度に新規に加入する場合に当該地域における同種の労働者の平均的な所得水準から判断して著しく高額の給付基礎日額を希望する事案等制度の適正な運用上望ましくないとみられる事案が生じ、特別加入者間等における負担の公平上大きな問題となっているところである。

このような事案に対処するため、特別加入制度の趣旨に即した適切な給付の実施の必要性、特別加入者等相互間の費用負担の公平の確保の必要性等の観点から、特別加入者の所得水準の実態と特別加入者の希望に係る給付基礎日額との間の著しい乖離の是正を図るため、必要な資料の提出を求める根拠を明らかにしたものである（改正省令による改正後の労働者災害補償保険法施行規則（以下「新労災則」という。）第四六条の二〇第二項（新労災則第四六条の二四及び同第四六条の二五の三において読み替えて準用する場合を含む。）。

したがって、本規定は、このような著しい乖離が生じており、かつ、特別加入制度の健全な運営を阻害すると認められる事案について運用すべきものであって、すべての特別加入者について一律に運用すべき趣旨のものでないこと、すなわち給付基礎日額の決定は原則として特別加入者の希望に即して行うという取扱いの基本的な枠組みについては変更がないことはもちろんである。

(2)　規定の内容及び運用

都道府県労働基準局長は、特別加入者の給付基礎日額の決定に当たって、前記(1)の趣旨に照らし必要があると認められる場合には、当該特別加入者に対し本人の所得水準又は同種の労働者・作業従事者の所得水準を証明することができる資料（特別加入者に係る公的機関発行の所得証明書、同種労働者の賃金台帳の写し等）の提出を求めることとするものとする。

なお、これらの提出資料により特別加入者の希望する給付基礎日額が給付額の算定の基礎として適当でないと認められる場合には、所轄都道府県労働基準局長は、更に希望を徴する等して妥当な給付基礎日額を決定することとする。

二　特別加入の対象となる特定作業に関する字句の整理

いわゆる職場適応訓練を受ける者については、従来から労働省令で定める作業に従事する者（いわゆる「特定作業従事者」）として労働者災害補償保険に特別加入することが認められるが（法第二七条〔現行＝第三三条〕第五号、労働者災害補償保険法施行規則第四六条の一八）、今回、職場適応訓練として行われる作業に関する字句を整理し、「国又は地方公共団体が実施する求職者を作業環境に適応させるための訓練として行われる作業」と改め、いわゆる職場適応訓練の範囲を明確にすることとした。

なお、本改正は単なる字句の整理であって、特別加入の対象となる作業である職場適応訓練の範囲に関しては変更がないものであるので念のため申し添える。

（昭五八・三・二四　基発第一五〇号）

（一人親方等の特別加入）

第三十五条　第三十三条第三号に掲げる者の団体又は同条第五号に掲げる者の団体が、当該団体の構成員である同条第三号に掲げる者及びその者に係る同条第四号に掲げる者又は当該団体の構成員である同条第五号に掲げる者の業務災害及び通勤災害（これらの者のうち、住居と就業の場所との間の往復の状況等を考慮して厚生労働省令で定める者にあつては、業務災害に限る。）に関してこの保険の適用を受けることにつき申請をし、政府の承認があつたときは、第三章第一節から第三節まで（当該厚生労働省令で定める者にあつては、同章第一節及び第二節）、第三章の二及び徴収法第二章から第六章までの規定の適用については、次に定めるところによる。

一　当該団体は、第三条第一項の適用事業及びその事業主とみなす。

二　当該承認があつた日は、前号の適用事業が開始された日とみなす。

三　当該団体に係る第三十三条第三号から第五号までに掲げる者は、第一号の適用事業に使用される労働者とみなす。

四　当該団体の解散は、事業の廃止とみなす。

五　前条第一項第二号の規定は、第三十三条第三号から第五号までに掲げる者に係る業務災害に関する保険給付の事由について準用する。この場合において同条第五号に掲げる者に関しては、前条第一項第二号中「業務上」とあるのは「当該作業により」と、「当該事業」とあるのは「当該作業」と読み替えるものとする。

六　第三十三条第三号から第五号までに掲げる者の給付基礎日額は、当該事業と同種若しくは類似の事業又は当該作業と同種若しくは類似の作業を行う事業に使用される労働者の賃金の額その他の事情を考慮して厚生労働大臣が定める額とする。

七　第三十三条第三号から第五号までに掲げる者の事故が、徴収法第十条第二項第三号の第二種特別加入保険料が滞納されている期間中に生じたものであるときは、政府は、当該事故に係る保険給付の全部又は一部を行わないことができる。

2　一の団体に係る第三十三条第三号から第五号までに掲げる者として前項第三号の規定により労働者とみなされている者は、同一の種類の事業又は同一の種類の作業に関しては、他の団体に関し重ねて同号の規定により労働者とみなされることはない。

3　第一項の団体は、同項の承認があつた後においても、政府の承認を受けて、当該団体についての保険関係を消滅させることができる。

4　政府は、第一項の団体がこの法律若しくは徴収法又はこれらの法律に基づく厚生労働省令の規定に違反したときは、当該団体についての保険関係を消滅させることができる。

5　第三十三条第三号から第五号までに掲げる者の保険給付を受ける権利は、同条第三号又は第五号に掲げる者が第一項の団体から脱退することによつて変更されない。同条第三号から第五号までに掲げる者がこれらの規定に掲げる者でなくなつたことによつても、同様とする。

条文解説

本条は、建設の事業など厚生労働省令で定める種類の事業を労働者を使用しないで行うことを常態とする者及びその者が行う事業に従事する労働者以外の者並びに特定の農作業その他厚生労働省令で定める種類の作業に従事する者の特別加入の手続、特別加入後の法律効果、特別加入者に係る支給制限、同種の事業又は作業に関する二重加入の禁止、特別加入の脱退手続、政府の職権による保険関係の消滅及び保険給付を受ける権利の不変更につき定めたものである。

関係政省令等

（一人親方等の特別加入）

則第四十六条の二十二の二　法第三十五条第一項の厚生労働省令で定める者は、第四十六条の十七第一号又は第三号に掲げる事業を労働者を使用しないで行うことを常態とする者及びこれらの者が行う事業に従事する者並びに第四十六条の十八第一号又は第三号に掲げる作業に従事する者とする。

則第四十六条の二十三　法第三十五条第一項の申請は、次に掲げる事項を記載した申請書二通を当該申請をする団体の主たる事務所の所在地を管轄する労働基準監督署長を経由して当該事務所の所在地を管轄する都道府県労働局長に提出することによつて行わなければならない。

一　団体の名称及び主たる事務所の所在地

二　団体の代表者の氏名

三　団体の構成員が行なう事業の種類又は団体の構成員が従事する作業の種類

四　法第三十三条第三号に掲げる者の団体にあつては、同号に掲げる者及びその者に係る同条第四号に掲げる者の氏名、これらの者が従事する業務の内容並びに同条第四号に掲げる者の同条第三号に掲げる者との関係

五　法第三十三条第五号に掲げる者の団体にあつては、同号に掲げる者の氏名及びその者が従事する作業の内容

2　法第三十五条第一項の申請をしようとする団体（第四十六条の十七第七号に掲げる事業を労働者を使用しないで行うことを常態とする者の団体及び第四十六条の十八第三号に掲げる作業に従事する者の団体を除く。）は、あらかじめ、法第三十三

条第三号から第五号までに掲げる者の業務災害の防止に関し、当該団体が講ずべき措置及びこれらの者が守るべき事項を定めなければならない。

3　第一項の申請書には、次に掲げる書類を添えなければならない。ただし、第四十六条の十七第七号に掲げる事業を労働者を使用しないで行うことを常態とする者の団体及び第四十六条の十八第三号に掲げる作業に従事する者の団体にあつては、第二号の書類の提出を必要としない。

一　定款、規約等団体の目的、組織、運営等を明らかにする書類

二　前項の規定により当該団体が定める業務災害の防止に関する措置及び事項の内容を記載した書類

4　第四十六条の十九第三項の規定は第一項の規定による申請を行う場合に、同条第四項の規定は第一項の規定による申請に係る法第三十三条第三号から第五号までに掲げる者の従事する業務又は作業が特定業務である場合に、第四十六条の十九第五項の規定は第一項の規定による申請を受けた場合に、同条第六項の規定は第一項第四号若しくは第五号に掲げる事項若しくは前項の書類に記載された事項に変更を生じた場合又は法第三十三条第三号から第五号までに掲げる者に新たに該当するに至つた者若しくはこれらに掲げる者に該当しなくなつた者が生じた場合に準用する。この場合において、第四十六条の十九第三項中「第三十三条第一号及び第二号」とあるのは「第三十三条第三号から第五号まで」と、「従事する業務」とあるのは「従事する業務又は作業」と、「第一項各号」とあるのは「第四十六条の二十三第一項各号」と、同条第四項中「第一項の規定による申請をした事業主」とあるのは「第四十六条の二十三第一項の規定による申請をした団体」と、同条第五項中「第一項」とあるのは「第四十六条の二十三第一項」と、「事業主」とあるのは「法第三十四条第一項」と、同条第六項中「法第三十五条第一項」と、「事業主」とあるのは「団体」と、「第一項第三号」とあるのは「第四十六条の二十三第一項第四号及び第五号」とする。

5　第四十六条の十九第三項の規定は、前項において準用する第四十六条の十九第六項の規定により法第三十三条第三号から第五号までに掲げる者に新たに該当するに至つた者が生じた旨の届出を行う場合について準用する。この場合において、第四十六条の十九第三項中「法第三十三条第一号及び第二号」とあるのは「法第三十三条第三号から第五号まで」と、「従事する業務」とあるのは「従事する業務又は作業」と、「第一項各号に掲げる事項のほか、同項の申請書」とあるのは「その旨のほか、第四十六条の二十三第四項

において準用する第六項の届出に係る文書」と読み替えるものとする。

6　第四十六条の十九第四項の規定は、第四項において準用する第四十六条の十九第六項の規定による法第三十三条第三号から第五号までに掲げる者に新たに該当するに至つた者が生じた旨の届出に係る者の従事する業務又は作業が特定業務である場合について準用する。この場合において、第四十六条の十九第四項中「第一項の規定による申請をした事業主」とあるのは、「第四十六条の二十三第四項において準用する第六項の規定による届出をした団体」と読み替えるものとする。

則第四十六条の二十四　第四十六条の二十の規定は、法第三十三条第三号から第五号までに掲げる者の給付基礎日額について準用する。この場合において、第四十六条の二十第四項中「第四十六条の二十第三項」とあるのは「第四十六条の二十四において準用する第四十六条の二十第三項」と、同条第五項中「当該事業に使用される労働者の賃金」とあるのは、「当該事業と同種若しくは類似の事業又は当該作業と同種若しくは類似の作業を行う事業に使用される労働者の賃金」と読み替えるものとする。

則第四十六条の二十五　所轄都道府県労働局長は、法第三十五条第四項の規定により法第三十三条第三号又は第五号に掲げる者の団体についての保険関係を消滅させたときは、遅滞なく、文書で、その旨を当該団体に通知しなければならない。

昭和六〇年改正労災則附則（昭六〇・三・九労働省令第四号、改正平一三・三・二三　厚生労働省令第三一号）

（労働者災害補償保険法施行規則の一部改正に伴う経過措置）

第二条

1・2　〈略〉

3　改正後の労働者災害補償保険法施行規則（以下「新規則」という。）第四十六条の十八第三号に掲げる作業に従事する者の給付基礎日額に関しては、当分の間、新規則第四十六条の二十四において準用する新規則第四十六条の二十第一項中「三千円」とあるのは、「二千円、二千五百円、三千円」と読み替えて同項の規定を適用する。

参照条文

〔保険給付　七①・一二の八・二一〕〔厚生労働省令で定める者　則四六の二二の二〕〔一人親方等の特別加入の申請　則四六の二三〕〔保険給付の請求等　則四六の二七〕〔特別加入者の給付基礎日額　則四六の二四〕〔保険関係消滅の通知　則四六の二五〕〔特別加入者の保険料　徴収法一〇・一四〕

解釈例規

〈一人親方等の特別加入について〉

〈前略〉

四　一人親方その他の自営業者とその事業に従事する者の特別加入手続

(1)　一人親方その他の自営業者とその事業に従事する者（以下「一人親方等」という。）の特別加入については、一人親方その他の自営業者の団体を任意適用事業主とみなし、一人親方等を労働者とみなして、任意適用事業の保険関係と全く同じ仕組みによることとしている（法第二九条第一項第一号以下）。この場合において、当該団体は、すべて継続事業として取り扱うこととする。なお、当該団体の要件等については、後記六(2)によられたい。

(2)　加入申請（法第二九条〔現行＝第三五条〕第一項、則第四六条の二三、告示様式第三四号の一〇）

一人親方等の特別加入手続に関し、特に留意すべき事項は、次のとおりである。

イ　名簿（則第四六条の二三第一項第四号）　一人親方等についても、前記三(2)ハと同様に、保険関係の有無は、名簿（告示様式第三四号の一〇別紙）によって確定することとし、特別加入団体構成員又はこの構成員の行なう事業に従事する者であっても、名簿に登載されていない者は、特別加入者として取り扱わない。もちろん、名簿に登載されていても、法第二七条〔現行＝第三三条〕第三号及び第四号に該当しない者は、特別加入者として取り扱うことはできない。

　したがって、一人親方等に異動があった場合には、その旨を遅滞なく届け出るよう指導されたい（則第四六条の二三第四項、告示様式第三四号の八）。

ロ　業務の内容（則第四六条の二三第一項第四号、告示様式第三四号の一

○別紙）

一人親方等については、その業務の範囲を明確にし、業務上外の認定の適正を期するため、申請書別紙について各人の業務の内容を具体的に明記させるよう指導されたい。

ハ　業務災害防止措置（則第四六条の二三第二項）

一人親方等については、その災害防止についての規制措置が未整備であり、そのままの状態で特別加入を認め、補償を行なうことには問題がある。このため、一人親方その他の自営業者の団体に対しては、あらかじめ業務災害の防止に関し当該団体が講ずべき措置及び一人親方等が守るべき事項を定めなければならないこととしている。これらの措置及び事項について定めがない場合には、特別加入の承認をしないこととする。

(3)　特別加入の承認等の手続

上記三(4)と同様とする。

五　特定作業従事者の特別加入手続

特定作業従事者の特別加入手続は、次のことを除いて、一人親方等の手続と同様である。

(1)　特定農作業従事者

別途通達する。

(2)　指定農業機械作業従事者

イ　災害防止措置

加入申請書に添付させるべき業務災害防止措置の内容を記載した書類に関し、一般的事項を別途通達する。

ロ　労働者に係る保険関係成立手続の確保

特別加入申請書別紙に記載される特別加入予定者が、当該特別加入に係る事業につき労働者を使用していることが明らかとなった場合は、既に労働者に係る保険関係成立届が提出されている場合を除き、特別加入の申請又は特別加入者の追加に関する変更届と同時に労働者に係る保険関係成立届を提出させることとし、提出がなされない場合は特別加入の承認又は変更届に基づく承認内容変更決定を行わないこと。

(3)　職場適応訓練生

職場適応訓練の作業が他の労働者の作業とともに行われるのが通常であり、かつ、当該事業場には労働基準法、労働安全衛生規則等が適用されるので、加入申請書における作業内容の記載及び業務災害防止措置の内容を記載した書類の添付を要しないものとして取り扱われたい。

(4)　事業主団体等委託訓練生

別途通達する。

(5)　家内労働者

別途通達する。

(6)　労組常勤役員

別途通達する。

六　特別加入承認の基準

(1)　中小事業主等の場合〈略〉

(2)　一人親方等及び特定作業従事者の場合

一人親方等及び特定作業従事者の

特別加入の承認は、次のすべての基準に適合する場合に行なう。

イ　加入申請者たる団体は、一人親方その他の自営業者又は特定作業従事者の相当数を構成員とするものであること（連合団体は、これに該当しない。）。これに一応該当するものとしては、例えば、全国個人タクシー連合会加盟の単位団体、従来から擬制加入を認めてきた建設の事業の一人親方団体、漁業協同組合、農業協同組合等が考えられる。なお、職場適応訓練生の団体については、別途通達する。

ロ　当該団体は、法人であると否とを問わないが、構成員の範囲、構成員たる地位の得喪の手続等が明確であること、その他団体の組織運営方法等が整備されていること。

ハ　当該団体の事業内容が労災保険事務の処理を可能とするものであること。

ニ　当該団体の事務体制、財務内容等からみて、労災保険事務を確実に処理する能力があると認められること。

ホ　当該団体の地区が、その主たる事務所の所在地を中心として労働保険の保険料の徴収等に関する法律施行規則第六条第二項第四号に定める区域に相当する区域をこえないものであること。

へ　加入申請書の添付書類に記載する業務又は作業の内容は、次の範囲内において各人の業務又は作業の具体的内容を明らかにするものであること。なお、職場適応訓練生については、前記五(3)のとおりであること。

(イ)　自動車を使用して行なう旅客の運送の事業を行なう者及びその事業に従事する者にあっては、免許を受けた事業の範囲内において旅客を運送するために事業用自動車を運転する業務

(ロ)　自動車を使用して行なう貨物の運送の事業を行なう者及びその事業に従事する者にあっては、免許を受けた事業の範囲内において貨物を運送するために事業用自動車を運転する業務（運転補助業務を含む。）及びこれに直接附帯する貨物取扱いの業務

(ハ)　建設の事業を行なう者及びその事業に従事する者にあっては、その者の職種の範囲内において「請負契約の目的たる仕事の完成のために行なう業務」

(ニ)　漁船による水産動植物の採捕の事業を行なう者及びその事業に従事する者にあっては、水産動植物の採捕のために漁船に乗り組んで行なう業務

(ホ)　指定農業機械作業従事者にあっては、その使用する農業機械の種類

ト　一人親方その他の自営業者の団体及び特定作業従事者の団体が定めるべき業務災害の防止に関する措置については、次のとおり取り扱うこと。

(イ)　自動車を使用して行なう旅客又は貨物の運送の事業にあっては、道路交通法、道路運送法、道路運送車輛法等により安全に関する規制が行なわれているので、業務災害の防止に関する措置の内容を記載した書類の添付は必ずしも必要でない。

(ロ)　漁船による水産動植物の採捕の事業にあっては、乗組員の選任、船内作業の安全衛生その他漁船の航行の管理に関する事項を含むものであること。

(ハ)　建設の事業及び特定作業従事者の作業については、別途通達するところによること。

チ　再生資源取扱業の一人親方等については、別途通達する。

七　特別加入の制限（法第二九条〔現行＝第三五条〕第二項、則第四六条の一九第三項等）

一人親方等及び特定作業従事者については、一定の加入制限がある。すなわち、(1)旅客自動車運送事業、貨物自動車運送事業、建設の事業、漁船漁業、指定農業機械作業及び職場適応訓練の作業区分により、同種の事業又は作業については、二以上の団体の構成員となっていても、重ねて特別加入することができない。異種の事業又は作業について二以上の団体に属し、重ねて特別加入することは差し支えない。

また、特別加入を希望する者のうち一定の者について特別加入をする際に健康診断の受診を義務付け、検診結果によっては特別加入を制限することとなっているが、これについては別途通達する。

さらに、指定農業機械作業従事者及び特定農作業従事者のうち労働者を使用する者については、当該労働者に係る保険関係成立届を提出しない場合に特別加入を制限することになっている。

なお、指定農業機械作業従事者、特定農作業従事者及び農業の中小事業主等に係る三つの特別加入の関係については、平成三年通達の記の第一の三(2)を参照されたい。

八　特別加入者たる地位の消滅

(1)　脱退（法第二八条〔現行＝第三四条〕第二項、法第二九条〔同第三五条〕第三項、法第三〇条〔同第三六条〕第二項、則第四六条の二一、告示様式第三四号の九）

イ　特別加入した中小事業主は、政府の承認を受けて脱退することができる。脱退の承認申請は、特別加入の承認申請の場合と同様に、労働者以外の者で当該事業に従事する者を包括して行なわれなければならない。なお、脱退の承認の通知は、別添一の通知書（特様式第一号）により、承認年月日は当該特別加入の脱退の申請の日から起算して一四日の範囲内において申請者が脱退を希望する日とする。脱退の承認があったときは、当該承認の日の翌日に特別加入者たる地位が消滅するものとして取り扱う。

ロ　特別加入した一人親方等、特定作業従事者及び海外派遣者についても、上記イと同様である。

(2)　特別加入承認の取消し等（法第二八条〔現行＝第三四条〕第三項、法第二九条〔同第三五条〕第四項、法第三〇条〔同第三六条〕第二項、則第四六条の二二、則第四六条の二五、則第四六条の二五の三）

　中小事業主又は一人親方その他の自営業者若しくは特定作業従事者の団体若しくは海外派遣者が、労災保険法又は同法施行規則の規定に違反した場合において、政府が特別加入の承認を取り消し、又は保険関係の消滅をさせたときは、特別加入者たる地位はその時に消滅する。

　特別加入の承認の取消又は保険関係の消滅の通知は、別添四の通知書（特様式第四号）により行なうこと。

(3)　自動消滅

イ　特別加入者が法第二七条〔現行＝第三三条〕各号に掲げる者に該当しなくなったときは、それらの者に該当しなくなった時に特別加入者たる地位は、自動的に消滅する。

ロ　〈略〉

ハ　一人親方等及び特定作業従事者は、これらの者が特別加入に係る団体の構成員又はその構成員の行なう事業に従事する者である限りにおいて特別加入を認められるものである（法第二九条〔現行＝第三五条〕第一項）から、当該団体の構成員である特別加入者が当該団体の構成員でなくなったときは、その団体の構成員でなくなった時にその者及びその者の行なう事業に従事する者の特別加入者たる地位は、自動的に消滅する。

ニ　一人親方又は特定作業従事者の団体の解散があったときはその解散の日の翌日に特別加入者たる地位は、自動的に消滅する。

九　業務上外の認定（法第三一条〔現行＝第三七条〕、則第四六条の二六〔八〕）

　特別加入者の業務又は作業（職場適応訓練等の作業を除く。）の内容は、労働者の場合と異なり、労働契約に基づく他人の指揮命令により他律的に決まるものではなく、当人自身の判断によっていわば主観的に決まる場合が多いから、その業務又は作業の範囲を確定することが通常困難である。このことは、法第二七条〔現行＝第三三条〕第一号及び第三号該当者において特に著しい。

　このため、特別加入者の業務災害については、一般的な基準の設定が本省局長に委任されたのであり、特別加入者についての業務上外の認定は、加入申請書記載の業務又は作業の内容を基礎とし、本省局長作成の基準に従って行なうこととなる。この基準については、別途通達する。

一〇　保険給付

(1)　特別加入者も労働者とみなされ、法第三章第一節及び第二節並びに第三章の二の規定による保険給付等を受けることができるが、休業補償給付については、所得喪失の有無にかかわらず、療養のため「業務遂行性が認められる範囲の業務又は作業について」全部労働不能であることがその支給事由となるものである。

（注）　全部労働不能とは入院中又は自宅就床加療中若しくは通院加療中であって、上記の業務遂行性が認められる範囲の業務又は作業ができない状態をいう。

たとえば、建設業の一人親方が請負工事現場（自家内作業場を含む。）における作業及び請負契約のための下見等業務遂行性が認められる行為が行えないことが客観的に認められる場合は、休業補償給付が支給されることとなる。

(2)　保険給付を受ける権利は、その者が特別加入者でなくなっても、変更されない（法第二八条〔現行＝第三四条〕第四項、法第二九条〔同第三五条〕第五項、法第三〇条〔同第三六条〕第二項）。

一一　給付基礎日額（法第二八条〔現行＝第三四条〕第一項第三号、法第二九条〔同第三五条〕第一項第六号、則第四六条の二〇、則第四六条の二四）

(1)　特別加入者は賃金を受けないので、その給付基礎日額は、労働大臣が定めることとされているが、具体的には、三、五〇〇円、四、〇〇〇円、五、〇〇〇円、六、〇〇〇円、七、〇〇〇円、八、〇〇〇円、九、〇〇〇円、一〇、〇〇〇円、一二、〇〇〇円、一四、〇〇〇円、一六、〇〇〇円、一八、〇〇〇円及び二〇、〇〇〇円のうちから、都道府県労働基準局長が定める（則第一条第一項）。なお、家内労働者については、当分の間、二、〇〇〇円、二、五〇〇円及び三、〇〇〇円の給付基礎日額も認められる（労働者災害補償保険法施行規則及び労働保険の保険料の徴収等に関する法律施行規則の一部を改正する省令（昭和六〇年労働省令第四号）附則第二条第三項）。

(2)　給付基礎日額については、事務簡素化の見地からは、事務組合又は一人親方その他の自営業者若しくは特定作業従事者の団体ごとに額が統一されることが望ましいが、具体的決定にあたっては、特別加入者の希望を考慮し、実情に即するよう配慮されたい（告示様式第三四号の七別紙、告示様式第三四号の一〇別紙、告示様式第三四号の一一別紙）。

(3)　給付基礎日額は、加入承認時における決定の後、必要に応じて改定することもできるが、少なくとも一年間は固定しておくこととし、改定にあたっては、あらためて希望を徴することとする。

一二　支給制限

支給制限については、特別加入者が、労働者とみなされることにより、法第一二条の二の二の規定が適用される。具体的な運用の基準については、別途通達する（昭和四〇年一二月六日付け基発第一五九一号通達の記の第二参照）。

一三　保険料

(1)　保険料率

イ・ロ〈略〉

ハ　一人親方等及び特定作業従事者については、一人親方その他の自営業者及び特定作業従事者の団体ごとに則別表第一〇（特別加入保険料率表）に定める保険料率が適用される（則第四六条の二五）。

(2)　賃金総額（法第二五条〔現行＝第三一条〕第三項、則第二四条の二第二号及び第三号、則第二六条の二、則第二六条の三、則別表第五、改正省令附則第二項）。

賃金総額の算定にあたっては、各特別加入者の給付基礎日額に応ずる「賃金総額の算定の基礎となる額」（則別表第五右欄）を用いる。具体的な算定方法は、次のとおりである。

イ〈略〉

ロ　一人親方等及び特定作業従事者の場合

特別加入に係る一人親方その他の自営業者又は特定作業従事者の団体は、いずれも、継続事業として取り扱われるから、当該年度における特別加入者各人の「賃金総額の算定の基礎となる額」を合計したものが賃金総額となる（則第二六条の三）。この場合においても、「賃金総額の算定の基礎となる額」は、当該保険年度における当該特別加入者の特別加入期間及び稼働期間の長短にかかわらず、則別表第五右欄に定める額による（則第四六条の二五）。

ハ　前記イ及びロにかかわらず、昭和四一年三月三一日までに特別加入をした事業（有期事業を除く。）又は団体については、別表第五右欄の「賃金総額の算定の基礎となる額」の一二分の一の額に特別加入の承認があった日から昭和四一年三月三一日までの月数を乗じて得た額が、当該事業又は団体に係る特別加入者の「賃金総額の算定の基礎となる額」となる（改正省令附則第二項）。

ニ　一人親方等及び特定作業従事者の「賃金総額の算定の基礎となる額」は、これらの者の稼働率が区々であるにもかかわらず定額制をとっているが、この点については、保険料率の面において考慮し、公平を図っていることはいうまでもない。

(3)　保険料の納付

イ　一人親方等及び特定作業従事者に係る保険料については、特別加入の承認を受けたこれらの者の団体が任意適用事業及びその事業主とみなされ、かつ、これらの者は当該事業に使用される労働者とみなされるので、当該団体が事業主としてその納付義務を負う。団体のみが直接かつ最終的な納付義務者となるわけであるから、納付の督促、延滞金の賦課滞納処分等の保険料徴収に関する措置は、団体に対してのみ行なうことができる。なお、当該団体が構成員等から保険料相当額をいかなる方法で徴収するかは、団体の内部問題である。

㈱ 現行条文を引用

（昭四〇・一一・一　基発第一四五四号、昭四九・二・一三　基発第七二号、昭四九・三・二五　基発第一五一号、平三・三・一　基発第一二三号、平三・四・一二　基発第二五九号、平五・三・二四　基発第一七七号、平一一・二・一八　基発第七七号、平一一・一二・三　基発第六九五号）

〈自動車を使用して行う貨物運送の事業に関する特別加入の取扱いについて〉

労災保険特別加入の取扱いについては、昭和四〇年一一月一日付け基発第一四五四号「労働者災害補償保険法の一部を改正する法律第二条の規定の施行について」等により通達しているところであるが、労働者災害補償保険法施行規則第四六条の一七第一号のうち、自動車を使用して行う貨物の運送の事業に関する特別加入者の取扱いについて左記のとおり改めるので、事務処理に遺漏のないよう留意されたい。

記

一　特別加入者の範囲について

自動車を使用して行う貨物の運送の事業を労働者を使用しないで行うことを常態とする者の特別加入者の範囲については、道路運送法第四条の一般自動車運送業の免許を受けた者に限定して取り扱ってきたところであるが、爾今、免許を受けた者のほか事業の実体が運送の事業に該当し、「土砂等を運搬する大型自動車による交通事故の防止等に関する特別措置法（昭和四二年法律第一三一号）」（以下「特別措置法」という。）の適用を受ける者を含めることとする。

なお、本取扱いは労働基準法の適用労働者は対象とならないので特別加入の承認にあっては、労働者であるものが含まれてないか十分に審査を行うこと。その際、要すれば、特別措置法規則第一号様式（別添〈略〉の写を徴すること。

二　特別加入承認の基準

特別加入承認の基準については、従来のとおりとするが、特別措置法の適用を受ける者については加入申請書の添付書類に記載する業務又は作業の内容欄は、特別措置法第三条に基づき指定を受けた「表示番号」と当該大型自動車を運転する業務（運転補助業務を含む。）及びこれに直接附帯する貨物取扱いの業務の具体的内容を明記させることとする。

三　その他

右記に掲げるもののほか特別加入申請の手続き等については従前のと

おりとする。

（昭四九・二・一三　基発第七二号）

〈農作業従事者の特別加入に係る指定農業機械の範囲の拡大について〉

労災保険法施行規則第四六条の一八第一号の規定に基づく労働大臣が定める機械の種類を定める告示（昭和四〇年一〇月三〇日労働省告示第四六号）の一部が昭和四九年二月二三日付け労働省告示第七号によって改正され、本年四月一日から適用されることとなったので、左記事項に留意のうえ、事務処理に遺漏のないようされたい。

記

一　指定農業機械の範囲の拡大

自営農業者で労災保険の特別加入が認められるものの範囲は、重度の傷害を起す危険度が高いと認められる種類の農業機械を使用する一定の農作業に従事する者に限定しているところであるが、その後の農業機械の開発状況、農業機械による農作業中の災害発生状況等を勘案し、次の種類の農業機械を使用して農作業に従事する自営農業を、新たに特別加入者の範囲に加えることとした。

(1)　自走式田植機

(2)　次に掲げる定置式機械又は携帯式機械

イ　動力揚水機

ロ　動力草刈機

ハ　動力カッター

ニ　動力摘採機

ホ　動力脱穀機

二　適用範囲

指定農業機械作業従事者の適用範囲については、昭和四〇年一一月一日付け基発第一四五四号通達記の第二の二の(3)のイの(イ)及び(ロ)により取扱っているところであるが、今般の適用範囲の拡大に伴い、同通達の第二の二の(3)のイの(イ)を次のとおり改めることとした。

(イ)　対象となる農業機械は、重度の傷害を起す危険度が高いと認められる告示に定められた種類の農業機械に限られ、これ以外の農業機械は含まない。

（昭四九・三・二五　基発第一五一号）

〈建設事業の一人親方等の団体が定めるべき業務災害の防止に関する措置〉

建設事業の一人親方等の団体が講ずべき業務災害の防止に関する措置については、危害防止に関する法令の規定により、使用者及び労働者が守るべき措置として定められている事項に準じ安全衛生管理、安全衛生教育、健康診断、危害防止規定等に関する定めをすることが必要であるが、建設事業の一人親方等の団体の現状に鑑み、当分の間、次に掲げる法令の規定に準じた措置を、当該団体がその構成員に守らせる旨の誓約書を提出した場合には、則第四六条の二三第二項及び第三項の規定に基づき、当該団体が業務災害の防止に関し講ずべき措置及びその構成員が守るべき事項を定めたものとみなし、かつ、所定の書類が提出されたものとして、取り扱うこと。

(注)　上記については、都道府県労働基準局長の判断により、当該団体の構成員の職務に応じ、適宜取捨選択しても差支えない。

（昭四〇・一二・一一　基発第二〇号）

〈漁船による自営漁業者の団体が定めるべき業務災害の防止に関する措置〉

標記については、昭和四〇年一一月一日付基発第一四五四号通達第二の六の(2)のトの(ロ)により指示したところであるが、今般、漁船による自営漁業者の団体の現状に鑑み当分の間、左記の措置が講ぜられている場合においては、労災保険法施行規則第四六条の二三第二項及び第三項の規定に基づき、当該団体が業務災害の防止に関し講ずべき措置及びその構成員が守るべき事項を定めたものとみなし、かつ、所定の書類が提出されたものとして取り扱うようにされたい。

なお、本取扱いについては、水産庁魚政部と協議済みであり、同所は、本取扱いの内容について魚政部長より各都道府県水産主務部長及び全国漁業協同組合連合会会長あて通達される予定にあるので、念のため申し添える。

記

一　船員法、船舶安全法等の危害防止に関する法令の規定において、船舶所有者、船員等に対して危害防止に関し措置すべきことと定めている事項その他必要な事項に関して安全・衛生教育を行なうこととしている。

二　別紙に掲げる法令の規定に準じた措置を、当該団体がその構成員に守らせる旨の誓約書を提出すること。

別紙

（注）以下の表の条項は昭和四一年二月一四日現在の条項である。

法令の区分	条　項	備　考
船員労働安全衛生規則	第五条第一号から第三号まで	〔安全担当者の義務等〕
	第五号	安全担当者の業務
	第八条第四号から第三号まで	衛生担当者の業務
	第一三条第四号及び第五号	記録の作成及び保存
	第一六条（但し第二四条第一項及び第三項、第四七条から第五〇条まで、第五一条から第五一条第一項、第二号及び第三号、第五三条、第五四条、第五九条、第六二条、第六四条の部分を除く。）	船員の遵守事項

	第一七条	〔安全基準〕 作業環境の整備等
	第一八条	接触等からの防護
	第一九条第一項	運行の安全
	第二〇条	器具等の整とん
	第二三条	燃え易い廃棄物の処理
	第二四条第二項	安全標識等
	第二五条	照　明
	第二六条	床面等の安全
	第二七条	足場等の安全
	第二八条	経験又は技能を要する危険作業
	第二九条	〔衛生基準〕 船内衛生の保持
	第三二条第一項第三号、同条第二項及び同条第三項	特殊な作業に従事する船員に対する健康検査
	第三三条	通風及び換気
	第三四条	ねずみ族及び虫類の駆除
	第三五条	手を洗う設備
	第三八条	清水の積込み及び貯蔵
	第四三条	医療機関との連絡
	第四六条	〔個別作業基準〕 火薬類を取り扱う作業
	第五一条第一項第一号	高所作業

	及び同条第二項	
	第五五条	揚貨装置を使用する作業
	第五六条	揚投びょう作業及びけい留作業
	第五七条	漁ろう作業
	第五八条	感電のおそれのある作業
	第六一条	高温状態で熱射又は日射を受けて行う作業
	第六三条	低温状態で行う作業
漁船特殊規程	第五一条の二第一項	救命胴衣
労働基準法	第五一条	病者の就業禁止
労働基準法施行規則	第五七条第一項第二号及び第三号	死傷病の報告
労働安全衛生規則	第四七条	就業を禁止すべき疾病の種類等

(昭四一・二・一四　基発第六号)

〈特別加入に係る特定農作業従事者の団体が定めるべき業務災害の防止に関する措置〉

特定農作業従事者の特別加入については昭和四〇年一一月一日付基発第一四五四号通達をもって指示したところであるが、今般、特別加入に際して特定農作業従事者の団体が定めるべき業務災害の防止に関する措置及び事項については、別添「業務災害防止規則例」によることとしたので、左記により取扱いに遺憾なきを期されたい。なお、加入申請団体としては、特別加入を希望する特定農作業従事者によって新たに設立される労災保険加入組合が予定されており、また同組合が労災保険事務組合たる農協に事務処理を委託する場合が多いと考えられるので、申し添える。

記

一　特定農作業従事者の特別加入についての労働者災害補償保険法施行規則第四六条の二三第二項及び第三項の規定の適用については、加入申請団体が別添「業務災害防止規則例」

に定める内容と実質的に同じ内容の定めをし、かつ、これを申請書に添付することを要するものとして取り扱うこと。

二　別添「業務災害防止規則例」第四条の「別に定める安全基準」については、おって指示する安全基準例に即して各加入団体が定めるものとし、それまでの間は、特別の定めを要しないものとして取り扱うこと。

（別添）

業務災害防止規則例

〇〇地区労災保険加入組合

（目的）

第一条　この組合の組合員は、この規則を遵守して、農業労働災害を防止し、安全確保に努めるものとする。

（定義）

第二条　この規則において農業機械とは、別表に定める農業機械をいう。

2　この規則において農作業従事者とは、前項の農業機械を使用して農作業に従事するものをいう。

（農作業に従事できない場合）

第三条　組合員は、身心に重大な欠陥があるため、安全性を守り得ない場合には、農業機械を使用して農作業に従事しないものとする。

（農業機械の安全性）

第四条　組合員は、別に定める安全基準に適合した農業機械を使用して農作業に従事するものとする。

（安全管理の指導）

第五条　組合員は、行政庁、都道府県農作業安全運動推進本部、農業協同組合等が行なう農作業の安全確保に関する指導を受けるものとする。

（道路交通法並びに道路運送車輌法の順守）

第六条　農作業従事者は、その使用する農業機械が道路交通法（昭和三十五年法律第一〇五号）に定める自動車に該当し、同法に定める道路上を通行する場合は、同法を順守して道路における危険を防止し、その他交通の安全と円滑を図るものとする。

2　農作業従事者は、その使用する農業機械が道路運送車輌法（昭和二十六年法律第一八五号）に定める自動車に該当する場合は同法に定める自動車に係る道路運送車輌法保安基準に適合したものであって車輌の登録整備等について同法を順守するものとする。

（安全装置の管理）

第七条　農作業従事者は、農業機械の危険防止のため設けられた制動装置、覆い、その他の安全装置について次の事項を遵守するものとする。

一　安全装置を取り外し、またはその機能を失わせないこと。但し整備その他特別の理由により臨時に安全装置を取り外す必要がある場合はこの限りでない。この場合において、その必要がなくなった後ただちにこれを原状に復すること。

二　安全装置が機能を失ったことを発見した場合は、すみやかにその補修を行なうこと。

（就業前の点検整備）

第八条　農作業従事者は、農業機械の原動機、操縦装置、制動装置、車輪または無限軌道、警音器、方向指示器、燈火装置、後写鏡、昇降装置、加圧装置の安全弁および作業機の連結または装着部ならびに燃料オイルおよび冷却水の有無について就業前に点検整備すものとする。

（転倒・スリップ等の防止）

第九条　農作業従事者は、農業機械の点検整備または車輪の交換もしくは作業機の着脱を行なう場合は、地面の傾斜に注意し、起動スイッチを切り、かつ、制動装置を作動する等の方法により、これらの作業中に農業機械が転倒、スリップまたは暴走することのないよう措置するものとする。

（作業時の服装等）

第十条　農作業従事者は、頭髪または被服が農業機械に巻き込まれないよう服装に注意するとともに、災害防止に必要な保護具を着用するものとする。

（障害物に対する注意）

第十一条　農作業従事者は、路面、ほ場および畦畔の乾湿、傾斜、凹凸等の状態およびかん排水溝その他の障害の状態に注意して農作業を行なうものとする。

（ラジエーター、バッテリー等の点検整備における注意）

第十二条　農作業従事者は、ラジエーターの点検、冷却水の補充、バッテリーの点検、バッテリー液の補充、その他沸とうまたは爆発の危険が予想される作業を行なう場合は、覆いをかけ、または十分に冷却しておく等沸とうまたは爆発を防止する措置を講じた後にこれらの作業を行なうものとする。

（夜間における照明）

第十三条　農作業従事者が夜間に農作業を行なう場合は当該農作業を安全に行なうために必要な照明を用いるものとする。

（荷物の運搬、積卸し）

第十四条　農作業従事者は、運搬用機械で荷物を運搬する場合は、積載重量および容量をこえ、または積荷を片側に偏重させて積載しないものとする。

2　農作業従事者は、荷物の積卸しを行なう場合には、路面の傾斜、積荷の状態等に注意して、農業機械の転倒、スリップもしくは暴走または積荷の転落による危険を防止するものとする。

（耕うん、整地等の作業）

第十五条　農作業従事者は、農業機械を使用して耕うん整地等の作業を行なう場合は、石、木片等の発散による災害の防止に努めるものとする。

（刈取機等の取扱い）

第十六条　農作業従事者は、刈取機、セアコンバイン等の切断歯を有する農業機械を運搬操作するときは、切断部に覆いをつける等により安全を確保するものとする。

（別表）

大分類	中分類
農業用トラクター	農業用トラクター
耕うん機	耕うん機
耕うん機整地用機具	耕うん用作業機 整地用作業機 耕土改良用作業機
栽培管理用機具	施肥播種移植用作業機 管理用作業機（牧草用機械）
防除用機具 自走式スピードスプレヤー 自走式防除用機具	防除用機械
収穫調整用機具 自走式刈取機 コンバイン 自走式収穫機械	無穫用作業機（牧草用機械）
運搬用機具 トラック	運搬用機械
動力溝掘機	動力溝掘機

（昭四〇・一一・一　基発第一四五四号）

〈農作業従事者の特別加入に係る指定農業機械等の範囲の拡大について〉

一　自営農業者で労災保険の特別加入が認められるものの範囲は、重度の傷害を起す危険度が高いと認められる労働大臣が定める種類の農業機械を使用して行う一定の農作業に従事する者に限定しているところであるが、最近における農業機械の普及状況、農業機械による農作業中の災害発生状況等を勘案し、次の五種類の農業機械を定置式機械又は携帯式機械として追加することとした（昭和四〇年労働省告示第四六号の改正）。

　動力剪定機、動力剪枝機、チェーンソー、単軌条式運搬機、コンベヤー

　なお、特別加入者の団体である特定農作業従事者の団体が定めることとされている業務災害の防止に関する当該団体が講ずべき措置及び当該団体の構成員が守るべき事項に、今回の追加指定機械に関する規定を設けることは当然であるが、チェーンソーについては、労働安全衛生法第四二条に基づき労働大臣が定める規格（昭和五二年五月二九日労働省告示第八五号）を具備するもの（既に保有しているものを除く。）でなければ使用してはならない旨の規定を設け、これを励行させるよう指導すること。

二　指定農業機械による災害の補償の範囲については、昭和五二年三月二八日付け基発第一七〇号によるほか、動力カッター及びコンベヤーを用いて行う作業については、作業の実態を考慮して、圃場で採取したものの最終利用までの作業を圃場、圃道以外で行う場合も含めるものとする。

　なお、「圃場で採取したものの最終利用までの作業」とは、牧草等を圃場で採取する時からいったんサイロ等に貯蔵し、飼料とするためにコンベヤーにより取り出すまでの作業又は動力カッターにより裁断するま

での作業をいう。したがって購入した牧草等を裁断する等の作業は含まないものであること。

（昭五五・三・三一　基発第一五六号）

〈再生資源取扱業の一人親方等の特別加入者の範囲等の拡大〉

一　再生資源取扱業の一人親方等については、実態調査を行った結果、業務の実態、災害発生状況等よりみて、特別加入の対象として取扱うこととしたものである。

(1)　特別加入者の範囲

再生資源取扱業の一人親方等として特別加入できる者は、再生利用を目的とした古紙、古繊維、金属くず、ガラスくず、空容器等（以下「再生資源」という。）の回収、運搬、選別、解体、集荷等の事業を行う者（通常廃品回収業、くず鉄業と呼ばれる事業を行う者）であって、労働者を使用しないで行うことを常態とする者及びその者の行う事業に従事する者である。したがって、この要件に該当する者であれば、たまたま臨時的に労働者を使用することがあっても、それが常態ではなく、かつ将来継続的に使用されるものでないことが明らかな場合には、再生資源取扱業の一人親方と認めてさしつかえない。

(2)　特別加入の手続

特別加入の手続は、従来の一人親方等の場合と同様とする。この場合一人親方等の団体は、あらかじめ業務災害の防止に関し、当該団体が構ずべき措置及び当該団体の構成員が守るべき事項を定め、これを記載した書類を加入申請書に添えて提出することとされているが（労災則第四六条の二三第三項第二号）、今般新たに特別加入の対象となった再生資源取扱業については、当分の間、当該団体が別紙一に掲げる法令の規定に準じた措置を、当該団体の構成員に守らせる旨の誓約書（別紙二参照）を提出させることとする。

なお、「当分の間」の取扱いは、他の特別加入者の団体との関連で、具体的には、後述「二　一人親方等又は特定作業従事者の団体の業務災害防止について」によることとする。

(3)　特別加入の承認基準

特別加入の承認基準は、従来の一人親方等の場合と同様とするが、承認に当たっては次の点に留意すること。

イ　承認申請に当たっては、当該団体の構成員である再生資源取扱業を行う一人親方等が、改正後の労災則第四六条の一七第六号に掲げる事業に常態として従事しているかどうかを明らかにするため、特別加入申請書別紙（告示様式第三四号の一〇）（別紙）の「業務又は作業の内容」欄に、特別加入者が行う作業の内容、年間の従事日数、通常の就業時間及び主として取り扱う再生資源の種類を記載させることとする。

ロ　承認申請に当たっては、団体から労災則第四六条の二三第三項に掲げる書類のほか、所定の保険料納付期限までに保険料を全く納付しない場合等労働者災害補償保険法若しくは労働保険の保険料の徴収等に関する法律又はこれらの法律に基づく労働省令の規定に違反したときは、法第二九条〔現行＝第三五条〕第四項の規定により、当該団体についての保険関係を消滅させられても異議のない旨の誓約書（別紙二記載例参照）を提出させることとする。

ハ　再生資源取扱業の一人親方等の団体についても、従来の一人親方等の団体と同様に労働保険事務を確実に処理しうる能力を具備していることを必要とするものであるが、当面は、一応団体として結成がなされ、その行うべき労働保険事務を、労働保険事務組合に委託することによって、円滑に処理しうるような場合には、特別加入の承認を行うこととしてさしつかえない。

(4)　特別加入の制限、取消等の取扱い

特別加入の制限、特別加入者たる地位の消滅、保険給付、給付基礎日額及び支給制限に関する取扱いは、従来の一人親方等の場合と同様であること。

なお、給付基礎日額は、二、〇〇〇円から一〇、〇〇〇円の範囲のうちから希望を徴して決定することとなるが、決定に当たっては、希望額を無条件に承認することなく同種の事業の労働者の賃金その他の事情を考慮し、実情に即した額とするよう配慮すること。

(5)　第二種特別加入保険料率

再生資源取扱業の一人親方等に係る第二種特別加入保険料率は一、〇〇〇分の一二であること（徴収則別表第五の改正）。

なお、保険料の納付に関しては、従来の一人親方等の特別加入者の場合と同様であること。

(6)　通勤災害保護制度の適用

再生資源取扱業の一人親方等に対しても通勤災害保護制度が適用になること。

なお、通勤の取扱いについては、一般の労働者の場合と同様であり、自宅（住居）から再生資源の集積場所等の作業場所までの往復行為が該当することとなる。

また、上記への保険料率については、通勤災害に係る保険料率を考慮しているものである。

ニ　一人親方等又は特定作業従事者の団体の業務災害防止について

従来一人親方等又は特定作業従事者の団体が特別加入の申請に当たり、業務災害の防止に関する当該団体が講ずべき措置及び当該団体の構成員が守るべき事項を記載した書類に代るものとして誓約書を提出させることにより足りるものとして取り扱ってきたところであるが、これが取扱いは、施行当初の暫定措置であるので、今後特別加入の申請を行おうとする団体については、できるだけ速やかに当該書類を整備し、構成員に対して周知を図り、その励行を期するよう加入承認に際して指導すること。

なお、既に特別加入の承認が認められている団体についても、当該団体の実情に配慮しつつ、できるかぎり速やかに上記書類の整備を図るよう指導すること。

（昭五五・三・三一　基発第一五六号）

〈労働者災害補償保険法施行規則及び労働保険の保険料の徴収等に関する法律施行規則の一部を改正する省令の施行について〉

労働者災害補償保険法施行規則及び労働保険の保険料の徴収等に関する法律施行規則の一部を改正する省令（平成五年労働省令第五号。以下「改正省令」という。）が平成五年三月二二日に公布され、同年四月一日から施行されることとなった。

ついては、下記の事項に留意の上、事務処理に遺漏なきを期されたい。

記

一　特別加入者の給付基礎日額の一部改正

特別加入者の給付基礎日額については、従来三、〇〇〇円から一六、〇〇〇円までの中から決定することとされていたが、このうち三、〇〇〇円については労働者の給付基礎日額の最低保障額（平成三年一〇月一日から三、九六〇円に改定）との均衡を考慮し、平成五年三月三一日限りで廃止することとされた（労災規則第四六条の二〇第一項の改正）。

また、この改正に伴い、給付基礎日額が三、〇〇〇円の場合に対応する保険料算定基礎額（一、〇九五、〇〇〇円）についても、平成五年三月三一日限りで廃止することとされた（徴収則別表第四の改正）。

二　経過措置

(1)〈略〉

(2)〈略〉

(3)　労災附則第四六条の一八第三号に掲げる作業に従事する者（家内労働者又は補助者）については、今回の改正においても、これらの者についてはそれ以外の特別加入者と比べて低額の給付基礎日額を認める必要があることから、なお当分の間、従来の二、〇〇〇円、二、五〇〇円に加えて三、〇〇〇円の給付基礎日額を認めることとされた（改正省令附則第二条第三項）。

また、これに伴い、これらの者の特別加入保険料算定基礎額については、当分の間、三、〇〇〇円の給付基礎日額に応ずる一、〇九五、〇〇〇円を認めることとされた（改正省令附則第三条第三項）。

（平五・三・二四　発労徴第一七号、基

発第一七七号）

〈家内労働者に係る特別加入者の範囲の拡大〉

次に掲げる作業に従事する家内労働法（昭和四五年法律第六〇号）第二条第二項の家内労働者及び同条第四項の補助者が、新たに特別加入者の範囲に加えられた（労災則第四六条の一八第三号の改正）。

一　労働安全衛生法施行令（昭和四七年政令第三一八号）別表第六の二に掲げる有機溶剤又は有機溶剤中毒予防規則（昭和四七年労働省令第三六号）第一条第一項第二号の有機溶剤含有物を用いて行う作業であって、化学物質製、皮製若しくは布製のグラブ若しくはミット又は木製若しくは合成樹脂製の漆器の製造又は加工に係るもの

二　動力により駆動される合糸機又は撚糸機を使用して行う作業

三　木工機械を使用して行う作業であって、仏壇又は木製若しくは竹製の食器の製造又は加工に係るもの

なお、三の木工機械には、動力ろくろを含むものである。

これらの作業に係る第二種特別加入保険料率は、一及び二の作業については一、〇〇〇分の四、三の作業については一、〇〇〇分の一八である（労働保険の保険料の徴収等に関する法律施行規則（昭和四七年労働省令第八号）別表第五の改正）。

（昭五六・三・三一　基発第一九一号）

〈軽自動車を使用して行う軽車輛等運送事業に係る特別加入者の範囲の拡大〉

自動車を使用して行う旅客又は貨物の運送の事業を労働者を使用しないで行うことを常態とする者の特別加入者の範囲については、昭和四九年二月一三日付け基発第七二号「自動車を使用して行う貨物運送の事業に関する特別加入の取扱いについて」により、道路運送法（昭和二六年法律第一八三号）第四条の一般自動車運送業の免許を受けた者及び事業の実体が運送の事業に該当し、土砂等を運搬する大型自動車による交通事故の防止に関する特別措置法（昭和四二年法律第一三一号）の適用を受ける者に限って取り扱ってきたところであるが、昭和五六年度から、これらの者のほか、道路運送法施行規則（昭和二六年運輸省令第七五号）第五七条第一項の軽自動車を使用して軽車輛等運送業（通称「赤帽」といわれている。）を行う者であって、同項各号に掲げる事項を記載した書類を都道府県知事に提出したものを含めることとする。なお、この場合の取扱いについては次によることとする。

一　特別加入の承認基準

特別加入の承認基準は昭和四〇年一一月一日付け基発第一四五四号によることとするが、軽自動車を使用

して軽車両等運送事業を行う者及びその事業に従事する者については、特別加入申請書（告示様式第三四号の一〇）別紙の「業務又は作業の内容」欄に道路運送法施行規則第五七条第一項各号に掲げる事項を記載した書類の提出を行った際の路線又は事業区域及び取扱貨物の種類を明記させるとともに当該書類の写を添付させることとする。

二　その他

上記に掲げるもののほか、特別加入申請の手続、保険給付の支給手続等については従前のとおりとする。

（昭五六・三・三一　基発第一九一号）

（海外派遣者の特別加入）

第三十六条　第三十三条第六号の団体又は同条第七号の事業主が、同条第六号又は第七号に掲げる者を、当該団体又は当該事業主がこの法律の施行地内において行う事業（事業の期間が予定される事業を除く。）についての保険関係に基づきこの保険による業務災害及び通勤災害に関する保険給付を受けることができる者とすることにつき申請をし、政府の承認があつたときは、第三章第一節から第三節まで及び第三章の二の規定の適用については、次に定めるところによる。

一　第三十三条第六号又は第七号に掲げる者は、当該事業に使用される労働者とみなす。

二　第三十四条第一項第二号の規定は第三十三条第六号又は第七号に掲げる者に係る業務災害に関する保険給付の事由について、同項第三号の規定は同条第六号又は第七号に掲げる者の給付基礎日額について準用する。この場合において、同項第二号中「当該事業」とあるのは、「第三十三条第六号又は第七号に規定する開発途上にある地域又はこの法律の施行地外の地域において行われる事業」と読み替えるものとする。

三　第三十三条第六号又は第七号に掲げる者の事故が、徴収法第十条第二項第三号の二の第三種特別加入保険料が滞納されている期間中に生じたものであるときは、政府は、当該事故に係る保険給付の全部又は一部を行わないことができる。

2　第三十四条第二項及び第三項の規定は前項の承認を受けた第三十三条第六号の団体又は同条第七号の事業主について、第三十四条第四項の規定は第三十三条第六号又は第七号に掲げる者の保険給付を受ける権利について準用する。この場合において、これらの規定中「前項の承認」とあり、及び「第一項の承認」とあるのは「第三十六条第一項の承認」と、第三十四条第二項中「同号及び同条第二号に掲げる者を包括して」とあるのは「同条第六号又は第七号に掲げる者を」と、同条第四項中「同条第一号及び第二号」とあるのは「第三十三条第六号又は第七号」と読み替えるものとする。

条文解説

本条は、海外派遣者の特別加入の手続、特別加入の法律効果、特別加入からの脱退、政府の職権による特別加入承認の取消し及び保険給付を受ける権利の不変更につき定めたものである。

関係政省令等

（海外派遣者の特別加入）

則第四十六条の二十五の二　法第三十六条第一項の申請は、次に掲げる事項を記載した申請書二通を所轄労働基準監督署長を経由して所轄都道府県労働局長に提出することによつて行わなければならない。

一　法第三十三条第六号の団体にあつては団体の名称及び住所、同条第七号の事業主にあつては当該事業主の氏名又は名称及び住所

二　申請に係る事業の労働保険番号及び名称並びに事業場の所在地

三　法第三十三条第六号又は第七号に掲げる者の氏名、その者が従事する事業の名称、その事業場の所在地及び当該事業場においてその者が従事する業務の内容

2　第四十六条の十九第五項の規定は前項の規定による申請について、同条第六項の規定は前項第三号に掲げ

る事項に変更を生じた場合又は法第三十三条第六号若しくは第七号に掲げる者に新たに該当するに至つた者若しくはこれらの規定に掲げる者に該当しなくなつた者が生じた場合について準用する。この場合において、第四十六条の十九第五項中「第一項」とあるのは「第四十六条の二十五の二第一項」と、「事業主」とあるのは「団体又は事業主」と、同条第六項中「法第三十四条第一項の承認を受けた事業主」とあるのは「法第三十六条第一項の承認を受けた団体及び事業主」と読み替えるものとする。

則第四十六条の二十五の三　第四十六条の二十の規定は法第三十三条第六号及び第七号に掲げる者の給付基礎日額について、第四十六条の二十一の規定は法第三十六条第二項において準用する法第三十四条第二項の政府の承認の申請について、第四十六条の二十二の規定は法第三十六条第二項において準用する法第三十四条第三項の規定による法第三十六条第一項の承認の取消しについて準用する。この場合において、第四十六条の二十第四項中「第四十六条の二十第三項」とあるのは「第四十六条の二十五の三において準用する第四十六条の二十第三項」と、同条第五項中「法第三十四条第一項の申請をした事業主」とあるのは「法第三十六条第一項の申請をした団体又は事業主」と、同条第六項中「法第三十四条第一項の承認を受けた事業主」とあるのは「法第三十六条第一項の承認を受けた団体又は事業主」と、第四十六条の二十二中「事業主」とあるのは「団体又は事業主」と読み替えるものとする。

則第四十六条の二十五の四　法第三十六条第一項の承認に係る事業についての労災保険に係る保険関係が消滅した場合には、当該事業を行う団体又は事業主は、その旨を記載した届書を所轄労働基準監督署長に提出しなければならない。

参照条文

〔通勤災害の未適用　五一年改正法附則六、五二年省令六号二④〕〔海外派遣者の特別加入の申請等　則四六の二五の二〕〔特別加入者の給付基礎日額等　則四六の二五の三〕〔保険給付の請求等　則四六の二七〕〔特別加入者の保険料　徴収一〇・一四の二〕

解釈例規

〈海外派遣者の特別加入について〉

一　特別加入手続

海外派遣者は、派遣元の団体又は事業主が、海外派遣者を特別加入させることについて政府の承認を申請し政府の承認があった場合に特別加入することができる（法第三〇条〔現行＝第三六条〕第一項）。

政府の承認を申請する団体又は事業主は、特別加入申請書（海外派遣者用）（告示様式第三四号の一一）に所定の事項を記載の上、所轄労働基準監督署長を経由して所轄都道府県労働基準局長に提出しなければならない（労災則第四六条の二五の二第一項）。

申請に対し承認を与えることとした場合には、所轄都道府県労働基準局長は特別加入承認通知書により承認を与えることを通知すること（労災則第四六条の二五の二第二項）。

承認の日付は、申請を受理した日の翌日から起算して一四日の範囲内において申請者が加入を希望する日とすること。ただし、昭和五二年四月一日に申請を受理した場合に諸般の事情から、いわゆる逆選択を認めた結果とならないことが明らかな場合には、四月一日付で承認を与えることとして差し支えない。

なお、海外派遣者の特別加入は派遣元の団体又は事業主が日本国内で実施している事業について成立している保険関係に基づいて認められるものであるので、労災保険の保険関係が成立している事業をもたない団体又は事業主から承認の申請があった場合には、承認することはできない。

二　特別加入者の具体的範囲

特別加入者の具体的範囲は、派遣元の団体又は事業主が申請書に添付して提出する名簿（申請書別紙）によって確定する。海外派遣者の特別加入制度では中小事業主等の特別加入制度の場合と異なり、名簿に登載する者の範囲は、派遣元の団体又は事業主が任意に選択することが可能であるが、制度の運用にあたっては、できる限り包括加入するよう指導すること。

また、承認を受けた団体又は事業主が特別加入者の範囲を変更しようとするとき（特定の者を脱退させるとき又は新規加入をさせようとするとき）は、変更届（告示様式第三四号の一二）を提出しなければならない（労災則第四六条の二五の二第二項）。

三　海外で従事する業務の内容

海外派遣者についても、業務上外の認定の適正を期するため、名簿に海外で従事する業務の内容を記載させることとなっているが、この欄には、派遣先の事業における地位を付記させること。

なお、その業務の内容に変更のあった場合にも、届出が必要である（労災則第四六条の二五の二第二項）。

四　特別加入者たる地位の消滅

(1)　自動消滅

海外派遣者として特別加入している者は、その者の派遣先の団体又は事業主が行う事業について成立している保険関係の存続を前提として特別加入しているものであるから、その事業の廃止又は終了等によりその事業についての保険関係が消滅した場合には、その消滅の日にその者の特別加入者たる地位も、自動的に消滅する。この場合、当該承認を受けた団体又は事業主は、その旨を所轄労働基準監督署長に届け出なければならない（労災則第四六条の二五の四）。

また、海外派遣者が、出向期間の終了により国内に帰国した場合等法第二七条第六号又は第七号に該当しなくなった場合にも、その者の特別加入者たる地位は当然に消滅する。この場合においても、当該承認を受けた団体又は事業主は、その旨を所轄労働基準監督署長を経由して所轄都道府県労働基準局長に届け出なければならない（労災則第四六条の二五の二第二項）。

承認を受けた団体又は事業主は、その行う事業について特別加入させた海外派遣者を事業単位で、包括して、政府の承認を受けて脱退させることができる（法第三〇条〔現行＝第三六条〕第二項）。

なお、脱退の承認があったときは、特別加入者たる地位は当該承認のあった日の翌日に消滅するものとして取り扱うこと。

(2)　特別加入承認の取消し

特別加入の承認を受けた団体又は事業主が、労災保険法、徴収法又はこれらの法律に基づく省令の規定に違反した場合には、政府は特別加入の承認を取り消すことができるが、この場合、特別加入者たる地位は、その取消しの時に消滅する（法第三〇条〔現行＝第三六条〕第二項）。

五　保険給付

(1)　〈略〉

(2)　給付基礎日額は、他の特別加入者の場合と同様に、特別加入予定者の希望を徴したうえ所轄都道府県労働基準局長が専決すること（労働保険に関する事務の専決に関する訓令第一項）。

なお、給付基礎日額の変更の取扱いについては、他の特別加入者の場合と同様とする。

(3)　保険給付の請求は、派遣元の団体又は事業主を通じて行わなければならない（労災則第四六条の二七第五項）。また、業務災害の発生状況等に関する資料として、海外出張者の業務災害の場合と同様派遣先の事業の事業主の証明書、在外公館の証明書、新聞記事等を添付させること（労災則第四六条の二七第二項）。

(4)　災害が特別加入者の重大過失等によって発生した場合については支給制限が行われるが、このほか、第三種特別加入保険料が滞納されていた期間中に発生した災害についても支給制限が行われる（法第三〇条〔現行＝第三六条〕第一項第三号）。

(5)　特別加入者が、同一の事由について派遣先の事業の所在する国の労災保険から保険給付が受けられる場合にも、我が国の労災保険給付との間の調整は行う必要がない。

(6)　なお、受給者が海外において療養している場合の給付手続等については、別途指示する。

六　特別加入保険料等

(1)　海外派遣者を特別加入させることについて政府の承認を受けた団体又は事業主は、第三種特別加入保険料を納付しなければならない（徴収法第一五条第一項第二号ロ又はハ）。

(2)　海外派遣者についての特別加入保険料（第三種特別加入保険料）の料率は、一、〇〇〇分の一一である（徴収則第二三条の三）。

(3)　第三種特別加入保険料の算定基礎額は、第一種又は第二種特別加入保険料の場合と同様に、各特別加入者の給付基礎日額を三六五倍した額の合計額である（徴収則第二三条の二）。

(4)　第三種特別加入保険料は、一般保険料や第一種特別加入保険料とは別に、所轄労働基準局歳入徴収官が徴収する（徴収則第一条第三項第一号）。

また、第三種特別加入保険料については、一般保険料や第一種特別加入保険料とは別に申告書を作成し提出しなければならない。

増加概算保険料の納付、延納等は、各事業主が納付する一般保険料等とは別個に取り扱うものであること。

(5)　第三種特別加入保険料及び海外派遣者として特別加入した場合に対す

る保険給付の額は、派遣元の団体又は事業主のメリット制についての収支率の算定基礎には加えられない（徴収法第一二条第三項）。

(6)　第三種特別加入保険料及びこれに係る徴収金の徴収事務以外の労働保険事務関係に係る届出等は、派遣元の団体又は事業主の行う事業に係るものとは別に所轄都道府県労働基準局長又は所轄労働基準監督署長に対し行わなければならない。

（昭五二・三・三〇　基発第一九二号、平一一・二・一八　基発第七七号）

〈海外派遣特別加入者に対する通勤災害保護制度の適用について〉

海外派遣特別加入者に対する通勤災害保護制度が、昭和五五年四月一日以降の通勤災害について適用されることとなった。

なお、保険給付の請求手続等に係る留意点は次のとおりである。

一　保険給付の請求手続

(1)　保険給付の請求は、一般の労働者の場合と同様に通勤災害に係る保険給付支給請求書により行わせるものとする。

(2)　保険給付の請求手続については、昭和五二年八月二四日付基発第四八一号の記の二によることとするほか、請求書別紙の「通勤災害に関する事項」のうち事業主の証明を受けなければならないこととされている事項については派遣先の事業の事業主の証明書を必ず添付させることとする。

(3)　通勤災害の発生状況等に関する資料としては、業務災害の場合と同様、派遣先事業主の証明書、在外公館の証明書、新聞記事等を添付するか又は災害発生地の警察署等の公的機関の証明書若しくは公共交通機関を利用中の災害の場合にあっては当該交通機関を管理する者等の証明書を添付させることとする。

二　保険給付の支給手続等

保険給付の支給手続等については、業務災害の場合と同様であることとする。

（昭五五・三・三一　基発第一五六号）

〈海外派遣者の特別加入に係る保険給付の請求等の手続〉

海外派遣者の特別加入の取扱いについては、昭和五二年三月三〇日付け労働省発労徴第二一号、基発第一九二号により指示したところであるが、保険給付等の受給者が海外において療養している場合の手続等については下記によることにしたので、事務処理に遺憾なきを期されたい。

記

一　保険給付等の請求手続

(1)　請求書（申請書）の記載事項中事業主の証明を受けなければならないこととされている事項については、派遣元の事業の事業主の証明を受けなければならないこととするが、当該請求書には、「負傷又は発病の年月日」、「災害の原因及び発生状況」及び「休業の期間」についての派遣先の事業の事業主の証明書を必ず添付すること。

なお、「負傷又は発病の年月日」及び「災害の原因及び発生状況」についての上記証明書は、最初の請求書に添付すればたりること。

なお、上記証明書の様式は任意のものであって差し支えないものであること。

(2) 療養補償給付たる療養の費用の請求に当たっては、当該療養に要した費用の額を証明することができる診療担当者（医師、その他診療、薬剤の支給を担当した者をいう。）の明細書及び領収書を請求書に添付させること。

(3) 請求書（申請書）及びこれに添付すべき書類その他の資料が外国語で記載されている場合には、それらを日本語に翻訳したものを派遣元の事業の事業主から請求書と同時に提出させること。

二　保険給付の支給手続

(1) 療養補償給付たる療養の費用については、所轄労働基準監督署において請求額に相当する額を支払うこととなるが、当該診療内容等については、事前に局に設けられている医療審査委員会等において医学的審査を行うこと。審査に当たっては、我が国又は外国における医学常識にてらして妥当と認められるかどうかによって判断することとし、必ずしも現行の労災保険における取扱いに準拠する必要はない。

なお、請求内容について疑義が生じた場合には適宜本省へ照会すること。

(2) 療養補償給付たる療養の費用の額の支給決定に当たっては、当該療養に要した費用の額は、支給決定日における外国為替換算率（売レート）により換算した邦貨額によること。

なお、この場合において、当該外国為替換算率についての金融機関の証明書を支給決定決議書に添付すること。

(3) 保険給付に関する処分の通知は、原則として、派遣元の事業の事業主を経由して、請求人、申請人、受給権者又は受給権者であった者に行うものとすること。

ただし、年金給付に関しては、この限りではない。

(4) 休業補償給付及び療養の費用の支払いについては、派遣元の事業の事業主が立替払いをしている場合には、昭和四三年三月九日付け基発第一一四号による受任者払いとすることとして差し支えないものであること。

外国送金については、支出官事務規定に定めるところによるほか、昭和三八年六月五日付け基発第六四〇号により指示したところによること。

（昭五二・八・二四　基発第四八一号）

（厚生労働省令への委任）
第三十七条　この章に定めるもののほか、第三十三条各号に掲げる者の業務災害及び通勤災害に関し必要な事項は、厚生労働省令で定める。

条文解説

本条は、特別加入に関する事項については、第三三条から第三六条までにおいて定めるもののほか、厚生労働省令で定める旨明示したものである。

関係政省令等

（特別加入者に係る業務災害及び通勤災害の認定）
則第四十六条の二十六　法第三十三条各号に掲げる者に係る業務災害及び通勤災害の認定は、厚生労働省労働基準局長が定める基準によつて行う。

（特別加入者に係る保険給付の請求等）
則第四十六条の二十七　法第三十三条各号に掲げる者の業務災害について保険給付を受けようとする者については、第十二条第二項及び第四項、第十二条の二第二項（事業主の証明に関する部分に限る。）、第十三条第一項第五号及び同条第二項（事業主の証明に関する部分に限る。）、第十四条の二第一項第五号及び同条第二項、第十五条の二第一項第六号及び同条第二項、第十六条第一項第三号ニ及び同条第二項並びに第十七条の二第一項第六号及び同条第二項の規定は、適用しない。

2　前項の保険給付を受けようとする者は、第十二条第一項若しくは第三項、第十二条の二第一項、第十三条第一項、第十四条の二第一項、第十五条の二第一項、第十六条第一項又は第十七条の二第一項の請求書又は届書を所轄労働基準監督署長に提出するときは、当該請求書又は届書の記載事項のうち事業主の証明を受けなければならないこととされている事項を証明することができる書類その他資料を、当該請求書又は届書に添えなければならない。

3　法第三十三条各号に掲げる者（第四十六条の二十二の二に規定する者を除く。）の通勤災害について保険給付を受けようとする者については、第十八条の七第一項中「第十三条第一項各号」とあるのは「第十三条第一項第一号から第四号まで及び第六号から第九号までに掲げる事項」と、「及び」とあるのは「並びに」と、第十八条の八第二項中「第十四条の二第一項各号に掲げる事項（第七号に掲げる事項については、同号中「障害補償年金」とあるのは「障害年金」とする。）及び」とあるのは「第十四条の二第一項第一号から第四号まで及び第五号の二から第七号までに掲げる事項（同号に掲げる事項については、同号中「障害補償年金」とあるのは「障害年金」とする。）並びに」とし、第十八条の九第二項中「第十五条の二第一項各号に掲げる事項（第二号及び第八号に掲げる事項については、これらの規定中「遺族補償年金」とあるのは「遺族年金」とする。）及び」とあるのは「第十五条の二第一項第一号から第五号まで及び第六号の二から第八号までに掲げる事項（第二号及び第八号に掲げる事項については、これらの規定中「遺族補償年金」とあるのは「遺族年金」とする。）並びに」と、第十八条の十第一項中「イからニまで」とあるのは「イからハまで」と、第十八条の十二第一項中「第十七条の二第一項各号」とあるのは「第十七条の二第一項第一号から第五号まで」と読み替えてこれらの規定を適用し、第十八条の五第二項において準用する第十二条第二項及び第四項、第十八条の六第二項において準用する第十二条の二第二項（事業主の証明に関する部分に限る。）、第十八条の七第二項において準用する第十三条第二項（事業主の証明に関する部分に限る。）、第十八条の八第三項において準用する第十四条の二第二項、第十八条の九第三項において準用する第十五条の二第二項、第十八条の十第二項において準用する第十六条第二項並びに第十八条の十二第二項において準用する第十七条の二第二項の規定は適用しない。

4　第二項の規定は、第十八条の五第一項、同条第二項において準用する第十二条第三項、第十八条の六第一項、第十八条の七第一項、第十八条の八第二項、第十八条の九第二項、第十八条の十第一項又は第十八条の十二第一項の請求書又は届書を提出するときについて準用する。

5　法第三十三条第六号又は第七号に掲げる者の業務災害又は通勤災害について保険給付を受けようとする者は、第二項及び前項の請求書又は届書を法第三十六条第一項の承認を受けた団体又は事業主を経由して所轄労働基準監督署長に提出しなければならない。

6　所轄労働基準監督署長は、第二項の規定（第四項において準用する場合を含む。）により提出された書類その他の資料のうち、返還を要する書類その他の物件があるときは、遅滞なく、これを返還するものとする。

参照条文

〔厚生労働省令　則四六の二六〕

解釈例規

〈業務上外の認定について〉

特別加入者の業務又は作業（職場適応訓練作業を除く。）の内容は、労働者の場合と異なり、労働契約に基づく他人の指揮命令により他律的に決まるものではなく、当人自身の判断によっていわば主観的に決まる場合が多いから、その業務又は作業の範囲を確定することが通常困難である。このことは、法第二七条〔現行＝第三三条〕第一号及び第三号該当者において特に著しい。

このため、特別加入者の業務災害については、一般的な基準の設定が本省局長に委任されたのであり、特別加入者についての業務上外の認定は、加入申請書記載の業務又は作業の内容を基礎とし、本省局長作成の基準に従って行うこととなる。この基準については、別途通達する。

（昭四〇・一一・一　基発第一四五四

号）

〈特別加入者に係る業務上外の認定及び支給制限の取扱い〉

法第二七条〔現行＝第三三条〕から法第三〇条〔同第三六条〕までの規定に基づく特別加入者に係る業務上外の認定及び支給制限は、下記により行うこととしたので、了知されたい。

記

第一　業務上外の認定について

特別加入制度の趣旨はその業務の実情、災害の発生状況等に照らし実質的に労働基準法の適用労働者に準じて保護するにふさわしい者に対し労災保険を適用しようとするものである。

したがって、特別加入者の被った災害が業務災害として保護される場合の業務の範囲は、あくまでも労働者の行う業務に準じた業務の範囲であり、特別加入者の行う全ての業務に対して保護を与える趣旨のものではない。

一　特別加入者については次の場合に限り業務遂行性を認めるものとする。

(1)　中小事業主等（法第二七〔現行＝第三三条〕条第一号及び第二号該当者）

イ　特別加入申請書（告示様式第三四号の七）別紙の業務の内容欄に記載された所定労働時間（休憩時間を含むものとする。以下同じ。）内において、特別加入の申請に係る事業のためにする行為（当該行為が事業主の立場において行う事業主本来の業務を除く。）及びこれに直接附帯する行為（生理的行為、反射的行為、準備・後始末行為、必要行為、合理的行為及び緊急業務行為をいう。以下同じ。）を行う場合

（注1）特別加入者が特別加入申請書に記載した労働者の所定労働時間内において業務行為を行っている場合は、労働者を伴っていたか否かにかかわりなく、業務遂行性を認めるものである。

（注2）中小事業主等の特別加入者が事業主の立場において行う事業主本来の業務、たとえば、法人等の執行機関として出席する株主総会、役員会、事業主団体等の役員、構成員として出席する事業主団体の会議、得意先等の接待等（資金繰り等を目的とする宴会、親会社等のゴルフ接待等）に出席する行為は、労働者が行う業務に準じた業務ということはできないので、業務遂行性は認めないものである。したがって、たとえば、中小事業主が商談、集金等のため外出し、途中で事業主団体等の会議に役員、構成員として出席する場合は、商談、集金等の業務行為が終了した時点で業務遂行性は失われるものである。

（注3）「直接附帯する行為」の業務

遂行性の具体的判断は、労働者の場合に準ずるものとする。
ロ　労働者の時間外労働又は休日労働に応じて就業する場合
（注）労働者の所定労働時間外における特別加入者の業務行為については、当該事業場の労働者が時間外労働又は休日労働を行っている時間の範囲において業務遂行性を認めるものである。
ハ　イ又はロに接続して行われる業務（準備・後始末行為を含む。）を特別加入者のみ行う場合
ニ　上記イ、ロ及びハの就業時間内における事業場施設の利用中及び事業場施設内での行動中の場合
　なお、この場合において日常生活の用に供する施設と事業用の施設とを区分することが困難なものについては、これを包括して事業場施設とみなすものとする。
ホ　当該事業の運営に直接必要な業務（事業主の立場において行う本来の業務を除く。）のために出張する場合
（注）出張中の個々の行為の業務遂行性については、労働者に準じて判断するものである。たとえば、出張中の恣意的な行為、積極的な私的行為等については、業務遂行性は認められないこととなる。
へ　通勤途上であって次に掲げる場合
(イ)　事業主提供に係る労働者の通勤専用交通機関の利用中
(ロ)　突発事故（台風、火災等）等による予定外の緊急の出勤途上
（注）(イ)については、特別加入者が当該事業場の労働者のために提供している通勤専用交通機関に同乗している場合をいい、事業主の送迎車による出退勤、又は事業主所有の自動車等を特別加入者が運転して出退勤する場合は、これに該当しない。
　(ロ)については、特別加入者が、台風、火災等に際し、自宅から就業場所へ建物の保全等のため緊急に赴く場合をいう。
ト　当該事業の運営に直接必要な運動競技会、その他の行事について労働者（業務遂行性が認められる者）を伴って出席する場合
(2)　一人親方等（法第二七条〔現行＝第三三条〕第三号及び第四号該当者）
イ　建設業の一人親方等について
(イ)　請負契約に直接必要な行為を行う場合
（注）請負契約締結行為、契約前の見積り、下見等の行為を行う場合
　なお、自宅から直接下見現場等に赴く場合は、自宅から下見現場までの間については、通勤とみなされ業務遂行性は認められない。
(ロ)　請負工事現場における作業及びこれに直接附帯する行為を行う場合
（注）建設業の一人親方については、請負契約に基づく工事について認められるものであるから、自宅の

補修を行う場合は、業務遂行性は認められない。

「直接附帯する行為」については、中小事業主の場合に準じて判断するものとするが、作業中途において当該工事に必要な資材等を購入に行く行為等は必要行為に該当する。

(ハ) 請負契約に基づくものであることが明らかな作業を自家内作業場において行う場合

(注) 建設業の一人親方について特別加入を認めているものであるから、自家内作業場において請負契約によらないで製造又は販売を目的として建具等を製造している場合については、業務遂行性は認められない。

(ニ) 請負工事に係る機械及び製品を運搬する作業（手工具類（鋸、鉋、刷毛、こて等）程度のものを携行して通勤する場合を除く。）及びこれに直接附帯する行為を行う場合

(注1) 請負工事に係る機械及び製品を自宅から工事現場まで運搬する場合は、業務遂行性は認められるが、自宅から工事現場に赴く途中において、資材等を購入する場合は、自宅から資材店までの間は一般的に通勤とみられ、業務遂行性は認められない。しかし資材店から工事現場までの間については、業務遂行性が認められる。

(注2)「直接附帯する行為」とは、前記「中小事業主等」(1)イに掲げる行為をいうが、この場合は、荷の積卸作業、運行中の自動車等の故障・修理等が該当する。

(ホ) 突発事故（台風、火災等）等による予定外の緊急の出勤途上

(注) 自宅から請負契約に係る工事現場へ赴くのは一般的に通勤であり、業務遂行性は認められないが、台風、火災等のため工事現場へ建物の保全等のため緊急に赴く場合は、業務遂行性を認めるものである。

ロ 個人タクシー営業者及び個人貨物運送事業者について

(イ) 免許を受けた事業の範囲内において事業用自動車を運転する作業（運転補助作業を含む。）、貨物の積卸作業及びこれらに直接附帯する行為を行う場合

(注) 特別加入者が営業免許を受けた事業の範囲内で、業務遂行性を認めるものであるから、家族等を一定場所まで送る行為、銀行等に融資をうけるために赴く行為については業務遂行性は認められない。

なお、白ダンプカー運転者については届出を行った事業の範囲内において業務遂行性を認めるものである。

(ロ) 突発事故（台風、火災等）等による予定外の緊急の出勤途上

(注) 自宅と車庫が離れている場合において、台風、火災等のため車庫の保全のため車庫に緊急に赴く場

合は、特に業務遂行性を認めるものである。

ハ　漁船による自営漁業者について

(イ)　水産動植物の採捕、これに直接必要な用船中の作業及びこれらに直接附帯する行為を行う場合

(注)　漁船を用いて行う水産動植物の採捕の作業に限られるものであるから、漁船を用いずに行う水産動植物の採捕の作業は、これに該当しないが、漁場において漁船から下船し、海苔等を採取する行為は、該当する。

「これに直接必要な用船中の作業」とは、漁船の運航作業、漁船の修理作業等をいう。「これに直接附帯する行為」とは、前記「中小事業主等」(1)イに掲げる行為をいうが、用船中における行為に限られるものである。

(ロ)　最終の発地から漁船まで、又は漁船から最初の着地までの間において行為を行う場合

(ハ)　突発事故による予定外の緊急の出勤途上

(注)　台風等のため自宅から漁船へ赴く場合及び漁船等を避難又は補強するための用船中の作業を行う場合、特に業務遂行性を認めるものである。

ニ　再生資源取扱業者について

別途通達する（昭和五五年三月三一日付け労働省発労徴第二二号・基発第一五六号通達（(3)イ(イ)において「昭和五五年通達」という。）の記の2(1)ニ参照）。

(3)　特定作業従事者（法第二七条〔現行＝第三三条〕第五号該当者）

イ　特定農作業従事者について

(イ)　自営農業者が、農作業場において、動力により駆動される機械（以下「動力機械」という。）を使用して行う土地の耕作若しくは開墾、植物の栽培若しくは採取又は家畜（家きん及びみつばちを含む。）若しくは蚕の飼育の作業（以下「耕作等作業」という。）及びこれに直接付帯する行為を行う場合

なお、下記ロ(イ)のなお書き及び別紙は、特定農作業従事者たる自営農業者が委託を受けて行う作業について準用する。

(注1)「農作業場」には、特別加入の対象となる事業場（ほ場、牧場、格納庫、農舎、畜舎、堆肥場、草刈り場、サイロ、むろ等の恒常的作業場等）のほか、他のほ場等を含み、主として家庭生活に用いる場所を除く。また、ほ場、牧場、格納庫、農舎、畜舎、恒常的作業場及び共同集荷施設（いわゆる野菜センター等）の相互間の合理的経路を含む。以下同じ。

(注2)「直接付帯する行為」としては、例えば、耕作等作業中又は耕作等作業の前後において行う耕作等作業のための動力機械の点検・修理作業（日常行い得るものに限る。）、農産物を共同集荷施設まで

トラック等で運ぶ集荷作業（出荷作業と認められるものを除く。）、動力機械をほ場相互間において運転若しくは運搬する作業、苗・農薬・堆肥等を共同育苗施設等とほ場との間でトラック等で運搬する作業が、原則として、該当する。

一方、例えば、労働者をほ場までマイクロ・バス等で送迎する作業、農産物を市場までトラック等で出荷する出荷作業、畜舎・農舎の建築作業等は、原則として、「直接付帯する行為」に該当しない。

(ロ) 農作業場の高さが二メートル以上の箇所において、耕作等作業及びこれに直接付帯する行為を行う場合

(注) 四〇度以上の傾斜地において、水平面から二メートル以上の高さにある箇所における作業を行う場合を含む。

なお、高さが二メートル以上ある畜舎・農舎の屋根の補修作業又は雪下ろし作業は、当該補修作業等が他に委託するよりも農業を行う者が通常行うべきものであって農作業に密接不可分な場合に限り、業務遂行性を認める。

(ハ) 農作業場の酸素欠乏危険場所における耕作等作業及びこれに直接付帯する行為を行う場合

(注1)「酸素欠乏危険場所」とは、労働安全衛生法施行令別表第六第七号に規定するサイロ、むろ等をいう。

(注2)「直接付帯する行為」としては、例えば、家畜の飼育のための飼料の醱酵・貯蔵又は土地の耕作のための堆肥の醱酵・貯蔵が、原則として、これに該当する。

(ニ) 農作業場において農薬散布作業及びこれに直接付帯する行為を行う場合

(注)「農薬」とは、農薬取締法（昭和二三年法律第八二号）第一条の二第一項に規定する薬剤であって、同法第二条第三項の規定により登録を受けたものをいう。

(ホ) 農作業場において牛・馬・豚に接触し又はそのおそれのある耕作等作業及びこれに直接付帯する行為を行う場合

(注1) 牛・馬・豚に接触し又は接触するおそれのある作業に限り、牛・馬・豚のいない畜舎内の清掃等の作業は含まない。

(注2)「直接付帯する行為」としては、例えば、家畜を一箇所に集めるため檻等に追い込む作業が、原則として、これに該当する。

ロ 指定農業機械作業従事者について

(イ) 自営農業者が、圃場又は圃道の作業場において指定農業機械を用いて行う作業及びこれに直接附帯する行為を行う場合

ただし、動力脱穀機並びに動力カッター及びコンベヤー（昭和五五年通達の記の二(2)ロ参照）を用いて行う作業については、圃場及び圃道以

外の作業場で行う場合においても、業務遂行性を認めるものとする。

なお、この自営農業者が行う作業には、他人の圃場等において指定農業機械を用いて行う作業も含むものとするが、業務遂行性の迅速な認定に資するため、委託を受けて行う作業（共同作業、手間替しを除く。）については、事前に委託を受けた作業の内容を明らかにする書類を作成するよう指導するものとする。この指導は、別紙指導要領により実施すること。

(ロ)　当該機械を圃場等の作業場と格納場所との間において、運転又は運搬する作業（苗、防除用薬、堆肥等を共同育苗施設等から圃場等の作業場へ運搬する作業を含む。）及びこれに直接附帯する行為を行う場合

（注1）他人の圃場等において指定農業機械を用いて行う作業であって、委託とされているものであっても、「委託者」の所有する機械又は「委託者」が第三者から借り受け（燃料等も委託者が調達し）た機械を「受託者」に使用させて作業を行わせるものである場合は、特別加入者としての業務遂行性を認める「委託を受けた作業」とは認められないこと。

（注2）(ロ)の「直接附帯する行為」とは、作業場と格納場所との間におけるトラクター等の修理、耕作機械、作物等の積卸作業等が該当する。

ハ　職場適応訓練生について

労働者の場合に準ずる。

ニ　事業主団体等委託訓練生について

別途通達する（平成元年三月二三日付け労働省発労徴第一九号・基発第一三五号通達の記の第二の二(5)参照）。

ホ　家内労働者について

別途通達する（昭和四五年一〇月一二日付け基発第七四二号通達の記の五の(1)参照）。

ヘ　労働組合等常勤役員について

労働組合等の常勤役員が、当該労働組合等の事務所、事業場、集会場又は道路、公園その他の公共の用に供する施設において、集会の運営、団体交渉その他の当該労働組合等の活動に係る作業（当該作業に必要な移動を含む。）を行う場合

（注1）事業場とは、当該労働組合の組合員が属する企業の事業場に限らず、広く事業が行われている敷地内を指すものである。

（注2）争議行為そのものが法律（労働関係調整法第三六条、第三八条、国営企業労働関係法第一七条第一項、国家公務員法第九八条第二項、地方公務員法第三七条第一項等）により禁止されている場合、当該争議行為を指導する作業は「当該労働組合等の活動に係る作業」に該当しないが、労働関係調整法第二六条第四項、第三七条第一項のような手続規定に違反し

た争議行為の指導作業は、原則として、これに該当する。

(4) 海外派遣者（法第二七条〔現行＝第三三条〕第六号及び第七号）

別途通達する（昭和五二年三月三〇日付け労働省発労徴第二一号・基発第一九二号通達の記の一〇(6)参照）。

二　業務起因性の判断は、労働者の場合に準ずるものとする。

三　業務上外の判断についての留意点

疾病に係る業務上外の判断のために就業時間の把握を行う場合は、当該特別加入者が客観的に就業したことが明らかな時間を就業時間とすること。

第二　支給制限について

一　法第一二条の二の二の規定による支給制限

法第三三条各号に該当する者についての支給制限は、法第一二条の二の二の規定により行うものとする。

(1) 第一項関係

本項の規定は、特別加入者の負傷、疾病、障害若しくは死亡又はその直接の原因となった事故の発生について、特別加入者に意図した故意がある場合に適用すること。

(2) 第二項関係

本項の規定は、事故発生の直接の原因となった行為が、法令（労働基準法、鉱山保安法、道路交通法等）上の危害防止に関する規定で罰則の附されているものに違反し又は違反する行為に相当すると認められる場合に適用し、支給制限の方法は、昭和四〇年七月三一日付け基発第九〇六号通達記の第一のⅡ及びⅢに準ずるものとする。

この場合において、法令上の危害防止に関する規定の罰則の附されているものについての違反の有無を判断するに際しては、労働基準法及び鉱山保安法関係については、特別加入者を労働者とみなして判断するものとすること。また、建設業の一人親方及びその事業に従事する者については、たとえば、労働安全衛生規則第一一二条のように、使用者の遵守義務の履行が先行する条項については、使用者の遵守義務の履行はあったものとして判断すること。

二　法第一二条の二の二と法第一二条の四第一項が同時に適用される場合

法第一二条の二の二と法第一二条の四第一項が同時に適用される場合は、まず、法第一二条の二の二の規定を適用し、その結果、減額支給された保険給付について法第一二条の四の規定を適用すること。

三　法第三四条第一項第四号及び第三五条第一項第七号の規定による支給制限

これらの規定の適用要件及び支給制限の方法については、上記二及び昭和四七年九月三〇日付け基発第六四三号通達（記の四を除く。）に準じる。

四　支給制限に関する規定が重複して

適用される場合

(1)　法第一二条の二の二と法第三四条第一項第四号前段又は第三五条第一項第七号とが同時に適用される場合には、まず法第一二条の二の二を適用し、その残余の部分について法第三四条第一項第四号前段又は第三五条第一項第七号を適用すること。

(2)　法第一二条の二の二と法第三四条第一項第四号後段とが同時に適用される場合には、同号後段のみを適用すること。

(3)　法第三四条第一項第四号の前段と後段とが同時に適用される場合には、いずれか支給制限率の高い方の規定のみを適用すること。

（昭四〇・一二・六　基発第一五九一号、昭五〇・一一・一四　基発第六七一号、昭五二・三・二八　基発第一七〇号、平三・四・一二　発労徴第三八号、基発第二五九号、平一四・三・二九　基発第〇三二九〇〇八号）

〈自動車を使用する貨物運送業者である特別加入者の業務上外の認定〉

業務上外の認定については、昭和四〇年一二月六日付け基発第一五九一号「特別加入者に係る業務上外の認定及び支給制限の取扱いについて」の第一の一の(2)のロによるほか、当該運送の事業の範囲内において特別措置法第三条に基づき「表示番号」の指定を受けた大型自動車を運転する作業（運転補助作業を含む。）貨物の積卸作業及びこれに直接附帯する行為を行う場合について業務遂行性を認めることとする。

（昭四九・二・一三　基発第七二号）

〈指定農業機械従事者である特別加入者の業務上外の認定について〉

指定農業機械従事者の業務上外の認定については、昭和四〇年一二月六日付け基発第一五九一号通達記の第一の一の(3)のイの(イ)及び(ロ)により取扱っているところであるが、改正告示に新たに追加指定された農業機械を使用して作業する場合の災害についても、同様の取扱いとする。

ただし、動力脱穀機を用いて行う作業及びこれに直接附帯する行為については、圃場、圃道以外の作業場で行う場合においても、特に業務遂行性を認めることとして差し支えない。

（昭四九・三・二五　基発第一五二号）

〈林業の一人親方である特別加入者の業務上外の認定〉

業務上外に認定については、次によること。

一　業務遂行性は、次の行為を行う場合に認めるものとすること。

(1)　森林の中の作業地、木材の搬出のための作業路及びこれに接続する土場における作業並びにこれに直接附帯する行為（直接附帯する行為とは、生理的行為、反射的行為、準備・後始末行為、必要行為、合理的行為及び緊急業務行為をいう。以下同じ。）

(2) 作業のための準備・後始末、機械等の保管、作業の打合せ等を通常行っている場所（自宅を除く。以下「集合解散場所」という。）における作業及びこれに直接附帯する行為

(3) 集合解散場所と森林の中の作業地の間の移動及びこれに直接附帯する行為

(4) 作業に使用する大型の機械等を運搬する作業及びこれに直接附帯する行為（(1)～(3)に該当しないものに限る。）

(5) 台風、火災等の突発事故による緊急用務のために作業地又は集合解散場所に赴く行為

二　業務起因性の判定は、労働者の場合に準じて行うものとすること。

（昭五一・九・二九　基発第六九七号）

〈医薬品の配置販売業者である特別加入者の業務上外の認定〉

業務上外の認定については、次によること。

一　業務遂行性は、住居を出た後の最初の用務先からその日の最後の用務先までの間において行う医薬品の配置販売業務（医薬品の仕入れを含む。以下同じ。）及びこれに直接附帯する行為並びに医薬品の配置販売業務を行うために出張する場合（住居以外の施設における宿泊を伴う場合に限る。）についてのみ認めるものとすること。ただし、この場合の医薬品の配置販売業務は薬事法第三二条及び同法施行規則（昭和三六年厚生省令第一号）第三七条の規定により都道府県知事に届け出た配置販売に従事する区域及び期間内において行うものでなければならない。

二　業務起因性の判定は、労働者の場合に準じて行うものとすること。

（昭五一・九・二九　基発第六九七号、平五・四・一　基発第二四四号）

〈再生資源取扱業の一人親方である特別加入者の業務上外の認定〉

業務上外の認定ついては、次によること。

一　業務遂行性は、次の行為を行う場合に認めるものとすること。

(1) 再生資源を収集、運搬、選別又は解体する等の作業及びこれに直接附帯する行為（直接附帯する行為とは、生理的行為、反射的行為、準備・後始末行為、必要行為、合理的行為及び緊急業務行為をいう。以下同じ。）

(2) 再生資源を収集、運搬するために行われるトラック等の貨物運搬用車両等を運転又は操作する作業及び直接附帯する行為

（注）　再生資源の回収の事業を行う者で、自宅以外に作業場等の施設

を有しない場合は、自宅を出てから自宅へ戻るまでの間、私的行為、恣意的行為を除き業務遂行性を認めるものとする。

(3) 台風、火災等の突発事故による緊急用務のために、再生資源の集積場所等に赴く行為

二　業務起因性の判断は、労働者の場合に準じて行うものとすること。

なお、特別加入前に発生した事故による負傷、疾病、障害又は死亡については、当然保険給付は行わないものであるが、この点に関する具体的取扱いについては、林業の一人親方等の特別加入の場合の取扱いに準ずることとすること。

(昭五五・三・三一　基発第一五六号)

〈軽自動車を使用する運送業者である特別加入者の業務上外の認定〉

業務上外の認定については、昭和五〇年一一月一四日付け基発第六七一号「特別加入者に係る業務上外の認定基準等の改正について」の記のIの第一の一の(2)のロによることとする。この場合、「免許を受けた事業」とあるのは「軽自動車を使用して行う軽車両等運送事業」と読み替えることとする。

(昭五六・三・三一　基発第一九一号)

〈家内労働者である特別加入者の業務上外の認定〉

家内労働者等が被った災害に係る業務上外の認定は、次により行うものとする。

一　業務遂行性は、家内労働者等が当該家内労働者等の作業場において、特別加入申請書(告示様式第三四号の一〇)(別紙)の「業務又は作業の内容」欄に記載された作業又はこれに直接附帯する行為を行なう場合に認めることとする。

また、「直接附帯する行為」とは、当該家内労働者等の作業場において行なう当該作業の準備行為又は後始末行為をいう。したがって、自宅と自宅以外の当該家内労働者等の作業場との間、自宅又は自宅以外の当該家内労働者等の作業場と委託者の事務所との間の往復は含まれない。

二　業務起因性の判定は、一般の労働者の場合に準じて行なうこととする。

(昭四五・一〇・一二　基発第七四五号)

〈海外派遣特別加入者の災害の業務上外の認定基準〉

海外派遣者として特別加入している者の災害の業務上外の認定については、国内の労働者の場合に準ずる。

(昭五二・三・三〇　基発第一九二号、平三・二・一　基発第七五号)

〈海外派遣と海外出張との関係〉

海外派遣者の特別加入制度の新設は、海外出張者に対する労災保険制度の適用に関する措置に何らの影響を及ぼすものではない。すなわち、海外出張者の業務災害については、従前どおり、特段の加入手続を経ることなく、当然に労災保険給付が行われる。

なお、海外出張者として保護を与えられるのか、海外派遣者として特別加入しなければ保護が与えられないのかは、単に労働の提供の場が海外にあるにすぎず国内の事業場に所属し、当該事業場の使用者の指揮に従って勤務するのか、海外の事業場に所属して当該事業場の使用者の指揮に従って勤務することになるのかという点からその勤務の実態を総合的に勘案して判定されるべきものである。

（昭五二・三・三〇　基発第一九二号）

〈家内労働者等の特別加入者に係る業務上外認定基準の改正について〉

家内労働者及びその補助者（以下「家内労働者等」という。）の特別加入者に係る業務上外の認定基準の取扱いについては、昭和四五年一〇月一二日付け基発第七四二号により実施してきたところであるが、今般、これが取扱いの一部を下記のとおり改め、昭和五九年一〇月一日以降の災害について適用することとしたので、その運用については、遺憾のないよう配意されたい。

記

上記基発第七四二号通達記の五の(1)のイを次のとおり改める。

イ　家内労働者等が被った災害に係る業務上外の認定に際しては、次の場合に限り、業務遂行性を認めることとし、業務起因性の判定は、一般労働者の場合に準じて行うこととする。

(イ)　家内労働者等が、当該家内労働者等の作業場において、特別加入申請書（告示様式第三四号の一〇）（別紙）の「業務又は作業の内容」欄に記載された作業又はこれに直接附帯する行為を行う場合。

なお、「直接附帯する行為」とは、当該家内労働者等の作業場において行う当該作業の準備行為又は後始末行為をいい、自宅と自宅以外の当該家内労働者等の作業場との間、自宅又は自宅以外の当該家内労働者等の作業場と委託者の事務所との間の往復は含まれない。

(ロ)　家内労働者等が、当該家内労働者等の作業場に隣接した場所（作業場の敷地内、作業場前の道路上等）において行う家内労働に係る材料、加工品等の積み込み、積み降し作業及び運搬作業を行う場合。

（昭五九・九・一二　基発第四八三号）

〈労働組合の非専従役員等の特別加入者に係る業務上外認定の取扱いについて〉

　労働組合の役員であって、当該労働組合の業務に専ら従事する者以外のもの（労働組合の代表者を除く。以下「非専従役員」という。）については昭和四四年三月七日付け基発第一一二号により労働者災害補償保険法（以下「労災保険法」という。）第二七条〔現行＝第三三条〕第二号（中小事業主が行う事業に従事する者）に該当する者として労災保険の特別加入を認めており、これらの者に係る業務上外の認定は、昭和五〇年一一月一四日付け基発第六七一号（以下「第六七一号通達」という。）に定める基準により取り扱ってきたところである。しかしながら、その運用に当たっては、非専従役員の業務の特殊性から、一部実情に即さない面がみられることから、今後は、下記により取り扱うこととしたので、関係労働組合に対し周知指導のうえ、これが事務処理に遺憾のないようにされたい。

記

一　労災保険法第二七条〔現行＝第三三条〕第二号に該当する者として、同法第二八条〔現行＝第三四条〕に定める中小事業主等の特別加入の承認を受けている非専従役員が、特別加入申請書（別紙）（告示様式第三四号の七〈略〉をいう。以下同じ。）の業務の内容欄に記載された所定労働時間以外の時間で、かつ、当該労働組合の労働者（専従役員、事務局員等）が就業していない時間（以下「所定労働時間外」という。）に特別加入申請書（別紙）の業務の内容欄に記載された業務を単独若しくは当該労働組合の他の特別加入者を伴って行う場合にあっては、当該業務の遂行に当たり労働組合の代表者から業務命令があったことが明らかな場合に限り、上記第六七一号通達記の第一の一の(1)のロにかかわらず、業務遂行性を認めることとする。
　なお、ここでいう「労働組合の代表者から業務命令があったことが明らかな場合」とは、文書等による労働組合の代表者の積極的な命令があった場合のほか、明示の業務命令がない場合であっても、非専従役員の職務として当然予想される業務を行う場合で、かつ、当該業務が当該労働組合の業務遂行計画等に基づいて行われたものであることが明確に証明できる場合をこれに含むものとする。

二　労災保険法第二七条〔現行＝第三三条〕第一号に該当する者として、同法第二八条〔現行＝第三四条〕に定める中小事業主等の特別加入の承認を受けている労働組合の代表者が所定労働時間外において特別加入申請書（別紙）の業務の内容欄に記載された業務を単独で行う場合は従前どおり業務遂行性を認めないこととするが、特に上記一の非専従役員を伴って業務を行う場合に限って業務遂行性を認めることとする。

三　本取扱いは、昭和五九年一一月一

日以後に発生した災害について適用するものとする。

（昭五九・一〇・一一　基発第五四九号）

〈海外派遣特別加入者の通勤災害の認定〉

海外派遣者に係る通勤災害の認定に当たっての「住居」及び「通勤」の取扱いは、日本国内における一般労働者の場合と同様であること。

したがって、通勤災害の認定も日本国内の一般労働者の場合に準じて行うこととなる。

（昭五五・三・三一　基発第一五六号）

〈介護作業従事者の業務上外及び通勤災害の認定〉

ア　業務上外の認定

(ア)　業務遂行性は介護労働者法第二条第一項に規定する介護関係業務に係る作業であって、入浴、排せつ、食事等の介護その他の日常生活上の世話、機能訓練又は看護に係るもの及びこれに直接附帯する行為を行う場合に認めることとすること。

なお、入浴、排せつ、食事等の介護その他の日常生活上の世話とは、身体上又は精神上の障害があることにより日常生活に支障がある者に対する、入浴、排せつ、食事等の介護、調理、洗濯、掃除、買い物等の家事その他の当該者本人に必要な日常生活上の世話であり、直接本人の世話に該当しない行為、日常生活上の世話に該当しない行為は含まないこと。

また、「直接附帯する行為」とは、生理行為、反射的行為、準備・後始末行為、必要行為、合理的行為及び緊急業務行為をいう。例えば、介護用器具の準備・片付け等が該当すること。

(イ)　業務起因性は、労働者の場合に準ずること。

イ　通勤災害の認定

介護作業従事者の住居と作業場との間の往復の実状等から、通勤災害についても労災保険の対象とし、通勤災害の認定については、労働者の場合に準ずること。

ウ　就業の場所間の移動

複数の個人家庭等に使用される介護作業従事者が行うそれぞれの就業の場所間の移動については、業務遂行性は認められないこと。また、当該行為は通勤にも該当しないこと。

（平一三・三・三〇　基発第二三三号）

〈特別加入者に係る支給制限の取扱い〉

第二　支給制限について

一　法第一二条の二の二の規定による支給制限

法第二七条〔現行＝第三三条〕各号に該当する者についての支給制限

は、法第一二条の二の二の規定により行うものとする。

(1) 第一項関係

本項の規定は特別加入者の負傷、疾病、障害若しくは死亡又はその直接の原因となった事故の発生について、特別加入者に意図した故意がある場合に適用すること。

(2) 第二項関係

本項の規定は、事故発生の直接の原因となった行為が、法令（労働基準法、鉱山保安法、道路交通法等）上の危害防止に関する規定で罰則の附されているものに違反し又は違反する行為に相当すると認められる場合に適用し、支給制限の方法は、昭和四〇年七月三一日付け基発九〇六号通達記の第一のⅡ及びⅢに準ずるものとする。

この場合において、法令上の危害防止に関する規定の罰則の附されているものについての違反の有無を判断するに際しては、労働基準法及び鉱山保安法関係については、特別加入者を労働者とみなして判断するものとすること。また、建設業の一人親方及びその事業に従事する者については、たとえば、労働安全衛生規則第一一二条のように、使用者の遵守義務の履行が先行する条項については、使用者の遵守義務の履行はあったものとして判断すること。

二 法第一二条の二の二と法第一二条の四第一項が同時に適用される場合

法第一二条の二の二と法第一二条の四第一項が同時に適用される場合は、まず、法第一二条の二の二の規定を適用し、その結果、減額支給された保険給付について法第一二条の四の規定を適用すること。

三 法第三四条第一項第四号及び第三五条第一項第七号の規定による支給制限

これらの規定の適用要件及び支給制限の方法については、上記二及び昭和四七年九月三〇日付け基発第六四三号通達（記の四を除く。）に準じる。

四 支給制限に関する規定が重複して適用される場合

(1) 法第一二条の二の二と法第三四条第一項第四号前段又は第三五条第一項第七号とが同時に適用される場合には、まず法第一二条の二の二を適用し、その残余の部分について法第三四条第一項第四号前段又は第三五条第一項第七号を適用すること。

(2) 法第一二条の二の二と法第三四条第一項第四号後段とが同時に適用される場合には、同号後段のみを適用すること。

(3) 法第三四条第一項第四号の前段と後段とが同時に適用される場合には、いずれか支給制限率の高い方の規定のみを適用すること。

（昭四〇・一二・六 基発第一五九一号、昭五〇・一一・一四 基発第六七一号、昭五二・三・二八 基発第一七〇号、平三・四・一二 発労徴第三八

号、基発第二五九号、平一四・三・二九　基発第〇三二九〇〇八号）

〈特別加入者の休業補償給付について〉

問　みだしの件に関する具体的な取扱いについては、昭和四〇年一一月一日付基発第一四五四号通達により示されているが、次の如き事案の取扱いについて疑義があるので、御教示を下されたくお伺いいたします。

記

1　被災特別加入者　Y

2　所属団体　Y県建設労災保険組合（一人親方）

3　休業補償給付　別添のとおり所轄署へ請求　写

4　調査概況

(1)　給付事由に基づく諸条件は休業補償給付請求書に記載のとおり。

(2)　診療の状況についても別添のとおり療養期間八〇日に対し実診療日数（通院加療）は二七日である。

(3)　診療担当者は被災者が労働出来なかった期間は、負傷当日昭和四三年六月一五日より、治療日昭和四三年九月二日迄として認め証明している。

(4)　入院治療迄は要しなかったが、負傷前の作業に従事することが出来なかった期間及び通院後、通院加療した日において大工の仕事に附帯した業務が出来た期間が夫々ある。

5　問題点として伺いたい事案と所見

(1)　本件は通院加療の事案であるため、昭和四二年三月、本省主催全国労災課長会議における資料、質疑応答集によれば、入院及び就床療養以外は全部労働不能の範囲外であるので、給付の対象より除外されるものと解するが、いかが取扱ってよいか。

(2)　通院加療の場合、傷病の程度によって給付の対象として考慮する場合、全部労働不能のための事実確認はきわめて困難ではあるが、調査の結果により下記によって取扱ってよいか。（昭和四〇年一一月本省会議資料、質疑応答集）

(イ)　請求人が通院加療した日以外で、大工に附帯した仕事（例えば以前から本工事を頼まれていたところへ仕事の見積り、設計等の話合いに行っているとか、現在手掛けている工事或いは、近く取掛る工事に必要な建材の発注、その他工事代金の取立て、或いは支払い等）をやっている日は（労災上労働することが出来ないとは、一般的な労働不能を意味するものであって、請求人が負傷し又は疾病にかかる直前に従事していた本来の労働をすることができない場合だけ意味するものではないから）、全部労働不能でない。従って、その日については給付の対象とならない。

(ロ)　請求人が通院加療した日でも、通院加療後(イ)同様の仕事を行っている事実が明らかな日についても給付することは出来ない。

(ハ)　その他前記(イ)、(ロ)以外の場合、例えば仕事が単に閑散なため、診療担当者らが療養のため当該事業又は当該作業（附帯業務を含む。）について、全部労働不能とは認められない日について、所謂単に仕事をしていないからというのみで、給付することはできない。

答

(1)について

通院療養は通常全部労働不能とは認められないが、客観的に全部労働不能であることが明確であればこの限りでない。したがって、本件は、七月三一日まで全部労働不能として休業補償給付が支給されるべきである。

(2)

(イ)および(ロ)について

通院した日も含み、例示の如き請負契約の目的たる仕事完成のため行う業務を行える状態であれば、全部労働不能とは認められない。

(ハ)について

貴見のとおりである。

（昭四四・三・三一　四三基収第五五一四号）

判例

●特別加入者の業務災害の認定

「特別加入者の業務災害の認定について、労働省労働基準局長の定める基準によって行うことは誤りでないとした例」

昭五八・四・二〇　浦和地判　（一七六八頁参照）

●特別加入者

「製品の製作を請け負った、建設の事業における特別加入者（一人親方）が納品時に被った災害が業務外とされた例」

平七・一一・九　東京地判　（一七六九頁参照）

第五章　不服申立て及び訴訟

第五章　不服申立て及び訴訟

（審査請求等）

第三十八条　保険給付に関する決定に不服のある者は、労働者災害補償保険審査官に対して審査請求をし、その決定に不服のある者は、労働保険審査会に対して再審査請求をすることができる。

2　前項の審査請求をしている者は、審査請求をした日から三箇月を経過しても審査請求についての決定がないときは、当該審査請求に係る処分について、決定を経ないで、労働保険審査会に対して再審査請求をすることができる。

3　第一項の審査請求及び再審査請求は、時効の中断に関しては、これを裁判上の請求とみなす。

条文解説

本条は、保険給付に関する決定に不服がある者の不服申立て制度について規定したものである。

第一項は、保険給付に関する決定に不服ある者の不服申立てについては、審査請求及び再審査請求の二審制度をとり、第一審の審査機関は労働者災害補償保険審査官、第二審の審査機関は労働保険審査会であることを規定している。

第二項は、審査請求に対する労働者災害補償保険審査官の決定が遅延した場合に関する再審査請求手続に関し、審査請求をしている者は、審査請求をした日の翌日から起算して三カ月を経過しても労働者災害補償保険審査官による決定がないときは、決定を経ないで、労働保険審査会に対して再審査請求をすることができることを規定したものである。

第三項は、審査請求又は再審査請求は、裁判上の請求と同様時効の中断の効力を生ずることを規定したものである。

参照条文

〔保険給付　七〕〔労災保険審査官　労保審一〜六、労保審令一〜〕〔労働保険審査会及び再審査請求　労保審二五〜五一、労保審令二一以下〕〔審査請求　労保審七〜九〕〔再審査請求　労保審三八・三九〕〔時効中断における裁判上の請求の効果　民一四七・一四九〕

解釈例規

〈行政不服審査法、行政事件訴訟法等の施行に関する事務処理について〉

行政不服審査法（昭和三七年法律第一六〇号）、行政不服審査法の施行に伴う関係法律の整理等に関する法律（昭和三七年法律第一六一号）、行政事件訴訟法（昭和三七年法律第一三九号）及び行政事件訴訟法の施行に伴う関係法律の整理等に関する法律（昭和三七年法律第一四〇号）の施行については、昭和三七年九月二四日労働省発総第一三号（行政不服審査法、行政事件訴訟法等の施行について）をもって労働大臣官房長官から貴職あて通ちょうされた次第であるが、当局所管法令上の事務処理については、下記事項に十分留意のうえこれらの法律の円滑な施行に努められたい。

記

一　行政不服審査法関係

(1)　不服申立てをすることができる事

項及び不服申立てを行なうべき行政庁

行政不服審査法（以下「審査法」という。）により、不服申立てをすることができる事項及び不服申立てを行なうべき行政庁は、概ね次に掲げるとおりであること。

なお、不服申立てをすることができる事項及び不服申立てを行なうべき行政庁の細目を別紙に掲げたので参考にされたいこと。

イ　審査請求関係

審査請求は、処分をした行政庁又は不作為に係る行政庁以外の行政庁（労働基準監督官の行なう処分については労働基準監督署長、労働基準監督署長の行なう処分については都道府県労働基準局長、又は労働者災害補償保険審査官、都道府県労働基準局長の行なう処分については労働大臣）に対して行なわれるものであって、原則として次の事項が該当すること。

(i)　許可、認可、認定等の申請に対する処分（ただし、労働基準法第四六条及び第四七条の認可に関する性能検査の結果についての処分を除く。）

(ii)　労働基準法第一八条の貯蓄金管理中止命令、じん肺法第二一条の作業転換勧告その他処分の相手方に不利益を与えることを内容とする命令等の処分

(iii)　労働安全衛生規則、ボイラ等安全規則に基づく各種免許に関する処分については、次にかかげる処分（ただし、免許の前提となる試験の合否の決定に関するものを除く。）

㋑　免許の取消

㋺　免許の申請に対して免許しないこと。

㋩　免許証の書換、再交付申請に対して書換、再交付しないこと。

㊁　試験科目の一部又は全部の免許申請に対して免除しないこと。

(iv)　処分その他の行為の申請に対する不作為

ロ　異議申立て関係

異議申立ては、処分をした行政庁又は不作為に係る行政庁に対して行なわれるものであって、次の事項が該当すること。

(i)　労働安全衛生規則等に基づいて性能検査代行者の指定に関する労働大臣の処分

(ii)　都道府県労働基準局長による保険料又は特別保険料の額の算定の処分

(iii)　処分その他の行為の申請に対する不作為

ハ　再審査請求関係

再審査請求は、審査請求の裁決を経て後さらに審査請求を行なうものであって、次の事項が該当すること。

労働者災害補償保険法第三五条〔現行＝第三八条〕第一項の規定に基づく労働者災害補償保険審査官の決定

(2)　不作為についての不服申立て

法令に基づく申請に対し相当の期

間内になんらかの処分その他公権力の行使に当たる行為をすべきにかかわらずこれをしない場合には、不作為について異議申立て又は審査請求をできることとなった（審査法第二条第二項、第三条第二項、第七条及び第四九条から第五二条まで）。本制度創設の趣旨は、行政処分の迅速な実施を確保することにあることに鑑み、解雇予告除外認定、労災保険の保険給付に関する決定等の如く一定期限までに又は遅滞なく行なわなければならない処分はもとより、各種申請、届出事案の処理については、渋滞を生ずることのないよう事務の円滑化を期せられたいこと。

(3)　教示の実施

審査法第三章の規定に基づき、書面で処分を行なう場合には、その相手方に対し、①その処分につき不服申立てをすることができる旨並びに②不服申立てをすべき行政庁及び③不服申立てをすることができる期間を教示しなければならないこととなったので、次の方式により教示を行なうこと。

イ　処分書の様式が省令及び告示により定められたものについては、昭和三九年九月二九日労働省令第二〇号及び同日付労働省告示第四六号をもって様式の一部を改正し、教示に関する必要事項を様式の内容に組み入れることとしたので、これらによられたいこと。なお、不服申立てを行なうべき行政庁は処分庁において書き入れることとされているので、処分書を交付するにあたっては当該都道府県名を記入すること。

> この処分に不服がある場合には、この処分があったことを知った日の翌日から起算して
>
> 60日以内に｛○○労働基準監督署長／○○労働基準局長／労働大臣｝に対して
>
> ｛審査請求／異議申立て｝をすることができます。

(注)　不要な文字は抹消すること。

ロ　上記イに該当しない処分であっても、処分書の様式が労働省労働基準局長通ちょうにより定められているもの（例　じん肺法第二一条の作業転換勧告書）、申請書の様式が省令、告示等により定められているものであって当該申請書を二通提出せしめ、そのうち一通に許可、不許可等の処分内容を押印のうえこれを返還すること等により処分を行なうものその他書面による処分に該当するものについては、次に掲げる事項を当該書面の余白に押印する等の方法により教示を行なうこと。ただし、申請を全面的に容認して、許可、認可、認定等の処分を行なう場合には、特に上の教示の手続を行なうこ

とは必要でないこと。

ハ　労働者災害補償保険法に基づく処分のうち、特に保険料等に関し、書面により行なう処分については、上記イ及びロによる教示のほか、「疑問の点については、とりあえず所轄労働基準局に御相談下さい」の如き文言を当該処分書に附記する等の方法より無用の紛争発生を未然に防止するための措置を講ぜられたいこと。

ニ　労災保険の保険料等に関する処分で国税の徴収及び滞納処分の例によるものに係る教示については、おって、指示する予定であるが、とりあえず、上記ロ及びハに準じて教示を行なうこと。

(4)　労災保険の保険給付に関する決定についての不服申立

労災保険の保険給付に関する決定についての不服申立てについては、次の点に留意すること。

イ　審査法が一般法として適用されると同時に、審査請求及び再審査請求については従前どおり労働保険審査官及び労働保険審査会法（以下「労審法」という。）が適用され、審査法第二章第一節（手続の通則）、第二節（処分についての審査請求）及び第五節（再審査請求）の規定は適用がないこと。ただし、同法中第一八条及び第一九条（誤った教示をした場合の救済）は適用があること（労災保険法第三五条〔現行＝第三八条〕第一項及び第三六条〔同第三九条〕）。

ロ　審査請求及び再審査請求の内容は従前と殆ど変わりがないが、とくに次の点で若干の整備が行なわれたこと。

(i)　審査請求期間について、審査請求書を郵便で提出した場合における郵送に要した日数は算入されないこととされたこと（労審法第八条第二項）。再審査請求期間についても同様であること（労審法第三八条第二項）。

(ii)　代理人による審査請求及び再審査請求についての規定が整備されたこと（労審法第九条の二及び第五〇条）。

(iii)　審査のための立入検査をするときは、あらかじめ申立てをした者に立ち会う機会を与えなければならないとされたこと（労審法第一五条第四項及び第四六条第四項）。

(iv)　決定及び裁決の方式及び効力発生（とくに公示送達）に関する規定が整備されたこと（労審法第一九条、第二〇条及び第五〇条）。とくに公示送達は審査請求人又は再審査請求人の所在が知れない場合以外は必要でなくなったが、官報登載を要することとなったこと。

(v)　審査官及び審査会が労審法に基づいてした処分（とくに審理のための処分）については、審査法による不服申立てを制限されること（労審法第二二条の二及び第五〇条）。

二　行政事件訴訟法関係

処分の取消しの訴えと審査請求との関係

処分の取消しの訴えについては、従前の訴願前置主義（旧行政事件訴訟特例法第二条）は廃止され、直ちに提起することができることとなったが（行政事件訴訟法第八条）、労災保険の保険給付に関する決定の取消しの訴え、政府による保険料又は特別保険料の額の算定その他保険料又は徴収金の賦課又は徴収の処分の取消しの訴え及びじん肺健康管理区分等の決定の取消しの訴えについては、それぞれ保険給付に関しては、再審査請求に対する労働保険審査会の裁決、保険料等及び管理区分の決定に関しては審査請求に対する労働大臣の裁決を経た後でなければ訴えを提起することができないこと。

（別紙）

不服申立てをすることができる事項及び不服申立てを行なうべき行政庁

イ　審査請求関係

事項	行政庁
（労災保険法関係）	
①法第二五条〔現行＝第三一条〕不正受給者及び連帯債務を負う事業主に対する費用徴収の決定	労働大臣
②法第二八条〔同第三四条〕第一項 中小事業主等の特別加入の申請に対して承認しないこと	〃
③法第二八条〔同第三四条〕第二項 中小事業主等の特別加入の脱退の申請に対して承認しないこと	〃
④法第二八条〔同第三四条〕第三項 中小事業主等の特別加入に対する承認の取消しの決定	〃
⑤法第二九条〔同第三五条〕第一項 一人親方その他の自営業者の団体の特別加入の申請に対して承認しないこと	〃
⑥法第二九条〔同第三五条〕第三項 一人親方その他の自営業者の団体について成立している保険関係を消滅させることに対して承認しないこと	〃
⑦法第三〇条〔同第三六条〕第一項 海外派遣者の特別加入の申請に対して承認しないこと	〃
⑧法第三〇条〔同第三六条〕第二項 海外派遣者の特別加入の脱退の申請に対して承認しないこと	〃
⑨法第三〇条〔同第三六条〕第二項 海外派遣者の特別加入に対する承認の取消しの決定	〃
⑩法第三七条〔同第四〇条〕保険料若しくは特別保険料又は法第二五条の四に基づく費用徴収の額にかかる異議申立てに対する都道府県労働基準局長の決定	〃
⑪法第四六条 使用者、労災保険事務組合、一人親方その他の自営業者の団体に対する報告等の命令	都道府県労働基準局長又は労働大臣
⑫法第四七条 労働者に対する届出等	〃

事項	行政庁
の命令	
⑬法第四七条の二 受診命令	都道府県労働基準局長
⑭保険給付に関する決定	労災保険審査官
（徴収法関係）	
①法第五条 保険関係消滅の申込に対して承諾しないこと	労働大臣
②法第九条 継続事業の一括扱いの申請に対して承認しないこと	〃
③法第一七条第一項 保険料率の引き上げによる概算保険料の徴収の決定	〃
④法第一八条 概算保険料の延納の申請に対して承認しないこと	〃
⑤法第三〇条第三項 概算保険料の充当又は還付の決定	〃
⑥法第二〇条第二項 有期事業にかかるメリット保険料と確定保険料との差額の徴収又は還付の決定	〃
⑦法第二一条第二項 追徴金の徴収の決定	〃
⑧法第二六条第一項 保険料等徴収金の納付の督促	〃
⑨法第二六条第三項 国税滞納処分の例による滞納処分	〃
⑩法第二七条第一項 延滞金の徴収の決定	〃
⑪法第二九条 国税徴収の例による保険料等の繰上請求、徴収の猶予、徴収猶予の取消し等の決定	〃
⑫第三四条の六 特別保険料に準用される法第二九条の三、第三〇条第三項、第三〇条の三及び第三二条第一項の処分	〃
⑬法第三五条第一項 労働保険事務組合に対する徴収金の決定	〃
⑭法第三五条第二項 労働保険事務組合に対する徴収金、延滞金の徴収の決定	〃
⑮法第三五条第三項 労働保険事務組合が納付すべき徴収金について延滞処分をしてもなお残余がある場合の事業主に対する徴収の決定	〃
⑯法第三五条の九第四項 法第一九条の二第二項の規定の適用について事業主とみなされた事業組合に対する費用徴収の決定	〃

ロ　異議申立て関係

関係申請等に対する不作為に係る不服のほか、次に掲げる事項

事項	行政庁
（徴収法関係）	
①法第一五条第三項 概算保険料の認定決定	都道府県労働基準局長
②法第一九条第四項 確定保険料の認定決定	〃
③法第三三条第二項 労災保険事務組合の認可申請に対して認可しないこと	労働大臣
④法第三三条第四項 労災保険事務組合の認可の取消しの決定	〃
（労災保険法関係） 法第二五条〔現行＝第三一条〕	都道府県労働基準局長

ハ　再審査請求関係

事項	行政庁
（労災保険法関係） ①法第三五条〔現行＝第三	労働保険

八条〕第一項 労働者災害補償保険審査官の決定	審査会

（昭三七・九・二九　基発第一〇二一号、昭四〇・一一・八　基発第一四八四号）

〈不服申立てについて〉

傷病補償年金又は傷病年金の支給の決定及びその支給額の決定並びに廃疾等級の変更による傷病補償年金又は傷病年金の変更に関する決定に関しても、労働者災害補償保険法第三五条〔現行＝第三八条〕の規定により、不服申立てをすることができるものであること。

（昭五二・三・三〇　基発第一九二号）

（行政不服審査法の不適用）

第三十九条　前条第一項の審査請求及び同条第一項又は第二項の再審査請求については、行政不服審査法（昭和三十七年法律第百六十号）第二章第一節、第二節（第十八条及び第十九条を除く。）及び第五節の規定を適用しない。

条文解説

本条は、保険給付に関する審査請求及び再審査請求を定めた前条を実施するための手続と重複することとなる行政不服審査法の手続の一部を適用除外するものである。

（不服申立ての前置）

第四十条　第三十八条第一項に規定する処分の取消しの訴えは、当該処分についての再審査請求に対する労働保険審査会の裁決を経た後でなければ、提起することができない。ただし、次の各号のいずれかに該当するときは、この限りでない。

一　再審査請求がされた日から三箇月を経過しても裁決がないとき。

二　再審査請求についての裁決を経ることにより生ずる著しい損害を避けるため緊急の必要があるときその他その裁決を経ないことにつき正当な理由があるとき。

条文解説

本条は、保険給付に関する処分の取消し訴訟には、不服申立て前置主義をとる旨を規定したもので、行政事件訴訟法の施行に伴い規定されたものである。

判例

●行政事件訴訟法第八条第二項第一号の「審査請求」の意義

「行政事件訴訟法第八条二項第一号の『審査請求』は、労災保険法にいう『再審査請求』を指すものと解するのが相当であるとされた例」

平三・一〇・一　那覇地判（一七七一頁参照）

●審査請求三カ月経過後の原処分取消訴訟の提訴の可否

「審査請求後三カ月経過しても審査官の決定がないときは、審査請求に対する決定及び再審査請求の手続を経ずに処分の取消の訴えを提起することができる、とした例」

平七・七・六　最一小判（一七七二頁参照）

（不服申立て）
第四十一条　徴収法第三十七条の規定は第三十一条第一項の規定による徴収金について、徴収法第三十八条の規定は第十二条の三第一項及び第二項並びに第三十一条第一項の規定による徴収金について準用する。

条文解説

本条は、保険料を滞納し、又は保険事故を故意若しくは重大な過失により発生させた事業主からの特別の費用徴収（法第三一条第一項）に関する処分について不服のある事業主は異議申立てができる旨を定め、さらに、この費用徴収及び不正受給者から徴収される徴収金（法第一二条の三）に関する処分の取消しの訴えは、当該処分についての審査請求に対する厚生労働大臣の裁決を経た後でなければ、提起することができない旨を定めたものである。

第六章　雑　則

第六章　雑　則

（時効）

第四十二条　療養補償給付、休業補償給付、葬祭料、介護補償給付、療養給付、休業給付、葬祭給付、介護給付及び二次健康診断等給付を受ける権利は、二年を経過したとき、障害補償給付、遺族補償給付、障害給付及び遺族給付を受ける権利は、五年を経過したときは、時効によって消滅する。

条文解説

本条は、保険給付請求権の消滅時効について規定したものである。

民法は、一般債権は一〇年間行使しないときに消滅するとし（民法第一六七条）、会計法は、金銭の給付を目的とする国の権利及び金銭の給付を目的とする国に対する権利は五年間で消滅するとしている（会計法第三〇条）が、本法における保険給付を受ける権利等はその行使が容易であり、またこれらの権利関係をいたずらに長期にわたって不安定な状態のもとにおくことは、煩雑な事務をますます複雑化するおそれがあるので、二年の短期消滅時効にかからせることとなっていたが、保険給付の年金化が広い範囲において達成されたので、昭和四〇年改正法により障害補償給付及び遺族補償給付については時効期間が五年に改められ、通勤災害に関する保険給付である障害給付及び遺族給付についても同様とされた。

参照条文

〔時効　民一四四〜一六一・一六六〕〔時効中断事由　民一四七〕〔審査又は再審査の請求による時効の中断　三八③〕〔労基法上の時効　労基一一五〕

解釈例規

〈**指定医の診療費請求権の時効**〉

問　指定医の診療費請求権利は法第四二条ではなく民法第一七〇条の三年が消滅時効と解してよいか。或いは法第四二条の「保険給付を受ける権利」に指定医の診療費請求権も含むと解すべきか。

答　貴見前段のとおり、民法第一七〇条によるべきである。

（昭二六・一〇・二九　基災収第三〇〇二号）

〈**保険給付を受ける権利の時効**〉

保険給付を受ける権利の時効については、保険給付の大幅年金化に伴い規定が整備されたので、今後は次によって取り扱うこととする。

一　法第四二条及び改正法附則第四二条第四項の規定により保険給付を受ける権利として時効が消滅するのは、当該保険給付の支給決定請求権（年金たる保険給付については、基本権の確定を受ける権利であり、遺族補償年金の転給については、すでに支給決定された遺族補償年金の基本権の承継者たることの確定を受ける権利）である。支給決定のあった保険給付の支払請求権（年金たる保険給付については、支払期月ごとに生ずる支分権たる支払請求権）は、会計法第三〇条後段の規定により、五年で時効消滅する。

二　〈略〉

三　未支給の保険給付の請求権については、当該保険給付の受給権者の死亡がその保険給付の支給決定前であるか、あるいは支給決定後であるか、そのいずれかによって時効の取扱も異なってくる。

受給権者の死亡が保険給付の支給決定前である場合には、未支給の保険給付の請求権は、当該保険給付の支給決定請求権そのものであるから、その時効は、法第四二条の規定によることとなり、さらに支給決定後については会計法第三〇条後段の規定によることとなる。

受給権者の死亡が保険給付の支給決定後である場合には、未支給の保険給付の請求権については、会計法第三〇条後段の規定による。

いずれの場合にも、受給権者の支給決定請求権又は支払請求権が時効消滅している場合には、未支給の保険給付は、請求することができない。

（昭四一・一・三一　基発第七三号）

〈傷病補償年金を受ける権利の時効について〉

傷病補償年金又は傷病年金についても、長期傷病補償給付又は長期傷病給付の場合と同様に、被災者の請求によらず政府が職権で給付を決定するものであり、基本権の裁定について時効の問題を生ずることは考えられない（労働者災害補償保険法第四二条参照）。

なお、支分権については、会計法第三〇条の規定により五年で時効消滅する。

（参考）

昭和四一年一月三一日基発第七三号

二　長期傷病補償給付は、請求によらないで行われるものであるから、これを行うことの決定を受ける権利の時効という問題は生じないため、これに関する規定はないが、年金の部分について支払期月ごとに生ずる支払請求権の時効は、会計法第三〇条後段の規定による。

（昭五二・三・三〇　基発第一九二号）

〈通勤災害に係る保険給付の時効等〉

保険給付についての時効に関する規定その他第六章（雑則）の規定は、通勤災害に関する場合も、業務災害に関する場合と同様に適用される。

（昭四八・一一・二二　基発第六四四号）

〈二次健康診断等を受ける権利の時効について〉

二次健康診断等を受ける権利は、労働者が一次健康診断の結果を了知し得る日の翌日から起算して二年で時効により消滅すること。

（平一三・三・三〇　基発第二三三号）

判例

●休業補償給付請求権の消滅時効

「休業補償給付請求権の消滅時効は、補償事由の生じた日の翌日から進行するとした例」

昭五八・一一・二八　福井地判（一七七三頁参照）

●騒音性難聴に係る障害補償給付請求権の消滅時効の起算点

「労災法第四二条の時効の起算点は民法第一六六条第一項の一般原則に則り、『権利を行使することを得る時』と解すべきであり、騒音性難聴の場合には、これを騒音職場離脱時とした例」

平四・二・二六　名古屋高判（一七七四頁参照）

（期間の計算）
第四十三条　この法律又はこの法律に基づく政令及び厚生労働省令に規定する期間の計算については、民法の期間の計算に関する規定を準用する。

条文解説

本条は、本法、本法施行規則等に規定する期間の計算方法を定めたものである。

期間の計算は、あらかじめ定めておかないと問題を生ずる。特に、それにより権利の得喪変更が左右されるときはなおさらである。そこで本条において、民法の計算方法を用いることを規定したものである。

参照条文

〔期間の計算　民一三九～一四三〕

（印紙税の免除）
第四十四条　労働者災害補償保険に関する書類には、印紙税を課さない。

条文解説

本条は、この保険に関する書類について印紙税を課さないことを規定したものである。

保険給付として支給を受けた金品について公租公課が免ぜられている（法第一二条の六）のと同様の理由により、この保険に関する書類には、印紙税を課さないこととしたものである。

参照条文

〔印紙税　印税四・五〕

（無料証明）

第四十五条　市町村長（特別区及び地方自治法（昭和二十二年法律第六十七号）第二百五十二条の十九第一項の指定都市においては、区長とする。）は、行政庁又は保険給付を受けようとする者に対して、当該市（特別区を含む。）町村の条例で定めるところにより、保険給付を受けようとする者又は遺族の戸籍に関し、無料で証明を行なうことができる。

条文解説

本条は、労災保険給付の円滑な実施と受給者の便益のため、労災保険の保険給付の請求の際に用いる戸籍に関する証明は、地方公共団体の制定する条例によって無料とすることができる旨規定している。

無料にするか否かを条例に委ねているのは、戸籍に関する証明事務は地方公共団体の固有事務であるからである。

参照条文

〔特別区　地自二八一①〕〔戸籍事務を掌る者　戸一・二〕〔戸籍証明　戸一〇〕

（使用者等の報告、出頭等）

第四十六条　行政庁は、厚生労働省令で定めるところにより、労働者を使用する者、労働保険事務組合又は第三十五条第一項に規定する団体に対して、この法律の施行に関し必要な報告、文書の提出又は出頭を命ずることができる。

※〔編注〕本条は平二四法律第二七号により次のとおり改正され、平二四・四・六から起算して六月を超えない範囲内において政令で定める日から施行される。

（使用者等の報告、出頭等）

第四十六条　行政庁は、厚生労働省令で定めるところにより、労働者を使用する者、労働保険事務組合、第三十五条第一項に規定する団体、労働者派遣事業の適正な運営の確保及び派遣労働者の保護等に関する法律（昭和六十年法律第八十八号。第四十八条第一項において「労働者派遣法」という。）第四十四条第一項に規定する派遣先の事業主（以下「派遣先の事業主」という。）又は船員職業安定法（昭和二十三年法律第百三十号）第六条第十一項に規定する船員派遣（以下「船員派遣」という。）の役務の提供を受ける者に対して、この法律の施行に関し必要な報告、文書の提出又は出頭を命ずることができる。

条文解説

本条は、労災保険事業の適正な運営を確保するため、事業主、労働保険事務組合又は一人親方等又は特定作業従事者等にかかる特別加入者の団体に対して報告、文書の提出又は出頭を命ずる権限を行政庁に付与することを規定したものである。

関係政省令等

（報告命令等）

則第五十一条の二　法第四十六条から法第四十七条の二まで及び法第四十九条第一項の規定による命令は、所轄都道府県労働局長又は所轄労働基準監督署長が文書によつて行うものとする。

参照条文

〔行政庁　則一・二〕〔報告命令等　則五一の二〕〔罰則　五一・五四〕

（労働者及び受給者の報告、出頭等）

第四十七条　行政庁は、厚生労働省令で定めるところにより、保険関係が成立している事業に使用される労働者（第三十四条第一項第一号、第三十五条第一項第三号又は第三十六条第一項第一号の規定により当該事業に使用される労働者とみなされる者を含む。）若しくは保険給付を受け、若しくは受けようとする者に対して、この法律の施行に関し必要な報告、届出、文書その他の物件の提出（以下この条において「報告等」という。）若しくは出頭を命じ、又は保険給付の原因である事故を発生させた第三者（第五十三条において「第三者」という。）に対して、報告等を命ずることができる。

※〔編注〕本条は平二四法律第二七号により次のとおり改正され、平二四・四・六から起算して六月を超えない範囲内において政令で定める日から施行される。

（労働者及び受給者の報告、出頭等）

第四十七条　行政庁は、厚生労働省令で定めるところにより、保険関係が成立している事業に使用される労働者（第三十四条第一項第一号、第三十五条第一項第三号又は第三十六条第一項第一号の規定により当該事業に使用される労働者とみなされる者を含む。）若しくは保険給付を受け、若しくは受けようとする者に対して、この法律の施行に関し必要な報告、届出、文書その他の物件の提出（以下この条において「報告等」という。）若しくは出頭を命じ、又は保険給付の原因である事故を発生させた第三者（派遣先の事業主及び船員派遣の役務の提供を受ける者を除く。第五十三条において「第三者」という。）

に対して、報告等を命ずることができる。

条文解説

本条は、労災保険事業の適正な運営を確保するため、第四六条の規定と相まって労働者（特別加入者を含む。）及び保険給付受給者等に対しても、報告、届出、文書その他の物件の提出又は出頭を命ずる権限を行政庁に付与することを規定したものである。

関係政省令等

（報告命令等）

則第五十一条の二　法第四十六条から法第四十七条の二まで及び法第四十九条第一項の規定による命令は、所轄都道府県労働局長又は所轄労働基準監督署長が文書によつて行うものとする。

参照条文

〔行政庁　則一・二〕〔報告命令等　則五一の二〕〔文書の提出等　則一八の二②・一九の二〜二三〕〔罰則　五三〕

解釈例規

〈第三者からの報告等〉

法第四七条の規定は、通勤災害の多くは第三者行為災害であるため、保険給付の原因である事故を発生させた第三者に対しても、行政庁が必要な報告、届出、文書その他の物件の提出を命ずることができることとしたものである。なお、この場合の第三者については、他の関係者と異なり行政庁への出頭を命ずることはできないものである。

（昭四八・一一・二二　基発第六四四号）

（受診命令）

第四十七条の二　行政庁は、保険給付に関して必要があると認めるときは、保険給付を受け、又は受けようとする者（遺族補償年金又は遺族年金の額の算定の基礎となる者を含む。）に対し、その指定する医師の診断を受けるべきことを命ずることができる。

条文解説

本条は、行政庁が必要があると認めるときは、保険給付を現に受けている労働者若しくは遺族又は保険給付を受けようとする労働者、遺族に対して、その指定する医師の診断を受けることを命じ得ることを規定したものである。

参照条文

〔行政庁　則一・二〕〔保険給付　七〕〔受診命令　則五一の二〕

解釈例規

〈受診命令の取扱いについて〉

標記については、昭和三二年五月四日付け基発第三七二号、昭和三五年四月一九日付け基発第三一一号及び昭和三五年五月二四日付け基発第四三三号により取り扱ってきたところであるが、今般、労働保険審査会法施行規則の一部改正（昭和四五年労働省令第九号）により鑑定料の額が改定されたことに伴い、受診命令に関する意見書等の費用を改定するとともに、上記通達を整理し、今後左記により取り扱うこととしたので事務処理に遺漏のないよう留意されたい。

記

一　受診命令の対象

労働者災害補償保険法第四七条の二の規定に基づく受診命令（以下「受診命令」という。）は、次の場合に限って行なうものとする。

(1)　労働基準監督署長（以下「署長」という。）が保険給付の請求書に添付された診断書、レントゲン写真等の資料及び医局員の意見のみで医学的判断資料が十分でなく、業務上外の認定（再発の認定を含む。）、傷病の治ゆの認定、障害等級の認定又は遺族補償年金を受けることができる遺族となる廃疾の程度の認定を行なうことが困難であると認めた場合。

(2)　署長が、年金受給者の定期報告書、届書又は障害補償年金受給者の障害補償給付変更請求書に添付された診断書、レントゲン写真等の資料及び医局員の意見のみでは、症状等の確認、障害の程度の変更の確認が困難であると認めた場合。

(3)　署長が、長期療養者（傷病補償年金の受給者を含む。）の症状は握のため、特に必要があると認めた場合。

二　受診命令の方法

受診命令の実施にあたっては、その円滑適正をはかるため、次の要領により行なうこととする。

(1)　受診命令は、当該労働者等に対し受診日、医師名、受診事項その他所要の事項を記載した文書（様式適宜）をもって行なうこと。

なお、受診を命ずるにあたっては、受診の趣旨をよく説明し、所定の期日に指定の医師の診断を受けるように指導すること。

(2)　診断を依頼する医師とあらかじめ診断事項、診断日など所要の事項について連絡を密に行ない、要すれば当該労働者の就業状況等労働条件に関する資料を提示するなど、診断の的確化をはかるように配慮すること。

なお、診断した結果の意見等については、署長があらかじめ直接入手できるよう配慮すること。

三　〈略〉

四　その他

次に掲げる通達は廃止する。

(1)　昭和三二年五月四日付け基発第

三七二号

⑵　昭和三五年四月一九日付け基発第三一一号のうち記の第七―二―⑵のなお書の部分

⑶　昭和三五年五月二四日付け基発第四三三号

（昭四五・五・二七　基発第四一四号、昭五一・六・二四　基発第四八〇号、昭五七・四・一三　基発第二七三号、昭六〇・四・五　基発第一八二号、昭六一・四・三〇　基発第二八一号）

（保険給付の一時差止め）

第四十七条の三　政府は、保険給付を受ける権利を有する者が、正当な理由がなくて、第十二条の七の規定による届出をせず、若しくは書類その他の物件の提出をしないとき、又は前二条の規定による命令に従わないときは、保険給付の支払を一時差し止めることができる。

条文解説

本条は、保険給付の適正な支払いを確保するために、政府は、保険給付を受ける者が行政庁の命令に従わないときは、その保険給付の支払いを一時的に差し止めることができることを規定したものである。

参照条文

〔保険給付　七〕〔第一二条の七の規定による届出、書類その他の物件の提出　則一九の二・二一～二三〕

解釈例規

〈保険給付の一時差止めについて〉

この取扱いは、昭和四〇年八月一日以降に発生した事案について適用されたい。

一　本条の規定は、次の各号に該当する場合に適用すること。

イ　療養中の労働者が、法第四七条又は法第四七条の二の規定に基づく監督署長の命令に従わないこと。

ロ　監督署長の命令に従わないことにつき、正当な理由がないこと。

「正当な理由」とは、そのような事情があれば、誰しもが命令に従うことができなかったであろうと認められる場合をいい、当該労働者の単なる主観的な事情は含まないものであること。

二　保険給付の一時差止めは、次により行なうこと。

イ　差止めの対象となる保険給付

当該労働者の請求に係る保険給付で、命令時において支給決定未済のもののうち、当該命令に従わないことによって支給決定に支障をきたすと認められるすべての保険給付

ロ　差止めの期間

差止めは、命令を実行するまでの期間について行ない、差止め事由が消滅した場合は差し止めていた保険給付をすみやかに支給すること。

三　法第四七条又は第四七条の二の規定に基づく命令を行なう場合には、次の事項を明示すること。

イ　命令を実行すべき期日又は期限

ロ　正当な理由がなく命令に従わない場合には、保険給付を一時差し止めること。

ハ　命令を実行すべき期日又は期限までに命令を実行することができない理由がある場合には、必ずその旨の申し立てを行なうべきこと。

（昭四〇・七・三一　基発第九〇六号、昭四一・二・一　基発第九八号）

〈年金支払の差止め〉

(1)　年金受給者が累増するに伴い、年金の受給権者の住所、受給権の内容等の正確な把握が、年金支払事務の処理の面で必要不可欠であるので、年金を中心とする保険給付の受給権に対し、法律により保険給付に関し必要な事項の届出及び書類その他の物件の提出を義務づけることとした（法第一二条の七）。新たに届け出るべきものとされた事項又は提出すべき書類その他の物件は、とくに従来と変わりなく、則第二一条に定める定期報告（以下「定期報告」という。）及びその添付資料並びに則第二一条の二に定める届出（以下「随時報告」という。）及びその添付資料である。

(2)　また、法第一二条の七で届出又は義務づけられた定期報告等の届出を正当な理由がなくて怠った受給権者については、年金が受給権者の手もとに正確に到達しなかったり、過誤

払いとなる等のおそれがあるので、厚生年金保険等の例にならい、当該受給権者の住所等の現況が判明するまで年金の支払を一時差し止めることができることとした（法第四七条の三）。この支払の一時差止めは、支給停止と異なり、その事由が止めば当然差し止め時に遡って保険給付を行なうこととなるので、受給権者が定期報告若しくはその添付資料又は随時報告若しくはその添付資料を提出しないことにより、受給権の存否、支給額、受給権者の住所等を把握することができず、過誤払いのおそれがあるときは、機械的に支払差止めを行なってさしつかえない。

なお、法第一二条の七の規定による届出をせず、又は書類その他の物件の提出をしないことによる法第四七条の三による支払差止めは、改正法の施行日以後に届出又は提出義務の生じた則第二一条又は則第二一条の二の規定による届出についてのみ適用すること。

（昭四五・一〇・三〇　基発第七八五号）

（立入、質問、検査）

第四十八条　行政庁は、この法律の施行に必要な限度において、当該職員に、適用事業の事業場又は労働保険事務組合若しくは第三十五条第一項に規定する団体の事務所に立ち入り、関係者に質問させ、又は帳簿書類その他の物件を検査させることができる。

※〔編注〕本条第一項は平二四法律第二七号により次のとおり改正され、平二四・四・六から起算して六月を超えない範囲内において政令で定める日から施行される。

（立入、質問、検査）

第四十八条　行政庁は、この法律の施行に必要な限度において、当該職員に、適用事業の事業場、労働保険事務組合若しくは第三十五条第一項に規定する団体の事務所、労働者派遣法第四十四条第一項に規定する派遣先の事業の事業場又は船員派遣の役務の提供を受ける者の事業場に立ち入り、関係者に質問させ、又は帳簿書類その他の物件を検査させることができる。

2　前項の規定により立入検査をする職員は、その身分を示す証明書を携帯し、関係者に提示しなければならない。

3　第一項の規定による立入検査の権限は、犯罪捜査のために認められたものと解釈してはならない。

条文解説

本条は、行政庁が職員を派遣して立入、質問又は検査をすることができる権限を規定したものである。

政府が適正に保険給付を行うためには、基礎資料を調査し実態を把握することが必要であり、そのためにはこのような行政上の強制権が必要であるので、立入、質問、検査の権限を行政庁に付与したものである。

本条は、平成一三年の法改正（法律第一二四号）により、最近の立法例にならい、事業場等への立入検査及び診療録等の検査をする職員は身分証明書を携帯しなければならないとされたほか、事業場等への立入検査及び診療担当者に対する命令等の権限が、犯罪捜査のために認められたものと解釈してはならないことが明記された。

なお、本条の規定による質問に対して答弁をせず、又は虚偽の陳述をした場合等には、罰則（法第五一条第二号・第五三条第二号・第五四条）が適用される。

参照条文

〔罰則　五一～五四〕

（診療録その他の検査）

第四十九条　行政庁は、保険給付に関して必要があると認めるときは、厚生労働省令で定めるところによつて、保険給付を受け、又は受けようとする者（遺族補償年金又は遺族年金の額の算定の基礎となる者を含む。）の診療を担当した医師その他の者に対して、その行つた診療に関する事項について、報告若しくは診療録、帳簿書類その他の物件の提示を命じ、又は当該職員に、これらの物件を検査させることができる。

2　前条第二項の規定は前項の規定による検査について、同条第三項の規定は前項の規定による権限について準用する。

条文解説

本条は、医師その他診療を担当した者の報告及び診療録、帳簿書類その他の物件の提示並びに職員を派遣して行うこれらの物件の検査について規定したものである。

関係政省令等

（報告命令等）
則第五十一条の二　法第四十六条から法第四十七条の二まで及び法第四十九条第一項の規定による命令は、所轄都道府県労働局長又は所轄労働基準監督署長が文書によつて行うものとする。

参照条文

〔罰則　五三・五四〕

第四十九条の二　厚生労働大臣は、船員法第一条に規定する船員について、この法律の目的を達成するため必要があると認めるときは、国土交通大臣に対し、船員法に基づき必要な措置をとるべきことを要請することができる。

２　前項の規定による措置をとるため必要があると認めるときは、国土交通大臣は厚生労働大臣に資料の提供を求めることができる。

条文解説

本条は、船員法に基づく必要な措置の要請、及びその措置をとるために必要な場合には資料の提供を求めることができることを規定したものである。

第四十九条の三　厚生労働大臣は、この法律の施行に関し、関係行政機関又は公私の団体に対し、資料の提供その他必要な協力を求めることができる。

2　前項の規定による協力を求められた関係行政機関又は公私の団体は、できるだけその求めに応じなければならない。

条文解説

本条は、厚生労働大臣が、関係行政機関又は公私の団体に対して、資料の提供その他必要な協力を求めることができることを規定したものである。

（経過措置の命令委任）

第四十九条の四　この法律に基づき政令又は厚生労働省令を制定し、又は改廃する場合においては、それぞれ、政令又は厚生労働省令で、その制定又は改廃に伴い合理的に必要と判断される範囲内において、所要の経過措置を定めることができる。

条文解説

本条は、本法に基づき政令又は厚生労働省令を制定し又は改廃する場合にはそれぞれ政令又は厚生労働省令で合理的に必要な範囲内において経過措置を定めることができることを規定したものである。

（厚生労働大臣の権限の委任）

第四十九条の五　この法律に定める厚生労働大臣の権限は、厚生労働省令で定めるところにより、その一部を都道府県労働局長に委任することができる。

条文解説

行政の簡素化及び合理化を図るため、許可、認可等の整理を行うことを内容とする「許可、認可等の整理に関する法律」（昭和五三年法律第八四号）による労災保険法の一部改正の結果新設された規定であり、本法において定められている厚生労働大臣の権限のうちの一部を都道府県労働局長に委任することができることを規定したものである。

関係政省令等

（事務の所轄）

則第一条　労働者災害補償保険法（昭和二十二年法律第五十号。以下「法」という。）第三十四条第一項第三号（法第三十六条第一項第二号において準用する場合を含む。）及び第三十五条第一項第六号に規定する厚生労働大臣の権限は、都道府県労働局長に委任する。

〈第二項・第三項　略〉

（施行細目）
第五十条　この法律の施行に関する細目は、厚生労働省令で、これを定める。

条文解説

本条は、本法の施行細目を厚生労働省令で定めることを規定したものである。本法は労災保険制度を組織し、かつその運営の基準を定めるものであるが、技術的事項が特に多いため、それぞれの条において必要に応じ厚生労働省令に委任しているが、それらの規定により委任された事項以外の事項について、本条により包括的に厚生労働省令へ委任することとしたのである。

本条の規定に基づき、本法施行規則及び特別支給金規則に所要の規定が設けられている。

参照条文

〔厚生労働省令　則、労災特支則〕

第七章　罰　則

第七章　罰　則

（事業主等に関する罰則）

第五十一条　事業主が次の各号のいずれかに該当するときは、六月以下の懲役又は三十万円以下の罰金に処する。労働保険事務組合又は第三十五条第一項に規定する団体がこれらの各号のいずれかに該当する場合におけるその違反行為をした当該労働保険事務組合又は当該団体の代表者又は代理人、使用人その他の従業者も、同様とする。

一　第四十六条の規定による命令に違反して報告をせず、若しくは虚偽の報告をし、又は文書の提出をせず、若しくは虚偽の記載をした文書を提出した場合

二　第四十八条第一項の規定による当該職員の質問に対して答弁をせず、若しくは虚偽の陳述をし、又は検査を拒み、妨げ、若しくは忌避した場合

※〔編注〕本条は平二四法律第二七号により次のとおり改正され、平二四・四・六から起算して六月を超えない範囲内において政令で定める日から施行される。

（事業主等に関する罰則）

第五十一条　事業主、派遣先の事業主又は船員派遣の役務の提供を受ける者が次の各号のいずれかに該当するときは、六月以下の懲役又は三十万円以下の罰金に処する。労働保険事務組合又は第三十五条第一項に規定する団体がこれらの各号のいずれかに該当する場合におけるその違反行為をした当該労働保険事務組合又は当該団体の代表者又は代理人、使用人その他の従業者も、同様とする。

一　第四十六条の規定による命令に違反して報告を

せず、若しくは虚偽の報告をし、又は文書の提出をせず、若しくは虚偽の記載をした文書を提出した場合

二　第四十八条第一項の規定による当該職員の質問に対して答弁をせず、若しくは虚偽の陳述をし、又は検査を拒み、妨げ、若しくは忌避した場合

条文解説

本条は、事業主が①第四六条の規定による行政庁の報告の命令に対して報告をせず、若しくは虚偽の報告をし、又は同条の規定による行政庁の文書提出命令に対し、これを提出せず、若しくは虚偽の記載をした文書を提出した場合、②第四八条第一項の規定による職員の質問に対して答弁をせず、若しくは虚偽の陳述若しくは同条の規定による官吏の検査を拒み、妨害し、若しくは忌避した場合に、これを罰することを規定するとともに、労働保険事務組合又は一人親方等若しくは特定作業従事者にかかる特別加入者の団体が①又は②の行為を行った場合の当該労働保険事務組合又は当該特別加入者の団体の代表者又は代理人、使用人その他の従業者についても同様とするものであることを規定したものである。

参照条文

〔懲役　刑一二〕〔罰金　刑一五〕

解釈例規

〈罰則の適正化〉

(1)　改正の趣旨

罰金額を近年の社会経済情勢に適合したものとするため、「罰金の額等の引上げのための刑法等の一部を改正する法律（平成三年法律第三一号）」が平成三年五月より施行されており、他の法律においても適宜罰金額の引上げが行われている。また、雇用保険法（昭和四九年法律第一一六号）、労働保険の保険料の徴収等に関する法律（昭和四四年法律第八四号）においても平成四年三月に罰金額が引き上げられている（事業主等に対する罰金額は三〇万円、事業主等以外に対する罰金額は二〇万円）ことから、本法においても、社会経済情勢の変化等を踏まえて、罰金額を引き上げることとした。

(2)　改正の概要

事業主、労働保険事務組合又は一人親方等若しくは特定作業従事者に係る特別加入者の団体（以下「事業主等」という。）に対する罰金額の上限を現行の「五万円以下」から「三〇万円以下」に引き上げるとともに、事業主等以外に対する罰金額の上限を現行の「三万円以下」から「二〇万円以下」に引き上げる（新法第五一条及び第五三条関係）。

2　施行期日

この改正は、平成七年八月一日から施行される（改正法附則第一条第一号関係）。

（平七・七・三一　基発第四九二号）

第五十二条　削除

条文解説

労働保険事務組合の前身である労災保険事務組合が所定の帳簿の備付けの義務を果たさない場合や、整備法による改正前の第四六条、第四八条の規定による命令等（保険料徴収関係についても命令等が行われることになっていた。）に従わない場合の罰則を規定していたが、徴収法の制定とこれに伴う労働保険事務組合制度の創設に伴い、保険料徴収関係については徴収法に、保険給付関係については前条にそれぞれ吸収されたため、削除されたものである。

（事業主以外の者に関する罰則）

第五十三条　事業主、労働保険事務組合及び第三十五条第一項に規定する団体以外の者（第三者を除く。）が次の各号のいずれかに該当するときは、六月以下の懲役又は二十万円以下の罰金に処する。

一　第四十七条の規定による命令に違反して報告若しくは届出をせず、若しくは虚偽の報告若しくは届出をし、又は文書その他の物件の提出をせず、若しくは虚偽の記載をした文書を提出した場合

二　第四十八条第一項の規定による当該職員の質問に対し答弁をせず、若しくは虚偽の陳述をし、又は検査を拒み、妨げ、若しくは忌避した場合

三　第四十九条第一項の規定による命令に違反して報告をせず、虚偽の報告をし、若しくは診療録、帳簿書類その他の物件の提示をせず、又は同条の規定による検査を拒み、妨げ、若しくは忌避した場合

※〔編注〕本条は平二四法律第二七号により次のとおり改正され、平二四・四・六から起算して六月を超えない範囲内において政令で定める日から施行される。

（事業主以外の者に関する罰則）

第五十三条　事業主、労働保険事務組合、第三十五条第一項に規定する団体、派遣先の事業主及び船員派遣の役務の提供を受ける者以外の者（第三者を除く。）が次の各号のいずれかに該当するときは、六月以下の懲役又は二十万円以下の罰金に処する。

一　第四十七条の規定による命令に違反して報告若しくは届出をせず、若しくは虚偽の報告若しくは届出をし、又は文書その他の

他の物件の提出をせず、若しくは虚偽の記載をした文書を提出した場合

二　第四十八条第一項の規定による当該職員の質問に対し答弁をせず、若しくは虚偽の陳述をし、又は検査を拒み、妨げ、若しくは忌避した場合

三　第四十九条第一項の規定による命令に違反して報告をせず、虚偽の報告をし、若しくは診療録、帳簿書類その他の物件の提示をせず、又は同条の規定による検査を拒み、妨げ、若しくは忌避した場合

条文解説

本条は、事業主、労働保険事務組合、一人親方等又は特定作業従業者にかかる特別加入者の団体以外の者が本法により課された義務に違反した場合に処罰することを規定したものである。

参照条文

〔懲役　刑一二〕〔罰金　刑一五〕

解釈例規

〈罰則の適正化〉

(1)　改正の趣旨

罰金額を近年の社会経済情勢に適合したものとするため、「罰金の額等の引上げのための刑法等の一部を改正する法律（平成三年法律第三一号）」が平成三年五月より施行されており、他の法律においても適宜罰金額の引上げが行われている。また、雇用保険法（昭和四九年法律第一一六号）、労働保険の保険料の徴収等に関する法律（昭和四四年法律第八四号）においても平成四年三月に罰金額が引き上げられている（事業主等に対する罰金額は三〇万円、事業主等以外に対する罰金額は二〇万円）ことから、本法においても、社会経済情勢の変化等を踏まえて、罰金額を引き上げることとした。

(2)　改正の概要

事業主、労働保険事務組合又は一人親方等若しくは特定作業従事者に係る特別加入者の団体（以下「事業主等」という。）に対する罰金額の上限を現行の「五万円以下」から「三〇万円以下」に引き上げるとともに、事業主等以外に対する罰金額の上限を現行の「三万円以下」から「二〇万円以下」に引き上げる（新法第五一条及び第五三条関係）。

2　施行期日

この改正は、平成七年八月一日から施行される（改正法附則第一条第一号関係）。

（平七・七・三一　基発第四九二号）

（両罰規定）

第五十四条　法人（法人でない労働保険事務組合及び第三十五条第一項に規定する団体を含む。以下この項において同じ。）の代表者又は法人若しくは人の代理人、使用人その他の従業者が、その法人又は人の業務に関して、第五十一条又は前条の違反行為をしたときは、行為者を罰するほか、その法人又は人に対しても、各本条の罰金刑を科する。

2　前項の規定により法人でない労働保険事務組合又は第三十五条第一項に規定する団体を処罰する場合においては、その代表者が訴訟行為につきその労働保険事務組合又は団体を代表するほか、法人を被告人又は被疑者とする場合の刑事訴訟に関する法律の規定を準用する。

条文解説

本条は、いわゆる両罰規定である。すなわち、法人（法人でない労働保険事務組合及び第三五条第一項に規定する団体を含む。）の代表者又は法人若しくは人の代理人、使用人その他の従業者が、その法人又は人の業務に関して、第五一条又は第五三条の各号に掲げる違反行為をした場合に、行為者を罰するほか、その法人又は人に対しても各本条の罰金刑を科する旨を規定している。違反行為の防止のためには単に行為者を罰するのみでなく、代表者、代理人等の行為について本人をも罰則の対象とすることにより、さらにその効果が期待されるからである。

参照条文

〔労働保険事務組合　徴収法三三〕〔一人親方等　三五〕〔罰金　刑一五〕

附　則

（施行期日）

第五十五条　この法律施行の期日〈昭二二・八政令第一七一号により、昭二二・九・一から施行〉は、勅令で、これを定める。

（保険料率に関する暫定措置）

第五十六条　この法律の施行後五年間は、保険料率は、第二十六条の規定にかかわらず、労働者災害補償保険審議会に諮つて、数等級に区別して賃金一円当りについて、主務大臣が、これを定める。

（労働者災害扶助責任保険法の廃止に伴う経過措置）

第五十七条　労働者災害扶助責任保険法は、これを廃止する。

2　この法律施行前に発生した事故に対する保険給付及びこの法律施行前の期間に属する保険料に関しては、なお旧法による。

3　この法律施行前の旧法の罰則を適用すべきであつた者についての処罰については、なお旧法による。

4　この法律施行の際、労働者災害扶助責任保険につき現に政府と保険契約を締結している者が既に払込んだこの法律施行後の期間に属する保険料は、この保険の保険料に、これを充当することができる。

5　前三項に定めるものの外、旧法廃止の際必要な事項は、命令で、これを定める。

（障害補償年金差額一時金）

第五十八条　政府は、当分の間、障害補償年金を受ける権利を有する者が死亡した場合において、その者に支給された当該障害補償年金の額（当該障害補償年金のうち当該死亡した日の属する年度（当該死亡した日の属する月が四月から七月までの月に該当する場合にあつては、その前年度。以下この項において同じ。）の七月以前の分として支給された障害補償年金にあつては、厚生労働省令で定めるところにより第十六条の六第二項の規定の例により算定して得た額）及び当該障害補償年金に係る障害補償年金前払一時金の額（当該障害補償年金前払一時金を支給すべき事由が当該死亡した日の属する年度の七月以前に生じたものである場合にあつては、厚生労働省令で定めるところにより同項の規定による遺族補償年金の額の算定の方法に準じ算定して得た額）の合計額が次の表の上欄に掲げる当該障害補償年金に係る障害等級に応じ、それぞれ同表の下欄に掲げる額（当該死亡した日が算定事由発生日の属する年度の翌々年度の八月一日以後の日である場合にあつては、厚生労働省令で定めるところにより第八条の四において準用する第八条の三第一項の規定の例により算定して得た額を同表の給付基礎日額とした場合に得られる額）に満たないときは、その者の遺族に対し、その請求に基づき、保険給付として、その差額に相当する額の障害補償年金差額一時金を支給する。

障害等級	額
第一級	給付基礎日額の一、三四〇日分
第二級	給付基礎日額の一、一九〇日分
第三級	給付基礎日額の一、〇五〇日分
第四級	給付基礎日額の九二〇日分
第五級	給付基礎日額の七九〇日分
第六級	給付基礎日額の六七〇日分
第七級	給付基礎日額の五六〇日分

2　障害補償年金差額一時金を受けることができる遺族は、次の各号に掲げる者と

する。この場合において、障害補償年金差額一時金を受けるべき遺族の順位は、次の各号の順序により、当該各号に掲げる者のうちにあつては、それぞれ、当該各号に掲げる順序による。

一　労働者の死亡の当時その者と生計を同じくしていた配偶者、子、父母、孫、祖父母及び兄弟姉妹

二　前号に該当しない配偶者、子、父母、孫、祖父母及び兄弟姉妹

3　障害補償年金差額一時金の支給を受ける権利は、五年を経過したときは、時効によつて消滅する。

4　障害補償年金差額一時金は、遺族補償給付とみなして第十条の規定を、第十六条の六第一項第二号の場合に支給される遺族補償一時金とみなして徴収法第十二条第三項及び第二十条第一項の規定を適用する。

5　第十六条の三第二項並びに第十六条の九第一項及び第二項の規定は、障害補償年金差額一時金について準用する。この場合において、第十六条の三第二項中「前項」とあるのは「第五十八条第二項」と、「別表第一」とあるのは「同項」と読み替えるものとする。

条文解説

本条は、障害補償年金差額一時金の支給要件、内容等について定めたものである。

関係政省令等

（加重障害の場合の障害補償年金差額一時金の額）

則附20　既に身体障害のあつた者が、負傷又は疾病により同一の部位について障害の程度を加重した場合（加重後の身体障害の該当する障害等級（以下この項及び附則第二十五項において「加重後の障害等級」という。）に応ずる障害補償給付が障害補償年金である場合に限る。附則第二十五項及び附則第二十八項において「加重障害の場合」という。）における当該事由に係る障害補償年金差額一時金の額は、加重後の障害等級に応ずる法第五十八条第一項の表の下欄に掲げる額（前項に規定する場合にあつては、同項の算定の方法に従い算定して得た額。以下この項において「下欄の額」という。）から既にあつた身体障害の該当する障害等級（以下この項及び附則第二十五項において「加重前の障害等級」という。）に応ずる下欄の額を控除した額（加重前の障害補償給付が障害補償一時金である場合には、加重後の障害等級に応ずる下欄の額に加重後の障害等級に応ずる障害補償年金の額から加重前の障害等級に応ずる障害補償年金の額（当該障害補償年金を支給すべき場合において、法第八条の三第二項において準用する法第八条の第二項各号に掲げる場合に該当するときは、当該各号に定める額を法第八条の四の給付基礎日額として算定した既にあつた身体障害の該当する障害等級に応ずる障害補償一時金の額）を二十五で除して得た額を差し引いた額を加重後の障害等級に応ずる障害補償年金の額で除して得た数を乗じて得た額）から、当該事由に関し支給された障害補償年金の額（附則第十七項の障害補償年金にあつては、同項の算定の方法に従い算定して得た額）及び障害補償年金前払一時金の額（附則第十八項に規定する場合にあつては、同項の算定の方法に従い算定して得た額）を差し引いた額による。

（障害補償年金差額一時金の請求等）

則附21　障害補償年金差額一時金の支給を受けようとする者は、次に掲げる事項を記載した請求書を、所轄労働基準監督署長に提出しなければならない。

一　死亡した労働者の氏名及び生年月日

二　請求人の氏名、生年月日、住所及び死亡した労働者との関係

則附22　前項の請求書には、次に掲げる書類を添えなければならない。

一　請求人が死亡した労働者と婚姻の届出をしていないが事実上婚姻

関係と同様の事情にあつた者であるときは、その事実を証明することができる書類

二　請求人が死亡した労働者と生計を同じくしていた者であるときは、その事実を証明することができる書類

三　請求人と死亡した労働者との身分関係を証明することができる戸籍の謄本又は抄本

則附23　第十五条の五の規定は、障害補償年金差額一時金の請求及び受領についての代表者の選任及び解任について準用する。

参照条文

〔障害補償年金を受ける権利　一二の八②・一五〕〔加重障害の場合　則附則20〕〔請求　則附則21〜23〕

解釈例規

〈障害補償年金差額一時金関係〉

一　障害補償年金差額一時金の趣旨及び内容

障害補償年金の受給権者が死亡した場合に支給される障害補償年金差額一時金が新たに設けられた。

すなわち、障害補償年金の受給権者が死亡した場合において、既に支払われた障害補償年金及び障害補償年金前払一時金の額（その額がスライドにより改定されたものである場合にはその改定がなされなかったものとした場合の額）の合計額が障害等級に応じて定められている一定額に満たないときは、その一定額との差額の障害補償年金差額一時金を、その遺族に対し、その請求に基づき、保険給付として支給することとしたものである。

障害補償年金差額一時金の支給要件及び支給額の基礎となる上記の一

定額は、障害補償年金に係る障害等級に応じ次の表のとおり（受給権者が二人以上あるときは、その額をその人数で除して得た額）とされた。

障害等級	額
第一級	給付基礎日額の一、三四〇日分
第二級	給付基礎日額の一、一九〇日分
第三級	給付基礎日額の一、〇五〇日分
第四級	給付基礎日額の九二〇日分
第五級	給付基礎日額の七九〇日分
第六級	給付基礎日額の六七〇日分
第七級	給付基礎日額の五六〇日分

二　障害補償年金差額一時金の受給権者

障害補償年金差額一時金の支給を受けることができる遺族は、次の(1)又は(2)に掲げる遺族とされ、これらの遺族の障害補償年金差額一時金の支給を受けるべき順位は、次の(1)、(2)の順序（(1)又は(2)に掲げる遺族のうちにあっては、それぞれ当該イ又はロに掲げる順序）によることとされた。

(1)　労働者の死亡の当時その者と生計を同じくしていた配偶者（婚姻の届出をしていないが、事実上婚姻関係と同様の事情にあった者を含む。(2)において同じ。）、子、父母、孫、祖父母及び兄弟姉妹

(2)　上記(1)に該当しない配偶者、子、父母、孫、祖父母及び兄弟姉妹

なお、障害補償年金の受給権者を故意に死亡させた者及び障害補償年金の受給権者の死亡前に、当該受給権者の死亡によって障害補償年金差額一時金の受給権者となるべき者を故意に死亡させた者は、障害補償年金差額一時金の受給権者としないこととされた。

三　加重障害の場合等における障害補償年金差額一時金の額

障害補償年金差額一時金の額は原則として前記一に示すところにより算定されるが、次の(1)から(3)までの場合には、それぞれに示すところにより算定される額によるものである。

(1)　加重障害の場合

既に身体障害のあった者が、業務災害による傷病により同一の部位について障害の程度を加重した場合（加重後の身体障害の該当する障害等級（以下「加重後の障害等級」という。）が第一級から第七級までである場合に限る。以下「加重障害の場合」という。）における当該事由に係る障害補償年金差額一時金の額は、次のとおりとされた。

イ　既にあった身体障害の該当する障害等級（以下「加重前の障害等級」という。）が第七級以上である場合

加重後の障害等級に応ずる前記一の表の下欄に掲げる額から既にあった身体障害の該当する障害等級に応ずる同表の下欄に掲げる額を控除した額から、当該事由（加重分）に関し支給された障害補償年金及び障害補償年金前払一時金の額（その額がスライドにより改定されたものである場合には、当該改定がされなかっ

たものとした場合の額）の合計額を差し引いた額による。

（参考）

障害補償年金差額一時金の額

＝｛（加重後の障害等級に応ずる前記一の表の下欄に掲げる額）－（加重前の障害等級に応ずる同表の下欄に掲げる額）｝－｛当該事由（加重分）に関し支給された障害補償年金及び障害補償年金前払一時金の額（その額がスライドにより改定されたものである場合には、当該改定がされなかったものとした場合の額）の合計額（以下ロの（参考）において「当該事由に関する既支給年金額等」という。）｝

ロ　加重前の障害等級が第八級以下である場合

加重後の障害等級に応ずる前記一の表の下欄に掲げる額に加重後の障害等級に応ずる障害補償年金の額から加重前の障害等級に応ずる障害補償一時金を二五で除して得た額を差し引いた額を加重後の障害等級に応ずる障害補償年金の額で除して得た数を乗じて得た額から、当該事由（加重分）に関し支給された障害補償年金及び障害補償年金前払一時金の額（その額がスライドにより改定されたものである場合には、当該改定がされなかったものとした場合の額）の合計額を差し引いた額による。

（参考）

障害補償年金差額一時金の額

＝（加重後の障害等級に応ずる前記一の表の下欄に掲げる額）

×｛（加重後の障害等級に応ずる障害補償年金の額）－（加重前の障害等級に応ずる障害補償一時金の額）×$\frac{1}{25}$｝／（加重後の障害等級に応ずる障害補償年金の額）

－（当該事由に関する既支給年金額等）

(2)　再発した傷病が再治ゆした場合

業務災害による傷病が治ゆした後当該傷病が再発し、その後治ゆして障害の程度が障害等級第七級以上に該当する障害補償年金受給権者が死亡した場合の障害補償年金差額一時金の額は、次のとおりとする。

イ　再発前の障害の程度が障害等級第七級以上である場合

再治ゆ後の障害等級に応じて前記一の表の下欄に掲げる額から当該事由（再発前の障害及び再治ゆ後の障害）に関して既に支給された障害補償年金及び障害補償年金前払一時金の額（その額がスライドにより改定されたものである場合には、当該改定がされなかったものとした場合の額）の合計額を差し引いた額による。

（参考）

障害補償年金差額一時金の額＝（再治ゆ後の障害等級に応ずる前記一の表の下欄に掲げる額）－（再発前の障害及び再発後の障害に関し支給された障害補償年金及び障害補償年金前払一時金の額（その額がスライドにより改定されたものである場合には、当該改定がされなかったものとした場合の額）の合計額）

ロ　再発前の障害の程度が障害等級第

八級以下である場合

前記(1)のロの加重障害の場合と同様の計算方法により算定される再治ゆ後の障害に対応する障害補償年金差額一時金の限度額から、当該事由（再治ゆ後の障害）に関して支給された障害補償年金及び障害補償年金前払一時金の額（その額がスライドにより改定されたものである場合には、当該改定がされなかったものとした場合の額）の合計額を差し引いた額による。

（参考）

障害補償年金差額一時金の額

＝｛（再治ゆ後の障害等級に応ずる前記一の表の下欄に掲げる額）×〔（再治ゆ後の障害等級に応ずる障害補償年金の額）－（再発前の障害等級に応ずる障害補償一時金の額）× $\frac{1}{25}$〕／（再治ゆ後の障害等級に応ずる障害補償年金の額）｝－（再治ゆ後の障害に関し支給された障害補償年金及び障害補償年金前払一時金の額（その額がスライドにより改定されたものである場合には、当該改定がされなかったものとした場合の額）の合計額）

(3) 自然的経過による障害の程度の変更があった場合

障害補償年金の受給権者のうち自然的経過による障害の程度の変更があった者が死亡した場合における障害補償年金差額一時金については、当該死亡した時における障害の程度によって支給額を算定することとする。

四 メリット収支率の算定上の取扱い等

(1) メリット収支率の算定に当たっての取扱い

障害補償年金差額一時金は、メリット収支率の算定に当たって、その算定の基礎から除外することとされた。

(2) 死亡の推定

障害補償年金の受給権者が行方不明等となった場合には、労災法第一〇条の規定により死亡の推定を行うこととされた。

五 障害補償年金差額一時金の請求手続

(1) 障害補償年金差額一時金の支給を受けようとする者は、所定の請求書（告示様式第三七号の二）を所轄労働基準監督署長に提出するものとされた。

(2) (1)の請求書には、次に掲げる書類を添付するものとされた。

① 請求人が死亡した障害補償年金の受給権者と事実上婚姻関係と同様の事情にあった者であるときは、その事実を証明することができる書類

② 請求人が死亡した障害補償年金の受給権者と生計を同じくしていた者であるときは、その事実を証明することができる書類

③ 請求人と死亡した障害補償年金の受給権者との間の身分関係を証明す

ることができる戸籍の謄本又は抄本

(3)　障害補償年金差額一時金の支給を受ける権利を有するものが二人以上あるときは、当該一時金の請求及び受領についての代表者の選任及び解任については、遺族補償年金の請求及び受領についての代表者の選任及び解任の手続に準ずるものとされた。

障害補償年金差額一時金の支給を受ける権利は、五年を経過したときは、時効によって消滅することとされた。

六　経過措置

障害補償年金差額一時金又は障害年金差額一時金は、昭和五六年一一月一日以後に障害補償年金又は障害年金の受給権者が死亡した場合に支給することとされた。

（昭五六・一〇・三〇　基発第六九六号）

（障害補償年金前払一時金）

第五十九条　政府は、当分の間、労働者が業務上負傷し、又は疾病にかかり、治つたとき身体に障害が存する場合における当該障害に関しては、障害補償年金を受ける権利を有する者に対し、その請求に基づき、保険給付として、障害補償年金前払一時金を支給する。

2　障害補償年金前払一時金の額は、前条第一項の表の上欄に掲げる当該障害補償年金に係る障害等級に応じ、それぞれ同表の下欄に掲げる額（算定事由発生日の属する年度の翌々年度の八月以後に前項の請求があつた場合にあつては、当該障害補償年金前払一時金を障害補償一時金とみなして第八条の四の規定を適用したときに得られる給付基礎日額を同表の給付基礎日額とした場合に得られる額）を限度として厚生労働省令で定める額とする。

3　障害補償年金前払一時金が支給される場合には、当該労働者の障害に係る障害補償年金は、各月に支給されるべき額の合計額が厚生労働省令で定める算定方法に従い当該障害補償年金前払一時金の額に達するまでの間、その支給を停止する。

4　障害補償年金前払一時金の支給を受ける権利は、二年を経過したときは、時効によつて消滅する。

5　障害補償年金前払一時金は、障害補償年金とみなして、徴収法第十二条第三項及び第二十条第一項の規定を適用する。

6　障害補償年金前払一時金の支給を受けた者に支給されるべき障害補償年金の支給が第三項の規定により停止されている間は、当該障害補償年金については、国民年金法第三十六条の二第二項及び国民年金法等の一部を改正する法律（昭和六十年法律第三十四号。以下この項及び次条第七項において「昭和六十年法律第三十四号」という。）附則第三十二条第十一項の規定によりなおその効力を有するものとされた昭和六十年法律第三十四号第一条の規定による改正前の国民年金法（以下この項及び次条第七項において「旧国民年金法」という。）第六十五条第二項（昭和六十年法律第三十四号附則第二十八条第十項においてその例による場合及び昭和六十年法律第三十四号附則第三十二条第十一項の規定によりなおその効力を有するものとされた旧国民年金法第七十九条の二第五項において準用する場合を含む。次条第七項において同じ。）、児童扶養手当法（昭和三十六年法律

第二百三十八号）第四条第三項第二号ただし書並びに特別児童扶養手当等の支給に関する法律（昭和三十九年法律第百三十四号）第三条第三項第二号ただし書及び第十七条第一号ただし書の規定は、適用しない。

条文解説

本条は、障害補償年金前払一時金の支給要件、内容等について定めたものである。

関係政省令等

（障害補償年金前払一時金の額）

則附24　障害補償年金前払一時金の額は、次の表の上欄に掲げる障害等級に応じ、それぞれ同表の下欄に掲げる額（法第八条第一項の算定事由発生日の属する年度の翌々年度の八月以後に法第五十九条第一項の障害補償年金を受ける権利が生じた場合にあつては、当該障害補償年金前払一時金を障害補償一時金と、当該障害補償年金を受ける権利が生じた月を障害補償一時金を支給すべき事由が生じた月とそれぞれみなして法第八条の四の規定を適用したときに得られる給付基礎日額を同表の給付基礎日額とした場合に得られる額。次項において同じ。）とする。

障害等級	額
第一級	給付基礎日額の二〇〇日分、四〇〇日分、六〇〇日分、八〇〇日分、一、〇〇〇日分、一、二〇〇日分又は一、三四〇日分
第二級	給付基礎日額の二〇〇日分、四〇〇日分、六〇〇日分、八〇〇日分、一、〇〇〇日分又は一、一九〇日分
第三級	給付基礎日額の二〇〇日分、四〇〇日分、六〇〇日分、八〇〇日分、一、〇〇〇日分又は一、〇五〇日分
第四級	給付基礎日額の二〇〇日分、四〇〇日分、六〇〇日分、八〇〇日分又は九二〇日分
第五級	給付基礎日額の二〇〇日分、四〇〇日分、六〇〇日分又は七九〇日分
第六級	給付基礎日額の二〇〇日分、四〇〇日分、六〇〇日分又は六七〇日分
第七級	給付基礎日額の二〇〇日分、四〇〇日分又は五六〇日分

則附25　加重障害の場合における当該事由に係る障害補償年金前払一時金の額は、前項の規定にかかわらず、加重後の障害等級に応ずる同項の表の下欄に掲げる額の最高額（以下この項及び附則第二十八項において「最高額」という。）から加重前の障害等級に応ずる最高額を控除した額（加重前の障害等級に応ずる障害補償給付が障害補償一時金である場合には、加重後の障害等級に応ずる最高額に加重後の障害等級に応ずる障害補償年金の額から加重前の障害等級に応ずる障害補償一時金の額（当該障害補償年金を支給すべき場合において、法第八条の三第二項において準用する法第八条の二第二項各号に掲げる場合に該当するときは、当該各号に定める額を法第八条の四の給付基礎日額として算定した既にあつた身体障害の該当する障害等級に応ずる障害補償一時金の額）を二十五で除して得た額を差し引いた額を加重後の障害等級に応ずる障害補償年金の額で除して得た数を乗じて得た額とする。以下「加重障害に係る前払最高限度額」という。）又は給

付基礎日額（法第八条第一項の算定事由発生日の属する年度の翌々年度の八月以後に法第五十九条第一項の障害補償年金を受ける権利が生じた場合にあつては、当該障害補償年金前払一時金を障害補償一時金と、当該障害補償年金を受ける権利が生じた月を障害補償一時金を支給すべき事由が生じた月とそれぞれみなして法第八条の四の規定を適用したときに得られる給付基礎日額に相当する額）の二百日分、四百日分、六百日分、八百日分、千日分若しくは千二百日分のうち加重障害に係る前払最高限度額に満たない額による。

（障害補償年金前払一時金の請求等）

則附26 障害補償年金前払一時金の請求は、障害補償年金の請求と同時に行わなければならない。ただし、障害補償年金の支給の決定の通知のあつた日の翌日から起算して一年を経過する日までの間は、当該障害補償年金を請求した後においても障害補償年金前払一時金を請求することができる。

則附27 障害補償年金前払一時金の請求は、同一の事由に関し、一回に限り行うことができる。

則附28 障害補償年金前払一時金の請求は、支給を受けようとする額を所轄労働基準監督署長に示して行わなければならない。この場合において、当該請求が附則第二十六項ただし書の規定に基づいて行われるものであるときは、当該請求に係る額は、最高額（加重障害の場合においては、加重障害に係る前払最高限度額）から既に支給を受けた障害補償年金の額（当該障害補償年金前払一時金が支給される月の翌月に支払われることとなる障害補償年金の額を含む。）の合計額を減じた額を超えてはならない。

則附29 障害補償年金前払一時金は、その請求が附則第二十六項ただし書の規定に基づいて行われる場合は、一月、四月、七月又は十月のうち当該障害補償年金前払一時金の請求が行われた月後の最初の月に支給する。

（障害補償年金の支給停止期間）

則附30 法第五十九条第三項の規定により障害補償年金の支給が停止される期間は、次の各号に掲げる額の合算額が障害補償年金前払一時金の額に達するまでの間とする。

一　障害補償年金前払一時金が支給された月後最初の障害補償年金の支払期月から一年を経過した月前

に支給されるべき障害補償年金の額

二　障害補償年金前払一時金が支給された月後最初の障害補償年金の支払期月から一年を経過した月以後各月に支給されるべき障害補償年金の額を、百分の五にその経過した年数（当該年数に一未満の端数を生じたときは、これを切り捨てるものとする。）を乗じて得た数に一を加えた数で除して得た額の合算額

参照条文

〔障害補償年金を受ける権利　一二の八②・一五〕〔厚生労働省令で定める額　則附則24・25〕〔請求等　則附則26～29〕〔障害補償年金の支給停止期間　則附則30〕

解釈例規

〈障害補償年金前払一時金関係〉

一　障害補償年金前払一時金の趣旨及び内容

業務災害による傷病の治ゆ直後における被災労働者の社会復帰等による一時的資金需要を考慮して、遺族補償年金前払一時金の場合と同様、障害補償年金についても当分の間の措置として一定額まで一括前払いする障害補償年金前払一時金が設けられた。

すなわち、労働者の業務災害による傷病に起因して障害が残った場合の当該障害に関しては、原則として、障害等級に応じて前記一〔障害補償年金差額一時金（法第五八条）の項参照〕の表の下欄に掲げる額を限度として次の表の下欄に掲げる額の障害補償年金前払一時金を障害補償年金の受給権者に対し、その請求に基づいて保険給付として支給する

こととされた。

障害等級	額
第一級	給付基礎日額の二〇〇日分、四〇〇日分、六〇〇日分、八〇〇日分、一、〇〇〇日分、一、二〇〇日分又は一、三四〇日分
第二級	給付基礎日額の二〇〇日分、四〇〇日分、六〇〇日分、八〇〇日分、一、〇〇〇日分又は一、一九〇日分
第三級	給付基礎日額の二〇〇日分、四〇〇日分、六〇〇日分、八〇〇日分、一、〇〇〇日分又は一、〇五〇日分
第四級	給付基礎日額の二〇〇日分、四〇〇日分、六〇〇日分、八〇〇日分又は九二〇日分
第五級	給付基礎日額の二〇〇日分、四〇〇日分、六〇〇日分又は七九〇日分
第六級	給付基礎日額の二〇〇日分、四〇〇日分、六〇〇日分又は六七〇日分
第七級	給付基礎日額の二〇〇日分、四〇〇日分又は五六〇日分

二　加重障害の場合等における障害補償年金前払一時金の額

障害補償年金前払一時金の額は、原則として、上記一に示すとおりであるが、次の⑴から⑶までの場合にはそれぞれ示すところにより算出される額又は給付基礎日額の二〇〇日分、四〇〇日分、六〇〇日分、八〇〇日分、一、〇〇〇日分、一、二〇〇日分のうち次の⑴から⑶までにより算出される額に満たない額とするものである。

⑴　加重障害の場合

加重障害の場合における当該事由（加重分）に係る障害補償年金前払一時金の前払限度額は、次のとおりとされた。

イ　加重前の障害の程度が障害等級第七級以上である場合

加重後の障害等級に応ずる前記一の表の下欄に掲げる額から加重前の障害等級に応ずる同表の下欄に掲げる額を控除した額

（参考）

前払限度額＝（加重後の障害等級に応ずる前記一の表の下欄に掲げる額）－（加重前の障害等級に応ずる同表の下欄に掲げる額）

ロ　加重前の障害等級が第八級以下である場合

加重後の障害等級に応ずる前記一の表の下欄に掲げる額に加重後の障害等級に応ずる障害補償年金の額から加重前の障害等級に応ずる障害補償一時金の額を二五で除して得た額を差し引いた額を加重後の障害等級に応ずる障害補償年金の額で除して得た数を乗じて得た額

（参考）

$$\text{前払限度額}=\left(\text{加重後の障害等級に応ずる前記一の表の下欄に掲げる額}\right)\times\frac{\left\{\left(\text{加重後の障害等級に応ずる障害補償年金の額}\right)-\left(\text{加重前の障害等級に応ずる障害補償一時金の額}\right)\times\frac{1}{25}\right\}}{\left(\text{加重後の障害等級に応ずる障害補償年金の額}\right)}$$

(2)　再発した傷病が再治ゆした場合

再発した傷病が再治ゆした場合における障害補償年金前払一時金は、再治ゆにより障害の程度を加重した場合に限り支給することとするが、その前払限度額は、次のとおりとすることとする。

イ　再発前の障害の程度が障害等級第七級以上である場合

再治ゆ後の障害等級に応ずる前記一の表の下欄に掲げる額から再発前の障害等級に応ずる同表の下欄に掲げる額を控除した額

ロ　再発前の障害の程度が障害等級第八級以下である場合

再治ゆ後の障害等級に応ずる前記一の表の下欄に掲げる額に再治ゆ後の障害等級に応ずる障害補償年金の額から再発前の障害等級に応ずる障害補償一時金の額を二五で除して得た額を差し引いた額を再治ゆ後の障害等級に応ずる障害補償年金の額で除して得た数を乗じて得た額

（参考）

$$\text{前払限度額} = \left(\text{再治ゆ後の障害等級に応ずる前記一の表の下欄に掲げる額}\right) \times \frac{\left\{\left(\text{再治ゆ後の障害等級に応ずる障害補償年金の額}\right) - \left(\text{再発前の障害等級に応ずる障害補償一時金の額}\right) \times \frac{1}{25}\right\}}{\left(\text{再治ゆ後の障害等級に応ずる障害補償年金の額}\right)}$$

(3)　自然的経過による障害の程度の変更があった場合

障害補償年金の受給権者のうち自然的経過により障害の程度に変更があった場合における障害補償年金前払一時金については、変更後の障害の程度に応ずる前記一の表の下欄に掲げる額とすることとする。

三　障害補償年金前払一時金が支給された場合における障害補償年金の支給停止の方法

障害補償年金の支給停止期間は、遺族補償年金前払一時金の場合と同様に、支払うべき障害補償年金の額を年利五分（単利）で割り引く方法により計算した額の合計額が障害補償年金前払一時金の額に達するまでの期間とされた（ちなみに適用期間

適用期間	調整係数
支給事由発生の日の属する月の翌月から前払一時金を支給した日の属する支払期まで、そのうえさらにその後一年間	一・〇〇〇
その後一年間	〇・九五三
その後一年間	〇・九〇九
その後一年間	〇・八七〇
その後一年間	〇・八三四
その後一年間	〇・八〇〇
その後一年間	〇・七七〇
その後一年間	〇・七四一
その後一年間	〇・七一五
その後一年間	〇・六九〇
その後一年間	〇・六六七

（注）調整係数…小数点以下四位を切り上げた数値

別の割引計算に用いる調整係数は次表〔前頁〕のとおりである。）。

なお、障害補償年金前払一時金の支給を受けたため障害補償年金の支給が停止されている間にあっても、国民年金法の福祉年金並びに児童扶養手当法及び特別児童扶養手当等の支給に関する法律による一定の手当の支給に関する取扱い上、障害補償年金は、これらの法律における公的年金給付として支給されているものとして取り扱われることとされた。

四　メリット収支率の算定上の取扱い等

(1) 障害補償年金前払一時金は、メリット収支率の算定に当たっては、障害補償年金とみなしてその算定の基礎に入れることとされた。

(2) 第三者の行為による災害について当該第三者から損害賠償を受けた場合における障害補償年金前払一時金の額については、その最高限度額からその受給権者が第三者から受けた損害賠償の額に相当する額を控除した額を前払限度額とすることとする。

五　障害補償年金前払一時金の請求手続等

(1) 障害補償年金前払一時金の請求は、所定の請求書（年金申請様式第一〇号）により支給を受けようとする前払額を示して、原則として障害補償年金の請求と同時に所轄労働基準監督署長に対して行わなければならないこととされた。

(2) (1)にかかわらず、障害補償年金支給の決定の通知のあった日の翌日から起算して一年を経過する日までの間は、障害補償年金の請求と同時でなくとも障害補償年金前払一時金を請求することができることとされた。この場合における前払限度額は前記一の表の下欄に掲げる額（加重障害の場合については前記二の(1)又は(2)に示す前払限度額）から既支給の障害補償年金の額（当該請求に係る障害補償年金前払一時金が支給される月の翌月に支払われることとなる障害補償年金の額を含む。）の合計額を減じた額を超えてはならないこととされ、また、その場合の支給時期は、一月、四月、七月又は一〇月のうち当該障害補償年金前払一時金の請求が行われた月後の最初の月とすることとされた。

(3) 障害補償年金前払一時金の請求は、同一の事由に関し一回限りとすることとされた。

(4) 障害補償年金前払一時金の支給を受ける権利は、障害補償年金の支給事由が生じた時から二年を経過したときは時効により消滅する。

六　経過措置

障害補償年金前払一時金又は障害年金前払一時金は、昭和五六年一一月一日以降に、障害補償年金又は障害年金の支給事由が生じた場合に支給することとされた。

（昭五六・一〇・三〇　基発第六九六号）

（遺族補償年金前払一時金）

第六十条　政府は、当分の間、労働者が業務上の事由により死亡した場合における当該死亡に関しては、遺族補償年金を受ける権利を有する遺族に対し、その請求に基づき、保険給付として、遺族補償年金前払一時金を支給する。

2　遺族補償年金前払一時金の額は、給付基礎日額（算定事由発生日の属する年度の翌々年度の八月以後に前項の請求があつた場合にあつては、当該遺族補償年金前払一時金を遺族補償一時金とみなして第八条の四の規定を適用したときに得られる給付基礎日額に相当する額）の千日分に相当する額を限度として厚生労働省令で定める額とする。

3　遺族補償年金前払一時金が支給される場合には、当該労働者の死亡に係る遺族補償年金は、各月に支給されるべき額の合計額が厚生労働省令で定める算定方法に従い当該遺族補償年金前払一時金の額に達するまでの間、その支給を停止する。

4　遺族補償年金前払一時金が支給された場合における第十六条の六の規定の適用については、同条第一項第二号中「遺族補償年金の額」とあるのは、「遺族補償年金の額及び遺族補償年金前払一時金の額（当該遺族補償年金前払一時金を支給すべき事由が当該権利が消滅した日の属する年度（当該権利が消滅した日の属する月が四月から七月までの月に該当する場合にあつては、その前年度）の七月以前に生じたものである場合にあつては、厚生労働省令で定めるところにより次項の規定による遺族補償年金の額の算定の方法に準じ算定して得た額）」とする。

5　遺族補償年金前払一時金の支給を受ける権利は、二年を経過したときは、時効によつて消滅する。

6　遺族補償年金前払一時金

は、遺族補償年金とみなして、徴収法第十二条第三項及び第二十条第一項の規定を適用する。

7　遺族補償年金前払一時金の支給を受けた者に支給されるべき遺族補償年金の支給が第三項の規定により停止されている間は、当該遺族補償年金については、国民年金法第三十六条の二第二項及び昭和六十年法律第三十四号附則第三十二条第十一項の規定によりなおその効力を有するものとされた旧国民年金法第六十五条第二項並びに児童扶養手当法第四条第二項第二号ただし書及び第三項第二号ただし書の規定は、適用しない。

条文解説

本条は、遺族補償年金前払一時金の支給要件、内容等について定めたものである。

関係政省令等

（遺族補償年金前払一時金の額）

則附31　遺族補償年金前払一時金の額は、給付基礎日額（法第八条第一項の算定事由発生日の属する年度の翌々年度の八月以後に法第六十条第一項の遺族補償年金を受ける権利が生じた場合にあつては、当該遺族補償年金前払一時金を遺族補償一時金と、当該遺族補償年金を受ける権利が生じた月を補償補償一時金を支給すべき事由が生じた月とそれぞれみなして法第八条の四の規定を適用したときに得られる給付基礎日額に相当する額）の二百日分、四百日分、六百日分、八百日分又は千日分に相当する額とする。

（法第六十条第四項の遺族補償年金前払一時金の額）

則附32　法第六十条第四項の規定により読み替えられた法第十六条の六第一項第二号に規定する遺族補償年金前払一時金を支給すべき事由が法第六十条第四項の規定により読み替えられた法第十六条の六第一項第二号に規定する当該権利が消滅した日の属する年度（当該権利が消滅した日の属する月が四月から七月までの月に該当する場合にあつては、その前年度。以下この項において同じ。）の七月以前に生じたものである場合における当該遺族補償年金前払一時金の額は、その現に支給された額に当該権利が消滅した日の属する年度の前年度の平均給与額を当該遺族補償年金前払一時金を支給すべき事由が生じた月の属する年度の前年度（当該月が四月から七月までの月に該当する場合にあつては、前々年度）の平均給与額で除して得た率を基準として厚生労働大臣が定める率を乗じて得た額とする。

（遺族補償年金前払一時金の請求等）

則附33　附則第二十六項から第二十九項までの規定は、遺族補償年金前払一時金の請求等について準用する。この場合において、附則第二十六項中「障害補償年金」とあるのは「遺族補償年金」と、附則第二十八項中「附則第二十六項ただし書」とあるのは「附則第三十三項において読み替えて準用する附則第二十六項ただし書」と、「法第五十八条第一項の表の下欄に掲げる額（加重障害の場合においては、加重障害に係る前払最高限度額）」とあるのは「同一の事由に関し法第十六条の六第一項第一号の遺族補償一時金が支給されることとした場合における当該遺族補償一時金の額」と、「障害補償年金」とあるのは「遺族補償年金」と、附則第二十九項中「附則第二十六項ただし書」とあるのは「附則第三十三項において読み替えて準用する附則第二十六項ただし書」と読み替えるものとする。

（遺族補償年金の支給停止期間）
則附34　附則第三十項の規定は、法第六十条第三項の規定により遺族補償年金の支給が停止される期間について準用する。この場合において、附則第三十項中「障害補償年金前払一時金」とあるのは「遺族補償年金前払一時金」と読み替えるものとする。

参照条文

〔遺族補償年金を受ける権利　一二の八②・一六〕〔厚生労働省令で定める額　則附則31・32〕〔請求等　則附33〕〔遺族補償年金の支給停止期間　則附則34〕

解釈例規

〈前払一時金制度の拡充〉

一　遺族補償年金前払一時金の額については、従来の給付基礎日額の四〇〇日分に相当する額から給付基礎日額の一、〇〇〇日分を限度とする額に引き上げられるとともに、給付基礎日額の二〇〇日分、四〇〇日分、六〇〇日分、八〇〇日分又は一、〇〇〇日分に相当する額の五段階が設けられて遺族の選択が認められた。

二　前払一時金の請求については、従来、遺族補償年金の請求と同時に行わなければならないとされていたが、新たに遺族補償年金の支給の決定の通知があった日の翌日から一年を経過する日までの間は、当該遺族補償年金を請求した後においても前払一時金を請求することができることとされた。したがって、転給により遺族補償年金の受給権者となった者であっても、上記の期間内であれば、前払一時金の請求を行うことができる。

三　前払一時金の請求は、従前どおり、同一の事由に関し、一回に限り行うことができる。したがって、例えば、給付基礎日額の二〇〇日分に相当する額を数回にわたって前払一時金として請求するというようなことは認められない。

四　前払一時金を請求する者は、従前と異なり支給を受けようとする前払一時金の金額を所轄労働基準監督署長に申し出なければならない。この場合に、遺族補償年金を請求した後に前払一時金の請求を行うときは、受給を申し出ることができる金額は同一の理由に関し労働者災害補償保険法（昭和二二年法律第五〇号。以下「法」という。）第一六条の六第一号の場合の遺族補償一時金が支給されるとした場合における当該遺族補償一時金の額（これらの額を改正法附則第四条の規定により改定すべき事由のあるときは当該改定後の額）から既に支給された遺族補償年金の額（前払一時金が支給される月の翌月に支払われることとなる遺族補償年金の額を含む。）の合計額を控除した額を限度とする。

五　遺族補償年金が請求された後に前払一時金の請求が行われたものである場合には、当該請求に係る前払一時金は、事務処理の便宜を考慮して、当該請求が行われた月後の最初の一月、四月、七月又は一〇月に支給される。

なお、前払一時金と遺族補償年金が同時に請求された場合の前払一時金の支払期月については、従前どおり、とくにこれを限定する規定は設けられていない。

（昭五〇・一・四　基発第二号）

〈遺族補償年金前払一時金制度存置期間の改善〉

一　従来、遺族補償年金前払一時金については、昭和四〇年改正法附則第四二条及び昭和四八年改正法附則第四条の規定において昭和六一年一月三一日までの時限措置とされていたものであるが、今回の法改正により、前払一時金制度の存置期間を「当分の間」と改めて暫定措置とするとともに、前払一時金の名称も、「遺族補償年金前払一時金」とされた。

二　この改正は、昭和五五年一二月五日から施行された。

三　この改正に伴う経過措置として、昭和四〇年改正法附則第四二条第一項の規定による一時金及びこれに関する手続は、新法第六〇条第一項の規定による遺族補償年金前払一時金及びこれに関する手続とみなされて新法及び新労災則の規定が適用されることとされている。

（昭五五・一二・五　基発第六七三号）

〈遺族補償年金の前払一時金に関する規定の形式整備〉

一　従来、遺族補償年金前払一時金については、昭和四〇年改正法附則第四二条に規定されていたが、法令整備の観点から今回の法改正により、新法第六〇条に規定が移されるとともに、所要の整備がなされた。

二　一の改正に伴い、前払一時金に関して、前払一時金の金額、前払一時金の請求、遺族補償年金の支給停止期間等の細則を定めていた労働者災害補償保険法施行規則の一部を改正する省令（昭和四一年労働省令第二号）附則第八項から第一三項までの規定及び労働者災害補償保険法施行規則の一部を改正する省令（昭和四八年労働省令第三五号）第二条の規定が新労災則附則第一七項から第二四項までの規定に移されるとともに、所要の整備が行われた。

三　労働者災害補償保険法施行規則第一条第一項の規定に基づき労働大臣が定める事務を定める告示（昭和四五年労働省告示第六〇号）について、遺族補償年金の前払一時金に関する規定につき所要の字句整理が行われた。

（昭五五・一二・五　基発第六七三号）

（障害年金差額一時金）

第六十一条　政府は、当分の間、障害年金を受ける権利を有する者が死亡した場合において、その者に支給された当該障害年金の額（当該障害年金のうち当該死亡した日の属する年度（当該死亡した日の属する月が四月から七月までの月に該当する場合にあつては、その前年度。以下この項において同じ。）の七月以前の分として支給された障害年金にあつては、厚生労働省令で定めるところにより第十六条の六第二項の規定の例により算定して得た額）及び当該障害年金に係る障害年金前払一時金の額（当該障害年金前払一時金を支給すべき事由が当該死亡した日の属する年度の七月以前に生じたものである場合にあつては、厚生労働省令で定めるところにより同項の規定による遺族補償年金の額の算定の方法に準じ算定して得た額）の合計額が第五十八条第一項の表の上欄に掲げる当該障害年金に係る障害等級に応じ、それぞれ同表の下欄に掲げる額（当該死亡した日が算定事由発生日の属する年度の翌々年度の八月一日以後の日である場合にあつては、厚生労働省令で定めるところにより第八条の四において準用する第八条の三第一項の規定の例により算定して得た額を同表の給付基礎日額とした場合に得られる額）に満たないときは、その者の遺族に対し、その請求に基づき、保険給付として、その差額に相当する額の障害年金差額一時金を支給する。

2　障害年金差額一時金は、遺族給付とみなして、第十条の規定を適用する。

3　第十六条の三第二項、第十六条の九第一項及び第二項並びに第五十八条第二項及び第三項の規定は、障害年金差額一時金について準用する。この場合において、第十六条の三第二項中「前項」とあるのは「第六十一条第一項」と、「別表第一」とあるのは「同項」と読み替えるものとする。

条文解説

本条は、障害年金差額一時金の支給事由、内容等について障害補償年金差額一時金の場合に準じて定めている。

関係政省令等

（障害年金差額一時金の請求等）
則附35　障害年金差額一時金の支給を受けようとする者は、附則第二十二項各号に掲げる書類を添えて、附則第二十一項各号に掲げる事項を記載した請求書を、所轄労働基準監督署長に提出しなければならない。

則附36　第十五条の五の規定は障害年金差額一時金の請求及び受領についての代表者の選任及び解任について、附則第十七項の規定は法第六十一条第一項の当該障害年金の額の算定について、附則第十八項の規定は同条第一項の当該障害年金に係る障害年金前払一時金の額の算定について、附則第十九項の規定は同条第一項の下欄に掲げる額の算定について、附則第二十項の規定は既に身体障害のあった者が、負傷又は疾病により同一の部位について障害の程度を加重した場合（加重後の身体障害の該当する障害等級に応ずる障害給付が障害年金である場合に限る。）における当該事由に係る障害年金差額一時金の額の算定の場合について準用する。この場合において、附則第十七項中「法第五十八条第一項」とあるのは「法第六十一条第一項」と、「障害補償年金」とあるのは「障害年金」と、附則第十八項中「法第五十八条第一項」とあるのは「法第六十一条第一項」と、「障害補償年金前払一時金」とあるのは「障害年金前払一時金」と、附則第十九項中「法第五十八条第一項」とあるのは「法第六十一条第一項」と、附則第二十項中「障害補償給付」とあるのは「障害給付」と、「障害補償年金」とあるのは「障害年金」と、「障害補償一時金」とあるのは「障害一時金」と、「障害補償年金前払一時金」とあるのは「障害年金前払一時金」と読み替えるものとする。

参照条文

〔障害年金を受ける権利　二二の三〕〔請求等　則附則35・36〕

解釈例規

〈障害年金差額一時金の取扱い〉

障害年金の受給権者が死亡した場合に支給される障害年金差額一時金に関しては、上記一から六まで（五の(1)を除く。）〔障害補償年金差額一時金（法第五八条）の項参照〕に示すところに準ずるものである。

（昭五六・一〇・三〇　基発第六九六号）

（障害年金前払一時金）

第六十二条　政府は、当分の間、労働者が通勤により負傷し、又は疾病にかかり、治つたとき身体に障害が存する場合における当該障害に関しては、障害年金を受ける権利を有する者に対し、その請求に基づき、保険給付として、障害年金前払一時金を支給する。

2　障害年金前払一時金の額は、第五十八条第一項の表の上欄に掲げる当該障害年金に係る障害等級に応じ、第五十九条第二項に規定する厚生労働省令で定める額とする。

3　第五十九条第三項、第四項及び第六項の規定は、障害年金前払一時金について準用する。この場合において、同条第三項及び第六項中「障害補償年金」とあるのは、「障害年金」と読み替えるものとする。

条文解説

本条は、障害年金前払一時金の支給要件、内容等について障害補償年金前払一時金の場合に準じて定めている。

関係政省令等

（障害年金前払一時金の額）

則附37 障害年金前払一時金の額に係る附則第二十四項の規定の適用については、同項中「障害補償年金」とあるのは「障害年金」と、「法第五十九条第一項」とあるのは「法第六十二条第一項」とする。

（障害年金前払一時金の請求等）

則附38 附則第二十五項の規定は既に身体障害のあつた者が、負傷又は疾病により同一の部位について障害の程度を加重した場合（加重後の身体障害の該当する障害等級に応ずる障害給付が障害年金である場合に限る。）における当該事由に係る障害年金前払一時金の額の算定について、附則第二十六項から第二十九項までの規定は障害年金前払一時金の請求等について準用する。この場合において、附則第二十五項中「障害補償給付」とあるのは「障害給付」と、「障害補償一時金」とあるのは「障害一時金」と、「障害補償年金」とあるのは「障害年金」と、「法第五十九条第一項」とあるのは「法第六十二条第一項」と、附則第二十六項中「障害補償年金」とあるのは「障害年金」と、附則第二十八項中「附則第二十六項ただし書」とあるのは「附則第三十八項において読み替えて準用する附則第二十六項ただし書」と、「障害補償年金」とあるのは「障害年金」と、附則第二十九項中「附則第二十六項ただし書」とあるのは「附則第三十八項において読み替えて準用する附則第二十六項ただし書」と読み替えるものとする。

（障害年金の支給停止期間）

則附39 附則第三十項の規定は、法第六十二条第三項において読み替えて準用する法第五十九条第三項の規定により障害年金の支給が停止される期間について準用する。この場合において、附則第三十項中「障害補償年金前払一時金」とあるのは、「障害年金前払一時金」と読み替えるものとする。

参照条文

〔障害年金を受ける権利　二二の三〕〔請求等　則附則38〕〔障害年金の支給停止期間　則附則39〕

解釈例規

〈障害年金前払一時金の取扱い〉

通勤災害による障害年金の受給権者に支給される障害年金前払一時金に関しては、上記一から六まで（五の(1)を除く。）〔障害補償年金前払一時金（法第五九条）の項参照〕に示すところに準ずるものである。

（昭五六・一〇・三〇　基発第六九六号）

（遺族年金前払一時金）

第六十三条　政府は、当分の間、労働者が通勤により死亡した場合における当該死亡に関しては、遺族年金を受ける権利を有する遺族に対し、その請求に基づき、保険給付として、遺族年金前払一時金を支給する。

2　遺族年金前払一時金の額は、第六十条第二項に規定する厚生労働省令で定める額とする。

3　第六十条第三項から第五項まで及び第七項の規定は、遺族年金前払一時金について準用する。この場合において、同条第三項中「遺族補償年金は」とあるのは「遺族年金は」と、同条第四項中「第十六条の六」とあるのは「第二十二条の四第三項の規定により読み替えられた第十六条の六」と、「遺族補償年金の額」とあるのは「遺族年金の額」と、同条第七項中「遺族補償年金の」とあるのは「遺族年金の」と、「当該遺族補償年金」とあるのは「当該遺族年金」と読み替えるものとする。

条文解説

本条は、遺族年金前払一時金の支給要件、内容等について遺族補償年金前払一時金の場合に準じて定めたものである。

関係政省令等

（遺族年金前払一時金の額）

則附40　遺族年金前払一時金の額に係る附則第三十一項の規定の適用については、同項中「法第六十条第一項」とあるのは「法第六十三条第一項」と、「遺族補償年金」とあるのは「遺族年金」とする。

（遺族年金前払一時金の請求等）

則附41　附則第二十六項から第二十九項までの規定は、遺族年金前払一時金の請求等について準用する。この場合において、附則第二十六項中「障害補償年金」とあるのは「遺族年金」と、附則第二十八項中「附則第二十六項ただし書」とあるのは「附則第四十一項において読み替えて準用する附則第二十六項ただし書」と、「法第五十八条第一項の表の下欄に掲げる額（加重障害の場合においては、加重障害に係る前払最高限度額）」とあるのは「同一の事由に関し法第二十二条の四第三項において読み替えて準用する法第十六条の六第一項第一号の遺族一時金が支給されることとした場合における当該遺族一時金の額」と、「障害補償年金」とあるのは「遺族年金」と、附則第二十九項中「附則第二十六項ただし書」とあるのは「附則第四十一項において読み替えて準用する附則第二十六項ただし書」と読み替えるものとする。

（遺族年金の支給停止期間）

則附42　附則第三十項の規定は、法第六十三条第三項において読み替えて準用する法第六十条第三項の規定により遺族年金の支給が停止される期間について準用する。この場合において、附則第三十項中「障害補償年金前払一時金」とあるのは「遺族年金前払一時金」と読み替えるものとする。

（読み替えられた法第十六条の六第一項第二号の遺族年金前払一時金の額）

則附43　附則第三十二項の規定は、法第六十三条第三項の規定により読み替えられた法第六十条第四項の遺族年金前払一時金の額について準用する。この場合において、附則第三十二項中「法第六十条第四項」とあるのは、「法第六十三条第三項の規定により読み替えられた法第六十条第四項」と読み替えるものとする。

参照条文

〔遺族年金を受ける権利　二二の四〕〔厚生労働省令で定める額　則附則40〕〔遺族年金の支給停止期間　則附則42〕

解釈例規

〈前払一時金制度の拡充〉

一　遺族年金の前払一時金の額については、従来の給付基礎日額の四〇〇日分に相当する額から給付基礎日額の一、〇〇〇日分を限度とする額に引き上げられるとともに、給付基礎日額の二〇〇日分、四〇〇日分、六〇〇日分、八〇〇日分又は一、〇〇〇日分に相当する額の五段階が設けられて遺族の選択が認められた。

二　前払一時金の請求については、従来、遺族年金の請求と同時に行わなければならないとされていたが、新たに遺族年金の支給の決定の通知があった日の翌日から一年を経過する日までの間は、当該遺族年金を請求した後においても前払一時金を請求することができることとされた。したがって、転給により遺族年金の受給権者となった者であっても、上記の期間内であれば、前払一時金の請求を行うことができる。

三　前払一時金の請求は、従来どおり、同一の事由に関し、一回に限り行うことができる。したがって、例えば、給付基礎日額の二〇〇日分に相当する額を数回にわたって前払一時金として請求するというようなことは認められない。

四　前払一時金を請求する者は、従前と異なり支給を受けようとする前払一時金の金額を所轄労働基準監督署長に申し出なければならない。この場合に、遺族年金を請求した後に前払一時金の請求を行うときは、受給を申し出ることができる金額は同一の理由に関し労働者災害補償保険法（昭和二二年法律第五〇号。以下「法」という。）第一六条の六第一号の場合の遺族一時金が支給されるとした場合における当該遺族一時金の額（これらの額を改正法附則第四条の規定により改定すべき事由のあるときは当該改定後の額）から既に支給された遺族年金の額（前払一時金が支給される月の翌月に支払われることとなる遺族年金の額を含む。）の合計額を控除した額を限度とする。

五　遺族年金が請求された後に前払一時金の請求が行われたものである場合には、当該請求に係る前払一時金は、事務処理の便宜を考慮して、当該請求が行われた月後の最初の一月、四月、七月又は一〇月に支給される。

なお、前払一時金と遺族年金が同時に請求された場合の前払一時金の支払期月については、従前どおり、とくにこれを限定する規定は設けられていない。

（昭五〇・一・四　基発第二号）

〈遺族年金前払一時金制度存置期間の改善〉

一　従来、遺族年金の前払一時金については、昭和四〇年改正法附則第四二条及び昭和四八年改正法附則第四条の規定において昭和六一年一月三一日までの時限措置とされていたものであるが、今回の法改正により、前払一時金制度の存置期間を「当分の間」と改めて暫定措置とするとともに、前払一時金の名称も、「遺族年金前払一時金」とされた。

二　この改正は、昭和五五年一二月五日から施行された。

三　この改正に伴う経過措置として、昭和四八年改正法附則第四条第一項の規定による一時金及びこれに関する手続は、新法第六三条第一項の規定による遺族年金前払一時金及びこれに関する手続とみなされて新法及び新労災則の規定が適用されることとされている。

（昭五五・一二・五　基発第六七三号）

〈遺族年金の前払一時金に関する規定の形式整備〉

一　従来、遺族年金の前払一時金については、昭和四八年改正法附則第四条に規定されていたが、法令整備の観点から今回の法改正により、新法第六三条に規定が移されるとともに、所要の整備がなされた。

二　一の改正に伴い、前払一時金に関して、前払一時金の請求、遺族年金の支給停止期間等の細則を定めていた労働者災害補償保険法施行規則の一部を改正する省令（昭和四一年労働省令第二号）附則第八項から第一三項までの規定及び労働者災害補償保険法施行規則の一部を改正する省令（昭和四八年労働省令第三五号）第二条の規定が新労災則附則第一七項から第二四項までの規定に移されるとともに、所要の整備が行われた。

三　労働者災害補償保険法施行規則第一条第一項の規定に基づき労働大臣が定める事務を定める告示（昭和四

五年労働省告示第六〇号）について、遺族年金の前払一時金に関する規定につき所要の字句整理が行われた。

（昭五五・一二・五　基発第六七三号）

（損害賠償との調整に関する暫定措置）

第六十四条　労働者又はその遺族が障害補償年金若しくは遺族補償年金又は障害年金若しくは遺族年金（以下この条において「年金給付」という。）を受けるべき場合（当該年金給付を受ける権利を有することとなつた時に、当該年金給付に係る障害補償年金前払一時金若しくは遺族補償年金前払一時金又は障害年金前払一時金若しくは遺族年金前払一時金（以下この条において「前払一時金給付」という。）を請求することができる場合に限る。）であつて、同一の事由について、当該労働者を使用している事業主又は使用していた事業主から民法その他の法律による損害賠償（以下単に「損害賠償」といい、当該年金給付によつててん補される損害をてん補する部分に限る。）を受けることができるときは、当該損害賠償については、当分の間、次に定めるところによるものとする。

一　事業主は、当該労働者又はその遺族の年金給付を受ける権利が消滅するまでの間、その損害の発生時から当該年金給付に係る前払一時金給付を受けるべき時までの法定利率により計算される額を合算した場合における当該合算した額が当該前払一時金給付の最高限度額に相当する額となるべき額（次号の規定により損害賠償の責めを免れたときは、その免れた額を控除した額）の限度で、その損害賠償の履行をしないことができる。

二　前号の規定により損害賠償の履行が猶予されている場合において、年金給付又は前払一時金給付の支給が行われたときは、事業主は、その損害の発生時から当該支給が行われた時までの法定利率により計算される額を合算した場合における当該合算した額が当該年金給付又は前払一時金給付の額となるべき額の限度で、その損害賠償の責めを免れる。

2　労働者又はその遺族が、当該労働者を使用している事業主又は使用していた事業主から損害賠償を受けることができる場合であつて、保険給付を受けるべきときに、同一の事由について、損害賠償（当該保険給付によつててん補される損害をてん補する部分に限る。）を受けたときは、政府は、労働政策審議会の議を経て厚生労働大臣が定める基準により、その価額の限度で、保険給付をしないことができる。ただし、前項に規定する年金給付を受けるべき場合において、次に掲げる保険給付については、この限りでない。

一　年金給付（労働者又はその遺族に対して、各月に支給されるべき額の合計額が厚生労働省令で定める算定方法に従い当該年金給付に係る前払一時金給付の最高限度額（当該前払一時金給付の支給を受けたことがある者にあつては、当該支給を受けた額を控除した額とする。）に相当する額に達するまでの間についての年金給付に限る。）

二　障害補償年金差額一時金及び第十六条の六第一項第二号の場合に支給される遺族補償一時金並びに障害年金差額一時金及び第二十二条の四第三項において読み替えて準用する第十六条の六第一項第二号の場合に支給される遺族一時金

三　前払一時金給付

条文解説

本条は、労働者又はその遺族が保険給付の受給権を有し、かつ、同一の事由について、事業主から民事損害賠償を受けることができる場合における当該損害賠償と保険給付との間の調整について定めたものである。

関係政省令等

（法第六十四条第二項第一号の年金給付）

則附44　法第六十四条第二項第一号の年金給付は、次の各号に掲げる額の合算額が同号に規定する前払一時金給付の最高限度額に相当する額に達するまでの間についての年金給付とする。

一　年金給付を支給すべき事由が生じた月後最初の年金給付の支払期月から一年を経過した月前に支給されるべき年金給付の額

二　年金給付を支給すべき事由が生じた月後最初の年金給付の支払期月から一年を経過した月以後各月に支給されるべき年金給付の額を、百分の五にその経過した年数（当該年数に一未満の端数を生じたときは、これを切り捨てるものとする。）を乗じて得た数に一を加えた数で除して得た額の合算額

（事業主から受けた損害賠償についての届出等）

則附45　労働者又はその遺族が、当該労働者を使用している事業主又は使用していた事業主から損害賠償を受けることができる場合であつて、保険給付を受けるべきときに、同一の事由について、損害賠償（当該保険給付によつててん補される損害をてん補する部分に限る。）を受けたときは、次に掲げる事項を記載した届書を、遅滞なく、所轄労働基準監督署長に提出しなければならない。

一　労働者の氏名、生年月日及び住所

二　損害賠償を受けた者の氏名、住所及び労働者との関係

三　事業の名称及び事業場の所在地

四　損害賠償の受領額及びその受領状況

五　前各号に掲げるもののほか、法

第六十四条第二項の規定により行われる保険給付の支給停止又は減額の基礎となる事項

則附46　前項第三号から第五号までに掲げる事項については、事業主の証明を受けなければならない。

則附47　第二十三条の規定は、附則第四十五項の規定による届出及び前項の規定による事業主の証明について準用する。

参照条文

〔年金給付を受ける権利　一二の八②・一五・一六・二二の三・二二の四〕〔前払一時金給付の請求　五九①・六〇①・六二①・六三①〕〔損害賠償　民四一五・七〇九〕〔年金を受ける権利の消滅　一五の二・一六の四・二二の三③・二二の四③等〕〔法定利率　民四〇四〕〔前払一時金の最高限度額　五九②・六〇②〕〔法第六四条第二項第一号の年金給付　則附則44〕〔届出等　則附則45～47〕

解釈例規

〈民事損害賠償が行われた際の労災保険給付の支給調整に関する基準（労働者災害補償保険法第六四条第二項関係）について〉

労働者災害補償保険法第六四条第二項の規定に基づき、標記基準が別紙のとおり定められた。この基準は、昭和五六年一一月一日以後に発生した事故に起因する損害について適用されるものである。ついては、その内容をご了知のうえ、労働者災害補償保険制度の運営に遺憾なきを期されるよう、命により通達する。

民事損害賠償が行われた際の労災保険給付の支給調整に関する基準（労働者災害補償保険法第六七条第二項関係）

一　労災保険給付の支給調整の事由となる民事損害賠償

(1)　労災保険給付の支給調整の事由となる民事損害賠償の損害項目

次表の上欄に掲げる労災保険給付に応じ、それぞれ下欄に掲げるとおりとする。

支給調整を行う労災保険給付	民事損害賠償の損害項目
障害（補償）給付 遺族（補償）給付 傷病（補償）年金 休業（補償）給付	逸失利益
療養（補償）給付	療養費
葬祭料（葬祭給付）	葬祭費用

（注）「障害（補償）給付」は、業務災害についての「障害補償給付」と通勤災害についての「障害給付」の双方を表わす用語である。他の保険給付を表わす用語についても同様である。以下同じ。

(2)　民事損害賠償の賠償額のうち比較の対象となる額

(1)の損害項目に対する民事損害賠償の賠償額のうち労災保険給付の支給水準相当分のみを労災保険給付の額との比較の対象とする額とする。

(3)　企業内労災補償、示談金、和解金、見舞金等の取扱い

イ　企業内労災補償

企業内労災補償は、一般的にいって労災保険給付が支給されることを前提としながらこれに上積みして給付する趣旨のものであるので、企業内労災補償については、その制度を定めた労働協約、就業規則その他の規程の文面上労災保険給付相当分を含むことが明らかである場合を除き、労災保険給付の支給調整を行わない。

ロ　示談金及び和解金

労災保険給付が将来にわたり支給されることを前提としてこれに上積みして支払われる示談金及び和解金については、労災保険給付の支給調整を行わない。

ハ　見舞金等

単なる見舞金等民事損害賠償の性質をもたないものについては、労災保険給付の支給調整を行わない。

二　支給調整を行う労災保険給付

(1)　支給調整を行う労災保険給付の種類

前記一(2)に掲げる保険給付に限定して支給調整を行い、特別支給金については支給調整を行わない。

(2)　支給調整が行われる労災保険給付の受給権者の範囲

労災保険給付の支給調整の事由となる民事損害賠償（前記一参照）を受けた労災保険給付の受給権者について支給調整を行う。ただし、遺族（補償）年金の受給権者のうち先順位の受給権者が失権した後順位の受給権者については、支給調整を行わない。

三　支給調整の事由となる民事損害賠償の損害項目に応じた労災保険給付の支給調整の方法

(1)　逸失利益

傷害(補償)給付、遺族(補償)給付、傷病（補償）年金及び休業（補償）給付は、逸失利益に対する民事損害賠償の賠償額に相当する額の範囲で

次の方法により支給調整を行う。

イ　基本原則

(イ)　逸失利益に対する民事損害賠償の賠償額のうち労災保険給付の支給水準相当分（以下「比較対象逸失利益額」という。）のみを労災保険給付との比較の対象とする額とする。

(ロ)　比較対象逸失利益額には、災害発生時から支給調整時までの利息分を加えない。

(ハ)　比較対象逸失利益額と比較する労災保険給付の額については、スライドが行われた場合にはスライド後の額による。

(ニ)　遺族（補償）給付の支給調整に係る比較対象逸失利益額は、受給権者本人の受けた民事損害賠償に係るものに限る。

(ホ)　労災保険給付の支給調整は、次のいずれか短い期間（以下「調整対象給付期間」という。）の範囲で行う。

a　前払一時金最高限度額相当期間の終了する月から起算して九年が経過するまでの期間（ただし、休業（補償）給付については災害発生日から起算して九年が経過する日までの期間、傷病（補償）年金については傷病（補償）年金の支給事由の発生した月の翌月から起算して九年が経過するまでの期間。）。

b　就労可能年齢（遺族（補償）年金については死亡労働者の生存を仮定した場合の就労可能年齢とする。）（各年齢ごとに、別表第一に定める年齢とする。以下同じ。）を超えるに至ったときは、その超えるに至ったときまでの期間。

ロ　各労災保険給付ごとの支給調整の方法は、以下のとおりとする。

(イ)　障害（補償）年金

調整対象給付期間内に限り、次の額に達するまで支給停止する。

逸失利益額（注1）×給付相当率（注2）−前払一時金最高限度額等（注3）

（注1）逸失利益額：判決等で明示された逸失利益額とする。ただし、その額が下記の額を上回る場合には、下記の額とする。(ニ)において同じ。

給付基礎日額×365日×労働能力喪失率〈注㋑〉×就労可能年数に対応する新ホフマン係数〈注㋺〉

〈注㋑〉労働能力喪失率：別表第二による。ただし、判決等における労働能力喪失率が明らかであるときはその率によることができる。以下同じ。

〈注㋺〉就労可能年数に対応する新ホフマン係数：別表第一による。ただし、判決等における就労可能年数が明らかであるときはその年数に対応する新ホフマン係数によることができる。以下同じ。

（注2）給付相当率：別表第三による。以下同じ。

（注3）前払一時金最高限度額又は既支給の障害（補償）年金支給額のいずれか大きい額。以下同じ。

(ロ)　遺族（補償）年金

調整対象給付期間内に限り、次の

額に達するまで支給停止する。

逸失利益額×0.67（注）
−前払一時金最高限度額等

（注）　逸失利益額：判決等で明示された逸失利益額とする。ただし、その額が下記の額を上回る場合には下記の額とする。(ホ)において同じ

（給付基礎日額×365
−死亡労働者本人の生活費〈注〉）
×就労可能年数に対応する新ホフマン係数×遺族たる受給権者の相続割合

〈注〉　死亡労働者本人の生活費：給付基礎日額×三六五の三五％とする。ただし、判決等における死亡労働者本人の生活費が明らかであるときはその額によることができる。以下同じ。

(ハ)　傷病（補償）年金
(イ)に準じる。

(ニ)　障害（補償）一時金
次の額に相当する額について支給調整を行う。ただし、障害（補償）一時金の支給事由が災害発生日から起算して九年を経過する日の後に生じた場合及び就労可能年齢を超えた日以降に生じた場合は、この限りでない。

逸失利益額×給付相当率−既支給額

(ホ)　遺族（補償）一時金（失権差額一時金の場合を除く。）
次の額に相当する額について支給調整を行う。
この場合に(ニ)のただし書を準用する。

逸失利益額×0.67−既支給額

(ヘ)　前払一時金及び失権差額一時金
支給調整を行わない（法第六七条第二項ただし書参照）。

(ト)　休業（補償）給付
(イ)に準じる（給付相当率は〇・六〇とする。）。

(2)　療養費
療養（補償）給付は、療養費に対する民事損害賠償の賠償額のうち療養（補償）給付に見合う額の限度で支給調整を行う。

(3)　葬祭費用
葬祭料（葬祭給付）は、葬祭費用に対する民事損害賠償額の限度で支給調整を行う。

四　民事損害賠償の内訳等が不明なものの取扱い

(1)　労災保険給付相当分を含む民事損害賠償であるが、その内訳等が不明なものの取扱い
民事損害賠償の賠償額のうち次に掲げるところにより算定した額を、労災保険給付との比較の対象とする額とみなして支給調整を行う。

イ　被災労働者が後遺障害について民事損害賠償を受けたケース

給付基礎日額×365×労働能力喪失率×就労可能年数に対応する新ホフマン係数×給付相当率−前払一時金最高限度額等

ロ　遺族が被災労働者の死亡について

民事損害賠償を受けたケース

（給付基礎日額×365－死亡労働者本人の生活費）×就労可能年数に対応する新ホフマン係数×遺族たる受給権者の相続割合×0.67－前払一時金最高限度額等

ハ　被災労働者が療養のため一時労働不能による賃金喪失について民事損害賠償を受けたケース

イのケースに準じる。

(2)　労災保険給付相当分を含むことが明らかでない場合の取扱い

将来給付予定の労災保険給付相当分を含むことが明らかである場合以外は、労災保険給付に上積みして行われる賠償とみなして労災保険給付の支給調整を行わない。

別表第一　就労可能年齢及び就労可能年数と新ホフマン係数

年齢	就労可能年齢	就労可能年数	係数
一五歳	六七歳	五二年	二五・二六一
一六歳	六七歳	五一年	二四・九八四
一七歳	六七歳	五〇年	二四・七〇二
一八歳	六七歳	四九年	二四・四一六
一九歳	六七歳	四八年	二四・一二六
二〇歳	六七歳	四七年	二三・八三二
二一歳	六七歳	四六年	二三・五三四
二二歳	六七歳	四五年	二三・二三一
二三歳	六七歳	四四年	二二・九二三
二四歳	六七歳	四三年	二二・六一一
二五歳	六七歳	四二年	二二・二九三
二六歳	六七歳	四一年	二一・九七〇
二七歳	六七歳	四〇年	二一・六四三
二八歳	六七歳	三九年	二一・三〇九
二九歳	六七歳	三八年	二〇・九七〇
三〇歳	六七歳	三七年	二〇・六二五
三一歳	六七歳	三六年	二〇・二七五
三二歳	六七歳	三五年	一九・九一七
三三歳	六七歳	三四年	一九・五五四
三四歳	六七歳	三三年	一九・一八三
三五歳	六七歳	三二年	一八・八〇六
三六歳	六七歳	三一年	一八・四二一
三七歳	六七歳	三〇年	一八・〇二九
三八歳	六七歳	二九年	一七・六二九
三九歳	六七歳	二八年	一七・二二一
四〇歳	六七歳	二七年	一六・八〇四
四一歳	六七歳	二六年	一六・三七九
四二歳	六七歳	二五年	一五・九四四
四三歳	六七歳	二四年	一五・五〇〇
四四歳	六七歳	二三年	一五・〇四五
四五歳	六七歳	二二年	一四・五八〇
四六歳	六七歳	二一年	一四・一〇四
四七歳	六七歳	二〇年	一三・六一六
四八歳	六七歳	一九年	一三・一一六
四九歳	六七歳	一八年	一二・六〇三
五〇歳	六七歳	一七年	一二・〇七七
五一歳	六七歳	一六年	一一・五三六
五二歳	六七歳	一五年	一〇・九八一
五三歳	六七歳	一四年	一〇・四〇九
五四歳	六七歳	一三年	九・八二一
五五歳	六七歳	一二年	九・二一五
五六歳	六七歳	一二年	九・二一五
五七歳	六八歳	一一年	八・五九〇
五八歳	六九歳	一一年	八・五九〇
五九歳	七〇歳	一一年	八・五九〇
六〇歳	七〇歳	一〇年	七・九四五
六一歳	七一歳	一〇年	七・九四五
六二歳	七一歳	九年	七・二七八
六三歳	七二歳	九年	七・二七八
六四歳	七三歳	九年	七・二七八
六五歳	七三歳	八年	六・五八九
六六歳	七四歳	八年	六・五八九
六七歳	七五歳	八年	六・五八九
六八歳	七五歳	七年	五・八七四
六九歳	七六歳	七年	五・八七四
七〇歳	七六歳	六年	五・一三四
七一歳	七七歳	六年	五・一三四
七二歳	七八歳	六年	五・一三四
七三歳	七九歳	六年	五・一三四
七四歳	七九歳	五年	四・三六四
七五歳	八〇歳	五年	四・三六四
七六歳	八一歳	五年	四・三六四
七七歳	八一歳	四年	三・五六四
七八歳	八二歳	四年	三・五六四
七九歳	八三歳	四年	三・五六四
八〇歳	八四歳	四年	三・五六四

八一歳	八五歳	四年	三・五六四
八二歳	八五歳	三年	二・七二三
八三歳	八六歳	三年	二・七二三
八四歳	八七歳	三年	二・七二三
八五歳	八八歳	三年	二・七二三
八六歳	八九歳	三年	二・七二三
八七歳	九〇歳	二年	一・八六一
八八歳	九〇歳	二年	一・八六一
八九歳	九一歳	二年	一・八六一
九〇歳	九二歳	二年	一・八六一
九一歳	九三歳	二年	一・八六一
九二歳	九四歳	二年	一・八六一
九三歳	九五歳	二年	一・八六一
九四歳	九六歳	二年	一・八六一
九五歳	九七歳	二年	一・八六一
九六歳	九八歳	二年	一・八六一
九七歳	別記のとおり	一年	〇・九五二

（別記）九七歳以上の年齢の者の就労可能年齢は、当該年齢に一年を加えた年齢とする。

別表第二　労働能力喪失率

障害等級	額
第一級	一〇〇分の一〇〇
第二級	一〇〇分の一〇〇
第三級	一〇〇分の一〇〇
第四級	一〇〇分の九二
第五級	一〇〇分の七九
第六級	一〇〇分の六七
第七級	一〇〇分の五六
第八級	一〇〇分の四五
第九級	一〇〇分の三五
第一〇級	一〇〇分の二七
第一一級	一〇〇分の二〇
第一二級	一〇〇分の一四
第一三級	一〇〇分の九
第一四級	一〇〇分の五

別表第三　給付相当率

障害等級	額
第一級	〇・六七
第二級	〇・六七
第三級	〇・六七
第四級	〇・六四
第五級	〇・六四
第六級	〇・六四
第七級	〇・六四
第八級	〇・五八
第九級	〇・五八
第一〇級	〇・五八
第一一級	〇・五八
第一二級	〇・五八
第一三級	〇・五八
第一四級	〇・五八

（昭五六・六・一二　発基第六〇号、平二・六・二二　発基第四三号、平五・三・二六　発基第二九号）

〈労災保険の保険給付と民事損害賠償との調整〉

労災保険は、業務災害又は通勤災害に対して保険給付等を行うことを主たる目的としているが、保険給付の原因である事故が、事業主の有責な行為によって又は事業主の直接的な行為はなくても事業主の責任の下に生じ、その結果、被災労働者又はその遺族に対する事業主の民法等に基づく損害賠償責任が発生する場合がある。

このような事故については、その発生について「事業主」の行為等による責任が介在するため、被災労働者又はその遺族は、労災保険に対し保険給付請求権を取得すると同時に、事業主に対しても民法等に基づく損害賠償（以下「民事損害賠償」という。）を請求する権利を取得することとなるが、同一の事由について重複して損害がてん補されることとなれば、実際の損害額よりも多くの支払いを受けることとなり、また労災保険については、その保険料は全額使用者負担であるので民事損害賠償と保険給付との重複は、事業主の負担の重複をもたらし、保険料負担者である事業主の保険利益を損なうなど不合理な結果を招くこととなる。

このため、新労災法第六七条が新設され、同一の事由について保険給付相当分を含む民事損害賠償と保険給付との調整について保険給付相当分を含む民事損害賠償の側における調整としての前払一時金最高限度額を限度とする履行猶予・免責及び労災保険の側による保険給付の支給調整の二つの調整が規定されたものである。

一　民事損害賠償の側における調整

（新労災法第六七条第一項関係）

(1)　障害補償年金若しくは障害年金（第三において「障害（補償）年金」と略称する。）又は遺族補償年金若しくは遺族年金（第三において「遺族（補償）年金」と略称する。）の受給権者（これらの年金の受給権を有することとなった時に、これらの年金に係る前払一時金を請求することができる者に限る。）が同一の事由について、事業主から民事損害賠償（これらの年金によってん補される損害をてん補する部分に限る。）を受けることができるときは、当分の間、その事業主は、これらの者の年金受給権が消滅するまでの間、次に示す額の限度で当該民事損害賠償の履行をしないことができる―履行が猶予される―こととされた。

すなわち、当該民事損害賠償の履行をしないことができる額（履行猶予額）は、その損害の発生時から当該年金に係る前払一時金を受けるべき時までの当該履行猶予額について法定利率により計算される額を当該履行猶予額に合算した場合における当該合算した額がその前払一時金の最高限度額に相当する額となるべき額（次の(2)により事業主が民事損害賠償の責めを免れることとされたときは、その免れた額を控除した額）とされている。

（参考）

履行猶予額＝前払一時金最高限度額
－［損害発生時から前払一時金を受けるべき時までの履行猶予額について法定利率により計算される額］

(2)　上記(1)により民事損害賠償の履行が猶予されている場合において、当該年金たる保険給付（第三において「年金給付」という。）又は当該年金給付に係る前払一時金が支給されたときは、事業主は、次に示す額の限度で上記(1)により履行猶予されている損害賠償の責任を免れることとされる。

すなわち、免責される額は、その損害の発生時からこれらの年金給付又は当該年金給付に係る前払一時金が支給された時までのその免責される額について法定利率により計算される額を当該免責される額に合算した場合における当該合算した額がこれらの支給された年金又は前払一時金の額となるべき額とされている。

（参考）

免責される額＝〔年金給付又は当該年金給付に係る前払一時金の支給額〕－〔損害発生時から年金又は前払一時金の支給を受けた時までの法定利率により計算される額〕

(3) なお、同一の事由について、労災保険から保険給付が行われれば、一般に、少なくともその価額の限度で事業主が民事損害賠償の責任を免れることについては、特段の規定はなくても当然の理とされる。

二 労災保険の側における調整（保険給付の支給調整）（新労災法第六七条第二項関係）

(1) 総説

労働者又はその遺族が、当該労働者を使用している事業主又は使用していた事業主から損害賠償を受けることができる場合であって、保険給付を受けるべきときに、同一の事由について、民事損害賠償（当該保険給付によっててん補される損害をてん補する部分に限る。）を受けたときは、政府は、労働者災害補償保険審議会の議を経て労働大臣が定める基準（以下「支給調整基準」という。）により、その価額の限度で、保険給付をしないことができることとされた。

この場合、次の点に留意する必要がある。

イ 保険給付の支給調整が行われることとなるのは、保険給付の事由と同一の事由に基づく民事損害賠償が行われた場合に限られる。したがって、労災保険が業務災害及び通勤災害による稼得能力の損失をてん補することを主たる目的としており、精神的損害及び物的損害についてはてん補の対象としていないので、これらの損害項目について受給者が事業主から民事損害賠償を受けても、支給調整を行う必要はないこと。

ロ また、保険給付の支給調整が行われることとなるのは、保険給付相当分を含む民事損害賠償が行われた場合に限られる。したがって、いわゆる保険給付の上積み分に相当する民事損害賠償を受けても、支給調整を行う必要はないこと。

ハ 保険給付の支給調整が行われるのは、同一の事由に基づき行われた民事損害賠償の賠償額のうち保険給付の支給水準相当分のみであり、これを上まわる上積み分については、支給調整は行われないこと。

ニ なお、労災法第六七条第二項ただし書において、前払一時金最高限度額の範囲内において支給される保険給付については、前記一に示すとおり民事損害賠償の側で調整を行うことができるので、労災保険の側での支給調整は行われないこととされていること。

　すなわち、事業主から民事損害賠償が行われた場合であっても支給調整が行われない保険給付は、次の(イ)から(ハ)までの給付とされる。

(イ)　障害（補償）年金及び遺族（補償）年金（支払うべき当該年金給付額を年利五分で割り引く方法により計算した額の合計額が、当該年金給付に係る前払一時金の最高限度額に相当する額（当該前払一時金給付の支給を受けたことがある者にあっては、当該支給を受けた額を控除した額とする。）に達するまでの題についての年金に限る。）

(ロ)　障害補償年金差額一時金及び障害年金差額一時金（第三において「障害（補償）年金差額一時金」と略称する。）並びに労災法第一六条の六第二号の場合に支給される遺族補償一時金及び労災法第二二条の四第三項において読み替えて準用する労災法第一六条の六第二号の場合に支給される遺族一時金（第三において「遺族（補償）年金失権差額一時金」と略称する。）

(ハ)　障害補償年金前払一時金及び障害年金前払一時金（第三において「障害（補償）年金前払一時金」と略称する。）並びに遺族補償年金前払一時金及び遺族年金前払一時金（第三において「遺族（補償）年金前払一時金」と略称する。）

(2)　損害賠償の受領に関する届出

イ　労働者又はその遺族が、当該労働者を使用している事業主又は使用していた事業主から民事損害賠償を受けることができる場合であって、保険給付を受けるべきときに、同一の事由について、民事損害賠償（当該保険給付によっててん補される損害をてん補する部分に限る。）を受けたときは、次に掲げる事項を記載した「事業主責任災害損害賠償受領届」（告示様式第三七号の三。以下「受領届」という。）を、遅滞なく、所轄労働基準監督署長に提出しなければならないこととされた。

①　労働者の氏名、生年月日及び住所

②　民事損害賠償を受けた者の氏名、住所及び労働者との関係

③　事業の名称及び事業場の所在地

④　民事損害賠償の受領額及びその受領状況

⑤　前各号に掲げるもののほか、法第六七条第二項の規定により行われる保険給付の支給停止又は減額の基礎となる事項

なお、受領届を提出する場合において、行政庁において必要があれば、判決文、和解書・示談書等の写しを添付させるものとする。

ロ　受領届の記載事項のうち前記③から⑤までの事項については、事業主の証明を受けなければならないものとし、事業主はこの届出手続について助力・協力しなければならないこととされている。

(3)　保険給付の支給調整事務の概要

事業主によって保険給付相当分を含む民事損害賠償が行われたとき、受領届等に基づき、その保険給付相当分の額の範囲内で、おおむね次の手順により保険給付の支給調整を行うこととする。

①　損害項目別の民事損害賠償の賠償額のうち保険給付相当分（比較対象賠償額）の確定

②　①に対応する保険給付の種類の確定

③　②の保険給付についての将来支給予定額が①の比較対象賠償額に達するまで支給停止又は減額等

④　②の保険給付の支給予定額が①の比較対象賠償額を超えた時点（前払一時金最高限度額相当期間経過後九年経過時点、就労可能年齢時点）からの支給再開又は①の比較対象賠償額を超えた部分の支給

(4)　〔支給調整基準〕一（労災保険給付の支給調整の事由となる民事損害賠償）について

イ　労災保険給付の支給調整の事由となる民事損害賠償の損害項目（〔支給調整基準〕一(1)関係）

被災労働者又はその遺族が同一の災害に関し逸失利益、療養費又は葬祭費用を損害項目とする民事損害賠償を受けたときに、それぞれの損害項目に対応する保険給付が支給調整されるものである。

(イ)　「逸失利益」とは、加害行為がなければ被害者が得たであろう利益というものであるが、業務災害及び通勤災害の場合にはその災害がなければ労働者が稼働して得たであろう賃金分が該当するものである。このような逸失利益に相当する保険給付としては、障害補償給付及び障害給付（第三において「障害（補償）給付」と略称する。）、遺族補償給付及び遺族給付（第三において「遺族（補償）給付」と略称する。）、傷病補償年金及び傷病年金（第三において「傷病（補償）年金」と略称する。）並びに休業補償給付及び休業給付（第三において「休業（補償）給付」と略称する。）がある。

(ロ)　「療養費」とは、傷病の治療に要する費用である。狭義の治療費のほか、通院費、付添看護費用、入院雑費等が含まれることがある。療養費に対応する保険給付は、療養補償給付及び療養給付（第三において「療養（補償）給付」と略称する。）である。

(ハ)　「葬祭費用」とは、被害者が死亡したため一定の者が葬儀を営むために支出を余儀なくされたことによる損害であり、これに対応する保険給付は、葬祭料（葬祭給付）である。

このように、逸失利益、療養費及び葬祭費用についてなされた民事損害賠償に限って、保険給付の支給調整を行うこととなるので、これらの損害項目以外の損害（例えば精神的損害）に対する民事損害賠償の賠償

額については、保険給付の支給調整は行わないものである。

ロ　民事損害賠償の賠償額のうち比較の対象とする額（「支給調整基準」一(2)関係）

民事損害賠償においては、加害原因と相当因果関係に立つ損害のすべてが賠償対象となるのに対し、労災保険制度では、損害の全部のうち一定部分のみ、すなわち保険給付の支給水準に相当する部分のみの損害のてん補が行われることとなっているので、その賠償額のうち、保険給付に相当する部分のみが保険給付の支給調整に際して比較の対象とされたものである。

ハ　企業内労災補償、示談金、和解金、見舞金等の取扱い（「支給調整基準」一(3)関係）

(イ)　企業内労災補償の取扱い

「企業内労災補償制度」とは、企業内において、労働協約、労使協定、就業規則その他これらに準ずる規程によって定められている業務災害又は通勤災害に対する給付制度であり、その趣旨・性格は区々でありうるが、通常は、保険給付の不足を補う趣旨すなわち保険給付に上積みして給付される趣旨のものと解される。したがって、原則として保険給付の支給調整を行わないこととされているものである。しかしながら、例外的に、企業内労災補償制度は個別企業における諸々の状況を勘案して設けられるものであるので、事業主に民事損害賠償責任があり、かつ、企業内労災補償制度を定めている労働協約、就業規則その他の規程の文面上保険給付相当分を含むことが明らかである場合、すなわち保険給付と重複するものとして定められていることが明らかである場合には、損害のてん補が重複して行われることとなるので、保険給付に相当する額の範囲で保険給付の支給調整を行うこととされているものである。

(ロ)　示談金及び和解金の取扱い

労使間では、業務災害又は通勤災害については、保険給付が将来にわたっても支給されることは周知の事項であり、労使間でわざわざこれら保険給付と重複する内容の示談・和解を締結するとは通常考えにくいので、保険給付が将来にわたり支給されることを前提としてこれに上積みして支払われる示談金及び和解金については、保険給付の支給調整を行わないこととされているものである。

しかしながら、将来支給予定の保険給付も含めて一時金で賠償することもないとは断定できないので、そのような将来支給予定の保険給付相当分も含めて示談金又は和解金が支払われることが示談書の文面等により明らかであるケースについては、その重なり合う保険給付相当分について保険給付の支給調整を行うものである。

(ハ) 見舞金等の取扱い

見舞金は災害にあったことがお気の毒であるという気持ちを表わす趣旨のものであり、賠償責任があることを前提として行われるものではないことが多く、その場合は、損害賠償としての性格を有しない。したがって、事業主から見舞金を受領したとしても保険給付の支給調整を行わないものである。

しかしながら、名目上は見舞金であっても実質民事損害賠償として支払われることがありうるので、このようなものについては、保険給付の支給調整を行うべきか否か問題となるが、民事損害賠償として支払われたことが明らかであっても、前記(ロ)の示談金及び和解金の取扱いと同様に、保険給付が将来にわたり支給されることを前提としてこれに上積みして支払われる（精神的損害をてん補する目的で支払われる場合のほか、逸失利益分の上積みとして支払われる場合がある。）ことが通常であろうから、やはり、支給調整の対象とならないことが多いものと考えられる。

(5) 〔支給調整基準〕二（支給調整を行う労災保険給付）について

イ 支給調整を行う労災保険給付の種類（〔支給調整基準〕二(1)関係）

労災法第六七条第二項の規定による支給調整を行うのは、保険給付に限定されている。なお、労災法第一一条に規定するいわゆる未支給の保険給付も支給調整を行う保険給付に含まれることはいうまでもない。

ロ 支給調整が行われる労災保険給付の受給権者の範囲（〔支給調整基準〕二(2)関係）

第一に、支給調整が行われる保険給付の受給権者は、業務災害又は通勤災害に関して前記(4)に示した損害項目について事業主から民事損害賠償を受けた保険給付の受給権者に限られている。第二に、遺族（補償）年金の支給調整に当たっては、遺族（補償）年金の受給権者が失権した後に当該受給権の転給を受けた転給後の受給権者については、仮りに被災労働者の死亡に関し民事賠償を受けた場合であっても遺族（補償）年金の支給調整は行わないこととされている。

(6) 〔支給調整基準〕三（支給調整の事由となる民事損害賠償の損害項目に応じた労災保険給付の支給調整の方法）について

イ 逸失利益（〔支給調整基準〕三(1)関係）

(イ) 基本原則

逸失利益に対応する保険給付の支給調整に当たっての基本原則については、次の点に留意する必要がある（〔支給調整基準〕三(1)イ関係）。

a 保険給付の支給調整に当たって保険給付と比較する逸失利益に対する民事損害賠償の賠償額は、逸失利益全額ではなく、そのうち保険給付の支給水準に相当する部分である。この保険給付の支給水準に相当する部分―これが「比較対象逸失利益額」と呼ばれている。―の算出は後記(ロ)に示すとおり、逸失利益分に一定の給付相当率を乗じて算出することとされているものである。

b　支給調整の際に用いる比較対象逸失利益額は、災害発生時すなわち損害発生時から支給調整時までの利息分を加えた額ではなく、災害発生時の現価によるものである。

c　災害発生時からの賃金水準の変動に応じて給付額がスライドされることとなっているが、スライドが行われた場合にはスライド後の額により保険給付の支給調整を行うこととされている。

d　遺族（補償）給付の支給調整を行う際に比較対象とする逸失利益額は、同一人についての重複てん補を回避する趣旨から遺族（補償）給付の受給権者本人が受けた民事損害賠償のうち、逸失利益分に限られるものである。

e　受領した逸失利益に対する損害賠償額が多額であるような受給権者について逸失利益に対応する保険給付の支給調整を行う場合には、支給調整が行われる期間が長期にわたる可能性があることを考慮して、支給調整が行われる期間に上限が設けられ、支給調整が行われる期間が余り長期間とならないようにされている。

したがって、逸失利益に対応する保険給付の支給調整は、この上限による範囲内すなわち調整対象給付期間の範囲内で行われ、この期間を超えて行われることはない。もちろん、調整対象給付期間内であっても所定の方法による調整が完了すれば、完了した時点から支給が再開されるのは当然である。

調整対象給付期間は、次のいずれか短い期間とされている。

(a)　九年の上限期間

i　前払一時金が設けられている年金給付（障害（補償）年金及び遺族（補償）年金）の場合

最高限度額の前払一時金（障害等級第一級の障害（補償）年金の場合には原則として給付基礎日額の一、三四〇日分、遺族（補償）年金の場合には給付基礎日額の千日分）が支給されたと仮定した場合に支給されるべき年金が停止される期間（前払一時金最高限度額相当期間）（前記(1)ニ(イ)参照）が終了した月から起算して九年が経過するまでの期間

ii　前払一時金が設けられていない保険給付（傷病（補償）年金及び休業（補償）給付）の場合

(i)　傷病（補償）年金

傷病（補償）年金の支給事由の発生した月の翌月から起算して九年が経過するまでの期間

(ii)　休業（補償）給付の場合

負傷の原因である事故の発生した日又は診断によって疾病の発生が確定した日から起算して九年が経過するまでの期間

(b)　就労可能年齢による期間

稼得能力を失った場合の民事損害賠償では、逸失利益額は、当該被災労働者の一定の就労可能年数を前提として算定されるので、逸失利益に対応する保険給付の支給調整に際しても、民事損害賠償の逸失利益額の算定方法との均衡上、被災時の年齢に対応する就労可能年齢を超える部分については、支給調整を行わないこととされているものである。

また、支給調整を開始する時点は、原則として、受給権者が保険給付に相当する民事損害賠償を受領した時点であるが、前払一時金が設けられている年金給付については、①当該保険給付に相当する民事損害賠償を受領した時点、②前払一時金最高限度額に相当する期間を経過する時点のいずれか遅い時点が支給調整を開始する時点である。

(ロ)　個別の保険給付ごとの支給調整の具体的方法（「支給調整基準」三(1)ロ関係）

個別の保険給付ごとの支給調整の具体的方法について留意すべき点は次のとおりである。

a　障害（補償）年金

(a)　障害（補償）年金の支給調整は、調整対象給付期間内、すなわち、次の①又は②のいずれか短い期間内において、支給調整対象額に達するまで行うこととされているものである。

①　障害（補償）年金の前払一時金最高限度額に相当する額の障害（補償）年金が支給される期間が満了する月から起算して九年が経過する月までの期間

②　被災労働者が災害に遭わなければ、就労が可能であると考えられる年齢（六七歳を基準とするが、高年齢の場合には平均余命の二分の一を加えた年齢とされている。）を超えるに至る時までの期間

(b)　障害（補償）年金の支給停止は、次の①又は②のいずれか遅く到来する時点から開始するものである。

①　被災労働者が後遺障害による逸失利益についての民事損害賠償を受けた時

②　障害（補償）年金の前払一時金最高限度額に相当する額の障害（補償）年金が支給される期間が満了する時

(c)　支給調整対象額の算定に用いる「逸失利益額」は、判決・示談書等で明示された被災労働者が当該災害によって喪失した稼得能力の評価額の全体をさす。したがって、いわゆる損益相殺を行う前の額であるが、過失相殺についてはこれを行った後の額とする。

また、「労働能力喪失率」及び「就労可能年数」についても、受領

届に判決・示談書等における労働能力喪失率及び就労可能年数が明示されているときは、その率及び年数により取り扱って差し支えないこととする。

　なお、支給調整の対象となる保険給付が支給されるのと同一の事由により厚生年金等の公的年金が併給され、労災法別表第一第一号の規定に基づき、調整が行われるときは、逸失利益額に当該調整率（労災令第二条、第四条等による。）を乗じて得た額を逸失利益額として取り扱うこととする。

(d)　障害（補償）年金が障害（補償）年金の前払一時金最高限度額を超えて支給されている場合には、その既支給額は、やはり、民事損害賠償の側において民事損害賠償の賠償額から控除されるので比較対象逸失利益額から控除して支給調整対象額を計算するものである。

b　遺族（補償）年金

(a)　遺族（補償）年金の支給調整についても、調整対象給付期間内、すなわち、次の①又は②のいずれか短い期間内において、支給調整対象額に達するまで行うこととされている。

①　遺族（補償）年金の前払一時金最高限度額に相当する額の遺族（補償）年金が支給される期間が満了する月から起算して九年が経過するまでの期間

②　被災労働者が災害に遭わずに生きていたならば就労が可能であると考えられる年齢（被災時の年齢に対応する就労可能年齢とする。）を超えるに至る時までの期間

(b)　遺族（補償）年金の支給停止は、次の①又は②のいずれか遅く到来する時点から開始するものである。

①　受給権者たる遺族が被災労働者の死亡による逸失利益についての民事損害賠償を受けた時

②　遺族（補償）年金の前払一時金最高限度額に相当する額の遺族（補償）年金が支給される期間が満了する時

(c)　支給調整対象額の算定に用いる「逸失利益額」は、判決・示談書等において明示された被災労働者が死亡によって喪失した稼得能力の全体（被災労働者としての逸失利益額）のうち、遺族（補償）年金の受給権者である遺族の相続分（事案によっては失われた遺族の被扶養利益を遺族の逸失利益として捉えられることもある。）とする。被災労働者本人の生活費分については、控除後の額とするが、損益相殺を行う前の額である。過失相殺については、これを行った後の額とする。

　また、「死亡労働者本人の生活費の割合」、「就労可能年数」及び「相続割合」については、受領届に判決・示談書等におけるこれらの率及び年数が明示されているときは、これらの率及び年数により取り扱って差し支えないこととする。

なお、支給調整の対象となる保険給付が支給されるのと同一の事由により厚生年金等の公的年金が併給され、労災法別表第一第一号の規定に基づき、調整が行われるときは、逸失利益額に当該調整率（労災令第二条及び第四条による。）を乗じて得た額を逸失利益額として取り扱うこととする。

(d)　「前払一時金最高限度額等」を控除する点については、前記a(d)参照。

c　傷病（補償）年金

(a)　傷病（補償）年金の支給調整についても、調整対象給付期間内、すなわち、次の①又は②のいずれか短い期間内において、支給調整対象額に達するまで行うこととされている。

①　傷病（補償）年金の支給事由の発生した月の翌月から起算して九年が経過するまでの期間

②　被災労働者が事故に遭わなければ、就労が可能であると考えられる年齢（障害（補償）年金の場合に同じ。）を超えるに至る時までの期間

(b)　傷病（補償）年金の支給停止は、次の①又は②のいずれか遅く到来する時点から開始するものである。

①　傷病（補償）年金の支給事由が生じた時

②　療養のための労働不能による賃金喪失についての民事損害賠償を受けた時

(c)　支給調整対象額の算定に用いる「逸失利益額」、「労働能力喪失率」、「就労可能年数」及び「公的年金の併給調整が行われる場合の取扱い」については、前記aに準じて取り扱うこととする。

(d)　「既支給額」を控除する点については、前記a(d)参照。

d　障害（補償）一時金

(a)　障害（補償）一時金については、その支給予定額が、支給調整対象額を上回る場合には、その上回る部分を支給し、下回る場合には、全額不支給とするものである。ただし、障害（補償）一時金の支給事由が災害発生日から起算して九年を経過する日の後に生じた場合すなわち災害発生日から九年経過後に治ゆして障害等級第八級から第一四級までに該当することとなったか、災害発生時点において想定される被災労働者の就労可能年齢を超えた日以後に障害（補償）一時金の支給事由が生じたかのいずれかに該当する場合には、支給調整を行わないこととされている。

(b)　支給調整対象額の算定に用いる「逸失利益額」、「労働能力喪失率」及び「就労可能年数」については、前記aに準じて取り扱うこととする。

(c)　「既支給額」を控除する点については、前記a(d)参照。

e　遺族（補償）一時金

(a)　遺族（補償）一時金については、その支給予定額が、支給調整対象額

を上回る場合には、その上回る部分を支給し、下回る場合には、全額不支給とするものである。ただし、遺族（補償）一時金の支給事由が災害発生日から起算して九年を経過する日の後に生じた場合すなわち災害発生日から九年経過後に被災労働者が当該災害により死亡したか災害発生時点において想定される被災労働者の就労可能年齢を超えた日以後に遺族（補償）一時金の支給事由が生じたかのいずれかに該当する場合には、支給調整は行わないこととされている。

(b)　支給調整対象額の算定に用いる「逸失利益額」、「死亡労働者本人の生活費の割合」、「就労可能年数」及び「相続割合」については前記bに準じて取り扱うこととする。

(c)　「既支給額」を控除する点については、前記a(d)参照。

f　前払一時金及び失権差額一時金

障害（補償）年金前払一時金、遺族（補償）年金前払一時金、障害（補償）年金差額一時金及び遺族（補償）年金失権差額一時金については、労災法第六七条第二項ただし書に規定するとおり支給調整を行わないこととされているので、民事損害賠償を受けたか否かに関係なく支給されることとなる。

g　休業（補償）給付

(a)　休業（補償）給付については、調整対象給付期間内、すなわち、次の①又は②のいずれか短い期間内において、支給調整対象額の限度で支給調整を行うこととされている。

①　災害発生日から起算して九年が経過する日までの期間

②　被災労働者が災害に遭わなければ、就労が可能であると考えられる年齢を超えるに至るまでの期間

(b)　休業（補償）給付の支給停止は、療養のための労働不能による賃金喪失についての民事損害賠償を受けた時点から開始されるものである。

(c)　支給調整対象額の算定に用いる「逸失利益額」、「労働能力喪失率」、「就労可能年数」及び「公的年金の併給調整が行われる場合の取扱い」については、前記aに準じて取り扱うこととする。

(d)　「既支給額」を控除する点については、前記a(d)参照。

ロ　療養費

労災保険の療養（補償）給付の範囲は、健康保険等の場合と同じように、一定の範囲内の療養についてカバーするようなしくみになっており、民事損害賠償の側で治療費等の範囲に含まれるものであっても、これに見合うものが療養（補償）給付の療養の範囲に含まれないこともあるので、支給調整に当たっては、民事損害賠償額の算定対象とされた療養費に見合うものであるか否かの判定が必要である。

事業主から行われる療養費の賠償がありうるとしても労災保険の療養

（補償）給付で認められていない入院雑費、付添看護費用の一部等を補てんするために行われる場合が多いので、このような場合は、いわゆる「上積み賠償」として、療養（補償）給付の支給調整を行う必要はない。

しかしながら、当事者間での示談書等の文書により労災保険の療養（補償）給付に見合う分を含む民事損害賠償が行われたことが明らかな場合には、その見合う分の限度で賠償時における未払分の療養（補償）給付の支給調整を行うものである。

したがって、労災保険の療養（補償）給付相当分について支給調整を行うこととし、事業主から支払われた療養費の中に労災保険の療養（補償）給付の範囲外のものが含まれている場合には、その部分は調整対象額に含めないものである。

ハ　葬祭費用

葬祭料（葬祭給付）の支給に先行して、葬祭料（葬祭給付）に相当する部分を含める趣旨であることが、判決・示談書等の文面上明らかである葬祭費用部分の賠償が行われた場合には、葬祭費用について行われた民事損害賠償の賠償額の限度で葬祭料（葬祭給付）の支給調整を行うものである。すなわち、葬祭料（葬祭給付）の支給予定額から葬祭費用分の賠償額を差し引いて支給することとなり、差額が生じない場合には全額不支給とするものである。

しかしながら、事業主が葬祭を主催し、又は遺族等の行う葬祭に要する費用の補助を行う場合には、通常労災保険から支給される葬祭料（葬祭給付）に上積みして行われるものと解されるので、原則として支給調整を行う必要はない。

(7)〔支給調整基準〕四（民事損害賠償の内訳等が不明なものの取扱い）について

被災労働者又はその遺族が事業主から業務災害又は通勤災害に関して民事損害賠償を受けたが、その性格、内訳等が不明であるものについての保険給付の支給調整は、保険給付相当分を含むが内訳不明のものと保険給付相当分を含むか否か不明なものとに区別して取り扱うこととされている。

イ　保険給付相当分を含む民事損害賠償であるが、その内訳等が不明なものの取扱い（〔支給調整基準〕四(1)関係）

事業主から受けた民事損害賠償の賠償額のうち次のケースに応じて算定した額を保険給付との比較の対象とする額として保険給付の支給調整を行うものである。

(イ)　被災労働者が傷病が治ゆしたことによる後遺障害について民事損害賠償を受けたケース

前記(6)のイの(ロ)のａにおける障害（補償）年金の支給調整の際に用いる方法と同様に、労災保険の給付基礎日額を用いて算定される定型的逸失利益額を基礎とし、これに給付相当率を乗じる等所要の計算をした額を比較対象逸失利益として取り扱うものである（同一の事由について厚生年金等が併給され、労災法別表第一第一号又は第二号により調整が行われる場合には、当該調整率（前記(6)のイの(ロ)のaの(c)参照）を乗じて取り扱うこと。）。

(ロ)　遺族が被災労働者の死亡について民事損害賠償を受けたケース

前記(6)のイの(ロ)のbにおける遺族（補償）年金の支給調整の際に用いる方法と同様に、労災保険の給付基礎日額を用いて算定される定型的逸失利益額を基礎としてこれに相続割合、給付相当率〇・六七を乗じる等所要の計算をした額を比較対象逸失利益として取り扱うものである（同一の事由について厚生年金等が併給され、労災法別表第一第一号又は第二号により調整が行われる場合には当該調整率（前記の(6)のイの(ロ)のbの(c)参照）を乗じて取り扱うこと。）。

(ハ)　被災労働者が療養のため一時的労働不能による賃金喪失について民事損害賠償を受けたケース

a　傷病（補償）年金について

前記(6)のイの(ロ)のcにおける傷病（補償）年金の支給調整の際に用いる方法と同様に、労災保険の給付基礎日額を用いて算定される定型的逸失利益額を基礎としてこれに給付相当率〇・六七を乗じる等所要の計算をした額を比較対象逸失利益として取り扱うものである（同一の事由について厚生年金等が併給され、労災法別表第一第一号又は第二号により調整が行われる場合には当該調整率（前記(6)のイの(ロ)のcの(c)参照）を乗じて取り扱うこと。）。

b　休業（補償）給付について

前記(6)のイの(ロ)のgにおける休業（補償）給付の支給調整の際に用いる方法と同様に、労災保険の給付基礎日額を用いて算定される定型的逸失利益額を基礎としてこれに給付相当率〇・六を乗じる等所要の計算をした額を比較対象逸失利益として取り扱うものである（同一の事由について厚生年金等が併給され、労災法第一四条第三項第二号（労災法第二二条の二第二項による準用を含む。）により調整が行われる場合には当該調整率（前記(6)のイの(ロ)のgの(c)参照）を乗じて取り扱うこと。）。

ロ　保険給付相当分を含むことが明らかでない場合の取扱い（「支給調整基準」四(2)関係）

民事損害賠償の性格が不明な場合には、まず、当事者の意思内容が問題となるが、特に保険給付によってカバーする損害を含める趣旨が当事者間で何らかの文章によって明らかであるもの以外は、すべて上積みとして行われる賠償と評価して、保険給付の支給調整を行わないものとして取り扱うこととする。

（昭五六・一〇・三〇　基発第六九六号）

昭和四十年改正法（昭四〇・六・一一　法律第一三〇号）

附則（抄）

（遺族補償年金に関する特例）

第四十三条　附則第四十五条の規定に基づき遺族補償年金を受けることができる遺族の範囲が改定されるまでの間、労働者の夫（婚姻の届出をしていないが、事実上婚姻関係と同様の事情にあつた者を含む。以下次項において同じ。）、父母、祖父母及び兄弟姉妹であつて、労働者の死亡の当時、その収入によつて生計を維持し、かつ、五十五歳以上六十歳未満であつたもの（労働者災害補償保険法第十六条の二第一項第四号に規定する者であつて、同法第十六条の四第一項第六号に該当しないものを除く。）は、同法第十六条の二第一項の規定にかかわらず、同法の規定による遺族補償年金を受けることができる遺族とする。この場合において、同法第十六条の四第二項中「各号の一」とあるのは「各号の一（第六号を除く。）」と、同法別表第一の遺族補償年金の項中「遺族補償年金を受けることができる遺族」とあるのは「遺族補償年金を受けることができる遺族（労働者災害補償保険法の一部を改正する法律（昭和四十年法律第百三十号）附則第四十三条第一項に規定する遺族であつて六十歳未満であるものを除く。）」とする。

2　前項に規定する遺族の遺族補償年金を受けるべき順位は、労働者災害補償保険法第十六条の二第一項に規定する遺族の次の順位とし、前項に規定する遺族のうちにあつては、夫、父母、祖父母及び兄弟姉妹の順序とする。

3　第一項に規定する遺族に支給すべき遺族補償年金は、その者が六十歳に達する月までの間は、その支給を停止する。ただし、労働者災害補償保険法第六十条の規定の適用を妨げるものではない。

条文解説

本条は、第一六条の二第一項および第二項の規定により遺族補償年金の受給資格者とされる者に加えて、労働者の死亡の当時五五歳以上六〇歳未満である労働者の夫、父母、祖父母、兄弟姉妹をも受給資格者とすること、それらの者が遺族補償年金の受給権者となる順位は第一六条の二第一項および第二項の規定により受給資格者とされる者の後であること、それらの者が六〇歳に達するまでは遺族補償年金の支給停止をすること、昭和四〇年改正法附則第四二条の規定による一時金をそれらの者が最先順位の受給権者である場合に請求したときは支給することを規定したものである。

参照条文

〔遺族補償年金の受給者の範囲　一六の二〕

（業務災害に対する年金による補償に関する検討）

第四十五条　労働者の業務災害に対する年金による補償に関しては、労働者災害補償保険制度と厚生年金保険その他の社会保険の制度との関係を考慮して引き続き検討が加えられ、その結果に基づき、すみやかに、別に法律をもつて処理されるべきものとする。

昭和四十四年改正法（昭四四・一二・九　法律第八三号）附則（抄）

（労働者災害補償保険の適用事業に関する暫定措置）

第十二条　次に掲げる事業以外の事業であつて、政令で定めるものは、当分の間、第二条の規定による改正後の労働者災害補償保険法第三条第一項の適用事業としない。

一　第二条の規定による改正前の労働者災害補償保険法第三条第一項に規定する事業

二　労働者災害補償保険法第二十九条第一項第三号の規定の適用を受ける者のうち同法第二十七条第三号又は第五号に掲げる者が行う当該事業又は当該作業に係る事業（その者が同法第二十九条第一項第三号の規定の適用を受けなくなつた後引き続き労働者を使用して行う事業を含む。）であつて、農業（畜産及び養蚕の事業を含む。）に該当するもの

2　前項の政令で定める事業は、任意適用事業とする。

条文解説

本条は、昭和四四年改正法の規定による改正前の労災保険法の規定による強制適用事業以外の事業であって、政令で定めるものは、当分の間、任意適用事業とすることを規定したものである。

関係政省令等

（労災保険暫定任意適用事業）

整備令第十七条　失業保険法及び労働者災害補償保険法の一部を改正する法律附則第十二条第一項の政令で定める事業は、次の各号に掲げる事業（都道府県、市町村その他これらに準ずるものの事業、法人である事業主の事業、船員法（昭和二十二年法律第百号）第一条に規定する船員を使用して行う船舶所有者（船員保険法（昭和十四年法律第七十三号）第三条に規定する場合にあつては、同条の規定により船舶所有者とされる者）の事業及び労働者災害補償保険法（昭和二十二年法律第五十号）第七条第一項第一号に規定する業務災害の発生のおそれが多いものとして厚生労働大臣が定める事業を除く。）のうち、常時五人以上の労働者を使用する事業以外の事業とする。

一　土地の耕作若しくは開墾又は植物の栽植、栽培、採取若しくは伐採の事業その他農林の事業

二　動物の飼育又は水産動植物の採捕若しくは養殖の事業その他畜産、養蚕又は水産の事業

関係告示

労働省告示第三五号（昭五〇・四・一、改正　平一二・一二・二五告示第一二〇号）

（厚生労働大臣が定める事業）

一　立木の伐採、造林、木炭又は薪を生産する事業その他の林業の事業であつて、常時労働者を使用するもの又は一年以内の期間において使用労働者延人員三百人以上のもの

二　別表第一に掲げる危険又は有害な作業を主として行う事業であつて、常時労働者を使用するもの（前号及び次号に掲げる事業を除く。）

三　総トン数五トン以上の漁船による水産動植物の採捕の事業（河川、湖沼又は別表第二に掲げる水面において主として操業する事業を除く。）

別表第一

一　毒劇薬、毒劇物又はこれらに準ずる毒劇性料品の取扱い

二　危険又は有害なガスの取扱い
三　重量物の取扱い等の重激な作業
四　病原体によつて汚染されるおそれが著しい作業
五　機械の使用によつて、身体に著しい振動を与える作業
六　危険又は有害なガス、蒸気又は粉じんの発散を伴う作業
七　獣毛等のじんあい又は粉末を著しく飛散する場所における作業
八　強烈な騒音を発する場所における作業
九　著しく暑熱な場所における作業
十　著しく寒冷な場所における作業
十一　異常気圧下における作業

別表第二

項	水面名	水面の範囲
一	陸奥湾	青森県高野崎から同県焼山崎に至る直線及び陸岸によつて囲まれた水面
二	富山湾	富山県生地鼻から石川県大泊鼻に至る直線及び陸岸によつて囲まれた水面
三	若狭湾	京都府経ケ岬から同府毛島北端に至る直線、京都府毛島北端から福井県鋸崎に至る直線、福井県鋸崎から同県特牛崎に至る直線及び福井県特牛崎から同県越前岬に至る直線並びに陸岸によつて囲まれた水面
四	東京湾	千葉県洲崎から神奈川県剣崎に至る直線及び陸岸によつて囲まれた水面
五	伊勢湾	愛知県洲崎から三重県相生山に至る直線並びに陸岸によつて囲まれた水面
六	大阪湾	和歌山県田倉崎から兵庫県生石鼻に至る直線及び兵庫県松帆崎から同県唐崎鼻に至る直線並びに陸岸によつて囲まれた水面
七	有明海及び八代海	長崎県瀬詰崎から熊本県天神山に至る直線、熊本県台場ノ鼻から鹿児島県長島町大崎に至る直線及び鹿児島県神崎から同県鵜瀬鼻に至る直線並びに陸岸によつて囲まれた水面
八	大村湾	長崎県高後崎から同県寄船崎に至る直線及びに陸岸によつて囲まれた水面
九	鹿児島湾	鹿児島県立目崎から同県開聞岬に至る直線及びに陸岸によつて囲まれた水面

〔適用事業の範囲　三〕
〔保険関係の成立に関する経過措置　整備五〕
〔保険関係の消滅に関する経過措置　整備八〕

昭和四十八年改正法（昭四八・九・二一　法律第八五号）附則（抄）

（遺族年金に関する特例）

第五条　労働者の夫（婚姻の届出をしていないが、事実上婚姻関係と同様の事情にあつた者を含む。）、父母、祖父母及び兄弟姉妹であつて、労働者の通勤による死亡の当時、その収入によつて生計を維持し、かつ、五十五歳以上六十歳未満であつたもの（労働者災害補償保険法（以下「労災保険法」という。）第二十二条の四第三項において準用する労災保険法第十六条の二第一項第四号に規定する者であつて、労災保険法第二十二条の四第三項において準用する労災保険法第十六条の四第一項第六号に該当しないものを除く。）は、労災保険法第二十二条の四第三項において準用する労災保険法第十六条の二第一項の規定にかかわらず、当分の間、労災保険法の規定による遺族年金を受けることができる遺族とする。この場合において、労災保険法第二十二条の四第三項において準用する労災保険法第十六条の四第二項中「各号の一」とあるのは「各号の一（第六号を除く。）」と、労災保険法別表第一の遺族補償年金の項中「遺族補償年金を受けることができる遺族」とあるのは「遺族年金を受けることができる遺族（労働者災害補償保険法の一部を改正する法律（昭和四十八年法律第八十五号）附則第五条第一項に規定する遺族であつて六十歳未満であるものを除く。）」とする。

2　労働者災害補償保険法の一部を改正する法律（昭和四十年法律第百三十号）附則第四十三条第二項及び第三項の規定は、前項に規定する遺族について準用する。この場合において、同条第二項中「遺族補償年金」とあるのは「遺族年金」と、同条第三項中「遺族補償年金」とあるのは「遺族年金」と、「第六十条」とあるのは「第六十三条」と読み替えるものとする。

条文解説

本条は、昭和四〇年改正法附則第四三条の規定と同様に、労働者の死亡の当時その収入によって生計を維持していた五五歳以上六〇歳未満の夫、父母、祖父母、兄弟姉妹をも遺族年金の受給資格者とすること、これらの者の受給権者となるべき順位、これらの者が六〇歳に達するまでは遺族年金の支給停止をすること等を規定したものである。

参照条文

〔遺族補償年金の受給者の範囲　一六の二〕〔遺族年金の受給者の範囲　二二の四〕

昭和六十年改正法（昭六〇・五・一　法律第三四号）附則（抄）

（労働者災害補償保険法の一部改正に伴う経過措置）

第百十六条　施行日の属する月の前月までの月分の労働者災害補償保険法の規定による障害補償年金、遺族補償年金、傷病補償年金、障害年金、遺族年金及び傷病年金の額については、なお従前の例による。

2　施行日の属する月以後の月分の労働者災害補償保険法の規定による障害補償年金若しくは傷病補償年金又は遺族補償年金と第三条の規定による改正前の厚生年金保険法（以下次条までにおいて「旧厚生年金保険法」という。）の規定による障害年金又は遺族年金とが同一の事由（労働者災害補償保険法別表第一第一号に規定する同一の事由をいう。次項及び次条第一項において同じ。）により支給される場合における障害補償年金、遺族補償年金及び傷病補償年金の額については、前条の規定による改正後の労働者災害補償保険法（以下次条までにおいて「新労災保険法」という。）別表第一の規定にかかわらず、同表の下欄の額に、政令で定めるところにより、前条の規定による改正前の労働者災害補償保険法（次項において「旧労災保険法」という。）別表第一第一号の規定の例により算定して得た率を下らない範囲内で政令で定める率を乗じて得た額（その額が政令で定める額を下回る場合には、当該政令で定める額）とする。

3　施行日の属する月以後の月分の労働者災害補償保険法の規定による障害補償年金若しくは傷病補償年金又は遺族補償年金と旧厚生年金保険法の規定による障害年金又は遺族年金に相当す

る給付（政令で定める法令による給付に限る。）とが同一の事由により支給される場合における障害補償年金、遺族補償年金及び傷病補償年金の額については、新労災保険法別表第一の規定にかかわらず、同表の下欄の額に、政令で定めるところにより、前項の政令で定める率に準じて政令で定める率を乗じて得た額（その額が政令で定める額を下回る場合には、当該政令で定める額）とする。

4 前二項の規定は、施行日の属する月以後の月分の労働者災害補償保険法の規定による障害年金、遺族年金及び傷病年金について準用する。

5 附則第二十八条第一項の規定により支給する遺族基礎年金に対する新労災保険法別表第一第一号及び第三号（新労災保険法第二十二条の四第三項において準用する場合を含む。）の規定の適用については、これらの規定中「遺族基礎年金」とあるのは、「遺族基礎年金（国民年金法等の一部を改正する法律（昭和六十年法律第三十四号）附則第二十八条第一項の規定により支給する遺族基礎年金を除く。）」とする。

6 施行日前に支給すべき事由が生じた労働者災害補償保険法の規定による休業補償給付及び休業給付の額については、なお従前の例による。

7 施行日以後に支給すべき事由が生じた労働者災害補償保険法の規定による休業補償給付と旧厚生年金保険法の規定による障害年金又はこれに相当する給付（第三項の政令で定める法令による給付に限る。）とが同一の事由により支給される場合における休業補償給付の額については、労働者災害補償保険法等の一部を改正する法律（平成二年法律第四十号）第二条の規定による改正後の労働者災害補償保険法（次項において「平成二年改正後の労災保険法」という。）第十四条第一項の規定にかかわらず、同項に規定する額に第二項又は第三項の政令で定める率のうち傷病補償年金について定める率を乗じて得た額（その額が政令で定める額を下回る場合には、当該政令で定める額）とする。

8　施行日以後に支給すべき事由が生じた労働者災害補償保険法の規定による休業給付と旧厚生年金保険法の規定による障害年金又はこれに相当する給付（第三項の政令で定める法令による給付に限る。）とが同一の事由により支給される場合における休業給付の額については、平成二年改正後の労災保険法第二十二条の二第二項において準用する平成二年改正後の労災保険法第十四条第一項の規定にかかわらず、同項に規定する額に第四項において準用する第二項又は第三項の政令で定める率のうち傷病年金について定める率を乗じて得た額（その額が政令で定める額を下回る場合には、当該政令で定める額）とする。

条文解説

　本条は、同一の事由により労災保険の年金たる保険給付等と国民年金法等の一部を改正する法律（昭和六〇年法律第三四号）による改正前の厚生年金保険法、船員保険法及び国民年金法の年金たる給付とが併給される場合の併給調整について規定したものである。

関係政省令等

（昭和六十年改正法附則第百十六条第二項の場合の計算）

令附6　国民年金法等の一部を改正する法律（昭和六十年法律第三十四号。以下「昭和六十年改正法」という。）附則第百十六条第二項（同条第四項において準用する場合を含む。以下この項において同じ。）の規定により同条第二項の政令で定める率を乗ずる場合には、次の表の上欄に掲げる年金たる保険給付の区分に応じ、それぞれ同表の下欄に定める率を乗ずるものとする。

障害補償年金 障害年金	○・七四
遺族補償年金 遺族年金	○・八○
傷病補償年金 傷病年金	○・七五

（昭和六十年改正法附則第百十六条第二項の政令で定める額）

令附7　昭和六十年改正法附則第百十六条第二項の政令で定める額は、法別表第一の下欄の額から、同一の事由（障害補償年金及び遺族補償年金については、それぞれ当該障害又は死亡をいい、傷病補償年金については当該負傷又は疾病により障害の状態にあることをいう。）により支給される昭和六十年改正法附則第七十八条第一項に規定する年金たる保険給付に該当する障害年金（附則第十二項において「旧厚生年金保険法の障害年金」という。）又は遺族年金の額を減じた残りの額に相当する額とする。

令附8　前項の規定は、昭和六十年改正法附則第百十六条第四項において準用する同条第二項の政令で定める額について準用する。この場合において、前項中「別表第一」とあるのは「第二十二条の三第三項、第二十二条の四第三項及び第二十三条第二項において準用する法別表第一」と、「障害補償年金及び遺族補償年金」とあるのは「障害年金及び遺族年金」と、「傷病補償年金」とあるのは「傷病年金」と読み替えるものとする。

（昭和六十年改正法附則第百十六条第三項の政令で定める法令による給付及び同項の場合の計算）

令附9　昭和六十年改正法附則第百十六条第三項（同条第四項において準用する場合を含む。以下この項において同じ。）の政令で定める法令による給付は、次の表の上欄に掲げる年金たる保険給付の区分に応じ、それぞれ同表の中欄に定める給付とし、同条第三項の規定により同項の政令で定める率を乗ずる場合には、同表の上欄に掲げる年金たる保険給付の区分に応じ、同表の中欄に定める給付ごとにそれぞれ同表の下欄に定める率を乗ずるものとする。

障害補償年金 障害年金	昭和六十年改正法附則第八十七条第一項に規定する年金たる保険給付に該当する障害年金（以下「旧船員保険法の障害年金」という。）	〇・七四
	昭和六十年改正法附則第三十二条第一項に規定する年金たる給付に該当する障害年金（障害福祉年金を除く。以下「旧国民年金法の障害年金」という。）	〇・八九
遺族補償年金 遺族年金	昭和六十年改正法附則第八十七条第一項に規定する年金たる保険給付に該当する遺族年金（次項において「旧船員保険法の遺族年金」という。）	〇・八〇
	昭和六十年改正法附則第三十二条第一項に規定する年金たる給付に該当する母子年金、準母子年金、遺児年金又は寡婦年金（次項において「旧国民年金法の母子年金等」という。）	〇・九〇
傷病補償年金 傷病年金	旧船員保険法の障害年金	〇・七五
	旧国民年金法の障害年金	〇・八九

（昭和六十年改正法附則第百十六条第三項の政令で定める額）

令附10　昭和六十年改正法附則第百十六条第三項の政令で定める額は、法別表第一の下欄の額から、同一の事由（障害補償年金及び遺族補償年金についてはそれぞれ当該障害又は死亡をいい、傷病補償年金については当該負傷又は疾病により障害の状態にあることをいう。）により支給される次に掲げる給付の額を減じた残りの額に相当する額とする。

一　旧船員保険法の障害年金又は旧船員保険法の遺族年金

二　旧国民年金法の障害年金又は旧国民年金法の母子年金等

令附11　前項の規定は、昭和六十年改正法附則第百十六条第四項において準用する同条第三項の政令で定める額について準用する。この場合において、前項中「法別表第一」とあるのは「法第二十二条の三第三項、第二十二条の四第三項及び第二十三条第二項において準用する法別表第一」と、「障害補償年金及び遺族補償年金」とあるのは「障害年金及び遺族年金」と、「傷病補償年金」とあるのは「傷病年金」と読み替えるものとする。

第一項」と読み替えるものとする。

参照条文

〔休業補償給付と厚生年金等との併給調整　一四〕〔休業給付と厚生年金等との併給調整　二二の二〕〔年金たる保険給付と厚生年金等との併給調整　別表第一〕

（昭和六十年改正法附則第百十六条第七項の政令で定める額）

令附12　昭和六十年改正法附則第百十六条第七項の政令で定める額は、法第十四条第一項の額から、同一の事由により支給される旧厚生年金保険法の障害年金又は旧船員保険法の障害年金若しくは旧国民年金法の障害年金の額を三百六十五で除して得た額を減じた残りの額に相当する額とする。

（昭和六十年改正法附則第百十六条第八項の政令で定める額）

令附13　前項の規定は、昭和六十年改正法附則第百十六条第八項の政令で定める額について準用する。この場合において、前項中「第十四条第一項」とあるのは、「第二十二条の二第二項において準用する法第十四条

第百十七条　新労災保険法別表第一第一号に規定する場合における労働者災害補償保険法の規定による障害補償年金若しくは遺族補償年金又は傷病補償年金（施行日の属する月から昭和六十三年三月までの月分に限る。）の額については、同表の規定にかかわらず、同表の下欄の額に次の各号に掲げる同法の規定による年金たる保険給付の区分に応じ、当該各号に掲げるところにより算定して得た率を下らない範囲内で政令で定める率を乗じて得た額（その額が政令で定める額を下回る場合には、当該政令で定める額）とする。

一　障害補償年金　前々保険年度（前々年の四月一日から前年の三月三十一日までをいう。以下この号において同じ。）において労働者災害補償保険法の規定による障害補償年金を受けていた者であって、同一の事由により旧厚生年金保険法の規定による障害年金が支給されていたすべてのものに係る前々保険年度における労働者災害補償保険法の規定による障害補償年金の支給額（これらの者が旧厚生年金保険法の規定による障害年金を支給されていなかったとした場合の当該障害補償年金の支給額をいう。）の平均額からこれらの者が受けていた前々保険年度における旧厚生年金保険法の規定による障害年金の支給額の平均額に百分の五十を乗じて得た額を減じた額を当該障害補償年金の支給額で除して得た率

二　遺族補償年金　前号中「障害補償年金」とあるのは「遺族補償年金」と、「障害年金」とあるのは「遺族年金」として、同号の規定の例により算定して得た率

三　傷病補償年金　第一号中「障害補償年金」とあるのは、「傷病補償年金」

として、同号の規定の例により算定して得た率

2 新労災保険法別表第一第二号に規定する場合における労働者災害補償保険法の規定による障害補償年金若しくは傷病補償年金又は遺族補償年金（施行日の属する月から昭和六十三年三月までの月分に限る。）については、同表の規定にかかわらず、同表の下欄の額に、当該年金たる保険給付の区分に応じ、前項の政令で定める率に準じて政令で定める率を乗じて得た額（その額が政令で定める額を下回る場合には、当該政令で定める額）を、当該年金たる保険給付の額とする。

3 新労災保険法別表第一第三号に規定する場合における労働者災害補償保険法の規定による障害補償年金若しくは傷病補償年金又は遺族補償年金（施行日の属する月から昭和六十三年三月までの月分に限る。）については、同表の規定にかかわらず、同表の下欄の額に、当該年金たる保険給付の区分に応じ、第一項の政令で定める率に準じて政令で定める率を乗じて得た額（その額が政令で定める額を下回る場合には、当該政令で定める額）を、当該年金たる保険給付の額とする。

4 前三項の規定は、施行日の属する月から昭和六十三年三月までの月分の労働者災害補償保険法の規定による障害年金、遺族年金及び傷病年金の額について準用する。この場合において、第一項中「新労災保険法別表第一第一号」とあるのは「新労災保険法第二十二条の三第三項、第二十二条の四第三項及び第二十二条の六第二項において準用する新労災保険法別表第一第一号」と、第二項中「新労災保険法別表第一第二号」とあるのは「新労災保険法第二十二条の三第三項、第二十二条の四第三項及び第二十二条の六第二項において

準用する新労災保険法別表第一第二号」第三項中「新労災保険法別表第一第三号」とあるのは「新労災保険法第二十二条の三第三項、第二十二条の四第三項及び第二十二条の六第二項において準用する新労災保険法別表第一第三号」と読み替えるものとする。

5　施行日から昭和六十三年三月三十一日までの間に支給すべき事由が生じた休業補償給付については、新労災保険法第十四条第三項中「同表第一号から第三号まで」とあるのは、「国民年金法等の一部を改正する法律（昭和六十年法律第三十四号）附則第百十七条第一項から第三項まで」とする。

6　施行日から昭和六十三年三月三十一日までの間に支給すべき事由が生じた休業給付については、新労災保険法第二十二条の二第二項中「同表第一号から第三号まで」とあるのは、「国民年金法等の一部を改正する法律（昭和六十年法律第三十四号）附則第百十七条第四項において準用する同条第一項から第三項まで」とする。

昭和六十一年以降改正法附則

附則（昭六一・五・二三　法律第五九号）（抄）

（施行期日）

第一条　この法律は、昭和六十二年二月一日から施行する。ただし、次の各号に掲げる規定は、当該各号に定める日から施行する。

一〈略〉

二　第一条中労働者災害補償保険法第七条第三項ただし書及び第十四条の改正規定、同条の次に一条を加える改正規定並びに同法第二十二条の二第二項及び第二十五条第一項の改正規定、〈中略〉附則第五条から第八条まで〈中略〉の規定　昭和六十二年四月一日

三〈略〉

（第一条の規定の施行に伴う経過措置）

第二条　第一条の規定による改正後の労働者災害補償保険法（以下「新労災保険法」という。）第七条第三項ただし書の規定は、昭和六十二年四月一日以降に発生した事故に起因する労働者災害補償保険法（以下「労災保険法」という。）第七条第一項第二号の通勤災害に関する保険給付について適用する。

第三条　新労災保険法第八条の二の規定は、この法律の施行の日（以下「施行日」という。）以後の期間に係る労災保険法の規定による年金たる保険給付（以下単に「年金たる保険給付」という。）の額の算定について適用する。

第四条　同一の業務上の事由又は通勤による障害（負傷又は疾病により障害の状態にあることを含む。）又は死亡に関し、施行日の前日において年金たる保険給付を受ける権利を有していた

者であつて、施行日以後においても年金たる保険給付を受ける権利を有するものに対する当該施行日以後において受ける権利を有する年金たる保険給付（以下この項において「施行後年金給付」という。）の施行日以後の期間に係る額の算定については、当該施行日の前日において受ける権利を有していた年金たる保険給付（以下この条において「施行前年金給付」という。）の額の算定の基礎として用いられた労災保険法第八条の給付基礎日額（同日において支給すべき当該施行前年金給付の額が第一条の規定による改正前の労働者災害補償保険法第六十四条第一項（同条第二項において準用する場合を含む。）の規定により改定されたものである場合には、当該給付基礎日額に当該改定に用いた率と同一の率を乗じて得た額（その額に一円未満の端数があるときは、これを一円に切り上げる。）とする。以下この条において「施行前給付基礎日額」という。）が、労働者災害補償保険法等の一部を改正する法律（平成二年法律第四十号）第二条の規定による改正後の労働者災害補償保険法第八条の三第二項において準用する同法第八条の二第二項第二号の労働大臣が定める額のうち、当該施行後年金給付に係る同号に規定する年金たる保険給付を受けるべき労働者の基準日における年齢の属する年齢階層に係る額を超える場合には、同法第八条の三第一項及び同条第二項において準用する同法第八条の二第二項の規定にかかわらず、当該施行前給付基礎日額を当該施行後年金給付に係る同法第八条の三第一項に規定する年金給付基礎日額とする。

2　施行前年金給付が遺族補償年金又は遺族年金である場合であって、施行日以後において、当該遺族補償年金又は遺族年金を、労災保険法第十六条の四第一項後段（労災保険法第二十二条の四第三項において準用する場合を含む。）の規定により次順位者に支給するとき、又は労災保険法第十六条の五第一項後段（労災保険法第二十二条の四第三項において準用する場合を含む。）の規定により次順位者を先順位者として支給するときは、当該次順位者は施行日の前日において当該遺族補償年金又は遺族年金を受ける権利を有していたものとみなして、前項の規定を適用する。

3　第一項の規定により施行前給付基礎日額を新労災保険法第八条の二第一項に規定する年金給付基礎日額として年金たる保険給付の額を算定して支給すべき場合であつて、新労災保険法第六十四条第一項（同条第三項において準用する場合を含む。以下この条において同じ。）の規定により当該年金たる保険給付の額を改定して支給すべきときは、同条第一項の規定にかかわらず、当該改定をしないこととして算定した年金の額により当該年金たる保険給付を支給する。

4　前項の規定により算定した年金たる保険支給の額に係る次の各号に掲げる新労災保険法の規定の適用については、当該各号に定める額が、同項の規定を適用しないものとして当該年金たる保険給付の額を算定することとした場合において用いられることとなる新労災保険法第六十四条第一項の規定による改定に係る率と同一の率を用いて同項の規定により改定されたものであるとした場合において当該改定がされなかつたものとしたときに得られる額を、それぞれ当該各号に定める額とみなす。

一　新労災保険法第五十八条第一項　同項に規定する障害補償年金の額

二　新労災保険法第六十一条第一項　同項に規定する障害年金の額

三　新労災保険法第六十六条第一項において読み替えて適用する新労災保険法第十六条の六　同条第二号に規定する遺族補償年金の額

四　新労災保険法第六十六条第二項において読み替えて適用する新労災保険法第二十二条の四第三項において準用する新労災保険法第十六条の六　同条第二号に規定する遺族年金の額

第五条　新労災保険法第十四条（新労災保険法第二十二条の二第二項において準用する場合を含む。）の規定は、昭和六十二年四月一日以後に支給すべき事由が生じた労災保険法の規定による休業補償給付又は休業給付について適用する。

第六条　新労災保険法第十四条の二（新労災保険法第二十二条の二第二項において準用する場合を含む。）の規定は、昭和六十二年四月一日以降に新労災保険法第十四条の二各号のいずれかに該当する労働者について適用する。

第七条　新労災保険法第二十五条第一項の規定は、昭和六十二年四月一日以後に発生した事故について適用する。

（政令への委任）

第十一条　附則第二条から前条までに定めるもののほか、この法律の施行に関し必要な経過措置は、政令で定める。

附則（昭六一・一二・四　法律第九三号）（抄）

（施行期日）

第一条　この法律は、昭和六十二年四月一日から施行する。〈後略〉

附則（平二・六・二二　法律第四〇号）（抄）

（施行期日）

第一条　この法律の規定は、次の各号に掲げる区分に従い、それぞれ当該各号に定める日から施行する。

一　第一条の規定並びに次条、附則第七条、第十一条、第十二条、第十四条及び第十六条の規定　平成二年八月一日

二　第二条の規定並びに附則第三条から第五条まで、第八条から第十条まで、第十三条及び第十五条の規定　平成二年十月一日

三　第三条の規定及び附則第六条の規定　平成三年四月一日

（第一条の規定の施行に伴う経過措置）

第二条　第一条の規定の施行の日前の期間に係る労働者災害補償保険法の規定による年金たる保険給付の額並びに同日前に支給すべき事由の生じた同法の規定による障害補償一時金、障害補償年金差額一時金及び障害補償年金前払一時金並びに遺族補償一時金及び遺族補償年金前払一時金並びに障害一時金、障害年金差額一時金及び障害年金前払一時金並びに遺族一時金及び遺族年金前払一時金の額については、なお、従前の例による。

2　第一条の規定の施行の日前の期間に係る労働者災害補償保険法の規定による遺族補償年金が支給された場合における同条の規定による改正後の労働者災害補償保険法第十六条の六の規定の適用については、同条第二項中「当該遺族補償年金の支給の対象とされた月の属する年度の前年度（当該月が四月から七月までの月に該当する場合にあつては、前々年度）」とあるのは、「算定事由発生日の属する年度（当該遺族補償年金の額が労働者災害補償保険法等の一部を改正する法律（平成二年法律第四十号）第一条の規定による改正前の労働者災害補償保険法第六十四条の規定その他労働省令で定める法律の規定により改定されたものである場合にあつては、当該

改定後の額を遺族補償年金の額とすべき最初の月の属する年度の前年度）」とする。

3　前項の規定は、第一条の規定の施行の日前の期間に係る労働者災害補償保険法の規定による遺族年金が支給された場合について準用する。この場合において、前項中「同条の規定による改正後の労働者災害補償保険法第十六条の六」とあるのは「同条の規定による改正後の労働者災害補償保険法第二十二条の四第三項の規定により読み替えられた同法第十六条の六」と、「遺族補償年金」とあるのは「遺族年金」と読み替えるものとする。

（第二条の規定の施行に伴う経過措置）

第三条　第二条の規定の施行の日前に支給すべき事由が生じた労働者災害補償保険法の規定による休業補償給付及び休業給付の額については、なお従前の例による。

第四条　第一条の規定による改正後の労働者災害補償保険法第八条第一項に規定する算定事由発生日が第二条の規定の施行の日前である者（以下「継続休業者」という。）であって、同条の規定による改正前の労働者災害補償保険法第十四条第二項又は第二十二条の二第三項において準用する労働基準法（昭和二十二年法律第四十九号）第七十六条第二項及び第三項の規定により休業補償給付又は休業給付の額が改定されていたものに対して引き続き第二条の規定による改正後の労働者災害補償保険法（以下「新労災保険法」という。）の規定による休業補償給付又は休業給付を支給する場合における新労災保険法第八条の二第一項の規定の適用については、同項第二号中「算定事由発生日の属する四半期」とあるのは「労働者災害補償保険法等の一部を改正する法律（平成二年法律第四十号）第二条の規定による改正前の労働者災害補償保険法第十四条第二項又は第二十二条の二第三項において準用する労働基準法第七十六条第二項及び第三項の規定による改定後の額により休業補償給付等を支給すべき最初の四半期の前々四半期（当該改定が同項の規定によりされていた場合であって労働省令で定めるときにあっては、労働省令で定める四半期）の平均給与額」と、「前々四半期）の平均給与額」とあるのは「前々四半期の平均給与額）」と、「前条の規定により給付基礎日額として算定した額」とあるのは「当該改定後の額の六十分の百に相当する額」とする。

第五条　継続休業者に対し新労災保険法の規定による休業補償給付又は休業給付を支給すべき場合における新労災保険法第八条の二第二項の規定の適用については、同項中「当該休業補償給付等に係る療養を開始した日」とあるのは、「労働者災害補償保険法等の一部を改正する法律（平成二年法律第四十号）第二条の規定の施行の日」とする。

（第三条の規定の施行に伴う経過措置）

第六条　第三条の規定の施行の際現に行われている事業であって、同条の規定による改正後の失業保険法及び労働者災害補償保険法の一部を改正する法律附則第十二条第一項第二号に掲げる事業に該当するものに関する労働保険の保険料の徴収等に関する法律（昭和四十四年法律第八十四号）第三条の規定の適用については、同条中「その事業が開始された日」とあるのは、「労働者災害補償保険法等の一部を改正する法律（平成二年法律第四十号）第三条の規定の施行の日」とする。

（政令への委任）

第十六条　附則第二条から第六条までに定めるもののほか、この法律の施行に関し必要な経過措置は、政令で定める。

附則（平六・六・二九　法律第五六号）（抄）

（施行期日）

第一条　この法律は、平成六年十月一日から施行する。〈後略〉

附則（平六・一二・九　法律第九五号）（抄）

（施行期日）

第一条　この法律は、公布の日から施行する。〈後略〉

附則（平七・三・二三　法律第三五号）（抄）

（施行期日）

第一条　この法律は、平成八年四月一日から施行する。ただし、次の各号に掲げる規定は、当該各号に定める日から施行する。

一　第一条中労働者災害補償保険法第二十三条第一項、第五十一条、第五十三条及び別表第一の改正規定、第三条中船員保険法別表第三の改正規定並びに第四条の規定並びに次条、附則第五条第二項及び第六条の規定　平成七年八月一日

二　第一条中労働者災害補償保険法第九条第三項の改正規定　平成八年十月一日

三　〈略〉

四　〈略〉

（第一条の規定の施行に伴う経過措置）

第二条　平成七年八月一日前の期間に係る労働者災害補償保険法の規定による遺族補償年金及び遺族年金の額については、なお従前の例による。

附則（平八・五・二二　法律第四二号）（抄）

（施行期日）

第一条　この法律は、平成八年七月一日から施行する。

（第一条の規定の施行に伴う経過措置）

第二条　この法律の施行の日（以下「施行日」という。）前にされた労働者災害補償保険法第三十五条第一項の審査請求のうち、施行日の前日において当該審査請求がされた日の翌日から起算して三箇月を経過しており、かつ、施行日の前日までに労働者災害補償保険審査官の決定がないもの（次項において「労災保険に関する未決定の三箇月経過審査請求」という。）に係る処分の取消しの訴えについては、第一条の規定による改正後の労働者災害補償保険法（以下「新労災保険法」という。）第三十七条の規定にかかわらず、その取消しの訴えを提起することができる。ただし、当該処分について、その取消しの訴えを提起する前に、新労災保険法第三十五条第二項の規定による再審査請求をしたときは、この限りでない。

2　労災保険に関する未決定の三箇月経過審査請求に係る処分について、その取消しの訴えが施行日前に提起されていたとき又は前項の規定により提起されたときは、当該労災保険に関する未決定の三箇月経過審査請求については、新労災保険法第三十五条第二項の規定は適用しない。

附則（平八・六・一四　法律第八二号）（抄）

第一条　この法律は、平成九年四月一日から施行する。

〈後略〉

（労働者災害補償保険法の一部改正に伴う経過措置）

第百十九条　旧適用法人共済組合の組合員（改正前国共済法第百十九条に規定する船員組合員に限る。附則第百二十一条及び第百二十五条において同じ。）に係る施行日前に発生した事故に起因する業務災害及び通勤災害に関する保険給付については、前条の規定による改正前の労働者災害補償保険法附則第五十五条の二の規定は、なおその効力を有する。

附則（平九・五・九　法律第四八号）（抄）

（施行期日）

第一条　この法律は、平成十年一月一日から施行する。〈後略〉

附則（平一〇・九・三〇　法律第一一二号）（抄）

（施行期日）

第一条　この法律は、平成十一年四月一日から施行する。〈後略〉

附則（平一一・七・一六　法律第八七号）（抄）

（施行期日）

第一条　この法律は、平成十二年四月一日から施行する。〈後略〉

附則（平一一・七・一六　法律第一〇二号）（抄）

（施行期日）

第一条　この法律は、内閣法の一部を改正する法律（平成十一年法律第八十八号）の施行の日から施行する。〈後略〉

附則（平一一・一二・二二　法律第一六〇号）（抄）

（施行期日）

第一条　この法律〈中略〉は、平成十三年一月六日から施行する。〈後略〉

附則（平一一・一二・二二　法律第二二四号）（抄）

（施行期日）

第一条　この法律は、平成十三年四月一日から施行する。〈後略〉

附則（平一三・七・四　法律第一〇一号）（抄）

（施行期日）

第一条　この法律は、平成十四年四月一日から施行する。

附則（平一三・一二・一二　法律第一五三号）（抄）

（施行期日）

第一条　この法律は、公布の日から起算して六月を超えない範囲内において政令で定める日から施行する。

附則（平一四・一二・一三　法律第一七一号）（抄）

（施行期日）

第一条　この法律は、公布の日から施行する。ただし、附則第十条から第十二条まで及び附則第十四条から第二十三条までの規定は、平成十六年四月一日から施行する。

附則（平一七・五・二五　法律第五〇号）（抄）

（施行期日）

第一条　この法律は、公布の日から起算して一年を超えない範囲内において政令で定める日〈編注・平一八政令一九一号により、平成一八・五・二四〉から施行する。〈後略〉

（検討）

第四十一条　政府は、施行日から五年以内に、この法律の施行の状況について検討を加え、必要があると認めるときは、その結果に基づいて所要の措置を講ずるものとする。

附則（平一七・一一・二　法律第一〇八号）（抄）

（施行期日）
第一条　この法律は、平成十八年四月一日から施行する。ただし、次の各号に掲げる規定は、当該各号に定める日から施行する。
一　〈略〉
二　〈前略〉附則第十二条の規定　公布の日

（労働者災害補償保険法の一部改正に伴う経過措置）
第四条　第二条の規定による改正後の労働者災害補償保険法第七条第二項の規定は、施行日以後に発生した事故に起因する労働者災害補償保険法第七条第一項第二号の通勤災害に関する保険給付について適用する。

（罰則の適用に関する経過措置）
第十一条　この法律（附則第一条第一号に掲げる規定については、当該規定）の施行前にした行為及びこの附則の規定によりなお従前の例によることとされる場合におけるこの法律の施行後にした行為に対する罰則の適用については、なお従前の例による。

（その他の経過措置の政令への委任）
第十二条　附則第二条から前条までに定めるもののほか、この法律の施行に関し必要となる経過措置（罰則に関する経過措置を含む。）は、政令で定める。

（検討）
第十三条　政府は、この法律の施行後五年を経過した場合において、新労働安全衛生法の施行の状況を勘案し、必要があると認めるときは、新労働安全衛生法の規定について検討を加え、その結果に基づいて必要な措置を講ずるものとする。

附則（平一七・一一・七　法律第一二三号）（抄）

（施行期日）
第一条　この法律は、平成十八年四月一日から施行する。ただし、次の各号に掲げる規定は、当該各号に定める日から施行する。
一　附則第二十四条〈中略〉及び第百二十二条の規定　公布の日
二　〈前略〉附則第十八条から第二十三条まで〈中略〉第七十二条から第七十七条まで〈中略〉の規定　平成十八年十月一日
三　〈略〉

（罰則の適用に関する経過措置）
第百二十一条　この法律の施行前にした行為及びこの附則の規定によりなお従前の例によることとされる場合におけるこの法律の施行後にした行為に対する罰則の適用については、なお従前の例による。

（その他の経過措置の政令への委任）
第百二十二条　この附則に規定するもののほか、この法律の施行に伴い必要な経過措置は、政令で定める。

附則（平一九・四・二三法律第三〇号）（抄）

（施行期日）
第一条　この法律は、公布の日から施行する。ただし、次の各号に掲げる規定は、当該各号に定める日から施行する。
一　〈略〉
一の二　〈略〉
二　〈略〉
三　〈前略〉第六条〈中略〉の規定　日本年金機構法の施行の日〈編注・平成二二・一・一〉

（労働者災害補償保険法の一部改正に伴う経過措置）
第五十一条　第五条の規定による改正前の労働者災害補償保険法第二十九条第一項第四号に掲げる事業として行われる給付金の支給であってその支給事由が施行日前に生じたものについては、なお従前の例による。
第五十二条　前条の規定によりなお従前の例によるものとされた給付金の支給に要する費用に関する第七条の規定による改正後の労働保険の保険料の徴収等に関す

る法律の規定の適用については、同法第十条第一項中「事業」とあるのは「事業（雇用保険法等の一部を改正する法律（平成十九年法律第三十号）附則第五十一条の規定によりなお従前の例によるものとされた給付金を支給する事業（以下「給付金支給事業」という。）を含む。）」と、同法第十二条第三項中「及び社会復帰促進等事業」とあるのは「及び社会復帰促進等事業（給付金支給事業を含む。以下同じ。）」とする。

第五十三条　附則第五十一条の規定によりなお従前の例によるものとされた給付金に要する費用に関する附則第百三十六条の規定による改正後の特別会計に関する法律の規定の適用については、同法第九十九条第一項第二号イ中「社会復帰促進等事業費」とあるのは、「社会復帰促進等事業費（雇用保険法等の一部を改正する法律（平成十九年法律第三十号）附則第五十一条の規定によりなお従前の例によるものとされた給付金を支給する事業に要する費用を含む。）」とする。

（罰則に関する経過措置）

第百四十一条　この法律（附則第一条各号に掲げる規定については、当該各規定。以下この項において同じ。）の施行前にした行為及びこの附則の規定によりなお従前の例によることとされる場合におけるこの法律の施行後にした行為に対する罰則の適用については、なお従前の例による。

2　附則第百八条第二項の規定により読み替えられた新介護労働者法第十七条第三号の規定が適用される場合における施行日から平成二十二年三月三十一日までの間にした行為に対する附則第百八条第二項の規定により読み替えられた新介護労働者法第三十一条第二号の罰則の適用については、同年四月一日以後も、なお従前の例による。

（検討）

第百四十二条　政府は、この法律の施行後五年を目途として、この法律の施行の状況等を勘案し、この法律により改正された雇用保険法等の規定に基づく規制の在り方について検討を加え、必要があると認めるときは、その結果に基づいて所要の措置を講ずるものとする。

（政令への委任）

第百四十三条　この附則に規定するもののほか、この法律の施行に伴い必要な経過措置は、政令で定める。

附則（平一九・七・六　法律第一〇九号）（抄）

（施行期日）

第一条　この法律は、平成二十二年四月一日までの間において政令で定める日〈編注・平成二〇政令三八七号により、平成二二・一・一〉から施行する。ただし、次の各号に掲げる規定は、当該各号に定める日から施行する。

一　〈前略〉附則第六十六条及び第七十五条の規定　公布の日

二　〈略〉

（処分、申請等に関する経過措置）

第七十三条　この法律（附則第一条各号に掲げる規定については、当該各規定。以下同じ。）の施行前に法令の規定により社会保険庁長官、地方社会保険事務局長又は社会保険事務所長（以下「社会保険庁長官等」という。）がした裁定、承認、指定、認可その他の処分又は通知その他の行為は、法令に別段の定めがあるもののほか、この法律の施行後は、この法律の施行後の法令の相当規定に基づいて、厚生労働大臣、地方厚生局長若しくは地方厚生支局長又は機構（以下「厚生労働大臣等」という。）がした裁定、承認、指定、認可その他の処分又は通知その他の行為とみなす。

2　この法律の施行の際現に

法令の規定により社会保険庁長官等に対してされている申請、届出その他の行為は、法令に別段の定めがあるもののほか、この法律の施行後は、この法律の施行後の法令の相当規定に基づいて、厚生労働大臣等に対してされた申請、届出その他の行為とみなす。

3　この法律の施行前に法令の規定により社会保険庁長官等に対し報告、届出、提出その他の手続をしなければならないとされている事項で、施行日前にその手続がされていないものについては、法令に別段の定めがあるもののほか、この法律の施行後は、これを、この法律の施行後の法令の相当規定により厚生労働大臣等に対して、報告、届出、提出その他の手続をしなければならないとされた事項についてその手続がされていないものとみなして、この法律の施行後の法令の規定を適用する。

4　なお従前の例によることとする法令の規定により、社会保険庁長官等がすべき裁定、承認、指定、認可その他の処分若しくは通知その他の行為又は社会保険庁長官等に対してすべき申請、届出その他の行為については、法令に別段の定めがあるもののほか、この法律の施行後は、この法律の施行後の法令の規定に基づく権限又は権限に係る事務の区分に応じ、それぞれ、厚生労働大臣等がすべきものとし、又は厚生労働大臣等に対してすべきものとする。

（罰則に関する経過措置）

第七十四条　この法律の施行前にした行為及びこの附則の規定によりなお従前の例によることとされる場合におけるこの法律の施行後にした行為に対する罰則の適用については、なお従前の例による。

（政令への委任）

第七十六条　この附則に定めるもののほか、この法律の施行に関し必要な経過措置は、政令で定める。

附則（平一九・七・六　法律第一一一号）（抄）

（施行期日）

第一条　この法律は、公布の日から施行する。

（政令への委任）

第八条　この附則に定めるもののほか、この法律の施行に関し必要な経過措置は、政令で定める。

附則（平二二・三・三一　法律第一五号）（抄）

（施行期日）

第一条　この法律は、平成二十二年四月一日から施行する。ただし、〈中略〉附則第五条の規定（労働者災害補償保険法（昭和二十二年法律第五十号）第三十一条第二項ただし書の改正規定を除く。）〈中略〉は、公布の日から起算して九月を超えない範囲内において政令で定める日〈編注・平成二二政令二〇五号により、平成二二・一〇・一〉から施行する。

（罰則に関する経過措置）

第十三条　この法律の施行前にした行為に対する罰則の適用については、なお従前の例による。

（その他の経過措置の政令への委任）

第十四条　この附則に規定するもののほか、この法律の施行に伴い必要な経過措置は、政令で定める。

附則（平二二・三・三一　法律第一九号）（抄）

（施行期日）

第一条　この法律は、平成二十二年四月一日から施行する。ただし、附則第二十条の規定は、公布の日から施行する。

（政令への委任）

第二十条　この附則に規定するもののほか、この法律の施行に関し必要な経過措置は、政令で定める。

附則（平二二・一二・一〇　法律第七一号）（抄）

（施行期日）

第一条　この法律は、平成二十四年四月一日から施行する。ただし、次の各号に掲げる規定は、当該各号に定める日から施行する。

一　〈略〉

二　〈略〉

三　〈前略〉附則第四条から第十条まで〈中略〉第四十条〈中略〉の規定　平成二十四年四月一日までの間において政令で定める日

附則（平二四・四・六　法律第二七号）（抄）

（施行期日）

第一条　この法律は、公布の日から起算して六月を超えない範囲内において政令で定める日から施行する。

〈後略〉

（罰則に関する経過措置）

第八条　この法律の施行前にした行為及び前条第一項の規定によりなお従前の例によることとされる場合におけるこの法律の施行後にした行為に対する罰則の適用については、なお従前の例による。

（政令への委任）

第九条　この附則に規定するもののほか、この法律の施行に関し必要な経過措置は、政令で定める。

別表第一（第十四条、第十五条の二、第十六条の三、第十八条、第十八条の二、第二十二条の三、第二十二条の四、第二十三条関係）

一　同一の事由（障害補償年金及び遺族補償年金については、それぞれ、当該障害又は死亡をいい、傷病補償年金については、当該負傷又は疾病により障害の状態にあることをいう。以下同じ。）により、障害補償年金若しくは傷病補償年金又は遺族補償年金と厚生年金保険法の規定による障害厚生年金及び国民年金法の規定による障害基礎年金（同法第三十条の四の規定による障害基礎年金を除く。以下同じ。）又は厚生年金保険法の規定による遺族厚生年金及び国民年金法の規定による遺族基礎年金若しくは寡婦年金とが支給される場合にあつては、下欄の額に、次のイからハまでに掲げる年金たる保険給付の区別に応じ、それぞれイからハまでに掲げるところにより算定して得た率を下らない範囲内で政令で定める率に乗じて得た額（その額が政令で定める額を下回る場合には、当該政令で定める額）

イ　障害補償年金　前々保険年度（前々年の四月一日から前年の三月三十一日までをいう。以下この号において同じ。）において障害補償年金を受けていた者であつて、同一の事由により厚生年金保険法の規定による障害厚生年金及び国民年金法の規定による障害基礎年金が支給されていたすべてのものに係る前々保険年度における障害補償年金の支給額（これらの者が厚生年金保険法の規定による障害厚生年金及び国民年金法の規定による障害基礎年金を支給されていなかつたとした場合の障害補償年金の支給額をいう。）の平均額からこれらの者が受けていた前々保険年度における厚生年金保険法の規定による障害厚生年金の支給額と国民年金法の規定による障害基礎年金の支給額との合計額の百分の五十を乗じて得た額を減じた額を当該障害補償年金の支給額の平均額で除して得た率

ロ　遺族補償年金　イ中「障害補償年金」とあるのは「遺族補償年金」と、「障害厚生年金」とあるのは「遺族厚生年金」と、「障害基礎年金」とあるのは「遺族基礎年金又は寡婦年金」として、イの規定

の例により算定して得た率

ハ　傷病補償年金　イ中「障害補償年金」とあるのは、「傷病補償年金」として、イの規定の例による算定して得た率

二　同一の事由により、障害補償年金若しくは傷病補償年金又は遺族補償年金と厚生年金保険法の規定による障害厚生年金又は遺族厚生年金とが支給される場合（第一号に規定する場合を除く。）にあつては、下欄の額に、年金たる保険給付の区分に応じ、前号の政令で定める率に準じて政令で定める率を乗じて得た額（その額が政令で定める額を下回る場合には、当該政令で定める額）

三　同一の事由により、障害補償年金若しくは傷病補償年金又は遺族補償年金と国民年金法の規定による障害基礎年金又は遺族基礎年金若しくは寡婦年金とが支給される場合（第一号に規定する場合及び当該同一の事由により国家公務員等共済組合法（昭和三十三年法律第百二十八号）、地方公務員等共済組合法（昭和三十七年法律第百五十二号）又は私立学校教職員共済法（昭和二十八年法律第二百四十五号）の規定による障害共済年金又は遺族共済年金が支給される場合を除く。）にあつては、下欄の額に、年金たる保険給付の区分に応じ、第一号の政令で定める率に準じて政令で定める率を乗じて得た額（その額が政令で定める額を下回る場合には、当該政令で定める額）

四　前三号の場合以外の場合にあつては、下欄の額

区分	額
障害補償年金	一　障害等級第一級に該当する障害がある者　給付基礎日額の三一三日分 二　障害等級第二級に該当する障害がある者　給付基礎日額の二七七日分 三　障害等級第三級に該当する障害がある者　給付基礎日額の二四五日分 四　障害等級第四級に該当する障害がある者　給付基礎日額の二一三日分 五　障害等級第五級に該当する障害がある者　給付基礎日額の一八四日分 六　障害等級第六級に該当する障害がある者　給付基礎日額の一五六日分 七　障害等級第七級に

	該当する障害がある者　給付基礎日額の一三一日分
遺族補償年金	次の各号に掲げる遺族補償年金を受ける権利を有する遺族及びその者と生計を同じくしている遺族補償年金を受けることができる遺族の人数の区分に応じ、当該各号に掲げる額 一　一人　給付基礎日額の一五三日分。ただし、五十五歳以上の妻又は労働省令で定める障害の状態にある妻にあつては、給付基礎日額の一七五日分とする。 二　二人　給付基礎日額の二〇一日分 三　三人　給付基礎日額の二二三日分 四　四人以上　給付基礎日額の二四五日分
傷病補償年金	一　傷病等級第一級に該当する障害の状態にある者　給付基礎日額の三一三日分 二　傷病等級第二級に該当する障害の状態にある者　給付基礎日額の二七七日分 三　傷病等級第三級に該当する障害の状態にある者　給付基礎日額の二四五日分

関係政省令等

（法別表第一第一号の政令で定める率）

令第二条　法別表第一第一号（法第二十二条の三第三項、第二十二条の四第三項及び第二十三条第二項において準用する場合を含む。）の政令で定める率は、次の表の上欄に掲げる年金たる保険給付の区分に応じ、それぞれ同表の下欄に定める率とする。

障害補償年金 障害年金	〇・七三
遺族補償年金 遺族年金	〇・八〇
傷病補償年金 傷病年金	〇・七三

（法別表第一第一号の政令で定める額）

令第三条　法別表第一第一号の政令で定める額は、同表の下欄の額から、同一の事由（障害補償年金及び遺族補償年金についてはそれぞれ当該障害又は死亡をいい、傷病補償年金については当該負傷又は疾病により障害の状態にあることをいう。）により支給される障害厚生年金の額と障害基礎年金との合計額又は厚生年金保険法の規定による遺族厚生年金（第五条第一項において単に「遺族厚生年金」という。）の額と国民年金法の規定による遺族基礎年金（第七条第一項において単に「遺族基礎年金」という。）若しくは同法の規定による寡婦年金（第七条第一項において単に「寡婦年金」という。）の額との合計額を減じた残りの額に相当する額とする。

2　前項の規定は、法第二十二条の三第三項、第二十二条の四第三項及び第二十三条第二項において準用する法別表第一第一号の政令で定める額について準用する。この場合において、前項中「同表」とあるのは「法第二十二条の三第三項、第二十二条の四第三項及び第二十三条第二項において準用する同表」と、「障害補償年金及び遺族補償年金」とあるのは「障害年金及び遺族年金」と、「傷病補償年金」とあるのは「傷病年金」と読み替えるものとする。

（法別表第一第二号の政令で定める率）

令第四条　法別表第一第二号（法第二十二条の三第三項、第二十二条の四第三項及び第二十三条第二項において準用する場合を含む。）の政令で定める率は、次の表の上欄に掲げる年金たる保険給付の区分に応じ、それぞれ同表の下欄に定める率とする。

障害補償年金 障害年金	〇・八三
遺族補償年金 遺族年金	〇・八四
傷病補償年金 傷病年金	〇・八六

（法別表第一第二号の政令で定める額）

令第五条　法別表第一第二号の政令で定める額は、同表の下欄の額から、同一の事由（障害補償年金及び遺族補償年金についてはそれぞれ当該障害又は死亡をいい、傷病補償年金については当該負傷又は疾病により障害の状態にあることをいう。）により支給される障害厚生年金遺族厚生年金の額を減じた残りの額に相当する額とする。

2　前項の規定は、法第二十二条の三第三項、第二十二条の四第三項及び第二十三条第二項において準用する法別表第一第二号の政令で定める額について準用する。この場合において、前項中「同表」とあるのは、「法第二十二条の三第三項、第二十二条の四第三項及び第二十三条第二項において準用する同表」と、「障害補償年金及び遺族補償年金」とあるのは「障害年金及び遺族年金」

と、「傷病補償年金」とあるの「傷病年金」と読み替えるものとする。

（法別表第一第三号の政令で定める率）

令第六条　法別表第一第三号（法第二十二条の三第三項、第二十二条の四第三項及び第二十三条第二項において準用する場合を含む。）の政令で定める率は、次の表の上欄に掲げる年金たる保険給付の区分に応じ、それぞれ同表の下欄に定める率とする。

障害補償年金 障害年金	○・八八
遺族補償年金 遺族年金	○・八八
傷病補償年金 傷病年金	○・八八

（法別表第一第三号の政令で定める額）

令第七条　法別表第一第三号の政令で定める額は、同表の下欄の額から同一の事由（障害補償年金及び遺族補償年金についてはそれぞれ当該障害又は死亡をいい、傷病補償年金については当該負傷又は疾病により障害の状態にあることをいう。）により支給される障害基礎年金又は遺族基礎年金若しくは寡婦年金の額を減じた残りの額に相当する額とする。

2　前項の規定は、法第二十二条の三第三項、第二十二条の四第三項及び第二十三条第二項において準用する法別表第一第三号の政令で定める額について準用する。この場合において、前項中「同表」とあるのは「法第二十二条の三第三項、第二十二条の四第三項及び第二十三条第二項において準用する同表」と、「障害補償年金及び遺族補償年金」とあるのは「障害年金及び遺族年金」と、「傷病補償年金」とあるのは「傷病年金」と読み替えるものとする。

解釈例規

〈労働者災害補償保険法等の一部を改正する法律の施行について〉

(1)　年金たる保険給付の支払期月の改善〈略〉

(2)　給付内容の改善〈略〉

イ　介護補償給付の創設

ロ　遺族補償年金の給付内容等の改善

①　遺族補償年金を受けることができる子、孫又は兄弟姉妹の範囲を十八歳に達する日以後の最初の三月三十一日までの間にある者（従前十八歳未満の者）とすることとした（第十六条の二第一項及び第一六条の四第一項関係）。

②　遺族補償年金の額を、遺族補償年金の受給権者及びその者と同一生計の遺族の人数の区分に応じて、次のとおり、引き上げることとした（別表第一関係）。

遺族の人数	年金額
2人	給付基礎日額の二〇一日分（従前一九三日分）
3人	給付基礎日額の二二三日分（従前二一二日分）
4人以上	給付基礎日額の二四五日分（従前二三〇日分）

（平七・三・二三　発基第二五号）

別表第二（第十五条、第十六条の八、第二十二条の三、第二十二条の四関係）

区分	額
障害補償一時金	一　障害等級第八級に該当する障害がある者　給付基礎日額の五〇三日分 二　障害等級第九級に該当する障害がある者　給付基礎日額の三九一日分 三　障害等級第一〇級に該当する障害がある者　給付基礎日額の三〇二日分 四　障害等級第一一級に該当する障害がある者　給付基礎日額の二二三日分 五　障害等級第一二級に該当する障害がある者　給付基礎日額の一五六日分 六　障害等級第一三級に該当する障害がある者　給付基礎日額の一〇一日分 七　障害等級第一四級に該当する障害がある者　給付基礎日額の五六日分
遺族補償一時金	一　第十六条の六第一項第一号の場合　給付基礎日額の一、〇〇〇日分 二　第十六条の六第一項第二号の場合　給付基礎日額の一、〇〇〇日分から第十六条の六第一項第二号に規定する遺族補償年金の額の合計額を控除した額

裁判例（要　旨）

第三条関係（適用事業及び適用除外）

【労働者】

・株式会社の取締役の労働者適格

株式会社の取締役であっても、業務執行以外の業務に従事し、その対価として賃金を支払われる場合には、労働者として取り扱われるべきであるとした例

奈良地裁　昭和二五年（行ウ）第八号
昭和二七年一月三〇日判決

労働基準法、労災保険法において、取締役である者が同時に同一会社の労働者として認められ得るかどうかという点について考えるのに、労働基準法は第九条において、労働者とは職業の種類を問わず事業に使用される者で賃金を支払われる者をいう、第十条において使用者とは、事業主又は事業の経営担当者、その他の事業は労働者に関する事項について事業主のために行為をするすべての者をいう、とそれぞれ規定している。右二条の規定と広く同法並びに労災保険法の目的等を考え合わせると、事業において使用される者で賃金を支払われる者は、すべて労働者であり、取締役である者が同一会社で業務執行外の事務又は労務の一部を担当し、その対価として給与又は賃金を支払われるとき、その一面において労働者として取扱われるべきものと解するを相当とする。取締役が右の如く業務執行外の事務又は労務に服し、これに対し給与を受くる契約をなし、これに従事することは労働基準法及び労災保険法上許容されている所であり、敢てこれを違法とする根拠はない。尤も労働組合法第二条は、会社の役員その他使用者の利益代表者の加入を許す労働者の団体は労働組合として取扱わない旨規定し、会社の役員その他使用者の利益代表者は組合員たり得べき労働者でないことを明らかにしているが、右規定の趣旨は労働組合の自由性を確立させるにあって、実際労働に服する労働者の保護を目的とする労働基準法、労災保険法において、労働者として取扱うべき者の範囲を労働組合の組合員たり得べき労働者に限定すべき理由は

存しないのである。労働基準法、労災保険法においては、その法の目的に適合する如く労働者の意義を定めるのが妥当であり、取締役と雖も、一労働者として実際労務に服する場合、各種の危険にさらされ、災害をこうむることがあるのは自己の会社であると否とを問わず全く同一であり、唯その者が自己の会社に勤務するの故を以て、これに対し労働者として労災保険法の保護を拒否する理由はない。本件において原告はH木材に取締役として名を連ねている者であるが、他の一面において前記認定の如く、原告がH木材から賃金を支払われる労働者である以上、労災保険法上労働者として認めるのが相当であると考える。

・労災保険法における労働者

労災保険法上の労働者とは、労働基準法上の労働者と同義であるとした例

札幌地裁　昭和四八年（行ウ）第六号
昭和四九年一二月二〇日判決

原告が労働者災害補償保険法の適用を受ける労働者であるか否かについて判断するに、同法の適用を受ける労働者とは昭和四八年法律第八五号による改正前の同法第一二条第二項においてその保険給付は労働基準法に規定する災害補償の事由が生じた場合にこれを行なう旨定めている趣旨に鑑みると、労働基準法にいう労働者と同一の者をいうものと解するべきである。ところで、労働基準法第九条によれば「労働者とは、職業の種類を問わず、事業に使用される者で賃金を支払われる者をいう」と規定されている。ここに「事業に使用される者」とは事業主と労働契約を締結し、その指揮命令のもとに労働力を提供するものと、また「賃金」とは右の労働力の提供に応じて支払われる金銭をいうと解すべきである。

・有限会社の取締役の労働者適格

法律上、会社の対内的な業務執行権を有する取締役の地位を有し、報酬等の点について他の従業員と全く異なる取扱いを受けており、仕事の面でも他の従業員の指導的な立場であるので、労働者とは認められないとした例

福島地裁　昭和五八年（行ウ）第四号
昭和六〇年九月三〇日判決

労災保険法上の「労働者」とは、労基法上の労働者と同一観念であって、職業の種類を問わず労基法第八条の事業又は事務所に使用される者で賃金を支払われる者をいう。右「使用される」者とは、使用者との間に使用従属関係が存在する者、右「賃金」とは、名称の如何を問わず労働の対償として使用者が労働者に支払うすべてのものをいう（労基法第一一条）。したがって、本人、団体、組合等の代表者又は執行機関たる者の如く、事業主体との関係において使用従属の関係に立たない者は労働者ではない。

そこで、原告が労働者に該当するか否かについて判断する。

本件事故当時、訴外会社の取締役として、原告、甲、乙の合計三名が就任していたが、定款第一五条の規定により、甲が取締役の互選により代表取締役となり、その旨の登記を了していたことは当事者間に争いがない。

ところで、有限会社において、有限会社法第二七条第三項に基づいて代表取締役を定めた場合でも、他の取締役は単に対外的な業務執行行為及び代表行為を行なう権限を有しないことになるに止まり、業務執行のうち代表と関係のない対内的な業務執行行為を行なう権限まで失うものではない。そして、訴外会社においては、本件事故当時、原告の業務執行権限を剥奪又は制限する旨を定めた定款規定や社員総会等の決議の記録が存しなかったことは当事者間に争いがないから、結局、原告は本件事故当時、法律上対内的業務執行権限を有していたと解すべきである。

以上のように、原告が、同族会社というべき訴外会社の中において、身分上は代表取締役甲の義理の弟としての立場にあり、法律上訴外会社の対内的な業務執行権限を有する取締役としての地位を有し、報酬等の点について他の従業員とは全く異なる取扱いを受け、訴外会社の中において、ただ一人、代表取締役甲と同

じ取扱いを受けていた者であり、仕事の面でも他の従業員の指導的な立場にあったこと等前記各事実を総合するならば、原告は訴外会社において使用者側の役員と見ることが妥当であって、結局、訴外会社との関係において使用従属の関係に立たない者であるといわなければならない。したがって、原告は労災保険法上の労働者ではないといわざるを得ない。

・**車持ち込み運転手の労働者性**

車持ち込み運転手は、労働者としての側面を有するといえるが、他面、いわゆる専属的下請業者とみられる側面があることも否定できないのであって、労働基準法上の労働者の就業形態とみることは困難であるので、労働基準法上の労働者とはいえない、とした例

東京高裁　平成五年（行コ）第一二四号
平成六年一一月二四日判決

1　労災保険法は、労働基準法第八章「災害年金」に定める使用者の労働者に対する災害年金責任を塡補する責任保険に関する法律として制定されているものであって、労災保険法にいう労働者は、労基法にいう労働者と同一であると解するのが相当である。

2　労働基準法上の労働者とは、使用者の指揮監督の下に労務を提供し、使用者から労務に対する対償としての報酬が支払われる者をいうのであって、一般に使用従属性を有する者あるいは使用従属関係にある者と呼称され、この使用従属関係の存否は、業務

従事の指示等に対する諾否の自由、業務の内容及び遂行方法の具体的指示、勤務場所及び勤務時間の指定・管理、労務提供の代替性、報酬の対価、業務用器材の所有・危険負担、専属性、給与所得としての源泉徴収、労働保険等の適用対象など諸般の事情を綜合考慮して判断されなくてはならない。

3　被災者が労働基準法上の労働者といえるか否かを検討するに、車持ち込み運転手は、労働者としての側面を有するといえるが、他面、専属的下請業者に近いとみられる側面があることも否定できないのであって、労働基準法上の典型的な労働者と異なることは明らかで、労働者と事業主との中間形態にあると認めざるを得ない。

4　本件につき考えるに、このような就業形態は、法令に反するものでも、脱法的なものでもなく、巨視的にはともかくその時点では少なくとも双方に利益があると考えられており、当事者双方の真意、殊に車持ち込み運転手側の真意に沿うものであるからそのまま一つの就業形態として認めることとするのが相当である。

5　この就業形態は、労働基準法上の労働者のそれとみることは困難であるから、訴外会社の車持ち込み運転手である被控訴人は、労働基準法上の労働者とはいえず、したがって、労災保険法上の労働者とはいえないこととなる。

・製材販売業を営んでいた父親の下で仕事に従事する息子の労働者適格

将来の後継者として見習い期間中に金銭の支給を受けていたとしても、労働基準法上の労働者に当たらない、とされた例

札幌高裁　昭和五〇年（行コ）第一号
昭和五〇年五月二八日判決

控訴人の父親のBは、北海道紋別郡において製材工場を設けて製函材とチップ材の製造販売業を営んでいたが、控訴人は、昭和四六年二月一日午後二時三〇分頃右製材工場において丸鋸を操作して製函材の巾を決め耳を切り落す作業に従事していたところ、突然飛んできた木片が左眼々鏡に当り眼鏡が割れて左眼球破裂の障害を負うた。控訴人は、昭和四二年一〇月頃から右製材工場において右仕事等に従事していたが、その毎日なす仕事の段取は、Bが雇用していた他の職工とともにB又は最も年輩の職工である訴外Cの指示を受けて遂行し、出、退勤の時間もほとんど右他の職工と同じであり、控訴人自身は何ら右他の職工を指揮監督しておらないばかりか、営業面についても一切をBが取り仕切っていた。

前記において認定のとおり控訴人は、事業主である父親のBや前記Cの指揮命令を受けて前記製材工場において製材機械を操作してBの仕事に従事していたものであるところ、Bは控訴人が右仕事に従事していることを契機として前記に認定の金銭を支給していたものであるから、これらの事実だけをとらえると、控訴人と事業主のBとの間には使用従属の関係があって、控訴人はBから労働を提供した代償としての金銭すなわち賃金の支給を受けていたものであるとみられないでもない。しかし、前記認定の、控訴人が右仕事に従事するようになった経緯、Bと控訴人との身分関係、Bの控訴人に対する普段の言動、前記において認定のとおり、Bは控訴人に毎月支給すべく決めていた金銭を忘れて支払わなかったことがあったうえに、Bの控訴人に対する待遇とBが雇用していた他の職工に対する待遇との間にはかなり相違する点がみうけられること、前記において認定のとおり、控訴人は、Bの家族の一員として食事を共にし、同人に対し食費、家賃等を一切支払っていないことなどの諸点を考え合すと、Bは、控訴人を将来自分の後継者にするため自分の手もとで仕事を仕込み、控訴人をして事業を継承させる

ための見習をさせていたものであり、また控訴人がBから支給を受けていた前記において認定の金銭も労働の対償というよりはむしろ、右見習期間中父親のBが息子の控訴人に支給していた小使銭ではなかろうかとの疑問が持たれるところであるから、前記において認定の事実や前記において認定のBが控訴人に毎月金銭を支給していた事実をもって、控訴人と事業主たるBとの間に使用従属の関係があり、また右支給の金銭は、控訴人がBに労働を提供した対償として支給された賃金であると断定することは困難であるといわなければならない。他に控訴人が前記負傷当時前記に説示の労働者であったことを認めるに足りる証拠はない。

そうだとすれば、控訴人が前記労働基準法に規定する労働者に当ることは認められず、従って、また労働者災害補償保険法の適用を受ける労働者であることも認められない。

第七条関係（保険給付の種類）

一　業務災害

㈠　業務上の負傷

【運動競技会、宴会、その他の行事に出席中】

・会社主催の忘年会後の負傷

会社主催の忘年会への参加が業務行為とは認められないとされた例

名古屋高裁　昭和五七年（行コ）第三号
昭和五八年九月二一日判決

控訴人は、事業主が労務管理上、懇親会等の対内的社外行事を行うことが必要であると判断し、管理職が労働者に参加を要請し、通常勤務日に参加者を出勤扱いとして行う社外行事に、労働者が、事実上であっても、事業主の意向にそい、これに参加せざるをえなかった場合には、当該労働者が世話役、あるいは幹事役でなくとも、事実上従属的労働関係のもとにあったのであるから、労働者の社外行事参加について業務遂行性を認めるべきであり、したがって控訴人の本件会合への参加には業務遂行性があると主張する。

しかしながら、労働者が事業主（使用者）主催の懇親会等の社外行事に参加することは、通常労働契約の内容となっていないから、右社外行事を行うことが事業運営上緊要なものと客観的に認められ、かつ労働者に対しこれへの参加が強制されているときに限り、労働者の右社外行事への参加が業務行為になると解するのが相当である。前記認定事実（原判決引用）によれば、本件会合は、A道路企業株式会社が経費の全額を負担しているが、従業員の慰安と親睦を目的とするものであって社会一般に通常行われている忘年会と変りはないから、本件忘年会を行うことが右会社の事業運営上緊要なものとは認められず、また右会社役員が従業員に対し、特に都合が悪い場合は格別、できるだけ参加するようにと勧め、参加者を当日出勤扱いにする旨伝えたことは認められるものの控訴人に対し本件忘年会に参加することを強制した事実は認められない。したがって控訴人が本件忘年会に参加したことを業務行為と解することはできず、右忘年会参加について業務遂行性を認めることはできない。

【療養中】

・療養中の者の川への転落によるショック死

療養中の労働者が業務外の災害により死亡した場合には、当初の業務上の疾病と業務外の災害による死亡との間に相当因果関係が認められる限り、業務上の事由による死亡に該当するとした例

札幌地裁　昭和五三年（行ウ）第一〇号
昭和五六年四月二七日判決

労災保険に基づく遺族補償給付及び葬祭料は、同法第一条、第一二条の八第一項第四号、第五号、労働基準法第七九条、第八〇条によれば、労働者が業務上の事由により死亡した場合に支給されるものであるところ、業務上の疾病により療養している労働者がその療養中に業務外の災害により死亡した場合には、当初の業務上の疾病と業務外の災害による死亡との間に相当因果関係が認められる限り、右の業務上の事由による死亡に該当するものと解するのが相当である。すなわち⑴当初の業務上の疾病が生じなかったならば、後の業務外の災害も生じなかったであろうし、この災害が生じなかったならば、現在の死亡という結果も生じなかったであろうと認められ、かつ、当初の業務上の疾病が生じたとしても、現在の死亡という結果は生じなかったであろうと認められる場合、又は⑵当初の業務上の疾病が生じなかったとしても、後の業務外の災害は生じえたであろうが、この災害が療養中に通常生じうるもの若しくは避けられないものと認められ、かつ、当初の業務上の疾病が生じなかったならば、後の業務外の災害が生じたとしても、現在の死亡という結果は生じなかったであろうと認められる場合には、当初の業務上の疾病とその療養中の業務外の災害による死亡との間に相当因果関係があるものとして、業務起因性を肯定すべきものと解するべきである。

【他人の暴行による災害】

・女性事務員が勤務中に、同女を恋慕していた男に刺殺された災害

第三者の暴行による災害は、一般的には業務に起因するものとはいい難く、明らかに業務と相当因果関係にあると認められる格別の場合に限り業務上と認められるとした例

広島地裁　昭和四三年（行ウ）第三五号
昭和四六年一二月二一日判決

ところで、労働者災害補償保険法にいう業務上の事由による災害と認められるためには、労働者が労働契約に基づく使用者の従属関係にある場合において（業務遂行性）、業務を原因として生じた災害であり、しかも業務との間に相当因果関係が存する場合（業務起因性）であることを必要とする。

そして、業務遂行中に生じた災害は業務に起因するものと推定されるが、その場合においても、第三者の暴行による災害は、他人の故意に起因するものとして一般的には業務に起因するものとはいい難く、第三者の暴行と被災者の職務の性格、内容がどのように関連するかなどを考慮し、災害が明らかに業務と相当因果関係にあると認められる格別の場合に限り、その災害は業務上の事由によるものというべきである。

これを本件についてみると、本件災害が亡Cの業務遂行中に発生したことは、被告も認めるところであるが、前記認定した事実から、本件災害は訴外Fの故意による殺害行為により生じたもので、その動機は、右訴外人が一方的に亡Cに恋愛感情を持ち、同女との結婚を望んだが、これが実現できそうになかったことによることが明らかである。そこで本件につき、殺害行為が業務に起因すると認められる格別の事情があるかどうかについて検討する。

(1)　亡Cの職務行為が暴行を直接誘発したという関係ではない。

亡Cの職務内容として、店舗に不法乱入者があった場合に退去させることも含むと考えられる。訴外Fが個人的感情を持っていたにしろ、亡Cの職務による退去強制行為が暴行誘発の一因となっているなら、業務起因性を認め得る場合があり得るが、本件においては前記の如く、亡Cの退去強制行為が暴行を誘発したとの事実は認められない。

(2) 亡Cの職務内容が暴行を間接的に誘発しているが、それは偶然に過ぎない。

訴外Fが亡Cを知り恋愛感情を持つに至った契機として、同女が広南支所で販売係をしてこれに接した事実を挙げることができる。そして右販売係の職務内容として、外来者と接することが必要であるが、しかし、接触の仕方は、世間一般の販売係と同じく事務的なものに過ぎないのであって、その職務内容が、ことさら恋愛感情やそれに基づく反感や怨みを誘引するものであるとはいい難い。すなわち、訴外Fが恋愛感情を持つに至ったのは全く偶然であって、亡Cの職務内容と本件災害との間には相当因果関係がない。

(3) 原告は、広南支所が開放的なものであり、かつ、金品を保管しているところから犯罪者や変質者に狙われやすい職場であり、亡Cが早朝ひとりで開店準備をしている間は殊にそうであった点が、業務起因性を基礎づけることを強調する。しかし職場の危険性が格別な場合、例えば、他からの加害者がしばしば見られる職場でありながら、職務のため敢えてこれを遂行中災害に遭ったという如き場合には、その災害に対し職場の危険性が業務起因性を基礎づける（業務自体から被災したと同視し得る）ことがあるとしても、本件の職場はかような場合に当たるとはいえない。殊に本件においては、訴外Fは前記の如く金品の奪取を目的としたのではないのであるから、金品の保管のある職場であることは災害の業務起因性と関係がない。

以上の次第で、本件災害は業務上の事由による災害ということができない。

(二) 業務上の疾病

【その他業務に起因することの明らかな疾病】

・椎間板ヘルニアによる腰痛の業務上疾病

モーターグレーダー運転業務に従事したことが腰部疾患をさらに増悪させる原因になったとして、右業務と椎間板ヘルニアの発症との因果関係の存在を弾力的に認めて、労規則三五条三八号の職業性疾病にあたるとした例

大阪高裁　昭和四八年（行コ）第二五号
昭和五一年四月二日判決

椎間板変性は退行性変化であって、それ自体は労働の種類と余り関連性がないことは、（人証略）からうかがえるところである。しかし、（証拠略）によると、椎間板ヘルニアは、椎間板変性→椎間板損傷（線維輪の裂隙）→椎間板ヘルニア（髄核の脱出）というメカニズムで発症し、椎間板変性のうえに不断の背柱の過重負荷や腰に対する不自然な負荷（特に前屈姿勢のまで重量のかかる動作や腰部の捻転）が加わることが椎間板ヘルニアに発展し、その発症の起因になることが認められるところ、被控訴人は本件腰痛によって舞鶴共済病院に入院するまでの間約七年にわたってモーターグレーダーの運転業務とその附随業務である刃の取替作業に従事し（うち五年間はこれに専従）、右運転業務従事中は終始中腰の不自然な姿勢でモーターグレーダーの甚だ強度の振動を直接身体にうけていたもので（右の際に被控訴人の腰部に加えられた負担の程度は日常生活における一般的な諸動作による負担の域をはるかに超える。）また刃の取替作業は総重量四一キログラムの重量物の運搬をともなうから、これによって腰部に高度の負担が加えられたこと、しかも被控訴人は右業務に従事するようになってから慢性的に腰痛を覚えるようになり、昭和三九年三月二日の刃の取替作業時にその腰痛を悪化させたが、その後も、職場の事情から引き続き約四ヵ月間右業務に従事し、このことも腰部疾患をさらに増悪させる原因になったことは、いずれも原判決の説示するとおりであるから、このような被控訴人の業務（労働）が椎間板ヘルニアの発症する起因になったものと認めるのが相当である。そして、以上の認定に反する（人証略）はにわかに採

用しがたく、また（証拠略）も、右に説示した被控訴人の業務内容（作業状況）を前提とするかぎり、右業務と椎間板ヘルニアの発症との間の因果関係の認定を必ずしも妨げるに足るものとは解されない。

・電気工事会社工事課長のくも膜下出血による死亡

業務と疾病との間に相当因果関係があるというためには、日常業務に比較して「特に過重な業務」に就労したことを要し、また、業務と死亡との間に相当因果関係が存在するというためには、業務が相対的に有力な原因であることが必要であるとされた例

東京高裁　平成元年（行コ）第二五号
平成二年八月八日判決

労働者災害補償保険法第一条にいう「業務上の事由による労働者の……死亡」に該当する場合及び労働基準法第七九条にいう「労働者が業務上死亡した場合」とは、労働者が業務に基づく負傷又は疾病に起因して死亡した場合をいい、右負傷又は疾病と業務との間には相当因果関係のあることが必要であり、その負傷又は疾病が原因となって死亡事故が発生した場合でなければならない、と解すべきである（最高裁判所昭和五〇年(行ツ)第一一一号同五一年一一月一二日判決・裁判集民事一一九号一八九頁参照）。そして、右の相当

因果関係の存在の立証責任については、労働者災害補償保険法に基づく保険給付の請求の場合においても、不法行為や債務不履行による損害賠償請求の場合と別異に取扱うべき理由はないものと解すべきであるから、一般原則に従い、保険給付を請求する被災労働者側において立証責任を負うものと解すべきである。そこで、本件のように、業務と疾病との間の相当因果関係が問題となる場合に、これを判断するに当たって考慮すべき幾つかの事項について検討する。

先ず、右の業務の程度は、業務に関連する突発的かつ異常な出来事による疾病の場合を除くと、疾病の原因となる程度であることを要する訳であるから、当該労働者の「日常業務」「通常の所定就労時間及び業務の内容）ではなく、それより重い業務でなければならない。しかも、日常業務に比較して「かなり重い業務」という程度では足りず、疾病の原因となり得る程の「特に過重な業務」に就労したことを要するものというべきである。

次に、特に過重な業務であるかどうかの判断に当たっては、死亡当日や死亡前一週間の状況のみではなく、日常業務に比べて重い業務への就労期間が相当長期にわたる場合は、右期間全体の状況を検討して決すべきである。しかし、重い業務への就労が一定期間継続した場合に、そのことが当然に発症や死亡の原因となると推認するべきであると解するのは合理的ではない。相当因果関係の有無は、事例毎に、業務の重さの程度や疾病の種類を総合的に考慮して判断するべきである。

更に、業務に基づく疾病による死亡の場合とは、就労前から疾病の基礎的要因を有していたか否かにかかわらず、就労後に業務に基づいて発症し、それに起因して死亡した場合のみならず、既に就労前から疾病を有していたが業務に基づいてそれが増悪されて死亡に至った場合をも含むものと解すべきである。

そして、右の発症ないし増悪について、業務を含む複数の原因が競合して存在し、その結果死亡するに至った場合において、業務と死亡との間に相当因果関係が存在するというためには、業務がその中で最も有力な原因であることは必要ではないが、相対的に有力な原因であることが必要であり、単に並存する諸々の原因の一つに過ぎないときはそれでは足りないというべきである。

・ロッカー室の管理人の橋脳出血による死亡

休日のない二四時間隔日交替制勤務の継続による肉体的、精神的疲労の蓄積、過労状態の進行に、会社自体に対する爆破予告電話事件による精神的不安、夜間の見回り等の際にさらされた厳しい寒気の影響とが加わり、これらが相対的に有力な共働原因になったとして、死亡の業務起因性を認めた例

東京高裁　昭和六二年（行コ）第一一一号
平成三年五月二七日判決

(1)ア　業務の死亡に対して保険給付がなされるためには、労基法第七九条、第八〇条に規定する災害補償の事由の存在、すなわち、その死亡が業務に起因する（以下「業務起因性」という。）と認められることが必要である。そして、業務起因性が認められるためには、単に死亡結果が業務の遂行中に生じたとか、あるいは死亡と業務との間に条件的因果関係があるというだけでは足らず、これらの間にいわゆる相当因果関係が存在することが認められなければならない（最高裁昭和五一年一一月一二日第二小法廷参照）。

イ　脳出血を発症させる大きな要因である高血圧症に罹患している者が脳出血により死亡した場合、その死亡について、業務起因性を認めるためには、業務の遂行が死という結果を引き起こす程度に著しくその者の高血圧症を増悪させたこと、いいかえると、業務に起因する過度の精神的、肉体的負担が、他の要因及び病状の自然的進行より以上に、その者の既に有する高血圧症という基礎疾病を急速に増悪させ、その結果、脳出血の発症を著しく早めたものであること、すなわち、業務の遂行が死に対して相対的に有力な原因となっていたことが認められなければならないというべきである。

(2)　被災者の死亡の直接の原因となった脳出血は、被災者が従前より罹患していた高血圧症の増悪が最も重要な原因となって発症したものであるが、被災者における高血圧症の増悪は、印刷工としての深夜勤を含む交替制勤務及びロッカー室管理人としての休日のない二四時間隔日交替制勤務の継続によって生じた被災者の肉体的及び精神的疲労の蓄積、過労状態の進行に、昭和四九年以来継続した企業爆破等の

事件、特に昭和五二年二月五日に発生した会社自体に対する爆破予告電話事件によって生じた被災者の精神的不安、緊張感の高揚と、夜間におけるロッカー棟周辺の見回り、仮眠施設への往復等の際にさらされた厳しい寒気の影響とが加わり、これらが相対的に有力な共働原因となったものである。

(3) しかも、被災者が従事していた業務は、疲労の蓄積、過労状態の進行が生じやすく、労働者の健康状態を害する蓋然性の高い業務であって、高血圧症の患者等には就労不適切な業務であったところ、会社は被災者が高血圧症で要治療の判定を受けていることを十分に知っていたにもかかわらず、勤務体制の変更、勤務時間の短縮等の被災者の健康保持に必要な措置を全く講じることなく、その勤務を継続させた結果、被災者の死亡を招来するに至ったものである。

(4) そうすると、被災者が会社の従業員として従事していた勤務の遂行と被災者の脳出血による死亡との間には、相当因果関係が存在するものというべきである。

・運送会社の経理及び総務担当の部長待遇管理職の脳出血による死亡

本件脳出血発症前の約三年間ほどはかなり多忙であったと認められるものの、自然経過を超えて著しく血管病変を増悪させる過重負荷が、発症の直前少なくとも一週間程度の近接した時期に存し、それによって脳出血が発症したものとは認められないとされた例

神戸地裁　平成元年（行ウ）第五号
平成三年一〇月八日判決

一　訴外Sは昭和八年八月二日生まれの男子であるが、昭和四七年二月一四日、Mトラックに雇用され、従業員として稼働していた者であるところ、昭和五八年六月六日午前八時にMトラックの本社事務所に出勤し、同一〇時頃、同社高砂営業所長宅へ給料計算のための資料を受取りに行ったが、その際、同人宅の階段を降りた所で気分が悪くなり、壁にもたれ掛かるように倒れて、直ちに救急車でM病院に入院し、同日午後一時三一分、高血圧症に起因する脳出

血により死亡した（以下「本件事故」という）。

二　本件については、以下の事実を認定することができる。

1　訴外Sは、貿易関係の会社に事務員として勤める傍ら、専門学校に二年間程通って経理の勉強をした後、妻の兄が社長でその弟が常務取締役をしている一般区域運送業を営むMトラック（従業員数約三六名）に前記のとおり昭和四七年二月一四日入社し、総務部に所属して管理、労務、経理等を担当した他、その関連会社であるM工業株式会社（従業員数約二五名）の経理、管理等の事務を担当したこと、その後同じく関連会社として順次設立されたU自動車整備株式会社（従業員数六名）、株式会社N通商（従業員なし）M運送株式会社（従業員数約一七名）の各経理事務をも担当するに至ったこと、Mトラックの本社事務所において実際に事務を担当していた従業員は約一〇名であったが、そのうち七名はいわゆる配車係であって、経理及び総務の事務を担当していたのは訴外Sを含めた三名であり、訴外Sが部長待遇の管理職としてこれを管掌していたこと、

2　そのため訴外Sが管掌していた業務としては、通常の日々の業務としての、日常の経理事務、種々な振替伝票の作成、日々の金銭出納、運転手等の運行業務の点検であり、その他月毎に必要とされる業務としては、給料計算のための個人別勤怠の点検及び残業基礎資料の作成、月締の請求書の作成、下請け等に対する支払い業務、経理関係元帳の記帳及び関連企業五社の毎月の営業成績を把握するために毎月末頃に作成する試算表の作成並びに決算業務であったこと、

その各一か月平均の業務処理量は、月の一五日から二〇日前後にかけて作成が要求される振替伝票については八五三件、トラック労働者の運輸作業日報の点検は三〇七枚、月の二〇日から翌月五日頃までに行う必要のあるM重工業明石工場に対する請求書の作成は三八六件及び同高砂工場に対する注文書の点検は九〇四件、納品書、注文書、月報等を基にして月の五日頃から一四日頃の間に点検して行う必要がある下請けその他の取引業者に対する支払いは一二〇六件ほどあったこと、但し、経理関係の一部並びに決算関係全般の事務についてはS会計事務所にこれを依頼し、またその指導を受けていたこと、

また、Mトラック社長並びに専務等の経営責任者は、営業活動等のために前記本社事務所を明け

ることが多いため、その留守中は、訴外Sが本社の責任者として同事務所における対外的事務の処理と得意先等の来客との応接等に当たっていたこと、さらに訴外Sは、Mトラックの労務担当者として労働組合との間のいわゆる春闘等の交渉等における資料の作成等の仕事に当たっていたこと、M運送株式会社の経理を見るようになってからは、訴外Sその他の事務部門のものは、仕事が従前に比して忙しくなったと感じていたこと、

3 Mトラックの所定労働時間は、平日においては午前八時三〇分から午後五時三〇分（但し、午前一二時から午後一時までは休憩時間）の実働八時間で、一週四〇時間労働であること、訴外Sは、昭和五〇年にMトラック本社事務所のすぐ隣に家屋を所有して居住し、通勤時間を要しなかったこと、しかし、訴外Sは、勤務日には通常ほとんど午後七時頃までは残業し、少なくとも月に二ないし三回は午後一一時過ぎ頃まで残って仕事をする必要があったこと、このような勤務実態等を考慮して訴外Sに対しては、同人は管理職であってタイムカードによる勤務時間の管理はなされていなかったが、一か月三〇時間に相当の早出残業手当が早出残業時間に関係なく一律に支払われていたこと、また、前記労働組合との会社側交渉資料の作成が要求される四月とか決算月等のように毎月の通常の経理や総務の仕事の他に更に仕事が加重される月には、月二回ほどの休日出勤が必要であったこと、

また、訴外Sは、非常に几帳面な性格でよく言うところの何事も自分でしないと気が済まない質であったため、部下に任せれば足りるような仕事まで自己で担当する傾向にあったばかりでなく、前記のとおり自宅が本社事務所に近いこともあったことから、仕事の一部を自宅に持ち帰り、ときには深夜に及ぶまでその処理に当たることもあったこと、

但し、訴外Sの部下の一人で会計事務を担当している訴外Kの昭和五八年四月から決算月である同年六月の三か月間の残業実績は、残業が午後八時を超えた日は六日に過ぎず、また他のもう一人の部下で主としてコンピューターへの入力作業を担当していた訴外Yは従前は殆ど残業はしたことがなかったこと、また、本件事故後、訴外Sが担当していた経理事務については、前記S会計事務所の関与の度合を増加せしめたとはいえ、右訴外Yが新たに月間一〇〇時間程度の残業をすること

により当座はしのげたこと、しかし、Mトラックにおいては、その後訴外Sのしていた仕事をさせるため、新たに訴外Sとは異なり経理の専門家ではないが男子従業員一名と、その補助的仕事を担当させる女子従業員一名を雇う必要があったこと、

4　訴外Sは、会社が実施する定期健康診断等その他の検診については、これを勧められても頑強に拒否して入社以来一度も受診したことがなかったこと、また、入社以来殆ど医者にかかったことはなく、高血圧症の発症をもたらす腎臓疾患等のいわゆる持病とつながる内科的な病歴、既往症、受診歴はなかったこと、また、血圧測定の記録は全くないこと、

訴外Sの死因は、脳出血であると診断されていること、しかも事故状況並びに診断検査結果等によれば、訴外Sの脳出血は、外傷性ないし異常な出来事に遭遇したことによる極度の精神的負担に起因するものではなく、いわゆる高血圧性脳出血であると判断されたこと、また訴外Sにおいては、前記血圧測定の結果等からみて、従前からかなりの進行した高血圧症状態（以下「本件疾病」という）にあり、本件脳出血は右高血圧症が引き起こした動脈硬化症等の血管病変が増悪して発症したものと推測しうること、

一般的には、脳出血は、その発症の基礎となる動脈硬化等による血管病変又は動脈瘤等の基礎的病態（以下「血管病変等」という）が加齢や生活上の諸種の要因によって増悪し発症に至るのが通常であり、動脈硬化等による血管病変の最大の因子は高血圧症にあること疑いがないこと、但し、このような自然経過中に著しく血管病変等を増悪させる急激な血圧変動や血管収縮を引き起こす過重負荷が加わると、その自然経過を超えて急激に発症することがあることも良く知られているものであること、

5　訴外Sの本件事故前の勤務ないし稼働状態は、本件事故当日である昭和五八年六月六日は、午前八時一〇分頃出社し、経理資料を受け取るため九時頃社用車で今村宅に到着し、前記のとおり用件を済ませた後一〇時頃倒れたものであって、その当日に何ら異常特別な事由は存しなかったこと、そして、その前一週間の勤務状況についても、特に従前の勤務状況と異なる過重な勤務がなされたことはなく、特に本件事故日の前日及びその前々日はMトラックの休日とされている日曜及び土曜

日であって、訴外Sも会社を休んで休養をとったものであること、

しかし、訴外Sは、昭和五八年五月初め頃から物がちらついて見えると訴えたり、同月中旬には吐血及び下血したことがあり、さらに同月下旬頃には再度吐血があったばかりでなく血尿も二回あったこと（但し、その出血の程度は、ごく軽度のものであったと推測するのが相当である）、また、訴外Sは、本件事故日の三日前である同年六月三日には、高度の頭痛を訴える等その健康状態には通常では見られない異変があったこと、特に右の高度な頭痛は、本件脳出血の前駆症状とみられること、但し、訴外Sは、右同日及びその前数日においてもその勤務状態に特に変わりがなかったことは、前記のとおりであり、その当時、肉体的ないし精神的に極度の疲労状態等にあったようには見受けられなかったこと、

6 訴外Sについての業務外の健康に関連する事項としては、同訴外人は、一日約二〇本程の紙巻煙草の喫煙習慣と一日おきぐらいの間隔でウィスキーの水割り四ないし五杯の量程度の飲酒習慣があったこと、

三1 右一、二に判示の事実関係によれば、訴外Sには、いわゆる基礎疾患として本件疾病としての高血圧症がかなり以前からあったことから、本件事故当時にはそれに基づく高度の血管病変状況にあったものであることが認められるところではあるが、本件においては、その血管病変につき加齢等の自然経過を超えて著しくそれを増悪させる急激な血圧変動や血管収縮を引き起こす過重負荷が、本件事故の直前少なくとも一週間程度以内の近接した時期に存し、それによって本件脳出血が発症したものであるとは到底認められない。

2 しかしながら、同じく右事実関係によれば、訴外Sの稼働状態は、少なくとも昭和五五年六月にM運送株式会社の経理を見るようになってから昭和五八年六月六日に本件事故が起きるまでの約三年間ほどは、それ以前の稼働状況に比してばかりでなく、一般的見地から見ても客観的にかなり多忙であったことも認められる。

そこで、訴外Sの右の長期に亘る多忙な稼働状況による肉体的あるいは精神的疲労がその基礎疾病自体を発症ないし進行させ、さらにそれに基づく血管病変を加齢その他の自然的経過に比して増悪せしめた結果、本件脳出血を惹起せしめたものであるか否かが検討されなければならない。

ところが、血管病変を惹起する高血圧性症病を発症させ又は自然的経過を超えて増悪させる因子としては、医学上においても業務に基づく諸種の継続的な負荷との関連が疑われてはいるが、しかしこれらの継続的負荷（特に心理的負荷）については、それに対する生体反応には著しい固体差が存在することに加えて、それは業務外の一般生活にも同様に又は重複して存在すること等のことから、また、高血圧症自体並びに高血圧性脳出血の各発症のメカニズム自体も未だにその細部まで医学上確定されてはいない部分があることと相俟って、医学的にも未解決な部分があり、未だ右継続的負荷に関しては、高血圧症との相関関係の評価には困難なものがあると理解されている。

しかも、訴外Sには、特に高血圧症を発症させるような特定の疾病の存在は窺われないことは前認定のとおりであるから、一般的な医学常識からすると訴外Sの高血圧症は、その原因が明白でないことが多いいわゆる本態性高血圧症といわれるものであると推測しうるものである。

以上のような事実関係の下においては、前二において認定した事実をもってしても本件脳出血が訴外Sの業務に起因したもの、換言すればその間に相当因果関係があること、即ち、本件においては、訴外Sに存した本件基礎疾病が、主として前認定にかかる同訴外人の仕事がかなり多忙であっことによる肉体的ないし精神的負担により、その自然的経過を越えて増悪した結果であるものとは、未だ認定することができないものと言わなければならない。

・長距離運転手に発症した心筋梗塞の業務上外

被災者が荷積み作業中の転倒事故の際に受けた外力は心筋梗塞の原因となる程度であったとは認められず、発症前二週間の業務についても過重であったとは認められないため、疾病の発症と業務との間に相当因果関係を認めることはできない、とした例

大阪地裁　平成三年（行ウ）第二〇号
平成七年三月二七日判決

1　労働者に疾病に基づく休業補償給付がされるためには、その疾病が業務に起因すると認められることが必要であり、この業務起因性が認められるためには疾病と業務との間に条件的因果関係があるだけでは足りず、これらの間にいわゆる相当因果関係が存在することが認められなければならない。

2　冠動脈に高度の閉鎖、狭窄が認められるのに、かなりの労作をかけた場合であっても、胸痛などの症状や労作性狭心症の発症がないまま心筋梗塞が発症する症例は少ない。また共同作業者（実弟）の供述からも、胸痛など心筋梗塞の発症をうかがわせる言動があったとは認められず、原告には、皮膚変化や外傷も何ら認められない。

原告側申請の鑑定では、転倒の際、背中に八〇〇kg、胸部に二〇〇kgの力が作用するとしているが、この鑑定は人体の衝撃吸収効果を全く考慮していないものであり、正確さを欠く。したがって、本件転倒事故の際に原告が受けた外力が、心筋梗塞発症の原因であるとは認められない。

3　発症前二週間の業務をみると、二人乗務のため手待時間や休憩・仮眠時間が長く、実作業時間はそれほど過酷なものとはいえないことから、被災労働者の業務が、冠動脈病変の基礎疾病をその自然的経過を超えて著しく増悪させ、心筋梗塞を発症させるに足りるような過重な業務であったとは認められない。

4　被災労働者の本件転倒事故又は業務の遂行が、被災労働者の基礎疾患である冠動脈の病変を自然的経過を超えて急激に増悪させ、本件急性心筋梗塞を発症させた相対的に有力な原因または共働の原因になったものとは認めることができず、むしろ本件心筋梗塞は、右冠動脈の病変が自然的経過により増悪して、その勤務中に発症したものと推認するのが相当である。

本件急性心筋梗塞の発症と被災労働者の業務との間に相当因果関係が存在するとは認められない。

・特別養護老人ホームの次長兼看護婦に発症したくも膜下出血の業務上外

特別養護老人ホームの次長としての負担は、日常の負担であり、特に重い負担となったものとはいえず、入所者の誕生会は恒例行事であり、その準備が特別の負担となったであろうことを認めることはできないため、本件においては、業務による負担があったとは認められず、業務と本件死亡との間の相当因果関係を認めることはできないとした例

仙台高裁　平成六年（行コ）第八号
平成七年九月一二日判決

1　くも膜下出血は、高血圧症等の基礎疾患をもつ者が通常の日常生活を営んでいただけでも発症することがあるという特殊性を持つものであるから、これによる死亡と業務との間に相当因果関係が認められるためには、基礎疾患が日常の自然的経過を超えて急激に悪化したことを必要とする。

2　被災者の次長としての負担は、明光園設立以来の

長い期間にわたるいわば日常の負担であり、明光園における地位は、原判決の説示するとおり、特に重い負担となったものといえない。

3 老人性痴呆患者が徘徊することにより過重な負担があったという主張は、担当保母がその事実を把握しておらず、介護日誌等にも記録がないことから、徘徊の事実を認めることはできない。

4 誕生会は恒例行事であり、その準備が特別の負担となったであろうことを認めることはできない。

5 本件においては、業務による負担があったとは認められず、業務と本件死亡との間の相当因果関係を認めることはできないといわざるをえない。

・電柱上で作業中の電気工に発症した脳出血

作業中に外傷を負った電気工が事故後二日目に脳血管疾患をひきおこして死亡した件につき、業務との相当因果関係を認めた例

最高裁第三小法廷　平成六年（行ツ）第二〇〇号
平成九年四月二五日判決

1 Kは、その発症の基礎となり得る素因又は疾患を有していたことは否定し難いが、右基礎疾患等が確たる発症因子がなくてもその自然の経過により血管が破綻する寸前にまで進行していたとみるとは困難である。

2 本件事故は、その事故態様に照らし、相当に強い恐怖、驚がくをもたらす突発的で異常な事態というべきであって、これによる精神的負荷及び本件事故後に生じた頭痛や食欲不振といった身体的不調は、同人の基礎疾患等をその自然の経過を超えて急激に悪化させる要因となり得るものというべきである。

3 Kは、本件事故後も、右のような精神的、肉体的ストレスを受けながら、厳冬期に、地上一〇メート

ルの電柱上での電気供給工事等の相当の緊張と体力を要する作業に従事していた。

4　以上によれば、死亡原因となった非外傷性の脳血管疾患は、他に確たる発症因子のあったことがうかがわれない以上、同人の有していた基礎疾患等が業務上遭遇した本件事故及びその後の業務の遂行によってその自然の経過を超えて急激に悪化したことによって発症したものとみるのが相当であり、相当因果関係の存在を肯定することができる。

・労働者の自殺と相当因果関係

プレス加工業務に従事していた労働者の自殺と、当該労働者の業務との間に、相当因果関係が存すると判断された例

長野地裁　平成九年（行ウ）第二号
平成一一年三月一一日判決

これらの諸点を総合すれば、亡太郎は、堀金工場に転勤以来、同工場のプレス部門の管理の責任者たる地位と実務の責任者たる地位とを双肩に担わされて納期に追われ続けていたような状況にあったとみることができ、また、その状況は、堀金工場の受注量の一方的な増大、さらには亡太郎の班長昇進によって深刻の度を増すばかりで、亡太郎が右のような負担の軽減を期待することは困難な事態にあったということができる。そうすると、亡太郎の担当業務は、反応性うつ病の誘因となったであろうことを了解し得る程度に、肉体的のみならず特に精神的に過重な負荷となるものであったというべきである。

亡太郎の従事した業務には、医学経験則上、反応性

うつ病を発症させる一定程度以上の危険性が存し、この業務に内在ないし通常随伴する危険性が現実化して発症したということができ、両者の間に相当因果関係が存在するものと認めることができる。

そして、業務に起因する反応性うつ病に罹患した労働者が自殺により死亡した場合に、当該自殺の業務起因性について判断するためには、前判示の認定基準に照らせば、当該労働者の自殺当時の病状、精神状態、自殺に至った動機や背景事情等を具体的かつ全体的に考察し、これを反応性うつ病と自殺との因果関係に関する医学的知見に照らし、社会通念上、反応性うつ病が当該労働者の自殺という結果を招いたと認められるか否かについて検討し、これが肯定される場合には、当該自殺は、反応性うつ病の発症ひいては当該業務との間に相当因果関係があるということができる。

以上の諸点に前記医学的知見を併せ考慮すれば、社会通念上、本件自殺は、反応性うつ病の通常の因果経過として発生したものと解することができる。

右反応性うつ病が亡太郎の過重な業務と相当因果関係を有することは前判示のとおりであるから、本件自殺は、結局、業務に内在ないし通常随伴する危険性が現実化したものとして業務との間に相当因果関係が肯認されるというべきである。

・支店長専属の自動車運転者に発症したくも膜下出血

支店長専属の自動車運転者が走行中に発症させたくも膜下出血は、過重な業務が精神的・肉体的負荷となり、基礎疾病を自然的経過を超えて著しく増悪させたもの、と認められた例

最高裁第一小法廷　平成七年（行ツ）第一五六号
平成一二年七月一七日判決

一　上告人の業務は、支店長の乗車する自動車の運転という業務の性格からして精神的緊張を伴うものであった上、支店長の業務の都合に合わせて行われる不規則なものであり、その時間は早朝から深夜に及ぶ場合があって拘束時間が極めて長く……その労働密度は決して低くはないというべきである。

二　とりわけ、右発症の約半年前の同年一二月以降は、一日平均の時間外労働時間が七時間を上回る非常に長いもので、一日の平均の走行距離も長く、所定の休日が全部確保されていたとはいえ、右のような勤務の継続が上告人にとって精神的、身体的にか

なりの負荷となり慢性的な疲労をもたらしたことは否定し難い。

三　他方で、上告人は、くも膜下出血の発症の基礎となり得る疾患（脳動脈りゅう）を有していた蓋然性が高い上、くも膜下出血の危険因子として挙げられている高血圧症が進行していたが、同五六年一〇月及び同五七年一〇月当時はなお血圧が正常と高血圧の境界領域にあり、治療の必要のない程度のものであったというのであり、また、上告人には、健康に悪影響を及ぼすと認められるし好はなかったというのである。

四　以上説示した上告人の基礎疾患の内容、程度、上告人が本件くも膜下出血発症前に従事していた業務の内容、態様、遂行状況等に加えて、脳動脈りゅうの血管病変は慢性の高血圧症、動脈硬化の原因の一つとなり得るものであることを併せ考えれば、上告人の右基礎疾患が右発症当時その自然の経過によって一過性の血圧上昇があれば直ちに破裂を来す程度にまで増悪していたとみることは困難というべきであり、他に確たる増悪要因を見いだせない本件においては、上告人が右発症前に従事した業務による過重な精神的、身体的負荷が上告人の右基礎疾患をその自然の経過を超えて増悪させ、右発症に至ったものとみるのが相当であって、その間に相当因果関係の存在を肯定することができる。

・大型バス運転手の運転中に発症した高血圧性脳出血

バス運転手がバスを運転中、高血圧性脳出血を発症し、左半身まひの後遺症を残した件につき、療養補償給付の支給が認められた例

最高裁第一小法廷　平成一〇年（行ツ）第一〇七号
平成一二年七月一七日判決

一　寒冷暴露や自動車の運転は、血圧の上昇を招くこと、他方、Aは従前から基礎疾患として高血圧症があり、血管の脆弱化が進んでいたこと、そのため、十分にコントロールして血圧の上昇を避けないと、血管壊死や脳内小動脈瘤の形成拡大など、さらに血管の脆弱性が進行（増悪）する危険があったこと、……どの時点でも、既に形成されている脳内小動脈瘤が破裂するなどして高血圧性脳内出血を引き起こす危険があったことが認められる。

二　しかし、特段の原因なく脳出血を発症しても不思議ではない状態であったといえるほどに血管の脆弱化が増悪していたとは認めがたい。……血管の脆弱化が限界に達していたこと、又は結果的にせよ血圧のコントロールが十分でなかったことを疑うべきは当然であるとはいえ、脳内小動脈瘤の破裂の発症因子又は引金因子として、寒冷による急な血圧上昇、日中活動時、強い身体的負荷（強い衝撃、物理的な衝撃）など日常生活上の種々の要因がありうること、その因果関係を医学的に立証することが困難な場合の多いことなど日常生活上の種々の要因がありうること、その因果関係を医学的に立証することが困難な場合の多いことなどは控訴人も自認するところであって、本件発症につき、これらの外的要因はすべて無視するべきであるといえるほどに血管の脆弱化が増悪していたと窺わせる具体的事実は認められない。

三　そうすると、本件発症は、従前からの基礎疾病である高血圧症がその一因であることが明らかであるとはいえ、自動車の運転や寒冷暴露などの業務による血圧の上昇の反復が、右基礎疾病により生ずる血管の脆弱性、脳内小動脈瘤の形成をその自然的増悪の経過を超えて進行させたものと認められるうえ、本件発症時、自動車運転業務中に同業務によりたまたま生じた一過性の血圧上昇を原因（引き金）として、それまでに形成されていた脳内小動脈瘤が破裂

して発症に至ったものと認められる。

・国内国外の出張中に十二指腸潰瘍を発症

十二指腸潰瘍は、国内国外の出張により自然の経過を超えて急激に悪化・発症したとみるのが相当であり、業務の遂行と本件疾病発症との間に相当因果関係があるとされた例

最高裁第三小法廷　平一二（行ヒ）第三二〇号
平成一六年九月七日判決

前記事実関係等によれば、上告人が本件疾病の発症以前にその基礎となり得る素因又は疾患を有していたことは否定し難いが、同基礎疾患等が他に発症因子がなくてもその自然の経過によりせん孔を生ずる寸前にまで進行していたとみることは困難である。そして、本件疾病を発症するに至るまでの上告人の勤務状況は、四日間にわたって本件国内出張をした後、一日おいただけで、外国人社長と共に、有力な取引先である英国会社との取引拡大のために重要な意義を有する本件海外出張に、英国人顧客に同行し、一四日間に六つの国と地域を回る過密な日程の下に、一二日間にわたり、休日もなく、連日長時間の勤務を続けたというも

のであったから、これにより上告人には通常の勤務状況に照らして異例に強い精神的及び肉体的な負担が掛かっていたものと考えられる。以上の事実関係によれば、本件各出張は、客観的にみて、特に過重な業務であったということができるところ、本件疾病について、他に確たる発症因子があったことはうかがわれない。そうすると、本件疾病は、上告人の有していた基礎疾患等が本件各出張という特に過重な業務の遂行によりその自然の経過を超えて急激に悪化したことによって発症したものとみるのが相当であり、上告人の業務の遂行と本件疾病の発症との間に相当因果関係の存在を肯定することができる。本件疾病は、労働者災害補償保険法にいう業務上の疾病に当たるというべきである。以上によれば、本件疾病が業務上の疾病に当たらないとした原審の判断には、判決に影響を及ぼすことが明らかな法令の違反がある。論旨は理由があり、原判決は破棄を免れない。そして、前記説示によれば、本件処分は違法であり、その取消しを求める上告人の本件請求は認容されるべきものであるから、これを棄却した第一審判決を取り消した上、本件処分を取り消すこととする。

二　再発

・頭部挫創等治ゆ後の再発

再発について、現傷病と旧傷病との間に医学上の相当因果関係が認められ、かつ治ゆ時の症状に比して増悪し、治療効果が期待できるものでなければならないとした例

昭和五一年一月一六日判決
神戸地裁　昭和四八年（行ウ）第三四号

労働者災害補償保険法（以下労災保険法という）第一二条で定められる療養補償給付が行われるのは、労働基準法第七五条の事由が生じた場合、すなわち、労働者が業務上負傷しまたは疾病にかかった場合（同法第七五条第一項）であり、一旦治ゆと認定された場合も業務上負傷または疾病の再発があれば、右再発も当然労災保険の給付の対象となるのであるが、ここに再発とは、一旦治ゆ（治ゆとは、負傷の場合は創面がゆ着しその症状が安定して医療効果が期待できなくなっ

たとき、疾病の場合は急性症状がおさまり、なお慢性症状が残っていても、その症状が安定して医療効果が期待し得ない状態になったときのことをいうものと解される）とされた者について、その後にその傷病との間に医学上の因果関係が認められる傷病が発生したときをいうものであり、労災保険法による療養補償給付を得るためには、再発が治ゆによって一旦消滅した労災保険法上の療養補償給付義務を再び発生させるものである以上および前記治ゆの定義からみて、①現傷病と業務上の傷病である旧傷病との間に医学上の相当因果関係が存在し、②治ゆ時の症状に比し現傷病の症状が増悪しており、③かつ治療効果が期待できるものでなければならず、かつこれをもって足ると解するが相当である。

また、右再発の要件①の存否については、労災保険法が労働者の業務上の傷病につき「迅速かつ公正な保護（同法第一条）」を目的としている点、および、再発が業務上の傷病の連続であり、独立した別個の負傷または疾病でない点に照らすと、旧傷病が現傷病の一原因となっておりかつそれが医学上相当程度有力な原因であることが認められれば足るものと解する。

三　通勤災害

・経路の逸脱

徒歩による退勤途中に夕食の材料等を購入するため、往復の経路上の交差点から、自宅とは反対方向に約百数十メートル離れた商店に向け、約四十数メートル歩いたところで遭った交通事故を通勤災害ではないとした例

札幌高裁　昭和六三年（行コ）第三号
平成元年五月八日判決

労働者災害補償保険法（以下においても、昭和六一年法律第五九号による改正前のもの。）第七条第二項にいわゆる合理的な経路とは、労働者の住居と就業の場所との間を往復する場合に一般に労働者が採ると認められる経路をいうものと解され、同条第三項にいわゆる往復の経路を逸脱するとは、通勤の途中において就業又は通勤と関係のない目的で右の合理的経路をそれることをいい、同項にいわゆる往復を中断すると

は、通勤の経路上において通勤とは関係のない行為をすることをいうものと解すべきである。

前記の認定事実によれば、訴外Sは、就業の場所である農業センターから徒歩による退勤途中に、夕食の材料等を購入する目的で、前記交差点を左折し、自宅と反対方向にある商店に向かって四十数メートル歩行した際に、本件災害に遭遇したことが明らかにされている。訴外Sが就業場所と住居との間の通常の経路をそれたことは否定することができないし、また、その目的も、食事の材料等の購入にあって、住居と就業の場所との間の往復に通常伴いうる些細な行為の域を出ており、通勤と無関係なものであるというほかない。

そうすると、本件災害は、同条第三項所定の往復の経路を逸脱した間に生じたものと認めざるをえない。

そして、本件における経路の逸脱は訴外Sの日常生活上の必要に基づくことが窺われないではないが、同条第三項の文理上、労働者が往復の経路を逸脱した間は、たとえその逸脱が日常生活上必要な行為をやむえない事由により行うための最小限度のものであっても、同条第一項第二号の通勤に該当しないことが明らかである。

・通勤起因性

> 通勤用自家用車の運転中に脳内出血で死亡した事案について、それが交通事故によって発症したものとは認め難いものである以上、通勤起因性は認められないとされた例
>
> 名古屋高裁　昭和六二年（行コ）第五号
> 昭和六三年四月一八日判決

通勤途上の交通事故による災害が、通勤災害の典型例でありうるとしても、通勤用自家用車の運転中に災害が発生すれば、直ちにそれがすべて通勤災害に当たるものとなし得ないことも多言を要しない。即ち、通勤災害といいうるには、通勤行為を前提とした通勤起因性の存在が必要であり、通勤起因性があるというためには、通勤がなければ当該災害も蒙らなかったであろうという条件関係の存在を前提に、通勤と当該災害の発生との間に相当因果関係が認められなければならないのであるところ、本件災害における亡Iの直接死因は脳内出血であり、それが本件交通事故によって発症したものとは認め難いものである以上、控訴人の主

張は理由がないというべきである。

・本社役員主催の夕食会参加後の負傷

本社役員主催の夕食会からの帰宅途上の災害が通勤災害ではないとされた例

福岡地裁　平成五年（行ウ）第一三号
平成六年一一月九日判決

一般に、従業員が事業主やそれに類する者の主催する懇親会等の社外行事に参加することは、原則として業務性を有しないと解すべきであり、例外的に右社外行事を行うことが事業運営上緊要なものと客観的に認められ、かつ、従業員に対しこれへの参加が強制されているときに限り、労働者の右社外行事への参加が業務性をもつと解するのが相当である。本件は、被災労働者の本件夕食会への参加に業務性が認められるか否かが問題となっているところ、被災労働者の本件事業所における地位及び夕食会において果たした役割、夕食会の趣旨ないし開催されるに至った経緯、並びに従前の同様な夕食会への参加状況に照らすと、夕食会へ参加することが事業運営上緊要なものであったとは認められず、また、参加が強制されていたと認めることもできない。

したがって、被災労働者の本件夕食会への参加につき業務性を認めることはできない。

・自宅から単身赴任先の寮に向かう途中の交通事故死

遠隔地の工事のため単身赴任していた作業員が休日に自宅に帰り、就労日の前日に社員寮に戻る途中で交通事故死した件につき、労災保険法上の通勤上のできごとであると認められた例

秋田地裁　平成一〇年（行ウ）第一一号
平成一二年一一月一〇日判決

1　被災者らは休日の前日の午後に本件工事現場を出発して自宅に戻り、就労日の前日の昼ころ自宅を出て本件寮に向かう型で帰省をしていた者であるが……本件寮に向かって帰任する行為が「就業の場所」に向かう行為と同視し得るとすれば、被災者らも週末帰宅型通勤をしていたものということができる。

2　従業員は地元採用者を除き、全員が本件寮における集団的な単身赴任生活を余儀なくされることとなることから、……事実上住居選択の自由はなかったものというべきであり……自宅における生活とはそ

の質において相当に異なるものというべきであるほか、転勤に伴って単身赴任をする他の一般の職種の労働者が住居を自由に選択し、時に家族を招いて自由な時間を過ごし得る生活を営むのと比較しても相当に異なった状況にあるものというべきである。……このような生活状況にある従業員らが帰省を終えて自宅から本件工事現場と一体となった付帯施設である本件寮に向かう行為はまさに「就業の場所」に向かうのと質的に異なるところがないというべきである。

3　法の趣旨は通勤が業務と密接に関連して行なわれるものであることから、これに内在する危険から労働者を保護しようとするところにあるものと解されるから、その移動が業務に密接に関連して行われていることを要するものであり、日常的に日々反復して行われる通勤に関しては就業を開始する時刻ないしは就業を終えた時刻からかけ離れた時間に移動するのは一般的には業務との密接な関連性を失わせるものというべきである。しかしながら、法はその往復行為が「就業に関して」行われることを求めているのであって……業務との密接な関連性が認められれば足りるというべきであるから、時間的に相当な間隔があるか否か、被告が主張する直行直帰であるか否かという形式的な面のみから……関連性を判断しなければならないものではないと解すべきである。

4　……本件のように週末帰宅型通勤をするに際し、鳶職という危険な業務に従事することに備えて十分に体調を整えるため、就労日の前日に本件寮に帰任しようとしていた場合にはその移動は業務に密接に関連するというべきであって「就業に関して」行われるものという要件を満たすと解すべきである。

・日常生活上必要な行為

勤務終了後、身体障害者の義父の介護のために、自宅と勤務先間の合理的な通勤経路を外れて義父宅に立ち寄り、介護を終えて帰宅する途中に、頭蓋骨骨折等の傷害を被った災害が、労災保険法七条一項二号の通勤災害に該当する、とされた例

大阪地裁　平成一七年（行ウ）第五九号
平成一八年四月一二日判決

前提事実のとおり、本件事故は、原告が合理的通勤経路を離れ義父宅を訪れて介護を行った後に生じたものであるところ、この義父宅を訪れて介護を行った行為は、通常通勤の途中で行うようなささいな行為とは言えず、労災保険法七条三項のいう「逸脱」に当たるものと認められる。

そうすると、本件事故が生じた時点における原告の帰宅行為が同条一項二号の「通勤」に当たると認められるためには、この「逸脱」が同条三項ただし書の要件を充たす必要があることになる。

原告の義父に対する介護は、妻の父という近親者に対する介護であって、義父と同居する義兄又は原告の妻による介護のできない時間帯において原告が介護することは、原告の日常生活のために必要不可欠な行為であったと認められるところ、労災保険規則八条一号の「日用品の購入その他これに準ずる行為」には、このような介護をも含むものと解される。

そうすると、原告が義父に対する介護のために合理的通勤経路を逸脱したことは、労災保険規則八条一号に該当し、労災保険法七条三項ただし書の「日常生活上必要な行為であって厚生労働省で定めるもの」を行うためにしたと認められる。

第八条関係（給付基礎日額）

・複数の事業場と雇用関係のあった者の給付基礎日額

複数の事業場と雇用関係のあった者の給付基礎日額は、各給付の支給事由の発生した事業場で支払われた賃金に基づいて算出されれば足りるとした例

東京高裁　昭和五九年（行コ）第五四号
昭和六〇年一二月二六日判決

そこで、労基法第一二条の「平均賃金」について考えるに、同条第一項は、「この法律で平均賃金とは、これを算定すべき事由の発生した日以前三箇月間にその労働者に対し支払われた賃金の総額を、その期間の総日数で除した金額をいう」と規定しているところ、労基法は、右の「平均賃金」を、労働者を解雇する場合の予告に代わる手当（第二〇条）、使用者の責に帰すべき休業の場合に支払われる休業手当（第二六条）、年次有給休暇の日について支払われる賃金（第三九条第四項）、労働者が業務上負傷しもしくは疾病にかかり、又は死亡した場合の災害補償（第七六条ないし第八四条）、減給の制裁の制限額（第九一条）等を算定するための共通の基準としているのであり、このような点に鑑みると、前期の「支払われた賃金の総額」とは、右各支給事由等の発生した事業場の使用者からその労働者に支払われた賃金の総額をいうものであり、労基法第一二条の「平均賃金」はこのような賃金に基づいて算定されるべきものと解される。これを労災法上の休業補償給付及び障害補償給付についていえば、その算定基礎となる給付基礎日額（平均賃金）は、右各給付の支給事由の発生した事業場の使用者から被災労働者に支払われた賃金に基づいて算定されるべきことになる。

しかるところ、控訴人は、労災法ないし労災保険制度は事業主の個人責任を保険するだけのものではないとして、労災法による休業補償給付及び障害補償給付の支給額を算定する関係では、労基法第一二条の平均賃金について右とは別異に解釈すべきであると主張す

るものごとくであるが、労災法による労災保険制度は、業務災害に関しては、以下に述べるとおり、旧労災法当時はもとより現在においてもなお労基法第八章により個別使用者に課せられた災害補償責任を保険する趣旨のもので、右責任を代行する機能をもつものといわなければならず、したがって業務災害による保険給付については、当該業務災害の発生した事業場の使用者の責任と結びついているのであり、この点において、解雇予告手当等平均賃金をその算定基準として用いている前記各場合が、各手当等の支給と支給事由の発生した事業場の使用者とを結びつけていることと何ら変わるところはなく、業務災害による保険給付についてのみ労基法第一二条の平均賃金の意味を解雇予告手当等の場合とは別異に解釈すべき理由はいまだ存しないといわなければならない。

以上のとおりであって、労災法上の休業補償給付及び障害補償給付の算定の基礎となる給付基礎日額（平均賃金）は、右各給付の支給事由の発生した事業場の使用者から被災労働者に支払われた賃金に基づいて算出されれば足りると解されるところ、前記争いのない事実によれば、控訴人の本件業務上負傷はT印刷株式会社において就労中に生じたもので、それにつき、災害補償責任を負うべきは同社であり、K製本株式会社はこれとは関係しないから、控訴人に対する休業補償給付及び障害補償給付はT印刷株式会社から支払われた賃金を基礎として平均賃金を算定し、これを給付基礎日額として支給すれば足りることになる。そして、前記争いのない事実及び弁論の全趣旨によれば、被控訴人は既に右の見地に立って右各給付につき控訴人に対する支給決定をしていることが認められるから、これと異なる見解のもとに右各給付には一部未払分があるとしてなした本件給付請求は理由がなく、これに対して不支給と決定した本件処分は適法といわなければならない。

〔編注＝右高裁判決に対し、最高裁は「所論の点に関する原審の判断は、正当として是認することができる」（最高裁第三小法廷　昭和六一年（行ツ）第七二号・昭和六一年一二月一六日判決）と判示した〕

第一二条の四関係（第三者の行為による事故）

・損害賠償請求権の放棄と国の第三者に対する求償

補償を受けるべき者が第三者の負担する損害賠償債務を免除したときは、政府がその後保険給付をしても第三者に対する損害賠償請求権を代位取得し得ないとした例

最高裁　昭和三七年(オ)第七一一号
昭和三八年六月四日判決

労働者が第三者の行為により災害をこうむった場合に、その第三者に対して取得する損害賠償請求権は、通常の私法行為上の債権であり、その災害につき労働者災害補償保険法による保険が付けられているからといってその性質を異にするものとは解されない。したがって、他に別段の規定がないかぎり被災労働者らは、私法自治の原則上、第三者が自己に対し負担する損害賠償債務の全部、又は一部を免除する自由を有するものといわなければならない。

ところで、労働者災害補償保険法第二〇条は現行第一二条の四、その第一項において、政府は補償の原因である事故が、第三者の行為によって生じた場合に保険給付をしたときは、その給付の価額の限度で、補償を受けた者が第三者に対して有する損害賠償請求権を取得する旨を規定するとともに、その第二項において、前項の場合において、補償を受けるべきものが当該第三者より同一の事由につき損害賠償を受けたときは、政府は、その価額の限度で災害補償の義務を免れる旨を規定しており、右二項は、単に、被災労働者らが第三者から現実に損害賠償を受けた場合には、政府もまた、その限度において保険給付をする義務を免れる旨を明らかにしているに止まるが、労災保険制度は、もともと、被災労働者らのこうむった損害を補償することを目的とするものであることにかんがみれば、被災労働者ら自らが、第三者の自己に対する損害賠償債務の全部又は一部を免除し、その限度において損害賠償請求権を喪失した場合においても、政府は、その限度において保険給付をする義務を免れるべきこ

とは、規定をまつまでもない当然のことであって、右二項の規定は、右の場合における政府の免責を否定する趣旨のものとは解されないのである。そして、補償を受けるべき者が、第三者から損害賠償を受け又は第三者の負担する損害賠償債務を免除したときは、その限度において損害賠償請求権は消滅するものであるから、政府がその後保険給付をしても、その請求権がなお存することを前提とする。

前示法条二項による法定代位権の発生する余地のないことは明らかである。補償を受けるべき者が、現実に損害賠償を受けないかぎり、政府は保険給付をする義務を免れず、したがって政府が保険給付をした場合に発生すべき右法定代位権を保全するため、補償を受けるべき者が第三者に対する損害賠償請求権をあらかじめ放棄しても、これをもって政府に対抗しえないと論ずるがごときは、損害賠償請求権ならびに労災保険の性質を誤解したことに基づく本末転倒の論というほかはない。

もっとも、以上のごとく解するときは、被災労働者らの不用意な、又は必ずしも真意にそわない示談等により、これらの者が保険給付を受ける権利を失い、労働者の災害に対し迅速かつ公正な保護を与えようとする労災保険制度の目的にもとるがごとき結果を招来するおそれもないとはいえないが、そのような結果は、労災保険制度に対する労働者らの認識を深めること、保険給付が労災保険法の所期するように迅速に行われること、ならびに損害賠償債務の免除が被災労働者らの真意に出たものかどうかに関する認定を厳格に行うこと（錯覚又は詐欺等も問題とされるべきである）によって、よくこれを防止しうるものと考えられる。

第一三条関係（療養補償給付）

【療養の範囲】

・療養の費用の範囲

政府は、労災保険法第一三条により療養の費用の支給に関し、その支給すべき範囲及び額について決定する権限を与えられているとした例

横浜地裁　昭和五六年（行ウ）第二一号
昭和五八年一一月二九日判決

労働災害に関する保険給付は労災保険法第一三条により現物給付たる療養の給付が原則であって療養の費用の支給はその例外をなすものであるが、右例外措置である療養の費用の支給は、療養の給付をすることが困難な場合等の代替措置であることは同条第三項によって明らかであるから、療養の費用の支給は、療養の給付（政府指定医療機関における療養）があったときと同一の療養効果をもたらすか金員の支給でなければならず、またそれを以って足りるものであることは事理の当然であるといわねばならない。しかるところ、療養の給付については同条第二項にその範囲を定めその指定の診療項目において特に「政府が必要と認めるものに限る」との制約を設けているのであるが、これは労災保険給付を公平且つ迅速に行ううえでの合目的的制約であって十分に合理性の認められるものであるから、療養の費用の支給を定めた同条第三項に特段の言がなくても、療養の費用の支給の場合にも右の制約は当然に課せられるものと解しなければならない。

しからば政府は、労災保険法第一三条により療養の費用の支給に関し、その支給すべて範囲及び額について決定する権限を与えられているものといわざるを得ない。

政府は療養の費用の支給額を決定できる権限はないとの原告らの主張は採用することができない。

而して柔道整復師の施術による療養の費用の支給額は、労働省労働基準局長通達に従い定められ、本件原告らに対する支給については昭和五三年三月一六日基発第一五四号労働省労働基準局長通達によっているのであるが、右労働基準局長通達は、いずれも健康保険

給付に関する厚生省保険局長通知に準拠しているところ、右厚生省保険局長通知の改定については医師会、柔道整復師会等から資料の提出を求め、意見、要望等をきき、実態調査をするなどして決められていることが認められるのであって、特に右のようにして決められた算定基準を不当と認むべき証拠がないばかりか、労災保険に関する労働省労働基準局長通達の算定基準についても、神奈川県柔道整復師会ではこれを不当とせず、むしろ相当なものとして被告と協定を結んでいる程であるから、これらの事情に鑑みると、本件原告らに対する給付額決定の基準となった前記労働省労働基準局長通達の算定基準は相当であるということができる。

・治療効果の期待できない治療

労災保険制度の目的に照らし、治療効果の期待できない治療は、療養の給付の範囲外にあるとした例

熊本地裁　昭和五八年（行ウ）第七号
昭和六〇年九月二七日判決

療養補償給付たる療養の給付の範囲は、政府が必要と認めたものに限るとされ（労災保険法第一三条）、また、労働災害を被ったことにより損失した傷病労働者の労働能力の回復、てん補を図り、これらの者を早期に社会に復帰させるという労災保険制度の目的に照らし、治療効果の期待できない治療は、右療養の給付の範囲外にあると解される。

【治ゆ】

・腰部捻挫の治ゆの時期

労災法にいう治ゆとは、症状が固定し、疾病が固定した状態にあるもので、治療の必要がなくなったものをいうとした例

東京地裁　昭和五三年（行ウ）第六六号
昭和五七年三月一八日判決

労災保険法にいう治ゆとは、症状が安定し、疾病が固定した状態にあるもので、治療の必要がなくなったものをいい、負傷にあっては創面の治ゆした場合で、疾病にあっては急性症状が消退し慢性症状は持続しても医療効果を期待しえない状態となった場合をいうものと解すべきである。

業務上の原因に起因する腰痛は、ほぼ三、四か月以内に症状が軽快するのが普通であり、特に症状の回復が遅延する場合でも一年程度の療養で消退又は固定することが認められ、これらに照らすと、少なくとも被告が治ゆしたものと判断した昭和四九年一〇月一五日までには原告の腰痛症は既に慢性症状となっており医療効果を期待しえない状況であり、労災保険上の治ゆに該当するものと認めるを相当とする。

第一四条関係（休業補償給付）

休業補償給付は、雇用契約上賃金請求権を有しない日についても支給されるべきであるとした例

・**休業補償給付の支給事由**

最高裁　昭和五八年（行ツ）第四号
昭和五八年一〇月一三日判決

法第一四条第一項に規定する休業補償給付は、労働者が業務上の傷病により療養のため労働不能の状態にあって賃金を受けることができない場合に支給されるものであり、右の条件を具備するかぎり、その者が休日又は出勤停止の懲戒処分を受けた等の理由で、雇用契約上賃金請求権を有しない日についても、休業補償給付の支給がされると解するのが相当である。

してみれば、雇用契約上賃金請求権が発生しない日は休業補償給付の対象とはならないとの見解を前提とし、右公休日及び出勤停止となった日について休業補償給付請求権が発生する余地がないことを理由として、上告人の本訴請求を排斥した原審の判断には、法の前記条項の解釈適用を誤った違法があるものといわなければならない。

第一五条関係（障害補償給付）

【障害等級の認定】

・器質又は機能障害と、それに随伴する疼痛等の神経症状

器質又は機能障害を残す場合で、それにより派生する疼痛等の神経症状を随伴している場合には、併合の方法ではなく、最も重い障害等級をもって評価すべきであるとした例

福岡高裁　昭和五一年（行コ）第六号
昭和五三年八月六日判決

労災保険における障害補償給付は、労働者が業務上の災害によって永久的なものとなるおそれのある身体障害を蒙った場合において、そのために喪失した当該労働者の一般的な労働能力に対する公平な補償を目的とするものであるから、右労災法施行規則第一四条第一項ないし第五項の規定も、かような障害補償制度の目的に照らして合理的に解釈されるべきことは、いうをまたない。従って、いわゆる併合繰上げによって障害等級表が定める全体の序列と明らかに矛盾するに至る場合（例えば、同一部位に障害の系列を異にする二個以上の身体障害があるが、これを単純に繰上げれば、当該部位の欠損又はそのすべての機能喪失についての等級を上廻る結果となるとき）や、障害観察のいかんによっては、障害等級表の二個以上の等級に該当するが、実際には、一個の身体障害しか存在しない場合には、労災法施行規則第一四条第三項をそのまま適用することはできないもの、というべきである。そして、本件行政解釈は、「重い外傷又は疾病により器質的又は機能的障害を残す場合には、一般に患部に第一二級又は第一四級程度の疼痛等神経症状を伴うが、これを別個の障害としてとらえることなく、器質的又は機能的障害と神経症状のうち最も重い障害等級によること」というのであるから、帰するところ、複数の観点からの評価が可能であるため、障害等級表上複数の系列の障害等級に該当することになるが、そのすべてを包括して一個の身体障害にあたるものと観念するの

が相当である場合についての取扱いを示したものと解されるところ、〈略〉外傷又は疾病による器質又は機能障害が残存する場合には、それに伴って障害等級表第一二級の一二又は第一四級の九に定める疼痛（知覚異常）等の神経症状が発現するのが常態であって、少なくとも医学的には、その全体を一個の病像として把握すべきものとされていることが認められるところ、かような原因結果の関係をなす器質又は機能障害と疼痛（知覚異常）等の神経症状についていわゆる併合繰上げをすることは、障害等級表が定める全体的な障害序列を乱すことにもなりかねないから、医学的な見地からはもちろん、前叙説示のごとき公平な補償を目的として障害補償制度上の観点からしても、原因たる器質又は機能障害とそれに随伴して生じる疼痛（知覚異常）等の神経症状とは、両者を包括して一個の身体障害に当たるものと評価するのが相当である。そうであるならば、結局、労働者が外傷又は疾病によって器質又は機能障害を残す場合について、通例それより派生する疼痛（知覚異常）等障害等級表第一二級の一二又は第一四級の九に該当する神経症状を随伴している場合には、障害等級表上複数の観点からの評価が可能ではあるが、これを包括して一個の身体障害としてとらえる結果、いわゆる併合繰上げを定めた労災法施行規則第一条第三項が適用される場合にあたらず、そのうち最も重い障害等級（通常器質又は機能障害のそれがこれにあたることになろう）をもって評価すべきことになる。従って、結局これと同旨にいでた本件行政解釈は、正当として是認することができる。

・同一手の手指の障害程度の加重

右手拇指用廃の既存障害を有するものが新たに同手示指、中指の用を廃した場合には、同一部位について障害の程度を加重した場合に該当するとした例

神戸地裁　昭和四三年（行ウ）第一号
昭和四五年五月一八日判決

本件において争点となっている「同一部位について障害の程度を加重した場合」に関しては前述のとおり労災法施行規則第一五条第五項の規定が存するが、同条項は「同一部位」について何ら説明するところがない。それで、障害補償制度の趣旨および等級表の内容自体から明白なように制度の目的が労働能力の喪失に対する補償にあることを念頭におき、等級表を仔細に検討することによってその意味を明らかにするほかないのであるが、これによれば同一部位とは同一部分よりも広く、身体の眼（両眼）、耳（両耳）、鼻、口、頭、顔、頚部、精神神経、胸腹部臓器、体幹（背柱又はその他の体幹骨）、上肢（右又は左）、手指（右又は左）、下肢（右又は左）、足指（右又は左）の如く、労働に際し、労働能力の素因として相互に関連し一体的に機能するところの身体の類型的な部位をいうものと解すべきである。

いま、労働能力の素因として機能する場合の手指の作用について考えてみるに、手指が各指独自の機能部分のほか他の指との共同機能部分を併有するものであることは経験則上疑いがなく、原告主張のように、示指は拇指にはない機能を有しており、拇指は示指にはない独自の機能を有している。あるいはまた、ピアノやヴァイオリンの演奏家にとっては一指の喪失又はその用廃はその者の演奏家としての生命を奪うことになるであろうけども、これは残存した手指が喪失された手指との共同機能部分を発揮しえなくなった結果ではなく、すべての指が各独立して高度の機能を発揮しえてこそはじめて演奏活動をなしうる場合においてその一指の喪失、用廃が演奏等を不能ならしめる結果であって、手指がそれぞれ独自の機能を発揮する場合の一例である。しかしながら、右のような特殊な職種を除けば、障害補償制度は政府管掌の保険事業として通常の労働者（労災法第三条参照。）を予定するものであることを前提として、手指の機能を考察するならば、通常の労働において手指の作用が中心的役割を果たす

のは、物を握る力（握力）およびこれをつかむ力（摑力）として機能する場合であるということができ、これに他の身体の部分の作用が加って、押し、引き、持ち上げる等の機能が発揮されることになるわけであって、右の握力や摑力として手指が機能するのは各指の共同機能部分である。

次に、等級表における手指の用廃に関する規定を検討してみるに、第四級の「両手の手指の全部の用を廃したもの」、第七級の「一手の五の手指又は拇指及び示指を含み四の手指を失ったもの」、第八級の「一手の拇指及び示指又は拇指若しくは示指を含み三以上の手指の用を廃したもの」などをはじめとして、以下第一四級の「一手の小指の用を廃したもの」に至るまで、両手指の全部用廃、一手の手指の全部用廃、あるいは個々の手指の用廃の組合せをもうけて手指の用廃による障害の程度を評価し、その軽重の格付けをしていることが明らかであるが、このように、個々の手指の用廃の各種の組合せによって手指用廃による障害の程度の軽量（等級の位置付け）を決していることは、等級表においても手指は一体としてその機能を発揮するものであることを前提にしているものといわなければならない。もっとも、例えば、第七級において「一手の五指の用廃」と「一手の拇指及び示指を併せ四指の用を廃したもの」とが対置され、第八級において「一手の拇指若しくは示指を併せ三指以上の用を廃したもの」と「一手の拇指及び示指の用を廃したもの」とが対置され、第一四級の「一手の小指の用を廃したもの」に至るまで、拇指及び（または）示指とその他の指の組合せが数個もうけられていて、原告の指摘するように拇指及び示指の用廃に重点が置かれているが、これは各指の独自の機能の差異に基づくものではなく、各指の有する他の指との共同機能部分に軽重の差があり、拇指や示指においては特にその機能が重いことを評価した結果にほかならないものと解される。

以上に検討したとおり、同一手における手指の障害は労災法施行規則第一五条第五項に規定する「同一部位について障害の程度を加重した場合」における「同一部位」の障害にあたるということができる。右条項によれば、本件において、原告の新規障害である右手示指と中指の各用廃は既存障害である右手拇指の用廃と合して現在の身体障害を構成するものであるところ、等級表には右の組合わせによる規定がないから同条第四項により等級表第八級の「一手の拇指及び示指又は拇指若しくは示指を含み三以上の手指の用を廃したもの」に準じて、第八級と決定すべきものである。

そうしてみると、原告の右新規障害を同一部位について障害の程度を加重した場合に該当すると認め、既存障害を含めて第八級に該当するものとした被告の障害等級決定処分には何らの違法も存しない。

・疼痛の障害等級

「頑固な神経症状」といえるためには、その症状を医学的に裏付ける他覚的症状が存在し、ときには強度の疼痛のために、労働にある程度差し支える場合があることを要するとした例

神戸地裁　昭和五二年（行ウ）第一九号
昭和五三年八月三〇日判決

労災保険の実務や行政解釈基準として、負傷又は疾病に対する医療効果が期待できなくなったとき（治癒時）に、残存する永久的な精神的又は肉体的毀損状態（障害）のうち、疼痛等の感覚異常が、障害等級第一二級の一二の「頑固な神経症状」といえるためには、単に受傷部位に自覚的に疼痛等の感覚異常が残存するだけでなく、その感覚異常が治癒後六カ月以上消退する見込みがなく、その症状を医学的に裏付ける骨折、骨膜損傷、内出血等の器質的異常などの他覚的症状が存在し、ときには強度の疼痛等のため、労働にある程度差し支える場合があることを要すると解釈されていることが認められ、この解釈は、障害等級表の設定さ

れた趣旨、第一二級に定められた他の障害や第一四級の九との対比などから相当と考える。

・**障害等級表の差別的取扱い**

業務災害により全身に火傷を負った男性が、その労災認定において、「外ぼうの醜状障害」の障害等級につき、男女に差を設けた部分は、合理的理由なく性別による差別的取扱いをするものとして憲法十四条一項に違反するとした例。

京都地裁　平二〇（行ウ）第三九号
平成二二年五月二七日判決

以上のとおり、国勢調査の結果は、外ぼうの醜状障害が第三者に対して与える嫌悪感、障害を負った本人が受ける精神的苦痛、これらによる就労機会の制約、ひいてはそれに基づく損失てん補の必要性について、男性に比べ女性の方が大きいという事実的・実質的な差異につき、顕著ではないものの根拠になり得るといえるものである。また、外ぼうの醜状障害により受ける影響について男女間に事実的・実質的な差異があるという社会通念があるといえなくはない。そうすると、本件差別的取扱いについて、その策定理由に根拠がないとはいえない。

しかし、本件差別的取扱いの程度は、男女の性別によって著しい外ぼうの醜状障害について五級の差があり、給付については、女性であれば一年につき給付基礎日額の一三一日分の障害補償年金が支給されるのに対し、男性では給付基礎日額の一五六日分の障害補償一時金しか支給されないという差がある。これに関連して、障害等級表では、年齢、職種、利き腕、知識、経験等の職業能力的条件について、障害の程度を決定する要素となっていないところ（認定基準。〈証拠略〉）、性別というものが上記の職業能力的条件と質的に大きく異なるものとはいい難く、現に、外ぼうの点以外では、両側の睾丸を失ったもの（第七級の一三）以外には性別による差が定められていない。そうすると、著しい外ぼうの醜状障害についてだけ、男女の性別によって上記のように大きな差が設けられていることの不合理さは著しいものというほかない。また、そもそも統計的数値に基づく就労実態の差異のみで男女の差別的取扱いの合理性を十分に説明しきれるか自体根拠が弱いところであるうえ、前記社会通念の根拠も必ずしも明確ではないものである。その他、本件全証拠や弁論の全趣旨を省みても、上記の大きな差をいささかでも合理的に説明できる根拠は見当たらず、結局、本件差別的取扱いの程度については、上記策定理由との関連で著しく不合理なものであるといわざるを得ない。

以上によれば、本件では、本件差別的取扱いの合憲性、すなわち、差別的取扱いの程度の合理性、厚生労働大臣の裁量権行使の合理性は、立証されていないから、前記のように裁量権の範囲が比較的広範であることを前提としても、なお、障害等級表の本件差別的取扱いを定める部分は、合理的理由なく性別による差別的取扱いをするものとして、憲法一四条一項に違反するものと判断せざるを得ない。そして、本件処分は、上記の憲法一四条一項に違反する障害等級表の部分を前提に、これに従ってされたものである以上、原告の主張する条約違反の点を検討するまでもなく、本件処分は原則として違法であるといわざるを得ない。

前記のように、本件差別的取扱いは憲法一四条一項に違反しているとしても、男女に差が設けられていること自体が直ちに違憲であるともいえないし、男女を同一の等級とするにせよ、異なった等級とするにせよ、外ぼうの醜状という障害の性質上、現在の障害等級表で定められている他の障害との比較から、第七級と第一二級のいずれかが基準となるとも、その中間に基準を設定すべきであるとも、本件の証拠から直ちに判断することは困難である。

このように、「従前、女性について手厚くされていた補償は、女性の社会進出等によって、もはや合理性を失ったのであるから、男性と同等とすべき（引き下げるべき）である」との被告が主張するような結論が単純に導けない以上、違憲である障害等級表に基づいて原告に適用された障害等級（第一二級）は、違法であると判断せざるを得ず、本件処分も、前記の原則どおり違法であるといわざるを得ないとされた例」

第一六条の二関係（遺族補償年金の受給者の範囲）

・重婚的内縁関係にあった者の遺族補償年金の受給権

「婚姻の届出をしていないが、事実上婚姻関係と同様の事情にあった者」には、重婚的内縁関係にあった者は含まれないとした例

広島地裁　昭和五三年（行ウ）第一二号
昭和五五年一一月二〇日判決

元来、労災法第一六条の二第一項括弧書の趣旨は、他に婚姻関係のない男女が結婚して事実上全く法律上の夫婦と変わらぬ婚姻生活を継続している場合、なんらかの事情で婚姻の届出をしていなかったため法律上同項本文所定の被災者の配偶者とみられないような場合を予定したものと解され、一般には、被災者に法律上の妻があるような場合に被災者と重婚的に内縁関係に入ったようなものは含まれないものと解される。

ただ、被災者に法律上の妻があるような場合でも、その妻の長期行方不明、生死不明、またその妻が他の男性と長期間に亘り重婚的内縁関係を継続しているような場合などで、被災者との婚姻関係は全く形骸化していて単に婚姻届出のみが残続もしくは離婚届出がなされないのみの状況にあり、実質的には法律上の離婚があったのと同視し得るような状況の場合は、被災者に法律上の妻がない場合と同視して、前記同項括弧書の適用を考慮し得るものと解されよう。

第一六条の四関係（遺族補償年金の受給権の消滅）

・養子縁組届出と遺族補償年金の失権

受給権発生前からの事実上の養親子が、受給権発生後法律上の養子縁組となった場合には、失権事由となるとした例

福岡高裁　昭和五一年(行コ)第三号
昭和五一年一二月二〇日判決

遺族補償年金についての受給権の消滅すなわち失権は、遺族補償年金が労働者の死亡により被扶養利益を喪失した遺族に対してこれを塡補することを目的として支給されるものであることにかんがみ、受給権者において被扶養利益の喪失状態が解消したとみなされるに至ったとき、その者は遺族補償年金を受けることのできる遺族でなくなった（労災保険法第一六条の四第二項）ものとして、その受給権を消滅させる趣旨のもとに労災保険法第一六条の四第一項各号が規定されている。そして、特に同条第一項第二号ないし第四号の失権事由は、受給権者の身分関係の変動に伴い当然にその被扶養状態に変動が生ずるものであることを前提としているものと解される。

ところで、事実上の養親子とは、一般に当事者間に養親又は養子と認められる事実関係を成立させようとする合意があり、扶養の事実関係があるにも拘わらず、養子縁組みの届出を欠く場合をいうのであるから、その後において養子縁組みの届出がなされ法律上の養親子関係が成立しても、当事者間には扶養に関して事実的には変動がないのが通常であるといえる。しかしながら、事実上の養親子の場合法律的にこれをみるとき当然に、養子縁組みの効果としての嫡出子の身分の取得や養親および養親親族との間に親族関係や、相続、扶養等の親族法上の法律関係が生ずるものではなく、これらは法律上の養親子関係の成立によってはじめて発生するものであるから、現判決理由説示のとおり、事実上の養親子が法律上のものとなることによって、従前の事実上の養親子関係のもとにあったとき以上の新たな法律関係が形成され、その新たな法律関

係の形成に従い、当事者間に被扶養状況の変動が生じたものと解するのが相当である。

しかも、受給権発生後に新たな事実上の養親子関係が成立した場合は、被扶養利益喪失の解消として受給権の失権事由となることが労災保険法第一六条の四第一項第三号に明記されているのに対し、受給権発生前から事実上の養親子関係が成立して継続している場合は、これが受給権者資格要件の障害となり、又受給権発生後の消滅事由となる旨の規定もないので、その関係が継続する限りにおいては、右受給権は消滅するものでもないが、受給権発生後の両者の具体的事実上の扶養関係を対比するとき、その発生の時期が異なるとはいえ、両者の間に実質上異なる点が存在するとは考えられないのに、法律上その取扱いを異にするのは労災保険法の規定上やむを得ないところであるとしても、控訴人主張の如く、受給権発生前からの事実上の養親子が受給権発生後法律上の養子縁組に高められ、前徐説示のとおりの身分上、財産上の効果が、発生するに至ったにも拘らず、そこには扶養関係における事実上の変動がないとして、これを失権事由に該らないとすることは、受給権発生後の事実上養親子関係の成立が失権事由となることと比較して極めて均衡を失する結果になるといわざるを得ない。

労災保険法上、遺族補償年金の給付を受ける者を遺族に限定しており、更に同法第一六条の四第二項において、遺族補償年金を受けることができる者が前項各号に該当するに至ったときは、遺族補償年金を受けることができる遺族でなくなる旨の規定の存在並びに先に述べた理由からみても、本件の場合、控訴人が訴外Aと法律上の養子縁組みをしたことは、労災法保険法第一六条の四第一項第三号に該当するものと解するのが相当である。

第三七条関係（厚生労働省令への委任）

・特別加入者の業務災害の認定

特別加入者の業務災害の認定について、労働省労働基準局長の定める基準によって行うことは誤りでないとした例

浦和地裁　昭和五七年（行ウ）第七号
昭和五八年四月二〇日判決

惟うに、労災保険は、労働者の業務災害に対する補償を目的とするものであるが、中小企業主及びその事業主が行う事業に従事する者の中には、業務の実態、災害の発生状況からみて労働者に準じて労災保険により保護するにふさわしい者の存する事実は否定し得ないところであって、これらの者に労災保険への加入を認めたのが特別加入の制度であることはいうまでもないところである。換言すれば、特別加入制度は、事業主としての面と労働者としての面を併せもっているこれら中小企業主等の業務内容のうち、労働者として有する面に着目し、その側面に限り労働者に準じて労災保険による補償を与えたものと理解すべきものであり、このことは原告の主張するとおりである。ところで、中小企業主等の業務内容は、労働契約に基づき他人の指揮命令により他律的に定める労働者の場合と異なり、自身の判断によりいわば主観的、恣意的に決定されることが多いから、特別加入者の業務の範囲については、中小企業主等の業務のうち労働者の業務に準じた業務内容に限定すべきことは当然であり、この場合労働者の業務に準じた業務内容を客観的に判定し、もって中小企業主等の主観的、恣意的行為と区別するがためには、単にそれが労働者の業務と同種又はこれに準ずるものであるかどうかを考慮するだけでは足りず、事業施設内におけるものかということのほか、就業時間も労働者のそれに準じさせる必要のあることは見易い道理である。若し、原告の主張するように、特別加入者の行う業務は、それが特別加入申請の際明示された業務であって、事業所施設内でなされる限り時刻、時間の如何に拘わらず、特命による労働者の労働と同視すべきであるとするなら、それは取りも直さず、中小企業主等の特別加入者の主観的、恣意的な行

動により、その業務の範囲を労働者のそれより拡大するに至る結果、労働者に準じて中小企業主等を保護しようとする特別加入制度の趣旨を没却することになって不当である。

そこで、特別加入者の業務災害の認定については、労災保険法第三一条〔現行＝第三七条〕の規定によって委任された同法施行規則第四六条の二六において、労働省労働基準局長の定める基準によって行うものとし、そしてこれを受けて発せられた「特別加入者に係る業務上外の認定基準等の改正について」と題する同局長通達（昭和五〇年一一月一四日付基発第六七一号）によると、特別加入者の業務遂行性を認める範囲を、労働者のそれに準じて定めた（本件に関係のないものを除く）が、この趣旨が誤りであるとか、不適切であると認める余地はない。

・特別加入者

製品の製作を請け負った、建設の事業における特別加入者（一人親方）が納品時に被った災害が業務外とされた例

東京地裁　平成六年（行ウ）第二四七号
平成七年一一月九日判決

1　被災者は、建設資材である配管支持金具の製造・加工及び取付け等を営んでいる者であり、建設の事業の特別加入者（一人親方）である。

被災者は、本件事故に関し、空調機の室外機を工場に据え付けるための架台（以下本件製品という）の製作を、空調設備の取付業者から三次下請として請け負ったが、取り付け工事については請け負っていなかった。

2　特別加入制度は、業務の実態、災害の発生状況等から、労働者に準じて労災保険制度により保護するのが相当と考えられる事業主、自営業者等のような労働者でない者について、労災保険制度の本来の目的を損なわず、業務上外の認定等の保険技術的に可

能な限りにおいて特例として保険加入を認めることとした制度であることから、特別加入者の行う全ての業務に対して保護が与えられるのではない。かかる特別加入制度の趣旨から、特別加入者についての業務上外の認定は、労働省労働基準局長が定める基準によって行うこととされ、昭和五〇年一一月一四日付け基発第六七一号通達「特別加入者に係る業務上外の認定の取扱い」（以下、通達という）により業務遂行性及び業務起因性について基準を定めている。

3　一人親方については、特別加入制度の趣旨から加入できる者が限定されていること、製造事業の一人親方は特別加入できないこと、請負契約によらない製造又は販売を目的として建具等を製造している場合につき業務遂行性を認めないものとしていることなどに照らすと、通達にいう「請負契約」ないし「請負工事」とは、建設業における請負工事契約ないし建設業における請負工事であると解するのが相当である。

4　被災者は、労働省が特別加入者に関する業務災害及び通勤災害の範囲を自由に縮小する裁量権を有するわけではないと主張し、また、建設業の数次請負について、労働基準法八一条一項の趣旨を一人親方の場合にも及ぼす旨を主張しているが、特別加入制度の趣旨にかんがみると、このような見解は採用できない。

5　被災者は、数次請負の場合、元請事業者の事業が建設業であればその一部の請負である一人親方の業務も建設の事業と解すべきであると主張しているが、そのように解すると、一般の建築資材の製造・加工の事業者すべてが建設事業従事者に該当し、特別加入制度の趣旨に沿わない結果となり、このような解釈は無理である。

6　本件災害における業務遂行性の有無を検討すると、被災者は本件製品の製作を請け負ったに過ぎないから、本件災害は、通達の「請負工事に係る」ものではなく、業務遂行性は認められない。

第四〇条関係（不服申立ての前置）

・**行政事件訴訟法第八条第二項第一号の「審査請求」の意義**

行政事件訴訟法第八条第二項第一号の「審査請求」は、労災保険法にいう「再審査請求」を指すものと解するのが相当であるとされた例

那覇地裁　平成三年（行ウ）第一号
平成三年一〇月一日判決

労災保険法の保険給付に関する処分は大量に行われ、それに対する不服申立事案も多数に及ぶところ、被災者に対するより迅速かつ公正な統一的処理を図る必要があり、その審査に当たっては専門技術的知識が要求される等の特殊性を有するため、同法は、第一審たる審査請求に簡易迅速な処理を期待し、第二審たる再審査請求に厳格慎重な統一的処理を要請する二審制度を採用し（同法第三五条〔現行＝第三八条〕）、労働保険審査会における裁決の前置主義を規定していること（同法第三七条〔現行＝第四〇条〕）からすれば、行政事件訴訟法第八条第二項第一号の「審査請求」は労災保険法にいう「再審査請求」を指すものと解するのが相当である。

・審査請求三カ月経過後の原処分取消訴訟の提訴の可否

審査請求後三カ月経過しても審査官の決定がないときは、審査請求に対する決定及び再審査請求の手続を経ずに処分の取消の訴えを提起することができる、とした例

最高裁第一小法廷　平成四年（行ツ）第六八号
平成七年七月六日判決

労災保険給付に関する決定について、行政事件訴訟法八条二項一号の「審査請求」を労働保険審査会に対する再審査請求に限定すると解することはできないのみならず、労災保険法は、審査請求に対する決定が遅延した場合に対する救済措置の定め（国税通則法一一五条一項一号、七五条五項参照）を置いていないにもかかわらず、労働者災害補償保険審査官に対する審査請求についての行政事件訴訟法八条二項一号の不適用を定めたものと解するならば、国民の司法救済の道を不当に閉ざす結果を招くことは明らかであるから、そのような解釈は採り得ないといわなければならない。

したがって、労災保険給付に関する決定に不服のある者は、労働者災害補償保険審査官に対して審査請求をした日から三カ月を経過しても決定（行政事件訴訟法八条二項一号の「裁決」に当たる。）がないときは、審査請求に対する決定及び再審査請求の手続を経ないで、処分の取消の訴えを提起することができる。

第四二条関係（時効）

・休業補償給付請求権の消滅時効

休業補償給付請求権の消滅時効は、補償事由の生じた日の翌日から進行するとした例

福井地裁　昭和五七年（行ウ）第二号
昭和五八年一月二八日判決

労災保険法第四二条では休業補償給付を受ける権利は二年を経過したとき時効によって消滅する旨定めているが、その起算日については特別の規定はない。したがって、この点に関しては一般法である民法第一六六条第一項の規定が適用される（更に同法第七二四条の定める起算点の要件も合わせ類推適用されるが本件では同条の定める要件は関係がないので触れないこととする）ものと解するのが相当である。そうすると、労災保険法上の給付を受ける権利については業務上の事由による負傷、疾病又は死亡の事実が生じ、労働基準法上の災害補償の事由が生じた日が権利を行使し得る時であり、その翌日から消滅時効が進行するものというべきである。そして、労災保険法による休業補償給付を受ける権利は、労働者が業務上の負傷又は疾病による療養のため労働することができないために賃金を受けない日の第四日目から賃金を受けない日毎に発生し、かつ行使し得る（同法第一四条第一項）のであるから、これを行使し得る日の遅くとも翌日からは消滅時効が進行するものと解するのが相当である。

・騒音性難聴に係る障害補償給付請求権の消滅時効の起算点

労災法第四二条の時効の起算点は民法第一六六条第一項の一般原則に則り、「権利を行使することを得る時」と解すべきであり、騒音性難聴の場合には、これを騒音職場離脱時とした例

名古屋高裁　平成三年（行コ）第八号
平成四年二月二六日判決

労災法第四二条により権利が消滅するのは除斥期間によるのではなく、時効によるというのが立法の経緯と法文の文理に沿う解釈である。そして、同法第一二条の八第二項により支給決定処分を求める請求手続の権利行使期間の起算点は、民法第一六六条第一項の一般原則に則り、『権利ヲ行使スルコトヲ得ル時』、すなわち、その権利の行使につき法律上の障害がなく、かつ、権利の性質上その権利行使が現実に期待できる時と解すべきであり、騒音性難聴にあっては、騒音に曝されることによって発症し進行する一方、騒音から離脱すれば進行も回復もしなくなるものであるから、その症状固定時期は、騒音から離脱したときであり、本件においては、原告が前記職場を離脱したときと認めるのが相当である。

この点について、控訴人は、右の起算点が民法第一六六条第一項によるとの一般論は承認しつつも、控訴人の騒音性難聴という疾患が職場離脱後六か月程度経過しなければ症状固定をしない特殊の疾患であることから、右疾患に関する時効の起算点は確定的な診断がされたときとするのが相当であり、本件においては、医師による診断書を得たとき又は民法第七二四条を類推して損害を知ったときを右の起算点と解すべきであると主張している。

しかしながら、一般に損害及び加害者を覚知しなければ損害賠償請求権を行使できない民法の不法行為による損害賠償の請求の場合と、業務起因性の疑いをもつことのみによって行使し得る労災法第一二条の八第二項の請求の場合とを同一視することは到底できないというべきであるから、民法第七二四条を本件に類推することには十分な根拠はなく、殊に右の起算点を一般人の認識可能性を離れ当該労働者の知不知ないし医師による診断書の作成という事実を基準とすることは相当ではない。

本件においては、控訴人主張の難聴は、前記職場離

脱時には症状が固定しており、しかも、控訴人は、右時点においては右難聴が控訴人の従事した木材伐採夫の業務に起因するものであることを認識することができたものであるから、控訴人としては、右時点において、労災法第一二条の八第二項による請求手続の権利行使をするについて法律上の障害はなく、また、右権利を行使することが現実に期待できたものということができる。そうすると、控訴人主張の難聴による障害補償給付請求権は、同法第四二条に従い、その五年後の昭和五七年一二月一九日の経過により時効消滅したものというべきである。

労災保険関係様式の記載例

様式第4号（表面）

労働者災害補償保険

未支給の保険給付支給請求書
未支給の特別支給金支給申請書

① 労働保険番号	府県 所掌 管轄 基幹番号 枝番号	2 7 1 0 1 1 2 3 4 5 6 0 0 0
② 年金証書の番号	管轄局 種別 西暦年 番号 枝番号	
③ 死亡した受給権者又は特別支給金受給資格者の	フリガナ	ヨシオカ コウジ
	氏名	吉岡 浩次 （男・女）（男に〇）
	死亡年月日	〇年 12月 16日
④ 請求人申請人の	フリガナ	ヨシオカ ヒデコ
	氏名	吉岡 英子
	住所	大阪市北区同心0−0
	死亡した受給権者（労働者）又は特別支給金受給資格者（労働者）との関係	妻
⑤ 未支給の保険給付又は特別支給金の種類		療養（補償）給付 休業（補償）給付（〇） 障害（補償）給付 遺族（補償）給付 傷病（補償）年金 介護（補償）給付 葬祭料（葬祭給付） 休業 特別支給金 ＿＿＿ 特別 一時金／年金
⑥ 添付する書類その他の資料名		死亡診断書、戸籍謄本、休業補償給付請求書 生計を同じくしていたことを証明する書類

上記により 未支給の保険給付の支給を請求／未支給の特別支給金の支給を申請 します。

郵便番号 530　電話番号 〇〇〇〇局 〇〇〇〇番

〇年 1月 18日

請求人／申請人の 住所 大阪市北区同心0−0

大阪中央 労働基準監督署長 殿　　氏名 吉岡 英子 （印：吉岡）

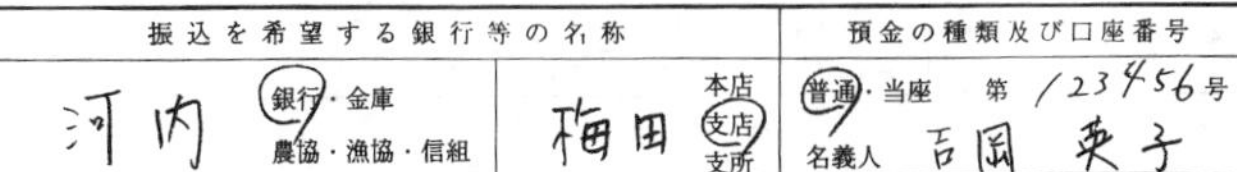

振込を希望する銀行等の名称		預金の種類及び口座番号
河内 銀行（〇）・金庫 農協・漁協・信組	梅田 本店 支店（〇） 支所	普通（〇）・当座 第 123456 号 名義人 吉岡 英子

（物品番号 6211）9.5

様式第5号(表面)　労働者災害補償保険
業務災害用
療養補償給付たる療養の給付請求書

裏面に記載してある注意事項をよく読んだ上で、記入してください。

標準字体：0 5 ア カ サ タ ナ ハ マ ヤ ラ ワ / 1 6 イ キ シ チ ニ ヒ ミ リ ン / 2 7 ウ ク ス ツ ヌ フ ム ユ ル ゜ / 3 8 エ ケ セ テ ネ ヘ メ レ ゛ / 4 9 オ コ ソ ト ノ ホ モ ヨ ロ ー

※帳票種別 34580　①管轄局署 ////　②業通別 1（1業 3通）　③保留（1全レセ 3全給付）　※⑥処理区分

⑤労働保険番号 14103123456（府県 所掌 管轄 基幹番号 枝番号）　年金証書番号記入欄
④受付年月日　⑦支給・不支給決定年月日

⑧性別 1（1男 3女）　⑨労働者の生年月日 3 500826（1明治 3大正 5昭和 7平成）
⑩負傷又は発病年月日 240530
※⑪再発年月日

シメイ(カタカナ)：姓と名の間は1文字あけて記入してください。
⑫労働者の　コウロウ タロウ
⑬三者（1自 3労 5他）　⑭特疾（1特定疾病）　⑮特別加入者

氏名　厚労　太郎　（52歳）
フリガナ　チヨダク　カスミガセキ
住所　千代田区霞ヶ関　1-2-2
⑯郵便番号　100-8916
職種　鋳物工

⑰負傷又は発病の時刻　午前 10時40分頃
⑱災害発生の事実を確認した者の職名、氏名
職名　第一工場長
氏名　○○　次男

⑲災害の原因及び発生状況　(あ)どのような場所で(い)どのような作業をしているときに(う)どのような物又は環境に(え)どのような不安全な又は有害な状態があって(お)どのような災害が発生したかを詳細に記入してください。

鋳物工場内の2階倉庫から1階作業場に通じる階段において、木箱(65×45×20cm)を倉庫から搬出作業中、後ろ向きに階段を下っていたため足を踏み外し、約1.7m下に転落し、左足首を捻挫した。

⑳指定病院等の　名称　○○病院　電話番号 044(000)0000 局番
所在地　川崎市高津区千年 ○○-○　郵便番号 213-XXXX
㉑傷病の部位及び状態　左足関節捻挫

⑫の者については、⑩、⑰及び⑲に記載したとおりであることを証明します。　24年5月30日
事業の名称　○○工業株式会社　電話番号 044(000)0000 局番
事業場の所在地　川崎市川崎区榎町 ○-○　郵便番号 210-XOXO
事業主の氏名　代表取締役　○○一郎　㊞
(法人その他の団体であるときはその名称及び代表者の氏名)
労働者の所属事業場の名称・所在地　電話番号　局番

(注意) 1　労働者の所属事業場の名称・所在地については、労働者が直接所属する事業場が一括適用の取扱いを受けている場合に、労働者が直接所属する支店、工事現場等を記載してください。
2　派遣労働者について、療養補償給付のみの請求がなされる場合にあっては、派遣先事業主は、派遣元事業主が証明する事項の記載内容が事実と相違ない旨裏面に記載してください。

上記により療養補償給付たる療養の給付を請求します。　24年6月3日
川崎南労働基準監督署長 殿
○○ 病院・診療所・薬局・訪問看護事業者 経由
請求人の　郵便番号 100-8916　電話番号 0000 局 0000 番
住所　千代田区霞ヶ関 1-2-2　(　方)
氏名　厚労　太郎　印

支給・不支給決定決議書	署長	次長	課長	係長	係	決定年月日	・　・
						不支給の理由	
	調査年月日	・　・	・　・	・　・			
	復命書番号	第　号	第　号	第　号			

標準字体で記入してください。
※印の欄は記入しないでください。(職員が記入します。)
折り曲げる場合には(◀)の所を谷に折りさらに2つ折りにしてください。
(この欄は記入しないでください。)

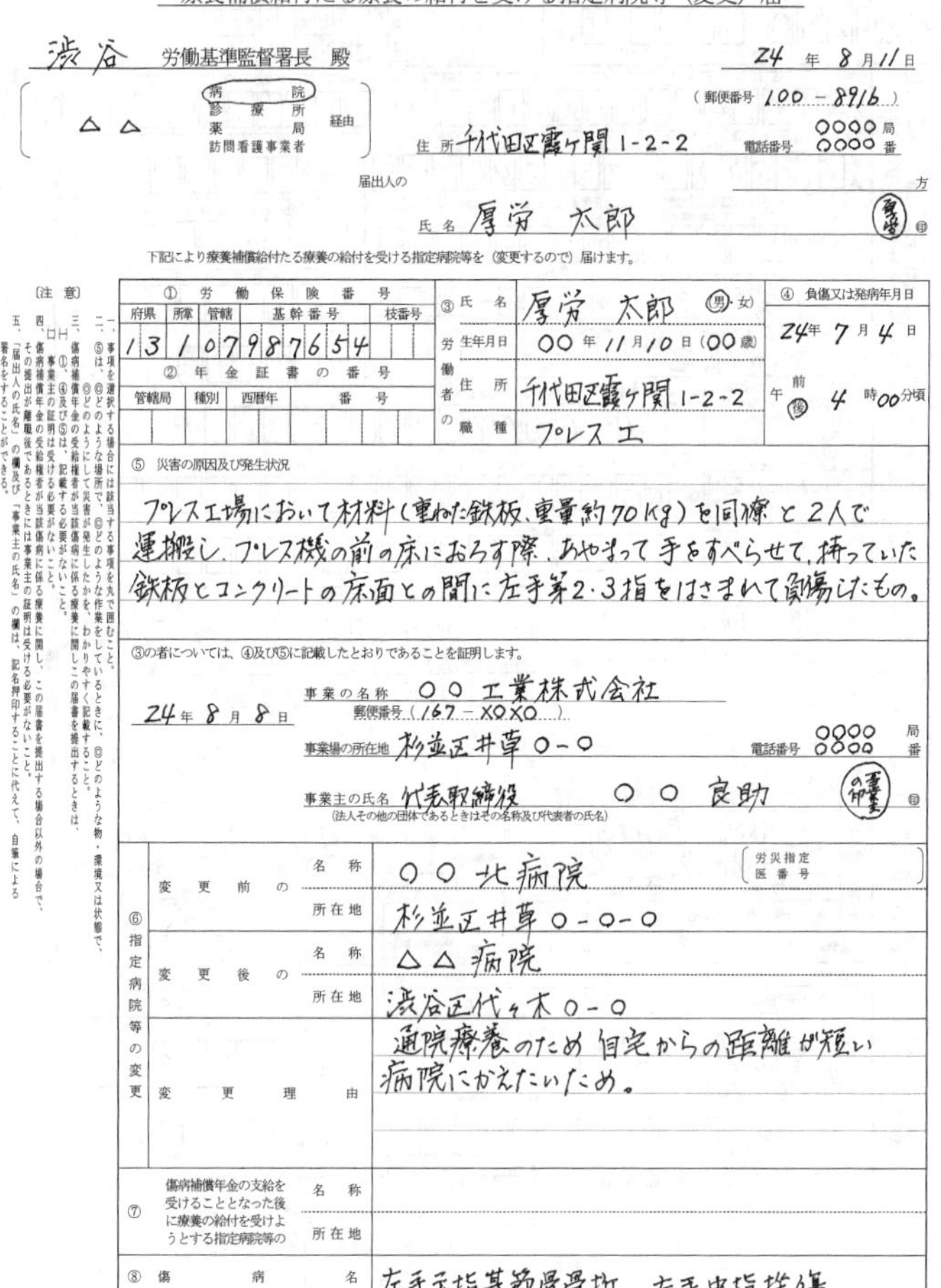

様式第6号

労働者災害補償保険

療養補償給付たる療養の給付を受ける指定病院等（変更）届

渋谷　労働基準監督署長　殿　　　24年 8月 11日

△△　（病院）・診療所・薬局・訪問看護事業者　経由

（郵便番号 100－8916）

届出人の　住所 千代田区霞ケ関1-2-2　電話番号 0000局 0000番　方

氏名 厚労 太郎 ㊞

下記により療養補償給付たる療養の給付を受ける指定病院等を（変更するので）届けます。

① 労働保険番号				③ 労働者の		④ 負傷又は発病年月日
府県	所掌	管轄	基幹番号 / 枝番号	氏名	厚労 太郎（男・女）	24年 7月 4日
13	1	07	987654	生年月日	00年 11月 10日（00歳）	
② 年金証書の番号				住所	千代田区霞ケ関1-2-2	午前・（後） 4時 00分頃
管轄局	種別	西暦年	番号	職種	プレス工	

⑤ 災害の原因及び発生状況

プレス工場において材料（重ねた鉄板、重量約70kg）を同僚と2人で運搬し、プレス機の前の床におろす際、あやまって手をすべらせて、持っていた鉄板とコンクリートの床面との間に左手第2・3指をはさまれて負傷したもの。

③の者については、④及び⑤に記載したとおりであることを証明します。

24年 8月 8日

事業の名称 ○○工業株式会社

郵便番号（167－XOXO）

事業場の所在地 杉並区井草0－0　電話番号 0000局 0000番

事業主の氏名 代表取締役 ○○ 良助 ㊞

（法人その他の団体であるときはその名称及び代表者の氏名）

⑥ 指定病院等の変更			
変更前の	名称	○○北病院	労災指定医番号
	所在地	杉並区井草0－0－0	
変更後の	名称	△△病院	
	所在地	渋谷区代々木0－0	
変更理由		通院療養のため自宅からの距離が短い病院にかえたいため。	
⑦ 傷病補償年金の支給を受けることとなった後に療養の給付を受けようとする指定病院等の	名称		
	所在地		
⑧ 傷病名		左手示指基節骨骨折、左手中指挫傷	

〔注意〕

一、事項を選択する場合には該当する事項を○で囲むこと。

二、⑤は、(イ)どのような場所で、(ロ)どのような作業をしているときに、(ハ)どのような物・環境又は状態で、(ニ)どのようにして災害が発生したかを、わかりやすく記載すること。

三、傷病補償年金の受給権者が当該傷病に係る療養に関しこの届書を提出するときは、
(一) ①、④及び⑤は、記載する必要がないこと。
(二) 事業主の証明は受ける必要がないこと。

四、傷病補償年金の受給権者が当該傷病に係る療養に関し、この届書を提出する場合以外の場合で、その提出が離職後であるときには事業主の証明は受ける必要がないこと。

五、「届出人の氏名」の欄及び「事業主の氏名」の欄は、記名押印することに代えて、自筆による署名をすることができる。

様式第7号（1）（表面） 労働者災害補償保険
業務災害用 第 回
療養補償給付たる療養の費用請求書（同一傷病分）

標準字体
0 5 ア カ サ タ ナ ハ マ ヤ ラ ワ
1 6 イ キ シ チ ニ ヒ ミ リ ン
2 7 ウ ク ス ツ ヌ フ ム ユ ル ゛
3 8 エ ケ セ テ ネ ヘ メ レ ゜
4 9 オ コ ソ ト ノ ホ モ ヨ ロ ー
○濁点、半濁点は一文字として書いてください。（例）カ゛ハ゜

※帳票種別 34250 ①管轄局署 ②業通別 1（1業 3通）

③労働保険番号 40107603451
④年金証書の番号
⑤労働者の性別 1（1男 3女）
⑥労働者の生年月日 5 30 523
⑦負傷又は発病年月日 24 7 18
⑧受付年月日
⑩三者コード ⑪委任未支給 ⑫特別加入者 ⑬審査コード
⑨労働者の シメイ（カタカナ）：姓と名の間は1字あけて記入してください。 ロウドウ イチロウ
氏名 労働 一郎（57歳）
⑩郵便番号 100-8916
住所 千代田区霞ケ関 1-2-2
職種 足場工
⑭金融機関コード
⑮郵便局コード

下の欄及び⑯から⑲までの欄は、口座を新規に届け出る場合、又は、届け出た口座を変更する場合のみ記入してください。
新規・変更
⑯預金の種類 1（1普通 3当座）
⑰口座番号又は記号番号（左ヅメ） 6117434
振り込みを希望する金融機関の名称 北九州（銀行） 小倉（支店）
⑱メイギニン（カタカナ）：姓と名の間は1字あけて記入してください。 ロウドウ イチロウ
⑲（つづき）メイギニン（カタカナ）
口座名義人 労働一郎

⑨の者については⑦及び裏面の⑳、㉑に記載したとおりであることを証明します。
24年7月30日
事業の名称 ○○建設株式会社 電話番号 ○○○○
事業場の所在地 北九州市小倉北区○○ 郵便番号 803-XXXX
事業主の氏名 代表取締役 ○○ 二郎 印
（法人その他の団体であるときはその名称及び代表者の氏名）
（注意）派遣労働者について、療養補償給付のみの請求がなされる場合にあっては、派遣先事業主は、派遣元事業主が証明する事項の記載内容が事実と相違ない旨裏面に記載すること。

医師又は歯科医師等の証明
療養の内容 ㋑期間 24年7月18日から24年7月30日まで13日間 診療実日数 6日
㋺傷病の部位及び傷病名 右膝内側靭帯損傷
㋩傷病の経過の概要 右膝の痛みを訴える 漸次軽快
24年7月30日 治ゆ・継続中・転医・中止・死亡
⑨の者については、㋑から㋭までに記載したとおりであることを証明します。
24年7月30日
郵便番号 803-XXXX
病院又は診療所の 所在地 北九州市小倉北区下到津○-○
名称 ○○病院 電話番号 ○○○○
診療担当者氏名 ○○ 太一 印
㋥療養の内訳及び金額（内訳裏面のとおり。） 35000円
㋭看護料 年 月 日から 年 月 日まで 日間（看護婦の資格の有・無）
㋬移送費 から まで 片道・往復 キロメートル 回
㋣上記以外の療養費（内訳別紙請求書又は領収書 枚のとおり。）
㋠療養の給付を受けなかった理由 近くに療養に適した労災指定病院がなかったため
⑳療養に要した費用の額（合計） 35000円
㉑費用の種別 ㉒療養期間の初日 ㉓療養期間の末日 ㉔診療実日数 ㉕転帰事由

上記により療養補償給付たる療養の費用の支給を請求します。
24年8月2日
郵便番号 100-8916 電話 ○○○○
請求人の 住所 千代田区霞ケ関 1-2-2（ 方）
氏名 労働 一郎 印
北九州東労働基準監督署長 殿

（注意）
一、記入枠の部分は、必ず黒のボールペンを使用し、様式右上に記載された「標準字体」にならって、枠からはみださないように大きめのカタカナ及びアラビア数字で明りょうに記載してください。
二、記載すべき事項のない欄又は記入枠は、空欄のままとし、事項を選択する場合には該当事項を○で囲んでください。（ただし、⑤、⑥及び⑯欄については該当番号を記入枠に記入してください。）
三、□□□で表示された枠（以下、記入枠という。）に記入する文字は、光学式文字読取装置（OCR）で直接読取りを行うので、汚したり、穴をあけたり、必要以上に強く折りまげたり、のりづけしないでください。

※印の欄は記入しないでください。（職員が記入します。）
◎裏面の注意事項を読んでから記入してください。折り曲げる場合には（◀）の所を谷に折りさらに2つ折りにしてください。

様式第7号（1）（裏面）

㋷ 労働者の所属事業場の名称・所在地	○○建設株式会社 北九州市小倉北区○○	㋦ 負傷又は発病の時刻	午前/午後 11 時 20 分頃	㋸ 災害発生の事実を確認した者の	職名 現場主任 氏名 阿部一郎

㋻ 災害の原因及び発生状況　（あ）どのような場所で（い）どのような作業をしているときに（う）どのような物又は環境に（え）どのような不安全な又は有害な状態があって（お）どのような災害が発生したかを詳細に記入すること

現場内で同僚と足場板を搬入中、本人が足場板をとり落とし、あやまって右膝内側に打ちつけ靭帯を損傷したもの

療養の内訳及び金額

診療内容			点数（点）
初診	時間外・休日・深夜		
再診	外来診療料	×　回	
	継続管理加算	×　回	
	外来管理加算	×　回	
	時間外	×　回	
	休日	×　回	
	深夜	×　回	
指導			
在宅	往診	回	
	夜間	回	
	緊急・深夜	回	
	在宅患者訪問診療	回	
	その他		
	薬剤	回	
投薬	内服　薬剤	単位	
	調剤	×　回	
	屯服　薬剤	単位	
	外用　薬剤	単位	
	調剤	×　回	
	処方	×　回	
	麻毒	回	
	調基		
注射	皮下筋肉内	回	
	静脈内	回	
	その他	回	
処置		回	
	薬剤		
手術・麻酔		回	
	薬剤		
検査		回	
	薬剤		
画像診断		回	
	薬剤		
その他	処方せん	回	
	薬剤		
入院	入院年月日　年　月　日		
	病・診・衣	入院基本料・加算	
		×　日間	
		×　日間	
		×　日間	
		×　日間	
		×　日間	
	特定入院料・その他		
小計	点	①　円	

診療内容		金額	摘要
初診		円	
再診	回	円	
指導	回	円	
その他		円	
食事（基準　）	円×　日間	円	
	円×　日間	円	
	円×　日間	円	
小計	②	円	
摘要			
合計金額 ①＋②		円	

（注意）

一、共通の注意事項
（一）事項を選択する場合には、該当する事項を丸で囲むこと。
（二）㋭、㋬及び㋣については、その費用についての明細書及び看護移送等をした者の請求書又は領収書を添えること。
（三）㋑の期間には、最終の投薬の期間をも算入すること。
（四）㋷は、労働者の直接所属する事業場が一括適用の取扱いを受けている場合に、労働者が直接所属する支店、工事現場等を記載すること。
（五）㋻は、どのような場所で、どのような作業をしているときに、どのような物で又はどのような状況において、どのようにして災害が発生したかを簡明に記載すること。

二、傷病補償年金の受給権者が当該傷病に係る療養の費用を請求する場合以外の場合の注意事項
（一）㋦は、記載する必要がないこと。
（二）㋸は、災害発生の事実を確認した者（確認した者が多数あるときは最初に発見した者）を記載すること。
（三）㋸及び㋻は、第二回以後の請求の場合には記載する必要がないこと。
（四）第二回以後の請求が離職後である場合には事業主の証明は受ける必要がないこと。

三、傷病補償年金の受給権者が当該傷病に係る療養の費用を請求する場合の注意事項
（一）③、⑥、⑦及び㋦から㋻までは記載する必要がないこと。
（二）事業主の証明は受ける必要がないこと。

四、「事業主の氏名」の欄、「病院又は診療所の診療担当者氏名」の欄及び「請求人の氏名」の欄は、記名押印することに代えて、自筆による署名をすることができる。

派遣先事業主証明欄	派遣元事業主が証明する事項（表面の⑦及び㋠、㋻）の記載内容について事実と相違ないことを証明します。	
年　月　日	事業の名称	電話番号　局　番
	事業場の所在地	郵便番号　―
	事業主の氏名　㊞	
	（法人その他の団体であるときはその名称及び代表者の氏名）	

表面の記入枠を訂正したときの訂正印欄	削　字 加　字	印

社会保険労務士記載欄	作成年月日提出代行者の表示	氏名	電話番号
		印	

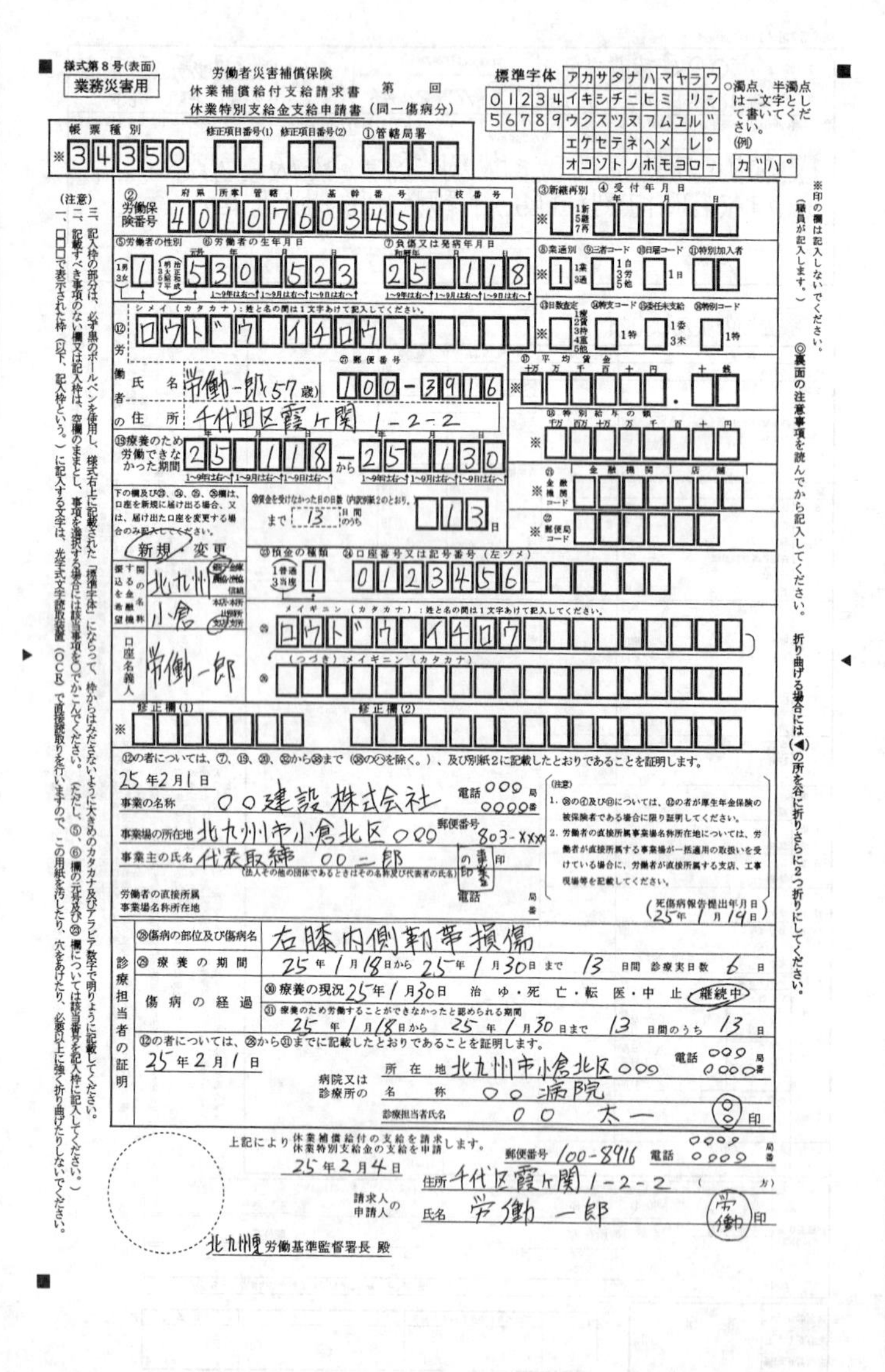

様式第8号(表面)
業務災害用

労働者災害補償保険
休業補償給付支給請求書 第 回
休業特別支給金支給申請書(同一傷病分)

標準字体 アカサタナハマヤラワ 0123456789イキシチニヒミリン ウクスツヌフムユル エケセテネヘメレ オコソトノホモヨロー
◎濁点、半濁点は一文字として書いてください。(例) ガ パ

帳票種別 ※34350 修正項目番号(1) 修正項目番号(2) ①管轄局署

②労働保険番号 府県 所掌 管轄 基幹番号 枝番号 40107603451
③新継再別 ④受付年月日

⑤労働者の性別 1 ⑥労働者の生年月日 530523 ⑦負傷又は発病年月日 250118
⑧業通別 ※1 ⑨三者コード ⑩日雇コード ⑪特別加入者
⑫労働者 シメイ(カタカナ):姓と名の間は1文字あけて記入してください。 ロウドウ イチロウ
氏名 労働一郎(57歳) 郵便番号 100-3916
の住所 千代田区霞ヶ関1-2-2
⑬日数査定 ⑭特支コード ⑮委任未支給 ⑯特別コード
⑰平均賃金 ⑱特別給与の額
⑬療養のため労働できなかった期間 250118から250130
⑲賃金を受けなかった日の日数 まで13日間のうち 13日
㉑金融機関店舗コード ㉒郵便局コード

下の欄及び㉓、㉔、㉕、㉖欄は、口座を新規に届け出る場合、又は、届け出た口座を変更する場合のみ記入してください。
新規・変更
振込を希望する金融機関の名称 北九州 銀行・金庫・農協・漁協・信組 小倉 本店・本所・出張所・支店・支所
㉓預金の種類 1普通 3当座 1 ㉔口座番号又は記号番号(左ヅメ) 0123456
口座名義人 労働一郎 ㉕メイギニン(カタカナ):姓と名の間は1文字あけて記入してください。 ロウドウ イチロウ
㉖(つづき)メイギニン(カタカナ)
※修正欄(1) 修正欄(2)

⑫の者については、⑦、⑬、⑲、㉝から㉟まで(㉟の㋑を除く。)、及び別紙2に記載したとおりであることを証明します。
25年2月1日
事業の名称 ○○建設株式会社 電話 ○○○局 ○○○○番
事業場の所在地 北九州市小倉北区○○○ 郵便番号 803-XXXX
事業主の氏名 代表取締 ○○二郎 (事業主の印) 印
(法人その他の団体であるときはその名称及び代表者の氏名)
労働者の直接所属事業場名称所在地 電話 局 番
(注意)
1. ㉝の㋑及び㉞については、⑫の者が厚生年金保険の被保険者である場合に限り証明してください。
2. 労働者の直接所属事業場名称所在地については、労働者が直接所属する事業場が一括適用の取扱いを受けている場合に、労働者が直接所属する支店、工事現場等を記載してください。
死傷病報告提出年月日 25年1月19日

診療担当者の証明
㉘傷病の部位及び傷病名 右膝内側靭帯損傷
㉙療養の期間 25年1月18日から25年1月30日まで 13日間 診療実日数 6日
傷病の経過 ㉚療養の現況 25年1月30日 治ゆ・死亡・転医・中止・継続中
㉛療養のため労働することができなかったと認められる期間 25年1月18日から25年1月30日まで 13日間のうち 13日
⑫の者については、㉘から㉛までに記載したとおりであることを証明します。
25年2月1日
病院又は診療所の 所在地 北九州市小倉北区○○○ 電話 ○○○局 ○○○○番
名称 ○○病院
診療担当者氏名 ○○太一 印

上記により休業補償給付の支給を請求/休業特別支給金の支給を申請します。
25年2月4日 郵便番号 100-8916 電話 ○○○局 ○○○○番
住所 千代田区霞ヶ関1-2-2 (方)
請求人/申請人の 氏名 労働一郎 印
北九州西 労働基準監督署長 殿

(注意)
一、□□□で表示された枠(以下、記入枠という。)に記入する文字は、光学式文字読取装置(OCR)で直接読取を行いますので、この用紙を汚したり、穴をあけたり、必要以上に強く折り曲げたりしないでください。
二、記載すべき事項のない欄又は記入枠は、空欄のままとし、事項を選択する場合には該当事項を○でかこんでください。(ただし、⑤、⑥欄の元号及び㉓欄については該当番号を記入枠に記入してください。)
三、記入枠の部分は、必ず黒のボールペンを使用し、様式右上に記載された「標準字体」にならって、枠からはみださないように大きめのカタカナ及びアラビア数字で明りょうに記載してください。

※印の欄は記入しないでください。(職員が記入します。)
◎裏面の注意事項を読んでから記入してください。
折り曲げる場合には(◀)の所を谷に折りさらに2つ折りにしてください。

様式第８号（裏面）

㉜ 労働者の職種	㉝負傷又は発病の時刻	㉞平均賃金（算定内訳別紙１のとおり）
足場工	午(前)後 11 時 20 分頃	6543 円 26 銭

㉟所定労働時間	午(前)後 9 時 00 分から午前(後) 5 時 30 分まで	㊱ 休業補償給付額、休業特別支給金額の改定比率（平均給与額証明書のとおり）

㊲ 災害の原因及び発生状況　（あ）どのような場所で（い）どのような作業をしているときに（う）どのような物又は環境に（え）どのような不安全な又は有害な状態があって（お）どのような災害が発生したかを詳細に記入すること

現場内で同僚と足場板を搬入中本人があやまって足場板を落下し本人の右膝内側に打ち当て靭帯を損傷したもの。

㊳ 厚生年金保険等の受給関係			
	㋑ 基礎年金番号		㋺ 被保険者資格の取得年月日　年　月　日
	㋩ 当該傷病に関して支給される年金の種類等	年金の種類	厚生年金保険法の　イ 障害年金　ロ 障害厚生年金 国民年金法の　ハ 障害年金　ニ 障害基礎年金 船員保険法の　ホ 障害年金
		障害等級	級
		支給される年金の額	円
		支給されることとなった年月日	年　月　日
		基礎年金番号及び厚生年金等の年金証書の年金コード	
		所轄年金事務所等	

表面の記入枠を訂正したときの訂正印欄	削　字 加　字　㊞

社会保険労務士記載欄	作成年月日・提出代行者・事務代理者の表示	氏名	電話番号
		印	

〔注　意〕

一、所定労働時間後に負傷した場合には、⑲及び⑳欄については、当該負傷した日を除いて記載してください。

二、別紙１①欄には、平均賃金の算定基礎期間中に業務外の傷病の療養等のために休業した期間があり、その期間及びその期間中に受けた賃金の額を算定基礎から控除して算定した平均賃金に相当する額が平均賃金の額をこえる場合に記載し、控除する期間及び賃金の内訳を別紙１②欄に記載してください。この場合は、㉞欄に、この算定方法による平均賃金に相当する額を記載してください。

三、別紙２は、⑳欄の「賃金を受けなかった日」のうちに業務上の負傷又は疾病による療養のため所定労働時間のうちその一部分についてのみ労働した日（別紙２において「一部休業日」という。）が含まれる場合に限り添付してください。

四、請求人（申請人）が特別加入者であるときは、

(一)、㉞欄には、その者の給付基礎日額を記載してください。

(二)、⑦、⑲、⑳、㉝、㉟及び㊲欄の事項を証明することができる書類その他の資料を添付してください。

(三)、事業主の証明は受ける必要はありません。

五、第二回目以後の請求（申請）の場合には、

(一)、⑲、⑳、㉙及び㉛欄については、前回の請求又は申請後の分について記載してください。

(二)、㉜欄から㉟欄まで及び㊲欄は記載する必要はありません。

(三)、別紙１（平均賃金算定内訳）は付する必要はありません。

(四)、その請求（申請）が離職後である場合（療養のために労働できなかった期間の全部又は一部が離職前にある場合を除く。）には、事業主の証明は受ける必要がないこと。

六、休業特別支給金の支給の申請のみを行う場合には、㊳欄は記載する必要ありません。

七、「事業主の氏名」の欄、「病院又は診療所の診療担当者氏名」の欄及び「請求人（申請人）」の欄は、記名押印することに代えて、自筆による署名をすることができる。

様式第８号（別紙1）（表面）

労働保険番号					氏名	災害発生年月日
府県	所掌	管轄	基幹番号	枝番号		
40	1	07	603451		労働一郎	平成25年1月18日

平均賃金算定内訳

（労働基準法第12条参照のこと。）

雇入年月日	昭和○○年4月4日		常用・日雇の別	（常用）・日雇
賃金支給方法	（月給）・週給・日給・時間給・出来高払制・その他請負制		賃金締切日	毎月 末 日

		区分				計
A 月・週その他一定の期間によって支払ったもの		賃金計算期間	10月1日から 10月31日まで	11月1日から 11月30日まで	12月1日から 12月31日まで	計
		総日数	31日	30日	31日	㋑ 92日
	賃金	基本賃金	187,300円	187,300円	187,300円	円
		住宅手当	5,000	5,000	5,000	
		通勤手当	8,360	8,360	8,360	
		計	200,660円	200,160円	200,660円	㋺ 601,980円
B 日若しくは時間又は出来高払制その他の請負制によって支払ったもの		賃金計算期間	月 日から 月 日まで	月 日から 月 日まで	月 日から 月 日まで	計
		総日数	日	日	日	㋑ 日
		労働日数	日	日	日	㋩ 日
	賃金	基本賃金	円	円	円	円
		手当				
		手当				
		計	円	円	円	㊁ 円
総計			円	円	円	㋭ 円
平均賃金			賃金総額㋭ 601,980円÷総日数㋑ 92 ＝ 6543円 26銭			

最低保障平均賃金の計算方法

Aの㋺　　円÷総日数㋑　＝　　円　　銭㋬

Bの㊁　　円÷労働日数㋩　$\times \frac{60}{100}$ ＝　　円　　銭㋣

㋬　　円　　銭＋㋣　　円　　銭 ＝　　円　　銭（最低保障平均賃金）

日日雇い入れられる者の平均賃金（昭和38年労働省告示第52号による。）	第1号又は第2号の場合	賃金計算期間	㋑ 労働日数又は労働総日数	㋺ 賃金総額	平均賃金（㋺÷㋑$\times \frac{73}{100}$）
		月 日から 月 日まで	日	円	円 銭
	第3号の場合	都道府県労働局長が定める金額			円
	第4号の場合	従事する事業又は職業			
		都道府県労働局長が定めた金額			円
漁業及び林業労働者の平均賃金（昭和24年労働省告示第5号第2条による。）	平均賃金協定額の承認年月日	年 月 日	職種	平均賃金協定額	円

① 賃金計算期間のうち業務外の傷病の療養等のため休業した期間の日数及びその期間中の賃金を業務上の傷病の療養のため休業した期間の日数及びその期間中の賃金とみなして算定した平均賃金

（賃金の総額㋭－休業した期間にかかる②の㋷）÷（総日数㋑－休業した期間②の㋠）

（　　円－　　円）÷（　　日－　　日）＝　　円　　銭

様式第9号（表面）

労働者災害補償保険

平均給与額証明書

①労働保険番号	府県 13 所掌 1 管轄 01 基幹番号 112049 枝番号	③労働者の氏名	池田　太郎	⑤負傷又は発病年月日	○年 8月 21日
②事業の種類（保険料率表による）	金属製品製造業	④労働者の職種	トラック運転手	⑥改定比率	1.24

（I）今回の改定比率算出の基礎	区分		期間	a 所定労働日数	b 延労働者数	c 賃金総額	d 1人1日当りの賃金（c÷b）	e 1人1箇月当りの賃金（d×a）	平均給与額（イ+ロ+ハ）÷3	上昇又は低下した比率
	同種労働者	A	年　月					イ	(1)	
			年　月					ロ		
			年　月					ハ		
		B	年　月					イ	(2)	(2)÷(1)
			年　月					ロ		
			年　月					ハ		
	全労働者	A	○年 ○月	23	27,508	185,348,906	6,738	イ 154,974	(3)	
			年 ○月	19	22,724	143,433,881	6,312	ロ 119,928		
			年 ○月	21	25,116	164,409,338	6,546	ハ 137,466	137,456	
		B	○年 ○月	22	26,796	190,385,583	7,105	イ 156,317	(4)	(4)÷(3)
			年 ○月	25	30,900	226,014,401	7,314	ロ 182,850		
			年 ○月	24	29,232	211,318,129	7,229	ハ 173,496	170,885	1.24

（II）平成2年9月30日までの改定比率	区分	第1回	第2回	第3回
	改定比率			

上記のとおり相違ないことを証明します。

○年 ○月 ○日

中央　労働基準監督署長　殿

電話番号 ○○○○局 ○○○○番　郵便番号 ○○○-○○○○

事業の名称　株式会社　鈴木製作所

事業場の所在地　東京都千代田区大手町○-○

事業主の氏名　代表取締役　鈴木和男　（事業主の印）

（法人のときはその名称及び代表者の氏名）

（物品番号 6218）9.5

様式第10号　（表面）

労働者災害補償保険
障害補償給付支給請求書
障害特別支給金
障害特別年金　支給申請書
障害特別一時金

① 労働保険番号				③ 労働者の			④ 負傷又は発病年月日
府県	所掌	管轄	基幹番号 / 枝番号	フリガナ	コウロウ　タロウ		24 年 5 月 24 日
13	1	03	130772	氏名	厚労太郎（男・女）		午前・後 3 時 30 分頃
② 年金証書の番号				生年月日	昭和26年 3月 10日（61歳）		⑤ 傷病の治ゆした年月日
管轄局	種別	西暦年	番号	フリガナ	チヨダクカスミガセキ		24 年 9 月 6 日
				住所	千代田区霞ケ関 1-2-2		⑦ 平均賃金
				職種			6,338 円 12 銭
				所属事業場名称・所在地			⑧ 特別給与の総額(年額)

⑥ 災害の原因及び発生状況（災害発生場所、作業内容、状況等を簡明に記載すること。）
○○ビル建設現場において足場の組立作業中にあやまって足場板を右足甲に落とし骨折した。

⑧ 特別給与の総額(年額)　650,000 円

⑨ 厚生年金保険等の受給関係			
㋑ 基礎年金番号		㋺ 被保険者資格の取得年月日	年　月　日
㋩ 当該傷病に関して支給される年金の種類等	年金の種類	厚生年金保険法の　イ、障害年金　ロ、障害厚生年金 国民年金法の　イ、障害年金　ロ、障害基礎年金 船員保険法の傷害年金	
	障害等級	級	
	支給される年金の額	円	
	支給されることとなった年月日	年　月　日	
	基礎年金番号及び厚生年金等の年金証書の年金コード		
	所轄年金事務所等		

③の者については、④、⑥から⑧まで並びに⑨の㋑及び㋺に記載したとおりであることを証明します。

年　月　日

事業の名称　株式会社○○工務店　電話番号　0000 局 0000 番
事業場の所在地　台東区下谷町2-4-5　郵便番号　110-0X0X
事業主の氏名　代表取締役　○○二郎　㊞
（法人その他の団体であるときは、その名称及び代表者の氏名）

〔注意〕⑨の㋑及び㋺については、③の者が厚生年金保険の被保険者である場合に限り証明すること。

⑩ 障害の部位及び状態	（診断書のとおり。）	⑪ 既存障害がある場合にはその部位及び状態	
⑫ 添付する書類その他の資料名	レントゲン写真2枚		

⑬ 年金の払渡しを受けることを希望する金融機関又は郵便局			
金融機関（郵便貯金銀行の支店等を除く。）		※ 金融機関店舗コード	
	名称	台東　銀行・金庫　農協・漁協・信組　荒川　本店・支店・支所	
	預金通帳の記号番号	第 123456 号	
郵便貯金銀行の支店等又は郵便局		※郵便局コード	
	フリガナ / 名称	郵便局	
	所在地	都道府県　市郡区	
	預金通帳の記号番号	第　号	

上記により
障害補償給付の支給を請求します。
障害特別支給金
障害特別年金の支給を申請します。
障害特別一時金

郵便番号 100-8916　電話番号 0000 局 0000 番

24年 9月 1日

上野 労働基準監督署長 殿

請求人・申請人の　住所　千代田区霞ケ関 1-2-2
氏名　厚労太郎　㊞

振込を希望する銀行等の名称		預金の種類及び口座番号
台東　銀行・金庫　農協・漁協・信組	荒川　本店・支店・支所	普通・当座 第 123456 号 名義人　厚労太郎

〔注意〕

一、事項を選択する場合には、該当する事項を丸で囲むこと。

二、請求人（申請人）が傷病補償年金を受けていた者であるときは、①、④及び⑥には記載する必要がないこと。

三、請求人（申請人）が特別加入者であるときは、⑦には、その者の給与基礎日額を記載すること。④及び⑥の事項を証明することができる書類その他の資料を添えること。

四、⑬については、障害補償年金又は障害特別年金を受けることとなる場合において、払渡しを金融機関（郵便貯金銀行の支店等を除く。）から受けることを希望する者にあっては「金融機関（郵便貯金銀行の支店等を除く。）」欄に、郵便貯金銀行の支店等又は郵便局から払渡しを受けることを希望する者にあっては「郵便貯金銀行の支店等又は郵便局」欄にそれぞれ記載すること。なお、郵便貯金銀行の支店等又は郵便局から払渡しを受けることを希望する場合であって振込によらないときは、「預金通帳の記号番号」の欄は記載する必要はないこと。※欄には記載しないこと。

五、⑦については、平均賃金の算定基礎期間中に業務外の傷病の療養のため休業した期間が含まれている場合に当該平均賃金に相当する額がその期間の日数及びその期間中の賃金を業務上の傷病の療養のため休業した期間の日数及びその期間中の賃金とみなして算定した平均賃金に相当する額に満たないときは、当該みなして算定した平均賃金にそうとうする額を記載すること。（様式第8号の別紙に内訳を記載し添付すること。ただしすでに提出されている場合を除く。）

六、⑧については、負傷又は発病の日以前一年間（雇入後一年に満たない者については、雇入後の期間）に支払われた労働基準法第十二条第四項の三箇月超える期間ごとに支払われる賃金の総額を記載すること。（五の括弧内と同じ。）

七、③の労働者の所属事業場名称・所在地欄には、労働者が直接所属する事業場が一括適用の取扱いを受けている場合に、労働者が直接所属する支店、工事現場等を記載すること。

八、「事業主の氏名」の欄、「請求人（申請人）の氏名」の欄は、記名押印することに代えて、自筆による署名をすることができます。

様式第11号 （表面）

労働者災害補償保険 障害補償給付 障害給付 変更請求書
障害特別年金変更申請書

① 年金証書の番号		管轄局 13 / 種別 3 / 西暦年 83 / 番号 0031
② 労働者の	氏名	佐々木 正彦
	生年月日	昭和 00 年 3 月 10 日
	住所	東京都杉並区上井草 3-46
③ 現在受けている障害補償年金又は障害年金に係る障害等級		第 5 級
④ 現在受けている障害補償年金又は障害年金が支給されることとなった年月日		昭和 00 年 2 月 1 日
⑤ 障害の部位及び状態		（診断書のとおり。）
⑥ 添付する書類その他の資料名		エックス線写真2葉

上記により 障害補償給付 障害給付 の変更を請求します。
障害特別年金の変更を申請します。

平成00年 12月 5日

郵便番号 167-0000 電話番号 0000 局 XXXX 番

住所 東京都杉並区上井草 3-46 方

請求人 申請人 の 氏名 佐々木 正彦 ㊞

新宿 労働基準監督署長 殿

振込を希望する銀行等の名称		預金の種類及び口座番号
銀行・金庫 農協・漁協・信組	本店 支店 支所	普通・当座 第 号 名義人

（物品番号 6311）8.1

様式第12号(表面)

業務災害用

労働者災害補償保険

遺族補償年金支給請求書
遺族特別支給金
遺族特別年金 支給申請書

年金新規報告書提出

③の死亡労働者の所属事業場名称・所在地欄には死亡労働者が直接所属していた事業場が一括適用の取扱いを受けている場合に、死亡労働者が直接所属していた支店、工事現場等を記載すること。

① 労働保険番号				
府県	所掌	管轄	基幹番号	枝番号
13	1	09	102916	

② 年金証書の番号				
管轄局	種別	西暦年	番号	枝番号

③ 死亡労働者の	
フリガナ	コウロウ タロウ
氏名	厚労 太郎 (男・女)
生年月日	昭和○○年2月16日(○○歳)
職種	鉄骨組立工
所属事業場名称・所在地	

④ 負傷又は発病年月日
24年9月4日
午前・午後 3時40分頃
⑤ 死亡年月日
24年9月4日
⑦ 平均賃金
5,726円23銭
⑧ 特別給与の総額(年額)
770,000円

⑥ 災害の原因及び発生状況

当社工場内で、天井クレーンを操作していた工員が操作をあやまって運搬中の鉄骨を立てかけてあった鉄板に当てたため、それが倒れ溶接作業中の厚労太郎がその下敷きになって死亡した。

⑨ 厚生年金保険等の受給関係				
㋑ 死亡労働者の基礎年金番号及び厚生年金等の年金証書の年金コード		㋺ 死亡労働者の被保険者資格の取得年月日	年 月 日	
㋩ 当該死亡に関して支給される年金の種類				
厚生年金保険法の イ 遺族年金 ロ 遺族厚生年金		国民年金法の イ 母子年金 ロ 準母子年金 ハ 遺児年金 ニ 寡婦年金 ホ 遺族基礎年金		船員保険法の遺族年金
支給される年金の額	支給されることとなった年月日	基礎年金番号及び厚生年金等の年金証書の年金コード		所轄年金事務所等
円	年 月 日			

③の者については、④、⑥から⑧まで並びに⑨の㋑及び㋺に記載したとおりであることを証明します。

24年9月12日

事業の名称 ○○鉄工株式会社　電話番号 ○○○○局 ○○○○番

郵便番号 171-XOXO

事業場の所在地 東京都豊島区池袋○-○

事業主の氏名 代表取締役 ○○剛 ㊞

(法人その他の団体であるときはその名称及び代表者の氏名)

〔注意〕⑨の㋑及び㋺については、③の者が厚生年金保険の被保険者である場合に限り証明すること。

⑩ 請求人申請人 氏名(フリガナ)	生年月日	住所(フリガナ)	死亡労働者との関係	障害の有無	請求人(申請人)の代表者を選任しないときは、その理由
コウロウ ハナコ 厚労 花子	昭和○○・9・2	チヨダク カスミガセキ 千代田区霞ケ関1-2-2	妻	ある・ない	
	・ ・			ある・ない	
	・ ・			ある・ない	
	・ ・			ある・ない	

⑪ 請求人(申請人)以外の遺族補償年金を受けることができる遺族 氏名(フリガナ)	生年月日	住所(フリガナ)	死亡労働者との関係	障害の有無	請求人(申請人)と生計を同じくしているか
コウロウ ヒトミ 厚労 瞳	昭和○○・7・12	チヨダク カスミガセキ 千代田区霞ケ関1-2-2	長女	ある・ない	いる・いない
	・ ・			ある・ない	いる・いない
	・ ・			ある・ない	いる・いない
	・ ・			ある・ない	いる・いない

⑫ 添付する書類その他の資料名

⑬ 年金の払渡しを受けることを希望する金融機関又は郵便局		
金融機関(郵便貯金銀行の支店等を除く)	※金融機関店舗コード	
	名称	埼玉 銀行・金庫 農協・漁協・信組 大宮 本店・支店
	預金通帳の記号番号	第123456号
郵便貯金銀行の支店等又は郵便局	※郵便局コード	
	フリガナ 名称	
	所在地	都道府県 市郡区
	預金通帳の記号番号	第 号

上記により 遺族補償年金の支給を請求します。遺族特別支給金 遺族特別年金 の支給を申請します。

郵便番号 100-8916　電話番号 ○○○○局 ○○○○番

24年9月12日

請求人 申請人(代表者) の 住所 千代田区霞ケ関1-2-2

氏名 厚労 花子 ㊞

池袋 労働基準監督署長 殿

特別支給金について口座振込を希望する銀行等の名称			預金の種類及び口座番号
埼玉	銀行・金庫 農協・漁協・信組	大宮 本店・支店・支所	普通・当座 第123456号 名義人 厚労 花子

様式第13号（表面）

労働者災害補償保険
遺族補償年金
遺族年金 転給等請求書
遺族特別年金転給等申請書

① 死亡労働者の	フリガナ	コウロウ　タロウ	② 請求(申請)の事由	(イ) 先順位者の失権 ロ 胎児であった子の出生 ハ 先順位者の所在不明
	氏名	厚労　太郎　（男・女）		
	生年月日	昭和○○年12月○○日（○○歳）		

③ 請求人 申請人	氏名（フリガナ）	生年月日	住所（フリガナ）	死亡労働者との関係	障害の有無	代表者を選任しないときは、その理由
	コウロウ ジロウ 厚労　次郎	昭和○○年6月19日	チヨダク カスミガセキ 千代田区霞ケ関1-2-2	父	ある・（ない）	
		年　月　日			ある・ない	
		年　月　日			ある・ない	
		年　月　日			ある・ない	

④ 既に遺族補償年金又は遺族年金及び遺族特別年金を受けている者	氏名（フリガナ）	生年月日	住所（フリガナ）	死亡労働者との関係	年金証書の番号 管轄局	種別	西暦年	番号	枝番号
	コウロウ トモコ 厚労　友子	昭和○○年10月2日	チヨダク カスミガセキ 千代田区霞ケ関1-2-2	妻	1 4	5	9 0	0 0 2 6	6 4
		年　月　日							
		年　月　日							
		年　月　日							

⑤ 厚生年金保険等の受給関係

当該死亡に関して支給される年金の種類

厚生年金保険法の	国民年金法の	船員保険法の遺族年金
イ 遺族年金 ロ 遺族厚生年金	イ 母子年金　ロ 準母子年金　ハ 遺児年金 ニ 寡婦年金　ホ 遺族基礎年金	

支給される年金の額	支給されることとなった年月日	基礎年金番号及び厚生年金等の年金証書の年金コード	所轄年金事務所等
567,000円	○年10月23日		鶴見年金事務所

⑥ 請求人（申請人）と生計を同じくしている遺族補償年金又は遺族年金を受けることができる遺族	氏名（フリガナ）	生年月日	住所（フリガナ）	死亡労働者との関係	障害の有無
	コウロウ ジュンコ 厚労　順子	昭和○○年9月30日	チヨダク カスミガセキ 千代田区霞ケ関1-2-2	母	ある・（ない）
		年　月　日			ある・ない
		年　月　日			ある・ない
		年　月　日			ある・ない
		年　月　日			ある・ない

⑦ 添付する書類その他の資料名　1.戸籍謄本　2.住民票の謄本

⑧ 年金の払渡しを受けることを希望する金融機関又は郵便局			
金融機関（郵便貯金銀行の支店等を除く。）	※金融機関店舗コード		
	名称	鎌倉　（銀行）・金庫 農協・漁協・信組　鎌倉	本店・（支店）・支所
	預金通帳の記号番号	（普通）・当座	第 123456 号
郵便貯金銀行の支店等又は郵便局	※郵便局コード		
	名称（フリガナ）		
	所在地	都道府県	市郡区
	預金通帳の記号番号	第	号

上記により 遺族補償年金 遺族年金 の支給を請求します。
遺族特別年金 の支給を申請します。

24年9月4日

藤沢 労働基準監督署長 殿

郵便番号 100-8916　電話番号 ○○○○局 ○○○○番

請求人（代表者）の 申請人（代表者）の

住所 千代田区霞ケ関1-2-2

氏名 厚労　次郎　㊞

（物品番号6313）

様式第14号

労働者災害補償保険

遺族補償年金
~~遺族年金~~ 支給停止申請書

		管轄局	種別	西暦年	番号	枝番号
① 申請人の	年金証書の番号	1 3	5	7 1	0 0 7 8	1 2
	氏名	村山 良一				
	生年月日	昭和 00 年 6 月 25 日				
	住所	東京都世田谷区代田2-13				
② 所在不明者の	年金証書の番号	1 3	5	7 1	0 0 7 8	1 1
	氏名	村山 健				
	最後の住所	申請人に同じ				
	所在不明となった年月日	平成 00 年 10 月 5 日				
	所在不明の事由	家出				
③ 申請人と所在不明者との関係		弟				

④ 申請人の同順位者	氏名	住所	年金証書の番号 管轄局	種別	西暦年	番号	枝番号	所在不明者との関係
	村山 優三	申請人に同じ						弟

⑤ 添付する書類名	

上記のとおり所在不明者に係る 遺族補償年金 ~~遺族年金~~ の支給停止を申請します。

（郵便番号 155 －0033 ）

平成 00 年 12 月 26 日

申請人の 住所 東京都世田谷区代田2-13 電話 0000 局 XXXX 番

渋谷 労働基準監督署長 殿

氏名 村山 良一 （村山） 印

〔注意〕 1 記載すべき事項のない欄には斜線を引くこと。

2 ②の所在不明者の年金証書の番号欄には、その番号が不明のときは記載する必要がないこと。

3 この申請書には、所在不明者の所在が1年以上明らかでないことを証明することができる書類を添えること。

4 ④及び⑤の欄に記載することができない場合には、別紙を付して所要の事項を記載すること。

5 「申請人の氏名」の欄は、記名押印することに代えて、自筆による署名をすることができる。

（物品番号 6314） 9.1

様式第15号（表面）

労働者災害補償保険
遺族補償一時金支給請求書
遺族特別支給金
遺族特別一時金 支給申請書

〔注意〕
③の死亡労働者の所属事業場名称・所在地欄には、死亡労働者が直接所属していた事業場が一括適用の取扱いを受けている場合に、死亡労働者が直接所属していた支店、工事現場等を記載すること。

① 労働保険番号					③ フリガナ	ユウロウ イチロウ	④ 負傷又は発病年月日
府県	所掌	管轄	基幹番号	枝番号	死亡労働者の 氏名	厚労 一郎 （男・女）	24年 8月 1日
12	1	01	0031456		生年月日	昭和 〇〇年 12月 10日（〇〇歳）	午前 10時 30分頃
② 年金証書の番号					職種	トラック運転手	⑤ 死亡年月日
管轄局	種別	西暦年	番号	枝番号	所属事業場名称 所在地		24年 8月 1日

⑥ 災害の原因及び発生状況
〇〇商店へ商品の配達を終えた帰路、千葉市稲毛区作草部町の路上で厚労一郎が運転する小型トラックがダンプカーと衝突、即死した。

⑦ 平均賃金 5,892円 52銭
⑧ 特別給与の総額（年額） 768,000 円

③の者については、④及び⑥から⑧までに記載したとおりであることを証明します。

24年 8月 7日

電話番号 〇X〇局 △△△△番
事業の名称 〇〇株式会社
郵便番号 280-XX00
事業場の所在地 千葉市中央区栄町〇〇
事業主の氏名 代表取締役 〇〇 達夫 印
（法人その他の団体であるときはその名称及び代表者の氏名）

⑨ 請求人 申請人	氏名（フリガナ）	生年月日	住所（フリガナ）	死亡労働者との関係	請求人（申請人）の代表者を選任しないときはその理由
	コウロウ タロウ 厚労 太郎	昭和〇〇年 5月 2日	千代田区霞ケ関 1-2-2	父	
	コウロウ ハナコ 厚労 華子	昭和〇〇年 9月 28日	同上	母	
		年 月 日			
		年 月 日			
		年 月 日			
		年 月 日			

⑩ 添付する書類その他の資料名	死亡診断書，戸籍謄本

上記により 遺族補償一時金の支給を請求します。
遺族特別支給金
遺族特別一時金 の支給を申請します。

郵便番号 100-8916 電話番号 0000（0000）局 番
方

24年 8月 8日

請求人
申請人
（代表者） の 住所 千代田区霞ケ関 1-2-2
氏名 厚労 太郎 印

労働基準監督署長 殿

振込を希望する銀行等の名称（郵便貯金銀行の支店等を除く）		預金の種類及び口座番号
千葉 銀行・金庫 農協・漁協・信組	西千葉 本店 支店 支所	普通・当座 第123456号 名義人 厚労 太郎

様式第16号(表面)

業務災害用

労働者災害補償保険

葬 祭 料 請 求 書

① 労働保険番号	③請求人の	フリガナ 氏名	コウロウ ハナコ 厚労 花子
府県 所掌 管轄 基幹番号 枝番号		住所	千代田区霞ヶ関 1-2-2
② 年金証書の番号 管轄局 種別 西暦年 番号		死亡労働者との関係	妻

④死亡労働者の			⑤ 負傷又は発病年月日
フリガナ	コウロウ タロウ		24年 7月 18日 午後 2時 40分頃
氏名	厚労 太郎	(男・女)	
生年月日	昭和 00年 4月 4日(00歳)		
職種	自動車運転手		
所属事業場名称所在地			⑦ 死亡年月日
⑥ 災害の原因及び発生状況	集金のため自動車で用務先上田商店へ向かう途中 市内高松町3番地交差点で後方から暴走してきたトラックに追突されて、頭部を強打し即死した。		24年 7月 18日
			⑧ 平均賃金 5,884円 50銭

④の者については、⑤、⑥及び⑧に記載したとおりであることを証明します。

24年 7月 24日

電話番号 000局 0000番

事業の名称 株式会社○○工業

郵便番号 370-XXXX

事業場の所在地 高崎市高松町○○

事業主の氏名 代表取締役 ○○ 淳 ㊞

(法人その他の団体であるときはその名称及び代表者の氏名)

⑨ 添付する書類その他の資料名	遺族補償年金請求書に添付

上記により葬祭料の支給を請求します。

24年 7月 25日

郵便番号 100-8916 電話番号 0000局 0000番

請求人の 住所 千代田区霞ヶ関 1-2-2

高崎 労働基準監督署長 殿

氏名 厚労 花子 ㊞

振込を希望する銀行等の名称(郵便貯金銀行の支店等を除く)		預金の種類及び口座番号
群馬 銀行・金庫 農協・漁協・信組	高崎 本店 支店 支所	普通・当座 第654321号 名義人 厚労 花子

(物品番号62111)

様式第16号の2の2（表面）

介護補償給付
介護給付
労働者災害補償保険
支給請求書

帳票種別 ※35290

①管轄局署　②受付年月日　③特別コード　④介護料区分（1有 3無）

標準字体：アカサタナハマヤラワ／0123456789／イキシチニヒミリン／ウクスツヌフムユル゛／エケセテネヘメレ゜／オコソトノホモヨロー（例）ガパ
○濁点、半濁点は一文字として書いてください。

（注意）
一、□□□で表示された枠（以下、記入枠という。）に記入する文字は、光学式文字読取装置（OCR）で直接読取りを行いますので、汚したり、穴をあけたり、必要以上に強く折り曲げたり、のりづけしたりしないでください。（ただし、㉚欄については該当番号を記入枠に記入してください。）
二、記載すべき事項のない欄又は記入枠は空欄のままとし、事項を選択する場合には該当事項を○で囲んでください。
三、記入枠の部分は、必ず黒のボールペンを使用し、様式の右上に記載された「標準字体」にならって、枠からはみださないように大きめのカタカナ及びアラビア数字で明りょうに記載してください。

(イ) 年金証書番号 ⑤ 管轄局 種別 西暦年 番号：113919900

(ロ) 受給している労災年金の種類：☑障害（補償）年金　級　□傷病（補償）年金　級

(ハ) 障害の部位及び状態並びに当該障害を有することに伴う日常生活の状態については別紙診断書のとおり。

(ニ) 労働者の ⑥ 氏名（カタカナ）：姓と名の間は1字あけて左ヅメで記入してください。 コウロウ タロウ
氏名 厚労 太郎　住所 千代田区霞ケ関 1-2-2
生年月日 昭和 00年 2月 2日

	(ホ)請求対象年月	(ヘ)費用を支出して介護を受けた日数	(ト)介護に要する費用として支出した費用の額	介護に従事した者 親族	友人・知人	看護師・家政婦又は看護補助者	施設職員
⑦⑧⑨ ※⑩⑪⑫⑬	7 00 6						
⑭⑮⑯ ※⑰⑱⑲⑳	7 00 7	12	72000				
㉑㉒㉓ ※㉔㉕㉖㉗	7 00 8						

1～9月は右へ　1～9月は右へ　1～9日は右へ

右の欄及び㉚から㉝までの欄は、口座を新規に届け出る場合、又は、届け出た口座を変更する場合のみ記入してください。　新規・変更

振込を希望する金融機関の名称：東武 （銀行・金庫・農協・漁協・信組） 越谷 （本店・本所・出張所・支店・支所）
口座名義人：厚労 太郎
㉘ ※金融機関コード（金融機関／店舗）
㉙ ※郵便局コード

(チ) ㉚預（貯）金の種別：1（1:普通 3:当座）
㉛口座番号又は記号番号（左ヅメ）：0123456
㉜口座名義人（カタカナ）：姓と名の間は1字あけて左ヅメで記入してください。 コウロウ タロウ
㉝（続き）口座名義人（カタカナ）

(リ) 介護を受けた場所等：イ 住居　ロ 施設等（ただし、老人保健施設、身体障害者療護施設、特別養護老人ホーム、原子爆弾被爆者特別養護ホーム及び労災特別介護施設は除く。）　所在地　名称　電話（　）　－

(ヌ) 介護に従事した者

氏名	生年月日	続柄	介護期間・日数	区分
厚労 花子	昭和 00年 1月 15日	妻	6月1日から 8月31日まで 92日間	㋑親族　ロ 友人・知人　ハ 看護師・家政婦又は看護補助者　ニ 施設職員
労働 恵子	昭和 00年 3月 15日	義妹	6月1日から 8月31日まで 20日間	㋑親族　ロ 友人・知人　ハ 看護師・家政婦又は看護補助者　ニ 施設職員
	年 月 日		7月3日から 7月27日まで 12日間	イ 親族　ロ 友人・知人　㋩ 看護師・家政婦又は看護補助者　ニ 施設職員

(ル) 添付する書類　イ 診断書　ロ 介護に要した費用の額の証明書（　通）

上記により 介護補償給付・介護給付 の支給を請求します。
〒100-8916　電話（00）0000-0000
24年9月5日
住所 千代田区霞ケ関 1-2-2
請求人の（　方）
春日部 労働基準監督署長 殿　氏名 厚労 太郎 印

［介護の事実に関する申立て］　私は、上記(リ)及び(ヌ)のとおり介護に従事したことを申し立てます。

住所	氏名	電話番号
千代田区霞ケ関 1-2-2	厚労 花子 ㊞	00-0000-0000
千代田区九段南 0-0-0	労働 恵子 ㊞	00-0000-0000

※印の欄は記入しないでください。（職員が記入します。）
◎裏面の注意事項を読んでから記入してください。折り曲げる場合には(◀)の所を谷に折りさらに2つ折りにしてください。

様式第16号の3(表面)　労働者災害補償保険

通勤災害用

療養給付たる療養の給付請求書

裏面に記載してある注意事項をよく読んだ上で、記入して下さい。

標準字体：0 5 ア カ サ タ ナ ハ マ ヤ ラ ワ / 1 6 イ キ シ チ ニ ヒ ミ リ ン / 2 7 ウ ク ス ツ ヌ フ ム ユ ル ゜ / 3 8 エ ケ セ テ ネ ヘ メ レ ゛ / 4 9 オ コ ソ ト ノ ホ モ ヨ ロ ー

標準字体で記入してください。

帳票種別	※34580
①管轄局署	
②業通別（1業 3通）	3
③保留（1全レセ 3全給付）	
⑥処理区分	※
⑤労働保険番号（府県・所掌・管轄・基幹番号・枝番号）	14103123456
④受付年月日	
⑦支給・不支給決定年月日	
⑧性別（1男 3女）	1
⑨労働者の生年月日（1明治 3大正 5昭和 7平成）	5 09 8 26
⑩負傷又は発病年月日	24 5 30
⑪再発年月日	※
⑬三者（1自 3労 5他）	※
⑮特別加入者	
⑫労働者の シメイ（カタカナ）；姓と名の間は1文字あけて記入してください。	コウロウ タロウ
氏名	厚労　太郎（52歳）
フリガナ	チヨダク　カスミガセキ
住所	千代田区霞ヶ関1－2－2
⑯郵便番号	100－8916
職種	鋳物工
⑰第三者行為災害	該当する・（該当しない）
⑱健康保険日雇特例被保険者手帳の記号及び番号	
⑲通勤災害に関する事項	裏面のとおり
⑳指定病院等の　名称	○○病院　電話番号 044(000)0000局番
所在地	川崎市高津区千年○○－○　郵便番号 213－XXXX
㉑傷病の部位及び状態	左手首を骨折

※印の欄は記入しないでください。（職員が記入します。）

⑫の者については、⑩並びに裏面の㋺、㋩、㊁、㋭、㋬、㋣、㋠（通常の通勤の経路及び方法に限る。）及び㋷に記載したとおりであることを証明します。

24年5月30日

事業の名称　○○工業株式会社　電話番号 044(000)0000局番

事業場の所在地　川崎市川崎区榎町○－○　郵便番号 210－XOXO

事業主の氏名　代表取締役　○○一郎　㊞

（法人その他の団体であるときはその名称及び代表者の氏名）

労働者の所属事業場の名称・所在地　　電話番号　局番

（注意）1　事業主は、裏面の㋣、㋠及び㋷については、知り得なかった場合には証明する必要がないので、知り得なかった事項の符号を消してください。
2　労働者の所属事業場の名称・所在地については、労働者が直接所属する事業場が一括適用の取扱いを受けている場合に、労働者が直接所属する支店、工事現場等を記載してください。
3　派遣労働者について、療養給付のみの請求がなされる場合にあっては、派遣先事業主は、派遣元事業主が証明する事項の記載内容が事実と相違ない旨裏面に記載してください。

折り曲げる場合には（◀）の所を谷に折りさらに2つ折りにしてください。

上記により療養給付たる療養の給付を請求します。

24年6月3日

川崎南　労働基準監督署長　殿

○○　病院・診療所・薬局・訪問看護事業者　経由

請求人の　郵便番号 100－8916　電話番号 00(0000)0000局番

住所　千代田区霞ヶ関1－2－3　（　方）

氏名　厚労　太郎　㊞

支給・不支給決定決議書	署長	次長	課長	係長	係	決定年月日	・ ・
						不支給の理由	
調査年月日	・ ・	・ ・	・ ・				
復命書番号	第　号	第　号	第　号				

（この欄は記入しないで下さい。）

様式第16号の4

通勤災害用

労働者災害補償保険

療養給付たる療養の給付を受ける指定病院等（変更）届

渋谷　労働基準監督署長　殿

〇〇　（病院）・診療所・薬局・訪問看護事業者　経由

24年7月11日

届出人の
（郵便番号 100－8916）
住所　千代田区霞ケ関1－2－2　電話番号 0000局 0000番　方
氏名　厚労　太郎　㊞（厚労）

下記により療養給付たる療養の給付を受ける指定病院等を（変更するので）届けます。

① 労働保険番号					③労働者の		④ 負傷又は発病年月日
府県	所掌	管轄	基幹番号	枝番号	氏名	厚労　太郎　（男）・女	24年6月4日
13	1	07	987654		生年月日	〇〇年12月11日（〇〇歳）	
② 年金証書の番号					住所	千代田区霞ケ関1－2－2	午前・（後）　4時30分頃
管轄局	種別	西暦年	番号		職種	機械工	

⑤ 災害の原因及び発生状況

工場内で、重ねた鉄板、重さ約50kgを同僚2人で手で運び、機械の前の床におろそうとした際、あやまって手を早く離そうとしたとき、持っていた鉄板と工場の床との間に右手第2、第3指をはさまれて負傷したものである。

③の者については、④に記載したとおりであることを証明します。

24年7月8日

事業の名称　△△工業株式会社
郵便番号（167－0X0X）
事業場の所在地　杉並区井草〇－〇　電話番号 0000局 0000番
事業主の氏名　代表取締役社長　〇〇　和夫　㊞（社長の印）
（法人その他の団体であるときはその名称及び代表者の氏名）

〔注意〕事業主は、④について知り得なかった場合には、証明する必要がないこと。

⑥指定病院等の変更			
変更前の	名称	△△北病院	労災指定医番号
	所在地	杉並区井草〇－〇－〇	
変更後の	名称	〇〇病院	
	所在地	渋谷区代々木〇－〇	
変更理由		通院治療のため、自宅からの便がよい病院に変更したいため。	

⑦ 傷病年金の支給を受けることとなった後に療養の給付を受けようとする指定病院等の	名称	
	所在地	
⑧ 傷病名		右手示指基節骨骨折、右手中指挫傷

〔注意〕
一、事項を選択する場合には該当する事項を丸で囲むこと。
二、傷病年金の受給権者が当該傷病に係る療養に関しこの届書を提出するときは、
(一) ①、④及び⑤は、記載する必要がないこと。
(二) 事業主の証明は受ける必要がないこと。
(三) 傷病年金の受給権者が当該傷病に係る療養に関しこの届書を提出する場合以外の場合で、その提出が離職後であるときには事業主の証明は受ける必要がないこと。
四 「届出人の氏名」の欄及び「事業主の氏名」の欄は、記名押印することに代えて、自筆による署名をすることができる。

様式第16号の5(1)(表面) 労働者災害補償保険
通勤災害用
第　回
療養給付たる療養の費用請求書（同一傷病分）

帳票種別 ※34250　①管轄局署　②業通別 3（1業 3通）

③労働保険番号 40107603451　④年金証書の番号

⑤労働者の性別 1（1男 3女）　⑥労働者の生年月日 5 30 0523　⑦負傷又は発病年月日 24 0718　⑧受付年月日 ※

⑨労働者の シメイ（カタカナ）：ロウドウ イチロウ
氏名 労働一郎（00歳）　郵便番号 100-8916
住所 千代田区霞ケ関1-2-2
職種

⑩三者コード ⑪委任未支給 ⑫特別加入者 ⑬審査コード

⑭金融機関コード　⑮郵便局コード

下の欄及び⑯から⑲までの欄は、口座を新規に届け出る場合、又は、届け出た口座を変更する場合のみ記入してください。
新規・変更
振込を希望する金融機関の名称 北九州 小倉 （銀行）
口座名義人 労働一郎

⑯預金の種類 1（1普通 3当座）　⑰口座番号又は記号番号（左ヅメ）6117434
⑱メイギニン（カタカナ）：ロウドウ イチロウ
⑲（つづき）メイギニン（カタカナ）

⑨の者については⑦並びに裏面の⑦（通常の通勤の経路及び方法に限る。）⑦、⑧、⑨、⑩、⑪、⑫及び⑬に記載したとおりであることを証明します。
24年7月30日
事業の名称 △△建設株式会社　電話番号 000-0000
事業場の所在地 北九州市小倉北区00-0　郵便番号 803-XXXX
事業主の氏名 代表取締役 00二郎 印
（法人その他の団体であるときはその名称及び代表者の氏名）

（注意）1 事業主は裏面の⑦、⑦及び⑩については、知り得なかった場合には証明する必要がないので、知り得なかった事項の符号を消してください。
2 派遣労働者について、療養給付のみの請求がなされる場合にあっては、派遣先事業主は、派遣元事業主が証明する事項の記載内容が事実と相違ない旨裏面に記載してください。

医師又は歯科医師等の証明
療養の内容 ④期間 24年7月18日から24年7月30日まで13日間 診療実日数6日
⑩傷病の部位及び傷病名 右膝内側靭帯損傷
⑧傷病の経過の概要 右膝に痛みを訴える 漸次軽快
年 月 日 治ゆ・継続中・転医・中止・死亡
⑨の者については、①から⑤までに記載したとおりであることを証明します。
24年7月30日　郵便番号 803-XXXX
病院又は診療所の 所在地 北九州市小倉北区下到津0-0　電話番号 000-0000
名称 00病院
診療担当者氏名 00 五六 印
⑤療養の内訳及び金額（内訳裏面のとおり。）35000

⑥看護料 年 月 日から 年 月 日まで 日間（看護婦の資格の有・無）
⑧移送費 から まで 片道・往復 キロメートル 回
①上記以外の療養費（内訳別紙請求書又は領収書 枚のとおり。）
⑦療養の給付を受けなかった理由：近くに療養に適した労災指定病院がなかったため
⑳療養に要した費用の額（合計）35000円

㉑費用の種別 ※　㉒療養期間の初日　から　㉓療養期間の末日　まで　㉔診療実日数 日　㉕転帰事由

上記により療養給付たる療養の費用の支給を請求します。
24年8月2日　郵便番号 100-8916　電話 000-0000
請求人の 住所 千代田区霞ケ関1-2-2（ 方）
氏名 労働一郎 印
北九州東 労働基準監督署長 殿

（注意）
一、記入すべき事項のない欄又は記入枠は、空欄のままとし、事項を選択する場合には該当事項を○で囲んでください。（ただし、⑤、⑥及び⑩欄については該当番号を記入枠に記入してください。）
二、□□□で表示された枠（以下、記入枠という。）に記入する文字は、光学式文字読取装置（OCR）で直接読取を行うので、汚したり、穴をあけたり、必要以上に強く折り曲げたり、のりづけしたりしないでください。
三、記入枠の部分は、必ず黒のボールペンを使用し、様式右上に記載された「標準字体」にならって、枠からはみださないように大きめのカタカナ及びアラビア数字で明りょうに記載してください。

標準字体 0 5 アカサタナハマヤラワ 1 6 イキシチニヒミ リン 2 7 ウクスツヌフムユル゛ 3 8 エケセテネヘメ レ゜ 4 9 オコソトノホモヨロー
○濁点、半濁点は一文字として書いてください。（例）ガ゛ハ゜

※印の欄は記入しないでください。（職員が記入します。）
◎裏面の注意事項を読んでから記入してください。
折り曲げる場合には（◀）の所を谷に折りさらに2つ折りにしてください。

様式第16号の5（1）（裏面）

㋷ 災害時の通勤の種別（該当する記号を記入）	イ	イ．住居から就業の場所への移動 ハ．就業の場所から他の就業の場所への移動 ニ．イに先行する住居間の移動 ロ．就業の場所から住居への移動 ホ．ロに後続する住居間の移動
㋦ 労働者の所属事業場の名称・所在地	△△建設株式会社 北九州市小倉北区○○-○	㋸ 現認者の　住所 北九州市小倉北区○○○　氏名 ○○良太　電話 ○88○○ 局番

㋾ 災害の原因及び発生状況

勤務先に出勤途中、小倉駅の階段を降りるとき、階段を踏みはずし右膝を階段に打ちつけ靭帯を損傷したもの。

㋕ 負傷又は発病の年月日及び時刻	24年7月18日 午前 8時30分頃	㋼ 災害時の通勤の種別に関する移動の通常の経路、方法及び所要時間並びに災害発生の日に住居又は就業の場所から災害発生の場所に至った経路、方法、時間、その他の状況
㋵ 災害発生の場所	小倉駅の階段	自宅 —徒歩 15分→ ××駅 —○○線 15→ 小倉駅 —徒歩 15分→ 会社
㋟ 就業の場所（災害時の通勤の種別がハに該当する場合は移動の終点たる就業の場所）	北九州市小倉北区○○-○	
㋹ 就業開始の予定年月日及び時刻（災害時の通勤の種別がイ、ハ又はニに該当する場合は記載すること）	24年7月18日 午前 9時00分頃	
㋞ 住居を離れた年月日及び時刻（災害時の通勤の種別がイ、ニ又はホに該当する場合は記載すること）	24年7月18日 午前 8時00分頃	
㋡ 就業終了の年月日及び時刻（災害時の通勤の種別がロ、ハ又はホに該当する場合は記載すること）	24年7月18日 午後 5時30分頃	
㋧ 就業の場所を離れた年月日及び時刻（災害時の通勤の種別がロ又はハに該当する場合は記載すること）	年　月　日　午前・後　時　分頃	
㋤ 第三者行為災害	該当する・（該当しない）	
㋶ 健康保険日雇特例被保険者手帳の記号及び番号		
㋰ 転任の事実の有無（災害時の通勤の種別がニ又はホに該当する場合）	有・無	㋒ 転任直前の住居に係る住所
		（通常の移動の所要時間　時間 45 分）

療養の内訳及び金額

診療内容		点数（点）
初診	時間外・休日・深夜	
再診	外来診療料　×　回 継続管理加算　×　回 外来管理加算　×　回 時間外　×　回 休日　×　回 深夜　×　回	
指導		
在宅	往診　回 夜間　回 緊急・深夜　回 在宅患者訪問診療　回 その他 薬剤　回	
投薬	内服　薬剤　単位 　調剤　×　回 屯服　薬剤　単位 外用　薬剤　単位 　調剤　×　回 処方　×　回 麻毒　回 調基　回	
注射	皮下筋肉内　回 静脈内　回 その他　回	
処置	回 薬剤	
手術 麻酔	回 薬剤	
検査	回 薬剤	
画像 診断	回 薬剤	
その他	処方せん　回 薬剤	
入院	入院年月日　年　月　日 病・診・衣　入院基本料・加算 ×　日間 ×　日間 ×　日間 ×　日間 ×　日間 特定入院料・その他	
小計	点 ①	円

診療内容	金額	摘要
初診	円	
再診　回	円	
指導　回	円	
その他	円	
食事（基準　） 円×　日間 円×　日間 円×　日間	円 円 円	
小計 ②	円	
摘要		
合計金額 ①＋②	円	

（注意）

一、共通の注意事項

(一) 事項を選択する場合には、該当する事項を丸で囲むこと。

(二) ㋭、㋬及び㋣については、その費用についての明細書及び看護移送等をした者の請求書又は領収書を添えること。

(三) ㋠の期間には、最終の投薬の期間をも算入すること。

(四) ㋦は、労働者の直接所属する事業場が一括適用の取扱いを受けている場合に、労働者が直接所属する支店、工事現場等を記載すること。

(五) ㋾は、どのような場所を、どのような方法で移動している際に、どのような物で又はどのような状況において、どのようにして災害が発生したかを簡明に記載すること。

(六) ㋶は、請求人が健康保険の日雇特例被保険者でない場合には、記載する必要がないこと。

二、傷病年金の受給権者が当該傷病に係る療養の費用を請求する場合以外の場合の注意事項

(一) ④は記載する必要がないこと。

(二) 第二回以後の請求の場合には、㋷から㋰まで、並びに㋴及び㋒については記載する必要がなく、また事業主の証明は受ける必要がないこと。

三、傷病年金の受給権者が当該傷病に係る療養の費用を請求する場合の注意事項

(一) ③、⑥、⑦及び㋹から㋒までは記載する必要がないこと。

(二) 事業主の証明は受ける必要がないこと。

四、「事業主の氏名」の欄、「病院又は診療所の診療担当者氏名」の欄及び「請求人の氏名」の欄は、記名押印することに代えて、自筆による署名をすることができる。

派遣先事業主証明欄	派遣元事業主が証明する事項（表面の㋾並びに㋼（通常の通勤の経路及び方法に限る。）㋕、㋵、㋟、㋹、㋞、㋧及び㋰）の記載内容について事実と相違ないことを証明します。 年　月　日 事業の名称　　電話番号　局　番 郵便番号　— 事業場の所在地 事業主の氏名　㊞ （法人その他の団体であるときはその名称及び代表者の氏名）

表面の記入枠を訂正したときの訂正印欄	削　字 加　字	印

社会保険労務士記載欄	作成年月日提出代行者の表示	氏名	電話番号
		印	

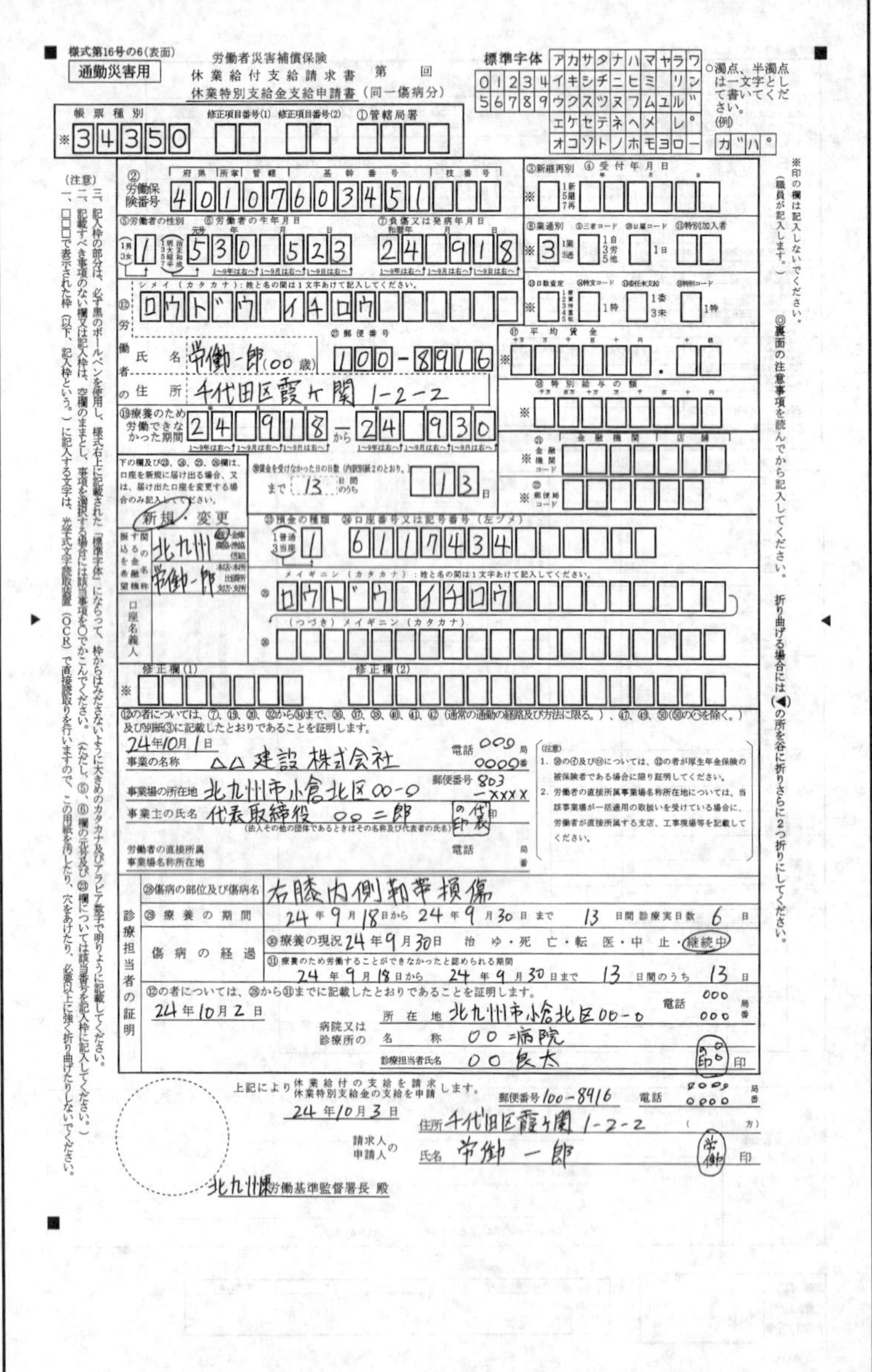

様式第16号の6(表面)　通勤災害用

労働者災害補償保険
休業給付支給請求書　第　回
休業特別支給金支給申請書（同一傷病分）

帳票種別 ※34350

②労働保険番号 40107603451

⑤労働者の性別 1　⑥労働者の生年月日 530523　⑦負傷又は発病年月日 240918

⑫労働者　シメイ（カタカナ）：ロウドウ　イチロウ
氏名 労働一郎（００歳）　郵便番号 100-8916
住所 千代田区霞ヶ関1-2-2

⑲療養のため労働できなかった期間 240918 から 240930
⑳賃金を受けなかった日の日数 まで 13 日間のうち 13 日

新規・変更
振込を希望する金融機関の名称 北九州　労働一郎
㉓預金の種類 1　㉔口座番号又は記号番号 6117434
メイギニン（カタカナ） ロウドウ　イチロウ

⑫の者については、⑦、⑲、⑳、㉜から㉞まで、㊱、㊲、㊳、㊵、㊶、㊷（通常の通勤の経路及び方法に限る。）、㊼、㊾、㊿（㊿の(ハ)を除く。）及び別紙③に記載したとおりであることを証明します。

24年10月1日
事業の名称 △△建設株式会社　電話 000-0000
事業場の所在地 北九州市小倉北区00-0　郵便番号 803-xxxx
事業主の氏名 代表取締役　○○二郎
（法人その他の団体であるときはその名称及び代表者の氏名）

（注意）
1. ⑨の(イ)及び(ロ)については、⑫の者が厚生年金保険の被保険者である場合に限り記載してください。
2. 労働者の直接所属事業場名称所在地については、当該事業場が一括適用の取扱いを受けている場合に、労働者が直接所属する支店、工事現場等を記載してください。

診療担当者の証明
㉘傷病の部位及び傷病名 右膝内側靭帯損傷
㉙療養の期間 24年9月18日から24年9月30日まで 13日間　診療実日数 6日
㉚療養の現況 24年9月30日　治ゆ・死亡・転医・中止・継続中
㉛療養のため労働することができなかったと認められる期間 24年9月18日から24年9月30日まで 13日間のうち 13日

⑫の者については、㉘から㉛までに記載したとおりであることを証明します。
24年10月2日
病院又は診療所の 所在地 北九州市小倉北区00-0　電話 000-000
名称 ○○病院
診療担当者氏名 ○○良太

上記により休業給付の支給を請求／休業特別支給金の支給を申請します。
24年10月3日
郵便番号 100-8416　電話 0000-0000
請求人・申請人の 住所 千代田区霞ヶ関1-2-2
氏名 労働一郎

北九州東労働基準監督署長 殿

様式第16号の6（裏面）

㉜ 労働者の職種	㉝ 負傷又は発病の年月日及び時刻	㉞ 平均賃金（算定内訳別紙１のとおり）
事務職	24年9月18日 午前8時45分頃	7740 円 20 銭

㉟ 災害時の通勤の種別（該当する記号を記入）	㋑ イ．住居から就業の場所への移動　ロ．就業の場所から住居への移動　ハ．就業の場所から他の就業の場所への移動　ニ．イに先行する住居間の移動　ホ．ロに後続する住居間の移動
㊱ 災害発生の場所	会社最寄りの△△駅
㊲ 就業の場所（災害時の通勤の種別がハに該当する場合は移動の終点たる就業の場所）	北九州市小倉北区〇〇－〇
㊳ 就業開始の予定年月日及び時刻（災害時の通勤の種別がイ、ハ又はニに該当する場合は記載すること）	24年7月18日 午前9時00分頃
㊴ 住居を離れた年月日及び時刻（災害時の通勤の種別がイ、ニ又はホに該当する場合は記載すること）	24年7月18日 午前8時15分頃
㊵ 就業終了の年月日及び時刻（災害時の通勤の種別がロ、ハ又はホに該当する場合は記載すること）	24年7月18日 午後5時30分頃
㊶ 就業場所を離れた年月日及び時刻（災害時の通勤の種別がロ又はハに該当する場合は記載すること）	年　月　日　午前・後　時　分頃
㊷ 災害時に通勤の種別に関する移動の通常の経路、方法及び所要時間並びに災害発生の日に住居又は就業の場所から災害発生の場所に至った経路、方法、所要時間その他状況	自宅 →（徒歩 7分）→ ○○駅 →（××線 22分）→ △△駅 →（徒歩 5分）→ 会社 〔通常の通勤所要時間　34分〕
㊸ 災害の原因及び発生状況	会社最寄りの△△駅を下車し階段を登ろうとしたとき階段を踏みはずし転倒したところ右膝の靭帯を損傷した。
㊹ 現認者の	住所　北九州市小倉北区〇〇－△　電話 〇〇〇局 〇〇〇〇番 氏名　〇〇明
㊺ 第三者行為災害	該当する・（該当しない）
㊻ 健康保険日雇特例被保険者手帳の記号及び番号	
㊼ 転任の事実の有無（災害時に通勤の種別がニ又はホに該当する場合）	有・無
㊽ 転任直前の住居に係わる住所	
㊾ 休業給付額・休業特別支給金額の改定比率	（平均給与額証明書のとおり）

㊿ 厚生年金保険等の受給関係		
㋑ 基礎年金番号		㋺ 被保険者資格の取得年月日　年　月　日
㋩ 当該傷病に関して支給される年金の種類等	年金の種類	厚生年金保険法の　イ 障害年金　ロ 障害厚生年金 国民年金法の　ハ 障害年金　ニ 障害基礎年金 船員保険法の　ホ 障害年金
	障害等級	級
	支給される年金の額	円
	支給されることとなった年月日	年　月　日
	基礎年金番号及び厚生年金等の年金証書の年金コード	
	所轄年金事務所等	

表面の記入枠を訂正したときの訂正印欄	削　字 加　字	印

社会保険労務士記載欄	作成年月日・提出代行者・事務代理者の表示	氏名	電話番号
		印	

〔注意〕

一、所定労働時間後に負傷した場合には、⑲及び⑳欄については、当該負傷した日を除いて記載してください。

二、別紙１①欄には、平均賃金の算定基礎期間中に業務外の傷病の療養等のために休業した期間があり、その期間及びその期間中に受けた賃金の額を算定基礎から控除して算定した平均賃金に相当する額が平均賃金の額をこえる場合に記載し、控除する期間及び賃金の内訳を別紙１②欄に記載してください。この場合は、㉞欄に、この算定方による平均賃金に相当する額を記載してください。

三、別紙２は、⑳欄の「賃金を受けなかった日」のうち通勤による負傷又は疾病による療養のため所定労働時間のうちその一部分についてのみ労働した日（別紙２において「一部休業日」という。）が含まれる場合に限り添付してください。

四、請求人（申請人）が特別加入者であるときは、
㈠、㉞欄には、その者の給付基礎日額を記載してください。

㈡、⑦、⑲、⑳、㉝、㊱から㊸欄までの事項を証明することができる書類その他の資料を添付してください。

㈢、事業主の証明は受ける必要はありません。

五、第二回目以降の請求（申請）の場合には、
㈠、⑲、⑳、㉙及び㉛欄については、前回の請求又は申請後の分について記載してください。

㈡、㉜欄から㊺欄まで、並びに㊼欄及び㊽欄は記載する必要はありません。

㈢、別紙１（平均賃金算定内訳）は付する必要はありません。

㈣、その請求（申請）が離職後である場合（療養のために労働できなかった期間の全部又は一部が離職前にある場合を除く。）には、事業主の証明は受ける必要がないこと。

六、㊻は、請求人（申請人）が健康保険の日雇特例被保険者でない場合には記載する必要がないこと。

七、休業特別支給金の支給の申請のみを行う場合には、㊿欄は記載する必要はありません。

八、「事業主の氏名」の欄、「病院又は診療所の診療担当者氏名」の欄及び「請求人（申請人）」の欄は、記名押印することに代えて、自筆による署名をすることができる。

様式第16号の6（別紙1）（表面）

労働保険番号					氏名	災害発生年月日
府県	所掌	管轄	基幹番号	枝番号		
40	1	07	603451		労働 一郎	平成24年9月18日

平均賃金算定内訳

（労働基準法第12条参照のこと。）

雇入年月日	昭和80年4月1日		常用・日雇の別	常用・日雇		
賃金支給方法	月給・週給・日給・時間給・出来高払制・その他請負制			賃金締切日	毎月末日	

	区分					計
A 月・週その他一定の期間によって支払ったもの	賃金計算期間	6月1日から 6月30日まで	7月1日から 7月31日まで	8月1日から 8月31日まで		計
	総日数	30日	31日	31日	㋑	92日
	賃金	基本賃金	187,300円	187,300円	187,300円	561,900円
		主任手当	5,000	5,000	5,000	15,000
		家族手当	9,000	9,000	9,000	27,000
		通勤手当	9,460	9,460	9,460	28,380
		計	210,760円	210,760円	210,760円	㋺ 632,280円
B 日若しくは時間又は出来高払制その他の請負制によって支払ったもの	賃金計算期間	6月1日から 6月30日まで	7月1日から 7月31日まで	8月1日から 8月31日まで		計
	総日数	30日	31日	31日	㋑	92日
	労働日数	22日	23日	20日	㋩	65日
	賃金	基本賃金	円	円	円	円
		残業手当	28,244	36,840	14,736	79,820
		手当				
		計	28,244円	36,840円	14,736円	㋥ 79,820円
総計			239,004円	247,600円	225,496円	㋭ 712,100円
平均賃金	賃金総額㋭ 712,100円÷総日数㋑ 92 ＝ 7,740円 20銭					

最低保障平均賃金の計算方法

Aの㋺ 632,280 円÷総日数㋑ 92 ＝ 6,872 円 60 銭㋬

Bの㋥ 79,820 円÷労働日数㋩ 65 × $\frac{60}{100}$ ＝ 736 円 80 銭㋣

㋬ 6,872 円 60 銭＋㋣ 736 円 80 銭 ＝ 7,609 円 40 銭（最低保障平均賃金）

日日雇い入れられる者の平均賃金（昭和38年労働省告示第52号による。）	第1号又は第2号の場合	賃金計算期間 月 日から 月 日まで	㋠ 労働日数又は労働総日数 日	㋸ 賃金総額 円	平均賃金（㋸÷㋠×$\frac{73}{100}$） 円 銭
	第3号の場合	都道府県労働局長が定める金額 円			
	第4号の場合	従事する事業又は職業			
		都道府県労働局長が定めた金額 円			
漁業及び林業労働者の平均賃金（昭和24年労働省告示第5号第2条による。）	平均賃金協定額の承認年月日 年 月 日	職種	平均賃金協定額 円		

① 賃金計算期間のうち業務外の傷病の療養等のため休業した期間の日数及びその期間中の賃金を業務上の傷病の療養のため休業した期間の日数及びその期間中の賃金とみなして算定した平均賃金

（賃金の総額㋭－休業した期間にかかる②の㋷）÷（総日数㋑－休業した期間②の㋠）

（ 円－ 円）÷（ 日－ 日）＝ 円 銭

様式第16号の7（表面）

労働者災害補償保険
障害給付支給請求書
障害特別支給金
障害特別年金 **支給申請書**
障害特別一時金

通勤災害用

① 労働保険番号		③ 労働者の	フリガナ	コウ ロウ タロウ	④ 負傷又は発病年月日
府県 所掌 管轄 基幹番号 枝番号	1 4 1 0 3 1 2 3 4 5 6		氏名	厚労 太郎（男・女）	24年 5月 30日 午前・午後 8時 45分頃
			生年月日	昭和○○年 8月 26日（○○歳）	⑤ 傷病の治ゆした年月日
② 年金証書の番号			フリガナ	チヨダク カスミガセキ	24年 8月 30日
管轄局 種別 西暦年 番号			住所	千代田区霞ケ関1-2-2	⑥ 平均賃金
			職種	鋳物工	8539円 41銭
			所属事業場 名称・所在地	○○工業株式会社 川崎市川崎区○-○-○	⑦ 特別給与の総額（年額）
⑧ 通勤災害に関する事項				別紙のとおり	780,000円

⑨ 厚生年金保険等の受給関係			
㋑ 厚年等の年金証書の基礎年金番号・年金コード		㋺ 被保険者資格の取得年月日	年 月 日
㋩ 当該傷病に関して支給される年金の種類等	年金の種類	厚生年金保険法の イ、障害年金 ロ、障害厚生年金 国民年金法の イ、障害年金 ロ、障害基礎年金 船員保険法の障害年金	
	障害等級	級	
	支給される年金の額	円	
	支給されることとなった年月日	年 月 日	
	厚年等の年金証書の基礎年金番号・年金コード		
	所轄年金事務所		

③の者については、⑥及び⑦並びに⑨の㋑及び㋺並びに別紙の㋥、㋭、㋬、㋣、㋠、㋷、㋦（通常の通勤の経路及び方法に限る。）及び㋾に記載したとおりであることを証明します。

24年 9月 2日
事業の名称 ○○工業株式会社　電話番号 ○○○○局 ○○○○番
事業場の所在地 川崎市川崎区○-○-○　郵便番号 210-△×△×
事業主の氏名 代表取締役 ○○ 三郎 ㊞
（法人その他の団体であるときは、その名称及び代表者の氏名）

〔注意〕別紙の㋥、㋭及び㋦について知り得なかった場合には証明する必要がないので、知り得なかった事項の符号を消すこと。また、⑨の㋑及び㋺については、③の者が厚生年金保険の被保険者である場合に限り証明すること。

⑩ 障害部位及び状態	（診断書のとおり）	⑪ 既存障害がある場合にはその部位及び状態	無
⑫ 添付する書類その他の資料名	X線写真 3枚		

⑬ 年金の払渡しを受けることを希望する金融機関又は郵便局			
金融機関（郵便貯金銀行の支店等を除く。）	※ 金融機関店舗コード		
	名称	川崎 銀行・金庫 農協・漁業・信組	XX 本店・支店・支所
	預金通帳の記号番号	第 1234567 号	
郵便貯金銀行の支店等又は郵便局	※ 郵便局コード		
	フリガナ 名称		郵便局
	所在地	都道府県	市郡区
	預金通帳の記号番号	第	号

上記により 障害給付の支給を請求します。
障害特別支給金
障害特別年金 の支給を申請します。
障害特別一時金

24年 9月 4日　郵便番号 100-8916　電話番号 ○○○○局 ○○○○番

請求人 申請人 の 住所 千代田区霞ケ関1-2-2
氏名 厚労 太郎 ㊞

川崎南 労働基準監督署長 殿

振込を希望する銀行等の名称（郵便貯金銀行の支店等を除く）		預金の種類及び口座番号
銀行・金庫 農協・漁業・信組	本店 支店 支所	普通・当座 第 号 名義人

〔注意〕

一、事項を選択する場合には、該当する事項を○で囲むこと。

二、請求人（申請人）が傷病年金を受けていた者であるときは、①、④及び⑧の別紙には記載する必要はないこと。

三、請求人（申請人）が特別加入者であるときは、⑥には、その者の給付基礎日額を記載すること。④、⑤の別紙の㋺から㋸まで、㋾及び㋷の事項を証明することができる書類その他の資料を添えること。

四、⑬については、障害年金又は障害特別年金の支給を受けることとなる場合において、払渡しを金融機関（郵便貯金銀行の支店等を除く。）から受けることを希望する者にあっては「金融機関（郵便貯金銀行の支店等を除く。）」欄に、郵便貯金銀行の支店等又は郵便局から受けることを希望する者にあっては「郵便貯金銀行の支店等又は郵便局」欄にそれぞれ記載すること。なお、郵便貯金銀行の支店等又は郵便局から払渡しを受けることを希望する場合であって振込によらないときは、「預金通帳の記号番号」の欄は記載する必要はないこと。※印欄には記載しないこと。

五、⑥については、平均賃金の算定基礎期間中に業務外の傷病の療養のため休業した期間が含まれている場合に、当該平均賃金に相当する額がその期間の日数及びその期間中の賃金を業務上の傷病の療養のため休業した期間の日数及びその期間中の賃金とみなして算定した平均賃金に相当する額に満たないときは、当該みなして算定した平均賃金に相当する額を記載すること。（様式第16号の6の別紙に内訳を記載し添付すること。ただし、すでに提出されている場合を除く。）

六、⑦については、負傷又は発病の日以前一年間（雇入後一年に満たない者については、雇入後の期間）に支払われた労働基準法第十二条第四項の三箇月を超える期間ごとに支払われる賃金の総額を記載すること。（五の括弧内と同じ。）

七、③の労働者の所属事業場名称・所在地欄には、労働者の直接所属する事業場が一括適用の取扱いを受けている場合に、労働者が直接所属する支店、工事現場等を記載すること。

八、「事業主の氏名」の欄、「請求人（申請人）の氏名」の欄は、記名押印することに代えて、自筆による署名をすることができる。

様式第16号の8（表面）

労働者災害補償保険

遺族年金支給請求書
遺族特別支給金 遺族特別年金 支給申請書

通勤災害用

〔注意〕
③の死亡労働者の所属事業場名称・所在地欄には、死亡労働者が直接所属していた事業場が一括適用の取扱いを受けている場合に、死亡労働者が直接所属していた支店、工事現場等を記載すること。

① 労働保険番号				
府県	所掌	管轄	基幹番号	枝番号
13	1	09	102916	

② 年金証書の番号				
管轄局	種別	西暦年	番号	枝番号

③ 死亡労働者の		
フリガナ	コウロウ タロウ	
氏名	厚労 太郎	(男・女) 男
生年月日	昭和55年 2月 16日 (00歳)	
職種	鉄骨組立工	
所属事業場名称・所在地		

④負傷又は発病年月日	24年 9月 4日 午前・午後 3時 40分頃
⑤死亡年月日	24年 9月 4日
⑥平均賃金	5,726円 23銭
⑦特別給与の総額(年額)	770,000円

⑧ 通勤災害に関する事項　別紙のとおり

⑨ 厚生年金等の受給関係				
㋑ 死亡労働者の厚年等の年金証書の基礎年金番号・年金コード		㋺ 死亡労働者の被保険者の資格の取得年月日	年 月 日	
㋩ 当該死亡に関して支給される年金の種類				
厚生年金保険法の イ 遺族年金 ロ 遺族厚生年金		国民年金法の イ母子年金 ロ準母子年金 ハ遺児年金 ニ寡婦年金 ホ遺族基礎年金		船員保険法の遺族年金
支給される年金の額	支給されることとなった年月日	厚年等の年金証書の基礎年金番号・年金コード		所轄年金事務所等
円	年 月 日			

③の者については、⑥及び⑦並びに⑨の㋑及び㋺並びに別紙の㋩、㋥、㋭、㋬、㋠、㋷、㋸（通常の通勤の経路及び方法に限る。）及び㋾に記載したとおりであることを証明します。

24年 9月 12日

事業の名称　株式会社○○鉄工　電話番号 0000局 0000番

事業場の所在地　東京都豊島区池袋0-0　郵便番号 171-0X0X

事業主の氏名　代表取締役社長 ○○ 剛　㊞

（法人その他の団体であるときは、その名称及び代表者の氏名）

〔注意〕別紙の㋩、㋥及び㋸について知り得なかった場合には証明する必要がないので知り得なかった事項の符号を消すこと。また、⑨の㋑及び㋺については、③の者が厚生年金保険の被保険者である場合に限り証明すること。

⑩ 請求人 申請人	フリガナ 氏名	生年月日	フリガナ 住所	死亡労働者との関係	障害の有無	請求人(申請人)の代表者を選任しないときは、その理由
	厚労 花子	昭和00.9.2	チヨダク カスミガセキ 千代田区霞ヶ関1-2-2	妻	ある・ない（ない）	
		・ ・			ある・ない	
		・ ・			ある・ない	
		・ ・			ある・ない	

⑪ 請求人(申請人)以外の遺族年金を受けることができる遺族	フリガナ 氏名	生年月日	フリガナ 住所	死亡労働者との関係	障害の有無	請求人(申請人)と生計を同じくしているか
	厚労 瞳	昭和00.7.12	チヨダク カスミガセキ 千代田区霞ヶ関1-2-2	長女	ある・ない（ない）	いる・いない
		・ ・			ある・ない	いる・いない
		・ ・			ある・ない	いる・いない
		・ ・			ある・ない	いる・いない

⑫ 添付する書類その他の資料名

⑬ 年金の払渡しを受けることを希望する金融機関又は郵便局			
金融機関（郵便貯金銀行の支店等を除く）	※金融機関店舗コード		
	名称	埼玉　銀行・金庫・農協・漁協・信組　大宮　本店・支店・支所	
	預金通帳の記号番号	第 123456 号	
郵便貯金銀行の支店等又は郵便局	※郵便局コード		
	フリガナ 名称		
	所在地	都道府県　市郡区	
	預金通帳の記号番号	第　号	

上記により 遺族年金の支給を請求します。遺族特別支給金 遺族特別年金 の支給を請求します。

24年 9月 12日

池袋 労働基準監督署長 殿

請求人 申請人（代表者）の

郵便番号 100-8916　電話番号 0000局 0000番

住所 千代田区霞ヶ関1-2-2

氏名 厚労 花子 ㊞

特別支給金について口座振込みを希望する銀行等の名称		預金の種類及び口座番号
埼玉　銀行・金庫・農協・漁協・信組	大宮　本店・支店・支所	普通・当座　第 123456 号　名義人 厚労 花子

様式第16号の9(表面)

労働者災害補償保険

遺族一時金支給請求書
遺族特別支給金 遺族特別一時金 支給申請書

通勤災害用

〔注意〕

③の死亡労働者の所属事業場名称・所在地欄には、死亡労働者が直接所属していた支店、工事現場等を記載すること。

適用の取扱いを受けている場合に、労働者が直接所属していた事業場が一括

① 労働保険番号					③ 死亡労働者の	フリガナ	コウロウ イチロウ	④負傷又は発病年月日
府県	所掌	管轄	基幹番号	枝番号		氏名	厚労 一郎 (男・女)	24年 8月 1日
12	1	01	0103456			生年月日	24年 8月 1日(00歳)	午後 7時 50分頃
② 年金証書の番号								⑤ 平均賃金
管轄局	種別	西暦年	番号	枝番号		職種	トラック運転手	5,892円 52銭
						所属事業場名称	○○株式会社	⑥特別給与の総額(年額)
						所在地	千葉市中央区栄町○○	768,000円
								⑦ 死亡年月日
⑧ 通勤災害に関する事項							別紙のとおり	24年 8月 1日

③の者については、④、⑤及び⑥並びに別紙の㋑、㋥、㋭、㋬、㋣、㋷、㋦(通常の通勤の経路及び方法に限る。)及び㋠に記載したとおりであることを証明します。

電話番号 ○○○ 局 ○○○○ 番

24年 8月 7日

事業の名称 ○○株式会社

郵便番号 280-XX○○

事業場の所在地 千葉市中央区栄町○○

事業主の氏名 代表取締役 ○○ 達夫 ㊞

(法人その他の団体であるときはその名称及び代表者の氏名)

〔注意〕 事業主は、別紙の㋑、㋥及び㋦について知り得なかった場合には証明する必要がないので知り得なかった事項の符号を消すこと。

⑨	フリガナ 氏名	生年月日	住所	死亡労働者との関係	請求人(申請人)の代表者を選任しないときはその理由
請申	コウロウ タロウ 厚労 太郎	昭和 00年 5月 2日	千代田区霞ケ関 1-2-2	父	
	コウロウ サトコ 厚労 里子	昭和 00年 9月 28日	同上	母	
求請		年 月 日			
		年 月 日			
人人		年 月 日			
		年 月 日			

⑩ 添付する書類その他の資料名	死亡診断書、戸籍謄本

上記により 遺族一時金の支給を請求します。 遺族特別支給金 遺族特別年金 の支給を申請します。

郵便番号 100-8916 電話番号 ○○○○ 局 ○○○○ 番 方

24年 8月 8日

労働基準監督署長 殿

請求人 申請人 の(代表者)

住所 千代田区霞ケ関 1-2-2

氏名 厚労 太郎 ㊞

振込を希望する銀行等の名称(郵便貯金銀行の支店等を除く)				預金の種類及び口座番号
千葉	銀行・金庫 農協・漁協・信組	西千葉	本店 支店 支所	普通・当座 第 123456 号
				名義人 厚労 太郎

様式第16号の10（表面）

労働者災害補償保険

葬祭給付請求書

通勤災害用

①労働保険番号		③請求人の	氏名（フリガナ）	コウロウ ハナコ 厚労 花子
府県・所掌・管轄・基幹番号・枝番号			住所	千代田区霞ヶ関1-2-2
②年金証書の番号（管轄局・種別・西暦年・番号）			死亡労働者との関係	妻

④死亡労働者の		⑤平均賃金
氏名（フリガナ）	コウロウ タロウ 厚労 太郎（男・女）	5,884円50銭
生年月日	昭和 00年4月4日（00歳）	⑥死亡年月日
職種	機械組立工	24年7月18日
所属事業場名称・所在地		

⑦通勤災害に関する事項	別紙のとおり

④の者については、⑤並びに別紙の㋑、㋥、㋭、㋬、㋠、㋷、㋸（通常の通勤の経路及び方法に限る。）及び⑦に記載したとおりであることを証明します。

24年7月24日

事業の名称　株式会社○○工業　電話番号 000局 0000番

郵便番号 370-XXXX

事業場の所在地　高崎市高松町○○

事業主の氏名　代表取締役　○○淳 ㊞

（法人その他の団体であるときは、その名称及び代表者の氏名）

［注意］事業主は、別紙の㋑、㋥及び㋸について知り得なかった場合には証明する必要がないので、知り得なかった事項の符号を消すこと。

⑧添付する書類その他の資料名	遺族年金請求書に添付

上記により葬祭給付の支給を請求します。

郵便番号 100-8916　電話番号 0000局 0000番

24年7月25日

高崎 労働基準監督署長 殿

請求人の 住所 千代田区霞ヶ関1-2-2

氏名 厚労 花子 ㊞

振込を希望する銀行等の名称		預金の種類及び口座番号
群馬 銀行・金庫・農協・漁協・信組	高崎 本店・支店・支所	普通・当座 第654321号 名義人 厚労 花子

（物品番号68110）

様式第16号の10の2（表面） 労働者災害補償保険

二次健康診断等給付請求書

裏面に記載してある注意事項をよく読んだ上で、記入してください。

帳票種別 ※ 38530　①管轄局　②帳票区分（1 新規 無 移行）③保留 1　④受付年月日 7

⑤労働保険番号（府県・所掌・管轄・基幹番号・枝番号）1310112345 6　⑥処理区分 ※　⑦支給・不支給決定年月日　⑧特例コード（1 3か月超 3 複数医等 5 1及び3）

⑨性別（1男 3女）1　⑩労働者の生年月日（3大正 5昭和 7平成）5000426　⑪一次健康診断受診年月日 7平成 7230514　⑫二次健康診断受診年月日 7平成 7230620

⑬労働者の
シメイ（カタカナ）：姓と名の間は1文字あけて記入してください。 コウロウ タロウ
氏名 厚労 太郎 （○○歳）
フリガナ チヨダク カスミガセキ
住所 千代田区霞ケ関 1-2-2
㉒郵便番号 □□□-□□□□

一次健康診断結果欄
一次健康診断（直近の定期健康診断等）における以下の検査結果について記入してください。
（以下の⑭、⑮、⑰及び⑱の異常所見について、すべて「有」の方が二次健康診断等給付を受給することができます。）

⑭血圧の測定における異常所見（高い場合に限る。）	⑮血中脂質検査における異常所見（高い場合に限る。ただし、HDLコレステロールについては、低い場合に限る。）	血糖検査 ⑯検査方法	血糖検査 ⑰異常所見（高い場合に限る。）	⑱腹囲の検査又はBMI（肥満度）の測定における異常所見（高い場合に限る。）	⑲尿蛋白検査についての所見	⑳脳又は心臓疾患について治療を行っているなど、当該疾患の症状の有無
1 有 3 無：1	1 有 3 無：1	1 血糖値検査 3 ヘモグロビン A_{1c}検査：1	1 有 3 無：1	1 有 3 無：1	1 − 3 ± 5 ＋ 7 ＋＋ 9 ＋＋＋：3	1 有 3 無：3

二次健康診断等実施機関の
名称 ○○病院　電話番号 03-0000-0000
所在地 練馬区東大泉0-0-0　郵便番号 177-XXXX

㉑の期日が⑪の期日から3か月を超えている場合、その理由について、該当するものを○で囲んでください。
イ 天災地変により請求を行うことができなかった。
ロ 医療機関の都合等により、一次健康診断の結果の通知が著しく遅れた。
ハ その他（理由： ）

事業主証明欄
⑬の者について、⑪の期日が一次健康診断の実施日であること及び添付された書類が⑪の期日における一次健康診断の結果であることを証明します。
23年6月13日
事業の名称 株式会社 ○○商事　電話番号 03-0000-0000
事業場の所在地 中央区銀座0-0-0　郵便番号 104-XXXX
事業主の氏名 ○○ 太郎 印
（法人その他の団体であるときはその名称及び代表者の氏名）（記名押印又は署名）
労働者の所属事業場の名称・所在地　電話番号 − −

上記により二次健康診断等給付を請求します。
東京 労働局長 殿
㉑請求年月日 7平成 7230618

病院・診療所 経由
請求人の 郵便番号 100-8916　電話番号 03-XXXX-XXXX
住所 千代田区霞ケ関 1-2-2
氏名 厚労 太郎 印
（記名押印又は署名）

支給・不支給決定決議書

局長	部長	課長		

調査年月日	・ ・
復命書番号	第 号
決定年月日	・ ・
不支給理由	

※印の欄は記入しないでください。（職員が記入します。）
◎裏面の注意事項を読んでから記入してください。折り曲げる場合には（◀）の所を谷に折りさらに2つ折りにしてください
（この欄は記入しないでください。）

標準字体 0 5 ア カ サ タ ナ ハ マ ヤ ラ ワ 1 6 イ キ シ チ ニ ヒ ミ リ ン 2 7 ウ ク ス ツ ヌ フ ム ユ ル ゛ 3 8 エ ケ セ テ ネ ヘ メ レ ゜ 4 9 オ コ ソ ト ノ ホ モ ヨ ロ ー

様式第16号の10の2（裏面）

<table>
<tr><td colspan="3">一次健康診断を行った医師が異常の所見がないと診断した項目について、産業医等が異常の所見があると診断した場合、当該産業医等が新たに異常の所見があると診断した項目について、該当するものを○で囲んでください。

イ 血圧
ロ 血中脂質
ハ 血糖値</td></tr>
<tr><td>ニ 腹囲又はBMI（肥満度）</td><td>異常の所見があると診断した産業医等の氏名</td><td>㊞
（記名押印又は署名）</td></tr>
</table>

〔注意〕

1 □□□で表示された枠（以下「記入枠」という。）に記入する文字は、光学的文字読取装置（OCR）で直接読取りを行うので、汚したり、穴をあけたり、必要以上に強く折り曲げたり、のりづけしたりしないでください。

2 記載すべき事項のない欄又は記入枠は空欄のままとし、事項を選択する場合には該当事項を○で囲み（⑨及び⑭から⑳までの事項並びに⑩、⑪、⑫及び㉑の元号については、該当番号を記入枠に記入すること。）、※印のついた記入欄には記入しないでください。

3 記入枠の部分は、必ず黒のボールペンを使用し、様式表面右上に記載された「標準字体」にならって、枠からはみ出さないように大きめのカタカナ及びアラビア数字で明りょうに記入してください。

4 「一次健康診断」とは、直近の定期健康診断等（労働安全衛生法第66条第1項の規定による健康診断又は当該健康診断に係る同条第5項ただし書の規定による健康診断のうち、直近のもの）をいいます。

5 ⑫は、実際に二次健康診断を受診した日（複数日に分けて受診した場合は最初に受診した日）を、また、㉑は、二次健康診断等給付を請求した日（二次健康診断等を医療機関に申し込んだ日）をそれぞれ記入してください。

6 ⑭から⑳までの事項を証明することができる一次健康診断の結果を添えてください。

7 「二次健康診断等実施機関の名称及び所在地」の欄については、実際に二次健康診断等を受診した医療機関の名称及び所在地を記載してください（胸部超音波検査（心エコー検査）又は頸部超音波検査（頸部エコー検査）を別の医療機関で行った場合、当該医療機関については記載する必要はありません。）。

8 「事業主の氏名」の欄及び「請求人の氏名」の欄は、記名押印することに代えて、自筆による署名をすることができます。

9 「労働者の所属事業場の名称・所在地」の欄については、労働者が直接所属する事業場が一括適用の取扱いを受けている場合に、労働者が直接所属する支店、工事現場等を記載してください。

10 「産業医等」とは、労働安全衛生法第13条に基づき当該労働者が所属する事業場に選任されている産業医や同法第13条の2に規定する労働者の健康管理等を行うのに必要な医学に関する知識を有する医師（地域産業保健センターの医師、小規模事業場が共同選任した産業医の要件を備えた医師等）をいいます。

表面の記入枠を訂正したときの訂正印欄	削　字 加　字	㊞

社会保険労務士記載欄	作成年月日・提出代行者・事務代理者の表示	氏　　　名	電話番号
		㊞	

様式第34号の7

労働者災害補償保険　特別加入申請書　（中小事業主等）

① 事業主の氏名（法人その他の団体であるときはその名称）	厚生労働塗装有限会社	
② 申請に係る事業	イ 労働保険番号	府県 14／所掌 1／管轄 01／基幹番号 900005／枝番号 005
	フリガナ	コウセイロウドウ トソウ ユウゲンガイシャ
	ロ 名称	厚生労働塗装有限会社
	ハ 事業場の所在地	神奈川県横浜市中区XX通X−0

③ 特別加入予定者　＊ この用紙に入力しきれない場合には、別紙に入力すること。　加入予定者数　計 3 名

整理番号	特別加入予定者の氏名	事業主との関係	業務の内容　業務の具体的内容	業務の内容　特定業務との関係	業務歴	希望する給付基礎日額	備考
1	厚生太郎	代表取締役	一般建築物の塗装（トルエン・キシレン）9:00〜17:30	イ 粉じん作業を行う業務　ロ 振動工具使用の業務　ハ 鉛業務　(ニ) 有機溶剤業務　ホ 該当なし	特定業務に 最初に従事した年月 昭和60年10月／従事した期間の合計 26年6月	18,000	
2	厚生次郎	取締役		イ 粉じん作業を行う業務　ロ 振動工具使用の業務　ハ 鉛業務　(ニ) 有機溶剤業務　ホ 該当なし	特定業務に 最初に従事した年月 平成8年4月／従事した期間の合計 16年　月	14,000	
3	厚生三郎	取締役		イ 粉じん作業を行う業務　ロ 振動工具使用の業務　ハ 鉛業務　(ニ) 有機溶剤業務　ホ 該当なし	特定業務に 最初に従事した年月 平成8年8月／従事した期間の合計 15年8月	14,000	
				イ 粉じん作業を行う業務　ロ 振動工具使用の業務　ハ 鉛業務　ニ 有機溶剤業務　ホ 該当なし	特定業務に 最初に従事した年月 年　月／従事した期間の合計 年　月		
				イ 粉じん作業を行う業務　ロ 振動工具使用の業務　ハ 鉛業務　ニ 有機溶剤業務　ホ 該当なし	特定業務に 最初に従事した年月 年　月／従事した期間の合計 年　月		

④ 労働保険事務の処理を委託した年月日　平成24年4月1日

⑤ 労働保険事務組合の証明

上記④の日より労働保険事務の処理の委託を受けていることを証明します。

平成24年4月3日

労働保険事務組合
名称　労働保険事務組合〇〇商工会
郵便番号 231−0000　電話番号 045−0000−XXXX
主たる事務所の所在地　神奈川県横浜市中区〇〇町△−△
代表者の氏名　労災一郎　（代表者の印）㊞

⑥ 特別加入を希望する日（申請日の翌日から起算して14日以内）　平成24年5月1日

上記のとおり特別加入の申請をします。

郵便番号 231−0000　電話番号 045−000−0000

平成24年4月24日

神奈川　労働局長　殿

事業主の
住所　神奈川県横浜市中区XX通X−0
氏名　厚生労働塗装有限会社　代表取締役　厚生太郎　（事業主の印）㊞
（法人その他の団体であるときはその名称及び代表者の氏名）

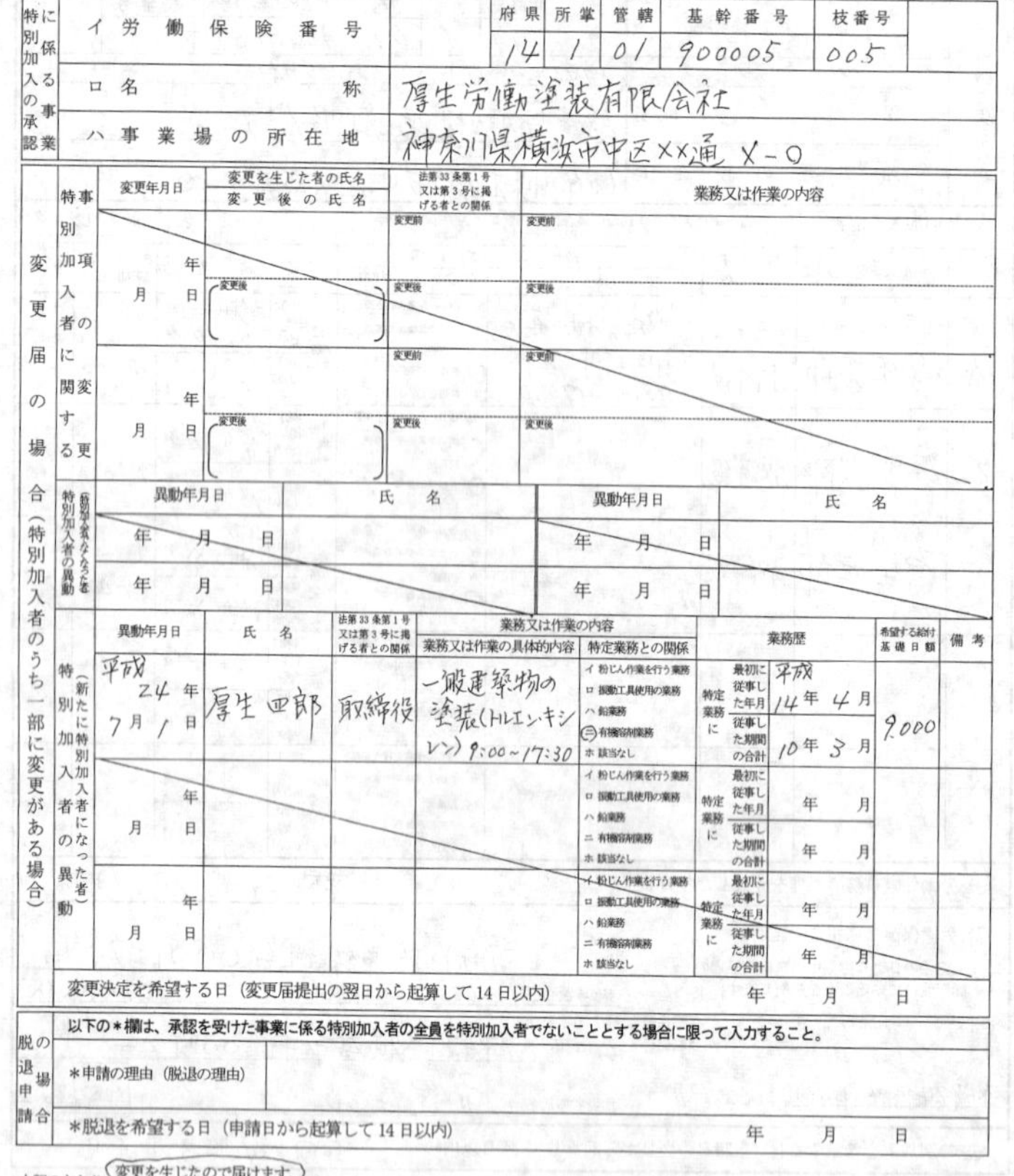

様式第34号の8

労働者災害補償保険　特別加入に関する変更届　特別加入脱退申請書　（中小事業主等及び一人親方等）

特別加入の承認に係る事業		
イ 労働保険番号	府県 14 所掌 1 管轄 01 基幹番号 900005 枝番号 005	
ロ 名称	厚生労働塗装有限会社	
ハ 事業場の所在地	神奈川県横浜市中区××通 X－0	

変更届の場合（特別加入者のうち一部に変更がある場合）

特別加入者に関する事項の変更

変更年月日	変更を生じた者の氏名／変更後の氏名	法第33条第1号又は第3号に掲げる者との関係	業務又は作業の内容
年 月 日	変更後	変更前 ／ 変更後	変更前 ／ 変更後
年 月 日	変更後	変更前 ／ 変更後	変更前 ／ 変更後

特別加入者の異動（特別加入者でなくなった者）

異動年月日	氏名	異動年月日	氏名
年 月 日		年 月 日	
年 月 日		年 月 日	

特別加入者の異動（新たに特別加入者になった者）

異動年月日	氏名	法第33条第1号又は第3号に掲げる者との関係	業務又は作業の具体的内容	特定業務との関係	業務歴	希望する給付基礎日額	備考
平成24年7月1日	厚生四郎	取締役	一般建築物の塗装（トルエン、キシレン）9:00～17:30	イ 粉じん作業を行う業務 ロ 振動工具使用の業務 ハ 鉛業務 ㊁ 有機溶剤業務 ホ 該当なし	特定業務に最初に従事した年月 平成14年4月／特定業務に従事した期間の合計 10年3月	9,000	
年 月 日				イ 粉じん作業を行う業務 ロ 振動工具使用の業務 ハ 鉛業務 ニ 有機溶剤業務 ホ 該当なし	特定業務に最初に従事した年月 年 月／特定業務に従事した期間の合計 年 月		
年 月 日				イ 粉じん作業を行う業務 ロ 振動工具使用の業務 ハ 鉛業務 ニ 有機溶剤業務 ホ 該当なし	特定業務に最初に従事した年月 年 月／特定業務に従事した期間の合計 年 月		

変更決定を希望する日（変更届提出の翌日から起算して14日以内）　年　月　日

脱退申請の場合

以下の＊欄は、承認を受けた事業に係る特別加入者の全員を特別加入者でないこととする場合に限って入力すること。

＊申請の理由（脱退の理由）

＊脱退を希望する日（申請日から起算して14日以内）　年　月　日

上記のとおり（変更を生じたので届けます。）特別加入脱退の申請をします。

郵便番号 231－0000　電話番号 045－000－0000

平成24年6月26日

事業主の　住所 神奈川県横浜市中区××通 X－0

氏名 厚生労働塗装有限会社　代表取締役 厚生太郎　㊞（事業主の印鑑）

（法人その他の団体であるときはその名称及び代表者の氏名）

神奈川　労働局長　殿

様式第34号の10

労働者災害補償保険　特別加入申請書　（一人親方等）

① 団体		
	フリガナ	カスミガセキ ケンセツギョウ キョウドウクミアイ
	イ 名称	霞が関建設業協同組合
	ロ 代表者の氏名	組合長　霞が関 一郎
	ハ 事業又は作業の種類	建設の事業

② 特別加入予定者　＊この用紙に入力しきれない場合には、別紙に入力すること。　加入予定者数　計 30 名

整理番号	特別加入予定者の氏名	法第33条第3号に掲げる者との関係	業務又は作業の具体的内容	特定業務との関係	業務歴	希望する給付基礎日額	備考
1	厚生 太郎	本人	大工工事業 鉄れ機	イ 粉じん作業を行う業務 / ㋺ 振動工具使用の業務 / ハ 鉛業務 / ニ 有機溶剤業務 / ホ 該当なし	特定業務に 最初に従事した年月 昭和60年4月 / 従事した期間の合計 27年　月	12,000	
2	労働 二郎	本人	大工工事業	イ 粉じん作業を行う業務 / ロ 振動工具使用の業務 / ハ 鉛業務 / ニ 有機溶剤業務 / ㋭ 該当なし	特定業務に 最初に従事した年月　年　月 / 従事した期間の合計　年　月	12,000	
3	厚生 三郎	本人	左官工事業	イ 粉じん作業を行う業務 / ロ 振動工具使用の業務 / ハ 鉛業務 / ニ 有機溶剤業務 / ㋭ 該当なし	特定業務に 最初に従事した年月　年　月 / 従事した期間の合計　年　月	12,000	
4	労災 四郎	本人	左官工事業	イ 粉じん作業を行う業務 / ロ 振動工具使用の業務 / ハ 鉛業務 / ニ 有機溶剤業務 / ホ 該当なし	特定業務に 最初に従事した年月　年　月 / 従事した期間の合計　年　月	12,000	
			（以下 別紙）	イ 粉じん作業を行う業務 / ロ 振動工具使用の業務 / ハ 鉛業務 / ニ 有機溶剤業務 / ホ 該当なし	特定業務に 最初に従事した年月　年　月 / 従事した期間の合計　年　月		

③ 添付する書類の名称		
	イ 団体の目的、組織、運営等を明らかにする書類	霞が関建設業協同組合規約
	ロ 業務災害の防止に関する措置の内容を記載した書類	霞が関建設業協同組合災害防止規約

④ 特別加入を希望する日（申請日の翌日から起算して14日以内）　平成 24 年 5 月 1 日

上記のとおり特別加入の申請をします。

名称　霞が関建設業協同組合

平成24年4月24日　　郵便番号 112 − 0000　電話番号 03 − 0000 − 0000

団体の主たる事務所の所在地　東京都文京区○○町 △−△

東京 労働局長 殿　　代表者の氏名　組合長　霞が関 一郎　組合の印　㊞

様式第34号の11

労働者災害補償保険　特別加入申請書　(海外派遣者)

① 団体の名称又は事業主の氏名 (事業主が法人その他の団体であるときはその名称)		厚生労働商事株式会社
② 申請に係る事業	イ 労働保険番号	府県 13 / 所掌 1 / 管轄 01 / 基幹番号 000000 / 枝番号
	ロ フリガナ	コウセイロウドウショウジ カブシキカイシャ
	名称	厚生労働商事株式会社
	ハ 事業場の所在地	東京都千代田区霞が関 △－△－△
	ニ 事業の種類	卸売業・小売業、飲食店又は宿泊業

③ 特別加入予定者　＊ この用紙に入力しきれない場合には、別紙に入力すること。　加入予定者数　計 4 名

整理番号	特別加入予定者の氏名	派遣先の事業の名称及び事業場の所在地	派遣先の事業において従事する業務の内容	希望する給付基礎日額	備考
1	厚生 太郎	厚生労働商事株式会社 ロンドン支店 △-△ Groshenor. st London, N.W. 2 England	ロンドン支店長（代表者） 24.5.1～25.3.31 使用労働者30人、所定労働時間 8:00～17:00 物品販売総括業務	16,000	
2	厚労 一郎	同上	営業課員 24.5.1～25.3.31 物品販売及び事務	14,000	
3	労働 二郎	同上	同上	14,000	
4	労災 三郎	同上	同上	14,000	

④ 特別加入を希望する日（申請日の翌日から起算して14日以内）　平成 24 年 5 月 1 日

上記のとおり特別加入の申請をします。

郵便番号 100－0000　電話番号 03－0000－XXXX

平成24年 4月21日

団体又は事業主の住所　東京都千代田区霞が関 △－△－△

団体の名称又は事業主の氏名　厚生労働商事株式会社 代表取締役 霞が関 太郎 ㊞

(法人その他の団体であるときはその名称及び代表者の氏名)

東京 労働局長 殿

＊労働基準監督署等記入欄 第3種特別加入に係る労働保険番号	府県	所掌	管轄	基幹番号	枝番号	備考

様式第34号の12

労働者災害補償保険 特別加入に関する変更届 特別加入脱退申請書 （海外派遣者）

特別加入に係る事業の承認						
イ 労働保険番号	府県	所掌	管轄	基幹番号	枝番号	
	13	1	01	000000	301	
ロ 名称	厚生労働商事株式会社					
ハ 事業場の所在地	東京都千代田区霞が関 △－△－△					

変更届の場合（特別加入者のうち一部に変更がある場合）

特別加入者に関する事項の変更

変更年月日	変更を生じた者の氏名 / 変更後の氏名	派遣先の事業の名称及び事業場の所在地	派遣先の事業において従事する業務の内容
年 月 日	変更後（ ）	変更前 / 変更後	変更前 / 変更後
年 月 日	変更後（ ）	変更前 / 変更後	変更前 / 変更後

特別加入者の異動（特別加入者でなくなった者）

異動年月日	氏名	異動年月日	氏名
年 月 日		年 月 日	
年 月 日		年 月 日	

特別加入者の異動（新たに特別加入者になった者）

異動年月日	氏名	派遣先の事業の名称及び事業場の所在地	派遣先の事業において従事する業務の内容	希望する給付基礎日額	備考
平成24年6月1日	労働 花子	厚生労働商事株式会社 ニューヨーク支店 7th Down Street New York U.S.A.	出納係員 24年6月1日～25年3月31日 出納業務に関する事務	14,000	
年 月 日					
年 月 日					

変更決定を希望する日（変更届提出の翌日から起算して14日以内） 平成 24 年 6 月 1 日

脱退申請の場合

以下の＊欄は、承認を受けた事業に係る特別加入者の全員を特別加入者でないこととする場合に限って入力すること。

＊申請の理由（脱退の理由）

＊脱退を希望する日（申請日から起算して14日以内） 年 月 日

上記のとおり （変更を生じたので届けます。） 特別加入脱退の申請をします。

郵便番号 100－0000 電話番号 03－0000－XXXX

平成24年5月22日

団体又は事業主の住所 東京都千代田区霞が関 △－△－△

団体の名称又は事業主の氏名 厚生労働商事株式会社 代表取締役 霞が関 太郎 印

（法人その他の団体であるときはその名称及び代表者の氏名）

東京 労働局長 殿

労災保険関係法令

労働者災害補償保険法

昭和二二・四・七法律第 五〇号
改正昭和二三・六・三〇法律第 七一号
〃 昭和二四・五・一九〃 第 八二号
〃 昭和二四・五・三一〃 第一六六号
〃 昭和二五・五・一〃 第一二五号
〃 昭和二五・一二・二〇〃 第二九〇号
〃 昭和二六・三・二九〃 第 四六号
〃 昭和二六・三・三一〃 第 七八号
〃 昭和二七・七・三一〃 第二八七号
〃 昭和三〇・六・三〇〃 第 三九号
〃 昭和三〇・八・五〃 第一三一号
〃 昭和三一・六・四〃 第一二六号
〃 昭和三二・五・二〇〃 第一二六号
〃 昭和三四・四・二〇〃 第一四八号
〃 昭和三五・三・三一〃 第 二九号
〃 昭和三七・四・二〃 第 六七号
〃 昭和三七・五・一六〃 第一四〇号
〃 昭和三七・九・八〃 第一五二号
〃 昭和三七・九・一五〃 第一六一号
〃 昭和三九・六・二三〃 第一一二号
〃 昭和三九・六・二九〃 第一一八号
〃 昭和三九・七・六〃 第一五二号
〃 昭和四〇・六・一一〃 第一〇五号
〃 昭和四〇・六・一一〃 第一三〇号
〃 昭和四二・七・二九〃 第 九五号
〃 昭和四四・一二・九〃 第 八三号
〃 昭和四四・一二・九〃 第 八五号
〃 昭和四四・一二・一〇〃 第 八六号
〃 昭和四五・四・一〃 第 一三号
〃 昭和四五・五・二二〃 第 八八号
〃 昭和四六・三・三〇〃 第 一三号
〃 昭和四八・九・二一〃 第 八五号
〃 昭和四八・九・二六〃 第 九三号
〃 昭和四九・一二・二八〃 第一一五号
〃 昭和四九・一二・二八〃 第一一七号
〃 昭和五一・五・二七〃 第 三二号
〃 昭和五三・五・二三〃 第 五四号
〃 昭和五五・一二・五〃 第一〇四号

〃　昭和五七・七・一六〃　第六六号
〃　昭和五八・一二・一〇〃　第八三〇号
〃　昭和五九・一二・二五〃　第八七号
〃　昭和六〇・五・一〃　第三四号
〃　昭和六〇・六・七〃　第四八号
〃　昭和六〇・一二・二七〃　第一〇五号
〃　昭和六〇・一二・二七〃　第一〇六号
〃　昭和六〇・一二・二七〃　第一〇七号
〃　昭和六〇・一二・二七〃　第一〇八号
〃　昭和六一・五・二三〃　第五九号
〃　昭和六一・一二・四〃　第九三号
〃　平成二・六・二二〃　第四〇号
〃　平成六・六・二九〃　第五六号
〃　平成六・一一・九〃　第九五号
〃　平成七・三・二三〃　第三五号
〃　平成八・五・二二〃　第四二号
〃　平成八・六・一四〃　第八二号
〃　平成九・五・九〃　第四八号
〃　平成一〇・九・三〇〃　第一一二号
〃　平成一一・七・一六〃　第八七号
〃　平成一一・七・一六〃　第一〇二号
〃　平成一一・一二・二二〃　第一六〇号
〃　平成一二・一一・二二〃　第一二四号

〃　平成一三・七・四〃　第一〇一号
〃　平成一三・一二・一二〃　第一五三号
〃　平成一四・一二・一三〃　第一七一号
〃　平成一七・五・二五〃　第五〇号
〃　平成一七・一一・二〃　第一〇八号
〃　平成一七・一一・七〃　第一二三号
〃　平成一九・四・二三〃　第三〇号
〃　平成一九・七・六〃　第一〇九号
〃　平成一九・七・六〃　第一一一号
〃　平成二二・三・三一〃　第一五号
〃　平成二二・三・三一〃　第一九号
〃　平成二二・一二・一〇〃　第七一号
〃　平成二四・四・六〃　第二七号

目次

第一章　総則

（**目的**）

第一条　労働者災害補償保険は、業務上の事由又は通勤による労働者の負傷、疾病、障害、死亡等に対して迅速かつ公正な保護をするため、必要な保険給付を行い、あわせて、業務上の事由又は通勤により負傷し、又は疾病にかかつた労働者の社会復帰の促進、当該労働者及びその遺族の援護、労働者の安全及び衛生の確保等を図り、もつて労働者の福祉の増進に寄与することを目的とする。

（**保険者**）

第二条　労働者災害補償保険は、政府が、これを管掌する。

（**労働者災害補償保険**）

第二条の二　労働者災害補償保険は、第一条の目的を達成するため、業務上の事由又は通勤による労働者の負傷、疾病、障害、死亡等に関して保険給付を行うほか、社会復帰促進等事業を行うことができる。

（適用事業の範囲）
第三条 この法律においては、労働者を使用する事業を適用事業とする。

2 前項の規定にかかわらず、国の直営事業及び官公署の事業（労働基準法（昭和二十二年法律第四十九号）別表第一に掲げる事業を除く。）については、この法律は、適用しない。

第四条 削除

（命令の制定）
第五条 この法律に基づく政令及び厚生労働省令並びに労働保険の保険料の徴収等に関する法律（昭和四十四年法律第八十四号。以下「徴収法」という。）に基づく政令及び厚生労働省令（労働者災害補償保険事業に係るものに限る。）は、その草案について、労働政策審議会の意見を聞いて、これを制定する。

第二章 保険関係の成立及び消滅

（保険関係の成立及び消滅）
第六条 保険関係の成立及び消滅については、徴収法の定めるところによる。

第三章 保険給付

第一節 通則

（保険給付）
第七条 この法律による保険給付は、次に掲げる保険給付とする。

一 労働者の業務上の負傷、疾病、障害又は死亡（以下「業務災害」という。）に関する保険給付

二 労働者の通勤による負傷、疾病、障害又は死亡（以下「通勤災害」という。）に関する保険給付

三 二次健康診断等給付

2　前項第二号の通勤とは、労働者が、就業に関し、次に掲げる移動を、合理的な経路及び方法により行うことをいい、業務の性質を有するものを除くものとする。

一　住居と就業の場所との間の往復

二　厚生労働省令で定める就業の場所から他の就業の場所への移動

三　第一号に掲げる往復に先行し、又は後続する住居間の移動（厚生労働省令で定める要件に該当するものに限る。）

3　労働者が、前項各号に掲げる移動の経路を逸脱し、又は同項各号に掲げる移動を中断した場合においては、当該逸脱又は中断の間及びその後の同項各号に掲げる移動は、第一項第二号の通勤としない。ただし、当該逸脱又は中断が、日常生活上必要な行為であつて厚生労働省令で定めるものをやむを得ない事由により行うための最小限度のものである場合は、当該逸脱又は中断の間を除き、この限りでない。

（給付基礎日額）

第八条　給付基礎日額は、労働基準法第十二条の平均賃金に相当する額とする。この場合において、同条第一項の平均賃金を算定すべき事由の発生した日は、前条第一項第一号及び第二号に規定する負傷若しくは死亡の原因である事故が発生した日又は診断によつて同項第一号及び第二号に規定する疾病の発生が確定した日（以下「算定事由発生日」という。）とする。

2　労働基準法第十二条の平均賃金に相当する額を給付基礎日額とすることが適当でないと認められるときは、前項の規定にかかわらず、厚生労働省令で定めるところによつて政府が算定する額を給付基礎日額とする。

（休業補償給付等の給付基礎日額）

第八条の二　休業補償給付又は休業給付（以下この条において「休業補償給付等」という。）の額の算定の基礎として用いる給付基礎日額（以下この条において「休業給付基礎日額」という。）については、次に定めるところによる。

一　次号に規定する休業補償給付等以外の休業補償給付等については、前条の規定により給付基礎日額として算定した額を休業給付基礎日額とする。

二　一月から三月まで、四月から六月まで、七月から九月まで及び十月から十二月までの各区分による期間（以下この条において「四半期」という。）ごとの平均給与額（厚生労働省において作成する毎月勤労統計における毎月きまつて支給する給与の額を基礎として厚生労働省令で定めるところにより算定した労働者一人当たりの給与の一箇月平均額をいう。以下この号において同じ。）が、算定事由発生日の属する四半期（この号の規定により算定した額（以下この号において「改定日額」という。）を休業給付基礎日額とすることとされている場合にあつては、当該改定日額を休業補償給付等の額の算定の基礎として用いるべき最初の四半期の前々四半期）の平均給与額の百分の百十を超え、又は百分の九十を下るに至つた場合において、その上昇し、又は低下するに至つた四半期の翌々四半期に属する最初の日以後に支給すべき事由が生じた休業補償給付等については、その上昇し、又は低下した比率を基準として厚生労働大臣が定める率を前条の規定により給付基礎日額として算定した額（改定日額を休業給付基礎日額とすることとされている場合にあつては、当該改定日額）に乗じて得た額を休業給付基礎日額とする。

2　休業補償給付等を支給すべき事由が生じた日が当該休業補償給付等に係る療養を開始した日から起算して一年六箇月を経過した日以後の日である場合において、次の各号に掲げる場合に該当するときは、前項の規定にかかわらず、当該各号に定める額を休業給付基礎日額とする。

一　前項の規定により休業給付基礎日額として算定した額が、厚生労働省令で定める年齢階層（以下この条において単に「年齢階層」という。）ごとに休業給付基礎日額の最低限度額として厚生労働大臣が定める額のうち、当該休業補償給付等を受けるべき労働者の当該休業補償給付等を支給すべき事由が生じた日の属する四半期の初日（次号において「基準日」という。）における年齢の属する年齢階層に係る額に満たない場合　当該年齢階層に係る額

二　前項の規定により休業給付基礎日額として算定した額が、年齢階層ごとに休業給付基礎日額の最高限度額として厚生労働大臣が定める額のうち、当該休業補償給付等を受けるべき労働者の基準日における年齢の属する年齢階層に係る額を超える場合　当該年齢階層に係る額

3　前項第一号の厚生労働大臣が定める額は、毎年、年齢階層ごとに、厚生労働省令で定めるところにより、当該年齢階層に属するすべての労働者を、その受けている一月当たりの賃金の額（以下この項において「賃金月額」という。）の高低に従い、二十の階層に区分し、その区分された階層のうち最も低い賃金月額に係る階層に属する労働者の受けている賃金月額のうち最も高いものを基礎とし、労働者の年齢階層別の就業状態その他の事情を考慮して定めるものとする。

4　前項の規定は、第二項第二号の厚生労働大臣が定める額について準用する。この場合において、前項中「最も低い賃金月額に係る」とあるのは、「最も高い賃金月額に係る階層の直近下位の」と読み替えるものとする。

（年金給付基礎日額）

第八条の三　年金たる保険給付の額の算定の基礎として用いる給付基礎日額（以下この条において「年金給付基礎日額」という。）については、次に定めるところによる。

一　算定事由発生日の属する年度（四月一日から翌年三月三十一日までをいう。以下同じ。）の翌々年度の七月以前の分として支給する年金たる保険給付については、第八条の規定により給付基礎日額として算定した額を年金給付基礎日額とする。

二　算定事由発生日の属する年度の翌々年度の八月以後の分として支給する年金たる保険給付については、第八条の規定により給付基礎日額として算定した額に当該年金たる保険給付を支給すべき月の属する年度の前年度（当該月が四月から七月までの月に該当する場合にあつては、前々年度）の平均給与額（厚生労働省において作成する毎月勤労統計における毎月きまつて支給する給与の額を基礎とし

て厚生労働省令で定めるところにより算定した労働者一人当たりの給与の平均額をいう。以下この号及び第十六条の六第二項において同じ。）を算定事由発生日の属する年度の平均給与額で除して得た率を基準として厚生労働大臣が定める率を乗じて得た額を年金給付基礎日額とする。

2 前条第二項から第四項までの規定は、年金給付基礎日額について準用する。この場合において、同条第二項中「前項」とあるのは「次条第一項」と、同項第一号中「休業補償給付等」とあるのは「年金たる保険給付」と、「支給すべき事由が生じた日」とあるのは「支給すべき月」と、「四半期の初日（次号」とあるのは「年度の八月一日（当該月が四月から七月までの月に該当する場合にあつては、当該年度の前年度の八月一日。以下この項」と、「年齢の」とあるのは「年齢（遺族補償年金又は遺族年金を支給すべき場合にあつては、当該支給をすべき事由に係る労働者の死亡がなかつたものとして計算した場合に得られる当該労働者の基準日における年齢。次号において同じ。）の」と、同項第二号中「休業補償給付等」とあるのは「年金たる保険給付」と読み替えるものとする。

（一時金の給付基礎日額）

第八条の四 前条第一項の規定は、障害補償一時金若しくは遺族補償一時金又は障害一時金若しくは遺族一時金の額の算定の基礎として用いる給付基礎日額について準用する。この場合において、同項中「の分として支給する」とあるのは「に支給すべき事由が生じた」と、「支給すべき月」とあるのは「支給すべき事由が生じた月」と読み替えるものとする。

（給付基礎日額の端数処理）

第八条の五 給付基礎日額に一円未満の端数があるときは、これを一円に切り上げるものとする。

（年金の支給期間等）

第九条 年金たる保険給付の支給は、支給すべき事由が生じた月の翌月から始め、支給を受ける権利が消滅した月で終わるものとする。

2　年金たる保険給付は、その支給を停止すべき事由が生じたときは、その事由が生じた月の翌月からその事由が消滅した月までの間は、支給しない。

3　年金たる保険給付は、毎年二月、四月、六月、八月、十月及び十二月の六期に、それぞれその前月分までを支払う。ただし、支給を受ける権利が消滅した場合におけるその期の年金たる保険給付は、支払期月でない月であつても、支払うものとする。

（死亡の推定）

第十条　船舶が沈没し、転覆し、滅失し、若しくは行方不明となつた際現にその船舶に乗つていた労働者若しくは船舶に乗つていてその船舶の航行中に行方不明となつた労働者の生死が三箇月間わからない場合又はこれらの労働者の死亡が三箇月以内に明らかとなり、かつ、その死亡の時期がわからない場合には、遺族補償給付、葬祭料、遺族給付及び葬祭給付の支給に関する規定の適用については、その船舶が沈没し、転覆し、滅失し、若しくは行方不明となつた日又は労働者が行方不明となつた日に、当該労働者は、死亡したものと推定する。航空機が墜落し、滅失し、若しくは行方不明となつた際現にその航空機に乗つていた労働者若しくは航空機に乗つていてその航空機の航行中行方不明となつた労働者の生死が三箇月間わからない場合又はこれらの労働者の死亡が三箇月以内に明らかとなり、かつ、その死亡の時期がわからない場合にも、同様とする。

（未支給の保険給付の請求等）

第十一条　この法律に基づく保険給付を受ける権利を有する者が死亡した場合において、その死亡した者に支給すべき保険給付でまだその者に支給しなかつたものがあるときは、その者の配偶者（婚姻の届出をしていないが、事実上婚姻関係と同様の事情にあつた者を含む。以下同じ。）、子、父母、孫、祖父母又は兄弟姉妹であつて、その者の死亡の当時その者と生計を同じくしていたもの（遺族補償年金については当該遺族補償年金を受けることができる他の遺族、遺族年金については当該遺族年金を受けることができる他の遺族）は、自己の名で、その未支給の保険給付の支給を請求することができる。

2　前項の場合において、死亡した者が死亡前にその保険給付を請求していなかつたときは、同項に規定する者は、自己の名で、その保険給付を請求することができる。

3　未支給の保険給付を受けるべき者の順位は、第一項に規定する順序（遺族補償年金については第十六条の二第三項に、遺族年金については第二十二条の四第三項において準用する第十六条の二第三項に規定する順序）による。

4　未支給の保険給付を受けるべき同順位者が二人以上あるときは、その一人がした請求は、全員のためその全額につきしたものとみなし、その一人に対してした支給は、全員に対してしたものとみなす。

（年金たる保険給付の内払とみなす場合等）

第十二条　年金たる保険給付の支給を停止すべき事由が生じたにもかかわらず、その停止すべき期間の分として年金たる保険給付が支払われたときは、その支払われた年金たる保険給付は、その後に支払うべき年金たる保険給付の内払とみなすことができる。年金たる保険給付を減額して改定すべき事由が生じたにもかかわらず、その事由が生じた月の翌月以後の分として減額しない額の年金たる保険給付が支払われた場合における当該年金たる保険給付の当該減額すべきであつた部分についても、同様とする。

2　同一の業務上の事由又は通勤による負傷又は疾病（以下この条において「同一の傷病」という。）に関し、年金たる保険給付（遺族補償年金及び遺族年金を除く。以下この項において「甲年金」という。）を受ける権利を有する労働者が他の年金たる保険給付（遺族補償年金及び遺族年金を除く。以下この項において「乙年金」という。）を受ける権利を有することとなり、かつ、乙年金を受ける権利が消滅した場合において、その消滅した月の翌月以後の分として乙年金が支払われたときは、その支払われた乙年金は、甲年金の内払とみなす。同一の傷病に関し、年金たる保険給付（遺族補償年金及び遺族年金を除く。）を受ける権利を有する労働者が休業補償給付若しくは休業給付又は障害補償一時金若しくは障害一時金を受ける権利を有することとなり、かつ、当該年金たる保険給付を受ける権利が消滅した場合において、その消滅した月の翌月以後の分として当該年金たる保険給付が支払われたときも、同様とする。

3　同一の傷病に関し、休業補償給付又は休業給付を受けている労働者が障害補償給付若しくは傷病補償年金又は障害給付若しくは傷病年金を受ける権利を有することとなり、かつ、休業補償給付又は休業給付を行わないこととなつた場合において、その後も休業補償給付又は休業給付が支払われたときは、その支払われた休業補償給付又は休業給付は、当該障害補償給付若しくは傷病補償年金又は障害給付若しくは傷病年金の内払とみなす。

（過誤払による返還金債権への充当）

第十二条の二　年金たる保険給付を受ける権利を有する者が死亡したためその支給を受ける権利が消滅したにもかかわらず、その死亡の日の属する月の翌月以後の分として当該年金たる保険給付の過誤払が行われた場合において、当該過誤払による返還金に係る債権（以下この条において「返還金債権」という。）に係る債務の弁済をすべき者に支払うべき保険給付があるときは、厚生労働省令で定めるところにより、当該保険給付の支払金の金額を当該過誤払による返還金債権の金額に充当することができる。

（支給制限）

第十二条の二の二　労働者が、故意に負傷、疾病、障害若しくは死亡又はその直接の原因となつた事故を生じさせたときは、政府は、保険給付を行わない。

2　労働者が故意の犯罪行為若しくは重大な過失により、又は正当な理由がなくて療養に関する指示に従わないことにより、負傷、疾病、障害若しくは死亡若しくはこれらの原因となつた事故を生じさせ、又は負傷、疾病若しくは障害の程度を増進させ、若しくはその回復を妨げたときは、政府は、保険給付の全部又は一部を行わないことができる。

（不正受給者からの費用徴収）

第十二条の三　偽りその他不正の手段により保険給付を受けた者があるときは、政府は、その保険給付に要した費用に相当する金額の全部又は一部をその者から徴収することができる。

2　前項の場合において、事業主（徴収法第八条第一項又は第二項の規定により元請負人が事業主とされる場合にあつては、当該元請負人。以下同じ。）が虚偽の報告又は証明をしたためその保険給付が行なわれたものであるときは、政府は、その事業主に対し、保険給付を受けた者と連帯して前項の徴収金を納付すべきことを命ずることができる。

3　徴収法第二十七条、第二十九条、第三十条及び第四十一条の規定は、前二項の規定による徴収金について準用する。

（第三者の行為による事故）

第十二条の四　政府は、保険給付の原因である事故が第三者の行為によつて生じた場合において、保険給付をしたときは、その給付の価額の限度で、保険給付を受けた者が第三者に対して有する損害賠償の請求権を取得する。

2　前項の場合において、保険給付を受けるべき者が当該第三者から同一の事由について損害賠償を受けたときは、政府は、その価額の限度で保険給付をしないことができる。

（受給権の保護）

第十二条の五　保険給付を受ける権利は、労働者の退職によつて変更されることはない。

2　保険給付を受ける権利は、譲り渡し、担保に供し、又は差し押さえることができない。ただし、年金たる保険給付を受ける権利を独立行政法人福祉医療機構法（平成十四年法律第百六十六号）の定めるところにより独立行政法人福祉医療機構に担保に供する場合は、この限りでない。

（租税その他公課の免除）

第十二条の六　租税その他の公課は、保険給付として支給を受けた金品を標準として課することはできない。

（受給権者の届出等）

第十二条の七 保険給付を受ける権利を有する者は、厚生労働省令で定めるところにより、政府に対して、保険給付に関し必要な厚生労働省令で定める事項を届け出、又は保険給付に関し必要な厚生労働省令で定める書類その他の物件を提出しなければならない。

第二節　業務災害に関する保険給付

（業務災害の保険給付の種類）

第十二条の八 第七条第一項第一号の業務災害に関する保険給付は、次に掲げる保険給付とする。

一　療養補償給付
二　休業補償給付
三　障害補償給付
四　遺族補償給付
五　葬祭料
六　傷病補償年金
七　介護補償給付

2　前項の保険給付（傷病補償年金及び介護補償給付を除く。）は、労働基準法第七十五条から第七十七条まで、第七十九条及び第八十条に規定する災害補償の事由又は船員法（昭和二十二年法律第百号）第八十九条第一項、第九十一条第一項、第九十二条本文、第九十三条及び第九十四条に規定する災害補償の事由（同法第九十一条第一項にあつては、労働基準法第七十六条第一項に規定する災害補償の事由に相当する部分に限る。）が生じた場合に、補償を受けるべき労働者若しくは遺族又は葬祭を行う者に対し、その請求に基づいて行う。

3　傷病補償年金は、業務上負傷し、又は疾病にかかつた労働者が、当該負傷又は疾病に係る療養の開始後一年六箇月を経過した日において次の各号のいずれにも該当するとき、又は同日後次の各号のいずれにも該当することとなつたときに、その状態が継続している間、当該労働者に対して支給する。

一　当該負傷又は疾病が治つていないこと。
二　当該負傷又は疾病による障害の程度が厚生労働省令で定める傷病等級に該当すること。

4　介護補償給付は、障害補償年金又は傷病補償年金を受ける権利を有する労働者が、その受ける権利を有する障害補償年金又は傷病補償年金の支給事由となる障害であつて厚生労働省令で定める程度のものにより、常時又は随時介護を要する状態にあり、かつ、常時又は随時介護を受けているときに、当該介護を受けている間（次に掲げる間を除く。）、当該労働者に対し、その請求に基づいて行う。

一　障害者自立支援法（平成十七年法律第百二十三号）第五条第十二項に規定する障害者支援施設（以下「障害者支援施設」という。）に入所している間（同条第七項に規定する生活介護（以下「生活介護」という。）を受けている場合に限る。）

二　障害者支援施設（生活介護を行うものに限る。）に準ずる施設として厚生労働大臣が定めるものに入所している間

三　病院又は診療所に入院している間

（療養補償給付）

第十三条　療養補償給付は、療養の給付とする。

2　前項の療養の給付の範囲は、次の各号（政府が必要と認めるものに限る。）による。

一　診察

二　薬剤又は治療材料の支給

三　処置、手術その他の治療

四　居宅における療養上の管理及びその療養に伴う世話その他の看護

五　病院又は診療所への入院及びその療養に伴う世話その他の看護

六　移送

3　政府は、第一項の療養の給付をすることが困難な場合その他厚生労働省令で定める場合には、療養の給付に代えて療養の費用を支給することができる。

（休業補償給付）

第十四条　休業補償給付は、労働者が業務上の負傷又は疾病による療養のため労働することができないために賃金を受けない日の第四日目から支給するものとし、その額は、一日につき給付基礎日額の百分の六十に相当する額とする。ただし、労働者が業務上の負傷又は疾病による療養のため所定労働時間のうちその一部分についてのみ労働する日に係る休業補償給付の額は、

給付基礎日額(第八条の二第二項第二号に定める額(以下この項において「最高限度額」という。)を給付基礎日額とすることとされている場合にあつては、同号の規定の適用がないものとした場合における給付基礎日額)から当該労働に対して支払われる賃金の額を控除して得た額(当該控除して得た額が最高限度額を超える場合にあつては、最高限度額に相当する額)の百分の六十に相当する額とする。

2　休業補償給付を受ける労働者が同一の事由について厚生年金保険法(昭和二十九年法律第百十五号)の規定による障害厚生年金又は国民年金法(昭和三十四年法律第百四十一号)の規定による障害基礎年金を受けることができるときは、当該労働者に支給する休業補償給付の額は、前項の規定にかかわらず、同項の額に別表第一第一号から第三号までに規定する場合に応じ、それぞれ同表第一号から第三号までの政令で定める率のうち傷病補償年金について定める率を乗じて得た額(その額が政令で定める額を下回る場合には、当該政令で定める額)とする。

(**休業補償給付を行わない場合**)

第十四条の二　労働者が次の各号のいずれかに該当する場合(厚生労働省令で定める場合に限る。)には、休業補償給付は、行わない。

一　刑事施設、労役場その他これらに準ずる施設に拘禁されている場合

二　少年院その他これに準ずる施設に収容されている場合

(**障害補償給付**)

第十五条　障害補償給付は、厚生労働省令で定める障害等級に応じ、障害補償年金又は障害補償一時金とする。

2　障害補償年金又は障害補償一時金の額は、それぞれ、別表第一又は別表第二に規定する額とする。

(**障害補償年金の改定**)

第十五条の二　障害補償年金を受ける労働者の当該障害の程度に変更があつたため、新たに別表第一又は別表第二中の他の障害等級に該当するに至つた場合には、政府は、厚生労働省令で定

めるところにより、新たに該当するに至つた障害等級に応ずる障害補償年金又は障害補償一時金を支給するものとし、その後は、従前の障害補償年金は、支給しない。

（遺族補償給付）

第十六条 遺族補償給付は、遺族補償年金又は遺族補償一時金とする。

（遺族補償年金の受給者の範囲）

第十六条の二 遺族補償年金を受けることができる遺族は、労働者の配偶者、子、父母、孫、祖父母及び兄弟姉妹であつて、労働者の死亡の当時その収入によつて生計を維持していたものとする。ただし、妻（婚姻の届出をしていないが、事実上婚姻関係と同様の事情にあつた者を含む。以下同じ。）以外の者にあつては、労働者の死亡の当時次の各号に掲げる要件に該当した場合に限るものとする。

一 夫（婚姻の届出をしていないが、事実上婚姻関係と同様の事情にあつた者を含む。以下同じ。）、父母又は祖父母については、六十歳以上であること。

二 子又は孫については、十八歳に達する日以後の最初の三月三十一日までの間にあること。

三 兄弟姉妹については、十八歳に達する日以後の最初の三月三十一日までの間にあること又は六十歳以上であること。

四 前三号の要件に該当しない夫、子、父母、孫、祖父母又は兄弟姉妹については、厚生労働省令で定める障害の状態にあること。

2 労働者の死亡の当時胎児であつた子が出生したときは、前項の規定の適用については、将来に向かつて、その子は、労働者の死亡の当時その収入によつて生計を維持していた子とみなす。

3 遺族補償年金を受けるべき遺族の順位は、配偶者、子、父母、孫、祖父母及び兄弟姉妹の順序とする。

（遺族補償年金の額）

第十六条の三 遺族補償年金の額は、別表第一に規定する額とする。

2　遺族補償年金を受ける権利を有する者が二人以上あるときは、遺族補償年金の額は、前項の規定にかかわらず、別表第一に規定する額をその人数で除して得た額とする。

3　遺族補償年金の額の算定の基礎となる遺族の数に増減を生じたときは、その増減を生じた月の翌月から、遺族補償年金の額を改定する。

4　遺族補償年金を受ける権利を有する遺族が妻であり、かつ、当該妻と生計を同じくしている遺族補償年金を受けることができる遺族がない場合において、当該妻が次の各号の一に該当するに至つたときは、その該当するに至つた月の翌月から、遺族補償年金の額を改定する。

一　五十五歳に達したとき（別表第一の厚生労働省令で定める障害の状態にあるときを除く。）。

二　別表第一の厚生労働省令で定める障害の状態になり、又はその事情がなくなつたとき（五十五歳以上であるときを除く。）。

（遺族補償年金の受給権の消滅）

第十六条の四　遺族補償年金を受ける権利は、その権利を有する遺族が次の各号の一に該当するに至つたときは、消滅する。この場合において、同順位者がなくて後順位者があるときは、次順位者に遺族補償年金を支給する。

一　死亡したとき。

二　婚姻（届出をしていないが、事実上婚姻関係と同様の事情にある場合を含む。）をしたとき。

三　直系血族又は直系姻族以外の者の養子（届出をしていないが、事実上養子縁組関係と同様の事情にある者を含む。）となつたとき。

四　離縁によつて、死亡した労働者との親族関係が終了したとき。

五　子、孫又は兄弟姉妹については、十八歳に達した日以後の最初の三月三十一日が終了したとき（労働者の死亡の時から引き続き第十六条の二第一項第四号の厚生労働省令で定める障害の状態にあるときを除く。）。

六　第十六条の二第一項第四号の厚生労働省令で定める障害の状態にある夫、子、父母、孫、祖父母又は兄弟姉妹については、その事情がなくなつたとき（夫、父母又は祖父母については、労働者の死亡の当時六十歳以上であつたとき、子又は孫については、十八歳に達する日以後の最初の三月三十一日までの間にあるとき、兄弟姉妹については、十八歳に達する日以後の最初の三月三十一日までの間にあるか又は労働者の死亡の当時六十歳以上であつたときを除く。）。

2　遺族補償年金を受けることができる遺族が前項各号の一に該当するに至つたときは、その者は、遺族補償年金を受けることができる遺族でなくなる。

（遺族補償年金の支給停止等）

第十六条の五　遺族補償年金を受ける権利を有する者の所在が一年以上明らかでない場合には、当該遺族補償年金は、同順位者があるときは同順位者の、同順位者がないときは次順位者の申請によつて、その所在が明らかでない間、その支給を停止する。この場合において、同順位者がないときは、その間、次順位者を先順位者とする。

2　前項の規定により遺族補償年金の支給を停止された遺族は、いつでも、その支給の停止の解除を申請することができる。

3　第十六条の三第三項の規定は、第一項の規定により遺族補償年金の支給が停止され、又は前項の規定によりその停止が解除された場合に準用する。この場合において、同条第三項中「増減を生じた月」とあるのは、「支給が停止され、又はその停止が解除された月」と読み替えるものとする。

（遺族補償一時金の支給）

第十六条の六　遺族補償一時金は、次の場合に支給する。

一　労働者の死亡の当時遺族補償年金を受けることができる遺族がないとき。

二　遺族補償年金を受ける権利を有する者の権利が消滅した場合において、他に当該遺族補償年金を受けることができる遺族がなく、かつ、当該労働者の死亡に関し支給された遺族補償年金の額の合計額が当該権利が消滅した日において前号に掲げる場合に該当することとなるものとしたときに支給されることとなる遺族補償一時金の額に満たないとき。

2　前項第二号に規定する遺族補償年金の額の合計額を計算する場合には、同号に規定する権利が消滅した日の属する年度（当該権利が消滅した日の属する月が四月から七月までの月に該当する場合にあつては、その前年度。以下この項において同じ。）の七月以前の分として支給された遺族補償年金の額については、その現に支給された額に当該権利が消滅した日の属する年度の前年度の平均給与額を当該遺族補償年金の支給の対象とされた月の属する年度の前年度（当該月が四月から七月までの月に該当する場合にあつては、前々年度）の平均給与額で除して得た率を基準として厚生労働大臣が定める率を乗じて得た額により算定するものとする。

（遺族補償一時金の受給者の範囲）

第十六条の七　遺族補償一時金を受けることができる遺族は、次の各号に掲げる者とする。

一　配偶者

二　労働者の死亡の当時その収入によつて生計を維持していた子、父母、孫及び祖父母

三　前号に該当しない子、父母、孫及び祖父母並びに兄弟姉妹

2　遺族補償一時金を受けるべき遺族の順位は、前項各号の順序により、同項第二号及び第三号に掲げる者のうちにあつては、それぞれ、当該各号に掲げる順序による。

（遺族補償一時金の額）

第十六条の八　遺族補償一時金の額は、別表第二に規定する額とする。

2　第十六条の三第二項の規定は、遺族補償一時金の額について準用する。この場合において、同項中「別表第一」とあるのは、「別表第二」と読み替えるものとする。

（受給資格の欠格）

第十六条の九　労働者を故意に死亡させた者は、遺族補償給付を受けることができる遺族としない。

2　労働者の死亡前に、当該労働者の死亡によつて遺族補償年金を受けることができる先順位又は同順位の遺族となるべき者を故意に死亡させ

た者は、遺族補償年金を受けることができる遺族としない。

3 遺族補償年金を受けることができる遺族を故意に死亡させた者は、遺族補償一時金を受けることができる遺族としない。労働者の死亡前に、当該労働者の死亡によつて遺族補償年金を受けることができる遺族となるべき者を故意に死亡させた者も、同様とする。

4 遺族補償年金を受けることができる遺族が、遺族補償年金を受けることができる先順位又は同順位の他の遺族を故意に死亡させたときは、その者は、遺族補償年金を受けることができる遺族でなくなる。この場合において、その者が遺族補償年金を受ける権利を有する者であるときは、その権利は、消滅する。

5 前項後段の場合には、第十六条の四第一項後段の規定を準用する。

（葬祭料）

第十七条 葬祭料は、通常葬祭に要する費用を考慮して厚生労働大臣が定める金額とする。

（傷病補償年金）

第十八条 傷病補償年金は、第十二条の八第三項第二号の厚生労働省令で定める傷病等級に応じ、別表第一に規定する額とする。

2 傷病補償年金を受ける者には、休業補償給付は、行わない。

（傷病補償年金の変更）

第十八条の二 傷病補償年金を受ける労働者の当該障害の程度に変更があつたため、新たに別表第一中の他の傷病等級に該当するに至つた場合には、政府は、厚生労働省令で定めるところにより、新たに該当するに至つた傷病等級に応ずる傷病補償年金を支給するものとし、その後は、従前の傷病補償年金は、支給しない。

（労働基準法との関係）

第十九条 業務上負傷し、又は疾病にかかつた労働者が、当該負傷又は疾病に係る療養の開始後三年を経過した日において傷病補償年金を受けている場合又は同日後において傷病補償年金を受けることとなつた場合には、労働基準法第十九条第一項の規定の適用については、当該使用者は、それぞれ、当該三年を経過した日又は傷病補償年金を受けることとなつた日において、同法第八十一条の規定により打切補償を支払つたものとみなす。

（介護補償給付）

第十九条の二　介護補償給付は、月を単位として支給するものとし、その月額は、常時又は随時介護を受ける場合に通常要する費用を考慮して厚生労働大臣が定める額とする。

（厚生労働省令への委任）

第二十条　この節に定めるもののほか、業務災害に関する保険給付について必要な事項は、厚生労働省令で定める。

第三節　通勤災害に関する保険給付

（通勤災害の保険給付の種類）

第二十一条　第七条第一項第二号の通勤災害に関する保険給付は、次に掲げる保険給付とする。

一　療養給付
二　休業給付
三　障害給付
四　遺族給付
五　葬祭給付
六　傷病年金
七　介護給付

（療養給付）

第二十二条　療養給付は、労働者が通勤（第七条第一項第二号の通勤をいう。以下同じ。）により負傷し、又は疾病（厚生労働省令で定めるものに限る。以下この節において同じ。）にかかつた場合に、当該労働者に対し、その請求に基づいて行なう。

2　第十三条の規定は、療養給付について準用する。

（休業給付）

第二十二条の二　休業給付は、労働者が通勤による負傷又は疾病に係る療養のため労働することができないために賃金を受けない場合に、当該労働者に対し、その請求に基づいて行なう。

2　第十四条及び第十四条の二の規定は、休業給付について準用する。この場合において、第十四条第一項中「業務上の」とあるのは「通勤による」と、同条第二項中「別表第一第一号から第三号までに規定する場合に応じ、それぞれ同表第一号から第三号までの政令で定める率のうち傷病補償年金について定める率」とあるのは「第二十三条第二項において準用する別表第一第一号から第三号までに規定する場合に応じ、それぞれ同表第一号から第三号までの政令で定める率のうち傷病年金について定める率」と読み替えるものとする。

3　療養給付を受ける労働者（第三十一条第二項の厚生労働省令で定める者を除く。）に支給する休業給付であつて最初に支給すべき事由の生じた日に係るものの額は、前項において準用する第十四条第一項の規定にかかわらず、同項の額から第三十一条第二項の厚生労働省令で定める額に相当する額を減じた額とする。

（障害給付）

第二十二条の三　障害給付は、労働者が通勤により負傷し、又は疾病にかかり、なおつたとき身体に障害が存する場合に、当該労働者に対し、その請求に基づいて行なう。

2　障害給付は、第十五条第一項の厚生労働省令で定める障害等級に応じ、障害年金又は障害一時金とする。

3　第十五条第二項及び第十五条の二並びに別表第一（障害補償年金に係る部分に限る。）及び別表第二（障害補償一時金に係る部分に限る。）の規定は、障害給付について準用する。この場合において、これらの規定中「障害補償年金」とあるのは「障害年金」と、「障害補償一時金」とあるのは「障害一時金」と読み替えるものとする。

（遺族給付）

第二十二条の四　遺族給付は、労働者が通勤により死亡した場合に、当該労働者の遺族に対し、その請求に基づいて行なう。

2　遺族給付は、遺族年金又は遺族一時金とする。

3　第十六条の二から第十六条の九まで並びに別表第一（遺族補償年金に係る部分に限る。）及び別表第二（遺族補償一時金に係る部分に限る。）の規定は、遺族給付について準用する。この場合において、これらの規定中「遺族補償年金」とあるのは「遺族年金」と、「遺族補償一時金」とあるのは「遺族一時金」と読み替えるものとする。

（葬祭給付）

第二十二条の五　葬祭給付は、労働者が通勤により死亡した場合に、葬祭を行なう者に対し、その請求に基づいて行なう。

2　第十七条の規定は、葬祭給付について準用する。

（傷病年金）

第二十三条　傷病年金は、通勤により負傷し、又は疾病にかかつた労働者が、当該負傷又は疾病に係る療養の開始後一年六箇月を経過した日において次の各号のいずれにも該当するとき、又は同日後次の各号のいずれにも該当することとなつたときに、その状態が継続している間、当該労働者に対して支給する。

一　当該負傷又は疾病が治つていないこと。

二　当該負傷又は疾病による障害の程度が第十二条の八第三項第二号の厚生労働省令で定める傷病等級に該当すること。

2　第十八条、第十八条の二及び別表第一（傷病補償年金に係る部分に限る。）の規定は、傷病年金について準用する。この場合において、第十八条第二項中「休業補償給付」とあるのは「休業給付」と、同表中「傷病補償年金」とあるのは「傷病年金」と読み替えるものとする。

（介護給付）

第二十四条　介護給付は、障害年金又は傷病年金を受ける権利を有する労働者が、その受ける権利を有する障害年金又は傷病年金の支給事由となる障害であつて第十二条の八第四項の厚生労働省令で定める程度のものにより、常時又は随時介護を要する状態にあり、かつ、常時又は随時介護を受けているときに、当該介護を受けている間（次に掲げる間を除く。）、当該労働者に対し、その請求に基づいて行う。

一　障害者支援施設に入所している間（生活介護を受けている場合に限る。）

二　第十二条の八第四項第二号の厚生労働大臣が定める施設に入所している間

三　病院又は診療所に入院している間

2　第十九条の二の規定は、介護給付について準用する。

（厚生労働省令への委任）

第二十五条　この節に定めるもののほか、通勤災害に関する保険給付について必要な事項は、厚生労働省令で定める。

第四節　二次健康診断等給付

（二次健康診断等給付）

第二十六条　二次健康診断等給付は、労働安全衛生法（昭和四十七年法律第五十七号）第六十六条第一項の規定による健康診断又は当該健康診断に係る同条第五項ただし書の規定による健康診断のうち、直近のもの（以下この項において「一次健康診断」という。）において、血圧検査、血液検査その他業務上の事由による脳血管疾患及び心臓疾患の発生にかかわる身体の状態に関する検査であつて、厚生労働省令で定めるものが行われた場合において、当該検査を受けた労働者がそのいずれの項目にも異常の所見があると診断されたときに、当該労働者（当該一次健康診断の結果その他の事情により既に脳血管疾患又は心臓疾患の症状を有すると認められるものを除く。）に対し、その請求に基づいて行う。

2　二次健康診断等給付の範囲は、次のとおりとする。

一　脳血管及び心臓の状態を把握するために必要な検査（前項に規定する検査を除く。）であつて厚生労働省令で定めるものを行う医師による健康診断（一年度につき一回に限る。以下この節において「二次健康診断」という。）

二　二次健康診断の結果に基づき、脳血管疾患及び心臓疾患の発生の予防を図るため、面接により行われる医師又は保健師による保健指導（二次健康診断ごとに一回に限る。次項において「特定保健指導」という。）

3　政府は二次健康診断の結果その他の事情により既に脳血管疾患又は心臓疾患の症状を有すると認められる労働者については、当該二次健康診断に係る特定保健指導を行わないものとする。

（健康診断の結果についての医師等からの意見聴取）

第二十七条　二次健康診断を受けた労働者から当該二次健康診断の実施の日から三箇月を超えない期間で厚生労働省令で定める期間内に当該二次健康診断の結果を証明する書面の提出を受けた事業者（労働安全衛生法第二条第三号に規定する事業者をいう。）に対する同法第六十六条の四の規定の適用については、同条中「健康診断の結果（当該健康診断」とあるのは、「健康診断及び労働者災害補償保険法第二十六条第二項第一号に規定する二次健康診断の結果（これらの健康診断」とする。

（厚生労働省令への委任）

第二十八条　この節に定めるもののほか、二次健康診断等給付について必要な事項は、厚生労働省令で定める。

第三章の二　社会復帰促進等事業

（労働福祉事業の種類）

第二十九条　政府は、この保険の適用事業に係る労働者及びその遺族について、社会復帰促進等事業として、次の事業を行うことができる。

一　療養に関する施設及びリハビリテーションに関する施設の設置及び運営その他業務災害及び通勤災害を被つた労働者（次号において「被災労働者」という。）の円滑な社会復帰を促進するために必要な事業

二　被災労働者の療養生活の援護、被災労働者の受ける介護の援護、その遺族の就学の援護、被災労働者及びその遺族が必要とする資金の貸付けによる援護その他被災労働者及びその遺族の援護を図るために必要な事業

三　業務災害の防止に関する活動に対する援

助、健康診断に関する施設の設置及び運営その他労働者の安全及び衛生の確保、保険給付の適切な実施の確保並びに賃金の支払の確保を図るために必要な事業

2 前項各号に掲げる事業の実施に関して必要な基準は、厚生労働省令で定める。

3 政府は、第一項の社会復帰促進等事業のうち、独立行政法人労働者健康福祉機構法（平成十四年法律第百七十一号）第十二条第一項に掲げるものを独立行政法人労働者健康福祉機構に行わせるものとする。

第四章 費用の負担

（保険料の徴収）

第三十条 労働者災害補償保険事業に要する費用にあてるため政府が徴収する保険料については、徴収法の定めるところによる。

（事業主からの費用徴収等）

第三十一条 政府は、次の各号のいずれかに該当する事故について保険給付を行つたときは、厚生労働省令で定めるところにより、業務災害に関する保険給付にあつては労働基準法の規定による災害補償の価額の限度又は船員法の規定による災害補償のうち労働基準法の規定による災害補償に相当する災害補償の価額の限度で、通勤災害に関する保険給付にあつては通勤災害を業務災害とみなした場合に支給されるべき業務災害に関する保険給付に相当する同法の規定による災害補償の価額の限度で、その保険給付に要した費用に相当する金額の全部又は一部を事業主から徴収することができる。

一 事業主が故意又は重大な過失により徴収法第四条の二第一項の規定による届出であつてこの保険に係る保険関係の成立に係るものをしていない期間（政府が当該事業について徴収法第十五条第三項の規定による決定をしたときは、その決定後の期間を除く。）中に生じた事故

二 事業主が徴収法第十条第二項第一号の一般保険料を納付しない期間（徴収法第二十七条第二項の督促状に指定する期限後の期間に限る。）中に生じた事故

三　事業主が故意又は重大な過失により生じさせた業務災害の原因である事故

2　政府は、療養給付を受ける労働者（厚生労働省令で定める者を除く。）から、二百円を超えない範囲内で厚生労働省令で定める額を一部負担金として徴収する。ただし、第二十二条の二第三項の規定により減額した休業給付の支給を受けた労働者については、この限りでない。

3　政府は、前項の労働者から徴収する同項の一部負担金に充てるため、厚生労働省令で定めるところにより、当該労働者に支払うべき保険給付の額から当該一部負担金の額に相当する額を控除することができる。

4　徴収法第二十七条、第二十九条、第三十条及び第四十一条の規定は、第一項又は第二項の規定による徴収金について準用する。

（**国庫補助**）

第三十二条　国庫は、予算の範囲内において、労働者災害補償保険事業に要する費用の一部を補助することができる。

第四章の二　特別加入

（**特別加入者**）

第三十三条　次の各号に掲げる者（第二号、第四号及び第五号に掲げる者にあつては、労働者である者を除く。）の業務災害及び通勤災害に関しては、この章に定めるところによる。

一　厚生労働省令で定める数以下の労働者を使用する事業（厚生労働省令で定める事業を除く。第七号において「特定事業」という。）の事業主で徴収法第三十三条第三項の労働保険事務組合（以下「労働保険事務組合」という。）に同条第一項の労働保険事務の処理を委託するものである者（事業主が法人その他の団体であるときは、代表者）

二　前号の事業主が行う事業に従事する者

三　厚生労働省令で定める種類の事業を労働者を使用しないで行うことを常態とする者

四　前号の者が行う事業に従事する者

五　厚生労働省令で定める種類の作業に従事する者

六　この法律の施行地外の地域のうち開発途上にある地域に対する技術協力の実施の事業（事業の期間が予定される事業を除く。）を行う団体が、当該団体の業務の実施のため、当該開発途上にある地域（業務災害及び通勤災害に関する保護制度の状況その他の事情を考慮して厚生労働省令で定める国の地域を除く。）において行われる事業に従事させるために派遣する者

七　この法律の施行地内において事業（事業の期間が予定される事業を除く。）を行う事業主が、この法律の施行地外の地域（業務災害及び通勤災害に関する保護制度の状況その他の事情を考慮して厚生労働省令で定める国の地域を除く。）において行われる事業に従事させるために派遣する者（当該事業が特定事業に該当しないときは、当該事業に使用される労働者として派遣する者に限る。）

（**中小事業主等の特別加入**）

第三十四条　前条第一号の事業主が、同号及び同条第二号に掲げる者を包括して当該事業について成立する保険関係に基づきこの保険による業務災害及び通勤災害に関する保険給付を受けることができる者とすることにつき申請をし、政府の承認があつたときは、第三章第一節から第三節まで及び第三章の二の規定の適用については、次に定めるところによる。

一　前条第一号及び第二号に掲げる者は、当該事業に使用される労働者とみなす。

二　前条第一号又は第二号に掲げる者が業務上負傷し、若しくは疾病にかかつたとき、その負傷若しくは疾病についての療養のため当該事業に従事することができないとき、その負傷若しくは疾病が治つた場合において身体に障害が存するとき、又は業務上死亡したときは、労働基準法第七十五条から第七十七条まで、第七十九条及び第八十条に規定する災害補償の事由が生じたものとみなす。

三　前条第一号及び第二号に掲げる者の給付基礎日額は、当該事業に使用される労働者の賃金の額その他の事情を考慮して厚生労働大臣が定める額とする。

四　前条第一号又は第二号に掲げる者の事故が

徴収法第十条第二項第二号の第一種特別加入保険料が滞納されている期間中に生じたものであるときは、政府は、当該事故に係る保険給付の全部又は一部を行わないことができる。これらの者の業務災害の原因である事故が前条第一号の事業主の故意又は重大な過失によつて生じたものであるときも、同様とする。

2　前条第一号の事業主は、前項の承認があつた後においても、政府の承認を受けて、同号及び同条第二号に掲げる者を包括して保険給付を受けることができる者としないこととすることができる。

3　政府は、前条第一号の事業主がこの法律若しくは徴収法又はこれらの法律に基づく厚生労働省令の規定に違反したときは、第一項の承認を取り消すことができる。

4　前条第一号及び第二号に掲げる者の保険給付を受ける権利は、第二項の規定による承認又は前項の規定による第一項の承認の取消しによつて変更されない。これらの者が同条第一号及び第二号に掲げる者でなくなつたことによつても、同様とする。

（一人親方等の特別加入）

第三十五条　第三十三条第三号に掲げる者の団体又は同条第五号に掲げる者の団体が、当該団体の構成員である同条第三号に掲げる者及びその者に係る同条第四号に掲げる者又は当該団体の構成員である同条第五号に掲げる者の業務災害及び通勤災害（これらの者のうち、住居と就業の場所との間の往復の状況等を考慮して厚生労働省令で定める者にあつては、業務災害に限る。）に関してこの保険の適用を受けることにつき申請をし、政府の承認があつたときは、第三章第一節から第三節まで（当該厚生労働省令で定める者にあつては、同章第一節及び第二節）、第三章の二及び徴収法第二章から第六章までの規定の適用については、次に定めるところによる。

一　当該団体は、第三条第一項の適用事業及びその事業主とみなす。

二　当該承認があつた日は、前号の適用事業が開始された日とみなす。

三　当該団体に係る第三十三条第三号から第五号までに掲げる者は、第一号の適用事業に使用される労働者とみなす。
四　当該団体の解散は、事業の廃止とみなす。
五　前条第一項第二号の規定は、第三十三条第三号から第五号までに掲げる者に係る業務災害に関する保険給付の事由について準用する。この場合において同条第五号に掲げる者に関しては、前条第一項第二号中「業務上」とあるのは「当該作業により」と、「当該事業」とあるのは「当該作業」と読み替えるものとする。
六　第三十三条第三号から第五号までに掲げる者の給付基礎日額は、当該事業と同種若しくは類似の事業又は当該作業と同種若しくは類似の作業を行う事業に使用される労働者の賃金の額その他の事情を考慮して厚生労働大臣が定める額とする。
七　第三十三条第三号から第五号までに掲げる者の事故が、徴収法第十条第二項第三号の第二種特別加入保険料が滞納されている期間中に生じたものであるときは、政府は、当該事故に係る保険給付の全部又は一部を行わないことができる。

2　一の団体に係る第三十三条第三号から第五号までに掲げる者として前項第三号の規定により労働者とみなされている者は、同一の種類の事業又は同一の種類の作業に関しては、他の団体に関し重ねて同号の規定により労働者とみなされることはない。

3　第一項の団体は、同項の承認があつた後においても、政府の承認を受けて、当該団体についての保険関係を消滅させることができる。

4　政府は、第一項の団体がこの法律若しくは徴収法又はこれらの法律に基づく厚生労働省令の規定に違反したときは、当該団体についての保険関係を消滅させることができる。

5　第三十三条第三号から第五号までに掲げる者の保険給付を受ける権利は、同条第三号又は第五号に掲げる者が第一項の団体から脱退することによつて変更されない。同条第三号から第五号までに掲げる者がこれらの規定に掲げる者でなくなつたことによつても、同様とする。

（海外派遣者の特別加入）

第三十六条 第三十三条第六号の団体又は同条第七号の事業主が、同条第六号又は第七号に掲げる者を、当該団体又は当該事業主がこの法律の施行地内において行う事業（事業の期間が予定される事業を除く。）についての保険関係に基づきこの保険による業務災害及び通勤災害に関する保険給付を受けることができる者とすることにつき申請をし、政府の承認があつたときは、第三章第一節から第三節まで及び第三章の二の規定の適用については、次に定めるところによる。

一 第三十三条第六号又は第七号に掲げる者は、当該事業に使用される労働者とみなす。

二 第三十四条第一項第二号の規定は第三十三条第六号又は第七号に掲げる者に係る業務災害に関する保険給付の事由について、同項第三号の規定は同条第六号又は第七号に掲げる者の給付基礎日額について準用する。この場合において、同項第二号中「当該事業」とあるのは、「第三十三条第六号又は第七号に規定する開発途上にある地域又はこの法律の施行地外の地域において行われる事業」と読み替えるものとする。

三 第三十三条第六号又は第七号に掲げる者の事故が、徴収法第十条第二項第三号の二の第三種特別加入保険料が滞納されている期間中に生じたものであるときは、政府は、当該事故に係る保険給付の全部又は一部を行わないことができる。

2 第三十四条第二項及び第三項の規定は前項の承認を受けた第三十三条第六号の団体又は同条第七号の事業主について、第三十四条第四項の規定は第三十三条第六号又は第七号に掲げる者の保険給付を受ける権利について準用する。この場合において、これらの規定中「前項の承認」とあり、及び「第一項の承認」とあるのは「第三十六条第一項の承認」と、第三十四条第二項中「同号及び同条第二号に掲げる者を包括して」とあるのは「同条第六号又は第七号に掲げる者を」と、同条第四項中「同条第一号及び第二号」とあるのは「第三十三条第六号又は第七号」と読み替えるものとする。

（厚生労働省令への委任）

第三十七条 この章に定めるもののほか、第三十三条各号に掲げる者の業務災害及び通勤災害に関し必要な事項は、厚生労働省令で定める。

第五章　不服申立て及び訴訟

（保険給付に関する審査請求等）

第三十八条 保険給付に関する決定に不服のある者は、労働者災害補償保険審査官に対して審査請求をし、その決定に不服のある者は、労働保険審査会に対して再審査請求をすることができる。

2　前項の審査請求をしている者は、審査請求をした日から三箇月を経過しても審査請求についての決定がないときは、当該審査請求に係る処分について、決定を経ないで、労働保険審査会に対して再審査請求をすることができる。

3　第一項の審査請求及び前二項の再審査請求は、時効の中断に関しては、これを裁判上の請求とみなす。

（行政不服審査法の不適用）

第三十九条 前条第一項の審査請求及び同条第一項又は第二項の再審査請求については、行政不服審査法（昭和三十七年法律第百六十号）第二章第一節、第二節（第十八条及び第十九条を除く。）及び第五節の規定を適用しない。

（不服申立ての前置）

第四十条 第三十八条第一項に規定する処分の取消しの訴えは、当該処分についての再審査請求に対する労働保険審査会の裁決を経た後でなければ、提起することができない。ただし、次の各号のいずれかに該当するときは、この限りでない。

一　再審査請求がされた日から三箇月を経過しても裁決がないとき。

二　再審査請求についての裁決を経ることにより生ずる著しい損害を避けるため緊急の必要があるときその他その裁決を経ないことにつき正当な理由があるとき。

（不服申立て）

第四十一条　徴収法第三十七条の規定は第三十一条第一項の規定による徴収金について、徴収法第三十八条の規定は第十二条の三第一項及び第二項並びに第三十一条第一項の規定による徴収金について準用する。

第六章　雑則

（時効）
第四十二条　療養補償給付、休業補償給付、葬祭料、介護補償給付、療養給付、休業給付、葬祭給付、介護給付及び二次健康診断等給付を受ける権利は、二年を経過したとき、障害補償給付、遺族補償給付、障害給付及び遺族給付を受ける権利は、五年を経過したときは、時効によつて消滅する。

（期間の計算）
第四十三条　この法律又はこの法律に基づく政令及び厚生労働省令に規定する期間の計算については、民法の期間の計算に関する規定を準用する。

（印紙税の免除）
第四十四条　労働者災害補償保険に関する書類には、印紙税を課さない。

（無料証明）
第四十五条　市町村長（特別区及び地方自治法（昭和二十二年法律第六十七号）第二百五十二条の十九第一項の指定都市においては、区長とする。）は、行政庁又は保険給付を受けようとする者に対して、当該市（特別区を含む。）町村の条例で定めるところにより、保険給付を受けようとする者又は遺族の戸籍に関し、無料で証明を行なうことができる。

（使用者等の報告、出頭等）
第四十六条　行政庁は、厚生労働省令で定めるところにより、労働者を使用する者、労働保険事務組合又は第三十五条第一項に規定する団体に対して、この法律の施行に関し必要な報告、文書の提出又は出頭を命ずることができる。
※〔編注〕本条は平二四法律第二七号により次

のとおり改正され、平二四・四・六から起算して六月を超えない範囲内において政令で定める日から施行される。

（使用者等の報告、出頭等）

第四十六条　行政庁は、厚生労働省令で定めるところにより、労働者を使用する者、労働保険事務組合、第三十五条第一項に規定する団体、労働者派遣事業の適正な運営の確保及び派遣労働者の保護等に関する法律（昭和六十年法律第八十八号。第四十八条第一項において「労働者派遣法」という。）第四十四条第一項に規定する派遣先の事業主（以下「派遣先の事業主」という。）又は船員職業安定法（昭和二十三年法律第百三十号）第六条第十一項に規定する船員派遣（以下「船員派遣」という。）の役務の提供を受ける者に対して、この法律の施行に関し必要な報告、文書の提出又は出頭を命ずることができる。

（労働者及び受給者の報告、出頭等）

第四十七条　行政庁は、厚生労働省令で定めるところにより、保険関係が成立している事業に使用される労働者（第三十四条第一項第一号、第三十五条第一項第三号又は第三十六条第一項第一号の規定により当該事業に使用される労働者とみなされる者を含む。）若しくは保険給付を受け、若しくは受けようとする者に対して、この法律の施行に関し必要な報告、届出、文書その他の物件の提出（以下この条において「報告等」という。）若しくは出頭を命じ、又は保険給付の原因である事故を発生させた第三者（第五十三条において「第三者」という。）に対して、報告等を命ずることができる。

※〔編注〕本条は平二四法律第二七号により次のとおり改正され、平二四・四・六から起算して六月を超えない範囲内において政令で定める日から施行される。

（労働者及び受給者の報告、出頭等）

第四十七条　行政庁は、厚生労働省令で定めるところにより、保険関係が成立している事業に使用される労働者（第三十四条第一項第一号、第三十五条第一項第三号又は第三十六条第一項第一号の規定により当該事業に使用される労働者とみなされる者を含む。）若しくは保険給付を受け、若しくは受けようとする者に対して、この法律の施行に関し必要な報告、届出、文書その他の物件の提出（以下この条において「報告等」という。）若しくは出頭を命じ、又は保険給付の原因である事故を発生させた第三者（派遣先の事業主及び船員派遣の役務の提供を受ける者を除く。第五十三条において「第三者」という。）に対して、報告等を命ずることができる。

（受診命令）

第四十七条の二　行政庁は、保険給付に関して必要があると認めるときは、保険給付を受け、又は受けようとする者（遺族補償年金又は遺族年金の額の算定の基礎となる者を含む。）に対し、その指定する医師の診断を受けるべきことを命ずることができる。

（保険給付の一時差止め）

第四十七条の三　政府は、保険給付を受ける権利を有する者が、正当な理由がなくて、第十二条の七の規定による届出をせず、若しくは書類その他の物件の提出をしないとき、又は前二条の規定による命令に従わないときは、保険給付の支払を一時差し止めることができる。

（立入・質問・検査）

第四十八条　行政庁は、この法律の施行に必要な限度において、当該職員に、適用事業の事業場又は労働保険事務組合若しくは第三十五条第一項に規定する団体の事務所に立ち入り、関係者に質問させ、又は帳簿書類その他の物件を検査させることができる。

※〔編注〕本条第一項は平二四法律第二七号により次のとおり改正され、平二四・四・六から起算して六月を超えない範囲内において政令で定める日から施行される。

（立入・質問・検査）

第四十八条　行政庁は、この法律の施行に必要な限度において、当該職員に、適用事業の事業場、労働保険事務組合若しくは第三十五条第一項に規定する団体の事務所、労働者派遣法第四十四条第一項に規定する派遣先の事業の事業場又は船員派遣の役務の提供を受ける者の事業場に立ち入り、関係者に質問させ、又は帳簿書類その他の物件を検査させることができる。

2　前項の規定により立入検査をする職員は、その身分を示す証明書を携帯し、関係者に提示しなければならない。

3　第一項の規定による立入検査の権限は、犯罪捜査のために認められたものと解釈してはならない。

（**診療録その他の検査**）

第四十九条　行政庁は、保険給付に関して必要があると認めるときは、厚生労働省令で定めるところによつて、保険給付を受け、又は受けようとする者（遺族補償年金又は遺族年金の額の算定の基礎となる者を含む。）の診療を担当した医師その他の者に対して、その行つた診療に関する事項について、報告若しくは診療録、帳簿書類その他の物件の提示を命じ、又は当該職員に、これらの物件を検査させることができる。

2　前条第二項の規定は前項の規定による検査について、同条第三項の規定は前項の規定による権限について準用する。

第四十九条の二　厚生労働大臣は、船員法第一条に規定する船員について、この法律の目的を達成するため必要があると認めるときは、国土交通大臣に対し、船員法に基づき必要な措置をとるべきことを要請することができる。

2　前項の規定による措置をとるため必要があると認めるときは、国土交通大臣は厚生労働大臣に資料の提供を求めることができる。

第四十九条の三　厚生労働大臣は、この法律の施行に関し、関係行政機関又は公私の団体に対し、資料の提供その他必要な協力を求めることができる。

2　前項の規定による協力を求められた関係行政機関又は公私の団体は、できるだけその求めに応じなければならない。

（**経過措置の命令委任**）

第四十九条の四　この法律に基づき政令又は厚生労働省令を制定し、又は改廃する場合においては、それぞれ、政令又は厚生労働省令で、その制定又は改廃に伴い合理的に必要と判断される範囲内において、所要の経過措置を定めることができる。

（厚生労働大臣の権限の委任）

第四十九条の五　この法律に定める厚生労働大臣の権限は、厚生労働省令で定めるところにより、その一部を都道府県労働局長に委任することができる。

（施行細目）

第五十条　この法律の施行に関する細目は、厚生労働省令で、これを定める。

第七章　罰則

（事業主等に関する罰則）

第五十一条　事業主が次の各号のいずれかに該当するときは、六月以下の懲役又は三十万円以下

の罰金に処する。労働保険事務組合又は第三十五条第一項に規定する団体がこれらの各号のいずれかに該当する場合におけるその違反行為をした当該労働保険事務組合又は当該団体の代表者又は代理人、使用人その他の従業者も、同様とする。

一　第四十六条の規定による命令に違反して報告をせず、若しくは虚偽の報告をし、又は文書の提出をせず、若しくは虚偽の記載をした文書を提出した場合

二　第四十八条第一項の規定による当該職員の質問に対して答弁をせず、若しくは虚偽の陳述をし、又は検査を拒み、妨げ、若しくは忌避した場合

※〔編注〕本条は平二四法律第二七号により次のとおり改正され、平二四・四・六から起算して六月を超えない範囲内において政令で定める日から施行される。

（事業主等に関する罰則）

第五十一条　事業主、派遣先の事業主又は船員派遣の役務の提供を受ける者が次の各号のいずれ

かに該当するときは、六月以下の懲役又は三十万円以下の罰金に処する。労働保険事務組合又は第三十五条第一項に規定する団体がこれらの各号のいずれかに該当する場合におけるその違反行為をした当該労働保険事務組合又は当該団体の代表者又は代理人、使用人その他の従業者も、同様とする。

一　第四十六条の規定による命令に違反して報告をせず、若しくは虚偽の報告をし、又は文書の提出をせず、若しくは虚偽の記載をした文書を提出した場合

二　第四十八条第一項の規定による当該職員の質問に対して答弁をせず、若しくは虚偽の陳述をし、又は検査を拒み、妨げ、若しくは忌避した場合

第五十二条　削除

（事業主以外の者に関する罰則）

第五十三条　事業主、労働保険事務組合及び第三十五条第一項に規定する団体以外の者（第三者を除く。）が次の各号のいずれかに該当するときは、六月以下の懲役又は二十万円以下の罰金に処する。

一　第四十七条の規定による命令に違反して報告若しくは届出をせず、若しくは虚偽の報告若しくは届出をし、又は文書その他の物件の提出をせず、若しくは虚偽の記載をした文書を提出した場合

二　第四十八条第一項の規定による当該職員の質問に対し答弁をせず、若しくは虚偽の陳述をし、又は検査を拒み、妨げ、若しくは忌避した場合

三　第四十九条第一項の規定による命令に違反して報告をせず、虚偽の報告をし、若しくは診療録、帳簿書類その他の物件の提示をせず、又は同条の規定による検査を拒み、妨げ、若しくは忌避した場合

※〔編注〕本条は平二四法律第二七号により次のとおり改正され、平二四・四・六から起算して六月を超えない範囲内において政令で定める日から施行される。

（事業主以外の者に関する罰則）

第五十三条　事業主、労働保険事務組合、第三十五条第一項に規定する団体、派遣先の事業主及び船員派遣の役務の提供を受ける者以外の者（第三者を除く。）が次の各号のいずれかに該当するときは、六月以下の懲役又は二十万円以下の罰金に処する。

一　第四十七条の規定による命令に違反して報告若しくは届出をせず、若しくは虚偽の報告若しくは届出をし、又は文書その他の物件の提出をせず、若しくは虚偽の記載をした文書を提出した場合

二　第四十八条第一項の規定による当該職員の質問に対し答弁をせず、若しくは虚偽の陳述をし、又は検査を拒み、妨げ、若しくは忌避した場合

三　第四十九条第一項の規定による命令に違反して報告をせず、虚偽の報告をし、若しくは診療録、帳簿書類その他の物件の提示をせず、又は同条の規定による検査を拒み、妨げ、若しくは忌避した場合

（両罰規定）

第五十四条　法人（法人でない労働保険事務組合及び第三十五条第一項に規定する団体を含む。以下この項において同じ。）の代表者又は法人若しくは人の代理人、使用人その他の従業者が、その法人又は人の業務に関して、第五十一条又は前条の違反行為をしたときは、行為者を罰するほか、その法人又は人に対しても、各本条の罰金刑を科する。

2　前項の規定により法人でない労働保険事務組合又は第三十五条第一項に規定する団体を処罰する場合においては、その代表者が訴訟行為につきその労働保険事務組合又は団体を代表するほか、法人を被告人又は被疑者とする場合の刑事訴訟に関する法律の規定を準用する。

附　則（抄）

（施行期日）

第五十五条　この法律施行の期日〈昭二二・八政令第一七一号により、昭二二・九・一から施行〉は、勅令で、これを定める。

（保険料率に関する暫定措置）

第五十六条 この法律の施行後五年間は、保険料率は、第二十六条の規定にかかわらず、労働者災害補償保険審議会に諮って、数等級に区別して賃金一円当りについて、主務大臣が、これを定める。

（労働者災害扶助責任保険法の廃止に伴う経過措置）

第五十七条 労働者災害扶助責任保険法は、これを廃止する。

2 この法律施行前に発生した事故に対する保険給付及びこの法律施行前の期間に属する保険料に関しては、なお旧法による。

3 この法律施行前の旧法の罰則を適用すべきであつた者についての処罰については、なお旧法による。

4 この法律施行の際、労働者災害扶助責任保険につき現に政府と保険契約を締結している者が既に払込んだこの法律施行後の期間に属する保険料は、この保険の保険料に、これを充当することができる。

5 前三項に定めるものの外、旧法廃止の際必要な事項は、命令で、これを定める。

（障害補償年金差額一時金）

第五十八条 政府は、当分の間、障害補償年金を受ける権利を有する者が死亡した場合において、その者に支給された当該障害補償年金の額（当該障害補償年金のうち当該死亡した日の属する年度（当該死亡した日の属する月が四月から七月までの月に該当する場合にあつては、その前年度。以下この項において同じ。）の七月以前の分として支給された障害補償年金にあつては、厚生労働省令で定めるところにより第十六条の六第二項の規定の例により算定して得た額）及び当該障害補償年金に係る障害補償年金前払一時金の額（当該障害補償年金前払一時金を支給すべき事由が当該死亡した日の属する年度の七月以前に生じたものである場合にあつては、厚生労働省令で定めるところにより同項の規定による遺族補償年金の額の算定の方法に準じ算定して得た額）の合計額が次の表の上欄に掲げる当該障害補償年金に係る障害等級に応じ、それぞれ同表の下欄に掲げる額（当該死亡した日が算定事由発生日の属する年度の翌々年度の八月一日以後の日である場合にあつては、厚生労働省令で定めるところにより第八条の四において準用する第八条の三第一項の規定の例により算定して得た額を同表の給付基礎日額とした場合に得られる額）に満たないときは、その者の遺族に対し、その請求に基づき、保険給付として、その差額に相当する額の障害補償年金差額一時金を支給する。

障害等級	額
第一級	給付基礎日額の一、三四〇日分
第二級	給付基礎日額の一、一九〇日分
第三級	給付基礎日額の一、〇五〇日分
第四級	給付基礎日額の九二〇日分
第五級	給付基礎日額の七九〇日分
第六級	給付基礎日額の六七〇日分
第七級	給付基礎日額の五六〇日分

2　障害補償年金差額一時金を受けることができる遺族は、次の各号に掲げる者とする。この場合において、障害補償年金差額一時金を受けるべき遺族の順位は、次の各号の順序により、当該各号に掲げる者のうちにあつては、それぞれ、当該各号に掲げる順序による。

一　労働者の死亡の当時その者と生計を同じくしていた配偶者、子、父母、孫、祖父母及び兄弟姉妹

二　前号に該当しない配偶者、子、父母、孫、祖父母及び兄弟姉妹

3　障害補償年金差額一時金の支給を受ける権利は、五年を経過したときは、時効によつて消滅する。

4　障害補償年金差額一時金は、遺族補償給付とみなして第十条の規定を、第十六条の六第一項第二号の場合に支給される遺族補償一時金とみなして徴収法第十二条第三項及び第二十条第一項の規定を適用する。

5　第十六条の三第二項並びに第十六条の九第一項及び第二項の規定は、障害補償年金差額一時金について準用する。この場合において、第十六条の三第二項中「前項」とあるのは「第五十八条第一項」と、「別表第一」とあるのは「同項」と読み替えるものとする。

（障害補償年金前払一時金）

第五十九条 政府は、当分の間、労働者が業務上負傷し、又は疾病にかかり、治つたとき身体に障害が存する場合における当該障害に関して障害補償年金を受ける権利を有する者に対し、その請求に基づき、保険給付として、障害補償年金前払一時金を支給する。

2 障害補償年金前払一時金の額は、前条第一項の表の上欄に掲げる当該障害補償年金に係る障害等級に応じ、それぞれ同表の下欄に掲げる額（算定事由発生日の属する年度の翌々年度の八月以後に前項の請求があつた場合にあつては、当該障害補償年金前払一時金を障害補償一時金とみなして第八条の四の規定を適用したときに得られる給付基礎日額を同表の給付基礎日額とした場合に得られる額）を限度として厚生労働省令で定める額とする。

3 障害補償年金前払一時金が支給される場合には、当該労働者の障害に係る障害補償年金は、各月に支給されるべき額の合計額が厚生労働省令で定める算定方法に従い当該障害補償年金前払一時金の額に達するまでの間、その支給を停止する。

4 障害補償年金前払一時金の支給を受ける権利は、二年を経過したときは、時効によつて消滅する。

5 障害補償年金前払一時金は、障害補償年金とみなして、徴収法第十二条第三項及び第二十条第一項の規定を適用する。

6 障害補償年金前払一時金の支給を受けた者に支給されるべき障害補償年金の支給が第三項の規定により停止されている間は、当該障害補償年金については、国民年金法第三十六条の二第二項及び国民年金法等の一部を改正する法律（昭和六十年法律第三十四号。以下この項及び次条第七項において「昭和六十年法律第三十四号」という。）附則第三十二条第十一項の規定によりなおその効力を有するものとされた昭和六十年法律第三十四号第一条の規定による改正前の国民年金法（以下この項及び次条第七項において「旧国民年金法」という。）第六十五条第二項（昭和六十年法律第三十四号附則第二十八条第十項においてその例による場合及び昭和六十年法律第三十四号附則第三十二条第十一項の規定によりなおその効力を有するものとされた旧国民年金法第七十九条の二第五項において準用する場合を含む。次条第七項において同じ。）、児童扶養手当法（昭和三十六年法律第二百三十八号）第四条第三項第二号ただし書並びに特別児童扶養手当等の支給に関する法律（昭和三十九年法律第百三十四号）第三条第三項第二号ただし書及び第十七条第一号ただし書の規定は、適用しない。

（遺族補償年金前払一時金）

第六十条　政府は、当分の間、労働者が業務上の事由により死亡した場合における当該死亡に関しては、遺族補償年金を受ける権利を有する遺族に対し、その請求に基づき、保険給付として、遺族補償年金前払一時金を支給する。

2　遺族補償年金前払一時金の額は、給付基礎日額（算定事由発生日の属する年度の翌々年度の八月以後に前項の請求があつた場合にあつては、当該遺族補償年金前払一時金を遺族補償一時金とみなして第八条の四の規定を適用したときに得られる給付基礎日額に相当する額）の千日分に相当する額を限度として厚生労働省令で定める額とする。

3　遺族補償年金前払一時金が支給される場合には、当該労働者の死亡に係る遺族補償年金は、各月に支給されるべき額の合計額が厚生労働省令で定める算定方法に従い当該遺族補償年金前払一時金の額に達するまでの間、その支給を停止する。

4　遺族補償年金前払一時金が支給された場合における第十六条の六の規定の適用については、同条第一項第二号中「遺族補償年金の額」とあるのは、「遺族補償年金の額及び遺族補償年金前払一時金の額（当該遺族補償年金前払一時金を支給すべき事由が当該権利が消滅した日の属する年度（当該権利が消滅した日の属する月が四月から七月までの月に該当する場合にあつては、その前年度）の七月以前に生じたものである場合にあつては、厚生労働省令で定めるところにより次項の規定による遺族補償年金の額の算定の方法に準じ算定して得た額）」とする。

5　遺族補償年金前払一時金の支給を受ける権利は、二年を経過したときは、時効によつて消滅する。

6　遺族補償年金前払一時金は、遺族補償年金とみなして、徴収法第十二条第三項及び第二十条第一項の規定を適用する。

7　遺族補償年金前払一時金の支給を受けた者に支給されるべき遺族補償年金の支給が第三項の規定により停止されている間は、当該遺族補償年金については、国民年金法第三十六条の二第二項及び昭和六十年法律第三十四号附則第三十二条第十一項の規定によりなおその効力を有するものとされた旧国民年金法第六十五条第二項並びに児童扶養手当法第四条第二項第二号ただし書及び第三項第二号ただし書の規定は、適用しない。

（障害年金差額一時金）

第六十一条　政府は、当分の間、障害年金を受ける権利を有する者が死亡した場合において、その者に支給された当該障害年金の額（当該障害年金のうち当該死亡した日の属する年度（当該死亡した日の属する月が四月から七月までの月に該当する場合にあつては、その前年度。以下この項において同じ。）の七月以前の分として支給された障害年金にあつては、厚生労働省令で定めるところにより第十六条の六第二項の規定の例により算定して得た額）及び当該障害年金に係る障害年金前払一時金の額（当該障害年金前払一時金を支給すべき事由が当該死亡した日の属する年度の七月以前に生じたものである場合にあつては、厚生労働省令で定めるところにより同項の規定による遺族補償年金の額の算定の方法に準じ算定して得た額）の合計額が第五十八条第一項の表の上欄に掲げる当該障害年金に係る障害等級に応じ、それぞれ同表の下欄に掲げる額（当該死亡した日が算定事由発生日の属する年度の翌々年度の八月一日以後の日である場合にあつては、厚生労働省令で定めるところにより第八条の四において準用する第八条の三第一項の規定の例により算定して得た額を同表の給付基礎日額とした場合に得られる額）に満たないときは、その者の遺族に対し、その請求に基づき、保険給付として、その差額に相当する額の障害年金差額一時金を支給する。

2　障害年金差額一時金は、遺族給付とみなして、第十条の規定を適用する。

3　第十六条の三第二項、第十六条の九第一項及び第二項並びに第五十八条第二項及び第三項の規定は、障害年金差額一時金について準用する。この場合において、第十六条の三第二項中「前項」とあるのは「第六十一条第一項」と、「別表第一」とあるのは「同項」と読み替えるものとする。

（障害年金前払一時金）

第六十二条　政府は、当分の間、労働者が通勤により負傷し、又は疾病にかかり、治つたとき身体に障害が存する場合における当該障害に関しては、障害年金を受ける権利を有する者に対し、その請求に基づき、保険給付として、障害年金前払一時金を支給する。

2　障害年金前払一時金の額は、第五十八条第一項の表の上欄に掲げる当該障害年金に係る障害等級に応じ、第五十九条第二項に規定する厚生労働省令で定める額とする。

3　第五十九条第三項、第四項及び第六項の規定は、障害年金前払一時金について準用する。この場合において、同条第三項及び第六項中「障害補償年金」とあるのは、「障害年金」と読み替えるものとする。

（遺族年金前払一時金）

第六十三条　政府は、当分の間、労働者が通勤により死亡した場合における当該死亡に関しては、遺族年金を受ける権利を有する遺族に対し、その請求に基づき、保険給付として、遺族年金前払一時金を支給する。

2　遺族年金前払一時金の額は、第六十条第二項に規定する厚生労働省令で定める額とする。

3　第六十条第三項から第五項まで及び第七項の規定は、遺族年金前払一時金について準用する。この場合において、同条第三項中「遺族補償年金は」とあるのは「遺族年金は」と、同条第四項中「第十六条の六」とあるのは「第二十二条の四第三項の規定により読み替えられた第十六条の六」と、「遺族補償年金の額」とあるのは「遺族年金の額」と、同条第七項中「遺族補償年金の」とあるのは「遺族年金の」と、「当該遺族補償年金」とあるのは「当該遺族年金」と読み替えるものとする。

（損害賠償との調整に関する暫定措置）

第六十四条　労働者又はその遺族が障害補償年金若しくは遺族補償年金又は障害年金若しくは遺族年金（以下この条において「年金給付」という。）を受けるべき場合（当該年金給付を受ける権利を有することとなつた時に、当該年金給付に係る障害補償年金前払一時金若しくは遺族補償年金前払一時金又は障害年金前払一時金若しくは遺族年金前払一時金（以下この条において「前払一時金給付」という。）を請求することができる場合に限る。）であつて、同一の事由について、当該労働者を使用している事業主又は使用していた事業主から民法その他の法律による損害賠償（以下単に「損害賠償」といい、当該年金給付によつててん補される損害をてん補する部分に限る。）を受けることができるときは、当該損害賠償については、当分の間、次に定めるところによるものとする。

一　事業主は、当該労働者又はその遺族の年金給付を受ける権利が消滅するまでの間、その損害の発生時から当該年金給付に係る前払一時金給付を受けるべき時までの法定利率により計算される額を合算した場合における当該合算した額が当該前払一時金給付の最高限度額に相当する額となるべき額（次号の規定により損害賠償の責めを免れたときは、その免れた額を控除した額）の限度で、その損害賠償の履行をしないことができる。

二　前号の規定により損害賠償の履行が猶予されている場合において、年金給付又は前払一時金給付の支給が行われたときは、事業主は、その損害の発生時から当該支給が行われた時までの法定利率により計算される額を合算した場合における当該合算した額が当該年金給付又は前払一時金給付の額となるべき額の限度で、その損害賠償の責めを免れる。

2　労働者又はその遺族が、当該労働者を使用している事業主又は使用していた事業主から損害賠償を受けることができる場合であつて、保険給付を受けるべきときに、同一の事由について、損害賠償（当該保険給付によつててん補される損害をてん補する部分に限る。）を受けたときは、政府は、労働政策審議会の議を経て厚生労働大臣が定める基準により、その価額の限度で、保険給付をしないことができる。ただし、前項に規定する年金給付を受けるべき場合において、次に掲げる保険給付については、この限りでない。

一　年金給付（労働者又はその遺族に対して、各月に支給されるべき額の合計額が厚生労働省令で定める算定方法に従い当該年金給付に係る前払一時金給付の最高限度額（当該前払一時金給付の支給を受けたことがある者にあつては、当該支給を受けた額を控除した額とする。）に相当する額に達するまでの間についての年金給付に限る。）

二　障害補償年金差額一時金及び第十六条の六第一項第二号の場合に支給される遺族補償一時金並びに障害年金差額一時金及び第二十二条の四第三項において読み替えて準用する第十六条の六第一項第二号の場合に支給される遺族一時金

三　前払一時金給付

附　則（昭三五・三・三一法律第二九号）（抄）

（施行期日）

第一条　この法律は、昭和三十五年四月一日から施行する。

（けい肺及び外傷性せき髄障害に関する特別保護法の廃止）

第二条　けい肺及び外傷性せき髄障害に関する特別保護法（昭和三十年法律第九十一号。以下「旧特別保護法」という。）は、廃止する。

（給付に関する経過措置）

第三条　この法律の施行前に生じた改正前の労働者災害補償保険法第十二条第二項に規定する事由に係る災害補償については、なお従前の例による。

第五条　この法律の施行の日の前日において旧特別保護法又は旧臨時措置法〔編注＝けい肺及び外傷性せき髄障害の療養等に関する臨時措置法

（昭和三十三年法律第百四十三号）」の規定による療養給付を受けるべきであつた者であつて、労働省令で定めるところにより、都道府県労働基準局長がこの法律の施行の日以降引き続き療養を必要とすると認定したものは、同日において、労働者災害補償保険法の適用を受ける者であり、かつ、長期傷病者補償の給付の決定があつたものとみなす。

2　前項の規定により長期傷病者補償を受ける者については、改正後の労働者災害補償保険法（以下「新法」という。）の規定にかかわらず、遺族給付及び葬祭給付は行なわないものとし、その者に支給すべき傷病給付（第二種傷病給付に係る療養又は療養の費用に関する部分を除く。）又は第一種障害給付の年額は、それぞれ、新法の規定による年額から平均賃金の四十日分を減じた額とする。

3　第一項の規定による都道府県労働基準局長の認定に関する処分に不服がある者は、新法の規定による保険給付に関する決定に対する異議の例により、審査若しくは再審査の請求をし、又は訴訟を提起することができる。

第十六条　新法の規定による第一種障害補償費又は傷病給付若しくは第一種障害給付を受ける労働者については、政府は、当分の間、命令で定めるところにより、労働省において作成する毎月勤労統計における全産業の労働者一人当りの平均給与額（以下この項において「平均給与額」という。）が当該負傷し、又は疾病にかかつた日の属する年における平均給与額の百分の百二十をこえ、又は百分の八十を下るに至つた場合において、その状態が継続すると認めるときは、その上昇し、又は低下した比率を基準として、その翌年の四月以降の当該保険給付（第二種傷病給付に係る療養又は療養の費用に関する部分を除く。）の額を改訂して支給する。改訂後の第一種障害補償費又は傷病給付（第二種傷病給付に係る療養又は療養の費用に関する部分を除く。）若しくは第一種障害給付の額の改訂についてもこれに準ずる。

2　前項の規定は、附則第五条第二項の規定により新法の規定による傷病給付又は第一種障害給付の年額から減ずべき額について準用する。

（国庫負担等の検討）
第十七条　新法第三十四条の二及び前二条に規定する事項については、社会保障に関する制度全般の調整の機会において検討するものとし、その結果に基づいて、必要な措置を講ずるものとする。

附　則（昭四〇・六・一一法律第一三〇号）（抄）

（施行期日）
第一条　この法律は、昭和四十年八月一日から施行する。ただし、第二条及び附則第十三条の規定は昭和四十年十一月一日から、第三条並びに附則第十四条から附則第四十三条まで及び附則第四十五条の規定は昭和四十一年二月一日から施行する。

（第一条の規定の施行に伴う経過措置）
第二条　第一条の規定の施行の際現に保険関係が成立している事業に関しては、同条の規定による改正後の労働者災害補償保険法（以下この条から附則第八条までにおいて「新法」という。）第三条の二の規定は、適用しない。

第三条　第一条の規定の施行の際現に同条の規定による改正前の労働者災害補償保険法（以下この条から附則第八条までにおいて「旧法」という。）第六条の規定による保険関係が成立している事業（当該事業に関し保険加入者が旧法第二十八条第一項若しくは第二項の報告をし、又は政府が同条第三項の通知を発したものを除く。）の事業主は、昭和四十年八月五日までに、新法第六条第二項に規定する事項を政府に届け出なければならない。

2　前項の規定による届出をせず、又は虚偽の届出をした者は、六箇月以下の懲役又は五万円以下の罰金に処する。

3　法人の代表者又は法人若しくは人の代理人、使用人その他の従業者が、その法人又は人の業務に関して、前項の違反行為をしたときは、行為者を罰するほか、その法人又は人に対し同項の罰金刑を科する。

第四条 第一条の規定の施行の際現に数次の請負によつて行なわれている事業の事業主については、なお旧法第八条の規定の例による。

第五条 旧法の規定により支給すべき療養補償費及び休業補償費であつて、第一条の規定の施行の際まだ支給していないものについては、なお従前の例による。

第六条 新法第十二条第一項第一号の規定は、第一条の規定の施行前に開始された療養に係る業務上の負傷又は疾病が同条の規定の施行後になおつた場合における同条の規定の施行前の療養についても、適用する。

第七条 新法第十二条第一項第二号の規定は、第一条の規定の施行前の休業が七日以内であり、かつ、同条の規定の施行後、同一の事由により休業する者に係る同条の規定の施行前の休業についても、適用する。この場合において、休業が七日をこえるときは、その休業の最初の日から起算して第三日目までの日についても、休業補償費を支給する。

第八条 第一条の規定の施行前に生じた事故に係る保険給付については、旧法第十七条から第十九条の二までの規定は、なお効力を有する。

2 第一条の規定の施行前に生じた事故については、新法第三十条の四の規定は、適用しない。

（強制適用事業の範囲の拡大）

第十二条 政府は、労働者災害補償保険の強制適用事業とされていないすべての事業を強制適用事業とするための効率的方策について、他の社会保険制度との関連をも考慮しつつ、二年以内に成果を得ることを目途として調査研究を行ない、その結果に基づいて、すみやかに、必要な措置を講ずるものとする。

（第三条の規定の施行に伴う経過措置）

第十四条 第三条の規定による改正前の労働者災害補償保険法（以下この条から附則第十六条までにおいて「旧法」という。）の規定による第一種障害補償費、傷病給付及び第一種障害給付のうち第三条の規定の施行の日の前日までの間に係る分並びに旧法の規定による第二種障害補償費、遺族補償費、葬祭料、第二種障害給付、遺族給付及び葬祭給付であつて、同条の規定の施行の際まだ支給していないものについては、なお従前の例による。

第十五条　第三条の規定の施行の際現に旧法の規定による第一種障害補償費若しくは第一種障害給付又は傷病給付を受けることができる者には、それぞれ、同条の規定による改正後の労働者災害補償保険法（以下「新法」という。）の規定による障害補償年金を支給し、又は長期傷病補償給付を行なう。この場合において、第一種傷病給付を受けることができる者に対して行なう長期傷病補償給付は、その者が同条の規定の施行後三十日以内に政府に申出をしたときは、新法第十八条第一項の規定にかかわらず、当該負傷若しくは疾病がなおるまで又は当該負傷若しくは疾病について病院若しくは診療所への収容による療養を必要とするに至るまでの間、従前の例による額の年金のみとする。

第十六条　新法第二十七条又は第三十条の二第一項第一号若しくは第二号に規定する保険給付の額に関しては、旧法の規定による第一種障害補償費及び第一種障害給付は、障害補償年金とみなし、同法の規定による傷病給付は、長期傷病補償給付とみなす。

第四十一条及び第四十二条　削除

（遺族補償年金に関する特例）

第四十三条　附則第四十五条の規定に基づき遺族補償年金を受けることができる遺族の範囲が改定されるまでの間、労働者の夫（婚姻の届出をしていないが、事実上婚姻関係と同様の事情にあつた者を含む。以下次項において同じ。）、父母、祖父母及び兄弟姉妹であつて、労働者の死亡の当時、その収入によつて生計を維持し、かつ、五十五歳以上六十歳未満であつたもの（労働者災害補償保険法第十六条の二第一項第四号に規定する者であつて、同法第十六条の四第一項第六号に該当しないものを除く。）は、同法

第十六条の二第一項の規定にかかわらず、同法の規定による遺族補償年金を受けることができる遺族とする。この場合において、同法第十六条の四第二項中「各号の一」とあるのは「各号の一（第六号を除く。）」と、同法別表第一の遺族補償年金の項中「遺族補償年金を受けることができる遺族」とあるのは「遺族補償年金を受けることができる遺族（労働者災害補償保険法の一部を改正する法律（昭和四十年法律第百三十号）附則第四十三条第一項に規定する遺族であつて六十歳未満であるものを除く。）」とする。

2　前項に規定する遺族の遺族補償年金を受けるべき順位は、労働者災害補償保険法第十六条の二第三項に規定する遺族の次の順位とし、前項に規定する遺族のうちにあつては、夫、父母、祖父母及び兄弟姉妹の順序とする。

3　第一項に規定する遺族に支給すべき遺族補償年金は、その者が六十歳に達する月までの間は、その支給を停止する。ただし、労働者災害補償保険法第六十条の規定の適用を妨げるものではない。

（政令への委任）

第四十四条　この附則に規定するもののほか、この法律の施行に関して必要な事項は、政令で定める。

（業務災害に対する年金による補償に関する検討）

第四十五条　労働者の業務災害に対する年金による補償に関しては、労働者災害補償保険制度と厚生年金保険その他の社会保険の制度との関係を考慮して引き続き検討が加えられ、その結果に基づき、すみやかに、別に法律をもつて処理されるべきものとする。

附　則（昭四二・七・二九法律第九五号）（抄）

（施行期日）

第一条　この法律は、公布の日から施行する。

〈後略〉

附　則（昭四四・一二・九法律第八三号）（抄）

（施行期日）

第一条　この法律の規定は、次の各号に掲げる区分に従い、それぞれ当該各号に定める日から施行する。

一〜三　〈略〉

四　〈前略〉第二条の規定〔編注＝第三条第一項の改正規定〕は、〈中略〉別に法律で定める日〔編注＝昭和四四・一二・九法律第八五号及び昭和四七・三・二七政令第三五号により昭和四七・四・一〕

（労働者災害補償保険の適用事業に関する暫定措置）

第十二条　次に掲げる事業以外の事業であつて、政令で定めるものは、当分の間、第二条の規定による改正後の労働者災害補償保険法第三条第一項の適用事業としない。

一　第二条の規定による改正前の労働者災害補償保険法第三条第一項に規定する事業

二　労働者災害補償保険法第二十九条第一項第三号の規定の適用を受ける者のうち同法第二十七条第三号又は第五号に掲げる者が行う当該事業又は当該作業に係る事業（その者が同法第二十九条第一項第三号の規定の適用を受けなくなつた後引き続き労働者を使用して行う事業を含む。）であつて、農業（畜産及び養蚕の事業を含む。）に該当するもの

2　前項の政令で定める事業は、任意適用事業とする。

附　則（昭四四・一二・九法律第八五号）

この法律（第一条〔編注＝整備法第一条〕を除く。）は、徴収法の施行の日〔編注＝昭和四七・四・一〕（昭和四七・三・二七政令第三五号により昭和四七・四・一〕から施行する。

附　則（昭四四・一二・一〇法律第八六号）（抄）

（施行期日等）

第一条 この法律は、公布の日から施行する。〈後略〉

附　則（昭四五・四・一法律第一三号）（抄）

（施行期日）

第一条 この法律は、公布の日から施行する。

附　則（昭四五・五・二二法律第八八号）

（施行期日）

第一条 この法律は、公布の日から起算して六月をこえない範囲内において政令で定める日〔編注＝昭和四五・一〇・三〇政令第三二一号により昭和四五・一一・一〕から施行する。〈後略〉

（経過措置）

第二条 第一条の規定による改正後の労働者災害補償保険法（以下「新法」という。）別表第一の規定は、この法律の施行の日（以下「施行日」という。）以後の期間に係る障害補償年金及び遺族補償年金について適用し、同日前の期間に係る障害補償年金及び遺族補償年金については、なお従前の例による。

2　新法別表第二の規定は、施行日以後に支給すべき事由の生じた遺族補償一時金について適用し、同日前に支給すべき事由の生じた遺族補償一時金については、なお従前の例による。

第三条 削除

附　則（昭四六・三・三〇法律第一三号）（抄）

（施行期日）

第一条 この法律は、昭和四十六年十一月一日から施行する。〈後略〉

附　則（昭四八・九・二一法律第八五号）（抄）

（施行期日）

第一条　この法律は、公布の日から起算して六月をこえない範囲内において政令で定める日〔編注＝昭和四八・一〇・二四政令第三二一号により昭和四八・一二・一〕から施行する。

（通勤災害に関する保険給付についての経過規定）

第二条　この法律による改正後の労働者災害補償保険法（以下「新法」という。）の規定は、この法律の施行の日（以下「施行日」という。）以後に発生した事故に起因する新法第七条第一項第二号の通勤災害に関する保険給付について適用する。

第三条及び第四条　削除

（遺族年金に関する特例）

第五条　労働者の夫（婚姻の届出をしていないが、事実上婚姻関係と同様の事情にあつた者を含む。）、父母、祖父母及び兄弟姉妹であつて、労働者の通勤による死亡の当時、その収入によつて生計を維持し、かつ、五十五歳以上六十歳未満であつたもの（労働者災害補償保険法（以下「労災保険法」という。）第二十二条の四第三項において準用する労災保険法第十六条の二第一項第四号に規定する者であつて、労災保険法第二十二条の四第三項において準用する労災保険法第十六条の四第一項第六号に該当しないものを除く。）は、労災保険法第二十二条の四第三項において準用する労災保険法第十六条の二第一項の規定にかかわらず、当分の間、労災保険法の規定による遺族年金を受けることができる遺族とする。この場合において、労災保険法第二十二条の四第三項において準用する労災保険法第十六条の四第二項中「各号の一」とあるのは「各号の一（第六号を除く。）」と、労災保険法別表第一の遺族補償年金の項中「遺族補償年金を受けることができる遺族」とあるのは「遺族年金を受けることができる遺族（労働者災害補償保険法の一部を改正する法律（昭和四十八年法律第八十五号）附則第五条第一項に規定する遺族であつて六十歳未満であるものを除く。）」とする。

2　労働者災害補償保険法の一部を改正する法律

（昭和四十年法律第百三十号）附則第四十三条第二項及び第三項の規定は、前項に規定する遺族について準用する。この場合において、同条第二項中「遺族補償年金」とあるのは「遺族年金」と、同条第三項中「遺族補償年金」とあるのは「遺族年金」と、「第六十条」とあるのは「第六十三条」と読み替えるものとする。

附　則（昭四八・九・二六法律第九三号）（抄）

（施行期日）

第一条　この法律は、昭和四十八年十月一日から施行する。〈後略〉

附　則（昭四九・一二・二八法律第一一五号）（抄）

（施行期日等）

第一条　この法律は、公布の日から施行し、第一条の規定による改正後の労働者災害補償保険法別表第一（同法第二十二条の三第三項及び第二十二条の四第三項において準用する場合を含む。）及び別表第二（同法第二十二条の三第三項において準用する場合を含む。）の規定、第二条の規定による改正後の労働者災害補償保険法の一部を改正する法律附則第四十二条第一項（労働者災害補償保険法の一部を改正する法律（昭和四十八年法律第八十五号）附則第四条第一項においてその例によることとされる場合を含む。）の〈中略〉規定は、昭和四十九年十一月一日から適用する。

（第一条及び第二条の規定の施行に伴う経過措置）

第二条　昭和四十九年十一月一日（以下「適用日」という。）前の期間に係る労働者災害補償保険法（以下この条において「労災保険法」という。）の規定による障害補償年金、遺族補償年金、障害年金及び遺族年金並びに適用日前に支給すべき事由の生じた労災保険法の規定による障害補償一時金及び障害一時金については、なお従前の例による。

2　適用日からこの法律の施行の日（以下「施行日」という。）の前日までの間に労災保険法第十六条の六第二号（労災保険法第二十二条の四第三項において準用する場合を含む。）の場合の遺族補償一時金又は遺族一時金（以下この項において「遺族補償一時金等」という。）を支給すべき事由が生じた場合における次の各号に掲げる保険給付の額は、第一条の規定による改正後の労働者災害補償保険法（以下この項及び附則第六条において「新労災保険法」という。）の規定にかかわらず、当該各号に定める額とする。

一　当該遺族補償一時金等の額　第一条の規定による改正前の労働者災害補償保険法（次号及び附則第六条において「旧労災保険法」という。）の規定による額

二　当該遺族補償一時金等の支給に係る死亡に関して支給されていた遺族補償年金又は遺族年金（以下この号において「遺族補償年金等」という。）を受ける権利を有する者に対して支給すべき適用日の属する月から当該遺族補償一時金等を支給すべき事由の生じた日の属する月までの分の遺族補償年金等の額　旧労災保険法の規定による額（これらの月分の新労災保険法の規定による遺族補償年金等の額からこれらの月分の旧労災保険法の規定による遺族補償年金等の額を減じた額が当該遺族補償一時金等の額を超えるときは、当該超える額を加算した額）

3　適用日前に生じた業務上の事由又は通勤（労災保険法第七条第一項第二号の通勤をいう。）による死亡に関しては、第二条の規定による改正前の労働者災害補償保険法の一部を改正する法律（以下「昭和四十年改正法」という。）附則第四十二条第一項（労働者災害補償保険法の一部を改正する法律（昭和四十八年法律第八十五号。以下「昭和四十八年改正法」という。）附則第四条第一項においてその例によることとされる場合を含む。）の規定の例による。

4　労働保険の保険料の徴収等に関する法律（昭和四十四年法律第八十四号）第十七条の規定は、この法律の施行の際現に労働保険の保険料の徴収等に関する法律第三条に規定する労災保険に係る労働保険の保険関係が成立している事

業の施行日の属する保険年度に係る労働保険料については、適用しない。

第四条及び第五条　削除

（保険給付の内払）

第六条　適用日の属する月から施行日の前日の属する月までの分として旧労災保険法の規定に基づいて支給された障害補償年金、遺族補償年金、障害年金又は遺族年金の支払は、新労災保険法の規定により支給されるこれらに相当する保険給付の内払とみなす。

2　適用日以後に支給すべき事由の生じた障害補償一時金若しくは障害一時金又は昭和四十年改正法附則第四十二条第一項（昭和四十八年改正法附則第四条第一項においてその例によることとされる場合を含む。以下この項において同じ。）の一時金であつて、旧労災保険法の規定又は第二条の規定による改正前の昭和四十年改正法附則第四十二条第一項の規定に基づいて支給されたものの支払は、新労災保険法の規定又は第二条の規定による改正後の昭和四十年改正法附則第四十二条第一項の規定によるこれらに相当する保険給付の内払とみなす。

附　則（昭五一・五・二七法律第三二号）（抄）

（施行期日等）

第一条　この法律は、昭和五十二年四月一日から施行する。ただし、次の各号に掲げる規定は、当該各号に定める日から施行する。

一　〈略〉

二　〈略〉

三　第一条中労働者災害補償保険法目次及び第二条の改正規定、同法第二条の次に一条を加える改正規定並びに同法第三章の二の改正規定、第二条中労働者災害補償保険法の一部を改正する法律附則第十五条第二項の改正規定〈中略〉並びに附則第九条〈中略〉及び附則第三十条の規定　公布の日から起算して六月を超えない範囲内において政令で定める日

〔編注＝昭和五一・六・二八政令第一六七号により昭和五一・七・一及び昭和五一・一

〇・一」
四　〈略〉

（第一条の規定の施行に伴う経過措置）
第二条　この法律の施行の日（以下「施行日」という。）前に支給すべき事由の生じた休業補償給付又は休業給付については、なお従前の例による。

2　第一条の規定による改正前の労働者災害補償保険法（以下「旧労災保険法」という。）の規定による障害補償年金、遺族補償年金、長期傷病補償給付たる年金、障害年金、遺族年金又は長期傷病給付たる年金のうち施行日の前日までの間に係る分については、なお従前の例による。

第三条　施行日前に同一の業務上の負傷又は疾病につき旧労災保険法第十四条の規定による休業補償給付と厚生年金保険法（昭和二十九年法律第百十五号）第四十七条の規定による障害年金又は旧労災保険法別表第一第二号の政令で定める法令による給付であつて厚生年金保険法の規定による障害年金に相当する給付とを支給されていた労働者で、施行日以後も引き続きこれらの年金の支給を受けるものに対し、当該負傷又は疾病について支給する第一条の規定による改正後の労働者災害補償保険法（以下「新労災保険法」という。）第十四条の規定による休業補償給付の額は、同条の規定により算定した額が、施行日の前日に支給すべき事由の生じた旧労災保険法第十四条の規定による休業補償給付の額（同日に休業補償給付を支給すべき事由が生じなかつたときは、同日前に最後に休業補償給付を支給すべき事由が生じた日の休業補償給付の額）に満たないときは、新労災保険法第十四条の規定にかかわらず、当該旧労災保険法第十四条の規定による休業補償給付の額に相当する額とする。

2　前項の規定は、施行日前に同一の通勤による負傷又は疾病につき旧労災保険法第二十二条の二の規定による休業給付と同項に規定する障害年金又は障害年金に相当する給付とを支給されていた労働者で施行日以後も引き続きこれらの年金の支給を受けるものについて準用する。この場合において、同項中「第一条の規定による改正後の労働者災害補償保険法（以下「新労災保険法」という。）第十四条」とあり、及び「新労災保険法第十四条」とあるのは「新労災保険法第二十二条の二」と、「休業補償給付」とあるのは「休業給付」と、旧労災保険法第十四条」とあるのは「旧労災保険法第二十二条の二」と読み替えるものとする。

第四条 施行日前に労働省が旧労災保険法の規定による長期傷病補償給付を受けることとなつた場合における労働基準法（昭和二十二年法律第四十九号）第十九条の規定の適用については、なお従前の例による。

第五条 施行日の前日において旧労災保険法第二十八条第一項の承認を受けていた事業主及び旧労災保険法第二十九条第一項の承認を受けていた団体は、施行日において新労災保険法第二十八条第一項又は第二十九条第一項の承認を受けたものとみなす。

2　前項の事業主若しくは当該事業主に係る新労災保険法第二十七条第二号に掲げる者又は同項の団体の構成員である同条第三号から第五号までに掲げる者のうち新労災保険法第二十九条第一項の労働省令で定める者に該当しない者についての新労災保険法の規定による通勤災害に関する保険給付は、施行日以後に発生した事故に起因する新労災保険法第七条第一項第二号に規定する通勤災害について行うものとする。

第六条 新労災保険法第三十条第一項の規定の適用については、この法律の施行地外の地域における通勤災害の実情、その発生状況その他の事情をは握することができる期間として政令で定める日〔編注＝昭和五二・三・二三政令第三三号附則第二項により昭和五五・三・三一〕までの間は、同項中「この保険による保険給付」とあるのは「この保険による業務災害に関する保険給付」と、「第三章及び」とあるのは「第三章第一節及び第二節並びに」とする。

第七条 施行日の前日において同一の事由につき旧労災保険法の規定による年金たる保険給付と

厚生年金保険法の規定による障害年金若しくは遺族年金又は旧労災保険法別表第一第二号の政令で定める法令による給付であつて厚生年金保険法の規定による障害年金若しくは遺族年金に相当する給付とを支給されていた者で、施行日以後も引き続きこれらの年金の支給を受けるものに対し、同一の事由につき支給する新労災保険法の規定による年金たる保険給付で施行日の属する月分に係るものについて、新労災保険法の規定により算定した額が、旧労災保険法の規定による年金たる保険給付で施行日の属する月の前月分に係るものの額（以下この項において「旧支給額」という。）に満たないときは、新労災保険法の規定により算定した額が旧支給額以上の額となる月の前月までの月分の当該年金たる保険給付の額は、新労災保険法の規定にかかわらず、当該旧支給額に相当する額とする。

2　前項の規定の適用を受ける者が、同項に規定する旧支給額以上の額となる月前において、新労災保険法第十五条の二（新労災保険法第二十二条の三第三項において準用する場合を含む。）の規定により新たに該当するに至つた障害等級に応ずる障害補償年金若しくは障害年金を支給されることとなるとき、新労災保険法第十六条の三第三項若しくは第四項（新労災保険法第二十二条の四第三項において準用する場合を含む。）の規定により遺族補償年金若しくは遺族年金の額を改定して支給されることとなるとき、又は新労災保険法第十八条の二（新労災保険法第二十二条の六第二項において準用する場合を含む。）の規定により新たに該当するに至つた傷病等級に応ずる傷病補償年金若しくは傷病年金を支給されることとなるとき、その他労働省令で定める事由に該当することとなつたときは、これらの事由に該当することとなつた日の属する月の翌月から当該旧支給額以上の額となる月の前月までの月分の当該年金たる保険給付の額は、前項の規定にかかわらず、労働省令で定めるところによつて算定する額とする。

第八条　施行日の属する保険年度（四月一日から翌年三月三十一日までをいう。以下同じ。）及び当該保険年度の翌保険年度における新労災保険法の規定による傷病補償年金の額に関する新労災保険法別表第一第一号ハの規定の適用については、同号ハ中「「傷病補償年金」」とあるのは、「「長期傷病補償給付たる年金」」とする。

2　施行日の属する保険年度及び当該保険年度の翌保険年度における新労災保険法の規定による傷病年金の額に関する新労災保険法第二十二条の六第二項において準用する新労災保険法別表第一第一号ハの規定の適用については、同号ハ中「「傷病年金」」とあるのは、「「長期傷病給付たる年金」」とする。

（第二条の規定の施行に伴う経過措置）

第九条　第二条の規定による改正前の労働者災害補償保険法の一部を改正する法律（以下「昭和四十年改正法」という。）附則第十五条第二項に規定する者に支給する附則第一条第一項第三号に定める日の前日までの間に係る障害補償年金又は長期傷病補償給付たる年金の額については、なお従前の例による。

2　第二条の規定による改正前の昭和四十年改正法附則第十五条第二項に規定する者で、附則第一条第一項第三号に定める日前に死亡したものに係る遺族補償給付及び葬祭料については、なお従前の例による。

第十条　施行日の属する保険年度の四月から七月までの月分の障害補償年金、遺族補償年金及び傷病補償年金並びに当該保険年度の四月一日から七月三十一日までに支給すべき事由の生じた障害補償一時金、遺族補償一時金及び労働者災害補償保険法等の一部を改正する法律（昭和五十五年法律第百四号。附則第二十六条において「昭和五十五年改正法」という。）附則第十条の規定による改正前の昭和四十年改正法附則第四十二条第一項の一時金の額の改正については、第二条の規定による改正前の昭和四十年改正法附則第四十一条第一項（附則第二十三条の規定による改正前の労働者災害補償保険法等の一部を改正する法律附則第三条及び附則第二十八条の規定による改正前の労働者災害補償保険法等の一部を改正する法律（以下「昭和四十九年改正法」という。）附則第二条第四項において読み替えて適用する場合を含む。）及び附則第二十八条の規定による改正前の昭和四十九年改正法附則第四条第一項の規定は、施行日以後も、なおその効力を有する。この場合において、第二条の規定による改正前の昭和四十年改正法附則第四十一条第一項中「長期傷病補償給付」とあるのは、「傷病補償年金」とする。

（昭和四十八年改正法の一部改正に伴う経過措置）

第二十六条　施行日の属する保険年度の四月から七月までの月分の障害年金、遺族年金及び傷病年金並びに当該保険年度の四月一日から七月三十一日までに支給すべき事由の生じた障害一時金、遺族一時金及び昭和五十五年改正法附則第十一条の規定による改正前の労働者災害補償保険法の一部を改正する法律（昭和四十八年法律第八十五号。以下「昭和四十八年改正法」という。）附則第四条第一項の一時金の額の改定については、前条の規定による改正前の昭和四十八年改正法附則第三条（附則第二十八条の規定による改正前の昭和四十九年改正法附則第二条第五項において読み替えて適用する場合を含む。）及び附則第二十八条の規定による改正前の昭和四十九年改正法附則第四条第二項の規定は、施行日以後も、なおその効力を有する。この場合において、前条の規定による改正前の昭和四十八年改正法附則第三条中「長期傷病給付」とあるのは、「傷病年金」とする。

（政令への委任）

第三十条　この附則に規定するもののほか、この法律の施行に伴い必要な事項は、政令で定める。

附　則（昭五三・五・二三法律第五四号）（抄）

（施行期日）

1　この法律は、公布の日から施行する。

附　則（昭五五・一二・五法律第一〇四号）（抄）

（施行期日等）

第一条　この法律は、公布の日から施行する。ただし、次の各号に掲げる規定は、当該各号に定める日から施行する。

一 〈略〉

二 第一条中労働者災害補償保険法第八条の次に一条を加える改正規定、第十二条の二を第十二条の二の二とする改正規定及び第十二条の次に一条を加える改正規定並びに次条第三項の規定 公布の日から起算して三月を超えない範囲内において政令で定める日〔編注＝昭和五五・一二・五政令第三一七号により昭和五六・二・一〕

三 〈略〉

四 第一条中労働者災害補償保険法第十二条の五第二項にただし書を加える改正規定、第三十三条の改正規定及び附則に十条を加える改正規定（第五十八条、第五十九条、第六十一条、第六十二条、第六十五条第一項（障害補償年金差額一時金及び障害補償年金前払一時金に係る部分に限る。）、同条第三項（障害年金差額一時金及び障害年金前払一時金に係る部分に限る。）及び第六十七条に係る部分に限る。）、〈中略〉次条第七項、第八項及び第十一項の規定、附則第三条第一項の規定、附則第四条第一項〈中略〉の規定 昭和五十六年十一月一日

2 次の各号に掲げる規定は、当該各号に定める日から適用する。

一 第一条の規定による改正後の労働者災害補償保険法（以下「新労災保険法」という。）第六十四条、第六十五条第一項（障害補償一時金、遺族補償一時金及び遺族補償年金前払一時金に係る部分に限る。）及び同条第三項（障害一時金、遺族一時金及び遺族年金前払一時金に係る部分に限る。）〈中略〉並びに次条第一項、第四項及び第九項、附則第五条〈中略〉の規定 昭和五十五年八月一日

二 新労災保険法第十六条の三第四項第一号及び別表第一〈中略〉並びに次条第二項〈中略〉の規定 昭和五十五年十一月一日

（第一条の規定の施行に伴う経過措置）

第二条 昭和五十五年八月一日からこの法律の施行の日（以下「施行日」という。）の前日までの間に労働者災害補償保険法（以下「労災保険

法」という。）第十六条の六第二号（労災保険法第二十二条の四第三項において読み替えて準用する場合を含む。以下この項において同じ。）の場合の遺族補償一時金又は遺族一時金（以下この項において「遺族補償一時金等」という。）を支給すべき事由が生じた場合における次の各号に掲げる保険給付の額は、新労災保険法の規定にかかわらず、当該各号に定める額とする。

一　当該遺族補償一時金等の額　第一条の規定による改正前の労働者災害補償保険法（以下「旧労災保険法」という。）の規定による額（その額が新労災保険法の規定による額を下回るときは、新労災保険法の規定による額）

二　当該遺族補償一時金等の支給に係る死亡に関して支給されていた遺族補償年金又は遺族年金（以下この号において「遺族補償年金等」という。）を受ける権利を有する者に対して支給すべき昭和五十五年八月から当該遺族補償一時金等を支給すべき事由の生じた日の属する月までの分の遺族補償年金等の額旧労災保険法の規定による額（これらの月分の新労災保険法の規定による遺族補償年金等の額からこれらの月分の旧労災保険法の規定による遺族補償年金等の額を減じた額（当該遺族補償一時金等を支給すべき事由につき新労災保険法の規定を適用することとした場合に新労災保険法第十六条の六第二号の場合の一時金を支給することとなるときは、当該支給することとなる一時金の額を加えた額）が当該遺族補償一時金等の額を超えるときは、当該超える額を加算した額）

2　昭和五十五年十一月一日前の期間に係る遺族補償年金及び遺族年金の額は、前項第二号に規定する場合のほか、なお従前の例による。

3　前条第一項第二項に定める日前の期間に係る労災保険法の規定による年金たる保険給付の額の端数処理及び同日前に発生した新労災保険法第十二条の二に規定する返還金債権については、なお従前の例による。

4　昭和五十五年八月一日から施行日の前日までに支給すべき事由の生じた附則第十条の規定による改正前の労働者災害補償保険法の一部を改正する法律（昭和四十年法律第百三十号。以下「旧昭和四十年改正法」という。）附則第四十二条第一項の一時金に関する新労災保険法第六十五条の規定の適用については、同条中「遺族補償年金前払一時金」とあるのは「労働者災害補償保険法等の一部を改正する法律（昭和五十五年法律第百四号）附則第十条の規定による改正前の労働者災害補償保険法の一部を改正する法律（昭和四十年法律第百三十号）附則第四十二条第一項の一時金」と、「遺族年金前払一時金」とあるのは「労働者災害補償保険法等の一部を改正する法律附則第十一条の規定による改正前の労働者災害補償保険法の一部を改正する法律（昭和四十八年法律第八十五号）附則第四条第一項の一時金」とする。

5　昭和五十五年八月から施行日の前日の属する月までの分として旧労災保険法の規定に基づいて支給された障害補償年金、遺族補償年金、傷病補償年金、障害年金、遺族年金又は傷病年金の支払は、新労災保険法の規定により支給されるこれらに相当する保険給付の内払とみなす。

6　昭和五十五年八月一日以後に支給すべき事由の生じた障害補償一時金、障害一時金、遺族補償一時金、遺族一時金又は旧昭和四十年改正法附則第四十二条第一項（附則第十一条の規定による改正前の労働者災害補償保険法の一部を改正する法律（昭和四十八年法律第八十五号。以下「旧昭和四十八年改正法」という。）附則第四条第一項においてその例によることとされる場合を含む。以下この項において同じ。）の一時金であつて、旧労災保険法の規定又は旧昭和四十年改正法附則第四十二条第一項の規定に基づいて支給されたものの支払は、新労災保険法の規定によるこれらに相当する保険給付の内払とみなす。

7　新労災保険法第五十八条及び第六十一条の規定は、昭和五十六年十一月一日以後に労災保険法の規定による障害補償年金又は障害年金を受ける権利を有する者が死亡した場合について適用する。

8　新労災保険法第五十九条及び第六十二条の規定は、労働者が業務上の事由又は通勤により負傷し、又は疾病にかかり、昭和五十六年十一月一日以後に治つたとき身体に障害が存する場合について適用する。

9　新労災保険法第六十五条の規定は、昭和四十九年十一月一日以後に支給すべき事由が生じた新労災保険法の規定による障害補償一時金、遺族補償一時金及び遺族補償年金前払一時金（旧昭和四十年改正法附則第四十二条第一項の規定により支給された一時金を含む。）並びに障害一時金、遺族一時金及び遺族年金前払一時金（旧昭和四十八年改正法附則第四条第一項の規定により支給された一時金を含む。）について適用する。

10　新労災保険法第六十六条の規定は、施行日以後において支給すべき事由が生じた労災保険法の規定による遺族補償一時金及び遺族一時金について適用する。この場合において、施行日から昭和五十六年十月三十一日までの間における新労災保険法第六十六条の規定の適用については、同条第一項中「遺族補償年金前払一時金の額（その額が第六十四条第一項又は第六十五条第一項の規定により改定されたものである場合には、当該改定がされなかつたものとした場合に得られる額）」とあるのは「遺族補償年金前払一時金の額」と、同条第二項中「遺族年金前払一時金の額（その額が第六十四条第二項において準用する同条第一項又は第六十五条第二項において読み替えて準用する同条第一項の規定により改定されたものである場合には、当該改定がされなかつたものとした場合に得られる額）」とあるのは「遺族年金前払一時金の額」とする。

11　新労災保険法第六十七条の規定は、昭和五十六年十一月一日以後に発生した事故に起因する損害について適用する。

第三条　旧昭和四十年改正法附則第四十一条の規定によりされた障害補償年金の額の改定は、新労災保険法第六十四条第一項の規定によりされた改定とみなして、新労災保険法第五十八条第一項の規定を適用する。

2　旧昭和四十年改正法附則第四十二条第一項の規定により支給された一時金は、新労災保険法第六十条第一項の規定により支給された遺族補償年金前払一時金とみなして、同条第三項、第五項及び第六項の規定を適用する。

第四条　旧昭和四十八年改正法附則第三条の規定

により旧昭和四十年改正法附則第四十一条の規定の例によりされた障害年金の額の改定は、新労災保険法第六十四条第二項において準用する同条第一項の規定によりされた改定とみなして、新労災保険法第六十一条第一項の規定を適用する。

2　旧昭和四十八年改正法附則第四条第一項の規定により支給された一時金は、新労災保険法第六十三条第一項の規定により支給された遺族年金前払一時金とみなして、同条第三項において読み替えて準用する新労災保険法第六十条第三項及び第六項の規定を適用する。

第五条　旧昭和四十年改正法附則第四十一条の規定によりされた障害補償年金、遺族補償年金又は傷病補償年金の額の改定は、新労災保険法第六十四条第一項の規定によりされた改定とみなして、同項後段の規定を適用する。

2　旧昭和四十八年改正法附則第三条の規定により旧昭和四十年改正法附則第四十一条の規定の例によりされた障害年金、遺族年金又は傷病年金の額の改定は、新労災保険法第六十四条第二項において準用する同条第一項の規定によりされた改定とみなして、同条第二項において準用する同条第一項後段の規定を適用する。

第六条　旧昭和四十年改正法附則第四十二条第一項の規定により支給された一時金は新労災保険法第六十条第一項の規定により支給された遺族補償年金前払一時金と、旧昭和四十年改正法附則第四十一条の規定によりされた遺族補償年金の額の改定は新労災保険法第六十四条第一項の規定によりされた改定と、附則第十二条の規定による改正前の労働者災害補償保険法等の一部を改正する法律（昭和四十九年法律第百十五号。以下「旧昭和四十九年改正法」という。）附則第四条第一項の規定によりされた改定で旧昭和四十年改正法附則第四十二条第一項の規定により支給された一時金の額につきされた改定は新労災保険法第六十五条第一項の規定によりされた改定とそれぞれみなして、新労災保険法第六十六条第一項の規定により読み替えて適用する新労災保険法第十六条の六第二号の規定を適用する。

2　旧昭和四十八年改正法附則第四条第一項の規定により支給された一時金は新労災保険法第六十三条第一項の規定により支給された遺族年金前払一時金と、旧昭和四十八年改正法附則第三条の規定により旧昭和四十年改正法附則第四十一条の規定の例によりされた遺族年金の額の改定は新労災保険法第六十四条第二項において準用する同条第一項の規定によりされた改定と、旧昭和四十九年改正法附則第四条第二項において読み替えて準用する同条第一項の規定により支給された改定で旧昭和四十八年改正法附則第四条第一項の規定により支給された一時金の額につきされた改定は新労災保険法第六十五条第二項において読み替えて準用する同条第一項の規定によりされた改定とそれぞれみなして、新労災保険法第六十六条第二項の規定により読み替えて適用する新労災保険法第十六条の六第二号の規定を適用する。

（政令への委任）
第十六条　附則第二条から第九条までに規定するもののほか、この法律の施行に関して必要な経過措置は、政令で定める。

附　則（昭五七・七・一六法律第六六号）

この法律は、昭和五十七年十月一日から施行する。

附　則（昭五八・一二・一〇法律第八三号）

（施行期日）
第一条　この法律は、公布の日から施行する。〈後略〉

附　則（昭五九・一二・二五法律第八七号）（抄）

（施行期日）
第一条　この法律は、昭和六十年四月一日から施行する。〈後略〉

附　則（昭六〇・五・一法律第三四号）（抄）

（施行期日）

第一条　この法律は、昭和六十一年四月一日（以下「施行日」という。）から施行する。〈後略〉

（労働者災害補償保険法の一部改正に伴う経過措置）

第百十六条　施行日の属する月の前月までの月分の労働者災害補償保険法の規定による障害補償年金、遺族補償年金、傷病補償年金、障害年金、遺族年金及び傷病年金の額については、なお従前の例による。

2　施行日の属する月以後の月分の労働者災害補償保険法の規定による障害補償年金若しくは傷病補償年金又は遺族補償年金と第三条の規定による改正前の厚生年金保険法（以下次条までにおいて「旧厚生年金保険法」という。）の規定による障害年金又は遺族年金とが同一の事由（労働者災害補償保険法別表第一第一号に規定する同一の事由をいう。次項及び次条第一項において同じ。）により支給される場合における障害補償年金、遺族補償年金及び傷病補償年金の額については、前条の規定による改正後の労働者災害補償保険法（以下次条までにおいて「新労災保険法」という。）別表第一の規定にかかわらず、同表の下欄の額に、政令で定めるところにより、前条の規定による改正前の労働者災害補償保険法（次項において「旧労災保険法」という。）別表第一第一号の規定の例により算定して得た率を下らない範囲内で政令で定める率を乗じて得た額（その額が政令で定める額を下回る場合には、当該政令で定める額）とする。

3　施行日の属する月以後の月分の労働者災害補償保険法の規定による障害補償年金若しくは傷病補償年金又は遺族補償年金と旧厚生年金保険法の規定による障害年金又は遺族年金に相当する給付（政令で定める法令による給付に限る。）とが同一の事由により支給される場合における障害補償年金、遺族補償年金及び傷病補償年金の額については、新労災保険法別表第一の規定にかかわらず、同表の下欄の額に、政令で定めるところにより、前項の政令で定める率に準じて政令で定める率を乗じて得た額（その額が政令で定める額を下回る場合には、当該政令で定める額）とする。

4　前二項の規定は、施行日の属する月以後の月分の労働者災害補償保険法の規定による障害年金、遺族年金及び傷病年金について準用する。

5　附則第二十八条第一項の規定により支給する遺族基礎年金に対する新労災保険法別表第一第一号及び第三号（新労災保険法第二十二条の四第三項において準用する場合を含む。）の規定の適用については、これらの規定中「遺族基礎年金」とあるのは、「遺族基礎年金（国民年金法等の一部を改正する法律（昭和六十年法律第三十四号）附則第二十八条第一項の規定により支給する遺族基礎年金を除く。）」とする。

6　施行日前に支給すべき事由が生じた労働者災害補償保険法の規定による休業補償給付及び休業給付の額については、なお従前の例による。

7　施行日以後に支給すべき事由が生じた労働者災害補償保険法の規定による休業補償給付と旧厚生年金保険法の規定による障害年金又はこれに相当する給付（第三項の政令で定める法令による給付に限る。）とが同一の事由により支給される場合における休業補償給付の額については、労働者災害補償保険法等の一部を改正する法律（平成二年法律第四十号）第二条の規定による改正後の労働者災害補償保険法（次項において「平成二年改正後の労災保険法」という。）第十四条第一項の規定にかかわらず、同項に規定する額に第二項又は第三項の政令で定める率のうち傷病補償年金について定める率を乗じて得た額（その額が政令で定める額を下回る場合には、当該政令で定める額）とする。

8　施行日以後に支給すべき事由が生じた労働者災害補償保険法の規定による休業給付と旧厚生年金保険法の規定による障害年金又はこれに相当する給付（第三項の政令で定める法令による給付に限る。）とが同一の事由により支給される場合における休業給付の額については、平成二年改正後の労災保険法第二十二条の二第二項において準用する平成二年改正後の労災保険法第十四条第一項の規定にかかわらず、同項に規定する額に第四項において準用する第二項又は第三項の政令で定める率のうち傷病年金について定める率を乗じて得た額（その額が政令で定める額を下回る場合には、当該政令で定める額）とする。

第百十七条　新労災保険法別表第一第一号に規定する場合における労働者災害補償保険法の規定による障害補償年金若しくは傷病補償年金又は遺族補償年金（施行日の属する月から昭和六十三年三月までの月分に限る。）の額については、同表の規定にかかわらず、同表の下欄の額に次の各号に掲げる同法の規定による年金たる保険給付の区分に応じ、当該各号に掲げるところにより算定して得た率を下らない範囲内で政令で定める率を乗じて得た額（その額が政令で定める額を下回る場合には、当該政令で定める額）とする。

一　障害補償年金　前々保険年度（前々年の四月一日から前年の三月三十一日までをいう。以下この号において同じ。）において労働者災害補償保険法の規定による障害補償年金を受けていた者であつて、同一の事由により旧厚生年金保険法の規定による障害年金が支給されていたすべてのものに係る前々保険年度における労働者災害補償保険法の規定による障害補償年金の支給額（これらの者が旧厚生年金保険法の規定による障害年金を支給されていなかつたとした場合の当該障害補償年金の支給額をいう。）の平均額からこれらの者が受けていた前々保険年度における旧厚生年金保険法の規定による障害年金の支給額の平均額に百分の五十を乗じて得た額を減じた額を当該障害補償年金の支給額の平均額で除して得た率

二　遺族補償年金　前号中「障害補償年金」とあるのは「遺族補償年金」と、「障害年金」とあるのは「遺族年金」として、同号の規定の例により算定して得た率

三　傷病補償年金　第一号中「障害補償年金」とあるのは「傷病補償年金」として、同号の規定の例により算定して得た率

2　新労災保険法別表第一第二号に規定する場合における労働者災害補償保険法の規定による障害補償年金若しくは傷病補償年金又は遺族補償

年金（施行日の属する月から昭和六十三年三月までの月分に限る。）については、同表の規定にかかわらず、同表の下欄の額に、当該年金たる保険給付の区分に応じ、前項の政令で定める率に準じて政令で定める率を乗じて得た額（その額が政令で定める額を下回る場合には、当該政令で定める額）を、当該年金たる保険給付の額とする。

3　新労災保険法別表第一第三号に規定する場合における労働者災害補償保険法の規定による障害補償年金若しくは傷病補償年金又は遺族補償年金（施行日の属する月から昭和六十三年三月までの月分に限る。）については、同表の規定にかかわらず、同表の下欄の額に、当該年金たる保険給付の区分に応じ、第一項の政令で定める率に準じて政令で定める率を乗じて得た額（その額が政令で定める額を下回る場合には、当該政令で定める額）を、当該年金たる保険給付の額とする。

4　前三項の規定は、施行日の属する月から昭和六十三年三月までの月分の労働者災害補償保険法の規定による障害年金、遺族年金及び傷病年金の額について準用する。この場合において、第一項中「新労災保険法別表第一第一号」とあるのは「新労災保険法第二十二条の三第三項、第二十二条の四第三項及び第二十二条の六第二項において準用する新労災保険法別表第一第一号」と、第二項中「新労災保険法別表第一第二号」とあるのは「新労災保険法第二十二条の三第三項、第二十二条の四第三項及び第二十二条の六第二項において準用する新労災保険法別表第一第二号」と、第三項中「新労災保険法別表第一第三号」とあるのは「新労災保険法第二十二条の三第三項、第二十二条の四第三項及び第二十二条の六第二項において準用する新労災保険法別表第一第三号」と読み替えるものとする。

5　施行日から昭和六十三年三月三十一日までの間に支給すべき事由が生じた休業補償給付については、新労災保険法第十四条第三項中「同表第一号から第三号まで」とあるのは、「国民年金法等の一部を改正する法律（昭和六十年法律第三十四号）附則第百十七条第一項から第三項まで」とする。

6　施行日から昭和六十三年三月三十一日までの

間に支給すべき事由が生じた休業給付について は、新労災保険法第二十二条の二第二項中「同 表第一号から第三号まで」とあるのは、「国民 年金法等の一部を改正する法律（昭和六十年法 律第三十四号）附則第百十七条第四項において 準用する同条第一項から第三項まで」とする。

附　則（昭六〇・六・七法律第四八号）（抄）

（**施行期日等**）

第一条　この法律は、昭和六十年八月一日から施 行する。〈後略〉

附　則（昭六〇・一二・二七法律第一〇五号）（抄）

（**施行期日**）

第一条　この法律は、昭和六十一年四月一日から 施行する。

附　則（昭六〇・一二・二七法律第一〇六号）（抄）

（**施行期日**）

第一条　この法律は、昭和六十一年四月一日から 施行する。

附　則（昭六〇・一二・二七法律第一〇七号）（抄）

（**施行期日**）

第一条　この法律は、昭和六十一年四月一日から 施行する。

附　則（昭六〇・一二・二七法律第一〇八号）（抄）

（**施行期日**）

第一条　この法律は、昭和六十一年四月一日から 施行する。

附　則（昭六一・五・二三法律第五九号）（抄）

（施行期日）

第一条 この法律は、昭和六十二年二月一日から施行する。ただし、次の各号に掲げる規定は、当該各号に定める日から施行する。

一 〈略〉

二 第一条中労働者災害補償保険法第七条第三項ただし書及び第十四条の改正規定並びに同条の次に一条を加える改正規定、同法第二十二条の二第二項及び第二十五条第一項の改正規定、〈中略〉附則第五条から第八条まで〈中略〉の規定 昭和六十二年四月一日

三 〈略〉

（第一条の規定の施行に伴う経過措置）

第二条 第一条の規定による改正後の労働者災害補償保険法（以下「新労災保険法」という。）第七条第三項ただし書の規定は、昭和六十二年四月一日以後に発生した事故に起因する労働者災害補償保険法（以下「労災保険法」という。）第七条第一項第二号の通勤災害に関する保険給付について適用する。

第三条 新労災保険法第八条の二の規定は、この法律の施行の日（以下「施行日」という。）以後の期間に係る労災保険法の規定による年金たる保険給付（以下単に「年金たる保険給付」という。）の額の算定について適用する。

第四条 同一の業務上の事由又は通勤による障害（負傷又は疾病により障害の状態にあることを含む。）又は死亡に関し、施行日の前日において年金たる保険給付を受ける権利を有していた者であつて、施行日以後においても年金たる保険給付を受ける権利を有するものに対する当該施行日以後において受ける権利を有する年金たる保険給付（以下この項において「施行後年金給付」という。）の施行日以後の期間に係る額の算定については、当該施行日の前日において受ける権利を有していた年金たる保険給付（以下この条において「施行前年金給付」という。）の額の算定の基礎として用いられた労災保険法第八条の給付基礎日額（同日において支給すべき当該施行前年金給付の額が第一条の規定による改正前の労働者災害補償保険法第六十四条第

一項（同条第二項において準用する場合を含む。）の規定により改定されたものである場合には、当該給付基礎日額に当該改定に用いた率と同一の率を乗じて得た額（その額に一円未満の端数があるときは、これを一円に切り上げる。）とする。以下この条において「施行前給付基礎日額」という。）が、労働者災害補償保険法等の一部を改正する法律（平成二年法律第四十号）第二条の規定による改正後の労働者災害補償保険法第八条の三第二項において準用する同法第八条の二第二項第二号の厚生労働大臣が定める額のうち、当該施行後年金給付に係る同号に規定する年金たる保険給付を受けるべき労働者の基準日における年齢の属する年齢階層に係る額を超える場合には、同法第八条の三第一項及び同条第二項において準用する同法第八条の二第二項の規定にかかわらず、当該施行前給付基礎日額を当該施行後年金給付に係る同法第八条の三第一項に規定する年金給付基礎日額とする。

2　施行前年金給付が遺族補償年金又は遺族年金である場合であって、施行日以後において、当該遺族補償年金又は遺族年金を、労災保険法第十六条の四第一項後段（労災保険法第二十二条の四第三項において準用する場合を含む。）の規定により次順位者に支給するとき、又は労災保険法第十六条の五第一項後段（労災保険法第二十二条の四第三項において準用する場合を含む。）の規定により次順位者を先順位者として支給するときは、当該次順位者は、施行日の前日において当該遺族補償年金又は遺族年金を受ける権利を有していたものとみなして、前項の規定を適用する。

3　第一項の規定により施行前給付基礎日額を新労災保険法第八条の二第一項に規定する年金給付基礎日額として年金たる保険給付の額を算定して支給すべき場合であって、新労災保険法第六十四条第一項（同条第三項において準用する場合を含む。以下この条において同じ。）の規定により当該年金たる保険給付の額を改定して支給すべきときは、同条第一項の規定にかかわらず、当該改定をしないこととして算定した年金の額により当該年金たる保険給付を支給する。

4　前項の規定により算定した年金たる保険給付の額に係る次の各号に掲げる新労災保険法の規定の適用については、当該各号に定める額が、同項の規定を適用しないものとして当該年金たる保険給付の額を算定することとした場合において用いられることとなる新労災保険法第六十四条第一項の規定による改定に係る率と同一の率を用いて同項の規定により改定されたものであるとした場合において当該改定がされなかつたものとしたときに得られる額を、それぞれ当該各号に定める額とみなす。

一　新労災保険法第五十八条第一項　同項に規定する障害補償年金の額

二　新労災保険法第六十一条第一項　同項に規定する障害年金の額

三　新労災保険法第六十六条第一項において読み替えて適用する新労災保険法第十六条の六同条第二号に規定する遺族補償年金の額

四　新労災保険法第六十六条第二項において読み替えて適用する新労災保険法第二十二条の四第三項において準用する新労災保険法第十六条の六　同条第二号に規定する遺族年金の額

第五条　新労災保険法第十四条（新労災保険法第二十二条の二第二項において準用する場合を含む。）の規定は、昭和六十二年四月一日以後に支給すべき事由が生じた労災保険法の規定による休業補償給付又は休業給付について適用する。

第六条　新労災保険法第十四条の二（新労災保険法第二十二条の二第二項において準用する場合を含む。）の規定は、昭和六十二年四月一日以後に新労災保険法第十四条の二各号のいずれかに該当する労働者について適用する。

第七条　新労災保険法第二十五条第一項の規定は、昭和六十二年四月一日以後に発生した事故について適用する。

（**政令への委任**）

第十一条　附則第二条から前条までに定めるもののほか、この法律の施行に関し必要な経過措置は、政令で定める。

附　則（昭六一・一二・四法律第九三号）（抄）

（施行期日）

第一条　この法律は、昭和六十二年四月一日から施行する。〈後略〉

附　則（平二・六・二二法律第四〇号）（抄）

（施行期日）

第一条　この法律は、次の各号に掲げる区分に従い、それぞれ当該各号に定める日から施行する。

一　第一条の規定並びに次条、附則第七条、第十一条、第十二条、第十四条及び第十六条の規定　平成二年八月一日

二　第二条の規定並びに附則第三条から第五条まで、第八条から第十条まで、第十三条及び第十五条の規定　平成二年十月一日

三　第三条の規定及び附則第六条の規定　平成三年四月一日

（第一条の規定の施行に伴う経過措置）

第二条　第一条の規定の施行の日前の期間に係る労働者災害補償保険法の規定による年金たる保険給付の額並びに同日前に支給すべき事由の生じた同法の規定による障害補償一時金、障害補償年金差額一時金及び障害補償年金前払一時金並びに遺族補償一時金及び遺族補償年金前払一時金並びに障害一時金、障害年金差額一時金及び障害年金前払一時金並びに遺族一時金及び遺族年金前払一時金の額については、なお、従前の例による。

2　第一条の規定の施行の日前の期間に係る労働者災害補償保険法の規定による遺族補償年金が支給された場合における同条の規定による改正後の労働者災害補償保険法第十六条の六の規定の適用については、同条第二項中「当該遺族補償年金の支給の対象とされた月の属する年度の前年度（当該月が四月から七月までの月に該当する場合にあつては、前々年度）」とあるのは、

「算定事由発生日の属する年度（当該遺族補償年金の額が労働者災害補償保険法等の一部を改正する法律（平成二年法律第四十号）第一条の規定による改正前の労働者災害補償保険法第六十四条の規定その他労働省令で定める法律の規定により改定されたものである場合にあつては、当該改定後の額を遺族補償年金の額とすべき最初の月の属する年度の前年度）」とする。

3 前項の規定は、第一条の規定の施行の日前の期間に係る労働者災害補償保険法の規定による遺族年金が支給された場合について準用する。この場合において、前項中「同条の規定による改正後の労働者災害補償保険法第十六条の六」とあるのは「同条の規定による改正後の労働者災害補償保険法第二十二条の四第三項の規定により読み替えられた同法第十六条の六」と、「遺族補償年金」とあるのは「遺族年金」と読み替えるものとする。

（第二条の規定の施行に伴う経過措置）

第三条 第二条の規定の施行の日前に支給すべき事由が生じた労働者災害補償保険法の規定による休業補償給付及び休業給付の額については、なお従前の例による。

第四条 第一条の規定による改正後の労働者災害補償保険法第八条第一項に規定する算定事由発生日が第二条の規定の施行の日前である者（以下「継続休業者」という。）であつて、同条の規定による改正前の労働者災害補償保険法第十四条第二項又は第二十二条の二第三項において準用する労働基準法（昭和二十二年法律第四十九号）第七十六条第二項及び第三項の規定により休業補償給付又は休業給付の額が改定されていたものに対して引き続き第二条の規定による改正後の労働者災害補償保険法（以下「新労災保険法」という。）の規定による休業補償給付又は休業給付を支給する場合における新労災保険法第八条の二第一項の規定の適用については、同項第二号中「算定事由発生日の属する四半期」とあるのは「労働者災害補償保険法等の一部を改正する法律（平成二年法律第四十号）第二条の規定による改正前の労働者災害補償保険法第十四条第二項又は第二十二条の二第三項において準用する労働基準法第七十六条第二項及び第三項の規定による改正後の額により休業補償給付等を支給すべき最初の四半期の前々四半期（当該改定が同項の規定によりされていた場合であつて労働省令で定めるときにあつては、労働省令で定める四半期）の平均給与額」と、「前々四半期」とあるのは「前々四半期の平均給与額）」と、「前条の規定により給付基礎日額として算定した額」とあるのは「当該改定後の額の六十分の百に相当する額」とする。

第五条　継続休業者に対し新労災保険法の規定による休業補償給付又は休業給付を支給すべき場合における新労災保険法第八条の二第二項の規定の適用については、同項中「当該休業補償給付等に係る療養を開始した日」とあるのは、「労働者災害補償保険法等の一部を改正する法律（平成二年法律第四十号）第二条の規定の施行の日」とする。

（第三条の規定の施行に伴う経過措置）

第六条　第三条の規定の施行の際現に行われている事業であって、同条の規定による改正後の失業保険法及び労働者災害補償保険法の一部を改正する法律附則第十二条第一項第二号に掲げる事業に該当するものに関する労働保険の保険料の徴収等に関する法律（昭和四十四年法律第八十四号）第三条の規定の適用については、同条中「その事業が開始された日」とあるのは、「労働者災害補償保険法等の一部を改正する法律（平成二年法律第四十号）第三条の規定の施行の日」とする。

（政令への委任）

第十六条　附則第二条から第六条までに定めるもののほか、この法律の施行に関し必要な経過措置は、政令で定める。

附　則（平六・六・二九法律第五六号）（抄）

（施行期日）

第一条　この法律は、平成六年十月一日から施行

する。〈後略〉

附　則（平六・一一・九法律第九五号）（抄）

（施行期日）

第一条　この法律は、公布の日から施行する。〈後略〉

附　則（平七・三・二三法律第三五号）（抄）

（施行期日）

第一条　この法律は、平成八年四月一日から施行する。ただし、次の各号に掲げる規定は、当該各号に定める日から施行する。

一　第一条中労働者災害補償保険法第二十三条第一項、第五十一条、第五十三条及び別表第一の改正規定、第三条中船員保険法別表第三の改正規定並びに第四条の規定並びに次条、附則第五条第二項及び第六条の規定　平成七年八月一日

二　第二条中労働者災害補償保険法第九条第三項の改正規定　平成八年十月一日

三　〈略〉

四　〈略〉

（第一条の規定の施行に伴う経過措置）

第二条　平成七年八月一日前の期間に係る労働者災害補償保険法の規定による遺族補償年金及び遺族年金の額については、なお従前の例による。

附　則（平八・五・二二法律第四二号）（抄）

（施行期日）

第一条　この法律は、平成八年七月一日から施行する。〈後略〉

（第一条の規定の施行に伴う経過措置）

第二条　この法律の施行の日（以下「施行日」という。）前にされた労働者災害補償保険法第三十五条第一項の審査請求のうち、施行日の前日

において当該審査請求がされた日の翌日から起算して三箇月を経過しており、かつ、施行日の前日までに労働者災害補償保険審査官の決定がないもの（次項において「労災保険に関する未決定の三箇月経過審査請求」という。）に係る処分の取消しの訴えについては、第一条の規定による改正後の労働者災害補償保険法（以下「新労災保険法」という。）第三十七条の規定にかかわらず、その取消しの訴えを提起することができる。ただし、当該処分について、その取消しの訴えを提起する前に、新労災保険法第三十五条第二項の規定による再審査請求をしたときは、この限りでない。

2　労災保険に関する未決定の三箇月経過審査請求に係る処分について、その取消しの訴えが施行日前に提起されていたとき又は前項の規定により提起されたときは、当該労災保険に関する未決定の三箇月経過審査請求については、新労災保険法第三十五条第二項の規定は適用しない。

附　則（平八・六・一四法律第八二号）（抄）

（施行期日）

第一条　この法律は、平成九年四月一日から施行する。〈後略〉

（労働者災害補償保険法の一部改正に伴う経過措置）

第百十九条　旧適用法人共済組合の組合員（改正前国共済法第百十九条に規定する船員組合員に限る。附則第百二十一条及び第百二十五条において同じ。）に係る施行日前に発生した事故に起因する業務災害及び通勤災害に関する保険給付については、前条の規定による改正前の労働者災害補償保険法附則第五十五条の二の規定は、なおその効力を有する。

附　則（平九・五・九法律第四八号）（抄）

（施行期日）

第一条　この法律は、平成十年一月一日から施行

する。〈後略〉

附　則（平一〇・九・三〇法律第一一二号）（抄）

（施行期日）

第一条　この法律は、平成十一年四月一日から施行する。〈後略〉

附　則（平一一・七・一六法律第八七号）（抄）

（施行期日）

第一条　この法律は、平成十二年四月一日から施行する。〈後略〉

附　則（平一一・七・一六法律第一〇二号）（抄）

（施行期日）

第一条　この法律は、内閣法の一部を改正する法律（平成十一年法律第八十八号）の施行の日から施行する。〈後略〉

附　則（平一一・一二・二二法律第一六〇号）（抄）

（施行期日）

第一条　この法律〈中略〉は、平成十三年一月六日から施行する。〈後略〉

附　則（平一二・一一・二二法律第一二四号）（抄）

（施行期日）

第一条　この法律は、平成十三年四月一日から施行する。〈後略〉

附　則（平一三・七・四法律第一〇一号）（抄）

（施行期日）

第一条　この法律は、平成十四年四月一日から施行する。

附　則（平一三・一二・一二法律第一五三号）（抄）

（**施行期日**）

第一条　この法律は、公布の日から起算して六月を超えない範囲内において政令で定める日から施行する。

附　則（平一四・一二・一三法律第一七一号）（抄）

（**施行期日**）

第一条　この法律は、公布の日から施行する。ただし、附則第十条から第十二条まで及び附則第十四条から第二十三条までの規定は、平成十六年四月一日から施行する。

附　則（平一七・五・二五法律第五〇号）（抄）

（**施行期日**）

第一条　この法律は、公布の日から起算して一年を超えない範囲内において政令で定める日〈編注・平一八政令一九一号により、平成一八・五・二四〉から施行する。〈後略〉

（**検討**）

第四十一条　政府は、施行日から五年以内に、この法律の施行の状況について検討を加え、必要があると認めるときは、その結果に基づいて所要の措置を講ずるものとする。

附　則（平一七・一一・二法律第一〇八号）（抄）

（**施行期日**）

第一条　この法律は、平成十八年四月一日から施行する。ただし、次の各号に掲げる規定は、当該各号に定める日から施行する。

一　〈略〉
二　〈前略〉附則第十二条の規定　公布の日

（労働者災害補償保険法の一部改正に伴う経過措置）

第四条　第二条の規定による改正後の労働者災害補償保険法第七条第二項の規定は、施行日以後に発生した事故に起因する労働者災害補償保険法第七条第一項第二号の通勤災害に関する保険給付について適用する。

（罰則の適用に関する経過措置）

第十一条　この法律（附則第一条第一号に掲げる規定については、当該規定）の施行前にした行為及びこの附則の規定によりなお従前の例によることとされる場合におけるこの法律の施行後にした行為に対する罰則の適用については、なお従前の例による。

（その他の経過措置の政令への委任）

第十二条　附則第二条から前条までに定めるもののほか、この法律の施行に関し必要となる経過措置（罰則に関する経過措置を含む。）は、政令で定める。

（検討）

第十三条　政府は、この法律の施行後五年を経過した場合において、新労働安全衛生法の施行の状況を勘案し、必要があると認めるときは、新労働安全衛生法の規定について検討を加え、その結果に基づいて必要な措置を講ずるものとする。

附　則（平一七・一一・七法律第一二三号）（抄）

（施行期日）

第一条　この法律は、平成十八年四月一日から施行する。ただし、次の各号に掲げる規定は、当該各号に定める日から施行する。
一　附則第二十四条〈中略〉及び第百二十二条の規定　公布の日
二　〈前略〉附則第十八条から第二十三条まで〈中略〉第七十二条から第七十七条まで〈中

略〉の規定　平成十八年十月一日
三　〈略〉

（罰則の適用に関する経過措置）
第百二十一条　この法律の施行前にした行為及びこの附則の規定によりなお従前の例によることとされる場合におけるこの法律の施行後にした行為に対する罰則の適用については、なお従前の例による。

（その他の経過措置の政令への委任）
第百二十二条　この附則に規定するもののほか、この法律の施行に伴い必要な経過措置は、政令で定める。

附　則（平一九・四・二三法律第三〇号）（抄）

（施行期日）
第一条　この法律は、公布の日から施行する。ただし、次の各号に掲げる規定は、当該各号に定める日から施行する。

一　〈略〉
一の二　〈略〉
二　〈略〉
三　〈前略〉第六条〈中略〉の規定　日本年金機構法の施行の日〈編注・平成二二・一・一〉

（労働者災害補償保険法の一部改正に伴う経過措置）
第五十一条　第五条の規定による改正前の労働者災害補償保険法第二十九条第一項第四号に掲げる事業として行われる給付金の支給であってその支給事由が施行日前に生じたものについては、なお従前の例による。

第五十二条　前条の規定によりなお従前の例によるものとされた給付金の支給に要する費用に関する第七条の規定による改正後の労働保険の保険料の徴収等に関する法律の規定の適用については、同法第十条第一項中「事業」とあるのは「事業（雇用保険法等の一部を改正する法律（平成十九年法律第三十号）附則第五十一条の規定によりなお従前の例によるものとされた給付金を支給する事業（以下「給付金支給事業」という。）を含む。）」と、同法第十二条第二項中「及び社会復帰促進等事業」とあるのは「及び社会復帰促進等事業（給付金支給事業を含む。以下同じ。）」とする。

第五十三条　附則第五十一条の規定によりなお従前の例によるものとされた給付金に要する費用に関する附則第百三十六条の規定による改正後の特別会計に関する法律の規定の適用については、同法第九十九条第一項第二号イ中「社会復帰促進等事業費」とあるのは、「社会復帰促進等事業費（雇用保険法等の一部を改正する法律（平成十九年法律第三十号）附則第五十一条の規定によりなお従前の例によるものとされた給付金を支給する事業に要する費用を含む。）」とする。

（罰則に関する経過措置）

第百四十二条　この法律（附則第一条各号に掲げる規定については、当該各規定。以下この項において同じ。）の施行前にした行為及びこの附則の規定によりなお従前の例によることとされる場合におけるこの法律の施行後にした行為に対する罰則の適用については、なお従前の例による。

2　附則第百八条第二項の規定により読み替えられた新介護労働者法第十七条第三号の規定が適用される場合における施行日から平成二十二年三月三十一日までの間にした行為に対する附則第百八条第二項の規定により読み替えられた新介護労働者法第三十一条第二号の罰則の適用については、同年四月一日以後も、なお従前の例による。

（検討）

第百四十三条　政府は、この法律の施行後五年を目途として、この法律の施行の状況等を勘案し、この法律により改正された雇用保険法等の規定に基づく規制の在り方について検討を加え、必要があると認めるときは、その結果に基づいて所要の措置を講ずるものとする。

（政令への委任）

第百四十三条　この附則に規定するもののほか、この法律の施行に伴い必要な経過措置は、政令で定める。

附　則（平一九・七・六法律第一〇九号）（抄）

（施行期日）

第一条　この法律は、平成二十二年四月一日までの間において政令で定める日〈編注・平成二〇政令三八七号により、平成二二・一・一〉から施行する。ただし、次の各号に掲げる規定は、当該各号に定める日から施行する。

一　〈前略〉附則第六十六条及び第七十五条の規定　公布の日

二　〈略〉

（処分、申請等に関する経過措置）

第七十三条　この法律（附則第一条各号に掲げる規定については、当該各規定。以下同じ。）の施行前に法令の規定により社会保険庁長官、地方社会保険事務局長又は社会保険事務所長（以下「社会保険庁長官等」という。）がした裁定、承認、指定、認可その他の処分又は通知その他の行為は、法令に別段の定めがあるもののほか、この法律の施行後は、この法律の施行後の法令の相当規定に基づいて、厚生労働大臣、地方厚生局長若しくは地方厚生支局長又は機構（以下「厚生労働大臣等」という。）がした裁定、承認、指定、認可その他の処分又は通知その他の行為とみなす。

2　この法律の施行の際現に法令の規定により社会保険庁長官等に対してされている申請、届出その他の行為は、法令に別段の定めがあるもののほか、この法律の施行後は、この法律の施行後の法令の相当規定に基づいて、厚生労働大臣等に対してされた申請、届出その他の行為とみなす。

3　この法律の施行前に法令の規定により社会保険庁長官等に対し報告、届出、提出その他の手続をしなければならないとされている事項で、施行日前にその手続がされていないものについては、法令に別段の定めがあるもののほか、この法律の施行後は、これを、この法律の施行後の法令の相当規定により厚生労働大臣等に対して、報告、届出、提出その他の手続をしなければならないとされた事項についてその手続がされていないものとみなして、この法律の施行後の法令の規定を適用する。

4　なお従前の例によることとする法令の規定により、社会保険庁長官等がすべき裁定、承認、指定、認可その他の処分若しくは通知その他の行為又は社会保険庁長官等に対してすべき申請、届出その他の行為については、法令に別段の定めがあるもののほか、この法律の施行後は、この法律の施行後の法令の規定に基づく権限又は権限に係る事務の区分に応じ、それぞれ、厚生労働大臣等がすべきものとし、又は厚生労働大臣等に対してすべきものとする。

（罰則に関する経過措置）

第七十四条　この法律の施行前にした行為及びこの附則の規定によりなお従前の例によることとされる場合におけるこの法律の施行後にした行為に対する罰則の適用については、なお従前の例による。

（政令への委任）

第七十六条　この附則に定めるもののほか、この法律の施行に関し必要な経過措置は、政令で定める。

附　則（平一九・七・六法律第一一一号）（抄）

（施行期日）

第一条　この法律は、公布の日から施行する。

（政令への委任）

第八条　この附則に定めるもののほか、この法律の施行に関し必要な経過措置は、政令で定める。

附　則（平二二・三・三一法律第一五号）（抄）

（施行期日）

第一条 この法律は、平成二十二年四月一日から施行する。ただし、〈中略〉附則第五条の規定（労働者災害補償保険法（昭和二十二年法律第五十号）第三十一条第三項ただし書の改正規定を除く。）〈中略〉は、公布の日から起算して九月を超えない範囲内において政令で定める日〈編注・平成二二政令二〇五号により、平成二二・一〇・一〉から施行する。

（罰則に関する経過措置）

第十三条 この法律の施行前にした行為に対する罰則の適用については、なお従前の例による。

（その他の経過措置の政令への委任）

第十四条 この附則に規定するもののほか、この法律の施行に伴い必要な経過措置は、政令で定める。

附　則（平二二・三・三一法律第一九号）（抄）

（施行期日）

第一条 この法律は、平成二十二年四月一日から施行する。ただし、附則第二十条の規定は、公布の日から施行する。

（政令への委任）

第二十条 この附則に規定するもののほか、この法律の施行に関し必要な経過措置は、政令で定める。

附　則（平二二・一二・一〇法律第七一号）（抄）

（施行期日）

第一条 この法律は、平成二十四年四月一日から施行する。ただし、次の各号に掲げる規定は、当該各号に定める日から施行する。

一　〈略〉

二　〈略〉

三　〈前略〉第四十条〈中略〉の規定　平成二十四年四月一日までの間において政令で定める日〈中略〉附則第四条から第十条まで

附　則（平二四・四・六法律第二七号）（抄）

（施行期日）

第一条　この法律は、公布の日から起算して六月を超えない範囲内において政令で定める日から施行する。〈後略〉

（罰則に関する経過措置）

第八条　この法律の施行前にした行為及び前条第一項の規定によりなお従前の例によることとされる場合におけるこの法律の施行後にした行為に対する罰則の適用については、なお従前の例による。

（政令への委任）

第九条　この附則に規定するもののほか、この法律の施行に関し必要な経過措置は、政令で定める。

別表第一（第十四条、第十五条、第十五条の二、第十六条の三、第十八条、第十八条の二、第二十二条の三、第二十二条の四、第二十三条関係）

一　同一の事由（障害補償年金及び遺族補償年金については、それぞれ、当該障害又は死亡をいい、傷病補償年金については、当該負傷又は疾病により障害の状態にあることをいう。以下同じ。）により、障害補償年金若しくは傷病補償年金又は遺族補償年金と厚生年金保険法の規定による障害厚生年金及び国民年金法の規定による障害基礎年金（同法第三十条の四の規定による障害基礎年金を除く。以下同じ。）又は厚生年金保険法の規定による遺族厚生年金及び国民年金法の規定による遺族基礎年金若しくは寡婦年金とが支給される場合にあつては、下欄の額に、次のイからハまでに掲げる年金たる保険給付の区分に応じ、それぞれイからハまでに掲げるところにより算定して得た率を下らない範囲内で政令で定める率を乗じて得た額（その額が政令で定める額を下回る場合には、当該政令で定める額）	

イ　障害補償年金　前々保険年度（前々年の四月一日から前年の三月三十一日までをいう。以下この号において同じ。）において障害補償年金を受けていた者であつて、同一の事由により厚生年金保険法の規定による障害厚生年金及び国民年金法の規定による障害基礎年金が支給されていたすべてのものに係る前々保険年度における障害補償年金の支給額（これらの者が厚生年金保険法の規定による障害厚生年金及び国民年金法の規定による障害基礎年金を支給されていなかつたとした場合の障害補償年金の支給額をいう。）の平均額からこれらの者が受けていた前々保険年度における厚生年金保険法の規定による障害厚生年金の支給額と国民年金法の規定による障害基礎年金の支給額との合計額の平均額に百分の五十を乗じて得た額を減じた額を当該障害補償年金の支給額の平均額で除して得た率

ロ　遺族補償年金　イ中「障害補償年金」と

あるのは「遺族補償年金」と、「障害厚生年金」とあるのは「遺族厚生年金」と、「障害基礎年金」とあるのは「遺族基礎年金又は寡婦年金」として、イの規定の例により算定して得た率

ハ　傷病補償年金　イ中「障害補償年金」とあるのは、「傷病補償年金」として、イの規定の例により算定して得た率

二　同一の事由により、障害補償年金若しくは傷病補償年金又は遺族補償年金と厚生年金保険法の規定による障害厚生年金又は遺族厚生年金とが支給される場合（第一号に規定する場合を除く。）にあつては、下欄の額に、年金たる保険給付の区分に応じ、前号の政令で定める率に準じて政令で定める率を乗じて得た額（その額が政令で定める額を下回る場合には、当該政令で定める額）

三　同一の事由により、障害補償年金若しくは傷病補償年金又は遺族補償年金と国民年金法の規定による障害基礎年金又は遺族基礎年金若しくは寡婦年金とが支給される場合（第一号に規定する場合及び当該同一の事由により国家公務員共済組合法（昭和三十三年法律第百二十八号）、地方公務員等共済組合法（昭和三十七年法律第百五十二号）又は私立学校教職員共済法（昭和二十八年法律第二百四十五号）の規定による障害共済年金又は遺族共済年金が支給される場合を除く。）にあつては、下欄の額に、年金たる保険給付の区分に応じ、第一号の政令で定める率に準じて政令で定める率を乗じて得た額（その額が政令で定める額を下回る場合には、当該政令で定める額）

四　前三号の場合以外の場合にあつては、下欄の額

区分	額
障害補償年金	一　障害等級第一級に該当する障害がある者　給付基礎日額の三一三日分 二　障害等級第二級に該当する障害がある者　給付基礎日額の二七七日分 三　障害等級第三級に該当する障害

	がある者　給付基礎日額の二四五日分 四　障害等級第四級に該当する障害がある者　給付基礎日額の二一三日分 五　障害等級第五級に該当する障害がある者　給付基礎日額の一八四日分 六　障害等級第六級に該当する障害がある者　給付基礎日額の一五六日分 七　障害等級第七級に該当する障害がある者　給付基礎日額の一三一日分
遺族補償年金	次の各号に掲げる遺族補償年金を受ける権利を有する遺族及びその者と生計を同じくしている遺族補償年金を受けることができる遺族の人数の区分に応じ、当該各号に掲げる額 一　一人　給付基礎日額の一五三日分。ただし、五十五歳以上の妻又は厚生労働省令で定める障害の状態にある妻にあつては、給付基礎日額の一七五日分とする。 二　二人　給付基礎日額の二〇一日分 三　三人　給付基礎日額の二二三日分 四　四人以上　給付基礎日額の二四五日分

傷病補償年金	一　傷病等級第一級に該当する障害の状態にある者　給付基礎日額の三一三日分 二　傷病等級第二級に該当する障害の状態にある者　給付基礎日額の二七七日分 三　傷病等級第三級に該当する障害の状態にある者　給付基礎日額の二四五日分

別表第二（第十五条、第十五条の二、第十六条の八、第二十二条の三、第二十二条の四関係）

区分	額
障害補償一時金	一　障害等級第八級に該当する障害がある者　給付基礎日額の五〇三日分 二　障害等級第九級に該当する障害がある者　給付基礎日額の三九一日分 三　障害等級第一〇級に該当する障害がある者　給付基礎日額の三〇二日分 四　障害等級第一一級に該当する障害がある者　給付基礎日額の二二三日分 五　障害等級第一二級に該当する障害がある者　給付基礎日額の一五六日分 六　障害等級第一三級に該当する障害がある者　給付基礎日額の一〇一日分 七　障害等級第一四級に該当する障害がある者　給付基礎日額の五六日分
遺族補償一時金	一　第十六条の六第一項第一号の場合　給付基礎日額の一、〇〇〇日分 二　第十六条の六第一項第二号の場合　給付基礎日額の一、〇〇〇日分から第十六条の六第一項第二号に規定する遺族補償年金の額の合計額を控除した額

労働者災害補償保険法施行令

昭和五二・三・二三政令第三三号
（昭和三六・三・三一政令第六七号を全文改正）

改正
昭和五五・一二・五〃第三一八号
〃昭和五七・九・二五〃第二六五号
〃昭和六一・三・二九〃第　五九号
〃昭和六二・一・二七〃第　九号
〃昭和六三・三・三一〃第　六四号
〃平成　二・七・二〇〃第二三〇号
〃平成一三・一・四〃第　一号

（法第十四条第二項の政令で定める額）

第一条　労働者災害補償保険法（以下「法」という。）第十四条第二項の政令で定める額は、同条第一項の額から、同一の事由により支給される厚生年金保険法（昭和二十九年法律第百十五号）の規定による障害厚生年金（以下第五条第一項までにおいて単に「障害厚生年金」という。）又は国民年金法（昭和三十四年法律第百四十一号）の規定による障害基礎年金（同法第三十条の四の規定による障害基礎年金を除く。以下第七条第一項までにおいて単に「障害基礎年金」という。）の額（同一の事由により障害厚生年金及び障害基礎年金が支給される場合にあつては、これらの年金たる給付の額の合計額）を三百六十五で除して得た額を減じた残りの額に相当する額とする。

2　前項の規定は、法第二十二条の二第二項において準用する法第十四条第二項の政令で定める額について準用する。この場合において、前項中「同条第一項」とあるのは、「法第二十二条の二第二項において準用する法第十四条第一項」と読み替えるものとする。

（法別表第一第一号の政令で定める率）

第二条　法別表第一第一号（法第二十二条の三第三項、第二十二条の四第三項及び第二十三条第二項において準用する場合を含む。）の政令で定める率は、次の表の上欄に掲げる年金たる保険給付の区分に応じ、それぞれ同表の下欄に定める率とする。

障害補償年金 障害年金	〇・七三
遺族補償年金 遺族年金	〇・八〇
傷病補償年金 傷病年金	〇・七三

（法別表第一第一号の政令で定める額）

第三条　法別表第一第一号の政令で定める額は、同表の下欄の額から、同一の事由（障害補償年金及び遺族補償年金についてはそれぞれ当該障害又は死亡をいい、傷病補償年金については当該負傷又は疾病により障害の状態にあることをいう。）により支給される障害厚生年金の額と障害基礎年金の額との合計額又は厚生年金保険法の規定による遺族厚生年金（第五条第一項において単に「遺族厚生年金」という。）の額と国民年金法の規定による遺族基礎年金（第七条第一項において単に「遺族基礎年金」という。）若しくは同法の規定による寡婦年金（第七条第一項において単に「寡婦年金」という。）の額との合計額を減じた残りの額に相当する額とする。

2　前項の規定は、法第二十二条の三第三項、第二十二条の四第三項及び第二十三条第二項において準用する法別表第一第一号の政令で定める額について準用する。この場合において、前項中「同表」とあるのは「法第二十二条の三第三項、第二十二条の四第三項及び第二十三条第二項において準用する同表」と、「障害補償年金及び遺族補償年金」とあるのは「障害年金及び遺族年金」と、「傷病補償年金」とあるのは「傷病年金」と読み替えるものとする。

（法別表第一第二号の政令で定める率）

第四条　法別表第一第二号（法第二十二条の三第三項、第二十二条の四第三項及び第二十三条第

二項において準用する場合を含む。）の政令で定める率は、次の表の上欄に掲げる年金たる保険給付の区分に応じ、それぞれ同表の下欄に定める率とする。

障害補償年金 障害年金	〇・八三
遺族補償年金 遺族年金	〇・八四
傷病補償年金 傷病年金	〇・八六

（法別表第一第二号の政令で定める額）

第五条　法別表第一第二号の政令で定める額は、同表の下欄の額から、同一の事由（障害補償年金及び遺族補償年金についてはそれぞれ当該障害又は死亡をいい、傷病補償年金については当該負傷又は疾病により障害の状態にあることをいう。）により支給される障害厚生年金又は遺族厚生年金の額を減じた残りの額に相当する額とする。

2　前項の規定は、法第二十二条の三第三項、第二十二条の四第三項及び第二十三条第二項において準用する法別表第一第二号の政令で定める額について準用する。この場合において、前項中「同表」とあるのは「法第二十二条の三第三項、第二十二条の四第三項及び第二十三条第二項において準用する同表」と、「障害補償年金及び遺族補償年金」とあるのは「障害年金及び遺族年金」と、「傷病補償年金」とあるのは「傷病年金」と読み替えるものとする。

（法別表第一第三号の政令で定める率）

第六条　法別表第一第三号（法第二十二条の三第三項、第二十二条の四第三項及び第二十三条第二項において準用する場合を含む。）の政令で定める率は、次の表の上欄に掲げる年金たる保険給付の区分に応じ、それぞれ同表の下欄に定める率とする。

障害補償年金 障害年金	〇・八八
遺族補償年金 遺族年金	〇・八八
傷病補償年金 傷病年金	〇・八八

（法別表第一第三号の政令で定める額）

第七条　法別表第一第三号の政令で定める額は、同表の下欄の額から、同一の事由（障害補償年金及び遺族補償年金についてはそれぞれ当該障害又は死亡をいい、傷病補償年金については当該負傷又は疾病により障害の状態にあることをいう。）により支給される障害基礎年金又は遺族基礎年金若しくは寡婦年金の額を減じた残りの額に相当する額とする。

2　前項の規定は、法第二十二条の三第三項、第二十二条の四第三項及び第二十三条第二項において準用する法別表第一第三号の政令で定める額について準用する。この場合において、前項中「同表」とあるのは「法第二十二条の三第三項、第二十二条の四第三項及び第二十三条第二項において準用する同表」と、「障害補償年金及び遺族補償年金」とあるのは「障害年金及び遺族年金」と、「傷病補償年金」とあるのは「傷病年金」と読み替えるものとする。

附　則（抄）

（施行期日）

1　この政令は、労働者災害補償保険法等の一部を改正する法律の施行の日（昭和五十二年四月一日）から施行する。

（改正法附則第六条の政令で定める日）

2　労働者災害補償保険法等の一部を改正する法律（以下「改正法」という。）附則第六条の政令で定める日は、昭和五十五年三月三十一日とする。

（改正法第一条の規定の施行に伴う傷病補償年金等の支給に関する経過措置）

3　改正法の施行の日の前日において改正法第一条の規定による改正前の労働者災害補償保険法の規定による長期傷病補償給付又は長期傷病給付を支給されていた者で、改正法の施行の日において同条の規定による改正後の労働者災害補償保険法第十二条の八第三項各号のいずれにも該当するもの又は同法第二十二条の六第一項各号のいずれにも該当するものに対する同法の規定による傷病補償年金又は傷病年金の支給は、同法第九条第一項の規定にかかわらず、同日の属する月分から始めるものとする。

（改正法第三条の規定の施行に伴う第一種特別加入保険料に関する経過措置）

4　改正法第三条の規定による改正後の労働保険の保険料の徴収等に関する法律（昭和四十四年法律第八十四号）第十三条の規定は、改正法の施行の日以後の期間に係る第一種特別加入保険料について適用し、同日前の期間に係る第一種特別加入保険料については、なお従前の例による。

5　前項の規定にかかわらず、改正法の施行の日前に労働保険の保険料の徴収等に関する法律第三条の規定による労災保険に係る労働保険の保険関係が成立した事業であつて事業の期間が予定されるものに係る第一種特別加入保険料については、なお従前の例による。

（昭和六十年改正法附則第百十六条第二項の場合の計算）

6　国民年金法等の一部を改正する法律（昭和六十年法律第三十四号。以下「昭和六十年改正法」という。）附則第百十六条第二項（同条第四項において準用する場合を含む。以下この項において同じ。）の規定により同条第二項の政令で定める率を乗ずる場合には、次の表の上欄に掲げる年金たる保険給付の区分に応じ、それぞれ同表の下欄に定める率を乗ずるものとする。

障害補償年金 障害年金	〇・七四
遺族補償年金 遺族年金	〇・八〇
傷病補償年金 傷病年金	〇・七五

（昭和六十年改正法附則第百十六条第二項の政令で定める額）

7　昭和六十年改正法附則第百十六条第二項の政令で定める額は、法別表第一の下欄の額から、同一の事由（障害補償年金及び遺族補償年金については、それぞれ当該障害又は死亡をいい、傷病補償年金については当該負傷又は疾病により障害の状態にあることをいう。）により支給される昭和六十年改正法附則第七十八条第一項に規定する年金たる保険給付に該当する障害年金（附則第十二項において「旧厚生年金保険法の障害年金」という。）又は遺族年金の額を減じた残りの額に相当する額とする。

8　前項の規定は、昭和六十年改正法附則第百十六条第四項において準用する同条第二項の政令で定める額について準用する。この場合において、前項中「別表第一」とあるのは「第二十二条の三第三項、第二十二条の四第三項及び第二十三条第二項において準用する法別表第一」と、「障害補償年金及び遺族補償年金」とあるのは「障害年金及び遺族年金」と、「傷病補償年金」とあるのは「傷病年金」と読み替えるものとする。

（昭和六十年改正法附則第百十六条第三項の政令で定める法令による給付及び同項の場合の計算）

9　昭和六十年改正法附則第百十六条第三項（同条第四項において準用する場合を含む。以下この項において同じ。）の政令で定める法令による給付は、次の表の上欄に掲げる年金たる保険給付の区分に応じ、それぞれ同表の中欄に定める給付とし、同条第三項の規定により同項の政令で定める率を乗ずる場合には、同表の上欄に掲げる年金たる保険給付の区分に応じ、同表の中欄に定める給付ごとにそれぞれ同表の下欄に定める率を乗ずるものとする。

障害補償年金 障害年金	昭和六十年改正法附則第八十七条第一項に規定する年金たる保険給付に該当する障害年金（以下「旧船員保険法の障害年金」という。）	〇・七四
	昭和六十年改正法附則第三十二条第一項に規定する年金たる給付に該当する障害年金（障害福祉年金を除く。以下「旧国民年金法の障害年金」という。）	〇・八九
	昭和六十年改正法附則第八十七条第一項に規定する年金たる保険給付に該当する	〇・八〇

遺族補償年金 遺族年金	遺族年金（次項において「旧船員保険法の遺族年金」という。）	
	昭和六十年改正法附則第三十二条第一項に規定する年金たる給付に該当する母子年金、準母子年金、遺児年金又は寡婦年金（次項において「旧国民年金法の母子年金等」という。）	〇・九〇
傷病補償年金 傷病年金	旧船員保険法の障害年金	〇・七五
	旧国民年金法の障害年金	〇・八九

（昭和六十年改正法附則第百十六条第三項の政令で定める額）

10 昭和六十年改正法附則第百十六条第三項の政令で定める額は、法別表第一の下欄の額から、同一の事由（障害補償年金及び遺族補償年金についてはそれぞれ当該障害又は死亡をいい、傷病補償年金については当該負傷又は疾病により障害の状態にあることをいう。）により支給される次に掲げる給付の額を減じた残りの額に相当する額とする。

一 旧船員保険法の障害年金又は旧船員保険法の遺族年金

二 旧国民年金法の障害年金又は旧国民年金法の母子年金等

11 前項の規定は、昭和六十年改正法附則第百十六条第四項において準用する同条第三項の政令で定める額について準用する。この場合において、前項中「法別表第一」とあるのは「法第二十二条の三第三項、第二十二条の四第三項及び第二十三条第二項において準用する法別表第一」と、「障害補償年金及び遺族補償年金」とあるのは「障害年金及び遺族年金」と、「傷病補償年金」とあるのは「傷病年金」と読み替えるものとする。

（昭和六十年改正法附則第百十六条第七項の政令

で定める額）

12　昭和六十年改正法附則第百十六条第七項の政令で定める額は、法第十四条第一項の額から、同一の事由により支給される旧厚生年金保険法の障害年金又は旧船員保険法の障害年金若しくは旧国民年金法の障害年金の額を三百六十五で除して得た額を減じた残りの額に相当する額とする。

（昭和六十年改正法附則第百十六条第八項の政令で定める額）

13　前項の規定は、昭和六十年改正法附則第百十六条第八項の政令で定める額について準用する。この場合において、前項中「第十四条第一項」とあるのは、「第二十二条の二第二項において準用する法第十四条第一項」と読み替えるものとする。

附　則（昭五五・一二・五政令第三一八号）

（施行期日等）

1　この政令は、公布の日から施行し、改正後の第三条第二項及び第三項並びに第五条第二項及び第三項の規定は、昭和五十五年八月一日から適用する。

（遺族補償年金前払一時金及び遺族年金前払一時金の請求に関する経過措置）

2　労働者災害補償保険法等の一部を改正する法律（以下「昭和五十五年改正法」という。）の施行の際現に昭和五十五年改正法附則第十条の規定による改正前の労働者災害補償保険法の一部を改正する法律（昭和四十年法律第百三十号）附則第四十二条第一項（昭和五十五年改正法附則第十一条の規定による改正前の労働者災害補償保険法の一部を改正する法律（昭和四十八年法律第八十五号）附則第四条第一項においてその例によることとされる場合を含む。）の規定によりされている一時金の請求は、昭和五十五年改正法第一条の規定による改正後の労働者災害補償保険法第六十条第一項又は第六十三条第一項の規定によりされている遺族補償年金前払一時金又は遺族年金前払一時金の請求とみなす。

附　則（昭五七・九・二五政令第二六五号）

この政令は、障害に関する用語の整理に関する法律の施行の日〈昭和五十七年十月一日〉から施行する。

附　則（昭六一・三・二九政令第五九号）

この政令は、国民年金法等の一部を改正する法律の施行の日〈昭和六十一年四月一日〉から施行する。

附　則（昭六二・一・二七政令第九号）

この政令は、労働者災害補償保険法及び労働保険の保険料の徴収等に関する法律の一部を改正する法律の施行の日〈昭和六十二年二月一日〉から施行する。ただし、第一条の改正規定は、同年四月一日から施行する。

附　則（昭六三・三・三一政令第六四号）

（施行期日）

1　この政令は、昭和六十三年四月一日から施行する。

（経過措置）

2　国民年金法等の一部を改正する法律附則第百十六条第二項及び第三項（同条第四項において準用する場合を含む。）に規定する場合における労働者災害補償保険法の規定による年金たる保険給付であって、この政令の施行の日の属する月の前月までの月分のものについて、同法別表第一（同法第二十二条の三第三項、第二十二条の四第三項及び第二十三条の六第二項において準用する場合を含む。）の下欄の額に乗ずべき率については、なお従前の例による。

附　則（平二・七・二〇政令第二二〇号）

（施行期日）

1　この政令は、平成二年八月一日から施行する。ただし、第一条の改正規定及び附則第十五項の改正規定（「昭和六十年改正後の法」を「法」に改める部分及び同項を附則第十二項とする部分を除く。）は、平成二年十月一日から施行する。

（経過措置）

2　平成二年八月一日から同年九月三十日までの間に支給すべき事由が生じた労働者災害補償保険法の規定による休業給付に係る改正後の附則第十三項の規定の適用については、同項中「読み替える」とあるのは、「、「同条第二項」とあるのは「法第二十二条の二第三項」と読み替える」とする。

3　国民年金法等の一部を改正する法律附則第百十七条第一項から第三項まで（同条第四項において準用する場合を含む。）に規定する政令で定める率及び政令で定める額については、なお従前の例による。

附　則（平一三・一・四政令第一号）

（施行期日）

1　この政令は、平成十三年四月一日から施行する。

（労働保険の保険料の徴収等に関する法律施行令の一部改正に伴う経過措置）

2　この政令の施行の日の属する保険年度（労働保険の保険料の徴収等に関する法律（昭和四十四年法律第八十四号）第二条第四項に規定する保険年度をいう。以下同じ。）及びこれに引き続く二保険年度においては、第二条の規定による改正後の労働保険の保険料の徴収等に関する法律施行令第二条中「過去三年間の同項第三号の二次健康診断等給付（以下この条において「二次健康診断等給付」という。）の受給者数」とあるのは「労働者災害補償保険法及び労働保険の保険料の徴収等に関する法律の一部を改正する法律の施行に伴う関係政令の整備に関する政令（平成十三年政令第一号）の施行の日の属する保険年度及びこれに引き続く二保険年度における同項第三号の二次健康診断等給付（以下

「二次健康診断等給付」という。）の受給者数又は二次健康診断等給付の受給者の見込数」と、「二次健康診断等給付に要した費用の額」とあるのは「同日の属する保険年度及びこれに引き続く二保険年度における二次健康診断等給付に要した費用の額又は二次健康診断等給付に要する費用の予想額」とする。

労働者災害補償保険法施行規則

昭和三〇・九・一労働省令第二二号
（昭和二二・九・一労働省令第一号を全文改正）

改正昭和三一・三・三一労働省令第　四号
〃　昭和三二・三・二九　〃　第　三号
〃　昭和三二・四・一　〃　第　八号
〃　昭和三三・四・一　〃　第　二号
〃　昭和三三・一二・一　〃　第二三号
〃　昭和三四・二・二四　〃　第　三号
〃　昭和三四・二・二八　〃　第　四号
〃　昭和三四・三・三〇　〃　第一〇号
〃　昭和三五・三・七　〃　第　二号
〃　昭和三五・三・三一　〃　第　五号
〃　昭和三六・二・一八　〃　第　三号
〃　昭和三六・三・三一　〃　第　七号
〃　昭和三七・三・三　〃　第　一号
〃　昭和三七・一〇・二五　〃　第二二号
〃　昭和三七・一二・二八　〃　第二五号
〃　昭和三九・三・三〇　〃　第　三号
〃　昭和四〇・七・一五　〃　第一二号
〃　昭和四〇・七・三一　〃　第一四号
〃　昭和四〇・一〇・三〇　〃　第一八号
〃　昭和四一・一・三一　〃　第　二号
〃　昭和四一・四・一六　〃　第一一号
〃　昭和四一・一〇・二七　〃　第三一号
〃　昭和四二・四・三　〃　第　九号
〃　昭和四二・九・一　〃　第二四号
〃　昭和四二・一〇・二四　〃　第二九号
〃　昭和四三・三・一二　〃　第　二号
〃　昭和四三・四・二七　〃　第　九号
〃　昭和四四・三・二七　〃　第　五号
〃　昭和四五・三・二七　〃　第　二号
〃　昭和四五・七・一　〃　第一七号
〃　昭和四五・九・二九　〃　第二二号
〃　昭和四五・一〇・三〇　〃　第二九号
〃　昭和四五・一二・二八　〃　第三一号
〃　昭和四六・九・八　〃　第二五号
〃　昭和四七・一・二二　〃　第　一号
〃　昭和四七・三・三一　〃　第　七号

・第九号
〃 昭和四七・九・三〇 〃 第四八号
〃 昭和四八・六・一八 〃 第二〇号
〃 昭和四八・一〇・一五 〃 第三三号
〃 昭和四八・一一・二二 〃 第三五号
〃 昭和四九・三・二三 〃 第六号
〃 昭和四九・一二・二八 〃 第二九号
・第三〇号
〃 昭和五〇・三・二九 〃 第一〇号
〃 昭和五〇・八・二七 〃 第二三号
〃 昭和五一・六・二八 〃 第二五号
・第二六号
〃 昭和五一・九・二七 〃 第三三号
・第三四号
〃 昭和五二・三・二六 〃 第六号
〃 昭和五二・六・一四 〃 第二〇号
〃 昭和五三・三・二八 〃 第九号
〃 昭和五三・五・二三 〃 第二六号
〃 昭和五三・八・七 〃 第三二号
〃 昭和五四・四・四 〃 第一二号
〃 昭和五五・二・二八 〃 第二号
〃 昭和五五・三・二五 〃 第四号

〃 昭和五五・五・三一 〃 第一五号
〃 昭和五五・一二・五 〃 第三二号
〃 昭和五六・一・二六 〃 第三号
〃 昭和五六・三・三〇 〃 第八号
〃 昭和五六・一〇・二九 〃 第三六号
〃 昭和五七・五・二六 〃 第一九号
〃 昭和五七・九・三〇 〃 第三二号
〃 昭和五八・三・二三 〃 第一〇号
〃 昭和五八・四・五 〃 第一四号
〃 昭和五八・一一・二 〃 第二八号
〃 昭和五九・三・三一 〃 第九号
〃 昭和五九・七・二七 〃 第一五号
〃 昭和五九・九・二九 〃 第二三号
〃 昭和六〇・三・九 〃 第四号
〃 昭和六一・三・二六 〃 第五号
〃 昭和六一・三・二九 〃 第一一号
〃 昭和六一・四・五 〃 第一六号
〃 昭和六二・一・三一 〃 第二号
〃 昭和六二・三・三〇 〃 第一二号
〃 昭和六三・四・八 〃 第一一号
〃 昭和六三・一二・二八 〃 第四一号
〃 平成元・三・二七 〃 第四号

〃 平成二・三・二九 〃 第五号
〃 平成二・七・三一 〃 第一七号
〃 平成二・九・二八 〃 第二四号
〃 平成三・四・一二 〃 第一一号
〃 平成三・九・二五 〃 第二〇号
〃 平成四・三・三〇 〃 第五号
〃 平成五・二・一二 〃 第一号
〃 平成五・三・二二 〃 第五号
〃 平成五・七・二一 〃 第二五号
〃 平成五・七・二一 〃 第二七号
〃 平成六・二・九 〃 第五号
〃 平成六・三・三〇 〃 第一八号
〃 平成六・四・一一 〃 第二五号
〃 平成六・六・二四 〃 第三二号
・第三五号
〃 平成六・九・二八 〃 第四一号
〃 平成七・二・一〇 〃 第五号
〃 平成七・三・三〇 〃 第一六号
・第一七号
〃 平成七・七・三一 〃 第三六号
〃 平成八・三・一 〃 第六号
〃 平成八・三・二八 〃 第一二号

〃 平成八・五・一一 〃 第二五号
〃 平成八・七・二六 〃 第三一号
〃 平成九・二・二八 〃 第七号
〃 平成九・三・三一 〃 第二〇号
〃 平成九・四・一 〃 第二四号
〃 平成九・九・二五 〃 第三一号
〃 平成一〇・三・二 〃 第四号
〃 平成一〇・三・二六 〃 第一三号
〃 平成一〇・四・二七 〃 第二四号
〃 平成一一・三・二五 〃 第一六号
〃 平成一一・三・三一 〃 第二八号
〃 平成一一・一二・三 〃 第四八号
〃 平成一二・一・三一 〃 第二号
〃 平成一二・三・一〇 〃 第五号
〃 平成一二・一〇・三一 〃 第四一号
〃 平成一三・三・二三厚生労働省令第三一号
〃 平成一三・四・四 〃 第一一八号
〃 平成一四・二・二〇 〃 第一三号
〃 平成一四・九・五 〃 第一一七号
〃 平成一五・三・二五 〃 第四五号
〃 平成一五・三・三一 〃 第七一号
〃 平成一六・三・三一 〃 第七四号

〃 平成一六・六・四 〃 第一〇一号
〃 平成一七・三・三一 〃 第六八号
〃 平成一八・一・二五 〃 第六号
〃 平成一八・三・二七 〃 第五二号
〃 平成一八・三・三一 〃 第六七号
・第六八号
〃 平成一八・四・二八 〃 第一一六号
〃 平成一八・五・二三 〃 第一二二号
〃 平成一八・九・五 〃 第一五四号
〃 平成一八・九・二九 〃 第一六九号
〃 平成一九・三・三一 〃 第七〇号
〃 平成一九・四・二三 〃 第八〇号
〃 平成一九・六・一 〃 第八六号
〃 平成一九・六・二九 〃 第九二号
〃 平成一九・七・三 〃 第九三号
〃 平成一九・九・二五 〃 第一一二号
〃 平成一九・一二・二五 〃 第一五二号
〃 平成二〇・三・一八 〃 第三六号
〃 平成二〇・三・三一 〃 第七八号
〃 平成二一・三・三一 〃 第七三号
〃 平成二一・一二・二八 〃 第一六七号
・第一六八号

〃 平成二二・三・三一 〃 第四二号
〃 平成二二・九・二九 〃 第一〇七号
〃 平成二三・二・一 〃 第一三号
〃 平成二三・三・三一 〃 第三五号
〃 平成二三・四・一 〃 第四八号
〃 平成二三・九・六 〃 第一一三号
〃 平成二三・一二・二七 〃 第一五四号
〃 平成二四・三・二六 〃 第三五号
〃 平成二四・三・三〇 〃 第五六号

目次

第一章　総則

（事務の所轄）

第一条　労働者災害補償保険法（昭和二十二年法律第五十号。以下「法」という。）第三十四条第一項第三号（法第三十六条第一項第二号において準用する場合を含む。）及び第三十五条第一項第六号に規定する厚生労働大臣の権限は、都道府県労働局長に委任する。

2　労働者災害補償保険（以下「労災保険」という。）に関する事務（労働保険の保険料の徴収等に関する法律（昭和四十四年法律第八十四号。以下「徴収法」という。）、失業保険法及び労働者災害補償保険法の一部を改正する法律及び労働保険の保険料の徴収等に関する法律の施行に伴う関係法律の整備等に関する法律（昭和四十四年法律第八十五号。以下「整備法」という。）及び賃金の支払の確保等に関する法律（昭和五十一年法律第三十四号）に基づく事務並びに厚生労働大臣が定める事務を除く。）は、厚生労働省労働基準局長の指揮監督を受けて、事業場の所在地を管轄する都道府県労働局長（事業場が二以上の都道府県労働局の管轄区域にまたがる場合には、その事業の主たる事務所の所在地を管轄する都道府県労働局長）（以下「所轄都道府県労働局長」という。）が行う。

3　前項の事務のうち、保険給付（二次健康診断等給付を除く。）並びに社会復帰促進等事業のうち労災就学等援護費及び特別支給金の支給並びに厚生労働省労働基準局長が定める給付に関する事務は、都道府県労働局長の指揮監督を受けて、事業場の所在地を管轄する労働基準監督署長（事業場が二以上の労働基準監督署の管轄区域にまたがる場合には、その事業の主たる事務所の所在地を管轄する労働基準監督署長）（以下「所轄労働基準監督署長」という。）が行う。

（一括有期事業に係る事務の所轄）

第二条　徴収法第七条の規定により一の事業とみなされる事業に係る労災保険に関する事務（徴収法及び整備法に基づく事務を除く。）については、労働保険の保険料の徴収等に関する法律施行規則（昭和四十七年労働省令第八号）第六条第二項第三号の事務所の所在地を管轄する都道府県労働局長及び労働基準監督署長を、それぞれ所轄都道府県労働局長及び所轄労働基準監督署長とする。

（**事業主の代理人**）

第三条　事業主（徴収法第八条第一項又は第二項の規定により元請負人が事業主とされる場合にあつては、当該元請負人。以下同じ。）は、あらかじめ代理人を選任した場合には、この省令及び労働者災害補償保険特別支給金支給規則（昭和四十九年労働省令第三十号）の規定によつて事業主が行わなければならない事項を、その代理人に行わせることができる。

2　事業主は、前項の代理人を選任し、又は解任したときは、左に掲げる事項を記載した届書を、所轄労働基準監督署長を経由して所轄都道府県労働局長に提出しなければならない。

一　事業の名称及び事業場の所在地

二　代理人の氏名（代理人が団体であるときはその名称及び代表者の氏名）及び住所

3　前項の規定により事業主（厚生年金保険法（昭和二十九年法律第百十五号）による厚生年金保険又は健康保険法（大正十一年法律第七十号）による健康保険の適用事業所の事業主に限る。）が所轄労働基準監督署長を経由して所轄都道府県労働局長に提出する届書であつて事業の期間が予定される事業以外の事業（労働保険事務組合（徴収法第三十三条第三項に規定する労働保険事務組合をいう。以下同じ。）に労働保険事務（同条第一項に規定する労働保険事務をいう。以下同じ。）の処理を委託するものを除く。）に係るものの提出は、年金事務所（日本年金機構法（平成十九年法律第百九号）第二十九条の年金事務所をいう。）を経由して行うことができる。

第二章　削除

第四条及び第五条　削除

第三章　保険給付

第一節　通則

（法第七条第二項第二号の厚生労働省令で定める就業の場所）

第六条　法第七条第二項第二号の厚生労働省令で定める就業の場所は、次のとおりとする。

一　法第三条第一項の適用事業及び整備法第五条第一項の規定により労災保険に係る保険関係が成立している同項の労災保険暫定任意適用事業に係る就業の場所

二　法第三十四条第一項第一号、第三十五条第一項第三号又は第三十六条第一項第一号の規定により労働者とみなされる者（第四十六条の二十二の二に規定する者を除く。）に係る就業の場所

三　その他前二号に類する就業の場所

（法第七条第二項第三号の厚生労働省令で定める要件）

第七条　法第七条第二項第三号の厚生労働省令で定める要件は、同号に規定する移動が、次の各号のいずれかに該当する労働者により行われるものであることとする。

一　転任に伴い、当該転任の直前の住居と就業の場所との間を日々往復することが当該往復の距離等を考慮して困難となつたため住居を移転した労働者であつて、次のいずれかに掲げるやむを得ない事情により、当該転任の直前の住居に居住している配偶者（婚姻の届出をしていないが、事実上婚姻関係と同様の事情にある者を含む。以下同じ。）と別居することとなつたもの

イ　配偶者が、要介護状態（負傷、疾病又は身体上若しくは精神上の障害により、二週間以上の期間にわたり常時介護を必要とする状態をいう。以下この条及び次条において同じ。）にある労働者又は配偶者の父母又は同居の親族を介護すること。

ロ　配偶者が、学校教育法（昭和二十二年法律第二十六号）第一条に規定する学校、同法第百二十四条に規定する専修学校若しくは同法第百三十四条第一項に規定する各種学校（以下この条において「学校等」という。）に在学し、又は職業能力開発促進法（昭和四十四年法律第六十四号）第十五条の六第三項に規定する公共職業能力開発施設の行う職業訓練（職業能力開発総合大学校において行われるものを含む。以下この条及び次条において「職業訓練」という。）を受けている同居の子（十八歳に達する日以後の最初の三月三十一日までの間にある子に限る。）を養育すること。

ハ　配偶者が、引き続き就業すること。

ニ　配偶者が、労働者又は配偶者の所有に係る住宅を管理するため、引き続き当該住宅に居住すること。

ホ　その他配偶者が労働者と同居できないと認められるイからニまでに類する事情

二　転任に伴い、当該転任の直前の住居と就業の場所との間を日々往復することが当該往復の距離等を考慮して困難となつたため住居を移転した労働者であつて、次のいずれかに掲げるやむを得ない事情により、当該転任の直前の住居に居住している子と別居することとなつたもの（配偶者がないものに限る。）

イ　当該子が要介護状態にあり、引き続き当該転任の直前まで日常生活を営んでいた地域において介護を受けなければならないこと。

ロ　当該子（十八歳に達する日以後の最初の三月三十一日までの間にある子に限る。）が学校等に在学し、又は職業訓練を受けていること。

ハ　その他当該子が労働者と同居できないと認められるイ又はロに類する事情

三　転任に伴い、当該転任の直前の住居と就業の場所との間を日々往復することが当該往復の距離等を考慮して困難となつたため住居を移転した労働者であつて、次のいずれかに掲げるやむを得ない事情により、当該転任の直前の住居に居住している当該労働者の父母又は親族（要介護状態にあり、かつ、当該労働者が介護していた父母又は親族に限る。）と別居することとなつたもの（配偶者及び子がないものに限る。）

イ　当該父母又は親族が、引き続き当該転任の直前まで日常生活を営んでいた地域において介護を受けなければならないこと。

ロ　当該父母又は親族が労働者と同居できないと認められるイに類する事情

四　その他前三号に類する労働者

（日常生活上必要な行為）

第八条　法第七条第三項の厚生労働省令で定める行為は、次のとおりとする。

一　日用品の購入その他これに準ずる行為

二　職業訓練、学校教育法第一条に規定する学校において行われる教育その他これらに準ずる教育訓練であつて職業能力の開発向上に資するものを受ける行為

三　選挙権の行使その他これに準ずる行為

四　病院又は診療所において診察又は治療を受けることその他これに準ずる行為

五　要介護状態にある配偶者、子、父母、配偶者の父母並びに同居し、かつ、扶養している孫、祖父母及び兄弟姉妹の介護（継続的に又は反復して行われるものに限る。）

（給付基礎日額の特例）

第九条　法第八条第二項の規定による給付基礎日額の算定は、所轄労働基準監督署長が、次の各号に定めるところによつて行う。

一　労働基準法（昭和二十二年法律第四十九号）第十二条第一項及び第二項に規定する期間中に業務外の事由による負傷又は疾病の療養のために休業した労働者の同条の平均賃金（以下「平均賃金」という。）に相当する額が、当該休業した期間を同条第三項第一号に規定する期間とみなして算定することとした場合における平均賃金に相当する額に満たない場合には、その算定することとした場合における平均賃金に相当する額とする。

二　じん肺にかかつたことにより保険給付を受けることとなつた労働者の平均賃金に相当する額が、じん肺にかかつたため粉じん作業以外の作業に常時従事することとなつた日を平

均賃金を算定すべき事由の発生した日とみなして算定することとした場合における平均賃金に相当する額に満たない場合には、その算定することとした場合における平均賃金に相当する額とする。

三　一年を通じて船員法（昭和二十二年法律第百号）第一条に規定する船員として船舶所有者（船員保険法（昭和十四年法律第七十三号）第三条に規定する場合にあつては、同条の規定により船舶所有者とされる者）に使用される者の賃金について、基本となるべき固定給のほか、船舶に乗り組むこと、船舶の就航区域、船積貨物の種類等により変動がある賃金が定められる場合には、基本となるべき固定給に係る平均賃金に相当する額と変動がある賃金に係る平均賃金に相当する額とを基準とし、厚生労働省労働基準局長が定める基準に従つて算定する額とする。

四　前三号に定めるほか、平均賃金に相当する額を給付基礎日額とすることが適当でないと認められる場合には、厚生労働省労働基準局長が定める基準に従つて算定する額とする。

五　平均賃金に相当する額又は前各号に定めるところによつて算定された額（以下この号において「平均賃金相当額」という。）が四千百八十円（当該額が次項及び第三項の規定により変更されたときは、当該変更された額。以下「自動変更対象額」という。）に満たない場合には、自動変更対象額とする。ただし、次のイからニまでに掲げる場合においては、それぞれイからニまでに定める額とする。

イ　平均賃金相当額を法第八条の規定により給付基礎日額として算定した額とみなして法第八条の二第一項の規定を適用したときに同項第二号の規定により算定した額を同項の休業給付基礎日額とすることとされる場合において、当該算定した額が自動変更対象額以上であるとき。　平均賃金相当額

ロ　イの当該算定した額が自動変更対象額に満たないとき。　自動変更対象額を、当該算定した額を平均賃金相当額で除して得た率で除して得た額（その額に一円未満の端数があるときは、これを切り捨てるものとし、当該端数を切り捨てた額が平均賃金相

当額に満たないときは、平均賃金相当額）

ハ　平均賃金相当額を法第八条の規定により給付基礎日額として算定した額とみなして法第八条の三第一項（法第八条の四において準用する場合を含む。）の規定を適用したときに同項第二号（法第八条の四において準用する場合を含む。ニにおいて同じ。）の規定により算定した額を当該保険給付の額の算定の基礎として用いる給付基礎日額とすることとされる場合において、当該算定した額が自動変更対象額以上であるとき。平均賃金相当額

ニ　ハの当該算定した額が自動変更対象額に満たないとき。自動変更対象額を当該算定に用いた法第八条の三第一項第二号の厚生労働大臣が定める率で除して得た額（その額に一円未満の端数があるときは、これを切り捨てるものとし、当該端数を切り捨てた額が平均賃金相当額に満たないときは、平均賃金相当額）

2　厚生労働大臣は、年度（四月一日から翌年三月三十一日までをいう。以下同じ。）の平均給与額（厚生労働省において作成する毎月勤労統計（次条及び第九条の五において「毎月勤労統計」という。）における労働者一人当たりの毎月きまつて支給する給与の額（第九条の五において「平均定期給与額」という。）の四月分から翌年三月分までの各月分の合計額を十二で除して得た額をいう。以下この項において同じ。）が平成六年四月一日から始まる年度（この項及び次項の規定により自動変更対象額が変更されたときは、直近の当該変更がされた年度の前年度）の平均給与額を超え、又は下るに至つた場合においては、その上昇し、又は低下した比率に応じて、その翌年度の八月一日以後の自動変更対象額を変更しなければならない。

3　自動変更対象額に五円未満の端数があるときは、これを切り捨て、五円以上十円未満の端数があるときは、これを十円に切り上げるものとする。

4　厚生労働大臣は、前二項の規定により自動変更対象額を変更するときは、当該変更する年度の七月三十一日までに当該変更された自動変更対象額を告示するものとする。

（休業補償給付等に係る平均給与額の算定）

第九条の二　法第八条の二第一項第二号の平均給与額は、毎月勤労統計における労働者一人当たりの毎月きまつて支給する給与の同号の四半期の一箇月平均額によるものとする。

（年齢階層）

第九条の三　法第八条の二第二項第一号（法第八条の三第二項において準用する場合を含む。次条第一項において同じ。）の厚生労働省令で定める年齢階層は、二十歳未満、二十歳以上二十五歳未満、二十五歳以上三十歳未満、三十歳以上三十五歳未満、三十五歳以上四十歳未満、四十歳以上四十五歳未満、四十五歳以上五十歳未満、五十歳以上五十五歳未満、五十五歳以上六十歳未満、六十歳以上六十五歳未満、六十五歳以上七十歳未満及び七十歳以上の年齢階層とする。

（最低限度額及び最高限度額の算定方法等）

第九条の四　法第八条の二第二項第一号の厚生労働大臣が定める額（以下この条において「最低限度額」という。）は、厚生労働省において作成する賃金構造基本統計（以下この項及び第七項において「賃金構造基本統計」という。）の常用労働者（賃金構造基本統計調査規則（昭和三十九年労働省令第八号）第四条第一項に規定する事業所（国又は地方公共団体の事業所以外の事業所に限る。）に雇用される常用労働者をいう。以下この項及び第四項において「常用労働者」という。）について、前条に規定する年齢階層（以下この条において「年齢階層」という。）ごとに求めた次の各号に掲げる額の合算額を、賃金構造基本統計を作成するための調査の行われた月の属する年度における被災労働者（年金たる保険給付（遺族補償年金又は遺族年金を除く。）を受けるべき労働者及び遺族補償年金又は遺族年金を支給すべき事由に係る労働者をいう。以下この項において同じ。）の数で除して得た額（その額に一円未満の端数があるときは、これを一円に切り上げる。）とする。

一　当該年齢階層に属する常用労働者であつて男性である者（以下この号において「男性労働者」という。）を、その受けている賃金構造基本統計の調査の結果による一月当たりのきまつて支給する現金給与額（以下この条において「賃金月額」という。）の高低に従い、二十の階層に区分し、その区分された階層のうち最も低い賃金月額に係る階層に属する男性労働者の受けている賃金月額のうち最も高いものを三十で除して得た額に、被災労働者であつて男性である者の数を乗じて得た額

二　前号中「男性である者」とあるのは「女性である者」と、「男性労働者」とあるのは、「女性労働者」として、同号の規定の例により算定して得た額

2　前項の規定により算定して得た額が、自動変更対象額に満たない場合は、自動変更対象額を当該年齢階層に係る最低限度額とする。

3　第一項の規定は、法第八条の二第二項第二号（法第八条の三第二項において準用する場合を含む。）の厚生労働大臣が定める額について準用する。この場合において、第一項中「「最低限度額」」とあるのは「「最高限度額」」と、「最も低い賃金月額に係る」とあるのは「最も高い賃金月額に係る階層の直近下位の」と読み替えるものとする。

4　前項において準用する第一項の規定により算定して得た額が、常用労働者を、その受けている賃金月額の高低に従い、四の階層に区分し、その区分された階層のうち最も高い賃金月額に係る階層の直近下位の階層に属する常用労働者の受けている賃金月額のうち最も高いものを三十で除して得た額（その額に一円未満の端数があるときは、これを一円に切り上げる。）に満たない場合は、当該三十で除して得た額を当該年齢階層に係る最高限度額とする。

5　六十五歳以上七十歳未満の年齢階層に係る最低限度額及び最高限度額についての第一項（第三項において準用する場合を含む。）の規定の適用については、第一項中「厚生労働省において作成する賃金構造基本統計（以下この項及び第七項において「賃金構造基本統計」という。）の常用労働者の」とあるのは「常用労働者等」と、「常用労働者をいう」とあるのは「常用労働者（以下この項及び第四項において「常用労働者」という。）及び常用労働者以外の者であつて、六十五歳以上のものをいう」と、「この

項及び第四項において「常用労働者」という」とあるのは「この項において同じ」と、「賃金構造基本統計を」とあるのは「厚生労働省において作成する賃金構造基本統計（以下この項及び第七項において「賃金構造基本統計」という。）を」と、「常用労働者等であつて男性である者（」とあるのは「常用労働者であつて男性である者（常用労働者以外の者については、当該年齢階層に属するものの数の四分の三に相当する数のものに限る。」と、「現金給与額（」とあるのは「現金給与額（常用労働者以外の者については、当該年齢階層に属する常用労働者の受けている賃金構造基本統計の調査の結果による一月当たりのきまつて支給する現金給与額のうち最も低いものとする。」とする。

6 前項の規定は七十歳以上の年齢階層に係る最低限度額及び最高限度額について準用する。この場合において、同項中「「常用労働者であつて男性である者（」とあるのは「常用労働者等であつて男性である者（常用労働者以外の者については、当該年齢階層に属するものの数の四分の三に相当する数のものに限る。」」とあるのは「「常用労働者等であつて」とあるのは「常用労働者であつて」」とする。

7 厚生労働大臣は、毎年、その年の八月一日から翌年の七月三十一日までの間に支給すべき事由が生じた休業補償給付若しくは休業給付又はその年の八月から翌年の七月までの月分の年金たる保険給付の額の算定の基礎として用いる給付基礎日額に係る最低限度額及び最高限度額を、当該八月の属する年の前年の賃金構造基本統計の調査の結果に基づき、前各項の規定により定め、当該八月の属する年の七月三十一日までに告示するものとする。

（**年金たる保険給付等に係る平均給与額の算定**）

第九条の五 法第八条の三第一項第二号（法第八条の四において準用する場合を含む。次項において同じ。）の平均給与額は、平均定期給与額の四月分から翌年三月分までの各月分の合計額によるものとする。ただし、毎月勤労統計の標本の抽出替えが行われたことにより当該各月分の合計額によることが適当でないと認められる場合には、当該各月について、常用労働者（毎月勤労統計における常用労働者をいう。以下この項において同じ。）を常時五人以上雇用する事業所（毎月勤労統計における事業所をいう。）に雇用される常用労働者に係る当該抽出替えが行われた月の当該抽出替えが行われた後の平均定期給与額に当該抽出替えが行われた後の賃金指数（毎月勤労統計における毎月きまつて支給する給与の賃金指数をいう。以下この項において同じ。）を当該抽出替えが行われた後の賃金指数で除して得た数を乗じて得た額の合計額によるものとする。

2　毎月勤労統計の調査の範囲、対象等の変更が行われたことにより前項の規定により算定した平均給与額によることが適当でないと認められる場合においては、同項の規定にかかわらず、当該変更が行われた月の属する年度の法第八条の三第一項第二号の平均給与額は当該変更が行われた月以後の十二月分の平均定期給与額の合計額（当該合計額により難い場合には、十二を下回る厚生労働大臣が定める数の月分の平均定期給与額の合計額。以下この項において同じ。）を当該変更が行われなかつたものとした場合に得られる当該十二月分の平均定期給与額の合計額で除して得た率（以下この項において「補正率」という。）を当該変更が行われた月より前の各月の月分の平均定期給与額に乗じて得た額を当該変更が行われた月より前の各月の月分の平均定期給与額とみなして前項本文の規定を適用したときに得られる同項本文の合計額によるものとし、当該変更が行われた月の属する年度より前の年度の同号の平均給与額は同項の規定により算定した平均給与額（同号の平均給与額がこの項の規定により算定した額によるものとされた場合にあつては、当該算定した額）に補正率を乗じて得た額によるものとする。

（未支給の保険給付）

第十条　労働者災害補償保険法の一部を改正する法律（昭和四十年法律第百三十号。以下「昭和四十年改正法」という。）附則第四十三条第一項又は労働者災害補償保険法の一部を改正する法律（昭和四十八年法律第八十五号。以下「昭和四十八年改正法」という。）附則第五条第一項に規定する遺族が、法第十一条の規定により未支給の遺族補償年金又は遺族年金を受けるべき場合において、当該遺族補償年金又は遺族年金を受けるべき順位は、昭和四十年改正法附則第四十三条第二項（昭和四十八年改正法附則第五条第二項において準用する場合を含む。）の規定による順序による。

2　法第十一条第一項又は第二項の規定により未支給の保険給付の支給を請求しようとする者は、次に掲げる事項を記載した請求書を、所轄労働基準監督署長に提出しなければならない。

一　死亡した受給権者の氏名及び死亡の年月日

二　請求人の氏名、住所及び死亡した受給権者（未支給の保険給付が遺族補償年金又は遺族年金であるときは、死亡した労働者）との関係

三　未支給の保険給付の種類

3　前項の請求書には、次に掲げる書類その他の資料を添えなければならない。

一　受給権者の死亡に関して市長村長に提出した死亡診断書、死体検案書若しくは検視調書に記載してある事項についての市長村長の証明書又はこれに代わるべき書類

二　未支給の保険給付が遺族補償年金及び遺族年金以外の保険給付であるときは、次に掲げる書類

イ　請求人と死亡した受給権者との身分関係を証明することができる戸籍の謄本又は抄本

ロ　請求人が死亡した受給権者と婚姻の届出をしていないが事実上婚姻関係と同様の事情にあつた者であるときは、その事実を証明することができる書類

ハ　請求人が死亡した受給権者と生計を同じくしていたことを証明することができる書類

三　未支給の保険給付が遺族補償年金又は遺族年金であるときは、次に掲げる書類その他の資料

イ　請求人と死亡した労働者との身分関係を証明することができる戸籍の謄本又は抄本

ロ　請求人が障害の状態にあることにより遺族補償年金又は遺族年金を受けることができる遺族であるときは、その者が労働者の死亡の時から引き続き障害の状態にあるこ

とを証明することができる医師又は歯科医師の診断書その他の資料

4　法第十一条第二項の規定により未支給の保険給付の支給を請求しようとする者は、前項の規定によるほか、当該保険給付の種類の別に応じて、死亡した受給権者が当該保険給付の支給を請求することとした場合に提出すべき書類その他の資料を、第二項の請求書に添えなければならない。

5　請求人は、法第十一条第一項又は第二項の規定による請求とあわせて、その者に係る遺族補償給付、葬祭料、遺族給付又は葬祭給付の支給を請求する場合において、前二項の規定により提出すべき書類その他の資料の全部又は一部に相当する書類その他の資料を当該遺族補償給付、葬祭料、遺族給付又は葬祭給付の支給を請求するために提出したときは、その限度において、前二項の規定により提出すべき書類その他の資料を提出しないことができる。

（過誤払による返還金債権への充当）

第十条の二　法第十二条の二の規定による年金たる保険給付の支払金の金額の過誤払による返還金債権への充当は、次の各号に掲げる場合に行うことができる。

一　年金たる保険給付の受給権者の死亡に係る遺族補償年金、遺族補償一時金、葬祭料若しくは障害補償年金差額一時金又は遺族年金、遺族一時金、葬祭給付若しくは障害年金差額一時金の受給権者が、当該年金たる保険給付の受給権者の死亡に伴う当該年金たる保険給付の支払金の金額の過誤払による返還金債権に係る債務の弁済をすべき者であるとき。

二　遺族補償年金又は遺族年金の受給権者が、同一の事由による同順位の遺族補償年金又は遺族年金の受給権者の死亡に伴う当該遺族補償年金又は遺族年金の支払金の金額の過誤払による返還金債権に係る債務の弁済をすべき者であるとき。

（療養の給付の方法等）

第十一条　法の規定による療養の給付は、法第二十九条第一項の社会復帰促進等事業として設置された病院若しくは診療所又は都道府県労働局長の指定する病院若しくは診療所、薬局若しくは訪問看護事業者（居宅を訪問することによる療養上の世話又は必要な診療の補助（以下「訪問看護」という。）の事業を行う者をいう。以下同じ。）において行う。

2　都道府県労働局長は、療養の給付を行う病院若しくは診療所、薬局若しくは訪問看護事業者を指定し、又はその指定を取り消すときは、左に掲げる事項を公告しなければならない。

一　病院若しくは診療所、薬局又は訪問看護事業者の名称及び所在地

二　診療科名

3　第一項の都道府県労働局長の指定を受けた病院若しくは診療所、薬局又は訪問看護事業者は、それぞれ様式第一号から第四号までによる標札を見やすい場所に掲げなければならない。

（療養の費用を支給する場合）

第十一条の二　法の規定により療養の費用を支給する場合は、療養の給付をすることが困難な場合のほか、療養の給付を受けないことについて労働者に相当の理由がある場合とする。

（二次健康診断等給付の方法等）

第十一条の三　法の規定による二次健康診断等給付は、法第二十九条第一項の社会復帰促進等事業として設置された病院若しくは診療所又は都道府県労働局長の指定する病院若しくは診療所において行う。

2　都道府県労働局長は、二次健康診断等給付を行う病院若しくは診療所を指定し、又はその指定を取り消すときは、当該病院又は診療所の名称及び所在地を公告しなければならない。

3　第一項の都道府県労働局長の指定を受けた病院又は診療所は、それぞれ様式第五号又は第六号による標札を見やすい場所に掲げなければならない。

第二節　業務災害に関する保険給付

（療養補償給付たる療養の給付の請求）

第十二条　療養補償給付たる療養の給付を受けようとする者は、次に掲げる事項を記載した請求書を、当該療養の給付を受けようとする第十一条第一項の病院若しくは診療所、薬局又は訪問

看護事業者（以下「指定病院等」という。）を経由して所轄労働基準監督署長に提出しなければならない。
一　労働者の氏名、生年月日及び住所
二　事業の名称及び事業場の所在地
三　負傷又は発病の年月日
四　災害の原因及び発生状況
五　療養の給付を受けようとする指定病院等の名称及び所在地

2　前項第三号及び第四号に掲げる事項については、事業主の証明を受けなければならない。

3　療養補償給付たる療養の給付を受ける労働者は、当該療養の給付を受ける指定病院等を変更しようとするときは、次に掲げる事項を記載した届書を、新たに当該療養の給付を受けようとする指定病院等を経由して所轄労働基準監督署長に提出しなければならない。
一　労働者の氏名、生年月日及び住所
二　事業の名称及び事業場の所在地
三　負傷又は発病の年月日
四　災害の原因及び発生状況
五　療養の給付を受けていた指定病院等及び新たに療養の給付を受けようとする指定病院等の名称及び所在地

4　第二項の指定は、前項第三号及び第四号に掲げる事項について準用する。

（療養補償給付たる療養の費用の請求）

第十二条の二　療養補償給付たる療養の費用の支給を受けようとする者は、次に掲げる事項を記載した請求書を、所轄労働基準監督署長に提出しなければならない。
一　労働者の氏名、生年月日及び住所
二　事業の名称及び事業場の所在地
三　負傷又は発病の年月日
四　災害の原因及び発生状況
五　傷病名及び療養の内容
六　療養に要した費用の額
七　療養の給付を受けなかつた理由

2　前項第三号及び第四号に掲げる事項については事業主の証明を、同項第五号及び第六号に掲げる事項については医師その他の診療、薬剤の支給、手当又は訪問看護を担当した者（以下「診療担当者」という。）の証明を受けなければならない。ただし、看護（病院又は診療所の労働者が提供するもの及び訪問看護を除く。以下同じ。）又は移送に要した費用の額については、この限りでない。

3　第一項第六号の額が看護又は移送に要した費用の額を含むものであるときは、当該費用の額を証明することができる書類を、同項の請求書に添えなければならない。

（傷病補償年金の受給権者の療養補償給付の請求）

第十二条の三　療養補償給付たる療養の給付を受ける労働者は、傷病補償年金を受けることとなつた場合には、次に掲げる事項を記載した届書を、当該療養の給付を受ける指定病院等を経由して所轄労働基準監督署長に提出しなければならない。

一　年金証書の番号

二　労働者の氏名、生年月日及び住所

三　療養の給付を受ける指定病院等の名称及び所在地

2　傷病補償年金の受給権者が療養補償給付たる療養の給付を受ける指定病院等を変更しようとする場合に第十二条第三項の規定により提出する届書に関しては、同項中「次に掲げる事項」とあるのは、「年金証書の番号並びに第一号及び第五号に掲げる事項」とする。

3　傷病補償年金の受給権者は、第一項及び第十二条第三項の届書を提出しようとするときは、当該指定病院等に年金証書を提示しなければならない。

4　傷病補償年金の受給権者が療養補償給付たる療養の費用の支給を受けようとする場合に前条第一項の規定により提出する請求書に関しては、同項中「次に掲げる事項」とあるのは、「年金証書の番号並びに第一号及び第五号から第七号までに掲げる事項」とする。

（休業補償給付を行わない場合）

第十二条の四　法第十四条の二の厚生労働省令で定める場合は、次の各号のいずれかに該当する場合とする。

一　懲役、禁錮若しくは拘留の刑の執行のため若しくは死刑の言渡しを受けて刑事施設（少年法（昭和二十三年法律第百六十八号）第五十六条第三項の規定により少年院において刑を執行する場合における当該少年院を含む。）に拘置されている場合若しくは留置施設に留置されて懲役、禁錮若しくは拘留の刑の執行を受けている場合、労役場留置の言渡しを受けて労役場に留置されている場合又は監置の裁判の執行のため監置場に留置されている場合

二　少年法第二十四条の規定による保護処分として少年院若しくは児童自立支援施設に送致され、収容されている場合又は売春防止法（昭和三十一年法律第百十八号）第十七条の規定による補導処分として婦人補導院に収容されている場合

（休業補償給付の請求）

第十三条　休業補償給付の支給を受けようとする者は、次に掲げる事項を記載した請求書を、所轄労働基準監督署長に提出しなければならない。

一　労働者の氏名、生年月日及び住所

二　事業の名称及び事業場の所在地

三　負傷又は発病の年月日

四　災害の原因及びその発生状況

五　平均賃金（労働基準法第十二条第一項及び第二項の期間中に業務外の事由による負傷又は疾病の療養のために休業した労働者にあつては、平均賃金に相当する額が当該休業した期間を同条第三項第一号に規定する期間とみなして算定することとした場合における平均賃金に相当する額に満たない場合には、その算定することとした場合における平均賃金に相当する額。以下同じ。）

六　休業の期間、療養の期間、傷病名及び傷病の経過

六の二　休業の期間中に業務上の負傷又は疾病による療養のため所定労働時間のうちその一部分についてのみ労働した日がある場合にあつては、その年月日及び当該労働に対して支払われる賃金の額

七　負傷又は発病の日における国民年金法等の一部を改正する法律（昭和六十年法律第三十四号）第五条の規定による改正前の船員保険法（次号及び第十五条の二第一項第七号にお

いて「旧船員保険法」という。）の規定による船員保険、厚生年金保険法（昭和二十九年法律第百十五号）の規定による厚生年金保険又は国民年金法（昭和三十四年法律第百四十一号）の規定による国民年金の被保険者の資格（以下「厚生年金保険等の被保険者資格」という。）の有無

八　同一の事由により厚生年金保険法の規定による障害厚生年金若しくは国民年金法の規定による障害基礎年金（同法第三十条の四の規定による障害基礎年金を除く。）又は旧船員保険法、国民年金法等の一部を改正する法律第三条の規定による改正前の厚生年金保険法若しくは国民年金法等の一部を改正する法律第一条の規定による改正前の国民年金法の規定による障害年金（以下「厚生年金保険の障害厚生年金等」という。）が支給される場合にあつては、その年金の種類及び支給額並びにその年金が支給されることとなつた年月日

九　前各号に掲げるもののほか、休業補償給付の額の算定の基礎となる事項

2　前項第三号から第七号まで及び第九号に掲げる事項（同項第六号に掲げる事項については休業の期間に、同項第七号に掲げる事項については厚生年金保険の被保険者の資格の有無に限る。）については事業主の証明を、同項第六号に掲げる事項中療養の期間、傷病名及び傷病の経過については診療担当者の証明を受けなければならない。

3　第一項第八号に規定する場合に該当するときは、当該厚生年金保険の障害厚生年金等の支給額を証明することができる書類を、同項の請求書に添えなければならない。

（障害等級等）

第十四条　障害補償給付を支給すべき身体障害の障害等級は、別表第一に定めるところによる。

2　別表第一に掲げる身体障害が二以上ある場合には、重い方の身体障害の該当する障害等級による。

3　左の各号に掲げる場合には、前二項の規定による障害等級をそれぞれ当該各号に掲げる等級だけ繰り上げた障害等級による。ただし、本文の規定による障害等級が第八級以下である場合

において、各の身体障害の該当する障害等級に応ずる障害補償給付の額の合算額が本文の規定による障害等級に応ずる障害補償給付の額に満たないときは、その者に支給する障害補償給付は、当該合算額による。

一　第十三級以上に該当する身体障害が二以上あるとき　一級

二　第八級以上に該当する身体障害が二以上あるとき　二級

三　第五級以上に該当する身体障害が二以上あるとき　三級

4　別表第一に掲げるもの以外の身体障害については、その障害の程度に応じ、同表に掲げる身体障害に準じてその障害等級を定める。

5　既に身体障害のあつた者が、負傷又は疾病により同一の部位について障害の程度を加重した場合における当該事由に係る障害補償給付は、現在の身体障害の該当する障害等級に応ずる障害補償給付とし、その額は、現在の身体障害の該当する障害等級に応ずる障害補償給付の額から、既にあつた身体障害の該当する障害等級に応ずる障害補償給付の額（現在の身体障害の該当する障害等級に応ずる障害補償給付が障害補償年金であつて、既にあつた身体障害の該当する障害等級に応ずる障害補償給付が障害補償一時金である場合には、その障害補償一時金の額（当該障害補償年金を支給すべき場合において、法第八条の三第二項において準用する法第八条の二第二項各号に掲げる場合に該当するときは、当該各号に定める額を法第八条の四の給付基礎日額として算定した既にあつた身体障害の該当する障害等級に応ずる障害補償一時金の額）を二十五で除して得た額）を差し引いた額による。

第十四条の二　障害補償給付の支給を受けようとする者は、次に掲げる事項を記載した請求書を、所轄労働基準監督署長に提出しなければならない。

（**障害補償給付の請求**）

一　労働者の氏名、生年月日及び住所

二　事業の名称及び事業場の所在地

三　負傷又は発病の年月日

四　災害の原因及び発生状況

五　平均賃金
五の二　負傷又は発病の日における厚生年金保険等の被保険者資格の有無
六　同一の事由により厚生年金保険の障害厚生年金等が支給される場合にあつては、その年金の種類及び支給額並びにその年金が支給されることとなつた年月日
七　障害補償年金の支給を受けることとなる場合において当該障害補償年金の払渡しを受けることを希望する金融機関（支出官事務規程（昭和二十二年大蔵省令第九十四号）第十一条第三項の日本銀行が指定した銀行その他の金融機関（日本銀行を除く。）をいう。以下同じ。）の名称及び当該払渡しに係る預金通帳の記号番号又は当該障害補償年金の払渡しを受けることを希望する郵便貯金銀行（郵政民営化法（平成十七年法律第九十七号）第九十四条に規定する郵便貯金銀行をいう。以下同じ。）の営業所若しくは郵便貯金銀行を所属銀行とする銀行代理業（銀行法（昭和五十六年法律第五十九号）第二条第十四項に規定する銀行代理業をいう。以下同じ。）を営む郵便局（郵便局株式会社法（平成十七年法律第百号）第二条第二項に規定する郵便局をいう。以下同じ。）の名称

2　前項第三号から第五号の二までに掲げる事項（同号に掲げる事項については、厚生年金保険の被保険者の資格の有無に限る。）については、事業主の証明を受けなければならない。ただし、請求人が傷病補償年金を受けていた者であるときは、この限りでない。

3　第一項の請求書には、負傷又は疾病がなおつたこと及びなおつた日並びにそのなおつたときにおける障害の部位及び状態に関する医師又は歯科医師の診断書を添え、必要があるときは、そのなおつたときにおける障害の状態の立証に関するエックス線写真その他の資料を添えなければならない。

4　第一項第六号に規定する場合に該当するときは、同項の請求書には、前項の診断書その他の資料のほか、当該厚生年金保険の障害厚生年金等の支給額を証明することができる書類を添えなければならない。

（障害補償給付の変更）

第十四条の三 所轄労働基準監督署長は、法第十五条の二に規定する場合には、当該労働者について障害等級の変更による障害補償給付の変更に関する決定をしなければならない。

2 前項の決定を受けようとする者は、次に掲げる事項を記載した請求書を、所轄労働基準監督署長に提出しなければならない。

一 年金証書の番号

二 労働者の氏名、生年月日及び住所

三 変更前の障害等級

3 前項の請求書には、請求書を提出するときにおける障害の部位及び状態に関する医師又は歯科医師の診断書を添え、必要があるときは、請求書を提出するときにおける障害の状態の立証に関するエックス線写真その他の資料を添えなければならない。

（遺族補償給付等に係る生計維持の認定）

第十四条の四 法第十六条の二第一項及び法第十六条の七第一項第二号（これらの規定を法第二十二条の四第三項において準用する場合を含む。）に規定する労働者の死亡の当時その収入によつて生計を維持していたことの認定は、当該労働者との同居の事実の有無、当該労働者以外の扶養義務者の有無その他必要な事項を基礎として厚生労働省労働基準局長が定める基準によつて行う。

（遺族補償年金を受ける遺族の障害の状態）

第十五条 法第十六条の二第一項第四号及び法別表第一遺族補償年金の項の厚生労働省令で定める障害の状態は、身体に別表第一の障害等級の第五級以上に該当する障害がある状態又は負傷若しくは疾病が治らないで、身体の機能若しくは精神に、労働が高度の制限を受けるか、若しくは労働に高度の制限を加えることを必要とする程度以上の障害がある状態とする。

（遺族補償年金の請求）

第十五条の二 遺族補償年金の支給を受けようとする者（次条第一項又は第十五条の四第一項の規定に該当する者を除く。）は、次に掲げる事項を記載した請求書を、所轄労働基準監督署長に提出しなければならない。
一　死亡した労働者の氏名及び生年月日
二　請求人及び請求人以外の遺族補償年金を受けることができる遺族の氏名、生年月日、住所、死亡した労働者との関係及び前条に規定する障害の状態の有無
三　事業の名称及び事業場の所在地
四　負傷又は発病及び死亡の年月日
五　災害の原因及び発生状況
六　平均賃金
六の二　死亡した労働者の負傷又は発病の日における厚生年金保険等の被保険者資格の有無
七　同一の事由により厚生年金保険法の規定による遺族厚生年金若しくは国民年金法の規定による遺族基礎年金（国民年金法等の一部を改正する法律附則第二十八条第一項の規定により支給する遺族基礎年金を除く。）若しくは寡婦年金又は旧船員保険法若しくは国民年金法等の一部を改正する法律第三条の規定による改正前の厚生年金保険法の規定による遺族年金若しくは国民年金法等の一部を改正する法律第一条の規定による改正前の国民年金法の規定による母子年金、準母子年金、遺児年金若しくは寡婦年金（以下「厚生年金保険の遺族厚生年金等」という。）が支給される場合にあつては、その年金の種類及び支給額並びにその年金が支給されることとなつた年月日
八　遺族補償年金の支給を受けることとなる場合において当該遺族補償年金の払渡しを受けることを希望する金融機関の名称及び当該払渡しに係る預金通帳の記号番号又は当該遺族補償年金の払渡しを受けることを希望する郵便貯金銀行の営業所若しくは郵便貯金銀行を所属銀行とする銀行代理業を営む郵便局の名称

2　前項第四号から第六号の二までに掲げる事項（同項第四号に掲げる事項については死亡の年月日を除き、同項第六号の二に掲げる事項については厚生年金保険の被保険者の資格の有無に限る。）については、事業主の証明を受けなければならない。ただし、死亡した労働者が傷病補償年金を受けていた者であるときは、この限りでない。

3　第一項の請求書には、次に掲げる書類その他の資料を添えなければならない。
一　労働者の死亡に関して市長村長に提出した死亡診断書、死体検案書若しくは検視調書に記載してある事項についての市長村長の証明書又はこれに代わるべき書類
二　請求人及び第一項第二号の遺族と死亡した労働者との身分関係を証明することができる戸籍の謄本又は抄本
三　請求人又は第一項第二号の遺族が死亡した労働者と婚姻の届出をしていないが事実上婚姻関係と同様の事情にあつた者であるときは、その事実を証明することができる書類
四　請求人及び第一項第二号の遺族（労働者の死亡の当時胎児であつた者を除く。）が死亡した労働者の収入によつて生計を維持していたことを証明することができる書類
五　請求人及び第一項第二号の遺族のうち、前条に規定する障害の状態にあることにより遺族補償年金を受けることができる遺族である者については、その者が労働者の死亡の時から引き続きその障害の状態にあることを証明することができる医師又は歯科医師の診断書その他の資料
六　第一項第二号の遺族のうち、請求人と生計を同じくしている者については、その事実を証明することができる書類
七　前条に規定する障害の状態にある妻にあつては、労働者の死亡の時以後その障害の状態にあつたこと及びその障害の状態が生じ、又はその事情がなくなつた時を証明することができる医師又は歯科医師の診断書その他の資料
八　第一項第七号に規定する場合に該当するときにあつては、当該厚生年金保険の遺族厚生年金等の支給額を証明することができる書類

第十五条の三　労働者の死亡の当時胎児であつた子は、当該労働者の死亡に係る遺族補償年金を受けることができるその他の遺族が既に遺族補償年金の支給に決定を受けた後に遺族補償年金の支給を受けようとするときは、次に掲げる事項を記載した請求書を、所轄労働基準監督署長に提出しなければならない。

一　死亡した労働者の氏名及び生年月日
二　請求人の氏名、生年月日、住所及び死亡した労働者との続柄
三　請求人と生計を同じくしている遺族補償年金を受けることができる遺族の氏名
四　遺族補償年金の支給を受けることとなる場合において当該遺族補償年金の払渡しを受けることを希望する金融機関の名称及び当該払渡しに係る預金通帳の記号番号又は当該遺族補償年金の払渡しを受けることを希望する郵便貯金銀行の営業所若しくは郵便貯金銀行を所属銀行とする銀行代理業を営む郵便局の名称

2　前項の請求書には、次に掲げる書類その他の資料を添えなければならない。
一　請求人及び前項第三号の遺族と死亡した労働者との身分関係を証明することができる戸籍の謄本又は抄本
二　前項第三号の遺族のうち、第十五条に規定する障害の状態にあることにより遺族補償年金を受けることができる遺族である者については、その者が労働者の死亡の時から引き続きその障害の状態にあることを証明することができる医師又は歯科医師の診断書その他の資料
三　前項第三号の遺族については、その者が請求人と生計を同じくしていることを証明することができる書類

第十五条の四　法第十六条の四第一項後段（法第十六条の九第五項において準用する場合を含む。）又は法第十六条の五第一項後段の規定により新たに遺族補償年金の受給権者となつた者は、その先順位者が既に遺族補償年金の支給の決定を受けた後に遺族補償年金の支給を受けようとするときは、次に掲げる事項を記載した請求書を、所轄労働基準監督署長に提出しなければならない。
一　死亡した労働者の氏名及び生年月日
二　請求人の氏名、生年月日、住所及び死亡した労働者との関係
三　請求人と生計を同じくしている遺族補償年金を受けることができる遺族の氏名
四　遺族補償年金の支給を受けることとなる場

合において当該遺族補償年金の払渡しを受けることを希望する金融機関の名称及び当該払渡しに係る預金通帳の記号番号又は当該遺族補償年金の払渡しを受けることを希望する郵便貯金銀行の営業所若しくは郵便貯金銀行を所属銀行とする銀行代理業を営む郵便局の名称

2　前項の請求書には、次に掲げる書類その他の資料を添えなければならない。

一　請求人及び前項第三号の遺族と死亡した労働者との身分関係を証明することができる戸籍の謄本又は抄本

二　請求人及び前項第三号の遺族のうち、第十五条に規定する障害の状態にあることにより遺族補償年金を受けることができる遺族である者については、その者が労働者の死亡の時から引き続きその障害の状態にあることを証明することができる医師又は歯科医師の診断書その他の資料

三　前項第三号の遺族については、その者が請求人と生計を同じくしていることを証明することができる書類

（請求等についての代表者）

第十五条の五　遺族補償年金を受ける権利を有する者が二人以上あるときは、これらの者は、そのうち一人を、遺族補償年金の請求及び受領についての代表者に選任しなければならない。ただし、世帯を異にする等やむをえない事情のため代表者を選任することができないときは、この限りでない。

2　前項の規定により代表者を選任し、又はその代表者を解任したときは、遅滞なく、文書で、その旨を所轄労働基準監督署長に届け出なければならない。この場合には、あわせてその代表者を選任し、又は解任したことを証明することができる書類を提出しなければならない。

（所在不明による支給停止の申請）

第十五条の六　法第十六条の五第一項の申請は、次に掲げる事項を記載した申請書を、所轄労働基準監督署長に提出することによつて行なわなければならない。

一　所在不明者の氏名、最後の住所及び所在不明となつた年月日

二　申請人の氏名及び住所
三　申請人が所在不明者と同順位者であるときは、申請人の年金証書の番号
2　前項の申請書には、所在不明者の所在が一年以上明らかでないことを証明することができる書類を添えなければならない。

（所在不明による支給停止の解除の申請）

第十五条の七　法第十六条の五第二項の規定による申請は、申請書及び年金証書を、所轄労働基準監督署長に提出することによつて行なわなければならない。

（遺族補償一時金の請求）

第十六条　遺族補償一時金の支給を受けようとする者は、次に掲げる事項を記載した請求書を、所轄労働基準監督署長に提出しなければならない。
一　死亡した労働者の氏名及び生年月日
二　請求人の氏名、生年月日、住所及び死亡した労働者との関係
三　法第十六条の六第一項第一号の場合にあつては、次に掲げる事項
イ　事業の名称及び事業場の所在地
ロ　負傷又は発病及び死亡の年月日
ハ　災害の原因及び発生状況
ニ　平均賃金
2　前項第三号ロからニまでに掲げる事項（死亡の年月日を除く。）については、事業主の証明を受けなければならない。ただし、死亡した労働者が傷病補償年金を受けていた者であるときは、この限りでない。
3　第一項の請求書には、次に掲げる書類を添えなければならない。
一　請求人が死亡した労働者と婚姻の届け出をしていないが事実上婚姻関係と同様の事情にあつた者であるときは、その事実を証明することができる書類
二　請求人が死亡した労働者の収入によつて生計を維持していた者であるときは、その事実を証明することができる書類
三　法第十六条の六第一項第一号の場合にあつては、次に掲げる書類
イ　労働者の死亡に関して市町村長に提出した死亡診断書、死体検案書若しくは検視調

書に記載してある事項についての市町村長の証明書又はこれに代わるべき書類

ロ　請求人と死亡した労働者との身分関係を証明することができる戸籍の謄本又は抄本

四　法第十六条の六第一項第二号の場合において、請求人が遺族補償年金を受けることができる遺族であつたことがないときは、前号ロに掲げる書類

4　第十五条の五の規定は、遺族補償一時金の請求及び受領についての代表者の選任及び解任について準用する。

（葬祭料の額）

第十七条　葬祭料の額は、三十一万五千円に給付基礎日額（法第八条第一項の算定事由発生日の属する年度の翌々年度の八月以後に当該葬祭料を支給すべき事由が生じた場合にあつては、当該葬祭料を法第十六条の六第一項第一号の遺族補償一時金とみなして法第八条の四の規定を適用したときに得られる給付基礎日額に相当する額。以下この条において同じ。）の三十日分を加えた額（その額が給付基礎日額の六十日分に満たない場合には、給付基礎日額の六十日分）とする。

（葬祭料の請求）

第十七条の二　葬祭料の支給を受けようとする者は、次に掲げる事項を記載した請求書を、所轄労働基準監督署長に提出しなければならない。

一　死亡した労働者の氏名及び生年月日

二　請求人の氏名、住所及び死亡した労働者との関係

三　事業の名称及び事業場の所在地

四　負傷又は発病及び死亡の年月日

五　災害の原因及び発生状況

六　平均賃金

2　前項第四号から第六号までに掲げる事項（死亡の年月日を除く。）については、事業主の証明を受けなければならない。ただし、死亡した労働者が傷病補償年金を受けていた者であるときは、この限りでない。

3　第一項の請求書には、労働者の死亡に関して市町村長に提出した死亡診断書、死体検案書若しくは検視調書に記載してある事項についての

市町村長の証明書又はこれに代わるべき書類を添えなければならない。ただし、当該労働者の死亡について、遺族補償給付の支給の請求書が提出されているときは、この限りでない。

（傷病等級）
第十八条　法第十二条の八第三項第二号の厚生労働省令で定める傷病等級は、別表第二のとおりとする。

2　法第十二条の八第三項第二号及び第十八条の二の障害の程度は、六箇月以上の期間にわたつて存する障害の状態により認定するものとする。

（傷病補償年金の支給の決定等）
第十八条の二　業務上の事由により負傷し、又は疾病にかかつた労働者が、当該負傷又は疾病に係る療養の開始後一年六箇月を経過した日において法第十二条の八第三項各号のいずれにも該当するとき、又は同日後同項各号のいずれにも該当することとなつたときは、所轄労働基準監督署長は、当該労働者について傷病補償年金の支給の決定をしなければならない。

2　所轄労働基準監督署長は、業務上の事由により負傷し、又は疾病にかかつた労働者の当該負傷又は疾病が療養の開始後一年六箇月を経過した日において治つていないときは、同日以後一箇月以内に、当該労働者から次に掲げる事項を記載した届書を提出させるものとする。前項の決定を行うため必要があると認めるときも、同様とする。

一　労働者の氏名、生年月日及び住所
二　傷病の名称、部位及び状態
三　負傷又は発病の日における厚生年金保険等の被保険者資格の有無
四　同一の事由により厚生年金保険の障害厚生年金等が支給される場合にあつては、その年金の種類及び支給額並びにその年金が支給されることとなつた年月日
五　傷病補償年金を受けることとなる場合において当該傷病補償年金の払渡しを受けることを希望する金融機関の名称及び当該払渡しに係る預金通帳の記号番号又は当該傷病補償年金の払渡しを受けることを希望する郵便貯金銀行の営業所若しくは郵便貯金銀行を所属銀

行とする銀行代理業を営む郵便局の名称

3　前項の届書には、届書を提出するときにおける傷病の状態の立証に関し必要な医師又は歯科医師の診断書その他の資料を添えなければならない。

4　第二項第四号に規定する場合に該当するときは、同項の届書には、前項の診断書その他の資料のほか、当該厚生年金保険の障害厚生年金等の支給額を証明することができる書類を添えなければならない。

（傷病補償年金の変更）

第十八条の三　所轄労働基準監督署長は、法第十八条の二に規定する場合には、当該労働者について傷病等級の変更による傷病補償年金の変更に関する決定をしなければならない。

（介護補償給付に係る障害の程度）

第十八条の三の二　法第十二条の八第四項の厚生労働省令で定める障害の程度は、別表第三のとおりとする。

（法第十二条の八第四項第二号の厚生労働大臣が定める施設）

第十八条の三の三　法第十二条の八第四項第二号の厚生労働大臣が定める施設は、次の各号のとおりとする。

一　老人福祉法（昭和三十八年法律第百三十三号）の規定による特別養護老人ホーム

二　原子爆弾被爆者に対する援護に関する法律（平成六年法律第百十七号）第三十九条に規定する施設であつて、身体上又は精神上著しい障害があるために常時の介護を必要とし、かつ、居宅においてこれを受けることが困難な原子爆弾被爆者を入所させ、養護することを目的とするもの

三　前二号に定めるほか、親族又はこれに準ずる者による介護を必要としない施設であつて当該施設において提供される介護に要した費用に相当する金額を支出する必要のない施設として厚生労働大臣が定めるもの

（介護補償給付の額）

第十八条の三の四　介護補償給付の額は、労働者

が受ける権利を有する障害補償年金又は傷病補償年金の支給事由となる障害（次項において「特定障害」という。）の程度が別表第三常時介護を要する状態の項障害の程度の欄各号のいずれかに該当する場合にあつては、次の各号に掲げる介護に要する費用の支出に関する区分に従い、当該各号に定める額とする。

一　その月において介護に要する費用を支出して介護を受けた日がある場合（次号に規定する場合を除く。）　その月において介護に要する費用として支出された費用の額（その額が十万四千二百九十円を超えるときは、十万四千二百九十円とする。）

二　その月において介護に要する費用を支出して介護を受けた日がある場合であつて介護に要する費用として支出された費用の額が五万六千六百円に満たないとき又はその月において介護に要する費用を支出して介護を受けた日がない場合であつて、親族又はこれに準ずる者による介護を受けた日があるとき。　五万六千六百円（支給すべき事由が生じた月において介護に要する費用として支出された額が五万六千六百円に満たない場合にあつては、当該介護に要する費用として支出された額とする。）

2　前項の規定は、特定障害の程度が別表第三随時介護を要する状態の項障害の程度の欄各号のいずれかに該当する場合における介護補償給付の額について準用する。この場合において、同項中「十万四千二百九十円」とあるのは「五万二千百五十円」と、「五万六千六百円」とあるのは「二万八千三百円」と読み替えるものとする。

（**介護補償給付の請求**）

第十八条の三の五　障害補償年金を受ける権利を有する者が介護補償給付を請求する場合における当該請求は、当該障害補償年金の請求と同時に、又は請求をした後に行わなければならない。

2　介護補償給付の支給を受けようとする者は、次に掲げる事項を記載した請求書を、所轄労働基準監督署長に提出しなければならない。

一　労働者の氏名、生年月日及び住所

二　年金証書の番号

三　障害の部位及び状態並びに当該障害を有することに伴う日常生活の状態
四　介護を受けた場所
五　介護に要する費用を支出して介護を受けた日がある場合にあつては、当該介護を受けた日数及び当該支出した費用の額
六　請求人の親族又はこれに準ずる者による介護を受けた日がある場合にあつては、当該介護に従事した者の氏名、生年月日及び請求人との関係

3　前項の請求書には、次に掲げる書類その他の資料を添えなければならない。
一　前項第三号に掲げる事項に関する医師又は歯科医師の診断書
二　前項第五号に該当する場合にあつては、介護に要する費用を支出して介護を受けた日数及び当該支出した費用の額を証明することができる書類
三　前項第六号に該当する場合にあつては、介護に従事した者の当該介護の事実についての申立書

第三節　通勤災害に関する保険給付

（通勤による疾病の範囲）

第十八条の四　法第二十二条第一項の厚生労働省令で定める疾病は、通勤による負傷に起因する疾病その他通勤に起因することの明らかな疾病とする。

（療養給付たる療養の給付の請求）

第十八条の五　療養給付たる療養の給付を受けようとする者は、第十二条第一項各号に掲げる事項（同項第二号の事業の名称及び事業場の所在地は、第二号イからホまでに掲げる場合の区分に応じ、それぞれ同号イからホまでに掲げる就業の場所に係るものとする。）及び次に掲げる事項を記載した請求書を、当該療養の給付を受けようとする指定病院等を経由して所轄労働基準監督署長に提出しなければならない。
一　災害の発生の時刻及び場所
二　次のイからホまでに掲げる災害が発生した場合の区分に応じて、それぞれイからホまでに掲げる事項

イ　災害が法第七条第二項第一号の往復の往路において発生した場合　就業の場所並びに就業開始の予定の年月日時及び住居を離れた年月日時

ロ　災害が法第七条第二項第一号の往復の復路において発生した場合　就業の場所並びに就業終了の年月日時及び当該就業の場所を離れた年月日時

ハ　災害が法第七条第二項第二号の移動の際に発生した場合　当該移動の起点たる就業の場所における就業終了の年月日時及び当該就業の場所を離れた年月日時並びに当該移動の終点たる就業の場所及び当該就業の場所における就業開始の予定の年月日時

ニ　災害が法第七条第二項第三号の移動のうち、同項第一号の往復に先行する移動の際に発生した場合　転任の有無、当該先行する移動を行うに当たり住居を離れた年月日時並びに当該往復に係る就業の場所及び当該就業の場所における就業開始の予定の年月日時

ホ　災害が法第七条第二項第三号の移動のうち、同項第一号の往復に後続する移動の際に発生した場合　転任の有無、当該後続する移動を行うに当たり住居を離れた年月日時並びに当該往復に係る就業の場所及び当該就業の場所における就業終了の年月日時

三　通常の通勤の経路及び方法

四　住居又は就業の場所から災害の発生の場所に至つた経路、方法、所要時間その他の状況

2　第十二条第二項から第四項まで及び第十二条の三第一項から第三項までの規定は、療養給付たる療養の給付の請求について準用する。この場合において、第十二条第二項中「第四号に掲げる事項」とあるのは「第十八条の五第一項第一号から第三号までに掲げる事項（同項第二号イ、ニ及びホ中住居を離れた年月日時並びに同号ハ中当該移動の起点たる就業の場所における就業終了の年月日時及び当該就業の場所を離れた年月日時を除く。）（同項第一号及び第三号に掲げる事項については、事業主（同項第二号イからホまでに掲げる場合の区分に応じ、それぞれ同号イからホまでに掲げる就業の場所に係る事業主をいう。以下この項において同じ。）が

知り得た場合に限る。）」と、同条第四項中「前項第三号及び第四号」とあるのは「前項第三号」と、第十二条の三第一項中「傷病補償年金」とあるのは「傷病年金」と、同条第二項中「傷病補償年金」とあるのは「傷病年金」と、「第十二条第三項」とあるのは「第十八条の五第二項において準用する第十二条第三項」と、同条第三項中「傷病補償年金」とあるのは「傷病年金」と、「第一項及び第十二条第三項」とあるのは「第十八条の五第二項において準用する第一項及び第十二条第三項」と読み替えるものとする。

（療養給付たる療養の費用の請求）

第十八条の六　療養給付たる療養の費用の支給を受けようとする者は、第十二条の二第一項各号に掲げる事項及び前条第一項各号に掲げる事項を記載した請求書を、所轄労働基準監督署長に提出しなければならない。

2　第十二条の二第二項及び第三項の規定は、療養給付たる療養の費用の請求について準用する。この場合において、同条第二項中「第四号に掲げる事項」とあるのは「第十八条の五第一項第一号から第三号までに掲げる事項（同項第二号イ、ニ及びホ中住居を離れた年月日時並びに同号ハ中当該移動の起点たる就業の場所における就業終了の年月日時及び当該就業の場所を離れた年月日時を除く。）（同項第一号及び第三号に掲げる事項については、事業主（同項第二号イからホまでに掲げる場合の区分に応じ、それぞれ同号イからホまでに掲げる就業の場所に係る事業主をいう。以下この項において同じ。）が知り得た場合に限る。）」と、「同項第五号及び第六号」とあるのは「前項第五号及び第六号」と、同条第三項中「同項」とあるのは「第十八条の六第一項」と読み替えるものとする。

3　傷病年金の受給権者が療養給付たる療養の費用の支給を受けようとする場合に第一項の規定により提出する請求書に関しては、同項中「第十二条の二第一項各号に掲げる事項及び前条第一項各号に掲げる事項」とあるのは、「年金証書の番号並びに第十二条の二第一項第一号及び第五号から第七号までに掲げる事項」とする。

（休業給付を行わない場合）

第十八条の六の二　第十二条の四の規定は、法第二十二条の二第二項において準用する法第十四条の二の厚生労働省令で定める場合について準用する。

（休業給付の請求）

第十八条の七　休業給付の支給を受けようとする者は、第十三条第一項各号（同項第六号の二に掲げる事項については、同号中「業務上の」とあるのは「通勤による」とし、同項第九号に掲げる事項については、同号中「休業補償給付」とあるのは「休業給付」とする。）及び第十八条の五第一項各号に掲げる事項を記載した請求書を、所轄労働基準監督署長に提出しなければならない。

2　第十三条第二項及び第三項の規定は、休業給付の請求について準用する。この場合において、同条第二項中「前項第三号から第七号まで及び第九号に掲げる事項（同項第六号に掲げる事項については休業の期間に、同項第七号に掲げる事項については厚生年金保険の被保険者の資格の有無に限る。）」とあるのは「前項第三号、第五号から第七号まで及び第九号に掲げる事項（同項第六号に掲げる事項については休業の期間に限るものとし、同項第六号の二中「業務上の」とあるのは「通勤による」とし、同項第七号に掲げる事項については厚生年金保険の被保険者の資格の有無に限るものとし、同項第九号中「休業補償給付」とあるのは「休業給付」とする。）並びに第十八条の五第一項第一号から第三号までに掲げる事項（同項第二号イ、ニ及びホ中住居を離れた年月日時並びに同号ハ中当該移動の起点たる就業の場所における就業終了の年月日時及び当該就業の場所を離れた年月日時を除く。）（同項第一号及び第三号に掲げる事項については、事業主（同項第二号イからホまでに掲げる場合の区分に応じ、それぞれ同号イからホまでに掲げる就業の場所に係る事業主をいう。以下この項において同じ。）が知り得た場合に限る。）」と、「、同項第六号」とあるのは「、前項第六号」と、同条第三項中「第一項第八号」とあるのは「第十三条第一項第八号」と、「同項」とあるのは「第十八条の七第一項」と読み替えるものとする。

（障害給付の請求等）

第十八条の八 第十四条及び別表第一の規定は、障害給付について準用する。この場合において、同条第五項中「障害補償年金」とあるのは「障害年金」と、「障害補償一時金」とあるのは「障害一時金」と読み替えるものとする。

2 障害給付の支給を受けようとする者は、第十四条の二第一項各号に掲げる事項（第七号に掲げる事項については、同号中「障害補償年金」とあるのは「障害年金」とする。）及び第十八条の五第一項各号に掲げる事項を記載した請求書を、所轄労働基準監督署長に提出しなければならない。

3 第十四条の二第二項から第四項までの規定は、障害給付の請求について準用する。この場合において、同条第二項中「前項第三号から第五号の二までに掲げる事項（同号に掲げる事項については、厚生年金保険の被保険者の資格の有無に限る。）」とあるのは「前項第三号、第五号及び第五号の二に掲げる事項（同号に掲げる事項については、厚生年金保険の被保険者の資格の有無に限る。）並びに第十八条の五第一項第一号から第三号までに掲げる事項（同項第二号イ、ニ及びホ中住居を離れた年月日時並びに同号ハ中当該移動の起点たる就業の場所における就業終了の年月日時及び当該就業の場所を離れた年月日時を除く。）（同項第一号及び第三号に掲げる事項については、事業主（同項第二号イからホまでに掲げる場合の区分に応じ、それぞれ同号イからホまでに掲げる就業の場所に係る事業主をいう。以下この項において同じ。）が知り得た場合に限る。）」と、「傷病補償年金」とあるのは「傷病年金」と、同条第三項中「第一項」とあるのは「第十八条の八第二項」と、同条第四項中「第一項第六号」とあるのは「第十四条の二第一項第六号」と、「同項」とあるのは「第十八条の八第二項」と、「前項」とあるのは「第十八条の八第三項において準用する第十四条の二第三項」と読み替えるものとする。

4 第十四条の三の規定は、障害給付の変更について準用する。この場合において、同条第一項中「法第十五条の二」とあるのは、「法第二十二条の三第三項において準用する法第十五条の二」と読み替えるものとする。

（遺族年金の請求等）

第十八条の九　第十五条の規定は、法第二十二条の四第三項において準用する法第十六条の二第一項第四号及び法別表第一遺族補償年金の項の厚生労働省令で定める障害の状態について準用する。

2　遺族年金の支給を受けようとする者（次項において準用する第十五条の三第一項又は第十五条の四第一項の規定に該当する者を除く。）は、第十五条の二第一項各号に掲げる事項（第二号及び第八号に掲げる事項については、これらの規定中「遺族補償年金」とあるのは「遺族年金」とする。）及び第十八条の五第一項各号に掲げる事項を記載した請求書を、所轄労働基準監督署長に提出しなければならない。

3　第十五条の二第二項及び第三項並びに第十五条の三から第十五条の五までの規定は、遺族年金の請求並びに遺族年金の請求及び受領についての代表者の選任及び解任について準用する。この場合において、第十五条の二第二項中「前項第四号から第六号の二までに掲げる事項（同項第四号に掲げる事項については死亡の年月日を除き、同項第六号の二に掲げる事項については厚生年金保険の被保険者の資格の有無に限る。）」とあるのは「前項第四号、第六号及び第六号の二に掲げる事項（同項第四号に掲げる事項については死亡の年月日を除き、同項第六号の二に掲げる事項については厚生年金保険の被保険者の資格の有無に限る。）並びに第十八条の五第一項第一号から第三号までに掲げる事項（同項第二号イ、ニ及びホ中住居を離れた年月日時並びに同号ハ中当該移動の起点たる就業の場所における就業終了の年月日時及び当該就業の場所を離れた年月日時を除く。）（同項第一号及び第三号に掲げる事項については、事業主（同項第二号イからホまでに掲げる場合の区分に応じ、それぞれ同号イからホまでに掲げる就業の場所に係る事業主をいう。以下この項において同じ。）が知り得た場合に限る。）」と、「傷病補償年金」とあるのは「傷病年金」と、同条第三項中「第一項の請求書」とあるのは「第十八条の九第二項の請求書」と、「第一項第二号の遺族」とあるのは「請求人以外の遺族年金を受けることができる遺族」と、「前条」とあるのは「第十八条の九第一項において準用する第十五条」と、「第一項第七号」とあるのは「第十五条の二第一項第七号」と、第十五条の三第二項第二号中「第十五条」とあるのは「第十八条の九第一項において準用する第十五条」と、第十五条の四第一項中「法第十六条の四第一項後段」とあるのは「法第二十二条の四第三項において準用する法第十六条の四第一項後段」と、「法第十六条の九第五項」とあるのは「法第二十二条の四第三項において準用する法第十六条の九第五項」と、同条第二項第二号中「第十五条」とあるのは「第十八条の九第一項において準用する第十五条」と読み替えるものとする。

4　第十五条の六及び第十五条の七の規定は、遺族年金を受ける権利を有する者の所在が一年以上明らかでない場合における遺族年金の支給停止に係る申請について準用する。この場合において、第十五条の六第一項中「法第十六条の五第一項」とあるのは「法第二十二条の四第三項において準用する法第十六条の五第一項」と、第十五条の七中「法第十六条の五第二項」とあるのは「法第二十二条の四第三項において準用する法第十六条の五第二項」と読み替えるものとする。

（遺族一時金の請求）

第十八条の十　遺族一時金の支給を受けようとする者は、法第二十二条の四第三項において準用する法第十六条の六第一項第一号の場合にあつては第十六条第一項第一号、第二号及び第三号イからニまでに掲げる事項並びに第十八条の五第一項各号に掲げる事項を、法第二十二条の四第三項において準用する法第十六条の六第一項第二号の場合にあつては第十六条第一項第一号及び第三号に掲げる事項を記載した請求書を、所轄労働基準監督署長に提出しなければならない。

2　第十六条第二項から第四項までの規定は、遺族一時金の請求並びに遺族一時金の請求及び受領についての代表者の選任及び解任について準用する。この場合において、同条第二項中「前項第三号ロから二までに掲げる事項（死亡の年月日を除く。）」とあるのは「前項第三号ロ及び二に掲げる事項（死亡の年月日を除く。）並びに第十八条の五第一項第一号から第三号までに掲げる事項（同項第二号イ、ニ及びホ中住居を離れた年月日時並びに同号ハ中当該移動の起点たる就業の場所における就業終了の年月日時及び当該就業の場所を離れた年月日時を除く。）（同項第一号及び第三号に掲げる事項については、事業主（同項第二号イからホまでに掲げる場合の区分に応じ、それぞれ同号イからホまでに掲げる就業の場所に係る事業主をいう。以下この項において同じ。）が知り得た場合に限る。）」と、「傷病補償年金」とあるのは「傷病年金」と、同条第三項中「第一項」とあるのは「第十八条の十第一項」と、「法第十六条の六第一項第二号」とあるのは「法第二十二条の四第三項において準用する法第十六条の六第一項第一号」と、「法第十六条の六第一項第二号」とあるのは「法第二十二条の四第三項において準用する法第十六条の六第一項第二号」と、「遺族補償年金」とあるのは「遺族年金」と読み替えるものとする。

（葬祭給付の額）

第十八条の十一　第十七条の規定は、葬祭給付の額について準用する。

（葬祭給付の請求）

第十八条の十二　葬祭給付の支給を受けようとする者は、第十七条の二第一項各号に掲げる事項及び第十八条の五第一項各号に掲げる事項を記載した請求書を、所轄労働基準監督署長に提出しなければならない。

2　第十七条の二第二項及び第三項の規定は、葬祭給付の請求について準用する。この場合において、同条第二項中「前項第四号から第六号までに掲げる事項（死亡の年月日を除く。）」とあるのは「前項第四号及び第六号に掲げる事項（死亡の年月日を除く。）並びに第十八条の五第一項第一号から第三号までに掲げる事項（同項第二号イ、ニ及びホ中住居を離れた年月日時並びに同号ハ中当該移動の起点たる就業の場所における就業終了の年月日時及び当該就業の場所を離れた年月日時を除く。）（同項第一号及び第三号に掲げる事項については、事業主（同項第二号イからホまでに掲げる場合の区分に応じ、それぞれ同号イからホまでに掲げる就業の場所に係る事業主をいう。以下この項において同じ。）が知り得た場合に限る。）」と、「傷病補償年金」とあるのは「傷病年金」と、同条第三項中「第一項」とあるのは「第十八条の十二第一項」と、「遺族補償給付」とあるのは「遺族給付」と読み替えるものとする。

（傷病年金）

第十八条の十三　第十八条第二項の規定は、法第二十三条第一項第二号及び同条第二項において準用する法第十八条の二の障害の程度について準用する。

2　第十八条の二の規定は傷病年金の支給の決定等について、第十八条の三の規定は傷病年金の変更について準用する。この場合において、第十八条の二第一項中「業務上の事由により」とあるのは「通勤により」と、「法第十二条の八第三項各号」とあるのは「法第二十三条第一項各号」と、同条第二項中「業務上の事由により」とあるのは「通勤により」と、第十八条の三中「法第十八条の二」とあるのは「法第二十三条第二項において準用する法第十八条の二」と読み替えるものとする。

（介護給付の額）

第十八条の十四　第十八条の三の四の規定は、介護給付の額について準用する。この場合において、同条第一項中「障害補償年金又は傷病補償年金」とあるのは「障害年金又は傷病年金」と読み替えるものとする。

（介護給付の請求）

第十八条の十五　介護給付の支給を受けようとする者は、第十八条の三の五第二項各号に掲げる事項を記載した請求書を、所轄労働基準監督署長に提出しなければならない。

2　第十八条の三の五第一項及び第三項の規定は、介護給付について準用する。この場合において、同条第一項中「障害補償年金」とあるのは「障害年金」と読み替えるものとする。

第三節の二　二次健康診断等給付

（二次健康診断等給付に係る検査）

第十八条の十六　法第二十六条第一項の厚生労働省令で定める検査は、次のとおりとする。

一　血圧の測定

二　低比重リポ蛋白コレステロール（ＬＤＬコレステロール）、高比重リポ蛋白コレステロール（ＨＤＬコレステロール）又は血清トリグリセライドの量の検査

三　血糖検査

四　腹囲の検査又はＢＭＩ（次の算式により算出した値をいう。）の測定

$$\mathrm{BMI} = \frac{\text{体重（kg）}}{\text{身長（m）}^{2}}$$

2　法第二十六条第二項第一号の厚生労働省令で定める検査は、次のとおりとする。

一　空腹時の低比重リポ蛋白コレステロール（ＬＤＬコレステロール）、高比重リポ蛋白コレステロール（ＨＤＬコレステロール）及び血清トリグリセライドの量の検査

二　空腹時の血中グルコースの量の検査

三　ヘモグロビンＡ一ｃ検査（一次健康診断（法第二十六条第一項に規定する一次健康診断をいう。以下同じ。）において当該検査を行つた場合を除く。）

四　負荷心電図検査又は胸部超音波検査

五　頸部超音波検査

六　微量アルブミン尿検査（一次健康診断における尿中の蛋白の有無の検査において疑陽性（±）又は弱陽性（＋）の所見があると診断された場合に限る。）

（二次健康診断の結果の提出）

第十八条の十七　法第二十七条の厚生労働省令で定める期間は、三箇月とする。

（二次健康診断の結果についての医師からの意見聴取）

第十八条の十八　法第二十七条の規定により読み替えて適用する労働安全衛生法（昭和四十七年法律第五十七号）第六十六条の四の規定による

健康診断の結果についての医師からの意見聴取についての労働安全衛生規則（昭和四十七年労働省令第三十二号）第五十一条の二第二項の規定の適用については、同項中「法第六十六条の二の自ら受けた健康診断」とあるのは「法第六十六条第一項から第四項まで若しくは第五項ただし書又は法第六十六条の二の規定による健康診断及び労働者災害補償保険法（昭和二十二年法律第五十号）第二十六条第二項第一号に規定する二次健康診断」とし、同項第一号中「当該健康診断」とあるのは「当該二次健康診断」とする。

（二次健康診断等給付の請求）

第十八条の十九　二次健康診断等給付を受けようとする者は、次に掲げる事項を記載した請求書を、当該二次健康診断等給付を受けようとする第十一条の三第一項の病院又は診療所（以下「健診給付病院等」という。）を経由して所轄都道府県労働局長に提出しなければならない。

一　労働者の氏名、生年月日及び住所

二　事業の名称及び事業場の所在地

三　一次健康診断を受けた年月日

四　一次健康診断の結果

五　二次健康診断等給付を受けようとする健診給付病院等の名称及び所在地

六　請求の年月日

2　前項の請求書には、一次健康診断において第十八条の十六第一項の検査のいずれの項目にも異常の所見があると診断されたことを証明することができる書類を添えなければならない。

3　第一項第三号に掲げる事項及び前項の書類が一次健康診断に係るものであることについては、事業主の証明を受けなければならない。

4　二次健康診断等給付の請求は、一次健康診断を受けた日から三箇月以内に行わなければならない。ただし、天災その他請求をしなかつたことについてやむを得ない理由があるときは、この限りでない。

第四節　保険給付に関する通知、届出等

（保険給付に関する処分の通知等）

第十九条　所轄都道府県労働局長又は所轄労働基

準監督署長は、保険給付に関する処分（法の規定による療養の給付及び二次健康診断等給付にあつては、その全部又は一部を支給しないこととする処分に限る。）を行つたときは、遅滞なく、文書で、その内容を請求人、申請人又は受給権者若しくは受給権者であつた者（次項において「請求人等」という。）に通知しなければならない。

2　所轄都道府県労働局長又は所轄労働基準監督署長は、保険給付に関する処分を行つたときは、請求人等から提出された書類その他の資料のうち返還を要する書類その他の物件があるときは、遅滞なく、これを返還するものとする。

（休業補償給付又は休業給付の受給者の傷病の状態等に関する報告）

第十九条の二　毎年一月一日から同月末日までの間に業務上の事由又は通勤による負傷又は疾病に係る療養のため労働することができないために賃金を受けなかつた日がある労働者が、その日について休業補償給付又は休業給付の支給を請求しようとする場合に、同月一日において当該負傷又は疾病に係る療養の開始後一年六箇月を経過しているときは、当該労働者は、当該賃金を受けなかつた日に係る第十三条第一項又は第十八条の七第一項の請求書に添えて次の事項を記載した報告書を所轄労働基準監督署長に提出しなければならない。

一　労働者の氏名、生年月日及び住所

二　傷病の名称、部位及び状態

2　前項の報告書には、同項第二号に掲げる事項に関する医師又は歯科医師の診断書を添えなければならない。

（年金証書）

第二十条　所轄労働基準監督署長は、年金たる保険給付の支給の決定の通知をするときは、次に掲げる事項を記載した年金証書を当該受給権者に交付しなければならない。

一　年金証書の番号

二　受給権者の氏名及び生年月日

三　年金たる保険給付の種類

四　支給事由が生じた年月日

第二十条の二 年金証書を交付された受給権者は、当該年金証書を亡失し若しくは著しく損傷し、又は受給権者の氏名に変更があつたときは、年金証書の再交付を所轄労働基準監督署長に請求することができる。

2 前項の請求をしようとする受給権者は、左に掲げる事項を記載した請求書を所轄労働基準監督署長に提出しなければならない。

一 年金証書の番号

二 亡失、損傷又は氏名の変更の事由

3 年金証書を損傷したことにより前項の請求書を提出するときはこれにその損傷した年金証書を、受給権者の氏名に変更があつたことにより前項の請求書を提出するときはこれに氏名の変更前に交付を受けた年金証書及びその変更の事実を証明することができる戸籍の謄本又は抄本を添えなければならない。

4 年金証書の再交付を受けた受給権者は、その後において亡失した年金証書を発見したときは、遅滞なく、発見した年金証書を所轄労働基準監督署長に返納しなければならない。

第二十条の三 年金証書を交付された受給権者又はその遺族は、年金たる保険給付を受ける権利が消滅した場合には、遅滞なく、当該年金証書を所轄労働基準監督署長に返納しなければならない。

（年金たる保険給付の受給権者の定期報告）

第二十一条 年金たる保険給付の受給権者は、毎年、厚生労働大臣が指定する日（次項において「指定日」という。）までに、次に掲げる事項を記載した報告書を、所轄労働基準監督署長に提出しなければならない。ただし、所轄労働基準監督署長があらかじめその必要がないと認めて通知したときは、この限りでない。

一 受給権者の氏名及び住所

二 年金たる保険給付の種類

三 同一の事由により厚生年金保険の障害厚生年金等又は厚生年金保険の遺族厚生年金等が支給される場合にあつては、その年金の種類及び支給額

四 遺族補償年金又は遺族年金の受給権者にあ

つては、その者と生計を同じくしている遺族補償年金又は遺族年金を受けることができる遺族の氏名
五　遺族補償年金又は遺族年金の受給権者にあつては、受給権者及び前号の遺族のうち第十五条（第十八条の九第一項において準用する場合を含む。）に規定する障害の状態にあることにより遺族補償年金又は遺族年金を受けることができる遺族である者のその障害の状態の有無
六　遺族補償年金又は遺族年金の受給権者である妻にあつては、第十五条（第十八条の九第一項において準用する場合を含む。）に規定する障害の状態の有無
七　傷病補償年金又は傷病年金の受給権者にあつては、その負傷又は疾病による障害の状態
2　前項の報告書には、指定日前一月以内に作成された次に掲げる書類を添えなければならない。
一　障害補償年金又は障害年金の受給権者にあつては、その住民票の写し又は戸籍の抄本
二　遺族補償年金又は遺族年金の受給権者にあつては、次に掲げる書類
イ　受給権者及び前項第四号の遺族の戸籍の謄本又は抄本
ロ　前項第四号の遺族については、その者が受給権者と生計を同じくしていることを証明することができる書類
ハ　前項第五号の遺族及び同項第六号の妻については、その障害の状態に関する医師又は歯科医師の診断書
三　傷病補償年金又は傷病年金の受給権者にあつては、その負傷又は疾病による障害の状態に関する医師又は歯科医師の診断書
3　第一項第三号に規定する場合に該当するときは、同項の報告書には、前項の書類のほか、当該厚生年金保険の障害厚生年金等又は厚生年金保険の遺族厚生年金等の支給額を証明することができる書類を添えなければならない。
4　年金たる保険給付の受給権者が、その受ける権利を有する年金たる保険給付の支給事由となる障害に関し、介護補償給付又は介護給付を受けている場合における第二項第三号の規定の適用については、同号中「状態」とあるのは、「状態並びに当該障害を有することに伴う日常

生活の状態」と、同項第三号中「状態」とあるのは「状態及び当該障害を有することに伴う日常生活の状態」とする。

5　第二項第一号の規定にかかわらず、厚生労働大臣が住民基本台帳法（昭和四十二年法律第八十一号）第三十条の七第三項の規定により都道府県知事（同法第三十条の十第一項の規定により指定情報処理機関に行わせることとした場合にあつては、指定情報処理機関）から当該障害補償年金又は障害年金の受給権者に係る本人確認情報の提供を受けるときは、第一項の報告書には、第二項第一号に掲げる書類を添えることを要しない。

（年金たる保険給付の受給権者の届出）

第二十一条の二　年金たる保険給付の受給権者は、次に掲げる場合には、遅滞なく、文書で、その旨を所轄労働基準監督署長に届け出なければならない。

一　受給権者の氏名及び住所に変更があつた場合

二　同一の事由により厚生年金保険の障害厚生年金等又は厚生年金保険の遺族厚生年金等が支給されることとなつた場合

三　同一の事由により支給されていた厚生年金保険の障害厚生年金等又は厚生年金保険の遺族厚生年金等の支給額に変更があつた場合

四　同一の事由により支給されていた厚生年金保険の障害厚生年金等又は厚生年金保険の遺族厚生年金等が支給されなくなつた場合

五　障害補償年金又は障害年金の受給権者にあつては、その障害の程度に変更があつた場合

六　遺族補償年金又は遺族年金の受給権者にあつては、次に掲げる場合

イ　法第十六条の四第一項（第一号及び第五号を除くものとし、法第二十二条の四第三項において準用する場合を含む。）の規定により遺族補償年金又は遺族年金を受ける権利が消滅した場合

ロ　遺族補償年金の受給権者（昭和四十年改正法附則第四十三条第一項に規定する遺族であつて同条第三項の規定により遺族補償年金の支給が停止されているものを除く。）又は遺族年金の受給権者（昭和四十八年改

正法附則第五条第一項に規定する遺族であつて同条第二項において準用する昭和四十年改正法附則第四十三条第三項の規定により遺族年金の支給が停止されているものを除く。）と生計を同じくしている遺族補償年金又は遺族年金を受けることができる遺族（法第十六条の四第一項第五号（法第二十二条の四第三項において準用する場合を含む。）に該当する遺族を除く。）の数に増減を生じた場合

ハ　法第十六条の三第四項（第一号を除くものとし、法第二十二条の四第三項において準用する場合を含む。）の規定に該当するに至つた場合

七　傷病補償年金又は傷病年金の受給権者にあつては、次に掲げる場合

イ　負傷又は疾病が治つた場合

ロ　負傷又は疾病による障害の程度に変更があつた場合

2　前項第一号に規定する場合に該当するときは、同項の届出は、年金たる保険給付の受給権者の住所を管轄する労働基準監督署長を経由して行うことができる。

3　年金たる保険給付の受給権者が死亡した場合には、その者の遺族は、遅滞なく、文書で、その旨を所轄労働基準監督署長に届け出なければならない。

4　第一項又は前項の届出をする場合には、当該文書に、その事実を証明することができる書類その他の資料を添えなければならない。

5　所轄労働基準監督署長は、前項の規定により提出された書類その他の資料のうち返還を要する書類その他の物件があるときは、遅滞なく、これを返還するものとする。

（年金たる保険給付の払渡希望金融機関等の変更の届出）

第二十一条の三　年金たる保険給付の受給権者は、その払渡しを受ける金融機関又は郵便貯金銀行を所属銀行とする銀行代理業を営む郵便局を変更しようとするときは、次に掲げる事項を記載した届書を所轄労働基準監督署長に提出しなければならない。

一　年金証書の番号

二　受給権者の氏名及び住所
三　新たに年金たる保険給付の払渡しを受けることを希望する金融機関の名称及び当該払渡しに係る預金通帳の記号番号又は新たに年金たる保険給付の払渡しを受けることを希望する郵便貯金銀行の営業所若しくは郵便貯金銀行を所属銀行とする銀行代理業を営む郵便局の名称

2　前条第二項の規定は、前項の届出について準用する。

（第三者の行為による災害についての届出）

第二十二条　保険給付の原因である事故が第三者の行為によつて生じたときは、保険給付を受けるべき者は、その事実、第三者の氏名及び住所（第三者の氏名及び住所がわからないときは、その旨）並びに被害の状況を、遅滞なく、所轄労働基準監督署長に届け出なければならない。

（事業主の助力等）

第二十三条　保険給付を受けるべき者が、事故のため、みずから保険給付の請求その他の手続を行うことが困難である場合には、事業主は、その手続を行うことができるように助力しなければならない。

2　事業主は、保険給付を受けるべき者から保険給付を受けるために必要な証明を求められたときは、すみやかに証明をしなければならない。

（事業主の意見申出）

第二十三条の二　事業主は、当該事業主の事業に係る業務災害又は通勤災害に関する保険給付の請求について、所轄労働基準監督署長に意見を申し出ることができる。

2　前項の意見の申出は、次に掲げる事項を記載した書面を所轄労働基準監督署長に提出することにより行うものとする。

一　労働保険番号
二　事業主の氏名又は名称及び住所又は所在地
三　業務災害又は通勤災害を被った労働者の氏名及び生年月日
四　労働者の負傷若しくは発病又は死亡の年月日
五　事業主の意見

第三章の二　社会復帰促進等事業

（法第二十九条第一項第三号に掲げる事業）

第二十四条　法第二十九条第一項第三号に掲げる事業として、労働時間等設定改善推進助成金、職場意識改善助成金、均衡待遇・正社員化推進奨励金、職場意識改善助成金及び受動喫煙防止対策助成金を支給するものとする。

（労働時間等設定改善推進助成金）

第二十五条　労働時間等設定改善推進助成金は、次の各号のいずれにも該当する中小企業事業主（その資本金の額又は出資の総額が三億円（小売業又はサービス業を主たる事業とする事業主については五千万円、卸売業を主たる事業とする事業主については一億円）を超えない事業主及びその常時雇用する労働者の数が三百人（小売業を主たる事業とする事業主については五十人、卸売業又はサービス業を主たる事業とする事業主については百人）を超えない事業主をいう。第二十九条において同じ。）の団体又はその連合団体（以下この条において「事業主団体等」という。）に対して、その実施する第一号に規定する措置の内容に応じて、支給するものとする。

一　その構成事業主の雇用する労働者の労働時間等の設定の改善が図られるよう、当該構成事業主に対し、相談、指導その他の援助の措置を行つた事業主団体等であること。

二　前号に規定する措置の実施の状況を明らかにする書類を整備している事業主団体等であること。

（均衡待遇・正社員化推進奨励金）

第二十六条　均衡待遇・正社員化推進奨励金は、次の各号のいずれにも該当する事業主に対して、その実施する第一号に規定する措置の内容に応じて、支給するものとする。

一　その雇用する短時間労働者（短時間労働者の雇用管理の改善等に関する法律（平成五年法律第七十六号）第二条に規定する短時間労働者をいう。）又は期間の定めのある労働契約を締結する労働者に対する措置として、医師又は歯科医師による健康診断（労働安全衛生法第六十六条第一項から第四項までに規定する健康診断を除く。）を実施する事業主であること。

二　前号に規定する措置の実施の状況を明らかにする書類を整備している事業主であること。

第二十七条　削除

（職場意識改善助成金）

第二十八条　職場意識改善助成金は、次のいずれにも該当する中小事業主に対して、支給するものとする。

一　次のいずれにも該当する中小事業主であると都道府県労働局長が認定したものであること。

イ　労働時間等の設定の改善に向けた職場における意識の改善（以下「職場意識改善」という。）に積極的に取り組むこととしていること。

ロ　職場意識改善に係る⑴に掲げる実施体制の整備のための措置、⑵に掲げる職場意識改善のための措置及び⑶に掲げる労働時間等の設定の改善のための措置を記載した計画を作成し、当該計画を都道府県労働局長に届け出ているものであること。

⑴　労働時間等の設定の改善に関する特別措置法（平成四年法律第九十号）第七条第一項に規定する労働時間等設定改善委員会の設置等労働時間等の設定の改善を効果的に実施するために必要な体制の整備並びにその中小事業主の雇用する労働者からの労働時間等に関する個々の苦情、意見及び要望を受け付けるための担当者の選任

⑵　その中小事業主の雇用する労働者への当該計画の周知及び職場意識改善のための研修の実施

⑶　労働基準法第三十九条の規定による年次有給休暇の取得の促進のための措置、所定外労働の削減のための措置及び労働時間等の設定の改善のための次に掲げるいずれかの措置

(i)　労働者の多様な事情及び業務の態様

に応じた労働時間の設定

(ii)　子の養育又は家族の介護を行う労働者その他の特に配慮を必要とする労働者に対する休暇の付与その他の必要な措置

(iii)　在宅勤務その他の多様な就労を可能とする措置

二　前号ロに規定する計画に基づく措置を効果的に実施したと認められる中小事業主であること。

三　前二号に規定する措置の実施の状況を明らかにする書類を整備している中小事業主であること。

（受動喫煙防止対策助成金）

第二十九条　受動喫煙防止対策助成金は、次の各号のいずれにも該当する中小企業事業主に対して、その実施する第三号に規定する措置の内容に応じて、支給するものとする。

一　労働基準法別表第一第十四号に規定する旅館、料理店又は飲食店（第三号において「旅館等」という。）を営む中小企業事業主であること。

二　次号に規定する措置を記載した計画を作成し、当該計画を都道府県労働局長に届け出た中小企業事業主であること。

三　旅館等の事業を行う事業場の室内又はこれに準ずる環境において、客が喫煙できることを含めたサービスを提供する場合に、前号の計画に基づき、当該事業場内において当該室以外での喫煙を禁止するために喫煙のための専用の室を設置する等の措置を講じた中小企業事業主であること。

四　前号に規定する措置の実施の状況を明らかにする書類を整備している中小企業事業主であること。

第三十条から第四十二条まで　削除

第四章　費用の負担

（社会復帰促進等事業等に要する費用に充てるべき額の限度）

第四十三条 法第二十九条第一項の社会復帰促進等事業（労働者災害補償保険特別支給金支給規則の規定による特別支給金の支給に関する事業を除く。）に要する費用及び法による労働者災害補償保険事業の事務の執行に要する費用に充てるべき額は、第一号に掲げる額及び第二号に掲げる額の合計額に百十八分の十八を乗じて得た額に第三号に掲げる額を加えて得た額を超えないものとする。

一 特別会計に関する法律施行令（平成十九年政令第百二十四号）第五十五条第一項に規定する労災保険に係る労働保険料の額及び労働保険特別会計の労災勘定の積立金から生ずる収入の額の合計額

二 労働保険特別会計の労災勘定の附属雑収入の額及び特別会計に関する法律（平成十九年法律第二十三号）第百二条第一項の規定により同会計の徴収勘定から労災勘定へ繰り入れられる附属雑収入の額（次号において「繰入附属雑収入額」という。）の合計額（厚生労働大臣が定める基準により算定した額に限る。）

三 労働保険特別会計の労災勘定の附属雑収入の額及び繰入附属雑収入額の合計額から前号に掲げる額を控除した額

（事業主からの費用徴収）

第四十四条 法第三十一条第一項の規定による徴収金の額は、厚生労働省労働基準局長が保険給付に要した費用、保険給付の種類、徴収法第十条第二項第一号の一般保険料の納入状況その他の事情を考慮して定める基準に従い、所轄都道府県労働局長が定めるものとする。

（一部負担金）

第四十四条の二 法第三十一条第二項の厚生労働省令で定める者は、次の各号に掲げる者とする。

一 第三者の行為によつて生じた事故により療養給付を受ける者

二 療養の開始後三日以内に死亡した者その他休業給付を受けない者

三 同一の通勤災害に係る療養給付について既に一部負担金を納付した者

2　法第三十一条第二項の一部負担金の額は、二百円（健康保険法（大正十一年法律第七十号）第三条第二項に規定する日雇特例被保険者である労働者については、百円）とする。ただし、現に療養に要した費用の総額がこの額に満たない場合には、当該現に療養に要した費用の総額に相当する額とする。

3　法第三十一条第三項の規定による控除は、休業給付を支給すべき場合に、当該休業給付について行う。

（費用の納付）

第四十五条　法第十二条の三又は法第三十一条の規定による徴収金は、日本銀行（本店、支店、代理店及び歳入代理店をいう。）又は都道府県労働局若しくは労働基準監督署に納付しなければならない。

（公示送達の方法）

第四十六条　法第十二条の三第三項又は法第三十一条第四項において準用する徴収法第三十条の規定により国税徴収の例によることとされる徴収金に関する公示送達は、都道府県労働局長が送達すべき書類を保管し、いつでも送達を受けるべき者に交付する旨をその都道府県労働局の掲示場に掲示して行う。

第四十六条の二から第四十六条の十五まで　削除

第四章の二　特別加入

（特別加入者の範囲）

第四十六条の十六　法第三十三条第一号の厚生労働省令で定める数以下の労働者を使用する事業の事業主は、常時三百人（金融業若しくは保険業、不動産業又は小売業を主たる事業とする事業主については五十人、卸売業又はサービス業を主たる事業とする事業主については百人）以下の労働者を使用する事業主とする。

第四十六条の十七　法第三十三条第三号の厚生労働省令で定める種類の事業は、次のとおりとする。

一　自動車を使用して行う旅客又は貨物の運送

の事業
二　土木、建築その他の工作物の建設、改造、保存、原状回復、修理、変更、破壊若しくは解体又はその準備の事業
三　漁船による水産動植物の採捕の事業（七に掲げる事業を除く。）
四　林業の事業
五　医薬品の配置販売の事業
六　再生利用の目的となる廃棄物等の収集、運搬、選別、解体等の事業
七　船員法第一条に規定する船員が行う事業

第四十六条の十八　法第三十三条第五号の厚生労働省令で定める種類の作業は、次のとおりとする。
一　農業（畜産及び養蚕の事業を含む。）における次に掲げる作業
イ　厚生労働大臣が定める規模の事業場における土地の耕作若しくは開墾、植物の栽培若しくは採取又は家畜（家きん及びみつばちを含む。）若しくは蚕の飼育の作業であって、次のいずれかに該当するもの
(1)　動力により駆動される機械を使用する作業
(2)　高さが二メートル以上の箇所における作業
(3)　労働安全衛生法施行令（昭和四十七年政令第三百十八号）別表第六第七号に掲げる酸素欠乏危険場所における作業
(4)　農薬の散布の作業
(5)　牛、馬又は豚に接触し、又は接触するおそれのある作業
ロ　土地の耕作若しくは開墾又は植物の栽培若しくは採取の作業であって、厚生労働大臣が定める種類の機械を使用するもの
二　国又は地方公共団体が実施する訓練として行われる作業のうち次に掲げるもの
イ　求職者を作業環境に適応させるための訓練として行われる作業
ロ　求職者の就職を容易にするために必要な技能を習得させるための職業訓練であって事業主又は事業主の団体に委託されるもの（厚生労働大臣が定めるものに限る。）として行われる作業

三　家内労働法（昭和四十五年法律第六十号）第二条第二項の家内労働者又は同条第四項の補助者が行う作業のうち次に掲げるもの

イ　プレス機械、型付け機、型打ち機、シャー、旋盤、ボール盤又はフライス盤を使用して行う金属、合成樹脂、皮、ゴム、布又は紙の加工の作業

ロ　研削盤若しくはバフ盤を使用して行う研削若しくは研ま又は溶融した鉛を用いて行う金属の焼入れ若しくは焼きもどしの作業であつて、金属製洋食器、刃物、バルブ又はコックの製造又は加工に係るもの

ハ　労働安全衛生法施行令別表第六の二に掲げる有機溶剤又は有機溶剤中毒予防規則（昭和四十七年労働省令第三十六号）第一条第一項第二号の有機溶剤含有物を用いて行う作業であつて、化学物質製、皮製若しくは布製の履物、鞄、袋物、服装用ベルト、グラブ若しくはミツト又は木製若しくは合成樹脂製の漆器の製造又は加工に係るもの

ニ　じん肺法（昭和三十五年法律第三十号）第二条第一項第三号の粉じん作業又は労働安全衛生法施行令別表第四第六号の鉛化合物（以下「鉛化合物」という。）を含有する釉薬を用いて行う施釉若しくは鉛化合物を含有する絵具を用いて行う絵付けの作業若しくは当該施釉若しくは絵付けを行つた物の焼成の作業であつて陶磁器の製造に係るもの

ホ　動力により駆動される合糸機、撚糸機又は織機を使用して行う作業

ヘ　木工機械を使用して行う作業であつて、仏壇又は木製若しくは竹製の食器の製造又は加工に係るもの

四　労働組合法（昭和二十四年法律第百七十四号）第二条及び第五条第二項の規定に適合する労働組合その他これに準ずるものであつて厚生労働大臣が定めるもの（常時労働者を使用するものを除く。以下この号において「労働組合等」という。）の常勤の役員が行う集会の運営、団体交渉その他の当該労働組合等の活動に係る作業であつて、当該労働組合等の事務所、事業場、集会場又は道路、公園その他の公共の用に供する施設におけるもの

（当該作業に必要な移動を含む。）
五　介護労働者の雇用管理の改善等に関する法律（平成四年法律第六十三号）第二条第一項に規定する介護関係業務に係る作業であつて、入浴、排せつ、食事等の介護その他の日常生活上の世話、機能訓練又は看護に係るもの

（中小事業主等の特別加入）
第四十六条の十九　法第三十四条第一項の申請は、次に掲げる事項を記載した申請書二通を所轄労働基準監督署長を経由して所轄都道府県労働局長に提出することによつて行わなければならない。
一　事業主の氏名又は名称及び住所
二　申請に係る事業の労働保険番号及び名称並びに事業場の所在地
三　法第三十三条第一号及び第二号に掲げる者の氏名、その者が従事する業務の内容並びに同条第二号に掲げる者の当該事業主との関係
四　労働保険事務組合に、労働保険事務の処理を委託した日

2　前項第四号に掲げる事項については、労働保険事務組合の証明を受けなければならない。
3　法第三十三条第一号及び第二号に掲げる者の従事する業務が、次の各号のいずれかに該当する業務（以下「特定業務」という。）である場合は、第一項各号に掲げる事項のほか、同項の申請書にその者の業務歴を記載しなければならない。
一　じん肺法第二条第一項第三号の粉じん作業を行う業務
二　労働基準法施行規則（昭和二十二年厚生省令第二十三号）別表第一の二第三号3の身体に振動を与える業務
三　労働安全衛生法施行令別表第四の鉛業務
四　有機溶剤中毒予防規則第一条第一項第六号の有機溶剤業務
4　所轄都道府県労働局長は、第一項の規定による申請に係る法第三十三条第一号及び第二号に掲げる者の従事する業務が特定業務である場合であつて、その者の業務歴を考慮し特に必要があると認めるときは、第一項の規定による申請をした事業主から、その者についての所轄都道

府県労働局長が指定する病院又は診療所の医師による健康診断の結果を証明する書類その他必要な書類を所轄労働基準監督署長を経由して提出させるものとする。

5　所轄都道府県労働局長は、第一項の規定による申請を受けた場合において、当該申請につき承認することとしたときは、遅滞なく、文書で、その旨を当該事業主に通知しなければならない。当該申請につき承認しないこととしたときも、同様とする。

6　法第三十四条第一項の承認を受けた事業主は、第一項第三号に掲げる事項に変更を生じた場合又は法第三十三条第一号及び第二号に掲げる者に新たに該当するに至つた者若しくはこれらに掲げる者に該当しなくなつた者が生じた場合には、遅滞なく、文書で、その旨を所轄労働基準監督署長を経由して所轄都道府県労働局長に届け出なければならない。

7　第三項の規定は、前項の規定により法第三十三条第一号及び第二号に掲げる者に新たに該当するに至つた者が生じた旨の届出を行う場合について準用する。この場合において、第三項中「第一項各号に掲げる事項のほか、同項の申請書」とあるのは、「その旨のほか、第六項の届出に係る文書」と読み替えるものとする。

8　第四項の規定は、第六項の規定による法第三十三条第一号及び第二号に掲げる者に新たに該当するに至つた者が生じた旨の届出に係る者の従事する業務が特定業務である場合について準用する。この場合において、第四項中「第一項の規定による申請」とあるのは、「第六項の規定による届出」と読み替えるものとする。

第四十六条の二十　法第三十三条第一号及び第二号に掲げる者の給付基礎日額は、三千五百円、四千円、五千円、六千円、七千円、八千円、九千円、一万円、一万二千円、一万四千円、一万六千円、一万八千円及び二万円のうちから定める。

2　前項に規定する者に関し支給する休業補償給付又は休業給付の額の算定の基礎として用いる給付基礎日額の算定については、同項の給付基礎日額を法第八条の規定により給付基礎日額として算定した額とみなして法第八条の二第一項及び法第八条の五の規定の例による。

3　第一項に規定する者に関し支給する年金たる保険給付又は障害補償一時金、遺族補償一時金、障害一時金若しくは遺族一時金の額の算定の基礎として用いる給付基礎日額の算定については、同項の給付基礎日額を法第八条の規定により給付基礎日額として算定した額とみなして法第八条の三第一項（法第八条の四において準用する場合を含む。）及び法第八条の五の規定の例による。

4　第一項に規定する者に関し支給する葬祭料又は葬祭給付の額に係る第十七条（第十八条の十一において準用する場合を含む。）の規定の適用については、第十七条中「法第八条の四」とあるのは、「第四十六条の二十第三項」とする。

5　所轄都道府県労働局長は、第一項の給付基礎日額を定めるに当たり、特に必要があると認めるときは、法第三十四条第一項の申請をした事業主から、法第三十三条第一号及び第二号に掲げる者の所得を証明することができる書類、当該事業に使用される労働者の賃金の額を証明することができる書類その他必要な書類を所轄労働基準監督署長を経由して提出させるものとする。

6　所轄都道府県労働局長は、第一項の給付基礎日額を定めたときは、法第三十四条第一項の承認を受けた事業主に通知するものとする。

第四十六条の二十一　法第三十四条第二項の政府の承認の申請は、次に掲げる事項を記載した申請書二通を所轄労働基準監督署長を経由して所轄都道府県労働局長に提出することによつて行わなければならない。

一　労働保険番号
二　事業主の氏名又は名称及び住所
三　事業の名称及び事業場の所在地
四　申請の理由

第四十六条の二十二　所轄都道府県労働局長は、法第三十四条第三項の規定により同条第一項の承認を取り消したときは、遅滞なく、文書で、その旨を当該事業主に通知しなければならない。

（一人親方等の特別加入）

第四十六条の二十二の二 法第三十五条第一項の厚生労働省令で定める者は、第四十六条の十七第一号又は第三号に掲げる事業を労働者を使用しないで行うことを常態とする者及びこれらの者が行う事業に従事する者並びに第四十六条の十八第一号又は第三号に掲げる作業に従事する者とする。

第四十六条の二十三 法第三十五条第一項の申請は、次に掲げる事項を記載した申請書二通を当該申請をする団体の主たる事務所の所在地を管轄する労働基準監督署長を経由して当該事務所の所在地を管轄する都道府県労働局長に提出することによつて行わなければならない。

一　団体の名称及び主たる事務所の所在地

二　団体の代表者の氏名

三　団体の構成員が行なう事業の種類又は団体の構成員が従事する作業の種類

四　法第三十三条第三号に掲げる者の団体にあつては、同号に掲げる者及びその者に係る同条第四号に掲げる者の氏名、これらの者が従事する業務の内容並びに同条第四号に掲げる者の同条第三号に掲げる者との関係

五　法第三十三条第五号に掲げる者の団体にあつては、同号に掲げる者の氏名及びその者が従事する作業の内容

2　法第三十五条第一項の申請をしようとする団体（第四十六条の十七第七号に掲げる事業を労働者を使用しないで行うことを常態とする者の団体及び第四十六条の十八第三号に掲げる作業に従事する者の団体を除く。）は、あらかじめ、法第三十三条第三号から第五号までに掲げる者の業務災害の防止に関し、当該団体が講ずべき措置及びこれらの者が守るべき事項を定めなければならない。

3　第一項の申請書には、次に掲げる書類を添えなければならない。ただし、第四十六条の十七第七号に掲げる事業を労働者を使用しないで行うことを常態とする者の団体及び第四十六条の十八第三号に掲げる作業に従事する者の団体にあつては、第二号の書類の提出を必要としない。

一　定款、規約等団体の目的、組織、運営等を明らかにする書類

二　前項の規定により当該団体が定める業務災害の防止に関する措置及び事項の内容を記載した書類

4　第四十六条の十九第三項の規定は第一項の規定による申請を行う場合に、同条第四項の規定は第一項の規定による申請に係る法第三十三条第三号から第五号までに掲げる者の従事する業務又は作業が特定業務である場合に、第四十六条の十九第五項の規定は第一項の規定による申請を受けた場合に、同条第六項の規定は第一項第四号若しくは第五号に掲げる事項若しくは前項の書類に記載された事項に変更を生じた場合又は法第三十三条第三号から第五号までに掲げる者に新たに該当するに至つた者若しくはこれらに掲げる者に該当しなくなつた者が生じた場合に準用する。この場合において、第四十六条の十九第三項中「第三十三条第一号及び第二号」とあるのは「第三十三条第三号から第五号まで」と、「従事する業務」とあるのは「従事する業務又は作業」と、「第一項各号」とあるのは「第四十六条の二十三第一項各号」と、同条第四項中「第一項の規定による申請をした事業主」とあるのは「第四十六条の二十三第一項の規定による申請をした団体」と、同条第五項中「第一項」とあるのは「第四十六条の二十三第一項」と、「事業主」とあるのは「団体」と、同条第六項中「法第三十四条第一項」とあるのは「法第三十五条第一項」と、「事業主」とあるのは「団体」と、「第一項第三号」とあるのは「第四十六条の二十三第一項第四号及び第五号」とする。

5　第四十六条の十九第三項の規定は、前項において準用する第四十六条の十九第六項の規定により法第三十三条第三号から第五号までに掲げる者に新たに該当するに至つた者が生じた旨の届出を行う場合について準用する。この場合において、第四十六条の十九第三項中「法第三十三条第一号及び第二号」とあるのは「法第三十三条第三号から第五号まで」と、「従事する業務」とあるのは「従事する業務又は作業」と、「第一項各号に掲げる事項のほか、同項の申請書」とあるのは「その旨のほか、第四十六条の二十三第四項において準用する第六項の届出に係る文書」と読み替えるものとする。

6　第四十六条の十九第四項の規定は、第四項において準用する第四十六条の十九第六項の規定による法第三十三条第三号から第五号までに掲げる者に新たに該当するに至つた者が生じた旨の届出に係る者の従事する業務又は作業が特定業務である場合について準用する。この場合において、第四十六条の十九第四項中「第一項の規定による申請をした事業主」とあるのは、「第四十六条の二十三第四項において準用する第六項の規定による届出をした団体」と読み替えるものとする。

第四十六条の二十四　第四十六条の二十の規定は、法第三十三条第三号から第五号までに掲げる者の給付基礎日額について準用する。この場合において、第四十六条の二十第四項中「第四十六条の二十第三項」とあるのは「第四十六条の二十四において準用する第四十六条の二十第三項」と、同条第五項中「当該事業に使用される労働者の賃金」とあるのは「当該事業と同種若しくは類似の事業又は当該作業と同種若しくは類似の作業を行う事業に使用される労働者の賃金」と読み替えるものとする。

第四十六条の二十五　所轄都道府県労働局長は、法第三十五条第四項の規定により法第三十三条第三号又は第五号に掲げる者の団体についての保険関係を消滅させたときは、遅滞なく、文書で、その旨を当該団体に通知しなければならない。

（海外派遣者の特別加入）

第四十六条の二十五の二　法第三十六条第一項の申請は、次に掲げる事項を記載した申請書二通を所轄労働基準監督署長を経由して所轄都道府県労働局長に提出することによつて行わなければならない。

一　法第三十三条第六号の団体にあつては団体の名称及び住所、同条第七号の事業主にあつては当該事業主の氏名又は名称及び住所

二　申請に係る事業の労働保険番号及び名称並びに事業場の所在地

三　法第三十三条第六号又は第七号に掲げる者の氏名、その者が従事する事業の名称、その

事業場の所在地及び当該事業場においてその者が従事する業務の内容

2　第四十六条の十九第五項の規定は前項の規定による申請について、同条第六項の規定は前項第三号に掲げる事項に変更を生じた場合又は法第三十三条第六号若しくは第七号に掲げる者に新たに該当するに至つた者若しくはこれらの規定に掲げる者に該当しなくなつた者が生じた場合について準用する。この場合において、第四十六条の十九第五項中「第一項」とあるのは「第四十六条の二十五の二第一項」と、「事業主」とあるのは「団体又は事業主」と、同条第六項中「法第三十四条第一項の承認を受けた事業主」とあるのは「法第三十六条第一項の承認を受けた団体及び事業主」と読み替えるものとする。

第四十六条の二十五の三　第四十六条の二十の規定は法第三十三条第六号及び第七号に掲げる者の給付基礎日額について、第四十六条の二十一の規定は法第三十六条第二項において準用する法第三十四条第二項の政府の承認の申請について、第四十六条の二十二の規定は法第三十六条第二項において準用する法第三十四条第三項の規定による法第三十六条第一項の承認の取消しについて準用する。この場合において、第四十六条の二十第四項中「第四十六条の二十第三項」とあるのは「第四十六条の二十五の三において準用する第四十六条の二十第三項」と、同条第五項中「法第三十四条第一項の申請をした事業主」とあるのは「法第三十六条第一項の申請をした団体又は事業主」と、同条第六項中「法第三十四条第一項の承認を受けた事業主」とあるのは「法第三十六条第一項の承認を受けた団体又は事業主」と、第四十六条の二十二中「事業主」とあるのは「団体又は事業主」と読み替えるものとする。

第四十六条の二十五の四　法第三十六条第一項の承認に係る事業についての労災保険に係る保険関係が消滅した場合には、当該事業を行う団体又は事業主は、その旨を記載した届書を所轄労働基準監督署長に提出しなければならない。

（特別加入者に係る業務災害及び通勤災害の認

定）

第四十六条の二十六　法第三十三条各号に掲げる者に係る業務災害及び通勤災害の認定は、厚生労働省労働基準局長が定める基準によつて行う。

（特別加入者に係る保険給付の請求等）

第四十六条の二十七　法第三十三条各号に掲げる者の業務災害について保険給付を受けようとする者については、第十二条第二項及び第四項、第十二条の二第二項（事業主の証明に関する部分に限る。）、第十三条第一項第五号及び同条第二項（事業主の証明に関する部分に限る。）、第十四条の二第一項第五号及び同条第二項、第十五条の二第一項第六号及び同条第二項、第十六条第一項第三号ニ及び同条第二項並びに第十七条の二第一項第六号及び同条第二項の規定は、適用しない。

2　前項の保険給付を受けようとする者は、第十二条第一項若しくは第三項、第十二条の二第一項、第十三条第一項、第十四条の二第一項、第十五条の二第一項、第十六条第一項又は第十七条の二第一項の請求書又は届書を所轄労働基準監督署長に提出するときは、当該請求書又は届書の記載事項のうち事業主の証明を受けなければならないこととされている事項を証明することができる書類その他の資料を、当該請求書又は届書に添えなければならない。

3　法第三十三条各号に掲げる者（第四十六条の二十二の二に規定する者を除く。）の通勤災害について保険給付を受けようとする者については、第十八条の七第一項中「第十三条第一項各号」とあるのは「第十三条第一項第一号から第四号まで及び第六号から第九号までに掲げる事項」と、「及び」とあるのは「並びに」と、第十八条の八第二項中「第十四条の二第一項各号に掲げる事項（第七号に掲げる事項については、同号中「障害補償年金」とあるのは「障害年金」とする。）及び」とあるのは「第十四条の二第一項第一号から第四号まで及び第五号の二から第七号までに掲げる事項（同号に掲げる事項については、同号中「障害補償年金」とあるのは「障害年金」とする。）並びに」とし、第十八条の九第二項中「第十五条の二第一項各号に掲げる事項（第二号及び第八号に掲げる事項については、これらの規定中「遺族補償年金」とあるのは「遺族年金」とする。）及び」とあるのは「第十五条の二第一項第一号から第五号まで及び第六号の二から第八号までに掲げる事項（第二号及び第八号に掲げる事項については、これらの規定中「遺族補償年金」とあるのは「遺族年金」とする。）並びに」と、第十八条の十第一項中「イからニまで」とあるのは「イからハまで」と、第十八条の十二第一項中「第十七条の二第一項各号」とあるのは「第十七条の二第一項第一号から第五号まで」と読み替えてこれらの規定を適用し、第十八条の五第二項において準用する第十二条第二項及び第四項、第十八条の六第二項において準用する第十二条の六第二項（事業主の証明に関する部分に限る。）、第十八条の七第二項において準用する第十三条第二項（事業主の証明に関する部分に限る。）、第十八条の八第三項において準用する第十四条の二第三項、第十八条の九第三項において準用する第十五条の二第二項、第十八条の十第二項において準用する第十六条第二項並びに第十八条の十二第二項において準用する第十七条の二第二項の規定は適用しない。

4　第二項の規定は、第十八条の五第一項、同条第二項において準用する第十二条第三項、第十八条の六第一項、第十八条の七第一項、第十八条の八第二項、第十八条の九第二項、第十八条の十第一項又は第十八条の十二第一項の請求書又は届書を提出するときについて準用する。

5　法第三十三条第六号又は第七号に掲げる者の業務災害又は通勤災害について保険給付を受けようとする者は、第二項及び前項の承認を受けた団体又は事業主を経由して所轄労働基準監督署長に届書を法第三十六条第一項の請求書又は提出しなければならない。

6　所轄労働基準監督署長は、第二項の規定（第四項において準用する場合を含む。）により提出された書類その他の資料のうち、返還を要する書類その他の物件があるときは、遅滞なく、これを返還するものとする。

第五章　雑則

第四十七条及び第四十八条　削除

（法令の要旨等の周知）

第四十九条　事業主は、労災保険に関する法令のうち、労働者に関係のある規定の要旨、労災保険に係る保険関係成立の年月日及び労働保険番号を常時事業場の見易い場所に掲示し、又は備え付ける等の方法によつて、労働者に周知させなければならない。

2　事業主は、その事業についての労災保険に係る保険関係が消滅したときは、その年月日を労働者に周知させなければならない。

第五十条　削除

（書類の保存義務）

第五十一条　労災保険に係る保険関係が成立し、若しくは成立していた事業の事業主又は労働保険事務組合若しくは労働保険事務組合であつた団体は、労災保険に関する書類（徴収法又は労働保険の保険料の徴収等に関する法律施行規則による書類を除く。）を、その完結の日から三年間保存しなければならない。

（報告命令等）

第五十一条の二　法第四十六条から法第四十七条の二まで及び法第四十九条第一項の規定による命令は、所轄都道府県労働局長又は所轄労働基準監督署長が文書によつて行うものとする。

第五十二条及び第五十三条　削除

（法、この省令及び労働者災害補償保険特別支給金支給規則の規定による文書の様式）

第五十四条　法、この省令並びに労働者災害補償保険特別支給金支給規則の規定による申請書、請求書、証明書、報告書及び届書のうち厚生労働大臣が別に指定するもの並びにこの省令の規定による年金証書及び証票の様式は、厚生労働大臣が別に定めて告示するところによらなければならない。

附　則

（施行期日）

1　この省令は、公布の日から施行する。ただし、第三条第四号3の規定は昭和三十年十月一日から、第二十九条の規定は昭和三十一年一月一日から適用する。

（経過措置）

2　労働者災害補償保険法施行規則（昭和二十二年労働省令第一号）（以下「旧省令」という。）第二条第二項の規定により提出した届書は、第二条第二項の規定により提出した届書とみなす。

3　旧省令第十五条の規定により提出した申請書は、第四条第一項の規定により提出した申込書とみなす。

4　労働者災害補償保険法の一部を改正する法律（昭和三十年法律第百三十一号）（以下「改正法」という。）附則第四項に該当する事業についての保険加入者（保険加入者に事故がある場合には、その者にかわるべき者）は、その漁船の存否が分らなくなつた日、事故発生の状況及びその漁船に乗り組んでいた労働者の氏名を、この省令の施行後、遅滞なく、所轄労働基準監督署長に届け出なければならない。

5　旧省令第十六条第一項の規定により提出した申請書は、第八条第一項及び第二項の規定により提出した申込書とみなす。

6　旧省令第十条第一項の規定により提出した請求書は、それぞれの請求書に対応する第九条第一項、第十三条第一項、第十四条第一項、第十七条第一項、第十八条第一項及び第十九条第三項の規定により提出した請求書とみなす。

7　旧省令第五条第一項の規定により指定された病院又は診療所（法第二十三条の保険施設として設置された病院又は診療所を除く。）は、第十一条第一項の規定により指定された病院又は診療所とみなす。

8　旧省令第十条第一項ただし書の規定により提出した証明書は、第十二条第一項の規定により提出した請求書とみなす。

9　旧省令第十条第二項の規定により添えて提出した証明書は、第十三条第三項の規定により添えて提出した証明書とみなす。

10　この省令施行の際現に旧省令第九条第一項の規定により分割して支給されている第一級から第十級までの障害補償費、遺族補償費及び打切補償費の支給については、なお従前の例による。

11　旧省令第二十三条第一項の規定に基く告示は、第二十七条第一項の規定に基く告示とみなす。

12　旧省令第二十三条の二第二項の規定に基く告示は、第三十条第二項の規定に基く告示とみなす。

13　旧省令第十八条第五項の規定による申出は、第三十四条第一項又は第三十五条第一項の規定による申請とみなす。

（**暫定措置**）

14　障害等級第四級から第十級までに応ずる第二種障害補償費及び遺族補償費並びに障害等級第四級から第十級までに応ずる第二種障害給付及び労働者が長期傷病者補償の開始後五年以内に死亡した場合に行なう遺族給付は、当分の間、第二十条第一項の規定にかかわらず、保険給付を受けるべき者が申し出た場合には、法第十二条第一項第三号若しくは第四号又は法第十二条の五第一項の規定による額を一時に支給する。

15　法第二十七条に規定する保険給付の額と保険料の額との割合の計算については、第二十九条の規定の適用されるまでの間は、旧省令第二十三条の三の規定の例による。

（**改正法附則第九項ただし書の適用を受ける事業についての報告の特例**）

16　改正法附則第九項ただし書の適用を受ける事業についての保険加入者は、法第三十条第一項の規定による確定保険料の報告をする際に、昭和三十年九月一日から保険関係が消滅した日までに使用したすべての労働者に支払つた賃金総額（第二十五条第一項の規定の適用を受ける事業については、同条の規定による請負金額に昭和三十年九月一日から保険関係が消滅した日までの期間とその事業の全期間との割合を乗じて得た額）を併せて報告しなければならない。

（**法第五十八条第一項の障害補償年金の額等**）

17　法第五十八条第一項の当該死亡した日の属する年度（当該死亡した日の属する月が四月から七月までの月に該当する場合にあつては、その前年度。以下この項において同じ。）の七月以前の分として支給された障害補償年金の額は、その現に支給された額に同項の当該死亡した日の属する年度の前年度の平均給与額（第九条の五の平均給与額をいう。以下同じ。）を当該障害補償年金の支給の対象とされた月の属する年度の前年度（当該月が四月から七月までの月に該当する場合にあつては、前々年度）の平均給与額で除して得た率を基準として厚生労働大臣が定める率を乗じて得た額とする。

18　法第五十八条第一項の当該障害補償年金前払一時金を支給すべき事由が当該死亡した日の属する年度の七月以前に生じたものである場合における同項の障害補償年金前払一時金の額は、その現に支給された額に当該死亡した日の属する年度の前年度の平均給与額を当該障害補償年金前払一時金を支給すべき事由が生じた月の属する年度の前年度（当該月が四月から七月までの月に該当する場合にあつては、前々年度）の平均給与額で除して得た率を基準として厚生労働大臣が定める率を乗じて得た額とする。

19　法第五十八条第一項の当該死亡した日が算定事由発生日の属する年度の翌々年度の八月一日以後の日である場合における同項の下欄に掲げる額は、同項の表の給付基礎日額を障害補償一時金の額の算定の基礎として用いる給付基礎日額と、同項の当該死亡した日の属する月を障害補償一時金を支給すべき事由が生じた月とそれぞれみなして法第八条の四の規定を適用したとき（第四十六条の二十第三項（第四十六条の二十四及び第四十六条の二十五の三において準用する場合を含む。）の規定により法第八条の四において準用する法第八条の三第一項及び法第八条の五の規定の例によることとされる場合を含む。附則第二十四項、附則第二十五項及び附則第三十一項において同じ。）に得られる給付基礎日額を同表の給付基礎日額として算定して得られる額とする。

（加重障害の場合の障害補償年金差額一時金の額）

20　既に身体障害のあつた者が、負傷又は疾病により同一の部位について障害の程度を加重した場合（加重後の身体障害の該当する障害等級（以下この項及び附則第二十五項において「加重後の障害等級」という。）に応ずる障害補償給付が障害補償年金である場合に限る。附則第二十五項及び附則第二十八項において「加重障害の場合」という。）における当該事由に係る障害補償年金差額一時金の額は、加重後の障害等級に応ずる法第五十八条第一項の表の下欄に掲げる額（前項に規定する場合にあつては、同項の算定の方法に従い算定して得た額。以下この項において「下欄の額」という。）から既にあつた身体障害の該当する障害等級（以下この項及び附則第二十五項において「加重前の障害等級」という。）に応ずる下欄の額を控除した額（加重前の障害等級に応ずる障害補償給付が障害補償一時金である場合には、加重後の障害等級に応ずる下欄の額に加重後の障害等級に応ずる障害補償年金の額から加重前の障害等級に応ずる障害補償一時金の額（当該障害補償年金を支給すべき場合において、法第八条の三第二項において準用する法第八条の二第二項各号に掲げる場合に該当するときは、当該各号に定める額を法第八条の四の給付基礎日額として算定した既にあつた身体障害の該当する障害等級に応ずる障害補償一時金の額）を二十五で除して得た額を差し引いた額を加重後の障害等級に応ずる障害補償年金の額で除して得た数を乗じて得た額）から、当該事由に関し支給された障害補償年金の額（附則第十七項の障害補償年金にあつては、同項の算定の方法に従い算定して得た額）及び障害補償年金前払一時金の額（附則第十八項に規定する場合にあつては、同項の算定の方法に従い算定して得た額）を差し引いた額による。

（障害補償年金差額一時金の請求等）

21　障害補償年金差額一時金の支給を受けようとする者は、次に掲げる事項を記載した請求書を、所轄労働基準監督署長に提出しなければならない。

一　死亡した労働者の氏名及び生年月日

二　請求人の氏名、生年月日、住所及び死亡した労働者との関係

22　前項の請求書には、次に掲げる書類を添えなければならない。

一　請求人が死亡した労働者と婚姻の届出をしていないが事実上婚姻関係と同様の事情にあつた者であるときは、その事実を証明することができる書類

二　請求人が死亡した労働者と生計を同じくしていた者であるときは、その事実を証明することができる書類

三　請求人と死亡した労働者との身分関係を証明することができる戸籍の謄本又は抄本

23　第十五条の五の規定は、障害補償年金差額一時金の請求及び受領についての代表者の選任及び解任について準用する。

24　**（障害補償年金前払一時金の額）**

障害補償年金前払一時金の額は、次の表の上欄に掲げる障害補償年金に係る障害等級に応じ、それぞれ同表の下欄に掲げる額（法第八条第一項の算定事由発生日の属する年度の翌々年度の八月以後に法第五十九条第一項の障害補償年金を受ける権利が生じた場合にあつては、当該障害補償年金前払一時金を障害補償一時金と、当該障害補償年金を受ける権利が生じた月を障害補償一時金を支給すべき事由が生じた月とそれぞれみなして法第八条の四の規定を適用したときに得られる給付基礎日額を同表の給付基礎日額とした場合に得られる額。次項において同じ。）とする。

障害等級	額
第一級	給付基礎日額の二〇〇日分、四〇〇日分、六〇〇日分、八〇〇日分、一、〇〇〇日分、一、二〇〇日分又は一、三四〇日分
第二級	給付基礎日額の二〇〇日分、四〇〇日分、六〇〇日分、八〇〇日分、一、〇〇〇日分又は一、一九〇日分
第三級	給付基礎日額の二〇〇日分、四〇〇日分、六〇〇日分、八〇〇日分、一、〇〇〇日分又は一、〇五〇日分
第四級	給付基礎日額の二〇〇日分、四〇〇日分、六〇〇日分、八〇〇日分又は九二〇日分
第五級	給付基礎日額の二〇〇日分、四〇〇日分、六〇〇日分又は七九〇日分
第六級	給付基礎日額の二〇〇日分、四〇〇日分、六〇〇日分又は六七〇日分
第七級	給付基礎日額の二〇〇日分、四〇〇日分又は五六〇日分

25　加重障害の場合における当該事由に係る障害補償年金前払一時金の額は、前項の規定にかかわらず、加重後の障害等級に応ずる同項の表の下欄に掲げる額の最高額（以下この項及び附則

第二十八項において「最高額」という。）から加重前の障害等級に応ずる最高額を控除した額（加重前の障害等級に応ずる障害補償給付が障害補償一時金である場合には、加重後の障害等級に応ずる最高額に加重後の障害等級に応ずる障害補償年金の額から加重前の障害等級に応ずる障害補償一時金の額（当該障害補償年金を支給すべき場合において、法第八条の三第二項において準用する法第八条の二第二項各号に掲げる場合に該当するときは、当該各号に定める額を法第八条の四の給付基礎日額として算定した既にあつた身体障害の該当する障害等級に応ずる障害補償一時金の額）を二十五で除して得た額を差し引いた額を加重後の障害等級に応ずる障害補償年金の額で除して得た数を乗じて得た額とする。以下「加重障害に係る前払最高限度額」という。）又は給付基礎日額（法第八条第一項の算定事由発生日の属する年度の翌々年度の八月以後に法第五十九条第一項の障害補償年金を受ける権利が生じた場合にあつては、当該障害補償年金前払一時金を障害補償一時金と、当該障害補償年金を受ける権利が生じた月を障害補償一時金を支給すべき事由が生じた月とそれぞれみなして法第八条の四の規定を適用したときに得られる給付基礎日額に相当する額）の二百日分、四百日分、六百日分、八百日分、千日分若しくは千二百日分のうち加重障害に係る前払最高限度額に満たない額による。

（障害補償年金前払一時金の請求等）

26　障害補償年金前払一時金の請求は、障害補償年金の請求と同時に行わなければならない。ただし、障害補償年金の支給の決定の通知のあつた日の翌日から起算して一年を経過する日までの間は、当該障害補償年金を請求した後においても障害補償年金前払一時金を請求することができる。

27　障害補償年金前払一時金の請求は、同一の事由に関し、一回に限り行うことができる。

28　障害補償年金前払一時金の請求は、支給を受けようとする額を所轄労働基準監督署長に示して行わなければならない。この場合において、当該請求が附則第二十六項ただし書の規定に基づいて行われるものであるときは、当該請求に係る額は、最高額（加重障害の場合においては、加重障害に係る前払最高限度額）から既に支給を受けた障害補償年金の額（当該障害補償年金前払一時金が支給される月の翌月に支払われることとなる障害補償年金の額を含む。）の合計額を減じた額を超えてはならない。

29　障害補償年金前払一時金は、その請求が附則第二十六項ただし書の規定に基づいて行われる場合は、一月、三月、五月、七月、九月又は十一月のうち当該障害補償年金前払一時金の請求が行われた月後の最初の月に支給する。

（障害補償年金の支給停止期間）

30　法第五十九条第三項の規定により障害補償年金の支給が停止される期間は、次の各号に掲げる額の合算額が障害補償年金前払一時金の額に達するまでの間とする。

一　障害補償年金前払一時金が支給された月後最初の障害補償年金の支払期月から一年を経過した月前に支給されるべき障害補償年金の額

二　障害補償年金前払一時金が支給された月後最初の障害補償年金の支払期月から一年を経過した月以後各月に支給されるべき障害補償年金の額を、百分の五にその経過した年数（当該年数に一未満の端数を生じたときは、これを切り捨てるものとする。）を乗じて得た数に一を加えた数で除して得た額の合算額

（遺族補償年金前払一時金の額）

31　遺族補償年金前払一時金の額は、給付基礎日額（法第八条第一項の算定事由発生日の属する年度の翌々年度の八月以後に法第六十条第一項の遺族補償年金を受ける権利が生じた場合にあつては、当該遺族補償年金を受ける権利が生じた月を遺族補償一時金を支給すべき事由が生じた月とそれぞれみなして法第八条の四の規定を適用したときに得られる給付基礎日額に相当する額）の二百日分、四百日分、六百日分、八百日分又は千日分に相当する額とする。

（法第六十条第四項の遺族補償年金前払一時金の額）

32　法第六十条第四項の規定により読み替えられた法第十六条の六第一項第二号に規定する遺族補償年金前払一時金を支給すべき事由が法第六十条第四項の規定により読み替えられた法第十

六条の六第一項第二号に規定する当該権利が消滅した日の属する年度（当該権利が消滅した日の属する月が四月から七月までの月に該当する場合にあつては、その前年度。以下この項において同じ。）の七月以前に生じたものである場合における当該遺族補償年金前払一時金の額は、その現に支給された額に当該権利が消滅した日の属する年度の前年度の平均給与額を当該遺族補償年金前払一時金を支給すべき事由が生じた月の属する年度の前年度（当該月が四月から七月までの月に該当する場合にあつては、前々年度）の平均給与額で除して得た率を基準として厚生労働大臣が定める率を乗じて得た額とする。

（遺族補償年金前払一時金の請求等）

33　附則第二十六項から第二十九項までの規定は、遺族補償年金前払一時金の請求等について準用する。この場合において、附則第二十六項中「障害補償年金」とあるのは「遺族補償年金」と、附則第二十八項中「附則第二十六項ただし書」とあるのは「附則第三十三項において読み替えて準用する附則第二十六項ただし書」と、「法第五十八条第一項の表の下欄に掲げる額（加重障害の場合においては、加重障害に係る前払最高限度額）」とあるのは「同一の事由に関し法第十六条の六第一項第一号の遺族補償一時金が支給されることとした場合における当該遺族補償一時金の額」と、「障害補償年金」とあるのは「遺族補償年金」と、附則第二十九項中「附則第二十六項ただし書」とあるのは「附則第三十三項において読み替えて準用する附則第二十六項ただし書」と読み替えるものとする。

（遺族補償年金の支給停止期間）

34　附則第三十項の規定は、法第六十条第三項の規定により遺族補償年金の支給が停止される期間について準用する。この場合において、附則第三十項中「障害補償年金前払一時金」とあるのは「遺族補償年金前払一時金」と読み替えるものとする。

（障害年金差額一時金の請求等）

35　障害年金差額一時金の支給を受けようとする者は、附則第二十二項各号に掲げる書類を添えて、附則第二十一項各号に掲げる事項を記載した請求書を、所轄労働基準監督署長に提出しなければならない。

36 第十五条の五の規定は障害年金差額一時金の請求及び受領についての代表者の選任及び解任について、附則第十七項の規定は法第六十一条第一項の当該障害年金の額の算定について、附則第十八項の規定は同条第一項の当該障害年金に係る障害年金前払一時金の額の算定について、附則第十九項の規定は同条第一項の下欄に掲げる額の算定について、附則第二十項の規定は既に身体障害のあつた者が、負傷又は疾病により同一の部位について障害の程度を加重した場合（加重後の身体障害の該当する障害等級に応ずる障害給付が障害年金である場合に限る。）における当該事由に係る障害年金差額一時金の額の算定の場合について準用する。この場合において、附則第十七項中「法第五十八条第一項」とあるのは「法第六十一条第一項」と、「障害補償年金」とあるのは「障害年金」と、附則第十八項中「法第五十八条第一項」とあるのは「法第六十一条第一項」と、「障害補償年金前払一時金」とあるのは「障害年金前払一時金」と、附則第十九項中「法第五十八条第一項」とあるのは「法第六十一条第一項」と、附則第二十項中「障害補償給付」とあるのは「障害給付」と、「障害補償年金」とあるのは「障害年金」と、「障害補償一時金」とあるのは「障害一時金」と、「障害補償年金前払一時金」とあるのは「障害年金前払一時金」と読み替えるものとする。

（障害年金前払一時金の額）

37 障害年金前払一時金の額に係る附則第二十四項の規定の適用については、同項中「障害補償年金」とあるのは「障害年金」と、「法第五十九条第一項」とあるのは「法第六十二条第一項」とする。

（障害年金前払一時金の請求等）

38 附則第二十五項の規定は既に身体障害のあつた者が、負傷又は疾病により同一の部位について障害の程度を加重した場合（加重後の身体障害の該当する障害等級に応ずる障害給付が障害年金である場合に限る。）における当該事由に係る障害年金前払一時金の額の算定について、附則第二十六項から第二十九項までの規定は障害年金前払一時金の請求等について準用する。この場合において、附則第二十五項中「障害補償給付」とあるのは「障害給付」と、「障害補償一時金」とあるのは「障害一時金」と、「障害補償年金」とあるのは「障害年金」と、「法第五十九条第一項」とあるのは「法第六十二条第一項」と、附則第二十六項中「障害補償年金」とあるのは「障害年金」と、附則第二十八項中「附則第二十六項ただし書」とあるのは「附則第三十八項において読み替えて準用する附則第二十六項ただし書」と、「障害補償年金」とあるのは「障害年金」と、附則第二十九項中「附則第二十六項ただし書」とあるのは「附則第三十八項において読み替えて準用する附則第二十六項ただし書」と読み替えるものとする。

（障害年金の支給停止期間）

39　附則第三十項の規定は、法第六十二条第三項において読み替えて準用する法第五十九条第三項の規定により障害年金の支給が停止される期間について準用する。この場合において、附則第三十項中「障害補償年金前払一時金」とあるのは、「障害年金前払一時金」と読み替えるものとする。

（遺族年金前払一時金の額）

40　遺族年金前払一時金の額に係る附則第三十一項の規定の適用については、同項中「法第六十条第一項」とあるのは「法第六十三条第一項」と、「遺族補償年金」とあるのは「遺族年金」とする。

（遺族年金前払一時金の請求等）

41　附則第二十六項から第二十九項までの規定は、遺族年金前払一時金の請求等について準用する。この場合において、附則第二十六項中「障害補償年金」とあるのは「遺族年金」と、附則第二十八項中「附則第二十六項ただし書」とあるのは「附則第四十一項において読み替えて準用する附則第二十六項ただし書」と、「法第五十八条第一項の表の下欄に掲げる額（加重障害の場合においては、加重障害に係る前払最高限度額）」とあるのは「同一の事由に関し法第二十二条の四第三項において読み替えて準用する法第十六条の六第一項第一号の遺族一時金が支給されることとした場合における当該遺族一時金の額」と、「障害補償年金」とあるのは

「遺族年金」と、附則第二十九項中「附則第二十六項ただし書」とあるのは「附則第四十一項において読み替えて準用する附則第二十六項ただし書」と読み替えるものとする。

（遺族年金の支給停止期間）

42 附則第三十項の規定は、法第六十三条第三項において読み替えて準用する法第六十条第三項の規定により遺族年金の支給が停止される期間について準用する。この場合において、附則第三十項中「障害補償年金前払一時金」とあるのは「遺族年金前払一時金」と読み替えるものとする。

（読み替えられた法第十六条の六第一項第二号の遺族年金前払一時金の額）

43 附則第三十二項の規定は、法第六十三条第三項の規定により読み替えられた法第六十条第四項の遺族年金前払一時金の額について準用する。この場合において、附則第三十二項中「法第六十条第四項」とあるのは、「法第六十三条第三項の規定により読み替えられた法第六十条第四項」と読み替えるものとする。

（法第六十四条第二項第一号の年金給付）

44 法第六十四条第二項第一号の年金給付は、次の各号に掲げる額の合算額が同号に規定する前払一時金給付の最高限度額に相当する額に達するまでの間についての年金給付とする。

一 年金給付を支給すべき事由が生じた月後最初の年金給付の支払期月から一年を経過した月前に支給されるべき年金給付の額

二 年金給付を支給すべき事由が生じた月後最初の年金給付の支払期月から一年を経過した月以後各月に支給されるべき年金給付の額を、百分の五にその経過した年数（当該年数に一未満の端数を生じたときは、これを切り捨てるものとする。）を乗じて得た数に一を加えた数で除して得た額の合算額

（事業主から受けた損害賠償についての届出等）

45 労働者又はその遺族が、当該労働者を使用している事業主又は使用していた事業主から損害賠償を受けることができる場合であって、保険給付を受けるべきときに、同一の事由について、損害賠償（当該保険給付によっててん補される損害をてん補する部分に限る。）を受けたときは、次に掲げる事項を記載した届書を、遅

滞なく、所轄労働基準監督署長に提出しなければならない。
一　労働者の氏名、生年月日及び住所
二　損害賠償を受けた者の氏名、住所及び労働者との関係
三　事業の名称及び事業場の所在地
四　損害賠償の受領額及びその受領状況
五　前各号に掲げるもののほか、法第六十四条第二項の規定により行われる保険給付の支給停止又は減額の基礎となる事項

46　前項第三号から第五号までに掲げる事項については、事業主の証明を受けなければならない。

47　第二十三条の規定は、附則第四十五項の規定による届出及び前項の規定による事業主の証明について準用する。

（法第十二条の八第四項第二号の厚生労働大臣が定める施設に関する暫定措置）

48　障害者自立支援法（平成十七年法律第百二十三号）附則第一条第三号に掲げる規定の施行の日の前日までの間は、第十八条の三の三第一号中「特別養護老人ホーム」とあるのは、「特別養護老人ホーム及び障害者自立支援法（平成十七年法律第百二十三号）附則第四十一条第一項の規定によりなお従前の例により運営をすることができることとされた同項に規定する身体障害者更生援護施設（同法附則第三十五条の規定による改正前の身体障害者福祉法（昭和二十四年法律第二百八十三号）第三十条に規定する身体障害者療護施設に限る。）」とする。

附　則（昭三二・三・三一　労働省令第四号）（抄）

（施行期日）

1　この省令は、昭和三十一年四月一日から施行する。

附　則（昭三二・三・二九　労働省令第三号）（抄）

（施行期日）

1　この省令は、昭和三十二年四月一日から施行する。

附　則（昭三二・四・一　労働省令第八号）（抄）

（施行期日）

1　この省令は、公布の日から施行する。

附　則（昭三三・四・一　労働省令第二号）（抄）

（施行期日）

1　この省令は、公布の日から施行する。

附　則（昭三三・一二・一　労働省令第二三号）（抄）

この省令は、公布の日から施行し、昭和三十三年十二月一日以後に保険関係の成立する事業について適用する。

附　則（昭三四・二・二四　労働省令第三号）（抄）

（施行期日）

第一条　この省令は、昭和三十四年四月一日から施行する。

附　則（昭三四・二・二八　労働省令第四号）

（施行期日）

1　この省令は、昭和三十四年四月一日から施行する。ただし、第三十条第二項の改正規定は、公布の日から施行する。

（経過措置）

2　この省令（第三十条第二項の改正規定を除く。以下同じ。）の施行の際現に保険関係が成立している法律第三条第一項第二号イに掲げる事業のうち、請負による事業であつて賃金総額を正確に算定することが困難なものの請負金額については、改正後の第二十五条第三項の規定にかかわらず、なお従前の例による。

3　この省令の施行の際現に保険関係が成立している立木の伐採の事業であつて賃金総額を正確に算定することが困難なものの賃金総額については、改正後の第二十五条の二の規定にかかわらず、なお従前の例による。

附　則（昭三四・三・三〇　労働省令第一〇号）（抄）

（施行期日）

1　この省令は、昭和三十四年四月一日から施行する。

（経過措置）

2　昭和三十四年三月三十一日以前に保険関係が成立した事業で事業の期間が予定されるものについての第二十五条第一項に規定する請負金額に乗ずる率及び保険料率は、改正後の別表第四及び別表第六にかかわらず、なお従前の例による。

附　則（昭三五・三・七　労働省令第二号）

（施行期日）

1　この省令は、昭和三十五年四月一日から施行する。

（経過措置）

2　昭和三十五年三月三十一日以前に保険関係が成立した事業で事業の期間が予定されるものについての労働者災害補償保険法施行規則第二十五条第一項に規定する請負金額に乗ずる率及び保険料率は、改正後の別表第四及び別表第六にかかわらず、なお従前の例による。

附　則（昭三五・三・三一　労働省令第五号）（抄）

（施行期日）

第一条　この省令は、昭和三十五年四月一日から施行する。

（経過措置）

第三条　改正前の労働者災害補償保険法施行規則（以下「旧省令」という。）第十二条の規定により提出した請求書は、改正後の労働者災害補償保険法施行規則（以下「新省令」という。）第十二条の規定により提出した請求書とみなす。

第四条　この省令の施行の際現に保険関係が成立している有期事業についての保険加入者であつて、旧省令の規定によつて概算保険料の延納を認められたものに係る当該概算保険料の延納については、なお従前の例による。

第五条　新省令第五十四条に規定する文書（新省令第十二条第一項、第十四条第一項及び第十四条の六第二項の請求書を除く。）のうち、旧様式省令にその様式に相当する様式の定めがあるものは、この省令の施行後も、当分の間、新省令第五十四条の規定にかかわらず、旧様式省令に規定する当該相当様式によることができる。

（昭和三十五年改正法附則第五条第一項の都道府県労働基準局長の認定）

第六条　労働者災害補償保険法の一部を改正する法律（昭和三十五年法律第二十九号。以下「昭和三十五年改正法」という。）附則第五条第一項の規定による認定を受けようとする者は、次の各号に掲げる事項を記載した請求書を、新省令第一条に規定する所轄労働基準監督署長（以下「所轄労働基準監督署長」という。）を経由して同条に規定する所轄都道府県労働基準局長（以下「所轄都道府県労働基準局長」という。）に提出しなければならない。

一　請求人の氏名、生年月日及び住所

二　事業の名称及び事業場の所在地

三　昭和三十五年三月三十一日において受け、又は受けるべきであつた療養給付につき、当該給付を行なうことを規定していた法律

2　前項の請求書には、次の各号に掲げるものを添えなければならない。ただし、昭和三十五年一月一日から同年三月三十一日までの間にけい肺及び外傷性せき髄障害に関する特別保護法（昭和三十年法律第九十一号。以下「旧特別保護法」という。）第十一条第一項に規定する期間が経過した者であつて、けい肺及び外傷性せき髄障害の療養等に関する臨時措置法（昭和三十三年法律第百四十三号。以下「旧臨時措置法」という。）第一条第一項の規定による認定を受けたもの及び旧臨時措置法の失効後に昭和三十五年改正法附則第七条第一項の規定によりその例によることとされる旧臨時措置法第一条第一項の規定による認定を受けたものについては、この限りでない。

一　請求書を提出するときにおける疾病の状態及び病院又は診療所への収容の要否その他将来必要とする療養の内容に関する医師又は歯科医師の診断書

二　療養の経過を証明する書類

三　昭和三十五年三月三十一日においてけい肺につき療養給付を受け、又は受けるべきであつた者にあつては、同年四月一日における当該疾病の状態の立証に関する直接撮影による胸部全域のエックス線写真及び次のイ又はロに掲げる書類

イ　その者に活動性の肺結核があると認められる場合には、結核精密検査の結果を証明する書類
ロ　その者に活動性の肺結核がないと認められる場合には、心肺機能検査の結果を証明する書類

四　昭和三十五年三月三十一日において外傷性せき髄障害につき療養給付を受け、又は受けるべきであつた者にあつては、同年四月一日における当該疾病の状態の立証に関する尿の検査の結果を証明する書類

第七条　前条の請求書の提出を受けた所轄都道府県労働基準局長が、昭和三十五年改正法附則第五条第一項の規定により同法の施行の日以降引き続き療養を必要とする旨の認定をする場合には、所轄労働基準監督署長は、傷病給付の給付決定をしなければならない。

第八条　所轄都道府県労働基準局長は、昭和三十五年改正法附則第五条第一項の規定による認定に関する処分をしたときは、文書で、その内容を所轄労働基準監督署長を経由して請求人に通知しなければならない。

2　所轄労働基準監督署長は、前条の規定により傷病給付の給付決定をした場合には、前項の規定による通知にあわせて、文書で、その旨及び給付すべき傷病給付の種類を請求人に通知しなければならない。

3　所轄都道府県労働基準局長は、第一項の規定による通知をしたときは、附則第六条第二項の規定により請求書に添えて提出されたエックス線写真を請求人に返還するものとする。

(けい肺等負担金の徴収に関する特例)

第九条　昭和三十五年改正法附則第六条第二項の規定により、同法の施行の日の前日において事業が終了したとみなされる事業についての同項に規定する負担金に係る確定負担金の額の算定にあたつては、当該事業が旧特別保護法施行規則第十九条の規定により当該事業の請負金額を基礎として賃金総額を算定されるものであるときは、昭和三十五年改正法附則第六条第二項の規定の適用がないとした場合に旧特別保護法施行規則第十九条の規定により算出される当該事業の賃金総額に、当該事業開始の日から昭和三十五年改正法の施行の日の前日までの期間の日

数の当該請負金額に係る事業の全期間の日数に対する割合を乗じて得た額を当該事業の賃金総額とする。

（昭和三十五年改正法附則第六条第三項の規定によるけい肺等負担金の還付及び充当の手続）

第十条　保険加入者である事業主に係る旧特別保護法又は旧臨時措置法の規定による事業主の負担金について還付すべき剰余額（以下「剰余額」という。）がある場合における昭和三十五年改正法附則第六条第三項に規定する還付の請求については、旧特別保護法施行規則第二十二条の規定の例による。

2　前項の還付の請求がない場合には、都道府県労働基準局長は、当該剰余額を当該保険加入者に係る昭和三十五年四月一日以降において納付されるべき保険料及び同年三月三十一日以前の納期限に係る未納の保険料に順次充当しなければならない。

3　都道府県労働基準局長は、前項の規定により、剰余額を昭和三十五年四月一日以降において納付されるべき保険料及び同年三月三十一日以前の納期限に係る未納の保険料に充当したときは、遅滞なく、左に掲げる事項を当該事業主に通知しなければならない。

一　充当した額

二　充当後の昭和三十五年四月一日以降において納付されるべき保険料又は充当後の同年三月三十一日以前の納期限に係る未納の保険料の額

（昭和三十五年改正法附則第十六条の規定による長期給付の額の改訂）

第十一条　昭和三十五年改正法附則第十六条第一項の平均給与額（以下「平均給与額」という。）は、労働省において作成する毎月勤労統計における全産業の労働者一人当りの毎月きまって支給する給与額の年間合計額によるものとする。

2　労働大臣は、平均給与額が労働者が負傷し又は疾病にかかった日の属する年における平均給与額の百分の百二十をこえ、又は百分の八十を下るに至った場合において、その状態が継続すると認めるときは、その上昇し又は低下した比率を基準として、当該労働者に係る第一種障害補償費又は傷病給付（第二種傷病給付に係る療養又は療養の費用に関する部分を除く。以下同じ。）若しくは第一種障害給付の額の改訂に用いるべき率を定め、平均給与額が上昇し又は低下し以後その状態が継続すると認められる年の翌年の三月三十一日までに告示するものとする。

3　昭和三十五年改正法附則第十六条第一項後段（同条第二項において準用する場合を含む。）の規定による改訂後の第一種障害補償費又は傷病給付若しくは第一種障害給付の額の改訂は、改訂の基礎となつた年の平均給与額を基礎として行なうものとする。

4　昭和三十五年改正法附則第五条第一項の規定により長期傷病者補償の給付の決定があつたものとみなされる者であつて、昭和三十四年以前において平均給与額がその者に係る当該負傷し又は疾病にかかつた日の属する年の平均給与額の百分の百二十をこえるに至つているものについて昭和三十五年四月以降行なわれる傷病給付又は第一種障害給付の額の改訂に用いるべき率は、前項の規定にかかわらず、別に労働大臣が定めて告示する。

附　則（昭三六・二・一八　労働省令第三号）

（施行期日）

1　この省令は、昭和三十六年四月一日から施行する。

（経過措置）

2　昭和三十六年三月三十一日以前に保険関係が成立した事業で事業の期間が予定されるものについての労働者災害補償保険法施行規則第二十五条第一項に規定する請負金額に乗ずる率及び保険料率は、改正後の別表第四及び別表第六にかかわらず、なお従前の例による。

附　則（昭三六・三・三一　労働省令第七号）

この省令は、公布の日から施行し、昭和三十五年四月一日から適用する。

附　則（昭三七・三・三　労働省令第一号）

（施行期日）

1　この省令は、昭和三十七年四月一日から施行する。

（経過措置）

2　昭和三十七年三月三十一日以前に保険関係が成立した事業で事業の期間が予定されるものについての労働者災害補償保険法施行規則第二十五条第一項に規定する請負金額に乗ずる率及び保険料率は、改正後の別表第四及び別表第六にかかわらず、なお従前の例による。

附　則（昭三七・一〇・二五　労働省令第二二号）

この省令は、昭和三十七年十二月一日から施行する。

附　則（昭三七・一二・二八　労働省令第二五号）（抄）

1　この省令は、昭和三十八年一月一日から施行する。

附　則（昭三九・三・三〇　労働省令第二号）

（施行期日）

1　この省令は、昭和三九年四月一日から施行する。

（経過措置）

2　昭和三十九年三月三十一日以前に保険関係が成立した事業で事業の期間が予定される立木の伐採の事業であつて賃金総額を正確に算定することが困難なものの賃金総額については、改正後の第二十五条の二の規定にかかわらず、なお従前の例による。

3　昭和三十九年三月三十一日以前に保険関係が成立した事業で事業の期間が予定されるものに係る保険料率については、改正後の別表第六にかかわらず、なお従前の例による。

附　則（昭四〇・七・一五　労働省令第一三号）

この省令は、昭和四十年七月十六日から施行する。

附　則（昭四〇・七・三一　労働省令第一四号）（抄）

（施行期日）

1　この省令は、昭和四十年八月一日から施行する。

（経過措置）

2　この省令の施行の日の前日までにこの省令による改正前の労働者災害補償保険法施行規則（以下「旧規則」という。）の規定によってした申請、報告その他の手続は、この省令による改正後の労働者災害補償保険法施行規則（以下「新規則」という。）中の相当する規定によってした申請、報告その他の手続とみなす。

3　旧規則第十九条の三第一項第五号及び第十九条の五の規定は、労働者災害補償保険法の一部を改正する法律（昭和四十年法律第百三十号）附則第八条第一項の規定によりなお効力を有するとされる同法による改正前の法第十七条から法第十九条までの規定により保険給付を受けない労働者及びその者に係る保険加入者については、なお効力を有する。

4　この省令の施行の日の前日までに保険関係が成立した有期事業については、新規則第四十一条第一項及び第二項の規定は、適用しない。

附　則（昭四〇・一〇・三〇　労働省令第一八号）

（施行期日）

1　この省令は、昭和四十年十一月一日から施行する。

（経過措置）

2　この省令の施行の日から昭和四十一年三月三十一日までの間に行なわれた法第三十四条の十二第一項又は法第三十四条の十三第一項の承認に係る事業（有期事業を除く。）についての当該承認があつた日の属する保険年度の保険料の算定の基礎となる賃金総額の算定にあたつては、この省令による改正後の労働者災害補償保険法施行規則第二十六条の二第二号及び第二十六条の三中「別表第五の右欄に掲げる額」とあるのは、それぞれ、「別表第五の右欄に掲げる額に、法第三十四条の十二第一項の承認があつた日から昭和四十一年三月三十一日までの期間の月数（この月数に一月未満の端数を生じたときは、これを一月とする。）を十二で除して得た数を乗じて得た額」及び「別表第五の右欄に掲げる額に、法第三十四条の十三第一項の承認があつた日から昭和四十一年三月三十一日までの期間の月数（この月数に一月未満の端数を生じたときは、これを一月とする。）を十二で除して得た数を乗じて得た額」と読み替えるものとする。

附　則（昭四一・一・三一　労働省令第二号）（抄）

（施行期日）

1　この省令は、昭和四十一年二月一日から施行する。

（経過措置）

2　労働者災害補償保険法の一部を改正する法律（昭和四十年法律第百三十号）第三条の規定による改正前の労働者災害補償保険法（以下「旧法」という。）の規定による保険給付の支給に関する手続については、なお従前の例による。

3　この省令の施行の日の前日において旧法第三十四条の三第一項又は第二項の規定により行なわれている保険給付に係る特別保険料の徴収期間及び料率については、なお従前の例による。

4　この省令による改正前の労働者災害補償保険法施行規則（以下この項において「旧省令」という。）第二十一条の九又は第二十一条の十の規定に基づき所轄労働基準監督署長又は旧住所地を管轄する労働基準監督署長により旧省令第二十一条の九第一項又は第二十一条の十第一項の申出に係る住所地を管轄する労働基準監督署長に移された保険給付に関する事務については、この省令による改正後の労働者災害補償保険法施行規則第一条第三項、第三条の二第五項及び第八条の二第五項の規定にかかわらず、この省令の施行の際現に当該事務を管轄する労働基準監督署長を所轄労働基準監督署長とする。

附　則（昭四一・四・一六　労働省令第一一号）

この省令は、公布の日から施行する。

附　則（昭四一・一〇・二七　労働省令第三一号）

この省令は、昭和四十一年十一月一日から施行する。

附　則（昭四二・四・三　労働省令第九号）

この省令は、公布の日から施行し、昭和四十二年三月一日から適用する。

附　則（昭四二・九・一　労働省令第二四号）

1　この省令は、公布の日から施行する。

2　事業主の委託に係る昭和四十一年度の保険料の納付に関し報奨金の交付を受けようとする労災保険事務組合に対する改正後の労働者災害補償保険法施行規則第四十六条の十五の二の規定の適用については、同条各号列記以外の部分中「七月末日まで」とあるのは、「九月末日まで」とする。

附　則（昭四二・一〇・二四　労働省令第二九号）

1　この省令は、昭和四十二年十月二十五日から施行する。

2　この省令の施行前一年間に生じた障害補償の事由に係る障害であつて、この省令による改正前の労働基準法施行規則別表第二の第十二級第十二号又はこの省令による改正前の労働者災害補償保険法施行規則別表第一の第十二級第十二号に該当するもののうち、この省令の施行の日において、この省令による改正後の労働基準法施行規則別表第二の第九級第十三号若しくは第十四号又はこの省令による改正後の労働者災害補償保険法施行規則別表第一の第九級第十三号若しくは第十四号に該当する障害については、当該障害に係る障害補償の事由が生じた日から、この省令を適用する。

附　則（昭四三・三・一二　労働省令第二号）（抄）

（施行期日）

1　この省令は、昭和四十三年四月一日から施行する。

（有期事業に係る概算保険料の延納に関する経過措置）

2　この省令の施行の際現に保険関係が成立している有期事業に係る概算保険料の延納については、この省令による改正後の労働者災害補償保険法施行規則第三十五条、第三十七条及び第三十八条の規定にかかわらず、なお従前の例による。

附　則（昭四三・四・二七　労働省令第九号）

この省令は、昭和四十三年五月一日から施行する。

附　則（昭四四・三・二七　労働省令第五号）

この省令は、昭和四十四年四月一日から施行する。

附　則（昭四五・三・二七　労働省令第二号）

1　この省令は、昭和四十五年四月一日から施行する。

2　年金たる保険給付であってこの省令の施行の日の前日までの間に係る分並びに同日までに支給すべき事由の生じた休業補償給付、障害補償一時金、遺族補償一時金及び葬祭料についての給付基礎日額については、なお従前の例による。

3　労働者災害補償保険法第三十四条の十一第一号に掲げる者であって、この省令の施行の際現に同法第三十四条の十二第一項の承認に係る事業（事業の期間が予定される事業に限る。）の事業主（事業主が法人その他の団体であるときは、代表者）であるもの及び同法第三十四条の十一第二号に掲げる者（労働者である者を除く。）であって、この省令の施行の際現に当該事業に従事するものの給付基礎日額については、当該事業に係る業務災害に関しては、この省令による改正後の労働者災害補償保険法施行規則（以下「新省令」という。）第四十六条の二十第一項の規定にかかわらず、なお従前の例による。

4　労働者災害補償保険法第三十四条の十二第一項の承認に係る事業（事業の期間が予定される事業に限る。）であって、この省令の施行の際現に保険関係が成立しているものについての新省令第二十六条の三第二号に掲げる額の算定については、新省令別表第五の規定にかかわらず、なお従前の例による。

附　則（昭四五・七・一　労働省令第一七号）

この省令は、公布の日から施行する。

附　則（昭四五・九・二九　労働省令第二二号）

（施行期日）

1　この省令は、昭和四十五年十月一日から施行する。

（経過措置）

2　この省令の施行の日から昭和四十六年三月三十一日までの間に改正後の労働者災害補償保険法施行規則（以下「新規則」という。）第四十六条の十八第三号に掲げる作業を行なう者の団体について労働者災害補償保険法第三十四条の十三第一項の承認があつた場合の当該承認に係る事業の当該承認があつた日の属する保険年度の保険料の算定の基礎となる賃金総額の算定についての新規則第二十六条の三の規定の適用については、同条中「別表第五の右欄に掲げる額」とあるのは、「別表第五の右欄に掲げる額に、法第三十四条の十三第一項の承認があつた日から昭和四十六年三月三十一日までの期間の月数（この月数に一月未満の端数を生じたときは、これを一月とする。）を十二で除して得た数を乗じて得た額」とする。

附　則（昭四五・一〇・三〇　労働省令第二九号）

1　この省令は、昭和四十五年十一月一日から施行する。

2　この省令による改正後の労働者災害補償保険法施行規則第十七条の規定は、この省令の施行の日以後に支給すべき事由の生じた葬祭料について適用し、同日前に支給すべき事由の生じた葬祭料については、なお従前の例による。

3　労働者災害補償保険法施行規則の一部を改正する省令（昭和四十一年労働省令第二号）附則第四項の規定により定められた労働基準監督署長により年金たる保険給付に関する事務を処理されている受給権者に係る労働者災害補償保険法（昭和二十二年法律第五十号）第二十三条第一項の労働福祉事業のうち労災就学等援護費の支給に関する事務については、労働者災害補償保険法施行規則第一条第三項及び第二条の規定にかかわらず、当該労働基準監督署長を所轄労働基準監督署長とする。

附　則（昭四五・一二・二八　労働省令第三一号）

1　この省令は、昭和四十六年一月一日から施行する。

2　昭和四十五年十二月三十一日以前に保険関係が成立した事業であつて事業の期間が予定されるものに係る保険料率については、改正後の別表第六の規定にかかわらず、なお従前の例による。

附　則（昭四六・九・八　労働省令第二五号）（抄）

1　この省令は、中高年齢者等の雇用の促進に関する特別措置法（以下「特別措置法」という。）の施行の日（昭和四十六年十月一日）から施行する。

4　第三条の規定による改正後の労働者災害補償保険法施行規則第四十六条の十八第二号の規定の適用については、この省令の施行後において特別措置法附則第四条第二項の規定により旧職業安定法第二十六条第一項第三号の訓練として行なわれる作業は、特別措置法第十五条第一項第三号の訓練として行なわれる作業とみなす。

附　則（昭四七・一・二二　労働省令第一号）

この省令は、昭和四十七年二月一日から施行する。

附　則（昭四七・三・三一　労働省令第七号）

1　この省令は、昭和四十七年四月一日から施行する。

2　年金たる保険給付であつてこの省令の施行の日の前日までの間に係る分並びに同日までに支給すべき事由の生じた休業補償給付、障害補償一時金、遺族補償一時金及び葬祭料の額については、なお従前の例による。

附　則（昭四七・三・三一　労働省令第九号）

この省令は、徴収法の施行の日〈昭和四十七年四月一日〉から施行する。

附　則（昭四七・九・三〇　労働省令第四八号）

この省令は、昭和四十七年十月一日から施行する。

附　則（昭四八・六・一八　労働省令第二〇号）

（抄）

この省令は、公布の日から施行する。

附　則（昭四八・一〇・一五　労働省令第三三号）

この省令は、公布の日から施行する。

附　則（昭四八・一一・二二　労働省令第三五号）（抄）

（施行期日）

第一条　この省令は、労働者災害補償保険法の一部を改正する法律（昭和四十八年法律第八十五号）の施行の日（昭和四十八年十二月一日）から施行する。

附　則（昭四九・三・二三　労働省令第六号）（抄）

（施行期日）

1　この省令は、昭和四十九年四月一日から施行する。

（経過措置）

2　この省令の施行の日前の期間に係る年金たる保険給付であつて、この省令の施行の日の前日までの間に係る分並びに同日までに支給すべき事由の生じた休業補償給付、障害補償一時金、遺族補償一時金、葬祭料、休業給付、障害一時金、遺族一時金、葬祭給付、労働者災害補償保険法の一部を改正する法律（昭和四十年法律第百三十号）附則第四十二条第一項の一時金及び労働者災害補償保険法の一部を改正する法律（昭和四十八年法律第八十五号）附則第四条第一項の一時金の額については、なお従前の例による。この省令の施行前に死亡した労働者に関し労働者災害補償保険法（昭和二十二年法律第五十号）第十六条の六第二号（同法第二十二条の四第三項において準用する場合を含む。）の場合に支給される遺族補償一時金及び遺族一時金であつて、この省令の施行後に支給すべき事由の生じたものの額についても、同様とする。

附　則（昭四九・一二・二八　労働省令第二九号）

（抄）

（施行期日等）

第一条 この省令は、公布の日から施行し、第一条の規定による改正後の労働者災害補償保険法施行規則第九条及び別表の規定は、昭和四十九年十一月一日から適用する。

（第二条の規定の施行に伴う経過措置）

第二条 昭和四十九年十一月一日以後に労働者が業務上の事由又は通勤（労働者災害補償保険法（昭和二十二年法律第五十号）第七条第一項第二号の通勤をいう。次項において同じ。）により死亡した場合における当該死亡に関し、労働者災害補償保険法等の一部を改正する法律（昭和四十九年法律第百十五号）第二条の規定による改正前の労働者災害補償保険法の一部を改正する法律（昭和四十年法律第百三十号。以下「昭和四十年改正法」という。）附則第四十二条第一項（労働者災害補償保険法の一部を改正する法律（昭和四十八年法律第八十五号。以下「昭和四十八年改正法」という。）附則第四条第一項の規定においてその例によることとされる場合を含む。）の一時金をこの省令の施行前に請求した者は、改正後の労働者災害補償保険法施行規則の一部を改正する省令（昭和四十一年労働省令第二号）附則第八項の規定にかかわらず、同一の事由に関し労働者災害補償保険法等の一部を改正する法律第二条の規定による改正後の昭和四十年改正法附則第四十二条第一項（昭和四十八年改正法附則第四条第一項の規定においてその例によることとされる場合を含む。）の一時金として給付基礎日額の二百日分、四百日分又は六百日分に相当する金額を請求することができる。

2 昭和四十九年十一月一日前の業務上の事由又は通勤による労働者の死亡に関する昭和四十年改正法附則第四十二条第一項（昭和四十八年改正法附則第四条第一項の規定においてその例によることとされる場合を含む。）の一時金の請求については、なお従前の例による。

附　則（昭四九・一二・二八　労働省令第三〇号）（抄）

（施行期日等）

1　この省令は、公布の日から施行し、昭和四十九年十一月一日から適用する。

附　則（昭五〇・三・二九　労働省令第一〇号）

（施行期日）

1　この省令は、昭和五十年四月一日から施行する。

（経過措置）

2　この省令の施行の日（以下「施行日」という。）の属する月の前月までの分の年金たる保険給付の額並びに施行日前に支給すべき事由の生じた休業補償給付、障害補償一時金、遺族補償一時金、葬祭料、休業給付、障害一時金、遺族一時金、葬祭給付、労働者災害補償保険法の一部を改正する法律（昭和四十年法律第百三十号）附則第四十二条第一項の一時金及び労働者災害補償保険法の一部を改正する法律（昭和四十八年法律第八十五号）附則第四条第一項の一時金の額については、なお従前の例による。施行日前に死亡した労働者に関し労働者災害補償保険法（昭和二十二年法律第五十号）第十六条の六第二号（同法第二十二条の四第三項において準用する場合を含む。）の場合に支給される遺族補償一時金及び遺族一時金であつて、施行日以後に支給すべき事由の生じたものの額についても、同様とする。

3　施行日前の療養に係る療養給付に関して、日雇労働者健康保険法（昭和二十八年法律第二百七号）の規定による日雇労働者健康保険の被保険者である労働者から徴収する一部負担金の額については、なお従前の例による。

附　則（昭五〇・八・二七　労働省令第二三号）（抄）

1　この省令は、昭和五十年九月一日から施行する。

3　労働者が業務上の事由又は通勤（労働者災害補償保険法第七条第二項第二号の通勤をいう。附則第六項において同じ。）により負傷し、又は疾病にかかり、この省令の施行前に治つたとき身体に障害が存する場合において同法の規定により支給すべき障害補償給付（この省令の施行の際現に障害補償年金を受ける権利を有する労働者に対して支給すべきこの省令の施行の日以後の期間に係る障害補償年金を除く。）及び障害給付（この省令の施行の際現に障害年金を受ける権利を有する労働者に対して支給すべきこの省令の施行の日以後の期間に係る障害年金を除く。）については、なお従前の例による。

4　この省令の施行の日前の期間に係る労働者災害補償保険法の規定により支給すべき遺族補償年金及び遺族年金については、なお従前の例による。

5　この省令の施行の際現に労働者災害補償保険法第十六条の二第一項第四号（同法第二十二条の四第三項において準用する場合を含む。）に定める障害の状態にある遺族（労働者の死亡の時から引き続き当該障害の状態にある者に限る。）に該当しない者に関する労働者災害補償保険法施行規則第十五条（同令第十八条の九第一項において準用する場合を含む。）の規定の適用については、なお従前の例による。

6　労働者が業務上の事由又は通勤により負傷し、又は疾病にかかり、この省令の施行前に治つたとき身体に障害が存する場合において労働者災害補償保険特別支給金支給規則（昭和四十九年労働省令第三十号）第四条第一項の規定により当該労働者の申請に基づいて支給する障害特別支給金については、なお従前の例による。

附　則（昭五一・六・二八　労働省令第二五号）

この省令は、昭和五十一年七月一日から施行する。

附　則（昭五一・六・二八　労働省令第二六号）（抄）

（施行期日）

第一条　この省令は、昭和五十一年七月一日から施行する。

附　則（昭五一・九・二七　労働省令第三三号）（抄）

（施行期日）

第一条　この省令は、昭和五十一年十月一日から施行する。

（葬祭料及び葬祭給付の額に関する経過措置）
第三条　この省令の施行の日前に支給すべき事由の生じた葬祭料及び葬祭給付の額に関しては、なお従前の例による。

附　則（昭五一・九・二七　労働省令第三四号）（抄）

（施行期日）
第一条　この省令は、昭和五十一年十月一日から施行する。

（経過措置）
第二条　労働者災害補償保険法等の一部を改正する法律第二条の規定による改正前の労働者災害補償保険法の一部を改正する法律（昭和四十年法律第百三十号。次項において「旧昭和四十年改正法」という。）附則第十五条第二項に規定する者に支給するこの省令の施行の日の前日までの間に係る障害補償年金又は長期傷病補償給付たる年金の額については、なお従前の例による。

2　旧昭和四十年改正法附則第十五条第二項に規定する者で、この省令の施行の日前に死亡したものに係る遺族補償給付及び葬祭料については、なお従前の例による。

附　則（昭五二・三・二六　労働省令第六号）

この省令は、昭和五十一年改正法の施行の日〈昭和五十二年四月一日〉から施行する。

附　則（昭五二・六・一四　労働省令第二〇号）（抄）

（施行期日等）
第一条　この省令は、昭和五十二年七月一日から施行する。ただし、労働者災害補償保険法施行規則第九条第一号の改正規定及び附則第二条第一項の規定は、公布の日から施行する。

2　改正後の労働者災害補償保険法施行規則第九条第一号の規定は、昭和五十二年六月一日から適用する。

（経過措置）
第二条　労働者又はその遺族に支給される昭和五十二年六月一日（以下「適用日」という。）前の期間に係る労働者災害補償保険法（以下「法」という。）の規定による年金たる保険給付並びに適用日前に支給すべき事由の生じた法の規定による休業補償給付、障害補償一時金、遺族補償一時金、葬祭料、休業給付、障害一時金、遺族一時金及び葬祭給付、労働者災害補償保険法の一部を改正する法律（昭和四十年法律第百三十号。以下「昭和四十年改正法」という。）附則第四十二条第一項の一時金並びに労働者災害補償保険法の一部を改正する法律（昭和四十八年法律第八十五号。以下「昭和四十八年改正法」という。）附則第四条第一項の一時金の額については、なお従前の例による。適用日前に死亡した労働者に関し法第十六条の六第二号（法第二十二条の四第三項において準用する場合を含む。）の場合に支給される遺族補償一時金及び遺族一時金であつて、適用日以後に支給すべき事由の生じたものの額についても、同様とする。

2　法第三十三条各号に掲げる者であつて、この省令の施行の日（以下「施行日」という。）の前日において法第三十四条第一項第三号（法第三十六条第一項第二号において準用する場合を含む。）又は法第三十五条第一項第六号の規定によりその者の給付基礎日額が千円又は千五百円とされているもの（次項に規定する者及び施行日以後において法第三十三条各号に掲げる者に新たに該当するに至つた者を除く。以下「特定特別加入者」という。）の昭和五十三年三月三十一日までに生じた業務上の事由（法第三十三条第五号に掲げる者にあつては、当該作業又は通勤による負傷、疾病、障害又は死亡に係る法の規定による保険給付（療養補償給付及び療養給付を除く。）、昭和四十年改正法附則第四十二条第一項の一時金及び昭和四十八年改正法附則第四条第一項の一時金の額（以下「保険給付等の額」という。）の算定に用いる給付基礎日額については、なお従前の例による。

3　法第三十三条第一号又は第二号に掲げる者であつて、施行日の前日において法第三十四条第一項第三号の規定によりその者の給付基礎日額が千円又は千五百円とされているもの（事業の期間が予定される事業に係る者に限るものとし、施行日以後において法第三十三条第一号又は第二号に掲げる者に新たに該当するに至つた者を除く。以下「特定有期特別加入者」という。）の業務上の事由又は通勤による負傷、疾病、障害又は死亡に係る保険給付等の額の算定に用いる給付基礎日額については、なお従前の例による。

附　則（昭五三・三・二八　労働省令第九号）（抄）

（施行期日）

第一条　この省令は、昭和五十三年三月三十一日から施行する。

附　則（昭五三・五・二三　労働省令第二六号）

（施行期日）

1　この省令は、公布の日から施行する。

附　則（昭五三・八・七　労働省令第三二号）（抄）

（施行期日）

第一条　この省令は、昭和五十三年九月一日から施行する。〈後略〉

附　則（昭五四・四・四　労働省令第一二号）（抄）

（施行期日）

1　この省令は、公布の日から施行し、昭和五十四年四月一日から適用する。

（葬祭料及び葬祭給付の額に関する経過措置）

2　昭和五十四年四月一日前に支給すべき事由の生じた葬祭料及び葬祭給付の額については、なお従前の例による。

附　則（昭五五・二・二八　労働省令第二号）

この省令は、公布の日から施行する。

附　則（昭五五・三・二五　労働省令第四号）

（施行期日）

1　この省令は、昭和五十五年四月一日から施行する。

（経過措置）

2　この省令の施行の日（以下「施行日」という。）前の期間に係る労働者災害補償保険法（以下「法」という。）の規定による年金たる保険給付並びに施行日前に支給すべき事由の生じた法の規定による休業補償給付、障害補償一時金、遺族補償一時金、葬祭料、休業給付、障害一時金、遺族一時金及び葬祭給付、労働者災害補償保険法の一部を改正する法律（昭和四十年法律第百三十号）附則第四十二条第一項の一時金並びに労働者災害補償保険法の一部を改正する法律（昭和四十八年法律第八十五号）附則第四条第一項の一時金の額については、なお従前の例による。施行日前に死亡した労働者に関し法第十六条の六第一項第二号（法第二十二条の四第三項において準用する場合を含む。）の場合に支給される遺族補償一時金及び遺族一時金であつて、施行日以後に支給すべき事由の生じたものの額についても、同様とする。

附　則（昭五五・五・三一　労働省令第一五号）（抄）

（施行期日）

第一条　この省令は、昭和五十五年六月一日から施行する。ただし、第一条のうち労働者災害補償保険法施行規則第四十六条の二十第一項の改正規定中「、二千円」を削る部分、〈中略〉の規定は、昭和五十六年四月一日から施行する。

（労働者災害補償保険法施行規則の一部改正に伴う経過措置）

第二条　労働者災害補償保険法（以下「法」という。）第三十三条各号に掲げる者であつて、昭和五十六年三月三十一日において法第三十四条第一項第三号（法第三十六条第一項第二号において準用する場合を含む。）又は法第三十五条第一項第六号の規定によりその者の給付基礎日額が二千円とされているもの（次項に規定する者を除く。）の同日までに生じた業務上の事由（法第三十三条第五号に掲げる者にあつては、当該作業）又は通勤による負傷、疾病、障害又は死亡に係る法の規定による保険給付（療養補償給付及び療養給付を除く。）、労働者災害補償保険法の一部を改正する法律（昭和四十年法律第百三十号）附則第四十二条第一項の一時金及び労働者災害補償保険法の一部を改正する法律（昭和四十八年法律第八十五号）附則第四条第一項の一時金の額（次項において、「保険給付等の額」という。）の算定に用いる給付基礎日額については、なお従前の例による。

2　法第三十三条第一号又は第二号に掲げる者であつて、昭和五十六年三月三十一日において法第三十四条第一項第三号の規定によりその者の給付基礎日額が二千円とされているもの（事業の期間が予定される事業に係る者に限る。次条第一項において「特定有期特別加入者」という。）の業務上の事由又は通勤による負傷、疾病、障害又は死亡に係る保険給付等の額の算定に用いる給付基礎日額については、なお従前の例による。

附　則（昭五五・一二・五　労働省令第三二号）（抄）

（**施行期日等**）

第一条　この省令は、公布の日から施行する。ただし、次の各号に掲げる規定は、当該各号に定める日から施行する。

一　〈略〉

二　第一条中労働者災害補償保険法施行規則第四十四条の二第一項及び第三項の改正規定、〈中略〉次条第一項の規定〈中略〉　昭和五十六年一月一日

三　第一条中労働者災害補償保険法施行規則第十条の次に一条を加える改正規定、〈中略〉　昭和五十六年二月一日

四　〈略〉

2　次の各号に掲げる規定は、当該各号に定める日から適用する。

一　第一条の規定による改正後の労働者災害補償保険法施行規則（以下「新労災則」という。）第九条第一号及び附則第二十五項から第三十項まで並びに〈中略〉次条第二項及び第四項、〈中略〉の規定　昭和五十五年八月一日

二　〈略〉

（**第一条の規定の施行に伴う経過措置**）

第二条　昭和五十六年一月一日前に開始した療養に係る一部負担金については、新労災則第四十四条の二の規定にかかわらず、なお従前の例に

よる。

2　昭和五十三年四月の属する保険年度前の保険年度における平均給与額については、新労災則附則第二十五項ただし書及び第二十七項ただし書（新労災則附則第二十八項において準用する場合を含む。）の規定にかかわらず、なお従前の例による。

3　労働者災害補償保険法等の一部を改正する法律の施行の日の属する保険年度（以下「昭和五十五年度」という。）において、保険給付の額が労働者災害補償保険法（以下「労災保険法」という。）第六十四条の規定により改定される場合における新労災則附則第二十六項（新労災則第二十八項において準用する場合を含む。）の規定の適用については、新労災則附則第二十六項中「七月三十一日まで」とあるのは、「労働者災害補償保険法等の一部を改正する法律（昭和五十五年法律第百四号）の施行の日」とする。

4　新労災則附則第二十九項及び第三十項の規定は、昭和五十一年十月一日以後に支給すべき事由が生じた新労災則の規定による葬祭料及び葬祭給付について適用する。

附　則（昭五六・一・二六　労働省令第三号）（抄）

（施行期日等）

第一条　この省令は、昭和五十六年二月一日から施行する。

2　第二条の規定による改正後の労働者災害補償保険法施行規則第四十三条の規定は、昭和五十六年度の予算から適用する。

（第二条の規定の施行に伴う経過措置）

第三条　労働者が業務上の事由又は通勤（労働者災害補償保険法第七条第一項第二号の通勤をいう。次項において同じ。）により負傷し、又は疾病にかかり、この省令の施行前に治つたとき身体に障害が存する場合において同法の規定により支給すべき障害補償年金及び障害年金であつて、この省令の施行の日前の期間に係るものについては、なお従前の例による。

2　労働者が業務上の事由又は通勤により負傷し、又は疾病にかかり、この省令の施行前に治つたとき身体に障害が存する場合において労働者災害補償保険特別支給金支給規則（昭和四十九年労働省令第三十号）第四条第一項の規定により当該労働者の申請に基づいて支給する障害特別支給金及び同規則第七条第一項の規定により当該労働者の申請に基づいて支給する障害特別年金（この省令の施行の日前の期間に係るものに限る。）については、なお従前の例による。

附　則（昭五六・三・三〇　労働省令第八号）

（施行期日）

第一条　この省令は、昭和五十六年四月一日から施行する。

（葬祭料及び葬祭給付の額に関する経過措置）

第二条　この省令の施行の日前に支給すべき事由の生じた葬祭料及び葬祭給付の額については、なお従前の例による。

附　則（昭五六・一〇・二九　労働省令第三六号）

この省令は、昭和五十六年十一月一日から施行する。

附　則（昭五七・五・二六　労働省令第一九号）

この省令は、公布の日から施行する。

附　則（昭五七・九・三〇　労働省令第三二号）

この省令は、障害に関する用語の整理に関する法律（昭和五十七年法律第六十六号）の施行の日（昭和五十七年十月一日）から施行する。

附　則（昭五八・三・二三　労働省令第一〇号）

この省令は、昭和五十八年四月一日から施行する。

附　則（昭五八・四・五　労働省令第一四号）

1　この省令は、公布の日から施行し、昭和五十八年四月一日から適用する。

2　昭和五十八年四月一日前に支給すべき事由の生じた葬祭料及び葬祭給付の額については、なお従前の例による。

附　則（昭五八・一一・二　労働省令第二八号）（抄）

（施行期日）

1　この省令は、昭和五十九年四月一日から施行する。

（経過措置）

2　労働者災害補償保険法施行規則（昭和三十年労働省令第二十二号）第四十六条の十八第三号に掲げる作業に従事する者であつて、この省令の施行の日前に改正前の労働者災害補償保険法施行規則及び労働保険の保険料の徴収等に関する法律施行規則の一部を改正する省令附則第二条第三項の規定により読み替えて適用する労働者災害補償保険法施行規則第四十六条の二十第一項の規定によりその者の給付基礎日額が千円とされていたもの（次項において「特定特別加入者」という。）の当該給付基礎日額が千円とされていた期間に発生した事故に係る労働者災害補償保険法の規定による保険給付（療養補償給付を除く。）及び労働者災害補償保険特別支給金支給規則（昭和四十九年労働省令第三十号）の規定による休業特別支給金の額の算定に用いる給付基礎日額については、なお従前の例による。

附　則（昭五九・三・三一　労働省令第九号）

この省令は、昭和五十九年四月一日から施行する。

附　則（昭五九・七・二七　労働省令第一五号）（抄）

（施行期日）

第一条　この省令は、昭和五十九年八月一日から施行する。

（経過措置）

第二条　この省令の施行の日（以下「施行日」という。）前の期間に係る労働者災害補償保険法（以下「法」という。）の規定による年金たる保険給付並びに施行日前に支給すべき事由の生じた法の規定による休業補償給付、障害補償一時金、障害補償年金差額一時金、障害補償年金前払一時金、遺族補償一時金、遺族補償年金前払一時金、葬祭料、休業給付、障害一時金、障害年金差額一時金、障害年金前払一時金、遺族一時金、遺族年金前払一時金及び葬祭給付の額については、なお従前の例による。施行日前に死亡した労働者に関し法第十六条の六第一項第二号（法第二十二条の四第三項において準用する場合を含む。）の場合に支給される遺族補償一時金及び遺族一時金であつて、施行日以後に支給すべき事由の生じたもの及び施行日前に障害補償年金を受ける権利を有することとなつた労働者の当該障害補償年金に係る障害補償年金差額一時金又は施行日前に障害年金を受ける権利を有することとなつた労働者の当該障害年金に係る障害年金差額一時金であつて、施行日以後に支給すべき事由の生じたものの額についても、同様とする。

附　則（昭五九・九・二九　労働省令第二三号）

この省令は、昭和五十九年十月一日から施行する。

附　則（昭六〇・三・九　労働省令第四号）（抄）

（施行期日）

第一条　この省令は、昭和六十年四月一日から施行する。

（労働者災害補償保険法施行規則の一部改正に伴う経過措置）

第二条　労働者災害補償保険法（以下「法」という。）第三十三条各号に掲げる者であつて、この省令の施行の日（以下「施行日」という。）前に法第三十四条第一項第三号（法第三十六条第一項第二号において準用する場合を含む。）又は法第三十五条第一項第六号の規定によりその者の給付基礎日額が二千五百円とされていたもの（次項に規定する者を除く。以下「特定特別加入者」という。）の当該給付基礎日額が二千五百円とされていた期間に発生した事故に係る法の規定による保険給付（療養補償給付及び療養給付を除く。）及び労働者災害補償保険特別支給金支給規則（昭和四十九年労働省令第三十号）の規定による休業特別支給金の額（次項において「保険給付等の額」という。）の算定に用いる給付基礎日額については、なお従前の例による。

2　法第三十三条第一号又は第二号に掲げる者であつて、施行日の前日において法第三十四条第一項第三号の規定によりその者の給付基礎日額が二千五百円とされているもの（事業の期間が予定される事業（労働保険の保険料の徴収等に関する法律第七条の規定により一括される事業を除く。）に係る者に限る。次条第三項において「特定有期特別加入者」という。）の当該事業が終了するまでの間に発生した事故に係る保険給付等の額の算定に用いる給付基礎日額については、なお従前の例による。

3　改正後の労働者災害補償保険法施行規則（以下「新規則」という。）第四十六条の十八第三号に掲げる作業に従事する者の給付基礎日額に関しては、当分の間、新規則第四十六条の二十四において準用する新規則第四十六条の二十第一項中「三千円」とあるのは、「二千円、二千五百円、三千円」と読み替えて同項の規定を適用する。

附　則（昭六一・三・六　労働省令第五号）（抄）

（施行期日）

1　この省令は、昭和六十一年四月一日から施行する。

（労働者災害補償保険法施行規則及び労働保険の保険料の徴収等に関する法律施行規則の一部を改正する省令の一部改正に伴う経過措置）

7　労働者災害補償保険法施行規則（昭和三十年労働省令第二十二号）第四十六条の十八第三号に掲げる作業に従事する者であつて、この省令の施行の日前に改正前の労働者災害補償保険法施行規則及び労働保険の保険料の徴収等に関する法律施行規則の一部を改正する省令附則第二条第三項の規定により読み替えて適用する労働者災害補償保険法施行規則第四十六条の二十第一項の規定によりその者の給付基礎日額が千五百円とされていたもの（次項において「特定特別加入者」という。）の当該給付基礎日額が千五百円とされていた期間に発生した事故に係る労働者災害補償保険法の規定による保険給付（療養補償給付を除く。）及び労働者災害補償保険特別支給金支給規則（昭和四十九年労働省令第三十号）の規定による休業特別支給金の額の算定に用いる給付基礎日額については、なお従前の例による。

附　則（昭六一・三・二九　労働省令第一一号）

この省令は、昭和六十一年四月一日から施行する。

附　則（昭六一・四・五　労働省令第一六号）

1　この省令は、公布の日から施行し、昭和六十一年四月一日から適用する。

2　昭和六十一年四月一日前に支給すべき事由の生じた葬祭料及び葬祭給付の額については、なお従前の例による。

附　則（昭六二・一・三一　労働省令第二号）（抄）

（**施行期日**）

第一条　この省令は、労働者災害補償保険法及び労働保険の保険料の徴収等に関する法律の一部を改正する法律の施行の日（昭和六十二年二月一日）から施行する。

（**労働者災害補償保険法施行規則の一部改正に伴う経過措置**）

第二条　この省令の施行の日（以下「施行日」という。）前の期間に係る労働者災害補償保険法（以下「法」という。）の規定による年金たる保険給付並びに施行日前に支給すべき事由の生じた法の規定による休業補償給付、障害補償一時金、障害補償年金差額一時金、障害補償年金前払一時金、遺族補償一時金、遺族補償年金前払一時金、葬祭料、休業給付、障害一時金、障害年金差額一時金、障害年金前払一時金、遺族一時金、遺族年金前払一時金及び葬祭給付の額については、なお従前の例による。施行日前に障害補償年金を受ける権利を有することとなつた労働者の当該障害補償年金に係る障害補償年金差額一時金又は施行日前に障害年金を受ける権利を有することとなつた労働者の当該障害年金に係る障害年金差額一時金であつて、施行日以後に支給すべき事由の生じたもの及び施行日前に死亡した労働者に関し法第十六条の六第一項第二号（法第二十二条の四第三項において準用する場合を含む。）の場合に支給される遺族補償一時金又は遺族一時金であって、施行日以後に支給すべき事由の生じたものの額についても、同様とする。

2　昭和六十二年二月から同年七月までの月分の年金たる保険給付の算定の基礎として用いる給付基礎日額に係る法第八条の二第二項第一号の労働大臣が定める額及び同項第二号の労働大臣が定める額についての改正後の労働者災害補償保険法施行規則（以下「新労災則」という。）第九条の三の規定の適用については、同条第六項中「毎年、その年の八月から翌年の七月」とあるのは「昭和六十二年二月から同年七月」と、「当該八月の属する年の前年」とあるのは「昭和六十年」と、「当該八月の属する年の七月三十一日」とあるのは「昭和六十二年一月三十一日」とする。

3　労働者災害補償保険法及び労働保険の保険料の徴収等に関する法律の一部を改正する法律（以下「昭和六十一年改正法」という。）附則第四条第一項の規定に該当する場合における労働者災害補償保険法施行規則第十四条第五項（同令第十八条の八第一項において準用する場合を含む。）並びに附則第二十項（同令附則第三十六項において準用する場合を含む。）及び第二十五項（同令附則第三十八項において準用する場合を含む。）の規定の適用については、同令第十四条第五項並びに附則第二十項及び第二十五項中「法第八条の三第二項において準用する法第八条の二第二項各号に掲げる場合」とあるのは「労働者災害補償保険法及び労働保険の保険料の徴収等に関する法律の一部を改正する法律（昭和六十一年法律第五十九号）附則第四条第一項の規定」と、「当該各号に定める額」とあるのは「同項に規定する施行前給付基礎日額」とする。

附　則（昭六二・三・三〇　労働省令第一二号）（抄）

（施行期日）

第一条　この省令は、昭和六十二年四月一日から施行する。〈後略〉

（労働者災害補償保険法施行規則の一部改正に伴う経過措置）

第二条　この省令による改正後の労働者災害補償保険法施行規則（以下「新労災則」という。）第四十六条の十九第七項の規定は、この省令の施行の日（以下「施行日」という。）以後に同条第六項の規定により労働者災害補償保険法（以下この条において「法」という。）第二十七条第一号及び第二号に掲げる者に新たに該当するに至つた者が生じた旨の届出を行う場合について適用し、新労災則第四十六条の二十三第五項において準用する新労災則第四十六条の十九第三項の規定は、施行日以後に新労災則第四十六条の二十三第四項において準用する新労災則第四十六条の十九第六項の規定により法第二十七条第三号から第五号までに掲げる者に新たに該当するに至つた者が生じた旨の届出を行う場合について適用する。

附　則（昭六三・四・八　労働省令第一一号）

1　この省令は、公布の日から施行し、昭和六十三年四月一日から適用する。

2　昭和六十三年四月一日前に支給すべき事由の生じた葬祭料及び葬祭給付の額については、なお従前の例による。

附　則（昭六三・一二・二八　労働省令第四一号）

（施行期日）

1　この省令は、昭和六十四年二月一日から施行する。

（経過措置）

2　年金たる保険給付の受給権者であつて、その生年月日（遺族補償年金又は遺族年金の受給権者にあつては、当該年金たる保険給付を支給すべき事由に係る労働者の生年月日）の属する月が七月から十二月までの月に該当するものに対する昭和六十四年における改正後の労働者災害補償保険法施行規則第二十一条の規定の適用については、同条第一項中「毎年、労働大臣が」とあるのは、「年二回、それぞれ当該日までに報告書を提出すべき日として労働大臣が」とする。

附　則（平元・三・一七　労働省令第四号）（抄）

（**施行期日**）

1　この省令は、平成元年四月一日から施行する。

（**経過措置**）

2　改正後の労働保険の保険料の徴収等に関する法律施行規則（以下「新規則」という。）別表第一の規定による労災保険率は、この省令の施行の日以後に使用するすべての労働者に係る賃金総額に乗ずべき一般保険料率（次項に規定する事業についての一般保険料率を除く。以下この項において同じ。）の基礎となる労災保険率及び同日以後の期間に係る労働保険の保険料の徴収等に関する法律施行規則（以下「規則」という。）第二十一条に規定する額の総額に乗ずべき第一種特別加入保険料率（次項に規定する事業についての第一種特別加入保険料率を除く。以下この項において同じ。）の基礎となる労災保険率として適用し、同日前に使用するすべての労働者に係る賃金総額に乗ずべき一般保険料率の基礎となる労災保険率及び同日前の期間に係る同条に規定する額の総額に乗ずべき第一種特別加入保険料率の基礎となる労災保険率については、なお従前の例による。

3　この省令の施行の際現に労働者災害補償保険に係る保険関係が成立している事業であつて事業の期間が予定されるものに係る労災保険率（第一種特別加入保険料率の基礎となる場合を含む。）については、新規則別表第一の規定にかかわらず、なお従前の例による。

4　前項に規定する事業についての規則第十三条第一項に規定する請負金額に乗ずべき率は、新規則別表第二の規定にかかわらず、なお従前の例による。

5　この省令の施行の際現に労働保険の保険料の徴収等に関する法律（以下この項において「法」という。）第七条の規定により一の事業とみなされている事業のうち請負による建設の事業（道路新設事業、舗装工事業、機械装置の組立て又は据付けの事業（組立て又は取付けに関するものに限る。）又はその他の建設事業であって、規則第十三条の規定により賃金総額を算定するものに限る。）であって、平成元年度に使用するすべての労働者に係る賃金総額の見込額が昭和六十三年度に使用したすべての労働者に係る賃金総額の百分の五十以上百分の二百以下であるものについての法第十五条第一項の規定による平成元年度の一般保険料に係る概算保険料の額の算定に際し用いる当該事業に係る昭和六十三年度に使用したすべての労働者に係る賃金総額の算定に当たり当該事業に係る請負金額に乗ずべき率は、改正前の労働保険の保険料の徴収等に関する法律施行規則別表第二の規定にかかわらず、新規則別表第二に掲げる率とする。

6　新規則別表第五の規定による第二種特別加入保険料率は、この省令の施行の日以後の期間に係る規則第二十二条に規定する額の総額に乗ずべき第二種特別加入保険料率として適用し、同日前の期間に係る同条に規定する額の総額に乗ずべき第二種特別加入保険料率については、なお従前の例による。

附　則（平二・三・二九　労働省令第五号）

1　この省令は、平成二年四月一日から施行する。

2　平成二年四月一日前に支給すべき事由の生じた葬祭料及び葬祭給付の額については、なお従前の例による。

附　則（平二・七・三一　労働省令第一七号）（抄）

（施行期日）

第一条　この省令は、平成二年八月一日から施行する。

（労働省令で定める法律の規定）

第二条　労働者災害補償保険法等の一部を改正する法律附則第二条第二項に規定する労働省令で定める法律の規定は、労働者災害補償保険法等の一部を改正する法律（昭和五十五年法律第百四号）附則第十条の規定による改正前の労働者災害補償保険法の一部を改正する法律（昭和四十年法律第百三十号）附則第四十一条の規定とする。

2　労働者災害補償保険法等の一部を改正する法律（平成二年法律第四十号）附則第二条第三項において準用する同条第二項に規定する労働省令で定める法律の規定は、労働者災害補償保険法等の一部を改正する法律（昭和五十五年法律第百四号）附則第十一条の規定による改正前の労働者災害補償保険法の一部を改正する法律

（昭和四十八年法律第八十五号）附則第三条の規定とする。

（第一条の規定の施行に伴う経過措置）

第三条　この省令の施行の日（以下「施行日」という。）前に支給すべき事由が生じた労働者災害補償保険法（以下「法」という。）の規定による葬祭料及び葬祭給付並びに障害補償年金前払一時金、遺族補償年金前払一時金、障害年金前払一時金及び遺族年金前払一時金の額については、なお従前の例による。

2　施行日前の期間に係る法の規定による障害補償年金が支給された場合における改正後の労働者災害補償保険法施行規則（以下「新労災則」という。）附則第十七項の規定の適用については、同項中「当該障害補償年金の支給の対象とされた月の属する年度の前年度（当該月が四月から七月までの月に該当する場合にあつては、前々年度）」とあるのは、「法第八条第一項の算定事由発生日の属する年度（当該障害補償年金の額が労働者災害補償保険法等の一部を改正する法律（平成二年法律第四十号）第一条の規定による改正前の労働者災害補償保険法第六十四条又は労働者災害補償保険法等の一部を改正する法律（昭和五十五年法律第百四号）附則第十条の規定による改正前の労働者災害補償保険法の一部を改正する法律（昭和四十年法律第百三十号）附則第四十一条の規定により改正されたものである場合にあつては、当該改訂後の額を障害補償年金の額とすべき最初の月の属する年度の前年度）」とする。

3　施行日前に支給すべき事由の生じた法の規定による障害補償年金前払一時金が支給された場合における新労災則附則第十八項の規定の適用については、同項中「当該障害補償年金前払一時金を支給すべき事由が生じた月の属する年度の前年度（当該月が四月から七月までの月に該当する場合にあつては、前々年度）」とあるのは、「法第八条第一項の算定事由発生日の属する年度（当該障害補償年金前払一時金の額が労働者災害補償保険法等の一部を改正する法律（平成二年法律第四十号）第一条の規定による改正前の労働者災害補償保険法第六十五条第一項の規定により改定されたものである場合にあつては、当該改正において支給されるものとみなされる障害補償年金の当該改定後の額を障害補償年金の額とすべき最初の月の属する年度の前年度)」とする。

4　施行日前に支給すべき事由の生じた法の規定による遺族補償年金前払一時金が支給された場合における新労災則附則第三十二項の規定の適用については、同項中「当該遺族補償年金前払一時金を支給すべき事由が生じた月の属する年度の前年度(当該月が四月から七月までの月に該当する場合にあつては、前々年度)」とあるのは、「法第八条第一項の算定事由発生日の属する年度(当該遺族補償年金前払一時金の額が労働者災害補償保険法等の一部を改正する法律(平成二年法律第四十号)第一条の規定による改正前の労働者災害補償保険法第六十五条第一項の規定により改定されたものである場合にあつては、当該改定において支給されるものとみなされる遺族補償年金の当該改定後の額を遺族補償年金の額とすべき最初の月の属する年度の前年度)」とする。

5　施行日前の期間に係る法の規定による障害年金が支給された場合における新労災附則第三十六項の規定により読み替えられた新労災則附則第十七項の規定の適用については、同項中「当該障害年金の支給の対象とされた月の属する年度の前年度(当該月が四月から七月までの月に該当する場合にあつては、前々年度)」とあるのは、「法第八条第一項の算定事由発生日の属する年度(当該障害年金の額が労働者災害補償保険法等の一部を改正する法律(平成二年法律第四十号)第一条の規定による改正前の法第六十四条又は労働者災害補償保険法等の一部を改正する法律(昭和五十五年法律第百四号)附則第十一条の規定による改正前の労働者災害補償保険法の一部を改正する法律(昭和四十八年法律第八十五号)附則第三条の規定により改定されたものである場合にあつては、当該改定後の額を障害年金の額とすべき最初の月の属する年度の前年度)」とする。

6　施行日前に支給すべき事由の生じた法の規定による障害年金前払一時金が支給された場合における新労災則附則第三十六項の規定により読み替えられた新労災則附則第十八項の規定の適用については、同項中「当該障害年金前払一時金を支給すべき事由が生じた月の属する年度の前年度（当該月が四月から七月までの月に該当する場合にあつては、前々年度）」とあるのは、「法第八条第一項の算定事由発生日の属する年度（当該障害年金前払一時金の額が労働者災害補償保険法等の一部を改正する法律（平成二年法律第四十号）第一条の規定による改正前の労働者災害補償保険法第六十五条第二項において準用する同条第一項の規定により改正されたものである場合にあつては、当該改定において支給されるものとみなされる障害年金の当該改定後の額を障害年金の額とすべき最初の月の属する年度の前年度）」とする。

7　施行日前に支給すべき事由の生じた法の規定による遺族年金前払一時金が支給された場合における新労災則附則第四十三項の規定により読み替えられた新労災則附則第三十二項の規定の適用については、同項中「当該遺族補償年金前払一時金を支給すべき事由が生じた月の属する年度の前年度（当該月が四月から七月までの月に該当する場合にあつては、前々年度）」とあるのは、「法第八条第一項の算定事由発生日の属する年度（当該遺族年金前払一時金の額が労働者災害補償保険法等の一部を改正する法律（平成二年法律第四十号）第一条の規定による改正前の労働者災害補償保険法第六十五条第二項において準用する同条第一項の規定により改定されたものである場合にあつては、当該改定において支給されるものとみなされる遺族年金の当該改定後の額を遺族年金の額とすべき最初の月の属する年度の前年度）」とする。

附　則（平二・九・二八　労働省令第二四号）

（抄）

（施行期日）

第一条　この省令は、平成二年十月一日から施行する。

（労働省令で定めるとき等）

第二条　労働者災害補償保険法等の一部を改正する法律附則第四条に規定する労働省令で定めるときは、改正前の労働者災害補償保険法施行規則第十二条の四第二項又は第十八条の六の二第二項において準用する労働基準法施行規則（昭和二十二年厚生省令第二十三号）第三十八条の八第二項の規定により日日雇い入れられる者の休業補償給付又は休業給付の額が改定されるときとし、同法附則第四条に規定する労働省令で定める四半期は、同項の規定による改定後の額により休業補償給付又は休業給付を支給すべき最初の日の属する年の前年の七月から九月までの期間とする。

（第一条の規定の施行に伴う経過措置）

第三条　平成四年四月一日前に支給すべき事由が生じた労働者災害補償保険法の規定による休業補償給付及び休業給付については、改正後の労働者災害補償保険法施行規則第九条の四第六項の規定は、適用しない。

2　平成三年七月までの月分の労働者災害補償保険法の規定による年金たる保険給付の額の算定の基礎として用いる給付基礎日額に係る改正後の労働者災害補償保険法施行規則第九条の四第六項の規定の適用については、同項中「七月三十一日までに告示」とあるのは、「九月三十日までに告示」とする。

3　この省令の施行の日前に支給すべき事由が生じた労働者災害補償保険法の規定による休業補償給付及び休業給付に係る改正前の労働者災害補償保険法施行規則第十三条第四項（同令第十八条の七第二項において準用する場合を含む。）の規定による証明書の添付については、なお従前の例による。

附　則（平三・四・一二労働省令第一一号）

この省令は、公布の日から施行する。

附　則（平三・九・二五　労働省令第二〇号）

（施行期日）

1　この省令は、平成三年十月一日から施行する。

（経過措置）

2　この省令の施行の日（以下「施行日」という。）前の期間に係る労働者災害補償保険法（以下「法」という。）の規定による年金たる保険給付並びに施行日前に支給すべき事由の生じた法の規定による休業補償給付、障害補償一時金、障害補償年金差額一時金、障害補償年金前払一時金、遺族補償一時金、遺族補償年金前払一時金、葬祭料、休業給付、障害一時金、障害年金差額一時金、障害年金前払一時金、遺族一時金、遺族年金前払一時金及び葬祭給付の額については、なお従前の例による。施行日前に死亡した労働者に関し法第十六条の六第一項第二号(法第二十二条の四第三項において準用する場合を含む。)の場合に支給される遺族補償一時金又は遺族一時金であつて、施行日以後に支給すべき事由の生じたもの及び施行日前に障害補償年金を受ける権利を有することとなつた労働者の当該障害補償年金に係る障害補償年金差額一時金又は施行日前に障害年金を受ける権利を有することとなつた労働者の当該障害年金に係る障害年金差額一時金であつて、施行日以後に支給すべき事由の生じたものの額についても、同様とする。

附　則(平四・三・三〇　労働省令第五号)

1　この省令は、平成四年四月一日から施行する。

2　この省令の施行の日前に支給すべき事由の生じた葬祭料及び葬祭給付の額については、なお従前の例による。

附　則(平五・二・一二　労働省令第一号)(抄)

(施行期日)

第一条　この省令は、平成五年四月一日から施行する。

附　則(平五・三・二三　労働省令第五号)(抄)

(施行期日)

第一条　この省令は、平成五年四月一日から施行する。

(労働者災害補償保険法施行規則の一部改正に伴う経過措置)

第二条　労働者災害補償保険法(以下「法」という。)第三十三条各号に掲げる者であつて、この省令の施行の日(以下「施行日」という。)前に法第三十四条第一項第三号(法第三十六条第一項第二号において準用する場合を含む。)又は法第三十五条第一項第六号の規定によりその者の給付基礎日額が三千円とされていたもの(次項に規定する特定有期特別加入者及び改正後の労働者災害補償保険法施行規則(以下「新規則」という。)第四十六条の十八第三号に掲げる作業に従事する者を除く。以下「特定特別加入者」という。)の当該給付基礎日額が三千円とされていた期間に発生した事故に係る法の規定による保険給付(療養補償給付及び療養給付を除く。)及び労働者災害補償保険特別支給金支給規則(昭和四十九年労働省令第三十号)の規定による休業特別支給金の額(次項において「保険給付等の額」という。)の算定に用いる給付基礎日額については、なお従前の例による。

2　法第三十三条第一号から第五号までに掲げる者であつて、施行日の前日において法第三十四条第一項第三号又は法第三十五条第一項第六号の規定によりその者の給付基礎日額が三千円とされているもの(事業の期間が予定される事業(労働保険の保険料の徴収等に関する法律第七条の規定により一括される事業を除く。)に係る者に限る。次条第二項において「特定有期特別加入者」という。)の当該事業が終了するまでの間に発生した事故に係る保険給付等の額の算定に用いる給付基礎日額については、なお従前の例による。

3　新規則第四十六条の十八第三号に掲げる作業に従事する者の給付基礎日額に関しては、当分の間、新規則第四十六条の二十四において準用する新規則第四十六条の二十第一項中「三千五百円」とあるのは、「二千円、二千五百円、三千円、三千五百円」とする。

附　則(平五・七・一　労働省令第二五号)

この省令は、公布の日から施行する。

附　則(平五・七・二一　労働省令第二七号)

(施行期日)

1　この省令は、平成五年八月一日から施行する。ただし、第一条中労働者災害補償保険法施行規則第九条の五第一項ただし書の改正規定は、公布の日から施行する。

(経過措置)

2　平成三年四月の属する年度前の年度の平均給与額については、この省令による改正後の労働者災害補償保険法施行規則第九条の五第一項ただし書の規定にかかわらず、なお従前の例による。

附　則（平六・二・九　労働省令第五号）

この省令は、公布の日から施行する。

附　則（平六・三・三〇　労働省令第一八号）

1　この省令は、平成六年四月一日から施行する。

2　この省令の施行の日前に支給すべき事由の生じた葬祭料及び葬祭給付の額については、なお従前の例による。

附　則（平六・四・一　労働省令第二五号）

1　この省令は、公布の日から施行する。

2　この省令の施行日前に改正前の労働者災害補償保険法施行規則第二十五条第二号の規定に基づき同号に規定する労働時間の短縮に関する計画を作成した事業主に対する同条の中小企業労働時間短縮促進特別奨励金の支給については、なお従前の例による。

附　則（平六・六・二四　労働省令第三三号）

この省令は、公布の日から施行する。

附　則（平六・六・二四　労働省令第三五号）

この省令は、公布の日から施行する。

附　則（平六・九・二八　労働省令第四一号）

この省令は、平成六年十月一日から施行する。

附　則（平七・二・一〇　労働省令第五号）（抄）

（**施行期日等**）

1　この省令は、平成七年四月一日から施行する。

2　改正後の労働者災害補償保険法施行規則第四十三条の規定は、平成七年度の予算から適用する。

附　則（平七・三・三〇　労働省令第一六号）

この省令は、平成七年四月一日から施行する。

附　則（平七・三・三〇　労働省令第一七号）（抄）

1　この省令は、平成七年四月一日から施行する。

附　則（平七・七・三一　労働省令第三六号）（抄）

（施行期日）

1　この省令は、平成七年八月一日から施行する。

（第一条の規定の施行に伴う経過措置）

2　この省令の施行の日（以下「施行日」という。）前の期間に係る労働者災害補償保険法（以下「法」という。）の規定による年金たる保険給付並びに施行日前に支給すべき事由の生じた法の規定による休業補償給付、障害補償一時金、障害補償年金差額一時金、障害補償年金前払一時金、遺族補償一時金、遺族補償年金前払一時金、葬祭料、休業給付、障害一時金、障害年金差額一時金、障害年金前払一時金、遺族一時金、遺族年金前払一時金及び葬祭給付の額については、なお従前の例による。施行日前に死亡した労働者に関し法第十六条の六第一項第二号（法第二十二条の四第三項において準用する場合を含む。）の場合に支給される遺族補償一時金又は遺族一時金であって、施行日以後に支給すべき事由の生じたもの及び施行日前に障害補償年金を受ける権利を有することとなった労働者の当該障害補償年金に係る障害補償年金差額一時金又は施行日前に障害年金を受ける権利を有することとなった労働者の当該障害年金に係る障害年金差額一時金であって、施行日後に支給すべき事由の生じたものの額についても、同様とする。

附　則（平八・三・一　労働省令第六号）（抄）

（施行期日）

第一条　この省令は、平成八年四月一日から施行する。

（第一条の規定の施行に伴う経過措置）

第二条　第一条の規定の施行の日（以下「施行日」

という。）前に介護補償給付に係る障害補償年金又は傷病補償年金の支給事由となる障害の原因となる負傷又は疾病に関する療養を開始した者に支給すべき施行日の属する月分に係る介護補償給付の額に関する第一条の規定による改正後の労働者災害補償保険法施行規則第十八条の三の四第一項第二号（同条第二項において準用する場合を含む。）の規定の適用については、同号中「五万七千五十円（支給すべき事由が生じた月において介護に要する費用として支出された額が五万七千五十円に満たない場合にあつては、当該介護に要する費用として支出された額とする。）」とあるのは、「五万七千五十円」とする。

2　前項の規定は、施行日前に介護給付に係る障害年金又は傷病年金の支給事由となる障害の原因となる負傷又は疾病に関する療養を開始した者に支給すべき施行日の属する月分に係る介護給付の額について準用する。この場合において、同項中「第十八条の三の四第一項第二号」とあるのは「第十八条の十四において準用する第十八条の三の四第一項第二号」と読み替えるものとする。

附　則（平八・三・二八　労働省令第一二号）

1　この省令は、平成八年四月一日から施行する。

2　この省令の施行の日前に支給すべき事由の生じた葬祭料及び葬祭給付の額については、なお従前の例による。

附　則（平八・五・一一　労働省令第二五号）

1　この省令は、公布の日から施行する。

2　この省令の施行の日前に労働時間の短縮の促進に関する臨時措置法第十四条第二項に規定する労働時間短縮支援センターに対して労働者災害補償保険法施行規則第二十五条第二号に規定する労働時間の短縮に関する計画を提出した事業主に対する同条の中小企業労働時間短縮促進特別奨励金の支給については、なお従前の例による。

附　則（平八・七・二六　労働省令第三一号）

この省令は、平成八年十月一日から施行する。

附　則（平九・二・二八　労働省令第七号）

1　この省令は、平成九年四月一日から施行する。

2　平成九年三月以前の月に係る介護補償給付及び介護給付の額については、なお従前の例による。

附　則（平九・三・三一　労働省令第二〇号）

（抄）

（**施行期日**）

第一条　この省令は、平成九年四月一日から施行する。

（**中小企業労働時間短縮促進特別奨励金の支給に関する経過措置**）

第二条　この省令の施行の日前に改正前の労働者災害補償保険法施行規則第二十五条の規定により中小企業労働時間短縮促進特別奨励金の支給を受けることができることとなった事業主に対する当該中小企業労働時間短縮促進特別奨励金の支給については、なお従前の例による。

（**中小企業労働時間制度改善助成金及び事業主団体等労働時間短縮自主点検事業助成金の支給に関する経過措置**）

第三条　平成十一年三月三十一日までの間に改正後の労働者災害補償保険法施行規則（以下「新規則」という。）附則第四十九項又は第五十項の規定により中小企業労働時間制度改善助成金又は事業主団体等労働時間短縮自主点検事業助成金の支給を受けることができることとなった事業主又は旧猶予措置対象事業主若しくは中小企業事業主の団体若しくはその連合団体に対しては、新規則附則第四十八項の規定にかかわらず、同年四月一日以後においても当該中小企業労働時間制度改善助成金又は事業主団体等労働時間短縮自主点検事業助成金を支給することができる。

附　則（平九・四・一　労働省令第二四号）

（**施行期日**）

1　この省令は、公布の日から施行する。

（**経過措置**）

2　この省令の施行の日の前に改正前の労働者災害補償保険法施行規則第二十七条及び改正前の短時間労働者の雇用管理の改善等に関する法律

施行規則第五条の三の規定により中小企業短時間労働者雇用管理改善等助成金の支給を受けることができることとなった事業主に対する当該中小企業短時間労働者雇用管理改善等助成金の支給については、なお従前の例による。

3　この省令の施行の日の前に改正前の労働者災害補償保険法施行規則第二十八条及び改正前の短時間労働者の雇用管理の改善等に関する法律施行規則第五条の四の規定により事業主団体短時間労働者雇用管理改善等助成金の支給を受けることができることとなった事業主団体については、改正後の労働者災害補償保険法施行規則第二十七条及び改正後の短時間労働者の雇用管理の改善等に関する法律施行規則第五条の三の規定により短時間労働者雇用管理改善等助成金の支給を受けることができることとなった事業主団体とみなす。

附　則（平九・九・二五　労働省令第三一号）（抄）

（施行期日）

1　この省令は、雇用の分野における男女の均等な機会及び待遇の確保等のための労働省関係法律の整備に関する法律附則第一条第一号に掲げる規定の施行の日（平成九年十月一日）から施行する。

附　則（平一〇・三・二　労働省令第四号）

（施行期日）

1　この省令は、平成十年四月一日から施行する。

（経過措置）

2　この省令の施行の日前に支給すべき事由の生じた葬祭料及び葬祭給付の額については、なお従前の例による。

3　平成十年三月以前の月に係る介護補償給付及び介護給付の額については、なお従前の例による。

附　則（平一〇・三・二六　労働省令第一三号）（抄）

（施行期日）

1　この省令は、平成十年四月一日から施行する。

附　則（平一〇・四・二七　労働省令第二四号）（抄）

（施行期日）

第一条　この省令は、平成十一年四月一日から施行する。

附　則（平一一・三・二五　労働省令第一六号）

（施行期日）

1　この省令は、平成十一年四月一日から施行する。

（経過措置）

2　平成十一年三月以前の月に係る介護補償給付及び介護給付の額については、なお従前の例による。

附　則（平一一・三・三一　労働省令第二八号）（抄）

（施行期日）

第一条　この省令は、平成十一年四月一日から施行する。

附　則（平一二・一・三一　労働省令第二号）（抄）

（施行期日）

第一条　この省令は、平成十二年四月一日から施行する。

（処分、申請等に関する経過措置）

第二条　地方分権の推進を図るための関係法律の整備等に関する法律（以下「地方分権推進整備法」という。）の施行前に改正前のそれぞれの法律若しくはこれに基づく政令の規定（これらの規定を準用する他の法律又はこれに基づく政令の規定を含む。以下同じ。）により都道府県労働基準局長若しくは都道府県知事が行った許可等の処分その他の行為（以下「処分等の行為」という。）又は地方分権推進整備法の施行の際現に改正前のそれぞれの法律若しくはこれに基づく政令の規定により都道府県労働基準局長若しくは都道府県知事に対してされている許可等の申請その他の行為（以下「申請等の行為」という。）で、地方分権推進整備法の施行の日においてこれらの行為に係る行政事務を地方分権推進整備法による改正後のそれぞれの法律又はこれに基づく労働省令の規定（これらの規定を準用する他の法律又はこれに基づく労働省令の規定を含む。以下同じ。）により都道府県労働局長が行うこととなるものは、地方分権推進整備法の施行の日以後における改正後のそれぞれの法律又はこれに基づく労働省令の適用については、改正後のそれぞれの法律又はこれに基づく労働省令の相当規定により都道府県労働局長がした処分等の行為又は都道府県労働局長に対してされた申請等の行為とみなす。

第三条　この省令の施行前に改正前のそれぞれの省令の規定によりされた処分等の行為又はこの省令の施行の際現に改正前のそれぞれの省令の規定によりされている申請等の行為で、この省令の施行の日においてこれらの行為に係る行政事務を行うべき者が異なることとなるものは、この省令の施行の日以後における改正後のそれぞれの省令の適用については、改正後のそれぞれの省令の相当規定によりされた処分等の行為又は申請等の行為とみなす。

第四条　この省令の施行前に改正前のそれぞれの省令の規定により国又は地方公共団体の機関又は職員に対して報告、届出、提出その他の手続をしなければならない事項で、この省令の施行の日前にその手続がされていないものについては、これを改正後のそれぞれの省令の相当規定により国又は地方公共団体の相当の機関又は職員に対して報告、届出、提出をしなければならない事項についてその手続がされていないものとみなして、この省令による改正後のそれぞれの省令の規定を適用する。

附　則（平一二・三・一〇労働省令第五号）

（施行期日）

1　この省令は、平成十二年四月一日から施行する。

（経過措置）

2　この省令の施行の日前に支給すべき事由の生じた葬祭料及び葬祭給付の額については、なお従前の例による。

3　平成十二年三月以前の月に係る介護補償給付及び介護給付の額については、なお従前の例による。

附　則（平一三・三・二三　厚生労働省令第三一号）（抄）

（施行期日）

第一条　この省令は、平成十三年四月一日から施行する。ただし、第一条中労働者災害補償保険法施行規則（次条において「労災則」という。）第四十六条の十八に一号を加える改正規定〈略〉は、同年三月三十一日から施行する。

（経過措置）

第二条　平成十二年度以前の各年度の予算及び決算における労災則第四十三条に規定する労働福祉事業等に要する費用に充てるべき額の限度については、なお従前の例による。

附　則（平一三・四・四　厚生労働省令第一一八号）

（施行期日）

1　この省令は、公布の日から施行する。

（経過措置）

2　この省令の施行の日前に改正前の労働者災害補償保険法施行規則第二十六条の二又は第二十六条の三の規定により特例事業場労働時間短縮奨励金又は事業主団体等特例事業場労働時間短縮促進助成金の支給を受けることができることとなった事業主に対する当該特例事業場労働時間短縮奨励金又は事業主団体等特例事業場労働時間短縮促進助成金の支給については、なお従前の例による。

附　則（平一四・二・二〇　厚生労働省令第一三号）

この省令は、公布の日から施行する。

附　則（平一四・九・五　厚生労働省令第一一七号）（抄）

（施行期日）

この省令は、平成十四年十月一日から施行する。

附　則（平一五・三・二五　厚生労働省令第四五号）

（施行期日）

1　この省令は、平成十五年四月一日から施行する。

（経過措置）

2　平成十五年三月以前の月に係る介護補償給付及び介護給付の額については、なお従前の例による。

3　この省令の施行の日前に提出すべき事由が生じた改正前の第二十一条第二項第一号ロ（同条第四項の規定により読み替えて適用する場合を含む。）の規定による診断書の添付については、なお従前の例による。

附　則（平一五・三・三一　厚生労働省令第七一号）（抄）

（施行期日）

第一条　この省令は、平成十五年四月一日から施行する。

附　則（平一六・三・三一　厚生労働省令第七四号）

（施行期日）

1　この省令は、平成十六年四月一日から施行する。

（経過措置）

2　平成十六年三月以前の月に係る介護補償給付及び介護給付の額については、なお従前の例による。

附　則（平一六・六・四　厚生労働省令第一〇一号）

（施行期日）

1　この省令は、平成十六年七月一日から施行する。

（経過措置）

2　労働者が業務上負傷し、又は疾病にかかり、この省令の施行前に治ったとき身体に障害が存する場合において労働基準法の規定により使用者が行うべき障害補償については、なお従前の例による。

3　労働者が業務上の事由又は通勤（労働者災害補償保険法（以下「法」という。）第七条第一項第二号の通勤をいう。以下同じ。）により負傷し、又は疾病にかかり、この省令の施行前に治ったとき身体に障害が存する場合において法の規定により支給すべき障害補償給付及び障害給付については、なお従前の例による。

4　この省令の施行前に労働者が業務上の事由又は通勤により死亡した場合において法の規定により支給すべき遺族補償給付及び遺族給付については、なお従前の例による。

5　労働者が業務上の事由又は通勤により負傷し、又は疾病にかかり、この省令の施行前に治ったとき身体に障害が存する場合において労働者災害補償保険特別支給金支給規則（昭和四十九年労働省令第三十号。以下「特支金則」という。）第四条第一項の規定により当該労働者の申請に基づいて支給する障害特別支給金、特支金則第七条第一項の規定により当該労働者の申請に基づいて支給する障害特別年金及び特支金則第八条第一項の規定により当該労働者の申請に基づいて支給する障害特別一時金については、なお従前の例による。

6　この省令の施行前に労働者が業務上の事由又は通勤により死亡した場合において特支金則第九条第一項の規定により当該遺族の申請に基づいて支給する遺族特別年金及び特支金則第十条第一項の規定により当該遺族の申請に基づいて支給する遺族特別一時金については、なお従前の例による。

附　則（平一七・三・三一　厚生労働省令第六八号）

この省令は、平成十七年四月一日から施行する。

附　則（平一八・一・二五　厚生労働省令第六号）

（施行期日）

1　この省令は、平成十八年四月一日から施行する。

（経過措置）

2　労働者が業務上負傷し、又は疾病にかかり、この省令の施行前に治ったとき身体に障害が存する場合において労働基準法の規定により使用者が行うべき障害補償については、なお従前の例による。

3　労働者が業務上の事由又は通勤（労働者災害補償保険法（以下「法」という。）第七条第一項第二号の通勤をいう。以下同じ。）により負傷し、又は疾病にかかり、この省令の施行前に治ったとき身体に障害が存する場合において法の規定により支給すべき障害補償給付及び障害給付については、なお従前の例による。

4　この省令の施行前に労働者が業務上の事由又は通勤により死亡した場合において法の規定により支給すべき遺族補償給付及び遺族給付については、なお従前の例による。

5　労働者が業務上の事由又は通勤により負傷し、又は疾病にかかり、この省令の施行前に治ったとき身体に障害が存する場合において労働者災害補償保険特別支給金支給規則（昭和四十九年労働省令第三十号。以下「特支金則」という。）第四条第一項の規定により当該労働者の申請に基づいて支給する障害特別支給金、特支金則第七条第一項の規定により当該労働者の申請に基づいて支給する障害特別年金及び特支金則第八条第一項の規定により当該労働者の申請に基づいて支給する障害特別一時金については、なお従前の例による。

6　この省令の施行前に労働者が業務上の事由又は通勤により死亡した場合において特支金則第九条第一項の規定により当該遺族の申請に基づいて支給する遺族特別年金及び特支金則第十条第一項の規定により当該遺族の申請に基づいて支給する遺族特別一時金については、なお従前の例による。

附　則（平一八・三・二七　厚生労働省令第五二号）

（施行期日）

1　この省令は、平成十八年四月一日から施行する。

（経過措置）

２　この省令による改正後の労働者災害補償保険法施行規則及び労働者災害補償保険特別支給金支給規則の規定は、この省令の施行の日以後に発生した負傷、疾病、障害又は死亡に起因する労働者災害補償保険法第七条第一項第二号の通勤災害に関する保険給付について適用する。

附　則（平一八・三・三一　厚生労働省令第六七号）

（施行期日）

１　この省令は、平成十八年四月一日から施行する。

（経過措置）

２　この省令の施行の日前に改正前の労働者災害補償保険法施行規則第二十六条から第二十七条までの規定により労働時間短縮実施計画推進援助団体助成金、労働時間制度改善助成金、中小企業長期休暇制度モデル企業助成金、長期休暇制度基盤整備助成金又は短時間労働者雇用管理改善等助成金の支給を受けることができることとなった事業主又は事業主の団体若しくは連合団体に対する当該労働時間短縮実施計画推進援助団体助成金、労働時間制度改善助成金、中小企業長期休暇制度モデル企業助成金、長期休暇制度基盤整備助成金又は短時間労働者雇用管理改善等助成金の支給については、なお従前の例による。

附　則（平一八・三・三一　厚生労働省令第六八号）

（施行期日）

１　この省令は、平成十八年四月一日から施行する。

（経過措置）

２　平成十八年三月以前の月に係る労働者災害補償保険法（昭和二十二年法律第五十号）による介護補償給付及び介護給付の額並びに労働者災害補償保険法等の一部を改正する法律（平成七年法律第三十五号）附則第八条の規定によりなおその効力を有するものとされる同法附則第七条の規定による改正前の炭鉱災害による一酸化炭素中毒症に関する特別措置法（昭和四十二年法律第九十二号）の規定による介護料の金額に

ついては、なお従前の例による。

附　則（平一八・四・二八　厚生労働省令第一一六号）（抄）

（**施行期日**）

第一条　この省令は、平成十八年五月一日から施行する。

附　則（平一八・五・二三　厚生労働省令第一二二号）

この省令は、刑事施設及び受刑者の処遇等に関する法律の施行の日（平成十八年五月二十四日）から施行する。

附　則（平一八・九・五　厚生労働省令第一五四号）

この省令は、公布の日から施行する。

附　則（平一八・九・二九　厚生労働省令第一六九号）

この省令は、平成十八年十月一日から施行する。

附　則（平一九・三・三一　厚生労働省令第七〇号）（抄）

（**施行期日**）

1　この省令は、平成十九年四月一日から施行し、平成十九年度の予算から適用する。

附　則（平一九・四・二三　厚生労働省令第八〇号）（抄）

（**施行期日**）

第一条　この省令は、公布の日から施行する。

〈後略〉

第八条　適用日前に旧雇保則第百二条の五第二項の規定により求職活動等支援給付金の支給を受けることができることとなった事業主に対する求職活動等支援給付金の支給については、なお従前の例による。

2　適用日前に旧雇保則第百二条の五第三項の規

定により再就職支援給付金の支給を受けることができることとなった事業主に対する再就職支援給付金の支給については、なお従前の例による。

3　適用日前に旧雇保則第百二条の五第四項の規定により定着講習支援給付金の支給を受けることができることとなった事業主に対する定着講習支援給付金の支給については、なお従前の例による。

4　適用日前に旧雇保則第百四条第二項第一号イ及びニ又は同項第二号ロ及びニに該当することとなった事業主に対する継続雇用制度奨励金及び多数継続雇用助成金の支給については、なお従前の例による。

5　適用日前に旧雇保則第百四条第六項第一号イの措置を講じた事業主に対する雇用確保措置導入支援助成金の支給については、なお従前の例による。

6　適用日前に旧雇保則第百十条の二第二項第一号の法人の設立の登記をした事業主に対する高年齢者等共同就業機会創出助成金の支給については、なお従前の例による。

7　適用日前に旧雇保則第百十条の三第一項第一号の雇入れを行った事業主に対する同項の試行雇用奨励金の支給については、なお従前の例による。

8　附則第一条第一号に掲げる規定の施行の日前に旧雇保則第百十三条の規定により通年雇用安定給付金の支給を受けることができることとなった事業主に対する通年雇用安定給付金の支給については、なお従前の例による。

9　適用日前に介護労働者の雇用管理の改善等に関する法律第八条第一項の規定に係る改善計画の認定を申請した事業主に対する旧雇保則第百十八条第六項の介護基盤人材確保助成金の支給については、なお従前の例による。

10　適用日前に旧雇保則第百二十五条第二項又は第五項の規定によりキャリア形成促進助成金の支給を受けることができることとなった事業主に対するキャリア形成促進助成金の支給については、なお従前の例による。

11　旧雇保則第百二十五条第三項第二号ハからヘまでに規定する期間の初日が施行日前である事業主であって、当該期間内に同項第一号に該当するものに対する同項のキャリア形成促進助成金の支給については、なお従前の例による。

12　適用日前に旧雇保則附則第十七条の六の規定により建設業労働移動円滑化支援助成金の支給を受けることができることとなった事業主又は認定団体に対する建設業労働移動円滑化支援助成金の支給については、なお従前の例による。

13　第三条の規定による改正前の労働者災害補償保険法施行規則第二十六条の規定に基づく短時間労働者雇用管理改善等助成金の支給であって、施行日前にその支給事由である措置の一部を講じた事業主に対するものの実施については、なお従前の例による。

14　施行日前に第十条の規定による改正前の育児休業、介護休業等育児又は家族介護を行う労働者の福祉に関する法律施行規則第三十八条の表雇保則第百十六条第三号に規定する事業所の事業主であって、同号に規定する措置の実施の状況を明らかにする書類を整備しているもの（同号に規定する原職等復帰措置に基づき最初に原職等に復帰する者が生じた日から起算して三年の期間を経過していない者に限る。）の項及び同表雇保則第百十六条第四号に規定する事業主の項に該当することとなった事業主に対するこれらの項の規定の適用については、なお従前の例による。

15　適用日前に第十四条の規定による改正前の独立行政法人雇用・能力開発機構の業務運営並びに財務及び会計に関する省令第二十一条第三項、第四項若しくは第八項から第十項まで又は附則第三条の規定により、第二種建設教育訓練助成金、第三種建設教育訓練助成金、福利厚生助成金、第一種雇用改善推進事業助成金若しくは第二種雇用改善推進事業助成金又は建設業労働移動円滑化支援助成金の支給を受けることができることとなった中小建設事業主等、中小建設事業主、事業主、建設業の事業主団体若しくは総合工事業を行う者又は認定団体に対する第二種建設教育訓練助成金、第三種建設教育訓練助成金、福利厚生助成金、第一種雇用改善推進事業助成金、第二種雇用改善推進事業助成金又は建設業労働移動円滑化助成金の支給については、なお従前の例による。

附　則（平一九・六・一　厚生労働省令第八六号）

この省令は、平成十九年六月一日から施行する。

附　則（平一九・六・二九　厚生労働省令第九二号）（抄）

（**施行期日**）

第一条　この省令は、平成十九年七月一日から施行する。

附　則（平一九・七・三　厚生労働省令第九三号）

この省令は、公布の日から施行する。

附　則（平一九・九・二五　厚生労働省令第一一二号）（抄）

（**施行期日**）

第一条　この省令は、平成十九年十月一日から施行する。

附　則（平一九・一二・二五　厚生労働省令第一五二号）

この省令は、平成十九年十二月二十六日から施行する。

附　則（平二〇・三・一八　厚生労働省令第三六号）

（**施行期日**）

1　この省令は、平成二十年四月一日から施行する。

（**経過措置**）

2　この省令による改正後の労働者災害補償保険法施行規則第八条第五号の規定は、この省令の施行の日（以下「施行日」という。）以後に発生した負傷、疾病、障害又は死亡に起因する労働者災害補償保険法（昭和二十二年法律第五十号）第七条第一項第二号の通勤災害に関する保険給付について適用するものとし、施行日前に発生した負傷、疾病、障害又は死亡に起因する同号の通勤災害に関する保険給付については、なお従前の例による。

3 労働安全衛生規則の一部を改正する省令（平成十九年厚生労働省令第九十六号）の施行の日前に、労働者災害補償保険法第二十六条第一項に規定する一次健康診断を受けた者に係る二次健康診断等給付に係る検査については、なお従前の例による。

附　則（平二〇・三・三一　厚生労働省令第七八号）

（施行期日）

1 この省令は、平成二十年四月一日から施行する。

（経過措置）

2 平成二十年三月以前の月に係る労働者災害補償保険法（昭和二十二年法律第五十号）による介護補償給付及び介護給付の額並びに労働者災害補償保険法等の一部を改正する法律（平成七年法律第三十五号）附則第八条の規定によりなおその効力を有するものとされる同法附則第七条の規定による改正前の炭鉱災害による一酸化炭素中毒症に関する特別措置法（昭和四十二年法律第九十二号）の規定による介護料の金額については、なお従前の例による。

附　則（平二一・三・三一　厚生労働省令第七三号）

（施行期日）

1 この省令は、平成二十一年四月一日から施行する。

（経過措置）

2 この省令の施行の日前に、この省令による改正前の労働者災害補償保険法施行規則第二十七条第二号の規定に基づき同号に規定する計画について都道府県労働局長の認定を受けた中小事業主に対する同条の中小企業労働時間適正化促進助成金の支給については、なお従前の例による。

附　則（平二一・一二・二八　厚生労働省令第一六七号）（抄）

（施行期日）

第一条 この省令は、平成二十二年一月一日から施行する。

附　則（平二一・一二・二八　厚生労働省令第一六八号）（抄）

（施行期日）
第一条　この省令は、平成二十二年一月一日から施行する。

附　則（平二二・三・三一　厚生労働省令第四二号）

（施行期日）
1　この省令は、平成二十二年四月一日から施行する。

（経過措置）
2　平成二十二年三月以前の月に係る労働者災害補償保険法（昭和二十二年法律第五十号）による介護補償給付及び介護給付の額並びに労働者災害補償保険法等の一部を改正する法律（平成七年法律第三十五号）附則第八条の規定によりなおその効力を有するものとされる同法附則第七条の規定による改正前の炭鉱災害による一酸化炭素中毒症に関する特別措置法（昭和四十二年法律第九十二号）の規定による介護料の金額については、なお従前の例による。

附　則（平二二・九・二九　厚生労働省令第一〇七号）（抄）

（施行期日）
第一条　この省令は、雇用保険法等の一部を改正する法律の一部の施行の日（平成二十二年十月一日）から施行する。

附　則（平二三・二・一　厚生労働省令第一三号）（抄）

（施行期日）
第一条　この省令は、公布の日から施行する。

（労働者災害補償保険法施行規則の一部改正に伴う経過措置等）
第三条　この省令の施行前に生じた労働者災害補償保険法（以下「法」という。）の規定による障害補償給付又は障害給付（以下「障害補償給付等」という。）の支給事由に係る障害に関する労働者災害補償保険法施行規則（以下「労災則」という。）別表第一の規定の適用については、なお従前の例による。

2　この省令の施行前に労働者が業務上の事由又は通勤（法第七条第一項第二号の通勤をいう。以下同じ。）により死亡した場合における当該労働者の遺族（法第十六条の二第一項の遺族をいう。以下同じ。）の障害の状態の評価については、なお従前の例による。

3　この省令の施行前に生じた障害補償給付等の支給事由に係る障害であって、この省令による改正前の労災則別表第一第一二級第一三号又は第一四級第一〇号に該当するもの（平成二十二年六月十日前に障害補償給付等に関する決定を受けた者に係るものを除く。）については、第一項の規定にかかわらず、当該障害に係る障害補償給付等の支給事由が生じた日から、この省令による改正後の労災則別表第一の規定を適用する。

4　第二項の規定にかかわらず、この省令の施行前に生じた労働者の業務上の事由又は通勤による死亡について、法の規定による遺族補償給付又は遺族給付（以下「遺族補償給付等」という。）が支給される場合であって、当該労働者の遺族に、この省令による改正前の労災則別表第一第一二級第一三号又は第一四級第一〇号に該当する障害を有する者があるとき（当該死亡に関し、平成二十二年六月十日前に遺族補償給付等に関する決定を受けたときを除く。）における当該遺族の障害の状態に関する労災則第十五条の規定の適用については、同条中「身体に別表第一」とあるのは、「身体に労働基準法施行規則及び労働者災害補償保険法施行規則の一部を改正する省令（平成二十三年厚生労働省令第十三号）第二条による改正後の別表第一」とする。

附　則（平二三・三・三一　厚生労働省令第三五号）

（施行期日）

1　この省令は、平成二十三年四月一日から施行する。

（経過措置）

2　平成二十三年三月以前の月に係る労働者災害補償保険法（昭和二十二年法律第五十号）によ

る介護補償給付及び介護給付の額並びに労働者災害補償保険法等の一部を改正する法律（平成七年法律第三十五号）附則第八条の規定によりなおその効力を有するものとされる同法附則第七条の規定による改正前の炭鉱災害による一酸化炭素中毒症に関する特別措置法（昭和四十二年法律第九十二号）による介護料の金額については、なお従前の例による。

附　則（平二三・四・一　厚生労働省令第四八号）（抄）

（施行期日）

第一条　この省令は、平成二十三年四月一日から施行する。

（雇用安定事業等に関する経過措置）

第二条　1～39　〈略〉

40　施行日前に〈中略〉第五条による改正前の労働者災害補償保険法施行規則第二十六条〈中略〉の規定により短時間労働者均衡待遇推進等助成金の支給を受けることができることとなった事業主に対する短時間労働者均衡待遇推進等助成金の支給については、なお従前の例による。

41～43　〈略〉

附　則（平二三・九・六　厚生労働省令第一一三号）

この省令は、平成二十三年十月一日から施行する。

附　則（平二三・一二・二七　厚生労働省令第一五四号）

（施行期日）

1　この省令は、平成二十四年一月一日から施行する。

（経過措置）

2　この省令による改正後の労働者災害補償保険法施行規則第四十六条の十七第二号の規定は、この省令の施行の日（以下「施行日」という。）以後に発生した負傷、疾病、障害又は死亡に起因する労働者災害補償保険法（昭和二十二年法律第五十号）第七条第一項第一号の業務災害及び同項第二号の通勤災害に関する保険給付について適用するものとし、施行日前に発生した負傷、疾病、障害又は死亡に起因する同項第一号の業務災害及び同項第二号の通勤災害に関する保険給付については、なお従前の例による。

附　則（平二四・三・二六　厚生労働省令第三五号）

この省令は、平成二十四年四月一日から施行する。

附　則（平二四・三・三〇　厚生労働省令第五六号）

（施行期日）

1　この省令は、平成二十四年四月一日から施行する。

（経過措置）

2　平成二十四年三月以前の月に係る労働者災害補償保険法による介護補償給付及び介護給付の額並びに労働者災害補償保険法等の一部を改正する法律（平成七年法律第三十五号）附則第八条の規定によりなおその効力を有するものとされる同法附則第七条の規定による改正前の炭鉱災害による一酸化炭素中毒症に関する特別措置法による介護料の金額については、なお従前の例による。

別表第一　障害等級表（第十四条、第十五条、第十八条の八関係）

障害等級	給付の内容	身体障害
第一級	当該障害の存する期間一年につき給付基礎日額の三一三日分	一　両眼が失明したもの 二　そしやく及び言語の機能を廃したもの 三　神経系統の機能又は精神に著しい障害を残し、常に介護を要するもの 四　胸腹部臓器の機能に著しい障害を残し、常に介護を要するもの 五　削除 六　両上肢をひじ関節以

		上で失つたもの 七　両上肢の用を全廃したもの 八　両下肢をひざ関節以上で失つたもの 九　両下肢の用を全廃したもの
第二級	同二七七日分	一　一眼が失明し、他眼の視力が〇・〇二以下になつたもの 二　両眼の視力が〇・〇二以下になつたもの 二の二　神経系統の機能又は精神に著しい障害を残し、随時介護を要するもの 二の三　胸腹部臓器の機能に著しい障害を残し、随時介護を要するもの 三　両上肢を手関節以上

		で失つたもの 四　両下肢を足関節以上で失つたもの
第三級	同二四五日分	一　一眼が失明し、他眼の視力が〇・〇六以下になつたもの 二　そしやく又は言語の機能を廃したもの 三　神経系統の機能又は精神に著しい障害を残し、終身労務に服することができないもの 四　胸腹部臓器の機能に著しい障害を残し、終身労務に服することができないもの 五　両手の手指の全部を失つたもの
第四級	同二一三日分	一　両眼の視力が〇・〇六以下になつたもの 二　そしやく及び言語の

障害等級	給付の内容	身体障害
		機能に著しい障害を残すもの 三　両耳の聴力を全く失つたもの 四　一上肢をひじ関節以上で失つたもの 五　一下肢をひざ関節以上で失つたもの 六　両手の手指の全部の用を廃したもの 七　両足をリスフラン関節以上で失つたもの
第五級	同　一八四日分	一　一眼が失明し、他眼の視力が〇・一以下になつたもの 一の二　神経系統の機能又は精神に著しい障害を残し、特に軽易な労務以外の労務に服することができないもの 一の三　胸腹部臓器の機能に著しい障害を残し、特に軽易な労務以外の労務に服することができないもの 二　一上肢を手関節以上で失つたもの 三　一下肢を足関節以上で失つたもの 四　一上肢の用を全廃したもの 五　一下肢の用を全廃したもの 六　両足の足指の全部を失つたもの
第六級	同　一五六日分	一　両眼の視力が〇・一以下になつたもの 二　そしやく又は言語の機能に著しい障害を残すもの 三　両耳の聴力が耳に接しなければ大声を解す

		ることができない程度になつたもの 三の二　一耳の聴力を全く失い、他耳の聴力が四十センチメートル以上の距離では普通の話声を解することができない程度になつたもの 四　せき柱に著しい変形又は運動障害を残すもの 五　一上肢の三大関節中の二関節の用を廃したもの 六　一下肢の三大関節中の二関節の用を廃したもの 七　一手の五の手指又は母指を含み四の手指を失つたもの
第七級	同　一三一日分	一　一眼が失明し、他眼の視力が〇・六以下になつたもの 二　両耳の聴力が四十センチメートル以上の距離では普通の話声を解することができない程度になつたもの 二の二　一耳の聴力を全く失い、他耳の聴力が一メートル以上の距離では普通の話声を解することができない程度になつたもの 三　神経系統の機能又は精神に障害を残し、軽易な労務以外の労務に服することができないもの 四　削除 五　胸腹部臓器の機能に障害を残し、軽易な労務以外の労務に服する

		ことができないもの 六　一手の母指を含み三の手指又は母指以外の四の手指を失つたもの 七　一手の五の手指又は母指を含み四の手指の用を廃したもの 八　一足をリスフラン関節以上で失つたもの 九　一上肢に偽関節を残し、著しい運動障害を残すもの 一〇　一下肢に偽関節を残し、著しい運動障害を残すもの 一一　両足の足指の全部の用を廃したもの 一二　外貌に著しい醜状を残すもの 一三　両側のこう丸を失つたもの
第八級	給付基礎日額の五〇三日分	一　一眼が失明し、又は一眼の視力が〇・〇二以下になつたもの 二　せき柱に運動障害を残すもの 三　一手の母指を含み二の手指又は母指以外の三の手指を失つたもの 四　一手の母指を含み三の手指又は母指以外の四の手指の用を廃したもの 五　一下肢を五センチメートル以上短縮したもの 六　一上肢の三大関節中の一関節の用を廃したもの 七　一下肢の三大関節中の一関節の用を廃したもの 八　一上肢に偽関節を残

すもの

九　一下肢に偽関節を残すもの

一〇　一足の足指の全部を失つたもの

第九級　同　三九一日分

一　両眼の視力が〇・六以下になつたもの

二　一眼の視力が〇・六以下になつたもの

三　両眼に半盲症、視野狭さく又は視野変状を残すもの

四　両眼のまぶたに著しい欠損を残すもの

五　鼻を欠損し、その機能に著しい障害を残すもの

六　そしやく及び言語の機能に障害を残すもの

六の二　両耳の聴力が一メートル以上の距離では普通の話声を解することができない程度になつたもの

六の三　一耳の聴力が耳に接しなければ大声を解することができない程度になり、他耳の聴力が一メートル以上の距離では普通の話声を解することが困難である程度になつたもの

七　一耳の聴力を全く失つたもの

七の二　神経系統の機能又は精神に障害を残し、服することができる労務が相当な程度に制限されるもの

七の三　胸腹部臓器の機能に障害を残し、服することができる労務が相当な程度に制限され

		るもの 八　一手の母指又は母指以外の二の手指を失つたもの 九　一手の母指を含み二の手指又は母指以外の三の手指の用を廃したもの 一〇　一足の第一の足指を含み二以上の足指を失つたもの 一一　一足の足指の全部の用を廃したもの 一一の二　外貌に相当程度の醜状を残すもの 一二　生殖器に著しい障害を残すもの
第一〇級	同 三〇二日分	一　一眼の視力が〇・一以下になつたもの 一の二　正面視で複視を残すもの 二　そしやく又は言語の機能に障害を残すもの 三　一四歯以上に対し歯科補てつを加えたもの 三の二　両耳の聴力が一メートル以上の距離では普通の話声を解することが困難である程度になつたもの 四　一耳の聴力が耳に接しなければ大声を解することができない程度になつたもの 五　削除 六　一手の母指又は母指以外の二の手指の用を廃したもの 七　一下肢を三センチメートル以上短縮したもの 八　一足の第一の足指又は他の四の足指を失つたもの

		九　一上肢の三大関節中の一関節の機能に著しい障害を残すもの 一〇　一下肢の三大関節中の一関節の機能に著しい障害を残すもの
第一一級	同　二二三日分	一　両眼の眼球に著しい調節機能障害又は運動障害を残すもの 二　両眼のまぶたに著しい運動障害を残すもの 三　一眼のまぶたに著しい欠損を残すもの 三の二　十歯以上に対し歯科補てつを加えたもの 三の三　両耳の聴力が一メートル以上の距離では小声を解することができない程度になつたもの 四　一耳の聴力が四十センチメートル以上の距離では普通の話声を解することができない程度になつたもの 五　せき柱に変形を残すもの 六　一手の示指、中指又は環指を失つたもの 七　削除 八　一足の第一の足指を含み二以上の足指の用を廃したもの 九　胸腹部臓器の機能に障害を残し、労務の遂行に相当な程度の支障があるもの
第一二級	同　一五六日分	一　一眼の眼球に著しい調節機能障害又は運動障害を残すもの 二　一眼のまぶたに著し

		い運動障害を残すもの 三　七歯以上に対し歯科補てつを加えたもの 四　一耳の耳かくの大部分を欠損したもの 五　鎖骨、胸骨、ろく骨、肩こう骨又は骨盤骨に著しい変形を残すもの 六　一上肢の三大関節中の一関節の機能に障害を残すもの 七　一下肢の三大関節中の一関節の機能に障害を残すもの 八　長管骨に変形を残すもの 八の二　一手の小指を失つたもの 九　一手の示指、中指又は環指の用を廃したもの
		一〇　一足の第二の足指を失つたもの、第二の足指を含み二の足指を失つたもの又は第三の足指以下の三の足指を失つたもの 一一　一足の第一の足指又は他の四の足指の用を廃したもの 一二　局部にがん固な神経症状を残すもの 一三　削除 一四　外貌に醜状を残すもの
第一三級	同　一〇一日分	一　一眼の視力が〇・六以下になつたもの 二　一眼に半盲症、視野狭さく又は視野変状を残すもの 二の二　正面視以外で複視を残すもの

		三　両眼のまぶたの一部に欠損を残し又はまつげはげを残すもの 三の二　五歯以上に対し歯科補てつを加えたもの 三の三　胸腹部臓器の機能に障害を残すもの 四　一手の小指の用を廃したもの 五　一手の母指の指骨の一部を失つたもの 六　削除 七　削除 八　一下肢を一センチメートル以上短縮したもの 九　一足の第三の足指以下の一又は二の足指を失つたもの 一〇　一足の第二の足指の用を廃したもの、第二の足指を含み二の足指の用を廃したもの又は第三の足指以下の三の足指の用を廃したもの
第一四級	同　五六日分	一　一眼のまぶたの一部に欠損を残し、又はまつげはげを残すもの 二　三歯以上に対し歯科補てつを加えたもの 二の二　一耳の聴力が一メートル以上の距離では小声を解することができない程度になつたもの 三　上肢の露出面にてのひらの大きさの醜いあとを残すもの 四　下肢の露出面にてのひらの大きさの醜いあとを残すもの 五　削除

六　一手の母指以外の手指の指骨の一部を失つたもの

七　一手の母指以外の手指の遠位指節間関節を屈伸することができなくなつたもの

八　一足の第三の足指以下の一又は二の足指の用を廃したもの

九　局部に神経症状を残すもの

備　考

一　視力の測定は、万国式試視力表による。屈折異常のあるものについてはきよう正視力について測定する。

二　手指を失つたものとは、母指は指節間関節、その他の手指は近位指節間関節以上を失つたものをいう。

三　手指の用を廃したものとは、手指の末節骨の半分以上を失い、又は中手指節関節若しくは近位指節間関節（母指にあつては指節間関節）に著しい運動障害を残すものをいう。

四　足指を失つたものとは、その全部を失つたものをいう。

五　足指の用を廃したものとは、第一の足指は末節骨の半分以上、その他の足指は遠位指節間関節以上を失つたもの又は中足指節関節若しくは近位指節間関節（第一の足指にあつては指節間関節）に著しい運動障害を残すものをいう。

別表第二　傷病等級表（第十八条関係）

傷病等級	給付の内容	障害の状態
第一級	当該障害の状態が継続している期間一年につき給付基礎日額の三一三日分	一　神経系統の機能又は精神に著しい障害を有し、常に介護を要するもの 二　胸腹部臓器の機能に著しい障害を有し、常に介護を要するもの 三　両眼が失明しているもの 四　そしやく及び言語の機能を廃しているもの 五　両上肢をひじ関節以上で失つたもの 六　両上肢の用を全廃しているもの 七　両下肢をひざ関節以上で失つたもの 八　両下肢の用を全廃しているもの 九　前各号に定めるものと同程度以上の障害の状態にあるもの
第二級	同　二七七日分	一　神経系統の機能又は精神に著しい障害を有し、随時介護を要するもの 二　胸腹部臓器の機能に著しい障害を有し、随時介護を要するもの 三　両眼の視力が〇・〇二以下になつているもの 四　両上肢を腕関節以上で失つたもの 五　両下肢を足関節以上で失つたもの 六　前各号に定めるものと同程度以上の障害の状態にあるもの

第三級	同 二四五日 分	一　神経系統の機能又は精神に著しい障害を有し、常に労務に服することができないもの 二　胸腹部臓器の機能に著しい障害を有し、常に労務に服することができないもの 三　一眼が失明し、他眼の視力が〇・〇六以下になつているもの 四　そしやく又は言語の機能を廃しているもの 五　両手の手指の全部を失つたもの 六　第一号及び第二号に定めるもののほか常に労務に服することができないものその他前各号に定めるものと同程度以上の障害の状態にあるもの

備　考

一　視力の測定は、万国式試視力表による。屈折異常のあるものについては矯正視力について測定する。

二　手指を失つたものとは、母指は指関節、その他の手指は第一指関節以上を失つたものをいう。

別表第三　要介護障害程度区分表（第十八条の三の二関係）

当該程度の障害により労働者がある介護を要する状態	障害の程度
常時介護を要する状態	一　神経系統の機能若しくは精神に著しい障害を残し、常に介護を要するもの（別表第一第一級の項身体障害の欄第三号に規定する身体障害をいう。）又は神経系統の機能若しくは精神に著しい障害を有し、常に介護を要するもの（別表第二第一級の項障害の状態の欄第一号に規定する障害の状態をいう。） 二　胸腹部臓器の機能に著しい障害を残し、常に介護を要するもの（別表第一第一級の項身体障害の欄第四号に規定する身体障害をいう。）又は胸腹部臓器の機能に著しい障害を有し、常に介護を要するもの（別表第二第一級の項障害の状態の欄第二号に規定する障害の状態をいう。） 三　別表第一に掲げる身体障害が二以上ある場合その他の場合であつて障害等級が第一級であるときにおける当該身体障害又は別表第二第一級の項障害の状態の欄第三号から第九号までのいずれかに該当する障害の状態（前二号に定めるものと同程度の介護を要する状態にあるものに限る。）
随時介護を要する状態	一　神経系統の機能若しくは精神に著しい障害を残し、随時介護を要するもの（別表第一第二級の項身体障害の欄第二号の二に規定する身体障害をいう。）又は神経系統の機能若しくは精神に著しい障害

を有し、随時介護を要するもの（別表第二第二級の項障害の状態の欄第一号に規定する障害の状態をいう。）

二　胸腹部臓器の機能に著しい障害を残し、随時介護を要するもの（別表第一第二級の項身体障害の欄第二号の三に規定する身体障害をいう。）又は胸腹部臓器の機能に著しい障害を有し、随時介護を要するもの（別表第二第二級の項障害の状態の欄第二号に規定する障害の状態をいう。）

三　障害等級が第一級である場合における身体障害又は別表第二第一級の項障害の状態の欄第三号から第九号までのいずれかに該当する障害の状態（前二号に定めるものと同程度の介護を要する状態にあるものに限る。）

様式第一号

労災保険指定病院

縦　一〇センチメートル
横　五・五センチメートル
地色　濃紺
文字　白

様式第二号

労災保険指定診療所

縦　一〇センチメートル
横　五・五センチメートル
地色　濃紺
文字　白

様式第三号

労災保険指定薬局

縦　一〇センチメートル
横　五・五センチメートル
地色　濃紺
文字　白

様式第四号

労災保険指定訪問看護事業者

縦　一〇センチメートル
横　五・五センチメートル
地色　濃紺
文字　白

様式第五号

労災保険二次健診等給付病院

縦　一〇センチメートル
横　五・五センチメートル
地色　緑
文字　白

様式第六号

労災保険二次健診等給付診療所

縦　一〇センチメートル
横　五・五センチメートル
地色　緑
文字　白

労働者災害補償保険特別支給金支給規則

昭和四九・一二・二八労働省令第三〇号
改正昭和五一・六・二八 〃 第二五号
〃 昭和五一・九・二七 〃 第三五号
〃 昭和五二・三・二六 〃 第七号
〃 昭和五二・六・一四 〃 第二一号
〃 昭和五三・四・五 〃 第二一号
〃 昭和五三・五・二三 〃 第二六号
〃 昭和五五・一二・五 〃 第三二号
〃 昭和五六・四・二三 〃 第一九号
〃 昭和五六・六・二七 〃 第二四号
〃 昭和五六・一〇・二九 〃 第三七号
〃 昭和五七・九・三〇 〃 第三二号
〃 昭和五九・七・二七 〃 第一五号
〃 昭和六二・一・三一 〃 第二号
〃 昭和六二・三・三〇 〃 第一一号
〃 平成二・七・三一 〃 第一七号
〃 平成二・九・二八 〃 第二四号
〃 平成三・四・一二 〃 第一一号
〃 平成五・七・二一 〃 第二七号
〃 平成七・七・三一 〃 第三六号
〃 平成八・七・二六 〃 第三一号
〃 平成九・三・一四 〃 第一〇号
〃 平成一〇・三・二六 〃 第一三号
〃 平成一二・一〇・三一 〃 第四一号
〃 平成一三・三・二三厚生労働省令第三一号
〃 平成一四・二・二〇 〃 第一三号
〃 平成一八・三・二七 〃 第五二号
〃 平成一八・五・二三 〃 第一二三号
〃 平成一九・四・二三 〃 第八〇号
〃 平成一九・六・一 〃 第八六号
〃 平成一九・九・二五 〃 第一二二号

（趣旨）

第一条　この省令は、労働者災害補償保険法（昭和二十二年法律第五十号。以下「法」という。）第二十九条第一項の社会復帰促進等事業として行う特別支給金の支給に関し必要な事項を定めるものとする。

（特別支給金の種類）

第二条　この省令による特別支給金は、次に掲げるものとする。

一　休業特別支給金
二　障害特別支給金
三　遺族特別支給金
三の二　傷病特別支給金
四　障害特別年金
五　障害特別一時金
六　遺族特別年金
七　遺族特別一時金
八　傷病特別年金

（休業特別支給金）

第三条　休業特別支給金は、労働者（法の規定による傷病補償年金又は傷病年金の受給権者を除く。）が業務上の事由又は通勤（法第七条第一項第二号の通勤をいう。以下同じ。）による負傷又は疾病（業務上の事由による疾病については労働基準法施行規則（昭和二十二年厚生省令第二十三号）第三十五条に、通勤による疾病については労働者災害補償保険法施行規則（昭和三十年労働省令第二十二号。以下「労災則」という。）第十八条の四に、それぞれ規定する疾病に限る。以下同じ。）に係る療養のため労働することができないために賃金を受けない日の第四日目から当該労働者に対し、その申請に基づいて支給するものとし、その額は、一日につき休業給付基礎日額（法第八条の二第一項又は第二項の休業給付基礎日額をいう。以下この項において同じ。）の百分の二十に相当する額とする。ただし、労働者が業務上の事由又は通勤による負傷又は疾病による療養のため所定労働時間のうちその一部分についてのみ労働する日に係る休業特別支給金の額は、休業給付基礎日額（法第八条の二第二項第二号に定める額（以下この項において「最高限度額」という。）を休業給付基礎日額とすることとされている場合にあつては、同号の規定の適用がないものとした場合における休業給付基礎日額）から当該労働に対して支払われる賃金の額を控除して得た額（当該控除して得た額が最高限度額を超える場合にあつては、最高限度額に相当する額）の百分の二十に相当する額とする。

2　労働者が次の各号のいずれかに該当する場合には、休業特別支給金は、支給しない。

一　懲役、禁錮若しくは拘留の刑の執行のため若しくは死刑の言渡しを受けて刑事施設（少年法（昭和二十三年法律第百六十八号）第五十六条第三項の規定により少年院において刑を執行する場合における当該少年院を含む。）に拘置されている場合若しくは留置施設に留置されて懲役、禁錮若しくは拘留の刑の執行を受けている場合、労役場留置の言渡しを受けて労役場に留置されている場合又は監置の裁判の執行のため監置場に留置されている場合

二　少年法第二十四条の規定による保護処分として少年院若しくは児童自立支援施設に送致され、収容されている場合又は売春防止法（昭和三十一年法律第百十八号）第十七条の規定による補導処分として婦人補導院に収容されている場合

3　休業特別支給金の支給を受けようとする者は、次に掲げる事項を記載した申請書を、所轄労働基準監督署長（労災則第一条第三項及び第二条の所轄労働基準監督署長をいう。以下同じ。）に提出しなければならない。

一　労働者の氏名、生年月日及び住所

二　事業の名称及び事業場の所在地

三　負傷又は発病の年月日

四　災害の原因及び発生状況

五　労働基準法第十二条に規定する平均賃金（同条第一項及び第二項に規定する期間中に業務外の事由による負傷又は疾病の療養のために休業した労働者の平均賃金に相当する額が、当該休業した期間を同条第三項第一号に規定する期間とみなして算定することとした場合における平均賃金に相当する額に満たない場合には、その算定することとした場合における平均賃金に相当する額。以下「平均賃

金」という。）

六　休業の期間、療養の期間、傷病名及び傷病の経過

六の二　休業の期間中に業務上の事由又は通勤による負傷又は疾病による療養のため所定労働時間のうちその一部分についてのみ労働した日がある場合にあつては、その年月日及び当該労働に対して支払われる賃金の額

七　通勤による負傷又は疾病の場合にあつては、労災則第十八条の五第一項各号に掲げる事項

八　前各号に掲げるもののほか、休業特別支給金の額の算定の基礎となる事項

4　業務上の事由による負傷又は疾病に関し休業特別支給金の支給を申請する場合には前項第三号から第六号の二まで及び第八号に掲げる事項（療養の期間、傷病名及び傷病の経過を除く。）についての事業主の証明並びに同項第六号中療養の期間、傷病名及び傷病の経過についての労災則第十二条の二第二項の診養担当者（以下この項において「診療担当者」という。）の証明を、通勤による負傷又は疾病に関し休業特別支給金の支給を申請する場合には前項第三号及び第五号から第六号の二まで掲げる事項（療養の期間、傷病名及び傷病の経過を除く。）、同項第七号に規定する事項のうち労災則第十八条の五第一項第一号から第三号までに掲げる事項（同項第二号イ、ニ及びホ中住居を離れた年月日時並びに同号ハ中当該移動の起点たる就業の場所における就業終了の年月日時及び当該就業の場所を離れた年月日時を除く。）（同項第一号及び第三号に掲げる事項については、事業主（同項第二号イからホまでに掲げる場合の区分に応じ、それぞれ同号イからホまでに掲げる就業の場所に係る事業主をいう。以下この項において同じ。）が知り得た場合に限る。）並びに前項第八号に掲げる事項についての事業主の証明並びに同項第六号中療養の期間、傷病名及び傷病の経過についての診療担当者の証明を、それぞれ受けなければならない。

5　休業特別支給金の支給の対象となる日について休業補償給付又は休業給付を受けることができる者は、当該休業特別支給金の支給の申請を、当該休業補償給付又は休業給付の請求と同

時に行わなければならない。

6　休業特別支給金の申請は、休業特別支給金の支給の対象となる日の翌日から起算して二年以内に行わなければならない。

（障害特別支給金）

第四条　障害特別支給金は、業務上の事由又は通勤による負傷又は疾病が治つたとき身体に障害がある労働者に対し、その申請に基づいて支給するものとし、その額は、当該障害の該当する障害等級（労災則第十四条第一項から第四項まで及び労災則別表第一の規定による障害等級をいう。以下同じ。）に応じ、別表第一に規定する額（障害等級が労災則第十四条第三項本文の規定により繰り上げられたものである場合において、各の身体障害の該当する障害等級に応ずる同表に規定する額の合算額が当該繰り上げられた障害等級に応ずる同表に規定する額に満たないときは、当該合算額）とする。

2　既に身体障害のあつた者が、負傷又は疾病により同一の部位について障害の程度を加重した場合における当該事由に係る障害特別支給金の額は、前項の規定にかかわらず、現在の身体障害の該当する障害等級に応ずる障害特別支給金の額から、既にあつた身体障害の該当する障害等級に応ずる障害特別支給金の額を差し引いた額による。

3　第五条の二の規定により傷病特別支給金の支給を受けた者に対しては、前二項の規定にかかわらず、当該傷病特別支給金に係る業務上の事由又は通勤による負傷又は疾病が治つたとき身体に障害があり、当該障害の該当する障害等級に応ずる障害特別支給金の額（障害特別支給金の支給を受ける者が前項に該当する場合は、同項の規定により算定した額）が当該負傷又は疾病による障害に関し既に支給を受けた傷病特別支給金に係る傷病等級（労災則第十八条及び労災則別表第二の規定による傷病等級をいう。以下同じ。）に応ずる傷病特別支給金の額を超えるときに限り、その者の申請に基づき、当該超える額に相当する額の障害特別支給金を支給する。

4　障害特別支給金の支給を受けようとする者は、次に掲げる事項を記載した申請書を、所轄労働基準監督署長に提出しなければならない。
一　労働者の氏名、生年月日及び住所
二　事業の名称及び事業場の所在地
三　負傷又は発病の年月日
四　災害の原因及び発生状況
五　通勤による負傷又は疾病の場合にあつては、労災則第十八条の五第一項各号に掲げる事項

5　業務上の障害に関し障害特別支給金の支給を申請する場合には前項第三号及び第四号に掲げる事項について、通勤による障害に関し障害特別支給金の支給を申請する場合には同項第三号に掲げる事項及び同項第五号に規定する事項のうち労災則第十八条の五第一項第一号から第三号までに掲げる事項（同項第二号イ、ニ及びホ中住居を離れた年月日時並びに同号ハ中当該移動の起点たる就業の場所における就業終了の年月日時及び当該就業の場所を離れた年月日時を除く。）（同項第一号及び第三号に掲げる事項については、事業主（同項第二号イからホまでに掲げる場合の区分に応じ、それぞれ同号イからホまでに掲げる就業の場所に係る事業主をいう。以下この項において同じ。）が知り得た場合に限る。）について、それぞれ事業主の証明を受けなければならない。ただし、申請人が傷病補償年金又は傷病年金を受けていた者であるときは、この限りでない。

6　同一の事由により障害補償給付又は障害給付の支給を受けることができない者が障害特別支給金の支給を申請する場合には、第四項の申請書に、負傷又は疾病が治つたこと及び治つた日並びにその治つたときにおける障害の部位及び状態に関する医師又は歯科医師の診断書を添え、必要があるときは、その治つたときにおける障害の状態の立証に関するエックス線写真その他の資料を添えなければならない。

7　同一の事由により障害補償給付又は障害給付の支給を受けることができる者は、障害特別支給金の支給の申請を、当該障害補償給付又は障害給付の請求と同時に行わなければならない。

8　障害特別支給金の支給の申請は、障害に係る負傷又は疾病が治つた日の翌日から起算して五年以内に行わなければならない。

（遺族特別支給金）

第五条　遺族特別支給金は、業務上の事由又は通勤により労働者が死亡した場合に、当該労働者の遺族に対し、その申請に基づいて支給する。

2　遺族特別支給金の支給を受けることができる遺族は、労働者の配偶者（婚姻の届出をしていないが、事実上婚姻関係と同様の事情にあった者を含む。）、子、父母、孫、祖父母及び兄弟姉妹とし、これらの遺族の遺族特別支給金の支給を受けるべき順位は、遺族補償給付又は遺族給付の例による。

3　遺族特別支給金の額は、三百万円（当該遺族特別支給金の支給を受ける遺族が二人以上ある場合には、三百万円をその人数で除して得た額）とする。

4　遺族特別支給金の支給を受けようとする者は、次に掲げる事項を記載した申請書を、所轄労働基準監督署長に提出しなければならない。

一　死亡した労働者の氏名及び生年月日

二　申請人の氏名、生年月日、住所、死亡した労働者との関係及び障害の状態（労災則第十五条に規定する障害の状態をいう。第六項及び第九条第三項において同じ。）の有無

三　事業の名称及び事業場の所在地

四　負傷又は発病及び死亡の年月日

五　災害の原因及び発生状況

六　通勤による負傷又は疾病の場合にあつては、労災則第十八条の五第一項各号に掲げる事項

5　業務上の死亡に関し遺族特別支給金の支給を申請する場合には前項第四号及び第五号に掲げる事項（死亡の年月日を除く。）について、通勤による死亡に関し遺族特別支給金の支給を申請する場合には同項第四号に掲げる事項（死亡の年月日を除く。）に掲げる事項及び同項第六号に規定する事項のうち労災則第十八条の五第一項第一号から第三号までに掲げる事項（同項第二号イ、ニ及びホ中住居を離れた年月日時並びに同号ハ中当該移動の起点たる就業の場所における就業終了の年月日時及び当該就業の場所を離れた年月日時を除く。）（同項第一号及び第三号に掲げる事項については、事業主（同項第二号イからホまでに掲げる場合の区分に応じ、それぞれ同号イからホまでに掲げる就業の場所

に係る事業主をいう。以下この項において同じ。）が知り得た場合に限る。）について、それぞれ事業主の証明を受けなければならない。ただし、死亡した労働者が傷病補償年金又は傷病年金を受けていた者であるときは、この限りでない。

6　同一の事由により遺族補償給付又は遺族給付の支給を受けることができない者が遺族特別支給金の支給を申請する場合には、次に掲げる書類その他の資料を第四項の申請書に添えなければならない。

一　労働者の死亡に関して市町村長に提出した死亡診断書、死体検案書若しくは検視調書に記載してある事項についての市町村長の証明書又はこれに代わるべき書類

二　申請人と死亡した労働者との身分関係を証明することができる戸籍の謄本又は抄本

三　申請人が死亡した労働者と婚姻の届出をしていないが事実上婚姻関係と同様の事情にあつた者であるときは、その事実を証明することができる書類

四　申請人が死亡した労働者の収入によつて生計を維持していた者であるときは、その事実を証明することができる書類

五　申請人が労働者の死亡の当時障害の状態にあつたことにより遺族特別支給金の支給を受ける者であるときは、その事実を証明することができる医師又は歯科医師の診断書その他の資料

7　同一の事由により遺族補償給付又は遺族給付の支給を受けることができる者は、遺族特別支給金の支給の申請を、当該遺族補償給付又は遺族給付の請求と同時に行わなければならない。

8　遺族特別支給金の支給の申請は、労働者の死亡の日の翌日から起算して五年以内に行わなければならない。

9　法第十条及び労災則第十五条の五の規定は、遺族特別支給金について準用する。この場合において、同条第一項中「受ける権利を有する者」とあるのは「受けることができる者」と、「請求」とあるのは、「支給の申請」と読み替えるものとする。

（傷病特別支給金）

第五条の二　傷病特別支給金は、業務上の事由又は通勤により負傷し、又は疾病にかかつた労働者が、当該負傷又は疾病に係る療養の開始後一年六箇月を経過した日において次の各号のいずれにも該当するとき、又は同日後次の各号のいずれにも該当することとなつたときに、当該労働者に対し、その申請に基づいて支給するものとし、その額は、当該傷病等級に応じ、別表第一の二に規定する額とする。

一　当該負傷又は疾病が治つていないこと。

二　当該負傷又は疾病による障害の程度が傷病等級に該当すること。

2　傷病特別支給金の支給を受けようとする者は、次に掲げる事項を記載した申請書を、所轄労働基準監督署長に提出しなければならない。

一　労働者の氏名、生年月日及び住所

二　傷病の名称、部位及び状態

3　傷病特別支給金の支給の申請は、当該負傷又は疾病に係る療養の開始後一年六箇月を経過した日において第一項各号のいずれにも該当することとなつた場合には同日の、同日後同項各号のいずれにも該当することとなつた場合には当該該当することとなつた日の翌日から起算して五年以内に行わなければならない。

（算定基礎年額等）

第六条　第二条第四号から第八号までに掲げる特別支給金の額の算定に用いる算定基礎年額は、負傷又は発病の日以前一年間（雇入後一年に満たない者については、雇入後の期間）に当該労働者に対して支払われた特別給与（労働基準法第十二条第四項の三箇月を超える期間ごとに支払われる賃金をいう。以下同じ。）の総額とする。ただし、当該特別給与の総額を算定基礎年額とすることが適当でないと認められるときは、厚生労働省労働基準局長が定める基準に従つて算定する額を算定基礎年額とする。

2　特別給与の総額又は前項ただし書に定めるところによつて算定された額が、当該労働者に係る法第八条の三第一項又は第二項の規定による給付基礎日額（障害特別一時金又は遺族特別一時金が支給される場合にあつては、法第八条の四において準用する法第八条の三第一項の規定による給付基礎日額）に三百六十五を乗じて得た額の百分の二十に相当する額を超える場合には、当該百分の二十に相当する額を算定基礎年額とする。

3　法第八条の三第一項第二号（法第八条の四において準用する場合を含む。）に規定する給付基礎日額が用いられる場合（法第八条の三第二項の規定の適用がないものとした場合に同条第一項第二号に規定する給付基礎日額が用いられる場合を含む。）における前項の規定の適用については、同項中「算定された額」とあるのは「算定された額に法第八条の三第一項第二号（法第八条の四において準用する場合を含む。以下この項において同じ。）の厚生労働大臣が定める率を乗じて得た額」と、「当該百分の二十に相当する額」とあるのは「当該百分の二十に相当する額を法第八条の三第一項第二号の厚生労働大臣が定める率で除して得た額」とする。

4　前三項の規定によつて算定された額が百五十万円（前項の場合においては、百五十万円を同項の規定により読み替えられた第二項に規定する率で除して得た額。以下この項において同じ。）を超える場合には、百五十万円を算定基礎年額とする。

5　第二条第四号から第八号までに掲げる特別支給金の額の算定に用いる算定基礎日額は、前各項の規定による算定基礎年額を三百六十五で除して得た額を当該特別支給金に係る法の規定による保険給付の額の算定に用いる給付基礎日額とみなして法第八条の三第一項（法第八条の四において準用する場合を含む。）の規定の例により算定して得た額とする。

6　算定基礎年額又は算定基礎日額に一円未満の端数があるときは、これを一円に切り上げるものとする。

（障害特別年金）

第七条　障害特別年金は、法の規定による障害補償年金又は障害年金の受給権者に対し、その申請に基づいて支給するものとし、その額は、当該障害補償年金又は障害年金に係る障害等級に応じ、別表第二に規定する額とする。

2　労災則第十四条第五項の規定は、障害特別年金について準用する。この場合において、同項中「現在の身体障害の該当する障害等級に応ずる障害補償給付が障害補償年金であつて、既にあつた身体障害の該当する障害等級に応ずる障害補償給付が障害補償一時金である場合には、その障害補償一時金の額（当該障害補償年金を支給すべき場合において、法第八条の三第二項において準用する法第八条の二第二項各号に掲げる場合に該当するときは、当該各号に定める額を法第八条の四の給付基礎日額として算定した既にあつた身体障害の該当する障害等級に応ずる障害補償一時金の額）」とあるのは、「既にあつた身体障害の該当する障害等級が第八級以下である場合には、現在の身体障害の該当する障害等級に応ずる障害特別年金に係る労働者災害補償保険特別支給金支給規則（昭和四十九年労働省令第三十号）第六条の規定による算定基礎日額を用いて算定することとした当該障害等級に応ずる障害特別一時金の額」と読み替えるものとする。

3　障害特別年金の支給を受けようとする者は、次に掲げる事項を記載した申請書を、所轄労働基準監督署長に提出しなければならない。

一　労働者の氏名、生年月日及び住所
二　事業の名称及び事業場の所在地
三　負傷又は発病の年月日
四　災害の原因及び発生状況
五　平均賃金
六　負傷又は発病の日以前一年間（雇入後一年に満たない者については、雇入後の期間）に当該労働者に対して支払われた特別給与の総額（第九条から第十二条までにおいて「特別給与の総額」という。）
七　通勤による負傷又は疾病の場合にあつては、労災則第十八条の五第一項各号に掲げる事項

4　業務上の障害に関し障害特別年金の支給を申請する場合には前項第三号から第六号までに掲げる事項について、通勤による障害に関し障害特別年金の支給を申請する場合には同項第三号、第五号及び第六号に掲げる事項並びに第七号に規定する事項のうち労災則第十八条の五第一項第一号から第三号までに掲げる事項（同項第二号イ、ニ及びホ中住居を離れた年月日時並びに同号ハ中当該移動の起点たる就業の場所に

おける就業終了の年月日時及び当該就業の場所を離れた年月日時を除く。）（同項第一号及び第三号に掲げる事項については、事業主（同項第二号イからホまでに掲げる場合の区分に応じ、それぞれ同号イからホまでに掲げる就業の場所に係る事業主をいう。以下この項において同じ。）が知り得た場合に限る。）について、それぞれ事業主の証明を受けなければならない。ただし、申請人が傷病特別年金を受けていた者であるときは、この限りでない。

5　障害特別年金の支給を受ける労働者の当該障害の程度に変更があつたため、新たに別表第二又は別表第三中の他の障害等級に該当するに至つた場合には、新たに該当するに至つた障害等級に応ずる障害特別年金又は障害特別一時金を支給するものとし、その後は、従前の障害特別年金は、支給しない。

6　労災則第十四条の三第一項及び第二項の規定は、前項に規定する場合について準用する。この場合において、同条第二項中「障害補償給付」とあるのは「障害特別年金」と、同条第二項中「請求書」とあるのは「申請書」と読み替えるものとする。

7　障害特別年金の支給の申請は、障害補償年金又は障害年金の受給権者となつた日の翌日から起算して五年以内に、当該障害補償年金又は障害年金の請求と同時に行わなければならない。

8　障害特別年金は、当該補償特別年金の支給を受ける者が同一の事由により受ける権利を有する障害補償年金又は障害年金の払渡しを受けることを希望する金融機関又は郵便貯金銀行（郵政民営化法（平成十七年法律第九十七号）第九十四条に規定する郵便貯金銀行をいう。）を所属銀行とする銀行代理業（銀行法（昭和五十六年法律第五十九号）第二条第十四項に規定する銀行代理業をいう。）を営む郵便局（郵便局株式会社法（平成十七年法律第百号）第二条第二項に規定する郵便局をいう。）において払い渡すものとする。

（障害特別一時金）

第八条　障害特別一時金は、法の規定による障害補償一時金又は障害一時金の受給権者に対し、その申請に基づいて支給するものとし、その額は、当該障害補償一時金又は障害一時金に係る障害等級に応じ、別表第三に規定する額（障害等級が労災則第十四条第三項本文の規定により繰り上げられたものである場合において、各の身体障害の該当する障害等級に応ずる同表に規定する額の合算額が当該繰り上げられた障害等級に応ずる同表に規定する額に満たないときは、当該合算額）とする。

2　第四条第二項の規定は障害特別一時金の額について、前条第三項、第四項及び第七項の規定は障害特別一時金の支給の申請について準用する。この場合において、第四条第二項中「前項」とあるのは「第八条第一項」と、前条第七項中「障害補償年金又は障害年金」とあるのは「障害補償一時金又は障害一時金」と読み替えるものとする。

（遺族特別年金）

第九条　遺族特別年金は、法の規定による遺族補償年金又は遺族年金の受給権者に対し、その申請に基づいて支給するものとし、その額は、別表第二に規定する額とする。

2　法第十六条の三第二項から第四項までの規定は、遺族特別年金の額について準用する。この場合において、同条第二項中「遺族補償年金を」とあるのは「遺族補償年金又は遺族年金を」と、「前項」とあるのは「労働者災害補償保険特別支給金支給規則（昭和四十九年労働省令第三十号）第九条第一項」と、「別表第一」とあるのは「同令別表第二」と、同条第四項中「遺族補償年金を」とあるのは「遺族補償年金又は遺族年金を」と、「別表第一の厚生労働省令で定める障害の状態」とあるのは「労働者災害補償保険法施行規則（昭和三十年労働省令第二十二号）第十五条に規定する障害の状態」と読み替えるものとする。

3　遺族特別年金の支給を受けようとする者（第五項又は第六項の規定に該当する者を除く。）は、次に掲げる事項を記載した申請書を、所轄労働基準監督署長に提出しなければならない。

一　死亡した労働者の氏名及び生年月日

二　申請人及び申請人以外の遺族補償年金又は遺族年金を受けることができる遺族の氏名、生年月日、住所、死亡した労働者との関係及

び障害の有無
三　事業の名称及び事業場の所在地
四　負傷又は発病及び死亡の年月日
五　災害の原因及び発生状況
六　平均賃金
七　特別給与の総額
八　通勤による負傷又は疾病の場合にあつては、労災則第十八条の五第一項各号に掲げる事項

4　業務上の死亡に関し遺族特別年金の支給を申請する場合には前項第四号から第七号までに掲げる事項（死亡の年月日を除く。）について、通勤による死亡に関し遺族特別年金の支給を申請する場合には同項第四号、第六号及び第七号に掲げる事項（死亡の年月日を除く。）並びに同項第八号に規定する事項のうち労災則第十八条の五第一項第一号から第三号までに掲げる事項（同項第二号イ、ニ及びホ中住居を離れた年月日時並びに同号ハ中当該移動の起点たる就業の場所における就業終了の年月日時及び当該就業の場所を離れた年月日時を除く。）（同項第一号及び第三号に掲げる事項については、事業主（同項第二号イからホまでに掲げる場合の区分に応じ、それぞれ同号イからホまでに掲げる就業の場所に係る事業主をいう。以下この項において同じ。）が知り得た場合に限る。）について、それぞれ事業主の証明を受けなければならない。ただし、死亡した労働者が傷病特別年金を受けていた者であるときは、この限りでない。

5　労働者の死亡の当時胎児であつた子は、当該労働者の死亡に係る遺族補償年金又は遺族年金を受けることができるその他の遺族が既に遺族補償年金又は遺族年金の支給の決定を受けた後に遺族特別年金の支給を受けようとするときは、次に掲げる事項を記載した申請書を、所轄労働基準監督署長に提出しなければならない。
一　死亡した労働者の氏名及び生年月日
二　申請人の氏名、生年月日、住所及び死亡した労働者との続柄
三　申請人と生計を同じくしている遺族補償年金又は遺族年金を受けることができる遺族の氏名

6　法第十六条の四第一項後段（法第十六条の九

第五項及び法第二十二条の四第三項において準用する場合を含む。）又は法第十六条の五第一項後段（法第二十二条の四第三項において準用する場合を含む。）の規定により新たに遺族補償年金又は遺族年金の受給権者となつた者は、その先順位者が既に遺族補償年金又は遺族年金の支給の決定を受けた後に遺族特別年金の支給を受けようとするときは、次に掲げる事項を記載した申請書を、所轄労働基準監督署長に提出しなければならない。

一　死亡した労働者の氏名及び生年月日

二　申請人の氏名、生年月日、住所及び死亡した労働者との関係

三　申請人と生計を同じくしている遺族補償年金又は遺族年金を受けることができる遺族の氏名

7　第七条第七項及び第八項並びに労災則第十五条の五の規定は、遺族特別年金について準用する。この場合において、第七条第七項及び第八項中「障害補償年金又は障害年金」とあるのは「遺族補償年金又は遺族年金」と、労災則第十五条の五第一項中「遺族補償年金を」とあるのは「遺族補償年金又は遺族年金を」と、「請求」とあるのは「支給の申請」と読み替えるものとする。

（遺族特別一時金）

第十条　遺族特別一時金は、法の規定による遺族補償一時金又は遺族一時金の受給権者に対し、その申請に基づいて支給するものとし、その額は、別表第三に規定する額（当該遺族特別一時金の支給を受ける遺族が二人以上ある場合には、その額をその人数で除して得た額）とする。

2　遺族特別一時金の支給を受けようとする者は、次に掲げる事項を記載した申請書を、所轄労働基準監督署長に提出しなければならない。

一　死亡した労働者の氏名及び生年月日

二　申請人の氏名、生年月日、住所及び死亡した労働者との関係

三　法第十六条の六第一項第一号（法第二十二条の四第三項において準用する場合を含む。）の場合に支給される遺族補償一時金又は遺族一時金の受給権者にあつては、次に掲げる事項（へからリまでに掲げる事項については、

遺族一時金の受給権者に限る。）
イ　事業の名称及び事業場の所在地
ロ　負傷又は発病及び死亡の年月日
ハ　災害の原因及び発生状況
ニ　平均賃金
ホ　特別給与の総額
ヘ　通勤による負傷又は疾病の場合にあつては、労災則第十八条の五第一項各号に掲げる事項

3　業務上の死亡に関し法第十六条の六第一項第一号の場合に支給される遺族補償一時金の受給権者が遺族特別一時金の支給を申請する場合には前項第三号ロからホまでに掲げる事項（死亡の年月日を除く。）について、通勤による死亡に関し法第二十二条の四第三項において準用する法第十六条の六第一項第一号の場合に支給される遺族一時金の受給権者が遺族特別一時金の支給を申請する場合には前項第三号ロに掲げる事項（死亡の年月日を除く。）、同号ニ及びホに掲げる事項並びにヘに規定する事項のうち労災則第十八条の五第一項第一号から第三号までに掲げる事項（同項第二号イ、ニ及びホ中住居を離れた年月日時並びに同号ハ中当該移動の起点たる就業の場所における就業終了の年月日時及び当該就業の場所を離れた年月日時を除く。）（同項第一号及び第三号に掲げる事項については、事業主（同項第二号イからホまでに掲げる場合の区分に応じ、それぞれ同号イからホまでに掲げる就業の場所に係る事業主をいう。以下この項において同じ。）が知り得た場合に限る。）について、それぞれ事業主の証明を受けなければならない。ただし、死亡した労働者が傷病特別年金を受けていた者であるときは、この限りでない。

4　第七条第七項及び労災則第十五条の五の規定は、遺族特別一時金について準用する。この場合において、同項中「障害補償年金又は障害年金」とあるのは「遺族補償一時金又は遺族一時金」と、同条第一項中「遺族補償年金を」とあるのは「遺族補償一時金又は遺族一時金を」と、「請求」とあるのは「支給の申請」と読み替えるものとする。

（傷病特別年金）

第十一条 傷病特別年金は、法の規定による傷病補償年金又は傷病年金の受給権者に対し、その申請に基づいて支給するものとし、その額は、当該傷病補償年金又は傷病年金に係る傷病等級に応じ、別表第二に規定する額とする。

2 傷病特別年金の支給を受けようとする者は、次に掲げる事項を記載した申請書を、所轄労働基準監督署長に提出しなければならない。

一 労働者の氏名、生年月日及び住所

二 傷病の名称、部位及び状態

三 平均賃金

四 特別給与の総額

3 傷病特別年金を受ける労働者の傷病補償年金又は傷病年金に係る傷病等級に変更があつた場合には、新たに該当するに至った傷病等級に応ずる傷病特別年金を支給するものとし、その後は、従前の傷病特別年金は、支給しない。

4 傷病特別年金の支給の申請は、傷病補償年金又は傷病年金の受給権者となつた日の翌日から起算して五年以内に行わなければならない。

5 第七条第八項の規定は、傷病特別年金について準用する。この場合において、同項中「障害補償年金又は障害年金」とあるのは、「傷病補償年金又は傷病年金」と読み替えるものとする。

(特別給与の総額の届出)

第十二条 休業特別支給金の支給を受けようとする者は、当該休業特別支給金の支給の申請の際に、所轄労働基準監督署長に、特別給与の総額を記載した届書を提出しなければならない。

2 前項の特別給与の総額については、事業主の証明を受けなければならない。

(年金たる特別支給金の始期、終期及び支払期月等)

第十三条 年金たる特別支給金の支給は、支給の事由が生じた月の翌月から始め、支給の事由が消滅した月で終わるものとする。

2 遺族特別年金は、遺族補償年金又は遺族年金の支給を停止すべき事由が生じたときは、その事由が生じた月の翌月からその事由が消滅した月までの間は、支給しない。ただし、法第六十条第三項（法第六十三条第三項において読み替えて準用する場合を含む。）の規定により遺族補償年金又は遺族年金の支給を停止すべき事由が生じた場合には、この限りでない。

3　年金たる特別支給金は、毎年二月、四月、六月、八月、十月及び十二月の六期に、それぞれの前月分までを支払う。ただし、支給の事由が消滅した場合におけるその期の年金たる特別支給金は、支払期月でない月であつても、支払うものとする。

（年金たる特別支給金の内払とみなす場合等）

第十四条　法第十二条第一項の規定は、年金たる特別支給金について準用する。

2　同一の業務上の事由又は通勤による負傷又は疾病（以下この条において「同一の傷病」という。）に関し、年金たる保険給付（遺族補償年金及び遺族年金を除く。以下この項において「乙年金」という。）を受ける権利を有する労働者が他の年金たる保険給付（遺族補償年金及び遺族年金を除く。以下この項において「甲年金」という。）を受ける権利を有することとなり、かつ、乙年金を受ける権利が消滅した場合において、その消滅した月の翌月以後の分として乙年金の受給権者に支給される年金たる特別支給金が支払われたときは、その支払われた年金たる特別支給金は、甲年金の受給権者に支給される年金たる特別支給金の内払とみなす。

3　同一の傷病に関し、年金たる保険給付（遺族補償年金及び遺族年金を除く。）を受ける権利を有する労働者が休業補償給付若しくは休業給付又は障害補償一時金若しくは障害一時金を受ける権利を有することとなり、かつ、当該年金たる保険給付を受ける権利が消滅した場合において、その消滅した月の翌月以後の分として当該年金たる保険給付の受給権者に支給される年金たる特別支給金が支払われたときは、その支払われた年金たる特別支給金は、当該休業補償給付若しくは休業給付を受けている者に支給される休業特別支給金又は当該障害補償一時金若しくは障害一時金の受給権者に支給される障害特別支給金若しくは障害特別一時金の内払いとみなす。

4　同一の傷病に関し、休業特別支給金を受けている労働者が障害補償給付若しくは障害給付又は傷病補償年金若しくは傷病年金を受ける権利を有することとなり、かつ、休業補償給付又は休業給付を行わないこととなつた場合において、その後も休業特別支給金が支払われたときは、その支払われた休業特別支給金は、当該障害補償給付若しくは障害給付の受給権者に支給される障害特別支給金、障害特別年金若しくは障害特別一時金又は傷病補償年金若しくは傷病年金の受給権者に支給される傷病特別支給金若しくは傷病特別年金の内払とみなす。

（年金たる特別支給金の過誤払による返還金債権への充当）

第十四条の二　年金たる保険給付を受ける権利を有する者が死亡したためその支給を受ける権利が消滅したにもかかわらず、その死亡の日の属する月の翌月以後の分として当該年金たる保険給付を受ける権利を有する者に支給される年金たる特別支給金の過誤払が行われた場合において、当該過誤払による返還金に係る債権（以下この条において「返還金債権」という。）に係る債務の弁済をすべき者に支払うべき次の各号に掲げる特別支給金があるときは、当該特別支給金の支払金の金額を当該過誤払による返還金債権の金額に充当することができる。

一　年金たる特別支給金を受けることができる者の死亡に係る保険給付を受ける権利を有する者に支給される遺族特別支給金、遺族特別年金、遺族特別一時金又は障害特別年金差額一時金

二　返還金債権に係る同一の事由による同順位で受けることができる遺族特別年金

（未支給の特別支給金）

第十五条　特別支給金を受けることができる者が死亡した場合において、その死亡した者に係る特別支給金でまだその者に支給しなかつたものがあるときは、未支給の保険給付の支給の例により、その未支給の特別支給金を支給する。

2　第三条第五項の規定は未支給の休業特別支給金の支給の申請について、第四条第七項の規定は未支給の障害特別支給金又は障害特別一時金の支給の申請について、第五条第七項の規定は未支給の遺族特別支給金又は遺族特別一時金の

支給の申請について準用する。

3　同一の事由により未支給の傷病補償年金又は傷病年金を受けることができる場合は、未支給の傷病特別支給金の支給の申請を、当該未支給の傷病補償年金又は傷病年金の支給の請求と同時に行わなければならない。

4　未支給の年金たる特別支給金の支給の対象となる月について未支給の年金たる保険給付を受けることができる者は、当該年金たる特別支給金の支給の申請を、当該年金たる保険給付の請求と同時に行わなければならない。

（特別加入者に対する特別支給金）

第十六条　法第三十四条第一項の承認を受けている事業主である者（事業主が法人その他の団体であるときは、代表者）及び当該事業主が行う事業に従事する者（労働者である者を除く。以下この条及び第十九条において「中小事業主等」という。）に対する第三条から第五条の二まで及び前条の規定の適用については、次の各号に定めるところによる。

一　中小事業主等は、当該事業に使用される労働者とみなす。

二　中小事業主等が業務上の事由若しくは通勤による負傷若しくは疾病に係る療養のため当該事業に四日以上従事することができないとき、その負傷若しくは疾病が治つた場合において身体に障害が存するとき、業務上の事由若しくは通勤により死亡したとき、又は業務上の事由若しくは通勤による負傷若しくは疾病に係る療養の開始後一年六箇月を経過した日において第五条の二第一項各号のいずれにも該当するとき若しくは同日後同項各号のいずれにも該当することとなつたときは、休業特別支給金、障害特別支給金、遺族特別支給金又は傷病特別支給金の支給の事由が生じたものとみなす。

三　中小事業主等の休業給付基礎日額は、労災則第四十六条の二十第二項の規定により算定された給付基礎日額とする。

四　法第三十四条第一項第四号の規定は、特別支給金の支給について準用する。この場合において、同号中「前条第一号又は第二号に掲げる者の事故」とあるのは、「中小事業主等に係る特別支給金の支給の原因である事故」と読み替えるものとする。

五　第三条第三項第五号及び同条第四項（事業主の証明に関する部分に限る。）、第四条第五項並びに第五条第五項の規定は、適用しない。

六　特別支給金の支給を受けようとする者は、第三条第三項、第四条第四項又は第五条第四項の申請書を所轄労働基準監督署長に提出するときは、当該申請書の記載事項のうち事業主の証明を受けなければならないこととされている事項を証明することができる書類その他の資料を、当該申請書に添えなければならない。

七　労災則第四十六条の二十七第六項の規定は、前号の規定により提出された書類その他の資料について準用する。

第十七条　法第三十五条第一項の承認を受けている団体に係る法第三十三条第三号から第五号までに掲げる者（以下この条及び第十九条において「一人親方等」という。）に対する第三条から第五条の二まで及び第十五条の規定の適用については、前条第五号から第七号まで及び次の各号に定めるところによる。

一　当該団体は、法第三条第一項の適用事業及びその事業主とみなす。

二　当該承認があつた日は、前号の適用事業が開始された日とみなす。

三　一人親方等は、第一号の適用事業に使用される労働者とみなす。

四　当該団体の解散は、事業の廃止とみなす。

五　前条第二号の規定は、一人親方等に係る特別支給金の支給の事由について準用する。この場合において、労災則第四十六条の十七第一号又は第三号に掲げる事業を労働者を使用しないで行うことを常態とする者及びこれらの者が行う事業に従事する者に関しては、前条第二号中「業務上の事由若しくは通勤による」とあるのは「業務上の」と、「業務上の事由若しくは通勤により」とあるのは「業務上」と読み替えるものとし、労災則第四十六条の十八第一号又は第三号に掲げる作業に従事する者に関しては、前条第二号中「業務上の事由若しくは通勤による」とあるのは「当該作業による」と、「当該事業」とあるのは「当該作業」と、「業務上の事由若しくは通勤により」とあるのは「当該作業により」と読み替えるものとし、労災則第四十六条の十八第二号、第四号又は第五号に掲げる作業に従事する者に関しては、前条第二号中「業務上の事由若しくは通勤による」とあるのは「当該作業若しくは通勤による」と、「当該事業」とあるのは「当該作業」と、「業務上の事由若しくは通勤により」とあるのは「当該作業若しくは通勤により」と読み替えるものとする。

六　一人親方等の休業給付基礎日額は、労災則第四十六条の二十四において準用する第四十六条の二十第二項の規定により算定された給付基礎日額とする。

七　法第三十五条第一項第七号の規定は、特別支給金の支給について準用する。この場合において、同号中「第三十三条第三号から第五号までに掲げる者の事故」とあるのは「一人親方等に係る特別支給金の支給の原因である事故」と読み替えるものとする。

第十八条　法第三十六条第一項の承認を受けている団体又は事業主に係る法第三十三条第六号又は第七号に掲げる者（以下この条及び次条において「海外派遣者」という。）に対する第三条から第五条の二まで及び第十五条の規定の適用については、第十六条第五号から第七号まで及び次の各号に定めるところによる。

一　海外派遣者は、当該承認に係る団体又は事業主の事業に使用される労働者とみなす。

二　第十六条第二号の規定は、海外派遣者に係る特別支給金の支給の事由について準用する。

三　海外派遣者の休業給付基礎日額は、労災則第四十六条の二十五の三において準用する法第四十六条の二十第二項の規定により算定された給付基礎日額とする。

四　法第三十六条第一項第三号の規定は、特別支給金の支給について準用する。この場合において、同号中「第三十三条第六号又は第七号に掲げる者の事故」とあるのは、「海外派遣者に係る特別支給金の支給の原因である事故」

故」と読み替えるものとする。

第十九条　第六条から第十三条までの規定は、中小事業主等、一人親方等及び海外派遣者については、適用しない。

（準用）

第二十条　法第十二条の二の二及び第四十七条の三並びに労災則第十九条及び第二十三条の規定は、特別支給金について準用する。この場合において、法第四十七条の三中「受ける権利を有する者」とあるのは「受ける者」と、労災則第十九条中「請求人、申請人又は受給権者若しくは受給権者であつた者」とあるのは「申請人又は受給資格者」と、労災則第二十三条第一項中「請求」とあるのは「申請」と読み替えるものとする。

附　則

（施行期日等）

1　この省令は、公布の日から施行し、昭和四十九年十一月一日から適用する。

（経過措置）

2　休業特別支給金、障害特別支給金及び遺族特別支給金は昭和四十九年十一月一日（以下「適用日」という。）以後に支給の事由の生じた場合に支給し、長期傷病特別支給金は同日以後の期間に係る分から支給する。

3　適用日以後この省令の施行の日（以下「施行日」という。）の前日までの間に支給すべき事由の生じた休業補償給付、障害補償給付、遺族補償給付、休業給付、障害給付又は遺族給付の請求が施行日前に行われた場合には、当該請求を行つた者は、第三条第六項、第四条第六項及び第五条第七項の規定にかかわらず、当該請求に係る保険給付を支給すべき事由と同一の事由（当該請求に係る保険給付が休業補償給付又は休業給付である場合には、当該請求に係る休業補償給付又は休業給付を支給すべき事由が生じた日と同一の日）に係る休業特別支給金、障害特別支給金又は遺族特別支給金の支給の申請を行うことができる。

4　適用日以後施行日の前日までの間に支給すべ

き事由の生じた前項に規定する保険給付又は当該期間に係る分の長期傷病補償給付若しくは長期傷病給付を受ける権利を有する者が施行日前に死亡し、その死亡した者に支給すべき保険給付でまだその者に支給しなかつたものがある場合において、当該未支給の保険給付に関し施行日前に法第十一条第一項又は第二項の請求が行われたときは、当該請求を行つた者は、第七条第二項において準用する第三条第六項、第四条第六項及び第五条第七項の規定並びに第七条第三項の規定にかかわらず、当該請求に係る保険給付を支給すべき事由と同一の事由（当該請求に係る保険給付が、休業補償給付又は休業給付である場合には当該休業補償給付又は休業給付を支給すべき事由の生じた日と同一の日、長期傷病補償給付又は長期傷病給付である場合には当該長期傷病補償給付又は長期傷病給付の支給の対象となる月と同一の月）に係る休業特別支給金、障害特別支給金、遺族特別支給金又は長期傷病特別支給金の支給の申請を行うことができる。

（特別支給金に係る事務の所轄に関する特例）

5　労働者災害補償保険法施行規則の一部を改正する省令（昭和四十一年労働省令第二号）附則第四項の規定により定められた労働基準監督署長により保険給付に関する事務を処理されている受給権者に係る特別支給金の支給に関する事務については、労災則第一条第三項及び第二条の規定にかかわらず、当該労働基準監督署長を所轄労働基準監督署長とする。

（障害特別年金差額一時金）

6　障害特別年金差額一時金は、当分の間、この省令の規定による特別支給金として、法の規定による障害補償年金差額一時金又は障害年金差額一時金の受給権者に対し、その申請に基づいて支給するものとし、その額は、次の表の上欄に掲げる当該障害補償年金差額一時金又は障害年金差額一時金に係る障害等級に応じ、それぞれ次の表の下欄に掲げる額（当該障害補償年金差額一時金又は障害年金差題一時金について労災則附則第十九項（労災則附則第三十六項において準用する場合を含む。以下この項において同じ。）に規定する場合にあつては、その額に労災則附則第十九項の規定により法第八条の四の規定を適用したときに得られる同条において準用する法第八条の三第一項第二号の厚生労働大臣が定める率を乗じて得た額。次項において同じ。）から当該労働者の障害に関し支給された障害特別年金の額（当該支給された障害特別年金を障害補償年金とみなして労災則附則第十七項の規定を適用した場合に同項の厚生労働大臣が定める率を乗ずることとなる場合にあっては、その額に当該厚生労働大臣が定める率を乗じて得た額。次項において同じ。）の合計額を差し引いた額（当該障害特別年金差額一時金の支給を受ける遺族が二人以上ある場合にあっては、その額をその人数で除して得た額）とする。

障害等級	額
第一級	算定基礎日額の一、三四〇日分
第二級	算定基礎日額の一、一九〇日分
第三級	算定基礎日額の一、〇五〇日分
第四級	算定基礎日額の九二〇日分
第五級	算定基礎日額の七九〇日分
第六級	算定基礎日額の六七〇日分
第七級	算定基礎日額の五六〇日分

7　労災則附則第二十項の加重障害の場合における同項の当該事由に係る障害特別年金差額一時金の額は、同項の加重後の障害等級に応ずる前項の表の下欄に掲げる額（以下この項において「下欄の額」という。）から労災則附則第二十項の加重前の障害等級に応ずる下欄の額を控除した額（同項の加重前の障害等級に応ずる障害補償給付が障害補償一時金又は障害一時金である場合には、同項の加重後の障害等級に応ずる下欄の額に同項の加重後の障害等級に応ずる障害特別年金の額から当該障害特別年金に係る第六条の規定による算定基礎日額を用いて算定することとした同項の加重前の障害等級に応ずる障害特別一時金の額を二十五で除して得た額を差し引いた額を同項の加重後の障害等級に応ずる障害特別年金の額で除して得た数を乗じて得た額）から、同項の当該事由に関し支給された障害特別年金の額を差し引いた額による。

8　障害特別年金差額一時金の支給を受けようとする者は、次に掲げる事項を記載した申請書を、所轄労働基準監督署長に提出しなければならない。
一　死亡した労働者の氏名及び生年月日
二　申請人の氏名、生年月日、住所及び死亡した労働者との関係

9　第七条第七項及び労災則第十五条の五の規定は、障害特別年金差額一時金について準用する。この場合において、第七条第七項中「障害補償年金又は障害年金」とあるのは「障害補償年金差額一時金又は障害年金差額一時金」と、労災則第十五条の五第一項中「遺族補償年金を」とあるのは「障害補償年金差額一時金又は障害年金差額一時金を」と読み替えるものとする。

附　則（昭五一・六・二八　労働省令第二五号）

この省令は、昭和五十一年七月一日から施行する。

附　則（昭五一・九・二七　労働省令第三五号）

（施行期日）

1　この省令は、昭和五十一年十月一日から施行する。

（経過措置）

2　労働者が業務上の事由又は通勤（労働者災害補償保険法第七条第一項の通勤をいう。）による負傷又は疾病（労働者災害補償保険特別支給金支給規則（以下「特別支給金支給規則」という。）第三条第一項の疾病をいう。以下同じ。）に係る療養のため労働することができないために賃金を受けなかった日の第四日目から第七日目までの日で、この省令の施行の日前の日については、改正後の特別支給金支給規則第三条第一項の規定にかかわらず、休業特別支給金は支給しない。

3　特別支給金支給規則第八条に規定する中小事業主等及び特別支給金支給規則第九条に規定する一人親方等が業務上の事由（労働者災害補償保険法第二十七条第五号に掲げる者にあつては、当該作業）による負傷又は疾病に係る療養のため当該事業（同号に掲げる者にあつては、当該作業）に従事することができなかつた日の第

四日目から第七日目までの日で、この省令の施行の日前の日については、改正後の特別支給金支給規則第八条第二号（特別支給金支給規則第九条第五号において準用する場合を含む。）の規定にかかわらず、休業特別支給金は支給しない。

附　則（昭五二・三・二六　労働省令第七号）

（施行期日）

第一条　この省令は、昭和五十二年四月一日から施行する。

（経過措置）

第二条　改正後の労働者災害補償保険特別支給金支給規則（以下「新規則」という。）の規定による障害特別一時金及び遺族特別一時金はこの省令の施行の日（以下「施行日」という。）以後に支給の事由が生じた場合に支給し、新規則の規定による障害特別年金及び遺族特別年金は施行日以後の期間に係る分から支給する。

2　労働者災害補償保険法施行令（昭和五十二年政令第三十三号）附則第三項に規定する者に対する新規則の規定による傷病特別年金の支給は、新規則第十三条第一項の規定にかかわらず、施行日の属する月分から始めるものとする。

3　施行日の前日までの間に係る改正前の労働者災害補償保険特別支給金支給規則の規定による長期傷病特別支給金については、なお従前の例による。

4　施行日前に業務上の事由又は通勤により死亡した労働者に係る法第十六条の六第二号（法第二十二条の四第三項において準用する場合を含む。）の場合の遺族補償一時金又は遺族一時金の受給権者に支給される遺族特別一時金に関する新規則別表第三の規定の適用については、同表中「支給された遺族特別年金の額の合計額」とあるのは、「支給された遺族特別年金の額の合計額に当該労働者の死亡の時から引き続き遺族特別年金が支給されていたとした場合に施行日の前日までに支給されるべき遺族特別年金の額の合計額を加えた額」とする。

第三条　施行日前に発生した事故に係る新規則第二条第四号から第八号に掲げる特別支給金の算定基礎年額に係る新規則第六条の規定の適用については、同条第一項中「負傷又は発病の日以前一年間（雇入後一年に満たない者については、雇入後の期間）に当該労働者に対して支払われた特別給与（労働基準法第十二条第四項の三箇月を超える期間ごとに支払われる賃金をいう。以下同じ。）の総額とする。ただし、当該特別給与の総額を算定基礎年額とすることが適当でないと認められるときは、厚生労働省労働基準局長が定める基準に従つて算定する額を算定基礎年額」とあるのは「当該労働者に係る法第八条の規定による給付基礎日額に三百六十五を乗じて得た額の百分の十六・九に相当する額」と、同条第三項中「特別給与の総額又は前項ただし書に定めるところによつて算定された額」とあるのは「当該労働者に係る法第八条の規定による給付基礎日額に三百六十五を乗じて得た額の百分の十六・九に相当する額」とする。

第四条　労働者災害補償保険法等の一部を改正する法律（昭和五十一年法律第三十二号。以下「改正法」という。）附則第五条第一項の事業主若しくは当該事業主に係る労働者災害補償保険法第二十七条第三号に掲げる者又は同項の団体の構成員である同条第三号から第五号までに掲げる者のうち労働者災害補償保険法施行規則（昭和三十年労働省令第二十二号）第四十六条の二十二の二に規定する者に該当しない者についての新規則の規定による特別支給金で同法第七条第一項第二号に規定する通勤災害に係るものの支給は、施行日以後に発生した事故に起因する同号に規定する通勤災害について行うものとする。

第五条　新規則第十八条第二号において準用する新規則第十六条第二号の規定の適用については、改正法附則第六条の政令で定める日までの間は、同号中「業務上の事由若しくは通勤による」とあるのは「業務上の」と、「業務上の事由若しくは通勤により」とあるのは「業務上」とする。

（特別支給金として支給される差額支給金）

第六条　労働者災害補償保険法の規定による傷病補償年金又は傷病年金（以下この項において「傷病補償年金等」という。）の受給権者に支給される傷病補償年金等の額（同法別表第一（同法第二十二条の三第三項、第二十二条の四第三項及び第二十二条の六第二項において準用する場合を含む。以下この項において同じ。）第一号から第三号まで並びに国民年金法等の一部を改正する法律（昭和六十年法律第三十四号）附則第百十六条第二項及び第三項（これらの規定を同条第四項において準用する場合を含む。）に規定する場合（以下この項において「厚生年金等との併給の場合」という。）にあつては、厚生年金等との併給の場合に該当しないものとしたときに得られる額）と当該受給権者に支給される新規則の規定による傷病特別年金の額との合計額（労働者災害補償保険法第二十七条各号に掲げる者にあつては、傷病補償年金等の額）が、当該受給権者の労働者災害補償保険法第八条の三の規定による給付基礎日額（以下この項において「年金給付基礎日額」という。）の二百九十二日分に相当する額に満たないときは、当分の間、その差額に相当する額（厚生年金等との併給の場合にあつては、年金給付基礎日額の四十七日分に相当する額から当該者に支給される新規則の規定による傷病特別年金の額（当該傷病特別年金に係る障害の程度が傷病等級第二級に該当する場合にあつては、その額と年金給付基礎日額の三十二日分に相当する額に厚生年金等との併給の場合における同表の下欄の額に乗ずべき率を乗じて得た額との合計額）を減じて得た額）の支給金（以下この条において「差額支給金」という。）を新規則の規定による特別支給金として当該受給権者に対し、その申請に基づいて支給する。

2　施行日の前日において労働者災害補償保険法の一部を改正する法律（昭和四十年法律第百三十号）附則第十五条後段の規定による長期傷病補償給付を受けていた者についての前項の規定の適用については、その者が労働者災害補償保険法の規定による療養補償給付を受けることとなるまでの間は、同項中「二百九十二日分」とあるのは「三百十三日分」と、「四十七日分」とあるのは「六十八日分」とする。

3　第一項の規定による差額支給金については、新規則の規定により支給される傷病特別年金とみなして新規則第十一条第四項及び第五項、第十三条第一項及び第三項、第十四条、第十四条の二、第十五条並びに第二十条の規定を適用する。

4　労働者災害補償保険特別支給金支給規則第六条の二の規定は、差額支給金について準用する。

5　第一項の規定により差額支給金が支給される場合における労働保険の保険料の徴収等に関する法律施行規則（昭和四十七年労働省令第八号）第十八条において読み替えて準用する同令第十八条第二項第三号の規定の適用については、同号中「当該傷病特別年金の額」とあるのは、「当該傷病特別年金の額と労働者災害補償保険特別支給金支給規則の一部を改正する省令（昭和五十二年労働省令第七号）附則第六条第一項の規定により支給される特別支給金の額との合計額」とする。

附　則（昭五二・六・一四　労働省令第二一号）

（施行期日等）

1　この省令は、公布の日から施行し、改正後の労働者災害補償保険特別支給金支給規則の規定は、昭和五十二年四月一日から適用する。

（経過措置）

2　昭和五十二年四月一日（以下「適用日」という。）前に支給の事由の生じた障害特別支給金及び遺族特別支給金の額については、なお従前の例による。

3　適用日以後に支給の事由の生じた障害特別支給金又は遺族特別支給金であつて、改正前の労働者災害補償保険特別支給金支給規則の規定に基づいて支給されたものは、改正後の労働者災害補償保険特別支給金支給規則の規定によるこれらに相当する特別支給金の内払とみなす。

附　則（昭五三・四・五　労働省令第二一号）

（施行期日）

1　この省令は、公布の日から施行し、改正後の労働者災害補償保険特別支給金支給規則の規定は、昭和五十三年四月一日から適用する。

（経過措置）

2　昭和五十三年四月一日前に支給すべき事由の生じた障害特別支給金の額ついては、なお従前の例による。

附　則（昭五三・五・二三　労働省令第二六号）（抄）

（施行期日）

1　この省令は、公布の日から施行する。

附　則（昭五五・一二・五　労働省令第三二号）（抄）

（施行期日等）

第一条　この省令は、公布の日から施行する。ただし、次の各号に掲げる規定は、当該各号に定める日から施行する。

一・二　〈略〉

三　〈略〉第三条中労働者災害補償保険特別支給金支給規則第六条の次に一条を加える改正規定、第十四条の次に一条を加える改正規定及び第二十条の改正規定、附則第四条第四項の規定並びに附則第八条（附則第六条第三項を改正する部分及び同項の次に一項を加える部分に限る。）の規定　昭和五十六年二月一日

四　〈略〉

2　次の各号に掲げる規定は、当該各号に定める日から適用する。

一　〈略〉第三条の規定による改正後の労働者災害補償保険特別支給金支給規則（以下「新特別支給金支給規則」という。）附則第七項及び第八項の規定並びに〈中略〉附則第四条第二項並びに附則第八条（附則第六条第一項を改正する部分に限る。）の規定　昭和五十五年八月一日

二　新特別支給金支給規則第五条第三項並びに別表第一及び第二の規定並びに附則第四条第一項及び第三項の規定　昭和五十五年十一月一日

（第三条の施行に伴う経過措置）

第四条　昭和五十五年十一月一日前に支給の事由の生じた障害特別支給金及び遺族特別支給金の額については、なお従前の例による。

2　昭和五十五年八月一日からこの省令の施行の日（以下この条において「施行日」という。）の前日までの間に遺族特別一時金（労災保険法第十六条の六第二号（労災保険法第二十二条の

四第三項において読み替えて準用する場合を含む。）の遺族補償一時金の受給権者に対して支給されるものに限る。以下この項において「遺族特別年金差額一時金」という。）を支給すべき事由が生じた場合における次の各号に掲げる特別支給金の額は、新特別支給金支給規則の規定にかかわらず、当該各号に定める額とする。

一　当該遺族特別年金差額一時金の額　第三条の規定による改正前の労働者災害補償保険特別支給金支給規則（以下「旧特別支給金支給規則」という。）の規定による額（その額が新特別支給金支給規則の規定による額を下回るときは、新特別支給金支給規則の規定による額）

二　当該遺族特別年金差額一時金の支給に係る死亡に関して支給されていた遺族特別年金を受けることができる者に対して支給すべき昭和五十五年八月から当該遺族特別年金差額一時金を支給すべき事由の生じた日の属する月までの分の遺族特別年金の額　旧特別支給金支給規則の規定による額（これらの月分の新特別支給金支給規則の規定による遺族特別年金の額からこれらの月分の旧特別支給金支給規則の規定による遺族特別年金の額を減じた額（当該遺族特別年金差額一時金を支給すべき事由につき新特別支給金支給規則の規定を適用することとした場合に新特別支給金支給規則第十条第一項の一時金を支給することとなるときは、当該支給することとなる一時金の額を加えた額）が当該遺族特別年金差額一時金の額を超えるときは、当該超える額を加算した額）

3　昭和五十五年十一月一日前の期間に係る遺族特別年金の額は、前項第二号に規定する場合のほか、なお従前の例による。

4　昭和五十六年二月一日前の期間に係る年金たる特別支給金の額の端数処理及び同日前に発生した新特別支給金支給規則第十四条の二に規定する返還金債権については、なお従前の例による。

5　昭和五十五年十一月一日以後に支給の事由の生じた障害特別支給金又は遺族特別支給金であつて、旧特別支給金支給規則の規定に基づいて支給されたものの支払は、新特別支給金支給規則の規定によるこれらに相当する特別支給金の内払とみなす。

6 昭和五十五年八月から施行日の属する月までの分として旧特別支給金支給規則の規定に基づいて支給された障害特別年金、遺族特別年金若しくは傷病特別年金又は附則第八条の規定による改正前の労働者災害補償保険特別支給金支給規則の一部を改正する省令（昭和五十二年労働省令第七号）附則第六条第一項の規定に基づいて支給された差額支給金の支払は、新特別支給金支給規則の規定又は附則第八条の規定による改正後の労働者災害補償保険特別支給金支給規則の一部を改正する省令の規定により支給されるこれらに相当する特別支給金の内払とみなす。

7 昭和五十五年八月一日以後に支給すべき事由の生じた障害特別一時金又は遺族特別一時金であつて、旧特別支給金支給規則の規定に基づいて支給されたものの支払は、新特別支給金支給規則の規定によるこれらに相当する特別支給金の内払とみなす。

附　則（昭五六・四・二三　労働省令第一九号）（抄）

（施行期日）

第一条　この省令は、昭和五十六年五月一日から施行する。

（経過措置）

第二条　この省令の施行の日（以下「施行日」という。）前の期間に係る労働者災害補償保険特別支給金支給規則（以下「特別支給金支給規則」という。）の規定による障害特別年金、遺族特別年金及び傷病特別年金並びに施行日前に支給すべき事由の生じた特別支給金支給規則の規定による障害特別一時金及び遺族特別一時金の額については、なお従前の例による。施行日前に死亡した労働者に関し労働者災害補償保険法（以下「法」という。）第十六条の六第一項第二号（法第二十二条の四第三項において準用する場合を含む。）の場合に支給される遺族補償一時金又は遺族一時金の受給権者に対し支給される遺族特別一時金であつて、施行日以後に支給すべき事由の生じたものの額についても、同様とする。

附　則（昭五六・六・二七　労働省令第二四号）

（施行期日等）

1　この省令は、公布の日から施行し、昭和五十六年四月一日から適用する。

（経過措置）

2　傷病特別支給金は、昭和五十六年四月一日（以下「適用日」という。）以後において支給の事由の生じた場合に支給する。

3　適用日からこの省令の施行の日（以下「施行日」という。）の前日までの間に支給の事由の生じた障害特別支給金（当該障害特別支給金の支給の事由に係る負傷又は疾病により適用日から施行日までの間に傷病特別支給金の支給の事由の生じたものに限る。）であって、改正前の労働者災害補償保険特別支給金支給規則の規定に基づいて支給されたものは、改正後の労働者災害補償保険特別支給金支給規則の規定による傷病特別支給金の支給額に相当する額の限度で当該傷病特別支給金の内払とみなす。

附　則（昭五六・一〇・二九　労働省令第三七号）（抄）

（施行期日）

第一条　この省令は、昭和五十六年十一月一日から施行する。

（経過措置）

第二条　障害特別年金差額一時金は、この省令の施行の日以後に支給の事由の生じた場合に支給する。

2　改正後の労働者災害補償保険特別支給金支給規則附則第十二項の規定は、この省令の施行の日以後に支給すべき事由の生じた遺族特別一時金について適用する。

附　則（昭五七・九・三〇　労働省令第三二号）

この省令は、障害に関する用語の整理に関する法律（昭和五十七年法律第六十六号）の施行の日（昭和五十七年十月一日）から施行する。

附　則（昭五九・七・二七労働省令第一五号）（抄）

（施行期日）

第一条　この省令は、昭和五十九年八月一日から施行する。

（経過措置）

第二条　この省令の施行の日（以下「施行日」という。）前の期間に係る労働者災害補償保険法（以下「法」という。）の規定による年金たる保険給付並びに施行日前に支給すべき事由の生じた法の規定による休業補償給付、障害補償一時金、障害補償年金差額一時金、障害補償年金前払一時金、遺族補償一時金、遺族補償年金前払一時金、葬祭料、休業給付、障害一時金、障害年金差額一時金、障害年金前払一時金、遺族一時金、遺族年金前払一時金及び葬祭給付の額については、なお従前の例による。施行日前に死亡した労働者に関し法第十六条の六第一項第二号（法第二十二条の四第三項において準用する場合を含む。）の場合に支給される遺族補償一時金及び遺族一時金であつて、施行日以後に支給すべき事由の生じたもの及び施行日前に障害補償年金を受ける権利を有することとなつた労働者の当該障害補償年金に係る障害補償年金差額一時金又は施行日前に障害年金を受ける権利を有することとなつた労働者の当該障害年金に係る障害年金差額一時金であつて、施行日以後に支給すべき事由の生じたものの額についても、同様とする。

附　則（昭六二・一・三一　労働省令第二号）（抄）

（施行期日）

第一条　この省令は、労働者災害補償保険法及び労働保険の保険料の徴収等に関する法律の一部を改正する法律の施行の日（昭和六十二年二月一日）から施行する。

（労働者災害補償保険特別支給金支給規則の一部改正に伴う経過措置）

第三条　施行日前の期間に係る労働者災害補償保険特別支給金支給規則の規定による障害特別年

金、遺族特別年金及び傷病特別年金並びに施行日前に支給すべき事由の生じた労働者災害補償保険特別支給金支給規則の規定による障害特別一時金、障害特別年金差額一時金及び遺族特別一時金の額については、なお従前の例による。施行日前に障害補償年金を受ける権利を有することとなつた労働者の当該障害補償年金に係る障害補償年金差額一時金の受給権者又は施行日前に障害年金を受ける権利を有することとなつた労働者の当該障害年金に係る障害年金差額一時金の受給権者に支給される障害特別年金差額一時金であつて、施行日以後に支給すべき事由の生じたもの及び施行日前に死亡した労働者に関し法第十六条の六第一項第二号（法第二十二条の四第三項において準用する場合を含む。）の場合に支給される遺族補償一時金又は遺族一時金の受給権者に支給される遺族特別一時金であつて、施行日以後に支給すべき事由の生じたものの額についても、同様とする。

2　昭和六十一年改正法附則第四条第一項の規定に該当する場合における改正後の労働者災害補償保険特別支給金支給規則附則第十二項の規定の適用については、同項中「法第六十五条の二第一項（同条第二項において準用する場合を含む。）において読み替えて適用する法第八条の二」とあるのは「労働者災害補償保険法及び労働保険の保険料の徴収等に関する法律の一部を改正する法律（昭和六十一年法律第五十九号）附則第四条第一項」と、「同条第二項第一号又は第二号の労働大臣が定める額」とあるのは「同項に規定する施行前給付基礎日額」と、「同条第一項」とあるのは、「法第八条の二第一項」とする。

（労働者災害補償保険特別支給金支給規則の一部を改正する省令の一部改正に伴う経過措置）

第四条　施行日前の期間に係る労働者災害補償保険特別支給金支給規則の一部を改正する省令附則第六条第一項の規定による差額支給金の額については、なお従前の例による。

附　則（昭六二・三・三〇　労働省令第一一号）

（抄）

（施行期日）

第一条　この省令は、昭和六十二年四月一日から施行する。〈後略〉

（労働者災害補償保険特別支給金支給規則の一部改正に伴う経過措置）

第三条　この省令による改正後の労働者災害補償保険特別支給金支給規則（以下「新特支則」という。）第三条第一項の規定は、施行日以後に支給すべき事由が生じた労働者災害補償保険特別支給金支給規則の規定による休業特別支給金について適用する。

2　新特支則第三条第二項の規定は、施行日以後に同項各号のいずれかに該当する労働者について適用する。

附　則（平二・七・三一　労働省令第一七号）

（抄）

（施行期日）

第一条　この省令は、平成二年八月一日から施行する。

（労働省令で定める法律の規定）

第二条　労働者災害補償保険法等の一部を改正する法律附則第二条第二項に規定する労働省令で定める法律の規定は、労働者災害補償保険法等の一部を改正する法律（昭和五十五年法律第百四号）附則第十条の規定による改正前の労働者災害補償保険法の一部を改正する法律（昭和四十年法律第百三十号）附則第四十一条の規定とする。

2　労働者災害補償保険法等の一部を改正する法律（平成二年法律第四十号）附則第二条第三項において準用する同条第二項に規定する労働省令で定める法律の規定は、労働者災害補償保険法等の一部を改正する法律（昭和五十五年法律第百四号）附則第十一条の規定による改正前の労働者災害補償保険法の一部を改正する法律（昭和四十八年法律第八十五号）附則第三条の規定とする。

（第三条の規定の施行に伴う経過措置）

第四条　施行日前の期間に係る労働者災害補償保険特別支給金支給規則の規定による年金たる特別支給金の額並びに施行日前に支給すべき事由が生じた同令の規定による障害特別一時金及び遺族特別一時金の額については、なお従前の例による。

2 施行日前の期間に係る労働者災害補償保険特別支給金支給規則の規定による障害特別年金が支給された場合における改正後の労働者災害補償保険特別支給金支給規則附則第七項の規定の適用については、同項中「労災則附則第十七項」とあるのは、「労働者災害補償保険法施行規則等の一部を改正する省令（平成二年労働省令第十七号）附則第三条第二項の規定により読み替えられた労災則附則第十七項」とする。

3 施行日前の期間に係る労働者災害補償保険特別支給金支給規則の規定による遺族特別年金が支給された場合における改正後の労働者災害補償保険特別支給金支給規則別表第三の適用については、同表遺族特別一時金の項中「法第十六条の六第二項」とあるのは、「労働者災害補償保険法等の一部を改正する法律（平成二年法律第四十号）附則第三条第二項の規定により読み替えられた法第十六条の六第二項」とする。

（第四条の規定の施行に伴う経過措置）

第五条 施行日前の期間に係る労働者災害補償保険特別支給金支給規則の一部を改正する省令（昭和五十二年労働省令第七号）附則第六条の規定による特別支給金の額については、なお従前の例による。

附　則（平二・九・二八　労働省令第二四号）（抄）

（施行期日）

第一条 この省令は、平成二年十月一日から施行する。

（労働省令で定めるとき等）

第二条 労働者災害補償保険法等の一部を改正する法律附則第四条に規定する労働省令で定めるときは、改正前の労働者災害補償保険法施行規則第十二条の四第二項又は第十八条の六の二第二項において準用する労働基準法施行規則（昭和二十二年厚生省令第二十三号）第三十八条の八第二項の規定により日日雇い入れられる者の休業補償給付又は休業給付の額が改定されるときとし、同法附則第四条に規定する労働省令で定める四半期は、同項の規定による改定後の額により休業補償給付又は休業給付を支給すべき最初の日の属する年の前年の七月から九月までの期間とする。

（第二条の規定の施行に伴う経過措置）

第四条 この省令の施行の日前に支給すべき事由が生じた労働者災害補償保険特別支給金支給規則の規定による休業特別支給金の額については、なお従前の例による。

2 この省令の施行の日前に支給すべき事由が生じた労働者災害補償保険特別支給金支給規則の規定による休業特別支給金に係る改正前の労働者災害補償保険特別支給金支給規則第三条第七項の規定による証明書の添付については、なお従前の例による。

附　則（平三・四・一二　労働省令第一一号）

この省令は、公布の日から施行する。

附　則（平五・七・二一　労働省令第二七号）（抄）

（施行期日）

1 この省令は、平成五年八月一日から施行する。〈後略〉

附　則（平七・七・三一　労働省令第三六号）（抄）

（施行期日）

1 この省令は、平成七年八月一日から施行する。

2 〈略〉

（第二条の規定の施行に伴う経過措置）

3 施行日前の期間に係る遺族特別年金の額については、なお従前の例による。

4 施行日前に支給の事由が生じた休業特別支給金の額の算定並びに同日前の期間に係る年金たる特別支給金、同日前に支給事由の生じた年金たる特別支給金以外の特別支給金（休業特別支給金を除く。）、同日前に死亡した労働者に関し法第十六条の六第一項第二号（法第二十二条の四第三項において準用する場合を含む。）の場合に支給される遺族補償一時金又は遺族一時金の受給権者に支給される遺族特別一時金であって、同日以後に支給事由の生じたもの及び同日前に障害補償年金又は障害年金を受ける権利を有することとなった労働者の当該障害補償年金又は障害年金に係る障害特別年金差額一時金であって、同日以後に支給の事由の生じたものの額の算定に用いる労働者災害補償保険特別支給金支給規則第六条第五項に規定する算定基礎日額の算定については、なお従前の例による。

附　則（平八・七・二六　労働省令第三一号）

この省令は、平成八年十月一日から施行する。

附　則（平九・三・一四　労働省令第一〇号）（抄）

（施行期日）

第一条　この省令は、平成九年四月一日から施行する。

（第三条の規定の施行に伴う経過措置）

第四条　施行日の属する月の前月までの月分の労働者災害補償保険特別支給金支給規則の一部を改正する省令附則第六条第一項の規定による特別支給金（以下「差額支給金」という。）が支給される場合における労働保険の保険料の徴収等に関する法律施行規則第十八条の三第一項において読み替えて準用する同令第十八条第二項の差額支給金の額の算定については、なお従前の例による。

附　則（平一〇・三・二六　労働省令第一三号）（抄）

（施行期日）

1　この省令は、平成十年四月一日から施行する。

附　則（平一二・一〇・三一　労働省令第四一号）（抄）

（施行期日）

第一条　この省令は、内閣法の一部を改正する法律（平成十一年法律第八十八号）の施行の日（平成十三年一月六日）から施行する。

附則（平一三・三・二三　厚生労働省令第三一号）

（施行期日）

第一条　この省令は、平成十三年四月一日から施行する。ただし〈中略〉労働者災害補償保険特別支給金支給規則第十七条第五号の改正規定は、同年三月三十一日から施行する。

附則（平一四・二・二〇　厚生労働省令第一三号）

この省令は、公布の日から施行する。

附則（平一八・三・二七　厚生労働省令第五二号）

（施行期日）

1　この省令は、平成十八年四月一日から施行する。

（経過措置）

2　この省令による改正後の労働者災害補償保険法施行規則及び労働者災害補償保険特別支給金支給規則の規定は、この省令の施行の日以後に発生した負傷、疾病、障害又は死亡に起因する労働者災害補償保険法第七条第一項第二号の通勤災害に関する保険給付について適用する。

附則（平一八・五・二三　厚生労働省令第一二二号）

この省令は、刑事施設及び受刑者の処遇等に関する法律の施行の日（平成十八年五月二十四日）から施行する。

附則（平一九・四・二三　厚生労働省令第八〇号）（抄）

（施行期日）

第一条　この省令は、公布の日から施行する。

〈後略〉

附則（平一九・六・一　厚生労働省令第八六

号）

この省令は、平成十九年六月一日から施行する。

附　則（平一九・九・二五　厚生労働省令第一一二号）（抄）

（施行期日）

第一条　この省令は、平成十九年十月一日から施行する。

別表第一（第四条関係）

障害等級	額
第一級	三四二万円
第二級	三二〇万円
第三級	三〇〇万円
第四級	二六四万円
第五級	二二五万円
第六級	一九二万円
第七級	一五九万円
第八級	六五万円
第九級	五〇万円
第十級	三九万円
第十一級	二九万円
第十二級	二〇万円
第十三級	一四万円
第十四級	八万円

別表第一の二（第五条の二関係）

傷病等級	額
第一級	一一四万円
第二級	一〇七万円
第三級	一〇〇万円

別表第二（第七条、第九条、第十一条関係）

区分	額
障害特別年金	一　障害等級第一級に該当する障害がある者　算定基礎日額の三一三日分 二　障害等級第二級に該当する障害がある者　算定基礎日額の二七七日分 三　障害等級第三級に該当する障害がある者　算定基礎日額の二四五日分 四　障害等級第四級に該当する障害がある者　算定基礎日額の二一三日分 五　障害等級第五級に該当する障害がある者　算定基礎日額の一八四日分 六　障害等級第六級に該当する障害がある者　算定基礎日額の一五六日分

	七　障害等級第七級に該当する障害がある者　算定基礎日額の一三一日分
遺族特別年金	次の各号に掲げる法の規定による遺族補償年金又は遺族年金の受給権者及びその者と生計を同じくしている法の規定による遺族補償年金又は遺族年金を受けることができる遺族の人数の区分に応じ、当該各号に掲げる額 一　一人　算定基礎日額の一五三日分。ただし、五十五歳以上の妻（婚姻の届出をしていないが、事実上婚姻関係と同様の事情にあった者を含む。以下この号において同じ。）又は労災則第十五条に規定する障害の状態にある妻にあっては、算定基礎日額の一七五日分とする。 二　二人　算定基礎日額の二〇一日分 三　三人　算定基礎日額の二二三日分 四　四人以上　算定基礎日額の二四五日分
傷病特別年金	一　傷病等級第一級に該当する障害の状態にある者　算定基礎日額の三一三日分 二　傷病等級第二級に該当する障害の状態にある者　算定基礎日額の二七七日分 三　傷病等級第三級に該当する障害の状態にある者　算定基礎日額の二四五日分

別表第三（第七条、第八条、第十条関係）

区分	額
障害特別一時金	一　障害等級第八級に該当する障害がある者　算定基礎日額の五〇三日分 二　障害等級第九級に該当する障害がある者　算定基礎日額の三九一日分 三　障害等級第一〇級に該当する障害がある者　算定基礎日額の三〇二日分 四　障害等級第一一級に該当する障害がある者　算定基礎日額の二二三日分 五　障害等級第一二級に該当する障害がある者　算定基礎日額の一五六日分 六　障害等級第一三級に該当する障害がある者　算定基礎日額の一〇一日分 七　障害等級第一四級に該当する障害がある者　算定基礎日額の五六日分
遺族特別一時金	一　法第十六条の六第一項第一号（法第二十二条の四第三項において準用する場合を含む。）の場合に支給される遺族補償一時金又は遺族一時金の受給権者　算定基礎日額の一、〇〇〇日分 二　法第十六条の六第一項第二号（法第二十二条の四第三項において準用する場合を含む。）の場合に支給される遺族補償一時金又は遺族一時金の受給権者　算定基礎日額の一、〇〇〇日分から当該労働者の死亡に関し支給された遺族特別年金の額（当該支給された遺族特別年金を遺族補償年金とみなして法第十六条の六第二項の規定を適用した場合に同項の厚生労働大臣が定める率を乗ずることとな

る場合にあつては、その額に当該厚生労働大臣が定める率を乗じて得た額）の合計額を控除した額

解釈例規総索引

日　付	番号・掲載頁
	〔昭和22年〕
9.12	基発39号（３条）……155
13	発基17号（８条）……578,588
11. 5	基発231号（８条）……579
	基発232号（８条）……596
	基発233号（８条）……585
27	基発400号（３条）……103
12.16	基発67号（７条）……338
26	基発573号（８条）……579
29	基発516号（７条）……261
	〔昭和23年〕
1. 7	基災発29号（７条）……247
9	基発14号（３条）……106
	基災発13号（７条）……483
13	基災発３号（13条）……780
15	基発49号（３条）……110
	基発51号（７条）……225
	（12条の２の２）……672
2.13	基災収20号（16条の２）……963
23	基発352号（12条の４）……682
3. 5	基発405号（12条の２の２）……673
16	基発458号（８条）……581
17	基発461号（８条）……579
24	基発498号（３条）……118
27	基発461号（８条）……588
4. 2	基収1259号（７条）……248

日　　付	番　号　・　掲　載　頁
4.22	基収1065号（８条）……583,589
5.11	基収1391号（７条）……263
14	基収1642号（16条の２）……964
6. 1	基発1485号（７条）……247
24	基収2008号（７条）……225
7. 3	基収2176号（８条）……582
5	基収2204号（３条）……111
10	基災発97号（13条）……774
13	基収102号（14条）……794
8. 9	基収2370号（14条）……794
11	基収2934号（８条）……585
20	基災発131号（７条）……300
28	基収3097号（７条）……249
9. 8	基発1326号（12条の５）……715
11	基発36号（３条）……124
19	基災発159号（７条）……297
28	基収2565号（７条）……266
	基収2997号（７条）……223
	基災発167号（７条）……273
	基災発176号（７条）……274
11. 9	基収3704号（８条）……579
25	基収2577号（８条）……586
29	基災収2965号（17条）……1020
12. 9	基収3972号（７条）……320
17	基収3836号（３条）……155
	基災発243号（７条）……225
	基災発244号（13条）……774
25	基収4281号（３条）……117
	〔昭和24年〕
1.10	基収3306号（３条）……118
19	基収3375号（７条）……254

日　付	番号・掲載頁
2. 7	基災発34号（７条）……263
16	基収275号（14条）……793
3. 1	基収688号（７条）……297
4. 8	基収891号（７条）……226
11	基発421号（８条）……590
13	基収886号（３条）……116
5. 9	基収1211号（７条）……279
19	基収2960号（７条）……276
31	基収1410号（７条）……277
6. 1	基収1223号（７条）……292
10	基収1834号（７条）……299
13	基収1073号（３条）……108
24	基発648号（３条）……117
7. 7	基収2150号（８条）……584
13	基災収3845号（７条）……221
21	基災収3885号（３条）……125,155
22	基収2303号（13条）……769
8.12	基災収4762号（16条の２）……966
19	基収1351号（８条）……593
9. 5	基発785号（７条）……266
9	基災収5084号（７条）……266
12	基災収5119号（７条）……274,275
14	基収2915号（７条）……267
10.19	基収2553号（７条）……299
11.11	基災発313号（13条）……752
22	基収5759号（７条）……224
26	基災収5793号（29条）……1357
12.15	基収3001号（７条）……250
	基収3535号（14条）……793
	基収4028号（７条）……235
28	基災収4173号（７条）……245
	基災収5951号（29条）……1356

日　付	番号・掲載頁
	〔昭和25年〕
1.27	基発16号(29条) ……1358
3.25	基収3536号(７条) ……316
29	基収115号(７条) ……275
4.12	基収469号(７条) ……267
	基収620号(７条) ……254
24	基収4080号(３条) ……116
5. 8	基収1005号(７条) ……296
	基収1006号(７条) ……224
9	基収32号(７条) ……255
13	基収843号(７条) ……483
19	基収621号(８条) ……593
6. 8	基災収1252号(７条) ……246
19	基収605号(３条) ……142
27	基災収1258号(29条) ……1350
30	基災収1297号(29条) ……1351
7. 3	基収865号(７条) ……279
22	基災収546号(12条の４) ……683
24	基収563号(８条) ……591
8. 8	基収2149号(16条の２) ……967
26	基収1161号(３条) ……127
28	基収2397号(８条) ……587
31	基発793号(13条) ……775
	基収802号(７条) ……313
9.12	基収2586号(７条) ……295
20	基収2566号(３条) ……157
10. 6	基発916号(13条) ……775
19	基収2908号(８条) ……570
27	基収2693号(７条) ……221
	基収2919号(７条) ……300
11. 1	婦発291号(３条) ……117
20	基収3414号(７条) ……302
12.28	基収3450号(８条) ……594

日　付	番　号　・　掲　載　頁
	〔昭和27年〕
2. 7	基収211号(12条の２の２) ……674
25	基収27号(７条) ……294
3. 5	基収559号(12条の２の２) ……674
6	基災収178号(７条) ……316
29	基収848号(12条の８) ……733
4.21	基収1371号(８条) ……583
5.29	基災収1327号(７条) ……318
6. 4	基災収1538号(29条) ……1356
5	基災収1241号(７条) ……264
7. 3	基災収1763号(７条) ……298
8. 8	基収3208号(14条) ……792
9	基収3670号(３条) ……156
19	基発604号(８条) ……570
20	基発611号(12条の５) ……715
9. 9	基発646号(７条) ……367
20	基発675号(14条) ……796
24	基収681号(７条) ……320
10.13	基災収3552号(７条) ……246
28	基発747号(13条) ……768
12. 1	基収4772号(７条) ……251
	基収5603号(７条) ……249
9	基収5494号(13条) ……749
12	基発845号(14条) ……800
25	基収5167号(７条) ……295
	〔昭和28年〕
1.14	基収31号の２(14条) ……800
22	基収273号(14条) ……796
2.26	基収396号(14条) ……797
27	基発97号(14条) ……798
3.23	基収251号(７条) ……301

日　付	番号・掲載頁
3.28	基収225号（７条）……267
4.23	基収1239号（７条）……318
5.12	基発298号（７条）……246
	基収5780号（７条）……237
24	基収1619号（８条）……583
25	基収1580号（７条）……302
6.11	基収829号（７条）……316
24	基災収1763号（７条）……298
7.13	基収841号（13条）……769
14	基災収847号（７条）……326
18	基収2585号（３条）……119
26	基災収688号（７条）……294
8. 4	基収3868号（７条）……297
11. 4	基収5187号（７条）……227
8	基災収806号（７条）……323
	基災収1150号（７条）……484
22	基災発301号（12条の４）……685
	基災収917号（７条）……257
30	基収3851号（31条）……1396
12.24	基災発169号（７条）……275
〔昭和31年〕	
1.30	基発123号（７条）……382
2.29	基収1180号（７条）……268
3. 5	基発390号（31条）……1397
26	基収822号（７条）……277
31	30基収4708号（７条）……227
4.16	基収258号（７条）……293
21	基収6132号（７条）……276
27	基収1058号（13条）……770
5.28	基収3399号（７条）……268
9. 3	基収5061号（７条）……257
22	基収1058号（13条）……770

日　付	番　号　・　掲　載　頁
10.20	基収5545号（７条）……323
11. 6	基発754号(13条)……771
28	基収6806号（７条）……237
12. 3	基収7580号(13条)……752
	〔昭和32年〕
2. 6	基収54号（７条）……324
22	基収576号（７条）……228
3. 8	基収1552号（７条）……293
30	基収1249号（７条）……325
7. 2	基発551号(12条の４)……686
19	基収4390号（７条）……224
20	基収3615号（７条）……228
9.17	基収4722号（７条）……229
24	基収2964号（７条）……318
10. 1	基収5268号（７条）……252
18	基収6819号（３条）……116
11. 2	基収6787号（７条）……262
12.14	基収6974号（７条）……268
25	基収6636号（７条）……264
	〔昭和33年〕
1.25	基収9641号（７条）……222
2.13	基発90号（３条）……108,118
	（８条）……589,594
3.18	基収68号（７条）……262
25	32基収2710号（７条）……301
8. 4	基収4633号（７条）……269
9. 8	基収3264号（７条）……247,252
12.23	基収7335号（７条）……298

日　付	番号・掲載頁
	〔昭和34年〕
1.26	基発48号（３条）……111
2.23	基収7883号（７条）……317
28	33基収8734号（７条）……485
3.17	基収359号（７条）……319
4. 4	基発231号（３条）……130
8	基発1461号（13条）……776
5.11	基収2213号（７条）……264
19	基収3034号（７条）……257
7.15	基発502号（７条）……486
	基収2980号（７条）……252
10. 9	基発700号（７条）……262
15	基収5040号（７条）……265
12.10	基収5385号（７条）……280
26	基収9335号（７条）……238
	〔昭和35年〕
2.16	基発102号（３条）……146
3.23	基収34号（７条）……238
5.24	34基収8962号（３条）……139
11. 2	基発932号（３条）……167
	基発934号（12条の４）……689
12.22	基収5828号（７条）……277
	〔昭和36年〕
2. 2	基収221号（７条）……280
3.13	基収1844号（７条）……269
4.19	基収800号（３条）……124
5. 8	基発415号（７条）……341
29	基発489号（７条）……368
6.26	35基収9734号（７条）……278

日　付	番号・掲載頁
6.27	基収4205号（７条）……248
10.10	基収5037号（７条）……280
12.26	基収3262号（７条）……281
	〔昭和37年〕
2.15	基発132号（16条の２）……958
6. 1	基収3721号（３条）……129
8. 3	基収4070号（７条）……230
	基収4643号（７条）……258
9.18	基発951号（13条）……767
19	基発965号（13条）……777
29	基発1021号（38条）……1564
	〔昭和38年〕
2.16	基発141号（３条）……141
3.25	事務連絡（３条）……149
4.26	37基収8458号（７条）……317
5.15	基収2034号（７条）……269
18	基災収44号の２（３条）……113
6.17	基発687号（12条の４）……700
20	基発698号（３条）……135
	基発698号の３（３条）……132
9.30	基収6714号（７条）……265
10.25	基発1282号（８条）……596
	〔昭和39年〕
2. 3	基収6908号（７条）……314
3. 6	基収1019号（７条）……258
4.20	基発519号（８条）……572
21	38基収8261号（７条）……326
28	基発554号（３条）……130

日　　付	番　号　・　掲　載　頁
1.31	基発73号(12条）……661
	(13条）……737
	(15条）……833
	(15条の２）……945
	(16条の２）……957
	(16条の３）……987
	(16条の４）……1002
	(16条の５）……1005
	(16条の７）……1013
	(19条）……1043
	(42条）……1573
2. 1	基発98号(47条の３）……1587
14	基発6号(35条）……1517
15	基災発8号(３条）……141
16	基発109号(７条）……232
3.17	40基収7571号(７条）……327
22	基発245号(13条）……774
5.23	基収3520号(７条）……248
6. 8	基災収38号(７条）……231
17	基発610号(12条の４）……702
8.30	基発936号(12条の４）……694
10. 8	基災収100号(12条の４）……703
22	基発1108号(16条の２）……963
12.16	基発1305号(12条の４）……693
〔昭和42年〕	
1.17	基災収98号(16条の２）……968
24	基収7808号(７条）……265
3. 3	41基収4443号(７条）……304
4. 6	基収42号(16条の２）……969
7.11	基災発19号(16条の３）……988
8.14	基収3862号(16条の２）……970
16	基収3596号(７条）……487

日　付	番号・掲載頁
10.25	基発995号(29条)……1228
27	基発1000号(３条)……163
12.23	基収2962号(７条)……282
	基収4713号(16条の２)……972
	〔昭和43年〕
1.10	基収4866号(７条)……278
11	基収4809号(７条)……223
12	基発11号(３条)……161
2.26	基発58号(７条)……373
3. 9	基発114号(12条の５)……716
15	基発141号(29条)……1206
4. 1	基収175号(16条の２)……972
	〔昭和44年〕
3. 7	基発112号(３条)……108
17	43基収2982号(16条の２)……976
27	基発184号(12条の７)……723
31	43基収5514号(37条)……1553
4.11	基発238号(３条)……165
5. 2	基発287号(15条)……833
6. 6	43基収2972号(16条の２)……980
7.21	基収1815号(12条の４)……697
12.23	基収5093号(７条)……259
	〔昭和45年〕
5.14	基発374号(８条)……573
	基発375号(８条)……575
27	基発414号(47条の２)……1585
8.29	44基収4084号の２(14条)……801
10.12	基発745号(33条)……1450

日　付	番　号　・　掲　載　頁
10.12	基発745号(37条)……1547
27	基発774号(29条)……1220
30	基発785号(47条の３)……1588
11.25	基収2278号(７条)……233
	〔昭和46年〕
1. 7	45基収3898号(７条)……315
14	基発22号(３条)……154
7.28	基発550号(７条)……376
12.21	基発820号(12条の７)……726
	〔昭和47年〕
3.16	基収416号(７条)……235
8.29	基発547号(29条)……1220
9.30	基発643号(31条)……1377
	〔昭和48年〕
2. 1	基発48号(13条)……767
28	基発92号(８条)……587
11.22	発基105号(７条)……489
	基発644号(７条)……501
	(21条)……1059
	(31条)……1377
	(42条)……1573
	(47条)……1582
30	基収607号(７条)……322
12. 1	基発672号(29条)……1220
18	基発704号(29条)……1236

日　　付	番　号　・　掲　載　頁
7. 1	基発506号(29条) ……1236
	基発507号(29条) ……1206
29	基発556号(7 条) ……384
8. 4	基発565号(7 条) ……389
23	基発602号(7 条) ……391
9.29	基発697号(17条) ……1021
	(29条) ……1168
	(33条) ……1453
	(37条) ……1546
10.16	基発750号(7 条) ……307
11. 8	基発810号(7 条) ……338
	〔昭和52年〕
1.10	基発13号(7 条) ……394
3. 3	基発192号(33条) ……1453
28	基発170号(12条の 2 の 2) ……677
	(37条) ……1545,1551
30	基発192号(8 条) ……560
	(12条) ……662
	(12条の 2 の 2) ……671
	(12条の 4) ……702
	(12条の 7) ……726
	(12条の 8) ……733
	(13条) ……738
	(18条) ……1032
	(18条の 2) ……1040
	(19条) ……1043
	(21条) ……1061
	(22条) ……1066
	(22条の 2) ……1070
	(23条) ……1085
	(29条) ……1181,1182
	(31条) ……1377,1381

日　付	番号・掲載頁
6.21	基収272号（７条）……534
	基収341号（７条）……519
7. 6	基発386号（13条）……768
	〔昭和54年〕
4. 2	基発153号（３条）……110
4	基発160号（29条）……1220,1226
6.12	基収207号の２（15条）……924
12.27	基発654号（12条の４）……705
	〔昭和55年〕
3. 1	基発97号（13条）……751
	基発98号（13条）……754
	基発99号（13条）……756
19	基収47号（29条）……1185
31	基発156号（33条）……1457
	（35条）……1521,1523
	（36条）……1532
	（37条）……1547,1550
4. 5	基発164号（29条）……1220,1226
11.14	基収339号の２（29条）……1189
12. 5	基発673号（12条の２）……666
	（16条の３）……996
	（22条の４）……1078
	（29条）……1168,1181,1192
	（31条）……1382
	（60条）……1631,1632
	（63条）……1643,1644
10	基発683号（８条）……581

日　　付	番　号　・　掲　載　頁
3.26	発労徴19号、基発168号、職発153号（３条）……180
30	発労徴23号、基発174号（７条）……509
	（14条）……792
	（14条の２）……818
	（31条）……1386
	（33条）……1465
	基発175号(33条）……1476
5.25	基発315号(29条）……1206,1355
7．4	基発404号(29条）……1264
10.26	基発620号（７条）……292
〔昭和63年〕	
2．1	基発57号（７条）……433
3.14	基発150号（３条）……106,108,117
16	基発162号(12条の４）……706
28	基発190号(12条の４）……707
31	基発203号(14条）……814
	（15条）……839
	（16条の３）……995
	（18条）……1038
4．8	基発239号(17条）……1021
	（22条の５）……1080
	基発240号(29条）……1220
5.12	基発316号(13条）……757
20	基発322号(29条）……1264
6.15	基発387号(29条）……1228
12．3	基発735号（７条）……452,482
〔平成元年〕	
1.26	基発22号(29条）……1355
3.20	基発127号(29条）……1355
4.14	基発197号(29条）……1356

日　付	番　号　・　掲　載　頁
4. 1	基発238号(29条) ……………………………………………1228
	基発244号(37条) ……………………………………………1546
6.22	発労徴42号、基発404号(31条) ……………………1377,1386
8. 5	基発503号(13条) ……………………………………………757
24	基発521号(29条) ……………………………………………1264
10.28	基発616号(７条) ……………………………………………312
29	基発619号(７条) ……………………………………………425
〔平成６年〕	
3.30	基発171号(17条) ……………………………………………1021
	(22条の５) ……………………………………………1081
4.15	基発239号(29条) ……………………………………………1228
5.12	基発279号(13条) ……………………………………………747
30	基発328号(12条の４) ……………………………………………709
6.23	基発393号(29条) ……………………………………………1264
24	基発403号(29条) ……………………………………1220,1226
9.30	基発609号(13条) ……………………………………………764
	基発610号(13条) ……………………………………………765
11.30	基発715号(13条) ……………………………………………761
12. 9	基発732号(13条) ……………………………………………757
〔平成７年〕	
2.20	発労徴５号、基発74号(33条) ……………………………1479
3.23	発基25号(16条の２) ……………………………………………955
	(16条の４) ……………………………………………1000
	(19条の２) ……………………………………………1045
	(21条) ……………………………………………1059
	(24条) ……………………………………………1087
	(別表第１) ……………………………………………1709
31	基発174号(29条) ……………………………………………1228
4. 3	基発199号(29条) ……………………………………………1366
	基発193号(29条) ……………………………………………1264

日　付	番号・掲載頁
〔平成10年〕	
3. 2	基発71号(17条) ……1021
	(19条の２) ……1053
	(22条の５) ……1081
4.17	基発239号(29条) ……1264
5.15	基発300号(29条) ……1220
6.17	基発363号(29条) ……1313
10.30	基発627号(16条の２) ……966
12.28	基発712号(29条) ……1356
〔平成11年〕	
2.18	基発77号(33条) ……1443
	(34条) ……1494
	(35条) ……1514
	(36条) ……1532
3.21	基発108号(７条) ……509
	(29条) ……1220
25	基発133号(19条の２) ……1054
30	基発157号(29条) ……1264
31	基発168号(３条) ……106,108,117
9.14	基発545号(12条の２の２) ……672
10. 1	基発576号(29条) ……1220
12. 3	基発694号の２(29条) ……1246
	基発695号(33条) ……1443,1456
	(34条) ……1494
	(35条) ……1514
〔平成12年〕	
3. 8	基収78号(８条) ……601
10	基発118号(17条) ……1021
	(19条の２) ……1054

日　　付	番　号　・　掲　載　頁
3.10	基発118号（22条の５）……1081
	基発119号(29条) ……1228
14	基発128号(15条) ……870
27	基発172号(29条) ……1356
4.10	基発296号(29条) ……1220
28	基発335号(29条) ……1264
5.18	基発366号(７条) ……261
9．5	基発560号(29条) ……1313
12.21	基発761号(29条) ……1356
	〔平成13年〕
1.23	基発31号(12条の７) ……726
3.29	基発195号(15条) ……870
30	基発233号(12条の２の２) ……672
	(12条の３) ……680
	(12条の４) ……693
	(26条) ……1101
	(27条) ……1112
	(31条) ……1395
	(33条) ……1463
	(37条) ……1550
	(42条) ……1573
7.17	基発655号(29条) ……1356
11.16	基発998号(13条) ……761
12.12	基発1063号(７条) ……460
	〔平成14年〕
2．1	基発0201001号(15条) ……870
3.29	基発0329008号(12条の２の２) ……677
	(37条) ……1545,1552
4.16	基発0416002号(29条) ……1220

日　付	番　号　・　掲　載　頁
9.22	基発0922001号（31条）……1395
29	基発0929002号（33条）……1430
12.20	基発1220002号（29条）……1220
	〔平成18年〕
1.25	基発0125002号（15条）……870,937
2. 9	基発0209001号（７条）……441
3.14	基発0314002号（29条）……1220
17	基発0317004号（16条）……951
	基発0317010号（16条）……952
31	基発0331040号（12条の８）……734
	（29条）……1314
	基発0331041号（19条の２）……1055
	（29条）……1229
	基発0331042号（７条）……501,505
	基労管発0331001号、基労補発0331003号（７条）……507
4. 3	基発0403009号（７条）……546
	基発0403018号（29条）……1269
5. 1	基発0501002号（29条）……1205
6. 1	基発0601001号（29条）……1349,1356
12.21	基発1221003号（13条）……761
	基発1221006号（13条）……757
	〔平成19年〕
1.30	基発0130005号（13条）……747
2. 6	基発0206001号（29条）……1205,1349,1356
4.23	基発0423002号（29条）……1311
9.27	基発0927005号（３条）……188
12.13	基労補発1213001号（７条）……429

改訂６版　労災保険法便覧

平成５年３月20日　初版発行
平成24年９月12日　改訂６版発行

編　者　一般社団法人　日本労務研究会
発行人　志田原　勉

発行所　一般社団法人　日本労務研究会
〒170-0005　東京都豊島区南大塚3-32-10
TEL：03-3980-2331
FAX：03-3980-2334
http://www.nichiroken.or.jp/

ISBN978-4-88968-089-8　C3032　¥5500E
落丁・乱丁はお取り替えいたします。